Wysk
Verwaltungsgerichtsordnung

Verwaltungsgerichtsordnung

Beck'scher Kompakt-Kommentar

Herausgegeben
von

Dr. Peter Wysk
Richter am Bundesverwaltungsgericht, Leipzig
Lehrbeauftragter an der Humboldt-Universität zu Berlin

Bearbeitet
von

Dr. Christian Bamberger
Richter am
OVG Nordrhein-Westfalen, Münster

Dr. Kirsten Kuhlmann
Richterin am
Bundesverwaltungsgericht, Leipzig

Jens Saurenhaus
Vors. Richter am
OVG Nordrhein-Westfalen, Münster

Dr. Peter Wysk
Richter am
Bundesverwaltungsgericht, Leipzig

Verlag C.H. Beck München 2011

Zitiervorschläge
Bearbeiter, in: Wysk, VwGO, § ... Rn. ...
Wysk-*Bearbeiter*, VwGO, § ... Rn. ...

Verlag C.H. Beck im Internet:
beck.de

ISBN 978 3 406 60985 5

© 2011 Verlag C.H. Beck oHG
Wilhelmstr. 9, 80801 München

Druck und Bindung: Druckerei C.H. Beck Nördlingen
(Adresse wie Verlag)

Satz: Textservice Zink, Neue Steige 33, 74869 Schwarzach

Umschlaggestaltung: Fernlicht – Gregor Schmidpeter

Gedruckt auf säurefreiem, alterungsbeständigem Papier
(hergestellt aus chlorfrei gebleichtem Zellstoff)

Vorwort

Der Reigen prominenter Kommentare zur Verwaltungsgerichtsordnung – dem prozessualen Herzstück des Verwaltungsrechts – macht die enorme Bedeutung des gerichtlichen Verfahrensrechts für die Praxis des materiellen Verwaltungsrechts augenfällig. In diesem Reigen will der Kompakt-Kommentar in kompromissloser Weise eine Nische füllen: Dem Nutzer soll möglichst direkt und im benötigten Umfang Auskunft gegeben werden. Zielgruppen sind daher vor allem die zeitlich angespannten Praktiker – Richter, Rechtsanwälte, Justiziare –, aber auch Studenten und Referendare sowie alle Gelegenheitsnutzer, die schnelle und zuverlässige Information erwarten, aber keine vertiefte Diskussion von Streitfragen.

Auskunft gibt der Kommentar – wo immer möglich – zuvorderst über die Übung der Gerichte. Prozessrecht wird in den gerichtlichen Hegungsräumen gelebt und kann sich außerhalb nicht verbindlich entwickeln. Das Richterprozessrecht erhält von daher sein natürliches Gewicht. Auch wenn deshalb die Rechtsprechung des Bundesverwaltungsgerichts und der Obergerichte die selbstverständlich in den Vordergrund zu stellenden Aussagen liefert, ist zu bedenken, dass längst nicht zu jeder Frage Entscheidungen ergangen sind; das Bundesverwaltungsgericht ist überdies weithin durch die spezielle revisionsrechtliche Sichtweise geprägt, und bestimmte Bereiche (wie der vorläufige Rechtsschutz) sind ihm kaum zugänglich. Nicht zuletzt ist die gerichtliche Praxis keineswegs so monolithisch, wie es Außenstehenden erscheinen mag. Viele Streitfragen werden regional oder sogar innerhalb desselben Gerichts unterschiedlich beantwortet. Mit der Wiedergabe von Entscheidungsinhalten ist es daher nie getan. Gerade bei einem so wortkargen Gesetz wie der Verwaltungsgerichtsordnung, das zudem von der intensiven Verflechtung mit anderen Prozess- und Organisationsgesetzen lebt, ist das Aufzeigen der Systemzusammenhänge und Normbezüge unverzichtbar. Sie sind nirgends dem Ziel geopfert worden, einen Kommentar vorzulegen, der auch in einer gut gefüllten Aktentasche noch Platz findet, gleichwohl lesbar, informativ und in möglichst vielen Nutzungssituationen hilfreich ist. Bewusst verzichtet haben die Autoren aber auf die wissenschaftliche Auseinandersetzung, die nicht wenigen Vorschriften außerhalb der VwGO, auf die in ihr Bezug genommen wird (z.B. §§ 4, 41, 83, 169), werden meist nur so weit kommentiert, wie im Verwaltungsprozess Besonderheiten zu beachten sind.

Die Kommentierungen bilden grundsätzlich den Stand der Rechtsprechung und des Schrifttums im Frühsommer 2010 ab. Die 13. Auflage des „Eyermann" und die 3. Auflage des Nomos-Kommentars von Sodan/Ziekow konnten aus drucktechnischen Gründen nicht mehr berücksichtigt werden. Der Gesetzestext der Verwaltungsgerichtsordnung hat sich seit August 2009 nicht geändert. Anregungen und Kritik zu Händen des Herausgebers sind stets willkommen. Für die Initiative und Förderung des Projektes haben der Herausgeber und die Autoren Herrn Dr. Rolf-Georg Müller und Herrn Dr. Wolfgang Lent, Verlag C.H. Beck, herzlich zu danken.

Leipzig, im September 2010   Peter Wysk

Inhaltsverzeichnis

Vorwort V
Abkürzungs- und Literaturverzeichnis XIII

Teil I. Gerichtsverfassung

1. Abschnitt. Gerichte

§ 1	Sachliche und organisatorische Unabhängigkeit *(Wysk)*	1
§ 2	Gliederung der Verwaltungsgerichtsbarkeit *(Wysk)*	4
§ 3	Gerichtsorganisation in den Ländern *(Wysk)*	5
§ 4	Präsidium und Geschäftsverteilung *(Wysk)*	7
§ 5	Organisation der Verwaltungsgerichte *(Wysk)*	9
§ 6	Einzelrichter *(Wysk)*	12
§§ 7 und 8	(aufgehoben) *(Wysk)*	23
§ 9	Organisation des Oberverwaltungsgerichts *(Wysk)*	23
§ 10	Gliederung des Bundesverwaltungsgerichts *(Wysk)*	24
§ 11	Großer Senat *(Wysk)*	25
§ 12	Großer Senat bei dem Oberverwaltungsgericht *(Wysk)*	27
§ 13	Geschäftsstelle *(Wysk)*	28
§ 14	Rechts- und Amtshilfe *(Wysk)*	29

2. Abschnitt. Richter

§ 15	Hauptamtliche Richter *(Wysk)*	30
§ 16	Richter im Nebenamt *(Wysk)*	31
§ 17	Richter auf Probe und kraft Auftrags *(Wysk)*	32
§ 18	(aufgehoben) *(Wysk)*	32

3. Abschnitt. Ehrenamtliche Richter

§ 19	Mitwirkung ehrenamtlicher Verwaltungsrichter *(Wysk)*	33
§ 20	Voraussetzungen für die Berufung ehrenamtlicher Richter *(Wysk)*	35
§ 21	Ausschließungsgründe *(Wysk)*	37
§ 22	Hinderungsgründe *(Wysk)*	38
§ 23	Ablehnungsgründe *(Wysk)*	40
§ 24	Entbindung vom Amt *(Wysk)*	42
§ 25	Wahlperiode *(Wysk)*	44
§ 26	Wahlausschuss *(Wysk)*	44
§ 27	Zahl der ehrenamtlichen Richter *(Wysk)*	46
§ 28	Vorschlagsliste *(Wysk)*	47
§ 29	Wahlverfahren *(Wysk)*	48
§ 30	Heranziehung zu Sitzungen *(Wysk)*	50
§ 31	(weggefallen) *(Wysk)*	52
§ 32	Entschädigung *(Wysk)*	53
§ 33	Ordnungsgeld *(Wysk)*	53
§ 34	Ehrenamtliche Richter beim OVG *(Wysk)*	54

Inhaltsverzeichnis

		Seite
4. Abschnitt. Vertreter des öffentlichen Interesses		
§ 35	Vertreter des Bundesinteresses beim BVerwG *(Wysk)*	54
§ 36	Vertreter des öffentlichen Interesses *(Wysk)*	56
§ 37	Befähigung von VBI und VöI *(Wysk)*	57

5. Abschnitt. Gerichtsverwaltung

§ 38	Dienstaufsicht *(Wysk)*	57
§ 39	Verwaltungsgeschäfte *(Wysk)*	59

6. Abschnitt. Verwaltungsrechtsweg und Zuständigkeit

Vorbemerkungen zu §§ 40 bis 53 *(Wysk)*		60
§ 40	Zulässigkeit des Verwaltungsrechtsweges *(Wysk)*	74
§ 41	(weggefallen) *(Wysk)*	113
§ 42	Anfechtungs- und Verpflichtungsklage *(Wysk)*	121
§ 43	Feststellungsklage *(Wysk)*	161
§ 44	Objektive Klagenhäufung *(Wysk)*	178
§ 44a	Rechtsbehelfe gegen behördliche Verfahrenshandlungen *(Wysk)*	181
§ 45	Sachliche Zuständigkeit *(Wysk)*	184
§ 46	Instanzielle Zuständigkeit des Oberverwaltungsgerichts *(Wysk)*	185
§ 47	Normenkontrollverfahren *(Wysk)*	186
§ 48	Weitere sachliche Zuständigkeiten des OVG *(Wysk)*	210
§ 49	Instanzielle Zuständigkeit des Bundesverwaltungsgerichts *(Bamberger)*	218
§ 50	Sachliche Zuständigkeit des Bundesverwaltungsgerichts *(Bamberger)*	219
§ 51	Aussetzung bei Verfahren über Vereinsverbote *(Bamberger)*	223
§ 52	Örtliche Zuständigkeit *(Bamberger)*	223
§ 53	Bestimmung des zuständigen Gerichts *(Bamberger)*	228

Teil II. Verfahren

7. Abschnitt. Allgemeine Verfahrensvorschriften

§ 54	Ausschließung und Ablehnung von Gerichtspersonen *(Saurenhaus)*	233
§ 55	Ordnungsvorschriften des GVG *(Saurenhaus)*	239
§ 55a	Elektronische Dokumentenübermittlung *(Saurenhaus)*	240
§ 55b	Elektronische Aktenführung *(Saurenhaus)*	241
§ 56	Zustellungen *(Saurenhaus)*	242
§ 56a	Öffentliche Bekanntmachung im Massenverfahren *(Saurenhaus)*	245
§ 57	Fristen *(Saurenhaus)*	246
§ 58	Rechtsbehelfsbelehrung *(Saurenhaus)*	248
§ 59	Belehrungspflicht der Bundesbehörden *(Saurenhaus)*	251
§ 60	Wiedereinsetzung *(Saurenhaus)*	252
§ 61	Beteiligungsfähigkeit *(Saurenhaus)*	256
§ 62	Prozessfähigkeit *(Saurenhaus)*	258
§ 63	Beteiligte *(Saurenhaus)*	260
§ 64	Streitgenossenschaft *(Saurenhaus)*	261
§ 65	Beiladung Dritter *(Saurenhaus)*	263
§ 66	Prozessuale Rechte des Beigeladenen *(Saurenhaus)*	267

Inhaltsverzeichnis

		Seite
§ 67	Prozessbevollmächtigte und Beistände *(Saurenhaus)*	268
§ 67a	Gemeinsamer Bevollmächtigter *(Saurenhaus)*	275

8. Abschnitt. Besondere Vorschriften für Anfechtungs- und Verpflichtungsklagen

§ 68	Vorverfahren *(Saurenhaus)*	276
§ 69	Widerspruch *(Saurenhaus)*	279
§ 70	Form und Frist des Widerspruchs *(Saurenhaus)*	281
§ 71	Anhörung *(Saurenhaus)*	283
§ 72	Abhilfe *(Saurenhaus)*	284
§ 73	Widerspruchsbescheid *(Saurenhaus)*	285
§ 74	Klagefrist *(Saurenhaus)*	288
§ 75	Klage bei Untätigkeit der Behörde *(Saurenhaus)*	290
§ 76	(aufgehoben) *(Saurenhaus)*	292
§ 77	Ausschließlichkeit des Widerspruchsverfahrens *(Saurenhaus)*	292
§ 78	Beklagter *(Saurenhaus)*	293
§ 79	Gegenstand der Anfechtungsklage *(Saurenhaus)*	296
§ 80	Aufschiebende Wirkung *(Saurenhaus)*	298
§ 80a	Verwaltungsakte mit Doppelwirkung *(Saurenhaus)*	315
§ 80b	Ende der aufschiebenden Wirkung *(Saurenhaus)*	318

9. Abschnitt. Verfahren im ersten Rechtszug

§ 81	Klageerhebung *(Bamberger)*	320
§ 82	Inhalt der Klageschrift *(Bamberger)*	325
§ 83	Sachliche und örtliche Zuständigkeit *(Bamberger)*	328
§ 84	Gerichtsbescheid *(Bamberger)*	331
§ 85	Zustellung der Klage *(Bamberger)*	337
§ 86	Untersuchungsgrundsatz, Aufklärungspflicht, vorbereitende Schriftsätze *(Bamberger)*	337
§ 86a	(aufgehoben) *(Bamberger)*	349
§ 87	Maßnahmen im vorbereitenden Verfahren *(Bamberger)*	349
§ 87a	Entscheidung im vorbereitenden Verfahren *(Bamberger)*	352
§ 87b	Fristsetzung, Fristversäumnis *(Bamberger)*	357
§ 88	Bindung an das Klagebegehren *(Bamberger)*	361
§ 89	Widerklage *(Bamberger)*	363
§ 90	Rechtshängigkeit *(Bamberger)*	366
§ 91	Klageänderung *(Bamberger)*	369
§ 92	Klagerücknahme *(Bamberger)*	374
§ 93	Verbindung und Trennung *(Bamberger)*	381
§ 93a	Musterverfahren *(Bamberger)*	383
§ 94	Aussetzung des Verfahrens *(Bamberger)*	386
§ 95	Anordnung des persönlichen Erscheinens *(Bamberger)*	390
§ 96	Unmittelbarkeit der Beweisaufnahme *(Bamberger)*	393
§ 97	Parteiöffentlichkeit der Beweiserhebung *(Bamberger)*	398
§ 98	Beweisaufnahme *(Bamberger)*	400
§ 99	Aktenvorlage und Auskünfte durch Behörden *(Bamberger)*	405
§ 100	Akteneinsicht *(Bamberger)*	413
§ 101	Grundsatz der mündlichen Verhandlung *(Bamberger)*	416

Inhaltsverzeichnis

		Seite
§ 102	Ladungen, Sitzungen außerhalb des Gerichtssitzes *(Bamberger)*	419
§ 103	Durchführung der mündlichen Verhandlung *(Bamberger)*	425
§ 104	Richterliche Frage- und Erörterungspflicht *(Bamberger)*	428
§ 105	Niederschrift über die mündliche Verhandlung *(Bamberger)*	431
§ 106	Gerichtlicher Vergleich *(Bamberger)*	431

10. Abschnitt. Urteile und andere Entscheidungen

§ 107	Urteile *(Bamberger)*	436
§ 108	Urteilsgrundlagen, freie Beweiswürdigung, rechtliches Gehör *(Bamberger)*	437
§ 109	Zwischenurteil *(Bamberger)*	444
§ 110	Teilurteil *(Bamberger)*	446
§ 111	Grundurteil *(Bamberger)*	448
§ 112	Besetzung des Gerichts *(Bamberger)*	450
§ 113	Urteilstenor *(Bamberger)*	451
§ 114	Nachprüfung von Ermessensentscheidungen *(Bamberger)*	475
§ 115	Klagen gegen Widerspruchsbescheid *(Bamberger)*	481
§ 116	Verkündung und Zustellung des Urteils *(Bamberger)*	481
§ 117	Form und Inhalt des Urteils *(Bamberger)*	484
§ 118	Berichtigung des Urteils *(Bamberger)*	492
§ 119	Berichtigung des Tatbestands eines Urteils *(Bamberger)*	495
§ 120	Urteilsergänzung *(Bamberger)*	496
§ 121	Rechtskraft *(Bamberger)*	498
§ 122	Beschlüsse *(Bamberger)*	506

11. Abschnitt. Einstweilige Anordnung

§ 123	Erlass einstweiliger Anordnungen *(Saurenhaus)*	508

Teil III. Rechtsmittel und Wiederaufnahme des Verfahrens

12. Abschnitt. Berufung

§ 124	Zulässigkeit der Berufung *(Kuhlmann)*	519
§ 124a	Zulassung und Begründung der Berufung *(Kuhlmann)*	531
§ 124b	(aufgehoben) *(Kuhlmann)*	549
§ 125	Berufungsverfahren; Entscheidung bei Unzulässigkeit *(Kuhlmann)*	549
§ 126	Zurücknahme der Berufung *(Kuhlmann)*	551
§ 127	Anschlussberufung *(Kuhlmann)*	554
§ 128	Umfang der Nachprüfung *(Kuhlmann)*	558
§ 128a	Neue Erklärungen und Beweismittel; Verspätung; Ausschluss *(Kuhlmann)*	559
§ 129	Bindung an die Anträge *(Kuhlmann)*	562
§ 130	Zurückverweisung *(Kuhlmann)*	563
§ 130a	Entscheidung durch Beschluss *(Kuhlmann)*	567
§ 130b	Vereinfachte Abfassung des Berufungsurteils *(Kuhlmann)*	569
§ 131	(aufgehoben) *(Kuhlmann)*	571

Inhaltsverzeichnis

Seite

13. Abschnitt. Revision

§ 132	Zulassung der Revision *(Kuhlmann)*	571
§ 133	Beschwerde gegen die Nichtzulassung der Revision *(Kuhlmann)*	581
§ 134	Sprungrevision *(Kuhlmann)*	590
§ 135	Revision bei Ausschluss der Berufung *(Kuhlmann)*	595
§ 136	(aufgehoben) *(Kuhlmann)*	596
§ 137	Zulässige Revisionsgründe *(Kuhlmann)*	596
§ 138	Absolute Revisionsgründe *(Kuhlmann)*	605
§ 139	Frist; Revisionseinlegung; Revisionsbegründung *(Kuhlmann)*	617
§ 140	Zurücknahme der Revision *(Kuhlmann)*	624
§ 141	Revisionsverfahren *(Kuhlmann)*	625
§ 142	Unzulässigkeit von Klageänderungen und Beiladungen *(Kuhlmann)*	627
§ 143	Prüfung der Zulässigkeitsvoraussetzungen *(Kuhlmann)*	630
§ 144	Revisionsentscheidung *(Kuhlmann)*	631
§ 145	(aufgehoben) *(Kuhlmann)*	638

14. Abschnitt. Beschwerde, Erinnerung, Anhörungsrüge

§ 146	Statthaftigkeit der Beschwerde *(Kuhlmann)*	638
§ 147	Form; Frist *(Kuhlmann)*	647
§ 148	Abhilfe; Vorlage an das Oberverwaltungsgericht *(Kuhlmann)*	648
§ 149	Aufschiebende Wirkung *(Kuhlmann)*	650
§ 150	Entscheidung durch Beschluss *(Kuhlmann)*	651
§ 151	Beauftragter oder ersuchter Richter; Urkundsbeamter *(Kuhlmann)*	652
§ 152	Beschwerde zum Bundesverwaltungsgericht *(Kuhlmann)*	654
§ 152a	Anhörungsrüge *(Kuhlmann)*	656

15. Abschnitt. Wiederaufnahme des Verfahrens

§ 153	Wiederaufnahme des Verfahrens *(Kuhlmann)*	660

Teil IV. Kosten und Vollstreckung

16. Abschnitt. Kosten

	Vorbemerkungen zu §§ 154 bis 166 *(Wysk)*	667
§ 154	Kostentragungspflicht *(Wysk)*	671
§ 155	Kostenteilung *(Wysk)*	674
§ 156	Kosten bei sofortigem Anerkenntnis *(Wysk)*	680
§ 157	(aufgehoben) *(Wysk)*	681
§ 158	Anfechtung der Kostenentscheidung *(Wysk)*	681
§ 159	Mehrere Kostenpflichtige *(Wysk)*	684
§ 160	Kostenpflicht bei Vergleich *(Wysk)*	685
§ 161	Kostenentscheidung; Erledigung der Hauptsache *(Wysk)*	688
§ 162	Erstattungsfähige Kosten *(Wysk)*	699
§ 163	(aufgehoben) *(Wysk)*	714
§ 164	Kostenfestsetzung *(Wysk)*	715
§ 165	Erinnerung gegen die Kostenfestsetzung *(Wysk)*	721

Inhaltsverzeichnis

		Seite
§ 165a	Prozesskostensicherheit *(Wysk)*	724
§ 166	Prozesskostenhilfe *(Wysk)*	725

17. Abschnitt. Vollstreckung

§ 167	Anwendung der ZPO; vorläufige Vollstreckbarkeit *(Bamberger)*	740
§ 168	Vollstreckungstitel *(Bamberger)*	743
§ 169	Vollstreckung zugunsten der öffentlichen Hand *(Bamberger)*	745
§ 170	Vollstreckung gegen die öffentliche Hand *(Bamberger)*	746
§ 171	Vollstreckungsklausel *(Bamberger)*	748
§ 172	Zwangsgeld gegen eine Behörde *(Bamberger)*	748

Teil V. Schluß- und Übergangsbestimmungen

§ 173	Entsprechende Anwendung des GVG und der ZPO *(Wysk)*	753
§ 174	Befähigung des VöI *(Wysk)*	759
§§ 175 bis 177	(aufgehoben) *(Wysk)*	759
§§ 178, 179	(Änderungsvorschriften) *(Wysk)*	759
§ 180	Zeugen- und Sachverständigenvernehmung nach dem VwVfG oder dem SGB X *(Wysk)*	759
§ 181, 182	(Änderungsvorschriften) *(Wysk)*	761
§ 183	Nichtigerklärung von Landesrecht *(Wysk)*	761
§ 184	Sonderbezeichnung für Oberverwaltungsgerichte *(Wysk)*	766
§ 185	Sonderregelungen für Berlin, Brandenburg, Bremen, Hamburg, Mecklenburg-Vorpommern, Saarland und Schleswig-Holstein *(Wysk)*	766
§ 186	Sonderregelungen für Berlin, Bremen und Hamburg *(Wysk)*	767
§ 187	Disziplinar-, Schieds- und Berufsgerichte; Personalvertretungssachen *(Bamberger)*	767
§ 188	Spezialkammern und -senate für Fürsorgeangelegenheiten; Kostenfreiheit *(Bamberger)*	768
§ 189	Fachsenate *(Bamberger)*	770
§ 190	Fortgeltung bestimmter Sonderregelungen *(Wysk)*	771
§ 191	Revision bei Klagen aus dem Beamtenverhältnis *(Wysk)*	771
§ 192	(Änderungsvorschrift) *(Wysk)*	772
§ 193	Oberverwaltungsgericht als Verfassungsgericht *(Wysk)*	772
§ 194	Übergangsvorschriften für Rechtsmittel *(Wysk)*	773
§ 195	Inkrafttreten; Aufhebungs- und Übergangsvorschriften *(Wysk)*	774

Stichwortverzeichnis	775

Abkürzungs- und Literaturverzeichnis

a.A.	anderer Ansicht
a.a.O.	am angegebenen Ort
a.E.	am Ende
a.F.	alte Fassung
abl.	ablehnend
ABl.	Amtsblatt
Abs.	Absatz
abw.	abweichend
AEG	Allgemeines Eisenbahngesetz
AEUV	Vertrag über die Arbeitsweise der Europäischen Union
AG	Aktiengesellschaft/Amtsgericht
AGB	Allgemeine Geschäftsbedingungen
AGVwGO	Ausführungsgesetz zur Verwaltungsgerichtsordnung
allg.	allgemein
Alt.	Alternative
Anm.	Anmerkung
AO	Abgabenordnung
arg. (ex)	argumentum ex
ASOG (Bln)	Allgemeines Sicherheits- und Ordnungsgesetz (Berlin)
AsylVfG	Asylverfahrensgesetz
AtG	Atomgesetz
AtVfV	Atomrechtliche Verfahrensordnung
AuAS	Schnelldienst Ausländer- und Asylrecht
AufenthG	Aufenthaltsgesetz
Aufl.	Auflage
AuslG	Ausländergesetz
B/F-K/vA	Bader/Funke-Kaiser/Kuntze/von Albedyll, VwGO, Kommentar, 7. Aufl. 2007
B/K/B	Bleibtreu/Klein/Bethge, BVerfGG, Kommentar, Stand: 31. Ergänzungslieferung 2009
BAföG	Bundesausbildungsförderungsgesetz
BAG	Bundesarbeitsgericht
BAnz	Bundesanzeiger
BAT	Bundesangestelltentarifvertrag
BauBG	Bundesbaugesetz
BauR	Baurecht (Zeitschrift)
BaWü	Baden-Württemberg
Bay/bay.	Bayern/bayerisch(er)
BayVerfGH	Bayerischer Verfassungsgerichtshof
BayVGH	Bayerischer Verwaltungsgerichtshof (München)
BB	Der Betriebs-Berater (Zeitschrift)
BBergG	Bundesberggesetz
BBesG	Bundesbesoldungsgesetz
Bbg	Brandenburg
BBG	Bundesbeamtengesetz
BbgOVG	Oberverwaltungsgericht für das Land Brandenburg (Frankfurt/Oder)
BDG	Bundesdisziplinargesetz
BdgVerfG	Verfassungsgericht Brandenburg
BDSG	Bundesdatenschutzgesetz

Abkürzungs- und Literaturverzeichnis

BeamtStG	Beamtenstatusgesetz
BeckOK VwGO	Beck'scher Online-Kommentar VwGO, hrsg. von Posser H. A. Wolff (Edition 14, 1. Januar 2010
BeckOK VwVfG	Beck'scher Online-Kommentar VwVfG → BR
BeckRS	Beck'sche Rechtsprechungssammlung
BEG	Bundesentschädigungsgesetz
Beil.	Beilage
BerlIFG	Gesetz zur Förderung der Informationsfreiheit im Land Berlin (Berliner Informationsfreiheitsgesetz)
BFH	Bundesfinanzhof
BGB	Bürgerliches Gesetzbuch
BGBl.	Bundesgesetzblatt
BGH	Bundesgerichtshof
BHO	Bundeshaushaltsordnung
BImSchG	Bundes-Immissionsschutzgesetz
BK	Bonner Kommentar zum Grundgesetz, hrsg. von Dolzer u. a., Loseblattwerk (Stand 147. Aktualisierung, August 2010)
BLAH	Baumbach/Lauterbach/Albers/Hartmann, Zivilprozessordnung, 68. Aufl. 2010
Bln	Berlin
BlnBbgOVG	Oberverwaltungsgericht Berlin-Brandenburg (ab Juli 2005; Sitz in Berlin)
BlnOVG	Oberverwaltungsgericht Berlin
BMF	Bundesministerium für Finanzen
BMI	Bundesministerium des Innern
BMinG	Gesetz über die Rechtsverhältnisse der Mitglieder der Bundesregierung (Bundesministergesetz)
BMJ	Bundesministerium der Justiz
BMVg	Bundesministerium der Verteidigung
BNatSchG	Bundesnaturschutzgesetz
BNotO	Bundesnotarordnung
BPersVG	Bundespersonalvertretungsgesetz
BR	Bader/Ronellenfitsch, VwVfG, Kommentar, 2010 (entspricht: Beck'scher Online-Kommentar, VwVfG, Edition 4, 1. Juli 2009)
BRAO	Bundesrechtsanwaltsordnung
BR-Drs.	Bundesrats-Drucksache
BRHG	Bundesrechnungshofgesetz
BrOVG	Oberverwaltungsgericht der Freien Hansestadt Bremen
BRS	Baurechtssammlung (Zeitschrift)
BSG	Bundessozialgericht
BStatG	Bundesstatistikgesetz
BT-Drs.	Bundestags-Drucksache, zitiert nach Wahlperiode und Nummer
Buchh	Buchholz, Sammel- und Nachschlagewerk der Rechtsprechung des Bundesverwaltungsgerichts, hrsg. von Mitgliedern des Gerichts
BV	Berechnungsverordnung
BVerfGE	Entscheidungssammlung des Bundesverfassungsgerichts
BVerfGK	Entscheidungssammlung des Bundesverfassungsgerichts (Kammerentscheidungen)
BVerfSchG	Bundesverfassungsschutzgesetz
BVerwG	Bundesverwaltungsgericht
BVerwGE	Entscheidungen des Bundesverwaltungsgerichts (sog. Amtliche Sammlung; hrsg. von Mitgliedern des Gerichts)
BVFG	Bundes
BW	Baden-Württemberg
BWVGH	Verwaltungsgerichtshof Baden-Württemberg (Mannheim)
BZRG	Bundeszentralregistergesetz

Abkürzungs- und Literaturverzeichnis

CD	Compact Disk
CR	Computerrecht (Zeitschrift)
d.h.	das heißt
DB	Der Betrieb (Zeitschrift)
DB	Deutsche Bahn
DDR	Deutsche Demokratische Republik
ders.	derselbe
dies.	dieselbe
DIN	Deutsches Institut für Normung
DNotZ	Deutsche Notar-Zeitschrift
DÖD	Der Öffentliche Dienst
DÖV	Die Öffentliche Verwaltung (Zeitschrift)
DRiG	Deutsches Richtergesetz
DRK	Deutsches Rotes Kreuz
Drucks./Drs.	Drucksache
DStR	Deutsches Steuerrecht (Zeitschrift)
DVBl.	Deutsches Verwaltungsblatt (Zeitschrift)
DVD	Digital Versatile Disc
e.V.	eingetragener Verein
EE	Erichsen/Ehlers (Hrsg.), Allgemeines Verwaltungsrecht, 14. Aufl. 2010 (→ EM)
EFG	Entscheidungen der Finanzgerichte
eG	eingetragene Genossenschaft
EG(V)	Vertrag zur Gründung der Europäischen Gemeinschaft
EGBGB	Einführungsgesetz zum Bürgerlichen Gesetzbuch
EGGVG	Einführungsgesetz zum Gerichtsverfassungsgesetz
EGMR(-GK)	Europäischer Gerichtshof für Menschenrechte (Große Kammer)
EGZPO	Einführungsgesetz zur Zivilprozessordnung
EhrRiEG	Gesetz über die Entschädigung der ehrenamtlichen Richter (aufgehoben)
Einl.	Einleitung
EinlALR	Einleitung zum Allgemeinen Landrecht für die preußischen Staaten von 1794
ElektroG	Elektro- und Elektronikgerätegesetz
EM	Erichsen/Martens (Hrsg.), Allgemeines Verwaltungsrecht, 13. Aufl. 2006 (s.a → EE)
EMRK	Europäische Menschenrechtskonvention
Engelhardt/App	VwVG, Kommentar, 8. Aufl. 2008
entspr.	entsprechend
EnWG	Energiewirtschaftsgesetz
ESVGH	Entscheidungssammlung des Hessischen Verwaltungsgerichtshofes und des Verwaltungsgerichtshofes Baden-Württemberg mit Entscheidungen der Staatsgerichtshöfe
EuG	das Gericht I. Instanz der Europäischen Union
EuGH	Gerichtshof der Europäischen Union (früher: Gemeinschaften)
EUR	Euro
EuR	Europarecht (Zeitschrift)
EuRAG	Gesetz über die Tätigkeit europäischer Rechtsanwälte in Deutschland
EUV	Vertrag über die Europäische Union
EuZW	Europäische Zeitschrift für Wirtschaftsrecht
ev.	evangelisch
evtl.	eventuell
EWG	Europäische Wirtschaftsgemeinschaft

Abkürzungs- und Literaturverzeichnis

Ey	Eyermann, VwGO, Kommentar, 12. Aufl. 2006
f./ff.	folgende/fortfolgende
FamRZ	Familienrechtszeitschrift
FEVG	Gesetz über das gerichtliche Verfahren bei Freiheitsentziehungen
FG	Finanzgericht
FGG	Gesetz über die Angelegenheiten der freiwilligen Gerichtsbarkeit
FGO	Finanzgerichtsordnung
Finkelnburg/Dombert/Külpmann	Vorläufiger Rechtsschutz im Verwaltungsstreitverfahren, 5. Aufl. 2008
FK	Fehling/Kastner, Verwaltungsrecht, VwVfG, VwGO, Nebengesetze, 2. Aufl. 2010
FlüHG	Flüchtlingshilfegesetz
FlurbG	Flurbereinigungsgesetz
Fn.	Fußnote
FS Menger	Festschrift für Christian-Friedrich Menger zum 70. Geburtstag, Köln u.a. 1985
FS Redeker	Festschrift für Konrad Redeker zum 70. Geburtstag, München 1993
FStrG	Bundesfernstraßengesetz
FVG	Gesetz über die Finanzverwaltung
G	Gesetz
GastG	Gaststättengesetz
GbR	Gesellschaft bürgerlichen Rechts
geänd.	geändert
gem.	gemäß
GenTG	Gentechnikgesetz
GewArch	Gewerbearchiv (Zeitschrift)
GewO	Gewerbeordnung
GFlHG	Geflügelfleischhygienegesetz
GG	Grundgesetz
ggf.	gegebenenfalls
GmbH	Gesellschaft mit beschränkter Haftung
GMBl.	Gemeinsames Ministerialblatt
GmSOGB	Gemeinsamer Senat der obersten Gerichtshöfe des Bundes
GPSG	Geräte- und Produktsicherheitsgesetz
Gräber	FGO, Kommentar, 6. Aufl. 2006
grdl.	grundlegend
grds.	grundsätzlich
Grundeigentum	(Zeitschrift)
GSG	Gerätesicherheitsgesetz
GSiG	Grundsicherungsgesetz
GVG	Gerichtsverfassungsgesetz
GVO	Grundstücksverkehrsordnung
GVP	Geschäftsverteilungsplan
h.A./h.M./h.L.	herrschender Ansicht/Meinung/Lehre
Halbs.	Halbsatz
Hartmann	Kostengesetze, 40. Aufl. 2010
HessVGH	Hessischer Verwaltungsgerichtshof (Kassel)
HFR	Höchstrichterliche Finanzrechtsprechung
HFR	Humboldt Forum Recht (juristische Internet-Zeitschrift an der Humboldt-Universität zu Berlin)
HGB	Handelsgesetzbuch
Hmb	Hamburg
HmbOVG	Hamburgisches Oberverwaltungsgericht

Abkürzungs- und Literaturverzeichnis

HochschulvergabeVO	Hochschulvergabeverordnung
HRG	Hochschulrahmengesetz
hrsg.	herausgegeben von
Hs.	Halbsatz
Hufen	Verwaltungsprozessrecht, 6. Aufl. 2005
HwO	Handwerksordnung
i.a.R.	in aller Regel
i.d.F.	in der Fassung
i.d.S.	in diesem Sinne
i.E.	im Ergebnis
i.S.v./i.S.d.	im Sinne von/des/der
i.V.m.	in Verbindung mit
i.W.	im Wesentlichen
i.w.S.	im weiteren Sinne
IBR	Immobilien- und Baurecht (Zeitschrift)
IFG	Informationsfreiheitsgesetz
IfSG	Infektionsschutzgesetz
InfAuslR	Informationsbrief Ausländerrecht (Zeitschrift)
insbes.	insbesondere
IPBeschlG	Infrastrukturbeschleunigungsgesetz
Jarass	BImSchG, 7. Aufl. 2007
Jauernig	Bürgerliches Gesetzbuch, Kommentar, 13. Aufl. 2009
JR	Juristische Rundschau (Zeitschrift)
jurisPR	juris PraxisReport
JuS	Juristische Schulung (Zeitschrift)
JuSchG	Jugendschutzgesetz
JVEG	Justizvergütungs- und -entschädigungsgesetz
JZ	Juristenzeitung
K. Baumann	Baumann, Karsten: Private Luftfahrtverwaltung – Die Delegation hoheitlicher Befugnisse an private und privatrechtsförmig organisierte Verwaltungsträger im deutschen Luftverkehrsrecht, Köln u.a. 2002
Kap.	Kapitel
kath.	katholisch
KB/KBeschl.	Kammerbeschluss (BVerfG)
KDVG	Kriegsdienstverweigerungsgesetz
KG	Kommanditgesellschaft
KGaA	Kommanditgesellschaft auf Aktien
KgfEG	Kriegsgefangenenentschädigungsgesetz
KH	Knack/Hennecke (Hrsg.), VwVfG, Kommentar, 9. Aufl. 2009
KHG	Krankenhausfinanzierungsgesetz
KM	Kissel/Mayer, GVG, Kommentar, 6. Aufl. 2010
KR	Kopp/Ramsauer, VwVfG, Kommentar, 11. Aufl. 2010
krit.	kritisch
KrW-AbfG	Kreislaufwirtschafts- und Abfallgesetz
KS	Kopp/Schenke, VwGO, Kommentar, 16. Aufl. 2009
Kuhla/Hüttenbrink	Der Verwaltungsprozess, Handbuch, 3. Aufl. 2002
kV	Kilovolt
KWG	Kreditwesengesetz
LABV	Verordnung über die Landesanwaltschaft Bayern
LAG	Lastenausgleichsgesetz
LBauO	Landes-Bauordnung
LG	Landgericht

Abkürzungs- und Literaturverzeichnis

lit.	Buchstabe
LKRZ	Zeitschrift für Landes- und Kommunalrecht Hessen – Rheinland-Pfalz – Saarland
LKV	Landes- und Kommunalverwaltung
LMRR	Lebensmittelrecht Rechtsprechung
Lorenz	Verwaltungsprozeßrecht, Lehrbuch, 2000
LPartG	Lebenspartnerschaftsgesetz
Ls.	Leitsatz
LSA	Land Sachsen-Anhalt
LSAOVG	Oberverwaltungsgericht Sachsen-Anhalt (Magdeburg)
LSG	Landessozialgericht
LSK	Leitsatzkartei
Lüdtke	Lüdtke (Hrsg.), Sozialgerichtsgesetz, Handkommentar, 3. Aufl. 2008
LuftSiG	Luftsicherheitsgesetz
LuftVG	Luftverkehrsgesetz
LuftVO	Luftverkehrs-Ordnung
LuftVZO	Luftverkehrs-Zulassung-Ordnung
m.W.v.	mit Wirkung vom
MAD	Militärischer Abschirmdienst
MADG	Gesetz über den militärischen Abschirmdienst
MBPlG	Magnetschwebebahnplanungsgesetz
MDR	Monatsschrift für deutsches Recht (Zeitschrift)
MEPolG	Musterentwurf eines einheitlichen Polizeigesetzes v. 25.11.1977
Meyer-Ladewig/ Keller/Leitherer	SGG – Sozialgerichtsgesetz, Kommentar, 9. Aufl. 2008
MK-ZPO	Münchener Kommentar zur Zivilprozessordnung
MMR	Multimedia und Recht. Zeitschrift für Informations-, Telekommunikations- und Medienrecht
MRVO Nr. 165	Verordnung Nr. 165 über die Verwaltungsgerichtsbarkeit in der britischen Zone (Militärregierungsverordnung) v. 15.9.1948 (VOBl. BrZ S. 263)
Münch/Kunig	Grundgesetz-Kommentar, Gesamtwerk in 2 Bänden, 6. Aufl. 2011
MV	Mecklenburg-Vorpommern
MVOVG	Oberverwaltungsgericht Mecklenburg-Vorpommern (Greifswald)
n.F.	neue Fassung/Folge
NAB	Nichtannahmebeschluss (BVerfG-Kammer)
Nachw.	Nachweise
Nds.	Niedersachsen
NdsOVG	Niedersächsisches Oberverwaltungsgericht (Lüneburg)
NdsVBl.	Niedersächsische Verwaltungsblätter (Zeitschrift)
NJOZ	Neue Juristische Online-Zeitschrift
NJW	Neue Juristische Wochenschrift (Zeitschrift)
NKVwGO	Sodan/Ziekow, VwGO, Kommentar, 3. Aufl., München 2010
NordÖR	Zeitschrift für Öffentliches Recht in Norddeutschland
Nr.	Nummer
NRW	Nordrhein-Westfalen
NRWOVG	Oberverwaltungsgericht für das Land Nordrhein-Westfalen (Münster)
NStZ	Neue Zeitschrift für Strafrecht
NStZ-RR	Neue Zeitschrift für Strafrecht – Rechtsprechungsreport
NuR	Natur und Recht (Zeitschrift)
NVwZ	Neue Zeitschrift für Verwaltungsrecht
NVwZ-RR	Neue Zeitschrift für Verwaltungsrecht – Rechtsprechungsreport
NWVBl.	Nordrhein-Westfälische Verwaltungsblätter
NZA	Neue Zeitschrift für Arbeits- und Sozialrecht

Abkürzungs- und Literaturverzeichnis

NZM	Neue Zeitschrift für Miet- und Wohnungsrecht
NZS	Neue Zeitschrift für Sozialrecht
NZV	Verordnung über besondere Netzzugänge (Netzzugangsverordnung)
NZWehrr	Neue Zeitschrift für Wehrrecht
o.g.	oben genannt
Obermayer	Kommentar zum VwVfG, 3. Aufl. 1999
OLG	Oberlandesgericht
ÖPNV	Öffentlicher Personennahverkehr
OVG	Oberverwaltungsgericht
OVGE	Sammlung der Entscheidungen des Oberverwaltungsgerichts Münster
OWiG	Gesetz über Ordnungswidrigkeiten
PAO	Patentanwaltsordnung
PartG	Parteiengesetz
PBefG	Personenbeförderungsgesetz
PKH	Prozesskostenhilfe
PKHVV	VO zur Einführung eines Vordrucks für die Erklärung über die persönlichen und wirtschaftlichen Verhältnisse bei Prozesskostenhilfe
PostG	Postgesetz
PostPersR	Postpersonalrechtsgesetz
pr.	preußisch(es)
PStG	Personenstandsgesetz
PTBS	posttraumatische Belastungsstörung
PW	Posser/Wolff → BeckOK VwGO
RDG	Rechtsdienstleistungsgesetz
RelKErzG	Gesetz über die religiöse Kindererziehung
RGBl.	Reichsgesetzblatt
RGZ	Entscheidungen des Reichsgerichts in Zivilsachen
RhPf	Rheinland-Pfalz
RhPfOVG	Oberverwaltungsgericht Rheinland-Pfalz (Koblenz)
RiA	Recht im Amt (Zeitschrift)
RiWahlG	Richterwahlgesetz
RmBereinVpG	Gesetz zur Bereinigung des Rechtsmittelrechts im Verwaltungsprozess
Rn.	Randnummer(n)
RO	Redeker/von Oertzen, VwGO, Kommentar, 14. Aufl. 2004
Rozek	Verwaltungsprozeßrecht, Lehrbuch, 2003
RPflEntlG	Gesetz zur Entlastung des Rechtspflege
RPflG	Rechtspflegergesetz
RsprEinhG	Gesetz zur Wahrung der Einheitlichkeit der Rechtsprechung des obersten Gerichtshöfe des Bundes
RV/RVO	Rechtsverordnung
RVG	Rechtsanwaltsvergütungsgesetz
RVO	Reichsversicherungsordnung
S.	Satz; Seite
s.	siehe
S/B/S	Stelkens/Bonk/Sachs, Verwaltungsverfahrensgesetz, Kommentar, 7. Aufl. 2008
S/S-A/P	Schoch/Schmidt-Aßmann/Pietzner, VwGO, Kommentar, Stand 18. Ergänzungslieferung, Juli 2009
SaarlOVG	Oberverwaltungsgericht des Saarlandes (Saarlouis)
SaatVerkG	Saatgutverkehrsgesetzt
Sächs.	Sächsisch(es)
SächsOVG	Sächsisches Oberverwaltungsgericht (Bautzen)

Abkürzungs- und Literaturverzeichnis

SBG	Soldatenbeteiligungsgesetz
Schenke	Verwaltungsprozessrecht, Lehrbuch, 12. Aufl. 2009
Schütz BeamtR ES	Beamtenrecht, Entscheidungssammlung
Schwarz	FGO, Loseblatt-Kommentar, München, Stand: 2009
SEV	Sachentscheidungsvoraussetzungen
SG	Sozialgericht
SGB I	Erstes Buch Sozialgesetzbuch – Allgemeiner Teil
SGB VII	Siebtes Buch Sozialgesetzbuch – Gesetzliche Unfallversicherung
SGB VIII	Achtes Buch Sozialgesetzbuch – Kinder- und Jugendhilfe
SGB X	Zehntes Buch Sozialgesetzbuch – Sozialverwaltungsverfahren und Sozialdatenschutz
SGG	Sozialgerichtsgesetz
SH	Schleswig-Holstein
SHOVG	Schleswig-Holsteinisches Oberverwaltungsgerichts (Schleswig)
SigG	Signaturgesetz
Slg.	Sammlung
Sodan	Grundgesetz, Beck'scher Kompakt-Kommentar, 2009
sog.	so genannt(e)
SortSchG	Sortenschutzgesetz
StAG	Staatsangehörigkeitsgesetz
Staudinger	Kommentar zum Bürgerlichen Gesetzbuch mit Einführungsgesetz und Nebengesetzen
SteuerberG	Steuerberatergesetz
StGB	Strafgesetzbuch
StPO	Strafprozessordnung
str.	streitig
stRspr.	ständige Rechtsprechung
Stüer	Stüer, Bernhard, Handbuch des Bau- und Fachplanungsrechts, 4. Aufl. 2008
StUG	Stasi-Unterlagen-Gesetz
StV	Der Strafverteidiger (Zeitschrift)
StVÄG	Strafverfahrensänderungsgesetz
StVG	Straßenverkehrsgesetz
SUV	Sachurteilsvoraussetzungen
TA	Technische Anleitung
ThP	Thomas/Putzo, Zivilprozessordnung, 30. Aufl. 2009
ThürOVG	Thüringer Oberverwaltungsgericht (Weimar)
ThürVSG	Thüringer Verfassungsschutzgesetz
THW	Technisches Hilfswerk
TierSchG	Tierschutzgesetz
TierSG	Tierseuchengesetz
TKG	Telekommunikationsgesetz
TVöD	Tarifvertrag für den öffentlichen Dienst
u.	unten
u.ä.	und ähnliche
u.a.	unter anderem
UIG	Umweltinformationsgesetz
umf.	umfassend
umstr.	umstritten
UmwRBG	Umwelt-Rechtsbehelfsgesetz
UPR	Umwelt- und Planungsrecht (Zeitschrift)
UrhWG	Urheberrechtswahrnehmungsgesetz
UrkB	Urkundsbeamter
usw.	und so weiter

Abkürzungs- und Literaturverzeichnis

UVG	Unterhaltsvorschussgesetz
UVP	Umweltverträglichkeitsprüfung
UVPG	Gesetz über die Umweltverträglichkeitsprüfung
v.	vom
VA	Verwaltungsakt
Var.	Variante
VBI	Vertreter des Bundesinteresses
VBlBW	Verwaltungsblätter für Baden-Württemberg
VDI	Verein Deutscher Ingenieure
VerkPBG	Verkehrswegeplanungsbeschleunigungsgesetz
VermG	Vermögensgesetz
VersR	Versicherungsrecht (Zeitschrift)
VerwArch	Verwaltungsarchiv (zitiert nach Bänden und Jahrgang)
VG	Verwaltungsgericht(e)
VGG	Gesetz über die Verwaltungsgerichtsbarkeit
VGH	Verwaltungsgerichtshof
VIZ	Zeitschrift für Vermögens- und Wirtschaftsrecht
VO	Verordnung
VöI	Vertreter des öffentlichen Interesses
von Wulffen	SGB X, Sozialverwaltungsverfahren und Sozialdatenschutz, Zehntes Buch Sozialgesetzbuch, Kommentar, 7. Aufl. 2010
VR	Verwaltungsrundschau (Zeitschrift)
VV	Verwaltungsvorschrift(en)
VV-RVG	Vergütungsverzeichnis zum RVG
VwGO	Verwaltungsgerichtsordnung
VwV	Verwaltungsvorschrift
VwVfG	Verwaltungsverfahrensgesetz
VwVG	Verwaltungsvollstreckungsgesetz
VwZG	Verwaltungszustellungsgesetz
WaStrG	Bundeswasserstraßengesetz
WB	Wolff/Bachof u.a. Verwaltungsrecht in drei Bänden
WBO	Wehrbeschwerdeordnung
WDO	Wehrdisziplinarordnung
WEG	Wohnungseigentumsgesetz
WHG	Wasserhaushaltsgesetz
WiPO	Wirtschaftsprüferordnung
WissR	Wissenschaftsrecht (Zeitschrift)
WPflG	Wehrpflichtgesetz
WRV	Weimarer Reichsverfassung (Verfassung des Deutschen Reichs v. 11.8.1919)
WVG	Gesetz über die Wasser- und Bodenverbände
z.B.	zum Beispiel
z.T.	zum Teil
ZBR	Zeitschrift für Beamtenrecht
ZDG	Wasserverbandsgesetz
ZfBR	Zeitschrift für deutsches und internationales Bau- und Vergaberecht
ZFK	Zeitschrift für Kommunalfinanzen
ZfWassR	Zeitschrift für Wasserrecht
Ziekow	VwVfG, Kommentar, 2. Aufl. 2010
Ziff.	Ziffer
Zimmermann	Justizvergütungs- und -entschädigungsgesetz – JVEG, Kommentar, 2005
ZNER	Zeitschrift für Neues Energierecht

Abkürzungs- und Literaturverzeichnis

Zöller	ZPO, Kommentar, 28. Aufl. 2010
ZOV	Zeitschrift für offene Vermögensfragen
ZPO	Zivilprozessordnung
ZRP	Zeitschrift für Rechtspolitik
ZSEG	Gesetz über die Entschädigung von Zeugen und Sachverständigen (jetzt → JVEG)
ZUM	Zeitschrift für Urheber- und Medienrecht
ZUR	Zeitschrift für Umweltrecht
zust.	zustimmend
ZustRG	Zustellungsreformgesetz
zweifelh.	zweifelhaft

Verwaltungsgerichtsordnung (VwGO)

vom 21. Januar 1960 (BGBl. I 17),
in der Fassung der Bekanntmachung vom 19. März 1991 (BGBl. I 686),
zuletzt geändert durch Art. 3 Gesetz vom 21. August 2009 (BGBl. I 2870)

Teil I. Gerichtsverfassung

1. Abschnitt. Gerichte

§ 1 [Sachliche und organisatorische Unabhängigkeit]

Die Verwaltungsgerichtsbarkeit wird durch unabhängige, von den Verwaltungsbehörden getrennte Gerichte ausgeübt.

I. Konstituierung einer Verwaltungsgerichtsbarkeit

Die VwGO bekennt sich einleitend zu einer **eigenständigen** – also voll ausgebauten 1
– **Verwaltungsgerichtsbarkeit**, in den Worten Gustav Radbruchs dem „Schlussstein im Gebäude des Rechtsstaats". In sechs Abschnitten des I. Teils (§§ 1 bis 53) wird ihre **gerichtsverfassungsrechtliche Struktur** festgelegt: die Organe („Gerichte" und die Gerichtsverwaltung) und zugeordnete Einrichtungen (Vertreter des öffentlichen Interesses), das richterliche und sonstige Personal (Berufs- und ehrenamtliche Richter, Urkundsbeamte) sowie die zugeordneten Streitverfahren (Verwaltungsrechtsweg) und deren Verteilung auf die Gerichte (Zuständigkeit). Stets mitzulesen sind die **konkretisierten Bestimmungen** anderer Gesetze, vor allem des GG (Art. 92 ff.), aber auch des unmittelbar anwendbaren DRiG und des grds. für die ordentliche Gerichtsbarkeit geltenden, aber modellhaft gestalteten GVG, das kraft der Generalverweisung in § 173 S. 1, teilweise auch durch besondere, über die VwGO verstreute Verweisungen für entsprechend anwendbar erklärt ist. Ohne Kenntnis dieser Vorschriften muss das Verständnis der organisationsrechtlichen Bestimmungen der VwGO rudimentär bleiben.

Die Ausgestaltung der Gerichtsbarkeit in der VwGO vollzieht Verfassungsaufträge, 2
füllt aber auch belassene **Spielräume** aus. Art. 95 I GG verlangt für die bezeichneten fünf Gebiete nur oberste Fachgerichte des Bundes. Zwar ist dabei zur Gewährleistung effektiven Rechtsschutzes gegen Akte der öffentlichen Gewalt (Art. 19 IV GG) ein Unterbau aus Ländergerichten (Art. 30, 92 GG) als Tatsacheninstanzen mitgedacht; der einfache Gesetzgeber ist jedoch nicht gehalten, diesen Unterbau aus Gerichten derselben Fachrichtung zu bilden (zum Streitstand NKVwGO § Rn. 27; § 40 Rn. 6 ff.). Daher enthält die VwGO (mit gleichsinnigen Aussagen in § 1 SGG und § 1 FGO) eine **doppelte Absage**: an eine Einheits-Fachgerichtsbarkeit für das gesamte öffentliche Recht und an die generelle Miterledigung von Verwaltungsstreitsa-

§ 1 Teil I. Gerichtsverfassung

chen durch Gerichte anderer Gerichtszweige, insbes. der ordentlichen Gerichtsbarkeit (sog. justizstaatliche Lösung). Diese einfach-gesetzlichen Absagen sind ebenso änderbar, weshalb immer wieder über eine Zusammenlegung der öffentlich-rechtlichen Fachgerichtsbarkeiten (VG, SG, FG) diskutiert wird, zuletzt im Zusammenhang mit dem Übergang der traditionell bei den VG angesiedelten Sozialhilfe auf die Sozialgerichtsbarkeit (§ 51 I Nr. 6a SGG → § 40 Rn. 7).

II. Organe der Verwaltungsgerichtsbarkeit

3   Der Begriff „Gerichtsbarkeit" meint hier die staatliche Rechtsprechungsgewalt (die „Gerichtshoheit", vgl. BVerfGE 54, 277) und nicht den Geschäftskreis der Gerichte, der mithilfe von Rechtswegbestimmungen festgelegt wird (→ vor § 40 Rn. 27). Innerhalb der drei öffentlichen Gerichtsbarkeiten (der Finanz-, Sozial- und Verwaltungsgerichte → § 40 Rn. 7) ist die **Verwaltungsgerichtsbarkeit** der VwGO demnach die Ausübung rechtsprechender Gewalt durch Fachgerichte für öffentlich-rechtliche Streitigkeiten, die keiner anderen Gerichtsbarkeit zugewiesen – und insofern „allgemein" – sind. Vereinfachend gesagt sind die allgemeine wie die besonderen Verwaltungsgerichtsbarkeiten mit der Kontrolle der öffentlichen Verwaltung befasst. Diese Kontrolle ist aber grds. nicht objektiv-rechtlich ausgestaltet, sondern gemäß Art. 19 IV GG i. d. R. auf den Schutz subjektiver Rechte in Außenrechtsbeziehungen beschränkt (→ vor § 40 Rn. 35).

4   Rechtsprechung ist gemäß Art. 20 II 2 GG durch besondere Organe auszuüben. Diese bezeichnet § 1 – in Wiederholung des Art. 92 GG – als (staatliche) **„Gerichte"**. Der Begriff ist mehrdeutig: Er kann die Rechtsprechungsorgane i. S. der zur Entscheidung berufenen **Spruchkörper** meinen (Gerichte im jurisdiktionellen Sinne: Kammer, Senat, Einzelrichter) oder aber die **Gerichtsbehörde** (Gericht im administrativen Sinne) i. S. der organisatorischen Einheit aus Spruchkörpern und der Gerichtsverwaltung mit einem Präsidenten an der Spitze (§§ 4, 5 I, 38 f.). Die konkrete Bedeutung muss dem jeweiligen Zusammenhang entnommen werden (S/S-A/P § 1 Rn. 26). § 1 zielt ausschließlich auf die Spruchkörper (Kammern und Senate, §§ 5, 9, 10, aber auch allein entscheidende Vorsitzende und Einzelrichter), denen allein Unabhängigkeit garantiert sein kann.

5   Die **Unabhängigkeit** der Spruchkörper ist nicht gleichzusetzen mit jener Unabhängigkeit, die in Art. 97 I GG den Richtern als Organwaltern der rechtsprechenden Gewalt (Art. 92 GG) zuerkannt ist (dazu MD, Art. 97, insbes. Rn. 111). Organisatorische Einheiten können nur in einem institutionellen Sinne unabhängig sein; persönliche Elemente sind sachlogisch ausgeklammert. Die Unabhängigkeit der Spruchkörper in § 1 garantiert die Weisungsfreiheit der Rechtsprechungsorgane daher nur bei der Ausübung rechtsprechender Gewalt. Sie reicht genau so weit, wie es die in Art. 97 I GG vorgeschriebene Absicherung der Unabhängigkeit der Organwalter erfordert. Dabei ist mitgedacht, dass die Spruchkörper mit allen Garantien ausgestattet sind, die zur effektiven Rechtsschutzgewährung (Art. 19 IV GG) erforderlich sind.

6   Das Gebot der **Trennung von den Verwaltungsbehörden** ist von der heutigen Verfassungslage her i. W. historisch zu verstehen, soweit es die Rechtsprechungstätigkeit betrifft. Das Gebot bekräftigt insoweit die Absage an eine Beseitigungsmöglichkeit von Rechtsverletzungen durch die öffentliche Gewalt nur durch Verwaltungsstellen (Verwaltungsrechtspflege, Administrativjustiz), wie sie im 19. Jhdt. verbreitet war (NKVwGO § 1 Rn. 1 ff.). Durch das Trennungsgebot **nicht berührt** werden moderne Formen der Verwaltungsrechtspflege (wie das Widerspruchsverfahren nach

2 | Wysk

Sachliche und organisatorische Unabhängigkeit **§ 1**

§§ 68 ff.), die den gerichtlichen Rechtsschutz (unbeschadet der Verzahnungen mit ihm → § 68 Rn. 1) nicht ausschließen.

Das Trennungsgebot ist aus der Perspektive der Gewaltentrennung (Art. 20 II 2 GG, § 4 DRiG) jedoch auch **personell, sächlich und haushaltsrechtlich** zu beachten. Verboten ist daher die (Mit)Verwendung des Personals einer Verwaltungsbehörde in der Gerichtsverwaltung; als zulässig angesehen werden nur völlig untergeordnete Verbindungen wie die Unterbringung in einem gemeinsamen Gebäude oder eine gemeinsame Telefonzentrale. Ebenfalls nicht berührt wird die Eingliederung der Gerichtsbehörden (Rn. 4) in die Ministerialverwaltung (→ § 38 Rn. 2). **7**

III. Entwicklung der Verwaltungsgerichtsbarkeit

Die Verwaltungsgerichtsbarkeit ist, wie § 184 erkennen lässt, keine Errungenschaft der Bundesrepublik (näher S/S-A/P Einl. Rn. 70 ff.). Schon im 19. Jhdt. bestanden mit dem Preußischen OVG in Berlin (1875) und in den süddeutschen Ländern Baden (1864), Hessen-Darmstadt (1875) und Bayern (1878) echte Verwaltungsgerichte, dort unter der traditionellen Bezeichnung „Verwaltungsgerichtshof". Sie hatten nach dem Enumerationsprinzip (→ § 40 Rn. 75) über einzelne Streitigkeiten des öffentlichen Rechts (vor allem Abgabensachen und Polizeiverfügungen) in zweiter und letzter Instanz zu entscheiden. Allgemein vorgesehen war nur eine behördeninterne Kontrolle durch weisungsabhängige Bedienstete der Verwaltung, die eine Administrativjustiz ausübten. Vorbild war die Kameraljustiz in Preußen (nach der Kammergerichtsordnung von 1709), wo ab 1808 Verwaltungssachen den Gerichten zugewiesen wurden. Diese **Verwaltungs‚rechtspflege'** (vgl. Art. 182 der Paulskirchenverfassung von 1848) sollte i. W. jedoch die objektive Rechtmäßigkeit des Verwaltungshandelns sichern, weniger dem Schutz subjektiver Rechte des Einzelnen dienen (näher NK-VwGO § 1 Rn. 1 ff.; Grawert FS Menger, S. 35 ff.). **8**

Der Forderung des liberalen Bürgertums, eine unabhängige Verwaltungskontrolle einzurichten, wurde erst sehr viel später, nämlich im 20. Jhdt., durch Ausbau einer eigenständigen Verwaltungsgerichtsbarkeit entsprochen. Bis zum Ende des **Kaiserreichs** (1918) waren zwar in fast allen deutschen Ländern Verwaltungsgerichte geschaffen (neben fortbestehender Administrativjustiz für bestimmte Sachgebiete z.B. durch das Reichseisenbahn-, Reichsversicherungs- und das Patentamt). Deren Zuständigkeit folgte jedoch weiterhin dem Enumerationsprinzip. Erst in der **Weimarer Zeit** fand die Verwaltungsrechtspflege ihre verfassungsrechtliche Erledigung: Art. 107 WRV garantierte VG im Reich und in den Ländern; Art. 102 WRV forderte die Unabhängigkeit der Richter. **9**

Entfalten konnten sich diese Vorgaben nicht, denn im sog. **Dritten Reich** wurde ein systematischer Abbau des verwaltungsgerichtlichen Rechtsschutzes betrieben. Die erstinstanzlichen Verwaltungsgerichte wurden 1939 aufgelöst, ihre Aufgaben Verwaltungsbehörden übertragen. Zwar wurde durch Führererlass von 1941 das in der Weimarer Zeit vorgesehene, aber nicht verwirklichte Reichsverwaltungsgericht errichtet; es war jedoch eine bloße organisatorische Zusammenfassung des Preußischen OVG, anderer Gerichte und Spruchstellen sowie des VGH Wien und überdies mit versetzbaren, also ihrer persönlichen Unabhängigkeit beraubten Richtern besetzt. **10**

Erst **nach dem Zweiten Weltkrieg** kam es in den westlichen Besatzungszonen zu einer Ertüchtigung der Verwaltungsgerichtsbarkeit, die durch die **Besatzungsmächte** befördert wurde. Das Kontrollratsgesetz vom 10.10. 1946 (ABl. MilReg Nr. 14 S. 315) sah eine Wiedererrichtung von Verwaltungsgerichten in den einzelnen Zonen und in Berlin vor, deren Ausgestaltung den jeweiligen Zonenbefehlshabern **11** überlassen blieb. In den Ländern der amerikanischen Zone wurde nach einem Mustergesetz Verwaltungsgerichtsgesetze ab 1946 erlassen; 1947 folgte das VGG und in der britischen Zone die Militärregierungsverordnung (MRVO) Nr. 165 v. 15.9. 1948, die in vielerlei Hinsicht Vorbild der VwGO geworden ist und bis zu deren Inkrafttreten (1960) auch von dem 1953 errichteten BVerwG angewendet wurde. Die Zonenentwicklung hatte freilich eine als unerträglich empfundene Zersplitterung der Verwaltungsgerichtsbarkeit zur Folge. Abhilfe sollte neben dem BVerwG als vereinheitlichender Instanz (Art. 96 GG a. F.) eine Verwaltungsgerichtsordnung schaffen. Ein Regierungsentwurf wurde 1952 vorgelegt. Jedoch konnte dieses Vorhaben erst mit Gesetz vom 21.1. 1960 (BGBl. I 17) umgesetzt werden. In Kraft getreten ist die VwGO am 1.4. 1960 (→ § 195 I). Sie ist seither Gegenstand fortlaufender Änderungen, zahlreiche davon im Zeichen der Verfahrensbeschleunigung (→ S/S-A/P Einl. Rn. 89 ff.; Lorenz § 2).

§ 2 [Gliederung der Verwaltungsgerichtsbarkeit]

Gerichte der Verwaltungsgerichtsbarkeit sind in den Ländern die Verwaltungsgerichte und je ein Oberverwaltungsgericht, im Bund das Bundesverwaltungsgericht mit Sitz in Leipzig.

1   Die Verwaltungsgerichtsbarkeit ist **dreistufig** aufgebaut, mit einem verfassungsunmittelbar vorgesehenen obersten Bundesgericht (dem BVerwG, Art. 95 I GG → § 10) und einem Unterbau mit zwei obligatorischen Stufen in den Ländern (VG, OVG; vgl. Art. 92, 30 GG). Die Landesgerichte sind Rechts- und Tatsacheninstanzen, das BVerwG i.d.R. Rechtsmittelgericht (§ 49) das in dieser Funktion grds. auf die Nachprüfung von Bundesrecht beschränkt ist (§ 137). Nur ausnahmsweise sind dem BVerwG erstinstanzliche Zuständigkeiten übertragen (→ § 50), sodass es als erste und letzte Instanz Tatsachengericht ist.

2   Die Dreistufigkeit der Instanzen, die je einen eigenen **Rechtszug** bilden (vgl. § 45), ist nicht gleichbedeutend mit Abfolge der Instanzen auf Rechtsmittel hin, also mit dem **Instanzenzug** für eine einzelne Streitsache. Weder Art. 19 IV GG noch das Rechtsstaatsprinzip gewährleisten einen Instanzenzug (BVerfGE 19, 323, 327 f.; 11, 232, 233); die Verfassung überlässt ihn der Ausgestaltung durch den Gesetzgeber. Die VwGO geht insoweit über die verfassungsrechtlichen Mindestvorgaben hinaus, erhebt die Abfolge der organisatorischen Stufen (VG – OVG – BVerwG) aber nicht zum Regelfall. Im Bereich des Landesrechts ist der Instanzenzug regelmäßig nur zweizügig (VG – OVG, vgl. § 137 I). Er kann sich verschieben durch Sprungrevision (vom VG zum BVerwG, § 134) oder durch Anhebung der Eingangsinstanz VG (§ 45) zum OVG (§ 48) oder zum BVerwG (§ 50). Vorzüge und Nachteile dieser Ausgestaltung sind dauerhaft Gegenstand von Diskussionen (S/S-A/P § 2 Rn. 5 ff.).

3   Gestaltungsvorgaben werden den Ländern in zweifacher Hinsicht gemacht: Die **Bezeichnungen** der Ländergerichte werden **vereinheitlicht** (mit der Ausnahme für die traditionelle Bezeichnung „VGH" in § 184), womit nicht verwehrt, sondern vorausgesetzt ist, dass der Typbezeichnung (VG, OVG) die zur Individualisierung eines einzelnen Gerichts unabdingbaren **Namenszusätze** beigefügt werden. Diese Zusätze sind Teil des Errichtungsaktes (→ § 3). Die VG führen meist den Namen der politischen Gemeinde, in der sie ihren Sitz haben (z. B. „VG Hannover"; so ausdrücklich § 1 II 2 NdsAGVwGO). Den Namen der OVG/VGH und der VG in jenen Ländern,

die nur ein einziges besitzen (Saarland und Schleswig-Holstein), wird der Name des Bundeslandes beigegeben, das ihren Gerichtsbezirk darstellt (OVG für das Land Nordrhein-Westfalen; Bayerischer VGH; VG des Saarlandes usw.). Zulässig ist die Beifügung der Landesbezeichnung (wie „Bayerisches VG Regensburg") oder überkommener Kennzeichnungen („Hanseatisches Oberverwaltungsgericht"). In der Literatur werden die OVG/VGH oft abkürzend mit ihrer Sitzgemeinde bezeichnet (OVG Münster, VGH Kassel).

Die **Zahl der VG** je Bundesland ist in § 2 unausgesprochen auf „mindestens eins" 4 festgelegt, die **Zahl der OVG** ausdrücklich auf „je ein(s)" (= höchstens eins). Unberührt bleibt die Befugnis, gemeinsame Einrichtungen (z.B. ein OVG) für mehrere Länder zu schaffen (§ 3 II). Die **Beschränkung** für die OVG erklärt sich aus deren Vereinheitlichungsfunktion für das Landesrecht. Diese kann durch das auf Bundesrecht fixierte BVerwG (vgl. § 137) nicht vergleichbar wahrgenommen werden wie vom BGH für das Zivilrecht, das überwiegend Bundesrecht ist. Heute wird die Verwaltungsgerichtsbarkeit in den Ländern durch 52 VG und 15 OVG/VGH ausgeübt (www.verwaltungsgerichtsbarkeit.de).

Die Festlegung des **Gerichtssitzes** (→ § 3 Rn. 6) **des BVerwG** (§ 10) kann 5 sachlogisch nur durch Bundesrecht, naheliegenderweise in der VwGO selbst erfolgen. Sitz des **BVerwG** war bei seiner Errichtung 1953 (→ § 10 Rn. 1) ursprünglich Berlin. Der Zeitpunkt seiner Verlegung nach Leipzig (Gesetz v. 21.11. 1997, BGBl. I 2742) ist durch VO des BMJ v. 24.6. 2002 (BGBl. I 2371) auf den 26.8. 2002 festgelegt worden. Dort sind seither auch die beiden **Wehrdienstsenate** angesiedelt, die wegen alliierter Vorbehaltsrechte ursprünglich nach München detachiert werden mussten (VO vom 30.8. 1957, BGBl. I 1330; § 73 1 4 WDO a. F.; Näheres unter www.bverwg.de). Die **Sitze der VG/OVG** werden in den Ausführungsgesetzen der Länder als Teil der Errichtungs- bzw. Verlegungsgesetze bestimmt (→ § 3 I Nrn. 1 und 2).

§ 3 [Gerichtsorganisation in den Ländern]

(1) **Durch Gesetz werden angeordnet**
1. **die Errichtung und Aufhebung eines Verwaltungsgerichts oder eines Oberverwaltungsgerichts,**
2. **die Verlegung eines Gerichtssitzes,**
3. **Änderungen in der Abgrenzung der Gerichtsbezirke,**
4. **die Zuweisung einzelner Sachgebiete an ein Verwaltungsgericht für die Bezirke mehrerer Verwaltungsgerichte,**
4a) **die Zuweisung von Verfahren, bei denen sich die örtliche Zuständigkeit nach § 52 Nr. 2 Satz 1, 2 oder 4 bestimmt, an ein anderes Verwaltungsgericht oder an mehrere Verwaltungsgerichte des Landes,**
5. **die Errichtung einzelner Kammern des Verwaltungsgerichts oder einzelner Senate des Oberverwaltungsgerichts an anderen Orten,**
6. **der Übergang anhängiger Verfahren auf ein anderes Gericht bei Maßnahmen nach den Nummern 1, 3, 4 und 4a, wenn sich die Zuständigkeit nicht nach den bisher geltenden Vorschriften richten soll.**

(2) **Mehrere Länder können die Errichtung eines gemeinsamen Gerichts oder gemeinsamer Spruchkörper eines Gerichts oder die Ausdehnung von Gerichtsbezirken über die Landesgrenzen hinaus, auch für einzelne Sachgebiete, vereinbaren.**

I. Allgemeine Organisationsvorgaben

1 Die Vorschrift ermächtigt – und verpflichtet – die Landesgesetzgeber, für ihren Bereich eine funktionsfähige Gerichtsorganisation (im administrativen Sinne → § 1 Rn. 3) mit den Stufen der VG und OVG herzustellen. Zur Ausgestaltung der Landesorganisation beschränkt sich die VwGO auf die **unabdingbaren Vorgaben** für eine bundeseinheitliche Struktur der Gerichtsbarkeit. Innerhalb dieses Rahmens bleiben den Ländern Spielräume, eine ihren Verhältnissen angepasste Gestaltung zu wählen.

2 Alle Anordnungen haben zwingend durch **formelles** (Parlaments)**Gesetz** zu erfolgen (BVerfGE 2, 307, 316–319). Der Bundesgesetzgeber will damit die Gerichtsorganisation einer Gestaltung durch die Ministerialverwaltung entziehen: Regelungen durch Verwaltungsanordnung sind ebenso untersagt wie solche durch Rechtsverordnung. Den Ländern im Bereich der Gerichtsverfassung formelle Gesetze abzuverlangen, war und ist der Bundesgesetzgeber im Rahmen der konkurrierenden Gesetzgebung befugt (Art. 74 Nr. 1 GG a. F., Art. 74 I Nr. 1 GG n. F.).

3 Diesem Gesetzesauftrag sind die Länder in ihren **Ausführungsgesetzen** (AGVwGO) bzw. -verordnungen nachgekommen (freier Zugriff etwa über www.lexsoft.de/lexisnexis/justizportal_nrw.cgi), wo überdies die Ermächtigungen der Länder zur Abweichungsgesetzgebung ausgefüllt werden (→ § 173 Rn. 5). Abweichende Regelungen finden sich auch in Bundesgesetzen, so in **§ 83 AsylVfG** für Streitigkeiten nach jenem Gesetz. Für die Gerichtsbarkeit im **Beitrittsgebiet** galt das Rechtspflege-Anpassungsgesetz vom 26. 6. 1992 (BGBl. I 1147, aufgehoben m. W. v. 25. 4. 2006 durch Art. 3 des Gesetzes v. 19. 4. 2006, BGBl. I 866, näher S/S-A/P § 3 Rn. 20).

II. Einzelregelungen

4 Zwingend festzulegen ist die Zahl der VG (→ § 2 Rn. 4), die sich freilich aus der Zahl der Errichtungsakte ableitet. Fakultativ können weitere organisatorische Regelungen getroffen werden (dazu Rn. 8).

5 **Errichtung** (I Nr. 1) ist die Gründung eines neuen bzw. die Bestätigung eines bestehenden Gerichts im administrativen Sinne (→ § 1 Rn. 4), wozu der Name des Gerichts (→ § 2 Rn. 3), sein Sitz und Bezirk unabdingbar gehören. **Aufhebung** ist actus contrarius zur Errichtung und kann bei Schaffung eines gemeinsamen Gerichts (Rn. 10) praktisch werden.

6 **Gerichtssitz** ist die politische Gemeinde, in der sich der Amtssitz des Präsidenten und die Spruchkörper befinden. Bei detachierten (auswärtigen) Spruchkörpern in anderen Gemeinden (→ Rn. 9) muss die weit überwiegende Zahl der Spruchkörper am Gerichtssitz verbleiben. Die **Verlegung** des Sitzes (I Nr. 2) beschränkt sich auf die Bestimmung einer anderen politischen Gemeinde. Bei der Auslagerung einzelner Spruchkörper in Nebenstellen innerhalb derselben Gemeinde (nicht zu verwechseln mit Zweigstellen, sei es nach I Nr. 5, sei es nach § 7 I 4 SGG) bleibt der Sitz erhalten. Zu auswärtigen Sitzungen eines Spruchkörpers vgl. § 102 III.

7 **Gerichtsbezirk** ist der räumliche Bereich, in dem das Gericht seine Gerichtsgewalt ausübt. Er bestimmt die örtliche Zuständigkeit (§ 52) und wird meist mithilfe der Bezeichnung von Städten und Kreisen festgelegt. Der Bezirk eines OVG ist das jeweilige Bundesland, sofern keine länderübergreifende Vereinbarung getroffen ist (dazu Rn. 10).

8 **Fakultativ** kann angeordnet werden: die Konzentration einzelner Sachgebiete oder Dekonzentration von Verfahren aus Gründen der Spezialisierung oder eines Belastungsausgleichs (I Nrn. 4 und 4a: sog. Öffnungsklausel gegenüber § 52 Nr. 2) und der Übergang anhängiger Verfahren bei Organisationsänderungen (I Nr. 6).

I Nr. 5 gibt die Möglichkeit, im Interesse ortsnaher Rechtsprechung einzelne **9** Kammern oder Senate in Gemeinden außerhalb des Gerichtssitzes zu errichten. Diese **detachierten Spruchkörper** (Rn. 6) bleiben organisationsrechtlich Teil des Stammgerichts mit dessen Sitz.

III. Staatsverträge über gemeinsame Einrichtungen

In II ist die Rechtsgrundlage für Vereinbarungen geschaffen, mit denen mehrere **10** Bundesländer gemeinsame Einrichtungen (z.B. ein OVG) für ihren Länderbereich schaffen können. Davon wird derzeit nur von den Ländern Berlin und Brandenburg („OVG Berlin-Brandenburg") Gebrauch gemacht. Die Vereinbarung kommt durch Staatsvertrag gemäß den jeweiligen Landesverfassungen zustande und bedarf der Bestätigung durch formelle Landesgesetze (arg. § 3 I; str., S/S-A/P § 3 Rn. 17).

§ 50a SGG enthält eine **Öffnungsklausel**, die den Ländern befristet die Mög- **11** lichkeit einräumt, die Sozialgerichtsbarkeit in Angelegenheiten der Sozialhilfe und des Asylbewerberleistungsgesetzes sowie in Angelegenheiten der Grundsicherung für Arbeitsuchende durch besondere Spruchkörper der VG und der OVG auszuüben (vgl. S/S-A/P § 3 Rn. 2b). Nicht eingeräumt ist damit die – immer wieder diskutierte – **Zusammenlegung** dieser Gerichtsbarkeiten (ebenfalls durch eine Öffnungsklausel).

§ 4 [Präsidium und Geschäftsverteilung]

¹**Für die Gerichte der Verwaltungsgerichtsbarkeit gelten die Vorschriften des Zweiten Titels des Gerichtsverfassungsgesetzes entsprechend.** ²**Die Mitglieder und drei Vertreter des für Entscheidungen nach § 99 Abs. 2 zuständigen Spruchkörpers bestimmt das Präsidium jeweils für die Dauer von vier Jahren.** ³**Die Mitglieder und ihre Vertreter müssen Richter auf Lebenszeit sein.**

Das grundrechtsgleiche Recht auf den gesetzlichen Richter (Art. 101 I 2 GG) **1** erfordert eine personenscharfe Vorabverteilung künftiger Streitverfahren auf die Spruchkörper. Diese Zuordnung herzustellen ist Sache der Geschäftsverteilung. Sie ist Kernbestandteil der – im Kern verfassungsrechtlich geprägten – **Präsidialverfassung**, die für die Verwaltungsgerichtsbarkeit durch dynamische Verweisung auf das Modell der ordentlichen Gerichtsbarkeit eingeführt ist (zur Verweisungstechnik der VwGO → § 173 Rn. 2). Mit ihr wird innerhalb des einzelnen Gerichts zugleich die Unabhängigkeit der Richter (Art. 97 GG) institutionell abgesichert, weil die richterlichen Geschäfte in Selbstverwaltung geregelt werden. Die „entsprechende" Anwendung der Vorschriften der §§ 21a bis 21j GVG erlaubt Abweichungen nur, soweit Unterschiede zwischen den Gerichtsbarkeiten dies gebieten (BVerwGE 44, 172, 174). Wegen der Einzelheiten der Präsidialverfassung wird auf die Kommentierungen zum GVG verwiesen (z.B. Kissel; ThP GVG; ferner S/S-A/P § 4 Rn. 8 ff.).

Im Zentrum der richterlichen Selbstverwaltung steht das **Präsidium**, ein nach **2** innen wie außen unabhängiges, grds. gewähltes Organ der Richterschaft (§§ 21a und 21b GVG), das die **Geschäfte** spruchkörperübergreifend **verteilt**. Das Präsidium bestimmt nach § 21e I GVG die Besetzung der Spruchkörper (d.h. die Zuweisung ihrer ständigen berufsrichterlichen Mitglieder), die Verteilung der eingehenden Streitsachen auf die Spruchkörper und die Regelung der Vertretung zwischen den Spruchkörpern. Der gesetzliche Richter (Art. 101 I 2 GG) ist dabei nur gewahrt, wenn die Streitverfahren den Spruchkörpern nach abstrakten Kriterien (i.d.R. nach [Teil-]Sachgebieten) im Voraus zugeordnet werden. Die Regelungen sind daher grds. vor dem Beginn eines jeden Geschäftsjahres (str. ist, ob es sich um das Kalenderjahr handeln muss) für dessen Dauer durch Präsidialbeschluss festzulegen, was zulässigerweise im Umlaufverfahren erfolgen kann (BVerwG NJW 1992, 254).

3 Die Regelungen sind in einem **Geschäftsverteilungsplan zusammenfassend** darzustellen. Rechtsnatur und Anfechtbarkeit des GVP durch die betroffenen Richter werfen zahlreiche Fragen auf (BVerfG NJW 2008, 909; DRiZ 1991, 100; BVerwGE 50, 11, 13 ff.; 67, 222; DÖD 1986, 218; BayVGH BayVBl. 1978, 337; BGHZ 90, 41, 49 f.; NJW 1991, 425; KM § 21e Rn. 121 m.w.N.). Gerichtliche GVP sind jederzeit einsehbar und i.d.R. auf den Internetseiten der Gerichte veröffentlicht (erreichbar etwa über www.verwaltungsgerichtsbarkeit.de). Nicht zur Geschäftsverteilung gehört die **Bildung** der Spruchkörper (§ 5 II; § 9 II; § 10 II) durch die Justizverwaltung (→ § 5 Rn. 10). Die Heranziehung der **ehrenamtlichen Verwaltungsrichter** (§§ 19 ff.) ist in § 30 gesondert der gerichtlichen Geschäftsverteilung überantwortet, weil das GVG für sie (abgesehen von den in der Strafgerichtsbarkeit verwendeten Schöffen, §§ 44 ff. GVG) keine Vorschriften enthält.

4 Die gesamtgerichtliche Geschäftsverteilung muss ergänzt werden durch eine **spruchkörperinterne Verteilung** der Geschäfte (§ 21g GVG). Sie kommt durch Mehrheitsentscheidung aller dem Spruchkörper angehörenden Berufsrichter zustande und soll in regulär besetzten Spruchkörpern (→ § 5 III, § 9 III, § 10 III) eine gleichmäßige Arbeitsbelastung sichern. Zur Bestimmung der Richterbank in überbesetzten Spruchkörpern (→ § 5 Rn. 20) ist zusätzlich eine **Mitwirkungsregelung** erforderlich, die aus Gründen der Manipulationsvorsorge (BGH NJW 1994, 1735), vor allem aber zur Bestimmung des gesetzlichen Richters neben dem Berichterstatter die weiter mitwirkenden Berufsrichter und deren Vertreter fixiert (S/S-A/P § 4 Rn. 49 f.). Kommt eine Entscheidung durch (gesetzlich bestimmten oder gewillkürten) **Einzelrichter** in Betracht (→ § 6 Rn. 3), ist auch dieser im Voraus zu bestimmen. Die **Umsetzung** der internen Geschäftsverteilung wird dadurch konkretisiert, dass der Vorsitzende neu eingehende Streitsachen dem vorausbestimmten Richter als Berichterstatter zuschreibt. Die Übertragung auf einen Einzelrichter erfolgt durch gesonderten Beschluss des Spruchkörpers (→ § 6).

5 Sonderregelungen gegenüber dem Grundmodell gelten für die nach §§ 99 II, 189 bei den OVG und beim BVerwG zu bildenden **Fachsenate für sog. In-Camera-Verfahren**. Das erhebliche Geheimhaltungsbedürfnis der Zwischenverfahren nach § 99 veranlasst, den Kreis der hiermit befassten Richter schon durch Geschäftsverteilungsmaßnahmen möglichst zu begrenzen. Deshalb sehen S. 2 und 3 eine Abweichung vom Jährlichkeitsprinzip des § 21e I 2 GVG und die Bestellung einer größeren Zahl fester Vertreter vor. Die OVG entscheiden mit drei Berufsrichtern (S. 3) und also in der Regelbesetzung (§ 9 III S. 1 Hs. 1, S. 3 → § 9 Rn. 3), ebenso das BVerwG (§ 10 III). Alle Richter müssen Lebenszeitrichter sein. Überbesetzung der Spruchkörper (→ § 5 Rn. 20) ist auch hier zulässig.

§ 5 [Organisation der Verwaltungsgerichte]

(1) Das Verwaltungsgericht besteht aus dem Präsidenten und aus den Vorsitzenden Richtern und weiteren Richtern in erforderlicher Anzahl.
(2) Bei dem Verwaltungsgericht werden Kammern gebildet.
(3) ¹Die Kammer des Verwaltungsgerichts entscheidet in der Besetzung von drei Richtern und zwei ehrenamtlichen Richtern, soweit nicht ein Einzelrichter entscheidet. ²Bei Beschlüssen außerhalb der mündlichen Verhandlung und bei Gerichtsbescheiden (§ 84) wirken die ehrenamtlichen Richter nicht mit.

Übersicht

	Rn.
I. Funktionsstellen der Verwaltungsgerichte (I)	1
II. Kammerprinzip (II)	9
III. Kammerbesetzung, Richterbank und Sitzgruppe	11
1. Kammerbesetzung	11
2. Richterbank (Entscheidungsbesetzung)	14
a) Zahl und Art der mitwirkungsberechtigten Berufsrichter	14
b) Mitwirkung der ehrenamtlichen Richter	17
3. Sitzgruppe	19

I. Funktionsstellen der Verwaltungsgerichte (I)

Die Vorschrift legt – exemplarisch für die Verwaltungsgerichte aller drei Instanzen (→ § 2) – die wichtigsten Elemente der **Organisation** und **Arbeitsweise** fest. Entsprechungen finden sich daher für die OVG in § 9 und für das BVerwG in § 10. Regelungszweck ist die Herstellung einer in den großen Zügen einheitlichen Organisation der Verwaltungsgerichtsbarkeit in Bund und Ländern. **1**

Bei den VG aller Stufen werden die berufsrichterlichen **Funktionsstellen** des Präsidenten, der Vorsitzenden Richter und der „weiteren" (beisitzenden) Richter (vgl. § 117 I 3) vorgesehen (§§ 5 I, 9 I, 10 I). Die Benutzung (nur) der maskulinen Formen ist angesichts der Formulierung moderner Dienstrechtsgesetze ein sprachlicher Anachronismus ohne einschränkende Bedeutung. **2**

Der **Präsident** (die Präsidentin) hat eine Doppelstellung inne als Leiter(in) der Gerichtsbehörde (→ § 1 Rn. 4) und als Richter(in) in der Funktion eines „geborenen" Vorsitzenden (§ 4 I i.V.m. § 21f I GVG). Er/sie wird von einem ständigen Vertreter (Vizepräsident/in) vertreten (§ 21h GVG) und in Verwaltungsangelegenheiten von richterlichen Dezernenten unterstützt (→ § 39 Rn. 2). **3**

Die **Vorsitzenden** müssen Lebenszeitrichter sein (§ 28 II 2 DRiG) und dienstrechtlich ein entsprechendes Amt bekleiden (vgl. die BesGr R des BBesG). Die ihnen vorbehaltenen Kompetenzen (z.B. §§ 82 II, 86 III; § 173 i.V.m. § 216 II ZPO; § 21g GVG) sollen sie in die Lage versetzen, innerhalb des Spruchkörpers zu integrieren und Qualität und Stetigkeit der Kammerrechtsprechung zu gewährleisten, und gegenüber den Verfahrensbeteiligten die Rechtsprechung zu vermitteln (zum Richterbild → S/S-A/P Vorbem. § 81). **4**

Ergänzend mit zu lesen sind die §§ 15–17, in denen (nach dem Muster des § 8 DRiG) die möglichen **Richterdienstverhältnisse** der Verwaltungsgerichtsbarkeit bezeichnet sind: Richter auf Lebenszeit, auf Zeit, auf Probe und kraft Auftrags. Ehrenamtliche Richter (§ 19 ff.) wirken lediglich bei bestimmten Entscheidungen mit **5**

(§ 5 III → Rn. 17). Sie üben dabei rechtsprechende Gewalt aus (§§ 1, 45 DRiG), gehören aber nicht zur Organisation der VG.

6 Mit den Beschreibungen der Funktionsstellen sind **Handlungsaufträge** an die Länder verbunden: Deren Haushaltsgesetzgeber werden verpflichtet, Planstellen für die Berufsrichter der durch Gesetz errichteten VG (§ 3 I Nr. 1) zu schaffen (staatliche **Ausstattungspflicht**) und die (Justiz)Ministerialverwaltungen dazu, geeignetes Personal auszuwählen (Art. 33 II GG), zu ernennen und in die Planstellen einzuweisen (BVerwG NJW 2001, 3493; BGH NJW 1985, 2337).

7 Die Stellen für Vorsitzende und weitere Richter müssen „**in erforderlicher Anzahl**" bereitgestellt werden. Unter den zur Stellenzahlermittlung eingesetzten **Personalbedarfsberechnungsmethoden** gewinnt das fortschreibungsfähige System PEBB§Y bundesweit an Bedeutung (→ www.mj.niedersachsen.de und www.bdr-online.de). Leitschnur der Berechnung hat nach Art. 19 IV GG und Art. 6 I EMRK zu sein, auf Dauer ausreichende Kapazitäten der Gerichte zu schaffen und eine nicht nur kurzfristige Überlastung der Richterschaft zu vermeiden (BVerfGE 36, 264, 275; EGMR NJW 1997, 2809, 2810).

8 Eine **Unterbesetzung** der VG bleibt für die Entscheidungsprozesse regelmäßig folgenlos, solange die Entscheidungsbesetzung im Einzelfall den gesetzlichen Vorgaben entspricht. Eine Ausnahme gilt für die Vakanz von **Vorsitzendenstellen**. Der normwidrige Zustand ihrer dauernden Verhinderung ist in analoger Anwendung der Vertretungsregelung nur für eine kurze Übergangszeit hinnehmbar. Jede vermeidbare und die übliche Dauer echter Vertretungsfälle überschreitende Verzögerung der (vorübergehenden) Übertragung des Vorsitzes an einen anderen, bereits bestellten Vorsitzenden Richter entzieht der Vertretungsregelung die Grundlage und führt zur nicht ordnungsgemäßen Besetzung des Spruchkörpers (BVerwG NJW 2001, 3493; 1986, 1366, 1367); dies schlägt im einzelnen Verfahren als absoluter Revisionsgrund durch (§ 138 Nr. 1; § 124 II Nr. 5).

II. Kammerprinzip (II)

9 Die Spruchkörper der Verwaltungsgerichtsbarkeit sind traditionell auf allen Stufen als **Kollegialgerichte** ausgestaltet (dazu III). Sie sind nicht nur dauerhaft mit mehreren Berufsrichtern besetzt (vgl. § 21g I 1 GVG), sondern entscheiden auch als Kollegium. Auf der Stufe der VG heißen diese Kollegialspruchkörper „Kammern", bei den höherstufigen Gerichten „Senate" (§§ 9, 10). Damit übernimmt die VwGO die überkommenen Bezeichnungen der entsprechenden Stufen anderer Gerichtsbarkeiten (Kammern: LG, ArbG, SG – Senate: OLG, LAG, FG, LSG). **Kollegialentscheidungen** sollen eine im Diskurs unterschiedlicher Richterpersönlichkeiten gewonnene und dadurch in hohem Maße ausgewogene Rechtsprechung gewährleisten. Zum anderen finden sie bei Bürgern wie bei der Verwaltung typischerweise größere Akzeptanz als Einzelrichterentscheidungen (ausführlich S/S-A/P § 5 Rn. 14), weshalb die Tätigkeit von Einzelrichtern in den höheren Instanzen zunehmend eingeschränkt ist (→ § 6 Rn. 2).

10 Die Verpflichtung auf das Kammerprinzip enthält einen **Auftrag zur Bildung** von Kammern. Dessen Adressat ist streitig: Die Praxis sieht die staatliche **(Justiz)Ministerialverwaltung** berechtigt und verpflichtet, nicht also die Gerichtspräsidien als Organe richterlicher Selbstverwaltung. Entsprechend werden in den Ausführungsgesetzen die Minister oder Präsidenten als nachgeordnete Stellen der Ministerialverwaltung mit der Bildung der Kammern beauftragt. Zum **Organisationsakt** der Kammerbildung gehören die Bestimmung ihrer Zahl, ihre Benennung und die Festlegung

Organisation der Verwaltungsgerichte **§ 5**

der Gesamtzahl zugehöriger Funktionsstellen. Dabei ist zu beachten dass jede Kammer einen Vorsitzenden haben muss (§ 21f I GVG), was die praktisch verbreitete Mehrfachzuordnung allerdings nicht ausschließt (Rn. 12). Kein Teil der Kammerbildung ist die dienstrechtliche Ernennung und Zuordnung der Richter zu einem Gericht; sie ist regelmäßig der Ministerialverwaltung vorbehalten. Nachgelagert ist die Besetzung der Kammern (→ Rn. 11).

III. Kammerbesetzung, Richterbank und Sitzgruppe

1. Kammerbesetzung

Dem organisationsrechtlichen Akt der Kammerbildung folgt die Besetzung der Kammer im organisationsrechtlichen Sinn: Den Spruchkörpern werden in der präsidialen Geschäftsverteilung ständige berufsrichterliche Mitglieder und ehrenamtliche Richter zugewiesen (→ § 4 Rn. 2 f.). Die erforderliche Art und Zahl der Richter ist teilweise aus § 5 zu erschließen, i. Ü. dem DRiG zu entnehmen. Die Vorschriften in III 1 und 2 konkretisieren zwar unmittelbar nur die Besetzung der Richterbank bei Entscheidungen der Kammer (näher Rn. 14); sie lassen jedoch Rückschlüsse auf die **organisatorische Regelbesetzung** der VG zu, die bei Kammerbildung und Geschäftsverteilung zu beachten sind: Jeder Kammer sind danach regelmäßig drei „Richter" als ständige Mitglieder zuzuweisen. Mit dem **Begriff „Richter"** meint die VwGO hier wie überall konsequent nur die Berufsrichter i. S. der §§ 15 bis 17 (besonders deutlich § 54 II) ohne Rücksicht auf ihre Funktion (Rn. 2) oder ihr Dienstverhältnis (→ § 15 Rn. 1). 11

Aus I ist ergänzend zu entnehmen, dass einer der Richter **Vorsitzender** (im funktionalen und dienstrechtlichen Sinne) sein muss. Es ist jedoch rechtlich zulässig und praktisch nicht unüblich, einem Vorsitzenden gleichzeitig den Vorsitz in mehreren Spruchkörpern zu übertragen (vgl. § 21e I 4 GVG; BGH NJW 1967, 1566) oder einzelne Richter mehreren Kammern zuzuweisen. Je nach Arbeitsanfall kann einer Kammer eine größere Zahl Richter zugewiesen werden (Überbesetzung → Rn. 20). 12

Die für die Kammerarbeit erforderliche Zahl **ehrenamtlicher Richter** ist im Auswahlverfahren vorauszubestimmen (→ § 27 Rn. 1 f.) und in der Geschäftsverteilung kammerscharf zu konkretisieren (§ 30). 13

2. Richterbank (Entscheidungsbesetzung)

a) Zahl und Art der mitwirkungsberechtigten Berufsrichter. Gemäß § 173 S. 1 14
i. V. m. § 192 I GVG ist die **Anzahl** der bei Entscheidungen der Kammer mitwirkenden Richter gesetzlich zu bestimmen. Dem entspricht § 5 III, wonach drei Berufsrichter und zwei ehrenamtliche Richter und außerhalb der mündlichen Verhandlung nur drei Berufsrichter an Entscheidungen mitwirken.

Zur **Art** der an Entscheidungen mitwirkungsberechtigten **Berufsrichter** macht 15
§ 5 III keine Vorgaben; denn er spricht nur von (Berufs)Richtern ohne Rücksicht auf deren Typus (§§ 15 ff.). Einschränkungen sind aber dem **DRiG** zu entnehmen: In einer mündlichen Verhandlung darf nach § 28 II 2 DRiG den Vorsitz nur ein Lebenszeitrichter führen, der jedoch nicht notwendig Vorsitzender im dienstrechtlichen Sinne (Rn. 2) sein muss und auch Richter im Nebenamt sein kann (Rn. 16). Deshalb muss der **Vorsitzende** einer Kammer (entsprechend in Senaten; §§ 9, 10) dieser zwar organisationsrechtlich vorstehen (Rn. 4, 12), nicht aber notwendig an allen Entscheidungen mitwirken; er kann – auch in der mündlichen Verhandlung – vertreten wer-

den. Der die Verhandlung führende Vorsitzende i.S. des § 103 I ist daher nicht notwendig der Kammervorsitzende im funktionalen Sinn.

16 Für **Entscheidungen außerhalb der Verhandlung** sind andere Beschränkungen zu beachten. An allen Kammerentscheidungen (anders als bei der Kammergeschäftsverteilung, § 21g I GVG) darf höchstens ein Richter auf Probe, kraft Auftrags oder ein abgeordneter Richter mitwirken (§ 29 S. 1 DRiG). Für Richter im Nebenamt (§ 16) gilt diese Beschränkung nicht; sie dürfen den Vorsitz führen, wenn sie Lebenszeitrichter sind (str., a.A Ey § 16 Rn. 5).

17 **b) Mitwirkung der ehrenamtlichen Richter.** Die Mitwirkung der beiden ehrenamtlichen Richter wird in komplizierter Weise von den Regeln über die **mündliche Verhandlung** abhängig gemacht: Bei Entscheidungsarten, die kraft Gesetzes oder nach Ermessen des Spruchkörpers ohne mündliche Verhandlung ergehen dürfen und auch so ergehen (Beschlüsse vgl. § 101 III, zu Gerichtsbescheiden → 84 Rn. 14), wirken nur die drei Berufsrichter der Kammer mit. Soweit jedoch Entscheidungen (gleich welcher Art) tatsächlich aufgrund mündlicher Verhandlung gefällt werden, ist die Mitwirkung von zwei ehrenamtlichen Richtern erforderlich. Sie ist auch bei Urteilen ohne mündliche Verhandlung (§ 101 II) erforderlich, weil das Absehen von einer Verhandlung nicht vom Entschluss der Kammer, sondern vom Einverständnis der Beteiligten abhängt. An **Vorlagebeschlüssen** nach Art. 100 I GG oder Art. 234 EG müssen die Ehrenamtlichen mitwirken, sofern sie an der Entscheidung in der Hauptsache hätten mitwirken müssen, vgl. BVerfG NVwZ 2005, 801; BVerfGE 16, 305 und → § 6 Rn. 11. An Entscheidungen eines **Einzelrichters** (→ § 6 Rn. 22) sind sie nie beteiligt (III 1).

18 Für **Termine ohne Entscheidung** (Orts-, Erörterungs- oder reine Verkündungstermine) macht § 5 keine Besetzungsvorgaben (vgl. auch § 112; zur Verkündung → § 116 Rn. 7). Spezialgesetzlich sind **besondere Besetzungen** der Richterbank vorgesehen (z.B. § 187 I; § 76 IV AsylVfG; § 84 BPersVG).

3. Sitzgruppe

19 Die **Sitzgruppe** (also die im Einzelfall personenscharf festgelegte Gruppe mitwirkender Richter) wird außer durch die genannten Regeln in der Kammergeschäftsverteilung (→ § 4 Rn. 4) bestimmt. Bei organisatorischer Regelbesetzung einer Kammer mit drei Berufsrichtern (Rn. 11) wirken alle ihr zugewiesenen Berufsrichter mit, sofern kein Vertretungsfall vorliegt.

20 Sind einer Kammer mehr Beisitzer zugewiesen als die Regelbesetzung erfordert (**Überbesetzung**), so ist dies verfassungsrechtlich grds. unbedenklich, wenn die Überbesetzung einer geordneten Rechtsprechung dient (z.B. wegen hoher Kammerbelastung) und die Entscheidungsbesetzung durch eine dem Gebot des gesetzlichen Richters genügende Mitwirkungsregelung (→ § 4 Rn. 4) gebunden ist. Eine absolute zahlenmäßige Grenze bildet das Verbot, faktisch zwei unabhängige Spruchkörper bilden zu können (BVerfG NJW 1997, 1497; S/S-A/P § 4 Rn. 29). Zu Folgen von **Besetzungsfehlern** vgl. BeckOK VwGO § 5 Rn. 9.

§ 6 [Einzelrichter]

(1) ¹Die Kammer soll in der Regel den Rechtsstreit einem ihrer Mitglieder als Einzelrichter zur Entscheidung übertragen, wenn
1. die Sache keine besonderen Schwierigkeiten tatsächlicher oder rechtlicher Art aufweist und

§ 6

2. die Rechtssache keine grundsätzliche Bedeutung hat. ²Ein Richter auf Probe darf im ersten Jahr nach seiner Ernennung nicht Einzelrichter sein.

(2) Der Rechtsstreit darf dem Einzelrichter nicht übertragen werden, wenn bereits vor der Kammer mündlich verhandelt worden ist, es sei denn, dass inzwischen ein Vorbehalts-, Teil- oder Zwischenurteil ergangen ist.

(3) ¹Der Einzelrichter kann nach Anhörung der Beteiligten den Rechtsstreit auf die Kammer zurückübertragen, wenn sich aus einer wesentlichen Änderung der Prozeßlage ergibt, daß die Rechtssache grundsätzliche Bedeutung hat oder die Sache besondere Schwierigkeiten tatsächlicher oder rechtlicher Art aufweist. ²Eine erneute Übertragung auf den Einzelrichter ist ausgeschlossen.

(4) ¹Beschlüsse nach den Absätzen 1 und 3 sind unanfechtbar. ²Auf eine unterlassene Übertragung kann ein Rechtsbehelf nicht gestützt werden.

Übersicht

	Rn.
I. Einzelrichter: Bedeutung und Arten	1
II. Auslegungsgrundsätze	4
III. Übertragungshindernisse	7
1. Besondere Schwierigkeiten (I 1 Nr. 1)	7
2. Grundsätzliche Bedeutung (I 1 Nr. 2)	12
3. Übertragungsverbote	15
a) Proberichter im ersten Jahr (I 2)	15
b) Mündliche Verhandlung (II)	16
IV. Übertragung	18
1. Gegenstand der Übertragung	18
2. Intendiertes Übertragungsermessen	20
3. Übertragungsadressat	22
4. Wirkung der Übertragung	24
5. Beendigung der Übertragung	26
a) Gründe für ein Rückfallen an die Kammer	26
b) Änderung der Verhältnisse	27
V. Verfahren der Übertragung	31
1. Anhörung	31
2. Zeitpunkt	32
3. Form, Zuständigkeit und Inhalt	33
VI. Rückübertragung (III)	38
VII. Rechtsmittel und Fehlerfolgen (IV)	42
1. Unanfechtbarkeit	42
2. Inzidente Überprüfbarkeit in Rechtsmittelverfahren	43
3. Bindung an fehlerhafte Berufungszulassung	47

I. Einzelrichter: Bedeutung und Arten

Abweichend von § 5 II, III werden die Kammern des VG ermächtigt – regelmäßig 1 aber auch verpflichtet – **alle durchschnittlichen Streitverfahren**, d.h. die große Zahl (→ Rn. 4), durch eines ihrer Mitglieder als Einzelrichter (ER) erledigen zu lassen. Damit ist das Gebot verbunden, für jede eingehende Sache eine – u. U. intern verbleibende – Kammerentscheidung über die Übertragbarkeit herbeizuführen. Allein dieser quantitative Aspekt verleiht der Vorschrift erhebliche Bedeutung und weist auf die **Normzwecke** hin, die auf Entlastung der VG und Beschleunigung der dort anhängigen Verfahren und damit zugleich auf Personaleinsparung zielen. Im Schrifttum werden gravierende **Nachteile** von Einzelrichterentscheidungen aufgezeigt (Ey § 6 Rn. 2 m.w.N.), die indes durch eine sachgerechte Handhabung ausgeglichen werden können. Entsprechende Ermächtigungen gelten im Zivilprozess (§§ 348, 348a ZPO mit dem grds. originären ER) und im Finanzprozess (§ 6 FGO). Die Rspr. zu diesen Bestimmungen kann und sollte vergleichend herangezogen werden.

2 § 6 gilt – im Anschluss an § 5 – **nur für die VG**. Das ergibt sich aus der Verwendung der – den Spruchkörpern der VG vorbehaltenen – Bezeichnung „Kammer" in I 1. Bei den OVG und dem BVerwG ist § 6 nicht anwendbar, auch nicht, wenn diese Gerichte (etwa nach §§ 48 ff.) erstinstanzlich tätig werden. Bezugnahmen, die eine entsprechende Anwendung ermöglichen würden, gibt es weder in den §§ 9 ff. noch in den Vorschriften über das Berufungs- (§ 125 I) und das Revisionsverfahren (§ 141 i.V.m. § 125 I), wo nur der Teil II (§§ 54 ff.) für anwendbar erklärt ist.

3 Die kammerinitiierte Regelübertragung ergänzt **anders gelagerte Einzelrichterzuständigkeiten**, die teilweise auch für die Obergerichte nutzbar sind, nämlich (1.) die Alleinentscheidungskompetenzen des Vorsitzenden oder Berichterstatters im vorbereitenden und im Eilverfahren vor den VG und OVG (§ 87a, III; § 80 VIII; § 125 I), (2.) den von den Beteiligten konsentierten Einzelrichter (§ 87a II, III) und schließlich (3.) die originären Einzelrichterzuständigkeiten in bestimmten Nebenverfahren (§ 169 VwGO; § 66 VI 1, § 68 I 5 GKG; § 4 VII 1 JVEG; § 33 VIII 1, § 56 II RVG). Für den Sonderfall einer verwaltungsgerichtlichen Vernehmung oder Vereidigung von Zeugen und Sachverständigen im Verwaltungsverfahren sieht → § 180 S. 1 die Befugnis des Präsidiums vor, im Geschäftsverteilungsplan einen Einzelrichter zu bestimmen. Zu den Besonderheiten im **Asylverfahren** nach § 76 AsylVfG vgl. Ey § 6 Rn. 22. Vom beauftragten und ersuchten (Einzel-)Richter (§ 96 II) unterscheiden sich alle Ermächtigungen dadurch, dass die Entscheidung des gesamten Rechtsstreits übertragen wird und nicht nur die Erledigung von Verfahrensschritten.

II. Auslegungsgrundsätze

4 Die Auslegung des § 6 ist mit zahlreichen Streitfragen belastet. Diese resultieren in aller Regel aus dem **Spannungsverhältnis** zwischen dem Kollegialprinzip des § 5 II und der – auch dem ER zukommenden – uneingeschränkten Unabhängigkeit (Art. 97 I GG). Dieses ist grds. zugunsten des **Kollegialprinzips** aufzulösen. Die mit ihm verfolgten Ziele der Einheitlichkeit der Rspr. im Kammerbezirk und ihre Rückführbarkeit auf die Willensbildung in einem Kollegialorgan sollen durch § 6 nicht angetastet werden. Das Kollegialprinzip ist ein wesentliches Strukturelement der Verwaltungsgerichtsbarkeit (vgl. § 5 II, § 9 II, § 10 II) und bleibt Leitlinie der Auslegung (Ey § 6 Rn. 18; S/S-A/P § 6 Rn. 35). Die Unabhängigkeit des ER soll demnach Einzelfallgerechtigkeit unter Rückbindung an die Kammerrechtsprechung gewährleisten.

5 § 6 I 1 formuliert nicht nur „negative" Übertragungsvoraussetzungen; seine Aussage geht weit darüber hinaus: **Alle** vor der Kammer anhängigen **Verfahren** sollen übertragen werden, soweit dies gesetzlich nicht ausgeschlossen ist. Nach diesem Ansatz sind **nur Übertragungshindernisse**: in I 1 Nrn. 1 und 2 gegenstandsbezogene (→ Rn. 7 ff.), in I 2 adressatenbezogene (→ Rn. 15) und in II verfahrensbezogene (→ Rn. 16). Der Wortlaut in I 1 („keine ... und ... keine ...") beschreibt unübertragbare Verfahrens-Teilmengen, sodass jeder Grund für sich die Übertragung ausschließt. Praktisch nötigt diese Konstruktion dazu, die zu übertragenden Verfahren durch eine Subtraktionsmethode zu ermitteln.

Streitig ist, ob die Übertragungshindernisse des I 1 ebenso auszulegen sind wie **6 ähnlich lautende Begriffe** in § 84 I 1 zum Gerichtsbescheid und § 124 II Nrn. 2, 3 bzw. § 132 II Nr. 1 im Rahmen der Berufungs- und Revisionszulassung (vgl. NKVwGO § 6 Rn. 24). Die Frage ist zu **verneinen**, weil die Begriffe aus ihrem jeweiligen **Funktionszusammenhang** gedeutet werden müssen: In § 6 geht es darum, ob ein einzelner Richter oder die Kammer entscheiden muss, in § 84 darum, ob eine mündliche Verhandlung verzichtbar ist und in § 124, § 132 darum, ob ein weiterer Rechtszug eröffnet werden muss. Dementsprechend variieren die Anforderungen an die relevanten Schwierigkeiten und die Grundsätzlichkeit erheblich. Praktische Richtschnur hat in § 6 zu sein, ob sich – aus Kammersicht oder im Hinblick auf die Außenwirkung – **überwiegende Vorteile einer Kollegialentscheidung** ergeben (Schnellenbach DVBl. 1993, 230, 232). Die Beurteilung erfordert eine **Prognose** der Kammer über den Verlauf des weiteren Verfahrens und die Entscheidung, bei der ihr ein Beurteilungsspielraum zugestanden wird (BVerwG Buchh 310 § 6 VwGO Nr. 1).

III. Übertragungshindernisse

1. Besondere Schwierigkeiten (I 1 Nr. 1)

Eine Sache weist nach dem praktischen Auslegungsansatz (Rn. 6) „besondere" **7** Schwierigkeiten auf, wenn der Schwierigkeitsgrad ihrer Erledigung voraussichtlich deutlich **über dem Durchschnitt** der bisher bei der Kammer anhängig gewordenen Sachen liegt. **Leitlinie** ist die Erwägung, ob die größere Überzeugungskraft einer Kollegialentscheidung (→ § 5 Rn. 9) und Sachverstand und Erfahrungsschatz der Kammer deren Befassung erfordern.

Bei den VG als Tatsacheninstanz können die Schwierigkeiten **tatsächlicher** oder **8 rechtlicher Art** sein und sich demnach aus dem Erfassen des Sachverhalts, der Würdigung vorgelegter oder zu erhebender Beweise oder aus der Rechtsanwendung ergeben. Bei dieser Bewertung ist auf den Erkenntnis- und Erfahrungshorizont der einzelnen Kammer abzustellen.

Die **Offenheit** des Verfahrensausgangs kann daher ein Indiz für besondere Schwie- **9** rigkeiten sein, sie genügt als solche aber nicht. Auch die Notwendigkeit einer **Beweiserhebung** oder -würdigung schließt für sich die Übertragung nicht aus, wohl aber die atypische Komplexität des Sachverhalts und seiner Aufklärung oder eine potenziell kontroverse Würdigung von Beweismitteln (etwa der Überzeugungskraft widerstreitender Zeugenaussagen).

Besonders schwierig sind i. d. R. Streitverfahren mit **erheblicher Bedeutung** über **10** den Einzelfall hinaus. Diese kann sich aus den wirtschaftlichen, gesellschaftlichen oder politischen Auswirkungen oder aus Konsequenzen für die Verwaltungspraxis ergeben, auch aus gravierenden Folgen für einen Beteiligten. Wegen der größeren Überzeugungskraft einer Kammerentscheidung setzt sich das Kollegialprinzip dann gegenüber den Zwecken des § 6 (Rn. 1) durch.

Rechtliche Schwierigkeiten resultieren aus der entscheidungserheblichen An- **11** wendung entlegener Normen, unbestimmter Rechtsbegriffe oder ausländischen Rechts, die weder in der Kammer- noch in der sonstigen Rspr. geklärt und nicht ohne Weiteres zu beantworten sind. Das ruft – außer in einfach gelagerten Fragen – die **Richtlinien- und Koordinierungsfunktion** des Kollegialspruchkörpers auf den Plan und wird dadurch eine grundsätzliche Bedeutung nahelegen. Ist eine Rechts- oder Tatsachenfrage in der Kammerrechtsprechung geklärt, nicht aber in der ober- bzw. höchstrichterlichen Rspr. oder ist sie dort umstritten, begründet dies allenfalls grundsätzliche Bedeutung. Strikter ist der Grad der Vorklärung bei **Verfassungs- und Europarecht** maßgeblich. Die Notwendigkeit einer **Vorlage** an das BVerfG (Art. 100 I GG) oder an den EuGH (Art. 234 EG) steht einer Übertragung immer entgegen (BVerfG NJW 1999, 274 und → § 5 Rn. 17).

2. Grundsätzliche Bedeutung (I 1 Nr. 2)

12 **Leitlinie** des zweiten Übertragungshindernisses ist die Bewahrung der Einheitlichkeit der Rspr. im Bezirk. In den Voraussetzungen ergibt sich dabei eine weitgehende Übereinstimmung mit entsprechenden **Zulassungsgründen** in § 124 II Nr. 3 und § 132 II Nr. 1; tatsächlich wird sich eine erstinstanzliche Grundsätzlichkeit jedoch in mehr Fallgestaltungen ergeben als in übergeordneten Instanzen.

13 Grundsätzliche Bedeutung nach I 1 Nr. 2 können in einer Tatsacheninstanz Rechts- ebenso wie Tatsachenfragen haben, wenn sie **ungeklärt** sind. Nicht jede Unklarheit erfordert aber auch eine Befassung des Kollegiums. Als einfach sind Fragen zu betrachten, deren Beantwortung sich aus dem Gesetz ergibt. Das ist anzunehmen, wenn sich im internen Diskurs der Kammermitglieder kein potenzieller Dissens abzeichnet. Bei der Beseitigung von Unklarheiten ist der ER zudem nie gehindert, sich informell mit dem Kollegium abzustimmen.

14 Auch schwierige Fragen sind einer **Klärung** nicht ohne Weiteres **bedürftig**. Sie müssen entscheidungserheblich und verallgemeinerungsfähig sein sowie über den Einzelfall hinausweisen. Dies ist stets zu bejahen, wenn ihretwegen die Berufung oder Revision zugelassen werden müsste (§ 124 II Nr. 3; § 132 II Nr. 1). Hinreichende Bedeutung ist gegeben, wenn die Antwort gewichtige Auswirkungen auf die Beteiligten oder die Kammerrechtsprechung hat und ferner, wenn von Rspr. des übergeordneten OVG oder des BVerwG abgewichen werden soll; denn **Divergenz** ist ein anerkannter Fall der grundsätzlichen Bedeutung. Das gilt auch für den Fall, dass der voraussichtliche ER von der Kammerrechtsprechung abweichen will (str., NKVwGO § 6 Rn. 47). Die Abweichung von der Rspr. anderer Landes-VG kann die Notwendigkeit indizieren, zunächst eine Kammerlinie zu entwickeln, zu bestätigen oder fortzuentwickeln.

3. Übertragungsverbote

15 **a) Proberichter im ersten Jahr (I 2).** Eine übertragbare Sache darf nicht auf einen **Richter auf Probe** (→ § 17 und § 12 DRiG) im ersten Jahr nach seiner Ernennung übertragen werden (I 2). Das Verbot soll eine berufsrichterliche Mindesterfahrung des ER sicherstellen. Auf Richter kraft Auftrags (§ 17) ist sie nicht anwendbar, weil sie typischerweise Erfahrungen im öffentlichen Dienst mitbringen. Der Jahreszeitraum beginnt mit dem Tag des Wirksamwerdens der Ernennung und nach § 188 II BGB (§ 57 i.V.m. § 222 ZPO) zu berechnen. Fällt eine bereits übertragene Sache auf einen Proberichter im ersten Jahr, der neu in die Kammer eintritt, so ist dieser als ER verhindert; zuständig wird automatisch der Vertreter (str., Rn. 30).

16 **b) Mündliche Verhandlung (II).** Ein am Verfahrensstadium orientiertes Übertragungsverbot ist in II begründet. Ist **vor der Kammer mündlich verhandelt worden**, so ist der Rechtsstreit bereits so weit gediehen, dass eine Übertragung seine Erledigung verzögern würde. Streitig ist, ab wann „mündlich verhandelt worden ist".

Richtiger Ansicht nach kommt es weder auf die Eröffnung der Verhandlung an (§ 103 I) noch auf den Sachbericht (§ 103 II), sondern auf die Antragstellung (§ 103 III). Mit der Verwendung des Perfekts („verhandelt worden ist") stellt das Gesetz auf den Eintritt der Entscheidungsreife ab (vgl. KS § 6 Rn. 15; NKVwGO § 6 Rn. 38). Keine Verhandlung sind demnach Erörterungstermine und alle sonstigen Prozesshandlungen (Beweisbeschluss, PKH-Bescheidung u. ä.); das Übertragungsverbot greift auch nicht ein, wenn nach Erlass eines Gerichtsbescheides mündliche Verhandlung beantragt wird.

Die **Rückausnahme** („es sei denn") des Ergehens eines Vorbehalts-, Teil- oder **17** Zwischenurteils (→ § 107 Rn. 5) trägt dem Umstand Rechnung, dass damit zwischen mündlicher Verhandlung und Übertragungsbeschluss [„inzwischen"] die Befassung der Kammer zu einem gewissen Abschluss gekommen ist, der Rechtsstreit aber noch zum einen Teil offen ist, der vom ER beschleunigt entschieden werden kann.

IV. Übertragung

1. Gegenstand der Übertragung

Zu übertragen ist „der [gesamte] Rechtsstreit" (I 1). Gemeint sind alle beim VG **18** durch Klageerhebung (§ 81) oder selbständige Rechtsschutzanträge (§§ 80, 80a; § 123; §§ 167 ff.) eingeleiteten Verfahren, die durch Kollegialentscheidung zu beenden sind. Unerheblich ist, auf welche Art (Urteil oder [Einstellungs-]Beschluss) der Rechtsstreit tatsächlich erledigt wird. Zum Umfang der Entscheidungsbefugnisse des ER vgl. Rn. 24.

Die Übertragung erfasst **unselbstständige Nebenverfahren** (PKH-Bescheidun- **19** gen nach § 166 i.V.m. §§ 114 ff. ZPO; Beweiserhebungen nach § 98 i.V.m. §§ 485 ff. ZPO) und die Anhörungsrüge nach § 152a. Wegen ihrer Selbstständigkeit können Klageverfahren und sachlich zugehörige Verfahren des **einstweiligen Rechtsschutzes** (§ 80 V, § 80a III; § 123) sowie **Vollstreckungsverfahren** verfahrensmäßig getrennte Wege gehen, soweit nicht ohnehin der Vorsitzende originär zuständig ist (§ 80 VIII; § 169). Sie müssen gesondert übertragen werden (str., S/S-A/ P § 6 Rn. 7; a.A. Ey § 6 Rn. 7; B/F-K/vA § 6 Rn. 4). Das **Kostenrecht** sieht teilweise originäre ER-Zuständigkeiten vor (→ § 165 Rn. 3 ff.).

2. Intendiertes Übertragungsermessen

Liegt kein gegenstands- oder verfahrensbezogenes Übertragungshindernis (Rn. 7 ff. **20** und 16) vor, so bestimmt I 1 die Rechtsfolge mit der höchst umstrittenen (scheinbar tautologischen) Formel „soll in der Regel" (KS § 6 Rn. 10; NKVwGO § 6 Rn. 41 ff.). Das BVerwG deutet sie als **intendiertes Ermessen** (BVerwG NVwZ-RR 2002, 150, 151; 2000, 257), das weder besonders zum Ausdruck gebracht noch begründet werden muss (Rn. 37). Das adressatenbezogene Übertragungsverbot (I 2 → Rn. 15) beeinflusst die Auswahl des ER (Rn. 22), steht einer Übertragung als solcher aber nicht entgegen.

Liegen **atypische Umstände** vor, so ist der Kammer ein (in interner Beschluss- **21** fassung auszuübendes) Ermessen eröffnet, von der Übertragung **abzusehen**. Solche Umstände können darin liegen, dass die Kammer in einem neu zugewiesenen Rechtsgebiet noch keine Kammerlinie entwickelt hat, die baldige Erledigung einer Sache zu erwarten ist (bei Vergleichsverhandlungen oder nur vorsorglicher Klageerhebung). Auch **in der Person des ER** liegende Gründe dürfen berücksichtigt werden (str., Ey § 6 Rn. 18; S/S-A/P § 6 Rn. 36; a.A. NKVwGO § 6 Rn. 47). Zu ihnen gehören mangelnde Erfahrung, starke Arbeitsbelastung, aber auch der erkennbare Wille des ER, von der Kammerlinie abzuweichen, denn diese Absicht verleiht der Sache grundsätzliche Bedeutung. Die Unabhängigkeit des ER lässt sich nicht ins Feld führen, weil der Rechtsstreit bei Beschlussfassung noch bei der ebenso unabhängigen Kammer (§ 1) anhängig ist. Das durch atypische Umstände eröffnete Ermessen dient der Rechtspflege, nicht den Interessen der Verfahrensbeteiligten; diese können daher keine bestimmte Ermessensausübung verlangen (h.M., Ey § 6 Rn. 18).

3. Übertragungsadressat

22 Die Kammer darf den Rechtsstreit nur „einem ihrer Mitglieder" übertragen (I 1). Gemeint sind die der Kammer durch den gerichtlichen GVP **zugewiesenen Berufsrichter** (i.S. der § 15 ff.); Vertreter aus anderen Kammern scheiden damit aus. Voraussetzung ist jedoch, dass der Richter ein Dezernat zu bearbeiten hat; ein „ohne eigenes Dezernat" (dazu NKVwGO § 4 Rn. 85) zugewiesenes Kammermitglied ist kraft gerichtlicher GV von der ER-Tätigkeit ausgeschlossen.

23 In diesem Rahmen kommt jedes Kammermitglied, auch der Vorsitzende (arg. § 21g III GVG) in Betracht. Üblich ist es, den im GVP festgelegten Berichterstatter als ER vorzusehen. In jedem Fall ist nach § 4 i.V.m. § 21g III i.V.m. II GVG eine **Vorausbestimmung** durch eine kammerinterne ER-Regelung im Kammer-GVP erforderlich. Ein nachfolgendes Auswahlermessen besteht mithin nicht. Ausgeschlossen sind **Proberichter** im ersten Jahr nach ihrer Ernennung (Rn. 15). Das zuständige Kammermitglied ist eindeutig zu bezeichnen (Rn. 36).

4. Wirkung der Übertragung

24 Die Übertragung des Rechtsstreits erfolgt „zur Entscheidung" des Rechtsstreits (I 1). Der ER ist kein Entscheidungsorgan neben der Kammer, sondern wird das „Verwaltungsgericht" (BVerwG NVwZ 2005, 98; BWVGH VBlBW 2005, 60), entscheidet den Rechtsstreit „als Einzelrichter" abschließend – in voller richterlicher Unabhängigkeit (Art. 97 I GG) und mit allen Befugnissen, die sonst der Kammer zustehen (auch zum Erlass eines Gerichtsbescheides nach § 84). Er übernimmt das Verfahren in dem Stand, den es bei Übertragung hat. Die ehrenamtlichen Richter wirken an seinen Entscheidungen nie mit (→ § 5 Rn. 17).

25 Bei **Verhinderung** des ER (der vorübergehenden tatsächlichen oder rechtlichen Unmöglichkeit, die Amtsgeschäfte wahrzunehmen, BVerwG NJW 2001, 3493) tritt der im Kammer-GVP vorgesehene Vertreter ein. Ein Fall der Verhinderung ist die erfolgreiche Ablehnung wegen **Befangenheit** (BFHE 187, 206), über die nach h.M. gemäß § 54 i.V.m. § 45 I ZPO die durch GVP bestimmte Kammer ohne den abgelehnten ER zu befinden hat (vgl. NKVwGO § 6 Rn. 63; Ey § 6 Rn. 7).

5. Beendigung der Übertragung

26 **a) Gründe für ein Rückfallen an die Kammer.** Die Rückübertragung auf die Kammer ist die einzige Form der gewillkürten Beendigung der ER-Zuständigkeit (→ Rn. 38). Streitig ist das automatische Rückfallen an die Kammer wegen einer **Veränderung der Verhältnisse.** Diskutiert werden der Wechsel der Kammerzuständigkeit durch Geschäftsverteilung, die Verweisung an ein anderes Gericht und die Verfahrensfortführung nach Zurückverweisung (Rn. 27 ff.). Nicht vorgesehen ist eine Beendigung unmittelbar durch Entscheidung eines Rechtsmittelgerichts.

b) Änderung der Verhältnisse. Wird eine übertragene Sache einer anderen Kammer zugeteilt – sei es infolge einer **Änderung des gerichtlichen Geschäftsverteilungsplans** oder infolge **Abgabe** nach irrtümlicher Erstzuteilung –, soll dies die ER-Zuständigkeit nach h. M. nicht berühren (S/S-A/P § 6 Rn. 29; KS § 6 Rn. 4; BeckOK VwGO § 6 Rn. 39; NKVwGO § 6 Rn. 69; a. A. B/F-K/vA § 6 Rn. 18; Ey § 6 Rn. 7). 27

Ebenso soll die Übertragung auf den ER **fortbestehen** bei **rechtsweginterner Verweisung** eines übertragenen Verfahrens an ein anderes (sachlich oder örtlich zuständiges) VG oder **Neubestimmung** der Zuständigkeit nach § 53 (HmbOVG, Beschl. v. 22. 9. 2009 – 1 Bf 162/09.Z, Rn. 25, KS § 6 Rn. 4, NKVwGO § 6 Rn. 69; a. A. Ey § 6 Rn. 7; S/S-A/P § 6 Rn. 29; B/F-K/vA § 6 Rn. 18). 28

Der h. M. ist **nicht zuzustimmen**. Die automatische Fortdauer der Übertragung greift in den Beurteilungsspielraum der neuen Kammer ein (→ Rn. 6), was nicht hinreichend legitimiert und auch nicht deshalb erträglich ist, weil der neue ER – der nicht durch Beschluss, sondern aufgrund Zuweisung des Vorsitzenden gemäß dem kammerinternen GVP bestimmt wird – die Möglichkeit zur Rückübertragung (§ 6 III) hat, wenn er sich eine entsprechende Einschätzung seiner Kammer zu eigen macht. 29

Nach wohl allg. Ansicht entfällt die ER-Zuständigkeit automatisch bei **Verweisung in einen anderen Rechtsweg**, da sich dort die Besetzungsfrage nach anderen Regeln als nach § 6 stellt (S/S-A/P § 6 Rn. 29). Fällt die Sache in einer neuen Kammer auf einen **Proberichter** im ersten Jahr (vgl. I 2), so sind die Folgen streitig. Richtig ist, dass dann der geschäftsplanmäßige (Probe)Richter (wenngleich in einem uneigentlichen Sinne) verhindert ist und nach allgemeinen Regeln (Rn. 25) zu vertreten ist (HessVGH NVwZ-RR 1993, 332). Nach a. A. fällt die Sache an die Kammer zurück (Ey § 6 Rn. 14). Dasselbe Problem entsteht bei Neutritt eines Proberichters in die Kammer (dazu Rn. 15). 30

V. Verfahren der Übertragung

1. Anhörung

Eine Anhörung vor Übertragung der Sache ist nach dem Wortlaut des § 6 I nicht vorgesehen (anders als in § 6 III 1 für die Rückübertragung), wohl aber nach dem **Grundsatz rechtlichen Gehörs geboten** (Art. 103 I GG). Die Übertragung entscheidet über die Zusammensetzung der Richterbank und beeinflusst das verfassungsmäßige Recht auf den gesetzlichen Richter (Art. 101 I 2 GG). Der Berichterstatter oder Vorsitzende hat den Beteiligten **Gelegenheit zur Stellungnahme** zu geben, sobald die Übertragung konkret beabsichtigt ist (BVerwGE 110, 40, 45; Ey § 6 Rn. 12; KS § 6 Rn. 19; S/S-A/P § 6 Rn. 13; RO § 6 Rn. 4). Die Beteiligten erwarten zu Recht, dass die Übertragungsabsicht einer kammerinternen Willensbildung entspricht und vorbeschlossen ist. Gegen die verbreitete Praxis einer **Anhörung „auf Vorrat"** (u. U. schon mit der Eingangsverfügung) ist nach h. M. nicht einzuwenden (NKVwGO § 6 Rn. 75). 31

2. Zeitpunkt

Wegen der Regelverpflichtung aus I 1 (Rn. 20) hat die Kammer für jede Sache eine (interne) Entscheidung über die Übertragung zu treffen. Diese hat spätestens vor der Entscheidung zu erfolgen, i. d. R. aber sobald eine Basis für die **hinreichend gesi-** 32 cherte **Prognose** (Rn. 6) besteht, dass kein gegenstandsbezogenes Übertragungshindernis (Rn. 7 ff.) vorliegt. Das wird in der Regel eine Kenntnis der Klagebegründung, -erwiderung und der Verwaltungsvorgänge erfordern, kann aber auch früher erkennbar werden (etwa bei ersichtlicher Unzulässigkeit mit Eingang der Klageschrift). Im Fortgang des Verfahrens kann sich das Übertragungsverbot nach II ergeben (→ Rn. 16).

3. Form, Zuständigkeit und Inhalt

33 Die Kammer überträgt den Rechtsstreit durch **Beschluss**. Die Beschlussfassung folgt allgemeinen Regeln (§ 173 S. 1 i.V.m. §§ 192 ff. GVG für Beratung und Abstimmung); i.a.R. wird von einer mündlichen Verhandlung abgesehen (§ 101 III) und im Umlaufverfahren entschieden.

34 Mitzuwirken hat jene **Richterbank**, die für eine Entscheidung des Rechtsstreits in der gewählten Form geschäftsverteilungsplanmäßig vorgesehen ist (§ 5 III 2), ggf. unter Mitwirkung des vorgesehenen ER.

35 Die Wirksamkeit des Beschlusses setzt seine **Bekanntgabe** voraus (→ § 56 Rn. 43). Der Beschluss ist nicht zu verkünden und unanfechtbar (§ 6 IV 1 → Rn. 42), kann daher nach § 173 S. 1 i.V.m. § 329 II ZPO formlos bekannt gegeben werden (BVerwG NVwZ-RR 2002, 150 Rn. 8), auch gleichzeitig mit der Sachentscheidung (vgl. KS § 6 Rn. 14 und 20; S/S-A/P § 6 Rn. 29; BFHE 175, 16, 17; NdsOVG NVwZ 1998, 85, 86; modifizierend: BWVGH ESVGH 44, 81, 82). In der mündlichen Verhandlung durch den ER kann die konkludente Bekanntgabe der Übertragung liegen. Zu Fehlerfolgen → Rn. 45.

36 Im Beschluss ist neben dem Übertragungsgegenstand der **ER genau zu bezeichnen**, allerdings mithilfe der seine Zuständigkeit abstrakt-funktional begründenden Merkmale („Der Rechtsstreit wird auf den Vorsitzenden/den Berichterstatter zur Entscheidung als Einzelrichter übertragen."). Die namentliche Nennung des ER (neben der unabdingbaren Angabe der funktionalen „Rolle") ist nur ein unschädlicher Hinweis auf den im Übertragungszeitpunkt zuständigen Richter, bindet der Zuständigkeit aber nicht an die Person. Sein Ausscheiden aus der Kammer und jede sonstige Verhinderung führt zum Eintritt des in seiner Rolle nachfolgenden Kammermitglieds (→ Rn. 25; NKVwGO § 6 Rn. 52 f.).

37 Dem Beschluss kann eine **Begründung** beigegeben werden, eine Pflicht hierzu besteht aber nicht, auch dann nicht, wenn ein Beteiligter der beabsichtigten Übertragung – im Rahmen des Anhörungsverfahrens – widersprochen hat (h.M., BVerwG NVwZ-RR 2002, 150; BFH BStBl 2001 II, 415; Ey § 6 Rn. 10; a.A. KS § 6 Rn. 14; NKVwGO § 6 Rn. 81), allerdings entspricht dann eine kurze Begründung dem Gebot fairer Prozessführung. Verfassungsrechtliche Bedenken gegen die Entbehrlichkeit der Begründung bestehen nicht (vgl. BVerfGE 81, 97, 106; 50, 287, 289 f.).

VI. Rückübertragung (III)

38 Die Rückübertragung eines Verfahrens auf die Kammer ist zulässig, wenn sich nachträglich ein gegenständliches **Übertragungshindernis** i.S. des I 1 Nrn. 1 und 2 (→ Rn. 7 ff.) einstellt. Dieses muss seine Ursache in einer „wesentlichen Änderung der Prozesslage" haben. Darunter ist eine **objektive Änderung der Sach- oder Rechtslage** zu verstehen (neues Vorbringen, neue Beweismittel, Klage- oder Rechtsänderungen; h.M. BVerwGE 110, 40 Rn. 19; Ey § 6 Rn. 19; S/S-A/P § 6

Rn. 30; KS § 6 Rn. 22). Es genügt nicht, dass der ER die Schwierigkeiten oder die Bedeutung der unveränderten Sache anders einschätzt als die Kammer (BGH NJW 2003, 2900 zu § 526 II Nr. 1 ZPO). Damit soll verhindert werden, dass der ER eine abweichende Einschätzung der Übertragbarkeit durchsetzen kann; denn eine erneute Übertragung auf ihn wäre ausgeschlossen (III 2). Aus entsprechenden Gründen ist der Wille des ER, von der Kammerrechtsprechung abzuweichen (Rn. 14), für sich gesehen keine Änderung der Prozesslage. Zur Beurteilung der Änderung ist allerdings nur der ER befugt (BVerwG NVwZ 2005, 98 und 460).

Ist der Übertragungsbeschluss unter Verletzung der prozessualen Gewährleistungen **39** der Verfassung zustande gekommen (die – ausnahmsweise – in einem Rechtsmittelverfahren beachtlich sind → Rn. 44), so ist eine **verfassungskonforme Auslegung** des III 1 geboten. Zu solchen Fehlern gehören das Unterlassen der Beteiligtenanhörung (→ Rn. 31) und die falsche Bestimmung des ER; sie verletzen das rechtliche Gehör (Art. 103 I GG i.V.m. § 138 Nr. 3) bzw. den gesetzlichen Richter (Art. 101 I 2 GG i.V.m. § 138 Nr. 1). In solchen Fällen ist eine Zurückübertragung auch dann zulässig, wenn der ER aufgrund der nachgeholten Anhörung zum Ergebnis gelangt, dass die Rechtssache – entgegen der ursprünglichen Annahme der Kammer – grundsätzliche Bedeutung hat oder besondere Schwierigkeiten aufweist. Dasselbe gilt, wenn sich herausstellt, dass der Rechtsstreit nicht ohne Vorlage an das BVerfG oder den EuGH (Rn. 11) entschieden werden kann.

Liegen die Voraussetzungen für eine Rückübertragung vor, so ist dem ER – anders **40** als der Kammer bei der Übertragung – ein **nicht intendiertes Ermessen** eingeräumt, das mit dem (bewusst gegen die Regelverpflichtung aus I 1 gesetzten) Wort „kann" gemeint ist (BVerwG NVwZ 2005, 98). Das Ermessen kann bei schwerwiegenden Fehlern (Rn. 39) oder einem erheblichen Gewicht einer Rechtssache „auf Null" **reduziert** sein. Soweit in diesen Fällen die Ermessensausübung dem Schutz von Rechten dient, können die Beteiligten die Rückübertragung verlangen, was mit dem dann erweiterten Rechtsschutz (Rn. 45) korrespondiert.

Entschließt sich der ER zur Rückübertragung, so hat er die Beteiligten **anzuhö-** **41** **ren** (vgl. Rn. 31). Die Rückübertragung erfolgt durch unanfechtbaren **Beschluss** des ER, der nicht begründet werden muss (§ 122 II 1). Ist die Änderung der Prozesslage i.S. des III 1 nicht offensichtlich oder ist sie streitig, kann es tunlich sein, die Gründe für die Rückübertragung im Beschluss festzustellen (vgl. Rn. 37). Die Kammer ist an einer neuen Übertragung gehindert (III 2). Davon ist eine Ausnahme zu machen, wenn es allein um die verfassungsrechtlich gebotene Korrektur des Übertragungsbeschlusses geht (KS § 6 Rn. 25).

VII. Rechtsmittel und Fehlerfolgen (IV)

1. Unanfechtbarkeit

Nach IV sind im Ergebnis sämtliche Entscheidungen des Gerichts zur (Rück)Über- **42** tragung oder zu ihrem Unterlassen unanfechtbar. Das gilt für alle verlautbarten Entscheidungen, also auch für förmliche Ablehnungen einer beantragten (Rück)Übertragung, aber auch für interne Willensbildungen.

2. Inzidente Überprüfbarkeit in Rechtsmittelverfahren

Angesichts der Unanfechtbarkeit der Übertragungsentscheidungen hat die Frage be- **43** sondere Bedeutung, ob ihre Fehler inzident in einem Rechtsmittelverfahren **gegen**

§ 6

die **Sachentscheidung** des ER oder (nach Rückübertragung) der Kammer geprüft werden können. Diese Frage wird sehr differenziert beantwortet: Die Gesamtregelung in IV zeigt, dass nach dem Willen des Gesetzgebers Verstöße gegen § 6 allein **grds. nicht** zum Erfolg eines Rechtsmittels gegen die Sachentscheidung führen sollen (BVerwGE 110, 40 = NVwZ 2000, 1290). Sie haften einer Vorentscheidung in einem unanfechtbaren Beschluss (§ 6 IV) an, die nach § 173 S. 1 i. V. m. § 512 ZPO bzw. § 557 II ZPO (§ 548 a. F.) der inhaltlichen Beurteilung durch das Berufungs- und das Revisionsgericht entzogen sind. Das gilt entsprechend für Berufungszulassungsverfahren (§ 124 II Nr. 5) und für Beschwerdeverfahren gegen die Nichtzulassung der Revision.

44 **Ausnahmsweise** können Verfahrensmängel der (Rück)Übertragung gerügt werden, die der angefochtenen Sachentscheidung – als Folge der beanstandeten Vorentscheidung im Zusammenhang mit der (Rück)Übertragung – „weiterwirkend" anhaften (BVerwG, Beschl. v. 27. 10. 2004 – 7 B 110.04; NVwZ-RR 2000, 257; 1999, 587, 588). Ein solcher **weiterwirkender Übertragungsmangel** (i. S. von § 124 II Nr. 5 bzw. § 138) ist anerkannt, wenn der Verstoß gegen § 6 zugleich eine Verletzung der prozessualen Gewährleistungen der Verfassung darstellt (BVerwGE 110, 40 m. w. N.). Diese Grenze ist erst überschritten, wenn die Sachentscheidung infolge der Vorentscheidung **willkürlich oder manipulativ** ist (BVerwGE 65, 287, 291; NJW 1993, 381; NJW 1992, 2075; Buchh 310 § 54 VwGO Nr. 51; Buchh 310 § 138 Nr. 1 VwGO Nr. 32; NKVwGO § 124 Rn. 201). Eine Verletzung der Garantie des **gesetzlichen Richters** erfordert eine willkürliche Handhabung des für die Besetzung des Gerichts maßgeblichen Rechts (BVerfGE 29, 45; 49; 6, 45, 52; stRspr.) oder ein grundlegendes Verkennen der Bedeutung und Tragweite von Art. 101 I 2 GG (BVerfGE 82, 286, 299).

45 **Prozessuale Gewährleistungen** der Verfassung sind **verletzt**, wenn ein Gehörsverstoß wegen unterbliebener oder verfrühter Anhörung vorliegt oder ein Übertragungsbeschluss gänzlich fehlt (BVerwG NVwZ-RR 2002, 150; S/S-A/P § 6 Rn. 8 und 21; BGH NJW 1993, 600). Unter dem Aspekt der Willkür können auch sehr grobe Fehleinschätzungen der Übertragbarkeit (I 1) und erhebliche Ermessensfehler (wie die verfrühte Übertragung) überprüfbar sein (BVerwGE 110, 40 Rn. 21). Ein die **Bekanntgabe** oder den Erlasszeitpunkt des Beschlusses betreffender Mangel (zur Beachtlichkeit bei rügelosem Einlassen nach § 295 ZPO vgl. BVerwG, Beschl. v. 11. 4. 2001 – 8 B 277.00 – n. v.) stellt die Gewährleistung des gesetzlichen Richters mangels objektiver Willkür und Manipulationsabsicht jedoch nicht infrage (BVerwG NVwZ-RR 2002, 150 Rn. 8).

46 Ein Gehörsverstoß kann jedoch in der Zeit zwischen Übertragung und Endentscheidung **geheilt** worden sein (BVerwGE 110, 40, 45). Die Beteiligten können durch rügelose Einlassung zu verstehen geben, dass sie gegen die erfolgte Übertragung keine Bedenken haben (§ 295 I ZPO). Bei Widerspruch eines Beteiligten bietet § 6 III 1 eine Korrekturmöglichkeit, die verfassungskonform zu handhaben ist (Rn. 39).

3. Bindung an fehlerhafte Berufungszulassung

47 Das OVG ist auch an eine **fehlerhafte Berufungszulassung** durch den ER **gebunden**, selbst wenn dieser die Zulassung entgegen § 124a I 1 auf den Zulassungsgrund des § 124 II Nr. 2 gestützt hat (BVerwG NVwZ 2005, 821 zur Zulassung nach § 124 II Nr. 3; BWVGH DÖV 2009, 1010 Rn. 32).

48 Zu fragen ist allerdings, ob im Einzelfall ein **Widerspruch zwischen Übertragung und Zulassung** besteht: Hat die Kammer die Voraussetzungen für die Über-

tragung (§ 6 I 1) zu Unrecht bejaht, so ist der ER zur Rückübertragung nicht einmal befugt (→ Rn. 38); sind die Voraussetzungen erst infolge einer Prozessveränderung entfallen (III 1), so kann der ER ermessensfehlerfrei von der Rückübertragung auf die Kammer abgesehen haben und gleichwohl verpflichtet sein, die Berufung nach § 124a I 1 i.V.m. § 124 II Nr. 3 zuzulassen (ebenso BVerwG NVwZ 2005, 98 Rn. 15 f.; BWVGH DÖV 2009, 1010; KS § 124a Rn. 4 und Ey § 124a Rn. 2 sowie S/S-A/P § 124a Rn. 11).

§§ 7 und 8 *(aufgehoben)*

Die durch Gesetz vom 26.5. 1972 (BGBl. I 841) aufgehobenen §§ 7 und 8 betrafen die innere Organisation der VG. Diese wird heute durch die Vorschriften des GVG über die Präsidialverfassung (→ § 4 Rn. 1) bestimmt.

§ 9 [Organisation des Oberverwaltungsgerichts]

(1) Das Oberverwaltungsgericht besteht aus dem Präsidenten und aus den Vorsitzenden Richtern und weiteren Richtern in erforderlicher Anzahl.
(2) Bei dem Oberverwaltungsgericht werden Senate gebildet.
(3) ¹Die Senate des Oberverwaltungsgerichts entscheiden in der Besetzung von drei Richtern; die Landesgesetzgebung kann vorsehen, daß die Senate in der Besetzung von fünf Richtern entscheiden, von denen zwei auch ehrenamtliche Richter sein können. ²Für die Fälle des § 48 Abs. 1 kann auch vorgesehen werden, daß die Senate in der Besetzung von fünf Richtern und zwei ehrenamtlichen Richtern entscheiden. ³Satz 1 Halbsatz 2 und Satz 2 gelten nicht für die Fälle des § 99 Abs. 2.

Das OVG ist das oberste VG in den Ländern. Sein Aufgabenbereich ist in den §§ 46 bis 48 durch Zuständigkeitsregelungen festgelegt, seine **Organisation** in § 9 durch eine in Aufbau und Wortwahl parallele Vorschrift zu derjenigen der VG in § 5. Deshalb kann auf die dortige Kommentierung verwiesen werden. Die Spruchkörper des OVG heißen traditionell **Senate** (II). Der **Präsident** des OVG ist geborener Vorsitzender Richter eines Senats (§ 21f I GVG → § 5 Rn. 3) und in Verwaltungsangelegenheiten ein der Ministerialebene nachgeordneter Leiter einer Landesmittelbehörde. **1**

Eigenständig geregelt ist die Besetzung der Senate bei Entscheidungen. Die bundesrechtliche **Regelbesetzung** in Urteils- wie Beschlussverfahren besteht aus drei Berufsrichtern. Richter auf Probe und kraft Auftrags dürfen nicht mitwirken (§ 17), wohl aber Lebenszeitrichter anderer Gerichte, nämlich als abgeordnete Richter zum Zweck der Erprobung (→ § 15 Rn. 3) oder als Richter im Nebenamt (§ 16); als solche können auch ordentliche Professoren des Rechts berufen werden. An allen Entscheidungen müssen mindestens zwei ständige Senatsmitglieder mitwirken (vgl. § 29 S. 1 DRiG und § 21 II 2 GVG). **2**

Zwei **Öffnungsklauseln** ermächtigen die Landesgesetzgeber, abweichende Besetzungen vorzusehen. Nach III 1 Hs. 2 kann die **Regelbesetzung** voraussetzungslos – generell oder bereichsspezifisch – **erweitert** werden, und zwar auf fünf Richter bzw. drei Richter und zwei ehrenamtliche Richter. Davon ist in vielen Ländern für Normenkontrollverfahren nach § 47 Gebrauch gemacht worden (Nachweise bei S/S-A/ P § 9 Rn. 13). **3**

§ 10   Teil I. Gerichtsverfassung

4   Unabhängig davon kann für die Fälle des § 48 I, die sog. **erstinstanzlichen** (technischen) **Großverfahren**, eine Entscheidung mit fünf Berufsrichtern und zwei ehrenamtlichen Richtern vorgesehen werden (so etwa in § 17 HessAGVwGO), gewissermaßen als Ausgleich für den Wegfall einer Tatsacheninstanz. Das vorgegebene Zahlenverhältnis (3 zu 2) ist nicht disponibel. Die Praxis der Länder beteiligt ehrenamtliche Richter (nach dem Modell des § 5 III) nur bei mündlichen Verhandlungen. Ist die Mitwirkung ehrenamtlicher Richter vorgesehen, so wirken sie auch bei Gerichtsbescheiden mit, die das OVG in erstinstanzlichen Verfahren im Urteilsverfahren zu erlassen hat (§ 84 I 3). Davon kann das Landesrecht – entsprechend § 5 III 2 – eine Ausnahme machen.

5   Bei den OVG bestehen **Fachsenate** für besondere Angelegenheiten und Rechtsgebiete. Die Fachsenate für sog. In-Camera-Verfahren nach §§ 99 II, 189 entscheiden in der Regelbesetzung mit drei Lebenszeitrichtern nach III 1 Hs. 1 i.V.m. § 4 S. 3 (Rn. 2; → § 4 Rn. 5). Die Rückausnahme in III 3 versperrt die Möglichkeit, durch Landesrecht eine abweichende Besetzung vorzusehen, etwa durch Mitwirkung ehrenamtlicher Richter. Die Disziplinarsenate entscheiden in der Regelbesetzung mit Beamtenbeisitzern als ehrenamtlichen Richtern nach Maßgabe der § 65 I i.V.m. §§ 46 ff. BDG, die Fachsenate für Personalvertretungssachen in der nach Bundes- oder Landesrecht vorgesehenen Besetzung (→ § 19 Rn. 2), die angegliederten Berufsgerichte (→ § 187 I) in der durch das Landesrecht bestimmten Besetzung. Den **Einzelrichter** gibt es nur nach Maßgabe des § 87a (→ § 6 Rn. 2).

§ 10 [Gliederung des Bundesverwaltungsgerichts]

(1) Das Bundesverwaltungsgericht besteht aus dem Präsidenten und aus den Vorsitzenden Richtern und weiteren Richtern in erforderlicher Anzahl.
(2) Bei dem Bundesverwaltungsgericht werden Senate gebildet.
(3) Die Senate des Bundesverwaltungsgerichts entscheiden in der Besetzung von fünf Richtern, bei Beschlüssen außerhalb der mündlichen Verhandlung in der Besetzung von drei Richtern.

1   Oberstes Verwaltungsgericht ist das bereits 1953 (→ § 195 Rn. 1), also vor Erlass der VwGO, errichtete BVerwG (Art. 95 I GG). Es hat organisationsrechtlich dieselbe Struktur wie die Instanzgerichte (§ 5, § 9), weshalb insofern auf die Kommentierung des → § 5 verwiesen werden kann. Besonderheiten gelten für die Berufung der (derzeit 55) **Bundesrichter**. Sie werden vom BMJ, dem das BVerwG zugeordnet ist (→ § 38 Rn. 2), gemeinsam mit dem Richterwahlausschuss „gewählt" (Art. 95 II GG i.V.m. § 1 RiWahlG) und vom Bundespräsidenten ernannt (Art. 60 GG). Zu den persönlichen Voraussetzungen → § 15 Rn. 4. Die **Funktionsstellen** des Präsidenten, Vizepräsidenten und der Vorsitzenden Richter werden ohne Wahl vom Bundespräsidenten ernannt; der Ernennung liegt eine Auswahlentscheidung des BMJ zugrunde (→ § 38 Rn. 2), die sich auf Vorschläge des Gerichts stützt.

2   Beim BVerwG sind derzeit **zehn Revisionssenate** gebildet, die als Rechtsmittelgerichte über Rechtsfragen entscheiden (→ § 49 Rn. 1). Für bestimmte Verfahren ist das BVerwG kraft einzelgesetzlicher Bestimmung aber auch erst- und letztinstanzliches Gericht (→ § 50 Rn. 1). Geschäftsverteilungsplanmäßig ist ein Fachsenat für Entscheidungen nach § 99 II (sog. In-camera-Verfahren) gebildet. Den Senaten sind jeweils ein Vorsitzender und weitere Richter zugewiesen, abhängig vom Geschäftsanfall insgesamt zwischen fünf und sieben Richtern (Einzelheiten unter www.bverwg.de, vgl. auch die

Geschäftsordnung des BVerwG vom 18.12. 2000, BAnz. 2001 Nr. 31 vom 14.2. 2001, S. 2273). Die Richter müssen durchweg die berufenen **hauptamtlichen Richter auf Lebenszeit** sein (§ 15 I). Abgeordnete Richter anderer Gerichte und Beamte können als wissenschaftliche Mitarbeiter eingesetzt werden.

Die **Richterbank** (→ § 5 Rn. 9), also die Zahl der bei Entscheidungen mitwir- 3 kenden Richter der Revisionssenate (drei oder fünf Richter), variiert mit der Durchführung einer mündlichen Verhandlung (III). Vorlagebeschlüsse ergehen wegen ihrer Bedeutung (→ § 5 Rn. 9), Gerichtsbescheide wegen des Verweises auf die Urteilsvorschriften (§ 84 I 3) in Urteilsbesetzung mit fünf Richtern.

Dem BVerwG sind **ein Disziplinar-** und **zwei Wehrdienstsenate** eingegliedert. 4 Der Disziplinarsenat entscheidet mit drei Berufsrichtern, in der mündlichen Verhandlung unter Mitwirkung von zwei Beamtenbeisitzern (→ § 19 Rn. 3). Die Wehrdienstsenate entscheiden als Berufungs- bzw. Beschwerdeinstanz über den Truppendienstgerichten (→ § 40 Rn. 13) in der Besetzung von drei Richtern, in der Hauptverhandlung unter Mitwirkung von zwei besonders bestellten ehrenamtlichen Richtern („Soldatenbeisitzern", § 80 III, IV WDO). Diesen Senaten können nach einer – wegen des Eingriffs in die richterliche Selbstverwaltung (→ § 4 Rn. 1) – verfassungsrechtlich mindestens fragwürdigen Vorschrift (§ 80 II WDO) nur Bundesrichter zugewiesen werden, die vom BMJ hierfür bestimmt worden sind. Dem Disziplinarsenat sind außer dem Vorsitzenden drei weitere Bundesrichter zugewiesen, den Wehrdienstsenaten je zwei weitere Richter.

§ 11 [Großer Senat]

(1) Bei dem Bundesverwaltungsgericht wird ein Großer Senat gebildet.

(2) Der Große Senat entscheidet, wenn ein Senat in einer Rechtsfrage von der Entscheidung eines anderen Senats oder des Großen Senats abweichen will.

(3) ¹Eine Vorlage an den Großen Senat ist nur zulässig, wenn der Senat, von dessen Entscheidung abgewichen werden soll, auf Anfrage des erkennenden Senats erklärt hat, daß er an seiner Rechtsauffassung festhält. ²Kann der Senat, von dessen Entscheidung abgewichen werden soll, wegen einer Änderung des Geschäftsverteilungsplanes mit der Rechtsfrage nicht mehr befaßt werden, tritt der Senat an seine Stelle, der nach dem Geschäftsverteilungsplan für den Fall, in dem abweichend entschieden wurde, nunmehr zuständig wäre. ³Über die Anfrage und die Antwort entscheidet der jeweilige Senat durch Beschluß in der für Urteile erforderlichen Besetzung.

(4) Der erkennende Senat kann eine Frage von grundsätzlicher Bedeutung dem Großen Senat zur Entscheidung vorlegen, wenn das nach seiner Auffassung zur Fortbildung des Rechts oder zur Sicherung einer einheitlichen Rechtsprechung erforderlich ist.

(5) ¹Der Große Senat besteht aus dem Präsidenten und je einem Richter der Revisionssenate, in denen der Präsident nicht den Vorsitz führt. ²Legt ein anderer als ein Revisionssenat vor oder soll von dessen Entscheidung abgewichen werden, ist auch ein Mitglied dieses Senats im Großen Senat vertreten. ³Bei einer Verhinderung des Präsidenten tritt ein Richter des Senats, dem er angehört, an seine Stelle.

(6) ¹Die Mitglieder und die Vertreter werden durch das Präsidium für ein Geschäftsjahr bestellt. ²Das gilt auch für das Mitglied eines anderen Senats

§ 11 Teil I. Gerichtsverfassung

nach Absatz 5 Satz 2 und für seinen Vertreter. ³Den Vorsitz im Großen Senat führt der Präsident, bei Verhinderung das dienstälteste Mitglied. ⁴Bei Stimmengleichheit gibt die Stimme des Vorsitzenden den Ausschlag.

(7) ¹Der Große Senat entscheidet nur über die Rechtsfrage. ²Er kann ohne mündliche Verhandlung entscheiden. ³Seine Entscheidung ist in der vorliegenden Sache für den erkennenden Senat bindend.

1 Das Gebot der Rechtssicherheit (Art. 20 III GG) verlangt spruchrichterliche Vorkehrungen zur Wahrung der Einheitlichkeit der Rechtsprechung, die infolge der Unabhängigkeit der Richter (Art. 97 I GG) und Spruchkörper (§ 1) in denselben Rechtsfragen zu **gegenteiligen Ergebnissen** gelangen kann, und zwar auch innerhalb desselben Gerichts. Eine automatische Bindung an einzelne Judikate oder gar an die zugrunde liegenden Rechtsansichten sieht die VwGO nur ausnahmsweise vor (vgl. § 47 V 2; § 121). Gegenläufig wird die **Rechtseinheit gesichert** durch die Rechtsmittelzüge, durch Vorlagepflichten und durch besondere Spruchkörper: Unter den erstinstanzlichen VG eines Bundeslandes (und deren Kammern) sorgt das OVG für Vereinheitlichung, hinsichtlich des Landesrechts i.d.R. abschließend (§ 137 I). Länderübergreifend nimmt diese Aufgabe das BVerwG i.W. für das Bundesrecht (§ 137 I) wahr. Alle Gerichte unterliegen unter bestimmten Voraussetzungen Vorlagepflichten an das BVerfG (Art. 100 I GG) und an den EuGH (Art. 234 EG).

2 Die Einheitlichkeit der **Rechtsprechung der obersten Gerichtshöfe** des Bundes (Art. 95 I GG) ist gemäß Art. 95 III GG durch das RsprEinhG durch einen **Gemeinsamen Senat** dieser Gerichtshöfe (GmSOGB) zu sichern. Die Einheit im Verhältnis der Senate eines einzelnen Bundesgerichts zueinander hat der sog. **Große Senat** (GrS) nach den jeweiligen Prozessordnungen zu wahren, für das BVerwG gemäß § 11. Entsprechendes gilt bei den OVG nach → § 12. In der Praxis haben die GrS freilich **geringe Bedeutung** (22 Entscheidungen zwischen 1954 und 1992; 423 Entscheidungen der obersten Gerichtshöfe insgesamt), schon weil Divergenzen, die zur Anrufung des GrS zwingen, möglichst vermieden werden.

3 Der GrS entscheidet ausschließlich auf **Anrufung** durch einen Senat des BVerwG (→ § 10 II). Dieser ist dazu **verpflichtet**, wenn er in einer Rechtsfrage von einer auf Nachfrage aufrechterhaltenen Rechtsauffassung in einer Entscheidung eines anderen Senats abweichen will (Divergenz, II und III; Ausnahmen bei KS § 11 Rn. 5). Ein **Ermessen** besteht bei Anrufung wegen einer Frage von grundsätzlicher Bedeutung (IV).

4 Der vorlagewillige Senat hat die Verfahrensbeteiligten **anzuhören** (Art. 103 I GG), bei Divergenzvorlage auch den Senat, von dessen Entscheidung abgewichen werden soll (Zulässigkeitsvoraussetzungen, III 1). Anhörungen und Anrufung erfolgen durch einen (jederzeit zurücknehmbaren) **Vorlagebeschluss** in der für Urteile erforderlichen Besetzung (III 3 i.V.m. § 10 III). Die Vorlage führt zu einem Zwischenverfahren im Verwaltungsrechtsstreit.

5 Die **Richterbank** des GrS ist in V geregelt: Entscheidungen werden durch die Vorsitz führende Präsidentin (bei Verhinderung mit einem Richter ihres Senats) und je einem Richter der übrigen 9 Revisionssenate gefällt. Dem GrS gehört ferner ein Mitglied des Disziplinarsenats oder der Wehrdienstsenate (→ § 10 Rn. 4) an, falls einer dieser vorlegt oder von deren Entscheidung abgewichen werden soll. Die mitwirkenden Richter (Sitzgruppe) sind nach den Grundsätzen der Geschäftsverteilung (§ 4) vorab zu bestimmen.

6 Der GrS **entscheidet** über die Zulässigkeit der Vorlage (die analog § 109 Gegenstand eines Zwischenbeschlusses sein kann) und bejahendenfalls (nur) über die vorgelegte Rechtsfrage (VII 1). Die Entscheidung ergeht als Beschluss nach freigestellter mündlicher Verhandlung, für die keine Zustimmung der Beteiligten erforderlich ist. Seine Entscheidung ist in der anlassgebenden Streitsache **bindend** und erfasst daher den erkennenden (vorlegenden) wie einen ihm kraft Geschäftsverteilungsneuregelung etwa nachfolgenden Senat. Die Bindung **entfällt** ausnahmsweise nach den Grundsätzen, die zu § 130 II, § 144 VI für den Bindungswegfall eines zurückverweisenden Beschlusses entwickelt worden sind (→ § 144 Rn. 21).

Einen **Rechtsbehelf** gibt es weder gegen das Unterlassen der Anrufung noch gegen die hierüber gefassten Beschlüsse noch gegen die Entscheidung des GrS. In Betracht kommt allein die **Verfassungsbeschwerde** gegen die Endentscheidung, die bei willkürlichem Unterlassen einer (obligatorischen) Vorlage auf eine Verletzung des gesetzlichen Richters (Art. 101 I 2 GG) gestützt werden kann (vgl. BVerfG NJW 1989, 2613; BVerfGE 79, 301). 7

§ 12 [Großer Senat bei dem Oberverwaltungsgericht]

(1) ¹**Die Vorschriften des § 11 gelten für das Oberverwaltungsgericht entsprechend, soweit es über eine Frage des Landesrechts endgültig entscheidet.** ²**An die Stelle der Revisionssenate treten die nach diesem Gesetz gebildeten Berufungssenate.**

(2) **Besteht ein Oberverwaltungsgericht nur aus zwei Berufungssenaten, so treten an die Stelle des Großen Senats die Vereinigten Senate.**

(3) **Durch Landesgesetz kann eine abweichende Zusammensetzung des Großen Senats bestimmt werden.**

Wie beim BVerwG ist bei den OVG/VGH (nicht aber bei den VG) ein **Großer Senat** (GrS) nur aus den Berufungssenaten (unter Ausschluss evtl. Fachsenate) zu bilden, auf den **§ 11 entsprechend** anzuwenden ist. Das schließt andere als die in § 12 ausdrücklich vorgesehenen Abweichungen in § 11 in organisations- wie verfahrensrechtlicher Hinsicht aus. Die Verpflichtung zur Bildung des GrS (§ 11 I) steht unter der Ausnahme des § 12 II; seine regelmäßige Zusammensetzung (§ 11 V) kann landesrechtlich abweichend geregelt werden (III). 1

Bei sehr kleinen OVG/VGH mit nur zwei Berufungssenaten (z. B. in Bremen) treten an die Stelle des (richterselektierten → § 11 Rn. 5) GrS die sog. **Vereinigten Senate** (II), ein Gremium aus allen Berufsrichtern der beiden Senate, allerdings ohne Mitwirkung evtl. nach § 9 III landesrechtlich vorgesehener ehrenamtlicher Richter (str., Ey § 12 Rn. 8). 2

Nach § 12 I 1 i. V. m. § 11 II und IV ist die **Anrufung** des GrS bei Divergenz obligatorisch, bei Grundsatzfragen fakultativ. Allerdings kommt eine Divergenzanrufung nicht bei jeder Abweichung in Betracht, sondern nur bei abschließenden Entscheidungen der OVG/VGH über nicht revisibles Landesrecht. Eine abweichungsfähige Entscheidung muss rechtskräftig sein (str.; a. A. NKVwGO § 12 Rn. 15 f.; KS § 12 Rn. 1; B/F-K/vA § 12 Rn. 3). 3

Die **Verletzung einer Vorlagepflicht** an den GrS eines OVG kann einen rügefähigen Verfahrensfehler (§ 132 II Nr. 3) in Form des Verstoßes gegen den gesetzlichen Richter (Art. 101 I 2 GG) ergeben, falls die Vorlagepflicht **willkürlich missachtet** wurde. Ein Verstoß durch Nichtvorlage in Divergenzfällen (§ 12 I i. V. m. § 11 II und III) setzt jedoch voraus, dass es sich um eine entscheidungserhebliche Rechtsfrage bei Anwendung **ein und derselben Norm** des Landesrechts handelt; 4

die Gleichheit der Rechtsfrage bei im Wesentlichen gleichlautenden Vorschriften in verschiedenen Gesetzen reicht nicht aus (BVerwG NVwZ 2006, 1404 Rn. 14; Buchh 406.11 § 1 BauGB Nr. 112 S. 45; str.).

§ 13 [Geschäftsstelle]

Bei jedem Gericht wird eine Geschäftsstelle eingerichtet. Sie wird mit der erforderlichen Anzahl von Urkundsbeamten besetzt.

1   Die Geschäftsstelle ist eine zentrale Einheit der Gerichtsverwaltung (§ 38), von dieser jedoch wegen ihrer unmittelbaren Zuordnung zu den Spruchkörpern organisatorisch abgesetzt. Sie unterstützt die Spruchkörper im Geschäftsbetrieb und entlastet sie von bestimmten prozessualen Aufgaben (Rn. 2). Zu den **administrativen Hilfsfunktionen** gehören die Vereinnahmung neuer Sachen, die Registerführung, Akten- und Terminverwaltung, Ausführung von Zustellungen und Ladungen, Protokollführung (§ 105), die Entscheidungsübersendung, die Gewährung von Akteneinsicht im Gericht (→ § 100 Rn. 10) oder die fernmündliche und elektronische Kommunikation. Dieser Kontakt nach außen macht die Geschäftsstelle zu einem **wichtigen Scharnier** zwischen Spruchkörper und Publikum (Verfahrensbeteiligten, Anwälten, interessierten Außenstehenden).

2   Administrative Verrichtungen bleiben in der Verantwortung des Spruchkörpers bzw. sind rein verwaltungstechnisch ausgelegt und können daher von allen Mitarbeitern der Geschäftsstelle (Rn. 6) ausgeführt werden. Demgegenüber erklärt sich die Besetzung der Geschäftsstelle mit besonders vorgebildeten **Urkundsbeamten** aus den prozessualen Aufgaben (i. E. S/S-A/P § 13 Rn. 6 f.), die ihnen zur selbstständigen und weisungsfreien Erledigung übertragen sind (BVerwG DRiZ 1970, 27). Nach Gegenzug unterliegen ihre Entscheidungen, die keine Justizverwaltungsakte nach §§ 23 ff. EGGVG sind, der Erinnerung (§ 151).

3   Zu den **Aufgaben** des Urkundsbeamten gehören insbes. Beurkundungen (wie die Ausstellung von Rechtskraftzeugnissen, § 173 S. 1 i. V. m. § 706 ZPO), die Erteilung bestimmter Ausfertigungen (§ 168 II), die Festsetzung der Kosten (→ § 164) und der Entschädigungen nach dem JVEG. Vor der mit Urkundsbeamten besetzten **Rechtsantragsstelle** können rechtsunkundige Beteiligte Anträge zu Protokoll erklären (vgl. nur § 81 I 2; § 123 III i. V. m. § 920 III ZPO; § 147 I; § 166 i. V. m. § 117 I 1 ZPO).

4   Der **Begriff** des Urkundsbeamten (dazu BVerwG NVwZ-RR 2007, 717) ist in der VwGO nicht beamten- oder dienstrechtlich definiert; er ist ein prozessualer Funktionsbegriff (S/S-A/P § 13 Rn. 9 m. w. N.). Urkundsbeamte können daher Angestellte ebenso sein wie Beamte des mittleren bis höheren Dienstes; die Justizverwaltung kann eine Befähigung gemäß § 2 RPflG fordern. Die Festsetzung von Gerichts- und Anwaltskosten wird i. d. R. Beamten des gehobenen oder höheren Dienstes mit entsprechender Ausbildung übertragen. Bei der **Kostenfestsetzung** erfüllt der Urkundsbeamte funktional Aufgaben, die in der ordentlichen Gerichtsbarkeit dem Rechtspfleger zugewiesen sind, den es in der Verwaltungsgerichtsbarkeit nicht gibt (vgl. § 3 RPflG). Er wird dort als richterliches Organ tätig und ist deshalb insoweit an Weisungen nicht gebunden (BVerfGE 22, 299, 310; KS § 164 Rn. 3).

5   Wem der organisatorische Akt der **Einrichtung** einer Geschäftsstelle obliegt, ist streitig. Richtigerweise ist er – ebenso wie ihre angemessene Ausstattung mit Personal – dem Träger des Gerichts (nicht der Gerichtsverwaltung) vorbehalten, je nach Ge-

richtsstufe also dem Bund oder dem jeweiligen Land. Da die Errichtung der Geschäftsstelle nicht in § 3 aufgeführt (auch nicht Teil der Errichtung i. S. der Nr. 1) ist, bedarf es keines formellen Gesetzes. Die Praxis bedient sich gelegentlich der Ausführungsgesetzgebung (AGVwGO), i. Ü. ministerieller Verwaltungsvorschriften. Die **Ablauforganisation** wird durch den Präsidenten in Geschäfts(stellen)ordnungen und Dienstanweisungen geregelt (z. B. GStO-BVerwG). § 153 GVG gilt nur für die ordentliche Gerichtsbarkeit (S/S-A/P § 13 Rn. 2); das VwVfG ist nicht anzuwenden, weil die Tätigkeit der Geschäftsstelle keine Verwaltungstätigkeit i. s. der §§ 1, 9 VwVfG ist.

Geleitet wird die Geschäftsstelle von einem dem Präsidenten unterstehenden Geschäftsleiter. Sie verfügt über **zentrale Einrichtungen** (wie die Eingangsgeschäftsstelle mit Postannahmestelle, Registratur und Rechtsantragsstelle → Rn. 3), ist i. Ü. jedoch **dezentral organisiert**, indem einzelne Urkundsbeamte und Mitarbeiter einem oder mehreren (ggf. auswärtigen) Spruchkörpern räumlich fest zugeordnet sind. Zunehmend wird die Geschäftsstelle in **Serviceeinheiten** oder Arbeitsgruppen organisiert, in denen Urkundsbeamte („Geschäftsstellen-Verwalter[innen]"), Mitarbeiter und Kanzleikräfte den Geschäftsanfall „synergetisch" bewältigen. Im Rechtssinne bilden jedoch alle Serviceeinheiten, Urkundsbeamte und Mitarbeiter zusammen „die" Geschäftsstelle des jeweiligen Gerichts. 6

§ 14 [Rechts- und Amtshilfe]

Alle Gerichte und Verwaltungsbehörden leisten den Gerichten der Verwaltungsgerichtsbarkeit Rechts- und Amtshilfe.

Die Verpflichtung „aller Behörden des Bundes und der Länder", sich gegenseitig und umfassend Hilfe zu leisten, ergibt sich bereits unmittelbar aus **Art. 35 I GG**. Sie wird in § 14 zugunsten der Verwaltungsgerichtsbarkeit bekräftigt, aber weder ausgedehnt noch ausgestaltet. Rechts- und Amtshilfe kann jeder Spruchkörper und jede Stelle der Gerichtsbehörde beanspruchen (→ § 1 Rn. 4), der die VwGO Kompetenzen einräumt. 1

Der gesetzlich nicht definierte Begriff der **Rechtshilfe** verlangt die Vornahme einer richterlichen Amtshandlung eines Gerichts zugunsten eines ersuchenden Prozessgerichts. In Betracht kommen vorwiegend Maßnahmen der Beweisaufnahme wie Zeugenvernehmungen. Eine Sonderform der Rechtshilfe zugunsten von Verwaltungsbehörden ist in → § 180 geregelt. **Amtshilfe** ist die ergänzende Hilfe, die eine Behörde einem Prozessgericht oder einer Gerichtsverwaltung leistet (vgl. § 4 I VwVfG, § 3 I SGB X). Beispiele sind die Erteilung von Auskünften, die Bereitstellung von Sitzungsräumen für auswärtige Gerichtstermine oder die Übersendung von Akten, für die § 99 Sonderregeln enthält. 2

Die Unterstützung ist auf **Ersuchen** hin zu gewähren, das eindeutig, aber nicht zwingend schriftlich abgefasst sein muss. Die Einzelheiten der Unterstützungspflicht sind durch Rückgriff auf anderweitige Regelungen zu erschließen: Auf **Rechtshilfeersuchen** sind gemäß § 173 S. 1 die §§ 157, 158 und 159 GVG entsprechend anzuwenden (S/S-A/P § 173 Rn. 109). Danach kann i. d. R. nur ein anderes VG oder ein Amtsgericht um Rechtshilfe angegangen werden (§ 157 GVG). Das Ersuchen darf grds. nicht auf seine Berechtigung hin untersucht und also nicht abgelehnt werden (§ 158 GVG). Ist die ersuchte Stelle tatsächlich oder rechtlich zur Hilfeleistung nicht in der Lage, hat sie das Ersuchen an die aus ihrer Sicht kompetente Stelle wei- 3 terzuleiten. Für Rechtsbehelfe gegen die Entscheidung des ersuchten Gerichts gilt § 173 S. 1 i.V.m. § 159 GVG (BLAH § 158 GVG Rn. 6). Für die Durchführung der **Amtshilfe** kann auf die §§ 4 ff. VwVfG zurückgegriffen werden, die zwar nicht unmittelbar anwendbar sind (§ 1 IV VwVfG), aber allgemeine Grundsätze enthalten. Da die Befugnisse im Wege eines Ersuchens nicht erweitert werden, müssen beide Stellen (die ersuchende und die ersuchte) befugt sein, die erbetene Amtshandlung selbst vorzunehmen. Die ersuchte Stelle verfährt bei Vornahme der erbetenen Amtshandlung nach ihrem Recht. Die **Kosten** der Rechtshilfe sind in § 164 GVG, die Kosten der Amtshilfe in § 8 VwVfG geregelt.

4 **Internationale Rechts- und Amtshilfe**, die bei Zeugenvernehmungen und Zustellungen im Ausland erforderlich sein kann, ist auf diplomatischem Wege zu erlangen und richtet sich i.Ü. nach internationalen Verträgen (BVerwG NJW 1984, 574; S/S-A/P § 14 Rn. 12). Gemeinschaftsrechtlich enthält Art. 10 EG eine Art. 35 GG entsprechende Verpflichtung der EG-Organe zugunsten der nationalen Gerichte (dazu BeckOK VwGO § 14 Rn. 17 f.).

2. Abschnitt. Richter

§ 15 [Hauptamtliche Richter]

(1) Die Richter werden auf Lebenszeit ernannt, soweit nicht in §§ 16 und 17 Abweichendes bestimmt ist.
(2) (weggefallen)
(3) Die Richter des Bundesverwaltungsgerichts müssen das fünfunddreißigste Lebensjahr vollendet haben.

1 Mit dem Begriff „Richter" meint die VwGO durchweg nur die Berufsrichter, was insbes. aus der Gegenüberstellung in § 19 deutlich wird. Das **Berufsrecht der Richter** ist gemäß Art. 98 GG durch besondere Bundes- und Landesgesetze zu regeln und daher im DRiG und in den LRiG enthalten. Die Prozessordnungen bestimmen nur die in den Spruchkörpern zu verwendenden **Richterarten**. Mit dieser Zielrichtung befasst sich der 2. Abschnitt mit den Berufsrichtern, der 3. Abschnitt (§§ 19 bis 34) mit den ehrenamtlichen Richtern (vgl. § 5 III) der Verwaltungsgerichtsbarkeit.

2 Richtig ist § 15 I so zu verstehen, dass grundsätzlich **auf Lebenszeit ernannte** Richter (§ 10 DRiG) zu verwenden sind, die dem Regeltyp des hauptamtlich und planmäßig endgültig angestellten Richters i.S. des Art. 97 II GG entsprechen (BVerfGE 4, 331, 334). Diese Forderung deckt sich mit §§ 8 ff., § 28 DRiG, weshalb in § 15 I i.W. nur die **Vorbehaltsklausel** des Soweit-Satzes von Bedeutung ist, die ausschließlich VwGO-interne Abweichungen erlaubt: Nach § 17 können – nur bei den Gerichten I. Instanz – Richter auf Probe und solche kraft Auftrags verwendet werden, nach § 16 – bei den VG und OVG – auch Richter im Nebenamt. Die **Zahl** dieser Richter der Verwaltungsgerichtsbarkeit beläuft sich in Bund und Ländern derzeit auf knapp 2000 (davon rund 30% Frauen), womit sie die größte unter den drei öffentlich-rechtlichen Gerichtsbarkeitszweigen ist (www.bundesjustizamt.de).

3 Unmittelbar nach § 15 I zulässig ist es, bei den VG angestellte Lebenszeitrichter der BesGr R 1 vor Übertragung eines Richteramtes mit höherem Endgrundgehalt (R 2) bei den OVG zu verwenden. Diese laufbahntypische **Erprobung** erfolgt im Wege

zeitlich begrenzter **Abordnung** (§ 37 DRiG; vgl. etwa AV JMNRW v. 2.5. 2005, JMBl. NRW S. 136, www.datenbanken.justiz.nrw.de). Abgeordnete Richter müssen im Geschäftsverteilungsplan des Gerichts (→ § 4 Rn. 2) als solche kenntlich gemacht werden, um die Mitwirkungsbeschränkungen überprüfbar zu machen (§ 29 DRiG). Beim **BVerwG** besteht die Möglichkeit rechtsprechender Tätigkeit von abgeordneten Richtern nicht. Weil insofern keine Ausnahmen vom Grundsatz des § 15 I zugelassen sind, dürfen dort nur Lebenszeitrichter verwendet werden (zur Berufung der Bundesrichter → Rn. 4 und § 10 Rn. 1). An das oberste VG können aber Richter (wie auch Beamte) als wissenschaftliche Mitarbeiter abgeordnet werden, was in den Bundesländern z. T. als sog. Ersatzerprobung anerkannt wird.

Die Ernennung der Richter und die persönlichen Voraussetzungen sind im DRiG, **4** dort insb. in § 9, und in den LRiG enthalten. Daneben enthält III eine **gerichtsbarkeitsspezifische** persönliche Voraussetzung für die am BVerwG tätigen **Bundesrichter** in Form eines Mindestalters. Der Zeitpunkt der Vollendung des verlangten 35. Lebensjahres (das nach §§ 187 II 2, 188 II BGB zu berechnen ist) kann in dem gestuften Verfahren der Berufung (→ § 10 Rn. 1) fraglich sein. Richtiger Ansicht nach kommt es darauf an, wann die Ernennung (Art. 60 GG) ihre Wirksamkeit entfaltet, regelmäßig also auf die Aushändigung der Urkunde, sonst auf das in einer sog. Wirkungsurkunde bestimmte Datum.

Ein **Verstoß** gegen Besetzungsvorschriften (§ 5 III i.V.m. dem DRiG, §§ 15 bis **5** 17) ist ein absoluter Revisionsgrund i.S. des § 138 Nr. 1 bzw. im Berufungszulassungsrecht ein Verfahrensmangel (§ 124 II Nr. 5).

§ 16 [Richter im Nebenamt]

Bei dem Oberverwaltungsgericht und bei dem Verwaltungsgericht können auf Lebenszeit ernannte Richter anderer Gerichte und ordentliche Professoren des Rechts für eine bestimmte Zeit von mindestens zwei Jahren, längstens jedoch für die Dauer ihres Hauptamts, zu Richtern im Nebenamt ernannt werden.

Als Ausnahme zu § 15 I (§ 8 DRiG) wird die **vorübergehende Verwendung** von **1** Rechtsprofessoren und solchen Lebenszeitrichtern zugelassen, die ihr Hauptamt bei einem anderen Gericht haben. Sie können statusrechtlich zum Richter im Nebenamt bei einem VG oder einem OVG (nicht beim BVerwG) ernannt werden und führen dort die Bezeichnung „Richter am VG" bzw. „am OVG". Bei Richtern ist die Ernennung dienstrechtlich mit einer befristeten **Abordnung** verbunden (§ 37 DRiG).

Das **Auswahlermessen** wird durch die – weitgehend überholten – Ziele gesteu- **2** ert, einen vorübergehenden Personalbedarf zu decken oder Spezialisten zu gewinnen. Demgemäß können **Lebenszeitrichter** einer beliebigen Gerichtsbarkeit ernannt werden. So ist es in NRW Tradition, erfahrene Strafrichter der LG und OLG für die Mitarbeit in den Disziplinarkammern und -senaten der Verwaltungsgerichtsbarkeit zu gewinnen.

Unter den hochschulrechtlich vorgesehenen **Rechtslehrern** (zu diesem Begriff → **3** § 67 Rn. 6) kommen nur „ordentliche Professoren des Rechts" als Richter im Nebenamt in Betracht. Sie müssen an einer Hochschule tätig sein, an der Rechtswissenschaft studiert werden kann. Unter einem „ordentlichen" Professor (er ist nach § 7 DRiG zum Richteramt befähigt) wurden früher solche der Besoldungsgruppe C 4

§ 17

BBesO verstanden. Dies entspricht nach der Überführung der C- in die W-Besoldung einem Amt der Besoldungsgruppe W 3 (vgl. § 77 I BBesG). Junior-, außerplanmäßige oder Honorarprofessoren kommen daher nicht in Betracht.

4 Die **Ernennung ist** auf bestimmte Zeit, **mindestens auf zwei Jahre**, auszusprechen und kann erneuert werden. Das Nebenamt ist durch die Dauer des Hauptamtes begrenzt, weil dieses dem Richter im Nebenamt die persönliche Unabhängigkeit garantiert. Deshalb kommt es nicht nur auf die Innehabung des Hauptamtes an, sondern auch auf seine Ausübbarkeit. Suspendierungen jeder Art (§ 35, § 63 II DRiG oder § 66 BBG) schlagen auf die Wahrnehmbarkeit des Nebenamtes durch.

5 Ein Richter im Nebenamt kann nach den für die jeweilige Instanz geltenden Regeln **Einzelrichter** sein (→ § 6 Rn. 2 f.), darf den **Vorsitz** aber nur führen, wenn er Lebenszeitrichter ist (§ 28 II 2 DRiG). Die **Zahl** der an Entscheidungen mitwirkenden Richter im Nebenamt, auch neben Richtern i. S. des § 17, ist nicht begrenzt (vgl. § 29 DRiG).

§ 17 [Richter auf Probe und kraft Auftrags]

Bei den Verwaltungsgerichten können Richter auf Probe oder Richter kraft Auftrags verwendet werden.

1 Abweichend von § 15 I ist die Verwendung von Proberichtern und Richtern kraft Auftrags zugelassen. Sie wird mit anderer Zielrichtung als bei Richtern im Nebenamt nach § 16 (→ dort Rn. 2) ermöglicht, nämlich ausschließlich zur Auswahl und **Heranbildung des Nachwuchses**. Zweck der Verwendung ist daher durchweg die spätere Übernahme in ein Richterdienstverhältnis auf Lebenszeit (vgl. § 12 I und § 14 I DRiG). Dieser Ausbildungszweck erklärt, dass die Verwendung nur in der I. Instanz zugelassen ist. Im Anwendungsbereich des Art. 6 I EMRK wird der Einsatz dieser Richterarten wegen ihrer eingeschränkten persönlichen Unabhängigkeit teilweise für konventionswidrig gehalten (so B/F-K/vA § 17 Rn. 1; a.A. Ey § 17 Rn. 1; differenzierend S/S-A/P § 17 Rn. 2).

2 **Wer** Richter auf Probe oder kraft Auftrags ist, ist im **DRiG** geregelt, ebenso die Einzelheiten ihrer Berufung und Verwendung (vgl. §§ 12 f., 22; §§ 14 ff., 23 DRiG). Alle Verwaltungsrichter führen die Amtsbezeichnung „Richter" mit einem den Gerichtstyp (nicht auch noch den Gerichtssitz) bezeichnenden Zusatz („Richter am VG/OVG/VGH"); Proberichter führen nur die Bezeichnung „Richter" (§ 19a II, III DRiG). Alle Richter sind mit ihrer Dienststellung im Geschäftsverteilungsplan des Gerichts (nicht notwendig auch in der einzelnen Entscheidung) zu **kennzeichnen**. Das hebt § 29 DRiG für Proberichter, Auftrags- und abgeordnete Richter (→ § 15 Rn. 3) besonders hervor, weil bei einer gerichtlichen Entscheidung nicht mehr als einer dieser Richtertypen mitwirken darf. Zur Tätigkeit der Proberichter als Einzelrichter → § 6 Rn. 15, zu Fragen der Mitwirkung → § 5 Rn. 10, zu Besetzungsfehlern → § 15 Rn. 5.

§ 18 *(aufgehoben)*

Die früher in § 18 (aufgehoben durch das RPflEntlG m. W. v. 11.9. 1993) vorgesehenen Beschränkungen bei der Mitwirkung von Richtern auf Probe und kraft Auftrags an Entscheidungen und im Vorsitz gelten nunmehr in der Ausgestaltung durch §§ 28 f. DRiG allgemein.

3. Abschnitt. Ehrenamtliche Richter

§ 19 [Mitwirkung ehrenamtlicher Verwaltungsrichter]
Der ehrenamtliche Richter wirkt bei der mündlichen Verhandlung und der Urteilsfindung mit gleichen Rechten wie der Richter mit.

I. Laienbeteiligung in der Verwaltungsgerichtsbarkeit

Die Mitwirkung juristisch nicht vorgebildeter Laien (heute fast durchgehend unter der neutralen Bezeichnung „ehrenamtlicher Richter", § 45a DRiG) in den Tatsacheninstanzen der bundesrepublikanischen Verwaltungsgerichtsbarkeit hat **Tradition**. Verfassungsrechtlich ist sie aber nicht geboten und hat sich rechtspraktisch **überlebt** (str.). Mit den komplexen Konstellationen verwaltungsgerichtlicher Verfahren sind Laien regelmäßig überfordert, und nur schwer findet sich eine Rechtfertigung für den erheblichen Aufwand ihrer Berufung und Zuziehung (eingehend NKVwGO § 19 Rn. 3 ff.). Denn von ihnen darf (außer in Sonderbereichen → Rn. 2 f.) weder Sachverstand noch eine Plausibilitäts- oder gar Richtigkeitskontrolle noch auch nur die Einbringung von Lebensnähe erwartet werden. Am ehesten ist die Mitwirkung unter dem – freilich gewichtigen – Aspekt besonderer Kontaktpflege der Verwaltungsgerichtsbarkeit zur interessierten Bevölkerung zu rechtfertigen. Auch wenn die Beseitigung der Laienmitwirkung zur Professionalisierung der Rspr. beitragen würde, ist doch zu respektieren, dass die Vorschriften wegen der unabdingbaren Berufung und Mitwirkung einer großen Zahl ehrenamtlicher Verwaltungsrichter bei 52 VG und 11 von 15 OVG (Bln, Bbg, Bremen, Hmb, Hessen, MV, Nds, NRW, RhPf, LSA, SH) de lege lata **erhebliche Bedeutung** haben.

Das DRiG gilt grds. nur für Berufsrichter (§ 2 DRiG), enthält aber in einem eigenen Abschnitt (**§§ 44 bis 45a DRiG**) allgemeine Vorschriften über ehrenamtliche Richter. § 44 I DRiG verlangt zusätzlich gerichtsbarkeitsspezifische **Sonderregelungen**, die für die Verwaltungsgerichtsbarkeit der Länder im 3. Abschnitt (§§ 19 bis 34) enthalten sind. Für fachkundige Laienbeisitzer, die in besonderen Spruchkörpern der Verwaltungsgerichtsbarkeit kraft Fachrechts vorgeschrieben sind, gelten die §§ 19 ff. nicht, sondern ausschließlich die Sonderregelungen, nach denen sie berufen werden. Das betrifft die sog. Beamtenbeisitzer im Disziplinarrecht (§§ 46 f. BDG), die Soldatenbeisitzer im Wehrdisziplinarrecht (s. Rn. 3) und etwa die Fachbeisitzer im Personalvertretungsrecht des Bundes (vgl. § 84 BPersVG) und der Länder (→ § 187 II).

Eine Laienmitwirkung gibt es bei den Landesgerichten in abgestuftem Umfang: bei den **VG** generell (§ 5 III) und bei den **OVG** (§ 34) nach Maßgabe des Landesrechts (→ § 9 III Rn. 3 f.). Für das **BVerwG** gelten die Vorschriften des 3. Abschnitts nicht. Dort sind in den Revisionssenaten keine ehrenamtlichen Richter vorgesehen (§ 10 III), weil nur über Rechtsfragen zu entscheiden ist. Hingegen entscheiden die Wehrdienst- und Disziplinarsenate (→ § 10 Rn. 4) nach ihrem Fachrecht in Verhandlungen unter Mitwirkung von zwei besonders bestellten ehrenamtlichen Richtern (§ 80 III, IV WDO bzw. §§ 70 I, 65 I 1, i.V.m. § 46 f. BDG). In Wehrbeschwerdeverfahren werden abschließende Sachentscheidungen in der Besetzung mit ehrenamtlichen Richtern getroffen (BVerwG NZWehr 2008, 261 = Buchh 449 § 13 SG Nr. 10).

§ 19 Teil I. Gerichtsverfassung

4   Ehrenamtliche Richter werden durch eine **Wahl** (§ 29) in ihr Amt „berufen", nicht notwendig mit deren Zeitpunkt (→ § 25 Rn. 2); eine Ernennung erfolgt grds. nicht. Die Wahl kennzeichnet daher den Beginn ihrer Amtszeit, nicht etwa erst die Vereidigung (§ 31 Rn. 1) oder die erste Heranziehung zu einer Sitzung (§ 30). Ehrenamtliche Richter üben ein **pflichtiges Ehrenamt** (arg. § 31 GVG) aus, können aber wegen ihrer richterlichen Tätigkeiten keine Ehrenbeamte i. s. des § 5 BeamtStG (§ 115 BRRG a. F.), § 177 BBG sein. Das Landesrecht sieht teilweise vor, dass sie in ein Ehrenrichterverhältnis berufen werden (Nachw. bei NKVwGO § 19 Rn. 13). Für **Gesetzesänderungen** im 3. Abschnitt ist die Übergangsvorschrift in § 6 EGGVG zu beachten (→ § 186 Rn. 4).

II. Rechte ehrenamtlicher Verwaltungsrichter

5   Die ehrenamtlichen Verwaltungsrichter sind Richter i. S. des Art. 92 GG und – im Rahmen ihrer Mitwirkung – unabhängig i. S. des Art. 97 I GG (§ 45 I 1 DRiG). Ihre **persönliche** Unabhängigkeit ist durch eine feste Amtszeit (§ 25), streng formalisierte Verfahren der Berufung (§§ 20 bis 23) und vorzeitiger Abberufung (§ 44 II DRiG; § 24 I: Entbindung) geschützt, gegen ihre Arbeitgeber durch Ansprüche auf Freistellung und Arbeitsschutz (§ 45 Ia DRiG), aber auch durch ein gesetzliches Recht auf Entschädigung (vgl. § 32).

6   **Sachliche** Unabhängigkeit gewährleistet § 19 durch Gleichstellung mit den Berufsrichtern. Diese beschränkt sich jedoch auf die Phase der **unmittelbaren Entscheidung** und überdies auf Verfahren mit **mündlicher Verhandlung vor der Kammer** (vgl. § 5 III). In anderen Entscheidungsprozessen (bei Kammerbeschlüssen außerhalb der mündlichen Verhandlung oder Gerichtsbescheiden nach § 84 sowie an Einzelrichterentscheidungen) wirken sie nicht mit. Einzelrichter können sie nicht sein (§ 5 III 1). Zu Vorlagebeschlüssen → § 5 Rn. 17. Ohne Bedeutung ist, ob ein Verfahren durch Urteil oder Beschluss abgeschlossen wird (NKVwGO § 19 Rn. 14 f.; BremOVG NordÖR 2000, 291 und 502 zur PKH-Entscheidung in der mündlichen Verhandlung).

7   Bei der Entscheidungsfindung besitzen sie **Mitwirkungsbefugnisse**: In der mündlichen Verhandlung sind sie den berufsrichterlichen Beisitzern gleichgestellt, sind weisungsfrei und können etwa Fragen stellen (§ 104 II). Vorsitzendenbefugnisse stehen ihnen nicht zu (§ 28 II DRiG). Entsprechendes gilt für alle Beratungen am Sitzungstag und die der mündlichen Verhandlung folgenden Abstimmungen (§ 173 i. V. m. §§ 192 ff. GVG). Dabei ist ihnen auf Verlangen Einsicht in die Akten zu geben und das Wort zu erteilen.

8   Die Mitwirkung **beginnt** am Sitzungstag und **endet** mit dem Fällen des Urteils, d. h. der internen Beschlussfassung über den Tenor und die Nebenentscheidungen (§ 112). Die Vor- und Nachbereitungsphase bleibt ausgeklammert. Bereits die Verkündung des Urteils liegt jenseits der Grenze; allerdings ist es üblich und zulässig, die Ehrenamtlichen an einer Verkündung am Sitzungstag teilnehmen zu lassen (→ § 116 Rn. 17). An der Abfassung des vollständigen Urteils sind sie in keinem Fall beteiligt und haben dieses auch nicht zu unterschreiben (§ 117 I 4).

9   Die Ehrenamtlichen müssen in den Stand gesetzt werden, ihre Mitwirkung **sachgerecht ausüben** zu können, dem Gang der mündlichen Verhandlung zu folgen und zu einer § 108 genügenden Überzeugung zu gelangen. Sie sind daher in geeigneter Weise über die Sache zu informieren. In der Regel genügt der Vortrag des Sachberichts zu Beginn der mündlichen Verhandlung (§ 103 II). Verbreitet ist eine interne Einführung durch das Gericht oder die Aushändigung eines Sachberichts. Auf wei-

III. Pflichten der ehrenamtlichen Richter

Die Pflichten der Ehrenamtlichen sind nirgends umfassend niedergelegt. Das DRiG 10
geht von einer näheren Bestimmung in den Prozessordnungen aus (§ 45 IX DRiG),
die VwGO verschweigt sich jedoch. **Geregelt** sind nur punktuelle Pflichten wie
diejenigen, den Eid bzw. das Gelöbnis zu leisten (§ 45 III, IV DRiG), das Beratungsgeheimnis zu wahren (§ 45 I 2 DRiG) und sich zu Sitzungen rechtzeitig einzufinden (§ 33 I VwGO). In den Vorschriften über die Wahl (insbes. in den Ablehnungsgründen des § 23) ist eine **Pflicht zur Ausübung** des Amtes vorausgesetzt.
Mit dem Recht auf Entschädigung (Rn. 5) korrespondiert eine Amtspflicht, die
korrekte Berechnung der Entschädigung zu ermöglichen (BlnBbgOVG NVwZ-RR 2008, 846).

Soweit nicht geregelt, sind die Pflichten **aus der Eidesformel** (§ 45 III, IV 11
DRiG) abzuleiten. Daraus ablesbar sind die selbstverständliche Bindung (nur) an Gesetz und Recht (Art. 20 III, Art. 97 I GG) und eine Verpflichtung zur Unparteilichkeit, die sich auch in der ausdrücklich geregelten Möglichkeit der Ablehnung widerspiegelt (§ 54 II, III). Der **Gleichstellung** mit den Berufsrichtern lässt sich immerhin
eine Pflicht entnehmen, mit den Berufsrichtern – ungeachtet von Meinungsverschiedenheiten – zusammenzuarbeiten. Der Stimme dürfen sie sich nicht enthalten (§ 195
GVG). Selbstverständlich sein sollte das achtungswürdige Verhalten auch außerhalb
des Amtes (KS § 19 Rn. 3, str.). In Gleichstellung mit den Berufsrichtern ist ihnen
seit dem 1.7.2008 die Prozessvertretung vor demjenigen Spruchkörper verwehrt,
dem sie angehören (→ 67 Rn. 19).

Pflichtverletzungen sind vorrangig durch Verhängung eines Ordnungsgeldes 12
(§ 33) zu ahnden. Bei gröblichen Verstößen ist eine Entbindung vom Amt möglich
(§ 24 I Nr. 2).

§ 20 [Voraussetzungen für die Berufung ehrenamtlicher Richter]

¹**Der ehrenamtliche Richter muß Deutscher sein.** ²**Er soll das 25. Lebensjahr vollendet und seinen Wohnsitz innerhalb des Gerichtsbezirks haben.**

I. Die Berufung ehrenamtlicher Verwaltungsrichter

Die ehrenamtlichen Richter der Verwaltungsgerichtsbarkeit werden – unabhängig 1
vom Willen oder der Mitwirkung der Kandidaten – auf Vorschlag der Kommunen
(§ 28) durch Wahl eines Ausschusses (§ 26) berufen und sind allein dadurch zur
Amtsausübung verpflichtet. Ziel des **aufwendigen Auswahlverfahrens** ist die Rekrutierung geeigneter Personen aus der Bevölkerung. Die Eignungsbestimmung
überlässt die VwGO dem Prozess der (politischen) Willensbildung in den kommunalen Vertretungskörperschaften und im Wahlausschuss. Ihm setzt sie nur **Grenzen**,
um typischerweise ungeeignete Personen vom Amt fernzuhalten. Die Wählbarkeit
macht sie daher außer von drei Minimalvoraussetzungen (§ 20) nur vom Nichtvorliegen von Ausschließungs- und Hinderungsgründen (§ 21, § 22) abhängig. Die im

II. Berufungsmindestvoraussetzungen

2 Unabdingbare persönliche Berufungs- (Wahl-)voraussetzung ist die Eigenschaft als **Deutsche(r) i. S. des Art. 116 GG**. Die deutsche Staatsangehörigkeit ist demnach hinreichende, aber keine notwendige Voraussetzung. Auch sog. Statusdeutsche (Sodan GG Art. 116 Rn. 2 ff.) sind wählbar. Die **Beherrschung der deutschen Sprache** ist kein Erfordernis, berührt aber zweifellos den Grad der Eignung für das Amt. Dasselbe gilt für sonstige Eignungsminderungen (Rn. 5).

Interesse von Kandidaten eingeräumten Ablehnungsrechte (§ 23) wirken sich nur bei Geltendmachung durch einen Gewählten aus, sind aber schon frühzeitig zu bedenken.

3 Als **Soll**-Erfordernis (dazu S/B/S § 40 Rn. 26 f.) ausgestaltet ist die (erst m. W. v. 2005 von 30 Jahren herabgesetzte) **Mindestaltersgrenze** von 25 Jahren, die eine ausreichende Lebenserfahrung sichern soll. Die Gewählten müssen im Regelfall das 25. Lebensjahr vollendet haben; ein atypischer Fall, der ausnahmsweise Vorschlag und Wahl jüngerer Kandidaten erlaubt, ist praktisch schwer denkbar und müsste schon mit dem Vorschlag nachvollziehbar (schriftlich) begründet werden. Es ist angemessen – wenngleich nicht verpflichtend –, für das OVG (§ 34) Kandidaten mit höherem Lebensalter vorzuschlagen. Ein **Höchstalter** (wie nach § 33 Nr. 2 GVG für Schöffen) ist **nicht** festgelegt. Gewählte haben ab Vollendung des 65. Lebensjahrs lediglich ein Ablehnungsrecht (§ 23 I Nr. 6), Tätige, die während der Wahlperiode das 65. Lebensjahr vollenden, haben einen Entbindungsanspruch (§ 24 I Nr. 3).

4 Das ebenfalls nur regelmäßig zwingende Erfordernis eines **Wohnsitzes innerhalb des Gerichtsbezirks** (→ § 3 Rn. 7) soll verbreiteter Auffassung zufolge eine gewisse Vertrautheit mit den örtlichen Verhältnissen gewährleisten (Ey § 20 Rn. 4), richtigerweise aber im Interesse des Kandidaten die zumutbare Erreichbarkeit des Gerichts (NKVwGO § 20 Rn. 9). Beides rechtfertigt es, den Wohnsitz gemäß **§ 7 BGB** (Lebensmittelpunkt) zu bestimmen und nicht nach dem Melde- oder dem Wahlrecht (str., NKVwGO § 20 Rn. 8; S/S-A/P § 20 Rn. 6). Ein Nebenwohnsitz genügt. Ein atypischer Fall kann nach den konkreten Ortsverhältnissen vorliegen (geringe Entfernung zu einem Gericht im benachbarten Sprengel, NRWOVG, OVGE 41, 173). Fehlt infolge Wohnsitznahme außerhalb des Landes das aktive Wahlrecht, so liegt ein Ausschließungsgrund vor → § 21 Rn. 4).

5 Unabdingbar sind die **körperlichen** (gesundheitlichen) und **geistigen Fähigkeiten** für das Amt. Sie sind zwar nicht ausdrücklich normiert, werden aber erkennbar als selbstverständlich vorausgesetzt, wie der Entbindungsgrund nach § 24 I Nr. 4 und § 33 Nr. 4 GVG zeigt (NKVwGO § 20 Rn. 5). Ungeeignet und damit nicht wählbar sind daher Personen mit geistigen oder körperlichen Gebrechen (analog § 33 Nr. 4 GVG), für die eine Nichtverurteilung wegen Schuldunfähigkeit (§§ 20, 63 StGB) ein zwingendes Indiz ist. Geringergradige Eignungsminderungen (Taubheit, Stummheit) sind im politischen Auswahlprozess (→ Rn. 1) zu berücksichtigen (a. A. NKVwGO § 20 Rn. 5).

6 Die Berufungsvoraussetzungen müssen durchweg **im Zeitpunkt der Wahl** (§ 29 I) vorliegen, mit der das Amtszeit des Gewählten beginnt (HmbOVG NVwZ-RR 2009, 276). Das gilt (insoweit übereinstimmend mit § 33 Nr. 1 GVG) auch für das Lebensalterserfordernis (NKVwGO § 20 Rn. 13 ff.). Daher kann bereits bei Erstellung der Vorschlagslisten berücksichtigt werden, dass ein Kandidat bei der Wahl das Mindestalter erreicht oder (anders als nach § 33 Nr. 3 GVG) seinen Wohnsitz im Gerichtsbezirk genommen haben wird.

III. Verstöße und Fehlerfolgen

Fehlt im Zeitpunkt der Wahl eine der Voraussetzungen des § 20 (und sei es, weil kein 7 atypischer Fall gegeben ist → Rn. 3 f.), so ist die Person **nicht wählbar**. Die Beurteilung der **Folgen** für eine gleichwohl durchgeführte Wahl hat zu bedenken, dass die Funktionsfähigkeit der Rechtsprechung auf dem Spiel steht: Würde man Wahlfehler automatisch auf die Wirksamkeit der Berufung durchschlagen lassen, so wäre das Gericht bei Mitwirkung eines solchen Laien nicht vorschriftsmäßig besetzt, alle Entscheidungen wären mit einem absoluten Verfahrensfehler (§ 138 Nr. 1) und einem Wiederaufnahmegrund (§ 153 i.V.m. § 579 I Nr. 1 ZPO) behaftet.

Die Fehlerfolgen werden daher zu Recht **relativiert**. Einem Verstoß gegen Soll- 8 Bestimmungen wird teilweise gar keine Bedeutung beigemessen (KS § 20 Rn. 3). Auch wenn dem mit der h.M. nicht zuzustimmen ist, macht ein Verstoß gegen § 20 nicht die Wahl ungültig; vielmehr ist ein geltend gemachter Fehler in einem **Entbindungsverfahren nach § 24 I Nr. 1, III** zu prüfen. Wird der Verstoß dort festgestellt, ist der Ehrenamtliche durch rechtsgestaltenden Beschluss mit Wirkung für die Zukunft von seinem Amt abzuberufen (h.M., NKVwGO § 20 Rn. 16 f.; S/S-A/P § 20 Rn. 9 f.; KS § 20 Rn. 2; Ey § 20 Rn. 5 f.). Eine auf den maßgeblichen Zeitpunkt zurückwirkende **Heilung** von Mängeln durch Änderungen der Sachlage nach der Wahl kommt nicht in Betracht. Entscheidungen, an denen der fehlerhaft Berufene vor dem Beschluss mitgewirkt hat, bleiben wirksam; allein die Einleitung eines Entbindungsverfahrens führt nicht zu einem Mitwirkungsverbot. Bei Ausschließungs- und Hinderungsgründen (§§ 21, 22) gilt dasselbe (vgl. § 24 I Nr. 1; NKVwGO § 21 Rn. 9).

§ 21 [Ausschließungsgründe]

(1) **Vom Amt des ehrenamtlichen Richters sind ausgeschlossen**
1. **Personen, die infolge Richterspruchs die Fähigkeit zur Bekleidung öffentlicher Ämter nicht besitzen oder wegen einer vorsätzlichen Tat zu einer Freiheitsstrafe von mehr als sechs Monaten verurteilt worden sind,**
2. **Personen, gegen die Anklage wegen einer Tat erhoben ist, die den Verlust der Fähigkeit zur Bekleidung öffentlicher Ämter zur Folge haben kann,**
3. **Personen, die nicht das Wahlrecht zu den gesetzgebenden Körperschaften des Landes besitzen.**

(2) **Personen, die in Vermögensverfall geraten sind, sollen nicht zu ehrenamtlichen Richtern berufen werden.**

Die „negativen" Berufungsvoraussetzungen trennt die VwGO in – jeweils abschlie- 1 ßende – Ausschließungsgründe (§ 21) und Hinderungsgründe (§ 22). Vom Amt (und damit von der Wählbarkeit) ausgeschlossen sind (entsprechend § 32 Nrn. 1 bis 3 GVG) Personen, die sich durch ihr **Verhalten** als **ungeeignet** erwiesen haben. Der Mangel an **Verfassungstreue** ist nach h.M. kein zusätzlicher Ausschließungsgrund (NKVwGO § 21 Rn. 2; Ey § 21 Rn. 1), kann aber als Entbindungsgrund berücksichtigt werden (→ § 24 Rn. 4). Zwingend sind die Ausschließungsgründe nach I („sind"), was in ihrem Gewicht und der Gesichertheit ihres Nachweises zu sehen ist. Bei Vermögensverfall (II) sollen hingegen die Umstände des Einzelfalles berücksichtigt werden dürfen.

§ 22

2 Die **Fähigkeit zur Bekleidung öffentlicher Ämter** (I Nr. 1 Fall 1) geht infolge Richterspruchs verloren: nach § 45 I StGB als automatische **Nebenfolge** einer strafgerichtlichen Verurteilung, nach § 45 II StGB oder nach § 39 II BVerfGG durch spruchrichterliche bzw. verfassungsgerichtliche Aberkennung, und zwar für die Dauer des nach § 45a II StGB zu berechnenden Verlusts (zur Tilgung im Strafregister vgl. § 49 II, § 50 BZRG) oder Grundrechtsverwirkung. Ohne besonderen Richterspruch schließt auch das sich in der **Dauer einer Freiheitsstrafe** (mehr als sechs Monate) ausdrückende Gewicht einer Straftat die Wählbarkeit aus (I Nr. 1 Fall 2).

3 Bereits die **Erhebung der Anklage** (§ 151 StPO) wegen einer Tat, die abstrakt gesehen die Nebenfolge nach § 45 StGB auslösen kann, steht bis zur rechtskräftigen Entscheidung des Strafgerichts einer Berufung entgegen (I Nr. 2).

4 I Nr. 3 betrifft nur das **aktive Wahlrecht** („Stimmrecht") zu den gesetzgebenden Körperschaften jenes Landes, in dem ein Kandidat ehrenamtlicher Richter werden soll (insbes. zum Landtag, nicht zu einer Kommunalvertretung). Es kann ebenfalls durch oder infolge **Richterspruchs** (§ 45 StGB oder nach § 39 II BVerfGG „Wahlrecht") ausgeschlossen sein. I.Ü entscheiden die **Landeswahlgesetze**. Deren im Detail sehr unterschiedlichen Regelungen (vgl. nur § 1 NRWLWahlG und Art. 1 BayLWG) haben neben I Nr. 1 und § 20 fast nur Bedeutung, soweit es um das **Wohnsitzerfordernis** geht. Nach überwiegender Auffassung ist das Fehlen eines wahlrechtlichen Hauptwohnsitzes Ausschließungsgrund (LSAOVG NVwZ-RR 2009, 225; HmbOVG NVwZ-RR 2002, 552; NRWOVG NVwZ-RR 1994, 60; ebenso S/S-A/P § 21 Rn. 3; BeckOK VwGO § 21 Rn. 4). Im Schrifttum wird dieses Erfordernis mit guten Gründen verneint (nur bei Bemakelung, Spezialität des § 20 S. 2; vgl. NKVwGO § 21 Rn. 8; Ey § 21 Rn. 4; KS § 21 Rn. 2).

5 Der nicht definierte Regel-Ausschlussgrund („soll" → § 20 Rn. 3) des **Vermögensverfalls** (II) liegt sicher vor ab Eröffnung des Insolvenzverfahrens (§ 1903 BGB); §§ 6, 102 ff. KO; § 58 VerglO). Str. ist, ob bereits das Vorliegen objektiver Gründe (wie der Zahlungsunfähigkeit) für seine Eröffnung genügt; das ist zu bejahen (Ey § 21 Rn. 5; BeckOK VwGO § 21 Rn. 5; a.A. NKVwGO § 21 Rn. 10; RÖ § 21 Rn. 3). Eine solche Lage ermöglicht aber die Prüfung eines atypischen **Ausnahmefalls**, der in Betracht kommt, wenn die Notlage unverschuldet oder eine Restschuldbefreiung zu erwarten ist (KS § 21 Rn 3; B/F-K/vA § 21 Rn. 6).

6 Zu den **Folgen** einer Wahl trotz Vorliegens eines Ausschließungsgrundes → § 20 Rn. 7 f.

§ 22 [Hinderungsgründe]

Zu ehrenamtlichen Richtern können nicht berufen werden

1. **Mitglieder des Bundestages, des Europäischen Parlaments, der gesetzgebenden Körperschaften eines Landes, der Bundesregierung oder einer Landesregierung,**
2. **Richter,**
3. **Beamte und Angestellte im öffentlichen Dienst, soweit sie nicht ehrenamtlich tätig sind,**
4. **Berufssoldaten und Soldaten auf Zeit,**
4a. (weggefallen)
5. **Rechtsanwälte, Notare und Personen, die fremde Rechtsangelegenheiten geschäftsmäßig besorgen.**

Hinderungsgründe § 22

1 Die abschließend aufgeführten Hinderungsgründe für die Berufung, denen im Unterschied zu den Ausschließungsgründen des § 21 jede persönliche Bemakelung fehlt, erfüllen einen **doppelten Zweck**: Sie sollen Personen fernhalten, bei denen Interessen- und Pflichtenkollisionen auftreten können, und die Unabhängigkeit der Gerichte stärken, indem unerwünschte Gewaltenverschränkungen abgewehrt werden (→ § 1 Rn. 6 f.). Es soll dadurch jeder Verdacht ausgeschlossen werden, dass die VG die Verwaltung zum Nachteil des Bürgers schützen (vgl. NRWOVG NVwZ-RR 1994, 704; s.a. Rn. 4). Abgesehen davon können Ehrenamtliche für eine konkret zu entscheidende Streitsache nicht danach gezielt ausgesucht werden, ob sie dem Streitgegenstand nahe- oder fernstehen. Interessenkollisionen im Einzelfall ist mithilfe der Befangenheitsvorschriften (→ § 54) Rechnung zu tragen (BVerwG NVwZ 2010, 256).

2 Zu den **gesetzgebenden Körperschaften** (Nr. 1) gehören auch Zweite Kammern wie der Bundesrat. Seine Mitglieder sind aber i.d.R. Beamte (Nr. 3) oder **Regierungsmitglieder**. Wer zu diesen gehört, bestimmt sich im Bund nach Art. 62 GG, sonst nach den Landesverfassungen. Keine Regierungsmitglieder sind Stadt-/Gemeinderäte; sie gehören kommunalen Selbstverwaltungskörperschaften ohne Staatsqualität an, die Organe der Verwaltung sind; sie fallen auch nicht unter Nr. 3 (Rn. 4).

3 Nr. 2 meint **Berufsrichter** – gleich welcher Gerichtsbarkeit und in welchem Dienstverhältnis (§ 8 DRiG; §§ 15 ff.) – während ihrer aktiven Dienstzeit. Sie sind wählbar, sobald sie dauerhaft beurlaubt sind oder eine Wiederberufung ausgeschlossen ist (wie in der Freistellungsphase der Altersteilzeit im Blockmodell).

4 **Beamte** oder **Angestellte** (nicht Arbeiter, BlnBbgOVG, Beschl. v. 2.11. 2005 – 4 E 23.05, Rn. 4) **im öffentlichen Dienst** sind während ihrer aktiven Dienstzeit nicht wählbar wegen potenzieller Konflikte, die sich aus dem besonderen Näheverhältnis zu einem öffentlich-rechtlichen Dienstherrn ergeben (BVerwG Buchh 310 § 22 VwGO Nr. 2; NRWOVG NVwZ-RR 2009, 530). **Wer** Beamter ist, ergibt sich aus den Beamtengesetzen (etwa §§ 3 ff. BeamtStG: Berufung in ein bestimmtes Dienstverhältnis bei einer dienstherrnfähigen juristischen Person durch Aushändigung einer Urkunde) bzw. bei sonstigen Bediensteten aus dem Anstellungsvertrag. **Stadt- bzw. Gemeinderäte**, die vielfach als ehrenamtliche Richter tätig sind, stehen in keinem solchen Rechtsverhältnis und sind zudem ehrenamtlich tätig (Nr. 3 Hs. 2).

5 Um **öffentlichen Dienst** handelt es sich grds. bei allen öffentlich-rechtlich organisierten Rechtsträgern. Neben Bund, Ländern und Kommunen gehören zu ihnen etwa IHK, Sparkassen, Rundfunkanstalten und Sozialversicherungsträger und das THW (Rn. 6), ebenso die **Nachfolgeunternehmen** der Deutschen Bundespost und Deutschen Bahn, die gegenüber den bei ihnen beschäftigten Beamten Dienstherrnbefugnisse wahrnehmen (§ 1 PostPersG; Art. 143a und b GG), ferner Unternehmen, an denen eine Person des öffentlichen Rechts **mehrheitlich beteiligt** ist (KS § 22 Rn. 2). Nicht zum öffentlichen Dienst gehören die **Religionsgemeinschaften** (HmbOVG DÖV 1970, 102; KS § 22 Rn. 2).

6 Wählbar sind nach Nr. 3 Hs. 2 die nur **ehrenamtlich** im öffentlichen Dienst **Tätigen** (auch Ehrenbeamte). Dazu gehören Reservehelfer des THW (einer Bundesanstalt im Geschäftsbereich des BMI, § 1 II THW-Gesetz v. 22.1. 1990, BGBl. I 118). Diese Ausnahme gilt gemäß → § 186 S. 1 jedoch nicht in den Stadtstaaten (HmbOVG NVwZ-RR 2009, 276).

7 Die vorstehenden Grundsätze gelten entsprechend für **Soldaten** (Nr. 4), d.h. aktive Berufssoldaten und Soldaten auf Zeit, die gemäß § 41 SG in ein Dienstverhältnis berufen sind. Wehrpflichtige fallen nicht darunter.

§ 23

8 **Angehörige rechtsberatender Berufe** (Nr. 5) sind außer Rechtsanwälten (§ 12 BRAO) und Notaren (§ 12 BNotO) alle sonstigen Personen, die weisungsfrei geschäftsmäßige (i.d.R. entgeltlich) Rechtsberatung besorgen, z.B. Rechtsdienstleister nach §§ 10 ff. RDG sowie Prozessagenten (§ 157 III ZPO), Steuerberater, Patentanwälte, Wirtschafts- oder Buchprüfer. Str. ist, ob Mitglieder berufsständischer Vereinigungen (Gewerkschaftssekretäre, Verbandsvertreter) dazu gehören (bejahend: Ey § § 22 Rn. 9; KS § 22 Rn. 2; verneinend: NKVwGO § 22 Rn. 18; RO § 22 Rn. 2). Keine Rechtsangelegenheiten besorgen die nach Maßgabe der §§ 1896 ff. BGB bestellten Betreuer (HmbOVG NVwZ-RR 2009, 362).

9 Nicht geeignet sind nach § 44a DRiG Personen, die in den **Machtapparat der DDR** verstrickt, insbes. als Stasi-Bedienstete oder informelle Mitarbeiter tätig waren (vgl. Gesetz v. 24.7. 1992, BGBl. I 1386)

10 Zum maßgeblichen **Zeitpunkt** → § 20 Rn. 6, zu den **Folgen** der Nichtbeachtung eines Berufungshindernisses → § 20 Rn. 7 f.

§ 23 [Ablehnungsgründe]

(1) Die Berufung zum Amt des ehrenamtlichen Richters dürfen ablehnen
1. Geistliche und Religionsdiener,
2. Schöffen und andere ehrenamtliche Richter,
3. Personen, die zwei Amtsperioden lang als ehrenamtliche Richter bei Gerichten der allgemeinen Verwaltungsgerichtsbarkeit tätig gewesen sind,
4. Ärzte, Krankenpfleger, Hebammen,
5. Apothekenleiter, die keinen weiteren Apotheker beschäftigen,
6. Personen, die die Regelaltersgrenze nach dem Sechsten Buch Sozialgesetzbuch erreicht haben.

(2) In besonderen Härtefällen kann außerdem auf Antrag von der Übernahme des Amtes befreit werden.

1 Bei Vorliegen eines der abschließend aufgeführten Gründe des § 23 ist einem Gewählten ein subjektiv-öffentliches **Recht auf Ablehnung** eingeräumt, das besonders ausgeübt werden muss. Zum Teil wird besonderen Belastungen der Gewählten Rechnung getragen (Nrn. 2, 3, 6, wohl auch Nr. 1), zum Teil werden Berufstätigkeiten (auch im öffentlichen Interesse) als vorrangig eingestuft (Nrn. 1, 4, 5). Nicht erfasste Härtefälle können zur Befreiung führen (II).

I. Ablehnungsgründe

2 Zu den **Geistlichen** und Religionsdienern (I Nr. 1) gehört, wer einer Kirche oder hinreichend verfassten (jüdischen, islamischen oder sonstigen) Religions- oder Glaubensgemeinschaft angehört und auf Dauer aktiv mit kultischen Handlungen betraut ist, nicht hingegen weltliche Kirchendiener oder Amtsträger (Küster, Mitglieder der Zeugen Jehovas, BVerwGE 34, 291).

3 I Nr. 2 erlaubt die Abwehr der gleichzeitigen Belastung durch die – ebenfalls pflichtigen – Tätigkeiten als **Schöffe** (der ehrenamtlichen Richter in der Strafgerichtsbarkeit, § 45a DRiG, §§ 30 ff. GVG) oder ehrenamtlicher Richter anderer Gerichtsbarkeiten (§§ 44 ff. DRiG; § 105 GVG für Handelsrichter, §§ 12 ff. SGG für ehrenamtliche Sozialrichter).

4 Die Belastung durch die Tätigkeit bei Gerichten der allgemeinen **Verwaltungsgerichtsbarkeit** erfasst I Nr. 3. Wiedergewählte dürfen die Amtstätigkeit nach zwei,

Ablehnungsgründe § 23

nicht notwendig aufeinander folgenden Amtsperioden ablehnen, gemäß § 25 also nach 10 Jahren. Die gleichzeitige Tätigkeit bei einem VG und einem OVG wird nicht zusammengerechnet.

Ärzte, Krankenpfleger (Krankenschwestern), **Hebammen** werden im Interesse 5 der gesundheitlichen Versorgung der Bevölkerung, aber auch wegen ihrer besonderen Anspannung (etwa durch Schichtdienst) vor weiterer Belastung geschützt (I Nr. 4). Der Schutz ist bei vergleichbarer Lage auf die Angehörigen sonstiger **Heil- und Heilhilfsberufe** im Bereich der Humanmedizin (u. a. Zahnärzte, Altenpfleger) auszudehnen (i. E. str., Ey § 23 Rn. 5; NKVwGO § 23 Rn. 8; S/S-A/P § 23 Rn. 3).

Im öffentlichen Interesse der Arzneimittelsicherheit werden **Apothekenleiter** ge- 6 schützt, die keinen weiteren Apotheker beschäftigen, der bei ihrer Abwesenheit als verantwortlicher Vertreter fungieren kann (§ 7 ApoG, § 2 II ApBetrO).

Die früher fixierte Altersbelastungsgrenze (Vollendung des 65. Lebensjahres) ist 7 durch die dynamische Verweisung auf die Regelaltersgrenze nach SGB VI ersetzt worden (derzeit nach § 35 S. 2 Vollendung des 67. Lebensjahres). Eine Höchstaltersgrenze für die Tätigkeit kennt die VwGO nicht (→ § 20 Rn. 3).

II. Befreiung von der Amtsübernahme

In besonderen Härtefällen kann „von der Übernahme" des Amtes befreit werden. Die 8 Formulierung zeigt, dass schon **bei der Wahl vorliegenden** Härtegründen Rechnung getragen werden soll. Für nachträgliche Härtegründe gilt § 24 II. An einen „besonderen" Härtefall sind hohe Anforderungen zu stellen, um die prinzipielle Pflichtigkeit der Amtsübernahme nicht unterlaufen zu können. Die vorgebrachten und belegten Umstände müssen den Ablehnungsgründen in I ähnlich sein und einen spezifischen Bezug zur Tätigkeit der ehrenamtlichen Richter aufweisen (vgl. auch § 24 II). Dazu gehören langdauernde Krankheit oder Gebrechlichkeit, langfristige und häufige Abwesenheiten bzw. Auslandsaufenthalte, ernste religiöse oder Gewissensgründe. Eine **starke allgemeine berufliche Belastung** genügt regelmäßig nicht, schon wegen der Freistellungs- und Arbeitsschutzansprüche aus § 45 Ia DRiG. Unaufschiebbare Angelegenheiten sind als Verhinderungen geltend zu machen. Die **Interessen** der Gerichtsbarkeit **an der Übernahme des Amtes** sind mit denen des Betroffenen abzuwägen. Zu bedenken ist die Zahl der verbleibenden ehrenamtlichen Richter und Auswirkungen auf die Zahl der Heranziehung mit Blick auf die Richtzahl des § 27.

III. Verfahren

Ablehnungs- und Befreiungsgründe müssen vom Betroffenen nach ihrem Eintritt mit 9 einem **Antrag** geltend gemacht und nachgewiesen werden. Dies ist frühestens nach der Wahl möglich. Allerdings steht es frei, Vorliegen und Ausübung solcher Gründe bereits im Vorschlags- und Berufungsverfahren zu bedenken. Der Antrag ist beim OVG anzubringen, da über die Gründe in einem **Entbindungsverfahren** (§ 24) zu entscheiden ist. Das ergibt sich aus für die Ablehnungsgründe aus § 24 III 1 i. V. m. I Nr. 3, für die Härtefallbefreiung aus § 24 IV i. V. m. III 1.

Liegt ein Ablehnungsgrund nach I vor, muss dem Antrag entsprochen werden 10 (§ 24 I; „ist ... zu entbinden"). In Härtefallen ist eine sog. **einheitliche Ermessensentscheidung** zu treffen („kann"), deren Ergebnis auf eine Befreiung hin intendiert ist; denn gegenläufige Gründe sind bereits Teil der Härtefallprüfung (Rn. 9).

§ 24 [Entbindung vom Amt]

(1) Ein ehrenamtlicher Richter ist von seinem Amt zu entbinden, wenn er
1. nach §§ 20 bis 22 nicht berufen werden konnte oder nicht mehr berufen werden kann oder
2. seine Amtspflichten gröblich verletzt hat oder
3. einen Ablehnungsgrund nach § 23 Abs. 1 geltend macht oder
4. die zur Ausübung seines Amtes erforderlichen geistigen oder körperlichen Fähigkeiten nicht mehr besitzt oder
5. seinen Wohnsitz im Gerichtsbezirk aufgibt.

(2) In besonderen Härtefällen kann außerdem auf Antrag von der weiteren Ausübung des Amtes entbunden werden.

(3) ¹Die Entscheidung trifft ein Senat des Oberverwaltungsgerichts in den Fällen des Absatzes 1 Nr. 1, 2 und 4 auf Antrag des Präsidenten des Verwaltungsgerichts, in den Fällen des Absatzes 1 Nr. 3 und 5 und des Absatzes 2 auf Antrag des ehrenamtlichen Richters. ²Die Entscheidung ergeht durch Beschluß nach Anhörung des ehrenamtlichen Richters. ³Sie ist unanfechtbar.

(4) Absatz 3 gilt entsprechend in den Fällen des § 23 Abs. 2.

(5) Auf Antrag des ehrenamtlichen Richters ist die Entscheidung nach Absatz 3 von dem Senat des Oberverwaltungsgerichts aufzuheben, wenn Anklage nach § 21 Nr. 2 erhoben war und der Angeschuldigte rechtskräftig außer Verfolgung gesetzt oder freigesprochen worden ist.

1 Die Entbindung vom Amt ist die **exklusive Möglichkeit** der Reaktion auf Umstände, die eine Tätigkeit als ehrenamtlicher Richter i. S. der §§ 20 bis 23 ausschließen. Nichtgröbliche Pflichtverletzungen (I Nr. 2 → Rn. 4) können durch Verhängung von Ordnungsgeld (§ 33) geahndet werden. Unerheblich ist es, ob diese Umstände bei der Berufung (Wahl) vorliegen und nachträglich bekannt werden oder nachträglich eintreten. All solche Umstände stellen tendenziell die Funktionsfähigkeit der Rspr. und die persönliche Unabhängigkeit des Richters infrage. Zu verhindern gilt es **dreierlei**: dass die ehrenamtlichen Richter sich nach Gutdünken ihrem pflichtigen Ehrenamt entziehen können; dass sie willkürlich abberufen werden und dass die (bis zur Entbindung gebotene) Mitwirkung eines fehlerhaft berufenen Richters Entscheidungen fehlerhaft macht.

2 Daher schreibt § 44 II DRiG vor, dass die Abberufung vor Ablauf ihrer Amtszeit nur unter gesetzlich bestimmten Voraussetzungen und gegen ihren Willen nur durch Entscheidung eines Gerichts zulässig ist (vgl. auch BVerfGE 87, 68, 85). **Bis zur Entbindung** durch Gerichtsbeschluss bleiben daher Rechte und Pflichten des Richters (→ § 19 Rn. 5 ff.) unberührt und der Spruchkörper trotz Mitwirkung eines fehlerhaft berufenen Richters ordnungsgemäß besetzt. Eine **vorläufige** Amtsentbindung kennt die VwGO nicht; im einzelnen Streitverfahren kann zu prüfen sein, ob ein Verhinderungsgrund nach § 54 vorliegt (BGH MDR 1977, 284). Neben der Entbindung besteht nur noch die Möglichkeit der **Wahlanfechtung** (→ § 29 Rn. 7).

I. Die einzelnen Entbindungsgründe

3 I Nr. 1 verpflichtet zur Abberufung von Amts wegen (III 1), wenn ein Richter nicht hätte gewählt werden dürfen (anfängliche **Unzulässigkeit der Berufung** gemäß

Entbindung vom Amt **§ 24**

§§ 20 bis 22) oder wenn ein solches Berufungshindernis im Laufe der Amtsperiode eintritt. Die Gleichstellung ist sachgerecht, weil die Abberufung zur Funktionserhaltung der Rspr. (Rn. 1) in keinem Falle rückwirkend möglich ist (Rn. 8). Eine **Heilung** infolge einer Sachverhaltsänderung gibt es nicht; in Sonderfällen ermöglicht § 24 V eine Aufhebung des Entbindungsbeschlusses (Rn. 9).

Nur **gröbliche Verletzungen von Amtspflichten** (→ § 19 Rn. 10 f.) rechtfertigen die ebenfalls amtsseitig einzuleitende Abberufung (III 1). Vorrangig ist der Ehrenamtliche durch die Verhängung von Ordnungsgeld (§ 33) zur künftigen Pflichterfüllung anzuhalten (NRWOVG NVwZ 1987, 233 zu unentschuldigtem Fernbleiben; BlnBbgOVG NVwZ-RR 2008, 846: wahrheitswidrige Abrechnung der Entschädigung). Ein **Mangel an Verfassungstreue** (→ § 21 Rn. 1) ist zu berücksichtigen, wenn er sich in einer greifbaren und beharrlichen Leugnung der Gesetzesbindung (Art. 20 III, Art. 97 I GG) ausdrückt (str., a. A. NKVwGO § 24 Rn. 7). Gröblichkeit ist anzunehmen bei schwerwiegenden bzw. wiederholten Verstößen und setzt Vorwerfbarkeit des Verhaltens voraus. 4

Ein **Ablehnungsberechtigter nach § 23** wird stets nur auf eigenen Antrag (III 1, IV) entbunden, kann dies aber – nach seinen jeweiligen Lebensumständen – jederzeit nach der Wahl für den Rest der Amtsperiode verlangen. Das gilt auch für **Härtefälle**: Die Befreiung von der (erstmaligen) Übernahme des Amtes (§ 23 II) ist gemäß § 24 IV, III 1 zu beantragen, die Entbindung von der weiteren Ausübung des Amtes wegen nachträglichem Eintritt von Härtegründen (nach erfolgter Heranziehung) gemäß § 24 II, III 1. Die **Interessen** der Gerichtsbarkeit **am Verbleiben im Amt** sind jeweils mit denen des Richters abzuwägen. 5

Die für die Amtsausübung bedeutsamen **geistigen und körperlichen Fähigkeiten** (etwa auch für die Reisetätigkeit) werden als selbstverständlich vorausgesetzt. Beachtlich ist ihr Wegfall während der Amtsperiode, aber auch, wenn sie der Ehrenamtliche schon bei der Wahl „nicht mehr besitzt" (I Nr. 4). 6

Bei **Fehlen eines Wohnsitzes** (I Nr. 5) ist zu unterscheiden: Wird der Hauptwohnsitz nach der Wahl **aus dem Bundesland** der Tätigkeit verlegt und geht damit der Verlust des aktiven Wahlrechtes einher, so ist der Ehrenamtliche gemäß § 24 I Nr. 1 i. V. m. § 21 I Nr. 3 von Amts wegen abzuberufen (LSAOVG NVwZ-RR 2009, 225 → § 21 Rn. 4). Wird der Wohnsitz (nur) **im Gerichtsbezirk** aufgegeben, so ist er nach § 24 I Nr. 5, III 1 i. V. m. § 20 S. 2 auf eigenen Antrag hin zu entbinden, was mit dem Charakter als Soll-Erfordernis im Interesse des Richters übereinstimmt (→ § 20 Rn. 4); LSAOVG, Beschl. v. 15. 9. 1999 – E 1 S 112/99). Bei schon **anfänglichem** Fehlen des Wohnsitzerfordernisses greift § 24 I Nr. 1 ein (i. V. m. § 20 S. 2 oder § 21 I Nr. 3). 7

II. Entbindungsverfahren

Das Entbindungsverfahren ist als **nicht-kontradiktorischer Innenrechtsstreit** der Gerichtsbarkeit konzipiert. Seine rudimentäre Regelung in III und V wird ergänzt durch die Grundsätze der Zweckmäßigkeit und eines fairen, rechtsstaatlichen Verfahrens, nicht aber unmittelbar durch die §§ 81 ff. 8

Das Verfahren wird **ausschließlich auf Antrag** eingeleitet, den nach III 1 entweder nur der Ehrenamtliche stellen kann oder nur der Präsident des Gerichts (VG/OVG), bei dem der Richter tätig ist. Der Antrag ist beim OVG anzubringen, bei Richteranträgen auf dem Dienstweg; anderenfalls ist der VG-Präsident zu informieren. Der Antrag kann formlos gestellt werden (ggf. bei der Rechtsantragsstelle, 9

Wysk | 43

§ 81 I 2 → § 13 Rn. 3), ist aber zu begründen. Er unterliegt keinem Vertretungszwang, weil § 67 nicht anwendbar ist (Rn. 8).

10 Zur Entscheidung **zuständig** ist ein durch GVP zu bestimmender Senat des OVG (III 1). Die Entscheidung ergeht, sofern nicht seinem Antrag entsprochen wird, nach Anhörung des Richters und ohne (allerdings freigestellte) Erörterung **durch Beschluss** (III 2), der selbstverständlich zu begründen ist. Der Beschluss wirkt rechtsgestaltend, schließt die Mitwirkung des Ehrenamtlichen also ab seiner Bekanntgabe für die Zukunft aus. Er ist unanfechtbar (III 3) und kann formlos bekannt gegeben werden. Der Bekanntgabezeitpunkt ist wegen der Folgen für die Besetzung des betroffenen Spruchkörpers (Art. 101 I 2 GG) zu dokumentieren. Eine Änderung des Beschlusses ist daher ausgeschlossen. Wegen der Rehabilitierungswirkung ist in den **Fällen des V** eine Aufhebung des Beschlusses zugelassen.

11 **Entsprechend anwendbar** sind die Verfahrensvorschriften (nicht die Entbindungsgründe) auf die Beisitzer der besonderen Spruchkörper der Verwaltungsgerichtsbarkeit (→ § 19 Rn. 2), soweit im Bundes- oder Landesrecht (vgl. § 13 AGVwGO BW) keine besondere Regelung getroffen ist (HmbOVG, Beschl. v. 3.6. 2009 – 3 AS 10/09).

§ 25 [Wahlperiode]

Die ehrenamtlichen Richter werden auf fünf Jahre gewählt.

1 Die Amtsperiode ist m.W.v. 1.1. 2005 (Gesetz v. 21.12. 2004, BGBl. I 3599) von vier auf fünf Jahre **verlängert** worden, was eine Übergangsvorschrift erforderlich machte (→ § 186 S. 2).

2 Der **Beginn** des Fünf-Jahres-Zeitraums ist nicht geregelt. Die VwGO will einen nahtlosen Anschluss der Amtsperioden gewährleisten: Findet die Wahl vor dem Ende der laufenden Amtsperiode statt, so gelangen die neuen Ehrenamtlichen erst unmittelbar nach Ablauf der Altperiode ins Amt („durch", aber nicht schon „mit" der Wahl). Wird erst nach deren Ablauf gewählt, so verlängert sich die Amtsperiode der bisherigen Richter bis zur Neuwahl (§ 29 II). Eine erhebliche Verzögerung der Wahl führt in den Verwaltungsstreitverfahren zu Verstößen gegen den gesetzlichen Richter (Art. 101 I 2 GG) mit der Folge ordnungswidriger Besetzung i.S. von § 124 II Nr. 5 und § 138 Nr. 1.

3 Das **Ende** der Amtsperiode berechnet sich (da nicht das Ereignis der Wahl den Fristbeginn auslöst) entsprechend § 187 II, § 188 II Fall 2 BGB (Ey § 25 Rn. 2).

4 Nach- bzw. **Ergänzungswahlen** bei Entbindung oder Tod von ehrenamtlichen Richtern sind nicht vorgesehen und daher grds. unzulässig (Ey § 25 Rn. 3 und § 29 Rn. 9; a.A. NKVwGO § 29 Rn. 14). Eine Ausnahme ist zu bejahen, wenn die Verringerung der ehrenamtlichen Richter die Funktionsfähigkeit der Gerichtsbarkeit infrage zu stellen droht.

§ 26 [Wahlausschuss]

(1) Bei jedem Verwaltungsgericht wird ein Ausschuß zur Wahl der ehrenamtlichen Richter bestellt.

(2) ¹**Der Ausschuß besteht aus dem Präsidenten des Verwaltungsgerichts als Vorsitzendem, einem von der Landesregierung bestimmten Verwal-**

tungsbeamten und sieben Vertrauensleuten als Beisitzern. ²Die Vertrauensleute, ferner sieben Vertreter werden aus den Einwohnern des Verwaltungsgerichtsbezirks vom Landtag oder von einem durch ihn bestimmten Landtagsausschuß oder nach Maßgabe eines Landesgesetzes gewählt. ³Sie müssen die Voraussetzungen zur Berufung als ehrenamtliche Richter erfüllen. ⁴Die Landesregierungen werden ermächtigt, durch Rechtsverordnung die Zuständigkeit für die Bestimmung des Verwaltungsbeamten abweichend von Satz 1 zu regeln. ⁵Sie können diese Ermächtigung auf oberste Landesbehörden übertragen. ⁶In den Fällen des § 3 Abs. 2 richtet sich die Zuständigkeit für die Bestellung des Verwaltungsbeamten sowie des Landes für die Wahl der Vertrauensleute nach dem Sitz des Gerichts. ⁷Die Landesgesetzgebung kann in diesen Fällen vorsehen, dass jede beteiligte Landesregierung einen Verwaltungsbeamten in den Ausschuss entsendet und dass jedes beteiligte Land mindestens zwei Vertrauensleute bestellt.

(3) Der Ausschuß ist beschlußfähig, wenn wenigstens der Vorsitzende, ein Verwaltungsbeamter und drei Vertrauensleute anwesend sind.

Die Vorschrift verpflichtet die Länder zur **Konstituierung** von Ausschüssen, deren 1 einzige Aufgabe die verbindliche Auswahl und Berufung (§ 29) der von den Kommunen (§ 28) vorgeschlagenen Kandidaten ist (I). Sie nehmen eine Aufgabe der sog. „reinen" (nicht justizförmigen) Justizverwaltung wahr. Die Ausschüsse sind kein Teil der Gerichtsverwaltung, sondern **ständige Organe des Landes**, die „bei" dem jeweiligen Gericht eingerichtet sind. Die nichtgeborenen Mitglieder (Rn. 2) werden periodisch neu bestellt. Einzelheiten regelt das Landesrecht, dem bundesrechtlich ein Rahmen für die Zusammensetzung (II) und Beschlussfähigkeit (III) gesetzt wird.

Ein Wahlausschuss ist **für jedes VG** zu bestellen, für ein **OVG** nur dann, wenn die 2 Landesgesetzgebung die Mitwirkung ehrenamtlicher Richter vorsieht (§ 34 → § 9 Rn. 3 f.). Der Ausschuss besteht aus 9 Mitgliedern. Geborenes Mitglied ist der **Gerichtspräsident**, der den Vorsitz führt. Er wird im Verhinderungsfall durch den Vizepräsidenten vertreten (zur Anwendbarkeit des § 21h GVG vgl. BGH NJW 1974, 509). Ihm sind **acht** gekorene Mitglieder als **Beisitzer** an die Seite gegeben: ein **Verwaltungsbeamter** als Vertreter der Landesregierung (II 1, 4, 5) und sieben aus den Einwohnern des Verwaltungsgerichtsbezirks gewählte **Vertrauensleute** nebst gleich vielen Vertretern (II 1, 2, 3). Letztere müssen ihrerseits die Voraussetzungen zur Berufung als ehrenamtliche Richter (§ 20 bis 23) erfüllen; das Entbindungsverfahren nach § 24 gilt entsprechend (differenzierend NKVwGO § 26 Rn. 9). Die Tätigkeit des Verwaltungsbeamten gehört zu seinem Dienstverhältnis, die Vertrauensleute üben ein Ehrenamt aus und werden nach § 32 entschädigt.

Die **Beisitzer** werden durch Länderorgane ausgewählt: Den Verwaltungsbeamten 3 (und seine[n] Vertreter) bestimmt die Landesregierung oder eine Landesstelle, die in einer – von ihr oder einer obersten Landesbehörde erlassenen – Rechtsverordnung damit beauftragt ist. Die Vertrauensleute werden vom Landtag, von einem Landtagsausschuss oder nach Maßgabe eines Landesgesetzes (meist im AGVwGO → § 3 Rn. 3) gewählt; ihre Amtsperiode ist dort – entsprechend § 25 – auf fünf oder vier Jahre festgelegt. In II 6 und 7 sind Regelungen für den Fall enthalten, dass gemäß § 3 II mehrere Länder ein **gemeinsames Gericht** unterhalten (→ § 3 Rn. 10). Unausgesprochen werden dem Landesrecht sonstige notwendige Konkretisierungen überlassen (→ 29 Rn. 1).

4 Die **Beschlussfähigkeit** des Wahlausschusses (III) erfordert eine nach Zahl und Status qualifizierte Anwesenheitsmehrheit (fünf von neun Mitgliedern). Vertretung ist bei jedem Mitglied zulässig.

5 In der Rechtsprechung werden die Bestimmungen über den Wahlausschuss (seine Zusammensetzung und Beschlussfassung) unter dem Aspekt der **Rechtsfolgen von Verstößen** betrachtet. Zu unterscheiden sind die Auswirkungen von Wahlfehlern auf die Wahl selbst, auf die Gewählten und auf die Besetzung der Spruchkörper bei Mitwirkung fehlerhaft gewählter Ehrenamtlicher. Fehler können durch Gewählte und Übergangene durch Wahlanfechtung oder in einem Entbindungsverfahren (§ 24) geltend machen (→ § 29 Rn. 4 ff.). In einem Rechtsmittelverfahren können die Beteiligten eine auf Wahlfehler gestützte **Besetzungsrüge** (§ 124 II Nr. 5; § 138 Nr. 1) erheben, die aber nur höchst ausnahmsweise durchgreift, wenn der Fehler den Schutzzweck des Art. 101 I 2 GG berührt (BVerwG NVwZ 1988, 724; Buchh 310 § 26 VwGO Nrn. 1 und 2; ebenso BGHSt 33, 126, 129). Dies trifft hauptsächlich bei so schwerwiegenden Fehlern zu, dass von einer Wahl im Rechtssinne nicht mehr gesprochen werden kann und eine Manipulierung des Ergebnisses eines Richterspruchs schon in der Wahlphase ernsthaft in Betracht zu ziehen ist (BVerfG NJW 1982, 2368). Letzteres ist kaum denkbar, weil der Wahlausschuss für die Bestimmung des gesetzlichen Richters eine lediglich vorbereitende Entscheidung trifft und keinen unmittelbaren Einfluss auf die Zuteilung des einzelnen ehrenamtlichen Richters zu einem bestimmten Spruchkörper ausübt. Daher ist ein hinreichender Einfluss zu Recht abgelehnt worden für Fälle einer unstatthaften Vertretung im Vorsitz und bei Diskussion über Kandidaten aufgrund einer Bewerberliste, die Angaben zu persönlichen Merkmalen oder über die Zugehörigkeit von Kandidaten zu einer politischen Partei enthielt (→ § 28 Rn. 4).

§ 27 [Zahl der ehrenamtlichen Richter]

Die für jedes Verwaltungsgericht erforderliche Zahl von ehrenamtlichen Richtern wird durch den Präsidenten so bestimmt, daß voraussichtlich jeder zu höchstens zwölf ordentlichen Sitzungstagen im Jahr herangezogen wird.

1 Die Ermittlung der Zahl erforderlicher ehrenamtlicher Richter für die Rechtsprechungstätigkeit am einzelnen Gericht liefert die wesentliche Basis für die Berechnung der Personenzahl, die in die Vorschlagsliste aufzunehmen ist (§ 28 S. 1 und 3). Deshalb werden die Präsidenten der VG bzw. OVG zu einer **Prognose** verpflichtet, die für die gesamte Amtsperiode (§ 25) gültig ist, sich aber auf ein absehbar typisches Geschäftsjahr des Gerichts und absehbare Änderungen zu stützen hat (NKVwGO § 27 Rn. 1).

2 Die **Berechnung** der erforderlichen Zahl der Ehrenamtlichen erfolgt nach der **Faustformel**: Gesamtzahl der Sitzungstage des Gerichts x 6. Bei den **VG** sind zunächst die voraussichtlichen jährlichen Sitzungstage jeder Kammer zu addieren. Die Summe daraus ist durch 12 (= Maximalzahl der Sitzungstage eines Ehrenamtlichen, § 27) zu dividieren und sodann zu verdoppeln (zwei Ehrenamtliche pro Streitsache nach § 5 III 1). Bei den **OVG** (§ 34) sind jene Senate einzustellen, die nach Landesrecht unter Mitwirkung von Ehrenamtlichen (ebenfalls zwei, § 9 III) zu entscheiden haben. Hinzuzurechnen sind die für die Hilfsliste (§ 30 II) vorgesehenen Richter und ferner – wegen der grds. Unzulässigkeit einer Nachwahl (→ § 25 Rn. 4) – eine Re-

Vorschlagsliste **§ 28**

serve für ausscheidende Richter. Die Prognose muss so **frühzeitig** erstellt werden, dass sie bei der Aufstellung der Vorschlagslisten berücksichtigt werden kann. Die zusätzlich zu bestimmende **Verteilung** der Gesamtzahl zu Wählender auf die Kreise und kreisfreien Städte (bzw. Bezirke → § 185 I) ist Sache des Wahlausschusses (§ 28 S. 2).

Die Orientierung an der Heranziehung zu „höchstens zwölf ordentlichen Sitzungstagen im Jahr" ist ein bloßer **Berechnungsfaktor** für die Prognose. Weder die Gewählten noch die Verfahrensbeteiligten haben einen Anspruch darauf, dass der Wert individuell eingehalten wird. Zu den Fehlerfolgen → § 26 Rn. 4.

§ 28 [Vorschlagsliste]

¹**Die Kreise und kreisfreien Städte stellen in jedem fünften Jahr eine Vorschlagsliste für ehrenamtliche Richter auf.** ²**Der Ausschuß bestimmt für jeden Kreis und für jede kreisfreie Stadt die Zahl der Personen, die in die Vorschlagsliste aufzunehmen sind.** ³**Hierbei ist die doppelte Anzahl der nach § 27 erforderlichen ehrenamtlichen Richter zugrunde zu legen.** ⁴**Für die Aufnahme in die Liste ist die Zustimmung von zwei Dritteln der anwesenden Mitglieder der Vertretungskörperschaft des Kreises oder der kreisfreien Stadt, mindestens jedoch die Hälfte der gesetzlichen Mitgliederzahl erforderlich.** ⁵**Die jeweiligen Regelungen zur Beschlussfassung der Vertretungskörperschaft bleiben unberührt.** ⁶**Die Vorschlagslisten sollen außer dem Namen auch den Geburtsort, den Geburtstag und Beruf des Vorgeschlagenen enthalten; sie sind dem Präsidenten des zuständigen Verwaltungsgerichts zu übermitteln.**

Als ehrenamtlicher Richter **wählbar** ist nur, wer in eine **Vorschlagsliste** aufgenommen worden ist, die von den Kreisen und kreisfreien Städten des Gerichtsbezirks zu erstellen ist (§ 29 I). Die Auswahl der Personen ist dadurch der politischen Willensbildung in den Kommunen überantwortet. Sie nehmen eine Aufgabe des übertragenen Wirkungskreises unter der Fachaufsicht des Landes wahr. In den **Stadtstaaten** Berlin und Hamburg treten an die Stelle der Kreise die Bezirke (→ § 185 I).

Das Vorschlagsverfahren wird dadurch **eingeleitet**, dass der Wahlausschuss jedem Kreis und jeder kreisfreien Stadt bzw. jedem Bezirk die Zahl der auf sie entfallenden Kandidaten mitteilt (S. 2). Die Mitteilung macht der Präsident des VG als Vorsitzender des jeweiligen Ausschusses (§ 26 II 1) im fünften Jahr der Amtsperiode (§ 25), und zwar so rechtzeitig, dass die Berufung vor Ablauf der Amtsperiode möglich ist. Die Zahl der Vorzuschlagenden errechnet sich aus dem Doppelten der vom Präsidenten ermittelten Zahl der benötigten Richter (S. 2 i.V.m. § 27).

Die Suche und Vorauswahl geeigneter Personen ist Sache der Kommunalverwaltung. Die **Aufnahme in die Vorschlagsliste** erfolgt durch Zustimmung der Vertretungskörperschaft (Kreistag, Rat, Bezirksvertretung). Das Zustimmungsverfahren richtet sich nach den Regelungen der Kommunalgesetze zur Beschlussfassung der Vertretungskörperschaft (S. 5). Die Zustimmung erfordert für jeden Kadidaten das Quorum der S. 4. Die Vorschlagsliste ist sodann dem Präsidenten des VG zu übermitteln (S. 6 Hs. 2).

Zum **Inhalt** der Liste äußert sich die Soll-Vorschrift in S. 6 erstaunlich kärglich. Zentraler Zweck ist es, dem Wahlausschuss die Berufung geeigneter Personen zu ermöglichen. Die Eignung (gemessen nicht nur an den Voraussetzungen für die Berufung nach §§ 20 bis 23) ist so weit wie möglich bereits innerkommunal zu bejahen, die verbindliche Entscheidung steht aber nur dem Wahlausschuss zu. Deshalb dürfen die Listen zwar keine eigene Eignungsabstufung enthalten, aber deutlich mehr als die Minimalangaben nach S. 6 (also Namen [einschließlich der Anschriften], Geburtsort, Geburtstag, Beruf der Vorgeschlagenen). Angebracht ist insbes. eine Erklärung, inwieweit die gesetzlichen Voraussetzungen für die Berufung geprüft worden sind und vorliegen. Angaben, die für das Amt ohne Bedeutung sind, darf die Liste nicht enthalten. Es liegt im Ermessen des Ausschusses, inwieweit er sich auf die Angaben der Kommunen verlässt oder zusätzliche Angaben fordert bzw. eigene Ermittlungen anstellt (→ § 29 Rn. 2).

§ 29 [Wahlverfahren]

(1) Der Ausschuß wählt aus den Vorschlagslisten mit einer Mehrheit von mindestens zwei Dritteln der Stimmen die erforderliche Zahl von ehrenamtlichen Richtern.

(2) Bis zur Neuwahl bleiben die bisherigen ehrenamtlichen Richter im Amt.

I. Wahlverfahren

1   Die **Gestaltung des Wahlverfahrens** überlässt die VwGO, ebenso wie die Arbeit des Wahlausschusses (→ 26), dem organisatorischen Ermessen des Ausschussvorsitzenden. Nur das Quorum ist bestimmt (Rn. 3), womit eine Abstimmung über die Kandidaten in persönlicher Anwesenheit (also nicht im Umlaufverfahren) vorausgesetzt ist. Zu Einberufung und Verlauf dieser **Wahlsitzung** (Förmlichkeiten, Gesprächsverlauf, einzuhaltenden Wahlrechtsgrundsätzen oder Protokollierung) bestehen keine direkten Vorgaben.

2   Der Ausschuss hat für jeden Vorgeschlagenen eine **Auswahlentscheidung** zu treffen; Gruppenbildung ist zulässig. Die Auswahl hat sich allein an der Eignung zu orientieren, bei deren Einschätzung dem Ausschuss ein gerichtlich nur beschränkt überprüfbares Ermessen (eine Einschätzungsprärogative) eingeräumt ist. **Erörterungen zur Person** und zu persönlichen Merkmalen eines Vorgeschlagenen sowie entsprechende Informationen an die Ausschussmitglieder sind zulässig, soweit sachbezogene Kriterien angelegt werden (BVerwG NVwZ 1988, 724; Buchh 310 § 29 VwGO Nr. 2). Der Ausschuss darf eigene Ermittlungen anstellen, sofern er dies für sachgerecht hält. Maßstab darf alles sein, was für die Urteilsfähigkeit im Amt von Bedeutung ist, also auch etwa eine bisherige Tätigkeit als ehrenamtlicher Richter (Ey § 28 Rn. 3), nicht aber die Parteizugehörigkeit oder Weltanschauung.

3   Zu wählen sind Ehrenamtliche aus den kommunalen Vorschlagslisten (§ 28) in der vom Präsidenten bestimmten Zahl (→ § 27 Rn. 2). Gewählt ist, wer (mindestens) **zwei Drittel der abgegebenen Stimmen** auf sich vereinigt (I). Entscheidend ist nicht die gesetzliche Mitgliederzahl (dann 6 von 9 gemäß § 26 II 1), sondern das Stimmverhältnis der anwesenden Mitglieder im mindestens beschlussfähigen Ausschuss (§ 26 III), dort also 4 von 5 Stimmen. Stimmenthaltung ist ausgeschlossen (Rechtsgedanke des § 195 GVG). Die Wahl ist grds. offen durchzuführen. Die Gewählten sind mit der neuen Amtsperiode berufen oder, falls diese bereits begonnen hat, sofort mit Bekanntgabe der Wahl (arg. § 29 II → § 25 Rn. 2).

Wahlverfahren § 29

II. Wahlfehler

Eine Wahl kann **fehlerhaft** sein, wenn Verfahrensvorschriften nicht beachtet wurden, 4
ein Kandidat nicht wählbar war oder aus unsachlichen Gründen übergangen bzw. zurückgesetzt wurde. Verfahrensfehler sind bereits Verstöße gegen das Vorschlagsverfahren (§ 28), ferner jede Missachtung von Wahlvorschriften (etwa: Nichtwahl infolge Auslosung, Besetzung und Beschlussfähigkeit des Wahlausschusses, § 26 II, III, Nichterreichen des Quorums nach § 29 I). Die Nichtwählbarkeit kann sich daraus ergeben, dass ein Kandidat nicht auf der Vorschlagsliste stand (I) oder in seiner Person zwingende Hindernisse nach §§ 20 bis 22 vorliegen. Vorgeschlagene, die ein Ablehnungsrecht nach § 23 haben, gelten bis zur Ausübung dieses Rechts als wählbar; die rechtzeitige Klärung ihrer Bereitschaft ist tunlich, aber nicht zwingend.

Für die **Geltendmachung** eines Wahlfehlers – durch gewählte und übergangene 5
Kandidaten und durch Verfahrensbeteiligte – bestehen **drei Wege**: die Wahlanfechtung, das Entbindungsverfahren (§ 24) und die Besetzungsrüge (→Rn. 9). Vieles dazu ist ungeklärt.

Das **Entbindungsverfahren** ist vorrangig, hat aber einen begrenzten Anwen- 6
dungsbereich. Es steht Gewählten nur beim Vorliegen von Ablehnungsgründen nach § 23 offen. Die Missachtung der Berufungsminima nach §§ 20 bis 22 i.V.m. § 24 I Nrn. 1, 2, 4 kann nach h.M. nur der VG-Präsident rügen; Gewählten soll insofern die Antragsbefugnis fehlen (vgl. § 24 III 1; NKVwGO § 29 Rn. 7). Ob im Entbindungsverfahren auch Fehler des Wahlverfahrens berücksichtigt werden können, ist offen, richtiger Ansicht aber zu verneinen: Verfahrensfehler können nur fristgebunden mit der Anfechtungsklage nach § 42 I geltend gemacht werden (NKVwGO § 29 Rn. 8 m.w.N.).

Formelle Fehler des Vorschlags- oder Wahlverfahrens jenseits der Entbindungs- 7
gründe (§ 20 bis 23) müssen Gewählte oder übergangene Interessenten durch Anfechtung von Wahlakten geltend machen. Offen ist, ob dafür die **Anfechtungsklage** (§§ 42 I) zur Verfügung steht oder (nur) eine Wahlprüfungsklage (BVerwG NJW 1988, 219). Richtiger Ansicht nach ist jeder einzelne Wahlakt ein VA (NKVwGO § 29 Rn. 7; str.), der jeden Gewählten mit Bekanntgabe verpflichtet und von diesem innerhalb der Anfechtungsfristen (§§ 70, 74) angefochten werden kann. Übergangene Interessenten können ebenfalls eine (Dritt)Anfechtungsklage (→ § 42 Rn. 16) in Bezug auf einzelne Gewählte erheben, wenn sie in Bezug auf sie eigene Vorrangigkeit geltend machen können. Daneben muss ihnen aber aus Gründen effektiven Rechtsschutzes eine **Wahlprüfungsklage** offenstehen, weil ihnen hinreichende Erkenntnisse über Wahlvorgänge kaum zugänglich sein werden. Mit dieser Klage können sie die Aufhebung der gesamten Wahl verlangen, bei schweren Fehlern Nichtigkeitsfeststellung, unter deren Rechtsfolgen eine Wiederholungswahl, in der sie verfahrens- und ermessensfehlerfrei berücksichtigt werden (VG Stuttgart VBlBW 2002, 261). Ob dabei Verstöße gegen die §§ 20 bis 22 berücksichtigt werden dürfen, ist ungeklärt.

Die **Beachtlichkeit von Fehlern** ist nach allgemeinen Grundsätzen einge- 8
schränkt. Hat eine Wahl stattgefunden, so können Fehler jeder Art nur in einem gerichtlichen Verfahren geltend gemacht werden. Sie sind nur beachtlich, wenn sie das Wahlergebnis beeinflusst haben **(Relevanz)**. Relevante Verstöße machen die Wahl **aufhebbar** und nur bei besonders gewichtigen Fehlern nichtig. Nach den für Berufsrichter (§ 46 DRiG) und zu § 24 entwickelten Grundsätzen wirkt eine Aufhebung der Wahl ex nunc und lässt zurückliegende Amtshandlungen grds. (Ausnahmen Rn. 9) unberührt (vgl. BVerwG NJW 1988, 219; Buchh 310 § 28 VwGO Nr. 2).

§ 30

9 **Verfahrensbeteiligte** können Wahlfehler nur mit der **Besetzungsrüge** (§ 124 II Nr. 5; § 138 Nr. 1) in einem Rechtsmittelverfahren gegen die Sachentscheidung geltend machen. Die Rüge greift erst durch, wenn ein Fehler den Schutzzweck des Art. 101 I 2 GG berührt (BVerwG NVwZ 1988, 724; Buchh 310 § 26 VwGO Nrn. 1 und 2; ebenso BGHSt 33, 126, 129), was höchst ausnahmsweise anzunehmen ist, etwa wenn von einer Wahl im Rechtssinne nicht mehr gesprochen werden ist kann oder die Besorgnis einer Einflussnahme bzw. Manipulation begründet ist (BVerfGE 17, 294, 299), die auf die angefochtene Entscheidung durchschlagen könnte (BVerfG NJW 1982, 2368; KB v. 12. 7. 1990 – 1 BvR 1269/87). Dies ist aber kaum denkbar: Die Zuteilung des einzelnen ehrenamtlichen Richters zu einem bestimmten Spruchkörper ist Sache des Präsidiums (→ § 30 Rn. 1 f.), sodass der Wahlausschuss für die Bestimmung des gesetzlichen Richters eine lediglich vorbereitende Entscheidung trifft. Keine durchschlagenden Fehler sind daher die unstatthafte Vertretung des Präsidenten oder die Diskussion über Kandidaten anhand unsachgemäßer Merkmale (wie ihrer Parteizugehörigkeit → Rn. 2).

§ 30 [Heranziehung zu Sitzungen]

(1) Das Präsidium des Verwaltungsgerichts bestimmt vor Beginn des Geschäftsjahres die Reihenfolge, in der die ehrenamtlichen Richter zu den Sitzungen heranzuziehen sind.

(2) Für die Heranziehung von Vertretern bei unvorhergesehener Verhinderung kann eine Hilfsliste aus ehrenamtlichen Richtern aufgestellt werden, die am Gerichtssitz oder in seiner Nähe wohnen.

1 Die ehrenamtlichen Richter sind bei ihrer Mitwirkung im Spruchkörper Richter i. S. des Art. 92 GG. Zur Gewährleistung des gesetzlichen Richters (Art. 101 I 2 GG) muss sichergestellt sein, dass sie – ebenso wie Berufsrichter – in einer formal **vorausbestimmten Weise** an Streitverfahren mitwirken. Die Präsidialverfassung enthält dafür keine Vorgaben (→ § 4 Rn. 1 f.); diese Lücke schließt § 30. Danach hat das Präsidium nach Maßgabe von § 4 S. 1 i.V.m. § 21e GVG in der Geschäftsverteilung **ergänzende Regelungen** für die Heranziehung der nach §§ 25 ff. Gewählten zu beschließen.

I. Regelmäßige Heranziehung

1. Hauptliste (I)

2 In der sog. Hauptliste hat das Präsidium die Ehrenamtlichen bestimmten Kammern namentlich fest **zuzuweisen**. Mehrfachzuweisungen sind zulässig, wobei die Grenze des § 27 zu beachten ist. Eine einheitliche Liste für das ganze Gericht wäre unpraktisch, aber zulässig (S/S-A/P § 30 Rn. 4a). Die Verteilungskriterien liegen im Ermessen des Präsidiums (BVerwG NJW 1962, 268: Sachnähe zu Materien darf berücksichtigt werden), ohne dass der Ehrenamtliche eine bestimmte Ausübung beanspruchen kann.

3 Die **Reihenfolge der Mitwirkung** an einzelnen Sitzungen ist anhand abstrakter Grundsätze festzulegen. Erforderlich ist, die Ehrenamtlichen in eine Reihenfolge zu bringen (meist alphabetisch oder umgekehrt alphabetisch) und sie den einzelnen Sitzungen zuzuordnen, was nach der zeitlichen Abfolge der Ladungen oder der Sit-

Heranziehung zu Sitzungen § 30

zungstage geschehen kann. Ein Unterschied ergibt sich bei eingeschobenen Sitzungen, weshalb die Zugrundelegung der Ladungen vorteilhaft ist. Schließlich ist der **Turnus** festzulegen, der vorgibt, ob bei Beginn eines neuen Geschäftsjahres die Heranziehung fortläuft oder am Listenanfang bzw. Listenende neu beginnt.

2. Ladung

Die **Bestimmung** der ehrenamtlichen Richter nach den Regelungen des GVP ist 4
Sache des Vorsitzenden. Er kann dies allerdings allgemein der Geschäftsstelle (§ 13) übertragen, der es dann obliegt, die im Einzelfall mitwirkenden Ehrenamtlichen nach den allgemeinen Regelungen selbstständig zu ermitteln (BVerwGE 44, 215, 16; DVBl. 1981, 493; KS § 30 Rn. 4) und sodann alles Weitere zu veranlassen. Die Entscheidung verbleibt aber in der Verantwortung des Vorsitzenden; Zweifelsfälle hat stets er zu klären.

Form- und Fristbestimmungen für die Heranziehung im Einzelfall bestehen 5
nicht (→ § 56 Rn. 3). Das Vorgehen wird von dem Zweck gesteuert, den regulär vorgesehenen Ehrenamtlichen heranzuziehen und die Regeleinhaltung im Streitfall nachweisen zu können. Es entspricht daher der Praxis, die ehrenamtlichen Richter so frühzeitig **schriftlich zu laden**, dass sie sich auf den Termin einrichten können und das Gericht ggf. auf die Notwendigkeit, bei mitgeteilter Verhinderung für Vertretung zu sorgen. In kurzfristigen Verhinderungsfällen (Rn. 7) genügt eine telefonische Ladung, die zu dokumentieren ist.

II. Verhinderung und Vertretung

1. Begriff der Verhinderung

Verhinderungen ehrenamtlicher Richter sind alltäglich, können bei mündlichen Ver- 6
handlungen mit mehreren Sitzungstagen auch nach Verhandlungsbeginn eintreten (BVerwG NJW 1986, 3154). **Anerkannte Fälle** der Verhinderung sind eigene Erkrankung und alternativlose Betreuung erkrankter Familienangehöriger sowie Urlaub (BVerwG Buchh 310 § 30 Nrn. 4 und 13). Der Verhinderung steht es entspr. § 54 II 1 GVG gleich, wenn der Ehrenamtliche nicht erreichbar ist (BVerwG NVwZ 1984, 579, 580; DÖV 1980, 766, 767). Berufliche Verpflichtungen sind wegen des Freistellungsanspruchs aus § 45 Ia DRiG nur unter engen Voraussetzungen (Unzumutbarkeit) anzuerkennen (BVerwGE 44, 218). **Keine** Verhinderung ist die Weigerung zu erscheinen. Der Ehrenamtliche ist ungeachtet der Ankündigung zu laden; erst bei Nichterscheinen im Termin kann auf die Hilfsliste (Rn. 9) zurückgegriffen werden (BVerwG NJW 1963, 1219). Die pflichtgemäße Beurteilung, ob ein Verhinderungsfall vorliegt, ist zunächst Sache des Ehrenamtlichen selbst. Der Vorsitzende darf sich auf seine Angaben verlassen (BVerwG NVwZ 1984, 580; Buchh 310 § 30 Nr. 13), sofern keine Anhaltspunkte für eine Fehleinschätzung deutlich werden (BVerwG NVwZ 1986, 1010); dem Vorsitzenden steht insofern ein Beurteilungsspielraum zu, der im nächsten Rechtszug auf Besetzungsrüge hin nur eingeschränkt überprüft werden kann.

2. Unvorhersehbarkeit

Für Verhinderungen muss der GVP durch **Vertretungsregelungen** Vorsorge treffen. 7
Vorhersehbare (reagible) Fälle sind **innerhalb der Hauptliste** zu bewältigen. Meist wird der jeweils Nächste aus dieser Liste geladen und der Ausgefallene bei der nächs-

ten Sitzung oder Ladung herangezogen. Nur bei unvorhergesehener (kurzfristiger) Verhinderung ist der Rückgriff auf die Hilfsliste (Rn. 9) erlaubt.

8 Die Abgrenzung der Fälle ist Sache des Präsidiums, etwa durch **Definition der Unvorhersehbarkeit** i. S. des II im GVP (BVerwG DÖV 1991, 893). Diese kann pauschal mit einer Zahl von Tagen vor der Sitzung bestimmt werden, bis zu der die Verhinderung bekannt wird (näher BVerwG NJW 1992, 254; NVwZ 1984, 579). Fehlt eine solche Regelung, so ist auf die Übung des Gerichts abzustellen (BVerwGE 44, 215). In jedem Fall ist eine Verhinderung unvorhergesehen, wenn eine Ladung des Vertreters von der Hauptliste nicht mehr möglich ist (Ey § 30 Rn. 9), insbes. bei unentschuldigtem Nichterscheinen (BVerwG Buchh 310 § 30 Nr. 10).

3. Hilfsliste

9 Die Aufstellung einer Hilfsliste für unvorhergesehene Verhinderungen steht im Ermessen des Präsidiums. Als Hilfsliste bezeichnet II eine Zusammenstellung aus – kurzfristig verfügbaren – Ehrenamtlichen mit gerichtsnahem Wohnsitz (→ § 20 Rn. 4). Die Anzahl der auf ihr benötigten Personen kann schon bei der Wahl berücksichtigt werden (→ § 27 Rn. 2); doppelte Listungen auf der Haupt- und Hilfsliste sind zulässig. Anders als die Hauptliste (Rn. 2) hat die Hilfsliste i. S. des II gerichtsübergreifenden Charakter. Bei detachierten Spruchkörpern (→ § 3 Rn. 6) sind gesonderte Hilfslisten zulässig. Auch die Reihenfolge des Zugriffs auf diese Liste muss festgelegt werden (BVerwG, Beschl. v. 1. 4. 1981 – 6 CB 114.80). Ist kein Ehrenamtlicher von der Hilfsliste erreichbar, muss der anstehende Termin aufgehoben und neu geladen werden (Ey § 30 Rn. 11).

III. Verstoßfolgen

10 Die Heranziehung eines falschen ehrenamtlichen Richters hat zur Konsequenz, dass das Gericht **nicht ordnungsgemäß besetzt** ist, was durch Besetzungsrüge nach § 138 Nr. 1 geltend gemacht werden kann (BVerwGE 44, 215; NJW 1986, 3154). Es ist unerheblich, ob der Grund in einer fehlerhaften Listenaufstellung, einer Abweichung von der vorgegebenen Reihenfolge, der Falschbeurteilung eines Verhinderungsfalles oder im verfrühten Zugriff auf die Hilfsliste liegt. Von diesem Grundsatz gibt es **zwei Ausnahmen**: die irrige Ladung durch die Geschäftsstelle (BVerwG Buchh 310 § 133 VwGO Nr. 62) und die fehlerhafte Annahme eines Verhinderungsfalles, die sich im Rahmen des Beurteilungsspielraums des Vorsitzenden hält (KS § 30 Rn. 8).

§ 31 *(weggefallen)*

1 Die 1974 aufgehobene Vorschrift regelte die Vereidigung der ehrenamtlichen Verwaltungsrichter. Diese richtet sich heute **einheitlich** für alle Gerichtszweige nach **§ 45 DRiG**. Die Vereidigung ist Voraussetzung wirksamer Amtsausübung. Sie hat vor der ersten Dienstleistung in öffentlicher Sitzung vor den berufsrichterlichen Mitgliedern einer Kammer zu erfolgen, an der Ehrenamtliche mitzuwirken haben, nie also vor dem Einzelrichter (§ 5 III). Zuständig für die Abnahme des Eides ist der Vorsitzende im sitzungsleitenden, nicht funktionellen Sinne (→ § 5 Rn. 4, 15). Ein zeitlicher Zu-

sammenhang mit der ersten Sitzungsteilnahme wird zwar regelmäßig bestehen, ist aber nicht erforderlich, was eine Vereidigung aller Neugewählten in einer Sitzung zu Beginn der Amtsperiode möglich macht (str.). Die Vereidigung muss aber auch dann für jeden Gewählten gesondert erfolgen. **Vereidigung** ist das Ablegen eines Eides bzw. Gelöbnisses durch Nachsprechen oder Ablesen einer der Formeln der III bis V und VII des § 45 DRiG, wobei die rechte Hand erhoben werden soll (II 3). Die Vereidigung gilt für die **Dauer** des Amtes i. S. des § 25 (BVerwGE 15, 96), bei erneuter Bestellung auch für jede sich unmittelbar anschließende Amtszeit (II 2).

Bei **fehlender Vereidigung** eines Ehrenamtlichen, die Wirksamkeitsvorausset- 2 zung für seine Mitwirkung ist, ist das Gericht nicht vorschriftsmäßig besetzt. Der Fehler lässt sich nicht rückwirkend beseitigen, denn jede Vereidigung wirkt nur für die Zukunft (Ey § 31 Rn. 4). Unbeachtlich ist das Fehlen bloßer Förmlichkeit (der Öffentlichkeit oder Protokollierung, des Handerhebens, BVerwGE 73, 78, 81; NJW 1981, 1110). Fehler können in **Rechtsmittelverfahren** nach § 124 II Nr. 5, § 138 Nr. 1 geltend gemacht werden; eine Rüge in der mündlichen Verhandlung ist zu fordern (so aber für den Strafprozess BGH NJW 2003, 2545). Die Anhörungsrüge nach § 152a ist, da kein Gehörsverstoß vorliegt, nicht gegeben. Nach Ausschöpfung des Rechtswegs ist die auf Art. 101 I 2 GG gestützte Verfassungsbeschwerde möglich. Nach Rechtskraft des Urteils kann Nichtigkeitsklage nach § 153 i. V. m. § 579 I Nr. 1 ZPO erhoben werden.

§ 32 [Entschädigung]

Der ehrenamtliche Richter und der Vertrauensmann (§ 26) erhalten eine Entschädigung nach dem Justizvergütungs- und -entschädigungsgesetz.

Ehrenamtliche Richter stehen in keinem vergüteten Amtsverhältnis, sofern sie nicht 1 in ein Ehrenrichterverhältnis berufen sind (→ § 19 Rn. 4), das diese Ansprüche selbstständig regelt. Sie werden daher nur für die einzelne Heranziehung **entschädigt**. Rechtsgrundlage ist das JVEG (dort § 1 I 1 Nr. 2; vgl. die Kommentierungen durch Hartmann, Abschn. V, oder Zimmermann). Dieses gilt auch für die Vertrauensleute des Wahlausschusses i. S. des § 26 II 1 (vgl. § 1 IV JVEG).

Auf fristgebundenen **Antrag** (§ 4 I, VI, VII, § 2 JVEG) werden Ersatz für notwen- 2 dige Aufwendungen, Einbußen und Verdienstausfall gewährt (Auflistung in § 15 I JVEG). In der Praxis wird ein vorbereitetes Formular am Ende des Sitzungstages ausgehändigt. Die Entschädigung wird vom **Urkundsbeamten** formlos angewiesen, sofern nicht gerichtliche Festsetzung beantragt wird. Die Festsetzung kann mit der **Beschwerde** angefochten werden (§ 4 III bis V JVEG).

§ 33 [Ordnungsgeld]

(1) ¹Gegen einen ehrenamtlichen Richter, der sich ohne genügende Entschuldigung zu einer Sitzung nicht rechtzeitig einfindet oder der sich seinen Pflichten auf andere Weise entzieht, kann ein Ordnungsgeld festgesetzt werden. ²Zugleich können ihm die durch sein Verhalten verursachten Kosten auferlegt werden.

(2) ¹Die Entscheidung trifft der Vorsitzende. ²Bei nachträglicher Entschuldigung kann er sie ganz oder zum Teil aufheben.

§ 34   Teil I. Gerichtsverfassung

1   In den nicht völlig singulären Fällen, in denen sich ein ehrenamtlicher Richter „seinen Pflichten entzieht", kann er durch Festsetzung eines Ordnungsgeldes (Ordnungshaft ist unzulässig) zur Pflichterfüllung angehalten werden (I 1). Diese **Disziplinarmaßnahme** geht einer Entbindung vom Amt grds. vor; diese ist ohnehin nur bei gröblichen Amtspflichtverletzungen zulässig (§ 24 I Nr. 2).
2   Die Pflichten (→ § 19 Rn. 10) müssen **schuldhaft** verletzt worden sein, was mithilfe des Ehrenamtlichen aufzuklären ist. Eine nachträgliche Entschuldigung kann zur vollständigen oder teilweisen Aufhebung der Maßnahme führen (II 2). Nur im Falle der Festsetzung können etwaige separierbare **Kosten auferlegt** werden, die durch die Pflichtverletzung ausgelöst worden sind (I 2).
3   Die **Höhe** des Ordnungsgeldes bestimmt sich nach h.M. nach Art. 6 EGStGB (5 bis 1000 Euro), Zahlungserleichterungen können nach Art. 7 EGStGB gewährt werden. Die Entscheidungen trifft der **Vorsitzende** durch Beschluss (II 1), gegen den die **Beschwerde** nach § 146 I statthaft ist, sofern keine Festsetzung des OVG in Rede steht (§ 152 I). Zum Vertretungszwang nach § 67 IV → § 165 Rn. 4. Die Vollstreckung richtet sich nach § 169.

§ 34 [Ehrenamtliche Richter beim OVG]

§§ 19 bis 33 gelten für die ehrenamtlichen Richter bei dem Oberverwaltungsgericht entsprechend, wenn die Landesgesetzgebung bestimmt hat, daß bei diesem Gericht ehrenamtliche Richter mitwirken.

1   Die §§ 19 bis 33 gelten unmittelbar nur für die erstinstanzlichen VG (§ 5 III). Daher fehlen Regelungen für die OVG/VGH jener Länder, deren Landesrecht eine solche Mitwirkung aufgrund der Ermächtigungen des § 9 III vorsieht (→ § 19 Rn. 1), derzeit die meisten der Bundesländer. In die normative Lücke tritt § 34 mit der Anordnung der entsprechenden Anwendung der §§ 19 ff. auf die Berufung und Mitwirkung Ehrenamtlicher bei dem obersten Landesgericht.
2   Aus der entsprechenden Anwendung ergeben sich **Modifikationen**: An die Stelle des VG-Präsidenten tritt der Präsident des OVG (z.B. in § 26 II 1). Er trifft auch die Entscheidung über Entbindungen nach § 24 III. Der Wahlausschuss nach § 26 muss bei dem OVG gebildet werden. Eine gleichzeitige Tätigkeit als Ehrenamtlicher bei einem VG und dem OVG ist zulässig (NRWOVG OVGE 33, 185). Die ehrenamtliche Tätigkeit bei einem VG ist aber ein Ablehnungsgrund i.S. des § 23 I Nr. 2. Die Festsetzung eines Ordnungsgeldes nach § 33 kann wegen § 152 I nicht mit der Beschwerde angegriffen werden.

4. Abschnitt. Vertreter des öffentlichen Interesses

§ 35 [Vertreter des Bundesinteresses beim BVerwG]

(1) ¹**Die Bundesregierung bestellt einen Vertreter des Bundesinteresses beim Bundesverwaltungsgericht und richtet ihn im Bundesministerium des Innern ein.** ²**Der Vertreter des Bundesinteresses beim Bundesverwaltungsgericht kann sich an jedem Verfahren vor dem Bundesverwaltungsgericht**

beteiligen; dies gilt nicht für Verfahren vor den Wehrdienstsenaten. ³Er ist an die Weisungen der Bundesregierung gebunden.

(2) Das Bundesverwaltungsgericht gibt dem Vertreter des Bundesinteresses beim Bundesverwaltungsgericht Gelegenheit zur Äußerung.

Die VwGO trifft Vorsorge, dass die in verwaltungsgerichtlichen Verfahren allgegenwärtigen **öffentlichen Interessen** nicht nur durch die Parteien prozesstaktisch beleuchtet werden. Die im 4. Abschnitt vorgesehenen Behörden sollen im Einzelfall berührte öffentliche Interessen aus einer übergeordneten und neutralen Perspektive in den Prozess einbringen und vertreten. Auf Bundesebene handelt es sich um die obligatorisch zu bestellenden **Vertreter des Bundesinteresses** (VBI), auf Landesebene um die fakultativ zu bestimmenden **Vertreter des öffentlichen Interesses** (VöI), die als Landesanwälte fungieren, wenn sie zugleich ermächtigt sind, als Vertreter von beteiligten Landesstellen aufzutreten (→ § 36 Rn. 1). 1

Mit der Neufassung des § 35 durch Gesetz vom 9.7. 2001 (BGBl. I S. 1510) m. W. v. 1.1. 2002 ist die Institution des Oberbundesanwalts (OBA) aus fiskalischen Gründen durch eine funktional i. W. identische Behörde ersetzt worden. Der VBI ist eine Bundesbehörde, die beim BMI als besondere Organisationseinheit eingerichtet ist und damit dessen Dienstaufsicht untersteht. Die notwendige Befähigung des VBI als Amtswalter und seiner hauptamtlichen Mitarbeiter ist in → § 37 I geregelt. Die **Aufgabe** des VBI besteht – nicht anders als beim OBA – darin, als qualifizierte Einrichtung der Rechtspflege das BVerwG bei der Rechtsfindung zu unterstützen und im öffentlichen Interesse an der Verwirklichung des Rechts mitzuwirken (BVerwGE 18, 205, 207 und 96, 258, 261). Der VBI hat daher eine eher beratende, der Objektivität verpflichtete und nicht vom Interesse einer Partei geleitete Funktion als **„unbeteiligter Mittler"**. Dabei ist er gemäß I 3 (nur) an die Weisungen der Bundesregierung gebunden, die in einer allgemeinen Dienstanweisung (AVwwV zu § 35 i.d.F. der Bekanntmachung vom 31.1. 2002, GMBl. S. 132) niedergelegt sind (allgemein zugängliche Informationen unter www.vbi.eu). 2

Der VBI hat nach I 2 – außer an Verfahren vor den Wehrdienstsenaten – eine **umfassende Beteiligungsbefugnis** in allen **anhängigen** Verfahren, die er **jederzeit** – auch noch nach reiner Nichtbeteiligungserklärung – ausüben kann. Die Beteiligung erfolgt durch **Anzeige** in den einzelnen Verfahren gegenüber dem Revisionssenat; sie darf für Verfahrensgruppen generell eingeschränkt werden (BVerwG NVwZ 1996, 79; Ey § 35 Rn. 6; str.). Der VBI ist entsprechend seiner Beteiligungsbefugnis und -bereitschaft über alle Verfahren zu informieren (II). 3

Macht er von seiner Beteiligungsbefugnis Gebrauch, so erlangt er gemäß § 63 Nr. 4 die Stellung eines **Verfahrensbeteiligten**, mithin keine Gerichtsperson, die nach § 54 abgelehnt werden könnte. Die Rechtsstellung als Beteiligter ermächtigt den VBI aber **nicht zu Verfahrenshandlungen**, wie sie die übrigen Beteiligten nach § 63 Nrn. 1 bis 3 vornehmen können. Außer zur Erhebung von Nichtigkeits- und Restitutionsklagen, wozu er besonders ermächtigt ist (§ 153 II), kann er kein Verfahren initiieren oder dessen Beendigung verhindern. Eine Verfügung über den Verfahrensgegenstand ist ihm grds. verwehrt (BVerwGE 128, 155 Rn. 23; KS § 35 Rn. 5). Schon für den OBA war geklärt, dass er weder zur Einlegung der Revision (Großer Senat, BVerwGE 25, 170, 174 f.) noch der Anschlussrevision berechtigt war (BVerwGE 96, 258, 261). Diese Rspr. ist unverändert auf den VBI übertragbar. Deshalb kann dieser auch Verfahrensfehler der Vorinstanz nicht selbstständig rügen. 4

§ 36 [Vertreter des öffentlichen Interesses]

(1) ¹Bei dem Oberverwaltungsgericht und bei dem Verwaltungsgericht kann nach Maßgabe einer Rechtsverordnung der Landesregierung ein Vertreter des öffentlichen Interesses bestimmt werden. ²Dabei kann ihm allgemein oder für bestimmte Fälle die Vertretung des Landes oder von Landesbehörden übertragen werden.
(2) § 35 Abs. 2 gilt entsprechend.

1 Anders als die Bundesregierung durch § 35 I 1 werden die Länder nicht verpflichtet, sondern nur ermächtigt, eine **Landesbehörde** zu schaffen, die in Verfahren vor den VG und dem OVG/VGH das jeweilige öffentliche Interesse vertritt (I 1). Diese Behörde kann zugleich mit der Prozessvertretung von Landesstellen (nicht: von Kommunen) betraut werden, die Partei eines Verwaltungsrechtsstreits sind (I 2). Der als solcher neutrale VöI wird dann zum **Landesanwalt** (und dann auch so bezeichnet, wie nach Art. 16 BayAGVwGO i.V.m. BayLABV). Die geforderte Befähigung der Amtswalter ergibt sich aus → § 37 II.

2 Einen VöI können die Länder institutionell nur bei ihren Gerichten (VG/OVG) und funktionell nur beschränkt auf deren Verfahren bestellen (BVerwG NVwZ-RR 1997, 519 m.w.N.). Dort kann er sich aber nach Maßgabe des Landesrechts durch Individualerklärung an jedem anhängigen Verfahren **beteiligen** oder seine Beteiligung durch Generalerklärung für Gruppen von Verfahren einschränken.

3 Falls der VöI von seiner Beteiligungsbefugnis Gebrauch macht, wird er – wie auch der VBI (→ § 35 Rn. 4) – gemäß § 63 Nr. 4 **Verfahrensbeteiligter**. Als solcher kann er nicht nach § 54 abgelehnt werden. Für ihn gelten die Grundsätze für notwendig Beigeladene (→ § 65 Rn. 7 ff.) entsprechend. Daher setzt die Wirksamkeit einer – ggf. fiktiven – Zurücknahme der Klage oder Berufung nach Stellung der Anträge in der mündlichen Verhandlung (auch) die **Einwilligung** des VöI voraus, falls er an der Verhandlung teilgenommen hat (§ 92 I 2, II 2; § 126 I 2, II 2, vgl. BVerwG NVwZ 2009, 666).

4 Die Spruchkörper haben ihm **Gelegenheit zur Äußerung** in allen Verfahren zu geben, an denen er sich potenziell beteiligen kann (II i.V.m. § 35 II). Der VöI kann selbstständig **Anträge** stellen und – wiederum anders als der VBI – **Rechtsmittel** einlegen, und zwar sogar Nichtzulassungsbeschwerde oder Revision ganz unabhängig von einer eigenen materiellen oder formellen Beschwer. Voraussetzung ist aber, dass er seiner Beteiligungsbefugnis rechtzeitig Gebrauch gemacht hat. Die **Beteiligungsbefugnis** kann nur bis zum Abschluss des Verfahrens und nur jenem Gericht **ausgeübt** werden, bei dem er bestellt ist (BVerwGE 90, 337, 339; NJW 1994, 3024, 3025). Allerdings kann er sich grds. auch noch in offener Anfechtungsfrist (durch Einreichung einer Revisionsschrift beim OVG) beteiligen, um Revision einzulegen, also auch noch nach Verkündung oder Zustellung des Berufungsurteils (BVerwGE 16, 265; Buchh 402.24 § 2 Nr. 83; Buchh 11 Art. 140 GG Nr. 50).

5 Tritt der VöI als Landesanwalt auf, d.h. als **Prozessvertreter** des Landes oder einer Landesbehörde, so gelten für ihn ausschließlich die Regeln, die für eine Partei gelten. Soweit Vertretungszwang besteht, kommt ihm das **Behördenprivileg** zu (§ 67 IV 4 i.V.m. § 37 II).

§ 37 [Befähigung von VBI und VöI]

(1) Der Vertreter des Bundesinteresses beim Bundesverwaltungsgericht und seine hauptamtlichen Mitarbeiter des höheren Dienstes müssen die Befähigung zum Richteramt haben oder die Voraussetzungen des § 110 Satz 1 des Deutschen Richtergesetzes erfüllen.

(2) Der Vertreter des öffentlichen Interesses bei dem Oberverwaltungsgericht und bei dem Verwaltungsgericht muß die Befähigung zum Richteramt nach dem Deutschen Richtergesetz haben; § 174 bleibt unberührt.

Die Vorschrift regelt, welche persönlichen Befähigungen die beim BVerwG und bei 1
den Instanzgerichten (OVG, VG) auftretenden Vertreter des öffentlichen Interesses besitzen müssen. Im Grundsatz müssen der **VBI** (I) und seine hauptamtlichen Mitarbeiter (§ 35) wie auch der **VöI** (§ 36) beim OVG und bei den VG (II) die **Befähigung zum Richteramt** besitzen. Deren Erwerb richtet sich nach §§ 5 bis 7 DRiG. Danach ist ein rechtswissenschaftliches Studium an einer Universität mit erster Prüfung und ein anschließender zweijähriger Vorbereitungsdienst mit zweiter Staatsprüfung zu absolvieren.

Abweichend kann die **Befähigung zum höheren Verwaltungsdienst** genügen. 2
Für den **VBI** ist das nach der (praktisch bedeutungslosen) Übergangsregelung in § 110 S. 1 DRiG der Fall, wenn die Befähigung vor Inkrafttreten des DRiG (1.7. 1962) erworben wurde. Für den **VöI** genügt gemäß II Hs. 2 generell, dass er sie gemäß → § 174 I erworben hat. Ist der VöI zugleich zum Landesanwalt bestellt (→ § 36 Rn. 1), so verlangt § 122 V, I DRiG freilich ausnahmslos die Befähigung zum Richteramt; § 110 S. 1 bleibt anwendbar.

5. Abschnitt. Gerichtsverwaltung

§ 38 [Dienstaufsicht]

(1) Der Präsident des Gerichts übt die Dienstaufsicht über die Richter, Beamten, Angestellten und Arbeiter aus.
(2) Übergeordnete Dienstaufsichtsbehörde für das Verwaltungsgericht ist der Präsident des Oberverwaltungsgerichts.

I. Dienstaufsicht

Dienstaufsicht ist umfassende Leitung, Ordnung und Überwachung der der juris- 1
diktionellen und administrativen Dienstgeschäfte (S/S-A/P § 39 Rn. 17). Das Funktionieren der VG im administrativen Sinne (→ § 1 Rn. 4) ist freilich außerhalb der VwGO geregelt: die Tätigkeit der Bediensteten (Richtern, Beamten, Angestellten und Arbeiter) im Dienst- oder Arbeitsrecht des Bundes und der Länder, die Verwaltungsabläufe im jeweiligen Organisationsrecht. Dort finden sich auch die **Maßstäbe und Instrumente** der Dienstaufsicht, für Richter im DRiG. § 38 musste ergänzend lediglich die Zuständigkeit für die **personelle** Dienstaufsicht auf der unteren und mittleren Ebene bestimmen, also bei den Ländergerichten nach § 2. Diese Stufen sind

dem Zugriff des Bundesrechts nur deshalb ausgesetzt, weil sie traditionell der Gerichtsverwaltung i. S. des Art. 74 I Nr. 1 GG zugerechnet werden (str., S/S-A/P § 38 Rn. 11).

2   Jeder Präsident ist für die Beschäftigten seines Gerichts untere **Dienstaufsichtsbehörde** (I). Übergeordnet ist diesen und allen dort Beschäftigten (BGH NJW 2002, 359) der Präsident des OVG (II), von dem es in jedem Land nur ein einziges geben darf (→ § 2 Rn. 4). Die Präsidenten werden durch ihre Vizepräsidenten vertreten (§ 19a DRiG). Nach Landesrecht (AGVwGO → § 3 Rn. 3) ressortiert die Verwaltungsgerichtsbarkeit regelmäßig bei den Justizministern/-senatoren als oberster Dienstaufsichtsbehörde, teilweise beim Ministerpräsidenten (BW) oder Innenminister (Bay). Das **BVerwG** ist kraft Organisationserlasses des Bundeskanzlers vom 15.11. 1969 (BAnz 1969 Nr. 214) dem Geschäftsbereich des BJM zugeordnet (ebenso der BGH und der BFH). Die Ordnung des **allgemeinen Dienstbetriebs** unterliegt der Leitungsbefugnis des Präsidenten als Leiter der Gerichtsbehörde (→ 39 Rn. 1).

II. Dienstaufsicht über Richter

3   Gegenüber **Richtern** besteht die Dienstaufsicht in Maßnahmen, die einen konkreten Bezug zu ihrem dienstlichen oder außerdienstlichen Verhalten haben und (unabhängig von der Intention) geeignet sind, dieses Verhalten zu beeinflussen. Die Garantie der **richterlichen Unabhängigkeit** (Art. 97 GG) fordert eine Begrenzung der Dienstaufsicht, die in § 26 DRiG enthalten ist. Die Abgrenzung zwischen einwirkungsfreien und der Dienstaufsicht unterliegenden Bereichen richterlicher Tätigkeit ist insbes. von den **Richterdienstgerichten** (Rn. 7) entwickelt worden (vgl. etwa BGH NJW 1984, 2471; 1991, 421; BGHZ 95, 313; 85, 145; 51, 363 und 280; 47, 275; 61, 374).

4   Danach ist ein Kernbereich von einem äußeren Ordnungsbereich zu unterscheiden; die genaue Abgrenzung ist problematisch. Zum **Kernbereich** gehört die rechtsprechende Tätigkeit (Rechtsfindung, Rechtsspruch einschließlich der Art der Protokollführung) und alle Vor- und Nachbereitungen sowie die richterliche Selbstverwaltung im Präsidium. Die Dienstaufsicht ist hier reduziert auf eine reine Beobachtung des Dienstbetriebes, der Geschäftslage (auch qua Erledigungsstatistik) und der Arbeit der Richter (BGHZ 112, 193). Strikt verwehrt ist ihr jede inhaltliche Einflussnahme, sei es auch nur psychologisch durch Kritik oder Lob (BGH NJW 1988, 421).

5   Zulässig sind Maßnahmen der Dienstaufsicht im **äußeren Ordnungsbereich** (BVerfGE 38, 139, 151). Zur äußeren Ordnung sollen gehören: die Amtstracht (die in Verwaltungsvorschriften festgelegt und selbst zu beschaffen ist), die Zuweisung eines Dienstzimmers und dessen Ausstattung, die Zuteilung von Sitzungssälen, die einzusetzende Bürotechnik, die Pflicht zur Ausbildung von Referendaren und Praktikanten. Hierzu gehören auch die Anhaltung zur Wahrung von Fristen, auch für das Absetzen des Urteils (→ § 117 IV) und die Aufforderung, eine Liste mit Restanten zu einem Stichtag vorzulegen und die Gründe mitzuteilen, die einer Erledigung entgegenstehen (Ey § 38 Rn. 8). Unzulässig können solche Maßnahmen sein, wenn sie im Einzelfall den Kernbereich inhaltlich berühren, wie es auch nur mittelbar. Das gilt etwa für die verpflichtende Verwendung der Formulierungen in Vordrucken.

6   Die **Mittel** der Dienstaufsicht gegenüber Richtern sind in § 26 II DRiG abschließend aufgeführt. Zu ihnen gehören – bezogen auf die Sacherledigung – der vergangenheitsorientierte **Vorhalt** und die zukunftsgerichtete **Ermahnung**. Missbilligung und Beanstandung betreffen das persönliche Verhalten des Richters (BGH DRiZ

Verwaltungsgeschäfte **§ 39**

1997, 467). Maßnahme der Dienstaufsicht i. S. des § 26 III DRiG ist auch die **dienstliche Beurteilung**, die als Mittel zur Bestenauslese grds. mit der Unabhängigkeit vereinbar ist (stRspr, BGH NJW 2002, 359; RiA 1999, 161; BGHZ 77, 111: Beurteilungsrichtlinien; vgl. auch BVerfG DRiZ 1975, 284). Dasselbe gilt für jede Stellungnahme einer übergeordneten dienstaufsichtführenden Stelle, die sich in irgendeiner Weise kritisch mit dem dienstlichen oder außerdienstlichen Verhalten eines Richters befasst.

III. Rechtsschutz gegen Maßnahmen der Dienstaufsicht

Gegen Maßnahmen der Dienstaufsicht ist ein gespaltener Rechtsweg gegeben (Ey **7** § 40 Rn. 158). Mit der Behauptung, ihre richterliche Unabhängigkeit sei beeinträchtigt, können Richter das für sie zuständige **Richterdienstgericht** (→ § 40 Rn. 15 f.) des Bundes (§§ 61 ff. DRiG) oder ihres Landes (§§ 77 ff. DRiG) anrufen (sog. **Unabhängigkeitsstreit**). Das Dienstgericht entscheidet im sog. Prüfungsverfahren nach Maßgabe der VwGO (§§ 66 f. DRiG). Seine Sachentscheidungsbefugnis ist strikt auf den Anfechtungsgrund aus § 26 III DRiG beschränkt. Daneben bleibt eine **allgemeine Rechtmäßigkeitskontrolle** derselben Maßnahme statthaft, die gemäß § 71 III DRiG i. V. m. § 126 BBG für Bundesrichter, § 54 BeamtStG (§ 126 I BRRG) für Landesrichter den VG vorbehalten ist (stRspr., BGH NJW 2002, 359 zur dienstlichen Beurteilung; BGHZ 90, 41, 48; 102, 369, 371; BVerwG NJW-RR 2010, 272; BVerwGE 67, 222; BVerfGE 87, 68, 79/86).

§ 39 [Verwaltungsgeschäfte]

Dem Gericht dürfen keine Verwaltungsgeschäfte außerhalb der Gerichtsverwaltung übertragen werden.

Die Doppelstellung jedes Gerichts als Rechtsprechungsorgan und Gerichtsbehörde **1** (→ § 1 Rn. 4) nötig zu personellen **Verschränkungen** bei der Aufgabenerledigung. Für den **Präsidenten** ist dies in der VwGO vorgegeben: Er ist geborener Vorsitzender eines Spruchkörpers (→ § 5 Rn. 3) und zugleich Behördenleiter. Als Teil seiner Leitungsbefugnisse sind ihm die organisatorische Dienstaufsicht über die Gerichtsverwaltung (Rn. 2) übertragen, die personelle Dienstaufsicht in § 38, die Leitung des Präsidiums in § 4 i. V. m. § 21a II GVG und diejenige des Wahlausschusses in § 26 II 1.

Bei den Geschäften der Gerichtsverwaltung wird der Präsident vom **Vizepräsi- 2 denten** vertreten (§ 4 i. V. m. § 21h GVG). Ihm dürfen bestimmte Aufgaben (zB Angelegenheiten des nichtrichterlichen Personals) zur selbstständigen Erledigung übertragen werden. Beide werden von zuarbeitenden Beamten und Angestellten unterstützt, in leitender Funktion auch von **richterlichen Dezernenten**. Diese sind gemäß § 42 DRiG zur Übernahme solcher Aufgaben als Nebentätigkeit verpflichtet; Probe- und Auftragsrichter (→ § 17 Rn. 2) können auch ohne Zustimmung in der Gerichtsverwaltung verwendet werden. Dezernenten werden vom Präsidium im Umfang ihrer Verwaltungstätigkeit von richterlichen Aufgaben freigestellt (§ 4 i. V. m. § 21e VI GVG), was in der spruchkörperinternen Geschäftsverteilung (→ 4 Rn. 4) umzusetzen ist.

§ 39 setzt die **generelle Zulässigkeit** der Wahrnehmung von Aufgaben der Ge- **3** richtsverwaltung durch richterliches Personal voraus. Der Grundsatz der Gewaltenteilung (Art. 20 II 2 GG) schließt Überschneidungen zwischen den Gewalten nicht vollständig aus (BVerfGE 30, 1, 28), zumal die Verwaltung der eigenen Geschäfte letztlich die Unabhängigkeit der Gerichte sichert (BVerfGE 4, 331, 347). Daher verbietet § 39 nur die Übertragung allgemeiner Verwaltungsgeschäfte auf die VG. Damit richtet sich die Vorschrift an die Landesgesetzgeber, aber auch an Verwaltungsstellen, die dem Gericht im administrativen Sinne übergeordnet sind, regelmäßig also an die (Justiz)Ministerialverwaltung. Damit konkretisiert die Vorschrift das organisatorische Trennungsverbot des § 1 (→ § 1 Rn. 6 f.), hins. des Präsidenten auch das Verbot des § 4 I DRiG, außerhalb der Gerichtsverwaltung (§ 4 II Nr. 1 DRiG) zugleich Aufgaben der rechtsprechenden und der vollziehenden Gewalt wahrzunehmen.

4 Diese Verbote, aber auch die Abgrenzung der aufsichtsfreien von den weisungsunterworfenen Bereichen berufsrichterlicher Tätigkeit (§ 38 Rn. 4 f.) nötigen zu einer genauen **Definition der Gerichtsverwaltung**. Zu ihr gehören alle Verwaltungsgeschäfte im unmittelbaren sachlichen Zusammenhang mit der rechtsprechenden Tätigkeit, vor allem die Bereitstellung der für den Rechtsprechungs- und Geschäftsbetrieb notwendigen sachlichen und personellen Mittel (Pforte, Fahrdienst, Botendienst oder Bibliothek), das zugehörige Haushalts- und Kostenwesen, die Ausbildung des juristischen Nachwuchses sowie die Ausübung der Dienstaufsicht i.S. des § 38 VwGO (ausf. S/S-A/P § 38 Rn. 8 ff.). In diesen Bereichen unterstehen die Dezernenten der organisatorischen Aufsicht des Präsidenten, dieser der Aufsicht der Ministerialverwaltung. Soweit es um das Gerichtsgebäude geht, hat er sich zudem mit dem Verpächter, seiner Landesverwaltung oder einer ausgegründeten Trägergesellschaft zu arrangieren.

6. Abschnitt. Verwaltungsrechtsweg und Zuständigkeit

Vorbemerkungen zu §§ 40 bis 53

Übersicht

	Rn.
I. Justizgewährung	1
1. Zugang zu Gericht und Effektivität des Rechtsschutzes	1
2. Prozessvoraussetzungen und Prozessrechtsverhältnis	3
3. Zulässigkeit und Begründetheit	5
4. Folgen fehlender Zulässigkeitsvoraussetzungen	12
II. Zulässigkeitsvoraussetzungen	16
1. Systematisierung der Zulässigkeitsvoraussetzungen	16
2. Deutsche Gerichtsgewalt	20
a) Exterritoriale; fremde Staaten	20
b) Rechtsakte der Europäischen Union	22
c) Rechtswegfreie deutsche Hoheitsakte	25
3. Rechtsweg	27
a) Rechtsweg und Zuständigkeit	27
b) Generalklausel und Sonderzuweisungen	28
4. Prozesshindernisse	31
5. Beteiligtenbezogene Sachentscheidungsvoraussetzungen	33
6. Besondere Sachentscheidungsvoraussetzungen	34
a) Zuständigkeiten	34
b) Prozessführungsbefugnis	35

Vorbemerkungen zu §§ 40 bis 53 §§ 40 bis 53 Vorb.

  c) Vorverfahren; Klagefristen 39
  d) Rechtsschutzbedürfnis 41
 III. Rechtsschutzformen (Klage- und Antragsarten) 47
  1. Bedeutung der Rechtsschutzformen 47
  2. „System" der Rechtsschutzformen 49

I. Justizgewährung

1. Zugang zu Gericht und Effektivität des Rechtsschutzes

Jedermann ist ungehinderter Zugang zu Gericht zu gewähren. Dieser **Anspruch auf** **1**
Justizgewährung ergibt sich für die allgemeine und die besonderen Verwaltungsgerichtsbarkeiten aus Art. 19 IV 1 GG (BVerfGE 58, 1, 40), i. Ü. aus Art. 2 I GG i. V. m. dem Rechtsstaatsprinzip (BVerfG WM 2010, 170; BVerfGE 54, 277, 291). Die grundgesetzliche Garantie umfasst den Zugang zu den Gerichten, die Prüfung des Streitbegehrens in einem förmlichen Verfahren sowie die verbindliche Entscheidung durch einen Richter (BVerfGE 107, 395, 401). Zu „aktiven" Pflichten gegenüber Unbemittelten → § 166 Rn. 1.

Verstärkt wird dieser Anspruch durch die in Art. 19 IV GG verbürgte **Effektivität** **2**
des Rechtsschutzes. Sie garantiert nicht nur das formelle Recht und die theoretische Möglichkeit, die Gerichte anzurufen, sondern eine möglichst wirksame gerichtliche Kontrolle in allen zur Verfügung gestellten Instanzen (BVerfGE 40, 262, 275). Sie verlangt auch, dass Gerichtsverfahren in angemessener Zeit beendet sind (vgl. BVerfGE 93, 1, 13). Allgemeingültige Zeitvorgaben gibt es allerdings nicht; die im Einzelfall **angemessene Verfahrensdauer** hängt von mehreren Faktoren ab (vgl. BVerfG NJW 2001, 214). Richtungweisend wird hier aber zunehmend die **Rspr. des EGMR,** die durch eine übermäßig lange Verfahrensdauer die Rechte aus zu Art. 6 I EMRK („faires Verfahren") und Art. 13 EMRK („Recht auf wirksame Beschwerde") verletzt ansieht (EGMR-GK, Urt. v. 26.10. 2000, Nr. 30210/96, NJW 2001, 2694 = EuGRZ 2004, 484). Die Angemessenheit der Verfahrensdauer beurteilt der Gerichtshof nach den Umständen der Rechtssache sowie unter Berücksichtigung folgender **Kriterien:** nach der Komplexität des Falles, dem Verhalten des Beschwerdeführers und der zuständigen Behörden sowie nach der Bedeutung des Rechtsstreits für den Beschwerdeführer (grundlegend: EGMR-GK, Frydlender ./. Frankreich, Nr. 30979/96, Rn. 43, ECHR 2000-VII; ferner EGMR NVwZ 1999, 1325; EuGRZ 1996, 192; ebenso BVerfG NVwZ 2004, 334 Rn. 9). Im Anschluss an diese Rspr. ist ein Gesetz über die Entschädigung bei überlanger Verfahrensdauer geplant (vgl. den Referentenentwurf vom 15.3. 2010, abrufbar unter www.bmj.bund.de > Pressemitteilungen).

2. Prozessvoraussetzungen und Prozessrechtsverhältnis

Die Rechtsschutzgarantien der Verfassung werden in erster Linie in den Prozessord- **3**
nungen eingelöst (BVerfGE 96, 27, 39), fordern aber auch bei deren Auslegung und Anwendung durch die Gerichte Beachtung. Der Grundsatz der Rechtsmittelklarheit gebietet, dem Rechtsuchenden den Weg zur Überprüfung gerichtlicher Entscheidungen klar vorzuzeichnen und ihm insbes. die Prüfung zu ermöglichen, ob und unter welchen Voraussetzungen ein Rechtsbehelf zulässig ist (vgl. BVerfGE 107, 395, 416 f.; 108, 341, 349). Die Gerichte dürfen Rechtsschutzsuchenden den Zugang zu gesetzlich eröffneten Instanzen nicht in unzumutbarer Weise erschweren (stRspr., BVerfGE 110, 339, 342; 44, 302, 305; 74, 228, 234). Dementsprechend macht die

Vorb. §§ 40 bis 53 Teil I. Gerichtsverfassung

VwGO den **Zugang zu Gericht** nur von geringen Voraussetzungen abhängig, die jeder Rechtsschutzsuchende nach seiner Disposition ohne Weiteres erfüllen kann. Unbemittelten wird zusätzliche finanzielle Hilfe gewährt (→ § 166).

4 Nur die Mindesterfordernisse sind als (echte) **Prozessvoraussetzungen** zu bezeichnen. Voraussetzung ist allein die wirksame Anbringung eines Rechtsschutzantrags: Der Antrag muss bei dem gemeinten Gericht eingehen, frei von Bedingungen sein und der gesetzlich vorgesehenen Form entsprechen (paradigmatisch für alle Rechtsbehelfe → § 81 Rn. 1 ff.). Ob sonstige prozessuale Voraussetzungen erfüllt sind, damit das Gericht in der Sache entscheiden darf, ist eine Frage der Zulässigkeit des Antrags, ob ihm zu entsprechen ist eine Frage seiner Begründetheit. Bereits mit der Erfüllung der Mindestvoraussetzungen entsteht ein **Prozessrechtsverhältnis** i. S. eines mehrseitigen prozessualen Rechtsverhältnisses zwischen dem Gericht, dem Rechtsschutzsuchenden und seinem Gegner; es wird bei der Einlegung von Rechtsmitteln im höheren Rechtszug fortgesetzt (BVerwG NJW 1973, 261). Weitere Verfahrensbeteiligte können nach eigener Entscheidung hinzutreten (VBl, VöI → §§ 35 f.) oder kraft Entschließung des Gerichts als Beigeladene (§ 65) in das Prozessrechtsverhältnis einbezogen werden (S/S-A/P Einl. Rn. 155).

3. Zulässigkeit und Begründetheit

5 Ist ein Prozessrechtsverhältnis entstanden, so hat der Rechtsschutzantrag (d.h. Rechtsbehelf → § 58 Rn. 3) gleichwohl nur dann Erfolg, wenn er sich als zulässig und begründet erweist. Die **gerichtliche Prüfung** ist daher **gestuft**: Sie richtet sich zunächst ausschließlich auf die Zulässigkeit; nur bei deren Bejahung ist das Gericht ermächtigt, in der Sache zu entscheiden, also die Begründetheit zu prüfen (zu bejahen oder zu verneinen); zu Ausnahmen vgl. Rn. 15.

6 Die Unterscheidung von **Zulässigkeit und Begründetheit** als zwingend gestufte Prüfungsstationen liegt dem gesamten Prozessrecht zugrunde (in der VwGO vgl. § 109 und §§ 42 II, 80 V, 125 II 1, 143 S. 2 einerseits, §§ 72, 122 II 2, 130a und b, 144 II, III, 148 andererseits). Der **Begriff der Zulässigkeit** sollte für den Rechtsbehelf reserviert bleiben (vgl. Lorenz § 10 Rn. 2) und meint in Bezug auf ihn, dass gerade das angerufene Gericht über das Begehren in der Sache entscheiden darf (den Folgen der Unzulässigkeit → Rn. 12). Bei Prozesshandlungen ist richtig von „Wirksamkeit" zu sprechen, bezogen auf den Inhalt der Entscheidung des Gerichts von „Statthaftigkeit" (→ Rn. 47).

7 **Zulässig** ist ein Rechtsbehelf, wenn ein Prozessrechtsverhältnis besteht, die Sachentscheidungsvoraussetzungen (SEV) erfüllt sind (in Urteilsverfahren „Sachurteilsvoraussetzungen" genannt) und keine Prozesshindernisse vorliegen (S/S-A/P vor § 40 Rn. 1 ff.; § 40 Rn. 45 ff.). Wann ein Rechtsbehelf **begründet** ist, ist nach den Verfahrensarten (Rn. 47) unterschiedlich zu beantworten. Für die Verwaltungsaktsklagen sind die Begründetheitsvoraussetzungen in → § 113 I und V formuliert; die Feststellungsklage (§ 43 I) ist je nach Art des Begehrens begründet, wenn das streitige Rechtsverhältnis besteht oder nicht besteht oder der VA nichtig ist. Leistungsklagen sind begründet, wenn der Kläger einen Anspruch auf die begehrte Leistung hat oder das Rechtsverhältnis dem materiellen Recht entspricht.

8 Die Zulässigkeitsvoraussetzungen müssen nach allg. Meinung **im Regelfall** (Ausnahmen Rn. 9) – erst und noch – im **Zeitpunkt** der letzten mündlichen Verhandlung des letzten Rechtszuges oder bei einer Entscheidung ohne mündliche Verhandlung im Zeitpunkt der Entscheidung vorliegen; bis dahin können fehlende Voraussetzungen regelmäßig **nachträglich erfüllt**, fehlerhafte geheilt werden (BVerwGE 106, 295 =

Vorbemerkungen zu §§ 40 bis 53 **§§ 40 bis 53 Vorb.**

NVwZ 1998, 1295 m.w.N.). Die Zulässigkeit ist in jedem Verfahrensstadium – bis in die Revisionsinstanz hinein – grds. **von Amts wegen zu prüfen** (BGHZ 161, 165). Bei der Rechtswegfrage hat das zuerst angerufene Gericht die vom Kläger behaupteten Tatsachen als zutreffend zu unterstellen (GmSOGB BGHZ 108, 284; Ey § 40 Rn. 34 m.w.N.) und bei Zweifeln eine verbindliche Entscheidung herbeizuführen. In höheren Rechtszügen können der Rechtsweg und die Gerichtszuständigkeit grds. nicht mehr infrage gestellt werden (§ 83 S. 1 bzw. § 173 S. 1 i.V.m. § 17a V GVG → § 41 Rn. 30). Das BVerwG ist in seiner Funktion als Rechtsmittelgericht (§ 49) auf Rechtsfragen beschränkt, hat die von der Vorinstanz festgestellten Tatsachen also regelmäßig – außer mit Prozesstatsachen (Ey[13] § 137 Rn. 46) – zugrunde zu legen (→ § 137 Rn. 21). Zudem ist nach heutiger Auffassung in weiten Bereichen ein **Verbot ungefragter Fehlersuche** zu beachten (→ § 40 Rn. 103 und § 86 Rn. 15).

Bestimmte SEV müssen bereits bei Einleitung des gerichtlichen Verfahrens vorlie- 9 gen, eine Nachholung ist ausgeschlossen. Zu diesen sog. **Zugangs-** oder **Klagevoraussetzungen** gehört bei Anfechtungsklagen das objektive Vorliegen eines VA (→ § 42 Rn. 12). Ob bei Leistungs- und Verpflichtungsklagen der **erfolglose Antrag** auf Vornahme eines gleichsinnigen VA **im Verwaltungsverfahren** (vorbehaltlich abweichenden Bundesrechts, BVerwGE 130, 39, 46) zu dieser Art (oder zu den nachholbaren) SEV zu rechnen ist, wird in der Rspr. unterschiedlich beantwortet (Nachw. in BVerwG, Urt. v. 16.12. 2009 – 6 C 40.07, Rn. 24). Außer in den Fällen der Untätigkeit der mit einem Antrag befassten Behörde (§ 75) muss auch ein erforderliches **Vorverfahren** (§§ 68 ff.) im Zeitpunkt des Eingangs des Rechtsschutzantrags bei Gericht durchgeführt worden sein (S/S-A/P Vorb § 40 Rn. 20).

Die **Zuständigkeit des Gerichts** (Rn. 34) muss wegen der Unerheblichkeit 10 nachträglicher Veränderungen (vgl. § 17 I 1 GVG → § 83 Rn. 5) schon bei Antragstellung gegeben sein; das Fehlen der Zuständigkeit führt aber zur Verweisung an das zuständige Gericht (→ § 41); das gilt grds. auch für Eilanträge, die beim unzuständigen Gericht eingehen (→ § 41 Rn. 7). Zum Antrag auf Aussetzung der Vollziehung nach § 80 IV als Zulässigkeitsvoraussetzung eines Rechtsschutzantrags nach §§ 80 V → § 80 Rn. 44 und S/S-A/P § 80a Rn. 72.

Die Unzulässigkeit hindert das angegangene Gericht an einer Sachentscheidung, 11 schränkt die **Dispositionsbefugnis der Verfahrensbeteiligten** aber nicht ein. Ihnen bleibt es unbenommen, sich zu vergleichen, den Rechtsschutzantrag zurückzunehmen oder das Verfahren für erledigt zu erklären. Das angerufene Gericht ist daraufhin zur Einstellung des Verfahrens und zur Entscheidung über die Kosten (§ 92 III; § 161 II) ungeachtet der Zulässigkeit berechtigt und verpflichtet. Im Rahmen der Billigkeitsentscheidung über die Kostenverteilung ist dem Umstand ggf. Rechnung zu tragen, dass die Klage unzulässig war (→ § 161 Rn. 31 ff.).

4. Folgen fehlender Zulässigkeitsvoraussetzungen

Die VwGO sagt nicht ausdrücklich, was zu geschehen hat, wenn Zulässigkeitsvoraus- 12 setzungen (Rn. 7) fehlen. Insoweit ist zu differenzieren: **Versehentliche** Rechtsschutzanträge (z.B. abgesandte Entwürfe) sind zurückzusenden oder nach Benachrichtigung des Absenders in den Generalakten zu nehmen. Nicht beim gemeinten Gericht eingehende Anträge **(Irrläufer)** sind aus dem Gesichtspunkt des Nobile Officium unter Benachrichtigung des Absenders weiterzuleiten (→ § 81 Rn. 9 ff.).

Unzulässig ist der Rechtsbehelf, wenn eine SEV fehlt oder ein Prozesshindernis 13 vorliegt (Rn. 7). Das angerufene Gericht darf nicht in der Sache entscheiden; der Inhalt seiner Entscheidung variiert aber mit der Art des fehlenden SEV: Ist erkennbar, dass das angerufene **Gericht unzuständig** ist, so ist es verpflichtet, den Antrag zu **verweisen**. Das folgt aus § 17a II 1 GVG (→ § 41 Rn. 3), der bei Wahl des falschen Rechtswegs über § 173 S. 1 anwendbar ist, bei sachlicher, örtlicher und instanzieller Unzuständigkeit von § 83 in Bezug genommen wird.

14 Fehlen **andere SEV**, so hat eine rein **prozessuale Entscheidung** zu ergehen: Eine Klage ist durch sog. Prozessurteil [als unzulässig] abzuweisen, ein sonstiger Antrag abzulehnen, ein Rechtsmittel zu verwerfen. Bei Zulässigkeit hätte das Gericht hingegen ein – stattgebendes oder abweisendes – **Sachurteil** auf der Grundlage einer Beurteilung der materiellen Rechtslage zu erlassen. Die Unterscheidung ist wegen der unterschiedlichen Rechtskraftwirkungen (→ § 121 Rn. 11 ff.) bedeutsam. Die **unterzutreffende Entscheidung** durch Prozessurteil anstatt durch Sachurteil stellt einen Verfahrensfehler (Verstoß gegen Art. 19 IV GG) dar, wenn sie auf einer fehlerhaften Anwendung der prozessualen Vorschriften beruht, hingegen einen materiellrechtlichen Mangel, wenn der Sachverhalt infolge einer materiellrechtlichen Beurteilung unter eine zutreffend erkannte Zulässigkeitsvoraussetzung fehlerhaft subsumiert worden ist (BVerwG ZOV 2006, 373; NVwZ-RR 2002, 323). Ähnlich differenziert sind die Konsequenzen eines **Wegfalls** einer SEV nach Rechtshängigkeit. Die bei Rechtshängigkeit gegebene Zulässigkeit des beschrittenen Rechtsweges wird durch eine nachträgliche Veränderung der sie begründenden Umstände nicht berührt (§ 17 I 1 GVG, sog. perpetuatio fori → § 83 Rn. 5). Der Wegfall der Beteiligungs-, Prozessfähigkeit und der Vertretung führt zur Unterbrechung bzw. Aussetzung des Prozesses (§ 173 S. 1 i.V.m. §§ 239, 241, 246 ZPO). Der Wegfall aller anderen SEV führt zur Erledigung oder Unzulässigkeit des Rechtsbehelfs.

15 Das Gericht darf deshalb **grds. nicht offen lassen**, ob ein Antrag zulässig ist, und ihn als unbegründet abweisen. Die Rspr. auch des BVerwG macht davon allerdings **Ausnahmen**: Das VG darf eine Klage als unbegründet abweisen, wenn zweifelhaft ist, ob (a) die Klagebefugnis fehlt (BVerwG NVwZ 1983, 93; „Vorprüfungscharakter" des § 42 II → § 42 Rn. 115) oder (b) das allgemeine Rechtsschutzbedürfnis bzw. ein Fortsetzungsfeststellungsinteresse i.S. des § 113 I 4 anzuerkennen ist (BVerwG Buchh 310 § 113 VwGO Nr. 237; vgl. auch BVerwG DÖV 1968, 210, 214; BayVGH BayVBl. 1988, 212; BFH BayVBl. 1988, 219; Sendler DVBl. 1982, 923). Bei Umständen, von denen sowohl die Zulässigkeit als auch die Begründetheit abhängt, sog. **doppelrelevanten Tatsachen** (auch im Streit um die Beteiligten- oder Prozessfähigkeit), gilt der Grundsatz, dass diese Tatsachen erst in der Begründetheit geprüft werden; für die Zulässigkeit reicht dann die einseitige Behauptung aller erforderlichen Tatsachen durch den Kläger aus (BGHZ 124, 237, 240 m.w.N.; dazu BLAH Grundz § 253 Rn. 15).

II. Zulässigkeitsvoraussetzungen

1. Systematisierung

16 Im Verwaltungsprozess bedürfen die Zulässigkeitsvoraussetzungen regelmäßig ausdrücklicher und intensiver Befassung, auch wenn sich dies nicht erkennbar im letztlich abgesetzten Urteil niederschlagen muss. Die Zulässigkeitsvoraussetzungen regelt die VwGO abschließend und erschöpfend (BVerfGE 20, 238, 250 f.; 83, 24, 30; BVerwGE 61, 360, 363). Sie haben unterschiedliche, oft mehrfache **Zielrichtungen**: Zuständigkeitsvorschriften sollen sicherstellen, dass der gesetzliche Richter (Art. 101 I 2 GG) in der Sache entscheidet, andere schützen das Gericht und den Gegner vor unnötiger Sachbefassung (z.B. die Klagebefugnis, das Vorverfahren und

Vorbemerkungen zu §§ 40 bis 53 §§ **40 bis 53 Vorb.**

das allgemeine Rechtsschutzbedürfnis), wieder andere die Verwaltung in ihrem Interesse, alsbald Sicherheit über den Bestand ihrer Entscheidung zu erlangen (z. B. die Fristbestimmungen).

Anders als die Abfolge der Prüfung von Zulässigkeit und Begründetheit **17** (Rn. 5 f., 14) ist die **Prüfungsreihenfolge** der Zulässigkeitsvoraussetzungen allerdings weitgehend eine Frage bloßer Zweckmäßigkeit und dient einem möglichst voraussetzungsfreien Gutachtenaufbau (KS Vorb § 40 Rn. 17 f.; ThP Vorbem § 253 Rn. 14). Nicht nur logisch, sondern prozessual vorrangig ist die wirksame Antragstellung bei Gericht; denn sie lässt das Prozessrechtsverhältnis entstehen (Rn. 3), das nur in streng formalisierter Weise und mit Kostenfolgen (§§ 154 ff.) beseitigt werden kann. In § 45, aber auch § 17a II GVG (i. V. m. § 173 S. 1 bzw. § 83) kommt der **Vorrang der Rechtswegprüfung** vor der Zuständigkeitsprüfung zum Ausdruck: Zwar hat jedes angegangene Gericht seine Zuständigkeit zu prüfen; aber nur ein Gericht des eröffneten Rechtswegs darf seine eigene sachliche, instanzielle und örtliche Zuständigkeit verbindlich bejahen, ggf. im Verfahren der Vorabentscheidung (→ § 41 Rn. 17 ff.). Die logische Priorität des Rechtsweges gegenüber den übrigen Zulässigkeitsvoraussetzungen beruht darauf, dass über diese nur nach Maßgabe der eigenen Prozessordnung entschieden werden kann. Die weiteren Zulässigkeitsvoraussetzungen werden aus Gründen der Systematisierung in **allgemeine** und **besondere Sachurteilsvoraussetzungen** eingeteilt, je nachdem, ob sie von der Rechtsschutzform (Rn. 47) abhängen und daher erst nach deren Klärung geprüft werden können.

Allgemeine SEV – also unabhängig von der Rechtsschutzform für jedes verwal- **18** tungsgerichtliche Verfahren erforderlich – sind die wirksame Antragstellung (wie die ordnungsgemäße Klageerhebung → § 81), die deutsche Gerichtsgewalt (Rn. 20 ff.), die Eröffnung des Verwaltungsrechtswegs (Rn. 27) und das Fehlen von Prozesshindernissen (Rn. 31 f.). Nur mit Einschränkungen als allgemein zu betrachten sind die beteiligtenbezogenen SEV (Rn. 33) und auch das scheinbar „allgemeine" Rechtsschutzbedürfnis (→ Rn. 41), das in aller Regel einzelfallbezogene Überlegungen erfordert, die erst nach der Rechtsschutzform angestellt werden können (zur vorbeugenden Unterlassungsklage → § 42 Rn. 65).

Die einschlägige Rechtsschutzform entscheidet, ob und welche weiteren **beson-** **19** **deren SEV** vorliegen müssen. Vor allem – aber nicht nur – die sog. Verwaltungsaktsklagen (§ 42 I) erfordern zusätzliche SEV, deren Fehlen eine gerichtliche Sachentscheidung hindert und die Entscheidung der Verwaltung – meist dauerhaft – prozessual immunisiert: Rechtsfehler bleiben (zumindest durch das angerufene VG) unbeanstandet. Zu den besonderen SEV zählen die Klagebefugnis, die ordnungsgemäße Einleitung eines Vorverfahrens und die Wahrung der Klagefrist (Rn. 35 ff.). Andere SEV variieren inhaltlich mit der Rechtsschutzform oder der Art des materiellen Begehrens. Das gilt insbes. für die Zuständigkeit (Rn. 34).

2. Deutsche Gerichtsgewalt

a) Exterritoriale; fremde Staaten. Die Beteiligten und der Gegenstand eines **20** Rechtsstreits müssen der deutschen Gerichtsgewalt unterworfen sein. Urteile, die trotz Fehlens der deutschen Gerichtsbarkeit ergehen, sind unwirksam (S/S-A/P Vorb § 40 Rn. 51 m. w. N.). Die Gerichtsgewalt – also die Befugnis der Gerichte, judizielle Akte gegenüber Verfahrensbeteiligten zu erlassen – beschränkt sich nach Grundsätzen des Völkerrechts (vgl. Art. 25 GG) auf das **Staatsgebiet** der Bundesrepublik Deutschland einschließlich des Luftraums über ihm und der Gewässer (Ey vor § 40

Vorb. §§ 40 bis 53 Teil I. Gerichtsverfassung

Rn. 2 ff.). Korrespondierend besagt das völkerrechtliche **Territorialitätsprinzip**, dass eine Norm inländischen Rechts keine Geltung im Ausland beanspruchen darf. Als **exterritoriale Bereiche** mit Immunität sind nach Völkergewohnheitsrecht Botschaften und Konsulargelände ausländischer Missionen auf deutschem Staatsgebiet jedenfalls dann ausgenommen, wenn die diplomatische Mission in der Erfüllung ihrer Aufgaben beeinträchtigt würde (BVerfGE 15, 25, 34).

21 Der deutschen Gerichtsgewalt untersteht **jedermann**, der sich auf dem Staatsgebiet befindet. Von der deutschen Gerichtsbarkeit **befreit** sind gemäß **§§ 18, 19 GVG** Mitglieder und Beschäftigte diplomatischer Missionen und konsularischer Vertretungen, ferner stationierte NATO-Truppen nach dem NATO-Truppenstatut (BGBl. 1961 II S. 1183; 1966 I S. 653). Immunität genießen souveräne **Staaten** bei hoheitlichem Handeln sowie ihre Staatsoberhäupter und Regierungsmitglieder (BVerfGE 46, 342, 346; 64, 1, 23). Die Rechtsakte **zwischenstaatlicher Einrichtungen** unterliegen grds. nur der im Einrichtungsvertrag vorgesehenen Gerichtsbarkeit der Einrichtung oder eines anderen Staates (Ey vor § 40 Rn. 6 m.w.N.). Hingegen bilden Indemnität und Immunität der **Abgeordneten** gemäß Art. 46 GG lediglich persönliche Verfahrenshindernisse.

22 **b) Rechtsakte der Europäischen Union.** Die Europäisierung der Rechtsordnungen hat eine Europäisierung des Rechtsschutzes nach sich gezogen (ausführlich NKVwGO Einleitung). **Maßnahmen von Organen der EU** (Art. 288 AEUV = ex-Art. 249 EG) beim direkten Vollzug von Unionsrecht unterliegen nicht der deutschen Gerichtsbarkeit. Art. 19 IV GG gewährleistet Rechtsschutz nur gegen Maßnahmen der deutschen öffentlichen (exekutivischen) Gewalt (Sodan, GG, Art. 19 Rn. 28). Gegen EU-Rechtsakte wird Rechtsschutz allein nach Maßgabe des EU-Vertrages durch Gerichte der EU gewährleistet. Das gilt unverändert nach dem Inkrafttreten des Vertrags von Lissabon am 1.12. 2009, mit dem die Europäische Union Rechtspersönlichkeit erlangt hat. Rechtsschutz gewähren der Gerichtshof der Europäischen Union (EuGH), das Gericht I. Instanz (EuG) und Fachgerichte (wie das Gericht für den öffentlichen Dienst; vgl. Art. 19, Art. 251 ff. AEUV [= ex-Art. 221 ff. EG]; Näheres http://europa.eu/index_de.htm; Verträge unter http://eur-lex.europa.eu/de/index.htm).

23 Das materielle **Unionsrecht** gehört zu Gesetz und Recht i.S. des Art. 20 III GG und ist von deutschen Behörden und Gerichten nach den Regeln des nationalen Rechts zu vollziehen (EuGH Slg. 1983 S. I-2633; BVerwG NVwZ-RR 2004, 413). Der **EuGH** verlangt, dass das Unionsrecht im nationalen Rechtsschutz effektiv und nichtdiskriminierend angewendet wird (Effektivitäts- und Äquivalenzprinzip). Bei Zweifeln an der Gültigkeit einer Unionsbestimmung kommt den nationalen Gerichten keine **Verwerfungskompetenz** zu; diese ist **beim EuGH konzentriert** (Art. 263 AEUV = ex-Art. 230 EG; NKVwGO EVR Rn. 44 ff.). Bei Auslegungszweifeln können die Instanzgerichte eine Vorabentscheidung des EuGH einholen; letztinstanzliche nationale Gerichte, deren Entscheidung nicht mit Rechtsmitteln des innerstaatlichen Rechts anfechtbar ist, sind zur Anrufung des EuGH verpflichtet (Art. 267 AEUV [ex-Art. 234 EG]; vgl. auch EuGH Slg. 1982, S. I-3415, 3430). Das Unterlassen der Vorlage an den EuGH stellt eine Verletzung des Rechts auf den gesetzlichen Richter (Art. 101 I 2 GG → Rn. 27) dar, die mit der Verfassungsbeschwerde an das BVerfG gerügt werden kann (BVerfG NJW 2010, 1268; BVerfGE 82, 159, 192/195; BVerfGK 8, 401, 404).

24 Stehen umgekehrt Bestimmungen nationalen Rechts im Widerspruch zum Gemeinschaftsrecht, so dürfen sie wegen des **Anwendungsvorrangs** des Unionsrechts

Vorbemerkungen zu §§ 40 bis 53 §§ 40 bis 53 Vorb.

(Sodan, GG, Art. 23 Rn. 15 m.w.N.) einer behördlichen oder gerichtlichen Entscheidung nicht zugrunde gelegt werden. Dies gilt auch für formelle Gesetze, die nicht angewendet werden dürfen bzw. mit dem Inhalt des Unionsrechts angewendet werden müssen, ohne dass eine Pflicht zur Vorlage an das BVerfG nach Art. 100 I GG bestünde (vgl. BVerfGE 75, 223, 244; DVBl. 2000, 900, 901; BVerwGE 87, 154, 158; Buchh 418.5 Fleischbeschau Nr. 22 S. 28).

c) Rechtswegfreie deutsche Hoheitsakte. Die Vorstellung, es gebe **vorrechtliches Handeln** des Staates oder rechtlichen Bindungen entzogene Hoheitsakte, ist historisch überholt und mit Art. 1 III GG unvereinbar. Soweit Rechtsverletzungen durch Exekutivakte möglich sind, garantiert Art. 19 IV GG Rechtsschutz. Daher ist staatliches Handeln, das keiner gerichtlichen Kontrolle unterliegt (nicht „justiziabel" ist), eine besonders rechtfertigungsbedürftige Ausnahme. Freilich muss die Frage gestellt werden, ob ein Streit **rechtliche Qualität** hat, also durch Rechtsnormen geprägt ist. Sie ist bei der Frage der Rechtswegeröffnung zu stellen und namentlich für Regierungsakte und Gnadenerweise differenzierend zu beantworten (→ § 40 Rn. 78 ff.). Davon zu unterscheiden ist die – in der Begründetheit der Klage zu erörternde – Frage der **gerichtlichen Kontrolldichte**. Gerichtliche Kontrolle endet dort, wo das materielle Recht der Exekutive in verfassungsrechtlich unbedenklicher Weise Entscheidungen abverlangt, ohne dafür hinreichend bestimmte Entscheidungsprogramme vorzugeben (BVerfG NJW 2001, 1121; BVerfGE 88, 40, 61). Sie ist daher eingeschränkt, wo einer Verwaltungsentscheidung in hohem Maße wertende Elemente anhaften (BVerwG NJW 2007, 2790; NVwZ 2008, 1359; unbestimmte Rechtsbegriffe: NVwZ 2008, 220: Prognoseentscheidungen). 25

Dem Rechtsweg **entzogen** sind aber Beschränkungen des Brief-, Post- und Fernmeldegeheimnisses (Art. 10 II 2 i.V.m. Art. 19 IV 3 GG) und der Abschlussbericht eines parlamentarischen Untersuchungsausschusses (Art. 44 IV GG), nicht aber sonstige Verfahrenshandlungen wie Anträge zu Beweiserhebungen eines Untersuchungsausschusses (BVerfG NVwZ 2009, 1353). **Verfassungsrechtliche Streitigkeiten** können in die Lücke zwischen § 40 I 1 (der sie dem VG entzieht) und den Enumerationskatalogen der Verfassungsprozessgesetze des Bundes und der Länder fallen; die Konsequenzen für den Rechtsschutz sind streitig (→ § 40 Rn. 92). 26

3. Rechtsweg

a) Rechtsweg und Zuständigkeit. Nach dem Prinzip des gesetzlichen Richters (Art. 101 I 2 GG) darf Rechtsschutz – d.h. Schutz durch Gerichte – nur zuständigkeitsgemäß gewährt werden. Die Zuständigkeit kann sich auf die Gerichtsbarkeit, auf das Gericht innerhalb der vertikalen und horizontalen Gliederung der Gerichte derselben Gerichtsbarkeit oder auf die Bestimmung des richtigen Spruchkörpers innerhalb eines Gerichts (Geschäftsverteilung → § 4 Rn. 2 ff.) beziehen. Der Begriff **„Rechtsweg"** meint in seiner überkommenen Bedeutung, dass überhaupt Zugang zu einem Gericht besteht; das ist wegen der Rechtsschutzgarantie des Art. 19 IV GG heute überholt. In einem System von Fachgerichtsbarkeiten bezeichnet „Rechtsweg" die nach der Gattung der Streitsachen bestimmte Zuständigkeit einer Gerichtsbarkeit (so der Sprachgebrauch in Art. 19 IV 2 GG). Mithin umgrenzt „Verwaltungsrechtsweg" den **Geschäftskreis** der allgemeinen Verwaltungsgerichtsbarkeit in Abgrenzung zu anderen Zweigen der Gerichtsbarkeit (§ 40 I 1). Innerhalb eines Zweiges wird das richtige Gericht durch weitere Zuständigkeitsvorschriften nach sachlichen, örtlichen, funktionellen bzw. instanziellen Merkmalen bestimmt (→ § 45 Rn. 1). 27

Vorb. §§ 40 bis 53   Teil I. Gerichtsverfassung

28   **b) Generalklausel und Sonderzuweisungen.** Heute ist der Verwaltungsrechtsweg in § 40 I 1 durch eine **Generalklausel** eröffnet, die alle öffentlich-rechtlichen Streitigkeiten erfasst, die nicht durch Bundes- oder Landesgesetz anderen Gerichtsbarkeiten zugewiesen sind. Solche **abdrängenden Sonderzuweisungen** bestehen für besondere VG, die sich in Deutschland mit den Sozial- und Finanzgerichten herausgebildet haben (→ § 40 Rn. 7 ff.). In weit größerem Umfang aber bestehen abdrängende – teilweise verfassungsrechtlich fundierte – Zuweisungen öffentlich-rechtlicher Streitigkeiten an die ordentlichen Gerichte. Das ist vor allem **historisch** zu erklären: Zwar gab es schon Mitte des 19. Jhdts. in einigen Ländern echte VG; sie waren jedoch nur enumerativ zuständig, die Kontrolle von Hoheitsakten i. Ü. fand behördenintern statt (Verwaltungsrechtspflege → § 1 Rn. 8). Bedeutsamere Rechtseingriffe wurden von den traditionell als „ordentlich" bezeichneten Gerichten überprüft, weil sie in allen Instanzen mit Garantien ausgestattet waren, die rechtsstaatlich als unabdingbar angesehen werden, um als „echte" Gerichte Rechtsprechung ausüben zu können. Daraus erklärt sich ursprünglich die Zuständigkeit der ordentlichen Gerichte für **Strafsachen** (§ 13 GVG), also für klassisches öffentliches Recht.

29   Anderen Ursprungs sind die Zuständigkeiten für bestimmte öffentlich-rechtliche **Entschädigungen** und die **Amtshaftung** (→ § 40 Rn. 19 ff.). Nach der Fiskustheorie (EM-Ehlers § 3 Rn. 72 ff.) wurden Handlungen des Staates dem Privatrecht zugeordnet, wenn er als Vermögensträger (Fiskus) auftrat, und zwar vornehmlich, um dem Bürger überhaupt den Weg zu einem Gericht zu eröffnen. Im Zuge der Verfeinerung der verwaltungsrechtlichen Dogmatik wurden mehr und mehr Angelegenheiten als öffentlich-rechtlich identifiziert und den ordentlichen Gerichten entzogen. Gegen diese schleichende Reduzierung des Anwendungsbereichs des § 13 GVG wandte sich das RG (zuletzt 1944) mit einer **Traditionsrechtsprechung**: Als bürgerlich-rechtliche Streitigkeiten kraft Überlieferung sei alles anzusehen, was bei Inkrafttreten des GVG 1879 als bürgerlich-rechtlich betrachtet worden sei (RGZ 92, 313; 166, 218, 225). Der Anerkennung dieser Rechtsprechung als gewohnheitsrechtlich durch den BGH (BGHZ 3, 162, 164) hat der VwGO-Gesetzgeber in § 40 I 1 mit dem Erfordernis der „ausdrücklichen" Sonderzuweisung eine Absage erteilt (→ § 40 Rn. 3), soweit keine verfassungsrechtliche Zuweisung an die ordentliche Gerichtsbarkeit bestand (→ § 40 Rn. 19). Im Gegenzug hat er die drei wichtigsten Fälle der Traditionsrechtsprechung in § 40 II fortgeschrieben (→ § 40 Rn. 24).

30   Streitigkeiten über **Enteignungsentschädigungen** hat der Verfassungsgeber in Art. 14 III 4 GG im Anschluss an die entsprechende Regelung in Art. 153 II 3 WRV insgesamt den ordentlichen Gerichten zuweisen wollen. Maßgebend dafür war die Überzeugung, bei den Zivilgerichten sei ein besonderes Engagement für die Eigentümerinteressen zu erwarten und die bürgerlichen Rechte seien deswegen bei ihnen am besten gesichert (Münch/Kunig, Art. 14 Rn. 96). Das mag inzwischen zwar rechtspolitisch überholt sein, bestimmt aber weiterhin den Inhalt des Art. 14 III GG.

4. Prozesshindernisse

31   Prozesshindernisse bilden „negative" SEV: Ihr Vorliegen verhindert nicht die Entstehung eines Prozessrechtsverhältnisses, sondern die Sachentscheidung des Gerichts und zwingt zur Abweisung. Sie sind insofern „allgemein", als sie von der Rechtsschutzform unabhängig sind. Ihre Feststellung ergibt sich regelmäßig aus einem Vergleich der Streitgegenstände bzw. Klagebegehren.

32   Ein solches Hindernis ist das **Verbot doppelter Rechtshängigkeit** gemäß § 173 i. V. m. § 17 I 2 GVG. In entsprechender Weise wirkt sich die materielle **Rechtskraft**

Vorbemerkungen zu §§ 40 bis 53 §§ 40 bis 53 Vorb.

(§ 121) einer Gerichtsentscheidung aus, wenn eine erneute Entscheidung über denselben Streitgegenstand verlangt wird (res iudicata). Stellt sich das rechtskräftig Entschiedene in einem Nachfolgeprozess nur als Vorfrage, so ergibt sich eine präjudizierende Bindungswirkung: Das zweite Gericht muss die Vorfrage beantworten, darf sie aber nicht abweichend vom ersten Gericht entscheiden (Abweichungsverbot, vgl. Ey § 121 Rn. 11). **Verzicht** und **Verwirkung** sind Prozesshindernisse, sofern sie sich auf den Gebrauch von Rechtsbehelfen und nicht auf das materielle Recht beziehen (Rn. 45).

5. Beteiligtenbezogene Sachentscheidungsvoraussetzungen

Zu den allgemeinen SEV werden die Beteiligungsfähigkeit (→ § 61) und die Prozessfähigkeit (→ § 62) der rein formell – d. h. durch die Stellung – zu bestimmenden Beteiligten eines Verfahrens (§ 63) gezählt. Je nach Landesrecht kann jedoch die Rechtsschutzform (→ Rn. 47) Einfluss auf die Beteiligten nehmen (vgl. nur § 61 Nr. 3). Wiewohl Anforderungen an die Person stellend, ist die Postulationsfähigkeit keine SEV; ihr Fehlen führt nur unter besonderen Umständen zur Abweisung eines Rechtsschutzantrags (Rn. 38). 33

6. Besondere Sachentscheidungsvoraussetzungen

a) Zuständigkeiten. Das im Einzelfall zur Entscheidung berufene VG innerhalb des Rechtsweges ist nach höchst differenzierten Kriterien sachlicher, funktioneller bzw. instanzieller und örtlicher Zuständigkeit (→ § 45 Rn. 1) zu bestimmen, die in §§ 45 bis 53 niedergelegt sind. Zuständigkeitsvorschriften beziehen sich durchweg auf das Gericht im administrativen Sinn (→ § 1 Rn. 4 ; KS § 45 Rn. 2); der Spruchkörper wird erst durch die gerichtsinterne Geschäftsverteilung (→ § 4) festgelegt. Zuständigkeitsvorschriften dienen der Wahrung des gesetzlichen Richters (Art. 101 I 2 GG), wo Grundrechte berührt sind aber auch dem Grundrechtsschutz (BVerfGE 56, 216 = NJW 1981, 1436). Verwaltungsgerichtliche Zuständigkeitsvorschriften sind wegen der von ihnen geschützten Interessen **indisponibel**, also keiner Vereinbarung der Prozessparteien (etwa über den Gerichtsstand → § 52) zugänglich. Zumindest die örtliche Zuständigkeit hängt nach dem Katalog des § 52 teilweise von der Klageart ab, kann also meist erst nach dieser bestimmt werden. 34

b) Prozessführungsbefugnis. Verwaltungsrechtsschutz dient nach deutscher Tradition dem Schutz bei Verletzungen **subjektiver Rechte** durch die öffentliche Gewalt (Art. 19 IV 1 GG). Rein objektive Rechtmäßigkeitsprüfungen und **Popularklagen**, mit denen sich der Kläger auf Rechte Dritter beruft, sowie sog. **Interessentenklagen**, mit denen der Kläger kein Recht, sondern ein Interesse geltend macht (und sei es auch rechtlich anerkannt), sind nur aufgrund besonderer gesetzlicher Ermächtigung (→ § 42 Rn. 95 ff.) zulässig. Im Grundsatz aber müssen die am Verfahren Beteiligten (§ 63) befugt sein, das im Streit stehende Recht im eigenen Namen geltend zu machen bzw. zu verteidigen, also durch Klage im eigenen Namen vom Gericht eine Sachentscheidung zu verlangen. Dieses Erfordernis der **Prozessführungsbefugnis** ist ein allgemeines Rechtsinstitut, das seine Wurzeln im Zivilprozessrecht hat und in der VwGO nicht ausdrücklich geregelt, sondern vorausgesetzt ist. 35

Bei Verwaltungsaktsklagen hat es nach – freilich bestrittener – Ansicht für den Kläger eine spezielle Ausprägung in der **Klagebefugnis** gemäß § 42 II gefunden (sog. aktive Prozessführungsbefugnis; zur Abgrenzung zwischen Klagebefugnis und Pro- 36 zessführungsbefugnis BayVGH BayVBl. 2008, 405). Ob eine entsprechende Regelung der Beklagtenbefugnis (i. S. passiver Prozessführungsbefugnis) in § 78 enthalten ist, ist ebenfalls streitig (→ § 78 Rn. 1). In jedem Fall zu vermeiden ist es, im Zusammenhang mit der Zulässigkeit die Begriffe **Sachlegitimation** zu verwenden bzw. auf Klägerseite Aktiv-, auf Beklagtenseite Passivlegitimation. Diese Begriffe sind Überreste des überwundenen materiellen Parteibegriffs, der es nur den am streitigen materiellen Rechtsverhältnis beteiligten Rechtssubjekten erlaubte, Partei eines Prozesses zu sein. Nach der Hinwendung zum formellen Beteiligtenbegriff (§ 63) sind diese unklaren Begriffe strikt der materiellen Berechtigung oder Verpflichtung und damit der Begründetheit der Klage vorzubehalten.

37 Die Prozessführungsbefugnis fällt grds. mit der Innehabung einer eigenen materiellen Rechtsposition zusammen. Allerdings erlaubt es die Rechtsordnung in bestimmten Fällen **Dritten**, fremde Rechte im eigenen Namen vor Gericht geltend zu machen, zu verteidigen oder zu bestreiten. Sie treten dann als **Prozessstandschafter** auf. Von der Vertretung unterscheidet sie sich dadurch, dass der Standschafter ermächtigt ist, die fremden Rechte im eigenen Namen geltend zu machen. Eine **gewillkürte** Prozessstandschaft ist im Verwaltungsprozess grds. unzulässig. Fälle gesetzlicher Prozessstandschaft sind die Klagen von Testamentsvollstreckern, Vermögens-, Nachlass- oder Insolvenzverwaltern, die als Parteien kraft Amtes handeln. In der VwGO ist die Prozessstandschaft von Behörden zugelassen, sofern das Landesrecht dies bestimmt (§ 61 Nr. 3; § 78 I Nr. 2). Behörden treten dann für ihre jeweiligen Rechtsträger auf. Nach § 173 i. V.m. § 265 ZPO bleibt der Kläger nach Veräußerung der streitbefangenen Sache als Prozessstandschafter Beteiligter des Rechtsstreits.

38 Keine SEV ist die **Postulationsfähigkeit**. Dieser Begriff meint die in § 67 ausgeformten Voraussetzungen für eine wirksame Vornahme von Prozesshandlungen vor dem OVG und dem BVerwG. Damit gehört sie zu den Prozesshandlungsvoraussetzungen. Fehlt sie, so sind Prozesshandlungen, insbes. Erklärungen des nicht ordnungsgemäß vertretenen Beteiligten nicht beachtlich abgegeben. Besteht die Prozesshandlung in der Anbringung eines Rechtsschutzantrags, kommt bereits das Prozessrechtsverhältnis nicht zustande, der Antrag ist unzulässig.

39 **c) Vorverfahren; Klagefristen.** Nach § 68 ist vor Erhebung einer Verwaltungsaktsklage (§ 42 I) ein **Vorverfahren** durchzuführen, für bestimmte Sachbegehren nach Sonderregelungen auch unabhängig von der Klageart (z.B. nach § 126 III BRRG, § 126 BBG für Bundesbeamte, § 54 II BeamtStG für Beamte der Länder und Gemeinden). Dieses Vorverfahren, das durch einen besonderen Rechtsbehelf, den Widerspruch (§ 69), eingeleitet wird, hat eine Doppelfunktion als Verwaltungsverfahren (vgl. § 79 VwVfG) und als (nachholbare) besondere SEV: Sein Fehlen macht die Klage unzulässig. Allerdings gehört nicht das gesamte Verfahren zu den SEV, sondern nur die ordnungsgemäße Einleitung (§ 70) und die erfolglose Durchführung, die grds. mit einer Widerspruchsentscheidung abgeschlossen ist (Ausnahme: § 75; näher Ey § 68 Rn. 20 ff.).

40 **Klagefristen** (→ § 74) sind bei allen Klagearten einzuhalten, die ein Vorverfahren i. S. der §§ 68 ff. erfordern. Das ist konsequent, weil mit der Vornahmeantrag bzw. der behördlichen (Widerspruchs-)Entscheidung der notwendige klare Anknüpfungspunkt für die Fristauslösung gegeben ist. Ihre innere Rechtfertigung erhalten sie aus dem Gegnerschutz und der Rechtssicherheit; denn nach ihrem Ablauf ist – vorbehaltlich genügender Entschuldigung (§ 60) – geklärt, dass es bei dem Rechtsakt sein Bewenden hat.

Vorbemerkungen zu §§ 40 bis 53 §§ 40 bis 53 Vorb.

d) Rechtsschutzbedürfnis. Jede Inanspruchnahme von gerichtlichem Schutz erfordert ein Rechtsschutzbedürfnis. Sind die allgemeinen und besonderen SEV erfüllt, so ist dieses Bedürfnis **indiziert**; Anlass zu weiterer Prüfung eines „allgemeinen" Rechtsschutzbedürfnisses besteht daneben regelmäßig nicht. Da die Rechtsordnung, wo sie materielle Rechte gewährt, auch deren Durchsetzungsfähigkeit anerkennt (Art. 19 IV GG), fehlt das Rechtsschutzbedürfnis an einer vom vermeintlichen Inhaber des behaupteten materiellen Anspruchs erhobenen Leistungsklage nur, wenn besondere Umstände vorliegen, die diesen Zusammenhang durchbrechen und das Interesse an der Durchführung des Rechtsstreits entfallen lassen (BVerwGE 81, 164). In diesem Sinne kann einem Kläger das Rechtsschutzbedürfnis – trotz Zulässigkeit der Klage i. Ü. – unter dem Gesichtspunkt des **Rechtsmissbrauchs** abzusprechen sein. Dazu haben sich typische **Fallgruppen** entwickelt, die jedoch nicht abschließend sind: 41

Um eine **unnötige Klage** handelt es sich, wenn das Klageziel ohne gerichtliche Hilfe erreichbar ist, insbes. einfacher, umfassender, schneller oder billiger. Voraussetzung ist aber, dass das Klageziel auf dem alternativen Weg ohne wesentliche Abstriche verfolgt werden kann. **Leistungsklagen** (Rn. 50 f.) können in diesem Sinne verfrüht sein, wenn die Behörde noch nicht mit dem Begehren befasst war (BVerwG NVwZ 2009, 1314 Rn. 4) oder es das einschlägige materielle Recht gebietet, die geforderte Leistung zunächst bei der Behörde zu beantragen (BVerwGE 114, 350, 354; Buchh 232.1 § 40 BLV Nr. 22). Dürfte sich die Behörde durch Erlass eines **Leistungsbescheides** selbst einen Titel verschaffen, so ist ihre Leistungsklage nicht notwendig unnötig, wenn die Klage zu einer schnelleren Klärung führt (bei Wegfall des Vorverfahrens) und früher Prozesszinsen beansprucht werden können (BVerwGE 58, 319; 50, 171; 21, 270; a.A. Ey vor § 40 Rn. 13). Eine sog. nachgezogene Fortsetzungsfeststellungsklage (→ § 113 Rn. 88) zur Vorbereitung eines Amtshaftungsprozesses ist unnötig, weil sofort Amtshaftungsklage erhoben werden kann (BVerwGE 81, 226). Zu isolierten Anfechtungsklagen → § 42 Rn. 82 ff. 42

Eine Klage ist **nutzlos**, wenn das erstrebte Urteil die Rechtsstellung des Klägers nicht verbessern kann (vgl. BVerwG NVwZ-RR 2009, 980; BVerwGE 78, 85, 91 = NJW 1988, 839 betr. einen Normenkontrollantrag gegen einen Bebauungsplan; NVwZ 1995, 894: Unverwertbarkeit einer Bauerlaubnis). Es reicht aber aus, wenn positive Folgewirkungen einer Aufhebung von Bescheiden nicht auszuschließen sind (BVerwG NVwZ-RR 2009, 980). Nutzlos sind Anfechtungsklagen gegen erledigte VA (§ 43 II VwVfG, insbes. bei irreversibler Vollziehung); in Bezug auf sie ist – bei entsprechendem Feststellungsinteresse – nur die Fortsetzungsfeststellungsklage (§ 113 I 4) statthaft (BVerwGE 53, 134, 137, → § 113 Rn. 56 ff.). Der Umstand, dass es im Gefolge der Klage zum Erlass eines inhaltsgleichen Rechtsaktes kommen kann, ist als solcher bedeutungslos, wenn das Verfahren die Beseitigung von Rechtsverletzungen erwarten lässt (BVerwG NVwZ 2002, 1126). Verpflichtungsklagen auf beamtenrechtliche Ernennung erledigen sich wegen des Grundsatzes der Ämterstabilität mit der Ernennung eines Konkurrenten (BVerwGE 118, 370; 80, 127; vgl. aber BVerfG NVwZ 2008, 70). Der Kläger kann aber u. U. zu einem Wiederherstellungsantrag übergehen (BVerwGE 118, 370). 43

Ist der Kläger **an einer Verwertung** der eingeklagten Rechtsposition aus jenseits des Verfahrens liegenden Gründen **gehindert**, so kann bereits das **verwaltungsverfahrensrechtliche Sachbescheidungsinteresse** fehlen (BVerwG Buchh 402.242 § 60 Abs. 1 AufenthG Nr. 36 Rn. 12), das dem Rechtsschutzbedürfnis entspricht. Ein Verwertungshindernis liegt vor, wenn die privatrechtlichen Verhältnisse die Verwirklichung des beantragten Vorhabens nicht zulassen (BVerwG NVwZ 2004, 1240; 44

Buchh 445.4 § 31 WHG Nr. 16; Wysk ZLW 2003, 602, 609 zu vertraglichen Unterlassungspflichten). Eine Klage auf Notenverbesserung ist unnütz, wenn die Verbesserung sich nicht auf die konkrete Rechtsstellung verbessernd auswirkt, z. B. weil sie für Versetzung, Bestehen oder angestrebten Numerus clausus irrelevant ist (BVerwG DÖV 1983, 819; Ey vor § 40 Rn. 19 m. w. N.). Zur Prüfungswiederholung BVerwGE 88, 111; zur Lage bei Kriegsdienstverweigerung und Wehrdienst vgl. BVerwGE 44, 120; 61, 246; 74, 342; 82, 154; zur Streitwertbeschwerde → § 165 Rn. 4.

45 Die Ausübung des Klagerechts kann dem Rechtsinhaber verwehrt sein, weil sie aus anderen Gründen **missbräuchlich** ist (zu sog. Sperrgrundstücken BVerwG NVwZ 2001, 427). Einen besonderen Fall widersprüchlichen Verhaltens stellt die verzögerte Geltendmachung des Klagerechts dar. Diese **prozessuale Verwirkung** ist von der Verwirkung des materiellen Rechts zu unterscheiden (dann Abweisung als unbegründet). Sie ist praktisch nur bei nicht fristgebundenen Rechtsbehelfen von Bedeutung und tritt ein, wenn das prozessuale Recht lange Zeit nicht ausgeübt worden ist (Zeitmoment), der Gegner darauf vertraut hat und vertrauen durfte, dass von dem Rechtsbehelf kein Gebrauch mehr gemacht wird (Vertrauenstatbestand), und er sich darauf eingerichtet hat, sodass ihm aus der Ausübung des Klagerechts ein unzumutbarer Nachteil entstünde (Vertrauensbetätigung). Die Rechtsprechung dazu ist reichhaltig (vgl. nur BVerwGE 44, 294 und 339; 91, 276; 108, 93; NJW 2002, 1137; NVwZ 2001, 206). Eine Behörde kann ein Recht verwirken, sofern dadurch keine die Interessen des Gegners überwiegenden öffentlichen Interessen beeinträchtigt werden (BVerfG DVBl. 2001, 456).

46 Nach Entstehen des Klagerechts kann auf dieses **verzichtet** werden. Dazu bedarf es einer Erklärung des Klägers, er verzichte auf die gerichtliche Geltendmachung eines Rechtes. Die Erklärung kann gegenüber dem Gegner oder dem Gericht abgegeben werden. Ein dem Prozessgegner gegenüber, also **außergerichtlich** erklärter Klageverzicht ist auf dessen Einrede hin im Prozess zu berücksichtigen und führt dann zur Unzulässigkeit des Rechtsbehelfs. Bei Erklärung gegenüber dem Gericht handelt es sich um eine einseitige prozessuale Willenserklärung, die allein nach den Maßstäben des Prozessrechts zu beurteilen ist. Sie muss unter Anlegung eines strengen Maßstabs eindeutig, unzweifelhaft und unmissverständlich sein (BVerwGE 55, 355, 357), wenngleich ausgelegt werden darf. Sie kann grds. weder angefochten noch zurückgenommen noch widerrufen werden.

III. Rechtsschutzformen (Klage-/Antrags-/Verfahrensarten)

1. Bedeutung der Rechtsschutzformen

47 Der Begriff „Rechtsschutzform" ist kein Synonym für „Rechtsbehelf" (→ § 58 Rn. 2), sondern zielt auf den gesetzlich zugelassenen Inhalt des gerichtlichen Entscheidungsausspruchs (Tenors). In Verfahren, die durch Urteil zu entscheiden sind (§ 107), spricht man von „Klageart", in anderen von „Antragsart", übergreifend synonym von „Verfahrensart". Für den zulässigen Entscheidungsausspruch ist in der Dogmatik der Begriff der **Statthaftigkeit** geprägt worden: Anordnen darf ein Gericht nur, wozu es ermächtigt ist; nur dies kann ein Rechtsschutzsuchender korrespondierend verlangen. Der Rechtsschutzantrag (§ 82) muss daher – und sei es im Wege der Auslegung – einem der gesetzlich vorgeprägten (statthaften) Entscheidungsinhalte (z. B. nach § 113 I bis V) entsprechen. Anderenfalls ist das Begehren im Verwaltungsprozess unstatthaft, der Rechtsbehelf unzulässig. Insofern gehört die Notwendigkeit, dass sich das Begehren den Voraussetzungen einer in der VwGO vorge-

Vorbemerkungen zu §§ 40 bis 53 §§ 40 bis 53 Vorb.

prägten Rechtsschutzform zuordnen lässt, durchaus zu den **Zulässigkeitsvoraussetzungen** eines jeden Rechtsbehelfs (i.d. Sinne BVerwGE 100, 262 Rn. 9; str., a.A. Schenke Rn. 64). Die richtige Zuordnung von Begehren und Rechtsschutzform ist vom Gericht von Amts wegen zu prüfen, das dabei an die Fassung des Antrags nicht gebunden ist (§ 88). Eine andere Frage ist, ob die Rechtsschutzformen der VwGO ein **offenes oder geschlossenes System** bilden (NKVwGO § 42 Rn. 12). Der Bundesgesetzgeber hat, um diese Befugnis der VG hins. der Beurteilung der Zulässigkeit von Klagen nicht allzu sehr einzuengen, bewusst von einer die zulässigen Klagearten ausdrücklich aufzählenden Bestimmung abgesehen (vgl. BVerfGE 20, 238, 250 f.). In der Rspr. ist jedenfalls anerkannt, dass die VG im Rahmen einer statthaften Klageart zur Auslegung und richterlichen Fortbildung des Prozessrechts befugt sind (BVerwG Buchh 310 § 40 VwGO Nr. 179 S. 61). Diese Befugnis wird allerdings durch die einfach-gesetzlich eingeräumte Entscheidungsmacht der Gerichte begrenzt.

Die **Befugnis der VG zu Entscheidungsaussprüchen** ist durch die VwGO aus 48 unterschiedlichen – teilweise verfassungsrechtlich hinterlegten – Gründen **begrenzt**: Aus prozessualen (nicht logischen) Gründen eingeschränkt ist ihre Befugnis zur Aufhebung eines erledigten VA (Rn. 43 und → § 42 Rn. 22) sowie zur Feststellung seiner bloßen Rechtswidrigkeit (→ § 43 Rn. 2), aus Gründen der Gewaltenteilung ausgeschlossen ist der Erlass eines beantragten VA durch das Gericht (→ § 42 Rn. 43) und die Feststellung der Nichtigkeit einer Norm. Für formelle Gesetze folgt dies aus der Konzentration der Verwerfungskompetenz (nicht der Prüfungskompetenz) beim BVerfG gemäß Art. 100 I GG; für untergesetzliche Normen ist jedenfalls die prinzipale Verwerfung durch den Rahmen des → § 47 begrenzt (Bsp. BVerwGE 100, 262: Feststellung der Unwirksamkeit/Rechtswidrigkeit eines kommunalen Mietspiegels). Führt eine solche Norm zu einer Rechtsverletzung, so kommt freilich die allgemeine Feststellungsklage in Betracht (→ § 43 Rn. 67 ff.). Freier gestellt sind die VG im vorläufigen Rechtsschutz, wo ihnen §§ 80a, 80 V und § 123 III i.V.m. § 938 I ZPO die Befugnis zugesteht, alle im Einzelfall erforderlichen Sicherungsmaßnahmen zu treffen (→ § 123 Rn. 30). Auch wenn sich die im Verwaltungsrechtsweg zu behandelnden Begehren bei verständiger Würdigung im Regelfall einer Rechtsschutzform zuordnen lassen, stehen diese Erwägungen doch prinzipiell der Ansicht entgegen, das System der VwGO sei offen oder ohne Weiteres erweiterbar.

2. „System" der Rechtsschutzformen

Die statthaften Entscheidungsinhalte – entsprechend die ihrer Art nach möglichen 49 Rechtsschutzanträge – hat die VwGO in Rechtsschutzformen gefasst (Klage- oder Antragsarten, allgemein „Verfahrensarten" genannt). Man hat sich bewusst zu machen, dass die **Zivilprozessordnung** mit ihren tradierten Klage- und Antragsarten (dazu ThP Vorbem § 253 Rn. 2 ff.; BLAH Grundz § 253 Rn. 7 ff.) gemäß § 173 S. 1 auch insoweit entsprechend anwendbar ist. Hier wie dort werden **nach ihrer Wirkung** Gestaltungs-, Leistungs- und Feststellungsklagen unterschieden, die auf den Erlass entsprechender Urteile (→ § 107 Rn. 5) abzielen, also auf eine Umgestaltung der Rechtslage unmittelbar durch das Gericht, auf die Verurteilung der Verwaltung zu einem bestimmten Tun, Dulden oder Unterlassen oder auf eine bloße Feststellung.

Die Klageart-Regelungen der VwGO (§§ 42, 43) stellen demgegenüber punktu- 50 elle Sonderregeln dar, die sich ganz überwiegend aus der spezifischen Notwendigkeit zur verwaltungsgerichtlichen Überprüfung der Verwaltungstätigkeit im Zusammenhang mit **VA** erklären. Dafür finden sich in der VwGO eine spezielle Gestaltungsklage (die Anfechtungsklage → § 42 Rn. 4), eine spezielle Leistungsklage (die Verpflichtungsklage → § 42 Rn. 43 ff.) und eine **Feststellungsklage** für nichtige (→ § 43 Rn. 37) und erledigte VA (→ § 113 Rn. 56). Die besonderen Regelungen zur allgemeinen (positiven und negativen) Feststellungsklage in § 43 I, die in § 256 I ZPO grds. übertragbar geregelt ist, sind letztlich dadurch bedingt, dass ihr Verhältnis zu den Verwaltungsaktsklagen zu bestimmen ist, was die VwGO mithilfe besonderer SEV bewerkstelligt (§ 43 II 1 und 2).

51 Hingegen konnte sich der VwGO-Gesetzgeber wegen der subsidiären Geltung der ZPO bei der allgemeinen **Leistungsklage** (→ § 42 Rn. 59 ff.) auf die bloße Erwähnung dieser Klageart (nämlich in § 43 II und § 111) beschränken. Nicht erwähnt wird die **Zwischenfeststellungsklage**, die nach § 173 i.V.m. § 256 II ZPO statthaft ist. Hingegen ist eine **allgemeine Gestaltungsklage**, die die ZPO nicht kennt, auch in der VwGO nicht anzuerkennen; eine solche Rechtsmacht hätte dem Gericht ausdrücklich eingeräumt werden müssen (str., wie hier Ey-Rennert § 40 Rn. 16; a.A. Ey-Happ § 42 Rn. 70).

52 Der **vorläufige Rechtsschutz** erfordert – ebenfalls wegen des Instituts des VA und dessen Vollziehbarkeit – besondere Verfahrensarten. Gegen (dritt)belastende VA steht die Regelung der Vollziehung (§§ 80 ff.) zur Verfügung, bei erstrebten VA und sonstigen Eilfällen die einstweilige Anordnung nach § 123, auf die je nach Lage die Vorschriften der ZPO über Arrest und einstweilige Verfügung Anwendung finden (§ 123 III).

53 Keine Verfahrensart ist der sog. **vorbeugende Rechtsschutz**. Er findet in den Bahnen der gängigen Rechtsschutzformen statt, seine Zulässigkeit stellt aber qualifizierte Anforderungen an die besonderen SEV. Denn die VwGO sieht in Übereinstimmung mit dem Verfassungsrecht (Art. 19 IV GG) aus Gründen der Gewaltenteilung „nachgängigen" Rechtsschutz gegen bereits erfolgtes Verwaltungshandeln als grds. ausreichend an. Drohendes Verwaltungshandeln soll daher nur ausnahmsweise abgewendet werden können, wenn der Verweis auf nachgängigen Rechtsschutz unzumutbare Nachteile mit sich bringen würde (→ Ey vor § 40 Rn. 25).

§ 40 [Zulässigkeit des Verwaltungsrechtsweges]

(1) ¹**Der Verwaltungsrechtsweg ist in allen öffentlich-rechtlichen Streitigkeiten nichtverfassungsrechtlicher Art gegeben, soweit die Streitigkeiten nicht durch Bundesgesetz einem anderen Gericht ausdrücklich zugewiesen sind.** ²**Öffentlich-rechtliche Streitigkeiten auf dem Gebiet des Landesrechts können einem anderen Gericht auch durch Landesgesetz zugewiesen werden.**

(2) ¹Für vermögensrechtliche Ansprüche aus Aufopferung für das gemeine Wohl und aus öffentlich-rechtlicher Verwahrung sowie für Schadensersatzansprüche aus der Verletzung öffentlich-rechtlicher Pflichten, die nicht auf einem öffentlich-rechtlichen Vertrag beruhen, ist der ordentliche Rechtsweg gegeben; dies gilt nicht für Streitigkeiten über das Bestehen und die Höhe eines Ausgleichsanspruchs im Rahmen des Artikels 14 Abs. 1 Satz 2 des Grundgesetzes. ²Die besonderen Vorschriften des Beamtenrechts sowie über den Rechtsweg bei Ausgleich von Vermögensnachteilen wegen Rücknahme rechtswidriger Verwaltungsakte bleiben unberührt.

Zulässigkeit des Verwaltungsrechtsweges § 40

Übersicht

	Rn.
A. Sonderzuweisungen	2
I. Geltungsgrund und Reichweite	2
II. Abdrängende Sonderzuweisungen	5
1. Zuweisungen an spezielle Rechtswege	7
a) Öffentlich-rechtliche Fachgerichtsbarkeiten	7
b) Andere besondere Rechtswege	10
aa) Patentgerichte	12
bb) Wehrdienstgerichte	13
cc) Richterdienstgerichte	15
dd) Berufsgerichte	17
2. Zivilprozesssachen kraft Verfassung	19
a) Staatshaftungssachen: Überblick	19
b) Enteignungsentschädigung (Art. 14 III 4 GG)	20
c) Amtshaftung (Art. 34 S. 3 GG)	22
3. Fortgeschriebene Zivilprozesssachen „kraft Tradition" (II 1)	24
a) Aufopferung (II 1 Fall 1)	27
b) Enteignungs-/aufopferungsgleicher Eingriff	29
c) Enteignender Eingriff	32
d) Öffentlich-rechtliche Verwahrung (II 1 Fall 2)	35
e) Verletzung nichtvertraglicher öffentlich-rechtlicher Pflichten (II 1 Fall 3)	38
f) Verträge und Vertragsverletzungen	41
g) Ausgleichsansprüche im Rahmen des Art. 14 I 2 GG (II 1 Hs. 2)	43
h) Rückausnahmen (II 2)	44
i) Auffangzuständigkeit der ordentlichen Gerichtsbarkeit	46
4. Einzelzuweisung von Justizsachen	47
a) Justizverwaltungsakte (§ 23 EGGVG)	47
b) Maßnahmen von Gerichten	50
c) Maßnahmen der Staatsanwaltschaft	51
d) Maßnahmen der Polizeibehörden	52
e) Maßnahmen mit Richtervorbehalt	55
5. Abdrängende Zuweisungen durch Landesgesetz (I 2)	56
III. Aufdrängende Sonderzuweisungen	59
1. Streitigkeiten aus Dienstverhältnissen	60
2. Arbeitsverhältnisse des öffentlichen Dienstes	67
3. Disziplinargerichtsbarkeit	69
4. Personalvertretungsrecht	71
5. Aufdrängende Zuweisungen durch Landesgesetz	74
B. Die Generalklausel (I 1)	75
I. Rechtliche Streitigkeit	76
1. Begriff der Streitigkeit	76
2. „Justizfreie" Hoheitsakte?	77
3. Gnadenentscheidungen	78
4. Regierungsakte	80
5. Sonderstatusverhältnisse	81
6. Innerorganschaftliche Streitigkeiten	82
II. Streitigkeit nichtverfassungsrechtlicher Art	87
III. Öffentlich-rechtliche Streitigkeit	93
1. Zweiteilung in öffentliches und privates Recht	93
2. Zuordnung von Rechtssätzen (das Qualifizierungsproblem)	94
3. Ermittlung der streitentscheidenden Rechtssätze (das Identifizierungsproblem)	100

        4. Vorfragenkompetenz 102
        5. Freiheit der Formenwahl und Zwei-Stufen-Theorie 107
           a) Freiheit der Formenwahl 107
           b) Trennung von Gewährung und Abwicklung 108
        6. Einbeziehung Privater in die Erfüllung öffentlicher Aufgaben .. 109
        7. Leitlinien für die Zuordnung von Verwaltungshandeln 116
           a) Fälle eindeutiger Zuordnung 116
           b) Zweifelsfälle 119
           c) Hilfsmittel in Zweifelsfällen 123
              aa) Indizien 124
              bb) Sachzusammenhang; Kehrseitentheorie 126
              cc) Hilfsweise: Vermutung für öffentlich-rechtliches
                   Handeln 128
        8. Kirchliches Handeln 129
   IV. Einzelfälle (alphabetisch) 132
        1. Abwehr- und Unterlassungsansprüche 132
        2. Anlagen 136
           a) Hoheitlich betriebene Anlagen 136
           b) Anlagen Privater 137
        3. Ersatz- und Erstattungsansprüche 139
           a) Aufwendungsersatz aus Geschäftsführung ohne Auftrag 139
           b) Erstattungsansprüche, öffentlich-rechtliche 142
           c) Schadensersatzansprüche 143
        4. Folgenbeseitigungsansprüche 145
        5. Öffentliche Sachen und Einrichtungen 146
           a) Hausrechtsausübungen 147
           b) Herausgabeansprüche 149
           c) Zulassung zu öffentlichen Einrichtungen 150
        6. Realakte 154
           a) Allgemeines 154
           b) Immissionen 156
           c) Verlautbarungen von Behörden und Amtswaltern 157
              aa) Amtliche Erklärungen 157
              bb) Informationen 158
              cc) Ehrverletzende Äußerungen 162
              dd) Sendungen öffentlich-rechtlicher Rundfunkanstalten .. 164
        7. Subventionsvergabe 165
        8. Verträge 167
           a) Vertragsbeziehungen 167
           b) Vertragsverletzungen 170
        9. Verwaltungsvollstreckung 171
       10. Wirtschaftliche Betätigung der öffentlichen Hand 172
           a) Fiskalische Tätigkeit der Verwaltung und Daseinsvorsorge .. 172
           b) Vergabe öffentlicher Aufträge 175
           c) Wettbewerbshandeln der öffentlichen Verwaltung 178

1 Die zentrale rechtswegeröffnende Norm der VwGO befasst sich mit **zwei Themenbereichen**: Einleitend schafft sie eine **Generalklausel** für öffentlich-rechtliche Streitigkeiten, die eine Abgrenzung der Bereiche des öffentlichen und privaten Rechts erfordert und damit den Mikrokosmos der materiellrechtlichen Anspruchs- und Ermächtigungsgrundlagen der gesamten Rechtsordnung widerspiegelt (B.). Aus Rechtsgründen **vorrangig** (Rn. 2) wird jedoch in allen Absätzen und Sätzen zunächst zur Suche nach **Sonderzuweisungen** aufgefordert, was in dem für das deutsche Recht charakteristischen Labyrinth spezieller Rechtswege im Recht des Bundes und der Länder erhebliche Probleme mit sich bringt (A.).

A. Sonderzuweisungen

I. Geltungsgrund und Reichweite

Der Rechtswegeröffnung nach I 1 gehen Regelungen vor, die Streitigkeiten beliebi- 2
ger Art den VG zuweisen (sog. **auf**drängende Sonderzuweisungen) oder Streitigkeiten öffentlich-rechtlicher Art anderen Gerichtsbarkeiten zuweisen (sog. **ab**drängende Sonderzuweisungen). Der **Vorrang** solcher Sonderzuweisungen folgt aus dem gewohnheitsrechtlich anerkannten Vorrang des spezielleren Gesetzes (Grundsatz lex specialis). Wenn der „Sofern"-Halbsatz des § 40 I 1 nur die **abdrängenden** Zuweisungen erwähnt, erklärt sich das aus der Absicht, die bei Inkrafttreten der VwGO (1.4. 1960 → § 195 Rn. 1) vorhandenen bundesgesetzlichen Zuweisungen öffentlich-rechtlicher Streitigkeiten an andere Gerichte aufrechtzuerhalten; diese wären ansonsten nach dem Lex-specialis-Grundsatz durch § 40 I 1 abgelöst worden. Für nachfolgende abdrängende Sonderzuweisungen ist § 40 I 1 deklaratorisch.

Unangetastet geblieben sind nur solche abdrängenden Sonderzuweisungen, die 3
durch förmliches **Bundesgesetz** vorgesehen waren. Landesgesetzliche Sonderzuweisungen aus der Zeit vor Erlass der VwGO sind entfallen (Art. 31 GG) und nur kraft bundesrechtlicher Ermächtigung möglich (Ey § 40 Rn. 102 und → Rn. 59). Die Zuweisung muss im Gesetz **„ausdrücklich"** enthalten sein, was sich historisch gegen die in der Rspr. des RG und des BGH entwickelten Zivilprozesssachen kraft Tradition wendet, die teilweise verfassungsrechtlich verankert, teilweise in § 40 II fortgeschrieben worden sind (→ vor § 40 Rn. 24).

Das Ausdrücklichkeits-Erfordernis schließt die Anerkennung von Zuweisungen 4
kraft **Sachnähe** aus; eine **Auslegung** von Zuweisungsnormen (auch nach Sinn und Zweck) bleibt freilich möglich (BVerwGE 15, 34, 36). Es genügt, wenn sich der Wille des Gesetzes zu einer Sonderzuweisung aus dem Gesamtgehalt der Regelung und dem Sachzusammenhang in Verbindung mit der Sachnähe eindeutig und logisch zwingend ergibt (KS § 40 Rn. 49 m.w.N.). Die Reichweite einer Sonderzuweisung wird durch den Auslegungsgrundsatz der **Spartengerichtsbarkeit** (Art. 95 I GG) bestimmt. Er besagt, dass einheitliche Rechtsmaterien im Zweifel insgesamt (einschließlich der Neben- und Hilfsansprüche) der speziellen Gerichtsbarkeit zugewiesen sind (GmSOGB BGHZ 78, 274, 276; BVerwGE 40, 254; 37, 231, 236; 20, 334; NJW 1984, 191; BGHZ 89, 250). Ausnahmen davon kann es bei konkurrierenden Sachzusammenhängen ein und derselben Materie geben.

II. Abdrängende Sonderzuweisungen

Abdrängende Sonderzuweisungen finden sich außerhalb der VwGO, aber auch in 5
§ 40 selbst: II 1 weist tradierte vermögensrechtliche Streitigkeiten unmittelbar den ordentlichen Gerichten zu, I 1 Hs. 2 enthält einen generellen Vorbehalt zugunsten Bundesrechts und I 2 eine Ermächtigung an die Landesgesetzgeber. Insgesamt ergibt sich eine (im Verhältnis zu wenigen aufdrängenden Zuweisungen) erhebliche Zahl abdrängender Zuweisungen, die über die Rechtsordnung verteilt und schwer überschaubar ist. Nur zum Teil soll damit der **Spezialisierung** von (Fach)Gerichten und besonderen Spruchkörpern Rechnung getragen werden; überwiegend handelt es sich um **historische Reminiszenzen**, die im Nachhall der alten Fiskustheorie vermögensrechtliche Streitigkeiten besser bei den ordentlichen Gerichten aufgehoben glau-

§ 40
Teil I. Gerichtsverfassung

ben (→ vor § 40 Rn. 22 ff.). Das erklärt die große Zahl von Zuweisungen öffentlich-rechtlicher Streitigkeiten an diese Gerichtsbarkeit (→ Rn. 19 ff.). Insbesondere im Staatshaftungsrecht ist jedoch die dadurch provozierte Trennung von Primär- und Sekundärrechtsschutz misslich und überholt.

6   Die abdrängenden Sonderzuweisungen können in **vier Gruppen** zusammengefasst werden: Zuweisungen (1) an besondere Verwaltungsgerichtsbarkeiten und an besondere Rechtswege, (2) an die ordentlichen Gerichte kraft Verfassung oder kraft Überlieferung (II 1), (3) bundesgesetzliche Einzelzuweisungen von Justizsachen und (4) von Streitigkeiten auf dem Gebiet des Landesrechts nach dessen Maßgabe (I 2).

1. Zuweisungen an spezielle Rechtswege

7   **a) Öffentlich-rechtliche Fachgerichtsbarkeiten.** Vorrangig sind die Zuweisungen an die besonderen Verwaltungsgerichtsbarkeiten (vgl. Art. 95 I GG). Sie werden weitgehend vom Enumerationsprinzip beherrscht und entziehen der Generalklausel des § 40 I 1 Sachgebiete im Umfang ihrer Reichweite. Die **Sozialgerichtsbarkeit** ist nach § 51 SGG zuständig sowohl für öffentlich-rechtliche wie privatrechtliche Streitigkeiten aus dem **Sozialversicherungsrecht** (→ Meyer-Ladewig/Keller/Leitherer, SGG; → Lüdtke, SGG, jeweils zu § 51). Neben den klassischen Gebieten (gesetzliche Krankenversicherung, Kassenarztrecht, Arbeitslosenversicherung, Kriegsopferversorgung) zählen dazu Angelegenheiten der Pflegeversicherung (SGB XI), seit dem 1. 1. 2005 aber auch solche der **Sozialhilfe** und des Asylbewerberleistungsgesetzes (§ 51 I Nr. 6a SGG). Die Wegverlagerung der Sozialhilfe von der Verwaltungsgerichtsbarkeit ist systemwidrig, weil es sich um steuerfinanzierte Staatsleistungen handelt, die sich nicht nur theoretisch von Ansprüchen aus beitrags- oder umlagefinanzierten Versicherungen unterscheiden (Ey § 40 Rn. 144a).

8   Die **Finanzgerichtsbarkeit** erledigt nach § 33 FGO öffentlich-rechtliche Streitigkeiten über Abgabenangelegenheiten (Steuern, Gebühren und Beiträge, aber auch Zölle, Umlagen, Sonderabgaben und Abschöpfungen nach EU-Recht, BFHE 119, 223, 226), über Vollzugsakte der Finanzbehörden und über bestimmte berufsrechtliche Streitigkeiten nach dem Steuerberatungsgesetz sowie nach Einzelzuweisungen durch Bundes- oder Landesgesetz (→ Gräber, FGO § 33; → Schwarz, FGO § 33).

9   Von den Sonderzuweisungen nicht umfasst werden die **dienstrechtlichen Angelegenheiten** der bei Sozialversicherungsträgern und Finanzämtern Beschäftigten. Sie gehören vor die allgemeinen VG oder die Arbeitsgerichte (→ Rn. 60, 67).

10 **b) Andere besondere Rechtswege.** Der Bund darf nach Maßgabe der Art. 92 und 96 GG neben den in Art. 95 I GG genannten unmittelbar-staatliche **(Sonder)Gerichte** einrichten (vgl. Art. 101 II GG). Nach **Bundesrecht** bestehen Patentgerichte, Wehrdienstgerichte, Richterdienst- und Berufsgerichte. Die **Länder** dürfen im Rahmen ihrer Gesetzgebungskompetenz solche Gerichte verselbstständigen und als mittelbar-staatliche ausgestalten (Art. 30 GG; vgl. Ey § 40 Rn. 153).

11 Die Länder haben teilweise von der Ermächtigung des § 187 I Gebrauch gemacht, **Landesdisziplinar-** und **Landesberufsgerichte** zu errichten und sie anderen Gerichten **an**zugliedern oder diesen als besondere Spruchkörper **ein**zugliedern (→ Rn. 18). Auf das Verhältnis dieser Gerichte zu den VG finden **§§ 17 ff.** GVG Anwendung (BVerwGE 103, 26; analog; bei eingegliederten Spruchkörpern über § 83, vgl. Ey § 40 Rn. 158; → § 41 Rn. 6).

12 *aa) Patentgerichte.* Maßnahmen des Patentamtes (nach § 65 PatG, dem GebrMG, GeschmMG, WZG, HalbleiterschutzG), des Bundessortenamtes (§ 34 SortenschutzG) und Patentnichtigkeitsklagen gegen Patentinhaber (BGHZ 18, 81) gehören

Zulässigkeit des Verwaltungsrechtsweges § 40

vor die Bundesgerichtsbarkeit für **Angelegenheiten des gewerblichen Rechtsschutzes**, für die dem Bund die ausschließliche Gesetzgebungskompetenz zusteht (Art. 73 I Nr. 9 GG). Sie ist zweistufig ausgestaltet mit dem Bundespatentgericht im Instanz- und dem BGH als Rechtsmittelgericht (vgl. Art. 96 I und III GG).

bb) Wehrdienstgerichte. Gemäß Art. 96 IV GG kann der Bund für Personen, die zu 13 ihm in einem öffentlich-rechtlichen Dienstverhältnis stehen, Bundesgerichte zur Entscheidung in Disziplinar- und Beschwerdeverfahren errichten. Für die **truppendienstlichen** und **disziplinarrechtlichen** Angelegenheiten der Soldaten nach der WBO hat der Bund als **Wehrdienstgerichte** die Truppendienstgerichte (§§ 69 bis 79 WDO) errichtet; beim BVerwG (→ § 10 Rn. 4) sind ihnen zwei Wehrdienstsenate übergeordnet (§ 80 WDO), die als Berufungs- und Beschwerdeinstanz fungieren (zur Besetzung → § 10 Rn. 4). Zurzeit bestehen die Truppendienstgerichte Nord in Münster und Süd in München, jeweils mit auswärtigen Kammern.

Die **truppendienstlichen Angelegenheiten**, die von den im Verwaltungsrechts- 14 weg zu entscheidenden **statusrechtlichen** abzugrenzen sind (§ 82 SG → Rn. 62), betreffen das Verhältnis der militärischen Über- und Unterordnung (stRspr., BVerwG, Beschl. v. 20.11. 2009 – 1 WB 55.08, zur Befragung durch Angehörige des MAD außerhalb eines Sicherheitsüberprüfungsverfahrens; DÖV 2005, 1047 m.w.N.). Für die Bestimmung, ob es sich um eine truppendienstliche Angelegenheit oder um eine Verwaltungsangelegenheit handelt, für die der Rechtsweg zu den VG eröffnet ist, ist auf die wahre Natur des geltend gemachten Anspruchs und auf die daraus abzuleitende Rechtsfolge abzustellen.

cc) Richterdienstgerichte. Für die Angelegenheiten der Richter besteht ein gespal- 15 tener Rechtsweg (→ § 38 Rn. 7). Über Klagen von **Bundesrichtern** wegen Verletzung der richterlichen Unabhängigkeit, Disziplinarsachen (→ Rn. 70) und Versetzungen entscheidet erst- und letztinstanzlich das **Dienstgericht des Bundes**, das als besonderer Senat des BGH gebildet ist (§ 61 I DRiG). Dieser Rechtsweg ist auch Bundesanwälten (§ 122 IV, V DRiG) und Mitgliedern des Bundesrechnungshofs (§ 18 BRHG) für entsprechende Streitigkeiten eröffnet. Für **Richter im Landesdienst** haben die Länder nach §§ 77 ff. DRiG eine zweistufige Dienstgerichtsbarkeit einzurichten, die meist bei den ordentlichen Gerichten angesiedelt ist (z.B. §§ 35 ff. LRiG NRW; Art. 56 ff. BayRiG). Über ihnen entscheidet das Dienstgericht des Bundes im dritten Rechtszug (§ 62 II DRiG).

Hingegen sind die VG für Klagen „aus" dem Richterdienstverhältnis zuständig (→ 16 Rn. 61). Das gilt auch dann, wenn ein und dieselbe Maßnahme im Unabhängigkeitsstreit vor den Richterdienstgerichten und vor den VG auf ihre Rechtmäßigkeit i.Ü. überprüft werden soll (BVerwG NJW-RR 2010, 272 = DÖD 2010, 49 zu einer Untersuchungsanordnung mit dem Zweck, Zweifel an der Dienstunfähigkeit eines Richters außerhalb eines Verfahrens auf Versetzung in den Ruhestand zu beseitigen). Die Überprüfungsbegehren bilden keinen einheitlichen Streitgegenstand, sondern zwei verschiedene Streitgegenstände (vgl. BVerwGE 67, 222, 223). Die Rechtsbehelfe sind nebeneinander in verschiedenen Rechtswegen mit unterschiedlichen Rechtsschutzzielen zu verfolgen (vgl. BGHZ 90, 41, 50 f.). Das steht auch der in § 17 II GVG vorgesehenen Konzentration der Prüfungsbefugnisse bei dem zuerst angerufenen Gericht (§ 17 I 2 GVG, § 90 I VwGO, § 66 I 1, § 83 DRiG) entgegen.

dd) Berufsgerichte. Für die beratenden Berufe hat der Bund auf der Grundlage sei- 17 ner Gesetzgebungskompetenz (Art. 74 I Nr. 1 GG: Rechtsanwaltschaft, Notariat und Rechtsberatung) **Berufsgerichte** eingerichtet. Ihr unterfallen Rechtsanwälte (BRAO) und Notare (BNotO), Patentanwälte (PAO), Steuerberater und -bevollmächtigte (StBerG) sowie Wirtschafts- und Buchprüfer (WPrO). Zuständig sind die

§ 40

Berufsgerichte für die Berufszulassung und für standes- und disziplinarrechtliche Streitigkeiten, teilweise auch für alle anderen Streitigkeiten nach den Berufsgesetzen (Ey § 40 Rn. 159).

18 In den **Ländern** sind weitere Berufsgerichte für die Ingenieurberufe (z.B. Architekten und Stadtplaner) und Heilberufe (Ärzte, Zahnärzte, Tierärzte und Apotheker) eingerichtet, soweit das Berufsrecht landesrechtlich geordnet werden kann. Die Berufsgerichte müssen „echte" Gerichte i.S. des Art. 19 IV GG, dürfen aber mittelbarstaatliche Gerichte sein. Sie sind teils selbstständig, teils den ordentlichen Gerichten, teils den allgemeinen VG angegliedert (→ Rn. 11). Sie können nur für standes- und disziplinarrechtliche Streitigkeiten zuständig gemacht werden; für andere Streitigkeiten (z.B. die Berufszulassung) bleiben die VG zuständig.

2. Zivilprozesssachen kraft Verfassung

19 a) Staatshaftungssachen: Überblick. Das Recht der Haftung des Staates für rechtswidrige Eingriffe und des Ausgleichs für rechtmäßige Inanspruchnahmen Privater ist weder in materiell-rechtlicher noch in prozessualer Hinsicht konsistent geregelt. Materiell-rechtlich besteht eine Vielzahl konkurrierender, teils richterrechtlich entwickelter und in ihren Grundlagen nicht völlig geklärter Anspruchsgrundlagen (→ MD GG Art. 34 Rn. 17 ff. und 34 ff.). Prozessual ist vor allem die Aufspaltung von Primärrechtsschutz gegen Eingriffsakte (der von den VG geleistet wird) und Sekundärrechtsschutz (vor den ordentlichen Gerichten) verfehlt und angesichts der Generalklausel des § 40 I 1 dringend reformbedürftig (Ey-Rennert § 40 Rn. 103 ff.). Seinen Grund hat diese Aufspaltung in der historischen Entwicklung der vermögensrechtlichen Staatshaftungsansprüche, die traditionell den Zivilgerichten zugewiesen sind (→ vor § 40 Rn. 25 ff.). Die beiden ältesten Fälle – Enteignungsentschädigung und Amtshaftung – sind nunmehr im GG geregelt. Weitere Fälle dieser sog. Zivilprozesssachen kraft Tradition/Überlieferung werden in § 40 II 1 fortgeschrieben. Eine grundlegende Konsolidierung des Staatshaftungsrechts bedürfte daher neben einer einfachgesetzlichen Neuregelung der Anspruchsgrundlagen auch gewisser Eingriffe in das Verfassungsrecht.

20 b) Enteignungsentschädigung (Art. 14 III 4 GG). Bei allen Streitigkeiten wegen der **Höhe der Entschädigung** bei rechtmäßiger Enteignung (sog. Summenstreit) steht nach Art. 14 III 4 GG entsprechend der deutschen Rechtstradition (→ vor § 40 Rn. 29 f.) der Rechtsweg zu den ordentlichen Gerichten offen. Klagen gegen die **Enteignung** selbst (der sog. Zulassungsstreit) gehört entweder vor die Verfassungsgerichte (bei Legalenteignungen) oder gemäß § 40 I 1 vor die VG (bei Administrativenteignung). Art. 14 III 4 GG enthält damit eine prozessuale Sonderregelung, die in ihrem Anwendungsbereich die sonst begründete allgemeine Zuständigkeit der VG nach § 40 I 1 verdrängt. Ein Summenstreit liegt vor, wenn eine höhere oder überhaupt eine Entschädigung, wenn eine andere Art der Entschädigung oder Ersatz für Folgeschäden verlangt wird (BGHZ 95, 28, 30).

21 Die Zuweisung greift nur bei **Enteignungen im eigentlichen Sinne** ein (BGH ZOV 2003, 326; S/S-A/P § 40 Rn. 499 ff.). Insofern ist Art. 14 III 4 GG die prozessuale Ergänzung des in Art. 14 III 2 GG normierten Grundsatzes der Gesetzmäßigkeit der Entschädigung (BVerfGE 58, 300, 319). Um eine Enteignung (Art. 14 III GG) im verfassungsrechtlichen Sinn handelt es sich nach stRspr. des BVerfG nur beim unmittelbaren Zugriff auf das Eigentum durch Entzug eines wohlerworbenen Rechts durch gezielten staatlichen Rechtsakt (BVerfGE 79, 174, 191 m.w.N.; Sodan, GG, Art. 14 Rn. 23 ff.). Demgemäß liegt keine Enteignung vor bei **mittelbaren Beein-**

trächtigungen des Eigentums, sei es durch Realakte (z. B. Immissionen), normatives Unrecht oder durch Inhaltsbestimmungen (Rn. 43). Für rechtswidrige Eingriffe solcher Art ist der enteignungsgleiche Eingriff entwickelt worden, für rechtmäßige der enteignende Eingriff (Rn. 29 ff.). Im Summenstreit ist die Rechtmäßigkeit der Enteignung eine Vorfrage der Begründetheit, die bei Bestandskraft des Enteignungsakts bindend entschieden ist.

c) Amtshaftung (Art. 34 S. 3 GG). Nach Art. 34 S. 3 GG darf der ordentliche 22 Rechtsweg für Amtshaftungsklagen i. S. der S. 1 und 2 (Schadensersatz und Rückgriff) nicht ausgeschlossen werden. Gemeint sind Ansprüche nach nationalem Recht wegen **schuldhaft rechtswidrigem Amtshandeln** eines Beamten im haftungsrechtlichen Sinn (§ 839 BGB), für die die öffentliche Hand nach Art. 34 GG zu haften hat. Der VwGO-Gesetzgeber hat es in **§ 40 II 1 Fall 3** („Verletzung öffentlich-rechtlicher Pflichten") bei der historischen Zuordnung solcher Ansprüche zum zivilrechtlichen Haftungsrichter belassen (→ Rn. 38).

Die Rechtswegeröffnung unterliegt **zwei tradierten Einschränkungen**, die auf 23 ähnlich gelagerte Ansprüche (→ Rn. 25) durchschlagen: Sie gilt nur für Ansprüche gegen die Anstellungskörperschaft (nicht für solche des Bundes, BVerwGE 37, 231, 236; BGHZ 43, 272), und sie richtet sich nur auf Geldschadensersatz (BGHZ 121, 367, 374). Wird Schadensersatz durch Naturalrestitution (z. B. durch ein Amtshandeln) verlangt, liegt kein Amtshaftungsanspruch, sondern ein allgemeiner deliktischer Schadensersatzanspruch vor, für den die Zivilgerichte nach § 13 GVG zuständig sind. Wird die Amtshandlung als Folgenbeseitigung für öffentlich-rechtliches Handeln verlangt, sind die VG nach § 40 I 1 zuständig. Für Amtshaftungsklagen sind erstinstanzlich die LG sachlich zuständig (§ 71 II Nr. 2 GVG).

3. Fortgeschriebene Zivilprozesssachen „kraft Tradition" (II 1)

§ 40 II 1 weist den ordentlichen Gerichten weitere Fallgruppen der vom RG ent- 24 wickelten sog. Zivilprozesssachen kraft Überlieferung zu (→ vor § 40 Rn. 23). Maßgebend dafür ist der Sachzusammenhang mit den – den Zivilgerichten zugewiesenen – Amtshaftungs- (Art. 34 S. 3 GG) und Entschädigungsansprüchen (Art. 14 III 4 GG). Erfasst werden **drei Fallgruppen**: vermögensrechtliche Ansprüche aus Aufopferung, aus öffentlich-rechtlicher Verwahrung und Schadensersatzansprüche aus der Verletzung öffentlich-rechtlicher Pflichten.

Da II 1 Ausnahmevorschrift zur Generalklausel in I 1 ist, müssen die Fallgruppen 25 **eng ausgelegt** werden. Daraus rechtfertigte sich, auf alle drei Fallgruppen jene **Einschränkungen** zu übertragen, die für die verfassungsrechtlichen Ansprüche gelten (Rn. 23): Erfasst werden (1) nur Ansprüche **gegen** den Staat, nicht aber umgekehrt Ansprüche des Staates gegen den Bürger; (2) die Ansprüche müssen sich ihrem Inhalt nach auf Geld oder vertretbare Sachen richten; Naturalrestitution (Folgenbeseitigung) scheidet aus.

Vor die VG gehört der Streit um **Billigkeitsentschädigungen**, die vom Gesetz- 26 geber ohne notwendige Herleitung aus Grundrechten geschaffen worden sind. Das gilt jedenfalls, soweit keine ausdrückliche Rechtswegzuweisung zu den ordentlichen Gerichten vorgesehen ist (so in § 19a FStrG; § 39 WaStrG; § 19 IV WHG). Vor die VG gehören auch spezielle Ausprägungen des allgemeinen (ungeschriebenen) Aufopferungsanspruchs, die von II 1 nicht erfasst werden (Ey § 40 Rn. 108).

a) Aufopferung (II 1 Fall 1). Den Zivilgerichten zugewiesen sind vermögens- 27 rechtliche Ansprüche aus Aufopferung für das gemeine Wohl. Die Aufopferung geht

§ 40 Teil I. Gerichtsverfassung

auf §§ 74, 75 Einleitung zum prALR von 1794 zurück und gewährt eine Entschädigung für rechtmäßige hoheitliche Eingriffe, die dem Einzelnen ein Sonderopfer auferlegen. Nach h.M. werden von dem allgemeinen Aufopferungsanspruch nur Eingriffe in **immaterielle Rechtsgüter** erfasst, zu denen unstreitig Gesundheit, Leben, körperliche Bewegungsfreiheit (BGHZ 13, 88; MD, GG Art. 34 Rn. 52) gehören, nach einer zutreffenden Mindermeinung auch solche in das allgemeine Persönlichkeitsrecht mit den Rechtsgütern Ehre und Kreditwürdigkeit (Ey-Rennert § 40 Rn. 107). Der Begriff der Aufopferung ist im Zusammenhang mit der Rechtswegeröffnung weit zu verstehen. Daraus ist der Schluss zu ziehen, dass spezielle Ausprägungen des Aufopferungsanspruchs (Rn. 29) ebenfalls nach II 1 Fall 1 vor die Zivilgerichte gehören (str., a.A. Ey-Rennert § 40 Rn. 108). Zu den aufopferungsgleichen Eingriffen → Rn. 29.

28 Die **Rechtsfolge** des Aufopferungsanspruchs ist nach stRspr. beschränkt auf eine angemessene Entschädigung in Geld unter Ausschluss eines Schmerzensgeldes (BGHZ 45, 58, 77 = NJW 1966, 1021; 20, 61, 68 ff. = NJW 1956, 629). Ob eine solche Beschränkung auch nach Einführung des § 253 II n.F. BGB Bestand hat, ist offen (vgl. OLG Frankfurt NStZ-RR 2009, 282 Ls.). In der Konsequenz greift die Rechtswegzuweisung in II 1 Fall 1 nur für „vermögensrechtliche Ansprüche", die auf Geldleistung gerichtet sind, nicht aber für Ansprüche auf Folgenbeseitigung (S/S-A/P § 40 Rn. 530 m.w.N.).

29 **b) Enteignungs-/aufopferungsgleicher Eingriff.** Nach stRspr. des BGH sind aus dem allgemeinen **Aufopferungsgedanken** der §§ 74, 75 Einl. prALR auch die richterrechtlichen Haftungsinstitute des enteignungsgleichen und des enteignenden Eingriffs herzuleiten (BGHZ 102, 350, 357; 100, 136, 145; 90, 17, 29; str.). Wegen dieser Herleitung werden derartige Entschädigungsansprüche § 40 II 1 Fall 1 („Aufopferung") zugeordnet und sind im Zivilrechtsweg zu verfolgen (BGHZ 90, 17, 31; 91, 20, 28). Ersterer gewährt Entschädigung bei schuldlos rechtswidrigen Eingriffen in das Eigentum, die keine Enteignung (→ Rn. 21) darstellen, Letzterer für atypische, unbeabsichtigte Nebenfolgen rechtmäßigen Verwaltungshandelns. Bei schuldlos rechtswidrigen Eingriffen in nichtvermögenswerte Rechte (→ Rn. 27) liegt ein **aufopferungsgleicher** Eingriff mit entsprechenden Rechtsfolgen vor.

30 Entschädigungsansprüche aus **enteignungsgleichem Eingriff** setzen voraus, dass rechtswidrig in eine durch Art. 14 GG geschützte Rechtsposition von hoher Hand unmittelbar eingegriffen wird und dem Berechtigten dadurch ein besonderes, anderen nicht zugemutetes Opfer für die Allgemeinheit auferlegt wird (BGHZ 117, 240, 252 = NJW 1992, 3229).

31 Bei normativem Unrecht ist zu differenzieren: Keine Grundlage für eine Staatshaftung wegen enteignungs- bzw. aufopferungsgleichen Eingriffs bieten die nachteiligen Auswirkungen und der Vollzug verfassungswidriger **formeller Gesetze** (BGHZ 102, 350, 359; 100, 136), wohl aber rechtswidriger untergesetzlicher Normen (Rechtsverordnungen und Satzungen), die an eigenen Nichtigkeitsgründen leiden. Ein Anspruch ist dann aber auf Ausgleich lediglich des Substanzverlustes gerichtet (z.B. BGHZ 111, 349, 353 = NJW 1990, 3260).

32 **c) Enteignender Eingriff.** Nach der Rspr. des BGH ist ein öffentlich-rechtlicher Anspruch auf Entschädigung aus dem Gesichtspunkt des **enteignenden Eingriffs** begründet, wenn rechtmäßiges hoheitliches Handeln (z.B. infolge Lärmimmissionen) zu unmittelbaren Eingriffen in nachbarliches Eigentum führt. Der Entschädigungsanspruch setzt, wenn keine (Teil-)Enteignung erfolgt ist, voraus, dass die Grenze dessen

überschritten wird, was ein Nachbar nach § 906 BGB entschädigungslos hinnehmen muss (BGHZ 129, 124, 125 f. = NJW 1995, 1823; 122, 76, 77 f.; 91, 20, 26 f.).

Eine Entschädigungspflicht auf dieser Grundlage können **Geräuschimmissionen** 33 erst auslösen, wenn sie die enteignungsrechtliche Zumutbarkeitsschwelle überschreiten, die nicht mit der fachplanungsrechtlichen Erheblichkeitsschwelle gleichgesetzt werden darf, sondern deutlich über dieser liegt (vgl. BGHZ 122, 76, 78 f.). In der neueren Rspr. bejaht der BGH den Anspruch grds. nur noch, wenn das öffentliche Vorhaben, das zu den Lärmimmissionen führt, nicht auf einem Planfeststellungsbeschluss beruht, der die Immissionsproblematik zu bewältigen hat (BGH MDR 2010, 142; BGHZ 161, 323; 97, 114, 119 f.; WM 1987, 245).

Der Anspruch richtet sich grds. nur auf **Geldausgleich** für Schallschutzeinrich- 34 tungen. Eine Entschädigung für einen **Minderwert** des Grundstücks kommt erst in Betracht, wenn Schutzeinrichtungen keine wirksame Abhilfe versprechen oder unverhältnismäßige Aufwendungen erfordern.

d) Öffentlich-rechtliche Verwahrung (II 1 Fall 2). Vermögensrechtliche An- 35 sprüche des Bürgers gegen den Staat (→ Rn. 25) aus öffentlich-rechtlicher Verwahrung sind den ordentlichen Gerichten zugewiesen. **Verwahrung** ist die physische Sachherrschaft einer Behörde über die Sache eines anderen Eigentümers oder Besitzers im Rahmen der Erfüllung öffentlicher Aufgaben (vgl. BGHZ 21, 219; OLG Köln NVwZ 1994, 618; KS § 40 Rn. 65). Die Sachherrschaft kann durch Vertrag (Benutzungsverhältnis, Hinterlegung; BGHZ NJW 1990, 1230: Fundbüro) oder Hoheitsakt (Beschlagnahme, Sicherstellung) begründet werden, nach § 23 III EGGVG auch durch strafprozessuale Maßnahmen der Staatsanwaltschaft oder eines ordentlichen Gerichts (NdsOVG DVBl. 2010, 399: Pfändung eines PKW aufgrund richterlichen Beschlusses nach § 111d StPO; OLG Nürnberg NStZ 2006, 654 f. m.w.N.). Die Ausübung der Obhut kann privaten Dritten (Beauftragten wie z.B. Abschleppunternehmern) überlassen werden, sie ist aber gleichwohl der öffentllichen Hand zuzurechnen.

Die Verwahrung muss **Hauptzweck** sein, liegt daher nicht vor bei kurzfristigen 36 Transportvorgängen (Abschleppen) oder bei der Rückgabe gleichartiger Gegenstände (BGHZ 34, 349; str.). Die Verwahrung kann durch ein anderes Rechtsverhältnisse überlagert werden und ist dann als deren Teil zu beurteilen (BVerwG Buchh 427.2 § 21a FG Nr. 11: Urkundenübergabe zu Beweiszwecken im Lastenausgleichsverfahren).

Die Ansprüche sind jedenfalls vermögensrechtlich, wenn sie auf Geldleistung (La- 37 gerkosten, Aufwendungsersatz, Schadensersatz analog §§ 688 ff. BGB) gerichtet sind. Str. ist, ob auch andere **Anspruchsinhalte** (Herausgabe, Rückgabe, Auskunft über Verbleib) vor den ordentlichen Gerichten geltend zu machen sind. Dies ist zu verneinen (→ Rn. 25). Bei vertraglicher Verwahrung folgt dies auch daraus, dass der speziellere Fall 3 des II 1 vorliegt (→ Rn. 42), wonach die VG zuständig sind. Bei Geldersatzansprüchen wegen Verletzung von Verwahrerpflichten ergibt sich eine Konkurrenz zu Amtshaftungsansprüchen, für die § 17 II GVG zu beachten ist.

e) Verletzung nichtvertraglicher öffentlich-rechtlicher Pflichten (II 1 Fall 3). 38 Der ordentliche Rechtsweg ist gegeben für Schadensersatzansprüche aus der Verletzung öffentlich-rechtlicher Pflichten, die nicht auf einem öffentlich-rechtlichen Vertrag beruhen (zu Vertragsverletzungen Rn. 41). Hauptfall ist die **Amtshaftung** (→ Rn. 22). Daneben sind Fälle selten, in denen die Verletzung nichtvertraglicher öffentlich-rechtlicher Pflichten zu Ansprüchen führt, die nach II 1 zu den ordentlichen Gerichten „umgelenkt" werden müssen; denn nach der Rspr. des BGH führt die Ver-

§ 40   Teil I. Gerichtsverfassung

letzung öffentlich-rechtlicher Pflichten, die eine Beeinträchtigung eines absoluten Rechtsguts zur Folge hat, zu deliktischen Schadensersatzansprüchen, die nach § 13 GVG ohnehin vor die Zivilgerichte gehören (BGHZ 121, 367; Ey § 40 Rn. 118; KS § 40 Rn. 70). Das gilt auch für **Verkehrssicherungspflichten**, die vom BGH grds. als privatrechtlich und nur dann als öffentlich-rechtlich aufgefasst werden, wenn dies – wie regelmäßig im Straßenrecht der Länder – ausdrücklich bestimmt ist (BGHZ 112, 74; KS § 40 Rn. 27).

39 Unübersichtlich ist die Lage bei Ersatzansprüchen aus **nichtvertraglichen** (gesetzlichen) **Schuldverhältnissen**. Nach ständiger (sehr bestrittener) Rspr. setzt die Zuweisung an die ordentlichen Gerichte nach II 1 Fall 3 einen aktuellen sachlichen Zusammenhang mit einem Amtshaftungsanspruch voraus (BVerwG NJW 2002, 2894; 1976, 1468 m.w.N.; ebenso NJW 1986, 1109; BGHZ 43, 34, 40 f.; a.A. etwa BeckOK VwGO § 40 Rn. 168 und KS § 40 Rn. 72 m.w.N.). Erfüllungs- und Haftungsansprüche aus einem einheitlichen Rechtsverhältnis sollen nicht in getrennten Rechtswegen verfolgt werden müssen. Daher gehören Ansprüche aus **öffentlich-rechtlicher pVV bzw pFV** (analog § 280 I BGB) grds. vor die VG, desgleichen Ansprüche analog § 311 II BGB (früher **culpa in contrahendo**), wenn der Schaden im sachlichen Zusammenhang mit Anbahnung, Abschluss oder Abwicklung eines öffentlich-rechtlichen Vertrages entstanden ist (BVerwG NVwZ 2003, 1383: fehlerhafte Verweigerung der Einstellung in ein Beamtenverhältnis; BGH NJW 1986, 1109; sehr str., abl. Ey § 40 Rn. 121; NKVwGO § 40 Rn. 566 ff.). Entsprechendes gilt für öffentlich-rechtliche Leistungs- und Benutzungsverhältnisse oder die öffentlich-rechtliche Geschäftsführung ohne Auftrag (Rn. 139).

40 Nach der Rspr. des EuGH sind die Mitgliedstaaten der EU zum Ersatz der Schäden verpflichtet, die den Bürgern durch dem Nationalstaat zuzurechnende Verstöße gegen das Gemeinschaftsrecht entstehen (EuGH Slg. 1991, I-5403, 5415 f. = NJW 1992, 165, Rn. 42 f. – Francovici; Slg. 1996, I-1131, 1153 ff. = NJW 1996, 1267 Rn. 67, 74, 83–85 – Brasserie du Pêcheur und „Factortame"). Dieser sog. **gemeinschaftsrechtliche Staatshaftungsanspruch** (vgl. BGHZ 146, 153, 161 f. = NVwZ 2001, 465) gehört in jedem Falle vor die Zivilgerichte (S/S-A/P § 40 Rn. 542; NKVwGO § 40 Rn. 573; Ey § 40 Rn. 117).

41 f) Verträge und Vertragsverletzungen. Für **Primäransprüche** (Erfüllung) aus vertraglichen Sonderverbindungen des öffentlichen Rechts entnimmt die h.M. im Umkehrschluss aus II 1 („die nicht") eine generelle Zuständigkeit der Verwaltungsgerichtsbarkeit nach I 1. Freilich ist bei öffentlich-rechtlichen Verträgen über Gegenstände, die einer besonderen Verwaltungsgerichtsbarkeit (etwa zu den SG oder FG) zugehören, dieser Rechtsweg gegeben.

42 Aus denselben Erwägungen sind die VG zuständig für **Sekundäransprüche** aus der Verletzung von Haupt- und Nebenleistungspflichten aus einer öffentlich-rechtlichen Sonderverbindung, insbes. Schadensersatzansprüche aus öffentlich-rechtlichem Vertrag, die nicht zugleich eine pVV oder culpa in contrahendo darstellen. Im Falle der Pflichtverletzung aus einem öffentlich-rechtlichen Verwahrungsvertrag geht die Rechtswegbestimmung nach II 1 Fall 3 derjenigen nach Fall 2 („vermögensrechtliche Ansprüche aus Verwahrung") vor (Rn. 37 und 39)

43 g) Ausgleichsansprüche im Rahmen des Art. 14 I 2 GG (II 1 Hs. 2). Belastungen des Eigentums, die sich nicht als Enteignung, sondern als **Inhalts- und Schrankenbestimmungen** i.S. des Art. 14 I 2 GG darstellen, sind grds. entschädigungslos hinzunehmen. Überschreiten sie aber die Grenze des Zumutbaren, so ist der Gesetzgeber gehalten, Ausgleichsansprüche zu schaffen. Diese finden sich in natur-

und denkmalschutzrechtlichen Unterschutzstellungen (vgl. BVerfGE 100, 226, 245; BVerwGE 94, 1, 3) und in immissions- und fachplanungsrechtlichen Auflagenbestimmungen (§ 75 II 2 und 4 VwVfG; Nachw. bei Ey § 40 Rn. 111). Für derartige Geldansprüche schreibt II 1 Hs. 2 m.W.v. 1.1. 2002 (Gesetz v. 20.12. 2001, BGBl. I 3987) den Verwaltungsrechtsweg vor. Das ist konsequent, denn der Ausgleichsanspruch ist unabdingbarer Teil der Inhaltsbestimmung, die ihrerseits als hoheitliche Maßnahme durch die VG zu überprüfen ist. Gleichwohl war bis zur Änderung des II 1 umstritten, in welchem Rechtsweg derartige Ansprüche zu verfolgen sind: Der BGH betrachtete sie als Ansprüche aus Aufopferung (§ 40 II 1 Fall 1), das BVerwG sah Art. 14 I 2 GG als Rechtsgrundlage (und damit § 40 I 1 als einschlägig) an. Die Übergangsbestimmung in → § 194 V hat diese Meinungsverschiedenheit für die ab 1.1. 2002 bei Gericht anhängig werdenden Verfahren entschieden. Damit sind auch die vom BGH bislang vertretenen Ausnahmen für Nutzungsbeschränkungen mit „salvatorischen Klauseln" und für „drastische Fälle", die sich als enteignende Eingriffe darstellten (BGHZ 128, 204, 207; DVBl. 1999, 603, 608), insgesamt überholt (Ey § 40 Rn. 111).

h) Rückausnahmen (II 2). „Unberührt" von der Zuweisung in II 1 an die ordent- 44 lichen Gerichte bleiben die **besonderen Vorschriften des Beamtenrechts**. Gemeint ist die umfassende Rechtswegzuweisung an die VG für Streitigkeiten aus dem Beamtenverhältnis (näher Rn. 60), zu denen auch Schadensersatzansprüche von Beamten zählen, die nicht auf Amtshaftung gestützt sind (→ Rn. 60, 66).

Unberührt bleiben nach II 2 auch Vorschriften über den Rechtsweg bei **Aus-** 45 **gleich von Vermögensnachteilen** wegen Rücknahme **rechtswidriger** VA (§ 48 III VwVfG). Diese Rückausnahme geht ins Leere bzw. greift nur noch für inhaltsgleiche Spezialvorschriften, seit die Sonderzuweisung an die ordentlichen Gerichte in § 48 VI VwVfG aufgehoben ist. Für Vermögensnachteile bei **Widerruf eines rechtmäßigen VA** ordnet § 49 VI 3 VwVfG (ähnlich § 21 VI BImSchG) den ordentlichen Rechtsweg an, was sich aus der Nähe zur Enteignung erklärt. Es handelt sich um eine abdrängende bundesrechtliche Sonderzuweisung i.S. des I 1 (vgl. auch Ey § 40 Rn. 113, 169 f.).

i) Auffangzuständigkeit der ordentlichen Gerichtsbarkeit. Bei Rechtsverlet- 46 zungen durch Akte öffentlicher Gewalt kann der ordentliche Rechtsweg durch einfaches Gesetz nicht ausgeschlossen werden, wenn eine andere Zuständigkeit nicht begründet ist (Art. 19 IV 2 GG). Diese Auffangzuständigkeit kann neben der Generalklausel des § 40 I 1 allenfalls noch bei bestimmten Streitigkeiten verfassungsrechtlicher Art Bedeutung erlangen (→ Rn. 92). Nicht-justiziable Streitigkeiten (→ Rn. 77) sind wegen Art. 19 IV 2 GG im Bereich rechtsverletzender Akte öffentlicher Gewalt nicht möglich (NKVwGO § 40 Rn. 527).

4. Einzelzuweisung von Justizsachen

a) Justizverwaltungsakte (§ 23 EGGVG). § 23 EGGVG eröffnet die Nachprü- 47 fung spezifisch justizmäßiger VA, sog. Justizverwaltungsakte. Die als Provisorium gedachte Regelung (BT-Drs. III/1094 S. 15) soll die Überprüfung der sachnäheren ordentlichen Gerichtsbarkeit übertragen, weil diese in Zivil- und Strafsachen über bessere Kenntnisse und Erfahrungen verfüge (BT-Drucks. III/55 S. 60 f.; BVerwG NJW 2007, 1478 Rn. 17 m.w.N.; BGH NJW 1994, 1950, 1951). Sachlich zuständig sind die OLG (§ 25 EGGVG).

Justizverwaltungsakte (im Einzelnen vgl. KS § 179 Rn. 1 ff.) sind nach § 23 I, 48 II EGGVG Anordnungen, Verfügungen oder sonstige Maßnahmen von Justiz- oder

§ 40   Teil I. Gerichtsverfassung

Vollzugsbehörden zur Regelung einzelner Angelegenheiten **auf bestimmten Rechtsgebieten** (bürgerliches Recht, Handelsrecht, Zivilprozessrecht, freiwillige Gerichtsbarkeit, Strafrechtspflege und Justizvollzug). Bei Maßnahmen, die über die in § 23 EGGVG aufgeführten Gebiete hinausreichen (auch z. B. solchen der Arbeitsgerichte), bleibt es bei § 40 (BVerwG NJW 1989, 412, 413 f.: Pressemitteilungen der Staatsanwaltschaft über ein Ermittlungsverfahren). Es muss sich um eine einzelne Angelegenheit handeln, nicht notwendig aber um einen VA; auch Unterlassen und schlicht-hoheitlichen Handeln werden erfasst, sofern sie unmittelbare Außenwirkung haben. Ebenso wenig kommt es auf die **Klageart** an (BVerwG NJW 1989, 412), die auf Anfechtung, Verpflichtung, Leistung oder Feststellung gerichtet sein kann. Hat sich die Maßnahme vor der gerichtlichen Entscheidung **erledigt**, so spricht das Gericht nach § 28 I 4 EGGVG aus, dass die Maßnahme rechtswidrig gewesen ist, wenn der Antragsteller ein berechtigtes Interesse an dieser Feststellung hat.

49   Der **Begriff der Justizbehörde** ist funktional und nicht organisatorisch zu verstehen. Es kommt daher auf die Qualifizierung der Aufgabe an, nicht aber darauf, ob die ausführende Behörde – i. S. des klassischen Justizbegriffs – organisatorisch dem Justizministerium nachgeordnet ist. Eine Maßnahme einer Justizbehörde liegt daher vor, wenn die konkrete Amtshandlung in Wahrnehmung einer Aufgabe vorgenommen wird, die der jeweiligen Behörde als ihre spezifische Aufgabe auf einem der in § 23 EGGVG genannten Rechtsgebiete zugewiesen ist (BVerwGE 69, 192, 195). Justizbehörde i. d. S. können daher sein: die Regierung eines Landes, die Justiz- und Innenminister, Finanzbehörden, das Bundeskartellamt sowie die Staatsanwaltschaft und die Polizeibehörden (Rn. 52). Justizverwaltungsakte sind Maßnahmen der Staatsanwaltschaft (Rn. 51).

50 **b) Maßnahmen von Gerichten.** Als Justizbehörden i. S. des § 23 EGGVG kommen auch Gerichte und ihre Organe in Betracht, sofern sie Verwaltungsmaßnahmen auf einem der genannten Rechtsgebiete (Rn. 48) treffen. Das kann der Fall sein, wenn ein Gericht als **Gerichtsbehörde** über die Gewährung von Reisekostenbeihilfen außerhalb der PKH entscheidet (→ § 166 Rn. 62) oder der Gerichtsvorstand über Akteneinsicht an Dritte (§ 299 II ZPO), über die Fertigung von Kopien aus Registern (BGHZ 108, 32) oder die Übersendung von Entscheidungsanschriften an Dritte (Ey § 40 Rn. 127). Erfasst werden nur Maßnahmen der ordentlichen Gerichte, nicht hingegen der Arbeitsgerichte (BGH NJW 2003, 2989) und der allgemeinen und besonderen VG. Keine spezifisch justizförmigen Angelegenheiten sind sachgebietsübergreifende Maßnahmen der Gerichtsverwaltungen wie die allgemeine Beeidigung von Dolmetschern und die Ermächtigung von Übersetzern gemäß § 55 i. V. m. § 189 II GVG (BVerwG NJW 2007, 1478). Wird das Gericht **als Rechtsprechungsorgan** (→ § 1 Rn. 4) tätig, so scheidet ein Justizverwaltungsakt aus, wenn die Maßnahme als Rspr. in richterlicher Unabhängigkeit und auf der Grundlage der Prozessordnung vorgenommen wird. So zu beurteilen sind etwa Rechtshilfemaßnahmen von Richtern (Ey § 40 Rn. 129).

51 **c) Maßnahmen der Staatsanwaltschaft.** Maßnahmen der Staatsanwaltschaft in Strafermittlungsverfahren sind grds. Justizverwaltungsakte, der Rechtsschutz gegen Eingriffsakte ist jedoch teilweise in der StPO geregelt. Gegen Maßnahmen aufgrund der originären Kompetenzen der Staatsanwaltschaft kann sich der Betroffene jederzeit mit Anträgen auf richterliche Entscheidung gemäß § 98 II 2, § 111e II 3, § 132 III 2 StPO wenden. Diese Vorschriften sind ihrem Wortlaut nach lückenhaft, erlauben insbes. nur die Überprüfung der Fortdauer einer Maßnahme, weshalb früher teilweise einer ergänzenden Anwendung der §§ 23 ff. EGGVG das Wort geredet wurde (vgl.

BVerwGE 47, 255 = NJW 1975, 893). Die h.M. wendet die Vorschriften heute jedoch über den Wortlaut hinaus analog an und ermöglicht – auch nach Erledigung – die richterliche Überprüfung der Rechtmäßigkeit ihrer Anordnung und der Art und Weise ihrer Durchführung (BVerfGE 96, 44, 49; BGH NJW 2000, 84). Der lückenfüllende Rückgriff auf §§ 23 ff. EGGVG ist daher nicht erforderlich (Ey § 40 Rn. 131; a.A. S/S-A/P § 40 Rn. 613).

d) Maßnahmen der Polizeibehörden. Polizeibehörden sind organisationsrechtlich durch ihre Zugehörigkeit zur Verwaltung gekennzeichnet, funktionell hingegen durch ihre doppelte Aufgabenstellung mit präventiver Gefahrenabwehr einerseits, repressiver Strafverfolgung andererseits (vgl. § 1 I, III BlnASOG; § 1 I PolG NRW). In Strafermittlungsverfahren besitzen Polizeibeamte nach Maßgabe des Landesrechts den Status von **Ermittlungspersonen der Staatsanwaltschaft** (§ 152 GVG). Diese nehmen nach Weisung der Staatsanwaltschaft funktional Aufgaben und Befugnisse der Strafverfolgungsbehörden nach der StPO wahr; die Maßnahmen in dieser Funktion sind dann Justizverwaltungsakte. 52

Die Zuordnung einer einzelnen Maßnahme kann deswegen schwierig sein, wenn 53 für sie sowohl im Polizeirecht wie in der StPO eine Rechtsgrundlage vorhanden ist; das ist z.B. für Festnahmen, Identitätsfeststellungen, Hausdurchsuchungen oder erkennungsdienstliche Maßnahmen der Fall. Handelt die Polizei als Ermittlungsperson, so gilt für ihre Maßnahmen das zur Staatsanwaltschaft Gesagte (→ Rn. 51). Über den Rechtsweg entscheidet der funktionelle Zusammenhang der Maßnahme im einzelnen Fall. Den VG ist nach I 1 die Überprüfung aller **Maßnahmen gefahrenabwehrender Art** auf der Grundlage der Polizei- und Sicherheitsgesetze zugewiesen.

Bei sog. **doppelfunktionalen Maßnahmen**, die präventiven und/oder repressi- 54 ven Charakter haben (können), ist die Zuordnung anhand des (erkennbaren) Grundes oder Ziels des polizeilichen Einschreitens vorzunehmen; führt dies nicht weiter, so entscheidet nach h.M. das Schwergewicht der konkreten Maßnahme (BayVGH BayVBl. 2010, 220; BVerwGE 47, 255, 264; NRWOVG 1980, 855). Die Sachverhaltsanalyse kann jedoch ergeben, dass in einem Geschehensablauf eine objektive zeitliche Zäsur erkennbar ist, sei es, dass die Schwelle des § 152 II StPO noch nicht überschritten ist (BVerwGE 45, 51; NJW 1990, 2768), sei es, dass eine Maßnahme von einer präventiven in eine repressive oder umgekehrt umschlägt (Bsp.: präventiv aufbewahrte erkennungsdienstliche Unterlagen werden zur Verfolgung einer konkreten Straftat herangezogen, BVerwGE 66, 202; DÖV 1970, 642). Ist eine hinreichend eindeutige Zuordnung nicht möglich (Bsp.: Videoüberwachung eines öffentlichen Platzes zur Verhütung und Verfolgung von Straftaten), so sollen beide Rechtswege offenstehen und das angerufene Gericht die Rechtmäßigkeit unter jedem Gesichtspunkt überprüfen dürfen (vgl. § 17 II GVG, str.).

e) Maßnahmen mit Richtervorbehalt. Gefahrenabwehrende Freiheitsentzie- 55 **hungen** (Art. 104 II 1 GG), Durchsuchungen von Wohnungen (Art. 13 II GG) und teilweise auch Datenerhebungen stehen unter **Richtervorbehalt**. Zuständig für die Anordnung der Maßnahme ist nach Bundes- wie nach Landesrecht durchweg das AG (vgl. nur §§ 1, 3 FEVG; § 40 BGSG). Das Verfahren bestimmt sich nach dem FGG, das als Rechtsmittel die sofortige Beschwerde zum LG vorsieht. Auch der nachgängige Rechtsschutz einschließlich der Fortsetzungsfeststellung bei Erledigung steht den AG zu (BVerwGE 62, 317, 321). I.Ü. bleibt es bei der Zuständigkeit der VG (BVerwGE 45, 51, 54; NRWOVG NJW 1992, 2172; OVG Weimar DÖV 1999, 511).

5. Abdrängende Zuweisungen durch Landesgesetz (I 2)

56 Der Landesgesetzgeber ist durch I 2 zu abdrängenden Rechtswegbestimmungen für öffentlich-rechtliche Streitigkeiten **auf dem Gebiet des Landesrechts** ermächtigt (näher S/S-A/P § 40 Rn. 28 ff.). Regelungen finden sich vor allem im Polizei- und Ordnungsrecht (Ey § 40 Rn. 102). Zuweisungen nach I 2 gehen einer abdrängenden Zuweisung nach II 1 vor, soweit diese nicht verfassungsrechtlich verankert ist (→ Rn. 20 ff.).

57 Streitigkeiten um **Entschädigungsansprüche** des Bürgers gegen die Anstellungskörperschaft der handelnden Amtswalter bzw. gegen den Träger der polizei- oder ordnungsbehördlichen Kosten sind traditionellerweise (§ 73 PrPVG) den ordentlichen Gerichten zugewiesen (vgl. etwa § 67 PolG NRW i.V.m. § 43 I OBG NRW; § 65 BlnASOG). Auch das erklärt sich aus dem Sachzusammenhang mit der Amtshaftung. Eine Zuweisung an die Zivilgerichte auch für **Rückgriffsansprüche** besteht nach § 58 PolG BW und § 54 SächsPolG.

58 Hingegen sind die Geltendmachung von **Erstattungsansprüchen** zwischen Hoheitsträgern und **Aufwendungsersatzansprüche** eines Hoheitsträgers gegen den polizeirechtlich Verantwortlichen im Landesrecht meist ausdrücklich den VG zugewiesen (vgl. etwa § 67 PolG NRW i.V.m. § 43 II OBG NRW; § 65 BlnASOG). Solche aufdrängenden Zuweisungen sind wegen Verstoßes gegen die Kompetenzordnung ungültig sind (Art. 31 GG, str., vgl. S/S-A/P § 40 Rn. 33 f.); der Rechtsweg bleibt nach der Generalklausel des § 40 I 1 eröffnet.

III. Aufdrängende Sonderzuweisungen

59 Jeder Gerichtsbarkeit können Gattungen von Verfahrensgegenständen ohne Rücksicht auf die Rechtsnatur der Streitigkeit zugewiesen werden. Solche aufdrängenden Sonderzuweisungen an die Verwaltungsgerichtsbarkeit können in Bundesgesetzen oder kraft bundesrechtlicher Ermächtigung (vgl. Art. 71, Art. 72 I GG) in Landesgesetzen (→ Rn. 74) enthalten sein, müssen aber in jedem Fall ausdrücklich erfolgen (→ Rn. 3). Sie sind freilich deutlich seltener als abdrängende Zuweisungen. Die bundesrechtlichen Zuweisungen betreffen ganz überwiegend die öffentlich-rechtlichen Dienst- und Arbeitsverhältnisse einschließlich der sachverwandten Bereiche des Disziplinar- und Personalvertretungsrechts (Rn. 60 ff.). Daneben bestehen verstreut Einzelzuweisungen wie etwa nach § 338 LAG für das Lastenausgleichsrecht.

1. Streitigkeiten aus Dienstverhältnissen

60 Umfassende Zuständigkeiten der VG sind für Streitigkeiten „aus" den Dienstverhältnissen der Beamten, Richter, Soldaten und gewisser anderer Bediensteter begründet. Für Streitigkeiten **aus dem Beamtenverhältnis** ergibt sich das aus § 126 I, II BRRG (fortbestehendes, unmittelbar geltendes Rahmenrecht), aus § 126 BBG für Bundesbeamte und aus § 54 I BeamtStG für Landes- und Kommunalbeamte (zu Revisionen bei Klagen aus dem Beamtenverhältnis → § 191).

61 § 126 BRRG, § 126 BBG und § 54 I BeamtStG gelten kraft gesetzlicher Bezugnahmen entsprechend für Klagen aus den Dienstverhältnissen der **Richter** im Bundesdienst (§ 46 DRiG) und im Landesdienst (§ 71 DRiG). Ähnliche ausdrückliche Zuweisungen bestehen nach § 82 SG für Klagen der Soldaten aus dem **Wehrdienst-**

verhältnis und nach § 32 WPflG für **Wehrpflichtige** sowie entsprechend für **Zivildienstleistende** (§ 78 II ZDG).

Bei **Soldaten** werden nur die statusrechtlichen Angelegenheiten von der Zuweisung erfasst; truppendienstliche und disziplinarrechtliche Angelegenheiten sind den Wehrdienstgerichten zugewiesen (→ Rn. 13 f. und Ey § 40 Rn. 156, 164). Der Verwaltungsrechtsweg ist für die Überprüfung einer dienstlichen **Beurteilung eines Soldaten** eröffnet, wenn sie von einem zivilen Vorgesetzten erstellt worden ist. In diesem Fall fehlt es an dem Verhältnis der militärischen Über- und Unterordnung bzw. der truppendienstlichen Unterstellung, die Grundlage der von den Wehrdienstgerichten zu überprüfenden Rechte und Pflichten ist (BVerwG NVwZ-RR 2009, 541; zu ähnlichen Konstellationen bei im Bereich des BND tätigen Soldaten BVerwGE 81, 258, 259). 62

Ohne ausdrückliche Bestimmung kommt eine Anwendung der beamtenrechtlichen Sonderzuweisungen (Rn. 61) auf andere öffentlich-rechtliche Dienstverhältnisse (Minister, Lehrbeauftragte, Beliehene) nicht in Betracht (Rn. 59), wohl aber eine Zuständigkeit der VG nach der Generalklausel (→ Rn. 67). Für Klagen von Geistlichen, die ihr Pfarrerdienstverhältnis oder ein sonstiges **Kirchenbeamtenverhältnis** betrifft (z.B. gegen die Versetzung in den Ruhestand), ist kein Rechtsweg zu den staatlichen Gerichten (wohl aber zu etwaigen kirchlichen) eröffnet; stRspr., BVerwG NJW 2003, 2112; BVerwGE 95, 379, 381 ff.). Den öffentlich-rechtlichen Religionsgesellschaften und ihren Verbänden bleibt es überlassen, die Rechtsverhältnisse ihrer Beamten und Seelsorger durch Kirchenrecht gleichzustellen (§ 135 BRRG). 63

Die Zuweisungen sind jeweils in jeder Hinsicht **umfassend**: Sie gelten für alle möglichen **Kläger**, die Aufzählungen in den Rechtswegnormen sind nicht abschließend. Außer aktiven und früheren Beamten und Soldaten, solchen im Ruhestand und ihren Hinterbliebenen sowie die Dienstherren werden Klagen von Nichtbediensteten auf Ernennung bzw. Einstellung (dazu BVerwG, Urt. v. 25.2. 2010 – 2 C 22.09) und auf Schadensersatz wegen Nichternennung (BVerwGE 100, 280) sowie Klagen Dritter erfasst, soweit sie ihre Grundlage im Dienstverhältnis haben (Klage auf Aussagegenehmigung: BVerwGE 66, 39). 64

Die Zuweisungen gelten für alle **Arten von Dienstverhältnissen** beim Bund, den Ländern und Kommunen (vgl. etwa § 4 BeamtStG; § 1 II SG), nicht aber, wenn ein Angestelltenverhältnis besteht (BVerwGE 90, 147: angestellte Referendare). Schließlich werden alle Ansprüche erfasst, die ihre Grundlage im Beamten-, Soldatenrecht usw. haben und ein konkretes Dienstverhältnis betreffen (BVerwGE 40, 205; NVwZ-RR 1997, 194). Zum einschlägigen Dienstrecht gehören nicht nur die jeweiligen Kerngesetze (BeamtStG, BBG; SG usw.), sondern auch die dienstrechtlichen Nebengesetze (über Besoldung, Laufbahn, Urlaubs- und Beihilfeansprüche). 65

Vor die VG gehören demgemäß Ansprüche auf **Schadensersatz** aus Verletzung der Fürsorgepflicht des Dienstherrn (BVerwGE 80, 123; 44, 52; 13, 17; NVwZ 2009, 787), die durch konkurrierende Ansprüche aus Amtshaftung oder Verwahrung, für die der Rechtsweg zu den ordentlichen Gerichten gegeben ist (II 1), nicht verdrängt werden (BVerwGE 67, 222, 226). Die **Rückausnahme in II 2 Fall 1** („Die besonderen Vorschriften des Beamtenrechts [...] bleiben unberührt" → Rn. 60) entscheidet die in diesen Fällen theoretisch bestehende Normkonkurrenz zwischen abdrängender (II 1) und aufdrängender (Rn. 61) Sonderzuweisung zugunsten der Letzteren. Schmerzensgeld kann freilich nur aus Delikt und daher vor den ordentlichen Gerichten verlangt werden (Ey § 40 Rn. 167). Dasselbe gilt für Richter, Soldaten, Wehr- und Zivildienstleistende. 66

§ 40

2. Arbeitsverhältnisse des öffentlichen Dienstes

67 Die Arbeitsverhältnisse des öffentlichen Dienstes (also bei einer dienstherrnfähigen juristischen Person, vgl. etwa § 2 BeamtStG) können außerhalb des Beamtenrechts öffentlich-rechtlich oder privatrechtlich ausgestaltet sein. Für die **privatrechtlichen** Arbeits- und **Angestelltenverhältnisse**, auch soweit sie sich nach dem TVöD (früher BAT) richten, sind gemäß § 2 ArbGG die Arbeitsgerichte zuständig. Die VG sind nach § 40 I 1 zuständig für die öffentlich-rechtlichen Arbeitsverhältnisse (BVerwGE 49, 137; 55, 255: Lehrbeauftragte; BVerwGE 90, 147: Ausbildungsverhältnisse). Inhaltlich erfasst werden Ansprüche auf Eingehung, Änderung und Beendigung.

68 Streitigkeiten „aus" einem Tarifvertrag sind arbeitsrechtlicher Natur. Die **Allgemeinverbindlichkeitserklärung** eines Tarifvertrages gemäß § 5 I TVG ist öffentlich-rechtlich und nach I 1 den VG zugewiesen (BVerwG, Urt. v. 28.1. 2010 – 8 C 38.09; BVerwGE 80, 355). **Betriebsverfassungsrechtliche Angelegenheiten** i. w. S. in den Betrieben öffentlicher Arbeitgeber gehören ohne Rücksicht auf die Rechtsnatur der Streitigkeit vor die Arbeitsgerichte (§ 2a ArbGG; BVerwG ZBR 1998, 424). Sie betreffen die Mitbestimmung von Arbeitnehmern, die auf der Grundlage privatrechtlicher Arbeitsverträge beschäftigt werden. Für die Mitwirkung der Beschäftigten in öffentlich-rechtlichen Dienstverhältnissen gilt das öffentlich-rechtliche Korrelat des Personalvertretungsrechts mit Sonderzuweisungen (Rn. 71).

3. Disziplinargerichtsbarkeit

69 Klagen gegen Anordnungen und Maßnahmen der Dienstvorgesetzten von **Bundesbeamten** sind nach den §§ 45 ff. BDG von 2001 nunmehr besonderen Spruchkörpern der VG bzw. OVG (Disziplinarkammern und -senaten) zugewiesen (zu Übergangsfällen BVerwG DÖV 2003, 685). Entsprechendes gilt nach § 66 ZDG für Zivildienstleistende. Die **Länder** haben ähnliche Vorschriften geschaffen. Sie machen dabei von der Ermächtigung aus → § 187 I Gebrauch, den Gerichten der Verwaltungsgerichtsbarkeit im Wege aufdrängender Sonderzuweisungen Aufgaben der Disziplinargerichtsbarkeit zu übertragen.

70 In den Disziplinarsachen der **Richter** entscheiden die Richterdienstgerichte bei den ordentlichen Gerichten (§ 62 I Nr. 1 DRiG; BVerwGE 78, 261, 218) in einem besonderen Rechtsweg (Rn. 15). Entsprechendes gilt für die Disziplinarsachen der **Soldaten**, die vor die Truppendienstgerichte gehören (§§ 68 ff., 80 WDO; → Rn. 13).

4. Personalvertretungsrecht

71 Die Vertretung der Beamten, Angestellten und Arbeiter im öffentlichen Dienst gegenüber dem Dienstherrn (das Personalvertretungsrecht) ist das Gegenstück zum Betriebsverfassungsrecht und gehört zum Sonderrecht des Staates. Für gerichtliche Entscheidungen auf dem Gebiet des **Bundes-Personalvertretungsrechts** sind die VG berufen (§ 83 BPersVG). Das Bundesrecht schreibt die Einrichtung besonderer Spruchkörper dort (PV-Kammern und -Senate) vor. Im dritten Rechtszug entscheidet das BVerwG (§ 83 I BPersVG). Die Gerichtsverfassung der Spruchkörper richtet sich nach der VwGO (BVerwGE 115, 223), ihr Verfahren jedoch gemäß § 83 II BPersVG nach dem Beschlussverfahren des ArbGG (§§ 80 ff.), in dem urteilsvertretende Beschlüsse zu fassen sind.

72 Die **Länder** dürfen nach → § 187 II für ihr Personalvertretungsrecht von der VwGO abweichende Vorschriften über die Besetzung und das Verfahren der Landes-

Zulässigkeit des Verwaltungsrechtsweges § 40

gerichte erlassen. Von dieser Ermächtigung ist überwiegend Gebrauch gemacht worden, um die gerichtlichen Verfahren im Landes-Personalvertretungsrecht dem BPersVG – mit dem Verfahrensrecht nach dem ArbGG – nachzubilden; nur wenige Länder schreiben die Anwendung der VwGO vor.

In Streitigkeiten zwischen **Dienststellen der Bundeswehr** und den dort gebildeten Personalräten um Beteiligungsrechte nach dem SBG, die ausschließlich Soldaten betreffen, sind die Wehrdienstgerichte zuständig (BVerwGE 115, 223); im falschen Rechtsweg erhobene Klagen sind zu verweisen. **73**

5. Aufdrängende Zuweisungen durch Landesgesetz

Sonderzuweisungen aufdrängender Art sind den Ländern nur nach Maßgabe des → § 187 erlaubt, also für die Disziplinargerichtsbarkeit (Rn. 69), die Schiedsgerichtsbarkeit und das Personalvertretungsrecht (Rn. 72). Demgegenüber erlaubt I 2 nur abdrängende Sonderzuweisungen (Rn. 56). **74**

B. Die Generalklausel (I 1)

Ist keine auf- oder abdrängende Sonderzuweisung (→ Rn. 2 ff.) einschlägig, so ist nach I 1 der Verwaltungsrechtsweg „in allen öffentlich-rechtlichen Streitigkeiten nichtverfassungsrechtlicher Art" gegeben („eröffnet"). Diese sog. Generalklausel („in allen") erfüllt die verfassungsrechtliche Garantie umfassenden Rechtsschutzes gegen Rechtsverletzungen durch die öffentliche Gewalt aus Art. 19 IV 1 GG. Sie hat frühere Enumerationsklauseln bzw. beschränkte Generalklauseln in den Ländern abgelöst, die meist (wie Abgabensachen und Polizeiverfügungen) das **Vorliegen eines VA** voraussetzten. Die **rechtsschutzeröffnende Funktion** des VA, die ihm nach den Enumerationsklauseln früher zukam, ist damit vollständig **entfallen**. Das Prozessrecht sichert heute allerdings die besondere **Fehlerresistenz** und Bestandskraft des VA ab, die seine Fortexistenz als spezifisches Handlungsinstrument der Verwaltung zum guten Teil erklärt (vgl. §§ 43 bis 47 VwVfG, § 113 I VwGO: Bestandskraftfähigkeit, Heilbarkeit; Notwendigkeit der Aufhebung usw.); prozessrechtlich erklären sich daraus einige der besonderen SEV der Verwaltungsakts-Klagen. **75**

I. Rechtliche Streitigkeit

1. Begriff der Streitigkeit

Mit dem Begriff der „Streitigkeit" verdeutlicht die Vorschrift, dass der Verwaltungsrechtsweg für alle Rechtsschutzanträge eröffnet sein muss, die an ein VG herangetragen werden, also für alle **gerichtlichen Rechtsbehelfe** der VwGO (→ § 58 Rn. 2). Das gilt allerdings uneingeschränkt nur für erstinstanzliche Rechtsschutzanträge; in Rechtsmittelverfahren prüft das VG höherer Instanz nach § 17a V GVG nicht mehr, ob der beschrittene Rechtsweg zulässig ist, sofern der Vorderrichter ihn ohne Missachtung einer Rechtswegrüge bejaht hat (→ § 41 Rn. 14). Bei **außergerichtlichen** Rechtsbehelfen ist der Verwaltungsrechtsweg dann zu prüfen, wenn der Rechtsbehelf einen funktionalen Zusammenhang mit dem Verwaltungsprozess aufweist. Das ist beim Widerspruch nach §§ 68 ff. wegen seines Vorschaltcharakters der Fall; der Widerspruch ist daher nur statthaft, wenn ein VA ergangen ist, der im Verwaltungsrechtsweg angefochten oder erstrebt werden kann. **76**

2. „Justizfreie" Hoheitsakte?

77 Das Erfordernis einer „-rechtlichen" Streitigkeit versperrt den Rechtsweg für Streitigkeiten über außerrechtliche Fragen, die anhand der anwendbaren Normen (rechtliche auf der einen Seite, gesellschaftliche, moralische auf der anderen) recht eindeutig zu identifizieren sind. Vor allem aber verweist es auf die Fälle der sog. justiz-, besser: gerichtsfrei bleibenden Hoheitsakte. Auch unter diesem Stichwort wird erheblicher historischer Ballast transportiert; freilich gibt es Fälle gerichtlich nicht überprüfbarer Hoheitsakte bis heute (→ vor § 40 Rn. 19); sie müssen im verfassten Rechtsstaat aber schon wegen Art. 1 III GG die besonders rechtfertigungsbedürftige **Ausnahme** bleiben. Im Rahmen des I 1 diskutiert werden vor allem **vier Fallgruppen**: Gnadenentscheidungen (→ Rn. 78), Regierungsakte (→ Rn. 80), Sonderstatusverhältnisse (→ Rn. 81) und Innenrechtsstreitigkeiten (→ Rn. 82). Die Entscheidung, ob eine Maßnahme gerichtsfrei bleibt, ist grds. (außer bei Offensichtlichkeit) dem Gericht des Rechtswegs vorbehalten, der im Falle der Nachprüfbarkeit eröffnet wäre (BVerwGE 49, 221, 222; Buchh 310 § 40 VwGO Nr. 171; NJW 1983, 187).

3. Gnadenentscheidungen

78 Als gerichtlich nicht nachprüfbar gilt weiterhin die **Ablehnung eines Gnadengesuchs** (BVerfGE 25, 352; BVerwG NJW 1983, 187; BVerwGE 49, 221; 14, 73; näher Ey § 40 Rn. 12). Dahinter steht die traditionelle Auffassung, dass Gnadenentscheidungen außerrechtliche Akte seien („Gnade vor Recht"). Die h.L. im Schrifttum lehnt dies mit dem Hinweis ab, dass der staatliche Strafanspruch berührt werden soll und die Ausübung der Begnadigungsbefugnis (durch den Bundespräsidenten, Art. 60 II, III GG, oder von ihm beauftragte Behörden) Ausübung vollziehender Staatsgewalt i.S. des Art. 1 III GG ist, der insbes. an das Gleichbehandlungsgebot aus Art. 3 GG gebunden ist (S/S-A/P § 40 Rn. 125 f.).

79 Als rechtliche Streitigkeit anerkannt ist aber der Streit um den **Widerruf** einer Begnadigung. Die Begnadigung beseitigt den staatlichen Strafanspruch und räumt damit dem Verurteilten einen öffentlich-rechtlichen Besitzstand ein, der durch den Widerruf entzogen wird (BVerfGE 30, 108, 110 f. = NJW 1971, 795). Die Streitigkeiten sind jedenfalls bei Delegation der Befugnis auf Verwaltungsstellen nichtverfassungsrechtlicher Art, betreffen aber Akte auf dem Gebiet der Strafrechtspflege, für die nach §§ 23 ff. EGGVG (→ Rn. 47) der **ordentliche Rechtsweg** eröffnet ist.

4. Regierungsakte

80 Staatsleitende Akte oberster Staatsorgane (Regierungsakte) sind heute als justiziable Hoheitsakte anerkannt (BK Art. 19 IV Rn. 223 ff.). Die frühere Einordnung in einen rechtlich nicht durchdrungenen („impermeablen") Bereich rein politischer Gestaltung („Politik vor Recht") ist durch den Verfassungsstaat überholt. Ihr Zustandekommen und jedenfalls ihre Grenzen sind rechtlich gestaltet, weshalb sie konsequenterweise Gegenstand verfassungsrechtlicher Organstreitigkeiten sein können (Art. 93 I Nr. 1 GG). Beeinträchtigen sie Rechtspositionen Dritter (Bsp.: staatliche Warnung vor Geschäftspraktiken, die das Grundrecht aus Art. 14 I GG berühren), so gewährleistet Art. 19 IV 1 GG den Rechtsweg. Eine andere Frage ist, ob solche Akte (etwa Maßnahmen der Außenpolitik) subjektive Individualrechte berühren können; ist dies der Fall, kann der Kernbereich politischer Gestaltung auch durch eine Zurücknahme der Kontrolldichte gegen gerichtliche Einflussnahme geschützt werden (Bsp.: Beurteilungsspielraum bei verteidigungspolitischen Entscheidungen, BVerwG BauR 2007, 78 = ZfBR 2007, 54).

Zulässigkeit des Verwaltungsrechtsweges § 40

5. Sonderstatusverhältnisse

In besonderen Beziehungen zum Staat stehen Beamte (BVerfG NVwZ 2003, 73), 81
Soldaten (BVerfG NVwZ-RR 2008, 330), Wehr- und Zivildienstleistende, Schüler
und deren erziehungsberechtigte Eltern in der staatlichen Pflichtschule (BVerfGE 34,
165, 192 f.; 47, 46, 78 ff.), Studenten sowie Häftlinge (BVerfGE 33, 1, 11). Es ist geklärt, dass diese Sonderstatusverhältnisse (früher als „besondere Gewaltverhältnisse"
bezeichnet) insgesamt Rechtsverhältnisse sind und im Verlaufe ihres Bestehens durch
(eingebettete) Rechtsakte konkretisiert werden. Das galt fraglos schon immer für das
Verhältnis, durch das die natürliche und die juristische Person (die Dienst- oder Anstaltsherren) verbunden und der Status begründet wird. Dieses „Grundverhältnis" entsteht durch VA und ist etwa bei Beamten insbes. durch die Zugehörigkeit zu einer Laufbahn- und Besoldungsgruppe und die Amtsbezeichnung gekennzeichnet (BVerwG
NVwZ-RR 2009, 211 Rn. 15 m.w.N.). Nicht den Status berührende (interne) Anordnungen und Weisungen (im „Betriebsverhältnis") ergehen zwar in Ausübung der
Organisations- oder Direktionsbefugnis des Dienst- oder Anstaltsherrn und sind dann
mangels Außenwirkung i. S. des § 35 VwVfG keine VA (BVerwGE 60, 144); sie sind
gleichwohl durch Rechtsnormen geprägt und können den Betroffenen in subjektivöffentlichen Rechten verletzen (BVerwGE 67, 222, 225).

6. Innerorganschaftliche Streitigkeiten

Regelungen über die interne Organisation des Staates und seiner Untergliederun- 82
gen sind nach heutigem Verständnis durchweg Rechtsnormen. Sie schaffen **rechtlich konstituierte** und prinzipiell gerichtlich überprüfbare Beziehungen zwischen
den Organen und Organteilen von juristischen Personen des öffentlichen Rechts.
Intrapersonale Rechtssätze sind (Innen)Recht, was für Organstreitverfahren zwischen Verfassungsorganen in Art. 93 I Nr. 1 GG anerkannt ist. Darüber besteht
kein Diskussionsbedarf mehr, seit die Anfang des 20. Jhdts. entwickelte **Impermeabilitätstheorie** (Laband und Jellinek) überwunden ist, die als Rechtssätze nur solche Normen ansehen will, die individuellen Verhaltensfreiheiten Grenzen ziehen,
den Staat hingegen als ein von den Rechtssubjekten der Gesellschaft getrenntes und
von Rechtssätzen selbst nicht durchdringbares (impermeables) Rechtssubjekt versteht.

Wenn die Rspr. auch unter der Geltung des GG zunächst noch gezögert hat, in- 83
trapersonale Streitigkeiten zwischen organisatorischen Funktionsteilen juristischer
Personen oder teilrechtsfähiger Vereinigungen als justiziabel anzusehen, dann deshalb,
weil die streitigen Kompetenzen keine subjektiv-öffentlichen Rechte einräumen (Ey
§ 40 Rn. 15; str.), jedenfalls dem jeweiligen Organ(teil) im Interesse der juristischen
Person eingeräumt sind, nicht aber im persönlichen Interesse des Organwalters
(Amtsträgers). Dementsprechend kennzeichnet es heute die **Schnittstelle** zwischen
gerichtsfreien und justiziablen Organstreitigkeiten, dass um solche Kompetenzen bzw.
Funktionen gestritten wird, die einem Organ(teil) Rechtsmacht zur **eigenständigen
Wahrnehmung im kontrastierenden Zusammenspiel** von Organen oder Organteilen innerhalb eines Kollegialorgans einräumen (Ey § 40 Rn. 15 m.w.N.; sog.
Kontrastfunktion der Kompetenz → § 42 Rn. 99, 165).

Hauptanwendungsfall ist der sog. **Kommunalverfassungsstreit** um das Organi- 84
sationsrecht von Selbstverwaltungskörperschaften (Gemeinden, Kreisen und sonstigen Gemeindeverbänden; BVerwG NVwZ-RR 1994, 352; Buchh 310 § 40 VwGO
Nr. 179 m.w.N.). Entsprechende Streitigkeiten gibt es in plural verfassten Verwaltungskörperschaften und Anstalten wie Universitäten (BVerwG NVwZ 1985, 112),

§ 40 Teil I. Gerichtsverfassung

Rundfunkanstalten oder Industrie- und Handelskammern (BVerwG NVwZ 2004, 1253). Von verwaltungsrechtlichen Organstreitverfahren zu unterscheiden sind Streitigkeiten um Anordnungen der juristischen Person gegenüber einem ihrer Organwalter aus dem „Betriebsverhältnis" (→ Rn. 81) und um das Handeln von Organen gegenüber Dritten; letztere Akte sind der juristischen Person zurechenbar und finden im Außenrechtsverhältnis statt. Auch im **personalvertretungsrechtlichen Beschlussverfahren** geht es nicht um die individuellen Rechtsbeziehungen der Beschäftigten zum Arbeitgeber oder um sonstige materielle Rechte, sondern typischerweise um das Innenrecht in Form der Beteiligungsrechte des Personalrats (BVerwG JurPC 1996, 79, Rn. 19).

85 Prozessual erweisen sich diese Fälle deshalb als problematisch, weil die VwGO auf Streitigkeiten in Außenrechtsverhältnissen, vor allem um VA zugeschnitten ist. Das erfordert für Innenrechtsstreitigkeiten bei mehreren SEV der Zulässigkeitsstation (→ vor § 40 Rn. 16 ff.) **Anpassungen** oder Modifikationen (teilweise durch Analogie). Solche Anpassungen sind erforderlich bei der Bestimmung des richtigen Klagegegners (→ § 78 Rn. 3 ff.), bei der Klagebefugnis (→ § 42 Rn. 165) und bei der Beteiligungs- und Prozessfähigkeit. Lediglich bei der Frage nach der richtigen Rechtsschutzform haben sich die von der VwGO bereitgestellten Klagearten als ausreichend erwiesen (→ § 42 Rn. 27; zum „System" der Klagearten → vor § 40 Rn. 44).

86 Nicht um Innenrechtsstreitigkeiten handelt es sich bei **Aufsichtsbeschwerden**. Mit ihnen verlangt zwar ein außerhalb der Verwaltung stehender Dritter eine Aufsichtsmaßnahme gegenüber nachgeordneten Stellen oder Bediensteten, die sich aus innerbehördlichen Befugnissen ergeben. Für den Beschwerdeführer verbindet sich damit aber (nur) das Problem, aus Verwaltungsvorschriften ein subjektiv-öffentliches Recht i.S. des § 42 II herleiten zu müssen; dieses Recht ist als Anspruch auf formelle Bescheidung der Aufsichtsbeschwerde anerkannt.

II. Streitigkeit nichtverfassungsrechtlicher Art

87 Nicht in die Zuständigkeit der Verwaltungsgerichtsbarkeit fallen öffentlich-rechtliche „Streitigkeiten verfassungsrechtlicher Art". Wodurch diese genau gekennzeichnet sind, ist bis heute nicht abschließend geklärt. Einigkeit besteht lediglich darüber, dass es grds. auf eine **materiell-rechtliche Qualifizierung** des streitigen Rechtsverhältnisses ankommt und nicht darauf, dass die Streitigkeit in einem gesetzlichen Zuständigkeitskatalog einem Verfassungsgericht zugewiesen ist (so die formelle Theorie seit Wertenbruch, DÖV 1959, 507). Eine redundante Wiederholung des Vorbehalts zugunsten abdrängender Sonderzuweisungen (→ Rn. 2) darf schon wegen des Wortlauts, der auf die verfassungsrechtliche „Art" der Streitigkeit abstellt, nicht angenommen werden. Für eine materielle Qualifizierung spricht aber vor allem der **Zweck des Vorbehalts** zu verhindern, dass sich die VG in die spezifisch verfassungsrechtliche Willensbildung oberster Staatsorgane einmischen (Ey § 40 Rn. 17).

88 Die **Rspr.** fragt danach, ob der geltend gemachte Klageanspruch in einem Rechtsverhältnis wurzelt, das entscheidend vom Verfassungsrecht geprägt ist (BVerwGE 116, 234, 237; 96, 45, 48). Es genügt nicht – wie auch sonst (Rn. 102) –, dass nur eine Vorfrage verfassungsrechtlicher Art ist (BVerwGE 96, 45; 80, 355;; 50, 124, 131; NJW 1985, 2344). Zum **Verfassungsrecht** gehört das formelle und materielle Staatsverfassungsrecht (BVerwGE 96, 45, 48), neben der Verfassung selbst also das interne Parlamentsrecht, das Parteien-, Abgeordneten- und spezifische Ministerrecht (daher

Zulässigkeit des Verwaltungsrechtsweges **§ 40**

verneinend für eine beamtenrechtliche Aussagegenehmigung BVerwGE 109, 258 = NJW 2000, 160; Einzelfälle bei S/S-A/P § 40 Rn. 158 ff.).

Wegen der nicht auszuräumenden Unschärfen der materiellen Kriterien will die **89** h. L. die Betrachtung um ein beteiligtenbezogenes (formelles) Kriterium ergänzen. Nach ihrer Faustformel von der sog. **doppelten Verfassungsunmittelbarkeit** muss (1) Streitobjekt materielles Staatsverfassungsrecht sein und (2) müssen die beteiligten Streitsubjekte Verfassungsorgane oder Teile von ihnen sein. Verfassungsrechtssubjekte sind Gebietskörperschaften mit Staatsqualität (Bund und die Länder, nicht aber Kommunen), die von der Rechtsordnung als Zuordnungssubjekte überindividueller verfassungsrechtlicher Rechte und Pflichten anerkannt werden.

Die überwiegende Ansicht fordert, dass auf beiden Seiten des Streitverhältnisses **90** Verfassungsorgane stehen. Das ist zu eng; es genügt, dass der **Rechtsschutzgegner** ein Verfassungsrechtssubjekt ist, das gerade als solches in Anspruch genommen wird (materielle Subjektstheorie, vgl. Ey § 40 Rn. 21; S/S-A/P § 40 Rn. 149). Dementsprechend sind **Normerlass- oder -änderungsklagen** verfassungsrechtlicher Art, wenn sie auf den Erlass formeller (Parlaments)Gesetze gerichtet sind. Hingegen gehören Streitigkeiten um den Erlass untergesetzlicher Normen vor die VG, weil es um Normsetzung durch die Verwaltung geht (vgl. BVerwGE 129, 116 = NVwZ-RR 2008, 210; Ey § 40 Rn. 59; str., a. A. KS § 40 Rn. 32g ff.).

Praktische Bedeutung hat die Abgrenzung vor allem im Handeln zwischen **91** **Bund und Ländern**. So besitzt eine ausdrücklich auf Art. 85 III GG gestützte Weisung des Bundes stets verfassungsrechtliche Qualität (BVerwG NVwZ 1998, 500). In sog. Bund-Länder-Streitigkeiten ist das BVerwG nach § 50 I Nr. 1 nur dann erst- und letztinstanzlich zuständig – wie die Verwaltungsgerichtsbarkeit überhaupt nur zuständig ist –, wenn die Streitigkeit nichtverfassungsrechtlicher Art ist (→ § 50 Rn. 5).

Der Gesetzgeber nimmt damit in Kauf, dass der **Rechtsschutz** in Fällen verfas- **92** sungsrechtlicher Streitigkeiten **lückenhaft** sein kann. Diese Absicht darf nicht durch eine erweiternde Auslegung des § 40 unterlaufen werden. Wird eine Verletzung subjektiv-öffentlicher Rechte behauptet, verlangt Art. 19 IV GG freilich eine gerichtliche Überprüfungsmöglichkeit. Ob diese nach S. 2 des Art. 19 IV GG durch die ordentlichen Gerichte oder durch die VG zu gewähren ist, ist fraglich. Das BVerwG vertritt wegen der Sachnähe eine extensive Auslegung des § 40 I 1 (BVerwG NJW 1985, 2344; vgl. auch Ey § 40 Rn. 17).

III. Öffentlich-rechtliche Streitigkeit

1. Zweiteilung in öffentliches und privates Recht

Die Teilung der Rechtsregime (Dichotomie) in öffentliches und privates (bürgerli- **93** ches) Recht ist in der deutschen Rechtsordnung traditionell fest verankert und liegt ihr weiterhin zugrunde, unberührt von fundamentaler Kritik (dazu NKVwGO § 40 Rn. 57 ff. m. w. N.). Hinter ihr steht die prinzipielle Unterscheidung von Staat und Gesellschaft mit je eigenen Wertungen, Regelungstypiken und Rechtsbindungen (an die Kompetenzordnung, die Grundrechte, an Verfahrensrecht usw.). Eine Abgrenzung verlangen dementsprechend nicht nur die prozessualen Generalklauseln in § 40 und § 13 GVG für das bürgerliche Recht, sondern auch das GG (vgl. nur Art. 74 I Nr. 1 mit der Gesetzgebungskompetenz für „das bürgerliche Recht"). Umso misslicher ist es, dass sich bisher weder eine Definition durchgesetzt hat noch Rechtsbereiche oder auch nur einzelne Gesetze trennscharf abgegrenzt werden können. Das liegt teils an Schwächen jeder der Theorien, teils am beständigen Wandel des Verständnisses vom Staat und seinen Beziehungen (beispielhaft zur Fiskustheorie → vor § 40 Rn. 29). Daher ist kaum zu kritisieren, dass der VwGO-Gesetzgeber die Definition der Bereiche der Rechtsentwicklung überlassen wollte.

2. Zuordnung von Rechtssätzen (das Qualifizierungsproblem)

94 Ob eine Streitigkeit öffentlich-rechtlich oder bürgerlich-rechtlich ist, richtet sich nach der Natur des Rechtsverhältnisses, aus dem der geltend gemachte Anspruch hergeleitet wird (GmSOGB BGHZ 97, 312, 313 f.; BGHZ 108, 284, 286; 102, 280, 283; BGH NJW 2000, 1042; BVerwGE 96, 71, 73 = Buchh 436.0 § 12 BSHG Nr. 24, S. 2 f.; NJW 2006, 2568;). Von den zahlreichen Ansätzen und Theorien über die Zuordnung von Rechtssätzen zu einem Rechtsregime (**Qualifizierungsfrage**) sind heute i. W. nur noch drei von Interesse (vgl. Ey § 40 Rn. 41). Erörterungsbedarf ergibt sich aber nur, wo die Theorien zu entscheidungserheblichen Unterschieden führen. Bei **Unionsrecht** gelten keine Besonderheiten, denn über die Zuweisung einer Streitigkeit an eine Gerichtsbarkeit entscheidet allein das nationale Recht.

95 Die Subjektions- oder **Subordinationstheorie**, die schon die Rspr. des RG beherrschte (RGZ 167, 281) und weiterhin den Ausgangspunkt der Qualifizierung darstellt, begreift als öffentlich-rechtlich solche Rechtssätze, die ein Über-/Unterordnungsverhältnis zwischen dem Staat und den Einzelnen herstellen; Privatrecht sind demgegenüber Rechtssätze zur Koordination willensautonomer Rechtssubjekte (GmSOGB BGHZ 97, 312, 314 = NJW 1986, 2359). Diese Theorie erklärt das Handeln der Eingriffsverwaltung, tut sich aber schwer damit, Gleichordnungsverhältnisse zu kategorisieren, an denen Staat und Bürger gleichberechtigt beteiligt sind, und ist vor allem zirkulär, weil sie Rechtssätze durch ein Über-/Unterordnungsverhältnis qualifiziert, das selbst erst durch diese Rechtssätze konstituiert wird.

96 Die **Interessentheorie** stellt darauf ab, ob eine Norm privaten Interessen oder der Verwirklichung des Gemeinwohls, einer öffentlichen Aufgabe oder allgemein einem öffentlichen Interesse dient. Gegen sie spricht, dass die privaten und öffentlichen Interessenbereiche nicht hinreichend klassifikatorisch abgrenzbar sind, bestimmte (drittschützende) Normen Mischlagen schützen und die Verfolgung eines öffentlichen Zwecks notwendige, aber nicht immer hinreichende Bedingung für die Annahme öffentlichen Rechts ist.

97 Mit Recht wird daher in der vorherrschenden Literatur die modifizierte Subjekts-, besser **Sonderrechtstheorie** als überlegen angesehen, wenngleich einzuräumen ist, dass sie wegen uneinheitlicher Formulierungen und Unschärfen (S/S-A/P § 40 Rn. 225 ff.) nicht alle Probleme löst. Nach der Sonderrechtstheorie ist öffentliches Recht das Amts- oder **Sonderrecht des Staates**, mithin die Gesamtheit jener Rechtssätze, bei denen zumindest ein Zuordnungssubjekt ausschließlich der Staat oder einer seiner Untergliederungen sein kann, also berechtigt, verpflichtet oder organisiert wird (vgl. GmSOGB BGHZ 108, 284, 287; Ey § 40 Rn. 44 m.w.N.). Rechtssätze, deren Zuordnungssubjekt **jedermann** (also *auch* der Staat) sein kann, gehören dem Privatrecht an.

98 Die Rspr. neigt dazu, die Theorien zu **kombinieren** (GmSOGB BGHZ 121, 126 und BGHZ 108, 284; BVerwGE 89, 281; Buchh 300 § 13 GVG Nr. 4). Regelmäßig komme es darauf an, ob die Beteiligten zueinander in einem hoheitlichen Verhältnis der Über- und Unterordnung stehen und sich der Träger hoheitlicher Gewalt der besonderen Rechtssätze des öffentlichen Rechts bedient (GmSOGB BGHZ 97, 312, 314; BVerwGE 129, 9 = NVwZ 2007, 820 = NJW 2007, 2275; BVerwG NJW 2006,

Zulässigkeit des Verwaltungsrechtsweges § 40

2568). Dementsprechend sind **Gleichordnungsverhältnisse** öffentlich-rechtlich, wenn die das Rechtsverhältnis beherrschenden Rechtsnormen nicht für jedermann gelten, sondern Sonderrecht des Staates oder sonstiger Träger öffentlicher Aufgaben sind, was daran zu erkennen ist, dass sich der Rechtssatz zumindest auf einer Seite ausschließlich an Hoheitsträger wendet (GmSOGB BGHZ 102, 280, 286 f.; BVerwG NJW 2006, 2568). Insbes. zur Qualifizierung von Verträgen und des schlichten Verwaltungshandelns wird die **Interessentheorie** ergänzend herangezogen.

(Ungeschriebene) Rechtssätze, die in beiden Rechtsgebieten **gemeinsam gelten** 99 und je nach Sachzusammenhang dem privaten oder dem öffentlichen Recht zuzuordnen sind, gibt es nicht (a. A. S/S-A/P § 40 Rn. 231). Aus der Inhaltsgleichheit einer Norm oder eines Rechtsprinzips (wie etwa dem aus § 242 BGB entwickelten Prinzip von Treu und Glauben) lässt sich nicht folgern, dass es sich um dieselbe Norm handelt; sondern nur, dass öffentlich-rechtliche und privatrechtliche Äquivalente bestehen, die in ihren Details voneinander abweichen können (ähnlich KS § 40 Rn. 11).

3. Ermittlung der streitentscheidenden Rechtssätze (das Identifizierungsproblem)

Der Qualifizierung eines Rechtssatzes geht prozessual die Frage voraus, welche 100 Rechtssätze zur Anwendung kommen und auf welche von diesen die Zuordnung abzustellen hat. Diese Identifizierung beurteilt sich ausgehend vom Streitgegenstand (GmSOGB BGHZ 102, 280, 282). Dieser ist öffentlich-rechtlich, wenn der Klageanspruch aus einem öffentlich-rechtlichen Rechtsverhältnis hergeleitet wird (BVerfGE 42, 103, 113; GmSOGB BGHZ 102, 280, 283; BVerwGE 96, 71, 73). Die häufig verwendete Formel, es komme auf die **streitentscheidenden Normen** an, ist freilich irreführend und umso präziserung besonders in den häufigen Fällen unbehelflich, in denen sich die Berechtigung eines Klageanspruchs nach einem Gemenge aus privaten und öffentlichen Normen beurteilt. Richtig ist es, auf den Bezug des Begehrens zu den streitigen Rechtsfolgen abzustellen: Der Streitgegenstand gehört dem öffentlichen Recht an, wenn sich das **Klagebegehren** mit der **Rechtsfolge** einer öffentlich-rechtlichen Norm deckt. Alle weiteren Normen sind Gegenstand von **Vorfragen**, die auf der Voraussetzungsseite der Norm zu beantworten sind (zur Vorfragenkompetenz → Rn. 102). Sie bleiben bei der Zuordnung außer Betracht, und zwar auch dann, wenn sie, wären sie prinzipaliter zu beantworten, in einen anderen Rechtsweg gehörten (GmSOGB BGHZ 102, 280, 283; BVerwGE 65, 65, 260, 262). Die Entscheidung über eine Vorfrage erwächst nicht in materielle Rechtskraft, auch dann nicht, wenn es sich um tragende Urteilselemente handelt (→ § 121 Rn. 11).

Die Identifizierung der einschlägigen Rechtssätze und die Bestimmung ihrer 101 „wahren" Natur hat das Gericht **von Amts wegen** und ohne Bindung an den Vortrag des Rechtsschutzsuchenden vorzunehmen. Den tatsächlichen Vortrag hat es als zutreffend zu unterstellen; einer Beweisaufnahme bedarf es nicht (GmSOGB BGHZ 102, 280, 284; Ey § 40 Rn. 34 m.w.N.). Bei Klagen auf Vornahme oder Unterlassen kommt es auf den Anspruch an, der sich aus dem tatsächlichen Vortrag ergibt, bei Abwehrklagen (→ Rn. 132) darauf, welchen Rechts sich die Verwaltung berühmt; ob das Recht besteht, ist eine Frage der Begründetheit. Eine Anspruchsnorm ist öffentlich-rechtlich, wenn sie ausschließlich dem Staat oder seinen Untergliederungen ein Verhalten auferlegt (BVerwGE 87, 115 = NVwZ 1991, 774). Bei negativen Feststellungsklagen ist das vom Gegner beanspruchte Recht entscheidend (GmSOGB BGHZ 102, 280; BVerwG ZBR 1998, 424). Schwierigkeiten bei der Ermittlung des maßgeblichen Rechtssatzes bestehen, wo sich das Begehren nach ungeschriebenen Rechtssätzen oder solchen beurteilt, die Äquivalente in beiden Rechtsbereichen haben und insofern ambivalent sind (→ Rn. 122).

4. Vorfragenkompetenz

102 Soweit es die streitentscheidenden Normen erfordern, sind die VG ermächtigt und verpflichtet, **rechtswegfremde Rechtsfragen** zu prüfen und grds. auch selbst entscheidungstragend zu beantworten (wie etwa nach § 12 IV 2 Nr. 1b WPflG die nach §§ 1589 ff. BGB zu beantwortende Frage nach dem Grad der Verwandtschaft). Das folgt aus der Verpflichtung des § 173 S. 1 i.V.m. § 17 II 1 GVG, den Rechtsstreit unter allen in Betracht kommenden rechtlichen Gesichtspunkten zu entscheiden. Diese sog. **Vorfragenkompetenz** bleibt bestehen, wenn die entscheidungserhebliche Rechtsfrage in einem anderweitig zwischen den Beteiligten anhängigen Rechtsstreit ebenfalls inzident zu beantworten ist.

103 Gemäß § 93a, § 94 hat das VG aber nach pflichtgemäßem Ermessen darüber zu befinden, ob sein Verfahren **auszusetzen** ist. Ist die Vorfrage rechtskräftig entschieden, hat das VG sie kraft der materiellen Rechtskraft (§ 121) zu beachten. Dasselbe gilt bei Bestandskraft von VA, die nicht von einem zur Nichtigkeit führenden Fehler (§ 44 VwVfG) infiziert sind. Ist andererseits über eine Anspruchsvoraussetzung durch VA oder in einem gesonderten Verfahren zu entscheiden, so handelt es sich nicht um eine Vorfrage; die Entscheidung muss herbeigeführt bzw. abgewartet werden und ist im Folgeprozess ungeprüft zugrunde zu legen (Ey § 40 Rn. 39).

104 Die Vorfragenkompetenz umfasst auch die Auslegung und Anwendung des **Verfassungs-** und des **Unionsrechts**, die sich erstreckt sich auch auf die Gültigkeit entscheidungserheblicher Normen. Ergibt die in jedem Fall unbeschränkte Prüfung einen zur Nichtigkeit führenden Fehler, so ist die fachgerichtliche **Verwerfungskompetenz** bei formellen Gesetzen und bei Unionsrecht durch die Vorlagepflichten aus Art. 100 GG und Art. 267 EU [ex-Art. 234 EG] eingeschränkt (→ vor § 40 Rn. 20). Entsprechendes gilt nach Art. 100 II GG für sog. Normqualifizierungsverfahren bei entscheidungserheblichen Regeln des Völkerrechts (Art. 25 GG).

105 **Untergesetzliche Rechtsnormen** (Verordnungen, Satzungen) dürfen inzident überprüft und bei Ungültigkeit verworfen werden. Zu beachten ist allerdings das heute anerkannte **Verbot ungefragter Fehlersuche**: Eine Inzidentprüfung erfolgt nur, wenn die Ungültigkeit der Vorschriften gerügt worden ist oder sich der Fehler aufdrängt (BVerwGE 116, 188 = Buchh 310 § 47 VwGO Nr. 155; NVwZ-RR 2009, 690 für Wahlrechtsverstöße; Buchh 310 § 128a VwGO Nr. 2 für die Satzungskontrolle, ferner → § 86 Rn. 15).

106 Keine bloße Vorfrage betrifft die **Aufrechnung** mit einer rechtswegfremden (Gegen)Forderung. Nach h.M. ist die Entscheidung über das Bestehen einer solchen Forderung im Verwaltungsrechtsweg unzulässig (BVerwGE NJW 1999, 160, 161; Ey § 40 Rn. 38 f.; § 41 Rn. 19). Eine scheinbare Ausnahme betrifft den Fall, dass die Gegenforderung rechtskräftig oder bestandskräftig festgestellt oder unbestritten ist (BVerwGE 77, 19). Indes stellt das VG dann im Rahmen der Vorfrage der Wirksamkeit der Aufrechnung (§§ 387, 390 BGB) nur das Erlöschen der Gegenforderung im jeweiligen Umfang fest. In allen übrigen Fällen erwüchse die Entscheidung über die Gegenforderung entsprechend § 322 II ZPO in Rechtskraft, was ein Übergriff in eine fremde Rechtswegzuständigkeit wäre. Der von der Gegenmeinung angeführte § 17 II GVG hilft nicht weiter: Keinesfalls darf das VG über eine Gegenforderung entscheiden, deren Prüfung nach § 17 II 2 GVG der ordentlichen Gerichtsbarkeit vorbehalten ist (Rn. 20 ff.). Um einen bloßen rechtlichen Gesichtspunkt i.S. des § 17 II 1 GVG handelt es sich bei der Gegenforderung nicht, denn mit ihr wird der Klage ein weiterer Streitgegenstand hinzugefügt. Die normativen Vorgaben lassen sich mit praktischen Erwägungen der Prozessökonomie und der Rechtsschutzeffektivität nicht aufweichen (vgl. NKVwGO § 40 Rn. 278 f.).

5. Freiheit der Formenwahl und Zwei-Stufen-Theorie

a) Freiheit der Formenwahl. Die Schwierigkeiten der Zuordnung des Verwaltungsverhaltens zum öffentlichen oder zum privaten Recht ergeben sich im Bereich der Leistungsverwaltung daraus, dass der Verwaltung eine **Freiheit der Formenwahl** zusteht: Sie darf sich der Handlungs- und Organisationsformen des öffentlichen oder des bürgerlichen Rechts bedienen, sofern die Rechtsordnung privatrechtliche Handlungsformen nicht ausdrücklich oder sinngemäß ausschließt (BVerwGE 96, 71; Ey § 40 Rn. 45 f.). Wahlfreiheit steht regelmäßig dort zu, wenn die Verwaltung allein aufgrund von Aufgabenzuweisungs- oder Zuständigkeitsnormen tätig wird, die nicht unmittelbar das Staat-Bürger-Verhältnis regeln. Zu diesen Bereichen gehört insbes. die gesamte Bedarfsdeckung der öffentlichen Verwaltung, die Sicherung der Daseinsvorsorge, Subventionsgewährungen und die Benutzung öffentlicher Sachen und Einrichtungen. **107**

b) Trennung von Gewährung und Abwicklung. Bei Subventionen und der Benutzung öffentlicher Einrichtungen stellt sich das Zusatzproblem, dass über das „Ob" aus Rechtsgründen stets öffentlich-rechtlich entschieden werden muss: Die Bewilligungs- oder Zulassungsansprüche gründen in Normen, die ausschließlich eine Untergliederung des Staates verpflichten oder berechtigen. Die Freiheit zur Wahl der im bürgerlichen Recht entwickelten Vertragstypen ist der Verwaltung erst für die Abwicklung (das „Wie" der Leistungsgewährung) eröffnet. Entscheidet sie sich für eine privatrechtliche Abwicklung – was in ihrem Ermessen steht – so ist unter Rechtsweggesichtspunkten zu fragen, welche Stufe – das Ob oder das Wie – in einem konkreten Fall betroffen ist. In derartigen Fällen soll die sog. **Zwei-Stufen-Theorie** (Anwendungsbeispiele unter Rn. 150 und 165) die Trennung von Gewährungs-/Zulassungsentscheidung und Abwicklung prozessual nachvollziehen. **108**

6. Einbeziehung Privater in die Erfüllung öffentlicher Aufgaben

Das Handeln natürlicher und juristischer Personen des Privatrechts in Außenrechtsbeziehungen ist Indiz für privatrechtliches Handeln, denn sie verfügen von sich aus nicht über hoheitliche Handlungsmacht. Diese wächst ihnen nicht deshalb zu, weil sie von einer öffentlich-rechtlichen Erlaubnis oder Genehmigung Gebrauch machen (KS § 40 Rn. 9a) oder weil ihr Handeln Bindungen des öffentlichen Rechts unterliegt (zum Verwaltungsprivatrecht → Rn. 174). Ebenso wenig ist schon die Übertragung einer öffentlichen Aufgabe auf sie mit der Einräumung öffentlich-rechtlicher Befugnisse verbunden. Erst die (zusätzliche) **Beleihung** führt zur Übertragung begrenzter hoheitlicher Handlungs- und Entscheidungsbefugnisse gegenüber Dritten (Ey § 40 Rn. 87). Sie muss i.d.R. durch Gesetz oder aufgrund eines Gesetzes erfolgen (BVerwGE 61, 222; NVwZ 1991, 59). **109**

Diese Grundsätze gelten auch, wenn der Staat oder sonstige Hoheitsträger (wie Kommunen) sich eines Privaten bedienen. Ihnen steht es nach dem Grundsatz der Organisationsfreiheit grds. frei, öffentliche Aufgaben durch eigene Organe und Be- **110** dienstete oder durch rechtlich selbstständige Dritte erfüllen zu lassen. Dafür steht eine breite Palette von Möglichkeiten zur Verfügung. Ein Hoheitsträger kann sich Privater auf vertraglicher Grundlage bedienen, er darf aber auch öffentlich-rechtlich oder privatrechtlich organisierte Rechtspersonen schaffen und ihnen Aufgaben und Befugnisse übertragen (Ey § 40 Rn. 54). Die Privaten können als Beliehene, Verwaltungshelfer oder schlichte Hilfspersonen auf vertraglicher Grundlage, als gesetzlich Indienstgenommene oder beauftragte selbstständige Rechtsträger (wie kommunale Eigengesellschaften) an Verwaltungsaufgaben beteiligt werden.

111 Beispiele für **Beliehene** sind der verantwortliche Luftfahrzeugführer (§ 12 LuftSiG), die Flugsicherungsorganisationen (§ 31b, § 31f LuftVG; zur Luftverkehrsverwaltung durch Private umfassend: K. Baumann S. 70 ff.), Sachverständige (wie der TÜV), Jagdaufseher oder der Bezirksschornsteinfeger (Einzelheiten bei S/S-A/P § 40 Rn. 440; Ey § 40 Rn. 89). Sie handeln Dritten gegenüber – im Rahmen der ihnen übertragenen Befugnisse – öffentlich-rechtlich.

112 Die **Nachfolgeunternehmen** des ehemaligen Sondervermögens **Deutsche Bundespost** sind nach ihrer Umwandlung in Unternehmen privater Rechtsform (vgl. Art. 143b GG; Deutsche Post AG und Telekom AG) selbstständige Leistungsträger (Ey § 40 Rn. 56). Sie handeln ihren Kunden gegenüber privatrechtlich; lediglich bei förmlichen Briefzustelldienstleistungen sind sie (wie andere Lizenznehmer, die Briefzustelldienstleistungen erbringen) mit Hoheitsbefugnissen ausgestattet (§ 33 I PostG: beliehene Unternehmer). Gegenüber den in den Nachfolgeunternehmen weiterbeschäftigten Beamten üben sie die Dienstherrnbefugnisse des Bundes aus (§ 1 PostPersRG).

113 Die anderen Formen der Beteiligung Privater an Verwaltungsaufgaben werfen im Zusammenhang mit dem Rechtsweg i. W. nur Fragen der **Zurechnung** ihres Handelns an einen Hoheitsträger auf. Diese Zurechnung ist selbstverständlich, wo abgrenzbare Aufgabenteile durch unselbstständig handelnde **Hilfspersonen** ausgeführt werden, die auf der Grundlage privatrechtlicher Vereinbarungen mit der Verwaltung tätig werden. Dazu zählt die Herstellung von Gewerken durch Werkunternehmer im Straßenbau oder die Beauftragung von Abschleppunternehmern (vgl. § 15 BlnASOG).

114 Auch eine **Indienstnahme Privater** ist nur durch oder aufgrund eines Gesetzes zulässig (Bsp. Pflicht zur unentgeltlichen Beförderung Schwerbehinderter im ÖPNV, BVerfGE 68, 155, 170 ff.). Durch sie nimmt der Staat die persönlichen oder sächlichen Kräfte Privater in Anspruch, um öffentliche Aufgaben erledigen zu lassen. Die Indienstnahme erschöpft sich darin, Rechte und Pflichten zwischen dem Staat und dem Privaten zu begründen. Sie kann daher nur dort vorliegen, wo eine Aufgabe erfüllt werden kann, ohne dass der Indienstgenommene dabei gegenüber sonstigen Rechtssubjekten hoheitliche Kompetenzen wahrnehmen muss. Eine Zurechnung ihres Handelns an den Staat erfolgt nicht.

115 **Verwaltungshelfer** werden aufgrund einer Beauftragung im Rahmen der Erfüllung von Verwaltungsaufgaben tätig. Die Behörde trägt die Verantwortung für Verwaltungshelfer, derer sie sich bei der Erfüllung ihrer Aufgaben bedient (BGH NVwZ 2006, 966; LMRR 2007, 2). Zum Teil wird zwischen selbstständigen und unselbstständigen Verwaltungshelfern differenziert. Bei der unselbstständigen Verwaltungshilfe (Erfüllungsgehilfe) wird das Handeln des Privaten ohne Weiteres der Verwaltung zugerechnet und ist dann öffentlich-rechtlich. Bei der selbstständigen Verwaltungshilfe tritt der Helfer in eigenem Namen mit Außenwirkung (wenn auch ohne hoheitliche Befugnisse) auf. Sein Handeln ist dann privatrechtlich einzuordnen. Zur Abgrenzung werden verschiedene Kriterien herangezogen, die etwa darauf abstellen, ob der

Private als Werkzeug der Verwaltung erscheint, wie groß der ihm eingeräumte Entscheidungsspielraum ist und wie stark der hoheitliche Charakter der Maßnahme im Vordergrund steht.

7. Leitlinien für die Zuordnung von Verwaltungshandeln

a) Fälle eindeutiger Zuordnung. Kaum Probleme bereitet die Identifizierung der streitentscheidenden Norm, wenn eine **eindeutig öffentlich-rechtliche Handlungsform** (Norm, VA) im Streit ist, sei es, dass sie angefochten, sei es, dass sie erstrebt, sei es, dass sie der Verwaltung vorgeschrieben ist. Eine öffentlich-rechtliche Streitigkeit ist daher allein deshalb – ohne Rücksicht auf die Qualität des vollzogenen materiellen Rechts – zu bejahen, weil die Verwaltung den **VA** (§ 35 VwVfG → § 42 Rn. 8 ff.) als Handlungsform gewählt hat (BVerwG NVwZ 2009, 1558 = DVBl. 2009, 1520). Sie berühmt sich damit einer im öffentlichen Recht wurzelnden Rechtsmacht: der Verwaltungsaktsbefugnis; ob diese besteht, ist eine Frage der Begründetheit der Klage. Auch privatrechtsgestaltende VA sind öffentlich-rechtlich, weil die Einwirkung auf privatrechtliche Verhältnisse den Charakter nicht verändert (→ § 42 Rn. 19). Aus entsprechenden Gründen ist der Streit um die sofortige **Vollziehung eines VA** (→ §§ 80, 80a) öffentlich-rechtlich, weil die Behörde von *ihrer* Befugnis aus § 80 II 1 Nr. 4 Gebrauch gemacht hat. Ansprüche auf Erlass einer **Norm** sind aus denselben Erwägungen öffentlich-rechtlich, aber nur dann nichtverfassungsrechtlicher Art, wenn mit einer untergesetzlichen Norm (Verordnung, Satzung, Verwaltungsvorschrift) die Rechtssetzungsbefugnis der Verwaltung im Streit ist. 116

Das Vorliegen eines VA wird in der Praxis allerdings selten zur Begründung für die Eröffnung des Verwaltungsrechtswegs herangezogen, weil die Erörterung der Handlungsform systematisch in die Klageart gehört und nicht vorweggenommen werden soll. Der Regelungsgehalt des VA weist allerdings meist recht eindeutig auf seine Rechtsgrundlage hin. Zur Begründung des Verwaltungsrechtswegs genügt dann der Hinweis, die streitigen Rechtsfolgen richteten sich nach einem insgesamt öffentlich-rechtlichen Regelungsregime (z.B. einem Polizeigesetz). Dieses Argumentationsmuster genügt 117
– in Bereichen der klassischen **Eingriffsverwaltung**, wo mit dem Instrument des VA polizei- und ordnungsrechtliche Ge- und Verbote durchgesetzt oder verlangt werden („Anspruch auf Einschreiten gegen");
– bei **Erlaubnissen** (Genehmigungen, Planfeststellungen, Bewilligungen, Verleihungen usw.), die einseitig-hoheitlich nach öffentlichem Recht zu erteilen sind.

Der Hinweis auf Handlungsform oder Regelungsregime **führt in die Irre**, wenn in Wahrheit um dort geregelte zivilrechtliche Ansprüche gestritten wird (Bsp. § 22 WHG; Art. 9 III GG) oder wenn abdrängende Sonderzuweisungen bestehen. Solche an die Handlungsform des VA anknüpfende Zuweisungen sind im Bereich polizeilichen Handelns bei Justizverwaltungsakten zu beachten (→ Rn. 47 ff.). Wird eine aufdrängende Sonderzuweisung (z.B. für das öffentliche Dienstrecht → Rn. 60) übersehen, ist die Heranziehung der Generalklausel unrichtig, aber unschädlich. 118

b) Zweifelsfälle. Zweifelsfälle treten dort auf, wo das Begehren in den Rechtsfolgen sachlich gleichgerichteter Normen beider Rechtsregime enthalten ist. Das gilt besonders für Ansprüche auf Geldzahlung, Ersatz, Restitution, Herausgabe oder die Ausübung des Hausrechts. 119

Bei Ambivalenz der Rechtsfolge ist eine Wahl zwischen den konkurrierenden Rechtssätzen zu treffen. Dabei ist die Orientierung daran **unbehelflich**, dass auf einer Seite des streitigen Rechtsverhältnisses der **Staat** oder eine seiner Untergliede- 120 rungen steht (alte Subjektstheorie) und dass öffentliche Aufgaben wahrgenommen werden. Der Staat darf seine Aufgaben, soweit keine einengenden Vorgaben bestehen, anerkanntermaßen ebenso öffentlich-rechtlich wie privatrechtlich erfüllen (zur sog. Freiheit der Formenwahl → Rn. 107; Ey § 40 Rn. 45; KS § 40 Rn. 12 f.). Umgekehrt führt es nicht zwingend auf öffentliches Recht, wenn ein privates Rechtssubjekt gehandelt hat oder in Anspruch genommen wird (zur Einbindung Privater in die Erfüllung öffentlicher Aufgaben → Rn. 109).

121 Zur Identifizierung der einschlägigen Norm ist daher zunächst unerlässlich, auf den **Klagegrund**, d.h. den zur Begründung des Anspruchs unterbreiteten Lebenssachverhalt, zurückzugreifen. Die Einbeziehung der tatsächlichen Umstände, aus denen ein Anspruch abgeleitet oder eine Maßnahme gerechtfertigt wird, führt auf die **Voraussetzungsseite** der Normen. Das erlaubt zum einen die Bestimmung, ob überhaupt ein Rechtsbereich betroffen sein kann, in dem eine Wahlfreiheit der Verwaltung besteht; ist das nicht der Fall, liegt öffentliches Recht vor. Die Bewertung der Tatsachen (z.B. bei Amtspflichtverletzung) kann auf eine eindeutige normative Grundlage führen (Geldschadensersatz aus Amtshaftung).

122 Vielfach bleibt das Verwaltungshandeln aber auch dann ambivalent, weil die auf der Voraussetzungsseite zu subsumierenden Realakte (Immissionen, eigentumsbeeinträchtigendes Verhalten, Äußerungen usw.) keinen aus sich heraus rechtlich definierten Rechtscharakter besitzen. Das schließt eine klare Identifizierung insbes. dann aus, wenn ungeschriebene Rechtssätze bestehen oder **parallele** – teilweise analog angewendete – **Rechtsinstitute im öffentlichen** und **im bürgerlichen Recht** bestehen (Erstattung/Kondiktion; GoA; Abwehransprüche; Schadensersatz/Entschädigung; vgl. NKVwGO § 40 Rn. 324).

123 **c) Hilfsmittel in Zweifelsfällen.** Für diese Fälle ist eine **umfassende Würdigung** der Gegebenheiten des Einzelfalls vorzunehmen, die sich an Indizien, dem Sachzusammenhang und hilfsweise an Vermutungsregeln orientiert.

124 *aa) Indizien.* Geht es darum, welches Regime die Verwaltung im Einzelfall gewählt hat, so gelten für die Auslegung von Erklärungen und die Deutung von Verhalten die allgemeinen Regeln (§§ 133, 157 BGB). Die heranzuziehenden Umstände zielen aber i.d.R. nicht unmittelbar auf die Klarstellung des aufgesuchten Rechtsregimes; daher sind **Indizien** auszuwerten. Wesentliche Hinweise kann die Wortwahl geben: Bezeichnung eines Nutzungsverhältnisses als „Mietvertrag"; Vereinbarung eines „Entgelts", eines „Tarifs" oder einer „Gebühr"; ergänzende Regelung durch einseitige Regelung („Satzung", „Nutzungsordnung") oder durch AGB bzw. unter Mitwirkung des Betroffenen; Androhung von Zwangsmitteln; Hinweis auf Anschluss- und Benutzungszwang; Haftungsausschlussvereinbarungen, die nur im Privatrecht möglich sind (BVerwG NVwZ 1985, 48; Ey § 40 Rn. 51).

125 In Rechtsbereichen, in denen eine Verwaltung eine Übung entwickelt hat, spricht eine tatsächliche Vermutung dafür, dass sie die eingefahrenen Bahnen nicht ohne Grund verlässt (sog. **Traditionstheorie**; Ey § 40 Rn. 45). Einen Hinweis liefert auch der Umstand, dass sich die Nutzung einer Sache nicht im Rahmen ihres unmittelbaren öffentlichen Zwecks hält; dann wird die Nutzung häufig privatrechtlich ausgestaltet sein. Ebenso verhält es sich, wenn die Verwaltung bei Wahlfreiheit ein erkennbares Interesse daran hat, typische öffentlich-rechtliche Bindungen abzustreifen.

126 *bb) Sachzusammenhang; Kehrseitentheorie.* Vielfach wird der **Sach- und Funktionszusammenhang** der streitigen Maßnahme Aufschluss geben. Realakte sind öffentlich-rechtlich, wenn sie Folgen einer öffentlich-rechtlich geregelten Tätigkeit (Bsp. Aufschüttungen im Straßenbau) oder der Wahrnehmung einer hoheitlichen Befugnis oder Aufgabe sind (Ey § 40 Rn. 82). Nebenakte teilen den Rechtscharak-

Zulässigkeit des Verwaltungsrechtsweges § 40

ter des Hauptaktes (Bsp. Verwahrung von Taschen anlässlich eines Besuchs der Bibliothek).

Eine besondere Ausprägung ist die sog. **Kehrseitentheorie.** Sie beruht auf der Überlegung, dass eine Maßnahme, die nach Maßgabe öffentlichen Rechts ergangen ist, immer auch nur nach Maßgabe öffentlichen Rechts rückgängig gemacht werden kann. **Beseitigungs- und Abwehransprüche** sind daher öffentlich-rechtlich, wenn die Maßnahme, deren Beseitigung begehrt wird, selbst öffentlich-rechtlich ist. **Erstattungsansprüche** teilen als gleichsam umgekehrte Leistungsansprüche deren Rechtsqualität (BVerwGE 89, 7, 9). Bei Erstattungs- und Ausgleichsbegehren ist mithin auf den (vermeintlichen) Rechtsgrund abzustellen. Ist er privatrechtlich, handelt es sich um Kondiktionsansprüche nach den §§ 812 ff. BGB, ansonsten um öffentlich-rechtliche Erstattungsansprüche (Rn. 142). 127

cc) Hilfsweise: Vermutung für öffentlich-rechtliches Handeln. Erlaubt die Gesamtschau der Umstände keine eindeutige Identifizierung, so greift eine Vermutungsregel: Öffentliches Recht ist das Sonderrecht zur Verfassung und Disziplinierung des Staates und seiner Untergliederungen. Daher ist davon auszugehen, dass ein Träger öffentlicher Verwaltung eine ihm durch einen Rechtssatz des öffentlichen Rechts zugewiesene Aufgabe oder Zuständigkeit in der Regel auch im Bereich und mit den Mitteln des öffentlichen Rechts erfüllen will. Jedes Handeln der öffentlichen Verwaltung im Zusammenhang mit der Erfüllung einer öffentlich-rechtlich zugewiesenen Aufgabe ist nach öffentlichem Recht zu beurteilen, solange der Wille, in privatrechtlicher Handlungsform tätig zu werden, nicht hinreichend deutlich in Erscheinung tritt (BVerwGE 96, 71, 76; Buchh 436.1 § 35 Nr. 1). 128

8. Kirchliches Handeln

Die Überprüfbarkeit kirchlichen bzw. religionsgemeinschaftlichen Handelns durch staatliche Gerichte gehört zu den umstrittensten Fragen des deutschen Staatskirchenrechts (S/S-A/P § 40 Rn. 106 ff.). Kirchen und bestimmten korporierten Religionsgemeinschaften erkennt das staatliche Recht den Status von Körperschaften des öffentlichen Rechts zu (Art. 137 V WRV i.V.m. Art. 140 GG). Dennoch üben sie – vom seltenen Fall der Beleihung mit Hoheitsbefugnissen abgesehen – keine öffentliche Gewalt i.S. des Art. 19 IV GG aus. Die Zuerkennung soll ihrer vorstaatlichen Autonomie Rechnung tragen und sie aus dem Kreis bloßer Privatrechtssubjekte herausheben. Dadurch sind sie vor staatlicher Einmischung in ihre inneren Verhältnisse geschützt; auch staatlicher Aufsicht unterstehen die Kirchen nicht. Dem Staat bleibt aber das Recht zur Prüfung, ob eine religiöse Gemeinschaft vorliegt, die ein Selbstbestimmungsrecht beanspruchen kann (zu den Anforderungen vgl. BVerwGE 90, 112, 115 ff.). Ist dies der Fall, bleibt der Rechtsweg gegen Maßnahmen im Binnenbereich und gegenüber den Mitgliedern – also in innerkirchlichen Angelegenheiten – verschlossen, da anderenfalls die von der Verfassung gewährleistete Eigenständigkeit und Unabhängigkeit der kirchlichen Gewalt geschmälert würde (BVerwGE 66, 241 = NJW 1983, 2580). Zum **autonomen Bereich** gehört insbes. die Lehre und Verkündung, die kirchliche Organisation und das kirchliche Amtsrecht in Form des Statusrechts einschließlich des Rechts der Dienst- und Versorgungsbezüge. Einer staatlichen Kontrolle unterliegen **ausnahmsweise** die unmittelbaren **vermögensrechtlichen Auswirkungen** einer Maßnahme. Überprüfbar sind daher etwa die weltlichen Folgen eines Kirchenaustritts (BVerwG NJW 1979, 2322) oder die vermögensrechtlichen Folgen dienstrechtlicher Maßnahmen (BVerwGE 25, 226). Soweit dabei **Vorfragen** entscheidungserheblich werden, darf eine Maßnahme nur auf ihre Wirksamkeit hin überprüft werden (BGHZ 129

154, 306; NJW 2000, 1555; BVerwGE 116, 87); eine sich auf die Vereinbarkeit mit innerkirchlichem Recht erstreckende Prüfungsbefugnis der staatlichen Gerichte besteht nicht (BVerwG NJW 1983, 2582).

130 Die **Beziehungen zu kirchenfremden Privaten** sind teils öffentlich-rechtlich, teils privatrechtlich gestaltet. In diesem Handeln können Kirchen vor den staatlichen Gerichten klagen und verklagt werden (S/S-A/P § 40 Rn. 13; Rn. 472 ff.). Staatlich-öffentliche Gewalt üben Kirchen aus, soweit sie vom Staat mit hoheitlichen Befugnissen **beliehen** sind. Hauptfälle sind das Besteuerungsrecht (Art. 137 VI GG), das Betreiben anerkannter kirchlicher Privatschulen und nach Auffassung des BVerwG auch das Bestattungswesen (BVerwGE 25, 364; a.A. Ey § 40 Rn. 96). Öffentliches Recht in Form kirchlichen Sonderrechts prägt das Handeln gegenüber Dritten, soweit religiöse Zielsetzungen im Vordergrund stehen. Das ist der Fall beim Religionsunterricht an öffentlichen Schulen und bei der Benutzung von Einrichtungen in kirchlicher Trägerschaft wie Friedhöfen, nicht dagegen, wenn gemeinnützige, weltanschaulich ungebundene Zwecke verfolgt werden (wie mit dem Betrieb von Krankenhäusern und Kindergärten). Wegen des Hineinwirkens in den staatlichen bzw. gesellschaftlichen Raum ist die Errichtung eines **Grabmals** auf dem Friedhof einer Religionsgesellschaft kein der staatlichen Gerichtsbarkeit entzogenes Internum, auch wenn der Friedhof nur der Bestattung der Mitglieder dient (BVerwG NJW 1990, 2079). Entsprechendes gilt für das sog. **Angelus-Läuten**. Es gehört als kultische Handlung zwar zu den inneren Angelegenheiten. Glockengeläut berührt aber auch staatliche Belange, denn es kann mit dem Ruhebedürfnis der Nachbarn kollidieren. Daher ist für Streitigkeiten zum Schutz der Nachbarn vor schädlichen Immissionen – entgegen früherer Auffassung (vgl. RGZ 56, 25) – der Rechtsweg zu den staatlichen Gerichten eröffnet. Wo sich Kirchen auf das Gebiet des Privatrechts begeben (etwa bei der Materialbeschaffung oder dem Abschluss von Angestelltenverträgen), gelten die allgemeinen staatlichen Regeln.

131 Im Verhältnis zum Staat werden Religionsgemeinschaften vor allem durch die sog. **Kirchengutsgarantie** (Art. 140 GG, 138 Abs. 2 WRV) geschützt. Sie verbietet Eingriffe, die gerade und speziell das Kirchengut treffen, also Säkularisationen oder säkularisationsähnliche Akte. Die Garantie ergänzt die den Religionsgemeinschaften gewährleistete freie Ordnung und Verwaltung ihrer eigenen Angelegenheiten nach der Seite ihres materiellen Substrats hin. Die Garantie erstreckt sich auch auf die einer Religionsgesellschaft vom Staat hoheitlich eingeräumte Möglichkeit, ein in dessen Eigentum stehendes Kirchengebäude zu nutzen (BVerwGE 87, 115 = NVwZ 1991, 774). Vor Eingriffen kann sich eine Kirche vor den VG wehren.

IV. Einzelfälle (alphabetisch)

1. Abwehr- und Unterlassungsansprüche

132 Die privatrechtliche oder öffentlich-rechtliche Natur von Abwehransprüchen **korrespondiert mit der Qualität des Eingriffs**, deren Kehrseite sie sind (→ Rn. 127; BVerwGE 68, 62). Dementsprechend sind Ansprüche des Staates gegen den Bürger, der öffentliche Sachen und Einrichtungen stört, stets privatrechtlich (KS § 40 Rn. 29a; Ey § 40 Rn. 78). Hingegen sind Ansprüche des Bürgers auf **Unterlassung** von Störungen subjektiver Rechte (Eigentum, Gesundheit) durch einen Hoheitsträger öffentlich-rechtlich.

133 Nach wie vor nicht völlig geklärt ist – bei Fehlen einer spezialgesetzlichen Grundlage – die **Rechtsgrundlage** des öffentlich-rechtlichen Abwehranspruchs. Sie kann

Zulässigkeit des Verwaltungsrechtsweges § 40

unmittelbar aus den Grundrechten (Art. 2 II und Art. 14 I GG) oder aus den analog anzuwendenden §§ 1004, 906 BGB hergeleitet werden (BVerwGE 79, 254 = NJW 1988, 2396). Nach BVerwGE 131, 171 (= NVwZ 2008, 1371) leitet sich der Unterlassungsanspruch aus einer grundrechtlich geschützten Position ab, jedenfalls aus dem allgemeinen Persönlichkeitsrecht (Art. 2 I i.V.m. Art. 1 I GG). Die Grundrechte schützen den Grundrechtsträger vor rechtswidrigen Beeinträchtigungen jeder Art, auch solchen durch schlichtes Verwaltungshandeln. Infolgedessen kann der Bürger, wenn ihm eine derartige Rechtsverletzung droht, gestützt auf das jeweils berührte Grundrecht Unterlassung verlangen (BVerwGE 82, 76, 77 f. = Buchh 11 Art. 4 GG Nr. 45 S. 9 f. m.w.N.).

Hauptanwendungsfall ist die **Immissionsabwehrklage**, die sich meist gegen **Ge- 134 räuscheinwirkungen** durch öffentliche Anlagen und Veranstaltungen richtet (BVerwGE 79, 254 = NJW 1988, 2396: Feueralarmsirene; BVerwGE 68, 62 = NJW 1984, 989 liturgisches Glockengeläut; BVerwGE 81, 197; 88, 143; BGHZ 121, 241: Jugendzeltplatz; weitere Bsp. bei Ey § 40 Rn. 82). Bei physischen Einwirkungen (Immissionen) entspricht die Schwelle dem **Beeinträchtigungsniveau**, das der Betroffene gemäß § 906 BGB von einem Nachbarn nicht hinzunehmen hätte und gegen das er sich auch im Immissionsschutzrecht unter Berufung auf §§ 5, 22 BImSchG erfolgreich wehren könnte, mithin unterhalb der Gesundheitsschädigung und unterhalb des schweren und unerträglichen Eingriffs in das Eigentum (BVerwGE 74, 315, 327; 68, 58; 65, 313).

Abzuwehren sind auch die ungerechtfertigte Errichtung eines öffentlichen **Bau- 135 vorhabens** auf einem fremden Grundstück (BVerwGE 50, 282) oder die unerlaubte **Zuführung von Wasser** (BVerwGE 89, 69 79; Buchh 406.16 Grundeigentumsschutz Nr. 59). Denn die Wahrnehmung der wasserrechtlichen Unterhaltungspflicht geschieht in Erfüllung einer öffentlichen Aufgabe des Trägers der Unterhaltungslast (BVerwGE 44, 235 = NJW 1974, 813). Zu Störungen durch Anlagen- und Verkehrslärm Rn. 136; Beeinträchtigungen durch Miteigentümer → § 42 Rn. 195; zum Folgenbeseitigungsanspruch → Rn. 145.

2. Anlagen

a) Hoheitlich betriebene Anlagen. Emittierende Anlagen können von Privaten, **136** von Hoheitsträgern oder von Privaten mit einer öffentlich-rechtlichen Erlaubnis betrieben werden. Öffentlich-rechtlich sind alle Ansprüche gegen einen hoheitlichen Anlagenbetreiber, der eine **gewidmete Verkehrsanlage** errichtet und Dritten kraft Widmung zur Verfügung stellt. Das gilt etwa für öffentliche Straßen, die von einem Träger der Straßenbaulast unterhalten werden. Öffentlich-rechtlich sind auch Streitigkeiten um **Verkehrsregelungen**, die sich auf die Anlage beziehen. Bei anderen Anlagen kommt es darauf, ob ein Zusammenhang mit öffentlicher oder fiskalischer Aufgabenstellung besteht (Rn. 132).

b) Anlagen Privater. Gegen Private, die keine Beliehenen sind, können nur privat- **137** rechtliche Abwehransprüche bestehen (§§ 1004, 906 BGB). Jedoch dürfen praktisch alle störenden Anlagen nur aufgrund einer öffentlich-rechtlichen Erlaubnis (Genehmigung, Planfeststellung, Plangenehmigung usw.) errichtet und betrieben werden. Das gilt für Gewerbebetriebe, immissionsschutzrechtliche Anlagen (vgl. die 4. BImSchV), 110-kV-Freileitungen und private Verkehrsanlagen wie Eisenbahnstrecken der DB AG (Zulassung nach AEG) oder Flughäfen (Zulassung nach LuftVG). In diesen Fällen konkurrieren die Ansprüche gegen den Betreiber mit Ansprüchen gegen die über die Zulassung entscheidende Behörde. Öffentlich-rechtlich sind Streitigkeiten um die **Zulassung** der Anlage, ihre Modifikation, Einschränkung oder Aufhebung und um behördlich festzusetzende Schutzansprüche (vgl. § 74 II VwVfG) oder nachträgliche Anordnungen (z.B. nach § 17 BImSchG). In solchen **Nachbarstreitigkeiten** → § 42 Rn. 90) ist die Klage gegen die Behörde zu richten, der Anlagenbetreiber ist beizuladen (§ 65 II).

138 Hingegen sind Ansprüche unmittelbar gegen **privatrechtlich organisierte Anlagenbetreiber** (die Deutsche Bahn AG, dazu Art. 87e GG, Flughafengesellschaften usw.) und erst recht gegen Anlagenbenutzer (Verkehrsteilnehmer, Fluggesellschaften) vor den Zivilgerichten zu verfolgen (KS § 40 Rn. 9b). Sie wurzeln in privatrechtlichen Normen wie §§ 1004, 906 BGB oder § 14 BImSchG. Das gilt auch, wenn die Ansprüche nach der neueren Rspr. des BGH durch eine Genehmigung, Planfeststellung usw. überlagert oder ausgeschlossen sind (Rn. 33).

3. Ersatz- und Erstattungsansprüche

139 **a) Aufwendungsersatz aus Geschäftsführung ohne Auftrag.** Das Institut der GoA besteht auch im öffentlichen Recht. Für Aufwendungsersatzansprüche gelten die §§ 677 ff. BGB entsprechend (Ey § 40 Rn. 76; KS § 40 Rn. 26). Zwei **Fallgruppen** sind zu unterscheiden:

140 (1) Ein privater Geschäftsführer erledigt ein Geschäft aus dem öffentlich-rechtlichen Pflichtenkreis eines Trägers hoheitlicher Verwaltung. Der Aufwendungsersatzanspruch ist öffentlich-rechtlich, weil nach h.M. auf den Rechtscharakter des getätigten Geschäfts und nicht auf die Rechtsqualität des Handelns abzustellen ist (BVerwGE 80, 170). Hätte die Verwaltung als Geschäftsführer Wahlfreiheit, so kommt es auf ihren mutmaßlichen Willen an; dabei gilt wie stets eine widerlegliche Vermutung für öffentlich-rechtliches Handeln (→ Rn. 128).

141 (2) Erledigt ein Träger öffentlicher Gewalt ein Geschäft für einen privaten Geschäftsherrn, so können Ersatzansprüche der Verwaltung nach dem allgemeinen Ansatz nur privatrechtlich sein. Die Annahme einer Geschäftsführung ohne Auftrag der Verwaltung für den Bürger verbietet sich nicht einmal dann ohne Weiteres, wenn die öffentliche Hand bei dem betreffenden Vorgang hauptsächlich zur Erfüllung öffentlich-rechtlicher Pflichten tätig geworden ist (stRspr., BGHZ 156, 394, 397 f. m.w.N. auch zu den gegen diese Betrachtungsweise im Schrifttum erhobenen Bedenken).

142 **b) Erstattungsansprüche, öffentlich-rechtliche.** Der (allgemeine) öffentlich-rechtliche Erstattungsanspruch ist ein eigenständiges Rechtsinstitut des öffentlichen Rechts, abgeleitet aus den allgemeinen Grundsätzen des Verwaltungsrechts, insbes. der Gesetzmäßigkeit der Verwaltung (BVerwG, Beschl. v. 7.10. 2009 – 9 B 24.09). Er dient der Rückabwicklung rechtsgrundlos erbrachter Leistungen oder sonstiger Vermögensverschiebungen. Sonderformen sind **spezialgesetzlich** geregelt (vgl. § 49a VwVfG, § 53 BeamtVG oder § 12 II BBesG), wobei Sonderzuweisungen den Rechtsweg regeln können (wie § 54 I BeamtStG). **Anspruchsvoraussetzungen** und **Rechtsfolgen** entsprechen denen des zivilrechtlichen Bereicherungsanspruchs (BVerwGE 112, 351, 353 f.; 100, 56, 59; 87, 169, 172). Ausnahmen davon hat das BVerwG lediglich dann anerkannt, wenn und soweit den §§ 812 ff. BGB eine abweichende Interessenbewertung zugrunde liegt, die in das öffentliche Recht nicht übertragbar ist (BVerwGE 71, 85 = NJW 1985, 2436). Die Parallelität der Institute wirft die Frage der Abgrenzung auf. Der Erstattungsanspruch teilt die Rechtsnatur der rückabzuwickelnden Vermögensverschiebung (→ Rn. 127). Demgemäß kommt es bei Leistungen auf die Rechtsnormen an, nach denen die Leistung erfolgt ist, bei

Zulässigkeit des Verwaltungsrechtsweges § 40

sonstigen Vermögensverschiebungen („Erlangung von etwas auf sonstige Weise") auf den Sachzusammenhang der Verschiebung.

c) Schadensersatzansprüche. Ansprüche **gegen Hoheitsträger** auf Ersatz von 143 Schäden können privatrechtlich oder öffentlich-rechtlich sein, je nachdem, ob sie aus der Verletzung einer privat- oder öffentlich-rechtlichen Pflicht folgen (→ Rn. 23 zu deliktischen Ansprüchen nach §§ 823 ff. BGB, Rn. 38 zur Verkehrssicherungspflicht und Rn. 22 zu Amtspflichten). Handelt es sich um Amtshaftung oder Schadensersatzansprüche aus der Verletzung öffentlich-rechtlicher Pflichten, so schreibt § 40 II 1 den ordentlichen Rechtsweg vor.

Macht der Staat Ansprüche **gegen den Bürger** geltend oder wird anderes als 144 Geldschadensersatz verlangt (→ Rn. 23), so bleibt es aber auch dann beim Verwaltungsrechtsweg (I 1). Dasselbe gilt immer, wenn wegen der Verletzung öffentlichrechtlicher Pflichten Ansprüche auf Naturalrestitution, Widerruf einer Erklärung oder eine Amtshandlung geltend gemacht werden (BVerwGE 15, 143; 39, 173; KS § 40 Rn. 59; Ey § 40 Rn. 117).

4. Folgenbeseitigungsansprüche

Folgenbeseitigungsansprüche sind i.S. von Naturalrestitution auf Wiederherstellung 145 des Status quo ante gerichtet. Ihre Rechtsnatur entspricht als Kehrseite derjenigen des Eingriffs, der beseitigt werden soll (zum Widerruf ehrverletzender Behauptungen → Rn. 162). Wird Rückgewähr von Geld als Folgenbeseitigung (und nicht als Schadensersatz) verlangt, bleibt die Generalklausel in I 1 einschlägig. Eine spezielle Form des Folgenbeseitigungsanspruchs betrifft den Vollzug von VA (Vollzugsfolgenbeseitigungsanspruch → § 113 I 2).

5. Öffentliche Sachen und Einrichtungen

Öffentliche Sachen und Einrichtungen sind solche, mit denen ein Hoheitsträger öf- 146 fentliche Zwecke und Aufgaben erfüllt. Es kann sich um Sachen im Gemeingebrauch (z.B. Straßen, Schulen, Bäder), im Anstaltsgebrauch (Stadthallen oder Plätze) oder im Verwaltungsgebrauch handeln (Näheres bei Papier in: Erichsen/Ehlers § 37 ff.). Im Zusammenhang mit öffentlichen Sachen sind beim Rechtsweg **drei Problembereiche** zu erörtern: (a) Hausrechtsausübungen bei öffentlichen Gebäuden, (b) Herausgabeansprüche und (c) Zulassung und Ausgestaltung ihrer Nutzung.

a) Hausrechtsausübungen. Die Zuordnung von Hausrechtsausübungen durch 147 Träger öffentlicher Verwaltung im Zusammenhang mit Gebäuden ist differenziert zu betrachten. Es kann sich um Hausverbote handeln, d.h. die Untersagung, ein Gebäude zu betreten, oder auch nur um die Modalitäten des Betretens wie etwa die Anordnung, sich auf Waffen durch- oder untersuchen zu lassen. Sofern kein gesetzlich geregelter Fall vorliegt (solche finden sich beim Bundestagspräsidenten nach Art. 40 II 1 GG sowie im Kommunalrecht), kann sich die **Rechtsgrundlage** aus Eigentum oder Besitz ergeben (§§ 1004, 903 oder §§ 859 f. BGB) oder aber aus der öffentlichrechtlichen Sachherrschaft, dem Widmungsakt. Kann der Hausrechtsinhaber Befugnisse des privaten wie des öffentlichen Rechts ausüben (nicht bei einer privatrechtlich organisierten Einrichtung), so ist zunächst zu fragen, ob eine **eindeutige Formenwahl** getroffen ist (Indizien sind die Wortwahl und die Beifügung einer Rechtsbehelfsbelehrung, vgl. VG Neustadt, Beschl. v. 23.2. 2010 – 4 L 103/10.NW).

Führt die Auslegung nicht zu einem eindeutigen Ergebnis, so ist streitig, worauf 148 abzustellen ist. Die heute h.M. stellt auf den **Zweck des Hausverbots** und dessen

Zusammenhang mit der Aufgabenwahrnehmung der Einrichtung ab (vgl. NRW-OVG NVwZ-RR 1989, 316; HessVGH NJW 1990, 1250; Jutzi, LKRZ 2009, 16; Ey § 40 Rn. 66; KR § 35 Rn. 37; KS § 40 Rn. 22; NKVwGO § 40 Rn. 389). Das von einem öffentlich-rechtlichen Verwaltungsträger ausgesprochene Hausverbot hat dann öffentlich-rechtlichen Charakter, wenn es dazu dient, (allgemein) die Erfüllung der staatlichen Aufgaben im Verwaltungsgebäude zu sichern bzw. (konkret) die unbeeinträchtigte Wahrnehmung einer bestimmten staatlichen Sachkompetenz zu gewährleisten (BSG, Beschl. v. 1.4. 2009 – B 14 SF 1/08 R; NRWOVG NVwZ-RR 1989, 316: städtisches Bibliotheksgebäude; BayVGH NJW 1980, 2722 und SHOVG NJW 1994, 340: Anordnung durch einen Gerichtspräsidenten). **Abzulehnen** ist das von der Rspr. früher vertretene Abstellen auf den **Aufenthaltszweck** des Besuchers oder Benutzers.

149 **b) Herausgabeansprüche.** Öffentliche Sachen bleiben Gegenstand der Privatrechtsordnung, soweit nicht ausnahmsweise öffentliches Eigentum besteht (nur in Hamburg). Ihre Nutzung wird aber durch eine öffentlich-rechtliche Sachherrschaft überlagert, die in der Regel durch einen ausdrücklichen oder konkludenten Widmungsakt begründet wird (Konstruktion des sog. **modifizierten Privateigentums**). Die Herausgabe einer öffentlichen Sache ist daher nach § 40 I 1 vor dem VG geltend zu machen, wenn die öffentliche Zweckbindung in Rede steht; seine Stütze findet der Anspruch im öffentlichen Widmungsakt (bei Straßen vgl. nur § 8 X FStrG; BVerwGE 29, 248). Das ist nach der Rspr. auch bei sonstigen öffentlichen Sachen der Fall (BVerwGE 87, 115; weitere Bsp. bei Ey § 40 Rn. 78). I. Ü. sind die Vorschriften des BGB über Eigentum und Besitz anzuwenden, also der Zivilrechtsweg gegeben.

150 **c) Zulassung zu öffentlichen Einrichtungen.** Bei der Zulassung zu öffentlichen Veranstaltungen (Volksfesten, Jahrmärkten) und Einrichtungen (Sport- und Spielplätzen, Festplätzen, Mehrzweckhallen) ist oft – aber nicht zwangsläufig – zu trennen zwischen der Zulassung zur Nutzung und der Abwicklung des Nutzungsverhältnisses (KS § 40 Rn. 16). Die erste Stufe ist öffentlich-rechtlich, wenn der Zugang ausdrücklich oder gewohnheitsrechtlich durch Rechtssätze geregelt ist, die als öffentlich-rechtlich zu qualifizieren sind. I.d.R. liegt ein Widmungsakt vor, der die Sache einer definierten (allgemeinen oder begrenzten) Zugänglichkeit unterstellt. Die Widmung kann durch Rechtssatz oder durch VA und auch konkludent erfolgen. Soweit keine gesetzliche Grundlage besteht, kommt eine (konkludente) Widmung durch eine von einem Widmungswillen getragene faktische Indienststellung in Betracht (BWVGH NVwZ-RR 1996, 681).

151 Über die Zulassung zu **Eigenbetrieben** der kommunalen Gebietskörperschaften (gemeindlichen Kindergärten, Veranstaltungsräumen, Plätzen) ist öffentlich-rechtlich zu entscheiden (BVerwGE 31, 368; NVwZ 1982, 194). Die kommunalrechtlichen Vorschriften räumen Einwohnern meist einen Zulassungsanspruch ein; andere können eine ermessensfehlerfreie Entscheidung verlangen (Ey § 40 Rn. 51). Entsprechendes gilt für Zulassungsstreitigkeiten mit den Trägern anderer öffentlicher Einrichtungen (z.B. kirchliche Friedhöfe, staatliche Kunsthallen, Universitäten). Bei **Einrichtungen der Daseinsvorsorge** ist die öffentlich-rechtliche Zulassung zu vermuten (KS § 40 Rn. 16). Der Zulassungsanspruch einer **Partei** aus § 5 I PartG ist öffentlich-rechtlich (BVerwGE 32, 333 f.; NJW 1990, 134).

152 Das **Benutzungsverhältnis** kann sodann öffentlich- oder privatrechtlich ausgestaltet sein. Die Zuordnung ist anhand von **Indizien** vorzunehmen (Rn. 124); im Zweifel liegt eine öffentlich-rechtliche Ausgestaltung vor (Rn. 128; KS § 40 Rn. 13; zur Vermutung für die öffentlich-rechtliche Regelung des Benutzungsverhältnisses einer öffentlichen Einrichtung vgl. RhPfOVG NVwZ-RR 2008, 129: von einer Gemeinde getragene Kindertagesstätte; NRWOVG NJW 1976, 820).

Wird die Einrichtung von einer kommunal beherrschten juristischen **Person** 153
des Privatrechts betrieben (Bsp. Krankenhäuser), so gehört der Streit mit dieser auch über die Zulassung vor die Zivilgerichte, sofern es sich nicht um eine Beliehene handelt (Rn. 109). Der Bürger kann daneben den öffentlich-rechtlichen **Träger der Einrichtung** darauf in Anspruch nehmen, von seinen Einwirkungsmöglichkeiten Gebrauch zu machen (sog. **Verschaffungsanspruch**; vgl. BVerwG NJW 1990, 134; NdsOVG, Beschl. v. 24.1. 2003 – 4 ME 596/02; BWVGH NVwZ-RR 1996, 681; NRWOVG, Beschl. v. 22.10. 1999 – 16 B 1677/99; Ey § 40 Rn. 57).

6. Realakte

a) Allgemeines. Die Realakte sind ihrer Natur nach weder öffentlich- noch privat- 154
rechtlich. Sie müssen auch nicht als solche zugeordnet werden, vielmehr die Ansprüche, die sie auslösen. Das sind Abwehr- bzw. Unterlassungsansprüche (→ Rn. 132), soweit Immissionen i.S. des § 3 II BImSchG (Lärm, Licht, Staub usw.) oder nachteilige Verlautbarungen in Rede stehen, hingegen Folgenbeseitigungsansprüche, wenn es um die Abwehr sonstiger Eigentumseingriffe in Vollzug staatlicher Entscheidungen geht (z.B. durch Überbau oder Abgrabung eines Grundstücks beim Bau einer Straße, Überschwemmung durch eine Kläranlage, Abbuchung von einem Konto). Über Ansprüche auf Auskunft oder Einsichtnahme in Unterlagen ist oft durch VA zu entscheiden, womit die öffentlich-rechtliche Natur des Anspruchs feststeht (Rn. 116). I.Ü. sind die speziellen Rechtsgrundlagen der Ansprüche zu qualifizieren.

Soweit „parallele" Anspruchsgrundlagen im bürgerlichen wie im öffentlichen 155
Recht bestehen (Erstattungs-, Ersatzansprüche, GoA), nimmt die h.M. die Zuordnung nach dem **Sachzusammenhang** vor (NKVwGO § 40 Rn. 322 ff.). Abwehransprüche sind öffentlich-rechtlich, wenn die sie auslösenden Realakte mit der öffentlichen Aufgabenerfüllung in einem unmittelbaren funktionellen oder organisatorischen Zusammenhang stehen (Ey § 40 Rn. 80 ff.; KS § 40 Rn. 29). Im Zweifel greift die Vermutung zugunsten öffentlich-rechtlichen Handelns ein (BVerwGE 71, 183, 186).

b) Immissionen. Immissionen öffentlicher Anlagen außerhalb fachplanerischer Zu- 156
lassung können öffentlich-rechtliche Abwehransprüche begründen (→ Rn. 136), sind indes häufig hinzunehmen und führen dann zu **Entschädigungsansprüchen**, die wegen ihrer Nähe zu den tradierten Zivilprozesssachen (Rn. 24) den Zivilgerichten zugewiesen sind (zur Entschädigung wegen des Lärms von Militärflugplätzen vgl. BGH NVwZ-RR 2006, 669; BGHZ 129, 124; NVwZ 1992, 404).

c) Verlautbarungen von Behörden und Amtswaltern. aa) *Amtliche Erklärun-* 157
gen. Auch bei amtlichen Verlautbarungen entscheidet der **Sachzusammenhang** über die Rechtsnatur. Sie unterfallen dem öffentlichen Recht, wenn sie in Erfüllung öffentlicher Aufgaben erfolgen oder beansprucht werden. Bei Erklärungen mit **nachteiligem Inhalt** ist die Funktion entscheidend, in der eine Erklärung abgegeben wurde (BVerwGE 131, 171 = NVwZ 2008, 1371: Unterlassen von nachteiligen Aussagen in einem Verfassungsschutzbericht; BGHZ 34, 99; BVerwG NJW 1970, 1990, BVerwGE 44, 351; NJW 1988, 2399; BWVGH DÖV 2002, 348). Öffentlich-rechtlich sind **Warnungen** einer Behörde vor Religionsgemeinschaften oder Sekten (BVerwGE 82, 76 = NJW 1989, 2272; NJW 1994, 162) oder vor Produkten (BVerwG 87, 39 = NJW 1991, 1766).

§ 40   Teil I. Gerichtsverfassung

158 *bb) Informationen.* Öffentlich-rechtlich ist der **Informationsanspruch der Presse** gegen eine Behörde (aus PresseG oder Art. 5 I GG), und zwar auch dann, wenn er ein von der öffentlichen Hand beherrschtes Unternehmen betrifft (BGH NJW 2005, 1720).

159 Die **Öffentlichkeitsarbeit** der Verwaltung erfolgt in Erfüllung öffentlich-rechtlicher Informationspflichten (BVerwGE 47, 247; NJW 1989, 412). Das gilt auch für die Pressearbeit der **Gerichte** und für die Verbreitung von Gerichtsentscheidungen (BVerwGE 104, 105; BGH NJW 1978, 1860). Sondergesetzlich vorgeschrieben ist der Verwaltungsrechtsweg für die Entscheidung über den **Zugang zu Umweltinformationen** nach dem UIG (vgl. § 6 I UIG; HessVGH NVwZ 2007, 348) und über Auskünfte nach dem IFG (§ 9 IV IFG).

160 Öffentlich-rechtlich sind ebenso Unterlassungsansprüche auf **Nichtveröffentlichung** der sog. Arzneimittel-Transparenzlisten (BVerwGE 71, 183 = NJW 1985, 2774), gegen amtliche Verlautbarungen des Bundesgesundheitsamtes in Bundesanzeiger (BVerwG DVBl. 1982, 636), gegen die Kassenärztliche Bundesvereinigung wegen Verbreitung einer Stellungnahme zur therapeutischen Wirksamkeit eines Arzneimittels (BVerwGE 58, 167, 168) sowie gegen Arzneimittelempfehlungen der Allgemeinen Ortskrankenkasse (BGH NJW 1964, 2208).

161 Für das Begehren des Soldaten auf **Einsichtnahme** in seine Sicherheitsakte ist der Rechtsweg zu den allgemeinen VG gegeben (BVerwGE 113, 116). Für Streitigkeiten um Personalakten gelten die aufdrängenden Sonderzuweisungen des Beamtenrechts (Rn. 60).

162 *cc) Ehrverletzende Äußerungen.* Die vorstehenden Grundsätze gelten auch bei ehrverletzenden Äußerungen von Bediensteten anlässlich der Amtsausübung. Stehen Behauptungen im Raum, so geht der Anspruch auf Richtigstellung oder **Widerruf**; handelt es sich um (ab)wertende Äußerungen, kommt nur ein Anspruch auf **Entschuldigung** in Betracht.

163 Die Klage ist gegen die Behörde bzw. deren Rechtsträger und nicht gegen den Bediensteten persönlich zu richten; gegen diesen könnten nur privatrechtliche Ansprüche geltend gemacht werden (Ey § 40 Rn. 83). Indes kann es im Einzelfall schwierig sein zu entscheiden, ob eine Äußerung dem Organträger oder dem Organwalter persönlich **zuzurechnen** ist. Diese Bewertung hängt von vielerlei Umständen des Einzelfalles ab, insbes. von Inhalt und Form der Äußerung, von ihrer Veranlassung und damit von dem Zusammenhang, in dem sie abgegeben worden ist (BVerwG Buchh 11 Art. 2 GG Nr. 58; Buchh 232 § 2 BBG Nr. 1; RhPfOVG NJW 1987, 1660). Nicht jede Überschreitung der dienstlichen Befugnisse gibt einer Erklärung ein privatrechtliches Gepräge, ein **Exzess** ist erst dann anzunehmen, wenn ein Vorwurf so sehr Ausdruck der persönlichen Meinung oder Einstellung ist, dass die Ehrkränkung eine unvertretbare persönliche Leistung des Bediensteten darstellt (Ey § 40 Rn. 83; str.).

164 *dd) Sendungen öffentlich-rechtlicher Rundfunkanstalten.* Für Unterlassungsansprüche von Bürgern, die sich durch die Sendung einer öffentlich-rechtlichen Rundfunkanstalt in ihren Persönlichkeitsrechten betroffen sehen, ist grds. der **Zivilrechtsweg** gegeben (BVerwG NJW 1994, 2500 im Anschluss an BGHZ 66, 182). Die früher verbreitete Unterscheidung von redaktionellen Äußerungen (für die der Verwaltungsrechtsweg gegeben sei) und Werbesendungen ist heute hinfällig geworden (Ey § 40 Rn. 85).

7. Subventionsvergabe

165 Die Entscheidung über Vergabe von Subventionen in jeder Form (Zuschüsse, Darlehen u. ä., näher Ey § 40 Rn. 50) gehört dem öffentlichen Recht an und hat im Re-

gelfall durch VA zu erfolgen; das gilt auch für die Festlegung der Subventionsbedingungen, soweit der öffentliche Subventionszweck abgesichert werden soll. Bleibt es hierbei, weil keine Abwicklung erforderlich ist, so handelt es sich um eine **einstufige Vergabe**, die nach der Generalklausel in I 1 vor die VG gehört. Besonders bei sog. verlorenen Zuschüssen ist die Auszahlung bloß Erfüllung der Bewilligung, eine etwa eingeschaltete private Bank bloßer Verwaltungshelfer (BVerwG NJW 1977, 1838; BGH NJW 2000, 1042; NVwZ 1985, 517). Entsprechendes gilt bei der Vergabe einer Subvention aufgrund öffentlich-rechtlichen Vertrages, soweit er zugleich Bewilligung und Abwicklungsmodalitäten regelt.

Ist eine gesonderte **Abwicklung** der Subventionsvergabe (etwa in Form der [un]verzinslichen Rückzahlung) erforderlich, so kann sich die Verwaltung für die Stufe der Abwicklung für eine öffentlich- oder privatrechtliche Ausgestaltung entscheiden. Wählt sie letztere Gestaltung, so erfolgt eine zweistufige Subventionsvergabe durch einen Bewilligungsbescheid auf der ersten Stufe und einen privatrechtlichen Akt (Darlehensvertrag, staatliche Garantie oder Bürgschaft) auf der zweiten. Dies macht prozessual die Anwendung der Zweistufentheorie (Rn. 108) erforderlich. Danach unterliegt die Rückabwicklung der Subvention bei Störungen des Subventionsverhältnisses (rechtswidrige Bewilligung, Zweckverfehlung u. ä.) vollständig dem öffentlichen Recht (Ey § 40 Rn. 50); denn Rücknahme oder Widerruf (§§ 48 ff. VwVfG) unterliegen demselben Regime wie die Bewilligung. Dasselbe gilt für die Änderung von Subventionsbedingungen (BVerwGE 13, 47). Die Beziehungen zwischen Subventionsempfänger und (rück)abwickelnder Bank bei ungestörten Subventionsbeziehungen sind regelmäßig zivilrechtlich (BVerwG MDR 1968, 1035). Auch auf Rückzahlung eines Darlehens muss die Bank vor den Zivilgerichten klagen (BVerwG DVBl. 2006, 118). Die Verletzung einer begleitenden **Betreuungspflicht** ist öffentlich-rechtlich (BVerwGE 30, 46; 32, 283). Für **Geldschadensersatzansprüche** des Bürgers gegen den Staat greift jedoch die abdrängende Zuweisung aus § 40 II 1 Fall 3 ein (Rn. 38).

8. Verträge

a) Vertragsbeziehungen. Der Vertrag ist zwar das typische Gestaltungsmittel des Privatrechtsverkehrs, bestimmt jedoch seit langem auch das Staatsrecht, Völkerrecht und allgemein das öffentliche Recht (vgl. §§ 54 ff. VwVfG). Über die Zuordnung eines Vertrages zum öffentlichen oder privaten Recht entscheidet sein **Gegenstand**, nicht aber die Rechtsnatur der Vertragsschließenden (GmSOGB BVerwGE 74, 368; 42, 331; Ey § 40 Rn. 67 ff.; KS § 40 Rn. 23). Die Zuordnung unterliegt nicht der Disposition der Parteien; es kommt auf die objektive Qualifikation des Vertragsgegenstandes an.

Unter dem Gegenstand sind die durch ihn begründeten oder mit ihm verknüpften Rechtsfolgen zu verstehen (vgl. auch § 54 S. 1 VwVfG). Sie sind öffentlich-rechtlich, wenn sie in Vollzug einer öffentlich-rechtlichen Regelung erfolgen, wie dies im BauGB (für Erschließungs[kosten]verträge nach § 124, § 133 BauGB), im PBefG (§ 28 III, V, VI) und FStrG (§ 13 VI) vorgesehen ist. Wo eine ausdrückliche Ordnung des Vertragsgegenstandes fehlt, müssen der Zweck und das weitere Bezugsfeld des Vertrages einbezogen werden (Ey-Rennert § 40 Rn. 69). Sind auf beiden Seiten Verwaltungsträger beteiligt, so ist dies lediglich ein Indiz für den öffentlich-rechtlichen Charakter koordinationsrechtlicher Verträge. Zur wirtschaftlichen Betätigung der öffentlichen Hand i. Ü. → Rn. 172 ff.

Bei mehreren Vertragselementen mit sowohl öffentlich- wie privatrechtlichen Verpflichtungen (sog. **Mischverträge**) ist die Zuordnung streitig. Das BVerwG stellt auf die Rechtsnatur des jeweils streitigen Vertragsteils ab (DÖV 1981, 878), der BGH hingegen auf den Schwerpunkt des gesamten Vertrages (NJW 2004, 253; NJW-RR 2000, 845).

170 b) **Vertragsverletzungen.** Bei öffentlich-rechtlichen Verträgen gehören nicht nur Erfüllungsansprüche vor die VG, sondern **alle Ansprüche** aus Anbahnung, Abschluss und Abwicklung einschließlich Schadensersatzansprüche aus Nicht- oder Schlechterfüllung sowie aus positiver Vertragsverletzung (BVerwG NVwZ 2003, 1383; NJW 2002, 2894 und NKVwGO § 40 Rn. 568 f.). Die abdrängende Sonderzuweisung aus II 1 Fall 3 (nichtvertragliche Pflichtverletzung) greift insoweit nicht (Rn. 38). Zum Anspruch aus Verschulden bei Vertragsschluss (culpa in contrahendo) und zur Behandlung nicht vertraglicher (gesetzlicher) Schuldverhältnisse → Rn. 39.

9. Verwaltungsvollstreckung

171 Maßnahmen der Verwaltungsvollstreckung (z. B. Pfändungen) ergehen nach Maßgabe der VwVG in der Form des VA und gehören vor die VG; auf die Rechtsnatur der beizutreibenden Forderung kommt es nicht an (BVerwGE 77, 139; Ey § 40 Rn. 62, 37, 142).

10. Wirtschaftliche Betätigung der öffentlichen Hand

172 a) **Fiskalische Tätigkeit der Verwaltung und Daseinsvorsorge.** Fiskalisch abgewickelt werden Bedarfsdeckungsgeschäfte und die erwerbswirtschaftliche Tätigkeit der öffentlichen Hand. Hier nimmt ein Hoheitsträger wie jede Privatperson am allgemeinen Rechtsverkehr teil und bedient sich dessen Rechtsformen (Ey § 40 Rn. 48).

173 Dem – in seinem Umfang unklaren – Bereich der **Daseinsvorsorge** werden alle staatlichen Handlungen zugeordnet, die nach dem Stand der gesellschaftlichen Entwicklung der Befriedigung lebenswichtiger Bedürfnisse des Einzelnen in der Gemeinschaft dienen, ohne dass der Einzelne zumutbarerweise in der Lage wäre, sich die nötigen Leistungen selbst zu beschaffen. Das trifft etwa auf die Versorgung mit Wasser, Gas und Strom zu, auf den öffentlichen Personennahverkehr, die Unterhaltung der Kanalisation, die Abfallentsorgung und die Bereitstellung eines Schulsystems.

174 Wählt die Verwaltung in diesen Bereichen privatrechtliche Handlungsformen, so kann, soweit öffentliche Aufgaben nicht auf selbstständig agierende und lediglich beaufsichtigte private Rechtssubjekte ausgelagert werden, sog. **Verwaltungsprivatrecht** zur Anwendung kommen: Das Handeln bleibt dann privatrechtlich, unterliegt aber Bindungen aus dem Bereich des öffentlichen Rechts (BGHZ 155, 166; Ey § 40 Rn. 47). So gilt die Pflicht zur Beachtung der bundesstaatlichen Kompetenzverteilung, die unmittelbare Verpflichtung auf die Grundrechte sowie das Verbot sachwidriger Koppelung von Verwaltungsleistungen und Gegenleistung des Bürgers. Auf den Rechtsweg wirkt sich die Auferlegung solcher öffentlich-rechtlicher Bindungen nicht aus.

175 b) **Vergabe öffentlicher Aufträge.** Mit der Vergabe öffentlicher Aufträge an private Unternehmer kann die Verwaltung zwei Ziele verfolgen: Zum einen handelt es sich um **Beschaffungsvorgänge** für Waren, Sach- oder Dienstleistungen, die der Erfüllung der eigenen Aufgaben dienen. Zum anderen sind sie ein Instrument der **Wirtschaftslenkung** und -förderung.

176 Die Vergabe öffentlicher Aufträge erfolgt durch privatrechtliche Verträge. Nach der stRspr. des GmSOGB, des BVerwG und des BGH bewegt sich die öffentliche Hand

(weggefallen) **§ 41**

bei der Vergabe öffentlicher Aufträge in aller Regel auf dem Boden des Privatrechts, sodass für Streitigkeiten über die hierbei vorzunehmende Auswahl des Vertragspartners nicht der Verwaltungsrechtsweg, sondern der Rechtsweg zu den **ordentlichen Gerichten** gegeben ist (GmSOGB BGHZ 97, 312, 316 f.; BVerwGE 35, 103, 104 f.; 14, 65, 71 f.; 7, 89, 90 f.; 5, 325, 326 f.; Buchh 310 § 40 VwGO Nr. 122, S. 54 f.; BGH NJW 1967, 1911).

Geht der Auftragserteilung eine **öffentlich-rechtliche Vergabeentscheidung** 177 voran, so muss hiergegen Primärrechtsschutz möglich sein (BVerfG-Kammer NJW 2004, 2725; Ey § 40 Rn. 49). Die §§ 97 ff. GWB gestalten die Vergabeentscheidung **oberhalb** der in § 2 Vergabeverordnung genannten Schwellenwerte (Auftragssummen) nach Vorgaben des Unionsrechts als VA aus, sehen für die Anfechtung durch Mitbieter freilich den ordentlichen Rechtsweg zu den Kartellsenaten der OLG (§ 62 GWB) vor (BGHZ 162, 116). Nach der neueren Rspr. des BVerwG ist (auch) für Streitigkeiten in Vergabeverfahren, die nicht in den Anwendungsbereich der §§ 97 ff. GWB fallen, weil sie Aufträge **unterhalb der Schwellenwerte** betreffen, der Rechtsweg zu den ordentlichen Gerichten eröffnet (BVerwGE 129, 9 = NVwZ 2007, 820 = NJW 2007, 2275).

c) Wettbewerbshandeln der öffentlichen Verwaltung. Auf die Teilnahme des 178 Staates in Konkurrenz zu privaten Anbietern (Bsp.: kommunale Wohnungsvermittlung) finden die Bestimmungen des UWG und des GWB Anwendung. Daraus resultierende Streitigkeiten sind privatrechtlicher Natur. Soll einem öffentlich-rechtlichen Aufgabenträger die **Wettbewerbsteilnahme an sich** (das „Ob" der Betätigung) untersagt werden, so wurzeln Untersagungs- oder Unterlassungsansprüche in denjenigen Vorschriften, die dem Verwaltungsträger Grenzen für eine erwerbswirtschaftliche Betätigung setzen; sie sind nach der Sonderrechtstheorie also öffentlich-rechtlicher Natur (BVerwGE 39, 329; HessVGH NVwZ 2003, 238; BGHZ 150, 343 = NVwZ 2002, 1141). Ist hingegen die **Art der Betätigung** betroffen, so können die Ansprüche aus öffentlich-rechtlichen wie privatrechtlichen (insbes. wettbewerbsrechtlichen) Vorschriften herzuleiten sein (Ey § 40 Rn. 86 m.w.N.).

§ 41 *(weggefallen)*

Übersicht

	Rn.
I. Anwendungsbereich der Rechtswegverweisung	3
1. Zweck der Verweisungsvorschriften	3
2. Rechtsweg und Zuständigkeiten	5
3. Vorläufiger Rechtsschutz und PKH	7
4. Funktionelle Zuständigkeiten	9
5. Haupt- und Hilfsanträge	10
6. Vorfragen und Aufrechnung	11
II. Verfahren der Verweisung und Rechtswegbestätigung	12
1. Prüfungskompetenz	12
2. Verfahren bei Vorabentscheidung	14
3. Verfahren bei Verweisung	17
a) Prüfungsumfang	17
b) Anhörung	21
c) Entscheidungsinhalte	22
d) Beschlussfassung	23

4. Bindungswirkungen		27
a) Bindung für das Gericht, an das verwiesen wird		28
b) Bindung des Rechtsmittelgerichts durch Rechtswegbejahung		30
III. Rechtsmittel		33
1. Statthaftigkeit der Beschwerde		33
2. Kostenentscheidung		37

1 Die Vorschrift enthielt Regelungen über die Entscheidung bei Unzulässigkeit des (Verwaltungs)Rechtswegs und über die Rechtswegverweisung. Diese und mit ihr zusammenhängende Regelungen sind durch das 4. VwGOÄndG v. 17.12. 1990 (BGBl. I 2809) gestrichen und – ergänzt durch teilweise recht heterogene Bestimmungen – in **§§ 17, 17a und 17b GVG** zentral verankert worden. Auf sie verweisen die Prozessordnungen seither; die dort bestehenden Einzelvorschriften sind angepasst worden.

2 Für die **Verwaltungsgerichtsbarkeit** gelten die §§ 17 ff. GVG **über die Generalverweisung des § 173 S. 1** entsprechend (a. A. Ey § 173 Rn. 6). Diese Verweisung ist erforderlich, weil das GVG aus sich heraus nur auf die ordentliche Gerichtsbarkeit Anwendung findet (§ 2 EGGVG). Nachfolgend werden lediglich verwaltungsprozessuale **Besonderheiten der Rechtswegverweisung** dargestellt. I. Ü. wird auf die Kommentierung zu → § 83 und auf einschlägiges Schrifttum verwiesen (z. B. Rennert in Ey § 41; KS Anh § 41; S/S-A/P § 41; NKVwGO § 41; Kissel GVG).

I. Anwendungsbereich der Rechtswegverweisung

1. Zweck der Verweisungsvorschriften

3 Durch § 17a II 1 GVG ist es einem Gericht seit 1991 **untersagt**, eine **Klage** als unzulässig **abzuweisen**, weil der vom Kläger beschrittene Rechtsweg nicht eröffnet oder das angerufene Gericht nicht zuständig ist. Zwar handelt es sich um Sachurteilsvoraussetzungen; deren Fehlen besagt aber nur, dass das angegangene Gericht nicht in der Sache entscheiden darf. Die weiteren Konsequenzen ergeben sich nicht aus dem Begriff der Unzulässigkeit, sondern aus dem Verfahrensrecht, hier also aus § 17a GVG (→ vor § 40 Rn. 6, 12).

4 § 17a GVG bezweckt, die Frage der Rechtswegzuständigkeit zu einem **möglichst frühen Zeitpunkt** des Verfahrens in der ersten Instanz abschließend zu klären und das weitere Verfahren nicht mehr mit dem **Risiko** eines später erkannten Mangels des gewählten Rechtsweges zu belasten (vgl. BT-Drs. 11/7030 S. 36 f.). Das Verbot der Abweisung eines Rechtsschutzantrags wegen Unzuständigkeit und weitere Mechanismen schützen Verfahrensbeteiligte davor, wertvolle Zeit zu verlieren und Opfer von Zuständigkeitsstreitigkeiten werden. Dazu enthält § 17a GVG die maßgeblichen verfahrensrechtlichen Vorgaben der Rechtswegprüfung, der verbindlichen (bestätigenden) Vorabklärung und ggf. Verweisung an das zuständige Gericht des gegebenen Rechtswegs.

2. Rechtsweg und Zuständigkeiten

5 Die §§ 17 ff. GVG sind im Verwaltungsprozess gemäß § 173 S. 1 anwendbar (Rn. 2). Sie gelten unmittelbar jedoch nur für den **Rechtsweg** (vgl. § 17 I GVG). Für die Fälle sachlicher und örtlicher Unzuständigkeit werden sie in → § 83 in Bezug genommen.

(weggefallen) **§ 41**

Unmittelbar anwendbar sind die §§ 17 ff. GVG im Verhältnis der fünf Rechtswege **6** (Gerichtsbarkeiten) des Art. 95 GG untereinander und zu **Sondergerichtsbarkeiten** (→ § 40 Rn. 10 ff.), auch im Verhältnis zu **an**gegliederten Sondergerichten. Im Verhältnis zu **ein**gegliederten Spruchkörpern (z.B. Disziplinargerichten) ist nach § 83 zu verfahren. Teilweise ist die Anwendung speziell vorgeschrieben (vgl. für die Wehrdienstgerichte §§ 21 II 1, 18 III WBO). **Nicht** anwendbar sind die Vorschriften im Verhältnis der Fachgerichtsbarkeiten zu einem **Verfassungsgericht** (Ey-Rennert § 41 Rn. 7) und zu **kirchlichen** Gerichten (BVerwGE 95, 379, 382).

3. Vorläufiger Rechtsschutz und PKH

Im Verwaltungsprozess gelten die §§ 17 ff. GVG im Grundsatz für alle Klage-, An- **7** trags- und Beschlussverfahren. Für **Anträge im vorläufigen Rechtsschutz** nach §§ 80, 80a, 123 gelten sie entsprechend (BVerwG Buchh 310 § 40 VwGO Nr. 286 = ZOV 2002, 236). Beim unzuständigen Gericht angebrachte Anträge im vorläufigen Rechtsschutz sind daher grds. zu verweisen, soweit die Eilbedürftigkeit der Verfahren nicht entgegensteht (etwa kein Zuständigkeitszwischenstreit, vgl. i.E. Ey-Rennert § 41 Rn. 3).

Die Möglichkeit einer Verweisung von **PKH-Anträgen** entsprechend § 17a II **8** GVG ist umstritten. Das Meinungsspektrum ist vielfältig, sodass sich keine h.M. herausgebildet hat. Es reicht von der Notwendigkeit zur Verwerfung des Antrags (KS Anh § 41 Rn. 2b), über die Möglichkeit der sachlichen Bescheidung, bis hin zur Notwendigkeit der Verweisung (SächsOVG SächsVBl. 2010, 99 und VIZ 1998, 702 unter Aufgabe der Rspr. in NJW 1994, 1020; VG Ansbach, Beschl. v. 1.10. 2009 – AN 2 K 09.01433; BWVGH NJW 1992, 707). Es ist zu **unterscheiden**: Bei **gemeinsamer** Anbringung des Hauptsacherechtsbehelfs und des PKH-Antrags beim unzuständigen Gericht sind beide zu verweisen (Ey-Rennert § 41 Rn. 4 m.w.N.; NKVwGO § 166 Rn. 212). Hingegen kommt im **isolierten** PKH-Verfahren eine Verweisung nicht in Betracht (→ § 83 Rn. 3; BWBGH NJW 1995, 1915, 1916; NRWOVG NJW 1993, 2766), schon weil sie dem Antragsteller keinen Vorteil bringt. Nimmt der Antragsteller den PKH-Antrag nach Hinweis auf das zuständige Gericht nicht zurück, ist der Antrag abzulehnen (NKVwGO § 166 Rn. 211 ff.).

4. Funktionelle Zuständigkeiten

Zwischen den Spruchkörpern eines Gerichts im administrativen Sinne ist bei ge- **9** schäftsplanwidriger Verteilung formlos abzugeben. Eine Ausnahme davon besteht bei **instanzieller bzw. sonstiger funktioneller Unzuständigkeit** (→ § 45 Rn. 2): Bejaht das VG seine Zuständigkeit im Widerspruch zu §§ 47 f., so kann der angerufene Berufungs- oder Beschwerdesenat des OVG das Verfahren nicht an den für Normenkontroll- oder erstinstanzliche Verfahren nach § 48 zuständigen Senat abgeben, sondern er muss in entsprechender Anwendung des § 17a II GVG förmlich verweisen (BVerwG Buchh 238.31 § 56 PersVG Nr. 1; → § 83 Rn. 1). Dasselbe gilt, wenn die Spruchkörper unterschiedlich besetzt sind (wie im Personalvertretungsrecht, Flurbereinigungsrecht).

5. Haupt- und Hilfsanträge

Die §§ 17 ff. GVG gelten gleichermaßen für Haupt- und für Hilfsanträge. Allerdings **10** wirkt sich aus, dass die Anträge streitgegenstandsverschieden sind: Ist für den Hauptantrag der Verwaltungsrechtsweg nicht gegeben, so ist das Verfahren ohne Rücksicht

§ 41   Teil I. Gerichtsverfassung

auf den Hilfsantrag (und dessen etwaige öffentlich-rechtliche Natur) zu verweisen. Ist der Rechtsweg für den Hilfsantrag nicht gegeben, so ist über den Hauptantrag zu entscheiden; bleibt dieser erfolglos, so ist der Rechtsstreit wegen des Hilfsantrags zu verweisen (Ey-Rennert § 41 Rn. 19 m.w.N.).

6. Vorfragen und Aufrechnung

11   Vorfragen werden nicht rechtshängig. Schon deshalb kann ein Rechtsstreit wegen rechtswegfremder Vorfragen nicht verwiesen werden; über sie ist im Verwaltungsprozess vielmehr inzident mitzuentscheiden (→ § 40 Rn. 102 ff.). Bei der **Aufrechnung** mit einer rechtswegfremden Forderung wird die Gegenforderung ebenfalls nicht rechtshängig (Ey-Rennert § 41 Rn. 15, 19). Den Rechtsstreit deshalb zu verweisen, macht ohnehin keinen Sinn, weil die Aufrechnung als Gegenrecht in den Prozess eingeführt wird. Soweit mehrere Anspruchsgrundlagen in Betracht kommen (sog. Anspruchsnormenkonkurrenz), entscheidet das Gericht des zulässigen Rechtsweges gemäß § 17 II GVG den Rechtsstreit unter allen – auch rechtswegfremden – rechtlichen Gesichtspunkten (abgesehen von Art. 14 III 4 und Art. 34 S. 3 GG).

II. Verfahren der Verweisung und Rechtswegbestätigung

1. Prüfungskompetenz

12   Das vom Kläger zuerst angegangene Gericht prüft seine Rechtswegzuständigkeit – wie alle Sachentscheidungsvoraussetzungen (→ vor § 40 Rn. 8) – bei Eingang der Sache von Amts wegen nach. In einem höheren Rechtszug scheidet eine Nachprüfung des Rechtsweges regelmäßig aus (§ 17a V GVG → Rn. 30). Bestehen **keine Zweifel** am Rechtsweg und werden solche von den Beteiligten auch nicht aufgeworfen, kann das Gericht den Rechtsweg (wie andere Zulässigkeitsvoraussetzungen auch) mit dem Hinweis, der Rechtsbehelf sei zulässig, stillschweigend mitbejahen.

13   Sind **Zweifel aufgetaucht**, so hängt das weitere Verfahren wesentlich davon ab, wer sich die Zweifel und mit welchem Nachdruck zu eigen macht: Hält das VG eigene oder von Dritten aufgebrachte Zweifel für durchgreifend, wird es den Rechtsstreit verweisen (§ 17a II GVG → Rn. 3). Rügt ein Beteiligter die Zulässigkeit des Rechtswegs, ist das Gericht zu einem Vorabentscheidungsverfahren verpflichtet, das es nach Zweckmäßigkeitserwägungen auch sonst für die verbindliche Klärung der Rechtswegfrage nutzen kann (§ 17a III 1 und 2 GVG → Rn. 14). Nach der Gesetzessystematik soll die Frage der Rechtswegzuständigkeit abschließend geklärt sein, bevor eine Entscheidung in der Hauptsache ergeht.

2. Verfahren bei Vorabentscheidung

14   Das von der Zulässigkeit des Verwaltungsrechtswegs überzeugte VG **ist verpflichtet**, dessen Eröffnung durch überprüfbare Vorabentscheidung zu bejahen, wenn ein Beteiligter i.S. des § 63 (auch ein Beigeladener) das Fehlen rügt (§ 17a III 2 GVG). **Rüge** ist die ausdrückliche Verneinung des Rechtswegs, nicht das Anmelden bloßer Zweifel. Die Rüge kann nur bis zum Verhandeln in der Hauptsache erhoben werden (§ 173 S. 1 i.V.m. § 282 III ZPO). Eine verspätete Rüge hindert das VG aber nicht daran, eine für zweckmäßig erachtete Vorabentscheidung zu treffen.

15   Die Vorabentscheidung ist durch **Beschluss** aufgrund freigestellter mündlicher Verhandlung zu treffen, § 17a IV 1 GVG. Dadurch ist das für Zulässigkeitsfragen sonst

(weggefallen) **§ 41**

zur Verfügung stehende Zwischenurteil (§ 109) aus Gründen der Verfahrensbeschleunigung ausgeschlossen. Inhalt des Vorabbeschlusses ist der Ausspruch, dass der (beschrittene) Verwaltungsrechtsweg zulässig ist. Eine Kostenentscheidung enthält der Beschluss nicht (Rn. 37), er ist aber zu **begründen** (§ 17a IV 2 GVG). Da er mit der Beschwerde angefochten werden kann (Zulässigkeitszwischenstreit), ist er mit einer Rechtsmittelbelehrung zu versehen und zuzustellen (§ 56 I).

Wird der Vorabbeschluss angefochten, kann das VG das Hauptsacheverfahren entsprechend § 94 **aussetzen**. Ein rechtskräftiger Vorabbeschluss entfaltet im weiteren Verfahren (für OVG und BVerwG) **Bindungswirkung** (§ 17a V GVG). Diese fällt auf Rüge in der nächsten Instanz aber aus, wenn das VG eine Pflicht zur Vorabentscheidung missachtet hat (Rn. 31). **16**

3. Verfahren bei Verweisung

a) Prüfungsumfang. Hält das VG den beschrittenen Rechtsweg für unzulässig, spricht es dies nach Anhörung der Parteien von Amts wegen aus – also auch ohne Antrag und ggf. gegen den Willen der Beteiligten – und verweist den Rechtsstreit zugleich an das zuständige Gericht des zulässigen Rechtsweges (§ 17a II GVG). **17**

Die Verpflichtung **verwehrt** dem VG die **Abweisung** einer im falschen Rechtsweg erhobenen Klage. Die Prüfung, ob der Rechtsbehelf aus jenseits der Zuständigkeit liegenden Gründen zulässig und begründet ist, steht nur dem gesetzlichen Richter zu (BVerwG NJW 2001, 1513). Deshalb darf das (unzuständige) VG auch nicht die Frage beantworten, ob eine justiziable Rechtsstreitigkeit vorliegt, also überhaupt irgendein Rechtsweg eröffnet ist (Ey-Rennert § 40 Rn. 9 m.w.N.). **18**

Es bestehen jedoch **Ausnahmen**, weil die Prüfungsbefugnis des Gerichts durchaus über die Zuständigkeitsfrage hinausreicht. So hat das VG nachzuprüfen, ob (1) ein Prozessrechtsverhältnis (→ vor § 40 Rn. 3 f.) zustande gekommen ist und fortbesteht, ob (2) die deutsche Gerichtsbarkeit gegeben ist (→ vor § 40 Rn. 20) und (3) ob sonst Prozesshindernisse vorliegen (→ vor § 40 Rn. 31; BVerwG NVwZ 2002, 992). Daher hat es das Verfahren nach Klagerücknahme und Hauptsacheerledigung einzustellen (§ 92 III) und sie bei fehlender Gerichtsbarkeit und Prozesshindernissen als unzulässig abweisen. **19**

Ist eine **Teil- oder Zwischenentscheidung** getroffen worden, so hindert dies fortan eine Verweisung (Ey-Rennert § 41 Rn. 21 m.w.N.); das Gericht hat – trotz durchgreifender Rechtswegzweifel – weiter in der Sache zu entscheiden. Dasselbe gilt nach positivem Vorabbeschluss (§ 17a III GVG) und für das OVG/BVerwG nach bindender Bejahung des Rechtswegs in der Vorinstanz (§ 17a V GVG). **20**

b) Anhörung. Die Verweisung beschließt das VG nach Anhörung der Beteiligten (§ 17a II 1 GVG). Ihnen ist binnen angemessener Frist **Gelegenheit** zu geben, sich zu den für die Verweisung maßgeblichen Umständen und Rechtsfragen **zu äußern**. Diese Umstände erstrecken sich auf die Unzuständigkeit des angerufenen Gerichts und auf das von Amts wegen zu bestimmende zuständige Gericht. Eine Information über die Absichten des VG ist stets geboten, auch wenn die Beteiligten sich zu allen entscheidungserheblichen Umständen bereits geäußert haben (str.). **21**

c) Entscheidungsinhalte. Das VG hat ein **Doppeltes** auszusprechen: Es erklärt den Verwaltungsrechtsweg für nicht gegeben und verweist den Rechtsstreit zugleich an das „zuständige Gericht des zulässigen Rechtsweges" (§ 17a II 1 GVG; BVerwG NVwZ 1995, 372). Dieses Gericht ist von Amts wegen zu bestimmen; es ist das im gegebenen Rechtsweg zuständige Eingangsgericht. Die Prüfung bezieht sich daher **22**

§ 41 Teil I. Gerichtsverfassung

nicht nur auf die örtliche Zuständigkeit (innerhalb oder außerhalb der Verwaltungsgerichtsbarkeit), sondern auch auf das instanziell zuständige Gericht (BVerwG NVwZ 2002, 992; BVerwGE 18, 53, 58). Ist gegen die Entscheidung des VG die Berufung ausgeschlossen, so hat das VG außerdem über die **Zulassung der Beschwerde** an das BVerwG (entsprechend § 17a IV 3 bis 6 GVG) zu entscheiden (BVerwGE 108, 153, 154 → Rn. 36).

23 **d) Beschlussfassung.** Die Verweisung erfolgt zwingend durch **Beschluss**, der zu **begründen** ist (§ 17a IV 1, 2 GVG), ggf. in Auseinandersetzung mit den Einwänden der Beteiligten. Der Beschluss ist mit einer **Rechtsmittelbelehrung** zu versehen (§ 58) und zuzustellen (§ 56 I), wenn er anfechtbar ist (dazu i.E. → Rn. 15 und Rn. 33). Der Verweisung (in einem höheren Rechtszug) steht nicht entgegen, dass der Kläger dort nicht gemäß § 67 IV **ordnungsgemäß vertreten** ist (BVerwG DVBl. 2002, 1050).

24 Der Verweisungsbeschluss enthält **keine Kostenentscheidung**; denn nach **§ 17b II GVG** werden die Kosten im Verfahren vor dem fälschlich angegangenen Gericht als Teil der Kosten behandelt, die bei dem Gericht erwachsen, an das der Rechtsstreit verwiesen wurde. Dort sind dem Kläger die infolge der Verweisung entstandenen **Mehrkosten** auch dann aufzuerlegen, wenn er in der Hauptsache obsiegt. Dieses Gebot der Kostentrennung (→ vor § 154 Rn. 7) verfolgt das Gesetz zur Durchsetzung des Unterliegensprinzips: Der Kläger gilt insofern als unterlegen, als er das falsche Gericht angerufen hat.

25 Das VG entscheidet in der für die Sachentscheidung maßgeblichen **Besetzung**, ggf. durch den Einzelrichter (→ § 6 Rn. 24). Die Kammer entscheidet ohne ehrenamtliche Richter, sofern (wie regelmäßig, § 17a IV 1 GVG) von einer mündlichen Verhandlung abgesehen wird (§ 5 III). Entsprechendes gilt für die Senate der OVG (§ 9 III) und des BVerwG nach § 10 III (insbes. als erstinstanzliches Gericht nach § 50). Auch die Wehrdienstsenate des BVerwG entscheiden in der Besetzung ohne ehrenamtliche Richter bei Verweisung an ein allgemeines VG (→ § 40 Rn. 13 f.; BVerwG NVwZ-RR 2009, 541) und an ein Truppendienstgericht (BVerwG, Beschl. v. 17.1. 2006 – 1 WB 3.05, Rn. 32 ff.).

26 Die **Wirkungen der Verweisung** sind in § 17b GVG geregelt. Sie bestehen im Wechsel der Anhängigkeit (mit abdrängender wie aufdrängender Qualität S/S-A/P § 41 [§ 17a GVG] Rn. 14) und im Fortbestehen der Rechtshängigkeit nach Eintritt der Rechtskraft des Verweisungsbeschlusses (i.E. Ey-Rennert § 41 Rn. 39 ff.). Der Grundsatz der Einheit des Verfahrens bewirkt, dass Prozesshandlungen (auch eine PKH-Bewilligung) grds. ihre Gültigkeit behalten, wenngleich sie u.U. im Rahmen einer anderen Prozessordnung zu bewerten sind.

4. Bindungswirkungen

27 Hervorzuheben sind die sich aus § 17a GVG ergebenden **Bindungswirkungen** der gerichtlichen Zuständigkeitsentscheidungen. Bei ihr sind **2 Fälle** zu unterscheiden: die Bindung des Gerichts, an das der Rechtsstreit verwiesen wird (Rn. 28), und die Bindung des Rechtsmittelgerichts nach Bejahung des Rechtswegs durch das Vordergericht (Rn. 30).

28 **a) Bindung für das Gericht, an das verwiesen wird.** Nach § 17a II 3 GVG ist der Beschluss für das Gericht, an das der Rechtsstreit verwiesen worden ist, hinsichtlich des **Rechtsweges** bindend. Diese Bindungswirkung entfaltet der **zuerst ergangene** Verweisungsbeschluss (vgl. BVerwG, Beschl. v. 26.2. 2009 – 2 AV 1.09; NVwZ

(weggefallen) **§ 41**

2008, 917; KS § 41 Rn. 21; S/S-A/P § 53 Rn. 11). Das Gericht darf (grds.) weder zurückverweisen noch an eine dritte Gerichtsbarkeit weiterverweisen. Möglich bleibt eine Weiterverweisung innerhalb des neuen Rechtswegs an ein anderes örtlich, sachlich oder funktionell zuständiges Gericht. Während eine Rechtswegverweisung bindet, ist nach Verweisung innerhalb des Rechtswegs gemäß § 83 ist eine Weiterverweisung in einen anderen Rechtsweg zulässig. Die Bindungswirkung betrifft nicht das Verfahrens- und das materielle Recht: Das entscheidende Gericht muss die aus seiner Sicht richtige Prozessordnung anwenden (also nicht unbesehen seine eigene, Ey-Rennert § 41 Rn. 28 m.w.N., str.) und den Rechtsstreit unter allen zutreffenden rechtlichen Gesichtspunkten prüfen (§ 17 II GVG).

Die Bindungswirkung entsteht auch bei (krass) **fehlerhafter Verweisung** hinsichtlich des Rechtswegs, weil die Verfahrensbeteiligten die Möglichkeit nutzen können, eine Korrektur durch Rechtsmittel herbeizuführen (BVerwGE 79, 110; Ey § 41 Rn. 27 m.w.N.). Bindung tritt auch ein, wenn ein Gericht nach Vorabentscheidung gemäß § 17a III GVG (Rn. 14) fehlerhaft an ein Gericht eines anderen Gerichtszweigs verweist (BGH NJW 2001, 3631). Die Bindungswirkung tritt **ausnahmsweise nicht** ein, wenn der Verweisungsbeschluss an einem schweren („extremen") Rechtsverstoß leidet, völlig unhaltbar, abwegig, rechtsmissbräuchlich oder sonst willkürlich ist (vgl. BVerwG Buchh 300 § 17a GVG Nr. 13 S. 6 = NVwZ 1995, 372; BGH NJW 2003, 2990; NJW-RR 2002, 713, jeweils m.w.N.). Bei der Verweisung innerhalb der Verwaltungsgerichtsbarkeit **nach § 83** wird die Bindungswirkung schon durch geringere Verstöße infrage gestellt, weil kein Rechtszug besteht (BVerwGE 79, 110; NVwZ 1993, 770; Ey § 83 Rn. 8; → § 83 Rn. 11). 29

b) Bindung des Rechtsmittelgerichts durch Rechtswegbejahung. Nach § 17a V GVG prüft das **Rechtsmittelgericht** im Rahmen der Anfechtung einer Sachentscheidung (nicht also im Zwischenverfahren nach § 17a IV GVG) **nicht**, ob der beschrittene Rechtsweg zulässig ist. Diese Bindungswirkung tritt ein, wenn das das zuerst angegangene Gericht „eine Entscheidung in der Hauptsache" getroffen hat, bei der es den Rechtsweg ausdrücklich oder auch stillschweigend bejaht hat. Das gilt auch dann, wenn der Rechtsweg nicht gegeben oder zweifelhaft ist. Die Beteiligten haben es in der Hand, ihre Zweifel durch Rüge anzubringen und das Gericht dadurch zu einer Vorabentscheidung zu zwingen (Rn. 14). Das Rüge- und Beschwerderecht der Beteiligten (Rn. 33) garantiert ausreichenden Rechtsschutz auch hinsichtlich der Frage, ob die gesetzliche Rechtswegordnung beachtet wird (vgl. BTDrucks 11/7030 S. 38; BGHZ 114, 1, 3; BGHZ 119, 246, 249 f.). 30

Die **Bindungswirkung tritt nicht ein**, wenn das VG unter Verstoß gegen § 17a III 2 GVG – also trotz ausdrücklicher Rüge des Rechtswegs – eine Vorabentscheidung unterlässt und zur Sache entscheidet (BVerwG NJW 1994, 956; Buchh 310 § 40 Nr. 268; BGHZ 121, 367, 370; 119, 246, 250; NJW 1993, 389; Ey-Rennert § 41 Rn. 37 f.). Auch dann prüft das Rechtsmittelgericht den Rechtsweg aber nur auf ausdrückliche Wiederholung der Rüge (BVerwG NJW 1994, 956). Das Berufungsgericht hat (bei fehlender Bindung) grds. selbst in ein Vorabverfahren einzutreten. Das erübrigt sich nur dann, wenn es die Zulässigkeit des Rechtswegs bejaht und im Falle der Vorabentscheidung keinen Anlass sähe, die Beschwerde zum BVerwG zuzulassen (Ey-Rennert § 40 Rn. 38); dann darf das OVG unmittelbar zu einer Sachentscheidung kommen (BGHZ 132, 245 = NJW 1996, 1890). 31

Bei Verweisung wegen örtlicher oder sachlicher Unzuständigkeit **nach § 83** gilt der Wegfall der Bindungswirkung in den genannten Fällen wegen des generellen Aus- 32 schlusses der Beschwerde **nicht** (Ey § 83 Rn. 12). Anderenfalls würde die in § 17a IV 3 GVG vorgesehene Möglichkeit, die Frage der Zulässigkeit des Rechtsweges im Beschwerderechtszug prüfen zu lassen, aufgrund eines Verfahrensfehlers des erstinstanzlichen Gerichts abgeschnitten (BVerwG BayVBl. 1998, 603).

III. Rechtsmittel

1. Statthaftigkeit der Beschwerde

33 Gegen den Verweisungsbeschluss – ebenso gegen eine Vorabentscheidung – ist „die sofortige Beschwerde nach den Vorschriften der jeweils anzuwendenden Verfahrensordnung" statthaft (§ 17a IV 2 GVG), im Verwaltungsprozess mithin die **Beschwerde nach §§ 146 ff.** Die Beschwerde ist „sofortig", also fristgebunden und nicht an eine Abhilfeentscheidung (§ 148) gebunden (Ey-Rennert § 41 Rn. 31; str., a.A. NRWOVG NVwZ-RR 1998, 595). Die Beschwerdebefugnis ist bei **formeller Beschwer** gegeben, die dem Kläger bei einer Vorabentscheidung, dem übrigen Beteiligten bei rügegemäßer Verweisung fehlt. Die Beschwerde – auch schon ihre Einlegung beim VG – unterliegt dem **Vertretungszwang** nach § 67 IV.

34 **Zuständig** für die Beschwerdeentscheidung ist das OVG, in Verfahren mit ausgeschlossener Berufung unmittelbar das BVerwG (BVerwGE 108, 153). Das BVerwG ist auch Beschwerdegericht, wenn das OVG als Eingangsgericht entscheidet. Das Beschwerdegericht entscheidet aufgrund freigestellter mündlicher Verhandlung durch **Beschluss** (vgl. § 17a IV 2 GVG i.V.m. § 150). Zur Besetzung des Gerichts → Rn. 25.

35 Die Beschwerde **gegen eine Vorabentscheidung** wird zurückgewiesen, wenn der beschrittene Rechtsweg zulässig ist. Ist der Rechtsweg nicht gegeben, hebt das Beschwerdegericht die Entscheidung auf und verfährt sogleich nach § 17a II GVG (Verweisung → Rn. 22). Ist ein **Verweisungsbeschluss unrichtig**, hebt das Beschwerdegericht den Beschluss auf und erklärt den Rechtsweg (i.S. einer Vorabentscheidung entsprechend § 17a III 2 GVG) für gegeben (Ey-Rennert § 41 Rn. 33). Der Rechtsstreit wird in der Vorinstanz, wo es bis zur Rechtskraft des Verweisungsbeschlusses anhängig bleibt, unmittelbar fortgesetzt (a.A. BGHZ 119, 246, 251: Zurückverweisung).

36 Wird die Beschwerdeentscheidung vom OVG gefällt, lässt § 17a IV 4 bis 6 GVG ausnahmsweise (vgl. den Vorbehalt in § 152 I) die **weitere Beschwerde** zum BVerwG zu (nicht in Eilsachen, Ey-Rennert § 41 Rn. 35, str., offengelassen in BVerwG NVwZ-RR 1999, 485). Dem BVerwG eröffnet dies die Möglichkeit, den GmSOGB anzurufen (→ § 11 Rn. 2). Die weitere Beschwerde (ebenso die erste Beschwerde zum BVerwG) ist aber **zulassungsbedürftig**, worüber das OVG in jeder Beschwerdeentscheidung ebenfalls zu befinden hat. Zulassungsgründe sind die grundsätzliche Bedeutung der Rechtswegfrage und die Abweichung von der Entscheidung eines obersten Gerichtshofes des Bundes oder des GmSOGB (§ 17a IV 5 GVG). An eine Zulassung ist das BVerwG **gebunden** (§ 17a IV 6 GVG, BVerwGE 108, 153). Lässt das OVG (bzw. VG → Rn. 22) die Beschwerde nicht zu, so ist dies abschließend; eine Beschwerde gegen die Nichtzulassung gibt es nicht (BVerwG NVwZ 1994, 782). Ist die weitere Beschwerde zugelassen, ist sie innerhalb von **zwei Wochen** einzulegen (§ 17a IV 3 GVG i.V.m. § 147); eine Abhilfeentscheidung ist nicht zu treffen (Rn. 33).

2. Kostenentscheidungen

Nach § 17b II 2 GVG sind dem Kläger in der Schlussentscheidung die entstandenen Mehrkosten der Verweisung im ersten Rechtszug auch dann aufzuerlegen, wenn er in der Hauptsache obsiegt (i.E. S/S-A/P § 41 [§ 17b GVG] Rn. 7 ff.). Bei bindender Vorabentscheidung ist wegen des Grundsatzes der Kosteneinheit (→ vor § 154 Rn. 12) über die Kosten des Zwischenstreits mit der Schlussentscheidung zu befinden. 37

In welchem Verfahren und nach welchen Grundsätzen die **Kosten eines Beschwerdeverfahrens** zu verteilen sind, ist umstritten (Ey-Rennert § 41 Rn. 45). Führt die Beschwerde zur Verweisung, gehört das Verfahren zum Zwischenstreit, dessen Kosten in der Schlussentscheidung (Rn. 37) nach dem Rechtsgedanken des § 17b II GVG dem Kläger aufzuerlegen sind (a.A. BVerwGE 103, 26, 32). Führt die Beschwerde zur Bejahung des Rechtswegs, ist es nach dem Unterliegens- und Veranlasserprinzip des Kostenrechts (→ vor § 154 Rn. 6) allein angängig, den Beklagten – unabhängig vom Ausgang des Rechtsstreits – mit den Kosten zu belasten, weil er zu Unrecht Verweisung verlangt hat; das hat schon in der Beschwerdeentscheidung zu geschehen (ebenso NRWOVG, Beschl. v. 27.4. 2010 – 1 E 405/10; BWVGH VBlBW 2002, 345; InfAuslR 2001, 382). 38

§ 42 [Anfechtungs- und Verpflichtungsklage]

(1) Durch Klage kann die Aufhebung eines Verwaltungsakts (Anfechtungsklage) sowie die Verurteilung zum Erlaß eines abgelehnten oder unterlassenen Verwaltungsakts (Verpflichtungsklage) begehrt werden.

(2) Soweit gesetzlich nichts anderes bestimmt ist, ist die Klage nur zulässig, wenn der Kläger geltend macht, durch den Verwaltungsakt oder seine Ablehnung oder Unterlassung in seinen Rechten verletzt zu sein.

Übersicht

	Rn.
A. Vorbemerkungen	1
B. Klagearten (I)	3
I. Anfechtungsklage (I Fall 1)	3
1. Rechtsschutzformvoraussetzungen	3
2. Der Anfechtungsgegenstand: VA	8
a) Begriff des VA	8
b) VA als Zugangsvoraussetzung	12
c) Beginn der Anfechtbarkeit	15
d) Inhaltliche Anforderungen an VA	18
e) Anfechtbarkeit nichtiger VA	20
f) Keine Anfechtbarkeit erledigter VA	22
3. Die Gegenstände der Anfechtungsklage (§ 79)	24
4. Teilanfechtung	26
a) Überblick	26
b) Grundsatz der Statthaftigkeit der Anfechtungsklage	28
c) Einzelfälle	31
aa) Isolierte Anfechtung von Nebenbestimmungen	31
bb) Ermessensverwaltungsakte	33
d) Ausnahmen	34
aa) (Genehmigungs)Inhaltsbestimmungen	34
bb) Anfechtung sog. modifizierender Auflagen	38

5. Besondere Sachurteilsvoraussetzungen	39
6. Klageantrag und Begründetheit	40
II. Verpflichtungsklage (I Fall 2)	43
1. Rechtsschutzformvoraussetzungen	43
2. Arten	46
a) Versagungsgegenklage und Untätigkeitsklage	46
b) Vornahmeklage, Bescheidungsklage und Fortsetzungsfeststellung	48
3. Bedeutung des Versagungsbescheides	50
4. Besondere Sachurteilsvoraussetzungen	54
a) Versagungsgegenklage und Untätigkeitsklage	54
b) Gleichsinniger Antrag im Verwaltungsverfahren	55
5. Klageanträge und Begründetheit	56
III. Allgemeine Leistungsklage	59
1. Anwendbarkeit	59
2. Rechtsschutzformvoraussetzungen	60
3. Streitbeteiligte	61
4. Inhalte der Leistung	62
5. Abgrenzung zur Verpflichtungsklage	66
6. Unterlassungsklagen	68
a) Arten	68
b) Abwehr künftiger VA	70
c) Abwehr von Normen	71
7. Besondere Sachurteilsvoraussetzungen	72
a) Allgemeines	72
b) Antrag im Verwaltungsverfahren	73
c) Klagebefugnis	74
d) Rechtsschutzbedürfnis	75
aa) Bei Befugnis zum Erlass eines Leistungsbescheides	76
bb) Bei vorbeugenden Unterlassungsklagen	77
cc) Bei drohenden VA	78
8. Klageantrag und Begründetheit	80
IV. Sonderfragen und Abgrenzungen	82
1. Die isolierte Anfechtungsklage	82
a) Bedeutung und Interessenlagen	82
b) Rechtsschutzbedürfnis für die isolierte Anfechtung	83
2. Dreipolige Prozessrechtsverhältnisse	89
a) Statthaftigkeit, Interessenlagen und Konstellationen	89
b) Konkurrentenklagen	91
3. Beseitigung bestandskräftiger VA	96
4. Verwaltungsrechtliche Organklagen	99
C. Klagebefugnis (II)	100
I. Vorbehalt abweichender Regelung	101
1. Gesetzliche Ermächtigung	101
2. Anwendungsfälle im deutschen Recht	104
3. Bedeutung für EU-Recht	105
II. Das subjektiv-öffentliche Recht	110
1. Regelfall: Verletztenklage	110
2. Entstehensvoraussetzungen	111
3. Schutznormtheorie	113
4. Bedeutung der Grundrechte	118
III. Geltendmachung	123
1. Möglichkeitstheorie	123
2. Darlegungslast	125

3. Konstellationen bei Selbst- und Drittbetroffenheit 127
      a) Anfechtungsklagen des Adressaten 128
      b) Anfechtungsklagen von Dritten 129
      c) Verpflichtungs- und allgemeine Leistungsklagen 130
   4. Ausschluss von Rechten 133
      a) Präklusion 133
      b) Verwirkung 134
      c) Tatbestandswirkung von VA 135
IV. Entsprechende Anwendungen 136
V. Beispiele für Drittschutz (alphabetisch) 138
   1. Baurecht 138
      a) Nachbarbegriff und Schutznormen 139
      b) Bauplanungs- und Bauordnungsrecht 142
      c) Gebot der Rücksichtnahme 144
      d) Nachbarschutz aus Art. 14 GG 145
   2. Bergrecht 146
   3. Einschreiten gegen, Anspruch auf 148
   4. Fachplanung 152
      a) Drittschutz des Abwägungsgebotes 152
      b) Mittelbar betroffene und eigentumsbetroffene Nachbarn . . 154
      c) Kassation und Schutzauflagen 157
      d) Klagen von Gemeinde 158
      e) Ausländische Grenznachbarn 161
   5. Immissionsschutzrecht 162
   6. Krankenhausfinanzierung 164
   7. Organklagen, verwaltungsrechtliche 165
   8. Straßen- und Straßenverkehrsrecht 170
   9. Telekommunikationsrecht 172
      a) Frequenzzuteilung 172
      b) Privatrechtsgestaltende VA 173
      c) Regulierungsverpflichtungen 177
  10. Vereinsverbote 178
  11. Verkehrszeichen 179
  12. Verwaltungsverfahrensrecht 181
      a) Relative Verfahrensrechte 181
      b) Absolute Verfahrensrechte 185
      c) Atom- und Immissionsschutzrecht 187
  13. Wohnungsrecht 190
      a) Wohnungsbindungsrecht 190
      b) Wohnungseigentumsrecht 195

A. Vorbemerkungen

Die **prozessuale Behandlung von VA** gehört zu den Besonderheiten der Verfahren 1 aller öffentlich-rechtlichen Gerichtsbarkeiten (VG, SG, FG → § 40 Rn. 7). Sie erfordert die Ausformung eigenständiger Verfahrensarten und ihrer Zulässigkeitsvoraussetzungen; denn die Verweisung auf die Klagearten der ZPO gemäß § 173 S. 1 (zum „System" der Klagearten → vor § 40 Rn. 49 ff.) führt hier naturgemäß ins Leere. Daher regelt § 42 I die beiden typischen VA-Klagearten. **Ergänzend** sind § 43 I und § 113 I 4 zu beachten, in denen die statthaften Begehren in den Sonderfällen nichtiger und erledigter VA formuliert sind (→ Rn. 20 f.). Soweit dadurch nicht verdrängt, können die **Klagearten der ZPO** über § 173 S. 1 herangezogen werden. Das gilt insbes. für die allgemeine Leistungsklage (Rn. 60 ff.).

§ 42 Teil I. Gerichtsverfassung

2 Mit der Definition der Klagearten ist verbindlich festgelegt, welche **Form ein Begehren** in Bezug auf VA besitzen muss. Diese Begehren müssen „durch Klage" geltend gemacht werden; die durch Anträge zu verfolgenden vorläufigen Rechtsschutzbegehren können sich demgemäß zwar auf VA beziehen (etwa auf ihre Vollziehbarkeit), aber niemals einen Inhalt nach § 42 I haben. Die den Begehren korrespondierenden **Entscheidungsbefugnisse** der VG (→ vor § 40 Rn. 46) sind in § 113 im Zusammenhang mit der Begründetheit der VA-Klagen niedergelegt. „Besondere Vorschriften" für die VA-Klagen (SUV → Rn. 100 und → vor § 40 Rn. 16 ff.) sind in § 42 II mit der sog. Klagebefugnis und i.Ü. im 8. Abschnitt (§§ 68 ff.) enthalten.

B. Klagearten (I)

I. Anfechtungsklage (I Fall 1)

1. Rechtsschutzformvoraussetzungen

3 Die Legal-(Klammer-)Definitionen in § 42 I legen die Rechtsschutzformvoraussetzungen der beiden Verwaltungsaktsklagen fest. Mit der **Anfechtungsklage** (I Fall 1) muss der Kläger (a) die Aufhebung (b) eines VA (c) durch das VG begehren, solange der VA (d) nicht erledigt ist (Rn. 22). Die Klage ist nur statthaft (→ vor § 40 Rn. 47), wenn sich das Begehren diesen Voraussetzungen objektiv zuordnen lässt. Die Zuordnung ist Sache des Gerichts, das im Wege der Auslegung und grds. ohne Bindung an die Bezeichnung durch den Kläger (§ 86 I 2) eine verständige Würdigung des Begehrens vorzunehmen (§ 88) und ggf. den richtigen Klageantrag zu empfehlen hat (§ 86 III).

4 Die Anfechtungsklage ist eine auf Kassation gerichtete **besondere Gestaltungsklage**: Das Urteil gestaltet die Rechtslage unmittelbar um, einer weiteren Vollstreckung bedarf es nicht (BVerwG DÖV 1963, 384). Dass eine Kassation durch das Gericht (und nicht durch die Behörde in einem nachfolgenden Verwaltungsverfahren) erstrebt sein muss, wird im Vergleich mit der Formulierung der Verpflichtungsklage (I Fall 2) deutlich, bei der zusätzlich „die Verurteilung [der Verwaltungsbehörde] zum Erlass" eines VA begehrt werden muss. Mit der Notwendigkeit einer zwischengeschalteten gerichtlichen Verpflichtung respektiert der Gesetzgeber die Verwaltungsaktsbefugnis als gerichtsfreien Kernbereich der Exekutive. Die Aufhebung eines angefochtenen VA durch die Verwaltung bleibt daneben möglich; sie kann in besonderen Fällen mit der Verpflichtungsklage erstritten werden (→ Rn. 96). Bei Zulässigkeit der Anfechtungsklage wird sie indes von dieser als der rechtsschutzintensiveren Klageart verdrängt. Nur bei Geldleistungs-VA sieht § 113 II eine alternative Möglichkeit vor.

5 Die ausdrückliche Aufhebung eines VA ist wegen dessen **besonderer Bestandsfähigkeit** erforderlich. Ein VA verliert (anders als grds. eine Norm) bei Fehlerhaftigkeit nicht automatisch seine Wirksamkeit (vgl. § 43 II, III VwVfG). Auch rechtswidrige rechtsverletzende VA sind – abgesehen von Fehlern, die zur Nichtigkeit (§ 44 VwVfG) führen – zu befolgen und können ab ihrer Unanfechtbarkeit mit den Mitteln der Verwaltungsvollstreckung durchgesetzt werden. Das gilt allerdings nur vor einer gerichtlichen Entscheidung: Der VA stellt eine autoritative Entscheidung über die Anwendung des objektiven Rechts auf einen Einzelfall dar. Auf die Geltung dieser Entscheidung soll aus Gründen der Rechtssicherheit solange vertraut werden können,

Anfechtungs- und Verpflichtungsklage § 42

wie der VA lediglich potenziell rechtswidrig ist und sich nicht aufgrund einer Prüfung durch ein Gericht als rechtswidrig erwiesen hat. Die Wirksamkeit eines rechtswidrigen VA ist deshalb von vornherein nur eine vorläufige. Steht aufgrund einer rechtskräftigen gerichtlichen Entscheidung fest, dass der VA rechtswidrig ist, ist für die Annahme, er sei dennoch wirksam und zeitige folglich Regelungswirkungen, kein Raum mehr (BVerwGE 116, 1 = NVwZ 2002, 853 in Fortentwicklung von BVerwGE 105, 370).

Die Regelung über die Klageart **korrespondiert mit § 113 I 1**, der den Tenor 6 des Urteils bei Begründetheit der Klage festlegt. Der damit zum Ausdruck gebrachten Entscheidungsmacht des Gerichts bei Anfechtungsklagen entspricht ein **prozessualer Aufhebungsanspruch** des Klägers. Er ermöglicht es im Streitfall, den aus den Grundrechten folgenden materiell-rechtlichen Anspruch auf Beseitigung staatlichen Unrechts gerichtlich durchzusetzen. Voraussetzungen dieses Unrechtsbeseitigungsanspruchs sind, dass der VA rechtswidrig und der Kläger dadurch in seinen Rechten verletzt ist.

Der für die Bindungswirkung eines Urteils (§ 121) maßgebliche **Streitgegen-** 7 **stand** der Anfechtungsklage ist, wie aus § 113 I 1 ersichtlich, die Rechtsbehauptung des Klägers, ein VA mit dem Inhalt der streitigen Art nach sei rechtswidrig und verletze ihn in seinen Rechten (BVerwGE 91, 256, 257; Ey § 121 Rn. 25). Der Streitgegenstand der Fortsetzungsfeststellungsklage ist darin mit der Rechtsbehauptung, der angefochtene VA sei rechtswidrig gewesen, „subsidiär" enthalten (BVerwGE 89, 354, 355).

2. Der Anfechtungsgegenstand: VA

a) Begriff des VA. Gegenstand der Anfechtungsklage ist zwingend ein **VA**. Er hat 8 heute keine rechtsschutzeröffnende Funktion (mehr → § 40 Rn. 75), steuert aber die Klageart und damit die zu wahrenden besonderen SUV. Obwohl fraglos ein Schlüsselbegriff des materiellen Verwaltungsrechts und des Verwaltungsprozessrechts, enthält die VwGO (die ihn 59 Mal verwendet) keine Definition. Es besteht jedoch Einigkeit, dass der Begriff sachlich mit der **Legaldefinition in § 35 VwVfG** deckungsgleich ist, die VwGO also keinen eigenständigen prozessrechtlichen Begriff verwendet. Von letzterem versteht sich das nicht, weil eine (unausgesprochene) Bezugnahme auf die – rund 16 Jahre später als die VwGO (→ § 195 I) erlassene – Regelung im VwVfG des Bundes vom 25.5. 1976 (BGBl. I S. 1253) weder § 42 I noch einer anderen Bestimmung der VwGO entnommen werden kann.

Gleichwohl ist der **unbesehene** und **dynamische Rückgriff** auf den verwal- 9 tungsverfahrensrechtlichen Begriff des VA gerechtfertigt. Dafür spricht nicht nur die enge Verzahnung des Prozessrechts mit dem Verwaltungsverfahrensrecht, sondern auch, dass die VwVfG positivieren, was sich an Dogmatik zu dieser Rechtsfigur übergreifend durchgesetzt hat. Es ist daher konsequent, wenn die h.M. den Leitbegriff des VA ausschließlich im **Bundesrecht** verankert sieht. Maßgeblich sind danach spezielle Definitionen in Bundesgesetzen (§ 31 SGB X; § 118 AO), wo diese fehlen, § 35 VwVfG des Bundes (ausführlich zu Einzelfällen des VA: NKVwGO § 42 Rn. 97 ff.; KS Anh § 42 Rn. 2).

VA ist nach § 35 S. 1 VwVfG jede Verfügung, Entscheidung oder andere hoheit- 10 liche Maßnahme, die eine Behörde zur Regelung eines Einzelfalls auf dem Gebiet des öffentlichen Rechts trifft und die auf unmittelbare Rechtswirkung nach außen gerichtet ist. Dem Regelungscharakter nach sind insbes. befehlende (Ge- und Verbote), rechtsgestaltende (gestattende, umgestaltende), feststellende und dingliche VA zu unterscheiden, in S. 2 ist ferner die Allgemeinverfügung anerkannt. Zur Dogmatik des VA i. E. ist auf die einschlägigen Kommentare zu verweisen (etwa S/B/S VwVfG; KR VwVfG; KS Anh § 42).

11 **Ob** ein VA vorliegt, ist durch **Auslegung** zu bestimmen. Die Statthaftigkeit der Anfechtungsklage hängt allein davon ab, wie der Adressat eine Erklärung der Behörde unter Berücksichtigung der äußeren Form, Abfassung, Begründung, Beifügung einer Rechtsbehelfsbelehrung und aller sonstigen ihm bekannten oder erkennbaren Umstände bei objektiver Auslegung entsprechend §§ 157, 133 BGB verstehen musste (stRspr., BVerwGE 107, 264, 267 = NVwZ 1999, 297; BVerwGE 84, 220, 229; KR § 35 Rn. 18 m.w.N.). Dass der VA als Handlungsform vorgeschrieben ist, ist nicht mehr als ein Indiz für sein Vorliegen.

12 **b) VA als Zugangsvoraussetzung.** Für Anfechtungsklagen ist das Vorliegen eines VA sog. **Klagevoraussetzung**, die bereits bei Klageerhebung erfüllt sein muss und nicht nachholbar ist (→ vor § 40 Rn. 9). Der VA muss **objektiv** vorliegen, d.h. bereits erlassen sein. Die Qualifizierung ist **vom Gericht** im Rahmen der Zulässigkeit vollständig – soweit nach der Sachlage erforderlich – zu prüfen (BVerwGE 30, 287; NVwZ 1982, 103; S/S-A/P § 40 Rn. 19). Behauptungen des Klägers, aus denen sich – ihre Richtigkeit unterstellt – ein VA ergibt, genügen nicht. Auf die Befugnis zum Erlass eines VA kommt es nicht an; sie ist erst in der Begründetheit (§ 113) zu prüfen. Andererseits genügt es, dass die Behörde eine Befugnis zum Erlass eines VA in Anspruch nimmt und eine verbindliche Regelung formal durch VA treffen will (BVerwGE 122, 58, 59).

13 VA ist auch der **Abhilfe-** und der **Widerspruchsbescheid**. Letzterer wird mit dem Ausgangsbescheid aufgehoben (§ 113 I 1), kann unter den Voraussetzungen des § 79 I Nr. 2, II aber auch Gegenstand isolierter Anfechtung sein (→ § 79 Rn. 5 und 7). Die Rechtsmacht der Widerspruchsbehörde schließt es nach zutr. Auffassung der Rspr. ein, der schicht-hoheitlichen Maßnahme der Ausgangsbehörde dadurch VA-Charakter zu verleihen, dass ihr im Widerspruchsbescheid Regelungscharakter zuerkannt wird (BVerwGE 78, 3 = NVwZ 1988, 51; NVwZ-RR 1997, 178; a.A. Ey § 42 Rn. 4; BeckOK VwGO § 42 Rn. 12). Der Erlass eines Widerspruchsbescheides ist allerdings insofern ohne Aussagekraft, wenn (auch) innerbehördlichen Maßnahmen ein Widerspruchsverfahren vorgeschaltet ist (wie nach § 54 II BeamtStG = § 126 III BRRG; vgl. BVerwGE 125, 85).

14 Liegt objektiv ein **Rechtssatz** (Gesetz, Rechtsverordnung, Satzung) vor, so ist die Anfechtungsklage auch dann unstatthaft, wenn Regelungen enthalten sind, die materiell-rechtlich als VA einzuordnen wären. Allerdings genügt es nach der Rspr., dass ein Rechtsakt zumindest dem Kläger gegenüber VA-Charakter hat; dies ist bei Maßnahmen mit Doppelcharakter von Bedeutung wie dem in der Rspr. anerkannten „relativen" VA (BVerwGE 82, 17; 74, 124; krit. Ey § 42 Rn. 9 m.w.N.). Eine allgemeine Gestaltungsklage auf Aufhebung von Nicht-VA ist nicht anzuerkennen (→ vor § 40 Rn. 51).

15 **c) Beginn der Anfechtbarkeit.** Ein VA ist erlassen – und damit für jedermann anfechtbar –, sobald er (äußere) **Wirksamkeit** erlangt hat. Diese tritt mit seiner Bekanntgabe ein (§ 43 I VwVfG). Die **Bekanntgabe** ist die mit Wissen und Wollen der Erlassbehörde herbeigeführte zumutbare Möglichkeit der Kenntnisnahme durch den Adressaten (BVerwG Buchh 316 § 43 VwVfG Nr. 2; ebd. § 41 VwVfG Nr. 2; auch bei Bestellung eines Vertreters: BVerwGE 105, 288; ferner BVerwGE 22, 14; BeckOK VwVfG § 41 Rn. 3 m.w.N.). Sie erfolgt in den **Formen** des § 41 VwVfG, kann also auch mittels Zustellung (§ 41 V VwVfG i.V.m. den VwZG) bewirkt werden oder, wo dies gesetzlich zugelassen ist, durch öffentliche Bekanntmachung (vgl. § 74 V VwVfG). Ist der VA dem Adressaten mit Wissen und Wollen der Behörde tatsächlich zugegangen, so ist unerheblich, dass die (zusätzlichen) Voraussetzungen ordnungsgemäßer **Zustellung** nicht gewahrt worden sind (BVerwG NVwZ 1992, 565); Zustellungsmängel verhindern nur den Lauf von Anfechtungsfristen (§ 8 VwZG). Entsprechendes gilt für andere Bekanntgabeformen. Zufällige Kenntniserlangung genügt indes nicht. Äußere Wirksamkeit besteht unabhängig davon, dass die Regelung infolge Beifügung einer aufschiebenden Bedingung noch nicht vollzogen werden kann (Ey § 40 Rn. 11; S/S-A/P § 40 Rn. 20).

Die Anfechtbarkeit setzt für jedermann ein, wenn der VA dem ersten Adressaten **16** gegenüber bekanntgegeben und damit objektiv in der Welt ist. Eine Bekanntgabe auch oder gerade **dem Kläger gegenüber** ist **nicht** erforderlich (KR § 43 Rn. 4); sie löst lediglich eine individuelle Anfechtungsfrist aus. Daher ist die Anfechtung der Baugenehmigung durch einen Nachbarn bereits vor Bekanntgabe an ihn zulässig (BVerwGE 44, 294; NVwZ 1991, 1182).

Bei „**steckengebliebener**" Bekanntgabe, die von der Behörde gewollt und ein- **17** geleitet, aber gescheitert ist, besteht keine Anfechtungsmöglichkeit, auch nicht wenn dadurch der Rechtsschein eines wirksamen VA gesetzt worden ist (a.A. S/S-A/P § 40 Rn. 20). Es handelt sich bis zur Bekanntgabe um einen Nicht-VA (KS § 42 Rn. 4). Gegen einen erst drohenden VA kommt nur die vorbeugende Unterlassungsklage in Betracht (→ Rn. 70), unter zeitlichen Gesichtspunkten realistischerweise lediglich einstweiliger Rechtsschutz nach § 123.

d) Inhaltliche Anforderungen an VA. Die **belastende** Qualität eines VA ist keine **18** Rechtsschutzformvoraussetzungen der Anfechtungsklage. Zwar ist es faktisch und systematisch zutreffend, dass sich der Kläger mit ihr gegen einen VA wendet, durch den er sich beschwert fühlt, in der Terminologie der §§ 48 I, 49 I VwVfG also um einen belastenden VA; dies ist jedoch allein im Zusammenhang mit der Klagebefugnis (§ 42 II) bedeutsam. Anfechtbar ist daher auch der drittadressierte (begünstigende) VA mit belastender Doppelwirkung.

Ebenso wenig kommt es bei der Statthaftigkeit auf die Rechtmäßigkeit eines VA, **19** auf seinen Regelungsgehalt oder seine Wirkungen an. VA i.S. der VwGO ist daher auch der **privatrechtsgestaltende** VA, dessen privatrechtlichen Folgen dem öffentlichen Recht zu entnehmen sind (BVerwG MMR 2010, 130 zum Streitbeilegungsbeschluss nach § 47 III i.V.m. § 133 I TKG; Beschl. v. 30.11. 2009 – 4 B 52.09, zur Ausübung des Vorkaufsrechts; BVerwGE 120, 54, 58; S/B/S § 35 VwVfG Rn. 217 m.w.N.), ebenso **vorläufige** (BVerwG GewArch 2010, 113), **fingierte** (vgl. die Aufzählung bei S/B/S § 35 Rn. 52), **relative** VA und solche mit **Doppelnatur** (KS § 42 Rn. 8 ff.) sowie **Justizverwaltungsakte**, für die aber die abdrängende Sonderzuweisung nach § 23 EGGVG gilt (→ § 40 Rn. 47). VA sind ferner der Ablehnungsbescheid (→ Rn. 50), die **wiederholende Verfügung**, mit der ein Wiederaufgreifen des Verfahrens abgelehnt wird (BVerwG NVwZ 2002, 482; Buchh 114 § 2 VZOG Nr. 3; überholt ist insofern BVerwGE 13, 99, 103) sowie der sog. **Zweitbescheid**, der eine positive Entscheidung über das Wiederaufgreifen und zugleich eine erneute Sachentscheidung enthält (BVerwG Buchh 316 § 51 VwVfG Nr. 51). Die Anfechtungsklage gegen einen **bestandskräftigen** VA ist zwar statthaft, wegen des Fehlens von SUV aber unzulässig (Rn. 96).

e) Anfechtbarkeit nichtiger VA. Nichtige VA (§ 44 VwVfG) sind gemäß § 43 III **20** VwVfG unwirksam. Die h.A. im Schrifttum lässt ihre gerichtliche „Aufhebung" nach § 113 I 1 gleichwohl zu (KS § 42 Rn. 3; S/S-A/P § 43 Rn. 48; Ey § 42 Rn. 15

m.w.N.), die Rspr. ebenso (bejahend BVerwGE 18, 154, 155; Nachw. aus der obergerichtlichen Rspr. bei NKVwGO § 42 Rn. 23). Die Aufhebbarkeit ist keine Frage juristischer Logik, die dafür sprechen würde, dass nicht existente Rechtsakte nicht aufhebbar sind. Entscheidend ist, dass den Interessen des Betroffenen Rechnung getragen werden muss, ähnlich wie es materiell-rechtlich bei der anerkannten Anfechtbarkeit nichtiger Rechtsgeschäfte geschieht. Die Aufhebung nichtiger VA ist damit ein prozessualer Unterfall der der sog. Doppelwirkungen im Recht (BGH NJW 2010, 610 Rn. 18 m.w.N.; Schenke Rn. 183). Für einen Kläger ist kaum zu entscheiden, ob ein VA „nur" schlicht rechtswidrig (und damit aufhebbar) oder nichtig ist. Der Gesetzgeber wollte ihn daher nicht auf Haupt- und Hilfsanträge verweisen, sondern hat in § 43 II 2 nach richtiger Ansicht die Statthaftigkeit der Anfechtungsklage gegen nichtige VA vorausgesetzt. Der Kläger ist dabei aber zur Einhaltung der Klagefrist des § 74 I gezwungen.

21 Allerdings geht der Kläger auch dann kein größeres **Risiko** ein, wenn man mit der **Gegenmeinung** (S/S-A/P § 42 Rn. 18) nur die Nichtigkeitsfeststellung zulässt: Die Nichtigkeitsfeststellungsklage (§ 43 I) ist jedenfalls als „Minus" im Aufhebungsantrag enthalten. Kommt das VG bei seiner Rechtsprüfung zur Überzeugung der Nichtigkeit, so ist es nach § 86 III zum Hinweis verpflichtet, hilfsweise müsste es umdeuten. Der Kläger kann zur Nichtigkeitsfeststellung übergehen. Da der Klagegrund identisch ist, liegt i.S. des § 264 ZPO keine (zustimmungspflichtige) Klageänderung vor. Begehrt der Kläger Aufhebung und Nichtigkeitsfeststellung mit Haupt- und Hilfsanträgen, wirkt sich dies nicht streitwerterhöhend aus, sodass keine zusätzlichen Kosten bei Entscheidung über den Hilfsantrag entstehen (vgl. § 45 I GKG).

22 **f) Keine Anfechtbarkeit erledigter VA.** Hat sich ein VA erledigt, so kommt seine Aufhebung nicht mehr in Betracht (h.M., NKVwGO § 42 Rn. 24 m.w.N.). Bei Erledigung steht nach der Wertung in § 113 I 4 die **speziellere** Fortsetzungsfeststellungsklage zur Verfügung (→ § 113 Rn. 56). Die Anfechtungsklage ist nicht mehr statthaft, sodass die **Nicht-Erledigung** des VA zugleich **besondere SUV** der Anfechtungsklage ist. Wann Erledigung eintritt, ist den beispielhaften Aufzählungen in § 43 II VwVfG und § 113 I 4 zu entnehmen (nicht rückgängig zu machender Wegfall des vollziehungsfähigen Regelungsgehalts; Einzelheiten → § 113 Rn. 63 ff.; zur Erledigung eines vorläufigen VA durch endgültige Entscheidung vgl. BVerwG GewArch 2010, 113).

23 Fehlt dem Kläger ein **Feststellungsinteresse** i.S. des § 113 I 4, so muss er – allerdings mit der Folge der Kostentragung gemäß § 155 II – die Klage zurücknehmen (§ 92) oder das Verfahren für in der Hauptsache erledigt erklären (§ 161 II), um die kostenpflichtige Klageabweisung (§ 154 I) abzuwenden.

3. Die Gegenstände der Anfechtungsklage (§ 79)

24 Der Gegenstand einer Anfechtungsklage (der von ihrem Streitgegenstand zu unterscheiden ist) legt fest, mit welchem Inhalt ein VA der gerichtlichen Prüfung zugrunde zu legen ist. Ist ein VA in einem Vorverfahren (§§ 68 ff.) nachzuprüfen (zu Ausnahmen → § 68 Rn. 9), so sind die prozessualen Konsequenzen daraus in § 79 geregelt. Diese Norm berücksichtigt, dass der ursprüngliche VA im Widerspruchsverfahren Veränderungen erfahren und sogar eine neue Gestalt finden kann:

25 (1) Die Widerspruchsbehörde kann den VA bestätigen und den Widerspruch zurückweisen, wodurch Ausgangs- und Widerspruchsbescheid zu einer neuen Einheit verschmelzen, in der die Begründung überlagert und Fehler geheilt werden. Den Gegenstand der Anfechtungsklage in diesem Fall bestimmt § 79 I Nr. 1. (2) Hilft die

Widerspruchsbehörde dem Widerspruch ab und erlässt einen Abhilfebescheid, so entfällt zwar die Beschwer des Widerspruchsführers; der Abhilfebescheid kann aber einen Dritten belasten, der nunmehr gegen den Widerspruchsbescheid selbstständig klagen kann (§ 79 I Nr. 2; Schenke Rn. 239). (3) Enthält der Widerspruchsbescheid eine selbstständige Beschwer für den Widerspruchsführer (Verböserung), so liegt der Fall des § 79 II vor, der zur isolierten Anfechtung des Widerspruchsbescheides führt (→ § 79 Rn. 7).

4. Teilanfechtung

a) Überblick. Möglichkeit und Grenzen, VA **teilweise** anzufechten und aufzuheben, gehören zu den umstrittensten Themenbereichen des Verwaltungsprozessrechts. Die Ausgangspunkte sind freilich klar: § 113 I 1 **ermächtigt die VG** nur dazu, VA in dem Umfang („Soweit") aufzuheben, in dem die Anfechtungsklage begründet, d.h. der VA rechtswidrig ist und den Kläger in seinen Rechten verletzt. Daraus erschließt sich unmittelbar eine entsprechende – in § 42 I nicht zum Ausdruck gebrachte – Berechtigung des Klägers zur Antragsbeschränkung (BeckOK VwGO § 42 Rn. 24). Eine weitergehende Klage wäre kostenpflichtig abzuweisen (§ 155 I). 26

Andererseits unterliegt es in seiner Verfügungsbefugnis, vermeintlich **rechtswidrige Teile unangefochten** lassen. Will er verhindern, dass das VG bei der Auslegung des Klagebegehrens (§ 88) zur Annahme uneingeschränkter Anfechtung kommt, muss er den Umfang der Anfechtung klarstellen, etwa einen nur angegriffenen Teil hinreichend **genau bezeichnen**. Eine dadurch bewirkte Beschränkung des Streitgegenstands auf den bezeichneten Teil kann nach Ablauf der Klagefrist nicht mehr zulässigerweise erweitert werden (§ 91). 27

b) Grundsatz der Statthaftigkeit der Anfechtungsklage. Die im Schrifttum stark kritisierte, aber insgesamt doch gefestigte **Rspr. des BVerwG** muss als wertender Schnitt in einem nicht zu befriedenden Meinungsstreit um die Behandlung der Teilanfechtung von VA betrachtet werden. Sie ist indes klarer und konsistenter als ihr i.d.R. bescheinigt wird (krit. etwa Ey § 42 Rn. 40 ff.; Labrenz NVwZ 2007, 161; Schmidt VBlBW 2004, 81). Die Rspr. ist von **zwei Motiven** getragen: (1) Klägern soll so weit wie möglich die rechtsschutzintensivere Anfechtungsklage eröffnet werden, denn mit dem Aufhebungsurteil hat der Kläger unmittelbar – ohne den bei Verpflichtungsklagen notwendigen Zwischenschritt behördlicher Entscheidung – einen vom angegriffenen Bestandteil unbelasteten VA. (2) Die Zulässigkeitsprüfung soll nicht mit der u.U. aufwendigen Prüfung der Teilbarkeit überfrachtet werden. 28

In der Konsequenz betrachtet das BVerwG – in Anlehnung an das Verhältnis von § 113 I 1 zu § 42 II (Rn. 123) – die Frage der Teilbarkeit insgesamt als Frage der **Begründetheit** der Klage. Die Prüfung der Statthaftigkeit der Anfechtungsklage beschränkt es – nach dem Maßstab des § 42 II – darauf, ob eine isolierte Aufhebbarkeit „offenkundig von vornherein ausscheidet" (näher Rn. 32). 29

Unter dem **Teil eines VA** ist ein Regelungselement zu verstehen, nicht der Entstehungsvorgang (z.B. bei Planungsakten oder Ermessensausübung). Es kann sich um ein Element des Entscheidungssatzes selbst handeln, ein Begründungselement, oft aber eine Nebenbestimmung i.S. des § 36 VwVfG. Sie gelten grds. als abtrennbar (mit Ausnahmen im Einzelfall). Hingegen sind Inhaltsbestimmungen meist nicht, die ihnen nahestehenden sog. modifizierende Auflagen grds. nicht teilbar – mit der Folge einer Statthaftigkeit nur der Verpflichtungsklage auf Erteilung eines unbeschränkten oder weiterreichenden VA. Ebenfalls von vornherein nicht abtrennbar sind unselbstständige Begründungselemente. Schlägt deren Fehlerhaftigkeit auf die Rechtmäßig- 30 keit der Regelung durch, so muss dies zur Aufhebung der Gesamtregelung führen (BVerwG NVwZ-RR 1994, 582 zur Bewertung einzelner Bestandteile einer Prüfung). I.E. gilt Folgendes:

31 **c) Einzelfälle.** *aa) Isolierte Anfechtung von Nebenbestimmungen.* Nach gefestigter Rspr. des BVerwG ist gegen **belastende Nebenbestimmungen** jeder Art i.S. des § 36 II VwVfG die Anfechtungsklage gegeben (BVerwGE 112, 221, 224; Buchh 451.20 § 33i GewO Nr. 19; BVerwGE 81, 185, 186). Das gilt von jeher praktisch unbestritten für **Auflagen** (BVerwGE 85, 24, 26; 65, 139; 55, 135, 137; 36, 145, 154; Buchh 407.4 § 9 FStrG Nr. 13 S. 11, 13), die als selbstständige VA mit einem begünstigenden VA lediglich „verbunden" sind (§ 36 II Nr. 4 VwVfG).

32 Ob die Anfechtungsklage zur **isolierten Aufhebung** der Nebenbestimmung führen kann, hängt davon ab, ob der begünstigende VA ohne die Nebenbestimmung „sinnvoller- und rechtmäßigerweise bestehen bleiben kann". Das ist eine Frage der Begründetheit und nicht der Zulässigkeit des Anfechtungsbegehrens, sofern nicht eine isolierte Aufhebbarkeit „offenkundig von vornherein ausscheidet" (BVerwG NVwZ-RR 2007, 776; Buchh 418.32 AMG Nr. 48 zu Auflagen nach § 28 II AMG sowie BVerwGE 81, 185, 186 = NJW 1989, 3031; Buchh 310 § 113 VwGO Nr. 137 S. 29 f.; BVerwGE 100, 335, 337 f. = NVwZ 1997, 802; NVwZ 1984, 366; NVwZ-RR 1996, 20). Der Kläger darf aber auch dann eine Verpflichtungsklage erheben, wenn ihm dies eine Erweiterung seines Rechtskreises bringt (BVerwGE 112, 263, 265).

33 *bb) Ermessensverwaltungsakte.* Eine Auflage i.S. des § 36 II Nr. 4 VwVfG bleibt gesondert anfechtbar, wenn sie mit einer Gewährung aufgrund einer umfassenden einheitlichen Ermessensentscheidung ergangen ist (BVerwGE 65, 139, 141 unter Aufgabe der in BVerwGE 55, 135, 137 f. vertretenen gegenteiligen Ansicht). Entsprechendes gilt für die übrigen Nebenbestimmungen. Das auf Rechtsfolgenseite auszuübende Ermessen stellt die Teilbarkeit der Regelungen nicht infrage. Dem Umstand, dass die Behörde den VA ohne die Nebenbestimmung nicht gewollt hätte, kann dadurch Rechnung getragen werden, dass sie nach § 49 II Nr. 2 VwVfG zum Widerruf der gewährten Begünstigung berechtigt ist.

34 **d) Ausnahmen.** *aa) (Genehmigungs)Inhaltsbestimmungen.* Selbst Inhaltsbestimmungen eines VA sind **nicht generell unteilbar**, die Anfechtungsklage mithin nicht prinzipiell unstatthaft. Entscheidend ist, ob abtrennbare Teile einer Regelung vorliegen oder Teile eines einheitlichen Lebenssachverhalts rechtlich unterschiedlicher Beurteilung zugänglich sind (was zu einem „gespaltenen" Anfechtungsausspruch nach § 113 I 1 führen kann, vgl. BVerwG NVwZ-RR 2002, 233).

35 Anfechtbar sind **selbstständige Regelungen** (BVerwGE 100, 335, 337 zur räumlichen Beschränkung einer Aufenthaltsbefugnis nach § 12 I 2 AuslG) und **teilbare Inhaltsbestimmungen** (BVerwGE, Urt. v. 24.2. 2010 – 6 A 5.08, für eine in ein Vereinsverbot als Teilorganisation einbezogene Vereinigung; BVerwGE 120, 344 = Buchh 428 § 11b VermG Nr. 1 zur Teilanfechtung eines Leistungsbescheids). Auch **Planungsentscheidungen** können teilbar sein. Es ist zu fragen, ob sie auch ohne die streitigen Regelungsteile eine eigenständige Teilregelung bleiben, die nach den Regeln über die Teilbarkeit planerischer Entscheidungen für sich Bestand hat (vgl. BVerwGE 90, 42, 50 m.w.N.; Buchh 442.40 § 8 LuftVG Nr. 14 = ZLW 1999, 244; NVwZ 1993, 889).

36 Ist die Klage indes auf einen **anderen oder weitergehenden Inhalt** des VA gerichtet, kann dies nicht dadurch erreicht werden, dass nur ein Teil isoliert aufgehoben wird. Das gilt etwa dort, wo eine Inhaltsbestimmung einschränkende Wirkung ent-

Anfechtungs- und Verpflichtungsklage § 42

faltet. Der Kläger muss die **Verpflichtung** zur Erteilung eines VA beantragen, dessen Gestattungswirkung über den bisherigen Erlaubnisinhalt hinausgeht (vgl. BVerwG NVwZ 2008, 906; Buchh 418.15 Rettungswesen Nr. 9 = GewArch 2000, 62, 63 zur Erteilung einer inhaltlich unbeschränkten Waffenbesitzkarte). Das gilt für Teilregelungen, die zu einer Erweiterung des Rechtskreises führen würden und für zusätzliche oder weiterreichende Inhalte einer Genehmigung (BVerwGE 69, 37, 39) oder inhaltliche Änderungen einer einheitlichen Gesamtregelung, sofern deren Aufhebung nicht zu einem Wiedererstarken einer Vorgängerregelung führt (BVerwGE 90, 42, 45/48).

Die Verpflichtungsklage ist die statthafte Klageart, wenn der Adressat eines VA, der ihn verpflichtet, Zugang zu seiner Infrastruktur zu gewähren, und gleichzeitig die Bedingungen der Zugangsgewährung festlegt, andere **Bedingungen der Zugangsgewährung** begehrt als diejenigen, die von der Behörde festgelegt worden sind (BVerwGE 120, 263 = NVwZ 2004, 1365). Die Verpflichtungsklage ist ferner einschlägig, wenn die Rechtswidrigkeit eines VA im Wege seiner **Ergänzung** um weitere Regelungen behoben werden soll (zu Schutzauflagen KS § 40 Rn. 32 m.w.N.). *bb) Anfechtung sog. modifizierender Auflagen.* Prinzipiell nicht selbstständig anfechtbar sind sog. modifizierende Auflagen. Bei dieser auf Weyreuther DVBl. 1969, 232 und 295; DVBl. 1984, 365 zurückgehenden, in die Rspr. des BVerwG übernommenen Rechtsfigur, die besser als modifizierende Gewährung beschrieben ist, handelt es sich nicht um eine Auflage i.S. des § 36 II Nr. 4 VwVfG. Modifizierende Gewährungen sind durch die Besonderheit gekennzeichnet, dass einem begünstigenden VA ein **vom Antrag abweichender Inhalt** gegeben und dadurch der Antragsgegenstand verändert wird. Dagegen muss sich der Antragsteller, wenn er sich mit der Modifizierung nicht abfinden will, Verpflichtungsklage auf Gewährung einer uneingeschränkten Begünstigung erheben (BVerwG Buchh 310 § 113 VwGO Nr. 72 S. 43). Denn bei gerichtlicher Aufhebung nur der Modifizierung entstünde ein Begünstigungsinhalt, den die Behörde nicht nur – wie bei einer einheitlichen Ermessensentscheidung (Rn. 33) – so uneingeschränkt nicht gewollt hat, sondern dem es an jeder auch nur bedingten oder abteilbaren Deckung durch den behördlichen Bescheid fehlte. Durch gerichtliches Urteil eine modifizierende Auflage (und nur sie) aufzuheben, führte folglich zu einer reformatorischen Entscheidung, bei der die von der Behörde gewährte Begünstigung durch eine Begünstigung von ganz anderem Inhalt ersetzt würde. Die offensichtliche Unteilbarkeit der Regelungen ist schon bei der Statthaftigkeit der Anfechtungsklage zu berücksichtigen (vgl. BVerwGE 65, 139, 141; NVwZ-RR 2000, 213 zur Regelung der Betriebszeit durch „Auflage").

5. Besondere Sachurteilsvoraussetzungen

Die besonderen SUV der Anfechtungsklage sind die Klagebefugnis (§ 42 II → Rn. 100 ff.), die erfolglose Durchführung eines Vorverfahrens (→ §§ 68 ff.), soweit dieses nicht im Einzelfall bundes- oder landesrechtlich ausgeschlossen ist (→ § 68 Rn. 9), die Wahrung der Klagefrist (→ § 74 I). Zum Zeitpunkt des erforderlichen Vorliegens dieser Voraussetzungen → vor § 40 Rn. 8 f.

6. Klageantrag und Begründetheit

§ 42 I befasst sich nur mit der Form des Begehrens. Die Antragstellung entspricht dem, was das Gericht konkret aussprechen soll (und darf). Das ergibt sich für die Anfechtungsklage aus § 113 I 1, für Sonderfälle aus § 113 II bis IV. Dementsprechend lautet der **Sachantrag** der Anfechtungsklage, den VA und den Widerspruchsbescheid (sofern ergangen) aufzuheben. Die häufig anzutreffende Formulierung, den VA „in der Gestalt des Widerspruchsbescheides" aufzuheben, bezieht sich nicht auf den Ausspruch, sondern auf den der Prüfung zugrunde zu legenden Anfechtungsgegenstand nach § 79 (Rn. 24 f.) und ist daher verfehlt, selbst dann, wenn der Ausgangsbescheid im Vorverfahren geändert wurde (Ey § 42 Rn. 22).

41 Der aufzuhebende VA ist hinreichend zu **individualisieren**, wozu i.d.R. die Angabe der Erlassbehörde und des Datums genügt, nur bei Verwechslungsgefahr auch das Geschäftszeichen der Verwaltung erforderlich ist. Wird der VA nur **teilweise** angefochten, ist dieser Teil genau zu bezeichnen (Beispiel: „… den Bescheid vom … aufzuheben, soweit darin mehr als 900 EUR festgesetzt sind").

42 Die **Aufhebung des Widerspruchsbescheides** ist regelmäßig deklaratorisch, weil er mit dem Anfechtungsurteil gegenstandslos wird. Unter den Voraussetzungen des § 79 II ist der Widerspruchsbescheid alleiniger Anfechtungsgegenstand (Rn. 25). Ist dem Widerspruch teilweise abgeholfen worden, müssen sich Aufhebung und Antrag auf den belastenden Rest beschränken.

II. Verpflichtungsklage (I Fall 2)

1. Rechtsschutzformvoraussetzungen

43 Mit der Verpflichtungsklage kann die Verurteilung zum Erlass eines VA durch die Verwaltung begehrt werden. Anders als bei der (gestaltenden) Anfechtungsklage bewirkt also nicht das Gericht die Änderung der Rechtslage, sondern erst die beklagte Behörde in Befolgung des gerichtlichen Ausspruchs. Das entspricht dem Umstand, dass der Erlass von VA zum Kernbereich der Exekutive gehört, in den die Gerichte nicht eindringen dürfen. Damit ist die Verpflichtungsklage eine besondere Leistungsklage, zwingend gerichtet auf den Erlass eines VA. Mit dem Verpflichtungsurteil hat der Kläger mithin nur ein Zwischenziel erreicht, sein eigentliches Ziel erst mit der Erfüllung des Urteilsausspruchs durch die Behörde (wovon wegen ihrer Bindung an Gesetz und Recht nach Art. 20 III GG regelmäßig ausgegangen werden darf, BVerwG JurPC 1996, 79). Sollte sie sich verweigern, kann und muss das Urteil – anders als das gestaltende Anfechtungsurteil – vollstreckt werden (→ § 172). Erneut auf Verpflichtung zu klagen ist unstatthaft (zur Behandlung einer fehlerhaften Neubescheidung → Rn. 87).

44 Bei der Verpflichtungsklage muss Inhalt der begehrten Leistung der **Erlass eines VA** durch die Behörde sein. Die korrespondierende Vorschrift des § 113 V 1 spricht von der „beantragten Amtshandlung" und meint damit ebenfalls einen VA (h.M., BVerwGE 31, 301). Der Begriff des VA ist identisch mit dem bei der Anfechtungsklage, bezieht sich also auf die Ausgestaltung im speziellen oder allgemeinen Bundes-Verwaltungsverfahrensrecht (Rn. 8). Die vom Kläger angestrebte Rechtskreiserweiterung beschränkt sich nicht auf den Bereich der Leistungsverwaltung (Gewährung von Sozialleistungen, Subventionen, Erlaubnissen usw.), sondern auf alle durch VA zu regelnden Aufgabenfelder der öffentlichen Verwaltung.

45 Das Wort „soweit" in § 113 V 1 deutet darauf hin, dass auch der teilweise Neuerlass eines VA oder eine notwendige Ergänzung (z.B. um Nebenbestimmungen oder Schutzauflagen) begehrt werden kann. Die Statthaftigkeit ist mithin – wie bei der Anfechtungsklage (Rn. 18) – ohne Rücksicht auf den begünstigenden oder belastenden Charakter des VA zu prüfen. Dies ist wiederum eine Frage der Klagebefugnis.

Anfechtungs- und Verpflichtungsklage **§ 42**

2. Arten

a) Versagungsgegenklage und Untätigkeitsklage. § 42 I unterscheidet aus- 46
drücklich danach, ob sich die Klage auf Erlass eines abgelehnten oder eines unterlassenen VA richtet. Im regulären Fall (sog. **Versagungsgegenklage**) kommt die Behörde ihrer Pflicht zur Bescheidung eines Antrags auf Vornahme eines VA nach. Dieser Ablehnungsbescheid ist selbst VA – regelt das Schicksal des geltend gemachten materiellen Anspruchs – und erwächst, wird die Entscheidung nicht fristgerecht angefochten, in Bestandskraft. Einem Vornahmebegehren steht er dann unabhängig vom Bestehen des materiellen Vornahmeanspruchs entgegen, muss also in den Rechtsstreit einbezogen werden.

Unterlässt die Behörde die Bescheidung eines Vornahmeantrags, so fehlt dem Klä- 47
ger der versagende Bescheid als Anknüpfungspunkt für Rechtsschutz. Gegen die Untätigkeit lässt die VwGO unmittelbar die sog. **Untätigkeitsklage (§ 75)** zu: Der sonst vorgeschriebenen Nachprüfung in einem Vorverfahren bedarf es nicht; an dessen Stelle tritt das Abwarten einer angemessenen Entscheidungsfrist. Dem Nichtbescheiden eines Antrags gleichgestellt ist die Nichtbescheidung eines Widerspruchs. Der eingebürgerte Begriff „Untätigkeitsklage" bezeichnet mithin keine Klageart, sondern die Entbehrlichkeit von SUV der Verpflichtungsklage: Fehlt es an einer Bescheidung des Antrags, so bedarf es (schon) nicht der Erhebung eines Widerspruchs (§ 68 II, § 75 S. 1 Fall 2); unterbleibt die Entscheidung über einen Widerspruch, muss der Widerspruchsbescheid nicht bei Klageerhebung vorliegen (§ 75 S. 1 Fall 1; zum weiteren Verfahren → § 75 Rn. 7).

b) Vornahmeklage, Bescheidungsklage und Fortsetzungsfeststellung. Die 48
Klage kann auf Erlass eines inhaltlich bestimmten VA gerichtet sein (teilweise als **Vornahmeklage** bezeichnet) oder nur auf die „ergebnisoffene" Bescheidung eines bestimmten Vornahmeantrags (sog. **Bescheidungsklage**). Diese Möglichkeit – ja Notwendigkeit – zur Beschränkung des Klageantrags ist § 113 V 2 zu entnehmen, der das Gericht als Reaktion auf die nicht herzustellende **Spruchreife** nur zu einem Bescheidungsausspruch ermächtigt. An der Spruchreife kann es infolge eines Beurteilungsspielraums auf der Voraussetzungsseite der Norm, wegen unaufgeklärter Tatsachen oder wegen offener Ermessensausübung fehlen (→ § 113 Rn. 100).

Fehlt es an der Spruchreife, ist eine auf Verpflichtung gerichtete Klage teilweise 49
(kostenpflichtig → § 155 Rn. 5) abzuweisen. Das Gesetz unterscheidet mithilfe des Merkmals der „Spruchreife" zwischen gerichtlichen Entscheidungen über rechtlich voll determinierte Ansprüche (§ 113 V 1) und solchen über den Anspruch auf fehlerfreie Abwägung bei administrativer Letztentscheidungsbefugnis (§ 113 V 2). Damit wird die im materiellen Recht angelegte Kompetenzverteilung zwischen Gerichten und Verwaltung prozessrechtlich nachvollzogen und abgesichert. **Erledigt** sich das Begehren auf Erlass eines VA, so ist in Analogie zu § 113 I 4 eine Verpflichtungs-Fortsetzungsfeststellungsklage statthaft (→ § 113 Rn. 68).

3. Bedeutung des Versagungsbescheides

Bei Ablehnung des Antrags ergeht ein Versagungsbescheid. Er ist (belastender) VA 50
(Rn. 46, 82) und erhält seine Bedeutung zunächst daher, dass er die Gründe erkennen lässt, welche die Behörde zu ihrer Entscheidung bewogen haben. Der Betroffene muss daraus die zu erwartenden Widerstände eines Verpflichtungsbegehrens erkennen können. Bei Ermessens-VA ist er der gerichtlichen Prüfung zugrunde zu legen.

§ 42 Teil I. Gerichtsverfassung

51 Prozessual hat er nur insoweit Bedeutung, als er bei Bestandskraft die gerichtliche Überprüfbarkeit einschränkt (Rn. 96). Neben einem Verpflichtungsbegehren ist der auf Aufhebung des Versagungsbescheides gerichtete Antrag ein **Anfechtungsannex** ohne eigenständige prozessuale Bedeutung (BVerwGE 51, 15, 23; DVBl. 1997, 609, 611). Die Erhebung von (Verpflichtungs)Widerspruch und Verpflichtungsklage verhindert den Eintritt der Bestandskraft des Versagungsbescheides (vgl. § 80 I). Mit dem Verpflichtungsurteil **erledigt** sich die Antragsablehnung unabhängig von der Aufhebung „auf sonstige Weise" i. S. des § 43 II VwVfG. Daher bedarf es weder eines Anfechtungsantrags noch eines solchen gerichtlichen Ausspruchs. Eine Aufhebung der Ablehnung ex nunc ist daher auch überflüssig, um ihre Tatbestandswirkung zu beseitigen (a. A. Schenke 263). Jedoch gelten Anfechtungsantrag und Aufhebungsausspruch aus Gründen der Rechtsklarheit in der Praxis als wünschenswert und werden regelmäßig empfohlen (§ 86 III) und tenoriert.

52 Ist die Verpflichtungsklage unbegründet, so kann der Kläger ein berechtigtes Interesse daran haben, dass **nur die Ablehnung** (weil rechtsfehlerhaft) ausdrücklich und ex tunc aufgehoben wird und einem neuen Vornahmeantrag bei veränderter tatsächlicher oder rechtlicher Grundlage nicht entgegensteht. Der **Übergang** von einem ursprünglichen Verpflichtungsantrag zum (isolierten) Anfechtungsantrag stellt sich nicht als eine (nach § 142 I 1 in der Revision unzulässige) Klageänderung dar, sondern als ohne Weiteres zulässige Beschränkung des Klagebegehrens i. S. des § 173 S. 1 i. V. m. **§ 264 Nr. 2 ZPO**.

53 Ergeht während des Klage- oder Berufungsverfahrens ein **neuer Ablehnungsbescheid**, der den ursprünglichen Ablehnungsbescheid ersetzt, kann der Kläger diesen in seinen – neben dem Bescheidungsantrag gestellten – unselbstständigen Aufhebungsantrag einbeziehen (BVerwG Buchh 406.12 § 1 BauNVO Nr. 5).

4. Besondere Sachurteilsvoraussetzungen

54 **a) Versagungsgegenklage und Untätigkeitsklage.** Die besonderen SUV stimmen weitgehend mit denjenigen der Anfechtungsklage überein (zu Klagebefugnis, Vorverfahren durch einleitenden Verpflichtungswiderspruch, § 68 II, und Klagefrist nach § 74 II → Rn. 39). Bei der Untätigkeitsklage, die lediglich eine Modifizierung der besonderen SUV bezeichnet (Rn. 47), ist grds. das Abwarten einer angemessenen Entscheidungsfrist nach § 75 erforderlich (→ § 75 Rn. 4; Ey § 75 Rn. 7 ff.).

55 **b) Gleichsinniger Antrag im Verwaltungsverfahren.** In allen Fällen muss das Begehren Gegenstand eines an die Verwaltung gerichteten Antrags gewesen sein. Ein solcher **vorgängiger Antrag** gehört nach stRspr. zu den besonderen SUV der Verpflichtungsklage (BVerwGE 130, 39, 46 m. w. N.). Diese Voraussetzung steht allerdings unter dem Vorbehalt, dass das einschlägige bundesrechtlich geordnete Verwaltungsverfahrensrecht keine abweichende Regelung trifft (BVerwGE 69, 198, 200). Keine Übereinstimmung besteht nach wie vor darin, ob der Antrag eine Klagevoraussetzung oder eine (nachholbare) SUV darstellt (→ vor § 40 Rn. 9 f.). Die Notwendigkeit eines vorgängigen Antrags findet ihre **Rechtfertigung** in prozessökonomischen Erwägungen, aber auch im Grundsatz der Gewaltenteilung. Danach ist es zunächst Sache der Verwaltung, sich vor einer gerichtlichen Entscheidung mit (vermeintlichen) Ansprüchen des Einzelnen zu befassen. Bei **Beamten** muss die notwendige Befassung des Dienstherrn nicht durch einen der Erhebung des (ohnehin erforderlichen) Widerspruchs vorhergehenden – zusätzlichen – Antrag erfolgen (BVerwG ZBR 2002, 93; Beschl. v. 3. 6. 2004 – 2 B 62.03).

5. Klageanträge und Begründetheit

Der Klageantrag erschließt sich (wie bei der Anfechtungsklage → Rn. 40) nicht aus § 42 I, sondern aus der Entscheidungsmacht des Gerichts: Der Kläger beantragt, was das Gericht – wäre die Klage begründet – konkret auszusprechen hätte. Der Klageantrag entspricht daher den in § 113 V umschriebenen Voraussetzungen für die Begründetheit (→ § 113 Rn. 99). Nach § 113 V hat das Gericht die Verwaltungsbehörde stets zu **verpflichten**, wenn der Inhalt einer begehrten Leistung einen VA betrifft – nicht also zu „verurteilen", wie der noch aus der MRVO Nr. 165 stammende Wortlaut des § 42 I suggeriert. Der Begriff der „Verurteilung" ist strikt der allgemeinen Leistungsklage vorbehalten (zum Antrag dort Rn. 81).

Nach V 1 richtet sich die Verpflichtung darauf, die „Amtshandlung vorzunehmen", d.h. den **VA zu erlassen**. Bei diesem Vornahmeantrag ist der Inhalt des VA genau zu bezeichnen, regelmäßig auch unter Angabe der Rechtsgrundlage (d.h. eine Erlaubnis/Genehmigung nach § ... zu erteilen/eine Leistung zu bewilligen/zu gewähren usw.). Bei Ungenauigkeiten kann es an der Vollstreckbarkeit des antragsgemäß ergangenen Urteils fehlen. Das Gericht hat nach § 86 III auf die Beseitigung von Unklarheiten zu dringen. Erfolgt dies nicht und ist das genaue Rechtsschutzziel auch durch Auslegung (§ 88) nicht zu ermitteln, so kann ein Antrag entscheidungserheblich unbestimmt und damit unzulässig sein. Die Praxis regt zur Klarstellung – in Anlehnung an § 113 I 1 – regelmäßig an, den **ablehnenden Bescheid** und einen etwaigen Widerspruchsbescheid **aufzuheben**. Beispiel: „Der Kläger beantragt, den Bescheid des Beklagten und den Widerspruchsbescheid des ... aufzuheben und den Beklagten zu verpflichten, die Genehmigung zur Errichtung des ... nach § ... BImSchG zu erteilen."

Bei der – u.U. hilfsweise zu stellenden – **Bescheidungsklage** soll nach § 113 V 2 die Behörde verpflichtet werden, einen bestimmten Antrag unter Beachtung der Rechtsauffassung des Gerichts erneut zu bescheiden. Entgegenstehende Bescheide sind ebenfalls (deklaratorisch, Rn. 50 f.) aufzuheben.

III. Allgemeine Leistungsklage

1. Anwendbarkeit

Die Leistungsklage hat in der VwGO in der Form der Verpflichtungsklage nur eine speziell auf den VA ausgerichtete Ausprägung gefunden und ist i.Ü. nicht geregelt. Dazu bestand auch kein Anlass, denn im Verwaltungsprozess ist die Anwendbarkeit der allgemeinen Leistungsklage der ZPO angeordnet (§ 173 S. 1). Sie ist dort allerdings eine überkommene Selbstverständlichkeit und ohne allgemeine Regelung ebenso vorausgesetzt wie in der VwGO (BLAH Grundz § 253 Rn. 8). Im Verwaltungsprozess wird sie in Einzelvorschriften der VwGO (vgl. §§ 43 II 1, 111, 113 IV) und in sonstigen Verwaltungsprozessrecht erwähnt (z.B. § 54 BeamtStG). Verfassungsrechtlich ist sie zur Durchsetzung der öffentlich-rechtlichen Ansprüche des Bürgers geboten (Art. 19 IV GG).

2. Rechtsschutzformvoraussetzungen

Die allgemeine Leistungsklage steht im Verwaltungsprozess zur Durchsetzung eines jeden **Anspruchs** auf eine Leistung zur Verfügung, soweit nicht die Rechtsschutzformvoraussetzungen der Anfechtungs- oder Verpflichtungsklage einschlägig sind. Der Inhalt des Begehrens kann mithin jedes **Tun, Dulden oder Unterlassen** sein, das keine VA-Qualität besitzt. Zu Ansprüchen auf Unterlassen eines VA → Rn. 70.

3. Streitbeteiligte

61 Für die Statthaftigkeit ist es ohne Bedeutung, wer auf Kläger- und Beklagtenseite steht. Die Klageart steht für **Ansprüche des Bürgers** wie für solche von **Hoheitsträgern** (juristischen Personen des öffentlichen Rechts) zur Verfügung. Hoheitsträger können sich gegenseitig in Anspruch nehmen oder einen Privaten, wenn dieser zu einer Leistung, die er nach Maßgabe öffentlichen Rechts schuldet, nicht mithilfe eines VA verpflichtet werden kann oder soll. Zur Problematik des **Rechtsschutzbedürfnisses** in diesen Fällen → Rn. 75 ff.

4. Inhalte der Leistung

62 Wegen der Negativabgrenzung zum VA bleiben für die allgemeine Leistungsklage vor allem **Realakte**. Das versteht sich für die Klage gegen Private von selbst (deren Begehren regelmäßig auf Zahlung gerichtet sind), gilt aber genauso für Klagen gegen Hoheitsträger. Von ihnen kann mit der allgemeinen Leistungsklage nur schlicht-hoheitliches Verwaltungshandeln ohne Regelungsqualität verlangt werden.

63 An erster Stelle stehen auch bei **Bürgerklagen** Geldzahlungen, die keiner Bewilligung bedürfen (Rn. 66). Die weiteren Beispiele sind aber zahlreich. Zu ihnen gehören die Herausgabe von Gegenständen, die Gewährung von Akteneinsicht, die Vornahme einer Begutachtung sowie der große Bereich verwaltungsrechtlicher **Wissens- und Willenserklärungen** (allgemeine Informationen oder Auskünfte, Stellungnahme, Entscheidung über den Abschluss eines Vertrages). Geht es um die **Korrektur vorausgegangenen rechtswidrigen Tathandelns** i. S. einer Folgenbeseitigung, kann etwa verlangt werden: der Widerruf einer Behördenerklärung ohne VA-Charakter (vgl. BVerwGE 80, 83, 85: Beseitigung der Kraftloserklärung einer Abgeschlossenheitsbescheinigung; ferner: BVerwGE 59, 319, 325; Buchh 11 Art. 17 GG Nr. 3 S. 1, 2; Buchh 310 § 88 VwGO Nr. 22 S. 7, 8; Buchh 11 Art. 4 GG Nr. 45 S. 4, 9), die Vernichtung erkennungsdienstlicher Unterlagen oder die Löschung rechtswidrig gespeicherter Daten. An erster Stelle sind aber ehr- oder grundrechtsverletzende Verlautbarungen zu nennen. Sie ziehen einen Widerruf nach sich, wenn es sich um Tatsachenbehauptungen handelt, ansonsten eine Entschuldigung.

64 Erfasst werden ferner Ansprüche auf Vornahme behördlicher **Organisationsakte**, die mangels Außenwirkung keine VA sind. Prominentes Beispiel ist die beamtenrechtliche Umsetzung und deren Rückgängigmachung sowie nach umstrittener Ansicht auch fachaufsichtliche Weisungen ohne Auswirkungen auf den Rechtsbereich des Adressaten. Hingegen ist eine auf Vornahme eines verwaltungsinternen Akts gerichtete allgemeine Leistungsklage unzulässig, wenn der Akt gegenüber dem Kläger keine (Außen)Wirkung entfaltet (BVerwG NVwZ 2008, 1011).

65 Im Zusammenhang mit der Anfechtungsklage sieht § 113 I 2 für die Rückgängigmachung der Folgen des Vollzugs eines VA einen speziellen prozessualen **Vollzugsfolgenbeseitigungsanspruch** vor. Die durch Leistungsklage zu verfolgende Erstattung zu Unrecht erhobener Geldleistungen setzt voraus, dass zunächst der VA, der ihr Rechtsgrund ist, aufgehoben wird. Dies kann mit einer kombinierten Anfechtungs- und Leistungsklage (§ 113 IV) erreicht werden (→ § 113 Rn. 50).

5. Abgrenzung zur Verpflichtungsklage

Beansprucht der Kläger von der Verwaltung nicht unmittelbar einen VA (eine Erlaubnis, Genehmigung, Verkehrsregelung usw.), sondern ausdrücklich einen Realakt (Rn. 63), so stellt sich in allen Fällen die Frage der **Abgrenzung** zwischen Leistungs- und Verpflichtungsklage. Statthafte Klageart ist die **Verpflichtungsklage** immer dann, wenn dem Verwaltungshandeln eine Entscheidung durch **VA vorausgehen** muss. Das ist vor allem in zwei Konstellationen zu bejahen: Wenn sich der Rechtsgrundlage für das Verwaltungshandeln entnehmen lässt, dass eine außenwirksame Willensbildung als Grundlage des Handelns gefordert ist, oder wenn Ermessen ausgeübt werden muss. 66

Die allgemeine Leistungsklage dient demgegenüber der Durchsetzung von Ansprüchen **ohne Rücksicht** auf das vorgängige **Entscheidungsverhalten** der Behörde (Lorenz S. 395). In diesem Sinne ergibt sich der Anspruch auf Beamtenbesoldung errechenbar unmittelbar aus dem Gesetz (§ 2 BBesG i.V.m. den Anlagen), bedarf also keiner Festsetzung. Umgekehrt erfordert ein Verwaltungshandeln in Konkurrenz- und Nachbarschaftsverhältnissen sowie allgemein bei Beteiligung mehrerer einen konkretisierenden Akt, auch als Grundlage objektivierbarer Nachprüfung. Auch die Bedeutung für die Grundrechte des Betroffenen kann auf die Notwendigkeit eines VA führen (NKVwGO § 42 Rn. 45, 176 zum Datenschutzrecht; Rn. 186 zur Ermessensausübung bei Auskünften unter Hinweis auf BVerwGE 31, 301, 306). 67

6. Unterlassungsklagen

a) Arten. Wird ein Unterlassen gefordert, so hat sich dafür der Terminus der Unterlassungsklage eingebürgert. Sie als Unterfall der allgemeinen Leistungsklage hervorzuheben besteht Anlass indes nur im Hinblick auf die Besonderheiten des damit möglichen vorbeugenden Rechtsschutzes (Ey vor § 40 Rn. 25; NKVwGO § 40 Rn. 53 ff.). Die Unterlassungsklage kann sich gegen eine aktuell andauernde oder sich absehbar wiederholende Rechtsverletzung richten (**Abwehrklage** → § 40 Rn. 132) oder aber gegen eine bevorstehende erstmalige Rechtsverletzung; denn ein Abwehranspruch besteht nicht nur gegenüber eingetretenen Beeinträchtigungen von Rechtsgütern, sondern auch gegenüber verletzungsgleichen Gefährdungslagen (**vorbeugende Unterlassungsklage**). 68

Die Unterscheidung ist für die Anspruchsvoraussetzungen und die besonderen SUV der Klage bedeutsam. In jedem Fall ist die Verletzung eines geschützten Rechtsstatus eine materiell-rechtliche **Anspruchsvoraussetzung**. Steht keine andauernde, sondern eine drohende – weitere oder erstmalige – Verletzung in Rede, muss für ihren Eintritt eine hinreichende Wahrscheinlichkeit sprechen. Frühere Beeinträchtigungen sind taugliche Prognosegrundlage und besitzen insofern Indizcharakter, als sie Art und Umstände zukünftiger Beeinträchtigungen umreißen. Bei erstmaligem Drohen einer Verletzung muss die Eintrittswahrscheinlichkeit anders hergeleitet werden. In jedem Fall bedarf es zusätzlich eines **qualifizierten Rechtsschutzbedürfnisses** (Rn. 77). 69

b) Abwehr künftiger VA. Eine allgemeine Leistungsklage ist meist auch statthaft, wenn das Unterlassen eines künftigen VA begehrt wird. Der Nichterlass eines VA ist selbst kein VA. Anders liegen die Dinge, wenn das Unterlassen eines VA (i.d.R. einer Erlaubnis i.w.S.) mit der negativen Bescheidung eines von einem Dritten beantragten VA verbunden ist – also im Fall des Erlasses eines Versagungsbescheides. Zum Rechtsschutzbedürfnis in diesen Fällen → Rn. 78. 70

71 c) Abwehr von Normen. Beim bevorstehenden Erlass einer Norm ist nach dem **Erlassgeber** zu differenzieren: Mit Bezug auf Parlamentsgesetze liegt eine verfassungsrechtliche Streitigkeit vor (→ § 40 Rn. 88). Bei untergesetzlichen Normen (Rechtsverordnungen, Satzungen u. ä.), deren Urheber die Verwaltung ist, kommt die Leistungsklage zwar ihrem Inhalt nach in Betracht (so Ey § 42 Rn. 63), wird aber nach h. A. durch die allgemeine Feststellungsklage verdrängt (→ § 43 Rn. 73).

7. Besondere Sachurteilsvoraussetzungen

72 a) Allgemeines. Besondere SUV sieht die VwGO für die allgemeine Leistungsklage nicht vor. Der **8. Abschnitt** (§§ 68 ff.) ist nicht anwendbar. Er enthält „besondere Voraussetzungen der Anfechtungs- und Verpflichtungsklagen". Ist die entsprechende Anwendung nicht ausdrücklich vorgesehen (wie für beamtenrechtliche Klagen in § 54 II BeamtStG und § 126 III BRRG), so ist ein Vorverfahren nicht durchzuführen und eine Klagefrist nicht einzuhalten.

73 b) Antrag im Verwaltungsverfahren. Auch bei der allgemeinen Leistungsklage ist der erfolglose vorgängige Antrag im Verwaltungsverfahren eine Sachurteils- oder sogar Klagevoraussetzung (→ Rn. 55 und vor § 40 Rn. 9; a. A. Ey § 42 Rn. 69). Für die allgemeinen Leistungsklagen (und Feststellungsklagen) von **Beamten** gilt Abweichendes, weil sie unabhängig vom Begehren und der Klageart ein Vorverfahren durchführen müssen (Rn. 72). Das stellt sie aus Gründen der Verfahrensökonomie davon frei, beim Dienstherrn auch noch einen dem Widerspruch vorausgehenden spezialisierten Antrag zu stellen; sie können unmittelbar Widerspruch einlegen. Im Rahmen des Vorverfahrens erhält der Diensterr Gelegenheit zu verwaltungsinterner Prüfung und zu dem Versuch, durch Abhilfe oder durch nähere Begründung seines Standpunkts einen Rechtsstreit zu vermeiden (BVerwGE 114, 350, 354; Buchh 236.1 § 3 SG Nr. 16 S. 31; ZBR 1968, 280, 282).

74 c) Klagebefugnis. Nach stRspr. setzt die Zulässigkeit (auch) der allgemeinen Leistungsklage **eines Bürgers** gegen die Verwaltung zur Ausschaltung von Popularklagen (→ vor § 40 Rn. 35) eine Klagebefugnis entsprechend § 42 II voraus (BVerwGE 101, 157, 159 = NVwZ 1997, 276; 100, 262, 271; 36, 192, 199; 59, 319, 326; Buchh 111 Art. 13 EV Nr. 2; NVwZ-RR 1992, 371; NVwZ 1994, 999; NJW 1996, 2521; 1977, 118). Ein Privater muss also geltend machen können, durch die Verweigerung einer staatlichen Leistung in seinen Rechten verletzt zu sein (Rn. 100 ff.). Für **Klagen von Hoheitsträgern** (auch im Verhältnis untereinander) gilt dergleichen nicht: Mit Popularklagen ist insoweit nicht zu rechnen, und unbegründete Klagen auszuschalten ist nicht Zweck der Klagebefugnis.

75 d) Rechtsschutzbedürfnis. Besonderheiten weisen allgemeine Leistungsklagen beim Rechtsschutzbedürfnis auf.

76 *aa) Bei Befugnis zum Erlass eines Leistungsbescheides.* Könnte sich der Hoheitsträger durch Erlass eines VA oder Vollstreckung aus einem Vertrag selbst einen vollstreckbaren Titel schaffen (vgl. § 1 VwVG), so sind Zweifel am Rechtsschutzbedürfnis angebracht. Die Rspr. bejaht sie, wenn in jedem Fall mit einer gerichtlichen Auseinandersetzung zu rechnen ist; die Klage ist dann der direktere Weg zu einem beständigen Titel (BVerwGE 29, 310, 312; NKVwGO § 42 Rn. 52 m.w.N.).

77 *bb) Bei vorbeugenden Unterlassungsklagen.* Die Inanspruchnahme vorbeugenden Rechtsschutzes erfordert wegen seines Ausnahmecharakters ein **qualifiziertes Rechtsschutzbedürfnis** (S/S-A/P § 42 Rn. 165 ff.). Die Regelerwartung der

VwGO geht dahin, dass der zur Verfügung gestellte „nachgängige" (repressive) Rechtsschutz (unter Einschluss des vorläufigen Rechtsschutzes) ausreicht. Dies kann sich jedoch im Einzelfall als unzutreffend erweisen. Dann verbietet es die Wahrung der Integrität des bedrohten subjektiven Rechts (Art. 19 IV GG), den Betroffenen auf Ausgleichs- und Ersatzansprüche (Sekundärrechtsschutz) zu verweisen. Als **Nachteile** kommen in Betracht: der Eintritt vollendeter, schwer rückgängig zu machender Tatsachen (Rodung von Wald, Abbruch eines Hauses) oder nicht wiedergutzumachender Schäden (Ansehensschädigung, Existenzgefährdung bei Gewerbetreibenden; BVerwGE 81, 329; 54, 211) sowie sonst unzumutbare Nachteile (BVerwGE 40, 323, 326 [Bebauungsplan]; 81, 329; 77, 207; 71, 183, 188; 54, 69; 26, 23). Der Nachteil muss in jedem Fall von einigem Gewicht sein. Gewichtige Nachteile sind regelmäßig anzuerkennen bei nicht erkennbarem Verwaltungshandeln (wie der Beobachtung durch den Verfassungsschutz). Zu vorbeugenden **Feststellungsklagen** → § 43 Rn. 16.

cc) Bei drohenden VA. Einen bevorstehenden VA abzuwarten ist i.a.R. zumutbar. 78 Selbst bei sehr kurzfristigen Maßnahmen wie Versammlungsverboten ist nachträglicher Rechtsschutz wegen der ausgefeilten Mechanismen des vorläufigen Rechtsschutzes (→ §§ 80, 80a) und der Möglichkeiten rückwirkender Aufhebung von VA ausreichend. Die strenge Haltung der Rspr. soll eine Umgehung des Vorverfahrens verhindern.

Ausnahmen sind aber auch hier bei Gefährdung des effektiven Rechtsschutzes 79 (Rn. 77) geboten. Diese ist konkret, wenn ein VA ausnahmsweise nicht aufhebbar ist (wie beamtenrechtliche Ernennungen wegen des Grundsatzes der Stabilität der Ämterordnung, BVerwGE 80, 127, 129) oder wenn der Betroffene bei Nichtbefolgung ordnungswidrig handelt oder sich strafbar macht. Anerkannt ist das besondere Rechtsschutzinteresse auch, wenn eine Vielzahl von VA angefochten werden müsste, die sich stets wiederholen und sich wegen ihrer Befristungen regelmäßig noch vor Durchführung eines Widerspruchsverfahrens erledigen (BVerwGE 101, 157 = NVwZ 1997, 276: Sperrzeitverkürzungen für eine Diskothek; Flugverkehrsfreigaben der Flugsicherung nach LuftVO).

8. Klageantrag und Begründetheit

Über **Begründetheit** und **Tenor** der allgemeinen Leistungsklage trifft die VwGO – 80 anders als in § 113 für VA-Klagen – keine Aussage. Die Klage ist nach zivilprozessualen Grundsätzen begründet, wenn der Kläger einen materiell-rechtlichen Anspruch auf die streitige Leistung hat. Das stattgebende Urteil enthält den rechtsbezeugenden Leistungsbefehl an den Beklagten und ist Grundlage für die ggf. erforderliche Vollstreckung, die sowohl zugunsten der öffentlichen Hand wie gegen sie möglich ist (→ §§ 169 ff.).

Die **Klageanträge** ergeben sich auch bei einer allgemeinen Leistungsklage aus 81 dem, was das VG zusprechen dürfte, und lauten durchweg auf „Verurteilung" zu einem inhaltlich bestimmten – also genau anzugebenden – Tun, Dulden oder Unterlassen des Klagegegners (des Bürgers oder eines Hoheitsträgers, Rn. 61). Der Begriff der Verpflichtung ist in Antrag und Tenor strikt für die Verpflichtungsklage reserviert, also für den Fall, dass Inhalt der Leistung ein VA ist (Rn. 56).

IV. Sonderfragen und Abgrenzungen

1. Die isolierte Anfechtungsklage

82 **a) Bedeutung und Interessenlagen.** Als „isolierte" Anfechtungsklage wird das Begehren umschrieben, das Gericht möge einen Bescheid aufheben, der den Antrag auf Erlass eines begünstigenden VA ablehnt. Da der ablehnende Bescheid einen VA darstellt, handelt es sich nicht um ein Problem der Statthaftigkeit der Anfechtungsklage, sondern des Rechtsschutzbedürfnisses für sie (→ vor § 40 Rn. 41 ff.). Denn der Kläger nimmt mit seinem Anfechtungsantrag von seinem im Verwaltungsverfahren konkretisierten Begehren auf Erlass eines VA Abstand. Das wirft die Frage des anzuerkennenden Interesses und Nutzens für die Inanspruchnahme des Gerichts auf.

83 **b) Rechtsschutzbedürfnis für die isolierte Anfechtung.** Ein berechtigtes **Interesse**, sich auf die Aufhebung eines Ablehnungsbescheides zu beschränken, kann in folgenden **Konstellationen** gegeben sein:

84 – Die Behörde hat einen Antrag aus verfahrensrechtlichen Gründen abgelehnt, der Kläger hat aber ein berechtigtes Interesse an einer behördlichen Sachprüfung, ohne dass Spruchreife (→ § 113 Rn. 100) herstellbar wäre, sei es, dass Ermessen auszuüben ist, sei es dass eine Wertung mit höchstpersönlichen Elementen zu treffen ist (Ey vor § 40 Rn. 15; a. A. BVerwGE 78, 93). Entsprechendes gilt, wenn ein Antrag ohne die erforderliche Beteiligung eines Organs oder Dritten abgelehnt worden ist.

85 – Die Behörde hat aus materiell-rechtlichen Gründen eine Erlaubnis abgelehnt, die für die begehrte Tätigkeit nicht erforderlich ist (zur Feststellungsklage → § 43 Rn. 21).

86 – Der Kläger will seinen Antrag nach rechtswidriger Ablehnung zunächst nicht weiterverfolgen, weil er das Interesse an der Tätigkeit verloren hat, aber eine negative Präjudizierung für ein später beabsichtigtes Verfahren vermeiden möchte.

87 – Gegen einen – gemessen an den Urteilserwägungen – fehlerhaften Ablehnungsbescheid nach Bescheidungsurteil ist die isolierte Anfechtungsklage denkbar (NRW-OVG, Urt. v. 26.3. 2007 – 1 A 2821/05).

88 – Nach Bestehen der Wiederholungsprüfung ist die Fortführung des Rechtsstreits in der Form einer isolierten Anfechtungsklage gegen den Prüfungsbescheid zulässig (BVerwG NJW 1998, 323). Die Beschwer und das dadurch indizierte Rechtsschutzinteresse an einer Aufhebung der Entscheidung über das Nichtbestehen der Erstprüfung entfallen nicht, wenn sich die negative Entscheidung über diese berufseröffnende Prüfung auf das weitere berufliche Fortkommen des Klägers ungünstig auswirken kann (BVerwG Buchh 421.0 Prüfungswesen Nr. 320; BVerwGE 88, 111). Hingegen fehlt das Rechtsschutzinteresse i. d. R. für die Aufhebung eines die Vornahme einer Amtshandlung ablehnenden Widerspruchsbescheides ohne gleichzeitiges Verpflichtungsverlangen (BVerwG, Urt. v. 21.11. 1986 – 8 C 126.84; BVerwGE 47, 7, 12).

2. Dreipolige Prozessrechtsverhältnisse

89 **a) Statthaftigkeit, Interessenlagen und Konstellationen.** Die Statthaftigkeit der Anfechtungsklage hängt nur von der Wirksamkeit des VA, nicht aber von der Bekanntgabe gerade an den Kläger ab (Rn. 15 f.). Deshalb kann der Adressat des VA seine Aufhebung ebenso verlangen wie ein Nicht-Adressat („Dritter"). Die Interessen der Anfechtung sind freilich diametral entgegengesetzt: Der Adressat bekämpft einen

belastenden VA, der Dritte einen begünstigenden VA mit ihn belastenden (Doppel)Wirkungen. Ob der Dritte durch einen solchen VA sachlich betroffen und rechtlich beschwert ist, stellt sich als Problem der Klagebefugnis dar.

Dreipolige Prozessrechtsverhältnisse finden sich in den Konstellationen einer sog. **90** Nachbarklage und der Konkurrentenklage. Bei der **Nachbarklage** geht es dem Kläger um die bloße Abwehr einer dem Dritten erteilten Begünstigung. I.d.R. liegt er als „Nachbar" (zum Begriff → Rn. 139 und KS § 42 Rn. 97, 104) im Einwirkungsbereich einer störenden Anlage oder eines Gebäudes. Die gerichtliche Aufhebung der dem Betreiber erteilten öffentlich-rechtlichen Zulassungsentscheidung für Errichtung und/oder Betrieb der Anlage stellt ein gesetzliches Verbot (mit Erlaubnisvorbehalt) wieder her und damit die Integrität der innegehabten Rechtsposition des Nachbarn. Bei der **Konkurrentenklage** bestreitet der Kläger die seinem Konkurrenten erteilte Rechtsposition und erstrebt diese für sich (Einzelheiten bei Rennert DVBl. 2009, 1333).

b) Konkurrentenklagen. Beansprucht jemand im Kreis von Mitbewerbern eine ei- **91** gene Begünstigung, so ist die Verpflichtungsklage einschlägig, wenn die Leistung durch (rechtskreiserweiternden) VA zugesprochen werden muss (Rn. 44), anderenfalls die allgemeine Leistungsklage. Besteht ein Rechtsanspruch auf die Leistung, so entscheidet die gesetzlichen Regelung über die Notwendigkeit eines VA. Eine Erschöpfung von Haushaltmitteln kann dem Rechtsanspruch grds. nicht entgegengehalten werden.

Anders verhält es sich, wenn eine Leistung **kontingentiert** ist, also von vornherein **92** nur begrenzt zur Verfügung gestellt wird (Subventionen, Studienplätze, Amtsstellen und generell bei Anlagen mit begrenzter Kapazität). Auch dann besteht ein Anspruch auf Leistung nach Maßgabe der aufgestellten Verteilungsregeln, der im Streitfall mit der Verpflichtungs- oder allgemeinen Leistungsklage geltend zu machen ist.

Bei dem regelmäßig bestehenden **Überhang von Bewerbern** (Kontingenter- **93** schöpfung) besteht nur ein Anspruch auf fehlerfreie Auswahl, „relativ" bezogen auf das Bewerberfeld. Die Auswahl erzwingt auch ohne besondere Anordnung eine außenwirksame Entscheidung durch VA, den jeder nicht zum Zuge gekomme Bewerber mit der Verpflichtungsklage erstreiten muss. Der abgelehnte Bewerber *darf* zwar eine Kombination mit der Anfechtungsklage („Verdrängungsklage") gegen die Zulassung von Konkurrenten wählen, um einen Platz im Kontingent frei zu machen (vgl. BVerwG NVwZ 1984, 507 = DVBl. 1984, 91); eine Notwendigkeit dazu besteht aber nicht. Die Anfechtung einer Vielzahl unbekannter Zulassungen oder auch nur die Identifizierung der erfolgversprechenden Anfechtung würde ihn überfordern und den Rechtsschutz unzumutbar erschweren (vgl. auch Lorenz § 16 Rn. 26).

Deshalb hält die Rspr. zu Recht bei unstreitig erschöpftem Kontingent die **Be- 94 scheidungsklage** (§ 113 V 2 → Rn. 48) für statthaft, mit der die behördliche Versagung daraufhin überprüft werden kann, ob eine gesetzliche Verteilungsregelung oder der Gleichheitssatz verletzt worden ist und der Kläger bei rechtmäßiger Verteilung hätte zum Zuge kommen müssen (BVerwGE 80, 270, 272). Die Behörde kann überblicken und nach pflichtgemäßem Ermessen entscheiden, ob und ggf. welchen Mitbewerbern gegenüber die rechtswidrig erteilte Genehmigung zurückzunehmen ist.

Weitergehend will es das BVerfG (Kammer, NJW 2002, 3691) in solchen Fällen **95** zulassen, die (im einstweiligen Rechtsschutzverfahren auszusprechende) **Verpflichtung des Marktanbieters** oder eines anderen Anbieters einer kontingentierten Leistung auszusprechen. Diese gerichtliche Verpflichtung i.E. umzusetzen muss das Gericht nicht regeln. Es ist Sache des Marktanbieters usw., die im öffentlichen und bürgerlichen Recht bestehenden Möglichkeiten zu Widerruf und Rücknahme oder zur (außerordentlichen) Kündigung, ggf. gegen Schadensersatz, zu nutzen. Die Marktanbieter haben es in der Hand, durch die Regelung entsprechender Widerrufsvorbehalte oder die Vereinbarung entsprechender Kündigungsklauseln für die Fälle einer gerichtlichen Nachzulassung vorzusorgen.

3. Beseitigung bestandskräftiger VA

96 Die Anfechtungsklage ist gegenüber **bestandskräftigen VA** unzulässig. Der Begriff der Bestandskraft bezeichnet das Fehlen von besonderen SUV, die vom Willen des Betroffenen abhängig sind – sei es, dass er die Anfechtungsfristen hat verstreichen lassen, sei es, dass er auf einen Rechtsbehelf verzichtet hat (→ vor § 40 Rn. 46). Der VA ist gerichtlich nicht (mehr) anfechtbar, weil es an einem ordnungsgemäßen Vorverfahren fehlt oder an der Wahrung der Klagefrist oder weil das Klagerecht nicht ausgeübt werden kann.

97 In Fällen der Bestandskraft kann der Betroffene aber zur Verpflichtungsklage greifen. Sein Begehren ist dann auf den Erlass eines VA gerichtet, mit der die Behörde den bestandskräftigen VA aufhebt (z.B. VG Würzburg, Urt. v. 9.12. 2009 – W 2 K 09.913). Die Behörde ist unter den Voraussetzungen des **§ 51 VwVfG** hierzu verpflichtet. Nach der Rspr. darf sie auch dann ein abgeschlossenes Verwaltungsverfahren aber nach pflichtgemäßem Ermessen zugunsten des Betroffenen wiederaufgreifen und eine neue – der gerichtlichen Überprüfung zugängliche – Sachentscheidung treffen (sog. Wiederaufgreifen i.w.S), wenn die in § 51 I bis III VwVfG normierten Voraussetzungen nicht vorliegen. Der Kläger kann, sofern keine Ermessensreduzierung anzunehmen ist, mit der Bescheidungsklage (Rn. 48) eine fehlerfreie Ermessensentscheidung einfordern.

98 Diese Möglichkeit findet ihre Rechtsgrundlage in § 51 V VwVfG i.V.m. §§ 48, 49 VwVfG (vgl. Buchh. 402.240 § 53 AuslG Nr. 20 S. 16; BVerwGE 111, 77, 82). Das gilt auch, wenn ein VA **gerichtlich bestätigt** worden ist und es zur Überwindung der Rechtskraft einer gesetzlichen Grundlage bedarf (vgl. BVerfG NVwZ 1989, 141). Diese findet sich in § 51 V VwVfG und ermöglicht die nachträgliche Korrektur inhaltlich unrichtiger Entscheidungen auch bei rechtskräftig bestätigten VA (vgl. BVerfG InfAuslR 2008, 94; BVerwG NVwZ 2010, 656 = DVBl. 2010, 254).

4. Verwaltungsrechtliche Organklagen

99 Für Streitigkeiten um kompetenzielle Berechtigungen zwischen Organen und Organteilen einer juristischen Person des öffentlichen Rechts (→ § 40 Rn. 82) ist die früher erwogene Klageart sui generis oder eine Gestaltungsklage extra legem nicht erforderlich. Je nach Konstellation kommt die allgemeine Leistungsklage oder die Feststellungsklage zur Duchsetzung aller denkbaren Begehren in Betracht (grundlegend BVerwG Buchh 310 § 40 VwGO Nr. 179 = DokBer A 1980, 233). Mit diesen Klagearten ist die Zulässigkeit insbes. von kommunalen Verfassungsstreitigkeiten grds. anerkannt (vgl. BVerfGE 8, 122, 130; BVerwGE 3, 30, 35; DÖV 1972, 350 = Verw-Rspr. 24, 99).

C. Klagebefugnis (II)

100 § 42 II bestimmt – unmittelbar nur mit Blick auf I – die sog. Klagebefugnis als **besondere SUV** der VA-Klagen: Diese sind „nur zulässig, wenn der Kläger geltend macht, durch den VA oder seine Ablehnung oder Unterlassung in seinen Rechten

verletzt zu sein". Dieses Erfordernis der sog. Verletztenklage (im Gegensatz zur Popular- oder Interessentenklage) gehört zwar zum Prozessrecht, setzt über den Begriff des **subjektiven Rechts** jedoch die Beurteilung materiellrechtlicher Vorfragen voraus, mit denen sie schon in der Zulässigkeit eine mehr oder weniger enge Verknüpfung herstellt. Diese Verknüpfung ist in der Begründetheit wieder aufzugreifen und meist weitergehend zu prüfen (→ § 113). § 42 II setzt damit die in Art. 19 IV 1 GG enthaltene **Systementscheidung für den Individualrechtsschutz** gegen Rechtsverletzungen durch die öffentliche Hand (MD Art. 19 IV Rn. 8) einfachgesetzlich um.

I. Vorbehalt abweichender Regelung

1. Gesetzliche Ermächtigung

Das Erfordernis einer Klagebefugnis stellt § 42 II einleitend unter den **Vorbehalt**, 101 dass „gesetzlich nichts anderes bestimmt ist". Damit geht die VwGO über die Vorgabe des Art. 19 IV GG (vgl. BVerfGE 92, 263 f.) hinaus und öffnet sich für Regelungen, die Rechtsschutz mit verminderten Anforderungen an die Rechtsbetroffenheit oder gar ohne Rücksicht auf sie vorsehen.

Die Ermächtigung, solche Rechtsschutzmöglichkeiten durch formelles Gesetz 102 vorzusehen, hat Bedeutung vor allem für die **Landesgesetzgeber** (stRspr., BVerfGE 20, 238, 255; BVerwGE 92, 263; 37, 47, 51; 35, 173, 174; DVBl. 1987, 1278), da sich der Bund nicht selbst ermächtigen muss. Allerdings sind die Länder **nicht** ermächtigt worden, Klagemöglichkeiten **gegen Akte der Bundesbehörden** einzuführen. Solche Klagen sind zwar als gerichtliche Rechtsbehelfe dem Gebiet des Verwaltungsprozessrechts und nicht dem des Verwaltungsverfahrensrechts zuzuordnen (vgl. BVerwGE 78, 347, 349). Sie dienen jedoch nicht der Durchsetzung individueller Rechte des Bürgers, sondern ausschließlich einer objektiv-rechtlichen Kontrolle über Bundesbehörden. Eine solche Kontrolle ist ihrer Art nach allein bundesgesetzlicher Regelung vorbehalten. Sie kann nicht Gegenstand der konkurrierenden Gesetzgebung gemäß Art. 74 I Nr. 1 GG sein (BVerwGE 92, 263, 264).

Es genügt, dass das Absehen vom Erfordernis einer eigenen Rechtsverletzung einer 103 Norm durch **Auslegung** entnommen werden kann (KS § 42 Rn. 180). Das Klagerecht kann auf **einzelne Klagegründe** (wie die Missachtung eines Beteiligungsrechts) beschränkt werden (BVerwG NVwZ 2007, 576; DÖV 1999, 349).

2. Anwendungsfälle im deutschen Recht

Von dieser Ermächtigung ist Gebrauch gemacht worden, um gesetzliche Prozess- 104 standschaften zu ermöglichen, vor allem aber zur Einführung der **naturschutzrechtlichen Verbands- bzw. Vereinsklage**, was zunächst in den meisten Bundesländern erfolgte, sodann auch im Bund (§ 61 II BNatSchG; Nachw. zum alten Recht bei NKVwGO § 42 Rn. 401 ff.). Die novellierte Fassung des BNatSchG v. 29.7. 2009 (BGBl. I 2542) erlaubt es einer anerkannten Naturschutzvereinigung nunmehr, ohne in eigenen Rechten verletzt zu sein, Rechtsbehelfe der VwGO einlegen (§ 64 I BNatSchG). Daneben besteht für nach § 3 UmwRBG anerkannte Umweltschutzvereinigungen die Befugnis zu Rechtsbehelfen nach § 2 UmwRBG. Zu weiteren Ausnahmen kraft bundes- und landesrechtlicher Bestimmungen (teilweise überholt) vgl. NKVwGO § 42 Rn. 402, KS § 42 Rn. 181.

3. Bedeutung für EU-Recht

105 Größere Bedeutung könnte der Vorbehalt abweichender gesetzlicher Bestimmung künftig im Bereich des primären und sekundären europäischen Gemeinschaftsrechts erlangen. Dessen Einpassung in das deutsche Rechtsschutzsystem gehört zu den immer noch nicht hinreichend geklärten Fragen des Verwaltungsprozessrechts (vgl. S/S-A/P Vorb § 42 Abs. 2 Rn. 127 f.; BeckOK VwGO § 42 Rn. 165 ff.; Dolde NVwZ 2006, 857, 859; Calliess NVwZ 2006, 1).

106 Auszugehen ist davon, dass das **Gemeinschaftsrecht selbst bestimmt**, welche Vorschriften seines objektiv-rechtlichen Normbestandes als gerichtlich durchsetzbare materiell- und verfahrensrechtliche Rechtsposition von Unionsbürgern zu verstehen sind. Während die Identifizierung solcher Normen für die deutsche Rechtsordnung durch die Schutznormtheorie (Rn. 113), vor allem aber durch die hierzu entwickelte umfangreiche Kasuistik einigermaßen handhabbar ist, hat sich in der Rspr. des EuGH, der insofern zu verbindlichen Entscheidungen berufen ist, noch nichts Vergleichbares herausgebildet.

107 Der **EuGH** geht im Bestreben größtmöglicher Effektuierung des Gemeinschaftsrechts allerdings von einer **weitreichenden Individualisierung** des objektiven Gemeinschaftsrechts aus: Wo dieses zwingende Positionen zugunsten Einzelner einräumt, muss die innerstaatliche Umsetzung die Begünstigten in die Lage versetzen, von allen ihren Rechten Kenntnis zu erlangen und diese ggf. vor den nationalen Gerichten geltend zu machen (EuGH Slg. 1991, I-2567, Tz. 16).

108 Abgesehen davon ist der EuGH in bestimmten Rechtsbereichen, etwa im gemeinschaftlichen Umweltrecht, darauf bedacht, die Bürger und Verbände der Mitgliedstaaten für die Durchsetzung des Rechts zu **instrumentalisieren**. Diese Instrumentalisierung bzw. Mobilisierung hat längst das Sekundärrecht ergriffen, besonders dort, wo Vollzugsdefizite im Zusammenhang mit der Umsetzung von Richtlinien in das nationale Recht bestehen. Insgesamt führt dieses Grundverständnis – allerdings nur aus der Sicht der deutschen Dogmatik – zu erheblichen Verwischungen zwischen der Verletzten- und der Interessentenklage, bei der sich der Kläger auf ein bloßes Interesse beruft, das nicht rechtlich geschützt ist.

109 Der Meinungsstreit dreht sich i. W. darum, ob die Mitgliedstaaten ihre Klagemöglichkeiten im Blick auf Gemeinschaftsrecht weg von der Verletztenklage und **hin zu einer Interessentenklage** aufweiten müssen oder ob es ausreicht, gemeinschaftsrechtliche Positionen zu subjektiven Rechten aufzuwerten. Soweit das Gemeinschaftsrecht durchsetzbare individuelle Rechte einräumt, sind diese jedenfalls als subjektive Rechte i. S. des § 42 II anzusehen. Dem kann durch eine sachlich angemessene Anwendung der Schutznormtheorie Rechnung getragen werden (Calliess NVwZ 2006, 1, 3 ff.). Soweit es bloßen Interessenten die Rechtsmacht einräumt, objektives Gemeinschaftsrecht vor Gericht zur Prüfung zu stellen, ist der Vorbehalt des § 42 II die geeignete Einbruchstelle: Die Gemeinschaftsrechtsnorm ist ein „Gesetz" i. S. des Vorbehalts, das die Geltendmachung unabhängig von einem subjektiven Recht zulässt und wegen des Anwendungsvorrangs des Gemeinschaftsrechts entgegenstehende Hindernisse nationaler Dogmatik überwindet. Eine davon zu unterscheidende Frage ist die gerichtliche Kontrolldichte prinzipiell überprüfbarer Rechte.

II. Das subjektiv-öffentliche Recht

1. Regelfall: Verletztenklage

Der von § 42 II vorausgesetzte Regelfall ist die sog. Verletztenklage: Der Kläger muss die Verletzung eines eigenen **subjektiven** Rechts geltend machen. Subjektive Rechte räumen dem Begünstigten die Rechtsmacht ein, vom Verpflichteten das in einem Rechtssatz, einem Vertrag oder einem VA bezeichnete Tun, Dulden oder Unterlassen zu verlangen. § 42 II erfasst nur subjektiv-**öffentliche** Rechte, die sich aus einem Rechtssatz des öffentlichen Rechts ergeben (→ § 40 Rn. 94) und einem Träger öffentlicher Gewalt Verhaltenspflichten auferlegen (KS § 42 Rn. 81; zu Unrecht zweifelnd Ey § 42 Rn. 83b). Beim Streit um oder bei einer Verletzung subjektiver privater Rechte wäre schon der Verwaltungsrechtsweg nicht eröffnet (§ 40 I 1). Allerdings können private Rechte Gegenstand einer öffentlich-rechtlichen Handlungspflicht sein, die ihrerseits als subjektiv-öffentliches Recht in Betracht kommt. Das gilt z.B. für die nicht von Art. 14 I GG geschützten Eigentumsrechte einer Gemeinde nach § 903 BGB: Soweit solche und andere rein private Rechte und Interessen im Rahmen einer Abwägung zu berücksichtigen sind, entfaltet das öffentlich-rechtliche Abwägungsgebot Drittschutz zugunsten des Berechtigten (BVerwGE 101, 47, 49; 97, 143, 151 → Rn. 152; § 47 Rn. 45).

2. Entstehensvoraussetzungen

Das subjektiv-öffentliche Recht hat vier Entstehensvoraussetzungen (allgemein Scherzberg in: Erichsen/Ehlers § 11 ff.): (1) Es muss ein Rechtssatz des öffentlichen Rechts bestehen, (2) der dem Staat oder einer seiner Untergliederungen das begehrte Verhalten auferlegt oder ermöglicht; (3) der Rechtssatz muss – auch – der Verwirklichung der Individualinteressen desjenigen zu dienen bestimmt sein, der sich auf die Vorschrift beruft, und (4) schließlich muss dem Begünstigten die Rechtsmacht zustehen, das Verhalten verlangen zu können.

Ein subjektiv-öffentliches Recht kann sich somit aus jedem Rechtssatz ergeben, der in seiner **Rechtsfolge** das verlangte Verhalten enthält, d.h. der Verwaltung die notwendige Befugnis gibt, oder ihr entsprechende Pflichten (etwa zur Anhörung, Ermittlung usw.) auferlegt. Das können Zuständigkeits-, Aufgabenzuweisungs- wie Kompetenznormen sein. Ob die Norm **öffentlich-rechtlich** ist, bestimmt sich nach allgemeinen Kriterien (→ § 40 Rn. 94 ff.). Die **Rechtsmacht**, ein von der Rechtsordnung gewährtes subjektiv öffentliches Recht durchsetzen zu können, ist in Art. 19 IV GG zuerkannt. Für sie ist ohne Bedeutung, ob es sich um eine Ermessensnorm oder um eine zwingende, rechtsgebundene Entscheidung handelt. Dies betrifft lediglich den möglichen Inhalt des Rechts. Bei Ermessensnormen kann grds. nur eine ermessensfehlerfreie Entscheidung verlangt werden, das Verhalten selbst nur bei einer Ermessensreduzierung auf Null.

3. Schutznormtheorie

Erhebliche Probleme kann die Feststellung des drittschützenden Charakters der als verletzt geltend gemacht Rechtsnorm i.S. der dritten Voraussetzung (Rn. 111) bereiten. Die ganz h.A. identifiziert die Rechtsnormen, die ein subjektiv-öffentliches Recht einräumen, anhand der **Schutznormtheorie** (BVerwGE 92, 313, 317; S/S-A/P § 42 Abs. 2 Rn. 45 ff.), die allerdings gelegentlich in bedenklicher Weise an den Rand des Handhabbaren führt – mit kaum vorhersehbaren Ergebnissen im Prozess

§ 42 — Teil I. Gerichtsverfassung

(vgl. Kloepfer JZ 1984, 685, 692). Praktikabel erscheint allein die umfangreiche Kasuistik (dazu Rn. 138 ff.).

114 Das **Prüfprogramm** der Schutznormtheorie ist mehrschrittig: Die Anwendung des Rechtssatzes muss dem Schutz der konkret in Rede stehenden Einzelinteressen des Klägers **faktisch** zugutekommen können. Ist dies zu bejahen, so ist weiter zu fragen, ob die Schutzwirkung **bezweckt** ist. Das ist durch Auslegung zu ermitteln. Drittschutz vermitteln nur solche Vorschriften, die nach dem in ihnen enthaltenen Entscheidungsprogramm für die Behörde auch der Rücksichtnahme auf Interessen eines individualisierbaren, d.h. sich von der Allgemeinheit unterscheidenden Personenkreises dienen (vgl. BVerwG Buch 406.19 Nachbarschutz Nr. 44, Buchh 406.19 Nachbarschutz Nr. 71 = DVBl. 1987, 476 zum Baurecht; BVerwGE 78, 40 ff. zum Wasserrecht; BVerwGE 68, 58, 60 zum Immissionsschutzrecht).

115 Der stärkste Hinweis auf den drittschützenden Charakter einer Norm ist eine hinreichend deutliche **Bezugnahme auf zu schützende Privatinteressen im Normtext**. Solche Hinweise enthalten die polizeilichen Generalklauseln durch die Erwähnung der Rechte des Einzelnen (z.B. § 1 II PolG NRW; ASOG Bln; Art. 2 II BayPAG), das Immissionsschutz- und Baurecht durch die Nennung der Nachbarschaft (§ 3, § 5 BImSchG) oder die Rücksichtnahme auf nachbarliche Interessen (§ 31 II, § 34 IIIa BauGB), das Wasserrecht durch den Schutz vor Nachteilen für „andere" (§ 13 I WHG).

116 Auch dann ergibt sich die Möglichkeit einer Rechtsverletzung erst aufgrund der Feststellung individueller Betroffenheit auf der Ebene konkreter behördlicher Rechtsanwendung. Es ist mithin erforderlich, dass die Interessen des Klägers in einer qualifizierten und individualisierten Weise betroffen sind. Das führt zur Ausscheidung **unspezifischer negativer Effekte** wie Unannehmlichkeiten oder nicht relevanter Belästigungen, die den Grad einer rechtlichen Beeinträchtigung noch nicht erreichen.

117 Dass eine drittschützende Norm der Behörde hins. des Ob des Tätigwerdens oder hins. der Maßnahmen ein **Ermessen** einräumt, betrifft nur den Inhalt des Anspruchs. Dieser ist bei offenem Ermessen auf Bescheidung eines Antrags auf Einschreiten, bei auf Null reduziertem Ermessen auf das Einschreiten selbst gerichtet.

4. Bedeutung der Grundrechte

118 Der drittschützende Charakter wird Normen – hins. des Ob und des Kreises der Begünstigten – in erster Linie **durch den Gesetzgeber selbst eingestiftet**. Auf Grundrechte darf, obwohl zweifellos subjektiv-öffentliche Rechte par excellence, nur ausnahmsweise zurückgegriffen werden. Der Rückgriff versteht sich, soweit ein Recht unmittelbar verfassungsrechtlich gewährt und ausgestaltet ist, wie dies bei der kommunalen Selbstverwaltungsgarantie der Fall ist (Art. 28 II GG). Im Regelfall aber ist es Sache des Gesetzgebers, die Grundrechte im einfachen Gesetzesrecht zu entfalten und dort mit konkurrierenden Positionen zu einem sachgerechten Ausgleich zu bringen. Soweit der Gesetzgeber gesellschaftliche Lebensbereiche regelnd gestaltet, hat primär er grundrechtskonform über die Verteilung von realen Freiheitschancen zu entscheiden. Das differenzierte Beziehungsgefüge solcher Zuteilungen darf durch vorschnelle Aktivierung von Grundrechten **nicht prozessual nivelliert** werden. Nicht jede Interessenbeeinträchtigung ist damit auch eine für § 42 II genügende potenzielle Grundrechtsverletzung (näher NKVwGO § 42 Rn. 392 ff.).

119 Lässt sich dem einfachen Recht indes trotz eindeutiger und spezifischer Berührung eines Grundrechts kein klarer Befund über die drittschützende Wirkung entnehmen, können die Grundrechte bei der Auslegung ergänzend und verdeutlichend herangezogen werden. Die Grundrechte entfalten hier **norminterne** Wirkung bei der Auslegung einfachen Rechts, das sie um Schutzwirkungen erweitern können (KS § 42 Rn. 117 ff.). Diese Entwicklung war etwa im Bergrecht (Rn. 146) zu beobachten.

Ein unmittelbarer Rückgriff auf die Grundrechte kommt schließlich dann in Betracht, wenn der Gesetzgeber die nicht nur unerheblich beeinträchtigten **Interessen** eines Betroffenen **nicht** in einer Weise **berücksichtigt** hat, die den grundrechtlichen Vorgaben angemessen ist. Das ist der Fall, wenn das einfache Gesetzesrecht in verfassungswidriger Weise subjektive Rechte vorenthält, es also an einer einfachgesetzlichen Regelung fehlt oder diese lückenhaft ist (BVerwGE 81, 329, 339 für das Oberflächeneigentum gegenüber schädigenden Einwirkungen durch bergbauliche Tätigkeiten). **120**

Ein einschlägiges Grundrecht kann ausnahmsweise aber dann unmittelbar herangezogen werden, wenn im einfachen Recht eine Schutznorm zugunsten des Klägers zur Schaffung eines verfassungsrechtlichen Mindestschutzes von Grundrechten fehlt und eine verfassungskonforme Auslegung der anzuwenden Normen ausscheidet. Die Einzelheiten sind sehr umstritten (BeckOK VwGO § 42 Rn. 192; KS § 42 Rn. 121; MD Art. 19 IV Rn. 122, 125). Diese **normexterne Wirkung** der Grundrechte kommt vor allem zur Abwehr **mittelbarer Beeinträchtigungen** in Betracht, etwa dann, wenn ein bestimmtes Verhalten öffentlicher Gewalt eine von mehreren Ursachen setzt, die im Zusammenwirken den nachteiligen Effekt auslösen. Es kann sich um Folgeerscheinungen einer rechtlich bindenden Anordnung oder eines nicht regelnden Verhaltens handeln. Häufig wird die Finalität des Handelns in Bezug auf die Folgewirkungen fehlen. So ist Art. 12 I GG einschlägig bei ungezielten Veränderungen der wirtschaftlichen Rahmenbedingungen, die sich zulasten bestimmter Unternehmen auswirken (vgl. BVerwGE 132, 64 = DVBl. 2009, 448 = NVwZ 2009, 525). **121**

Im Hinblick auf die Bestandsgarantie der Grundrechte ist bei rechtswidrigen Beeinträchtigungen der grundrechtlich geschützten Sphäre ein **Anspruch auf Beseitigung** dieser Beeinträchtigung unmittelbar aus den Grundrechten denkbar. Anspruchsgrundlage ist das jeweils einschlägige Grundrecht. Der Beseitigungsanspruch ist unabhängig davon, auf welche Art und Weise im Verwaltungshandeln zu einer rechtswidrigen Beeinträchtigung geführt hat. Er umfasst Fälle, in denen rechtswidrig durch hoheitlichen Realakt beeinträchtigt wurde und auch solche Fälle, in denen die Folgen eines rechtswidrigen VA beseitigt werden sollen. Bei VA ist allerdings die besondere Möglichkeit der Bestandskrafterlangung zu beachten (→ Rn. 96), die rechtswidrige Folgen unbeachtlich macht. **122**

III. Geltendmachung

1. Möglichkeitstheorie

Der Kläger muss unter Zulässigkeitsgesichtspunkten „geltend machen", in einem subjektiv-öffentlichen Recht verletzt zu sein. Ob er in dem Recht verletzt „ist", ist eine Frage der Begründetheit (vgl. § 113 I 1, V 1). An der Normachse „§ 42 II – § 113" werden die Anforderungen an die Klagebefugnis und der **„Vorprüfungscharakter"** dieser besonderen SUV ablesbar: Die Klagebefugnis dient dazu, Fälle eindeutiger Unbegründetheit frühzeitig auszuscheiden und Gericht und Beklagten von der eingehenden Prüfung der Rechtswidrigkeit des Verwaltungshandelns zu entlasten. Andererseits hat die Prüfung der Klagebefugnis – anders als im Vollstreckungsrecht – **nicht** zum Ziel, **einzelne Klagegründe** i.S. unterschiedlicher materiell- **123** rechtlicher Anspruchsgrundlagen sozusagen im Wege einer Art Vorprüfung endgültig auszusondern und die sachliche Nachprüfung des klägerseitigen Vorbringens nach dem Maßstab des § 113 auf die nicht ausgeschiedenen Klagegründe zu beschränken (BVerwGE 60, 123, 125).

124 Daher erklärt sich die eingerastete **Formel** der Rspr., die als **Möglichkeitstheorie** bezeichnet wird: Eine Klagebefugnis ist gegeben, wenn eine Verletzung der geltend gemachten Rechte unter Zugrundelegung des Klagevorbringens als möglich erscheint. Diese Möglichkeit ist nur dann auszuschließen, wenn die geltenden gemachten Rechte offensichtlich und eindeutig nach keiner Betrachtungsweise bestehen oder dem Kläger zustehen können, eine Verletzung subjektiver Rechte also nicht in Betracht kommt (BVerfGE 83, 182, 196 m.w.N.; BVerwGE 104, 115, 118; 100, 287, 299; 99, 64, 66; 68, 241, 242; 44, 1, 3). Die Möglichkeit muss sich auf die Missachtung des Rechts beziehen. Ob der Rechtssatz zur Begründung eines (dritt)schützenden Rechts taugt, muss hingegen feststehen. Das Gericht hat die Frage, ob eine den Kläger schützende Norm mit subjektiv-rechtlicher Qualität vorliegt, im Rahmen der Zulässigkeit abschließend zu prüfen (vgl. BVerwGE 95, 133; 75, 147; 72, 226; 61, 261; KS § 42 Rn. 66).

2. Darlegungslast

125 Den Kläger trifft eine Darlegungslast (nur) in tatsächlicher Hinsicht. Nach der Rspr. des BVerwG ist erforderlich, aber auch ausreichend, dass **Tatsachen** vorgetragen werden, die es denkbar und notwendig erscheinen lassen, dass er in einer eigenen rechtlichen Position beeinträchtigt ist (BVerwG Buchh 442.09 § 18 AEG Nr. 18 = NVwZ 1997, 994; BVerwGE 107, 215, 217). Das macht es **entbehrlich, Normen** anzugeben, die den geltend gemachten Anspruch (möglicherweise) tragen können. Dem Kläger bleibt es aber unbenommen, eigene Rechtsausführungen zu machen und Normen zu bezeichnen.

126 Die maßgebliche Rechtsprüfung ist aber auch in der Zulässigkeitsstation Sache des Gerichts. Die Anforderungen an die Prüfung der Klagebefugnis und den klägerseitigen Vortrag dürfen **nicht überspannt** werden (z.B. BVerwG NVwZ 1993, 884; Buchh 11 Art. 28 GG Nr. 120 S. 56).

3. Konstellationen bei Selbst- und Drittbetroffenheit

127 In Adressatenfällen bereitet die Prüfung der Klagebefugnis keine Probleme. In allen anderen Konstellationen bedarf das subjektiv-öffentliche Recht einer genaueren Begründung. Das gilt für (1) Verpflichtungsklagen auf Erlass eines bestimmten VA, (2) bei Drittklagen (a) gegen begünstigende VA mit belastender Doppelwirkung und (b) auf behördliches Tätigwerden gegen Dritte.

128 a) Anfechtungsklagen des Adressaten. Bei den Adressaten belastender VA darf grds. ohne weitere Erörterung davon ausgegangen werden, dass die Widerspruchs- bzw. Klagebefugnis gegeben ist (vgl. BVerwG NJW 2004, 698 = DVBl. 2004, 518; BVerwGE 79, 110, 114; KS § 42 Rn. 69). Bei dem Adressaten kommt nach dem Maßstab der Möglichkeitstheorie zumindest eine Verletzung der allgemeinen Freiheitsgewährleistung nach Art. 2 I GG in Betracht. Ggf. muss aber auch nach dieser sog. „Adressatentheorie" auf ein spezielleres potenziell verletztes Grundrecht (z.B. Art. 5, Art. 8, Art. 13 GG) abgestellt werden. Entsprechend ist in der Begründetheit das Erfordernis der kausalen Verletzung in einem eigenen Recht (§ 113 I 1) neben der Rechtswidrigkeit nicht gesondert zu erörtern.

Anfechtungs- und Verpflichtungsklage **§ 42**

b) Anfechtungsklagen von Dritten. Bei Anfechtungsklagen eines **Nicht-Adres-** 129
saten gegen einen den Adressaten begünstigenden VA muss besonders geprüft werden, ob subjektive eigene Rechte oder zumindest anderweitig rechtlich geschützte Interessen des Dritten verletzt sein können. Die bloße Behauptung einer Rechtsverletzung genügt nicht; es muss auf die materielle Rechtslage zurückgegriffen werden und eine Norm des objektiven Rechts identifizierbar sein, die auf den geregelten Sachverhalt anwendbar und nach dem in ihr enthaltenen Entscheidungsprogramm auch dem Schutz des klagenden Dritten zu dienen bestimmt ist (BVerwGE 111, 354 = NJW 2001, 909 m.w.N.). Die Klagebefugnis setzt voraus, dass die Behörde diese Norm entweder nicht oder aber unter Vernachlässigung der Rechte des Dritten angewandt hat. Regelmäßig vermitteln nur Vorschriften des materiellen Rechts Drittschutz; zu Verfahrensrechten → Rn. 181.

c) Verpflichtungs- und allgemeine Leistungsklagen. Bei Verpflichtungsklagen 130
muss der Kläger Tatsachen vorbringen, aus denen sich ein **Anspruch auf Erlass des VA** ergeben kann. Seine Ausführungen müssen das Gericht in den Stand versetzen, eine öffentlich-rechtliche Norm aufzufinden, die zum Erlass eines VA mit dem erstrebten Inhalt berechtigt und auch der Berücksichtigung der Rechte oder Interessen des jeweiligen Klägers dient (stRspr., z.B. BVerwGE 130, 138 = DVBl. 2008, 518 = NVwZ 2008, 561; Buchh 310 § 42 Abs. 2 VwGO Nr. 7 S. 12; Buchh 451.74 § 7 KHG Nr. 1 S. 3 Buchh 451.74 § 18 KHG Nr. 6 S. 9; BVerwGE 104, 115, 118 zu verlangten Planänderungen).

Diese Voraussetzungen gelten auch für Klagen auf behördliches **Einschreiten** 131
gegen Gefahren oder Störungen durch Dritte, die regelmäßig ebenfalls den Erlass eines VA voraussetzen. Das Begehren des Klägers muss zu einer öffentlich-rechtlichen Norm passen, welche die verlangte Leistung (das Einschreiten in der konkreten Form) in ihrer Rechtsfolge ausweist und nach dem in ihr enthaltenen Entscheidungsprogramm auch dem Schutz gerade des klagenden Dritten zu dienen bestimmt ist (stRspr., BVerwG NJW 1988, 1228 zur wasserrechtlichen Planfeststellung; BVerwGE 82, 246, 248 f. zur luftverkehrsrechtlichen Genehmigung; ferner: BVerwGE 81, 329, 330; 75, 147, 154; 68, 241, 242; 54, 99, 100; 44, 1, 3; 36, 192, 199; 18, 154, 157).

Allgemeine Leistungsklagen, die ebenso wie Verpflichtungsklagen an das Erfor- 132
dernis einer Klagebefugnis gebunden sind (Rn. 74), unterscheiden sich nicht prinzipiell von der Situation der Verpflichtungsklage. Der Kläger muss Tatsachen vortragen, aus denen sich ein eigener Anspruch auf ein Tun, Dulden oder Unterlassen ergeben kann. Dazu bedarf es als Anspruchsgrundlage einer Norm mit der entsprechenden Rechtsfolge und einem den Kläger schützenden Entscheidungsprogramm.

4. Ausschluss von Rechten

a) Präklusion. Eine Verletzung von Rechten ist nicht möglich, wenn die seinem 133
Bestehen zugrunde liegenden Tatsachen nicht geltend gemacht werden können. Bestimmungen sehen vor, dass nicht fristgemäßes Vorbringens in einem förmlichen Verwaltungs- oder Planungsverfahren weder bei der behördlichen Entscheidung noch im Verwaltungsprozess zum Gegenstand der Entscheidungsfindung werden dürfen. Es handelt sich um eine materielle Präklusion, die einen schon in der Zulässigkeit zu berücksichtigenden Rechtsverlust nach sich zieht (vgl. § 73 IV 3 VwVfG; § 10 III 3 BImSchG; § 17 IV FStrG; § 17 Nr. 5 S. 1 WaStrG; § 20 II 1 AEG; § 10 IV 1 LuftVG; § 64 I Nr. 3 BNatSchG 2009). Zu einem Sonderfall der Präklusion vgl. § 47 IIa (→ § 47 Rn. 50).

§ 42 Teil I. Gerichtsverfassung

134 **b) Verwirkung.** Die Klagebefugnis ist zu verneinen, wenn das geltend gemachte materielle Recht verwirkt ist oder sonst rechtsmissbräuchlich ausgeübt wird (→ vor § 40 Rn. 41 ff.). Ist Eigentum rechtsmissbräuchlich erworben worden, etwa nur in seiner Funktion als Sperrgrundstück, so darf eine hierauf gegründete Klagebefugnis abgesprochen werden (BVerwGE 112, 135, 137 = Buchh 310 § 42 Abs. 2 VwGO Nr. 10 S. 21 f.).

135 **c) Tatbestandswirkung von VA.** Schließlich kann die Geltendmachung von Rechten offensichtlich ausgeschlossen sein, weil sie bereits in einem früheren Verwaltungsverfahren bestandskräftig verneint oder abschließend beschieden worden sind. Hauptanwendungsfall sind **gestufte Verwaltungsverfahren**, in denen ein Projekt aufgrund von „konsekutiven" VA (KS § 42 Rn. 53) zugelassen wird. Dazu rechnen Teilgenehmigungen (BVerwGE 104, 36, 40; 80, 207, 215; 61, 256, 274), Vorbescheide (z. B. §§ 8, 11 BImSchG, § 7b AtG, § 52 IIb BBergG) sowie abschließende Entscheidungen in vorausgegangenen Verfahrensabschnitten (Raumordnungsverfahren, Linienbestimmungen) und auch vorangegangene Anlagen(voll)genehmigungen, in denen die Rechte behandelt worden sind oder hätten geltend gemacht werden können (Ey § 42 Rn. 109 ff.; KS § 42 Rn. 53). Bei **qualitativen** Änderungen der Altanlage kann die Betroffenheit von Rechten insgesamt neu zu prüfen sein.

IV. Entsprechende Anwendungen

136 Nach stRspr. des BVerwG und der Instanzgerichte enthält § 42 II einen allgemeingültigen Rechtsgedanken, der auf **alle Klage- und Antragsarten** der VwGO zu übertragen ist. Das betrifft die allgemeine Leistungsklage (Rn. 74) sowie die Feststellungsklage (→ § 43 Rn. 62) und die Fortsetzungsfeststellungsklage, bei der die Klagebefugnis bis zur Erledigung bestanden haben muss (→ § 113 Rn. 76). Im Normenkontrollverfahren sieht § 47 II 1 das Erfordernis einer nach § 42 II abgelehnten **Antragsbefugnis** vor (→ § 47 Rn. 33), und auch in den Verfahren auf Gewährung vorläufigen Rechtsschutzes wird § 42 II zur Konkretisierung der Antragsbefugnis als einer besonderen Sachentscheidungsvoraussetzung herangezogen (→ § 80 Rn. 43, → § 123 Rn. 10).

137 Im Vorverfahren nach §§ 68 ff. ist eine **Widerspruchsbefugnis** des „Beschwerten" (§ 70 I) erforderlich, die dem Maßstab des § 42 II genügt (NdsOVG DVBl. 2008, 1391). Zwar erfolgt im Vorverfahren eine Überprüfung auch der Zweckmäßigkeit, sodass der Widerspruch begründet ist, wenn der VA zweckwidrig ist. Dem Vorschaltcharakter des Vorverfahrens als SUV trägt es aber nur Rechnung, wenn der Kläger auch in seinen Rechten verletzt sein kann (vgl. BayVGH NVwZ 1994, 716, 717; 2001, 339, 340; NKVwGO § 42 Rn. 377). Für **Verwaltungsverfahren** genügt hingegen eine verringerte Verfahrensbefugnis i. S. einer bloßen rechtlichen Betroffenheit (KR § 22 Rn. 44 f; S/B/S § 22 Rn. 63).

V. Beispiele für Drittschutz (alphabetisch)

1. Baurecht

138 Das Baurecht fungiert von jeher, wie mit Recht betont wird, als **Referenzgebiet** der Drittschutzdogmatik (S/S-A/P § 42 Abs. 2 Rn. 110 m. w. N.). Ausgangspunkt ist der Horizontalkonflikt zwischen räumlich unmittelbar benachbarten Privatpersonen, also

Anfechtungs- und Verpflichtungsklage **§ 42**

der sog. Nachbarstreit. Die unüberschaubare Kasuistik kreist um zwei Fragenbereiche: zum einen, wer als „Nachbar" in Betracht kommt, zum anderen, welche Normen Drittschutz vermitteln.

a) Nachbarbegriff und Schutznormen. Als **Nachbarn** i.S. der baurechtlichen 139 Schutznormen wird der Personenkreis bezeichnet, der durch eine Baugenehmigung in Rechten verletzt sein kann. Das waren nach früher h.M. ausschließlich **dinglich Berechtigte**, wobei dem Grundstückseigentümer u.a. Wohnungseigentümer, Erbbauberechtigte Nießbraucher, durch Vormerkung gesicherte Grundstückskäufer und Miteigentümer gleichgestellt wurden (S/S-A/P § 42 Abs. 2 Rn. 143 m.w.N.). Durch die Rspr. ist heute geklärt, dass das Besitzrecht des **Mieters** an der gemieteten Wohnung und des **Pächters** Eigentum im Sinne des Art. 14 I 1 GG ist (BVerfGE 89, 1 = NJW 1993, 2035 [Mieter]; BVerwGE 133, 118 = NVwZ 2009, 1047; 105, 178, 180 [Pächter]).

Wer im Einzelfall Nachbar ist und welche Reichweite die Schutzwirkung der in 140 Rede stehenden Norm entfaltet, ist durch Auslegung zu ermitteln. Die Rspr. hat im Baurecht ein hochdifferenziertes **System nachbarschützender Normen** entfaltet (S/S-A/P § 42 Abs. 2 Rn. 114 ff.). Drittschutz kann sich danach aus Normen des Bauplanungs- oder Bauordnungsrechts und aus dem Gebot der Rücksichtnahme ergeben; inwieweit daneben heute die zunächst bejahten Ansprüche unmittelbar aus Art. 14 I GG möglich sind, ist ungeklärt.

Eine anzuerkennende Klagebefugnis des Nachbarn kann **entfallen**, wenn der Bau- 141 herr eine verbindliche Erklärung abgibt, von der ihm erteilten Baugenehmigung nur in einer Weise Gebrauch zu machen, die eine Verletzung der Rechte des Nachbarn ausschließt (etwa die Baugenehmigung nicht auszunutzen, vgl. BVerwG Buchh 310 § 42 VwGO Nr. 213; Beschl. v. 11.1. 2006 – 4 B 80.05).

b) Bauplanungs- und Bauordnungsrecht. Im **Bauplanungsrecht** geben Dritt- 142 schutz die Festsetzungen über die **Art** der baulichen Nutzung (§§ 2 ff. BauNVO) sowie Festsetzungen zum Schutz vor schädlichen Umwelteinwirkungen (§ 9 I Nr. 23 BauGB; BVerwG NJW 1989, 467) sowie Regelungen über die offene Bauweise (KS § 42 Rn. 99 m.w.N.). Festsetzungen über **Maß und Bauweise** (§§ 16–23 BauNVO) sind nach der Rspr. dagegen grds. nicht nachbarschützend, können im Einzelfall einen drittschützenden Gehalt insoweit aufweisen, wie sie private Belange schützen sollen. **§ 31 II BauGB** kommt nur insoweit nachbarschützende Wirkung zu, als von einer nachbarschützenden Norm Befreiung erteilt wird. Im **unbeplanten Innenbereich** vermittelt § 34 I BauGB über das Gebot der Rücksichtnahme hinaus (Rn. 144) keine nachbarschützende Wirkung, weil es an der Abgrenzbarkeit des geschützten Personenkreises fehlt. Im **Außenbereich** kann sich der nach § 35 I BauGB privilegierte Nachbar dann gegen ein Bauvorhaben zur Wehr setzen, wenn dieses die weitere Nutzung seiner Privilegierung infrage stellen oder erheblich beeinträchtigen würde. Diese Rspr. ist durch die Anerkennung des Gebots der Rücksichtnahme teilweise obsolet geworden (S/S-A/P § 42 Abs. 2 Rn. 120).

Welchen Nachbarschutz **bauordnungsrechtliche Vorschriften** gewähren, be- 143 stimmt das jeweilige Landesrecht, zu dem sich eine vielfältige Kasuistik dazu herausgebildet hat, was im konkreten Horizontalverhältnis subjektiviert werden soll. Als drittschützend in Betracht kommen die Vorschriften über Bauwich bzw. Abstandsflächen, feuer- und gesundheitspolizeiliche Normen und Regelungen über die Anordnung von Garagen und Stellplätzen. Keine solche Wirkung wird Regelungen der Baugestaltung (Verunstaltungsverbot) zugestanden.

§ 42   Teil I. Gerichtsverfassung

144   **c) Gebot der Rücksichtnahme.** Im Einzelfall kann aus dem objektiv-rechtlichen **Gebot der Rücksichtnahme** ein Nachbarschutz abzuleiten sein (grundlegend BVerwGE 52, 122 = NJW 1978, 62; NVwZ 1987, 409; S/S-A/P § 42 Abs. 2 Rn. 117). Eine positivrechtliche Ausprägung des Rücksichtnahmegebots ist § 15 BauNVO. Das Rücksichtnahmegebot erfordert eine einzelfallbezogene Abwägung zwischen den schutzwürdigen Interessen des Bauherrn und denen seiner Umgebung unter Zumutbarkeitsgesichtspunkten. Es stellt damit ein Korrektiv dar für solche Fälle, in denen ein i. Ü. baurechtlich zulässiges Vorhaben die Umgebung schwer beeinträchtigen würde. Es muss in qualifizierter und zugleich individualisierter Weise auf schutzwürdige Interessen eines erkennbar abgegrenzten Kreises Dritter Rücksicht zu nehmen sein (BVerwGE 82, 343 = NJW 1990, 1192; 67, 334 = NJW 1984, 138; 52, 122 = NJW 1978, 62). Um das Gebot nicht zu einer allgemeinen Billigkeitsklausel auszuweiten, verlangt die Rspr., dass das Betroffensein wegen der gegebenen Umstände handgreiflich ist (Einzelheiten S/S-A/P § 42 Abs. 2 Rn. 125 ff.).

145   **d) Nachbarschutz aus Art. 14 GG.** Für Nachbarschutz **unmittelbar aus Art. 14 I GG** ist heute grds. kein Raum mehr (BVerwGE 89, 69). Soweit ein Bauvorhaben nicht unmittelbar auf Grundeigentum zugreift, verbleibt es bei den drittschützenden Normen des Baurechts: Diese bestimmen Inhalt und Schranken des Eigentums grds. abschließend dergestalt, dass weitergehende Ansprüche aus Art. 14 GG ausgeschlossen sind. Offen ist, inwieweit daneben der in Extremsituationen früher zugelassene Rückgriff auf Art. 14 GG in Betracht kommt (vgl. BVerwGE 32, 173 = NJW 1969, 1787; 36, 248; 44, 244 = NJW 1974, 811; 50, 282 = NJW 1976, 1987: bei nachhaltiger Veränderung der Grundstückssituation und schwerer und unerträglicher Betroffenheit des Nachbarn).

2. Bergrecht

146   Im Bergrecht ist eine Entwicklung hin zu einem sich verstärkenden Schutz des Oberflächeneigentümers erfolgt, die durch eine norminterne Wirkung (Rn. 119) des Art. 14 I GG ausgelöst worden ist (BVerwGE 81, 329 = NVwZ 1989, 1157; 74, 315, 327). Heute ist eine **bergrechtliche Betriebsplanzulassung** verwaltungsgerichtlicher Drittanfechtung zugänglich, soweit die zuständige Behörde ihrer Entscheidung auch Normen mit nachbarschützender Wirkung zugrunde zu legen hat, gleichgültig aus welcher Regelungsmaterie diese stammen. § 48 II 1 BBergG entfaltet schon bei der **Zulassung eines Rahmenbetriebsplans** für einen Tagebau drittschützende Wirkung zugunsten der Eigentümer, deren Grundstücke für den Tagebau unmittelbar in Anspruch genommen werden sollen. Die Zulassung des Rahmenbetriebsplans enthält die Feststellung, dass die beabsichtigte Gewinnung von Kohle nicht aus überwiegenden öffentlichen Interessen, also auch nicht unter Berücksichtigung des Eigentumsschutzes, zu beschränken oder zu untersagen ist. Diese Feststellung belastet den Kläger und stellt auch eine ihm gegenüber wirksame rechtliche Regelung dar. Daraus resultiert zwangsläufig die Möglichkeit einer Rechtsverletzung (BVerwGE 126, 205 = NVwZ 2006, 1173; Aufgabe von BVerwG Buchh 406.27 § 55 BBergG Nr. 3).

147   Durch die Unanfechtbarkeit eines später ergangenen **Sonderbetriebsplanes** i. S. v. § 52 II Nr. 2 BBergG entfällt weder das Rechtsschutzbedürfnis noch die Klagebefugnis für die Anfechtung des vorausgegangenen Planfeststellungsbeschlusses (BVerwG ZfB 2006, 156). § 55 Abs. 1 Satz 1 Nr. 3 BBergG erfasst Gefahren für Leben und Gesundheit Dritter außerhalb des Betriebs, ohne danach zu differenzieren, ob die Gefahr unmittelbar oder mittelbar durch den Betrieb herbeigeführt wird (BVerwG, Urt. v. 29. 4. 2010 – 7 C 18.09).

3. Einschreiten gegen, Anspruch auf

Jeder Anspruch auf Einschreiten gegen eine Gefahrenlage setzt eine Norm voraus, deren Rechtsfolge die angegangene Stelle zu der verlangten Maßnahme ermächtigt. Hat diese Norm nicht aus sich heraus drittschützenden Charakter zugunsten des Klägers, was durch Auslegung zu bestimmen ist, kommt es – wie beim Abwägungsgebot – darauf an, ob bei der Anwendung der Norm zumindest auch auf Rechte, schutzwürdiger Rechtsgüter oder geschützte Belange des Klägers Bedacht zu nehmen ist (vgl. grundlegend für eine Bauordnungsbehörde: BVerwGE 11, 95, 96 f.; NVwZ 1992, 878; ferner NJW 2003, 601). 148

Auch die **polizeirechtliche Generalklausel** entfaltet Drittschutz, sofern Gefahren für die privaten Rechte eines Betroffenen bestehen (Rn. 115). Ob der polizeiliche Schutz subsidiär oder das Entschließungsermessen auf Null reduziert ist, sind davon zu unterscheidende weitere Fragen. 149

Ob dem Nachbarn bei der Verletzung einer nachbarschützenden Vorschrift durch einen **Schwarzbau** ein im Wege einer Ermessensreduzierung auf Null gebundener Anspruch auf behördliches Einschreiten zusteht, entscheidet sich grds. nach Landesbaurecht (BVerwG NVwZ 1988, 824). Jeder Nachbaranspruch auf Einschreiten gegen **bestandsgeschützte bauliche Anlagen** durch die Bauaufsichtsbehörde setzt das Vorliegen der qualifizierten tatbestandlichen Voraussetzungen der Ermächtigungsgrundlage voraus, also eine Erforderlichkeit zur Abwehr von Gefahren für Leben und Gesundheit oder von unzumutbaren Belästigungen, und zudem eine Reduzierung des der Behörde zusätzlich eingeräumten Entschließungsermessens auf Null zugunsten des betroffenen Nachbarn. 150

Im **Immissionsschutzrecht** ist die Rechtsgrundlage für ein aufsichtliches Einschreiten umstritten. Es kommen § 52 I BImSchG (Landmann/Rohmer, BImSchG, § 52 Rn. 20), § 17 I BImSchG oder die polizeirechtliche Generalklausel in Betracht (Jarass, BImSchG, § 52 Rn. 6). 151

4. Fachplanung

a) Drittschutz des Abwägungsgebotes. Das fachplanerische Abwägungsgebot (vgl. z.B. § 18 S. 2 AEG; § 8 I LuftVG; § 17 FStrG) hat drittschützenden Charakter hinsichtlich solcher privaten Belange, die für die Abwägung erheblich sind. (BVerwGE 107, 215 = NJW 1999, 592). Für die Klagebefugnis reicht es aus, dass der Kläger Tatsachen vorträgt, die eine fehlerhafte Behandlung seiner Belange in der Abwägung als möglich erscheinen lassen (zum Planfeststellungsrecht: BVerwGE 48, 56, 66; Buchh 442.40 § 8 LuftVG Nr. 22; zu § 1 VI BauGB und § 47 II 1 VwGO: BVerwGE 107, 215). Nicht erforderlich ist, dass die eigenen Belange des Klägers ihrerseits zugleich subjektive Rechte darstellen (BVerwG UPR 2010, 147 = DVBl. 2010, 519). 152

Die **Abwägungsbeachtlichkeit** beschränkt sich auf solche Betroffenheiten, die erstens mehr als geringfügig, zweitens in ihrem Eintritt zumindest wahrscheinlich und drittens – dies vor allem – für die planende Stelle bei der Entscheidung über den Plan als abwägungsbeachtlich erkennbar sind (BVerwG, Beschl. v. 23.11.2009 – 4 BN 49.09, Rn. 3) 153

b) Mittelbar betroffene und eigentumsbetroffene Nachbarn. In stRspr. vertritt das BVerwG die Auffassung, dass der nur **mittelbar von einem Planvorhaben Betroffene** lediglich eine eingeschränkte gerichtliche Überprüfung der planerischen Abwägung verlangen kann (grundlegend BVerwGE 48, 56, 65 ff.; ferner NVwZ 154

§ 42 Teil I. Gerichtsverfassung

2007, 462). Das aus dem planungsrechtlichen Abwägungsgebot folgende Recht auf gerechte Abwägung bezieht sich auf die eigenen Belange des Betroffenen. Dieser hat einen Anspruch auf ordnungsgemäße Abwägung seiner Belange mit entgegenstehenden anderen Belangen; er hat indes keinen Anspruch darauf, dass die Planung insgesamt und in jeder Hinsicht auf einer fehlerfreien Abwägung beruht. Dementsprechend kann er eine gerichtliche Abwägungskontrolle lediglich hinsichtlich seiner eigenen Belange und – wegen der insoweit bestehenden Wechselbeziehung (BVerwGE 125, 116, 205) – der ihnen gegenübergestellten, für das Vorhaben streitenden Belange verlangen.

155 Ob **andere** gegen das Vorhaben sprechende **Belange** ordnungsgemäß berücksichtigt worden sind, ist demgegenüber angesichts der grds. Ausrichtung des verwaltungsgerichtlichen Rechtsschutzes auf den Schutz subjektiv-rechtlicher Rechtspositionen nicht Gegenstand der gerichtlichen Abwägungskontrolle. Eine gewisse Ausdehnung mag die Kontrolle lediglich in der Weise erfahren, dass gleichgerichtete Interessen wie z. B. die Lärmschutzbelange benachbarter Anlieger, die sinnvollerweise nur einheitlich mit den entsprechenden Belangen eines Klägers gewichtet werden können, in die Prüfung einzubeziehen sind.

156 Eine Ausnahme vom Grundsatz dergestalt eingeschränkter gerichtlicher Abwägungskontrolle gilt allein für den durch die Planung **unmittelbar in seinem Eigentumsrecht Betroffenen.** Auf das Eigentum darf durch einen Planfeststellungsbeschluss nur dann mit enteignender Vorwirkung zugegriffen werden, wenn dies zum Wohl der Allgemeinheit erforderlich ist (Art. 14 III GG). Da rechtswidriges Handeln dem Gemeinwohl nicht zu dienen vermag, braucht der unmittelbar betroffene Eigentümer nur eine in jeder Hinsicht rechtmäßige Enteignung hinzunehmen und kann dementsprechend eine gerichtliche Vollprüfung des mit enteignender Vorwirkung ausgestatteten Planfeststellungsbeschlusses verlangen (BVerwGE 67, 74, 76 f.; DVBl. 2005, 913 = NVwZ 2005, 810 zur Klagebefugnis von Miterben bei Betroffenheit durch enteignungsrechtliche Vorwirkung).

157 **c) Kassation und Schutzauflagen.** Eine behauptete Beeinträchtigung, die Gegenstand einer Schutzauflage sein kann, führt nur dann zu einer Aufhebung eines Planfeststellungsbeschlusses, wenn sich die als notwendig erweisende Schutzmaßnahme auf der Grundlage der planerischen Gesamtkonzeption als abwägungserheblich ansehen lässt (BVerwGE 84, 31, 44; 56, 110, 132 f.). Erst wenn ein derartiger Zusammenhang immerhin als möglich erscheint, ist eine Beeinträchtigung, die Gegenstand einer Schutzauflage sein kann, geeignet, zu einer Aufhebung des gesamten Planfeststellungsbeschlusses zu führen, und begründet deswegen eine auf Kassation gerichtete Klagebefugnis.

158 **d) Klagen von Gemeinden.** In der Rspr. des BVerwG ist geklärt, dass zur **Planungshoheit** der Gemeinde (Art. 28 II GG) nicht nur das Recht gehört, Bauleitpläne aufzustellen, zu ändern oder aufzuheben, sondern auch ein Abwehranspruch gegen Baumaßnahmen, die ihren planerischen Festsetzungen widersprechen (BVerwG Buchh 406.11 § 1 BBauG Nr. 23 = BRS 38 Nr. 155).

159 Eine Klagebefugnis aus der kommunalen **Finanzhoheit** kann sich auch in solchen Fällen ergeben, in denen die Gemeinde zwar nicht selbst Adressat des VA ist, wenn von diesem ihr gegenüber jedoch unmittelbare Rechtswirkungen ausgehen können (BVerwG, Beschl. v. 30.7. 2004 – 5 B 68.04; Buchh 310 § 42 Abs. 2 VwGO Nr. 11; BVerwGE 74, 84, 86). Eine Klagebefugnis unter diesem Gesichtspunkt der Finanzhoheit kommt ferner in Betracht, wenn eine anderweitige hoheitliche Maßnahme notwendig dazu führt, dass dem kommunalen Selbstverwaltungsträger finanzielle Folge-

Anfechtungs- und Verpflichtungsklage § 42

lasten entstehen, und diese finanziellen Belastungen einen erheblichen Umfang erreichen können (BVerwGE 74, 84, 90, 93; s. a. Buchh 406.11 § 2 BBauG Nr. 25).

Für das **Fachplanungsrecht** hat das BVerwG die rechtliche Bedeutung der verfas- 160 sungsrechtlich geschützten kommunalen Finanzhoheit dahin konkretisiert, dass in den Fällen, in denen eine Gemeinde dem von ihr beanstandeten Fachplanungsvorhaben eine Beeinträchtigung ihrer Finanzhoheit entgegensetzt, die Berücksichtigung eines solchen Vortrags als abwägungserheblich jedenfalls die Darlegung und den Nachweis voraussetzt, dass der finanzielle Spielraum der Gemeinde nachhaltig in nicht mehr zu bewältigender und hinzunehmender Weise eingeengt wird (BVerwG Buchh 442.09 § 18 AEG Nr. 27). Als Mindestvoraussetzung für die Möglichkeit einer die Klagebefugnis vermittelnden Beeinträchtigung der kommunalen Finanzhoheit ist damit geklärt, dass ein qualifizierter Ursachenzusammenhang im Sinne einer notwendigen Folge zwischen der anzugreifenden, Dritte betreffenden Maßnahme und den finanziellen Interessen des Selbstverwaltungsträgers bestehen muss und die möglichen finanziellen Auswirkungen ein nicht mehr zu bewältigendes Maß erreichen müssen (s. a. Vallendar UPR 2003, 41, 44).

e) Ausländische Grenznachbarn. Ausländische Grenznachbarn einschließlich der 161 Grenzgemeinden eines Nachbarstaates, die sich vor deutschen VG gegen die Genehmigung der Öffnung eines auf Bundesgebiet gelegenen, grenznahen ehemaligen Militärflugplatzes für die zivile Nutzung (Konversion) zur Wehr setzen und die durch den Flugbetrieb ausgelösten grenzüberschreitenden Lärmimmissionen abwehren wollen, sind grds. klagebefugt (BVerwGE 132, 152 = NVwZ 2009, 452). Die Klagebefugnis folgt aus der drittschützenden Wirkung des fachplanerischen Abwägungsgebots, das bei Erteilung der luftverkehrsrechtlichen Konversionsgenehmigung zu beachten ist und vor der deutschen Staatsgrenze nicht Halt macht. Dasselbe gilt für potenziell grenzüberschreitende Wirkungen einer atomrechtlichen Genehmigung (BVerwGE 75, 285 = NJW 1987, 1154).

5. Immissionsschutzrecht

Die immissionsschutzrechtliche Vorsorgepflicht (§ 5 I 1 Nr. 2 BImSchG) entfaltet 162 grds. keine Schutzwirkung zugunsten Drittbetroffener, weil sie nicht der Begünstigung eines individualisierbaren Personenkreises, sondern dem Interesse der Allgemeinheit daran dient, potenziell schädlichen Umwelteinwirkungen generell und auch dort vorzubeugen, wo sie keinem bestimmten Emittenten zuzuordnen sind (BVerwGE 119, 329, 332 m.w.N.). An der in die nationalstaatliche Verfahrensautonomie fallenden Regelung des Drittschutzes ändert die Richtlinie 1999/30/EG des Rates vom 22. April 1999 grds. nichts (BVerwG NVwZ 2008, 789).

Bei der Prüfung, ob eine **Windenergieanlage** im Außenbereich zu genehmigen 163 ist, hat die nach dem Immissionsschutzrecht zuständige Behörde nach § 6 I Nr. 2 BImSchG auch der Frage nachzugehen, ob andere öffentlich-rechtliche Vorschriften der Anlage nicht entgegenstehen. Dies schließt eine umfassende bauplanungsrechtliche Prüfung ein (BVerwG BauR 2009, 223). Zum Drittschutz durch Bauplanungsrecht vgl. Rn. 142 ff., zu Anspruchsgrundlagen für ein Einschreiten vgl. Rn. 151.

6. Krankenhausfinanzierung

Soweit § 8 II 2 KHG Maßstäbe für die behördliche Auswahlentscheidung über die 164 Krankenhausplanaufnahme von Krankenhäusern aufstellt, handelt es sich um eine drittschützende Norm (h. M.; BVerwGE 132, 64 = NVwZ 2009, 525). Voraussetzung ist allerdings, dass der Kläger für sich selbst eine Planaufnahme erstreiten und nicht (etwa) lediglich eine Planherausnahme abwehren will (vgl. auch NRWOVG DVBl. 2010, 267).

7. Organklagen, verwaltungsrechtliche

165 Stehen sich ein Funktionsträger und ein Organ derselben juristischen Person des öffentlichen Rechts in einem Rechtsstreit gegenüber, handelt es sich um ein Organstreitverfahren, das die Rechtsbeziehungen innerhalb der juristischen Person zum Gegenstand hat. Die Rspr. räumt bei derartigen internen Kompetenzkonflikten rechtlich unselbstständigen Organen oder Funktionsträgern unter bestimmten Voraussetzungen die Befugnis ein, sich gegen die Verletzung ihnen organisationsrechtlich zugewiesener Zuständigkeiten zu wehren (grundlegend BVerwG NJW 1992, 927; 1974, 1836; BWVGH VBlBW 1990, 192 f.).

166 Mit der Zuordnung einer **Kompetenz** an ein Organ bzw. an einen Funktionsträger ist i. d. R. nicht zugleich auch eine Rechtsposition verbunden, die wie ein subjektives Recht verteidigt werden könnte. Kompetenzen sind grds. nicht zum Schutz „eigennützig" wahrzunehmender Interessen der kompetenzbelehnten Stelle zugewiesen, sondern dienen zunächst allein dem einwandfreien und reibungslosen Funktionsablauf innerhalb der Gesamtorganisation und damit der Wahrung öffentlicher Interessen (vgl. Wißmann ZBR 2003, 303; Schoch JuS 1987, 786; Papier DÖV 1980, 294; s. a. SächsOVG NJW 1999, 2832 f.; LKV 1997, 229 f.; BlnOVG LKV 2000, 453 ff.).

167 Ausnahmsweise ist jedoch dann von der Übertragung einklagbarer Wahrnehmungsbefugnisse auszugehen, wenn dies entweder vom Gesetzgeber ausdrücklich normiert worden ist oder wenn im Wege der Auslegung der jeweils einschlägigen Bestimmungen ermittelt werden kann, dass einem **Funktionsträger als „Kontrastorgan"** zum Zwecke einer sachgerechten Ausbalancierung innerkörperschaftlicher Interessengegensätze die eigenständige Bewältigung bestimmter Aufgabenbereiche zugewiesen wird und er insofern mit einer wehrfähigen Rechtsposition von der Rechtsordnung ausgestattet worden ist (BWVGH NVwZ-RR 2005, 266 = DÖV 2004, 668; BWVGH DÖV 1997, 693 f.; DVBl. 1978, 274 f.; RhPfOVG NVwZ-RR 2000, 375 f.; NVwZ-RR 1995, 411 ff.; BlnOVG LKV 2000, 453 ff.; S/S-A/P § 42 Rn. 95; Ey § 40 Rn. 15).

168 Die Klagebefugnis ist **entsprechend § 42 II** zu beurteilen (BVerwG NVwZ 1985, 112 f.; Buchh 415.1 Nr. 80). Sie liegt bei Bejahung der Beteiligungsfähigkeit regelmäßig vor.

169 In diesem Sinne können sich **Ratsmitglieder** einzeln oder als Fraktionsgemeinschaft im Wege der Klage nur dagegen wehren, dass sie an Ratsentscheidungen nicht nach Maßgabe der einschlägigen landesrechtlichen Regelungen beteiligt worden sind. Sie können sich grds. (sofern das Landesrecht nichts anderes vorsieht) nicht unter Berufung auf das Demokratieprinzip gegen die Verletzung von Kompetenzen wenden, die allein dem Rat als Gemeindeorgan zustehen (BVerwG NVwZ-RR 1994, 352; vgl. auch BVerfGE 88, 63, 68 f.).

8. Straßen- und Straßenverkehrsrecht

170 Das Ermessen der Straßenverkehrsbehörde, nach § 45 I 2 Nr. 3, Ib Nr. 5 i. V. m. IX StVO zum Schutz der Wohnbevölkerung gegen **Lärm und Abgase** einzuschreiten, kann sich zu einer entsprechenden Pflicht verdichten, wenn eine Verletzung der geschützten Rechte des Einzelnen in Betracht kommt und von verkehrsbeschränkenden

Anfechtungs- und Verpflichtungsklage § 42

Maßnahmen nicht wegen der damit verbundenen Nachteile abgesehen werden muss (BVerwGE 74, 234, 236, 239 f.). Der Anwohner kann verlangen, dass die Behörde Maßnahmen ergreift, die eine Verletzung seiner Gesundheit durch straßenverkehrsbedingte Überschreitungen des Immissionsgrenzwerts nach Maßgabe des Verursacheranteils und des Grundsatzes der Verhältnismäßigkeit ausschließen (BVerwGE 128, 278 = NVwZ 2007, 695 zum Schutz vor einer Überschreitung des Immissionsgrenzwerts für Feinstaubpartikel).

Ein Klagerecht bei (Teil)**Einziehung einer öffentlichen Straße** besteht nicht. 171
Die Straßengesetze gewähren keinen Rechtsanspruch auf die Aufrechterhaltung des Gemeingebrauchs an öffentlichen Straßen. Das gilt auch für Busunternehmen, denen weder aus dem PBefG noch aus Grundrechten ein solches Recht zusteht. Die Benutzungsmöglichkeit gehört zu den tatsächlich günstigen (äußeren) Gegebenheiten, die (wie bloße Umsatz- und Gewinnchancen) ungeachtet ihrer erheblichen Bedeutung für den Unternehmenserfolg nicht dem geschützten Bestand des einzelnen Unternehmens zugeordnet sind (BVerfG BayVBl. 2009, 690 = NVwZ 2009, 1426; BVerfGE 68, 193, 223; BWVGH, Beschl. v. 19.12. 2007 – 5 S 1612/07).

9. Telekommunikationsrecht

a) Frequenzzuteilung. § 55 V 1 TKG hat drittschützende Wirkung zugunsten ei- 172
nes **Zuteilungspetenten**. Diese Vorschrift folgt der gemeinschaftsrechtlichen Vorgabe in Art. 5 II Richtlinie 2002/20/EG v. 7.3. 2002. Danach besteht auf eine Frequenzzuteilung ein subjektives öffentliches Recht, sofern die Voraussetzungen erfüllt sind und keine Hinderungsgründe entgegenstehen. Mit dem Erlass einer Vergabeanordnung nach § 55 IX 1 TKG wandelt sich der Anspruch auf Einzelzuteilung in einen Anspruch auf chancengleiche Teilnahme am Vergabeverfahren um. Ein Unternehmen, das einen noch nicht bestandskräftig abgelehnten Antrag auf Einzelzuteilung bzw. Verlängerung von Funkfrequenzen gestellt hat, ist im Hinblick auf die in den geltend gemachten Zuteilungsanspruch eingreifende Vergabeanordnung klagebefugt. Das gilt jedenfalls dann, wenn deren Rechtswidrigkeit nach dem Klagevorbringen zumindest möglich erscheint und auch der behauptete Anspruch auf eine Einzelzuteilung der Frequenzen ohne die umstrittene Vergabeanordnung nicht nach jeder Betrachtungsweise ausgeschlossen ist. Klagebefugt ist das Unternehmen auch in Bezug auf die Auswahl des Versteigerungsverfahrens und die Festlegung von Vergabebedingungen (BVerwG NVwZ 2009, 1558 = DVBl. 2009, 1520).

b) Privatrechtsgestaltende VA. Die (vorläufige) **Entgeltgenehmigung** der Bun- 173
desnetzagentur hat wegen ihrer privatrechtsgestaltenden Wirkung grundrechtsverkürzenden Charakter und unterliegt dem Vorbehalt des Gesetzes. Die Klagebefugnis des Betreibers eines Telekommunikationsnetzes ergibt sich daraus, dass der Bescheid das privatrechtliche Rechtsverhältnis zwischen ihm und den Entgeltberechtigten unmittelbar gestaltet. Die privatrechtsgestaltende Wirkung und das Verbot, andere als die genehmigten Entgelte zu verlangen (§ 29 TKG), beeinträchtigen den Entgeltschuldner in eigenen Rechten; sie verwehren es dem aus einer Entgeltgenehmigung Begünstigten auch, auf Entgeltteile nachträglich zu verzichten (BVerwGE 117, 93, 95 = NVwZ 2003, 605; MMR 2009, 531 und 785 = CR 2010, 97; Buchh 442.066 § 24 TKG Nr. 2).

Die **Anordnung der Zusammenschaltung** von Telekommunikationsnetzen 174
i. S. v. § 37 I 1 TKG hat eine doppelte Wirkung: Sie begründet gegenüber den Netzbetreibern ein öffentlich-rechtliches Rechtsverhältnis, das die Verpflichtung zur Zusammenschaltung zu den festgelegten Bedingungen zum Gegenstand hat. Für die

Adressaten handelt es sich um einen belastenden VA, der mit der Anfechtungsklage angegriffen werden kann. Die Anordnung begründet aber ferner zwischen den beteiligten Netzbetreibern ein privatrechtliches Schuldverhältnis (BVerwGE 120, 263, 267 = NVwZ 2004, 1365). Die damit verbundene Gestaltung der privatrechtlichen **Zusammenschaltungsverhältnisse**, die etwa dazu verpflichtet, den genehmigten Beitrag zu leisten, kann das vom GG gewährleistete Recht verletzen, den Inhalt von vertraglichen Vereinbarungen mit der Gegenseite frei von staatlicher Bindung auszuhandeln (BVerwG Buchh 442.066 § 24 TKG Nr. 2; BVerwGE 117, 93, 95 f.; 100, 230, 233 f.).

175 Dem Beteiligten eines bestehenden Zusammenschaltungsverhältnisses fehlt jedoch die Klagebefugnis für die Anfechtungsklage gegen die **Erklärung zum Grundangebot** i. S. v. § 6 V Netzzugangsverordnung. Die Erklärung zum Grundangebot bezieht sich auf künftige, nicht auf bestehende Zusammenschaltungsverhältnisse (BVerwG Buchh 442.066 § 24 TKG Nr. 3).

176 Zudem verneint das BVerwG eine Klagebefugnis gegen VA, die **nicht unmittelbar regelnd** in die bestehende Privatrechtslage eingreifen, sondern noch der privatrechtlichen Umsetzung durch den Adressaten bedürfen, und zwar ungeachtet der absehbaren Auswirkungen des VA auf die Vertragspartner des Adressaten (BVerwGE 95, 133, 134; 75, 147, 149; 72, 226, 230; 30, 135, 136 f.).

177 **c) Regulierungsverpflichtungen.** Erlegt die Bundesnetzagentur einem Unternehmen, das auf einem nach §§ 10, 11 TKG regulierungsbedürftigen Markt über beträchtliche Marktmacht verfügt, Regulierungsverpflichtungen nach § 9 II, § 13 I, III TKG auf, so kann ein Wettbewerbsunternehmen klagebefugt sein mit dem Ziel, die Auferlegung weitergehender Regulierungsverpflichtungen zu erstreiten. Verpflichtungen zur Zugangsgewährung (§ 21 TKG), zur Herstellung von Transparenz (§ 20 TKG) und zur getrennten Rechnungsführung (§ 24 TKG) sind auch dem Schutz von Wettbewerbern zu dienen bestimmt (BVerwGE 130, 39 = NVwZ 2008, 575).

10. Vereinsverbote

178 Nach stRspr. des BVerwG ist zur Anfechtung des Verbots einer Vereinigung **nur die verbotene Vereinigung** befugt i. S. v. § 42 II, nicht hingegen ein Mitglied (vgl. BVerwG Buchh 402.45 VereinsG Nr. 45; Buchh 402.45 VereinsG Nrn. 34 und 39). Diese Rspr. bezieht sich auch auf nicht rechtsfähige Vereinigungen. **Einzelne Personen** können ein individuelles und damit nach § 42 II zulässiges Rechtsschutzbegehren jedenfalls dann verfolgen, wenn ihnen die Verbotsverfügung zugestellt wurde, soweit sie geltend machen, die Voraussetzungen einer Vereinigung lägen nicht vor (BVerwG Buchh 402.45 VereinsG Nr. 39).

11. Verkehrszeichen

179 Verkehrszeichen sind nach gesicherter Auffassung VA in der Form der **Allgemeinverfügung** i. S. des § 35 S. 2 VwVfG (BVerwG NJW 2004, 698; BVerwGE 97, 323, 326, 328 = NJW 1995, 1977). Richtet sich die Klage gegen eine Allgemeinverfügung, muss der Kläger geltend machen, durch sie in seinen Rechten nach § 42 II verletzt zu werden. Dies ist nur dann zu verneinen, wenn unter Zugrundelegung des (substanziierten) Vorbringens offensichtlich und eindeutig nach keiner Betrachtungsweise subjektive Rechte des Klägers verletzt sein können (BVerwG NJW 2004, 698; NVwZ 2001, 322). Das BVerwG hat im Zusammenhang mit einer gegen ein Verkehrszeichen gerichteten Klage ausdrücklich weitergehende Anforderungen – wie

eine Nachhaltigkeit oder Regelmäßigkeit der Rechtsverletzung – als mit Art. 19 IV GG nicht vereinbar abgelehnt (BVerwG NJW 2004, 698).

Die Klagebefugnis eines Verkehrsteilnehmers gegen ein Verkehrszeichen, mit dem er bereits **konfrontiert** worden ist, setzt nicht voraus, dass er von dem Verkehrszeichen nach seinen persönlichen Lebensumständen in einer gewissen Regelmäßigkeit oder Nachhaltigkeit tatsächlich betroffen wird (BVerwG NJW 2004, 698 = DVBl. 2004, 518). Die Frage, unter welchen Umständen eine **Betroffenheit** durch ein Verkehrszeichen zu bejahen ist, ist in der Rspr. der Obergerichte umstritten (Nachw. bei BVerfG NJW 2009, 3642) und vom BVerwG noch nicht geklärt (vgl. BVerwGE 102, 316, 318 f.). Zutreffender Ansicht nach setzt die – eine Anfechtungsfrist auslösende – erstmalige Betroffenheit die subjektive Möglichkeit der Kenntnisnahme voraus (vgl. dazu BVerwGE 59, 221, 226); die Aufstellung eines Verkehrszeichens als öffentliche Bekanntgabe genügt nicht (ebenso NdsOVG NJW 2007, 1609, 1610; HmbOVG NZV 2003, S. 351; HessVGH NZV 2008, S. 423; a.A. BWVGH VBlBW 2009, 468). **180**

12. Verwaltungsverfahrensrecht

a) Relative Verfahrensrechte. Vorschriften des Verwaltungsverfahrens vermitteln die Klagebefugnis im Allgemeinen nur, wenn der Kläger geltend machen kann, dass sich der von ihm gerügte Verfahrensfehler auf seine **materiellrechtliche Position** konkret ausgewirkt haben kann (BVerwGE 75, 285, 291; 61, 256, 275 = NJW 1983, 1507, 1508). Derartige relative Verfahrensrechte, die nicht um ihrer selbst willen einzuhalten sind, kommt eine dienende Funktion für die Gewährleistung eines materiell richtigen Ergebnisses zu (BVerwGE 105, 348, 354 = NVwZ 1998, 395; 92, 258, 261 = NVwZ 1993, 890). Damit muss jedenfalls auch die Verletzung materieller drittschützender Vorschriften geltend gemacht werden. Allerdings sind die Anforderungen an die substanziierte Darlegung materieller drittschützender Rechte geringer. Direkter Rechtsschutz gegen fehlerhafte Verfahrenshandlungen selbst ist i.d.R. nach → § 44a S. 1 ausgeschlossen. **181**

Auch das **Planfeststellungsrecht** wird von relativen Verfahrensanforderungen geprägt. Dort können formelle Mängel eines Planfeststellungsbeschlusses oder einer Plangenehmigung nur dann zu seiner Aufhebung führen, wenn die konkrete Möglichkeit besteht, dass ohne den Verfahrensfehler anders entschieden worden wäre (BVerwGE 100, 238, 252 = NVwZ 1996, 788; NVwZ 2002, 1103, 1105). Im Planungsrecht sind die Vorschriften über die **Wahl der richtigen Verfahrensart** (Genehmigungsverfahren – Planfeststellungsverfahren u.ä.) nicht drittschützend (BVerwG NJW 1983, 92; NVwZ 1991, 369). **182**

Ähnliches gilt bislang bei Fehlern im Bereich der **Umweltverträglichkeitsprüfung**, denen in der Rspr. des BVerwG die Qualität absolut zu beachtender und von jedem Betroffenen zu rügender Anforderungen – soweit es auf diese Frage ankam – abgesprochen worden ist (BVerwGE 122, 207 = NVwZ 2005, 242; 100, 238, 252 = NVwZ 1996, 788; a.A. RhPfOVG NVwZ 2005, 1205). Hier dürfte das europäische Gemeinschaftsrecht jedoch auf Dauer für einen gewissen Wandel sorgen (vgl. Spieth/Appel NuR 2009, 312; Ziekow NVwZ 2005, 263, 266; Scheidler NVwZ 2005, 863, 866). In diesem Sinne wird die Wahl einer die gebotene UVP ermöglichenden Verfahrensart als drittschützend angesehen (NdsOVG NVwZ-RR 2009, 412). **183**

Aus der **Hinzuziehung** zu einem Verwaltungsverfahren und der hierdurch erlangten Beteiligtenstellung vermag eine Verletzung in eigenen Rechten ebenso wenig zu folgen wie durch die Beiladung in einem späteren Verwaltungsprozess (BVerwG, Beschl. v. 30.7. 2004 – 5 B 68.04; KR § 13 Rn. 31). **184**

§ 42 Teil I. Gerichtsverfassung

185 **b) Absolute Verfahrensrechte.** Demgegenüber gewähren sog. **absolute Verfahrensrechte** selbst subjektiv-öffentliche Rechte und vermitteln eine Klagebefugnis unabhängig von einer Verletzung des materiellen Rechts (S/S-A/P § 42 Abs. 2 Rn. 73; Dolde NVwZ 2006, 857, 858). Hierzu zählen bestimmte Verfahrensrechte im Enteignungsverfahren, die Beteiligung der Gemeinden im luftverkehrsrechtlichen Genehmigungsverfahren (BVerwGE 81, 95, 106 = NVwZ 1989, 750; Buchh 442.40 § 6 LuftVG Nr. 11, 21, 27) und die Beteiligungsrechte anerkannter Naturschutzverbände (BVerwGE 87, 62 = NVwZ 1991, 162). Ob Letzteres nach Einführung der Verbandsklage durch das Umwelt-Rechtsbehelfsgesetz weiterhin zutrifft, ist derzeit offen.

186 Ein Bescheid kann einen **Dritten** allein wegen der **Begründung** in seinen Rechten verletzen, sofern der Dritte die Begründung als diskriminierend ansehen oder infolge der Begründung mit mittelbaren beruflichen Nachteilen rechnen muss (RhPfOVG NVwZ 1987, 425).

187 **c) Atom- und Immissionsschutzrecht.** Auch die Verfahrensvorschriften des Atomrechts und des förmlichen immissionsschutzrechtlichen Genehmigungsverfahrens sind relativ einzuordnen (BVerwGE 85, 368, 374 = NVwZ 1991, 369; 61, 256, 275 = NJW 1981, 1393; 60, 297, 307 = NJW 1981, 359; 53, 30, 59 f.; HessVGH NVwZ-RR 1997, 406; Jarass, BImSchG, § 10 Rn. 130 ff.). Ein potenziell vom Betrieb einer kerntechnischen Anlage Betroffener kann sich ebenfalls auf Verfahrensfehler berufen, wenn dieser sich auf seine materiellrechtliche Position ausgewirkt haben kann (BVerwGE 88, 286, 288; vgl. ferner BVerfGE 77, 381, 406; 53, 30, 71 ff.).

188 Drittschützend sind Verfahrensvorschriften des Atomrechts allerdings insofern, als sie im Interesse eines **effektiven Grundrechtsschutzes** den potenziell von dem Vorhaben betroffenen Dritten die Möglichkeit eröffnen, ihre Belange schon im Genehmigungsverfahren vorzubringen und sich damit – wenn nötig – schon frühzeitig gegen die Anlage zur Wehr zu setzen (BVerwG Buchh 451.171 AtG Nr. 14).

189 Unterbleibt ein Genehmigungsverfahren, so steht Betroffenen die Möglichkeit offen, aufsichtliches Einschreiten gegen die ungenehmigten Errichtungsarbeiten oder den ungenehmigten Betrieb zu verlangen. Der Anspruch auf ermessensfehlerfreie Entscheidung über ein aufsichtliches Einschreiten ist – gleichsam spiegelbildlich zum Recht auf Verfahrensbeteiligung – Ausfluss der materiellrechtlichen Rechtsposition (§ 7 II Nr. 3 AtG), um derentwillen das Gesetz dem Dritten die Möglichkeit gibt, sich am Genehmigungsverfahren zu beteiligen. Der Schutz, den § 19 III 2 Nr. 3 AtG beim Fehlen einer Genehmigung vermittelt, reicht ebenso weit wie der Schutz, den § 7 II Nr. 3 AtG selbst durch das Erfordernis eines Genehmigungsverfahrens vermittelt.

13. Wohnungsrecht

190 **a) Wohnungsbindungsrecht.** Die **Genehmigungs- und Zustimmungsvorbehalte** des öffentlichen Wohnungsbindungsrechts zwischen der Behörde und dem Verfügungsberechtigten der Wohnung dienen überwiegend nicht den Interessen der Mieter einer öffentlich geförderten Wohnung. So kann der Mieter mangels Rechtsverletzung nicht anfechten:

191 – die nach § 8a IV 1 WoBindG erteilte Genehmigung der Erhöhung der **Durchschnittsmiete** (BVerwGE 72, 226, 229 = NJW 1986, 1628). Die Vorschrift dient nur dem öffentlichen Interesse an der Einhaltung der Mietpreisvorschriften und nicht dem Ausgleich mit den Verschonungsinteressen des Mieters am Maßstab der Kostenmiete (§ 8a I bis III WoBindG; str.)

– die einem Verfügungsberechtigten unter der Auflage von Ausgleichszahlungen erteilte **Freistellung** von den gesetzlichen Verwendungsbeschränkungen der Wohnung (BVerwG NJW 1987, 2829) 192
– die dem Vermieter nach § 9 VII 3 WoBindG erteilte behördliche Genehmigung einer Vereinbarung über die **Mitvermietung** von Einrichtungs- und Ausstattungsgegenständen (BVerwG NJW 1985, 1913 = NVwZ 1985, 652). 193

Hingegen hat das Zustimmungserfordernis bei **Modernisierung** im öffentlich geförderten sozialen Wohnungsbau nach § 11 VII 1 der II. BV nicht nur objektive Kontrollfunktion, sondern dient auch dem Schutz der Mieter und der Erhaltung eines angemessenen Preisniveaus (BVerwG NJW-RR 1990, 849, 850; Buchh 454.42 II. BV Nr. 7). 194

b) Wohnungseigentumsrecht. Das Sondereigentum nach dem WEG schließt öffentlich-rechtliche Nachbarschutzansprüche innerhalb der Gemeinschaft der Miteigentümer ein und desselben Grundstücks aus (BVerwG NVwZ 1998, 954; 1989, 250). Dies gilt auch gegenüber Störungen, die bei der baulichen Nutzung des gemeinschaftlichen Grundstücks nicht von einem Mitglied der Eigentümergemeinschaft, sondern von einem außenstehenden Dritten verursacht werden. Denn der Ausschluss öffentlich-rechtlicher Schutzansprüche durch das WEG ist nicht personen-, sondern grundstücksbezogen. Zwar können ergänzend die Normen des öffentlichen Baurechts gelten, und zwar unabhängig davon, ob sie ihrerseits unmittelbar nachbarschützend sind oder nicht (BVerwG NVwZ 1989, 250). Aber auch dann besteht kein selbstständiger öffentlich-rechtlicher Abwehranspruch; vielmehr beruht die Anwendbarkeit des öffentlichen Rechts auch in diesem Fall auf der privatrechtlichen Vorschrift des § 15 III WEG. Ein Wohnungseigentümer kann daher bei der Anfechtung der einem Miteigentümer erteilten Baugenehmigung für im Teileigentum desselben Hauses stehende Räume keine Verletzung in einem subjektiv-öffentlichen Recht geltend machen. 195

§ 43 [Feststellungsklage]

(1) Durch Klage kann die Feststellung des Bestehens oder Nichtbestehens eines Rechtsverhältnisses oder der Nichtigkeit eines Verwaltungsakts begehrt werden, wenn der Kläger ein berechtigtes Interesse an der baldigen Feststellung hat (Feststellungsklage).

(2) ¹Die Feststellung kann nicht begehrt werden, soweit der Kläger seine Rechte durch Gestaltungs- oder Leistungsklage verfolgen kann oder hätte verfolgen können. ²Dies gilt nicht, wenn die Feststellung der Nichtigkeit eines Verwaltungsakts begehrt wird.

Übersicht

	Rn.
I. Vorbemerkungen	1
1. Funktion und Arten der allgemeinen Feststellungsklage	1
2. Besondere Feststellungsklagen und -ansprüche	4
II. Feststellung von Rechtsverhältnissen	7
1. Begriff des Rechtsverhältnisses	7
2. Begründung und Bestehen von Rechtsverhältnissen	11
a) Voraussetzungen des Entstehens	11
b) Konkretheit des Sachverhalts	13
c) Aktualität des Sachverhalts	14

3. Die Beteiligten an Rechtsverhältnissen 18
4. Beispiele für Rechtsverhältnisse 21
   a) Streit um Erlaubnisvorbehalte 21
   b) Die „Damokles"-Rechtsprechung 23
   c) Organklagen 25
5. Abgrenzungen 26
   a) Begründungsakte 27
   b) Eigenschaften 28
   c) Hinweise und Auskünfte 30
   d) Ungültigkeit von Normen 31
   e) Vorfragen und Begründungselemente 32
   f) Auslegung des Begehrens 35
6. Negative Feststellungsklage 36
III. Nichtigkeitsfeststellung 37
1. Bedeutung 37
2. Zulässigkeit und Begründetheit 39
3. Weitere Rechtsschutzmöglichkeiten 40
IV. Besondere Sachurteilsvoraussetzungen 42
1. Subsidiarität (II) 42
   a) Zwecke des Subsidiaritätsgebots 43
   b) Einschränkende Auslegung 44
   c) Feststellungsklagen gegen die öffentliche Hand ... 47
   d) Verhältnis zur Fortsetzungsfeststellungsklage 49
2. Feststellungsinteresse (I) 51
   a) Ausprägung als Rechtsschutzbedürfnis 51
   b) Verhältnis den Fallgruppen nach § 113 I 4 52
   c) bei gegenwärtigen Rechtsverhältnissen 53
   d) bei vergangenen Rechtsverhältnissen 54
   e) bei zukünftigen Rechtsverhältnissen 58
   f) in Drittrechtsverhältnissen 60
   g) bei der Nichtigkeitsfeststellungsklage 61
3. Klagebefugnis (§ 42 II analog) 62
4. Beurteilungszeitpunkte 63
V. Feststellungsklagen bei normativem Unrecht 64
1. Abwehr von Verhaltenspflichten und -hindernissen ... 64
2. Auffangfunktion bei Rechtsverletzungen 67
3. Ansprüche auf Normerlass 73
4. Rechtsschutz durch richterliche Lückenschließung 75

I. Vorbemerkungen

1. Funktion und Arten der allgemeinen Feststellungsklage

1 Für die Feststellungsklage trifft die VwGO eine **eigenständige Vollregelung.** Sie schließt jeden Rückgriff auf die Feststellungsklage nach § 256 I ZPO aus. Dies erklärt sich wiederum aus dem Erfordernis einer prozessualen Behandlung von VA: Es musste klargestellt werden, inwieweit VA Gegenstand einer Feststellungsklage sein können (I) und wie ihr Verhältnis zu den Verwaltungsaktsklagen des § 42 ist (II; → vor § 40 Rn. 50). § 43 regelt zu diesem Zweck die Rechtsschutzformen und einige Zulässigkeitsvoraussetzungen der sog. „allgemeinen" Feststellungsklage.

2 § 43 I stellt **drei Arten** der gerichtlichen Feststellung zur Verfügung: die Feststellung des Bestehens eines Rechtsverhältnisses (positive Feststellungsklage) oder seines Nichtbestehens (negative Feststellungsklage) oder der Nichtigkeit eines VA (Nichtigkeitsfeststellungsklage). Damit beschränkt der Gesetzgeber die – im Rahmen dieser

Vorschrift statthaften – gerichtlichen Feststellungen gezielt und in einer durch Analogie u. ä. grds. nicht erweiterbaren Weise. Nicht feststellungsfähig ist daher etwa die Rechtswidrigkeit von VA.

Die Feststellungsklage hat in der Praxis einen **bedeutenden Platz** errungen. Das 3
ist zum Teil gerade ihrer Konturenarmut zuzuschreiben, die sich aber ebenso häufig in der kleinen Münze der Anpassungsfähigkeit auszahlt. Vor allem beim **ergänzenden Schutz gegen Rechtsverletzungen** durch die öffentliche Hand lässt sie gerichtliche Wertungen ohne Eingriff in die Kernbereiche von Verwaltung und Normgeber zu (Rn. 67 ff.). Die Befürchtung, eine beklagte Körperschaft könne sich einem nicht vollstreckungsfähigen Feststellungsurteil (→ § 168 Rn. 4) entziehen, ist nicht berechtigt (näher Rn. 71).

2. Besondere Feststellungsklagen und -aussprüche

Freilich sind neben § 43 besondere Feststellungsklagen vorgesehen. Die Klage auf 4
Feststellung der Nichtigkeit bestimmter untergesetzlicher **Rechtsnormen** ist in →
§ 47 eigenständig geregelt. Im vorläufigen Rechtsschutz kann das Bestehen der aufschiebenden Wirkung von Widerspruch und Anfechtungsklage analog § 80 V I begehrt werden (→ § 80 Rn. 63). Sonstige vorläufige Feststellungen sind nach § 123 I statthaft. Nach Erledigung von Anfechtungs- und Verpflichtungsklagen ist die **Fortsetzungsfeststellungsklage** nach § 113 I 4 statthaft (nach a. A. handelt es sich um eine „kupierte" Anfechtungsklage → § 113 Rn. 56 ff.).

Anwendbar ist über § 173 S. 1 auch die **Zwischenfeststellungsklage** nach 5
§ 256 II ZPO. Sie ist auf die Klärung eines für die Entscheidung vorgreiflichen Rechtsverhältnisses gerichtet, das im Laufe des Prozesses streitig geworden ist (BVerwG Buchh 310 § 173 VwGO Nr. 1). Sie ist ein prozessuales Mittel, um in bestimmten Fällen (etwa ergänzend zu einer Leistungsklage) zu einer umfassenden Klärung und Bereinigung der hinter dem ursprünglichen Klaganspruch stehenden Rechtsbeziehungen zu kommen (S/S-A/P § 173 Rn. 190; ThP § 256 Rn. 26 ff.; BLAH § 256 Rn. 108 ff.). Für eine Zwischenfeststellungsklage bedarf es keines besonderen Feststellungsinteresses (BVerwGE 80, 170; BGHZ 69, 37, 41 = NJW 1977, 1637). Str. ist die Frage, ob eine Zwischenfeststellungsklage von einem Beigeladenen erhoben werden kann (abl. KS § 43 Rn. 33; RO § 43 Rn. 30).

Bei rechtsfehlerhaften **Planungsentscheidungen** (Planfeststellungsbeschlüssen, 6
Plangenehmigungen) ist in der Rspr. des BVerwG die Feststellung ihrer Rechtswidrigkeit und Nichtvollziehbarkeit entwickelt worden, wenn der Mangel durch ein (ergebnisoffenes) ergänzendes Verfahren zu beheben ist (BVerwGE 100, 370 = DVBl. 1996, 907; DVBl. 1997, 717; KS § 113 Rn. 108).

II. Feststellung von Rechtsverhältnissen

1. Begriff des Rechtsverhältnisses

Gemäß § 43 I kann durch Klage die Feststellung des Bestehens oder Nichtbestehens 7
eines Rechtsverhältnisses begehrt werden. Damit beschreibt I die **Rechtsschutzformvoraussetzungen** (→ vor § 40 Rn. 47) der positiven und negativen Typen der Feststellungsklage. Ihr Kern ist das „Rechtsverhältnis", wobei in § 43 mitgedacht ist, dass es sich um ein solches des öffentlichen Rechts i. S. des § 40 I 1 handelt. Nach der stRspr. des BVerwG sind unter einem (öffentlich-rechtlichen) **Rechtsverhältnis** die rechtlichen Beziehungen zu verstehen, die sich aus einem konkreten Sachverhalt auf-

grund einer öffentlich-rechtlichen Norm für das Verhältnis von (natürlichen oder juristischen) Personen untereinander oder einer Person zu einer Sache ergeben (BVerwG NVwZ 2007, 1311; NVwZ-RR 2004, 253; BVerwGE 100, 262, 264; 89, 327, 329 f.).

8 Eine **rechtliche Beziehung** besteht in Rechten oder Pflichten. Diese haben ihre Grundlage in Rechtsnormen (d. h. nicht etwa bloß sozialen Beziehungen), auf deren Rechtsfolgenseite vorgesehen ist, dass eine Person etwas Bestimmtes tun muss, kann oder darf oder nicht zu tun braucht (BVerwG Buchh 418.32 AMG Nr. 37; Buchh 310 § 42 VwGO Nr. 123 S. 28, 33). Im Grunde geht es stets um **subjektive Rechte**, sodass die Begriffe der Berechtigung und der Verpflichtung lediglich die aufeinander bezogenen, kehrseitigen Perspektiven des Berechtigten oder Verpflichteten kennzeichnen (vgl. NKVwGO § 43 Rn. 9 ff.). Freilich wird bei Handlungsermächtigungen der Verwaltung nicht von subjektiven Rechten gesprochen (KS § 43 Rn. 11 m. w. N.).

9 Auch **einzelne (Nicht)Berechtigungen** oder Verpflichtungen können Gegenstand einer Feststellungsklage sein, wenn sie hinreichend konkretisiert sind (BVerwG, Beschl. v. 20. 5. 2009 – 7 B 56.08, Rn. 4; Buchh 310 § 43 VwGO Nr. 97). Für die Statthaftigkeit der Feststellungsklage ist es dann ohne Bedeutung, ob das Recht oder die Pflicht eingebettet ist in ein übergeordnetes Rechtsband mit einer Vielzahl von Berechtigungen und Verpflichtungen. Feststellungsfähig sind zwar auch diese **umfassenden Rechtsverhältnisse** selbst, gleichgültig, ob sie auf punktuelle oder kurzfristige Abwicklung (wie meist bei Bewilligungsbescheiden oder Verträgen) oder auf Dauer angelegt sind (wie Dienstverhältnisse oder Sonderstatusverhältnisse). Im Streit stehen aber regelmäßig nur einzelne Rechte und Pflichten, auch wenn sie umfassenderen Rechtsbeziehungen entspringen. Nicht um Rechtsverhältnisse handelt es sich bei jenen Rechtsakten, die zur Begründung eines Rechtsverhältnisses führen (Rn. 27).

10 Die Formulierung des § 43 I darf nicht zu dem Missverständnis verleiten, das Rechtsverhältnis selbst sei Rechtsschutzformvoraussetzung der Feststellungsklage. Diese ist vielmehr dann statthaft, wenn ein aktueller **Meinungsstreit** über die Anwendbarkeit einer Norm auf einen Sachverhalt – und mithin daraus erwachsende Rechte oder Pflichten – besteht (BVerwG NVwZ 2009, 1170; 2005, 465). Die Streitigkeit ist kein begründendes Merkmal des Rechtsverhältnisses (vgl. KS § 43 Rn. 11 a. E.), sondern Voraussetzung für die **Statthaftigkeit** der Klageart. Feststellungen zu Bestehen oder Nichtbestehen des Rechtsverhältnisses dürfen getroffen werden, sobald es behauptet und bestritten wird, sei es, dass die Verwaltung Rechtsfolgen gegenüber einer Person geltend macht, sei es, dass ihr gegenüber Rechte in Anspruch genommen werden (stRspr., BVerwGE 12, 261, 262; NJW 1967, 797). Das Rechtsverhältnis selbst ist der Gegenstand der gerichtlichen Klärung – also der Begründetheitsprüfung – und nicht deren Voraussetzung. Insoweit besteht eine Parallele zu den Verwaltungsaktsklagen, für deren Zulässigkeit nach § 42 II genügt, dass ein Recht geltend gemacht wird (→ § 42 Rn. 123).

2. Begründung und Bestehen von Rechtsverhältnissen

11 a) Voraussetzungen des Entstehens. Nach verbreiteter Formulierung kann ein Rechtsverhältnis durch Norm, VA und Vertrag begründet werden, teilweise wird ein Entstehen auch durch Realakte angenommen (Nachw. bei NKVwGO § 43 Rn. 14). Das ist missverständlich. Ein Rechtsverhältnis entsteht ausschließlich durch die spezifische **Zuordnung eines Sachverhalts zu einer Norm**, genauer: aus einem Sachverhalt, der die Voraussetzungsseite einer rechte- oder pflichtenbegründenden Norm des öffentlichen Rechts ausfüllt. Ohne einen Sachverhalt können nur abstrakte Rechtsfragen behandelt werden; ohne eine Norm lassen sich nur Tatsachenfeststellungen treffen.

Daher formuliert die Rspr. mit Recht, dass sich ein allgemeiner Rechtszustand zu einem bestimmten Rechtsverhältnis verdichtet, wenn es um die **Anwendung von Rechtsnormen auf einen bestimmten Sachverhalt** geht (Buchh 310 § 43 VwGO Nr. 97; BVerwGE 71, 318; 38, 346 m.w.N.). Die Rechtsbeziehungen müssen entweder durch die Norm selbst oder vermittels eines dem öffentlichen Recht zuzuordnenden Rechtsgeschäfts (VA, Vertrag) konkretisiert sein (BVerwG Buchh 310 § 42 VwGO Nr. 123 S. 28, 33). In diesem Sinne ist der VA eine autoritative Entscheidung über die Zuordnung eines Sachverhalts zu einer Norm des objektiven Rechts im Einzelfall (→ § 42 Rn. 5). Wenn bestritten wird, dass der VA ein Rechtsverhältnis darstellt, beruht dies auf einer unzulässigen Gleichsetzung seines Inhalts mit dem Vorgang seines Erlasses als Entstehungsbedingung. Dasselbe gilt für den Vertrag und seinen Abschluss und sonstige Begründungsakte (wie Wahlen), die zu einem Rechtsverhältnis führen. 12

b) Konkretheit des Sachverhalts. Die viel kritisierte Forderung, es müsse sich um einen **konkreten** – mindestens bereits überschaubaren – **Sachverhalt** handeln, ist der schlichte Hinweis auf die Notwendigkeit eines realen, nicht bloß erdachten Sachverhalts (KS § 43 Rn. 17 m.w.N.). Fiktive Sachverhalte werden beim Streit um künftige Rechtsverhältnisse akzeptiert, sofern ihr Eintreten hinreichend wahrscheinlich ist (Rn. 17). Orientiert man sich an der Realität des Sachverhalts, so kann Gegenstand der Feststellungsklage auch ein **bedingtes** Rechtsverhältnis sein, wenn die begründenden Tatsachen vorliegen und lediglich der Eintritt der Bedingung aussteht (BVerwGE 38, 346 m.w.N. = Buchh 232 § 123 BBG Nr. 8). 13

c) Aktualität des Sachverhalts. Nach der Aktualität der aus einem realen Sachverhalt abgeleiteten Rechte lassen sich vergangene, gegenwärtige und zukünftige Rechtsverhältnisse unterscheiden. Die Differenzierung zwischen gegenwärtigen und vergangenen Rechtsverhältnissen ist nicht daran auszurichten, ob der zugrunde liegende Sachverhalt in der Vergangenheit abgeschlossen bzw. erledigt ist. Entscheidend ist, ob aus ihm noch aktuell Rechte oder Pflichten in Anspruch genommen werden – ob also das Rechtsverhältnis erledigt ist. Ist der Streit über Rechte oder Pflichten beendet, handelt es sich um ein **vergangenes** Rechtsverhältnis, werden sie weiterhin behauptet oder bestritten, um ein **gegenwärtiges**, gleichgültig, ob der Sachverhalt ganz oder teilweise in der Vergangenheit liegt. So ist der Streit um eine Rückzahlungsverpflichtung aus abgewickeltem Vertrag gegenwärtig. 14

Auch **vergangene Rechtsverhältnisse** in diesem Sinne können nach ganz h.M. statthafter Gegenstand der Feststellungsklage sein (BVerwG NJW 1997, 2534: Feststellung der Rechtswidrigkeit des Einsatzes verdeckter Ermittler; ferner: BVerwGE 80, 355, 365; 80, 373, 376; DÖV 1985, 207; BWVGH NVwZ-RR 1991, 518; Hess-VGH NVwZ-RR 1997, 53; 1993, 483). Ihre Zulässigkeit stellt aber besondere Anforderungen an die Sachurteilsvoraussetzungen (→ Rn. 54). 15

Schwieriger liegen die Dinge bei **zukünftigen Rechtsverhältnissen**, die aufgrund eines in der Zukunft möglicherweise eintretenden Sachverhalts entstehen können. Im Zeitpunkt des Meinungsstreits fehlt damit ein aktueller Sachverhalt als Tatsachenbasis für Rechte und Pflichten. Hierauf bezogene – positive wie negative – Feststellungsklagen sind Formen vorbeugenden Rechtsschutzes. Sie unterliegen nicht nur qualifizierten Sachurteilsvoraussetzungen (Rn. 58 und → § 42 Rn. 77); schon 16 ihre Statthaftigkeit bedarf genauer Prüfung, um Feststellungsbegehren von einem Streit über abstrakte Rechtsfragen abzugrenzen.

17 Zum einen muss eine hinreichende **Wahrscheinlichkeit** bestehen, dass der behauptete normausfüllende Sachverhalt Realität gewinnen wird, d. h. bereits „überschaubar" ist (BVerwGE 77, 207). Das ist etwa dann der Fall, wenn der Kläger eine Handlung vorgenommen oder konkret vorbereitet hat und sich an der weiteren Realisierung durch eine von der Behörde behauptete Erlaubnispflicht gehindert sieht (BVerwG NVwZ 2008, 697), ebenso, wenn eine Behörde ein Einschreiten oder sonstige Maßnahmen bei Fortführung von Handlungen angekündigt hat. Das (künftige) Rechtsverhältnis ist aber zu verneinen, wenn die **Rechtslage** nicht absehbar ist, die im Zeitpunkt des Eintritts des behaupteten Sachverhalts voraussichtlich Geltung haben wird.

3. Die Beteiligten an Rechtsverhältnissen

18 Eine Rechtsbeziehung kann ausschließlich **zwischen Rechtssubjekten** (natürlichen und juristischen Personen des öffentlichen und des privaten Rechts) bestehen. Rechtsverhältnisse zwischen einer Person und einer **Sache**, deren Möglichkeit von der gängigen Definition suggeriert wird (Rn. 7), kann es nicht geben. Die rechtliche Zuordnung einer Sache an eine Person erfolgt stets mit Blick auf eine Dritten gegenüber eingeräumte Rechtsmacht, wenngleich die Dritten in den für die Zuordnung geltenden Vorschriften noch unbestimmt bleiben (wie bei Abwehrrechten, vgl. § 903 BGB).

19 Als **Bezugspersonen** eines Rechtsverhältnisses kommen der Normgeber, der Normadressat und (als Vollzugsbehörde) der Normanwender in Betracht. Im Regelfall eröffnet sich ein Rechtsverhältnis zwischen Normadressaten und Normanwender. Dagegen besteht im Regelfall kein Rechtsverhältnis zwischen Normadressat und Normgeber, da letzterer an der Umsetzung der Norm gegenüber dem Adressaten nicht beteiligt ist. Dies gilt auch für selbstvollziehende („self-executing") Normen, soweit Verwaltungsvollzug möglich ist. Auch dort stehen sich im Regelfall als alleinige Zuordnungssubjekte der Normadressat und der Normanwender gegenüber (BVerwG NVwZ 2007, 1311).

20 Zu unterscheiden sind die an dem streitigen Rechtsverhältnis – würde es bestehen – materiellrechtlich Beteiligten von den Prozessbeteiligten. Auch wenn es nach der Interessenlage oft der Fall sein wird, gehört es **nicht** zu den Rechtsschutzformvoraussetzungen, dass das zur Feststellung gestellte Rechtsverhältnis **unmittelbar zwischen den Hauptbeteiligten** des Feststellungsrechtsstreits bestehen. Nach der Rspr. des BVerwG kann auch die Feststellung eines Rechtsverhältnisses verlangt werden, das im Verhältnis zwischen einem **Dritten** und dem Kläger oder dem Beklagten bestehen soll (BVerwG NVwZ-RR 2005, 711 = DÖV 2005, 1007; DVBl. 1998, 49). Zusätzliche Anforderungen werden dann an die Qualität des Feststellungsinteresses gestellt (Rn. 60).

4. Beispiele für Rechtsverhältnisse

21 **a) Streit um Erlaubnisvorbehalte.** Ein **Erlaubnisvorbehalt** begründet ein Rechtsverhältnis zwischen demjenigen, der der Erlaubnis bedarf, und der für ihre Erteilung zuständigen Behörde. Im Streit um die Pflicht, eine Genehmigung einzuholen, ist es dem angeblich Verpflichteten nicht möglich, seinen Standpunkt im direkten Streit um eine Genehmigung zu verteidigen. Er kann daher das Nichtbestehen der Genehmigungsbedürftigkeit mithilfe der Feststellungsklage gerichtlich klären lassen.

Feststellungsklage **§ 43**

Hingegen bilden **Ge- und Verbotsnormen** des objektiven Rechts aus sich heraus, ohne jede behördliche Konkretisierung durch einen Umsetzungsakt, kein Rechtsverhältnis. Ob die Vorschriften beachtet werden, ist reine Rechtsfrage oder, wenn die Beantwortung von den Umständen abhängt, eine Tatfrage (BVerwGE 89, 327 = NVwZ 1993, 64 zu den Pflichten von Lebensmittelherstellern). 22

b) Die „Damokles"-Rechtsprechung. Ein feststellungsfähiges Rechtsverhältnis ist zu bejahen, wenn die Verwaltung mit der Drohung einer Strafanzeige Druck auf den Bürger ausübt, um ein bestimmtes, verwaltungsrechtlich relevantes Verhalten des Bürgers zu erzielen (BVerwGE 89, 327 = NVwZ 1993, 64; 31, 177 = NJW 1969, 1589). In diesem Fall ist die rechtliche Einstellung der Beteiligten zu einem bestimmten tatsächlich bestehenden Sachverhalt so eindeutig klargestellt und kundgetan. Ein schutzwürdiges Interesse an der Klärung hat der Betroffene daran, die Klärung in einem verwaltungsgerichtlichen Streitverfahren und nicht auf der Anklagebank zu erleben. Aber schon der Einfluss, den eine günstige Entscheidung auf die Beurteilung der strafrechtlichen Schuldfrage ausüben kann, rechtfertigt das Feststellungsbegehren (BVerwGE 31, 177 = NJW 1969, 1589). 23

Dasselbe gilt, wenn sich die Behörde verwaltungsrechtlicher Eingriffsbefugnisse gegenüber dem Bürger berühmt. Die Verhängung von **berufsrechtlichen Sanktionen** auf der Grundlage von Berufsgesetzen oder Berufsordnungen wegen eines Verstoßes gegen Berufspflichten begründet ein Rechtsverhältnis. Rechtsschutz kann unmittelbar gegen die Maßnahme selbst erlangt werden. Sind die Verstöße behauptet oder abgemahnt und Maßnahmen für den Fall der Zuwiderhandlung angedroht, ist ein feststellungsfähiges künftiges Rechtsverhältnis auf der Grundlage der jeweiligen Berufsbestimmungen zu bejahen (BVerwG NVwZ 2009, 1170; Buchh 310 § 43 VwGO Nr. 31; BVerwGE 77, 207). 24

c) Organklagen. Für verwaltungsrechtliche Organklagen steht die Feststellungsklage zur Verfügung, soweit keine Leistung verlangt wird. Die Beziehungen zwischen Organen und Organteilen von juristischen Personen des öffentlichen Rechts sind rechtlich geordnet und werden nach heute unangefochtener Ansicht als feststellungsfähige (Innen)Rechtsverhältnisse angesehen (KS § 43 Rn. 10 m.w.N.). Soweit Leistung verlangt werden kann (Zuleitung von Unterlagen, Redezeit usw.), greift der Grundsatz der Subsidiarität zugunsten der allgemeinen Leistungsklage ein (Rn. 42 ff.). 25

5. Abgrenzungen

Die Begrenzung der Feststellungsbefugnis auf die drei Fälle des § 43 I ist nicht logisch bedingt, sondern prozessrechtlich gewollt. Die Feststellung von Tatsachen und Eigenschaften, der Ungültigkeit von Normen oder der Rechtswidrigkeit von VA gehört zum Alltagsgeschäft der VG, das in den Gründen ihrer Entscheidung abzuhandeln ist (vgl. nur § 137 II zu den im „Urteil getroffenen tatsächlichen Feststellungen"). In einen Entscheidungssatz darf eine Feststellung aber nur aufgenommen werden, wenn das VG dazu ausdrücklich ermächtigt ist. Dies ist bei jeder Entwicklung einer „atypischen" Feststellungsklage (dazu KS § 43 Rn. 8g) zu bedenken. 26

a) Begründungsakte. Selbst keine Rechtsverhältnisse sind die Rechtshandlungen, die zur ihrer Herbeiführung erforderlich sind wie Wahlen und Ernennungen (zur Berufung von ehrenamtlichen Richtern → § 20 Rn. 1). Dasselbe gilt für Erlass- und Bekanntgabevorgänge von VA oder Normen. 27

§ 43

28 **b) Eigenschaften.** Die **Eigenschaften** einer Sache (Handwerkseigenschaft eines betriebenen Gewerbes) oder einer Person (gewerbe- oder waffenrechtliche Zuverlässigkeit) sind Tatsachenfeststellungen auch dann, wenn sie eine rechtliche Bewertung ausdrücken (BVerwGE 24, 355, 358 = NJW 1967, 72). So zielt die Frage, ob eine Stoffzubereitung als Arzneimittel anzusehen ist, darauf, ob abstrakt die tatbestandlichen Voraussetzungen einer gesetzlichen Definition erfüllt sind. Anders verhält es sich mit der Frage, ob bestimmte Stoffe unmittelbar an Verbraucher abgegeben werden dürfen. Damit geht es um die Klärung der aus einer bestimmten Norm sich ergebenden Rechte (BVerwG NVwZ-RR 2004, 253). Ist die Eigenschaft ein Status (etwa als Beamter), kann in Wahrheit das Bündel von Rechten und Pflichten im Streit stehen.

29 Eine **Gebietsmeldung** nach der FFH-Richtlinie ist (ebenso wie ihre Rücknahme) ein vorbereitender verwaltungsinterner Akt, der keine über mögliche Wirkungen der Veröffentlichung der Kommissionsliste hinausreichenden Rechtswirkungen herbeiführt (BVerwG Buchh 406.400 § 33 BNatSchG 2002 Nr. 1). Eine derartige Meldung begründet kein feststellungsfähiges Rechtsverhältnis zwischen dem meldenden Land und einem betroffenen Grundstückseigentümer (BVerwG NVwZ 2008, 1011).

30 **c) Hinweise und Auskünfte.** Kein Rechtsverhältnis bilden **Hinweise** und Auskünfte zur Rechtslage sowie die Auslegung von Rechtsnormen (BVerwG NVwZ 2009, 787; NVwZ-RR 2001, 483). Ihnen fehlt der konkrete Bezug zu einem aktuellen Sachverhalt. In Hinweisen, Warnungen oder Androhungen kann sich aber bereits der Streit um künftige Rechte oder Pflichten ankündigen.

31 **d) Ungültigkeit von Normen.** Die Gültigkeit einer Rechtsnorm ist kein Rechtsverhältnis; eine Klage mit dem alleinigen Ziel ihrer Nichtigkeitsfeststellung kann nicht auf § 43 gestützt werden, da eine solche Klage eine Umgehung des § 47 ermöglichen würde. Statthaft kann die Feststellungsklage sein, wenn mit ihr einzelne Rechte oder Pflichten unter Berufung auf die Nichtigkeit der zugrunde liegenden Norm bestritten werden. Eine Umgehung des § 47 ist anzunehmen, wenn die Klärung der Gültigkeit einer Rechtsnorm oder einer abstrakten Rechtsfrage aufgrund eines nur erdachten oder eines ungewissen künftigen Sachverhalts erreicht werden soll; in einem solchen Fall würde der Rechtsstreit nicht der Durchsetzung von konkreten Rechten der Beteiligten, sondern dazu dienen, Rechtsfragen gleichsam um ihrer selbst willen theoretisch zu lösen (BVerwG NJW 1983, 2208). Entsprechendes gilt für die Feststellung der Unanwendbarkeit einer Rechtsnorm wegen eines Verstoßes gegen Europarecht. Im Rahmen einer Klage nach § 43 kann allenfalls die Feststellung begehrt werden, dass wegen Ungültigkeit oder Unanwendbarkeit einer Rechtsnorm kein Rechtsverhältnis zu dem anderen Beteiligten begründet ist (BVerwG NVwZ 2007, 1311).

32 **e) Vorfragen und Begründungselemente.** Die Formulierung, die Klage dürfe sich nicht auf Vorfragen oder Elemente eines Rechtsverhältnisses beschränken, ist in dieser Allgemeinheit zirkulär. Gegenstand der Feststellungsklage können das Rechtsverhältnis als Ganzes wie auch einzelne selbstständige Teile des Rechtsverhältnisses sein (Rn. 9). Zielt die Feststellungsklage auf ein umfassenderes Rechtsverhältnis, können dessen Teile mithin durchaus selbstständig sein. Davon abzugrenzen sind bloße **Tatbestandsmerkmale**, von deren Vorliegen die Rechtsbeziehungen zwischen den Beteiligten abhängen (BVerwG NVwZ 2008, 1011; NVwZ-RR 2004, 253; BVerwGE 90, 220, 228 m.w.N.; KS § 43 Rn. 13).

So ist das (Nicht-)Bestehen einer ausländischen **Staatsangehörigkeit** als **Vorfrage** in asyl- und ausländerrechtlichen Verwaltungsstreitverfahren vor deutschen Gerichten kein feststellungsfähiges Rechtsverhältnis, sondern eine **Tatfrage**. Das gilt auch dann, wenn das VG keine Auskunft über den Status des Beteiligten von den ausländischen Behörden einholt, sondern sich seine Überzeugung unter Zugrundelegung des maßgebenden ausländischen Rechts sowie der ausländischen Rechtspraxis (§ 173 S. 1 VwGO i.V.m. § 293 ZPO) selbst bildet, denn Inhalt und Anwendung ausländischen Rechts sind dem Bereich der Tatsachenfeststellung zuzuordnen (BVerwG Buchh 428 § 2 VermG Nr. 40 S. 57, 59; Buchh 130 § 8 RuStAG Nr. 32 S. 4, 7 ff.; Buchh 130 § 8 RuStAG Nr. 48). 33

Schwierig kann die Abgrenzung zwischen Begründungselementen eines Bescheides und einem **feststellenden VA** sein (vgl. BVerwG NVwZ 2010, 133 = DVBl. 2010, 180). Durch feststellenden VA wird die materielle Rechtslage in Bezug auf einen Einzelfall verbindlich festgestellt, ohne dass ihre Änderung beabsichtigt ist. Ob eine behördliche Maßnahme als feststellender VA zu qualifizieren ist, ist bei mangelnder Eindeutigkeit im Wege der Auslegung zu ermitteln. 34

f) Auslegung des Begehrens. Auf Feststellung gerichtete Begehren sind auslegungsfähig (§ 88), besonders häufig aber auslegungsbedürftig. Dabei kann sich ergeben, dass sich hinter einem an sich unstatthaften Klageziel ein statthaftes Begehren verbirgt, das nur ungenau formuliert ist (Ey § 43 Rn. 15 f.). So kann der Antrag, die Unwirksamkeit einer Wahl festzustellen, als Vorfrage für das Bestehen eines durch die Wahl zustande gekommenen Rechtsverhältnisses sein. Vor allem in Drittrechtsverhältnissen (z.B. bei Subventionsbewilligungen und Konkurrentenklagen) ist die Bestimmung des streitigen Rechtsverhältnisses, um das es eigentlich geht, bedeutsam (BVerwGE 90, 112, 114; Ey § 40 Rn. 23; S/S-A/P § 43 Rn. 23). 35

6. Negative Feststellungsklage

Die sog. negative Feststellungsklage auf Nichtbestehen eines Rechtsverhältnisses hat keine eigenständige Bedeutung. Bestehen und Nichtbestehen entspricht prozessual Behaupten und Bestreiten, die als „Rollen" in jedem Feststellungsverfahren von den Beteiligten vertreten werden. § 43 ist dabei aus der Sicht des Klägers formuliert und meint **sein** Behaupten oder Bestreiten eines Rechtsverhältnisses, je nachdem, ob es vom Gegner bestritten oder behauptet wird. Da das ‚Nicht'bestehen nicht unmittelbar geprüft werden kann, prüft das Gericht stets, ob die Rechtsbehauptung jenes Beteiligten zutrifft, der das Bestehen behauptet. Trifft sie zu, ist die positive Feststellungsklage begründet, die negative Feststellungsklage unbegründet. 36

III. Nichtigkeitsfeststellung

1. Bedeutung

Als dritte Form der Feststellungsklage stellt I die Nichtigkeitsfeststellungsklage zur Verfügung. Der Streit, ob diese Möglichkeit als deklaratorisch oder konstitutiv zu deuten ist, bleibt müßig. Da nicht die Rechtswidrigkeit des VA, sondern seine Nichtigkeit, d.h. Wirkungslosigkeit von Anfang an, festgestellt werden soll, lässt sich die Nichtigkeitsfeststellung als besondere Form des Nichtbestehens einer durch den VA geschaffenen Rechte- und Pflichtenbeziehung deuten – freilich ohne, dass daraus etwas folgen würde. 37

§ 43   Teil I. Gerichtsverfassung

38   Die ausdrückliche Einräumung der Nichtigkeitsfeststellung trägt den Besonderheiten der **Fehlerfolgen** bei VA Rechnung. Anders als Normen sind VA bei Fehlerhaftigkeit regelmäßig nur rechtswidrig und – auf Anfechtungsklage hin – aufhebbar (§ 42 I, § 113 I). Bis zur Aufhebung sind sie wirksam, rechtlich beachtlich, können in Bestandskraft erwachsen und vollzogen oder vollstreckt werden. Demgegenüber meint die **Nichtigkeit** eines VA den Ausnahmefall, dass ein VA von einem besonders schweren und offensichtlichen Fehler betroffen und daher von Anfang an unwirksam ist (§ 44 i.V.m. § 43 III VwVfG). In diesem Fall scheidet sowohl eine Heilung nach § 45 VwVfG als auch die Unbeachtlichkeit des Fehlers i.S. des § 46 VwVfG und eine Umdeutung gemäß § 47 VwVfG aus.

2. Zulässigkeit und Begründetheit

39   Die **Rechtsschutzformvoraussetzungen** der Nichtigkeitsfeststellungsklage sind das Begehren auf Feststellung der Nichtigkeit eines VA durch das Gericht. Der Kläger muss einen VA behaupten, der äußere Wirksamkeit i.S.v. § 43 I VwVfG erlangt hat, also seinem Adressaten gegenüber bekannt gegeben worden ist (→ § 42 Rn. 15). Fehlt es schon hieran, ist also ein Nicht-VA im Streit, kann nur auf Feststellung des Nichtbestehens eines Rechtsverhältnisses geklagt werden (BVerwG NVwZ 1987, 330). Die Nichtigkeitsfeststellungsklage ist **begründet**, wenn der VA materiellrechtlich nichtig ist; Maßstab sind die Nichtigkeitsgründe des § 44 VwVfG (dazu Ziekow § 44 Rn. 4 ff.).

3. Weitere Rechtsschutzmöglichkeiten

40   Der Adressat eines nichtigen VA steht regelmäßig vor der schwierigen, aufgrund von Wertungsspielräumen oft kaum sicher zu entscheidenden Frage, ob der VA nur „schlicht" rechtswidrig oder bereits nichtig ist. Die h.M. lässt daher gegen nichtige VA zu Recht auch die **Anfechtungsklage** nach § 42 I zu (→ § 42 Rn. 20). Die weitere Möglichkeit, gemäß **§ 44 V VwVfG** eine Feststellung der Nichtigkeit des VA durch die Behörde zu beanspruchen, ist keinesfalls vorrangig, zumal sie prozessual mit der Verpflichtungsklage weiterzuverfolgen wäre, die gegenüber der Nichtigkeitsfeststellung durch das Gericht einen Umweg darstellt, für den i.a.R. kein Rechtsschutzbedürfnis besteht.

41   Anfechtungs- und Feststellungsklage können als **Haupt- und Hilfsantrag** kombiniert werden. Erweist sich der VA als nur rechtswidrig, darf das Gericht den Klageantrag in eine Anfechtungsklage umdeuten, sofern der Kläger ihn nicht auf eine Nichtigkeitsfeststellung beschränkt hat und die besondere SUV der Anfechtungsklage (Vorverfahren, Fristen) gewahrt sind. Lässt der Kläger die fristgerecht erhobene Anfechtungsklage später zugunsten der Feststellungsklage fallen, kann er nach Fristablauf nicht wieder zu ihr zurückkehren, falls das Gericht die Nichtigkeit des VA verneint (BVerwGE 84, 306, 313 f. = NJW 1990, 1804).

IV. Besondere Sachurteilsvoraussetzungen

1. Subsidiarität (II)

42   Die Feststellung kann nach II 1 nicht begehrt werden, soweit der Kläger seine Rechte durch Gestaltungs- oder Leistungsklage verfolgen kann oder hätte verfolgen können. Diese sog. Subsidiarität der Feststellungsklage nötigt den Kläger grds. dazu, seine Rechte vorrangig mit einem Anfechtungsantrag oder mit Verpflichtungs- bzw. allge-

Feststellungsklage **§ 43**

meinen Leistungsanträgen zu verfolgen (stRspr., BVerwG Buchh 449.7 § 52 SBG Nr. 5; zu Verfahren nach § 16 SBG Buchh 449.7 § 52 SBG Nr. 5). Zu den Merkmalen der Gestaltungs- und Leistungsklagen → vor § 40 Rn. 49).

a) Zwecke des Subsidiaritätsgebots. Allerdings wird die Subsidiaritätsklausel ihrem Zweck entsprechend einschränkend ausgelegt. Die Subsidiarität will zum einen die **Konzentration** des Rechtsschutzes auf das effektivste Verfahren erzielen. Der Rückgriff auf die Feststellungsklage ist daher dann gesperrt, wenn für die Rechtsverfolgung ein unmittelbareres, sachnäheres und wirksameres Verfahren zur Verfügung steht. Zum anderen soll eine **Umgehung** der für die Verwaltungsaktsklagen (bei Beamten auch für sonstige Leistungsklagen) geltenden besonderen SUV verhindert werden. **43**

b) Einschränkende Auslegung. Der Grundsatz der Subsidiarität erfasst nur Fälle, in denen das mit der Feststellungsklage erstrebte Ziel sich gleichermaßen oder gar besser mit einer Gestaltungs- oder Leistungsklage erreichen lässt. Davon kann dann keine Rede sein, wenn die Feststellungsklage einen Rechtsschutz gewährleistet, der **weiter reicht**, als was mit der Gestaltungsklage erlangt werden kann oder demgegenüber ein Aliud ist (stRspr; BVerwGE 121, 152, 156; Buchh 442.151 § 41 StVO Nr. 9; Buchh 407.2 § 13 EkrG Nr. 2; Buchh 310 § 43 VwGO Nr. 127 m.w.N.; zur Feststellung eines Mitbestimmungsrechts nach § 24 VI Nr. 3 SBG: BVerwG DokBer B 2010, 91). Daher ist im Streit um den Inhalt und die **Auslegung eines VA** die Feststellungsklage statthaft (BVerwG NJW 2004, 1815; NVwZ 1998, 614; DVBl. 1987, 239, 241; BVerwGE 115, 103 = NVwZ 2002, 480). **44**

Ein Kläger darf ferner nicht auf eine Gestaltungs- oder Leistungsklage verwiesen werden, wenn er sein eigentliches Anliegen dort als bloße **Vorfrage** mitbescheiden lassen müsste, andererseits die weiteren Elemente des geltend zu machenden Anspruchs nur untergeordnete Bedeutung hätten (BVerwGE 37, 243, 247; 36, 179, 182). **45**

Ebenso wenig steht II 1 der Feststellungsklage entgegen, wenn eine **Umgehung** der für Anfechtungs- und Verpflichtungsklagen geltenden Bestimmungen über Fristen und Vorverfahren (§§ 68 ff.) **nicht droht** (BVerwG Buchh 310 § 43 VwGO Nr. 127 m.w.N. zur Umgehung; NVwZ 1990, 162; 1987, 216; NJW 1986, 1826;). Die Gefahr einer derartigen Umgehung besteht nur, wenn das Rechtsschutzziel der Feststellungsklage und das einer möglichen Verpflichtungsklage übereinstimmen, m.a.W. der Sache nach der Leistungsanspruch zum Gegenstand der Feststellung gemacht wird (BVerwGE 36, 179, 182; S/S-A/P § 43 Rn. 51). Da die allgemeine Leistungsklage – und damit auch die Unterlassungsklage – den Sonderregeln für die Anfechtungs- und Verpflichtungsklage nicht unterliegt, kann von einer Umgehung der für diese Klagearten geltenden besonderen Zulässigkeitsvoraussetzungen i.d.R. (außer bei Klagen aus Dienstverhältnissen) nicht die Rede sein (BVerwGE 77, 207, 211; Buchh 451.29 Schornsteinfeger Nr. 31). **46**

c) Feststellungsklagen gegen die öffentliche Hand. Regelmäßig ungeachtet des Subsidiaritätsgebotes zulässig sind nach gefestigter zivil- und verwaltungsgerichtlicher Rspr. Feststellungsklagen, die von Privatpersonen anstelle einer an sich möglichen Leistungsklage gegen den Bund, eines Land oder eine andere juristische Körperschaft des öffentlichen Rechts erhoben werden (BVerwGE 111, 306 = Buchh 310 § 43 VwGO Nr. 133; BVerwGE 36, 179, 182). Denn bei solchen Beklagten darf angesichts ihrer verfassungsrechtlich verankerten Bindung an Gesetz und Recht (Art. 20 III GG) vermutet werden, dass sie das ergehende Feststellungsurteil unabhängig von dessen mangelnder Vollstreckbarkeit respektieren würden (Rn. 71). **47**

§ 43 Teil I. Gerichtsverfassung

48 Diese Rspr. ist **kritisiert** worden, weil sie zu einer **praktischen Auflösung** des Subsidiaritätsvorbehalts führe, da die meisten verwaltungsgerichtlichen Klagen gegen öffentliche Rechtsträger erhoben werden (S/S-A/P § 43 Rn. 43). Die Gefahr der Relativierung besteht allerdings nicht, weil keine Wahlfreiheit eingeräumt wird, sondern die Feststellungsklage im Einzelfall zugleich die rechtsschutzintensivere Klageart sein muss. Das ist etwa der Fall, wenn die erstrebte Feststellung typischerweise geeignet ist, den zwischen den Beteiligten bestehenden Streit endgültig auszuräumen.

49 **d) Verhältnis zur Fortsetzungsfeststellungsklage.** Die allgemeine Feststellungsklage ist gegenüber einem statthaften Fortsetzungsfeststellungsantrag nach § 113 I 4 subsidiär (BVerwGE 100, 83, 90 f.; Buchh 451.81 § 6a AWG Nr. 3 S. 10, 23). Abweichend von der Nichtigkeitsfeststellungsklage nach § 43 I lässt diese Vorschrift nach Erledigung eines angefochtenen VA während des Rechtsstreits die Feststellung zu, dass der VA rechtswidrig gewesen ist (→ § 113 Rn. 56 ff.). In Fällen der Sacherledigung eines Rechtsstreits (→ § 161 Rn. 10) kommt die allgemeine Feststellungsklage daher nur in Betracht, wenn der erledigte Rechtsakt kein VA ist (BVerwG NJW 1997, 2534 zu einer innerdienstlichen Einsatzanordnung) oder § 113 I 4 analog angewandt werden müsste wie bei Sacherledigung eines belastenden VA vor Klageerhebung (dazu BVerwG DVBl. 1999, 1666).

50 Mit der Feststellungsklage kann die Feststellung eines Rechtsverhältnisses nicht begehrt werden, wenn der Kläger einen denselben Sachverhalt betreffenden **früheren Anfechtungsstreit** wegen Erledigung des angefochtenen VA in der Hauptsache für erledigt erklärt hat (BVerwG Buchh 310 § 113 VwGO Nr. 38). Die Feststellungsklage ist nach Erledigung einer allgemeinen Leistungsklage nicht mehr wegen ihrer Subsidiarität gegenüber einer Gestaltungs- oder Leistungsklage nach II 1 ausgeschlossen, wenn ein Fortsetzungsfeststellungsantrag unstatthaft ist (BVerwGE 100, 83, 90).

2. Feststellungsinteresse (I)

51 **a) Ausprägung als Rechtsschutzbedürfnis.** Alle Formen der Feststellungsklage sind nur zulässig, wenn der Kläger ein qualifiziertes Rechtsschutzbedürfnis hat, das in I als „berechtigtes Interesse an der baldigen Feststellung" umschrieben ist. Es muss sich nicht um ein rechtliches Interesse handeln (anders als bei § 256 I ZPO); vielmehr genügt auch jedes als schutzwürdig anzuerkennende hinreichend gewichte Interesse wirtschaftlicher oder ideeller Art (BVerwGE 99, 64; stRspr.). Entscheidend ist, dass die begehrte Feststellung geeignet ist, eine rechtlich relevante Position des Klägers zu verbessern (BVerwGE 74, 1; KS § 43 Rn. 23 m.w.N.). Die Anforderungen an das Feststellungsinteresse dürfen nicht überspannt werden (BVerwGE 112, 69, 71 = Buchh 451.09 IHKG Nr. 15). Die Konkretisierung ist je nach der Aktualität des Rechtsverhältnisses (Rn. 14) unterschiedlich.

52 **b) Verhältnis den Fallgruppen nach § 113 I 4.** Nach stRspr. des BVerwG stimmen die Anforderungen an das Feststellungsinteresse bei der allgemeinen Feststellungsklage und der Fortsetzungsfeststellungsklage nicht überein. Allerdings erschöpft sich die Funktion des § 113 I 4 darin, für bestimmte Fallgruppen die Anforderungen an das Feststellungsinteresse zu vermindern; für alle übrigen Fallgruppen bleibt es, ohne dass § 113 I 4 darauf Einfluss nähme, bei dem, was § 43 I verlangt (BVerwG Buchh 310 § 113 VwGO Nr. 74 S. 46 f. und § 73 VwGO Nr. 30 S. 1, 3; BVerwGE 80, 355, 365 f.); 61, 128, 134 f.) Diese Minderung rechtfertigt sich aus dem „Fort-

Feststellungsklage § 43

setzungsbonus": Der Aufwand eines bereits anhängigen Rechtsstreits soll nicht wegen Erledigung der Hauptsache nutzlos werden (→ § 113 Rn. 60).

c) bei gegenwärtigen Rechtsverhältnissen. In gegenwärtigen Rechtsverhältnissen wird die Art des möglichen Feststellungsinteresses i. W. durch die Subsidiarität geprägt. Es muss um etwas anderes gestritten werden als um einzelne, unmittelbar einklagbare Rechte oder Pflichten und dafür ein spezifisches Interesse bestehen. Eine Feststellungsklage ist daher zulässig, wenn mit ihr nach Art eines Grundurteils eine Verpflichtung dem Grunde nach geklärt werden kann (BVerwGE 112, 253 = Buchh 407.2 § 13 EKrG Nr. 2). Dies ist gegenüber Gestaltungs- und Leistungsklagen vorrangig, wenn die Klärung für eine Vielzahl von Streitigkeiten bedeutsam ist oder eine Leistungsklage noch nicht möglich ist, weil die Verpflichtungen in ihren Einzelheiten noch nicht feststehen. So besteht nach stRspr. wegen der Vielzahl der vom Besitz der Staatsangehörigkeit abhängigen Wirkungen ein berechtigtes Interesse an der baldigen Feststellung des aktuellen Status gegenüber der Staatsangehörigkeitsbehörde, wenn diese die deutsche Staatsangehörigkeit bzw. die Statusdeutscheneigenschaft bestreitet (BVerwG NVwZ-RR 2004, 793 = DVBl. 2004, 1428; Buchh 130 § 25 RuStAG Nr. 5, S. 11). 53

d) bei vergangenen Rechtsverhältnissen. Nicht mehr bestehende Rechtsverhältnisse können zum Gegenstand einer Feststellung gemacht werden, wenn sie über ihre Beendigung hinaus noch anhaltende Wirkungen entfalten (BVerwGE 100, 83, 90; Buchh 310 § 42 VwGO Nr. 123 S. 28, 33) oder an sie anknüpfend eine Verbesserung der Position des Klägers eintreten kann. Für das erforderliche gegenwärtige Interesse (im Zeitpunkt der gerichtlichen Entscheidung, Rn. 63) genügt es aber nicht, dass die Meinungsverschiedenheiten über Rechte oder Pflichten aus dem ehemaligen Rechtsverhältnis fortbestehen (BVerwG NVwZ 2005, 465 zum behördlichen Bestreiten der Statusdeutscheneigenschaft). Die Präzisierung der anzuerkennenden Feststellungsinteressen nimmt die Rspr. in loser Anlehnung an die zu § 113 I 4 entwickelten Interessenlagen vor (S/S-A/P § 43 Rn. 35), stellt tendenziell aber höhere Anforderungen (Rn. 52). 54

So ist ein schutzwürdiges ideelles Interesse an der Feststellung anerkannt, wenn eine **Wiederholungsgefahr** besteht oder abträgliche Nachwirkungen einer erledigten (diskriminierenden und ehrverletzenden) Verwaltungsmaßnahme fortbestehen. Der nachwirkenden Diskriminierung muss durch eine gerichtliche Feststellung wirksam begegnet werden können **(Rehabilitierungsinteresse)**. Nicht ohne Weiteres besteht ein solches Interesse wegen fortwirkender Beeinträchtigung des Ansehens aufgrund eines durchgeführten Strafverfahrens (BVerwG NVwZ-RR 2000, 324). Mit der Einstellung des Verfahrens ist kein sozialethisches Unwerturteil verbunden, das noch auszuräumen wäre (OLG Frankfurt a.M. NJW 1996, 3353, 3354). Ebenso wenig wird bei einer Einstellung nach § 153a StPO die Unschuldsvermutung widerlegt; aus der Zustimmungserklärung des Beschuldigten darf nicht geschlossen werden, die ihm zur Last gelegte Tat sei in tatbestandlicher Hinsicht nachgewiesen (BVerfG MDR 1991, 891). Die Einstellung geht erst recht nicht mit dem Makel einer schuldhaften Gesetzesverletzung einher. 55

Ferner kann die **Art des Eingriffs**, insb. im grundrechtlich geschützten Bereich, verbunden mit dem verfassungsrechtlich garantierten Anspruch auf effektiven Rechtsschutz, erfordern, das Feststellungsinteresse anzuerkennen – und zwar unabhängig von einer fortwirkenden diskriminierenden Wirkung der behördlichen Maßnahme (BVerwGE 61, 164, 166; BVerfGE 51, 268, 279; NVwZ-RR 1990, 18). Ob bereits ein Eingriff in die Privatsphäre als solcher ein Feststellungsinteresse zu begrün- 56

Wysk | 173

den vermag, kann fraglich sein. Jedenfalls zählen hierher Feststellungsbegehren gegen polizeiliche Maßnahmen, die sich typischerweise kurzfristig erledigen, sofern sie eine gewisse Eingriffsschwere aufweisen. Dies gilt für den Einsatz verdeckter Ermittler, der durch den Verdacht motiviert war, der Kläger gehöre einer terroristischen Gruppierung an (BVerwG NJW 1997, 2534), und für Eingriffe in das Post- und Fernmeldegeheimnis (BVerwGE 87, 23, 25; weitere Beispiele: BVerwGE 26, 161, 168; 28, 285; 45, 51, 54 unter Bezugnahme auf BVerfGE 10, 302, 308; E 47, 31; 87, 23, 25; DVBl. 1981, 1108 = DÖV 1982, 35). Die gerichtliche Feststellung verschafft dem Kläger eine Genugtuung (Rehabilitierung) und damit wenigstens einen – wenn auch unvollkommen – Ausgleich für eine rechtswidrige Persönlichkeitsverletzung (vgl. BVerwGE 61, 164, 166).

57   Die Absicht, **Ersatzansprüche gegen den Staat** geltend zu machen, genügt regelmäßig nicht für ein Feststellungsinteresse, weil die Feststellung inzident ebenso gut vom Zivilgericht getroffen werden kann. Insofern hilft § 43 I auch in den Fällen – und aus entsprechenden Erwägungen – nicht weiter, in denen eine Fortsetzungsfeststellungsklage wegen Erledigung **vor** Klageerhebung unzulässig wäre (→ § 113 Rn. 88). Das berechtigte Interesse i. S. des § 43 I kann aber ausnahmsweise dann begründet werden, wenn ein Kläger mit einer Feststellungs- oder allgemeinen Leistungsklage zunächst primären Rechtsschutz begehrt hat, sich dieses Begehren aber nach Klageerhebung erledigt und der Kläger sich nunmehr nur noch auf die Geltendmachung von Ausgleichs- und Ersatzansprüchen verwiesen sieht (BVerwG Buchh 418.20 Allg. Apothekenrecht Nr. 27 S. 15, 18 f.). Die Schutzwürdigkeit eines (Fortsetzungs-)Feststellungsinteresses wegen offensichtlicher Aussichtslosigkeit eines beabsichtigten Zivilprozesses darf nur dann verneint werden, wenn sich das Nichtbestehen des behaupteten zivilrechtlichen Anspruchs ohne eine ins Einzelne gehende Würdigung aufdrängt; die bloße Wahrscheinlichkeit des Misserfolgs genügt nicht (BVerwGE 100, 83, 92; 92, 172, 175; Buchh 310 § 113 VwGO Nr. 95 S. 23, 27; Buchh 424.2 TierZG Nr. 6 S. 1, 2).

58 **e) bei zukünftigen Rechtsverhältnissen.** Die Feststellung eines zukünftigen Rechtsverhältnisses (Rn. 16) ist eine Form vorbeugenden Rechtsschutzes, die bei einem **qualifizierten Rechtsschutzbedürfnis** zulässig ist, wie es bei einer begründeten Besorgnis für die Rechtsstellung des Klägers gegeben ist. Daran fehlt es, wenn es dem Betroffenen zuzumuten ist, die befürchteten Maßnahmen des Beklagten **abzuwarten** und er unter dem Gebot des effektiven Rechtsschutzes nach Art. 19 IV GG auf einen als ausreichend anzusehenden nachträglichen Rechtsschutz verwiesen werden kann (BVerwG NVwZ 1988, 430; BVerwGE 77, 207; 89, 327; Buchh 270 § 18 BhV Nr. 1; BWVGH VBlBW 2004, 111; Dreier NVwZ 1988, 1073). Nachträglicher Rechtsschutz ist dann nicht ausreichend, wenn der Kläger sein Verhalten auf die Feststellung einstellen will und ein Fehlverhalten mit der Verfolgung als Ordnungswidrigkeit oder gar Straftat einhergeht (BVerwG, Beschl. v. 20.5. 2009 – 7 B 56.08, Rn. 4).

59   Eine Gewährung vorbeugenden Rechtsschutzes gegen **drohende VA** in Form einer vorbeugenden Feststellungsklage ist grds. unzulässig. Der (mögliche) Betroffene hat den Erlass des VA abzuwarten und sich gegen diesen zur Wehr zu setzen (stRspr, BVerwG NVwZ 2008, 1011; BVerwGE 77, 207). Ausnahmsweise gilt etwas anderes, wenn nach den Verhältnissen im Einzelfall selbst vorläufiger Rechtsschutz voraussichtlich nicht genügen wird.

60 **f) in Drittrechtsverhältnissen.** Die Zulässigkeit einer Feststellungsklage im Drittrechtsverhältnis setzt voraus, dass das Feststellungsinteresse **gerade der beklagten**

Partei gegenüber besteht (BVerwG NJW 1997, 3257; NJW 1970, 2260). Dafür kann genügen, dass die Anerkennung einer anderweitig erworbenen Ausbildung für eine Maßnahme von Bedeutung ist (BVerwG GewArch 1991, 114 = Buchh 421.5 BBiG Nr. 16 S. 1, 3). Daran fehlt es regelmäßig bei der Feststellungsklage, mit der ein Fremdanlieger die Feststellung der Nichtigkeit des zwischen der beklagten Gemeinde und dem beigeladenen Unternehmer abgeschlossenen Erschließungsvertrags begehrt.

g) bei der Nichtigkeitsfeststellungsklage. Bei der Nichtigkeitsfeststellungsklage 61 ist das Feststellungsinteresse durch den Streit um den VA indiziert (BVerwG NVwZ 1987, 330). Das Rechtsschutzbedürfnis kann entfallen, wenn der als nichtig behauptete VA für sich keine Geltungsdauer mehr in Anspruch nimmt (BVerwG NVwZ-RR 2000, 324).

3. Klagebefugnis (§ 42 II analog)

Von den besonderen SUV der Verwaltungsaktsklagen (→ § 42 Rn. 39) ist auf die all- 62 gemeine Feststellungsklage nach stRspr. (nur) § 42 II entsprechend anwendbar (BVerwGE 111, 276 = NJW 2000, 3584; 74, 1, 4; Buchh 310 § 43 Nr. 109 m.w.N.). Die Feststellungsklage ist entsprechend § 42 II nur dann zulässig, wenn es dem Kläger um die **Verwirklichung seiner eigenen Rechte** geht, sei es dass er an dem festzustellenden Rechtsverhältnis selbst beteiligt ist, sei es dass von dem Rechtsverhältnis immerhin eigene Rechte des Klägers abhängen (BVerwGE 99, 64, 66 m.w.N. auch zum Verhältnis von Feststellungsinteresse und Klagebefugnis). Das ist nicht der Fall, wenn offensichtlich und eindeutig nach keiner Betrachtungsweise subjektive Rechte des Klägers verletzt sein können (BVerwGE 104, 115, 118 m.w.N., → § 42 Rn. 124). Im **Schrifttum** wird die Analogie insgesamt oder für einzelne Feststellungstypen abgelehnt, meist wegen des Erfordernisses eines Feststellungsinteresses oder der Prozessführungsbefugnis (S/S-A/P § 43 Rn. 131 m.w.N.; vgl. NKVwGO § 43 Rn. 73).

4. Beurteilungszeitpunkte

Die besonderen SUV einer Feststellungsklage müssen (spätestens) im Zeitpunkt der 63 **Entscheidung** des Gerichts gegeben sein (BVerwG NVwZ 2007, 1311; KS § 43 Rn. 23). Insofern gilt nichts anderes als allgemein (→ vor § 40 Rn. 8 f.). Abweichend ist nur die **Subsidiarität** (II 1 → Rn. 42) als „negative" SUV nach den Verhältnissen im Zeitpunkt der Klageerhebung zu beurteilen (BVerwGE 54, 177, 179). Die nachträglich entstehende Möglichkeit einer Gestaltungs- oder Leistungsklage lässt die Zulässigkeit einer insofern ursprünglich zulässig erhobenen Feststellungsklage im Interesse effektiven Rechtsschutzes unberührt. Auf den umgekehrten Fall einer durch eine Rechtsänderung nachträglich zulässig gewordenen Feststellungsklage kann diese Erwägung nicht übertragen werden (BVerwG NVwZ 2007, 1311).

V. Feststellungsklagen bei normativem Unrecht

1. Abwehr von Verhaltenspflichten und -hindernissen

Sieht sich ein Kläger durch eine untergesetzliche Norm an einem bestimmten **Ver-** 64 **halten gehindert**, die er für nichtig oder – entgegen der Ansicht einer Behörde – für sachlich nicht anwendbar hält, kann er unmittelbar Feststellungsklage erheben mit dem Begehren festzustellen, dass er zu dem beabsichtigten Verhalten berechtigt ist

(BVerfG NVwZ 2004, 977; BVerwG DVBl. 2000, 636; NRWOVG NuR 2001, 527). Entsprechendes gilt, wenn er nach Auffassung der Behörde durch eine Norm zu einem Verhalten verpflichtet ist (z.B. eine Genehmigung einzuholen) oder durch sie eine Zwangsmitgliedschaft begründet wird (BVerwG NJW 1984, 677; 1983, 2208). Für vorbeugenden Rechtsschutz schon vor Erlass der Norm besteht, ohne dass dies aus Rechtsgründen prinzipiell ausgeschlossen wäre, in der Regel kein Bedürfnis (offen gelassen in BVerwGE 54, 211, 216).

65 Die Klage ist **begründet**, wenn eine innerstaatliche Norm sachlich nicht einschlägig, wegen eines Rechtsfehlers nichtig oder wegen Unvereinbarkeit mit Unionsrecht unanwendbar ist. Die Nichtigkeit oder Unanwendbarkeit ist eine streitentscheidende und inzident zu prüfende Vorfrage (BVerfGE 115, 81, 95 f.). Bei untergesetzlichen Normen darf jedes Fachgericht eine für nichtig befundene Norm in den Entscheidungsgründen verwerfen. Ein prinzipieller Unterschied für die Statthaftigkeit der Feststellungsklage ergibt sich aber nicht, wenn ein Verwerfungsmonopol des BVerfG oder des EuGH besteht. Die Feststellungsklage hat auch dann Erfolg, wenn die Norm in einem **Zwischenverfahren** nach Art. 100 I GG oder Art. 267 AEUV (ex-Art. 234 EG) für nichtig erklärt wird.

66 **Klagegegner** der Feststellungsklage ist nicht der Normgeber, sondern der Hoheitsträger, der die Norm anzuwenden hat oder sich gegenüber dem Kläger berühmt, aus ihr rechtliche Konsequenzen ziehen zu dürfen (BVerwG NVwZ 2007, 1313; a.A. KS § 43 Rn. 8 f).

2. Auffangfunktion bei Rechtsverletzungen

67 Die Feststellungsklage gestattet die Feststellung einer **Rechtsverletzung** durch fehlerhafte untergesetzliche Normen gegen den Normgeber. Feststellungsfähig ist nicht die Rechtswidrigkeit der Norm als solche, d.h. der objektive Widerspruch zu einer Maßstabsnorm, und ebenso wenig ihre Ungültigkeit, sondern die durch die Norm angeordnete Schmälerung einer Rechtsposition des Klägers, die vom Normgeber zu beachten war. In der fachgerichtlichen Rspr. waren für derartige Konstellationen bereits in den 1980er Jahren die **Grundlagen für eine Überprüfungsmöglichkeit** durch die allgemeine Feststellungsklage geschaffen worden (BVerwGE 80, 355, 357 ff. = NJW 1989, 1495; BVerwG NJW 1983, 2208). Sie wurde auf ausdrückliche Forderung des **BVerfG** hin (zunächst in NVwZ 1998, 169, 170, sodann etwa BVerfGE 115, 81 = NVwZ 2006, 922) deutlich ausgebaut. Die Notwendigkeit der Anerkennung einer solchen fachgerichtlichen Rechtsschutzmöglichkeit gegen untergesetzliche Rechtssätze leitet das BVerfG aus Art. 19 IV GG her, wobei es nicht zuletzt auch die Subsidiarität des verfassungsgerichtlichen Rechtsschutzes im Auge hat. Dadurch hat die Feststellungsklage in der gefestigten fachgerichtlichen Rspr. heute eine Auffangfunktion entwickelt, ohne dass diese Entwicklung aber bereits als völlig konsolidiert betrachtet werden könnte.

68 Der Betroffene ist auf diese sog. **atypische Feststellungsklage** verwiesen, wenn die Norm unmittelbar Rechte und Pflichten begründen soll, ohne dass eine Konkretisierung oder Individualisierung der rechtlichen Beziehungen zwischen einer normanwendenden Instanz und dem Normadressaten durch Verwaltungsvollzug erforderlich ist und die Gültigkeit der Norm (wie etwa bei Bundesrechtsverordnungen → § 47 Rn. 7) auch keiner unmittelbaren (prinzipalen) verwaltungsgerichtlichen Kontrolle nach § 47 zugänglich ist. Dann fehlt es an einem Normanwendungsakt, der eine inzidente Überprüfung der Rechtmäßigkeit der untergesetzlichen Rechtssätze ermöglichen würde (a.A. KS § 43 Rn. 8g).

Feststellungsklage § 43

Voraussetzung ihrer Statthaftigkeit ist, dass mangels administrativen Vollzugs kein **69** konkretes Rechtsverhältnis zwischen Normadressat und einem Normanwender begründet ist, die Rechtsbeeinträchtigung bereits unmittelbar durch die Norm bewirkt wird, keine Konkretisierung oder Individualisierung durch Verwaltungsvollzug vorgesehen oder möglich ist und effektiver Rechtsschutz nur im Rechtsverhältnis zwischen Normgeber und Normadressat gewährt werden kann. In anderen Fällen muss die Feststellung eines konkreten streitigen Rechtsverhältnisses zwischen Normadressat und Normanwender geklärt werden und nicht eine Rechtsbeziehung zum Normgeber (BVerwG, Urt. v. 28. 1. 2010 – 8 C 19.09, Rn. 28; NWVBl 2003, 139; BVerwGE 121, 152, 155 f.; 119, 245, 249; 111, 276, 279; 26, 251, 253)

Die Anerkennung einer Feststellungsklage mit einem derartigen Klageziel stellt **70** **keinen Bruch** mit dem System des Rechtsschutzes in der VwGO dar. Ihr Streitgegenstand ist die Anwendung der Rechtsnorm auf einen bestimmten Sachverhalt, sodass die Frage nach der Rechtmäßigkeit der Norm lediglich als – wenn auch streitentscheidende – Vorfrage aufgeworfen wird. Die Klage dient, selbst wenn sie die Frage nach dem Bestehen eines Rechtsverhältnisses aufgrund einer Rechtsverordnung zum Gegenstand hat, allein dem Individualrechtsschutz und kann deshalb nur Erfolg haben, wenn Rechte des Klägers verletzt worden sind (BVerwG, Beschl. v. 5.10. 2009 – 4 B 8.09, Rn. 6).

Ob § 47 gegenüber der Überprüfung der Rechtmäßigkeit einer Rechtsverord- **71** nung im Wege der Feststellungsklage **Sperrwirkung** entfaltet, ist nach wie vor umstritten und hängt mit der juristischen Glaubensfrage zusammen, ob § 47 eine partielle Erweiterung der Rechtsschutzmöglichkeiten bezweckt oder umgekehrt eine Beschränkung auf die speziell zugelassenen Prüfungsfälle. Nach h.M. kann dem System des verwaltungsgerichtlichen Rechtsschutzes nicht entnommen werden, dass außerhalb des § 47 die Überprüfung von Rechtsetzungsakten ausgeschlossen sein soll (BVerwGE 111, 276, 278; Buchh 310 § 43 VwGO Nr. 78). Eine Umgehung der für Anfechtungs- und Verpflichtungsklagen geltenden Bestimmungen über Fristen und Vorverfahren droht nicht (BVerwG Buchh 310 § 43 VwGO Nr. 127 m.w.N.). Auch dem Umstand der fehlenden Vollstreckbarkeit eines Feststellungsurteils kommt kein entscheidendes Gewicht zu. Wegen der spezifischen Bindungen des Art. 20 III GG darf davon ausgegangen werden, dass die verurteilte Behörde für sie ergehende feststellende Aussprüche auch ohne Vollstreckungsdruck (§ 170) respektieren und die gebotenen Konsequenzen aus ihnen ziehen wird (BVerwGE 111, 306 = Buchh 310 § 43 VwGO Nr. 133; 36, 179, 182; BVerwG JurPC 1996, 79 Rn. 19).

Beispiele sind die höchstrichterliche Überprüfung der durch Bundesrechtsverord- **72** nung erlassenen sog. Flugrouten (BVerwGE 111, 276, 278 f. = NJW 2000, 3584), die Feststellung der Unwirksamkeit im Kassenzahnarztrecht vereinbarter Rechtsnormen (BSGE 72, 15, 17 ff.) und der Geltungserstreckung der Rechtsnormen eines Tarifvertrages über Mindestarbeitsbedingungen durch Rechtsverordnung (BVerwG, Urt. v. 28.1. 2010 – 8 C 19.09) sowie die Feststellung einer verfassungswidrigen Unteralimentierung der Beamten (BVerwGE 131, 20; 123, 308).

3. Ansprüche auf Normerlass

Der Kläger ist ferner auf die Feststellungsklage angewiesen, wenn er eine **Rechts-** **73** **kreiserweiterung** erstrebt, die ihm durch das Fehlen (Unterlassen, Unvollständigkeit) einer begünstigenden Norm verwehrt wird. Ein Antrag auf Normerlass ist im **Normenkontrollverfahren** gemäß § 47 nicht statthaft. Der Anspruch auf Erlass ei-

§ 44   Teil I. Gerichtsverfassung

ner bestimmten untergesetzlichen Norm kann nach h. M. stattdessen aber mit der **Feststellungsklage** gegen den Normgeber verfolgt werden (BVerwGE 80, 355, 358 f., 363; Buchh 240 § 49 BBesG Nr. 2 S. 2; Buchh 415.1 AllgKommR Nr. 93 S. 55). Nicht statthaft ist die – theoretisch in Betracht kommende – allgemeine Leistungsklage wegen der gebotenen Rücksichtnahme auf die Entscheidungsfreiheit des rechtsetzenden Organs (BVerwGE 111, 276 = NJW 2000, 3584; Buchh 415.1 Allgemeines Kommunalrecht Nr. 93).

74   Normerlassklagen sind Art. 19 IV GG geschuldet, aber praktisch auf den Ausnahmefall beschränkt, dass das Recht des Betroffenen auf **Gleichbehandlung** den Erlass oder die Änderung einer Rechtsnorm gebietet (vgl. hierzu BVerfGE 115, 81, 95 f.; BVerwGE 80, 355; Buchh 240 § 49 BBesG Nr. 2; Buchh 415.1 AllgKommR Nr. 93). Bei offensichtlichem Fehlen eines auf Normerlass gerichteten materiellen Anspruchs ist die Feststellungsklage entsprechend § 42 II unzulässig.

4. Rechtsschutz durch richterliche Lückenschließung

75   Fehlt dem Klageanspruch die nötige rechtliche Grundlage, so bleibt die Beseitigung des rechtswidrigen Zustands dem **Gesetzgeber vorbehalten**. Auch hier schränkt die Achtung seines Gestaltungsspielraums die Entscheidungsbefugnis der Gerichte prozessual auf eine Feststellung ein, mit der lediglich die Rechtsverletzung des Klägers durch die bestehenden Rechtslage geprüft und ggf. ausgesprochen werden kann (stRspr., BVerwGE 131, 20; 129, 199; 129, 116 = NVwZ-RR 2008, 210; 123, 308; NVwZ 2007, 1311; BVerfG, Beschl. v. 14.10. 2009 – 2 BvL 13/08).

76   Das gilt im Grundsatz auch dann, wenn eine gesetzliche Regelung eine Personengruppe unter **Verstoß gegen Art. 3 I GG** benachteiligt. Das Gericht darf die Gleichheit grds. nicht dadurch herstellen, dass es selbst diese Gruppe in die begünstigende Regelung einbezieht. Darin läge ein Übergriff in die dem Gesetzgeber vorbehaltene Gestaltungsfreiheit (BVerfGE 28, 325, 361 f.). Etwas anderes gilt ausnahmsweise dann, wenn mit Sicherheit angenommen werden kann, der Gesetzgeber würde – hätte er den Verfassungsverstoß erkannt – die Regelung auf alle zu berücksichtigenden Gruppen erstreckt haben, oder wenn es verfassungsrechtlich geboten ist, den Verstoß gerade auf diese Weise zu beseitigen (stRspr., BVerfGE 115, 81, 93 f.; 88, 87, 101; 87, 153, 177 ff.; 37, 217, 260; BVerwGE 102, 113, 117 f.).

77   Vergleichbares gilt für **Rechtsverordnungen**, die allerdings nicht Akte des Gesetzgebers – auch nicht delegierte Gesetzgebung –, sondern Akte der Verwaltung sind. Die Prärogative des Normgebers, die die Gerichte zu respektieren haben, ist daher nicht Ausfluss der Gestaltungsfreiheit des Gesetzgebers, sondern Ausfluss des Ermessens des Verordnungsgebers (BVerwGE 80, 355, 370; S/S-A/P § 114 Rn. 3). Bei einer gleichheitswidrigen Rechtsverordnung kommt daher eine gerichtliche Korrektur im Grundsatz nur dann in Betracht, wenn das normative Ermessen des Verordnungsgebers rechtmäßig nur in diesem Sinne ausgeübt werden könnte oder wenn sich mit Sicherheit annehmen lässt, dass der Verordnungsgeber, wäre ihm das Problem bewusst, den Anforderungen des Gleichbehandlungsgebots gerade in diesem Sinne Rechnung tragen würde (BVerwG NVwZ 2007, 1311).

§ 44 [Objektive Klagenhäufung]

Mehrere Klagebegehren können vom Kläger in einer Klage zusammen verfolgt werden, wenn sie sich gegen denselben Beklagten richten, im Zusammenhang stehen und dasselbe Gericht zuständig ist.

Objektive Klagenhäufung **§ 44**

§ 44 erlaubt, mehrere sachlich zusammenhängende Begehren in einem Klageverfahren (praktisch bedeutet das: in einer Klageschrift, die unter einem Aktenzeichen geführt wird) anhängig zu machen und zu betreiben (sog. **objektive Klagenhäufung**). Es handelt sich nicht um eine Sachentscheidungsvoraussetzung der Klage, sondern um eine rein prozessuale Regelung, die der Prozessökonomie dient und sich widersprechende Entscheidungen in unterschiedlichen Klageverfahren verhindern soll. Sie gilt in Klage-(Urteils-)verfahren ebenso wie in Antragsverfahren. Nicht geregelt ist in § 44 die **subjektive** Klagenhäufung, bei der mehrere Personen auf Kläger- und/oder Beklagtenseite auftreten. Die Zulässigkeit von Personenmehrheiten auf einer der Beteiligtenseiten bestimmt sich nach § 64 i.V.m. §§ 59 ff. ZPO. 1

I. Arten der objektiven Klagenhäufung

Als **Arten** der objektiven Klagenhäufung sind nach Maßgabe des Verhältnisses der Begehren zueinander kumulative, eventuale und alternative Klagenhäufungen zu unterscheiden. Bei der **kumulativen** Klagenhäufung macht der Kläger mehrere Begehren selbständig nebeneinander geltend, also unabhängig vom Erfolg der anderen Begehren. Bei der **eventualen** Klagenhäufung besteht zwischen Haupt- und Hilfsbegehren ein Abhängigkeitsverhältnis: Über das im hilfsweise gestellten Klageantrag enthaltene Begehren soll nur bei Erfolglosigkeit (Unzulässigkeit, Unbegründetheit) des Hauptantrags entschieden werden (auch „eigentlicher" Hilfsantrag genannt). Ist das Abhängigkeitsverhältnis umgekehrt, spricht man von **Stufenklage**: Der Hilfsantrag wird für den Fall des Erfolgs des Hauptantrags gestellt, meist, weil dieser eine Voraussetzung für das weitere Begehren schafft („uneigentlicher" Hilfsantrag). Eine zahlenmäßige Begrenzung der Hilfsanträge besteht nicht. Der Kläger muss das Rangverhältnis der Begehren verbal (hilfsweise, weiter hilfsweise, letztlich hilfsweise usw.) oder durch Nummerierung auslegungsfähig angeben; das Gericht ist hieran gebunden. Die Bindung entfällt, wenn das Hilfsbegehren weiter reicht als das Hauptbegehren, wenn diese also im Verhältnis von Mehr zu Weniger stehen (BVerwGE 74, 1, 3). 2

Die **Bedingtheit** der Klageanträge wird bei eventual angebrachten Begehren (ausnahmsweise) hingenommen, weil die Rechtshängigkeit nicht in der Schwebe bleibt. Nach h.M. wird der Hilfsantrag sofort und unbedingt rechtshängig; die Rechtshängigkeit entfällt aber mit dem Erfolg bzw. Misserfolg (Stufenklage) des Hauptantrags. Demgegenüber ist eine **alternative** Klagehäufung, bei welcher der Kläger offen lässt, welchen von mehreren prozessualen Ansprüchen er geltend macht bzw. rechtshängig gemacht hat, aus Bestimmtheitsgründen unzulässig. Die Verbindung von kumulativen oder eventualen Anträgen kann **nachträglich** erfolgen, allerdings nur unter den Voraussetzungen des § 91 (Klageänderung). 3

Der Begriff „Klagebegehren" meint nach allgemeiner Ansicht einen **selbständigen prozessualen Anspruch**, der nach dem herrschenden zweigliedrigen Streitgegenstandsbegriff (→ § 121 Rn. 6) durch Klageanspruch und Klagegrund bestimmt wird. Mehrere Klagebegehren liegen daher **nicht** vor, wenn ein Begehren auf mehrere rechtliche Gesichtspunkte oder Anspruchsgrundlagen gestützt wird (KS § 44 Rn. 2). 4

II. Voraussetzung der objektiven Klagenhäufung

Die objektive Klagenhäufung ist unter **drei Voraussetzungen** zulässig („können ... zusammen verfolgt werden"): Die Begehren müssen sich gegen denselben Beklagten richten, im Zusammenhang stehen, und es muss dasselbe Gericht zuständig sein. 5

6 Das Erfordernis einer **Identität der Beteiligten** auf Kläger- und Beklagtenseite ist i.S. des § 63 formell zu verstehen. Es kommt nicht darauf an, dass der geltend gemachte Anspruch materiellrechtlich zwischen den Beteiligten besteht; dies ist eine Frage der Begründetheit. Daher kann ein Anspruch, der in Prozessstandschaft geltend gemacht wird (→ vor § 40 Rn. 37), mit einem eigenen Anspruch des Klägers verbunden werden (S/S-A/P § 44 Rn. 6). Die Praxis betrachtet ohne weiteres auch Klagehäufungen für zulässig, bei denen ein Anspruch gegen die Körperschaft zu richten ist, ein weiterer gegen eine Behörde desselben Rechtsträgers, gegen die gemäß § 78 I Nr. 2 i.V.m. dem Landesrecht eine Klage zu richten ist. Das versteht sich schon deshalb von selbst, weil in § 78 I Nr. 2 ein Fall der Prozessstandschaft für den Rechtsträger vorgesehen ist. Anders verhält es sich bei gesetzlicher Vertretung und bei Parteien kraft Amtes.

7 Der weiter geforderte **Zusammenhang** liegt bereits dann vor, wenn allen Klagebegehren ein einheitlicher Lebenssachverhalt zugrunde liegt, der weitgehend die gleichen Sachverhalts- oder Rechtsfragen aufwirft. Die Großzügigkeit im Verständnis rechtfertigt sich aus dem Normzweck der Prozessökonomie. Stellen sich anfängliche Überlegungen hierzu später als verfehlt heraus, bleibt dem Gericht die Möglichkeit der Trennung nach § 93 S. 2.

8 Die umgreifende **Zuständigkeit des Gerichts** betrifft die sachliche wie die örtliche Zuständigkeit für alle Klagebegehren. Vorausgesetzt ist dabei, dass alle Ansprüche wirksam angebracht worden sind, also ein Prozessrechtsverhältnis begründet (→ vor § 40 Rn. 4) und der Rechtsweg zu den VG eröffnet ist. Nicht erforderlich ist, dass alle Begehren in derselben Klageart verfolgt werden; lediglich die für sie jeweils geforderten besonderen Sachentscheidungsvoraussetzungen müssen gegeben sein (BVerwG DÖV 1965, 350). Unzulässig ist aber die Verbindung von Klagen und vorläufigen Rechtsschutzanträgen und diejenige einer Klage mit einem Antrag auf Normenkontrolle nach § 47 (h.M., KS § 40 Rn. 7), für den ohnehin das OVG zuständig ist.

III. Wirkungen der Klagenhäufung

9 § 44 begründet eine **Rechtsmacht** des Klägers bzw. Antragstellers: Es liegt zunächst in seiner Disposition, mehrere prozessuale Ansprüche in einer Klage(schrift) anzubringen oder in ein anhängiges Verfahren einzuführen. Ist die Klagehäufung nach dem Maßstab des § 44 **unzulässig**, so kommt eine Abweisung nicht in Frage. Vielmehr muss das Gericht die Begehren trennen, und soweit das Gericht für ein Begehren unzuständig ist, nach den einschlägigen Regeln verweisen (§ 173 S. 1 bzw. § 83 S. 1 i.V.m. §§ 17 ff. GVG → § 41 Rn. 3 ff.). Kompliziert sind die Folgen, wenn bei **eventualer Klagenhäufung** die Zuständigkeit des Gerichts für einen Antrag nicht gegeben ist: Fehlt sie hinsichtlich des Hilfsantrags, ist zunächst über den Hauptantrag zu entscheiden und bei Erfolglosigkeit der Hilfsantrag zu verweisen. Fehlt die Zuständigkeit hinsichtlich des Hauptantrags ist der gesamte Rechtsstreit zu verweisen; ist das neue Gericht für den Hilfsantrag nicht zuständig, wird es bei Abweisung des Hauptantrags den Hilfsantrag wiederum (zurück)verweisen müssen (BVerwG NVwZ 1987, 216; Ey § 44 Rn. 11).

10 Ist die Klagehäufig **zulässig**, so bleibt es dem Gericht unbenommen, die Ansprüche gemäß § 93 S. 2 nach seinem sachgerechten Ermessen zu **trennen** (→ § 93 Rn. 10 ff.). Das gilt nicht bei Eventualbegehren, weil diese durch das prozessuale Bedingung miteinander verknüpft sind (Ey § 44 Rn. 11). Belässt es das Gericht bei der klägerseitigen Verbindung, so hat es über alle angebrachten Klagebegehren **gemeinsam zu entscheiden**, bei Durchführung einer mündlichen Verhandlung auch gemeinsam zu verhandeln. Unbenommen bleibt die Befugnis des Gerichts – wie immer bei teilbaren Streitgegenständen – ein Teilurteil nach § 110 zu erlassen (ggf. zum Hauptantrag bei eventualer Klagenhäufung).

§ 44a [Rechtsbehelfe gegen behördliche Verfahrenshandlungen]

¹Rechtsbehelfe gegen behördliche Verfahrenshandlungen können nur gleichzeitig mit den gegen die Sachentscheidung zulässigen Rechtsbehelfen geltend gemacht werden. ²Dies gilt nicht, wenn behördliche Verfahrenshandlungen vollstreckt werden können oder gegen einen Nichtbeteiligten ergehen.

Der **Normzweck** des § 44a geht dahin, einen von der Auseinandersetzung um die Sa- 1 che getrennten Rechtsstreit um Fehler im Verwaltungsverfahren zu verhindern. Prozessual soll die **Konzentration** des Rechtsschutzes auf die behördliche Sachentscheidung eine unnötige oder eventuell mehrfache Inanspruchnahme der Gerichte in derselben Sache vermeiden, ebenso der missbräuchlichen Geltendmachung von Verfahrensfehlern zur Verzögerung der Sachentscheidung entgegenwirken, um eine effektive und zügige Erreichung des Prozessziels zu gewährleisten (BT-Drs. 7/910, S. 97 f.).

Zum anderen – und sicher wichtiger – wird der **Relativität von Verfahrensfeh-** 2 **lern** Rechnung getragen. Nach §§ 45, 46 VwVfG können Verfahrensfehler bis ins gerichtliche Verfahren hinein geheilt werden oder sind sogar unbeachtlich. Das Ziel des Verwaltungsverfahrens (und eines sich anschließenden Prozesses) ist, eine materiell rechtmäßige, jedenfalls den Betroffenen nicht in Rechten verletzende Sachentscheidung. Dieses Bestreben wird im Verwaltungsprozess durch die Betrachtung fortgesetzt, ob sich ein Verfahrensfehler auf die Rechtsposition des Klägers konkret ausgewirkt haben kann (→ § 42 Rn. 181). Das rechtfertigt – auch verfassungsrechtlich – eine rein verfahrensnachfolgende gerichtliche Kontrolle. Die unzweifelhaft gegebene, teilweise grundrechtlich abgesicherte „dienende Funktion" eines ordnungsgemäßen Verfahrens für das Verfahrensergebnis (abgestuft allerdings nach dem Grad der rechtlichen Determinierung des jeweiligen Verfahrens) wird dadurch insgesamt stark relativiert. Die Vorschrift ist gleichwohl **verfassungsgemäß** und wirksam (dazu BVerwG Buchh 310 § 44a VwGO Nr. 8). Gegen die – damit spekulierende – bewusste Missachtung von Verfahrensvorschriften durch eine Behörde in der Hoffnung, „es werde schon gut gehen", gibt die VwGO zwar keine unmittelbare Handhabung; sie bietet dem Gericht jedoch ausreichend Handlungsspielräume, derartigen Missbräuchen einen Riegel vorzuschieben.

I. Ausschluss isolierter Anfechtbarkeit (S. 1)

1. Verwaltungsverfahren

§ 44a gilt im Rahmen **aller behördlichen Verfahren**, für die der Verwaltungs- 3 rechtsweg (§ 40) eröffnet ist. Es ist ohne Bedeutung, von wem das Verfahren und ob es nach Bundes- oder Landesrecht geführt wird, ob nach einem VwVfG, dem SGB X, der AO oder einem Spezialgesetz. Dort vorhandene spezielle Regelungen können die Vorschrift aber verdrängen (für das Asylverfahren vgl. § 10 III 5 AsylVfG a.F., nunmehr § 36 AsylVfG n.F., dazu BVerwG NVwZ 1989, 473, 476).

2. Verfahrenshandlung

Es muss die Fehlerhaftigkeit einer behördlichen **Verfahrenshandlung** in Rede ste- 4 hen. Unter diesen Begriff fallen nach ganz h.M. behördliche Handlungen, die im

Zusammenhang mit einem schon begonnenen und noch nicht abgeschlossenen Verwaltungsverfahren stehen und der Vorbereitung einer regelnden Sachentscheidung dienen (BVerwG NVwZ 2009, 1558 = DVBl. 2009, 1520; S/S-A/P § 44a Rn. 8; NKVwGO § 44a Rn. 40; Ey § 44a Rn. 4; KS § 44a Rn. 3, 5 f.). Aus dem Gegensatz der Begriffe der Verfahrenshandlung und Sachentscheidung, der in § 44a S. 1 gleichfalls verwendet wird, folgt, dass sich der Ausschluss selbstständiger Rechtsbehelfe grds. auf solche (unselbstständigen) behördlichen Maßnahmen beschränkt, die Teil eines konkreten Verwaltungsverfahrens sind, ohne selbst Sachentscheidung zu sein, ohne also ihrerseits in materielle Rechtspositionen einzugreifen (z. B. SächsOVG NVwZ-RR 1999, 209).

5 Der Umstand, dass eine behördliche Maßnahme die Merkmale eines Verwaltungsakts i. S. des § 35 S. 1 VwVfG erfüllt, hindert für sich genommen nicht, sie als Verfahrenshandlung einzuordnen (BVerwG Buchh 310 § 44a VwGO Nr. 4 zur Anforderung der polizeilichen Anmeldung in Vorbereitung der Entscheidung der Ausländerbehörde). Die notwendige Gleichzeitigkeit des Rechtsschutzes gegen Verfahrenshandlungen und Sachentscheidung im Anwendungsbereich des § 44a S. 1 hat zur Konsequenz, dass **Verfahrens-VA** wie sonstige Verfahrenshandlungen nur einer Inzidentprüfung im Rahmen des Rechtsbehelfs gegen die abschließende Sachentscheidung unterliegen und mithin nicht selbstständig in Bestandskraft erwachsen (BVerwG NVwZ 2009, 1558). Anfechtbar bleiben aber **selbstständige Sachentscheidungen** in einem mehrstufigen Verwaltungsverfahren (BVerwG NVwZ 2009, 1558 zur Anordnung der Beschlusskammer der Bundesnetzagentur nach § 55 IX TKG, dass der Zuteilung von Frequenzen ein Vergabeverfahren vorauszugehen hat).

6 **Beispiele** für Verfahrenshandlungen sind: die Versagung oder die Art der Akteneinsicht, die Gewährung von Gehör, die Beteiligung von Stellen oder die Hinzuziehung von Dritten, der Ausschluss von Erörterungen (S/S-A/P § 44a Rn. 17).

3. Sachentscheidung

7 Ziel des Verwaltungsverfahrens muss eine „Sachentscheidung" sein. Die wohl überwiegende Ansicht will diesen Begriff i. d. R. auf **VA** beschränken (BVerwG NJW 1982, 120; S/S-A/P § 44a Rn. 13; KS § 44a Rn. 3; RO § 44a Rn. 2; St/B/S § 97 Rn. 11). Demgemäß unterliegt die Anfechtung von Verfahrenshandlungen in einem Verfahren auf Abschluss eines öffentlich-rechtlichen Vertrages, im Zusammenhang mit Realhandlungen oder mit dem Erlass eines Rechtssatzes (Rechtsverordnung, Satzung) keinen Einschränkungen aus S. 1.

4. Rechtsbehelf

8 Rechtsbehelf ist jedes gesetzlich vorgesehene Verfahrensmittel zur Überprüfung der Rechtmäßigkeit des Verhaltens. Der Begriff „Rechtsbehelf" i. S. des § 44a S. 1 ist wegen des Zwecks der Vorschrift (Rn. 1) weit zu verstehen. Er umfasst gerichtliche wie außergerichtliche Rechtsbehelfe, also den Widerspruch (§§ 68 ff.) und die Klage. Auf die Klageart (die kein Rechtsbehelf ist) kommt es nicht an. Deshalb sind Klagen ausgeschlossen unabhängig davon, ob der Kläger ein Anfechtungsbegehren, ein Verpflichtungs-, Feststellungs- und Leistungsbegehren verfolgt (stRspr., BVerwGE 115, 373; Buchh 310 § 44a Nr. 1; Buchh 310 § 44a Nr. 5; Buchh 310 § 44a Nr. 7). Die Regelung gilt auch für Anträge auf vorläufigen Rechtsschutz nach §§ 80, 80a und nach § 123 VwGO, weil im Eilverfahren kein weitergehender Rechtsschutz erlangt werden kann als im Klageverfahren (BVerwG NVwZ-RR 1997, 663; Buchh 11 Art. 33 Abs. 2 GG Nr. 33; Beschl. v. 6.9. 2005 – 9 VR 21.05; Buchh 310 § 44a VwGO Nr. 7).

5. Bedeutung für das gerichtliche Verfahren

Das Vorliegen einer Sachentscheidung ist – bezogen auf die Rüge von Verfahrensfehlern – **Sachurteilsvoraussetzung** des Rechtsbehelfs. Die genaue Einordnung als Element des Rechtsschutzbedürfnisses, der Klagebefugnis oder als selbständige negative Sachbescheidungsvoraussetzung ist streitig (S/S-A/P § 44a Rn. 24). Jedenfalls ist in gleicher Weise wie beim Rechtsweg, der Zuständigkeit des Gerichts oder der Klagebefugnis (→ vor § 40 Rn. 8 ff.) maßgeblich, dass ihre tatbestandlichen Voraussetzungen im Zeitpunkt der gerichtlichen Entscheidung gegeben sind (BVerwGE 115, 373, 377 ff. = Buchh 310 § 44a Nr. 9 S. 8 ff.; S/S-A/P § 44a Rn. 24 m.w.N.). 9

Der geltend gemachte Verfahrensfehler wird im Rahmen der Überprüfung der Sachentscheidung **inzident** auf sein Vorliegen und auf seine Relevanz für die materiellen Rechte des Klägers (Rn. 2) mit überprüft. Das gilt auch dann, wenn es sich nicht um eine unselbstständige Vorbereitungshandlung, sondern um einen VA handelt. Sind solche VA nach § 44a S. 1 nicht für sich anfechtbar, so beginnt die Rechtsbehelfsfrist für sie gemeinsam mit derjenigen der Sachentscheidung zu laufen (str., S/ S-A/P § 44a Rn. 22 m.w.N. auch zur Gegenansicht). 10

II. Ausnahmen isolierter Anfechtbarkeit (S. 2)

Nach S. 2 sind Verfahrenshandlungen – in Ausnahme der Fälle nach S. 1 – dann gesondert mit Rechtsbehelfen angreifbar, wenn sie vollstreckt werden können oder gegen einen Nichtbeteiligten ergehen. 11

1. Vollstreckbare Verfahrenshandlungen

Nicht von S. 2 erfasst werden selbständige Vollstreckungsakte nach dem VwVG, die unabhängig von der Grundverfügung anfechtbar sind. Es muss sich vielmehr um selbstständige Verfahrenshandlungen handeln, mit denen vom Betroffenen ein **Tun, Dulden oder Unterlassen** begehrt wird und die mit Zwangsmitteln **durchsetzbar** sind. Beispiele sind die Anordnung, das Betreten des Grundstücks zu ermöglichen und zu dulden, Unterlagen vorzulegen, persönlich zu erscheinen oder sich ärztlich untersuchen zu lassen. 12

Bei vollstreckbaren Verfahrenshandlungen dient die Regelung dem **Zweck**, dem Grundrechtsschutz durch Verfahren und der Effektivität des Rechtsschutzes Vorrang einzuräumen. Der Gesetzgeber hat den Ausschluss der selbständigen Anfechtbarkeit solcher Verfahrenshandlungen zu Recht als verfassungsrechtlich bedenklich angesehen. Mit der Ausnahme in S. 2 soll der Gefahr begegnet werden, dass bei einer vollstreckbaren Verfahrenshandlung zur Sachentscheidung ein irreparabler Zustand geschaffen wird (BT-Drs. 7/910, S. 97). 13

Hat sich eine Verfahrenshandlung, der zunächst die Qualität einer vollstreckbaren Verfahrenshandlung zukam, bei Klageerhebung **erledigt**, so greift S. 2 nicht ein (BVerwGE 115, 373, 377 zum Ausschluss von einem Erörterungstermin). Ob in solchen Fällen wegen Wiederholungsgefahr, Rehabilitierung und eines schwerwiegenden Grundrechtseingriffs eine **Fortsetzungsfeststellung** entspr. § 113 I 4 zugelassen werden muss, ist fraglich. Aus verfassungsrechtlichen Gründen wäre dies jedenfalls nur bei einer erheblichen Eingriffstiefe geboten. 14

2. Verfassungskonforme Auslegung

Art. 19 IV GG gebietet es, in verfassungskonformer Auslegung des § 44a S. 2 einen Rechtsbehelf (etwa nach § 123) als statthaft anzusehen, wenn der **Rechtsschutz ge-** 15 gen die Sachentscheidung, auf den der Betroffene sonst verwiesen wäre, **nicht ausreichend** wäre, um die geltend gemachte Verletzung effektiv abzuwehren (BVerwG NVwZ-RR 2000, 760: Gefährdung des Rechts auf informationelle Selbstbestimmung bei sofortiger Weitergabe von Einwendung an einen Vorhabenträger; ferner NVwZ-RR 1997, 663).

3. Nichtbeteiligte

16 Die prozessuale Begünstigung von **Nichtbeteiligten** trägt dem Umstand Rechnung, dass ihnen ein Anfechtungsrecht gegen die Sachentscheidung nicht zusteht. Wer Beteiligter an einem Verwaltungsverfahren ist, ist nach den für das Verfahren geltenden Regeln zu beantworten. Es muss sich daher nicht um Beteiligte i.S. des § 13 I VwVfG handeln. Für **Planfeststellungsverfahren** (vgl. §§ 72 ff. VwVfG) gelten spezielle Beteiligungsregelungen, die **Einwendungsberechtigte** im Planfeststellungsverfahren einschließen. Der Gesichtspunkt prinzipiell fehlender Anfechtungsberechtigung trifft bei ihnen nicht zu (BVerwG NVwZ-RR 1997, 663). Entsprechendes gilt für anerkannte Naturschutzverbände oder Umweltschutzvereinigungen.

§ 45 [Sachliche Zuständigkeit]

Das Verwaltungsgericht entscheidet im ersten Rechtszug über alle Streitigkeiten, für die der Verwaltungsrechtsweg offensteht.

I. Zuständigkeitsordnung innerhalb der Verwaltungsgerichtsbarkeit

1 Ist der Verwaltungsrechtsweg eröffnet (§ 40), der die Zuständigkeit der Gerichtsbarkeit begründet, so bedarf innerhalb der horizontal und vertikal gegliederten Gerichtsbarkeit (§ 2) das im einzelnen Streitfall zur Sachentscheidung berufene Gericht genauer Bestimmung (→ vor § 40 Rn. 27, 34). Die gerichtsbarkeitsinterne Abgrenzung der Entscheidungskompetenz ist nach differenzierten Kriterien abstrakt festgelegt; für deren Entfaltung benötigt die VwGO immerhin acht, teilweise umfängliche Paragrafen (§§ 45 bis 50, 52, 53). Dabei wird die Eingangsinstanz durch die Aufstellung sachlicher Kriterien, der sog. **sachlichen** Zuständigkeit, bestimmt. Nur für besondere Sachgebiete sind die OVG (§§ 47 f.) oder sogar das BVerwG (§ 50) sachlich (erstinstanzlich) zuständig.

2 Wird ein Gericht mit spezieller Aufgabenstellung (etwa im Rahmen der Vollstreckung → § 169) tätig, so ist ihm eine **funktionelle** Zuständigkeit übertragen. Deren Unterfall ist die **instanzielle** Zuständigkeit als Rechtsmittelgericht (→ § 46 für das OVG, → § 49 für das BVerwG). Daneben bedarf es im konkreten Fall der Bestimmung des **örtlich** zuständigen Gerichts in der Horizontalen – bezogen also auf die erstinstanzlichen VG eines Bundeslandes, jedoch nur in jenen Ländern, die von der Befugnis Gebrauch gemacht haben, mehrere von ihnen zu errichten (→ § 2 Rn. 4). Die Zuständigkeiten sind **ausschließlich**, d.h. weder einer Parteivereinbarung zugänglich noch können sie durch rügeloses Einlassen begründet oder verändert werden. Zuständigkeitsregelungen können aufgrund von Öffnungsklauseln jedoch teilweise durch Staatsvertrag getroffen werden (→ § 3 Rn. 10).

II. Eingangszuständigkeit der Verwaltungsgerichte

3 Grds. fallen nach § 45 alle Sachen bei den VG I. Instanz an. Nur scheinbar formuliert § 45 die Eingangszuständigkeit der VG als einschränkungsloses Prinzip. Der Charakter als **Regelfall** ergibt sich aus nachfolgenden speziellen Vorschriften über die sachliche Zuständigkeit der OVG und des BVerwG (§§ 47, 48; § 50). Die Regelung über die sachliche (ebenso die örtliche) Zuständigkeit bezieht sich stets auf das Gericht im organisatorischen Sinne, nicht auf den Spruchkörper (→ § 1 Rn. 4), was etwa eine unterschiedliche Kammerzuteilung von zeitlich versetzt eingehenden Eil- und Hauptsacheverfahren zulässt. Das „Herunterbrechen" der Zuständigkeit auf die zuständige Kammer innerhalb eines VG ist Sache der Geschäftsverteilung (→ § 4), in die das Gesetz mit abstrakten Zuständigkeitskriterien nicht eingreifen will (KS § 45 Rn. 2). Zur Prüfung der Zuständigkeit durch das Gericht → vor § 40 Rn. 8.

III. Zuständigkeitsbestimmung

Die Zuständigkeit des VG in sachlicher und örtlicher Hinsicht ist **Sachentscheidungsvoraussetzung** (→ vor § 40 Rn. 17 ff.). Sie muss bei Eingang eines Rechtsschutzantrags bei Gericht gegeben sein. Ist das der Fall, führen nachträgliche Veränderungen nicht mehr zum Wegfall der Zuständigkeit (§ 83 S. 1 i. V. m. § 17 I 1 GVG). Die **verbindliche Bestimmung** der Zuständigkeit ist Sache eines Gerichts innerhalb des Rechtswegs. Der Kläger hat zwar – ggf. mit anwaltlicher Beratung – die Entscheidung zu treffen, bei welchem Gericht er eine Sache anbringt. Ein eventueller Rechtsirrtum führt jedoch zwingend zur Verweisung durch das Gericht (→ § 41; → § 83) und hat zur Folge, dass der Kläger grds. mit deren Kosten belastet wird (§ 17b II 2 GVG, vgl. aber § 155 IV). Bei **Rechtswegverweisung** (§ 173 S. 1 i. V. m. § 17a II GVG) entscheidet über den Rechtsweg und die sachliche und örtliche Zuständigkeit ein Gericht außerhalb der Verwaltungsgerichtsbarkeit (→ § 41 Rn. 28).

§ 46 [Instanzielle Zuständigkeit des Oberverwaltungsgerichts]
Das Oberverwaltungsgericht entscheidet über das Rechtsmittel
1. der Berufung gegen Urteile des Verwaltungsgerichts,
2. der Beschwerde gegen andere Entscheidungen des Verwaltungsgerichts und[1]
3. (aufgehoben)

Die §§ 46 bis 48 legen die Zuständigkeiten (→ § 45 Rn. 1) des OVG als **Mittelinstanz** der dreistufigen Verwaltungsgerichtsbarkeit (→ § 2; → § 9) und als oberstes VG in den Ländern fest. Dabei beschreibt § 46 (→ 49 für das BVerwG) seine **funktionelle Zuständigkeit** als **Rechtsmittelgericht**, nämlich als Berufungs- und Beschwerdegericht. Das OVG entscheidet im zweiten Rechtszug über Berufungen gegen „Urteile" (Nr. 1 → §§ 124 ff.) und über Beschwerden (Nr. 2 → §§ 146 ff.) gegen „andere Entscheidungen" der VG. Die funktionelle Zuständigkeit wird mithin nicht durch sachbezogene Merkmale der Streitsachen begründet (so aber bei der Eingangszuständigkeit nach §§ 47 und 48), sondern allein durch den Umstand, dass das VG eine rechtsmittelfähige Entscheidung getroffen und ein Beteiligter das gegebene Rechtsmittel ergriffen hat.

Der Wortlaut ist nicht abschließend, sondern typisierend gemeint, denn über den **Rechtsmittelzug** sagt § 46 nichts. Die nach anderen Vorschriften statthaften Rechtsmittel zum OVG sollen durch § 46 daher nicht beschnitten werden (→ § 49 Rn. 2 für das BVerwG). Insofern lässt sich sagen, dass Gerichtsbescheide (§ 84 II Nrn. 1 und 2)

---

[1] Der Wortlaut ist amtlich, aber ein offensichtliches Redaktionsversehen.

den Urteilen gleichstehen und die Befugnis des OVG, über die Zulassung der Berufung zu entscheiden (§§ 124, 124a), unberührt bleibt. Der Umkehrschluss aus § 46 Nr. 1 ist ebenso wenig zulässig: Gegen Urteile der VG ist nicht ausschließlich die Berufung statthaft, sondern nach Maßgabe des § 134 auch die Sprungrevision.

3   Die **Prüfungskompetenz** des OVG als Rechtsmittelgericht ergibt sich allein aus dem jeweiligen Rechtsmittelrecht. Danach ist das OVG – nicht anders als das VG, aber im Unterschied zum BVerwG – Tatsacheninstanz, in der eine Nachprüfung der angefochtenen Entscheidungen unter rechtlichen und tatsächlichen Gesichtspunkten erfolgt. Das ergibt sich für Berufungen aus der Bezugnahme in § 125 I auf die erstinstanzlichen Verfahrensvorschriften, für Beschwerden aus § 173 S. 1 i.V.m. § 571 II 1 ZPO, wonach die Beschwerde auf neue Angriffs- und Verteidigungsmittel gestützt werden kann.

§ 47 [Normenkontrollverfahren]

(1) Das Oberverwaltungsgericht entscheidet im Rahmen seiner Gerichtsbarkeit auf Antrag über die Gültigkeit
1. von Satzungen, die nach den Vorschriften des Baugesetzbuchs erlassen worden sind, sowie von Rechtsverordnungen auf Grund des § 246 Abs. 2 des Baugesetzbuchs,
2. von anderen im Rang unter dem Landesgesetz stehenden Rechtsvorschriften, sofern das Landesrecht dies bestimmt.

(2) [1]Den Antrag kann jede natürliche oder juristische Person, die geltend macht, durch die Rechtsvorschrift oder deren Anwendung in ihren Rechten verletzt zu sein oder in absehbarer Zeit verletzt zu werden, sowie jede Behörde innerhalb eines Jahres nach Bekanntmachung der Rechtsvorschrift stellen. [2]Er ist gegen die Körperschaft, Anstalt oder Stiftung zu richten, welche die Rechtsvorschrift erlassen hat. [3]Das Oberverwaltungsgericht kann dem Land und anderen juristischen Personen des öffentlichen Rechts, deren Zuständigkeit durch die Rechtsvorschrift berührt wird, Gelegenheit zur Äußerung binnen einer zu bestimmenden Frist geben. [4]§ 65 Abs. 1 und 4 und § 66 sind entsprechend anzuwenden.

(2a) Der Antrag einer natürlichen oder juristischen Person, der einen Bebauungsplan oder eine Satzung nach § 34 Abs. 4 Satz 1 Nr. 2 und 3 oder § 35 Abs. 6 des Baugesetzbuchs zum Gegenstand hat, ist unzulässig, wenn die den Antrag stellende Person nur Einwendungen geltend macht, die sie im Rahmen der öffentlichen Auslegung (§ 3 Abs. 2 des Baugesetzbuchs) oder im Rahmen der Beteiligung der betroffenen Öffentlichkeit (§ 13 Abs. 2 Nr. 2 und § 13a Abs. 2 Nr. 1 des Baugesetzbuchs) nicht oder verspätet geltend gemacht hat, aber hätte geltend machen können, und wenn auf diese Rechtsfolge im Rahmen der Beteiligung hingewiesen worden ist.

(3) Das Oberverwaltungsgericht prüft die Vereinbarkeit der Rechtsvorschrift mit Landesrecht nicht, soweit gesetzlich vorgesehen ist, daß die Rechtsvorschrift ausschließlich durch das Verfassungsgericht eines Landes nachprüfbar ist.

(4) Ist ein Verfahren zur Überprüfung der Gültigkeit der Rechtsvorschrift bei einem Verfassungsgericht anhängig, so kann das Oberverwaltungsgericht anordnen, daß die Verhandlung bis zur Erledigung des Verfahrens vor dem Verfassungsgericht auszusetzen sei.

§ 47

(5) ¹Das Oberverwaltungsgericht entscheidet durch Urteil oder, wenn es eine mündliche Verhandlung nicht für erforderlich hält, durch Beschluß. ²Kommt das Oberverwaltungsgericht zu der Überzeugung, daß die Rechtsvorschrift ungültig ist, so erklärt es sie für unwirksam; in diesem Fall ist die Entscheidung allgemein verbindlich und die Entscheidungsformel vom Antragsgegner ebenso zu veröffentlichen wie die Rechtsvorschrift bekanntzumachen wäre. ³Für die Wirkung der Entscheidung gilt § 183 entsprechend.

(6) Das Gericht kann auf Antrag eine einstweilige Anordnung erlassen, wenn dies zur Abwehr schwerer Nachteile oder aus anderen wichtigen Gründen dringend geboten ist.

Übersicht

	Rn.
A. Rechtsschutz in Bezug auf Normen (Überblick)	1
B. Statthafte Verfahrensgegenstände	5
I. Landesrecht aufgrund Bau- und Städtebaurechts (I Nr. 1)	6
II. Sonstiges Landesrecht (I Nr. 2)	7
1. Untergesetzliches Landesrecht	7
2. Binnenrecht der Verwaltung	10
3. Zuständigkeitsgrenze „Gerichtsbarkeit"	15
4. Zur Lage in den Bundesländern	17
III. Keine vorbeugende Normenkontrolle	18
C. Zulässigkeit des Normenkontrollantrags	20
I. Verfahrenseinleitung (I)	20
1. Antragserfordernis (I)	20
2. Form und Inhalt des Antrags	21
3. Antragsfrist	22
II. Verfahrensbeteiligte (II)	24
1. Antragsteller	24
2. Antragsgegner	26
3. Beiladung	27
4. Äußerungsberechtigte (II 3); VBI/VöI	30
III. Antragsbefugnis (II 1)	33
1. Grundsatz: § 42 II analog	33
2. Festsetzungen eines Bebauungsplans	37
a) Eigentümer im Plangebiet (unmittelbar Betroffene)	37
b) Eigentümer außerhalb eines Plangebiets (mittelbar Betroffene)	39
3. Öffentlich-rechtliche Körperschaften	43
4. Behörden	46
IV. Rechtsschutzbedürfnis	47
V. „Schlüsselloch"-Präklusion (IIa)	50
D. Verfahren bis zur Entscheidung	52
I. Rechtsgrundlagen	52
II. Verfahrensgang	54
III. Aussetzung des Verfahrens (IV)	55
E. Gerichtliches Prüfprogramm	56
I. Umfang der gerichtlichen Prüfung	56
II. Prüfungsmaßstäbe (III)	59
F. Entscheidung des Gerichts (V)	60
I. Entscheidungsform; mündliche Verhandlung (V 1)	60
II. Entscheidungsbesetzung (§ 9 III)	64

III. Entscheidungsformeln (V 2 Hs. 1) 65
  1. Verwerfung und Zurückweisung des Antrags 66
  2. Stattgabe bei Fehlerhaftigkeit 68
  3. Teilstattgabe 71
  4. Unstreitige Verfahrensbeendigungen 73
IV. Nebenentscheidungen 74
V. Wirkungen der Entscheidung 78
  1. Veröffentlichung 78
  2. Rechtskraft und Allgemeinverbindlichkeit 79
  3. Wirkung der Normverwerfung auf Titel 81
G. Rechtsmittel 82

H. Einstweilige Anordnung (VI) 83
I. Rechtsgrundlagen und Zweck des Verfahrens 83
II. Zulässigkeitsvoraussetzungen 85
  1. Einleitung des Verfahrens 86
  2. Zuständigkeit des Gerichts 87
  3. Weitere Sachentscheidungsvoraussetzungen 88
  4. Insbes. Rechtsschutzbedürfnis 90
III. Materielle Erlassvoraussetzungen 94
IV. Entscheidung 97
  1. Form; Entscheidungsbesetzung 97
  2. Entscheidungsinhalt 99
    a) Negative Entscheidung 99
    b) Inhalt einer einstweiligen Anordnung 100
    c) Dauer der einstweiligen Anordnung 102
    d) Nebenentscheidungen 104
  3. Veröffentlichung 105
  4. Zwischenentscheidung 106
V. Anfechtbarkeit und Abänderung 107

A. Rechtsschutz in Bezug auf Normen (Überblick)

1 Es gehört von jeher zur **richterlichen Prüfungskompetenz**, von Amts wegen jene Normen zu identifizieren, die sich für den zu entscheidenden Fall Geltung beimessen, und sie auf ihre Gültigkeit, also ihre Übereinstimmung mit höherrangigem Recht zu überprüfen, sofern es für den Ausgang des Rechtsstreits hierauf ankommt (BVerwGE 80, 355, 363 = NJW 1989, 1495). Stellt das Gericht dabei einen beachtlichen Rechtsfehler fest, führt dies bei Normen grds. (außer bei nicht offensichtlichen Verfahrensfehlern) zur Nichtigkeit, d.h. zur Unwirksamkeit von Anfang an. Daraus Konsequenzen für die Entscheidung zu ziehen oder gar eine verbindliche Feststellung der Nichtigkeit zu treffen **(Verwerfungskompetenz)**, ist den Fachgerichten aber grds. nur bei untergesetzlichen Normen gestattet. Bei formellen nachkonstitutionellen Gesetzen besteht ein Verwerfungsmonopol des BVerfG, dem ein Fachgericht die Norm zur Prüfung vorlegen muss (Art. 100 I GG, sog. abstrakte Normenkontrolle). Für Völkerrecht sieht Art. 100 II GG ein entsprechendes sog. Normqualifizierungsverfahren vor. Für die Verwerfung von europäischem Gemeinschaftsrecht liegt das Verwerfungsmonopol beim EuGH (→ vor § 40 Rn. 23).

2 Bei untergesetzlichen Normen erfolgt die fachgerichtliche Prüfung und ggf. Verwerfung i.d.R. **inzident**, also im Rahmen der Überprüfung eines Vollzugsaktes. Eine Verwerfung wird nicht tenoriert, sondern lediglich in den Entscheidungsgründen ausgesprochen und erwächst nur zwischen den Prozessbeteiligten **(inter partes)** in Rechtskraft (S/S-A/P § 47 Rn. 52), was anderen Gerichten die Möglichkeit lässt, abweichend zu entscheiden. Hingegen wird bei der **prinzipalen Normenkontrolle** die Gültigkeit einer Norm selbst zum Gegenstand der gerichtlichen Kontrolle und eines allgemein verbindlichen, also **inter omnes** wirkenden Ausspruchs gemacht (Direktprüfung). Die prinzipale Normenkontrolle nach § 47 ist für bestimmte untergesetzliche Regelungen als vornehmlich objektives Rechtsbeanstandungsverfahren ausgestaltet (BVerwGE 82, 225, 230; → Rn. 19) und bei dem OVG als Eingangsgericht konzentriert. Ist das europäische Gemeinschaftsrecht Prüfungsmaßstab für eine nationale Norm, so gelten Besonderheiten. Ist die Norm mit Gemeinschaftsrecht unvereinbar, sind alle Gerichte unabhängig von den sonst geltenden Maßgaben der Normprüfung gehalten, die nationale Norm **unangewendet** zu lassen.

Neben § 47 hat sich für Fälle normativen Unrechts mittlerweile eine inzidente Normenkontrolle durch eine „**atypische**" **Feststellungsklage** nach § 43 etabliert, die auf Feststellung einer Rechtsverletzung gerichtet ist (→ § 43 Rn. 67). Über deren Verhältnis zu § 47 besteht keine vollständige Einigkeit. Ein echtes (ausschließendes) Konkurrenzverhältnis zur Feststellungsklage nach § 43 besteht allerdings offensichtlich nicht, obwohl auch die stattgebende Normenkontrollentscheidung feststellenden Charakter hat. Jedoch betrifft die Gültigkeit oder Nichtigkeit einer Norm gegenüber einem Kläger kein konkretes streitiges Rechtsverhältnis und kann daher mithilfe von § 43 I nicht zum direkten Prüfungsgegenstand gemacht werden.

§ 47 regelt entgegen seiner systematischen Stellung im 6. Abschnitt weit mehr als nur die sachliche (Eingangs)Zuständigkeit der OVG. Die Norm enthält vielmehr eine **Vollregelung der Normenkontrolle**: Sie beschreibt ihren Anwendungsbereich, die Verfahrenseinleitung und Frage der Verfahrensdurchführung, die Zulässigkeitsvoraussetzungen, die gerichtlichen Aussprüche und Wirkungen und die Möglichkeit einstweiligen Rechtsschutzes.

B. Statthafte Verfahrensgegenstände

Die möglichen Gegenstände der Normenkontrolle sind in I umschrieben und stark eingeschränkt. Die Regelung ist **abschließend**, in Bezug auf andere Rechtssätze ist die Normenkontrolle also nicht – auch nicht im Wege der Analogie – statthaft. Die beiden Nummern des I enthalten zwei Normkreise: unmittelbar kraft Bundesrechts überprüfbare Rechtssätze (Nr. 1) und solche nach Landesrecht kraft bundesrechtlicher Ermächtigung (Nr. 2).

I. Landesrecht aufgrund Bau- und Städtebaurechts (I Nr. 1)

Mit der Normenkontrolle stets überprüfbar sind die in I Nr. 1 umschriebenen Vorschriften aufgrund des Baurechts, die regelmäßig als Satzungen erlassen werden, in den Stadtstaaten hingegen gemäß § 246 II BauGB als Rechtsverordnungen. Zu ihnen zählen vornehmlich **Bebauungspläne** (§§ 8, 10 BauGB), die den praktischen Hauptanwendungsfall ausmachen, aber auch Veränderungssperren (§§ 14, 16 BauGB), Satzungen zur Festlegung des Innenbereichs (§ 34 IV BauGB), gemäß § 35 VI BauGB, zur Regelung der Erschließung (§ 132 BauGB), zur Festlegung und Aufhebung eines Sanierungsgebiets (§ 142 III und § 162 BauGB), zur Festlegung von städtebaulichen Entwicklungsbereichen (§ 165 VI BauGB) und nach § 205 BauGB. **Nicht** überprüfbar sind **Flächennutzungspläne**, weil es sich nicht um Rechtsvorschriften mit Außenwirkung handelt (BVerwGE 68, 324; NVwZ 1991, 262); sie können aber inzident als Prüfungsmaßstab heranzuziehen sein.

II. Sonstiges Landesrecht (I Nr. 2)

1. Untergesetzliches Landesrecht

7 Was andere als die in I Nr. 1 genannten Rechtsvorschriften anlangt, werden die Landesgesetzgeber ermächtigt, sie der Normenkontrolle zu unterstellen. Der Wendung „im Rang unter dem Landesgesetz" ist zu entnehmen, dass es sich nur um Rechtsvorschriften des **Landesrechts** handeln muss. Untergesetzliches **Bundesrecht** (etwa Bundes-Rechtsverordnungen) ist im Verfahren der Normenkontrolle mithin nie überprüfbar, was die Notwendigkeit erklärt, bei Rechtsverletzungen durch solches Bundesrecht in die Feststellungsklage „auszuweichen" (Rn. 3).

8 Für die **Einordnung** als Bundes- oder Landesrecht kommt es grds. auf die erlassende Stelle an, nicht hingegen auf die rechtliche Grundlage oder das Erlassverfahren (S/S-A/P § 47 Rn. 19 m.w.N.). Wird eine überprüfbare Rechtsverordnung durch ein Landesgesetz geändert und die Vorschrift sogleich wieder der Änderungsbefugnis des Verordnungsgebers unterstellt (unter der Bezeichnung „Rückkehr zum einheitlichen Verordnungsrang"), so wirkt eine solche „Entsteinerungsklausel" unmittelbar und nicht erst bei erneuter Änderung durch den Verordnungsgeber. Bereits mit der gesetzlichen Änderung handelt es sich materiell wiederum um Verordnungsrecht, das der Normenkontrolle unterliegt (BVerwGE 117, 313 = NVwZ 2003, 730).

9 Im Rang unter dem Landesgesetz stehen landesrechtliche **Rechtsverordnungen** und **Satzungen**, die von Gemeinden und sonstigen juristischen Personen des öffentlichen Rechts unter staatlicher Aufsicht in Wahrnehmung einer ihnen gesetzlich verliehenen Autonomie erlassen werden. Ihnen stehen Vorschriften gleich, die durch Rechtsverordnung oder Satzung für verbindlich erklärt worden sind. Maßgeblich ist grds. die benutzte **äußere Form** (BVerwGE 74, 55). Es steht dem Normgeber frei, den Rechtscharakter von Regelungen ohne Bindung an begriffliche Notwendigkeiten verbindlich auszugestalten und dadurch die Normqualität außer Streit zu stellen (BVerwGE 70, 77, 82; 11, 14, 16). Ist die äußere Form eindeutig, kommt es nicht darauf an, ob die Vorschrift nach ihrem Inhalt als Norm einzuordnen ist (BVerwGE 119, 217, 220; str., KS § 47 Rn. 27). Allerdings ist der Begriff der Rechtsvorschrift **in einem weiten Sinn** zu verstehen (BVerwGE 119, 217, 220 f. = NVwZ 2004, 614; 94, 335, 337 = NVwZ 1994, 1213; BVerwG NVwZ 1988, 1119, 1120). Daher darf eine Regelung nach h.M. (nur) dann anhand ihrer **materiellen** Eigenschaften als Rechtsvorschrift qualifiziert werden, wenn die Prüfung mithilfe formeller Kriterien kein eindeutiges Ergebnis liefert (vgl. BVerwG NJW 1996, 2046, 2047 = JZ 1996, 904).

2. Binnenrecht der Verwaltung

10 Zu der Frage, welche Rechtsvorschriften nach welchen Kriterien anzuerkennen sind, bietet die Rspr. indes kein eindeutiges Bild. Sicher genügt es, wenn eine **abstrakt-generelle Regelung mit Verbindlichkeit nach außen** vorliegt. Diese traditionellen Merkmale von Normen helfen jedoch nicht weiter, wenn es um **Binnenrecht** der Verwaltung geht, das in der Rspr. teilweise aber der Normenkontrolle unterstellt wird (Nachw. bei S/S-A/P § 47 Rn. 25). Die Rspr. lässt überwiegend eine Kontrolle rein innerorganisatorischen Rechts nicht zu, wenn es sich darauf beschränkt, verwaltungsintern das Handeln nachgeordneter Stellen zu steuern. Kontrollfähig ist aber eine Binnenregelung, wenn sie mit dem **Anspruch auf Verbindlichkeit** gegenüber Dritten auftritt oder zumindest gegenüber kontrastierenden Organteilen, denen Kompetenzen zur eigenen Wahrnehmung zugewiesen sind.

Kontrollfähig sind daher die Geschäftsordnungen eines kommunalen Vertretungsorgans (BVerwG NVwZ 1988, 1119) sowie Sozialhilferegelsätze (BVerwGE 94, 335, 337 = NVwZ 1994, 1213) und ebenso Beihilfevorschriften, sofern sie sich unmittelbare Außenwirkung auch gegenüber dem Bürger beilegen. Das dürfte allgemein für solche abstrakt-generellen Binnenregelungen der Exekutive gelten, die rechtliche Außenwirkung gegenüber dem Bürger beanspruchen und auf diese Weise dessen subjektiv-öffentlichen Rechte unmittelbar berühren (BVerwG NVwZ 2005, 602 zum Münchner Modellprojekt der Pauschalierung einmaliger Sozialhilfeleistungen). 11

Auch **gerichtliche Geschäftsverteilungspläne** sind grds. kontrollfähig, weil sie anerkanntermaßen das Dienstverhältnis zum einzelnen Richter betreffen (BVerwGE 50, 11 = NJW 1976, 1224; NJW 1982, 900; offen aber NVwZ 1988, 1119, 1120). Es muss sich jedoch um den GVP eines Landesgerichts der Verwaltungsgerichtsbarkeit (VG oder OVG) handeln (BVerwGE 50, 1, 15); die GVP anderer Gerichtsbarkeiten unterfallen nicht – wie I verlangt – der Gerichtsbarkeit des OVG (Rn. 15). 12

Nach dem Maßstab der Außenwirksamkeit scheidet eine Prüfung von **Verwaltungsvorschriften** regelmäßig aus (BVerwGE 94, 335, 337 = NVwZ 1994, 1213; 75, 109, 117 = NVwZ 1987, 315; NVwZ 2005, 602); dasselbe gilt für sonstige behördliche Äußerungen ohne externe Bindungswirkung, also namentlich Gutachten, antizipierte Gutachten oder schlichte Auskünfte. Ebenso wenig können formalisierte norminterpretierende Richtlinien oder Runderlasse sowie Subventionsrichtlinien oder sonstige ermessensleitende Richtlinien Gegenstand der Normenkontrolle sein, wenn sie erst über den „Hebel" ihrer gleichmäßigen Anwendung gemäß Art. 3 I GG Außenwirkung entfalten (BVerwGE 100, 335; 58, 45 = NJW 1979, 2059). 13

Ungeklärt ist die Lage aber bei den **normkonkretisierenden Verwaltungsvorschriften** im Umweltrecht. Sie sind zwar ebenfalls keine Rechtsvorschriften mit unmittelbarer Auswirkung, anders als norminterpretierende oder ermessenslenkende Verwaltungsvorschriften schreibt ihnen die Rspr. aber eine auch für Gerichte bindende (Außen)Wirkung zu (BVerwGE 110, 216 = NVwZ 2000, 440; 107, 338 = NVwZ 1999, 1114). Das spricht klar dafür, sie zum statthaften Gegenstand einer Normenkontrolle zu machen. Wenn sie es trotzdem nicht sind, dann wohl deshalb, weil die prominenten Fälle der TA Luft und TA Lärm als Bundesrecht zu qualifizieren sind, das der Normenkontrolle generell nicht unterliegt (Rn. 7). 14

3. Zuständigkeitsgrenze „Gerichtsbarkeit"

Die Kontrollbefugnis der OVG ist nach I ausdrücklich auf den „Rahmen ihrer Gerichtsbarkeit" beschränkt. Nach der gefestigten Rspr. ist damit zu prüfen, ob sich aus der Anwendung der angegriffenen Rechtsvorschrift Rechtsstreitigkeiten ergeben können, für die der Verwaltungsrechtsweg (§ 40) gegeben ist (BVerwG NVwZ 1996, 63). Der Grund für diese beschränkung liegt darin, dass die Gerichte anderer Gerichtsbarkeitszweige hins. des für sie geltenden Rechts nicht präjudiziert werden sollen. Praktisch wird diese Einschränkung nur für Landesrecht i. S. des I Nr. 2; für Rechtsmaterien i. S. des I Nr. 1 ist die Entscheidungsbefugnis immer gegeben. 15

Bei Normkomplexen mit **gemischtem Inhalt** (wie z. B. Verordnungen mit Bußgeldvorschriften) können nur jene Einzelbestimmungen überprüft werden, die zu Verfahren vor den VG führen könnten (BVerwG NVwZ 1996, 63). Das ist bei ordnungswidrigkeitsrechtlichen Normen nicht der Fall, weil gegen darauf gestützte Bußgeldbescheide der Verwaltungsbehörden allein die ordentlichen Gerichte angerufen werden können (§ 68 OWiG). 16

4. Zur Lage in den Bundesländern

17 Von der Ermächtigung muss durch förmliches **Landesgesetz** Gebrauch gemacht werden, auch wenn Nr. 2 von Landes‚recht' spricht, was indes rein redaktionelle Gründe hat (S/S-A/P § 47 Rn. 20). Die Landesgesetzgeber sind nicht verpflichtet, von der Ermächtigung Gebrauch zu machen. Tatsächlich ist die Normenkontrolle heute aber in 13 der 16 Bundesländer eingeführt (nicht in Berlin, Hamburg und NRW), allerdings in unterschiedlichem Umfang. Das hängt mit der Streitfrage zusammen, ob die Ermächtigung nur ein „Ganz-oder-gar-nicht" der Einführung zulässt, ob also das „sofern" des Halbsatzes in Nr. 2 als „soweit" (so die ganz h. M.) oder als „wenn" zu lesen ist. Es gibt jedoch keinen Grund für die Annahme, dass der Bundesgesetzgeber die Gestaltungsbefugnis der Länder einschränken wollte (ebenso S/S-A/P § 47 Rn. 20); daher ist eine auf bestimmte Normgruppen eingeschränkte Unterstellung zulässig.

III. Keine vorbeugende Normenkontrolle

18 Mit der Normenkontrolle können nur **bereits erlassene** Normen angegriffen werden, also solche, die sich nach Abschluss eines Normgebungsverfahrens und Bekanntmachung (bzw. Verkündung) selbst Geltung gegenüber ihren Adressaten beimessen (BVerwG NVwZ 1992, 1088). Eine **vorbeugende Normenkontrolle** gegen noch nicht in Kraft gesetzte Regelungen kennt die VwGO nicht (BVerwG Buchh 310 § 47 VwGO Nr. 66).

19 Ob die **Bekanntmachung wirksam** erfolgt ist, ist für die Statthaftigkeit ohne Bedeutung (zur Frist Rn. 22). Stellt sich die Bekanntmachung einer Satzung als ein Akt dar, welcher der angegriffenen Vorschrift Geltung verschafft hat, dann ist ihre Wirksamkeit ein Frage der Begründetheit des Normenkontrollantrages. Ein Normenkontrollantrag ist auch dann statthaft, wenn gerade strittig ist, ob eine Norm formell rechtsgültig erlassen worden ist. Denn das Verfahren wird im Interesse der Rechtssicherheit, der Einheitlichkeit der Rechtsanwendung und auch der Verfahrensökonomie zur Verfügung gestellt, damit über aufgetretene Zweifel an der Gültigkeit einer Rechtsvorschrift im Rang unter dem förmlichen Gesetz allgemein verbindlich entschieden werden kann (BVerwGE 120, 82, 84 f.; ZfBR 1996, 231 = DÖV 1996, 701).

C. Zulässigkeit des Normenkontrollantrags

I. Verfahrenseinleitung (I)

1. Antragserfordernis (I)

20 Obwohl wesentlich objektive Rechtskontrolle, ist das Normenkontrollverfahren an die Einleitung durch einen potenziell durch die Rechtsvorschrift Verletzten gebunden. Das Normenkontrollverfahren wird nur „auf [seinen] Antrag" eingeleitet (I). Der Antrag bestimmt den Gegenstand der gerichtlichen Überprüfung und kann ihn beschränken, das gerichtliche Prüfprogramm des OVG aber nicht auf bestimmte Aspekte festlegen (BVerwGE 88, 268, 271 = NVwZ 1992, 373; 82, 225, 232 f. = NVwZ 1990, 157).

2. Form und Inhalt des Antrags

Für die Antragstellung gelten §§ 81 f. entsprechend. Der Antrag ist also **schrift-** 21
lich zu stellen (§ 81 I 1), und zwar beim **OVG**, das ausschließlich sachlich zuständig ist (zur Verweisung → § 41 Rn. 9). Daher besteht keine Möglichkeit der Antragstellung zur Niederschrift des Urkundsbeamten (Einzelheiten → § 81 Rn. 14). Inhaltlich muss der Antrag die selbstverständlichen **Mindestangaben** nach § 82 I 1 enthalten, also den Antragsteller, den Antragsgegner (Rn. 24 ff.) und die angegriffene Rechtsvorschrift bezeichnen, wobei insoweit keine zu hohen Anforderungen zu stellen sind. Ein bestimmter Antrag ist nicht erforderlich, auch eine Auslegung muss das Gericht nicht betreiben, da § 88 nicht gilt (Rn. 52); vielmehr hat das Gericht den Verfahrensgegenstand von Amts wegen zu ermitteln. Wie üblich hat der Vorsitzende dem Antragsteller Gelegenheit zu Ergänzungen zu geben (→ § 82 Rn. 9).

3. Antragsfrist

Nach II 1 ist der Normenkontrollantrag innerhalb **eines Jahres** nach Bekanntma- 22
chung der Rechtsvorschrift zu stellen. Die ursprünglich zwei Jahre betragende Antragsfrist ist m.W.v. 1.1. 2007 verkürzt worden (Gesetz v. 21.12. 2006, BGBl. I 3316). Das machte eine in § 195 VII enthaltene Übergangsregelung erforderlich, die mittlerweile jedoch obsolet ist (→ § 195 Rn. 2).

Die Frist wird unabhängig von der Wirksamkeit bzw. **Fehlerhaftigkeit der Be-** 23
kanntmachung ausgelöst (BVerwGE 120, 82 = NVwZ 2004, 620; 2004, 1122). Die Frist wird durch eine Änderung der Rechtsvorschrift nur dann neu in Gang gesetzt, wenn die geänderte Satzung neue Rechtsvorschriften enthält, die nunmehr angegriffen werden. Die Frist wird auch unabhängig davon ausgelöst, ob die Norm mit einer Rechtsbehelfsbelehrung bekannt gemacht worden ist; denn § 58 II gilt nicht (NRWOVG NVwZ-RR 2001, 484; KS § 47 Rn. 83).

II. Verfahrensbeteiligte (II)

1. Antragsteller

Nicht zuletzt mit Blick auf eine differenzierte Regelung der Antragsbefugnis werden 24
in II 1 die beteiligungsfähigen Antragsteller festgelegt: Den Antrag kann jede (normbetroffene) natürliche oder juristische Person sowie jede Behörde stellen. Die **juristischen Personen** sind nicht auf solche des Privatrechts eingeschränkt; auch juristische Personen des öffentlichen Rechts (wie z.B. Gemeinden) können Antragsteller sein, über den Wortlaut hinaus gehören als Personenmehrheiten i.S. des § 61 Nr. 2 hierzu, die eine hinreichende rechtliche Verfestigung aufweisen (Handelsgesellschaften, BGB-Gesellschaften, Erbengemeinschaften). Nach allgemeinen Regeln beteiligungsfähig ist eine aufgelöste Rechtsgemeinschaft im Streit um die Gültigkeit der sie auflösenden Norm (KS § 47 Rn. 24).

Nach h.M. ist zur Begriffsbestimmung der **Behörde** i.S. des II 1 die Definition in 25
§ 1 IV VwVfG heranzuziehen (BVerwGE 81, 307, 309). Das ist nach dem erkennbaren gesetzlichen Willen zu einer weiten Fassung („jede" Behörde) konsequent. Unter einer Behörde ist mithin jede Stelle zu verstehen, die Aufgaben der öffentlichen Verwaltung wahrnimmt. Bei Gemeinden ist im Einzelfall zu entscheiden, ob sie als Rechtsträger auftreten (der von einer Gemeindebehörde vertreten wird) oder als Be-

hörde. Die Beteiligungsfähigkeit von Gerichten ist umstritten; die überwiegende Ansicht verneint ihre Behördeneigenschaft (NKVwGO § 47 Rn. 267 m.w.N.; Ey § 47 Rn. 58).

2. Antragsgegner

26 Gemäß II 2 ist der Normenkontrollantrag gegen den Normgeber zu richten, d.h. die Körperschaft, Anstalt oder Stiftung, welche die Rechtsvorschrift erlassen hat. Bei Normerlass im Wege aufsichtlicher Ersatzvornahme ist der Antrag nicht gegen die Aufsichtsbehörde, sondern die beaufsichtigte Körperschaft zu richten, weil mit Abschluss des aufsichtlichen Normsetzungsaktes die Normgebungskompetenz wieder bei der Körperschaft liegt (BVerwG NVwZ-RR 1993, 513, a.A. NKVwGO § 47 Rn. 272).

3. Beiladung

27 Die früher als mit dem Wesen der Normenkontrolle unvereinbar und daher unzulässig angesehene Beiladung Drittbetroffener (BVerwG Buchh 406.11 § 5 BauGB Nr. 11; NVwZ-RR 1994, 235) wurde durch Gesetz v. 20.12. 2001 (BGBl. I 3987) in § 47 4 durch eine entsprechende Anwendung der einfachen Beiladung nach § 65 I, IV und § 66 zugelassen. Diese Möglichkeit wurde geschaffen, um dem grundrechtlichen Anspruch der Eigentümer planunterworfener Grundstücke, denen die Unwirksamkeitserklärung des Plans zum Nachteil gereichen würde, auf effektiven Rechtsschutz Rechnung zu tragen (vgl. BT-Drs. 14/6393 S. 9 im Anschluss an BVerfG NVwZ 2000, 1283).

28 Beigeladen werden kann, wer durch die anstehenden Normenkontrollentscheidungen i.S. des § 65 I in **rechtlichen Interessen berührt** wird. Eine solche Betroffenheit muss sich unmittelbar aus dem – der Rechtskraft fähigen – Entscheidungssatz und nicht lediglich aus etwaigen rechtlichen oder tatsächlichen Feststellungen in den Entscheidungsgründen ergeben können. Die Beiladung steht im **Ermessen** des Normenkontrollsenats. Kriterien für sie können sein: die Anzahl der Betroffenen, die Unmittelbarkeit und die Schwere ihrer Beeinträchtigung, ggf. auch die Erfolgsaussichten des Normenkontrollantrages.

29 Die Beiladung ist nach ihrem Sinn und Zweck ein verfahrensrechtliches Instrument zum Schutze dieser Grundeigentümer und nicht etwa des Plangebers selbst. In aller Regel wird die **plangebende Gemeinde** durch das Unterlassen der Beiladung der Eigentümer planunterworfener Grundstücke nicht in ihren Rechten berührt. Eine unter Rechtsschutzgesichtspunkten etwaige wechselseitige Stärkung der Verfahrenspositionen des Plangebers und beizuladender Dritter, die gemeinsam die Nichtigerklärung des Plans abzuwehren suchen, ist mit dem Rechtsinstitut der Beiladung nicht bezweckt (BVerwGE 116, 296, 306; NVwZ 2006, 329; VIZ 2000, 661, 662).

4. Äußerungsberechtigte (II 3); VBl/VöI

30 VBI und VöI können sich nach allgemeinen Regeln bei entsprechender Erklärung an Normenkontrollverfahren beteiligen (→ §§ 35 f.).

31 Als Besonderheit sieht II 3 darüber hinaus vor, dass das OVG dem Land und anderen juristischen Personen des öffentlichen Rechts, deren Zuständigkeit durch die Rechtsvorschrift berührt wird, **Gelegenheit zur Äußerung** binnen einer zu bestimmenden Frist geben kann. Die Anhörung soll dem Gericht die Klärung der Verhältnisse erleichtern; sie vermittelt den Äußerungsberechtigten – anders als die Beila-

dung – keine Beteiligtenstellung i.S. des § 63 (BVerwG NVwZ 1991, 871, 872; BeckOK VwGO § 47 Rn. 59).

Die Anhörung steht im **Ermessen** des Gerichts, das es nach Zweckmäßigkeitsgesichtspunkten ausüben kann. Es genügt, dass weiterführende Hinweise zum Verfahren zu erwarten sind. Das ist regelmäßig der Fall, wenn die zu prüfende Norm in den Aufgabenbereich der Körperschaft fällt. Schon immer hat das BVerwG darüber hinaus in entsprechender Anwendung des II 3 solche Personen angehört, damit sie ihre Auffassung zu den für die Entscheidung erheblichen Punkten dem Gericht zur Kenntnis bringen, insbes. zu einer gebotenen Sachverhaltsermittlung beitragen können (BVerwGE 65, 131). Aus der Anhörung oder ihrem Unterlassen können die Verfahrensbeteiligten keine Rechte oder Rechtsverletzungen herleiten (BVerwG NJW 1983, 1012, 1014). **32**

III. Antragsbefugnis (II 1)

1. Grundsatz: § 42 II analog

Gemäß II 1 müssen natürliche oder juristische Personen als Antragsteller (zu Behörden Rn. 46) geltend machen, durch die Rechtsvorschrift oder deren Anwendung in ihren Rechten verletzt zu sein oder in absehbarer Zeit verletzt zu werden. An die Geltendmachung einer Rechtsverletzung sind grds. dieselben Anforderungen zu stellen, wie sie für die **Klagebefugnis** nach § 42 II zu beachten sind (→ § 42 Rn. 100 ff.). Die Antragsbefugnis muss, wie auch sonst (→ vor § 40 Rn. 8), im Zeitpunkt der gerichtlichen Entscheidung vorliegen (Ausnahme Rn. 42). Sie fehlt nur dann, wenn offensichtlich und nach keiner Betrachtungsweise subjektive Rechte des Antragstellers verletzt sein können (stRspr., BVerwG, Beschl. v. 20.11.2007 – 7 BN 4.07, Rn. 7 f.; BVerwGE 108, 182, 184; 107, 215, 217; Buchh 310 § 47 VwGO Nr. 141; Buchh 11 Art. 12 GG Nr. 263). Es verbietet sich eine prozessuale Handhabung des II 1, die im Ergebnis dazu führt, die an sich gebotene Sachprüfung als Frage der Zulässigkeit des Antrags zu behandeln (BVerwGE 117, 209 m.w.N.). Daraus ergeben sich für Normen i.S. des I Nr. 2 keine anderen Probleme als nach § 42 II, wohl aber bei Rechtsvorschriften des Bau- und Städtebaurechts nach I Nr. 1. **33**

Die Rechtsverletzung „durch" die angegriffene Norm muss nicht aktuell bestehen; es genügt, dass sie **„in absehbarer Zeit"** zu erwarten ist. Das ist auch dann zu bejahen, wenn die Betroffenheit in einem abwägungsbeachtlichen Belang nicht durch die Festsetzung des Bebauungsplans selbst, sondern erst durch einen nachfolgenden, rechtlich und tatsächlich eigenständigen Rechtsakt eintritt. Dies gilt dann, wenn die weitere Maßnahme der Lösung von Konflikten dient, welche der Bebauungsplan aufgeworfen, aber nicht ausreichend gelöst hat (BVerwG NVwZ 1997, 682). Dazu muss jedoch hinreichend absehbar sein, dass die weitere Maßnahme im Zusammenhang mit dem Bebauungsplan ergriffen werden wird (BVerwG NVwZ 1991, 980). Ausreichend sind vom Normgeber eingeplante Folgemaßnahmen (BVerwG NVwZ 1993, 470). Ein Beispiel sind Verkehrsbeschränkungen zulasten eines Gewerbebetriebs, die die Erschließung eines Baugebiets sichern sollen. **34**

Die prozessuale Antragsbefugnis kann im Einzelfall **verwirkt** sein, etwa wenn sich der Antragsteller mit seinem eigenen früheren Verhalten (oder dem seines Rechtsvorgängers) in einen mit Treu und Glauben unvereinbaren Widerspruch setzen würde (vgl. BVerwG NVwZ 1990, 554). Die Verwirkung hat zur Folge, dass das Gericht nicht mehr in eine Prüfung der Gültigkeit der Rechtsvorschrift eintreten darf. **35**

36 Trotz aller inhaltlichen Ähnlichkeiten zwischen Antragsbefugnis nach II 1 und der Klagebefugnis bestehen gewichtige Unterschiede in der Funktion: Weitergehend als es bei sonstigen Klagen der Fall ist, eröffnet die Möglichkeit einer Rechtsverletzung eine Vollprüfung der angegriffenen Norm und nicht nur eine Begründetheitsprüfung hinsichtlich der eigenen Rechte des Antragstellers. Die Feststellung einer Rechtsverletzung ist überdies keine Voraussetzung für die Begründetheit des Normenkontrollantrags, da § 113 I 1 für ihn nicht gilt (näher Rn. 56).

2. Festsetzungen eines Bebauungsplans

37 **a) Eigentümer im Plangebiet (unmittelbar Betroffene).** Den praktischen Hauptanwendungsfall der Normenkontrolle bilden Bebauungspläne. Sie enthalten Festsetzungen, mit denen die Nutzung der erfassten Grundstücke i.S. einer Inhaltsbestimmung nach Art. 14 I 2 GG geregelt wird (BVerfG 79, 174, 188). Die Festsetzungen eines Bebauungsplans sind stets **ambivalent**, nämlich nie objektiv eindeutig begünstigend oder belastend (Ey § 47 Rn. 44). Belastend kann nicht nur die Einschränkung bislang möglicher Nutzungen sein, sondern auch die Festschreibung der bestehenden und die Ausweisung einer weitergehenden oder andersartigen, dem Berechtigten aber nicht weit genug gehenden Nutzung. Maßgeblich dafür, was als mögliche Rechtsverletzung anzuerkennen ist, muss daher die subjektive und schutzwürdige Interessenlage des Eigentümers sein. Deshalb kann sich der Eigentümer eines im Plangebiet gelegenen Grundstücks **regelmäßig** gegen eine bauplanerische Festsetzung wenden, die unmittelbar sein Grundstück betrifft (BVerwG NVwZ-RR 1998, 416; BauR 1997, 972). Außer der Belegenheit im Plangebiet ist erforderlich, aber auch ausreichend, dass der Antragsteller hinreichend substantiiert Tatsachen vorträgt, die es zumindest als möglich erscheinen lassen, dass er durch Festsetzungen in seinem Grundeigentum verletzt wird (BVerwG NVwZ 1998, 732).

38 Den planunterworfenen Grundstückseigentümern gleichgestellt sind dingliche Nutzungsberechtigte, ferner Käufer nach Erwerb des Anwartschaftsrechts (BVerwG NVwZ-RR 1996, 8; NVwZ 1996, 887). Wieweit auch Mieter, Pächter, Bauantragsteller (BVerwG NVwZ 1995, 264; 1989, 553) antragsbefugt sind, ist fraglich; die Entwicklung ist insofern noch nicht abgeschlossen (vgl. BVerwG BauR 2002, 1199; KS § 47 Rn. 70; krit. S/S-A/P § 47 Rn. 59).

39 **b) Eigentümer außerhalb eines Plangebiets (mittelbar Betroffene).** Eigentümer (und die ihnen gleichstehenden Berechtigten, Rn. 38) außerhalb eines Plangebiets können sich nur auf eine Verletzung des **Abwägungsgebotes** (§ 1 VII BauGB) berufen. Dieses hat wie auch sonst drittschützenden Charakter hinsichtlich solcher planexterner privater Belange, die für die Abwägung erheblich sind (BVerwGE 107, 215; Beschl. v. 4.6. 2008 – 4 B 13.08). Auch insoweit reicht für die Antragsbefugnis aus, dass der Antragsteller Tatsachen vorträgt, die eine fehlerhafte Behandlung seiner Belange in der Abwägung als möglich erscheinen lassen. Macht der Antragsteller eine Verletzung des Abwägungsgebots geltend, so muss er allerdings einen eigenen Belang als verletzt benennen, der für die Abwägung überhaupt zu beachten war.

40 Nicht jeder private Belang ist in der Abwägung zu berücksichtigen, sondern nur solche Belange, die in der konkreten Planungssituation einen städtebaulich relevanten Bezug haben. **Nicht abwägungserheblich** sind rechtlich nicht geschützte Interessen (BVerwG NVwZ 2000, 197), also solche, auf deren Fortbestand kein schutzwürdiges Vertrauen besteht, ferner Interessen, die im konkreten Planungsfall geringwertig oder mit einem „Makel" behaftet sind, Interessen, die für die Gemeinde bei der Entscheidung über den Plan nicht erkennbar waren (BVerwG NVwZ 1999, 987;

Normenkontrollverfahren § 47

BVerwGE 59, 87, 102 f. = NJW 1980, 1061; BayVGH BayVBl. 2006, 407) und Interessen, die nicht in dem angefochtenen, sondern einem anderen Bebauungsplan oder nicht auf der Ebene der Bebauungsplanung berücksichtigt werden mussten.

Zu den **schutzwürdigen individualisierbaren Belangen** gehört der grund- **41** stücksbezogene Schutz vor einer planbedingten, mehr als geringfügigen Zunahme von Verkehrslärm (BVerwG ZfBR 2007, 580; NVwZ 2000, 807, 808) und Luftschadstoffen sowie das Interesse von Anliegern, von der Überlastung einer auch der Erschließung ihrer Grundstücke dienenden Straße verschont zu bleiben (BVerwG BauR 2004, 829; NVwZ 2001, 431, 432). Hingegen ist das Interesse, mit einem – bisher nicht bebaubaren – Grundstück in den Geltungsbereich eines Bebauungsplans **einbezogen** zu werden, für sich genommen kein abwägungserheblicher Belang (BVerwG ZfBR 2007, 685; NVwZ 2004, 1120). Abwägungserhebliche negative Wirkungen können sich im Einzelfall allerdings gerade auch aus einer das betreffende Grundstück aussparenden Abgrenzung des Plangebiets ergeben (z.B. Erschwerung der Erschließung, Einschnürung, Schaffung einer „Insel-Lage"). Fraglich ist, ob eine Antragsbefugnis in Betracht kommt, wenn ein Grundstück „willkürlich" nicht in einen Bebauungsplan einbezogen wird (offen BVerwG NordÖR 2004, 284). Antragsbefugt kann auch der Eigentümer eines außerhalb des Plangebiets gelegenen Grundstücks sein, wenn die Gemeinde beabsichtigt, sein Grundstück zur Erschließung des Plangebiets in einem weiteren Bebauungsplan teilweise als Verkehrsfläche festzusetzen (a.A. BayVGH, Urt. v. 14.8. 2008 – 1 N 07.2753).

Berührt die Planung abwägungserhebliche Belange des Antragstellers, dann be- **42** steht abstrakt die Möglichkeit, dass die Gemeinde diese Belange bei ihrer Abwägung nicht korrekt behandelt hat (BVerwG NVwZ 2004, 1120). Dabei kommt es nicht auf die Frage an, ob die geltend gemachte Verletzung des Abwägungsgebots, wenn sie vorläge, nach den Planerhaltungsvorschriften beachtlich wäre (BVerwG ZNER 2010, 188). Maßgeblicher **Zeitpunkt** für die Beurteilung eines Abwägungsmangels ist abweichend vom Regelfall (Rn. 33) die Sach- und Rechtslage bei der Beschlussfassung über den Bauleitplan (vgl. § 214 III 1 BauGB, S/S-A/P § 47 Rn. 66).

3. Öffentlich-rechtliche Körperschaften

Körperschaften des öffentlichen Rechts sind antragsbefugt, wenn sie durch den Be- **43** bauungsplan in der Wahrnehmung ihnen zur eigenständigen Erfüllung übertragener Aufgaben (Beispiel: Straßenbaulast) negativ berührt werden. Die Aufgabe muss sich von der Wahrnehmung von allgemeinen Belangen des Gemeinwohls unterscheiden.

Besonderheiten geltend für **Gemeinden**, die als juristische Person oder als Behör- **44** de (Rn. 46) auftreten können. Als Körperschaft muss eine Gemeinde geltend machen, durch eine untergesetzliche Rechtsvorschrift in ihren Rechten verletzt zu sein oder in absehbarer Zeit verletzt zu werden. Eine Rechtsverletzung im Sinne dieser Bestimmung scheidet von vornherein aus, wenn die Regelung, die den Angriffsgegenstand bildet, nicht die Qualität einer **Rechtsnorm** hat (vgl. BVerwG ZfBR 2005, 807; NVwZ 2002, 869). Wendet sich die Gemeinde gegen eine in der Form einer Rechtsverordnung getroffene Planaussage, genügt es nicht, dass ein Plan in der Form einer Rechtsvorschrift erlassen wurde; vielmehr muss die angegriffene Planaussage auch materiell die Qualität einer Rechtsnorm haben (BVerwG ZfBR 2005, 807) und geeignet sein, normative Bindungen für die Gemeinde zu erzeugen.

Als potenziell **verletzte Rechte** der Gemeinde kommen das Selbstverwaltungs- **45** recht aus Art. 28 II GG, das interkommunale Abstimmungsgebot (§ 2 II BauGB) oder der beschränkte Schutz in Betracht, den gemeindliches Eigentum verschafft. Die

Geltendmachung einer Einschränkung des Selbstverwaltungsrechts setzt den substanziierten Vortrag voraus, die angegriffene Planung beeinträchtige bereits hinreichend konkretisierte Planungsabsichten, wirke sich schädlich auf gemeindliche Einrichtungen aus oder vernachlässige sonstige Belange der Antragstellerin in unzulässiger Weise (S/S-A/P § 47 Rn. 67 m.w.N.). Als Eigentümerin von Grundstücken kann sich eine Gemeinde nicht auf den Schutz des Art. 14 GG berufen; jedoch verschafft ihr die einfachrechtlich (aus § 903 BGB) vermittelte Eigentumsposition einen abwägungserheblichen Belang, der eine sektorale Abwägungskontrolle eröffnet. Geprüft wird, ob das Eigentum sachlich zutreffend in die Abwägung eingestellt und absolut wie auch im Verhältnis zur Bedeutung des Vorhabens richtig gewichtet wurde (S/S-A/P § 113 Rn. 17 m.w.N.).

4. Behörden

46 Behörden (zum Begriff Rn. 25) sind im Außenrechtsverhältnis keine Zuordnungssubjekte von Rechten. Daher ist in II 1 mit Blick auf sie nicht die Geltendmachung einer Rechtsverletzung gefordert. Behörden sind unter erleichterten Voraussetzungen antragsbefugt. Daher kann sie die Prüfung der Gültigkeit einer von ihr zwar nicht erlassenen, aber in ihrem Gebiet geltenden Rechtsvorschrift stets beantragen, wenn sie die Vorschrift als Behörde zu beachten hat. Ihre Antragsbefugnis ist nicht davon abhängig, dass die zu beachtende Rechtsvorschrift die Gemeinde in ihrem Recht auf Selbstverwaltung konkret beeinträchtigt (BVerwGE 81, 307, 310 = NVwZ 1989, 654). Für ein Beachten-Müssen genügt jede Art der Befassung, etwa auch bei Begutachtungen durch Fachbehörden. Rechtliche Bindungen dieser Art können auch aufgrund überörtlicher Vorschriften bestehen, welche die Gemeinde bei ihren Planungen berücksichtigen muss, nicht aber bei den Festsetzungen des Bebauungsplans einer Nachbargemeinde, die nicht auf ihrem Gebiet gelten und ihr gegenüber auch nicht mit dem Anspruch auf Verbindlichkeit für die gemeindliche Aufgabenerfüllung auftreten.

IV. Rechtsschutzbedürfnis

47 Jedes Gesuch um Rechtsschutz – auch das objektive Kontrollverfahren nach § 47 – muss sich auf ein Rechtsschutzbedürfnis stützen können (→ vor § 40 Rn. 41 ff.). Ob ein durch eine planerische Festsetzung betroffener Grundeigentümer für einen Normenkontrollantrag das Rechtsschutzinteresse besitzt, ist von der Antragsbefugnis getrennt zu beantworten (vgl. BVerwG NVwZ 1994, 268). Das BVerwG hat sich vielfach damit befasst. **Gemeinsamer Nenner** aller Entscheidungen ist, dass das Rechtsschutzbedürfnis nur in engen Grenzen verneint werden darf. Dem Zulässigkeitserfordernis ist genügt, wenn sich nicht ausschließen lässt, dass die gerichtliche Entscheidung für den Rechtsschutzsuchenden ggf. von Nutzen sein kann.

48 **Unnütz** wird das Normenkontrollgericht nur dann in Anspruch genommen, wenn der Antragsteller unabhängig vom Ausgang des Normenkontrollverfahrens keine reale Chance hat, den von ihm geltend gemachten Nachteil abzuwenden oder seine Rechtsstellung mit der begehrten Normenkontrollentscheidung zu verbessern (BVerwG NVwZ 2004, 614; 2002, 869; 1994, 268; UPR 1993, 307; BVerwG 82, 225). Ein Normenkontrollantrag gegen eine untergesetzliche Rechtsvorschrift, die eine gesetzliche Norm inhaltlich wiederholt, ist mangels Rechtsschutzbedürfnisses unzulässig, wenn es auch im Falle der Nichtigerklärung dabei bliebe, dass der Antragsteller die inhaltsgleiche gesetzliche Regelung zu beachten hätte (BVerwG NVwZ

Normenkontrollverfahren § 47

2002, 869). Richtet sich ein Normenkontrollantrag gegen Festsetzungen eines Bebauungsplans, zu deren Verwirklichung schon eine unanfechtbare Genehmigung erteilt worden ist, so fehlt dem Antrag das Rechtsschutzbedürfnis, wenn der Antragsteller dadurch, dass der Bebauungsplan für nichtig erklärt wird, seine Rechtsstellung derzeit nicht verbessern kann (BVerwGE 78, 85).

Einer **Behörde** steht ein Rechtsschutzinteresse bereits dann zur Seite, wenn sie mit der Ausführung der von ihr beanstandeten Norm befasst ist, ohne selbst über die Norm verfügen – insbes. sie aufheben oder ändern – zu können (BVerwGE 81, 307 = NVwZ 1989, 654). **49**

V. „Schlüsselloch"-Präklusion (IIa)

Nach IIa ist ein Normenkontrollantrag gegen einen Bebauungsplan oder bestimmte Satzungen nach §§ 34, 35 BauGB unzulässig, wenn der Antragsteller nur Einwendungen geltend macht, die er im Rahmen der öffentlichen Auslegung (§ 3 II BauGB) nicht oder verspätet geltend gemacht hat, aber hätte geltend machen können, und wenn auf diese Rechtsfolge im Rahmen der Beteiligung hingewiesen worden ist. Die Vorschrift soll das allgemeine Rechtsschutzbedürfnis konkretisieren und die Verletzung von Mitwirkungsobliegenheiten im Aufstellungsverfahren sanktionieren, die dem Ziel dienen, die jeweiligen Interessen rechtzeitig dem Abwägungsmaterial zuzuführen. Sachliche Einwendungen sollen nicht ohne Not erst im gerichtlichen Verfahren geltend gemacht werden (BT-Drs. 16/2496, S. 18), wenn dem Betroffenen die Notwendigkeit rechtzeitiger Geltendmachung durch eine ordnungsgemäße Belehrung vor Augen geführt worden ist. **50**

Die Vorschrift verlangt jedoch nur, dass der Antragsteller bei der Planaufstellung überhaupt rechtzeitig Einwendungen erhebt und jedenfalls **eine** dieser Einwendungen im Normenkontrollverfahren geltend macht. Hat er dies getan, so ist er nicht gehindert, sich im Normenkontrollverfahren auch auf alle anderen Einwendungen zu berufen, unabhängig davon, ob er sie zuvor geltend gemacht hatte (BVerwG, Urt. v. 24.3. 2010 – 4 CN 3.09, mit Anm. Gatz; BT-Drs. 16/3308, S. 20; NRWOVG ZfBR 2008, 801 = BRS 73 Nr. 56; BWVGH BauR 2010, 252 = DÖV 2010, 239). **51**

D. Verfahren bis zur Entscheidung

I. Rechtsgrundlagen

Das Verfahren ist in § 47 nur rudimentär und also **ergänzungsbedürftig** geregelt. Es ist ein streitiges Antragsverfahren eigener Art (also keine Klage), für das weder die Urteils- noch die Beschlussvorschriften der VwGO unmittelbar gelten. Der kontradiktorische Charakter und die Anknüpfung an eine individuelle Beschwer erlauben aber grds. den Rückgriff auf die Regelungen über das Klageverfahren im 9. Abschnitt (§§ 81 ff.; zur Verfahrenseinleitung → Rn. 20 ff.). Grenzen werden der entsprechenden Anwendung durch den Charakter als objektives Rechtsbeanstandungsverfahren (Rn. 57) gesetzt. Daher können solche Verfahrensvorschriften, die allein dem Individualrechtsschutz dienen, nicht ergänzend herangezogen werden. **52**

Anwendbar sind für das Verfahren die §§ 81 bis 83 (mit Ausnahme des § 82 II), §§ 85 und 86, §§ 90, 91 I und II, 92 bis 94 (BVerwG NVwZ-RR 1991, 52), §§ 95 bis 99 (BVerwG NVwZ 1983, 407) und §§ 100, 102 bis 105, §§ 108 ff. Zu § 101 findet sich eine Sonderregelung in V (Rn. 60 f.). **Nicht** anwendbar ist § 6 (→ § 6 **53**

Rn. 2), wohl aber § 87a, der eine Tätigkeit des Einzelrichters im vorbereitenden Verfahren und als konsentierter Einzelrichter erlaubt. Nicht anwendbar ist ferner die Sanktionsregelung in § 87b. Für die unstreitige Erledigung stehen die Antragsrücknahme (analog § 92 III), die übereinstimmenden Erledigungserklärungen (§ 161 II) und der Vergleich (§ 106) zur Verfügung.

II. Verfahrensgang

54 Für den Verfahrensgang gelten die Grundsätze über das **Urteilsverfahren** entsprechend (arg. V 1), soweit die Eigenart der Normenkontrolle dem nicht entgegensteht (BVerwGE 66, 233, 235 = NVwZ 1983, 407). Für die gerichtliche Sachaufklärung gilt § 86; sie hat sich wie stets an den Erfordernissen des konkreten Verfahrensgegenstandes auszurichten.

III. Aussetzung des Verfahrens (IV)

55 Für die Aussetzung des Verfahrens stehen i. W. zwei Möglichkeiten zur Verfügung: die Aussetzung nach IV, wenn die Gültigkeit derselben Rechtsvorschrift Gegenstand eines anhängigen verfassungsgerichtlichen Verfahrens ist, und die Aussetzung wegen Vorgreiflichkeit. Eine Pflicht zur Aussetzung besteht wegen der unterschiedlichen Prüfungsmaßstäbe nicht (a. A. Ey § 47 Rn. 85). Theoretisch kann das OVG das Verfahren auch nach § 94 aussetzen, wenn eine entscheidungserhebliche Vorfrage anderweitig rechtshängig ist.

E. Gerichtliches Prüfprogramm

I. Umfang der gerichtlichen Prüfung

56 Kann ein Antragsteller i. S. des § 42 II geltend machen, durch Festsetzungen des Bebauungsplans in eigenen Rechten verletzt zu sein (Rn. 33), so muss das Normenkontrollgericht die Wirksamkeit des Bebauungsplans grds. **umfassend prüfen**. (stRspr., BVerwGE 131, 100; 88, 268, 271; 82, 225, 230; NVwZ 2005, 695). Der Antrag ist zwar Ausgangspunkt der Prüfung, zieht dieser aber keine Grenze; § 88 gilt nicht. Anders als die Anfechtungsklage nach § 113 I 1 setzt die Erklärung einer Rechtsvorschrift für unwirksam nicht voraus, dass eine Verletzung eigener Rechte des Antragstellers festgestellt wird.

57 Das Verfahren der Normenkontrolle dient nicht nur dem subjektiven Rechtsschutz; es stellt zugleich ein Verfahren der **objektiven Rechtskontrolle** dar (BVerwGE 78, 85, 91; 68, 12, 14; ZNER 2010, 188; BRS 63 Nr. 47). Zulässiger Gegenstand des Normenkontrollverfahrens ist daher die gesamte Norm mit Ausnahme der Bestimmungen, die unter Heranziehung des Rechtsgedankens aus § 139 BGB wegen ihres eigenständigen Regelungsgehalts vom Normgefüge abtrennbar sind (BVerwG NVwZ 2005, 695). Die Feststellung der Teilunwirksamkeit eines Bebauungsplans ist nicht grds. davon abhängig, dass der Antragsteller gerade durch den unwirksamen Teil in eigenen Rechten verletzt oder nachteilig betroffen wird (BVerwGE 131, 100 = NVwZ 2008, 899).

58 Bei Normen, die i. S. des § 139 BGB **teilbar** sind, ist die verwaltungsgerichtliche Kontrolle allerdings auf den Teil des Normgefüges beschränkt, auf den sich die gel-

tend gemachte Rechtsverletzung bezieht. Das hat zur Folge, dass ein dennoch auf den gesamten Normenbestand zielender Normenkontrollantrag jedenfalls insoweit unzulässig ist, als er den Antragsteller nicht berührende Normteile erfasst, die schon aufgrund vorläufiger Prüfung offensichtlich und damit auch für den Antragsteller erkennbar unter Berücksichtigung der Ziele des Normgebers eigenständig lebensfähig und damit abtrennbar sind (BVerwGE 88, 268, 273 f.; NVwZ 2005, 695). Andererseits darf das Gericht bei einem auf Teile einer Norm beschränkten Antrag andere damit in untrennbarem Zusammenhang stehende Teile in seine Prüfung einbeziehen.

II. Prüfungsmaßstäbe (III)

Eine Rechtsvorschrift ist auf ihre Vereinbarkeit mit dem gesamten formellen und materiellen höherrangigen Recht zu überprüfen. Dazu gehört das **Bundesrecht** ohne Einschränkungen, also auch das Bundesverfassungsrecht, ferner das europäische Gemeinschaftsrecht, das Anwendungsvorrang gegenüber allem innerstaatlichen Recht genießt (S/S-A/P § 47 Rn. 89; a.A. Ey § 47 Rn. 38). Schließlich gehört, wie sich III entnehmen lässt, das höherrangige **Landesrecht** zum Prüfungsmaßstab. Danach wird die Vereinbarkeit mit Landesrecht lediglich dann nicht geprüft, wenn gesetzlich vorgesehen ist, dass die Rechtsvorschrift ausschließlich durch das Verfassungsgericht eines Landes nachprüfbar ist. Gemeint ist ein Verwerfungsmonopol des Landesverfassungsgerichts (S/S-A/P § 47 Rn. 90; NKVwGO § 47 Rn. 313 ff.). Auch dann bleibt der Normenkontrollantrag neben den landesverfassungsrechtlichen Möglichkeiten zulässig; die Verwerfung und Bindungswirkung einer Entscheidung des OVG ist aber auf Nicht-Landesrecht beschränkt. Die **inzidente Bejahung** der Gültigkeit der Rechtsvorschrift in einem früheren Klageverfahren wirkt zwischen den Verfahrensbeteiligten, beschränkt aber weder die Prüfungs- noch die Entscheidungsbefugnis des Normenkontrollsenats (BVerwG NVwZ 1991, 662).

59

F. Entscheidung des Gerichts (V)

I. Entscheidungsform; mündliche Verhandlung (V 1)

Nach V 1 entscheidet das OVG (regelmäßig) durch **Urteil**, sonst durch **Beschluss**. Die Vorschrift lässt keinen Raum für eine Entscheidung durch Gerichtsbescheid (§ 84). Die Wahl der Entscheidungsform hängt unmittelbar mit der Durchführung einer **mündlichen Verhandlung** zusammen: Dem Zusammenhang ist zu entnehmen, dass eine mündliche Verhandlung nur stattfindet, wenn das Gericht durch Urteil entscheiden will; durch Beschluss entscheidet es (abweichend von § 101 III) zwingend ohne mündliche Verhandlung.

60

Dem Normenkontrollgericht steht hinsichtlich der Frage, ob es eine mündliche Verhandlung für erforderlich hält oder nicht, ein an keine unmittelbar normierten Voraussetzungen geknüpftes **Ermessen** zu (BVerwGE 81, 139, 143; 72, 122, 125 f. = NVwZ 1986, 372). Es darf sich deshalb insoweit auch über die Wünsche der Verfahrensbeteiligten hinwegsetzen (BVerwG NVwZ 1993, 561). Ein Absehen von mündlicher Verhandlung wird sich vor allem bei einer Unzulässigkeit des Normenkontrollantrags anbieten. Für das **Wirksamwerden** eines Urteils gilt → § 116; bei Entscheidung durch Beschluss findet → § 122 Anwendung.

61

62 Das Verfahrensermessen wird jedoch durch **Art. 6 I 1 EMRK** eingeschränkt, der mit dem Inhalt vorrangig zu beachten ist, den die Vorschrift in der Entscheidungspraxis des EGMR gefunden hat. Demnach muss eine öffentliche mündliche Verhandlung stattfinden – um eine Anhörung zu ermöglichen –, wenn sich der Eigentümer eines im Plangebiet gelegenen Grundstücks gegen eine Festsetzung in einem Bebauungsplan wendet, die unmittelbar sein Grundstück betrifft. In dem Verstoß gegen diese Verpflichtung liegt ein absoluter Revisionsgrund nach § 138 Nr. 3 (BVerwGE 110, 203 = NVwZ 2000, 810).

63 Das Gericht verletzt zwar nicht das rechtliche Gehör, wenn es die Beteiligten **nicht** über seine Absicht **informiert**, ohne mündliche Verhandlung zu entscheiden (BVerwG NVwZ 1989, 245). Zum Anspruch auf rechtliches Gehör gehört (nur), dass den Beteiligten die Möglichkeit zur Äußerung gegeben worden ist. Allerdings gehört es – unabhängig von sanktionierten Verfahrenspflichten – zu den Selbstverständlichkeiten fairer Verfahrensgestaltung, die Beteiligten über die beabsichtigte Vorgehensweise des Gerichts in Kenntnis zu setzen. In keinem Fall dürfen sie durch eine Entscheidung ohne mündliche Verhandlung überrascht werden. Hat das OVG eine mündliche Verhandlung durchgeführt, kann es (außer nach Zurückverweisung durch das BVerwG) nicht mehr zum Beschlussverfahren übergehen (BVerwGE 81, 139, 142 = NVwZ 1989, 461).

II. Entscheidungsbesetzung (§ 9 III)

64 Die Besetzung des OVG bei der Entscheidung über einen Normenkontrollantrag ergibt sich aus § 9 III i. V. m. dem Landesrecht. Dieses nutzt alle zugelassenen Besetzungsvarianten: So ist der Normenkontrollsenat in einem Teil der Länder mit fünf Berufsrichtern besetzt, in anderen mit drei Berufsrichtern und zwei ehrenamtlichen Richtern, die teilweise bei Beschlüssen außerhalb der mündlichen Verhandlung nicht mitwirken (vgl. BVerwGE 72, 122 = NVwZ 1986, 372), in den übrigen Ländern mit drei Berufsrichtern.

III. Entscheidungsformeln (V 2 Hs. 1)

65 Die Entscheidungsformel und ihre Wirkungen hängen davon ab, ob die überprüfte Rechtsvorschrift im Rahmen der Begründetheitsprüfung ganz oder teilweise für unvereinbar mit Maßstabsnormen oder für fehlerfrei befunden wird. Maßgebend ist der Zeitpunkt der gerichtlichen Entscheidung. Auf eine dadurch verursachte Verletzung des Antragstellers in seinen Rechten kommt es nicht an, weil § 113 I 1 in Klageverfahren, aber nicht in Normenkontrollverfahren anwendbar ist (BVerwGE 88, 268 = NVwZ 1992, 373).

1. Verwerfung und Zurückweisung des Antrags

66 Ist der Normenkontrollantrag unzulässig, ist er zu verwerfen; eine inhaltliche Überprüfung der Norm findet dann nicht statt. Kommt das OVG zu der Überzeugung, dass die Rechtsvorschrift gültig – der Antrag also unbegründet – ist, so wird der Normenkontrollantrag abgelehnt (in der Praxis gelegentlich wie bei der Klage „abgewiesen" oder gar wie ein Rechtsmittel „zurückgewiesen"). Eine positive Feststellung der Gültigkeit der angegriffenen Norm kennt das Gesetz nicht; sie steht dem Gericht nicht offen, es lehnt den Normenkontrollantrag lediglich [als unbegründet] ab

Normenkontrollverfahren § 47

(BVerwGE 68, 306, 307; 68, 12, 15; 65, 131, 137; S/S-A/P § 47 Rn. 115). Die Gültigkeit muss aus den Entscheidungsgründen erschlossen werden.

Wird eine Rechtsvorschrift im Laufe des Normenkontrollverfahrens **geheilt**, ist 67 der Antrag fortan unbegründet. Nach einer verbreiteten Praxis der OVG kann der Antragsteller zu einem **Fortsetzungsfeststellungsantrag** entsprechend § 113 I 4 übergehen (S/S-A/P § 47 Rn. 116 m.w.N.). Mit Recht wird dagegen eingewandt, dass diese Möglichkeit allein dem Individualrechtsschutz dient und im Normenkontrollverfahren nicht herangezogen werden kann. Die Beteiligten müssen das Verfahren übereinstimmend für **erledigt** erklären. Gibt der Antragsgegner keine Erledigungserklärung ab, muss der Antragsteller, um die Antragsverwerfung zu vermeiden, auf den Erledigungsfeststellungsantrag übergehen (→ § 161 Rn. 40).

2. Stattgabe bei Fehlerhaftigkeit

Kommt das OVG zu der Überzeugung, dass die Rechtsvorschrift (insgesamt) ungültig 68 ist, so erklärt es sie für **unwirksam** (V 2). Der Begriff der Ungültigkeit bezieht sich auf die materiellen Folgen für die Norm bei Verstoß gegen höherrangiges Recht, die nach überkommenem Verständnis automatisch eintritt, hat der Ausspruch feststellenden Charakter. Der an die Ungültigkeit anknüpfende prozessuale Ausspruch des Gerichts hat eine **wechselvolle Geschichte** hinter sich (dazu S/S-A/P § 47 Rn. 109a ff.; Ey § 47 Rn. 90). Dabei ist die ursprüngliche Nichtigerklärung wegen der später eingeführten Möglichkeiten der Fehlerheilung (§ 215a BauGB i.d.F. des BauROG 1998) zu einer Nichtwirksamkeitserklärung abgemildert worden.

Seit der Änderung durch das EAG Bau 2004 werden ungültige Normen generell 69 für „unwirksam" erklärt. Damit soll ausgedrückt sein, dass eine Fehlerheilung auch nach einem gerichtlichen Ausspruch in allen Fällen erhalten bleibt, in denen das materielle Recht dies vorsieht. Bis dahin ist die **Norm schwebend unwirksam**. In der heutigen Terminologie ist „Unwirksamkeit" ein Oberbegriff für die schwebende (vorläufige) Unwirksamkeit wie für die endgültige Unwirksamkeit (Nichtigkeit). Wiegt ein inhaltlicher Mangel so schwer, dass er die Plankonzeption insgesamt erschüttert, scheidet eine Heilung aus (BVerwGE 119, 54 = NVwZ 2004, 226); dies ergibt sich jedoch nicht aus dem Tenor, sondern aus den Gründen der Entscheidung.

Eine Beseitigung festgestellter Abwägungsmängel kommt nur **für die Zukunft** in 70 Betracht. Die Möglichkeit der rückwirkenden „Heilung" ist in Fällen des § 215a I 1 BauGB ausgeschlossen (BVerwGE 101, 58, 61; NVwZ 2000, 808; 1998, 956). Der Antragsgegner ist mithin daran gehindert, einen für unwirksam erklärten Bebauungsplan durch einen erneuten Satzungsbeschluss rückwirkend in Kraft setzen.

3. Teilstattgabe

Nach unbestrittener Auffassung können Normkomplexe auch nur teilweise (also 71 hins. einzelner Bestimmungen) von einem Fehler betroffen sein. Die rechtlichen Konsequenzen für die Gültigkeit der Norm bestimmen sich nach den Regeln der Teilbarkeit, die zu § 139 BGB entwickelt worden sind. Das Normgefüge ist danach nur teilweise ungültig, wenn der fehlerbehaftete Teil nicht so mit den Restbestimmungen verflochten ist, dass diese ohne den nichtigen Teil nicht sinnvoll bestehen bleiben können (BVerwGE 82, 225, 228 = NVwZ 1990, 157; NVwZ 1992, 567; weitere Beispiele bei S/S-A/P § 47 Rn. 110).

Ist ein abtrennbarer Teil der Norm ungültig, spricht das OVG die Unwirksamkeit 72 dieses – genau zu bezeichnenden – Teils aus. Ein unbeschränkter, gegen die Rechtsvorschrift insgesamt gerichteter Normenkontrollantrag darf grds. nicht deshalb als teilweise unzulässig verworfen werden, weil die Rechtsvorschrift nur teilweise für unwirksam erklärt wird (stRspr., BVerwGE 131, 100).

4. Unstreitige Verfahrensbeendigungen

73 Die Tenorierung in den Fällen der Antragsrücknahme (§ 92 III) und der übereinstimmenden Hauptsachenerledigung (§ 161 II → § 161 Rn. 25) unterscheidet sich nicht von den üblichen Aussprüchen (S/S-A/P § 47 Rn. 85, 116).

IV. Nebenentscheidungen

74 Für die Entscheidung über die Kosten gelten die §§ 154 ff. Danach trägt grds. der Unterliegende die Kosten des Verfahrens; für Beigeladene gilt § 154 III (→ § 154 Rn. 12) und § 162 III (→ § 162 Rn. 63 ff.).

75 Besonderheiten sind zu beachten, wenn ein Bebauungsplan nur teilweise für unwirksam erklärt wird. Liegt das Grundstück eines Antragstellers, der antragsbefugt ist, einen Bebauungsplan insgesamt anzugreifen, in dem abtrennbaren Teilbereich des Bebauungsplans, der unwirksam ist, so darf der Normenkontrollantrag nicht mit nachteiliger Kostenfolge als teilweise unbegründet zurückgewiesen werden (BVerwGE 131, 86 = NVwZ 2008, 902; 88, 268). Der Antragsteller wird in diesem Fall privilegiert, weil von ihm bei Stellung des Normenkontrollantrags nicht erwartet werden kann, dass er tragfähige Überlegungen zur möglichen Teilnichtigkeit des anzugreifenden Bebauungsplans anstellt (Gatz, jurisPR-BVerwG 16/2008 Anm. 2).

76 Eines solchen Schutzes bedarf nicht, wer bei **erkennbarer Teilbarkeit** des Bebauungsplans mit der Anfechtung des ihn beschwerenden Teils des Plans erfolglos bleibt. Erklärt das Normenkontrollgericht einen vom Antragsteller umfassend angegriffenen Bebauungsplan für teilweise unwirksam, so ist der Antrag i.Ü. abzulehnen, die Verfahrenskosten sind nach § 155 I 1 zu quoteln, wenn der Antragsteller mit der Anfechtung des ihn beschwerenden Teils des Plans erfolglos bleibt. **Nicht anwendbar** ist § 155 I 3, wonach einem Beteiligten die Kosten ganz auferlegt werden können, wenn der andere nur zu einem geringen Teil unterlegen ist. Insoweit kommt zum Tragen, dass das Verfahren der Normenkontrolle zugleich ein Verfahren der objektiven Rechtskontrolle darstellt.

77 Das Urteil oder der Beschluss (auch abweisende) eines OVG in Normenkontrollverfahren sind feststellender Natur, aber doch hins. der Kosten nach Maßgabe von § 167 I i.V.m. § 708 Nr. 11 ZPO für vorläufig **vollstreckbar** zu erklären; Entscheidungen des BVerwG sind unanfechtbar und also sofort vollstreckbar (§ 167 I i.V.m. § 704 ZPO).

V. Wirkungen der Entscheidung

1. Veröffentlichung

78 Wird die Rechtsvorschrift für unwirksam erklärt, so ist die Entscheidungsformel vom Antragsgegner ebenso zu veröffentlichen wie die Rechtsvorschrift bekannt zu machen wäre (V 2 Hs. 2). Die Veröffentlichung dient allein der Unterrichtung der Allgemeinheit; deshalb ist sie auch nur für normverwerfende Entscheidungen vorgesehen. Der Antragsgegner macht die Entscheidungsformel des OVG bzw. des BVerwG in den Fällen des § 144 III 1 Nr. 1 ohne Nebenentscheidungen in der Wei-

se bekannt, die zu diesem Zeitpunkt für die Publikation der Rechtsvorschrift vorgeschrieben ist; unmaßgeblich ist, ob oder wie die Norm ursprünglich bekannt gemacht worden ist.

2. Rechtskraft und Allgemeinverbindlichkeit

Normenkontrollentscheidungen sind nach § 121 der materiellen **Rechtskraft** fähig, 79
die allerdings nur zwischen den Verfahrensbeteiligten wirkt (BVerwG NVwZ 2002, 83; BauR 2000, 690). Die Rechtskraft wird daher in V 2 ergänzt durch die Anordnung der **Allgemeinverbindlichkeit** einer Normverwerfung, die mit der formellen Rechtskraft der Entscheidung einsetzt (BVerwG NVwZ-RR 2001, 483; NKVwGO § 47 Rn. 364; S/S-A/P § 47 Rn. 119). Aufgrund der Allgemeinverbindlichkeit steht mit Wirkung gegenüber jedermann fest, dass die angegriffene Rechtsvorschrift zu keinem Zeitpunkt Bestandteil der Rechtsordnung war (BVerwG NVwZ 2002, 83).

Der Antragsgegner ist zudem gehindert, seine als fehlerhaft festgestellte Rechtsvor- 80
schrift bei unveränderter Sach- und Rechtslage erneut zu erlassen (BVerwGE 108, 71, 72 f. = NJW 1999, 986; NVwZ 2000, 813; i.E. NKVwGO § 47 Rn. 365). Die Ablehnung eines Normenkontrollantrages wirkt hingegen nur mit der Rechtskraft zwischen den Beteiligten des jeweiligen Verfahrens (BVerwG NVwZ 2002, 83).

3. Wirkung der Normverwerfung auf Titel

Wie bei allen Normen ist die Wirkung einer verwerfenden Entscheidung auf Rechts- 81
akte zu klären, welche die ungültige Norm zur Rechtsgrundlage haben. Dazu erklärt V 3 die Regelung in **§ 183** für entsprechend anwendbar. Auf die dortige Kommentierung kann verwiesen werden. § 183 i.V.m. V 3 gilt nicht nur für vollstreckbare **gerichtliche Entscheidungen**, die auf der Anwendung der ungültigen Norm beruhen. Die Anwendungserstreckung aus V 3 ergreift auch bestandskräftige **VA**, die infolge einer Unwirksamkeitserklärung nicht automatisch ihre Wirkung verlieren und insbes. als Rechtsgrund für Leistungen in der Vergangenheit erhalten bleiben; lediglich eine – eventuell noch offene – Vollstreckung aus solchen Bescheiden wird unzulässig (MVOVG, Urt. v. 9.7. 2008 – 4 K 27/06; NKVwGO § 47 Rn. 380 f.).

G. Rechtsmittel

Gegen die Entscheidung des OVG **in Normenkontrollverfahren** (zur einstweili- 82
gen Anordnung → Rn. 107) ist die Revision zum BVerwG nach Maßgabe der §§ 132 ff. statthaft. Voraussetzung ist also, dass sie vom OVG oder auf Nichtzulassungsbeschwerde hin vom BVerwG zugelassen worden ist. Die Normenkontrollentscheidung ist ohne Rücksicht auf die Form der gerichtlichen Entscheidung (Urteil oder Beschluss) angreifbar; das ergibt sich unmittelbar aus § 132 I, der Beschlüsse nach § 47 V 1 ausdrücklich erwähnt und damit die grds. Unanfechtbarkeit von Beschlüssen des OVG nach § 152 I klarstellend beseitigt. Für das Beschwerde- und das Revisionsverfahren gelten die nach allgemeiner Auffassung hier automatisch frei vorstehenden (→ §§ 132 ff.). Das BVerwG kann bei Unvereinbarkeit der Norm mit revisiblem Recht die Feststellung der Unwirksamkeit selbst treffen (§ 144 III 1 Nr. 1); ihm steht aber auch die Möglichkeit der Zurückverweisung offen (§ 144 III 1 Nr. 2). Erklärt es die Norm für unwirksam, hat es seine Entscheidung gemäß V 2 selbst bekannt zu machen.

H. Einstweilige Anordnung (VI)

I. Rechtsgrundlagen und Zweck des Verfahrens

83 Nach VI kann das Gericht auf Antrag eine einstweilige Anordnung erlassen, wenn dies zur Abwehr schwerer Nachteile oder aus anderen wichtigen Gründen dringend geboten ist. Die Eigenständigkeit der Regelung gegenüber § 123 erklärt sich daraus, dass der Erlass einer Norm Anlass für das Rechtsschutzverfahren ist, für deren Überprüfung die verwaltungsgerichtliche Normenkontrolle eröffnet ist. In diesem Zusammenhang dient die einstweilige Anordnung dem **subjektiven Rechtsschutz**. Die Möglichkeit des Erlasses einer einstweiligen Anordnung soll den Rechtsschutz im Normenkontrollverfahren offen halten und verhindern, dass die nachfolgende Entscheidung des Normenkontrollgerichts durch Zeitablauf entwertet wird (vgl. Finkelnburg/Dombert/Külpmann Rn. 551 m.w.N.). Demgemäß tritt das im Normenkontrollverfahren dominierende Element der objektiven Rechtskontrolle (Rn. 2) in den Hintergrund, und zwar schon deshalb, weil die Gültigkeit der Norm nicht unmittelbarer Gegenstand der Prüfung ist. Sinn der einstweiligen Anordnung ist es nicht zu verhindern, dass eine Norm vollzogen wird, die sich später als nichtig erweist; denn diese Problematik wird bereits über V 3 i.V.m. § 183 gelöst (Rn. 81).

84 Probleme bereitet zunächst, dass VI nur eine rudimentäre Regelung trifft. Die erforderliche **normative Ergänzung** erfolgt hins. des Verfahrens durch entsprechende Anwendung des § 123, teilweise auch der §§ 80 V, 80a (KS § 47 Rn. 148; BeckOK VwGO § 47 Rn. 87), hins. der Begründetheitsprüfung durch Anwendung der in der Rspr. des BVerfG zu § 32 I BVerfGG entwickelten Maßstäbe (S/S-A/P § 47 Rn. 136 f. → Rn. 94). Die Rspr. ist entsprechend uneinheitlich. Eilverfahren in Normenkontrollsachen haben keine nur theoretische, sondern durchaus auch praktische Bedeutung; vornehmlich, aber nicht nur geht es auch hier wieder um Bebauungspläne (weitere Beispiele bei S/S-A/P § 47 Rn. 133).

II. Zulässigkeitsvoraussetzungen

85 Der Eilantrag in Normenkontrollsachen ist als gerichtlicher Rechtsschutz ausgestaltet. Der Antrag hat daher – wie alle Rechtsbehelfe – Erfolg, wenn er zulässig und begründet ist, was in dieser Reihenfolge zu prüfen ist (→ vor § 40 Rn. 5 f.; Nachw. bei S/S-A/P § 47 Rn. 142).

1. Einleitung des Verfahrens

86 Wie VI ausdrücklich sagt, wird das Eilverfahren ausschließlich durch einen **Antrag** eingeleitet. Für ihn gelten grds. dieselben Anforderungen wie im Normenkontrollverfahren (Rn. 20). Was seinen Inhalt angeht, ist der Antragsteller jedoch freier, weil das Gericht letztlich nach Ermessen und von Amts wegen über die sachgerechte Anordnung im Einzelfall zu befinden hat (dazu Rn. 101). Dieses Anordnungsermessen schließt eine strikte Bindung an das Antragsbegehren aus; § 88 gilt hier ebenso wenig wie im Normenkontrollverfahren.

2. Zuständigkeit des Gerichts

87 Die **Zuständigkeit** ist in VI unmittelbar geregelt: Der Antrag ist bei dem „Gericht" zu stellen. Gemeint ist das Gericht der Hauptsache i.S. des § 123 II 1, also das OVG

Normenkontrollverfahren § 47

oder das BVerwG, bei dem das Normenkontrollverfahren bei Antragstellung jeweils anhängig ist (BVerwG NVwZ 1998, 1065; a. A. NKVwGO § 47 Rn. 389: stets beim OVG). Der Antrag kann nach überwiegender Auffassung bereits **vor Anhängigkeit** des Normenkontrollverfahrens gestellt werden (NKVwGO § 47 Rn. 386; S/S-A/P § 47 Rn. 146 m. w. N.). Allerdings ist eine antragsgemäß ergehende einstweilige Anordnung vom Normenkontrollverfahren akzessorisch (Rn. 102).

3. Weitere Sachentscheidungsvoraussetzungen

Die weiteren Zulässigkeitsvoraussetzungen entsprechen i. W. denjenigen des Normenkontrollverfahrens. Die **Statthaftigkeit** des Antrags erfordert, dass ein zulässiger Gegenstand der Normenkontrolle i. S. v. I angegriffen wird, also eine bereits erlassene, nicht notwendig auch schon in Kraft getretene Norm vorliegt (Rn. 18), und dass das OVG „im Rahmen seiner Gerichtsbarkeit" entscheidet (dazu Rn. 15). **Ersetzt** eine Gemeinde einen angefochtenen früheren Bebauungsplan rechtswirksam durch einen neuen, verliert der alte Bebauungsplan, auch wenn er nicht rechtsförmlich aufgehoben wurde, seine frühere rechtliche Wirkung. Ein gegen den alten Bebauungsplan gerichteter Antrag auf Erlass einer einstweiligen Anordnung nach VI ist nicht (mehr) statthaft. Das gilt auch dann, wenn sich der formell neue Bebauungsplan inhaltlich nicht oder nur unwesentlich von dem früheren Bebauungsplan unterscheidet (BVerwG, Beschl. v. 19. 4. 2010 – 4 VR 2.09). 88

Für die **Verfahrensbeteiligten** und die **Antragsberechtigung** gelten die Bestimmungen für das Normenkontrollverfahren in II entsprechend (Rn. 24 und 33). Aus der „dienenden" Funktion des Eilverfahrens (Rn. 83) folgt, dass nur derjenige antragsbefugt sein kann, dem im Normenkontrollverfahren eine Antragsbefugnis zusteht (NdsOVG, Beschl. v. 11. 3. 2010 – 13 MN 115/09). Der Antrag ist **gegen den Erlassgeber** der streitigen Rechtsvorschrift, nicht gegen Normanwender zu richten. Denn eine einstweilige Anordnung zielt auf die zeitweilige Beseitigung der von ihm initiierten Geltung der Norm. 89

4. Insbes. Rechtsschutzbedürfnis

Eine größere Bedeutung als sonst hat das Rechtsschutzbedürfnis. Es dient auch hier dem Schutz des Gerichts und des Normgebers vor überflüssiger Inanspruchnahme und deckt i. W. Fälle **unnützer Rechtsverfolgung** ab (→ vor § 40 Rn. 41 ff.). Unnütz ist die Rechtsverfolgung dann, wenn der Erlass einer einstweiligen Anordnung dem Antragsteller keinen Vorteil verschafft, oder auch dann, wenn der Antrag gegenüber anderen Formen der Rechtsverfolgung subsidiär ist. 90

Die einstweilige Anordnung nach VI ist **subsidiär** gegenüber dem vorläufigen Rechtsschutz nach §§ 80 ff., § 123 gegen **ergangene Vollzugsakte**. Ein Normenkontrollantrag entfaltet mit Blick auf den Vollzug der angegriffenen Norm keinen Suspensiveffekt. Ziel der einstweiligen Anordnung ist es daher, mithilfe einer befristeten Außervollzugsetzung der im Normenkontrollverfahren anzugreifenden Rechtsvorschrift deren Anwendung bis zur Entscheidung im Normenkontrollverfahren zu verhindern. Sind Vollzugsakte (Entscheidungen, Realakte) ergangen, müssen diese wegen ihrer eigenständigen belastenden Wirkungen Gegenstand eigenständiger Rechtsschutzverfahren bilden. Eine einstweilige Anordnung nach VI könnte dasselbe Ziel rückwirkend nicht erreichen: Der Vollzugsakt ist – bei objektiver Ungültigkeit der Norm – zwar rechtswidrig, insbes. bei Entscheidungen von Gerichten oder bei VA aber nicht automatisch ein Nullum (vgl. V 3 i. V. m. § 183; dazu RhPfOVG 91

DVBl. 2010, 664; NVwZ-RR 1995, 159). In offener Anfechtungsfrist ist der Betroffene daher gehalten, die Rechtswidrigkeit des Vollzugsakts unmittelbar gegenüber der vollziehenden Stelle geltend zu machen; im Rahmen dieses gerichtlichen Verfahrens kann die behauptete Ungültigkeit der Rechtsgrundlage geprüft oder als Entscheidungselement (etwa einer Folgenabwägung → § 80 Rn. 51 ff.) berücksichtigt werden.

92 Hingegen ist **bis zum Ergehen** eines Vollzugsaktes die einstweilige Anordnung nach VI effektiver: Mit ihr steht allgemeinverbindlich fest, dass ein Vollzugsakt nicht ergehen darf; unter Verstoß gegen die Anordnung ergehende Rechtsakte sind offenkundig mangels Rechtsgrundlage rechtswidrig. Der drohende Vollzugsakt muss den Antragsteller (i. S. des § 42 II) in eigenen Rechten verletzen können. U. U. besteht daher ein Rechtsschutzbedürfnis nur für die Außervollzugsetzung jenes Teils der Norm, der zu belastenden Anwendungen führen kann.

93 Das Rechtsschutzbedürfnis fehlt weiter, wenn dem Antragsteller die Außervollzugsetzung der Norm aus anderen Gründen **nichts nützen** würde. Das kann der Fall sein, weil die angegriffene Norm denselben Inhalt hat wie eine unmittelbar geltend gesetzliche Regelung oder wenn der abzuwendende Vollzugsakt auf anderer Rechtsgrundlage in ähnlicher Weise ergehen dürfte (Beispiel: Die Baugenehmigung könnte nach § 34 BauGB ebenso erteilt werden wie nach dem angegriffenen Bebauungsplan).

III. Materielle Erlassvoraussetzungen

94 In VI sind die Voraussetzungen formuliert, unter den die einstweilige Anordnung ergehen darf: wenn dies zur Abwehr schwerer Nachteile oder aus anderen wichtigen Gründen dringend geboten ist. Nach überkommenem Begriffsverständnis handelt es sich um die möglichen, im Rahmen der Begründetheit zu prüfenden **Anordnungsgründe**. Über deren Ausfüllung besteht in der Rspr. der Obergerichte keine Einigkeit. Gesichert ist lediglich, dass an die Aussetzung des Vollzugs einer (angreifbaren) Norm erheblich **strengere Anforderungen** gestellt sind, als § 123 sie sonst an den Erlass einer einstweiligen Anordnung stellt (BVerwG NVwZ 1998, 1065). Welcher Maßstab bei der Prüfung der Begründetheit eines Normenkontroll-Eilantrags aber genau zur Anwendung gelangt, wird bislang uneinheitlich beantwortet (vgl. Jäde UPR 2009, 41, 44 ff.; S/S-A/P § 47 Rn. 152 ff.).

95 Da die einstweilige Anordnung nach VI dem **§ 32 BVerfGG nachgebildet** ist, werden ganz überwiegend die vom BVerfG zu dieser Vorschrift entwickelten Grundsätze herangezogen, ohne dass aber eine Übertragung eins zu eins möglich wäre. Nach diesen **Grundsätzen** hat das Gericht lediglich die Nachteile abzuwägen, die einträten, wenn eine einstweilige Anordnung nicht erginge, der Normenkontrollantrag aber in der Hauptsache Erfolg hätte, gegenüber den Nachteilen, die entstünden, wenn die begehrte einstweilige Anordnung erlassen würde, in der Hauptsache aber der Erfolg zu versagen wäre (vgl. BVerfG, Beschl. v. 9.6. 2010 – 2 BvR 1099/10; BVerfGE 108, 238, 246, stRspr.).

96 Die **Erfolgsaussichten** des Normenkontrollverfahrens müssen bei dieser vergleichenden Folgenabwägung außer Betracht bleiben, es sei denn, der Normenkontrollantrag erwiese sich als von vornherein unzulässig oder offensichtlich unbegründet (BVerfGE 118, 111, 122; 89, 38, 44; aus der verwaltungsgerichtlichen Rspr. vgl. LSA-OVG, Beschl. v. 26.3. 2010 – 4 R 316/09; NdsOVG DVBl. 2010, 733; RhPfOVG DVBl. 2010, 664 = BauR 2010, 945; NRWOVG NVwZ-RR 2009, 799; ZfBR 2007, 574; SaarlOVG NVwZ-RR 1992, 626; KS § 47 Rn. 148 m.w.N.).

IV. Entscheidung

1. Form; Entscheidungsbesetzung

Die Entscheidung des OVG ergeht als **Beschluss**, also regelmäßig ohne mündliche Verhandlung. Da aber VI insofern keine Einschränkungen enthält, wird man die Durchführung einer mündlichen Verhandlung entsprechend § 101 III für zulässig halten müssen; möglich ist in jedem Fall eine Erörterung mit den Beteiligten (→ § 87 Rn. 4).

Die **Besetzung** des Senats des OVG ergibt sich gemäß § 9 III aus dem Landesrecht, das zwischen Entscheidungen mit und ohne mündliche Verhandlung unterscheiden kann (Ey § 47 Rn. 111).

97

98

2. Entscheidungsinhalt

a) Negative Entscheidung. Kommt der Normenkontrollsenat zu einer negativen Entscheidung, ergeben sich keine Besonderheiten: Ist der Eilantrag unzulässig, wird er verworfen, ist er unbegründet, wird er abgelehnt.

99

b) Inhalt einer einstweiligen Anordnung. Liegen die materiellen Voraussetzungen vor (Rn. 94 ff.), **muss** eine einstweilige Anordnung ergehen (Rechtsentscheidung). Wie bei § 80 V meint das Wort „kann" hins. des „Ob" der Entscheidung kein gerichtliches Ermessen, sondern die Befugnis zum Erlass der Anordnung (S/S-A/P § 47 Rn. 180; → § 80 Rn. 45).

100

Der Normenkontrollsenat hat über den **Inhalt des Ausspruchs** einer stattgebenden einstweiligen Anordnung entsprechend § 938 I ZPO nach Ermessen zu befinden. Das in der Literatur oft beschworene Verbot der **Vorwegnahme** der Hauptsache (BeckOK VwGO § 47 Rn. 91) gilt in strenger Form ebenso wenig wie bei § 123 (dazu S/S-A/P § 123 Rn. 141). Das Gericht darf alles anordnen, was in Abwägung der im Einzelfall betroffenen öffentlichen und privaten Interessen geeignet und erforderlich ist, um unzumutbare Folgen durch den drohenden Vollzug der Norm zu verhindern und die Entscheidung in der Hauptsache offen zu halten. Das ist im Regelfall allerdings die **vorläufige Aussetzung des Vollzugs** der im Normenkontrollverfahren zur Prüfung gestellten Rechtsvorschrift, regelmäßig bis zur Entscheidung im Normenkontrollverfahren. Die Rechtsvorschrift ist so zu behandeln, als gäbe es sie nicht (NRWOVG NVwZ 1997, 1006; NVwZ-RR 1994, 640; 1993, 126, 127). Hingegen kann die normanlassende Behörde zu einer **Tätigkeit** (Beispiel: Stilllegung von bereits begonnenen Bauvorhaben) auch dann nicht verpflichtet werden, wenn sie mit der normanwendenden Behörde identisch ist (NRWOVG NVwZ 2001, 1060).

101

c) Dauer der einstweiligen Anordnung. Die einstweilige Anordnung ist vom Normenkontrollverfahren als Hauptsacheverfahren abhängig, auch wenn der Antrag vor dessen Anhängigmachung gestellt werden kann (Rn. 87). Die Anordnung wirkt daher aus sich heraus nur bis zur rechtskräftigen Entscheidung im Hauptsacheverfahren (OVG NW NVwZ 2001, 1060). Dies sollte klarstellend im Beschlussausspruch festgehalten werden.

102

Ist im Zeitpunkt der gerichtlichen Entscheidung noch kein Normenkontrollantrag (der nicht fristgebunden ist) anhängig, wird das Gericht die Dauer seiner einstweiligen Anordnung befristen oder analog § 926 ZPO anordnen, dass der Normenkontrollantrag binnen einer bestimmten Frist anzubringen ist, nach deren Verstreichen die einstweilige Anordnung aufzuheben ist. Mit der Rücknahme des Normenkontroll-

103

antrags tritt die einstweilige Anordnung außer Kraft, ohne dass dazu ein gerichtlicher Beschluss erforderlich ist.

104 **d) Nebenentscheidungen.** Für die Kostenentscheidung gelten die §§ 154 ff. Die einstweilige Anordnung hat als Gestaltungsausspruch keinen vollstreckungsfähigen Inhalt, bedarf aber auch keiner Vollstreckung. Da der Beschluss in keinem Fall anfechtbar ist, entfällt eine Rechtsmittelbelehrung; die Praxis weist klarstellend auf die Unanfechtbarkeit hin.

3. Veröffentlichung

105 Eine Bekanntmachung der einstweiligen Anordnung, durch die eine Rechtsvorschrift vorläufig außer Vollzug gesetzt wird, ist nicht vorgesehen. Aus Gründen der Effektivität des Rechtsschutzes (weniger solchen der Rechtssicherheit) ist das OVG aber befugt und regelmäßig sogar verpflichtet, für eine Bekanntmachung seiner Entscheidung zu sorgen, also den Antragsgegner entsprechend V 2 zur Veröffentlichung zu verpflichten. Anderenfalls wäre die Durchsetzung der vorläufigen Außervollzugsetzung der Norm, die ebenso allgemein verbindlich ist wie die Ungültigerklärung (V 2 Hs. 2), gefährdet (S/S-A/P § 47 Rn. 185).

4. Zwischenentscheidung

106 Die Befugnis zu einer Zwischenentscheidung (einem „Hängebeschluss" → § 123 Rn. 28; → § 146 Rn. 14) steht dem Normenkontrollgericht im Bedarfsfall ebenso zu wie in allen anderen Rechtsschutzverfahren. Die Zwischenentscheidung dient der Offenhaltung der Entscheidung im Anordnungsverfahren und ist von der Befugnis zur abschließenden Sachentscheidung umfasst.

V. Anfechtbarkeit und Abänderung

107 Beschlüsse des OVG nach VI sind **nicht anfechtbar**. Das ergibt sich aus § 152 I, dessen Grundregel (anders als für Beschlüsse nach V 1, Rn. 82) nicht durchbrochen ist.

108 Sofern die einstweilige Anordnung nicht automatisch endet (Rn. 102), ist das OVG oder das BVerwG (als Erlassgericht, Rn. 87) nach heute einhelliger Ansicht berechtigt, seine Anordnung **jederzeit zu ändern**. Die Abänderungsbefugnis soll sich aus § 80 VII ergeben, der über die Grundsätze des § 123 für entsprechend anwendbar gehalten wird. Nach § 80 VII 2 setzt die Abänderung veränderte Umstände voraus. (S/S-A/P § 47 Rn. 186; KS § 47 Rn. 159).

§ 48 [Weitere sachliche Zuständigkeiten des OVG]

(1) ¹Das Oberverwaltungsgericht entscheidet im ersten Rechtszug über sämtliche Streitigkeiten, die betreffen
1. die Errichtung, den Betrieb, die sonstige Innehabung, die Veränderung, die Stillegung, den sicheren Einschluß und den Abbau von Anlagen im Sinne der §§ 7 und 9a Abs. 3 des Atomgesetzes,
2. die Bearbeitung, Verarbeitung und sonstige Verwendung von Kernbrennstoffen außerhalb von Anlagen der in § 7 des Atomgesetzes bezeichneten Art (§ 9 des Atomgesetzes) und die wesentliche Abweichung oder die wesentliche Veränderung im Sinne des § 9 Abs. 1 Satz 2 des Atomgeset-

zes sowie die Aufbewahrung von Kernbrennstoffen außerhalb der staatlichen Verwahrung (§ 6 des Atomgesetzes),
3. die Errichtung, den Betrieb und die Änderung von Kraftwerken mit Feuerungsanlagen für feste, flüssige und gasförmige Brennstoffe mit einer Feuerungswärmeleistung von mehr als dreihundert Megawatt,
4. Planfeststellungsverfahren für die Errichtung und den Betrieb oder die Änderung von Hochspannungsfreileitungen mit einer Nennspannung von 110 Kilovolt oder mehr, Erd- und Seekabeln jeweils mit einer Nennspannung von 110 Kilovolt oder Gasversorgungsleitungen mit einem Durchmesser von mehr als 300 Millimeter sowie jeweils die Änderung ihrer Linienführung,
5. Verfahren für die Errichtung, den Betrieb und die wesentliche Änderung von ortsfesten Anlagen zur Verbrennung oder thermischen Zersetzung von Abfällen mit einer jährlichen Durchsatzleistung (effektive Leistung) von mehr als einhunderttausend Tonnen und von ortsfesten Anlagen, in denen ganz oder teilweise Abfälle im Sinne des § 41 des Kreislaufwirtschafts- und Abfallgesetzes gelagert oder abgelagert werden,
6. das Anlegen, die Erweiterung oder Änderung und den Betrieb von Verkehrsflughäfen und von Verkehrslandeplätzen mit beschränktem Bauschutzbereich,
7. Planfeststellungsverfahren für den Bau oder die Änderung der Strecken von Straßenbahnen, Magnetschwebebahnen und von öffentlichen Eisenbahnen sowie für den Bau oder die Änderung von Rangier- und Containerbahnhöfen,
8. Planfeststellungsverfahren für den Bau oder die Änderung von Bundesfernstraßen,
9. Planfeststellungsverfahren für den Neubau oder Ausbau von Bundeswasserstraßen.
²Satz 1 gilt auch für Streitigkeiten über Genehmigungen, die anstelle einer Planfeststellung erteilt werden, sowie für Streitigkeiten über sämtliche für das Vorhaben erforderlichen Genehmigungen und Erlaubnisse, auch soweit sie Nebeneinrichtungen betreffen, die mit ihm in einem räumlichen und betrieblichen Zusammenhang stehen. ³Die Länder können durch Gesetz vorschreiben, daß über Streitigkeiten, die Besitzeinweisungen in den Fällen des Satzes 1 betreffen, das Oberverwaltungsgericht im ersten Rechtszug entscheidet.
(2) Das Oberverwaltungsgericht entscheidet im ersten Rechtszug ferner über Klagen gegen die von einer obersten Landesbehörde nach § 3 Abs. 2 Nr. 1 des Vereinsgesetzes ausgesprochenen Vereinsverbote und nach § 8 Abs. 2 Satz 1 des Vereinsgesetzes erlassenen Verfügungen.

Übersicht

	Rn.
I. Sonder-Eingangszuständigkeiten	1
II. Die Katalogvorhaben im Einzelnen	4
1. Nr. 1: Atomanlagen i.S. der §§ 7 und 9a III AtG	4
2. Nr. 2: Umgang mit Kernbrennstoffen	7
3. Nr. 3: Konventionelle Kraftwerke	8
4. Nr. 4: Leitungsbauten	10
5. Nr. 5: Abfallbeseitigungsanlagen	12
6. Nr. 6: Verkehrsflugplätze	15

7. Nr. 7: Schienen- und Magnetschwebebahnen	19
8. Nr. 8: Bundesfernstraßen	23
9. Nr. 9: Bundeswasserstraßen	25
II. Ergänzende Bestimmungen	27
1. Zusammenhangsklausel (I 2)	27
2. Landesgesetzliche Öffnungsklausel (I 3)	33
III. Vereinsverbote und Verfügungen (II)	34

I. Sondereingangszuständigkeiten

1 § 48 bestimmt – wie schon § 47 für die Normenkontrolle – für enumerativ aufgeführte Bereiche die sachliche (Eingangs)Zuständigkeit des OVG. Es handelt sich um sog. **technische Großvorhaben** mit erheblicher und i.d.R. landesweiter Bedeutung. In diesen Verfahren ist das OVG einzige Tatsacheninstanz. Damit enthält § 48 eine doppelte Ausnahme: vom Grundsatz der Eingangszuständigkeit der VG (§ 45) einerseits, von der Funktion des OVG als Rechtsmittelgericht (§ 46) andererseits. Vorausgesetzt ist – hier wie in allen Zuständigkeitsvorschriften –, dass der Verwaltungsrechtsweg (§ 40) eröffnet ist.

2 Die **Struktur** der Vorschrift ist vierteilig: Im Zuständigkeitskatalog des I 1 werden 9 Vorhabensbereiche umschrieben. Soweit nicht ausdrücklich anders erkennbar, schließt der Zuständigkeitskatalog in I 1 mit der Bezeichnung der Vorhaben sachlich eng an das einschlägige **Fachrecht** an. In S. 2 ist eine Zusammenhangsklausel vorgesehen, welche die Zuständigkeit auf alle behördlichen Gestattungsakte und auf Nebeneinrichtungen dieser Vorhaben erstreckt. S. 3 enthält eine Öffnungsklausel für die Landesgesetzgeber, und II begründet die Eingangszuständigkeit des OVG in Vereinssachen.

3 **Bezweckt** ist eine Verfahrensbeschleunigung: Die Dauer des Verwaltungsgerichtsverfahrens soll durch Verkürzung des möglichen dreistufigen Rechtsmittelzuges um die reguläre Eingangsinstanz, also auf eine Tatsacheninstanz, abgekürzt werden (BT-Drs. 10/171 S. 7 ff.). Beabsichtigt ist diese Beschleunigung für die im Katalog aufgeführten bedeutenden Anlagen und Großprojekte sowie eng mit ihnen zusammenhängende Verfahren. Die Verkürzung des Rechtsmittelzuges rechtfertigt sich daraus, dass in den Katalogfällen die Rechtmäßigkeit eines beantragten Vorhabens bereits in einem aufwändigen und formalisierten Verwaltungsverfahren unter erheblichem Einsatz von Sachverstand geprüft worden ist. Die Zuständigkeit des OVG passt gut zur regelmäßig überregionalen Bedeutung und Auswirkung der Vorhaben.

II. Die Katalogvorhaben im Einzelnen

1. Nr. 1: Atomanlagen i.S. der §§ 7 und 9a III AtG

4 Nr. 1 („Atomanlagen") beschreibt den Sachbereich **anlagenbezogen** durch die Bezeichnung von anderweitig gesetzlich definierten Vorhaben. Durch diese Regelungstypik werden Streitigkeiten unabhängig von der Art der behördlichen Entscheidung erfasst, ohne dass es eines Rückgriffs auf I 2 bedarf. Ähnlich verfährt das Gesetz in Nr. 2 für den Umgang mit Kernbrennstoffen, in Nr. 3 für Kraftwerke und in Nr. 6 für Flughäfen.

5 Die in Nr. 1 angesprochenen **Anlagen nach § 7 I und V AtG** sind ortsfeste und ortsveränderliche Anlagen zur Be- oder Verarbeitung oder zur Spaltung von Kern-

Weitere sachliche Zuständigkeiten des OVG § 48

brennstoffen oder zur Aufarbeitung bestrahlter Kernbrennstoffe. Die Praxis bezeichnet sie als Kernkraftwerke, Versuchs- und Forschungsreaktoren, Brennelemente-Fabriken, Wiederaufarbeitungsanlagen oder Reaktorschiffe. Durch die genaue Angabe der Tätigkeiten im Zusammenhang mit solchen Anlagen (zwischen Errichtung und Abbau) wird jede Art des Umgangs erfasst.

Anlagen nach § 9a III AtG sind Sammelstellen der Länder für die Zwischenlagerung der in ihrem Gebiet anfallenden radioaktiven Abfälle sowie Sammelstellen zur Sicherstellung und zur Endlagerung radioaktiver Abfälle, die der Bund einzurichten hat. 6

2. Nr. 2: Umgang mit Kernbrennstoffen

Nicht anlagen-, sondern handlungsbezogen erstreckt Nr. 2 die Zuständigkeit des OVG auf Streitigkeiten über den Umgang mit Kernbrennstoffen **außerhalb** von Anlagen i.S. des § 7 AtG. Eine Beschränkung ist der Norm weder auf bestimmte Formen des Umgangs noch auf Mindestmengen zu entnehmen. Erfasst werden vor allem Unternehmen der kerntechnischen Industrie, die sich mit dem Kernbrennstoffkreislauf zwischen der Uranbeschaffung, Herstellung von Brennelementen und der Entsorgung und Rückführung wiedergewonnenen Kernbrennstoffs beschäftigen. 7

3. Nr. 3. Konventionelle Kraftwerke

Die wiederum anlagenbezogene (Rn. 4) Beschreibung betrifft **herkömmliche Kraftwerke** mit Feuerungsanlagen. Diese Anlagen müssen für feste, flüssige und gasförmige Brennstoffe mit einer Feuerungswärmeleistung von mehr als 300 Megawatt ausgelegt sein. Dieses Abgrenzungsmerkmal lehnt sich an die 13. BImSchV (Verordnung über Großfeuerungsanlagen) an, wo an derartige Großanlagen besondere Anforderungen gestellt werden. Damit sollte ein Gleichklang zwischen dem Genehmigungs- und dem Prozessrecht hergestellt werden. Die Verordnungsregelung ist bei der Beantwortung von Zweifelsfragen im Zusammenhang mit der Grenzwertbestimmung heranzuziehen, etwa der, ob mehrere Einzelfeuerungen eine gemeinsame Anlage bilden (S/S-A/P § 48 Rn. 23). 8

Die Zuweisung erfasst Errichtung, Betrieb und Änderung der Kraftwerke. Da die Anlagenzulassung nach dem BImSchG i.V.m. der 4. BImSchV erfolgt, gilt sie für jede Kraftwerksgenehmigung über Anlagenteile und Verfahrensschritte, die mit dem Kraftwerk in Zusammenhang stehen einschließlich der Zulassung des vorzeitigen Beginns (§ 8a BImSchG), der Beifügung von Nebenbestimmungen (§ 12 BImSchG), Änderungsgenehmigungen (§ 16 BImSchG), nachträglicher Anordnungen (§ 17 BImSchG), der Betriebsuntersagung, Stilllegung und Beseitigung der Anlage (§ 20 BImSchG) sowie des Widerrufs der Genehmigung (§ 21 BImSchG). 9

4. Nr. 4: Leitungsbauten

Nr. 4 betrifft 110-kV-Hochspannungsfreileitungen, Erd- und Seekabel und Gasversorgungsleitungen mit einer jeweils definierten Dimensionierung (Nennleistung, Durchmesser). Dadurch ist der Tatbestand unmittelbar mit der in **§ 43 EnWG** vorgesehenen Planfeststellungsbedürftigkeit von Errichtung, Betrieb und Änderung der Leitung sowie der Änderung ihrer Linienführung verknüpft. Auch duldungspflichtige Vorarbeiten (§ 44 EnWG) unterfallen ihm. Gemäß I 2 greift die Vorschrift überdies 10 ein, wenn anstelle der Planfeststellung eine Plangenehmigung erteilt worden ist (I 2). Zu den sachlich zusammenhängenden Nebeneinrichtungen (I 2) gehören auch Schalt- und Umspannanlagen, die mit der Freileitung errichtet werden.

11 Mit **„Errichtung"** ist nach allgemeiner Ansicht nur der Bau einer neuen Freileitung gemeint (vgl. nur S/S-A/P § 48 Rn. 25; Ey § 48 Rn. 8; KS § 48 Rn. 7). Ein **Enteignungs- und Besitzeinweisungsbeschluss**, der die dingliche Sicherung eines Leitungsrechts bezüglich einer zu errichtenden Freileitung anordnet, steht damit in einem hinreichenden Zusammenhang (vgl. aber I 3 → Rn. 33). Das ergibt sich aus dem Normzweck, gespaltene Gerichtszuständigkeiten für Teilbereiche eines räumlich und betrieblich zusammenhängenden Vorhabens möglichst zu vermeiden. Betrifft ein solcher Beschluss aber eine Freileitung, die das betreffende Grundstück bereits seit Jahrzehnten unverändert überspannt, so ist die Reichweite der Zuständigkeitsnorm verlassen (BWVGH DÖV 2000, 384).

5. Nr. 5: Abfallbeseitigungsanlagen

12 Nr. 5 betrifft Verfahren für die Zulassung ortsfester Abfallverbrennungsanlagen sowie Anlagen nach § 41 I KrW-/AbfG, also Lagerstätten und Deponien zur Beseitigung gefährlicher (Sonder)Abfälle. Der offene Begriff des **„Verfahrens"** stellt den Bezug zum konkreten Genehmigungsrecht für die jeweiligen Anlagen her; maßgebend ist § 31 KrW-/AbfG. I.E. gilt Folgendes:

13 Die in Nr. 5 zuerst angesprochenen **Abfallverbrennungsanlagen** sind ortsfeste Abfallbeseitigungsanlagen zur thermischen Behandlung von Abfällen zur Beseitigung. Sie bedürfen nach § 31 I KrW-/AbfG einer immissionsschutzrechtlichen **Genehmigung nach § 10 BImSchG** und keiner abfallrechtlichen Zulassung. Die Genehmigung ist als „Verfahren" i.S. der Nr. 5 anzusehen. Mit dem Merkmal einer beantragten jährlichen Durchsatzleistung von mehr als 100 000 Tonnen einer Verbrennungsanlage bleibt die Zuständigkeit für kleinere Anlagen bei der VG (§ 45).

14 Hingegen bedürfen **Deponien** bzw. Lagerstätten für gefährliche (Sonder-)Abfälle i.S. des § 41 KrW-/AbfG (Errichtung, Betrieb und wesentliche Änderung) nach § 31 II KrW-/AbfG der **Planfeststellung**. „Lagern" ist jede vorübergehende Lagerung oder Zwischenlagerung von Sonderabfällen mit dem Ziel späterer Verwertung oder endgültiger Ablagerung. Wegen der Konzentrationswirkung der Planfeststellung nach § 75 I VwVfG ist ein Rückgriff auf die Ergänzungsklausel in I 2 wegen Nebeneinrichtungen überflüssig. Die Zulassung des vorzeitigen Beginns bedarf ebenfalls eines Planfeststellungsverfahrens (§ 33 KrW-/AbfG) und fällt unmittelbar unter die Zuständigkeitsnorm. Die Zuständigkeit ist nicht begründet, wenn gefährliche Abfälle in einer **Menge** gelagert werden, die für sich genommen keine immissionsschutzrechtliche Genehmigungspflicht auslöst (BayVGH, Beschl. v. 29.7. 2008 – 22 A 08.40012). **Nicht** erfasst sind Entscheidungen über das Absehen von Planfeststellung und Plangenehmigung, über die Aufhebung einer solchen Planungsentscheidung oder über isolierte behördliche Anordnungen ohne Planfeststellungsverfahren.

6. Nr. 6: Verkehrsflugplätze

15 In die erstinstanzliche Zuständigkeit des OVG fallen alle Streitigkeiten um die Anlage und den Betrieb allgemein zugänglicher, größerer Flugplätze (Verkehrsflughäfen und von Verkehrslandeplätzen mit beschränktem Bauschutzbereich). Der Oberbegriff „Flugplatz" umfasst Flughäfen, Landeplätze und Segelfluggelände (§ 6 I 1 LuftVG).

Im Anschluss an das Fachrecht meint Nr. 6 mit **Verkehrs-Flughäfen** gemäß § 38 I, II Nr. 1 LuftVZO Flugplätze des allgemeinen Verkehrs, die einer Sicherung durch einen Bauschutzbereich nach § 12 LuftVG bedürfen. **Landeplätzen** (§ 49 LuftVZO) fehlt zwar die generelle Notwendigkeit eines Bauschutzbereichs, ihnen kann jedoch im Einzelfall durch Bestimmung der Luftfahrtbehörde ein beschränkter Bauschutzbereich nach § 17 LuftVG zugewiesen werden.

In der Konsequenz ist für das Anlegen, Erweitern oder Ändern der Anlage neben einer Genehmigung nach § 6 LuftVG eine Planfeststellung, Plangenehmigung oder Unterbleibensentscheidung (dazu BVerwG NVwZ 1997, 594) erforderlich (§ 8 I bis III LuftVG). Umfasst sind Entscheidungen über den Rückbau oder die Stilllegung, auch soweit ein in § 1 I VerkPBG genannter Flugplatz in den neuen Bundesländern betroffen ist (BlnBbgOVG DVBl. 2005, 1392). Nicht erfasst sind Streitigkeiten über die zivile fliegerische Mitbenutzung eines **Militärflugplatzes**, weil es sich nicht um einen allgemein zugänglichen Flugplatz handelt (BayVGH NVwZ-RR 2003, 74; a. A. RhPfOVG NVwZ-RR 1998, 225), wohl aber wenn der Konversionsgenehmigung für eine zivile Anschlussnutzung als Verkehrsflughafen im Streit ist (NRWOVG NVwZ-RR 2007, 89). **16**

Nach I 2 **einbezogen** sind Streitigkeiten in einem engen Zusammenhang mit den unmittelbaren Zulassungsentscheidungen. Flugplatz-**Anlagen** müssen einen hinreichenden funktionalen Zusammenhang haben. Er besteht grds. bei Gebäuden auf dem Flugplatzgelände (Hangars, Abfertigungsgebäude, Werkstattgebäude, Zollabfertigung), nicht hingegen bei externen Parkplätzen und Flughafenhotels. **17**

Einen hinreichenden Zusammenhang mit dem Flugplatz-**Flugbetrieb** ist zu **bejahen** bei Maßnahmen der Flugsicherung (§ 27a LuftVG) und der Luftaufsicht (§ 29 LuftVG). Der enge räumliche und betriebliche Zusammenhang der Festlegung von **An- und Abflugrouten** nach Instrumentenflugregeln gemäß § 27a LuftVO mit dem Betrieb des betreffenden Verkehrsflugplatzes rechtfertigt nach geklärter Rspr. die instanzielle Zuständigkeit des OVG (BVerwG NJW 2000, 3584). Bejaht wird der Zusammenhang ferner bei Eigensicherungsmaßnahmen des Flugplatzbetreibers nach § 8 LuftSiG (BWVGH NVwZ-RR 2006, 840 = ZLW 2006, 471), **verneint** hingegen für die Versagung einer Zugangsberechtigung nach § 10 LuftSiG (BlnOVG, Beschl. v. 12.8. 2005 – 12 A 54.05; BWVGH ZLW 2003, 473, 474; ThürOVG, Beschl. v. 28.1. 2005 – 2 O 5/05) und bei der Auswahlentscheidung eines Dienstleisters um die Erbringung von Bodenabfertigungsdiensten (BWVGH ZLW 2003, 473). **18**

7. Nr. 7: Schienen- und Magnetschwebebahnen

Bisher nicht praktisch geworden ist die Zuständigkeit für **Magnetschwebebahnen** nach dem MBPlG vom 23.11. 1994 (BGBl. I 3486). **Straßenbahnen** werden nach § 28 PBefG planfestgestellt. Als Straßenbahnen gelten auch die in § 4 II PBefG gleichgestellten Hochbahnen, U-Bahnen und Schwebebahnen (BayVGH, Beschl. v. 25.8. 2004 – 22 AS 04.40031). Öffentliche **Eisenbahnen** werden nach § 18 AEG planfestgestellt, Rangier- und Container**bahnhöfe** sind Serviceeinrichtungen nach § 2 III lit. c AEG und gehören damit zu den planfeststellungspflichtigen Betriebsanlagen der Eisenbahninfrastruktur. **19**

Der **Eisenbahnbegriff** der Nr. 7 deckt sich mit dem Begriff der planfeststellungsbedürftigen Bahnanlagen des AEG. Der VwGO-Gesetzgeber wollte keine Regelung treffen, mit der bestimmte Bau- oder Änderungsmaßnahmen an den Betriebsanlagen der Bahn von der Zuständigkeit des OVG ausgenommen wären (BVerwG NVwZ 2009, 189 zur Aufhebung [Schließung] eines höhengleichen Bahnübergangs). **20**

§ 48   Teil I. Gerichtsverfassung

21   **Nebenanlagen** – wie der 26. BImSchV unterfallende Hochfrequenzanlagen (z.B. Funksystem-Basisstation) – sind grds. Teil der **Strecke**. Dem Umstand, dass Nr. 7 den Begriff der „Strecke" und nicht den – scheinbar weitergehenden – Begriff der „Betriebsanlagen" einer Eisenbahn einschließlich der Bahnstromleitungen i.S.v. § 18 S. 1 AEG verwendet, ist keine einengende Bedeutung beizumessen (BVerwG NVwZ 2009, 189; zweifelnd noch BayVGH, Urt. v. 30.4. 2004 – 22 A 03.40056).

22   Die Zuständigkeit nach Nr. 7 umfasst nicht nur Planfeststellungsverfahren für den Bau **neuer**, sondern auch für die Änderung **bestehender Strecken** von öffentlichen **Eisenbahnen** (BVerwG NVwZ 2009, 189; BWVGH NVwZ-RR 1997, 76). Dies hat der Gesetzgeber durch Bereinigung des Wortlauts um ein Redaktionsversehen klargestellt (Ey § 48 Rn. 11). Nur **Planfeststellungsverfahren** und die weiteren in I 2 genannten Zulassungsformen werden erfasst, **nicht** aber der Vollzug eines planfeststellungsersetzenden Bebauungsplans für den Bau einer Stadtbahn (BWVGH NVwZ-RR 2001, 411).

8. Nr. 8: Bundesfernstraßen

23   Bundesfernstraßen sind Bundesautobahnen und Bundesstraßen mit den Ortsdurchfahrten (§ 1 II, IV FStrG). Ihr Bau und ihre Änderung sind gemäß **§ 17 FStrG** planfestzustellen. Die Vorschrift ist weit auszulegen, sie umfasst daher auch Streitigkeiten bei Kreuzung von Fernstraßen und anderen öffentlichen Straßen oder mit Gewässern (§ 12 IV, § 12a IV FStrG). Der Anwendungsbereich ist ferner eröffnet für die Sicherung eines Anspruchs auf Aufhebung eines Planfeststellungsbeschlusses gemäß § 77 VwVfG (BWVGH DÖV 1997, 558, Ls.) und für die (mit der Verpflichtungsklage zu erstreitende) Aufnahme zusätzlicher (Schutz)**Auflagen** in einen noch nicht bestandskräftigen Planfeststellungsbeschluss (BWVGH NVwZ-RR 1996, 69). Zu nachträglichen Schutzauflagen Rn. 32.

24   Str. ist die Zuständigkeit für Klagen auf Feststellung des Außerkrafttretens oder auf Verpflichtung der Planfeststellungsbehörde zur **Aufhebung** oder zum Widerruf bestandskräftiger fernstraßenrechtlicher Planfeststellungsbeschlüsse (verneinend: RhPfOVG NVwZ-RR 2004, 697 zum Widerruf von Planfeststellungsbeschlüssen, die vor dem 7.7. 1974 bestandskräftig geworden sind; allgemein BayVGH NVwZ-RR 2003, 156; bejahend demgegenüber BWVGH NVwZ-RR 1997, 682; HessVGH NVwZ-RR 1993, 588).

9. Nr. 9: Bundeswasserstraßen

25   Bundeswasserstraßen sind nach **§ 1 I WaStrG** Binnenwasserstraßen des Bundes, die dem allgemeinen Verkehr dienen, und die Seewasserstraßen. Ein Verzeichnis über die dem allgemeinen Verkehr dienenden Binnenwasserstraßen des Bundes enthält die Anlage zum WaStrG. Erfasst werden unmittelbar nach Nr. 9 die in § 1 IV WaStrG aufgeführten **Nebenanlagen** wie bundeseigene Schifffahrtsanlagen, Schleusen, Schiffshebewerke, Wehre, Speicherbecken, die ihrer Unterhaltung dienenden bundeseigenen Ufergrundstücke, Bauhöfe und Werkstätten.

26   Für **Neubau** und **Ausbau** von Bundeswasserstraßen ist nach § 14 I 1 WaStrG eine vorherige Planfeststellung erforderlich. Wird anstelle der Planfeststellung eine Plangenehmigung erteilt (§ 14 Ia WaStrG), so ist die Zuständigkeit des OVG über I 2 miteröffnet. Zu Verpflichtungsklagen auf zusätzliche Schutzauflagen → Rn. 23.

III. Ergänzende Bestimmungen

1. Zusammenhangsklausel (I 2)

§ 48 I zielt insgesamt darauf ab, für die in den Katalogtatbeständen bezeichneten Vorhaben eine möglichst umfassende Zuständigkeit des OVG zu begründen. Die Verwirklichung investitionsintensiver Großvorhaben soll nicht dadurch verzögert werden, dass für Nebeneinrichtungen oder untergeordnete Teile des Vorhabens ein Verfahren in drei Rechtszügen abgewartet werden muss. 27

Schon nach I 1 entscheidet das OVG über „**sämtliche**" der im nachfolgenden Katalog aufgeführten **Streitigkeiten**. Darin ist ausgedrückt, dass die Zuständigkeit ohne Rücksicht auf prozessuale Besonderheiten besteht. Sie ist unabhängig von der Klageart, also von der prozessualen Form des Begehrens, und sie gilt für Hauptsacheverfahren wie für Eilverfahren nach §§ 80, 80a und 123, ferner für Anträge auf Prozesskostenhilfe (§ 166 i.V.m. §§ 114 ff. ZPO), Streitigkeiten über Verfahrensfragen, über Verwaltungskosten (Gebühren und Auslagen), Benutzungsgebühren (z.B. nach § 21a AtG) oder Beiträge (z.B. nach § 21b AtG), sofern diese das Rechtsverhältnis zu Dritten betreffen. Ferner fallen hierunter alle Streitigkeiten über den **(Fort)Bestand** einer Anlage (Rückbau, Stillegung, Beseitigung → Rn. 9, 16, 28). 28

Daher ist es konsequent, wenn in I 2 eine **mehrfache Erstreckung** angeordnet wird. Zum einen gilt die Zuständigkeit unabhängig von der Art der Zulassungsentscheidung. Insbes. dort, wo ein Vorhaben in Anknüpfung an das Erfordernis der Planfeststellung zugewiesen wird (S. 1 Nrn. 4, 7 bis 9) soll keine Beschränkung auf dieses Verwaltungsverfahren (vgl. §§ 72 ff. VwVfG) zum Ausdruck gebracht sein. Das stimmt mit dem einschlägigen Fachrecht überein, das (für kleinere Vorhaben) oftmals vorsieht, dass anstelle einer Planfeststellung eine Genehmigung (§ 31 KrW-/AbfG → Rn. 13) oder eine Plangenehmigung erteilt werden oder beides sogar entfallen kann (Unterbleibensentscheidung, Negativattest; vgl. § 18 II, III AEG; § 8 II, III LuftVG; § 74 VI, VII VwVfG). 29

Eine weitere Erstreckung bezieht sich auf **sämtliche** für das Vorhaben erforderlichen **Neben-Zulassungsakte**. Es handelt sich um wasser-, immissionsschutz- oder baurechtliche Genehmigungen und Erlaubnisse, die von der Konzentrationswirkung der einschlägigen Planfeststellung oder Plangenehmigung für das Katalogvorhaben nicht umfasst sind (vgl. § 14 WHG, § 9 I 3 LuftVG). 30

Schließlich erstreckt I 2 die Zuständigkeit auf Streitigkeiten über die Zulassung von **Nebeneinrichtungen**, die mit einem Katalogvorhaben in einem räumlichen und betrieblichen Zusammenhang stehen. Die Ergänzungsklausel begründet die Zuständigkeit für Nebeneinrichtungen auch dann, wenn ausschließlich um sie gestritten wird (BVerwG NVwZ 2009, 189 Rn. 10). Ein unmittelbarer Bezug zu einem konkreten Planungsverfahren besteht z.B. dann, wenn um Maßnahmen gestritten wird, die zeitlich und sachlich der späteren Planfeststellung oder Plangenehmigung vorausgehen, indem sie seiner Vorbereitung dienen oder einen Ausschnitt der in einem laufenden Planfeststellungsverfahren zu lösenden Probleme darstellen, oder wenn darum gestritten wird, ob bestimmten Baumaßnahmen ein Planfeststellungs- oder Plangenehmigungsverfahren hätte vorausgehen müssen (BVerwG NVwZ 2000, 1168 zu § 5 Abs. 1 VerkBPG; Ey § 48 Rn. 1 f.; KS § 48 Rn. 2). 31

Keine Erstreckung besteht nach h.A. für Klagen, mit denen Ansprüche auf **nachträgliche Schutzauflagen** bei einem bestandskräftigen Planfeststellungsbeschluss (vgl. § 75 II VwVfG) verfolgt werden. Der Beschleunigungszweck wird nicht berührt, wenn nachträgliche Schutzauflagen verlangt werden, denen ein unmittelba- 32 rer Bezug zu einem konkreten Planverfahren fehlt (BVerwG NVwZ 2000, 1168 m.w.N.; NVwZ 2001, 206; NdsOVG NVwZ 2003, 1283 unter Aufgabe seiner Rspr. in OVGE 43, 301; ebenso NVwZ-RR 2007, 818 zu Wasserstraßen; BWVGH NVwZ 1995, 179). Zum Streit um die Aufnahme zusätzlicher Schutzauflagen im Streit um einen noch anfechtbaren Planfeststellungsbeschluss vgl. Rn. 23.

2. Landesgesetzliche Öffnungsklausel (I 3)

33 Nach I 3 können die Länder durch Gesetz die erstinstanzliche Zuständigkeit des OVG für Streitigkeiten begründen, die **Besitzeinweisungen** in den Fällen des Katalogs in I 1 Nrn. 1 bis 9 betreffen. Von dieser Ermächtigung haben die Länder Baden-Württemberg, Bayern, Brandenburg, Sachsen-Anhalt und Thüringen Gebrauch gemacht. Von einer bundesrechtlich einheitlichen Regelung wurde abgesehen, weil einige Länder für Streitigkeiten über Besitzeinweisungen den ordentlichen Rechtsweg vorgesehen haben.

IV. Vereinsverbote und Verfügungen (II)

34 Das OVG entscheidet im ersten Rechtszug ferner über Anfechtungsklagen gegen die Verbote eines Vereins (§ 3 I VereinsG) oder einer Ersatzorganisation (§ 8 II VereinsG), sofern das Verbot von einer obersten **Landesbehörde** als Verbotsbehörde (§ 3 II Nr. 1 VereinsG) erlassen worden ist. Die Zuständigkeit besteht für das gerichtliche **Bestätigungsverfahren** bei Vereinigungen i.S. des § 16 VereinsG. Ist der **Bundesinnenminister** Verbotsbehörde, so ist die erstinstanzliche Zuständigkeit des BVerwG gegeben (→ § 50 Rn. 10).

§ 49 [Instanzielle Zuständigkeit des Bundesverwaltungsgerichts]

Das Bundesverwaltungsgericht entscheidet über das Rechtsmittel
1. der Revision gegen Urteile des Oberverwaltungsgerichts nach § 132,
2. der Revision gegen Urteile des Verwaltungsgerichts nach §§ 134 und 135,
3. der Beschwerde nach § 99 Abs. 2 und § 133 Abs. 1 dieses Gesetzes sowie nach § 17a Abs. 4 Satz 4 des Gerichtsverfassungsgesetzes.

1 Die von der Struktur her mit § 46 übereinstimmende Vorschrift regelt die sachliche bzw. funktionelle Zuständigkeit des BVerwG als oberstes Rechtsmittelgericht, nämlich als Revisions- und Beschwerdegericht (→ § 10 Rn. 2). Seine Einrichtung gibt Art. 95 I GG vor. Das BVerwG ist in dieser Funktion auf die Nachprüfung instanzgerichtlicher Entscheidungen in rechtlicher Hinsicht beschränkt (arg. ex § 137 II). Daneben sind dem BVerwG erstinstanzliche Zuständigkeiten übertragen (§ 50).

2 **Nr. 1** betrifft die **Revision gegen Urteile des OVG** nach § 132. Den Urteilen stehen Beschlüsse nach §§ 47 V, 125 II 2, 130a S. 1 und Gerichtsbescheide nach § 84 I 1 gleich.

3 **Nr. 2** betrifft die **Revision gegen Urteile des VG** nach § 134 (Sprungrevision) und § 135 (Revision bei bundesgesetzlichem Ausschluss der Berufung).

4 **Nr. 3** betrifft die **Beschwerde nach § 99 II** (In-Camera-Verfahren; ausgenommen § 31 II 2 StUG) und § 133 I (**Nichtzulassungsbeschwerde**) sowie nach § 17a IV 4 GVG (**Rechtswegverweisung**).

5 **Weitere Funktionen** als Rechtsmittelgericht sind dem BVerwG über § 190 I Nr. 5 i.V.m. § 83 I BPersVG zugewiesen. In der Funktion einem Rechtsmittelgericht ähnlich entscheidet das BVerwG bei der Bestimmung des zuständigen Gerichts (§ 53 II, III 1) und über Ablehnungsgesuche bei beschlussunfähigem OVG (§ 54 I i.V.m. § 45 III ZPO).

§ 50 [Sachliche Zuständigkeit des BVerwG]

(1) Das Bundesverwaltungsgericht entscheidet im ersten und letzten Rechtszug
1. über öffentlich-rechtliche Streitigkeiten nichtverfassungsrechtlicher Art zwischen dem Bund und den Ländern und zwischen verschiedenen Ländern,
2. über Klagen gegen die vom Bundesminister des Innern nach § 3 Abs. 2 Nr. 2 des Vereinsgesetzes ausgesprochenen Vereinsverbote und nach § 8 Abs. 2 Satz 1 des Vereinsgesetzes erlassenen Verfügungen,
3. über Streitigkeiten gegen Abschiebungsanordnungen nach § 58a des Aufenthaltsgesetzes und ihre Vollziehung,
4. über Klagen, denen Vorgänge im Geschäftsbereich des Bundesnachrichtendienstes zugrunde liegen,
5. über Klagen gegen Maßnahmen und Entscheidungen nach § 44a des Abgeordnetengesetzes und der Verhaltensregeln für Mitglieder des Deutschen Bundestages,
6. über sämtliche Streitigkeiten, die Planfeststellungsverfahren und Plangenehmigungsverfahren für Vorhaben betreffen, die in dem Allgemeinen Eisenbahngesetz, dem Bundesfernstraßengesetz, dem Bundeswasserstraßengesetz, dem Energieleitungsausbaugesetz oder dem Magnetschwebebahnplanungsgesetz bezeichnet sind.
(2) (weggefallen)
(3) Hält das Bundesverwaltungsgericht nach Absatz 1 Nr. 1 eine Streitigkeit für verfassungsrechtlich, so legt es die Sache dem Bundesverfassungsgericht zur Entscheidung vor.

Übersicht

	Rn.
I. Die Einzelzuständigkeiten	3
1. Zuständigkeit nach I Nr. 1	3
a) Abgrenzung zum verfassungsgerichtlichen Bund-Länder-Streit	4
b) Einschränkende Auslegung	8
2. Zuständigkeit nach Nr. 2	10
3. Zuständigkeit nach Nr. 3	11
4. Zuständigkeit nach Nr. 4	12
5. Zuständigkeit nach Nr. 5	15
6. Zuständigkeit nach Nr. 6	16
II. Vorlage	18

Das BVerwG ist in Art. 95 I GG als oberster Gerichtshof der Verwaltungsgerichtsbarkeit konzipiert. Diese Funktion – grds. als höchstes Rechtsmittelgericht – wird in § 49 bestätigt. Dem BVerwG können aber ausnahmsweise, wie in § 50 I geschehen, auch erst- und damit letztinstanzliche Zuständigkeiten übertragen werden. Weitere solcher Zuständigkeiten ergeben sich aus dem Fachrecht, so z.B. § 10a S. 1 BAG

§ 50

(BVerwGE 109, 87), § 13 II PatG, § 5 I VerkPBG (vgl. Paetow NVwZ 2007, 36). **Verfassungsrechtliche Bedenken** gegen einen derartigen einzügigen Rechtsschutz bestehen nicht. Art. 19 IV GG sichert keinen Rechtsmittelzug (vgl. BVerfGE 107, 395; BVerwGE 131, 274; kritisch Paetow NVwZ 2007, 36).

2   Das BVerwG entscheidet als erstinstanzliches Gericht in dem nach §§ 81 ff. vorgesehenen Verfahren. § 137 I Nr. 1 findet keine Anwendung (BVerwGE 70, 310). Als Gericht der Hauptsache ist es auch in den zugehörigen **Verfahren des einstweiligen Rechtsschutzes** zuständig (§§ 80 V, 80a III, 123). Ist die sachliche Zuständigkeit des BVerwG nicht gegeben, ist der Rechtsstreit nach Anhörung der Beteiligten gemäß § 83 S. 1 i.V.m. § 17a GVG von Amts wegen an das zuständige VG/OVG zu **verweisen.**

I. Die Einzelzuständigkeiten

1. Zuständigkeit nach I Nr. 1

3   Nach **Nr. 1** entscheidet das BVerwG in öffentlich-rechtlichen Streitigkeiten nichtverfassungsrechtlicher Art (→ § 40 Rn. 75 ff.) zwischen dem Bund und den Ländern und zwischen verschiedenen Ländern **(verwaltungsrechtlicher Bund-Länder-Streit)**. Hält das angerufene BVerwG die Streitigkeit für verfassungsrechtlich, so hat es **nach III** die Sache dem BVerfG zur Entscheidung **vorzulegen** (→ Rn. 18).

4   a) Abgrenzung zum verfassungsgerichtlichen Bund-Länder-Streit. Die Abgrenzung bei den gerichtlichen Zuständigkeiten für Bund-Länder-Streitverfahren hat ihren Ausgangspunkt bei der Zuständigkeit des BVerfG nach Art. 93 I Nr. 3 GG i.V.m. §§ 69, 64 I BVerfGG (BVerwGE 109, 1). Für die Abgrenzung ist maßgebend, **welche Ebene des Rechtssystems das dem Streit zugrundeliegende Rechtsverhältnis prägt** (BVerwGE 109, 258 m.w.N.). Die Prägung ist nur dann verfassungsrechtlich, wenn die Verletzung oder unmittelbare Gefährdung des Rechts aus einem Bund und Land umschließenden materiellen Verfassungsrechtsverhältnis geltend gemacht wird. Es genügt nicht, dass Bund und Land über die Auslegung und Tragweite einer Vorschrift des GG unterschiedlicher Auffassung sind (vgl. BVerfGE 81, 310) oder dass der Ausgang des Rechtsstreits zugleich von der Klärung verfassungsrechtlicher Fragen abhängt (BVerwGE 116, 92). Ebenso wenig reicht aus, dass die Beteiligten Subjekte des Verfassungsrechts sind. Nicht alle Ansprüche zwischen Bund und Ländern gründen sich auf ein verfassungsrechtliches Verhältnis. Solche Ansprüche können vielmehr auch in einem engeren einfachrechtlichen Verhältnis wurzeln, dessen Rechtsnatur sie maßgeblich prägt (vgl. BVerfGE 42, 103; BVerwGE 96, 45). Eine verfassungsrechtliche Prägung wird in aller Regel gegeben sein, wenn ausschließlich um föderale Ansprüche, Verbindlichkeiten oder Zuständigkeiten gestritten wird, welche unmittelbar auf Normen des GG gestützt werden und gerade das verfassungsrechtlich geordnete Verhältnis betreffen (vgl. BVerfGE 81, 310).

5   **Verfassungsrechtliche Streitigkeiten** liegen z.B. vor bei einer ausdrücklich auf Art. 85 III GG gestützten **Weisung des Bundes** (BVerwG NVwZ 1998, 500; BVerfGE 81, 310; KS § 50 Rn. 3 m.w.N. zur a.A.).

6   Streitigkeiten sind **nichtverfassungsrechtlicher** Art, wenn sie den **Anspruch auf Erstattung von Zweckausgaben** der Höhe nach oder die Begründetheit entsprechender Einreden und Einwendungen betreffen. Der aus Art. 104a II GG abgeleitete Klageanspruch wurzelt nicht im verfassungsrechtlichen Grundverhältnis zwischen dem Bund und einem Land, sondern in einem engeren Rechtsverhältnis, das

__ Sachliche Zuständigkeit des BVerwG § 50

durch Normen des einfachen Rechts geprägt wird (BVerwG, Urt. v. 27.1. 2010 – 7 A 8.09; Buchh 451.171 § 9a AtG Nr. 2).

Betrifft die Frage der nichtverfassungsrechtlichen Streitigkeit sowohl die Eröffnung 7 des Rechtsweges (§ 40 I) als auch die Zuständigkeit des angerufenen BVerwG, ist die instanzielle Zuständigkeit des BVerwG zugunsten des klagenden Beteiligten zu unterstellen (BVerwG NVwZ 2002, 1127; 1998, 500).

b) Einschränkende Auslegung. Nr. 1 ist **einschränkend auszulegen** und unge- 8 achtet des Wortlautes nur auf Streitigkeiten anzuwenden, die sich in ihrem Gegenstand einem Vergleich mit den landläufigen Verwaltungsstreitigkeiten entziehen (st. Rspr., vgl. BVerwGE 96, 45; BVerwG Buchh 310 § 50 VwGO Nr. 6). Kläger und Beklagter dürfen nicht nur Teilnehmer am allgemeinen Rechtsverkehr sein (vgl. KS § 50 Rn. 4). Nur bestimmte, in ihrer Eigenart gerade durch die Beziehung zwischen dem Bund und einem Land geprägte Streitigkeiten werden erfasst und hierdurch von den ansonsten geltenden Zuständigkeitsregelungen ausgenommen. Entspricht die Stellung eines Beteiligten in allen wesentlichen Punkten derjenigen eines Staatsbürgers im Allgemeinen, fehlt es an der Rechtfertigung, ihn einem Sonderrecht zu unterwerfen (BVerwG NVwZ 2004, 484).

§ 50 I Nr. 1 erfasst hiernach z.B. die Erteilung von **Aussagegenehmigungen** für 9 Bundesminister (BVerwG NJW 2000, 160), den Streit um **Schadensersatz** wegen schuldhaft fehlerhafter Verwaltungsführung (BVerwG NVwZ 2007, 1315), Klagen aus verwaltungsrechtlichen **Staatsverträgen** (BVerwGE 80, 373; 54, 29), Streitigkeiten, das Verhältnis zwischen der **Ordnungshoheit** des Landes und der Verteidigungshoheit des Bundes (BVerwG NJW 1977, 163) oder die Frage betreffen, ob ein Planfeststellungsbeschluss der Bundeswasserstraßenverwaltung des **Einvernehmens** der zuständigen Landesbehörde bedarf, weil das Vorhaben Belange der Landeskultur berührt (BVerwG NVwZ 2002, 1239), Streitigkeiten um die **Abgrenzung** der Hoheitsbefugnisse der Wasserstraßenverwaltung des Bundes zu den Hoheitsbefugnissen des Landes auf dem Gebiet des Denkmalrechts (BVerwG NVwZ 2008, 696).

2. Zuständigkeit nach Nr. 2

Nach Nr. 2 entscheidet das BVerwG über Klagen gegen die vom **Bundesminister** 10 **des Innern** nach § 3 II Nr. 2 VereinsG ausgesprochenen **Vereinsverbote** und nach § 8 II 1 VereinsG erlassenen Verfügungen (vgl. BVerwG NVwZ 2010, 455; NVwZ-RR 2009, 803; BVerwGE 61, 218). Die Norm entspricht § 48 (Zuständigkeit des OVG in Vereinssachen für Maßnahmen der obersten Landesbehörden → § 48 Rn. 34). Sachlich zuständig für Verfahren gegen Verfügungen zum Vollzug des Verbots (§§ 5 I, §§ 10 ff. VereinsG) ist das VG (§ 45), wie sich im Übrigen aus § 6 I VereinsG ergibt (vgl. BVerwG Buchh 402.45 VereinsG Nr. 20). Das BVerwG ist ferner gemäß **§ 16 II VereinsG** zuständig für das sog. gerichtliche **Bestätigungsverfahren** bei den in § 16 I VereinsG genannten Arbeitnehmer- und Arbeitgebervereinigungen, die den Schutz des Übereinkommens Nr. 87 der Internationalen Arbeitsorganisation vom 9. Juli 1948 (BGBl. 1956 II 2072) genießen, sofern der Bundesinnenminister Verbotsbehörde ist.

3. Zuständigkeit nach Nr. 3

Nach Nr. 3 entscheidet das BVerwG – im Interesse der Verfahrensbeschleunigung – 11 über Streitigkeiten gegen **Abschiebungsanordnungen** nach § 58a AufenthG und ihre Vollziehung (Abwehr einer besonderen bzw. terroristischen Gefahr).

§ 50

4. Zuständigkeit nach Nr. 4

12 Nach Nr. 4 entscheidet das BVerwG über Klagen, denen **Vorgänge im Geschäftsbereich des BND** zugrunde liegen (vgl. §§ 1 II, 2 BNDG). Dies gilt auch im Bereich des Disziplinarrechts gegenüber BND-Beamten (§ 45 S. 5 BDG). Erfasst wird nur der Geschäftsbereich des BND als Bundesoberbehörde im organisatorischen Sinne des § 1 I 1 BNDG (BVerwG DVBl. 1984, 1015; BeckOK VwGO § 50 Rn. 8; S/S-A/P § 50 Rn. 12; a.A. RO § 50 Rn. 4).

13 Hierunter fallen z.B. die **Umsetzung eines Mitarbeiters vom Ausland in das Inland** (BVerwG NVwZ-RR 2008, 547), der **Schadensersatzstreit** eines Ruhestandsbeamten des BND wegen Verletzung der Fürsorgepflicht während der Dienstzeit, nicht aber sein Anspruch auf Erfüllung der Fürsorgepflicht durch Gewährung von Beihilfen (BVerwG Buchh 310 § 50 VwGO Nr. 14), der **Auskunftsanspruch aus § 7 BNDG** i.V.m. § 15 BVerfSchG eines vor dem Arbeitsgericht klagenden Betroffenen über die vom BND zu seiner Person gespeicherten Daten, sofern ein außerhalb des Arbeitsprozesses liegendes besonderes Interesse geltend gemacht wird (BVerwG NJW 2008, 1398), die Anfechtung der **Wahl der Gleichstellungsbeauftragten** beim BND (BVerwG PersR 2007, 443).

14 Nr. 4 erfasst **nicht** Verfahren von Angehörigen des BND, deren Beschäftigungsverhältnis sich nach bürgerlichem Recht richtet. Für diese Streitigkeiten verbleibt es vielmehr bei der Zuständigkeit der Arbeitsgerichte (BVerwG Buchh 310 § 50 VwGO Nr. 19).

5. Zuständigkeit nach Nr. 5

15 Nach Nr. 5 entscheidet das BVerwG über Klagen gegen Maßnahmen und Entscheidungen nach § 44a AbgG **(Ausübung des Mandats)** und der Verhaltensregeln für Mitglieder des Deutschen Bundestages.

6. Zuständigkeit nach Nr. 6

16 Nach Nr. 6 entscheidet des BVerwG im Interesse der Verfahrensbeschleunigung über sämtliche Streitigkeiten, die **Planfeststellungs-** und **Plangenehmigungsverfahren** für Vorhaben betreffen, die im **AEG** (BVerwG Buchh 442.09 § 18e AEG Nr. 1), **FStrG**, **WaStrG**, **EnLAG** oder **MBPlG** (BVerwG NVwZ 2007, 1095) bezeichnet sind. Die hiermit begründeten Zuständigkeiten gehen den in § 48 I 1 Nrn. 7–9 geregelten Zuständigkeiten des OVG vor.

17 Der Begriff „**betreffen**" ist weit auszulegen. Zweck des I Nr. 6 ist es, durch die Verkürzung des Verwaltungsgerichtsverfahrens auf eine Instanz die Verwirklichung der Vorhaben der Verkehrsinfrastruktur zu beschleunigen und divergierende Entscheidungen zu vermeiden. Die Vorschrift erfasst alle Verwaltungsstreitverfahren, die einen unmittelbaren Bezug zu konkreten Planfeststellungs- oder Plangenehmigungsverfahren für Vorhaben nach I Nr. 6 haben (BVerwG NVwZ 2007, 1095; KS § 50 Rn. 8b). Nr. 6 erfasst aber **nicht** Streitigkeiten um Ansprüche auf Auskunft über planfeststellungspflichtige Vorhaben, die auf das UIG gestützt sind (BVerwG NVwZ 2007, 1095).

II. Vorlage

18 Hält das BVerwG nach I Nr. 1 eine Streitigkeit für verfassungsrechtlich (→ Rn. 3), so legt es die Sache dem BVerfG zur Entscheidung vor (III). Die Vorlage betrifft nicht die Sachentscheidung, sondern allein die Klärung, ob die Streitigkeit verfassungsrechtlicher Art ist. Für eine **Verweisung** an das BVerfG fehlt es an einer Rechtsgrundlage; § 83 S. 1 i.V.m. § 17a GVG erfasst diesen Fall nicht, da es einen „Rechtsweg" zum BVerfG nicht gibt. Verweisungen sind überdies mit der Verfassungsorganstellung des BVerfG unvereinbar (BVerfGE 109, 1).

III findet nur im Rahmen des I Nr. 1 Anwendung; angesichts des allein hierauf bezogenen Wortlauts ist eine **analoge Anwendung** auf andere Verfahren, bei denen das BVerwG von der Verfassungsrechtlichkeit überzeugt ist, **ausgeschlossen** (KS § 50 Rn. 9, 10; RO § 50 Rn. 6; S/S-A/P § 50 Rn. 15). 19

Für die Vorlage ist – mit Art. 100 I 1 GG vergleichbar – die **Überzeugung** des BVerwG von der Verfassungsrechtlichkeit der Streitigkeit erforderlich; bloße Zweifel genügen nicht (KS § 50 Rn. 9, 10). 20

Die Entscheidung des BVerfG **bindet** aus Gründen des Rechtsstaatsprinzips das BVerwG, auch wenn sich III hierzu nicht ausdrücklich verhält. Hält das BVerfG die Streitigkeit für **nichtverfassungsrechtlich**, hat das BVerwG in der Sache zu entscheiden. Eine Abweisung der Klage wegen Nichteröffnung des Verwaltungsrechtswegs scheidet ebenso aus wie eine Verweisung an das vom BVerwG ggf. für sachlich zuständig gehaltene VG. Hält das BVerfG die Streitigkeit für **verfassungsrechtlich**, entscheidet dieses aus prozessökonomischen Gründen in der Sache abschließend (BVerfGE 109, 1; S/S-A/P § 50 Rn. 14; a.A. KS § 50 Rn. 9, 10). 21

§ 51 [Aussetzung bei Verfahren über Vereinsverbote]

(1) Ist gemäß § 5 Abs. 2 des Vereinsgesetzes das Verbot des Gesamtvereins anstelle des Verbots eines Teilvereins zu vollziehen, so ist ein Verfahren über eine Klage dieses Teilvereins gegen das ihm gegenüber erlassene Verbot bis zum Erlaß der Entscheidung über eine Klage gegen das Verbot des Gesamtvereins auszusetzen.

(2) Eine Entscheidung des Bundesverwaltungsgerichts bindet im Falle des Absatzes 1 die Oberverwaltungsgerichte.

(3) Das Bundesverwaltungsgericht unterrichtet die Oberverwaltungsgerichte über die Klage eines Vereins nach § 50 Abs. 1 Nr. 2.

I ist Spezialvorschrift zu § 94. Durch die **Pflicht zur Aussetzung** sollen widersprechende Entscheidungen unterschiedlicher OVG (§ 48 II) möglichst ausgeschlossen werden. Die Norm erfasst bereits dem Wortlaut nach auch den Fall gleichzeitig anhängiger Verfahren bei einem Gericht. Eine konkurrierende Pflicht zur Verbindung dieser Verfahren nach § 93 besteht danach nicht (KS § 51 Rn. 1; a.A. BeckOK VwGO § 51 Rn. 2; RO § 51 Rn. 1; S/S-A/P § 51 Rn. 4). II ordnet die **Bindung** der OVG an, sofern das BVerwG nach I verfahren ist. Ein Verstoß gegen I, II begründet einen Verfahrensmangel (§ 132 II Nr. 3). III begründet eine **Unterrichtungspflicht** über Klagen nach § 50 I Nr. 2. 1

§ 52 [Örtliche Zuständigkeit]

Für die örtliche Zuständigkeit gilt folgendes:
1. In Streitigkeiten, die sich auf unbewegliches Vermögen oder ein ortsgebundenes Recht oder Rechtsverhältnis beziehen, ist nur das Verwaltungsgericht örtlich zuständig, in dessen Bezirk das Vermögen oder der Ort liegt.

2. ¹Bei Anfechtungsklagen gegen den Verwaltungsakt einer Bundesbehörde oder einer bundesunmittelbaren Körperschaft, Anstalt oder Stiftung des öffentlichen Rechts ist das Verwaltungsgericht örtlich zuständig, in dessen Bezirk die Bundesbehörde, die Körperschaft, Anstalt oder Stiftung ihren Sitz hat, vorbehaltlich der Nummern 1 und 4. ²Dies gilt auch bei Verpflichtungsklagen in den Fällen des Satzes 1. ³In Streitigkeiten nach dem Asylverfahrensgesetz ist jedoch das Verwaltungsgericht örtlich zuständig, in dessen Bezirk der Ausländer nach dem Asylverfahrensgesetz seinen Aufenthalt zu nehmen hat; ist eine örtliche Zuständigkeit danach nicht gegeben, bestimmt sie sich nach Nummer 3. ⁴Für Klagen gegen den Bund auf Gebieten, die in die Zuständigkeit der diplomatischen und konsularischen Auslandsvertretungen der Bundesrepublik Deutschland fallen, ist das Verwaltungsgericht örtlich zuständig, in dessen Bezirk die Bundesregierung ihren Sitz hat.
3. ¹Bei allen anderen Anfechtungsklagen vorbehaltlich der Nummern 1 und 4 ist das Verwaltungsgericht örtlich zuständig, in dessen Bezirk der Verwaltungsakt erlassen wurde. ²Ist er von einer Behörde, deren Zuständigkeit sich auf mehrere Verwaltungsgerichtsbezirke erstreckt, oder von einer gemeinsamen Behörde mehrerer oder aller Länder erlassen, so ist das Verwaltungsgericht zuständig, in dessen Bezirk der Beschwerte seinen Sitz oder Wohnsitz hat. ³Fehlt ein solcher innerhalb des Zuständigkeitsbereichs der Behörde, so bestimmt sich die Zuständigkeit nach Nummer 5. ⁴Bei Anfechtungsklagen gegen Verwaltungsakte einer von den Ländern mit der Vergabe von Studienplätzen beauftragten Behörde ist jedoch das Verwaltungsgericht örtlich zuständig, in dessen Bezirk die Behörde ihren Sitz hat. ⁵Dies gilt auch bei Verpflichtungsklagen in den Fällen der Sätze 1, 2 und 4.
4. ¹Für alle Klagen aus einem gegenwärtigen oder früheren Beamten-, Richter-, Wehrpflicht-, Wehrdienst- oder Zivildienstverhältnis und für Streitigkeiten, die sich auf die Entstehung eines solchen Verhältnisses beziehen, ist das Verwaltungsgericht örtlich zuständig, in dessen Bezirk der Kläger oder Beklagte seinen dienstlichen Wohnsitz oder in Ermangelung dessen seinen Wohnsitz hat. ²Hat der Kläger oder Beklagte keinen dienstlichen Wohnsitz oder keinen Wohnsitz innerhalb des Zuständigkeitsbereichs der Behörde, die den ursprünglichen Verwaltungsakt erlassen hat, so ist das Gericht örtlich zuständig, in dessen Bezirk diese Behörde ihren Sitz hat. ³Die Sätze 1 und 2 gelten für Klagen nach § 79 des Gesetzes zur Regelung der Rechtsverhältnisse der unter Artikel 131 des Grundgesetzes fallenden Personen entsprechend.
5. In allen anderen Fällen ist das Verwaltungsgericht örtlich zuständig, in dessen Bezirk der Beklagte seinen Sitz, Wohnsitz oder in Ermangelung dessen seinen Aufenthalt hat oder seinen letzten Wohnsitz oder Aufenthalt hatte.

Übersicht

	Rn.
I. Belegenheit der Sache (Nr. 1)	3
II. Anfechtungs- und Verpflichtungsklagen im Bereich der Bundesverwaltung (Nr. 2)	6
1. Grundsatz	6

Örtliche Zuständigkeit § 52

  2. Streitigkeiten nach dem AsylVfG 7
  3. Diplomatische und konsularische Auslandsvertretungen 9
 III. Sonstige Anfechtungs- und Verpflichtungsklagen (Nr. 3) 10
 IV. Klagen aus besonderen Pflichtverhältnissen (Nr. 4) 12
 V. Wohnsitz (Nr. 5) 16

§ 52 (s. aber auch § 6 S. 3 GVO) regelt die örtliche Zuständigkeit der VG, den sog. **1** **Gerichtsstand**. Er ist – mit Ausnahme des Rechtsmittelverfahrens (§ 83 S. 1 i. V. m. § 17a V GVG) – in allen Verfahren von Amts wegen zu beachtende **Sachurteilsvoraussetzung** (→ vor § 40 Rn. 34). Der Gerichtsstand ist ausschließlich, also weder für das Gericht noch für die Beteiligten (durch Vereinbarung oder rügeloses Einlassen) disponibel (Ey § 52 Rn. 27; KS § 52 Rn. 2). Bei der **Widerklage** ist § 89 S. 1 zu beachten. **Zuständigkeitszweifel** sind im Verfahren nach § 53 Nr. 3 auszuräumen (→ § 53 Rn. 5). Ist die Zuständigkeit im Zeitpunkt der Klageerhebung nicht gegeben, ist gemäß § 83 S. 1 i. V. m. § 17a II 1 GVG an das örtlich zuständige Gericht zu verweisen. Die einmal gegebene Zuständigkeit des angerufenen Gerichts wird durch eine nach Rechtshängigkeit eintretende Veränderung der sie begründenden Umstände nicht berührt (sog. **perpetuatio fori** → § 83 Rn. 5).

Die Gerichtsstandsregelungen des § 53 sind ihrer Systematik nach zwingend in der **2** **Reihenfolge** Nr. 1, 4, 2, 3, 5 zu prüfen.

I. Belegenheit der Sache (Nr. 1)

Nach **Nr. 1** ist in Streitigkeiten aller Verfahrensarten, die sich auf unbewegliches **3** Vermögen oder ein ortsgebundenes Recht oder Rechtsverhältnis beziehen, nur das VG örtlich zuständig, in dessen Bezirk das Vermögen oder der Ort liegt. **Ortsgebunden** sind Rechte oder Rechtsverhältnisse (→ § 94 Rn. 3), die zu einem bestimmten Territorium in besonderer Beziehung stehen (BVerwG NJW 1997, 1022), bzw. eine weitgehende Verbindung zwischen dem strittigen Recht und dem Territorium aufweisen, auf dem es ausgeübt wird (BVerwG Buchh 310 § 52 VwGO Nr. 2). **Unbewegliches Vermögen** sind neben Grundstücken und ihren Bestandteilen auch grundstücksgebundene Rechte. Die Norm ist mit § 24 ZPO inhaltsgleich (BeckOK VwGO § 52 Rn. 5; S/S-A/P § 52 Rn. 4; a. A. KS § 52 Rn. 6: § 864 ZPO analog).

Ein solcher Bezug liegt z. B. vor bei **Baugenehmigungen, Gaststättenerlaub-** **4** **nissen, Enteignungen** oder Belastungen von Grundeigentum, bei nach den Regeln des VermG erfolgender **Rückgabe von Grundstücken** (BVerwG, Beschl. v. 9.9. 2003 – 3 AV 1.03), bei **Wasser-, Wege-, Jagd- und Forstrechten**, bei Wasserentnahmeentgelten, beim **Anspruch auf nachträgliche Auflagen** zum Schutz eines Betriebs gegen nachteilige Wirkungen, die von dem planfestgestellten Abschnitt eines Verkehrsweges ausgehen (BVerwG NVwZ-RR 2004, 551), bei Streitigkeiten über **An- und Abflugverfahren** über dem heimischen Territorium (BWVGH NVwZ-RR 2003, 737), bei der Festsetzung der **Fehlbelegungsabgabe** (BVerwG NJW-RR 1990, 122), bei der **militärischen Nutzung einer bestimmten Liegenschaft** (NRWOVG NVwZ 1993, 588). Der enge räumliche und betriebliche Zusammenhang mit dem Betrieb eines Flugplatzes rechtfertigt es, die Ortsgebundenheit nach § 52 Nr. 1 für die Festlegung von **An- und Abflugrouten** im Luftraum nach § 27a LuftVO zu bejahen (BVerwG NJW 2000, 3584; BWVGH NVwZ-RR 2003, 737, 738; BayVGH NVwZ-RR 1995, 114).

§ 52

5 Keine **Ortsgebundenheit** besteht bei dem **Anspruch auf Rückgabe von Rechten an einem Unternehmen** (BVerwG ZOV 2009, 208) oder einer **Freisetzungsgenehmigung** i.S. des § 14 I GenTG (BVerwG NJW 1997, 1022).

II. Anfechtungs- und Verpflichtungsklagen im Bereich der Bundesverwaltung (Nr. 2)

1. Grundsatz

6 Nach **Nr. 2 S. 1, 2** ist bei Anfechtungs- und Verpflichtungsklagen (§ 42 I) gegen den VA einer Bundesbehörde oder einer bundesunmittelbaren Körperschaft, Anstalt oder Stiftung des öffentlichen Rechts **vorbehaltlich der Nrn. 1 und 4 sowie S. 3** das VG örtlich zuständig, in dessen Bezirk die Bundesbehörde, die Körperschaft, Anstalt oder Stiftung ihren Sitz hat. Die Norm findet **entsprechende Anwendung** auf Fortsetzungsfeststellungs- und Nichtigkeitsfeststellungsklagen (BVerwGE 84, 306) und auf VA von Landesbehörden, denen in Ausführung von Bundesrecht eine das ganze Bundesgebiet umfassende Verwaltungskompetenz übertragen ist (str., KS § 52 Rn. 8; BeckOK VwGO § 52 Rn. 8). **Behörde** i.S. der Nr. 2 ist jede Stelle, die Aufgaben der öffentlichen Verwaltung wahrnimmt (vgl. § 1 IV VwVfG); hierunter fällt auch der Beliehene (str., wie hier KS § 52 Rn. 1). **Bundesbehörden** sind solche nach Art. 87 I, III GG. **Sitz der Behörde** ist – auch bei mehreren Dienstsitzen – der Amtssitz des Behördenleiters (BVerwG NVwZ-RR 2001, 276).

2. Streitigkeiten nach dem AsylVfG

7 Nach **Nr. 2 S. 3** ist in Streitigkeiten nach dem AsylVfG **abweichend von S. 1, 2** das VG für alle Klagearten örtlich zuständig, in dessen Bezirk der Ausländer nach dem AsylVfG seinen Aufenthalt zu nehmen hat (vgl. §§ 56, 71 VII AsylVfG). Auf den tatsächlichen Aufenthaltsort des Ausländers kommt es nicht an. Wird z.B. ein Anspruch auf **länderübergreifende Umverteilung** nach § 51 AsylVfG geltend gemacht, ist das VG örtlich zuständig, in dessen Bezirk der Ausländer seinen Aufenthalt zu nehmen hat, und nicht das VG, in dessen Bezirk der Ausländer umverteilt werden möchte (BWVGH InfAuslR 2006, 293).

8 Ist eine örtliche Zuständigkeit danach nicht gegeben, weil ein Zuweisungsbescheid nicht vorliegt, Streit um seine Wirksamkeit besteht bzw. der Ausländer keinen bestimmten Aufenthalt zu nehmen hat oder inhaftiert ist, bestimmt sie sich nach Nr. 3.

3. Diplomatische und konsularische Auslandsvertretungen

9 Nach **Nr. 2 S. 4** ist für Klagen gegen den Bund auf Gebieten, die in die Zuständigkeit der diplomatischen und konsularischen Auslandsvertretungen der BRD fallen, das VG örtlich zuständig, in dessen Bezirk die Bundesregierung ihren Sitz hat (Berlin). Die bloße Mithilfe einer Auslandsvertretung z.B. im Asylverfahren ist unbeachtlich (BVerwG DVBl. 1984, 1015). Auf eine Tätigkeit des Auswärtigen Amtes selbst kommt es nicht an (BVerwG Buchh 310 § 50 VwGO Nr. 3).

III. Sonstige Anfechtungs- und Verpflichtungsklagen (Nr. 3)

10 Nach **Nr. 3 S. 1** ist bei allen anderen Anfechtungs- und Verpflichtungsklagen **vorbehaltlich der Nrn. 1 und 4** das VG örtlich zuständig, in dessen Bezirk der VA erlassen wurde bzw. als erlassen gilt (BVerwG DVBl. 2002, 1557). Ist er von einer Be-

Örtliche Zuständigkeit **§ 52**

hörde, deren Zuständigkeit sich auf mehrere Verwaltungsgerichtsbezirke erstreckt, oder von einer gemeinsamen Behörde mehrerer oder aller Länder erlassen bzw. zu erlassen, so ist das VG zuständig, in dessen Bezirk der Beschwerte seinen Sitz oder Wohnsitz hat **(Nr. 3 S. 2, 5)**. Fehlt ein solcher innerhalb des Zuständigkeitsbereichs der Behörde, so bestimmt sich die Zuständigkeit nach Nr. 5 **(Nr. 3 S. 3)**. Bei Anfechtungs- oder Verpflichtungsklagen gegen eine von den Ländern mit der Vergabe von Studienplätzen beauftragten Behörde ist jedoch das VG örtlich zuständig, in dessen Bezirk die Behörde ihren Sitz hat **(Nr. 3 S. 4, 5)**.

Die Norm findet **entsprechende Anwendung** auf Fortsetzungsfeststellungs- und **11** Nichtigkeitsfeststellungsklagen (vgl. BVerwGE 84, 306). Zum **Sitz der Behörde** → Rn. 6. Der **Wohnsitz** bestimmt sich nach §§ 7 bis 11 BGB. Dem **fehlenden Wohnsitz** ist der unbekannte Aufenthaltsort gleichzusetzen (BGH NJW 1983, 285). Bei **doppeltem Wohnsitz** ist nach § 53 I Nr. 3 zu verfahren.

IV. Klagen aus besonderen Pflichtverhältnissen (Nr. 4)

Nach **Nr. 4 S. 1** ist für alle Klagen aus einem gegenwärtigen oder früheren Beamten-, **12** Richter-, Wehrpflicht-, Wehrdienst- oder Zivildienstverhältnis und für Streitigkeiten, die sich auf die Entstehung eines solchen Verhältnisses beziehen, ist das VG örtlich zuständig, in dessen Bezirk der Kläger oder Beklagte seinen dienstlichen Wohnsitz oder in Ermangelung dessen seinen Wohnsitz (→ Rn. 11) hat. Erfasst werden z. B. Klagen auf Ernennung zum Beamten oder Klagen ehemaliger Beamter, Richter und Hinterbliebener und Disziplinarklagen.

Dienstlicher Wohnsitz ist der Ort, an dem die Behörde (§ 1 IV VwVfG) oder **13** ständige Dienststelle, der der Beamte angehört, ihren Sitz hat (vgl. § 15 I 1 BBesG; BVerwG NVwZ 1996, 998). **Dienststelle** ist die den Dienstposten des Beamten einschließende – regelmäßig eingerichtete – kleinste organisatorisch abgrenzbare Verwaltungseinheit, der ein örtlich und sachlich bestimmtes (Teil-)Aufgabengebiet zugewiesen ist. Dabei genügt eine, wenn auch nur geringfügige, organisatorische Abgrenzbarkeit; auf die Zahl der dort Beschäftigten oder eine rechtliche Verselbstständigung kommt es nicht an (RhPfOVG NVwZ-RR 1999, 592). Fallen Behörden- und Dienststellensitz auseinander, ist der Behördensitz maßgeblich (KS § 52 Rn. 17). „**Angehören**" bedeutet, dass der Beamte auf Dauer der Behörde bzw. Dienststelle zugewiesen ist; eine solche Dauerhaftigkeit kann auch durch eine nicht nur kurzfristige **Abordnung** begründet sein. Denn so wird der Beamte in Übereinstimmung mit dem Zweck der gesetzlichen Regelung (BVerwGE 58, 225) in die Lage versetzt, bei dem VG Klage zu erheben, in dessen Bezirk er tatsächlich fortlaufend seinen Dienst verrichtet und das für ihn deshalb, weil er sich regelmäßig dort aufhält, typischerweise leichter zu erreichen ist als das für seinen bisherigen Dienstort zuständige Gericht (VG Düsseldorf, Beschl. v. 17. 6. 2009 – 13 K 2159/09). Bei Ruhestandsbeamten besteht kein dienstlicher Wohnsitz mehr.

Im **Streit um die Rechtmäßigkeit einer Versetzung oder Abordnung** bleibt **14** es fiktiv bei der Maßgeblichkeit des dienstlichen Wohnsitzes, der im Zeitpunkt des Zugangs der Verfügung bestand (VG Darmstadt NVwZ-RR 1996, 162).

Hat der Kläger oder Beklagte **keinen dienstlichen Wohnsitz** oder **keinen** **15** **Wohnsitz** innerhalb des Zuständigkeitsbereichs der Behörde, die den ursprünglichen VA erlassen hat, so ist das Gericht örtlich zuständig, in dessen Bezirk diese Behörde ihren Sitz hat **(Nr. 4 S. 2)**. Untätigkeitsklagen nach § 75 begründen nach dem Wortlaut der Norm keine Zuständigkeit nach Nr. 4 S. 2 (str., BeckOK VwGO § 52 Rn. 16). Nr. 4 S. 1 und 2 gilt für Klagen nach § 79 Gesetz zu Art. 131 GG entsprechend **(Nr. 4 S. 3)**.

V. Wohnsitz (Nr. 5)

16 Ist **kein Fall der Nrn. 1 bis 4** gegeben, ist das VG örtlich zuständig, in dessen Bezirk der (tatsächlich) Beklagte seinen Sitz (→ Rn. 6), Wohnsitz (→ Rn. 11) oder in Ermangelung dessen seinen Aufenthalt hat oder seinen letzten Wohnsitz oder Aufenthalt hatte (Nr. 5). Bei **Klagen gegen den Staat** ist grds. auf die Behörde abzustellen, die für den Staat gehandelt hat oder handeln soll, unabhängig davon, ob dieser Behörde die Vertretung im Verwaltungsrechtsstreit obliegt (BVerwGE 71, 183). Betrifft der Rechtsstreit Handlungen eines **selbstständig wirkenden weisungsfreien Ausschusses**, so ist auf dessen Sitz abzustellen (BVerwGE 71, 183).

17 **Aufenthalt** ist das tatsächliche (gewollte oder ungewollte, dauernde oder vorübergehende) körperliche Sein an einem Ort (RO § 53 Rn. 20; KS § 53 Rn. 20).

§ 53 [Bestimmung des zuständigen Gerichts]

(1) Das zuständige Gericht innerhalb der Verwaltungsgerichtsbarkeit wird durch das nächsthöhere Gericht bestimmt,
1. wenn das an sich zuständige Gericht in einem einzelnen Fall an der Ausübung der Gerichtsbarkeit rechtlich oder tatsächlich verhindert ist,
2. wenn es wegen der Grenzen verschiedener Gerichtsbezirke ungewiß ist, welches Gericht für den Rechtsstreit zuständig ist,
3. wenn der Gerichtsstand sich nach § 52 richtet und verschiedene Gerichte in Betracht kommen,
4. wenn verschiedene Gerichte sich rechtskräftig für zuständig erklärt haben,
5. wenn verschiedene Gerichte, von denen eines für den Rechtsstreit zuständig ist, sich rechtskräftig für unzuständig erklärt haben.
(2) Wenn eine örtliche Zuständigkeit nach § 52 nicht gegeben ist, bestimmt das Bundesverwaltungsgericht das zuständige Gericht.
(3) ¹Jeder am Rechtsstreit Beteiligte und jedes mit dem Rechtsstreit befaßte Gericht kann das im Rechtszug höhere Gericht oder das Bundesverwaltungsgericht anrufen. ²Das angerufene Gericht kann ohne mündliche Verhandlung entscheiden.

Übersicht

	Rn.
I. Die einzelnen Anlässe	2
1. Rechtliche oder tatsächliche Verhinderung (Nr. 1)	2
2. Ungewisse Grenzen der Gerichtsbezirke (Nr. 2)	4
3. Verschiedene in Betracht kommende Gerichte (Nr. 3)	5
4. Positiver Kompetenzkonflikt (Nr. 4)	11
5. Negativer Kompetenzkonflikt (Nr. 5)	12
6. Fehlende örtliche Zuständigkeit	14
II. Verfahren und Entscheidung	15
1. Anrufung durch Beteiligte oder das Gericht	15
2. Entscheidung des angerufenen Gerichts	17
3. Bindung	20

Bestimmung des zuständigen Gerichts § 53

In den in I aufgeführten fünf Fällen (bei Ausfall eines Gerichts, Zuständigkeitszweifeln und Kompetenzkonflikten) kann eine Zuständigkeitsbestimmung für den konkreten Rechtsstreit durch das nächsthöhere Gericht herbeigeführt werden. Die Möglichkeit dazu besteht in allen Klageverfahren sowie allen selbstständigen Beschlussverfahren, insb. auch in Eilverfahren (vgl. BVerwG Buchh 310 § 53 VwGO Nr. 19). Liegen die in I Nrn. 1 bis 5, II bezeichneten Anlässe vor, ist eine Zweckmäßigkeitsentscheidung über die Zuständigkeit zu treffen (→ Rn. 19). 1

I. Die einzelnen Anlässe

1. Rechtliche oder tatsächliche Verhinderung (Nr. 1)

Rechtliche oder tatsächliche **Verhinderung** i.S. von I Nr. 1 ist anzunehmen, wenn das Gericht durch Ausschluss oder erfolgreiche Ablehnung, Erkrankung, Tod usw. von Richtern nicht (mehr) in absehbarer Zeit in der gesetzlich vorgeschriebenen Besetzung zusammentreten kann oder wenn es infolge von Aufruhr, Naturkatastrophen, Stillstand der Rechtspflege usw. für längere Zeit nicht tätig sein kann (BVerwG, Beschl. v. 21.1.2004 – 5 AV 3.03; KS § 53 Rn. 4). In **Fällen von Befangenheit** (§ 54) liegt eine Verhinderung erst dann vor, wenn so viele Richter des zuständigen Gerichts aus dem Verfahren ausgeschieden sind, dass über die Sache nicht mehr entschieden werden kann. Eine entsprechende Anwendung des I Nr. 1 im Vorfeld eines Ablehnungsgesuchs kommt wegen Art. 101 I 2 GG nicht in Betracht. Das Antragsverfahren nach § 53 bietet keinen Raum für antizipierte Feststellungen, ob Befangenheitsgründe vorliegen (NRWOVG NVwZ-RR 1997, 143). 2

Der rechtlichen oder tatsächlichen Verhinderung des zuständigen Gerichts **steht es gleich**, wenn das zuständige Gericht gegenwärtig nicht zu ermitteln ist. Das zuständige Gericht ist faktisch verhindert, wenn es vor der Entscheidung des übergeordneten Gerichts nicht wissen kann, ob es zuständig ist (BVerwG Buchh 310 § 53 VwGO Nr. 19). 3

2. Ungewisse Grenzen der Gerichtsbezirke (Nr. 2)

I Nr. 2 erfasst die Fälle, in denen sich Gerichtsbezirke aus tatsächlichen Gründen nicht eindeutig voneinander abgrenzen lassen; rechtliche Ungewissheit genügt nicht (S/S-A/P § 53 Rn. 6; BeckOK VwGO § 53 Rn. 4; a.A. Ey § 53 Rn. 3). 4

3. Verschiedene in Betracht kommende Gerichte (Nr. 3)

Es kommen i.S. von I Nr. 3 nach § 52 verschiedene Gerichte in Betracht, wenn sich z.B. das ortsgebundene Recht über mehrere Bezirke erstreckt (§ 52 Nr. 1) oder wenn der Kläger bzw. Beklagte mehrere Wohnsitze hat (§ 52 Nr. 4 S. 1, S. 5). Sind für die **Klage von Streitgenossen** verschiedene Gerichte zuständig, wird ein gemeinsames zuständiges Gericht bestimmt, wenn es zumindest nicht fernliegt, dass eine **notwendige** Streitgenossenschaft i.S. von § 62 I ZPO besteht (BVerwG NVwZ-RR 2000, 261; für die Anwendung auch bei einfacher Streitgenossenschaft NRWOVG NVwZ-RR 1995, 478; zum Streitstand S/S-A/P § 53 Rn. 8). Ob sie letztlich vorliegt, kann offenbleiben; denn es ist nicht Sinn eines Verfahrens zur Bestimmung der örtlichen Zuständigkeit, schwierige Rechtsfragen, die im eigentlichen Verfahren zu klären sind, abschließend zu entscheiden (BVerwG Buchh 310 § 53 VwGO Nr. 18). Bei einer **Haftung als Gesamtschuldner** i.S. des § 840 I BGB besteht keine notwendige Streitgenossenschaft, da das streitige Rechtsverhältnis ihnen gegenüber nicht i.S. des 5

§ 62 I ZPO nur einheitlich festgestellt werden könnte oder ihre Streitgenossenschaft aus einem anderen Grund eine „notwendige" wäre (BVerwG Buchh 310 § 53 VwGO Nr. 23).

6 **Prozessökonomische Gründe**, die z.b. für die Zusammenfassung paralleler Streitigkeiten vor einem Gericht sprechen, können für sich allein eine Abweichung von den gesetzlichen Zuständigkeitsregelungen nicht rechtfertigen (BVerwG DVBl. 2002, 1557). Es reicht auch nicht, dass die Frage der Zuständigkeit zwischen dem VG und dem Beklagten streitig ist (BVerwG Buchh 310 § 53 VwGO Nr. 25).

7 Eine Entscheidung nach § 53 ist ausgeschlossen, wenn das zuständige Gericht feststeht oder sich ermitteln lässt (BVerwG HFR 2007, 910). Dies ist auch der Fall, wenn über die örtliche Zuständigkeit bereits **unanfechtbar entschieden** worden ist (§ 83 S. 1, 2 i.V.m. § 17a II GVG). Es ist nicht möglich, sich mit einem Antrag auf Bestimmung des zuständigen Gerichts gegen einen bindenden Verweisungsbeschluss zur Wehr zu setzen (BVerwG, Beschl. v 4.6. 1997 – 1 AV 1.97). Eine Vorlage dieses Gerichts nach § 53 kommt ebenfalls nicht in Betracht (BVerwG NVwZ 1995, 372; → § 83 Rn. 10).

8 I Nr. 3 enthält keine Regelung, nach welchen materiellen Kriterien das zuständige Gericht zu bestimmen ist. Die Norm durchbricht nicht die Regelung über den gesetzlichen Richter, sondern ergänzt sie für den Fall, dass das Prozessrecht selbst keine oder keine widerspruchsfreie Zuweisung enthält. Es ist nicht ihr Zweck, dem nächsthöheren Gericht bzw. dem BVerwG die Entscheidung über Zweifelsfragen, die sich aus der Auslegung des § 52 ergeben, gleichsam in der Art einer Vorabentscheidung vorzulegen (BVerwG, Beschl. v. 4.6. 2007 – 2 AV 1.07). Es ist eine Zweckmäßigkeitsentscheidung zu treffen (→ Rn. 19).

9 Einem **Berufungsgericht** ist bei der Überprüfung eines erstinstanzlichen Urteils eine Anrufung des BVerwG zur Bestimmung des örtlich zuständigen Gerichts verwehrt, da es selbst zur Prüfung der örtlichen Zuständigkeit nicht befugt ist (§ 83 S. 1 i.V.m. § 17a V GVG). Das Berufungsgericht hat daher von einer in dem Urteil ausdrücklich oder stillschweigend bejahten örtlichen Zuständigkeit des betreffenden VG ohne Weiteres auszugehen (BVerwG NVwZ-RR 1995, 300).

10 Die Norm ist **entsprechend** auf die **sachliche Zuständigkeit** (vgl. S/S-A/P § 53 Rn. 9) und in den Fällen anzuwenden, wenn in zwei Verfahren derselbe VA von beiden jeweils teils begünstigten und beschwerten Beteiligten mit entgegengesetzten Zielen angefochten wird. Es bedarf hier einer erst nach Bestimmung der örtlichen Zuständigkeit möglichen Verbindung beider Verfahren, damit widersprüchliche gerichtliche Entscheidungen über den Kern des behördlichen Verwaltungshandelns vermieden werden, und deshalb der Bestimmung eines für beide Verfahren örtlich zuständigen Gerichts anstelle der unterschiedlichen Zuständigkeit für die beiden Verfahren jeweils nach § 52 (BVerwG Buchh 310 § 53 VwGO Nr. 26).

4. Positiver Kompetenzkonflikt (Nr. 4)

11 I Nr. 4 ist einschlägig, wenn sich verschiedene Gerichte rechtskräftig für zuständig erklärt haben (§ 83 S. 1 i.V.m. § 17a III GVG). Dies ist wegen der in § 17a I GVG angeordneten Bindungswirkung zwar im Grunde ausgeschlossen, kommt in Fällen des Rechtsirrtums oder der Unkenntnis von bestehenden Verweisungsbeschlüssen jedoch vor. Dem Gericht, das sich zuerst für zuständig erklärt hat, dürfte bei der Entscheidung des Konflikts im Regelfall der Vorzug zu geben sein (BeckOK VwGO § 53 Rn. 7).

5. Negativer Kompetenzkonflikt (Nr. 5)

Der Fall der Zuständigkeitsbestimmung nach I Nr. 5 tritt u. a. ein, wenn mehrere Gerichte darüber streiten, ob ein Verweisungsbeschluss nach § 83 S. 1 i.V.m. § 17a II GVG das Adressatgericht bindet. Die Norm erfasst die sachliche, örtliche und instanzielle Zuständigkeit gleichermaßen. 12

Die Norm ist **entsprechend** bei einem **Kompetenzkonflikt zwischen Gerichten unterschiedlicher Rechtswege** anwendbar. Die hier bestehende gesetzliche Regelungslücke ist in der Weise zu schließen, dass dasjenige oberste Bundesgericht den negativen Kompetenzkonflikt zwischen Gerichten verschiedener Gerichtszweige entscheidet, das einem der beteiligten Gerichte übergeordnet ist und zuerst angegangen wird (BVerwG, Beschl. v. 17.3. 2010 – 7 AV 1.10; NVwZ 2008, 917; BGH NJW 2001, 3631; BAG NJW 2003, 1068; BSG, Beschl. vom 16.9. 2009 – B 12 SF 7/09 S; BFHE 204, 413). 13

6. Fehlende örtliche Zuständigkeit

Ist eine örtliche Zuständigkeit nach § 52 nicht gegeben, bestimmt nach II das BVerwG das zuständige Gericht. So verhält es sich z.B. für den Gerichtsstand einer Verpflichtungsklage hinsichtlich einer umstrittenen Abiturprüfung an einer ausländischen Schule (BVerwG NJW 2006, 3512). 14

II. Verfahren und Entscheidung

1. Anrufung durch Beteiligte oder das Gericht

Jeder am Rechtsstreit Beteiligte (§ 63) und jedes mit dem Rechtsstreit befasste Gericht kann das im Rechtszug höhere Gericht oder das BVerwG anrufen (§ 53 III 1). Der Antrag kann von den Beteiligten schon **vor Rechtshängigkeit einer Klage** gestellt werden. Notwendig ist lediglich der Bezug zu einem konkreten bevorstehenden Rechtsstreit, für den die Bestimmung des zuständigen Gerichts erfolgen soll. Die bloße Möglichkeit oder Erwartung, es könnten Klagen gegen einen Bescheid erhoben werden, reicht dazu nicht aus. Auch die Pflicht der Behörde, eine ordnungsgemäße Rechtsbehelfsbelehrung erteilen zu müssen, rechtfertigt hiervon keine Ausnahme (BVerwG NVwZ 1993, 359; NRWOVG NVwZ-RR 1997, 143). 15

Das anrufende Gericht hat die Beteiligten zuvor zu hören; in Verfahren des einstweiligen Rechtsschutzes kann dies wegen der Eilbedürftigkeit auch telefonisch erfolgen (vgl. BremOVG NordÖR 2009, 117). 16

2. Entscheidung des angerufenen Gerichts

Nächsthöheres Gericht ist grds. das den Gerichten, deren Zuständigkeit in Betracht kommt, gemeinsam übergeordnete Gericht, für VG eines Landes das gemeinsame OVG, für die VG verschiedener Länder und für die OVG das BVerwG (BVerwG DÖV 1993, 665). Ist die Berufung gegen ein Urteil des VG ausgeschlossen (vgl. § 37 II 1 VermG) scheidet das OVG aus und ist das BVerwG das im Rechtszug nächsthöhere gemeinschaftlich übergeordnete Gericht (BVerwG DÖV 1993, 665). 17

Das angerufene Gericht kann **ohne mündliche Verhandlung** durch Beschluss entscheiden (§ 53 III 2). Eine vorherige **Anhörung** ist erforderlich (BVerwG Buchh 310 § 53 VwGO Nr. 19). 18

19 Das höhere Gericht kann über den Antrag eines Beteiligten nach III das zuständige Gericht nur unter den in I Nr. 1 bis 5 genannten Voraussetzungen bestimmen (BVerwG, Beschl. v. 4.6. 2007 – 2 AV 1.07). Die Entscheidung ist nach Gesichtspunkten der **Zweckmäßigkeit** zu treffen und hat sich an den Wertungen der gesetzlichen Zuständigkeitsordnung sowie dem Gebot einer effektiven und sachgerechten Verfahrensdurchführung zu orientieren. Wertungsgesichtspunkte sind für den Gerichtsstand der Belegenheit der Sache etwa die räumliche Entfernung der in Betracht kommenden Gerichte zu dem betreffenden Ort oder die örtliche Nähe eines Gerichts für Kläger und/oder Beklagten oder auch der Schwerpunkt der Planung (BVerwG Buchh 310 § 53 VwGO Nr. 33), in anderen Fällen etwa der Umstand, dass eines der in Betracht kommenden Gerichte mit den einschlägigen und nicht häufig vorkommenden Rechtsfragen bereits befasst war (BVerwG Buchh 310 § 53 VwGO Nr. 29) oder ein Gericht mit dem umfassenderen Verfahren schon befasst ist (BVerwG Buchh 310 § 53 VwGO Nr. 26).

3. Bindung

20 Das VG/OVG ist durch die Bestimmung des örtlich zuständigen Gerichts nach § 53 gebunden, aber frei in der Beurteilung aller sonstigen für die Entscheidung des Rechtsstreits erheblichen Fragen (BVerwG NVwZ 1996, 998), auch wenn sie bereits im Verfahren nach § 53 Bedeutung erlangt haben sollten.

# Teil II. Verfahren

7. Abschnitt. Allgemeine Verfahrensvorschriften

§ 54 [Ausschließung und Ablehnung von Gerichtspersonen]

(1) Für die Ausschließung und Ablehnung der Gerichtspersonen gelten §§ 41 bis 49 der Zivilprozeßordnung entsprechend.

(2) Von der Ausübung des Amtes als Richter oder ehrenamtlicher Richter ist auch ausgeschlossen, wer bei dem vorausgegangenen Verwaltungsverfahren mitgewirkt hat.

(3) Besorgnis der Befangenheit nach § 42 der Zivilprozeßordnung ist stets dann begründet, wenn der Richter oder ehrenamtliche Richter der Vertretung einer Körperschaft angehört, deren Interessen durch das Verfahren berührt werden.

Übersicht

	Rn.
I. Ausschließungsgründe	4
II. Ablehnung von Gerichtspersonen	11
1. Befangenheitsgründe	12
2. Ablehnungsverfahren	16
a) Vorgehen auf Seiten der Verfahrensbeteiligten	16
b) Folgen für das Gericht	20
aa) Amtsenthaltung	20
bb) Äußerungspflicht	22
cc) Gehörsgewährung und Entscheidung	23
3. Anfechtbarkeit; Verfahrensmangel	25

§ 54 regelt die Ausschließung und die Ablehnung von Gerichtspersonen. Die Regelungen sind Folge des **Rechtsstaatsprinzips** und des in Art. 101 I 2 GG gewährleisteten Rechts auf den **gesetzlichen Richter** (NKVwGO § 54 Rn. 6; vgl. auch B/F-K/vA § 54 Rn. 2; KS § 54 Rn. 1). § 54 erklärt die §§ 41 bis 49 ZPO für entsprechend anwendbar; es handelt sich dabei um eine dynamische Verweisung (NKVwGO § 54 Rn. 3). § 54 II und III enthalten besondere Vorschriften für den Verwaltungsprozess; sie sind Ausdruck des Gewaltenteilungsprinzips und des Bestrebens des Gesetzgebers, die in § 1 gewährleistete Unabhängigkeit der Verwaltungsgerichte besonders zu sichern (NKVwGO § 54 Rn. 3). **1**

Gerichtspersonen i. S. v. § 54 I sind, wie aus II zu erschließen ist, die „Richter", d. h. Berufsrichter (→ § 5 Rn. 11) und die ehrenamtlichen Richter, sowie – was sich aus § 49 ZPO ergibt – die Urkundsbeamten der Geschäftsstelle. **Keine** Gerichtspersonen sind dagegen Sachverständige, deren Ablehnung in dem gemäß § 98 anwendbaren § 406 ZPO geregelt ist, und auch Dolmetscher, deren Ablehnung sich gemäß § 55 nach § 191 GVG richtet. Keine Gerichtspersonen sind ferner der VBl (§ 35) **2**

§ 54 Teil II. Verfahren

und der VöI (§ 36); sie sind, sofern sie ihr Beteiligungsrecht ausüben, vielmehr Verfahrensbeteiligte (vgl. § 63 Nr. 4).

3 **Ausschließung** bedeutet, dass der betroffene Richter kraft Gesetzes und ohne besondere Anordnung oder Entscheidung des Gerichts von jeder Mitwirkung an einer gerichtlichen Entscheidung ausgeschlossen ist. Bei der **Ablehnung** ist der Richter hingegen erst dann von der Mitwirkung ausgeschlossen, wenn eine dem Ablehnungsantrag stattgebende Entscheidung erfolgt ist; bis zu diesem Zeitpunkt ist der abgelehnte Richter gesetzlicher Richter, er darf aber grds. – mit Ausnahme unaufschiebbarer Handlungen, vgl. § 47 I und II ZPO – keine richterlichen Handlungen mehr vornehmen (KS § 54 Rn. 4; Amtsenthaltungspflicht → Rn. 20).

I. Ausschließungsgründe

4 Die Ausschließungsgründe sind in § 41 ZPO und in § 54 II VwGO **abschließend** genannt; sie sind weder einer erweiternden Auslegung noch einer analogen Anwendung zugänglich, also eng auszulegen (vgl. BVerwG NJW 1980, 2722; BeckOK VwGO § 54 Rn. 5). Die Ausschließungsgründe beruhen entweder auf einer besonderen Beziehung der Gerichtspersonen zu einem Verfahrensbeteiligten (§ 41 Nr. 1 bis 3 ZPO) oder zum Gegenstand des Verfahrens (§ 54 II VwGO, § 41 Nr. 4 bis 6 ZPO). Der in § 41 Nr. 1 bis 6 jeweils verwendete Begriff „**Sache**" bezieht sich nur auf den konkret anhängigen Rechtsstreit, allerdings im gesamten Instanzenzug (BeckOK VwGO, § 54 Rn. 5; NKVwGO § 54 Rn. 23; differenzierend KS § 54 Rn. 6).

5 Nach **§ 41 Nr. 1 ZPO** ist eine Gerichtsperson in Sachen ausgeschlossen, in denen sie selbst Partei ist oder bei denen sie zu einer Partei im Verhältnis eines Mitberechtigten, Mitverpflichteten oder Regresspflichtigen steht. Der Parteistellung entspricht im Verwaltungsprozess die Beteiligtenstellung nach § 63. Mitberechtigung und Mitverpflichtung bestehen etwa bei Gesamthandsgemeinschaften, Gesamtschuldner- und Gesamtgläubigerschaft oder im Falle einer Bürgschaft (BeckOK VwGO § 54 Rn. 8). Eine Mitberechtigung oder -verpflichtung ist hingegen zu verneinen bei der bloßen Mitgliedschaft in einem rechtsfähigen Verein, einer eingetragenen Genossenschaft, einer öffentlich-rechtlichen Körperschaft oder als Aktionär einer Aktiengesellschaft bzw. als Inhaber von Geschäftsanteilen einer GmbH (NKVwGO § 54 Rn. 19). Gleiches soll auch für die Mitgliedschaft in einem nichtrechtsfähigen Verein gelten, wenn diese Rechtsform – wie bei politischen Parteien und Gewerkschaften – allein historisch bedingt ist und keine die Mitglieder wirtschaftlich belastende Haftung nach sich zieht (BeckOK VwGO § 54 Rn. 8; NKVwGO § 54 Rn. 19).

6 Nach **§ 41 Nr. 2 ZPO** ist eine Gerichtsperson in den Sachen ihres Ehegatten ausgeschlossen, gleichgültig ob die Ehe noch besteht oder nicht. Gleiches gilt gemäß **§ 41 Nr. 2a ZPO** für Sachen eines Lebenspartners. Nach **§ 41 Nr. 3 ZPO** sind schließlich Gerichtspersonen in Sachen einer Person ausgeschlossen, mit der sie in gerader Linie verwandt oder verschwägert oder in der Seitenlinie bis zum 3. Grad verwandt oder bis zum 2. Grad verschwägert sind oder waren.

7 Nach **§ 41 Nr. 4 ZPO** sind Gerichtspersonen in denjenigen Sachen ausgeschlossen, in denen sie als Prozessbevollmächtigte oder Beistände einer Partei bestellt oder als gesetzliche Vertreter einer Partei aufzutreten berechtigt sind oder gewesen sind. Die Bestellung zum bloßen Zustellungsbevollmächtigten im Sinne von § 184 ZPO unterfällt dieser Vorschrift ebenso wenig wie die lediglich vorprozessuale Befassung mit dem späteren Rechtsstreit etwa als Rechtsanwalt (BeckOK VwGO § 54 Rn. 13). Unterschiedlich wird beurteilt, ob eine Gerichtsperson, die früher zur Vertretung ei-

ner im Rechtsstreit beteiligten Körperschaft oder Behörde berechtigt gewesen ist, in allen Sachen ausgeschlossen ist, die während der früheren Tätigkeit schon bei der Behörde oder Körperschaft anhängig waren (RO § 54 Rn. 5) oder ob sich der Ausschluss auf diejenigen Sachen beschränkt, in denen die Gerichtsperson tatsächlich die Vertretung wahrgenommen hat (NKVwGO § 54 Rn. 26). Der Grundsatz, dass die Ausschließungsgründe nach § 41 ZPO eng auszulegen sind (→ Rn. 4), spricht für letztere Ansicht.

Gemäß **§ 41 Nr. 5 ZPO** sind Gerichtspersonen in solchen Sachen ausgeschlossen, **8** in denen sie als Zeugen oder Sachverständige vernommen worden sind. Die bloße Benennung als Zeuge oder Sachverständiger reicht insoweit nicht.

§ 41 Nr. 6 ZPO enthält eine Ausschließungsnorm für Fälle, in denen die Ge- **9** richtsperson in einem früheren Rechtszug oder im schiedsrichterlichen Verfahren bei dem Erlass der angefochtenen Entscheidung mitgewirkt hat, sofern es sich nicht um die Tätigkeit eines beauftragten oder ersuchten Richters handelte. Die Voraussetzungen dieser Vorschrift liegen vor, wenn der Richter zwar in der mündlichen Verhandlung mitgewirkt hat, diese Verhandlung aber nicht mit einer prozessbeendenden Entscheidung, sondern mit einer Vertagung oder einem Beweisbeschluss endete. Das gleiche gilt, falls der Richter lediglich an der Verkündung der prozessbeendenden Entscheidung beteiligt war (NKVwGO § 54 Rn. 30; ThP § 41 Rn. 7). Keine Fälle des § 41 Nr. 6 ZPO sind ferner gegeben bei der Beteiligung an einem Wiederaufnahmeverfahren, wenn der Richter an der betroffenen rechtskräftigen Entscheidung beteiligt war (BGH NJW 1981, 1273), sowie dann, wenn der Richter in der Vorinstanz an einem Beschluss im PKH-Verfahren oder im einstweiligen Rechtsschutzverfahren beteiligt war und nunmehr im höheren Rechtszug mit der Hauptsache befasst ist (BVerwG NVwZ 1998, 268).

Nach **§ 54 II** sind Richter auch dann ausgeschlossen, wenn sie bei dem vorausge- **10** gangenen Verwaltungsverfahren mitgewirkt haben. Zum vorausgegangenen Verwaltungsverfahren gehört das gesamte behördliche Verfahren einschließlich des Vorverfahrens, das den angefochtenen Verwaltungsakt zum Gegenstand hatte (BVerwGE 52, 47). Für die Frage, ob eine Mitwirkung im Sinne von § 54 II vorliegt, kommt es maßgeblich darauf an, ob der durch Tatsachen untermauerte äußere Eindruck entstanden ist, der Richter habe sich durch eine frühere Mitwirkung an der Streitsache in seiner Eigenschaft als Verwaltungsangehöriger bereits in der Sache festgelegt; eine Mitwirkung im maßgeblichen Sinne setzt deshalb nicht voraus, dass der Richter innerhalb des Verwaltungsverfahrens selbst eine rechtsverbindliche Entscheidung getroffen hat (BVerwGE 52, 47, 50). Vielmehr liegt eine Mitwirkung bei jedem vor, der im Laufe des Verwaltungsverfahrens mit diesem in amtlicher Funktion befasst war und entweder die Entscheidung selbst mitzuverantworten oder diese im Auftrage der Behörde gegenüber Dritten oder der Öffentlichkeit zu vertreten hatte (NKVwGO § 54 Rn. 39). Allein die frühere Zugehörigkeit des Richters zu einer prozessbeteiligten Behörde erfüllt den Ausschlussstatbestand des § 54 II dagegen nicht (BayVGH BayVBl. 1981, 723).

II. Ablehnung von Gerichtspersonen

Nach § 54 I, § 42 I ZPO können Gerichtspersonen (Rn. 2) sowohl in den Fällen, in **11** denen sie kraft Gesetzes ausgeschlossen sind, als auch wegen **Besorgnis der Befangenheit** abgelehnt werden. Damit erlaubt das Gesetz auch die Geltendmachung eines Grundes, den das Gericht von Amts wegen zu berücksichtigen hat. Die Ablehnung

§ 54 Teil II. Verfahren

wegen Besorgnis der Befangenheit hat mit Abstand die größte praktische Relevanz. Nach § 42 II ZPO findet die Ablehnung statt, wenn ein Grund vorliegt, der geeignet ist, Misstrauen gegen die Unparteilichkeit eines Richters zu rechtfertigen. Maßgebend für die Besorgnis der Befangenheit ist nicht, ob der Richter tatsächlich in seiner Neutralität beeinträchtigt ist oder ob er sich selbst für befangen hält, entscheidend ist vielmehr, ob ein Beteiligter die auf objektiven Tatsachen beruhende, subjektiv vernünftigerweise mögliche Besorgnis hat, der Richter werde die Sache nicht unparteiisch, unvoreingenommen oder unbefangen entscheiden (BVerfGE 32, 288, 290; BVerwGE 50, 36, 38).

1. Befangenheitsgründe

12 Befangenheitsgründe können sich zunächst aus der besonderen Beziehung des Richters zu Verfahrensbeteiligten oder zum Prozessgegenstand ergeben. Hinsichtlich der **Verfahrensbeteiligten** kommen insbes. solche Beziehungen persönlicher oder rechtlicher Art in Betracht, die nicht von den gesetzlichen Ausschließungsgründen gemäß § 41 Nr. 1 bis 3 ZPO erfasst werden, gleichwohl aber die Besorgnis der Befangenheit begründen können. Dies kann etwa im Fall des Verlöbnisses, der nichtehelichen Lebensgemeinschaft sowie bei engen freundschaftlichen oder erkennbar feindseligen Beziehungen nicht nur zu Verfahrensbeteiligten im Sinne von § 63, sondern auch zu Zeugen, Sachverständigen, Prozess- oder Terminsvertretern zutreffen (BeckOK VwGO § 54 Rn. 26). Bloße geschäftliche, gesellschaftliche oder berufliche Kontakte begründen im Regelfall dagegen keinen Befangenheitsgrund (NKVwGO § 54 Rn. 54). Nicht ausreichend, um die Besorgnis der Befangenheit zu begründen, ist die Verfahrensbeteiligung der Anstellungskörperschaft oder des Dienstherrn des Richters (BVerwG, Beschl. v. 14.8. 2003 – 2 AV 4.03), ebenso die Zugehörigkeit eines Verfahrensbeteiligten zum gleichen Gericht (KS § 54 Rn. 11 a), es sei denn, er ist Mitglied desselben Spruchkörpers (BeckOK VwGO § 54 Rn. 27.1).

13 Hinsichtlich der Beziehung zum **Verfahrensgegenstand** ist zu unterscheiden: Bei einer Vorbefassung in richterlicher Funktion außerhalb des Anwendungsbereichs von § 41 Nr. 6 ZPO ist eine Besorgnis der Befangenheit regelmäßig zu verneinen, weil von einem Richter grds. erwartet werden kann, dass er der Sache erneut offen und unvoreingenommen entgegentritt und seine frühere Auffassung kritisch hinterfragt, wenn neue Argumente und Gesichtspunkte vorgetragen werden (BVerfGE 78, 331, 337). Anders verhält es sich bei einer Vorbefassung mit dem Verfahrensgegenstand als Interessenvertreter eines Beteiligten außerhalb des Anwendungsbereichs von § 41 Nr. 4 ZPO; hier ist im Regelfall vom Vorliegen eines Ablehnungsgrundes auszugehen (BeckOK VwGO § 54 Rn. 28).

14 Häufiger Grund für eine Ablehnung wegen Besorgnis der Befangenheit ist das **Verhalten** des Richters **innerhalb des Rechtsstreits**. Prozessrechtlich erlaubtes oder vorgeschriebenes Handeln ist prinzipiell nicht geeignet, einen Befangenheitsvorwurf zu begründen. Hat sich ein Richter im Einzelfall verfahrensfehlerhaft verhalten, führt auch das nicht ohne Weiteres zur Besorgnis der Befangenheit. Es kommt vielmehr entscheidend darauf an, dass das Verhalten des Richters auf eine unsachliche Einstellung gegenüber einem Verfahrensbeteiligten oder eine vorzeitige abschließende Festlegung in der Sache schließen lässt (BeckOK VwGO § 54 Rn. 29; KS § 54 Rn. 11). Das Ablehnungsverfahren schützt die Prozessbeteiligten hingegen nicht gegen unrichtige Rechtsauffassungen des Richters (NKVwGO § 54 Rn. 69), die im Laufe des Rechtsstreits in verfahrensrechtlicher oder materiell-rechtlicher Hinsicht zu Tage treten.

Auch **außerhalb des Rechtsstreits liegende Sachverhalt**e können einen Be- 15
fangenheitsvorwurf rechtfertigen. Die bloße Mitgliedschaft oder aktive Tätigkeit eines Richters etwa in einer politischen Partei, einer Gewerkschaft oder in einer Kirche
reicht dafür im Regelfall nicht (BVerfG NJW 1993, 2231). Auch Äußerungen des
Richters zu Rechtsfragen in der Fachöffentlichkeit begründen ein Ablehnungsgesuch
gemäß § 42 II ZPO regelmäßig nicht (BVerfG NJW 1993, 2231; NJW 1990, 2457).

2. Ablehnungsverfahren

a) Vorgehen auf Seiten der Verfahrensbeteiligten. Das **Ablehnungsverfah-** 16
ren setzt entweder ein **Ablehnungsgesuch** nach § 44 ZPO oder eine **Selbstanzei-
ge** nach § 48 ZPO voraus. Das Gesuch muss sich gegen die Mitwirkung eines oder
mehrerer Richter in dem konkreten Verfahren wenden. Das Gericht als Ganzes (im
organisatorischen Sinne → § 1 Rn. 4) kann nicht abgelehnt werden, ebenso wenig
der einzelne Spruchkörper. Im letzteren Fall ist allerdings davon auszugehen, dass das
Gesuch im Zweifel als – zulässige – Ablehnung jedes einzelnen Richters des Spruchkörpers aufzufassen ist (BVerwG NJW 1977, 312; BeckOK VwGO § 54 Rn. 34).
Eine solche Ablehnung kommt insbes. dann in Betracht, wenn die Befangenheit aus
konkreten in einer Kollegialentscheidung des Spruchkörpers enthaltenen Anhalts-
punkten hergeleitet wird. Denn der Prozessbeteiligte kann in diesem Fall wegen des
Beratungsgeheimnisses nicht wissen, welche der Richter des Spruchkörpers den fraglichen Beschluss oder das Urteil mitgetragen haben (BVerwGE 50, 36; NKVwGO
§ 54 Rn. 85).

Nach § 44 II 1 ZPO ist in dem Ablehnungsgesuch der **Ablehnungsgrund** 17
glaubhaft zu machen. Das Ablehnungsrecht steht gemäß § 42 III ZPO „in jedem
Fall beiden Parteien" zu, d.h. im Verwaltungsprozess den Beteiligten im Sinne von
§ 63 (BeckOK VwGO § 54 Rn. 31; differenzierend: NKVwGO § 54 Rn. 86 ff.).

Nach § 43 ZPO kann ein Beteiligter einen Richter wegen Besorgnis der Befan- 18
genheit nicht mehr ablehnen, wenn er sich ohne den ihm bekannten Ablehnungsgrund geltend zu machen in eine Verhandlung **eingelassen oder Anträge gestellt
hat.** Der Beteiligte muss sich die Kenntnis seines Prozessbevollmächtigten entsprechend § 85 II ZPO, § 166 BGB zurechnen lassen (BayVGH BayVBl. 1981, 368). Der
Ablehnungsgrund muss dem Antragsteller positiv bekannt sein; fahrlässige Unkenntnis reicht nicht aus (NKVwGO § 54 Rn. 92). In die mündliche Verhandlung lässt
sich der Beteiligte ein mit dem Beginn der Erörterung der Sach- und Rechtslage, also
nach Beendigung des Sachberichts gemäß § 103 II (NKVwGO § 54 Rn. 93). Bei
Entscheidungen ohne mündliche Verhandlung nach § 101 II verliert der Beteiligte
das Ablehnungsrecht mit der Zustimmung zu der Entscheidung ohne mündliche Verhandlung; bei Entscheidungen durch Gerichtsbescheid tritt der Verlust ein, wenn die
Partei im Rahmen des Anhörungsverfahrens nach § 84 I 2 den ihr bekannten Ablehnungsgrund nicht geltend macht (BeckOK VwGO § 54 Rn. 32).

Die Beteiligten verlieren ihr Ablehnungsrecht ferner mit der **Beendigung der je-** 19
weiligen Instanz (BVerwG MDR 1970, 442). Ob ein nach Abschluss der Instanz
bekannt gewordener Ablehnungsgrund im Rechtsmittelverfahren noch geltend gemacht werden kann, wird unterschiedlich beurteilt (bejahend etwa BeckOK VwGO,
§ 54 Rn. 32; a.A. BVerwG Buchh 310 § 54 VwGO Nr. 5; offen gelassen in BVerwG
NJW 1998, 323).

b) Folgen für das Gericht. *aa) Amtsenthaltung.* Der abgelehnte Richter hat sich 20
mit der Anbringung bis zur Erledigung des Ablehnungsgesuchs jeder weiteren Amtsausübung zu enthalten (sog. **Amtsenthaltungspflicht,** § 47 ZPO). Das kann in der

mündlichen Verhandlung problematisch sein, wenn der Vorsitzende des Spruchkörpers oder der Einzelrichter abgelehnt wird. Gestattet sind ihnen grds. nur noch unaufschiebbare Handlungen (§ 47 I ZPO). Der abgelehnte Vorsitzende darf den Ablehnungsantrag daher protokollieren (es handelt sich um einen Prozessantrag i. S. des § 160 II ZPO) und hat die weitere Verhandlungsführung (§ 103) sodann seinem geschäftsplanmäßigen Vertreter zu überlassen.

21 Würde die Entscheidung über die Ablehnung eine **Vertagung** der Verhandlung erfordern, so kann der Termin unter Mitwirkung des abgelehnten Richters **fortgesetzt** werden. Wird die Ablehnung für begründet erklärt, so ist der nach Anbringung des Ablehnungsgesuchs liegende Teil der Verhandlung zu wiederholen (§ 47 II). Das Gericht verstößt aber gegen die Amtsenthaltungspflicht, wenn es vor Erledigung des Ablehnungsgesuchs eine Endentscheidung trifft (BGH NJW-RR 2008, 216, 217 m.w.N.; str.). Dieser Fehler ist unabhängig von § 173 i.V.m. § 512 bzw. § 557 II ZPO rügefähig, weil er keine dem Endurteil vorausgegangene unanfechtbare Entscheidung betrifft (Buchh § 54 VwGO Nr. 8; BVerwGE 50, 36).

22 *bb) Äußerungspflicht.* Der abgelehnte Richter hat sich gemäß § 44 III ZPO zu dem Ablehnungsgrund **dienstlich zu äußern**. Gegenstand der Äußerung sollen die entscheidungserheblichen Tatsachen sein (NKVwGO § 54 Rn. 104). Eine Äußerungspflicht besteht nicht bei offensichtlich **rechtsmissbräuchlichen Ablehnungsgesuchen**. Diese Voraussetzung ist erfüllt, wenn das Ablehnungsgesuch überhaupt nicht oder nur mit solchen Umständen begründet wird, die von vornherein ersichtlich ungeeignet sind, die Besorgnis der Befangenheit zu begründen (BVerwG Buchh 310 § 54 VwGO Nr. 50), oder wenn das Ablehnungsgesuch nicht wenigstens ansatzweise durch einen nachvollziehbaren Bezug zum konkreten Rechtsstreit substanziiert wird (NRWOVG NWVBl. 1999, 222). Das Gleiche gilt, wenn das Ablehnungsgesuch nach seiner Zurückweisung durch das Gericht mit den gleichen Gründen wiederholt wird (BVerwG Buchh 310 § 54 VwGO Nr. 10).

23 *cc) Gehörsgewährung und Entscheidung.* Die dienstlichen Äußerungen der abgelehnten Richter sind den Beteiligten im Rahmen der **Gewährung rechtlichen Gehörs** mit der Gelegenheit zur Stellungnahme bekannt zu geben (KS § 54 Rn. 15).

24 Nach § 45 I ZPO **entscheidet** über das Ablehnungsgesuch das Gericht, dem der Abgelehnte angehört; im Fall des Einzelrichters ist das die Kammer oder der Senat (NRWOVG DVBl. 1999, 1671; KS,§ 54 Rn. 15). An die Stelle des abgelehnten Richters, der an der Entscheidung nicht mitwirkt, tritt der nach dem Geschäftsverteilungsplan bestimmte Vertreter. Die Entscheidung ergeht durch **Beschluss,** der nach § 122 II keiner Begründung bedarf, weil er nach § 146 II unanfechtbar ist (→ Rn. 25). Keiner Entscheidung über ein Ablehnungsgesuch bedarf es dann, wenn das Gesuch offensichtlich rechtsmissbräuchlich ist → Rn. 22 (BVerwG Buchh 310 § 54 VwGO Nrn. 10 und 13). Das Gericht entscheidet dann unter Beteiligung des abgelehnten Richters in der Sache.

3. Anfechtbarkeit; Verfahrensmangel

25 Ein **Rechtsmittel** gegen die Entscheidung über das Ablehnungsgesuch ist nicht gegeben; der Beschluss ist gemäß § 146 II mit der Beschwerde nicht anfechtbar.

26 Auch mit dem Rechtsmittel gegen die Sachentscheidung kann nur sehr begrenzt geltend gemacht werden, ein Ablehnungsgesuch sei zu Unrecht abgelehnt oder ihm sei zu Unrecht stattgegeben worden. Ein auf die Verfahrensfehlerhaftigkeit gestützter Antrag auf Zulassung der Berufung wegen § 173 i.V.m. § 512 ZPO bzw. eine Beschwerde gegen die Nichtzulassung der Revision wegen § 173 S. 1 i.V.m. § 557 II

Ordnungsvorschriften des GVG § 55

ZPO scheidet grds. aus, weil Beschlüsse über die Ablehnung von Gerichtspersonen als unanfechtbare Vorentscheidungen nicht der Beurteilung des Rechtsmittelgerichts unterliegen (BVerwG Buchh 310 § 54 VwGO Nr. 65; NdsOVG NVwZ-RR 2002, 471; KS § 54 Rn. 22; NKVwGO § 124 Rn. 206, str.). Hiervon ist eine Ausnahme zu machen, wenn eine gegen Art. 101 I 2 GG verstoßende, auf willkürlichen oder manipulativen Erwägungen beruhende Zurückweisung des Befangenheitsgesuchs geltend gemacht wird (BVerfG-Kammer NVwZ-RR 2008, 289; BVerwG Buchh 310 § 54 VwGO Nr. 65; NJW 1998, 323, 324 f.). Zur Geltendmachung erst nach Abschluss der Instanz bekannt gewordener Ablehnungsgründe → Rn. 19.

§ 55 [Ordnungsvorschriften des GVG]

§§ 169, 171a bis 198 des Gerichtsverfassungsgesetzes über die Öffentlichkeit, Sitzungspolizei, Gerichtssprache, Beratung und Abstimmung finden entsprechende Anwendung.

Mangels eigener Regelungen in der VwGO erklärt § 55 die Vorschriften des GVG **1** über die Öffentlichkeit, Sitzungspolizei, Gerichtssprache, Beratung und Abstimmung für entsprechend anwendbar.

Nach § 169 1 ist die Verhandlung einschließlich der Verkündung der Urteile und **2** Beschlüsse öffentlich. **Öffentlichkeit** bedeutet, dass jedermann im Rahmen der Raumkapazität Zugang zu der Räumlichkeit haben muss, in der die mündliche Verhandlung vor dem erkennenden Gericht stattfindet (BVerwG DVBl. 1999, 95; B/F-K/vA § 55 Rn. 4). Tatsächliche Zugangshindernisse, die dem Gericht nicht bekannt waren und das auch nicht erkennen konnte, sind ohne Bedeutung (BVerwG NVwZ 1982, 43; NJW 1985, 448). In den in §§ 171a, 171b und 172 GVG bestimmten Fällen kann die Öffentlichkeit ausgeschlossen werden.

Gemäß § 176 GVG obliegt dem Vorsitzenden die Aufgabe der **Sitzungspolizei**. **3** Rechtsbehelfe gegen sitzungspolizeiliche Anordnungen nach § 176 GVG (etwa Entziehung des Wortes, Anordnung der Durchsuchung einer Person u. ä.) sind nicht gegeben (B/F-K/vA § 55 Rn. 23; a. A. etwa KS § 55 Rn. 8). Zur Durchsetzung der sitzungspolizeilichen Anordnungen stehen dem Vorsitzenden die in §§ 177, 178 GVG benannten Ordnungsmittel zur Verfügung. Gegen Maßnahmen nach diesen Vorschriften ist nach herrschender Auffassung die Beschwerde gemäß § 146 gegeben (KS § 55 Rn. 8; B/F-K/vA § 55 Rn. 25).

Die **Gerichtssprache** ist nach § 184 1 GVG deutsch. Schriftsätze in fremder Spra- **4** che sind grundsätzlich unbeachtlich und wahren auch keine Fristen (BGH NJW 1987, 2184; KS § 55 Rn. 9). Wird unter Beteiligung von Personen verhandelt, die der deutschen Sprache nicht mächtig sind, so ist nach § 185 I 1 GVG ein Dolmetscher hinzuzuziehen. Für die Verständigung mit hör- oder sprachbehinderten Personen enthält § 186 GVG besondere Bestimmungen. Dolmetscher sind nach § 189 I GVG zu vereidigen. Ist der Dolmetscher nach landesrechtlichen Vorschriften allgemein beeidigt, so genügt die Berufung auf diesen Eid (§ 189 II GVG).

Für die **Beratung und Abstimmung** gelten §§ 192 ff. GVG. Die dort für Schöf- **5** fen getroffenen Regelungen gelten für die ehrenamtlichen Richter der Verwaltungsgerichte entsprechend. Die Richter des zur Entscheidung berufenen Spruchkörpers müssen sämtlich an der Beratung und Abstimmung teilnehmen. Nach § 193 I GVG dürfen außer den zur Entscheidung berufenen Richtern nur die bei demselben Gericht zur juristischen Ausbildung beschäftigten Personen und die dort beschäftigten

Saurenhaus | 239

wissenschaftlichen Hilfskräfte zugegen sein, soweit der Vorsitzende deren Anwesenheit gestattet. Dazu gehören Referendare, aber keine studentischen oder Schüler-Praktikanten (BGH NJW 1995, 2645; OLG Koblenz, Beschl. v. 4.11. 2004 – 1 Ss 297/04). Nach § 194 I GVG leitet der Vorsitzende die Beratung. Das Gericht entscheidet mit der absoluten Mehrheit der Stimmen (§ 196 I GVG). Die Reihenfolge der Abstimmung regelt § 197 GVG. Zunächst stimmt – soweit ernannt – der Berichterstatter; zuletzt stimmt der Vorsitzende. Im Übrigen stimmen die Richter nach dem Dienstalter, bei gleichem Dienstalter nach dem Lebensalter, ehrenamtliche Richter nach dem Lebensalter, wobei der jüngere jeweils vor dem älteren stimmt. Die ehrenamtlichen Richter stimmen vor den Berufsrichtern. Hergang der Beratung und Abstimmung unterliegen dem Beratungsgeheimnis, §§ 43, 45 I DRiG. Die Kundgabe einer abweichenden Meinung (**dissenting opinion**) ist für die Verwaltungsgerichtsbarkeit nicht vorgesehen.

§ 55a [Elektronische Dokumentenübermittlung]

(1) ¹Die Beteiligten können dem Gericht elektronische Dokumente übermitteln, soweit dies für den jeweiligen Zuständigkeitsbereich durch Rechtsverordnung der Bundesregierung oder der Landesregierungen zugelassen worden ist. ²Die Rechtsverordnung bestimmt den Zeitpunkt, von dem an Dokumente an ein Gericht elektronisch übermittelt werden können, sowie die Art und Weise, in der elektronische Dokumente einzureichen sind. ³Für Dokumente, die einem schriftlich zu unterzeichnenden Schriftstück gleichstehen, ist eine qualifizierte elektronische Signatur nach § 2 Nr. 3 des Signaturgesetzes vorzuschreiben. ⁴Neben der qualifizierten elektronischen Signatur kann auch ein anderes sicheres Verfahren zugelassen werden, das die Authentizität und die Integrität des übermittelten elektronischen Dokuments sicherstellt. ⁵Die Landesregierungen können die Ermächtigung auf die für die Verwaltungsgerichtsbarkeit zuständigen obersten Landesbehörden übertragen. ⁶Die Zulassung der elektronischen Übermittlung kann auf einzelne Gerichte oder Verfahren beschränkt werden. ⁷Die Rechtsverordnung der Bundesregierung bedarf nicht der Zustimmung des Bundesrates.

(2) ¹Ein elektronisches Dokument ist dem Gericht zugegangen, wenn es in der von der Rechtsverordnung nach Absatz 1 Satz 1 und 2 bestimmten Art und Weise übermittelt worden ist und wenn die für den Empfang bestimmte Einrichtung es aufgezeichnet hat. ²Die Vorschriften dieses Gesetzes über die Beifügung von Abschriften für die übrigen Beteiligten finden keine Anwendung. ³Genügt das Dokument nicht den Anforderungen, ist dies dem Absender unter Angabe der für das Gericht geltenden technischen Rahmenbedingungen unverzüglich mitzuteilen.

(3) Soweit eine handschriftliche Unterzeichnung durch den Richter oder den Urkundsbeamten der Geschäftsstelle vorgeschrieben ist, genügt dieser Form die Aufzeichnung als elektronisches Dokument, wenn die verantwortenden Personen am Ende des Dokuments ihren Namen hinzufügen und das Dokument mit einer qualifizierten elektronischen Signatur nach § 2 Nr. 3 des Signaturgesetzes versehen.

1 Die im Jahre 2005 eingeführte Vorschrift regelt die Übermittlung elektronischer Dokumente. Ab wann Dokumente an ein Gericht elektronisch übermittelt werden kön-

Elektronische Aktenführung § 55b

nen, sowie die Art und Weise, in der elektronische Dokumente einzureichen sind, wird nach § 55a I 2 durch Rechtsverordnungen, die die Bundesregierung oder die Landesregierung für den jeweiligen Zuständigkeitsbereich erlassen (§ 55a I 1). Von dieser Ermächtigung haben der Bund sowie einige Bundesländer, darunter Nordrhein-Westfalen, Gebrauch gemacht (vgl. näher etwa BeckOK VwGO § 55a Rn. 3 f.). Für Dokumente, die einem schriftlich zu unterzeichnenden Schriftstück gleichstehen, ist eine **qualifizierte elektronische Signatur** nach § 2 Nr. 3 des Signaturgesetzes (§ 55a I 3) oder ein anderes sicheres Verfahren vorzuschreiben, das die Authentizität und die Integrität des übermittelten elektronischen Dokuments sicherstellt (§ 55a I 4). Vorbehaltlich einer Regelung nach § 55 I 4 ist das Signaturerfordernis streng zu handhaben (RhPfOVG NVwZ-RR 2006, 519).

Der **Zugang eines elektronischen Dokuments** bei Gericht hängt nach 2 § 55a II 1 von zwei Voraussetzungen ab: Erstens muss das Dokument in der von der Rechtsverordnung nach § 55a I 1 und 2 bestimmten Art und Weise übermittelt worden sein und zweitens muss es durch die für den Empfang bestimmte Einrichtung aufgezeichnet worden sein. § 55a II 3 bestimmt eine besondere Hinweispflicht für den Fall, dass das elektronische Dokument nicht den Anforderungen genügt.

§ 55a III regelt den **Ersatz der Schriftform für gerichtliche Dokumente**. So- 3 weit eine handschriftliche Unterzeichnung durch den Richter oder den Urkundsbeamten der Geschäftsstelle erforderlich ist, genügt dieser Form die Aufzeichnung als elektronisches Dokument, wenn die zur Unterzeichnung berufene Person am Ende des Dokuments ihren Namen hinzufügt und das Dokument mit einer qualifizierten elektronischen Signatur nach § 2 Nr. 3 des Signaturgesetzes versieht. Ein „anderes sicheres Verfahren", wie es § 55a I 4 für die Übermittlung elektronischer Dokumente an das Gericht vorsieht, wird hier nicht zugelassen. Für die elektronische Form der Zustellung gilt § 56 i.V.m. §§ 174 III ZPO (→ § 56 Rn. 9).

§ 55b [Elektronische Aktenführung]

(1) ¹Die Prozessakten können elektronisch geführt werden. ²Die Bundesregierung und die Landesregierungen bestimmen jeweils für ihren Bereich durch Rechtsverordnung den Zeitpunkt, von dem an die Prozessakten elektronisch geführt werden. ³In der Rechtsverordnung sind die organisatorisch-technischen Rahmenbedingungen für die Bildung, Führung und Verwahrung der elektronischen Akten festzulegen. ⁴Die Landesregierungen können die Ermächtigung auf die für die Verwaltungsgerichtsbarkeit zuständigen obersten Landesbehörden übertragen. ⁵Die Zulassung der elektronischen Akte kann auf einzelne Gerichte oder Verfahren beschränkt werden. ⁶Die Rechtsverordnung der Bundesregierung bedarf nicht der Zustimmung des Bundesrates.

(2) Dokumente, die nicht der Form entsprechen, in der die Akte geführt wird, sind in die entsprechende Form zu übertragen und in dieser Form zur Akte zu nehmen, soweit die Rechtsverordnung nach Absatz 1 nichts anderes bestimmt.

(3) Die Originaldokumente sind mindestens bis zum rechtskräftigen Abschluss des Verfahrens aufzubewahren.

(4) ¹Ist ein in Papierform eingereichtes Dokument in ein elektronisches Dokument übertragen worden, muss dieses den Vermerk enthalten, wann und durch wen die Übertragung vorgenommen worden ist. ²Ist ein elektro-

nisches Dokument in die Papierform überführt worden, muss der Ausdruck den Vermerk enthalten, welches Ergebnis die Integritätsprüfung des Dokuments ausweist, wen die Signaturprüfung als Inhaber der Signatur ausweist und welchen Zeitpunkt die Signaturprüfung für die Anbringung der Signatur ausweist.

(5) Dokumente, die nach Absatz 2 hergestellt sind, sind für das Verfahren zugrunde zu legen, soweit kein Anlass besteht, an der Übereinstimmung mit dem eingereichten Dokument zu zweifeln.

1 § 55b ergänzt § 55a und ist gleichfalls im Jahre 2005 eingefügt worden. Der Beginn sowie die Art und Weise der elektronischen Aktenführung wird nach § 55b I 2 und 3 **durch Rechtsverordnungen** der Bundesregierung und der Landesregierungen jeweils für ihren Bereich geregelt. Solche Rechtsverordnungen sind bisher nicht erlassen worden.

2 § 55b II bestimmt, dass Dokumente, die nicht der Form entsprechen, in der die Akte geführt wird, in die entsprechende Form zu übertragen und in dieser Form zur Akte zu nehmen sind. Es sollen jedenfalls im Regelfall keine sog. Hybridakten geführt werden. Ausnahmen können allerdings nach § 55b II a.E. durch Rechtsverordnung zugelassen werden. Soweit ein „**Medientransfer**" nach § 55b II erfolgt ist, sind die Originaldokumente mindestens bis zum rechtskräftigen Abschluss des Verfahrens aufzubewahren (§ 55b III). § 55b IV normiert Formerfordernisse für die Übertragung. Maßgeblich für das Verfahren sind grundsätzlich die nach § 55b II hergestellten Dokumente (§ 55b V). Auf die nach § 55b III aufbewahrten Originaldokumente wird zurückgegriffen, wenn Anlass besteht, an der Übereinstimmung mit dem eingereichten Dokument zu zweifeln (§ 55b V).

§ 56 [Zustellungen]

(1) **Anordnungen und Entscheidungen, durch die eine Frist in Lauf gesetzt wird, sowie Terminbestimmungen und Ladungen sind zuzustellen, bei Verkündung jedoch nur, wenn es ausdrücklich vorgeschrieben ist.**

(2) **Zugestellt wird von Amts wegen nach den Vorschriften der Zivilprozessordnung.**

(3) **Wer nicht im Inland wohnt, hat auf Verlangen einen Zustellungsbevollmächtigten zu bestellen.**

1 § 56 regelt Zustellungen im Anwendungsbereich der VwGO. Zugestellt werden nicht nur Entscheidungen im gerichtlichen Verfahren, sondern auch der Widerspruchsbescheid, dessen Zustellung in § 73 III 1 angeordnet ist. Die Norm wurde mit Wirkung zum 1.7.2002 grundlegend umgestaltet. Seitdem nimmt § 56 II nicht mehr auf die Vorschriften des VwZG Bezug, sondern bestimmt, dass die Zustellung nach den **Vorschriften der ZPO** zu erfolgen hat. Der Widerspruchsbescheid wird hingegen gemäß § 73 III 2 nach den Bestimmungen des VwZG zugestellt.

2 Nach § 166 I ZPO enthaltenen Legaldefinition bedeutet **Zustellung** die Bekanntgabe eines Dokuments an eine Person in der in den §§ 166 ff. ZPO bestimmten Form. Konstitutive Voraussetzung einer jeden Zustellung ist der Wille, eine Zustellung vorzunehmen (BVerwGE 16, 165; KS § 56 Rn. 4; auch → Rn. 13).

3 § 56 I bestimmt, was zuzustellen ist. **Zustellungsbedürftig** sind danach Anordnungen und Entscheidungen, durch die eine Frist in Lauf gesetzt wird, sowie Termin-

Zustellungen **§ 56**

bestimmungen und Ladungen, bei Verkündung jedoch nur, wenn es ausdrücklich vorgeschrieben ist. Die Vorschrift verdeutlicht, dass die Verkündung die Zustellung ersetzt, es sei denn, die Zustellung verkündeter Entscheidungen ist ausdrücklich angeordnet. Dies ist in § 116 I 2 für Urteile (→ § 116 Rn. 14 ff., dort auch zur entsprechenden Anwendung der Norm), in § 65 IV 1 für Beiladungsbeschlüsse und in § 56a I 3 für Beschlüsse über die öffentliche Bekanntmachung geschehen.

§ 56 II regelt die **Art und Weise der Zustellung**. Zugestellt wird von Amts wegen nach den Vorschriften der ZPO (§§ 166 ff. ZPO). Zuständig für die Zustellung ist grds. die Geschäftsstelle (§ 168 I ZPO). Der Vorsitzende des Prozessgerichts oder ein von ihm bestimmtes Mitglied können einen Gerichtsvollzieher oder eine andere Behörde mit der Ausführung der Zustellung beauftragen, wenn eine Zustellung nach § 168 I ZPO keinen Erfolg verspricht (§ 168 II ZPO). 4

Was **Gegenstand der Zustellung** ist, ist in den §§ 166 ff. ZPO nicht geregelt. § 166 I ZPO spricht lediglich von einem Dokument, an anderer Stelle ist „von dem zuzustellenden Schriftstück" die Rede (vgl. etwa § 169 II ZPO). Bei Urteilen, Beschlüssen und Gerichtsbescheiden wird eine Ausfertigung zugestellt, d.h. eine mit einem unterschriebenen Ausfertigungsvermerk versehene Abschrift, Durchschrift oder Ablichtung des bei der Behörde bzw. beim Gericht verbleibenden Originals (NRW-OVGE 28, 45). I.Ü. werden zumeist beglaubigte Abschriften zugestellt (NKVwGO § 56 Rn. 7). Gegenstand der Zustellung können grds. aber auch einfache Abschriften und Kopien sein (KS § 56 Rn. 6). 5

Zustellungsadressat ist die Person, der zugestellt werden soll. Bei nicht prozessfähigen Personen ist an ihren gesetzlichen Vertreter zuzustellen (§ 170 I 1 ZPO). Ist der Zustellungsadressat keine natürliche Person, genügt die Zustellung an den Leiter (§ 170 II ZPO). Bei mehreren gesetzlichen Vertretern oder Leitern (Eltern, Vorstandsmitglieder, Geschäftsführer u.ä., vgl. ThP § 170 Rn. 5) genügt gemäß § 170 III ZPO die Zustellung an einen von ihnen. § 171 ZPO stellt klar, dass auch einem rechtsgeschäftlichen Vertreter mit gleicher Wirkung wie an den Vertretenen zugestellt werden kann; der Vertreter hat allerdings eine schriftliche Vollmacht vorzulegen (§ 171 S. 2 ZPO). Die wirksame Vollmacht muss zu dem Zeitpunkt vorliegen, zu dem die Zustellung ausgeführt wird (ThP § 171 Rn. 6). 6

§ 172 ZPO regelt die **Zustellung an Prozessbevollmächtigte**. Grundsätzlich hat die Zustellung an den für den Rechtszug bestellten Prozessbevollmächtigten zu erfolgen (§ 172 I 1 ZPO). Ein Schriftsatz, mit dem ein Rechtsmittel eingelegt wird, ist dem Prozessbevollmächtigten des Rechtszuges zuzustellen, dessen Entscheidung angefochten wird (§ 172 II 1 ZPO), es sei denn, es ist bereits ein Prozessbevollmächtigter für den höheren Rechtszug bestellt worden (§ 172 II 2 ZPO). An die Partei selbst ist zuzustellen, wenn sie einen Prozessbevollmächtigten nicht bestellt hat (§ 172 II 3). 7

Als **Arten der Zustellung** sehen die Vorschriften der ZPO vor: Zustellung durch Aushändigung des Schriftstücks an der Amtsstelle (§ 173 ZPO), Zustellung an einen Anwalt, einen Notar, einen Gerichtsvollzieher, einen Steuerberater oder eine sonstige Person, bei der aufgrund ihres Berufes von einer erhöhten Zuverlässigkeit ausgegangen werden kann, an eine Behörde, eine Körperschaft oder eine Anstalt des öffentlichen Rechts gegen Empfangsbekenntnis (§ 174 ZPO), Zustellung durch Einschreiben mit Rückschein (§ 175 ZPO) sowie Zustellung durch die Post, einen Justizbediensteten, einen Gerichtsvollzieher oder durch eine andere ersuchte Behörde (§ 176 I 1 ZPO). Weitere Vorschriften regeln die Zustellung im Ausland (§ 183 ZPO) sowie die Zustellung durch öffentliche Bekanntmachung (§ 185 ZPO). 8

§ 56   Teil II. Verfahren

9   Bei der **Zustellung gegen Empfangsbekenntnis** nach § 174 ZPO gilt die Zustellung als zu dem Zeitpunkt bewirkt, für den der Adressat bestätigt, das übermittelte Schriftstück als zugestellt entgegengenommen zu haben. Das Schriftstück kann auch per Telekopie (§ 174 II ZPO) oder als elektronisches Dokument (§ 174 III ZPO) zugestellt werden. Das Empfangsbekenntnis kann nach § 174 IV 2 ebenfalls schriftlich, durch Telekopie oder als elektronisches Dokument (§ 130a ZPO) zurückgesandt werden. In letzterem Fall soll es mit einer qualifizierten elektronischen Signatur nach dem Signaturgesetz versehen werden (§ 174 IV 3).

10   Bei der **Zustellung durch die Post oder einen anderen Beauftragten** übergibt die Geschäftsstelle das zuzustellende Schriftstück in einem verschlossenen Umschlag sowie ein vorbereitetes Formular einer Zustellungsurkunde (§ 176 I ZPO). Das Schriftstück kann der Person, der zugestellt werden soll, an jedem Ort übergeben werden, an dem sie angetroffen wird (§ 177 ZPO). Wird der Zustellungsadressat nicht angetroffen, kann gemäß § 178 ZPO eine **Ersatzzustellung** vorgenommen werden, indem das zuzustellende Schriftstück in der Wohnung des Zustellungsadressaten einem erwachsenen Familienangehörigen, einer in der Familie beschäftigten Person oder einem erwachsenen ständigen Mitbewohner (§ 178 I Nr. 1 ZPO), in den Geschäftsräumen des Zustellungsadressaten einer dort beschäftigten Person (§ 178 I Nr. 2 ZPO) oder in einer Gemeinschaftseinrichtungt dem Leiter der Einrichtung oder einem dazu ermächtigten Vertreter (§ 178 I Nr. 3 ZPO) zugestellt wird. Unter **Wohnung** im Sinne des § 178 I Nr. 1 ZPO sind dabei die Räumlichkeiten zu verstehen, in denen der Zustellungsempfänger hauptsächlich lebt (BVerwG NJW 1991, 1904), nicht aber z. B. im Regelfall ein Wochenendhaus (KS § 56 Rn. 26). Vorübergehende Abwesenheit (Urlaub, Krankenhausaufenthalt u. ä.) lässt die Wohnungseigenschaft unberührt (BVerwG NJW 1991, 1904).

11   Ist die Ersatzzustellung nach § 178 I Nr. 1 oder 2 ZPO nicht ausführbar, kann das Schriftstück gemäß § 180 ZPO auch durch **Einlegen in den Briefkasten** oder eine ähnliche Vorrichtung zugestellt werden. Ist auch eine solche Ersatzzustellung nicht ausführbar oder scheitert ein Zustellungsversuch nach § 178 I Nr. 3 ZPO an den Leiter einer Gemeinschaftseinrichtung bzw. seinen ermächtigten Vertreter, kann die Ersatzzustellung ferner durch Niederlegung auf der Geschäftsstelle des Amtsgerichts, in dessen Bezirk der Ort der Zustellung liegt, bewirkt werden (§ 181 I 1 ZPO). Ist die Post mit der Zustellung beauftragt, ist das Schriftstück entweder am Ort der Zustellung oder am Ort des Amtsgerichts bei einer von der Post dafür bestimmten Stelle niederzulegen (§ 181 I 2 ZPO). Der Adressat erhält nach Maßgabe des § 181 I 3 ZPO eine schriftliche Mitteilung über die Niederlegung. Als Zeitpunkt der Zustellung gilt der Zeitpunkt der Abgabe der schriftlichen Mitteilung (§ 181 I 4 ZPO).

12   Als Nachweis der Zustellung nach den §§ 171, 177 bis 181 ZPO wird eine **Zustellungsurkunde** angefertigt (§ 182 I 1 ZPO), der die Wirkung einer öffentlichen Urkunde auch dann zukommt, wenn die Zustellung durch ein privates Unternehmen durchgeführt worden ist. Das ergibt sich aus § 182 I 2 ZPO. § 182 II ZPO schreibt im Einzelnen vor, was die Zustellungsurkunde enthalten muss. Da die Urkunde nicht Teil der Zustellung und auch nicht deren Wirksamkeitserfordernis ist, sondern lediglich den Nachweis dient, dass die Förmlichkeiten gewahrt sind, beeinträchtigen Mängel der Urkunde grds. nicht die Wirksamkeit der Zustellung (ThP § 182 Rn. 2 und 7). Mängel der Urkunde können nachträglich mittels eines vom Zusteller unterschriebenen Vermerks berichtigt werden (ThP § 182 Rn. 6).

13   Nach § 189 ZPO können **Zustellungsmängel geheilt** werden. Dies gilt sowohl für den Fall, dass die formgerechte Zustellung nicht nachgewiesen werden kann, wie

auch für Sachverhalte, bei denen feststeht, dass das Dokument unter Verletzung zwingender Zustellungsvorschriften zugegangen ist. Gleichwohl gelten Schriftstücke in dem Zeitpunkt als zugestellt, in dem das Schriftstück der Person, an die die Zustellung dem Gesetz gemäß gerichtet war oder gerichtet werden konnte, tatsächlich zugegangen ist. Eine Heilung kommt nur in Betracht, wenn **Zustellungswillen** bestand; die Absicht, das Schriftstück zu Kenntnis zu bringen, reicht nicht (NRWOVG, Beschl. v. 11.3. 2010 – 4 B 1750/08).

Nach § 56 III hat derjenige, der nicht im Inland wohnt, auf Verlangen einen **Zustellungsbevollmächtigten** zu bestellen. Die Aufforderung erfolgt durch das Gericht, außerhalb der mündlichen Verhandlung auch durch den Vorsitzenden allein (BVerwG DÖV 1964, 567), im vorbereitenden Verfahren auch durch den Berichterstatter, §§ 87 I, 87a III. Da der Zustellungsbevollmächtigte Vertreter des Zustellungsadressaten ist, muss er von diesem bevollmächtigt werden. Die Grundsätze über eine Duldungs- und Anscheinsvollmacht sind anwendbar (BayVGH NJW 1991, 1249). Erfolgt keine Bestellung nach § 56 III, kann die Auslandszustellung gemäß §§ 183, 184 ZPO erfolgen (vgl. näher etwa NKVwGO § 56 Rn. 89 ff.). 14

§ 56a [Öffentliche Bekanntmachung im Massenverfahren]

(1) ¹Sind gleiche Bekanntgaben an mehr als fünfzig Personen erforderlich, kann das Gericht für das weitere Verfahren die Bekanntgabe durch öffentliche Bekanntmachung anordnen. ²In dem Beschluß muß bestimmt werden, in welchen Tageszeitungen die Bekanntmachungen veröffentlicht werden; dabei sind Tageszeitungen vorzusehen, die in dem Bereich verbreitet sind, in dem sich die Entscheidung voraussichtlich auswirken wird. ³Der Beschluß ist den Beteiligten zuzustellen. ⁴Die Beteiligten sind darauf hinzuweisen, auf welche Weise die weiteren Bekanntgaben bewirkt werden und wann das Dokument als zugestellt gilt. ⁵Der Beschluß ist unanfechtbar. ⁶Das Gericht kann den Beschluß jederzeit aufheben; es muß ihn aufheben, wenn die Voraussetzungen des Satzes 1 nicht vorlagen oder nicht mehr vorliegen.

(2) ¹Die öffentliche Bekanntmachung erfolgt durch Aushang an der Gerichtstafel oder durch Einstellung in ein elektronisches Informationssystem, das im Gericht öffentlich zugänglich ist und durch Veröffentlichung im elektronischen Bundesanzeiger sowie in den im Beschluss nach Absatz 1 Satz 2 bestimmten Tageszeitungen. ²Sie kann zusätzlich in einem von dem Gericht für Bekanntmachungen bestimmten Informations- und Kommunikationssystem erfolgen. ³Bei einer Entscheidung genügt die öffentliche Bekanntmachung der Entscheidungsformel und der Rechtsbehelfsbelehrung. ⁴Statt des bekannt zu machenden Dokuments kann eine Benachrichtigung öffentlich bekannt gemacht werden, in der angegeben ist, wo das Dokument eingesehen werden kann. ⁵Eine Terminbestimmung oder Ladung muss im vollständigen Wortlaut öffentlich bekannt gemacht werden.

(3) ¹Das Dokument gilt als an dem Tage zugestellt, an dem seit dem Tage der Veröffentlichung im Bundesanzeiger zwei Wochen verstrichen sind; darauf ist in jeder Veröffentlichung hinzuweisen. ²Nach der öffentlichen Bekanntmachung einer Entscheidung können die Beteiligten eine Ausfertigung schriftlich anfordern; darauf ist in der Veröffentlichung gleichfalls hinzuweisen.

1 § 56a dient der Verfahrenserleichterung bei sog. Massenverfahren. Die Anwendung der Vorschrift setzt voraus, dass **gleiche Bekanntgaben an mehr als fünfzig Personen** erforderlich sind (§ 56a I 1). Nicht ausreichend ist, dass mehr als fünfzig Personen am Verfahren beteiligt sind, erforderlich sind vielmehr fünfzig Bekanntgaben. Haben mehrere Personen einen Prozessbevollmächtigten bestellt, liegt nur eine Bekanntgabe vor (KS § 56a Rn. 3). Eine Bekanntgabe liegt auch vor, wenn an mehrere Prozessbevollmächtigte einer Person zugestellt wird (KS § 56a Rn. 3). Ob die Personen, an die bekannt gegeben werden soll, im gleichen Interesse beteiligt sind, ist – anders als im Fall des § 67a – unerheblich (KS § 56 Rn. 3; B/F-K/vA § 56 Rn. 3). Es muss sich ferner um gleiche Bekanntgaben handeln, d.h. die Bekanntgaben müssen inhaltlich übereinstimmen.

2 Die **Anordnung der öffentlichen Bekanntgabe** erfolgt durch Beschluss, der den Beteiligten individuell zuzustellen ist (§ 56a I 3). In dem Beschluss muss bestimmt werden, in welchen Tageszeitungen die Bekanntmachungen veröffentlicht werden, wobei Tageszeitungen vorzusehen sind, die in dem Bereich verbreitet sind, in dem sich die Entscheidung voraussichtlich auswirken wird (§ 56a I 2). Er muss ferner den Hinweis enthalten, auf welche Weise die weiteren Bekanntgaben bewirkt werden und wann das Dokument als zugestellt gilt (§ 56a I 4). Gemäß § 56a I 5 ist der Beschluss unanfechtbar. Im Rechtsmittelverfahren ist die Überprüfung des Beschlusses durch §§ 512, 557 II ZPO i.V.m. § 173 VwGO ausgeschlossen, es sei denn, es liegt eine Verletzung rechtlichen Gehörs vor (B/F-K/vA § 56a Rn. 8). Das Gericht muss den Beschluss über die öffentliche Bekanntgabe aufheben, wenn die Voraussetzungen des § 56a I 1 vorliegen. Bis dahin bewirkte Bekanntgaben bleiben wirksam (str. für den Fall, dass die Voraussetzungen der öffentlichen Bekanntgabe von Anfang an nicht vorlagen, vgl. KS § 56a Rn. 7 sowie Fn. 3).

3 Die **Art und Weise der öffentlichen Bekanntmachung** ist in § 56a II geregelt. Soll eine gerichtliche Entscheidung öffentlich bekannt gemacht werden, genügt die öffentliche Bekanntmachung der Entscheidungsformel und der Rechtsbehelfsbelehrung (§ 56 II 3). Bei Dokumenten, die keine Terminsbestimmung oder Ladung enthalten, kann eine öffentliche Benachrichtigung bekannt gemacht werden, in der angegeben wird, wo das Dokument eingesehen werden kann (§ 56a II 4 und 5).

4 § 56 III 1 regelt den **Zustellungszeitpunkt** (2 Wochen nach Veröffentlichung im Bundesanzeiger). § 56a III 1 und 2 normieren ferner **Hinweispflichten**, die den Zustellungszeitpunkt sowie die Möglichkeit betreffen, nach öffentlicher Bekanntmachung einer Entscheidung eine Ausfertigung dieser Entscheidung schriftlich anzufordern.

§ 57 [Fristen]

(1) **Der Lauf einer Frist beginnt, soweit nichts anderes bestimmt ist, mit der Zustellung oder, wenn diese nicht vorgeschrieben ist, mit der Eröffnung oder Verkündung.**

(2) **Für die Fristen gelten die Vorschriften der §§ 222, 224 Abs. 2 und 3, §§ 225 und 226 der Zivilprozeßordnung.**

1 § 57 bestimmt **Beginn und Ende prozessualer Fristen**. Ob er auch für die Widerspruchsfrist des § 70 VwGO gilt (KS VwGO § 70 Rn. 1, 2) oder für diese Frist § 31 I VwVfG Anwendung findet, ist streitig, aber im Ergebnis ohne praktische Relevanz (vgl. BeckOK VwGO § 57 Rn. 1; → § 70 Rn. 6). § 57 erfasst sowohl gesetz-

Fristen **§ 57**

liche Fristen, deren Abkürzung oder Verlängerung nur aufgrund besonderer gesetzlicher Vorschriften möglich ist, als auch richterliche Fristen, die durch richterlichen Beschluss bzw. richterliche Verfügung abgekürzt oder verlängert werden können. Der Anwendungsbereich des § 57 I beschränkt sich dabei auf die sog. eigentlichen Fristen, also Fristen, die sich an die Verfahrensbeteiligten richten. Auf uneigentliche Fristen i. e. S., innerhalb derer das Gericht bestimmte Handlungen vornehmen muss (z. B. § 116 I und II, § 117 IV), findet § 57 keine Anwendung (NKVwGO § 57 Rn. 7 und 14, dort auch zur nicht einheitlichen Verwendung der Begriffe eigentliche/uneigentliche Frist).

Der Lauf der Frist **beginnt** gemäß § 57 I – soweit nichts anderes bestimmt ist – mit **2** der Zustellung oder, wenn dies nicht vorgeschrieben ist, mit der Eröffnung oder Verkündung. Wann eine Zustellung erforderlich ist, ergibt sich aus § 56 I (→ § 56 Rn. 3). Der Zeitpunkt, zu dem eine Zustellung bewirkt ist oder als bewirkt gilt, ergibt sich aus den nach § 56 II anzuwendenden Vorschriften der ZPO (§§ 166 ff. ZPO, → § 56 Rn. 4 ff.; beim Widerspruchsbescheid gilt nach § 73 III 2 das VwZG). Ist die gerichtliche Entscheidung verkündet worden und eine Zustellung nicht erforderlich, ist der Zeitpunkt der vollständigen Verkündung maßgeblich, so wie er sich aus dem gemäß § 105 i. V. m. § 159 ZPO anzufertigenden Protokoll ergibt. Bei der in § 57 I ferner angeführten Eröffnung einer gerichtlichen Entscheidung handelt es sich um eine gewollte Bekanntgabe, die nicht in der Form einer Verkündung erfolgt. Ihr kommt bei der Fristenberechnung kaum praktische Bedeutung zu, weil fristauslösende Anordnungen und Entscheidungen, die nicht verkündet werden, gemäß § 56 I stets zuzustellen sind.

Für die **Fristberechnung** verweist § 57 II auf die Vorschriften der §§ 222, 224 II **3** und III, 225 und 226 ZPO. Gemäß § 222 I ZPO gelten für die Berechnung der Fristen die Vorschriften des Bürgerlichen Gesetzbuches (§§ 186 ff. BGB), wobei § 222 II ZPO eine § 193 BGB verdrängende Sondervorschrift enthält (BeckOK VwGO § 57 Rn. 13). Der Fristbeginn ist in § 187 BGB geregelt. Ist für den Anfang einer Frist ein Ereignis oder ein in den Lauf eines Tages fallender Zeitpunkt maßgebend (so etwa die Zustellung oder Verkündung einer Entscheidung), wird bei der Berechnung der Frist der Tag nicht mitgerechnet, in welchen das Ereignis oder der Zeitpunkt fällt (§ 187 I BGB). Ob es sich bei jenem oder dem nachfolgenden Tag um einen Samstag, Sonntag oder allgemeinen Feiertag handelt, ist für die Bestimmung des Fristbeginns unerheblich.

Das **Fristende** ergibt sich aus § 188 BGB. Eine nach Tagen bestimmte Frist endet **4** mit dem Ablauf des letzten Tages der Frist (§ 188 I 1 BGB). Eine Frist, die nach Wochen, nach Monaten oder nach einem mehrere Monate umfassenden Zeitraum – Jahr, halbes Jahr, Vierteljahr – bestimmt ist, endet im Falle des § 187 I mit dem Ablauf desjenigen Tages, der letzten Woche oder des letzten Monats, welcher durch seine Benennung oder seine Zahl dem Tage entspricht, in den das Ereignis (etwa Zustellung oder Verkündung) oder der Zeitpunkt fällt (§ 188 II Halbs. 1).

Beispiel: Erfolgte die Zustellung eines Beschlusses im Verfahren des vorläufigen **5** Rechtsschutzes am Dienstag, dem 2. 3. 2010, so ist letzter Tag der zweiwöchigen Beschwerdefrist nach § 147 I 1 Dienstag, der 16. 3. 2010; die Monatsfrist nach § 146 IV 1 für die Beschwerdebegründung endet hingegen mit Ablauf des 2. 4. 2010 (Freitag). Fehlt bei einer nach Monaten bestimmten Frist in dem letzten Monat der für ihren Ablauf maßgebende Tag, so endet die Frist mit dem Ablauf des letzten Tages dieses Monats (§ 188 III BGB). Fällt das Fristende auf einen Sonntag, einen allgemeinen Feiertag oder eine Sonnabend, so endet die Frist mit dem Ablauf des nächsten Werktages (§ 222 II ZPO).

§ 58   Teil II. Verfahren

6   **Gewahrt ist eine Frist**, wenn die erforderliche Handlung bis 24 Uhr des letzten Tages der Frist vorgenommen wurde; die Beweislast trägt derjenige, der die Frist einhalten musste (BeckOK VwGO, § 57 Rn. 17). Im Fall der Fristversäumnis kommt Wiedereinsetzung in den vorigen Stand gemäß § 60 (→ § 60 Rn. 1 ff.) in Betracht.

§ 58 [Rechtsbehelfsbelehrung]

(1) Die Frist für ein Rechtsmittel oder einen anderen Rechtsbehelf beginnt nur zu laufen, wenn der Beteiligte über den Rechtsbehelf, die Verwaltungsbehörde oder das Gericht, bei denen der Rechtsbehelf anzubringen ist, den Sitz und die einzuhaltende Frist schriftlich oder elektronisch belehrt worden ist.

(2) ¹Ist die Belehrung unterblieben oder unrichtig erteilt, so ist die Einlegung des Rechtsbehelfs nur innerhalb eines Jahres seit Zustellung, Eröffnung oder Verkündung zulässig, außer wenn die Einlegung vor Ablauf der Jahresfrist infolge höherer Gewalt unmöglich war oder eine schriftliche oder elektronische Belehrung dahin erfolgt ist, daß ein Rechtsbehelf nicht gegeben sei. ²§ 60 Abs. 2 gilt für den Fall höherer Gewalt entsprechend.

1   § 58 VwGO begründet keine Verpflichtung zur Erteilung einer Rechtsbehelfsbelehrung, sondern regelt die **Folgen einer unterbliebenen oder unrichtigen Belehrung**. Eine Verpflichtung zur Erteilung von Rechtsbehelfsbelehrungen sieht die VwGO jedoch an anderer Stelle vor, nämlich für Urteile in § 117 II Nr. 6 (gilt entsprechend für Beschlüsse, → § 117 Rn. 15, § 122 Rn. 3), für Gerichtsbescheide in § 84 I 3 i.V.m. § 117 II Nr. 6, für Widerspruchsbescheide in § 73 III 1 sowie für schriftliche Verwaltungsakte von Bundesbehörden in § 59. Die Rechtsfolgen unterbliebener Belehrungen sind in § 58 abschließend geregelt (BVerwGE 95, 321); weitergehende Schlüsse (wie die Entbehrlichkeit eines Vorverfahrens bei Nichtbelehrung über den Widerspruch) dürfen aus dem Unterbleiben nicht gezogen werden.

2   Der **Anwendungsbereich** des § 58 ist auf Rechtsmittel und die ordentlichen Rechtsbehelfe der VwGO beschränkt. Die VwGO verwendet (anders als das frühere Recht, vgl. etwa § 6 I VwVG) diese Begriffe konsequent, was insbes. § 58, aber auch § 155 II („Antrag, eine Klage, ein Rechtsmittel oder einen anderen Rechtsbehelf") belegt. Der Begriff **„Rechtsbehelf"** als Oberbegriff meint jedes gerichtliche und außergerichtliche Mittel zur Durchsetzung eines Rechts; der Begriff **„Rechtsmittel"** ist hingegen sonstigen solchen Rechtsbehelfen vorbehalten, die auf die Überprüfung nicht rechtskräftiger gerichtlicher Entscheidungen gerichtet sind (vgl. § 154 II), den Eintritt der formellen Rechtskraft hindern (Suspensiveffekt) und die Entscheidungszuständigkeit einer höheren Instanz begründen (Devolutiveffekt). Unter einem „ordentlichen" Rechtsbehelf sind solche zu verstehen, die im Gesetz ihrer Art nach gegen die jeweils angegriffene Entscheidung vorgesehen sind. Zu den Rechtsbehelfen gehören demnach sowohl Widerspruch und Klage sowie die Zulassungsrechtsbehelfe (→ § 133 Rn. 2), während die Rechtsmittel (Beschwerde, Berufung, Revision) im 3. Teil (§§ 124 ff.) enthalten sind.

3   Nach diesem Sprachgebrauch zählt die h.M. den Antrag auf mündliche Verhandlung gemäß § 84 II Nr. 2 zutreffend als Rechtsbehelf zum Anwendungsbereich des § 58 (BeckOK VwGO § 58 Rn. 2; KS § 58 Rn. 4). Nicht anwendbar ist § 58 auf

248 | Saurenhaus

sog. außerordentliche Rechtsbehelfe (BVerwG, Beschl. v. 29.7. 2009 – 5 B 46.09), namentlich den Antrag auf Wiedereinsetzung in den vorigen Stand nach § 60, den Antrag auf Urteilsberichtigung oder Ergänzung gemäß §§ 119, 120, die Anhörungsrüge nach § 152a, die Nichtigkeits- und Restitutionsklage nach § 153 sowie auf die Ausschlussfristen etwa nach § 58 II sowie § 60 III. Der Antrag nach § 80 V wird mangels Fristbindung von § 58 nicht erfasst. Soweit allerdings ein Antrag nach § 80 V durch besondere gesetzliche Vorschrift befristet ist, ist eine Anwendung des § 58 geboten (KS § 58 Rn. 5).

I. Inhalt und Form der Rechtsbehelfsbelehrung nach § 58 I

Die Rechtsbehelfsbelehrung muss nach § 58 I über den Rechtsbehelf, die Verwaltungsbehörde oder das Gericht, bei dem der Rechtsbehelf anzubringen ist, den Sitz und die einzuhaltende Frist belehren. Der **Rechtsbehelf** muss der Art nach bezeichnet sein (z.B. Widerspruch, Klage, Beschwerde). Bei mehreren Rechtsbehelfen, z.B. nach Zulassung der Berufung und der Sprungrevision durch das VG, ist über jedes statthafte Rechtsmittel zu belehren (BVerwGE 81, 81; 91, 140, 142). Bei der Rechtsbehelfsbelehrung zu einem Widerspruchsbescheid reicht es nach der Rechtsprechung des BVerwG, wenn die Rechtsbehelfsbelehrung darauf hinweist, dass Klage gegen den Widerspruchsbescheid erhoben werden kann (BVerwG Buchh 310 § 58 VwGO Nr. 54). Einer Differenzierung der möglichen Klagegegenstände nach § 79 bedarf es danach nicht (str., vgl. etwa NKVwGO § 58 Rn. 51). Für die Rechtsbehelfsbelehrung kommt es nicht darauf an, ob der statthafte Rechtsbehelf auch im Übrigen zulässig ist (BVerwG VerwRspr 28, 222). Ist der Rechtsbehelf an eine Beschwerdesumme gebunden, wird, wie zum Teil vertreten, auch darüber sei zu belehren (BeckOK VwGO § 58 Rn. 13; zweifelh.). Wird bei einem VA mit (belastender) Drittwirkung in einer ihm beigefügten Rechtsbehelfsbelehrung abstrakt darüber belehrt, dass gegen den Bescheid Widerspruch eingelegt werden kann, bezieht sich die Rechtsbehelfsbelehrung ohne Weiteres auch auf einen potentiell Drittbetroffenen und setzt – wenn ihm der VA bekannt gegeben wird – ihm gegenüber die Widerspruchsfrist in Lauf (BVerwG, Beschl. v. 11.3. 2010 – 7 B 36.09).

Die **Verwaltungsbehörde oder das Gericht**, bei denen der Rechtsbehelf einzulegen ist, sind eindeutig mit Namen und Sitz zu bezeichnen (BVerwG NVwZ 1991, 261). Die Angabe von Postleitzahl, Straße und Hausnummer ist grundsätzlich nicht erforderlich (BVerwGE 25, 261). Ist der Ortsname Teil des Namens der Verwaltungsbehörde oder des Gerichts, bedarf es einer besonderen Angabe des Sitzes der Behörde oder des Gerichts nicht, wenn sich der Sitz zweifelsfrei aus oder Ortsbezeichnung ergibt (BVerwG NJW 2009, 2322). Kommen nach § 52 mehrere Verwaltungsgerichte für eine Klage in Betracht, ist es erforderlich, dass alle zuständigen Gerichte genannt werden (BVerwG NVwZ 1993, 359).

Die Belehrung über die einzuhaltende **Frist** erfolgt durch ihre abstrakte Angabe (z.B. „ein Monat"). Nicht bezeichnet werden muss ihr konkreter Beginn (BVerwG NJW 1991, 508). Enthält die Rechtsbehelfsbelehrung zu einem Widerspruch den Hinweis, dass innerhalb eines Monats nach „Bekanntgabe" Klage erhoben werden kann, führt dies jedenfalls dann nicht zur Unrichtigkeit der Rechtsbehelfsbelehrung, wenn der Widerspruchsbescheid durch die Post mittels Zustellungsurkunde zugestellt wurde, weil bei dieser Art der Zustellung Bekanntgabe und Zustellung stets zusammenfallen (BVerwG NJW 1991, 508). Für unrichtig wurde dagegen eine Belehrung

§ 58 Teil II. Verfahren

erachtet, die im Fall einer Zustellung durch Einschreiben auf den „Zugang" des Widerspruchsbescheides abstellte (NRWOVG NVwZ 2001, 212).

7 **Keines Hinweises** bedarf es auf Besonderheiten des Fristlaufs etwa im Fall des Monats Februar (BVerwG NJW 1976, 865) oder im Hinblick auf § 222 II ZPO (Fristende am Sonntag, allgemeinen Feiertagen oder am Samstag) (BVerfGE 31, 388, 390). Es braucht auch nicht darauf hingewiesen zu werden, dass der Rechtsbehelf innerhalb der Frist bei der genannten Behörde oder dem Gericht eingegangen sein muss (BVerwG NJW 1972, 1435). Wird in der Rechtsbehelfsbelehrung eine zu lange Frist angegeben, so soll diese gelten (BeckOK VwGO § 58 Rn. 18; KS § 58 Rn. 14; offen gelassen in BVerwG NVwZ 1999, 653). Etwas anderes gilt aber jedenfalls dann, wenn die Frist über die Jahresfrist des § 58 II hinausreicht (BVerwG NJW 1967, 591, 592; BeckOK VwGO § 58 Rn. 18; KS § 58 Rn. 14).

8 **Weitere Angaben**, insbes. Hinweise zu für den Rechtsbehelf geltende zwingende Formvorschriften, sind grundsätzlich nicht erforderlich (BVerwGE 50, 248, 252 f.). Bei der Belehrung über das Rechtsmittel der Revision soll allerdings nicht nur auf die Revisionsfrist, sondern auch auf das Erfordernis der Revisionsbegründung nach § 139 III hinzuweisen sein (BVerwG NVwZ-RR 1994, 361). Entsprechendes ist für die Berufungsbegründung nach § 124a III 1 (BVerwGE 107, 117; BVerwG NJW 2009, 2322; a.A. NRWOVG DVBl. 1998, 735) wie auch für die im Verfahren des vorläufigen Rechtsschutzes nach § 146 IV 1 erforderliche Begründung (SächsOVG NVwZ-RR 203, 693) vertreten worden. Demgegenüber ist der fehlende Hinweis auf das Begründungserfordernis bei der Nichtzulassungsbeschwerde nach § 133 III 1 für unschädlich gehalten worden (BVerwGE 50, 248, 250). Eine Belehrung über das Vertretungserfordernis nach § 67 IV ist nicht erforderlich (BVerwG NVwZ-RR 2010, 36; a.A. etwa NKVwGO § 58 Rn. 62). Richtig erscheint im Interesse der Rechtssicherheit eine **strikte Orientierung am Wortlaut des § 58 I.**

9 Enthält die Rechtsmittelbelehrung **gesetzlich nicht vorgeschriebene Zusätze**, müssen die weiteren Angaben richtig sein. Durch unrichtige oder irreführende Zusätze wird eine Rechtsbehelfsbelehrung fehlerhaft, wenn sie geeignet sind, die Einlegung eines Rechtsbehelfs zu erschweren (BVerwG, DVBl. 2002, 1553). Dabei kommt es nicht darauf an, ob die unrichtige oder irreführende Angabe in der Belehrung im Einzelfall tatsächlich für die verspätete Rechtsbehelfseinlegung kausal geworden ist, sondern es reicht aus, dass die unrichtige oder irreführende Belehrung objektiv geeignet ist, die Rechtsmitteleinlegung zu erschweren. Dies ist der Fall, wenn sie den Adressaten davon abhalten kann, das Rechtsmittel überhaupt, rechtzeitig oder formgerecht einzulegen (BVerwG NVwZ 1998, 170; NJW 2009, 2322).

10 Die Rechtsbehelfsbelehrung kann nach § 58 I schriftlich oder in elektronischer **Form** erteilt werden. Für Urteile (§ 117 II Nr. 6), Gerichtsbescheide (§ 84 I 3 i.V.m. § 117 II Nr. 6) und den Widerspruchsbescheid (§ 73 III 1) ist vorgeschrieben, dass Entscheidung und Rechtsbehelfsbelehrung miteinander zu verbinden sind. Entsprechendes gilt für Beschlüsse, auf die § 117 II Nr. 6 entsprechende Anwendung findet (NKVwGO § 58 Rn. 47). Im Übrigen ist eine Verbindung der Belehrung mit der Entscheidung nicht zwingend; die Belehrung kann auch einem Begleitschreiben beigefügt sein (BVerwG Buchh 310 § 58 VwGO Nr. 69; NKVwGO § 58 Rn. 57). Auch Ausländer werden grundsätzlich in deutscher Sprache belehrt, da Deutsch Amtssprache im Verwaltungsverfahren (§ 23 I VwVfG) bzw. Gerichtssprache im verwaltungsgerichtlichen Verfahren (§ 55 i.V.m. § 184 GVG) ist. Allerdings sind Sprachschwierigkeiten ggf. im Rahmen einer Wiedereinsetzung in den vorigen Stand nach § 60 zu berücksichtigen (BVerwG NJW 1978, 1988; ausführlich NKVwGO § 58 Rn. 43 ff.; → § 60 Rn. 11). Eine fehlerhafte Rechtsbehelfsbelehrung kann nachträglich **berichtigt** werden. Die Rechtsbehelfsfrist beginnt dann mit Zustellung der berichtigten bzw. nachgeholten Belehrung (B/F-K/vA § 58 Rn. 16). Ist die Entscheidung mit der Rechtsbehelfsbelehrung zu verbinden, so ist die Zustellung insgesamt zu wiederholen (nach B/F-K/vA § 58 Rn. 16 soll dies nur im Fall der unterbliebenen Rechtsbehelfsbelehrung erforderlich sein).

II. Rechtsfolgen fehlender oder unrichtiger Rechtsbehelfsbelehrungen

Ist die Belehrung unterblieben oder unrichtig erteilt, beginnt die Frist für das Rechtsmittel oder einen anderen Rechtsbehelf nicht zu laufen (§ 58 I). Die Einlegung des Rechtsbehelfs ist allerdings nur **innerhalb eines Jahres** seit Zustellung, Eröffnung oder Verkündung zulässig (§ 58 II). Fehlt es an der wirksamen Zustellung, Eröffnung oder Verkündung der Entscheidung, läuft die Jahresfrist nicht; die äußere Grenze für die Einlegung eines Rechtsbehelfs bildet dann die **Verwirkung** (BVerwG NJW 1988, 1806; BVerwGE 44, 294, 300; B/F-K/vA § 58 Rn. 18; → § 70 Rn. 4 f.). Die Rechtsfolgen einer unterbliebenen Belehrung sind in § 58 abschließend geregelt (BVerwGE 95, 321); weitergehende Schlüsse (wie die Entbehrlichkeit eines Vorverfahrens bei Nichtbelehrung über den Widerspruch) dürfen aus dem Unterbleiben nicht gezogen werden. **11**

Im Fall der unrichtigen **Belehrung, dass kein Rechtsbehelf gegeben ist**, wird die Frist nach § 58 II nicht in Gang gesetzt wie in § 58 II 1 a.E ausdrücklich bestimmt ist. Entsprechendes gilt, wenn über den falschen Rechtsbehelf belehrt wird (BVerwGE 71, 359; 77, 181). **12**

Wenn die Einhaltung der Jahresfrist wegen **höherer Gewalt** unmöglich war, kann gemäß § 58 II 1 und 2 entsprechend § 60 II VwGO Wiedereinsetzung in den vorigen Stand gewährt werden. Höhere Gewalt ist ein Ereignis, das unter den gegebenen Umständen auch durch die größte, nach den Umständen des gegebenen Falles vernünftigerweise von dem Betroffenen unter Anlegung subjektiver Maßstäbe hinsichtlich seiner Lage, Erfahrung und Bildung zu erwartende und zumutbare Sorgfalt nicht abgewendet werden konnte (BVerwG NJW 1986, 207; NVwZ 1987, 605). Höhere Gewalt in diesem Sinne kommt auch bei Unkenntnis des VA in Betracht (NKVwGO § 58 Rn. 81). **13**

§ 59 [Belehrungspflicht der Bundesbehörden]

Erläßt eine Bundesbehörde einen schriftlichen oder elektronischen Verwaltungsakt, der der Anfechtung unterliegt, so ist eine Erklärung beizufügen, durch die der Beteiligte über den Rechtsbehelf, der gegen den Verwaltungsakt gegeben ist, über die Stelle, bei der der Rechtsbehelf einzulegen ist, und über die Frist belehrt wird.

§ 59 normiert eine Pflicht zur Rechtsbehelfsbelehrung (→ § 58 Rn. 1) bei VA von Bundesbehörden. Die Vorschrift betrifft nicht bundesunmittelbare Körperschaften, Anstalten und Stiftungen des öffentlichen Recht, wie sich aus einem Vergleich mit § 62 Nr. 2 ergibt (BVerwG Buchh 321 § 21 BVerwGG Nr. 1; BeckOK VwGO § 59 Rn. 1). **1**

Die Belehrungspflicht gilt nur für schriftliche und elektronische VA, die der Anfechtung unterliegen. Diese Voraussetzung ist nach richtiger Auffassung nicht nur er- **2** füllt, wenn gegen einen belastenden Verwaltungsakt die Anfechtungsklage gegeben ist, sondern auch im Fall der Verpflichtungsklage (KS § 59 Rn. 3; B/F-K/vA § 59 Rn. 3). Hinsichtlich des Inhalts der Rechtsbehelfsbelehrung und der Folgen einer unterbliebenen Belehrung gilt das zu § 58 Gesagte (→ § 58 Rn. 2 ff.).

§ 60 [Wiedereinsetzung]

(1) **Wenn jemand ohne Verschulden verhindert war, eine gesetzliche Frist einzuhalten, so ist ihm auf Antrag Wiedereinsetzung in den vorigen Stand zu gewähren.**

(2) ¹**Der Antrag ist binnen zwei Wochen nach Wegfall des Hindernisses zu stellen; bei Versäumung der Frist zur Begründung der Berufung, des Antrags auf Zulassung der Berufung, der Revision, der Nichtzulassungsbeschwerde oder der Beschwerde beträgt die Frist einen Monat.** ²**Die Tatsachen zur Begründung des Antrags sind bei der Antragstellung oder im Verfahren über den Antrag glaubhaft zu machen.** ³**Innerhalb der Antragsfrist ist die versäumte Rechtshandlung nachzuholen.** ⁴**Ist dies geschehen, so kann die Wiedereinsetzung auch ohne Antrag gewährt werden.**

(3) **Nach einem Jahr seit dem Ende der versäumten Frist ist der Antrag unzulässig, außer wenn der Antrag vor Ablauf der Jahresfrist infolge höherer Gewalt unmöglich war.**

(4) **Über den Wiedereinsetzungsantrag entscheidet das Gericht, das über die versäumte Rechtshandlung zu befinden hat.**

(5) **Die Wiedereinsetzung ist unanfechtbar.**

1 § 60 regelt für den Anwendungsbereich der VwGO die Wiedereinsetzung in den vorigen Stand. Die Vorschrift bezweckt einen Ausgleich zwischen den Prinzipien der **Rechtssicherheit** und des Rechtsfriedens einerseits und den Grundsätzen der **materiellen Gerechtigkeit**, der Gewährung rechtlichen Gehörs sowie effektiven Rechtsschutzes andererseits (vgl. etwa KS § 60 Rn. 1; B/F-K/vA § 60 Rn. 1).

I. Anwendungsbereich

2 § 60 findet Anwendung auf **gesetzliche Fristen**, vor allem auf die in der VwGO oder in Spezialgesetzen geregelten Fristen für die Einlegung und Begründung von Rechtsbehelfen. Keine Anwendung findet § 60 allerdings auf sog. Ausschlussfristen, so insbesondere die Fristen nach §§ 58 II und 60 III, 47 II 1, aber auch nach §§ 92 II 1, 126 II 1, 152a II 1 (KS § 60 Rn. 4) sowie nach § 81 AsylVfG (BVerwG NVwZ 1987, 605 zur inhaltsgleichen Vorgängervorschrift § 33 AsylVfG a.F.; NKVwGO § 60 Rn. 23). Bei Ausschlussfristen kommt Wiedereinsetzung nur in Fällen höherer Gewalt in Betracht (§§ 58 II, 60 III unmittelbar oder analog; vgl. etwa NKVwGO § 60 Rn. 23; BeckOK VwGO § 60 Rn. 2).

3 § 60 gilt auch nicht für **materiell-rechtliche Ausschlussfristen** (vgl. BVerwG NVwZ 1994, 575). Eine Wiedereinsetzung in solche Fristen ist nur dann möglich, wenn das einschlägige materielle Recht eine solche Möglichkeit ausdrücklich vorsieht (BVerwG NVwZ 1988, 1128; 1994, 575; kritisch etwa NKVwGO § 60 Rn. 24).

4 Auch **richterliche Fristen** unterfallen nicht § 60 (KS § 60 Rn. 5; BeckOK VwGO, § 60 Rn. 4). Eine Ausnahme hiervon enthält § 82 II 3. Im Übrigen ist bei rich-

Wiedereinsetzung **§ 60**

terlichen Fristen und Terminen dem Gehörsgrundsatz in anderer Weise Rechnung zu tragen, etwa durch die Verlängerung einer Frist oder die Wiedereröffnung einer mündlichen Verhandlung.

Auch auf **zwischen den Beteiligten vereinbarte Fristen**, etwa für den Widerruf eines Prozessvergleichs, gilt § 60 VwGO nicht (BVerwG NJW 1980, 1752, 1753). Bei der **Widerspruchsfrist** ist zu beachten, dass nach der in § 70 II enthaltenen Verweisung § 60 V keine Anwendung findet. 5

II. Wiedereinsetzungsvoraussetzungen

1. Fristversäumung

Grundsätzlich ist zunächst zu prüfen, ob eine Fristversäumung tatsächlich vorliegt. Ausnahmsweise kann eine Wiedereinsetzung auch dann gewährt werden, wenn die Feststellung der Fristwahrung mit erheblichen Schwierigkeiten verbunden wäre (BVerwG BayVBl. 1970, 223). 6

2. Verhinderung

Eine Verhinderung liegt vor, wenn die Fristwahrung für den Betroffenen entweder unmöglich oder unzumutbar erschwert war (KS § 60 Rn. 8). Dies können sowohl Umstände der Außenwelt als auch subjektive Gründe sein, wie z. B. Krankheit, Unkenntnis vom Fristbeginn o. ä. (NKVwGO § 60 Rn. 37). Als Hinderungsgrund kommt auch die Mittellosigkeit des Säumigen in Betracht (→ Rn. 13). 7

3. Ohne Verschulden

Eine Wiedereinsetzung ist ausgeschlossen, wenn der Betroffene die Frist **vorsätzlich oder fahrlässig** versäumt hat. Fahrlässigkeit liegt vor, wenn der Beteiligte diejenige Sorgfalt außer Acht lässt, die für einen gewissenhaften und seine Rechte und Pflichten sachgemäß wahrnehmenden Prozessführenden geboten ist und ihm nach den gesamten Umständen des konkreten Falles zuzumuten war (BVerwGE 50, 248, 254). Dieser Verschuldensmaßstab enthält sowohl objektive wie subjektive Elemente (B/F-K/vA § 60 Rn. 2; vgl. NKVwGO § 60 Rn. 42: „gemäßigt subjektiver Fahrlässigkeitsmaßstab"). Danach sind an einen Fachmann grundsätzlich höhere Anforderungen zu stellen als an einen juristischen Laien (BVerwGE 49, 252, 255). 8

Das Verschulden eines gesetzlichen Vertreters ist dem Beteiligten nach § 173 i. V. m. § 51 II ZPO zuzurechnen (BVerwG Buchh 310 § 60 VwGO Nr. 171). Die **Zurechnung** des Verschuldens eines Bevollmächtigten erfolgt gemäß § 173 i. V. m. § 85 II ZPO. Diese Zurechnung ist auch im Bereich des Asylverfahrensrechts nicht zu beanstanden (BVerfG NVwZ 2000, 907). Bevollmächtigter im Sinne von § 85 II ZPO ist jeder rechtsgeschäftlich bestellte Vertreter, der in eigenverantwortlicher Weise für den Beteiligten in einem Rechtsstreit tätig wird (BGH VersR 1984, 239; NKVwGO § 60 Rn. 46). Beim angestellten Anwalt oder sonstigen juristischen Mitarbeitern eines Anwalts handelt es sich um Bevollmächtigte, wenn der Mitarbeiter die Sache selbständig zu bearbeiten hat, nicht aber, wenn ihm lediglich reine Hilfstätigkeiten übertragen sind oder wenn er in der Sachbearbeitung nur vorbereitende Funktionen hat, die Entscheidung aber dem bevollmächtigten Anwalt vorbehalten bleiben (vgl. etwa BVerwG Buchh 310 § 60 VwGO Nr. 144). Eine Zurechnung des 9

Verschuldens von Hilfspersonen, wie sie etwa in § 278 BGB vorgesehen ist, findet im Prozessrecht nicht statt (vgl. für Hilfspersonen eines Anwalts BVerwG NJW 1992, 63).

4. Kausalität

10 Die Fristversäumung muss auf dem unverschuldeten Hindernis beruhen (BeckOK VwGO § 60 Rn. 24). Diese Voraussetzung ist regelmäßig erfüllt, wenn der Beteiligte bei gewöhnlichem Verlauf die Frist gewahrt hätte, wenn das unverschuldete Hindernis hinweggedacht wird.

5. Einzelfälle

11 Wiedereinsetzung kommt etwa bei **unverschuldeter Unkenntnis vom Fristbeginn** in Betracht, etwa dann, wenn eine dritte Person, die nicht Bevollmächtigter des Betroffenen ist, eine Briefsendung in Empfang genommen und nicht weitergegeben hat (BVerwGE 44, 108; NRWOVG, NJW 1995, 2508; KS § 60 Rn. 10). Kein Verschulden liegt regelmäßig bei Abwesenheit wegen **Urlaubs** oder einer Geschäftsreise vor; anderes gilt bei längerer Abwesenheit (mehr als sechs Wochen) oder dem Vorliegen besonderer Umstände, etwa dann, wenn mit der Zustellung einer Entscheidung im vorläufigen Rechtsschutzverfahren gerechnet werden musste (KS § 60 Rn. 10) Eine unverschuldete Unkenntnis liegt hingegen nicht vor, wenn der Beteiligte seinem Prozessbevollmächtigten eine **Anschriftsänderung** nicht mitteilt und infolge dessen eine Frist versäumt wird (KS § 60 Rn. 10). Verschulden liegt auch bei einem der deutschen Sprache nicht mächtigen Ausländer vor, der sich nicht rechtzeitig um eine **Übersetzung** des ihm zugestellten Schriftstücks bemüht hat (BVerwG Buchholz 310 § 60 VwGO Nr. 123). **Rechtsunkenntnis** kann die Fristversäumnis grundsätzlich nicht entschuldigen; der Betroffene hat sich in geeigneter, zuverlässiger Weise zu informieren.

12 Eine **Erkrankung** kann einen Wiedereinsetzungsgrund ergeben, wenn sie so schwer war, dass der Beteiligte infolge dessen gehindert war, die gebotene Handlung selbst oder durch einen Bevollmächtigten vornehmen zu lassen (BVerwG Buchholz 310 § 60 VwGO Nr. 185). Auf die von der Post erteilten Auskünfte über **Postlaufzeiten** darf der Verfahrensbeteiligte grundsätzlich vertrauen (BVerwG Buchholz 310 § 60 Nr. 166). Die ausreichende Adressierung eines Schriftstücks und die genügende Frankierung fällt hingegen in den Verantwortungsbereich des Beteiligten. Beim **Telefax** muss die ordnungsgemäße Absendung anhand des Sendeberichts kontrolliert und darauf überprüft werden, ob die richtige Empfängernummer eingegeben wurde (BVerwG NJW 2008, 932) und ob die Zahl der übermittelten Seiten zutrifft (BayVGH NJW 2006, 169). Bei der Übermittlung im Wege des **elektronischen Rechtsverkehrs** muss sich der Beteiligte anhand der Eingangsbestätigung über den erfolgreichen Abschluss des Schriftverkehrs vergewissern (RhPfOVG NJW 2007, 3224).

13 Wiedereinsetzung ist zu gewähren, wenn der Beteiligte die gerichtliche Entscheidung über einen vor Ablauf der Frist ordnungsgemäß gestellten **PKH-Antrag** abwartet. Das der Fristwahrung entgegen stehende Hindernis entfällt mit der Zustellung der Prozesskostenhilfe bewilligenden Entscheidung. Im Falle der Ablehnung des Antrages ist die Fristversäumnis entschuldigt, wenn die Ablehnung entweder aufgrund fehlender Erfolgsaussicht beruht (BGH NJW 1993, 733) oder der Betroffene vernünftigerweise mit einer Ablehnung wegen fehlender Bedürftigkeit nicht rechnen musste (BVerwG Buchh 310 § 60 VwGO Nr. 147; BGH NJW 1993, 733). In gerichtskostenfreien Verfahren nach § 188 S. 2 ist es den Beteiligten dagegen grundsätzlich zumutbar, den Rechtsbehelf gleich einzulegen. Unterliegt die vorzunehmende Prozesshandlung allerdings dem Vertretungszwang nach § 67 IV, kommt eine Wiedereinsetzung wegen der in diesem Fall notwendig entstehenden Anwaltsgebühren in Betracht (vgl. etwa BWVGH NJW 1986, 2270).

Das **Verschulden eines Rechtsanwalts** ist gegeben, wenn dieser die übliche 14 Sorgfalt eines ordentlichen Anwalts nicht angewandt hat (BayVGH NJW 1993, 1732). Die Bearbeitung einfacher, regelmäßig vorkommender prozessualer Fristen kann dem Büropersonal überlassen werden (BVerwG NJW 1982, 2458). Für Rechtsmittelbegründungsfristen soll dies nicht gelten (NRWOVG NVwZ-RR 2004, 221). Der Anwalt muss die ordnungsgemäße Führung eines Fristenbuchs oder eines Fristenkalenders sicherstellen, wobei bei aufwendigeren Schriftsätzen eine Vorfrist zu vermerken ist (BGH NJW 1994, 2551; NJW 1994, 2831). Die zulässige Übertragung von Aufgaben an Hilfspersonen entlastet den Rechtsanwalt immer nur dann, wenn er die Mitarbeiter sorgfältig ausgesucht, angeleitet und überwacht hat (KS § 60 Rn. 21). Der Anwalt muss auch gewährleisten, dass Mitteilungen den Mandanten rechtzeitig erreichen; hierzu hat er gegebenenfalls auch mehrere Benachrichtigungsversuche zu unternehmen (BVerwGE 66, 240). Arbeitsüberlastung eines Rechtsanwalts ist nur dann Grund für eine Wiedereinsetzung, wenn sie unvorhersehbar war und nach den Umständen des Falles Abhilfe nicht möglich war (KS § 60 Rn. 20). Bei **Fristversäumnis einer Behörde** gelten sinngemäß die für Rechtsanwälte entwickelten Grundsätze (BeckOK VwGO § 60 Rn. 23).

III. Verfahren

1. Antrag

§ 60 I setzt grundsätzlich einen **Antrag** voraus. Eine Ausnahme sieht § 60 II 4 für 15 den Fall vor, dass der Beteiligte die versäumte Rechtshandlung innerhalb der Antragsfrist nachgeholt hat. Die Wiedereinsetzungsgründe müssen dem Gericht jedoch innerhalb der Wiedereinsetzungsfrist mitgeteilt oder ohne weiteres erkennbar geworden sein (etwa am Poststempel erkennbare Laufzeit eines Schriftsatzes, BVerwG BayVBl. 1989, 122,). Ermessen räumt § 60 IV 2 nicht ein (KS § 60 Rn. 17, BeckOK VwGO § 60 Rn. 28). Der Antrag ist auch nach Entscheidung über den Rechtsbehelf noch statthaft; mit der Gewährung der Wiedereinsetzung wird die den Rechtsbehelf als unzulässig verwerfende Entscheidung gegenstandslos, sofern sie sich ausschließlich auf die Verspätung stützt (BVerwG NJW 1990, 1806). Die **Form des Antrage**s richtet sich nach den Vorschriften, die für die versäumte Prozesshandlung gelten (§ 173 i. V. m. § 236 I ZPO).

Der Antrag ist nach § 60 II 1 **binnen zwei Wochen nach Wegfall des Hin-** 16 **dernisses** zu stellen; bei Versäumung der Frist zur Begründung der Berufung, des Antrags auf Zulassung der Berufung, der Revision, der Nichtzulassungsbeschwerde oder der Beschwerde beträgt die Frist einen Monat. Nach einem Jahr seit dem Ende der versäumten Frist ist der Antrag unzulässig, außer wenn der Antrag vor Ablauf der Jahresfrist infolge höherer Gewalt (→§ 58 Rn. 13) unmöglich war (§ 60 III). Die Ausschlussfrist des § 60 III findet keine Anwendung, wenn die Ursache der Fristversäumnis in der Sphäre des Gerichts liegt, etwa weil über einen PKH-Antrag nicht innerhalb der Jahresfrist entschieden worden ist (BVerwG Buchh 310 § 60 VwGO Nr. 177).

Innerhalb der Antragsfrist sind zugleich die den Wiedereinsetzungsantrag begrün- 17 denden Tatsachen darzulegen, es sei denn, sie sind offenkundig (BVerwG 49, 252,

254). Eine nachträgliche Ergänzung oder Erläuterung fristgerecht vorgetragener Tatsachen ist zulässig, nicht jedoch das Nachschieben neuer Gründe (BVerwG DÖV 1981, 636; Buchholz 310 § 60 VwGO Nr. 126). Die von § 60 II 2 erforderte Glaubhaftmachung der für die Wiedereinsetzung erheblichen Tatsachen kann allerdings nach Ablauf der Antragsfrist geschehen, selbst noch in der Rechtsmittelinstanz (BVerwG DÖV 1981, 636).

2. Nachholen der versäumten Prozesshandlung

18 Gemäß II 3 ist innerhalb der Antragsfrist auch die versäumte Rechtshandlung nachzuholen. Gegebenenfalls ist der Wiedereinsetzungsantrag so auszulegen, dass darin zugleich die nachzuholende Prozesshandlung liegt (KS § 60 Rn. 33). Einer Nachholung bedarf es nicht, wenn die Prozesshandlung bereits vor Stellung des Antrages auf Wiedereinsetzung vorgenommen wurde (BGH NJW 2000, 3286).

3. Entscheidung des Gerichts

19 Da II 2 lediglich Glaubhaftmachung der für die Wiedereinsetzung erheblichen Tatsachen verlangt, erfordert die stattgebende Entscheidung nicht den vollen Beweis, sondern lediglich den Nachweis einer **überwiegenden Wahrscheinlichkeit der maßgeblichen Umstände**. Bleibt offen, ob die Fristversäumnis verschuldet war, ist eine Wiedereinsetzung nicht möglich (BGH NJW 1996, 319). Die übrigen Beteiligten sind zu Fragen der Wiedereinsetzung zu hören (KS § 60 Rn. 36). Über die Wiedereinsetzung muss – jedenfalls im gerichtlichen Verfahren – ausdrücklich, wenn auch nicht notwendig im Tenor, entschieden werden (BVerwGE 59, 302, 308; NVwZ-RR 1995, 232). Im isolierten Vorabverfahren (§ 173 i.V.m. § 238 I 2 ZPO) ist dem Wiedereinsetzungsantrag durch Zwischenurteil (§ 109) stattzugeben nicht durch Beschluss (BVerwGE 74, 289, 290; ThP § 238 Rn. 7). Kosten, die durch einen Antrag auf Wiedereinsetzung in den vorigen Stand entstehen, trägt gemäß § 155 III der Antragsteller (→ § 155 Rn. 16).

20 Wird Wiedereinsetzung gewährt, ist die Entscheidung gemäß V unanfechtbar und für die nachfolgenden Instanzen **bindend** (BVerwGE 57, 354, 356). Dies gilt nicht beim Widerspruchsbescheid wegen § 70 II. Eine Wiedereinsetzung versagende Entscheidung kann mit dem für die jeweilige Entscheidung vorgesehenen Rechtsmittel grundsätzlich angefochten werden.

§ 61 [Beteiligungsfähigkeit]

Fähig, am Verfahren beteiligt zu sein, sind
1. **natürliche und juristische Personen,**
2. **Vereinigungen, soweit ihnen ein Recht zustehen kann,**
3. **Behörden, sofern das Landesrecht dies bestimmt.**

1 § 61 regelt die Beteiligtenfähigkeit im verwaltungsgerichtlichen Verfahren. Dabei entspricht Nr. 1 der **Prozessfähigkeit** nach § 50 I ZPO. Nrn. 2 und 3 enthalten hingegen besondere Regelungen.

2 Die Beteiligtenfähigkeit ist **Sachentscheidungsvoraussetzung**. Sie ist in jedem Stadium des Verfahrens zu überprüfen (NKVwGO § 61 Rn. 7). Ist im Zeitpunkt der mündlichen Verhandlung der Kläger oder Beklagte nicht beteiligtfähig, ist die Klage als unzulässig abzuweisen. Entfällt die Beteiligtenfähigkeit im Laufe des Verfahrens

(Tod einer natürlichen Person, Auflösung einer juristischen Person), gelten § 173, §§ 239 ff. ZPO. Im Streit um die Beteiligungsfähigkeit ist der betroffene Beteiligte beteiligtenfähig (BVerwGE 100, 266; 13, 174).

I. Beteiligtenfähigkeit nach § 61 Nr. 1

Nach § 61 Nr. 1 sind **natürliche und juristische Personen** beteiligtenfähig. Das 3 bereits gezeugte, aber nicht geborene Kind ist keine natürliche Person und deshalb nicht beteiligtenfähig (BVerwG NJW 1992, 1542). Als juristische Person des öffentlichen Rechts kommen neben dem Bund, den Ländern und den Gemeinden alle sonstigen rechtsfähigen Körperschaften des öffentlichen Rechts sowie rechtsfähige Anstalten und Stiftungen in Betracht. Bei **ausländischen juristischen Personen** beurteilt sich ihre Beteiligtenrolle grundsätzlich nach dem Recht des Staates, in dem sich der tatsächliche Sitz der Verwaltung befindet („Sitztheorie", vgl. etwa OLG München NJW 1986, 2197). Innerhalb der EU soll es dagegen darauf ankommen, wo die juristische Person gegründet worden ist (EuGH NJW 2002, 3614; BeckOK VwGO § 61 Rn. 6; KS § 61 Rn. 6).

Nach zutreffender Ansicht findet § 61 Nr. 1 auch auf solche Personenmehrheiten 4 Anwendung, die durch Gesetz oder Gewohnheitsrecht **den juristischen Personen gleichgestellt** sind (vgl. NKVwGO § 61 Rn. 24). Dazu zählen wegen §§ 124, 161 II HGB OHG und KG, wegen § 493 HGB die Reederei, gemäß § 3 PartG Parteien sowie ihre Gebietsverbände auf der jeweils höchsten Stufe, Gewerkschaften und die sonstigen Tarifvertragsparteien (vgl. BGHZ 50, 325; 109, 17) sowie die BGB-Gesellschaft (vgl. BGHZ 146, 341). Andernfalls ergibt sich die Beteiligtenfähigkeit dieser Personenmehrheiten aus § 61 Nr. 2. Nach § 61 Nr. 1 können auch Organe oder Amtswalter beteiligungsfähig sein, denen personale, wenn auch über das Amtswalterverhältnis oder die Organstellung vermittelte Rechtspositionen zustehen, z.B. Frauenvertreterin nach den Gleichstellungsgesetzen (BVerwG Buch 310 § 40 VwGO Nr. 179; Buchh 300 § 21a GVG Nr. 2).

II. Beteiligungsfähigkeit nach § 61 I Nr. 2

Nach § 61 Nr. 2 sind **Vereinigungen** beteiligtenfähig, soweit ihnen ein Recht zu- 5 stehen kann. Gemeint sind nur nicht rechtsfähige Personenvereinigungen. Die Vereinigung muss sich durch ein Mindestmaß an Organisation auszeichnen (BVerwG NVwZ 2004, 887). Als **Recht i.S. von § 61 Nr. 2** kommt nur ein subjektiv öffentliches Recht in Betracht. Unterschiedlich wird beurteilt, ob es darauf ankommt, dass der Vereinigung überhaupt ein entsprechendes Recht zustehen kann oder ob es ihr im Hinblick auf den konkreten Rechtsstreit zukommt (in diesem Sinne die wohl überwiegende Meinung, vgl. etwa BayVGH BayVBl. 1980, 245; B/F-K/vA § 61 Rn. 9). Legt man eine abstrakte Betrachtung zugrunde, ist die Frage, ob der Vereinigung ein Recht gerade mit Blick auf den Streitgegenstand des jeweiligen Rechtsstreits zustehen kann, im Rahmen der Klagebefugnis zu prüfen (vgl. NKVwGO § 61 Rn. 129 unter Berufung auf BVerwGE 90, 304, 305).

Als beteiligungsfähig nach Nr. 2 sind etwa angesehen worden: Der **nicht rechts-** 6 **fähige Verein** (BVerwG DÖV 1984, 940), **die Fakultät** einer Universität (BVerwG NVwZ 1985, 654), **das Präsidium eines Gerichts** (BVerwGE 44, 172), ein Personalrat (BverwGE 5, 293, 302) sowie eine als **nicht rechtsfähige Genossenschaft** organisierte Wassergemeinschaft (BVerwG NVwZ-RR 1998, 90).

§ 62 Teil II. Verfahren

7   Die Beteiligtenfähigkeit im **Organstreitverfahren** ergibt sich in unmittelbarer oder entsprechender Anwendung des § 61 Nr. 2. Rechte i.S. von § 61 Nr. 2 sind dabei die dem Organ oder dem Organteil eingeräumten Rechte und Befugnisse (vgl. etwa NRWOVG NVwZ 1983, 485). Organ ist auch die **Fraktion** eines kommunalen Rates; sie verliert aber mit dem Ablauf der Wahlperiode ihre Existenz und ist dann nicht mehr beteiligungsfähig (RhPfOVG DVBl 2010, 526 Ls.). § 61 Nr. 2 soll unmittelbar oder entsprechend auch anwendbar sein, wenn Beteiligter ein „Ein-Mann-Organ" oder ein einzelnes Organmitglied ist (vgl. NRWOVG NVwZ 1983, 485; NKVwGO, § 61 Rn. 38 ff.); richtiger erscheint es, l in den beiden letztgenannten Fällen § 61 Nr. 1 anzuwenden (vgl. B/F-K/vA § 61 Rn. 5; → Rn. 2).

III. Beteiligtenfähigkeit nach § 61 Nr. 3

8   Nach § 61 Nr. 3 sind **Behörden** beteiligungsfähig, soweit das Landesrecht dies bestimmt. Von dieser Möglichkeit haben einige Länder, u.a. NRW (§ 5 I AGVwGO, gültig allerdings nur noch bis zum 31.12. 2010), Gebrauch gemacht. Die Behörden handeln dann kraft Gesetzes als **Prozessstandschafter** der Körperschaft, der sie angehören (BVerwGE 45, 207; KS § 61 Rn. 13). § 61 Nr. 3 schließt es nicht aus, dass durch Bundesgesetz nach Art. 74 I Nr. 1 GG auch Bundesbehörden für beteiligungsfähig erklärt werden (NKVwGO § 61 Rn. 33). Behörden i.S. von Nr. 3 sind – nach dem eigenständigen Begriff der VwGO – solche Stellen, die durch organisationsrechtliche Rechtssätze gebildet, vom Wechsel des Amtsinhabers unabhängig und nach einer Zuständigkeitsregelung berufen sind, unter eigenem Namen für den Staat oder einen anderen Träger öffentlicher Verwaltung Aufgaben der öffentlichen Verwaltung wahrzunehmen (S/S-A/P § 61 Rn. 8).

§ 62 [Prozessfähigkeit]

(1) Fähig zur Vornahme von Verfahrenshandlungen sind
1. die nach bürgerlichem Recht Geschäftsfähigen,
2. die nach bürgerlichem Recht in der Geschäftsfähigkeit Beschränkten, soweit sie durch Vorschriften des bürgerlichen oder öffentlichen Rechts für den Gegenstand des Verfahrens als geschäftsfähig anerkannt sind.

(2) Betrifft ein Einwilligungsvorbehalt nach § 1903 des Bürgerlichen Gesetzbuchs den Gegenstand des Verfahrens, so ist ein geschäftsfähiger Betreuter nur insoweit zur Vornahme von Verfahrenshandlungen fähig, als er nach den Vorschriften des bürgerlichen Rechts ohne Einwilligung des Betreuers handeln kann oder durch Vorschriften des öffentlichen Rechts als handlungsfähig anerkannt ist.

(3) Für Vereinigungen sowie für Behörden handeln ihre gesetzlichen Vertreter und Vorstände.

(4) §§ 53 bis 58 der Zivilprozeßordnung gelten entsprechend.

1   § 62 regelt die Fähigkeit zur Vornahme von Verfahrenshandlungen (**Prozessfähigkeit**). Die Prozessfähigkeit ist in jeder Lage des Verfahrens von Amts wegen zu prüfen (BVerwG Buchh 310 § 62 Nr. 16).

2   Prozesshandlungen von Prozessunfähigen sind unwirksam, können aber als nachholbare SEV (→ vor § 40 Rn. 8) durch **Genehmigung** des gesetzlichen Vertreters

Prozessfähigkeit §62

bis zur Entscheidung des Gerichts geheilt werden. Als Genehmigung ist auch die rügelose Fortsetzung des Verfahrens durch den gesetzlichen Vertreter anzusehen (BeckOK VwGO § 62 Rn. 4; KS § 62 Rn. 17).

Ist zum maßgeblichen Zeitpunkt der gerichtlichen Entscheidung der Kläger oder der Beklagte prozessunfähig, ohne dass ein gesetzlicher Vertreter vorhanden oder ein Prozesspfleger (§ 62 IV i. V. m. § 57 ZPO) bestellt ist, so ist die **Klage unzulässig** (BVerwG Buchh 310 § 62 VwGO Nr. 27; NRWOVG, Beschl. v. 16.12. 2008 – 6 A 670/06; KS § 62 Rn. 16). Entfällt die Prozessfähigkeit im Laufe des Verfahrens, tritt Unterbrechung gemäß § 173, § 241 ZPO ein. Im Streit um seine Prozessfähigkeit ist der Beteiligte als prozessfähig zu behandeln (BGH NJW 1990, 1734). 3

§ 62 I regelt die Prozessfähigkeit im Anschluss an die Vorschriften des Bürgerlichen Rechts für die **Geschäftsfähigkeit** (§§ 104 ff. BGB). Ohne Einholung eines Sachverständigengutachtens kann das Gericht über die Frage der Prozessunfähigkeit natürlicher Personen gemäß § 61 I Nr. 1, § 104 Nr. 2 BGB entscheiden, wenn die maßgeblichen Umstände auch einem medizinisch vorgebildeten Laien den eindeutigen Schluss gestatten, dass ein Beteiligter prozessunfähig ist, weil der Sachvortrag auf krankhaften Wahnvorstellungen beruht (BVerwG Buchh 310 § 62 VwGO Nr. 11). Zumeist wird allerdings die Einholung eines Sachverständigengutachtens erforderlich sein (B/F-K/vA § 62 Rn. 3). 4

§ 61 I Nr. 2 regelt die **partielle Prozessfähigkeit** insbesondere in den Fällen der §§ 112 und 113 BGB sowie aufgrund öffentlich-rechtlicher Vorschriften. So besteht eine gegenständliche beschränkte Prozessfähigkeit etwa nach § 5 RelKErzG für Minderjährige mit Vollendung des 14. Lebensjahres für die Entscheidung über das Religionsbekenntnis (BVerwG NJW 1983, 2385), für Minderjährige in Wehrdienstangelegenheiten (BVerwGE 7, 66) sowie für minderjährige Ausländer mit Vollendung des 16. Lebensjahres in Ausländer- oder Asylangelegenheiten gemäß § 80 I AufenthaltsG, § 12 I AsylVfG. 5

Wird für eine Person nach den §§ 1896 ff. BGB ein **Betreuer** bestellt, berührt dies grundsätzlich nicht ihre Geschäfts- und Prozessfähigkeit. Etwas anderes gilt erst bei Anordnung eines Einwilligungsvorbehalts nach § 1903 BGB, soweit der Prozessgegenstand dem Einwilligungsvorbehalt unterfällt. Die Prozesshandlung des Betreuten ist in diesen Fällen grundsätzlich von der Einwilligung des Betreuers abhängig. § 62 II bestimmt insoweit eine Ausnahme, als der Betreute nach den Vorschriften des Bürgerlichen Rechts ohne Einwilligung des Betreuers handeln kann oder durch Vorschriften des öffentlichen Rechts als handlungsfähig anerkannt ist. Als Vorschriften des Bürgerlichen Rechts kommen insoweit insbesondere § 1903 I 2 BGB i. V. m. § 112, 113 BGB, § 1903 III 1 BGB (lediglich rechtlich vorteilhafte Handlungen) sowie § 1903 III 2 BGB (geringfügige Angelegenheiten des täglichen Lebens) in Betracht. Soweit Prozesshandlungen mit Kostenrisiken verbunden sind, scheidet die Anwendung von § 1903 III 1 BGB aus (BVerwG Buchh 310 § 62 VwGO Nr. 24). Als öffentlich-rechtliche Vorschriften i. S. v. § 62 II kommen im Hinblick auf § 1903 I 2 BGB auch solche Normen in Betracht, die beschränkt geschäftsfähige Minderjährige als partiell geschäftsfähig anerkennen (KS § 62 Rn. 13). 6

Da **Vereinigungen sowie Behörden** selbst nicht prozessfähig sind, handeln gemäß § 62 III ihre gesetzlichen Vertreter, Vorstände oder besonders Beauftragten. Bei juristischen Personen des öffentlichen Rechts ergeben sich die Vertretungsbefugnisse aus Gesetz, Satzung oder Verwaltungsvorschriften. Behörden – soweit nach § 61 Nr. 3 beteiligungsfähig – werden durch den Behördenvorstand oder durch einen besonders Beauftragten vertreten (B/F-K/vA § 62 Rn. 13). 7

§ 63   Teil II. Verfahren

8   § 62 IV ordnet die **entsprechende Anwendung der §§ 53 bis 58 ZPO** an. § 53 ZPO bestimmt, dass eine an sich prozessfähige Person, die durch einen Betreuer oder Pfleger in einem Rechtsstreit vertreten wird, für diesen Rechtsstreit einer nicht prozessfähigen Person gleichsteht. Damit soll ein mögliches Neben- und Gegeneinander von Prozesshandlungen vermieden werden. § 57 ZPO regelt die Bestellung eines **Prozesspflegers**. Nach der Rechtsprechung des Bundesverwaltungsgerichts ist über den Wortlaut dieser Vorschrift (Gefahr in Verzug) hinaus die Bestellung eines Vertreters auch für den prozessunfähigen Kläger im Bereich der Eingriffsverwaltung erforderlich, wenn die sonstigen Voraussetzungen der Vorschrift erfüllt sind (BVerwG Buchh 310 § 62 VwGO Nr. 14; Buchh 303 § 57 ZPO Nr. 2). Sieht das Gericht von der Bestellung eines Prozesspflegers ab, so hat es einen Hinweis nach § 86 III zu geben, um dem Kläger selbst Gelegenheit zu geben, eine gesetzliche Vertretung im Prozess herbeizuführen (BVerwG, Beschl. v. 10.6. 1994 – 5 B 111.93).

§ 63 [Beteiligte]

Beteiligte am Verfahren sind
1. **der Kläger,**
2. **der Beklagte,**
3. **der Beigeladene (§ 65),**
4. **der Vertreter des Bundesinteresses beim Bundesverwaltungsgericht oder der Vertreter des öffentlichen Interesses, falls er von seiner Beteiligungsbefugnis Gebrauch macht.**

1   § 63 regelt, wer **Beteiligter** im verwaltungsgerichtlichen Verfahren ist. Die VwGO spricht durchgängig von „Beteiligten" und nicht – wie die ZPO – von Parteien. Damit übernimmt sie den Sprachgebrauch der Verwaltungsverfahrensgesetze.

2   § 63 Nr. 1 und 2 sind ergänzend dahin auszulegen, dass neben Kläger und Beklagtem auch Antragsteller und Antragsgegner etwa im Normenkontrollverfahren nach § 47 oder in einstweiligen Rechtsschutzverfahren nach § 80 V, § 123 Beteiligte sein können (NKVwGO § 63 Rn. 2). Im Übrigen ist die Regelung abschließend, es sei denn, das Bundesgesetz sieht die Beteiligung weiterer Personen am Prozess vor, wie etwa § 74 WDO hinsichtlich des Wehrdisziplinaranwalts oder vormals § 6 II AsylVfG für den Bundesbeauftragten für Asylangelegenheiten (B/F-K/vA § 63 Rn. 2).

3   Die Beteiligteneigenschaft nach § 63 ist **keine Sachentscheidungsvoraussetzung**. Das Prozessrechtsverhältnis des Rechtsstreits ist vielmehr unabhängig von der Zulässigkeit der Klage und wird durch Verfahrenshandlungen, wie etwa die Klageeinreichung, Klagezustellung oder den Beiladungsbeschluss begründet (NKVwGO § 63 Rn. 7; → vor § 40 Rn. 4). Der Beteiligtenbegriff in § 63 ist wie im Zivilprozess **formeller Natur**. Beteiligte i.S. von § 63 Nr. 1 und 2 sind diejenigen Personen, von oder gegen welche im eigenen Namen verwaltungsgerichtlicher Rechtsschutz begehrt wird. Die Beteiligtenstellung wird also insoweit durch den Kläger bestimmt, wobei der Beklagte seine Beteiligtenstellung erst durch die vom Gericht entsprechend der vom Kläger getroffenen Bestimmung bewirkten Klagezustellung erhält (NKVwGO § 63 Rn. 8).

4   Kläger und Beklagte sind die **Hauptbeteiligten** des Verwaltungsprozesses. Der Beigeladene nach § 63 Nr. 3 ist als **Dritter** an dem Prozessrechtsverhältnis beteiligt. Seine Beteiligung erfolgt durch die Zustellung des gerichtlichen Beiladungsbeschlus-

Streitgenossenschaft **§ 64**

ses. Ist eine Beiladung unterblieben, ist der Betreffende nicht Beteiligter (BVerwG NVwZ 1991, 871), mit der Folge, dass ihm kein Rechtsmittel zur Verfügung steht (BWVGH NVwZ 1986, 141). Zur Beiladung näher → § 65.

Als weitere Beteiligte kommen nach § 63 Nr. 4 der **Vertreter des Bundesinter-** 5 **esses beim Bundesverwaltungsgericht** (→ § 35 Rn. 4) und der **Vertreter des öffentlichen Interesses** (→ § 36 Rn. 3) in Betracht. Sie werden erst mit der Erklärung, sich am jeweiligen Rechtsstreit zu beteiligen, Verfahrensbeteiligte.

Kein Beteiligter ist der **vollmachtlose Vertreter**, auch wenn er die Kosten der 6 Prozessführung zu tragen hat (→ vor § 154 Rn. 8). Er hat nicht für sich gehandelt, sondern in fremdem Namen und wird nicht dadurch Partei, dass ihm die Vertretungsmacht fehlt. Der angeblich Vertretene ist in der Konsequenz im Rubrum der Entscheidung als Beteiligter aufzuführen (stRspr., BVerwG Buchh 310 § 67 VwGO Nr. 39; →§ 67 Rn. 22).

§ 64 [Streitgenossenschaft]

Die Vorschriften der §§ 59 bis 63 der Zivilprozeßordnung über die Streitgenossenschaft sind entsprechend anzuwenden.

Nach § 64 sind die §§ 59 bis 63 ZPO in Fällen der **subjektiven Klagehäufung** ent- 1 sprechend anwendbar (zur objektiven Klagehäufung → § 44 Rn. 1 ff.). Die Streitgenossenschaft kann sowohl auf Kläger- als auch auf Beklagtenseite stehen. Streitgenossen sind – anders als der Beigeladene – stets Hauptbeteiligte nach § 63 Nr. 1 und 2.

I. Einfache Streitgenossenschaft

Eine einfache Streitgenossenschaft ist nach §§ 59 und 60 ZPO zulässig, wenn meh- 2 rere Personen hinsichtlich des Streitgegenstandes in Rechtsgemeinschaft stehen (§ 59 Alt. 1 ZPO), wenn sie aus demselben tatsächlichen und rechtlichen Grund berechtigt oder verpflichtet sind (§ 59 Alt. 2 ZPO) oder wenn gleichartige und auf einem im Wesentlichen gleichartigen tatsächlichen und rechtlichen Grund beruhende Ansprüche oder Verpflichtungen den Gegenstand des Rechtsstreits bilden (§ 60 ZPO). Als **Rechtsgemeinschaft** i.S. von **§ 59 Alt. 1 ZPO** kommen etwa in Betracht: Gemeinschaft (§ 741 BGB), insbes. Miteigentümer, Gesamthandverhältnisse (Erbengemeinschaft, Gesellschaft, Gütergemeinschaft), Gesamtschuldner oder Gesamtgläubiger (ThP § 60 Rn. 2).

Identität des tatsächlichen und rechtlichen Grundes i.S. von **§ 59 Alt. 2** 3 **ZPO** liegt etwa vor, wenn mehrere Personen ihre Ansprüche aus demselben Vertrag herleiten, den sie mit dem Prozessgegner geschlossen haben (z.B. Ansprüche aus Erschließungsvertrag oder anderen öffentlichen Verträgen).

Gleichartigkeit der Ansprüche i.S. von § 60 ZPO wird etwa angenommen 4 bei Personen, die gemeinsam gegen eine Allgemeinverfügung oder einen Planfeststellungsbeschluss klagen, bei der Asylklage mehrerer Familienmitglieder (BeckOK VwGO § 64 Rn. 5) oder beim Grundstückseigentümer und Nießbraucher im Prozess über eine straßenrechtliche Planfeststellung (BVerwG NVwZ 1993, 477). Die Voraussetzungen der einfachen Streitgenossenschaft sind unter Zweckmäßigkeitsgesichtspunkten weit auszulegen (KS § 64 Rn. 4).

Die Zulässigkeit der einfachen Streitgenossenschaft ist **keine Sachentschei-** 5 **dungsvoraussetzung**. Sind auf Kläger- oder Beklagtenseite mehrere Personen beteiligt und liegen die Voraussetzungen der §§ 59, 60 ZPO nicht vor, ist das Verfahren nach § 93 zu **trennen**.

6　§ 61 ZPO verdeutlicht, dass die einzelnen Prozessrechtsverhältnisse zwischen dem jeweiligen Streitgenossen und seinem Gegner **voneinander unabhängig** sind (ThP § 61 Rn. 1). Insoweit bestimmt § 61 ZPO, dass das, was der eine Streitgenosse tut oder unterlässt, die anderen nicht berührt. Dieser Grundsatz steht allerdings unter dem ausdrücklichen Vorbehalt gesetzlicher Ausnahmen, die insbes. bei der notwendigen Streitgenossenschaft bestehen (→ Rn. 10). Aufgrund der rechtlichen Selbstständigkeit der Prozesse kann jeder Streitgenosse Zeuge im Verfahren des anderen sein (KS § 64 Rn. 10; BeckOK VwGO § 64 Rn. 6; einschränkend S/S-A/P § 64 Rn. 11). Zur Kostentragung im Fall der einfachen Streitgenossenschaft → § 159 Rn. 1 ff.

II. Notwendige Streitgenossenschaft

7　§ 62 I regelt **zwei verschiedene Fälle** der notwendigen Streitgenossenschaft, nämlich einmal die prozessual notwendige oder auch unechte Streitgenossenschaft (§ 62 I Alt. 1 ZPO) sowie die materiell-rechtlich notwendige oder auch echte Streitgenossenschaft (§ 62 I Alt. 2 ZPO).

8　Eine **prozessual notwendige Streitgenossenschaft** i.S. von § 62 I Alt. 1 ZPO liegt vor, wenn die Entscheidung des Gerichts aus prozessualen Gründen allen Streitgenossen gegenüber nur einheitlich erfolgen kann (BeckOK VwGO § 64 Rn. 9). In diesen Fällen ist zwar eine gesonderte Klage einzelner bzw. gegen einzelne Streitgenossen zulässig. Wenn sie indes zusammen klagen oder verklagt werden, muss die Entscheidung entweder wegen der Identität des Streitgegenstandes oder, weil die Rechtskraft des Urteils allen Streitgenossen gegenüber wirken muss, einheitlich ausfallen (KS § 64 Rn. 6; B/F-K/vA § 64 Rn. 10). **Beispiele**: Mehrere Grundstückseigentümer klagen auf Erteilung einer Baugenehmigung (BVerwG DVBl. 1980, 230). Klagen von Vor- und Nacherben nach § 173 i.V.m. § 326 ZPO (BeckOK VwGO § 64 Rn. 10; ThP § 62 Rn. 8), Klage gegen einen von Behörden mehrerer Rechtsträger gemeinsam erlassenen Verwaltungsakt (BVerwG Buchh 310 § 53 VwGO Nr. 11).

9　Bei der materiell-rechtlich notwendigen Streitgenossenschaft (§ 62 I Alt. 2 ZPO) ist die Klage des einzelnen dagegen nicht möglich, weil den Streitgenossen die Klagebefugnis nach materiellem Recht nur gemeinsam zusteht (KS § 64 Rn. 7; ThP § 62 Rn. 11) Streitgenossen in diesem Sinne sind vor allem Mitglieder von Gesamthandsgemeinschaften, sofern die Prozessführungsbefugnis nicht einem der Gesamthänder allein zusteht, wie es etwa § 2039 BGB für die Erbengemeinschaft vorsieht (BVerwG, Beschl. v. 14.10. 2002 – 8 B 104.02; ThP § 62 Rn. 13). Eine materiellrechtlich notwendige Streitgenossenschaft liegt auch vor, wenn Eheleute die Änderung des gemeinsamen Familiennamens erstreben (BVerwG NJW 1983, 1133) oder in Angelegenheiten geklagt wird, die in das gemeinsame Sorgerecht von Eltern fallen (vgl. NdsOVG NVwZ 1982, 321).

10　Auch bei der notwendigen Streitgenossenschaft gilt § 61 ZPO (ThP § 61 Rn. 3) mit der Folge, dass **auch hier prinzipiell getrennte Prozessrechtsverhältnisse** bestehen. Durch § 62 I ZPO wird dieser Grundsatz allerdings eingeschränkt. Denn nach dieser Vorschrift werden, wenn ein Termin oder eine Frist nur von einzelnen Streitgenossen versäumt wird, die säumigen Streitgenossen als durch die nicht säumigen vertreten angesehen werden. Streitig ist, ob als Frist in diesem Sinne auch die Klagefrist (§ 74) anzusehen ist (verneinend BVerwG Buchh

VwGO 310 § 74 VwGO Nr. 3; a.A. KS § 64 Rn. 11; NKVwGO § 64 Rn. 88). Für die Auffassung des BVerwG spricht, dass die notwendige Streitgenossenschaft erst durch die gemeinsame Klageerhebung entsteht und erst nach Klageerhebung die Vertretungswirkung nach § 62 I ZPO eintreten kann. Für die Rechtsmittelfristen gilt hingegen die Vertretungsregelung des § 62 I ZPO (BeckOK VwGO § 64 Rn. 14).

Bei der **aus materiellen Gründen notwendigen Streitgenossenschaft** ist zu **11** beachten, dass den Streitgenossen die Klagebefugnis nur gemeinsam zusteht, die **Klage einzelner Streitgenossen** deswegen als **unzulässig** abzuweisen ist. Der Zulässigkeitsmangel kann nicht durch eine Beiladung geheilt werden, weil dem fehlenden Streitgenossen dadurch nicht die erforderliche Parteistellung verschafft würde (BVerwG NJW 1983, 1133). Auch Prozesshandlungen, mit denen über den Streitgegenstand verfügt wird (etwa Anerkenntnis, Verzicht, Klageänderung, Klagerücknahme, Erledigungserklärung oder Vergleich), können im Fall des § 62 I Alt. 2 ZPO nur gemeinsam von allen Streitgenossen vorgenommen werden; andernfalls sind sie unwirksam (KS § 64 Rn. 11).

Sind für die Klage von Streitgenossen **verschiedene Gerichte zuständig**, wird **12** gemäß § 53 I Nr. 3 ein gemeinsames zuständiges Gericht bestimmt, wenn es zumindest nicht fernliegt, dass eine notwendige Streitgenossenschaft i.S. von § 62 I ZPO besteht (BVerwG NVwZ-RR 2000, 261).

§ 65 [Beiladung Dritter]

(1) Das Gericht kann, solange das Verfahren noch nicht rechtskräftig abgeschlossen oder in höherer Instanz anhängig ist, von Amts wegen oder auf Antrag andere, deren rechtliche Interessen durch die Entscheidung berührt werden, beiladen.
(2) Sind an dem streitigen Rechtsverhältnis Dritte derart beteiligt, daß die Entscheidung auch ihnen gegenüber nur einheitlich ergehen kann, so sind sie beizuladen (notwendige Beiladung).
(3) [1]Kommt nach Absatz 2 die Beiladung von mehr als fünfzig Personen in Betracht, kann das Gericht durch Beschluß anordnen, daß nur solche Personen beigeladen werden, die dies innerhalb einer bestimmten Frist beantragen. [2]Der Beschluß ist unanfechtbar. [3]Er ist im elektronischen Bundesanzeiger bekanntzumachen. [4]Er muß außerdem in Tageszeitungen veröffentlicht werden, die in dem Bereich verbreitet sind, in dem sich die Entscheidung voraussichtlich auswirken wird. [5]Die Bekanntmachung kann zusätzlich in einem von dem Gericht für Bekanntmachungen bestimmten Informations- und Kommunikationssystem erfolgen. [6]Die Frist muß mindestens drei Monate seit Veröffentlichung im elektronischen Bundesanzeiger betragen. [7]In der Veröffentlichung in Tageszeitungen ist mitzuteilen, an welchem Tage die Frist abläuft. [8]Für die Wiedereinsetzung in den vorigen Stand bei Versäumung der Frist gilt § 60 entsprechend. [9]Das Gericht soll Personen, die von der Entscheidung erkennbar in besonderem Maße betroffen werden, auch ohne Antrag beiladen.
(4) [1]Der Beiladungsbeschluß ist allen Beteiligten zuzustellen. [2]Dabei sollen der Stand der Sache und der Grund der Beiladung angegeben werden. [3]Die Beiladung ist unanfechtbar.

§ 65 Teil II. Verfahren

Übersicht

	Rn.
I. Einfache Beiladung (I)	4
II. Notwendige Beiladung (II)	8
III. Beiladungsverfahren	12
IV. Folgen einer unterbliebenen Beiladung	15

1 § 65 regelt die **Beteiligung Dritter am Verwaltungsprozess**. Die Beiladung dient zunächst den Interessen des Beigeladenen, dem die Möglichkeit gegeben wird, seine rechtlichen Interessen zu wahren. Sie ist darüber hinaus auf eine Erstreckung der Rechtskraft (§ 121) auf den Beigeladenen gerichtet und ist in bestimmen Fällen Wirksamkeitsvoraussetzung der gerichtlichen Entscheidung (→ Rn. 17). Daneben kann die Beiladung dem Gericht die umfassende Aufklärung des Streitstoffs erleichtern (NKVwGO § 65 Rn. 21). Eine Anwendung der Vorschriften der ZPO über die Haupt- und Nebenintervention (§§ 64, 66 ZPO) oder die Streitverkündung (§ 72 ZPO) neben § 65 scheidet nach h.A. aus (BVerwG Buchh 310 § 63 VwGO Nr. 8 zur Nebenintervention; KS § 65 Rn. 2; NKVwGO § 65 Rn. 35 ff.). Die Vorschriften über die Streitgenossenschaft (§§ 59 ff ZPO) sind dagegen gemäß § 64 VwGO entsprechend anwendbar (→ § 64 Rn. 1 ff.). Anders als der Streitgenosse ist der Beigeladene nicht Hauptbeteiligter nach § 61 Nrn. 1 und 2, sondern Drittbeteiligter in einem fremden Prozess (NKVwGO § 65 Rn. 38).

2 § 65 gilt **grundsätzlich in allen Verfahrensarten**, also auch in Verfahren des vorläufigen Rechtsschutzes nach § 80 V und § 123 sowie gemäß § 47 II 4 – allerdings beschränkt auf die einfache Beiladung nach § 65 I – im Normenkontrollverfahren (vgl. zu Letzterem ausführlich NKVwGO § 65 Rn. 45 ff.; ferner → § 47 Rn. 27). Die Beiladung ist auch in der höheren Instanz zulässig, im Revisionsverfahren allerdings nur noch die notwendige Beiladung (§ 142 I). Unstatthaft ist die Beiladung dagegen im Berufungszulassungsverfahren (BWVGH NVwZ-RR 2000, 814; NKVwGO § 124 Rn. 67; a.A. NKVwGO § 65 Rn. 57) sowie im Revisionszulassungsverfahren gemäß § 132 (BVerwG DVBl. 2001, 914; KS § 65 Rn. 4).

3 Beigeladen werden können nur „andere" (§ 65 I) bzw. **Dritte** (§ 65 II). Diese Voraussetzung erfüllt z.B. nicht eine Behörde des bereits klagenden oder verklagten Rechtsträgers (BVerwG NVwZ 2003, 216 f.). Beigeladen werden kann nur, wer nach § 61 beteiligungsfähig ist (→ § 61 Rn. 1ff).

I. Einfache Beiladung (I)

4 Die einfache Beiladung nach § 65 I setzt voraus, dass die **rechtlichen Interessen des Dritten** durch die verwaltungsgerichtliche Entscheidung **berührt** werden. „Berühren" ist weniger als „verletzen" (§ 113 I 1). Ausreichend ist deshalb, dass sich die rechtliche Position des Beigeladenen durch die gerichtliche Entscheidung verbessern oder verschlechtern könnte (BVerwG NVwZ-RR 1999, 276; vgl. auch BVerwG Buchh 310 § 65 VwGO Nr. 151, wonach die Möglichkeit einer Einwirkung auf das rechtliche Interesse des Dritten ausreicht.). Dabei ist unerheblich, ob die möglicherweise betroffene Rechtsposition auf öffentlichem oder privatem Recht beruht (BVerwGE 64, 67, 69f).

5 Die Voraussetzungen des § 65 I werden **etwa bejaht** hinsichtlich der Gemeinde bei der Klage eines Bauherrn auf Erteilung einer Baugenehmigung, wenn in dem Verfahren unter anderem die Gültigkeit des Bebauungsplans zweifelhaft ist (BVerwG NVwZ 1994, 265), hinsichtlich des Bauherrn bei einer Klage der Gemeinde gegen die Ersetzung ihres Einvernehmens für die Erteilung einer Baugenehmigung durch die Bauaufsichtsbehörde (BayVGH BRS 42 Nr. 175), hinsichtlich des Verkäufers eines Grundstücks, der zugesichert hat, dass der Erschließungsbeitrag bezahlt ist, bei Anfechtung eines Erschließungsbeitragsbescheides (BVerwGE 64, 67) oder bei gewillkürter Rechtskrafterstreckung durch einen sog. Anschlussvergleich (OVGE 28, 200, 201 f.).

Nicht ausreichend ist dagegen die bloße zu erwartende präjudizielle Wirkung der gerichtlichen Entscheidung auf gleichgelagerte Fälle (KS § 65 Rn. 12). Eine einfache Beiladung von Verbänden scheidet im Regelfall aus, wenn nur die Interessen der Mitglieder berührt werden (NKVwGO § 65 Rn. 86; KS § 65 Rn. 12a). Natur- und Umweltschutzverbände, denen ein Verbandsklagerecht zusteht (§ 61 BNatSchG, §§ 1 ff. UmwRG), können gemäß § 65 I beigeladen werden, soweit Interessen betroffen sind, die nach den genannten Vorschriften rechtlichen Schutz genießen (HbgOVG DVBl. 2009, 603; KS § 65 Rn. 12a). 6

Liegen die Voraussetzungen des § 65 I vor, steht es im **Ermessen des Gerichts**, ob es die Beiladung ausspricht (BVerwG NJW 1971, 1419). Ein Anspruch auf einfache Beiladung besteht nicht. 7

II. Notwendige Beiladung (II)

Ein Fall der notwendigen Beiladung nach § 65 II liegt vor, wenn der Dritte an dem streitigen Verhältnis derart beteiligt ist, dass die Entscheidung auch ihm gegenüber nur einheitlich ergehen kann. Diese Voraussetzung liegt vor, wenn **die Sachentscheidung gleichzeitig unmittelbar und zwangsläufig die Rechte des Dritten gestaltet, bestätigt oder feststellt, verändert oder aufhebt** (BVerwG NJW 1978, 1278). Die Notwendigkeit einer einheitlichen Entscheidung muss sich dabei aus Rechtsgründen ergeben (BVerwGE 51, 275; 55, 11). Es genügt nicht, dass eine einheitliche Entscheidung logisch notwendig erscheint (BVerwGE 55, 11; KS § 65 Rn. 15). 8

Bei der Anfechtungsklage liegt ein Fall der notwendigen Beiladung insbes. bei Klagen gegen **Verwaltungsakte mit Doppelwirkung** vor, also z.B. bei der Anfechtungsklage des Nachbarn gegen die Baugenehmigung hinsichtlich des Bauherrn. Kein Fall der notwendigen Beiladung liegt jedoch bezüglich der übrigen von der Baugenehmigung betroffenen Nachbarn vor (BVerwG NJW 1975, 70). Keine notwendige Beiladung ist ferner gegeben hinsichtlich der weiteren Adressaten einer **Allgemeinverfügung** i.S. von § 35 S. 2 VwVfG, etwa bei Klagen gegen Verkehrszeichen (KS § 65 Rn. 17c). Bei der Verpflichtungsklage sind die Bedingungen des § 65 II etwa erfüllt bei der Klage auf ordnungsbehördliches **Einschreiten gegen einen Dritten**, also etwa bei der Klage eines Nachbarn auf Erlass einer bauordnungsrechtlichen Verfügung hinsichtlich des Bauherrn (BVerwG NJW 1993, 79) oder bei einer Verpflichtungsklage, die sich auf die Ungültigkeitserklärung einer Wahl richtet, hinsichtlich des Gewählten (BVerwG NVwZ-RR 1989, 109). 9

Fälle für eine notwendige Beiladung können auch dann vorliegen, wenn sich die Verpflichtungsklage auf den Erlass sog. **„mehrstufiger" Verwaltungsakte** richtet, wenn also der begehrte Verwaltungsakt nur mit Zustimmung der Behörde eines anderen Rechtsträgers erlassen werden darf, so z.B. bei der Klage auf Einbürgerung gegen das Land, soweit die Zustimmung des Bundes erforderlich ist (Beiladung der Bundesrepublik, BVerwG NJW 1984, 72). Bei einer Leistungsklage in Form einer vorbeugenden Unterlassungsklage liegt ein Fall der notwendigen Beiladung z.B. vor 10 bei der Klage eines Bewerbers um einen Beamtenposten auf Unterlassung der Ernennung hinsichtlich des **Konkurrenten** (KS § 65 Rn. 19). Keine notwendige Beiladung soll hingegen vorliegen in Fällen der Rechtskrafterstreckung nach §§ 325 bis 327 ZPO (BVerwG NJW 1985, 281; KS § 65 Rn. 20; str.).

11 Liegen die Voraussetzungen der notwendigen Beiladung nach § 65 II vor, **muss das Gericht beiladen**, Ermessen besteht hier nicht. Ob die Beiladung auch dann erfolgen muss, wenn die Klage offensichtlich unzulässig ist, erscheint zweifelhaft (bejahend etwa KS § 65 Rn. 21, anders wohl BVerwG NVwZ-RR 1989, 109 „kaum sinnvolle Förmelei").

III. Beiladungsverfahren

12 Die Beiladung erfolgt **von Amts wegen oder auf Antrag** der Hauptbeteiligten oder des Beizuladenden durch Beiladungsbeschluss, der nach § 65 IV 1 allen Beteiligten zuzustellen ist. Verkündung des Beiladungsbeschlusses in der mündlichen Verhandlung ist jedenfalls dann ausreichend, wenn der Beizuladende und alle Beteiligten anwesend oder ordnungsgemäß vertreten sind (BFH NVwZ 1988, 767; weitergehend KS § 65 Rn. 25). Mit der Zustellung des Beiladungsbeschlusses sollen dem Beigeladenen der Stand der Sache und der Grund der Beiladung angegeben werden. Letzteres erfolgt üblicherweise in der Begründung des Beiladungsbeschlusses; der Stand der Sache wird dem Beigeladenen im Regelfall dadurch zur Kenntnis gebracht, dass ihm die Klageschrift sowie weitere bereits ausgetauschte Schriftsätze der Hauptbeteiligten in Abschrift übersandt werden.

13 § 65 III enthält besondere Bestimmungen für die **Beiladung in Massenverfahren**. Voraussetzung ist, dass die Beiladung von mehr als fünfzig Personen in Betracht kommt (§ 65 III 1). Die praktische Bedeutung der Vorschrift ist gering (vgl. etwa KS § 65 Rn. 26).

Der **die Beiladung aussprechende Beschluss** ist nach § 65 IV 3 **unanfechtbar**. Eine Ausnahme davon wird für den Fall diskutiert, dass dem Beigeladenen durch die Beiladung ein eigenes Klagerecht abgeschnitten wird (NKVwGO § 65 Rn. 166). Wird die Beiladung **abgelehnt**, ist gemäß § 146 die **Beschwerde** gegeben, falls das Verwaltungsgericht entschieden hat. Ist die Beiladung erst im Berufungsverfahren abgelehnt worden, ist der Beschluss nach § 152 hingegen unanfechtbar. Im Falle der einfachen Beiladung ist das Beschwerdegericht nicht auf eine Nachprüfung der Ermessensausübung durch das Verwaltungsgericht beschränkt, sondern übt Ermessen in vollem Umfang selbst aus (KS § 65 Rn. 38). Ist ein zwischenzeitlich in der Hauptsache ergangenes Urteil des Verwaltungsgerichts durch Rechtsmittel angefochten worden, erledigt sich die Beschwerde, da das Beschwerde- und Rechtsmittelgericht die Beiladung selbst anordnen kann (NKVwGO § 65 Rn. 167). Beim Berufungszulassungsantrag gilt dies allerdings erst dann, wenn die Berufung zugelassen worden ist, weil eine Beiladung während des Zulassungsverfahrens nicht in Betracht kommt (→ Rn. 2).

14 Wenn die rechtlichen Voraussetzungen einer ausgesprochenen Beiladung nicht oder nicht mehr vorliegen, kann und muss im Regelfall das Gericht den Beiladungsbeschluss von Amts wegen wieder **aufheben**. Dies dürfte allerdings nicht gelten, wenn das Gericht eine einfache Beiladung nunmehr lediglich für unzweckmäßig hält (KS § 65 Rn. 40, str.). Über die außergerichtlichen **Kosten des Beigeladenen** entscheidet das Gericht nach § 162 III (→ § 162 Rn. 63 ff.).

IV. Folgen einer unterbliebenen Beiladung

Unterbleibt die **einfache Beiladung** nach § 65 I, wirkt sich dies auf den Bestand des Urteils nicht aus (BVerwG NJW 1971, 1419). Eine Rechtskrafterstreckung auf den Dritten nach § 121 tritt nicht ein. 15

Wird eine **notwendige Beiladung** nach § 65 II unterlassen, liegt ein Verfahrensfehler vor (NKVwGO § 65 Rn. 184; B/F-K/vA§ 65 Rn. 20). Zur Einlegung von Rechtsmitteln gegen die Sachentscheidung ist der übergangene notwendig Beizuladene nicht berechtigt. Eine Verfahrensrüge des Klägers oder des Beklagten ist regelmäßig deshalb ausgeschlossen, weil das Unterbleiben der notwendigen Beiladung keine materielle Beschwer des Hauptbeteiligten begründet. Der Hauptbeteiligte hat nämlich regelmäßig kein subjektives Recht auf die fehlerfreie Anwendung des § 65 II (BVerwG NVwZ-RR 2010, 37). 16

Im **Anfechtungsprozess** gegen einen **Verwaltungsakt mit Doppelwirkung** führt die unterbliebene notwendige Beiladung allerdings zur Unwirksamkeit des Urteils, wenn dem Urteil Gestaltungswirkung zukommt (KS VwGO § 65 Rn. 43; B/F-K/vA § 65 Rn. 20). Wurde die Anfechtungsklage abgewiesen, so fehlt diese Gestaltungswirkung (BVerwGE 18, 124). Bei der **Verpflichtungsklage** berührt die unterlassene notwendige Beiladung die Wirksamkeit des Urteils nicht (B/F-K/vA § 65 Rn. 20). Der notwendig Beizuladende ist dadurch hinreichend geschützt, dass ihm gegenüber das Urteil nicht rechtskräftig wird mit der Folge, dass er gegen eine aufgrund des Verpflichtungsurteils ergangene Behördenentscheidung Anfechtungsklage erheben kann. In der Revisionsinstanz kann die notwendige Beiladung nachgeholt werden (§ 142 I 2). Geschieht dies, ist eine Zurückverweisung nur dann geboten, wenn der übergangene Dritte hieran ein berechtigtes Interesse hat (BVerwG Buchh 310 § 144 VwGO Nr. 64). 17

§ 66 [Prozessuale Rechte des Beigeladenen]

¹**Der Beigeladene kann innerhalb der Anträge eines Beteiligten selbständig Angriffs- und Verteidigungsmittel geltend machen und alle Verfahrenshandlungen wirksam vornehmen.** ²**Abweichende Sachanträge kann er nur stellen, wenn eine notwendige Beiladung vorliegt.**

§ 66 enthält Regelungen über die prozessuale Rechtsstellung des Beigeladenen. Nach § 66 1 kann der Beigeladene innerhalb der Anträge eines Beteiligten selbständig Angriffs- und Verteidigungsmittel geltend machen und alle **Verfahrenshandlungen** wirksam vornehmen. **Abweichende Sachanträge** darf nach § 66 2 nur der notwendig Beigeladene stellen. 1

Der Beigeladene kann eine **Verfahrenbeendigung** in der Hauptsache durch Klagerücknahme oder überstimmende Erledigungserklärungen nicht verhindern; seiner Zustimmung bedarf es nicht. Dies gilt auch für den notwendig Beigeladenen (BVerwG NVwZ-RR 1992, 276) und auch dann, wenn der Beigeladene in der Rechtsmittelinstanz Rechtsmittelführer ist (B/F-K/vA § 66 Rn. 7). Beim **Prozessvergleich** kommt es darauf an, ob der Vergleich in materielle Rechte des Beigeladenen eingreift. Ist dies der Fall, ist die Zustimmung des Beigeladenen erforderlich; andernfalls ist der Vergleich auch als Prozesshandlung unwirksam und entfaltet keine prozessbeendende Wirkung (B/F-K/vA § 66 Rn. 3; vgl. auch BVerwG NJW 1994, 2306). **Rechtsmittel** kann der Beigeladene wie ein Hauptbeteiligter einlegen (BVerwG NVwZ 1984, 718). 2

§ 67 [Prozessbevollmächtigte und Beistände]

(1) Die Beteiligten können vor dem Verwaltungsgericht den Rechtsstreit selbst führen.

(2) ¹Die Beteiligten können sich durch einen Rechtsanwalt oder Rechtslehrer an einer deutschen Hochschule im Sinn des Hochschulrahmengesetzes mit Befähigung zum Richteramt als Bevollmächtigten vertreten lassen. ²Darüber hinaus sind als Bevollmächtigte vor dem Verwaltungsgericht vertretungsbefugt nur

1. Beschäftigte des Beteiligten oder eines mit ihm verbundenen Unternehmens (§ 15 des Aktiengesetzes); Behörden und juristische Personen des öffentlichen Rechts einschließlich der von ihnen zur Erfüllung ihrer öffentlichen Aufgaben gebildeten Zusammenschlüsse können sich auch durch Beschäftigte anderer Behörden oder juristischer Personen des öffentlichen Rechts einschließlich der von ihnen zur Erfüllung ihrer öffentlichen Aufgaben gebildeten Zusammenschlüsse vertreten lassen,
2. volljährige Familienangehörige (§ 15 der Abgabenordnung, § 11 des Lebenspartnerschaftsgesetzes), Personen mit Befähigung zum Richteramt und Streitgenossen, wenn die Vertretung nicht im Zusammenhang mit einer entgeltlichen Tätigkeit steht,
3. Steuerberater, Steuerbevollmächtigte, Wirtschaftsprüfer und vereidigte Buchprüfer, Personen und Vereinigungen im Sinn des § 3a des Steuerberatungsgesetzes sowie Gesellschaften im Sinn des § 3 Nr. 2 und 3 des Steuerberatungsgesetzes, die durch Personen im Sinn des § 3 Nr. 1 des Steuerberatungsgesetzes handeln, in Abgabenangelegenheiten,
4. berufsständische Vereinigungen der Landwirtschaft für ihre Mitglieder,
5. Gewerkschaften und Vereinigungen von Arbeitgebern sowie Zusammenschlüsse solcher Verbände für ihre Mitglieder oder für andere Verbände oder Zusammenschlüsse mit vergleichbarer Ausrichtung und deren Mitglieder,
6. Vereinigungen, deren satzungsgemäße Aufgaben die gemeinschaftliche Interessenvertretung, die Beratung und Vertretung der Leistungsempfänger nach dem sozialen Entschädigungsrecht oder der behinderten Menschen wesentlich umfassen und die unter Berücksichtigung von Art und Umfang ihrer Tätigkeit sowie ihres Mitgliederkreises die Gewähr für eine sachkundige Prozessvertretung bieten, für ihre Mitglieder in Angelegenheiten der Kriegsopferfürsorge und des Schwerbehindertenrechts sowie der damit im Zusammenhang stehenden Angelegenheiten,
7. juristische Personen, deren Anteile sämtlich im wirtschaftlichen Eigentum einer der in den Nummern 5 und 6 bezeichneten Organisationen stehen, wenn die juristische Person ausschließlich die Rechtsberatung und Prozessvertretung dieser Organisation und ihrer Mitglieder oder anderer Verbände oder Zusammenschlüsse mit vergleichbarer Ausrichtung und deren Mitglieder entsprechend deren Satzung durchführt, und wenn die Organisation für die Tätigkeit der Bevollmächtigten haftet.

³Bevollmächtigte, die keine natürlichen Personen sind, handeln durch ihre Organe und mit der Prozessvertretung beauftragten Vertreter.

(3) ¹Das Gericht weist Bevollmächtigte, die nicht nach Maßgabe des Absatzes 2 vertretungsbefugt sind, durch unanfechtbaren Beschluss zurück.

²Prozesshandlungen eines nicht vertretungsbefugten Bevollmächtigten und Zustellungen oder Mitteilungen an diesen Bevollmächtigten sind bis zu seiner Zurückweisung wirksam. ³Das Gericht kann den in Absatz 2 Satz 2 Nr. 1 und 2 bezeichneten Bevollmächtigten durch unanfechtbaren Beschluss die weitere Vertretung untersagen, wenn sie nicht in der Lage sind, das Sach- und Streitverhältnis sachgerecht darzustellen.

(4) ¹Vor dem Bundesverwaltungsgericht und dem Oberverwaltungsgericht müssen sich die Beteiligten, außer im Prozesskostenhilfeverfahren, durch Prozessbevollmächtigte vertreten lassen. ²Dies gilt auch für Prozesshandlungen, durch die ein Verfahren vor dem Bundesverwaltungsgericht oder einem Oberverwaltungsgericht eingeleitet wird. ³Als Bevollmächtigte sind nur die in Absatz 2 Satz 1 bezeichneten Personen zugelassen. ⁴Behörden und juristische Personen des öffentlichen Rechts einschließlich der von ihnen zur Erfüllung ihrer öffentlichen Aufgaben gebildeten Zusammenschlüsse können sich durch eigene Beschäftigte mit Befähigung zum Richteramt oder durch Beschäftigte mit Befähigung zum Richteramt anderer Behörden oder juristischer Personen des öffentlichen Rechts einschließlich der von ihnen zur Erfüllung ihrer öffentlichen Aufgaben gebildeten Zusammenschlüsse vertreten lassen. ⁵Vor dem Bundesverwaltungsgericht sind auch die in Absatz 2 Satz 2 Nr. 5 bezeichneten Organisationen einschließlich der von ihnen gebildeten juristischen Personen gemäß Absatz 2 Satz 2 Nr. 7 als Bevollmächtigte zugelassen, jedoch nur in Angelegenheiten, die Rechtsverhältnisse im Sinne des § 52 Nr. 4 betreffen, in Personalvertretungsangelegenheiten und in Angelegenheiten, die in einem Zusammenhang mit einem gegenwärtigen oder früheren Arbeitsverhältnis von Arbeitnehmern im Sinne des § 5 des Arbeitsgerichtsgesetzes stehen, einschließlich Prüfungsangelegenheiten. ⁶Die in Satz 5 genannten Bevollmächtigten müssen durch Personen mit der Befähigung zum Richteramt handeln. ⁷Vor dem Oberverwaltungsgericht sind auch die in Absatz 2 Satz 2 Nr. 3 bis 7 bezeichneten Personen und Organisationen als Bevollmächtigte zugelassen. ⁸Ein Beteiligter, der nach Maßgabe der Sätze 3, 5 und 7 zur Vertretung berechtigt ist, kann sich selbst vertreten.

(5) ¹Richter dürfen nicht als Bevollmächtigte vor dem Gericht auftreten, dem sie angehören. ²Ehrenamtliche Richter dürfen, außer in den Fällen des Absatzes 2 Satz 2 Nr. 1, nicht vor einem Spruchkörper auftreten, dem sie angehören. ³Absatz 3 Satz 1 und 2 gilt entsprechend.

(6) ¹Die Vollmacht ist schriftlich zu den Gerichtsakten einzureichen. ²Sie kann nachgereicht werden; hierfür kann das Gericht eine Frist bestimmen. ³Der Mangel der Vollmacht kann in jeder Lage des Verfahrens geltend gemacht werden. ⁴Das Gericht hat den Mangel der Vollmacht von Amts wegen zu berücksichtigen, wenn nicht als Bevollmächtigter ein Rechtsanwalt auftritt. ⁵Ist ein Bevollmächtigter bestellt, sind die Zustellungen oder Mitteilungen des Gerichts an ihn zu richten.

(7) ¹In der Verhandlung können die Beteiligten mit Beiständen erscheinen. ²Beistand kann sein, wer in Verfahren, in denen die Beteiligten den Rechtsstreit selbst führen können, als Bevollmächtigter zur Vertretung in der Verhandlung befugt ist. ³Das Gericht kann andere Personen als Beistand zulassen, wenn dies sachdienlich ist und hierfür nach den Umständen des Einzelfalls ein Bedürfnis besteht. ⁴Absatz 3 Satz 1 und 3 und Absatz 5 gel-

ten entsprechend. ⁵Das von dem Beistand Vorgetragene gilt als von dem Beteiligten vorgebracht, soweit es nicht von diesem sofort widerrufen oder berichtigt wird.

Übersicht

	Rn.
I. Vertretung vor dem Verwaltungsgericht	3
1. Selbstvertretung und Vertretung durch Rechtsanwälte	3
2. Vertretung durch Rechtslehrer	6
3. Weitere Vertretungsberechtigte	7
4. Befugnisse der Vertreter	9
5. Zurückweisung	10
II. Vertretung vor dem OVG und dem BVerwG	11
1. Grundsatz	11
2. Ausnahmen vom Vertretungszwang	12
3. Persönlicher Geltungsbereich	14
4. Qualitative Anforderungen	15
5. Vertretung vor dem OVG	16
6. Vertretung vor dem BVerwG	17
7. Fehlende Postulationsfähigkeit	18
III. Prozessvertretung durch Richter	19
IV. Prozessvollmacht	20
V. Beistände	23

1 Der m.W.v. **1.7. 2008** (Gesetz v. 12.12. 2007, BGBl. I 2840) grundlegend umgestaltete § 67 regelt die Vertretung der Beteiligten vor den Verwaltungsgerichten aller Instanzen. Vor dem 1.7. 2008 eingelegte Rechtsbehelfe oder sonstige Prozesshandlungen, die nach § 67 a.F. wirksam vorgenommen worden waren, sind durch die Neuregelung nicht berührt (KS § 67 Rn. 1).

2 Die Befugnis zur Vertretung vor den Verwaltungsgerichten ist nunmehr **abschließend in der VwGO** geregelt. Das an die Stelle des Rechtsberatungsgesetzes getretene Rechtsdienstleistungsgesetz betrifft nur außergerichtliche Dienstleistungen und enthält keinerlei Einschränkung für das gerichtliche Verfahren.

I. Vertretung vor dem Verwaltungsgericht

1. Selbstvertretung und Vertretung durch Rechtsanwälte

3 Nach § 67 I können die Beteiligten vor dem Verwaltungsgericht (§§ 2, 5) den Rechtsstreit selbst führen (Selbstvertretungsrecht). Sie können sich aber auch vertreten lassen. Hierzu bestimmt § 67 II abschließend, durch wen sich die Beteiligten vor dem Verwaltungsgericht vertreten lassen können. Nach § 67 II 1 ist ein Rechtsanwalt oder Rechtslehrer an einer deutschen Hochschule im Sinne des Hochschulrahmengesetzes mit Befähigung zum Richteramt als Bevollmächtigter zugelassen. **Rechtsanwalt** in diesem Sinne ist der bei einem deutschen Gericht nach den Vorschriften der BRAO zugelassene Anwalt (BVerwG NJW 1998, 2991).

4 Durch § 3 I Nr. 5 des Einleitungsgesetzes zum RDLG sind **Kammerrechtsbeistände** Rechtsanwälten **gleichgestellt**. Dies soll auch für die Vertretung vor den Verwaltungsgerichten, einschließlich dem Oberverwaltungsgericht und dem Bundesverwaltungsgericht, gelten (BeckOK VwGO § 67 Rn. 19; KS § 67 Rn. 7; a.A. für die Vertretung vor dem OVG: NRWOVG NJW 2009, 386).

Die Tätigkeit von Anwälten, die in EU-Mitgliedstaaten, EWR-Vertragsstaaten 5
oder der Schweiz zugelassen sind, ist im Gesetz über die Europäischen Rechtsanwälte
in Deutschland (EURAG) geregelt. Sofern der **ausländische Rechtsanwalt** grenzüberschreitend tätig ist, darf er im Einvernehmen mit einem bei dem jeweiligen Gericht zugelassenen Anwalt vor dem deutschen Gericht auftreten (vgl. §§ 25 und 28 EURAG; vgl. näher etwa KS § 67 Rn. 8).

2. Vertretung durch Rechtslehrer

Zu den **Rechtslehrern** an einer deutschen Hochschule i.S. von § 67 II 1 zählen 6
auch der emeritierte oder pensionierte Professor, der Honorarprofessor sowie der
Privatdozent, nicht jedoch auch ein Lehrbeauftragter oder Wissenschaftlicher
Oberrat (KS § 67 Rn. 9). Die Befähigung zum Richteramt steht gemäß § 5 DRiG
nicht nur demjenigen zu, der zwei juristische Staatsprüfungen abgelegt hat, sondern
nach § 7 DRiG auch dem ordentlichen Professor der Rechte. Insofern ist der Begriff weiter gefasst als in der Regelung über die Richter im Nebenamt nach § 16
(→ dort Rn. 3).

3. Weitere Vertretungsberechtigte

§ 67 II 2 zählt abschließend die weiteren zur Vertretung vor dem Verwaltungsgericht 7
befugten Bevollmächtigten auf (dazu eingehend etwa KS § 67 Rn. 10 ff.). Unter **Abgabenangelegenheiten** i.S. von § 67 II 2 Nr. 3 sind lediglich Steuer- und Monopolsachen zu verstehen, nicht hingegen Streitigkeiten um sonstige Abgaben wie Gebühren und Beiträge (NRWOVG NVwZ-RR 2006, 151; KS § 67 Rn. 16; a.A. NKVwGO § 67 Rn. 93).

Anders als § 67 a.F. ist nunmehr auch die **Vertretung durch Vereinigungen und** 8
juristische Personen zulässig. Für diese Fälle bestimmt § 67 II 3, dass Bevollmächtigte, die keine natürlichen Personen sind, durch ihre Organe und mit der Prozessvertretung beauftragte Vertreter handeln.

4. Befugnisse des Vertretenen

Durch die Bestellung eines Bevollmächtigten für das Verfahren vor dem Verwaltungs- 9
gericht ist die Befugnis des Beteiligten zu **eigenem Vortrag** und zur Vornahme **eigener Prozesshandlungen** nicht beschränkt. Bei sich widersprechenden Erklärungen von Bevollmächtigten und Beteiligten ist im Zweifel die spätere maßgeblich
(KS § 67 Rn. 21). Zustellungen und Mitteilungen sind gemäß § 67 VI 4 an den Bevollmächtigten zu richten.

5. Zurückweisung

Bevollmächtigte, die nicht nach § 67 II vertretungsbefugt sind, **weist das Gericht** 10
durch Beschluss, der unanfechtbar ist, **zurück** (§ 67 III 1). Prozesshandlungen eines
nicht vertretungsbefugten Bevollmächtigten und Zustellung oder Mitteilung an diesen Bevollmächtigten bleiben allerdings bis zu seiner Zurückweisung wirksam
(§ 67 III 3). Bevollmächtigten nach § 67 II 2 Nr. 1 und 2 kann das Gericht durch unanfechtbaren Beschluss die **weitere Vertretung untersagen**, wenn sie nicht in der
Lage sind, das Sach- und Streitverhältnis sachgerecht darzustellen. Da erst der unanfechtbare Untersagungsbeschluss zum Wegfall der Vertretungsbefugnis führt, bedarf es

anders als für die Fälle des § 67 III 1 keiner besonderen gesetzlichen Regelung über die Wirksamkeit der bis zur Untersagung vorgenommenen Prozesshandlungen des Bevollmächtigten (BeckOK VwGO § 67 Rn. 17).

II. Vertretung vor dem OVG und dem BVerwG

1. Grundsatz

11 Vor dem **OVG** und dem **BVerwG** besteht gemäß § 67 IV regelmäßig Vertretungszwang (vgl. zur verfassungsrechtlichen Zulässigkeit des Vertretungszwangs BVerfGE 74, 78, 93). Der Vertretungszwang gilt grundsätzlich für sämtliche Verfahren vor dem OVG und dem BVerwG sowie für alle Prozesshandlungen, die ein Verfahren vor den genannten Gerichten einleiten (§ 67 IV 2), und zwar ungeachtet der Frage, vor welchem Gericht diese Handlungen vorgenommen worden sind (KS § 67 Rn. 29).

2. Ausnahmen vom Vertretungszwang

12 Der Vertretungszwang **gilt nicht** für das Verfahren auf Bewilligung von **Prozesskostenhilfe**, und zwar weder für Beschwerden gegen Prozesskostenhilfe für das erstinstanzliche Verfahren versagende Beschlüsse noch für Anträge auf Bewilligung von Prozesskostenhilfe für Verfahren vor dem OVG oder dem BVerwG. Kein Vertretungszwang besteht auch bei **Streitwert- und Kostenbeschwerden**, wie der Gesetzgeber durch Gesetz vom 30. Juli 2009 inzwischen klargestellt hat. In § 66 V 1 GKG ist auch für den Bereich der VwGO bestimmt, dass Anträge und Erklärungen – und damit auch der Rechtsbehelf betreffend die Wertfestsetzung oder den Kostenansatz selbst – auch ohne Mitwirkung eines Bevollmächtigten schriftlich eingereicht oder zu Protokoll der Geschäftsstelle abgegeben werden können (BayVGH, Beschl. v. 21.12.2009 – 7 C 09.2985; BeckOK VwGO, § 67 Rn. 48). Der den bis dahin geltenden Rechtszustand betreffende Meinungsstreit (vgl. etwa HbgOVG NVwZ-RR 2009, 452, einerseits und NRWOVG NVwZ 2009, 123 andererseits) hat sich damit erledigt. Ferner besteht kein Vertretungszwang, wenn das OVG als **Flurbereinigungsgericht** tätig ist (§ 140 3 FlurbG, gilt nicht für Verfahren vor dem Bundesverwaltungsgericht, vgl. BVerwG NVwZ-RR 2009, 621).

13 Die von der Rechtsprechung entwickelten **ungeschriebenen Ausnahmen** vom Vertretungszwang gelten im Grundsatz auch weiterhin (KS § 67 Rn. 31; vgl. auch BVerwG NVwZ 2009, 192). Hat der Kläger ohne einen Bevollmächtigten eine dem Vertretungszwang unterliegende Klage erhoben, kann er diese auch selbst zurücknehmen (BVerwG NJW 1978, 1205). Das Gleiche gilt bei der selbst eingelegten Berufung, Beschwerde, Revision (BVerwGE 14, 19), der Nichtzulassungsbeschwerde (BVerwG NVwZ 2009, 192) und dem Antrag auf Zulassung der Berufung. Entsprechendes gilt für die Zustimmung des Beklagten zu einer Klage- oder Rechtsmittelrücknahme (KS § 67 Rn. 31). Keine Ausnahme vom Vertretungszwang dürfte allerdings – jedenfalls unter Zugrundelegung der aktuellen Rechtslage – für Erledigungserklärungen anzunehmen sein (KS § 67 Rn. 31). Im Übrigen gilt der Vertretungszwang für alle Prozesshandlungen und erfasst auch das tatsächliche und rechtliche Vorbringen eines Beteiligten. Die Unbeachtlichkeit tatsächlicher oder rechtlicher Darlegungen hat wegen des Untersuchungsgrundsatzes allerdings nur begrenzte faktische Relevanz (KS § 67 Rn. 32).

3. Persönlicher Geltungsbereich

In persönlicher Hinsicht gilt der Vertretungszwang nach § 67 IV 1 **für alle Beteiligten** i.S. von § 63 VwGO. Ist der Beklagte, der Rechtsmittelgegner oder Beigeladene nicht entsprechend § 64 IV 1 vertreten, hindert dies die Durchführung des Verfahrens indes nicht. Die vorgenannten Beteiligten sind dann lediglich gehindert, Prozesshandlungen vorzunehmen und zur Sach- und Rechtslage in beachtlicher Weise vorzutragen. Nach im Vordringen befindlicher Auffassung soll der Vertretungszwang auch für Zeugen gelten, die gegen ein Ordnungsgeld Beschwerde einlegen (BWVGH NVwZ-RR 2003, 690; BeckOK VwGO § 67 Rn. 52; KS § 67 Rn. 33). 14

4. Qualitative Anforderungen

Aus dem Vertretungszwang ergeben sich darüber hinaus qualitative Anforderungen **an die Erklärungen des Prozessvertreters**. Er darf nicht lediglich Bote der Beteiligten sein, sondern muss eigenverantwortliche Erklärungen abgeben (vgl. BeckOK VwGO § 67 Rn. 53). Daher genügt eine pauschale Bezugnahme auf etwa von den Beteiligten selbst erstellte rechtliche Überlegungen ohne erkennbare eigenständige Würdigung durch den Prozessvertreter nicht den Anforderungen des Vertretungszwangs und ist prozessual unbeachtlich (BVerwGE 22, 38; NdsOVG NJW 2003, 3503; BWVGH NVwZ 1999, 429). 15

5. Vertretung vor dem OVG

Wer vor dem Oberverwaltungsgericht vertretungsbefugt ist, ergibt sich aus § 67 IV 3 ff. Soweit **Behörden oder juristische Personen** sich durch Beschäftigte mit Befähigung zum Richteramt vertreten lassen, ist es erforderlich, dass der vertretungsgebundene Schriftsatz von einem solchen Beschäftigten unterzeichnet worden ist. Die Existenz einer behördeninternen Weisung oder Billigung durch einen vertretungsberechtigten Bediensteten reicht nicht (BVerwG NVwZ 2005, 827). Die Existenz und das Fehlen von Zusätzen wie „in Vertretung" oder „im Auftrag" ist grundsätzlich irrelevant (KS § 67 Rn. 36). Nach § 67 IV 6 besteht ausnahmsweise eine **Selbstvertretungsbefugnis** für den Beteiligten, der nach Maßgabe von § 67 Sätze 3 und 5 zur Vertretung berechtigt ist. 16

6. Vertretung vor dem BVerwG

Die Vertretung vor dem **Bundesverwaltungsgericht** unterliegt im Grundsatz den gleichen Regelungen wie die Vertretung vor dem OVG (→ Rn. 16); ausgeschlossen ist allerdings eine Vertretung durch die in § 67 IV 2 Nr. 3 bis 7 bezeichneten Personen und Organisationen. 17

7. Fehlende Postulationsfähigkeit

Einem Nichtvertretungsberechtigten fehlt die Postulationsfähigkeit. Sie ist keine Sachentscheidungsvoraussetzung im engeren Sinne. **Folge fehlender Postulationsfähigkeit** ist grds. die Unwirksamkeit der Prozesshandlung. Klage, Berufung, Berufungszulassungsantrag, Revision, Zulassungsbeschwerde, Anträge auf Gewährung vorläufigen Rechtsschutzes etc. sind bei fehlender Postulationsfähigkeit als unzulässig zu verwerfen. Eine Heilung durch Genehmigung eines vertretungsbefugten Bevollmächtigten ist nicht möglich (BVerwG NVwZ 2002, 82). 18

III. Prozessvertretung durch Richter

19 Gemäß § 67 V 1 dürfen Berufsrichter (→ § 15 Rn. 1) nicht als Bevollmächtigte vor dem Gericht auftreten, dem sie angehören. Ehrenamtliche Richter (§§ 19 ff.) sind ihnen insoweit gleichgestellt, als sie nach § 67 V 2 nicht vor einem Spruchkörper auftreten dürfen, dem sie angehören, d. h. durch Geschäftsverteilungsplan zugewiesen sind (→ § 4 Rn. 2). Eine Ausnahme hiervon besteht in den Fällen des § 67 II 2 Nr. 1 für Beschäfte bei beteiligten Unternehmen und juristischen Personen des öffentlichen Rechts. Für ehrenamtliche Richter auf einer Hilfsliste (§ 30 II), soweit sie daneben keinem Spruchkörper zugewiesen sind, besteht keine Einschränkung. Entsprechend gelten nach § 67 V 2 die Bestimmungen in **§ 67 III 1** und 2 über die Zurückweisung und die Wirksamkeit von Prozesshandlungen bis zur Zurückweisung.

IV. Prozessvollmacht

20 Das Vertretungsbefugnis wird im Außenverhältnis durch Erteilung einer Prozessvollmacht begründet; im Innenverhältnis kann ein Auftrags- oder (etwa bei Anwälten) ein Geschäftsbesorgungsverhältnis bestehen. Gemäß § 67 VI 1 ist die Prozessvollmacht **schriftlich** zu den Gerichtsakten einzureichen. Erforderlich ist grundsätzlich die handschriftliche Unterzeichnung durch den Beteiligten (§ 126 BGB). Die Unterschrift kann auf einer Blankovollmachtsurkunde erteilt werden (BVerwG BayBVBl. 1984, 30). Die Vollmacht kann per Telefax übermittelt werden (KS § 67 Rn. 47; vgl. auch BVerwGE 81, 34). Die Vollmacht kann nachgereicht werden, wofür das Gericht eine Frist bestimmen kann (§ 67 VI 2). Das Gericht hat die ordnungsgemäße Bevollmächtigung von Amts wegen zu prüfen; anderes gilt nur für den als Bevollmächtigten auftretenden Rechtsanwalt (§ 67 VI 4).

21 Für **Inhalt und Umfang der Vollmacht** gelten die §§ 81 ff. ZPO. Die Wirksamkeit der Vollmacht ist von dem Innenverhältnis zwischen dem Beteiligten und dem Bevollmächtigten unabhängig. Gemäß §§ 85 II ZPO, 166 I BGB findet grundsätzlich eine Verschuldens- und Wissenszurechnung zu Lasten des Vertretenen statt. Die Bevollmächtigung endet – anders als beim Tod des Bevollmächtigten (BVerwG Buchh 310 § 67 VwGO Nr. 42) – nicht durch den Tod des Vollmachtgebers und auch nicht durch den Verlust der Prozessfähigkeit (§ 86 ZPO). Ist dem Gericht eine Vollmacht vorgelegt worden, so ist diese für das Gericht bis zu ihrem Widerruf beachtlich (BVerwG NJW 1983, 2155). Dies gilt auch bei der Bestellung eines weiteren Bevollmächtigten.

22 Besteht Vertretungszwang, wird der **Widerruf** einer Vollmacht nach § 173 VwGO i. V. m. § 87 I ZPO erst mit der Anzeige der Bestellung eines anderen Vertreters wirksam. Zum Entzug der Zulassung eines Rechtsanwalts während des Verfahrens vgl. BWVGH NVwZ-RR 2002, 469. Der **vollmachtlose Vertreter** ist zurückzuweisen (KS § 67 Rn. 51). Die von einem vollmachtlosen Vetreter erhobene Klage oder das von ihm eingelegte Rechtsmittel ist als unzulässig abzuweisen bzw. zu verwerfen (BayVGH BayVBl. 1973, 193 und Beschl. v. 11.1. 2010 – 10 C 09.278; KS § 67 Rn. 52). Die Entscheidung ergeht auch bei Fehlen der Vollmacht für und gegen den vollmachtlos vertretenen Beteiligten (Thomas Putzo § 89 Rn. 10). Die **Rechtskraft** der Entscheidung beschränkt sich auf die Unzulässigkeit der Klage oder des Rechtsmittels in Folge der fehlenden Bevollmächtigung (KS § 67 Rn. 52). Zur Frage der **Kostentragung** → vor § 154 Rn. 8.

V. Beistände

§ 67 VII regelt die Möglichkeit, sich in der Verhandlung eines Beistands zu bedienen; **23** es kann sich um einen Sach- oder um einen Rechtsbeistand handeln. Sachbeistände besitzen regelmäßig besondere Sachkenntnisse über den Verfahrensgegenstand. Beistände unterstützen lediglich den anwesenden Beteiligten. Bedient sich der Beteiligte im Anwendungsbereich des § 67 IV eines Beistandes, so ist dieser auf die Rechte beschränkt, die auch dem erschienenen Beteiligten zustehen (BeckOK VwGO § 67 Rn. 76).

Nach § 67 VII 2 kann Beistand grds. nur sein, wer nach § 67 II als Bevollmächtig- **24** ter auftreten kann. Das Gericht kann aber **andere Personen** als Beistand zulassen, wenn dies sachdienlich ist und hierfür nach dem Umständen des Einzelfalles ein Bedürfnis besteht (§ 67 VII 3). Die Regelungen des § 67 III 1 und 3 und Absatz 5 (Unvereinbarkeitsregelung für Richter) gelten entsprechend (§ 67 VII 4). Das von dem Beistand Vorgetragene gilt als von dem Beteiligten vorgebracht, soweit es nicht von diesem widerrufen oder berichtigt wird (§ 67 VII 5).

§ 67a [Gemeinsamer Bevollmächtigter]

(1) ¹Sind an einem Rechtsstreit mehr als zwanzig Personen im gleichen Interesse beteiligt, ohne durch einen Prozeßbevollmächtigten vertreten zu sein, kann das Gericht ihnen durch Beschluß aufgeben, innerhalb einer angemessenen Frist einen gemeinsamen Bevollmächtigten zu bestellen, wenn sonst die ordnungsgemäße Durchführung des Rechtsstreits beeinträchtigt wäre. ²Bestellen die Beteiligten einen gemeinsamen Bevollmächtigten nicht innerhalb der ihnen gesetzten Frist, kann das Gericht einen Rechtsanwalt als gemeinsamen Vertreter durch Beschluß bestellen. ³Die Beteiligten können Verfahrenshandlungen nur durch den gemeinsamen Bevollmächtigten oder Vertreter vornehmen. ⁴Beschlüsse nach den Sätzen 1 und 2 sind unanfechtbar.

(2) ¹Die Vertretungsmacht erlischt, sobald der Vertreter oder der Vertretene dies dem Gericht schriftlich oder zur Niederschrift des Urkundsbeamten der Geschäftsstelle erklärt; der Vertreter kann die Erklärung nur hinsichtlich aller Vertretenen abgeben. ²Gibt der Vertretene eine solche Erklärung ab, so erlischt die Vertretungsmacht nur, wenn zugleich die Bestellung eines anderen Bevollmächtigten angezeigt wird.

§ 67a soll die Durchführbarkeit von Großverfahren erleichtern, bei denen mehr als **1** zwanzig Personen im gleichen Interesse beteiligt sind (§ 67a I 1). Da bei Großverfahren im vorgenannten Sinne vielfach eine erstinstanzliche Zuständigkeit des OVG (§ 48 VwGO) oder des Bundesverwaltungsgerichts gegeben ist und dort Anwaltszwang besteht (§ 67 IV), ist die praktische Bedeutung dieser Vorschrift äußerst gering (BeckOK VwGO § 67a Rn. 1; B/F-K/vA § 67 Rn. 2).

8. Abschnitt. Besondere Vorschriften für Anfechtungs- und Verpflichtungsklagen

§ 68 [Vorverfahren]

(1) ¹Vor Erhebung der Anfechtungsklage sind Rechtmäßigkeit und Zweckmäßigkeit des Verwaltungsakts in einem Vorverfahren nachzuprüfen. ²Einer solchen Nachprüfung bedarf es nicht, wenn ein Gesetz dies bestimmt oder wenn
1. der Verwaltungsakt von einer obersten Bundesbehörde oder von einer obersten Landesbehörde erlassen worden ist, außer wenn ein Gesetz die Nachprüfung vorschreibt, oder
2. der Abhilfebescheid oder der Widerspruchsbescheid erstmalig eine Beschwer enthält.

(2) Für die Verpflichtungsklage gilt Absatz 1 entsprechend, wenn der Antrag auf Vornahme des Verwaltungsakts abgelehnt worden ist.

1 Die (erfolglose) Durchführung eines Vorverfahrens ist **Zulässigkeitsvoraussetzung** für die Anfechtungsklage (§ 68 I 1) und für die Verpflichtungsklage (§ 68 II), es sei denn, einer solchen Nachprüfung bedarf es gemäß § 68 I 2 VwGO nicht oder die Klage ist als sog. Untätigkeitsklage nach § 75 zulässig (s. a. → vor § 40 Rn. 39). Entgegen dem Wortlaut des § 68 I 1, nach dem die Nachprüfung im Vorverfahren vor Erhebung der Anfechtungsklage stattzufinden hat, reicht es aus, dass die Überprüfung bis zum Zeitpunkt der gerichtlichen Entscheidung erfolgt ist (BVerwGE 4, 203; BVerwG NVwZ 1984, 507). Es handelt sich um eine sog. nachholbare Sachentscheidungsvoraussetzung (→ vor § 40 Rn. 8, 39).

2 Das Vorverfahren dient dem Rechtsschutz des Bürgers, der Selbstkontrolle der Verwaltung sowie der Entlastung der Gerichte (BVerwGE, 51, 310, 314: B/F-K/vA vor § 68 ff. Rn. 2). Art. 19 IV GG gebietet das Vorverfahren nicht. Im Hinblick auf Grundrechte kann ausnahmsweise etwas anderes gelten, wenn die Kontrolldichte im gerichtlichen Rechtsschutz beschränkt ist, insbesondere durch gerichtlich nur eingeschränkt überprüfbare Beurteilungsspielräume (vgl. zum Prüfungsrecht BVerfG NVwZ 1993, 681). Die insoweit gebotene Selbstkontrolle erfolgt sinnvollerweise – wenn auch nicht zwingend (B/F-K/vA vor § 68 ff. Rn. 8) – im Rahmen eines Vorverfahrens nach den §§ 68 ff.

I. Statthaftigkeit des Vorverfahrens

3 Voraussetzung ist das objektive **Vorliegen eines VA** im Sinne von § 35 VwVfG. Dies ist entsprechend § 133 BGB danach zu beurteilen, ob sich die Maßnahme aus der Sicht des verständigen Adressaten als VA darstellt (BVerwGE 41, 305, 306; 78, 3, 5). Auch ein nichtiger VA kann – muss aber nicht – Gegenstand eines Vorverfahrens sein (B/F-K/vA § 68 Rn. 1; KS § 68 Rn. 2). Kein Widerspruch ist hingegen zulässig beim noch nicht erlassenen VA; der VA wird erst existent, wenn er den internen Bereich der Behörde verlassen hat und mindestens einem Adressaten gemäß § 41 VwVfG bekannt gegeben worden ist (BVerwGE 25, 20, 21; NKVwGO § 68 Rn. 84 und 87, KS § 68 Rn. 2).

Vorverfahren **§ 68**

Der Widerspruch kann sich auf einen **Teil des VA** beschränken, wenn dieser in- 4
haltlich teilbar ist (BVerwGE 9, 110, 111; NKVwGO § 68 Rn. 89). Wegen der isolierten Anfechtbarkeit von Nebenbestimmung gilt das Gleiche wie im gerichtlichen Verfahren (→ § 42 Rn. 26 ff.).

Hat sich der VA vor Einlegung des Widerspruchs **erledigt**, so ist der Widerspruch 5
unstatthaft (BeckOK VwGO § 68 Rn. 18); der Widerspruch ist als unzulässig zurückzuweisen. Erledigt sich der durch Widerspruch angefochtene VA nach Einlegung des Widerspruchs, aber vor Erlass des Widerspruchsbescheides, wird das Verfahren eingestellt (BVerwGE 81, 226). Ein **Fortsetzungsfeststellungswiderspruch** analog § 113 I 2 ist unstatthaft (vgl.etwa BeckOK VwGO § 68 Rn. 19; a.A. KS vor § 68 Rn. 2).

II. Prüfungsumfang und maßgeblicher Zeitpunkt

Der angegriffene VA wird im Vorverfahren regelmäßig einer **uneingeschränkten** 6
Prüfung unterzogen, wobei die Widerspruchsbehörde vorbehaltlich besonderer gesetzlicher Regelung grds. keine weitergehende Prüfungs- und Entscheidungskompetenz als die Ausgangsbehörde besitzt (BVerwG NVwZ-RR 1989, 6). Die Prüfung der Zweckmäßigkeit eines VA ist auf Ermessensentscheidungen beschränkt (KS § 68 Rn. 9; B/F-K/vA, § 68 Rn. 14). Ist der Widerspruch bei Teilbarkeit des VA beschränkt worden, so ist dies für die Prüfung im Vorverfahren bindend (BVerwG Buchh 427.3 § 337 Nr. 18; B/F-K/vA § 68 Rn. 5). Die Prüfung des VA einer Selbstverwaltungskörperschaft in einer Selbstverwaltungsangelegenheit durch die Behörde einer anderen Körperschaft ist in der Regel auf eine Rechtmäßigkeitskontrolle beschränkt (NKVwGO § 68 Rn. 183). Ist der Widerspruch durch einen Dritten eingelegt worden, ist die Widerspruchsbehörde auf die Prüfung drittschützender Vorschriften beschränkt (KS § 68 Rn.9; B/F-K/vA § 68 Rn. 9).

Ist im Ausgangsverwaltungsverfahren ein **förmliches Einvernehmen** einer wei- 7
teren Behörde gesetzlich vorgeschrieben (z.B. § 36 BauGB), darf sich die Widerspruchsbehörde ebenso wie die Ausgangsbehörde nicht über das fehlende Einvernehmen hinwegsetzen (BVerwG NVwZ-RR 1989, 6; BeckOK VwGO § 68 Rn. 6). Nach h.A. ist die Widerspruchsbehörde grds. befugt, den Ausgangsbescheid zu Lasten des Widerspruchsführers zu ändern, sog. **reformatio in peius** (BVerwG, NVwZ 1987, 215; BeckOK VwGO § 68 Rn. 11; KS § 68 Rn. 10 ff). Ihre Zulässigkeit folgt allerdings nicht aus den §§ 68 ff., sondern richtet sich nach dem jeweils anzuwendenden materiellen Bundes- oder Landesrecht einschließlich seiner Zuständigkeitsvorschriften (BVerwG NVwZ-RR 1989; BVerwGE 51, 310). Die „Verböserung" im Widerspruchsverfahren unterliegt nicht den Vorschriften über den Widerruf und der Rücknahme begünstigender VA. Rechtsgrundlage für die Entscheidung der Widerspruchsbehörde sind vielmehr allein die für den Erlass des Ausgangsbescheides einschlägigen Rechtsvorschriften (RhPfOVG DVBl. 1992, 787).

Maßgeblicher Zeitpunkt für die Beurteilung der Sach-und Rechtslage durch die 8
Widerspruchsbehörde ist grds. der **Zeitpunkt der Widerspruchsentscheidung** (BVerwGE 2, 55; BVerwG NVwZ-RR 1997, 132; DÖV 2007, 302; KS § 68 Rn. 15). Beim Drittwiderspruch gegen eine Baugenehmigung ist nach der Rechtsprechung des BVerwG (NJW 1970, 263; NVwZ 1998, 1179; DÖV 2007, 382) hingegen auf den Zeitpunkt des Ausgangsbescheides abzustellen. Für den Bereich des Immissionsschutzrechtes wurde eine solche Verschiebung des Prüfungszeitpunktes hingegen nicht befürwortet (BVerwGE 65, 313, 315; B/F-K/vA § 68 Rn. 7).

III. Ausnahmen vom Erfordernis des Vorverfahrens

9 Einer Nachprüfung des VA im Vorverfahren bedarf es gemäß § 68 I 2 1. Halbs. zunächst dann nicht, wenn ein Gesetz dies bestimmt. Gesetz im Sinne der Vorschrift ist jedes formelle **Bundes- oder Landesgesetz**, das zeitlich nach der VwGO am 1.4. 1960 in Kraft getreten ist, nicht dagegen eine Verordnung oder Satzung (NKVwGO § 68 Rn. 122; a.A. zu Rechtsverordnungen wohl BVerfG NJW 1991, 2005 f.). Die gesetzlichen Ausnahmen sind nahezu unübersehbar (vgl. näher etwa NKVwGO § 68 Rn. 127 ff.). Insbes. haben die Länder im Zuge der Verwaltungsmodernisierung weitreichende Ausnahmen normiert; in Nordrhein-Westfalen ist das Vorverfahren durch das zweite Gesetz zum Bürokratieabbau vom 9.10. 2007, GV. NRW S. 393, beispielsweise weitgehend abgeschafft worden.

10 Wegen besonderer Fachkompetenz findet gemäß § 68 I 2 Nr. 1 kein Vorverfahren bei **VA oberster Bundes- oder Landesbehörden** statt, außer wenn ein Gesetz die Nachprüfung vorschreibt. Das gilt für alle Klagen aus dem Beamten- und Richterdienstverhältnis (vgl. § 126 III Nr. 1 BRRG, § 126 II BBG für Bundesbeamte und § 54 II 2 BeamtStG für Landes- und Kommunalbeamte). Nunmehr ist ein Vorverfahren auch dann durchzuführen, wenn die Maßnahme von einer obersten Dienstbehörde getroffen worden ist.

11 Nach § 68 I 2 Nr. 2 findet ein Vorverfahren ferner dann nicht statt, wenn der Abhilfebescheid oder der Widerspruchsbescheid **erstmals eine Beschwer** enthält. Erfasst werden nicht nur Fälle der Betroffenheit des Widerspruchsführers, etwa im Falle einer reformatio in peius, sondern auch Abhilfe- und Widerspruchsbescheide mit Drittwirkung(KS § 68 Rn. 20; z.B. Erlass einer Baugenehmigung mit belastender Wirkung für den Nachbarn). Dabei ist auch eine zusätzliche Beschwer als erstmalige Beschwer im Sinne von § 68 I 2 Nr. 2 aufzufassen (B/F-K/vA § 68 Rn. 21). § 68 I 2 Nr. 2 findet auch Anwendung, wenn ein stattgebender Widerspruchsbescheid durch einen ablehnenden Widerspruchsbescheid ersetzt wird (BVerwG NVwZ 2009, 924).

12 Eine **analoge Anwendung von § 68 I 2 Nr. 2** wird befürwortet, wenn sich der Widerspruchsbescheid für den Adressaten als **erster wirksamer Bescheid** darstellt (KS § 68 Rn. 20). Dies ist u.a. dann der Fall, wenn die Ausgangsbehörde irrtümlich der Meinung ist, sie habe bereits einen VA erlassen, und einen entsprechenden Antrag als Widerspruch interpretiert oder die Behörde den Erstbescheid an einen falschen Empfänger gerichtet hat und die Widerspruchsbehörde daraufhin den Widerspruchsbescheid an den richtigen Adressaten zustellt (NKVwGO § 68 Rn. 150; vgl. zu dem letztgenannten Fall NRWOVG OVGE 27, 63, 65).

13 Kraft ausdrücklicher Regelung in der VwGO ist ein Vorverfahren ferner entbehrlich, wenn die Voraussetzungen einer **Untätigkeitsklage nach § 75** vorliegen, wenn nämlich über einen Widerspruch oder über einen Antrag auf Vornahme eines VA ohne zureichenden Grund in angemessener Frist sachlich nicht entschieden worden ist (→ § 75 Rn. 1 ff.).

14 Die **Rechtsprechung** hat darüber hinaus **weitere Ausnahmen** vom Erfordernis des Vorverfahrens entwickelt:

Ein Vorverfahren ist etwa entbehrlich, wenn der angefochtene VA einen anderen VA ganz oder zum Teil **abändert, ersetzt oder wiederholt**, gegen den bereits das Vorverfahren durchgeführt worden war oder die Klage gemäß § 75 zulässig geworden ist, vorausgesetzt, der neue VA hat im wesentlichen dieselben Sach- und Rechtsfragen zum Gegenstand (BVerwG NJW 1970, 1564; 1971, 1147; KS, § 68 Rn. 23).

Widerspruch § 69

Bei Verpflichtungssachen wird entsprechend verfahren, wenn ein **weiterer VA erlassen oder verweigert** wird, der mit dem bereits in einem Vorverfahren überprüften VA im engen sachlichen Zusammenhang steht und i. W. auf den gleichen Gründen beruht wie z. b. bei zeitabschnittsweise gewährten Leistungen (BVerwGE 38, 299, 302; BVerwG NVwZ; 1995, 76).

Das Vorverfahren ist auch entbehrlich bei den **privilegierten Formen der Klageänderung** gemäß § 173 i.V.m. § 264 ZPO (KS § 68 Rn. 23a), z.B. beim Übergang von einer Verpflichtungsklage auf Erteilung einer Baugenehmigung zu einer solchen auf Erteilung eines Bauvorbescheides (Fall des § 264 Nr. 2 ZPO), wenn bezogen auf die Erteilung einer Baugenehmigung ein Vorverfahren bereits durchgeführt worden ist (B/F-K/vA, § 68 Rn. 27). 15

In der Rspr. des BVerwG nicht abschließend geklärt ist die Entbehrlichkeit des Vorverfahrens, wenn sich die Behörde im Prozess zwar auf sein Fehlen beruft, sich aber gleichwohl **hilfsweise zur Sache einlässt** (BWVGH Rbeistand 2009, 16 m.w.N.); im Schrifttum wird die Entbehrlichkeit zu Recht einhellig abgelehnt (Ey § 68 Rn. 29 m.w.N.). 16

Nach der Rechtsprechung des BVerwG ist es in weitem Umfang zulässig, dass die beklagte Behörde im Prozess auf die Durchführung eines Vorverfahrens **verzichtet** und einen entsprechenden Mangel nicht rügt, was bereits darin gesehen wird, dass die Klageabweisung als unbegründet beantragt wird (BVerwGE 15, 306; BVerwG NVwZ-RR 1995, 90; B/F-K/vA, § 68 Rn. 29). Zum Teil wird ein Verzicht allerdings nur dann für möglich gehalten, wenn ein gebundener VA bzw. eine Ermessensreduzierung vorliegt (BVerwG NVwZ 1984, 507; BVerwGE 85, 163, 167), oder es wird sogar gefordert, dass die beklagte Behörde zugleich die Widerspruchsbehörde sein müsse (BVerwGE 79, 226). Die Rechtsprechung des BVerwG zum Verzicht auf das Vorverfahren ist in der Literatur auf vielfachen Widerspruch gestoßen (vgl. etwa NK VwGO § 68 Rn. 126; B/F-K/vA § 68 Rn. 29). 17

Nach der Rechtsprechung des Bundesverwaltungsgerichts soll ein Vorverfahren ferner entbehrlich sein, wenn die Widerspruchsbehörde schon **auf andere Weise zum Ausdruck gebracht** hat, dass ein Widerspruch keinen Erfolg haben wird (BVerwGE 27, 181; 61, 40), etwa wenn die Widerspruchsbehörde in Kenntnis des Rechtsstreits das Verhalten der Ausgangsbehörde gebilligt hatte (BVerwGE 27, 181) oder die Ausgangsbehörde zum Erlass des VA angewiesen hatte (BVerwG, NJW 1989, 1438). 18

Das BVerwG hält ein Vorverfahren darüber hinaus für entbehrlich, wenn es bereits **von einer dritten Person durchgeführt** worden ist (BVerwGE 40, 430; BVerwG DÖV 1976, 353) oder wenn die Behörde irrtümlich zu erkennen gibt, ihrer Auffassung nach sei eine Widerspruchsmöglichkeit nicht gegeben (BVerwGE 37, 87). 19

Schließlich hat das BVerwG eine Ausnahme für den Fall anerkannt, dass nach Erhebung einer allgemeinen Leistungs- oder Feststellungsklage die Behörde bezüglich des Rechtsverhältnisses einen **VA erlassen** hat (BVerwGE 30, 46). 20

§ 69 [Widerspruch]

Das Vorverfahren beginnt mit der Erhebung des Widerspruchs.

Die Erhebung des Widerspruchs (§ 70 I 2 spricht abweichend von „Einlegung") leitet das Vorverfahren ein. Der Widerspruch ist als vorgerichtlicher Rechtsbehelf keine Prozesshandlung, ist aber ebenso **bedingungsfeindlich** (B/F-K/vA § 69 Rn. 1). 1

§ 69 Teil II. Verfahren

Rücknahme und Verzicht sind grundsätzlich unwiderruflich und unanfechtbar (BVerwGE 57, 342, 346). Nach Rücknahme eines Widerspruchs kann allerdings innerhalb der Widerspruchsfrist erneut Widerspruch eingelegt werden (KS § 69 Rn. 8).

2 **Inhaltliche Anforderungen** an den Widerspruch bestimmt die VwGO nicht (NKVwGO, § 69 Rn. 3). Insbesondere sind die in § 82 normierten Anforderungen an die Klageschrift auf den Widerspruch nicht entsprechend anwendbar (BVerwGE 30, 274). Der Widerspruch muss nicht als solcher bezeichnet werden. Er gehört zu den Verwaltungsverfahrenshandlungen und ist wie eine Willenserklärung (§§ 133, 157 BGB) nach dem Empfängerhorizont auszulegen. Als Widerspruch ist grds. jede Äußerung zu verstehen, durch die der Betroffene zu erkennen gibt, dass er mit einer bestimmten oder nach den Umständen bestimmbaren Behördenentscheidung nicht einverstanden ist (BVerwG NVwZ 2009, 2968; vgl. auch NKVwGO § 69 Rn. 6).

3 **Abzugrenzen** ist die Widerspruchseinlegung von der Einlegung **formloser Rechtsbehelfe** wie der Gegenvorstellung oder der Dienstaufsichtsbeschwerde. Richtet sich das Begehren gegen einen Verwaltungsakt und hält der Betroffene die Form sowie die Frist des Widerspruchs nach § 70 ein, ist im Zweifel anzunehmen, dass er Widerspruch einlegen möchte (NKVwGO, § 69 Rn. 8). Im Regelfall sind Erklärungen so auszulegen, dass der Erklärende denjenigen Rechtsbehelf einlegen will, der nach Lage der Sache seinen Belangen entspricht und eingelegt werden muss, um den erkennbar angestrebten Erfolg zu erreichen (BVerwG NVwZ 2009, 2968). Eine Widerspruchseinlegung kann sich auch im Wege der Umdeutung entsprechend § 140 BGB, z.B. nach Stellung eines Antrages auf Rücknahme oder Widerruf eines Verwaltungsaktes (§§ 48 f. VwVfG) oder eines Antrages nach § 51 VwVfG, ergeben (KS § 69 Rn. 5; NKVwGO § 69 Rn. 11). Auch ein Zweitantrag kann in einen Widerspruch umgedeutet werden (vgl. BVerwGE 25, 191, 194; NRWOVG, NVwZ 1984, 655).

4 **Gegenstand** des Widerspruchs muss eine Maßnahme sein, die objektiv ein Verwaltungsakt ist (→ § 68 Rn. 3), wobei auch eine Teilanfechtung in Betracht kommt (→ § 68 Rn. 4). Ein vor Ergehen eines Verwaltungsaktes eingelegter Widerspruch wirkt nicht weiter, wenn der Verwaltungsakt später erlassen wird (OVGNRW DVBl. 1996, 115).

5 **Erhoben** ist der Widerspruch, wenn er einer der in § 70 I genannten Behörden (Ausgangs- oder Widerspruchsbehörde) zugegangen ist, wobei die Regelungen des Bürgerlichen Rechts entsprechend gelten (NKVwGO § 69 Rn. 2; → 70 Rn. 7). Die Erhebung des Widerspruchs hat Devolutiveffekt, d.h. die Entscheidungskompetenz geht auf die nächsthöhere Behörde über. Er tritt allerdings erst ein, wenn die Ausgangsbehörde dem Widerspruch nicht abgeholfen hat (NKVwGO § 69 Rn. 14). Die Erhebung des Widerspruchs hat ferner gemäß § 80 I 1 Suspensiveffekt (→ § 80 Rn. 2 ff.).

6 Einen zulässigen Widerspruch kann nur einlegen, wer – entsprechend § 42 II – möglicherweise in eigenen Rechten betroffen ist, sog. **Widerspruchsbefugnis** (KS § 69 Rn. 6; B/F-K/vA § 69 Rn. 6). Eine solche Rechtsbetroffenheit kann hier auch unter dem Gesichtspunkt einer Unzweckmäßigkeit des angegriffenen Verwaltungsaktes zu bejahen sein, sofern ein subjektives Recht auf ermessensfehlerfreie Entscheidung in Betracht kommt (BVerwG DÖV 1969, 142; vgl. auch KS § 69 Rn. 6).

§ 70 [Form und Frist des Widerspruchs]

(1) ¹Der Widerspruch ist innerhalb eines Monats, nachdem der Verwaltungsakt dem Beschwerten bekanntgegeben worden ist, schriftlich oder zur Niederschrift bei der Behörde zu erheben, die den Verwaltungsakt erlassen hat. ²Die Frist wird auch durch Einlegung bei der Behörde, die den Widerspruchsbescheid zu erlassen hat, gewahrt.
(2) §§ 58 und 60 Abs. 1 bis 4 gelten entsprechend.

§ 70 regelt **Frist und Form** des Widerspruchs. Die Einlegung eines frist- und form- 1
gerechten Widerspruchs ist **Sachurteilsvoraussetzung** für den nachfolgenden Verwaltungsprozess (NKVwGO § 70 Rn. 1; B/F-K/vA § 70 Rn. 1). In der Rechtsprechung ist allerdings anerkannt, dass die Widerspruchsbehörde auch einen **verspätet eingelegten Widerspruch sachlich bescheiden kann** mit der Folge, dass der Klageweg eröffnet ist (BVerwGE 28, 305). Ein darauf gerichteter Anspruch auf fehlerfreie Ermessensausübung besteht nach richtiger Ansicht allerdings nicht (BWVGH, Beschluss vom 25.6. 1987 – 2 S 1960/84; a.A. BWVGH NVwZ 1982, 316). Der Grundsatz, dass auch der verspätete Widerspruch Devolutiveffekt besitzt und eine umfassende Sachprüfungskompetenz der Widerspruchsbehörde begründet, gilt allerdings nicht bei Verwaltungsakten mit **Drittwirkung**; die Widerspruchsbehörde ist nicht befugt, im Widerspruchsverfahren durch eine Entscheidung in der Sache in eine bereits erworbene Rechtsposition des Dritten einzugreifen (BVerwG DÖV 1969, 142; NVwZ 1983, 285). Etwas anderes gilt allerdings unter dem Aspekt einer zulässigen reformatio in peius in den Fällen, in denen der Dritte selbst (verspätet) Widerspruch eingelegt hat (BVerwG DÖV 1972, 789).

Aus dem in I 1 verwendeten Begriff des „Beschwerten" wird ferner das Erfordernis 2
einer **Widerspruchsbefugnis** gefolgert, die eine Rechtsbetroffenheit nach dem Maßstab des § 42 II erfordert (→ § 42 Rn. 110 ff.).

I. Frist

Der **Fristbeginn** knüpft an die wirksame **Bekanntgabe** des Verwaltungsaktes an. 3
§ 56 I ist dabei nicht anzuwenden (B/F-K/vA § 70 Rn. 5). Die Bekanntgabe erfolgt vielmehr nach § 41 VwVfG. Im Normalfall der Übermittlung des Verwaltungsaktes durch die Post gilt der Verwaltungsakt am dritten Tag nach der Aufgabe zur Post als bekannt gegeben (§ 41 II 1 VwVfG). Gemäß § 41 V VwVfG bleiben die Vorschriften über die Bekanntgabe eines Verwaltungsaktes mittels Zustellung unberührt. Ist die förmliche Zustellung vorgeschrieben, setzt eine andere Art der Bekanntmachung die Frist nicht in Gang (BVerwG NJW 1993, 2884; NKVwGO § 70 Rn. 29). Anders als bei der formlosen Bekanntgabe (§ 41 I 2 VwVfG) ist die Zustellung, wenn ein Bevollmächtigter eine schriftliche Vollmacht vorgelegt hat, gemäß § 41 V VwVfG i.V.m. § 7 I 2 VwZG gegenüber diesem vorzunehmen. Nach § 8 VwZG können Zustellungsfehler geheilt werden. Lässt sich die formgerechte Zustellung des Dokuments nicht nachweisen oder ist er unter Verletzung zwingender Zustellungsvorschriften zugegangen, gilt es als in dem Zeitpunkt zugestellt, in dem es dem Empfangsberechtigten tatsächlich zugegangen ist. Ist ein Verwaltungsakt an mehrere Adressaten gerichtet, findet der Grundsatz der individuellen Bekanntgabe Anwendung, es sei denn, die Adressaten haben sich gegenseitig zur Entgegennahme des Verwaltungsaktes bevollmächtigt (NKVwGO § 70 Rn. 30). Dies gilt – anders als es in

§ 70   Teil II. Verfahren

§ 155 V 1 AO vorgesehen ist – im Anwendungsbereich des VwVfG auch bei der Bekanntgabe gegenüber Ehegatten (BVerwG NJW 1993, 2884).

4   Erfolgt **keine Bekanntgabe**, beginnt die Widerspruchsfrist nach § 70 I 1 ebenso wenig zu laufen wie die Ausschlussfrist nach § 58 II. Das Widerspruchsrecht (zu unterscheiden von dem materiellen Anspruch) unterliegt allerdings der **Verwirkung** (KS § 70 Rn. 6h). Voraussetzung hierfür ist, dass ein längerer Zeitraum verstrichen ist und über den bloßen Zeitablauf hinaus Umstände hinzugetreten sind, welche die Erhebung des Widerspruchs zu dem jeweiligen Zeitpunkt als treuwidrig erscheinen lassen (BVerwGE 44, 339, 343). Hinsichtlich des erforderlichen Zeitraums gehen die Jahresfristen des § 58 II und § 60 III allenfalls einen groben Anhalt (B/F-K/vA § 70 Rn. 6).

5   Besonderheiten gelten für das **Baunachbarrecht**. Ist dem Nachbarn die Baugenehmigung nicht bekannt gegeben worden, wird unter Berücksichtigung von Treu und Glauben aus dem „nachbarschaftlichen Gemeinschaftsverhältnis" hergeleitet, dass sich der Nachbar von dem Zeitpunkt an, von dem er von der erteilten Baugenehmigung zuverlässig Kenntnis erlangt hat oder sich hätte verschaffen können, so behandeln lassen muss, als sei ihm die Genehmigung bekannt gegeben worden mit der Folge, dass ab diesem Zeitpunkt die Jahresfrist nach § 58 II entsprechend zu laufen beginnt (BVerwGE 44, 294, 299; 78, 85, 88 f.; NKVwGO § 70 Rn. 31).

6   Ob die **Fristdauer** nach § 57 i.V.m. § 222 ZPO, § 187 ff. BGB (so wohl BVerwGE 44, 294, 296; KS § 70 Rn. 8) oder nach §§ 79, 31 VwVfG i.V.m. §§ 187 f. BGB berechnet wird (so etwa NKVwGO § 68 Rn. 59), ist praktisch irrelevant. Stirbt der Adressat des Verwaltungsaktes vor Ablauf der Widerspruchsfrist, kommt eine Anwendung der §§ 239, 246 ZPO, § 173 in Betracht, wenn kein Bevollmächtigter bestellt ist (KS § 70 Rn. 8; offen gelassen von BVerwG NVwZ 2001, 319).

7   **Fristwahrung** erfolgt durch Zugang des Widerspruchs bei der Ausgangsbehörde (§ 70 I 1) oder bei der Widerspruchsbehörde (§ 70 I 2). Voraussetzung ist, dass das Widerspruchsschreiben in den Verfügungsbereich der Behörde gelangt, wobei es ausreicht, wenn der Widerspruch vor Mitternacht des letzten Fristtages zugeht (NKVwGO § 70 Rn. 34). Der Zugang des Widerspruchs bei einer anderen Behörde wahrt die Frist nicht; diese hat allerdings des Schreiben im normalen Geschäftsgang ohne schuldhaftes Zögern (§ 121 I 1 BGB) an die zuständige Behörde weiterzuleiten (B/F-K/vA § 70 Rn. 12; entsprechend für das gerichtliche Verfahren BGH NJW 1987, 440). Maßgeblich ist, dass das weitergeleitete Schreiben innerhalb der Frist bei der zuständigen Behörde eingeht. Die Erhebung der Klage wahrt die Widerspruchsfrist nicht; sie kann regelmäßig auch weder als Widerspruch ausgelegt noch in einen solchen umgedeutet werden. Gleiches gilt für einen Antrag nach § 80 V (so zutreffend B/F-K/vA § 70 Rn. 16). Ein zunächst unwirksamer Widerspruch, der vom vollmachtlosen Vertreter eingelegt wurde, kann durch Genehmigung auch nach Ablauf der Widerspruchsfrist geheilt werden (NRWOVG, Urt. v. 4.9. 2008 – 7 A 2358/07).

II. Form

8   § 70 I 1 bestimmt aus Gründen der Rechtssicherheit, dass der Widerspruch schriftlich fixiert sein muss (vgl. BVerwG NVwZ-RR 1989, 85, 86). Er ist deshalb schriftlich oder zur Niederschrift bei der Behörde zu erheben. Es gelten die gleichen Anforderungen wie für die Klageerhebung nach § 81 (→ § 81 Rn. 3 ff.).

III. Entsprechende Anwendung der §§ 58 und 60 I bis IV

Die Monatsfrist nach § 70 I 1 beginnt nach §§ 70 II, 58 I nur zu laufen, wenn dem 9
Ausgangsbescheid eine **ordnungsgemäße Rechtsmittelbelehrung** beigefügt war.
Ist die Rechtsmittelbelehrung unterblieben oder unrichtig, so gilt gemäß §§ 70 II,
58 II die Jahresfrist.

§ 70 II bestimmt weiterhin die entsprechende Anwendung des § 60 I bis IV. Nach 10
richtiger Auffassung kann auch das Verwaltungsgericht **Wiedereinsetzung** in die
Widerspruchsfrist gewähren, wenn die Behörde dies rechtswidrig verweigert hat
(BVerwGE 44, 104, 108; NVwZ 1989, 648, 649; NKVwGO § 70 Rn. 56; KS § 70
Rn. 13). Das Verwaltungsgericht ist auch nicht an eine durch die Behörde gewährte
Wiedereinsetzung gebunden, da es alle Zuverlässigkeitsvoraussetzungen der Klage
von Amts wegen, so auch die Rechtzeitigkeit der Widerspruchserhebung, zu prüfen
hat (BVerwG NJW 1977, 542; NKVwGO § 70 Rn. 55; KS § 60 Rn. 13; str.). Zu
den weiteren Voraussetzungen → § 60 Rn. 6 ff..

§ 71 [Anhörung]

Ist die Aufhebung oder Änderung eines Verwaltungsakts im Widerspruchsverfahren erstmalig mit einer Beschwer verbunden, soll der Betroffene vor Erlaß des Abhilfebescheids oder des Widerspruchsbescheids gehört werden.

§ 71 ist im Verhältnis zu § 28 VwVfG Spezialvorschrift (NKVwGO § 71 Rn. 1). Die 1
die Bestimmung normiert keine Sachurteilsvoraussetzung, sondern enthält nur eine
Verfahrensregelung. Angehört werden soll der Betroffene vor Erlass eines Abhilfe-
oder Widerspruchsbescheides, falls die Aufhebung oder Änderung des Verwaltungsaktes erstmalig mit einer Beschwer verbunden ist. **Beschwer** bedeutet jede nachteilige Änderung der Rechtsstellung gegenüber dem Ausgangsbescheid (B/F-K/vA
§ 71 Rn. 3). Betroffener kann sowohl der Adressat des Verwaltungsaktes als auch ein
Dritter sein.

Die durch § 71 angeordnete Verpflichtung zur Anhörung besteht nur im Regelfall. 2
Ausnahmen ergeben sich vor allem in entsprechender Anwendung von § 28 II
und III VwVfG (BremOVG NJW 1983, 1869; B/F-K/vA § 71 Rn. 4; NKVwGO
§ 71 Rn. 6). Die Ausgestaltung der Anhörung steht im pflichtgemäßen Ermessen der
Behörde (B/F-K/vA § 71 Rn. 5) wie sich aus dem Zweck der Anhörung zu orientieren, dem Betroffenen von der beabsichtigten Entscheidung Kenntnis zu verschaffen
und ihm Gelegenheit zu geben, sich zu den wesentlichen Entscheidungsgrundlagen
innerhalb angemessener Frist zu äußern (vgl. BWVGH NVwZ 1987, 1087).

Die Verletzung der Anhörungspflicht macht den Abhilfe-/Widerspruchsbescheid 3
fehlerhaft, es sei denn, die unterlassene Anhörung hat die Sachentscheidung offensichtlich nicht beeinflusst, § 46 VwVfG (BremOVG NJW 1983, 1869; NKVwGO
§ 71 Rn. 71). Nach Maßgabe von § 79 I Nr. 2 und II kann der Widerspruchsbescheid selbstständig angefochten werden. Die unterlassene Anhörung berührt hingegen nicht Bestand, Wirksamkeit und Rechtmäßigkeit des Ausgangsverwaltungsaktes
(KS § 71 Rn. 6). Ein Anhörungsfehler im Vorverfahren ist nach § 45 I Nr. 3 VwVfG
heilbar (NKVwGO § 71 Rn. 14; B/F-K/vA § 71 Rn. 6; a. A. wohl BeckOK VwGO
§ 71 Rn. 6).

§ 72 [Abhilfe]

Hält die Behörde den Widerspruch für begründet, so hilft sie ihm ab und entscheidet über die Kosten.

1 Wie § 71 enthält auch § 72 lediglich eine **verfahrensrechtliche Vorschrift** und keine Sachurteilsvoraussetzung. Der Zweck der Bestimmung besteht darin, der Ausgangsbehörde eine nochmalige Selbstkontrolle zu ermöglichen. Bei Ermessensentscheidungen überprüft die Ausgangsbehörde neben der Rechtmäßigkeit auch nochmals die Zweckmäßigkeit der getroffenen Maßnahme (NKVwGO § 72 Rn. 2).

2 § 72 setzt voraus, dass der Widerspruchsbescheid nicht von der Ausgangsbehörde, sondern von der nächsthöheren Behörde erlassen wird; bei **Identität von Ausgangs- und Widerspruchsbehörde** findet ein Abhilfeverfahren nicht statt; es ergeht dann sogleich ein Widerspruchsbescheid (BVerwGE 70, 4, 12; B/F-K/vA § 72 Rn. 3; NKVwGO § 72 Rn. 3).

I. Abhilfeentscheidung

3 Im Fall der (Teil-)**Nichtabhilfe** leitet die Ausgangsbehörde den Widerspruch der Widerspruchsbehörde zu. Die Nichtabhilfe wird dem Widerspruchsführer nicht bekannt gegeben (KS § 72 Rn. 3); sie ist eine nicht anfechtbare Verfahrensentscheidung, die im Einzelfall auch konkludent durch die schlichte Weiterleitung des Widerspruchs erfolgen kann (BeckOK VwGO § 72 Rn. 15).

4 Soweit die Behörde den Widerspruch für zulässig (BVerwG NJW 2009, 2968; KS § 72 Rn. 3; NKVwGO § 72 Rn. 19) und für begründet hält, hilft sie ihm ab. Der **Abhilfebescheid** ist ein Verwaltungsakt im Sinne von § 35 1 VwVfG, aber kein Widerspruchsbescheid (NKVwGO § 72 Rn. 14). Die Behörde ist auch zum Erlass eines sog. Teilabhilfebescheides berechtigt, aber nicht verpflichtet. Dafür spricht ein Gegenschluss aus § 113 I 1, der – anders als § 72 – eine Teilaufhebung ausdrücklich vorsieht (NKVwGO § 72 Rn. 22). Eine Verschlechterung des Ausgangsbescheides zum Nachteil des Widerspruchsführers **(reformatio in peius)** im Abhilfeverfahren ist unzulässig (BremOVG BauR 1989, 191; KS § 72 Rn. 3; NKVwGO § 72 Rn. 23).

5 § 72 bestimmt ferner, dass die Ausgangsbehörde mit dem Abhilfebescheid eine **Kostenentscheidung** treffen muss. Der Inhalt der Kostenentscheidung ist nicht in der VwGO geregelt, sondern richtet sich nach § 80 VwVfG. Beim Teilabhilfebescheid ergeht keine Kostenentscheidung; wegen des Grundsatzes der Einheitlichkeit der Kostenentscheidung trifft in diesem Fall vielmehr die Widerspruchsbehörde die Kostenentscheidung (BVerwGE 88, 41, 46; B/F-K/vA § 72 Rn. 11; a. A. BWVGH NVwZ-RR 1992, 54). Die Kostenentscheidung ist ein selbstständiger Verwaltungsakt, die isoliert angefochten werden kann (NKVwGO § 72 Rn. 30).

6 Die Abhilfebefugnis der Ausgangsbehörde bleibt auch nach Weiterleitung des Widerspruchs an die Widerspruchsbehörde bestehen (BVerwGE 82, 336, 338); die **Abhilfebefugnis erlischt** vielmehr erst mit dem Erlass des Widerspruchsbescheides (NKVwGO § 72 Rn. 9).

II. Verhältnis zu Rücknahme und Widerruf des Verwaltungsaktes

Rücknahme und Widerruf eines Verwaltungsaktes nach §§ 48 ff. VwVfG stellen keine Abhilfe nach § 72 dar (B/F-K/vA, § 72 Rn. 5). Wie sich aus § 50 VwVfG ergibt, ist die Rücknahme und der Widerruf von Verwaltungsakten auch während eines Rechtsbehelfsverfahrens möglich. Der Behörde steht prinzipiell ein **Wahlrecht** zwischen Abhilfe und Rücknahme/Widerruf zu, das sie nach pflichtgemäßem Ermessen auszuüben hat (BVerwG NJW 2009, 2968; B/F-K/vA § 72 Rn. 5; NKVwGO § 72 Rn. 42). Hierbei darf sie etwa berücksichtigen, ob sie den Widerspruch von Anfang an für begründet hält oder ob sie ihm aus anderen, etwa nachträglichen Gründen entsprechen will. Bei einer Rücknahme ist die Behörde auch nicht an die Zulässigkeit und Begründetheit eines Widerspruchs gebunden; sie kann diesen Weg insbesondere bei Unanfechtbarkeit des Verwaltungsaktes wählen (BVerwG NJW 2009, 2968). Fiskalische Gesichtspunkte, nämlich eine für die Behörde negative Kostenentscheidung nach § 72 zu vermeiden, sind kein hinreichender Grund, einen Verwaltungsakt zurückzunehmen (BVerwG NJW 2009, 2968, B/F-K/vA § 72 Rn. 5).

7

Hat die Behörde ermessensfehlerhaft eine Rücknahme ausgesprochen, ist streitig, ob eine **Umdeutung** in einen Abhilfebescheid zulässig ist (bejahend BayVGH BayVBl. 1983, 212; NKVwGO § 72 Rn. 42; a. A. B/F-K/vA § 72 Rn. 5). Sieht die Behörde von einer Abhilfeentscheidung nur deshalb ab, um eine Kostenentscheidung zu vermeiden, soll die behördliche Formenwahl nach der Rechtsprechung des Bundesverwaltungsgerichts unter dem Gesichtspunkt von Treu und Glauben (Formenmissbrauch) unbeachtlich und von einer Abhilfeentscheidung auszugehen sein (BVerwG NJW 2009, 2968).

8

§ 73 [Widerspruchsbescheid]

(1) ¹Hilft die Behörde dem Widerspruch nicht ab, so ergeht ein Widerspruchsbescheid. ²Diesen erläßt
1. die nächsthöhere Behörde, soweit nicht durch Gesetz eine andere höhere Behörde bestimmt wird,
2. wenn die nächsthöhere Behörde eine oberste Bundes- oder oberste Landesbehörde ist, die Behörde, die den Verwaltungsakt erlassen hat,
3. in Selbstverwaltungsangelegenheiten die Selbstverwaltungsbehörde, soweit nicht durch Gesetz anderes bestimmt wird.
³Abweichend von Satz 2 Nr. 1 kann durch Gesetz bestimmt werden, dass die Behörde, die den Verwaltungsakt erlassen hat, auch für die Entscheidung über den Widerspruch zuständig ist.
(2) ¹Vorschriften, nach denen im Vorverfahren des Absatzes 1 Ausschüsse oder Beiräte an die Stelle einer Behörde treten, bleiben unberührt. ²Die Ausschüsse oder Beiräte können abweichend von Absatz 1 Nr. 1 auch bei der Behörde gebildet werden, die den Verwaltungsakt erlassen hat.
(3) ¹Der Widerspruchsbescheid ist zu begründen, mit einer Rechtsmittelbelehrung zu versehen und zuzustellen. ²Zugestellt wird von Amts wegen nach den Vorschriften des Verwaltungszustellungsgesetzes. ³Der Widerspruchsbescheid bestimmt auch, wer die Kosten trägt.

Der Widerspruchsbescheid ist Verwaltungsakt i. S. von § 35 VwVfG (KS § 73 Rn. 1; NKVwGO § 73 Rn. 1). Ein **subjektives Recht auf Erlass eines Widerspruchs-**

1

bescheides besteht im Regelfall nicht (BVerwGE 49, 307, 308; 61, 45, 46; BWVGH NVwZ 1995, 280; NKVwGO § 73 Rn. 2; B/F-K/vA § 73 Rn. 1). Eine Ausnahme dürfte zu bejahen sein, wenn der Widerspruchsbehörde ein nur beschränkt überprüfbares Ermessen oder ein Beurteilungsspielraum zusteht (vgl. BVerwGE 49, 307; 61, 45, 47; B/F-K/vA § 73 Rn. 2). Ein Anspruch wird auch dann bejaht, falls die Widerspruchsbehörde über den Widerspruch eines beschwerten Dritten nicht in angemessener Frist entscheidet und der Begünstigte wegen der aufschiebenden Wirkung des Widerspruchs von dem Verwaltungsakt vorerst keinen Gebrauch machen kann (BWVGH NVwZ 1995, 280).

I. Zuständige Behörde

2 § 73 I bestimmt die zuständige Behörde für die Entscheidung des Widerspruchs. Wer **nächsthöhere Behörde**, oberste Bundes- oder Landesbehörde oder Selbstverwaltungsbehörde ist, bestimmt sich nach den einschlägigen organisationsrechtlichen Vorschriften des Bundes- oder Landesrechts. Über den Widerspruch gegen Verwaltungsakte von Beliehenen entscheidet nach herrschender Meinung die Aufsichtsbehörde, auch wenn eine ausdrückliche gesetzliche Regelung fehlt (KS § 73 Rn. 3; NKVwGO § 73 Rn. 9). Selbstverwaltungsangelegenheiten im Sinne von § 73 I 2 Nr. 3 gibt es u.a. im Kommunalrecht, im Hochschulrecht und im Recht der berufsständischen Kammern. Typische Fälle im Kommunalbereich sind etwa Entscheidungen über die Zulassung zu öffentlichen gemeindlichen Einrichtungen (NRWOVG NVwZ-RR 1993, 354). Was im Einzelnen zu den Selbstverwaltungsangelegenheiten zählt, ergibt sich aus dem jeweiligen Fach- und Organisationsrecht. Nach § 73 I 3 kann durch Gesetz der Devolutiveffekt abweichend von § 73 I 2 Nr. 1 ausgeschlossen werden.

3 Nach § 73 II kann die Widerspruchsentscheidung an **Ausschüsse oder Beiräte** übertragen werden, die nach Satz 2 der Vorschrift auch bei der Ausgangsbehörde gebildet werden können. § 73 II betrifft nicht lediglich bestehende Delegationsregelungen, sondern auch die Übertragung von Widerspruchsentscheidungen an Beiräte und Ausschüsse durch neues Recht (BVerfGE 20, 238, 239; NKVwGO § 73 Rn. 16).

II. Form und Inhalt des Widerspruchsbescheides

4 Der Widerspruchsbescheid muss **schriftlich** ergehen, wie sich mittelbar jedenfalls aus dem Zustellungserfordernis nach § 73 III ergibt (NKVwGO § 73 Rn. 24; vgl. auch KS § 73 Rn. 6; B/F-K/vA § 73 Rn. 27). Die Nichtbeachtung der Schriftform soll zur Nichtigkeit des Widerspruchsbescheides führen (NKVwGO § 73 Rn. 25; KS § 73 Rn. 6; a.A. NRWOVG NVwZ 1995, 395).

5 Nach § 73 III 1 ist der Widerspruchsbescheid zu begründen. Dies gilt auch im Fall der Stattgabe (B/F-K/vA § 73 Rn. 28). Fehlt eine **Begründung**, so ist der Widerspruchsbescheid formell rechtswidrig und kann isoliert angefochten werden (BWVGH NVwZ 1990, 1085; NKVwGO § 73 Rn. 30). Verstöße gegen die Begründungspflicht sind nach § 45 I Nr. 2 VwVfG bis zum Abschluss des verwaltungsgerichtlichen Verfahrens heilbar (NKVwGO § 73 Rn. 31). Ob auch § 46 VwVfG Anwendung findet oder § 79 II 2 insoweit abschließende Sonderregelung ist, wird verschieden beurteilt (vgl. NKVwGO § 73 Rn. 31). Eine inhaltlich unrichtige Begründung stellt keinen Verstoß gegen § 73 III 1 dar.

6 Dem Widerspruchsbescheid muss eine **Rechtsmittelbelehrung** beigefügt werden (§ 73 III 1). Dies soll auch dann gelten, wenn dem Widerspruch in vollem Um-

fang stattgegeben wird und auch ein Dritter nicht beschwert wird (so etwa B/F-K/ vA § 73 Rn. 29; KS § 73 Rn. 29; zweifelh.).

Der **Inhalt** der Entscheidung der Widerspruchsbehörde richtet sich danach, ob der Widerspruch zulässig und/oder begründet ist. Die Widerspruchsbehörde kann zugleich über einen Folgenbeseitigungsantrag entscheiden. Die Gewährung oder Ablehnung einer Folgenbeseitigung wird aber als eigenständiger Verwaltungsakt aufzufassen sein (NKVwGO § 73 Rn. 37). Wird der Widerspruch während des Widerspruchsverfahrens zurückgenommen oder erledigt sich der angefochtene Verwaltungsakt, ist das Widerspruchsverfahren einzustellen, was ggf. auch formlos geschehen kann. Besteht der Widerspruchsführer im Falle einer Erledigung auf der Widerspruchsentscheidung wird zum Teil vertreten, es müsse ein förmlicher Einstellungsbescheid ergehen (NKVwGO § 73 Rn. 39). Richtiger erscheint es, in diesem Fall den Widerspruch durch Widerspruchsbescheid mangels Sachbescheidungsinteresses als unzulässig zurückzuweisen (B/F-K/vA § 73 Rn. 7). Die sachliche Prüfung eines Fortsetzungsfeststellungsbegehrens im Widerspruchsverfahren scheidet jedenfalls aus (→ § 68 Rn. 5). **7**

III. Kosten

§ 73 III 3 bestimmt, dass die Widerspruchsbehörde zugleich über die Kosten zu entscheiden hat. Inhaltlich richtet sich die Kostenentscheidung – vorbehaltlich der Anwendung anderer Vorschriften – nach § 80 VwVfG. Die Kostenentscheidung ist isoliert anfechtbar (KS § 73 Rn. 19). Fehlt die Kostenentscheidung, ist zunächst die Ergänzung des Widerspruchs entsprechend § 120 I zu beantragen. Eine Frist (§ 74 oder entspr. § 120 II) soll dafür nicht bestehen (KS § 73 Rn. 19; NKVwGO § 73 Rn. 49; str.); das Antragsrecht kann aber jedenfalls verwirkt werden (KS § 73 Rn. 19). **8**

IV. Zustellung

Nach § 73 III 1 und 2 ist der Widerspruchsbescheid nach den Vorschriften des Verwaltungszustellungsgesetzes zuzustellen. Anwendbar ist das Verwaltungszustellungsgesetz des Bundes, auch wenn eine Landesbehörde über den Widerspruch entscheidet (KS § 73 Rn. 22a). Für die Wirksamkeit des Widerspruchsbescheides reicht allerdings die einfache Bekanntgabe aus, die ordnungsgemäße Zustellung ist allerdings konstitutiv für den Beginn der Klagefrist (vgl. etwa NKVwGO § 73 Rn. 56, str.). **9**

V. Bindungswirkung des Widerspruchsbescheides

Der Widerspruchsbescheid gibt dem Ausgangsverwaltungsakt seinen endgültigen Inhalt nach § 79 I Nr. 1 (NKVwGO § 73 Rn. 61). Er schließt zugleich das Widerspruchsverfahren ab. Bei fehlender Identität von Ausgangs- und Widerspruchsbehörde endet mit der Zustellung des Widerspruchsbescheides die Sachherrschaft der Widerspruchsbehörde mit der Folge, dass sie den Bescheid sachlich nicht mehr ändern kann; zuständig ist nunmehr allein die Ausgangsbehörde (BVerwGE 27, 78, 79). Nach Eintritt der Bestandskraft kommt eine isolierte Aufhebung (Rücknahme oder Widerruf) des Widerspruchsbescheides, was zu einer Wiedereröffnung des Vorverfahrens führen würde, nicht in Betracht (BVerwG NVwZ 2002, 1252). **10**

§ 74 [Klagefrist]

(1) ¹Die Anfechtungsklage muß innerhalb eines Monats nach Zustellung des Widerspruchsbescheids erhoben werden. ²Ist nach § 68 ein Widerspruchsbescheid nicht erforderlich, so muß die Klage innerhalb eines Monats nach Bekanntgabe des Verwaltungsakts erhoben werden.

(2) Für die Verpflichtungsklage gilt Absatz 1 entsprechend, wenn der Antrag auf Vornahme des Verwaltungsakts abgelehnt worden ist.

1 § 74 dient vor allem der Rechtssicherheit und dem Rechtsfrieden. Die Einhaltung der Klagefrist ist **Sachurteilsvoraussetzung** (→ vor § 40 Rn. 4 ff., 34).

I. Anwendungsbereich

2 Die einmonatige (nicht: vierwöchige) Klagefrist gemäß § 74 I gilt für die **Anfechtungsklage** und – nach § 74 II – für die **Verpflichtungsklage** in Form der Versagungsgegenklage.

3 Bei der **Fortsetzungsfeststellungsklage** ist zu differenzieren: Erledigt sich der Verwaltungsakt nach Klageerhebung, so ist auch die Fortsetzungsfeststellungsklage nach § 113 I 4 unzulässig, wenn nicht innerhalb der Frist des § 74 I Anfechtungsklage erhoben worden war (NKVwGO § 74 Rn. 10; KS, § 74 Rn. 2; BeckOK VwGO § 74 Rn. 3). Erledigt sich der Verwaltungsakt hingegen vor Klageerhebung, ist § 74 auf die Fortsetzungsfeststellungsklage entsprechend § 113 I 4 nicht anwendbar (BVerwGE 109, 203; str.). Ein Widerspruchsverfahren ist in diesem Fall nicht statthaft (→ § 68 Rn. 5).

4 Die Klagefrist nach § 74 I soll auch bei Anfechtungsklagen gegen **nichtige Verwaltungsakte** Anwendung finden (KS § 74 Rn. 2; NKVwGO § 74 Rn. 13; a.A. BFH NJW 1987, 920), sie gilt aber nicht für die Nichtigkeitsfeststellungsklage nach § 43 I. Die Klagefrist nach § 74 I gilt im Regelfall auch bei Verstößen gegen **Gemeinschaftsrecht** und insbesondere auch bei der Verletzung von Rechten aus einer noch nicht ordnungsgemäßen in nationales Recht umgesetzten EG-Richtlinie (vgl. näher NKVwGO § 74 Rn. 14).

5 Von § 74 **abweichende Regelungen** können nur durch Bundesrecht, nicht aber landesrechtlich begründet werden (BVerfGE 21, 106, 114).

II. Beginn der Frist

6 Nach § 74 I 1 beginnt die Klagefrist mit der **Zustellung des Widerspruchsbescheides** zu laufen. Durch eine fehlerhafte Zustellung wird die Klagefrist nicht in Lauf gesetzt (BVerwGE 39, 257, 259). Ist ein Widerspruchsverfahren entbehrlich, beginnt die Klagefrist nach § 74 I 2 mit der **Bekanntgabe des Verwaltungsaktes** (§ 41 VwVfG). Eine solche Bekanntgabe liegt nicht vor, wenn der Inhalt des Verwaltungsaktes zufällig und ohne Wissen der Behörde bekannt wird (BVerwGE 22, 14). Bei mehrfacher Bekanntgabe ist auf die erste wirksame Bekanntgabe abzustellen (BVerwGE 58, 100, 105 f.).

7 Der Beginn der Klagefrist setzt ferner voraus, dass eine **ordnungsgemäße Rechtsbehelfsbelehrung** gemäß § 58 I erteilt worden ist. Ist eine Rechtsbehelfsbelehrung nicht oder fehlerhaft erteilt worden, so gilt die Jahresfrist des § 58 II (→ § 58 Rn. 11). Wird eine ordnungsgemäße Rechtsbehelfsbelehrung nachgeholt, wird die

Klagefrist des § 74 VwGO nachträglich in Lauf gesetzt (BeckOK VwGO § 74 Rn. 18). Eine vor Beginn der Klagefrist erhobene Klage soll mit Zustellung des Widerspruchsbescheides (§ 74 I 1) oder Bekanntgabe des Verwaltungsaktes (§ 74 I 2) zulässig werden (BVerwGE 63, 187, 188; NKVwGO § 74 Rn. 19; a.A. KS, § 74 Rn. 4a).

Stirbt der Widerspruchsführer, gelten § 173 i.V.m. §§ 239 I, 249 I ZPO. Danach wird das Verfahren unterbrochen mit der Folge, dass der Lauf einer jeden Frist aufhört bzw. nicht beginnt (BVerwG NVwZ 2001, 319; NKVwGO § 74 Rn. 20). 8

Richtet sich der Verwaltungsakt oder der Widerspruchsbescheid **an mehrere Adressaten**, gilt der Grundsatz der individuellen Bekanntgabe bzw. Zustellung (→ § 70 Rn. 3); die Klagefrist beginnt also für jeden Kläger gesondert zu laufen. Der Rechtsnachfolger muss sich das Verstreichen der Klagefrist zurechnen lassen (BVerwG NVwZ 1989, 967; BeckOK VwGO § 74 Rn. 17; NKVwGO § 74 Rn. 20). 9

Bei der **notwendigen Streitgenossenschaft** gilt gemäß § 64 die Vertretungsregelung des § 62 I ZPO. Ob derjenige Streitgenosse, der die Klagefrist versäumt hat, als durch den nicht säumigen Streitgenossen vertreten anzusehen, ist allerdings str. (→ § 64 Rn. 10). Ist die Klagefrist für den Säumigen bereits abgelaufen, so kann die Klageerhebung durch einen Streitgenossen die Versäumung der Frist jedenfalls nicht hindern (BVerwG Buchholz 310 § 173 Anh.: § 62 Nr. 1; BeckOK VwGO § 74 Rn. 15; a.A. KS, § 74 Rn. 6). 10

III. Fristende

Die Klagefrist berechnet sich nach § 57 II i.V.m. § 222 I ZPO, §§ 187 I, 188 II BGB (→ § 57 Rn. 3 ff.). Sie endet um 24.00 Uhr des letzten Tages der Monatsfrist. 11

IV. Fristwahrung

Die Klagefrist wird gewahrt durch **Eingang der Klage** innerhalb der Klagefrist bei Gericht. Maßgeblich ist insoweit, dass die Klageschrift in die Verfügungsgewalt des Gerichts gelangt ist (BVerfGE 52, 203, 209; 69, 381, 385), so etwa durch den Einwurf in den Briefkasten des Gerichts, durch Einlegen in das Postfach, auch wenn diese erst am nächsten Tag geleert werden (vgl. BVerwG NJW 1964, 788), oder bei Aushändigung an das Gericht durch den Postboten. Ein Benachrichtigungszettel der Post, dass eine Einschreibesendung zur Abholung bereitliegt, wahrt die Frist hingegen nicht (BAG NJW 1986, 1373). Es obliegt grundsätzlich dem Gericht, den Zeitpunkt des Eingangs zu dokumentieren. Auftretende Fehler, etwa ein Defekt des Nachtbriefkastens, dürfen dem Prozessbeteiligten nicht zum Nachteil gereichen (BeckOK VwGO § 74 Rn. 27). In diesen Fällen reicht es aus, dass der Kläger den rechtzeitigen Eingang der Klage glaubhaft macht und damit eine Fristversäumnis mit überwiegender Wahrscheinlichkeit ausgeschlossen werden kann (BVerwG NJW 1969, 1730). 12

Die Klagefrist wird auch durch den Klageeingang beim Gericht des falschen Rechtsweges oder beim sachlich oder örtlich **unzuständigen Gericht** gewahrt (KS § 74 Rn. 8), und zwar ungeachtet der Frage, ob die nachfolgende Verweisung innerhalb der Klagefrist erfolgt (BVerwG DVBl. 1993, 562). Hinsichtlich des sachlich oder örtlich unzuständigen Gerichts folgt dies aus § 83 S. 1, der die entsprechende Geltung der §§ 17 bis 17b GVG anordnet (NKVwGO § 74 Rn. 13). Anderes gilt allerdings dann, wenn eine an das zuständige Gericht adressierte Klage bei einem unzuständigen Gericht eingeht (BVerfGE 60, 243, 246 f.) und selbst dann, wenn eine an 13 ein unzuständiges Gericht adressierte Klage beim zuständigen Gericht eingeht (BVerwG BayVBl. 2002, 611). Wird die Klageschrift allerdings rechtzeitig weitergeleitet, ist die Klagefrist gewahrt; eine bloße fernmündliche Mitteilung in Verbindung mit einer Aktennotiz reicht dazu nicht (a. A. OLG Zweibrücken NJW 1982, 1008).

V. Verwirkung

14 Das Klagerecht kann unter zeitlichen Gesichtspunkten nicht nur wegen Versäumung der Klagefrist, sondern als Unterfall der unzulässigen Rechtsausführung auch durch Verwirkung verlorengehen (näher → § 70 Rn. 4 f. und → vor § 40 Rn. 45).

§ 75 [Klage bei Untätigkeit der Behörde]

¹Ist über einen Widerspruch oder über einen Antrag auf Vornahme eines Verwaltungsakts ohne zureichenden Grund in angemessener Frist sachlich nicht entschieden worden, so ist die Klage abweichend von § 68 zulässig. ²Die Klage kann nicht vor Ablauf von drei Monaten seit der Einlegung des Widerspruchs oder seit dem Antrag auf Vornahme des Verwaltungsakts erhoben werden, außer wenn wegen besonderer Umstände des Falles eine kürzere Frist geboten ist. ³Liegt ein zureichender Grund dafür vor, daß über den Widerspruch noch nicht entschieden oder der beantragte Verwaltungsakt noch nicht erlassen ist, so setzt das Gericht das Verfahren bis zum Ablauf von ihm bestimmten Frist, die verlängert werden kann, aus. ⁴Wird dem Widerspruch innerhalb der vom Gericht gesetzten Frist stattgegeben oder der Verwaltungsakt innerhalb dieser Frist erlassen, so ist die Hauptsache für erledigt zu erklären.

1 § 75 VwGO gewährleistet **zeitnahen** gerichtlichen Rechtsschutz (Art. 19 IV GG), falls die Behörde über einen Widerspruch oder einen Antrag auf Erlass eines Verwaltungsaktes ohne zureichenden Grund in angemessener Frist nicht entschieden hat (NKVwGO § 75 Rn. 2; BeckOK VwGO § 75 Rn. 1). Begehrt der Kläger einen gebundenen Verwaltungsakt, richtet sich die Untätigkeitsklage als Verpflichtungsklage auf den beantragten Verwaltungsakt, nicht etwa nur auf die Bescheidung des Widerspruchs (BVerwG Buchh 421.0 Prüfungswesen NR. 380; BeckOK VwGO § 75 Rn. 2). Ist nach allgemeinen Regeln eine Bescheidungsklage zulässig (→ § 42 Rn. 48), etwa weil der beantragte Verwaltungsakt im Ermessen der Behörde steht, kann auch die Untätigkeitsklage als Bescheidungsklage – gerichtet auf die Bescheidung des Antrages auf Erlass des begehrten Verwaltungsaktes – erhoben werden (NKVwGO § 75 Rn. 20). Hat ein Dritter Widerspruch eingelegt, kann der Adressat des begünstigenden Verwaltungsaktes (etwa der Bauherr bei der Baugenehmigung) unter den Voraussetzungen des § 75 Untätigkeitsklage gegen die Widerspruchsbehörde erheben, die sich auf die Verpflichtung zur Zurückweisung des Widerspruchs richtet (BWVGH NVwZ 1995, 280).

I. Tatbestandsvoraussetzungen

2 Der Kläger muss einen **Antrag auf Erlass eines Verwaltungsaktes** gestellt oder einen **Widerspruch** eingelegt haben. Ersteres gilt auch dann, wenn der Verwaltungsakt auch von Amts wegen erlassen werden kann oder muss (BVerwGE 99, 158; BWVGH

VBlBW 2000, 106), wobei der Antrag nicht nachholbare Sachurteilsvoraussetzung ist (BWVGH VBlBW 2000, 106; KS § 75 Rn. 7; B/F-K/vA § 75 Rn. 4; offen gelassen in BVerwG, Urt. v. 16.12. 2009 – 6 C 40.07).

Erforderlich ist ferner, dass die Behörde über den Widerspruch oder den Antrag sachlich **nicht entschieden** hat. Eine sachliche Entscheidung liegt auch dann vor, wenn der Widerspruch oder der Antrag als unzulässig zurückgewiesen wurde (NKV-wGO § 75 Rn. 32). **3**

Das Gesetz verlangt darüber hinaus, dass die Behörde innerhalb angemessener Frist nicht entschieden hat. Dabei ergibt sich aus § 75 S. 2, dass ein Entscheidungszeitraum von drei Monaten im Regelfall noch nicht unangemessen ist; die Vorschrift sieht deswegen eine entsprechende **Wartefrist** vor, es sei denn, wegen besonderer Umstände des Falles ist eine kürzere Frist geboten. Die Einhaltung der Wartefrist ist **Sachurteilsvoraussetzung**, die im Zeitpunkt der letzten mündlichen Verhandlung erfüllt sein muss (BVerwGE 23, 135, 137; 42, 108, 110; BVerwG NVwZ 1995, 80; kritisch: NKVwGO § 75 Rn. 41). Die früher in § 76 enthalten gewesene Ausschlussfrist für die Erhebung der Klage ist hingegen seit 1977 beseitigt worden. **4**

Ist die erforderliche Wartefrist noch nicht verstrichen, soll das Verfahren entsprechend § 75 S. 3 **auszusetzen sein** (BVerwGE 23, 135, 139; BeckOK VwGO § 75 Rn. 9; NKVwGO § 74 Rn. 42; vgl. auch B/F-K/vA § 75 Rn. 6). Besondere Umstände, die eine frühzeitigere Entscheidung der Behörde notwendig machen, sind dann zu bejahen, wenn dem Kläger ein längeres Zuwarten unzumutbar ist (KS § 75 Rn. 12), etwa bei termingebundenen Veranstaltungen. Die Regelwartefrist ist auch dann nicht einzuhalten, wenn die Behörde von vornherein zu erkennen gibt, dass sie den Antrag oder den Widerspruch nicht bescheide werde, etwa weil sie die Annahme eines Antrages verweigert (BayVGH BayVBl. 1980, 376). **5**

Die Nichtentscheidung innerhalb angemessener Frist darf nach § 75 S. 1 ferner nicht auf einem **zureichenden Grund** beruhen. Auch insoweit ist der Zeitpunkt der letzten mündlichen Verhandlung maßgeblich (BVerwG NVwZ 1995, 80). Als zureichende Gründe kommen z.B. in Betracht: ein besonderer Umfang der Sachverhaltsaufklärung (KS § 75 Rn. 13) oder besondere rechtliche Schwierigkeiten (BeckOK VwGO § 75 Rn. 16); auch die Überlastung einer Behörde kann zureichender Grund sein (BVerwGE 42, 108, 111 f.); laufende Vergleichsverhandlungen zwischen Behörde und Kläger rechtfertigen ebenfalls das Zurückstellen der Bescheidung (BeckOK VwGO 75 Rn. 13). Keinen zureichenden Grund stellen dagegen Urlaub, Krankheit oder Arbeitsüberlastung einzelner Sachbearbeiter dar, da die Verwaltung in derartigen Fällen für ausreichende Vertretung sorgen muss (KS § 75 Rn. 13). Auch die Unzuständigkeit der Behörde stellt keinen zureichenden Grund für Untätigkeit dar (KS § 75 Rn. 15). Entsprechendes soll auch für die Anhängigkeit eines Musterprozesses oder einer Parallelsache gelten (NKVwGO § 75 Rn. 56; a.A. KS § 75 Rn. 13 für den Fall, dass eine baldige Entscheidung zu erwarten ist). **6**

II. Gerichtliche Entscheidung

Ist im Zeitpunkt der mündlichen Verhandlung eine angemessene Frist verstrichen und liegt kein zureichender Grund für die Untätigkeit der Behörde vor, ist die Klage zulässig und das Gericht entscheidet in der Sache. Besteht ein zureichender Grund, **setzt** das Gericht das Verfahren nach § 75 S. 3 **aus** und setzt der Behörde eine (verlängerbare) Frist, bis zu deren Ablauf die Entscheidung nachgeholt werden soll. Die Dauer der Frist bemisst das Gericht unter Berücksichtigung derjenigen Umstände, **7**

§ 76

aus denen sich der zureichende Grund für die Untätigkeit der Behörde ergibt (BeckOK VwGO § 75 Rn. 14).

8 Der Aussetzungsbeschluss ist mit der Beschwerde nach § 146 I **anfechtbar**; dies gilt auch hinsichtlich der Fristsetzung, die Bestandteil der Aussetzungsentscheidung ist; sie ist nicht etwa als (isolierte) Fristsetzung i. S. von § 146 II aufzufassen (NKVwGO § 75 Rn. 62).

9 Wird dem **Widerspruch** innerhalb der vom Gericht gesetzten Frist **stattgegeben** oder der **Verwaltungsakt** innerhalb der Frist **erlassen** (§ 75 S. 4), so erklärt nicht etwa das Gericht die Hauptsache für erledigt (so aber etwa BeckOK VwGO Rn. 13), sondern der Kläger hat die Hauptsache für erledigt zu erklären; andernfalls ist die Klage mangels Rechtsschutzinteresses als unzulässig abzuweisen (so zutreffend etwa B/F-K/vA § 75 Rn. 20.1; KS § 75 Rn. 19) Die Kostenentscheidung erfolgt, wenn sich der Beklagte der Erledigungserklärung anschließt, nach § 161 II und III (→ § 161 Rn. 29 ff.). Der Kläger kann die Klage auch zurücknehmen (§ 92), § 161 III verdrängt dabei § 155 II (KS § 75 Rn. 19).

10 **Entscheidet die Behörde negativ**, lehnt sie also den Erlass des beantragten Verwaltungsaktes ab oder weist sie den Widerspruch zurück, ist zu unterscheiden: Ist die Untätigkeitsklage zulässig, weil der Kläger die Wartefrist nach § 75 S. 1 und 2 eingehalten hat, und hat das Gericht keine Fristsetzung nach § 75 S. 3 vorgenommen, kann der Kläger die Untätigkeitsklage als Anfechtungs- bzw. Verpflichtungsklage unter Einbeziehung des ergangenen Verwaltungsaktes bzw. Widerspruchsbescheides fortführen (BWVGH NJW 1986, 149). Die Durchführung eines Vorverfahrens nach § 68 ist in dem Fall, in dem die Ausgangsbehörde den Erlass des begehrten Verwaltungsaktes abgelehnt hat und keine Verfahrensaussetzung nach § 75 S. 3 erfolgt ist, nicht erforderlich (BVerwGE 66, 342, 344; 88, 254, 255 f.).

11 Das gleiche gilt, wenn das Gericht eine Frist nach Satz 3 gesetzt hat und die Behörde erst nach Ablauf der gerichtlich gesetzten Frist die begehrte Entscheidung versagt hat (BVerwGE 42, 108). Hat die Behörde dagegen eine nach § 75 S. 3 gesetzte Frist eingehalten, so ist ein Vorverfahren gemäß § 68 notwendig (BVerwGE 42, 1098; BVerwG, NVwZ 1987, 969; streitig). Das Gericht setzt den Rechtsstreit zwecks Durchführung des Widerspruchsverfahrens aus (BVerwGE 42, 108, 114); einer ausdrücklichen Einlegung des Widerspruchs soll es nicht bedürfen (BVerwGE 42, 108, 114; a. A. etwa KS § 75 Rn. 23). Entsprechendes gilt, wenn die Klage verfrüht erhoben wurde und die Behörde die begehrte Entscheidung innerhalb der Wartefrist nach § 75 S. 1 und 2 abgelehnt hat (BVerwGE 42, 108, 111 f.; BeckOK VwGO § 75 Rn. 20).

§ 76 *(aufgehoben)*

§ 76 wurde durch Gesetz v. 24. 8. 1976 (BGBl. I 2437) mit Wirkung zum 1. 1. 1977 aufgehoben.

§ 77 [Ausschließlichkeit des Widerspruchsverfahrens]

(1) Alle bundesrechtlichen Vorschriften in anderen Gesetzen über Einspruchs- oder Beschwerdeverfahren sind durch die Vorschriften dieses Abschnitts ersetzt.

(2) Das gleiche gilt für landesrechtliche Vorschriften über Einspruchs- oder Beschwerdeverfahren als Voraussetzung der verwaltungsgerichtlichen Klage.

Beklagter **§ 78**

Die Vorschrift enthält Überleitungsregelungen. Sie betreffen lediglich Einspruchs- 1
und Beschwerdeverfahren als Voraussetzung der Anfechtungs- und Verpflichtungsklage nach der VwGO (B/F-K/vA § 77 Rn. 2; NKVwGO § 77 Rn. 5; a.A. zu § 77 I:
KS § 77 Rn. 2).

§ 77 I ersetzt alle bundesrechtlichen Vorschriften, sofern sich aus den Übergangs- 2
bestimmungen der §§ 190 ff. nichts anderes ergibt (B/F-K/vA § 77 Rn. 3; NKVw-
GO § 77 Rn. 5). Durch spätere bundesrechtliche Regelungen können jederzeit wieder andere Regelungen für das Vorverfahren getroffen werden.

§ 77 II besitzt im Hinblick auf Art. 31 GG lediglich deklaratorische Bedeutung 3
(B/F-K/vA § 77 Rn. 4). Die Wirkung der Norm beschränkt sich aus kompetenz-
rechtlichen Gründen auf solche landesrechtlichen Vorschriften, die Einspruchs- oder
Beschwerdeverfahren als Voraussetzung der verwaltungsgerichtlichen Klage vorsehen.
Im Übrigen kann das Landesrecht weiter Beschwerde- und Einspruchsverfahren regeln. Im Zweifelfall ist ein landesrechtlicher Rechtsbehelf in einen Widerspruch umzudeuten (B/F-K/vA § 75 Rn. 4; KS § 75 Rn. 2).

§ 78 [Beklagter]

(1) Die Klage ist zu richten
1. **gegen den Bund, das Land oder die Körperschaft, deren Behörde den angefochtenen Verwaltungsakt erlassen oder den beantragten Verwaltungsakt unterlassen hat; zur Bezeichnung des Beklagten genügt die Angabe
der Behörde,**
2. **sofern das Landesrecht dies bestimmt, gegen die Behörde selbst, die den
angefochtenen Verwaltungsakt erlassen oder den beantragten Verwaltungsakt unterlassen hat.**

**(2) Wenn ein Widerspruchsbescheid erlassen ist, der erstmalig eine Be-
schwer enthält (§ 68 Abs. 1 Satz 2 Nr. 2), ist Behörde im Sinne des
Absatzes 1 die Widerspruchsbehörde.**

Die Vorschrift regelt, wer richtiger Beklagter ist. § 78 I Nr. 1 enthält nach bestrittener 1
Ansicht der Rspr. (BVerwGE 31, 233; 236; NVwZ-RR 1990, 44; a.A. etwa KS § 78
Rn. 1) eine Bestimmung über die **Passivlegitimation** (→ vor § 40 Rn. 36) und betrifft damit die Begründetheit der Klage. § 78 I Nr. 2 normiert hingegen einen Fall
der gesetzlichen **Prozessstandschaft** und damit eine Sachurteilsvoraussetzung (→
vor § 40 Rn. 37; vgl. auch B/K-F/vA § 78 Rn. 1; NKVwGO § 78 Rn. 5).

§ 78 findet – wie schon seine Stellung im 8. Abschnitt verdeutlicht – Anwendung 2
grds. nur bei **Anfechtungs- und Verpflichtungsklagen**. Er findet ebenfalls Anwendung bei der **Fortsetzungsfeststellungsklage** nach oder entsprechend § 113 I
4 sowie in **Verfahren des vorläufigen Rechtsschutzes**, bei denen in der Hauptsache die Anfechtungs- oder Verpflichtungsklage gegeben ist. Die Vorschrift gilt ferner
(entsprechend) im Fall der **Nichtigkeitsfeststellungsklage**, § 43 I Alt. 2. (B/K-F/
vA § 78 Rn. 3; NKVwGO § 78 Rn. 12) sowie kraft **besonderer gesetzlicher Anordnung** (§ 126 III BRRG, § 126 II BBG für Bundesbeamte, § 54 II 1 BeamtStG
für Landes- und Gemeindebeamte). Bei der allgemeinen Leistungsklage und der Feststellungsklage gelten hingen die allgemeinen Grundsätze, d.h. im Regelfall das
Rechtsträgerprinzip. Für das Normenkontrollverfahren enthält § 47 II 2 eine Spezi-
alregelung (→ § 47 Rn. 24).

I. Klage gegen die Körperschaft gemäß § 78 I Nr. 1

3 Nach § 78 I Nr. 1 ist die Klage gegen diejenige Körperschaft zu richten, deren Behörde den angefochtenen Verwaltungsakt erlassen oder den beantragten Verwaltungsakt unterlassen hat. Neben dem Bund und dem Land sind **alle Körperschaften** des öffentlichen Rechts erfasst. Auf **rechtsfähige Anstalten und Stiftungen** des öffentlichen Rechts ist die Vorschrift entsprechend anzuwenden (NKVwGO § 78 Rn. 23; B/K-F/vA § 78 Rn. 8). Gleiches gilt für **Vereinigungen**, denen nach § 61 Nr. 2 ein Recht zustehen kann (B/K-F/vA § 78 Rn. 8; KS § 78 Rn. 4). Schließlich findet § 78 I Nr. 1 auch auf den **beliehenen Unternehmer** Anwendung (KS § 78 Rn. 3) mit der Folge, dass richtiger Beklagter nach dieser Vorschrift auch eine natürliche Person sein kann (B/K-F/vA § 78 Rn. 8).

4 Der Begriff der **Behörde** in § 78 1 Nr. 1 deckt sich mit dem in § 61 Nr. 3. Erfasst wird damit jede Stelle, die durch organisationsrechtliche Rechtssätze gebildet, vom Wechsel ihrer Amtsinhaber unabhängig und nach der einschlägigen Zuständigkeitsregelung dazu berufen ist, unter eigenem Namen für den Staat oder einen anderen Träger öffentlicher Verwaltung Aufgaben der öffentlichen Verwaltung eigenständig wahrzunehmen (NRWOVG NVwZ-RR 1989, 576). Der sog. Verwaltungshelfer, der einer Behörde Hilfsdienste leistet, ohne selbst eine hoheitliche Tätigkeit zu entfalten (z.B. der mit dem Abschleppen eines verkehrswidrig abgestellten Fahrzeugs beauftragte Privatunternehmer oder der mit dem Aufstellen von Verkehrszeichen beauftragte Bauunternehmer) ist nicht Behörde (BVerwGE, 35, 335; NKVwGO § 78 Rn. 17; auch → § 40 Rn. 113 ff.).

5 Hinsichtlich der **Zurechnung** des Handelns einer Behörde ist Folgendes zu beachten: Ist eine Behörde gleichzeitig für mehrere Rechtsträger tätig (z.B. das gemeinsame Prüfungsamt verschiedener Bundesländer), so ist die Klage gegen sämtliche Rechtsträger zu richten (BeckOK VwGO § 78 Rn. 19). Eine Behörde, die Organ mehrerer Rechtsträger ist, kann aber auch lediglich für einen dieser Rechtsträger handeln. Wichtiger Fall ist etwa das Landratsamt/der Landrat, das/der entweder als untere staatliche Verwaltungsbehörde oder aber als Behörde des Landkreises/Kreises tätig wird (vgl. etwa §§ 42, 59 KrO NRW). Im ersteren Fall ist das Land der richtige Klagegegner, im letzteren Fall ist die Klage hingegen gegen den Landkreis/den Kreis zu richten. Werden Selbstverwaltungskörperschaften im übertragenen Wirkungskreis (nach Weisung) tätig, ist die Selbstverwaltungskörperschaft richtiger Klagegegner (B/K-F/vA § 78 Rn. 7). Erlässt die Aufsichtsbehörde im Wege der Selbstvornahme einen Verwaltungsakt, weil die Gemeinde ihren rechtlichen Verpflichtungen nicht nachgekommen ist, oder hebt die Aufsichtsbehörde einen von der Gemeinde erlassenen Verwaltungsakt auf, so richtet sich die Klage auch des betroffenen Bürgers gegen den Träger der Aufsichtsbehörde, also das Land (S/S-A/P, VwGO § 78 Rn. 35; BeckOK VwGO § 78 Rn. 25; str.). Im Fall der Bundesauftragsverwaltung gemäß Art. 85, 90 II GG ist die Klage nicht gegen den Bund, sondern gegen den beauftragten Rechtsträger (Land oder Selbstverwaltungskörperschaft) zu richten (B/K-F/vA § 78 Rn. 11). Im Fall der Amtshilfe ist die Klage gegen den Rechtsträger der ersuchten Behörde zu richten (NKVwGO § 78 Rn. 20).

6 Nach § 78 I Nr. 1 Halbsatz 2 genügt zur Bezeichnung des Beklagten die **Angabe der Behörde**. Die Vorschrift soll dem Kläger die Entscheidung abnehmen, wer der hinter der Behörde stehende Rechtsträger ist (NKVwGO § 78 Rn. 24). Die Vorschrift ist in allen anderen Verfahrensarten entsprechend anzuwenden (B/K-F/vA 78 Rn. 13).

II. Klage gegen die Behörde nach § 78 I Nr. 2

Nach § 78 I Nr. 2 kann das Landesrecht bestimmen, dass sich die Klage gegen die Behörde zu richten hat, die den angefochtenen VA erlassen oder den beantragten VA unterlassen hat. Von dieser Ermächtigung ist vielfach Gebrauch zu gemacht worden (vgl. etwa § 5 II AGVwGO NRW, der allerdings am 31.12. 2010 außer Kraft tritt, oder § 8 II NdsAGVwGO). Der Bundesgesetzgeber kann kraft seiner allgemeinen Kompetenz aus Art. 74 I Nr. 1 GG in Sonderregelungen ebenfalls vorsehen, dass eine Bundesbehörde als solche zu verklagen ist (BeckOK VwGO § 78 Rn. 38). Die Länder sind hingegen aus § 78 I Nr. 2 VwGO – unbeschadet des weitergehenden Wortlauts – nicht befugt, Vorschriften über die Vertretung des Bundes im Rechtsstreit zu treffen (stRspr., BVerwGE 92, 263, 264; 14, 330, 332). 7

III. Klage gegen den Widerspruchsbescheid nach § 78 II VwGO

Die Vorschrift betrifft den Fall, dass sich die Klage allein gegen den Widerspruchsbescheid richtet. Dies ist einmal der Fall, wenn der Widerspruchsbescheid erstmalig eine Beschwer enthält (§ 79 I Nr. 2). Dies ist weiterhin auch dann der Fall, wenn der Widerspruchsbescheid gegenüber dem ursprünglichen Verwaltungsakt eine zusätzliche selbstständige Beschwer enthält (§ 79 II 1). In diesen Fällen gilt § 78 II entsprechend, wie sich aus § 79 II 3 ergibt. Die Klage ist nach § 78 II i.V.m. § 78 I Nr. 1 gegen den Rechtsträger der Widerspruchsbehörde oder, sofern das Landesrecht eine Regelung im Sinne von § 78 I 1 Nr. 2 enthält, gegen die Widerspruchsbehörde selbst zu richten. Kein Fall des § 78 II i.V.m. § 79 II liegt vor, wenn der Kläger den Verwaltungsakt in der Gestalt eines verbösernden Widerspruchsbescheids im vollen Umfang angefochten hat. Dies gilt auch dann, wenn er die Klage nachträglich in der Weise beschränkt, dass sie sich nur noch gegen die durch den Widerspruchsbescheid auferlegte zusätzliche Beschwer wendet; richtiger Beklagter bleibt der Rechtsträger der Ausgangsbehörde bzw. die Ausgangsbehörde selbst (BVerwG NVwZ 1987, 215; BeckOK VwGO § 78 Rn. 42; a.A. S/S-A/P § 78 Rn. 44). 8

IV. Klage gegen den falschen Beklagten

Ist die Klage gegen den falschen Beklagten gerichtet, ist sie im Fall des § 78 I Nr. 1 als **unbegründet** abzuweisen, im Fall des § 78 I Nr. 2 hingegen als **unzulässig** (→ Rn. 1). Zunächst ist im Fall einer falschen Bezeichnung aber immer zu fragen, ob der richtige Beklagte nicht im Wege der **Auslegung** zu ermitteln ist, was immer dann der Fall ist, wenn erkennbar ist, gegen wen sich die Klage in Wahrheit richten soll (BVerwGE 20, 21). Das Rubrum ist dann entsprechend – auch nach Ablauf der Klagefrist (BayVGH BayVBl. 1984, 407) – zu berichten. Im Übrigen ist dem Beteiligten ggf. durch einen Hinweis nach § 86 III die Gelegenheit zu geben, die Klage im Wege einer Klageänderung gegen den richtigen Beklagten zu richten. 9

Die Rechtsfolgen eines **Zuständigkeitswechsels** während des gerichtlichen Verfahrens ergeben sich aus § 173 i.V.m. §§ 239 ff. ZPO; es handelt sich dabei um einen Fall des gesetzlichen Parteiwechsels (BVerwGE 44, 148, 150). Die Ansicht, ein Zuständigkeitswechsel sei im Falle der Anfechtungsklage generell unerheblich, da die erlassende Behörde bei belastenden Verwaltungsakten auch nach dem Zuständigkeitswechsel die Verantwortung für den Verwaltungsakt behalte (so etwa B/K-F/vA § 78 Rn. 16; BeckOK VwGO § 78 Rn. 46), erscheint zweifelhaft. Denn organisations- 10 rechtliche Änderungen erfolgen vielfach mit Wirkung für die Vergangenheit, was etwa im Fall der Behördenauflösung auch unumgänglich ist. Ändert sich im Fall einer Verpflichtungsklage die Zuständigkeit durch einen Wohnsitzwechsel des Klägers, liegt kein gesetzlicher Parteiwechsel auf Beklagtenseite vor; die Umstellung der Klage gegen den neuen Rechtsträger bzw. die neu zuständige Behörde ist vielmehr nur nach Maßgabe des § 91 VwGO möglich (S/S-A/P § 78 Rn. 62; BeckOK VwGO § 78 Rn. 47; B/K-F/vA § 78 Rn. 17).

§ 79 [Gegenstand der Anfechtungsklage]

(1) Gegenstand der Anfechtungsklage ist
1. der ursprüngliche Verwaltungsakt in der Gestalt, die er durch den Widerspruchsbescheid gefunden hat,
2. der Abhilfebescheid oder Widerspruchsbescheid, wenn dieser erstmalig eine Beschwer enthält.

(2) ¹Der Widerspruchsbescheid kann auch dann alleiniger Gegenstand der Anfechtungsklage sein, wenn und soweit er gegenüber dem ursprünglichen Verwaltungsakt eine zusätzliche selbständige Beschwer enthält. ²Als eine zusätzliche Beschwer gilt auch die Verletzung einer wesentlichen Verfahrensvorschrift, sofern der Widerspruchsbescheid auf dieser Verletzung beruht. ³§ 78 Abs. 2 gilt entsprechend.

1 § 79 bestimmt den Gegenstand der Anfechtungsklage. Die Vorschrift normiert eine **Sachurteilsvoraussetzung**, indem sie festlegt, was statthafter Gegenstand einer Anfechtungsklage ist (BeckOK VwGO § 79 Rn. 5; KS § 79 Rn. 1a). Der Begriff des Gegenstands im Sinne von § 79 ist nicht mit dem des Streitgegenstandes zu verwechseln, der etwa hinsichtlich der Rechtskraft, der Rechtshängigkeit oder der Klageänderung maßgeblich ist (S/S-A/P § 79 Rn. 1, 3).

2 Unmittelbar anwendbar ist § 79 nur auf die **Anfechtungsklage**. Entsprechend anwendbar ist § 79 I Nr. 1 auf die **Verpflichtungsklage** jedenfalls dann, wenn hinsichtlich der begehrten Verwaltungsentscheidung ein Ermessens- oder Beurteilungsspielraum besteht und die Widerspruchsbehörde nicht auf eine Rechtmäßigkeitskontrolle beschränkt war (B/K-F/vA § 79 Rn. 1; NKVwGO § 79 Rn. 13). Die Vorschrift dürfte darüber hinaus aber auch im Falle gebundener Entscheidungen entsprechende Anwendung finden, als statthafter Klagegegenstand nur das sein kann, was auch der Widerspruchsbescheid versagt hat (so KS § 79 Rn. 3). Inwieweit § 79 II auf die Verpflichtungsklage entsprechende Anwendung findet, ist streitig (differenzierend: NKVwGO § 79 Rn. 14; bejahend: B/K-F/vA § 79 Rn. 1 sowie KS § 79 Rn. 3). Entsprechend anwendbar ist § 79 ferner bei der **Fortsetzungsfeststellungsklage**, § 113 I 4 (BVerwG NVwZ 1988, 1120).

I. Anfechtung des Ausgangsbescheides in der Gestalt des Widerspruchsbescheides nach § 79 I Nr. 1

3 Nach § 79 I Nr. 1 ist Gegenstand der Klage der ursprüngliche Verwaltungsakt in der **Gestalt**, die er durch den Widerspruchsbescheid gefunden hat. Zur Gestalt gehören der Tenor und die Begründung des Verwaltungsaktes (BVerwGE 62, 80, 81). Nach der Rechtsprechung des Bundesverwaltungsgerichts liegt eine Gestaltänderung auch

Gegenstand der Anfechtungsklage § 79

dann vor, wenn schlichtes Verwaltungshandeln der Behörde nachträglich durch den Widerspruchsbescheid den Charakter eines Verwaltungsaktes bekommt (BVerwGE, 78, 3, 4 f.; a. A. NKVwGO § 79 Rn. 24).

Fraglich erscheint, wie weit die durch § 79 I Nr. 1 angeordnete Einheit von Ausgangs- und Widerspruchsbescheid reicht. Problematisch ist insbes., ob im Falle einer Anfechtung nach § 79 I Nr. 1 **allein der Widerspruchsbescheid aufgehoben** werden kann (z. B. bei Ermessensnichtgebrauch durch die Widerspruchsbehörde). Dies wird überwiegend für möglich gehalten (vgl. NKVwGO, § 79 Rn. 19 f.), wobei das auf die isolierte Aufhebung des Widerspruchsbescheides gerichtete Begehren als Minus in dem entsprechend § 79 I Nr. 1 formulierten Klageantrag enthalten sein soll. Der Widerspruchsbescheid ist dann durch Teilurteil aufzuheben und das Verfahren unter Fristsetzung bis zu einer erneuten Entscheidung über den Widerspruch entweder zum Ruhen zu bringen oder auszusetzen (BVerwGE 70, 196, 197; B/K-F/vA § 79 Rn. 6). Für eine solche gerichtliche Entscheidung besteht allerdings regelmäßig nur dann ein Rechtsschutzinteresse, wenn der Widerspruchsbehörde ein Beurteilungs- oder Ermessensspielraum eröffnet ist (vgl. BVerwG NVwZ 1999, 641; NKVwGO § 79 Rn. 19; a. A. KS § 79 Rn. 5). 4

II. Anfechtung von Abhilfe- oder Widerspruchsbescheid bei erstmaliger Beschwer nach § 79 I Nr. 2

§ 79 I Nr. 2 betrifft den **Verwaltungsakt mit Drittwirkung**. Er ermöglicht die isolierte Anfechtung des Widerspruchsbescheides in Fällen, in denen ein ursprünglich den Adressaten oder einen Dritten begünstigender Verwaltungsakt durch die Widerspruchsbehörde zum Nachteil des ursprünglich Begünstigten abgeändert wurde, so z. B., wenn eine Baugenehmigung auf den Widerspruch des Nachbarn hin aufgehoben und der Bauantrag abgelehnt wird (BayVGH NVwZ-RR 1990, 594). Enthielt der ursprüngliche Verwaltungsakt für den Kläger bereits eine Beschwer (Beispiel: Die Baugenehmigung enthielt Auflagen, die auf den Widerspruch des Nachbarn hin verschärft wurden), liegt keine erstmalige Beschwer im Sinne von § 79 I Nr. 2 vor (NKVwGO § 79 Rn. 28). In diesem Fall kommt ein Vorgehen sowohl nach § 79 I Nr. 1 als auch nach § 79 II in Betracht. Eine erstmalige Beschwer im Sinne von § 79 I Nr. 2 kann auch durch die Verletzung einer Verfahrensvorschrift im Sinne von § 79 II 2 gegeben sein (BremOVG NJW 1983, 1869; KS, § 79 Rn. 8). 5

Selbstverwaltungskörperschaften können einen Widerspruchsbescheid gemäß § 79 I Nr. 2 isoliert anfechten, sofern dieser einen Ausgangsbescheid ändert, der in einer Selbstverwaltungsangelegenheit erlassen wurde (BVerwG DÖV 1982, 283; NVwZ 1988, 1120, 1121). Dies gilt nicht bei Aufgaben, die im übertragenen Wirkungskreis wahrgenommen werden (BVerwG NVwZ 1995, 165, 166). Ob § 79 I Nr. 2 auf die **Kostenlastentscheidung im Widerspruchsbescheid** Anwendung findet, wird unterschiedlich beurteilt, dürfte aber zu bejahen sein (NKVwGO § 79 Rn. 32; B/K-F/vA § 79 Rn. 10). 6

III. Isolierte Anfechtung des Widerspruchsbescheides bei zusätzlicher selbstständiger Beschwer

Die **zusätzlich selbstständige Beschwer im Sinne von § 79 II 1** meint nur eine weitere materielle Belastung, wie § 79 II 2 verdeutlicht (NKVwGO § 79 Rn. 38). Dem Wort „selbständig" kommt im Verhältnis zu dem Wort „zusätzlich" nach rich- 7 tiger Auffassung keine eigenständige Bedeutung zu (B/K-F/vA § 79 Rn. 14; NK-VwGO, § 79 Rn. 38). Infolgedessen ist im Fall der Verböserung (reformatio in peius), eine isolierte Anfechtung nach § 79 II 1 stets zulässig. (BVerwGE 65, 313; B/K-F/vA, § 79 Rn. 14; NKVwGO, § 79 Rn. 40). Nach der Rechtsprechung des Bundesverwaltungsgerichts kann auch eine gegenüber dem Ausgangsbescheid geänderte Begründung eine Beschwer begründen, allerdings nur, wenn dadurch der Verwaltungsakt in seinem Wesen geändert wird (BVerwGE 84, 220, 231).

8   Nach § 79 II 2 gilt als zusätzlich Beschwer auch die **Verletzung einer wesentlichen Verfahrensvorschrift**, sofern der Widerspruchsbescheid auf dieser Verletzung beruht. Wesentliche Verfahrensvorschriften sind Rechtsnormen (und nicht lediglich Verwaltungsvorschriften, BVerwGE 71, 251), die zumindest auch dem Schutz des Betroffenen dienen und nicht bloße Ordnungsvorschriften darstellen (BVerwGE 24, 23, 31; NKVwGO § 79 Rn. 47; B/K-F/vA § 79 Rn. 17; KS § 79 Rn. 14). Verfahrensfehler können danach etwa sein: eine unterlassene Anhörung nach § 71 (BVerwG, NVwZ 1999, 1218), die Zurückweisung eines zulässigen Widerspruchs als unzulässig oder die unterlassene Beteiligung einer anderen Behörde, deren Mitwirkung jedenfalls auch im Interesse des Klägers vorgesehen ist (KS § 79 Rn. 13).

§ 79 II 2 setzt ferner voraus, dass der Widerspruchsbescheid auf dieser Verletzung **beruht**. Dies ist dann der Fall, wenn nicht ausgeschlossen werden kann, dass die Widerspruchsbehörde bei Beachtung der wesentlichen Verfahrensvorschrift zu einem anderen Ergebnis gelangt wäre (BremOVG NJW 1983, 1869; KS § 79 Rn. 14). Daran fehlt es regelmäßig bei gebundenen Entscheidungen (BVerwG NVwZ 1999, 641). Eine isolierte Anfechtung von Widerspruchsbescheiden nach § 79 II 2 kommt daher grundsätzlich nur in Betracht, wenn die Widerspruchsbehörde über einen Ermessens- oder Beurteilungsspielraum verfügt.

9   Nach § 79 II 3 ist **§ 78 II entsprechend** anzuwenden, d.h. die Klage gemäß § 79 II 1 und 2 ist nach § 78 II i.V.m. I Nr. 1 gegen den Rechtsträger der Widerspruchsbehörde und im Fall des § 78 I Nr. 2 gegen die Widerspruchsbehörde selbst zu richten.

§ 80 [Aufschiebende Wirkung]

(1) ¹**Widerspruch und Anfechtungsklage haben aufschiebende Wirkung.** ²**Das gilt auch bei rechtsgestaltenden und feststellenden Verwaltungsakten sowie bei Verwaltungsakten mit Doppelwirkung (§ 80a).**
(2) ¹**Die aufschiebende Wirkung entfällt nur**
1. **bei der Anforderung von öffentlichen Abgaben und Kosten,**
2. **bei unaufschiebbaren Anordnungen und Maßnahmen von Polizeivollzugsbeamten,**
3. **in anderen durch Bundesgesetz oder für Landesrecht durch Landesgesetz vorgeschriebenen Fällen, insbesondere für Widersprüche und Klagen Dritter gegen Verwaltungsakte, die Investitionen oder die Schaffung von Arbeitsplätzen betreffen,**
4. **in den Fällen, in denen die sofortige Vollziehung im öffentlichen Interesse oder im überwiegenden Interesse eines Beteiligten von der Behörde, die den Verwaltungsakt erlassen oder über den Widerspruch zu entscheiden hat, besonders angeordnet wird.**

²**Die Länder können auch bestimmen, dass Rechtsbehelfe keine aufschiebende Wirkung haben, soweit sie sich gegen Maßnahmen richten, die in der**

Verwaltungsvollstreckung durch die Länder nach Bundesrecht getroffen werden.

(3) ¹In den Fällen des Absatzes 2 Nr. 4 ist das besondere Interesse an der sofortigen Vollziehung des Verwaltungsakts schriftlich zu begründen. ²Einer besonderen Begründung bedarf es nicht, wenn die Behörde bei Gefahr im Verzug, insbesondere bei drohenden Nachteilen für Leben, Gesundheit oder Eigentum vorsorglich eine als solche bezeichnete Notstandsmaßnahme im öffentlichen Interesse trifft.

(4) ¹Die Behörde, die den Verwaltungsakt erlassen oder über den Widerspruch zu entscheiden hat, kann in den Fällen des Absatzes 2 die Vollziehung aussetzen, soweit nicht bundesgesetzlich etwas anderes bestimmt ist. ²Bei der Anforderung von öffentlichen Abgaben und Kosten kann sie die Vollziehung auch gegen Sicherheit aussetzen. ³Die Aussetzung soll bei öffentlichen Abgaben und Kosten erfolgen, wenn ernstliche Zweifel an der Rechtmäßigkeit des angegriffenen Verwaltungsakts bestehen oder wenn die Vollziehung für den Abgaben- oder Kostenpflichtigen eine unbillige, nicht durch überwiegende öffentliche Interessen gebotene Härte zur Folge hätte.

(5) ¹Auf Antrag kann das Gericht der Hauptsache die aufschiebende Wirkung in den Fällen des Absatzes 2 Nr. 1 bis 3 ganz oder teilweise anordnen, im Falle des Absatzes 2 Nr. 4 ganz oder teilweise wiederherstellen. ²Der Antrag ist schon vor Erhebung der Anfechtungsklage zulässig. ³Ist der Verwaltungsakt im Zeitpunkt der Entscheidung schon vollzogen, so kann das Gericht die Aufhebung der Vollziehung anordnen. ⁴Die Wiederherstellung der aufschiebenden Wirkung kann von der Leistung einer Sicherheit oder von anderen Auflagen abhängig gemacht werden. ⁵Sie kann auch befristet werden.

(6) ¹In den Fällen des Absatzes 2 Nr. 1 ist der Antrag nach Absatz 5 nur zulässig, wenn die Behörde einen Antrag auf Aussetzung der Vollziehung ganz oder zum Teil abgelehnt hat. ²Das gilt nicht, wenn
1. die Behörde über den Antrag ohne Mitteilung eines zureichenden Grundes in angemessener Frist sachlich nicht entschieden hat oder
2. eine Vollstreckung droht.

(7) ¹Das Gericht der Hauptsache kann Beschlüsse über Anträge nach Absatz 5 jederzeit ändern oder aufheben. ²Jeder Beteiligte kann die Änderung oder Aufhebung wegen veränderter oder im ursprünglichen Verfahren ohne Verschulden nicht geltend gemachter Umstände beantragen.

(8) In dringenden Fällen kann der Vorsitzende entscheiden.

Übersicht

	Rn.
I. Aufschiebende Wirkung von Widerspruch und Anfechtungsklage	1
1. Anwendungsbereich	2
2. Eintritt der aufschiebenden Wirkung	7
3. Rechtsfolge der aufschiebenden Wirkung	8
II. Ausschluss der aufschiebenden Wirkung	11
1. Anforderung von öffentlichen Abgaben und Kosten	12
2. Unaufschiebbare Anordnung und Maßnahmen von Polizeibeamten	17
3. Sofortvollzug in anderen bundesgesetzlich oder landesgesetzlich geregelten Fällen	19
4. Anordnung der sofortigen Vollziehung durch die Behörde	21

§ 80   Teil II. Verfahren

III. Aussetzung der sofortigen Vollziehung durch die Behörde	32
IV. Gerichtliches Aussetzungsverfahren	37
1. Zulässigkeit des Antrages	38
2. Begründetheit des Antrages	45
3. Verfahren	55
4. Form und Inhalt der Entscheidung	58
5. Rechtsbehelfe	65
V. Behördliches Vorverfahren bei Abgabesachen	68
VI. Änderung oder Aufhebung des Beschlusses	71
VII. Vorsitzendenentscheidung	76

1   § 80 regelt neben § 47 VI und § 123 den **vorläufigen Rechtsschutz** im Verwaltungsprozess. Dem vorläufigen Rechtsschutz gemäß § 80 kommt dabei die größte praktische Bedeutung zu. Ergänzt wird § 80 durch § 80a, der den Sonderfall des Verwaltungsaktes mit Doppelwirkung betrifft, also Sachverhalte, in denen ein Verwaltungsakt einen Beteiligten begünstigt und einen anderen belastet. § 80b bestimmt, wie lange die aufschiebende Wirkung von Widerspruch oder Anfechtungsklage fortdauert. Der Gewährung vorläufigen Rechtsschutzes nach § 123 geht § 80 vor. Aus § 123 V ergibt sich, dass die Vorschriften des § 123 I bis III nicht für Fälle der §§ 80 und 80a gelten.

I. Aufschiebende Wirkung von Widerspruch und Anfechtungsklage

1. Anwendungsbereich

2   Die aufschiebende Wirkung von Widerspruch und Anfechtungsklage nach § 80 I 1 setzt voraus, dass sich der Rechtsbehelf gegen einen **belastenden Verwaltungsakt** richtet, die Behörde also mittels eines Verwaltungsaktes in die Rechte des Bürgers eingreift. Ob dieser Eingriff in die Rechte des Adressaten oder in die Rechte eines Dritten erfolgt, ist für die Anwendung von § 80 I unbeachtlich (BeckOK VwGO § 80 Rn. 9).

3   Da der Tatbestand des § 80 I einen Verwaltungsakt verlangt, haben Rechtsbehelfe gegen **Realakte** keine aufschiebende Wirkung; § 80 I ist auch nicht entsprechend anwendbar (vgl. KS § 80 Rn. 5 und 16). Auch Rechtsbehelfe gegen **nichtige Verwaltungsakte** haben keine aufschiebende Wirkung gemäß § 80 I 1 VwGO (NKVwGO § 80 Rn. 20; a.A. KS § 80 Rn. 5, wohl auch BWVGH NVwZ 1991, 1195).

4   § 80 I erfasst Rechtsbehelfe gegen **alle Formen von belastenden Verwaltungsakten**. Er betrifft nicht nur Gebote und Verbote, sondern auch rechtsgestaltende und feststellende Verwaltungsakte, wie § 80 I 2 in der seit 1.1. 1991 geltenden Fassung ausdrücklich klarstellt. Aus derselben Vorschrift ergibt sich, dass Rechtsbehelfe gegen Verwaltungsakte mit Doppelwirkung i.S. von § 80a aufschiebende Wirkung besitzen. Damit ist die Rechtsprechung, die in solchen Fällen vorläufigen Rechtsschutz nach § 123 VwGO gewähren wollte, hinfällig geworden (NRWOVG NVwZ 1992, 186). Für den Konkurrentenstreit im Beamtenrecht ist zu beachten, dass der Verwaltungsakt, mit dem der Konkurrent ernannt oder befördert wird, kein belastender Verwaltungsakt sein soll (vgl. etwa Schnellenbach, DÖD 1990, 153, 155 ff.).

5   Widerspruch und Anfechtungsklage gegen **Allgemeinverfügungen** i.S. von § 35 S. 2 VwVfG haben dagegen grds. aufschiebende Wirkung (BVerwG DVBl. 1978, 640). Bei der Teilanfechtung belastender **Nebenbestimmungen** eines Verwaltungsaktes kommt es darauf an, ob in der Hauptsache Verpflichtungsklage oder Anfechtungsklage zu erheben ist (→ § 42 Rn. 26 ff.). Rechtsbehelfe gegen einen

Verwaltungsakt, der eine sog. **angemaßte Rechtsposition** beseitigt (beispielsweise Baueinstellung bei ungenehmigtem Bauvorhaben oder Untersagung eines ohne Erlaubnis ausgeübten Gewerbes), besitzen aufschiebende Wirkung (S/S-A/P § 80 Rn. 48; anders NRWOVG NVwZ 1985, 53). Wird durch die Behörde die **Zahlung von Leistungen eingestellt**, ist entscheidend, ob damit in eine bestehende Rechtsposition des Leistungsempfängers eingegriffen wird (NKVwGO § 80 Rn. 22). Dies ist regelmäßig dann der Fall, wenn die Leistung für den fraglichen Zeitraum bereits bewilligt war und die Zahlungseinstellung deshalb als Aufhebung (Rücknahme oder Widerruf) des Bewilligungsbescheides aufzufassen ist.

Rechtsbehelfe gegen **Versagungsbescheide**, d. h. gegen Verwaltungsakte, mit denen lediglich ein gestellter Antrag abgelehnt wird, haben regelmäßig keine aufschiebende Wirkung, wenn der ablehnende Verwaltungsakt die Rechtsposition des Adressaten nicht schmälert, sondern ihm nur eine Erweiterung seiner Rechte vorenthält. Anderes gilt dann, wenn mit der Ablehnung des Antrages ein Eingriff in eine bestehende Rechtsstellung verbunden ist. Das ist etwa im Ausländerrecht der Fall ist, wenn die Erteilung oder Verlängerung eines Aufenthaltstitels versagt wird und damit der Betroffene ein fiktives Verweilrecht verliert, das seine Antragstellung begründet hatte, § 81 III und IV Aufenthaltsgesetz (NKVwGO § 80 Rn. 21; zur alten Rechtslage BVerwGE 34, 325). 6

2. Eintritt der aufschiebenden Wirkung

Die aufschiebende Wirkung gemäß § 80 I tritt mit der **Erhebung von Widerspruch oder Anfechtungsklage** ein (BeckOK VwGO, § 80 Rn. 17). Die aufschiebende Wirkung des Rechtsbehelfs tritt unabhängig davon ein, ob und inwieweit er begründet ist (BVerwGE 13, 1). Streitig ist hingegen, inwieweit die aufschiebende Wirkung bei unzulässigen Rechtsbehelfen eintritt. Vielfach wird die Auffassung vertreten, nur bei offensichtlich unzulässigen Rechtsbehelfen entfalle die aufschiebende Wirkung (BayVGH BayVBl. 1994, 407; HambOVG NVwZ 1987, 1002). Nach zunehmender Ansicht soll – daneben oder ausschließlich – nach einzelnen Zulässigkeitsvoraussetzungen zu differenzieren sein (NKVwGO § 80 Rn. 32; BeckOK VwGO § 80 Rn. 21; KS § 80 Rn. 50). Danach soll die aufschiebende Wirkung entfallen, sofern keine deutsche Gerichtsbarkeit besteht, der Verwaltungsrechtsweg nicht eröffnet ist, kein Verwaltungsakt oder keine Klagebefugnis vorliegt oder sich der Rechtsbehelf gegen einen bereits bestandskräftigen Verwaltungsakt richtet. 7

3. Rechtsfolge der aufschiebenden Wirkung

Nach herrschender, insbesondere in der Rechtsprechung vertretener Auffassung ist die aufschiebende Wirkung das Korrelat zur Vollziehung eines Verwaltungsaktes (BVerwGE 13, 1, 6). Die aufschiebende Wirkung hat danach keinen Einfluss auf die Wirksamkeit des Verwaltungsaktes, sondern **hemmt** nur dessen **Vollziehbarkeit** (BVerwGE 66, 218; 13, 1; NRWOVG NVwZ-RR 1988, 126). In der Literatur wird demgegenüber überwiegend – in Einzelheiten abweichend – die Auffassung vertreten, die aufschiebende Wirkung bedeute die Hemmung der Wirksamkeit des Verwaltungsaktes (vgl. etwa NKVwGO § 80 Rn. 35; S/S-A/P § 80 Rn. 85 ff.; KS § 80 Rn. 22). 8

Der **Begriff der Vollziehung** ist in einem weiten Sinne zu verstehen. Er umfasst nicht etwa nur vollstreckungsrechtliche Maßnahmen, wie sich schon aus § 80 I 2 ergibt. Nach dieser Vorschrift haben Widerspruch und Anfechtungsklage auch im Falle rechtsgestaltender oder feststellender Verwaltungsakte, die keiner Vollstreckung zu- 9 gänglich sind, aufschiebende Wirkung. Unter den Begriff der Vollziehung fällt daher auch jede sonstige rechtliche oder tatsächliche Folgerung unmittelbarer oder mittelbarer Art, die durch behördliches oder privates Handeln aus dem Verwaltungsakt gezogen wird und auf dessen Verwirklichung gerichtet ist (NKVwGO § 80 Rn. 39; BeckOK VwGO § 80 Rn. 32; KS § 80 Rn. 23). Infolgedessen wird etwa durch die aufschiebende Wirkung auch die **Aufrechnung** mit einer in dem angefochtenen Leistungsbescheid festgestellten Forderung ausgeschlossen (BayVGH NVwZ-RR 1994, 398; NKVwGO § 80 Rn. 39). Während der Dauer der aufschiebenden Wirkung treten auch keine Säumnisfolgen im Abgabenrecht ein (NKVwGO § 80 Rn. 51; S/S-A/P § 80 Rn. 95). Die aufschiebende Wirkung schließt auch eine strafrechtliche Ahndung von Zuwiderhandlungen gegen den Verwaltungsakt aus (BeckOK VwGO § 80 Rn. 32).

10 Die „Vollziehbarkeitshemmung", die mit der Rechtsbehelfseinlegung eintritt, **wirkt** auf den Zeitpunkt des Erlasses des belasteten Verwaltungsaktes **zurück** (BVerwG DÖV 1973, 785; NRWOVG OVGE 34, 240). Hat die Verwaltung zwischen Erlass des Verwaltungsaktes und der Rechtsmitteleinlegung bereits Vollziehungsmaßnahmen eingeleitet, folgt aus § 80 I, dass alle Handlungen rückgängig zu machen sind, die in Vollziehung des angefochtenen Verwaltungsaktes bereits vorgenommen worden sind (BVerwG DÖV 1973, 785). Bei Verwaltungsakten mit Doppelwirkung darf der Begünstigte nach Einlegung des Rechtsbehelfs gemäß § 80 I 2, § 80a vorläufig keinen Gebrauch vom Verwaltungsakt mehr machen. Das Ende der aufschiebenden Wirkung ist durch den zum 1.1. 1997 eingefügten § 80b ausdrücklich geregelt. Danach endet die aufschiebende Wirkung eines Rechtsmittels grds. mit der Unanfechtbarkeit des Verwaltungsaktes (näher → § 80b).

II. Ausschluss der aufschiebenden Wirkung

11 § 80 II bestimmt, in welchen Fällen die aufschiebende Wirkung von Widerspruch und Anfechtungsklage – abweichend von § 80 I – „entfällt", d.h. von vornherein nicht eintritt. Im Gegensatz zur Anordnung der sofortigen Vollziehung durch die Behörde im Einzelfall (§ 80 II Nr. 4) misst das Gesetz in den Fällen des § 80 II 1 Nr. 1 bis 3 und II 2 dem öffentlichen Interesse an der sofortigen Vollziehung generell mehr Gewicht bei als dem privaten Suspensivinteresse; das Regel-Ausnahme-Verhältnis zwischen aufschiebender Wirkung und sofortiger Vollziehbarkeit wird hier also umgekehrt (BeckOK VwGO § 80 Rn. 42).

1. Anforderung von öffentlichen Abgaben und Kosten

12 Zweck der Regelung in § 80 II 1 Nr. 1 ist es, eine geordnete **Haushaltsplanung** zu ermöglichen, die auf einen stetigen, in zeitlicher Hinsicht kalkulierbaren Mittelzufluss angewiesen ist (vgl. etwa NKVwGO § 80 Rn. 55).

13 **Öffentliche Abgaben** sind alle hoheitlich geltend gemachten öffentlich-rechtlichen Geldforderungen, die den Zweck haben, den Finanzbedarf eines Hoheitsträgers für die Erfüllung seiner öffentlichen Aufgaben zu decken (BVerwG DVBl. 1993, 441). Dabei ist nicht nur der allgemeine Finanzbedarf des Hoheitsträgers gemeint, wie die Einbeziehung von Beiträgen und Gebühren in die Regelung belegt; maßgeblich ist vielmehr die Finanzierungsfunktion der Abgabe (NKVwGO § 80 Rn. 58).

14 Zu den öffentlichen Abgaben zählen daher neben Steuern, Gebühren und Beiträgen **auch sonstige Abgaben** mit Finanzierungsfunktion. Dabei muss der Zweck der Einnahmeerzielung neben anderen Funktionen der Abgabe – etwa Lenkungs-, An-

triebs-, Zwangs- oder Straffunktion – jedenfalls eine gewichtige Rolle spielen (BVerwG DVBl. 1993, 441; NdsOVG NVwZ-RR 1997, 655; NRWOVG DVBl. 1993, 563). Hiervon ausgehend sind als öffentliche Abgaben i.S. von § 80 II 1 Nr. 1 etwa eingestuft worden: der Ausgleichsbetrag nach § 154 I 1 BBauG (BVerwG DVBl. 1993, 441); die Kreisumlage (HessVGH NVwZ-RR 1992, 378); Stundungs- und Aussetzungszinsen (HessVGH NVwZ-RR 1995, 235; BayVGH NVwZ 1987, 63); Säumniszuschläge (HessVGH NVwZ-RR 1995, 158; NRWOVG NVwZ 1984, 395; a.A. BayVGH NVwZ 1987, 63).

Keine öffentlichen Abgaben i.S. von § 80 II 1 Nr. 1 VwGO sind dagegen: Zahlung zur Ablösung der Stellplatzpflicht (NRWOVG NVwZ 1987, 62), die Schwerbehindertenabgabe nach § 77 SGB IX (NKVwGO § 80 Rn. 60; a.A. BayVBl. 1980, 181), Geldleistungen nach § 25 WoBindG (NRWOVG, Beschl. v. 31.8. 1994 – 14 B 1195/94), Zwangsgelder nach vollstreckungsrechtlichen Vorschriften (NKVwGO § 80 Rn. 60). 15

Kosten i.S. von § 80 II 1 Nr. 1 sind die öffentlich-rechtlichen Gebühren und Auslagen, die in einem förmlichen Verwaltungsverfahren (einschließlich des Widerspruchsverfahrens) nach den Vorschriften der Verwaltungskostengesetze auferlegt werden (NRWOVG NVwZ 1989, 84; BWVGH NVwZ 1986, 933; NKVwGO § 80 Rn. 61; BeckOK VwGO § 80 Rn. 53; KS § 80 Rn. 62). Streitig ist, ob § 80 II 1 Nr. 1 2. Alt. auch dann Anwendung findet, wenn eine Kostenentscheidung als Nebenentscheidung zu einer Sachentscheidung ergeht (bejahend: NKVwGO § 80 Rn. 61; NdsOVG NVwZ-RR 1993, 279; NRWOVG OVGE 31, 193; BeckOK VwGO § 80 Rn. 54). Richtig erscheint es, § 80 II 1 Nr. 1 auch in diesen Fällen anzuwenden. Weder der Wortlaut lässt eine Beschränkung auf isolierte Kostenentscheidungen erkennen noch rechtfertigt es der Zweck der Vorschrift, der Verwaltung den stetigen Zufluss der zur Deckung ihres Finanzbedarfs vorgesehenen Mittel zu sichern, den Anwendungsbereich der Norm auf selbstständige Kostenentscheidung zu beschränken, zumal die unselbstständige Kostenentscheidung der gesetzlich vorgesehene Regelfall ist (RhPfOVG NVwZ-RR 2004, 157; NRWOVG DÖV 2003, 864). Keine Kosten i.S. von § 80 II 1 Nr. 1 sind Kosten, die im Rahmen der Verwaltungsvollstreckung angefordert werden (NKVwGO § 80 Rn. 62; BeckOK VwGO § 80 Rn. 54). 16

2. Unaufschiebbare Anordnung und Maßnahmen von Polizeibeamten

Die Formulierung „Anordnung und Maßnahmen" in § 80 II 1 Nr. 2 VwGO erfasst lediglich **Verwaltungsakte**, da nur sie von der Regelung des § 80 VwGO überhaupt erfasst sind (BeckOK VwGO § 80 Rn. 56). Polizeivollzugsbeamte sind Beamte der **Vollzugspolizei** im institutionellen Sinne (NKVwGO § 80 Rn. 64). Nicht erfasst sind die allgemeinen Ordnungsbehörden (NRWOVG OVGE 34, 240) oder Maßnahmen der Sitzungspolizei (BeckOK VwGO § 80 Rn. 56; NKVwGO § 80 Rn. 64). 17

Unaufschiebbare Anordnungen und Maßnahmen ergehen in der Regel durch **tatsächliches Handeln oder Vollzugsmaßnahmen** (vgl. BVerwG NJW 1979, 1054). Bei schriftlichen Polizeiverfügungen soll dagegen eine widerlegbare Vermutung dafür sprechen, dass sie nicht unaufschiebbar i.S. von § 80 II 1 Nr. 2 sind, sondern ausreichend Gelegenheit bestand, um eine Anordnung nach § 80 II 1 Nr. 4 zu treffen (NKVwGO § 80 Rn. 64). Fahrtenbuchauflagen unterfallen deshalb nicht § 80 II 1 Nr. 2 (BVerwG NJW 1979, 1054). Verkehrszeichen und Verkehrseinrichtungen sind als verkehrspolizeiliche Allgemeinverfügungen hingegen nach § 80 II 1 Nr. 2 sofort vollziehbar (BVerwG DÖV 1988, 694). 18

3. Sofortvollzug in anderen bundesgesetzlich oder landesgesetzlich geregelten Fällen

19 Der Ausschluss der aufschiebenden Wirkung in anderen durch Bundesgesetz vorgeschriebenen Fällen (§ 80 II 1 Nr. 3 1. Alt.) hat, soweit er sich auf spätere Bundesgesetze bezieht, nur deklaratorische Bedeutung. Die Vorschrift bezieht darüber hinaus aber auch solche **Bundesgesetze** in den Anwendungsbereich des § 80 II 1 VwGO ein, die vor dem Inkrafttreten der VwGO erlassen worden sind, sowie frühere Reichsgesetze, die nach Art. 124, 125 GG als Bundesrecht fortgelten (BayVGH BayVBl. 1988, 372; NKVwGO § 80 Rn. 66). Die landesrechtliche Öffnungsklausel (§ 80 II 1 Nr. 3 2. Alt.) hat der Gesetzgeber mit Wirkung zum 1.1. 1997 eingefügt. § 80 II Nr. 3 bestimmt für beide Alternativen, dass die aufschiebende Wirkung nur durch ein **formelles Gesetz** ausgeschlossen werden kann, eine Rechtsverordnung reicht dazu nicht (NKVwGO § 80 Rn. 69). Der Zusatz „insbesondere für Widersprüche und Klagen Dritter gegen Verwaltungsakte, die Investitionen oder die Schaffung von Arbeitsplätzen betreffen" hat lediglich beispielhaften Charakter und schränkt den Gestaltungsspielraum des Gesetzgebers bei anderen Regelungssachverhalten nicht ein (BeckOK VwGO § 80 Rn. 60).

20 § 80 II 2 erweitert die Befugnis der Länder, den Eintritt der aufschiebenden Wirkung auszuschließen, auf Fälle, in denen die Länder Maßnahmen der **Verwaltungsvollstreckung nach Bundesrecht** treffen (Beispiel: ausländerbehördliche Abschiebung nach §§ 58 ff. AufenthG als bundesrechtlich geregelter Fall des unmittelbaren Zwangs). Die Vorschrift erfasst alle Verwaltungsakte, die der zwangsweisen Durchsetzung einer durch Verwaltungsakt oder unmittelbar durch Gesetz begründeten Pflicht dienen (NKVwGO § 80 Rn. 67 f.). Nicht zu den Vollstreckungsmaßnahmen soll dagegen die Anforderung von Kosten einer durchgeführten Vollstreckungsmaßnahme (Ersatzvornahme oder unmittelbarer Zwang) zählen (NKVwGO § 80 Rn. 67; a.A. BlnOVG NVwZ-RR 1999, 156).

4. Anordnung der sofortigen Vollziehung durch die Behörde

21 § 80 II 1 Nr. 4 eröffnet der Behörde, die den Verwaltungsakt erlassen oder über den Widerspruch zu entscheiden hat, die Möglichkeit, die aufschiebende Wirkung eines Rechtsbehelfs im Einzelfall auszuschließen. Der Begriff „sofortige Vollziehung" meint dabei nicht Sofortvollzug im vollstreckungsrechtlichen Sinne, sondern Vollziehung im oben erläuterten weiteren Sinne (→ Rn. 9). Die Anordnung der sofortigen Vollziehung stellt keinen selbstständigen Verwaltungsakt dar; es handelt sich lediglich um eine **verfahrensrechtliche Nebenentscheidung** zum Verwaltungsakt (NKVwGO § 80 Rn. 80).

22 **Zuständig** für die Anordnung der sofortigen Vollziehung sind sowohl die Behörde, die den Verwaltungsakt erlassen hat, als auch die Widerspruchsbehörde. Streitig ist, in welchem Zeitraum die Widerspruchsbehörde die Anordnung der sofortigen Vollziehung erlassen kann. Richtig erscheint es, die Widerspruchsbehörde erst ab Erhebung des Widerspruchs und nur bis zur Zustellung des Widerspruchsbescheides als zuständig anzusehen (BayVGH NVwZ 1988, 746; KS VwGO § 80 Rn. 81; a.A. etwa NKVwGO § 80 Rn. 75, der eine Zuständigkeitskonkurrenz annimmt). Die Sachherrschaft der Widerspruchsbehörde beschränkt sich nämlich auf diesen Zeitraum. Die Ausgangsbehörde bleibt hingegen auch während eines Widerspruchsverfahrens für die Anordnung der sofortigen Vollziehung zuständig (NKVwGO § 80 Rn. 75; BeckOK VwGO § 80 Rn. 76).

§ 28 I VwVfG ist nicht anwendbar, eine **Anhörung** hat also nicht zu erfolgen, 23
weil die Anordnung der sofortigen Vollziehungist kein Verwaltungsakt ist (→
Rn. 21). Auch eine analoge Anwendung dieser Vorschrift scheidet aus (BWVGH
NVwZ-RR 1995, 174; KS § 80 Rn. 82; NKVwGO § 80 Rn. 81; a. A. NdsOVG
NVwZ-RR 1993, 586, für den Fall, dass die Anordnung der sofortigen Vollziehung
erst nachträglich erfolgt). Hinsichtlich der Anordnung der sofortigen Vollziehung, die
anders als der Verwaltungsakt nicht in Bestandskraft erwachsen kann, ist der Betroffene hinreichend durch die Verfahren nach § 80 IV und V geschützt.

An die **Form** der Anordnung der sofortigen Vollziehung stellt § 80 II 1 Nr. 4 kei- 24
ne besonderen Anforderungen; sie kann mündlich oder schriftlich erfolgen. Sie wird
allerdings in der Regel schriftlich erfolgen, da die Anordnung – außer bei Gefahr in
Vollzug – schriftlich zu begründen ist (§ 80 III).

Das **Begründungserfordernis nach § 80 III 1** dient dem Zweck, der Behörde 25
den Ausnahmecharakter der Vollziehungsanordnung vor Augen zu führen, den Betroffenen über die Gründe, die für die Anordnung der sofortigen Vollziehung maßgebend gewesen sind, in Kenntnis zu setzen und schließlich auch das Gericht im Falle
eines Verfahrens nach § 80 V über die Erwägungen der Behörde zu unterrichten
(BeckOK VwGO § 80 Rn. 86). Der Inhalt der Begründung muss erkennen lassen,
welche Überlegungen die Behörde zur Anordnung der sofortigen Vollziehung veranlasst haben und sich auf den konkreten Einzelfall beziehen. Formelhafte Ausführungen oder die bloße Wiederholung des Gesetzestextes reichen nicht aus (NRWOVG
NJW 2001, 3427). Ist diesen (formellen) Anforderungen genügt, erweisen sich die
von der Behörde angeführten Gründe aber in der Sache als nicht tragfähig, liegt kein
Verstoß gegen § 80 III vor (BeckOK VwGO § 80 Rn. 95; BWVGH NVwZ-RR
1995, 174). Im Verfahren nach § 80 V ist das Verwaltungsgericht an die Erwägungen
der Behörde in der schriftlichen Begründung der Anordnung der sofortigen Vollziehung nach § 80 III nicht gebunden, sondern nimmt unabhängig davon eine eigene
Interessenabwägung vor (NRWOVG NWVBl. 1994, 424).

Nach richtiger Auffassung ist die **Begründung** der Anordnung der sofortigen 26
Vollziehung gemäß § 80 III bis zum Abschluss eines Verfahrens nach § 80 V **nachholbar** (MVOVG NVwZ-RR 1999, 409; NRWOVG NJW 1986, 1894). Es erscheint nämlich als bloßer Formalismus, im Verfahren nach § 80 V die nicht entsprechend § 80 III begründete Vollziehungsanordnung zunächst aufzuheben, nur damit
die Behörde danach die Anordnung der sofortigen Vollziehung erneut und diesmal
mit hinreichender Begründung erlassen kann. Auch nach der Gegenauffassung (vgl.
etwa NKVwGO § 80 Rn. 99) ist in dem Fall, in dem die Behörde die Begründung
nach § 80 III nachholt, stets zu prüfen, ob darin nicht eine erneute Vollzugsanordnung – gegebenenfalls unter konkludenter Aufhebung einer vorangegangenen rechtswidrigen Anordnung – gesehen werden kann. Zur gerichtlichen Entscheidung nach
§ 80 V bei Verstoß gegen die Begründungspflicht → Rn. 62.

Die **Begründungspflicht entfällt**, wenn die Behörde bei Gefahr in Verzug, ins- 27
besondere bei drohenden Nachteilen für Leben, Gesundheit oder Eigentum, vorsorglich eine als solche bezeichnete Notstandsmaßnahme im öffentlichen Interesse trifft
(§ 80 III 2). Ein lediglich überwiegendes Interesse eines Beteiligten reicht hier also
nicht aus. Das Erfordernis, den Verwaltungsakt ausdrücklich als Notstandsmaßnahme
zu bezeichnen, hat Warnfunktion für die Behörde (NKVwGO § 80 Rn. 100). Die
Bezeichnung des Verwaltungsaktes als Notstandsmaßnahme kann auch mündlich erfolgen, da das Schriftformerfordernis nur für den Fall des § 80 III 1 besteht.

In **materieller Hinsicht** setzt die Anordnung der sofortigen Vollziehung entwe- 28
der ein überwiegendes öffentliches Interesse oder das überwiegende Interesse eines

Beteiligten an der sofortigen Vollziehung des Verwaltungsaktes voraus. In beiden Fällen ist eine auf den Einzelfall bezogene Abwägung vorzunehmen. Im Rahmen der **ersten Alternative** – sofortige Vollziehung im öffentlichen Interesse – darf die Behörde die Anordnung der sofortigen Vollziehung allerdings nicht auf die ihrer Meinung nach geringen oder fehlenden Erfolgsaussichten eines Rechtsbehelfs stützen. Denn die Rechtmäßigkeit der getroffenen Sachentscheidung ist notwendige Voraussetzung für den Erlass des Verwaltungsaktes (NRWOVG NJW 1986, 1449; NJW 1986, 1894; NKVwGO § 80 Rn. 86).

29 Anders verhält es sich im Fall der **zweiten Alternative** des § 80 II 1 Nr. 4: Zur Klärung der Frage, ob ein überwiegendes Beteiligteninteresse an der sofortigen Vollziehung des Verwaltungsaktes besteht, sind von der Verwaltung auch die Erfolgsaussichten eines Rechtsbehelfs des oder der anderen Beteiligten zu berücksichtigen (BVerwG BayVBl. 66, 279; NKVwGO § 80 Rn. 92). In beiden Fällen des § 80 II 1 Nr. 4 kann sich das Entschließungsermessen der Behörde auf Null im Sinne einer rechtlichen Verpflichtung verdichten, die sofortige Vollziehung anzuordnen. Im Fall des § 80 II 1 Nr. 4 1. Alt. ist eine solche Ermessensreduzierung regelmäßig etwa anzunehmen, wenn strafbares Verhalten durch Verwaltungsakt unterbunden werden soll (vgl. NKVwGO § 80 Rn. 88). Bei der Anordnung der sofortigen Vollziehung im Interesse eines Beteiligten (§ 80 II 1 Nr. 4 2. Alt) wird eine Ermessensreduzierung bejaht, wenn ein überwiegendes Interesse des Begünstigten an der Anordnung der sofortigen Vollziehung vorliegt und keine sonstigen Umstände ersichtlich sind, die ein Absehen vom Sofortvollzug begründen können (SaarlOVG NJW 1977, 2092; NKVwGO § 80 Rn. 93).

30 Dem Anliegen, gemeinschaftsrechtliche Regelungen durchzusetzen, kommt prinzipiell Vorrang vor möglicherweise entgegenstehendem nationalen Verfahrensrecht zu (EuGH, C 217/88, Slg. 1990, I-2879, I-2909). Dem Gesichtspunkt der **Gemeinschaftsrechtskonformität** kommt also im Rahmen der Abwägung nach § 80 III 1 eigenständiges Gewicht zu, ohne dass daraus allerdings der Schluss zu ziehen ist, dass die Durchsetzung von Gemeinschaftsrecht stets die Anordnung der sofortigen Vollziehung gebieten würde; auch hier bedarf es vielmehr einer Abwägung im Einzelfall (vgl. NKVwGO § 80 Rn. 15 und Rn. 88).

31 Eine besondere **Rechtsbehelfsbelehrung** ist der Anordnung der sofortigen Vollziehung nach § 80 II 1 Nr.4 regelmäßig nicht beizufügen.

III. Aussetzung der sofortigen Vollziehung durch die Behörde

32 § 80 IV 1 räumt der **Behörde** die Möglichkeit ein, in den Fällen des § 80 II die Vollziehung auszusetzen, soweit nicht bundesgesetzlich etwas anderes vorgeschrieben ist. **Zuständig** sind Ausgangs- und Widerspruchsbehörde. Zum Umfang dieser Zuständigkeiten gilt das gleiche wie im Falle von § 80 II 1 Nr. 4 (→ Rn. 22).

33 Einen ausdrücklichen **Prüfungsmaßstab** für die Entscheidung über die Aussetzung sieht § 80 IV 3 nur für Verwaltungsakte vor, die öffentliche Abgaben oder Kosten anfordern und nach § 80 II 1 Nr. 1 sofort vollziehbar sind. In diesen Fällen soll die Behörde die sofortige Vollziehung aussetzen, wenn ernstliche Zweifel an der Rechtmäßigkeit des angegriffenen Verwaltungsaktes bestehen oder die Vollziehung für die Pflichtigen eine unbillige, nicht durch überwiegende öffentliche Interessen gebotene Härte zu Folge hätte. § 80 IV 3 ist als Sollvorschrift ausgestaltet, d.h. die Aussetzung hat bei Vorliegen der dort genannten Bedingungen im Regelfall zu erfolgen, es sei denn, besondere Umstände rechtfertigen eine Ausnahme (NRWOVG OVGE 16, 44).

In den Fällen des § 80 II 1 Nr. 2 und 3 ist **§ 80 IV 3** – ebenso wie bei der gericht- 34
lichen Entscheidung (→ Rn. 48) – **entsprechend** anzuwenden (NKVwGO § 80
Rn. 107; BeckOK VwGO § 80 Rn. 126). In den Fällen des § 80 II 1 Nr. 4 – Anordnung der sofortigen Vollziehung durch die Behörde – hat die Behörde das Vorliegen der Tatbestandsvoraussetzungen des § 80 II 1 Nr. 4, insbes. das Bestehen eines
überwiegenden Vollzugsinteresses, zu überprüfen (NKVwGO § 80 Rn. 109). Hier
steht der Behörde im gleichen Umfang Ermessen zu, wie bei Erlass der Anordnung
der sofortigen Vollziehung (→ Rn. 29).

Streitig ist, ob **Rechtsfolge der Aussetzung** der Vollziehung nach § 80 IV 1 die 35
Wiederherstellung der aufschiebenden Wirkung ist (so etwa NKVwGO § 80
Rn. 104) oder ein rechtsdogmatisch davon zu unterscheidendes Vollziehungsverbot
ist (so S/S-A/P § 80 Rn. 213). Praktische Auswirkungen ergeben sich aus dieser Unterscheidung aber wohl nicht (BeckOK VwGO § 80 Rn. 130). Ist der zugrunde liegende Verwaltungsakt bereits vollzogen, kann die Behörde die Vollziehung entsprechend § 80 V 3 aufheben. Bei faktischer Vollziehung, also wenn trotz aufschiebender
Wirkung des Rechtsbehelfs der Verwaltungsakt von der Behörde vollzogen wurde,
sollen die Vollziehung in entsprechender Anwendung des § 80 IV einzustellen und
bereits durchgeführte Vollziehungsmaßnahmen wiederum entsprechend § 80 V 3
aufzuheben sein (NKVwGO § 80 Rn. 104).

Die Aussetzung der Vollziehung nach § 80 IV ist grds. auch dann möglich, wenn 36
eine **ablehnende gerichtliche Entscheidung nach § 80 V** ergangen ist (NKVwGO § 80 Rn. 105; a. A. KS § 80 Rn. 173). Denn die Behörde besitzt einen weiteren
Entscheidungsspielraum, da sie anders als das Gericht die Aussetzung der Vollziehung
aus bloßen Zweckmäßigkeitsgründen aussprechen kann. Etwas anderes gilt, wenn das
Gericht einen Antrag nach § 80 V wegen des überwiegenden Interesses eines anderen
Beteiligten abgelehnt hat. Hier ist die Behörde an die Gerichtsentscheidung gebunden (KS § 80 Rn. 73; NKVwGO § 80 Rn. 105). Gegen Entscheidungen nach
§ 80 IV besteht **kein Klagerecht**, der Betroffene kann lediglich einen Antrag nach
§ 80 V bzw. – bei Verwaltungsakten mit Doppelwirkung – nach § 80a III i. V. m.
§ 80 V stellen. Dies gilt auch, wenn die Behörde den Antrag auf Aussetzung der Vollziehung nicht bescheidet (NKVwGO § 80 Rn. 110).

IV. Gerichtliches Aussetzungsverfahren

Auf Antrag kann das Verwaltungsgericht die aufschiebende Wirkung in den Fällen des 37
§ 80 II 1 Nr. 1 bis 3 ganz oder teilweise anordnen, im Falle des § 80 II 1 Nr. 4 ganz
oder teilweise wiederherstellen (§ 80 V 1). Ist der Verwaltungsakt im Zeitpunkt der
Entscheidung schon vollzogen, so kann das Gericht die Aufhebung der Vollziehung
anordnen (§ 80 V 3). § 80 V setzt das Gebot der Gewährung effektiven Rechtsschutzes aus Art. 19 IV GG für den Bereich belastender Verwaltungsakte einfachgesetzlich
um (B/F-K/vA § 80 Rn. 64).

1. Zulässigkeit des Antrages

Für das Verfahren nach § 80 V gelten die **allgemeinen Zulässigkeitsvorausset-** 38
zungen (→ vor § 40 Rn. 16). Die Differenzierung zwischen Zulässigkeit und Begründetheit des Antrages nach § 80 V kann praktisch relevant sein, weil auch Beschlüsse nach § 80 V in materieller Rechtskraft erwachsen (NKVwGO § 121
Rn. 141). Unter dem Gesichtspunkt der Eilbedürftigkeit des Rechtsschutzes ist es

§ 80

dem Gericht allerdings nicht verwehrt, schwierige Zulässigkeitsfragen offen zu lassen, falls sich der Antrag ohne Weiteres als unbegründet erweist (→ § 123 Rn. 2).

39 In der Hauptsache muss der **Verwaltungsgerichtsweg** eröffnet sein. Ist der beschrittene Rechtsweg unzulässig, spricht dies das Verwaltungsgericht nach Anhörung der Parteien entsprechend § 173 i.V.m. § 17a II 1 GVG von Amts wegen aus und **verweist** den Rechtsstreit zugleich an das zuständige Gericht des zulässigen Rechtsweges (NRWOVG NVwZ 1994, 178; NKVwGO § 80 Rn. 113, § 123 Rn. 54; a.A. KS § 80 Rn. 129, § 123 Rn. 17). Auch § 17a III GVG (**Zwischenentscheidung** über den Rechtsweg) findet Anwendung. Etwas anderes gilt allerdings dann, wenn das Gebot effektiver Rechtsschutzgewährung gemäß Art. 19 IV GG entgegensteht. Das Verwaltungsgericht kann daher ungeachtet einer Rechtswegrüge in der Sache entscheiden, wenn die Eilbedürftigkeit des Begehrens das Abwarten einer Beschwerdeentscheidung über den Zwischenstreit nicht erlaubt (BeckOK VwGO § 123 Rn. 3). § 17a IV S 4 bis 6 GVG gelten hingegen im vorläufigen Rechtsschutzverfahren nicht (NRWOVG NVwZ 1994, 178).

40 **Zuständig** ist das **Gericht der Hauptsache**, § 80 V 1 VwGO. Insoweit gilt das gleiche wie im Verfahren nach § 123 VwGO (näher → § 123 Rn. 11).

41 Das Gericht wird gemäß § 80 V 1 VwGO nur auf **Antrag** tätig; zum Schriftsatzerfordernis → § 123 Rn. 25. Die **Statthaftigkeit** von Anträgen nach § 80 V 1 und 3 setzt – erstens – einen belastenden VA (→ Rn. 2 ff.) und – zweitens – dessen sofortige Vollziehbarkeit nach § 80 II voraus. Der Antrag ist nicht (mehr) statthaft, wenn der angegriffene VA unanfechtbar geworden ist (B/F-K/vA § 80 Rn. 66). Der Antrag ist ebenfalls unstatthaft, wenn § 44a entgegensteht. Bei fehlender oder unzureichender Begründung nach § 80 III kann der Antrag auf die Aufhebung der behördlichen Vollziehungsanordnung beschränkt sein (→ Rn. 62); besteht Streit über den Eintritt der aufschiebenden Wirkung, kann sich der Antrag auf deren Feststellung beziehen (→ Rn. 63).

42 Grundsätzlich sind Anträge nach § 80 V an **keine Frist** gebunden, es sei denn, spezialgesetzlich ist etwas anderes bestimmt (vgl. etwa § 18a IV 1 AsylVfG, § 36 III 3 AsylVfG).

43 Der Antragsteller muss **entsprechend § 42 II antragsbefugt** sein (etwa NKVwGO § 80 Rn. 132; → § 42 Rn. 100 ff.).

44 Das **Rechtsschutzinteresse** für einen Antrag nach § 80 V fehlt, wenn die Vollziehung nach § 80 IV ausgesetzt wurde oder die Behörde auf sonstige Weise zu erkennen gegeben hat, dass sie bis zur Hauptsacheentscheidung nicht vollziehen wird (NKVwGO § 80 Rn. 132). Der Antrag nach § 80 V setzt hingegen nicht voraus, dass vorher ein Antrag nach § 80 IV bei der Behörde gestellt worden ist. Die Rechtsschutzmöglichkeiten nach § 80 IV und V bestehen vielmehr grds. nebeneinander (NRWOVG NJW 1961, 2034; NKVwGO § 80 Rn. 133). Anderes gilt gemäß § 80 VI nur bei der Anforderung von öffentlichen Abgaben und Kosten i.S. von § 80 II 1 Nr. 1. Eine analoge Anwendung dieser Vorschrift scheidet mangels planwidriger Regelungslücke aus (BeckOK VwGO § 80 Rn. 163). Der Antrag nach § 80 V setzt ferner nicht voraus, dass Widerspruch oder Anfechtungsklage bereits eingelegt bzw. erhoben sind. Für die Anfechtungsklage bestimmt dies § 80 V 2 ausdrücklich, für den Widerspruch kann nichts anderes gelten (BeckOK VwGO § 80 Rn. 164; KS § 80 Rn. 137; NKVwGO § 80 Rn. 129; a.A. S/S-A/P § 80 Rn. 314).

2. Begründetheit des Antrages

45 § 80 V gibt keinen ausdrücklichen **Beurteilungsmaßstab** für die sachliche Entscheidung vor. Das Wort „kann" in § 80 V 1 VwGO gewährt nur für das „Wie" der

Aussetzungsentscheidung ein gewisses Gestaltungsermessen, nicht aber hins. der Frage, ob vorläufiger Rechtsschutz zu gewähren ist (so zutreffend etwa NKVwGO § 80 Rn. 138; B/F-K/vA § 80 Rn. 84).

Bei der **Anforderung öffentlicher Abgaben und Kosten** i.S. von § 80 II 1 **46** Nr. 1 besteht weitgehend Einigkeit darüber, dass der Prüfungsmaßstab des § 80 IV 3 im gerichtlichen Verfahren entsprechende Anwendung findet. Umstritten ist dagegen, ob ernstliche Zweifel an der Rechtmäßigkeit eines Abgaben- oder Kostenbescheides bereits dann vorliegen, wenn sich die Gründe für und gegen den Erfolg in der Hauptsache die Waage halten (so BVerwG BayVBl. 1982, 442; NRWOVG OVGE, 22, 209; KS § 80 Rn. 116), oder erst dann, wenn ein Erfolg des Rechtsbehelfs im Hauptsacheverfahren wahrscheinlicher erscheint als ein Misserfolg (NRWOVG NVwZ 1989, 588; NKVwGO § 80 Rn. 143). Letzterer Ansicht ist zuzustimmen. Schon bei offenem Ausgang der Hauptsache die aufschiebende Wirkung des Rechtsbehelfs anzuordnen, wird dem prinzipiellen Vorrang der sofortigen Vollziehung von Abgaben- und Kostenentscheidungen, wie er in § 80 II 1 Nr. 1 normiert ist, nicht gerecht.

In **Ausnahmefällen** kann das öffentliche Interesse an der sofortigen Vollziehung **47** so schwer wiegen, dass trotz ernstlicher Zweifel an der Rechtmäßigkeit kein vorläufiger Rechtsschutz zu gewähren ist („Soll"). Nach der Rechtsprechung des BFH zu § 69 II 2 FGO kann dies – wegen des Geltungsanspruchs eines formell verfassungsgemäß zustande gekommenen Gesetzes – bei ernstlichen Zweifeln an der materiellen Verfassungsmäßigkeit der Ermächtigungsgrundlage der Fall sein mit der Folge, dass eine Aussetzung der Vollziehung in solchen Fällen nur bei einem „berechtigten Interesse" des Betroffenen in Betracht kommen soll (BFH BStBl. II 2003, 516 sowie 523) § 80 IV 3 Alt. 2. ist Ausdruck des Verhältnismäßigkeitsgrundsatzes (NKVwGO § 80 Rn. 145). Eine **unbillige Härte** ist in Betracht zu ziehen, wenn die sofortige Zahlung der angeforderten Abgaben oder Kosten irreparable Folgen hat, etwa weil sie zum Konkurs oder auf sonstige Weise zur wirtschaftlichen Existenzvernichtung führt (BayVGH BayVBl. 1988, 727; BremOVG DVBl. 1985, 1182).

In den übrigen Fällen, in denen das **Gesetz die sofortige Vollziehung anord- 48 net** (§ 80 II 1 Nr. 2 und 3, II S. 2), ist der Maßstab des § 80 IV 3 entsprechend anzuwenden (BayVGH BayVBl. 1984, 182; NKVwGO § 80 Rn. 186; a.A. NdsOVG KStZ 1990, 137; KS § 80 Rn. 116). Denn der Vorschrift ist ein allgemeiner Rechtsgedanke für die Fälle zu entnehmen, in denen nach der gesetzlichen Regelung das Vollzugsinteresse grds. Vorrang vor dem Suspensivinteresse des betroffenen Bürgers haben soll (vgl. NKVwGO § 80 Rn. 146). Ebenso wie im Bereich des § 80 II 1 Nr. 1 ist auch im Rahmen der entsprechenden Anwendung des § 80 IV 3 zu berücksichtigen, dass die Aussetzung der sofortigen Vollziehung bei ernstlichen Zweifeln an der Rechtmäßigkeit des VA oder beim Vorliegen einer unbilligen Härte nur im Regelfall erfolgen soll. Trotz ernstlicher Rechtmäßigkeitszweifel oder dem Bestehen einer unbilligen Härte kann ein besonders gewichtiges öffentliches Interesse am Vollzug des VA gleichwohl die Versagung vorläufigen Rechtsschutzes fordern; solche Sachverhalte sind vor allem im Bereich der Gefahrenabwehr denkbar.

Im Fall der **Anordnung der sofortigen Vollziehung nach § 80 II 1 Nr. 4** hat **49** das Gericht zunächst zu prüfen, ob die Anordnung gemessen an § 80 III hinreichend begründet worden ist (zu den Begründungsanforderungen → Rn. 25; zum Inhalt der Entscheidung bei Vorliegen eines Begründungsmangels → Rn. 62). Nach Prüfung dieser formellen Voraussetzung hat das Gericht in eine Interessenabwägung einzutreten, bei der im zweipoligen Rechtsverhältnis (§ 80 II 1 Nr. 4 1. Alt.) das private Aussetzungsinteresse dem öffentlichen Interesse an der sofortigen Vollziehung des VA ge-

§ 80   Teil II. Verfahren

genübersteht (zur Interessenabwägung beim VA mit Doppelwirkung näher → § 80a Rn. 8).

50   Ausgangspunkt der Interessenabwägung ist eine **Prüfung der Erfolgsaussichten** des Rechtsbehelfs in der Hauptsache. Steht aufgrund dieser Prüfung fest, dass der VA rechtwidrig ist (vielfach ist in diesem Zusammenhang – wenn auch missverständlich – von „offensichtlicher" Rechtswidrigkeit die Rede), ist dem Aussetzungsantrag in der Regel stattzugeben. Nur ausnahmsweise kann bei einem als rechtswidrig erkannten VA ein öffentliches Interesse am Sofortvollzug bestehen, etwa wenn der VA nur aus formellen Gründen rechtswidrig ist und davon auszugehen ist, dass ein formell ordnungsgemäßer VA mit identischem, rechtmäßigem Inhalt in angemessener Zeit erlassen wird (BayVGH NVwZ 1988, 749). Steht demgegenüber fest, dass der VA rechtmäßig ist, ist damit die gerichtliche Prüfung noch nicht abgeschlossen.

51   Auch im Fall der sog. „offensichtlichen" Rechtmäßigkeit des angefochtenen VA muss das Gericht ein **besonderes Vollziehungsinteresse** feststellen, da die behördliche Vollzugsanordnung eine Ausnahme vom Regelfall der aufschiebenden Wirkung nach § 80 I darstellt und deswegen einer besonderen Rechtfertigung bedarf (BVerfG NVwZ 1996, 58, 59 f.; NKVwGO § 80 Rn. 157; a.A. wohl BVerwG DVBl. 1974, 566). In allen anderen Fällen bestimmt sich das Ergebnis des Verfahrens nach dem Resultat einer **Folgenabwägung**. Dabei sind an das öffentliche Vollzugsinteresse um so höhere Anforderungen zu stellen, je größer die Erfolgsaussichten des Rechtsbehelfs in der Hauptsache sind, und – umgekehrt – muss das private Suspensivinteresse umso gewichtiger sein, je geringer die Erfolgsaussichten im Hauptsacheverfahren erscheinen (B/F-K/vA § 80 Rn. 90).

52   Die Bewertung des öffentlichen Vollziehungsinteresses und des privaten Aussetzungsinteresses hat stets bezogen auf die **Umstände des Einzelfalles** zu erfolgen. Bei der Bewertung des Aufschubinteresses ist zu beachten, dass der Rechtsschutzanspruch des Bürgers umso stärker ist, je schwerwiegender die ihm auferlegte Belastung ist und je mehr die Maßnahmen der Verwaltung Unabänderliches bewirken (BVerfGE 35, 382; BWVGH NVwZ-RR 2005, 472). Besondere Anforderungen bestehen bei Eingriffen in grundrechtlich verbürgte Freiheitssphären. Bei der Gewichtung des öffentlichen Vollzugsinteresses ist maßgeblich auch der Zweck der gesetzlichen Regelung, auf der streitige Eingriff beruht, in Rechnung zu stellen (NRWOVG NVwZ-RR 1994, 223).

53   **Maßgeblicher Zeitpunkt** für die Beurteilung der Erfolgsaussichten in der Hauptsache ist jener Zeitpunkt, der auch im Hauptsacheverfahren maßgeblich ist. In den Fällen des § 80 V, in denen in der Hauptsache stets die Anfechtungsklage gegeben ist, ist dies regelmäßig der Zeitpunkt der letzten Behördenentscheidung (näher → § 113 Rn. 14 ff.). Bei der Bewertung des Vollziehungs- und des Suspensivinteresses legt das Gericht demgegenüber diejenige Sachlage zugrunde, die zum Zeitpunkt der gerichtlichen Entscheidung besteht (NKVwGO § 80 Rn. 162; B/F-K/vA § 80 Rn. 98).

54   Hinsichtlich der **Prüfungsdichte** bestehen trotz Geltung des Amtsermittlungsgrundsatzes nach § 86 I wegen der Eilbedürftigkeit Einschränkungen. Die im Vergleich zum Hauptsacheverfahren herabgesetzten **Anforderungen an die richterliche Überzeugungsbildung** („summarische Prüfung") beziehen sich im Regelfall nur auf die Tatsachenermittlung, nicht aber auf die rechtliche Bewertung. Die danach am Grundsatz bestehende Verpflichtung des Gerichts, Rechtsfragen vollständig und abschließend zu prüfen, kann allerdings im Hinblick auf komplexe Rechtsfragen, die zur Verfügung stehende Zeit und die Schwere der dem Antragsteller durch den Zeit-

Aufschiebende Wirkung **§ 80**

ablauf drohenden Nachteile beschränkt sein. Kann im Eilverfahren aus Zeitmangel nicht festgestellt werden, ob der zu vollziehende VA rechtmäßig ist, hat das Verwaltungsgericht unter Offenlassung der Erfolgsaussichten im Hauptsacheverfahren lediglich auf Grundlage einer Folgenabwägung zu entscheiden (→ § 123 Rn. 18). Unsicherheiten in rechtlicher oder tatsächlicher Hinsicht sind entsprechend der Schwere der für den Antragsteller drohenden Nachteile zu seinen Gunsten zu berücksichtigen (NKVwGO § 80 Rn. 136).

3. Verfahren

Zur **Vorlage an das Bundesverfassungsgericht** nach Art. 100 I GG ist das Verwaltungsgericht im vorläufigen Rechtsschutzverfahren grds. nicht verpflichtet. Hält das Verwaltungsgericht eine entscheidungsrelevante Norm für mit dem Grundgesetz nicht vereinbar, ist es dem Gericht trotz des Verwerfungsmonopols des BVerfG nicht verboten, auf der Grundlage seiner eigenen Rechtseinschätzung vorläufigen Rechtsschutz zu gewähren, wenn dies unter dem Blickwinkel des Art. 19 IV GG nach den Umständen des Einzelfalls geboten erscheint und die Hauptsache dadurch nicht vorweggenommen wird (BVerfGE 86, 382; NRWOVG DVBl. 1992, 1372). Dies gilt namentlich, wenn dem Bürger ansonsten schwere und unzumutbare, anders nicht abwendbare Nachteile entstünden, insbes. eine erhebliche Verletzung von Grundrechten droht, die durch die Entscheidung in der Hauptsache nicht mehr beseitigt werden könnte (BVerfGE 79, 69; 46, 166). 55

Hinsichtlich der gemeinschaftsrechtlichen Pflicht zu **Vorlage an den EuGH** nach Art. 267 AEUV (= Art. 234 EGV) gilt Folgendes: Eine Vorlagepflicht besteht auch für das letztinstanzliche Gericht im Verfahren des vorläufigen Rechtsschutzes grds. nicht, soweit die Auslegung von Gemeinschaftsrecht infrage steht (NRWOVG, Beschl. v. 18.2. 2009 – 4 B 298/08; NKVwGO, Europäischer Verwaltungsrechtsschutz Rn. 127). Selbst wenn in einem solchen Verfahren ein Rechtsmittel nicht mehr zur Verfügung steht, bleibt es den Parteien unbenommen, anschließend das Verfahren zur Hauptsache einzuleiten, in dessen Rahmen dann ein Vorabentscheidungsersuchen erfolgen kann bzw. muss (EuGH Slg. 1977, I-957 Rn. 5). Allerdings kann eine (nicht auf letztinstanzliche Gerichte beschränkte) Vorlagepflicht im vorläufigen Rechtsschutzverfahren dann bestehen, wenn das Verwaltungsgericht eine Vorschrift des sekundären Gemeinschaftsrechts einstweilen unangewendet lassen will (EuGH Slg. 1991, I-415, I-542 ff.). Ohne Vorlage an den EuGH darf das Verwaltungsgericht in solchen Fällen nur entscheiden, wenn es erhebliche Zweifel an der Gültigkeit der entscheidungserheblichen Gemeinschaftsnorm hat, dem Antragsteller ein schwerer und nicht mehr wieder gut zu machender Schaden droht, bevor der EuGH über die Gültigkeit der Gemeinschaftsnorm entscheiden kann, und bei der Aussetzungsentscheidung das Interesse der Gemeinschaft an einer möglichst vollen Wirksamkeit des Gemeinschaftsrechts angemessen berücksichtigt wird (vgl. näher NKVwGO § 80 Rn. 17 f.). 56

Auch im Verfahren des vorläufigen Rechtsschutzes ist der **Gehörsgrundsatz**, Art. 103 I GG, zu beachten (auch → § 123 Rn. 27). Dabei muss das Gericht im Hinblick auf die Eilbedürftigkeit des Verfahrens alle denkbaren Möglichkeiten der Gehörsgewährung ausschöpfen; bei entsprechender Dringlichkeit müssen Anhörungen ggf. auch am Wochenende stattfinden (BVerfGE 65, 227). Nur in Ausnahmefällen, wenn der Schutz gewichtiger Interessen eine sofortige gerichtliche Entscheidung unabweisbar macht und anders effektiver Rechtsschutz nicht gewährt werden kann, ist eine Anhörung entbehrlich (BWVGH VBlBW 1999, 265). Eine **mündliche Verhandlung** ist nicht erforderlich, § 101 III. 57

§ 80 Teil II. Verfahren

4. Form und Inhalt der Entscheidung

58 Das Gericht entscheidet durch **Beschluss,** der nach § 122 II 2 zu begründen ist. In besonders dringenden Fällen kann vorab eine sog. „Tenorentscheidung" getroffen werden und der schriftlich festgehaltene Tenor auf telefonischem Weg den Beteiligten bekannt gegeben werden (VG Wiesbaden NVwZ 1988, 90).

59 In den Fällen des § 80 II 1 Nr. 1 bis 3 ordnet das Gericht die aufschiebende Wirkung des Rechtsbehelfs ganz oder teilweise an, in den Fällen des § 80 II 1 Nr. 4 stellt es die aufschiebende Wirkung ganz oder teilweise wieder her. Das Gericht hat beim „Wie" der Aussetzungsentscheidung ein gewisses Entscheidungsermessen (→ Rn. 45). Insbes. kann das Gericht die Wiederherstellung der aufschiebenden Wirkung von der Leistung einer Sicherheit oder von anderen **Auflagen** abhängig machen, § 80 V 4. Nach § 80 V 5 kann das Gericht auch eine **Befristung** aussprechen.

60 Hat die Behörde bereits Vollziehungshandlungen durchgeführt, kann das Gericht die **Aufhebung der Vollziehung** anordnen (§ 80 V 3); dies gilt auch dann, wenn der Verwaltungsakt nicht zwangsweise, sondern freiwillig vollzogen wurde (vgl. BVerwG NJW 1961, 90). Die Bestimmung ist entsprechend anzuwenden auf Fälle der sog. **faktischen Vollziehung**, in denen die Behörde trotz eingetretener aufschiebender Wirkung vollzogen hat (näher → Rn. 63).

61 Die Aufhebung der Vollziehung nach § 80 V 3 setzt einen **Antrag** voraus, der nicht in dem nach S. 1 enthalten ist (NKVwGO § 80 Rn. 164; a. A. BremOVG NVwZ 1991, 1194). § 80 V 3 enthält wie § 113 I 2 nur eine verfahrensrechtliche Regelung und keine materielle Grundlage eines eigenständigen Vollzugsfolgenbeseitigungsanspruchs, sondern setzt das Bestehen eines solchen Anspruchs voraus (NRWOVG DÖV 1983, 1024; KS § 80 Rn. 176). Die Aufhebung der Vollziehung zielt auf die Rückabwicklung der Vollziehungsakte bzw. deren unmittelbaren Folgen, etwa Rückgabe eines beschlagnahmten Gegenstandes, Auszahlung einer Geldleistung, Entsiegelung eines Ladenlokals u. ä. (B/F-K/vA § 80 Rn. 113). Nicht erfasst werden hingegen mittelbare Folgen der Vollziehung, wie etwa Mietwagen- oder Taxikosten nach Abschleppen eines Kraftfahrzeugs (BayVGH NJW 1984, 2962).

62 Ergibt die gerichtliche Prüfung, dass die Behörde in den Fällen des § 80 II 1 Nr. 4 dem **Begründungserfordernis aus § 80 III** nicht entsprochen hat, ist nach überwiegender Auffassung die Vollziehungsanordnung aufzuheben (vgl. etwa NRWOVG AuAS 1994, 258; BWVGH NJW 1977, 165; HambOVG NJW 1978, 2167; Nds-OVG NJW 1969, 478). Nach anderer Ansicht ist auch in diesen Fällen auszusprechen, dass die aufschiebende Wirkung wiederhergestellt wird (HessVGH NVwZ-RR 1989, 627; NKVwGO § 80 Rn. 154; KS § 80 Rn. 148). Die praktische Relevanz dieser Meinungsverschiedenheit ist gering, da auch die Vertreter der letztgenannten Auffassung davon ausgehen, dass die Bindungswirkung der gerichtlichen Entscheidung der Behörde nicht hindere, erneut eine Vollziehungsanordnung zu treffen (vgl. etwa NKVwGO § 80 Rn. 154; a. A. wohl BremOVG DÖV 1980, 572 – die Behörde müsse einen Antrag nach § 80 VII stellen).

63 Vollzieht die Behörde einen VA, obwohl die aufschiebende Wirkung eines Rechtsbehelfs eingetreten ist, liegt ein Fall der sog. **faktischen Vollziehung** vor. Dabei ist allein von Bedeutung, dass es im Zeitpunkt der Vollziehung an der Vollziehbarkeit des VA fehlt (BayVGH DVBl. 1982, 1012). Nach richtiger Auffassung richtet sich auch in diesen Fällen der Rechtsschutz nach § 80 V, weil nach der Gesetzessystematik allein nach dieser Vorschrift vorläufiger Rechtsschutz für den Bereich der Anfechtungsklage gewährt wird (NKVwGO § 80 Rn. 164). Es ist daher in entsprechender Anwendung des § 80 V 1 die aufschiebende Wirkung des Rechtsbehelfs festzustellen

Aufschiebende Wirkung **§ 80**

und – gegebenenfalls – analog § 80 V 3 VwGO die Aufhebung der Vollziehung anzuordnen (BayVGH DVBl. 1982, 1012; NRWOVG DÖV 1970, 685; BWVGH NJW 1962, 1172; auch → Rn. 60).

Auch im Verfahren nach § 80 V ist das Gericht befugt und unter dem Gesichts- 64 punkt des Art. 19 IV GG ggfs. auch verpflichtet, eine Zwischenentscheidung („**Hängebeschluss**") zu treffen, wenn der Rechtsschutzantrag nicht offensichtlich aussichtslos ist und wegen unmittelbar drohender Nachteile dem Antragsteller auf andere Weise effektiver Rechtsschutz nicht gewährt werden kann (auch → § 123 Rn. 28).

5. Rechtsbehelfe

Gegen den Beschluss des Verwaltungsgerichts ist die **Beschwerde** nach § 146 I 1 65 gegeben. Dabei sind die in § 146 IV normierten Besonderheiten zu berücksichtigen. Nach § 146 IV 1 ist die Beschwerde innerhalb eines Monats nach Bekanntgabe der Entscheidung zu begründen. Nach § 146 IV 3 muss sie einen bestimmten Antrag enthalten, die Gründe darlegen, aus denen die Entscheidung abzuändern oder aufzuheben ist, und sich mit der angefochtenen Entscheidung auseinandersetzen. § 146 IV 6 bestimmt schließlich, dass das Oberverwaltungsgericht nur die dargelegten Gründe prüft (zum Vorstehenden insgesamt näher → § 146 Rn. 30). Die Entscheidung des OVG ist gemäß § 152 I unanfechtbar. Hier kommt allenfalls noch ein Abänderungsantrag nach § 80 VII 2 oder – in dem Fall, in dem das Beschwerdegericht entscheidungserhebliches Vorbringen übergangen hat – eine Anhörungsrüge nach § 152a in Betracht. Zur Beschwerde gegen „Hängebeschlüsse" → § 123 Rn. 3.

Bei einer **Verfassungsbeschwerde** nach Art. 93 I 4a GG i.V.m. § 13 Nr. 8a, 66 §§ 90 f. BVerfGG ist deren **Subsidiarität** zu beachten (BVerfGE 70, 180). Daraus folgt, dass der Beschwerdeführer nicht nur den Rechtsweg im engen Sinne nach § 90 II 1 BVerfGG zu erschöpfen hat, sondern auch alle sonstigen prozessualen Möglichkeiten ergreifen muss, um eine Beseitigung der Verfassungsverletzung zu erreichen (NKVwGO § 80 Rn. 176). Der Grundsatz der Subsidiarität der Verfassungsbeschwerde greift also auch dann ein, wenn die geltend gemachte Grundrechtsverletzung etwa in einem Verfahren nach § 80 VII, durch eine Anhörungsrüge nach § 152a oder im Hauptsacheverfahren in einer dem Beschwerdeführer zumutbaren Weise beseitigt werden kann.

Eine Wiederaufnahme des Verfahrens gemäß § 153 I i.V.m. §§ 578 f. ZPO 67 kommt nicht in Betracht. Im Hinblick auf § 80 VII ist hierfür kein Raum (NKVwGO § 80 Rn. 177; KS § 80 Rn. 117).

V. Behördliches Vorverfahren bei Abgabensachen

Nach § 80 VI muss im Fall der Anforderung von öffentlichen Abgaben oder Kosten 68 (§ 80 II 1 Nr. 1) vor dem gerichtlichen Verfahren ein **behördliches Aussetzungsverfahren** durchgeführt werden. Nach ganz überwiegender Auffassung handelt es sich dabei um eine echte Zugangsvoraussetzung (→ vor § 40 Rn. 9), nicht um eine Sachentscheidungsvoraussetzung (RhPfOVG NVwZ-RR 1992, 589; NKVwGO § 80 Rn. 179; KS § 80 Rn. 184). Während des gerichtlichen Verfahrens kann das Aussetzungsverfahren deshalb nicht mehr nachgeholt werden. Erst recht erfolgt eine Heilung nicht dadurch, dass sich die Behörde in einem gerichtlichen Verfahren sachlich auf den Antrag einlässt (HambOVG DVBl. 1993, 566).

§ 80   Teil II. Verfahren

69   Der **Aussetzungsantrag** kann bei der Ausgangsbehörde oder bei der Widerspruchsbehörde gestellt werden (NKVwGO § 80 Rn. 179). § 80 VI 1 ordnet weder für den Antrag noch für die Ablehnung die Schriftform an; der Antragsteller trägt jedoch die Beweislast für die erfolglose Anrufung der Behörde (NRWOVG DVBl. 1997, 672).

70   Vor einem Abänderungsverfahren nach § 80 VII 2 ist **kein** erneuter **Antrag** nach § 80 VI zu stellen, weil § 80 VI nur Anträge nach § 80 V nennt (NKVwGO § 80 Rn. 179). Eines erfolglosen Aussetzungsantrages bedarf es nach § 80 VI 2 nicht, wenn die Behörde über den Antrag ohne Mitteilung eines zureichenden Grundes in angemessener Frist sachlich nicht entschieden hat oder eine Vollstreckung droht. Welche Frist noch angemessen ist i.S. von § 80 VI 2 Nr. 1, ist aufgrund der Umstände des Einzelfalles zu entscheiden (B/F-K/vA § 80 Rn. 126). Die Drei-Monats-Frist des § 75 eignet sich insoweit nicht als generelle Leitlinie (NKVwGO § 80 Rn. 181). Die Vollstreckung (§ 80 VI 2 Nr. 2) droht erst dann, wenn die Behörde konkrete Schritte zur zwangsweisen Beitreibung der Schuld angekündigt oder bereits eingeleitet hat (NRWOVG, Beschl. v. 11.8. 2009 – 4 B 131/09; SaarlOVG NVwZ 1993, 490).

VI. Änderung oder Aufhebung des Beschlusses

71   Nach § 80 VII können Beschlüsse gemäß § 80 V geändert oder aufgehoben werden. Dazu ist das Gericht gemäß S. 1 der Vorschrift zunächst **von Amts wegen**, und zwar „jederzeit", befugt. Für eine solche Entscheidung, die auch auf einer Anregung der Beteiligten beruhen kann, brauchen sich die entscheidungserheblichen Umstände nicht geändert zu haben. Ausreichend ist, dass das Gericht zu einer anderen Beurteilung der Sach- und Rechtslage gekommen ist (HambOVG NVwZ 1995, 1004; BayVGH BayVBl. 1983, 503; NKVwGO § 80 Rn. 184; a.A. NRWOVG NVwZ 1999, 894).

72   Die Aufhebung oder Änderung **auf Antrag eines Beteiligten** nach § 80 VII 2 setzt demgegenüber veränderte oder im ursprünglichen Verfahren ohne Verschulden nicht geltend gemachte Umstände voraus. Diese Umstände können sowohl in entscheidungsrelevanten tatsächlichen Verhältnissen als auch in einer Änderung der Rechtslage bestehen, der eine Änderung der höchstrichterlichen Rechtsprechung gleichsteht (BVerfG NVwZ 2005, 438; NdsOVG NVwZ 2005, 236). Hinsichtlich des Verschuldensmaßstabs ist auf die Rechtsprechung zu § 60 I zurückzugreifen (BWVGH NVwZ-RR 2002, 908).

73   Anträge nach § 80 VII 2 unterliegen **keiner Frist**. Anderes gilt allerdings dann, wenn für Anträge nach § 80 V spezialgesetzlich eine Frist bestimmt ist. In diesen Fällen gilt die Frist auch für Anträge nach § 80 VII 2. Die Frist beginnt mit der Kenntnisnahme der veränderten oder ohne Verschulden nicht geltend gemachten Umstände zu laufen (BVerwG NVwZ 1999, 650; HessVGH Kassel NVwZ-RR 2003, 462).

74   Problematisch ist das Verhältnis zwischen einem Antrag nach § 80 VII 2 und der **Beschwerde nach § 146 I**. Solange ein Beschluss nach § 80 V mit der Beschwerde noch anfechtbar ist, soll ein Abänderungsantrag nach § 80 VII 2 unzulässig sein, da veränderte oder ohne Verschulden nicht geltend gemachte Umstände auch in einem Beschwerdeverfahren berücksichtigungsfähig sind und das Beschwerdeverfahren denselben Streitgegenstand wie das Abänderungsverfahren betrifft (SächsOVG DVBl. 1996, 118, 119; ThürOVG NVwZ-RR 1995, 179; a.A. RhPfOVG NVwZ-RR 2005, 748). Das gleiche muss im Grundsatz auch dann gelten, wenn ein Beschwerde-

verfahren bereits eingeleitet ist. Wegen der Beschränkung der Prüfung des Beschwerdegerichts auf dargelegte Gründe (§ 146 IV 4) wird ein Beschwerdeverfahren der Zulässigkeit eines Antrags nach § 80 VII 2 allerdings nicht entgegenstehen, wenn die veränderten oder ohne Verschulden nicht geltend gemachten Umstände nicht innerhalb der Begründungsfrist nach § 146 IV 1 vorgetragen werden konnten. In diesem Fall erscheint es unter dem Gesichtspunkt des Art. 19 IV GG problematisch, den Antragsteller darauf zu verweisen, zunächst die Beendigung des Beschwerdeverfahrens abzuwarten (vgl. auch B/F-K/vA § 80 Rn. 132).

Im Übrigen gelten für die Entscheidung über die Aufhebung oder Abänderung nach § 80 VII die gleichen Grundsätze wie für die Entscheidung nach § 80 V. **75**

VII. Vorsitzendenentscheidung

Nach § 80 VIII kann in dringenden Fällen der Vorsitzende entscheiden, wenn dieser nicht sofort erreichbar ist, sein jeweiliger Vertreter. Ist die Sache bereits gemäß § 6 dem Einzelrichter übertragen, findet die Vorschrift keine Anwendung (KS § 80 Rn. 145). **76**

§ 80a [Verwaltungsakte mit Doppelwirkung]

(1) Legt ein Dritter einen Rechtsbehelf gegen den an einen anderen gerichteten, diesen begünstigenden Verwaltungsakt ein, kann die Behörde
1. auf Antrag des Begünstigten nach § 80 Abs. 2 Nr. 4 die sofortige Vollziehung anordnen,
2. auf Antrag des Dritten nach § 80 Abs. 4 die Vollziehung aussetzen und einstweilige Maßnahmen zur Sicherung der Rechte des Dritten treffen.
(2) Legt ein Betroffener gegen einen an ihn gerichteten belastenden Verwaltungsakt, der einen Dritten begünstigt, einen Rechtsbehelf ein, kann die Behörde auf Antrag des Dritten nach § 80 Abs. 2 Nr. 4 die sofortige Vollziehung anordnen.
(3) ¹Das Gericht kann auf Antrag Maßnahmen nach den Absätzen 1 und 2 ändern oder aufheben oder solche Maßnahmen treffen. ²§ 80 Abs. 5 bis 8 gilt entsprechend.

Der 1991 eingeführte § 80a regelt den vorläufigen Rechtsschutz gegen VA mit Doppelwirkung. Durch § 80 I 2, § 80a i. V. m. § 123 V ist geklärt, dass sich der vorläufige Rechtsschutz gegen **VA mit Doppelwirkung** nach den §§ 80, 80a richtet und nicht – wie es zuvor teilweise vertreten wurde – nach § 123 VwGO (→ § 80 Rn. 4). Der vom Gesetzgeber benutzte Begriff „Verwaltungsakt mit Doppelwirkung" (kritisch dazu etwa BeckOK VwGO § 80a Rn. 7) ist gleichbedeutend mit der Bezeichnung „Verwaltungsakt mit Drittwirkung". Ein VA mit Doppel- bzw. Drittwirkung liegt vor, wenn derselbe VA einen Beteiligten belastet und zugleich einen anderen begünstigt (NKVwGO § 80a Rn. 2; BeckOK VwGO § 80a Rn. 8). Dabei reicht es nicht aus, dass der VA irgendwelche Interessen der Beteiligten berührt. Es müssen vielmehr Rechtspositionen betroffen sein, die Gegenstand einer verwaltungsgerichtlichen Klage sein können (BVerfGE 69, 315, 370; BeckOK VwGO § 80a Rn. 8; NKVwGO § 80a Rn. 2). **1**

§ 80a unterscheidet dabei **zwei Arten** von VA mit Doppelwirkung. Gegenstand der Regelung in § 80a I sind diejenigen VA, die den Adressaten begünstigen und ei- **2** nen Dritten belasten (beispielsweise eine Baugenehmigung, die in nachbarschützende Normen eingreift). § 80a II behandelt dagegen den Fall, dass der Adressat belastet und der Dritte begünstigt wird (beispielsweise ordnungsbehördliches Einschreiten zugunsten eines Dritten).

3 Unter § 80a fallen grundsätzlich auch **Konkurrentenklagen,** etwa wenn sich mehrere Personen um eine öffentlich-rechtliche Zulassung oder Konzession bemüht haben (→ § 42 Rn. 91). Anderes gilt allerdings für die Konkurrentenklage im Beamtenrecht. Der VA, mit dem der Konkurrent ernannt oder befördert wird, ist nach überwiegender Auffassung nicht als VA mit Doppelwirkung einzustufen, da die Ernennung bzw. Beförderung nicht in die Rechte des unterlegenen Bewerbers eingreifen soll (vgl. etwa NKVwGO § 80a Rn. 4; anders BeckOK VwGO § 80 Rn. 10, der zwar die Anwendbarkeit des § 80a bejaht, dann aber die Antragsbefugnis entsprechend § 42 II verneint; ferner → § 80 Rn. 4).

I. Vorläufiger Rechtsschutz durch die Verwaltungsbehörde

4 Die Verwaltungsbehörde gewährt vorläufigen Rechtsschutz nach § 80a I und II. Wenn auch in beiden Absätzen bestimmt ist, dass die Behörde auf Antrag tätig wird, schließt dies nicht aus, dass sie **auch von Amts wegen** tätig werden kann. Es besteht nämlich kein Anhalt dafür, dass diese Befugnis insoweit anders als im Fall eines zweiseitigen Rechtsverhältnisses eingeschränkt sein soll (NKVwGO § 80a Rn. 9; KS § 80a Rn. 7 und 13; str.).

5 **§ 80a I Nr. 1** betrifft den Fall, dass dem vom belasteten Dritten eingelegten Rechtsbehelf aufschiebende Wirkung zukommt. Hier hat der begünstigte Adressat die Möglichkeit, einen Antrag auf Anordnung der sofortigen Vollziehung zu stellen.

6 **§ 80a I Nr. 2** regelt dagegen jene Sachverhalte, in denen dem Rechtsbehelf des belasteten Dritten aufgrund gesetzlicher oder behördlicher Anordnung keine aufschiebende Wirkung zukommt. Hier hat der belastete Dritte die Möglichkeit, bei der Behörde einen Antrag nach § 80 IV auf Aussetzung der Vollziehung zu stellen. Der Behörde ist in diesem Fall zugleich die Möglichkeit eröffnet, Maßnahmen zur Sicherung der Rechte des Dritten zu treffen (Beispiel: Anordnung eines Baustopps). § 80a I Nr. 2 ist entsprechend anzuwenden, wenn der begünstigte Adressat unter Missachtung der aufschiebenden Wirkung des vom belasteten Dritten eingelegten Rechtsbehelfs von dem VA Gebrauch macht oder ein solches Gebrauchmachen unmittelbar droht (BeckOK VwGO § 80a Rn. 25); die Behörde kann eine Anordnung erlassen, dass von dem VA vorläufig kein Gebrauch gemacht werden darf sowie weitere Sicherungsmaßnahmen treffen (RhPfOVG DÖV 1994, 1012; NKVwGO § 80a Rn. 13).

7 **§ 80a II** betrifft Konstellationen, in denen der vom belasteten Adressaten eingelegte Rechtsbehelf gemäß § 80 I 2 aufschiebende Wirkung besitzt. In diesen Fällen kann die Behörde auf Antrag des Dritten nach § 80 II 1 Nr. 4 die sofortige Vollziehung anordnen.

8 Einen **Prüfungsmaßstab** für die von der Behörde nach § 80a I und II zu treffenden Entscheidungen gibt die Norm nicht vor. Grundlage der Behördenentscheidung ist auch hier eine Interessenabwägung. Dabei ist zu berücksichtigen, dass die zumeist betroffenen verfassungsrechtlichen Positionen der Beteiligten grundsätzlich gleichwertig sind (BVerfG GewArch 1985, 16; NKVwGO § 80a Rn. 10; B/F-K/vA § 80a Rn. 8). Maßgeblich ist auf die Erfolgsaussicht des Rechtsbehelfs abzustellen (BeckOK VwGO § 80a Rn. 37; B/F-K/vA § 80a Rn. 9). Hat der Dritte den Rechtsbehelf eingelegt, ist die Rechtmäßigkeit des VA allerdings nur in den Grenzen der Wider-

spruchs- und Klagebefugnis bzw. der Rechtsverletzung des Dritten zu prüfen (HessVGH NVwZ 1993, 491; NRWOVG DVBl. 2009, 671). Die Behörde trifft ihre Entscheidung nach pflichtgemäßem Ermessen und hat dabei den Verhältnismäßigkeitsgrundsatz zu beachten (NKVwGO § 80a Rn. 10). Das Ermessen wird allerdings in der Regel auf Null reduziert sein, wenn die Interessenabwägung ergibt, dass den Interessen eines Beteiligten Vorrang zukommt (NKVwGO § 80a Rn. 10; BeckOK VwGO § 80a Rn. 38; S/S-A/P § 80a Rn. 29).

II. Gewährung vorläufigen Rechtsschutzes durch das Gericht

Das Verwaltungsgericht ist nach § 80a III 1 nicht darauf beschränkt, verwaltungsbehördliche Maßnahmen nach § 80 I oder II zu ändern oder aufzuheben, sondern kann solche Maßnahmen auch selbst treffen. § 80 V bis VIII gelten gemäß § 80a III 2 entsprechend. 9

1. Zulässigkeit des Antrages

Wegen der Zulässigkeitsvoraussetzungen kann zunächst auf die Kommentierung zu § 80 verwiesen werden (→ § 80 Rn. 38 ff.). Folgende **Besonderheiten** sind zu beachten: 10

Der Wortlaut des § 80a I und II legt es zwar nahe, dass bereits vor **Antragstellung** der Rechtsbehelf eingelegt worden sein muss. Wegen der Verweisung auf § 80 V 2 ist der Antrag aber jedenfalls vor Erhebung der Anfechtungsklage zulässig; Gleiches muss für die Einlegung des Widerspruchs gelten (NKVwGO § 80a Rn. 15, → § 80 Rn. 44). 11

Der Antrag nach § 80a III ist nicht nur **statthaft**, wenn die Anordnung oder die Aussetzung der sofortigen Vollziehung begehrt wird, sondern auch wenn Streit über die aufschiebende Wirkung eines eingelegten Rechtsbehelfs besteht und der Antragsteller vor diesem Hintergrund begehrt festzustellen, dass der Rechtsbehelf aufschiebende Wirkung besitzt oder nicht (NRWOVG, Beschl. v. 24.9. 2009 – 8 B 1343/09.AK). 12

Eines behördlichen **Vorverfahrens** bedarf es nur bei VA mit Doppelwirkung in Abgabe- und Kostensachen; die Verweisung in § 80a III 2 auf § 80 VI 6 ist als Rechtsgrundverweisung aufzufassen (BWVGH NVwZ 1995, 292; NKVwGO § 80 Rn. 16; B/F-K/vA § 80a Rn. 38, str.). 13

Die **Antragsbefugnis** entsprechend § 42 II ist unproblematisch, wenn der Antragsteller Adressat des VA ist; im Übrigen bedarf es einer besonderen Prüfung der Antragsbefugnis (→ § 42 Rn. 100 ff.). 14

Das **Rechtsschutzinteresse** setzt – mit Ausnahme von Abgabe- und Kostensachen (→ Rn. 13) – nicht voraus, dass zuvor ein entsprechender Rechtsschutzantrag bei der Behörde gestellt worden ist. Das behördliche und das gerichtliche Rechtsschutzverfahren stehen vielmehr selbstständig nebeneinander (NKVwGO § 80a Rn. 21). 15

2. Begründetheit

Ebenso wie bei Verwaltungsakten im zweipoligen Rechtsverhältnis ist in der Regel eine nur **summarische Prüfung** der Sach- und Rechtslage erforderlich und ausreichend (NKVwGO § 80 Rn. 24; näher → § 80 Rn. 54). Für den **Prüfungsmaßstab** gilt das oben zur Entscheidung der Verwaltungsbehörde nach § 80a I und II Gesagte entsprechend (→ Rn. 8; zur strukturellen Übereinstimmung der Entscheidungen vgl. 16

etwa B/F-K/vA § 80a Rn. 32). Dem Gericht steht bei der Entscheidung, ob es vorläufigen Rechtschutz gewährt, allerdings grundsätzlich kein Ermessen zu (→ § 80 Rn. 45).

3. Verfahren

17 Hier ist zunächst auf das zu § 80 V Gesagte zu verweisen (→ § 80 Rn. 55 ff.). Zu beachten ist, dass der gegnerische Beteiligte stets beizuladen ist. Es handelt sich um einen Fall der notwendigen **Beiladung** nach § 65 II, da der Beschluss des Gerichts in die rechtlich geschützten Interessen des anderen Beteiligten eingreift und damit eine Entscheidung gegenüber dem Begünstigten und dem Belasteten nur einheitlich ergehen kann (NKVwGO § 80a Rn. 22; → § 65 Rn. 8 f.).

4. Entscheidung des Gerichts

18 Das Gericht kann nach § 80a III VwGO die sofortige Vollziehung anordnen und i. V. m. § 80 V die aufschiebende Wirkung eines Rechtsbefehls anordnen oder wiederherstellen. Es kann ferner in entsprechender Anwendung von § 80 V 1 die aufschiebende Wirkung eines Rechtsbehelfs feststellen (→ Rn. 12). Im Fall des § 80 I Nr. 2 (Aussetzung der Vollziehung auf Antrag des Dritten) können auch einstweilige Sicherungsmaßnahmen erlassen werden (vgl. NRWOVG NVwZ 1991, 1001). Beantragt der Dritte nach Aussetzung der Vollziehung gemäß § 80 III i. V. m. § 80a I Nr. 2 entsprechende Sicherungsmaßnahmen, handelt es sich um ein neues selbständiges Verfahren (BayVGH BayVBl. 1993, 533). Im Rahmen von § 80a I Nr. 2 Alt. 2 kann auch die Aufhebung der bereits erfolgten Vollziehung ausgesprochen werden (NKVwGO § 80a Rn. 36).

5. Schadensersatz

19 Für den vorläufigen Rechtsschutz nach §§ 80, 80a gelten gemäß § 123 V die Vorschriften des § 123 III, § 945 ZPO nicht; gegenüber der Behörde kommen Folgenbeseitigungsansprüche oder Amtshaftungsansprüche in Betracht (NKVwGO § 80a Rn. 37). Die fehlende Schadensersatzregelung im Verhältnis zwischen den Beteiligten darf nicht durch entsprechende Bedingungen oder Auflagen umgangen werden, etwa durch eine Risiko- und Verpflichtungserklärung des Bauherrn für den Fall des späteren Aufhebung der Baugenehmigung (NKVwGO § 80a Rn. 38).

§ 80b [Ende der aufschiebenden Wirkung]

(1) ¹**Die aufschiebende Wirkung des Widerspruchs und der Anfechtungsklage endet mit der Unanfechtbarkeit oder, wenn die Anfechtungsklage im ersten Rechtszug abgewiesen worden ist, drei Monate nach Ablauf der gesetzlichen Begründungsfrist des gegen die abweisende Entscheidung gegebenen Rechtsmittels.** ²**Dies gilt auch, wenn die Vollziehung durch die Behörde ausgesetzt oder die aufschiebende Wirkung durch das Gericht wiederhergestellt oder angeordnet worden ist, es sei denn, die Behörde hat die Vollziehung bis zur Unanfechtbarkeit ausgesetzt.**

(2) **Das Oberverwaltungsgericht kann auf Antrag anordnen, daß die aufschiebende Wirkung fortdauert.**

(3) **§ 80 Abs. 5 bis 8 und § 80a gelten entsprechend**

Ende der aufschiebenden Wirkung § 80b

Soweit die zum 1.1.1997 in Kraft getretene Vorschrift in I 1 1. Halbs. bestimmt, dass **1** die aufschiebende Wirkung des Widerspruchs und der Anfechtungsklage mit der Unanfechtbarkeit des VA endet, hat sie lediglich deklaratorische Bedeutung. Kernstück der Regelung ist die Bestimmung des 2. Halbsatzes, nach der bei Abweisung der Anfechtungsklage in der ersten Instanz die aufschiebende Wirkung vorzeitig endet. Diese Vorschrift soll verhindern, dass Rechtsmittel nur deshalb eingelegt werden, um den Eintritt der Rechtskraft des Urteils und damit das Ende der aufschiebenden Wirkung möglichst lange hinauszuzögern. Sie ist gerechtfertigt durch die Erwägung, dass nach Abweisung der Klage im ersten Rechtszug wegen der dort erfolgten eingehenden Prüfung eine Fortdauer der aufschiebenden Wirkung während des Rechtsmittelverfahrens nicht erforderlich erscheint (BT-Drs. 13/3993, S. 11; vgl. auch BVerwG NVwZ 2007, 1097).

I. Ende der aufschiebenden Wirkung bei Klageabweisung

Die in § 80b I 1 2. Halbs. normierte Verkürzung der Dauer der aufschiebenden Wirkung setzt – neben dem Bestehen der aufschiebenden Wirkung eines Rechtsbehelfs – die **Abweisung einer Anfechtungsklage durch eine erstinstanzliche Entscheidung** voraus. Ist in der Hauptsache die Verpflichtungsklage die statthafte Klageart, soll die Vorschrift analog anwendbar sein, wenn sich der vorläufige Rechtsschutz ausnahmsweise gleichwohl nach § 80 V richtet (BeckOK VwGO § 80b Rn. 11; vgl. zu solchen Fällen → § 80 Rn. 6). Soweit § 80b I 1 2. Halbs. eine Klageabweisung im ersten Rechtszug voraussetzt, trifft dies nicht nur bei einer Klageabweisung durch das VG zu, sondern auch bei klageabweisenden Urteilen des OVG bzw. des VGH, wenn das Gericht gemäß § 48 erstinstanzlich zuständig ist. Nicht ausreichend ist hingegen, wenn die Anfechtungsklage erst aufgrund einer vom Beklagten oder Beigeladenen eingelegten Berufung abgewiesen wird.

Die **Drei-Monats-Frist** nach § 80b I 1 2. Halbs. kann nur zu laufen beginnen, **3** wenn die Entscheidung des Gerichts mit einem zulässigen Rechtsmittel angegriffen wird. Anderenfalls tritt mit Ablauf der Rechtsmittelfrist die Rechtskraft und damit der Wegfall der aufschiebenden Wirkung ein (NKVwGO § 80b Rn. 10). Die Drei-Monats-Frist beginnt mit dem Ablauf der gesetzlichen Begründungsfrist des gegen die abweisende Entscheidung gegebenen Rechtsmittels zu laufen.

Lässt das VG die Berufung nicht zu, so ist streitig, ob das „gegebene Rechtsmittel" **4** in diesem Sinne der **Antrag auf Zulassung der Berufung** ist (so etwa NRWOVG NWVBl. 2002, 69; KS § 80b Rn. 7) oder erst die zugelassene Berufung (so etwa B/F-K/vA § 80b Rn. 10). Der Normzweck, der Einlegung von Rechtsmitteln allein zur Aufrechterhaltung der aufschiebenden Wirkung entgegenzuwirken, spricht für den erstgenannten Standpunkt und dagegen, den Fristbeginn vor dem ungewissen Zeitpunkt der Entscheidung des Berufungsgerichts über den Zulassungsantrag abhängig zu machen (BeckOK VwGO § 80b Rn. 16).

Entscheidet das Verwaltungsgericht durch **Gerichtsbescheid** (§ 84 VwGO), ist **5** der Antrag auf Durchführung einer mündlichen Verhandlung nach Erlass eines Gerichtsbescheids (§ 84 II Nr. 5) kein Rechtsmittel im Sinne von § 80b I 1 2. Halbs. Im Falle der erstinstanzlichen **Abweisung** einer Anfechtungsklage **durch das OVG/ den VGH** ist die gesetzliche Begründungsfrist im Sinne von § 80b I 1 2. Halbs. entweder die Revisionsbegründungsfrist gemäß § 139 III 1 oder – falls die Revision nicht zugelassen wurde – die Frist für die Begründung der Nichtzulassungsbeschwerde gemäß § 133 III 3 (BVerwG NVwZ 2007, 1097).

6 Nach § 80b I 2 gelten die Bestimmungen des Satzes 1 auch dann, wenn die Vollziehung durch die Behörde ausgesetzt oder die aufschiebende Wirkung durch das Gericht wiederhergestellt oder angeordnet worden ist. Eine **Ausnahme** ist bestimmt für den Fall, dass die Behörde die Vollziehung bis zur Unanfechtbarkeit ausgesetzt hat. Dies setzt eine ausdrückliche Entscheidung der Behörde voraus (KS § 80b Rn. 12; NKVwGO § 80b Rn. 7). Dem Gericht räumt die Vorschrift eine solche Möglichkeit nicht ein (BeckOK VwGO § 80b Rn. 22).

II. Fortdauer der aufschiebenden Wirkung aufgrund gerichtlicher Entscheidung

7 In den Fällen des § 80b I 1 2. Halbs. kann das OVG nach § **80b II** auf Antrag das Fortdauern der aufschiebenden Wirkung anordnen. Der erforderliche Antrag ist nicht fristgebunden; er kann auch noch nach Ablauf der Drei-Monats-Frist des § 80b I 1 2. Halbs. gestellt werden (BVerwG NVwZ 2007, 1097; NRWOVG NVwZ-RR 2002, 76; BeckOK VwGO § 80b Rn. 23). Für einen solchen Antrag gilt der Vertretungszwang gemäß § 67 IV.

8 Die Formulierung des § 80b II, nach der allein das OVG die Fortdauer der aufschiebenden Wirkung anordnen kann, ist missglückt. Sie passt nicht für Fälle der erstinstanzlichen Zuständigkeit des OVG/VGH (§ 48), der Sprungrevision (§ 134) und des Berufungsausschlusses (§ 135). Zuständiges Gericht im Sinne von § 80 II ist daher – entgegen dem Wortlaut der Vorschrift – **das jeweilige Rechtsmittelgericht** (BVerwG NVwZ 2007, 1097; BeckOK VwGO § 80b Rn. 24; KS § 80b Rn. 14; NKVwGO § 80b Rn. 27).

9 Nach § **80b III** finden § 80 V bis VIII und § 80a entsprechende Anwendung. Infolgedessen kann das Gericht nicht nur die Fortdauer der aufschiebenden Wirkung anordnen oder einen entsprechenden Antrag ablehnen, sondern auch eine feststellende Entscheidung – entsprechend § 80 V – treffen, wenn die Beteiligten darüber streiten, ob und zu welchem Zeitpunkt die aufschiebende Wirkung im Falle des § 80 I 1 2. Halbs. beendet worden ist (BayVGH DVBl. 1997, 663; BeckOK VwGO § 80b Rn. 25). Die Verweisung in § 80b III verdeutlicht ferner, dass für die Entscheidung über die Fortdauer der aufschiebenden Wirkung die gleichen Maßstäbe gelten, die im Fall von § 80 V bzw. § 80a III Anwendung finden (→ § 80 Rn. 45 ff., → § 80a Rn. 8 und 16).

9. Abschnitt. Verfahren im ersten Rechtszug

§ 81 [Klageerhebung]

(1) ¹**Die Klage ist bei dem Gericht schriftlich zu erheben.** ²**Bei dem Verwaltungsgericht kann sie auch zur Niederschrift des Urkundsbeamten der Geschäftsstelle erhoben werden.**

(2) **Der Klage und allen Schriftsätzen sollen vorbehaltlich des § 55a Abs. 2 Satz 2 Abschriften für die übrigen Beteiligten beigefügt werden.**

Klageerhebung **§ 81**

Übersicht

	Rn.
I. Schriftlichkeit der Klageerhebung	3
1. Grundsatz: handschriftliche Unterzeichnung	3
2. Ausnahmen von der Handschriftlichkeit	4
a) Beispiele	6
b) Gegenbeispiele	7
3. Nachholung	8
II. Erhebung beim zuständigen Gericht	9
1. Erhebung bei unerkannt unzuständigem Gericht	10
2. Erhebung bei erkannt unzuständigem Gericht	11
3. Zugang bei vom Adressierungswillen abweichenden Gericht	13
III. Erhebung zur Niederschrift des Urkundsbeamten	14
IV. Bedingte Klageerhebung	15
V. Klageerhebung und PKH	17
VI. Beifügung von Abschriften	21

Die Schriftlichkeit der Klageerhebung ist von Amts wegen zu prüfende **Zulässig-** 1
keitsvoraussetzung einer Klage (→ vor § 40 Rn. 3 ff.). Die Norm ist in den selbstständigen Antragsverfahren (§§ 47, 80 V, VII, 80a III, 123) analog anzuwenden. Im
Rechtsmittelrecht wird sie teilweise in Bezug genommen (§§ 125 I 1, 141 S. 1);
§ 81 I 2 gilt hier allerdings nicht. § 81 gilt entsprechend für Schriftsätze, durch die
eine für das Verfahren wesentliche Prozesshandlung vollzogen wird (sog. **bestimmende Schriftsätze**), z.B. den Antrag auf Wiedereinsetzung in den vorigen Stand,
die Hauptsacheerledigungserklärung, die Klageänderung oder -rücknahme oder die
Einwilligung in die Sprungrevision (BVerwG HFR 2008, 876; 2004, 1145; BGHZ
101, 134; 92, 76, 251). Die schriftliche Erhebung der Klage führt zur **Rechtshängigkeit** (→ § 90). Zur **bedingten** Klageerhebung → Rn. 15; zur Klageerhebung im
Zusammenhang mit **PKH** → Rn. 17.

Auch die in **unsachlicher, beleidigender** Form abgefasste Klage ist wirksam er- 2
hoben. Enthält der Schriftsatz jedoch überhaupt kein erkennbares sachliches Begehren mehr, liegt weder Klage noch Rechtsmittel vor. Wird ein sachlicher Anspruch
nur formal zur Entscheidung gestellt, geht es dem Kläger aber ausschließlich darum,
die Prozessbeteiligten oder Dritte unter dem Deckmantel eines Klage- oder Rechtsmittelverfahrens zu beleidigen, so kann der Klage in Ausnahmefällen das Rechtsschutzbedürfnis fehlen (BVerwG VR 1996, 287; BFHE 169, 100).

I. Schriftlichkeit der Klageerhebung

1. Grundsatz: handschriftliche Unterzeichnung

Die Klage ist bei dem Gericht schriftlich zu erheben (§ 81 I 1). Mit dem Erfordernis 3
der Unterschrift soll die Identifizierung des Urhebers einer Prozesshandlung ermöglicht werden. Ferner soll ausgeschlossen werden, dass es sich bei einem dem Gericht
zugeleiteten Schriftstück um einen nicht autorisierten Entwurf handelt. Die Unterschrift unter dem Schriftsatz belegt insofern den unbedingten Willen, die volle Verantwortung für den Inhalt des Schriftsatzes und seine Einreichung bei Gericht zu
übernehmen (BVerfG NJW 2007, 3117; BGHZ 144, 160). **§ 126 I BGB** ist zwar
nicht anwendbar (BVerwGE 81, 32; GmSOGB BVerwGE 58, 359, 364). Die
Schriftform ist aber jedenfalls gewahrt, wenn der dieser Form bedürftige Schriftsatz

mit der handschriftlichen Unterschrift einer natürlichen Person (nicht: mit dem Namenszug der Behörde oder der Firma) versehen ist. Die Unterschrift muss nicht lesbar sein, jedoch mehrere einzelne Buchstaben und einen individuellen Bezug zum Namen erkennen lassen und darf nicht ohne Weiteres nachahmbar sein (BGH NJW 2005, 3775).

2. Ausnahmen von der Handschriftlichkeit

4   Das **Fehlen einer Unterschrift** ist ausnahmsweise **unschädlich**, wenn sich aus anderen, eine Beweisaufnahme nicht erfordernden Umständen eine der Unterschrift vergleichbare Gewähr dafür ergibt, dass der Absender die Verantwortung für den Inhalt der Klageerhebung übernommen und diese willentlich in den Rechtsverkehr gebracht hat (vgl. BGH NJW 2005, 2086; BVerwG NJW 2003, 1544), wobei die Anforderungen bei einem nicht anwaltlich vertretenen Kläger geringer als bei einem solchermaßen vertretenen sind.

5   Durch die Zulassung **moderner Telekommunikationsmittel** hat sich eine beachtliche Kasuistik herausgebildet. Allerdings ist zu beachten, dass auch der Umstand, dass sich die Gestaltungs- und Manipulationsmöglichkeiten für die Beteiligten und ihre Vertreter vergrößert haben, kein Grund ist, auf das Unterschriftserfordernis auch dann zu verzichten, wenn die Technik der Übermittlung den Verzicht nicht erfordert, und auf diese Weise zusätzlich zu den bestehenden noch weitere Manipulationsmöglichkeiten zu eröffnen (BAG NJW 2009, 3596). Das unter Rn. 4 dargelegte Differenzierungskriterium begrenzt die Ausnahmen von der Regel der handschriftlichen Unterzeichnung auf diejenigen Fälle, in denen das Unterschriftserfordernis tatsächlich nicht genügt werden kann. Diese Differenzierung ist sachgerecht, weil sie Ausnahmen und damit Abstriche an der normativen Zielsetzung auf das unumgängliche Mindestmaß begrenzt (vgl. BVerfG NJW 2007, 3117).

6   **a) Beispiele.** So **genügen** dem Erfordernis der Schriftlichkeit der Klageerhebung: handschriftlich vollzogener **Beglaubigungsvermerk** (BVerwGE 91, 334); handschriftlich unterzeichnetes **Anschreiben** oder Begleitschreiben zur Klage; handschriftlich unterzeichnete **Vollmacht** (NRWOVG, Beschl. v. 16.8.07 – 18 E 787/07), **Abschrift** der Klage oder des **Briefumschlags**; Ausfertigung mit Namen in Maschinenschrift, die mit einem handschriftlich unterzeichneten **Beglaubigungsvermerk** der Behörde versehen ist, auch wenn kein Dienstsiegel beigefügt ist (GmS-OGB BVerwGE 58, 359); Unterschrift durch ein Mitglied der bevollmächtigten Anwaltskanzlei für den **„nach Diktat abwesenden"** Sachbearbeiter (BVerwGE 68, 241); **Blankounterschrift** unter ein nachträglich gefertigtes Schreiben (BGH NJW 2005, 2709); handschriftlich unterzeichnete **Niederschrift** nach § 105 i.V.m. §§ 159 ff. ZPO (BVerwG NVwZ-RR 1992, 276); **Btx-Mitteilung** (BVerwG NJW 1995, 2121); **Funkfax** (BVerwG NJW 2006, 1989); **Telegramm** (BVerwGE 3, 56); **Fernschreiben** (BVerfGE 74, 228; BGHZ 97, 283); **Computerfax** mit eingescannter Unterschrift oder dem Zusatz, dass eine Unterzeichnung wegen der Übertragungsgründe nicht erfolgen könne (GmSOGB NJW 2000, 2340; zweifelnd BGH NJW 2005, 2086); Übermittlung eines **elektronischen Dokuments** → § 55a; maschinenschriftliche Unterschrift des **Telefax'** mit dem Hinweis „dieses Schreiben wurde maschinell unterschrieben" oder mit Faxnummer versehen, die eine eindeutige Identifizierung des Schreibers ermöglicht. Bei **Mängeln des Empfangsgeräts** des Gerichts ist zwar kein Zugang und mithin keine Klageerhebung erfolgt; unter den Voraussetzungen des § 60 ist aber Wiedereinsetzung in den vorigen Stand zu gewähren (Roth NJW 2008, 785).

Klageerhebung § 81

b) Gegenbeispiele. Nicht ausreichend sind: bloßer **Aktenvermerk** über ein telefonisch zugesprochenes Telegramm; **fernmündliche Klageerhebung** (anders ggf. mit Blick auf Art. 19 IV GG bei Eilantrag); Unterzeichnung mit **Handzeichen, Anfangsbuchstaben** oder **Paraphe** (BGH NJW 1987, 957). Ebenfalls nicht ausreichend sind – vorbehaltlich weiterer Merkmale im Einzelfall, die eine Ausnahme vom Handschriftlichkeitserfordernis rechtfertigen – das **persönliche Einbringen** einer nicht unterzeichneten Klageschrift in den Gerichtseinlauf, das Einschreiben bei nicht unterzeichneter Klageschrift (BVerwG NJW 1991, 120), der **Faksimile-Stempel** (BAG NJW 2009, 3596), die **Fotokopie der Unterschrift** auf der Urschrift (BGHZ 92, 76), die maschinenschriftliche Angabe des Vor- und Zunamens (BGHZ 101, 134; BVerwG HFR 1984, 537), der **Telebrief** (BVerwGE 77, 38), das inhaltlich **unvollständige Telefax** mit bloßem Namensstempel (BVerwG NJW 1991, 1193) oder die **eingescannte Unterschrift**, wenn der Schriftsatz nicht unmittelbar aus dem Computer, sondern mit Hilfe eines normalen Faxgeräts versandt wird (BGH NJW 2008, 2649). 7

3. Nachholung

Die **Nachholung** der Unterzeichnung ist nach Ablauf einer Klage-/Rechtsmittelfrist weder über § 82 II 1 noch über rügeloses Einlassen gemäß § 173 S. 1 i.V.m. § 295 ZPO möglich (BVerwG NJW 2003, 1544; NVwZ 1985, 34). Unter den Voraussetzungen des § 60 ist Wiedereinsetzung in den vorigen Stand zu gewähren (BGH NJW 1987, 957; BVerwG NVwZ 1985, 34). 8

II. Erhebung beim zuständigen Gericht

Die Klage ist beim gemäß §§ 45 ff. zuständigen Gericht zu erheben. Eine wirksame Klageerhebung setzt **Zugang** voraus: Die Klageschrift muss die Empfangsvorkehrungen des Gerichts (Briefkasten, Telefaxgerät, elektronische Aufzeichnungsgeräte i.S. des § 55a) erreichen; nicht erforderlich ist die Kenntnisnahme eines Bediensteten. **Fehler bei der Adressierung** und Zuleitung der Klageschrift sind differenziert zu behandeln: 9

1. Erhebung bei unerkannt unzuständigem Gericht

Die Klageerhebung zum unzuständigen Gericht führt dann zur Rechtshängigkeit (§ 90), wenn die Klageschrift **bewusst** bei diesem – etwa rechtsirrig für zuständig erachteten – Gericht (gleich welchen Rechtswegs) eingereicht wird. Das Gericht ist verpflichtet, die Sache an das zuständige Gericht zu verweisen; dadurch bleiben etwaige Klagefristen gewahrt, die bei Erhebung eingehalten waren (§ 83 S. 1; vgl. auch § 173 S. 1 i.V.m. § 129a I ZPO; BVerwG NJW 2001, 1513). 10

2. Erhebung bei erkannt unzuständigem Gericht

Bei wissentlicher Erhebung bei einem unzuständigen Gericht greift § 173 S. 1 i.V.m. § 129a II 2 ZPO: Die Wirkung der Prozesshandlung tritt erst dann ein, wenn die Klage bei dem zuständigen Gericht eingeht. 11

Will der Absender das angerufene **Gericht** lediglich **als Boten** nutzen und bittet um Weiterleitung an das zuständige Gericht (vgl. z.B. § 83 S. 1 i.V.m. § 17a II 1 GVG), fehlt es bereits an einer wirksamen Klageerhebung beim angerufenen Gericht. 12

In diesen Fällen wird die Klage weder anhängig noch rechtshängig, sodass sie nicht registriert und vom angegangenen Gericht auch nicht beschieden werden muss (NRW-OVG NJW 2009, 2615; S/S-A/P § 83 Rn. 21).

3. Zugang bei vom Adressierungswillen abweichenden Gericht

13 Nicht wirksam erhoben ist eine Klage, wenn sie einem nicht vom Adressatenwillen umfassten Gericht **versehentlich zugeht**, sei es dass sie trotz Adressierung an das zuständige Gericht versehentlich bei einem unzuständigen eingeht, sei es dass sie umgekehrt trotz Adressierung an ein unzuständiges Gericht ohne Nachfrage beim Adressaten dem zuständigen zugeleitet wird (NRWOVG NJW 1996, 334).

III. Erhebung zur Niederschrift des Urkundsbeamten

14 Die Klage kann beim VG – aber auch nur dort (S/S-A/P § 81 Rn. 10) – zur Niederschrift des Urkundsbeamten oder des hierzu bereiten Richters erhoben werden (I 2). Die Klage ist wörtlich niederzuschreiben. Ein Aktenvermerk genügt nicht. Die Niederschrift ist vorzulesen und vom Kläger zu genehmigen (vgl. § 162 I 1 ZPO). Die Klage ist aber auch dann wirksam erhoben, wenn es hieran – mit Ausnahme der Unterschrift des Urkundsbeamten – fehlt (str., vgl. S/S-A/P § 81 Rn. 10).

IV. Bedingte Klageerhebung

15 Nicht ausdrücklich vorgeschrieben, aber nach einhelliger Meinung wegen der prozessrechtlich gebotenen Klarheit über das Bestehen oder Nichtbestehen der Rechtshängigkeit (vgl. §§ 81 I 1, 90 I) unabdingbares Zulässigkeitserfordernis ist des Weiteren, dass die Klageerhebung als die das gerichtliche Verfahren einleitende Prozesshandlung **bedingungs- und vorbehaltlos** erklärt wird (BVerwG NJW 1991, 508; BVerwGE 59, 302; BVerfGE 68, 132; BGHZ 99, 274; BFHE 128, 135).

16 Ob überhaupt ein Rechtsbehelf und ob er ggf. vorbehaltlos oder bedingt eingelegt worden ist, hängt von der Auslegung der daraufhin zu würdigenden Prozesshandlung ab (BVerwG NJW 1991, 508 m.w.N.). Kann die Rechtsbehelfsschrift eines Nichtjuristen zumindest auch in der Weise ausgelegt werden, dass der vorbehalt- und bedingungslose Wille des Verfassers zur Einlegung des Rechtsbehelfs anzunehmen ist, gebietet Art. 19 IV GG, der einen substanziellen Anspruch des Bürgers auf eine möglichst wirksame gerichtliche Kontrolle begründet (→ vor § 40 Rn. 2), diese dem Rechtsbehelfsführer günstigere Auslegung (vgl. BVerfGE 40, 272).

V. Klageerhebung und PKH

17 Wird bei Gericht gleichzeitig mit einem PKH-Gesuch ein Schriftsatz eingereicht, der allen an eine Klageschrift zu stellenden Anforderungen entspricht, wird neben dem PKH-Verfahren auch der Rechtsstreit als solcher anhängig, es sei denn, der Antragsteller stellt eindeutig klar, dass der Schriftsatz lediglich einen der Begründung des PKH-Antrags dienenden Entwurf einer erst zukünftig zu erhebenden Klage darstellt. Welche dieser Konstellationen vorliegt, ist eine Frage der Auslegung der im jeweiligen Einzelfall zu beurteilenden Prozesshandlungen. Dabei kommt es nicht auf den inneren Willen der Beteiligten an. Maßgebend ist vielmehr der in der Erklärung verkörperte Wille unter Berücksichtigung der erkennbaren Umstände des Falles (BVerwG Buchh 310 § 166 VwGO Nr. 22; BGH VersR 1978, 181; zur Problematik umfassend Strnischa NVwZ 2005, 267).

Eine erforderliche Klarstellung geschieht etwa dadurch, dass die Klageschrift als Entwurf oder als „**beabsichtigte Klage**" bezeichnet (BGH NJW-RR 2000, 879) oder dass sie **nicht unterschrieben** wird. Die Klarstellung kann auch durch die Erklärung erreicht werden, die Klage solle erst nach Bewilligung der PKH erhoben werden. Wenn der Antragsteller zusammen mit dem PKH-Gesuch Klage unter der **Bedingung** erhebt, dass PKH bewilligt wird, ist die Klage unwirksam und damit unzulässig (BVerwGE 59, 302). **18**

Die erforderliche Klarstellung erfolgt **nicht** durch eine Erklärung des Inhalts, über die PKH solle „**vorab**" entschieden werden (vgl. BGH NJW-RR 2005, 1015). Diese zivilprozessuale Konstruktion beruht auf den Besonderheiten der ZPO und kann auf verwaltungsgerichtliche Verfahren nicht übertragen werden. Die Streitsache wird durch die Einreichung der Klage beim VG rechtshängig (§ 90 I); dagegen bewirkt die Einreichung in zivilgerichtlichen Verfahren lediglich die Anhängigkeit der Klage und erst die Zustellung die Rechtshängigkeit (§ 253 I ZPO). Vor diesem rechtlichen Hintergrund wird für das zivilgerichtliche Verfahren durch die Formulierung „vorab" in ausreichender Weise zum Ausdruck gebracht, dass sich das Gericht zunächst nur mit dem PKH-Gesuch befassen und prozessfördernde Maßnahmen – wie die Zustellung der Klageschrift – ansonsten unterlassen soll. Für den Verwaltungsprozess gilt dies nicht (vgl. BWVGH, Urt. v. 26.9. 2008 – 2 S 2847/07). **19**

Im **Falle der PKH-Bewilligung** ist der Kläger ggf. darauf verwiesen, gemäß § 60 **Wiedereinsetzung** in die versäumte Klagefrist zu erlangen, was von Amts wegen erfolgen sollte (zur PKH-Beantragung in Rechtsmittelverfahren → § 133 Rn. 12). Entsprechendes gilt bei Versagung von PKH mangels Erfolgsaussicht, wenn der Kläger Wiedereinsetzung beantragt (→ § 166 Rn. 8 ff.). **20**

VI. Beifügung von Abschriften

Der Klage und allen Schriftsätzen sollen gemäß II vorbehaltlich des § 55a II 2 Abschriften für die übrigen Beteiligten (§ 63) beigefügt werden. Dies gilt auch für beiliegende Schriftstücke, auf deren Inhalt zur Begründung Bezug genommen wird. Es ist nicht zu beanstanden, wenn Schriftsätze und Anlagen den Beteiligten von der Gegenseite direkt übermittelt werden. Wird den Anforderungen des II nicht entsprochen, bleibt die Klage oder die Erklärung im bestimmenden Schriftsatz gleichwohl wirksam. Ggf. tritt die Kostenfolge des § 155 IV (vgl. auch § 28 I 2 GKG) ein. **21**

§ 82 [Inhalt der Klageschrift]

(1) ¹Die Klage muß den Kläger, den Beklagten und den Gegenstand des Klagebegehrens bezeichnen. ²Sie soll einen bestimmten Antrag enthalten. ³Die zur Begründung dienenden Tatsachen und Beweismittel sollen angegeben, die angefochtene Verfügung und der Widerspruchsbescheid sollen in Urschrift oder in Abschrift beigefügt werden.

(2) ¹Entspricht die Klage diesen Anforderungen nicht, hat der Vorsitzende oder der nach § 21g des Gerichtsverfassungsgesetzes zuständige Berufsrichter (Berichterstatter) den Kläger zu der erforderlichen Ergänzung in-

§ 82

nerhalb einer bestimmten Frist aufzufordern. ²Er kann dem Kläger für die Ergänzung eine Frist mit ausschließender Wirkung setzen, wenn es an einem der in Absatz 1 Satz 1 genannten Erfordernisse fehlt. ³**Für die Wiedereinsetzung in den vorigen Stand gilt § 60 entsprechend.**

1 Die zwingenden Erfordernisse an den Inhalt der Klageschrift sind von Amts wegen zu prüfende **Zulässigkeitsvoraussetzungen**. § 82 ist analog auf Klageerweiterungen und -änderungen, die selbstständigen Beschlussverfahren (§§ 47, 80 V, VII, 80a III, 123) sowie grds. in Rechtsmittelverfahren anwendbar. Zur **bedingten** Klageerhebung → § 81 Rn. 15.

I. Grundsätze der Auslegung

2 Als **Willenserklärung** ist der Inhalt der Klageschrift der Auslegung nach den Grundsätzen der §§ 133, 157 BGB zugänglich. Wie bei der Auslegung von Willenserklärungen kommt es danach nicht auf den inneren Willen der erklärenden Partei, sondern darauf an, wie ihre prozessuale Erklärung aus objektiver Sicht nach der gegebenen Sachlage zu verstehen ist. Hierbei tritt der Wortlaut hinter Sinn und Zweck der Prozesserklärung zurück. Maßgebend ist der geäußerte Parteiwille, wie er aus der Erklärung und sonstigen Umständen erkennbar wird. Zugunsten eines anwaltlich nicht vertretenen Klägers ist ein „großzügiger Maßstab" anzulegen. Von ihm kann namentlich nicht erwartet werden, dass er juristische Fachbegriffe beherrscht, insbes. zwischen Widerspruch und Klage zu unterscheiden vermag, und die prozessuale Bedeutung und Tragweite von Willensbekundungen erkennt (BVerwG NJW 1991, 508). Neben dem Klageantrag und der Klagebegründung sind auch die mit der Klage vorgelegten Bescheide für die Ermittlung des Rechtsschutzziels von Bedeutung. Ergänzend ist die Interessenlage des Klägers zu berücksichtigen, soweit sie sich aus dem Beteiligtenvortrag und sonstigen für das Gericht und den Beklagten als Empfänger der Prozesserklärung erkennbaren Umständen ergibt (BVerwG, Beschl. v. 17.5.04 – 9 B 29.04). Zur Auslegung des Klagebegehrens beachte auch § 88.

II. Bezeichnung des Klägers und des Beklagten

3 Die Klage muss den Kläger und den Beklagten bezeichnen (I 1). Der Kläger ist so eindeutig zu bezeichnen, dass Verwechslungen und Unklarheiten aller Voraussicht nach nicht auftreten können und das Gericht sowie die Beteiligten aus den entsprechenden Angaben unschwer die Identität der (anderen) Beteiligten feststellen können. **Falschbezeichnungen** der Beteiligten sind unschädlich, wenn erkennbar ist, wer in welcher Rolle Beteiligter sein soll. Bei der Angabe des Beklagten reicht nach dem allgemeinen Rechtsgedanken des § 78 I Nr. 1 in allen Klage- oder Antragsarten die Bezeichnung der Behörde; ist die Behörde Beklagte, reicht auch die Bezeichnung des Rechtsträgers.

4 Grds. ist auch bei anwaltlicher Vertretung die **ladungsfähige Anschrift** des Klägers anzugeben (§ 173 S. 1 i.V.m. §§ 253 IV, 130 Nr. 1 ZPO). Sie dient der hinreichenden Identifizierbarkeit des Klägers, um ihm gerichtliche Entscheidungen, Verfügungen und Schreiben zustellen und etwaige gegen ihn gerichtete Kostenforderungen, einschließlich eines Kostenerstattungsanspruchs des im Verfahren Obsiegenden, erfolgreich durchsetzen zu können. Die Postfachangabe reicht dementsprechend nicht

(BVerwG NJW 1999, 2608). Die Anschrift muss dann nicht angegeben werden, wenn sie sich aus den Verwaltungsvorgängen ergibt, bekannt ist oder sich auf andere Weise ohne Schwierigkeiten ermitteln lässt. Personen ohne festen Wohnsitz können einen Zustellungsbevollmächtigten benennen oder eine Zustellanschrift angeben; die tatsächlichen Umstände sind glaubhaft zu machen (NRWOVG BauR 2009, 1572). Mit Blick auf Art. 19 IV GG kann das Verlangen, eine ladungsfähige Anschrift anzugeben, im Einzelfall unverhältnismäßig sein, so z.B. wenn der um einstweiligen Rechtsschutz Nachsuchende mit Haftbefehl gesucht wird (NRWOVG, Beschl. v. 13.7.07 – 16 B 224/07).

III. Gegenstand des Klagebegehrens

Die Klage muss den Gegenstand des Klagebegehrens bezeichnen (I 1). Es muss dem Gericht möglich sein, jedenfalls im Wege der Auslegung zu erkennen, in Bezug auf welchen konkreten Fall die Klage rechtshängig geworden ist bzw. um was es dem Kläger geht. Den **Streitgegenstand** im juristischen Sinn (→ § 121 Rn. 5) muss der Kläger nicht bezeichnen, da gemäß § 103 III die zur Begründung dienenden Tatsachen nicht angegeben werden müssen. Im Einzelfall reicht auch die Umschreibung des Begehrens aus, wenn dem Kläger nähere Angaben naturgemäß nicht möglich sind (NRWOVG NVwZ 2007, 1212 zum Informationszugangsanspruch). 5

IV. Antrag

Die Klage „soll" einen bestimmten Antrag enthalten (I 2). Enthält sie keinen, ist sie nicht unzulässig. Ein in der Klageschrift enthaltener Antrag dient zunächst nur der Präzisierung des Klagebegehrens und enthält die Ankündigung eines beabsichtigten Antrags, der gemäß § 103 III spätestens in der mündlichen Verhandlung zu stellen ist (NRWOVG NVwZ-RR 2006, 592). Die Klage ist ggf. erst dann unzulässig, wenn ein Antrag (trotz Aufforderung des Gerichts nach § 86 III) bis zum Schluss der mündlichen Verhandlung nicht als gestellt anzusehen ist (BVerwG Buchh 406.25 § 41 BImSchG Nr. 24). Entscheidend ist aber die Bestimmtheit des Begehrens, aus dem sich ein Antrag durch **Auslegung** ermitteln lassen muss (§ 88). Wird ohne mündliche Verhandlung entschieden (§§ 101 II, 84 I), ist das zuletzt formulierte Begehren maßgebend. 6

Der Antrag ist **bestimmt**, wenn das Ziel der Klage aus der Tatsache der Klageerhebung allein, aus der Klagebegründung oder in Verbindung mit den während des Verfahrens abgegebenen Erklärungen hinreichend erkennbar ist (BVerwGE 23, 4; 12, 189; 1, 222). So muss sich der Leistungsantrag z.B. grds. auf einen vollstreckungsfähigen Urteilsspruch beziehen (BGH NJW 1986, 3142). Unbezifferte Anträge im Rahmen von Schadensersatzklagen, insbes. bei Stufenklagen, sind gleichwohl zulässig (BVerwG NVwZ 1990, 162). 7

V. Begründung und Beifügung von VA und Widerspruchsbescheid

Die zur Begründung dienenden Tatsachen und Beweismittel sollen angegeben, die angefochtene Verfügung und der Widerspruchsbescheid sollen in Urschrift oder in Abschrift beigefügt werden (I 3). Abweichend von einigen spezialgesetzlichen Regelungen muss eine Begründung nicht erfolgen (§ 18e V 1 AEG, § 74 II 1 AsylVfG, 8

§ 17e V 1 FStrG, § 10 VII 1 LuftVG, § 29 VII 1 PBefG, § 5 III 1 VerkPBG, § 14e V 1 WaStrG), ohne dass unmittelbar prozessuale Konsequenzen drohen. Der seine prozessuale Mitwirkungspflicht verletzende Kläger muss dann jedoch die Folgen tragen, wenn das Gericht bis zum Zeitpunkt der Entscheidung nicht erkennen kann, welcher Bescheid angefochten ist, oder wenn sich ihm mangels Spezifizierung des Vortrags eine weitere Sachverhaltsaufklärung nicht aufdrängt (→ § 86 Rn. 23).

VI. Aufforderung zur Klageergänzung

9 Entspricht die Klage den Anforderungen des I nicht, ist sie zwar gleichwohl wirksam i.S.d. § 81 I erhoben; der Vorsitzende oder der nach § 21g GVG zuständige Berufsrichter (Berichterstatter), der zugleich der Vorsitzende sein kann, hat den Kläger aber zu der erforderlichen Ergänzung innerhalb einer bestimmten Frist aufzufordern (II). Fehlt es an allen Erfordernissen des I, scheidet eine Ergänzung aus (S/S-A/P § 82 Rn. 16). Nachträglich, d.h. auch nach Ablauf der Klagefrist, **ergänzt** werden können der Klageantrag, die nähere Bezeichnung des Klägers und des Beklagten sowie der Gegenstand des Klagebegehrens (BVerwG NJW 1993, 2824). Einer Ergänzung bedarf es nicht, wenn schon die Auslegung zum Ziel führt. Ggf. ist das Rubrum – allerdings nicht gegen den erklärten Willen des Klägers – von Amts wegen zu berichtigen (BVerwG Buchh 310 § 82 VwGO Nr. 20).

10 Der Vorsitzende bzw. Berichterstatter hat mittels gemäß § 146 II unanfechtbarer **prozessleitender Verfügung** zur (konkreten) Ergänzung aufzufordern. Ein Unterlassen ist i.d.R. folgenlos, mag aber im Einzelfall einer Überraschungsentscheidung einen Verfahrensmangel begründen (str., vgl. S/S-A/P § 82 Rn. 18). Eine weitergehende Verpflichtung des Gerichts, z.B. auf rechtliche Bedenken hinzuweisen, besteht nicht (BVerwG VR 1996, 287). Die Aufforderung kann bezogen auf die Erfordernisse des I 1 mit einer konkreten, angemessenen **Fristsetzung** mit (ausdrücklich zu erklärender) ausschließender Wirkung verbunden werden (II 2). Die diesbezügliche gerichtliche Verfügung ist handschriftlich zu unterzeichnen, bedarf einer Belehrung über die Rechtsfolgen und ist zuzustellen (§ 56 I). Verstreicht diese Frist ungenutzt, ist die Klage unzulässig. Macht das Gericht von der Setzung einer Ausschlussfrist keinen Gebrauch, kann die Ergänzung auch noch nach Ablauf der Klagefrist (BVerwG NVwZ 1983, 29; S/S-A/P § 82 Rn. 11; a.A. KS § 82 Rn. 2) bis zum Schluss der letzten mündlichen Verhandlung erfolgen.

11 § 60 **(Wiedereinsetzung in den vorigen Stand)** findet auf die richterliche Frist entsprechende Anwendung (II 3). Die Frist kann zudem auf Antrag oder von Amts wegen gemäß § 57 II i.V.m. § 224 II ZPO **verlängert** werden, jedoch nicht mehr im Nachhinein, wenn sie bereits abgelaufen ist (S/S-A/P § 82 Rn. 19).

§ 83 [Sachliche und örtliche Zuständigkeit]

¹**Für die sachliche und örtliche Zuständigkeit gelten die §§ 17 bis 17b des Gerichtsverfassungsgesetzes entsprechend.** ²**Beschlüsse entsprechend § 17a Abs. 2 und 3 des Gerichtsverfassungsgesetzes sind unanfechtbar.**

1 § 83 S. 1 will verhindern, dass der Rechtsuchende durch die Anrufung eines nach §§ 45 ff. unzuständigen Gerichts (→ § 81 Rn. 9 ff.) Nachteile erleidet, so z.B. Fristen versäumt.

I. Anwendbarkeit

Entsprechend anwendbar ist die Norm in **Normenkontrollverfahren** (§ 47), in Verfahren des **einstweiligen Rechtsschutzes** nach §§ 80 V, VII, 80a III, 123 (str., wie hier BVerwG NVwZ 2001, 566; BayVGH NVwZ-RR 2003, 74; S/S-A/P § 80 Rn. 307, § 123 Rn. 100, § 83 Rn. 25) und im **Vollstreckungsverfahren** (NRW-OVG NVwZ-RR 2008, 70; S/S-A/P § 83 Rn. 29) sowie bei **instanzieller Unzuständigkeit** (BVerwGE 79, 110; BVerwG NVwZ 2001, 566; Buchh 300 § 17a GVG Nr. 21; S/S-A/P § 83 Rn. 9). 2

Im Rahmen eines **isolierten PKH-Verfahrens** ist eine Verweisung nicht möglich; dem steht entgegen, dass die Vorschriften der §§ 17 ff. GVG dazu dienen sollen, über die Zulässigkeit des Rechtsweges bindend zu entscheiden. Dieses kann aber im Rahmen eines PKH-Verfahrens nicht erreicht werden, da Prüfungsmaßstab lediglich die hinreichende Erfolgsaussicht ist (§ 166 i.V.m. § 114 S. 1 ZPO) und zudem eine endgültige Vorab-Entscheidung für das Verfahren schon deswegen nicht zu erreichen ist, weil selbst bei einer rechtskräftigen Verweisung im PKH-Verfahren das Gericht, an das verwiesen worden ist, im Rahmen des Hauptsacheverfahrens erneut eine eigenständige Prüfung der Rechtswegfrage vornehmen kann (str., wie hier SHOVG, Beschl. v. 7.2. 2000 – 11 O 281/00; BWVGH NJW 1995, 1915; KS § 83 Rn. 4; a.A. S/S-A/P § 83 Rn. 27). 3

Der nach dem **Geschäftsverteilungsplan** (§ 21e GVG) des angerufenen Gerichts unzuständige, aber gleichwohl versehentlich bzw. infolge Rechtsirrtums der Eingangsgeschäftsstelle zunächst mit der Sache befasste Spruchkörper verweist nicht auf der Grundlage des S. 1, sondern hat die Sache formlos per Vorsitzendenverfügung oder auch per Beschluss an den zuständigen Spruchkörper abzugeben. Diese interne Abgabe hat dementsprechend keine Bindungswirkung nach § 17a II 3 GVG. 4

II. Perpetuatio fori (S. 1 i.V.m. § 17 I 1 GVG)

Die einmal gegebene Zuständigkeit des angerufenen Gerichts wird durch eine *nach* Rechtshängigkeit eintretende Veränderung der sie begründenden Umstände nicht berührt (sog. **perpetuatio fori**), sofern der Streitgegenstand identisch bleibt. § 17 I 1 GVG ist, wenn durch Gesetz nichts anderes bestimmt ist, auch anwendbar auf Rechtsprechungs- (BGHZ 70, 295) und Rechtsänderungen (BVerwGE 84, 3). Die Wirkungen erfassen allerdings nicht weitere Sachurteilsvoraussetzungen, nicht die materiell-rechtlichen Voraussetzungen und auch nicht den sich ggf. später anschließenden Instanzenzug (BGH NJW 1978, 889, 1260). Eine vom Vorderrichter (inzident) bejahte Zuständigkeit kann vom Rechtsmittelgericht jedoch nicht mehr infrage gestellt werden (→ Rn. 15). 5

III. Zuständigkeitsfremde Klagegründe (S. 1 i.V.m. § 17 II 1 GVG)

Das unter einem den Streitgegenstand bildenden Gesichtspunkt zuständige Gericht ist vorbehaltlich § 17 II 2 GVG auch für die Entscheidung über zuständigkeitsfremde Klagegründe zuständig. Ist für einen von mehreren in einer Klage verfolgten Streitgegenstand das Gericht nicht zuständig, ist abzutrennen (§ 93 S. 2) und das abgetrennte Verfahren zu verweisen (BVerwG NVwZ-RR 2004, 551; vgl. auch BVerwG Buchh 310 § 153 VwGO Nr. 35). 6

IV. Bindung an die positive Feststellung der Zuständigkeit (S. 1 i. V. m. § 17a III GVG)

7 Ist das Gericht zuständig, kann es dies vorab aussprechen; es hat vorab zu entscheiden, wenn eine Partei die Zuständigkeit rügt. Gemäß S. 1 i. V. m. § 17a I GVG sind andere Gerichte an die entsprechende – mit Verkündung bzw. Zustellung – rechtskräftige Erklärung des Gerichts gebunden. Der Beschluss ist unanfechtbar (S. 2) und steht auch inhaltlich im späteren Verfahren nicht zur Überprüfung durch das Rechtsmittelgericht (→ Rn. 15).

V. Verweisung bei Unzuständigkeit

1. Verweisung an das zuständige Gericht (S. 1 i. V. m. § 17a II 1 GVG)

8 Ist das Gericht unzuständig, spricht es dies für das jeweilige konkrete Verfahren nach **Anhörung** der Beteiligten von Amts wegen aus und verweist den Rechtsstreit zugleich an das zuständige Gericht des zulässigen Rechtsweges. Dem Rechtsmittelgericht steht diese Kompetenz infolge seiner Bindung an die vorangegangene Rechtswegbejahung nicht zu (S. 1 i. V. m. § 17a V GVG). Die bloße Feststellung der eigenen Unzuständigkeit ist eine Umgehung der Bindungswirkung und daher unzulässig (BVerwG NVwZ 1995, 372).

2. Zuständigkeitsmehrheit (S. 1 i. V. m. § 17a II 2 GVG)

9 Sind mehrere Gerichte zuständig, wird an das vom Kläger oder Antragsteller auszuwählende Gericht verwiesen oder, wenn die Wahl unterbleibt, an das vom Gericht bestimmte.

3. Bindungswirkung (S. 1 i. V. m. § 17a II 3 GVG)

10 Der Beschluss ist für das Gericht, an das der Rechtsstreit verwiesen worden ist, hinsichtlich der in diesem Beschluss angenommenen Zuständigkeit **unabhängig davon bindend**, ob ein Beteiligter die Zuständigkeit zuvor **gerügt** hatte und ob die Verweisung sachlich richtig ist. Eine Vorlage dieses Gerichts nach § 53 kommt nicht mehr in Betracht (BVerwG NVwZ 1995, 372). Die Bindung reicht allerdings nur so weit, wie über den Verweisungsgrund entschieden wurde. Wurde z. B. allein wegen örtlicher Unzuständigkeit verwiesen, kann gleichwohl wegen fehlender sachlicher Zuständigkeit (§§ 45 ff.) oder wegen fehlender Eröffnung des Verwaltungsrechtswegs (§ 40) weiterverwiesen werden.

11 **Keine Bindungswirkung** besteht trotz Unanfechtbarkeit des Verweisungsbeschlusses (S. 2), wenn er extrem gelagerte Rechtsverstöße aufweist (BVerwGE 64, 354), insbes. wenn er willkürlich (BVerwGE 79, 110), abwegig oder missbräuchlich (BVerwG NJW 1993, 3087), offensichtlich gesetzeswidrig ist (BVerwG NVwZ 1993, 770) oder wenn die Bahnen ordnungsgemäßer Rechtsfindung – zudem unter Verkürzung des Instanzenzugs – verlassen worden sind (BVerwG NVwZ 2004, 1124; Buchh 300 § 17a GVG Nr. 16).

12 Das an eine Verweisung gebundene, aber in Wahrheit unzuständige Gericht muss auf der Grundlage seines **Verfahrensrechts** in der Sache so entscheiden, wie das an sich zuständige Gericht materiell-rechtlich hätte entscheiden müssen (BVerwGE 48, 201).

Gerichtsbescheid **§ 84**

4. Verfahrensfragen, Kosten und Rechtsmittel
(S. 1 i.V.m. § 17a IV 1 und 2, § 17b I, II GVG, S. 2)

Der zu begründende **Beschluss** kann **ohne mündliche Verhandlung** ergehen 13
(S. 1 i.V.m. § 17a IV 1 und 2 GVG). Er ist im Interesse der Verfahrensbeschleunigung **unanfechtbar** (S. 2). Nach Eintritt der Rechtskraft des Verweisungsbeschlusses – mit seiner Verkündung bzw. Zustellung – wird der Rechtsstreit mit Eingang der Akten bei dem im Beschluss bezeichneten Gericht anhängig (S. 1 i.V.m. § 17b I 1 GVG).

Wird der Rechtsstreit an ein anderes Gericht verwiesen, so werden die **Kosten** 14
im Verfahren vor dem angegangenen Gericht in der dortigen abschließenden Entscheidung als Teil der Kosten behandelt, die bei dem Gericht erwachsen, an das der Rechtsstreit verwiesen wurde. Dem Kläger sind die entstandenen Mehrkosten auch dann aufzuerlegen, wenn er in der Hauptsache obsiegt (S. 1 i.V.m. § 17b II GVG). Vgl. im Übrigen → § 41 Rn. 37.

5. Prüfungsmaßstab im Rechtsmittelverfahren
(S. 1 i.V.m. § 17a V GVG)

Das **Rechtsmittelgericht** darf die Zuständigkeit des Ausgangsgerichts, auch wenn 15
dessen Entscheidung insgesamt noch mit Rechtsmitteln anfechtbar ist, nicht mehr prüfen (vgl. BVerwG Buchh 300 § 17a GVG Nr. 21), es sei denn, dass trotz Rüge nach § 17 II 3 GVG nicht vorab über die Zuständigkeit entschieden worden ist (vgl. BGHZ 119, 246 und → § 41 Rn. 31).

6. Wirkungen (S. 1 i.V.m. § 17b I 2 GVG)

Die Wirkungen der Rechtshängigkeit, insbes. gewahrte Klagefristen und wirksame 16
Prozesserklärungen, **bleiben** nach der Verweisung **bestehen** (vgl. BVerwG Buchh 310 § 153 VwGO Nr. 35). Auch gerichtliche Zwischenentscheidungen behalten ihre Wirksamkeit. Die bei einem unzuständigen Gericht eingelegte Berufung ist wegen der zwingenden Normen des Rechtsmittelrechts aber auch bei einer Verweisung des Verfahrens gemäß § 83 nicht aufgrund einer entsprechenden Anwendung des § 17b I 2 GVG als fristwahrend eingelegt anzusehen (NRWOVG NVwZ 1997, 1235).

§ 84 [Gerichtsbescheid]

(1) ¹Das Gericht kann ohne mündliche Verhandlung durch Gerichtsbescheid entscheiden, wenn die Sache keine besonderen Schwierigkeiten tatsächlicher oder rechtlicher Art aufweist und der Sachverhalt geklärt ist. ²Die Beteiligten sind vorher zu hören. ³Die Vorschriften über Urteile gelten entsprechend.

(2) Die Beteiligten können innerhalb eines Monats nach Zustellung des Gerichtsbescheids,
1. Berufung einlegen, wenn sie zugelassen worden ist (§ 124a),
2. Zulassung der Berufung oder mündliche Verhandlung beantragen; wird von beiden Rechtsbehelfen Gebrauch gemacht, findet mündliche Verhandlung statt,
3. Revision einlegen, wenn sie zugelassen worden ist,

4. **Nichtzulassungsbeschwerde einlegen oder mündliche Verhandlung beantragen**, wenn die Revision nicht zugelassen worden ist; wird von beiden Rechtsbehelfen Gebrauch gemacht, findet mündliche Verhandlung statt,
5. **mündliche Verhandlung beantragen**, wenn ein Rechtsmittel nicht gegeben ist.

(3) Der Gerichtsbescheid wirkt als Urteil; wird rechtzeitig mündliche Verhandlung beantragt, gilt er als nicht ergangen.

(4) Wird mündliche Verhandlung beantragt, kann das Gericht in dem Urteil von einer weiteren Darstellung des Tatbestandes und der Entscheidungsgründe absehen, soweit es der Begründung des Gerichtsbescheides folgt und dies in seiner Entscheidung feststellt.

Übersicht

	Rn.
I. Keine besonderen Schwierigkeiten	4
II. Geklärter Sachverhalt	5
III. Anhörung	6
1. Inhalt	7
2. Fristsetzung	8
3. Verfahren	9
4. Wiederholung	11
IV. Entscheidungsermessen	12
V. Besetzung des Gerichts	14
VI. Absetzung, Wirkungen	15
1. Absetzung des Gerichtsbescheids	16
2. Wirkungen des Gerichtsbescheids	17
3. Erleichterte Absetzung eines nachfolgenden Urteils	20
VII. Rechtsbehelfe	21
1. Zugelassene Berufung (II Nr. 1)	22
2. Zulassung der Berufung oder mündliche Verhandlung (II Nr. 2)	23
3. Zugelassene Revision (II Nr. 3)	25
4. Nichtzulassungsbeschwerde oder mündliche Verhandlung (II Nr. 4)	26
5. Mündliche Verhandlung (II Nr. 5)	27

1 Der Gerichtsbescheid dient der Entlastung der Gerichte bei tatsächlich und rechtlich nicht besonders schwierigen Streitigkeiten und damit der Verfahrensbeschleunigung. Er ist neben Urteil und Beschluss eigenständige Entscheidungsform. Entschieden wird in vereinfachtem Verfahren **ohne mündliche Verhandlung** und grds. **ohne Mitwirkung der ehrenamtlichen Richter**. Verfassungsrechtliche Bedenken bestehen nicht (vgl. BVerwGE 72, 59).

2 Mit Blick auf Art. 6 I 1 EMRK bedarf es ggf. einer konventionskonformen Handhabung (vgl. Roth NVwZ 1997, 657; S/S-A/P § 84 Rn. 6).

3 Der Erlass eines Gerichtsbescheids kommt in allen erstinstanzlichen Klageverfahren – auch vor dem BVerwG (BVerwGE 104, 27) – in Betracht. Er ist **ausgeschlossen** in den im Beschlusswege zu entscheidenden selbstständigen Antragsverfahren des einstweiligen Rechtsschutzes, wegen § 47 V 1 in Normenkontrollverfahren sowie gemäß §§ 125 I 2, 141 S. 1 in Rechtsmittelverfahren.

I. Keine besonderen Schwierigkeiten

Die Sache darf – nach der Mehrheitsauffassung des zur Entscheidung berufenen **4** Spruchkörpers bzw. des Einzelrichters – keine besonderen Schwierigkeiten tatsächlicher oder rechtlicher Art aufweisen. **Schwierigkeiten** in diesem Sinne liegen nur vor, wenn durch die Sache – gemessen am Spruchkörperdurchschnitt – überdurchschnittliche, das normale Maß erheblich übersteigende Schwierigkeiten aufgeworfen sind, die in mündlicher Verhandlung besprochen werden müssen. Der Begriff ist insofern mit demjenigen in § 6 I 1 Nr. 1 nicht völlig identisch (→ § 6 Rn. 6; a. A. S/S-A/P § 84 Rn. 13). Sachen mit **grundsätzlicher Bedeutung** oder die zur **Divergenz** von einer obergerichtlichen/höchstrichterlichen Entscheidung Anlass geben, werden regelmäßig auch besondere Schwierigkeiten aufwerfen; selbst wenn dies nicht der Fall sein sollte, sollte dies bei der Ermessensentscheidung, einen Gerichtsbescheid zu erlassen, berücksichtigt werden (→ Rn. 13). Von der Entscheidung durch Gerichtsbescheid schlechthin ausgeschlossen sind solche Sachen jedenfalls nicht (S/S-A/P § 84 Rn. 17).

II. Geklärter Sachverhalt

Der Sachverhalt muss geklärt sein. Er **ist geklärt**, wenn nach dem Vortrag der Beteiligten **5** und ggf. unter Auswertung der Verwaltungsvorgänge oder nach Durchführung einer Beweisaufnahme keine vernünftigen Zweifel an dem der Entscheidung zugrunde zu legenden Sachverhalt bestehen. Es dürfen keine Anhaltspunkte dafür bestehen, dass sich nach der Durchführung einer (ggf. weiteren) mündlichen Verhandlung der Sachverhalt anders darstellen könnte (KS § 84 Rn. 9; S/S-A/P § 84 Rn. 18).

III. Anhörung

Alle Beteiligten (§ 63) sind vor Erlass des Gerichtsbescheids durch den Vorsitzenden **6** oder den Berichterstatter (§ 87 I) zu hören (I 2).

1. Inhalt

Hierzu ist erforderlich, dass ihnen mitgeteilt wird, dass das Gericht in dem konkreten **7** Fall eine Entscheidung durch Gerichtsbescheid beabsichtigt **(Anhörungsmitteilung)**. Eine formularmäßige Mitteilung ohne Fallbezug reicht nicht (st. Rspr., vgl. BVerwG NJW 1988, 1280; DVBl. 1991, 156 zu Art. 2 § 5 EntlG). Die Rechtsauffassung des Gerichts muss nicht mitgeteilt werden (BVerfGE 74, 1); es mag im Einzelfall aber empfehlenswert sein, so zu verfahren, um das im Gerichtsbescheidsverfahren entfallende Rechtsgespräch der mündlichen Verhandlung zu ersetzen.

2. Fristsetzung

Den Beteiligten ist unter Setzung einer **angemessenen** Frist (BVerwG NVwZ-RR **8** 1994, 362) Gelegenheit zur Stellungnahme zur beabsichtigten Verfahrensweise zu geben. Die Frist kann verlängert werden (§ 57 II i.V.m. § 224 II ZPO); kann anders rechtliches Gehör nicht gewährt werden, ist sie zu verlängern. Vor Ablauf der Frist oder vor der Entscheidung über einen Verlängerungsantrag darf der Gerichtsbescheid nicht ergehen (BVerwGE 88, 9; NVwZ-RR 1998, 783). Eine Ausnahme gilt, wenn vor Fristablauf offensichtlich abschließende Stellungnahmen aller Beteiligten eingegangen sind oder sie von einer Stellungnahme ausdrücklich Abstand genommen haben. Stellungnahmen, die nach Ablauf der Frist, aber vor Hinausgabe der ersten Gerichtsbescheidsausfertigung in den Postgang zum Zweck der Zustellung eingehen, sind mangels Präklusionswirkung des I 2 zu berücksichtigen (BWVGH NVwZ-RR 1992, 152).

3. Verfahren

9 Die Anhörung kann **mündlich** in einem Erörterungstermin (§ 87 I 2 Nr. 1) erfolgen; dies ist in der Niederschrift (§ 105) festzuhalten. Ergeht die Anhörungsmitteilung **schriftlich**, ist sie handschriftlich zu **unterzeichnen** (NRWOVG NVwZ-RR 1997, 760), gemäß § 56 **zuzustellen** und jedenfalls bei einem nicht anwaltlich Vertretenen mit dem **Hinweis** zu verbinden, dass bei Entscheidung durch Gerichtsbescheid eine mündliche Verhandlung nicht stattfinden (BVerwG NJW 1980, 1810) und ggf. einem gestellten **Beweisantrag** nicht durch Beweisbeschluss nachgegangen werden wird (BVerwG NVwZ 1992, 890). Auf die Rechtsmittel gegen den später ergehenden Gerichtsbescheid muss an dieser Stelle nicht hingewiesen werden.

10 Das Anhörungserfordernis ist mit der **formgerechten Übersendung** der Anhörungsmitteilung erfüllt. Der Stellungnahme der Beteiligten oder gar ihrer Zustimmung bedarf es nicht. Die gleichwohl abgegebene Erklärung, mit der Entscheidung ohne mündliche Verhandlung im Rahmen eines Gerichtsbescheids einverstanden zu sein, ist kein wirksames Einverständnis zu einer Entscheidung ohne mündliche Verhandlung nach § 101 II (BVerwG, Beschl. v. 8.11.05 – 10 B 45.04).

4. Wiederholung

11 Die Anhörung ist zu **wiederholen**, wenn sich die Prozesssituation seit dem Ergehen der ersten Anhörungsmitteilung z. B. durch Ergänzung des Sachvortrags oder Stellung von substanziierten Beweisanträgen (nicht: vorsorgliche Beweisanträge oder Beweisermittlungsanträge) wesentlich geändert hat (BVerwG NVwZ-RR 1993, 165); bloßer Zeitablauf nötigt nicht zur erneuten Anhörung. Dem doppelten Ziel des § 86 II, einerseits das Gericht zu veranlassen, sich vor dem Erlass der Sachentscheidung über die Entscheidungserheblichkeit eines Beweisantrags schlüssig zu werden, und andererseits die Beteiligten auf die durch die Ablehnung eines Beweisantrags entstandene prozessuale Lage hinzuweisen, ist auch im Gerichtsbescheidverfahren in prozessual angemessener Weise Rechnung zu tragen. Dies kann durch eine erneute Anhörungsmitteilung geschehen (BVerwG NVwZ 1994, 1095).

IV. Entscheidungsermessen

12 Liegen die Voraussetzungen für den Erlass eines Gerichtsbescheids vor, **kann** das Gericht auf diese Weise über die Klage entscheiden. Eine Verpflichtung hierzu besteht nicht. Der mit einfacher Mehrheit zu fassende, jederzeit formlos revidierbare **Entschluss des Gerichts** zur Entscheidung durch Gerichtsbescheid bedarf nicht der Beschlussform und ist nicht anfechtbar (§ 146 II). Die Gründe, die das Gericht hierzu veranlasst haben, sind im Gerichtsbescheid zwar knapp darzulegen; die Ausführungen beschränken sich jedoch regelmäßig zulässiger Weise auf die standardisierte Formel, es lägen die Voraussetzungen des § 84 I 1 vor (str., wie hier S/S-A/P § 84 Rn. 30 m.w.N.).

13 Im Rahmen des dem Gericht zustehenden Ermessens sollte bei Sachen mit grundsätzlicher Bedeutung oder die zur Divergenz von einer obergerichtlichen/

höchstrichterlichen Entscheidung Anlass geben, vom Erlass eines Gerichtsbescheids abgesehen werden, auch wenn sie nach Auffassung des Gerichts keine besonderen Schwierigkeiten aufwerfen. Ist absehbar oder bereits angekündigt, dass der Unterlegene ohnehin mündliche Verhandlung beantragen wird (§ 124 II Nr. 2), macht der Erlass eines Gerichtsbescheids regelmäßig wenig Sinn.

V. Besetzung des Gerichts

Die **Richterbank** ist wegen der entsprechenden Anwendung der Urteilsvorschriften (I 3) wie in der mündlichen Verhandlung besetzt: Die Kammern entscheiden – sofern nicht der Einzelrichter nach § 6 I bzw. der konsentierte Einzelrichter nach § 87a II, III zuständig ist (vgl. BVerwGE 111, 69) – mit drei Berufsrichtern, allerdings ohne ehrenamtliche Richter (§ 5 III 2), die OVG in erstinstanzlichen Verfahren (§ 48) nach Maßgabe des Landesrechts mit drei oder fünf Richtern sowie mit oder ohne ehrenamtliche Richter (→ § 9 Rn. 4) und das BVerwG mit fünf Berufsrichtern (→ § 10 Rn. 3). 14

VI. Absetzung, Wirkungen

Die Vorschriften über Urteile (§§ 116 ff.) gelten gemäß I 3 entsprechend, soweit § 84 keine Abweichungen vorsieht. 15

1. Absetzung des Gerichtsbescheids

Der Gerichtsbescheid wird formal wie ein Urteil aufgebaut (§ 117), ergeht also insb. „Im Namen des Volkes", wird regelmäßig im Umlaufverfahren von den beteiligten Richtern unterzeichnet und entsprechend § 116 III bzw. gemäß § 56 I zugestellt. 16

2. Wirkungen des Gerichtsbescheids

Der Gerichtsbescheid **wirkt als Urteil** (III, 1. Halbs.). Er kann auch in der Form des Teil-, Grund- oder Zwischengerichtsbescheids ergehen. Er ist gemäß § 121 der materiellen Rechtskraft fähig und Vollstreckungstitel i.S. des § 168 I Nr. 1. 17

Wird rechtzeitig **mündliche Verhandlung beantragt**, gilt er gemäß III, 2. Halbs. als **nicht ergangen**. Die zuvor eingetretene Bindungswirkung (§ 173 S. 1 i.V.m. § 318 ZPO) ist wieder beseitigt. In diesem Fall ist nach Durchführung der mündlichen Verhandlung bzw. auf der Grundlage des § 101 II ohne eine solche durch Urteil zu entscheiden, auch wenn der (nicht mehr existente) Gerichtsbescheid in der Sache bestätigt werden sollte. Der Entscheidungsausspruch wird in diesem Falle wiederholt (S/S-A/P § 84 Rn. 38). Der nochmalige Erlass eines Gerichtsbescheids ist ausgeschlossen (str., vgl. S/S-A/P § 84 Rn. 39). 18

Nimmt der Beschwerte den Antrag auf mündliche Verhandlung zurück (zur Zulässigkeit S/S-A/P § 84 Rn. 42; KS § 84 Rn. 38), lebt der Gerichtsbescheid wieder auf und wird unmittelbar rechtskräftig. 19

3. Erleichterte Absetzung eines nachfolgenden Urteils

Wird mündliche Verhandlung beantragt, kann das Gericht in dem Urteil von einer **weiteren Darstellung** des Tatbestandes und der Entscheidungsgründe **absehen**, soweit es der Begründung des Gerichtsbescheides folgt und dies in seiner Entscheidung feststellt (IV). Die Norm ist an §§ 117 V, 130b angelehnt und erleichtert die Abfas- 20 sung des Urteils (vgl. § 117 II, III) nach ergangenem Gerichtsbescheid. Auf diese Weise kann es zulässiger Weise auch zu Kettenbezugnahmen kommen. IV enthebt das Gericht jedoch nicht der Mühe, die gegen die Begründung des Gerichtsbescheides vorgetragenen Argumente in Erwägung zu ziehen und – soweit es sich um für die Rechtsverfolgung und Rechtsverteidigung wesentlichen neuen Vortrag handelt – in den Entscheidungsgründen zu verarbeiten (BVerwG, Beschl. v. 23.7. 2002 – 7 B 53.02).

VII. Rechtsbehelfe

21 Binnen eines Monats nach Zustellung des Gerichtsbescheids stehen den Beteiligten die in II bezeichneten Rechtsbehelfe zu. § 78 VII AsylVfG verkürzt für den Asylprozess die Einlegungsfrist auf zwei Wochen. Wird ein Rechtsmittel **verspätet** eingelegt, ist nach den für dieses Rechtsmittel maßgeblichen Vorschriften zu entscheiden. Wird allerdings verspätet mündliche Verhandlung beantragt, ist diese durchzuführen und durch Urteil festzustellen, dass das Verfahren durch den Gerichtsbescheid beendet worden ist (str., wie hier S/S-A/P § 84 Rn. 43 m.w.N.).

1. Zugelassene Berufung (II Nr. 1)

22 Lässt das VG im Gerichtsbescheid die Berufung zu (§ 124a I 1), kann Berufung eingelegt werden. Analog II Nr. 2 kann aber auch für diesen Fall mündliche Verhandlung beantragt werden (vgl. KS § 84 Rn. 33a).

2. Zulassung der Berufung oder mündliche Verhandlung (II Nr. 2)

23 Lässt das VG im Gerichtsbescheid die Berufung nicht zu, kann wahlweise die Zulassung der Berufung (§ 124a IV 1) oder mündliche Verhandlung beantragt werden. Der Antrag auf mündliche Verhandlung bedarf keiner Begründung. Wird von einem oder mehreren Beteiligten von einem oder beiden Rechtsbehelfen Gebrauch gemacht, findet mündliche Verhandlung statt, sofern in der Folge nicht einverständlich hierauf verzichtet wird (§ 101 II). Die Erklärung über den Rechtsbehelf ist nach den allgemeinen Grundsätzen **auszulegen; im Zweifel** ist der weitergehende Rechtsbehelf der mündlichen Verhandlung anzunehmen. Ein zugleich oder von einem anderen Beteiligten gestellter Zulassungsantrag wird gegenstandslos (S/S-A/P § 84 Rn. 34).

24 Das mit II Nr. 2 eingeräumte Wahlrecht zwischen dem Antrag auf Zulassung der Berufung oder einer mündlichen Verhandlung reduziert sich bei der Rüge, das VG habe den Anspruch auf rechtliches Gehör versagt, auf den Antrag auf mündliche Verhandlung. Verzichtet der Kläger auf diesen ihm nach der Prozessordnung zur Verfügung stehenden Rechtsbehelf, ist er im Rechtsmittelverfahren mit seiner Rüge der Verletzung rechtlichen Gehörs ausgeschlossen (vgl. BVerwG NVwZ-RR 2003, 902; MVOVG NordÖR 2010, 90; BWVGH VBlBW 2000, 328).

3. Zugelassene Revision (II Nr. 3)

25 Lässt das VG im Gerichtsbescheid die Revision zu (§§ 134, 135), kann Revision eingelegt werden. Analog II Nrn. 2 und 4 kann auch für diesen Fall mündliche Verhandlung beantragt werden (→ Rn. 23, 26).

4. Nichtzulassungsbeschwerde oder mündliche Verhandlung (II Nr. 4)

Wird die Revision im Gerichtsbescheid nicht zugelassen, kann Nichtzulassungsbeschwerde (§ 133) eingelegt oder mündliche Verhandlung beantragt werden. Wird **von beiden Rechtsbehelfen** Gebrauch gemacht, findet mündliche Verhandlung statt. Entscheiden sich die Beteiligten für eine **Nichtzulassungsbeschwerde**, müssen sie sich auf die vom VG festgestellte Tatsachengrundlage einlassen (§ 137 II; BVerwG, Beschl. v. 11.1.06 – 7 B 70.05). Das zu II Nr. 2 Ausgeführte (→ Rn. 23 f.) gilt im Übrigen entsprechend. Auch hier ist zu beachten: Kann mündliche Verhandlung beantragt werden, kann ein Verfahrensfehler nach § 132 II Nr. 3 nicht mit Erfolg geltend gemacht werden (BVerwG NVwZ-RR 2003, 902). 26

5. Mündliche Verhandlung (II Nr. 5)

Ist **kein Rechtsmittel** gegen den Gerichtsbescheid gegeben (erstinstanzliche Zuständigkeit des BVerwG), kann mündliche Verhandlung beantragt werden. 27

§ 85 [Zustellung der Klage]

[1]**Der Vorsitzende verfügt die Zustellung der Klage an den Beklagten.** [2]**Zugleich mit der Zustellung ist der Beklagte aufzufordern, sich schriftlich zu äußern; § 81 Abs. 1 Satz 2 gilt entsprechend.** [3]**Hierfür kann eine Frist gesetzt werden.**

Der Vorsitzende verfügt die **Zustellung** (→ § 56) der Klage(schrift) an den Beklagten (S. 1). In der Praxis überträgt er dies jedoch regelmäßig dem im Geschäftsverteilungsplan des Spruchkörpers vorgesehenen, von ihm konkret bestimmten (→ § 4 Rn. 4) Berichterstatter. Zugleich mit der Zustellung ist der Beklagte aufzufordern, sich schriftlich zu äußern (S. 2) und seine Verwaltungsvorgänge (§ 99 I 1) vorzulegen. Die Abwicklung übernimmt die Geschäftsstelle des Gerichts. Die weitere Pflicht, die Erwiderung mit einer ausreichenden Zahl von **Abschriften** für die übrigen Beteiligten vorzulegen, ergibt sich aus § 173 S. 1 i.V.m. § 133 I ZPO bzw. analog § 81 II. 1

Ein Recht auf **Stellungnahme zur Begründung der Berufung** nach deren Zulassung durch das OVG ergibt sich aus S. 2 nicht (NRWOVG NVwZ 2001, 212). 2

Die Klageerwiderung kann auch **zur Niederschrift** des Urkundsbeamten der Geschäftsstelle abgegeben werden (S. 2 i.V.m. § 81 I 2). Für die Abgabe der Klageerwiderung kann eine **Frist** gesetzt werden (S. 3), die jederzeit verlängert werden kann und deren Verstreichenlassen keine Konsequenzen hat (s. aber § 87b II, III). 3

§ 86 [Untersuchungsgrundsatz, Aufklärungspflicht, vorbereitende Schriftsätze]

(1) [1]**Das Gericht erforscht den Sachverhalt von Amts wegen; die Beteiligten sind dabei heranzuziehen.** [2]**Es ist an das Vorbringen und an die Beweisanträge der Beteiligten nicht gebunden.**
(2) Ein in der mündlichen Verhandlung gestellter Beweisantrag kann nur durch einen Gerichtsbeschluß, der zu begründen ist, abgelehnt werden.

§ 86

(3) Der Vorsitzende hat darauf hinzuwirken, daß Formfehler beseitigt, unklare Anträge erläutert, sachdienliche Anträge gestellt, ungenügende tatsächliche Angaben ergänzt, ferner alle für die Feststellung und Beurteilung des Sachverhalts wesentlichen Erklärungen abgegeben werden.

(4) ¹Die Beteiligten sollen zur Vorbereitung der mündlichen Verhandlung Schriftsätze einreichen. ²Hierzu kann sie der Vorsitzende unter Fristsetzung auffordern. ³Die Schriftsätze sind den Beteiligten von Amts wegen zu übermitteln.

(5) ¹Den Schriftsätzen sind die Urkunden oder elektronischen Dokumente, auf die Bezug genommen wird, in Urschrift oder in Abschrift ganz oder im Auszug beizufügen. ²Sind die Urkunden oder elektronischen Dokumente dem Gegner bereits bekannt oder sehr umfangreich, so genügt die genaue Bezeichnung mit dem Anerbieten, Einsicht bei Gericht zu gewähren.

Übersicht

	Rn.
I. Amtsermittlungspflicht	1
1. Grundsätze	1
2. Grenze der Amtsermittlungspflicht	7
a) kein Anlass zur Sachaufklärung	8
b) offenkundige Tatsachen u.a.	10
c) Bindungswirkungen	13
d) keine ungefragte Fehlersuche	15
e) Folgen der Nichtaufklärbarkeit	16
3. Aufklärungsmittel	17
4. Rechtsmittelverfahren: Verletzung der Aufklärungspflicht	21
II. Prozessuale Mitwirkungspflicht	23
III. Keine Bindung an das Vorbringen der Beteiligten	26
IV. Ablehnung eines Beweisantrags	27
1. unbedingter Beweisantrag	28
2. Beweisanträge in Verfahren ohne mündliche Verhandlung	29
a) Verfahren nach § 101 II	29
b) Verfahren nach §§ 84, 93a	30
c) Verfahren nach § 130a	31
3. Ablehnungsgründe	32
a) unsubstanziierte Beweisanträge	34
b) keine Vorwegnahme der Beweiswürdigung	39
c) Wahrunterstellung	41
4. Verfahren	42
V. Hinweispflicht	44
1. Grundlagen	45
2. Insbesondere: sachdienliche Antragstellung	51
3. Keine allgemeine Erörterungspflicht oder Rechtsberatung	54
a) Grundsätze	55
b) Ausnahmen	58
VI. Vorbereitende Schriftsätze, Beifügung von Urkunden u.a.	60

I. Amtsermittlungspflicht

1. Grundsätze

1 Das Gericht erforscht den Sachverhalt von Amts wegen (I, 1. Halbs.). Der erforschte Sachverhalt ist Grundlage für die richterliche Überzeugungsbildung (§ 108 I 1). Das Tatsachengericht bestimmt hierbei den **Umfang der Beweisauf-**

nahme und die **Art der Beweismittel** nach seinem **Ermessen**. Es hat die freie Wahl, welcher (förmlichen oder nichtförmlichen) Beweismittel es sich zur Aufklärung des entscheidungserheblichen Sachverhalts bedienen will (BVerwG, Beschl. v. 18.8. 2009 – 8 B 60.09), um die Sache **spruchreif** zu machen (BVerwG NVwZ 2009, 253, 1369; → § 113 Rn. 6). Beweisanträge der Beteiligten bedarf es hierfür nicht (I 2). An das Unterlassen von Beweisanträgen sind allerdings ggf. Konsequenzen für den Erfolg eines Rechtsmittels geknüpft (→ Rn. 22).

Maßgeblich für die Beurteilung des (zu erforschenden) Sachverhalts ist der **materiellrechtliche Standpunkt des Tatsachengerichts**, auch wenn dieser Standpunkt in der Rückschau – nach Ansicht der Rechtsmittelinstanz – verfehlt sein sollte. Kommt es nach der Rechtsauffassung der Tatsacheninstanz auf das Vorliegen bestimmter von einem Beteiligten behaupteter Tatsachen nicht an, so bedarf es daher keiner (weiteren) Aufklärung von Amts wegen (BVerwG Beschl. v. 3.11. 2009 – 9 B 87.09; Buchh 401.68 Vergnügungsteuer Nr. 42; ZOV 2009, 263). **2**

Das Tatsachengericht hat ebenso grds. nach **pflichtgemäßem Ermessen** zu entscheiden, ob es **sich selbst** die für die **Aufklärung und Würdigung des Sachverhalts** erforderliche **Sachkunde** zutraut. So ist es nicht zu beanstanden, wenn ein mit dem Erschließungs- und Ausbaubeitragsrecht befasster Spruchkörper aufgrund der wiederkehrenden Sachverhalte und der dabei gewonnenen Erkenntnisse sich in einem einfach gelagerten Fall eine hinreichende eigene Sachkunde beimisst, die Verkehrsbedeutung einer Straße aufgrund ihrer Lage im Straßennetz beurteilen zu können (BVerwG NVwZ 2009, 329). **3**

Das eingeräumte Ermessen **überschreitet** das Gericht erst dann, wenn es sich eine ihm unmöglich zur Verfügung stehende Sachkunde zuschreibt, die ihm nicht mehr in den Lebens- und Erkenntnisbereichen bewegt, die der ihm angehörenden Richtern allgemein zugänglich sind (BVerwG NVwZ 2009, 329), oder wenn es sich in einer Frage für sachkundig hält, in der seine Sachkunde ernstlich zweifelhaft ist, ohne dass es für die Beteiligten und das zur Nachprüfung berufene Revisionsgericht überzeugend darlegt, dass ihm das erforderliche Fachwissen in genügendem Maße zur Verfügung steht (BVerwG BauR 2009, 231). Einem Gericht kann die erforderliche Sachkunde schon dann nicht abgesprochen werden kann, wenn jedenfalls eines seiner – auch ehrenamtlichen – Mitglieder über die nötige Sachkenntnis verfügt (BVerwG NVwZ 2006, 458). **4**

Einen **Akt rechtlicher Bewertung** kann das Gericht nicht an einen Sachverständigen delegieren (BVerwG Grundeigentum 2009, 663). Die rechtliche Sachkunde – auch in Bezug auf EU-Recht – muss das Gericht selbst haben, bzw. sich durch Eigenstudium verschaffen. **5**

Zur Verfahrensweise bei der **Anwendung ausländischen Rechts** → S/S-A/P § 86 Rn. 32. **6**

2. Grenze der Amtsermittlungspflicht

Die Amtsermittlungspflicht findet ihre Grenzen, wenn kein Anlass zur Sachaufklärung besteht (a), Tatsachen offenkundig oder allgemeinkundig sind (b) oder das Gericht an Tatsachenfeststellungen gebunden ist (c). Auf „ungefragte Fehlersuche" muss sich das Gericht nicht begeben (d). Lässt sich der Sachverhalt nicht weiter erforschen, ist die Amtsermittlungspflicht erfüllt (e). **7**

a) kein Anlass zur Sachaufklärung. Die Pflicht der Tatsachengerichte zur Aufklärung des Sachverhalts findet ihre **Grenze** dort, wo das Klagevorbringen keinen tatsächlichen Anlass zu weiterer Sachverhaltsaufklärung bietet (BVerwGE 109, 174). **8**

Wirkt der Beteiligte nicht in der ihm obliegenden Weise mit, endet auch die Amtsaufklärungspflicht des Gerichts (vgl. BVerwG Buchh 448.0 § 12 WPflG Nr. 207; BVerwGE 66, 237; → Rn. 23).

9 Ein solcher tatsächlicher Anlass besteht namentlich im Prozess um die Zurückstellung vom Wehrdienst dann nicht, wenn der Kläger unter Verletzung der ihn treffenden Mitwirkungspflicht (§ 12 WPflG, § 86 I 1, 2. Halbs.) seine Gründe für die Zurückstellung nicht unter Angabe genauer Einzelheiten in schlüssiger Form vorträgt (BVerwG Buchh 448.0 § 12 WPflG Nr. 207). Dasselbe gilt für das individuelle Verfolgungsschicksal des um Asyl Nachsuchenden (vgl. § 74 II 1 AsylVfG).

10 b) offenkundige Tatsachen u. a. Keiner weitergehenden Aufklärung bedürfen **offenkundige** oder **allgemeinkundige Tatsachen** (§ 173 S. 1 i. V. m. § 291 ZPO; BVerwGE 31, 212).

11 Der **Anscheinsbeweis** kommt bei typischen Abläufen in Betracht; typisch in diesem Sinne kann nur ein Ablauf sein, der vom menschlichen Willen unabhängig ist, d. h. gleichsam mechanisch abrollt (BVerwG Buchh 310 § 86 VwGO Anh. Nr. 40; NVwZ 1999, 77).

12 Tatsächliche Vermutungen greifen dort, wo sich Geschehensabläufe nicht aufklären lassen. Voraussetzung für die Annahme einer tatsächlichen Vermutung ist ein Sachverhalt, der nach der Lebenserfahrung regelmäßig auf einen bestimmten Verlauf hinweist und es rechtfertigt, die besonderen Umstände des einzelnen Falles in ihrer Bedeutung zurücktreten zu lassen. Der tatsächlichen Vermutung liegen Ereignisse zugrunde, die serienmäßig typisch gleich laufen. Der typische Charakter des Geschehensablaufs kann sich aus der allgemeinen Lebenserfahrung, aus sonst offenkundigen Tatsachen einschließlich der historischen Tatsachen oder aus speziellem Erfahrungswissen ergeben. Ob beim jeweiligen Fall ein solcher typischer Geschehensablauf als Grundlage einer tatsächlichen Vermutung vorliegt, hat das Tatsachengericht im Rahmen seiner Aufklärungspflicht festzustellen (BVerwG ZOV 2008, 216).

13 c) Bindungswirkungen. Bindungswirkungen schließen eine (erneute) Verpflichtung zur Aufklärung des Sachverhalts aus. So ist das Gericht an rechtskräftige Entscheidungen (§ 121) ebenso wie an eigene End- und Zwischenurteile gebunden (§ 173 S. 1 i. V. m. § 318 ZPO). Eine **förmliche Bindung** des Gerichts an Feststellungen in straf- oder zivilgerichtlichen Urteilen besteht nicht. Das Gericht kann die tatsächlichen Feststellungen in den ebenfalls vom Amtsermittlungsgrundsatz geprägten strafrechtlichen Urteilen seiner Entscheidung jedoch ohne weitere Nachprüfung zugrunde legen (vgl. BVerwG NJW 1978, 2464), sofern die Beteiligten keine neuen Gesichtspunkte vortragen.

14 Bindungen an im Verwaltungsverfahren getroffene Feststellungen und Wertungen bestehen grds. nicht (BVerfGE 84, 34; zur Bindungswirkung von VA vgl. Schroeder DÖV 2009, 217).

15 d) keine ungefragte Fehlersuche. Eine sachgerechte Handhabung des Amtsermittlungsgrundsatzes verlangt dem Gericht auch **keine „ungefragte" Fehlersuche** ab (BVerwGE 116, 188; vgl. hierzu auch Arntz DVBl. 2008, 78 und → § 40 Rn. 105). Das gilt insbes. im Fall einer **inzidenten Satzungskontrolle**, wenn der Kläger Bedenken gegen die formelle oder materielle Wirksamkeit der Satzung nicht erhoben hat (BVerwG Buchh 310 § 128a VwGO Nr. 2; NVwZ 2007, 223). Mit dieser Mahnung wird nicht die rechtliche Geltung des Amtsermittlungsgrundsatzes in § 86 I infrage gestellt, sondern darauf hingewiesen, dass eine sachgerechte Handhabung dieses Grundsatzes unter dem Gesichtspunkt der Gewaltenteilung und der

Prozessökonomie zu erfolgen hat. Was im Einzelfall sachgerecht ist, lässt sich nicht abstrakt und allgemeingültig festlegen; denn es handelt sich dabei letztlich um ein Problem der richtigen Balance zwischen Exekutive und Judikative (vgl. Ossenbühl, FS Redeker, S. 55 ff.). Im Vordergrund der Überlegungen des Gerichts sollte daher stets der Rechtsschutzgedanke stehen: Eine „ungefragte" Fehlersuche, die das eigentliche Rechtsschutzbegehren des Klägers aus dem Auge verliert, ist im Zweifel auch nicht sachgerecht (BVerwGE 116, 188).

e) Folgen der Nichtaufklärbarkeit. Wenn alle in Betracht kommenden Aufklärungsmöglichkeiten ausgeschöpft sind, ohne dass bestimmte entscheidungserhebliche Tatsachen zur Überzeugung des Gerichts feststehen, der Sachverhalt also nicht ausreichend erforscht ist, aber auch nicht weiter erforscht werden kann, hat das Gericht eine **Nachweislastentscheidung** zu treffen. Diese Problematik ist aber nicht eine solche des § 86 I, sondern des § 108 (vgl. BVerwG HFR 2008, 286; → § 108 Rn. 14). Dasselbe gilt, wenn in einem **Zwischenverfahren nach § 99 II** festgestellt wird, dass die Verweigerung einer Aktenvorlage rechtmäßig ist. Das Gericht hat einen durch die Sperrerklärung verursachten Beweisnotstand unter Berücksichtigung der gesetzlichen Verteilung der materiellen Beweislast angemessen zu würdigen (BVerwGE 131, 171). 16

3. Aufklärungsmittel

Das klassische Instrument der Sachverhaltsaufklärung ist die **Beweisaufnahme** (→ § 98). Hierauf finden grds. §§ 358 bis 444 und 450 bis 494 ZPO entsprechende Anwendung. Die Amtsermittlungspflicht hat zur Folge, dass das Tatsachengericht – auch ohne dass ein Beweisantrag gestellt worden ist – Beweis zu erheben hat, wenn sich ihm eine weitere Sachverhaltsermittlung von Amts wegen aufdrängt (BVerwGE 131, 186; zur Ablehnung von Beweisanträgen der Beteiligten → Rn. 27). Neben der Erhebung klassischer Beweise kommt **jede weitere mögliche Erkenntnismethode**, wie z. B. Verwaltungsvorgänge oder amtliche Auskünfte, in Betracht. 17

Erstes Erkenntnismittel der gerichtlichen Praxis sind die **Verwaltungsvorgänge** der Behörde. Das Gericht kann grds. Akten aller Art beiziehen (§ 99 I) und zur Grundlage seiner Entscheidung machen. Zu diesem Zweck sind die Beteiligten von den Aktenanforderungen zu unterrichten und die Akten zum Gegenstand der mündlichen Verhandlung zu machen (§ 103 II). Die mündliche Verhandlung erstreckt sich sodann im Zweifel auf den Inhalt der gesamten bis zum Termin angefallenen Akten, unabhängig davon, ob und inwieweit einzelne Unterlagen in der mündlichen Verhandlung tatsächlich erörtert worden sind (BVerwG, Beschl. v. 18.8. 2009 – 8 B 60.09). Wurde in einem **Zwischenverfahren nach § 99 II** endgültig festgestellt, dass die Verweigerung einer Aktenvorlage rechtmäßig ist, hat das Gericht der Hauptsache die ihm verbleibenden Möglichkeiten der Sachaufklärung auf andere Weise vollständig auszuschöpfen (BVerwGE 131, 171). 18

Amtliche Auskünfte und **Lageberichte** haben vornehmlich in Asylverfahren für die Aufklärung des Sachverhalts eine besondere Bedeutung. Bei den regelmäßig erstellten Lageberichten des Auswärtigen Amtes, die für die richterliche Aufklärung der maßgeblichen politischen Verhältnisse in den Herkunftsstaaten von zentraler Bedeutung sind, sind die mit Asylsachen befassten VG grds. gehalten, sich von Amts wegen zu vergewissern, ob ein (neuer) Lagebericht zur Verfügung steht und asylrechtlich erhebliche Änderungen der politischen Verhältnisse in dem betreffenden Land beschreibt (BVerwG, Beschl. v. 17.12. 2007 – 10 B 92.07). 19

20 Der Sachaufklärungspflicht kann ggf. selbst dadurch Genüge getan werden, dass ein von den Beteiligten vorgelegtes Gutachten (sog. **Parteigutachten**) zur Grundlage der gerichtlichen Entscheidungsfindung gemacht wird (BVerwG, Beschl. v. 12.10. 2009 – 3 B 55.09; Buchh 442.09 § 18 AEG Nr. 65).

4. Rechtsmittelverfahren: Verletzung der Aufklärungspflicht

21 Wird im **Rechtsmittelverfahren** eine Verletzung des I gerügt, muss der Rechtsmittelführer substanziiert darlegen, welche Tatsachen auf der Grundlage der materiellrechtlichen Auffassung des Tatsachengerichts ermittlungsbedürftig gewesen wären, welche Beweismittel zu welchen Beweisthemen zur Verfügung gestanden hätten, welches Ergebnis diese Beweisaufnahme voraussichtlich gehabt hätte, inwiefern das vordergerichtliche Urteil unter Zugrundelegung der materiellrechtlichen Auffassung des Gerichts auf der unterbliebenen Sachaufklärung beruhen kann und dass auf die Erhebung der Beweise vor dem Tatsachengericht hingewirkt worden ist oder aufgrund welcher Anhaltspunkte sich die unterbliebene Beweisaufnahme dem Gericht hätte aufdrängen müssen (BVerwG, Beschl. v. 26.10. 2009 – 9 B 11.09; ZfBR 2009, 692; CR 2007, 431).

22 Das Unterlassen von Beweisanträgen durch die Beteiligten erlangt in diesem Zusammenhang besondere Bedeutung. Der **Beweisantrag** ist **förmlich** spätestens **in der mündlichen Verhandlung** zu stellen (BVerwG Buchh 310 § 132 Abs. 2 Ziff. 1 VwGO Nr. 19). Lediglich schriftsätzlich angekündigte Beweisanträge genügen den Anforderungen nicht (BVerwG, Beschl. v. 29.3. 2007 – 4 BN 5.07). Im Fall einer **Entscheidung nach § 130a** muss die anwaltlich vertretene Partei auf das gerichtliche Anhörungsschreiben, in einer Entscheidung ohne mündliche Verhandlung mit dem Hinweis widersprechen, in der mündlichen Verhandlung solle ein Beweisantrag zu der für erforderlich gehaltenen Sachverhaltsermittlung gestellt werden (BVerwG, Beschl. v. 30.10. 2007 – 5 B 157.07).

II. Prozessuale Mitwirkungspflicht

23 Bei der Erforschung des Sachverhalts sind die Beteiligten (§ 63) heranzuziehen (I 1, 2. Halbs.; vgl. auch §§ 82 I 3, 85 S. 2, 86 IV, V, 87 I 2 Nr. 2, 5, 87b II). Es versteht sich von selbst, dass dies nur dann gilt, wenn hierfür Bedarf besteht. Wirkt der Beteiligte nicht in der ihm obliegenden Weise mit, endet auch die Amtsaufklärungspflicht des Gerichts (vgl. BVerwG Buchh 448.0 § 12 WPflG Nr. 207; BVerwGE 66, 237). Insb. hat der Beteiligte **substanziiert vorzutragen**, was vor allem bezogen auf Umstände gilt, die in seine eigene Sphäre fallen (BVerwGE 129, 251).

24 In dem vom Untersuchungsgrundsatz beherrschten Verwaltungsprozess besteht für die Beteiligten hingegen **keine Pflicht zur Glaubhaftmachung** i.S.d. § 294 ZPO und auch **keine Beweisführungspflicht** (BVerwGE 129, 251). Auch § 138 IV ZPO, wonach eine Erklärung mit Nichtwissen nur – aber immerhin – über Tatsachen zulässig ist, die weder eigene Handlungen der Partei noch Gegenstand ihrer eigenen Wahrnehmung gewesen sind, ist im Verwaltungsprozess wegen der gerichtlichen Ermittlungspflicht nicht anwendbar (BVerwG NVwZ 2008, 230). Dies bedeutet aber nicht, dass das Bestreiten einer gegnerischen Behauptung **„mit Nichtwissen"** im Verwaltungsprozess unbeachtlich oder nur dann beachtlich wäre, wenn es mit einem Beweisantrag für das Gegenteil verbunden wird. Gerade wenn tatsächliche Umstände aus dem Bereich des Gegners in Rede stehen, kann ein Beteiligter auch im Verwal-

tungsprozess verlangen, dass das Gericht seine Entscheidung nicht ohne eigene Überprüfung auf die Darstellung des gegnerischen Prozessvertreters im Termin stützt. In solchen Fällen ist dem Beteiligten mangels eigener Kenntnis die bestimmte Behauptung des Gegenteils oder ein Beweisantritt für das Gegenteil gar nicht möglich. Allerdings kann das Gericht verlangen, dass der Kläger sein Bestreiten substanziiert, also Gründe für seine Zweifel anführt (BVerwG NVwZ 2008, 230).

Das Gericht kann aus dem Verhalten eines Beteiligten, der es unterlässt, an der Sachaufklärung mitzuwirken, obwohl ihm das ohne Weiteres möglich und zumutbar wäre, **negative Schlüsse** für ihn ziehen (→ § 108 Rn. 12). 25

III. Keine Bindung an das Vorbringen der Beteiligten

Das Gericht ist an das Vorbringen und an die Beweisanträge der Beteiligten (§ 63) nicht gebunden (I 2). Parteivortrag bindet das Gericht hiernach auch dann nicht, wenn er vom Gegner nicht bestritten ist (BVerwG, Beschl. v. 5.6. 2007 – 5 B 109.05). §§ 138 III (Bestreiten mit Nichtwissen) und 288 I ZPO (Geständnis) sind wegen der grds. Unterschiede der Verfahrensarten (vgl. § 173 S. 1) nicht anwendbar. Dahingegen kommen Anerkennung und Verzicht grds. in Betracht, da die Beteiligten insoweit über den Streitgegenstand verfügen können (zum Anerkenntnis- und Verzichtsurteil → § 107 Rn. 7). 26

IV. Ablehnung eines Beweisantrags

II verpflichtet das Gericht, einen in der mündlichen Verhandlung gestellten unbedingten Beweisantrag – soweit ihm nicht stattgegeben wird – durch Gerichtsbeschluss **begründet** abzulehnen, um die Verfahrensbeteiligten in die Lage zu versetzen, sich auf die geschaffene Verfahrenslage einzustellen (BVerwG Buchh 310 § 132 Abs. 2 Ziff. 3 VwGO Nr. 50). Sinn und Zweck des II ist es, einerseits das Gericht zu veranlassen, sich vor Erlass der Sachentscheidung über die Entscheidungserheblichkeit des Beweisantrags schlüssig zu werden, und andererseits die Beteiligten auf die durch die Ablehnung des Beweisantrags entstandene prozessuale Lage hinzuweisen (BVerwG, Beschl. v. 22.6. 2007 – 10 B 56.07). Zum Beweisantragsrecht im Verwaltungsprozess aus **anwaltlicher Sicht** vgl. umfassend Vierhaus DVBl. 2009, 629. 27

1. unbedingter Beweisantrag

Unter II fallen **nur unbedingte Beweisanträge**, die in der mündlichen Verhandlung in der Absicht gestellt werden, dass das Gericht eine solche Entscheidung trifft (BVerwG, Beschl. v. 25.10. 2006 – 5 B 31.06). Ein nur **vorsorglich gestellter Beweisantrag** löst die Bescheidungspflicht nach II ebenso wenig aus (BVerwG, Beschl. v. 30.10. 2009 – 9 A 24.09) wie schriftsätzlich angekündigte Beweisanträge oder -anregungen an das Gericht. Der Vorsitzende hat in einem solchen Fall ggf. – spätestens in der mündlichen Verhandlung – auf die Stellung eines förmlichen Antrags hinzuwirken (III). Über Beweisanträge in **nachgelassenen Schriftsätzen** muss ebenfalls nicht vorab entschieden werden. Ein dort gestellter Beweisantrag kann nur Anlass geben, die mündliche Verhandlung wieder zu eröffnen (§ 104 III 2), wenn sich aus ihm die Notwendigkeit weiterer Aufklärung des Sachverhalts ergibt (BVerwG NVwZ 2003, 1116). 28

§ 86 Teil II. Verfahren

2. Beweisanträge in Verfahren ohne mündliche Verhandlung

29 **a) Verfahren nach § 101 II.** Will das Gericht mit Einverständnis der Beteiligten ohne mündliche Verhandlung (§ 101 II) entscheiden, gilt Folgendes: Über einen **nach Verzicht** auf mündliche Verhandlung schriftsätzlich gestellten neuen Beweisantrag ist durch einen gesonderten Beschluss vor der Sachentscheidung zu befinden (BVerwGE 15, 175). Eines derartigen Beschlusses bedarf es nicht, wenn der Beteiligte **zeitgleich mit oder nach der Antragstellung** auf mündliche Verhandlung verzichtet, weil er sich in diesem Fall der Möglichkeit zur Geltendmachung des Anspruchs auf Vorabentscheidung über seinen Beweisantrag begibt (BVerwGE 82, 117).

30 **b) Verfahren nach §§ 84, 93a.** Vor Erlass eines **Gerichtsbescheids nach § 84** oder eines **Beschlusses nach § 93a II 1** bedarf es grds. keiner Vorabentscheidung über einen Beweisantrag. Das Gericht muss allerdings die Erheblichkeit einer Beweiserhebung vor der Entscheidung prüfen und in seiner Sachentscheidung die Gründe darlegen, die es zum Verzicht auf die Erhebung des beantragten Beweises veranlasst haben (vgl. zu § 93a II BVerwG, Beschl. v. 19.8. 2008 – 4 A 1001.08).

31 **c) Verfahren nach § 130a.** Will das Berufungsgericht nach § 130a verfahren, hat aber ein Beteiligter einen Beweisantrag gestellt, der in der mündlichen Verhandlung gemäß II beschieden werden müsste, so wird das Gericht seiner Pflicht der Gewährung rechtlichen Gehörs i.d.R. dadurch gerecht, dass es den Beteiligten durch eine erneute Anhörungsmitteilung auf die unverändert beabsichtigte Entscheidung durch Beschluss und damit darauf hinweist, dass es dem Beweisantrag nicht nachgehen wird. Aus den Entscheidungsgründen des Beschlusses muss ersichtlich sein, dass das Gericht die Ausführungen des Beteiligten zur Kenntnis genommen und seine Beweisanträge vorher auf ihre Rechtserheblichkeit geprüft hat (BVerwG, Beschl. v. 22.6. 2007 – 10 B 56.07).

3. Ablehnungsgründe

32 Grundlage für die Prüfung der Frage, ob die verlangte Beweiserhebung abgelehnt werden darf, ist die materiell-rechtliche Rechtsauffassung des Tatsachengerichts (BVerwG ZOV 2009, 263). Auf dieser Grundlage darf ein Beweisantrag nur dann abgelehnt werden, wenn dies **im Prozessrecht eine Stütze** findet (st.Rspr., vgl. BVerfGE 69, 145).

33 Solche Stützen stellen z.B. § 93a II 3 (Beweise nach Musterverfahren) oder § 87b II, III (Zurückweisung verspäteten Vorbringens) dar. Im Übrigen findet der **Rechtsgedanke des § 244 III StPO** Anwendung. Beweisanträge dürfen grds. nur abgelehnt werden, wenn das vom Kläger angebotene Beweismittel schlechterdings untauglich ist, wenn es auf die Beweistatsache nicht ankommt oder wenn die Beweistatsache als wahr unterstellt wird; liegen diese Voraussetzungen nicht vor, muss der Beweis antragsgemäß erhoben werden (BVerwG, Beschl. v. 22.10. 2009 – 10 B 20.09; MDR 1983, 869). Dass die Beweiserhebung unökonomisch wäre (BVerfGE 50, 32) oder nur im Wege der Rechtshilfe durch ein ausländisches Gericht durchgeführt werden könnte (BVerwG Buchh 310 § 86 Abs. 1 VwGO Nr. 111), sind keine tragfähigen Ablehnungsgründe.

34 **a) unsubstanziierte Beweisanträge.** Unsubstanziierte Beweisanträge sind im Grunde keine Beweisanträge im Sinne des II; über ihre Ablehnung ist gleichwohl nach Maßgabe des II zu befinden. Von vornherein unsubstanziierten Einwänden des

Klägers gegen die behördlichen Feststellungen ist weder von Amts wegen (I) noch auf Antrag nachzugehen (vgl. BVerwG, Beschl. v. 4.7. 2008 – 3 B 18.08).

Die **Substanziierung eines Beweisantrags** verlangt zum einen die Nennung eines bestimmten Beweismittels und die Behauptung einer bestimmten Tatsache. Die Pflicht zur Substanziierung eines **Zeugenbeweisantrags** bezieht sich zum einen auf das Beweisthema, also auf die Bestimmtheit der Beweistatsachen und deren Wahrheit, und zum anderen darauf, welche einzelnen Wahrnehmungen der angebotene Zeuge in Bezug auf die Beweistatsachen (oder auf die zu deren Ermittlung dienenden Hilfstatsachen oder Indiztatsachen) selbst gemacht haben soll (BVerwG NVwZ-RR 2002, 311). Das Substanziierungsgebot verlangt weiter, dass die Tatsache vom Kläger mit einem gewissen Maß an Bestimmtheit als wahr und mit dem angegebenen Beweismittel beweisbar behauptet wird. Der Kläger darf sich insoweit zwar mit einer Vermutung begnügen, insb. soweit es um Tatsachen geht, die nicht unmittelbar Gegenstand seiner eigenen Wahrnehmung sind. 35

Der Kläger darf aber nicht aufs Geratewohl Behauptungen aufstellen (sog. **Ausforschungsbeweis**). Finden sich im gesamten Prozessstoff keine tatsächlichen Anhaltspunkte für die aufgestellte Behauptung, und gibt der Kläger für eine von ihm angestellte Vermutung nicht die geringste tatsächliche Grundlage an, darf das Gericht den Schluss ziehen, die Behauptung sei aufs Geratewohl aufgestellt worden (BVerwG, Beschl. v. 2.11. 2007 – 7 BN 3.07). Einem Prozessbeteiligten ist es verwehrt, unter formalem Beweisantritt Behauptungen aufzustellen, deren Wahrheitsgehalt nicht eine gewisse Wahrscheinlichkeit für sich haben könnte (BVerwG Buchh 310 § 86 Abs. 1 VwGO Nr. 362). Bei der Qualifizierung eines Beweisantrages als Ausforschungsbeweis ist allerdings von **Verfassungs wegen Zurückhaltung** geboten (BVerfG NJW 2003, 2976; NVwZ 1994, 60). 36

Zur Substanziierung eines Sachverständigenbeweisantrags, der das Vorliegen einer behandlungsbedürftigen posttraumatischen Belastungsstörung (sog. **PTBS**) zum Gegenstand hat, gehört regelmäßig die Vorlage eines gewissen Mindestanforderungen genügenden fachärztlichen Attests. Aus diesem muss sich nachvollziehbar ergeben, auf welcher Grundlage der Facharzt seine Diagnose gestellt hat und wie sich die Krankheit im konkreten Fall darstellt. Dazu gehören etwa Angaben darüber, seit wann und wie häufig sich der Patient in ärztlicher Behandlung befunden hat und ob die von ihm geschilderten Beschwerden durch die erhobenen Befunde bestätigt werden. Des Weiteren sollte das Attest Aufschluss über die Schwere der Krankheit, deren Behandlungsbedürftigkeit sowie den bisherigen Behandlungsverlauf geben. Wird das Vorliegen einer PTBS auf traumatisierende Erlebnisse im Heimatland gestützt und werden die Symptome erst längere Zeit nach der Ausreise aus dem Heimatland vorgetragen, so ist i.d.R. auch eine Begründung dafür erforderlich, warum die Erkrankung nicht früher geltend gemacht worden ist (BVerwGE 129, 251). 37

Nach der Rspr. muss auch **substanziierten Beweisanträgen** dann nicht nachgegangen werden, wenn der Tatsachenvortrag in wesentlichen Punkten unplausibel oder in nicht auflösbarer Weise widersprüchlich ist (BVerwG, Beschl. v. 26.11. 2007 – 5 B 172.07). Im Ergebnis ist dem zuzustimmen; allerdings dürfte ein substanziiertes Beweisvorbringen auf der Grundlage eines unplausiblen bzw. widersprüchlichen Sachvortrags kaum möglich sein. 38

b) keine Vorwegnahme der Beweiswürdigung. Ein Gericht darf grds. von einer Beweisaufnahme nicht deshalb absehen, weil es vom Gegenteil der unter Beweis gestellten Tatsache überzeugt ist oder den Sachverhalt bereits für geklärt hält. Auch die bloße Unwahrscheinlichkeit einer behaupteten Tatsache rechtfertigt es nicht, eine 39

Beweisaufnahme zu unterlassen, deren Unergiebigkeit nur zu befürchten, aber nicht mit Sicherheit vorauszusehen ist (BVerwG, Beschl. v. 12.3. 2010 – 8 B 90.09).

40 Ein Beweisantrag kann jedoch **ausnahmsweise** dann abgelehnt werden, wenn das Beweismittel nach Ansicht des Tatsachengerichts **schlechthin untauglich** ist (BVerwG BauR 2008, 1289). Das kann insb. dann der Fall sein, wenn aufgrund eines bereits erhobenen Beweises die entscheidungserheblichen Tatsachen mit einer solchen Gewissheit feststehen, dass die Überzeugung des Gerichts durch die beantragte weitere Beweiserhebung – ihr Erfolg unterstellt – nicht mehr erschüttert werden kann (BVerwG, Beschl. v. 30.4. 2008 – 4 B 27.08).

41 **c) Wahrunterstellung.** Die Wahrunterstellung im Verwaltungsprozess ist im Kern ein **Verzicht auf eine Beweiserhebung wegen Unerheblichkeit**. Hiermit unterscheidet sie sich i.d.R. von dem in § 244 III 2 StPO gesetzlich geregelten Fall der Wahrunterstellung. Hiernach darf das Gericht von der Wahrunterstellung Gebrauch machen bei einer der Entlastung des Angeklagten dienenden entscheidungserheblichen Tatsache, die es durch eine Beweisaufnahme für nicht widerlegbar hält und von der es aufgrund der sonstigen Beweislage nach dem Grundsatz im Zweifel für den Angeklagten bei der Beweiswürdigung ohnehin ausgehen müsste. Im Verwaltungsprozess stehen sich jedoch stets mindestens zwei Parteien gegenüber. Eine das Ergebnis des Rechtsstreits beeinflussende Wahrunterstellung zugunsten einer Partei würde sich daher in aller Regel zuungunsten der anderen Partei auswirken. Daraus folgt, dass die Wahrunterstellung einer entscheidungserheblichen Tatsache im Verwaltungsprozess regelmäßig ausscheidet. In den Fällen, in denen im verwaltungsgerichtlichen Verfahren eine Beweiserhebung wegen Wahrunterstellung abgelehnt wird, handelt es sich denn auch regelmäßig um Tatsachen, deren Wahrunterstellung am Ergebnis des Rechtsstreits nichts ändert (BVerwGE 77, 150).

4. Verfahren

42 Die Ablehnung kann durch **schriftlichen, zuzustellenden Beschluss** erfolgen oder in der mündlichen Verhandlung mit einer Begründung zur Niederschrift (§ 105) verkündet werden.

43 Den Beteiligten ist **nach Ablehnung** ausreichend – in der mündlichen Verhandlung genügen regelmäßig wenige Minuten – Zeit zu geben, ggf. neue Anträge zu stellen. Dasselbe gilt, wenn das Gericht den Beschluss, einem beantragten Beweis nachgehen zu wollen, wieder aufhebt.

V. Hinweispflicht

44 Der Vorsitzende hat darauf hinzuwirken, dass Formfehler beseitigt, unklare Anträge erläutert, sachdienliche Anträge gestellt, ungenügende tatsächliche Angaben ergänzt, ferner alle für die Feststellung und Beurteilung des Sachverhalts wesentlichen Erklärungen abgegeben werden (III). Hiermit soll verhindert werden, dass die Durchsetzung von Rechten an der Unerfahrenheit, Unbeholfenheit oder mangelnden Rechtskenntnis eines Beteiligten (§ 63) scheitert. Dies gilt insb., wenn dieser nicht anwaltlich vertreten ist. Ist der Beteiligte **anwaltlich vertreten**, so ist die Belehrungspflicht ihrem Umfang nach zwar geringer als sonst, jedoch nicht von vornherein ausgeschlossen (BVerfG NVwZ 1992, 259).

Untersuchungsgrundsatz, Aufklärungspflicht, vorbereitende Schriftsätze § 86

1. Grundlagen

Die richterlichen Hinweise sind spätestens im Rahmen der Erörterung in der mündlichen Verhandlung (§ 104 I) zu geben. Kann sich ein Beteiligter auf die Hinweise nicht mehr in zumutbarer Weise erklären, ist die Verhandlung zu vertagen (→ § 102 Rn. 16). Daher empfiehlt es sich, komplexe Hinweise, die ggf. auch für die Beteiligten weiterer Vorbereitungen bzw. Recherchen bedürfen, bereits im Vorfeld der mündlichen Verhandlung zu geben und die Beteiligten unter Fristsetzung zur Erklärung hierüber aufzufordern (§§ 87 I 2 Nr. 2, 87b II, III). 45

Hinweise sind vor allem dann **geboten**, wenn ein Beteiligter erkennbar von falschen Tatsachen ausgeht und es deshalb unterlässt, das vorzutragen, was für seine Rechtsverfolgung notwendig wäre. Daher hat der Vorsitzende mit Hinweisen behilflich zu sein und dem Beteiligten den rechten Weg zu weisen, wie er im Rahmen der gebotenen Möglichkeiten das erstrebte Ziel am besten und zweckmäßigsten erreichen kann (BVerwG BauR 2009, 233; BVerfG NVwZ 1992, 259). Auf **offenkundige Versehen** ist immer hinzuweisen (BVerwGE 131, 171; 82, 76). 46

Bei **unklarer Rechtslage** – z.B. auch mit Blick auf die Frage, welcher Antrag richtigerweise zu stellen ist – genügt ein Hinweis auf diese Ungewissheit; III begründet keine Pflicht des Gerichts, einer Partei Beurteilungsrisiken abzunehmen, die sich aus einer nicht ohne Weiteres klaren Rechtslage ergeben (BVerwG Buchh 310 § 88 VwGO Nr. 17). 47

Die Hinweispflicht **entfällt** – zumindest i.d.R. – gegenüber Beteiligten, die trotz ordnungsgemäßer Ladung (§ 102 II) nicht in der mündlichen Verhandlung erscheinen (BVerfG NVwZ 1992, 259). Zur Wahrung des rechtlichen Gehörs kann es in einem solchen Fall jedoch gleichwohl geboten sein, die Sache zu vertagen, um dem Beteiligten Gelegenheit zu geben, zu bislang noch nicht erörterten Punkten Stellung zu nehmen. 48

Die pflichtgemäße Wahrnehmung der Hinweispflicht ist nicht geeignet, die **Befangenheit** (§ 54) des Vorsitzenden oder des Gerichts zu begründen (vgl. BVerfG NVwZ 2009, 581; KS § 86 Rn. 27 m.w.N.; auch → § 173 Rn. 16). 49

Die Verletzung der Hinweispflicht ist geeignet, einen **Verfahrensmangel** (§§ 132 II Nr. 3, 138 Nr. 3) zu begründen, sofern dieser rechtzeitig gerügt worden ist (§ 173 S. 1 i.V.m. § 295 I ZPO). 50

2. Insbesondere: sachdienliche Antragstellung

Dem Vorsitzenden obliegt darauf hinzuwirken, dass ein sachdienlicher Antrag gestellt wird. Die Hinweispflicht umfasst je nach der Lage des Einzelfalles auch den Hinweis auf solche als sachdienlich angesehene Anträge, die nur im Rahmen der Klageänderung (§ 91) in den anhängigen Rechtsstreit eingeführt werden können (BVerfG NVwZ 1992, 259). 51

Dies bedeutet z.B. im **Asylprozess**, dass die Gerichte verpflichtet sind, auf eine entsprechend sachdienliche Antragstellung hinzuwirken und den Klageantrag regelmäßig so auszulegen (§ 88), dass ein isolierter Anfechtungsantrag nur zusammen mit den Hilfsanträgen nach Art. 16a GG und/oder nach § 60 I AufenthG sowie nach § 60 II, III, V und VII AufenthG (und auf Zuerkennung von subsidiärem Schutz nach Art. 18 RL 2004/83/EG) als gestellt anzusehen ist. Eine andere Auslegung ist nur möglich, wenn der Wille zu einer Beschränkung des Klagebegehrens auf eine isolierte Anfechtung – unter bewusstem Verzicht auf eine weitergehende gerichtliche Sachprüfung der Ablehnung von Asyl und Abschiebungsschutz sowie einer Abschiebungs- 52 androhung und der damit verbundenen nachteiligen Folgen – feststeht (BVerwGE 127, 161).

53 Denn auch bei unzutreffender Rechtsauffassung des Beteiligten bei der Abfassung des Klageantrages darf das Gericht **nicht über das ausdrücklich Gewollte hinausgehen** (BVerwG LKV 2009, 132; → § 88 Rn. 8).

3. Keine allgemeine Erörterungspflicht oder Rechtsberatung

54 Nach ständiger Rspr. des BVerwG folgt aus dem Anspruch auf rechtliches Gehör auch in der Ausprägung, den er in III und § 104 I gefunden hat, keine Pflicht des Gerichts zur umfassenden Erörterung aller entscheidungserheblichen Gesichtspunkte.

55 **a) Grundsätze.** Insb. muss das Gericht die Beteiligten **nicht vorab auf seine Rechtsauffassung** oder die beabsichtigte **Würdigung des Prozessstoffs hinweisen**, weil sich die tatsächliche und rechtliche Würdigung regelmäßig erst aufgrund der abschließenden Beratung ergibt (BVerwG, Beschl. v. 29.1. 2010 – 5 B 21.09). Dem Gericht steht es gleichwohl frei, dies – ggf. nach einer Zwischenberatung des Spruchkörpers – zu tun.

56 Inhalt der Hinweispflicht des III ist es **nicht**, einen anwaltlich vertretenen Kläger – auch bei Verzicht auf eine mündliche Verhandlung – in allen möglichen oder denkbaren Richtungen **rechtlich zu beraten** (BVerwGE 131, 171; BVerwG, Beschl. v. 31.7. 2007 – 5 C 3.07). Das Gericht darf grds. davon ausgehen, dass ein Rechtsanwalt mit der Sach- und Rechtslage hinreichend vertraut ist (BVerwG BauR 2009, 233). Die in III normierte Pflicht beinhaltet weniger Beratungs-, denn **Formulierungshilfe** (BVerwG, Beschl. v. 27.6. 2007 – 4 B 25.07).

57 Das Gericht hat auch nicht die Pflicht, den Kläger während des Verfahrens auf die Möglichkeit hinzuweisen, sich durch einen Rechtsanwalt vertreten zu lassen und einen Antrag auf PKH zu stellen (BVerwG, Beschl. v. 27.6. 2007 – 3 B 130.06). Dies anzuregen mag sich im Einzelfall jedoch aufdrängen, wenn sich bei prozessunerfahrenen Personen anderenfalls bereits der Sachverhalt nicht hinreichend aufklären ließe (I 1).

58 **b) Ausnahmen.** Eine Ausnahme hiervon gilt unter dem Gesichtspunkt des **Überraschungsverbots** dann, wenn das Gericht seine Entscheidung auf Anforderungen an den Sachvortrag oder auf sonstige rechtliche Gesichtspunkte stützen will, mit denen auch ein gewissenhafter und kundiger Prozessbeteiligter nach dem bisherigen Prozessverlauf – selbst unter Berücksichtigung der Vielfalt vertretbarer Rechtsauffassungen – nicht zu rechnen brauchte (BVerwG NVwZ 2009, 329; Buchh 310 § 108 Abs. 2 VwGO Nr. 75).

59 Eine **entsprechende Ausnahme** gilt z.B. dann, wenn ein Gericht in einem aufgrund einer mündlichen Verhandlung ergangenen gerichtlichen Vergleichsvorschlag (vgl. § 106 S. 2) auf seine (vorläufige) Rechtsauffassung und/oder auf die beabsichtigte Würdigung des Prozessstoffs hinweist, aber nach Nichtannahme des Vergleichsvorschlags einen gegenteiligen Rechtsstandpunkt einnehmen und/oder den Prozessstoff abweichend würdigen will; es muss dann die Beteiligten vorab darauf hinweisen, dass es möglicherweise anders entscheiden werde und ihnen damit Gelegenheit zu weiterem Vortrag und ggf. Beweisanträgen geben (BVerwG, Beschl. v. 29.1. 2010 – 5 B 37.09). Diese Rspr. dürfte **verallgemeinerungsfähig** sein und immer dann Anwendung finden, wenn sich das Gericht aus welcher Veranlassung heraus auch immer ausdrücklich auf eine – wenn auch vorläufige – Rechtsauffassung festlegt.

VI. Vorbereitende Schriftsätze, Beifügung von Urkunden u. a.

Die Beteiligten (§ 63) sollen zur Vorbereitung der mündlichen Verhandlung Schrift- 60
sätze einreichen (IV 1). Hierzu kann sie der Vorsitzende unter Fristsetzung auffordern (IV 2). Es ist nicht zu beanstanden, wenn Schriftsätze und Anlagen den Beteiligten von der Gegenseite direkt übermittelt werden. Eingereichte Schriftsätze sind den Beteiligten von Amts wegen – formlos – zu übermitteln (IV 3). Den Schriftsätzen sind die Urkunden oder elektronischen Dokumente, auf die Bezug genommen wird, in Urschrift oder in Abschrift ganz oder im Auszug beizufügen (V 1). Sind die Urkunden oder elektronischen Dokumente dem Gegner bereits bekannt oder sehr umfangreich, so genügt die genaue Bezeichnung mit dem Anerbieten, Einsicht bei Gericht zu gewähren (V 2). IV, V ergänzen hiermit die Regelungen der §§ 81 II, 82 I, II, 85 S. 2, 87 I 1, 2 Nr. 2, 87b. Für elektronische Dokumente gilt § 55a.

Kommt ein Beteiligter seiner in § 86 IV, V niedergelegten Mitwirkungspflicht 61
nicht nach, hat dies ggf. (nur) **kostenrechtliche Konsequenzen** (§ 155 IV).

§ 86a *(aufgehoben)*

§ 87 [Maßnahmen im vorbereitenden Verfahren]

(1) ¹Der Vorsitzende oder der Berichterstatter hat schon vor der mündlichen Verhandlung alle Anordnungen zu treffen, die notwendig sind, um den Rechtsstreit möglichst in einer mündlichen Verhandlung zu erledigen. ²Er kann insbesondere
1. die Beteiligten zur Erörterung des Sach- und Streitstandes und zur gütlichen Beilegung des Rechtsstreits laden und einen Vergleich entgegennehmen;
2. den Beteiligten die Ergänzung oder Erläuterung ihrer vorbereitenden Schriftsätze, die Vorlegung von Urkunden, die Übermittlung von elektronischen Dokumenten und die Vorlegung von anderen zur Niederlegung bei Gericht geeigneten Gegenständen aufgeben, insbesondere eine Frist zur Erklärung über bestimmte klärungsbedürftige Punkte setzen;
3. Auskünfte einholen;
4. die Vorlage von Urkunden oder die Übermittlung von elektronischen Dokumenten anordnen;
5. das persönliche Erscheinen der Beteiligten anordnen; § 95 gilt entsprechend;
6. Zeugen und Sachverständige zur mündlichen Verhandlung laden.

(2) Die Beteiligten sind von jeder Anordnung zu benachrichtigen.

(3) ¹Der Vorsitzende oder der Berichterstatter kann einzelne Beweise erheben. ²Dies darf nur insoweit geschehen, als es zur Vereinfachung der Verhandlung vor dem Gericht sachdienlich und von vornherein anzunehmen ist, daß das Gericht das Beweisergebnis auch ohne unmittelbaren Eindruck von dem Verlauf der Beweisaufnahme sachgemäß zu würdigen vermag.

I. Maßnahmekompetenzen

§ 87 I 1 ermächtigt zu Maßnahmen des Vorsitzenden oder Berichterstatters, § 87a zu 1
Entscheidungen im sog. **vorbereitenden Verfahren** (zum Begriff (→ § 87a

Rn. 2 ff.). Das Gericht ist zum Ergreifen verfahrensfördernder Maßnahmen schon vor der mündlichen Verhandlung in angemessener Zeit verpflichtet („hat"), um den Rechtsstreit möglichst in einer mündlichen Verhandlung zu erledigen. Die Beurteilung, welche Maßnahmen zur Erreichung dieses Ziels notwendig sind, obliegt allein dem in richterlicher Unabhängigkeit agierenden Vorsitzenden oder Berichterstatter. Die Anordnungen können schriftlich – Abzeichnung per Paraphe genügt – im Wege der Verfügung ergehen, in geeigneten Fällen aber auch mündlich, insbes. telefonisch. Sie sind als prozessleitende Verfügungen mit Ausnahme der Ordnungsgeldfestsetzung gemäß I 1 Nr. 5 nicht anfechtbar (§ 146 II).

2 Die eine **Konzentration des Prozesses** bezweckende Norm gilt für **alle Verfahrensarten**, auch wenn es letztlich im Einzelfall zu einer mündlichen Verhandlung nicht kommen mag (§§ 84 I, 101 II). Sie ergänzt den Kanon vergleichbarer Regelungen in §§ 82 II 1, 85 S. 2, 86 III, IV 2, 95 I 1, III. Befolgen Beteiligte oder Dritte die Anordnungen nicht, hat dies zunächst – abgesehen vom Ordnungsgeld nach §§ 87 I 2 Nr. 5, 95 – keine Konsequenzen. Die Beteiligten müssen jedoch die an eine Missachtung von Anordnungen oder Hinweisen ggf. geknüpften Nachteile tragen, etwa wenn das Gericht weitere Aufklärungsmöglichkeiten nicht erkennen kann (→ § 86 Rn. 23) oder an ein Unterlassen prozessuale Fiktionen geknüpft sind (z.B. §§ 92 I 3, II, 161 II 2). Auch können Kosten, die durch Verschulden eines Beteiligten entstanden sind, diesem auferlegt werden (§ 155 IV).

3 **Beispielhaft** werden in **I 2** einzelne Maßnahmen für zulässig erklärt und in ihren Voraussetzungen präzisiert:

1. Erörterung (I 2 Nr. 1)

4 Die Beteiligten können zur Erörterung des Sach- und Streitstandes und zur gütlichen Beilegung des Rechtsstreits **geladen** werden. Der Einhaltung einer Ladungsfrist bedarf es nicht; § 102 I gilt nur für die mündliche Verhandlung. Der vom Vorsitzenden oder Berichterstatter durchzuführende **Erörterungstermin**, an dem die anderen Mitglieder des Spruchkörpers teilnehmen können (a.A. S/S-A/P § 87 Rn. 10), kann auch als Ortstermin bestimmt werden. Er ist lediglich **parteiöffentlich** (Schluss aus § 55 i.V.m. § 169 GVG; vgl. BVerwG NJW 2001, 1878).

5 **Ziel** des Termins ist regelmäßig die Verfahrensbeendigung durch die Entgegennahme eines ggf. vom Gericht vorgeschlagenen Vergleichs (§ 106 S. 2), einer Rücknahmeerklärung (§ 92 I), einer beiderseitigen Hauptsacheerledigungserklärung (vgl. § 161 II) oder eines Anerkenntnisses (vgl. § 156). Die entsprechenden Erklärungen sind in die **Niederschrift** aufzunehmen (entsprechend §§ 159, 160 III ZPO). Ist das Verfahren beendet, kann zur Niederschrift im Erörterungstermin (deklaratorisch) über die Einstellung und (konstitutiv) über die Kosten entschieden werden (§ 87a I Nrn. 2, 3, 5).

6 Geht der Erörterungstermin **ohne verfahrensbeendende Erklärung** aus, sind die hierin gewonnenen Erkenntnisse in einer ggf. nachfolgenden mündlichen Verhandlung zu verwerten. Am Ende eines Erörterungstermins bietet es sich ggf. an, zum Erlass eines Gerichtsbescheids anzuhören (§ 84 I 2), Fristen nach § 87b I, II zu setzen oder Einverständniserklärungen nach § 87a II, III oder § 101 II einzuholen. Verzichten die Beteiligten auf Ladung (§ 173 S. 1 i.V.m. 295 ZPO) kann unter Herstellung der Öffentlichkeit unmittelbar vom Erörterungstermin zur mündlichen Verhandlung übergegangen werden.

2. Aufforderung zur Ergänzung und Vorlegung von Urkunden (I 2 Nr. 2)

Das Gericht kann den **Beteiligten** mittels schriftlicher Verfügung – aber auch telefonisch – die Ergänzung oder Erläuterung ihrer vorbereitenden Schriftsätze, die Vorlegung von Urkunden, die Übermittlung von elektronischen Dokumenten und die Vorlegung von anderen zur Niederlegung bei Gericht geeigneten Gegenständen **aufgeben**, insbesondere eine Frist zur Erklärung über bestimmte klärungsbedürftige Punkte setzen. Die Norm entspricht § 273 II Nr. 1, Nr. 5 i.V.m. §§ 142, 144 ZPO. 7

3. Auskunftseinholung (I 2 Nr. 3)

Das Gericht kann Auskünfte einholen und ist hierbei nicht auf amtliche Auskünfte (→ § 14) beschränkt. 8

4. Vorlage von Urkunden/Übermittlung elektronischer Dokumente (I 2 Nr. 4)

Das Gericht kann – gegenüber den Beteiligten, aber auch jedem Dritten – die Vorlage von Urkunden oder die Übermittlung von elektronischen Dokumenten anordnen. Die hierbei gewonnenen Erkenntnisse sind nach allgemeinen Beweisgrundsätzen in das Verfahren einzuführen. 9

5. Persönliches Erscheinen (I 2 Nr. 5)

Das persönliche Erscheinen (eines) der Beteiligten zu einem Termin kann mittels gerichtlicher Verfügung angeordnet werden. Vorbild ist § 273 II Nr. 3 ZPO. Handelt es sich um die mündliche Verhandlung, so ist der Vorsitzende (§ 102; entspr. §§ 216 II, 227 IV ZPO), ggf. der Einzelrichter (→ § 6 Rn. 3) zuständig. § 95 gilt entsprechend, sodass insbes. auch ein **Ordnungsgeld** angedroht und festgesetzt werden kann. Die hier normierte Möglichkeit, das persönliche Erscheinen eines Beteiligten anzuordnen, besagt nichts darüber, dass die Vernehmung eines in der mündlichen Verhandlung anwesenden Beteiligten unterbleiben muss, wenn eine derartige Anordnung nicht getroffen wurde (BVerwG, Beschl. v. 23.11.1999 – 6 B 81.99). Gegen die Festsetzung des Ordnungsgeldes kann entsprechend § 151 die Entscheidung des Gerichts beantragt werden. 10

6. Ladung von Zeugen und Sachverständigen (I 2 Nr. 6)

Zeugen und Sachverständige können zur mündlichen Verhandlung geladen werden (vgl. § 273 II Nr. 4 ZPO). Zuständig ist wiederum der Vorsitzende oder Berichterstatter. 11

7. Sonstige Maßnahmen (I 2)

Der in I 2 aufgeführte Katalog ist **nicht abschließend** („insbesondere"). Vorsitzender oder Berichterstatter können nach **Ermessen** weitere, der Konzentration des Prozesses auf eine einzige mündliche Verhandlung dienende Anordnungen treffen oder sonstige verfahrensfördernde Maßnahmen ergreifen. Sie können z.B. Verwaltungsvorgänge anfordern, schriftliche Zeugenerklärungen einholen oder den Kläger auffordern, das Verfahren zu betreiben (vgl. § 92 II 1), indem er sich in Bezug auf einzelne, konkret benannte Punkte äußert, oder sich ggf. zur (Nicht-)Fortführung des Verfahrens zu erklären. 12

II. Benachrichtigung der Beteiligten

13 Die Beteiligten (§ 63) sind von jeder Anordnung zu benachrichtigen (II). Es empfiehlt sich, in der gerichtlichen Verfügung die Benachrichtigung zugleich mit der Anordnung zu verbinden. Das Unterlassen der Benachrichtigung begründet einen **Gehörsverstoß** (§ 138 Nr. 3). Er ist jedoch **folgenlos**, wenn die Beteiligten auf Benachrichtigung verzichten (§ 173 S. 1 i. V. m. § 295 ZPO) oder den erkannten Verstoß nicht rechtzeitig rügen (BVerwG NJW 1980, 900). Das Ergebnis der Anordnung ist den Beteiligten nach allgemeinen Grundsätzen ebenfalls bekannt zu geben.

III. Beweiserhebungsrecht

14 Der Vorsitzende oder der Berichterstatter kann vorab **einzelne** (nicht alle) **Beweise** erheben (III 1). Dies darf nur insoweit geschehen, als es zur Vereinfachung der Verhandlung vor dem Gericht sachdienlich und von vornherein anzunehmen ist, dass das Gericht das Beweisergebnis auch ohne unmittelbaren Eindruck vom Verlauf der Beweisaufnahme sachgemäß zu würdigen vermag (III 2). So kommt es z.B. bei einer **Ortsbesichtigung** – anders als ggf. bei einer Zeugenvernehmung – nicht entscheidend auf die persönliche Würdigung durch den vollständig besetzten Spruchkörper an (BVerwG NVwZ-RR 1998, 524). Eines **Beweisbeschlusses** durch die Kammer bedarf es – im Gegensatz zu einer Beweisaufnahme in der mündlichen Verhandlung (§ 96 I) und durch den beauftragten oder ersuchten Richter (§ 96 II) – nicht (S/S-A/P § 87 Rn. 31; KS § 87 Rn. 5a). Es genügt eine richterliche – gemäß § 146 II unanfechtbare – Verfügung.

§ 87a [Entscheidung im vorbereitenden Verfahren]

(1) Der Vorsitzende entscheidet, wenn die Entscheidung im vorbereitenden Verfahren ergeht,
1. über die Aussetzung und das Ruhen des Verfahrens;
2. bei Zurücknahme der Klage, Verzicht auf den geltend gemachten Anspruch oder Anerkenntnis des Anspruchs, auch über einen Antrag auf Prozesskostenhilfe;
3. bei Erledigung des Rechtsstreits in der Hauptsache, auch über einen Antrag auf Prozesskostenhilfe;
4. über den Streitwert;
5. über Kosten;
6. über die Beiladung.

(2) Im Einverständnis der Beteiligten kann der Vorsitzende auch sonst anstelle der Kammer oder des Senats entscheiden.

(3) Ist ein Berichterstatter bestellt, so entscheidet dieser anstelle des Vorsitzenden.

Übersicht

	Rn.
I. Vorbereitendes Verfahren (I)	2
II. Entscheidungskompetenzen (I Nrn. 1 bis 6)	6
1. Aussetzung und Ruhen	7
2. Zurücknahme, Verzicht, Anerkenntnis	8

Entscheidung im vorbereitenden Verfahren § 87a

3. Hauptsachenerledigung	12
4. Streitwert	15
5. Kosten	16
6. Beiladung	17
III. Entscheidung durch konsentierten Einzelrichter (II, III)	18
1. Einverständniserklärung	20
a) Form	20
b) Inhalt	21
c) Unwiderruflichkeit, Unanfechtbarkeit	23
2. Entscheidungskompetenz	25

§ 87a findet Anwendung im erstinstanzlichen Verfahren – auch vor dem BVerwG **1**
(vgl. BVerwG NVwZ 2006, 479) –, gemäß § 125 I 1 grds. im Berufungsverfahren
(BVerwGE 111, 69) einschließlich des Zulassungsverfahrens nach § 124a IV 1 (Bln-
BrbOVG NVwZ-RR 2006, 360) sowie entsprechend in den selbstständigen **Antragsverfahren** nach §§ 47, 80 V, 80a III, 123 (str., wie hier BayVGH NVwZ 1991,
896; BWVGH NVwZ 1991, 593) und Beschwerdeverfahren. Für das Revisionsverfahren ist dessen Anwendung ausgeschlossen (§ 141 S. 2).

I. Vorbereitendes Verfahren (I)

I bezweckt, den Spruchkörper von Nebenentscheidungen zu entlasten und damit zu **2**
einer Straffung des Prozesses beizutragen. Dementsprechend ist der Begriff des „**vorbereitenden Verfahrens**" weit zu verstehen (BayVGH NVwZ-RR 2001, 543
m. w. N.). Lediglich das verfahrensabschließende Urteil und die mündliche Verhandlung, die Grundlage des Urteils ist (§§ 101 I, 112), bzw. der Gerichtsbescheid (§ 84 I)
gehören nicht zum vorbereitenden Abschnitt des Klageverfahrens. Umgekehrt fallen
alle Verfahrenshandlungen, die nach der Erhebung der Klage und vor der Eröffnung
der mündlichen Verhandlung – so auch noch die Ladung zu dieser – liegen, in das
vorbereitende Stadium (S/S-A/P § 87a Rn. 9). Wird die Verhandlung vertagt (nicht
aber bei Fortsetzung), etwa weil weitere Ermittlungen zur Sachverhaltsaufklärung
oder sonstige vorbereitende Maßnahmen zu treffen sind, fällt der Prozess in das Stadium des vorbereitenden Verfahrens zurück (BayVGH NVwZ-RR 2001, 543
m. w. N.). Prozessual vergleichbar ist die Situation, wenn die Beteiligten nach Durchführung einer mündlichen Verhandlung ihr Einverständnis mit dem Übergang in das
schriftliche Verfahren (§ 101 II) erklären (BayVGH, Beschl. v. 28.3. 2001 – 2 B
98.2104).

Dasselbe soll gelten, wenn – auch nach einer mündlichen Verhandlung – ein **Be- 3
weisbeschluss** ergangen ist (SaarlOVG, Beschl. v. 31.5. 2000 – 9 R 19/98; BWVGH
NVwZ-RR 1992, 443).

Das Vorbereitungsstadium ist **beendet**, wenn eine mündliche Verhandlung vor **4**
dem Spruchkörper stattgefunden hat und das Verfahren darin beendet worden ist. Das
gilt auch dann, wenn die Verfahrensbeendigung nicht auf einer Sachentscheidung beruht, sondern durch Abschluss eines Vergleichs (§ 106) erfolgt; denn auch dann fällt
das Verfahren nicht wieder in das Stadium des vorbereitenden Verfahrens zurück
(BVerwG NVwZ 2005, 466 m. w. N.).

In **Verfahren ohne mündliche Verhandlung** (§§ 101 II, 84 I) ist das vorberei- **5**
tende Verfahren u. a. beendet, wenn die Beteiligten einen Vergleichsvorschlag des Gerichts (§ 106 S. 2) als Kollegialorgan angenommen haben. Anders ist es bei vom Vorsitzenden oder Berichterstatter unterbreiteten Vergleichsvorschlägen. Diese sind im

vorbereitenden Verfahren ergangen, sodass Vorsitzender und Berichterstatter auch für Nebenentscheidungen zuständig bleiben (SächsOVG, Beschl. v. 20.5. 2009 – 2 B 364/08).

II. Entscheidungskompetenzen (I Nrn. 1 bis 6)

6 Die in I benannten Kompetenzen sind abschließend. Sie sind nur eröffnet, wenn sich das Verfahren noch im vorbereitenden Stadium befindet. Es entscheidet der **Vorsitzende**; ist ein **Berichterstatter** bestellt, so entscheidet dieser an seiner Stelle (III). Ist das Verfahren auf den Einzelrichter (§ 6 I) übertragen worden, ist allein er zuständig. Entscheidet im vorbereitenden Verfahren in einem der in I bezeichneten Fällen anstelle des Vorsitzenden bzw. des Berichterstatters der gesamte Spruchkörper, so liegt hierin ein **Verstoß gegen den gesetzlichen Richter** nach Art. 101 I 2 GG (BWVGH NVwZ-RR 1997, 140).

1. Aussetzung und Ruhen

7 Die Entscheidung über die Anordnung der Aussetzung (§ 94) und des Ruhens des Verfahrens (§ 173 S. 1 i.V.m. § 251 ZPO) fällt nach I Nr. 1 in die Kompetenz des Vorsitzenden.

2. Zurücknahme, Verzicht, Anerkenntnis

8 Die Entscheidung nach Zurücknahme der Klage (§ 92) – bzw. der Berufung nach § 126 II 1 (str., wie hier KS § 87a Rn. 2) –, Verzicht auf den geltend gemachten Anspruch oder Anerkenntnis des Anspruchs (§ 173 S. 1 i.V.m. §§ 306 f. ZPO) fallen nach I Nr. 2 in die Kompetenz des Vorsitzenden. Dies gilt in diesem Zusammenhang auch für die Entscheidung über einen (aufrechterhaltenen) Antrag auf PKH.

9 Auch bei der – ebenso – deklaratorischen Feststellung, dass die Klage bzw. Berufung als zurückgenommen gilt (§§ 92 II 1, 126 II 1), handelt es sich um eine solche Entscheidung nach Zurücknahme (SächsOVG SächsVBl. 2007, 189 m.w.N.; KS § 87a Rn. 6; a.A. BayVGH BayVBl. 2001, 21).

10 Als Annex zur Kostenentscheidung nach Zurücknahme des Rechtsschutzantrages handelt es sich auch bei einer **Erinnerung** um eine im vorbereitenden Verfahren zu treffende Entscheidung über Kosten (BVerwG NVwZ 1996, 786).

11 Für den Einstellungsbeschluss bei **Rücknahme einer Beschwerde gegen die Nichtzulassung der Revision** vor der Entscheidung über eine Abhilfe ist ebenfalls der Vorsitzende zuständig (BayVGH, Beschl. v. 14.1. 2004 – 8 A 02.40065; a.A. Nds-OVG, Beschl. v. 31.8. 2007 – 5 LC 44/06; S/S-A/P § 87a Rn. 30).

3. Hauptsachenerledigung

12 Die Entscheidung nach vollständiger beiderseitiger Erledigung des Rechtsstreits in der Hauptsache (§ 92 III analog, § 161 II) fällt nach I Nr. 3 in die Kompetenz des Vorsitzenden. Dies gilt in diesem Zusammenhang auch für die Entscheidung über einen (aufrechterhaltenen) Antrag auf PKH. Eine (Hauptsache)Entscheidung über die Hauptsachenerledigung fällt nicht unter I Nr. 3 (BVerwG NVwZ-RR 1994, 362; KS § 87a Rn. 7; S/S-A/P § 87a Rn. 32).

13 Betrifft die beiderseitige Erledigungserklärung nur einen **Teil des Streitgegenstandes**, entfällt die Entscheidungskompetenz des Berichterstatters (BWVGH

NVwZ-RR 1992, 442). Es steht im Ermessen des Gerichts, den erledigten Teil – soweit teilbar – gemäß § 93 S. 2 abzutrennen und sodann gem. I Nr. 3 zu verfahren (→ § 93 Rn. 5).

Die Zuständigkeit für eine **Beschwerdeentscheidung gegen die Versagung** **14** **von PKH für das erstinstanzliche Verfahren** ist im Fall der Hauptsachenerledigung umstritten: Nach vorzugswürdiger Ansicht hat der Vorsitzende in entsprechender Anwendung der §§ 125 I, 87a I Nr. 3, III zu entscheiden, wenn sich das Verfahren in der Hauptsache erledigt. Denn nach I Nr. 3, III soll der Vorsitzende nach Erledigung der Hauptsache nicht nur über die Kosten des Hauptsacheverfahrens entscheiden, sondern auch über einen als Annex zur Hauptsache gestellten PKH-Antrag. Dies gilt für die zweite Instanz in Berufungsverfahren nach § 125 I unmittelbar und für Beschwerdeverfahren entsprechend (NRWOVG, Beschl. v. 13.9. 2006 – 18 E 895/06, vom 4.3. 2005 – 22 E 958/04 –; ThürOVG NVwZ-RR 2008, 286; HambOVG NVwZ-RR 2007, 211; KS § 87a Rn. 7). Nach a. A. bleibt für die Beschwerde gegen die erstinstanzliche Ablehnung von PKH der Senat zuständig (SächsOVG DÖV 2007, 933; BWVGH NVwZ-RR 2007, 210). Eine **weitere Ansicht** differenziert danach, ob eine solche Verfahrensbeendigung bereits in erster Instanz eingetreten ist und daher der erstinstanzliche Berichterstatter nach Maßgabe des I Nr. 2 und 3, III entschieden hat; dann soll der Senat in der Besetzung mit drei Richtern zuständig sein (ThürOVG NVwZ-RR 2008, 286).

4. Streitwert

Die Entscheidung über den Streitwert (§ 63 GKG) trifft nach I Nr. 4 der Vorsitzende. **15** Zur Problematik der **Besetzung des Beschwerdegerichts** nach §§ 68 II 6, 66 VI 1 GKG, wenn im erstinstanzlichen Verfahren der Berichterstatter nach I Nr. 4 entschieden hat, vgl. umfassend NRWOVG, Beschl. v. 27.8. 2008 – 16 E 1126/08, m. w. N. zum Streitstand.

5. Kosten

Die Entscheidung über die Kosten trifft nach I Nr. 5 (zumeist i. V. m. Nrn. 2 und 3) **16** der Vorsitzende. Die Vorschrift ist weit auszulegen. Auch bei der **Erinnerung** gegen einen Kostenfestsetzungsbeschluss des Urkundsbeamten der Geschäftsstelle handelt es sich um eine Entscheidung über „Kosten" i. S. v. I Nr. 5 (BVerwG NVwZ 2005, 466). Bei der Entscheidung nach § 162 II 2 handelt es sich hingegen um keine Entscheidung über Kosten in diesem Sinne (SächsOVG NVwZ-RR 2009, 542), ebenso wenig bei einer Entscheidung über PKH (KS § 87a Rn. 7 m. w. N.).

6. Beiladung

Die Entscheidung über die Beiladung (§ 65) trifft nach I Nr. 6 der Vorsitzende. **17**

III. Entscheidung durch konsentierten Einzelrichter (II, III)

Im Einverständnis der Beteiligten kann der **Vorsitzende** auch sonst anstelle der Kam- **18** mer oder des Senats entscheiden (II). Ist ein **Berichterstatter** bestellt, so entscheidet dieser anstelle des Vorsitzenden (III). Bei dieser Verfahrensweise ist § 6 I – Übertragung des Rechtsstreits auf den Einzelrichter – nicht anzuwenden (BVerwG, Beschl.

v. 12.5. 2009 – 4 BN 24.08). Dementsprechend unterliegt auch der **Richter auf Probe** nicht den zeitlichen Einschränkungen des § 6 I 2 (→ § 6 Rn. 15).

19 Mit dem Einverständnis nach II, III wird nicht zugleich der Verzicht auf **mündliche Verhandlung** erklärt; ein derartiges zweifaches Einverständnis muss ausdrücklich, klar, eindeutig und vorbehaltlos gegeben werden (BVerwG NVwZ-RR 1998, 525). Im **Verfahren nach § 130a S. 1** sind II, III nicht anwendbar. Aus dem dort genannten Erfordernis der Einstimmigkeit ergibt sich, dass diese besondere Art der Entscheidung dem Senat als Spruchkörper in Beschlussbesetzung vorbehalten ist (BVerwG, Beschl. v. 20.7. 2000 – 1 B 30.00; BVerwGE 111, 69).

1. Einverständniserklärung

20 **a) Form.** Das Einverständnis ist **schriftlich oder** – soweit gemäß § 81 I zulässig – **zur Niederschrift** oder in einer mündlichen Verhandlung **zu Protokoll** zu erklären. Es ist zulässig, dass die Anregung hierzu vom Gericht ausgeht. Ein gegenüber dem Gericht **telefonisch** erklärtes Einverständnis, der durch einen schriftlichen Aktenvermerk festgehalten wird, ist ebenfalls zulässig, solange über den Inhalt der Erklärung kein Streit besteht (BVerwG NVwZ 1984, 645 zu § 101 II). Die Erklärung unterliegt nicht dem **Anwaltszwang** nach § 67 (HessVGH, Urt. v. 25.2. 2005 – 9 UE 911/04 m.w.N.).

21 **b) Inhalt.** Als prozessgestaltende Erklärung muss das Einverständnis **ausdrücklich, klar, eindeutig und vorbehaltlos** abgegeben werden (BVerwG NJW 1983, 183 zu § 101 II). In Zweifelsfällen hat das Gericht auf eine Klarstellung hinzuwirken (§ 86 III). Die Erklärung muss sich auf dasselbe Verfahren beziehen. Ein im Eilverfahren erklärtes Einverständnis begründet keine Zuständigkeit des konsentierten Einzelrichters für das Vollstreckungsverfahren (NRWOVG NVwZ-RR 1994, 619).

22 Das Einverständnis kann in der Form einer **„generellen Prozesserklärung"** erteilt werden. Einer erneuten Einverständniserklärung wegen des infolge einer allgemeinen Geschäftsverteilungsänderung bewirkten Wechsels der Spruchkörperzuständigkeit bedarf es ebenso wenig wie etwa dann, wenn innerhalb des früher zuständigen Spruchkörpers ein Berichterstatterwechsel eingetreten wäre (BVerwG NVwZ 1996, Beilage 5, 33).

23 **c) Unwiderruflichkeit, Unanfechtbarkeit.** Die Erklärung des Einverständnisses gemäß II, III ist eine Prozesshandlung, die in ihrer prozessualen Bedeutung der Erklärung nach § 101 II ähnlich ist. Der Verzicht auf mündliche Verhandlung ist als Prozesshandlung grds. **unwiderruflich** und **unanfechtbar** (BVerwG NVwZ 1996, Beilage 4, 26; BVerwG Buchh 310 § 101 VwGO Nr. 21 m.w.N.); für die Einverständniserklärung nach II kann nichts anderes gelten (BVerwG Buchh 310 § 87a VwGO Nr. 5; NVwZ-RR 1997, 259).

24 Ob der Widerruf der Einverständniserklärung ausnahmsweise dann zulässig ist, wenn sich die **Prozesslage nach Abgabe der Erklärung wesentlich geändert** hat (vgl. BGHZ 105, 270), hat das BVerwG bislang offen gelassen (→ § 101 Rn. 10 f.). Jedenfalls kann als wesentliche Änderung nicht schon eine sich in der mündlichen Verhandlung vor dem konsentierten Einzelrichter abzeichnende Verschlechterung der Erfolgsaussichten gewertet werden (BVerwG Buchh 310 § 87a VwGO Nr. 5).

2. Entscheidungskompetenz

25 **„Auch sonst"** bedeutet, dass außerhalb des vorzubereitenden Verfahrens nach I und damit abschließend in der Sache anstelle der Kammer oder des Senats entschie-

Fristsetzung, Fristversäumnis **§ 87b**

den werden kann (BVerwG, Beschl. v. 20.7. 2000 – 1 B 30.00). Eine Verpflichtung des konsentierten Einzelrichters, bei Einverständnis der Beteiligten allein zu entscheiden, besteht nicht. Letztlich sollte die Einschätzung des gesamten Spruchkörpers darüber entscheiden, ob ein Verfahren für eine Entscheidung nach II, III geeignet ist.

Entscheidet der konsentierte Einzelrichter, ist er in Wahrnehmung der Kompetenz **26** der II, III „**Gericht**" i.S. der VwGO und kann z.b. auch Berufung (§ 124a I 1) oder Sprungrevision (§ 134 I 1) wirksam zulassen (BVerwGE 132, 10; 121, 292; Seibert NVwZ 2004, 821).

§ 87b [Fristsetzung, Fristversäumnis]

(1) ¹Der Vorsitzende oder der Berichterstatter kann dem Kläger eine Frist setzen zur Angabe der Tatsachen, durch deren Berücksichtigung oder Nichtberücksichtigung im Verwaltungsverfahren er sich beschwert fühlt. ²Die Fristsetzung nach Satz 1 kann mit der Fristsetzung nach § 82 Abs. 2 Satz 2 verbunden werden.

(2) Der Vorsitzende oder der Berichterstatter kann einem Beteiligten unter Fristsetzung aufgeben, zu bestimmten Vorgängen
1. Tatsachen anzugeben oder Beweismittel zu bezeichnen,
2. Urkunden oder andere bewegliche Sachen vorzulegen sowie elektronische Dokumente zu übermitteln, soweit der Beteiligte dazu verpflichtet ist.

(3) ¹Das Gericht kann Erklärungen und Beweismittel, die erst nach Ablauf einer nach den Absätzen 1 und 2 gesetzten Frist vorgebracht werden, zurückweisen und ohne weitere Ermittlungen entscheiden, wenn
1. ihre Zulassung nach der freien Überzeugung des Gerichts die Erledigung des Rechtsstreits verzögern würde und
2. der Beteiligte die Verspätung nicht genügend entschuldigt und
3. der Beteiligte über die Folgen einer Fristversäumung belehrt worden ist.
²Der Entschuldigungsgrund ist auf Verlangen des Gerichts glaubhaft zu machen. Satz 1 gilt nicht, wenn es mit geringem Aufwand möglich ist, den Sachverhalt auch ohne Mitwirkung des Beteiligten zu ermitteln.

Übersicht

	Rn.
I. Angabe von beschwerenden Tatsachen	2
II. Bezeichnung bestimmter Vorgänge u.a.	5
III. Zurückweisung	7
1. Materielle Präklusion	8
2. Fristablauf	11
3. Verzögerung	12
4. keine Entschuldigung	14
5. Belehrung	16
6. Ermessen des Gerichts	19

§ 87b ist Ausdruck des im Verwaltungsprozess geltenden Gebots der Verfahrensbe- **1** schleunigung (BVerwG NJW 2006, 2648). Er flankiert in verfassungsrechtlich nicht zu beanstandender Weise die Amtsermittlungspflicht des § 86 I und schränkt diese in Teilen im Interesse der Prozessökonomie ein. § 87b findet Anwendung im **erstinstanzli-**

§ 87b

chen Verfahren, im **Berufungsverfahren** (§ 125 I 1) – hier auch im Verfahren nach § 130a (BVerwG NVwZ 2000, 1042) – sowie entsprechend in den **selbstständigen Antragsverfahren** nach §§ 47, 80 V, 80a III, 123 (str., wie hier BayVGH NVwZ 1991, 896; BWVGH NVwZ 1991, 593; a. A. S/S-A/P § 87b Rn. 18) und **Beschwerdeverfahren**. Für das **Revisionsverfahren** ist dessen Anwendung ausgeschlossen (§ 141 S. 2). § 128a trifft für das Berufungsverfahren ergänzende Regelungen.

I. Angabe von beschwerenden Tatsachen

2 Der Vorsitzende bzw. Berichterstatter kann dem Kläger eine **konkrete, angemessene Frist** setzen zur Angabe der Tatsachen, durch deren Berücksichtigung oder Nichtberücksichtigung im Verwaltungsverfahren er sich beschwert fühlt (I 1). Die Fristsetzung nach I 1 kann mit der Fristsetzung nach § 82 II 2 verbunden werden (I 2). §§ 18e V 1 AEG, 74 II 1 AsylVfG, 17e V 1 FStrG, 10 VII 1 LuftVG, 5 III 1 VerkPBG, 14e V 1 WaStrG sind **Spezialregelungen** zu I 1.

3 Die gerichtliche Aufforderung muss **konkret** sein, um ggf. Grundlage einer nachfolgenden Zurückweisung nach § 87b III zu sein. Es reicht z. B. nicht den Kläger aufzufordern, die Klage zu begründen oder „zu seinen Asylgründen" – über neuen Sachvortrag hinaus – erneut Stellung zu nehmen und Beweismittel anzugeben; insoweit bedarf es näherer Angaben zu bestimmten Tatsachen oder Tatsachenkomplexen, um eine präklusionsbewehrte Pflicht zur Angabe von beschwerenden Tatsachen oder Beweismitteln zu begründen (vgl. BVerwG NVwZ 2000, Beilage Nr. 9, 99).

4 Die gemäß § 56 I **zuzustellende** Verfügung nach I, II muss im Hinblick auf ihre erhebliche rechtliche Tragweite vom Vorsitzenden oder Berichterstatter **handschriftlich unterzeichnet** sein. Die Beifügung eines den Namen abkürzenden Handzeichens (sog. Paraphe) genügt dem Unterschriftserfordernis nicht (BVerwG NJW 1994, 746 m. w. N.). Zulässig ist auch die Form eines Aufklärungsbeschlusses.

II. Bezeichnung bestimmter Vorgänge u. a.

5 Der Vorsitzende oder Berichterstatter kann jedem der Beteiligten (§ 63) unter Fristsetzung aufgeben, zu bestimmten Vorgängen Tatsachen anzugeben oder Beweismittel zu bezeichnen oder Urkunden oder andere bewegliche Sachen vorzulegen sowie elektronische Dokumente zu übermitteln, soweit der Beteiligte dazu verpflichtet ist (II). Eine solche Verpflichtung ergibt sich z. B. aus § 99 I oder § 98 i. V. m. § 421 ZPO, ggf. aber auch aus Vertrag.

6 Die Zurückweisung eines Beweisantrags kommt nach III nicht in Betracht, wenn der Beteiligte nach der konkreten Prozesssituation, auf die es insoweit ankommt, keine Veranlassung hatte, zu seinem bisherigen Vortrag Beweismittel zu benennen (BVerwG, Beschl. v. 19. 12. 1996 – 9 B 320.9).

III. Zurückweisung

7 Das Gericht kann gemäß III 1 Erklärungen und Beweismittel, die erst nach Ablauf einer nach I, II gesetzten Frist vorgebracht werden, unter bestimmten Voraussetzungen zurückweisen und ohne weitere Ermittlungen entscheiden. Die Anwendung des III setzt nicht voraus, dass die Beweisbehauptung oder die Beweismittel in den persönlichen Erfahrungsbereich des Beteiligten fallen (BVerwG NVwZ 2000, Beilage Nr. 9, 99).

1. Materielle Präklusion

§ 87b III ist **materielle Präklusionsregel** und prozessrechtliche Grundlage zur Ablehnung von Beweisanträgen (§ 86 II). Eine solche Präklusion ist grds. verfassungsrechtlich unbedenklich und kann vom Gesetzgeber zur effektiven Gestaltung von Verfahren, welche der Wahrnehmung grundrechtlich geschützter Rechtspositionen dienen, vorgesehen werden (BVerwG NVwZ 1997, 489 m.w.N.). Die Beteiligten eines gerichtlichen Verfahrens haben nach Art. 103 I GG zwar ein Recht darauf, sich vor Erlass einer Entscheidung zu dem zugrunde liegenden Sachverhalt zu äußern. Die nähere Ausgestaltung des rechtlichen Gehörs ist jedoch den einzelnen Verfahrensordnungen überlassen. Der Gesetzgeber kann das rechtliche Gehör auch im Interesse der Verfahrensbeschleunigung durch Präklusionsvorschriften begrenzen. Allerdings müssen solche Vorschriften wegen der einschneidenden Folgen, die sie für die säumige Prozesspartei nach sich ziehen, **strengen Ausnahmecharakter** haben. Dieser ist jedenfalls dann gewahrt, wenn die betroffene Partei ausreichend Gelegenheit hatte, sich in den ihr wichtigen Punkten zur Sache zu äußern, dies aber aus von ihr zu vertretenden Gründen versäumt hat (BVerfGE 69, 145).

Im Hinblick auf die **weitreichenden Folgen** einer solchen Präklusion bedarf es in jedem Einzelfall einer sorgfältigen Prüfung, ob die gesetzlichen Vorgaben in verfassungskonformer Handhabung, d.h. bei strikter Wahrung der Verfahrenszwecke und der Verhältnismäßigkeit erfüllt sind (BVerwG NVwZ 2000, Beilage Nr. 9, 99). Einen absoluten Vorrang einzelner Rechtsgebiete, wie z.B. des Asylrechts, vor den mit den Präklusionsregelungen verfolgten Zielen der Konzentration und Beschleunigung des Verwaltungsprozesses hinaus, gibt es allerdings nicht (BVerwG NVwZ 2000, Beilage Nr. 9, 99).

Liegen die tatbestandlichen Voraussetzungen des § 87b nicht vor, greift auch die Präklusionswirkung nicht. Wenn unter diesen Umständen ein Gericht das Vorbringen einer Partei gleichwohl nicht zulässt oder einen erheblichen Beweisantrag zurückweist, obwohl die Voraussetzungen der Präklusionsvorschrift nicht gegeben sind, wird das **rechtliche Gehör** (Art. 103 I GG) in einer vom Gesetz nicht mehr gedeckten Weise eingeschränkt (SaarlOVG, Beschl. v. 7.7. 2006 – 3 Q 8/06).

2. Fristablauf

Die gemäß § 87b I, II gesetzte **Frist** (→ Rn. 2 ff.) muss **abgelaufen** sein (III 1). Art. 103 I GG verpflichtet das Gericht, selbstgesetzte Äußerungsfristen abzuwarten und nicht vorher zu entscheiden (BVerfGE 64, 224). Unmittelbar nach Ablauf der Äußerungsfrist darf das Gericht in der Sache entscheiden; es muss nicht darüber hinaus noch eine angemessene Zeit abwarten, um eventuelles verspätetes Vorbringen eines Beteiligten noch berücksichtigen zu können. Etwas anderes lässt sich auch nicht aus der durch III eingeräumten Möglichkeit der Entschuldigung verspäteten Vorbringens herleiten (BVerwG, Beschl. v. 20.2. 1998 – 9 B 101.98); der Beteiligte ist darauf verwiesen, seine Schuldlosigkeit im Rechtsbehelfsverfahren geltend zu machen (BVerwG NVwZ 2000, 1042).

3. Verzögerung

Die Zulassung muss nach der freien Überzeugung des Gerichts die Erledigung des Rechtsstreits verzögern (III 1 Nr. 1). Für die Feststellung einer Verzögerung kommt es allein darauf an, ob der Prozess bei Zulassung des verspäteten Vorbringens länger dauern würde als bei dessen Zurückweisung. Ob der Rechtsstreit bei rechtzeitigem

§ 87b Teil II. Verfahren

Vorbringen ebenso lange gedauert hätte, ist unerheblich, es sei denn, dies wäre offenkundig (BVerwG LKV 2000, 211; NVwZ-RR 1998, 592; zum sog. **absoluten Verzögerungsbegriff** vgl. S/S-A/P § 87b Rn. 13, 38). Erforderlich ist eine plausible Prognose (SaarlOVG, Beschl. v. 7.7. 2006 – 3 Q 8/06).

13 Wird ein Beweisantrag vor Anberaumung der mündlichen Verhandlung angebracht, liegt eine Verzögerung ebenso wenig vor (BVerwG NVwZ 2000, Beilage Nr. 9, 99) wie bei der bloßen rechtlichen Bewältigung des Rechtsstoffes, die allein in die Verantwortung des Gerichts fällt (BVerwG LKV 2000, 211).

4. keine Entschuldigung

14 Der Beteiligte muss die Verspätung nicht genügend entschuldigt haben (III 1 Nr. 2). Der Entschuldigungsgrund ist auf Verlangen des Gerichts glaubhaft zu machen (III 2, § 294 ZPO). Für die Frage, ob die Verspätung des Vorbringens **„genügend entschuldigt"** ist und ob die Voraussetzungen für eine Glaubhaftmachung gegeben sind, sind die für die Wiedereinsetzung gem. § 60 I entwickelten Grundsätze entsprechend heranzuziehen (→ § 60 Rn. 8). Den Rechtsanwalt treffen grds. dieselben strengen Organisationsanforderungen wie bei Rechtsmittelfristen (BVerwG NVwZ 2000, 1042).

15 Hat das Gericht entscheidungserhebliches Vorbringen eines Beteiligten nach III in der abschließenden Sachentscheidung als verspätet zurückgewiesen, ohne dass der Betroffene zuvor die Möglichkeit gehabt hat, seine Schuldlosigkeit an der Fristversäumung geltend zu machen, kann er dies (allein) mit dem gegen die Sachentscheidung gegebenen Rechtsbehelf tun (BVerwG NVwZ 2000, 1042).

5. Belehrung

16 Der Beteiligte muss über die Folgen einer Fristversäumung belehrt worden sein (III 1 Nr. 3). Dem Beteiligten muss durch die Belehrung klar gemacht werden, welcher Nachteil ihm bei Nichteinhaltung der gesetzten Frist bevorsteht. Davon hängt die Wirksamkeit der Fristsetzung ab (vgl. BVerfGE 60, 1).

17 Es reicht grds. nicht aus, formularmäßig lediglich den Wortlaut des III 1 Nrn. 1 und 2, S. 2 mitzuteilen. Die abstrakte Sprache des Gesetzes ist dem juristisch nicht vorgebildeten Bürger erfahrungsgemäß oft nur schwer verständlich. Sinn der Belehrung ist es, dem Beteiligten klar zu machen, dass ihm bei Versäumung der Frist nicht vorgebrachte Erklärungen und Beweismittel abgeschnitten werden und der Prozess aus diesen Gründen u. U. verlieren wird (BGHZ 86, 218 zu § 277 II ZPO).

18 Die Belehrung darf sich hingegen auf eine Wiederholung des Wortlauts des III 1 Nrn. 1 und 2, S. 2 beschränken, wenn der Beteiligte anwaltlich vertreten oder selbst ein zugelassener Rechtsanwalt ist. Bei ihm ist vorauszusetzen, dass er die ihm in der Belehrung mitgeteilten Verfahrensvorschriften in ihrer Bedeutung ohne die sonst notwendige Erläuterung versteht (BGHZ NJW 1991, 493 zu § 277 II ZPO; KS § 87b Rn. 8; S/S-A/P § 87b Rn. 42).

6. Ermessen des Gerichts

19 Liegen die Voraussetzungen des III 1 vor, steht es im freien **Ermessen** des Gerichts, ob es von der Präklusionsmöglichkeit Gebrauch macht, es sei denn, es ist mit geringem Aufwand möglich, den Sachverhalt auch ohne Mitwirkung des Beteiligten zu ermitteln (III 3). Das Ermessen ist nicht in Richtung einer Präklusion intendiert, auch wenn die Gegenseite hierdurch ggf. Nachteile erleidet (str., wie hier KS § 87b Rn. 9;

a.A. S/S-A/P § 87b Rn. 44). Die Präklusion dient objektiv dem Beschleunigungszweck und räumt der Gegenseite keine wehrfähigen Rechtspositionen ein (S/S-A/P § 87b Rn. 48 Fn. 69).

Die in III eröffnete richterliche Ermessensentscheidung, die im Zusammenhang mit der Sachentscheidung zu ergehen hat, ist zu **begründen** (BVerwGE 122, 271). Sämtliche gesetzlichen Voraussetzungen für eine Präklusion müssen ohne weiteres erkennbar oder nachvollziehbar dargelegt sein. Dazu gehören regelmäßig die Angabe, auf welchen Tatbestand die Präklusion gestützt wird (I 1 oder II), sowie Ausführungen zur Verspätung (III 1 Halbs. 1 und Nr. 3: Fristversäumung nach ordnungsgemäßer Fristsetzung mit Belehrung), zur Verzögerung (III 1 Nr. 1), zum Fehlen von Entschuldigungsgründen (III 1 Nr. 2) und zur Ausübung des Präklusionsermessens nach III 1 und 3 (BVerwG NVwZ 2000, Beilage Nr. 9, 99). Im Einzelfall kann sich dies aber schon aus der Darlegung ergeben, dass die tatbestandlichen Voraussetzungen für eine Zurückweisung nach § 87b vorliegen. Die hierfür maßgeblichen Anforderungen hängen von den Umständen des jeweiligen Einzelfalls ab, wobei der Begründungsbedarf regelmäßig mit dem Gewicht der Präklusionsfolgen für den Betroffenen steigen wird (BVerwG NVwZ 2000, 1042). 20

§ 88 [Bindung an das Klagebegehren]

Das Gericht darf über das Klagebegehren nicht hinausgehen, ist aber an die Fassung der Anträge nicht gebunden.

Hs. 1 ist Konsequenz der im Verwaltungsprozess geltenden Dispositionsmaxime. Hs. 2 trägt dem Umstand Rechnung, dass im Wege der Auslegung (→ § 82 Rn. 2) das erkennbare Begehren des Klägers ermittelt werden muss (BVerwG NJW 2010, 188), sofern gerichtliche Hinweise zu keiner Präzisierung führen (§ 86 III). § 88 findet gemäß §§ 122 I, 125 I 1, 141 S. 1 auch im **Beschluss-, Berufungs- und Revisionsverfahren** sowie entsprechend im **Beschwerdeverfahren** und auf die **Anträge der anderen Beteiligten** (§ 63 Nrn. 2–4) Anwendung. 1

Unter Ausnahme zu § 88 und daher ohne, dass es eines Antrags bedürfte, ergehen **von Amts wegen** die Entscheidungen über die Kosten (§§ 154 ff.), die vorläufige Vollstreckbarkeit (§ 167), die Streitwertfestsetzung (§ 63 GKG) und ggf. die Zulassung von Rechtsmitteln (§§ 124 I, 132 I, 134). 2

I. Bindung an das Klagebegehren

Das Gericht darf über das Klagebegehren (→ § 82 Rn. 5) nicht hinausgehen. Dem Kläger darf daher weder **qualitativ** noch **quantitativ** mehr gegeben werden, als er begehrt (**ne ultra petita**). So scheidet die Verpflichtung der Behörde zum Erlass eines VA aus, wenn der Kläger nur die Aufhebung der Ablehnung oder die Neubescheidung begehrt (BVerwGE 69, 198), oder die Verpflichtung zur Erteilung einer beantragten Genehmigung unter Auflagen statt der Verpflichtung zur Erteilung einer unbeschränkten Genehmigung aus (BVerwG DÖV 1970, 498). Die Bindung an das Klagebegehren schließt die Zuerkennung eines im Begehren enthaltenen minus (in Abgrenzung zu einem aliud) selbstverständlich nicht aus; die Klage ist dann im Übrigen abzuweisen. 3

Keine Bindung besteht an die vom Kläger geltend gemachten **Klagegründe** rechtlicher oder tatsächlicher Art. Das Gericht ist bei seiner Entscheidungsfindung (nur) 4

§ 88 Teil II. Verfahren

an das im Streitgegenstand zum Ausdruck kommende Klagebegehren gebunden, nicht jedoch an die Klagegründe. Es kann der Klage im Rahmen des Streitgegenstandes auch aus anderen Gründen stattgeben, als sie vom Kläger geltend gemacht werden (BVerwG NVwZ 2007, 104).

5 § 88 regelt nicht die Zulässigkeit einer **reformatio in peius** (a.A. KS § 88 Rn. 6 f.). Höbe das Gericht unter Verstoß gegen § 88 über den Antrag des Klägers hinaus einen belastenden VA auf, läge bereits keine Verböserung vor. Verführe es in dieser Weise mit dem begünstigenden Teil eines im Übrigen belastenden VA, entschiede es unzulässigerweise über einen nicht anhängigen Streitgegenstand; unabhängig hiervon würde eine Aufhebung mangels Beschwer des Klägers (§ 42 I) ohnehin ausscheiden.

II. Keine Bindung an die Fassung der Anträge

6 Das Gericht ist an die Fassung der – in der Klageschrift angekündigten und in der mündlichen Verhandlung gestellten (§§ 103 III, 105 i.V.m. § 160 III Nr. 2 ZPO) – Anträge nicht gebunden.

1. Ermittlung des Rechtsschutzziels

7 Das Gericht hat das im Klageantrag, der Klagebegründung und im gesamten Vorbringen der Beteiligten im Zeitpunkt der letzten mündlichen Verhandlung bzw. im schriftlichen Verfahren im Zeitpunkt der gerichtlichen Entschlussfassung zum Ausdruck kommende **wirkliche Rechtsschutzziel** zu ermitteln und seiner Entscheidung zugrunde zu legen (BVerwG NVwZ 2008, 916; 1999, 405; NJW 1991, 508). Es ist hierbei in aller Regel davon auszugehen, dass der jeweilige Kläger das für ihn typischerweise weitestgehende Rechtsschutzziel mit den für ihn jeweils günstigsten Rechtsschutzformen anstrebt (BVerwGE 127, 161).

8 § 88 legitimiert den Richter aber nicht, die **Wesensgrenzen der Auslegung** zu überschreiten und (ohne Notwendigkeit einer Erörterung) an die Stelle dessen, was eine Partei erklärtermaßen will, das zu setzen, was sie – nach Meinung des Richters – zur Verwirklichung ihres Bestrebens wollen sollte (BVerwGE 129, 199; BVerwG LKV 2009, 132).

9 Vor einer Auslegung hat die **gerichtliche Anregung** zur Erläuterung der gestellten Anträge zu geschehen (§ 86 III). Dies kann in der mündlichen Verhandlung erfolgen (§ 104 I) oder schon im vorbereitenden Verfahren (§ 87 I 2 Nr. 2).

2. Umdeutung

10 Führt der o.g. Weg nicht weiter, sind – sofern der Beteiligte die vom Gericht favorisierte Auslegung nicht ausdrücklich und bewusst ausgeschlossen hat (BVerwG LKV 2009, 132) – ggf. geboten die **Umdeutung** eines Widerspruchs in eine Klage (BVerwG NJW 1991, 508), einer Anfechtungs- in eine Verpflichtungs- (BVerwGE 52, 167) bzw. eine Leistungsklage (BVerwGE 60, 144), einer Verpflichtungs- in eine Feststellungsklage (BVerwG NJW 1978, 64), einer Fortsetzungsfeststellungs- in eine allgemeine Feststellungsklage (BVerwG NJW 1984, 2541), eines Antrags nach § 80 V in einen solchen nach § 123 und umgekehrt (→ § 123 Rn. 4 ff.) oder der Erstreckung einer Anfechtungsklage gegen eine Baugenehmigung auch auf den noch anfechtbaren Bauvorbescheid (BVerwGE 68, 241).

11 Erklärungen eines **anwaltlich vertretenen Beteiligten** sind im Grundsatz ebenfalls auslegungsfähig und -bedürftig (BVerwG NVwZ 1999, 405). Hingegen sind ihre

nicht auslegungsfähigen, eindeutigen Prozesserklärungen einer **Umdeutung** nur unter strengeren Voraussetzungen zugänglich; im Zweifel ist davon auszugehen, dass die anwaltliche Erklärung so gewollt ist, wie sie abgegeben wurde. Dementsprechend scheiden insb. Umdeutungen anwaltlicher Rechtsmittelerklärungen aus, so z.B. von der Berufung zum Antrag auf deren Zulassung oder von der Revision in eine Nichtzulassungsbeschwerde oder umgekehrt (BVerwG, Urt. v. 28.1. 2010 – 8 C 38.09; NVwZ 1999, 641). Zur Behandlung von Erklärungen des Anwalts im Außenverhältnis vgl. BVerwGE 115, 302, 307 f. = NJW 2002, 1137.

III. Unterschreiten des Begehrens

Bleibt ein Teil des Begehrens unbeschieden, weil das Klagebegehren nur unvollständig **12** geprüft wird, ist § 88 verletzt. Dies gilt z.B. bei der bewussten Nichtentscheidung über einen Hilfsantrag (BVerwGE 129, 367). Der darin liegende Verfahrensmangel führt nicht lediglich dazu, dass nur ein Teilurteil im Sinne des § 110 erlassen oder ein Antrag im Sinne des § 120 übergangen worden wäre. Vielmehr liegt ein Vollendurteil vor. Eine vom Gericht als Vollendurteil gewollte Entscheidung ist auch dann eine solche, wenn sie den Streitgegenstand nicht voll erschöpft. Das Urteil ist allerdings unvollständig und leidet deshalb an einem Verfahrensfehler, der mit dem dafür vorgesehenen Rechtsbehelf innerhalb der gegebenen Frist geltend zu machen ist (BVerwG NVwZ 2008, 324; 1994, 1117; 1993, 781). Mit der Rechtskraft des Urteils, das nur über einen Teil des Streitgegenstandes entschieden hat, entfällt die Rechtshängigkeit des unbeschieden gebliebenen Teiles des Streitgegenstandes (NRWOVG AuAS 2008, 46).

§ 89 [Widerklage]

(1) ¹**Bei dem Gericht der Klage kann eine Widerklage erhoben werden, wenn der Gegenanspruch mit dem in der Klage geltend gemachten Anspruch oder mit den gegen ihn vorgebrachten Verteidigungsmitteln zusammenhängt.** ²**Dies gilt nicht, wenn in den Fällen des § 52 Nr. 1 für die Klage wegen des Gegenanspruchs ein anderes Gericht zuständig ist.**

(2) **Bei Anfechtungs- und Verpflichtungsklagen ist die Widerklage ausgeschlossen.**

§ 89 ermöglicht es dem Beklagten, unter Durchbrechung der Vorschriften über die **1** örtliche Zuständigkeit (§ 52) einen **selbstständigen Gegenanspruch** gegen den Kläger der Hauptklage zu erheben. Ob es sich hierbei um eine besondere Sachentscheidungsvoraussetzung (KS § 89 Rn. 1; S/S-A/P § 89 Rn. 2) oder um eine besondere Gerichtsstandsregelung handelt (TP § 33 ZPO Rn. 1; BLAH § 33 ZPO Rn. 1), ist von keiner praktischen Bedeutung. § 89 findet **entsprechende Anwendung** in den **selbstständigen Antragsverfahren** nach §§ 80 V, 80a, 123 (a.A. HessVGH DVBl 1992, 780), mangels vergleichbarer Interessenlagen jedoch **nicht** im **Normenkontrollverfahren** nach § 47 (Ey § 89 Rn. 3).

I. Voraussetzungen der Widerklage

Bei dem Gericht der Klage kann eine Widerklage erhoben werden, wenn der Gegen- **2** anspruch mit dem in der Klage geltend gemachten Anspruch oder mit den gegen ihn vorgebrachten Verteidigungsmitteln zusammenhängt (§ 89 I).

§ 89

Teil II. Verfahren

1. Anhängigkeit der Hauptklage

3 Die Widerklage setzt die **Anhängigkeit der Hauptklage** voraus (NdsOVG NVwZ-RR 2009, 788; → § 90 Rn. 2). Wird die Widerklage nach dem Schluss der mündlichen Verhandlung erhoben, ist ihre Zulässigkeit (in dieser Instanz) von der Wiedereröffnung der mündlichen Verhandlung abhängig (BGH NJW-RR 1992, 1085; S/S-A/P § 89 Rn. 8).

2. Widerklageberechtigung

4 Zur Widerklage ist **nur der Beklagte** berechtigt. Der Beigeladene (§ 65) kann nicht Widerklage erheben. Ein derartiger Gegenantrag eines Beigeladenen ist auch nicht unter dem Gesichtspunkt effektiven Rechtsschutzes (Art. 19 IV GG) angezeigt, da die Besonderheit der Widerklage gegenüber einer Klage lediglich darin besteht, dass sie nicht im gesonderten Prozess, sondern innerhalb eines laufenden Verfahrens erhoben wird und dass hierdurch die Regeln der örtlichen Zuständigkeit für den Widerklageantrag zum Teil durchbrochen werden. Für eine entsprechende Anwendung von § 89 ist kein Raum, da diese Vorschrift dem Zweck dient, dem Beklagten und nicht auch dem Beigeladenen oder einem sonstigen Beteiligten aus Gründen der Verfahrensökonomie die Geltendmachung eines selbstständigen prozessualen Gegenanspruchs im selben Verfahren, in dem er Beklagter ist, gegenüber dem Kläger zu ermöglichen (HessVGH DVBl. 1992, 780).

3. Widerklagegegner

5 Die Widerklage muss gegen den Kläger der Hauptklage erhoben worden sein oder gleichzeitig gegen diesen erhoben werden. Umstritten ist, ob die Widerklage **auch gegen einen bisher nicht am Prozess Beteiligten** erhoben werden darf (offen BGH NJW 1993, 2120; BGHZ 40, 185; ablehnend S/S-A/P § 89 Rn. 9, da es an der Konnexität der Ansprüche fehle). Jedenfalls begründet I keinen Gerichtsstand für den Widerbeklagten, der nicht zugleich als Kläger an dem Verfahren beteiligt ist. Das Gericht der Klage ist für eine Widerklage, die gegen den Drittwiderbeklagten erhoben wird, örtlich nur zuständig, wenn ein Gerichtsstand nach § 52 bei dem Gericht der Drittwiderklage besteht.

4. Zusammenhang von Klage- und Gegenanspruch

6 Der Gegenanspruch i.S. des I 1 muss einen **selbstständigen Streitgegenstand** darstellen. Die schlichte Leugnung des klägerischen Anspruchs erfüllt diese Voraussetzung nicht (KS § 89 Rn. 1a m.w.N.). Für eine Widerklage mit dem Ziel festzustellen, dass der mit der Hauptklage geltend gemachte Anspruch nicht besteht, fehlt es regelmäßig jedenfalls am Rechtsschutzbedürfnis.

7 Der Zusammenhang kann **rechtlicher oder tatsächlicher** Art sein. Ein unmittelbarer wirtschaftlicher Zusammenhang oder ein sonstiger innerer natürlicher Zusammenhang aufgrund eines einheitlichen Lebensverhältnisses ist ausreichend (vgl. KS § 89 Rn. 5; S/S-A/P § 89 Rn. 5).

8 Klage- und Gegenanspruch müssen innerhalb **derselben Prozessart** verfolgt werden (RO § 89 Rn. 12; NKVwGO § 89 Rn. 2).

5. Widerklageerhebung

9 Die Widerklage ist – wie die Klage – entsprechend § 81 oder in der mündlichen Verhandlung oder einem Erörterungstermin zu Protokoll des Gerichts (§ 173 S. 1 i.V.m.

Widerklage **§ 89**

§ 261 II ZPO) zu erheben. Ihre Erhebung unter der **Bedingung**, dass der Klage stattgegeben wird, ist zulässig (RO § 89 Rn. 10; BVerwGE 44, 351).

Die Erhebung der Widerklage ist kraft ausdrücklicher Anordnung in § 125 I 1, welche eine über § 173 S. 1 entsprechende Anwendung des § 533 ZPO ausschließt, **auch noch im Berufungsverfahren** zulässig (BVerwGE 44, 351). Für das **Revisionsverfahren** bestimmt § 142 I, dass Klageänderungen und Beiladungen in diesem Rechtszug unzulässig sind. Zwar ist eine Widerklage keine Klageänderung (BVerwGE 44, 351). Dennoch wird man ihrer Zulässigkeit aus dem Grundgedanken dieser Vorschrift heraus zurückhaltend gegenüberstehen und sie in der Revisionsinstanz grds. für unzulässig halten müssen. Wenn die Erhebung der Widerklage keinen neuen Streitstoff in den Prozess einführt, sondern nur in prozessual richtiger Form einen von Anbeginn des Rechtsstreits unter den Beteiligten erörterten Anspruch aufgreift, über den sie schon in den Vorinstanzen gestritten haben und der deshalb keiner nachzuholenden tatsächlichen Begründung bedarf, ist sie ausnahmsweise zulässig (BVerwGE 44, 351). So darf die Widerklage selbst in der Revisionsinstanz noch erhoben werden, wenn der Kläger zustimmt, keine weiteren Beteiligten hinzutreten müssen und der Streitstoff nicht erweitert wird (BVerwG NVwZ 2006, 703). **10**

6. Zustimmung

Die Zulässigkeit der Widerklage ist weder von der Zustimmung des Klägers noch der Sachdienlichkeitserklärung durch das Gericht abhängig. Weder § 91 noch § 173 S. 1 i.V.m. § 533 Nr. 1 ZPO finden entsprechende Anwendung (BVerwGE 44, 351; NKVwGO § 89 Rn. 1; S/S-A/P § 89 Rn. 15; a.A. KS § 89 Rn. 1a). Dies gilt auch für die Widerklageerhebung in der Berufungsinstanz (a.A. KS § 89 Rn. 7). **11**

7. Sonstige Sachentscheidungsvoraussetzungen

Die Widerklage ist im Übrigen zulässig, wenn – wie bei einer Klage – die Sachentscheidungsvoraussetzungen, wie z.B. die sachliche Zuständigkeit vorliegt und keine Rechtskraft entgegensteht (BVerwG NVwZ 2006, 703). Lediglich die örtliche Zuständigkeit nach § 52 muss – vorbehaltlich I 2 i.V.m. § 52 Nr. 1 (**Gerichtsstand der Belegenheit der Sache**) – nicht gegeben sein. Liegen diese Voraussetzungen nicht vor, ist die erhobene Widerklage unzulässig und als (eigenständige) Hauptklage zu behandeln; wurde sie in einer mündlichen Verhandlung gemäß § 173 S. 1 i.V.m. § 261 II ZPO zu Protokoll erhoben, muss sie nicht nochmals schriftlich i.S. des § 81 I erhoben werden. **12**

II. Ausschluss der Widerklage

Die Widerklage kann nicht erhoben werden, wenn in den Fällen des § 52 Nr. 1 (**Gerichtsstand der Belegenheit der Sache**) für die Klage wegen des Gegenanspruchs ein anderes Gericht zuständig ist (I 2). **13**

Bei **Anfechtungs- und Verpflichtungsklagen** i.S. des § 42 I ist die Widerklage ebenfalls ausgeschlossen (II). Der Gesetzgeber ist davon ausgegangen, dass in einem solchen Fall ein Über-/Unterordnungsverhältnis zwischen den Beteiligten besteht (BTDrucks. III/55, S. 41), sodass der Beklagte das Ziel der Widerklage durch den Erlass eines VA erreichen kann. Unter Anknüpfung an diese Gesetzesbegründung hält die Rspr. die Widerklage bei Anfechtungs- und Verpflichtungsklagen **ausnahmsweise** für zulässig, wenn zwischen dem Kläger und dem Widerkläger hin- **14** sichtlich des Gegenstands der Widerklage **kein Subordinationsverhältnis** besteht (BVerwGE 116, 175; 50, 137; ausführlich KS § 89 Rn. 2). II soll den Prozess um einen VA von allem anderen freihalten und mit dieser Konzentration auf die Frage der Rechtmäßigkeit des hoheitlichen Handelns dem Rechtsschutz des Bürgers dienen. Dieser Zweck wird durch Zulassung einer Widerklage der Behörde dann nicht verfehlt, wenn ein Subordinationsverhältnis, aus dem heraus die Behörde den umstrittenen VA erlassen hat, in Wirklichkeit nicht besteht und die Widerklage denselben Streitstoff betrifft wie die Klage (BVerwG NVwZ 2006, 703). Dementsprechend ist insb. im **Bund-Länder-Streit** nach § 50 I Nr. 1 eine Widerklage nicht ausgeschlossen (BVerwGE 116, 175). Ein weiterer Ausnahmefall, der die Widerklage zulässt, ist die Anfechtungsklage, mit der gerade die Unzulässigkeit des Handelns durch Bescheid geltend gemacht wird (Ey § 89 Rn. 15; BayVGH, Beschl. v. 5.5. 1998 – 3 B 95.3756).

III. Entscheidung des Gerichts

15 Der Funktion der Widerklage entsprechend sollte über Haupt- und Widerklage möglichst zeitgleich entschieden werden (S/S-A/P § 89 Rn. 15). Ist nur eine der beiden Klagen entscheidungsreif, kann ein Teilurteil ergehen (→ § 110 Rn. 4) oder getrennt (→ § 93 Rn. 11) werden.

§ 90 [Rechtshängigkeit]

(1) Durch Erhebung der Klage wird die Streitsache rechtshängig.
(2) (weggefallen)
(3) (weggefallen)

1 I regelt die Rechtshängigkeit von Klageverfahren. Rechtshängigkeit tritt entsprechend bei den **selbstständigen Antragsverfahren** nach §§ 47, 80 V, 80a III, 123 ein (vgl. NdsOVG NVwZ-RR 2006, 295; S/S-A/P § 90 Rn. 23 f.).

I. Eintritt der Rechtshängigkeit

2 Mit der Einreichung einer den Anforderungen der §§ 81 f. entsprechenden Klageschrift beim VG bzw. im Falle deren erstinstanzlicher Zuständigkeit beim OVG/BVerwG (§§ 46 ff.) ist Klage erhoben; die Streitsache ist rechtshängig (I). Anders als im Zivilprozess (§ 253 I ZPO) bedarf es für den Eintritt der Rechtshängigkeit der Zustellung der Klageschrift (§ 85 S. 1) nicht. Rechtshängigkeit tritt auch dann ein, wenn der Verwaltungsrechtsweg (§ 40 I) nicht eröffnet oder das angerufene Gericht nicht zuständig sein sollte. Der Rechtsstreit ist in diesem Fall gemäß § 173 S. 1 bzw. § 83 S. 1 i.V.m. § 17a II GVG zu verweisen.

3 Rechtshängigkeit tritt allerdings dann **nicht** ein, wenn sich dem eingehenden Schriftsatz offensichtlich **kein ernsthaft gemeintes Rechtsschutzbegehren** entnehmen lässt oder der Absender das angerufene **Gericht als Boten** nutzt und um Weiterleitung an das zuständige Gericht bittet (NRWOVG NJW 2009, 2615).

4 **Hilfsanträge** werden mit ihrer Stellung sofort rechtshängig; hat der Hauptantrag Erfolg, entfällt deren Rechtshängigkeit rückwirkend (Ey § 44 Rn. 5). **Widerklagen** (§ 89) und **Klageänderungen** (§ 91) werden mit ihrer wirksamen Erklärung rechtshängig (§ 173 S. 1 i.V.m. § 261 II ZPO).

Rechtshängigkeit § 90

Ruhen (§ 173 S. 1 i.V.m. § 251 ZPO) und **Aussetzung des Verfahrens** (§ 94) 5
haben keinen Einfluss auf die (fortbestehende) Rechtshängigkeit (BWVGH, Urt. v. 3.9.1991 – 9 S 15/91).

II. Folgen der Rechtshängigkeit

Als Folgen der Rechtshängigkeit von besonderer Bedeutung sind die sog. **perpetu-** 6
atio fori (1.), das Prozesshindernis **anderweitiger Rechtshängigkeit** (2.) und der Anspruch auf **Prozesszinsen** (3.). Relevant sind auch § 204 I Nr. 1 BGB (Hemmung der Verjährung durch Rechtsverfolgung), § 171 IIIa AO (Ablaufhemmung) und § 173 S. 1 i.V.m. §§ 265 f. ZPO (Veräußerung streitbefangener Sachen bzw. Grundstücke).

1. perpetuatio fori

Die einmal gegebene Zuständigkeit des angerufenen Gerichts wird durch eine nach 7
Rechtshängigkeit eintretende Veränderung der sie begründenden Umstände nicht berührt (sog. **perpetuatio fori**), sofern der Streitgegenstand (→ § 121 Rn. 5) identisch bleibt. § 173 S. 1 i.V.m. § 17 I 1 GVG ist, wenn durch Gesetz nichts anderes bestimmt ist, auch anwendbar auf Rechtsprechungs- (BGHZ 70, 295) und Rechtsänderungen (BVerwGE 84, 3). Die Wirkungen erfassen allerdings nicht weitere Sachurteilsvoraussetzungen, nicht die materiell-rechtlichen Voraussetzungen und auch nicht den sich ggf. später anschließenden Instanzenzug (BGH NJW 1978, 889, 1260). Da für den Verwaltungsprozess keine Besonderheiten aufgeworfen sind, wird wegen der Einzelheiten auf die einschlägigen Kommentierungen zu §§ 17 ff. GVG, z.B. von Kissel/Mayer, verwiesen.

2. Prozesshindernis

Während der Rechtshängigkeit kann die Sache von keiner Partei anderweitig anhän- 8
gig gemacht werden (§ 173 S. 1 i.V.m. § 17 I 2 GVG). Es besteht ein von Amts wegen zu beachtendes **Prozesshindernis**. Dies gilt auch für den Beigeladenen (str., vgl. KS § 90 Rn. 15). Im Verfahren vor dem BVerfG steht neuen Anträgen jedoch nicht entgegen (BVerwGE 50, 124).

Die „Sache" i.S. des § 17 I 2 GVG setzt die **Identität der Streitgegenstände** (→ 9
§ 121 Rn. 5) voraus. Diese liegt z.B. vor bei der selbstständigen Klage auf Feststellung der Nichtigkeit des Widerspruchsbescheides bei gleichzeitiger Anfechtungsklage gegen den Ausgangsbescheid in der Gestalt dieses Widerspruchsbescheides (BayVGH BayVBl. 1990, 370), bei einer Nichtigkeitsfeststellungsklage (§ 43 II), wenn bereits eine Anfechtungsklage erhoben bzw. rechtskräftig zum Abschluss gebracht worden ist (BayVGH, Beschl. v. 13.10.1999 – 23 ZB 99.2766, m.w.N.), bei einer Feststellungsklage und einer Feststellungsklage gegenteiligen Inhalts (vgl. BVerwG NVwZ 1993, 781). **Hauptsacheverfahren und Eilverfahren** betreffen nicht denselben Streitgegenstand (BVerwG HFR 2006, 1276).

Identität besteht auch für den Fall, dass das zuletzt angerufene Gericht für den An- 10
trag zuständig, das zuerst angerufene Gericht aber unzuständig ist. Die Frage, welcher von mehreren gleichzeitig rechtshängigen Rechtssachen mit demselben Begehren die Rechtshängigkeit entgegensteht, ist ausschließlich nach der **zeitlichen Priorität** zu beurteilen. Die Zuständigkeit des später angerufenen Gerichts kann nicht dazu führen, dass die dort anhängig gemachte Sache so behandelt wird, als sei sie zeitlich vor-

rangig. Es ist vielmehr Sache eines zeitlich früher angegangenen unzuständigen Gerichts, die bei ihm anhängige Rechtssache an das zuständige Gericht zu verweisen (BVerwG NZWehrr 1994, 118).

3. Prozesszinsen

11 Rechtsfolge der Rechtshängigkeit ist, dass der Schuldner eine Geldschuld von dem Eintritt der Rechtshängigkeit an mit fünf Prozentpunkten über dem Basiszinssatz für das Jahr (§§ 291 S. 2, 288 I 2 BGB) zu verzinsen hat, auch wenn er nicht im Verzug ist. Diese Regelung gilt vorbehaltlich spezieller Regelungen in den Fachgesetzen entsprechend für den Verwaltungsprozess (st.Rspr., vgl. BVerwG, Beschl. v. 21.1. 2010 – 9 B 66.08, m.w.N.). Da hier anders als im zivilgerichtlichen Verfahren vielfach nicht unmittelbar auf Leistung des Geldbetrages, sondern mittels der Verpflichtungsklage auf Erlass eines VA (§ 42 I, 2. Var.) geklagt werden muss, der seinerseits die Auszahlung eines Geldbetrages anordnet, können Prozesszinsen auch verlangt werden, wenn die Verwaltung zum Erlass eines die Zahlung unmittelbar auslösenden VA verpflichtet worden ist. Diese Verpflichtung muss allerdings in der Weise konkretisiert sein, dass der Umfang der zugesprochenen Geldforderung feststeht, die Geldforderung also eindeutig bestimmt ist. Allerdings braucht die Geldforderung nach Klageantrag und Urteilsausspruch nicht in jedem Falle der Höhe nach beziffert zu sein. Ausreichend ist, dass die Geldschuld rein rechnerisch unzweifelhaft ermittelt werden kann (st.Rspr., vgl. BVerwG, Beschl. v. 9.2. 2005 – 6 B 80.04; NJW 1998, 3368). Greift der Kläger eine mittels VA festgesetzte Zahlungsverpflichtung an, kann er wegen § 113 IV zugleich die Leistungsklage mit der Folge eines Anspruchs auf Prozesszinsen rechtshängig machen.

III. Ende der Rechtshängigkeit

12 I trifft keine Regelung zum Ende der Rechtshängigkeit. Es ergibt sich aus allgemeinen Regeln. Die Rechtshängigkeit endet, wenn die gerichtliche Entscheidung mit ordentlichen Rechtsbehelfen nicht mehr angefochten werden kann, sog. **formelle Rechtskraft** (vgl. HessVGH NVwZ-RR 2006, 740 → § 121 Rn. 2).

1. ex-tunc-Wirkungen

13 Im Falle einer **Klagerücknahme** ist das Verfahren unmittelbar mit Rückwirkung auf den Zeitpunkt der Klageerhebung beendet (→ § 92 Rn. 31). Der Rechtsstreit ist als nicht anhängig geworden anzusehen (§ 173 S. 1 i.V.m. § 269 III 1 ZPO). Dasselbe gilt für die fiktive Klagerücknahme (§ 92 II). Ist die Einwilligung nach § 92 I 2, II 2 erforderlich, wirkt sie erst – aber entsprechend § 184 I BGB mit Rückwirkung – mit deren Eingang bei Gericht (BVerwG NVwZ 1991, 60).

2. ex-nunc-Wirkungen

14 Die Rechtshängigkeit wird ex nunc durch den Abschluss eines gerichtlichen **Vergleichs** (§ 106) oder durch übereinstimmende **Hauptsachenerledigungserklärung** (§ 161 II) beendet. Auf den Zeitpunkt der nachfolgenden gerichtlichen Kostenentscheidung kommt es nicht an (str., wie hier KS § 90 Rn. 4 m.w.N.; S/S-A/P § 90 Rn. 6). Im Wege der **Klageänderung** (§ 91) fallen gelassene Klagegegenstände sind mit dem Zugang der Änderungserklärung des Klägers nicht mehr rechtshängig (str., wie hier S/S-A/P § 91 Rn. 86 ff. m.w.N.), es sei denn, sie werden hilfsweise aufrecht erhalten (→ § 91 Rn. 6).

Nach **einseitig gebliebener Erledigungserklärung** und erfolglosem Erledigungsfeststellungsantrag ist die Rechtshängigkeit des ursprünglichen Sachbegehrens nicht entfallen (st.Rspr., BVerwG NVwZ 1999, 404; a.A. KS § 90 Rn. 4). **15**

3. Folgen einer Anhörungsrüge

Eine hiernach angebrachte **Anhörungsrüge** (§ 152a) führt nicht zum Wiederaufleben der Rechtshängigkeit. Die Konstruktion, dass dieser zusätzliche Rechtsbehelf die Rechtshängigkeit des Klagebegehrens bis zu der (negativen) Entscheidung über ihn oder bis zu einer erneuten Entscheidung in einem ggf. aufgrund des Rechtsbehelfs nach § 152a fortgesetzten Verfahrens (§ 152a V) zumindest insoweit andauern lasse, als die Verletzung des Gebots, rechtliches Gehör zu gewähren, gerügt werde (NdsOVG NVwZ-RR 2006, 295), überzeugt mit Blick auf § 173 S. 1 i.V.m. § 705 S. 2 ZPO nicht (HessVGH NVwZ-RR 2006, 740; KS § 90 Rn. 4, § 152a Rn. 4). **16**

§ 91 [Klageänderung]

(1) Eine Änderung der Klage ist zulässig, wenn die übrigen Beteiligten einwilligen oder das Gericht die Änderung für sachdienlich hält.
(2) Die Einwilligung des Beklagten in die Änderung der Klage ist anzunehmen, wenn er sich, ohne ihr zu widersprechen, in einem Schriftsatz oder in einer mündlichen Verhandlung auf die geänderte Klage eingelassen hat.
(3) Die Entscheidung, daß eine Änderung der Klage nicht vorliegt oder zuzulassen sei, ist nicht selbständig anfechtbar.

Übersicht

	Rn.
I. Änderung der Klage	4
1. Erklärung des Klägers	5
2. Änderung des Streitgegenstands	7
a) Einführung eines weiteren Begehrens	8
b) Auswechseln von Beteiligten	10
c) keine Streitgegenstandsänderungen	13
d) keine Klageänderung trotz Streitgegenstandsänderung	17
II. Einwilligung der Beteiligten	19
III. Einlassen des Beklagten	20
IV. Sachdienlichkeit	22
V. Entscheidung über die Klageänderung	25

§ 91 ermöglicht dem Kläger, auf sich im Laufe eines anhängigen Prozesses verändernde Umstände zu reagieren und seine Klage unter erleichterten Bedingungen umzustellen. Auf einen nach der Klageänderung nicht weitergeführten Anspruch finden weder die Regeln der Klagerücknahme (§ 92) noch der Hauptsacheerledigung (§ 161 II) Anwendung (KS § 91 Rn. 30; S/S-A/P § 91 Rn. 11; teils a.A. S/S-A/P § 92 Rn. 11). **1**

Die übrigen Beteiligten (§ 63 Nrn. 2–4) werden durch das Erfordernis ihrer Einwilligung oder der Sachdienlichkeitserklärung durch das Gericht hinreichend vor sachwidrigen Veränderungen des Streitgegenstands geschützt. Zudem muss selbst ein **2**

Beteiligter, der trotz ordnungsgemäßer Ladung (§ 102 I, II) nicht zu einer mündlichen Verhandlung (§ 101 I) erscheint, nicht damit rechnen, dass im Wege der Klageänderung ein neuer Streitgegenstand in das Verfahren eingeführt wird und aufgrund der mündlichen Verhandlung sofort über diesen entschieden wird (BVerwG NJW 2001, 1151).

3   § 91 gilt auch in den **selbstständigen Beschlussverfahren** (§§ 47, 80 V, VII, 80a III, 123) sowie in **Beschwerde-** und **Berufungsverfahren** (§ 125 I 1). Im **Revisionsverfahren** ist eine Klageänderung unzulässig (§ 142 I 1).

I. Änderung der Klage

4   Die Anwendung des § 91 setzt eine **Änderung** der Klage voraus. Eine solche liegt vor, wenn nach Rechtshängigkeit der Klage (§ 90 I) durch **Erklärung des Klägers** (1.) der **Streitgegenstand geändert** (2.) wird (BVerwG NVwZ 2007, 104; BVerwGE 124, 132).

1. Erklärung des Klägers

5   Die Erklärung muss gegenüber dem Gericht schriftlich – vor dem VG auch zur Niederschrift (§ 81 I) – oder zu Protokoll in der mündlichen Verhandlung oder dem Erörterungstermin (§ 105) abgegeben werden. Sie kann auch **stillschweigend** durch schriftsätzlich oder zu Protokoll erklärte Änderung des Sachvortrags oder der Anträge erfolgen (BVerwGE 44, 148). Das Gericht hat auf eine Klarstellung nicht eindeutiger Erklärungen hinzuwirken (§ 86 III). Eine **bedingte** Klageänderung ist unzulässig (BVerwG NJW 1980, 1911).

6   Mit der Erklärung wird das bisherige Klagebegehren durch das neue Begehren – unabhängig von der Zulässigkeit der Klageänderung (str., wie hier KS § 91 Rn. 29; S/S-A/P § 91 Rn. 86 ff.) – **ersetzt**, es sei denn, das bisherige Begehren wird hilfsweise aufrecht erhalten, wovon regelmäßig auszugehen ist. Die Annahme, mit der Änderung des Klageantrages sei eine auch für den Fall der Unzulässigkeit der Klageänderung wirksame Rücknahme des ursprünglichen Klageantrages verbunden, ist nur gerechtfertigt, wenn dies aufgrund besonderer Anhaltspunkte zweifelsfrei erkennbar ist (NRWOVG NVwZ-RR 1994, 423 m.w.N.).

2. Änderung des Streitgegenstands

7   Der Streitgegenstand wird durch den prozessualen Anspruch **(Klagebegehren)** sowie den ihm zugrunde gelegten Lebenssachverhalt **(Klagegrund)** bestimmt (→ § 121 Rn. 5). Sowohl Anspruch als auch Lebenssachverhalt können Änderungen erfahren.

8   **a) Einführung eines weiteren Begehrens.** Eine Streitgegenstandsänderung ist z.B. dann anzunehmen, wenn statt des bisher dem Klagebegehren zugrunde liegenden **Lebenssachverhalts** oder neben diesem ein anderer zur tatsächlichen Grundlage des zur Entscheidung gestellten Anspruchs gemacht wird (BVerwG NVwZ-RR 2000, 172) oder wenn dem bisherigen **Klageantrag** ein weiterer hinzugefügt wird, wobei es sich auch um einen Hilfsantrag handeln kann (BVerwG NVwZ 2004, 623), es sei denn, das mit dem Hilfsantrag verfolgte Begehren ist bereits in dem Hauptantrag als „rechtliches Minus" enthalten (BVerwG NJW 1996, 2945). Klassischer Fall einer solchen Änderung ist die Einbeziehung eines weiteren VA in die Klage.

Die Klageänderung für ein neu eingeführtes Begehren steht rechtlich einer **Kla-** 9
geerhebung gleich. Sie führt die Rechtshängigkeit des Begehrens herbei (§ 173
S. 1 i.V.m. § 261 II ZPO). Daher müssen für diese Form der Klageerhebung die
Prozessvoraussetzungen wie die Einhaltung der Klagefrist erfüllt sein (BVerwGE
105, 288).

b) Auswechseln von Beteiligten. Beim **Auswechseln des Beklagten**, das nach 10
überwiegender Auffassung ebenfalls wie eine Klageänderung zu behandeln ist (vgl.
S/S-A/P § 91 Rn. 41), kommt es für die Rechtzeitigkeit der Klageerhebung allein
darauf an, ob die ursprünglich erhobene Klage innerhalb der Klagefrist beim Gericht
eingegangen ist (BVerwG DVBl. 1993, 562).

Auch der **gewillkürte Klägerwechsel** oder das Hinzutreten eines weiteren Klä- 11
gers ist ein Unterfall der (subjektiven) Klageänderung, nicht aber im Sonderfall des
§ 173 S. 1 i.V.m. § 265 II ZPO bei Veräußerung der streitbefangenen Sache (BVerwG NVwZ-RR 2001, 406; S/S-A/P § 91 Rn. 45). Der Parteiwechsel ist auch noch
im Berufungsverfahren zulässig (str., vgl. KS § 91 Rn. 20).

Eine **gesetzlich angeordnete Gesamtrechtsnachfolge** bewirkt einen gesetzli- 12
chen Parteiwechsel (§ 173 i.V.m. §§ 239 ff. ZPO), der auch noch im Rechtsmittelverfahren von Amts wegen zu berücksichtigen ist (BVerwGE 114, 326).

c) keine Streitgegenstandsänderungen. Keine Änderung des Streitgegen- 13
stands und daher nicht den Einschränkungen der §§ 91, 142 I 1 unterworfen ist die
Änderung oder Ergänzung der rechtlichen Begründung des Klageantrags oder das
Nachschieben von Tatsachen; des Rückgriffs auf § 173 S. 1 i.V.m. § 264 Nr. 1 ZPO
bedarf es hier nicht.

Der Streitgegenstand wird auch nicht geändert durch den innerprozessualen **Über-** 14
gang vom erledigten Anfechtungs- oder Verpflichtungsbegehren zur Fortsetzungsfeststellungsklage. Dieser ist wegen der Erleichterung des § 113 I 4 ohne Weiteres zulässig (BVerwGE 129, 27: jedenfalls solange der Streitgegenstand nicht
ausgewechselt oder erweitert wird); eines Rückgriffs auf § 173 S. 1 i.V.m. § 264
Nr. 3 ZPO bedarf es nicht.

Der **Übergang vom ursprünglichen Klageantrag zum Erledigungsfeststel-** 15
lungsantrag kann selbst noch im Revisionsverfahren erklärt werden, auch wenn die
Erledigung bereits während des erstinstanzlichen Verfahrens eingetreten ist
(BVerwGE 114, 149). Ebenso ist die – ggf. hilfsweise – **Rückkehr vom Erledigungsfeststellungsantrag** zum Sachantrag nicht an die Voraussetzungen des § 91
gebunden (str., BVerwG NVwZ 1999, 404; S/S-A/P § 91 Rn. 35; a.A. KS § 91
Rn. 13a). Weil der Streitgegenstand einer Verpflichtungs- (§ 113 V 1) und derjenige
einer Bescheidungsklage (§ 113 V 2) im Wesentlichen identisch sind, stellt der **Übergang von einem Verpflichtungs- zu einem Bescheidungsantrag** auch keine
Klageänderung dar (BVerwG NVwZ 2007, 104).

Eine **Berichtigung der Parteibezeichnung**, welche die Identität der klagenden 16
Partei nicht berührt, ist ebenfalls keine Klageänderung (BVerwG Buchh 428 § 6
VermG Nr. 53).

d) keine Klageänderung trotz Streitgegenstandsänderung. Als **keine Klage-** 17
änderung trotz Änderung des Streitgegenstandes ist es anzusehen, wenn ohne
Änderung des Klagegrundes der Klageantrag in der Hauptsache oder in Bezug auf
Nebenforderungen erweitert oder beschränkt wird (§ 173 S. 1 i.V.m. § 264 Nr. 2
ZPO). Dogmatisch ist in diesem Zusammenhang einiges umstritten, ohne dass es auf
die Praxis beachtliche Auswirkungen hätte (vgl. S/S-A/P § 91 Rn. 24 ff.). So gilt es
nicht als Klageänderung, wenn der nach Klageerhebung erlassene Widerspruchsbe-

scheid in die Klage einbezogen wird oder wenn die Anfechtungsklage um den Antrag nach § 113 I 2 erweitert wird (BVerwGE 22, 314 → § 113 Rn. 25). Selbst bei einer Beschränkung finden die Regeln der (teilweisen) Klagerücknahme nach § 92 keine Anwendung (vgl. KS § 91 Rn. 26 m.w.N.).

18 Keine Klageänderung stellt es dar, wenn statt des ursprünglich geforderten Gegenstandes wegen einer später eingetretenen Veränderung ein anderer Gegenstand oder das Interesse gefordert wird (§ 173 S. 1 i.V.m. § 264 Nr. 3 ZPO). So gilt es nicht als Klageänderung, wenn von der Feststellungs- zur Leistungsklage oder von der negativen Feststellungs- zur Anfechtungsklage übergegangen wird (BVerwG NVwZ-RR 1988, 56).

II. Einwilligung der Beteiligten

19 Die Änderung ist u.a. zulässig, wenn die übrigen Beteiligten (§ 63) einwilligen (§ 91 I). Die **Einwilligung** muss im Zeitpunkt der letzten mündlichen Verhandlung bzw. im Zeitpunkt der Entscheidungsfindung im schriftlichen Verfahren (§§ 84, 101 II) vorliegen. Sie ist **bedingungsfeindliche, unwiderrufliche** und **unanfechtbare** Prozesshandlung. In der Stellung des Klageabweisungsantrags liegt keine schlüssige Einwilligung (BVerwG Buchh 310 § 88 VwGO Nr. 37). Der Einwilligung eines erst durch die Änderung in die Klage einzubeziehenden weiteren Beklagten bedarf es nicht; das bisherige Ergebnis des Prozesses muss er jedoch nicht ohne Einwilligung gegen sich gelten lassen (KS § 91 Rn. 16).

III. Einlassen des Beklagten

20 Die Einwilligung des **Beklagten** in die Änderung der Klage ist anzunehmen, wenn er sich, ohne ihr zu widersprechen, in einem Schriftsatz oder in einer mündlichen Verhandlung auf die geänderte Klage eingelassen hat (§ 91 II). Diese Fiktion findet nach dem Wortlaut der Norm auf die anderen Beteiligten (§ 63 Nrn. 3 und 4) keine Anwendung (str., wie hier S/S-A/P § 91 Rn. 61, 70; a.A. KS § 91 Rn. 17). Der mündlichen Verhandlung (§ 101 I) stehen in diesem Zusammenhang der Erörterungstermin (§ 87 I 2 Nr. 1) und der Beweistermin (§§ 87 III, 96 II) gleich, sofern in diesen auch zur Sache verhandelt wird (S/S-A/P § 91 Rn. 72).

21 **Einlassung** setzt voraus, dass sich der Beklagte mit Sachvortrag inhaltlich zur geänderten Klage äußert. Eine prozessuale Pflicht des Beklagten, einer Änderung der Klage ausdrücklich zu widersprechen, besteht zwar nicht (BVerwG, Beschl. v. 3.3. 1995 – 4 B 26.95); es empfiehlt sich jedoch, aus Klarstellungsgründen der Klageänderung ggf. ausdrücklich zu widersprechen.

IV. Sachdienlichkeit

22 Die Änderung ist, sofern die Beteiligten nicht bereits einwilligen, auch dann zulässig, wenn das Gericht die Änderung für sachdienlich hält (I). Sachdienlichkeit muss im Zeitpunkt der letzten mündlichen Verhandlung bzw. im Zeitpunkt der Entscheidungsfindung im schriftlichen Verfahren (§§ 84, 101 II) vorliegen. Die Entscheidung, ob eine Klageänderung sachdienlich ist, liegt im **Ermessen** der darüber entscheidenden Instanz. Der **revisionsgerichtlichen Nachprüfung** unterliegt (nur), ob das Tatsachengericht den weitgehend von Erwägungen der Prozessöko-

Klageänderung **§ 91**

nomie beherrschten Rechtsbegriff der Sachdienlichkeit verkannt und damit die Grenze seines Ermessens überschritten hat (BVerwG, Beschl. v. 25.6. 2009 – 9 B 20.09; SächsVBl. 2010, 32).

Eine Klageänderung ist in der Regel als sachdienlich anzusehen, wenn sie der **end- 23 gültigen Beilegung des sachlichen Streits** zwischen den Beteiligten im laufenden Verfahren dient und der Streitstoff im Wesentlichen derselbe bleibt (BVerwG Buchh 310 § 88 VwGO Nr. 37; BVerwGE 124, 132), so vor allem bei der Änderung oder Auswechslung des angefochtenen VA bei im Wesentlichen gleicher Sachlage. Dies gilt auch dann, wenn dem Beklagten durch die Klageänderung eine Instanz verloren geht (BWVGH NVwZ 1993, 72) oder wenn die geänderte Klage als unbegründet abgewiesen werden müsste, denn auch durch eine solche Entscheidung wird der materielle Streitstoff endgültig ausgeräumt (BVerwGE 57, 31). Dass das Verfahren infolge der Klageänderung ggf. länger dauert, ändert an der Sachdienlichkeit nichts; es sei denn, der Rechtsstreit ist ohne Berücksichtigung der Klageänderung bereits **entscheidungsreif** (BWVGH VBlBW 1994, 147). Ist der Streitstoff trotz der Änderung im Wesentlichen derselbe geblieben und bejaht das Gericht die Sachdienlichkeit der Klageänderung, ist ein erneutes **Vorverfahren** nicht erforderlich (BVerwGE 124, 132; BVerwG NVwZ-RR 2000, 172, → § 68 Rn. 9 ff.).

Sachdienlichkeit ist unter Beachtung der Interessen der am Prozess Beteiligten zu **24 verneinen**, wenn das Gericht bei zugelassenem neuen Antrag diesen nicht sachlich bescheiden könnte (BVerwG, Beschl. v. 3.3. 1995 – 4 B 26.95). Fehlt es für den geänderten Klageantrag an der örtlichen Zuständigkeit des befassten Gerichts (§ 52), so ist die Klageänderung ebenfalls nicht sachdienlich, weil mit ihr nicht im laufenden Verfahren der Streit beigelegt werden kann (NRWOVG NVwZ 1993, 588; a. A. KS § 91 Rn. 19).

V. Entscheidung über die Klageänderung

Das Gericht muss über die Zulässigkeit der Klageänderung, die Prozessvorausset- **25** zung der (neuen) Klage ist, nicht gesondert entscheiden, kann dies jedoch im Wege eines unselbstständigen **Zwischenurteils** tun (§ 173 S. 1 i. V. m. § 303 ZPO; → § 109 Rn. 4). Eine solche Entscheidung, dass eine Änderung der Klage nicht vorliegt oder zuzulassen sei, ist in jedem Fall **nicht selbstständig anfechtbar** (III), da über die Frage, ob eine Klageänderung zulässig ist, kein gesonderter Rechtsstreit geführt werden soll. Ein gegen die Endentscheidung geltend gemachter Verfahrensfehler, die Änderung der Klage sei unzulässig gewesen, kann daher keinen selbstständigen Beschwerdegrund i. S. des § 132 II Nr. 3 abgeben (BVerwG NVwZ-RR 2000, 260).

Entscheidet das Gericht nicht vorab über die Zulässigkeit der Klageänderung, muss **26** es in den Entscheidungsgründen des Endurteils hierzu Stellung nehmen. Ist die **Klageänderung unzulässig**, ist die Klage durch Prozessurteil abzuweisen (vgl. KS § 91 Rn. 29), es sei denn, der Kläger hat seinen ursprünglichen Antrag hilfsweise aufrechterhalten (→ Rn. 6). Ist die **Klageänderung zulässig**, müssen für die Zulässigkeit der Klage im Übrigen die allgemeinen sonstigen Sachurteilsvoraussetzungen gegeben sein (BVerwG NVwZ 1987, 412). Zu den Ausnahmen beim Vorverfahren → Rn. 23 und bei der Wahrung der Klagefrist beim Auswechseln des Beklagten → Rn. 10. Über die **ursprüngliche Klage** ist nicht mehr zu befinden. Wegen der **Kostenproblematik** mit Blick auf einen ausgeschiedenen Beklagten → S/S-A/P § 91 Rn. 92 Fn. 140.

§ 92 [Klagerücknahme]

(1) ¹Der Kläger kann bis zur Rechtskraft des Urteils seine Klage zurücknehmen. ²Die Zurücknahme nach Stellung der Anträge in der mündlichen Verhandlung setzt die Einwilligung des Beklagten und, wenn ein Vertreter des öffentlichen Interesses an der mündlichen Verhandlung teilgenommen hat, auch seine Einwilligung voraus. ³Die Einwilligung gilt als erteilt, wenn der Klagerücknahme nicht innerhalb von zwei Wochen seit Zustellung des die Rücknahme enthaltenden Schriftsatzes widersprochen wird; das Gericht hat auf diese Folge hinzuweisen.

(2) ¹Die Klage gilt als zurückgenommen, wenn der Kläger das Verfahren trotz Aufforderung des Gerichts länger als zwei Monate nicht betreibt. ²Absatz 1 Satz 2 und 3 gilt entsprechend. ³Der Kläger ist in der Aufforderung auf die sich aus Satz 1 und § 155 Abs. 2 ergebenden Rechtsfolgen hinzuweisen. ⁴Das Gericht stellt durch Beschluß fest, daß die Klage als zurückgenommen gilt.

(3) ¹Ist die Klage zurückgenommen oder gilt sie als zurückgenommen, so stellt das Gericht das Verfahren durch Beschluß ein und spricht die sich nach diesem Gesetz ergebenden Rechtsfolgen der Zurücknahme aus. ²Der Beschluß ist unanfechtbar.

Übersicht

	Rn.
I. Rücknahme der Klage	2
1. Rücknahmeerklärung	3
a) Form	3
b) Inhalt	5
c) Bedingungsfeindlichkeit, Unwiderruflichkeit und Unanfechtbarkeit	6
d) Abgrenzungen	9
2. Einwilligungserfordernis nach Stellung der Anträge	12
a) Einwilligung	13
b) Einwilligungsfiktion	16
II. Fiktive Rücknahme der Klage	17
1. Anlass zur Aufforderung: Wegfall des Rechtsschutzinteresses	19
2. Inhalt der Betreibensaufforderung	22
a) Bestimmtheit	22
b) Belehrung	23
c) Form	26
3. Zweimonatige Untätigkeit des Klägers	27
a) Nichtbetreiben	28
b) Ausschlussfrist	29
4. Einwilligung und Einwilligungsfiktion (II 2)	30
III. Rechtsfolgen der Rücknahme	31
1. Ex-tunc-Wirkung	31
2. Wirkungslosigkeit von Entscheidungen	33
IV. Feststellung durch Beschluss	34
V. Fortsetzung des Verfahrens	37

1 § 92 ist Ausdruck der grds. klägerischen Dispositionsbefugnis über den Streitgegenstand. Entsprechend I können Beigeladener (§ 65) oder VöI (§ 36) ihre Anträge zurücknehmen. § 92 findet – auch mit der Fiktionsregelung des II – in den **selbststän-**

digen **Antragsverfahren** nach §§ 47, 80 V, VII, 80a III, 123 entsprechende Anwendung. Mangels Stellung vergleichbarer Anträge bedarf es in den Eilverfahren jedoch nicht der Einwilligung des Antragsgegners (KS § 92 Rn. 2; S/S-A/P § 92 Rn. 83). Für die **Rücknahme von Rechtsmitteln** gilt § 126 für das **Berufungs-**, § 140 für das **Revisionsverfahren**.

I. Rücknahme der Klage

Der Kläger kann bis zur Rechtskraft des Urteils – also auch noch in der Revisionsinstanz – seine Klage oder teilbare Streitgegenstände hiervon, ggf. nur gegenüber einzelnen Beklagten, zurücknehmen. Voraussetzung ist lediglich bestehende Rechtshängigkeit (→ § 90 Rn. 2). Die Gründe für eine Rücknahme können vielfältig sein; eine Begründung muss der Kläger nicht geben. 2

1. Rücknahmeerklärung

a) Form. Die Rücknahme erfolgt durch schriftsätzliche, bei dem VG auch zu Protokoll des Urkundsbeamten (§ 81 I 2) oder in der mündlichen Verhandlung oder einem Erörterungstermin zur Niederschrift (§ 105 i.V.m. §§ 160 III Nr. 8, 162 I ZPO) gegebene Erklärung gegenüber dem Gericht (BVerwG NVwZ 1991, 60). Die Einhaltung der Protokollierungsvorschriften ist keine Wirksamkeitsvoraussetzung (S/S-A/P § 92 Rn. 20 m.w.N.). 3

Vor dem OVG/BVerwG besteht für die Abgabe der Erklärung **Vertretungszwang** (§ 67 IV 1). Sie wird mit Eingang bei Gericht, nicht erst mit ihrer Weiterleitung an den Spruchkörper, wirksam. Erklärungen gegenüber dem Beklagten werden erst wirksam, wenn sie mit Wissen und Wollen des Klägers an das Gericht weitergeleitet werden und dort eingehen (S/S-A/P § 92 Rn. 19). 4

b) Inhalt. Sofern die Rücknahme nicht ausdrücklich erklärt wird, muss der Erklärung im Wege der Auslegung entnommen werden können, dass der Kläger den mit seiner Klage geltend gemachten Anspruch nicht mehr weiterverfolgt. Schweigen auf eine gerichtliche Anfrage, ob die Klage zurückgenommen wird, das Unterlassen einer Antragstellung oder nicht eindeutiges Verhalten reichen nicht (BVerwG NVwZ-RR 1994, 423). Schweigen darf nicht als Rücknahme ausgelegt werden. Das Gericht hat darauf hinzuwirken, dass eine eindeutige Erklärung abgegeben wird (§ 86 III). 5

c) Bedingungsfeindlichkeit, Unwiderruflichkeit und Unanfechtbarkeit. Die Rücknahmeerklärung ist Prozesshandlung und ab Eingang bei Gericht grds. **bedingungsfeindlich**, **unwiderruflich** und **unanfechtbar** (BVerwG NJW 1997, 2898; KS § 92 Rn. 11; S/S-A/P § 92 Rn. 22). Wird die Rücknahme unter einer **Bedingung** erklärt, ist sie grds. unwirksam. Die Rücknahmeerklärung darf aber, wenn sie mit Vorgängen verknüpft wird, die das Gericht in Ausübung seiner prozessualen Befugnisse selbst herbeigeführt hat oder herbeizuführen in der Lage ist, von **innerprozessualen Bedingungen** abhängig gemacht werden (BVerwG NVwZ 2002, 990). 6

Der Kläger ist an seine Erklärung **gebunden**, selbst wenn es noch an der erforderlichen Einwilligung (I) bzw. der Einwilligungsfiktion (I 3) fehlen sollte. Die Rücknahmemöglichkeit ist gesetzlich eingeschränkt; der Kläger soll sich dem abweisenden Urteil nur mit Einwilligung des Beklagten entziehen können. Die Vorschriften dienen mithin dem Schutz des Beklagten und nicht dem des Klägers (NRWOVG NW-VBl. 2008, 75). 7

§ 92   Teil II. Verfahren

8   Die **Grundsätze des materiellen Rechts** über die Anfechtung wegen Irrtums und anderer Willensmängel (§§ 119 ff. BGB) sind wegen der prozessualen Gestaltungswirkung der Rücknahmeerklärung und zum Schutz der Verfahrenslage vor Unsicherheit **nicht** anwendbar. **Ausnahmsweise** kommt ein Widerruf in Betracht, wenn ein Wiederaufnahmegrund entsprechend den Wiederaufnahmetatbeständen der ZPO vorliegt oder wenn es mit dem Grundsatz von Treu und Glauben unvereinbar wäre, einen Beteiligten an einer Prozesshandlung festzuhalten. Dabei kann auch eine Rolle spielen, ob der Beteiligte durch eine unrichtige richterliche Belehrung oder Empfehlung offensichtlich zu einer bestimmten prozessualen Erklärung bewogen worden ist (BVerwG NVwZ 2006, 834; NRWOVG NWVBl. 2008, 75).

9   **d) Abgrenzungen.** Keine Klagerücknahme ist die **Hauptsacherledigungserklärung** (vgl. § 161 II). Ihr Sinn ist es, auf ein außerprozessuales Ereignis zu reagieren, dessen Eintritt (jedenfalls) das Rechtsschutzinteresse entfallen lässt. Haben die Beteiligten übereinstimmend die Hauptsache für erledigt erklärt, so ist das Verfahren entsprechend II einzustellen und allein noch über die Kosten zu entscheiden (§ 161 II); dies gilt auch dann, wenn die Erklärungen der Beteiligten der Sach- und Rechtslage offensichtlich nicht entsprechen. Bedeutet die Erledigungserklärung des Klägers in Wirklichkeit eine Klagerücknahme (sog. **verschleierte Klagerücknahme**), so hat er die Kosten zu tragen (BVerwG Buchh 310 § 161 Abs. 2 VwGO Nr. 41). Sie darf allerdings, wenn sie eindeutig erklärt ist und auch eine Nachfrage nichts anderes ergibt (§ 86 III), nicht in eine Rücknahmeerklärung umgedeutet werden. Nur im konkreten Einzelfällen, in denen der die Erledigung erklärende Kläger erkennen lässt, dass er ohne Rücksicht darauf, ob sich der Beklagte seiner Erledigungserklärung anschließt, seinen Anspruch in keinem Falle weiterverfolgen will, also auch keine Entscheidung über die Frage der Erledigung begehrt, ist es möglich, seine Erklärung nach ihrem Sinngehalt als Klagerücknahme zu verstehen (BVerwG Buchh 451.54 MStG Nr. 11; S/S-A/P § 92 Rn. 7 m.w.N. zum Streitstand).

10   Die **außergerichtlich begründete Verpflichtung**, die Klage zurückzunehmen, ist keine Erklärung im dargelegten Sinne; auf Einrede des Beklagten ist die Klage vielmehr unzulässig (BGH NJW 1984, 805; vgl. S/S-A/P § 92 Rn. 9). Die Klagerücknahme ist zudem abzugrenzen von dem einseitigen **Erledigungsfeststellungsantrag** (→ § 161 Rn. 40), dem **Klageverzicht** (§ 173 S. 1 i.V.m. §§ 306 f. ZPO), der auch für die Zukunft eine erneute Klage in der Sache unzulässig macht, dem sich nach dem zugrunde liegenden materiellen Recht bestimmenden **Verzicht auf den materiellen Anspruch**, der **Klageänderung** (§ 91), dem **Prozessvergleich** (§ 106), der verwaltungsverfahrensrechtlich zu beurteilenden **Rücknahme eines anspruchsbegründenden Antrags** oder der **Rechtsmittelrücknahme** (§§ 126, 140).

11   Werden Klage- und Rechtsmittelrücknahme gleichzeitig erklärt, geht die Klagerücknahme als weiterreichende Erklärung vor (HessVGH NVwZ-RR 2000, 334). Wird zuerst wirksam die Klagerücknahme erklärt, geht die Rechtsmittelrücknahme ins Leere. Wird zuerst das Rechtsmittel zurückgenommen, greift die nachfolgende Klagerücknahme nur dann, wenn nicht zwischenzeitlich Rechtskraft eingetreten ist.

2. Einwilligungserfordernis nach Stellung der Anträge

12   I 2 und 3 schränkt die Dispositionsbefugnis des Klägers über den Streitgegenstand ein. Sie schützt die anderen Beteiligten und begründet in diesem Rahmen einen Anspruch auf eine Entscheidung des Gerichts.

Klagerücknahme **§ 92**

a) Einwilligung. Die Rücknahme **nach Stellung der Anträge** in der mündlichen 13
Verhandlung (§ 103 III) setzt die **Einwilligung** des Beklagten und, wenn ein Vertreter des öffentlichen Interesses an der mündlichen Verhandlung teilgenommen hat, auch seine Einwilligung voraus. Schriftsätzlich angekündigte Anträge haben diese Wirkung nicht (→ § 103 Rn. 14).

Die Einwilligung muss nicht unmittelbar in derselben mündlichen Verhandlung 14
erfolgen, sondern kann schriftsätzlich gegenüber dem Gericht erklärt oder nach I 3 fingiert werden. §§ 136 IV, 296a S. 1 ZPO oder § 147 I 1 BGB stehen dem nicht entgegen (NRWOVG NWVBl. 2008, 75). Als Prozesshandlung ist die Einwilligung ausdrücklich oder konkludent (z.B. durch Stellung des „Kostenantrags") zu erklären und wie die Rücknahmeerklärung **bedingungsfeindlich, unwiderruflich** und **unanfechtbar**. Für die Verweigerung bedarf es keines Grundes; bei Rechtsmissbrauch mag sie ggf. unwirksam sein (S/S-A/P § 92 Rn. 32 m.w.N.).

Haben die Beteiligten sich gemäß § 101 II mit der **Entscheidung ohne münd-** 15
liche Verhandlung einverstanden erklärt, so ist I 2 entsprechend anzuwenden, wenn die Rücknahme nach dem Eingang der letzten Einverständniserklärung erfolgt ist; dies gilt zumindest dann, wenn der Beklagte auch schon seinen Antrag gestellt hatte (BVerwGE 26, 143; nach a.A. Rücknahme ohne Einwilligung bis zum Urteilserlass möglich, vgl. KS § 92 Rn. 14; S/S-A/P § 92 Rn. 27 m.w.N.). Nach Erlass eines **Gerichtsbescheids** (§ 84) und bei **Klagerücknahme in der Rechtsmittelinstanz** bedarf es immer der Einwilligung (vgl. BVerwG NVwZ 1989, 860; KS § 92 Rn. 14; S/S-A/P § 92 Rn. 28 f.).

b) Einwilligungsfiktion. Die Einwilligung gilt im Wege einer **Fiktion** gemäß I 3 16
als erteilt, wenn der Klagerücknahme nicht innerhalb von zwei Wochen seit Zustellung des die Rücknahme enthaltenden Schriftsatzes widersprochen wird; das Gericht hat auf diese Folge hinzuweisen. Einem Schriftsatz steht die **Niederschrift über die mündliche Verhandlung** gleich, in welcher die Klagerücknahme erklärt worden ist, sofern mit der Niederschrift gemäß I 3 verfahren wird (NRWOVG NWVBl. 2008, 75).

II. Fiktive Rücknahme der Klage

Die Klage gilt als zurückgenommen, wenn der Kläger das Verfahren trotz Aufforde- 17
rung des Gerichts länger als zwei Monate nicht betreibt (II 1). Der Kläger ist in der Aufforderung auf die sich aus II 1 und § 155 II ergebenden Rechtsfolgen hinzuweisen (II 3). § 81 AsylVfG ist **lex specialis**. Auf andere Beteiligte ist II nicht anzuwenden; für den Berufungskläger gilt § 126 II.

II ist im Hinblick auf Art. 19 IV, 103 I GG **verfassungsrechtlich grds. unprob-** 18
lematisch. Da die Vorschrift aber noch erheblich weitergehende Konsequenzen hat als bloße Präklusionsvorschriften, sind ihrer Auslegung und Anwendung verfassungsrechtliche Grenzen gesetzt; insbesondere ist ihr **strenger Ausnahmecharakter** zu beachten (vgl. BVerfG NVwZ 1994, 62 m.w.N.). Die verfassungsrechtlichen Vorgaben spiegeln sich in der Rspr. des BVerwG zu den Voraussetzungen für den Eintritt der Fiktion wider.

1. Anlass zur Aufforderung: Wegfall des Rechtsschutzinteresses

Im Zeitpunkt des Erlasses der sog. **Betreibensaufforderung** müssen sachlich be- 19
gründete Anhaltspunkte für einen **Wegfall des Rechtsschutzinteresses** des Klägers bestehen, die den späteren Eintritt der Rücknahmefiktion als gerechtfertigt erschei-

nen lassen. Hat der Kläger bislang das ihm Obliegende getan, darf eine Betreibensaufforderung nicht ergehen. Nicht geboten ist insoweit ein sicherer, über begründete Zweifel am Fortbestand des Rechtsschutzinteresses hinausgehender Schluss (BVerwG, Beschl. v. 7.7. 2005 – 10 BN 1.05).

20   **Sachlich begründete Anhaltspunkte** sind dann gegeben, wenn der Kläger seine allgemeinen prozessualen **Mitwirkungspflichten** nach § 86 I 1, 1. Hs. verletzt (BVerwGE 71, 213) oder konkreten, durch das Gericht aufgegebenen Mitwirkungshandlungen (§§ 82 II 1, 86 III, IV, 87 I 2 Nr. 2, 87b I, II) trotz Fristsetzung nicht nachkommt (BVerwG NVwZ 2001, 918). Bei **spezialgesetzlichen Mitwirkungspflichten** (§§ 15, 25 I, II, 74 II AsylVfG) bedarf es keiner vorherigen gerichtlichen Konkretisierung.

21   Eine solche Verletzung liegt aber **nicht** schon dann vor, wenn der Kläger seine Klage nicht begründet, da eine solche Verpflichtung gemäß § 82 I nicht besteht (BVerwG NVwZ 2000, 1297), oder zu Rechtsfragen trotz gerichtlicher Aufforderung nicht Stellung nimmt (BVerwG NVwZ 2001, 918); kündigt der Kläger jedoch eine Klagebegründung an, legt sie über viele Monate oder sogar Jahre hinweg trotz gerichtlicher Erinnerung nicht vor, kann auf ein nicht mehr bestehendes Rechtsschutzinteresse geschlossen werden (BVerwG NVwZ 1987, 605; BWVGH DÖV 2000, 210). Dagegen kann aus dem Umstand, dass der Kläger eine langjährige Untätigkeit des Gerichts nicht rügt, nicht auf den Fortfall seines Rechtsschutzinteresses geschlossen werden. Für den Erlass einer Betreibensaufforderung ist auch dann kein Raum, wenn der Prozessbevollmächtigte auf gerichtliche Anfrage hinreichend substanziiert antwortet, dass und warum er den Nachweis der ladungsfähigen Anschrift des ins Ausland abgeschobenen Klägers nicht erbringen könne, er durch seinen Prozessbevollmächtigten jedoch erreichbar sei; ggf. ist die Klage als gemäß § 82 I 1 unzulässig zu behandeln (NRWOVG, Urt. v. 1.3. 2000 – 18 A 5532/99).

2. Inhalt der Betreibensaufforderung

22   **a) Bestimmtheit.** Die Betreibensaufforderung muss **bestimmt** sein und sich auf konkrete verfahrensfördernde Handlungen beziehen. Das bloße Verlangen, das Verfahren zu betreiben oder die Klage unter Auseinandersetzung mit einer ablehnenden Entscheidung des Gerichts im Eilverfahren ergänzend zu begründen, reicht nicht (BVerwG NVwZ 2003, Beilage Nr. I 3, 17).

23   **b) Belehrung.** Über die Fiktionswirkung und die Kostentragungspflicht (§ 155 II) ist zu **belehren** (II 3). Dem Beteiligten muss durch die Belehrung klar gemacht werden, welcher Nachteil ihm bei Nichteinhaltung der gesetzten Frist bevorsteht. Davon hängt die Wirksamkeit der Fristsetzung ab (vgl. BVerfGE 60, 1).

24   Für die Belehrung reicht es grds. nicht aus, formularmäßig lediglich den Wortlaut der §§ 92 II 1, 155 II mitzuteilen (BGHZ 86, 218 zu § 277 II ZPO). Dem Beteiligten muss klargemacht werden, dass bei Versäumung der Frist das Verfahren ohne eine Sachentscheidung unmittelbar beendet ist. Die Belehrung darf sich hingegen auf eine Wiederholung des Wortlauts der §§ 92 II 1, 155 II beschränken, wenn der Beteiligte anwaltlich vertreten oder selbst ein zugelassener Rechtsanwalt ist. Bei ihm ist vorauszusetzen, dass er die ihm in der Belehrung mitgeteilten Verfahrensvorschriften in ihrer Bedeutung ohne die sonst notwendige Erläuterung versteht (BGHZ NJW 1991, 493 zu § 277 II ZPO; KS § 87b Rn. 8; S/S-A/P § 87b Rn. 42).

25   Es empfiehlt sich, den gerichtlichen Hinweis so zu formulieren, dass hinsichtlich des **Beginns der Zweimonatsfrist** an den Tag der Zustellung der Aufforderung angeknüpft wird. Wird ein konkreter Tag benannt, birgt dies die Gefahr in sich, dass die

Klagerücknahme **§ 92**

Frist unzulässigerweise verkürzt würde, da das fristauslösende Ereignis – die Zustellung der Betreibensaufforderung – zu diesem Zeitpunkt noch nicht bekannt ist (BVerwGE 71, 213).

c) Form. Die Aufforderung braucht nicht in der Form eines gerichtlichen Beschlus- 26 ses zu ergehen; es reicht der Erlass einer **gerichtlichen Verfügung.** Sie ist durch den Richter **handschriftlich zu unterzeichnen** (Paraphe genügt nicht) und gemäß § 56 I **zuzustellen** (BVerwGE 71, 213). Beschluss bzw. Verfügung sind gemäß § 146 II **unanfechtbar.**

3. Zweimonatige Untätigkeit des Klägers

Die Fiktion tritt ein, wenn die nach § 57 II i.V.m. § 222 ZPO, §§ 187 I, 188 II BGB 27 zu bestimmende zweimonatige Frist abgelaufen ist, sämtliche Voraussetzungen für eine Betreibensaufforderung vorlagen (→ Rn. 19 ff.) und der Kläger untätig geblieben ist (→ Rn. 28). Die unzulässige Betreibensaufforderung löst die Fiktion auch bei weiterer Untätigkeit des Klägers nicht aus (BVerwGE 71, 213).

a) Nichtbetreiben. Nichtbetreiben liegt vor, wenn der Kläger auf die gerichtliche 28 Aufforderung überhaupt nicht reagiert oder sich nur so unzureichend äußert, dass nicht substanziiert dargetan ist, dass und warum das Rechtsschutzinteresse trotz des Zweifels an seinem Fortbestehen, aus dem sich die Betreibensaufforderung ergeben hat, nicht entfallen ist (BVerwG NVwZ 1994, 62). So reicht die Erklärung nicht aus, das Verfahren weiter betreiben zu wollen (BVerwG NVwZ 1987, 605). Kann der Kläger die geforderte Handlung nicht vornehmen, genügt die substanziierte und glaubhafte Darlegung der Hinderungsgründe (BVerfG NVwZ 1994, 62). Nimmt der Kläger nur Teile der geforderten Handlung(en) vor, liegt ein Nichtbetreiben nicht vor (str., vgl. KS § 92 Rn. 22).

b) Ausschlussfrist. Bei der Frist des II 1 handelt es sich um eine nicht verlänger- 29 bare gesetzliche **Ausschlussfrist.** Ein entsprechender Verlängerungsantrag des Klägers geht daher ins Leere und vermag die Untätigkeit nicht auszuräumen. Auch eine Wiedereinsetzung in den vorigen Stand (§ 60) kommt grds. nicht in Betracht, es sei denn, ein **Fall höherer Gewalt** liegt vor. Der Begriff der höheren Gewalt entspricht dem Begriff der „Naturereignisse und andere unabwendbare Zufälle" in § 233 I ZPO a. F., was nach der Rspr. des BGH eine Wiedereinsetzung in den vorherigen Stand ermöglichte (BVerwG Buchh 310 § 92 VwGO Nr. 17, 19; S/S-A/P § 92 Rn. 57). Ein Wiedereinsetzungsbegehren ist als **Antrag auf Fortsetzung des Verfahrens** auszulegen (vgl. NRWOVG, Beschl. v. 19. 5. 2008 – 12 A 2915/06), in dessen Rahmen über die Zulässigkeit der Wiedereinsetzung entschieden werden kann (→ Rn. 37).

4. Einwilligung und Einwilligungsfiktion (II 2)

I 2 und 3 (Einwilligung bzw. Einwilligungsfiktion) gelten gemäß II 2 entsprechend. 30 D.h., dass der Eintritt der Rücknahmefiktion nach Stellung der Anträge in der mündlichen Verhandlung die Einwilligung des Beklagten und, wenn ein Vertreter des öffentlichen Interesses an der mündlichen Verhandlung teilgenommen hat, auch dessen Einwilligung voraussetzt. Wird diese Einwilligung nicht ausdrücklich erteilt, kommt die Einwilligungsfiktion des I 3 in Betracht. Hiernach gilt die Einwilligung als erteilt, wenn der Rücknahme nicht innerhalb von zwei Wochen seit Zustellung des die

Rücknahme enthaltenden Schriftsatzes widersprochen wird; das Gericht hat auf diese Folge hinzuweisen. Da es bei der Rücknahmefiktion naturgemäß keinen solchen Schriftsatz gibt, ist die Anordnung der entsprechenden Anwendung dahingehend zu verstehen, dass das Gericht dem Beklagten/VöI den Eintritt der Rücknahmefiktion mittels Zustellung (§ 56 I) förmlich mitteilt und darauf hinweist, dass die Einwilligung zum Eintritt der Rücknahmefiktion als erteilt gilt, wenn dem Inhalt der Mitteilung nicht binnen zwei Wochen widersprochen wird (ebenso KS § 92 Rn. 24).

III. Rechtsfolgen der Rücknahme

1. Ex-tunc-Wirkung

31 Die Rücknahmeerklärung beendet das Verfahren unmittelbar mit **Rückwirkung** auf den Zeitpunkt der Klageerhebung (ex tunc). Ist die Einwilligung erforderlich, wirkt sie erst – aber entsprechend § 184 I BGB mit Rückwirkung – mit deren Eingang bei Gericht (BVerwG NVwZ 1991, 60). Der Rechtsstreit ist als nicht anhängig geworden anzusehen (§ 173 S. 1 i.V.m. § 269 III 1 ZPO). Ein angefochtener VA wird, sofern die Klagefrist abgelaufen ist, unmittelbar bestandskräftig.

32 Wird die Rücknahme seitens des Gerichts übersehen, ist eine in der Sache ergehende Entscheidung nichtig, aber zur Beseitigung ihres Rechtsscheins nach allgemeinen Regeln anfechtbar (BVerwG NVwZ-RR 1991, 443; NRWOVG NVwZ-RR 1994, 702).

2. Wirkungslosigkeit von Entscheidungen

33 Im Prozess bereits ergangene Entscheidungen sind **gegenstandslos**. Bereits erlassene, noch nicht rechtskräftige Urteile werden **wirkungslos**, ohne dass es ihrer ausdrücklichen Aufhebung bedarf (§ 173 S. 1 i.V.m. § 269 III 1, 2. Halbs. ZPO). Zur Klarstellung empfiehlt sich gleichwohl, im Einstellungsbeschluss deklaratorisch die Wirkungslosigkeit festzustellen. Ein evtl. bestehender Termin zur mündlichen Verhandlung ist ebenfalls gegenstandslos, sollte der Klarheit halber jedoch (mit)aufgehoben werden.

IV. Feststellung durch Beschluss

34 Ist die Klage zurückgenommen oder gilt sie als zurückgenommen, so stellt das Gericht gemäß III 1 das Verfahren durch Beschluss ein und spricht die sich nach der VwGO ergebenden Rechtsfolgen der Zurücknahme (grds. § 155 II: Kostentragungspflicht des Klägers) aus. Im vorbereitenden Verfahren entscheidet der Vorsitzende bzw. Berichterstatter (§ 87a I Nr. 2, III).

35 Da die Rücknahmeerklärung bzw. der Fiktionseintritt die Rechtshängigkeit der Sache automatisch beendet, ist der Einstellungsbeschluss lediglich **deklaratorisch** (BVerwG NVwZ-RR 1999, 407; S/S-A/P § 92 Rn. 69, 74) und gemäß III 2 **unanfechtbar**.

36 III 1 findet entsprechende Anwendung, wenn die Beteiligten den Rechtsstreit **in der Hauptsache übereinstimmend für erledigt** erklärt haben (BVerwG Buchh 310 § 80 VwGO Nr. 77).

V. Fortsetzung des Verfahrens

Das Gericht hat **auf nicht fristgebundenen Antrag** eines der Beteiligten das **Verfahren fortzusetzen**, wenn die Wirksamkeit der Klagerücknahme oder des Fiktionseintritts bestritten wird (vgl. BVerfG NVwZ 1998, 1173). Der Beklagte kann das Fehlen seiner Einwilligung rügen. Ein in Anwendung des III ergangener Einstellungsbeschluss steht einem solchen Vorgehen nicht im Wege, da er nur deklaratorisch ist. 37

Kommt es zu einer Fortsetzung, so hat das Gericht das Verfahren mit einem Urteil abzuschließen, in dem es entweder eine Sachentscheidung trifft oder, falls sich die Rücknahmeerklärung als wirksam bzw. der Fiktionseintritt als gegeben erweist, feststellt, dass die Klage zurückgenommen ist (vgl. BVerwG NVwZ-RR 1999, 407). Ergeht eine Sachentscheidung, kann über die Unwirksamkeit der Rücknahme zuvor durch Zwischenurteil (→ § 109 Rn. 2) entschieden werden. 38

Es empfiehlt sich, zur Klarstellung den deklaratorischen Einstellungsbeschluss vollumfänglich aufzuheben; die Entscheidung über die Rechtsfolgen der Klagerücknahme ist jedenfalls dann aufzuheben, wenn sie von der endgültigen Kostenentscheidung abweicht. 39

§ 93 [Verbindung und Trennung]

¹**Das Gericht kann durch Beschluß mehrere bei ihm anhängige Verfahren über den gleichen Gegenstand zu gemeinsamer Verhandlung und Entscheidung verbinden und wieder trennen.** ²**Es kann anordnen, daß mehrere in einem Verfahren erhobene Ansprüche in getrennten Verfahren verhandelt und entschieden werden.**

§ 93 dient der Prozessökonomie und schränkt in diesem Rahmen die Dispositionsbefugnis der Beteiligten ein. § 93 gilt auch im **Rechtsmittelverfahren** (§§ 125 I, 141 S. 1) und findet in den **selbstständigen Antragsverfahren** (§§ 47, 80 V, VII, 80a III, 123) entsprechende Anwendung. 1

I. Verbindung und Trennung mehrerer anhängiger Verfahren über den gleichen Gegenstand (S. 1)

Das Gericht kann **mehrere** bei ihm anhängige Verfahren über den gleichen Gegenstand zu gemeinsamer Verhandlung und Entscheidung **verbinden**. Wurde verbunden, kann später (nach S. 1) wieder getrennt werden (zur Tenorierung → Rn. 10). 2

1. „Gericht"

Unter „**Gericht**" ist der nach dem Geschäftsverteilungsplan zuständige Spruchkörper zu verstehen. Eine Verbindung von Verfahren, die bei unterschiedlichen Spruchkörpern eines Gerichts anhängig sind, scheidet wegen Art. 101 I 2 (gesetzlicher Richter) ebenso aus wie die Verbindung von in unterschiedlichen Instanzen anhängigen Verfahren (jeweils str., S/S-A/P § 93 Rn. 6 ff., 10). 3

§ 93 Teil II. Verfahren

2. Gleicher Gegenstand

4 Die Verfahren müssen den **gleichen Gegenstand** haben. Der Streitgegenstandsbegriff (→ § 121 Rn. 5) kann insofern nicht gelten, da anderenfalls doppelte Rechtshängigkeit i. S. des § 17 I 2 GVG gefordert würde. Es genügt, dass die Verfahren im Wesentlichen auf denselben oder gleichartigen tatsächlichen oder rechtlichen Gründen beruhen (BVerwGE 48, 1; S/S-A/P § 93 Rn. 9). Klageart und Beteiligte müssen nicht identisch sein. Bei unterschiedlichen Prozessarten (z. B. Eil- und Klageverfahren) ist eine Verbindung wegen der unterschiedlichen Verfahrenszwecke ausgeschlossen (str., wie hier S/S-A/P § 93 Rn. 10).

3. Entscheidung des Gerichts

5 Das Gericht kann in jedem Stadium des Verfahrens ohne vorherige mündliche Verhandlung (vgl. § 101 III) nach seinem **Ermessen** entscheiden, das durch Erwägungen der im jeweiligen Stadium zweckmäßigsten Verfahrensgestaltung geleitet wird. Es kann in seine Überlegung einstellen, dass die gemeinsame Entscheidung zu einer nicht unerheblichen Arbeitserleichterung, Einsparung und Beschleunigung bei der Urteilsanfertigung führt (BVerwGE 48, 1). Bei notwendiger Verweisung einzelner Streitgegenstände (§ 83 S. 1 bzw. § 173 S. 1 i.V.m. §§ 17 ff. GVG) muss allerdings zuvor getrennt werden (BVerwG Buchh 310 § 153 VwGO Nr. 35).

6 Eine vorherige **Anhörung** der Beteiligten ist im Interesse des fairen Umgangs mit den Beteiligten empfehlenswert, aber nicht zwingend (BVerwG Buchh 451.55 Subventionsrecht Nr. 100).

7 Es ist zulässig, **nur zur gemeinsamen (mündlichen) Verhandlung** (KS § 93 Rn. 5; a.A. S/S-A/P § 93 Rn. 9 m.w.N.) oder **nur zur Entscheidung** (BVerwG NJW 1975, 1853; S/S-A/P § 93 Rn. 17) zu verbinden; Urteile bzw. Beschlüsse sind dann aber getrennt (unter ihrem jeweiligen Aktenzeichen) zu verkünden und abzusetzen (→ §§ 116, 122).

8 Das Gericht entscheidet durch **Beschluss**, wobei ein stillschweigender Beschluss zulässig (BVerwG, Beschl. v. 12.12.2001 – 9 B 72.01), aber aus Gründen der Verfahrenstransparenz nicht empfehlenswert ist. Der Beschluss enthält keine Nebenentscheidungen (→ vor § 154 Rn. 9 f.). Er ist gemäß § 146 II **unanfechtbar** und bindet die Rechtsmittelinstanz (§ 173 S. 1 i.V.m. §§ 512, 557 II ZPO). Gleichwohl kann diese ihn ebenso wie das beschließende Gericht selbst jederzeit von Amts wegen ändern (S. 1, § 173 S. 1 i.V.m. § 150 ZPO). Unbeschadet der Unanfechtbarkeit des Beschlusses können im Rechtsmittelverfahren Mängel gerügt werden, die als Folge der beanstandeten Trennung der angefochtenen Entscheidung selbst anhaften (BVerwG RdL 2008, 111).

9 Vor der Verbindung durchgeführte Prozesshandlungen, insbes. Beweisaufnahmen, bleiben wirksam, müssen gemäß §§ 96 f. gegenüber neu eingetretenen Beteiligten jedoch wiederholt werden (S/S-A/P § 93 Rn. 15 m.w.N.).

II. Trennung mehrerer in einem Verfahren erhobener Ansprüche (S. 2)

10 Das Gericht kann durch Beschluss „anordnen", dass mehrere **in einem Verfahren** erhobene Ansprüche in getrennten Verfahren verhandelt und entschieden werden. Tenoriert wird dies etwa: „Die im vorliegenden Verfahren erhobenen Ansprüche werden getrennt. Soweit Ansprüche auf … geltend gemacht werden, wird das Verfahren unter dem Aktenzeichen … fortgeführt; im Übrigen bleibt es bei dem bisherigen Aktenzeichen".

Musterverfahren § 93a

Die Trennung steht wie bei S. 1 im **Ermessen** des Spruchkörpers; auch das übrige 11
Verfahren gestaltet sich vergleichbar (→ Rn. 5 ff.). In seinem Ermessen ist das Gericht nicht dadurch eingeschränkt, dass durch die Trennung wegen des Wegfalls der Gebührendegression ein höheres Kostenrisiko entsteht (BbgVerfG NVwZ-RR 2003, 46), dies sollte aber im Interesse der Beteiligten zumindest bedacht werden. An die von den Beteiligten nach § 44 (Klagehäufung), § 64 (Streitgenossenschaft) und § 89 (Widerklage) gewählten prozessualen Entscheidungen ist das Gericht jedenfalls nicht gebunden.

Nicht getrennt werden können jedoch aus der Natur der Sache heraus Haupt- 12
und Hilfsanträge sowie in notwendiger Streitgenossenschaft (§ 64 i.V.m. §§ 59, 62 ZPO) verfolgte Anträge.

§ 93a [Musterverfahren]

(1) ¹**Ist die Rechtmäßigkeit einer behördlichen Maßnahme Gegenstand von mehr als zwanzig Verfahren, kann das Gericht eines oder mehrere geeignete Verfahren vorab durchführen (Musterverfahren) und die übrigen Verfahren aussetzen.** ²**Die Beteiligten sind vorher zu hören.** ³**Der Beschluß ist unanfechtbar.**

(2) ¹**Ist über die durchgeführten Verfahren rechtskräftig entschieden worden, kann das Gericht nach Anhörung der Beteiligten über die ausgesetzten Verfahren durch Beschluß entscheiden, wenn es einstimmig der Auffassung ist, daß die Sachen gegenüber rechtskräftig entschiedenen Musterverfahren keine wesentlichen Besonderheiten tatsächlicher oder rechtlicher Art aufweisen und der Sachverhalt geklärt ist.** ²**Das Gericht kann in einem Musterverfahren erhobene Beweise einführen; es kann nach seinem Ermessen die wiederholte Vernehmung eines Zeugen oder eine neue Begutachtung durch denselben oder andere Sachverständige anordnen.** ³**Beweisanträge zu Tatsachen, über die bereits im Musterverfahren Beweis erhoben wurde, kann das Gericht ablehnen, wenn ihre Zulassung nach seiner freien Überzeugung nicht zum Nachweis neuer entscheidungserheblicher Tatsachen beitragen und die Erledigung des Rechtsstreits verzögern würde.** ⁴**Die Ablehnung kann in der Entscheidung nach Satz 1 erfolgen.** ⁵**Den Beteiligten steht gegen den Beschluß nach Satz 1 das Rechtsmittel zu, das zulässig wäre, wenn das Gericht durch Urteil entschieden hätte.** ⁶**Die Beteiligten sind über dieses Rechtsmittel zu belehren.**

§ 93a dient – im Hinblick auf Art. 19 IV GG verfassungsrechtlich grds. zulässig – der 1
beschleunigten und konzentrierten Durchführung von Massenverfahren (BVerfG NVwZ 2009, 581; BVerfGE 54, 39). Die Norm findet in allen **Klageverfahren** sowie **Berufungs-** und **Revisionsverfahren** (§§ 125 I, 141 S. 1) und entsprechend in den **selbstständigen Antragsverfahren** (§§ 47, 80 V, VII, 80a III, 123) Anwendung.

I. Musterverfahren

Ist die Rechtmäßigkeit einer behördlichen Maßnahme Gegenstand von mehr als 2
zwanzig Verfahren, kann das Gericht eines oder mehrere geeignete Verfahren vorab durchführen (**Musterverfahren**) und die übrigen Verfahren – in Sonderregelung zu § 94 – aussetzen (I 1).

1. Ein und dieselbe Maßnahme

3   Es muss sich zunächst um Streitigkeiten um **ein und dieselbe Maßnahme** einer Behörde handeln (z.B. Allgemeinverfügung, § 35 S. 2 VwVfG, oder Planfeststellungsbeschluss, § 75 VwVfG), die in **derselben Verfahrensart** angegriffen wird. Nur solche dürfen zusammengerechnet werden, um auf die maßgebliche Zahl von zwanzig Verfahren zu gelangen. Es reicht nicht, dass es sich um wesentlich gleiche Sachen oder um dieselbe Maßnahme handelt, die Gegenstand in verschiedenen Verfahrensarten (z.B. Klage-/Eilverfahren) ist (KS § 93a Rn. 3 f.; S/S-A/P § 93a Rn. 9).

2. Entscheidung

4   Das Gericht entscheidet sodann nach pflichtgemäßem **Ermessen** darüber, welches Verfahren es als Musterverfahren für geeignet hält, wobei die Beteiligten aller Verfahren zuvor **zu hören** sind (I 2). Die Auswahl muss nach sachlichen Kriterien erfolgen und hat sich daran zu orientieren, ob in den ausgewählten Verfahren voraussichtlich alle Rechtsfragen, die mit der behördlichen Maßnahme verbunden sind, geklärt werden können (BVerwG, Beschl. v. 19.8. 2008 – 4 A 1001.08; S/S-A/P § 93a Rn. 11). Übereinstimmenden Anregungen der Beteiligten sollte bei Eignung des Vorschlags Rechnung getragen werden.

5   Das Gericht entscheidet in der nach § 5 III maßgeblichen **Besetzung**, ggf. auch durch den Einzelrichter nach §§ 6 oder 87a II, III (bezogen auf § 6 str., vgl. S/S-A/P § 93a Rn. 12 m.w.N.). Der nach § 122 II nicht begründungsbedürftige Beschluss ist **unanfechtbar** (I 3) und unterliegt gemäß § 173 S. 1 i.V.m. § 512 ZPO auch nicht der Nachprüfung durch das Rechtsmittelgericht.

II. Nachverfahren

6   Ist über die durchgeführten Verfahren, d.h. über alle (S/S-A/P § 93a Rn. 18; a.A. KS § 93a Rn. 9), rechtskräftig entschieden worden, kann das Gericht im sog. **Nachverfahren** über die ausgesetzten Verfahren durch Beschluss entscheiden, wenn es einstimmig der Auffassung ist, dass die Sachen gegenüber rechtskräftig entschiedenen Musterverfahren keine wesentlichen Besonderheiten tatsächlicher oder rechtlicher Art aufweisen und der Sachverhalt geklärt ist (II 1).

1. Anhörung

7   Die Beteiligten sind vorher **zu hören**. Hierzu ist erforderlich, dass ihnen mitgeteilt wird, dass das Gericht in dem konkreten Fall eine Entscheidung nach II beabsichtigt; zu den übrigen Anforderungen an die sog. **Anhörungsmitteilung** gilt das zu § 84 I 2 Ausgeführte entsprechend → § 84 Rn. 6 ff. Nach der Anhörung müssen die Beteiligten jederzeit damit rechnen, dass das Gericht auch ohne eine ggf. beantragte Beweiserhebung durch Beschluss zur Sache entscheidet. Ihnen muss allerdings nach dieser Mitteilung ausreichend Zeit bleiben, sich in jeder Hinsicht auf diese Verfahrenssituation einzustellen, abschließend vorzutragen und ggf. neue Anträge – auch Beweisanträge – zu stellen (BVerwG, Beschl. v. 19.8. 2008 – 4 A 1001.08).

2. Besonderheiten tatsächlicher oder rechtlicher Art

8   Die nach § 93a II zu entscheidende Sache weist gegenüber dem Musterverfahren **wesentliche Besonderheiten tatsächlicher oder rechtlicher Art** auf, wenn neue,

in den Musterverfahren noch nicht angesprochene Rechts- oder Tatsachenfragen aufgeworfen werden, deren Beantwortung das in dem entschiedenen Verfahren gefundene Ergebnis in Zweifel ziehen oder jedenfalls seine Übertragbarkeit als problematisch erscheinen lassen können (BVerwG, Beschl. v. 22.1. 2009 – 4 A 1013.07; NVwZ 2008, 1007). **Vergleichsgegenstand** der ausgesetzten Verfahren sind die rechtskräftig entschiedenen Musterverfahren; sind verschiedene Musterverfahren in den Instanzen unterschiedlich beurteilt worden, ist die Entscheidung über die ausgesetzten Verfahren nach Abschluss aller Musterverfahren nur anhand der höchstrichterlich rechtskräftigen Entscheidung zu treffen (S/S-A/P § 93a Rn. 19 m.w.N.).

3. Geklärter Sachverhalt

Der **Sachverhalt** ist **geklärt**, wenn nach dem Vortrag der Beteiligten und unter Auswertung der Verwaltungsvorgänge keine vernünftigen Zweifel an dem der Entscheidung zugrunde zu legenden Sachverhalt bestehen. Es dürfen keine Anhaltspunkte dafür bestehen, dass sich nach der Durchführung einer mündlichen Verhandlung oder ggf. einer Beweisaufnahme der Sachverhalt anders darstellen könnte. 9

Das Gericht kann die im Musterverfahren erhobenen **Beweise** einführen; es kann nach seinem Ermessen die wiederholte Vernehmung eines Zeugen oder eine neue Begutachtung durch denselben oder andere Sachverständige anordnen (II 2). „**Einführen**" bedeutet, dass die Ergebnisse der Beweiserhebung aus dem Musterverfahren bekannt gegeben werden und den Beteiligten hierzu rechtliches Gehör gewährt wird. Die im Musterverfahren gewählte Beweisqualität bleibt erhalten (str., wie hier S/S-A/P § 93a Rn. 26 ff.). Die Wiederholung der Beweiserhebung ist angezeigt, wenn einem entsprechenden Beweisantrag nachgegangen werden müsste (Rn. 11). 10

4. Ablehnung von Beweisanträgen

Beweisanträge zu Tatsachen, über die bereits im Musterverfahren Beweis erhoben wurde, kann das Gericht **ablehnen**, wenn ihre Zulassung nach seiner freien Überzeugung nicht zum Nachweis neuer entscheidungserheblicher Tatsachen beitragen und die Erledigung des Rechtsstreits verzögern würde (II 3; zur Verzögerung → § 87b Rn. 12 f.). 11

Vor einem Beschluss nach § 93a II 1 bedarf es in Ausnahme zu § 86 II (→ § 86 Rn. 27 ff.) grds. **keiner Vorabentscheidung** über einen Beweisantrag. Die Ablehnung kann in der Entscheidung nach S. 1 erfolgen (II 4). Das Gericht muss allerdings die Erheblichkeit einer Beweiserhebung vor der Entscheidung prüfen und in seiner Sachentscheidung die Gründe darlegen, die es zum Verzicht auf die Erhebung des beantragten Beweises veranlasst haben (BVerwG, Beschl. v. 19.8. 2008 – 4 A 1001.08). Verhandelt das Gericht allerdings mündlich (vgl. § 101 III), ist § 86 II wiederum zu beachten (str., S/S-A/P § 93a Rn. 31). 12

5. Entscheidung des Gerichts

Die Entscheidung, gemäß II zu verfahren, steht im **Ermessen** des Gerichts als Spruchkörper; eine Verpflichtung hierzu besteht nicht, auch wenn bereits eine Entscheidung nach I getroffen worden ist; das Gericht kann ebenso durch Urteil oder Gerichtsbescheid (§ 84) entscheiden. Die Einstimmigkeit bedarf nicht der nach außen tretenden Verlautbarung, sondern bleibt Internum der gerichtlichen Beratung (S/S-A/P § 93a Rn. 21 empfiehlt allerdings eine Mitteilung an die Beteiligten). Das 13

Gericht entscheidet in der nach § 5 III 2 maßgeblichen **Besetzung**. Eine mündliche Verhandlung kann durchgeführt werden (§ 101 III).

14 Das Gericht ist im **Nachverfahren** nicht an die Ergebnisse des Musterverfahrens gebunden (vgl. BT-Drs. 11/7030, S. 28 f.; BVerwG, Beschl. v. 7.5. 2008 – 4 A 1009.97; S/S-A/P § 93a Rn. 23). Es kann daher auch dann, wenn die Voraussetzungen der I, II vorliegen, sachlich anders entscheiden. Unter dieser Prämisse verstoßen die Bestimmungen über die Durchführung des Nachverfahrens auch nicht gegen Art. 19 IV, 103 I GG. Diese – wie über die Erforderlichkeit einer mündlichen Verhandlung und die Beweiserhebung – lassen den Gerichten einen Spielraum, um dieser Verfahrensgarantie gerecht zu werden (BVerfG NVwZ 2009, 908).

6. Rechtsmittel

15 Den Beteiligten steht gegen den Beschluss nach S. 1 das Rechtsmittel zu, das zulässig wäre, wenn das Gericht durch Urteil entschieden hätte (II 5). Die Beteiligten sind über dieses Rechtsmittel zu **belehren** (II 6).

16 Ein Antrag auf mündliche Verhandlung in analoger Anwendung des § 84 II Nr. 2 kann nicht gestellt werden (S/S-A/P § 93a Rn. 32: ggf. bejahend mit Blick auf Art. 6 I EMRK).

§ 94 [Aussetzung des Verfahrens]

Das Gericht kann, wenn die Entscheidung des Rechtsstreits ganz oder zum Teil von dem Bestehen oder Nichtbestehen eines Rechtsverhältnisses abhängt, das den Gegenstand eines anderen anhängigen Rechtsstreits bildet oder von einer Verwaltungsbehörde festzustellen ist, anordnen, daß die Verhandlung bis zur Erledigung des anderen Rechtsstreits oder bis zur Entscheidung der Verwaltungsbehörde auszusetzen sei.

1 Die VwGO regelt mit § 94 (allein) die Aussetzung wegen sog. **Vorgreiflichkeit**. Die Vorschrift findet grds. in **allen Verfahrensarten** einschließlich der Rechtsmittelverfahren (§§ 125 I, 141 S. 1) Anwendung **mit Ausnahme** der **Eilverfahren**; dort liefe eine Aussetzung dem Schutzzweck des besonderen Eilbedürfnisses zuwider (S/S-A/P § 94 Rn. 12). §§ 80a I, 32a AsylVfG treffen **Sonderregelungen für den Asylprozess**. Im Übrigen finden im Verwaltungsprozess gemäß § 173 S. 1 die Vorschriften über Aussetzung, Unterbrechung und Ruhen des Verfahrens nach **§§ 239 bis 251 ZPO** entsprechende Anwendung; insoweit wird auf die Kommentierungen in der zivilprozessualen Literatur verwiesen. Schließlich ist nach **Art. 100 I GG** auszusetzen, wenn ein Gericht ein Gesetz, auf dessen Gültigkeit es bei der Entscheidung ankommt, für verfassungswidrig hält.

I. Vorgreifliches Rechtsverhältnis

2 Die Entscheidung des Rechtsstreits muss ganz oder zum Teil von dem Bestehen oder Nichtbestehen eines Rechtsverhältnisses abhängen, das den Gegenstand eines anderen anhängigen Rechtsstreits bildet oder von einer Verwaltungsbehörde festzustellen ist, sog. **vorgreifliches Rechtsverhältnis**.

1. Rechtsverhältnis

Unter einem **Rechtsverhältnis** sind die rechtlichen Beziehungen zu verstehen, die 3
sich aus einem konkreten Sachverhalt auf Grund einer öffentlich-rechtlichen Norm
für das Verhältnis von (natürlichen oder juristischen) Personen untereinander oder einer Person zu einer Sache ergeben (BVerwG NVwZ 2009, 1170). **Nicht** ausreichend
ist, dass sich in einem anderen Verfahren die gleiche Rechtsfrage stellt, da die **Auslegung von Rechtsfragen** kein Rechtsverhältnis betrifft (BVerwG NVwZ 2009, 787;
NVwZ-RR 2001, 483; → Rn. 13: auch nicht in analoger Anwendung). Auch die
Frage der **Gültigkeit einer Rechtsnorm** ist kein Rechtsverhältnis i.S.v. § 94 (→
Rn. 9 ff.: aber analoge Anwendung).

2. Vorgreiflichkeit

Vorgreiflichkeit zielt nicht auf eine evtl. entstehende Bindungswirkung. Es muss lediglich auf die Beurteilung einer Vorfrage ankommen, die Gegenstand des anderen 4
Rechtsstreits/Verfahrens ist. Es genügt jeder rechtslogische tatsächliche Einfluss, z.B.
auch im Hinblick auf die Beweiswürdigung (str., wie hier KS § 94 Rn. 4; enger S/S-A/P § 94 Rn. 18 m.w.N.).

So ist z.B. ein **verwaltungsinternes Kontrollverfahren** vorgreiflich, das zwecks 5
Überdenkens der Bewertung einer in einer berufsbezogenen Prüfung erbrachten
Leistung außerhalb des Gerichtsverfahrens durchgeführt wird (vgl. BVerwG, Beschl.
v. 18.12. 2008 – 6 B 70.08). Auch kann ggf. eine **strafgerichtliche Entscheidung**,
auch wenn sie für das VG keine unmittelbare Bindungswirkung entfaltet, mit ihrem
dort festgestellten Sachverhalt Einfluss auf die Beweiswürdigung hinsichtlich des dem
Verwaltungsrechtsstreit zugrunde liegenden tatsächlichen Geschehens haben, sodass
Vorgreiflichkeit bejaht werden kann (LSAOVG, Beschl. v. 10.7. 2007 – 1 O 46/07,
m.w.N.).

3. Anhängigkeit des Rechtsstreits/bevorstehendes Verwaltungsverfahren

Das vorgreifliche Rechtsverhältnis muss den Gegenstand eines anderen anhängigen 6
Rechtsstreits bilden oder von einer Verwaltungsbehörde festzustellen sein.

Die Anhängigkeit muss nicht vor einem VG bestehen. Hängt die Entscheidung des 7
Verwaltungsrechtsstreits von dem Bestehen oder Nichtbestehen eines Rechtsverhältnisses ab, das **nur** von dem **Gericht eines anderen Rechtswegs** festgestellt werden
kann, so ist in entsprechender Anwendung des § 94 das Gericht auch dann, wenn darüber noch kein Rechtsstreit anhängig ist, gehalten, das Verfahren unter Fristsetzung
auszusetzen (BVerwGE 77, 19; → Rn. 17).

Das **verwaltungsbehördliche Verfahren** muss noch nicht „anhängig" sein; seine 8
Einleitung muss allerdings unmittelbar bevorstehen (S/S-A/P § 94 Rn. 27). Entsprechend findet § 94 Anwendung, wenn **Entscheidungen der Europäischen Kommission** vorgreiflich sind (S/S-A/P § 94 Rn. 66).

II. Entsprechende Anwendung

In der gerichtlichen Praxis wird § 94 entsprechend angewandt, wenn das Ergebnis des 9
Klageverfahrens von der Gültigkeit einer Rechtsvorschrift abhängt, die in einem
Normenkontrollverfahren Prüfungsgegenstand ist (BVerwG Buchh 448.0 § 12

§ 94

WPflG Nr. 208; NVwZ-RR 2001, 483; S/S-A/P § 94 Rn. 44 ff.; zur Ermessensentscheidung des Gerichts → Rn. 14 ff.).

10 Dasselbe gilt bei einer anhängigen **Verfassungsbeschwerde** (Art. 93 I Nr. 4a GG) gegen die entscheidungserhebliche Norm (BVerwG NJW 1998, 2301), jedenfalls dann, sofern diese gemäß §§ 93a, 93b BVerfGG zur Entscheidung angenommen worden ist (BremOVG NVwZ-RR 2009, 273; S/S-A/P § 94 Rn. 51).

11 Ebenso ist entsprechend § 94 auszusetzen, um gemäß Art. 234 EG eine **Vorabentscheidung des EuGH** einzuholen, wenn die Entscheidung des Rechtsstreits von der Beantwortung der dem EuGH gestellten Fragen zur Auslegung des Gemeinschaftsrechts abhängt (BVerwG NVwZ 2008, 686; Buchh 240 § 48 BBesG Nr. 11). Eine Aussetzung darf auch angeordnet werden, ohne zugleich eine Vorabentscheidung des EuGH einzuholen (BVerwGE 112, 166), sofern die entscheidungserheblichen gemeinschaftsrechtlichen Fragen bereits Gegenstand eines beim EuGH anhängigen Verfahrens sind. Die erneute Anrufung des Gerichtshofs würde ihn zusätzlich belasten, ohne dass davon neue Erkenntnisse zu erwarten wären (BVerwGE 123, 322; 112, 166, jeweils m. w. N.). Zum Verfahrensgang im Einzelnen vgl. KS § 94 Rn. 20 ff.; S/S-A/P § 94 Rn. 58 ff.

12 Ob im Hinblick auf anhängige **Verfahren vor dem EGMR** eine Aussetzung zulässig ist, ist umstritten (vgl. S/S-A/P § 94 Rn. 67 f.).

13 Eine Verfahrensaussetzung analog § 94 findet jedoch nicht statt, wenn in einem anderen gerichtlichen Verfahren lediglich über die **gleiche Rechtsfrage** zu entscheiden ist. Es fehlt – anders als etwa beim verfassungsgerichtlichen Normenkontrollverfahren – an einer entsprechenden Bindungswirkung. Anderenfalls würde auch die in § 93a (Massenverfahren) zum Ausdruck kommende gesetzliche Wertung unterlaufen (NRW-OVG ZfWG 2009, 75; LSAOVG DÖV 2009, 299; SHOVG DVBl. 2010, 63 m. w. N. zur a. A.). Eine förmliche Unterbrechung kann in einem solchen Fall nur durch übereinstimmenden Ruhensantrag (§ 173 S. 1 i. V. m. § 251 ZPO) erreicht werden.

III. Ermessen

14 Liegt Vorgreiflichkeit im dargelegten Sinne vor, kann das Gericht anordnen, dass die Verhandlung bis zur Erledigung des anderen Rechtsstreits oder bis zur Entscheidung der Verwaltungsbehörde auszusetzen sei.

1. Grundsatz

15 Die Entscheidung, die Verhandlung auszusetzen, liegt im **richterlichen Ermessen**. Die bloße Vorgreiflichkeit reicht insoweit nicht aus. Sie ist die Voraussetzung dafür, dass § 94 überhaupt anwendbar ist, ohne etwas darüber auszusagen, in welcher Richtung das Gericht das ihm eingeräumte Ermessen auszuüben hat (BVerwG, Beschl. v. 5. 4. 2005 – 6 B 2.05). Das Gericht hat grds. die Wahl, anstelle einer Aussetzung über die vorgreifliche Frage inzident selbst zu entscheiden.

2. Ausnahme

16 Das Ermessen, den Rechtsstreit auszusetzen, reduziert sich in Ausnahmefällen zu einer Vorprägung in Richtung auf eine Aussetzung (BVerwG CR 2010, 103) bzw. eine **Verpflichtung zur Aussetzung**, wenn anders eine Sachentscheidung nicht möglich ist (BVerwG Buchh 448.0 § 12 WPflG Nr. 208).

17 So ist das Ermessen z. B. in den Fällen vorgeprägt, in denen ein **asylrechtliches Widerrufsverfahren** hinsichtlich des Stammberechtigten (§ 73 I 2 AsylVfG) bereits

Aussetzung des Verfahrens **§ 94**

eingeleitet worden ist. Hier liegt es nahe, das Familienasylverfahren (§ 26 II AsylVfG) bis zur rechtskräftigen Entscheidung über den Widerruf auszusetzen (vgl. BVerwGE 126, 27). Ist bei einer **Aufrechnung über eine bestrittene rechtswegfremde Gegenforderung** bereits ein Rechtsstreit vor dem dafür zuständigen Zivilgericht anhängig (Art. 34 S. 3 GG, § 17 II 2 GVG), so **hat** das Gericht sein Verfahren auszusetzen, bis die Frage des Bestehens des Gegenanspruchs geklärt ist (BVerwG NJW 1999, 160; S/S-A/P § 94 Rn. 32). Bei **verwaltungsinternen Kontrollverfahren**, das zwecks Überdenkens der Bewertung einer in einer berufsbezogenen Prüfung erbrachten Leistung außerhalb des Gerichtsverfahrens durchgeführt wird, ist ebenfalls die Aussetzung angezeigt (vgl. BVerwG, Beschl. v. 18.12. 2008 – 6 B 70.08; S/S-A/P § 94 Rn. 33).

Begehrt der Kläger die Aussetzung des Verfahrens auf Grund einer beim BVerfG **18** **anhängigen Normenkontrolle** nach Art. 100 I GG, so besteht dann **keine Pflicht zur Aussetzung**, wenn das Gericht die Gültigkeit der vom BVerfG zu prüfenden Normen in Übereinstimmung mit der Rspr. des BVerwG bejaht. Bei einer derartigen durch die Rspr. des höchsten Fachgerichts gestützten Überzeugung von der Gültigkeit der einschlägigen Gesetzesvorschrift ist es nicht zu beanstanden, dass ein Gericht unter Berücksichtigung des den § 94 prägenden Gedankens der prozessökonomisch zweckmäßigsten Prozessabwicklung die zügige Fortsetzung und Beendigung des Verfahrens einer Aussetzung vorzieht (BVerwG Buchh 448.0 § 12 WPflG Nr. 208; Buchh 310 § 94 VwGO Nr. 13).

IV. Verfahren

Der nach **Anhörung** der Beteiligten ergehende förmliche **Beschluss** über die Aus- **19** setzung ist, soweit er anfechtbar ist (→ Rn. 21), zu **begründen** (§ 122 II 1). Im vorbereitenden Verfahren entscheidet der Vorsitzende bzw. Berichterstatter (§ 87a I Nr. 1, III). Wird nicht ausgesetzt, ist es ausreichend, zu einer von den Beteiligten angeregten Aussetzung in den Entscheidungsgründen Stellung zu nehmen (BVerwG Buchh 310 § 94 VwGO Nr. 4).

Die Entscheidung kann durch das Gericht jederzeit von Amts wegen oder auf An- **20** trag eines Beteiligten **aufgehoben** werden (§ 173 S. 1 i.V.m. § 150 S. 1 ZPO). Wegen Art. 19 IV GG ist das Gericht verpflichtet, das Verfahren zumindest dann fortzusetzen, wenn ein Stillstand für einen der Beteiligten mit der Gefahr der Rechtsvereitelung verbunden wäre (NRWOVG DÖV 1988, 797).

V. Rechtsmittel

Der Aussetzungsbeschluss des VG ist – vorbehaltlich spezialgesetzlicher Normen (vgl. **21** § 37 II 1 VermG) – mit der Beschwerde **anfechtbar** (§ 146 I), da es sich nicht um eine bloße prozessleitende Verfügung handelt. Die Aussetzung durch das OVG ist gemäß § 152 I unanfechtbar (BVerwG NJW 1998, 2301). Ergeht kein Beschluss, entscheidet das Gericht jedoch gleichwohl nicht in der Sache und terminiert auch nicht, ist diese **Untätigkeit als solche** nicht mit der Beschwerde angreifbar (a.A. KS § 94 Rn. 7 m.w.N.; S/S-A/P § 94 Rn. 40, § 146 Rn. 10 → § 102 Rn. 18).

Der **Überprüfung im Beschwerdeverfahren** ist grds. die Rechtsauffassung des **22** Ausgangsgerichts zu Grunde zu legen, es sei denn, diese Rechtsauffassung ist grob fehlerhaft zustande gekommen. Bei einer vollständigen Überprüfung würde die gesetzliche Reihenfolge der Instanzen dadurch verletzt, dass das Beschwerdegericht in einem Zwischenstreit über die Aussetzung des Verfahrens den gesamten Streitstoff beurteilen und dem Ausgangsgericht praktisch sein Urteil in der Hauptsache vorgeben müsste (BayVGH, Beschl. v. 24.6. 2008 – 19 C 08.478; S/S-A/P § 94 Rn. 41).

23 Eine **Verfahrensrüge**, die im Zusammenhang mit einer unanfechtbaren Aussetzungsentscheidung erhoben wird, ist nur dann zulässig, wenn sie sich nicht unmittelbar gegen die – revisionsgerichtlich nicht nachprüfbare – Vorentscheidung als solche wendet, sondern einen Mangel betrifft, der als Folge der beanstandeten Vorentscheidung weiterwirkend der angefochtenen Sachentscheidung anhaftet. Denn die unmittelbare Prüfung der Aussetzungsentscheidung des OVG durch das Revisionsgericht auf eine Verfahrensrüge hin würde den gesetzlich angeordneten Beschwerdeausschluss umgehen und die aus prozessökonomischen Gründen vorgesehene Bindungswirkung gemäß § 548 ZPO missachten (BVerwG NJW 1998, 2301).

§ 95 [Anordnung des persönlichen Erscheinens]

(1) [1]Das Gericht kann das persönliche Erscheinen eines Beteiligten anordnen. [2]Für den Fall des Ausbleibens kann es Ordnungsgeld wie gegen einen im Vernehmungstermin nicht erschienenen Zeugen androhen. [3]Bei schuldhaftem Ausbleiben setzt das Gericht durch Beschluß das angedrohte Ordnungsgeld fest. [4]Androhung und Festsetzung des Ordnungsgelds können wiederholt werden.

(2) Ist Beteiligter eine juristische Person oder eine Vereinigung, so ist das Ordnungsgeld dem nach Gesetz oder Satzung Vertretungsberechtigten anzudrohen und gegen ihn festzusetzen.

(3) Das Gericht kann einer beteiligten öffentlich-rechtlichen Körperschaft oder Behörde aufgeben, zur mündlichen Verhandlung einen Beamten oder Angestellten zu entsenden, der mit einem schriftlichen Nachweis über die Vertretungsbefugnis versehen und über die Sach- und Rechtslage ausreichend unterrichtet ist.

1 § 95 zielt auf die bestmögliche Erforschung des Sachverhalts (§ 86 I) und dient im Wesentlichen der Klarstellung des Beteiligtenbegehrens (§ 86 III). Die Norm ist keine Grundlage für eine Beweisaufnahme in Form der Beteiligtenvernehmung (allg. Meinung, vgl. S/S-A/P § 95 Rn. 8 m.w.N.); diese bestimmt sich allein nach § 98 i.V.m. §§ 450 ff. ZPO. § 95 ist in **allen Verfahrensarten** und **Rechtsmittelverfahren** (§§ 125 I, 141 S. 1) anwendbar.

I. Anordnung des persönlichen Erscheinens

2 Das Gericht kann das persönliche Erscheinen der Beteiligten (§ 63), nicht aber ihrer Prozessbevollmächtigten, anordnen (I 1). Die Aussage oder Mitwirkung eines Beteiligten kann mittels I nicht erzwungen werden.

1. Adressaten der Anordnung

3 Adressaten können die beteiligten **natürlichen Personen** sein. Prozessunfähige können geladen werden, zudem ihre gesetzlichen Vertreter (S/S-A/P § 95 Rn. 11). Die Anordnung nach I 1 kann auch gegenüber den **Vertretungsberechtigten einer ju-

ristischen Person (auch des öffentlichen Rechts) oder Vereinigung ergehen. Dies liegt der Regelung in II zugrunde und entspricht allein dem Zweck der Norm, eine bestmögliche Sachverhaltsaufklärung zu erzielen (KS § 95 Rn. 2; S/S-A/P § 95 Rn. 12 f.). Unter mehreren Vertretern kann das Gericht auswählen.

2. Ermessen

Die ausdrücklich zu treffende Anordnung steht im **Ermessen** des Gerichts (BVerwG **4** Buchh 310 § 95 VwGO Nr. 6), im vorbereitenden Verfahren auch in der Kompetenz des Vorsitzenden oder Berichterstatters (§ 87 I 2 Nr. 5).

Die Anordnung bietet sich z. B. an, wenn das **persönliche Erscheinen** eines Be- **5** teiligten in der mündlichen Verhandlung die weitere Aufklärung des Sachverhalts erwarten lässt oder die Grundlage bieten soll, den Rechtsstreit ggf. gütlich beizulegen. Die Anordnung ist angezeigt, um ggf. die Prozessfähigkeit eines Beteiligten beurteilen zu können (BVerwG Buchh 310 § 86 Abs. 1 VwGO Nr. 15). Sie liegt (eher) fern, wenn sich ein Beteiligter im Ausland befindet (S/S-A/P § 95 Rn. 15). Ihrem Erlass steht nicht der Umstand entgegen, dass der Beteiligte angekündigt hat, ohnehin keine Angaben machen zu wollen (S/S-A/P § 95 Rn. 15).

Ein **Anspruch auf Anordnung** besteht nicht. Die Anordnung bleibt auch dann **6** eine Ermessensentscheidung, wenn der Beteiligte inhaftiert ist (BVerwG Buchh 310 § 95 VwGO Nr. 6). Es ist unter dem Gesichtspunkt des rechtlichen Gehörs (Art. 103 I GG) ausreichend, dass der Beteiligte Gelegenheit zur Teilnahme hat (vgl. § 36 I StVollzG). Der Anordnung nach I bedarf es hierfür nicht.

3. Verfahren

Die Anordnung ergeht mittels **nicht anfechtbarer prozessleitender Verfügung** **7** (§ 146 II) und ist dem betroffenen Beteiligten persönlich mitzuteilen (§ 173 S. 1 i. V. m. § 141 II 2 ZPO); die nachrichtliche Mitteilung an den Prozessbevollmächtigten reicht nicht (BVerwG Buchh 310 § 102 VwGO Nr. 11). Etwaige **Ladungsfehler** hinsichtlich der Anordnung des persönlichen Erscheinens haben auf die Wirksamkeit einer Ladung zur mündlichen Verhandlung (§ 102 I) keine Auswirkungen. Die Anordnung kann jederzeit von Amts wegen wieder aufgehoben werden. Zur **Sachentscheidung trotz Nichterscheinens** → Rn. 15.

Die in § 95 normierte Möglichkeit, das persönliche Erscheinen eines Beteiligten **8** anzuordnen, besagt nichts darüber, dass die Vernehmung eines in der mündlichen Verhandlung anwesenden Beteiligten unterbleiben muss, wenn eine derartige Anordnung nicht getroffen wurde (BVerwG, Beschl. v. 23. 11. 1999 – 6 B 81.99).

II. Ordnungsgeld

1. Androhung

Mit der Anordnung des persönlichen Erscheinens kann für den Fall des Ausbleibens **9** ein **Ordnungsgeld angedroht** werden, wie es gegen einen im Vernehmungstermin nicht erschienenen Zeugen angedroht werden könnte (I 2, 98 i. V. m. § 380 I 2 ZPO). Die im **Ermessen des Gerichts** stehende, gemäß § 146 II unanfechtbare Androhung wird üblicherweise mit der Anordnung des persönlichen Erscheines verbunden und ist zuzustellen. Das Ordnungsgeld beträgt mindestens fünf, höchstens tausend Euro (Art. 6 I EGStGB) und ist in einer bestimmten Höhe anzudrohen. Der Pflichtige soll genau wissen, was ihn erwartet, wenn er der gerichtlichen Anordnung nicht nachkommt (NdsOVG, Beschl. v. 9.11. 2000 – 4 O 3740/00; S/S-A/P § 95 Rn. 29 m.w.N.).

2. Festsetzung

10 Bei **schuldhaftem Ausbleiben** setzt das Gericht durch zu begründenden, zuzustellenden und gemäß § 146 I anfechtbaren **Beschluss** das angedrohte Ordnungsgeld fest (I 3). Diese Entscheidung liegt – in Konsequenz zur Androhung des Ordnungsgeldes – trotz des missverständlichen Wortlauts der Norm **im Ermessen** des Gerichts (NKVwGO § 95 Rn. 31; S/S-A/P § 95 Rn. 31 m.w.N.). Es bedarf daher nicht zuerst der Aufhebung der Androhungsanordnung, wenn das Gericht von der Festsetzung des Ordnungsgelds absehen will.

11 Für die **genügende Entschuldigung** müssen Umstände vorliegen, die das Ausbleiben nicht als pflichtwidrig erscheinen lassen. Das Ausbleiben ist entschuldigt, wenn der Beteiligte glaubhaft macht, dass er trotz ausreichender Sorgfalt verhindert war, am Termin teilzunehmen (S/S-A/P § 95 Rn. 23). Ist die Verhinderung zuvor absehbar, muss der Beteiligte die Verlegung des Termins beantragen. Macht der Beteiligte **nachträglich glaubhaft**, dass er unverschuldet am Erscheinen verhindert war, ist die Festsetzung von Amts wegen aufzuheben.

12 Bei der **Zumessung** hat das Gericht die Umstände, die für oder gegen den Beteiligten sprechen, gegeneinander abzuwägen. Dabei ist auf das Maß der Pflichtwidrigkeit, die Art des Verstoßes und dessen schuldhafte Auswirkungen, auf die persönlichen und wirtschaftlichen Verhältnisse des Beteiligten sowie auf sein Verhalten nach dem Ordnungsverstoß abzustellen. Es ist insoweit eine Ermessensentscheidung zu treffen. In der Regel bedarf es keiner eingehenden Begründung einer Ermessensentscheidung, wenn sich das Ordnungsgeld im unteren Mittel bzw. unteren Viertel des vorgegebenen Rahmens bewegt (BayLSG, Beschl. v. 1.9. 2009 – L 2 B 940/08 AL; BFH NV 2008, 1870).

3. Wiederholte Festsetzung, weitere Maßnahmen

13 Androhung und Festsetzung des Ordnungsgelds können nach erneuter Ladung und Androhung **wiederholt** werden (I 4). Überdies können dem Beteiligten die durch das Ausbleiben verursachten Kosten auferlegt werden (§ 38 GKG, § 155 IV).

14 **Ordnungshaft** oder **zwangsweise Vorführung** sind mangels entsprechender Anordnung in § 95 unzulässig; § 380 I 2 ZPO ist nicht anwendbar (BeckOK VwGO § 95 Rn. 16).

III. Nichterscheinen und Entscheidung in der Sache

15 Es steht dem Gericht im Falle des Nichterscheinens des Beteiligten – unabhängig davon, ob es schuldhaft erfolgt oder nicht – im Prinzip frei, gleichwohl in der Sache zu entscheiden, da die Anordnung des persönlichen Erscheinens nur der Sachaufklärung und nicht der Wahrung des rechtlichen Gehörs des Beteiligten dient. Es kann bei ihm daher auch nicht die Erwartung rechtfertigen, dass unter keinen Umständen ohne seine persönliche Anhörung entschieden werden wird (str., vgl. BVerwG Buchh 310 § 102 VwGO Nr. 11; BayVGH, Beschl. v. 5.10. 1998 – 24 C 98.2213; KS § 95 Rn. 4). Ein Gericht darf sich über die von ihm zunächst mit Anordnung des persön-

lichen Erscheinens angenommene Notwendigkeit, sich einen persönlichen Eindruck von dem Beteiligten zu verschaffen, bei dessen Nichterscheinen aber nur dann hinwegsetzen, wenn es die Überzeugung der entscheidungserheblichen Tatsachen auf andere Weise gewinnen kann (BVerwG NVwZ-RR 2001, 167; bei unverschuldetem Ausbleiben strenger S/S-A/P § 95 Rn. 22). Auch das schuldhafte Nichterscheinen eines Beteiligten entbindet das Gericht nicht von seiner Pflicht zur weiteren Sachverhaltsaufklärung (§ 86 I).

Wenn das Gericht bei der Ladung zum Termin das persönliche Erscheinen eines **16** Beteiligten **nicht anordnet**, muss dieser nicht damit rechnen, dass das Gericht an die Tatsache seines Nichterscheinens für ihn nachteilige Folgen knüpfen wird. Ist daher entweder das Gericht bei der Ladung selbst nicht von der Notwendigkeit des persönlichen Erscheinens ausgegangen oder hat es eine anderslautende Einschätzung nicht in genügender Weise zum Ausdruck gebracht, so ist beim Erkennen weiteren Aufklärungsbedarfs der Termin zu vertagen mit der Anordnung des persönlichen Erscheinens des Beteiligten zum neuen Termin (BVerfG NVwZ 1994, Beilage 7, 50).

IV. Ladung eines Behördenvertreters

Das Gericht kann mittels gemäß § 146 II unanfechtbarer Verfügung einer beteiligten **17** öffentlich-rechtlichen Körperschaft oder Behörde aufgeben, zur mündlichen Verhandlung einen Beamten oder Angestellten (sog. **Behördenvertreter**) zu entsenden, der mit einem schriftlichen Nachweis über die Vertretungsbefugnis versehen und über die Sach- und Rechtslage ausreichend unterrichtet ist (III). Juristische Personen des öffentlichen Rechts fallen entsprechend unter die Regelung des III (h.M., vgl. KS § 95 Rn. 5 m.w.N.).

Eine bestimmte Person kann nicht Adressat der Anforderung nach III sein; ist **18** sie vertretungsberechtigt, ist gemäß II zu verfahren. Kommt es auf die Aussage eines bestimmten Behördenvertreters an, ist er gemäß § 98 i.V.m. §§ 373 ff., 402 ff. ZPO als **Zeuge** oder **Sachverständiger** zu laden (KS § 95 Rn. 5; S/S-A/P § 95 Rn. 36).

Eine dem II vergleichbare **Sanktion** gibt es im Fall des III nicht (KS § 95 Rn. 5; **19** S/S-A/P § 95 Rn. 39). Veranlasst das Nichterscheinen des geladenen Behördenvertreters **Kosten**, können diese der Körperschaft bzw. Behörde auferlegt werden (§ 38 GKG, § 155 IV).

§ 96 [Unmittelbarkeit der Beweisaufnahme]

(1) Das Gericht erhebt Beweis in der mündlichen Verhandlung. Es kann insbesondere Augenschein einnehmen, Zeugen, Sachverständige und Beteiligte vernehmen und Urkunden heranziehen.

(2) Das Gericht kann in geeigneten Fällen schon vor der mündlichen Verhandlung durch eines seiner Mitglieder als beauftragten Richter Beweis erheben lassen oder durch Bezeichnung der einzelnen Beweisfragen ein anderes Gericht um die Beweisaufnahme ersuchen.

Übersicht

	Rn.
I. Beweiserhebung in der mündlichen Verhandlung	1
1. Erkenntnismittel	2
2. Formelle Unmittelbarkeit	4

§ 96   Teil II. Verfahren

3. Materielle Unmittelbarkeit	7
a) Grundsatz: primäre Beweismittel	8
b) Ausnahmen	11
c) Sonderfall: Wiederholung von Beweisaufnahmen	15
4. Folge von Verstößen	19
II. Beweiserhebung vor der mündlichen Verhandlung	20
1. Geeigneter Fall	21
2. Adressat des Ersuchens	22
3. Entscheidung	23
4. Verwertung der Beweisaufnahme	25

I. Beweiserhebung in der mündlichen Verhandlung

1 Das Gericht erhebt gemäß I 1 Beweis in der mündlichen Verhandlung (§ 101 I). Dies gilt selbstverständlich nur, wenn Anlass zu einer Beweiserhebung besteht, weil der Sachverhalt nicht ausreichend klar ist. Besteht dieser Anlass, will I sicherstellen, dass die Beteiligten (§ 63) Gelegenheit zur Teilnahme an der Beweisaufnahme haben, da sie zur mündlichen Verhandlung zu laden sind (§ 102 I). Zugleich ist garantiert, dass grds. der gesamte Spruchkörper in der zur Endentscheidung berufenen Besetzung (§ 5 III 1) an der Beweisaufnahme teilnimmt. Aus diesem normativen Kontext wird der **Grundsatz der Unmittelbarkeit der Beweisaufnahme** abgeleitet. Die dogmatischen Einzelheiten hierzu sind umstritten (vgl. ausführlich S/S-A/P § 96 Rn. 16 ff.); die folgende Darstellung beschränkt sich auf die praxisrelevanten Grundlagen.

1. Erkenntnismittel

2 Das Gericht darf sich zur Erforschung des Sachverhalts aller Erkenntnismittel bedienen, die es für zielführend hält. Große praktische Bedeutung haben im Verwaltungs-, vor allem aber im Asylprozess amtliche Auskünfte. Nach I 2 kann das Gericht insbes. Augenschein einnehmen, Zeugen, Sachverständige und Beteiligte vernehmen und Urkunden heranziehen. Auf die Beweisaufnahme sind §§ 358 bis 444 und 450 bis 494 ZPO entsprechend anzuwenden (→ § 98).

3 Da §§ 445 bis 449 ZPO **(Parteivernehmung)** im Verwaltungsprozess grds. nicht anzuwenden sind, richtet es sich nach aus § 86 I ergebenden Grundsätzen, ob und in welchem Umfang im Verwaltungsprozess eine Parteivernehmung nach I 2 stattzufinden hat. Danach kommt sie regelmäßig, sofern eine gewisse Wahrscheinlichkeit für die unter Beweis gestellte Behauptung des Beteiligten besteht (BVerwG Buchh 235.1 § 58 BDG Nr. 3), nur als letztes Hilfsmittel zur Aufklärung des Sachverhaltes in Betracht, wenn trotz Ausschöpfung aller anderen Beweismittel noch Zweifel bestehen.

2. Formelle Unmittelbarkeit

4 Im **Prinzip** ist im Verwaltungsprozess die Identität von beweiserhebenden und fallentscheidenden Richtern zu wahren, sog. **formelle Unmittelbarkeit** (NRWOVG DÖV 2009, 964). Ein prozessrechtlicher Grundsatz des Inhalts, dass die einmal in der mündlichen Verhandlung mit einer Sache befassten Richter immer bis zur Entscheidung mit dieser Sache befasst bleiben müssen, besteht allerdings nicht.

5 Bei einem **Richterwechsel** ist es im Allgemeinen ausreichend, wenn nach § 103 II der Vorsitzende oder Berichterstatter den Sachverhalt einschließlich des bisherigen Prozessverlaufs in der neuen mündlichen Verhandlung vorträgt (BVerwG

Unmittelbarkeit der Beweisaufnahme § 96

NVwZ 1999, 654; NJW 1994, 1975). Auch § 112 steht dem nicht entgegen; dieser schreibt zwar vor, dass das Urteil nur von den Richtern und ehrenamtlichen Richtern gefällt werden darf, die an der dem Urteil zugrundeliegenden Verhandlung teilgenommen haben. Damit ist jedoch die letzte mündliche Verhandlung gemeint (BVerwG NJW 1986, 3154; S/S-A/P § 96 Rn. 36 ff.).

Weitere **Ausnahmen** vom Erfordernis formeller Unmittelbarkeit begründen **6** § 87 III **(Erhebung einzelner Beweise im vorbereitenden Verfahren)** und § 96 II, wonach die Beweisaufnahme durch den **beauftragten** oder **ersuchten Richter** erfolgen kann.

3. Materielle Unmittelbarkeit

Aus den Prinzipien der **Mündlichkeit** und der **Kontinuität** der Spruchkörperbesetzung sowie dem Grundsatz der **freien Beweiswürdigung** (§ 108 I 1) ergibt sich, dass das Gericht bei seiner Entscheidung grds. nur das berücksichtigen darf, was auf der persönlichen Wahrnehmung aller an der Entscheidung beteiligten Richter beruht oder aktenkundig ist (BGH NVwZ 1992, 915). **7**

a) Grundsatz: primäre Beweismittel. Hieraus leitet sich der – in seinen einzelnen **8** Ausprägungen und Folgerungen äußerst umstrittene – **Grundsatz der materiellen Unmittelbarkeit der Beweiserhebung** ab. Dieser hindert Gerichte, wesentliche entscheidungserhebliche Tatsachen aus mittelbaren Erkenntnisquellen zu gewinnen, wenn unmittelbare Erkenntnismöglichkeiten zur Verfügung stehen (BVerwG, Beschl. v. 13. 10. 1994 – 8 B 162.94; differenzierend NRWOVG DÖV 2009, 964). So hat das Gericht benannte und mit zumutbarem Aufwand erreichbare Zeugen selbst zu vernehmen und nicht deren in einem anderen Verfahren gemachten Aussagen im Wege des Urkundenbeweises heranzuziehen, sofern die Partei dem ausdrücklich widersprochen hat (BVerwG, Beschl. v. 25.8. 2008 – 2 B 18.08; a.A. S/S-A/P § 96 Rn. 20 m.w.N.).

Das unmittelbare Beweismittel der persönlichen Vernehmung verdrängt das nur **9** mittelbare Beweismittel der Urkunde über Zeugenwahrnehmungen (BVerwG Buchh 310 § 132 VwGO Nr. 182). So kommt die **Verwertung eines Briefes** im Wege des Urkundenbeweises wegen der damit verbundenen Umgehung der Unmittelbarkeit der Beweisaufnahme grds. dann nicht in Betracht, wenn sich der Brief seinem Inhalt nach als eine schriftliche Zeugenaussage darstellt, also Wissenserklärungen des Verfassers über bestimmte Tatsachen enthält (BVerwG NVwZ 1984, 791). Für andere primäre Beweismittel gilt Entsprechendes.

Dies bedeutet im Ergebnis nicht, dass sich das primäre Beweismittel in seinem Aus- **10** sagegehalt stets gegenüber dem sekundären durchsetzt. Welchem Beweis die stärkere Überzeugungskraft zukommt, obliegt gemäß § 108 I 1 der Freiheit richterlicher Überzeugungsbildung (vgl. BVerwG, Beschl. v. 25.8. 2008 – 2 B 18.08).

b) Ausnahmen. Das Gebot, den primären Beweis zu erheben, ist aber z.B. dann **11** nicht verletzt, wenn von der **Augenscheinseinnahme** in dem Fall abgesehen wird und dafür **Lichtbilder** und **Lagepläne** verwertet werden, wenn sie die Örtlichkeiten in ihren für die gerichtliche Beurteilung maßgeblichen Merkmalen so eindeutig ausweisen, dass sich der mit einer Ortsbesichtigung erreichbare Zweck mit ihrer Hilfe ebenso zuverlässig erfüllen lässt. Das gilt nur dann nicht, wenn ein Beteiligter geltend macht, dass die Karten oder Lichtbilder in Bezug auf bestimmte, für die Entscheidung wesentliche Merkmale keine Aussagekraft besitzen, und dies zutreffen kann (BVerwG

BauR 2009, 617; 2007, 2039; Beschl. v. 13.10. 1994 – 8 B 162.94; BGH NJW-RR 1987, 1237).

12 Ebenso darf die Ablichtung einer **Urkunde** zum Gegenstand der Beweisaufnahme in der mündlichen Verhandlung gemacht werden, wenn Zweifel an der Originaltreue nicht geltend gemacht werden und auch sonst nicht bestehen (BGH NStZ 1986, 519).

13 Auch in der **Nichtvernehmung eines Gutachters** liegt grds. kein Verstoß gegen den Unmittelbarkeitsgrundsatz; denn bei Beweismitteln, bei denen – wie bei Sachverständigengutachten – dem persönlichen Eindruck regelmäßig keine wesentliche Bedeutung zukommt, kann sich die Notwendigkeit einer – von den Verfahrensbeteiligten nicht beantragten – persönlichen Anhörung allenfalls dann ergeben, wenn dies zum Verständnis des Gutachtens erforderlich ist (BVerwG, Beschl. v. 12.10. 2009 – 3 B 55.09).

14 Die **Verwertung eines Briefes** im Wege des Urkundenbeweises kommt dann in Betracht, wenn sich der Brief seinem Inhalt nach zwar als eine schriftliche Zeugenaussage darstellt, der Zeuge, um dessen Aussage es geht, aber nicht oder nicht mehr zur Verfügung steht (BVerwG NVwZ 1984, 791).

15 c) Sonderfall: Wiederholung von Beweisaufnahmen. Der Grundsatz der Unmittelbarkeit verlangt nicht die **Wiederholung einer Beweisaufnahme**, wenn sich die Sache aufgrund eines Rechtsmittels in der höheren Instanz befindet. Eine Wiederholung der Beweisaufnahme steht vielmehr im Ermessen des Gerichts (BVerwG NJW 1986, 3154). Wenn das Berufungsgericht nach § 128 S. 2 auch neu vorgebrachte Tatsachen und Beweismittel berücksichtigen darf, kann im Umkehrschluss gefolgert werden, dass es grds. die bereits vorliegenden Tatsachen und Beweismittel einbinden darf und nicht stets neu Beweis erheben muss (S/S-A/P § 96 Rn. 40; BVerwG Buchh 310 § 132 VwGO Nr. 182).

16 Sind die Beweiserhebung Niederschriften vorhanden und kommt es auf den unmittelbaren Eindruck eines Zeugen nicht an, so genügt i.d.R. die **Verlesung** und **Verwertung der Niederschrift** über die Beweisaufnahme in der früheren Verhandlung oder der Sachbericht eines Mitglieds des Gerichts, das bei der Beweisaufnahme mitgewirkt hat (BVerwG NJW 1986, 3154). Dem Berufungsgericht ist es grds. gestattet, die im Protokoll des erstinstanzlichen Gerichts festgehaltenen Bekundungen eines Zeugen zu einem unverändert gebliebenen Beweisthema zu würdigen. Nur in **Ausnahmefällen** ist das Berufungsgericht zur nochmaligen Vernehmung eines Zeugen verpflichtet, insbes. dann, wenn es von der Würdigung der Glaubwürdigkeit des Zeugen durch das Gericht der ersten Instanz abweichen will (BVerwG NVwZ-RR 1990, 220; S/S-A/P § 96 Rn. 41).

17 So drängt sich eine **wiederholte Beweisaufnahme** auch dann nicht auf, wenn sich bereits dem Vorbringen des beweisbelasteten Beteiligten wie auch den sonstigen Umständen des Falles nichts von Substanz entnehmen lässt, was auch nur geringste Zweifel an der Glaubhaftigkeit der erstinstanzlich protokollierten Aussagen oder an der Glaubwürdigkeit der Zeugen wecken könnte (NRWOVG DÖV 2009, 964). Zeigt sich aber im weiteren Verlauf des Verfahrens die Notwendigkeit einer erneuten oder ergänzenden Vernehmung eines Zeugen, ist sie durchzuführen. Vergleichbar ist zu verfahren, wenn es um die nochmalige Anhörung eines Gutachters geht (BVerwG DÖV 1993, 536; BGH NJW 1986, 2886).

18 Die **Einholung eines (ggf. weiteren) gerichtlichen Sachverständigengutachtens** liegt im **Ermessen** des Gerichts. Sie muss erfolgen, wenn sich eine solche Beweisaufnahme aufdrängt (BVerwG, Beschl. v. 12.10. 2009 – 3 B 55.09). Dies kann selbst dann der Fall sein, wenn bereits Gutachten vorliegen, diese aber nicht geeignet sind, dem Gericht die für die richterliche Überzeugungsbildung notwendigen sachlichen Grundlagen zu vermitteln. Das kann der Fall sein, wenn Gutachten und fachtechnische Stellungnahmen grobe, offen erkennbare Mängel oder unlösbare Widersprüche aufweisen, wenn sie von unzutreffenden sachlichen Voraussetzungen ausgehen oder Anlass zu Zweifeln an der Sachkunde oder der Unparteilichkeit des Gutachters besteht (BVerwG NJW 2009, 2614; Buchh 442.09 § 18 AEG Nr. 65). Die Verpflichtung zur Einholung eines weiteren Gutachtens folgt nicht schon daraus, dass ein Beteiligter das vorliegende Gutachten als Erkenntnisquelle für unzureichend hält (BVerwG, Beschl. v. 3.2. 2010 – 2 B 73.09).

4. Folge von Verstößen

Wird gegen I **verstoßen**, muss die **Beweisaufnahme** ggf. unter Wiedereröffnung 19 der mündlichen Verhandlung (§ 104 III 2) **wiederholt** werden. Die unter Verstoß gegen den Unmittelbarkeitsgrundsatz gewonnenen Ergebnisse dürfen nicht verwertet werden. Die Beteiligten können hierauf allerdings ausdrücklich oder konkludent durch rügelose Einlassung verzichten (§ 173 S. 1 i.V.m. § 295 ZPO).

II. Beweiserhebung vor der mündlichen Verhandlung

Das Gericht kann in geeigneten Fällen „schon vor", d.h. aber ggf. auch noch nach 20 der mündlichen Verhandlung durch eines seiner Mitglieder als beauftragten Richter Beweis erheben lassen oder durch Bezeichnung der einzelnen Beweisfragen ein anderes Gericht um die Beweisaufnahme ersuchen (II). Die Norm **ergänzt die Befugnis aus § 87 III**, nach welcher im Vorfeld der mündlichen Verhandlung die Erhebung einzelner Beweise durch den Vorsitzenden oder den Berichterstatter zulässig ist, und schließt eine über § 173 S. 1 entsprechende Anwendung des § 375 I, Ia ZPO aus. II findet auf den Fall entsprechende Anwendung, dass nur ein Mitglied des Spruchkörpers an der Beweisaufnahme teilgenommen hat, während zwischenzeitlich alle anderen ausgeschieden sind (KS § 96 Rn. 8).

1. Geeigneter Fall

Für die Frage, ob ein zur Beweisaufnahme durch einen beauftragten Richter **geeig-** 21 **neter Fall** vorliegt, ist wegen der gleichen Ausgangslage auf die Kriterien zurückzugreifen, die für die Beweisaufnahme im vorbereitenden Verfahren nach § 87 III gelten. Hiernach kommt eine Beweiserhebung u.a. dann in Betracht, wenn von vornherein anzunehmen ist, dass das Gericht das Beweisergebnis auch ohne unmittelbaren Eindruck von dem Verlauf der Beweisaufnahme sachgemäß zu würdigen vermag. Entscheidend ist, ob das Gericht sich seine aus dem Gesamtergebnis des Verfahrens gewonnene Überzeugung (§ 108 I 1) auch ohne einen unmittelbaren persönlichen Eindruck von einzelnen festzustellenden Tatsachen, die den Gegenstand der Beweisaufnahme bilden, verschaffen kann (BVerwG NJW 1994, 1975).

2. Adressat des Ersuchens

Gemäß II ist nur die **Beauftragung eines bestimmten (Berufs)Richters**, nicht 22 mehrerer zulässig (BVerwGE 41, 174; S/S-A/P § 96 Rn. 28). Dem **ersuchten Gericht** (→ § 14 Rn. 3), dem die Beweiserhebung übertragen worden ist, nicht aber dem ersuchenden Gericht, steht es frei, entsprechend II 1 eines seiner Mitglieder mit der Beweiserhebung zu beauftragen (KS § 96 Rn. 11; S/S-A/P § 96 Rn. 30).

3. Entscheidung

23 Die Entscheidung, die Beweise schon vor der mündlichen Verhandlung zu erheben, steht im **Ermessen** des Gerichts. Dieses entscheidet durch gemäß § 146 II **unanfechtbaren Beschluss** (§ 98 i.V.m. § 358 ZPO) und im Gegensatz zu § 87 III durch den Spruchkörper bzw. Einzelrichter, nicht aber allein durch den Vorsitzenden oder Berichterstatter.

24 Die in § 98 in Bezug genommene Vorschrift des § 359 Nr. 1 ZPO (**Beweisthema**) ist im Verwaltungsgerichtsprozess im Hinblick auf den hier geltenden Untersuchungsgrundsatz (§ 86 I) grds. nicht anzuwenden. Es bedarf der Bezeichnung konkreter Tatsachen in einem vom **beauftragten Richter** auszuführenden verwaltungsgerichtlichen Beweisbeschluss nicht, sondern es ist ausreichend, wenn der Beweisbeschluss die Richtung erkennen lässt, in der das Gericht eine weitere Beweisaufnahme für nötig erachtet (BVerwG Buchh 310 § 98 VwGO Nr. 32). Für den **ersuchten Richter** hingegen ist die Konkretisierung der Beweisfragen erforderlich (S/S-A/P § 96 Rn. 30). Für eine evtl. **Vereidigung** bedarf es in jedem Fall der Ermächtigung (str., S/S-A/P § 96 Rn. 29 m.w.N.).

4. Verwertung der Beweisaufnahme

25 Für die **Verwertung der Beweisaufnahme** durch den **beauftragten** Richter ist dessen Mitwirkung an der späteren Entscheidung nicht zwingend erforderlich (BVerwG Buchh 451.41 § 5 GastG Nr. 6). Sowohl in diesem Fall als auch bei der Beweiserhebung durch den **ersuchten** Richter ist im Wege des **Urkundsbeweises** die Niederschrift über die dortige Beweisaufnahme zu verlesen (BGH NJW 1991, 1302).

§ 97 [Parteiöffentlichkeit der Beweiserhebung]

[1]**Die Beteiligten werden von allen Beweisterminen benachrichtigt und können der Beweisaufnahme beiwohnen.** [2]**Sie können an Zeugen und Sachverständige sachdienliche Fragen richten.** [3]**Wird eine Frage beanstandet, so entscheidet das Gericht.**

1 Das Anwesenheitsrecht der Beteiligten bei allen Beweisterminen dient der **Sachaufklärung** (§ 86 I) und ist Ausfluss der Grundsätze des rechtlichen Gehörs (Art. 103 I GG) und des fairen Verfahrens. Wird gegen § 97 verstoßen, darf das Urteil nicht auf das Ergebnis der Beweisaufnahme gestützt werden (BVerwG Buchh 310 § 97 VwGO Nr. 4). Diese ist zu wiederholen, sofern die Beteiligten nicht hierauf verzichten oder sich rügelos darauf einlassen (§ 173 S. 1 i.V.m. § 295 ZPO).

I. Benachrichtigungs- und Beiwohnungsrecht

2 Die Beteiligten (§ 63) werden von allen Beweisterminen benachrichtigt und können (jeder Art) der Beweisaufnahme beiwohnen (S. 1).

1. Anwendungsbereich

3 Die Norm erfasst alle Beweisaufnahmen, auch solche im **Ausland** (BVerwGE 25, 88), vor dem **beauftragten oder ersuchten Richter** (§ 96 II) oder **im vorbereitenden Verfahren** (§ 87 III).

Parteiöffentlichkeit der Beweiserhebung § 97

S. 1 ist entsprechend auf **Sachverhaltsermittlungen durch den Sachverständigen**, insbesondere bei Ortsbesichtigungen, anwendbar. Wegen der Grundsätze des rechtlichen Gehörs und des fairen Verfahrens kann das Gericht im Regelfall sein Ermessen nur dadurch ordnungsgemäß ausüben, dass es dem Sachverständigen aufgibt, die Teilnahme der Beteiligten zu gestatten (BVerwG NJW 2006, 2058; S/S-A/P § 97 Rn. 11). 4

Auf Benachrichtigung kann verzichtet werden. Der **Verzicht auf mündliche Verhandlung** (§ 101 II) beinhaltet jedoch keinen Verzicht auf Benachrichtigung nach S. 1 (BVerwG Buchh 310 § 97 VwGO Nr. 4). 5

2. Verfahren der Benachrichtigung

Benachrichtigt wird gegenüber anwesenden Beteiligten durch **Verkündung** in der mündlichen Verhandlung oder im Erörterungstermin; anderenfalls durch **schriftliche, zuzustellende** (§ 56 I) **Verfügung** des Gerichts. Soll in der mündlichen Verhandlung Beweis durch Zeugen oder Sachverständige erhoben werden, kann die Benachrichtigung hierüber mit der Ladungsverfügung (§ 102 I) verbunden werden; das Beweisthema ist grob zu umreißen. Bei Urkundsbeweisen bedarf es keiner Benachrichtigung; die Mitteilung im Lauf des Verfahrens, dass die Urkunden zur Akte genommen worden sind, reicht aus (S/S-A/P § 97 Rn. 7). 6

Die Benachrichtigung muss so **rechtzeitig** erfolgen, dass die Beteiligten ihre Teilnahme am Termin einrichten können. 7

3. Anwesenheitsrecht

S. 1 regelt die **Beteiligtenöffentlichkeit** der Beweisaufnahme. Mit der Benachrichtigung über den Termin hat das Gericht das Erforderliche getan; der tatsächlichen Teilnahme der Beteiligten bedarf es mangels entsprechender Verpflichtung nicht. 8

Das Anwesenheitsrecht wird eingeschränkt durch § 173 S. 1 i.V.m. §§ 177 ff. GVG (**sitzungspolizeiliche Maßnahmen**) und entsprechend § 247 StPO (**Entfernung des Beteiligten zur wahrheitsgemäßen Aussage eines Zeugen**), ggf. auch bei rechtlicher und tatsächlicher **Unmöglichkeit** oder **Unzumutbarkeit** (vgl. S/S-A/P § 97 Rn. 13). 9

II. Fragerecht

Alle Beteiligten (§ 63) können an Zeugen und Sachverständige **sachdienliche Fragen** richten (S. 2). Das Fragerecht besteht auch gegenüber dem förmlich als Partei zu Vernehmenden (§ 98 i.V.m. § 450 ff. ZPO). Auch der anwaltlich Vertretene hat dieses persönliche Recht. 10

Die Beteiligten dürfen ihre Fragen **direkt** stellen. Einer Gestattung der Frage bedarf es nicht (keine Vorzensur). Über Zeitpunkt und Reihenfolge entscheidet der Vorsitzende im Rahmen seiner Verhandlungsleitung durch das Erteilen des Wortes (§§ 103 f). (Längere) Ausführungen der Beteiligten sind nicht zulässig, es sei denn, sie dienen der notwendigen Erläuterung des Frageinhalts. 11

Sachdienlichkeit ist gegeben, wenn die Fragen der Sachaufklärung dienen und sich im Rahmen des Beweisthemas halten (BVerwG Buchh 310 § 132 VwGO Nr. 182). Bei der Beurteilung ist Großzügigkeit geboten, da sich insbesondere bei prozessual unerfahrenen Beteiligten die Zielrichtung der Fragestellung ggf. nicht unmittelbar erschließen lässt. 12

Die Frage ist jedenfalls unzulässig und damit nicht sachdienlich, wenn sie gesetzlich verboten ist (§ 98 i.V.m. §§ 376, 383 III ZPO). 13

III. Beanstandung einer Frage

14 Das **Beanstandungsrecht** nach S. 3 haben – wie bei § 104 II 2 – alle am Prozess Beteiligten und jedes Mitglied des Spruchkörpers. Wird eine Frage beanstandet, so **entscheidet** nach dem Wortlaut der Norm das Gericht als **Spruchkörper**, bei Kollegialbesetzung also nicht der Vorsitzende allein (str., wie hier KS § 97 Rn. 3; S/S-A/P § 97 Rn. 19; a. A. RO § 97 Rn. 4). Die Entscheidung ist gemäß § 146 II **unanfechtbar** (S/S-A/P § 97 Rn. 20; str. für den Fall einer Beweisaufnahme nach § 87 III). Die fehlerhafte Entscheidung kann einen Verfahrensmangel begründen (§§ 124 II Nr. 5, 132 II Nr. 3).

15 Erhebt der nach § 96 II **beauftragte** oder **ersuchte Richter** Beweis, entscheidet dieser vorläufig (§ 98 i. V. m. § 400 ZPO); hiergegen findet die Entscheidung des Gerichts statt (§ 151).

§ 98 [Beweisaufnahme]

Soweit dieses Gesetz nicht abweichende Vorschriften enthält, sind auf die Beweisaufnahme §§ 358 bis 444 und 450 bis 494 der Zivilprozeßordnung entsprechend anzuwenden.

Übersicht

	Rn.
I. Abweichende Regelungen im Verwaltungsprozess	2
1. Allgemeine Vorschriften über die Beweisaufnahme	3
2. Beweis durch Augenschein	8
3. Zeugenbeweis	9
4. Beweis durch Sachverständige	18
5. Beweis durch Urkunden	22
6. Beweis durch Parteivernehmung	34
7. Selbstständiges Beweisverfahren	38
II. Ergänzend Anwendung findende Vorschriften	44
III. Verfahren	48

1 Da auf die Beweisaufnahme im Verwaltungsprozess grds. die im Wege einer dynamischen Verweisung in Bezug genommenen §§ 358–444 und 450–494 ZPO entsprechende Anwendung finden, beschränkt sich die nachfolgende Kommentierung auf die nach der VwGO zu beachtenden Besonderheiten; im Übrigen wird auf die zivilprozessualen Kommentierungen verwiesen.

I. Abweichende Regelungen im Verwaltungsprozess

2 Die VwGO kennt nur wenige Vorschriften über die Beweisaufnahme. Es handelt sich im Einzelnen um §§ 86 I 1 (**Amtsermittlungspflicht**), 86 I 2 (**keine Bindung an Beweisanträge**), 86 II (**Ablehnung eines Beweisantrags**), 87 III (**Beweiserhebung im vorbereitenden Verfahren**), 96 (**Unmittelbarkeit der Beweisaufnahme, beauftragter und ersuchter Richter**), 97 (**Beweistermine**). Die Anwendung der in § 98 in Bezug genommenen Vorschriften der ZPO setzt hiernach voraus, dass ihre entsprechende Anwendung unter Berücksichtigung der Besonderheiten des Verwaltungsprozesses möglich ist. **Ausgeschlossen** bzw. **eingeschränkt** ist daher die Anwendbarkeit folgender Normen:

Beweisaufnahme **§ 98**

1. Allgemeine Vorschriften über die Beweisaufnahme

§ 358a ZPO (**Beweisbeschluss und Beweisaufnahme vor mündlicher Verhandlung**): Die Norm ist nicht anwendbar, weil §§ 96 II, 87 III weiterreichende Sonderregelungen treffen (str., wie hier RO § 98 Rn. 2; a.A. KS § 98 Rn. 6; S/S-A/P § 98 Rn. 12 ff.). **3**

§ 359 ZPO (**Inhalt des Beweisbeschlusses**): Nr. 1 (Bezeichnung der streitigen Tatsachen) ist grds. nicht anwendbar. Es ist vielmehr ausreichend, wenn der Beweisbeschluss die Richtung erkennen lässt, in der das Gericht eine weitere Beweisaufnahme für nötig erachtet (BVerwG Buchh 310 § 98 VwGO Nr. 32). Für den **ersuchten Richter** hingegen ist die Konkretisierung der Beweisfragen erforderlich (→ § 96 Rn. 24). Nr. 3 (**Bezeichnung des Beweisführers**) ist nicht anwendbar, da der Verwaltungsprozess wegen § 86 I keine Beweisführungslast kennt (h.M., S/S-A/P § 98 Rn. 15 m.w.N.). **4**

§ 360 ZPO (**Änderung des Beweisbeschlusses**): Die Norm ist nicht anwendbar. Die Beweiserhebung, also auch die Änderung beabsichtigter Beweiserhebungen, erfolgt nach Ermessen des Gerichts (NKVwGO § 98 Rn. 15; KS § 98 Rn. 1; für modifizierte Anwendung S/S-A/P § 98 Rn. 16 f.). **5**

§ 364 ZPO (**Parteimitwirkung im Ausland**): Die Norm ist unanwendbar, da der Verwaltungsprozess wegen § 86 I keine Beweisführungslast kennt (h.M., KS § 98 Rn. 1; S/S-A/P § 98 Rn. 21). **6**

§ 367 II ZPO (**nachträgliche Beweisaufnahme**): Die Norm schränkt die nachträgliche Beweisaufnahme ein, was mit § 86 I nicht zu vereinbaren ist (RO § 98 Rn. 2; S/S-A/P § 98 Rn. 24). **7**

2. Beweis durch Augenschein

§ 371 ZPO (**Beweis durch Augenschein**): Die Norm ist nur eingeschränkt anwendbar, da es einen förmlichen Beweisantritt wegen des Amtsermittlungsgrundsatzes nicht gibt (S/S-A/P § 98 Rn. 32; für uneingeschränkte Anwendung RÖ § 98 Rn. 3; BVerwG Buchh 451.41 § 5 GastG Nr. 6). **8**

3. Zeugenbeweis

§ 373 ZPO (**Beweisantritt**): Die Norm ist bei einem Zeugenbeweisantrag mit der Maßgabe anwendbar, dass sich die Substanziierungspflicht zum einen auf das Beweisthema bezieht (zur Bestimmtheit der Beweistatsachen und deren Wahrheit, und zum anderen darauf, welche einzelnen Wahrnehmungen der angebotene Zeuge in Bezug auf das Beweisthema (also in Bezug auf die Beweistatsachen oder auf die zu deren Ermittlung dienenden Hilfstatsachen oder Indiztatsachen) selbst gemacht haben soll (BVerwG NVwZ-RR 2002, 311; S/S-A/P § 98 Rn. 52; für uneingeschränkte Anwendbarkeit RO § 98 Rn. 4). **9**

§ 375 ZPO (**Beweisaufnahme durch beauftragten oder ersuchten Richter**): I und Ia sind unanwendbar, weil § 96 II eine abschließende Regelung trifft (KS § 98 Rn. 1; S/S-A/P § 98 Rn. 53). **10**

§ 379 ZPO (**Auslagenvorschuss**): Der Auslagenvorschuss ist dem Verwaltungsprozess fremd; Beweise werden gemäß §§ 86 I 2, 96 I von Amts wegen erhoben (KS § 98 Rn. 1; S/S-A/P § 98 Rn. 65; BWVGH NVwZ-RR 1990, 592). **11**

§ 380 III ZPO (**sofortige Beschwerde**): § 146 geht vor (RO § 98 Rn. 6; S/S-A/P § 98 Rn. 67). **12**

§ 387 III ZPO (**sofortige Beschwerde**): § 146 geht vor (S/S-A/P § 98 Rn. 76). **13**

§ 98   Teil II. Verfahren

14   § 390 II ZPO (**Erzwingung des Zeugnisses**): Eines Antrags bedarf es im Verwaltungsprozess wegen § 86 I nicht (S/S-A/P § 98 Rn. 79).

15   § 391 ZPO (**Beeidigung**): Im Verwaltungsprozess steht mit Rücksicht auf den Untersuchungsgrundsatz die Beeidigung eines Zeugen – vorbehaltlich der sich aus § 393 ZPO ergebenden Ausnahmen – stets im Ermessen des Tatsachengerichts, selbst wenn die Verfahrensbeteiligten ausdrücklich auf eine Vereidigung verzichten oder entsprechende Anträge nicht stellen (BVerwG NJW 1998, 3369 m.w.N.; S/S-A/P § 98 Rn. 80).

16   § 397 ZPO (**Fragerecht der Parteien**): Die Norm ist nach st. Rspr. jedenfalls bei der Sachverständigenanhörung anwendbar. So ist das Tatsachengericht gemäß § 98 i.V.m. §§ 402, 397 ZPO i.d.R. verpflichtet, das Erscheinen des gerichtlich bestellten Sachverständigen in der mündlichen Verhandlung zur Erläuterung seines schriftlichen Gutachtens anzuordnen, wenn ein Verfahrensbeteiligter dies beantragt, weil er dem Sachverständigen Fragen stellen will (st. Rspr., vgl. BVerwG NJW 2009, 2614; BVerwGE 69, 70). Dogmatisch vorzugswürdig ist hingegen die Anwendung des § 97 S. 2 und 3 (S/S-A/P § 98 Rn. 95; nach KS § 98 Rn. 1 nur bezogen auf § 397 I ZPO).

17   § 399 ZPO (**Verzicht auf Zeugen**): Ein das Gericht bindendes Recht, auf einen Zeugen zu verzichten, ist mit dem Amtsermittlungsgrundsatz nicht vereinbar (KS § 98 Rn. 1; S/S-A/P § 98 Rn. 98).

4. Beweis durch Sachverständige

18   § 403 ZPO (**Beweisantritt**): Die Norm ist uneingeschränkt anwendbar; Modifikationen im Vergleich zu § 373 ZPO ergeben sich aus der Natur des Sachverständigenbeweises (BVerwG Buchh 310 § 86 Abs. 1 VwGO Nr. 164; für eine lediglich modifizierte Anwendbarkeit S/S-A/P § 98 Rn. 117).

19   § 404 IV (**Einigung über Sachverständigen**): Eine Bindung des Gerichts an eine Einigung der Beteiligten über die Sachverständigenauswahl ist wegen der Amtsermittlungspflicht ausgeschlossen (KS § 98 Rn. 1; S/S-A/P § 98 Rn. 118).

20   § 406 ZPO (**Ablehnung eines Sachverständigen**): Die Norm ist grds. anwendbar (vgl. BVerwG, Beschl. v. 3.2. 2010 – 2 B 73.09). Str. ist allerdings, ob neben den in der ZPO genannten Ablehnungsgründen § 54 mitgilt (zur Problematik BVerwG NVwZ 1999, 184; S/S-A/P § 98 Rn. 133 ff. m.w.N.; davon ausgehend NRWOVG IBR 2005, 434).

21   § 411 IV ZPO (**Einwendungen gegen Gutachten**): Die Norm ist mit der Maßgabe anwendbar, dass sich die Voraussetzungen einer Präklusion nach § 87b III bestimmen (S/S-A/P § 98 Rn. 171).

5. Beweis durch Urkunden

22   § 418 I ZPO (**Beweiskraft öffentlicher Urkunden**): Die Norm ist grds. anwendbar (BVerwG, Beschl. v. 26.6. 2009 – 8 B 56.09; Buchh 442.09 § 18 AEG Nr. 65; NRWOVG NVwZ 2000, 346). Die Rspr. favorisiert allerdings eine restriktive Anwendung des § 418 I ZPO auf behördliche Meinungsäußerungen innerhalb vorprozessualer Auseinandersetzungen (BVerwG NJW 1984, 2962; ebenso KS § 98 Rn. 1; S/S-A/P § 98 Rn. 208). § 418 I ZPO gilt auch für Auskünfte von Behörden des (behaupteten) Verfolgungsstaates zur Echtheit einer Urkunde in asylrechtlichen Streitverfahren (BVerwG Buchh 310 § 98 VwGO Nr. 74).

23   §§ 420–425, 428, 436 ZPO (**Vorlegung von Beweismitteln**): Die Normen sind nicht anwendbar. Eine Beweisführungspflicht kennt der Verwaltungsprozess wegen

Beweisaufnahme **§ 98**

des Amtsermittlungsgrundsatzes nicht (KS § 98 Rn. 1; S/S-A/P § 98 Rn. 214 ff; a. A. ohne Begründung für § 421 ZPO NRWOVG BauR 2009, 220).

§ 426 ZPO **(Vernehmung des Gegners über den Verbleib)**: Die Norm ist mit 24 der Maßgabe anwendbar, dass der von der Verweisung in § 98 nicht erfasste § 449 ZPO keine Anwendung findet (str., wie hier S/S-A/P § 98 Rn. 220; a. A. KS § 98 Rn. 1).

§ 427 ZPO **(Folgen der Nichtvorlegung durch Gegner)**: Die Norm ist mit 25 der Maßgabe anwendbar, dass „Beweisführer" derjenige ist, der sich auf die Urkunde beruft (S/S-A/P § 98 Rn. 221). § 427 ZPO stellt sich insoweit, ohne mit der Amtsermittlungspflicht in Widerstreit zu geraten, als besondere Ausprägung der prozessualen Mitwirkungspflicht des § 86 I, 2. Halbs. dar (str., a. A. KS § 98 Rn. 1).

§ 429 ZPO **(Vorlegungspflicht Dritter)**: Die Norm ist wegen § 99 mit der 26 Maßgabe anwendbar, dass der Dritte keine Behörde ist (RO § 98 Rn. 14; S/S-A/P § 98 Rn. 223).

§§ 430, 431 ZPO **(Vorlegung durch Dritte)**: Die Normen sind nicht anwend- 27 bar, da auch die in Bezug genommenen §§ 424, 428 ZPO nicht anwendbar sind (→ Rn. 23; S/S-A/P § 98 Rn. 224 f.).

§ 432 ZPO **(Vorlegung durch Behörden)**: Die Norm ist wegen § 99 nicht an- 28 wendbar (S/S-A/P § 98 Rn. 226).

§ 435 ZPO **(Vorlegung öffentlicher Urkunden)**: Die Norm ist mit der Maß- 29 gabe anwendbar, dass „Beweisführer" derjenige ist, der sich auf die Urkunde beruft (S/S-A/P § 98 Rn. 228).

§ 439 ZPO **(Erklärung über Echtheit von Privaturkunden)**: Die Norm ist 30 wegen des Amtsermittlungsgrundsatzes nicht anwendbar (S/S-A/P § 98 Rn. 232; a. A. RO § 98 Rn. 15: nicht zwingend).

§ 440 I **(Beweis der Echtheit von Privaturkunden)**: Die Norm ist wegen des 31 Amtsermittlungsgrundsatzes nicht anwendbar (S/S-A/P § 98 Rn. 233; a. A. RO § 98 Rn. 15: nicht zwingend).

§ 441 II – IV **(Schriftvergleichung)**: Die Regelungen der II – IV sind nicht an- 32 wendbar, weil auf im Verwaltungsprozess nicht anwendbare Normen (§§ 421–426, 431, 432 ZPO) Bezug genommen wird (→ Rn. 23 f., 27 f.; S/S-A/P § 98 Rn. 234; a. A. Ey § 98 Rn. 29; RO § 98 Rn. 15).

§ 444 ZPO **(Folgen der Beseitigung einer Urkunde)**: Grds. kann das Gericht 33 im Rahmen der freien Beweiswürdigung (§ 108 I) den Umstand berücksichtigen, dass eine Partei schuldhaft die Aufklärung des Sachverhalts erschwert hat. Eine Umkehrung der materiellen Beweislast bewirkt dieses Parteiverhalten nicht (BVerwG Buchh 310 § 108 Abs. 1 VwGO Nr. 1; BVerwGE 10, 270). Dem Rechtsgedanken nach findet die Norm jedoch im Rahmen der freien Beweiswürdigung nach § 108 I 1 Anwendung (BVerwGE 78, 367; S/S-A/P § 98 Rn. 238).

6. Beweis durch Parteivernehmung

§ 451 ZPO **(Ausführung der Vernehmung)**: Die Norm ist mit der Maßgabe an- 34 wendbar, dass nur die über § 98 in Bezug genommenen Vorschriften im Rahmen des Zeugenbeweises entsprechend anwendbar sind (BVerwGE 87, 263; S/S-A/P § 98 Rn. 250).

§ 452 III ZPO **(Verzicht auf Beeidigung der Partei)**: Im Verwaltungsprozess 35 steht mit Rücksicht auf den Untersuchungsgrundsatz die Beeidigung stets im Ermessen des Tatsachengerichts, selbst wenn die Verfahrensbeteiligten ausdrücklich auf eine Vereidigung verzichten oder entsprechende Anträge nicht stellen (BVerwG NJW 1998, 3369 zur Zeugenbeeidigung; S/S-A/P § 98 Rn. 252).

§ 98 Teil II. Verfahren

36 § 453 ZPO **(Freie Beweiswürdigung)**: Die Norm ist mit Blick auf § 108 I 1 nicht anwendbar (a.A. S/S-A/P § 98 Rn. 253).

37 § 455 I 2 ZPO **(Prozessunfähige)**: Die Regelung ist nicht anwendbar, weil sie auf eine über § 98 nicht in Bezug genommene Norm verweist (S/S-A/P § 98 Rn. 255; a.A. RO § 98 Rn. 16).

7. Selbstständiges Beweisverfahren

38 § 485 I, II ZPO **(Zulässigkeit des selbstständigen Beweisverfahrens)**: § 485 I ZPO ist wegen des Untersuchungsgrundsatzes mit der Maßgabe anwendbar, dass es auf die Zustimmung des Gegners nicht ankommen kann (S/S-A/P § 98 Rn. 266; a.A. KS § 98 Rn. 26). § 485 II ZPO ist nach umstrittener Ansicht anwendbar (NRWOVG, Beschl. v. 19.4. 2002 – 6 E 322/02; zum Streitstand S/S-A/P § 98 Rn. 267 f.).

39 § 486 III ZPO **(Zuständiges Gericht)** ist mit der Maßgabe anwendbar, dass der Antrag bei dem VG zu stellen ist (BVerwGE 12, 363).

40 § 491 ZPO **(Ladung des Gegners)**: Die Norm ist wegen § 97 nicht anwendbar (Ey § 98 Rn. 39; S/S-A/P § 98 Rn. 281; a.A. KS § 98 Rn. 26).

41 § 493 II ZPO **(Benutzung im Prozess)**: Die Regelung läuft wegen § 97 leer, wonach die Beteiligten vom Beweistermin zu benachrichtigen sind (S/S-A/P § 98 Rn. 284).

42 § 494 ZPO **(Unbekannter Gegner)**: Die Norm ist unanwendbar; der Beklagte lässt sich im Verwaltungsprozess in zumutbarer Weise feststellen (S/S-A/P § 98 Rn. 285; a.A. KS § 98 Rn. 26).

43 § 494a ZPO **(Frist zur Klageerhebung)**: Als in Bezug genommen anzusehen ist auch der nachträglich eingefügte § 494a ZPO (S/S-A/P § 98 Rn. 286 m.w.N.). Dessen I ist mit der Maßgabe anwendbar, dass der Fristbestimmung Klagefristen der VwGO nicht entgegenstehen (RO § 98 Rn. 17; S/S-A/P § 98 Rn. 287).

II. Ergänzend Anwendung findende Vorschriften

44 § 98 ist lex specialis, soweit die Anwendung der §§ 358–444 und 450–494 ZPO in Rede steht. § 98 schließt damit grds. aus, die „Intervallnormen" der §§ 445 – 449 heranzuziehen; der nachträglich eingefügte **§ 494a ZPO** ist allerdings als in Bezug genommen anzusehen (S/S-A/P § 98 Rn. 7, 286 m.w.N.; → Rn. 43). Im Übrigen finden über **§ 173 S. 1** beweisrechtliche Normen der ZPO entsprechende Anwendung:

45 §§ 286 ff. ZPO (**freie Beweiswürdigung** etc.): BVerwG NVwZ 1999, 77; MDR 1983, 869.

46 §§ 445 II, 448 ZPO **(Vernehmung des Gegners)**: § 448 ZPO gilt auch im Verwaltungsprozess. Diese Vorschrift wird allgemein so verstanden, dass eine Parteivernehmung von Amts wegen nur dann in Betracht kommt, wenn das Ergebnis der Verhandlung und die Ausschöpfung der Beweismittel für die Überzeugungsbildung noch nicht ganz ausreichen (BVerwG Buchh 310 § 96 VwGO Nr. 17). Einem Antrag auf förmliche Vernehmung eines Beteiligten ist gem. § 445 II ZPO dann nicht nachzugehen, wenn er Tatsachen betrifft, deren Gegenteil das Gericht für erwiesen erachtet (BWVGH NVwZ 1993, 72; BVerwG Buchh 310 § 98 VwGO Nr. 12; KS § 98 Rn. 1).

47 Bei der **Ablehnung von Beweisanträgen** ist zudem der Rechtsgedanke des § 244 StPO ergänzend heranzuziehen (zu § 244 III – V StPO BVerwG NVwZ-RR 2002, 311; NVwZ 2000, Beilage Nr. 9, 99; NRWOVG NVwZ-RR 2008, 214; → § 86 Rn. 33).

III. Verfahren

Über die Beweiserhebung entscheidet der Spruchkörper des Gerichts nach pflichtge- 48
mäßem **Ermessen** (→ § 86 Rn. 1), in den Fällen des § 87 I 2 Nr. 2, 3 und 4, III
durch den Vorsitzenden oder Berichterstatter. Auf Beweisanträge der Beteiligten
kommt es nicht an (→ § 86 Rn. 17).

Eines **förmlichen Beweisbeschlusses** bedarf es grds. nicht, es sei denn, die Be- 49
weisaufnahme erfordert ein besonderes Verfahren (§ 98 i.V.m. §§ 358, 358a ZPO,
vgl. BVerwG NVwZ 2010, 194; 1984, 791). Ob seitens des Gerichts eine Beweisaufnahme gewollt ist oder nicht, ist nach den gesamten Umständen, insbes. nach dem
erkennbaren Willen des Gerichts zu beurteilen (vgl. KS § 98 Rn. 6). Beweisbeschlüsse sind gemäß § 146 II **unanfechtbar**.

§ 99 [Aktenvorlage und Auskünfte durch Behörden]

(1) ¹Behörden sind zur Vorlage von Urkunden oder Akten, zur Übermittlung elektronischer Dokumente und zu Auskünften verpflichtet. ²Wenn das Bekanntwerden des Inhalts dieser Urkunden, Akten, elektronischen Dokumente oder dieser Auskünfte dem Wohl des Bundes oder eines Landes Nachteile bereiten würde oder wenn die Vorgänge nach einem Gesetz oder ihrem Wesen nach geheim gehalten werden müssen, kann die zuständige oberste Aufsichtsbehörde die Vorlage von Urkunden oder Akten, die Übermittlung der elektronischen Dokumente und die Erteilung der Auskünfte verweigern.

(2) ¹Auf Antrag eines Beteiligten stellt das Oberverwaltungsgericht ohne mündliche Verhandlung durch Beschluss fest, ob die Verweigerung der Vorlage der Urkunden oder Akten, der Übermittlung der elektronischen Dokumente oder der Erteilung von Auskünften rechtmäßig ist. ²Verweigert eine oberste Bundesbehörde die Vorlage, Übermittlung oder Auskunft mit der Begründung, das Bekanntwerden des Inhalts der Urkunden, der Akten, der elektronischen Dokumente oder der Auskünfte würde dem Wohl des Bundes Nachteile bereiten, entscheidet das Bundesverwaltungsgericht; Gleiches gilt, wenn das Bundesverwaltungsgericht nach § 50 für die Hauptsache zuständig ist. ³Der Antrag ist bei dem für die Hauptsache zuständigen Gericht zu stellen. ⁴Dieses gibt den Antrag und die Hauptsacheakten an den nach § 189 zuständigen Spruchkörper ab. ⁵Die oberste Aufsichtsbehörde hat die nach Absatz 1 Satz 2 verweigerten Urkunden oder Akten auf Aufforderung dieses Spruchkörpers vorzulegen, die elektronischen Dokumente zu übermitteln oder die verweigerten Auskünfte zu erteilen. ⁶Sie ist zu diesem Verfahren beizuladen. ⁷Das Verfahren unterliegt den Vorschriften des materiellen Geheimschutzes. ⁸Können diese nicht eingehalten werden oder macht die zuständige Aufsichtsbehörde geltend, dass besondere Gründe der Geheimhaltung oder des Geheimschutzes der Übergabe der Urkunden oder Akten oder der Übermittlung der elektronischen Dokumente an das Gericht entgegenstehen, wird die Vorlage oder Übermittlung nach Satz 5 dadurch bewirkt, dass die Urkunden, Akten oder elektronischen Dokumente dem Gericht in von der obersten Aufsichtsbehörde bestimmten Räumlichkeiten zur Verfügung gestellt werden. ⁹Für die nach Satz 5 vorgelegten Akten, elektronischen Dokumente und für die gemäß Satz 8 geltend gemach-

ten besonderen Gründe gilt § 100 nicht. [10]Die Mitglieder des Gerichts sind zur Geheimhaltung verpflichtet; die Entscheidungsgründe dürfen Art und Inhalt der geheim gehaltenen Urkunden, Akten, elektronischen Dokumente und Auskünfte nicht erkennen lassen. [11]Für das nichtrichterliche Personal gelten die Regelungen des personellen Geheimschutzes. [12]Soweit nicht das Bundesverwaltungsgericht entschieden hat, kann der Beschluss selbständig mit der Beschwerde angefochten werden. [13]Über die Beschwerde gegen den Beschluss eines Oberverwaltungsgerichts entscheidet das Bundesverwaltungsgericht. [14]Für das Beschwerdeverfahren gelten die Sätze 4 bis 11 sinngemäß.

Übersicht

	Rn.
I. Vorlage- und Auskunftsverpflichtung der Behörden	2
1. Grundsätzliche Vorlagepflicht	2
a) Verpflichtete	3
b) Vorlagegegenstand	4
c) Entstehung der Verpflichtung	5
d) Ermessen des Gerichts	6
2. Vorlage- und Auskunftsverweigerungsrecht	7
a) Nachteile für das Wohl des Bundes oder eines Landes	8
b) Geheimhaltung	10
c) Entscheidung der obersten Aufsichtsbehörde	13
d) Rückforderung vorgelegter Unterlagen	17
3. Antrag auf Vorlageverbot	18
II. Antrag auf gerichtliche Entscheidung	19
1. Grundlagen	19
2. Antrag eines Beteiligten	23
3. Verfahren	28
4. Rechtsmittel	33

1 Die unübersichtlich geratene, in ihrer aktuellen Fassung die Entscheidung BVerfGE 101, 106 umsetzende Vorschrift versucht, dem Spannungsverhältnis zwischen der Gewährung effektiven Rechtsschutzes (Art. 19 IV GG), dem Amtsermittlungsgrundsatz (§ 86) und berechtigten Geheimhaltungsinteressen Dritter gerecht zu werden (BVerwGE 125, 40). § 99 konkretisiert die Amtshilfeverpflichtung der Behörden gegenüber dem VG (§ 14), gilt in **allen Verfahrensarten**, geht als prozessrechtliche Spezialnorm allgemeinen Geheimhaltungsvorschriften einschließlich ihrer Ausnahmeregelungen wie § 11 II ThürVSG oder § 5 ff. BerlIFG vor (BVerwG DVBl. 2006, 1052; NVwZ 2005, 334) und tritt hinter spezielleren Normen wie § 138 TKG (vgl. hierzu Ohlenburg NVwZ 2005, 15) und § 31 StUG zurück.

I. Vorlage- und Auskunftsverpflichtung der Behörden

1. Grundsätzliche Vorlagepflicht

2 Behörden sind zur Vorlage von Urkunden oder Akten, zur Übermittlung elektronischer Dokumente und zu Auskünften verpflichtet.

3 a) Verpflichtete. **Verpflichtungssubjekt** sind unabhängig von ihrem Verhältnis zu den Beteiligten alle Behörden des Bundes, der Länder, der Gemeinden oder sonstige Rechtsträger des öffentlichen Rechts sowie Beliehene (S/S-A/P § 99 Rn. 8

m.w.N.). Nicht verpflichtet sind nach dem eindeutigen Wortlaut der Norm andere Gerichte (s. aber Art. 35 I GG, § 14) und die Organe privatrechtlich organisierter Rechtsträger, auch wenn sie von der öffentlichen Hand kontrolliert werden oder sich deren Anteile überwiegend in öffentlicher Hand befinden (wie hier S/S-A/P § 99 Rn. 8; a.A. KS § 99 Rn. 4).

b) Vorlagegegenstand. Gegenstand des Verlangens können alle Urkunden und 4 Akten sein, deren Inhalt einen konkreten Bezug zur anhängigen Sache hat. Während der Urkundenbegriff dem zivilrechtlichen Verständnis folgt, ist unter einer Akte – unabhängig von der äußeren Gestalt – der Gesamtbestand der auf ein konkretes Verfahren bezogenen Unterlagen zu verstehen. **Nicht verlangt werden** kann dagegen die Vorlage von Unterlagen bzw. die Auskunft über Vorgänge, die keinen auch noch so entfernten konkreten Bezug zur anhängigen Streitsache haben (BVerwGE 119, 229; BVerwG Buchh 310 § 99 VwGO Nr. 18).

c) Entstehung der Verpflichtung. Die **Verpflichtung entsteht,** wenn das Ge- 5 richt die Vorlage bzw. Auskunft verlangt, wobei die Verlangen nicht auf einzelne Vorlagegegenstände spezifiziert werden muss. Das Verlangen hat das Gericht grds. **förmlich** zu äußern; in aller Regel hat es gemäß § 98 i.V.m. § 358 ZPO einen Beweisbeschluss zu fassen (NRWOVG NVwZ 2009, 475). Ein Vorlagebeschluss reicht aber aus (BVerwGE 130, 236), die bloße Aktenbeiziehung mittels richterlicher Verfügung hingegen nicht (BVerwGE 125, 40). Ausnahmsweise ist eine förmliche Äußerung des Gerichts entbehrlich, wenn die zurückgehaltenen Unterlagen zweifelsfrei rechtserheblich sind, was immer der Fall ist, wenn die Pflicht zur Vorlage der Akten bereits Streitgegenstand des Verfahrens zur Hauptsache ist und die Entscheidung dieses Verfahrens offensichtlich allein von der Frage abhängt, ob die Akten, wie von der Behörde geltend gemacht, geheimhaltungsbedürftig sind (vgl. BVerwG, Beschl. v. 19.4.2010 – - 20 F 13.09; NVwZ 2006, 1423; NRWOVG NVwZ 2008, 1382).

d) Ermessen des Gerichts. Welche Vorlage bzw. Auskunft verlangt wird, steht als 6 Ausfluss der richterlichen Unabhängigkeit und des Amtsermittlungsgrundsatzes (§ 86 I) im **Ermessen des Gerichts.** Dass nach Überzeugung der Behörde die verlangten Gegenstände nicht für die Endentscheidung des Gerichts erheblich sein können, ist wegen der Eigenverantwortlichkeit richterlicher Überzeugungsbildung, unbeachtlich und berechtigt nicht zur Vorlageverweigerung (BayVGH BayVBl. 1978, 86). Erzwungen werden kann die Vorlage nicht; eine **unberechtigte Weigerung** der Behörde ist jedoch bei der Beweiswürdigung zu berücksichtigen → § 108 Rn. 12.

2. Vorlage- und Auskunftsverweigerungsrecht

Wenn das Bekanntwerden des Inhalts der vom Gericht zur Vorlegung verlangten Ur- 7 kunden, Akten, elektronischen Dokumente oder der Auskünfte dem Wohl des Bundes oder eines Landes Nachteile bereiten würde oder wenn die Vorgänge nach einem Gesetz oder ihrem Wesen nach geheim gehalten werden müssen, kann die zuständige oberste Aufsichtsbehörde die Vorlage von Urkunden oder Akten, die Übermittlung der elektronischen Dokumente und die Erteilung der Auskünfte verweigern (I 2).

a) Nachteile für das Wohl des Bundes oder eines Landes. Ob das Bekannt- 8 werden einen Nachteil i.S.d. I 2 bereiten würde, unterliegt als unbestimmter Rechtsbegriff der vollen gerichtlichen Nachprüfung. **Nachteile** liegen vor, wenn wesentliche Interessen der betroffenen Gebietskörperschaft negativ berührt werden (S/S-A/P § 99 Rn. 16). Der Eintritt solcher Nachteile muss aktuell im Bereich **hinreichen-**

§ 99 Teil II. Verfahren

der **Wahrscheinlichkeit** liegen (KS § 99 Rn. 10). Einer hohen Wahrscheinlichkeit (so S/S-A/P § 99 Rn. 16; Ey § 99 Rn. 8) bedarf es nicht; einer geringeren Wahrscheinlichkeit des Nachteileintritts kann bei der Abwägungsentscheidung Rechnung getragen werden (→ Rn. 14).

9 Nachteile liegen u. a. vor bei Beeinträchtigungen oder Gefährdungen des Bestandes und der **Funktionsfähigkeit des Staates** und seiner wesentlichen Einrichtungen, insbesondere bei einer Beeinträchtigung des **Wohles des Bundes** (BVerwG, Beschl. v. 19.4. 2010 − 20 F 13.09), der äußeren oder inneren Sicherheit des Bundes oder eines Landes, einer erheblichen Störung der öffentlichen Ordnung oder des freundschaftlichen Verhältnisses zu anderen Staaten oder internationalen Organisationen (KS § 99 Rn. 10), bei **Gefährdungen von Leben, Gesundheit oder Freiheit** von Personen (BVerwG, Beschl. v. 24.8. 2009 − 20 F 2.09; NVwZ 1995, 1134) oder wenn durch die Vorlage von Verfassungsschutzakten die **Aufgaben des Verfassungsschutzes** oder der **Sicherheits- und Polizeibehörden** erschwert würden (BVerwG, Beschl. v. 24.8. 2009 − 20 F 2.09; Beschl. v. 26.8. 2004 − 20 F 19.03; NVwZ 2003, 348). Ob durch eine Bekanntgabe Nachteile für das Wohl des Bundes drohen, unterliegt gerade im Hinblick auf mögliche außenpolitische Folgen einer Beurteilungs- und Einschätzungsprärogative der Bundesregierung. Demgemäß ist auch die Prognose, ob eine Offenbarung bestimmter Dokumente eine Beeinträchtigung der auswärtigen Beziehungen erwarten lässt, verwaltungsgerichtlich nur eingeschränkt überprüfbar (BVerwG, Beschl. v. 19.4. 2010 − 20 F 13.09).

10 b) Geheimhaltung. Gesetzliche Vorschriften, die eine Geheimhaltungspflicht begründen, sind z.B. Art. 10 I GG (Post- und Fernmeldegeheimnis), § 30 AO (Steuergeheimnis), § 35 SGB I i.V.m. §§ 67 ff. SGB X (Sozialgeheimnis), § 43 DRiG (Beratungsgeheimnis, BVerwGE 128, 135). **Nicht** hierunter fallen die Regelungen über die Amtsverschwiegenheit, auch wenn die Voraussetzungen für eine Verweigerung der Aussagegenehmigung gegeben sind, und den Datenschutz (S/S-A/P § 99 Rn. 17). Auch eine Einstufung als Verschlusssache nach § 4 SÜG führt nicht dazu, ihre Vorlage im gerichtlichen Verfahren verweigern zu dürfen (BVerwG, Beschl. v. 19.4. 2010 − 20 F 13.09).

11 **Ihrem Wesen nach geheimhaltungsbedürftig** sind Vorgänge, die unter den Schutz der **Persönlichkeits-** und **Intimsphäre** fallen (BVerwGE 50, 255), Akten, in denen **personenbezogene Daten** von Mitarbeitern enthalten sind (BVerwGE 130, 236), **persönliche Daten Dritter** (BVerwG, Beschl. v. 19.4. 2010 − 20 F 13.09), beamtenrechtliche **Personalakten** (BVerwGE 35, 225), **Betriebs- und Geschäftsgeheimnisse**, also alle auf ein Unternehmen bezogenen Tatsachen, Umstände und Vorgänge, die nicht offenkundig, sondern nur einem begrenzten Personenkreis zugänglich sind und an deren Nichtverbreitung der Rechtsträger ein berechtigtes Interesse hat (BVerfGE 115, 205; BVerwGE 130, 236; 125, 40; NdsOVG NVwZ 2003, 629), von Dritten erworbenes **technisches Wissen** (BVerwGE 130, 236), **Erkenntnisse der Ämter für Verfassungsschutz** und **Vertraulichkeitszusagen** an deren Informanten (BVerfGE 101, 106; BVerwG, Beschl. v. 19.4. 2010 − 20 F 13.09) oder Polizeiinformanten, sofern keine Anhaltspunkte dafür vorliegen, dass sie wider besseres Wissen oder leichtfertig gehandelt haben (BVerwGE 119, 11; 118, 10), Beratungen der **Reaktorsicherheitskommission** (BVerwGE 130, 236).

12 **Akten und Unterlagen der Sicherheitsbehörden** sind nicht schon wegen ihres Wesens geheimhaltungsbedürftig; vielmehr richtet sich die Geheimhaltungsbedürftigkeit nach den materiellen Maßstäben des I 2, im Falle der Geltendmachung von

Amtsgeheimnissen also danach, ob dem Wohl des Bundes ein Nachteil bereitet würde (BVerwG, Beschl. v. 19.4.2010 – 20 F 13.09). **Prüfungsakten** sind nicht geheim (BVerwGE 91, 262). Ein Geheimhaltungsbedürfnis besteht auch nicht, wenn das in den Akten Festgehaltene aktuell unter keinem sicherheitsrelevanten Aspekt mehr Bedeutung hat (BVerwG NVwZ 2005, 334).

c) Entscheidung der obersten Aufsichtsbehörde. Die oberste Aufsichtsbehörde 13
hat eine Entscheidung über die Verweigerung der Vorlage geheimhaltungsbedürftiger Vorgänge zu treffen (sog. **Sperrerklärung**). Der formellen Entscheidung über die Verweigerung steht deren **faktische Verweigerung** gleich, da in ihr eine inzidente Entscheidung der Aufsichtsbehörde gesehen werden kann (NRWOVG NVwZ-RR 2005, 749). Die Entscheidung ist auch dann zu treffen, wenn die oberste Aufsichtsbehörde zugleich Ausgangsbehörde ist (BVerwGE 130, 236). Die oberste Aufsichtsbehörde handelt durch ihre allgemeinen Vertreter bzw. Bediensteten (S/S-A/P § 99 Rn. 29, a.A. KS § 99 Rn. 16).

Die Entscheidung über die Verweigerung der Vorlage bedarf unter Berücksichti- 14
gung rechtsstaatlicher Belange einer nachvollziehbaren und verständlichen **Darlegung**. Dazu gehört eine Zuordnung der insoweit geltend gemachten Geheimhaltungsgründe zu dem konkreten Inhalt der Akten (BVerwG, Beschl. v. 19.4.2010 – 20 F 13.09). Die Entscheidung selbst steht im **begründungsbedürftigen Ermessen** unabhängig davon, ob das Fachrecht zur strikten Geheimhaltung verpflichtet (BVerwG, Beschl. v. 24.8.2009 – 20 F 2.09; BVerwGE 130, 236; NRWOVG NVwZ 2009, 1510). Maßstab ist dabei neben dem privaten Interesse an effektivem Rechtsschutz und dem – je nach Fallkonstellation – öffentlichen oder privaten Interesse an Geheimnisschutz auch das öffentliche Interesse an der Wahrheitsfindung (BVerfGE 115, 205; BVerwG, Beschl. v. 19.4.2010 – 20 F 13.09). Die Ermessensentscheidung bezieht sich allein auf die Geheimhaltungsbedürftigkeit, nicht auf die Bedeutung der Vorlagegegenstände für das Verfahren; diese Beurteilung obliegt allein dem Gericht. Die Interessen der Wahrheitsfindung und das Interesse des Rechtsuchenden an der Vorlage, Übermittlung bzw. Auskunft, insbes. auch die Schwere der in Frage stehenden Rechtsgutsverletzung, sind gegen das Interesse an der Geheimhaltung abzuwägen (BVerfGE 115, 205; BVerwGE 130, 236; Oster DÖV 2004, 916). Auf der Grundlage der §§ 99 II, 100 I, 108 II ist **praktische Konkordanz** zwischen den kollidierenden Rechtsgütern durch Abwägung herzustellen. Ist beispielsweise das Geheimhaltungsinteresse ohne erhebliches Gewicht, wird es gerechtfertigt sein, es hinter das Interesse an effektivem Rechtsschutz, insbes. an rechtlichem Gehör, zurücktreten zu lassen (BVerfGE 115, 205). Deswegen ist ein **strenger Maßstab** anzulegen, ob die Verweigerung aus Geheimhaltungsgründen gerechtfertigt ist (NRWOVG NVwZ-RR 2005, 749). So besteht die Geheimhaltungsbedürftigkeit **nicht**, wenn im konkreten Fall überwiegende Gründe eine Offenbarung rechtfertigen (BVerfGE 67, 100), so z.B. berechtigte Informationsinteressen (NRWOVG NVwZ 2009, 794).

Der schlichte Hinweis der Behörde auf die Möglichkeit des In-Camera-Verfahrens 15
genügt den Anforderungen an eine ordnungsgemäße Ermessensentscheidung nicht (BVerwGE 130, 236, 242). Ggf. ist auch eine **Teilvorlage** zu erwägen und in den Ermessenserwägungen abzuhandeln (BVerwG NVwZ 2005, 334); eine solche scheidet allerdings dann aus, wenn schon die Rückschlüsse auf dem Geheimnisschutz unterliegende Vorgänge zuließe (BVerwG NVwZ 2003, 348).

Das **Ermessen ist auf Null reduziert**, wenn das Interesse an der Geheimhaltung 16
wegen eines grundrechtlichen Bezugs oder aus anderen Gründen ein solches Gewicht hat, dass die Vorlage unterbleiben muss. Bei geringem Gewicht des Geheimhaltungs-

interesses darf die Vorlage im Hinblick auf den Grundsatz der Verhältnismäßigkeit hingegen nicht verweigert werden (BVerwGE 130, 236).

17 **d) Rückforderung vorgelegter Unterlagen.** Unter Verstoß gegen I 2 vorgelegte Unterlagen sind von der Behörde zurückzufordern, wenn sie den Prozessbeteiligten noch nicht zugänglich gemacht worden sind und damit der Geheimnisschutz noch nicht aufgegeben worden ist (str., vgl. KS § 99 Rn. 15; S/S-A/P § 98 Rn. 61 f.). Hiermit korrespondiert ein Verwertungsverbot (S/S-A/P § 98 Rn. 62 m.w.N.). Der betroffene Beteiligte kann entsprechend I 2 hierüber die Entscheidung der obersten Aufsichtsbehörde verlangen und gegen deren Weigerung den Fachsenat (§ 189) anrufen (II).

3. Antrag auf Vorlageverbot

18 Entsprechend I 2 kann der Beteiligte, der möglicherweise Geheimnisschutz genießt, bei der obersten Aufsichtsbehörde den Antrag stellen, der vorlagebereiten Behörde die Vorlage zu verbieten. In diesem Fall ist die in I 2 vorgesehene Beteiligung der obersten Aufsichtsbehörde nicht (mehr) nur objektives Verfahrensrecht, sondern nicht anders als das Verfahren nach II ein – im konkreten Fall – auf Art. 12 I, 14 I GG gründendes subjektives Recht des Betroffenen auf Durchführung dieses Verfahrens (NRWOVG NVwZ 2000, 449). Gegen die Zulassung der Vorlage kann analog II der Fachsenat (§ 189) angerufen werden → Rn. 19.

II. Antrag auf gerichtliche Entscheidung

1. Grundlagen

19 Auf Antrag eines Beteiligten (§ 63) stellt das OVG ohne mündliche Verhandlung durch Beschluss fest, ob die Verweigerung der Vorlage der Urkunden oder Akten, der Übermittlung der elektronischen Dokumente oder der Erteilung von Auskünften nach I 2 rechtmäßig ist (II 1). Für die Entscheidung im Zwischenverfahren ist nicht das Gericht der Hauptsache, sondern ein besonderer Spruchkörper, nämlich der nach § 189 eingerichtete Fachsenat, zuständig. II sieht das sog. **In-Camera-Verfahren** vor, wonach die Rechtmäßigkeit der Weigerung überprüft werden kann, ohne dass die Beteiligten Kenntnis vom Inhalt der Akten erhalten. Die gesetzliche Regelung geht auf die Entscheidung des BVerfG zu § 99 II a. F. zurück (BVerfGE 101, 106; zur weiterbestehenden verfassungsrechtlichen Problematik vgl. KS § 99 Rn. 3).

20 Der Fachsenat **entscheidet** im Zwischenverfahren gemäß II 1 nur darüber, **ob die Verweigerung** der Aktenvorlage durch die oberste Aufsichtsbehörde nach I 2 rechtmäßig ist oder nicht. Dies ist dann der Fall, wenn die Tatbestandsvoraussetzungen dieser Norm vorliegen und ein Ermessensfehler nicht besteht (BVerwGE 130, 236). Eine weitergehende Entscheidungszuständigkeit steht ihm nicht zu. Prüfungsgegenstand des Zwischenverfahrens ist **nicht** die Frage, ob die angeforderten Unterlagen für das anhängige Hauptverfahren **erheblich** sind. Hat das Gericht der Hauptsache die Entscheidungserheblichkeit in einem Beschluss geprüft und bejaht, ist der Fachsenat grds. an dessen Rechtsauffassung gebunden. Eine andere Beurteilung durch den Fachsenat kommt nur dann in Betracht, wenn die Rechtsauffassung des Gerichts der Hauptsache offensichtlich fehlerhaft ist (BVerwGE 130, 236). Im Zwischenverfahren gemäß II geht es mithin allein um die Frage der Vorlage der Akten im Prozess. Dagegen ver-

bleibt die **Entscheidung über den Klageanspruch** bei dem Gericht der Hauptsache. Dessen Entscheidungszuständigkeit als der für die Hauptsache zuständige gesetzliche Richter im Sinne von Art. 101 I 2 GG wird durch die Einleitung des Zwischenverfahrens nicht angetastet (BVerwGE 130, 236).

Weist die Sperrerklärung der obersten Aufsichtsbehörde Mängel auf, ist sie grds. **21** gesamtrechtswidrig. Die ggf. gebotene, von der Behörde aber unterlassene Sichtung und Ordnung des Aktenmaterials nach verschiedenen Geheimhaltungsinteressen sowie die differenzierende (Ermessens-)Entscheidung darüber, ob und inwieweit ggf. Schwärzungen ausreichen, um einem gebotenen Geheimnisschutz hinreichend Rechnung zu tragen, kann der Fachsenat nicht anstelle der dazu berufenen obersten Aufsichtsbehörde selbst vornehmen. Dies muss vielmehr in der Sperrerklärung geleistet werden (BVerwG, Beschl. v. 19.4. 2010 – 20 F 13.09).

Unter erweiternder Auslegung des II ist nicht nur über die Rechtmäßigkeit einer **22** Verweigerung, sondern auch über die **Anordnung der Offenlegung** durch die oberste Aufsichtsbehörde zu entscheiden (BVerwG NVwZ 2004, 105; NRWOVG NVwZ 2009, 1510). Ebenso kann ein Beteiligter, der die Offenbarung ihn betreffender Geheimnisse befürchtet, Rechtsschutz gegen eine die Vorlage befürwortende Entscheidung der Aufsichtsbehörde verlangen (BVerwGE 118, 350; Schenke NVwZ 2008, 938).

2. Antrag eines Beteiligten

Das Verfahren wird (nur) auf – nicht fristgebundenen – **Antrag** eines der Beteiligten **23** bei dem Hauptsachegericht eingeleitet (II 1). Eine Einleitung von Amts wegen ist nicht zulässig.

Zuständig für die Entscheidung über den Antrag ist das OVG. Soweit die Haupt- **24** sache vor einem VG anhängig ist, ist damit stets das im Instanzenzug übergeordnete OVG gemeint, und zwar unabhängig davon, welche Behörde vom Hauptsachegericht zu einer Aktenvorlage verpflichtet wird und welche oberste Aufsichtsbehörde die Aktenvorlage verweigert, sofern es sich nicht um einen Fall des II 2 handelt (BVerwG, Urt. v. 8.3. 2010 – 20 F 11.09).

Verweigert eine oberste Bundesbehörde die Vorlage, Übermittlung oder Aus- **25** kunft mit der Begründung, das Bekanntwerden des Inhalts der Urkunden, der Akten, der elektronischen Dokumente oder der Auskünfte würde dem Wohl des Bundes Nachteile bereiten, entscheidet das BVerwG; Gleiches gilt, wenn das BVerwG nach § 50 für die Hauptsache zuständig ist (II 2). Für den Antrag besteht nach dem am 1.7.2008 in Kraft getretenen Gesetz zur Neuregelung des Rechtsberatungsgesetzes vom 12.12.2007 (BGBl I S. 2840) – abgesehen von PKH-Verfahren – gemäß § 67 IV 2 **Vertretungszwang** (BVerwG Beschl. v. 5.2. 2009 – 20 F 3.08).

Dem Antrag fehlt das **Rechtsschutzbedürfnis**, wenn die verlangte Vorlage o.ä. **26** noch nicht nach I 2 verweigert worden ist. Der Verweigerung steht allerdings gleich, wenn die Aufsichtsbehörde nicht in angemessener Frist über das Vorlage- bzw. Auskunftsverlangen entschieden hat (NRWOVG NVwZ-RR 2005, 750).

Der Antragstellung kommt eine Art „**aufschiebende Wirkung**" zu. Solange **27** über den Antrag nicht entschieden ist, ist eine Vorlage von Akten an das Hauptsachegericht unzulässig (KS § 99 Rn. 18). Überdies hat die aktenführende Behörde einem beigeladenen Geheimnisträger eine angemessene Frist zur Stellung eines Antrags analog II unter Hinweis darauf zu setzen, dass sie nach Fristablauf die Akten dem Hauptsachegericht vorlegen wird (NRWOVG NVwZ 2000, 450).

3. Verfahren

28 Der Fachsenat (§ 189) entscheidet nach der Abgabe des Antrags und der Hauptsacheakten durch das Hauptsachegericht **ohne mündliche Verhandlung** (II 1, 4) durch begründungsbedürftigen Beschluss. § 101 III mit der Möglichkeit der ins gerichtliche Ermessen gestellten mündlichen Verhandlung wird durch II 1 verdrängt; dies gilt auch, wenn das BVerwG im Beschwerdeverfahren zuständig ist (BVerwGE 130, 236). Eine **Beweisaufnahme** nach § 98 i. V. m. den Vorschriften der ZPO ist im Zwischenverfahren unzulässig (BVerwGE 130, 236, 249). Die oberste Aufsichtsbehörde hat die nach I 2 verweigerten Urkunden oder Akten auf Aufforderung dieses Spruchkörpers vorzulegen, die elektronischen Dokumente zu übermitteln oder die verweigerten Auskünfte zu erteilen (II 5).

29 Das gerichtliche Verfahren unterliegt den Vorschriften des **materiellen Geheimschutzes** (II 7). Der normativ nicht definierte Begriff zielt auf den Schutz geheimhaltungsbedürftigen Materials vor Entwendung oder Kenntnisnahme durch Unbefugte (vgl. umfassend S/S-A/P § 99 Rn. 39). Können diese Vorschriften auf dem genannten Wege nicht eingehalten werden oder macht die zuständige Aufsichtsbehörde geltend, dass besondere Gründe der Geheimhaltung oder des Geheimschutzes der Übergabe der Urkunden oder Akten oder der Übermittlung der elektronischen Dokumente an das Gericht entgegenstehen, wird die Vorlage oder Übermittlung nach S. 5 dadurch bewirkt, dass die Urkunden, Akten oder elektronischen Dokumente dem Gericht in von der obersten Aufsichtsbehörde bestimmten Räumlichkeiten zur Verfügung gestellt werden (II 8).

30 Die oberste Aufsichtsbehörde ist zu diesem Zwischenverfahren **beizuladen** (II 6). Hiermit ist nicht die Beiladung im technischen Sinne des § 65 gemeint; vielmehr ist die oberste Aufsichtsbehörde – ähnlich wie ein Zeuge im Zwischenstreit über das Zeugnisverweigerungsrecht (vgl. § 387 ZPO) – zu beteiligen (BVerfGE 115, 205; BVerwGE 117, 42). Die Aufsichtsbehörde ist auch dann beizuladen, wenn sie Behörde der beklagten Körperschaft ist (BVerwGE 117, 42). Die Beiladung ist nicht erforderlich, wenn die oberste Aufsichtsbehörde bereits als Vertreter des Beklagten sowohl im Haupt- als auch im Zwischenverfahren beteiligt ist (NRWOVG NVwZ 2009, 794).

31 Für die nach S. 5 vorgelegten Akten, elektronischen Dokumente und für die gemäß S. 8 geltend gemachten besonderen Gründe wird **Akteneinsicht** nicht gewährt; § 100 gilt nicht (II 9). Dies hat zur Konsequenz, dass die Beteiligten des Ausgangsverfahrens im Zwischenverfahren auch nicht zu einer **Stellungnahme** aufgefordert werden (BVerfGE 115, 205).

32 Die Mitglieder des Gerichts sind über § 43 DRiG (**Beratungsgeheimnis**) hinaus zur **Geheimhaltung** verpflichtet (II 10). Für das nichtrichterliche Personal gelten die Regelungen des **personellen Geheimschutzes** (II 11, vgl. § 4 SÜG). Die **Entscheidungsgründe** dürfen zudem – unabhängig von der weiterhin bestehenden Begründungspflicht (§ 122 II) – Art und Inhalt der geheim gehaltenen Urkunden, Akten, elektronischer Dokumente und Auskünfte nicht erkennen lassen.

4. Rechtsmittel

33 Soweit nicht das BVerwG entschieden hat, kann der Beschluss gemäß II 12 selbstständig mit der **Beschwerde** angefochten werden. Über die Beschwerde gegen den Beschluss eines OVG entscheidet in Ausnahme zu § 152 I das **BVerwG** (II 13). Für das

Akteneinsicht § 100

Beschwerdeverfahren gelten S. 4 bis 11 sinngemäß (II 14), S. 1 insoweit, als auch vor dem BVerwG nicht mündlich verhandelt wird (BVerwGE 130, 236). Zur **Senatsbesetzung** → § 10 III.

§ 100 [Akteneinsicht]

(1) Die Beteiligten können die Gerichtsakten und die dem Gericht vorgelegten Akten einsehen.

(2) ¹Beteiligte können sich auf ihre Kosten durch die Geschäftsstelle Ausfertigungen, Auszüge, Ausdrucke und Abschriften erteilen lassen. ²Nach dem Ermessen des Vorsitzenden kann der nach § 67 Abs. 2 Satz 1 und 2 Nr. 3 bis 6 bevollmächtigten Person die Mitnahme der Akte in die Wohnung oder Geschäftsräume, der elektronische Zugriff auf den Inhalt der Akten gestattet oder der Inhalt der Akten elektronisch übermittelt werden. ³§ 87a Abs. 3 gilt entsprechend. ⁴Bei einem elektronischen Zugriff auf den Inhalt der Akten ist sicherzustellen, dass der Zugriff nur durch die nach § 67 Abs. 2 Satz 1 und 2 Nr. 3 bis 6 bevollmächtigte Person erfolgt. ⁵Für die Übermittlung von elektronischen Dokumenten ist die Gesamtheit der Dokumente mit einer qualifizierten elektronischen Signatur nach § 2 Nr. 3 des Signaturgesetzes zu versehen und gegen unbefugte Kenntnisnahme zu schützen.

(3) In die Entwürfe zu Urteilen, Beschlüssen und Verfügungen, die Arbeiten zu ihrer Vorbereitung und die Dokumente, die Abstimmungen betreffen, wird Akteneinsicht nach Absatz 1 und 2 nicht gewährt.

Das Akteneinsichtsrecht ist ein wesentlicher Teil der **Parteiöffentlichkeit** des Verfahrens und dient insbes. der Verwirklichung des durch Art. 103 I GG verfassungsrechtlich garantierten Anspruchs auf Gewährung **rechtlichen Gehörs** (KS § 100 Rn. 1). Es gewährleistet die Waffengleichheit der Beteiligten und soll ihnen zugleich die effektive Mitwirkung bei der Wahrheitsfindung des Gerichts ermöglichen (BVerwG NJW 1988, 1280). Einen **Anspruch auf Aktenbeiziehung** gewährt § 100 I nicht (BVerwG, Beschl. v. 11.3. 2004 – 6 B 71.03); hierfür steht den Beteiligten das Beweisantragsrecht zur Verfügung. Die Norm findet in allen Verfahrensarten Anwendung. II ist durch das Justizkommunikationsgesetz vom 22. 5. 2005 (BGBl. I 837) neu gefasst worden. Dabei ist die Verweisung auf **§ 299a ZPO** entfallen, die sicherstellte, dass auch Akten zugänglich sind, die nur in einer verkleinerten Form vorgehalten werden (z. B. auf Mikrofilm oder anderen Bildträgern). Richtiger Ansicht nach ist § 299a ZPO nunmehr über § 173 S. 1 anwendbar (S/S-A/P § 173 Rn. 39). 1

I. Akteneinsicht

Die Beteiligten (§ 63) können vorbehaltlich III (→ Rn. 18) die Gerichtsakten und die dem Gericht vorgelegten Akten einsehen, solange das Verfahren anhängig ist (BremOVG NVwZ 1984, 527). 2

1. Berechtigte

Das Akteneinsichtsrecht steht den **Beteiligten persönlich** sowie ihren Prozessbevollmächtigten zu; auch im Falle notwendiger anwaltlicher Vertretung verlieren es die 3

§ 100

Beteiligten nicht. Nicht am Verfahren Beteiligte haben kein Akteneinsichtsrecht; I schließt die Anwendung des § 173 S. 1 i.V.m. § 299 II ZPO aus (str., RO § 100 Rn. 2; a.A. S/S-A/P § 100 Rn. 11 f.).

2. Gegenstand der Einsicht

4 Das Akteneinsichtsrecht der Beteiligten erstreckt sich ungeachtet ihrer Erheblichkeit auf die vom Gericht geführten Akten und ihm vorgelegten Akten (Beiakten, Urkunden, Augenscheinsobjekte, Filme u. ä.). Vom Gericht beigezogene Akten fallen ebenso hierunter (allg. Auffassung S/S-A/P § 100 Rn. 6). Auf Akten in verkleinerter Form ist § 299a ZPO entsprechend anzuwenden (→ Rn. 1).

5 Die vom Gericht in einer sog. **Erkenntnisliste** geführten Unterlagen zählen nicht hierzu. Diese sind keine Akten, sondern Bestandteil einer Sammlung von Erkenntnisquellen verschiedenster Herkunft, die als Informationsmaterial regelmäßig bei den mit der Bearbeitung von Asylverfahren befassten VG und OVG angelegt sind (NRWOVG NVwZ 1997, Beilage Nr. 11, 81). Anders verhält es sich, wenn sich die Erkenntnis auf das konkrete Verfahren bezieht (ebenso S/S-A/P § 100 Rn. 7). Dem Akteneinsichtsrecht unterliegen auch solche Unterlagen nicht, hinsichtlich derer das Gericht auf eine Beiziehung verzichtet und die es damit nicht zum Prozessstoff macht (BVerwG, Beschl. v. 11.3. 2004 – 6 B 71.03, zu geschwärzten Teilen von Posteingangskarten).

6 Das Einsichtsrecht bezieht sich dagegen auch auf Unterlagen, die möglicherweise oder sogar höchstwahrscheinlich der **Geheimhaltung** unterliegen und deren Vorlage gemäß § 99 I 2 hätte verweigert werden dürfen (BayVGH NVwZ-RR 2001, 544; für den Fall der Offensichtlichkeit a.A. KS § 100 Rn. 3a). Akteneinsicht ist allerdings so lange **nicht** zu gewähren, wie ein Verfahren nach § 99 II andauert (→ § 99 Rn. 27). Vom Recht der Akteneinsicht sind solche Schreiben nicht umfasst, die in einem Verfahren nach § 99 II vom Fachsenat (§ 189) mit Eingang an den Beklagten hätten zurückgegeben werden müssen (BVerwG, Beschl. v. 24.8. 2009 – 20 F 2.09; Beschl. v. 5.2. 2009 – 20 F 24.08).

7 Bei einer **Klage auf Akteneinsicht** erstreckt sich das Akteneinsichtsrecht nur auf die Akten, die das Verfahren auf Akteneinsicht betreffen, und nicht auf die Akten, um deren Kenntnisgabe gestritten wird (vgl. BVerwG NJW 1983, 2954 zu § 29 VwVfG).

3. Verweigerung der Einsicht

8 Die **Verweigerung der Akteneinsicht** zum Schutze des die Einsicht Begehrenden kann in existentiellen Ausnahmefällen geboten sein (BVerwGE 82, 45: drohende Selbstgefährdung). Im Übrigen schränkt I das Recht auf Akteneinsicht nicht dahingehend ein, dass nur einmal oder nur in bestimmten zeitlichen Intervallen Einsicht genommen werden darf. Im Falle eines **Anwaltswechsels** kann ein Antrag auf Akteneinsicht nicht mit der Begründung abgelehnt werden, bereits der vorherige Prozessbevollmächtigte habe Einsicht in die Akten nehmen können (BVerwG, Beschl. v. 14.10. 1997 – 9 B 799.97).

4. Verfahren

9 Es besteht **keine Belehrungspflicht** seitens des Gerichts über die Möglichkeit der Akteneinsicht (allg. Meinung, vgl. S/S-A/P § 100 Rn. 9). Dass Akten beigezogen worden sind, ist den Beteiligten zur Wahrung des rechtlichen Gehörs jedoch **mitzuteilen**.

Akteneinsicht **§ 100**

Die Akten sind grds. **vor Ort** in der Serviceeinheit/Geschäftsstelle des Gerichts 10
(→ § 13 Rn. 6) einzusehen. Ein **Anspruch auf Übersendung** der Akten an das
dem Wohnsitz nächstgelegene Gericht (auch eines anderen Gerichtszweigs) oder die
nächstgelegene Behörde besteht, wenn die Akteneinsicht im Gericht wegen besonderer Umstände nicht zumutbar ist. Keine Sonderfälle sind räumliche Enge, fehlende
Kopiermöglichkeit, starke Arbeitsüberlastung des Prozessbevollmächtigten, Zeitaufwand für die Fahrt zum Gericht, größere Entfernung zwischen Gericht und Kanzlei
bei bestehender Möglichkeit der Aktenübersendung an ein Gericht oder eine Behörde am Sitz des Bevollmächtigten (BFH NJW 1994, 752, str., vgl. S/S-A/P § 100
Rn. 15, 20 m. w. N.).

Für die Entscheidung über die Einsicht ist grds. der Urkundsbeamte der Geschäfts- 11
stelle **zuständig**. Verweigert dieser die Einsicht, entscheidet gemäß § 151 das Gericht
(BVerwG Buchh 310 § 138 Ziff. 3 VwGO Nr. 19); verweigert auch dieses die
Akteneinsicht, ist diese Entscheidung als **prozessleitende Verfügung** gemäß
§ 146 II unanfechtbar (BayVGH NVwZ-RR 2001, 544, zum Streitstand vgl. KS
§ 100 Rn. 9; a. A. S/S-A/P § 100 Rn. 32). Die Verweigerung kann aber – zwar nicht
zwangsläufig, so doch im Einzelfall – einen im Rechtsmittelverfahren beachtlichen
Verfahrensmangel wegen der Verletzung rechtlichen Gehörs (§§ 124 II Nr. 5, 132 II
Nr. 3) begründen (NRWOVG AuAS 2007, 274).

II. Erteilung von Ausfertigungen u. a.

Beteiligte können sich vorbehaltlich III (→ Rn. 18) auf ihre Kosten durch die Ge- 12
schäftsstelle Ausfertigungen, Auszüge, Ausdrucke und Abschriften erteilen lassen. Der
Darlegung eines besonderen rechtlichen Interesses bedarf es hierfür nicht, sofern das
Recht nicht missbräuchlich ausgeübt wird. Entscheidend ist allein, ob einer der Prozessbeteiligten die erbetenen Ablichtungen als für die Führung des Rechtsstreits erforderlich ansehen kann (BVerwG NJW 1988, 1280). Eine Vervielfältigung von Personalvorgängen durch Privatpersonen, die etwa in Konkurrentenstreitigkeiten am
Verfahren beteiligt sind, ist – anders als etwa bei Rechtsanwälten als Organen der
Rechtspflege – wegen des Persönlichkeitsschutzes nicht angebracht. Es ist zumutbar
und ausreichend, wenn die Privatperson die Vorgänge in Augenschein nimmt und
sich ggf. Notizen macht (HessVGH NVwZ 1994, 398).

III. Mitnahme von Akten u. a.

Nach dem **Ermessen des Vorsitzenden** (bzw. Berichterstatters → Rn. 15) kann 13
vorbehaltlich III (→ Rn. 18) bestimmten nach § 67 II bevollmächtigten Personen die Mitnahme der Akte in die Wohnung oder Geschäftsräume, der elektronische Zugriff auf den Inhalt der Akten gestattet oder der Inhalt der Akten elektronisch übermittelt werden (II 2, 3). **§ 82 AsylVfG** ist lex specialis für den
Asylprozess.

Ausdrücklich nennt II 1 als **Einsichtsberechtigte** nur die nach § 67 II 2 Nr. 3 bis 14
6 Bevollmächtigten. Nach KS § 100 Rn. 7 soll es sich bei dieser Beschränkung jedoch um ein **Redaktionsversehen** des Gesetzgebers handeln. Dem ist zuzustimmen.
Das Mitnahme- bzw. Übermittlungsrecht sollte den nach § 67 II 1 bevollmächtigten
Rechtsanwälten oder Rechtslehrern nicht verwehrt werden. Dies ergibt sich bereits
aus dem Wortlaut des in Bezug genommenen § 67 II 2: „Darüber hinaus …". Ande-

ren Bevollmächtigten und den Beteiligten selbst dürfen Akten nicht mitgegeben werden, um die Gefahr der Beschädigung, der Verfälschung oder des Verlustes zu minimieren.

15 Ist ein **Berichterstatter** bestellt, so entscheidet dieser gemäß II 3 i. V. m. § 87a III im vorbereitenden Verfahren über die Aktenmitnahme bzw. -übermittlung an den Bevollmächtigten. Die Regelung gilt nur für die VG und OVG; beim BVerwG ist sie durch § 141 S. 2 ausgeschlossen, sodass dort ausschließlich der Vorsitzende zu entscheiden hat.

16 Zwar steht das Mitnahme- bzw. Übermittlungsrecht im **Ermessen** des Vorsitzenden/Berichterstatters, der die Mitnahme/Übermittlung verfügt; bei zuverlässigen Bevollmächtigten, umfangreichen Akten und deren aktuellen Entbehrlichkeit bei Gericht ist eine Verweigerung jedoch ermessensfehlerhaft. Die Entscheidung des Gerichts ist als **prozessleitende Verfügung** gemäß § 146 II unanfechtbar (vgl. NRW-OVG NJW 1988, 221; zum möglichen Verfahrensmangel → Rn. 11).

17 Bei einem **elektronischen Zugriff** auf den Inhalt der Akten ist sicherzustellen, dass der Zugriff nur durch die nach § 67 II 1 und 2 Nr. 3 bis 6 bevollmächtigte Person erfolgt (II 5). Für die Übermittlung von elektronischen Dokumenten ist die Gesamtheit der Dokumente mit einer qualifizierten elektronischen Signatur nach § 2 Nr. 3 des Signaturgesetzes zu versehen und gegen unbefugte Kenntnisnahme zu schützen (II 5).

IV. Ausschluss der Akteneinsicht

18 In die **Entwürfe** zu Urteilen, Beschlüssen und Verfügungen, die Arbeiten zu ihrer Vorbereitung und die Dokumente, die Abstimmungen betreffen, wird den Beteiligten (§ 63) keine Akteneinsicht gewährt (III). Die Norm schützt das **Beratungsgeheimnis**. Ihr unterfallen alle vorbereitenden Arbeiten der Richter, ggf. aber auch diejenigen der dem Gericht zugewiesenen und mit der Sache befassten Mitarbeiter (NRWOVG NJW 1963, 1797; S/S-A/P § 100 Rn. 25). III verbietet nicht, dass der dienstlich mit der Sache befasste Urkundsbeamte des Gerichts durch Aushändigung eines Exemplars des Sachberichts und des Votums von deren Inhalt Kenntnis erlangt. Diese Mitteilung im dienstlichen Verkehr verstößt nicht gegen die Pflicht zur Verschwiegenheit (BVerwG NVwZ 1987, 127).

19 Weitere **Ausnahmen zum Recht auf Akteneinsicht** sieht die VwGO nicht vor (zur Problematik S/S-A/P § 100 Rn. 28 ff.), wohl aber § 31 II StUG.

§ 101 [Grundsatz der mündlichen Verhandlung]

(1) **Das Gericht entscheidet, soweit nichts anderes bestimmt ist, auf Grund mündlicher Verhandlung.**
(2) **Mit Einverständnis der Beteiligten kann das Gericht ohne mündliche Verhandlung entscheiden.**
(3) **Entscheidungen des Gerichts, die nicht Urteile sind, können ohne mündliche Verhandlung ergehen, soweit nichts anderes bestimmt ist.**

1 I konstituiert den Grundsatz der mündlichen Verhandlung. Das Stattfinden einer mündlichen Verhandlung hat seinen Rechtswert in sich. Es soll nicht nur dem Gericht die Wahrheitsfindung erleichtern, sondern darüber hinaus dadurch zur Befrie-

Grundsatz der mündlichen Verhandlung § 101

dung beitragen, dass zwischen den Streitparteien und dem Gericht in persönlichem Kontakt der Streitstoff in unmittelbarer Rede und Gegenrede erörtert werden kann (BVerwG NJW 1992, 2042).

I. Entscheidung aufgrund mündlicher Verhandlung

Das Gericht entscheidet, soweit nichts anderes bestimmt ist, auf Grund mündlicher 2 Verhandlung. **Ausnahmebestimmungen** enthalten neben II (**Verzicht** der Beteiligten) und III (**Beschlüsse**) §§ 11 VII 2, 12 I 1 (**Entscheidungen des Großen Senats** beim BVerwG oder OVG), § 47 V 1 (**Normenkontrollverfahren**), § 53 III 2 (**Zuständigkeitsstreit**), § 84 I 1 (**Gerichtsbescheid**), § 99 II 1 (**In-Camera-Verfahren**; vgl. BVerwGE 130, 236), § 118 II 1 (**Urteilsberichtigung**), § 130a S. 1 (**Entscheidung über die Berufung** bei Einstimmigkeit).

Diese Ausnahmen sind **verfassungsrechtlich** nicht zu beanstanden. Art. 103 I 3 GG (Anspruch auf rechtliches Gehör) begründet kein Recht auf mündliche Verhandlung. Vielmehr ist es Sache des einfachen Gesetzgebers, wieweit er in einem bestimmten Verfahren einen Anspruch auf mündliche Verhandlung einräumen will. Das Prinzip der Mündlichkeit der Verhandlung ist kein Verfassungsgrundsatz, sondern nur eine einfachrechtliche Prozessmaxime. Auch aus Art. 19 IV GG ergibt sich nicht die Notwendigkeit einer mündlichen Verhandlung, sondern (nur) ein Anspruch auf eine tatsächlich wirksame gerichtliche Kontrolle (BVerwG, Beschl. v. 30.7. 2009 − 5 B 107.08; BVerwGE 57, 272; jeweils m.w.N. zur Rspr. des BVerfG).

Eine unter Verstoß gegen I ergangene Entscheidung verletzt den Anspruch des 4 Beteiligten auf **rechtliches Gehör** und begründet einen Verfahrensmangel i.S. der §§ 124 II Nr. 5, 132 II Nr. 3 (BVerwG NVwZ 2009, 59; 2003, 1129), allerdings nur bezogen auf den jeweils betroffenen Verfahrensbeteiligten (BVerwG Buchh 310 § 101 VwGO Nr. 29). Gegen I wird auch dann verstoßen, wenn die mündliche Verhandlung zu Unrecht nicht gemäß § 104 III 2 wiedereröffnet wird (→ § 104 Rn. 8 ff.).

II. Entscheidungen ohne mündliche Verhandlung

1. Einverständnis der Beteiligten

Mit **Einverständnis** aller Beteiligter (§ 63) kann das Gericht ohne mündliche Verhandlung entscheiden. In dem folgenden schriftlichen Verfahren spielt das Mündlichkeitsprinzip, das sonst den Verwaltungsprozess beherrscht, keine Rolle. Für die Überzeugungsbildung maßgeblich ist der Inhalt der Akten. Das Gericht entscheidet auf der Grundlage der Erkenntnisse, die ihm hierdurch vermittelt werden (BVerwG NVwZ-RR 2003, 460).

a) Form. Das Einverständnis ist **schriftlich oder zur Niederschrift** (§ 81 I) oder 6 in einer mündlichen Verhandlung **zu Protokoll** (§ 173 S. 1 i.V.m. § 261 II ZPO) zu erklären. Ein gegenüber dem Gericht **telefonisch** erklärter Verzicht, der durch einen schriftlichen Aktenvermerk festgehalten wird, ist ebenfalls zulässig, solange über den Inhalt der Erklärung kein Streit besteht (BVerwG NVwZ 1984, 645; BVerwGE 62, 6; a.A. SächsOVG SächsVBl. 2008, 122). Die Erklärung unterliegt nicht dem Anwaltszwang nach § 67 (HessVGH, Urt. v. 25.2.2005 − 9 UE 911/04 m.w.N.).

Als prozessgestaltende Erklärung muss das Einverständnis **ausdrücklich, klar,** 7 **eindeutig und vorbehaltlos** abgegeben werden (BVerwG NJW 1983, 183). In

Zweifelsfällen hat das Gericht auf eine Klarstellung hinzuwirken (§ 86 III). Bestehen nicht ausräumbare Zweifel an Inhalt und Vorbehaltlosigkeit einer Verzichtserklärung, darf eine Partei aus Gründen der Rechtssicherheit hieran nicht festgehalten werden (BVerwG NVwZ 1984, 645). So bedeutet das **Einverständnis mit einer Entscheidung nach § 87a II, III** durch den Vorsitzenden/Berichterstatter anstelle der Kammer (BVerwG NVwZ-RR 1998, 525) oder die Erklärung, mit der Entscheidung ohne mündliche Verhandlung im Rahmen eines **Gerichtsbescheides** (§ 84) einverstanden zu sein (BVerwG, Beschl. v. 8.1. 2005 – 10 B 45.05), nicht zugleich den Verzicht auf mündliche Verhandlung.

8 **b) Unwiderruflichkeit, Unanfechtbarkeit.** Die Erklärung ist als Prozesshandlung mit Eingang bei Gericht grds. **unwiderruflich** und **unanfechtbar** (BVerwG NVwZ 1996, Beilage 4, 26).

9 Unerheblich ist, zu welchem **Zeitpunkt** das Einverständnis erklärt wurde; im weiteren Verfahrensgang ist weder die 5-Monats-Frist, die im Rahmen des § 116 II und des § 117 IV eine Rolle spielt, noch die 3-Monatsfrist nach § 128 II 3 ZPO zu beachten. Der abschließenden Regelung des II ist eine zeitliche Bindung des Gerichts nach Verzicht auf (weitere) mündliche Verhandlung fremd (BVerwG, Beschl. v. 9.9. 2009 – 4 BN 4.09; NVwZ 1996, Beilage 4, 26; NVwZ-RR 2003, 460).

10 Eine **Änderung der Prozesslage** führt nicht von selbst zur Unwirksamkeit eines einmal erklärten Verzichts auf mündliche Verhandlung. § 128 II 1 ZPO ist über § 173 S. 1 nicht anwendbar, wonach bei einer wesentlichen Änderung der Prozesslage der Verzicht auf mündliche Verhandlung widerruflich ist. Denn das Verfahren der Entscheidung ohne mündliche Verhandlung hat in II für den Verwaltungsprozess eine eigenständige Regelung erfahren (BVerwG, Beschl. v. 1.3. 2006 – 7 B 90.05). Die Erklärung kann aber, wie sich dem in § 128 II 1 ZPO enthaltenen allgemeinen Rechtsgedanken entnehmen lässt, **ausnahmsweise widerrufen** werden, wenn sich die Prozesslage in wesentlichen Punkten ändert (S/S-A/ P § 101 Rn. 13).

11 Eine **wesentliche Änderung** kommt nicht nur bei einer Änderung der für die Urteilsfällung maßgeblichen materiellen Rechtslage, sondern auch bei einer Änderung des entscheidungserheblichen Sachverhalts in Betracht. Bloßer Zeitablauf reicht, selbst wenn die in § 128 II 3 ZPO genannte Frist deutlich überschritten wird, für einen Widerruf nicht aus. Er nötigt ohne entsprechende Anträge der Beteiligten auch nicht dazu, die Entscheidungsbasis durch eine (weitere) mündliche Verhandlung zu verbreitern. Der Rechtsgedanke, der hinter § 116 II steht, beansprucht Beachtung im schriftlichen Verfahren allenfalls dann, wenn im Zeitpunkt der Fertigstellung der vollständigen Entscheidung die Beratung und die Beschlussfassung über das Urteil bereits mehr als fünf Monate zurückliegen (BVerwG NVwZ-RR 2003, 460; offen BVerwG NVwZ 1996, Beilage 4, 26).

12 **c) Verbrauch des Einverständnisses.** Das Einverständnis bezieht sich nur auf die (jeweils) **nächste anstehende Entscheidung** des Gerichts (BVerwG NVwZ 1984, 645). Das Einverständnis ist durch eine nachfolgende gerichtliche Entscheidung, die die Endentscheidung wesentlich sachlich vorbereiten soll, **verbraucht**; es ist deshalb z. B. dann nicht mehr wirksam, wenn nach dem Verzicht ein **Beweisbeschluss** ergeht, den Beteiligten durch einen **Auflagenbeschluss** eine Stellungnahme abgefordert wird, **Akten zu Beweiszwecken beigezogen** oder sonst neue **Erkenntnismittel** in den Prozess eingeführt werden (BVerwG, Beschl. v. 1.3. 2006 – 7 B 90.05; NRWOVG DVBl. 1999, 479), wenn beschlossen wird, eine **Klageerweiterung** als sachdienlich zuzulassen (BayVGH NVwZ-RR 2007, 718), ggf. auch dann, wenn in

Unkenntnis der abgegebenen Verzichtserklärungen zunächst **terminiert** wird (vgl. BVerwG, Beschl. v. 26.6. 2009 – 8 B 56.09).

Die vor der **Übertragung auf den Einzelrichter** abgegebene Einverständniserklärung erfasst nur die nächste Sachentscheidung durch den Spruchkörper (Übertragung auf den Einzelrichter), also nicht zugleich die (End)Entscheidung nach der Übertragung. Etwas anderes gilt dann, wenn sich die Einverständniserklärung ausdrücklich auch auf eine Entscheidung durch den Einzelrichter erstreckt (BFH NVwZ-RR 1997, 260). 13

d) Ermessen des Gerichts. Liegt das Einverständnis der Beteiligten vor, entscheidet das Gericht nach seinem **Ermessen**, ob es von der Durchführung der mündlichen Verhandlung absieht. Eine Verpflichtung zur Entscheidung ohne mündliche Verhandlung besteht nicht; insb. können verfahrensökonomische Erwägungen dem Gericht Anlass geben, trotz Verzichts eine mündliche Verhandlung durchzuführen (BVerwGE 132, 254). Das Gericht hat dafür einzustehen, dass bei einer unterbleibenden mündlichen Verhandlung das rechtliche Gehör der Beteiligten nicht verletzt wird (BVerwG NVwZ-RR 2004, 77). Hierbei ist zu berücksichtigen, dass die mündliche Verhandlung die Regel und das Absehen davon die Ausnahme bildet. Dem liegt die Vorstellung des Gesetzgebers zugrunde, dass das in der mündlichen Verhandlung stattfindende Rechtsgespräch als ein diskursiver Prozess zwischen dem Gericht und den Beteiligten die Ergebnisrichtigkeit des Urteils gerade in tatsächlich und rechtlich schwierigen Fällen typischerweise fördert (BVerwG DVBl. 2009, 1529, zur Anwendung des § 130a S. 1). 14

So ist z.B. trotz erklärten Verzichts Termin zur mündlichen Verhandlung anzuberaumen, wenn dem Antrag des Klägers auf Ladung eines Sachverständigen zur Erläuterung seines Gutachtens in der mündlichen Verhandlung sowie auf Vernehmung eines Zeugen stattgegeben werden muss (BVerwG, Beschl. v. 26.6. 2009 – 8 B 56.09). 15

Bei Übergang in das schriftliche Verfahren muss – ggf. nach Ablauf einer Schriftsatzfrist – grds. jederzeit mit einer (End-)Entscheidung des Gerichts gerechnet werden (BayVGH, Beschl. v. 6.5. 2009 – 6 ZB 08.221). 16

2. Andere Entscheidungen als Urteile

Entscheidungen des Gerichts, die nicht Urteile sind, können ohne mündliche Verhandlung ergehen, soweit nichts anderes bestimmt ist (III). Solche Entscheidungen sind **im Wesentlichen Beschlüsse**. Nach Ermessen des Gerichts kann aber auch in Beschlussverfahren unter Mitwirkung der ehrenamtlichen Richter (§ 5 III 1) mündlich verhandelt werden; ausgenommen sind Entscheidungen nach § 99 II 1 (BVerwGE 130, 236; → § 99 Rn. 28). Auch bei Durchführung der fakultativen mündlichen Verhandlung wird weiterhin durch Beschluss entschieden. 17

§ 102 [Ladungen, Sitzungen außerhalb des Gerichtssitzes]

(1) ¹Sobald der Termin zur mündlichen Verhandlung bestimmt ist, sind die Beteiligten mit einer Ladungsfrist von mindestens zwei Wochen, bei dem Bundesverwaltungsgericht von mindestens vier Wochen, zu laden. ²In dringenden Fällen kann der Vorsitzende die Frist abkürzen.

(2) Bei der Ladung ist darauf hinzuweisen, daß beim Ausbleiben eines Beteiligten auch ohne ihn verhandelt und entschieden werden kann.

§ 102

(3) Die Gerichte der Verwaltungsgerichtsbarkeit können Sitzungen auch außerhalb des Gerichtssitzes abhalten, wenn dies zur sachdienlichen Erledigung notwendig ist.
(4) § 227 Abs. 3 Satz 1 der Zivilprozeßordnung ist nicht anzuwenden.

Übersicht

	Rn.
I. Termin zur mündlichen Verhandlung	1
1. Bestimmung des Termins	2
2. Fristgerechte Ladung der Beteiligten	4
3. Terminsaufhebung, -verlegung und Vertagung	8
a) Grundlagen	8
b) Erhebliche Gründe	11
c) Substanziierung bzw. Glaubhaftmachung	17
4. Kein Anspruch auf zügige Terminierung	18
5. Kein Verbot zu zügiger Terminierung	19
II. Ladungshinweise	21
III. Sitzungen außerhalb des Gerichtssitzes	23
IV. Termine zwischen dem 1. Juli und 31. August	25

I. Termin zur mündlichen Verhandlung

1 Sobald der Termin zur mündlichen Verhandlung (§ 101 I) bestimmt ist, sind die Beteiligten (§ 63) mit einer Ladungsfrist von mindestens zwei Wochen, bei dem BVerwG von mindestens vier Wochen, zu laden (I 1).

1. Bestimmung des Termins

2 Der Termin zur mündlichen Verhandlung wird durch den Vorsitzenden bzw. den Einzelrichter (§§ 6, 87a II, III) mittels **unanfechtbarer Verfügung** (§ 146 II) von Amts wegen bestimmt. Die Terminsbestimmung muss mindestens Auskunft über Zeit und Ort der Verhandlung enthalten. Sie ist zu unterzeichnen, wobei eine Paraphe genügt, und – zweckmäßigerweise zusammen mit der Ladung – **zuzustellen** (§ 56).

3 Wann eine Sache bearbeitet und terminiert wird, steht im **Ermessen** des mit der Sache befassten Spruchkörpers (BGH NJW 1987, 1197). Dies ist Ausdruck richterlicher Unabhängigkeit (Art. 97 I GG) und dient der bestmöglichen Beschleunigung des Verfahrens und der Konzentration auf möglichst nur eine mündliche Verhandlung (§ 87 I 1). Üblich ist die Terminierung zu einem Zeitpunkt, zu dem mit Entscheidungsreife gerechnet werden kann. Ggf. sollte der Termin mit den Beteiligten im Vorfeld der Ladung formlos über die Geschäftsstelle des Gerichts abgestimmt werden. Dies empfiehlt sich insbesondere bei Verfahren mit zahlreichen Beteiligten oder Zeugen.

2. Fristgerechte Ladung

4 Die Ladungsfrist beträgt grds. mindestens zwei, bei dem BVerwG vier Wochen (I 1). **Ladungsfrist** ist die Zeitspanne zwischen Zustellung der Ladung (§ 56 I) bzw. ihrer Bekanntgabe im Termin (§ 173 S. 1 i.V.m. § 218 ZPO) und dem Tag des Verhandlungstermins (§ 173 S. 1 i.V.m. § 217 ZPO; vgl. BVerwGE 44, 307). Eine telefonische Mitteilung des Berichterstatters an einen Beteiligten über den Termin der mündlichen Verhandlung stellt keine Verkündung dar (NRWOVG NWVBl. 1996, 114). Die Frist berechnet sich gemäß § 57 i.V.m. § 222 ZPO, §§ 187 I, 188 II BGB.

Eine Ladung zur mündlichen Verhandlung, die dem Prozessbevollmächtigten eines Beteiligten ordnungsgemäß zugestellt worden ist, verliert ihre Wirkung für und gegen den Beteiligten nicht dadurch, dass dem Gericht nach Ladungszustellung das Erlöschen der Prozessvollmacht angezeigt wird (BVerwG NJW 1983, 2155).

In dringenden Fällen kann der Vorsitzende die Frist abkürzen (I 2). Die **Abkürzung der Ladungsfrist** muss, um anstelle der abstrakten Fristsetzung greifen zu können, eine genaue Bestimmung des Zeitraums enthalten, der statt der in I 1 vorgesehenen Frist ausnahmsweise gelten soll. Eine richterliche Verfügung, die keine zeitliche Festlegung enthält, kürzt nicht ab, sondern hebt die gesetzlich vorgesehene Ladungsfrist der Sache nach unzulässiger Weise auf. In solchen Fällen verbleibt es bei der gesetzlichen Ladungsfrist (BVerwG NJW 1998, 2377). 5

Je weiter der Zeitraum zwischen Zugang der Ladung und mündlicher Verhandlung die gesetzliche Ladungsfrist unterschreitet, desto dringender müssen die Gründe für die Verkürzung der Frist sein (BVerwG BauR 2010, 593). **Keine Dringlichkeit** begründen Ladungsschwierigkeiten oder eine beabsichtigte bloße Auffüllung bzw. Beibehaltung der Terminsliste des Gerichts (BFHE 195, 530; KS § 102 Rn. 11 m.w.N.). Liegt ein dringender Fall für die Fristabkürzung nicht vor, wird ggf. das rechtliche Gehör verletzt (BVerwG BauR 2010, 593; NJW 1998, 2377; BFHE 195, 530). 6

Wird ein Beteiligter oder im Falle der Bevollmächtigung der Bevollmächtigte nicht oder nicht fristgerecht geladen und erscheint er auch nicht zum Termin, liegt ein Verfahrensfehler wegen **Verletzung rechtlichen Gehörs** vor (§§ 132 II Nr. 3, 138 Nr. 4; BVerwG NJW 1998, 2377), es sei denn, dem Beteiligten ist der Ladungsverstoß vor dem Termin bekannt geworden und er hat gleichwohl keinen Verlegungs- oder Vertagungsantrag gestellt und ist dem Termin in der Erwartung ferngeblieben, das Gericht werde die verspätete Ladung bemerken und nicht ohne ihn verhandeln (BVerwG NJW 1987, 2694). 7

3. Terminsaufhebung, -verlegung und Vertagung

a) Grundlagen. Im Umkehrschluss zur Terminierungskompetenz nach I kann das Gericht **Termine von Amts wegen** jederzeit wieder **aufheben**. Die **von einem Beteiligten begehrte** Terminsaufhebung und -verlegung sowie die Vertagung bestimmt sich nach § 173 S. 1 i.V.m. § 227 I ZPO (BVerwGE 81, 229). 8

Hiernach **kann** ein Termin aufgehoben oder verlegt sowie eine (bereits begonnene) Verhandlung aus erheblichen Gründen vertagt werden. Bei der Entscheidung verbleibt dem Gericht dann **kein Ermessensspielraum**, wenn die Vertagung zur Gewährung rechtlichen Gehörs notwendig ist. Das ist der Fall, wenn ein Verfahrensbeteiligter alles in seinen Kräften Stehende und nach Lage der Dinge Erforderliche getan hat, um sich durch Wahrnehmung des Verhandlungstermins rechtliches Gehör zu verschaffen, hieran jedoch ohne Verschulden gehindert worden ist. Dies gilt entsprechend, wenn der Verfahrensbeteiligte sich anwaltlich vertreten lassen will und sein Anwalt unverschuldet an der Terminswahrnehmung gehindert ist (BVerwG, Beschl. v. 21.12. 2009 – 6 B 32.09; BVerwGE 96, 368). Liegen erhebliche Gründe i.S. von § 227 ZPO vor, muss der Termin zur mündlichen Verhandlung zur Gewährleistung des rechtlichen Gehörs verlegt bzw. vertagt werden, selbst wenn das Gericht die Sache nicht für entscheidungsreif hält und die Erledigung des Rechtsstreits verzögert wird (BVerwG Buchh 303 § 227 ZPO Nr. 28; BFHE 163, 115). 9

Die gerichtliche Entscheidung, einem Aufhebungs-, verlegungs- oder Vertagungsantrag eines Beteiligten nicht zu entsprechen, ist gemäß § 146 II auch dann **unanfechtbar**, wenn sie greifbar gesetzwidrig sein sollte (a.A. KS § 102 Rn. 5). Verletzt 10 sie das rechtliche Gehör des Beteiligten, ist der Verstoß im Rahmen der Anfechtung der Endentscheidung geltend zu machen.

11 **b) Erhebliche Gründe. Erhebliche Gründe** sind solche Umstände, die zur Gewährung des rechtlichen Gehörs eine Zurückstellung des Beschleunigungs- und Konzentrationsgebotes erfordern, weil der Beteiligte sich trotz aller zumutbaren eigenen Bemühungen nicht in hinreichender Weise rechtliches Gehör verschaffen konnte (BVerwGE 96, 368).

12 Erhebliche Gründe liegen z.B. vor, wenn die Terminierung mit einem bereits zuvor anberaumten, anderweitigen gerichtlichen **Termin kollidiert**, ohne dass für eine Vertretung gesorgt werden könnte (BVerwGE 43, 288), wenn der **Ausgang eines PKH-Verfahrens**, insb. eines Beschwerdeverfahrens gegen die Versagung von PKH abgewartet werden soll (SHOLG NJW 1988, 67), wenn der (alleinige) Prozessbevollmächtigte im Zeitpunkt der mündlichen Verhandlung an einer **Gemeinderatssitzung** teilnehmen muss (BWVGH NVwZ 2000, 213), wenn ein **anwaltlich nicht vertretener Kläger** wegen einer **Erkrankung** reiseunfähig ist und glaubhaft macht, dass er auch gehindert ist, sich im Termin – etwa durch einen Anwalt – vertreten zu lassen, oder Eigentümlichkeiten des Streitstoffs – etwa seine persönliche Anhörung erforderlich machen (BVerwG NJW 2006, 2648), wenn der **Prozessbevollmächtigte** des Beteiligten kurzfristig **wegen Krankheit verhindert** ist, ohne dass rechtzeitig für eine Vertretung gesorgt werden könnte (BVerwG, Beschl. v. 21.12. 2009 – 6 B 32.09; NJW 1993, 80); bei längerfristiger Erkrankung ist aber gemäß § 53 I Nr. 1 BRAO für Vertretung zu sorgen (HambOVG NVwZ-RR 2001, 408).

13 Einen **Urlaub** muss ein Beteiligter nicht unter dem Vorbehalt etwaiger Terminsbestimmung in seiner Sache planen; anderes gilt, wenn der Beteiligte den Prozess verschleppen will. Entsprechendes gilt, wenn eine Urlaubsreise im Zeitpunkt der Ladung bereits fest gebucht ist und die Buchung nur unter Schwierigkeiten und mit der Folge erheblicher Kosten rückgängig gemacht werden kann, es sei denn, dass der Verfahrensbeteiligte aufgrund konkreter Umstände im Zeitpunkt der Buchung der Reise mit der Anberaumung einer mündlichen Verhandlung gerade während der geplanten Urlaubszeit rechnen musste (BVerwGE 81, 229), so z.B. durch einen formlosen Terminhinweis des Gerichts.

14 Der **Wechsel des Prozessbevollmächtigten** ist dann ein wichtiger Grund, wenn er aus schutzwürdigen Gründen und nicht zur Prozessverschleppung erfolgt, insbes. auch, wenn vom Beteiligten nicht zu vertreten ist, so z.B. bei Mandatsentziehung wegen erschütterten Vertrauensverhältnisses und für den neuen Prozessbevollmächtigten die Einarbeitungszeit zu kurz ist (BVerwG NJW 1986, 339).

15 **Keine erheblichen Gründe** sind kraft Gesetzes das Ausbleiben einer Partei, die mangelnde Vorbereitung oder das Einvernehmen der Parteien (§ 173 S. 1 i.V.m. § 227 I 2 ZPO). Kein erheblicher Grund liegt grds. auch vor, wenn bei mehreren mandatierten Rechtsanwälten lediglich der **sachbearbeitende Prozessbevollmächtigte an der Terminswahrnehmung verhindert** ist. Der Beteiligte ist dann ggf. darauf zu verweisen, sich im Termin durch einen anderen der Sozietät oder Bürogemeinschaft angehörenden Rechtsanwalt vertreten zu lassen (BVerwG NJW 1995, 1231). Im Einzelfall kann diese Verweisung ausgeschlossen sein, wenn die Einarbeitung des Vertreters unzumutbar ist. Dies kann bei einer zu kurzen Einarbeitungszeit, bei nicht vorhandenen Spezialkenntnissen des Vertreters (LSAOVG NVwZ 2009, 192) oder aber auch bei einer zu komplizierten Fallgestaltung der Fall sein. Übernimmt ein Rechtsanwalt eine **bereits terminierte Sache**, obwohl er an diesem Termin verhindert ist, fehlt es an einem erheblichen Grund; ggf. ist dies anders zu beurteilen, wenn bislang keine anwaltliche Vertretung bestanden hat (BWVGH NVwZ

2002, 233). In all diesen Fällen ist jedoch in die Entscheidung des Gerichts einzustellen, ob eine Verlegung des Termins – ggf. sogar auf einen von den Beteiligten konkret bezeichneten Termin – nach der Geschäftslage des Spruchkörpers unschwer möglich ist und ob die Nachteile einer geringfügig später ergehenden Entscheidung so schwer wiegen, dass die beantragte Verlegung zu versagen ist.

Die Sache ist zu vertagen, wenn ein Beteiligter nach dem bisherigen Verlauf der 16 Verhandlung nicht mit neuen, aus der Sicht des Gerichts entscheidungserheblichen Gesichtspunkten rechtlicher oder tatsächlicher Natur rechnen brauchte und von ihm daher keine sofortige und umfassende Stellungnahme verlangt werden kann (BVerwG Buchh 303 § 227 ZPO Nr. 29; Buchh 310 § 104 VwGO Nr. 29). Dasselbe gilt, wenn die mündliche Verhandlung mehrere Stunden nach dem vorgesehenen Zeitpunkt beginnen soll, der pünktlich erschienene Bevollmächtigte einen Verlegungsantrag stellt und ihn auf andere Terminsverpflichtungen stützt (BVerwG NJW 1999, 2131).

c) Substanziierung bzw. Glaubhaftmachung. Der Beteiligte muss die Aufhe- 17 bung, Verlegung oder Vertagung rechtzeitig – sprich: zu einem Zeitpunkt vor dem Termin, zu dem das Gericht von dem Antrag bei regelmäßigem Geschäftsgang Kenntnis erlangen kann – substanziiert unter Darlegung gewichtiger und schutzwürdiger Gründe beantragen (BVerwG NJW 1995, 799; 1991, 2097; NVwZ-RR 1995, 533), wobei ein formloser, auch telefonischer Antrag genügt (BVerwG NJW 1986, 1057). Hierbei muss er den Grund seiner Verhinderung darlegen, nicht aber, dass und inwiefern seine Anwesenheit in der mündlichen Verhandlung notwendig erscheint (BVerwG NJW 1986, 1057), es sei denn, der durch einen Prozessbevollmächtigten Vertretene ist persönlich verhindert, dann sind die Gründe darzulegen, die die persönliche Anwesenheit erforderlich erscheinen lassen (HambOVG NVwZ-RR 2001, 408; BFHE 163, 115). Nicht offensichtliche Gründe sind auf Verlangen (§ 227 II ZPO) **glaubhaft** zu machen.

4. Kein Anspruch auf zügige Terminierung

I gewährt keinen Anspruch auf zügige Terminierung. Der Norm ist nichts dafür zu 18 entnehmen, welche Folgen eintreten, wenn das Verfahren überlange dauert. Sedes materiae sind hierfür vielmehr im Wesentlichen Art. 19 IV, 103 I GG i.V.m. den in der Sache betroffenen Grundrechten (vgl. BVerfG NJW 1992, 1497) und Art. 6 I EMRK (EGMR NJW 1989, 650). Zum Rechtsschutz gegen die Verweigerung einer Terminierung überhaupt bzw. überlange Verfahrensdauer → § 146 Rn. 10 und vor § 40 Rn. 2, zu Verfassungsbeschwerden vgl. BVerfG NJW 1992, 1497; umfassend Britz/Pfeifer DÖV 2004, 245.

5. Kein Verbot zu zügiger Terminierung

Eine zu kurzfristige Terminsanberaumung kann zu einer Verletzung des Anspruchs 19 auf Gewährung rechtlichen Gehörs führen; der Ladungsmangel muss aber dazu geführt haben, dass der Beteiligte den Termin nicht wahrnehmen konnte, weil er entweder von der Anberaumung des Termins keine Kenntnis erlangte oder ihm die Wahrnehmung des Termins nicht mehr zumutbar war (BVerwG Buchh 310 § 102 VwGO Nr. 24). I enthält aber kein grds. Verbot (zu) zügiger Terminierung. Es ist – auch wenn eine Klage noch nicht begründet worden ist – nicht zu beanstanden, im Gegenteil sogar zu begrüßen, wenn angestrebt wird, ein Verfahren zügig durchzuführen, Termin zur mündlichen Verhandlung so bald als möglich anzuberaumen und dies

§ 102   Teil II. Verfahren

– insb. bei einfach gelagerten Sachverhalten – noch vor Eingang einer schriftlichen Begründung zu tun, um denkbare Verfahrensverzögerungen nach Möglichkeit auszuschließen (BVerwG NJW 1990, 1616).

20   Bei der Terminsbestimmung ist (lediglich) darauf zu achten, dass ausreichend Zeit für die Vorbereitung der Sache bleibt, die möglichst in einer mündlichen Verhandlung erledigt werden soll (§ 87 I 1), und dass durch die konkrete Terminierung das rechtliche Gehör der Beteiligten nicht verletzt wird (BVerwGE 44, 307). Welche „Fristen" einzuhalten sind, hängt vom Einzelfall, insbes. der Schwierigkeit des Sachverhalts und den hiermit verbundenen Rechtsfragen ab. So ist eine Terminierung vor Eingang der Klagebegründung dann nicht ratsam, wenn eine Vertagung des Termins deswegen droht, weil ein Beteiligter voraussichtlich zu schriftsätzlich Vorgebrachten nicht sofort in der mündlichen Verhandlung wird Stellung nehmen können (vgl. BVerwG Buchh 310 § 104 VwGO Nr. 29).

II. Ladungshinweise

21   Bei der Ladung ist darauf hinzuweisen, dass beim Ausbleiben eines Beteiligten (§ 63) auch ohne ihn verhandelt und entschieden werden kann (II). Der Hinweis auf die Norm reicht nicht; ihr Inhalt muss wiedergegeben werden. Ein Hinweis gegenüber dem Prozessbevollmächtigten schließt den Beteiligten mit ein, ohne dass dies einer weiteren Erläuterung bedürfte (BVerwG Buchh 310 § 102 VwGO Nr. 18).

22   Das Fehlen des Hinweises stellt eine **Verletzung des rechtlichen Gehörs** dar, sofern die Beteiligte oder sein Bevollmächtigter an dem Termin nicht teilnehmen (BVerwG Buchh 310 § 102 VwGO Nr. 19). II wird nicht verletzt, wenn der Beteiligte in der mündlichen Verhandlung einen Ablehnungsantrag (§ 54) stellt und das Gericht noch am selben Tage entscheidet sowie die Verhandlung in der Hauptsache – je nach Ausgang des Ablehnungsverfahrens – in derselben oder anderer Besetzung noch am selben Tag fortsetzt (BVerwG NJW 1990, 1616).

III. Sitzungen außerhalb des Gerichtssitzes

23   Die Gerichte der Verwaltungsgerichtsbarkeit (§ 2) können Sitzungen auch außerhalb des Gerichtssitzes (→ § 3 I Nr. 1 und 2) abhalten, wenn dies zur sachdienlichen Erledigung des Rechtsstreits notwendig ist (III). Die Entscheidung über die Notwendigkeit liegt im nicht anfechtbaren Ermessen des Gerichts. Sie ist **notwendig**, wenn das Gericht davon ausgeht, dass die auswärtige Sitzung der Erledigung des Rechtsstreits dienlich ist. Sie empfiehlt sich regelmäßig, wenn im Anschluss an eine Augenscheineinnahme vor Ort (weiter)verhandelt werden soll.

24   Eine ermessenswidrige Terminierung außerhalb des Gerichtssitzes kann dann zu einer **Verletzung des rechtlichen Gehörs** führen, wenn Nachteile für die Wahrung der Rechte eines Beteiligten entstehen und er den Verstoß rechtzeitig rügt (§ 173 S. 1 i.V.m. § 295 ZPO; BSG NJW 1996, 2181).

IV. Termine zwischen dem 1. Juli und 31. August

25   § 227 III 1 ZPO, wonach ein Termin schon deswegen auf fristgerechten Antrag zu verlegen ist, weil er in die Zeit zwischen dem 1. Juli und 31. August fällt, ist im Verwaltungsprozess nicht anzuwenden (IV). Dies hat den Hintergrund, dass § 227 III 1 ZPO der Abschaffung der Gerichtsferien in zivilgerichtlichen Verfahren Rechnung

trägt, die Verwaltungsgerichtsbarkeit Gerichtsferien jedoch ohnehin nicht kannte. Verwaltungsgerichtliche Termine in den o.g. Zeiten sind daher nach den allgemeinen Regeln (§ 173 S. 1 i.V.m. § 227 I, II ZPO) zu verlegen.

§ 103 [Durchführung der mündlichen Verhandlung]

(1) Der Vorsitzende eröffnet und leitet die mündliche Verhandlung.
(2) Nach Aufruf der Sache trägt der Vorsitzende oder der Berichterstatter den wesentlichen Inhalt der Akten vor.
(3) Hierauf erhalten die Beteiligten das Wort, um ihre Anträge zu stellen und zu begründen.

Der Vorsitzende bzw. Einzelrichter (§ 6, § 87a II, III; → § 5 Rn. 4, 15) eröffnet die **1** mündliche Verhandlung (I) durch entsprechende Erklärung. Sie beginnt nach dem Aufruf der Sache mit dem Aktenvortrag (II), an welchen sich die Antragstellung anschließt (III).

I. Aufruf der Sache und Verhandlungsleitung

Mit dem **Aufruf der Sache** (§ 173 S. 1 i.V.m. § 220 I ZPO) wird der Anspruch der **2** Beteiligten über die Information über den konkreten Beginn der Verhandlung erfüllt (BVerwGE 72, 28; BVerfGE 42, 364). Einen weitergehenden Inhalt hat die Vorschrift nicht; insb. sagt sie nicht aus, dass nur verhandelt werden könnte, wenn alle oder mindestens ein Beteiligter erschienen sind (vgl. § 102 II).

Die **Art und Weise des Aufrufs** hat sich an den räumlichen Gegebenheiten zu **3** orientieren. Jedenfalls müssen die für die Beteiligten eingerichteten Warteräume oder -bereiche mittels Lautsprecher oder durch einen Gerichtsbediensteten erreicht werden.

Erscheinen Beteiligte nach dem ersten Aufruf nicht, ist nach angemessener **War-** **4** **tezeit** erneut aufzurufen; jedenfalls nochmals vor einer Urteilsverkündung (BVerwGE 72, 28; BVerwG NJW 1995, 3402). Die Dauer der Wartezeit bemisst sich nach dem Einzelfall, insbes. danach, ob Anhaltspunkte dafür sprechen, dass ein Beteiligter noch erscheinen wird, z.B. weil dieser bereits zur angesetzten Terminsstunde vor Ort gewesen ist oder seine Verspätung dem Gericht mitgeteilt hat (BVerwG NJW 1985, 340; NVwZ 1989, 857: jedenfalls 10 Minuten; NRWOVG NVwZ-RR 2002, 785: etwa 15 Minuten). Den Beteiligten obliegt es, sich bei verzögerndem Verhandlungsbeginn nicht vom Sitzungs- bzw. Warteraum zu entfernen, ggf. hiervon das Gericht zu verständigen (BVerwGE 72, 28).

Die **Leitung der Verhandlung** liegt in der Kompetenz des Vorsitzenden (→ § 5 **5** Rn. 15). Er ist für die zweckmäßige und zügige Durchführung der Verhandlung verantwortlich (NRWOVG NJW 1990, 1749). Der weitere Ablauf ist ergänzend in §§ 103–105, 108 II, § 173 S. 1 i.V.m. § 136 II – IV ZPO geregelt. Eine umfassende Darstellung zum Sitzungsablauf findet sich bei S/S-A/P § 103 Rn. 25 ff.

II. Aktenvortrag

Nach Aufruf der Sache trägt der Vorsitzende oder Berichterstatter den wesentlichen **6** Inhalt der Akten vor, der auf diese Weise zum Gegenstand der mündlichen Verhandlung gemacht wird (II). Mit dem sog. **Sachbericht**, der frei gehalten oder abgelesen werden kann, werden zum einen die Beteiligten über den Gegenstand des Rechtsstreits und den Sachverhalt, von welchem das Gericht ausgeht, informiert. Zum anderen richtet sich der Sachbericht an die nicht über den Streitstoff informierten Mitglieder des Gerichts, wobei es sich in der Praxis regelmäßig nur um die ehrenamtlichen Richter handelt. Für die Berufsrichter ist das eigenständige Aktenstudium vor der mündlichen Verhandlung zwar nicht gesetzlich vorgeschrieben, aber Ausdruck richterlichen Selbstverständnisses (zum Streitstand m.w.N. KS § 103 Rn. 6; S/S-A/P § 103 Rn. 8). Schließlich wird auch die Öffentlichkeit, ggf. die Presse, über den Gegenstand des Verfahrens informiert. Bei einem **Richterwechsel** ist es ebenfalls im Allgemeinen ausreichend, wenn der Vorsitzende oder der Berichterstatter den Sachverhalt einschließlich des bisherigen Prozessverlaufs in der neuen mündlichen Verhandlung vorträgt (BVerwG NVwZ 1999, 654).

7 Die **Übersendung des Sachberichts an die ehrenamtlichen Richter** im Vorfeld der mündlichen Verhandlung ist zulässig und ermöglicht diesen insb. in Fällen, die in tatsächlicher Hinsicht umfangreich sind, eine aktive Teilnahme an der mündlichen Verhandlung und der anschließenden Beratung.

8 Die Beteiligten können auf den Sachvortrag **verzichten** (arg. e minore § 101 II). Er ist unverzichtbar, wenn die (ehrenamtlichen) Richter über den Sachverhalt nicht bereits anderweitig ausreichend unterrichtet sind. Die Verzichtserklärung ist ebenso wie der Hinweis des Gerichts, dass der Inhalt der Akten Gegenstand der mündlichen Verhandlung gewesen ist, in die Niederschrift über die mündliche Verhandlung aufzunehmen (§ 105 i.V.m. § 160 II ZPO).

9 Fehlt es an einem inhaltlich vollständigen Sachvortrag, obwohl ein Verzicht nicht erklärt wurde, liegt ein **Verfahrensmangel** vor. Hierauf beruht das auf die mündliche Verhandlung ergangene Urteil jedoch nur dann, wenn dadurch entweder den Beteiligten das rechtliche Gehör versagt oder den mitwirkenden Richtern eine ausreichende Unterrichtung über den Sach- und Streitstoff vorenthalten worden ist. Letzteres kann regelmäßig nur dann angenommen werden, wenn sich aus der Entscheidung selbst Zweifel daran herleiten lassen, dass eine ausreichende Unterrichtung der mitwirkenden Richter auch nicht während der Beratung stattgefunden hat (BVerwG NJW 1984, 251). Der Verfahrensmangel muss gemäß § 173 S. 1 i.V.m. § 295 I ZPO rechtzeitig gerügt werden (BVerwG Buchh 310 § 103 VwGO Nr. 9).

III. Antragstellung und -begründung

1. Erteilung des Wortes

10 Nach dem Aktenvortrag erhalten die Beteiligten das Wort, um ihre Anträge zu stellen und zu begründen (III). Es ist dem Vorsitzenden nicht verwehrt, in Wahrnehmung seiner prozessleitenden Kompetenz die Worterteilung und Antragstellung auf einen späteren Zeitpunkt der mündlichen Verhandlung, z.B. nach Hinweisen zur Rechtslage oder Durchführung einer Beweisaufnahme, zu verschieben (vgl. NRWOVG NJW 1990, 1749; S/S-A/P § 103 Rn. 43).

11 Die **Erteilung des Wortes** dient der Durchsetzung rechtlichen Gehörs (§ 108 II, Art. 103 I GG). So darf bisher schriftsätzlich Vorgebrachtes vertieft oder zu neu in der mündlichen Verhandlung Aufgeworfenem ergänzend ausgeführt werden. Das in der mündlichen Verhandlung stattfindende Rechtsgespräch soll als ein diskursiver Prozess zwischen dem Gericht und den Beteiligten die Ergebnisrichtigkeit des Urteils gerade in tatsächlich und rechtlich schwierigen Fällen fördern (BVerwG DVBl. 2009, 1529, zur Anwendung des § 130a S. 1). Auch der **anwaltlich vertretene Beteiligte** hat – selbst in Verfahren mit Vertretungszwang (§ 67) – das Recht zur persönlichen Äußerung (§ 173 S. 1 i.V.m. § 137 IV ZPO).

Bei **veränderter Prozesslage** ist für die Stellungnahme ggf. eine nach den Umständen des Einzelfalls angemessene Frist zu gewähren, um den Beteiligten eine überlegte Reaktion z.B. auf in der mündlichen Verhandlung überreichte Schriftsätze der Gegenseite oder Zeugenaussagen zu ermöglichen. Zu diesem Zweck ist die mündliche Verhandlung ggf. zu unterbrechen oder zu vertagen; in Betracht kommt auch die Einräumung einer angemessenen Schriftsatzfrist gemäß § 173 S. 1 i.V.m. § 283 S. 1 ZPO (BVerwG Buchh 310 § 104 VwGO Nr. 29). Der Inhalt des rechtzeitig nachgereichten Schriftsatzes ist bei der Entscheidung zu berücksichtigen (BVerfGE 61, 37); vor Ablauf der Schriftsatzfrist darf nicht entschieden werden (BVerfGE 61, 119). Auch der vorbehaltene verspätet nachgereichte Schriftsatz ist zu berücksichtigen; § 283 S. 2 ZPO findet wegen des Amtsermittlungsgrundsatzes keine Anwendung (str., vgl. KS § 103 Rn. 11). Im Übrigen kann nicht vorbehaltenes nachträgliches Vorbringen der Beteiligten nur über die Wiedereröffnung der mündlichen Verhandlung berücksichtigt werden (§ 104 III 2). 12

2. Antragstellung

Die Haupt- und Nebenbeteiligten können in der mündlichen Verhandlung ihre Anträge „stellen". Für die **Art und Weise** der Antragstellung gilt § 173 S. 1 i.V.m. § 297 ZPO: Anträge können aus einem vorbereitend zu den Akten gereichten Schriftsatz **verlesen** werden (I 1) oder aus einer mitgebrachten Schrift, die dem Protokoll als Anlage beizufügen ist (I 2). Die Verlesung kann durch **Bezugnahme** auf eingereichte Schriftsätze ersetzt werden (II). Der Vorsitzende kann die **Erklärung** der Anträge unmittelbar **zu Protokoll** gestatten (I 3). Diese Anträge sind vorzulesen oder zur Durchsicht vorzulegen. Von der Möglichkeit der Protokollerklärung macht das Gericht häufig Gebrauch, wenn es einen sachdienlichen Antrag empfehlen will (§ 86 III), der in keinem Schriftsatz enthalten ist. Das Gericht kann den Vorschlag unmittelbar zu Protokoll diktieren und ihn sodann dem Beteiligten vorlesen und von ihm genehmigen lassen. Dass dies geschehen ist, ist ebenso wie die Genehmigung des Beteiligten bzw. seine Einwände im Protokoll zu vermerken (§ 105 i.V.m. §§ 160 III Nr. 2, 162 I 1, 3 ZPO). Bei **nicht erschienenen Beteiligten** gelten die schriftsätzlich angekündigten Anträge als gestellt. 13

Zur Antragstellung besteht **keine Verpflichtung** (BVerwGE 45, 260); nach § 103 III ist hierzu lediglich die Gelegenheit zu gewähren. In der Klageschrift oder in den sonstigen vorbereitenden Schriftsätzen werden die Anträge lediglich angekündigt, wozu allerdings keine Verpflichtung besteht. Die Klageschrift „soll" lediglich einen bestimmten (angekündigten) Antrag enthalten (§ 82 I 2); unabdingbare Voraussetzung ist dies jedoch nicht (NRWOVG NVwZ-RR 2006, 592). 14

Stellt der anwesende Beteiligte **keinen** ausdrücklichen **Antrag**, hat das Gericht dem Klagebegehren einen solchen sinngemäß zu entnehmen, soweit dies möglich ist (vgl. § 88). Lässt sich dem Begehren auch durch Auslegung ein Antrag nicht entnehmen, ist die Klage unzulässig (→ § 82 Rn. 6). **Weigert** sich der anwesende Beteiligte, den **Sachantrag** zu stellen, hätte er ihn ersichtlich Grund, zu stellen, ist die Klage nach vorzugswürdiger Ansicht mangels Rechtsschutzbedürfnisses unzulässig (str., vgl. S/S-A/P § 103 Rn. 48). Anträge, die keine Sachanträge darstellen (z.B. auf Klageabweisung, Zurückweisung eines Rechtsmittels) sind stets verzichtbar, werden in der Praxis gleichwohl angeregt. 15

§ 104 [Richterliche Frage- und Erörterungspflicht]

(1) Der Vorsitzende hat die Streitsache mit den Beteiligten tatsächlich und rechtlich zu erörtern.

(2) ¹Der Vorsitzende hat jedem Mitglied des Gerichts auf Verlangen zu gestatten, Fragen zu stellen. ²Wird eine Frage beanstandet, so entscheidet das Gericht.

(3) ¹Nach Erörterung der Streitsache erklärt der Vorsitzende die mündliche Verhandlung für geschlossen. ²Das Gericht kann die Wiedereröffnung beschließen.

I. Erörterungspflicht

1 Der Vorsitzende bzw. Einzelrichter (§ 6, § 87a II, III) hat gemäß I die Streitsache in der mündlichen Verhandlung in tatsächlicher und rechtlicher Hinsicht mit den (erschienenen) Beteiligten (§ 63) sowie ihren Prozessbevollmächtigten zu erörtern (BVerwG Buchh 310 § 104 VwGO Nr. 29). Die Vorschrift dient damit der Wahrung des rechtlichen Gehörs, aber auch der Amtsermittlung und sichert dadurch die richterliche Überzeugungsbildung (Ey § 104 Rn. 1).

1. Grundlagen

2 Der Anspruch auf **rechtliches Gehör** (Art. 103 I GG) hat seine Konkretisierung in dem Recht erfahren, sich zu dem einer gerichtlichen Entscheidung zugrunde liegenden Sachverhalt vor Erlass der Entscheidung zu äußern (BVerwGE 24, 264). Beigezogene Akten oder tatsächliche Feststellungen, die in anderen Verfahren durch den Spruchkörper getroffen worden sind, sind zum Gegenstand der Erörterung zu machen. Durch die **Erörterung** soll u. a. verhindert werden, dass die Beteiligten durch eine Entscheidung **überrascht** werden, die auf solchen tatsächlichen oder rechtlichen Gesichtspunkten beruht, die ihnen nicht (oder nicht in dieser Bedeutung) bekannt waren (BVerwGE 51, 111; 36, 264; BVerfG NJW 1996, 43). Sie müssen Gelegenheit erhalten, Tatsachen vorzutragen, die unter einem bisher nicht erörterten, vielleicht nicht ohne weiteres erkennbaren rechtlichen Aspekt, den das Gericht jedoch für erheblich hält, Bedeutung haben können (BVerwGE 51, 111). Eine solche Erörterung hat auch im Anschluss an eine **Beweisaufnahme** vor der abschließenden Entscheidung stattzufinden und sich auf das Ergebnis der Beweisaufnahme zu erstrecken (vgl. § 108 II; BVerwG NVwZ 2003, 1132). Die Erörterungspflicht hat jedoch nicht zur Folge, dass das Gericht im Falle des **Nichterscheinens eines oder mehrerer Beteiligten** nicht entscheiden könnte (→ § 102 Rn. 21).

2. Grenzen

3 Die Erörterungspflicht hat **Grenzen**. Zu einem umfassenden Rechtsgespräch ist das Gericht nicht verpflichtet, insb. nicht dazu, in der mündlichen Verhandlung eine anwaltlich vertretene Partei auf jeden rechtlichen Gesichtspunkt besonders hinzuweisen, auf den es für die Entscheidung ankommen kann, wenn dieser Gesichtspunkt bereits früher im Verwaltungs- oder im Gerichtsverfahren erörtert wurde oder sonst auf der Hand liegt (BVerwG, Beschl. v. 19. 3. 2007 – 9 B 20.06). Es besteht auch keine

Pflicht des Gerichts, auf eine neue Entscheidung, die veröffentlicht vorliegt und in juristischen Fachkreisen allgemein bekannt ist, ausdrücklich aufmerksam zu machen (BVerwG, Beschl. v. 9.4. 2002 – 9 B 24.02).

3. Würdigung des Prozessstoffes

Das Gericht darf zwar, muss aber die Beteiligten nicht vorab auf seine **Rechtsauffassung** oder die beabsichtigte **Würdigung des Prozessstoffes** hinweisen, weil sich die tatsächliche und rechtliche Würdigung regelmäßig erst aufgrund der abschließenden Beratung ergibt (BVerwG, Beschl. v. 29.1. 2010 – 5 B 37.09; NVwZ 2009, 329; 2004, 1510). Es muss auch nicht mitteilen, wie es entscheiden will (BVerwG Buchh 310 § 104 VwGO Nr. 12); auch § 86 III verpflichtet hierzu regelmäßig nicht (→ § 86 Rn. 54 ff., dort auch zu **Ausnahmen**). 4

II. Fragerecht

Der Vorsitzende hat jedem Mitglied des Gerichts auf Verlangen zu gestatten, Fragen zu stellen (II 1). Das Fragerecht dient der Sachaufklärung (§ 86 I). Wird eine Frage beanstandet, so entscheidet das Gericht (II 2) mittels **unanfechtbaren Beschlusses** (§ 146 II). Das Beanstandungsrecht kommt den Beteiligten und den anderen Mitgliedern des Spruchkörpers zu (a.A. KS § 104 Rn. 7 m.w.N.). Die Entscheidung des Gerichts bemisst sich danach, ob die beanstandete Frage der Sachaufklärung dienlich ist (→ § 97 Rn. 12). 5

III. Schließen der mündlichen Verhandlung

Nach hinreichender Erörterung der Streitsache, wenn keine Fragen des Gerichts mehr bestehen und die Beteiligten ausreichend gehört worden sind, erklärt der Vorsitzende die mündliche Verhandlung für **geschlossen** (III 1). Dem wird üblicherweise eine Erklärung zu Art und Zeitpunkt der Entscheidung angefügt (→ § 116). Die Schließung kann ausdrücklich oder konkludent, z.B. durch Zurückziehen zur Beratung oder durch Bestimmung des Verkündungstermins (vgl. BVerfG NJW 1992, 2217) erfolgen; üblich ist die ausdrückliche Aufnahme in die Niederschrift (§ 105). 6

Das Schließen der mündlichen Verhandlung hat zur Folge, dass weitere Ermittlungen des Gerichts und die Berücksichtigung weiteren Vorbringens der Beteiligten durch das Gericht unzulässig sind, es sei denn, es wurde eine Schriftsatzfrist eingeräumt (§ 173 S. 1 i.V.m. § 283 ZPO), weil sich ein Beteiligter auf Vorbringen eines anderen Beteiligten oder zu Hinweisen des Gerichts nicht ausreichend erklären konnte (BVerwG NJW 1995, 2303). An der Entscheidung, ob der Inhalt eines fristgerecht eingegangenen nachgelassenen Schriftsatzes das Ergebnis im Anschluss an die mündliche Verhandlung durchgeführten vorläufigen Urteilsberatung unberührt lässt, müssen auch die ehrenamtlichen Richter mitwirken (BVerwG Buchh 427.6 § 15 BFG Nr. 31; BWVGH NVwZ-RR 2008, 429). 7

IV. Wiedereröffnung der mündlichen Verhandlung

Das Gericht kann die Wiedereröffnung der mündlichen Verhandlung beschließen (III 2). 8

§ 104

1. Grundsatz: Ermessen

9 Die auf Antrag oder von Amts wegen ergehende Entscheidung steht im **Ermessen** des Spruchkörpers (BVerwG NVwZ-RR 2002, 217). Dieses Ermessen ist nach der Rspr. sämtlicher oberster Bundesgerichte (zu § 156 ZPO, § 121 SGG, § 64 VI ArbGG, § 93 III 2 FGO) auf Null reduziert, wenn durch die Ablehnung einer Wiedereröffnung wesentliche Prozessgrundsätze verletzt würden, so z.B. wenn der Vorsitzende seine Verpflichtung, auf die Beseitigung von Formfehlern oder auf die Stellung von klaren Anträgen hinzuwirken, oder den Anspruch eines Beteiligten auf rechtliches Gehör verletzen würde, oder wenn die Sachaufklärung noch nicht ausreicht (vgl. BVerwG NJW 1986, 339; BFHE 195, 9, jeweils m.w.N.).

10 So verdichtet sich das Ermessen zur Pflicht, wenn ein **Beteiligter unverschuldet zu spät**, aber noch vor Ergehen des Urteils zum Termin erscheint (BVerwG NJW 1992, 3185), wenn das **persönliche Erscheinen angeordnet** und der Beteiligte ohne Verschulden an der Terminwahrnehmung gehindert war (HessVGH NVwZ-RR 1999, 540), wenn sich bei der Urteilsberatung ergibt, dass **entscheidungserhebliche Fragen weiterer Klärung bedürfen**, erst recht, wenn nach Schluss der mündlichen Verhandlung, aber vor Beschlussfassung über das Urteil ein **Richterwechsel** erfolgt (BVerwGE 81, 139), wenn das Gericht **nachgelassenen oder nachgereichten Schriftsätzen** wesentlich neues Vorbringen entnimmt, auf das es seine Entscheidung stützen will (BVerwG, Beschl. v. 29.6. 2007 – 4 BN 22.07; NVwZ-RR 2002, 217) oder wenn ein **vor über eineinhalb Jahren beschlossenes Urteil noch nicht schriftlich niedergelegt** ist (BVerwG NJW 1984, 192).

11 Die Wiederaufnahme ist **nicht** schon deswegen zu beschließen, um die **Nachholung eines versäumten Klageantrags** zu ermöglichen (BVerwG NVwZ-RR 2002, 217) oder um einen vorher unter **Verletzung der prozessualen Mitwirkungspflicht** eines Beteiligten unterbliebenen Vortrag nachholen zu können (BVerwG NVwZ-RR 1991, 587).

12 Bei **nachträglichem Vorbringen** muss das Gericht die Tatsache, dass noch etwas vorgetragen wurde, jedenfalls zur Kenntnis nehmen, eine Wiedereröffnung erwägen und darüber ermessensfehlerfrei entscheiden (BVerwG NVwZ 1989, 858; NRWOVG NWVBl 2008, 75). Die Wiedereröffnung der mündlichen Verhandlung darf nicht deshalb abgelehnt werden, weil der Prozessbevollmächtigte bei hinreichend aufgeklärtem Sachverhalt (angeblich) keine Gründe wie insbes. neues Vorbringen für die Erforderlichkeit seiner Anhörung vorbringen könne (BVerwG NVwZ 1989, 857).

2. Verfahren und Wirkungen

13 Über die Wiedereröffnung ist durch ausdrücklichen, gemäß § 146 II **unanfechtbaren Beschluss** zu entscheiden (BVerwG NJW 1984, 192). Dies darf **ohne Mitwirkung der ehrenamtlichen Richter** geschehen, da es sich um einen Beschluss außerhalb der mündlichen Verhandlung handelt (BVerwG NJW 1983, 1867; BWVGH NVwZ-RR 2008, 429). Die Ablehnung kann allerdings auch allein in den Entscheidungsgründen des Urteils begründet werden (str., wie hier KS § 104 Rn. 13 m.w.N.). Wird die Wiedereröffnung abgelehnt, ist auch für einen Vertagungsantrag kein Raum mehr. Die wiedereröffnete mündliche Verhandlung steht der ursprünglichen Verhandlung gleich; die Beteiligten sind auch mit neuem Vortrag, der mit der Wiedereröffnung in keinem Zusammenhang steht, nicht ausgeschlossen.

§ 105 [Niederschrift über die mündliche Verhandlung]
Für die Niederschrift gelten die §§ 159 bis 165 der Zivilprozeßordnung entsprechend.

Die Norm verweist dynamisch auf Protokollierungsvorschriften der ZPO. Besonderheiten des Verwaltungsprozesses bestehen nicht, sodass auf die einschlägigen zivilprozessualen Kommentierungen (z.B. TP zu §§ 159 bis 165) verwiesen werden kann. **1**

§ 106 [Gerichtlicher Vergleich]
¹Um den Rechtsstreit vollständig oder zum Teil zu erledigen, können die Beteiligten zur Niederschrift des Gerichts oder des beauftragten oder ersuchten Richters einen Vergleich schließen, soweit sie über den Gegenstand des Vergleichs verfügen können. ²Ein gerichtlicher Vergleich kann auch dadurch geschlossen werden, daß die Beteiligten einen in der Form eines Beschlusses ergangenen Vorschlag des Gerichts, des Vorsitzenden oder des Berichterstatters schriftlich gegenüber dem Gericht annehmen.

Übersicht
	Rn.
I. Gerichtlicher Vergleich	2
1. Doppelnatur des gerichtlichen Vergleichs	4
a) Prozessuales Zustandekommen	5
b) materielle Wirksamkeit der Vereinbarungen	8
c) Verfügungsbefugnis über den Vergleichsgegenstand	10
2. Gestaltungsmöglichkeiten	12
3. Folgen eines wirksamen Prozessvergleichs	14
4. Folgen bei Vergleichsmängeln	16
a) prozessual unwirksame, materiell-rechtlich wirksame Vereinbarung	17
b) prozessual wirksame, materiell-rechtlich unwirksame Vereinbarung	18
aa) Nichtigkeit/Widerruf	18
bb) Rücktritt/Wegfall der Geschäftsgrundlage	22
5. Einwendungen gegen die Erfüllung des Vergleichs	23
II. Vergleichsbeschluss	24

Der gerichtliche Vergleich ist Ausdruck der Dispositionsbefugnis der Beteiligten **1** (§ 63). § 106 findet in den **selbstständigen Beschlussverfahren** der §§ 80 V, VII, 80a III, 123 **entsprechende Anwendung** (vgl. NRWOVG, Beschl. v. 20.8. 2008 – 12 B 1170/08).

I. Gerichtlicher Vergleich

Ein Prozessvergleich kann geschlossen werden, sobald ein Verfahren **anhängig** ist **2** (§ 90). Auf die Eröffnung des Verwaltungsrechtswegs (§ 40) oder die Zulässigkeit der Klage – so auch die örtliche oder sachliche Zuständigkeit des Gerichts – kommt es nicht an (→ vor § 40 Rn. 11). Nach Rechtskraft (§ 121) oder nach Klagerücknahme (§ 92 I) scheidet ein Vergleichsschluss nach § 106 aus.

§ 106 Teil II. Verfahren

3 Der gerichtliche Vergleich ist vom sog. „**unechten**" **Vergleich** abzugrenzen, der in der Praxis besondere Bedeutung hat. Dieser umfasst die unterschiedlichsten Wege der Prozessbeendigung (Überblick bei S/S-A/P § 106 Rn. 86 ff.), denen meist vergleichsähnliche Erklärungen der Beteiligten – regelmäßig zur Niederschrift in einer mündlichen Verhandlung oder einem Erörterungstermin – vorausgehen; hiernach folgen i. d. R. Klagerücknahme oder beiderseitige Erledigungserklärungen mit zuvor abgesprochener Kostentragungslast.

1. Doppelnatur des gerichtlichen Vergleichs

4 Das BVerwG geht in stRspr. von der **Doppelnatur des gerichtlichen Vergleichs** aus. Danach ist der Prozessvergleich sowohl eine Prozesshandlung, deren Wirksamkeit sich nach den Grundsätzen des Prozessrechts richtet, als auch ein öffentlich-rechtlicher Vertrag, für den die Rechtsregeln des materiellen Rechts gelten. Er bildet eine Einheit, die sich darin äußert, dass zwischen dem prozessualen und dem materiellrechtlichen Teil ein Abhängigkeitsverhältnis besteht. Als Prozesshandlung führt er zur Prozessbeendigung, als materiell-rechtlicher Vertrag zur Streitbeendigung (BVerwG, Urteil vom 10.3. 2010 – 6 C 15.09, m. w. N.).

5 **a) Prozessuales Zustandekommen.** Der Prozessvergleich nach S. 1 ist vor dem mit der Sache befassten Gericht, ggf. vor dem beauftragten oder ersuchten Richter (§ 96 II) oder vor dem Vorsitzenden bzw. Berichterstatter im Erörterungstermin (§ 87 I 2 Nr. 1) oder in der mündlichen Verhandlung abzugeben. Sein Abschluss ist in die vorzulesende und zu genehmigende Niederschrift aufzunehmen (§ 105 i. V. m. §§ 160 III Nr. 1, 162 I 1 ZPO); anderenfalls ist ein Prozessvergleich nicht zustande gekommen (S/S-A/P § 105 Rn. 13), ggf. aber ein außergerichtlicher Vergleich (→ Rn. 17).

6 Auf die **Zustimmung der zum Verfahren Beigeladenen** (§ 65), die gleichwohl materiell-rechtlich an den Vergleich gebunden sein können, kommt es nicht an (BVerwG Buchh 310 § 106 VwGO Nr. 14, KS § 106 Rn. 10; S/S-A/P § 106 Rn. 39, m. w. N. auch zur a. A.). Dasselbe gilt für Personen, die hätten beigeladen werden können oder müssen. Greift der Vergleich in ihre Rechte ein, bedarf es jedoch materiell-rechtlich ihrer Zustimmung (§ 58 I VwVfG).

7 Ein **Besetzungsmangel des Gerichts** führt nicht zwingend zur Unwirksamkeit des Prozessvergleichs. Vielmehr ist bei jeder einzelnen Gesetzesvorschrift zu prüfen, ob sie auch bei der bloßen Beurkundungstätigkeit, die das Gericht bei Abschluss eines Prozessvergleichs ausübt, so wesentlich ist, dass ihre Verletzung nach dem Zweck der Vorschrift zur Nichtigkeit des Vergleichs führen muss (BVerwG Buchh 424.01 § 137 FlurbG Nr. 1).

8 **b) materielle Wirksamkeit der Vereinbarungen.** Die Frage, ob die in dem Prozessvergleich getroffenen Vereinbarungen **wirksam** sind, ist nach den für öffentlich-rechtliche Verträge geltenden Vorschriften der §§ 54 ff. VwVfG zu beurteilen. Darüber hinaus kommt es auf die Einhaltung der prozessualen Formvorschriften nicht an (BVerwG Buchh 310 § 106 VwGO Nr. 6). Ein öffentlich-rechtlicher Vertrag i. S. d. § 54 S. 2 VwVfG, durch den eine bei verständiger Würdigung des Sachverhalts oder der Rechtslage bestehende Ungewissheit durch gegenseitiges Nachgeben beseitigt wird (**Vergleichsvertrag**), kann nach § 55 VwVfG geschlossen werden, wenn die Behörde den Abschluss des Vergleichs zur Beseitigung der Ungewissheit nach pflichtgemäßem Ermessen für zweckmäßig hält. Unter diesen Voraussetzungen vermögen

Gerichtlicher Vergleich § 106

Vergleichsverträge Leistungspflichten auch dann zu begründen, wenn der Vergleichsinhalt der Gesetzeslage (teilweise) widerspricht (BVerwGE 84, 157).

Gegenseitiges Nachgeben bedeutet in diesem Zusammenhang, dass **beide** Parteien nachgeben müssen. Gibt nur einer nach, ist kein Vergleich geschlossen, es kommt immerhin aber noch ein (materiell-rechtlicher) Verzichts- oder Anerkenntnisvertrag in Betracht. Der Gegenstand des Nachgebens kann aber in rechtlich zulässigen Leistungen jeglicher Art bestehen, wobei aus der engen Verknüpfung von Prozesshandlung und materiell-rechtlicher Einigung folgt, dass das gegenseitige Nachgeben sich auf beide rechtlichen Seiten des Prozessvergleichs beziehen, dass also prozessuales mit materiellem Entgegenkommen und umgekehrt beantwortet werden kann (NRWOVG, Beschl. v. 20.8. 2008 – 12 B 1170/08). 9

c) Verfügungsbefugnis über den Vergleichsgegenstand. Die Beteiligten müssen über den **Gegenstand des Vergleichs** verfügen können. Dieser Begriff geht über den Streitgegenstandsbegriff hinaus (→ § 121 Rn. 5) und erfasst alle Tatsachen und Rechtsverhältnisse, über die sich die Beteiligten einigen (S/S-A/P § 106 Rn. 41). Hierdurch können umfassende, über den konkreten Rechtsstreit hinausgreifende Regelungen zur umfassenden und endgültigen Streitbeilegung zwischen den Beteiligten getroffen werden (mit einer entsprechend höheren Festsetzung des Streitwerts für den Vergleich). In Bezug auf einzelne Rechtsfragen kann hingegen kein Vergleich geschlossen werden. 10

Verfügungsbefugnis besteht insoweit, wie die Beteiligten hierüber gemäß §§ 54 ff. VwVfG wirksam einen **öffentlich-rechtlichen Vertrag** schließen könnten. Vergleiche sind hiernach auch im Bereich zwingender Vorschriften zulässig (BVerwGE 17, 87). Es fehlt jedoch insb. an der Verfügungsbefugnis, wenn auch in VA mit entsprechendem Inhalt nichtig wäre (§§ 59 II Nr. 1, 44 VwVfG) oder die Voraussetzungen zum Abschluss eines Vergleichsvertrags nicht vorlagen und ein VA mit entsprechendem Inhalt nicht nur wegen eines Verfahrens- oder Formfehlers i.S. des § 46 VwVfG rechtswidrig wäre (§ 59 II Nr. 3 VwVfG). 11

2. Gestaltungsmöglichkeiten

Den Parteien eines Prozessvergleichs stehen, wenn sie die Wirkungen des Vergleichs nicht sofort und unauflöslich eintreten lassen wollen, je nach Interessenlage mehrere Gestaltungsmöglichkeiten zur Verfügung. Sie können im Rahmen ihrer Verfügungsbefugnis eine **auflösende** oder **aufschiebende Bedingung** oder auch einen **Rücktrittsvorbehalt** vereinbaren. Die auflösende Bedingung und der Rücktrittsvorbehalt berühren nicht das sofortige Wirksamwerden des Vergleichs, sondern betreffen dessen Wirksambleiben. Sie erfordern u.U. eine Rückabwicklung. Deshalb entspricht es im Allgemeinen der Interessenlage der Vertragspartner, in dem Vorbehalt des Widerrufs eine aufschiebende Bedingung zu sehen (BVerwGE 92, 29; BVerwG NJW 1984, 312). 12

Im Falle eines Widerrufsvorbehalts ist es zweckmäßig vorzusehen, dass der **Widerruf** schriftlich **gegenüber dem Prozessgericht** zu erfolgen hat; zwingend vorgegeben ist dies allerdings nicht (vgl. BVerwGE 109, 268). Das Recht, die Widerrufsmöglichkeit zu vereinbaren, umfasst auch die Befugnis, die Modalitäten für die Ausübung des Widerrufs festzulegen. Die Parteien können sich – was im Wege der Vertragsauslegung zu ermitteln ist – auch stillschweigend über den Adressaten der Widerrufserklärung einigen (BVerwGE 92, 29). Fehlt allerdings eine Vereinbarung der Beteiligten, muss die auf Weiterführung des Rechtsstreits zielende Widerrufserklärung gegenüber dem Gericht erklärt werden, da mit Abschluss eines Vergleichs 13 unter dem Vorbehalt des Widerrufs in der Form einer aufschiebenden Bedingung das Prozessrechtsverhältnis nicht beendet wird und die Rechtshängigkeit bestehen bleibt (BVerwGE 92, 29; S/S-A/P § 106 Rn. 46 m.w.N. zur a.A.). Die Widerrufserklärung ihrerseits ist nicht widerruflich oder zurücknehmbar. Gegen die Versäumung der Vergleichswiderrufsfrist ist eine **Wiedereinsetzung** in den vorigen Stand nicht gegeben (BVerwGE 109, 268).

3. Folgen eines wirksamen Prozessvergleichs

14 Wird der Prozessvergleich (unbedingt) abgeschlossen, beendet er – auch noch in der Rechtsmittelinstanz – das Verfahren mit **Ex-nunc-Wirkung** unmittelbar. Auch wenn über Inhalt und Tragweite eines Prozessvergleichs Meinungsverschiedenheiten entstehen, die nicht im Wege der Auslegung beseitigt werden können, bleibt das Verfahren, das der Vergleich abgeschlossen hat, beendet (BVerwG Buchh 310 § 106 VwGO Nr. 7). **Vorangegangene Entscheidungen** sind wirkungslos (§ 173 S. 1 i.V.m. § 269 III 1 ZPO). Die **Kostentragungspflicht** ergibt sich vorrangig aus dem Vergleich selbst; hilfsweise greift → § 160. Neben diesen prozessualen Folgen entfaltet der Vergleich materiellrechtliche Wirkungen nur als Vertrag zwischen den an ihm Beteiligten; materielle Rechtskraft (§ 121) kommt ihm nicht zu.

15 Der Prozessvergleich nach S. 1 und S. 2 ist **gerichtlicher Vollstreckungstitel** und kann hiermit Grundlage einer nachfolgenden Vollstreckung sein (§ 168 I Nr. 3). Dies gilt auch für den Fall, dass sich an einem gerichtlichen Vergleich Dritte beteiligen, ohne dass es vorher einer Beiladung dieser Dritten zum Verfahren bedarf (NRWOVG NJW 1985, 2491). Es ist auch nicht erforderlich, dass sie gemäß § 65 hätten beigeladen werden dürfen.

4. Folgen bei Vergleichsmängeln

16 Zwangsläufige **Folge der rechtlichen Doppelnatur** des gerichtlichen Vergleichs ist, dass sich der prozessuale und materiell-rechtliche Vertrag in ihrer Wirksamkeit wechselseitig, wenn auch unterschiedlich, beeinflussen. Ist die **Vergleichsvereinbarung materiell unwirksam**, so verliert auch die Prozesshandlung ihre Wirksamkeit, da sie nur die Begleitform für den materiell-rechtlichen Vergleich ist. Im umgekehrten Fall gilt dies nicht in gleicher Weise. **Kommt ein wirksamer Prozessvergleich wegen eines Verfahrensmangels nicht zustande**, so zieht das nicht ohne weiteres die Ungültigkeit des materiell-rechtlichen Vertrages nach sich. Denn auch ein prozessual unwirksamer Vergleich kann als materiell-rechtliche Vereinbarung eine von der Rechtsordnung anerkannte Funktion erfüllen. Ob er bei Ausfall der prozessualen Wirkung als außergerichtliches Rechtsgeschäft Bestand haben kann, richtet sich unter Auslegung des Vergleichs nach dem hypothetischen Willen der Beteiligten, insbes. danach, ob ihnen an den prozessualen Folgen – Prozessbeendigung, Schaffung eines Titels – oder entscheidend an der materiell-rechtlichen Regelung ihrer Rechtsbeziehung gelegen war (BVerwG, Urt. v. 10.3. 2010 – 6 C 15.09; DVBl. 1994, 211, 212). Zum Fortgang bei Vergleichsmängeln → Rn. 17 ff.

17 a) prozessual unwirksame, materiell-rechtlich wirksame Vereinbarung. Es ist eine Frage der Auslegung, in welcher Weise ein als materiell-rechtlicher Vergleich aufrechterhaltener unwirksamer Prozessvergleich, dem keine unmittelbare prozessbeendigende Wirkung zukommt, den **Fortgang des Rechtsstreits** beeinflusst. Ist im Vergleich ein Versprechen des Klägers enthalten, den Prozess zu beenden, so verschafft dies dem Beklagten die Möglichkeit, mittelbar auf das Gerichtsverfahren einzuwirken. Betreibt der Kläger der Abrede zuwider den Rechtsstreit weiter, so kann der Beklagte dem die Einrede unzulässiger Rechtsausübung entgegensetzen, die zur Folge hat, dass die Klage unzulässig wird. Enthält der außergerichtliche Vergleich keine Verpflichtung zur Prozessbeendigung, so hat das Gericht in Fortsetzung des Verfahrens, das den geregelten Streitgegenstand betrifft, zu prüfen, welchen Einfluss die von den Beteiligten getroffene materiell-rechtliche Regelung auf die Begründetheit der Klage hat (BVerwG NJW 1994, 2306; Buchh 310 § 92 VwGO Nr. 6).

b) prozessual wirksame, materiell-rechtlich unwirksame Vereinbarung. 18
aa) Nichtigkeit/Widerruf. Die Rechtshängigkeit besteht trotz Vergleichsschlusses fort, wenn die Vereinbarung wegen eines materiell-rechtlichen Mangels von **Anfang an nichtig** ist oder im Wege der **Anfechtung** rückwirkend vernichtet wird. Dasselbe gilt, wenn ein Beteiligter von dem ihm eingeräumten Recht Gebrauch macht, den Vergleich zu **widerrufen**. Entfaltet die Vereinbarung keine materiell-rechtlichen Wirkungen, so fehlt ihr auch die Eignung, den Prozess zu beenden. Damit verliert auch die Prozesshandlung ihre Wirksamkeit, da sie nur die Begleitform für den materiell-rechtlichen Vergleich ist. Dieses Abhängigkeitsverhältnis zwischen dem prozessualen und dem materiellrechtlichen Teil zeichnet die Doppelnatur des Prozessvergleichs aus (vgl. BVerwG NJW 1994, 2306).

Der Prozess ist **fortzuführen** und ggf. nach erneuter mündlicher Verhandlung **in** 19 **der Sache zu entscheiden**. Es ist nicht zulässig, das Urteil für den Fall eines Widerrufs vorsorglich zu beraten und zu beschließen (NRWOVG NVwZ 1982, 378; a.A. KS § 106 Rn. 17).

Es ist auch durch Urteil zu entscheiden, wenn streitig ist, ob ein Prozessvergleich 20 rechtswirksam geschlossen worden ist. Dies gilt auch dann, wenn der Vergleich als wirksam geschlossen anzusehen ist; mit dem Antrag auf Wiedereröffnung des Verfahrens wird nämlich zugleich der Sachantrag zur Entscheidung gestellt, der in dem durch Vergleich abgeschlossenen Verfahren zur Entscheidung gestellt war (BVerwGE 28, 332; NRWOVG NVwZ-RR 1992, 277).

Das Gericht stellt fest, dass das Verfahren durch den gerichtlichen Vergleich been- 21 det ist (BVerwG, Urteil vom 10.3. 2010 – 6 C 15.09).

bb) Rücktritt/Wegfall der Geschäftsgrundlage. Erklärt eine der Vergleichsparteien 22 den **Rücktritt vom Vergleich**, hat die Ausübung dieses Gestaltungsrechts nicht die rückwirkende Vernichtung des Vergleichs zur Folge. Dasselbe gilt für den Fall, dass der **Wegfall der Geschäftsgrundlage** geltend gemacht wird. Auch dieser Einwand bewirkt nicht, dass die wirksam zustande gekommene Vereinbarung mit rückwirkender Kraft beseitigt wird. Vielmehr eröffnet er lediglich die Möglichkeit, die materiellrechtliche Regelung an die veränderten Verhältnisse anzupassen (NRWOVG, Urt. v. 5.9. 2002 – 20 D 53/99.AK; dazu BVerwG DVBl. 2003, 751). Wird der Vergleich nicht in seinem rechtlichen Bestand in Frage gestellt, sondern unter Hinweis auf nachträglich eingetretene Ereignisse in seinem Fortbestand in Zweifel gezogen, so ist ein etwaiger Streit, der sich an dieser Frage entzündet, in einem **neuen Verfahren** auszutragen (BVerwG NJW 1994, 2306). Das alte Verfahren bleibt beendet.

5. Einwendungen gegen die Erfüllung des Vergleichs

Einwendungen gegen die Anwendung und Erfüllung des Vergleichs können entspre- 23 chend § 167 I i.V.m. § 767 ZPO mit der **Vollstreckungsabwehrklage** geltend gemacht werden. Statthaft ist ebenfalls die **Abänderungsklage** (§ 173 S. 1 i.V.m. § 323 ZPO).

II. Vergleichsbeschluss

24 Ein gerichtlicher Vergleich kann auch dadurch geschlossen werden, dass die Beteiligten einen in Form eines Beschlusses ergangenen Vorschlag des Gerichts, des Vorsitzenden oder des Berichterstatters schriftlich gegenüber dem Gericht annehmen (S. 2).

25 Der Beschluss muss den **materiell-rechtlichen Vergleichsinhalt** enthalten. Einer **Annahmefrist** bedarf es nicht zwingend; zweckmäßig ist sie allemal. Ist sie nicht als Ausschlussfrist formuliert, kann sie vom Gericht auf Antrag oder von Amts wegen verlängert werden. Der schriftliche, mit einer Annahmefrist versehene Beschluss ist, wenn er nicht in einem Termin verkündet wird, zuzustellen (§ 56).

26 Nimmt ein Beteiligter den gerichtlichen Vergleichsvorschlag unter **Modifikationen** an, ist dies im Grunde eine Anregung an das Gericht, den Vergleichsbeschluss zu ändern, bzw. ein (neuer) Antrag auf Abschluss eines Vergleichs (vgl. KS § 106 Rn. 11). Stimmt die Gegenseite der Modifikation jedoch unmittelbar zu, bedarf es nicht der förmlichen Abfassung eines erneuten Vergleichsbeschlusses.

27 Ein nach S. 2 geschlossener Vergleich genügt nicht den Anforderungen an eine ggf. erforderliche **notarielle Beurkundung** (str., wie hier KS § 106 Rn. 24; S/S-A/P § 106 Rn. 51, jeweils m.w.N.).

10. Abschnitt. Urteile und andere Entscheidungen

§ 107 [Urteile]

Über die Klage wird, soweit nichts anderes bestimmt ist, durch Urteil entschieden.

1 Das VG entscheidet über die Klage gemäß § 107 grds. durch Urteil. Dies gilt auch für die OVG und das BVerwG, wenn sie als erstinstanzliches Gericht entscheiden (§§ 47 ff.), und zwar auch dann, wenn die Zulässigkeit einer Klage verneint wird. Die Vorschriften des § 125 II und § 144 I gelten nur für das Berufungs- bzw. Revisionsverfahren und nicht für erstinstanzliche Verfahren. Auch über unzulässige Klagen ist daher durch Urteil zu entscheiden, sofern sie nicht zuvor im Hinblick auf ihre Unzulässigkeit zurückgenommen oder für erledigt erklärt werden (vgl. BVerwG, Beschl. v. 3.2. 2005 – 4 A 1038.04).

I. Andere Bestimmungen

2 **Ausnahmen** enthalten § 84 I 1, wonach über die Klage durch **Gerichtsbescheid** entschieden wird, sowie § 47 V 1 (Entscheidung über **Normenkontrollantrag** durch Beschluss), § 92 II 4, III (Entscheidung nach **Rücknahme der Klage** mit Ausnahme des Streits über die Wirksamkeit der Rücknahme → § 92 Rn. 37), § 93a II (Entscheidung über ausgesetzte Verfahren nach Abschluss des **Musterverfahrens**) und § 161 II 1 (Entscheidung nach **Hauptsachenerledigung**); in diesen Fällen wird durch **Beschluss** entschieden.

3 Ebenfalls durch Beschluss wird in folgenden Fällen über das gegen eine Entscheidung über die Klage eingelegte **Rechtsmittel** entschieden: § 124a V **(Zulassung**

der Berufung), § 125 II 2 (Verwerfung einer **unzulässigen Berufung**), § 130a S. 1 (**einstimmige Entscheidung über begründete oder unbegründete Berufung**), § 133 V (Entscheidung über die Beschwerde gegen die **Nichtzulassung der Revision**), § 144 I (Verwerfung einer **unzulässigen Revision**).

In den **selbstständigen Antragsverfahren** nach §§ 47 VI, 80 V, VII, 123 IV **4** wird ebenso durch Beschluss entschieden wie im **Anhörungsrügeverfahren** gemäß § 152a IV (Verwerfung oder Zurückweisung).

II. Arten von Urteilen

Die VwGO differenziert nach **Zwischenurteilen**, in welchen über die Zulässigkeit **5** der Klage vorab (§ 109), **Teilurteilen**, in welchen nur über einen entscheidungsreifen Teil des Streitgegenstands (§ 110), und **Grundurteilen**, in welchen bei Leistungsklagen vorab über den Grund eines Anspruchs entschieden wird (§ 111).

Nach ihrer Wirkung wird zwischen **Leistungs-, Gestaltungs-** und **Feststel-** **6** **lungsurteilen** unterschieden. Leistungsurteile ergehen auf allgemeine Leistungsklagen, deren Statthaftigkeit die VwGO zwar nicht ausdrücklich normiert, sie jedoch zugrunde legt (§§ 43 II 1, 111 S. 1); auch die Verpflichtungsklage zählt mit ihrem verpflichtenden Ausspruch (§ 113 V) zu den Leistungsklagen (→ vor § 40 Rn. 50). Gestaltungsurteile ergehen auf Anfechtungs- und Verpflichtungsklagen (§ 42 I), soweit die zugrunde liegenden VA durch das Gericht aufgehoben werden (§ 113 I 1). Feststellungsurteile ergehen auf Feststellungsklagen nach §§ 43 I, II 2, 113 I 4.

I. Ü. gilt die im Zivilprozess geläufige Unterscheidung von Urteilsarten (→ vor **7** § 40 Rn. 47): das **Prozessurteil**, das Rechtskraft (§ 121) nur bezüglich der Zulässigkeit der Klage schafft; im Gegensatz hierzu steht das **Sachurteil**. Das **Endurteil** schließt einen in der Instanz anhängigen Rechtsstreit ab (vgl. § 300 I ZPO). Das **Vorbehaltsurteil** ergeht unter dem Vorbehalt der Entscheidung über die Aufrechnung (§ 173 S. 1 i. V. m. § 302 I ZPO; vgl. BVerwG NJW 1999, 160). Ebenso gilt § 173 S. 1 i. V. m. § 306 ZPO – **Verzichtsurteil** – und § 307 ZPO – **Anerkenntnisurteil** – (BVerwGE 104, 27; BayVGH, Urt. v. 5.12. 2002 – 19 B 96.35562; BWVGH NJW 1991, 859) ausgenommen in Anfechtungssituationen (BVerwGE 62, 18; 4, 312) und im Normenkontrollverfahren (MVOVG NordÖR 2005, 270).

Die grds. Unterschiede zum Verwaltungsprozess schließen es aus, über § 173 S. 1 **8** die §§ 330 f. ZPO (**Versäumnisurteil**) oder 331a ZPO (**Entscheidung nach Aktenlage**) anzuwenden (vgl. Pfab Jura 2010, 10).

§ 108 [Urteilsgrundlagen, freie Beweiswürdigung, rechtliches Gehör]

(1) ¹Das Gericht entscheidet nach seiner freien, aus dem Gesamtergebnis des Verfahrens gewonnenen Überzeugung. ²In dem Urteil sind die Gründe anzugeben, die für die richterliche Überzeugung leitend gewesen sind.

(2) Das Urteil darf nur auf Tatsachen und Beweisergebnisse gestützt werden, zu denen die Beteiligten sich äußern konnten.

Übersicht

	Rn.
I. Richterliche Überzeugungsbildung	1
1. Gesamtergebnis des Verfahrens	2
2. Vorgang der Überzeugungsbildung	4
a) Überzeugungsgewissheit	5

b) Gleichrangigkeit der Beweismittel	9
c) Beweisschwierigkeiten	12
d) Beweislastentscheidungen	14
aa) Grundlagen	15
bb) Beispiele	17
e) Rüge fehlerhafter Überzeugungsbildung	23
II. Angabe der Gründe im Urteil	25
1. Grundlagen	26
2. Begründungsmängel	29
III. Rechtliches Gehör	31

I. Richterliche Überzeugungsbildung

1 Das Gericht entscheidet nach seiner freien, aus dem Gesamtergebnis des Verfahrens gewonnenen Überzeugung (I 1). Hierzu hat es den ihm unterbreiteten und von ihm ermittelten Sachverhalt (§ 86 I) nach seiner freien – d.h. von äußeren Zwängen ungebundenen –, aus dem Gesamtergebnis des Verfahrens folgenden Überzeugung im Sinne der Rechtsanwendung daraufhin zu würdigen, ob er den Tatbestand einer Rechtsnorm erfüllt und deshalb die dort vorgesehene Rechtsfolge trägt. Das Gericht muss seine Überzeugungsbildung von einer bestimmten Rechtsnorm leiten lassen und diese Rechtsnorm in den Gründen seines Urteils angeben (BVerwG, Beschl. v. 12.03. 2009 – 3 B 2.09). Die richterliche Überzeugungsbildung muss das Ergebnis der Anwendung eines Rechtssatzes sein (S/S-A/P § 108 Rn. 7, 119).

1. Gesamtergebnis des Verfahrens

2 Das **Gesamtergebnis des Verfahrens** ist die Grundlage der richterlichen Überzeugungsbildung. Zu diesem Gesamtergebnis gehören insb. die **Erklärungen der Verfahrensbeteiligten**, der Inhalt der vom Gericht beigezogenen und zum Gegenstand des Verfahrens gemachten **Akten** sowie die im Rahmen einer **Beweiserhebung** getroffenen tatsächlichen Feststellungen, unbeschadet der Befugnis des Gerichts, die Erklärungen der Verfahrensbeteiligten, den Inhalt beigezogener Akten sowie das Ergebnis einer Beweisaufnahme frei zu würdigen. Gesamtergebnis ist hiernach alles, was zum **Gegenstand der mündlichen Verhandlung** (§ 101 I) bzw. des schriftlichen Verfahrens (§ 101 II) gemacht worden ist. Die Beteiligten sind konkret hierauf – z.B. beigezogene Verwaltungsvorgänge – hinzuweisen; bei der Abfassung des Tatbestands (§ 117 II Nr. 4) ist hierauf Bezug zu nehmen.

3 Inhaltlich bedeutet dies: Das Gericht muss von einem **richtigen und vollständigen Sachverhalt** ausgehen. Es darf keine Umstände übergehen, deren Entscheidungserheblichkeit sich ihm hätte aufdrängen müssen (BVerwG, Beschl. v. 14.1. 2010 – 6 B 74.09; NVwZ 2009, 399). Dies gilt auch dann, wenn die Sachverhalts**würdigung** als solche nicht zu beanstanden ist. Bei unvollständiger Sachverhaltsermittlung wird § 86 I verletzt.

2. Vorgang der Überzeugungsbildung

4 Das Gesamtergebnis des Verfahrens muss tragfähige Grundlage für die Überzeugungsbildung und zugleich für die Überprüfung der angefochtenen Entscheidung darauf sein, ob die **Grenze einer objektiv willkürfreien, die Natur- und Denkgesetze sowie die allgemeinen Erfahrungssätze beachtenden Würdigung** eingehalten ist (BVerwG, Beschl. v. 14.1. 2010 – 6 B 74.09; NVwZ 2009, 399), sog. **Grundsatz**

der **freien Beweiswürdigung.** Der Richter bringt in diesen Prozess sein gesamtes Wissen ein. Hierbei kann es sich um allgemein bekanntes Wissen, aber auch um Spezialwissen handeln. Auf dieser Grundlage muss er sich seine Überzeugung verschaffen, ohne hierbei grds. an feste Regeln gebunden zu sein. **Feste Beweisregeln** gelten nur hinsichtlich des Beweiswerts von Urkunden (§ 98 i. V. m. §§ 415 ff. ZPO), der Niederschrift (§ 105) und des Urteilstatbestands (§§ 164, 314 ZPO).

a) Überzeugungsgewissheit. Das Gericht muss sich die für seine Entscheidung 5 gebotene **Überzeugungsgewissheit** (vgl. BGHZ 53, 245) verschaffen, die in dem Sinne bestehen muss, dass das Gericht die **volle Überzeugung von der Wahrheit** – und nicht etwa nur von der Wahrscheinlichkeit – der anspruchsbegründenden Tatsachen erlangt hat. Eine **Glaubhaftmachung** im engeren Sinne gemäß § 173 S. 1 i. V. m. § 294 ZPO reicht nicht aus. So muss in Asylstreitsachen das Gericht die volle Überzeugung von der Wahrheit – und nicht etwa nur von der Wahrscheinlichkeit – des vom Kläger behaupteten individuellen Schicksals erlangen, aus dem er seine Furcht vor politischer Verfolgung herleitet (BVerwGE 71, 180; 55, 82).

Das Gericht darf allerdings **keine unerfüllbaren Beweisanforderungen** stellen 6 und keine unumstößliche Gewissheit verlangen, sondern muss sich in tatsächlich zweifelhaften Fällen mit einem für das praktische Leben brauchbaren Grad von Gewissheit begnügen, der den Zweifeln Schweigen gebietet, auch wenn sie nicht völlig auszuschließen sind (BGHZ 53, 245; BVerwGE 71, 180). Richterliche Überzeugung bedeutet einen so hohen Grad an Wahrscheinlichkeit, dass kein vernünftiger, die Lebensverhältnisse klar überschauender Mensch noch zweifelt (KS § 108 Rn. 5 m. w. N.). Ggf. kann schon der schlüssige und glaubhafte Vortrag eines Beteiligten allein für die Überzeugungsbildung genügen (vgl. BVerwGE 71, 180). Im Einzelnen ist hier dogmatisch Vieles umstritten (vgl. S/S-A/P § 108 Rn. 39 ff.).

So unterliegt insb. die Beurteilung des **Erinnerungsvermögens von Zeugen** 7 und folglich der Glaubhaftigkeit ihrer Angaben der freien Beweiswürdigung. Das Gericht muss sich die Überzeugung vom Wahrheitsgehalt ihrer Aussagen verschaffen (BVerwG, Beschl. v. 16. 2. 2010 – 2 B 62.09; Buchh 310 § 108 Abs. 1 VwGO Nr. 50 Rn. 16).

Bindungswirkungen schließen eine erneute Verpflichtung zur Würdigung des 8 Sachverhalts aus. So ist das Gericht an rechtskräftige Entscheidungen (§ 121) ebenso wie an eigene End- und Zwischenurteile gebunden (§ 173 S. 1 i. V. m. § 318 ZPO). Bindungen an im Verwaltungsverfahren getroffene Wertungen bestehen grds. nicht (BVerfGE 84, 34; zur Bindungswirkung von VA vgl. Schroeder DÖV 2009, 217).

b) Gleichrangigkeit der Beweismittel. Die dem Richter unterbreiteten Beweis- 9 mittel sind grds. gleichrangig. Einen denkgesetzlich begründeten **Vorrang von Beweismitteln** gibt es nicht. Ein unbedingter Vorrang wäre mit dem Grundsatz der freien Beweiswürdigung nicht zu vereinbaren (st. Rspr., vgl. BVerwG, Beschl. v. 15. 2. 2010 – 2 B 126.09, m. w. N.).

So gibt es keinen Schluss des Inhalts, dass **beeidete Zeugenaussagen** stärker zu 10 gewichten wären als unbeeidete. Grds. Gleichwertigkeit besteht auch im **Verhältnis von förmlichen zu nicht-förmlichen Beweismitteln**, so z. B. hinsichtlich Akteninhalt oder gerichtskundigen Tatsachen. So darf das Gericht auch dem **Vortrag eines Beteiligten** folgen, unabhängig davon, ob dieser schriftlich oder (erst) in der mündlichen Verhandlung erfolgt. Entscheidend ist, ob der Vortrag durch anderweitiges Parteivorbringen oder auf sonstige Weise schlüssig infrage gestellt worden ist (BVerwG Buchh 310 § 86 Abs. 1 VwGO Nr. 281). Dazu genügt nicht schon, dass ein Widerspruch zu früherem Vortrag oder zu sonstigem Akteninhalt besteht, zumal wenn die widersprechenden Umstände ihrerseits erkennbar irrtümlich abgegeben wurden, unzutreffend oder auslegungsbedürftig sind. Widersprüche lösen allerdings einen Würdigungsbedarf aus (BVerwG, Beschl. v. 9.11. 2009 – 3 B 21.09).

11 Auch der medizinischen Beurteilung des **Amtsarztes** kommt kein unbedingter, sondern nur ein **eingeschränkter Vorrang vor** der Beurteilung des behandelnden Privatarztes zu. Die Tatsachengerichte können sich im Konfliktfall nur dann auf die Beurteilung des Amtsarztes stützen, wenn keine Zweifel an der Sachkunde des Amtsarztes bzw. eines von ihm hinzugezogenen Facharztes bestehen, seine Beurteilung auf zutreffenden Tatsachengrundlagen beruht und in sich stimmig und nachvollziehbar ist. Hat der Privatarzt seinen medizinischen Befund näher erläutert, so muss der Amtsarzt auf diese Erwägungen eingehen und nachvollziehbar darlegen, warum er ihnen nicht folgt. Dieser eingeschränkte Vorrang im Konfliktfall findet seine Rechtfertigung in der Neutralität und Unabhängigkeit des Amtsarztes. Im Gegensatz zu einem Privatarzt, der womöglich bestrebt ist, das Vertrauen des Patienten zu ihm zu erhalten, nimmt der Amtsarzt seine Beurteilung aus seiner Aufgabenstellung her unbefangen und unabhängig vor (BVerwG, Beschl. v. 15.2. 2010 – 2 B 126.09, m.w.N.).

12 c) Beweisschwierigkeiten. Beweisschwierigkeiten muss das Gericht im Rahmen der **Beweiswürdigung** Rechnung tragen (BVerfGE 83, 162). Dasselbe gilt, wenn Beteiligte unter **Verletzung ihrer Mitwirkungspflicht** (z.B. § 86 I, 2. Halbs.) die Sachaufklärung vereiteln oder erschweren, obwohl ihnen die Mitwirkung möglich und zumutbar gewesen wäre (BVerwGE 74, 222). Eine Umkehr der Beweislast hat dieses Verhalten jedoch nicht zur Folge (BVerwGE 10, 270). Umgekehrt darf das Gericht die Beweiswürdigung **nicht unzulässig vorwegnehmen.** Dieser Fall tritt ein, wenn ein Tatsachengericht von einer Beweisaufnahme absieht, weil es vom Gegenteil der unter Beweis gestellten Tatsache überzeugt ist oder den Sachverhalt bereits für geklärt hält (BVerwG, Beschl. v. 30.4. 2008 – 4 B 27.08; Buchh 310 § 86 Abs. 1 VwGO Nr. 229 m.w.N.).

13 Dasselbe gilt, wenn in einem **Zwischenverfahren nach § 99 II** festgestellt wird, dass die Verweigerung einer Aktenvorlage rechtmäßig ist. Das Gericht hat einen durch die Sperrklärung verursachten Beweisnotstand unter Berücksichtigung der gesetzlichen Verteilung der materiellen Beweislast (→ Rn. 14) angemessen zu würdigen (BVerwGE 131, 171).

14 d) Beweislastentscheidungen. Lässt sich der Sachverhalt nicht mehr aufklären, kann eine Überzeugungsbildung nicht gelingen. Es ist eine Beweislastentscheidung zu treffen. Der Verwaltungsprozess kennt wegen des Amtsermittlungsgrundsatzes (§ 86 I) keine formelle, sondern nur die **materielle Beweislast** bzw. Feststellungslast (vgl. BVerwGE 68, 177). Sinngemäße Anwendung finden die **Beweislastregeln** der §§ 280 I 2, 311a II 2, 286 IV BGB (vgl. BVerwGE 52, 255; KS § 108 Rn. 16 m.w.N.).

15 *aa) Grundlagen.* Die Frage der materiellen Beweislast stellt sich dann, wenn die für die Entscheidung erforderlichen Feststellungen nicht getroffen werden können, weil alle Möglichkeiten der Sachaufklärung erschöpft sind (**"non liquet"**; vgl. NKVwGO § 108 Rn. 106 ff.; BVerwGE 74, 222; NRWOVG BauR 2007, 2012). Wer in einem solchen Fall die Beweislast trägt, ist unabhängig von der Kläger- oder Beklagtenposition als materiellrechtliche Frage in Auslegung der maßgeblichen Vorschrift zu ermitteln (BVerwGE 55, 288; NRWOVG BauR 2007, 2012). Die Unerweislichkeit einer Tatsache geht grds. zu Lasten des Beteiligten, der aus ihm günstige Rechtsfolgen herleitet, es sei denn, dass der Rechtssatz selbst eine besondere Regelung trifft (BVerwGE 61, 176; 20, 211; 18, 168). Die Auslegung ist zunächst eine Frage der ma-

§ 108
Urteilsgrundlagen, freie Beweiswürdigung, rechtliches Gehör

teriell-rechtlichen Vorschriften, dem Zweck ihrer Regelung und grundlegenden Rechtsgedanken, wie dem Rechtsstaatsprinzip (Art. 20 III GG) und dem Gebot, lückenlosen und wirksamen Rechtsschutz zu gewährleisten (Art. 19 IV GG). Das BVerfG hat wiederholt entschieden, dass der Zugang zu einem Gericht nicht in unzumutbarer, aus Sachgründen nicht mehr zu rechtfertigender Weise erschwert werden darf. Darüber hinaus muss dem Bürger ein substanzieller Anspruch auf eine tatsächlich wirksame gerichtliche Kontrolle zustehen (BVerfGE 53, 115; zur Bedeutung des Rechtsstaatsprinzips für die Beweislastverteilung vgl. ferner BVerfGE 52, 131; BVerwGE 70, 143 m.w.N., → vor § 40 Rn. 1 ff.).

Enthält der ausgelegte Rechtssatz keine besonderen Regelungen, so greift der **allgemeine Rechtsgrundsatz** ein, dass die Nichterweislichkeit von Tatsachen, aus denen eine Partei ihr günstige Rechtsfolgen herleitet, zu ihren Lasten geht (BVerwGE 109, 174; 80, 290; NRWOVG DVBl. 2010, 454). **16**

bb) Beispiele. So trägt der **Asylbewerber**, wenn der Einreiseweg unaufklärbar bleibt, die materielle Beweislast für seine Behauptung, ohne Berührung eines sicheren Drittlandes nach Art. 16a II GG, § 26a AsylVfG auf dem Luft- oder Seeweg nach Deutschland eingereist zu sein (BVerwGE 109, 174 m.w.N.). **17**

Im Fall einer baurechtlichen **Entscheidung zu § 34 I, III BauGB** ergibt eine Auslegung der gesetzlichen Regelung nach Wortlaut und Systematik, dass die Genehmigungsbehörde ggf. die Beweislast dafür trägt, dass schädliche Auswirkungen zu erwarten sind (NRWOVG BauR 2007, 2012). **18**

Die **Gewerbe- oder Gaststättenerlaubnis** ist zu erteilen, wenn die mangelnde Zuverlässigkeit nicht erwiesen ist (z.B. § 34a I 1, 3 Nr. 1 GewO, §§ 2 I 1, 4 I Nr. 1 GastG). **19**

Der **Beamte** ist zu ernennen, wenn Zweifel hinsichtlich der Verfassungstreue nicht bewiesen sind (BVerwGE 61, 176). **20**

Bei **behördlichen Eingriffsakten** geht die Nichterweislichkeit einer Tatsache i.d.R. zu Lasten der Behörde, so z.B. bei der **Einziehung eines Vertriebenenausweises** (BVerwGE 66, 168) oder beim Vorliegen eines **gaststättenrechtlichen Widerrufsgrundes** (BVerwGE 49, 160). Im Verhältnis zwischen einer baurechtlichen **Beseitigungsverfügung** und einem ihr ggf. entgegenstehenden Bestandsschutz hat, was die Beweislast anbetrifft, ein etwaiger Bestandsschutz rechtlich die Stellung eines „Gegenrechtes": Mit dem Gesichtspunkt des Bestandsschutzes verteidigt der Betroffene eine (mittlerweile) materiell rechtswidrige Nutzung. Er leitet aus der Vergangenheit ein Recht ab, das es ihm ermöglicht, sich gegen ein Beseitigungsverlangen durchzusetzen, obgleich die beanstandete Nutzung (derzeit) materiell rechtswidrig ist und dies an sich für eine Untersagung ausreicht. Erweist sich im Einzelfall als unaufklärbar, ob ein solches „Gegenrecht" besteht, so geht das zu Lasten dessen, der dieses Recht für sich in Anspruch nimmt (BVerwG NJW 1980, 252). **21**

Im Falle der **Rücknahme eines rechtswidrigen begünstigenden VA** (§ 48 I 2 VwVfG) trägt im Grundsatz die zurücknehmende Behörde die Feststellungslast dafür, dass der VA rechtswidrig ergangen ist. Eine Ausnahme von diesem Grundsatz hat nach der Rspr. des BVerwG dann zu gelten, wenn die Unerweislichkeit auf einem gegen den Grundsatz von Treu und Glauben verstoßenden unlauteren Verhalten des Begünstigten beruht. Dies setzt grds. ein schuldhaftes, also mindestens ein fahrlässiges Verhalten voraus. Darüber hinaus kann eine Ausnahme von dem Grundsatz, dass bei der Rücknahme eines rechtswidrigen begünstigenden VA der Behörde die Feststellungslast obliegt, auch dann zu machen sein, wenn die Unerweislichkeit der Umstände, die die Rechtswidrigkeit des begünstigenden VA begründen, darauf beruht, dass **22** der Begünstigte die Aufklärung des Sachverhalts verhindert hat. Auch in diesem Falle kann ein unlauteres Verhalten des Begünstigten vorliegen. Dies wird dann anzunehmen sein, wenn es der Begünstigte unterlässt, bei der Aufklärung eines in seinen Verantwortungsbereich fallenden tatsächlichen Umstands mitzuwirken, obgleich dies für ihn möglich und zumutbar ist (BVerwG NVwZ 1985, 488; BVerwGE 57, 13).

23 e) Rüge fehlerhafter Überzeugungsbildung. Die Einhaltung der nach I 1 entstehenden verfahrensmäßigen Verpflichtungen ist nicht schon dann in Frage gestellt, wenn ein Beteiligter eine aus seiner Sicht **fehlerhafte Verwertung des vorliegenden Tatsachenmaterials** rügt, aus dem er andere Schlüsse ziehen will als das angefochtene Urteil. Denn damit wird ein (vermeintlicher) Fehler in der Sachverhalts- und Beweiswürdigung angesprochen. Solche Fehler sind regelmäßig nicht dem Verfahrensrecht, sondern dem sachlichen (materiellen) Recht zuzuordnen. Eine Ausnahme hiervon kommt allerdings bei einer aktenwidrigen oder sonst von objektiver Willkür geprägten Sachverhaltswürdigung in Betracht (BVerwG, Beschl. v. 29.10. 2009 – 9 B 41.09) oder wenn das Gericht Umstände übergeht, deren Entscheidungserheblichkeit sich ihm hätte aufdrängen müssen und deshalb seine Überzeugungsbildung nicht auf das Gesamtergebnis des Verfahrens stützt (BVerwG, Beschl. v. 24.9. 2009 – 6 B 5.09, m.w.N.).

24 Der **Verstoß gegen Denkgesetze** begründet einen Verfahrensfehler. Ein solcher Verstoß liegt vor, wenn ein Schluss aus Gründen der Logik schlechthin nicht gezogen werden kann. Verstöße gegen Denkgesetze entstehen nicht bereits dadurch, dass der Tatrichter eine Würdigung der tatsächlichen Verhältnisse vorgenommen hat, die nicht zwingend ist und nach den Vorstellungen der beweisbelasteten Beteiligten auch hätte anders ausfallen können (BVerwG Buchh 310 § 108 VwGO Nr. 225). Vielmehr muss nach dem Sachverhalt nur eine einzige Schlussfolgerung möglich, jede andere aber aus denkgesetzlichen Gründen schlechterdings unmöglich sein, und das Gericht muss die in diesem Sinne allein denkbare Folgerung nicht gezogen haben. Sind dagegen bei der Beweiswürdigung mehrere Folgerungen denkgesetzlich möglich, so ist es nicht nur nicht fehlerhaft, wenn das Tatsachengericht unter mehreren möglichen eine Folgerung wählt, sondern gerade auch seine ihm durch I 1 übertragene Aufgabe, sich unter Abwägung verschiedener Möglichkeiten seine Überzeugung zu bilden (BVerwG ZOV 2009, 135).

II. Angabe der Gründe im Urteil

25 In dem Urteil sind die Gründe anzugeben, die für die richterliche Überzeugung leitend gewesen sind (I 2). Neben der **Selbstvergewisserung** des Tatsachengerichts dient die Begründungspflicht der **Überprüfbarkeit** der tatrichterlichen Würdigung durch das Rechtsmittelgericht und durch die Beteiligten und steht im Zusammenhang mit deren Anspruch auf Gewährung rechtlichen Gehörs (Art. 103 I GG, § 108 II).

1. Grundlagen

26 In den Urteilsgründen müssen die tatsächlichen Umstände und rechtlichen Erwägungen wiedergegeben werden, die das Gericht bestimmt haben, die Voraussetzungen für seine Entscheidung als erfüllt anzusehen. Das Urteil muss erkennen lassen, dass das Gericht den ermittelten Tatsachenstoff wertend gesichtet und in welchen konkreten Bezug es ihn zu den angewandten Rechtsnormen gesetzt hat. Dies setzt voraus, dass das Gericht zum einen seinen rechtlichen Prüfungsmaßstab offen legt und zum anderen in tatsächlicher Hinsicht angibt, von welchem Sachverhalt es ausgeht und – sofern es den Tatsachenbehauptungen eines Beteiligten widerspricht – warum es dessen Vortrag nicht folgt und aufgrund welcher Erkenntnisse es eine ihm ungünstige Tatsachenlage als erwiesen ansieht. Aus den Entscheidungsgründen muss sowohl für die Beteiligten als auch für das Rechtsmittelgericht nachvollziehbar sein, aus welchen Gründen des materiellen Rechts oder des Prozessrechts nach Meinung des Gerichts dem Vortrag eines Beteiligten, jedenfalls soweit es sich um einen zentralen Punkt seiner Rechtsverfolgung handelt, nicht zu folgen ist (BVerwG Buchh 310 § 108 Abs. 2 VwGO Nr. 66).

Das Gericht ist verpflichtet, das Vorbringen der Beteiligten zur Kenntnis zu nehmen und bei der Entscheidung in Erwägung zu ziehen. Wie umfangreich und detailliert dies zu geschehen hat, lässt sich nicht abstrakt umschreiben. Im Allgemeinen genügt es, wenn der Begründung entnommen werden kann, dass das Gericht eine vernünftige und der jeweiligen Sache angemessene Gesamtwürdigung vorgenommen hat. Die Gründe müssen aber die für die Entscheidung wesentlichen Fragen behandeln oder jedenfalls in angemessener Weise zum Ausdruck bringen, weshalb von einer Auseinandersetzung abgesehen wurde (BVerwG, Beschl. v. 28. 1. 2010 – 6 B 50.09; Buchh 310 § 130a VwGO Nr. 43). 27

Das Tatsachengericht muss das Ergebnis seiner Abwägung in den Entscheidungsgründen in einer für das Revisionsgericht nachvollziehbaren Weise darlegen. Gewichtige Tatsachen oder Tatsachenkomplexe dürfen in den Entscheidungsgründen nicht übergangen werden. Auch die gebotene Beschränkung auf das Wesentliche kann insoweit keinen ausreichenden Grund für fehlende Erörterungen abgeben. Das Gericht kann zur Begründung auf andere, insb. eigene Entscheidungen Bezug nehmen und durch diese Bezugnahme sonst erforderliche eigene Darlegungen im Urteil ersetzen. Eine solche Bezugnahme ist zulässig, wenn sich für die Beteiligten und für das Rechtsmittelgericht aus einer Zusammenschau der Ausführungen in dem angefochtenen Urteil einerseits, den dort in Bezug genommenen Ausführungen in anderen Entscheidungen andererseits mit hinreichender Klarheit die Gründe ergeben, die für die richterliche Überzeugung leitend gewesen sind. Das ist dann nicht mehr der Fall, wenn die Entscheidung des Gerichts völlig unverständlich ist, weil die Sachverhalte in beiden Entscheidungen nicht gleich gelagert waren und auch sonst keine Verbindung erkennbar ist, die eine gleiche Sachbehandlung rechtfertigt (BVerwG, Beschl. v. 23. 6. 2009 – 7 B 49.08). 28

2. Begründungsmängel

Ein **Begründungsmangel** liegt vor, wenn jegliche Begründung fehlt (vgl. § 138 Nr. 6; BVerwG NVwZ 2010, 186). **Lückenhafte** Entscheidungsgründe sind zu beanstanden, wenn das Urteil auf „einzelne Ansprüche" oder „einzelne selbstständige Angriffs- und Verteidigungsmittel" überhaupt nicht eingeht (BVerwG Buchh 310 § 130 VwGO Nr. 16; BayVGH, Beschl. v. 14.5. 2007 – 1 ZB 06.226). Ein Begründungsmangel ist auch dann gegeben, wenn die Entscheidungsgründe rational nicht nachvollziehbar, sachlich inhaltslos oder aus sonstigen Gründen derart unbrauchbar sind, so dass sie unter keinem denkbaren Gesichtspunkt geeignet sind, den Urteilstenor zu tragen (BVerwG, Beschl. v. 30.6. 2009 – 9 B 23.09). 29

Ein grober Formfehler in diesem Sinne liegt aber **nicht** schon dann vor, wenn die Begründung in sachlicher Hinsicht falsch, unzulänglich oder oberflächlich ist (BVerwG NVwZ-RR 1989, 334). Das Gericht braucht sich in den Entschei- 30 dungsgründen nicht mit jedem vorgetragenen Gesichtspunkt ausdrücklich zu befassen, denn grds. ist davon auszugehen, dass es das von ihm entgegengenommene Vorbringen auch in seine Erwägungen einbezogen hat. Geht das Gericht aber auf den wesentlichen Kern des Vorbringens eines Beteiligten zu einer Frage, die für das Verfahren von zentraler Bedeutung ist, in den Entscheidungsgründen nicht ein, so verletzt dies regelmäßig die Begründungspflicht und zugleich den Anspruch auf Gewährung rechtlichen Gehörs (BVerwG, Beschl. v. 28.1. 2010 – 6 B 50.09; BauR 2007, 2041).

III. Rechtliches Gehör

31 Das Urteil darf gemäß II nur auf Tatsachen und Beweisergebnisse gestützt werden, zu denen die Beteiligten sich äußern konnten. Die Norm konkretisiert Art. 103 I GG. Die Verfahrensbeteiligten haben den Anspruch, nicht durch Unkenntnis über die nach Auffassung des Gerichts für die Entscheidung erheblichen rechtlichen und tatsächlichen Gesichtspunkte an einer sachdienlichen Äußerung gehindert zu sein. Den Prozessbeteiligten wird somit die Gelegenheit, sich zu dem entscheidungserheblichen Sachverhalt zu äußern, prozessordnungswidrig vorenthalten, wenn das Gericht einen bis dahin nicht erörterten rechtlichen oder tatsächlichen Gesichtspunkt zur Grundlage seiner Entscheidung macht und so dem Rechtsstreit eine Wendung gibt, mit der ein Beteiligter nach dem bisherigen Verlauf des Verfahrens nicht zu rechnen brauchte (st. Rspr., vgl. BVerfGE 84, 188; BVerwG, Beschl. v. 12.3. 2009 – 3 B 2.09, m.w.N.). Dieser Anspruch verpflichtet das Gericht zugleich, die Ausführungen der Verfahrensbeteiligten zur Kenntnis zu nehmen und bei der Entscheidungsfindung in Erwägung zu ziehen (st. Rspr., vgl. BVerfGE 96, 205; 72, 119; BVerwG, Beschl. v. 29.1. 2010 – 5 B 21.09, m.w.N.). Zentrale Bedeutung erlangt II im Rahmen des Revisionsrechts; auf die Kommentierung zur Verletzung rechtlichen Gehörs nach § 138 Nr. 3 wird verwiesen (→ § 138 Rn. 22 ff.).

§ 109 [Zwischenurteil]

Über die Zulässigkeit der Klage kann durch Zwischenurteil vorab entschieden werden.

1 Hält das Gericht die Klage für zulässig, wird dies aber vom Beklagten oder Beigeladenen bestritten oder ist dies aus anderen Gründen zweifelhaft, bietet es sich aus prozessökonomischen Gründen im Einzelfall an, im Wege des selbstständig mit Rechtsmitteln anfechtbaren Zwischenurteils allein über die Zulässigkeit der Klage zu entscheiden. Der **Zweck** des Zwischenurteils besteht darin, die entscheidungsreife Zulässigkeitsfrage zu klären, bevor sich das Gericht und die Verfahrensbeteiligten mit dem – möglicherweise schwierigen und umfangreichen – Prozessstoff abschließend in der Sache selbst befassen (BVerwGE 65, 27). Hält das Gericht die Klage für unzulässig, scheidet der Erlass eines Zwischenurteils aus; die Klage ist abzuweisen bzw. der Antrag abzulehnen. § 109 ist **entsprechend** auf die **selbstständigen Beschlussverfahren** (§§ 47 VII, 80 V, VII, 80a III, 123) und im **Normenkontrollverfahren** (§ 47) anwendbar.

I. Entscheidung über die Zulässigkeit der Klage

Ein Zwischenurteil ist hinsichtlich **einzelner** oder **sämtlicher Sachurteilsvoraussetzungen** zulässig, wie der Wahrung der **Klage-** oder **Rechtsmittelfrist** (BFHE 120, 7), der **Beteiligungsfähigkeit** (BVerwGE 14, 273) oder der Zulässigkeit einer **Wiederaufnahme** (BGHZ 84, 24). Im Wege des Zwischenurteils kann auch über die **Unwirksamkeit einer Klagerücknahme** (nach KS § 109 Rn. 2 in analoger Anwendung) oder über die **Zulässigkeit von Berufung und Revision** entschieden werden (BVerwGE 65, 27; S/S-A/P § 109 Rn. 5); für den Fall der Unzulässigkeit gelten §§ 125 II, 144 I. Auch bezogen auf die **Klagebefugnis** (BVerwGE 60, 123) ist ein Zwischenurteil zulässig; nicht von § 109 gedeckt ist es aber, im Hinblick auf § 42 II **einzelne Klagegründe** im Sinne materiellrechtlicher Anspruchsgrundlagen für das Klagebegehren auszuscheiden und damit Fragen der Begründetheit der Klage bindend vorzuentscheiden (BVerwG NVwZ 1988, 913; S/S-A/P § 109 Rn. 4). 2

§ 109 ist grds. **nicht anwendbar**, wenn die **Eröffnung des Verwaltungsrechtswegs** oder die **sachliche, örtliche und instanzielle Zuständigkeit** der angerufenen Gerichts geklärt werden sollen; § 17a GVG bzw. § 83 (bezogen auf die instanzielle Zuständigkeit in entsprechender Anwendung) schließen die Anwendung des § 109 aus. Ausgenommen ist der Fall einer von den Beteiligten problematisierten verfassungsrechtlichen Streitigkeit, die den Verwaltungsrechtsweg i. S. des § 40 I 1 ausschlösse. Da eine Verweisung an das BVerfG über § 17a GVG nicht in Betracht kommt, steht eine echte Zulässigkeitsfrage in Rede, über die ein Zwischenurteil ergehen kann. 3

Keinem Zwischenurteil zugänglich sind die Entscheidungen über das **zuständige Gericht** i. S. des § 53, ein **Ablehnungsgesuch** (§ 54) oder eine **Beiladung** (§ 65). Für die Zulässigkeit einer **Wiedereinsetzung** (§ 60) oder einer **Klageänderung** (§ 91) steht das Verfahren nach § 173 S. 1 i. V. m. § 303 ZPO zur Verfügung. Wird über eine **Zeugnis-** oder **Gutachtenverweigerung** gestritten, findet § 173 S. 1 i. V. m. § 387 I ZPO Anwendung. Über die Zulässigkeit der **Verweigerung der Urkunden-** oder **Aktenvorlage** wird im Verfahren nach § 99 II entschieden (→ § 99 Rn. 19 ff.). 4

II. Entscheidung des Gerichts

Liegen die o. g. Voraussetzungen vor, steht die Entscheidung über den Erlass eines Zwischenurteils im **Ermessen des Gerichts** (BVerwGE 65, 27). Eines Antrags der Beteiligten bedarf es nicht; § 17a III 2 GVG ist nicht entsprechend anwendbar (S/S-A/P § 109 Rn. 6). Eine gesonderte **mündliche Verhandlung** über die Zulässigkeit der Klage ist möglich (vgl. § 280 I ZPO), aber nicht notwendig. Findet eine solche statt, muss schon wegen § 116 I, II durch Zwischenurteil entschieden werden, wenn das Gericht die Zulässigkeit bejaht. Eine Entscheidung durch **Gerichtsbescheid** (§ 84) als „Zwischengerichtsbescheid" ist zulässig (BFHE 104, 493). Die Zwischenentscheidung enthält **keine Kostenentscheidung**; diese ist der Endentscheidung vorbehalten. 5

III. Verhandlung zur Begründetheit

Vor dem Eintritt der Rechtskraft des Zwischenurteils zur Begründetheit weiterzuverhandeln, widerspricht dem Zweck des § 109, macht eine gleichwohl ergangene instanzabschließende Endentscheidung aber nicht verfahrensfehlerhaft. 6

§ 110

7 Wird das **Zwischenurteil** nicht angefochten oder ein Rechtsmittel hiergegen zurückgewiesen, entfaltet es **formelle Rechtskraft** und **bindet** die Beteiligten und das erkennende Gericht, einschließlich des Rechtsmittelgerichts (§ 173 S. 1 i.V.m. §§ 318, 512, 548 ZPO), soweit sich die Sach- und Rechtslage in Bezug auf die bejahte Sachurteilsvoraussetzung nicht nachträglich ändert. An **unzulässigen Inhalt eines Zwischenurteils** besteht keine Bindungswirkung (BVerwGE 60, 123). Wird im Rechtsmittelverfahren das Zwischenurteil aufgehoben, wird auch das Urteil in der Hauptsache wirkungslos, da es insoweit konkludent auflösend bedingt ist (vgl. KS § 109 Rn. 8 m.w.N.).

§ 110 [Teilurteil]

Ist nur ein Teil des Streitgegenstands zur Entscheidung reif, so kann das Gericht ein Teilurteil erlassen.

1 Ist ein Teil eines teilbaren Streitgegenstands entscheidungsreif, kann das Gericht – **von Amts wegen** – vorweg nur über diesen entscheiden. § 110 dient der **Prozessökonomie**, wird in der Praxis aber nicht oft angewandt. Ist die rechtliche Beurteilung eines Teils des Klagebegehrens in dem Sinne vorgreiflich, dass der verbleibende Prozessstoff dadurch nach Inhalt und Ergebnis maßgeblich bestimmt wird, so drängt sich eine Entscheidung nach § 110 auf. Das Teilurteil führt in den für den verbleibenden Prozessstoff vorgreiflichen Fragen zu einer rechtskräftigen Klärung (§ 121) und vermeidet dadurch eine u.U. aufwändige und überflüssige Auseinandersetzung mit weiteren Fragen, die sich bei einer abweichenden Beurteilung des Ausgangspunktes gar nicht oder jedenfalls anders stellen würden. Darüber hinaus kann es den Beteiligten Veranlassung geben, den verbleibenden Teil des Streits einer anderweitigen Erledigung zuzuführen (NRWOVG IÖD 2000, 50).

2 Die Norm ist in allen Verfahrensarten anwendbar, namentlich im **Gerichtsbescheidsverfahren** nach § 84 (HessVGH ESVGH 48, 237) und den **Verfahren nach §§ 93a II 1** und **130a** (BVerwG, Teilbeschl. v. 1.11. 2007 – 4 A 1009.07; BayVGH, Beschl. v. 27.9. 2005 – 11 B 01.918), sowie entsprechend in den **selbstständigen Beschlussverfahren** (§§ 47 VI, 80 V, VII, 80a III, 123).

I. Teilbarkeit des Streitgegenstands

3 Ein Teilurteil kann nach § 110 nur ergehen, wenn der vorab zu entscheidende und der verbleibende Teil des **Streitgegenstandes** (→ § 121 Rn. 5) voneinander wechselseitig **rechtlich und tatsächlich unabhängig** sind. Das ist der Fall, wenn der Teil, über den vorab durch Teilurteil entschieden worden ist, hätte abgetrennt werden und der übrige Teil Gegenstand eines selbstständigen Verfahrens hätte sein können (vgl. § 93 S. 2). Dazu darf die Entscheidung über den verbleibenden Teil keine Fragen aufwerfen, über die schon durch das Teilurteil entschieden worden ist (BVerwG ZOV 2010, 92; NVwZ 1996, 381). Teilurteil und Schlussurteil müssen in tatsächlicher und rechtlicher Hinsicht unabhängig voneinander ergehen können.

4 Der Streitgegenstand ist z.B. **teilbar**, wenn mit einer Klage mehrere tatsächlich und rechtlich voneinander unabhängige Ansprüche geltend gemacht werden oder, sofern ein einziger Anspruch im Streit ist, dieser Anspruch sich aus mehreren Positionen zusammensetzt, die voneinander unabhängig sind (BVerwG Buchh 436.7 § 27a BVG Nr. 12). So ist eine Teilbarkeit bei **echter Eventualklagenhäufung** (BayVGH,

Beschl. v. 26.10. 2009 – 8 ZB 09.161), **einfacher Streitgenossenschaft** (§ 64), **Klage und Widerklage** (S/S-A/P § 110 Rn. 5; KS § 110 Rn. 2; a. A. S/S-A/P § 89 Rn. 15) sowie **Anfechtungs-** und **Leistungsklage auf Folgenbeseitigung** (S/S-A/P § 110 Rn. 5; a.A. KS § 110 R. 4) gegeben. Im **Planfeststellungsrecht** setzt eine derartige Teilung des Streitgegenstandes voraus, dass die Planung insoweit teilbar ist, d. h. dass über die einer nachfolgenden Rechtmäßigkeitskontrolle vorbehaltene Teilplanung entschieden werden kann, ohne dass dabei die Rechtmäßigkeit der übrigen Planung, über die durch Teilurteil vorwegentschieden wird, erneut aufgerufen werden müsste (BVerwGE 98, 339).

Ein Teilurteil ist **unzulässig**, wenn beide Teile derart miteinander verknüpft sind, dass bei getrennter Beurteilung zu derselben Rechtsfrage der Rechtskraft fähige divergierende Entscheidungen nicht ausgeschlossen werden können (vgl. BremOVG, Urt. v. 2.12. 2008 – 1 A 234/03). Ein Teilurteil kann auch nicht ergehen, wenn die Klageanträge der Sache nach auf dasselbe Ziel gerichtet sind und sich deshalb nicht selbstständig aufteilen lassen (BVerwG Buchh 310 § 110 VwGO Nr. 4).

II. Entscheidung des Gerichts

Weitergehend als § 301 ZPO stellt § 110 den Erlass eines Teilurteils bei teilbarem entscheidungsreifem Streitgegenstand ganz in das **Ermessen** des Gerichts (BVerwG Buchh 310 § 110 VwGO Nr. 4). Für ein Teilurteil ist grds. kein Raum, wenn der Rechtsstreit insgesamt entscheidungsreif ist (NRWOVG IÖD 2000, 50).

Die **Kostenentscheidung** bleibt – ausgenommen bei subjektiver Klagehäufung – dem Schlussurteil vorbehalten. Wird das gegen ein Teilurteil gerichtete Rechtsmittel zurückgewiesen, so sind die Kosten des Rechtsmittelverfahrens nicht dem Endurteil vorzubehalten, sondern nach § 154 II dem Rechtsmittelführer aufzuerlegen (BVerwGE 36, 16).

Da der Erlass eines Teilurteils eine dahin gehende Ermessensentscheidung des Gerichts voraussetzt, ist vom **Vorliegen eines Teilurteils** i. S. des § 110 nur dann auszugehen, wenn in dem Urteil selbst oder zumindest in den insoweit eindeutigen Begleitumständen zum Ausdruck kommt, dass das Gericht nur über einen Teil des Streitgegenstandes entscheiden und den Rest einer späteren Entscheidung vorbehalten will. Eine vom Gericht als Vollendurteil gewollte Entscheidung ist auch dann ein Vollendurteil, wenn sie den Streitgegenstand nicht voll erschöpft. Das Urteil ist dann allerdings unvollständig und verstößt gegen § 88. Ein derart fehlerhaftes Urteil kann grds. mit dem jeweils gegebenen Rechtsmittel angefochten werden (BVerwGE 95, 269; NRWOVG AuAS 2008, 46).

Das **rechtskräftige Teilurteil** beendet den Rechtsstreit hinsichtlich des entschiedenen Teils (§ 121). Es **bindet** die Beteiligten und alle Gerichte, einschließlich der Rechtsmittelgerichte (§ 173 S. 1 i.V.m. §§ 318, 512, 548 ZPO).

Ergeben sich während des **Berufungsverfahrens** über das Schlussurteil Umstände, die eine Abänderung des rechtskräftigen Teilurteils rechtfertigen würden, ist dies im Rahmen des Berufungsverfahrens mit der **Abänderungswiderklage** (§ 323 ZPO, § 89) oder in einem neuen Verfahren als **selbstständige Abänderungsklage** zu verfolgen (BGH NJW 1993, 1795).

III. Heraufholung im Rechtsmittelverfahren

Hat ein VG zu Unrecht über einen einheitlichen Streitgegenstand im Wege eines Teilurteils nur zum Teil entschieden, kann eine einheitliche Entscheidung nicht nur dadurch veranlasst werden, dass das im Berufungsverfahren hiermit befasste OVG das ergangene Teilurteil aufhebt und das Verfahren entsprechend § 130 II an das VG zurückverweist. Sie kann auch dadurch herbeigeführt werden, dass das OVG den vom VG noch nicht entschiedenen Teil an sich zieht (sog. **Heraufholung**). Grds. ist eine solche Vorgehensweise zwar weder auf Antrag noch von Amts wegen zulässig, weil die Grenzen der Entscheidungsbefugnis des Berufungsgerichts gemäß § 128 durch das Urteil des erstinstanzlichen Gerichts festgelegt sind (vgl. S/S-A/P § 110 Rn. 12; BVerwGE 71, 73). Gründe der Prozessökonomie sprechen jedoch dafür, bei einem zu Unrecht ergangenen Teilurteil dem OVG ausnahmsweise die Möglichkeit einzuräumen, den noch beim VG anhängigen Streitrest an sich zu ziehen (BWVGH NVwZ 1989, 882; BremOVG, Urt. v. 2.12. 2008 – 1 A 234/03; S/S-A/P § 110 Rn. 12; a.A. KS § 110 Rn. 7). Eine Heraufholung des restlichen Prozessstoffes ist hingegen nicht zulässig, wenn das Teilurteil ausdrücklich und zu Recht als ein solches ergangen ist.

§ 111 [Grundurteil]

¹**Ist bei einer Leistungsklage ein Anspruch nach Grund und Betrag streitig, so kann das Gericht durch Zwischenurteil über den Grund vorab entscheiden.** ²**Das Gericht kann, wenn der Anspruch für begründet erklärt ist, anordnen, daß über den Betrag zu verhandeln ist.**

1 Ist bei einer Leistungsklage ein Anspruch nach Grund und Betrag streitig, kann aus prozessökonomischen Gründen im Wege des selbstständig mit Rechtsmitteln anfechtbaren Grundurteils (BVerwG NVwZ 1996, 175) zunächst allein über den Grund entschieden werden, sofern die Ermittlung des (ebenfalls streitigen) Betrags Schwierigkeiten aufwirft. Der **Zweck des Grundurteils** besteht darin, die entscheidungsreife Frage zu klären, ob dem Grunde nach überhaupt ein Anspruch besteht, bevor sich das Gericht und die Verfahrensbeteiligten mit dem – möglicherweise schwierigen und umfangreichen – Prozessstoff betreffend die Betragshöhe befassen.

I. Anwendbarkeit

2 § 111 findet nur auf Leistungsklagen im engeren Sinn Anwendung. Ein auf den Grund des Anspruchs beschränktes Zwischenurteil ist nicht statthaft, wenn der Anspruch durch Verpflichtungsklage geltend gemacht werden muss, weil er von Rechts wegen auf die Verurteilung zum Erlass eines abgelehnten oder unterlassenen VA (§ 42 I, 2. Var.) gerichtet ist; dies gilt auch dann, wenn der begehrte VA eine Geldleistung zum Gegenstand hat (BVerwG NVwZ 1996, 175; SächsOVG, Beschl. v. 27.3. 2009 – 3 B 625/07; HambOVG NVwZ 1990, 682; a.A. KS § 111 Rn. 2; S/S-A/P § 111 Rn. 3 m.w.N.) Dementsprechend sind auch ein Teilurteil nach § 110 über eine Zwischenfeststellungsklage (§ 173 S. 1 i.V.m. § 256 II ZPO; str., wie hier KS § 111 Rn. 3) und der Rückgriff über § 173 S. 1 auf § 304 ZPO ausgeschlossen (BVerwG NVwZ 1996, 175).
3 § 111 findet unter den genannten Voraussetzungen auch im **Gerichtsbescheidsverfahren** (§ 84) Anwendung. Soweit ein Leistungsbegehren, das nicht auf den Erlass eines VA gerichtet ist, im Wege der **einstweiligen Anordnung** (§ 123) verfolgt wird, ist die Anwendung des § 111 zulässig; sie dürfte angesichts der Eilbedürftigkeit jedoch regelmäßig nicht zweckmäßig sein.

II. Streitigkeit um Grund und Höhe

Grund **und** Höhe müssen streitig sein; nur eines von beiden reicht nach dem Wortlaut des § 111 nicht aus. Zum **Grund** gehört das **Vorliegen aller anspruchsbegründenden Tatsachen**. Über einzelne Elemente des Grundes darf kein Grundurteil ergehen (S/S-A/P § 111 Rn. 6). Zur **Höhe** gehören alle für deren Bestimmung erforderlichen Tatsachen. Führen Einwendungen gegen die Höhe, wie eine Aufrechnung, zum vollständigen Verlust des Anspruchs, ist wiederum der Grund betroffen.

III. Entscheidung des Gerichts

Besteht Entscheidungsreife über den Grund, steht der Erlass eines Grundurteils im **Ermessen des Gerichts**. Eines Antrags der Beteiligten bedarf es nicht. Ein Zwischenurteil über den Grund muss lauten, der mit der Klage geltend gemachte Anspruch sei (ggf. ganz oder teilweise) dem Grunde nach gerechtfertigt (BVerwG NVwZ 1996, 175); ist der Grund nicht gegeben, ist die Klage (insgesamt) abzuweisen.

Die **Kostenentscheidung** bleibt der Schlussentscheidung vorbehalten. Wird das gegen ein Grundurteil gerichtete Rechtsmittel zurückgewiesen, so sind die Kosten des Rechtsmittelverfahrens aber nicht dem Endurteil vorzubehalten, sondern nach § 154 II dem Rechtsmittelführer aufzuerlegen (vgl. BVerwGE 36, 16 zum Teilurteil).

IV. Bindungswirkung des Grundurteils

Wird das **Grundurteil** nicht angefochten oder ein Rechtsmittel hiergegen zurückgewiesen, entfaltet es **formelle Rechtskraft** und **bindet** mit Blick auf die getroffenen Aussagen zum Grund die Beteiligten und das erkennende Gericht, einschließlich des Rechtsmittelgerichts (§ 173 S. 1 i.V.m. §§ 318, 512, 548 ZPO). Wurden im Grundurteil weitere Klagegründe im Sinne materiellrechtlicher Anspruchsgrundlagen endgültig ausgeschieden, unterliegt dies der Bindungswirkung (BVerwGE 60, 123). Die Bindungswirkung eines Grundurteils erfährt allerdings in entsprechender Anwendung des § 767 II ZPO eine Einschränkung insoweit, als die den Grund des Anspruchs betreffenden Einwendungen auf Umständen beruhen, die erst nach dem Schluss der mündlichen Verhandlung entstanden sind, aufgrund derer das Grundurteil erging (SaarlOVG, Urt. v. 12.12. 1994 – 1 R 20/92; KS § 111 Rn. 8; S/S-A/P § 111 Rn. 10).

V. Verhandlung über den Betrag

Das Gericht kann, wenn der Anspruch für begründet erklärt ist, anordnen, dass über den Betrag zu verhandeln ist (S. 2), ohne dass es eines Antrags der Beteiligten bedürfte. Den Eintritt der Rechtskraft des Grundurteils muss das Gericht nicht abwarten; es empfiehlt sich jedoch aus den unter Rn. 1 dargelegten Gründen. Das Urteil über die Höhe des Anspruchs steht jedenfalls unter der auflösenden Bedingung einer etwaigen Aufhebung des Grundurteils (RO § 111 Rn. 8; S/S-A/P § 111 Rn. 11).

§ 112 [Besetzung des Gerichts]

Das Urteil kann nur von den Richtern und ehrenamtlichen Richtern gefällt werden, die an der dem Urteil zugrunde liegenden Verhandlung teilgenommen haben.

1 § 112 flankiert die Grundsätze der **Mündlichkeit** des Verfahrens (§ 101 I) und der **Unmittelbarkeit der Beweisaufnahme** (§ 96 I). Die Norm garantiert die **Gewährung rechtlichen Gehörs** und ergänzt § 108, indem sie in ihrem Anwendungsbereich die Identität der verhandelnden und entscheidenden Richter fordert (BWVGH NVwZ-RR 2008, 429 m. w. N.). Wird sie verletzt, liegt ein **Verfahrensmangel** vor (§§ 124 II Nr. 5, 132 II Nr. 3, 138 Nr. 1).

2 § 112 gilt für die Entscheidung durch den Spruchkörper ebenso wie durch den Einzelrichter. „**Fällung des Urteils**" bedeutet die Beschlussfassung über die Urteilsformel (BVerwGE 91, 242).

I. Zugrunde liegende mündliche Verhandlung

3 Die Anwendung des § 112 setzt voraus, dass dem Urteil eine **mündliche Verhandlung** (§ 101 I) zugrunde liegt. Aufgrund einer mündlichen Verhandlung ergehende Beschlüsse (vgl. § 101 III) stehen dem gleich (KS § 112 Rn. 1; S/S-A/P § 112 Rn. 7). Ergeht das Urteil nicht durch Verkündung, sondern durch **Zustellung** (§ 116 II), steht dem Schluss der mündlichen Verhandlung im Hinblick auf einer Partei durch Einräumung einer Äußerungsfrist vorbehaltenes Vorbringen (§ 173 S. 1 i. V. m. § 283 ZPO) der Ablauf der Äußerungsfrist gleich (BVerwG Buchh 427.6 § 15 BFG Nr. 31).

4 Haben **mehrere Termine** stattgefunden, so kann und muss das Urteil von den Richtern gefällt werden, die an der **letzten mündlichen Verhandlung** teilgenommen haben. Vorangegangene Veränderungen der Besetzung der Richterbank sind unbeachtlich (BayVGH, Beschl. v. 31.7. 2000 – 6 ZB 97.2976). Weder im Verwaltungs- noch im Zivilprozess besteht eine Regelung des Inhalts, die einmal in mündlicher Verhandlung und Beweisaufnahme mit einer Sache befasst gewesenen Richter müssten auch bis zur Entscheidung mit dieser Sache befasst bleiben (BVerwG NJW 1986, 3154; S/S-A/P § 112 Rn. 4). § 112 betrifft nicht den Schutzbereich des Art. 101 I 2 GG, weil nicht die zukünftige Besetzung des Gerichts geregelt wird, sondern für den Fall eines Richterwechsels die nunmehr zur Entscheidung berufenen Richter zu einem weiteren Verfahrensschritt verpflichtet werden, um den Verfahrensbeteiligten vor Erlass des Urteils eine Äußerungsmöglichkeit gegenüber dem Gericht in seiner nunmehr zur Entscheidung berufenen Zusammensetzung zu geben (BVerfG, Beschl. v. 27.7. 1989 – 1 BvR 830/89). Die neu hinzutretenden Richter müssen sich nach allgemeinen prozessualen Regeln Kenntnis von der Urteilsgrundlage verschaffen (→ § 96 Rn. 5, § 103 Rn. 6).

5 An der **Urteilsverkündung** müssen nicht dieselben Richter teilnehmen, die das Urteil gefällt haben (BVerwGE 91, 242; 50, 79; → § 116 Rn. 7).

II. Keine Geltung im schriftlichen Verfahren

6 Ergeht das Urteil **ohne mündliche Verhandlung**, weil die Beteiligten hierauf verzichtet haben (§ 101 II), oder wird durch Gerichtsbescheid (§ 84) oder Beschluss

(§ 130a) entschieden, ist § 112 jedenfalls im Grundsatz nicht anwendbar (st. Rspr., vgl. BVerwG Buchh 310 § 112 VwGO Nr. 11). Die Entscheidung hat vielmehr in der für den Zeitpunkt der Beschlussfassung vorgesehenen geschäftsplanmäßigen Besetzung zu ergehen (S/S-A/P § 112 Rn. 9 m. w. N.).

Dies gilt auch, wenn erst nach mündlicher Verhandlung aufgrund übereinstimmender Einverständniserklärungen (§ 101 II) im schriftlichen Verfahren entschieden wird. In einem solchen Fall liegt dem Urteil die zuvor durchgeführte mündliche Verhandlung ebenfalls nicht zugrunde (BVerwG, Beschl. v. 3.12. 1996 – 5 B 193.95; Buchh 402.25 § 31 AsylVfG Nr. 1). Diese Grundsätze gelten nicht nur für die in voller Besetzung tagende Kammer des VG, sondern auch für den Einzelrichter (BVerwG Buchh 402.25 § 31 AsylVfG Nr. 1).

Ein **Richterwechsel** zwischen der mündlichen Verhandlung und der nachfolgenden Beratung des Urteils im schriftlichen Verfahren ist allerdings dann nicht frei von Bedenken, wenn im Urteil nicht lediglich der Inhalt der Akten verwertet, sondern auch ein aus den Akten nicht ersichtlicher Umstand berücksichtigt wird, der in der mündlichen Verhandlung vorgebracht wurde. In einem solchen Falle liegt insoweit dem ergangenen Urteil die mündliche Verhandlung zugrunde (BVerwG NVwZ 1985, 562). Zur Wahrung des § 112 reicht es dann aber grds. aus, wenn der Berichterstatter den Sachverhalt einschließlich des Prozessverlaufs in der mündlichen Verhandlung vorträgt. Dann können auch bei einem Richterwechsel nach mündlicher Verhandlung im nachfolgenden schriftlichen Verfahren Umstände verwertet werden, die sich nicht aus dem Inhalt der Akten, sondern nur aus der Erinnerung einzelner Richter an die mündliche Verhandlung oder eine Beweisaufnahme ergeben (BVerwG, Beschl. v. 15.11. 1996 – 7 B 273.96; NVwZ-RR 1990, 166). In einer solchen Lage kann es allerdings im Einzelfall gemäß §§ 108 I, 86 I geboten sein, erneut mündlich zu verhandeln oder eine Beweisaufnahme zu wiederholen. Darüber hat das Gericht nach pflichtgemäßem Ermessen zu entscheiden (BVerwG NVwZ 1990, 58).

§ 113 [Urteilstenor]

(1) ¹Soweit der Verwaltungsakt rechtswidrig und der Kläger dadurch in seinen Rechten verletzt ist, hebt das Gericht den Verwaltungsakt und den etwaigen Widerspruchsbescheid auf. ²Ist der Verwaltungsakt schon vollzogen, so kann das Gericht auf Antrag auch aussprechen, daß und wie die Verwaltungsbehörde die Vollziehung rückgängig zu machen hat. ³Dieser Ausspruch ist nur zulässig, wenn die Behörde dazu in der Lage und diese Frage spruchreif ist. ⁴Hat sich der Verwaltungsakt vorher durch Zurücknahme oder anders erledigt, so spricht das Gericht auf Antrag durch Urteil aus, daß der Verwaltungsakt rechtswidrig gewesen ist, wenn der Kläger ein berechtigtes Interesse an dieser Feststellung hat.

(2) ¹Begehrt der Kläger die Änderung eines Verwaltungsakts, der einen Geldbetrag festsetzt oder eine darauf bezogene Feststellung trifft, kann das Gericht den Betrag in anderer Höhe festsetzen oder die Feststellung durch eine andere ersetzen. ²Erfordert die Ermittlung des festzusetzenden oder festzustellenden Betrags einen nicht unerheblichen Aufwand, kann das Gericht die Änderung des Verwaltungsakts durch Angabe der zu Unrecht berücksichtigten oder nicht berücksichtigten tatsächlichen oder rechtlichen Verhältnisse so bestimmen, daß die Behörde den Betrag auf Grund der Ent-

scheidung errechnen kann. ³Die Behörde teilt den Beteiligten das Ergebnis der Neuberechnung unverzüglich formlos mit; nach Rechtskraft der Entscheidung ist der Verwaltungsakt mit dem geänderten Inhalt neu bekanntzugeben.

(3) ¹Hält das Gericht eine weitere Sachaufklärung für erforderlich, kann es, ohne in der Sache selbst zu entscheiden, den Verwaltungsakt und den Widerspruchsbescheid aufheben, soweit nach Art oder Umfang die noch erforderlichen Ermittlungen erheblich sind und die Aufhebung auch unter Berücksichtigung der Belange der Beteiligten sachdienlich ist. ²Auf Antrag kann das Gericht bis zum Erlaß des neuen Verwaltungsakts eine einstweilige Regelung treffen, insbesondere bestimmen, daß Sicherheiten geleistet werden oder ganz oder zum Teil bestehen bleiben und Leistungen zunächst nicht zurückgewährt werden müssen. ³Der Beschluß kann jederzeit geändert oder aufgehoben werden. ⁴Eine Entscheidung nach Satz 1 kann nur binnen sechs Monaten seit Eingang der Akten der Behörde bei Gericht ergehen.

(4) Kann neben der Aufhebung eines Verwaltungsakts eine Leistung verlangt werden, so ist im gleichen Verfahren auch die Verurteilung zur Leistung zulässig.

(5) ¹Soweit die Ablehnung oder Unterlassung des Verwaltungsakts rechtswidrig und der Kläger dadurch in seinen Rechten verletzt ist, spricht das Gericht die Verpflichtung der Verwaltungsbehörde aus, die beantragte Amtshandlung vorzunehmen, wenn die Sache spruchreif ist. ²Andernfalls spricht es die Verpflichtung aus, den Kläger unter Beachtung der Rechtsauffassung des Gerichts zu bescheiden.

Übersicht

	Rn.
A. Anfechtungsklage (I 1)	2
I. Voraussetzungen der Begründetheit	3
1. (Teil)Rechtswidrigkeit des VA	3
a) formelle oder materielle Fehlerhaftigkeit	4
b) Spruchreife	6
c) Teilrechtswidrigkeit	7
2. Rechtsverletzung des Klägers	11
3. Maßgeblicher Zeitpunkt für die Verletzung eigener Rechte	14
a) Grundsatz: Maßgeblichkeit des materiellen Rechts	15
b) Zeitpunkt der letzten Behördenentscheidung	16
c) Zeitpunkt der letzten mündlichen Verhandlung	19
d) Nachschieben von Gründen	20
4. Folgen der gerichtlichen Aufhebung	22
II. Vollzugsfolgenbeseitigung (I 2, 3)	24
1. Voraussetzungen	25
2. Entsprechende Anwendung	27
3. Vollzugsfolgenbeseitigungsanspruch	29
4. Gerichtlicher Ausspruch und Durchsetzung	31
III. Gerichtliche Festsetzung eines Geldbetrags (II)	34
1. Festsetzung eines Betrags in anderer Höhe	34
2. Aufwand der Ermittlung des Betrags	37
3. Mitteilung der Neuberechnung und Neubekanntgabe	40
IV. Isolierte Aufhebung bei weiterer Sachaufklärung (III)	41
1. Erfordernis weiterer Sachaufklärung	41
a) Grundlagen	43
b) Tatbestandsvoraussetzungen	44

c) Entscheidungsfrist	45
d) Folgen	47
2. Einstweilige Regelung	48
V. Aufhebung eines VA und Verurteilung zur Leistung (IV)	50
1. Leistungsbegehren	51
2. Verpflichtungsbegehren	52
3. Rechtsschutzinteresse	53
4. Beklagter	54
5. Entscheidung	55
B. Fortsetzungsfeststellungsklage (I 4)	56
I. Zulässigkeit der Fortsetzungsfeststellungsklage	58
1. Antrag	58
2. Innerprozessualer Übergang auf die Fortsetzungsfeststellungsklage	60
3. Statthaftigkeit	63
a) erledigter VA	63
b) erledigtes Begehren auf Erlass eines VA	68
c) Erledigungszeitpunkt	72
d) keine entsprechende Anwendung auf erledigte Eilverfahren	75
4. Klagebefugnis	76
5. Fortsetzungsfeststellungsinteresse (I 4)	77
a) Wiederholungsgefahr	79
b) Rehabilitierungsinteresse	81
c) Präjudizialität im Hinblick auf einen Schadensersatzprozess	84
d) tiefgreifende Grundrechtsverletzungen	90
6. Vorverfahren (§§ 68 ff.)	93
7. Klagefrist (§§ 74, 58 II)	95
II. Begründetheit und Antrag	97
C. Verpflichtungsklage (V)	99
I. Rechtswidrigkeit der Ablehnung oder Unterlassung	99
1. Maßstab	99
2. Spruchreife	100
3. Maßgeblicher Zeitpunkt	104
II. Verpflichtung zur erneuten Bescheidung (V 2)	105
1. Antrag	106
2. Prüfungsumfang	108
3. Rechtskraftwirkung	109
III. Vollstreckung und Erfüllung	111

§ 113 regelt i.W. den Urteilsinhalt für Anfechtungs-, Verpflichtungs- und Fortsetzungsfeststellungsklagen (§§ 42 I, 113 I 4). Die Vorschrift korrespondiert mit → § 42. Sie findet gemäß § 115 entsprechende Anwendung, wenn nach § 79 I Nr. 2, II der Widerspruchsbescheid Gegenstand der Anfechtungsklage ist. **1**

A. Anfechtungsklage (I 1)

Soweit der VA rechtswidrig und der Kläger dadurch in seinen Rechten verletzt ist, hebt das Gericht gemäß I 1 den VA und ggf. den Widerspruchsbescheid auf, im Falle des § 115, der isolierten Anfechtung des Widerspruchsbescheids, nur diesen. **2**

I. Voraussetzungen der Begründetheit

1. (Teil)Rechtswidrigkeit des VA

3 Die Aufhebung eines VA setzt voraus, dass dieser wegen der Verletzung formellen und/oder materiellen Rechts rechtswidrig ist. Beruht die Rechtswidrigkeit auf **Ermessensfehlern**, ist § 114 zu beachten. Auf eine entsprechende Rüge des Klägers kommt es wegen des Amtsermittlungsgrundsatzes (§ 86 I) nicht an. Auch der **nichtige** VA ist – in gesteigertem Maße – rechtswidrig und (sein Rechtsschein) kann aufgehoben werden → § 42 Rn. 20.

4 **a) formelle oder materielle Fehlerhaftigkeit. Materielle Fehler** schlagen sich regelmäßig – sofern das materielle Recht selbst nicht etwas anderes vorsieht (vgl. z. B. § 214 III 2, 2. Halbs. BauGB) – in einer Rechtswidrigkeit des mit ihnen behafteten VA nieder. Dagegen ist die Rechtswidrigkeit bei **formellen Fehlern** eine mögliche, aber nicht notwendige Konsequenz. Ein solcher VA kann gleichwohl rechtmäßig und damit einer Aufhebung entzogen sein (BVerwG Buchh 11 Art. 14 GG Nr. 106). So liegt Rechtswidrigkeit i. S. des I 1 z. B. dann nicht vor, wenn die Verletzung von Verfahrens- oder Formvorschriften beim Erlass eines VA unbeachtlich ist (§ 45 VwVfG) oder dessen Aufhebung trotz Verfahrens- oder Formfehlern nicht beansprucht werden kann (§ 46 VwVfG). Nach a. A. ist in einer solchen Konstellation lediglich der Aufhebungsanspruch des Klägers ausgeschlossen (vgl. KS § 113 Rn. 55 mit umfassender Darstellung des Streitstands).

5 Auch in der Rspr. des BVerwG wird das Verhältnis von Aufhebungsanspruch zum Prozessrecht diskutiert. Es ist geklärt, dass es für den Fall, dass die objektive Rechtswidrigkeit eines belastenden VA den Kläger „in seinen Rechten verletzt" hat und der Kläger deshalb die Aufhebung dieses VA verlangen kann, denkbar ist, dass eine **nachfolgende Rechtsänderung**, die einen solchen VA nunmehr zulässt, nicht nur dem objektiven Recht („für die Zukunft") einen anderen Inhalt gibt, sondern darüber hinaus auch die mit der vorangegangenen Rechtslage zusammenhängenden Aufhebungsansprüche beseitigt. Hat eine Rechtsänderung diesen Willen und begegnet das unter den gegebenen Umständen keinen aus übergeordnetem Recht, vor allem aus Verfassungsrecht, herleitbaren Bedenken, reagiert darauf das Prozessrecht mit dem – aus Fehlen eines Aufhebungsanspruchs anknüpfenden – Befehl der Klageabweisung (BVerwG, Beschl. v. 2.5. 2005 – 6 B 6.05). Festzuhalten ist jedenfalls, dass sich das Verwaltungsprozessrecht dem etwaigen nachträglichen Fortfall des Aufhebungsanspruchs gewissermaßen anschließt, wenn das maßgebende materielle Recht eine solche Regelung trifft und nach Lage der Dinge treffen darf. In diesem Sinne richtet sich die Frage, auf welche Sach- und Rechtslage bei der Beurteilung einer Anfechtungsklage abzustellen ist, auch nicht nach Verwaltungsprozessrecht, sondern nach dem jeweils einschlägigen materiellen Recht (BVerwG NVwZ 1991, 360; → Rn. 14 ff.).

6 **b) Spruchreife.** Das Gericht ist, um die Rechtswidrigkeit zu beurteilen, verpflichtet, die Sache spruchreif zu machen (I 1 i. V. m. § 86 I 1; vgl. BVerwG NVwZ 2009, 1369). „**Spruchreife**" ist ein prozessualer Begriff, der an die materiellrechtlichen Gegebenheiten anknüpft, diese aber nicht ändert. Das Gericht hat das aufzuklären, was an tatsächlichen Feststellungen notwendig ist, um die Frage einer Verletzung materieller Rechte des Klägers beurteilen zu können (BVerwGE 85, 368; 78, 177).

c) Teilrechtswidrigkeit. Nach I 1 unterliegt ein VA der Aufhebung, **soweit** er 7 rechtswidrig und der Kläger dadurch in seinen Rechten verletzt ist. Voraussetzung für eine Teilaufhebung ist, dass der angefochtene VA **teilbar** ist. Das ist der Fall, wenn die rechtlich unbedenklichen Teile nicht in einem untrennbaren inneren Zusammenhang mit dem rechtswidrigen Teil stehen, sondern als selbstständige Regelung weiter existieren können, ohne ihren ursprünglichen Bedeutungsgehalt zu verändern (BVerwG NVwZ-RR 1993, 225).

So sind die Gerichte gemäß §§ 86 I 1, 113 I 1 grds. verpflichtet, die Höhe, in der 8 ein rechtswidriger (Abgaben)Bescheid aufrechterhalten bleiben kann, selbst festzustellen. Sie dürfen ihn nur aufheben, soweit er rechtswidrig und der Kläger dadurch in seinen Rechten verletzt ist. Die Verpflichtung zur Spruchreifmachung bezieht sich, wie aus der „soweit"-Einschränkung folgt, auch darauf, den auf eine Geldleistung gerichteten Bescheid – ggf. mit Hilfestellung der beklagten Behörde – nur hinsichtlich eines Teilbetrags in bestimmter Höhe zu bestätigen und die Klage hinsichtlich des überschießenden Betrages abzuweisen (BVerwG NVwZ 2009, 1369). Etwas anderes gilt, wenn nach der Auslegung des jeweiligen Landesrechts die fehlerhafte Satzungsregelung dem Bescheid insgesamt die Rechtsgrundlage entzieht (BVerwG NVwZ 2009, 253).

Eine Teilrechtswidrigkeit in zeitlicher Hinsicht ist nicht anzuerkennen, soweit dies 9 auf die Zukunft bezogen ist. Eine **Teilaufhebung** erst **ab einem bestimmten zukünftigen Zeitpunkt** ist unzulässig, da es im Zeitpunkt der gerichtlichen Entscheidung nicht abzusehen ist, ob die Verwaltung an ihrem Bescheid festhalten wird. Eine dem vorgreifende Entscheidung des Gerichts würde unzulässigerweise in die originäre Kompetenz der Exekutive eingreifen (zum Streitstand vgl. KS § 113 Rn. 19).

Zur Problematik um die **isolierte Anfechtung von Nebenbestimmungen** → 10 § 42 Rn. 26 ff.

2. Rechtsverletzung des Klägers

Der Kläger muss durch den rechtswidrigen VA in seinen (subjektiven) Rechten verletzt sein. Den gerichtlichen Prüfungsmaßstab bilden allein diejenigen Normen, welche **subjektive Rechte** gerade des Klägers begründen, unabhängig davon, ob sie vom Kläger als verletzt gerügt werden (§§ 86 I 2, 108 I 1). Eine tatsächliche spürbare Beeinträchtigung muss durch die Rechtsverletzung nicht eintreten (BVerwG NVwZ 1985, 39). 11

Dies hat vor allem in Drittanfechtungssituationen Bedeutung; so kann z.B. der 12 Nachbar die Rechtswidrigkeit einer Baugenehmigung nur mit Blick auf die Verletzung drittschützender Normen geltend machen. Auf die Verletzung anderer Normen kommt es im Rechtsstreit nicht an. Drittschützend sind solche Normen, die zumindest auch den Schutz der Interessen des Klägers zum Ziel haben (zur **Schutznormtheorie** → § 42 Rn. 113 ff.).

Ausnahmen vom Erfordernis subjektiver Rechtsverletzung bilden **objektiv-** 13 **rechtliche Beanstandungsverfahren** i.S. des § 42 II, Var. 1 → § 42 Rn. 101.

3. Maßgeblicher Zeitpunkt für die Verletzung eigener Rechte

Die für die Rechtswidrigkeit und die subjektive Rechtsverletzung einheitlich zu ent- 14 scheidende Frage nach dem maßgeblichen **Zeitpunkt** der gerichtlichen Beurteilung ist in der Lit. zwar äußerst umstritten (mit umfassender Streitdarstellung KS § 113 Rn. 29 ff.), für die Praxis allerdings sowohl im Grundsatz als auch für zahlreiche Einzelfälle höchstrichterlich geklärt.

§ 113

15 **a) Grundsatz: Maßgeblichkeit des materiellen Rechts.** Das BVerwG geht in st. Rspr. davon aus, dass das Prozessrecht einen Grundsatz, wonach im Rahmen einer Anfechtungsklage die Rechtmäßigkeit des VA stets nach der Sach- und Rechtslage im Zeitpunkt der letzten Verwaltungsentscheidung zu beurteilen ist, nicht kennt, sondern letztlich dem materiellen Recht nicht nur die tatbestandlichen Voraussetzungen für die Rechtmäßigkeit eines VA, sondern auch die Antwort auf die Frage zu entnehmen ist, zu welchem Zeitpunkt diese Voraussetzungen erfüllt sein müssen (BVerwGE 130, 20).

16 **b) Zeitpunkt der letzten Behördenentscheidung.** Danach ergibt sich für die **Anfechtungsklage** lediglich **im Allgemeinen**, dass die **Sach- und Rechtslage im Zeitpunkt der letzten Behördenentscheidung** maßgeblich ist (BVerwGE 126, 149). Auf diesen Zeitpunkt ist namentlich dann grds. abzustellen, wenn **rechtsgestaltende VA** angefochten werden (BVerwGE 124, 110).

17 Der Zeitpunkt der letzten Behördenentscheidung ist beispielsweise als maßgeblich angesehen worden bei **Entscheidungen nach Art. 7 II BayLStVG** (BVerwGE 126, 149), dem **Widerruf einer Berufs- oder Betriebserlaubnis** (BVerwGE 124, 110), einem nach § 33 II 1 TKG ausgesprochenen **Handlungsgebot an den marktbeherrschenden Anbieter** (BVerwGE 114, 160), **Versetzungen** von Beamten (BVerwG Buchh 232 § 26 BBG Nr. 40), Drittanfechtungen von **Linienverkehrsgenehmigungen** (BVerwG NVwZ 2001, 322), **Billigkeitsentscheidungen** im Rahmen der Rückforderung von Versorgungsbezügen (BVerwG NVwZ-RR 1999, 387), **Gewerbeuntersagungsverfügungen** (BVerwG NVwZ-RR 1997, 621) oder **Fahrerlaubnisentziehungen** (BVerwG, Beschl. v. 22.1. 2001 – 3 B 144.00).

18 Auch wenn es nach dem materiellen Recht auf die Sach- und Rechtslage im Zeitpunkt der letzten Behördenentscheidung ankommt, dürfen etwaige sich nach dem Abschluss des Verwaltungsverfahrens ergebende **tatsächliche neue Erkenntnisse** für die Frage des Vorliegens eines den Erlass des VA rechtfertigenden Sachverhalts herangezogen werden (Schenke NVwZ 1986, 522). Die Tatsachengerichte haben neue Erkenntnisse auszuwerten, wenn ihnen Anhaltspunkte für die Richtigkeit der im Zeitpunkt der letzten Behördenentscheidung getroffenen Einschätzung zu entnehmen sind (BVerwG, Beschl. v. 27.6. 1997 – 1 B 132.97).

19 **c) Zeitpunkt der letzten mündlichen Verhandlung.** Dagegen ist die Sach- und Rechtslage im **Zeitpunkt der letzten mündlichen Verhandlung** bzw. Entscheidung des Tatsachengerichts maßgeblich z.B. bei der **Ausweisung sonstiger Drittstaatsangehöriger** nach dem Inkrafttreten des Richtlinienumsetzungsgesetzes (BVerwGE 130, 20), der **Zwangsmittelandrohung** (BVerwG InfAuslR 2006, 382) und im **Vermögensrecht** (BVerwGE 120, 246).

20 **d) Nachschieben von Gründen.** Nach h.M. ist das **Nachschieben von Gründen** auch nach Klageerhebung grds. zulässig, sofern der VA hierdurch nicht in seinem Wesen verändert oder die Rechtsverteidigung des Klägers beeinträchtigt wird (BVerwG Buchh 236.1 § 3 SG Nr. 32; BVerwGE 38, 191; NRWOVG NWVBl. 2009, 438). Die VG haben hiernach einen fehlerhaften Bescheid – ganz oder teilweise – aufrechtzuerhalten, wenn sich ergibt, dass dies mit einer fehlerfreien Begründung (BVerwGE 71, 363) oder unter Heranziehung der zutreffenden, von der Behörde zunächst nicht erwähnten bzw. erkannten Ermächtigungsgrundlage möglich ist (BVerwG NVwZ 1994, 297). Ggf. hat die Behörde dann aber trotz Obsiegens gemäß § 155 IV die Kosten des Verfahrens zu tragen.

Urteilstenor § 113

Eine **Wesensänderung** hat das BVerwG bei Heranziehungsbescheiden im **Stra-** 21
ßenbaubeitragsrecht bejaht, wenn der Bezugsgegenstand ausgetauscht wird, indem
der Bescheid auf ein anderes Grundstück oder eine andere Erschließungsanlage bezogen wird. Zu einer das Wesen nicht verändernden bloßen Umrechnung zählen etwa
Begründungsänderungen bei Faktoren, die die Verteilung des Erschließungsaufwandes betreffen (Rechenfehler, unrichtige Ansätze bei Grundstücksgrößen, Abgrenzung
des Abrechnungsgebietes etc.). Nicht als Wesensänderung anzusehen ist ferner grds.,
wenn eine Beitragsforderung, die auf der Grundlage einer gesetzeswidrig gebildeten
Erschließungseinheit ermittelt worden ist, auf die Beitragshöhe umgerechnet wird,
die sich für die das Grundstück des Klägers erschließende einzelne Straße ergibt
(BVerwG NVwZ 1994, 297).

4. Folgen der gerichtlichen Aufhebung

Die (Teil)Aufhebung des VA ist **kassatorisch**. Sie darf nicht unter Vorbehalt erfolgen 22
(BVerwGE 70, 365). Die Aufhebung wirkt auf den Zeitpunkt des Erlasses des VA zurück (BVerwG NVwZ 1983, 608). Durch die Aufhebung entsteht (automatisch) der
Rechtszustand, wie er vor Erlass des VA bestanden hat. Ein ggf. durch den nunmehr
gerichtlich aufgehobenen Bescheid zuvor aufgehobener Bescheid lebt dementsprechend grds. wieder auf, es sei denn, der angefochtene Bescheid wollte jedenfalls den
vorangegangenen Bescheid aufheben und das Gericht nimmt dementsprechend dessen Aufhebung ausdrücklich aus (BVerwGE 90, 42).

Die gemäß § 121 **rechtskräftige** Aufhebung hindert die Behörde am Erlass eines 23
VA gleichen Inhalts (BVerwGE 14, 359); erlässt sie ihn trotzdem, ist dieser zwar nicht
nichtig, aber rechtswidrig (→ § 121 Rn. 4).

II. Vollzugsfolgenbeseitigung (I 2, 3)

Ist der VA schon vollzogen, so kann das Gericht auf Antrag auch aussprechen, dass und 24
wie die Verwaltungsbehörde die Vollziehung rückgängig zu machen hat (I 2).

1. Voraussetzungen

Die Norm lässt im Wege einer gesetzlichen **Stufenklage** zu, schon im Anfech- 25
tungsprozess und damit vor der Rechtskraft (§ 121) des Ausspruchs nach I 1 die
durch die Vollziehung des VA entstandenen Vollzugsfolgen (mit) zu beseitigen. Eines **Vorverfahrens** (§§ 68 ff.) bedarf es nicht; auch dann nicht, wenn der Vollzugs-FBA auf den Erlass eines VA gerichtet ist (HessVGH NVwZ 1995, 300). Ein erst
im laufenden Prozess gestellter Antrag nach I 2 ist zulässige **Klageergänzung**,
die nicht den Regeln des § 91 (Klageänderung) unterliegt (BVerwGE 22, 314). Der
Anspruch kann auch noch im Revisionsverfahren geltend gemacht werden; § 142
steht dem nicht entgegen (BVerwG, Beschl. v. 2.10. 2008 – 2 B 12.08; BVerwGE
108, 364).

Ein **weiterer Beklagter** tritt nicht hinzu, auch wenn die Bestimmung des richti- 26
gen Beklagten bei Anfechtungs- und Leistungsklagen im Einzelfall auseinanderfallen
sollten (Behörden- vs. Rechtsträgerprinzip). Das Begehren einer neben der Anfechtung verlangten Rückgängigmachung der Vollziehung gemäß I 2 kann gegenüber
dem Anfechtungsbeklagten mitverfolgt werden (vgl. NRWOVG, Urt. v. 18.8. 2009
– 9 A 1497/08; NdsOVG, Beschl. v. 24.1. 2008 – 5 LA 406/03).

2. Entsprechende Anwendung

27 I 2 findet **entsprechende Anwendung** auf die **Verpflichtungsklage** (str., wie hier LSAOVG, Urt. v. 29.7. 2009 – 4 L 172/06; nach KS § 113 Rn. 86 jedenfalls, soweit mit ihr Rücknahme bzw. Widerruf eines belastenden VA nach §§ 48, 49 VwVfG begehrt werden). Der Ausspruch nach I 2 ist allerdings nur dann zulässig, wenn er spruchreif ist (I 3); dies setzt voraus, dass ein der Behörde ggf. zustehendes Ermessen auf Null reduziert ist.

28 Eine **entsprechende Anwendung** des I 2 auf die **Fortsetzungsfeststellungsklage** (I 4) wird zwar zum Teil erwogen (BVerwGE 54, 314; NRWOVG NWVBl. 1989, 143), liegt aber eher fern (vgl. KS § 113 Rn. 85). Bedarf der VA der vorherigen gerichtlichen Aufhebung, um hieran den VollzugsFBA zu knüpfen, ist der VA noch nicht erledigt, weil von ihm noch belastende Rechtsfolgen ausgehen. Ist er aber erledigt, ist die Geltendmachung des FBA nicht von der vorherigen Feststellung seiner Rechtswidrigkeit abhängig, sodass es der Stufenklage nach I 2 nicht bedarf. Der Kläger kann unmittelbar (ggf. im Wege der Klagehäufung, § 44) auf Leistung klagen.

3. Vollzugsfolgenbeseitigungsanspruch

29 Materiell-rechtlich liegen dem prozessualen Institut des I 2 zum Teil ausdrücklich normierte Erstattungs- bzw. FBA wie z.B. § 21 I VwKostG oder § 21 I GebG NRW zugrunde (BVerwGE 108, 364). Im Übrigen ergibt sich der Vollzugsfolgenbeseitigungsanspruch aus dem Rechtsinstitut des **allgemeinen FBA**. Die Voraussetzungen eines FBA sind durch die Rspr. des BVerwG geklärt, der die weit überwiegende Auffassung in der Lit. folgt. Der FBA richtet sich auf die Wiederherstellung jenes rechtmäßigen Zustandes, der unverändert bestünde, wenn es zu dem rechtswidrigen Eingriff nicht gekommen wäre. Die Behörde ist demzufolge verpflichtet, ihr bzw. das von ihr angeordnete Handeln rückgängig zu machen (BVerwG Buchh 310 § 113 Abs. 1 VwGO Nr. 27).

30 Der FBA setzt u.a. voraus, dass die Wiederherstellung des früheren Zustands **tatsächlich möglich und rechtlich zulässig** ist (BVerwG Buchh 428 § 9 VermG Nr. 7). Er erfasst aber nicht alle rechtswidrigen Folgen, die durch ein Tun oder ein Unterlassen der vollziehenden Gewalt eingetreten sind, insbes. nicht diejenigen rechtswidrigen Folgen einer Amtshandlung, die erst dadurch eintreten, dass sich der Betroffene zu einer bestimmten Maßnahme entschließt (BVerwG Buchh 310 § 113 Abs. 1 VwGO Nr. 27). Der FBA entfällt nach allgemeiner Meinung, wenn sich seine Verwirklichung als eine **unzulässige Rechtsausübung** darstellt (BVerwGE 80, 178). Auch im Falle seiner **Nichterfüllbarkeit** wandelt er sich nicht in einen allgemeinen auf Geldleistung gerichteten Folgenersatzanspruch um (NRWOVG NVwZ 1994, 795), der sodann über I 2 geltend gemacht werden könnte (vgl. zum Meinungsstand und zu den Voraussetzungen des Anspruchs im Einzelnen KS § 113 Rn. 81; Faber NVwZ 2003, 159).

4. Gerichtlicher Ausspruch und Durchsetzung

31 Ist der Antrag nach I 2 gestellt, **hat** das Gericht hierüber im Sinne einer Stattgabe oder Abweisung zu befinden. „Kann" i.S. des I 2 bezeichnet nur die Kompetenz des Gerichts, stellt die Entscheidung aber nicht in sein Ermessen (S/S-A/P § 113 Rn. 60; NKVwGO § 113 Rn. 189). Eine **Trennung des Verfahrens** hinsichtlich des Vollzugsfolgenbeseitigungsanspruchs gem. § 93 S. 2 oder der **Erlass eines Teilurteils** gem. § 110 sind zwar zulässig, aber im Regelfall nicht zweckmäßig.

Der Ausspruch nach I 2 ist nur zulässig, wenn die Behörde dazu in der Lage (→ Rn. 30) und diese Frage **spruchreif** (→ Rn. 6) ist (I 3). Ist die Sache nicht spruchreif, darf die Entscheidung über die Aufhebung nicht verzögert werden (S/S-A/P § 113 Rn. 60 m.w.N.). Über den FBA ist sodann in einer neuen Klage zu befinden. 32

Kommt die Behörde der ihr im Urteil auferlegten Verpflichtung nicht nach, kann das Gericht des ersten Rechtszugs auf Antrag unter Fristsetzung gegen sie ein **Zwangsgeld** bis 10 000 € durch Beschluss androhen, nach fruchtlosem Fristablauf festsetzen und von Amts wegen vollstrecken (§ 172 S. 1). 33

III. Gerichtliche Festsetzung eines Geldbetrags (II)

1. Festsetzung eines Betrags in anderer Höhe

Begehrt der Kläger die Änderung eines VA, der einen Geldbetrag festsetzt oder eine darauf bezogene Feststellung trifft, kann das Gericht den Betrag in anderer Höhe festsetzen oder die Feststellung durch eine andere ersetzen (II 1), sofern der Behörde hinsichtlich der zu treffenden Festsetzung der Leistung bzw. Feststellung kein Ermessensspielraum eingeräumt ist. Die Zuweisung dieser Kompetenz an das Gericht ist im Grunde überflüssig, weil bereits mit der Anfechtung eines VA eine Aufhebung nur insoweit in Betracht kommt, als dieser rechtswidrig ist (I 1). Macht das Gericht jedoch von der Kompetenz des II 1 Gebrauch, bedarf es daneben nicht der Teilaufhebung des VA. Eine **Kompetenz zur Verböserung** bietet II 1 nicht, da das Gericht über das Klagebegehren nicht hinausgehen darf (§ 88). 34

Eine **entsprechende Anwendung auf Verpflichtungsklagen** scheidet angesichts der systematischen Stellung des II im Vergleich zu I aus; in Verpflichtungssituationen kommt lediglich die Bescheidung nach V in Betracht (KS § 113 Rn. 150; S/S-A/P § 113 Rn. 44). Auch auf VA, die auf die Leistung anderer vertretbarer Sachen als Geld gerichtet sind, findet die Norm nach dem Willen des Gesetzgebers (vgl. BT-Drs. 11/7030, S. 29) keine entsprechende Anwendung. 35

Eines gesonderten **Antrags** bedarf es für den gerichtlichen Ausspruch nach II 1 nicht. Der Klageantrag, den angefochtenen VA in vollem Umfang aufzuheben, umfasst bei verständiger Würdigung des Rechtsschutzziels das Begehren einer entsprechenden Änderung (NRWOVG NVwZ-RR 1998, 584). 36

2. Aufwand der Ermittlung des Betrags

Erfordert die Ermittlung des festzusetzenden oder festzustellenden Betrags einen nicht unerheblichen Aufwand, kann das Gericht die Änderung des VA durch Angabe der zu Unrecht berücksichtigten oder nicht berücksichtigten tatsächlichen oder rechtlichen Verhältnisse so bestimmen, dass die Behörde den Betrag auf Grund der Entscheidung errechnen kann (II 2). Das Gericht wird hierdurch von umfangreichen Berechnungen freigestellt, welche die Behörden mit den ihnen zur Verfügung stehenden Möglichkeiten schneller und einfacher bewerkstelligen können (BT-Drs. 11/7030, S. 29; BVerwGE 87, 288). 37

Das gilt jedoch ausschließlich dann, wenn die Ermittlung des festzusetzenden (richtigen) Betrags **„einen nicht unerheblichen Aufwand"** erfordert. Das Gericht muss daher zunächst versuchen, den richtigen Betrag selbst zu errechnen. Es 38

§ 113 Teil II. Verfahren

darf die Errechnung des richtigen Betrags erst dann der Behörde überlassen, wenn die eigene Ermittlung auf ernsthafte Schwierigkeiten stößt und – wie der angesichts der Nähe von Betragsermittlung (II) und Sachaufklärung (III) gebotene Blick ergibt – eine entsprechende Entscheidung unter Berücksichtigung der Belange der Beteiligten diesen zumutbar ist (BVerwGE 87, 288; vgl. auch NRWOVG NVwZ-RR 1998, 584).

39 Die **Einflussgrößen für die Berechnung** muss das Gericht der Behörde in rechtlicher und tatsächlicher Hinsicht klar vorgeben und die dafür notwendigen tatsächlichen Ermittlungen selbst durchführen; insoweit unterliegt die grundsätzliche gerichtliche Verpflichtung, die Sache spruchreif zu machen, keinen Einschränkungen (BVerwG NVwZ 2005, 826).

3. Mitteilung der Neuberechnung und Neubekanntgabe

40 Die Behörde teilt den Beteiligten das Ergebnis der Neuberechnung unverzüglich formlos mit; nach Rechtskraft der Entscheidung ist der VA mit dem geänderten Inhalt neu bekanntzugeben (II 3). Gegen den neu bekanntgegebenen VA stehen die üblichen Rechtsmittel (Widerspruch, Anfechtungsklage) offen. Die Feststellungen in der rechtskräftigen Entscheidung entfalten gemäß § 121 Bindungswirkung.

IV. Isolierte Aufhebung bei weiterer Sachaufklärung (III)

1. Erfordernis weiterer Sachaufklärung

41 Hält das Gericht eine weitere Sachaufklärung für erforderlich, kann es, ohne in der Sache selbst zu entscheiden, den VA und den Widerspruchsbescheid aufheben, soweit nach Art oder Umfang die noch erforderlichen Ermittlungen erheblich sind und die Aufhebung auch unter Berücksichtigung der Belange der Beteiligten sachdienlich ist (III 1). Im Gegensatz zu II 1 gilt diese Kompetenz des Gerichts für alle VA, unabhängig davon, ob sie auf einen Geldbetrag bezogen sind.

42 III ist weder unmittelbar noch entsprechend auf **Verpflichtungsbegehren** anwendbar. Diese Bestimmung, die eine Ausnahme von dem Grundsatz der abschließenden Streitentscheidung durch die Gerichte vorsieht, betrifft, wie sich aus der Systematik des § 113, Sinn und Zweck sowie ihrer Entstehungsgeschichte entnehmen lässt, allein die in I bis IV erfassten Anfechtungsklagen (BVerwGE 107, 128 m. w. N.).

43 **a) Grundlagen.** III 1 berechtigt das Gericht über I 1 hinaus und entgegen seiner sonstigen Verpflichtung, die Sache spruchreif zu machen (§ 86 I), zu einer Aufhebung der Verwaltungsentscheidung, ohne in der Sache selbst zu entscheiden. Die Aufhebung kann ausgesprochen werden, obwohl das Gericht wegen der Notwendigkeit weiterer Ermittlungen noch nicht abschließend beurteilen kann, ob und in welchem Umfang der VA rechtswidrig ist (BT-Drs. 11/7030, S. 30). Das BVerwG schränkt dies insofern ein, als es festhält, dass dem Begehren des Klägers mit der Aufhebung eins ihn belastenden, **seine Rechte verletzenden** VA auf der Grundlage **des nur teilweise aufgeklärten** Sachverhalts in vollem Umfang stattgegeben wird (BVerwGE 107, 128). Auch die Lit. verlangt, dass notwendiger Weise ein rechtswidriger VA vorliegen müsse (vgl. KS § 113 Rn. 164 m.w.N.).

Urteilstenor **§ 113**

b) Tatbestandsvoraussetzungen. Die Tatbestandsvoraussetzungen des III 1 sind 44
eng auszulegen: Nur dann, wenn die Behörde nach ihrer personellen und sachlichen Ausstattung eine Sachverhaltsermittlung besser durchführen kann als das Gericht und es auch unter übergeordneten Gesichtspunkten vernünftiger und sachgerechter ist, die Behörde tätig werden zu lassen, ist die Vorschrift heranzuziehen. Im Spannungsverhältnis zwischen dem öffentlichen Interesse an einer Entlastung der Gerichte von umfangreichen Sachverhaltsermittlungen und dem Bedürfnis der Beteiligten nach einer abschließenden und verbindlichen gerichtlichen Beurteilung des Rechtsstreits soll nach den diese Vorschrift tragenden Vorstellungen des Gesetzgebers das Interesse an der Entlastung der Justiz nur in besonders gelagerten Fällen überwiegen (BT-Drs. 11/7030, S. 29 f.). Bei der erforderlichen **Abwägung** sind die voraussichtliche Dauer der gerichtlichen und einer behördlichen Sachverhaltsermittlung sowie die wirtschaftlichen Interessen der Beteiligten zu berücksichtigen (BVerwGE 117, 200).

c) Entscheidungsfrist. Die Entscheidung nach III 1 kann nur **binnen sechs Mo-** 45
naten seit Eingang der Akten der Behörde bei Gericht ergehen (III 4). Die Frist beginnt aus Gründen der im Verfahrensrecht unabdingbaren Rechtsklarheit mit dem Eingang der Behördenakten, die auf die **erstmalige** Verfügung des VG gemäß § 99 vorgelegt werden (BVerwGE 117, 200). Fristbeginn setzt den Eingang aller angeforderter Behördenakten voraus; hierunter können auch die (angeforderten) Akten der Widerspruchsbehörde fallen (KS § 113 Rn. 168; a. A. S/S-A/P § 113 Rn. 50), da erst der Widerspruchsbescheid dem VA seine maßgebliche Gestalt gibt. Der Fristbeginn ist hingegen nicht von der materiellrechtlichen Beurteilung des Falles durch das jeweilige Instanzgericht abhängig. Die zeitliche Begrenzung soll im Interesse der Beteiligten die unbefriedigende Situation verhindern, dass das Gericht trotz längerer Prozessdauer von einer abschließenden Sachentscheidung absieht. Diesem Zweck würde es widersprechen, den Lauf der Frist in jeder Instanz neu beginnen zu lassen (BVerwGE 117, 200).

Die sich nach § 57 II i. V. m. § 222 I ZPO, §§ 187 I, 188 II BGB berechnende Frist 46
ist gewahrt, wenn binnen sechs Monaten nach Akteneingang die Entscheidung nach III 1 gemäß § 116 verkündet bzw. zugestellt geworden ist.

d) Folgen. Es steht der Behörde frei, den VA in der Folge der gerichtlichen Ent- 47
scheidung nach III 1 erneut zu erlassen. Erlässt sie ihn, stehen hiergegen die üblichen Rechtsmittel (Widerspruch, Anfechtungsklage) offen. Etwaige Feststellungen in der rechtskräftigen Entscheidung entfalten gemäß § 121 Bindungswirkung.

2. Einstweilige Regelung

Auf Antrag kann das Gericht durch jederzeit (von Amts wegen) änderbaren oder auf- 48
hebbaren Beschluss bis zum Erlass des neuen VA eine einstweilige Regelung treffen, insbes. bestimmen, dass Sicherheiten geleistet werden oder ganz oder zum Teil bestehen bleiben und Leistungen zunächst nicht zurückgewährt werden müssen (III 2, 3). Die Entscheidung liegt im Ermessen des Gerichts; über die ausdrücklich aufgeführten Regelungen hinaus kommen – § 123 I vergleichbar – weitere zweckdienliche Anordnungen in Betracht, die jedoch grds. die Hauptsache nicht vorwegnehmen dürfen.

Gegen den Beschluss ist die **Beschwerde** statthaft (I), auch wenn das Gericht die 49
einstweilige Regelung im Urteil nach § 113 III 1 angeordnet hat.

V. Aufhebung eines VA und Verurteilung zur Leistung (IV)

50 Kann neben der Aufhebung eines VA eine Leistung verlangt werden, so ist (auf Antrag des Klägers) im gleichen Verfahren im Sinne einer gesetzlichen Stufenklage auch die Verurteilung zur Leistung zulässig (IV). Ein erst **im laufenden Prozess** gestellter **Antrag** nach IV ist zulässige Klageergänzung, die nicht den Regeln der §§ 91, 142 I (Klageänderung) unterliegt. **I 2** ist **lex specialis**, soweit die Anfechtungsklage mit dem Folgenbeseitigungsantrag verbunden wird (ebenso KS § 113 Rn. 172 m.w.N.).

1. Leistungsbegehren

51 **Leistungsbegehren** nach IV sind zunächst solche, die im Wege der **allgemeinen Leistungsklage** verfolgt werden. Mittels IV kann, anders als § 167 II vorsieht, die Leistung schon vor Rechtskraft des Aufhebungsurteils verlangt werden. IV wäre neben § 44 überflüssig, wenn darin nur die Möglichkeit eröffnet würde, verschiedene nebeneinanderstehende Klagebegehren miteinander zu verbinden. Es ist erkennbar der Sinn der Norm, den Anfechtungsrechtsstreit und den davon abhängigen Streit über den Leistungsanspruch in einem Verfahren zusammenzufassen und dadurch die Gerichte und die Beteiligten zu entlasten. Dieses Ziel ist nur zu erreichen, wenn die Leistungsklage – auch soweit sie auf eine Verpflichtung zum Erlass eines VA geht – vor Rechtskraft der Entscheidung über das Grundverhältnis und ohne Durchführung eines eigenen Vorverfahrens zugelassen wird (BVerwG NVwZ 2000, 818).

2. Verpflichtungsbegehren

52 IV ist auf die **Verpflichtungsklage entsprechend** anzuwenden (BVerwG NVwZ 2000, 818; LSAOVG, Urt. v. 29.7. 2009 – 4 L 172/06; a.A. NKVwGO § 113 Rn. 392). Seine entsprechende Anwendung auf den mit der Anfechtungsklage verfolgten, von der vorherigen Aufhebung eines VA abhängigen Anspruch auf Beseitigung eines nicht schon von I 2 erfassten FolgeVA wird in der Lit. diskutiert (vgl. KS § 113 Rn. 176).

3. Rechtsschutzinteresse

53 Für die Geltendmachung des Leistungsbegehrens bedarf es keines über den Aufhebungsantrag hinausgehenden gesonderten **Rechtsschutzinteresses**. Der Streit über den Leistungsanspruch hängt vom Anfechtungsstreit ab und bezieht hieraus sein in IV anerkanntes Rechtsschutzinteresse. Nach a.A. dürften die Anforderungen an das Vorliegen eines Rechtsschutzbedürfnisses jedenfalls nicht zu hoch geschraubt werden (KS § 113 Rn. 175).

4. Beklagter

54 Ein **weiterer Beklagter** tritt nicht hinzu, auch wenn die Bestimmung des richtigen Beklagten bei Anfechtungs- und Leistungsklagen im Einzelfall auseinanderfallen sollten (Behörden- vs. Rechtsträgerprinzip). Das Begehren einer neben der Anfechtung verlangten Leistung gemäß IV kann gegenüber dem Anfechtungsbeklagten mitverfolgt werden (vgl. NRWOVG, Urt. v. 18.8. 2009 – 9 A 1497/08; NdsOVG, Beschl. v. 24.1. 2008 – 5 LA 406/03).

5. Entscheidung

Auch wenn es im Grunde der Intention des IV widerspricht, kann das Gericht nach allgemeinen Regeln über die Anfechtungsklage vorab durch **Teilurteil** (§ 110) entscheiden (NKVwGO § 113 Rn. 397) oder das **Verfahren abtrennen** (§ 93 S. 2).

B. Fortsetzungsfeststellungsklage (I 4)

Hat sich der VA „vorher", d. h. vor der in I 1 genannten gerichtlichen Aufhebung, durch Zurücknahme oder anders erledigt, so spricht das Gericht auf Antrag durch Urteil aus, dass der VA (ggf. teilweise) rechtswidrig gewesen ist, wenn der Kläger ein berechtigtes Interesse an dieser Feststellung hat. I 4 normiert hiermit für den Fall der Erledigung des VA nach Klageerhebung die sog. **Fortsetzungsfeststellungsklage**. Dies trägt dem Umstand Rechnung, dass mit der Erledigung des VA die Anfechtungsklage (§ 42 I, 1. Var.) nicht mehr statthaft wäre bzw. nach a. A. (KS § 113 Rn. 95) für ihre Fortführung kein Rechtsschutzbedürfnis mehr bestünde (→ § 42 Rn. 22).

I 4 findet – unter bestimmten Voraussetzungen – **entsprechende Anwendung** auf die Feststellung der Rechtswidrigkeit vorprozessual erledigter VA oder vor- oder nachprozessual erledigter Verpflichtungsbegehren (→ Rn. 68). I 4 (ggf. in analoger Anwendung) gewährleistet daher den von Art. 19 IV GG geforderten effektiven Rechtsschutz für in der Vergangenheit abgeschlossene Rechtsverletzungen (BVerfGE 96, 27). Systematisch zählt die FFK mangels kassatorischer Rechtsfolgen zu den **Feststellungsklagen**, auch wenn sie als sog. amputierte Anfechtungsklage ihre Nähe zur ursprünglich gestaltenden Rechtsschutzform beibehält.

I. Zulässigkeit der Fortsetzungsfeststellungsklage

1. Antrag

Die Feststellung nach I 4 bedarf grds. eines **ausdrücklichen Antrags** des Klägers. Im Einzelfall mag auch in der Tatsache allein, dass der Kläger trotz Erledigung der Hauptsache die Klage nicht zurücknimmt (§ 92 I) oder für erledigt erklärt (§ 161 II 1) auf eine **konkludente** Antragstellung geschlossen werden (vgl. KS § 113 Rn. 122). Angesichts der richterlichen Hinweispflicht (§ 86 III) dürfte es einer solchen Auslegungsleistung in der Praxis jedoch nicht bedürfen. Regt das Gericht die Umstellung an und folgt der Kläger dem nicht, ist für die Annahme einer konkludenten Antragsänderung kein Raum.

Der Antrag kann **hilfsweise** neben dem Anfechtungs- oder Verpflichtungsantrag gestellt werden (BVerwGE 66, 367; BVerwG NVwZ 1991, 570). Er kann auch hilfsweise neben einer Hauptsacheerledigungserklärung (§ 161 II) aufrecht erhalten werden (BVerwG NVwZ-RR 1988, 56).

2. Innerprozessualer Übergang auf die Fortsetzungsfeststellungsklage

Der unbeschadet des § 142 I auch noch im Revisionsverfahren zulässige Übergang von einem Anfechtungs- bzw. Verpflichtungs- zu einem Fortsetzungsfeststellungsbegehren ist gemäß I 4 **zulässig**, sofern der Streitgegenstand nicht ausgewechselt oder erweitert wird. Auf die Voraussetzungen des § 91 kommt es nicht an (BVerwGE 129,

27; offen NRWOVG NVwZ-RR 2003, 696: jedenfalls sachdienlich). Nach a. A. ergibt sich dies aus § 173 S. 1 i. V. m. § 264 Nr. 2 ZPO (vgl. KS § 113 Rn. 121). Diese kraft Gesetzes erleichterte Möglichkeit einer Klageänderung soll verhindern, dass ein Kläger, der infolge eines erledigenden Ereignisses seinen ursprünglichen, den Streitgegenstand kennzeichnenden Antrag nicht weiterverfolgen kann, um die „Früchte" der bisherigen Prozessführung gebracht wird. Ohne weiteres zulässig ist eine solche FFK mithin nur, wenn der Streitgegenstand von dem bisherigen Antrag umfasst war. Weicht ein Feststellungsantrag hiervon ab, so ist er nicht schon nach I 4 zulässig. Vielmehr liegt dann eine Klageänderung vor, die ggf. unter den Voraussetzungen des § 91 zulässig ist (BVerwGE 129, 27; 89, 354).

61 Der Übergang zu einem Fortsetzungsfeststellungsantrag nach I 4 schließt es aus, gleichzeitig eine Erledigungserklärung nach § 161 II abzugeben (BVerwG NVwZ 1982, 560).

62 Tritt die **Erledigung** erst **im Rechtsmittelverfahren** ein und stellt der Kläger sein Begehren danach auf einen Fortsetzungsfeststellungsantrag um, ist das erst- oder zweitinstanzliche Urteil nicht gemäß § 173 S. 1 i. V. m. § 269 III 1 ZPO wirkungslos geworden. Der Kläger erstrebt weiterhin eine Überprüfung des die Klage abweisenden erstinstanzlichen Urteils und damit eine Entscheidung in der Hauptsache (BVerwG NVwZ 1986, 468).

3. Statthaftigkeit

63 a) **erledigter VA.** Der VA muss sich durch Zurücknahme oder anders erledigt haben. Auch der vom Kläger als **nichtig** behauptete VA kann sich „erledigen", etwa dann, wenn er für sich keine Geltungsdauer mehr in Anspruch nimmt (BVerwG NVwZ-RR 2000, 324). Geht es um keinen VA, sondern um eine sonstige erledigte behördliche Maßnahme oder einen sonstigen Realakt, scheidet eine Anwendung des I 4 aus. Rechtsschutz ist dann bei „erledigten" Verordnungen oder Satzungen über § 47, ansonsten über § 43 I zu gewähren (→ § 43 Rn. 67). Gegen **erledigte gerichtliche Entscheidungen** kommt eine entsprechende Anwendung des I 4 aus übergeordneten verfassungsrechtlichen Erwägungen in Betracht (BVerfGE 96, 27; a. A. KS § 113 Rn. 117 m. w. N.).

64 Die **Erledigung** eines VA i. S. des I 4 bedeutet den Wegfall der mit der Anfechtungsklage bekämpften beschwerenden Regelung. Ob dieser Wegfall der Beschwer eingetreten ist, ist vom Regelungsgehalt des VA bzw. seiner Unterlassung und nicht vom Klägerinteresse her zu beurteilen (BVerwG NVwZ 1991, 570). Hierin zeigt sich der **Unterschied zur übereinstimmenden beiderseitigen Erledigungserklärung**, wie sie § 161 II 1 zugrundeliegt. Zu deren Wirksamkeit kommt es auf den Eintritt eines tatsächlich erledigenden Ereignisses nicht an; die Erklärung der Beteiligten ist konstitutiv.

65 Ein VA ist neben den in I 4 ausdrücklich angesprochenen Fällen **erledigt**, wenn er widerrufen, anderweitig aufgehoben oder durch Zeitablauf oder andere Weise erledigt ist (§ 43 II VwVfG). Allein der Vollzug eines Handlungspflichten auferlegenden VA muss nicht bereits zu dessen Erledigung führen und zwar auch dann nicht, wenn hiermit irreversible Tatsachen geschaffen werden. Die Erledigung eines VA tritt vielmehr erst ein, wenn dieser nicht mehr geeignet ist, rechtliche Wirkungen zu erzeugen, oder wenn die Steuerungsfunktion, die ihm ursprünglich innewohnte, nachträglich entfallen ist (BVerwG NVwZ 2009, 122; vgl. Labrenz NVwZ 2010, 22). Von der Lit. wird dies teilweise auf die Formel gebracht, Erledigung sei eingetreten, wenn die Aufhebung des VA sinnlos sei (KS § 113 Rn. 102 m. w. N.).

Erledigung liegt z. B. **in folgenden Fällen** vor: Ableistung des Grundwehrdienstes und Entlassung aus der Bundeswehr (BVerwG NJW 1985, 876); Überholung eines noch anhängigen Verfahrens aus einer früheren Heranziehungsstufe durch die Unanfechtbarkeit eines Einberufungsbescheides (BVerwGE 39, 122); Passentziehung nach Ablauf der Gültigkeitsdauer des Passes (NRWOVG NVwZ 1986, 937); Verwendung eines Schullesebuchs nach Versetzung in die nächsthöhere Klassenstufe (BVerwGE 61, 164); Überholung einer Musterungsentscheidung (BVerwG NVwZ 1982, 560). 66

Keine Erledigung liegt z. B. in folgenden Fällen vor: Fortwirken des VA als Rechtsgrundlage für das Behaltendürfen eines beschlagnahmten Gegenstands oder einer vollstreckten Geldforderung (BVerwGE 109, 203) oder als Grundlage für einen Kostenbescheid nach Vollstreckung im Wege der Ersatzvornahme, da die Titelfunktion des GrundVA damit andauert (BVerwG NVwZ 2009, 122); VA als weiterhin mögliche Grundlage als Vollstreckungstitel (NRWOVG NWVBl. 1997, 218); Umwandlungsbescheid in das Zivildienstverhältnis gegenüber dem zuvor ergangenen Einberufungsbescheid (BVerwGE 68, 165). 67

b) erledigtes Begehren auf Erlass eines VA. Nach allgemeiner Auffassung ist I 4 bei Vorliegen der sonstigen Voraussetzungen auf erledigte **Verpflichtungsbegehren** entsprechend anzuwenden (BVerwG NVwZ 2008, 571; DVBl. 2000, 120; NRWOVG, Beschl. v. 17.12.08 – 1 A 183/07) und zwar unabhängig davon, ob die Behörde bislang vollständig untätig geblieben ist oder das Begehren des Klägers bereits abschlägig beschieden hat. 68

Ein zulässiges Fortsetzungsfeststellungsbegehren liegt bei einem erledigten Verpflichtungsanspruch grds. nur dann vor, wenn der beantragten Feststellung der **Streitgegenstand nicht ausgewechselt oder erweitert** wird. Der Übergang von der Verpflichtungs- auf die Fortsetzungsfeststellungsklage ist unzulässig, wenn sich der für die Beurteilung maßgebliche Zeitpunkt nicht mit dem des ursprünglichen Begehrens deckt und sich darüber hinaus die Beurteilungsgrundlage ändert (BVerwGE 89, 354; NRWOVG NWVBl. 1992, 436; kritisch KS § 113 Rn. 110). 69

Die Klage richtet sich darauf festzustellen, dass die Ablehnung oder Unterlassung des VA rechtswidrig gewesen ist. Ist dem Beklagten eine **Ermessens- oder Beurteilungsermächtigung** eingeräumt, kann im Rahmen einer FFK nicht gleichzeitig die gerichtliche Entscheidung herbeigeführt werden, dass der Beklagte zu der begehrten Amtshandlung verpflichtet gewesen wäre (BVerwG NVwZ 1987, 229). Ein Fortsetzungsfeststellungsantrag nach Erledigung eines Verpflichtungsbegehrens kann auch **nicht** auf die Feststellung gerichtet werden, **aus welchem Grund** die Ablehnung des beantragten VA rechtswidrig gewesen ist (BVerwGE 77, 164). 70

Zur vornehmlich in der Literatur diskutierten Problematik um die entsprechende Anwendung des I 4 auf **nicht erledigte,** mangels einer subjektiven Rechtsverletzung **ausnahmsweise aber nicht aufhebbare** rechtswidrige VA vgl. KS § 113 Rn. 107 f. m.w.N. 71

c) Erledigungszeitpunkt. Die direkte Anwendung des I 4 setzt voraus, dass sich der VA **nach Klageerhebung** erledigt hat. „Vorher" i.S. des I 4 meint „vor Erlass des Urteils", wie sich der systematischen Stellung der Norm im 10. Abschnitt der VwGO entnehmen lässt, setzt aber die Rechtshängigkeit der Klage (§ 90) voraus. 72

Hat sich der VA **vor Klageerhebung** erledigt, ist I 4 entsprechend anwendbar. Bezogen auf das erledigte Begehren auf Erlass eines VA (→ Rn. 68) reicht die einfach analoge Anwendung der Norm nicht. Nach h.M. und st. Rspr. des BVerwG ist **I 4** auf solche Fälle **(doppelt) analog** anwendbar (BVerwG NVwZ 2008, 571; BVerwG, 73

§ 113

Beschl. v. 23.1.07 – 1 C 1.06; BVerwGE 81, 226). Diese Rspr. ist jedoch wiederholt auf Kritik gestoßen, soweit sie die Klagen zur Feststellung der Rechtswidrigkeit vorprozessual erledigter VA nicht als allgemeine Feststellungsklagen (§ 43 I) behandelt hat. Insb. wurde geltend gemacht, dass es für die analoge Heranziehung des I 4 für den Fall vorprozessualer Erledigung eines VA an einer Regelungslücke und/oder einer Rechtsähnlichkeit dieses Falles mit dem ursprünglich in § 113 I 4 geregelten Fall fehle (vgl. S/S-A/P Rn. 98 f. m.w.N.).

74 Das **BVerwG** hat in einem obiter dictum konzediert (BVerwGE 109, 203), dass im Hinblick darauf, dass nach der Rspr. für die Zulässigkeit einer Klage auf Feststellung der Rechtswidrigkeit eines VA weder die Durchführung eines Vorverfahrens (§§ 68 ff.) erforderlich noch eine Klagefrist (§ 74) vorgeschrieben sei und sich das Feststellungsinteresse an den Anforderungen des § 43 und nicht an dem für I 4 Vorausgesetzten orientiere, es möglicherweise näher gelegen hätte, von vornherein den Rechtsschutzbereich der allgemeinen Feststellungsklage (§ 43) entsprechend weiterzuentwickeln (vgl. Wehr DVBl. 2001, 785). Das BVerwG hat daher selbst bezweifelt, ob bei einer nicht von vornherein als Anfechtungs- und Verpflichtungsklage (§ 42 I) erhobenen Klage auf Feststellung der Rechtswidrigkeit eines VA überhaupt entsprechend auf I 4 zurückzugreifen sei. Einer Feststellungsklage stünde jedenfalls nicht entgegen, dass es sich bei der Rechtswidrigkeit eines VA nicht um ein feststellungsfähiges Rechtsverhältnis handele. Das BVerwG hat sich im konkreten Fall jedoch nicht festgelegt, da die Voraussetzungen einer solchen speziellen Feststellungsklage, bei der es um die Feststellung der Rechtswidrigkeit eines VA gehe, der sich vor Eintritt der Bestandskraft durch Aufhebung vorprozessual erledigt habe, letztlich dem § 43 zu entnehmen seien (BVerwGE 109, 203). In der Folgezeit ist das BVerwG weiterhin von der Einschlägigkeit der Fortsetzungsfeststellungsklage ausgegangen (BVerwG NVwZ 2008, 571).

75 **d) keine entsprechende Anwendung auf erledigte Eilverfahren.** In Eilverfahren kommt eine entsprechende Anwendung des I 4 nicht in Betracht, weil das Feststellungsinteresse, das einen solchen Antrag allein rechtfertigt, in einem Eilverfahren nicht befriedigt werden kann (BVerwG NVwZ 1995, 586).

4. Klagebefugnis

76 Da die Umstellung der Anfechtungs- oder Verpflichtungsklage auf die Fortsetzungsfeststellungsklage einen bereits vorhandenen Zulässigkeitsmangel naturgemäß nicht zu heilen vermag, bedarf es entsprechend § 42 II einer Klagebefugnis des Klägers (BVerwGE 65, 167). Dasselbe gilt bei vorprozessualer Erledigung.

5. Fortsetzungsfeststellungsinteresse (I 4)

77 Der Kläger muss ein schutzwürdiges Interesse an der Feststellung der Rechtswidrigkeit des Bescheides haben. Das Fortsetzungsfeststellungsinteresse ist hierbei eine besondere Ausprägung des Rechtsinstituts des allgemeinen Rechtsschutzbedürfnisses (Schenke Jura 1980, 134). Für die Beurteilung des Fortsetzungsfeststellungsinteresses ist nicht auf den **Zeitpunkt** des Eintritts der Erledigung abzustellen, sondern auf den Schluss der letzten mündlichen Verhandlung (BVerwGE 106, 295). Das gilt auch in den Fällen, in denen die Feststellung der Rechtswidrigkeit eines vor Klageerhebung erledigten VA begehrt wird (BVerwG Buchh 310 § 113 Abs. 1 VwGO Nr. 6).

78 In der Rspr. ist geklärt, dass – im Einzelfall auch nach einer behördlichen Rücknahme oder eines Widerrufs des VA oder seiner antragsgemäßen Erteilung (BVerwG

NVwZ-RR 2002, 323; BVerwGE 66, 367) – für die Anwendung des I 4 jedes nach vernünftigen Erwägungen **schutzwürdige Interesse rechtlicher, wirtschaftlicher oder auch ideeller Art** genügt (BVerwG NVwZ 2007, 227). Als Fallgruppen für ein berechtigtes Interesse an der Feststellung haben sich die **Wiederholungsgefahr** (a), das **Rehabilitierungsinteresse** (b), die **Präjudizialität** im Hinblick auf einen Schadensersatzprozess (c) und die tiefgreifenden **Grundrechtsverletzungen** (d) herausgebildet.

a) Wiederholungsgefahr. Ein Fortsetzungsfeststellungsinteresse ist wegen Wiederholungsgefahr gegeben, wenn die hinreichend bestimmte Gefahr besteht, dass unter im Wesentlichen unveränderten tatsächlichen und rechtlichen Umständen ein gleichartiger VA ergehen wird (BVerwG NVwZ 2008, 571). In Anbetracht des Gebotes, effektiven Rechtsschutz zu gewährleisten, ist dabei nicht die Prognose erforderlich, dass einem zukünftigen behördlichen Vorgehen in allen Einzelheiten die gleichen Umstände zugrunde liegen werden, wie dies vor Erledigung des VA der Fall war. Für das Feststellungsinteresse ist vielmehr entscheidend, ob die rechtlichen und tatsächlichen Voraussetzungen künftigen Verwaltungshandelns unter Anwendung der dafür maßgeblichen Rechtsvorschriften geklärt werden können (BVerwG NVwZ 2008, 571). So ist Wiederholungsgefahr z.B. angenommen worden bei **Demonstrationsverboten innerhalb der Bannmeile** (NRWOVG NVwZ-RR 1994, 391). 79

Ist dagegen ungewiss, ob in Zukunft noch einmal die gleichen tatsächlichen Verhältnisse eintreten wie im Zeitpunkt des Erlasses des erledigten VA, kann das Fortsetzungsfeststellungsinteresse nicht aus einer Wiederholungsgefahr hergeleitet werden (BVerwG ZLW 2007, 303). Wiederholungsgefahr scheidet auch aus, wenn zu erwarten ist, dass eine bestimmte Verwaltungsmaßnahme verlässlich nicht mehr erfolgen wird. So kann eine „norminterpretierende Verwaltungsvorschrift" das Verwaltungshandeln einer Behörde steuern und je nach ihrem Inhalt dazu führen, dass künftig keine Verwaltungsmaßnahmen mehr erfolgen, die vor ihrem Erlass getroffen worden waren. Das Feststellungsinteresse mag in einem solchen Fall jedoch aus anderen Gründen bestehen, namentlich unter dem Aspekt der Rehabilitierung (BVerwG NVwZ-RR 2002, 323). 80

b) Rehabilitierungsinteresse. Ein berechtigtes Interesse an der Feststellung der Rechtswidrigkeit eines erledigten VA i.S.v. I 4 besteht auch im Falle eines anzuerkennenden Rehabilitations-, besser: Rehabilitierungsinteresses. Ein solches begründet ein Feststellungsinteresse dann, wenn es **bei vernünftiger Würdigung der Verhältnisse des Einzelfalls als schutzwürdig anzuerkennen** ist. Dies kann insbes. der Fall sein, wenn der Kläger durch die streitige Maßnahme in seinem **Persönlichkeitsrecht** objektiv beeinträchtigt ist. Hierfür genügt die **Möglichkeit der Verletzung** des Persönlichkeitsrechts, d.h. die schlüssige Darlegung eines noch andauernden Eingriffs in dieses Recht. Ob das Persönlichkeitsrecht wirklich verletzt ist, ist eine Frage der Begründetheit der Fortsetzungsfeststellungsklage (SächsOVG NVwZ-RR 2002, 53). Ein Bedürfnis nach Genugtuung kann durch diskriminierendes Verwaltungshandeln und dem innewohnende Beeinträchtigungen des Persönlichkeitsrechts oder sonstiger grundrechtsgeschützter ideeller Interessen ausgelöst werden (BVerwG Buchh 310 § 113 Abs. 1 VwGO Nr. 21). Vorausgesetzt ist allerdings stets, dass im Einzelfall ein berechtigtes Schutzbedürfnis gegenüber rufbeeinträchtigenden Nachwirkungen vorhanden ist (BVerwGE 151, 373). 81

Eine solche Beeinträchtigung kann sich auch aus der **Begründung** der streitigen Verwaltungsentscheidung ergeben (BVerwG RdL 2007, 34). So können Begründungen für das **Versammlungsrecht** beschränkende Maßnahmen diskriminierend wir- 82 ken, insbes. wenn sie Ausführungen über die Persönlichkeit des Veranstalters oder zu seinem zu erwartenden kriminellen Verhalten auf Versammlungen enthalten (BVerfGE 110, 77). Erforderlich ist, dass abträgliche Nachwirkungen der diskriminierenden Maßnahme fortbestehen, denen durch eine gerichtliche Feststellung der Rechtswidrigkeit des Versammlungsverbots wirksam begegnet werden kann. Mit Blick auf das Gebot der Gewährung effektiven Rechtsschutzes nach Art. 19 IV GG und die verfassungsrechtlich verbürgte Versammlungsfreiheit (Art. 8 GG) sind an das Vorliegen eines Fortsetzungsfeststellungsinteresses in versammlungsrechtlichen Streitigkeiten keine überhöhten Anforderungen zu stellen (BVerfGE 110, 77; BVerwG RdL 2007, 34).

83 Ein Rehabilitierungsinteresse wurde auch bejaht im Bereich der **Abschiebungshaft** (BVerfGE 104, 220), bei einer im Kollegenkreis bekannt gewordenen Anordnung der **psychiatrischen Untersuchung** eines Beamten (BVerwG Buchh 232 § 42 BBG Nr. 14), beim **zwangsweisen Öffnen einer Wohnung** in einem Mehrfamilienhaus durch uniformierte Polizeibeamte in Gegenwart eines anderes Hausbewohners als Durchsuchungszeugen (BayVGH BayVBl. 1997, 634), bei der **Überwachung des Post- und Fernmeldeverkehrs** wegen tatsächlicher Anhaltspunkte für den Verdacht einer Straftat i. S. des § 2 I G 10 (BVerwGE 87, 23), bei der **Nichtversetzung eines Schülers**, wenn im Einzelfall nachteilige Auswirkungen auf die weitere schulische oder berufliche Laufbahn nicht ausgeschlossen werden können, wobei der das Feststellungsinteresse begründende Nachteil weder unmittelbar bevorstehen noch sich bereits konkret abzeichnen muss (BVerwG NVwZ 2007, 227). Bei der Erteilung eines behördenintern ausgesprochenen **Alkoholverbots** oder der **Anordnung, sich ärztlich untersuchen zu lassen**, reicht es nicht aus, dass der Kläger diese als diskriminierend empfunden hat. Maßgebend ist vielmehr, ob abträgliche Nachwirkungen dieser Maßnahme fortbestehen, denen durch eine gerichtliche Feststellung der Rechtswidrigkeit des Verwaltungshandelns wirksam begegnet werden kann (BVerwG Schütz BeamtR ES/F II 3 Nr. 12; NVwZ 2000, 574).

84 **c) Präjudizialität im Hinblick auf einen Schadensersatzprozess.** Ein schutzwürdiges Feststellungsinteresse kann – jedenfalls bei innerprozessualer Erledigung – gegeben sein, wenn die Weiterführung des verwaltungsgerichtlichen Verfahrens dazu dienen soll, einen Amtshaftungsprozess vor den Zivilgerichten vorzubereiten (BVerwGE 121, 169) und sich auf diese Weise die bisherigen Ergebnisse des verwaltungsgerichtlichen Verfahrens für den nachfolgenden Schadensersatzprozess vor dem Zivilgericht nutzbar zu machen (BVerwGE 111, 306). Der Kläger ist deshalb schutzwürdig, weil er „nicht ohne Not um die Früchte des bisherigen Prozesses gebracht werden darf" (BVerwG Buchh 310 § 113 Abs. 1 VwGO Nr. 7), unabhängig davon, ob sich das Gericht mit der erhobenen Klage schon befasst hat oder nicht (BVerwGE 106, 295). So kann die Vorgreiflichkeit einer gerichtlichen Feststellung, dass die Behörde einen bestimmten VA zu einem bestimmten Zeitpunkt hätte erlassen müssen, im Hinblick auf einen Schadensersatzprozess ein Feststellungsinteresse nach I 4 begründen.

85 Voraussetzung ist zum einen, dass eine Klage auf Schadensersatz oder Entschädigung **anhängig** ist oder ihre **alsbaldige Erhebung** mit hinreichender Sicherheit zu erwarten ist (BVerwG Buchh 310 § 113 Abs. 1 VwGO Nr. 21), zum anderen, dass der beabsichtigte Zivilprozess **nicht offensichtlich aussichtslos** ist (BVerwGE 121, 169; NRWOVG BauR 2007, 684). An die Qualifizierung der Aussichtslosigkeit sind hohe Anforderungen zu stellen (BVerwG BRS 67 Nr. 124 [2004]; BVerwGE 106, 295).

Von **Aussichtslosigkeit** ist auszugehen, wenn ohne eine ins Einzelne gehende **86** Prüfung erkennbar ist, dass der behauptete Anspruch unter keinem rechtlichen Gesichtspunkt besteht. Bezogen auf Amtshaftungsklagen ist das etwa dann der Fall, wenn ein **Kollegialgericht** das Verhalten eines Beamten als rechtmäßig gewertet hat und diesem gegenüber deshalb nicht der Vorwurf erhoben werden kann, er habe offensichtlich fehlsam gehandelt und damit schuldhaft eine ihm obliegende Amtspflicht verletzt (st. Rspr., vgl. BVerwG NVwZ 2004, 104). Dieser Grundsatz gilt ausnahmsweise dann nicht, wenn es sich bei dem beanstandeten Verhalten um eine grundsätzliche Maßnahme zentraler Dienststellen bei Anwendung eines ihnen besonders anvertrauten Spezialgesetzes handelt oder wenn das Gericht die Rechtslage trotz eindeutiger und klarer Vorschriften verkannt oder eine eindeutige Bestimmung handgreiflich falsch ausgelegt hat. Die Regel ist ferner unanwendbar, wenn besondere Umstände dafür sprechen, dass der verantwortliche Beamte kraft seiner Stellung oder seiner besonderen Einsichten es „besser" als das Kollegialgericht hätte wissen müssen (BVerwG 121, 169).

Hat ein Beamter oder Richter jedoch den Anspruch auf Ersatz eines ihm durch **87** rechtswidriges (und schuldhaftes) Verhalten des Dienstherrn entstandenen Schadens bereits zum Gegenstand eines besonderen Verwaltungsstreitverfahres gemacht, besteht anders als bei einer vor einem Zivilgericht erhobenen auf Amtspflichtverletzung gestützten Schadensersatzklage kein Bedürfnis dafür, ihm daneben noch Rechtsschutz für eine gesonderte Klage auf Feststellung zu gewähren, dass das Verhalten des Dienstherrn rechtswidrig gewesen ist (BVerwG ZBR 1982, 350).

Der Ausnahmefall eines erst während des Verwaltungsrechtsstreits erledigten VA **88** über die Vorfrage i.S. des I 4 liegt aber dann **nicht** vor und begründet demgemäß nicht das für eine Fortsetzungsfeststellungsklage erforderliche Rechtsschutzinteresse, wenn sich der **VA schon vor Klageerhebung erledigt** hat. Denn die Zuständigkeit der Zivilgerichte bezieht sich auch auf öffentlich-rechtliche Vorfragen (§ 17 II 1 GVG); diejenige des eines mit dem Sekundäranspruch befassten VG ohnehin. Dem vorzugreifen steht den VG nicht zu (h.M., BVerwG LKV 2005, 171; BRS 67 Nr. 124 (2004)).

Ein Feststellungsinteresse besteht auch dann **nicht**, wenn der Kläger die Klage auf **89** Schadensersatz nicht erst im Zusammenhang mit der Erledigung seines Begehrens nach primärem Rechtsschutz erhebt, sondern **beide Klagen von vornherein miteinander verbindet**. Der Rspr. des BVerwG zur Präjudizialität liegt die Vorstellung zugrunde, dass der Schadensersatzprozess vor dem Zivilgericht dem auf primären Rechtsschutz zielenden verwaltungsgerichtlichen Verfahren zeitlich (zumindest im Wesentlichen) nachfolgt, und zwar deshalb, weil durch eine nachträgliche Veränderung der rechtlichen oder tatsächlichen Verhältnisse sich das anfängliche Rechtsschutzbegehren erledigt hat und der Kläger damit auf einen Anspruch auf Schadensausgleich zurückgeworfen ist. In solchen Fällen verlangt der dem Subsidiaritätsgrundsatz des § 43 II zugrunde liegende Gedanke der Prozessökonomie nicht, das Verfahren vor dem VG zu beenden und den Kläger zur Erlangung des beanspruchten Schadensersatzes auf das Verfahren vor dem Zivilgericht zu verweisen; im Gegenteil entspricht es diesem Gedanken, das Verfahren vor dem VG mit dem Antrag auf Feststellung der Rechtswidrigkeit des vom Kläger bekämpften Verwaltungshandelns fortzusetzen, damit die vom VG dazu schon gewonnenen Erkenntnisse in den nachfolgenden Schadensersatzprozess einfließen können. Anders verhält es sich jedoch dann, wenn der Kläger bereits gleichzeitig mit der gegen das Verwaltungshandeln gerichteten Unterlassungsklage und damit unabhängig von einem erledigenden Ereignis auch eine Klage auf Schadensersatz erhoben hat (BVerwGE 111, 306).

§ 113

90 **d) tiefgreifende Grundrechtsverletzungen.** Schließlich kann ein Fortsetzungsfeststellungsinteresse auch darauf gestützt werden, es seien tiefgreifende Grundrechtsverletzungen verursacht worden, deren Rechtmäßigkeit gerichtlich geklärt werden müsse (BVerwGE 115, 373). Das Grundrecht auf effektiven Rechtsschutz (Art. 19 IV GG) gebietet, dass der Betroffene Gelegenheit erhält, in Fällen tiefgreifender, tatsächlich jedoch nicht mehr fortwirkender Grundrechtseingriffe auch dann die Rechtmäßigkeit des Eingriffs gerichtlich klären zu lassen, wenn sich die direkte Belastung durch den angegriffenen Hoheitsakt nach dem typischen Verfahrensablauf auf eine Zeitspanne beschränkt, in welcher der Betroffene die gerichtliche Entscheidung kaum erlangen kann (sog. **sich typischerweise kurzfristig erledigende VA**). Deshalb darf verwaltungsgerichtlicher Rechtsschutz jedenfalls dann, wenn ein Kläger substanziiert erhebliche Grundrechtsverletzungen vorträgt, nicht von der weiteren Voraussetzung abhängig gemacht werden, dass am Betroffenen ein Exempel statuiert oder sein Ansehen in der Öffentlichkeit herabgesetzt wurde (BVerfG NVwZ 1999, 290).

91 Dies betrifft insbes. die Fälle der **nachträglichen Überprüfung erledigter polizeilicher Maßnahmen** (BVerfGE 96, 27; BVerfG NVwZ 1999, 290) oder den Bereich der **Abschiebungshaft** (BVerfGE 104, 220).

92 Ein Rehabilitierungsinteresse ist aber nicht allein aus dem Umstand eines Grundrechtseingriffs und auch nicht bei jeder sich typischerweise kurzfristig erledigenden Maßnahme anzuerkennen (a.A. KS § 113 Rn. 145 f. m.w.N.). So liegt ein tiefgreifender spezifischer Grundrechtseingriff, wie er etwa bei einer Freiheitsbeschränkung, polizeilichen Misshandlung, Telefonüberwachung oder Hausdurchsuchung gegeben ist, bei der **Sicherstellung einer Videokassette** als einer vergleichsweise geringfügigen Beschränkung des Grundrechts auf Eigentum und der allgemeinen Handlungsfreiheit nicht vor (NRWOVG NJW 1999, 2202).

6. Vorverfahren (§§ 68 ff.)

93 Die Klage auf Feststellung der Rechtswidrigkeit eines VA, der sich erledigt hat, **nachdem die Widerspruchsfrist (§ 70) versäumt worden ist**, ist unzulässig. Die Erledigung des bereits bestandskräftigen VA macht nicht gewissermaßen rückwirkend die Einhaltung der §§ 68 ff. entbehrlich. Auch wenn der VA sich erledigt hat und deshalb statt der Anfechtungsklage nur noch die Feststellung i.S. des I 4 möglich ist, gelten für das Verfahren bis zur Erledigung nach wie vor die Vorschriften des Anfechtungsverfahrens (BVerwGE 26, 161).

94 Hat sich der VA bereits **vor Ablauf der Widerspruchsfrist erledigt**, so bedarf es nicht der erfolglosen Durchführung eines Vorverfahrens, bevor – vorbehaltlich § 75 – zulässiger Weise Klage erhoben werden darf. Das Vorverfahren (§§ 68 ff.) ist Sachurteilsvoraussetzung bei Anfechtungs- und Verpflichtungsklagen. Von diesen Klagearten unterscheidet sich nach Art und Ziel die Klage, die auf die Feststellung der Rechtswidrigkeit eines erledigten VA gerichtet ist. Diese Klage zielt nicht auf die Beseitigung eines den Kläger beschwerenden oder auf die Vornahme eines ihn begünstigenden VA; bei ihr geht es um die nur deklaratorische Klärung der Frage, ob der nicht mehr wirksame und auch nicht mehr rückgängig zu machende VA rechtmäßig oder rechtswidrig war (BVerwGE 56, 24; 26, 161). Die hiergegen in der Lit. vorgebrachten Einwände (vgl. KS § 113 Rn. 127), wonach insbes. auch bei erledigten VA die Durchführung eines Vorverfahrens sinnvoll sei, haben sich in der Praxis zu Recht nicht durchgesetzt.

7. Klagefrist (§§ 74, 58 II)

Die Klage auf Feststellung der Rechtswidrigkeit eines **vor Eintritt der Bestands-** 95
kraft erledigten VA ist nicht an die für eine Anfechtungsklage vorgesehene Frist des
§ 74 I oder – im Falle unzureichender Rechtsmittelbelehrung – des § 58 II gebunden. Verliert ein VA wegen Erledigung seine Regelungsfunktion, so ist es nicht gerechtfertigt, ungeachtet der hierdurch beendeten Verbindlichkeit der Regelung, ihm eine im Hinblick auf den Lauf von Klagefristen fortdauernde Wirkung beizumessen. Dem Bürger ist die fristgebundene Klage wegen eines VA, der ihm gegenüber seine Regelungswirkung verloren hat, nicht mehr in gleicher Weise zuzumuten. Denn die für den Bürger nach dem Rechtsschutzsystem der VwGO wesentliche aufschiebende Wirkung von Widerspruch und Klage (§ 80 I) kann nicht mehr erreicht werden. Hinzu kommt, dass auch die Gesichtspunkte der Rechtssicherheit und des Rechtsfriedens im Falle einer unbefristeten Zulassung einer Klage auf Feststellung der Rechtswidrigkeit nicht vollends zurücktreten müssen. Die Verwaltung wird vor einer Klage noch Jahre nach Erledigung des VA hinreichend durch das Erfordernis eines berechtigten Interesses an der begehrten Feststellung sowie durch das Institut der Verwirkung geschützt (BVerwGE 109, 203).

Eine Klage, mit der die Feststellung der Rechtswidrigkeit eines VA begehrt wird, 96
ist hingegen grds. dann nicht zulässig, wenn dieser **VA vor Erledigung formell bestandskräftig** geworden ist. Dieser Rechtsgedanke hat in § 43 II 1 seinen Ausdruck gefunden, der eine – unbefristete – Feststellungsklage untersagt, wenn gegen einen VA Gestaltungsklage hätte erhoben werden können. Dies verbietet eine Feststellungsklage auch dann, wenn eine an sich statthafte Gestaltungsklage nur deshalb nicht mehr zulässig ist, weil der VA wegen Versäumung der Widerspruchs- oder Klagefrist (formell) bestandskräftig geworden ist (BVerwGE 109, 203; 26, 161).

II. Begründetheit und Antrag

Entgegen dem insoweit missverständlichen Wortlaut des I 4 reicht die objektive 97
Rechtswidrigkeit des VA nicht aus, dem Feststellungsantrag zum Erfolg zu verhelfen. Wie der enge Zusammenhang zwischen S. 1 und S. 4 des I deutlich macht, darf dem Feststellungsbegehren nur entsprochen werden, soweit der Kläger durch den rechtswidrigen VA in seinen Rechten verletzt worden ist und der betreffende VA deshalb hätte aufgehoben werden müssen, wenn er sich nicht erledigt hätte (BVerwGE 65, 167). Auch die Entscheidung über die subjektive Rechtsverletzung ist der Rechtskraft fähig (vgl. BVerwGE 116, 1 zu § 121). **Tenoriert** wird allerdings üblicherweise lediglich: „Der Bescheid des Beklagten vom … war rechtswidrig." Richtig muss es heißen: „Es wird festgestellt, dass der VA … rechtswidrig gewesen ist und den Kläger in seinen Rechten verletzt hat".

Maßgebender Zeitpunkt für die Beurteilung der Sach- und Rechtslage ist der 98
Zeitpunkt der Erledigung der Hauptsache (BVerwGE 72, 38); zum maßgeblichen
Zeitpunkt zur Beurteilung des Fortsetzungsfeststellungsinteresses (→ Rn. 77).

C. Verpflichtungsklage (V)

I. Rechtswidrigkeit der Ablehnung oder Unterlassung

1. Maßstab

99 Die **Verpflichtungsklage** i.S. des § 42 I, 2. Var. ist begründet, soweit die Ablehnung oder Unterlassung des VA rechtswidrig und der Kläger dadurch in seinen Rechten verletzt ist. Das Gericht spricht dann die Verpflichtung der Verwaltungsbehörde aus, die beantragte Amtshandlung vorzunehmen, wenn die Sache spruchreif ist (V 1). Entscheidend ist hiernach, ob dem jeweiligen Kläger ein seinen Klageantrag deckender **Anspruch** zusteht, nicht aber, ob der Beklagte die Ablehnung des Antrages „richtig" begründet hat. Die ablehnende Entscheidung des Beklagten ist im engeren Sinne überhaupt nicht Gegenstand des Verfahrens; ihre Aufhebung braucht weder beantragt noch vom Gericht ausgesprochen zu werden (BVerwG KStZ 1982, 108). Die ausdrückliche Tenorierung („Der Beklagte wird unter Aufhebung seines Bescheids vom … verpflichtet, …") ist aber gleichwohl üblich.

2. Spruchreife

100 Im Rahmen des V 1 haben die Gerichte durch umfassende Sachverhaltsaufklärung die **Spruchreife** herbeizuführen (BVerwGE 90, 18). „Spruchreife" ist ein prozessualer Begriff, der an die materiellrechtlichen Gegebenheiten anknüpft, diese aber nicht ändert. Das Gericht hat das aufzuklären, was an tatsächlichen Feststellungen notwendig ist, um die Frage einer Verletzung materieller Rechte beurteilen zu können (BVerwGE 85, 368; 78, 177). Das Gericht muss in Wahrnehmung seiner Amtsermittlungspflicht (§ 86 I) zu einer abschließenden Entscheidung über den Erlass des VA in der Lage sein. III ist im Falle fehlender Spruchreife nicht entsprechend anwendbar (→ Rn. 42).

101 Nur bei eng umrissenen **Ausnahmen**, etwa bei Ermessens- oder Beurteilungsspielräumen der Verwaltung, ferner, wenn eine bestimmte sachliche Prüfung besonderen Behörden übertragen ist, wenn es zur abschließenden Aufklärung einer mit den erforderlichen Mitteln ausgerüsteten Behörde bedarf oder wenn komplexe technische Sachverhalte vorliegen, ist bei weitergehendem Verpflichtungsantrag eine bloße Bescheidungsverpflichtung gemäß V 2 im Urteilsausspruch zulässig (BVerwG NVwZ-RR 2003, 719; BVerwGE 90, 18 m.w.N.; NRWOVG PharmR 2009, 288).

102 So kann ein Tatsachengericht beispielsweise mit Hilfe kundiger Sachverständiger durchaus ein Auflagenprogramm entwickeln und ihm mit dem Tenor des Verpflichtungsurteils hinsichtlich der Erteilung einer **Baugenehmigung** Verbindlichkeit verschaffen. Im Allgemeinen sind jedoch **individuelle Einschätzungen** und **Zweckmäßigkeitserwägungen** dafür erheblich, ob diese oder jene häufig gleichermaßen geeignete Auflage oder sonstige Nebenbestimmung hinzuzufügen ist. Aus diesen besonderen Gründen kann es gerechtfertigt sein, dass das Tatsachengericht davon absieht, die Sache selbst spruchreif zu machen (BVerwG NVwZ-RR 1999, 74; NRWOVG NVwZ-RR 1996, 501).

103 Eine abschließende gerichtliche Entscheidung kommt aber in Betracht, wenn der Behörde im Einzelfall – wegen einer **Ermessensreduktion auf Null** – kein Ermessensspielraum eröffnet ist (BVerwGE 122, 103). Auf jeden Fall kommt der Erlass eines Bescheidungsurteils wegen einer der Behörde vorbehaltenen Ermessensentscheidung nur in Betracht, wenn das Gericht zuvor geprüft hat, ob die gesetzlichen Voraussetzungen für eine derartige Ermessensentscheidung überhaupt gegeben sind (BVerwG Buchh 310 § 113 Abs. 5 VwGO Nr. 5).

3. Maßgeblicher Zeitpunkt

Bei der Entscheidung über Verpflichtungs- und Bescheidungsklagen ist grds. die **Sach- und Rechtslage zum Zeitpunkt der letzten mündlichen Verhandlung in der Tatsacheninstanz** maßgeblich (BVerwG NVwZ-RR 2003, 719). Dieser Grundsatz gilt auch für das Revisionsverfahren (BVerwGE 1, 291). Nicht aus dem Prozessrecht, sondern ausschließlich aus dem materiellen Recht ergibt sich, ob der vom Kläger mit der Verpflichtungsklage geltend gemachte Anspruch besteht und welcher Beurteilungszeitpunkt maßgebend ist. Ändert sich während des gerichtlichen Verfahrens das materielle Recht, so ist auf der Grundlage dieser Änderung zu entscheiden, ob das neue Recht einen durch das alte Recht begründeten Anspruch beseitigt, verändert oder unberührt lässt. Entscheidend ist, ob sich das geänderte Recht nach seinem zeitlichen und inhaltlichen Geltungsanspruch auf den festgestellten Sachverhalt erstreckt (BVerwG Buchh 239.2 § 28 SVG Nr. 2). **104**

II. Verpflichtung zur erneuten Bescheidung (V 2)

Kann die Sache nicht spruchreif im Sinne des V 1 gemacht werden, spricht das Gericht die Verpflichtung aus, den Kläger unter Beachtung der Rechtsauffassung des Gerichts zu bescheiden (V 2, Bescheidungsklage → § 42 Rn. 48 f.). **105**

1. Antrag

Dieser Ausspruch setzt keinen eigenständigen Antrag des Klägers voraus; er ist als minus im Verpflichtungsbegehren nach V 1 enthalten und zwingt zur Klageabweisung im Übrigen, wenn das Verpflichtungsbegehren keinen Erfolg hat. Weil der Streitgegenstand einer Verpflichtungs- und derjenige einer Bescheidungsklage i.W. identisch sind, stellt der ausdrücklich erklärte Übergang von einem Verpflichtungs- zu einem Bescheidungsantrag **keine Klageänderung** (§ 91) dar. **106**

Umgekehrt enthält das klägerische Begehren nicht auch den Verpflichtungsantrag, wenn **nur Bescheidung begehrt** wird, wobei dem Kläger aufgrund seiner Dispositionsbefugnis unbenommen ist, auch bei rechtlich gebundenen Anspruchsgrundlagen lediglich die Bescheidung zu beantragen (BVerwG NVwZ 2007, 104; BVerwGE 120, 263; NRWOVG ZUR 2007, 548: jedenfalls im Falle eines „steckengebliebenen" immissionsschutzrechtlichen Genehmigungsverfahrens). Ebenso ist er berechtigt, mit Bindungswirkung für das Gericht seinen Antrag auf einen Verpflichtungsausspruch zu beschränken und im Fall des Bestehens eines Ermessens- oder Beurteilungsspielraums einen Bescheidungsausspruch auszuschließen. Entsprechendes gilt für den Fall der Verpflichtungsfortsetzungsfeststellungsklage (BVerwGE 120, 263 = NVwZ 2004, 1365). **107**

2. Prüfungsumfang

Der die Bescheidung begehrende Kläger kann die **gerichtliche Prüfung** nicht bestimmen. Das Gericht ist bei seiner Entscheidungsfindung an das im Streitgegenstand zum Ausdruck kommende Klagebegehren gebunden, nicht jedoch an die Klagegründe. Es kann der Klage im Rahmen des Streitgegenstandes auch aus anderen Gründen **108**

§ 113

stattgeben, als sie vom Kläger geltend gemacht werden. Der Kläger hat es nicht in der Hand, das Gericht in der Entscheidungsfindung auf die Prüfung bestimmter rechtlicher Erwägungen festzulegen (BVerwG NVwZ 2007, 104; BVerwGE 111, 318).

3. Rechtskraftwirkung

109 Die in einem rechtskräftigen Bescheidungsurteil i. S. des V 2 verbindlich zum Ausdruck gebrachte Rechtsauffassung bestimmt dessen **Rechtskraftwirkung** (§ 121). Da sich die Rechtsauffassung, die ein gerichtliches Bescheidungsurteil der Behörde zur Beachtung bei Erlass der neuen Verwaltungsentscheidung vorschreibt, nicht aus der gerichtlichen Entscheidungsformel selbst entnehmen lässt, ergibt sich der Umfang der materiellen Rechtskraft und damit der Bindungswirkung notwendigerweise aus den tragenden Entscheidungsgründen, die die nach dem Entscheidungstenor zu beachtende Rechtsauffassung des Gerichts im Einzelnen darlegen. An der materiellen Rechtskraft nimmt danach die Rechtsauffassung des Gerichts aufgrund eines bestimmten festgestellten Sachverhalts und der zur Zeit der Entscheidung bestehenden Rechtslage teil (BVerwG NZWehrr 2004, 126; BVerfG, Beschl. v. 7. 2. 2001 – 2 BvR 1794/99).

110 Die Behörde kann einem auf Vollziehung dieser rechtskräftigen Verpflichtung gerichteten Antrag entgegenhalten, dass sich nach Eintritt der Rechtskraft des Bescheidungsurteils die **Rechtslage** zum Nachteil des Klägers **geändert** habe. Der Anspruch auf erneute Entscheidung über den Antrag unter Beachtung der Rechtsauffassung des Gerichts steht, auch wenn er tituliert ist, unter dem Vorbehalt, dass sich die Sach- und Rechtslage nicht in rechtlich relevanter Weise ändert; insoweit reicht die Rechtskraft eines Bescheidungsurteils nicht weiter als die eines Urteils, das die Behörde verpflichtet, die beantragte Genehmigung zu erteilen (BVerwG BauR 2007, 1709).

III. Vollstreckung und Erfüllung

111 Kommt die Behörde der ihr im Urteil auferlegten Verpflichtung nicht nach, kann das Gericht des ersten Rechtszugs gemäß § 172 S. 1 auf Antrag unter Fristsetzung gegen sie ein **Zwangsgeld** bis 10 000 € durch Beschluss androhen, nach fruchtlosem Fristablauf festsetzen und von Amts wegen vollstrecken (vgl. BVerwG NVwZ-RR 2002, 314).

112 Hat die Behörde auf die rechtskräftige Verpflichtung zur Neubescheidung hin den Antrag des Klägers allerdings **tatsächlich** (wenn auch möglicherweise in der Sache unzureichend oder nicht fehlerfrei) **neu beschieden**, so sind aufgrund des dazwischengeschalteten weiteren Verwaltungsverfahrens neue (Ablehnungs-)Bescheide ergangen, welche als VA bestandskräftig werden, wenn sie nicht mit Rechtsbehelfen angegriffen werden. Diese Bescheide können auf andere bzw. weitergehende Gründe gestützt sein als die Ablehnungsgründe, welche bereits Gegenstand des vorangegangenen Klageverfahrens und der jenem Verfahren zugrunde liegenden Bescheide gewesen sind. In derartigen Fällen reicht der Weg des Vollstreckungsverfahrens für einen umfassenden Rechtsschutz des Betroffenen allein nicht aus. Um eine etwaige Bestandskraft dieser Bescheide und der sie tragenden Gründe und zumindest einen dahingehenden Rechtsschein zu verhindern, ist dann vielmehr – ggf. ergänzend – die **isolierte Anfechtungsklage** das geeignete und zugleich statthafte Mittel (NRW-OVG, Urt. v. 26. 3. 2007 – 1 A 2821/05; → § 42 Rn. 82).

§ 114 [Nachprüfung von Ermessensentscheidungen]

¹Soweit die Verwaltungsbehörde ermächtigt ist, nach ihrem Ermessen zu handeln, prüft das Gericht auch, ob der Verwaltungsakt oder die Ablehnung oder Unterlassung des Verwaltungsakts rechtswidrig ist, weil die gesetzlichen Grenzen des Ermessens überschritten sind oder von dem Ermessen in einer dem Zweck der Ermächtigung nicht entsprechenden Weise Gebrauch gemacht ist. ²Die Verwaltungsbehörde kann ihre Ermessenserwägungen hinsichtlich des Verwaltungsaktes auch noch im verwaltungsgerichtlichen Verfahren ergänzen.

Übersicht

	Rn.
I. Gerichtliche Ermessenskontrolle	2
1. Ermessen	3
a) Grundsätze	4
b) intendiertes Ermessen	6
c) Ermessensreduktion auf Null	8
d) Abgrenzungen	9
aa) Unbestimmte Rechtsbegriffe	9
bb) Beurteilungsermächtigungen	10
cc) Prognoseentscheidungen	14
2. Ermessensfehler	15
a) Ermessensnichtgebrauch bzw. -ausfall	17
b) Ermessensüberschreitung	19
c) Ermessensdefizit	20
d) Ermessensfehlgebrauch bzw. -missbrauch	21
II. Ermessensergänzung	23
1. Grundlagen	24
2. Form der Nachholung	26
3. Keine Nachholung bei Ermessensnichtgebrauch	27
4. Keine Nachholung nach Erledigung	29

S. 1 erstreckt die gerichtliche Rechtmäßigkeitskontrolle von VA über § 113 I, V hinaus auf die Überprüfung von Ermessensfehlern. S. 2 gibt der Behörde Gelegenheit, unter bestimmten Voraussetzungen Ermessensfehler im laufenden Verwaltungsprozess auszuräumen. **1**

I. Gerichtliche Ermessenskontrolle

S. 1 findet unmittelbare Anwendung auf Anfechtungs-, Verpflichtungs- und Fortsetzungsfeststellungsklagen (§§ 42 I, 113 I 4). Entsprechend ist die Norm auf Planungsentscheidungen (BVerwG, Beschl. v. 11.3. 2009 – 4 BN 7.09) und im Rahmen von Leistungsklagen anwendbar (BVerwG Buchh 316 § 35 VwVfG Nr. 40 zur gerichtlichen Nachprüfbarkeit einer Umsetzungsverfügung; a.A. BeckOK VwGO § 114 Rn. 2). **2**

1. Ermessen

S. 1 setzt voraus, dass der Behörde für ihre Entscheidung materiell-rechtlich Ermessen eröffnet ist (vgl. § 40 VwVfG). **3**

§ 114 Teil II. Verfahren

4 **a) Grundsätze.** Im Unterschied zur gebundenen Entscheidung, bei der die jeweilige Rechtsnorm nur eine Rechtsfolge vorsieht, ist Ermessen gegeben, wenn die Behörde, sofern die Tatbestandsvoraussetzungen der Ermächtigungsgrundlage vorliegen, auf der Rechtsfolgenseite zwischen mehreren Verhaltensweisen wählen kann. Dieses Ermessen kann sich darauf beziehen, ob und wann die Behörde überhaupt handelt (**Entschließungsermessen**; vgl. BVerwGE 130, 39), und darauf, welche von mehreren möglichen Handlungsformen sie ergreift (**Auswahlermessen**; vgl. BVerwG NVwZ 2009, 653). Ob eine Norm Ermessen einräumt, ist, sofern sich dies dem Gesetzeswortlaut nicht schon ausdrücklich entnehmen lässt, im Wege der Auslegung zu ermitteln („kann").

5 Stützt eine Behörde ihre Entscheidung auf mehrere Gründe, ist sie grds. schon dann rechtmäßig, wenn nur einer der angeführten Gründe sie trägt, es sei denn, dass nach dem Ermessen der Behörde nur alle Gründe zusammen die Entscheidung rechtfertigen sollen (BVerwGE 62, 215).

6 **b) intendiertes Ermessen.** Besonderheiten gelten im Fall des gelenkten bzw. intendierten Ermessens. Ist eine ermessenseinräumende Vorschrift dahin auszulegen, dass sie für den Regelfall von einer **Ermessensausübung in einem bestimmten Sinne** ausgeht, so müssen besondere Gründe vorliegen, um eine gegenteilige Entscheidung zu rechtfertigen. Liegt ein vom Regelfall abweichender Sachverhalt nicht vor, versteht sich das Ergebnis der Abwägung von selbst (BVerwGE 105, 55; 91, 82).

7 Ermessenslenkende Norm in diesem Sinne ist z.B. **§ 48 II 1 VwVfG**, wonach VA bei Vorliegen bestimmter, in der Person des von ihnen Begünstigten liegender Umstände „in der Regel mit Wirkung für die Vergangenheit" zurückzunehmen sind. Nur dann, wenn der Behörde außergewöhnliche Umstände des Falles bekannt geworden oder erkennbar sind, die eine andere Entscheidung möglich erscheinen lassen, liegt ein rechtsfehlerhafter Gebrauch des Ermessens vor, wenn diese Umstände von der Behörde nicht erwogen worden sind (BVerwGE 105, 55).

8 **c) Ermessensreduktion auf Null.** Eine Ermessensentscheidung ist nicht zu treffen, wenn das Ermessen auf Null geschrumpft ist (vgl. Voßkuhle JuS 2008, 117). So kann z.B. bei Verletzung nachbarschützender Bestimmungen des öffentlichen Baurechts die rechtlich gegebene Ermessensfreiheit derart zusammenschrumpfen, dass nur eine einzige ermessensfehlerfreie Entschließung, nämlich die zum Einschreiten denkbar ist, und höchstens für das Wie des Einschreitens noch ein ausnutzbarer Ermessensspielraum der Behörde offenbleibt (BVerwGE 11, 95).

9 **d) Abgrenzungen.** *aa) Unbestimmte Rechtsbegriffe.* Unbestimmte Rechtsbegriffe, die sowohl auf der Tatbestands- als auch auf der Rechtsfolgenseite einer Norm stehen können, eröffnen kein Ermessen. Art. 19 IV 1 GG gebietet, dass die Gerichte die Verwaltungstätigkeit in tatsächlicher und rechtlicher Hinsicht **grds. vollständig nachprüfen** (BVerfGE 84, 34; 79, 339; 15, 275). Dies bedeutet, dass nicht nur die Bestimmung seines Sinngehalts, sondern auch die Feststellung der Tatsachengrundlage und die Anwendung des unbestimmten Rechtsbegriffs auf die im Einzelfall festgestellten Tatsachen uneingeschränkter gerichtlicher Nachprüfung unterliegen. Die Regeln über die nur begrenzte Nachprüfung des Ermessens der Verwaltungsbehörden haben insoweit keine Geltung (BVerfGE 64, 261; BVerwGE 129, 27).

10 *bb) Beurteilungsermächtigungen.* Beurteilungsermächtigungen haben im Grunde mit Ermessensentscheidungen nichts zu tun. Sie folgen allerdings in ihrer praktischen Handhabung **ähnlichen Regeln**. Trotz der Verpflichtung, dass die Gerichte die Verwaltungstätigkeit in tatsächlicher und rechtlicher Hinsicht grds. vollständig nachprüfen (BVerfGE 84, 34; 79, 339; 15, 275), kann der Gesetzgeber der Verwaltung für be-

stimmte Fälle einen Beurteilungsspielraum einräumen und damit anordnen, dass sich die gerichtliche Nachprüfung auf die Einhaltung der rechtlichen Grenzen dieses Spielraums zu beschränken habe. Ob das Gesetz eine solche Beurteilungsermächtigung enthält, ist durch **Auslegung** des jeweiligen Gesetzes zu ermitteln (BVerwGE 129, 27; 100, 221). Dabei ist zu beachten, dass der Gesetzgeber eine Beurteilungsermächtigung nur in engen Grenzen und nur aus guten Gründen vorsehen darf (BVerfGE 84, 34; 64, 261).

Das BVerwG hat Gesetzen u. a. dann eine Beurteilungsermächtigung für die Verwaltung entnommen, wenn der zu treffenden Entscheidung in hohem Maße **wertende Elemente** anhaften und das Gesetz für sie deshalb ein besonderes Verwaltungsorgan für zuständig erklärt, das weisungsfrei, mit besonderer fachlicher Legitimation und in einem besonderen Verfahren entscheidet; dies zumal dann, wenn es sich um ein Kollegialorgan handelt, das mögliche Auffassungsunterschiede bereits in sich zum Ausgleich bringt und die zu treffende Entscheidung damit zugleich versachlicht (BVerwGE 91, 211; 72, 195; 59, 213; 39, 197). 11

Einschätzungen, bei denen ein Beurteilungsspielraum besteht, können in **entsprechender Anwendung des S. 2** im gerichtlichen Verfahren ergänzt werden (str., vgl. BVerwGE 133, 13 m.w.N.; LSAOVG DVBl. 2009, 1326). 12

Beispiele für Beurteilungsermächtigungen finden sich in folgenden Bereichen: beamtenrechtliche Entlassungs- (BVerwGE 85, 177 m.w.N.) und Auswahlentscheidungen (BVerwGE 115, 58), dienstliche Beurteilungen (BVerwGE 60, 245; BVerwG Buchh 232.1 § 40 BLV Nr. 19), prüfungsspezifische Wertungen (BVerfGE 84, 34; BVerwGE 91, 262), Entscheidungen weisungsunabhängiger Gremien (BVerwGE 129, 27 m.w.N.). 13

cc) Prognoseentscheidungen. Behördliche Prognoseentscheidungen unterliegen ebenfalls nur eingeschränkter verwaltungsgerichtlicher Kontrolle. Soweit eine hoheitliche Entscheidung Prognosen erfordert, kommt dem Entscheidungsträger ein **Prognosespielraum** zu, der vom Gericht nur auf Prognosefehler hin überprüft werden kann. Überprüfbar ist, ob die Prognose auf der Grundlage fachwissenschaftlicher Maßstäbe methodisch fachgerecht erstellt wurde (BVerwGE 87, 332, 354 f. m.w.N.). Das findet seinen Grund in den Sachgegebenheiten einer Prognose. Prognoseentscheidungen, die sich nicht lediglich auf die allgemeine Lebenserfahrung stützen, beruhen auf der Anwendung statistischer Methoden, die Aussagen über die Wahrscheinlichkeit zukünftiger Entwicklungen ermöglichen. Ausgehend von gegenwärtigen Gegebenheiten, der sog. Prognosebasis, wird das Ergebnis der Prognose dabei mit Hilfe mathematischer Verfahren gewonnen und in einem Zahlenwert ausgedrückt. Daher ist die **Überprüfung durch das Gericht** darauf begrenzt, ob zutreffende Ausgangswerte zugrunde gelegt wurden, ob sich die Prognose methodisch auf ein angemessenes Prognoseverfahren stützen lässt und ob dieses Verfahren konsequent verfolgt wurde (BVerwG, Urt. v. 29.10. 2009 – 3 C 26.08, m.w.N.; BVerfGE 106, 62, 152 f.). Weil es sich insofern um Konsequenzen aus den Sachgegebenheiten einer jeden Prognoseentscheidung handelt, gilt dies unabhängig davon, ob die Prognose im Rahmen der Normsetzung oder der Normanwendung und ob sie vom Gesetzgeber oder von der Verwaltung getroffen wurde. Die gerichtliche Nachprüfung einer Prognoseentscheidung des Verordnungsgebers setzt voraus, dass das Gericht die tatsächlichen Annahmen, die der Verordnungsgeber seiner Prognose zugrunde gelegt hat, feststellen kann. Das lässt sich nicht dadurch korrigieren, dass seine Entscheidung mit nachträglichen Erwägungen unterlegt wird. 14

2. Ermessensfehler

15 S. 1 nennt zwei Arten von rechtlich erheblichen Ermessensfehlern: die **Ermessensüberschreitung**, wenn die Behörde die gesetzlichen Grenzen des Ermessens überschreitet, und die **Ermessensfehleinschätzung**, wenn sie von dem Ermessen in einer dem Zweck der Ermächtigung nicht entsprechenden Weise Gebrauch gemacht hat. Hinsichtlich der Ermessensfehleinschätzung kann zwischen dem **Ermessensdefizit** – der Frage, ob die Behörde ihre Entscheidung auf einer unzureichenden Tatsachengrundlage getroffen hat, – und dem **Ermessensfehlgebrauch** – der Frage, ob sie sich von sachfremden Erwägungen hat leiten lassen, – unterschieden werden (vgl. BeckOK VwGO § 114 Rn. 13 ff.; Ey § 114 Rn. 16 ff.; BayVGH NuR 2010, 63). Erkennt die Behörde nicht, dass ihr Ermessen zusteht, liegt ein Fall des **Ermessensnichtgebrauchs** vor.

16 Eine **Überprüfung der Zweckmäßigkeit** des Verwaltungshandelns ist den Gerichten danach nicht möglich (BVerwGE 124, 217). Es ist wegen des Gewaltenteilungsgrundsatzes (Art. 20 II 2 GG) nicht Aufgabe des Gerichts, der Behörde Ermessensgesichtspunkte vorzugeben oder ihre Auswahl im Einzelnen, sei es erweiternd oder einschränkend, zu bestimmen. Mit der Zuweisung des Ermessens an die Behörde obliegt ihr diesen Ausübung. Sie und nicht das Gericht hat ihr Ermessen entsprechend dem Zweck der Ermächtigung auszuüben, d.h. ihr obliegt die Auswahl und Gewichtung der Ermessensgesichtspunkte. Die gerichtliche Prüfung des Ermessens hat diesen Ermessensbereich der Behörde zu achten und darf ihn nicht durch die Vorgabe maßgeblicher Ermessensgesichtspunkte binden (BVerwG, Beschl. v. 11.5.1993 – 5 CB 1.90).

17 a) Ermessensnichtgebrauch bzw. -ausfall. Der in S. 1 nicht ausdrücklich benannte, aber allgemein anerkannte und grundlegendste Ermessensfehler des **Ermessensnichtgebrauchs** liegt vor, wenn die Behörde von dem ihr zustehenden Ermessen überhaupt keinen Gebrauch macht (stRspr., vgl. BVerwGE 111, 54). Dies ist z.B. dann der Fall, wenn die Behörde nicht erkennt, dass ihr Entscheidung im Ermessen steht, oder wenn sie zu Unrecht von einer Ermessensreduzierung auf Null ausgeht und deswegen kein Ermessen ausübt (BVerwG NJW 1999, 2912; NRWOVG NWVBl. 2004, 107). Auf einen Ermessensnichtgebrauch deuten Wendungen wie „musste folgende Entscheidung getroffen werden" hin.

18 Ein Ermessensnichtgebrauch liegt allerdings nicht schon dann vor, wenn die behördliche Entscheidung ausdrücklich keine Ausführungen hierzu enthält. Selbst wenn diese sich hierzu nicht äußert, schließt dies nicht aus, dass sich die Behörde zur Frage der Ermessensausübung gleichwohl Gedanken gemacht hat oder die zu einer Beanstandung führende Ausübung des Ermessens für so selbstverständlich gehalten haben mag, dass sie einen besonderen Hinweis darauf für überflüssig hielt (BVerwG NVwZ 1988, 525).

19 b) Ermessensüberschreitung. Das Gericht darf überprüfen, ob die gesetzlichen Grenzen des Ermessens überschritten sind **(äußere Ermessensgrenze)**. Diese Grenzen geben an, welche Handlungsmöglichkeiten innerhalb des Ermessensbereichs liegen. Wählt die Behörde eine Rechtsfolge, die sie im konkreten Fall nicht hätte wählen dürfen, überschreitet sie die gesetzlichen Grenzen. Dasselbe gilt, wenn sich die Behörde nicht im Rahmen der ihr vom Gesetz eingeräumten Ermächtigung hält, z.B. wenn sie eine Rechtsfolge setzt, die im Gesetz nicht vorgesehen ist, oder wenn sie eine Rechtsfolge wählt, die zwar grds. möglich, im konkreten Fall z.B. wegen eines Grundrechtsverstoßes aber unzulässig ist.

c) Ermessensdefizit. Ein **Ermessensdefizit** besteht, wenn die Behörde ihre Entscheidung auf einer unzureichenden Tatsachengrundlage getroffen hat. Die tatsächlichen Gegebenheiten müssen vollständig und umfassend berücksichtigt werden (vgl. BayVGH NuR 2010, 63); in Unkenntnis der maßgeblichen tatsächlichen Verhältnisse getroffene Entscheidungen können, wenn der Behörde – wie bei Ermessensentscheidungen – bei der Rechtsfolge Wahlmöglichkeiten zur Verfügung stehen, nur defizitär ausfallen.

d) Ermessensfehlgebrauch bzw. -missbrauch. Ein **Ermessensfehlgebrauch** ist gegeben, wenn die Verwaltung sich nicht von sachlichen und zweckgerechten Erwägungen leiten lässt **(innere Ermessensgrenze)**. Ein solcher Fehlgebrauch liegt aber nicht bereits dann vor, wenn die Verwaltung nicht sämtliche Erwägungen in ihre Ermessensentscheidung einstellt, die aus der Sicht eines von ihr Betroffenen hätten Berücksichtigung finden müssen.

So werden Ermessenserwägungen des Dienstherrn bei einer Umsetzung im Allgemeinen nur daraufhin überprüft, ob sie durch Ermessensmissbrauch maßgebend geprägt sind, sodass die gerichtliche Prüfung grds. darauf beschränkt bleibt, ob die Gründe des Dienstherrn seiner tatsächlichen Einschätzung entsprachen und nicht nur vorgeschoben sind, um eine in Wahrheit allein oder maßgebend mit auf anderen Beweggründen beruhende Entscheidung zu rechtfertigen, oder ob sie aus anderen Gründen willkürlich sind (BVerwGE 89, 199 m.w.N.).

II. Ermessensergänzung

S. 2 regelt die prozessrechtliche Seite des Nachschiebens von Gründen bei Ermessensentscheidungen (NRWOVG, Urt. v. 2.2. 2001 – 12 A 2882/99). Die Verwaltungsbehörde kann ihre Ermessenserwägungen hinsichtlich des VA auch noch im verwaltungsgerichtlichen Verfahren ergänzen. Diese Regelung ist verfassungsrechtlich nicht zu beanstanden (BVerwGE 106, 351; krit. Pöcker/Barthelmann DVBl. 2002, 668; Schenke NJW 1997, 81). S. 2 verstößt insbes. nicht gegen das Gebot eines fairen Verfahrens, lässt die verfassungsrechtlich gebotene Neutralität des Richters unberührt und greift nicht in eine bestehende Rechtsposition ein (BVerwGE 106, 351).

1. Grundlagen

Die unmittelbare Bedeutung dieser Vorschrift beschränkt sich darauf, dass einem danach zulässigen Nachholen von Ermessenserwägungen prozessrechtliche Hindernisse nicht entgegenstehen; i.Ü. beurteilt sich die Zulässigkeit einer Ergänzung von Ermessenserwägungen nach dem einschlägigen materiellen Recht und dem Verwaltungsverfahrensrecht (BVerwGE 106, 351; S/S-A/P § 114 Rn. 12c). Wie das Prozessrecht unter bestimmten Voraussetzungen Klageänderungen zulässt, also eine Änderung des Streitgegenstandes im laufenden Rechtsstreit ermöglicht, so kann auch eine Ergänzung des angefochtenen VA durch nachgeschobene Ermessenserwägungen zulassen. Dies hat die verwaltungsprozessuale Folge, dass eine der Vorschrift entsprechende Ergänzung der Ermessenserwägungen nicht zu einer Änderung des Streitgegenstandes führt, sodass sie weder eine Klageänderung noch die Durchführung eines erneuten Widerspruchsverfahrens erforderlich macht (BVerwGE 106, 351).

So sind im Rahmen der **Ausweisung freizügigkeitsberechtigter Unionsbürger** die Tatsachengerichte nicht nur befugt, sondern im Rahmen der ihnen nach § 86 I obliegenden Aufklärungspflicht auch verpflichtet zu prüfen, ob die behördliche Gefährdungsprognose und die Ermessensentscheidung bezogen auf den Zeitpunkt der gerichtlichen Entscheidung im Ergebnis auf einer zutreffenden tatsächlichen Grundlage beruhen. Liegen neue Tatsachen vor, die sich auf die Ausweisungsvoraussetzungen und die Ermessensentscheidung für eine Ausweisung auswirken können, so hat das Gericht der Ausländerbehörde in gemeinschaftsrechtskonformer Anwendung von S. 2 Gelegenheit zur Anpassung ihrer Entscheidung und insbes. auch zu aktuellen Ermessenserwägungen zu geben (BVerwGE 130, 20; 124, 217; 121, 297; BVerwG NVwZ 2009, 727).

2. Form der Nachholung

26 In welcher Form die Behörde ihre ergänzenden Ermessenserwägungen einbringt, ist nicht bestimmt (vgl. S/S-A/P § 114 Rn. 12e). Die Beachtung der für den VA vorgeschriebenen Formen ist nur erforderlich, wenn die Behörde die ergänzenden Erwägungen außerhalb des Prozesses dem Adressaten des VA gegenüber erklärt. Hierauf ist sie jedoch nicht beschränkt. Vielmehr kann sie die Erwägungen auch unmittelbar schriftsätzlich oder sogar in der mündlichen Verhandlung zur Niederschrift erklären (BlnBbgOVG LKV 2009, 321).

3. Keine Nachholung bei Ermessensnichtgebrauch

27 Ein wegen **Ermessensnichtgebrauchs** rechtswidriger VA kann nicht geheilt werden. Eine Heilung ist nach dem Wortlaut des S. 2 nur in der Weise vorgesehen, dass die Behörde ihre Ermessenserwägungen hinsichtlich des VA im verwaltungsgerichtlichen Verfahren ergänzt. Die Vorschrift setzt mithin voraus, dass bereits bei der behördlichen Entscheidung Ermessenserwägungen hinsichtlich des VA angestellt worden sind, das Ermessen also in irgendeiner Weise betätigt worden ist. S. 2 schafft die prozessualen Voraussetzungen lediglich dafür, dass defizitäre Ermessenserwägungen ergänzt werden, nicht hingegen, dass das Ermessen erstmals ausgeübt oder die Gründe einer Ermessensausübung (komplett oder doch in ihrem Wesensgehalt) ausgewechselt werden (BVerwGE 129, 367; 106, 351; BVerwG NJW 1999, 2912; NRWOVG NVwZ-RR 2003, 59). Liegt eine **intendierte Ermessensentscheidung** vor, handelt es sich, wenn die Behörde nachträglich zu individuellen oder sonstigen Besonderheiten abwägend Stellung nimmt, allerdings um eine Ergänzung – nicht um eine Nachholung – der Ermessensbegründung (BVerwGE 105, 55).

28 Die Nachholung von Ermessenserwägungen bei **besoldungsrechtlichen Billigkeitsentscheidungen** wirft eigenständige Probleme auf (vgl. NRWOVG Schütz BeamtR ES/C V 5 Nr. 39 m.w.N.).

4. keine Nachholung nach Erledigung

29 Nach dem Zeitpunkt des eingetretenen erledigenden Ereignisses, sprich: im Anwendungsbereich des I 4 in direkter oder analoger Anwendung, scheidet eine Ergänzung von Ermessenserwägungen gemäß S. 2 aus, weil die Ermessensergänzung begrifflich notwendigerweise einen noch wirksamen VA voraussetzt, auf den sie sich beziehen kann (NRWOVG NVwZ 2001, 1424; Urt. v. 21.11. 2002 – 11 A 5497/99).

§ 115 [Klagen gegen Widerspruchsbescheid]

§§ 113 und 114 gelten entsprechend, wenn nach § 79 Abs. 1 Nr. 2 und Abs. 2 der Widerspruchsbescheid Gegenstand der Anfechtungsklage ist.

Die Norm hat keine praktische Bedeutung. Sie ordnet an, dass die §§ 113 und 114 entsprechend gelten, wenn **allein der Widerspruchsbescheid** Gegenstand der Anfechtungsklage ist (§ 79 I Nr. 2, II). Damit ist sie dogmatisch im Grunde überflüssig, weil auch der Widerspruchsbescheid ein VA (§ 35 S. 1 VwVfG) ist. Sofern eine **Verpflichtungsklage** auf Erlass eines Widerspruchsbescheids für zulässig erachtet wird (zum Streitstand Ey § 115 Rn. 2), findet § 115 konsequenterweise entsprechende Anwendung. 1

§ 116 [Verkündung und Zustellung des Urteils]

(1) ¹Das Urteil wird, wenn eine mündliche Verhandlung stattgefunden hat, in der Regel in dem Termin, in dem die mündliche Verhandlung geschlossen wird, verkündet, in besonderen Fällen in einem sofort anzuberaumenden Termin, der nicht über zwei Wochen hinaus angesetzt werden soll. ²Das Urteil ist den Beteiligten zuzustellen.

(2) Statt der Verkündung ist die Zustellung des Urteils zulässig; dann ist das Urteil binnen zwei Wochen nach der mündlichen Verhandlung der Geschäftsstelle zu übermitteln.

(3) Entscheidet das Gericht ohne mündliche Verhandlung, so wird die Verkündung durch Zustellung an die Beteiligten ersetzt.

Übersicht

	Rn.
I. Sofortige Verkündung des Urteils	2
1. Termin	3
2. Verkündung	4
3. Besetzung des Gerichts	7
4. Bindung des Gerichts	8
II. Verkündungstermin	9
III. Zustellung statt Verkündung nach mündlicher Verhandlung	14
1. Absetzungsfrist	17
2. Anspruch auf Mitteilung	19
3. Bindung des Gerichts	20
IV. Zustellung bei Entscheidung ohne mündliche Verhandlung	21

Die Vorschrift regelt die besonders formalisierten Möglichkeiten, einem Urteil äußere Existenz zu verleihen. Vorgesehen sind dafür die **Verkündung** der Urteilsformel, die sofort oder in einem besonderen Termin erfolgen kann (I), und die **Zustellung** des vollständig abgesetzten Urteils (II, III). 1

I. Sofortige Verkündung des Urteils

Hat eine **mündliche Verhandlung** stattgefunden, so wird das Urteil in der Regel in dem Termin verkündet, in dem die mündliche Verhandlung geschlossen worden ist (I 1, 1. Hs.). Das Urteil selbst ist zuzustellen (I 2). 2

§ 116   Teil II. Verfahren

1. Termin

3   **Termin** in diesem Sinne ist der **Sitzungstag** (BVerwGE 20, 141). Es muss daher nicht unmittelbar im Anschluss an die konkrete mündliche Verhandlung verkündet werden. Es reicht eine (Sammel)Verkündung am Ende des Sitzungstags des Spruchkörpers, nachdem alle am Sitzungstag verhandelten Sachen (gemäß § 55 i.V.m. §§ 192 ff. GVG) durchberaten worden sind.

2. Verkündung

4   Der **Vorsitzende** verkündet nach dem Schließen der mündlichen Verhandlung in öffentlicher Sitzung (§ 173 S. 1 i.V.m. § 136 IV ZPO). Die **Wirksamkeit** der Verkündung ist von der Anwesenheit der Beteiligten nicht abhängig (§ 173 S. 1 i.V.m. § 312 I 1 ZPO); im Umkehrschluss ergibt sich, dass auch bei Ausbleiben aller Beteiligten zwingend verkündet werden muss. Anderenfalls ist das Urteil unwirksam.

5   Die **Verkündung** erfolgt „im Namen des Volkes" (§ 173 S. 1 i.V.m. § 311 I ZPO) durch Vorlesung der Urteilsformel (§ 311 II 1 ZPO), die vorher schriftlich niedergelegt, aber nicht notwendig unterschrieben worden sein muss. Keiner schriftlichen Abfassung bedarf es bei Anerkenntnis- und Verzichtsurteilen (§ 311 II 3 ZPO; → § 107 Rn. 7). Die Entscheidungsgründe können, müssen aber nicht mitgeteilt werden (§ 311 III). Ist keiner der Beteiligten anwesend, kann die Verkündung durch Bezugnahme auf die Urteilsformel ersetzt werden (§ 311 II 2 ZPO).

6   Die Tatsache der Verkündung und die Entscheidungsformel sind in die **Niederschrift** über die Verhandlung aufzunehmen (§ 105 i.V.m. § 160 III Nr. 7 ZPO).

3. Besetzung des Gerichts

7   Während der Verkündung muss das Gericht **ordnungsgemäß besetzt** sein, aber nicht notwendig mit den Richtern, die das Urteil gefällt haben (→ § 5 Rn. 18, § 112 Rn. 5). I 1 regelt lediglich den Zeitpunkt der Verkündung. Eine in der mündlichen Verhandlung und bei der Verkündung gleichbesetzte Richterbank schreibt die Norm nicht vor (BVerwGE 91, 242; 50, 79). Eine fehlerhafte Besetzung macht das Urteil überdies nicht unwirksam (vgl. S/S-A/P § 116 Rn. 8).

4. Bindung des Gerichts

8   Mit dem vollständigen Abschluss der Verkündung aller Elemente der Entscheidungsformel (§ 117 II Nr. 3) und nicht erst mit der evtl. Mitteilung der Entscheidungsgründe ist das Gericht an die von ihm getroffene Entscheidung gebunden (§ 173 S. 1 i.V.m. § 318 ZPO). Die Zustellung des später abgefassten Urteils ist lediglich für den Lauf der Rechtsmittelfrist von Bedeutung (§§ 56 I, 57 I). Die **Bindung** führt dazu, dass auch im Falle irrtümlicher Verkündung des Tenors das abgefasste Urteil den falschen Tenor wiedergeben muss; eine **Berichtigung** ist nur nach §§ 118 ff. zulässig.

II. Verkündungstermin

9   In besonderen Fällen wird das Urteil in einem sofort anzuberaumenden (weiteren) Termin verkündet, der nicht über zwei Wochen hinaus angesetzt werden soll (I 1, 2. Hs.). Das Urteil selbst ist zuzustellen (I 2). Ob ein **besonderer Fall** vorliegt, obliegt allein der Beurteilung des Gerichts (vgl. S/S-A/P § 116 Rn. 4).

10   Die **Anberaumung** des Verkündungstermins ist zweckmäßigerweise in der mündlichen Verhandlung durch Beschluss zu verkünden; dieser muss nicht zugestellt

Verkündung und Zustellung des Urteils **§ 116**

werden (BVerwG Buchh 310 § 56 VwGO Nr. 7). Der später erlassene Beschluss ist gemäß § 56 I zuzustellen; einer **Ladung** zum Verkündungstermin bedarf es in beiden Fällen nicht.

Zweckmäßig ist es zu beschließen, dass „eine Entscheidung" verkündet werden wird. **11** Hierbei kann es sich um die Endentscheidung, im Falle weiteren Aufklärungsbedarfs aber auch um einen (weiteren) Beweisbeschluss handeln. Unterbleibt die Verkündung oder Zustellung dieses Beschlusses, ist das gleichwohl verkündete Urteil nicht bereits deswegen unwirksam (str., S/S-A/P § 116 Rn. 8; a.A. KS § 116 Rn. 7). Der Beschluss kann von Amts wegen jederzeit geändert werden (S/S-A/P § 116 Rn. 4).

Für die Verkündung gilt das unter Rn. 2 ff. Ausgeführte mit der Besonderheit, dass **12** der **Vorsitzende** das Urteil in Abwesenheit der anderen Mitglieder des Spruchkörpers allein verkünden kann (§ 173 S. 1 i.V.m. § 311 IV ZPO).

Wird die **Zwei-Wochen-Frist** zur Verkündung nicht eingehalten, hat dies keine **13** unmittelbaren prozessualen Konsequenzen („soll"). Bei einer mehrmonatigen Zeitspanne zwischen mündlicher Verhandlung und Verkündungstermin ist jedoch davon auszugehen, dass den Richtern der unmittelbare Eindruck von der mündlichen Verhandlung nicht mehr hinreichend gegenwärtig ist (→ Rn. 18).

III. Zustellung statt Verkündung nach mündlicher Verhandlung

Statt der Verkündung ist – nach freiem Ermessen des Gerichts (BVerwGE 75, 338) – **14** die **Zustellung** des Urteils zulässig; dann ist das Urteil binnen zwei Wochen nach der mündlichen Verhandlung der Geschäftsstelle zu übermitteln (II). Zugestellt wird das gesamte Urteil und nicht nur die Urteilsformel (§ 56).

Zur Problematik im Hinblick auf einen Anspruch der Beteiligten auf öffentliche **15** Verkündung gemäß Art. 6 I 2 EMRK → KS § 116 Rn. 9; S/S-A/P § 116 Rn. 9.

In der mündlichen Verhandlung ist der Beschluss zu verkünden, dass eine Entschei- **16** dung/das Urteil zugestellt wird. Unterbleibt der Beschluss, kann er schriftlich nachgeholt werden. Unterbleibt auch dies, wirkt sich der Verstoß nicht aus, da das Urteil hierauf nicht beruhen kann (BVerwG NJW 1976, 124).

1. Absetzungsfrist

Für die **Absetzung** des Urteils gilt eine **Zwei-Wochen-Frist**. Nach Ablauf von **17** zwei Wochen bestehen aus der maßgeblichen Sicht des Gesetzgebers grds. Zweifel daran, dass den Richtern der unmittelbare Eindruck von der mündlichen Verhandlung noch hinreichend gegenwärtig ist. Entsprechend § 117 III 2 genügt zur Wahrung der Frist die Übermittlung der unterschriebenen Urteilsformel an die Geschäftsstelle (BVerwG NVwZ 1998, 1176). Das vollständige Urteil ist dann **alsbald** abzusetzen (BVerwGE 39, 51).

Wird die Frist nicht gewahrt, leidet das Urteil an einem **Verfahrensmangel** **18** (BVerwGE 39, 52; BVerfG NVwZ 1990, 651), dessen erfolgreiche Geltendmachung die Darlegung voraussetzt, dass das Urteil auf dem Mangel beruhen kann (BVerwGE 110, 40). Ein Zeitablauf von etwa dreieinhalb Monaten spricht hierfür (BVerwG NVwZ 1998, 1176). Entsprechend §§ 517, 548 ZPO liegt die äußerste Grenze bei fünf Monaten nach Durchführung der mündlichen Verhandlung (GmSOGB BVerwGE 92, 367). Die mündliche Verhandlung muss in einem solchen Fall wiederholt werden. Diese Regeln gelten für die Annahme eines Verfahrensmangels; in der gerichtsinternen Geschäftsprüfung (→ § 38 Rn. 5) können andere Fristen vorgegeben werden.

2. Anspruch auf Mitteilung

19 Sobald das Urteil der Geschäftsstelle zur Ausfertigung übermittelt ist, haben die Beteiligten **Anspruch auf Mitteilung vom Inhalt der ihr übergebenen Entscheidungsformel** (BVerwG NVwZ-RR 1994, 297). Dieser Anspruch kann erfüllt werden, indem die Geschäftsstelle einen Beteiligten auf telefonische Nachfrage über die Urteilsformel informiert.

3. Bindung des Gerichts

20 Bereits mit der „**Entäußerung**" der Entscheidung, z.B. durch Aufgabe der Ausfertigung zur Post oder der Zustellung des noch nicht mit Gründen versehenen Urteils (BVerwG Buchh 310 § 133 VwGO Nr. 50) oder bei der telefonischen Mitteilung der Urteilsformel an einen Beteiligten (BVerwG NVwZ-RR 1994, 297), ist das Gericht an die von ihm getroffene Entscheidung **gebunden** (§ 173 S. 1 i.V.m. § 318 ZPO). Die Übergabe des – auch schon unterschriebenen – Urteils an die Geschäftsstelle des Spruchkörpers führt noch nicht zur Bindung, solange eine Zurückholung in den Spruchkörper noch möglich ist. Dies ist dann nicht mehr der Fall, wenn das Urteil endgültig aus dem Verfügungsbereich des Spruchkörpers hinausgelangt, sodass auch eine Zurückholung in den Spruchkörper, etwa zum Zwecke einer Änderung oder auch einer Ergänzung im Hinblick auf eine noch in den Verfügungsbereich der Geschäftsstelle gelangten Stellungnahme eines Beteiligten, tatsächlich nicht mehr möglich ist. Letzteres ist nach allgemeiner Erfahrung so lange nicht der Fall, d.h. eine Zurückholung in den Spruchkörper so lange möglich, wie die zur Absendung bestimmte Postsendung das Gerichtsgebäude noch nicht verlassen hat (BVerwGE 95, 64).

IV. Zustellung bei Entscheidung ohne mündliche Verhandlung

21 Entscheidet das Gericht **ohne mündliche Verhandlung**, so wird die Verkündung durch Zustellung an die Beteiligten ersetzt (III). Hiervon werden Urteile erfasst, die im Einverständnis der Beteiligten – ggf. auch nach einer bereits durchgeführten mündlichen Verhandlung – ohne mündliche Verhandlung ergehen (§ 101 II), aber auch Gerichtsbescheide (§ 84 I 1).

22 Erklären sich die Beteiligten nach mündlicher Verhandlung mit einer Entscheidung im schriftlichen Verfahren einverstanden, so ist im weiteren Verfahrensgang weder die 5-Monats-Frist zu beachten, die im Rahmen der §§ 116 II, 117 IV eine Rolle spielt, noch die 3-Monats-Frist, innerhalb derer nach § 128 II 3 ZPO im Zivilprozess eine Entscheidung getroffen werden muss (BVerwG NVwZ-RR 2003, 460). Zur Bindungswirkung → Rn. 8, 20.

§ 117 [Form und Inhalt des Urteils]

(1) ¹Das Urteil ergeht „Im Namen des Volkes". ²Es ist schriftlich abzufassen und von den Richtern, die bei der Entscheidung mitgewirkt haben, zu unterzeichnen. ³Ist ein Richter verhindert, seine Unterschrift beizufügen, so wird dies mit dem Hinderungsgrund vom Vorsitzenden oder, wenn er verhindert ist, vom dienstältesten beisitzenden Richter unter dem Urteil vermerkt. ⁴Der Unterschrift der ehrenamtlichen Richter bedarf es nicht.

Form und Inhalt des Urteils § 117

(2) Das Urteil enthält
1. die Bezeichnung der Beteiligten, ihrer gesetzlichen Vertreter und der Bevollmächtigten nach Namen, Beruf, Wohnort und ihrer Stellung im Verfahren,
2. die Bezeichnung des Gerichts und die Namen der Mitglieder, die bei der Entscheidung mitgewirkt haben,
3. die Urteilsformel,
4. den Tatbestand,
5. die Entscheidungsgründe,
6. die Rechtsmittelbelehrung.

(3) [1]Im Tatbestand ist der Sach- und Streitstand unter Hervorhebung der gestellten Anträge seinem wesentlichen Inhalt nach gedrängt darzustellen. [2]Wegen der Einzelheiten soll auf Schriftsätze, Protokolle und andere Unterlagen verwiesen werden, soweit sich aus ihnen der Sach- und Streitstand ausreichend ergibt.

(4) Ein Urteil, das bei der Verkündung noch nicht vollständig abgefaßt war, ist vor Ablauf von zwei Wochen, vom Tag der Verkündung an gerechnet, vollständig abgefaßt der Geschäftsstelle zu übermitteln. [2]Kann dies ausnahmsweise nicht geschehen, so ist innerhalb dieser zwei Wochen das von den Richtern unterschriebene Urteil ohne Tatbestand, Entscheidungsgründe und Rechtsmittelbelehrung der Geschäftsstelle zu übermitteln; Tatbestand, Entscheidungsgründe und Rechtsmittelbelehrung sind alsbald nachträglich niederzulegen, von den Richtern besonders zu unterschreiben und der Geschäftsstelle zu übermitteln.

(5) Das Gericht kann von einer weiteren Darstellung der Entscheidungsgründe absehen, soweit es der Begründung des Verwaltungsakts oder des Widerspruchsbescheids folgt und dies in seiner Entscheidung feststellt.

(6) [1]Der Urkundsbeamte der Geschäftsstelle hat auf dem Urteil den Tag der Zustellung und im Falle des § 116 Abs. 1 Satz 1 den Tag der Verkündung zu vermerken und diesen Vermerk zu unterschreiben. [2]Werden die Akten elektronisch geführt, hat der Urkundsbeamte der Geschäftsstelle den Vermerk in einem gesonderten Dokument festzuhalten. [3]Das Dokument ist mit dem Urteil untrennbar zu verbinden.

Übersicht

	Rn.
I. Inhalte des Urteils	2
1. Bezeichnung der Beteiligten u.a. (II Nr. 1)	3
2. Bezeichnung des Gerichts (II Nr. 2)	4
3. Urteilsformel (II Nr. 3)	5
4. Tatbestand (II Nr. 4, III)	7
5. Entscheidungsgründe (II Nr. 5, V)	10
a) Grundsätze	10
b) Absehen von weiterer Darstellung und Bezugnahmen	12
6. Rechtsmittelbelehrung (II Nr. 6)	15
7. Unterzeichnung (I 2, 3)	17
a) Grundsatz	17
b) Verhinderungsfall	23
II. Abfassung und Übermittlung des Urteils (IV)	26
1. Vollständige Abfassung	27
2. Übermittlung an die Geschäftsstelle	28

3. Ausnahme bei Nichtwahrung der Frist	29
a) Ausnahmefall	30
b) Alsbaldige Übergabe	31
aa) Überschreiten der Fünf-Monats-Frist	32
bb) Überschreiten der Zwei-Wochen-Frist unter Einhaltung der Fünf-Monats-Frist	34
III. Zustellungs- bzw. Verkündungsvermerk (VI)	35

1 § 117 regelt zusammen mit § 108 I 2 Form und Inhalt von Urteilen im erstinstanzlichen und im Rechtsmittelverfahren (§§ 125 I 1, 141 S. 1) sowie von Gerichtsbescheiden (§ 84 I 3). Bei **urteilsersetzenden Beschlüssen** (insb. §§ 125 II 2, 130a, 47 I, VI, 80 V, VII, 80a III, 123) findet wegen ihrer Tragweite und ihres kontradiktorischen Charakters § 117 weitgehend entsprechende Anwendung (BVerwGE 109, 336).

I. Inhalte des Urteils

2 Das **schriftlich** in deutscher Sprache (§ 55 i.V.m. 184 S. 1 GVG) abzufassende und als solches zu bezeichnende **Urteil** ergeht „**Im Namen des Volkes**" (§ 117 I 1, 2). Eine elektronische Abfassung sieht die Norm nicht vor; §§ 118 II 3, 119 II 6 legen dies aber zugrunde (vgl. KS § 117 Rn. 1). Seine Inhalte regelt neben § 108 I 2 i. W. § 117 II, der für urteilsvertretende und in ihrer Bedeutung vergleichbare Beschlüsse in seinem Kern, nicht aber in allen Einzelheiten entsprechende Anwendung findet (BVerwG NJW 2009, 2322). Ist die schriftliche Fassung des Urteils Gegenstand von **Meinungsverschiedenheiten** zwischen den Richtern, müssen die auftauchenden Fragen von den zur Unterschrift berufenen Mitgliedern des Gerichts in einer Beratung geklärt und durch Abstimmung mehrheitlich entschieden werden (BVerwGE 93, 90). Das Urteil hat zu enthalten:

1. Bezeichnung der Beteiligten u. a. (II Nr. 1)

3 Die Beteiligten, ihre gesetzlichen Vertreter und Bevollmächtigten sind nach Namen, Beruf, Wohnort und ihrer Stellung im Verfahren zu bezeichnen. Zweifel an der Identität der Beteiligten müssen ausgeschlossen sein. Die präzise Bezeichnung ist Voraussetzung für die Beurteilung der Rechtskraftwirkungen (§ 121) und die Vollstreckung (§ 168 I Nr. 1). Stirbt ein Beteiligter, ist der Erbe – möglichst mit den weiteren Angaben – in das Rubrum aufzunehmen. Termins- und Behördenvertreter sind nicht zu erwähnen. Fehlende Angaben können im Verfahren nach §§ 118 f. berichtigt werden.

2. Bezeichnung des Gerichts (II Nr. 2)

4 Das Gericht und die Namen der Mitglieder, die bei der Entscheidung (nicht ihrer Verkündung) mitgewirkt haben (§ 112), sind zu bezeichnen. Dienst- und ggf. Funktionsbezeichnung („als Vorsitzender") sind ebenfalls anzugeben.

3. Urteilsformel (II Nr. 3)

5 Das Urteil hat eine Urteilsformel (**„Tenor"**) zu enthalten. Fehlt die Formel, liegt kein Urteil vor. Dies kann auch nicht über § 119 nachgeholt werden (→ § 119 Rn. 2). Zur Urteilsformel zählt zunächst die Entscheidung über die Hauptsache. Bei Klageabweisung bedarf es nicht des Zusatzes „als unzulässig" bzw. „als unbegründet".

Sodann ist über die Kosten (§§ 154 ff.), die vorläufige Vollstreckbarkeit (§ 167) und die Zulassung eines Rechtsmittels (§§ 124a I 1, 132 I, 134 I 1) zu entscheiden. Letztere kann allerdings auch in den Entscheidungsgründen wirksam ausgesprochen sein, wenn dies in eindeutiger und unmissverständlicher Weise geschieht (BayVGH, Beschl. v. 23.10. 2009 – 10 ZB 09.2312, m.w.N.).

Die Urteilsformel ist nach Möglichkeit so zu fassen, dass ihr unmittelbar Inhalt und Tragweite der Entscheidung entnommen werden können. Ist dieses Ziel nicht erreichbar, wie insb. im Fall des Bescheidungsurteils (§ 113 V 2), sind zum Verständnis einer nicht eindeutigen Urteilsformel die Entscheidungsgründe heranzuziehen. Um einen solchen Fall handelt es sich nicht nur, wenn der Wortlaut der Urteilsformel aus sich heraus auslegungsbedürftig ist, sondern auch, wenn für die Bedeutung eines in der Urteilsformel benutzten Begriffs ausdrücklich auf die (ihrerseits insoweit klaren) Entscheidungsgründe Bezug genommen wird (BVerwGE 64, 186). 6

4. Tatbestand (II Nr. 4, III)

Das Urteil hat einen Tatbestand zu enthalten. Beschlüssen kann ein Teil I der Gründe vorangestellt werden; notwendig ist dies dort nicht. Es ist zweckmäßig und üblich, den Tatbestand von den Entscheidungsgründen abzusetzen; eine solche Zweiteilung ist aber nicht zwingend (vgl. BVerwG NJW 2009, 2322; BVerwGE 109, 336). 7

Der Tatbestand erfüllt **Beurkundungs- und Beweisfunktion** (§ 173 S. 1 i.V.m. § 314 ZPO; § 98 i.V.m. § 418 ZPO); dies gilt auch, wenn Elemente des Tatbestands – wie z.B. förmliche Beweisanträge – nur in den Entscheidungsgründen wiedergegeben sind (vgl. BVerwG, Beschl. v. 19.8. 2008 – 4 A 1025/06). 8

Im Tatbestand ist der **Sach- und Streitstand** unter Hervorhebung der gestellten Anträge seinem wesentlichen Inhalt nach **gedrängt** darzustellen (III 1). Der Tatbestand muss für die Beteiligten und ggf. das Rechtsmittelgericht sichere Grundlage für die Nachprüfung der Entscheidung sein (str., vgl. KS § 117 Rn. 13). Eine erschöpfende Darstellung aller Tatsachen und vorgebrachten Rechtsausführungen ist nicht erforderlich. Mindestbestandteile sind die Grundzüge der Verfahrensgeschichte sowie die Prozessgeschichte nebst Anträgen, Beteiligtenvorbringen und Beweisergebnissen. Wegen der Einzelheiten soll auf Schriftsätze, Protokolle und andere Unterlagen verwiesen werden, soweit sich aus ihnen der Sach- und Streitstand ausreichend ergibt (III 2). Eine pauschale Bezugnahme auf den gesamten Inhalt der Gerichtsakten und Verwaltungsvorgänge ist nicht ausreichend, wenngleich auch unschädlich, sofern der Tatbestand im Übrigen den Voraussetzungen genügt. § 130b S. 1 enthält für das Berufungsverfahren eine Sondervorschrift, nach der auch auf den Tatbestand der angefochtenen Entscheidung Bezug genommen werden darf. 9

5. Entscheidungsgründe (II Nr. 5, V)

a) Grundsätze. Das Urteil hat Entscheidungsgründe – im Beschluss üblicherweise Teil II der Gründe – zu enthalten. Neben der Selbstvergewisserung des Gerichts dient die Begründungspflicht der Überprüfbarkeit der richterlichen Würdigung durch das Rechtsmittelgericht wie durch die Beteiligten und steht im Zusammenhang mit der en Anspruch auf Gewährung rechtlichen Gehörs nach Art. 103 I GG, § 108 II (BVerwG, Beschl. v. 28.1. 2010 – 6 B 50.09). Es ist zweckmäßig und üblich, die Entscheidungsgründe vom Tatbestand abzusetzen; zwingend ist dies aber nicht (BVerwG NJW 2009, 2322). 10

Den Entscheidungsgründen muss entnommen werden können, welche Erwägungen für die richterliche Überzeugungsbildung leitend gewesen sind (§ 108 I 2; → 11

§ 108 Rn. 25 ff., dort auch zu **Begründungsmängeln**). Idealiter handeln die Entscheidungsgründe in **gestraffter** und **konzentrierter Form** folgerichtig und nachvollziehbar alle Gesichtspunkte ab, die für den Tenor des Urteils tragend sind. Der Sachverhalt ist unter Auseinandersetzung mit dem insoweit maßgeblichen Parteivorbringen rechtlich zu würdigen. Beweisergebnisse sind zu begründen. Dies gilt um so mehr, wenn es auf den persönlichen Eindruck der Richter z. B. von einem Zeugen ankommt.

Ein **Sondervotum** eines in der Begründung oder im Ergebnis abweichenden Richters im Stile des § 30 II 1 BVerfGG sieht die VwGO nicht vor. Dessen Abgabe ist daher unzulässig.

12 **b) Absehen von weiterer Darstellung und Bezugnahmen.** Das Gericht kann von einer **weiteren Darstellung** der Entscheidungsgründe **absehen**, soweit es der Begründung des VA oder des Widerspruchsbescheids folgt und dies in seiner Entscheidung feststellt (V). Die in Bezug genommenen Begründungsbestandteile ("soweit") sind konkret zu benennen. Wird von der Möglichkeit des V mit Augenmaß Gebrauch gemacht, dient dies der Entlastung der Gerichte, ohne Nachteile hinsichtlich der Rechtsschutzgewährung befürchten zu lassen.

13 Auf Entscheidungsgründe darf auch unter Anwendung des V **nicht vollständig verzichtet** werden (vgl. § 138 Nr. 6). Es müssen sich für die Beteiligten und das Rechtsmittelgericht aus einer Zusammenschau der Ausführungen in der Bezug nehmenden und der in Bezug genommenen Entscheidung die für die richterliche Überzeugung maßgeblichen Gründe weiterhin mit hinreichender Klarheit ergeben (vgl. BVerwG, Beschl. v. 3. 1. 2006 – 10 B 17.05).

14 V regelt die **Zulässigkeit von Bezugnahmen** nicht abschließend (vgl. auch §§ 130b S. 2, 122 II 3). So darf auf schriftliche Dokumente, die den Beteiligten des Verfahrens bereits bekannt sind, Bezug genommen werden (BVerwGE 109, 272). Im Normenkontrollverfahren (§ 47) darf auf die Gründe verwiesen werden, die zur Begründung des Erlasses eines Bebauungsplans formuliert worden oder in einem Anwaltsschriftsatz in konzentrierter Form wiedergegeben sind (BVerwG BauR 2009, 609). Schließlich darf das Gericht auch auf die tatsächlichen Feststellungen und rechtlichen Erwägungen einer in einem anderen Verfahren ergangenen Entscheidung Bezug nehmen (BVerwG BauR 2009, 609), sofern die Beteiligten die in Bezug genommene Entscheidung kennen oder von ihr ohne Schwierigkeiten Kenntnis nehmen können (BVerwG, Beschl. v. 3. 1. 2006 – 10 B 17.05).

6. Rechtsmittelbelehrung (II Nr. 6)

15 Das Urteil hat eine Rechtsmittelbelehrung zu enthalten. Inhaltliche Anforderungen hieran stellt § 58 I, die Folgen einer fehlenden oder unrichtigen Belehrung regelt § 58 II. Formal ist nicht zwingend erforderlich, dass die Belehrung von den Entscheidungsgründen abgesetzt und mit einer gesonderten Überschrift versehen wird. Sie muss zwar ihre Hinweis- und Belehrungsfunktion erfüllen und darf deshalb nicht in einer vielseitigen Begründung versteckt werden, sondern sollte nach den Entscheidungsgründen an dessen Ende gerückt werden, kann sich aber durchaus vor der Begründung der Kostenentscheidung und der Streitwertfestsetzung finden (vgl. BVerwG NJW 2009, 2322). Fehlt die Rechtsmittelbelehrung, kann sie über § 118 nachgeholt werden (→ § 118 Rn. 5).

16 Als Urteilsbestandteil muss die Rechtsmittelbelehrung von der **Unterschrift** der Richter gedeckt sein (→ Rn. 17 ff.). Dies ist nur der Fall, wenn die Rechtsmittel-

Form und Inhalt des Urteils § 117

belehrung den Unterschriften vorangeht. Werden diese Voraussetzungen nicht erfüllt, so setzt die Zustellung des Urteils Rechtsmittelfristen nicht in Lauf (BVerwGE 109, 336).

7. Unterzeichnung (I 2, 3)

a) Grundsatz. Die Urschrift des Urteils ist gem. I 2 von den Richtern, die bei der 17 Entscheidung mitgewirkt haben, handschriftlich zu **unterzeichnen**. Der Begriff „Richter" meint hier – wie stets in der VwGO – nur die **Berufsrichter** (→ § 5 Rn. 11). Etwa mitwirkende **ehrenamtliche** Richter dürfen entgegen der insoweit missverständlichen Formulierung in I 4 die Urteilsbegründung **nicht** unterschreiben, was sich auch daraus ergibt, dass ihre Mitwirkung mit der internen Beschlussfassung des Spruchkörpers endet (→ § 19 Rn. 8).

Zur **Handschriftlichkeit** im Einzelnen → § 81 Rn. 3, bei **elektronischer Ab-** 18 **fassung** vgl. § 55a III. Eine Paraphe der Berufsrichter genügt zur Unterzeichnung nicht. Die Unterschriften unter einem Urteil müssen einen Text **räumlich decken**, der dem Beratungsergebnis entsprechend verfasst und dem Unterschreibenden zur Gänze bekannt ist. Aus diesem Grund ist es nicht zulässig, dass ein Richter einem ihm noch nicht bekannten Text – unter Verzicht auf eine möglicherweise notwendig werdende Beratung der Fassung der schriftlichen Urteilsgründe – seine Unterschrift zur Verfügung stellt (BGH NStZ 1984, 378).

Die Unterschrift hat **nach der Rechtsmittelbelehrung** zu erfolgen, weil diese 19 den gesamten Urteilstext in räumlicher und zeitlicher Hinsicht abschließt (vgl. BVerwGE 109, 336; → Rn. 16). Fehlt die Unterschrift eines der mitwirkenden Richter, liegt grds. nur ein **Urteilsentwurf** vor (BVerfG NJW 1985, 788). Ist aber der den Entscheidungsverbund abschließende Streitwertbeschluss eine Seite später von allen Richtern unterschrieben worden, so ist davon auszugehen, dass auch der dritte Richter mit seiner einmaligen Unterzeichnung des gesamten Schriftstücks dessen Inhalt vollständig billigen wollte (BVerwG ZOV 1998, 284).

Entsprechend § 118 können Unterschriften bzw. Verhinderungsvermerk nach I 3 20 nachgeholt werden (KS § 117 Rn. 3 m.w.N.; → § 118 Rn. 5).

Das Erfordernis persönlicher Unterzeichnung gilt für die den Beteiligten zuzustel- 21 lenden **Urteilsausfertigungen** nicht (BVerwG, Beschl. v. 7.8. 1998 – 6 B 69.98; Buchh 340 § 5 VwZG Nr. 15). Die Ausfertigung muss allerdings erkennen lassen, wer die Originalschrift unterzeichnet hat.

Ein **Urteil ohne mündliche Verhandlung** erlangt (erst) mit den nach Unter- 22 schriften der mitwirkenden Richter unter das vollständig abgefasste Urteil die Endgültigkeit, die es ausfertigungs- und zustellungsreif und damit verlautbarungsreif macht. Mit seiner Unterschrift bekundet der Richter nicht nur, dass die schriftliche Urteilsfassung in allen ihren Bestandteilen mit der beschlossenen Urteilsformel und den für die richterliche Überzeugung tatsächlich leitend gewesenen Gründen übereinstimmt. Mit ihr gibt er auch zu erkennen, dass er seine Mitwirkung an der Entscheidung zum Abschluss bringt und diese zur ordnungsgemäßen Bekanntgabe durch Zustellung an die Beteiligten freigibt (BVerwG 91, 242).

b) Verhinderungsfall. Ist ein Richter verhindert, seine Unterschrift beizufügen, so 23 wird dies mit dem Hinderungsgrund vom Vorsitzenden oder, wenn er verhindert ist, vom dienstältesten beisitzenden Richter unter dem Urteil vermerkt (I 3). Der (doppelten) Unterschrift des Vorsitzenden bedarf es nicht.

Verhinderung (→ § 30 Rn. 6) liegt u.a. vor, wenn ein Richter zur Zeit der Un- 24 terschriftsreife des Urteils **Urlaub** hat (BVerwGE 75, 338), aus seinem **Richteramt**

bei diesem Gericht **ausgeschieden**, wenn er aus dem Richterdienst durch Eintritt in den **Ruhestand** ausgeschieden ist (vgl. BVerwG NJW 1991, 1192 m. w. N.) oder wenn er **versetzt** worden ist (BGH VersR 1981, 552). Tatsächlich unzutreffende Angaben über die Verhinderung begründen keinen Verfahrensmangel (str., wie hier KS § 117 Rn. 2a m.w.N.). Die **Weigerung eines Richters** zu unterschreiben, ist keine Verhinderung im dargelegten Sinn; die mündliche Verhandlung ist ggf. zu wiederholen. Wird die Unterschrift in einem solchen Fall gleichwohl durch einen unzulässigen Vermerk ersetzt, liegt nur ein Urteilsentwurf vor (BGH NJW 1977, 765).

25 I 3 ist zugleich zu entnehmen, dass kein Anspruch darauf besteht, dass diejenigen Richter, die an den der Fällung des Urteils vorausgegangenen Verfahrensabschnitten (Beweisaufnahme/mündliche Verhandlung) teilgenommen haben, auch an der Abfassung der schriftlichen Urteilsgründe mitwirken (BVerwG Buchh 310 § 133 VwGO Nr. 93). Die Verhinderung darf allerdings nur bezogen auf die Unterschriftsleistung bestehen; die vorausgehende eigentliche Entscheidung – die (nach Beratung erfolgte) Beschlussfassung über die Urteilsformel (Urteilstenor) – ist von allen Richtern zu treffen. Tritt vor der Fällung des Urteils (§ 112 Rn. 2) die Verhinderung eines Richters ein, ist sein nach dem Geschäftsverteilungsplan bestimmter Vertreter zur Mitwirkung berufen, wobei z. B. eine mündliche Verhandlung möglicherweise wieder aufzunehmen ist (BVerwGE 75, 338).

II. Abfassung und Übermittlung des Urteils (IV)

26 Ein Urteil, das bei der Verkündung (§ 116 I 1) noch nicht vollständig abgefasst war, ist vor Ablauf von zwei Wochen, vom Tag der Verkündung an gerechnet (§ 57 II i.V.m. § 222 I ZPO, §§ 187 II 1, 188 II 2. Var. BGB), vollständig abgefasst der Geschäftsstelle zu übermitteln (IV 1). Die Regelung dient der Verfahrensbeschleunigung. Mit ihr soll sichergestellt werden, dass die schriftlichen Entscheidungsgründe mit denjenigen Gründen übereinstimmen, die nach dem Ergebnis der auf die mündliche Verhandlung folgenden Urteilsberatung für die richterliche Überzeugung und für die von dieser getragenen Entscheidung (§ 108 I 1) maßgeblich waren.

1. Vollständige Abfassung

27 „**Vollständig abgefasst**" ist ein Urteil grds. erst dann, wenn es von allen Richtern, die bei der Entscheidung mitgewirkt haben, unterschrieben ist (I 2) und damit die vom Berichterstatter oder vom Vorsitzenden formulierten schriftlichen Gründe auch von den anderen Richtern geprüft und – möglicherweise mit (im Spruchkörper abgestimmten) Änderungen – gebilligt worden sind. Dem steht nicht entgegen, dass die Unterschrift eines verhinderten Richters ersetzt werden kann (I 3). Diese Regelung führt zwar im Verhinderungsfall zu einer Beschränkung der Prüfpflicht auf die nicht verhinderten Richter. Vollständig abgefasst ist aber (auch) in diesem Fall das Urteil erst dann, wenn es anstelle der Unterschrift des verhinderten Richters den Verhinderungsvermerk erhalten hat; solange der Vermerk fehlt, können die Gründe – in Abstimmung mit den anderen beteiligten Richtern – noch geändert werden (BVerwG NVwZ-RR 1996, 299).

2. Übermittlung an die Geschäftsstelle

28 Die „Übermittlung an die Geschäftsstelle" ist kein förmliches Verfahren, wie etwa eine gesonderte Übergabe mittels schriftlicher Übergabeordnung durch den Vorsit-

Form und Inhalt des Urteils § 117

zenden, Vermerk des Datums der Übergabe durch die Geschäftsstelle oder ähnliches. Gleichwohl empfiehlt es sich für die Praxis, dieses Datum festzuhalten. Lässt sich mangels gesonderten Vermerks der genaue Tag der Übergabe an die Geschäftsstelle nicht mehr feststellen, so mag das Bedeutung haben für die Frage, wann das Urteil in dem Sinne wirksam geworden ist, dass bereits (frühestens) ein Rechtsmittel eingelegt werden kann. Steht aber andererseits fest, dass zu einem bestimmten Zeitpunkt die Übergabe spätestens erfolgt ist, so ist jedenfalls zu diesem späteren Zeitpunkt ein unter diesem Gesichtspunkt wirksames Urteil vorhanden (BVerwGE 75, 338).

3. Ausnahme bei Nichtwahrung der Frist

Kann die Frist nach IV 1 ausnahmsweise nicht gewahrt werden, so ist innerhalb der dort vorgesehenen zwei Wochen das von den Richtern unterschriebene Urteil ohne Tatbestand, Entscheidungsgründe und Rechtsmittelbelehrung (sprich: lediglich Rubrum und Urteilsformel) der Geschäftsstelle zu übermitteln (IV 2, 1. Halbs.). Die Beteiligten haben ab diesem Zeitpunkt Anspruch auf (ggf. telefonische) Mitteilung der Entscheidungsformel (vgl. BVerwG NVwZ 1994, 297). Tatbestand, Entscheidungsgründe und Rechtsmittelbelehrung sind alsbald nachträglich niederzulegen, von den Richtern besonders zu unterschreiben und der Geschäftsstelle zu übermitteln (IV 2, 2. Halbs.). **29**

a) Ausnahmefall. Ein Ausnahmefall, der zur Überschreitung der Zwei-Wochen-Frist zur vollständigen Absetzung des Urteils berechtigt, kann bei Streitsachen vorliegen, die zu einer erheblich überdurchschnittlich aufwendigen Urteilsabfassung nötigen. Längerfristiger Urlaub, Krankheit oder auch erhebliche Arbeitsüberlastung der an der Abfassung beteiligten Richter sind ebenfalls anzuerkennende Ausnahmegründe. **30**

b) Alsbaldige Übergabe. Das vollständige Urteil ist **alsbald** nachträglich niederzulegen. IV ist nicht lediglich eine Ordnungsvorschrift, sondern zwingendes prozessuales Verfahrensrecht (GmSOGB BVerwGE 92, 367). Das Gericht hat zwar einen (eng begrenzten) Spielraum; entscheidend kommt es jedoch auf den jeweiligen Einzelfall an. **31**

aa) Überschreiten der Fünf-Monats-Frist. Die **äußerste zeitliche Grenze** für die „alsbaldige" Übergabe der Entscheidungsgründe an die Geschäftsstelle ist jedenfalls dann überschritten, wenn zwischen der Verkündung des Urteils und der Übergabe ein Zeitraum von mehr als fünf Monaten liegt, ohne dass es auf ein Verschulden des Gerichts ankäme. **Die Fünf-Monats-Frist** beruht auf einem Rückgriff auf die in §§ 517, 548 ZPO zum Ausdruck kommende Wertung. IV soll auch gewährleisten, dass das schriftlich Niedergelegte mit den für die richterliche Überzeugung leitend gewesenen Gründen übereinstimmt (Beurkundungsfunktion) und dass die Beteiligten die entscheidungstragenden Gründe erfahren, bevor bei ihnen die Erinnerung an die mündliche Verhandlung verblasst ist (Rechtsschutzfunktion). Wird die Fünf-Monats-Frist nicht eingehalten, kann nicht mehr angenommen werden, dass das Urteil auf dem Ergebnis der mündlichen Verhandlung und dem Beratungsergebnis beruht. Mangels Gewährleistung der Beurkundungsfunktion gilt das Urteil daher als „nicht mit Gründen versehen" (GmSOGB BVerwGE 92, 367). **32**

Wird die Verkündung gemäß § 116 II durch die Zustellung des Urteils ersetzt, gilt die Fünf-Monats-Frist entsprechend (BVerwG NVwZ 1999, 1334). Sie beginnt in diesen Fällen mit der Niederlegung des Urteilstenors bei der Geschäftsstelle (BVerwG, Beschl. v. 9. 8. 2004 – 7 B 20.04). **33**

34 bb) **Überschreiten der Zwei-Wochen-Frist unter Einhaltung der Fünf-Monats-Frist.** Bleibt das Erfordernis des vollständigen Urteils trotz IV 2 **innerhalb der Fünf-Monats-Frist** unbeachtet, liegt ein Verfahrensmangel nur vor, wenn infolge der verzögerten Abfassung der Urteilsgründe nicht mehr gewährleistet ist, dass die Entscheidungsgründe das Beratungsergebnis und die für die Entscheidung gemäß § 108 I 2 leitenden Erwägungen zuverlässig wiedergeben. Die Missachtung des IV stellt im Gegensatz zu § 138 Nr. 6 VwGO (Entscheidung ohne Gründe) keinen absoluten Revisionsgrund dar. Maßgebend sind daher die Merkmale des Einzelfalles, ob die niedergelegten Gründe noch das seinerzeitige Beratungsergebnis richtig, vollständig und auch im Übrigen zuverlässig wiedergeben. Dabei kann der Umstand, dass ein verkündetes Urteil vorliegt und damit das Ergebnis der Entscheidung bereits festliegt, berücksichtigt werden. Denn zweifelhaft kann nicht mehr sein, zu welchem Ergebnis die beteiligten Richter aufgrund der mündlichen Verhandlung gelangt sind. Je länger die Abfassung der Urteilsgründe indes verzögert wird und je näher das Ende der Fünf-Monats-Frist rückt, umso deutlicher muss allerdings erkennbar bleiben, dass die mit IV verfolgte Zielsetzung noch gewahrt bleibt. Das gilt im Regelfall vor allem dann, wenn für die Entscheidungsfindung ein unmittelbarer, d.h. persönlicher Eindruck der an der Entscheidung beteiligten Richter bedeutsam ist (BVerwG, Beschl. v. 9.8. 2004 – 7 B 20.04; NVwZ-RR 2001, 798; Buchh 402.25 § 1 AsylVfG Nr. 300).

III. Zustellungs- bzw. Verkündungsvermerk (VI)

35 Der Urkundsbeamte der Geschäftsstelle hat auf dem Urteil den Tag der Zustellung und im Falle des § 116 I 1 den Tag der Verkündung zu vermerken und diesen Vermerk zu unterschreiben (VI 1). Im Falle unterschiedlicher Zustellungsdaten entspricht es der Praxis und empfiehlt es sich, alle Zustellungsdaten auf dem Urteil zu vermerken. Werden die Akten elektronisch geführt, hat der Urkundsbeamte der Geschäftsstelle den Vermerk in einem gesonderten Dokument festzuhalten (VI 2). Das Dokument ist mit dem Urteil untrennbar zu verbinden (VI 3). VI dient Beweiszwecken, ohne dass das Fehlen des Vermerks Auswirkungen auf die Wirksamkeit des Urteils hätte.

§ 118 [Berichtigung des Urteils]

(1) Schreibfehler, Rechenfehler und ähnliche offenbare Unrichtigkeiten im Urteil sind jederzeit vom Gericht zu berichten.
(2) ¹**Über die Berichtigung kann ohne vorgängige mündliche Verhandlung entschieden werden.** ²**Der Berichtigungsbeschluß wird auf dem Urteil und den Ausfertigungen vermerkt.** ³**Ist das Urteil elektronisch abgefasst, ist auch der Beschluss elektronisch abzufassen und mit dem Urteil untrennbar zu verbinden.**

1 § 118 durchbricht den Grundsatz, dass Urteile nach Verkündung bzw. Zustellung nur noch im Rechtsmittelverfahren abänderbar sind (§ 173 S. 1 i.V.m. § 318 ZPO). Ein Versehen ohne Auswirkung auf die Willensbildung des Gerichts kann mittels Urteilsberichtigung ohne Durchführung eines Rechtsmittelverfahrens korrigiert werden. Mit Erlass eines Berichtigungsbeschlusses tritt an die Stelle der bisherigen Urteilsfassung die berichtigte Fassung. Sie ist so zu behandeln, als hätte sie von Anfang an bestanden (BVerwG NVwZ 2010, 186; BGHZ 127, 74). § 118 gilt in **Beschlussverfahren** entsprechend (§ 122 I). Auch Berichtigungsbeschlüsse (s. a. § 119) selbst können wiederum berichtigt werden.

I. Berichtigung offenbarer Unrichtigkeiten

Schreibfehler, Rechenfehler und ähnliche **offenbare Unrichtigkeiten** im Urteil 2 sind jederzeit vom Gericht zu berichtigen (I).

1. Urteil

Mit „**Urteil**" ist die in der Regel instanzerledigende gerichtliche Entscheidung gemeint. Unrichtigkeiten in den **Ausfertigungen des Urteils** werden formlos von der Geschäftsstelle des Gerichts berichtigt. „**Im Urteil**" bedeutet, dass Unrichtigkeiten in allen Urteilsbestandteilen i. S. des § 117 II berichtigt werden können, so auch im Tenor (BVerwGE 30, 146; NRWOVG NVwZ-RR 2007, 212).

2. Fehler

Der Begriff des **Schreib- und Rechenfehlers** steht für sich selbst. **Ähnliche offenbare Unrichtigkeiten** sind Erklärungsmängel, die mit dem Erklärungswillen des Gerichts erkennbar in Widerspruch stehen (BFHE 120, 145). Es muss sich um einen Irrtum in der Erklärung, nicht in der Willensbildung handeln (RhPfOVG NVwZ 1999, 198). Eine ursprünglich nicht gewollte Entscheidung kann hingegen nicht im Gewand der Fehlerberichtigung durch die als sich gebotene Entscheidung ersetzt werden (BFHE 120, 145). Hiernach ist erforderlich, dass sich die Unrichtigkeit aus dem Zusammenhang des Urteils selbst oder aus den Vorgängen bei seiner Verkündung ergibt und ohne weiteres erkennbar ist, also nicht gerichtsintern bleibt (BGHZ 127, 74; BGH NJW 1993, 1399), oder sie unzweifelhaft aus dem Inhalt der Akten und aus jederzeit erreichbaren Urkunden erkennbar ist (BFHE 142, 13). Bedarf es einer Beweiserhebung zur Feststellung der Unrichtigkeit, ist sie nicht offensichtlich (BGH NJW 1985, 742).

Offensichtliche Unrichtigkeit in diesem Sinne liegt z. B. vor, wenn die **Bezeichnung** einer tatsächlich beteiligten Partei fehlerhaft erfolgt ist (BayVGH, Beschl. v. 27.3.02 – 12 ZE 02.543; BGH MDR 1978, 307), die **Entscheidung über die Kosten** fehlt (NRWOVG NVwZ-RR 2007, 212), sich den Entscheidungsgründen aber entnehmen lässt, dass das Gericht hierüber befinden wollte, oder die **Unterschrift** eines der beteiligten Richter oder der Verhinderungsvermerk nach § 117 I 3 fehlen (KS § 117 Rn. 3 m.w.N.: § 118 analog). Eine fehlende oder unrichtige **Rechtsbehelfsbelehrung** ist grds. offensichtlich unrichtig (BVerwGE 109, 336; BWVGH NVwZ-RR 2003, 693). Ist eine **Entscheidung nicht mit Gründen versehen**, handelt es sich um einen durchgreifenden Verfahrensfehler, der durch eine Berichtigung nicht behoben werden kann (§ 138 Nr. 6). Offenbar ist zwar das Fehlen von Entscheidungsgründen, nicht offenkundig ist indes, wie diese Lücke zu schließen ist. Dem Urteil kann beim Fehlen von Entscheidungsgründen nicht entnommen werden, auf welche Gründe es gestützt sein soll (BVerwG NVwZ 2010, 186).

Bei einem **Widerspruch zwischen Urteilstatbestand und Sitzungsprotokoll** 6 geht letzteres gemäß § 173 S. 1 i. V. m. § 314 S. 2 ZPO vor und nimmt dem Tatbe-

§ 118

stand insoweit die Beweiskraft. Der Tatbestand ist in einem solchen Fall fehlerhaft und kann nach §§ 118 f. in dem dafür vorgesehenen Verfahren berichtigt werden (BVerwG ZfBR 2001, 419).

7   **Keine Unrichtigkeit** liegt vor, wenn dem Gericht – abgesehen von Rechenfehlern – bei seiner Willensbildung ein Fehler unterlaufen ist (BGHZ 127, 74) oder irrtümlich ein vom Beratungsergebnis abweichender Tenor verkündet worden ist (Düssl-LAG NZA 1992, 427).

II. Verfahren

8   Die Berichtigung kann **jederzeit**, d.h. auf Antrag oder von Amts wegen auch noch nach Einlegung eines Rechtsmittels oder nach Rechtskraft, erfolgen (BVerwG NVwZ 2010, 186; HammOLG NJW-RR 1987, 187).

9   **Zuständig** ist – abweichend von § 119 II 3 – das Gericht, das die zu berichtigende Entscheidung erlassen hat, in der im Zeitpunkt der Urteilsergänzung maßgeblichen Besetzung. Berichtigungen nach § 118 sind auch durch das **Rechtsmittelgericht** zulässig (BVerwGE 30, 146; NRWOVG NVwZ-RR 2007, 212; BGH NJW-RR 2006, 1628).

10 Über die Berichtigung kann **ohne vorhergehende mündliche Verhandlung** entschieden werden (II 1, vgl. auch § 101 III). Die grds. erforderliche **Anhörung** kann unterbleiben, wenn sie bloße Formalien betrifft und nicht in Rechte der Beteiligten eingreift (BVerfGE 34, 1). Entschieden wird im Wege des **Beschlusses**, der gem. § 122 II 1 grds. zu begründen ist. Eine **Kostenentscheidung** ergeht nicht.

11 Der Berichtigungsbeschluss wird (zur Klarstellung) auf dem Urteil und den Ausfertigungen **vermerkt**, wobei ein auf den Beschluss hinweisender Vermerk genügt (II 2). Ist das Urteil elektronisch abgefasst (§ 55a), ist auch der Beschluss elektronisch abzufassen und mit dem Urteil untrennbar zu verbinden (II 3).

12 Wird die **Rechtsbehelfsbelehrung** berichtigt, ist das Urteil in der berichtigten Form erneut zuzustellen (BVerwGE 109, 336); die Rechtsbehelfsfrist beginnt gem. §§ 56 I, 58 I mit der Zustellung des berichtigten Urteils zu laufen (BayVGH NVwZ-RR 2006, 582).

III. Auswirkung der Berichtigung auf Rechtsmittel

13 Ein Berichtigungsverfahren hat auf den **Ablauf einer Rechtsmittelfrist** grds. keinen Einfluss (BGH NJW-RR 2009, 1443; BFHE 121, 171). Anders liegt es dann, wenn erst durch die Berichtigung klargestellt wird, dass eine Beschwer vorliegt, insb. wenn das zunächst zugestellte Urteil insgesamt nicht klar genug war, um die Grundlage für die Entschließungen und das weitere Handeln der Parteien und für die Entscheidung des Rechtsmittelgerichts zu bilden, oder wenn der Beteiligte bei Rückforderung der Urteilsausfertigung zwecks Berichtigung nicht erkennen konnte, in welchem Umfang eine Berichtigung vorgenommen werden würde (BVerwG, Beschl. v. 10.7.08 – 2 B 41.08; LSAOVG NVwZ 2008, 584 m.w.N.; BGH NJW-RR 2009, 1443). In diesen Fällen beginnt die Rechtsmittelfrist erst mit der erneuten Zustellung der berichtigten Ausfertigung zu laufen (BVerwG Buchh 310 § 133 VwGO Nr. 5). Ist bereits ein Rechtsmittel eingelegt, kann die – wirksame – Berichtigung zum Wegfall der Beschwer und damit zur (nachträglichen) Unzulässigkeit des Rechtsmittels führen (BVerwG NVwZ 2010, 186; BGHZ 127, 74).

IV. Rechtsmittel

Gegen den Berichtigungsbeschluss des VG ist die **Beschwerde** gem. § 146 I statthaft **14** (BWVGH NVwZ-RR 2003, 693). Es handelt sich um keine prozessleitende Verfügung i.S. des § 146 II (S/S-A/P § 118 Rn. 8; a.A. BayVGH NVwZ-RR 2006, 582).

§ 119 [Berichtigung des Tatbestands eines Urteils]

(1) Enthält der Tatbestand des Urteils andere Unrichtigkeiten oder Unklarheiten, so kann die Berichtigung binnen zwei Wochen nach Zustellung des Urteils beantragt werden.
(2) ¹Das Gericht entscheidet ohne Beweisaufnahme durch Beschluß. ²Der Beschluß ist unanfechtbar. ³Bei der Entscheidung wirken nur die Richter mit, die beim Urteil mitgewirkt haben. ⁴Ist ein Richter verhindert, so entscheidet bei Stimmengleichheit die Stimme des Vorsitzenden. ⁵Der Berichtigungsbeschluß wird auf dem Urteil und den Ausfertigungen vermerkt. ⁶Ist das Urteil elektronisch abgefasst, ist auch der Beschluß elektronisch abzufassen und mit dem Urteil untrennbar zu verbinden.

§ 119 durchbricht den Grundsatz, dass Urteile nach Verkündung bzw. Zustellung nur **1** noch im Rechtsmittelverfahren abänderbar sind (§ 173 S. 1 i.V.m. § 318 ZPO). Mit Erlass eines Berichtigungsbeschlusses tritt an die Stelle der bisherigen Urteilsfassung die berichtigte Fassung. Sie ist so zu behandeln, als hätte sie von Anfang an bestanden (BVerwG NVwZ 2010, 186; BGHZ 127, 74). Unrichtigkeiten des Tatbestandes können dementsprechend nicht statt durch den dafür vorgesehenen Berichtigungsantrag mit der Revision als Verfahrensmangel geltend gemacht werden (BVerwG BauR 2010, 205). § 119 gilt in **Beschlussverfahren** entsprechend (§ 122 I). Auch Berichtigungsbeschlüsse (s.a. § 118) selbst können wiederum berichtigt werden.

I. Berichtigung von Unrichtigkeiten

Enthält der Tatbestand des Urteils andere Unrichtigkeiten oder Unklarheiten, so kann **2** die Berichtigung binnen zwei Wochen nach Zustellung des Urteils beantragt werden (I). **„Andere"** Unrichtigkeiten oder Unklarheiten in diesem Sinne sind solche, die nicht bereits über den einfacheren Weg des § 118 (offenbare Unrichtigkeiten) zu berichtigen sind. Erfasst werden die **tatsächlichen Feststellungen** im Urteil (auch im Revisionsurteil) unerheblich davon, ob sie formell im Tatbestand (§ 117 II Nr. 4) oder in den Entscheidungsgründen (§ 117 II Nr. 5) festgehalten sind (BVerwG NJW 2001, 1878). Die **rechtlichen Tatsachenwertungen** sind keiner Berichtigung zugänglich. **Änderungen im Tenor** dürfen nach § 119 nicht vorgenommen werden (BVerwG NVwZ 2007, 1442).

Die Anwendung des § 119 setzt berichtigungsfähige tatsächliche Feststellungen vo- **3** raus und vermittelt keinen Anspruch darauf, dass solche tatsächlichen Feststellungen erstmals aufgenommen werden (BVerwG Buchh 310 § 152a VwGO Nr. 3).

Bei einem **Widerspruch zwischen Urteilstatbestand und Sitzungsprotokoll** **4** geht letzteres gemäß § 173 S. 1 i.V.m. § 314 S. 2 ZPO vor und nimmt dem Tatbestand insoweit die Beweiskraft. Der Tatbestand ist in einem solchen Fall fehlerhaft und kann nach §§ 118 f. berichtigt werden (BVerwG ZfBR 2001, 419).

§ 120 Teil II. Verfahren

5   Für die begehrte Berichtigung kann es nach allgemeinen Grundsätzen am **Rechtsschutzbedürfnis** fehlen, so z. B. bezüglich Feststellungen anlässlich obiter dicta, die sich offensichtlich auf die Entscheidung nicht auswirken können (vgl. S/S-A/P § 119 Rn. 4).

II. Verfahren

6   Die Berichtigung kann binnen **zwei Wochen** nach Zustellung des Urteils beantragt werden. Der Beschluss darf **nicht von Amts wegen** ergehen (vgl. BVerwG NVwZ-RR 1999, 694, → § 120 Rn. 5). Bei Versäumung der Frist ist unter den Voraussetzungen des § 60 Wiedereinsetzung in den vorigen Stand zu gewähren.

7   Das Gericht entscheidet – **nach Anhörung** der Beteiligten – durch **Beschluss** (II 1, 2). Bei der Entscheidung wirken nur die Richter mit, die am Urteil mitgewirkt haben (II 3). Wird ohne mündliche Verhandlung entschieden, wirken die ehrenamtlichen Richter nicht mit (§ 5 III 2). Eine Vertretung (dauerhaft, also nicht nur wegen Urlaubs) nicht mehr zur Verfügung stehender Richter findet nicht statt (BFH NVwZ 1990, 504). Ist ein Richter verhindert, so entscheidet bei Stimmengleichheit die Stimme des Vorsitzenden.

8   Die Durchführung einer **mündlichen Verhandlung** ist nicht erforderlich, aber zulässig (§ 101 III), wobei eine **Beweisaufnahme** nicht stattfindet (II 1). Die Berichtigung erfolgt allein aufgrund der Erinnerung der mitwirkenden Richter, ggf. aufgrund ihrer Aufzeichnungen. Fehlt die Erinnerung, ist der Antrag abzulehnen. Eine **Kostenentscheidung** ergeht nicht.

9   Der Berichtigungsbeschluss wird (zur Klarstellung) auf dem Urteil und den Ausfertigungen **vermerkt**, wobei ein auf den Beschluss hinweisender Vermerk genügt (II 5). Ist das Urteil elektronisch abgefasst, ist auch der Beschluss elektronisch abzufassen und mit dem Urteil untrennbar zu verbinden (II 6).

10 Zu den **Auswirkungen einer Berichtigung auf Rechtsmittel** → § 118 Rn. 13).

III. Rechtsmittel

11 Der Beschluss ist grds. **unanfechtbar** (II 1). Die **Beschwerde** nach § 146 ist gleichwohl statthaft, wenn geltend gemacht wird, der Berichtigungsantrag sei zu Unrecht als unzulässig abgelehnt worden, die Entscheidung leide an einem schweren Verfahrensmangel (BFHE 125, 490) oder die Richterbank beim Erlass des Berichtigungsbeschlusses sei unrichtig besetzt (BVerwG NVwZ 2007, 1442; S/S-A/P § 119 Rn. 9). Die Beschwerdeentscheidung muss, wenn nicht auszuschließen ist, dass die beabsichtigte Fassung des Tatbestandes für die richterliche Überzeugung hätte maßgebend sein können, auf Zurückweisung an die mitwirkenden Richter lauten (BVerwG NJW 1965, 2316), da es auf deren Erinnerung ankommt.

§ 120 [Urteilsergänzung]

(1) Wenn ein nach dem Tatbestand von einem Beteiligten gestellter Antrag oder die Kostenfolge bei der Entscheidung ganz oder zum Teil übergangen ist, so ist auf Antrag das Urteil durch nachträgliche Entscheidung zu ergänzen.

Urteilsergänzung **§ 120**

(2) Die Entscheidung muß binnen zwei Wochen nach Zustellung des Urteils beantragt werden.
(3) Die mündliche Verhandlung hat nur den nicht erledigten Teil des Rechtsstreits zum Gegenstand.

§ 120 durchbricht den Grundsatz, dass Urteile nach Verkündung bzw. Zustellung nur 1
noch im Rechtsmittelverfahren abänderbar sind (§ 173 S. 1 i.V.m. § 318 ZPO). Offensichtliche Unrichtigkeiten sind nach § 118, Tatbestandsunrichtigkeiten nach § 119 zu berichtigen. § 120 gilt in **Beschlussverfahren** entsprechend (§ 122 I).

I. Übergehen von Antrag oder Kostenfolge

Wenn ein nach dem Tatbestand von einem Beteiligten gestellter **Antrag**, wozu auch 2
ein Hilfsantrag zählt, bei der Entscheidung ganz oder zum Teil übergangen ist, so ist auf Antrag das Urteil durch nachträgliche Entscheidung zu ergänzen (§ 120 I). Wurde ein Anspruch rechtsirrtümlich nicht beschieden, etwa weil er nach der Rechtsauffassung des Gerichts nicht rechtshängig war oder nicht beschieden werden musste, liegt **kein Übergehen** im Sinne des § 120 vor (BVerwG NVwZ 2008, 324; BVerwGE 95, 269). Ergibt sich die Antragstellung nicht aus dem Tatbestand, muss zunächst dieser berichtigt werden (§ 119).

§ 120 gilt auch für eine unterlassene **Entscheidung über die Kostenfolge** ein- 3
schließlich der Entscheidung über die vorläufige Vollstreckbarkeit (§ 167). Unterbleibt die Entscheidung über die **Zuziehung eines Bevollmächtigten** im Vorverfahren (§ 162 II), kann sie ohne Fristbindung in einem gesonderten Beschluss nachgeholt werden. Diese Entscheidung gehört nicht zur Kostenfolge im Sinne des I, über die nach § 161 I (nur) im Urteil zu entscheiden ist, sondern ist Bestandteil des Kostenfestsetzungsverfahrens über den Umfang der Kostenerstattung (BVerwG NVwZ-RR 2003, 246; str.).

Die Entscheidung über die **Zulassung eines Rechtsmittels** fällt nicht unter 4
§ 120; sie ist nicht nachholbar (BGHZ 44, 395, str., vgl. KS § 120 Rn. 3; S/S-A/P § 120 Rn. 4). Für eine Entscheidung nach § 120 besteht überdies kein Bedürfnis, weil die Zulassung vom Rechtsmittelgericht ausgesprochen werden kann (§§ 124 I, 132 I).

II. Verfahren

Die Entscheidung muss binnen **zwei Wochen nach Zustellung** des Urteils bzw. 5
nach Zugang des Beschlusses (§ 122 I, vgl. NRWOVG DÖV 2008, 650: keine Zustellung) beantragt werden (II). Ein **Antrag** ist stets erforderlich. Die Berichtigung ist nicht von Amts wegen zulässig. Hierfür spricht neben dem eindeutigen Wortlaut der Norm das schutzwürdige Vertrauen des Kostenpflichtigen, nach Ablauf der Antragsfrist nicht mit weiteren Kostenforderungen aus dem abgeschlossenen Verfahren überzogen zu werden (BVerwG NVwZ-RR 1994, 236; S/S-A/P § 120 Rn. 6). **Antragsberechtigt** sind die Beteiligten aus Gründen der Rechtssicherheit unabhängig davon, ob sie durch die fehlende Entscheidung beschwert sind (S/S-A/P § 120 Rn. 6; a.A. KS § 120 Rn. 7).

Einer **Belehrung** über die Antragsfrist bedarf es nicht, da es sich um einen außer- 6
ordentlichen Rechtsbehelf handelt. Wird zuvor nach §§ 118 f. berichtigt, läuft die **Frist** ab Zustellung dieser Entscheidungen (BGH NJW 1982, 1821). Mit Ablauf der

Zwei-Wochen-Frist entfällt die Rechtshängigkeit des übergangenen Antrags (BVerwGE 95, 269; BVerwG Buchh 310 § 153 VwGO Nr. 35). Er kann im anhängigen Verfahren nach Maßgabe des § 91 (Klageänderung) weiterverfolgt oder in einem neuen Prozess geltend gemacht werden. Dem Kläger steht dort wegen der verfahrensfehlerhaften Behandlung seines fristwahrend gestellten Antrags unter den Voraussetzungen des § 60 ein Wiedereinsetzungsgrund zur Seite (BVerwG Buchh 310 § 153 VwGO Nr. 35).

7 Das Gericht entscheidet aufgrund **mündlicher Verhandlung**, die nur den nicht erledigten Teil des Rechtsstreits zum Gegenstand hat (III). Auf mündliche Verhandlung kann verzichtet werden (§ 101 II). Ein bereits erteiltes Einverständnis ist mit Urteilserlass verbraucht (a. A. S/S-A/P § 120 Rn. 8).

8 **Zuständig** ist das Gericht, das das Urteil erlassen hat. Es entscheidet in der im Zeitpunkt der Urteilsergänzung maßgeblichen (nicht wie bei § 119 in der ursprünglichen) Besetzung.

III. Rechtsmittel

9 Urteilsergänzungsurteile sind nach den allgemeinen Regeln **anfechtbar** (BVerwG NVwZ-RR 1999, 694). Gegen einen Beschlussergänzungsbeschluss (§ 122 I) des VG ist grds. die Beschwerde gegeben (§ 146, beachte für Beschlüsse des OVG: § 152 I). Ist **nur** die **Kostenentscheidung** von der Ergänzung betroffen, ist die Anfechtung jedoch grds. unstatthaft (§ 158 I). Sie ist entgegen § 158 I zulässig, wenn die Fehlerhaftigkeit des angefochtenen Ergänzungsurteils unabhängig vom Inhalt der getroffenen Entscheidung daraus abgeleitet wird, dass der Rückgriff auf § 120 unzulässig gewesen sei (BVerwG NVwZ 2007, 1442).

§ 121 [Rechtskraft]

Rechtskräftige Urteile binden, soweit über den Streitgegenstand entschieden worden ist,
1. die Beteiligten und ihre Rechtsnachfolger und
2. im Fall des § 65 Abs. 3 die Personen, die einen Antrag auf Beiladung nicht oder nicht fristgemäß gestellt haben.

Übersicht

	Rn.
I. Rechtskräftiges Urteil	2
II. Bindung	3
1. Entscheidung über den Streitgegenstand	5
a) Zweigliedriger Streitgegenstandsbegriff	6
b) Streitgegenstand der einzelnen Verfahrensarten	7
2. Entscheidung über vorgreiflichen Streitgegenstand	8
3. Umfang	11
4. Adressaten der Bindung	16
a) Beteiligte	17
b) Beiladungsberechtigte nach § 65 III	18
c) Rechtsnachfolger	20
d) Sonstige Bindungsadressaten	22
5. Zeitliche Grenze der Rechtskraft	24
a) Erheblichkeit der Sachlagenänderung	25
b) Verfahren	29

6. Durchbrechung der Rechtskraft	30
III. Entsprechende Anwendung	31
1. Durchbrechung der Rechtskraft im Verfahren nach § 123	32
2. Anwendung im Normenkontrollverfahren	33
V. Abgrenzungen	35

§ 121 regelt die Folgen der **materiellen Rechtskraft** des Urteils. Dies bedeutet, dass **1** die in § 121 bezeichneten Beteiligten oder nach § 65 III Beiladungsberechtigten an die formell rechtskräftigen Entscheidungen gebunden sind, soweit über den Streitgegenstand entschieden worden ist, unabhängig davon, ob die rechtskräftige Entscheidung die Sach- und Rechtslage zutreffend gewürdigt hat oder nicht. § 121 will verhindern, dass die aus einem von einem Gericht festgestellten Tatbestand hergeleitete Rechtsfolge, über die durch Urteil entschieden worden ist, bei unveränderter Sach- und Rechtslage später nochmals erneut zum Gegenstand eines Verfahrens zwischen denselben Beteiligten oder ihren Rechtsnachfolgern gemacht wird (BVerwGE 91, 25 m.w.N.). Über die **Rechtssicherheit** hinaus dient die Rechtskraft tendenziell der Gewährleistung eines **wirkungsvollen behördlichen und gerichtlichen Verfahrens**. Sie entlastet die verschiedenen Entscheidungsinstanzen (BVerfGE 60, 253; BVerwG ZOV 2008, 53).

I. Rechtskräftiges Urteil

§ 121 setzt ein **formell rechtskräftiges** Urteil voraus (zur Anwendung auf Beschlüs- **2** se → Rn. 31). Dies bedeutet, dass die Entscheidung mit ordentlichen Rechtsmitteln (Berufung, Revision, bei Beschlüssen: Beschwerde) überhaupt nicht oder nicht mehr angegriffen werden kann (§ 173 S. 1 i.V.m. § 705 ZPO). Gegenvorstellung, Anhörungsrüge, Wiederaufnahmeverfahren oder Verfassungsbeschwerde zählen nicht hierzu (BVerwG, Beschl. v. 18.2. 2010 – 9 KSt 1.10, zu § 152a). Wird ein statthaftes und rechtzeitiges Rechtsmittel nach Ablauf der Rechtsmittelfrist verworfen, tritt die Rechtskraft mit der Rechtskraft der Verwerfungsentscheidung ein (GmSOGB BVerwGE 68, 379). Zur **entsprechenden Anwendung** auf andere gerichtliche Entscheidungen → Rn. 31 ff.

II. Bindung

Kennzeichen der materiellen Rechtskraft ist die bindende Wirkung, die das Urteil **3** (bzw. der Beschluss) im Rahmen seiner objektiven und subjektiven Reichweite in einem weiteren Verfahren entfaltet (sog. **prozessuale Rechtskrafttheorie**). Die materielle Rechtslage bleibt hiervon unberührt. Im Einzelnen ist hierzu in der Literatur vieles streitig (vgl. KS § 121 Rn. 2; S/S-A/P § 121 Rn. 19 f.), ohne dass sich dies entscheidend auf die Bewältigung derjenigen Fragen auswirkte, die sich in der Praxis im Zusammenhang mit der Rechtskraft stellen.

Die materielle Rechtskraft schafft ein unabdingbares, in jeder Verfahrenslage von **4** Amts wegen zu beachtendes **Prozesshindernis** für eine erneute gerichtliche Nachprüfung des Anspruchs, über den bereits entschieden worden ist. Sie schließt eine neue Verhandlung und Entscheidung über die rechtskräftig festgestellten Rechtsfolgen aus (BVerwG Buchh 448.0 § 5 WPflG Nr. 23; NJW 1996, 738). Auch die Beteiligten können hierauf innerprozessual nicht verzichten (BVerwGE 35, 234); was sie außerprozessual vereinbaren, obliegt ihrer Autonomie. Eine gleichwohl erhobene Klage ist unzulässig (BVerwGE 79, 33), ein gleichwohl ergehender VA rechtswidrig.

1. Entscheidung über den Streitgegenstand

5 § 121 ordnet eine Bindung an, soweit über „den Streitgegenstand" entschieden worden ist. Der **Streitgegenstand** ist identisch mit dem **prozessualen Anspruch**, der seinerseits durch die erstrebte, im Klageantrag zum Ausdruck zu bringende Rechtsfolge sowie den Klagegrund, nämlich den Sachverhalt, aus dem sich die Rechtsfolge ergeben soll, gekennzeichnet ist (st.Rspr., vgl. BVerwG ZOV 2008, 53).

6 **a) Zweigliedriger Streitgegenstandsbegriff.** Nach dem sog. **zweigliedrigen Streitgegenstandsbegriff** wird der Streitgegenstand durch **Klageanspruch** und **Klagegrund** bestimmt, also durch den geltend gemachten materiellrechtlichen Anspruch und durch den ihm zugrunde liegenden, d. h. zu seiner Begründung vorgetragenen Sachverhalt (st. Rspr., vgl. BVerwGE 96, 24; 70, 110; 52, 247; BVerwG Buchh 428 § 30 VermG Nr. 11; S/S-A/P § 121 Rn. 56). Allerdings kommt dem Vorbringen des Klägers bei der Bestimmung des Streitgegenstands nur Anstoßfunktion zu. Maßgebend ist weder die vom Kläger gewählte Fassung seines Klageantrags (§ 88) noch wird der Streitgegenstand durch den ausdrücklich vom Kläger vorgetragenen Sachverhalt beschränkt. Der Kläger hat es nicht in der Hand, den vorgegebenen Streitgegenstand in tatsächlicher oder rechtlicher Hinsicht zu verengen. Er kann auch nicht verlangen, dass einzelne entscheidungserhebliche Sachverhaltselemente außer Betracht zu bleiben hätten (BVerwG Buchh 424.01 § 44 FlurbG Nr. 83).

7 **b) Streitgegenstand der einzelnen Verfahrensarten.** Um die korrekte Eingrenzung des Streitgegenstands der verschiedenen Verfahrensarten besteht lebhafter Streit (vgl. KS § 90 Rn. 8 ff.; S/S-A/P § 121 Rn. 54 ff., jeweils m.w.N.). **Streitgegenstand der Anfechtungsklage** (§ 42 I, 1. Var.) ist die Rechtsbehauptung des Klägers, ein bestimmter, von ihm angefochtener VA sei rechtswidrig und greife in seine Rechtssphäre ein (BVerwGE 91, 256). Streitgegenstand der **Verpflichtungsklage** (§§ 42 I, 2. Var., 113 V 1) ist die Rechtsbehauptung des Klägers, dass er Anspruch auf Verpflichtung der Behörde zum Erlass des begehrten VA habe (BVerwG NVwZ 1990, 1069). Streitgegenstand **der Bescheidungsklage** (§§ 42 I, 2. Var., 113 V 2) ist der mit der Klage geltend gemachte und vom Gericht nach Maßgabe der bestehenden Rechtslage zu überprüfende Anspruch auf Neubescheidung (BVerwG NVwZ 2007, 104). Streitgegenstand der **Leistungsklage** ist der auf einen bestimmten Sachverhalt gestützte prozessuale Anspruch des Klägers auf Verurteilung des Beklagten zur im Antrag bezeichneten Leistung (BGHZ 117, 1). Streitgegenstand der **Feststellungsklage** (§ 43 I) ist der prozessuale Anspruch auf Feststellung des Bestehens oder Nichtbestehens des im Antrag bezeichneten Rechtsverhältnisses bzw. der Nichtigkeit des VA und der **Fortsetzungsfeststellungsklage** (§ 113 I 4) die Rechtsbehauptung des Klägers, dass der erledigte VA rechtswidrig gewesen sei (S/S-A/P § 121 Rn. 67 m.w.N.).

2. Entscheidung über vorgreiflichen Streitgegenstand

8 Auch bei **unterschiedlichen Streitgegenständen** tritt eine Bindung in den Fällen ein, in denen die rechtskräftige Zuerkennung oder Aberkennung eines prozessualen Anspruchs für einen anderen prozessualen Anspruch, der zwischen denselben Beteiligten streitig ist, **vorgreiflich** ist. Denn mit der Regelung des § 121 soll auch verhindert werden, dass die aus einem festgestellten Tatbestand hergeleitete Rechtsfolge, über die durch Sachurteil entschieden worden ist, bei unveränderter Sach- und Rechtslage erneut – mit der Gefahr unterschiedlicher Ergebnisse – zum Gegenstand eines Verfahrens zwischen denselben Parteien gemacht wird (st. Rspr.,

vgl. BVerwG InfAuslR 2010, 91; BVerwGE 115, 111; 108, 30). Danach würde der Sinn der Rechtskraft als Ausfluss des verfassungsrechtlich geschützten Prinzips der Rechtssicherheit in einer Art. 20 III GG verletzenden Weise verfehlt und die vom Gesetzgeber in § 121 zugunsten des Prinzips der Rechtssicherheit getroffene Regelung teilweise außer Kraft gesetzt, wenn man die Exekutive allein aus allgemeinen verwaltungsrechtlichen Erwägungen heraus und damit ohne gesetzliche Grundlage zu einer uneingeschränkten erneuten Entscheidung für befugt erachtete (vgl. BVerfG NVwZ 1989, 141).

Ob **Vorgreiflichkeit** besteht, richtet sich zum einen nach dem Umfang der Rechtskraft der Entscheidung im Vorprozess, was sich wiederum nach dem Streitgegenstand dieses damaligen Prozesses bestimmt. Zum anderen hängt dies davon ab, ob die rechtskräftige Vorentscheidung ein Element liefert, das nach der einschlägigen materiellrechtlichen Norm notwendig ist für den Subsumtionsschluss, der zu der im zweiten Prozess beanspruchten Rechtsfolge führt (BVerwGE 116, 1).

So ist **beispielsweise** die rechtskräftige Abweisung einer Verpflichtungsklage auf Rückübertragung bindend für die später betriebene Feststellung der Nichtigkeit einer Enteignung (BVerwG ZOV 2008, 53). Vorgreiflichkeit besteht auch bei der Entscheidung über die Erteilung eines Staatsangehörigkeitsausweises hinsichtlich des Besitzes der deutschen Staatsangehörigkeit (BVerwG NVwZ 1993, 781).

3. Umfang

Materiell rechtskräftig wird die Feststellung der Rechtsfolge als Ergebnis der Subsumtion des vom Gericht festgestellten Sachverhalts unter das Gesetz (BVerwGE 96, 24). Der Inhalt der Bindungswirkung ist in erster Linie dem **Tenor** zu entnehmen, ergänzend sind die **weiteren Bestandteile** des Urteils, insb. die Entscheidungsgründe, heranzuziehen. Tatsachen oder Rechtsausführungen hingegen erwachsen nicht selbstständig in Rechtskraft. Über den Streitgegenstand hinausgreifende, nicht entscheidungstragende Ausführungen des Gerichts (sog. **obiter dicta**) nehmen ebenso nicht an der Rechtskraft teil (BVerwG Buchh 402.240 § 53 AuslG Nr. 43).

Ist z.B. bei einer **Baunachbarklage** Streitgegenstand die Behauptung, eine bauliche Anlage verletze den Kläger in nachbarschützenden Rechten, und wird die erteilte Baugenehmigung gemäß § 113 I 1 rechtskräftig aufgehoben, hindert die materielle Rechtskraft der gerichtlichen Entscheidung die Behörde, bei unveränderter Sach- und Rechtslage eine Genehmigung zu erteilen, die den Nachbarn in gleicher Weise in seinen Rechten verletzt wie die aufgehobene Genehmigung. Die im Erstprozess unterlegene Behörde darf den obsiegenden Kläger nicht erneut in eine Prozesssituation bringen, in der dieselben Sach- und Rechtsfragen zu beantworten sind. Die unterlegene Behörde hat zur Bewahrung des Rechtsfriedens die gegen sie ergangene gerichtliche Entscheidung loyal zu beachten (BVerwG, Beschl. v. 25.3. 2010 – 4 B 13.10).

Bei einem **Bescheidungsurteil** i.S.v. § 113 V 2 bestimmt die verbindlich zum Ausdruck gebrachte Rechtsauffassung dessen Rechtskraftwirkung. Der Umfang der materiellen Rechtskraft und damit der Bindungswirkung ergibt sich aus den Entscheidungsgründen, die, die nach dem Urteilstenor zu beachtende Rechtsauffassung des Gerichts im Einzelnen darlegen (BVerwG NVwZ 2007, 104; NJW 1996, 737, jeweils m.w.N.).

Bei einem **klageabweisenden Urteil** nehmen die tragenden Gründe an dessen Rechtskraft teil. Erforderlichenfalls ist zur Auslegung auch das **Parteivorbringen** heranzuziehen (BVerwG Buchh 424.01 § 44 FlurbG Nr. 83 m.w.N.). Wird eine **Anfechtungsklage** abgewiesen, erfasst die Rechtskraft des Urteils auch die dort vorgenommene Auslegung des Bescheids. Diese ist Teil der tragenden Gründe; denn das Gericht prüft in den Gründen seines Urteils die Voraussetzungen der Ermächtigungsgrundlage für den Bescheid mit dem Inhalt, den es ihm – durch Auslegung – beigemessen hat. Seine Aussage, der Bescheid sei rechtmäßig, bezieht sich allein auf den Bescheid mit dem Inhalt, dem es ihm beigemessen hat. Die Auslegung des Bescheids ist somit mit anderen tragenden Gründen, für die eine Bindungswirkung allgemein bejaht wird, untrennbar verbunden (BVerwGE 131, 346; für das Normenkontrollverfahren BVerwGE 92, 266).

15 **Prozessurteilen** kommt Bindungswirkung auch hinsichtlich der zur Klageabweisung führenden fehlenden Sachurteilsvoraussetzung zu (BVerwG ZOV 1999, 154 m.w.N.; S/S-A/P § 121 Rn. 52).

4. Adressaten der Bindung

16 Rechtskräftige Urteile binden die Beteiligten und ihre Rechtsnachfolger und im Fall des § 65 III die Personen, die einen Antrag auf Beiladung nicht oder nicht fristgemäß gestellt haben.

17 **a) Beteiligte.** Gebunden sind die **Beteiligten** i.S. des § 63. Ist eine Behörde beteiligt (§ 61 Nr. 3), wird nach den Grundsätzen der Prozessstandschaft auch der dahinterstehende Rechtsträger erfasst (S/S-A/P § 121 Rn. 96). Die von der Ausgangsbehörde abweichende Widerspruchsbehörde wird ebenfalls gebunden (RO § 121 Rn. 6).

18 Nur der **tatsächlich Beigeladene** (nicht der Beizuladende) ist als Beteiligter gebunden. Ob er notwendig beizuladen war oder einfach beigeladen wurde, ist insoweit unerheblich (vgl. S/S-A/P § 121 Rn. 97). Von der Bindungswirkung eines ohne (notwendige oder einfache) Beiladung ergangenen Urteils ist der übergangene Dritte freigestellt. Die Bindungswirkung nach Maßgabe des § 121 ist hiernach insofern eine relative, als sie subjektiv auf die Verfahrensbeteiligten sowie ihre Rechtsnachfolger begrenzt ist und daher das materielle Recht eines Dritten, auf den sich die Rechtskraft nicht erstreckt, unberührt lässt (BVerwGE 104, 182; zum Streitstand S/S-A/P § 121 Rn. 98).

19 **b) Beiladungsberechtigte nach § 65 III.** Im Fall des § 65 III (Beiladung in Massenverfahren) sind auch die Personen gebunden, die einen Antrag auf Beiladung nicht oder nicht fristgemäß gestellt haben.

20 **c) Rechtsnachfolger.** Rechtsnachfolger ist, wer kraft Rechtsgeschäfts, staatlichen Hoheitsakts oder Gesetzes als **Gesamt-** oder **Einzelrechtsnachfolger** in das Recht des Vorgängers eintritt (BVerwG, Urt. v. 28.1. 2010 – 4 C 6.08; Ey § 121 Rn. 43; NKVwGO § 121 Rn. 108). Wesensmerkmal der Rechtsnachfolge ist mithin ein Wechsel in der Person desjenigen, der legitimiert ist, das streitbefangene Recht auszuüben. Ob eine Rechtsposition nachfolgefähig ist, bestimmt sich nach dem materiellen Recht (Bader § 121 Rn. 10).

21 Die **Erwerber als Rechtsnachfolger** brauchen nicht gemäß § 65 II notwendig beigeladen zu werden, um die Rechtskrafterstreckung auszulösen, da § 121 die Rechtsnachfolger der Beteiligten ausdrücklich neben ihnen erfasst (BVerwG NJW 1985, 281). Die Rspr. hat zudem verdeutlicht, dass es einer Beiladung nicht allein deswegen bedarf, um überhaupt die Rechtskrafterstreckung auf den Rechtsnachfolger zu bewirken (BVerwG Buchholz 310 § 65 VwGO Nr. 104).

d) Sonstige Bindungsadressaten. Über den Wortlaut des § 121 hinaus bestehen   22
weitere Bindungswirkungen aus anderen Rechtsgründen. Die Rechtskraft eines den
Gesetzesvollzug eines Landes betreffenden verwaltungsgerichtlichen Urteils erstreckt sich auch auf die BRD, wenn das Land hierbei zugleich eine Angelegenheit
des Bundes wahrnimmt (BVerwG Buchh 310 § 121 VwGO Nr. 64), was insb. der
Fall ist, wenn ein Gesetz im Auftrage des Bundes ausgeführt wird; dies ist letztlich die
Konsequenz daraus, dass das Land, insoweit „in einer Art Prozessstandschaft" für die
BRD auftritt (BVerwG NVwZ 1999, 296). So bindet ein gegenüber einer Staatsangehörigkeitsbehörde eines Bundeslandes ergangenes rechtskräftiges Feststellungsurteil
über das Bestehen oder Nichtbestehen der deutschen Staatsangehörigkeit des Klägers
auch in einem Rechtsstreit zwischen dem Kläger und der BRD (BVerwG NVwZ
1993, 781).

Aus dem Rechtsstaatsprinzip folgt, dass über den Wortlaut des § 121 hinaus überdies auch die **Gerichte** in einem späteren Prozess an rechtskräftige Urteile zwischen   23
den Beteiligten gebunden sind (st. Rspr., vgl. BVerwGE 131, 346). Soweit die Beteiligten eines Zivilprozesses durch die Rechtskraft eines zwischen ihnen ergangenen
Urteils gebunden sind (§ 322 I ZPO), sind auch die Gerichte aller Gerichtszweige
gebunden, wenn für sie der Gegenstand des Zivilprozesses eine Vorfrage bildet, von
der ihre Entscheidung in einem Verfahren abhängt, dessen Beteiligte die Parteien des
Zivilprozesses sind (BVerwG Buchh 310 § 108 Abs. 1 VwGO Nr. 29). Diese Bindung ergibt sich aus der Gleichordnung aller Gerichtszweige. Die Entscheidung, die
das Gericht eines Zweiges der Gerichtsbarkeit innerhalb seiner Zuständigkeit erlässt,
ist für die Gerichte anderer Zweige jedenfalls insoweit bindend, als die Rechtskraft
dieser Entscheidung unter den Parteien wirkt (BGH DÖV 1962, 791; BVerwG
ZOV 2004, 148).

5. Zeitliche Grenze der Rechtskraft

Die Rechtskraftwirkung eines Urteils nach § 121 endet, wenn nach dem für das   24
rechtskräftige Urteil maßgeblichen Zeitpunkt neue für die Streitentscheidung erhebliche Tatsachen eingetreten sind, die sich so wesentlich von den damals gegebenen
Umständen unterscheiden, dass auch unter Berücksichtigung des Zwecks der Rechtskraft eine erneute Sachentscheidung gerechtfertigt ist – sog. zeitliche Grenze der
Rechtskraft – (st. Rspr., vgl. BVerwGE 115, 118 m.w.N.). Offen ist, ob die Rechtskraftwirkung bei unrichtigen Urteilen (auch) dann entfällt, wenn die Aufrechterhaltung des durch die Vorentscheidung geschaffenen Zustands **„schlechthin unerträglich"** wäre (vgl. BVerwGE 115, 118; 91, 256).

a) Erheblichkeit der Sachlagenänderung. Die **Erheblichkeit der Sachlagen-**   25
änderung hängt nicht notwendig davon ab, ob die Behörde oder das Gericht, welche
die mögliche Rechtskraftbindung zu prüfen haben, auf der Grundlage des neuen
Sachverhalts zu einem anderen Ergebnis kommen als das rechtskräftige Urteil (vgl.
BVerwGE 110, 111). Ergibt sich allerdings eine solche Ergebnisabweichung wegen
der geänderten Sachlage, kann regelmäßig davon ausgegangen werden, dass die
Rechtskraft des alten Urteils nicht mehr bindet. Andererseits kann die Rechtskraft des
früheren Urteils auch enden, wenn eine nachträgliche wesentliche Änderung der
Sachlage die im rechtskräftigen Urteil getroffene Entscheidung im Ergebnis bestätigt.
Hätte bereits das rechtskräftige Urteil nach der damaligen Sachlage zu dem anderen,
auf Grundlage der jetzigen Verhältnisse gewonnenen Ergebnis kommen müssen, indiziert diese Ergebnisabweichung für sich genommen keine wesentliche Sachverhaltsänderung, schließt sie allerdings auch nicht aus, sondern zeigt lediglich, dass das

§ 121

rechtskräftige Urteil aus der Sicht des nunmehr entscheidenden Gerichts falsch ist (BVerwGE 115, 118).

26 Allerdings lässt nicht jegliche nachträgliche Änderung der Verhältnisse die Rechtskraftwirkung eines Urteils entfallen (BVerwG NVwZ-RR 1994, 236). Gerade im Asylrecht liefe ansonsten die Rechtskraftwirkung nach § 121 weitgehend leer. Eine Lösung der Bindung an ein rechtskräftiges Urteil kann daher nur eintreten, wenn die nachträgliche Änderung der Sach- und/oder Rechtslage **wesentlich** ist. Dies ist jedenfalls im Asylrecht nur dann der Fall, wenn nach dem für das rechtskräftige Urteil maßgeblichen Zeitpunkt neue für die Streitentscheidung erhebliche Tatsachen eingetreten sind, die sich so wesentlich von den früher maßgeblichen Umständen unterscheiden, dass auch unter Berücksichtigung des Zwecks der Rechtskraft eines Urteils eine erneute Sachentscheidung durch die Verwaltung oder ein Gericht gerechtfertigt ist. Eine von der Rechtskraftbindung des früheren Urteils befreiende entscheidungserhebliche Änderung der Sachlage liegt danach dann vor, wenn es für die geltend gemachte Rechtsfolge um die rechtliche Bewertung eines jedenfalls in wesentlichen Punkten neuen Sachverhalts geht, zu dem das rechtskräftige Urteil – auch unter Berücksichtigung seiner Rechtsfrieden und Rechtssicherheit stiftenden Funktion – keine verbindlichen Aussagen mehr enthält (BVerwGE 115, 118).

27 Die **spätere** gerichtliche – auch höchstrichterliche – **Klärung einer Sach- oder Rechtsfrage** abweichend von dem früheren rechtskräftigen Urteil begründet keine Änderung der Sach- oder Rechtslage, die eine Lösung von der Rechtskraftbindung rechtfertigen könnte. Die Rechtskraftwirkung des § 121 tritt nämlich unabhängig davon ein, ob das rechtskräftige Urteil die Sach- und Rechtslage zutreffend gewürdigt hat oder nicht (BVerwG NVwZ 2003, Beilage Nr. I 1; S/S-A/P § 121 Rn. 74). Auch neue Beweismittel lassen die Sachlage unberührt.

28 Der **Zeitablauf allein** stellt grds. keine erhebliche Änderung der Sachlage dar. Die Rechtskraftwirkung ist zeitlich nicht begrenzt. Im Asylprozess kann, je länger der Zeitraum ist, der seit dem rechtskräftigen Urteil verstrichen ist, desto eher – je nach Art der dem Urteil zugrunde liegenden Gefahrenprognose – die Annahme gerechtfertigt sein, dass die Entwicklung im Heimatland zu einer Änderung der tatsächlichen Grundlagen der Gefahrenprognose geführt hat, die vom Geltungsanspruch des rechtskräftigen Urteils nicht mehr erfasst wird (BVerwGE 115, 118).

29 b) Verfahren. Die VwGO hält kein besonderes **Verfahren** dafür bereit, wie die neue Sachentscheidung zu ergehen hat; insb. sind die zur Durchbrechung der Rechtskraft vorgesehenen Klagemöglichkeiten – einschließlich der Abänderungsklage bei zukünftig wiederkehrenden Leistungen im Sinne des insofern auch im Verwaltungsprozess nach § 173 S. 1 entsprechend anwendbaren § 323 ZPO – dafür nicht geschaffen und wegen ihrer Besonderheiten unanwendbar (BVerwGE 110, 111; a. A. S/S-A/P § 121 Rn. 110 m.w.N.). Es liegt daher nahe, dass in diesen Fällen über die nach Änderung der Sachlage erforderliche Maßnahme zunächst (wieder) im Verwaltungswege durch VA entschieden wird. Dagegen bestehen auch mit Rücksicht auf den Rechtsschutz keine Bedenken. Der Betroffene kann mit den üblichen Mitteln des Hauptsache- und Eilrechtsschutzes gegen den neuen VA vorgehen. Effektiver Rechtsschutz ist auch dann umfassend gewährleistet, wenn die Verwaltung zu Unrecht eine Änderung der Sachlage unterstellen oder sonst die Rechtskraft der früheren verwaltungsgerichtlichen Entscheidung missachten sollte (BVerwGE 110, 111).

6. Durchbrechung der Rechtskraft

Die Rechtskraftbindung kann, sofern ihre zeitlichen Grenzen nicht überschritten sind, nur auf **gesetzlicher Grundlage** überwunden werden. Dies ist der Fall, wenn der Betroffene nach **§ 51 VwVfG** i. V. m. §§ 48 f. VwVfG einen Anspruch auf ein Wiederaufgreifen des Verfahrens hat oder die Behörde das Verfahren im Ermessenswege wieder aufgreift (BVerwG InfAuslR 2010, 91, 97). Die Rechtskraft wird auch durchbrochen durch die **Wiedereinsetzung** in den vorigen Stand (§ 60) oder die **Wiederaufnahme** des Verfahrens (§ 153 I). Zudem gibt § **826 BGB** unter engen Voraussetzungen die Möglichkeit, klageweise gegen unrichtige, weil sittenwidrig herbeigeführte oder ausgenutzte rechtskräftige Urteile vorzugehen mit dem Ziel, unter Durchbrechung der Rechtskraft solcher Urteile den vermögensrechtlichen Zustand herzustellen, wie er bei richtiger Entscheidung entstanden wäre (BVerwG Buchh 310 § 153 VwGC Nr. 23; zu den Voraussetzungen im Einzelnen vgl. S/S-A/P § 121 Rn. 115).

30

III. Entsprechende Anwendung

§ 121 ist nach § 84 I 3 auf den **Gerichtsbescheid**, entsprechend auf **Beschlüsse** nach §§ 80 V, VII, 80a III, 123 (BVerwG CR 2010, 30 zu § 123; zur Problematik des Umfangs und der Grenzen von Beschlüssen nach § 80 V BVerwG HFR 2006, 1276 m. w. N.) und im **Wehrbeschwerdeverfahren** anwendbar (BVerwG NZWehrr 2004, 126). Beschlüsse im **PKH-Verfahren** werden von § 121 **nicht** erfasst; es kann jederzeit ein neuer Antrag auf PKH-Bewilligung gestellt werden. Gerichtliche **Vergleiche** (§ 106) entfalten keine materielle Rechtskraft, sondern wegen ihrer Doppelnatur lediglich vertragliche Bindungen zwischen den an ihnen Beteiligten (→ § 106 Rn. 4, 8).

31

1. Durchbrechung der Rechtskraft im Verfahren nach § 123

Wie bzw. aufgrund welcher Vorschriften die analog § 121 eingetretene Rechtskraftwirkung eines den Antrag auf **Erlass einer einstweiligen Anordnung** ablehnenden Beschlusses **durchbrochen** werden kann, ist strittig. Dem BVerfG (InfAuslR 1995, 246), das in solchen Fällen die Möglichkeit eines Abänderungsverfahrens entsprechend § 123 i. V. m. § 80 VII gewährt, wird teilweise gefolgt (BWVGH NVwZ-RR 2002, 908, 911; KS § 123 Rn. 35). Teilweise wird ein Änderungsverfahren in Analogie zu § 80 VII zwar verneint, aber in dieser Vorschrift wird im Verfahren nach § 123 anzuwendender Maßstab für die Reichweite der – neuerlichen Anträgen gleichen Inhalts auf vorläufigen Rechtsschutz entgegenstehenden – Rechtskraft gesehen (Ey § 123 Rn. 75, 81). Teilweise wird in Anwendung des in § 80 VII 2, § 927 I ZPO zum Ausdruck kommenden Rechtsgedankens die Möglichkeit für eröffnet angesehen, veränderten Umständen in einem neuen Eilverfahren Rechnung zu tragen (HessVGH NVwZ-RR 1996, 713; RO § 123 Rn. 26, 29). Einigkeit besteht bei allen zitierten Ansichten jedoch insoweit, als nur bei veränderten Umständen ein erneuter Antrag gleichen Inhalts auf Erlass einer einstweiligen Anordnung zulässig sein soll (BVerwGE 76, 127; NRWOVG, Beschl. v. 9.1. 2003 – 18 B 2414/02).

32

2. Anwendung im Normenkontrollverfahren

§ 121 gilt auch unter den Beteiligten eines **Normenkontrollverfahrens** (§ 47). Die Bindungswirkung der einen Normenkontrollantrag eines Beteiligten **ablehnenden**, eine Satzung betreffenden Entscheidung gilt nicht nur für ein erneutes Normenkon-

33

trollverfahren, sondern für alle Verfahren zwischen den Beteiligten, bei denen es auf die Gültigkeit dieser Satzung ankommt; sie erstreckt sich nicht nur auf Nichtigkeitsgründe, die bereits in dem ersten Normenkontrollverfahren geltend gemacht worden sind, sondern auch auf Einwände, die in den späteren Verfahren erstmalig vorgetragen werden. Die Bindungswirkung entfällt nur dann, wenn nach Erlass der rechtskräftigen Normenkontrollentscheidung eine entscheidungserhebliche Änderung der Sach- oder Rechtslage eintritt (BVerwG Buchh 310 § 121 VwGO Nr. 71; BVerwGE 68, 306).

34 Die Bindungswirkung gilt auch in den Fällen, in denen dem **Antrag stattgegeben** wurde. Für die festgestellte Nichtigkeit einer Norm bestehen – unabhängig von der gleichzeitigen Allgemeinverbindlichkeit – insoweit keine Besonderheiten. Das Verbot der inhaltsgleichen Neuregelung bei unveränderter Sach- und Rechtslage folgt auch hier aus dem Sinn und Zweck der materiellen Rechtskraft der gerichtlichen Entscheidung (BVerwG NVwZ 2000, 813).

IV. Abgrenzungen

35 Von der Bindung wegen Rechtskraft abzugrenzen sind die Bindung des erkennenden Gerichts an seine Entscheidung (§ 173 S. 1 i. V. m. § 318 ZPO), die Bindungswirkung von zurückverweisenden (§ 130 VI) und von Bescheidungsurteilen (§ 113 V 2).

36 Tatbestands- und Feststellungswirkungen von VA sind von der Rechtskraft einer gerichtlichen Entscheidung ebenfalls zu unterscheiden. VA entfalten gemäß Art. 20 III GG und § 43 VwVfG eine **Tatbestandswirkung** des Inhalts, dass die durch den VA getroffene Regelung als gegeben hingenommen werden muss, mithin dass der Bescheid mit dem von ihm in Anspruch genommenen Inhalt von allen rechtsanwendenden Stellen zu beachten und eigenen Entscheidungen zugrunde zu legen ist. Eine darüber hinaus gehende **Feststellungswirkung** kommt VA dagegen nur zu, wenn sie ausdrücklich gesetzlich angeordnet ist (BVerwG BauR 2007, 1712; NRWOVG InfAuslR 2008, 10).

§ 122 [Beschlüsse]

(1) §§ 88, 108 Abs. 1 Satz 1, §§ 118, 119 und 120 gelten entsprechend für Beschlüsse.

(2) ¹Beschlüsse sind zu begründen, wenn sie durch Rechtsmittel angefochten werden können oder über einen Rechtsbehelf entscheiden. ²Beschlüsse über die Aussetzung der Vollziehung (§§ 80, 80a) und über einstweilige Anordnungen (§ 123) sowie Beschlüsse nach Erledigung des Rechtsstreits in der Hauptsache (§ 161 Abs. 2) sind stets zu begründen. ³Beschlüsse, die über ein Rechtsmittel entscheiden, bedürfen keiner weiteren Begründung, soweit das Gericht das Rechtsmittel aus den Gründen der angefochtenen Entscheidung als unbegründet zurückweist.

I. Anwendung der Urteilsvorschriften

1 Nur über die Klage wird durch Urteil (§ 107) und also regelmäßig aufgrund mündlicher Verhandlung entschieden (§ 101). Für das verwaltungsgerichtliche Klage- bzw. Urteilsverfahren gelten die Sonderregeln des 10. Abschnitts (§§ 107 bis 121). Für andere Verfahren, die durch Beschluss abgeschlossen werden, sieht I die entsprechende

Beschlüsse **§ 122**

Anwendung einiger Urteilsbestimmungen vor. Die Vorschrift ist allerdings unvollständig (BVerwG NVwZ 2000, 190; S/S-A/P § 122 Rn. 2). Entsprechende Anwendung finden alle weiteren Vorschriften der VwGO und die über § 173 S. 1 in Bezug genommenen Normen des GVG und der ZPO, sofern nicht Besonderheiten des Beschlussverfahrens entgegenstehen.

Ausdrücklich für anwendbar erklärt sind fünf Vorschriften des 9. und 10. Abschnitts: Das Gericht darf auch in Beschlussverfahren über das Klagebegehren nicht hinausgehen, ist an die **Fassung der Anträge** aber nicht gebunden (§ 88; entsprechend §§ 129, 141 für das Berufungs- und Revisionsverfahren). Es entscheidet nach seiner freien, aus dem Gesamtergebnis des Verfahrens gewonnenen **Überzeugung** (108 I 1). **Offenbare Unrichtigkeiten** bzw. andere Unrichtigkeiten im Tatbestand (bzw. Teil I der Gründe) sind der Berichtigung zugänglich (§§ 118, 119). Der Beschluss kann gemäß § 120 **ergänzt** werden. 2

Anwendung finden darüber hinaus § 56 (**Zustellung**), § 81 (**Erhebung** der Klage), § 86 (**Untersuchungsgrundsatz**, Aufklärungspflicht, vorbereitende Schriftsätze), §§ 87, 87a (vorbereitendes Verfahren, vgl. BVerwG NVwZ 2000, 190), § 87b (str., wie hier KS § 87b Rn. 2; a. A. S/S-A/P § 87b Rn. 18), § 92 I (**Rücknahme**), § 93 (**Verbindung und Trennung**), § 99 (**Aktenvorlage** und Auskünfte durch Behörden), § 100 (**Akteneinsicht**), § 108 II (rechtliches **Gehör**), § 110 (**Teilurteil**), § 112 (**Besetzung des Gerichts**; jedenfalls bei Beschlüssen aufgrund mündlicher Verhandlung), § 116 III (**Zustellung**), § 173 S. 1 i. V. m. § 329 I ZPO (**Verkündung**) bzw. § 329 II 1 ZPO (formlose Mitteilung). Bei **urteilsersetzenden Beschlüssen**, insb. nach §§ 125 II 2, 130a, 80 V, 123 gelten wegen ihrer Tragweite und ihres kontradiktorischen Charakters die für Urteile geltenden **Bestimmungen in § 117** zu Form und Inhalt weitgehend entsprechend (BVerwGE 109, 336; allerdings keine strikte Bindung, vgl. BVerwG, Beschl. v. 19.8. 2008 – 4 A 1025.06). Eine **mündliche Verhandlung** muss nicht, kann aber durchgeführt werden (§ 101 III). 3

II. Begründungspflicht

1. Anfechtbare Beschlüsse und Beschlüsse über Rechtsbehelfe

Beschlüsse **sind zu begründen**, wenn sie durch Rechtsmittel angefochten werden können oder über einen Rechtsbehelf entscheiden (II 1). Die Begründung muss eine Überprüfung durch die Beteiligten oder das Rechtsmittelgericht ermöglichen und deshalb die Überlegungen erkennen lassen, welche in rechtlicher und tatsächlicher Hinsicht für die richterliche Überzeugungsbildung maßgeblich gewesen sind. Zum einen sollen die Beteiligten über die der Entscheidung zugrunde liegenden Erwägungen unterrichtet werden, und zum anderen soll dem Rechtsmittelgericht die Nachprüfung der Entscheidung auf ihre inhaltliche Richtigkeit in prozess- und materiellrechtlicher Hinsicht ermöglicht werden (BVerwG, Beschl. v. 9.6. 2008 – 10 B 149.07). Der Anspruch auf rechtliches Gehör (Art. 103 I GG) wird hierdurch konkretisiert und garantiert. 4

Unanfechtbare Beschlüsse, die nicht über einen Rechtsbehelf entscheiden, müssen grds. nicht begründet werden (z. B. § 6 IV 1). Eine Ausnahme enthält z. B. § 86 II, wonach ein in der mündlichen Verhandlung gestellter Beweisantrag durch einen — wenngleich gemäß § 146 II unanfechtbaren, so aber doch — zu begründenden Beschluss abzulehnen ist. Die Rechtsprechung des BVerfG zum Begründungszwang bei behördlichen Eingriffsakten beruht auf der Erwägung, dass dem Betroffenen aus 5 rechtsstaatlichen Gründen eine sachgemäße Verteidigung seiner Rechte ermöglicht werden muss. Dieser Gesichtspunkt lässt sich nicht auf eine den Rechtsweg abschließende Gerichtsentscheidung übertragen (BVerfGE 81, 97). Anders verhält es sich mit Blick auf Art. 3 I, 20 III GG, wenn das Gericht vom eindeutigen Wortlaut einer Rechtsnorm und ihrer Auslegung in der Rechtsprechung abweicht und dies für die Beteiligten nicht ohne Weiteres erkennbar ist (BVerfG NVwZ 1993, 975). Eine Begründung empfiehlt sich aber unabhängig davon immer, weil eine Verfassungsbeschwerde mit Erfolg darauf gestützt werden kann, dass sich wegen des Fehlens der Begründung nicht ausschließen lässt, dass ein Grundrechtsverstoß vorliegt (BVerfG DVBl. 1993, 1001).

6 Die Begründung muss, auch wenn der Beschluss mündlich verkündet wird, **schriftlich** erfolgen oder zur Niederschrift diktiert werden. Eine ausschließlich mündliche Begründung sieht das Gesetz nicht vor (NRWOVG NVwZ 1988, 370).

2. Beschlüsse nach §§ 80, 80a, 123, 161 II

7 Beschlüsse über die Aussetzung der Vollziehung (§§ 80, 80a) und über einstweilige Anordnungen (§ 123) sowie Beschlüsse nach Erledigung des Rechtsstreits in der Hauptsache (§ 161 II) sind wegen ihrer typischerweise erheblichen Bedeutung für die Beteiligten stets zu begründen (II 2), ohne Rücksicht darauf, ob ihre Anfechtbarkeit im Einzelfall ausgeschlossen ist (vgl. §§ 152, 158). Die Bezugnahme im Tenor eines im Verfahren des vorläufigen Rechtsschutzes ergangenen Beschlusses auf die Begründung des gleichzeitig zugestellten Urteils in der zugehörigen Hauptsache (Klageverfahren) genügt dem Begründungserfordernis (NRWOVG, Beschl. v. 30.8.1998 – 3 B 1415/99).

3. Absetzungserleichterung für Beschlüsse über Rechtsmittel

8 Beschlüsse, die über ein Rechtsmittel entscheiden, bedürfen keiner weiteren Begründung, soweit das Gericht das Rechtsmittel aus den Gründen der angefochtenen Entscheidung (oder der Begründung des VA oder des Widerspruchsbescheids, vgl. § 117 V) als unbegründet zurückweist (II 3). Erforderlich ist, dass das Gericht die Bezugnahme im Beschluss ausdrücklich festhält.

11. Abschnitt. Einstweilige Anordnung

§ 123 [Erlass einstweiliger Anordnungen]

(1) ¹**Auf Antrag kann das Gericht, auch schon vor Klageerhebung, eine einstweilige Anordnung in bezug auf den Streitgegenstand treffen, wenn die Gefahr besteht, dass durch eine Veränderung des bestehenden Zustands die Verwirklichung eines Rechts des Antragstellers vereitelt oder wesentlich erschwert werden könnte.** ²**Einstweilige Anordnungen sind auch zur Regelung eines vorläufigen Zustands in Bezug auf ein streitiges Rechtsverhältnis zulässig, wenn diese Regelung, vor allem bei dauernden Rechtsverhältnissen, um wesentliche Nachteile abzuwenden oder drohende Gewalt zu verhindern oder aus anderen Gründen nötig erscheint.**

(2) ¹Für den Erlaß einstweiliger Anordnungen ist das Gericht der Hauptsache zuständig. ²Dies ist das Gericht des ersten Rechtszugs und, wenn die Hauptsache im Berufungsverfahren anhängig ist, das Berufungsgericht. ³§ 80 Abs. 8 ist entsprechend anzuwenden.
(3) Für den Erlass einstweiliger Anordnungen gelten §§ 920, 921, 923, 926, 928 bis 932, 938, 939, 941 und 945 der Zivilprozeßordnung entsprechend.
(4) Das Gericht entscheidet durch Beschluss.
(5) Die Vorschriften der Absätze 1 bis 3 gelten nicht für die Fälle der §§ 80 und 80a.

Übersicht

	Rn.
I. Bedeutung der Vorschrift	1
II. Zulässigkeit des Antrages	2
1. Rechtsweg	3
2. Statthaftigkeit des Antrages	4
3. Antragsbefugnis	10
4. Zuständiges Gericht	11
5. Rechtsschutzinteresse	13
III. Begründetheit des Antrages	15
1. Anordnungsanspruch	16
2. Anordnungsgrund	20
3. Glaubhaftmachung	22
IV. Verfahren	25
V. Entscheidung	29
VI. Abänderung und Aufhebung	36
VII. Vollstreckung	37
VIII. Rechtsbehelfe	38
IX. Schadensersatzansprüche	41

I. Bedeutung der Vorschrift

§ 123 vervollständigt das verwaltungsprozessuale System des vorläufigen Rechtsschutzes. Er tritt als **Auffangtatbestand** neben die §§ 80, 80a, 80b (BWVGH NJW 1996, 538; NKVwGO § 123 Rn. 30). § 47 VI geht § 123 als Spezialvorschrift für Normenkontrollsachen vor (NKVwGO § 123 Rn. 5; → § 47 Rn. 83 ff.). Ebenso wie die §§ 80, 80a, 80b und 47 VI ist § 123 einfachgesetzlicher Ausdruck des Anspruchs auf Gewährung effektiven Rechtsschutzes aus Art. 19 IV GG (KS § 123 Rn. 3).   1

II. Zulässigkeit des Antrages

Für das Verfahren nach § 123 gelten die **allgemeinen Zulässigkeitsvoraussetzungen** (→ vor § 40 Rn. 16). Die Differenzierung zwischen Zulässigkeit und Begründetheit des Antrages nach § 123 kann praktisch relevant sein, weil auch Beschlüsse nach § 123 in materieller Rechtskraft erwachsen (HessVGH NVwZ-RR 2001, 366, → Rn. 29). Unter dem Gesichtspunkt der Eilbedürftigkeit des Rechtsschutzes ist es dem Gericht allerdings nicht verwehrt, schwierige Zulässigkeitsfragen offen zu lassen, falls sich der Antrag ohne weiteres als unbegründet erweist (BeckOK VwGO § 123 Rn. 1; → § 80 Rn. 3).   2

1. Rechtsweg

3 In der Hauptsache muss der **Verwaltungsgerichtsweg** eröffnet sein (§ 40). Ist der beschrittene Rechtsweg unzulässig, spricht dies das Verwaltungsgericht nach Anhörung der Parteien entsprechend § 173, § 17a II 1 GVG von Amts wegen aus und verweist den Rechtsstreit zugleich an das zuständige Gericht des zulässigen Rechtsweges (NRWOVG NVwZ 1994, 178; NKVwGO § 123 Rn. 54; a.A. KS § 123 Rn. 17). Auch § 17a III GVG (Zwischenentscheidung über den Rechtsweg) findet Anwendung. Etwas anderes gilt allerdings dann, wenn das Gebot effektiver Rechtsschutzgewährung gemäß Art. 19 IV GG entgegensteht. Das Verwaltungsgericht kann daher ungeachtet einer Rechtswegrüge in der Sache entscheiden, wenn die Eilbedürftigkeit des Begehrens ein Abwarten der Beschwerdeentscheidung über den Zwischenstreit nicht erlaubt (BeckOK VwGO § 123 Rn. 3). § 17a IV S 4 bis 6 GVG gelten hingegen im vorläufigen Rechtsschutzverfahren nicht (NRWOVG NVwZ 1994, 178, 179).

2. Statthaftigkeit des Antrages

4 Die Statthaftigkeit des Antrages beurteilt sich in **Abgrenzung zu den anderen Verfahren des vorläufigen Rechtsschutzes** nach § 47 VI und §§ 80, 80a. Ein Antrag nach § 123 ist statthaft, soweit nicht eine der genannten Vorschriften Anwendung findet:

5 Soweit vorläufiger Rechtsschutz gegen den Vollzug von Rechtsnormen begehrt wird, ist **§ 47 VI** gegenüber § 123 die speziellere Vorschrift. Bei unterschiedlichen Streitgegenständen ist allerdings grundsätzlich ein Nebeneinander der beiden Verfahren nicht ausgeschlossen, beispielsweise ein Antrag gemäß § 47 VI hinsichtlich eines Bebauungsplans und ein Antrag nach § 123 hinsichtlich eines baugenehmigungsfreien Vorhabens im Geltungsbereich dieses Bebauungsplans (BeckOK VwGO § 123 Rn. 17; BayVGH BayVBl. 200, 628). Richtet sich das Rechtsschutzbegehren hingegen auf den Erlass einer Rechtsnorm, ist ausschließlich der Antrag nach § 123 statthaft (vgl. HessVGH NVwZ-RR 1993, 186).

6 Ein Antrag nach § 123 ist ferner dann nicht statthaft, wenn der Anwendungsbereich der **§§ 80, 80a** eröffnet ist. Dies ist in **§ 123 V** ausdrücklich bestimmt. Für die Statthaftigkeit eines Antrages auf Erlass einer einstweiligen Anordnung nach § 123 kommt es deshalb regelmäßig darauf an, ob im Hauptsacheverfahren die richtige Klageart eine andere als die Anfechtungsklage ist. Auch bei sog. **faktischer Vollziehung**, also in Fällen, in denen ein Verwaltungsakt trotz aufschiebender Wirkung eines Rechtsbehelfs von der Behörde oder – bei Verwaltungsakten mit Doppelwirkung – von dem Begünstigten vollzogen wird, kommt vorläufiger Rechtsschutz ausschließlich nach § 80 V, nicht aber nach § 123 in Betracht (NKVwGO § 123 Rn. 139). Vorläufiger **vorbeugender Rechtsschutz** wird dagegen nach § 123 gewährt. Dies gilt auch, soweit das erwartete Verwaltungshandeln ein VA ist. Denn ist der VA noch nicht erlassen, ist richtige Klageart eine vorbeugende Unterlassungsklage oder eine vorbeugende Feststellungsklage (vgl. etwa NRWOVG NVwZ 2001, 1315).

7 Beim **Nachbarschutz im Baurecht** ist zu differenzieren: Bei genehmigungsfreien Bauvorhaben kommt vorläufiger Rechtsschutz des Nachbarn nur im Wege des § 123 in Betracht. Gleiches gilt, wenn die Baubehörde ein Bauvorhaben zu Unrecht als genehmigungsfrei behandelt (NRWOVG BauR 1999, 628) oder der Bauherr „schwarz" baut, was auch dann der Fall ist, wenn er sich nicht an die Vorgaben einer erteilten Baugenehmigung hält (SchlHOVG ÖffBauR 2005, 71). Bei genehmigungsbedürftigen Bauvorhaben steht dem Nachbarn vorläufiger Rechtsschutz grundsätzlich nur gemäß §§ 80, 80a zu. Beim vereinfachten Genehmigungsverfahren ist der Antrag nach § 80 statthaft, soweit der Nachbar die Verletzung von Rechtsvorschriften rügt, die bei Erlass der vereinfachten Genehmigung zu überprüfen sind. Im Übrigen kommt nur ein Antrag nach § 123 in Betracht (RhPfOVG NVwZ-RR 1992, 289). Eine fiktive Baugenehmigung (vgl. etwa § 75 XI LBO SH) ist im vorliegenden Zusammenhang wie eine „echte" Genehmigung zu behandeln (NKVwGO § 123 Rn. 37).

Im **beamtenrechtlichen Konkurrentenstreit** ist vorläufiger Rechtsschutz regelmäßig (und praktisch allein) nach § 123 zu gewähren: Gegen die Ablehnung einer Bewerbung um eine (Beförderungs-)Stelle muss der unterlegene Bewerber in der Hauptsache mit einer auf Neubescheidung gerichteten Verpflichtungsklage vorgehen mit der Folge, dass sich der vorläufige Rechtsschutz nach § 123 richtet (BVerwGE 118, 370). Da sich die Klage auf Neubescheidung im Falle der statusändernden Ernennung des Mitbewerbers nach ständ. Rspr. (BVerwG a.a.O.) erledigt, muss der unterlegene Bewerber vor der Urkundenaushändigung eine einstweilige Anordnung nach § 123 erwirken, die der Behörde untersagt, den Konkurrenten bis zu einer Neubescheidung seiner Bewerbung zu ernennen (BVerfG NVwZ 2008, 70; ZBR 2008, 164; NRWOVG NWVBl 2009, 224). 8

Der Antrag nach § 123 VwGO ist unstatthaft, wenn er sich gegen behördliche **Verfahrenshandlungen** richtet, gegen die Rechtsbehelfe durch § 44a ausgeschlossen sind (BVerwG NVwZ-RR 1997, 663). Im Hinblick auf Art. 19 IV GG kann für das Verfahren nach § 123 ausnahmsweise etwas anderes gelten, wenn von einer Verfahrenshandlung eine Beeinträchtigung ausgeht, die im Hauptsacheverfahren nicht oder nur schwer beseitigt werden könnte (BVerwG NVwZ-RR 2000, 760; NRW-OVG NWVBl. 1999, 423). 9

3. Antragsbefugnis

Wegen der Abhängigkeit des vorläufigen Rechtsschutzes vom Hauptsacheverfahren setzt auch der Antrag nach § 123 eine Antragsbefugnis **entspr.** § 42 II voraus. Es muss nach dem Vortrag des Antragstellers zumindest möglich erscheinen, dass dieser in eigenen Rechten verletzt ist oder ihm eine solche Verletzung droht (SächsOVG DVBl. 1997, 1287; NKVwGO § 123 Rn. 69; KS § 123 Rn. 30; → § 42 Rn. 100 ff.). 10

4. Zuständiges Gericht

Für den Erlass einstweiliger Anordnungen ist das **Gericht der Hauptsache** zuständig (§ 123 II 1). Dies ist das Gericht des ersten Rechtszuges (ggf. auch OVG oder BVerwG → §§ 48 ff.) und, wenn die Hauptsache im Berufungsverfahren anhängig ist, das Berufungsgericht (§ 123 II 2). Sowohl die Berufung selbst als auch der Antrag auf Zulassung der Berufung machen die Hauptsache beim Berufungsgericht anhängig (BayVGH NVwZ 2000, 210; NKVwGO § 123 Rn. 61; KS § 123 Rn. 19). Da § 123 II 2 Fall 2 nur das Berufungsverfahren, nicht aber das Revisionsverfahren nennt, ist das BVerwG nicht zum Erlass einer einstweiligen Anordnung befugt, wenn es als Revisionsgericht tätig wird (BVerwGE 58, 179, 181). Schwebt das Hauptsacheverfahren in der Revisionsinstanz, ist also eine zugelassene Revision eingelegt worden oder der Nichtabhilfebeschluss des Berufungsgerichts wirksam geworden (BayVGH DVBl. 1981, 687; NRWOVG NJW 1966, 1770), ist wieder das VG für die Gewährung vorläufigen Rechtsschutzes nach § 123 VwGO zuständig (BVerwG VBlBW 1981, 114). 11

§ 123   Teil II. Verfahren

12   In dringenden Fällen kann gemäß § 123 II 3 i. V. m. § 80 VIII anstelle der Kammer oder des Senats der **Vorsitzende allein** entscheiden (→ § 80 Rn. 76).

5. Rechtsschutzinteresse

13   Der Antrag ist unzulässig, wenn dem Antragsteller das Rechtsschutzbedürfnis fehlt. Dies ist u. a. regelmäßig dann der Fall, wenn sich der Antragsteller nicht zuvor an die zuständige Verwaltungsbehörde gewandt hat (NRWOVG NVwZ 2001, 1427). Etwas anderes gilt dann, wenn ein **Antrag bei der zuständigen Behörde** offensichtlich aussichtslos ist und eine bloße Förmlichkeit darstellt (SächsOVG SächsVBl 1994, 113; NdsOVG NJW 1978, 1340, 1341). Ausnahmen können sich weiterhin unter dem Gesichtspunkt der Eilbedürftigkeit einer vorläufigen Regelung ergeben, insbes. dann, wenn dem Antragsteller durch Zeitablauf schwere nicht mehr oder nur schwer rückgängig zu machende Nachteile entstehen (NKVwGO § 123 Rn. 70). Ist der Antragsteller eine juristische Person des öffentlichen Rechts, fehlt es am Rechtsschutzinteresse, falls er den erstrebten Erfolg durch den Erlass eines VA oder auf andere Weise durch eigenes Tun herbeiführen kann (HmbOVG NJW 1989, 605). Tritt während des Verfahrens nach § 123 eine **Erledigung der Hauptsache** ein, entfällt auch das Rechtsschutzinteresse für den vorläufigen Rechtsschutzantrag. Für einen Fortsetzungsfeststellungsantrag entsprechend § 113 I 4 bietet das vorläufige Rechtsschutzverfahren keinen Raum (BVerwG DÖV 1995, 515; NRWOVG DVBl. 1995, 1368, 1369).

14   Für einen Antrag gemäß § 123, der sich auf die Gewährung **vorbeugenden Rechtsschutzes** richtet, besteht ein Rechtsschutzinteresse nur dann, wenn es dem Antragsteller ausnahmsweise nicht zugemutet werden kann, die drohende Rechtsverletzung abzuwarten, um dann dagegen – vorläufigen oder endgültigen – nachträglichen Rechtsschutz in Anspruch zu nehmen (BlnOVG NVwZ-RR 2002, 720; Schl-HOVG NVwZ 1994, 918). Dabei wird richtigerweise auf den Vortrag des Antragstellers abzustellen sein; ob die Angelegenheit tatsächlich so eilig ist, dass der Antragsteller vorbeugenden Rechtsschutz verlangen kann, wird im Rahmen des Anordnungsgrundes zu prüfen sein (BeckOK VwGO § 123 Rn. 44 und 47).

III. Begründetheit des Antrages

15   Ein Antrag nach § 123 ist begründet, wenn der Antragsteller einen **Anordnungsanspruch** und einen **Anordnungsgrund** glaubhaft gemacht hat. Dies ergibt sich aus § 123 III i. V. m. § 920 II ZPO. Die Unterscheidung zwischen Sicherungsanordnungen (§ 123 I 1), die auf die Erhaltung eines bestehenden Zustandes zielen, und Regelungsanordnungen (§ 123 I 2), mit denen der Antragsteller eine bisher nicht innegehabte Rechtsposition erstrebt, hat (auch) für die Begründetheitsprüfung keine praktische Relevanz (NKVwGO § 123 Rn. 45 ff., str.). Dementsprechend wird auch in der Rechtsprechung der VG zumeist nicht zwischen § 123 I 1 und 2 unterschieden.

1. Anordnungsanspruch

16   Der Anordnungsanspruch ist der **materielle Anspruch**, den der Antragsteller als Kläger im Hauptsacheverfahren geltend macht; es handelt sich hingegen nicht um den Anspruch auf Erlass der einstweiligen Anordnung selbst (NKVwGO § 123

Rn. 77). Gegenstand der Prüfung des Anordnungsanspruchs ist damit die Frage, ob der Antragsteller im Klageverfahren voraussichtlich obsiegen wird.

Der **maßgebliche Zeitpunkt** für das Bestehen des Anordnungsanspruchs bestimmt sich nach denselben Grundsätzen wie für das Hauptsacheverfahren. Da es sich im Hauptsacheverfahren nicht um eine Anfechtungsklage handeln kann (→ Rn. 6), ist regelmäßig der Zeitpunkt der gerichtlichen Entscheidung (im Beschwerdeverfahren der Zeitpunkt der Beschwerdeentscheidung) maßgeblich. 17

Die Prüfung des Anordnungsanspruchs erfolgt auf Grundlage des glaubhaft gemachten bzw. ermittelten Sachverhalts (→ Rn. 23). Die im Vergleich zum Hauptsacheverfahren herabgesetzten **Anforderungen an die richterliche Überzeugungsbildung** beziehen sich im Regelfall nur auf die Tatsachenermittlung, nicht aber auf die rechtliche Bewertung (BeckOK VwGO § 123 Rn. 78). Die danach am Grundsatz bestehende Verpflichtung des Gerichts, Rechtsfragen vollständig und abschließend zu prüfen, kann allerdings im Hinblick auf komplexe Rechtsfragen, die zur Verfügung stehende Zeit und die Schwere der dem Antragsteller durch den Zeitablauf drohenden Nachteile beschränkt sein (NKVwGO § 123 Rn. 89). Kann im Eilverfahren aus Zeitmangel nicht festgestellt werden, ob ein Anordnungsanspruch besteht, hat das Verwaltungsgericht unter Offenlassung der Erfolgsaussichten im Hauptsacheverfahren lediglich auf Grundlage einer Folgenabwägung zu entscheiden, die im Rahmen der Prüfung des Anordnungsgrundes vorzunehmen ist (NKVwGO § 123 Rn. 79; BeckOK VwGO § 123 Rn. 84). Umgekehrt darf das Gericht bei der Prüfung des Anordnungsanspruchs nicht mehr fordern, als für ein Obsiegen des Antragstellers in der Hauptsache gefordert werden könnte. Es verstieße gegen Art. 19 IV GG, wenn es für die Bejahung des Anordnungsanspruchs zusätzliche Anforderungen aufstellte (BVerfG NVwZ 2003, 200, 201). 18

Wird der materielle Anspruch aus einer **Ermessensvorschrift** abgeleitet, ist ein Anordnungsanspruch nur gegeben, wenn eine Ermessensreduzierung auf Null vorliegt. Gegenstand des Anordnungsverfahrens kann allerdings auch ein Anspruch auf Neubescheidung sein (NRWOVG, Beschl. v. 13.7. 2007 – 4 B 1001/07, NRWE). § 114 S. 2 soll keine Anwendung finden (HessVGH DÖV 2004, 625; B/F-K/vA § 114 Rn. 50, zweifelh.). 19

2. Anordnungsgrund

Die Prüfung des Anordnungsgrundes betrifft die **Notwendigkeit einer vorläufigen gerichtlichen Entscheidung**. Sie tritt bei einer stattgebenden Entscheidung in jedem Fall neben die Prüfung des Anordnungsanspruchs; auch wenn der Anordnungsanspruch offensichtlich gegeben ist, muss festgestellt werden, dass eine vorläufige gerichtliche Regelung erforderlich ist. Das Gesetz benennt als Gründe für den Erlass einer vorläufigen Entscheidung die Gefahr, dass durch eine Veränderung des bestehenden Zustands die Verwirklichung eines Rechts des Antragstellers vereitelt oder wesentlich erschwert werden könnte (§ 123 I 1) sowie die Abwendung wesentlicher Nachteile, die Verhinderung drohender Gewalt sowie „andere Gründe" (§ 123 I 2). Maßgeblich ist, ob dem Antragsteller im Einzelfall unter Berücksichtigung seines Anspruchs auf Gewährung effektiven Rechtsschutzes aus Art. 19 IV GG das Abwarten der Hauptsachenentscheidung zumutbar ist. Dabei sind die betroffenen Interessen des Antragstellers sowie entgegenstehende öffentliche Interessen und Interessen Dritter zu ermitteln und zu bewerten. Es ist auch zu berücksichtigen, ob der Antragsteller die Dringlichkeit der Sache und die zu befürchtenden Nachteile ggfs. durch eigenes vorwerfbares Verhalten herbeigeführt hat (NRWOVG NVwZ-RR 2003, 511; HmbOVG NVwZ-RR 1998, 314). 20

§ 123

21 **Maßgeblicher Zeitpunkt** für die Prüfung, ob ein Anordnungsgrund vorliegt, ist stets die Sach- und Rechtslage zum Zeitpunkt der gerichtlichen Entscheidung, im Beschwerdeverfahren also der Zeitpunkt der Beschwerdeentscheidung (NKVwGO § 123 Rn. 86).

3. Glaubhaftmachung

22 Anordnungsanspruch und Anordnungsgrund sind gemäß § 123 III i. V. m. § 920 II ZPO glaubhaft zu machen. Die Glaubhaftmachung erfasst lediglich die tatsächlichen Voraussetzungen des Anordnungsanspruchs und des Anordnungsgrundes; sie bezieht sich hingegen nicht auf deren rechtliche Voraussetzungen (B/F-K/vA § 123 Rn. 36; a. A. NKVwGO Rn. 87 ff.). Das Institut der Glaubhaftmachung gibt das **Maß für die richterliche Überzeugungsbildung** vor. Anders als im Hauptsacheverfahren ist keine vernünftige Zweifel ausschließende Gewissheit erforderlich, sondern es reicht ein Wahrscheinlichkeitsurteil. Das Maß der erforderlichen Wahrscheinlichkeit wird dabei sowohl durch die Folgen der zu treffenden Entscheidung als auch durch die Dringlichkeit der Angelegenheit bestimmt. Maßgebliches Kriterium ist auch hier das Gebot, effektiven Rechtsschutz zu gewähren (Art. 19 IV GG).

23 Welche **Mittel der Glaubhaftmachung** herangezogen werden, entscheidet das Gericht unter Berücksichtigung von Erkenntniswert und Erreichbarkeit der Mittel sowie der Eilbedürftigkeit der Entscheidung (NKVwGO § 123 Rn. 93). Dabei ist das Gericht nicht auf die Beweismittel beschränkt, die ihm gemäß § 96 I im Hauptsacheverfahren zur Verfügung stehen. Es kann den Sachverhalt auch auf andere Weise aufklären, etwa durch telefonisch eingeholte Auskünfte (vgl. etwa BWVGH NVwZ-RR 1991, 82, 83). Das Gericht kann sich das erforderliche Wahrscheinlichkeitsurteil auch auf der Grundlage eidesstattlicher Versicherungen (§ 123 II i. V. m. §§ 920 II, 294 I ZPO) bilden, wobei es im Rahmen der Beweiswürdigung zu entscheiden hat, ob es einer solchen Versicherung folgt oder nicht. Zeitaufwendige Beweisaufnahmen, wie etwa die Einholung von Sachverständigengutachten, scheiden wegen der Eilbedürftigkeit des Verfahrens regelmäßig aus (NRWOVG DVBl. 2000, 933, 934).

24 Aus dem Erfordernis der Glaubhaftmachung folgt **nicht**, dass im Verfahren nach § 123 der **Untersuchungsgrundsatz suspendiert ist** und stattdessen der zivilprozessuale Beibringungsgrundsatz gilt. Lediglich die Intensität der gerichtlichen Untersuchung ist wegen der Eigenart des Verfahrens beschränkt, umfasst aber im Regelfall etwa die Beiziehung und Auswertung der Verwaltungsvorgänge (BeckOK VwGO Rn. 68; NKVwGO § 123 Rn. 90). Auch im Verfahren nach § 123 gilt dabei, dass die Aufklärungspflicht des Gerichts regelmäßig dort endet, wo die Mitwirkungslast der Beteiligten einsetzt. Das Begehren des Antragstellers, beschleunigten Rechtsschutz zu erhalten, verstärkt dabei seine Informations- und Mitteilungsobliegenheiten gegenüber dem Gericht (BayVGH NVwZ-RR 2001, 477). Ob eine anwaltliche Vertretung des Antragstellers zu einer weiteren Intensivierung seiner Mitwirkungsobliegenheiten führt, wird unterschiedlich beurteilt (vgl. einerseits NRWOVG NVwZ-RR 2002, 583, 584, andererseits BeckOK VwGO § 123 Rn. 71, NKVwGO § 123 Rn. 92).

IV. Verfahren

25 Grundsätzlich gelten die **allgemeinen Verfahrensvorschriften**, wobei allerdings dem Eilcharakter des Verfahrens jeweils Rechnung zu tragen ist. So soll etwa entgegen § 81 I 1 in außergewöhnlich eilbedürftigen Fällen eine telefonische Antragstel-

lung zulässig sein, wenn das Schriftlichkeitserfordernis nicht einmal mehr per Fax gewahrt werden kann (B/F-K/vA § 123 Rn. 47). Zu **Vorlagepflichten** (Normenkontrolle nach Art. 100 I GG und Vorabentscheidung nach Art. 267 AEUV = Art. 234 EG) → § 80 Rn. 55 ff.

Ob aufgrund **mündlicher Verhandlung** oder im schriftlichen Verfahren entschieden wird, steht im Ermessen des Gerichts (§ 101 III; KS § 123 Rn. 31). In der Praxis entscheiden die Verwaltungsgerichte im Hinblick auf die Eilbedürftigkeit zumeist ohne mündliche Verhandlung. **26**

Auch im Verfahren nach § 123 ist den Beteiligten **rechtliches Gehör** zu gewähren (Art. 103 I GG). Dabei muss das Gericht im Hinblick auf die Eilbedürftigkeit des Verfahrens alle denkbaren Möglichkeiten der Gehörsgewährung ausschöpfen; bei entsprechender Dringlichkeit müssen Anhörungen ggf. auch am Wochenende stattfinden (BVerfGE 65, 227, 236). Nur in Ausnahmefällen, wenn der Schutz gewichtiger Interessen eine sofortige gerichtliche Entscheidung unabweisbar macht und anders effektiver Rechtsschutz nicht gewährt werden kann, ist eine Anhörung entbehrlich (BWVGH VBlBW 1999, 265, 266). Das Gericht wird aber den Erlass einer Zwischenentscheidung zu erwägen haben. **27**

Eine **Zwischenentscheidung** („Hängebeschluss") kann das Gericht im Verfahren nach § 123 ebenso wie im Verfahren nach § 80 V treffen (NRWOVG NVwZ 1999, 785; → § 80 Rn. 64). Mit können Sicherungsmaßnahmen bis zur instanzbeendenden Entscheidung getroffen werden (verfahrensrechtliche Interimsregelung). Rechtsgrundlage ist die Entscheidungsbefugnis aus § 123 i.V.m. Art. 19 IV GG, für das Beschwerdegericht § 173 i.V.m. § 570 III ZPO. Voraussetzung ist, dass der Rechtsschutzantrag nicht offensichtlich aussichtslos ist und effektiver Rechtsschutz hinsichtlich des Anordnungsbegehrens ohne sie gefährdet wäre, weil dem Antragsteller unmittelbar erhebliche Nachteile drohen (NKVwGO § 123 Rn. 120). Das ist etwa in beamtenrechtlichen **Konkurrentenstreitverfahren** der Fall (→ Rn. 8). Die Antragsgegner kommen Zwischenentscheidungen des Gerichts meist durch die Abgabe von Stillhaltezusagen zuvor. **28**

V. Entscheidung

Das Verwaltungsgericht entscheidet gemäß § 123 IV durch **Beschluss**, der gemäß § 122 II 2 stets zu begründen ist. Bei entsprechender Eilbedürftigkeit der Sache kann es im Einzelfall gerechtfertigt sein, zunächst nur den Beschlusstenor per Telefax bekanntzugeben und den vollständigen Beschluss so bald wie möglich „nachzuliefern". Auch eine telefonische Vorabinformation über den Entscheidungstenor kann in Betracht kommen (KS § 123 Rn. 31). Der ordnungsgemäß bekanntgegebene Beschluss erwächst in formelle und – eingeschränkt durch die Möglichkeit der Abänderung (→ Rn. 36) – auch in materielle Rechtskraft (KS § 123 Rn. 41; B/F-K/vA § 123 Rn. 63). **29**

Anders als das „Ob" steht das „Wie", also der Inhalt der einstweiligen Anordnung, im **Ermessen des Gerichts** (BeckOK VwGO § 123 Rn. 139 ff.; NKVwGO § 123 Rn. 9; KS § 123 Rn. 28). Gemäß § 123 III i.V.m. § 938 I ZPO bestimmt das Gericht nach freiem Ermessen, welche Anordnungen zur Erreichung des Sicherungszweckes erforderlich sind. Diese können, müssen aber nicht mit dem Hauptsachebegehren zusammenfallen. **30**

Das Gericht kann eine **vorläufige Feststellung** (NRWOVG ZLR 2005, 625) ebenso treffen wie eine **Verpflichtung** des Antragsgegners aussprechen, einen Antrag des Antragstellers **neu zu bescheiden** (NRWOVG, Beschl. v. 13.7. 2007 – 4 **31**

§ 123   Teil II. Verfahren

B 1001/07) oder eine **Untersagung**, bis zur Neubescheidung von Maßnahmen abzusehen. Dabei wird eine auf Neubescheidung gerichtete einstweilige Anordnung mit Blick auf das Erfordernis effektiven Rechtsschutzes (Art. 19 IV GG) allerdings nur dann in Betracht kommen, wenn für eine erneute Verwaltungsentscheidung ausreichend Zeit zur Verfügung steht (vgl. auch KS § 123 Rn. 28).

32   Die Anordnung kann **Nebenbestimmungen** enthalten wie Auflagen, eine Befristung (S/S-A/P § 123 Rn. 136), eine auflösende Bedingung oder auch die Anordnung einer Sicherheitsleistung (BeckOK VwGO § 123 Rn. 114).

33   Im Wege der einstweiligen Anordnung darf das Gericht im Regelfall nur eine **vorläufige Regelung** treffen. Ein generelles Verbot, mit der Entscheidung im Verfahren nach § 123 die **Hauptsache vorwegzunehmen**, leitet sich daraus nach richtiger Ansicht allerdings nicht ab (NKVwGO Rn. 102 ff.; BeckOK VwGO Rn. 154). Das Merkmal „vorläufig" bedeutet lediglich, dass das Verwaltungsgericht nicht endgültig über das vom Antragsteller geltend gemachte Recht entscheidet, sondern nur für den Zeitraum bis zur Hauptsacheentscheidung. Für diesen Zeitraum trifft die einstweilige Anordnung – vorbehaltlich ihrer Änderung oder Aufhebung – allerdings regelmäßig eine endgültige Entscheidung (so zutreffend NKVwGO § 123 Rn. 104).

34   Von einer Vorwegnahme der Hauptsache kann richtigerweise nur dann gesprochen werden, wenn die einstweilige Anordnung über den Zeitraum bis zur Hauptsacheentscheidung hinaus Zustände schafft, die aus rechtlichen oder tatsächlichen Gründen nicht mehr rückgängig gemacht werden können (KS § 123 Rn. 14; B/F-K/vA § 123 Rn. 58). Eine in diesem Sinne irreversible Vorwegnahme der Hauptsacheentscheidung ist in Verfahren nach § 123 regelmäßig nicht zulässig. **Art. 19 IV GG** gebietet jedoch auch insoweit Ausnahmen. Diese Ausnahmen betreffen insbesondere solche Sachverhalte, in denen die Gewährung einer Rechtsposition in der Weise zeitlich gebunden ist, dass ihr späterer Zuspruch in einem Hauptsacheverfahren sinnlos wäre (z. B. Zuweisung eines Standplatzes auf einer unmittelbar bevorstehenden Kirmes, Überlassung einer Gemeindehalle für eine Wahlkampfveranstaltung). Dem Ausnahmecharakter einer die Hauptsache vorwegnehmenden einstweiligen Anordnung ist dadurch Rechnung zu tragen, dass ein Anordnungsanspruch mit ganz überwiegender Wahrscheinlichkeit vorliegen und im Rahmen des Anordnungsgrundes besonders schwerwiegende Nachteile für den Antragsteller, etwa eine drohende Grundrechtsverletzung, festgestellt werden müssen (vgl. BVerwGE 109, 258, 262; NRWOVG, NVwZ 1997, 302; KS § 123 Rn. 26; B/F-K/vA, § 123 Rn. 58).

35   Auch der Grundsatz, dass im Verfahren nach § 123 **nicht mehr** gewährt werden darf **als im Hauptsacheverfahren**, gilt nicht uneingeschränkt. **Ausnahmen** können sich namentlich dann ergeben, wenn der Behörde ein Beurteilungs- oder Ermessensspielraum zusteht, der nicht zugunsten des Antragstellers auf Null reduziert ist, und eine auf Neubescheidung gerichtete einstweilige Anordnung aus zeitlichen Gründen ausscheidet. Unter diesen Voraussetzungen kann im Einzelfall, insbesondere wenn eine nicht unerhebliche Beeinträchtigung von Grundrechten droht, ein Überschreiten des Entscheidungsrahmens der Hauptsache zulässig sein (NRWOVG, Beschl. v. 1.8. 2007 – 4 B 1089/07; NKVwGO § 123 Rn. 106 ff.).

VI. Abänderung und Aufhebung

36   § 123 sieht eine **Möglichkeit zur Abänderung** oder **Aufhebung** einer einstweiligen Anordnung nicht ausdrücklich vor. Sie wird aber weitgehend einhellig befürwortet, und zwar entweder in Analogie zu § 927 ZPO (NRWOVG OVGE 29, 316) oder zu § 80 VII (BWVGH NVwZ-RR 2002, 908) oder unter Rückgriff auf den Rechts-

516 | Saurenhaus

gedanken beider Vorschriften (HessVGH NVwZ-RR 1996, 713). Näherliegend und sachgerechter erscheint die Analogie zu § 80 VII, da nach dieser Vorschrift ein Abänderungsverfahren auch von Amts wegen und dann auch ohne Vorliegen veränderter Umstände eingeleitet werden kann (NKVwGO § 123 Rn. 28; zu § 80 VII → § 80 Rn. 71 ff.).

VII. Vollstreckung

Die einstweilige Anordnung ist **Vollstreckungstitel** i. S. des § 168 I Nr. 2 und grundsätzlich sofort vollstreckbar, § 149 I 1. Die Vollstreckung richtet sich nach den §§ 169 bis 172. Gemäß § 123 III gilt für die Vollstreckung die **Monatsfrist** nach § 929 II ZPO. Sie beginnt entweder mit der Verkündung oder mit der Zustellung der einstweiligen Anordnung zu laufen. Wird die einstweilige Anordnung im Beschwerdeverfahren bestätigt, so läuft die Frist nicht neu (B/F-K/vA § 123 Rn. 76). Setzt die einstweilige Anordnung dem Antragsgegner eine Erfüllungsfrist, so beginnt die Monatsfrist des § 929 II ZPO erst mit deren Ende zu laufen (S/S-A/P § 172 Rn. 33, 36; a. A. NKVwGO § 123 Rn. 135). Die Vollstreckung muss lediglich innerhalb der Monatsfrist begonnen werden. Ist die Frist des § 929 II ZPO versäumt worden, kommt eine Aufhebung der einstweiligen Anordnung im Abänderungsverfahren in Betracht (NRWOVG NVwZ-RR 1992, 388). **37**

VIII. Rechtsbehelfe

Gegen Entscheidungen des Verwaltungsgerichts im Verfahren nach § 123 ist gemäß § 146 I die **Beschwerde** gegeben. Sie ist gemäß § 147 I 1 innerhalb von zwei Wochen nach Bekanntgabe der Entscheidung einzulegen. Für die Verfahren des vorläufigen Rechtsschutzes enthält § 146 IV wichtige Sonderregelungen (→ § 146 Rn. 18). Die Beschwerde ist innerhalb eines Monats nach Bekanntgabe der Entscheidung zu begründen (§ 146 IV 1), wobei die Begründung, sofern sie nicht bereits mit der Beschwerde vorgelegt worden ist, bei dem Rechtsmittelgericht einzureichen ist (§ 146 IV 2). Die Begründung muss einen bestimmten Antrag enthalten, die Gründe darlegen, aus denen die Entscheidung abzuändern oder aufzuheben ist, und sich mit der angefochtenen Entscheidung auseinandersetzen (§ 146 IV 3). Das Rechtsmittelgericht prüft nur die dargelegten Gründe (§ 146 IV 6). Eine Zurückverweisung in entsprechender Anwendung des § 130 II kann allenfalls unter dem Gesichtspunkt von § 130 II Nr. 2 in Betracht kommen, wobei die Eilbedürftigkeit des Verfahrens einer Zurückverweisung jedoch von vornherein entgegenstehen dürfte (vgl. NKVwGO § 123 Rn. 137). **38**

Auch gegen eine **Zwischenentscheidung** des Verwaltungsgerichts (→ Rn. 28) ist die Beschwerde nach § 146 I gegeben (SächsOVG NVwZ 2004, 1134; a. A. HessVGH NVwZ-RR 1995, 302). Dazu wird die Auffassung vertreten, das Beschwerdegericht sei in einem solchen Rechtsmittelverfahren befugt, bereits selbst den endgültigen Beschluss nach § 123 zu treffen (BayVGH DVBl. 2000, 925, 926; NKVwGO § 123 Rn. 138). Zur **Verfassungsbeschwerde** → § 80 Rn. 66. **39**

Das Gericht kann gemäß § 123 III, § 926 I ZPO auf Antrag die **Klageerhebung anordnen**. Der Antrag kann auch vom notwendig Beigeladenen gestellt werden (HessVGH NJW 1980, 1180). Ist die Hauptsacheklage mangels Einleitung eines Verwaltungsverfahrens oder eines Widerspruchsverfahrens noch nicht zulässig, so richtet sich die Anordnung auf die Stellung eines Antrages bei der Verwaltungsbehörde bzw. **40** die Einlegung des Widerspruchs (BayVGH NVwZ-RR 1998, 685, 686; NKVwGO § 123 Rn. 140). Die Anordnung der Klageerhebung wird nicht in Betracht kommen, wenn sich die Hauptsache zwischenzeitlich erledigt hat und deswegen die Klage offensichtlich unzulässig wäre (vgl. NRWOVG OVGE 29, 316 f.). Gegen die Anordnung der Klageerhebung ist die Beschwerde gemäß § 146 I gegeben (SaarlOVG DÖV 1974, 320). Wird das Verwaltungs-, Widerspruchs- oder Klageverfahren binnen der festgesetzten Frist nicht eingeleitet, kann der Beteiligte, der den Antrag nach § 926 I ZPO gestellt hat, gemäß § 123 III i.V.m. § 926 II ZPO die **Aufhebung** der einstweiligen Anordnung beantragen. Das Gericht entscheidet über den Antrag entsprechend § 123 IV durch Beschluss (NKVwGO § 123 Rn. 141).

IX. Schadensersatzansprüche

41 Nach § 123 III i.V.m. § 945 ZPO besitzt der Antragsteller gegen den Antragsgegner einen verschuldensunabhängigen Anspruch auf Ersatz des Schadens, der durch Vollziehung der einstweiligen Anordnung entstanden ist, wenn sich nachträglich herausstellt, dass die einstweilige Anordnung von Anfang an ungerechtfertigt war. Das gleiche gilt, wenn sie wegen des Verstoßes gegen eine Anordnung der Klageerhebung aufgehoben wurde (§ 926 II ZPO). Erfasst werden lediglich Vollziehungsschäden bzw. Vollziehungsabwendungsschäden (BGHZ 122, 172, 176). Nicht erstattungsfähig sind etwa die Kosten des Verfahrens nach § 123 III (B/F-K/vA § 123 Rn. 80). Die Ermittlung des ersatzfähigen Schadens erfolgt in entsprechender Anwendung der §§ 249 ff. BGB (NKVwGO § 123 Rn. 145). Anspruchsberechtigt ist lediglich der Antragsgegner, nicht jedoch sonstige Beteiligte des Verfahrens, etwa der notwendig Beigeladene. Denn nach § 945 ZPO besteht die Schadensersatzpflicht nur gegenüber dem „Gegner" (BGH NJW 1981, 349, 350). Der Schadensersatzanspruch, dessen praktische Bedeutung gering ist, ist im **Zivilrechtsweg** geltend zu machen (BGH NJW 1981, 349; a.A. S/S-A/P § 40 Rn. 552). Für einen evtl. öffentlich-rechtlichen Erstattungsanspruch, der in Anspruchskonkurrenz zu dem Schadensersatzanspruch aus § 123 III i.V.m. § 945 ZPO steht, ist demgegenüber der Verwaltungsrechtsweg gegeben (BVerwG NVwZ 1985, 905).

Teil III. Rechtsmittel und Wiederaufnahme des Verfahrens

12. Abschnitt. Berufung

§ 124 [Zulässigkeit der Berufung]

(1) Gegen Endurteile einschließlich der Teilurteile nach § 110 und gegen Zwischenurteile nach den §§ 109 und 111 steht den Beteiligten die Berufung zu, wenn sie von dem Verwaltungsgericht oder dem Oberverwaltungsgericht zugelassen wird.
(2) Die Berufung ist nur zuzulassen,
1. wenn ernstliche Zweifel an der Richtigkeit des Urteils bestehen,
2. wenn die Rechtssache besondere tatsächliche oder rechtliche Schwierigkeiten aufweist,
3. wenn die Rechtssache grundsätzliche Bedeutung hat,
4. wenn das Urteil von einer Entscheidung des Oberverwaltungsgerichts, des Bundesverwaltungsgerichts, des gemeinsamen Senats der obersten Gerichtshöfe des Bundes oder des Bundesverfassungsgerichts abweicht und auf dieser Abweichung beruht oder
5. wenn ein der Beurteilung des Berufungsgerichts unterliegender Verfahrensmangel geltend gemacht wird und vorliegt, auf dem die Entscheidung beruhen kann.

Übersicht

	Rn.
I. Zulassungserfordernis (I)	1
1. Berufungsfähige Entscheidungen	3
2. Berufungsbefugnis	7
3. Entscheidung über die Berufungszulassung	9
II. Zulassungsgründe (II)	13
1. Ernstliche Zweifel an der Richtigkeit des Urteils (II Nr. 1)	15
a) Ernstliche Zweifel	15
b) Anderweitige Ergebnisrichtigkeit	19
c) Maßgebliche Sach- und Rechtslage	22
2. Besondere Schwierigkeiten (II Nr. 2)	29
3. Grundsätzliche Bedeutung der Rechtssache (II Nr. 3)	34
4. Divergenz (II Nr. 4)	40
5. Verfahrensmangel (II Nr. 5)	45
a) Formaler Mangel des gerichtlichen Verfahrens	45
b) Beispiele	49
c) Beruhenserfordernis	50

I. Zulassungserfordernis (I)

Durch das 6. VwGOÄndG ist mit Wirkung vom 1.1.1997 an die Stelle der bis dahin nur in besonderen Fällen zulassungsbedürftigen Berufung die **allgemeine Zulassungsberufung** getreten. Gemäß § 124 I ist das Rechtsmittel der Berufung gegen **1**

§ 124 Teil III. Rechtsmittel und Wiederaufnahme des Verfahrens

berufungsfähige Entscheidungen des VG nur eröffnet, wenn sie von dem VG in dessen Entscheidung von Amts wegen (vgl. § 124a I) oder auf Antrag durch das Berufungsgericht (vgl. § 124a IV) zugelassen wird. Berufungsgericht ist das OVG (§ 46 Nr. 1). Fehlt es an der **erforderlichen rechtswirksamen Zulassung** der Berufung, ist die Berufung unstatthaft und als unzulässig durch Beschluss zu verwerfen (§ 125 II). Keiner Zulassung unterliegt die Anschlussberufung (§ 127 IV).

2   In **Streitigkeiten nach dem AsylVfG** findet § 124 keine Anwendung. § 78 III sieht insoweit eine spezielle Regelung vor (zur Abgrenzung von § 124 unterliegenden ausländerrechtlichen Streitigkeiten vgl. z.B. BVerwG NVwZ 1998, 299; BWVGH NVwZ 1999, 792).

1. Berufungsfähige Entscheidungen

3   Die Berufung ist eröffnet gegen **Urteile eines VG**. Erfasst werden alle Endurteile einschließlich Teilurteilen (§§ 107, 110), Zwischenurteile (§§ 109, 111) sowie Ergänzungsurteile (§ 120; NKVwGO § 124 Rn. 59). § 124 I erstreckt sich des Weiteren auf Entscheidungen des VG, die Urteilen gleichstehen. Dies sind **Gerichtsbescheide** nach § 84 I (vgl. § 84 II Nr. 1 und 2, III Hs. 1) sowie **Beschlüsse nach § 93a II 1** (vgl. § 93a II 5). Im Falle einer Zurückverweisung durch das OVG (§ 130 II) gilt das Zulassungserfordernis auch für eine erneute Entscheidung des VG (B/F-K/vA § 124 Rn. 7).

4   Nicht berufungsfähig sind Urteile und urteilsersetzende Entscheidungen des VG, wenn die **Berufung gesetzlich ausgeschlossen** ist. Dies betrifft zum einen Verfahren, in denen ein Rechtsmittel generell nicht statthaft ist (vgl. § 78 I AsylVfG), zum anderen Streitigkeiten, in denen gegen die erstinstanzliche Entscheidung des VG das Rechtsmittel der Revision eröffnet ist (→ § 135 Rn. 2).

5   Bei Zulassung der **Sprungrevision** durch das VG haben die Beteiligten die Wahl zwischen den Rechtsmitteln der Berufung und der Revision. Die Einlegung der Revision und die nach § 134 I erforderliche Zustimmung der Hauptbeteiligten gelten als Verzicht auf das Rechtsmittel der Berufung (§ 134 V; → § 134 Rn. 16, 18).

6   Hat das VG über das prozessuale Begehren eines Verfahrensbeteiligten **fehlerhaft in Gestalt einer nicht berufungsfähigen Entscheidung erkannt**, steht dies der Statthaftigkeit der Zulassungsberufung nicht entgegen. Dem Beteiligten steht das Rechtsmittel zu, das bei einer in verfahrensrechtlich zutreffender Form ergangenen Entscheidung gegeben wäre (vgl. BVerwGE 71, 213; 22, 86; S/S-A/P Vorb § 124 Rn. 51; siehe auch → § 135 Rn. 3). Eine fehlerhafte, auf die Einlegung der Berufung abstellende Rechtsmittelbelehrung begründet keinen Zugang zur Berufungsinstanz (BVerwG NVwZ 1988, 351; BWVGH NVwZ 1997, 693).

2. Berufungsbefugnis

7   Berufungsbefugt sind nach § 124 I die „Beteiligten". Damit sind die **in der Vorinstanz Beteiligten i.S.v. § 63** gemeint (vgl. BVerwG Buchh 310 § 133 n.F. Nr. 39 zu der entsprechenden Regelung in § 132 I). Dies sind der Kläger, der Beklagte, der zum Verfahren Beigeladene sowie der von seiner Beteiligungsbefugnis Gebrauch machende VöI. Der zu Unrecht nicht Beigeladene ist nicht Beteiligter i.S.v. § 63 und damit auch nicht zur Berufung von Rechtsbehelfen und Rechtsmitteln nach §§ 124 f. befugt (vgl. BVerwG Buchh 310 § 133 n.F. Nr. 39). Der VöI kann seine Beteiligung noch bis zum Ablauf der für die Verfahrensbeteiligten laufenden Frist zur Einlegung der Berufung bzw. zur Stellung des Zulassungsantrags erklären (vgl. BVerwG NVwZ-RR 1997, 519; NJW 1994, 3024; BVerwGE 90, 337).

Die Berechtigung zur Einlegung der Berufung setzt grds. eine **Beschwer** des 8
Rechtsmittelführers voraus (KS Vorb § 124 Rn. 40 ff.; B/F-K/vA § 124 Rn. 9).
Diese muss sich nicht gerade in Ansehung des der Zulassung zugrunde liegenden Zulassungsgrundes ergeben (vgl. BVerwG Buchh 421.2 Hochschulrecht Nr. 43). Es genügt, dass der Rechtsmittelführer durch die angefochtene Entscheidung beschwert ist. Der Kläger ist beschwert, wenn der Entscheidungsausspruch hinter seinem Antragsbegehren zurückbleibt. Beklagter und Beigeladener sind beschwert, wenn die Entscheidung für sie nachteilig ist. Der Nachteil muss sich aus dem Entscheidungsausspruch ergeben. Als nachteilig empfundene Entscheidungsgründe genügen nicht, um die erforderliche Beschwer zu begründen (→ § 132 Rn. 6). Dem zu Unrecht Beigeladenen kommt eine Berufungsbefugnis nicht zu, weil er durch die angegriffene Entscheidung nicht in eigenen rechtlichen Interessen berührt wird und damit nicht beschwert sein kann (→ § 132 Rn. 6). Der VöI ist, sofern er rechtzeitig seine Beteiligung am Verfahren erklärt hat, bereits kraft seiner Beteiligtenstellung zur Einlegung der Berufung befugt; einer Beschwer bedarf es nicht.

3. Entscheidung über die Berufungszulassung

Die Zulassung der Berufung ist vom VG zwingend auszusprechen, wenn einer der 9
Zulassungsgründe in § 124 II Nr. 3 oder 4 vorliegt (§ 124a I 1). Dasselbe gilt für die Zulassung durch das OVG, wenn einer der in § 124 II genannten Zulassungsgründe dargelegt ist und vorliegt (§ 124a V 2). Es besteht insoweit **kein Ermessen**. Umgekehrt kommt die Zulassung der Berufung aus anderen als den in § 124 **abschließend bezeichneten Zulassungsgründen** nicht in Betracht (BeckOK VwGO § 124 Rn. 5; KS § 124 Rn. 5; NKVwGO § 124 Rn. 70 f.).

Ist die angefochtene Entscheidung auf **mehrere selbstständig tragende Be-** 10
gründungen gestützt, kommt eine Zulassung der Berufung nur in Betracht, wenn in Bezug auf alle Begründungen ein Zulassungsgrund dargelegt ist und dessen Voraussetzungen vorliegen. Handelt es sich hingegen um eine alternative Begründung oder tragen mehrere Begründungselemente die Entscheidung nur gemeinsam, genügt es, wenn hinsichtlich eines Begründungsteils ein Zulassungsgrund gegeben ist (vgl. z.B. NRWOVG, Beschl. v. 15.4. 2008 – 6 A 185/06 m.w.N.; NdsOVG NVwZ-RR 2004, 702; BayVGH NVwZ-RR 2004, 391 m.w.N.). Dies gilt ausnahmsweise auch im Falle einer auf mehrere selbstständig tragende Begründungen gestützten Entscheidung, wenn den Begründungen eine unterschiedliche Rechtskraftwirkung zukommt (vgl. NdsOVG, Beschl. v. 17.2. 2010 – 5 LA 342/08 m.w.N.).

Zulässig ist auch eine nur **teilweise Zulassung** der Berufung. Voraussetzung ist, 11
dass sich die Teilzulassung auf einen **tatsächlich oder rechtlich abtrennbaren Teil der angefochtenen Entscheidung** bezieht. Eine beschränkte Zulassung ist etwa denkbar im Falle einer objektiven Klagehäufung (§ 44), wenn über mehrere prozessuale Ansprüche entschieden wird und die Zulassungsvoraussetzungen nicht in Bezug auf alle Streitgegenstände erfüllt sind. Ebenso kommt in Betracht, die Zulassung in subjektiver Hinsicht auf bestimmte Verfahrensbeteiligte zu beschränken (BeckOK VwGO § 124 Rn. 13 ff.; siehe auch entsprechend zur Revision → § 132 Rn. 10).

Mit der Zulassungsentscheidung ist der **Zugang zur Berufungsinstanz** eröffnet. 12
Das weitere Verfahren ist in § 124a II, III (nach Zulassung von Amts wegen durch das VG) bzw. in § 124a V 5, VI (nach Zulassung auf Antrag durch das OVG) geregelt. Die Zulassung der Berufung durch das VG wirkt – vorbehaltlich einer ausdrücklichen Beschränkung – zugunsten aller Verfahrensbeteiligten. Demgegenüber wirkt die im Zulassungsverfahren erreichte Berufungszulassung nur zugunsten des Antragstellers

(B/F-K/vA § 124 Rn. 3). Im Berufungsverfahren unterliegt die angegriffene erstinstanzliche Entscheidung im Umfang der Berufungszulassung einer grds. **vollumfänglichen Überprüfung durch das OVG in tatsächlicher und rechtlicher Hinsicht** (§ 128; vgl. BVerwG NVwZ 2004, 744; NVwZ-RR 2002, 894). Die Prüfungsbefugnis des OVG ist nicht beschränkt auf die Gründe, die zur Berufungszulassung geführt haben; die Zulassungsgründe entfalten keine Bindungswirkung (BVerwG DVBl. 1997, 907). Einschränkungen der Prüfungsbefugnis können sich ergeben, soweit das OVG infolge einer Zurückverweisung einer Selbstbindung unterliegt (→ § 130 Rn. 15).

II. Zulassungsgründe (II)

13 Von den in § 124 II **enumerativ** benannten Zulassungsgründen entsprechen die Gründe in § 124 II Nr. 3 bis 5 den Zulassungsgründen für die Revision in § 132 II. Demgegenüber sind der Zulassungsgrund ernstlicher Zweifel an der Richtigkeit der angegriffenen Entscheidung (§ 124 II Nr. 1) und der Zulassungsgrund besonderer tatsächlicher oder rechtlicher Schwierigkeiten (§ 124 II Nr. 2) speziell auf das Berufungsverfahren als zweite Tatsacheninstanz zugeschnitten und haben keine Entsprechung im Revisionszulassungsrecht. Die Zulassungsgründe in § 124 II Nr. 1 und 2 zielen wie auch § 124 II Nr. 5 (Verfahrensmängel) darauf ab, die **Richtigkeit im Einzelfall** zu gewährleisten (BVerwG NVwZ-RR 2004, 542; NVwZ 2003, 490; NRWOVG NVwZ 1999, 202). Die Zulassungsgründe des § 124 II Nr. 3 (grundsätzliche Bedeutung) und Nr. 4 (Divergenz) sind vorrangig auf die **Fortentwicklung des Rechts und die Rechtsvereinheitlichung** gerichtet.

14 Für die Auslegung des § 124 II ist die **Rspr. des BVerfG** zu beachten, wonach an die Zulassung der Berufung keine unzumutbaren Anforderungen gestellt werden dürfen. Sieht das Prozessrecht wie in §§ 124, 124a die Möglichkeit vor, die Zulassung eines Rechtsmittels zu erreichen, verbietet die Gewährleistung eines effektiven Rechtsschutzes durch **Art. 19 IV 1 GG** den Gerichten eine Auslegung und Anwendung dieser Vorschriften, die die Beschreitung des Rechtswegs in einer aus Sachgründen nicht mehr zu rechtfertigenden Weise erschweren. Die Voraussetzungen, unter denen die Berufung zuzulassen ist, dürfen nicht überspannt werden, sodass die Zulassungsberufung für den Rechtsmittelführer leer läuft. Dies gilt nicht nur für die Anforderungen an die Darlegung der Zulassungsgründe, sondern ebenso für die Auslegung und Anwendung der Zulassungsgründe des § 124 II selbst (vgl. BVerfG NJW 2009, 3642; NVwZ 2009, 515, jeweils m.w.N.). Im Zweifel sollte die Berufung zugelassen werden.

1. Ernstliche Zweifel an der Richtigkeit des Urteils (II Nr. 1)

15 a) Ernstliche Zweifel. Ernstliche Zweifel an der Richtigkeit des angegriffenen Urteils (bzw. einer gleichstehenden Entscheidung) i.S.v. § 124 II Nr. 1 liegen vor, wenn **ein einzelner tragender Rechtssatz oder eine einzelne erhebliche Tatsachenfeststellung mit schlüssigen Gegenargumenten in Frage gestellt** worden sind (BVerfG NJW 2009, 3642; NVwZ 2009, 515; BayVGH Beschl. v. 6.5. 2009 – 6 ZB 08.221) und dadurch Anlass besteht, an der (Ergebnis-)Richtigkeit der angefochtenen Entscheidung des VG zu zweifeln (vgl. BVerwG NVwZ-RR 2004, 542; KS § 124 Rn. 7 m.w.N. zum Meinungsstand).

16 In Abgrenzung zu § 124 II Nr. 5 erstreckt sich § 124 II Nr. 1 auf **Fehler bei der materiellen Rechtsanwendung**, d.h. Fehler bei der Feststellung des entscheidungserheblichen Sachverhalts sowie bei der Normauslegung und Subsumtion (vgl. BeckOK VwGO § 124 Rn. 24 m.w.N.; NKVwGO § 124 Rn. 82). Grds. nicht erfasst sind Mängel im gerichtlichen Verfahren (vgl. zur Abgrenzung → Rn. 45). Wirken sich Verfahrensmängel allerdings – wie z.B. ein Verstoß gegen den Amtsermittlungsgrundsatz (§ 86 I) – auf die Sachverhaltsermittlung aus, kann dies auf eine fehlerhafte Sachverhaltsfeststellung führen. Insoweit kann die Zweifelsrüge auch auf Verfahrensfehler gestützt werden (vgl. KS § 124 Rn. 7b; NKVwGO § 124 Rn. 80; S/S-A/P § 124 Rn. 26f, jeweils m.w.N., auch zur Gegenauffassung).

Ein **Erfolg der angestrebten Berufung** muss nach den Erkenntnismöglichkeiten des Zulassungsverfahrens **möglich sein** (BVerwG NVwZ-RR 2004, 542; Beschl. v. 12.11. 2002 – 7 AV 4.02). Mit Rücksicht auf das Merkmal der „Ernstlichkeit" ist mehr als eine lediglich nicht offensichtlich aussichtslose Berufung zu verlangen (vgl. KS § 124 Rn. 7; a.A. BeckOK VwGO § 124 Rn. 40). Andererseits sind ernstliche Zweifel nicht erst zu bejahen, wenn bei der im Zulassungsverfahren gebotenen vorläufigen (summarischen) Prüfung – die die dem Berufungsverfahren vorbehaltene umfassende und abschließende Überprüfung nicht vorwegnehmen darf (BVerwG NVwZ-RR 2004, 542) – der Erfolg des Rechtsmittels wahrscheinlicher ist als der Misserfolg (BVerfG NVwZ 2009, 515; BVerfGE 110, 77; a.A. z.B. BayVGH, Beschl. v. 18.1. 2010 – 14 ZB 09.1566; NRWOVG NVwZ 1999, 202 m.w.N. zum Streitstand; NKVwGO § 124 Rn. 75 ff.; B/F-K/vA § 124 Rn. 22; S/S-A/P § 124 Rn. 26d). Eine Versagung der Berufungszulassung ist nur gerechtfertigt, wenn sich bereits im Zulassungsverfahren hinreichend sicher beurteilen lässt, dass die angegriffene Entscheidung richtig ist (vgl. NRWOVG NVwZ 1999, 202; BeckOK VwGO § 124 Rn. 40). Ernstliche Zweifel liegen danach vor, wenn gewichtige Gründe gegen die Richtigkeit der angegriffenen Entscheidung sprechen, sodass ein **Erfolg der erstrebten Berufung** (mindestens) **gleichermaßen wahrscheinlich** ist **wie** ein **Misserfolg** (BayVGH, Beschl. v. 19.4. 2010 – 21 ZB 09.1930; NdsOVG, Beschl. v. 4.2. 2010 – 5 LA 37/08; siehe auch KS § 124 Rn. 7: zumindest ähnlich wahrscheinlich).

Davon ist beispielsweise auszugehen, wenn die mit der Zweifelsrüge angegriffene Rechtsauffassung des VG **in der obergerichtlichen Rspr.** sowie im Schrifttum **umstritten** ist und die in Rede stehende Rechtsfrage noch keine höchstrichterliche Klärung gefunden hat (BVerfG NJW 2009, 3642). Einen Verstoß gegen Art. 19 IV 1 GG stellt es dar, wenn die Ablehnung des Zulassungsgrundes ernstlicher Zweifel auf Erwägung gestützt wird, die ihrerseits grundsätzliche Bedeutung i.S.v. § 124 II Nr. 3 haben (BVerfG NVwZ 2009, 515). Unter solchen Voraussetzungen ist der Zulassungsgrund des § 124 II Nr. 1 vielmehr zu bejahen.

b) Anderweitige Ergebnisrichtigkeit. Ernstliche Zweifel an der Richtigkeit der angegriffenen Entscheidung bestehen trotz Zweifeln an der erstinstanzlichen Argumentation nicht, wenn sich die Entscheidung **im Ergebnis aus anderen Gründen offensichtlich** als **zutreffend** erweist. Zwar werden ernstliche Zweifel an einem tragenden Begründungselement der Entscheidung des VG regelmäßig auch ernstliche Zweifel an der Richtigkeit des Ergebnisses, d.h. des Entscheidungsausspruchs, wecken (vgl. KS § 124 Rn. 7a; BeckOK VwGO § 124 Rn. 26). Indes kommt in Betracht, dass das VG tatsächliche oder rechtliche Gesichtspunkte nicht in den Blick genommen hat, aus denen sich die angefochtene Entscheidung gleichwohl als richtig darstellt. Gleiches gilt im Hinblick auf eine nach Erlass der angefochtenen Entscheidung eingetretene Änderung der Sach- oder Rechtslage, die ernstliche Zweifel an der Richtigkeit der Entscheidung ausräumt (B/F-K/vA § 124 Rn. 28 ff.; BeckOK

§ 124 Teil III. Rechtsmittel und Wiederaufnahme des Verfahrens

VwGO § 124 Rn. 31; zu deren Berücksichtigungsfähigkeit → Rn. 22 ff.). Unter diesen Voraussetzungen gebietet § 124 II Nr. 1 eine Berufungszulassung nicht, wenn sich bereits mit den Erkenntnismöglichkeiten des Zulassungsverfahrens zuverlässig sagen lässt, dass die angestrebte Berufung erfolglos bleiben wird. Aus Gründen der Prozessökonomie und mit Blick auf die Entlastungsfunktion der Zulassungsberufung verlangt § 124 II Nr. 1 unter **Heranziehung des Rechtsgedankens aus § 144 IV** nicht, die Berufung wegen eines Mangels zuzulassen, der ersichtlich nicht zu einem anderen Entscheidungsergebnis führen wird. Bedarf es allerdings einer vertieften Prüfung, ob sich die Entscheidung aus anderen Gründen als richtig erweist, ist die Berufung zuzulassen (vgl. BVerwG NVwZ-RR 2004, 542; NVwZ 2003, 490; KS § 124 Rn. 7a m.w.N.; NKVwGO § 124 Rn. 102). Nach diesen Maßgaben liegen die Voraussetzungen für eine Berufungszulassung nach § 124 II Nr. 1 z.B. nicht vor, wenn das VG die Klage mit zweifelhaften Erwägungen als unbegründet abgewiesen hat, das OVG die Klage jedoch unbeschadet dessen bereits für offenkundig unzulässig hält (vgl. BayVGH NVwZ 2004, 629; KS § 124 Rn. 7a; BeckOK VwGO § 124 Rn. 25; zum umgekehrten Fall siehe einerseits BayVGH NVwZ-RR 2004, 223; andererseits HessVGH NJW 2001, 3722).

20 Der Berufungsführer ist nicht gehalten, von sich aus darzulegen, dass kein Fall einer anderweitigen Ergebnisrichtigkeit vorliegt. Das **Darlegungserfordernis** (vgl. § 124a IV 4) bei der Zweifelsrüge erstreckt sich allein auf die in der angegriffenen Entscheidung angesprochenen Begründungserwägungen (BVerwG NVwZ-RR 2004, 542; NRWOVG NVwZ 1999, 202). Eine darüber hinausgehende Darlegungslast ist mit der in der Art. 19 IV 1 GG verankerten Gewährleistung effektiven Rechtsschutzes nicht vereinbar (BVerfG NVwZ 2006, 683).

21 Zwecks **Wahrung des Gebots rechtlichen Gehörs** hat das OVG den Verfahrensbeteiligten zuvor Gelegenheit zur Stellungnahme zu geben, wenn es den Zulassungsantrag mit der Begründung anderweitiger Ergebnisrichtigkeit ablehnen will (BVerfG NVwZ 2006, 683; BVerwG NVwZ-RR 2004, 542; KS § 124 Rn. 7a m.w.N.). Der Rechtsmittelführer muss nicht damit rechnen, dass das Berufungsgericht auf einen rechtlichen Gesichtspunkt abstellt, der nicht dem Darlegungserfordernis unterliegt.

22 **c) Maßgebliche Sach- und Rechtslage.** Grds. gilt, dass das Berufungsgericht bei seiner Entscheidung über den Zulassungsantrag dieselbe **Sach- und Rechtslage** in den Blick zu nehmen hat, die **im Zeitpunkt des Ergehens der erstinstanzlichen Entscheidung** bestanden hat (B/F-K/vA § 124 Rn. 27). Unter bestimmten Voraussetzungen sind indes auch solche tatsächlichen und rechtlichen Gesichtspunkte zu berücksichtigen, die sich erst nach Erlass der angegriffenen verwaltungsgerichtlichen Entscheidung ergeben haben.

23 Nachträglich entstandene, d.h. **neue Tatsachen** (und Beweismittel) sind im Zulassungsverfahren **berücksichtigungsfähig**, sofern die neue Sachlage nach materiellem Recht im Berufungsverfahren maßgeblich ist und der Antragsteller die Tatsachen innerhalb der Begründungsfrist des § 124a IV 4 dargelegt hat. Dies findet seine Rechtfertigung im Zweck des Zulassungsgrundes in § 124 II Nr. 1, im Rahmen einer zweiten Tatsacheninstanz eine im Ergebnis richtige Entscheidung zu gewährleisten (vgl. BVerwG NVwZ 2003, 490; NVwZ-RR 2002, 894; RhPfOVG NVwZ 1998, 1094; KS § 124 Rn. 7c m.w.N.). Die Zulassung neuen Sachverhalts steht auch im Einklang mit dem Ziel der Zulassungsberufung, die Berufungsgerichte zu entlasten und die Gerichtsverfahren zu beschleunigen. Denn könnte eine geänderte Sachlage nicht berücksichtigt werden, ist zu erwarten, dass Gerichte und Behörden

Zulässigkeit der Berufung § 124

mit zusätzlichen vermeidbaren Verfahren belastet würden und die endgültige Herstellung des Rechtsfriedens hinausgeschoben würde (BVerwG, Beschl. v. 12.11. 2002 – 7 AV 4.02; KS § 124 Rn. 7c). Unerheblich ist, ob der Antragsteller die neue Tatsache selbst geschaffen hat, um der verwaltungsgerichtlichen Entscheidung die Grundlage zu entziehen (BVerwG NVwZ 2003, 490). Hat der Antragsteller den neuen (sich abzeichnenden) Sachverhalt innerhalb der Begründungsfrist dargetan, ist er auch dann zu berücksichtigen, wenn die **Tatsachen erst nach Fristablauf** (aber vor der Entscheidung über die Zulassung) **eintreten** (BayVGH DÖV 2008, 425; siehe zum vergleichbaren Fall der nachträglichen Rechtsänderung BVerwG NVwZ 2004, 744).

Ebenso zu behandeln sind **Tatsachen (und Beweismittel), die** zwar im Zeitpunkt der verwaltungsgerichtlichen Entscheidung **bereits vorlagen**, aber nicht geltend gemacht oder vom Verwaltungsgericht nicht in die Entscheidung miteinbezogen wurden (z.B. BVerwG NVwZ-RR 2002, 894; Beschl. v. 14.4. 2000 – 7 B 459.00; NRWOVG DVBl. 2000, 1468; BayVGH BayVBl. 1998, 154; KS § 124 Rn. 7b m.w.N.; NKVwGO § 124 Rn. 86). Dies gilt unabhängig davon, ob die im Zulassungsverfahren neu vorgetragenen Tatsachen und Beweismittel dem Antragsteller schon im erstinstanzlichen Verfahren bekannt waren, er sie dem Verwaltungsgericht jedoch gleichwohl nicht zur Kenntnis gebracht hat (vgl. z.B. BVerwG NVwZ-RR 2002, 894; HmbOVG NVwZ 1998, 863; KS § 124 Rn. 7b; a.A. z.B. RhPfOVG NVwZ 1998, 1094). Unberücksichtigt bleiben lediglich solche Tatsachen und Beweismittel, die nach Maßgabe von § 87b I, II, § 128a analog **präkludiert** sind. 24

Aus denselben Erwägungen berücksichtigungsfähig sind **Rechtsänderungen**, die erst nach Erlass der angefochtenen Entscheidung eingetreten sind, sofern die neue Rechtslage nach materiellem Recht im Zeitpunkt der Berufungsentscheidung maßgeblich ist. Auch insoweit gilt grds., dass der Antragsteller die Rechtsänderung fristgerecht dargelegt haben muss. Ist diese Voraussetzung erfüllt, ist unerheblich, dass die Rechtsänderung erst nach Ablauf der Zulassungsbegründungsfrist (aber vor der Entscheidung über den Zulassungsantrag) eingetreten ist (BVerwG NVwZ 2004, 744). 25

Mit Rücksicht auf den Zweck des § 124 II Nr. 1, eine im Ergebnis richtige gerichtliche Entscheidung zu gewährleisten, erscheint es darüber hinaus sachgerecht, eine nach Ablauf der Begründungsfrist vorgetragene Sachverhaltsänderung zu berücksichtigen, sofern sie sich erst nach Fristablauf ergeben hat und es sich um **offensichtliche oder sonst unstreitige Tatsachen** handelt. Ein dem Antragsteller zurechenbarer Verstoß gegen das Darlegungsgebot liegt nicht vor, weil ihm eine fristgerechte Darlegung nicht möglich gewesen ist. Vor diesem Hintergrund rechtfertigen die Gesichtspunkte der Prozessökonomie und der Rechtsschutzeffektivität die Zulassung der neuen Tatsachen, wenn anderenfalls gleichsam sehenden Auges eine unrichtige Entscheidung in Rechtskraft erwüchse (vgl. KS § 124 Rn. 7c, § 124a Rn. 50; NKVwGO § 124 Rn. 97; hingegen auf fristgerecht vorgetragene neue Tatsachen abstellend NdsOVG AuAS 2010, 69; BeckOK VwGO § 124 Rn. 29.2). 26

Dasselbe gilt in Bezug auf eine nachträgliche Rechtsänderung. Ist die **geänderte Rechtslage** nach materiellem Recht im Berufungsverfahren maßgeblich und erweist sich in deren Lichte die angegriffene Entscheidung **offensichtlich** als **unrichtig**, spricht alles dafür, bei der Entscheidung über den Zulassungsgrund des § 124 II Nr. 1 zugunsten des Antragstellers auf die geänderte Rechtslage abzustellen (SächsOVG, Beschl. v. 31.3. 2008 – 5 B 377/06; KS § 124 Rn. 7c; NKVwGO § 124 Rn. 97; a.A. 27

BVerwG NVwZ 2004, 744; BayVGH, Beschl. v. 18.12. 2009 – 11 ZB 08.586; BWVGH ESVGH 55, 186). Dabei ist auch in den Blick zu nehmen, dass das OVG umgekehrt zu Lasten des Antragstellers zu berücksichtigen hat, ob sich die angefochtene Entscheidung infolge einer inzwischen eingetretenen Rechtsänderung aus anderen Gründen als richtig darstellt (vgl. dazu BVerwG NVwZ 2004, 744).

28 Grenzen sind der Berücksichtigungsfähigkeit einer geänderten Sach- und Rechtslage allerdings insoweit gesetzt, als diese nicht im Wege der **Klageänderung** in das Verfahren eingeführt werden können (NdsOVG AuAS 2010, 69; B/F-K/vA § 124 Rn. 12; KS § 124 Rn. 7c, jeweils m.w.N.).

2. Besondere Schwierigkeiten (II Nr. 2)

29 Besondere tatsächliche oder rechtliche Schwierigkeiten i.S.v. § 124 II Nr. 2 weist eine Rechtssache auf, wenn sie voraussichtlich in tatsächlicher oder rechtlicher Hinsicht größere, d.h. **überdurchschnittliche**, das normale Maß nicht unerheblich überschreitende **Schwierigkeiten** verursacht. Maßstab für die Beurteilung sind dabei in erster Linie die verwaltungsgerichtlichen Verfahren im Allgemeinen und nicht die jeweils fachspezifischen Schwierigkeiten der konkreten Rechtsmaterie (vgl. z.B. SächsOVG, Beschl. v. 4.5. 2010 – 1 A 98/09; BayVGH, Beschl. v. 19.4. 2010 – 21 ZB 09.1930; KS § 124 Rn. 9; modifizierend S/S-A/P § 124 Rn. 28; BeckOK VwGO § 124 Rn. 44: eine das normale Maß übersteigende Schwierigkeit). Die Schwierigkeiten der Rechtssache müssen sich qualitativ von denjenigen eines Verwaltungsrechtsstreits „durchschnittlicher" Schwierigkeit abheben (NdsOVG, Beschl. v. 17.2. 2010 – 5 LA 342/08). Diese Voraussetzungen liegen nicht vor, wenn die durch den Streitfall aufgeworfenen Fragestellungen sich entweder unmittelbar aus dem Gesetz oder ohne Weiteres mit den Erkenntnismöglichkeiten des Zulassungsverfahrens beantworten lassen (BayVGH, Beschl. v. 19.4. 2010 – 21 ZB 09.1930).

30 Besondere tatsächliche oder rechtliche Schwierigkeiten können des Weiteren zu bejahen sein, wenn angesichts im Zulassungsverfahren nicht zu klärender Fragen tatsächlicher oder rechtlicher Art die **Erfolgsaussichten der angestrebten Berufung offen** sind (so die Gegenauffassung, z.B. NRWOVG NVwZ 1999, 202; RhPfOVG NVwZ 1998, 1094; NKVwGO § 124 Rn. 106 m.w.N.; B/F-K/vA § 124 Rn. 36; vgl. auch BayVGH, Beschl. v. 4.9. 2008 – 11 ZB 07.655). Regelmäßig werden die auf den Schwierigkeitsgrad abstellende Betrachtungsweise und die funktionsbezogene, an den Erfolgsaussichten orientierte Auslegung zum selben Ergebnis führen. Denn von offenen Erfolgsaussichten ist namentlich auszugehen, wenn der Sachverhalt komplex ist und/oder Rechtsfragen aufgeworfen werden, die einer vertieften, dem Berufungsverfahren obliegenden Prüfung bedürfen. Unter solchen Umständen weist der Rechtsstreit zugleich überdurchschnittliche Schwierigkeiten auf.

31 Nach diesen Maßgaben sind besondere rechtliche Schwierigkeiten i.d.R. zu bejahen, wenn die der Rechtssache zugrunde liegende rechtliche Problematik sowohl in der obergerichtlichen **Rspr.** als auch im Schrifttum **uneinheitlich** behandelt wird und eine höchstrichterliche Klärung aussteht (vgl. BVerfG NJW 2009, 3642; S/S-A/P § 124 Rn. 28; a.A. B/F-K/vA § 124 Rn. 40, wonach divergierende Rspr. nur Ausdruck einer besonderen Schwierigkeit sei). Besondere tatsächliche Schwierigkeiten können sich z.B. wegen einer unzureichenden oder fehlerhaften Sachverhaltsermittlung, einer schwierigen Beweiswürdigung oder einem besonders komplexen Sachverhalt ergeben (NKVwGO § 124 Rn. 119). Auch ein **erheblicher Begründungsaufwand** kann besondere Schwierigkeiten indizieren (BVerfG NJW 2009, 3642; BeckOK VwGO § 124 Rn. 45).

Ob einer Rechtssache Schwierigkeiten i. S. v. § 124 II Nr. 2 zukommen, beurteilt 32 sich aus der **Sicht des Berufungsgerichts** im Zeitpunkt seiner Zulassungsentscheidung. Dementsprechend steht einer Zulassung nicht entgegen, dass das VG den Rechtsstreit gemäß § 6 dem Einzelrichter übertragen hat oder nach § 84 I durch Gerichtsbescheid entschieden hat. Umgekehrt indiziert das erstinstanzliche Absehen von einer Einzelrichterübertragung nicht, dass der Rechtssache besondere Schwierigkeiten beizumessen sind (NRWOVG NVwZ 1999, 202; B/F-K/vA § 124 Rn. 37; KS § 124 Rn. 8).

Die Voraussetzungen für die Berufungszulassung müssen noch im Zeitpunkt der 33 Entscheidung des OVG über den Zulassungsantrag gegeben sein. Demgemäß kommt eine Zulassung der Berufung nach § 124 II Nr. 2 nicht mehr in Betracht, wenn während des Zulassungsverfahrens eine **anderweitige Klärung** der aufgeworfenen Fragen erfolgt ist (NdsOVG, Beschl. v. 17.2. 2010 – 5 LA 342/08). Zu berücksichtigen ist auch eine Änderung der Sach- oder Rechtslage, die nach Ergehen der angefochtenen Entscheidung eingetreten ist, sofern nach materiellem Recht auf den Zeitpunkt der Berufungsentscheidung abzustellen ist (NKVwGO § 124 Rn. 121). Ist die besondere Schwierigkeit nachträglich ausgeräumt worden, kommt ggf. im Wege der Umdeutung eine Zulassung wegen ernstlicher Zweifel in Betracht (B/F-K/vA § 124 Rn. 42, § 124a Rn. 87).

3. Grundsätzliche Bedeutung der Rechtssache (II Nr. 3)

§ 124 II Nr. 3 entspricht im Wesentlichen § 132 II Nr. 1. Danach hat eine Rechts- 34 sache grundsätzliche Bedeutung i. S. v. § 124 II Nr. 3, wenn für die Entscheidung des Verwaltungsgerichts eine konkrete fallübergreifende, bislang weder höchstrichterlich noch obergerichtlich geklärte Rechts- oder Tatsachenfrage von Bedeutung war, die auch für die Entscheidung im Berufungsverfahren erheblich ist und deren obergerichtliche Klärung **im Interesse der Einheitlichkeit der Rspr. oder einer bedeutsamen Fortentwicklung des Rechts** geboten erscheint (vgl. NdsOVG, Beschl. v. 17.2. 2010 – 5 LA 342/08; BayVGH, Beschl. v. 30.12. 2009 – 15 ZB 09.1236; NRWOVG, Beschl. v. 28.11. 2008 – 6 A 3615/05; BVerfG NVwZ 2009, 515). Im Unterschied zu § 132 II Nr. 1 kann im Rahmen von § 124 II Nr. 3 grundsätzliche Bedeutung auch in Bezug auf eine Tatsachenfrage geltend gemacht werden. Der Zulassungsgrund erfasst Fälle, in denen sich die grundsätzliche Bedeutung der Rechtssache aus dem tatsächlichen Gewicht bzw. aus dem verallgemeinerungsfähigen Auswirkungen ergibt, die die im Berufungsverfahren erstrebte Klärung von Tatsachenfragen haben wird (vgl. BVerwGE 70, 24 zu der entsprechenden Regelung in § 78 III Nr. 1 AsylVfG; KS § 124 Rn. 10 m.w.N.; S/S-A/P § 124 Rn. 31).

Handelt es sich bei der aufgeworfenen Frage um eine Rechtsfrage, muss sie die 35 Voraussetzungen und Rechtsfolgen einer bestimmten Norm (oder eines allgemeinen Rechtsgrundsatzes) des formellen oder materiellen Bundes- oder Landesrechts, des Verfassungs- oder des Europäischen Gemeinschaftsrechts (zu Letzterem vgl. insbes. BeckOK VwGO § 124 Rn. 57) betreffen und in dem angestrebten Berufungsverfahren **klärungsfähig** sein. Letzteres ist nur dann der Fall, wenn die angestrebte Klärung für den Streitfall entscheidungserheblich ist. Daran fehlt es, wenn sich die aufgeworfene Frage in dem angestrebten Berufungsverfahren – z. B. wegen einer zu berücksichtigenden geänderten Sach- oder Rechtslage – nicht stellen würde oder wenn sich die angefochtene Entscheidung aus anderen Gründen als richtig erweist (NKVwGO § 124 Rn. 149, 154). Es muss sich darüber hinaus um eine fallübergreifende Rechtsfrage handeln, der **Bedeutung für eine Vielzahl von Fällen** zukommt. Das schei-

36 Eine aufgeworfene Rechtsfrage hat nicht schon deshalb grundsätzliche Bedeutung i.S.v. § 124 II Nr. 3, weil zu ihr noch keine ausdrückliche obergerichtliche oder höchstrichterliche Rspr. vorliegt. An der erforderlichen Klärungsbedürftigkeit fehlt es gleichwohl, wenn sich die Fragestellung ohne Weiteres **aus dem Gesetz** (vgl. BayVGH, Beschl. v. 25.3. 2010 – 21 ZB 08.2782) **oder anhand des bislang erreichten Klärungsstands** in der Rspr. und des allgemein anerkannten Meinungsstands im Schrifttum beantworten lässt (NdsOVG, Beschl. v. 17.2. 2010 – 5 LA 342/08; HessVGH NVwZ 2003, 1525). Als ohne Weiteres aus dem Gesetz zu beantworten gilt eine Rechtsfrage auch dann, wenn sich die Antwort durch Auslegung der maßgeblichen Rechtsvorschriften anhand der anerkannten Auslegungskriterien ergibt (→ § 132 Rn. 21). Klärungsbedarf ist i.d.R. zu bejahen, wenn zu der aufgeworfenen Frage revisiblen Rechts divergierende Rspr. verschiedener Obergerichte vorliegt und eine Klärung durch das BVerwG aussteht (vgl. BVerfG NJW 2009, 3642) bzw. – im Fall einer Tatsachenfrage oder einer nicht revisiblen Landesrecht betreffenden Frage – eine eigene Klärung durch das angerufene OVG noch nicht vorliegt (NKVwGO § 124 Rn. 140; BeckOK VwGO § 124 Rn. 56).

37 Rechtsfragen, die **ausgelaufenes oder auslaufendes Recht** betreffen, begründen regelmäßig keinen rechtsgrundsätzlichen Klärungsbedarf. Eine abweichende Beurteilung ist nur dann gerechtfertigt, wenn die Klärung noch für einen nicht überschaubaren Personenkreis in nicht absehbarer Zukunft von Bedeutung ist. Es müssen Anhaltspunkte für eine erhebliche Zahl von Altfällen ersichtlich sein. Darüber hinaus bleibt eine Rechtsfrage trotz auslaufenden Rechts klärungsbedürftig, wenn sich bei der gesetzlichen Bestimmung, die der außer Kraft getretenen Vorschrift nachfolgt, die streitige Frage in gleicher Weise stellt (vgl. NdsOVG, Beschl. v. 17.2. 2010 – 5 LA 342/08 m.w.N.; B/F-K/vA § 124 Rn. 44; → § 132 Rn. 24). Entsprechend wecken Tatsachen, die sich nach Erlass der angegriffenen Entscheidung verändert haben, d.h. überholt sind, i.d.R. keinen grundsätzlichen Klärungsbedarf. Etwas anderes gilt dann, wenn die **überholten Tatsachen** für eine nennenswerte Zahl von Fällen noch von Bedeutung sind (NKVwGO § 124 Rn. 148).

38 Die Zulassung wegen grundsätzlicher Bedeutung ist nur dann gerechtfertigt, wenn es zur Klärung der aufgeworfenen Rechts- oder Tatsachenfrage der Durchführung eines Berufungsverfahrens bedarf. Eine Zulassung der Berufung scheidet daher aus, wenn die Frage in der Rspr. bereits hinreichend geklärt ist. **Maßgeblich** für die Beurteilung ist der **Zeitpunkt der Zulassungsentscheidung**. Dementsprechend führt eine anderweitige Klärung während des Zulassungsverfahrens dazu, dass ein grundsätzlicher Klärungsbedarf nachträglich entfällt und der Zulassungsgrund des § 124 II Nr. 3 nicht (mehr) vorliegt (vgl. NdsOVG; Beschl. v. 17.2. 2010 – 5 LA 342/08; KS § 124 Rn. 10). Unter diesen Umständen kommt aber die Umstellung auf eine Divergenzrüge bzw. die Umdeutung in eine solche in Betracht (SächsOVG, Beschl. v. 11.11. 2009 – 2 A 397/08; B/F-K/vA § 124 Rn. 50; vgl. auch → § 132 Rn. 20).

39 Das OVG darf die Entscheidungserheblichkeit der aufgeworfenen Rechts- oder Tatsachenfrage unter Abstellen auf eine **anderweitige Ergebnisrichtigkeit** nur verneinen, wenn diese Begründung offensichtlich ist (→ Rn. 19) und ihrerseits keinen grundsätzlichen Klärungsbedarf weckt (BVerfG NVwZ 2006, 683 m.w.N.). In jedem Fall ist dem Antragsteller rechtliches Gehör zu gewähren (→ Rn. 21).

4. Divergenz (II Nr. 4)

Gemäß § 124 II Nr. 4, der im Wesentlichen § 132 II Nr. 2 entspricht, ist die Berufung zuzulassen, wenn das angefochtene Urteil von einer Entscheidung der in der Vorschrift genannten Gerichte abweicht und auf dieser Abweichung beruht. Bei der Divergenzzulassung steht der Gesichtspunkt der **Wahrung der Rechtseinheit und Rechtsanwendungsgleichheit** im Vordergrund (vgl. BVerwG, Beschl. v. 27.2. 1997 – 5 B 145.96). Eine Divergenz i. S. v. § 124 II Nr. 4 liegt vor, wenn sich das VG in Anwendung derselben Rechtsvorschrift mit einem seine Entscheidung tragenden abstrakten Rechtssatz zu einem in einer Entscheidung des OVG, des BVerwG, des GmSOGB oder des BVerfG aufgestellten ebensolchen Rechtssatz in Widerspruch gesetzt hat (vgl. z. B. NRWOVG, Beschl. v. 28.11. 2008 – 6 A 3615/05). Eine Divergenz kann ferner dadurch begründet werden, dass Tatsachenfeststellungen in der angefochtenen Entscheidung von der Feststellung verallgemeinerungsfähiger Tatsachen in der Rspr. des OVG abweichen (NKVwGO § 124 Rn. 158 m.w.N.). 40

Unter Rechtssätzen ist die sprachliche Form zu verstehen, die über die bloße Wiedergabe des Gesetzeswortlauts hinausgeht und den Inhalt der Norm – Voraussetzungen und Rechtsfolgen – näher umschreibt (vgl. BVerwG, Beschl. v. 7.3. 2001 – 8 B 36.01). Die einander widersprechenden Rechtssätze müssen sich auf **dieselbe Rechtsvorschrift** beziehen, die dem formellen oder materiellen Bundes- oder Landesrecht angehören kann. Des Weiteren muss der angefochtenen Entscheidung ein abweichender Rechtssatz zugrunde liegen. Dazu genügt es nicht schon, dass das VG das maßgebliche **Recht nicht oder unrichtig angewandt** hat. Denn aus der fehlerhaften oder unterbliebenen Rechtsanwendung im Einzelfall lässt sich nicht ableiten, dass das VG einen divergierenden abstrakten Rechtssatz aufgestellt hat (z. B. NRWOVG NVwZ 1998, 306; BWVGH DVBl. 1997, 1326; vgl. entsprechend zu § 132 II Nr. 2 → § 132 Rn. 26, 28). Davon zu trennen ist eine sog. **verdeckte Divergenz**, von der ausnahmsweise auszugehen ist, wenn das VG konkludent einen abweichenden, allgemeinen Rechts- oder Tatsachensatz aufgestellt hat (NKVwGO § 124 Rn. 159a). 41

Die **Aufzählung** der in § 124 II Nr. 4 angeführten divergenzfähigen Entscheidungen ist **abschließend**. OVG i. S. der Norm ist allein das dem VG im Instanzenzug übergeordnete OVG (NRWOVG, Beschl. v. 28.11. 2008 – 6 A 3615/05; NVwZ-RR 2007, 413). Im Falle divergierender Entscheidungen anderer OVG wird aber i. d. R. der Zulassungsgrund in § 124 II Nr. 3 erfüllt sein (vgl. BVerfG NJW 2009, 3642; BeckOK VwGO § 124 Rn. 66; S/S-A/P § 124 Rn. 38; KS § 124 Rn. 12). Für eine analoge Anwendung auf Entscheidungen des EuGH ist kein Raum. Dasselbe gilt in Bezug auf Entscheidungen sonstiger als der bezeichneten obersten Bundesgerichte. In diesen Fällen kommt aber eine Zulassung nach § 124 II Nr. 3 in Betracht. Ein die Revision oder die Berufung zulassender Beschluss ist keine Entscheidung i. S. d. § 124 II Nr. 4. Da es sich um einen tragenden Rechtssatz handeln muss, rechtfertigt schließlich auch die Abweichung gegenüber einem „**obiter dictum**" die Zulassung der Berufung nicht (vgl. zum Ganzen → § 132 Rn. 29). 42

Die Divergenz muss für die angefochtene Entscheidung erheblich sein, d. h. ohne die Abweichung muss **ein anderes Entscheidungsergebnis möglich sein**. Die angefochtene Entscheidung beruht mithin nicht auf einer Divergenz, wenn sie sich aufgrund einer nach ihrem Erlass erfolgten Gesetzesänderung oder sonst aus Sicht des OVG im Ergebnis als richtig erweist (**§ 144 IV analog**) und es in dem angestrebten Berufungsverfahren auf die (mittlerweile geklärte) Rechtsfrage nicht (mehr) ankäme. Fragen zur **Auslegung und Anwendung auslaufenden oder ausgelaufenen** 43

Rechts, die sich künftig nicht mehr stellen (→ Rn. 37) und die nach der bisherigen Gesetzeslage eindeutig i.S. des angefochtenen Urteils zu beantworten sind, können die Berufungszulassung wegen Divergenz nicht rechtfertigen (→ § 132 Rn. 32).

44 Die Frage der Berufungszulassung wegen nachträglicher Divergenz stellt sich für den Fall, dass eine ordnungsgemäße Grundsatzrüge erhoben worden ist und die aufgeworfene Tatsachen- oder Rechtsfrage nach Ablauf der Zulassungsbegründungsfrist höchstrichterlich geklärt worden ist. Führt die Klärung zu einer nachträglichen Divergenz, kann die **Grundsatzrüge in eine Divergenzrüge** nach § 124 II Nr. 4 **umgedeutet** werden (→ Rn. 38).

5. Verfahrensmangel (II Nr. 5)

45 **a) Formaler Mangel des gerichtlichen Verfahrens.** Entsprechend § 132 II Nr. 3 liegt ein Verfahrensmangel i.S.v. § 124 II Nr. 5 vor, wenn die Vorinstanz gegen eine Vorschrift verstoßen hat, die den **äußeren Verfahrensablauf** regelt. § 124 II Nr. 5 betrifft formale Mängel des Gerichtsverfahrens. Davon abzugrenzen ist ein Verstoß gegen eine Vorschrift, die den **inneren Vorgang der richterlichen Rechtsfindung** bestimmt. Solche materiellrechtlichen Fehler begründen keinen Verfahrensmangel (z.B. BVerwG, Beschl. v. 11.3. 2009 – 4 BN 7.09; NVwZ 2008, 1025; NVwZ-RR 1996, 359).

46 Ausgehend davon kann ein Verfahrensmangel **nicht** unter Verweis auf **Fehler in der Sachverhalts- und Beweiswürdigung** geltend gemacht werden. Die richterliche Würdigung ist dem Bereich des materiellen Rechts zuzuordnen (BVerwG NVwZ-RR 2002, 140; NJW 1997, 3328; NVwZ-RR 1996, 359). Abgrenzungsschwierigkeiten bestehen in Bezug auf einen Verstoß gegen Denkgesetze, der nach der Rspr. des BVerwG in Ausnahmefällen dem Verfahrensrecht zuzurechnen sein kann (vgl. BVerwG NVwZ 1997, 389; BVerwGE 84, 271).

47 Der Verfahrensrüge entzogen sind ferner solche **prozessualen Vorentscheidungen**, die unanfechtbar sind, sowie zwar anfechtbare, aber nicht angefochtene Entscheidungen (§ 173 S. 1 i.V.m. § 512 ZPO). Unberührt bleibt jedoch die Möglichkeit, die Verfahrensrüge auf Verfahrensmängel zu stützen, die i.S. einer Folgewirkung der (fehlerhaften) prozessualen Vorentscheidung anhaften (→ § 146 Rn. 15). So kann z.B. die unrichtige Entscheidung über ein Befangenheitsgesuch ggf. einen Verfahrensmangel nach § 138 Nr. 1 begründen (→ § 132 Rn. 36; zu weiteren Beispielen auch B/F-K/vA § 124 Rn. 63).

48 Ob ein Verfahrensmangel vorliegt, bemisst sich nach der materiellen Rechtsauffassung der Vorinstanz, unabhängig davon, ob diese rechtsfehlerhaft ist (vgl. BVerwG WissR 2001, 377; BVerwGE 106, 115). Eine Aufklärungsrüge kann daher nicht erfolgreich auf das Fehlen einer (weiteren) Sachverhaltsermittlung gestützt werden, wenn es nach der **maßgeblichen materiellrechtlichen Sicht des VG** auf die vom Rügeführer vermissten tatsächlichen Feststellungen nicht ankam. Entsprechendes gilt z.B. für eine Gehörsrüge, mit der die Ablehnung eines Beweisantrags beanstandet wird.

49 **b) Beispiele.** Beachtliche, die Zulassung der Berufung rechtfertigende Verfahrensmängel sind insbes. alle **absoluten Revisionsgründe** nach § 138, der im Berufungszulassungsverfahren entsprechend anwendbar ist (NKVwGO § 124 Rn. 221 f.; B/F-K/vA § 124 Rn. 65; → § 138 Rn. 2). In Betracht kommen des Weiteren Verstöße z.B. gegen den Amtsermittlungsgrundsatz (§ 86 I), die Unmittelbarkeit der Beweisaufnahme (§ 96 I), den Grundsatz der Überzeugungsbildung anhand des Gesamtergebnisses des Verfahrens (§ 108 I 1), die Bindung an das Klagebegehren nach § 88 (zu

weiteren Beispielen vgl. KS § 124 Rn. 13; BeckOK VwGO § 124 Rn. 90 ff.; NK-VwGO § 124 Rn. 189 ff.). Hat das Gericht eine Klage zu Unrecht als unzulässig abgewiesen und nicht zur Sache entschieden, kann darin ebenfalls ein Verstoß gegen Vorschriften über das gerichtliche Verfahren liegen, wenn die Abweisung auf einer fehlerhaften Anwendung der prozessualen Vorschriften beruht (→ § 132 Rn. 38; → vor § 40 Rn. 14).

c) Beruhenserfordernis. Ein Verfahrensmangel rechtfertigt die Zulassung der Berufung gemäß § 124 II Nr. 5 nur unter der Voraussetzung, dass die angefochtene Entscheidung auf dem Fehler beruhen kann. Im Falle von Verfahrensfehlern i.S.v. § 138 wird dies kraft Gesetzes unwiderleglich vermutet (zu Ausnahmen bei der Gehörsrüge → § 138 Rn. 6). Bei sonstigen Verfahrensmängeln ist das **Kausalitätserfordernis** erfüllt, wenn nicht auszuschließen ist, dass die Vorinstanz ohne den Verfahrensfehler zu einem für den davon Betroffenen günstigeren Ergebnis in der Hauptsacheentscheidung gekommen wäre. Ist die angefochtene Entscheidung auf mehrere selbstständig tragende Gründe gestützt, ist die Zulassung wegen eines Verfahrensfehlers nur gerechtfertigt, wenn sich dieser auf alle tragenden Erwägungen auswirkt bzw. hinsichtlich jeder Begründung ein Zulassungsgrund geltend gemacht wird und vorliegt (→ Rn. 10; vgl. auch → § 132 Rn. 39). 50

Die angefochtene Entscheidung ist nicht als auf dem Verfahrensmangel beruhend anzusehen, wenn der betroffene Verfahrensbeteiligte sein **Rügerecht** infolge Heilung des Verfahrensfehlers **verloren** hat (§ 173 S. 1 i.V.m. §§ 295 I, 534 ZPO). Dies ist der Fall, wenn der Beteiligte auf die Einhaltung der Verfahrensbestimmung verzichtet hat oder er den Verfahrensverstoß nicht rechtzeitig gerügt hat. Der Rügeverlust infolge fehlender rechtzeitiger Geltendmachung des Verfahrensverstoßes spielt insbes. bei Gehörs- und Aufklärungsrügen eine Rolle. Der Rechtsmittelführer muss darlegen, dass er die ihm eröffneten und nach Lage der Dinge tauglichen prozessualen Möglichkeiten ausgeschöpft hat, sich Gehör zu verschaffen bzw. auf eine weitere Sachverhaltsermittlung hinzuwirken. Bei Verfahrensvorschriften, auf deren Befolgung die Beteiligten nicht wirksam verzichten können, kann ein Rügeverlust nicht eintreten (§ 173 S. 1 i.V.m. § 295 II, 534 ZPO). Dies betrifft Vorschriften, die (auch) dem öffentlichen Interesse zu dienen bestimmt sind, wie z.B. Regelungen zur vorschriftsmäßigen Besetzung des Gerichts und zu den Prozessvoraussetzungen (vgl. zum Ganzen → § 132 Rn. 40). 51

Einem Verfahrensfehler kommt die erforderliche Entscheidungserheblichkeit ferner dann nicht zu, wenn sich die angefochtene Entscheidung unter entsprechender Heranziehung des **§ 144 IV** gleichwohl als ersichtlich richtig darstellt (→ § 132 Rn. 41; NRWOVG NVwZ-RR 2004, 701). 52

§ 124a [Zulassung und Begründung der Berufung]

(1) ¹**Das Verwaltungsgericht lässt die Berufung in dem Urteil zu, wenn die Gründe des § 124 Abs. 2 Nr. 3 oder Nr. 4 vorliegen.** ²**Das Oberverwaltungsgericht ist an die Zulassung gebunden.** ³**Zu einer Nichtzulassung der Berufung ist das Verwaltungsgericht nicht befugt.**
(2) ¹**Die Berufung ist, wenn sie von dem Verwaltungsgericht zugelassen worden ist, innerhalb eines Monats nach Zustellung des vollständigen Urteils bei dem Verwaltungsgericht einzulegen.** ²**Die Berufung muss das angefochtene Urteil bezeichnen.**

(3) ¹Die Berufung ist in den Fällen des Absatzes 2 innerhalb von zwei Monaten nach Zustellung des vollständigen Urteils zu begründen. ²Die Begründung ist, sofern sie nicht zugleich mit der Einlegung der Berufung erfolgt, bei dem Oberverwaltungsgericht einzureichen. ³Die Begründungsfrist kann auf einen vor ihrem Ablauf gestellten Antrag von dem Vorsitzenden des Senats verlängert werden. ⁴Die Begründung muss einen bestimmten Antrag enthalten sowie die im Einzelnen anzuführenden Gründe der Anfechtung (Berufungsgründe). ⁵Mangelt es an einem dieser Erfordernisse, so ist die Berufung unzulässig.

(4) ¹Wird die Berufung nicht in dem Urteil des Verwaltungsgerichts zugelassen, so ist die Zulassung innerhalb eines Monats nach Zustellung des vollständigen Urteils zu beantragen. ²Der Antrag ist bei dem Verwaltungsgericht zu stellen. ³Er muss das angefochtene Urteil bezeichnen. ⁴Innerhalb von zwei Monaten nach Zustellung des vollständigen Urteils sind die Gründe darzulegen, aus denen die Berufung zuzulassen ist. ⁵Die Begründung ist, soweit sie nicht bereits mit dem Antrag vorgelegt worden ist, bei dem Oberverwaltungsgericht einzureichen. ⁶Die Stellung des Antrags hemmt die Rechtskraft des Urteils.

(5) ¹Über den Antrag entscheidet das Oberverwaltungsgericht durch Beschluss. ²Die Berufung ist zuzulassen, wenn einer der Gründe des § 124 Abs. 2 dargelegt ist und vorliegt. ³Der Beschluss soll kurz begründet werden. ⁴Mit der Ablehnung des Antrags wird das Urteil rechtskräftig. ⁵Lässt das Oberverwaltungsgericht die Berufung zu, wird das Antragsverfahren als Berufungsverfahren fortgesetzt; der Einlegung einer Berufung bedarf es nicht.

(6) ¹Die Berufung ist in den Fällen des Absatzes 5 innerhalb eines Monats nach Zustellung des Beschlusses über die Zulassung der Berufung zu begründen. ²Die Begründung ist bei dem Oberverwaltungsgericht einzureichen. ³Absatz 3 Satz 3 bis 5 gilt entsprechend.

Übersicht

	Rn.
I. Zulassung der Berufung durch das VG (I)	1
II. Einlegung der Berufung (II)	8
1. Einlegungsfrist	9
2. Adressat und Form	15
III. Berufungsbegründung (III)	20
1. Form und Frist	21
a) Adressat; Schriftform	21
b) Begründungsfrist	23
c) Fristverlängerung	25
2. Inhalt der Berufungsbegründung	27
a) Antragserfordernis	29
b) Darlegung der Berufungsgründe	31
IV. Antrag auf Zulassung der Berufung durch das OVG (IV)	34
1. Adressat, Form und Frist	39
2. Zulassungsbegründung	43
3. Darlegung der Zulassungsgründe	44
a) Allgemeine Anforderungen	45
b) Darlegung ernstlicher Zweifel	46
c) Darlegung besonderer Schwierigkeiten	49
d) Darlegung grundsätzlicher Bedeutung	51

e) Darlegung der Divergenz	55
f) Darlegung von Verfahrensmängeln	58
V. Entscheidung des OVG	61
1. Entscheidung über den Zulassungsantrag (V)	61
2. Wirkung der Entscheidung über den Zulassungsantrag	64
3. Rücknahme; Erledigung der Hauptsache	66
VI. Weiteres Verfahren nach Zulassung durch OVG (VI)	70

I. Zulassung der Berufung durch das VG (I)

Gemäß § 124a lässt das VG **von Amts wegen** in dem Urteil die Berufung zu, wenn **1** die Zulassungsgründe des § 124 II Nr. 3 oder Nr. 4 vorliegen. Dasselbe gilt für Entscheidungen, die einem Urteil gleichstehen (§ 84 II Nr. 1, III Hs. 1, § 93a II 5). Danach hat das VG bei jeder berufungsfähigen Entscheidung zu prüfen, ob die Voraussetzungen des § 124 II Nr. 3 oder Nr. 4 gegeben sind. Bejahendenfalls ist die Berufung zwingend zuzulassen; es besteht **kein Ermessen** (→ § 124 Rn. 9). Zu einer Nichtzulassung der Berufung ist das VG hingegen nicht befugt (§ 124 I 3); ein entsprechender Entscheidungsausspruch ist unbeachtlich (S/S-A/P § 124a Rn. 12; BeckOK VwGO § 124a Rn. 15). Möglich ist also nur eine positive, jedoch keine negative Zulassungsentscheidung.

Unerheblich ist, ob das VG als Kammer, durch den **Einzelrichter** (vgl. BVerwG **2** NVwZ 2005, 821; BVerwGE 121, 292) oder den Berichterstatter entscheidet und ob das Urteil mit oder ohne mündliche Verhandlung ergeht (BeckOK VwGO § 124a Rn. 6 ff.; kritisch B/F-K/vA § 124a Rn. 6 ff.: Eine Berufungszulassung nach §§ 6 I, 87a II, III, 84 sei verfehlt). Auf **asylrechtliche Streitigkeiten** findet § 124a I keine Anwendung; eine gleichwohl ausgesprochene Berufungszulassung ist unwirksam, eine Berufung als unzulässig zu verwerfen (BeckOK VwGO § 124a Rn. 4; vgl. auch SaarlOVG NVwZ-RR 2004, 701 zu einer nach § 64 II BDG a. F. unzulässigen Berufungszulassung durch das VG).

Von einer Zulassung der Berufung ist (nur) auszugehen, wenn eine ausdrückliche **3** positive Zulassungsentscheidung vorliegt (B/F-K/vA § 124a Rn. 3). Die Entscheidung über die Zulassung soll **grds. im Urteilstenor** ausgesprochen werden. Es genügt aber auch, wenn sich die Entscheidung eindeutig aus dem sonstigen Inhalt des Urteils entnehmen lässt (BVerwGE 71, 73; BayVGH NVwZ-RR 2006, 582). Allein aus einer entsprechenden **Rechtsmittelbelehrung** lässt sich eine positive Zulassungsentscheidung nicht ableiten, weil es sich bei der Belehrung auch um einen Fehler handeln könnte (vgl. BVerwGE 71, 73; BayVGH NVwZ-RR 2006, 582; BWVGH NVwZ-RR 1996, 618). Eine rechtswirksame Zulassung der Berufung ist auch nicht erfolgt, wenn der (ursprüngliche) Ausspruch im Urteilstenor angesichts der gegenteiligen Ausführungen in der Urteilsbegründung sowie in der Rechtsmittelbelehrung ein offensichtliches Versehen darstellte, das im Wege der **Urteilsberichtigung** alsbald korrigiert worden ist (→ § 132 Rn. 8). Über einen Antrag auf Ergänzung des Urteils kann die Zulassung der Berufung nicht erreicht werden (BWVGH NVwZ-RR 1996, 618 m.w.N.; BeckOK VwGO § 120 Rn. 9; B/F-K/vA § 124a Rn. 4). Aus Gründen der Klarheit sollte die Entscheidung über die Zulassung der Berufung in dem Urteil des VG entsprechend § 124a V 3 kurz **begründet werden**, indem der konkrete Zulassungsgrund benannt wird (B/F-K/vA § 124a Rn. 5; BeckOK VwGO § 124a Rn. 11; NKVwGO § 124a Rn. 18).

Zulässig ist auch eine nur **teilweise Zulassung** der Berufung. Voraussetzung ist, **4** dass sich die Teilzulassung auf einen **tatsächlich oder rechtlich abtrennbaren** Teil der angefochtenen Entscheidung bezieht (→ § 124 Rn. 11). Auf bestimmte Rechtsfragen oder Anspruchsgrundlagen kann die Zulassung nicht beschränkt werden (BVerwG DVBl. 1997, 907; vgl. für die Revisionszulassung BVerwG Buchh 421.2 Hochschulrecht Nr. 43; BGH NJW 2003, 2529). Wirksam beschränkt ist die Zulassung nur dann, wenn eine solche Beschränkung zulässig ist und sie aus der Zulassungsentscheidung **eindeutig** hervorgeht (vgl. BVerwGE 41, 52 zur Revisionszulassung). Ergibt sich eine Beschränkung der Berufungszulassung nicht schon **aus der Entscheidungsformel** des angefochtenen Urteils, steht dies der Annahme einer Teilzulassung nicht entgegen, sofern sich die Beschränkung klar **aus der Zulassungsbegründung** entnehmen lässt (vgl. zur Revisionszulassung BVerwG, Beschl. v. 23.5. 1997 – 1 C 4.96 m.w.N.). Dies ist auch dann der Fall, wenn die Zulassung der Berufung auf einen Zulassungsgrund gestützt ist, der sich erkennbar (nur) auf einen (abtrennbaren) Teil des Streitstoffs bezieht (BGH NJW 2004, 3264 zur Revisionszulassung). Im Zweifelfall ist von einer unbeschränkten Zulassung auszugehen; ebenso im Fall einer unzulässigen Beschränkung (vgl. zur Revisionszulassung BGH NJW 2003, 2529; 1984, 615; siehe auch B/F-K/vA § 124a Rn. 9; NKVwGO § 124a Rn. 13). Im Falle einer wirksamen Beschränkung der Berufungszulassung steht den Beteiligten hinsichtlich des (Teils eines) Streitgegenstands, auf den sich die positive Zulassungsentscheidung nicht erstreckt, der Antrag auf Zulassung der Berufung nach § 124a IV 1 offen. Auch kann der Rechtsstreit insoweit über die Anschließung (§ 127) in die Berufungsinstanz gelangen (vgl. BeckOK VwGO § 124 Rn. 20).

5   Mit der **unanfechtbaren Zulassungsentscheidung,** die vorbehaltlich einer ausdrücklichen Beschränkung in subjektiver Hinsicht für alle Verfahrensbeteiligten wirkt, ist der Zugang zur Berufungsinstanz eröffnet (→ § 124 Rn. 12). Die Zulassung erstreckt sich auch auf Hilfsanträge und Klagegründe, über die die Vorinstanz nicht zu entscheiden brauchte, weil dem Hauptantrag entsprochen hat bzw. der Klage aufgrund eines anderen Klagegrunds stattgegeben hat (vgl. BVerwG, Beschl. v. 24.6. 2009 – 5 B 69.08; NVwZ 1999, 642; BVerwGE 104, 260).

6   Die Zulassungsentscheidung entfaltet **Bindungswirkung** für das OVG (§ 124a I 2). Unerheblich ist, ob tatsächlich Zulassungsgründe i.S.v. § 124 II Nr. 3 oder Nr. 4 vorliegen (vgl. BVerwGE 121, 292; abweichend für den Fall einer willkürlichen Zulassung: BeckOK VwGO § 124a Rn. 13; B/F-K/vA § 124a Rn. 11). Entsprechendes gilt für die nach § 124a V durch das OVG ausgesprochene Zulassung (vgl. BVerwG, Beschl. v. 12.1. 2009 – 5 B 48.08). Die Bindungswirkung ist beschränkt auf die Zulässigkeit und Begründetheit des Zulassungsantrags. Außer dem Zulassungserfordernis **erfasst** sie jedoch **nicht** die **übrigen Zulässigkeitsvoraussetzungen** für die Berufung, die das OVG vielmehr eigenständig prüft (vgl. BVerwG, Beschl. v. 12.1. 2009 – 5 B 48.08; Buchh 310 § 124a Nr. 9). Demgemäß geht von der Zulassungsentscheidung keine Bindungswirkung aus, wenn die Berufung generell unstatthaft ist, weil es sich bei der angefochtenen Entscheidung nicht um ein berufungsfähiges Urteil im Sinne von § 124 I handelt. Dasselbe gilt für den Fall, dass das VG die Berufung entgegen § 124a I aus einem anderen Zulassungsgrund als § 124 II Nr. 3 oder Nr. 4 zulässt (BeckOK VwGO § 124a Rn. 12; a.A. Ey § 124a Rn. 5).

7   **Keine Bindungswirkung** kommt auch den **Zulassungsgründen** zu. Weder ist das Berufungsvorbringen auf die Gründe beschränkt, die zur Zulassung der Berufung geführt haben (vgl. zur Revisionszulassung BVerwG Buchh 421.2 Hochschulrecht Nr. 43), noch begrenzt die Zulassungsentscheidung die Prüfungsbefugnis des Berufungsgerichts (→ § 124 Rn. 12). Die Reichweite der berufungsgerichtlichen Überprüfung bestimmt sich vielmehr nach → § 128, wonach das OVG in eine Vollprüfung eintritt.

II. Einlegung der Berufung (II)

Wird die Berufung vom VG zugelassen, setzt die Zulässigkeit der Berufung voraus, **8** dass sie in der gesetzlichen Form und Frist eingelegt wird. Fehlt es daran, ist die Berufung gemäß § 125 II zu verwerfen. Einlegungsbefugt sind vorbehaltlich einer etwaigen Beschränkung in der Zulassungsentscheidung die **Beteiligten des Ausgangsverfahrens**, sofern sie (ausgenommen der VöI) durch die angefochtene Entscheidung beschwert sind (→ § 124 Rn. 7 f.). Der statthafte Umfang der Berufungseinlegung wird begrenzt durch den Umfang der Berufungszulassung.

1. Einlegungsfrist

Gemäß § 124a II 1 ist die Berufung **innerhalb eines Monats** nach (ordnungsgemäßer) Zustellung (vgl. § 56) des vollständigen Urteils (bzw. der urteilsersetzenden Entscheidung) einzulegen. Die Frist läuft für jeden Verfahrensbeteiligten gesondert. Geringfügige Fehler in der Urteilsausfertigung hindern den Fristlauf nicht (vgl. BVerwG, Beschl. v. 10.7. 2008 – 2 B 41.08; zum Revisionsverfahren BVerwG Buchh 310 § 133 n.F. Nr. 23). Im Falle einer fehlenden oder fehlerhaften Rechtsmittelbelehrung über die Einlegungsfrist gilt für die Einlegung und Begründung der Berufung die Jahresfrist nach § 58 II 1 (vgl. entsprechend → § 133 Rn. 10). Unerheblich ist für den Fristlauf nach § 124a II 1 ein Fehler in der Rechtsmittelbelehrung über die Begründungsfrist nach § 124a III 1 (BWVGH NJW 2007, 2347; BeckOK VwGO § 124a Rn. 25; B/F-K/vA § 124a Rn. 56; a.A. NKVwGO § 124a Rn. 30). Umstritten ist, ob die Rechtsmittelbelehrung eines Hinweises auf den Vertretungszwang bedarf. Um den Zugang zur Rechtsmittelinstanz nicht unnötig zu erschweren, sollte eine diesbezügliche Belehrung erfolgen (vgl. B/F-K/vA § 124a Rn. 58; NK-VwGO § 124a Rn. 141 m.w.N. zum Streitstand). **9**

Beantragt ein Beteiligter die Zulassung der **Sprungrevision** und lässt das VG sie **10** nicht zu, beginnt der Lauf der Monatsfrist mit der Zustellung des ablehnenden Beschlusses von neuem, sofern der Antrag unter Beifügung der erforderlichen Zustimmungserklärung(en) ordnungsgemäß gestellt war. Erfüllt der Antrag auf Zulassung der Sprungrevision diese Voraussetzungen nicht, ist für den Fristbeginn die Zustellung des Urteils maßgeblich (§ 134 III 1 analog, → § 134 Rn. 15).

Die Frist zur Einlegung der Berufung ist **nicht verlängerbar**, weil eine Verlängerungsmöglichkeit – anders als für die Begründungsfrist nach § 124a III 3 – nicht besonders bestimmt ist, § 57 II i.V.m. § 224 II ZPO. Eine gleichwohl gewährte Fristverlängerung ist unwirksam; ggf. kommt aber Wiedereinsetzung nach § 60 in Betracht (BeckOK VwGO § 124a Rn. 24; B/F-K/vA § 124a Rn. 19). Nach Rücknahme der Berufung kann innerhalb der Einlegungsfrist erneut Berufung eingelegt werden. Bei einer **Urteilsergänzung** nach § 120 beginnt der Fristlauf gemäß § 173 S. 1 i.V.m. § 518 S. 1 ZPO von neuem, wenn die Ergänzungsentscheidung innerhalb der Berufungsfrist ergeht (vgl. BVerwG NVwZ-RR 1989, 519). Im Fall der **Urteilsberichtigung** nach §§ 118, 119 bleibt der Fristlauf grds. unberührt. Ausnahmsweise beginnt die Rechtsmittelfrist neu, wenn sich aus dem berichtigten Urteil eine zuvor nicht ersichtliche Beschwer ergibt (vgl. BVerwG, Beschl. v. 10.7. 2008 – 2 B 41.08; BVerwG Buchh 310 § 133 n.F. Nr. 23; NVwZ 1991, 681 zur Berichtigung der Urteilsausfertigung; LSAOVG NVwZ 2008, 585). I.Ü. verbleibt es nach den allgemeinen Grundsätzen bei einer Wiedereinsetzung (vgl. B/F-K/vA § 124a Rn. 23). Auch bei einer Versäumung der Berufungsfrist aus sonstigen Gründen ist nach Maßgabe von § 60 Wiedereinsetzung zu gewähren. Gemäß § 60 II 1 Hs. 1 ist der Wiederein- **11** setzungsantrag innerhalb von zwei Wochen nach Wegfall des Hindernisses (beim OVG) zu stellen. Zugleich ist innerhalb der Antragsfrist die Berufungseinlegung (beim VG) nachzuholen, § 60 II 3.

12   Ein **Prozesskostenhilfeantrag** muss formgerecht innerhalb der Einlegungsfrist für die Berufung gestellt werden, um die Chance hinreichender Erfolgsaussicht mit der Möglichkeit einer Wiedereinsetzung zu wahren. Gemäß § 166 i.V.m. § 117 I 1 ZPO ist der Antrag – für den kein Vertretungszwang besteht (§ 67 IV 1) – beim OVG als dem Prozessgericht zu stellen. Mit Rücksicht darauf, dass die Berufung nach § 124a II 1 zwingend beim iudex a quo einzulegen ist, erscheint es aber sachgerecht, von einem ordnungsgemäßen Prozesskostenhilfeantrag auch dann auszugehen, wenn dieser innerhalb der Monatsfrist des § 124a II 1 beim VG gestellt wird (vgl. auch HessVGH NVwZ-RR 2003, 390; NKVwGO § 124a Rn. 36, 231; a.A. B/F-K/vA § 124a Rn. 64; BeckOK VwGO § 124a Rn. 53). Von dort ist der Antrag allerdings unverzüglich an das OVG weiterzuleiten; das VG ist zu einer Entscheidung über das Prozesskostenhilfegesuch nicht befugt. Wird der Antrag von einem anwaltlich nicht vertretenen Beteiligten eingereicht, muss der Antragsbegründung in lediglich laienhafter Art zu entnehmen sein, inwiefern die angegriffene Entscheidung für unzutreffend erachtet wird. Mit Rücksicht auf die Berufungszulassung durch das VG werden hinreichende Erfolgsaussichten i.d.R. zu bejahen sein (B/F-K/vA § 124a Rn. 26).

13   Nach der Bescheidung des Antrags kann der Antragsteller **Wiedereinsetzung in die versäumten Fristen** beantragen, die ggf. auch zu gewähren ist, wenn das Prozesskostenhilfegesuch abgelehnt wurde (vgl. BVerwG NVwZ 2004, 111). Die Frist zur Einlegung der Berufung beträgt zwei Wochen, diejenige zur Berufungsbegründung einen Monat nach Bekanntgabe der Entscheidung über den Prozesskostenhilfeantrag, § 60 II 1, 3 (vgl. zum Ganzen die entsprechend geltenden Ausführungen in → § 133 Rn. 12; ferner BeckOK VwGO § 124a Rn. 24.1, wobei allerdings die Frist für den Wiedereinsetzungsantrag betreffend die Begründungsfrist erst mit der Mitteilung über die Wiedereinsetzung in die Berufungsfrist beginnen soll – § 124a Rn. 33).

14   Findet ein Beteiligter keinen zu seiner Vertretung bereiten Rechtsanwalt, kann er gemäß § 173 S. 1 i.V.m. § 78b ZPO beim OVG die **Beiordnung eines Rechtsanwalts beantragen**. Der Antrag muss innerhalb der Frist des § 124a II 1 gestellt werden, um die Möglichkeit der Wiedereinsetzung zu wahren. Der Antragsteller muss darlegen, welche Bemühungen er unternommen hat, einen Rechtsanwalt zu finden (BVerwG Buchh 303 § 78b ZPO Nr. 2, Nr. 3).

2. Adressat und Form

15   Die Berufung ist gemäß § 124a II 1 **zwingend beim VG einzulegen**. Die Einlegung beim OVG wahrt die Einlegungsfrist nicht. Das OVG ist aber gehalten, die Berufungsschrift im normalen Geschäftsgang – soweit möglich noch am selben Tag (vgl. BVerwG NVwZ-RR 2003, 901; BayVGH NVwZ-RR 2006, 851) – an das VG weiterzuleiten (BVerwG NJW 2008, 932). Die Einlegungsfrist ist (nur) eingehalten, wenn sie dort fristgerecht eingeht. Ist die Eilbedürftigkeit offenkundig, kann auch eine Weiterleitung im Faxwege geboten sein (BeckOK VwGO § 124a Rn. 22; a.A. BVerwG NVwZ-RR 2003, 901). Geht der Schriftsatz beim OVG nicht rechtzeitig beim VG ein, ist Wiedereinsetzung zu gewähren, wenn das OVG seiner Weiterleitungspflicht nicht hinreichend nachgekommen ist und die Frist anderenfalls gewahrt worden wäre (BVerwG NVwZ-RR 2003, 901; NRWOVG NVwZ 1997, 1235).

16   Die Einlegung der Berufung unterliegt dem **Vertretungszwang** (§ 67 IV 1, 2) sowie dem **Schriftformerfordernis** (NKVwGO § 124a Rn. 27). Gemäß § 55a kann

die Berufung auch elektronisch (mittels qualifizierter elektronischer Signatur) übermittelt werden, sofern dies durch eine entsprechende landesrechtliche Verordnung zugelassen ist (zu den Möglichkeiten auf VG- bzw. OVG-Ebene vgl. z.B. KS § 55a Rn. 7; BeckOK VwGO § 55a Rn. 3 f.). Die Rechtsmittelschrift muss von einem Prozessbevollmächtigten erarbeitet und unterzeichnet sein (vgl. BVerwG NJW 1997, 1865 zu § 133; B/F-K/vA § 124a Rn. 15).

Aus der Berufungsschrift muss sich – ggf. im Wege der Auslegung – eindeutig entnehmen lassen, dass und von wem Berufung eingelegt wird. Ist diese Voraussetzung erfüllt, ist eine **fehlende oder fehlerhafte Bezeichnung des Rechtsmittels** unschädlich (vgl. BVerwG NVwZ 1999, 405 zur Auslegung einer „Berufung" als Antrag auf Zulassung der Berufung). Legt ein anwaltlich vertretener Beteiligter anstelle der Berufung ausdrücklich ein unstatthaftes Rechtsmittel oder einen unzulässigen Rechtsbehelf ein, kommt die Umdeutung in eine Berufung nur in Betracht, wenn der Beteiligte eine entsprechende Klarstellung noch innerhalb der Berufungsfrist vornimmt (vgl. BVerwG NJW 2009, 162 für das Verhältnis von unstatthafter Berufung und statthaftem Zulassungsantrag). Nach Fristablauf ist eine Umdeutung hingegen ausgeschlossen (vgl. BVerwG NJW 2009, 162 m.w.N.; NVwZ 1999, 641). 17

Nach § 124a II 2 ist die **angefochtene Entscheidung zu bezeichnen**. Anzugeben sind grds. Gericht, Aktenzeichen und Entscheidungsdatum. Unvollständige Angaben sind (nur) unschädlich, wenn sich aus den sonstigen Umständen klar ergibt, welche Entscheidung angegriffen wird. Aus der Berufungsschrift muss für das OVG und die übrigen Beteiligten zudem klar erkennbar sein, wer Rechtsmittelführer und wer Rechtsmittelgegner ist (NKVwGO § 124a Rn. 172). 18

Es ist dem Berufungsführer freigestellt, den **Umfang der Berufung** bereits in der Berufungsschrift festzulegen. Ein Erfordernis besteht insoweit aber nicht, denn ein bestimmter Antrag wird erst mit der Berufungsbegründung verlangt (§ 124a III 4). Es stellt daher keine teilweise Berufungsrücknahme dar, wenn in der Berufungsbegründungsschrift ein eingeschränkter Antrag gestellt wird, nachdem in der Berufungsschrift die Berufungseinlegung ohne Einschränkung erklärt wurde (vgl. zur Revision BVerwG NJW 1992, 703). Da erst die sachliche Auseinandersetzung mit den Gründen der angefochtenen Entscheidung eine abschließende Prüfung ermöglicht, in welchem Umfang der Berufung Erfolgsaussicht zukommt, sollte die Berufung zweckmäßigerweise zunächst einschränkungslos eingelegt werden. Legt der Berufungsführer bereits mit der Berufungsschrift eindeutig fest, dass die Berufung sich auf einen abtrennbaren Teil des Streitgegenstands beschränkt, wird das angefochtene Urteil i.Ü. mit Ablauf der Berufungsfrist rechtskräftig (vgl. entsprechend → § 139 Rn. 5). Unzulässig ist eine **bedingte Berufungseinlegung** (vgl. BVerwG Buchh 310 § 133 Nr. 83). 19

III. Berufungsbegründung (III)

Die vom VG zugelassene Berufung ist gemäß § 124a III form- und fristgerecht zu begründen und muss darüber hinaus bestimmten inhaltlichen Mindestanforderungen genügen. Die Begründungspflicht dient in erster Linie der Verfahrensverkürzung und -beschleunigung sowie der **Arbeitsentlastung** des OVG (BVerwG DÖV 2000, 603). Ferner trägt das Begründungserfordernis zur **Richtigkeitsgewähr** der erstrebten Berufungsentscheidung bei (vgl. zur Revision BVerwG NJW 1980, 2268). Mangelt es an den in § 124a III genannten Erfordernissen, ist die Berufung unzulässig (§ 124a III 5) und gemäß § 125 II zu verwerfen. Erfasst der Mangel lediglich einen abtrennbaren Teil des Berufungsstreitgegenstands, ist die Berufung teilweise unzulässig. 20

§ 124a Teil III. Rechtsmittel und Wiederaufnahme des Verfahrens

1. Form und Frist

21 **a) Adressat; Schriftform.** Erfolgt die Berufungsbegründung zugleich mit der Einlegung der Berufung, ist sie **beim VG** einzureichen. Wird die Berufung hingegen nachfolgend mit einem gesonderten Schriftsatz begründet, ist dieser zwingend **beim OVG** anzubringen, § 124a III 2. Wird die Begründung beim falschen Gericht eingereicht, wahrt dies die Begründungsfrist nicht. Das VG bzw. das OVG sind aber gehalten, den Schriftsatz im normalen Geschäftsgang an das jeweils zuständige Gericht weiterzuleiten. Die Begründungsfrist ist eingehalten, wenn sie dort fristgerecht eingeht (→ Rn. 15).

22 Die Berufung ist **schriftlich** (oder elektronisch, → Rn. 16) zu begründen (BeckOK VwGO § 124a Rn. 29). Der Einreichung eines Begründungsschriftsatzes gleichzusetzen ist eine Erklärung zu richterlichem Protokoll (BVerwG NVwZ 2000, 912). Neben dem Schriftformerfordernis unterliegt die Begründung gemäß § 67 IV 1 dem **Vertretungszwang**. Nach gefestigter Rspr. müssen Rechtsmittelbegründungsschriften als bestimmende Schriftsätze im Anwaltsprozess grds. von einem Rechtsanwalt **unterzeichnet** sein. Im Interesse der Rechtssicherheit muss die Unterzeichnung dabei den Inhalt der Erklärung **räumlich decken**, d. h. hinter oder unter dem Text stehen (vgl. näher → § 139 Rn. 10). Die Vorlage eines von einem Rechtsanwalt unterzeichneten, i. Ü. aber unveränderten Schreibens seiner Partei genügt nicht, wenn der Rechtsanwalt keine Prüfung, Sichtung und rechtliche Durchdringung des Streitstoffs vorgenommen hat (→ § 139 Rn. 11; NdsOVG NVwZ-RR 2002, 468; BWVGH NVwZ 1999, 429, jeweils zum Berufungszulassungsverfahren).

23 **b) Begründungsfrist.** Die Berufung ist gemäß § 124a III 1 innerhalb von **zwei Monaten** nach Zustellung des vollständigen (→ Rn. 9, 11) Urteils zu begründen. Prozessbevollmächtigte und Behördenvertreter unterliegen in Bezug auf Prüfung und Kontrolle der Berufungsbegründungsfrist besonderen Sorgfaltspflichten (vgl. entsprechend zur Revisionsbegründung BVerwG NVwZ 2001, 430; NJW 1992, 852; NJW 1991, 2096). Die Begründungsfrist ist unabhängig von der Einlegungsfrist und läuft auch dann, wenn die Einlegungsfrist versäumt und insoweit Wiedereinsetzung beantragt worden ist (vgl. BVerwG NJW 1992, 2780 zu § 133 III 1). Gemäß § 58 I ist über die Begründungsfrist zu belehren. Fehlt es daran oder ist die Belehrung mangelhaft, gilt die Jahresfrist nach § 58 II (BVerwGE 107, 117).

24 Im Falle von **Wiedereinsetzung**, die innerhalb der Monatsfrist des § 60 II 1 Hs. 2 zu beantragen ist, ist die Begründung ebenfalls innerhalb der Monatsfrist des § 60 II 1, Hs. 2 nachzuholen (vgl. § 60 II 3). Dies gilt auch für eine Wiedereinsetzung nach Bescheidung eines Prozesskostenhilfeantrags (vgl. → Rn. 13; kritisch zur Monatsfrist BeckOK VwGO § 124a Rn. 34.1: Um eine Benachteiligung des minderbemittelten Beteiligten zu vermeiden, sei § 60 II 3 verfassungskonform dahin auszulegen, dass die Begründung innerhalb der Frist des § 124a III 1 nachzuholen sei). Ein Antrag auf Verlängerung der Berufungsbegründungsfrist genügt nicht (BVerwG Buchh 310 § 166 Nr. 221).

25 **c) Fristverlängerung.** Gemäß § 124a III 3 kann die Begründungsfrist auf Antrag verlängert werden. Die Fristverlängerung ist **vor Ablauf der Frist schriftlich** (bzw. nach § 55a elektronisch) **beim OVG zu beantragen** (zum Schriftformerfordernis vgl. BVerwGE 115, 302). Für den Antrag besteht Vertretungszwang (BVerwG NVwZ-RR 2002, 894; zu § 139 III 3: BVerwG Buchh 310 § 139 Nr. 9). Wird ein formwidriger Antrag verlängert, ist die Entscheidung gleichwohl wirksam (vgl. BVerwG NVwZ-RR 2002, 894; BVerwGE 115, 302; BGH NJW 1985, 1558). Wird indes der Verlängerungsantrag nicht rechtzeitig gestellt, ist eine gewährte Fristverlängerung unwirksam und die Berufung – vorbehaltlich einer etwaigen Wiedereinsetzung – unzulässig (vgl. BGHZ 116, 377; KS § 124a Rn. 24; NKVwGO § 124a Rn. 47; B/F-K/vA § 124a Rn. 33).

Für die Entscheidung, die auch noch nach Ablauf der Begründungsfrist ergehen **26** kann, ist der Senatsvorsitzende zuständig. Die Verlängerung steht in seinem pflichtgemäßen **Ermessen**. Sind erhebliche Gründe glaubhaft gemacht (§ 57 II i.V.m. § 224 II ZPO; BVerwG NJW 2008, 3303), ist einem erstmaligen Antrag regelmäßig zu entsprechen (BVerfG NJW 2001, 812). Erhebliche Gründe sind z.B. Erkrankung oder Arbeitsüberlastung des Prozessbevollmächtigten, verspätete Akteneinsicht oder der besondere Umfang und Schwierigkeitsgrad der Sache (S/S-A/P § 124a Rn. 40; NKVwGO § 124a Rn. 50). Die Entscheidung kann durch Beschluss oder Verfügung ergehen und ist den Beteiligten mitzuteilen. Wird ein fristgerechter Antrag nach Fristablauf abgelehnt, ist nach Maßgabe von § 60 **Wiedereinsetzung** in die versäumte Begründungsfrist zu gewähren. Innerhalb der Frist des § 60 II 1 Hs. 2, 3 ist die Begründung einzureichen; ein Verlängerungsantrag genügt nicht (vgl. BVerwG BayVBl. 1994, 188 zu der Parallelvorschrift des § 139 III 3; ferner B/F-K/vA § 124a Rn. 35). Wird die rechtzeitige Stellung eines Verlängerungsantrags versäumt, kommt eine Wiedereinsetzung allein in Bezug auf die Begründungsfrist, nicht aber in Bezug auf den Verlängerungsantrag in Betracht (BVerwG NJW 1996, 2808; Buchh 310 § 139 Nr. 26). Eine **wiederholte Fristverlängerung** darf nur nach Anhörung des Rechtsmittelgegners gewährt werden, § 57 II i.V.m. § 225 II ZPO. Wird vor Bescheidung eines Verlängerungsantrags in der Sache entschieden, begründet dies einen Gehörsverstoß (vgl. BVerwG NVwZ 2000, 73; DVBl. 1999, 97).

2. Inhalt der Berufungsbegründung

Gemäß § 124a III 4 muss die Berufungsbegründung einen **bestimmten Antrag** **27** enthalten sowie die Gründe der Anfechtung **(Berufungsgründe)** im Einzelnen anführen. Welche Mindestanforderungen an die Berufungsbegründung zu stellen sind, hängt von den konkreten Umständen des Einzelfalls ab (BVerwG Buchh 310 § 124a Nr. 13). Das Begründungserfordernis bezweckt die Klarstellung durch den Berufungsführer, dass, in welchem Umfang und weshalb er an der Durchführung des Berufungsverfahrens festhalten will (BVerwGE 107, 117). An diesem Zweck hat sich der Inhalt der jeweiligen Berufungsbegründung zu orientieren (vgl. BVerwG, Beschl. v. 2.6. 2005 – 10 B 4.05). Die Berufungsgründe müssen substanziiert und konkret auf den zu entscheidenden Fall bezogen sein. Sie haben in tatsächlicher und rechtlicher Hinsicht im Einzelnen auszuführen, weshalb die angegriffene Entscheidung nach der Auffassung des Berufungsführers unrichtig ist und geändert werden muss (BVerwG, Beschl. v. 2.7. 2008 – 10 B 3.08; BVerwGE 114, 155).

Erfüllt die Berufungsbegründungsschrift diese Voraussetzungen nicht, kann der **28** Mangel durch **nachträgliches Vorbringen** nach Ablauf der Begründungsfrist nicht mehr „geheilt" werden. Begründungsausführungen in nach Fristablauf eingehenden Schriftsätzen können lediglich insoweit berücksichtigt werden, als sie den bisherigen Vortrag ergänzend erläutern (vgl. für das Revisionsverfahren BVerwGE 106, 202; ferner BeckOK VwGO § 124a Rn. 38; KS § 124a Rn. 31; NKVwGO § 124a Rn. 127).

a) Antragserfordernis. Mit seinem Berufungsantrag legt der Berufungsführer Ziel **29** und Umfang seines Rechtsmittels fest und bestimmt den für die Berufungsinstanz maßgeblichen Streitgegenstand. Der Berufungsantrag muss neben einem Rechtsmittelantrag auch einen **Sachantrag** enthalten; die Beschränkung auf eine bloße Aufhebung der angefochtenen Entscheidung genügt i.d.R. nicht (KS § 124a Rn. 32; BeckOK VwGO 124a Rn. 36 ff.; NKVwGO § 124a Rn. 87 ff.). Grds. ist der Antrag **ausdrücklich zu formulieren**. Das Fehlen eines formulierten Antrags ist aber unschädlich, wenn sich Ziel und Umfang des Berufungsbegehrens gleichwohl aus dem fristgemäßen Berufungsvorbringen eindeutig entnehmen lassen (BVerwG, Beschl. v. 17.5. 2006 – 1 B 13.06; Buchh 310 § 124a Nr. 28; BWVGH VBlBW 2002, 126). Der statthafte Umfang des Berufungsantrags wird begrenzt durch den Umfang der Berufungszulassung, kann jedoch bei Teilbarkeit des Streitgegenstands auch dahinter zurückbleiben. Die Zulässigkeit einer Klageänderung beurteilt sich nach Maßgabe von § 125 I 1 i.V.m. § 91.

30 Bleibt der Berufungsantrag hinter dem erstinstanzlichen Begehren zurück, wird die angegriffene Entscheidung insoweit rechtskräftig (vgl. zum Revisionsantrag BVerwGE 91, 24). Um eine **teilweise Berufungsrücknahme** handelt es sich (nur) dann, wenn in der Berufungsbegründung zunächst ein weitergehender Berufungsantrag (ausdrücklich oder konkludent) formuliert worden ist (B/F-K/vA § 124a Rn. 37; S/S-A/P § 124a Rn. 52). Hingegen stellt es keine Teilrücknahme dar, wenn mit der Berufungsbegründung ein eingeschränkter Antrag gestellt wird, nachdem in der Berufungsschrift die Berufungseinlegung ohne Einschränkung erklärt wurde (entsprechend zur Revision → § 139 Rn. 5; ferner BeckOK VwGO § 124a Rn. 40 f.; NKVwGO § 124a Rn. 97). Hat der Berufungsführer bereits mit der Berufungsschrift das Berufungsbegehren eindeutig beschränkt, ist nach Ablauf der Berufungsfrist eine erweiterte Antragstellung nicht mehr möglich, weil insoweit Rechtskraft eingetreten ist (vgl. NKVwGO § 124a Rn. 97, 102 f.; S/S-A/P § 124a Rn. 51).

31 **b) Darlegung der Berufungsgründe.** Der Berufungsführer genügt dem Begründungserfordernis des § 124a III 4, wenn er in der Berufungsbegründung klarstellt, dass und in welchem Umfang er die erstinstanzliche Entscheidung angreift. Zudem muss er deutlich machen, aus welchen Gründen er die Entscheidung für unrichtig hält. § 124a III 4 verlangt zwar nicht, dass der Berufungsführer auf die Begründungserwägungen des VG im Einzelnen eingeht (BVerwG, Beschl. v. 2.6. 2005 – 10 B 4.05). Die Anforderungen an die Berufungsbegründung bleiben aber nicht wesentlich hinter dem zurück, was für eine ordnungsgemäße Revisionsbegründung zu verlangen ist. Dementsprechend muss auch die Berufungsbegründung eine **Auseinandersetzung mit den maßgeblichen Gründen der angefochtenen Entscheidung** leisten, die eine Durchdringung des Prozessstoffs durch den Prozessbevollmächtigten des Rechtsmittelführers erkennen lässt (vgl. BWVGH, Beschl. v. 17.2. 2010 – A 11 S 895/08; NKVwGO § 124a Rn. 107). Nicht ausreichend ist daher eine pauschale Bezugnahme auf das erstinstanzliche Vorbringen oder dessen Wiederholung (NKVwGO § 124a Rn. 116).

32 In **asylrechtlichen Streitigkeiten** genügt eine Berufungsbegründung den Anforderungen des (§ 124a VI 3 i.V.m.) § 124a III 4 beispielsweise, wenn sie eine entscheidungserhebliche Frage zu den tatsächlichen Verhältnissen im Heimatland des Asylklägers konkret bezeichnet und hierzu von der Vorinstanz abweichende Beurteilung deutlich macht (BVerwG Buchh 310 § 124a Nr. 13). Hingegen muss der Berufungsführer nicht auf alle Einzelheiten eingehen, die sich aus **Tatsachenänderungen** seit Erlass der angegriffenen Entscheidung für das Ergebnis des Berufungsverfahrens ergeben könnten (BVerwG Buchh 310 § 124a Nr. 13). Sachverhaltsfragen, die bislang weder vom Bundesamt für Migration und Flüchtlinge noch vom VG aufbereitet wor-

den sind, braucht der Berufungsführer nicht in der Berufungsbegründung aufzuarbeiten (BVerwGE 114, 155).

Ist die angegriffene Entscheidung des VG auf **mehrere selbstständig tragende** **33** **Gründe** gestützt, muss der Berufungsführer gegenüber jeder dieser Erwägungen einen Berufungsgrund geltend machen. Anderenfalls ist die Berufung unzulässig (BVerwG NJW 1980, 2268 zur Revisionsbegründung; NKVwGO § 124a Rn. 111). Im Falle mehrerer Streitgegenstände oder eines teilbaren Streitgegenstands muss das Begründungserfordernis hinsichtlich jedes Entscheidungsteils erfüllt sein, das mit der Berufung angegriffen wird (NKVwGO § 124a Rn. 113 f.).

IV. Antrag auf Zulassung der Berufung durch das OVG (IV)

Soweit die Berufung nicht vom VG zugelassen wird, kann die Zulassung der Berufung durch das OVG beantragt werden. Dies betrifft sowohl den Fall, dass das VG **34** gänzlich von einer Berufungszulassung abgesehen hat, als auch den Fall der teilweisen Berufungszulassung durch das VG. Für asylrechtliche Streitigkeiten gilt § 124a IV nicht; insoweit geht die besondere Regelung in § 78 II-IV AsylVfG vor.

Für die **Antragsbefugnis** gelten die Maßgaben zur Berufungsbefugnis entspre- **35** chend (→ § 124 Rn. 7 f.). Der Zulassungsantrag kann auf einen tatsächlich oder rechtlich abtrennbaren Teil der angefochtenen Entscheidung beschränkt werden (entsprechend → § 124 Rn. 11, → § 124a Rn. 4). Eine Klageänderung im Zulassungsverfahren scheidet grds. aus (BWVGH NVwZ 2005, 104).

Gemäß § 124a IV 6 hemmt die Stellung des Zulassungsantrags die Rechtskraft der **36** erstinstanzlichen Entscheidung. Wird lediglich eine Teilzulassung beantragt, beschränkt sich der **Suspensiveffekt** auf den davon erfassten Teil des Streitgegenstands; i. Ü. wird die angegriffene Entscheidung rechtskräftig (B/F-K/vA § 124a Rn. 42, 44). Abweichend erstreckt sich der Suspensiveffekt auf die gesamte Entscheidung, soweit hinsichtlich des übrigen Streitgegenstands eine Anschließung möglich ist (vgl. BeckOK VwGO § 124a Rn. 49 m.w.N.). Soweit der Anwendungsbereich der Urteilsergänzung (§ 120) reicht, tritt keine Suspensivwirkung ein (vgl. BVerwG Buchh 310 § 120 Nr. 9 m.w.N.; NVwZ-RR 1990, 134).

Dem Zulassungsantrag kommt zudem von Beginn an **Devolutivwirkung** zu. An- **37** ders als bei der Nichtzulassungsbeschwerde nach § 133 ist ein Abhilfeverfahren nicht vorgesehen. Das OVG wird zum Gericht der Hauptsache i.S.v. §§ 80 V, 123 (B/F-K/vA § 124a Rn. 46).

Ebenso wie im Verfahren der Nichtzulassungsbeschwerde (→ § 133 Rn. 3) kommt **38** im Berufungszulassungsverfahren eine **Beiladung** nicht in Betracht (BWVGH VBlBW 2000, 148). Ausgeschlossen ist auch eine **Anschließung** (→ § 127 Rn. 4).

1. Adressat, Form und Frist

Der Zulassungsantrag ist gemäß § 124a IV 2 **zwingend beim VG zu stellen**. Wird **39** der Antrag beim OVG eingereicht, wird die Antragsfrist des § 124a IV 1 dadurch nicht gewahrt (z.B. NdsOVG NJW 2007, 454). Das OVG ist aber gehalten, die Antragsschrift im normalen Geschäftsgang – soweit möglich noch am selben Tag – an das VG weiterzuleiten (→ Rn. 15). Der Zulassungsantrag unterliegt wie die Einlegung und Begründung der Berufung nach § 124a II 1, III dem **Schriftformerfordernis** sowie dem **Vertretungszwang** (→ Rn. 16 und Rn. 22). Unzulässig ist eine bedingte Antragstellung (vgl. BVerwG Buchh 310 § 133 Nr. 83; B/F-K/vA § 124a Rn. 43; S/S-A/P § 124a Rn. 70).

§ 124a Teil III. Rechtsmittel und Wiederaufnahme des Verfahrens

40 Aus der Antragsschrift muss sich – ggf. im Wege der Auslegung – eindeutig entnehmen lassen, dass und von wem die Zulassung der Berufung beantragt wird. Ist diese Voraussetzung erfüllt, ist eine **fehlende oder fehlerhafte Bezeichnung des Rechtsbehelfs** unschädlich (BVerwG NVwZ 1999, 405). Legt ein anwaltlich vertretener Beteiligter Berufung ein, anstatt die Zulassung der Berufung zu beantragen, kommt die Umdeutung der unzulässigen Berufung in einen Zulassungsantrag nur in Betracht, wenn der Beteiligte eine entsprechende Klarstellung noch innerhalb der Antragsfrist vornimmt (BVerwG NJW 2009, 162). Nach Fristablauf ist eine Umdeutung hingegen ausgeschlossen (vgl. BVerwG NJW 2009, 162 m. w. N.; NVwZ 1999, 641).

41 Nach § 124a IV 3 ist die **angefochtene Entscheidung zu bezeichnen**. Die Regelung entspricht § 124a II 2 (→ Rn. 18).

42 Der Antrag auf Zulassung der Berufung ist **innerhalb eines Monats** nach Zustellung der vollständigen Entscheidung des VG zu stellen (§ 124a IV 1). Die Ausführungen zur Berufungseinlegungsfrist (§ 124a II 1) gelten entsprechend (→ Rn. 9 bis 14). Namentlich ist eine Verlängerung der Antragsfrist auch hier nicht möglich, weil dies gesetzlich nicht besonders bestimmt ist (§ 57 II i. V. m. § 224 II ZPO). Wird **Prozesskostenhilfe** beantragt, muss der Begründung des Prozesskostenhilfegesuchs lediglich zu entnehmen sein, weshalb die angegriffene Entscheidung für unzutreffend erachtet wird und eine Überprüfung durch das OVG geboten ist (a. A. BVerwG NJW 1965, 1293: Prüfung von Amts wegen; strenger z. B. NdsOVG NVwZ-RR 2003, 906: Darlegung von Zulassungsgründen). Ausführungen zum Zulassungsgrund sind nur zu verlangen, wenn der Antrag von einem anwaltlich vertretenen Beteiligten eingereicht wird. Dabei darf sich der Rechtsanwalt darauf beschränken, die Zulassungsgründe grob zu skizzieren (KS § 124a Rn. 42; B/F-K/vA § 124a Rn. 65 f.; BeckOK VwGO § 124a Rn. 54 ff. m. w. N. zum Streitstand).

2. Zulassungsbegründung

43 Der Antrag auf Zulassung der Berufung ist **innerhalb von zwei Monaten** nach Zustellung des vollständigen Urteils (bzw. der urteilsersetzenden Entscheidung) zu begründen (§ 124a IV 4). Eine Fristverlängerung ist nicht möglich, § 57 II i. V. m. § 224 II ZPO. Die Ausführungen zur Berufungsbegründungsfrist (§ 124a III 1) gelten entsprechend (→ Rn. 23 und 24). Die Zulassungsbegründung ist, soweit sie nicht bereits mit dem Zulassungsantrag beim VG vorgelegt worden ist, **beim OVG** einzureichen (§ 124a IV 5). Sie unterliegt wie die Berufungsbegründung dem **Schriftformerfordernis** sowie dem **Vertretungszwang** (→ Rn. 22). Fehlt eine Begründung, genügt sie dem Darlegungserfordernis nicht (dazu im Folgenden), wird sie verspätet oder nicht formgerecht vorgelegt, ist der Zulassungsantrag unzulässig und entsprechend § 125 II zu verwerfen.

3. Darlegung der Zulassungsgründe

44 § 124a IV 4 lässt sich des Weiteren entnehmen, dass die Zulassungsgründe darzulegen sind. Der Begründungszwang soll den Antragsteller anhalten, sorgfältig zu prüfen, ob er das Rechtsmittel der Berufung verfolgen will und ob die Sache berufungswürdig ist (BayVGH, Beschl. v. 25.3. 2010 – 21 ZB 08.2782). Das **Darlegungserfordernis** beim Antrag auf Zulassung der Berufung ist hinsichtlich seiner Anforderungen vergleichbar der Regelung in § 133 III 3 zur Nichtzulassungsbeschwerde (B/F-K/vA § 124a Rn. 77; NKVwGO § 124a Rn. 185; zu den verfassungsrechtlichen Grenzen der Darlegungsanforderungen vgl. BVerfG NVwZ 2005, 1176; NVwZ 2000, 1163;

Zulassung und Begründung der Berufung § 124a

→ § 124 Rn. 14). Das OVG prüft nur die fristgerecht dargelegten Zulassungsgründe (vgl. BWVGH ESVGH 55, 186; BeckOK VwGO § 124a Rn. 63). Der Antragsteller hat anzugeben, auf welchen der in § 124 II bezeichneten **Zulassungsgründe** er seinen Zulassungsantrag stützt, und zu **erläutern**, weshalb dessen Voraussetzungen im Streitfall vorliegen. Eine fehlende oder fehlerhafte Bezeichnung des Zulassungsgrundes ist unschädlich, wenn sich aus den Ausführungen gleichwohl klar ergibt, welcher Zulassungsgrund geltend gemacht wird (NRWOVG NVwZ 1999, 202; → § 133 Rn. 17). Es obliegt aber dem Antragsteller, bei mehreren ausdrücklich oder konkludent geltend gemachten Zulassungsgründen ihnen die Erwägungen klar zuzuordnen, mit denen er das Vorliegen des jeweiligen Zulassungsgrundes darlegen möchte (Nds-OVG, Beschl. v. 4.2. 2010 – 5 LA 37/08; NVwZ-RR 2009, 360; HessVGH NVwZ 2001, 1178). Erweist sich die angegriffene Entscheidung als offensichtlich unrichtig, soll die Zulassung nach § 124 II Nr. 1 auch dann gerechtfertigt sein, wenn der Antragsteller sich nicht auf diesen Zulassungsgrund gestützt hat (vgl. BeckOK VwGO § 124a Rn. 80.6 m.w.N.). Dem ist mit der Maßgabe zu folgen, dass sich der Zulassungsbegründung die Zweifelsrüge i.d.R. sinngemäß entnehmen lassen wird, sodass dem Darlegungsgebot in § 124a IV 4 Genüge getan ist.

a) Allgemeine Anforderungen. Unabhängig von dem konkret geltend gemachten 45
Zulassungsgrund muss die Antragsbegründung gewisse Mindestanforderungen hinsichtlich ihrer **Klarheit, Verständlichkeit und Überschaubarkeit** erfüllen. Daran fehlt es, wenn die Begründung nicht erkennen lässt, dass der sie unterzeichnende Prozessbevollmächtigte den Streitstoff eigenständig gesichtet und durchdrungen hat. Eine pauschale Bezugnahme auf früheres Vorbringen reicht nicht aus. Im Falle einer mehrfachen, die angefochtene Entscheidung jeweils selbstständig tragenden Begründung bedarf es in Bezug auf jede der Begründungen der Darlegung eines Zulassungsgrundes, es sei denn, die Begründungen sind von unterschiedlicher Rechtskraftwirkung (→ § 133 Rn. 18; B/F-K/vA § 124a Rn. 79, 81; zu Letzterem → 124 Rn. 10).

b) Darlegung ernstlicher Zweifel. Um ernstliche Zweifel an der Richtigkeit der 46
erstinstanzlichen Entscheidung (§ 124 II Nr. 1) darzulegen, muss sich der Antragsteller **substanziell mit der angegriffenen Entscheidung auseinandersetzen**. Er muss erläutern, aus welchen Gründen er sie für unrichtig hält (NdsOVG, Beschl. v. 17.2. 2010 – 5 LA 342/08). Die Darlegungsanforderungen werden mithin auch bestimmt von Art und Umfang der Begründung der verwaltungsgerichtlichen Entscheidung. Der Antragsteller muss die tatsächlichen oder rechtlichen Feststellungen benennen, gegen die er sich wendet, sowie die Gründe aufzeigen, aus denen sie aus seiner Sicht ernstlichen Zweifeln unterliegen. Nicht ausreichend ist die pauschale Behauptung, die angegriffene Entscheidung sei unrichtig, oder die bloße Wiederholung des erstinstanzlichen Vorbringens (BayVGH, Beschl. v. 25.3. 2010 – 21 ZB 08.2782; NRWOVG NVwZ 1999, 202).

Der Antragsteller ist allerdings nicht gehalten, von sich aus darzulegen, dass kein 47
Fall einer anderweitigen Ergebnisrichtigkeit vorliegt. Das **Darlegungserfordernis** bei der Zweifelsrüge erstreckt sich allein auf die in der angegriffenen Entscheidung angesprochenen Begründungserwägungen. Eine darüber hinausgehende Darlegungslast ist mit der in Art. 19 IV 1 GG verankerten Gewährleistung effektiven Rechtsschutzes nicht vereinbar (→ § 124 Rn. 20).

Stützt sich der Antragsteller auf neuen Tatsachenvortrag oder eine geänderte 48
Rechtslage (zu deren Berücksichtigungsfähigkeit → § 124 Rn. 23 ff.), sind die **veränderte Sach- bzw. Rechtslage** in substanziierter Weise darzulegen. Darüber hinaus hat er schlüssig zu erläutern, ob und inwiefern die Veränderung geeignet ist,

§ 124a   Teil III. Rechtsmittel und Wiederaufnahme des Verfahrens

ernstliche Zweifel am Ergebnis der verwaltungsgerichtlichen Entscheidung hervorzurufen (RhPfOVG NVwZ 1998, 1094).

49   **c) Darlegung besonderer Schwierigkeiten.** Die Darlegung besonderer tatsächlicher oder rechtlicher Schwierigkeiten (§ 124 II Nr. 2) erfordert grds., dass in fallbezogener Auseinandersetzung mit der Entscheidung des VG die geltend gemachten **Schwierigkeiten benannt werden**. Zudem ist zu erläutern, dass und aus welchen Gründen sie sich qualitativ von einem Rechtsstreit durchschnittlicher Schwierigkeit abheben (NdsOVG, Beschluss v. 17.2. 2010 – 5 LA 342/08) bzw. dass die durch die Rechtssache aufgeworfenen klärungsbedürftigen Rechts- oder Tatsachenfragen sich nicht ohne Weiteres beantworten lassen und deshalb das Ergebnis des angestrebten Berufungsverfahrens offen ist (BayVGH, Beschl. v. 4.9. 2008 – 11 ZB 07.655).

50   Macht der Antragsteller ernstliche Zweifel nach § 124 II Nr. 1 geltend, kann auch **ohne ausdrückliche Bezeichnung des Zulassungsgrundes** nach § 124 II Nr. 2 dessen Darlegung angenommen werden, wenn die Antragsausführungen sinngemäß besondere tatsächliche oder rechtliche Schwierigkeiten erkennen lassen (NRWOVG NVwZ 1999, 202). Zu weitgehend ist es aber, den Zulassungsgrund grds. als von der Zweifelsrüge mit umfasst anzusehen mit der Folge, dass das OVG im Fall der Verneinung ernstlicher Zweifel regelmäßig gehalten sein soll, sich mit dem Zulassungsgrund des § 124 II Nr. 2 zu befassen (so etwa RhPfOVG NVwZ 1998, 1094).

51   **d) Darlegung grundsätzlicher Bedeutung.** In Bezug auf den Zulassungsgrund der rechtsgrundsätzlichen Bedeutung (§ 124 II Nr. 3) setzt das Darlegungserfordernis voraus, dass der Antragsteller die für fallübergreifend gehaltene Frage formuliert (BayVGH, Beschl. v. 18.12. 2009 – 11 ZB 08.586). Des Weiteren ist näher zu begründen, weshalb sie eine über den Einzelfall hinausgehende Bedeutung hat und ein allgemeines Interesse an ihrer Klärung besteht. Schließlich ist darzustellen, dass sie entscheidungserheblich ist und ihre Klärung in dem angestrebten Berufungsverfahren zu erwarten ist (NdsOVG, Beschl. v. 17.2. 2010 – 5 LA 342/08; NJW 2007, 3657; NRWOVG, Beschl. v. 28.11. 2008 – 6 A 3615/05; BayVGH, Beschl. v. 25.3. 2010 – 21 ZB 08.2782 und v. 4.9. 2008 – 11 ZB 07.655).

52   Die bloße kritische Auseinandersetzung mit der angegriffenen Entscheidung ohne **Herausarbeitung einer konkreten Rechts- oder Tatsachenfrage** genügt nicht. Wird eine Rechtsfrage aufgeworfen, muss sie sich grds. auf eine bestimmte Norm beziehen; deren Voraussetzungen und Rechtsfolgen sind zu erläutern. Die pauschale Behauptung, aus verschiedenen Regelungen ergebe sich ein Anspruch und dieser sei bislang höchstrichterlich nicht geklärt, genügt dem Darlegungsgebot nicht (→ § 133 Rn. 19).

53   Liegt zu der formulierten Rechts- oder Tatsachenfrage bereits höchstrichterliche oder obergerichtliche **Rspr.** vor, muss sich die Antragsbegründung damit auseinandersetzen und aufzeigen, inwiefern unter Inblicknahme dieser Rspr. (weiterer) Klärungsbedarf besteht. Ggf. ist auch auf den Meinungsstand im **Schrifttum** einzugehen (→ § 133 Rn. 20; → § 124 Rn. 36).

54   Betrifft die aufgeworfene Rechtsfrage **ausgelaufenes oder auslaufendes Recht**, muss der Antragsteller entweder darlegen, dass die Klärung der Rechtsfrage für eine erhebliche Zahl von Altfällen von Bedeutung ist, oder dartun, dass sich die streitige Frage in gleicher Weise für eine nachfolgende gesetzliche Bestimmung stellt (→ § 133 Rn. 21).

55   **e) Darlegung der Divergenz.** Die Divergenzrüge (§ 124 II Nr. 4) ist nur dann hinreichend dargelegt, wenn der Antragsteller einen inhaltlich bestimmten, die angefochtene Entscheidung tragenden abstrakten **Rechtssatz benennt**, mit dem die Vorinstanz einem in der Rspr. des BVerwG aufgestellten ebensolchen die Entscheidung des BVerwG tragenden Rechtssatz in Anwendung derselben Rechtsvorschrift widersprochen hat. Dasselbe gilt für die behauptete Abweichung von einer Entscheidung des im Instanzenzug übergeordneten OVG, des BVerfG oder des GmSOGB (NRW-OVG, Beschl. v. 28.11. 2008 – 6 A 3615/05). Wird die Divergenz in Bezug auf eine tatsächliche Frage geltend gemacht, muss der Antragsteller die tatsächliche Feststellung benennen, mit der die Vorinstanz von einer – ebenfalls anzuführenden – Tatsachenfeststellung des übergeordneten OVG abgewichen sein soll (B/F-K/vA § 124a Rn. 85). Die in Bezug genommene **Entscheidung** ist **genau** – i.d.R. mit Aktenzeichen und Datum – **zu bezeichnen**. Die Bezeichnung muss so individualisierbar sein, dass die Identität der Entscheidung nicht zweifelhaft ist und sie vom OVG unschwer herangezogen werden kann. Ebenso wenig ist es Aufgabe des OVG, aus mehreren zitierten Urteilen das passende herauszufinden und darin dann – in der Zulassungsbegründung nicht weiter bezeichnete – vermeintlich divergierende Rechtssätze zu suchen (→ § 133 Rn. 22).

Die (angeblich) **divergierenden Rechtssätze** sind **einander gegenüberzustellen**. Das Aufzeigen einer fehlerhaften oder unterbliebenen Anwendung von Rechtssätzen, die das BVerwG (BVerfG, GmSOGB, OVG) in seiner Rspr. aufgestellt hat, genügt weder den Zulässigkeitsanforderungen einer Divergenz- noch denen einer Grundsatzrüge (→ § 133 Rn. 23). 56

Allerdings lassen sich einander widerstreitende Rechtssätze nicht in der gebotenen Weise darlegen, wenn die Abweichung in Bezug auf eine Entscheidung in Rede steht, die erst nach Erlass des angefochtenen Urteils veröffentlicht worden oder ergangen ist. In solchen Fällen ist es ausreichend, wenn der Antragsteller zumindest die grundsätzliche Frage bezeichnet hat, welche dem später aufgestellten abstrakten Rechtssatz entspricht und vor der höchstrichterlichen bzw. obergerichtlichen Klärung in der nachfolgenden Entscheidung zur Zulassung der Grundsatzberufung hätte führen können. Die Grundsatzrüge kann dann in eine Divergenzrüge umgedeutet werden (**nachträgliche Divergenz**, → § 133 Rn. 24; → § 124 Rn. 38, 44). 57

f) Darlegung von Verfahrensmängeln. Die Darlegung eines Verfahrensmangels (§ 124 II Nr. 5) setzt voraus, dass der Verfahrensmangel sowohl in den ihn (vermeintlich) **begründenden Tatsachen** als auch in seiner **rechtlichen Würdigung** substanziiert dargetan wird. Die Verfahrensvorschrift, die verletzt sein soll, ist zu benennen. Fehlt es daran, ist dies nur dann unschädlich, wenn auch so hinreichend erkennbar ist, welche Verfahrensrüge konkret erhoben wird. Des Weiteren ist i.d.R. darzulegen, dass kein Rügeverlust eingetreten ist und die angegriffene Entscheidung auf dem Verfahrensfehler beruht. Letzteres ist entbehrlich bei den absoluten Revisionsgründen i.S.v. § 138, bei denen die Kausalität kraft Gesetzes unwiderleglich vermutet wird (→ § 133 Rn. 25). Betrifft eine **Divergenzrüge** ausschließlich Prozessrecht, ist i.d.R. sinngemäß auch eine Verfahrensrüge erhoben (→ § 133 Rn. 26). 58

Die Rüge, das **rechtliche Gehör** sei verletzt, erfordert regelmäßig – neben der Darlegung der den Gehörsverstoß begründenden Tatsachen – auch die substanziierte Darlegung dessen, was der Beteiligte bei ausreichender Gehörsgewährung noch vorgetragen hätte und inwiefern dem weiteren Vortrag Entscheidungsrelevanz zukommt. Dies ist (nur) entbehrlich, wenn der Gehörsverstoß den gesamten Prozessstoff erfasst. Des Weiteren ist aufzuzeigen, dass der Antragsteller alle verfahrensrechtlich eröffneten und im konkreten Fall zumutbaren Möglichkeiten ausgeschöpft hat, um sich rechtliches Gehör zu verschaffen. Wendet sich die Zulassungsrüge gegen die Ablehnung eines Beweisantrags, ist der **Beweisantrag** 59 mitzuteilen und darzulegen, weshalb dessen Ablehnung im Prozessrecht keine Stütze findet. Darüber hinaus ist zu erläutern, dass die unter Beweis gestellten Tatsachen eine für den Rügeführer günstigere Entscheidung hätten herbeiführen können. Macht der Antragsteller geltend, die Vorinstanz habe **Vorbringen übergangen**, hat er das (vermeintlich) übergangene Vorbringen unter Angabe der Unterlage, die es enthält, genau zu bezeichnen, sowie die Umstände zu erläutern, die auf ein Übergehen schließen lassen (→ § 133 Rn. 27).

60 Generell gilt, dass der Umfang dessen, was der Antragsteller darzulegen hat, sich nach den Voraussetzungen bestimmt, die den jeweiligen Verfahrensfehler begründen (NKVwGO § 133 Rn. 67); vgl. daher zu den Verfahrensfehlern i. S. v. § 138 → § 138 Rn. 7 ff.; zu den Darlegungsanforderungen bei einer **Aufklärungsrüge** vgl. → § 139 Rn. 22 (siehe auch NdsOVG, Beschl. v. 4.2. 2010 – 5 LA 37/08), bei einer **Besetzungsrüge** → § 138 Rn. 8, § 139 Rn. 21. Zu weiteren Einzelheiten siehe BeckOK VwGO § 133 Rn. 60 ff.; NKVwGO § 133 Rn. 71 ff.

V. Entscheidung des OVG

1. Entscheidung über den Zulassungsantrag (V)

61 Gemäß § 124a V 1 entscheidet das OVG über den Zulassungsantrag **durch Beschluss**. Zuständig ist vorbehaltlich der Möglichkeit nach § 87a II (vgl. BlnBbgOVG NVwZ-RR 2006, 360; NKVwGO § 124a Rn. 258; a. A. B/F-K/vA § 124a Rn. 96) der Senat. Kommt eine Zulassung in Betracht, ist den übrigen Beteiligten zunächst rechtliches Gehör zu gewähren. Die Berufung ist zwingend zuzulassen, wenn (mindestens) einer der Gründe des § 124 II dargelegt ist und vorliegt; dem OVG kommt **kein Ermessen** zu (§ 124a V 2). Anderenfalls ist der Zulassungsantrag mit der Kostenfolge des § 154 II negativ zu bescheiden. § 124a V 4 verweist insoweit als Tenorierung auf die Antragsablehnung; gebräuchlich sind in der gerichtlichen Praxis aber auch die Antragsverwerfung (bei Unzulässigkeit) und Antragszurückweisung (bei Unbegründetheit). Liegen die Zulassungsvoraussetzungen lediglich in Bezug auf einen (rechtlich abtrennbaren) Teil des Zulassungsbegehrens vor, ist die Berufung nur teilweise zuzulassen (→ Rn. 4). Wird die Berufung ganz oder teilweise zugelassen, bleibt die Kostenentscheidung dem Hauptsacheverfahren vorbehalten (BeckOK VwGO § 124a Rn. 83); bei teilweiser Berufungszulassung ist auch eine teilweise abschließende Kostenentscheidung möglich (NKVwGO § 124a Rn. 294). Haben mehrere Beteiligte einen Zulassungsantrag gestellt, ist jeder Antrag zu bescheiden (B/F-K/vA § 124a Rn. 97).

62 Der **Umfang der Berufungszulassung** wird des Weiteren durch das Antragsbegehren begrenzt, über das das OVG nicht hinausgehen darf (§ 125 I 1 i.V.m. § 88). Hat der Antragsteller den Zulassungsantrag wirksam beschränkt, steht einer erweiterten Zulassung zudem die Rechtskraft des von der Beschränkung betroffenen Entscheidungsteils entgegen (vgl. BVerwG, Beschl. v. 24.6. 2009 – 5 B 69.08; NVwZ 1999, 642). Demgegenüber fällt ein **Hilfsantrag**, über den das VG nicht zu entscheiden brauchte, weil es dem Hauptantrag entsprochen hat, in der Berufungsinstanz an, wenn auf den Antrag des Beklagten gegen seine Verurteilung nach dem Hauptantrag die Berufung zugelassen wird (BVerwG NVwZ 1999, 642; → Rn. 5).

63 Der die Berufung zulassende Beschluss soll **kurz begründet** werden (§ 124a V 3). Es genügt die Bezeichnung des Zulassungsgrundes. Der Beschluss bedarf einer Rechtsmittelbelehrung, in der auf die befristete Berufungsbegründungspflicht hinzuweisen ist (vgl. BVerwG Buchh 310 § 124a Nr. 18; BVerwGE 109, 336; 107, 117).

Im Fall der Antragsablehnung ist der Beschluss grds. zu begründen (KS § 124a Rn. 59; S/S-A/P § 124a Rn. 142). Dabei sollte sich der Begründungsaufwand an Art und Umfang der Zulassungsbegründung orientieren.

2. Wirkungen der Entscheidung über den Zulassungsantrag

Mit der **Antragsablehnung** wird die angegriffene Entscheidung des VG rechtskräftig (§ 124a V 4). Wird der Zulassungsantrag teilweise abgelehnt, erwächst die erstinstanzliche Entscheidung in diesem Umfang in Rechtskraft (vorbehaltlich einer etwaigen Anschlussberufung nach § 127). Die Rechtskraft tritt mit Wirksamwerden des Beschlusses ein. Wirksam wird der Beschluss mit seiner Herausgabe aus dem Gerichtsgebäude zur Beförderung mit der Post (vgl. BVerwGE 95, 64). Der ablehnende Beschluss ist **unanfechtbar** (§ 152 I) und unterliegt nicht der Überprüfung durch das BVerwG (vgl. BVerwG NVwZ-RR 1999, 539). Eine Anhörungsrüge ist nach Maßgabe von § 152a statthaft. 64

Im Fall der **Berufungszulassung** wird das Antragsverfahren **als Berufungsverfahren fortgesetzt**; der Einlegung einer Berufung bedarf es nicht (§ 124a V 5). Die Rechtskraft der angegriffenen Entscheidung ist weiterhin gehemmt. Die Berufung wirkt nur zugunsten des jeweiligen Antragstellers (S/S-A/P § 124a Rn. 137; BeckOK VwGO § 124a Rn. 90.1 m.w.N.; a.A. NKVwGO § 124a Rn. 308; KS § 124a Rn. 61). Der Zulassungsbeschluss ist **unanfechtbar** und unterliegt ebenfalls nicht der revisionsgerichtlichen Kontrolle. Die Zulassung bindet das OVG (vgl. BVerwG, Beschl. v. 12.1. 2009 – 5 B 48.08). Die **Bindungswirkung** ist beschränkt auf die Zulässigkeit und Begründetheit des Zulassungsantrags, erfasst aber nicht die übrigen Zulässigkeitsvoraussetzungen für die Berufung. Eine Ausnahme gilt in Bezug auf das Erfordernis eines fristgerecht gestellten Zulassungsantrags (NKVwGO § 124a Rn. 306). Keine Bindungswirkung kommt auch den Zulassungsgründen zu (→ Rn. 6 f.). 65

3. Rücknahme; Erledigung der Hauptsache

Der Zulassungsantrag kann bis zu seiner Bescheidung ohne Zustimmung anderer Beteiligter **zurückgenommen** werden. Das Zulassungsverfahren ist in diesem Fall analog §§ 126 III 2, 92 III 1 durch das OVG mit der Kostenfolge des § 155 II einzustellen. Mit der Rücknahme des Zulassungsantrags und nach Ablauf der Antragsfrist wird das angegriffene Urteil rechtskräftig, es sei denn, innerhalb der noch laufenden Monatsfrist des § 124a IV1 wird erneut die Zulassung der Berufung beantragt (vgl. BVerwG NVwZ 1998, 170). Wird während des Zulassungsverfahrens die **Klage zurückgenommen**, hat das OVG neben der Verfahrenseinstellung nach § 92 III 1 und der auf § 155 II beruhenden Entscheidung über die Kosten des gesamten Verfahrens des Weiteren die erstinstanzliche Entscheidung gemäß § 173 S. 1 i.V.m. § 269 III 1 ZPO für unwirksam zu erklären. 66

Wird das Zulassungsverfahren übereinstimmend **für erledigt erklärt**, ist es entsprechend § 92 III 1 einzustellen; nach § 161 II 1 ist über die zweitinstanzlichen Kosten zu entscheiden. Die angegriffene erstinstanzliche Entscheidung wird rechtskräftig. Wird der Rechtsstreit insgesamt übereinstimmend für erledigt erklärt, ist neben der Verfahrenseinstellung über die Kosten des gesamten Verfahrens zu entscheiden und zusätzlich die vorinstanzliche Entscheidung für unwirksam zu erklären (§ 173 S. 1 i.V.m. § 269 III 1 ZPO analog; NdsOVG NVwZ-RR 2007, 826; → § 161 Rn. 25 ff.; zum Erledigungsrechtsstreit vgl. z.B. BWVGH NVwZ-RR 2007, 823). 67

§ 124a Teil III. Rechtsmittel und Wiederaufnahme des Verfahrens

68 Will der Antragsteller das Verfahren fortführen, obwohl sich der geltend gemachte Anspruch nach Ergehen des angefochtenen Urteils erledigt hat, muss er im Zulassungsverfahren ein **Fortsetzungsfeststellungsinteresse** darlegen (BVerwG NVwZ-RR 1996, 122 für das Nichtzulassungsbeschwerdeverfahren; NdsOVG NVwZ-RR 2004, 912; B/F-K/vA § 124a Rn. 88, 95; KS § 124a Rn. 51).

69 Erledigt sich die Hauptsache nach Ergehen der angegriffenen Entscheidung und vor Ablauf der Antragsfrist (**"Erledigung zwischen den Instanzen"**), fehlt es regelmäßig am Rechtsschutzbedürfnis für die Beantragung der Berufungszulassung. Nicht ausreichend ist ein bloßes Kosteninteresse (vgl. § 158 I). Auch der Gesichtspunkt, die erstinstanzliche Entscheidung für wirkungslos erklären zu lassen, rechtfertigt für sich genommen nicht die Anrufung der Rechtsmittelinstanz (vgl. NRWOVG NVwZ-RR 2002, 796; KS Vorb § 124 Rn. 43, § 161 Rn. 12; B/F-K/vA § 161 Rn. 8; a.A. z.B. BWVGH NVwZ-RR 2002, 75; NKVwGO § 124a Rn. 337 f. m.w.N.). Denn dieses Ziel ist gleichermaßen erreichbar, indem die Beteiligten gegenüber dem VG übereinstimmende Erledigungserklärungen abgeben. Vor diesem Hintergrund ist ein Rechtsschutzinteresse für die Anrufung des OVG mittels Zulassungsantrags nur ausnahmsweise anzuerkennen, wenn dem Antragsteller die Abgabe der Erledigungserklärung vor dem VG nicht zumutbar ist. Dies ist der Fall, wenn infolge drohenden Ablaufs der Antragsfrist (§ 124a IV 1) unsicher ist, ob die Anschlusserklärung des Beklagten noch rechtzeitig vor Rechtskrafteintritt erfolgt. Unbeschadet dessen führt die Abgabe übereinstimmender Erledigungserklärungen im Rahmen des Zulassungsverfahrens zu den genannten Rechtsfolgen (→ Rn. 67). Ist der Zulassungsantrag mangels Rechtsschutzbedürfnisses als unzulässig zu qualifizieren, wirkt sich dies allerdings bei der nach § 161 II 1 zu treffenden Entscheidung über die zweitinstanzlichen Kosten aus.

VI. Weiteres Verfahren nach Zulassung durch OVG (VI)

70 Hat das OVG die Berufung zugelassen, ist sie **innerhalb eines Monats** nach Zustellung des Zulassungsbeschlusses **zu begründen** (§ 124a VI 1). § 124a VI gilt auch für asylrechtliche Streitigkeiten, weil § 78 AsylVfG keine Regelung über das weitere Berufungsverfahren und auch nicht über die Berufungsbegründung enthält (BVerwGE 107, 117). Die Berufungsbegründung ist zwingend **beim OVG einzureichen** (§ 124a VI 2). Sie unterliegt dem Schriftformerfordernis und dem Vertretungszwang (→ Rn. 22). I.Ü. findet § 124a III 3 bis 5 entsprechende Anwendung (§ 124a VI 3; → Rn. 20, 25 ff.).

71 Der Berufungsführer muss einen **gesonderten Begründungsschriftsatz** vorlegen. Das Formerfordernis dient der Klarstellung, ob, in welchem Umfang und weshalb er an der Durchführung des Berufungsverfahrens festhält (BVerwG NJW 2008, 1014; BVerwGE 107, 117). Dabei kann der Berufungskläger **auf die Ausführungen im Zulassungsantrag und im Zulassungsbeschluss Bezug nehmen**, wenn diese ihrerseits den Anforderungen des § 124a III 4 genügen (BVerwG Buchh 310 § 124a Nr. 39; BVerwGE 107, 117). Lässt das OVG die Berufung wegen Divergenz zu, ist der Berufungsführer i.d.R. davon entbunden, über eine Bezugnahme auf den Zulassungsbeschluss hinaus weitere Darlegungen zur Begründung der Berufung zu machen (BVerwG Buchh 310 § 124a Nr. 37; BVerwGE 114, 155). Entsprechendes kann sich in Bezug auf eine Zulassung wegen ernstlicher Zweifel ergeben (BVerwG Buchh 310 § 124a Nr. 39). Hingegen wird eine Bezugnahme auf Darlegungen zu den Zulassungsgründen in § 124 II Nr. 2 und Nr. 3 häufig nicht genügen, weil diese

für die Begründung der Berufung als solche nicht erheblich sind (vgl. BVerwG NJW 2006, 3081 zur Revisionsbegründung; BeckOK VwGO § 124a Rn. 96.1; siehe auch → § 139 Rn. 26). Eine Bezugnahme auf Ausführungen in anderen Verfahren ist zulässig, sofern eine vergleichbare Fallgestaltung betreffen und der maßgebliche Schriftsatz in Kopie der Berufungsbegründung beigefügt wird (BWVGH, Beschl. v. 17.2.2010 – A 11 S 895/08; NKVwGO § 124a Rn. 118).

§ 124b *(aufgehoben)*
§ 124b wurde mit Wirkung vom 1.1.2005 durch Art. 6 i.V.m. Art. 7 II des RmBereinVpG vom 20.12.2001 (BGBl. I 3987) aufgehoben.

Zur Klärung von Zweifelsfragen, die sich bei der Auslegung der Berufungszulassungsgründe nach § 124 II sowie hinsichtlich der Anforderungen an die Darlegung im Zulassungsantrag nach § 124a IV 4 stellten, hatte das RmBereinVpG ein Vorlageverfahren an das BVerwG eingeführt (vgl. BT-Drs. 14/6393, 11 f., 13). Die Geltung der Vorschrift war von vornherein bis zum 31.12.2004 begrenzt. **1**

§ 125 [Berufungsverfahren; Entscheidung bei Unzulässigkeit]
(1) ¹**Für das Berufungsverfahren gelten die Vorschriften des Teils II entsprechend, soweit sich aus diesem Abschnitt nichts anderes ergibt.** ²**§ 84 findet keine Anwendung.**
(2) ¹**Ist die Berufung unzulässig, so ist sie zu verwerfen.** ²**Die Entscheidung kann durch Beschluß ergehen.** ³**Die Beteiligten sind vorher zu hören.** ⁴**Gegen den Beschluß steht den Beteiligten das Rechtsmittel zu, das zulässig wäre, wenn das Gericht durch Urteil entschieden hätte.** ⁵**Die Beteiligten sind über dieses Rechtsmittel zu belehren.**

I. Geltung der §§ 54 ff. im Berufungsverfahren (I)
Die §§ 124 ff. regeln das Verfahren der Berufung nicht abschließend, sondern beschränken sich auf die Ausgestaltung des besonderen, auf die Berufung zugeschnittenen Verfahrensrechts. I.Ü. verweist § 125 I 1 auf die Vorschriften des Teils II. Die §§ 54 ff. finden auf das Berufungsverfahren (unmittelbare bzw.) entsprechende Anwendung, soweit sich aus dem 12. Abschnitt nichts anderes ergibt. **Unmittelbar anwendbar** sind allgemein im Verwaltungsprozess geltenden Verfahrensvorschriften der **§§ 54 bis 67a**. **Nicht anwendbar** sind dagegen die Bestimmungen über das Vorverfahren (§ 68 bis § 79) und über die Gewährung vorläufigen Rechtsschutzes (§§ 80 ff., § 123), die auf das Berufungsverfahren ihrem Wesen nach nicht passen. Davon unberührt bleibt die Befugnis des Berufungsgerichts, eine erstinstanzliche Entscheidung ggf. daraufhin zu überprüfen, ob das VG sich inhaltlich zutreffend mit den §§ 68 ff. auseinandergesetzt hat. **Entsprechend anwendbar** sind beispielsweise die Vorschriften über die Beweisaufnahme (§ 98 i.V.m. §§ 358 ff., 450 ff. ZPO), über die Durchführung der mündlichen Verhandlung (§§ 103 ff.) und über das erstinstanzliche Urteil (§§ 107 ff.). **Ausdrücklich ausgeschlossen** ist nach § 125 I 2 eine Berufungsentscheidung durch Gerichtsbescheid (§ 84). **1**

§ 125 Teil III. Rechtsmittel und Wiederaufnahme des Verfahrens

2   § 125 I 1 gilt entsprechend für das **Berufungszulassungsverfahren** (vgl. z. B. BeckOK VwGO § 125 Rn. 2 m. w. N.). Anwendbar sind insoweit insbes. die §§ 54, 60, 67, 87a I und III, 122.

II. Unzulässige Berufung (II)

3   Gemäß § 125 II 1 ist die Berufung im Falle ihrer Unzulässigkeit **zu verwerfen**. Das Berufungsgericht prüft das Vorliegen der Zulässigkeitsvoraussetzungen von Amts wegen. Ein **Offenlassen der Zulässigkeitsfrage** sollte das Gericht allenfalls in Betracht ziehen, wenn die Überprüfung nicht ohne aufwändige Tatsachenermittlungen möglich ist und die Berufung aus den Gründen der angefochtenen Entscheidung (auch) unbegründet ist (vgl. B/F-K/vA § 125 Rn. 5; NKVwGO § 125 Rn. 39).

4   Die Zulässigkeitsprüfung erstreckt sich auf alle Zulässigkeitsvoraussetzungen einschließlich des Erfordernisses der **Berufungszulassung**. Die Zulassungsentscheidung bindet das Berufungsgericht (lediglich) insoweit, als im Rahmen des Berufungsverfahrens nicht zu überprüfen ist, ob die Zulassung zu Recht erfolgt ist (KS § 125 Rn. 4 m. w. N.). Dies gilt nicht nur für den Fall, dass das VG die Berufung zugelassen hat (vgl. § 124a I 2), sondern gleichermaßen, wenn das Berufungsgericht über die Zulassung entschieden hat. Das OVG kann daher die Berufung auch wegen eines Zulässigkeitsmangels als unzulässig verwerfen, der im Zulassungsverfahren übersehen worden ist.

5   Zwecks Vereinfachung und Beschleunigung des Verfahrens erlaubt § 125 II 2 eine **Entscheidung durch Beschluss**. Es steht im **Ermessen** des Berufungsgerichts, ob es davon Gebrauch macht oder gemäß § 125 I 1 i. V. m. § 107 durch Urteil entscheidet (vgl. BVerwGE 72, 59). Eine **mündliche Verhandlung** ist entbehrlich, hindert aber andererseits nicht, die Berufung im Beschlusswege zu verwerfen (vgl. § 125 I 1 i. V. m. § 101 III; KS § 125 Rn. 4; NKVwGO § 125 Rn. 43).

6   Will das OVG nach § 125 II 2 verfahren, muss es zuvor die Beteiligten dazu anhören, § 125 II 3. Für die **Anhörung**, namentlich die Anhörungsmitteilung, gelten die Maßgaben für die Anhörung nach §§ 130a, 125 II 3 entsprechend (vgl. im Einzelnen → § 130a Rn. 9 ff.). Kommt in Betracht, dass der Zulässigkeitsmangel noch geheilt werden könnte, ist der Berufungskläger darauf hinzuweisen (vgl. BGH NJW 1991, 2081; B/F-K/vA § 125 Rn. 12). Ist die Anhörung unterblieben oder fehlerhaft, verletzt ein gleichwohl ergangener Beschluss den Anspruch der Beteiligten auf Gewährung rechtlichen Gehörs. Dies stellt regelmäßig einen **absoluten Revisionsgrund** i. S. v. § 138 Nr. 3 dar. Der Berufungskläger kann eine mangelhafte Anhörung nicht mehr erfolgreich als Verfahrensfehler rügen, wenn infolge rügelosen Einlassens ein Rügeverlust eingetreten ist (BVerwG Buchh 310 § 125 Nr. 14).

7   Der Beschluss ist gemäß § 125 I 1 i. V. m. § 122 II 1 **zu begründen**. Eines Tatbestandes i. S. v. § 117 II Nr. 4 bedarf es nach § 122 I nicht. Der Beschluss muss erkennen lassen, welche Überlegungen für die richterliche Überzeugungsbildung in tatsächlicher und rechtlicher Hinsicht maßgeblich gewesen sind. Bezugnahmen sind nach den allgemeinen Grundsätzen möglich (vgl. BVerwGE 109, 272).

8   Gemäß § 125 II 4 steht den Beteiligten gegen den Beschluss das **Rechtsmittel** zu, das zulässig wäre, wenn das Berufungsgericht durch Urteil entschieden hätte (Revision oder Nichtzulassungsbeschwerde, → §§ 132 ff.). Die Beteiligten sind über dieses Rechtsmittel zu belehren, § 125 II 5.

9   Sofern die Rechtsmittelfrist noch nicht abgelaufen ist, kann der Berufungskläger **erneut Berufung einlegen**. Wird der vorherige Zulässigkeitsmangel behoben, hat

das Berufungsgericht nunmehr in der Sache zu entscheiden (vgl. BVerwG NVwZ 1998, 170).

Entscheidet das OVG trotz unzulässiger Berufung in der Sache, kann die Berufung 10 auch noch im Rahmen des **Revisionsverfahrens** durch das BVerwG verworfen werden. Das Fehlen einer Voraussetzung für die Zulässigkeit der Berufung ist vom Revisionsgericht von Amts wegen zu beachten (vgl. BVerwGE 71, 73).

§ 126 [Zurücknahme der Berufung]

(1) ¹Die Berufung kann bis zur Rechtskraft des Urteils zurückgenommen werden. ²Die Zurücknahme nach Stellung der Anträge in der mündlichen Verhandlung setzt die Einwilligung des Beklagten und, wenn ein Vertreter des öffentlichen Interesses an der mündlichen Verhandlung teilgenommen hat, auch seine Einwilligung voraus.

(2) ¹Die Berufung gilt als zurückgenommen, wenn der Berufungskläger das Verfahren trotz Aufforderung des Gerichts länger als drei Monate nicht betreibt. ²Absatz 1 Satz 2 gilt entsprechend. ³Der Berufungskläger ist in der Aufforderung auf die sich aus Satz 1 und § 155 Abs. 2 ergebenden Rechtsfolgen hinzuweisen. ⁴Das Gericht stellt durch Beschluß fest, daß die Berufung als zurückgenommen gilt.

(3) ¹Die Zurücknahme bewirkt den Verlust des eingelegten Rechtsmittels. ²Das Gericht entscheidet durch Beschluß über die Kostenfolge.

I. Rücknahme der Berufung

1. Rücknahmeerklärung (I)

Der Berufungskläger kann seine Berufung **bis zur Rechtskraft** der Berufungsent- 1 scheidung zurücknehmen, § 126 I 1. Eine Berufungsrücknahme kann danach auch noch im Verfahren über die Nichtzulassungsbeschwerde erfolgen, weil die Einlegung der Beschwerde die Rechtskraft des Urteils bis zur Ablehnung der Beschwerde hemmt (§§ 133 IV, V 3). Entsprechendes gilt für das Revisionsverfahren. Das revisionsinstanzliche Verfahren erledigt sich dadurch (vgl. BVerwG NVwZ 1995, 372). Bei Teilbarkeit des Streitgegenstandes ist eine **Teilrücknahme** möglich. Im Falle der mehrfachen Einlegung der Berufung namens desselben Beteiligten durch verschiedene Prozessbevollmächtigte bewirkt die (vorbehaltlose) Rücknahme durch einen von ihnen, dass die Berufung insgesamt zurückgenommen ist (vgl. BGH NJW 2007, 3640). Trifft die Berufungsrücknahme mit der Rücknahme der Klage oder der Revision zusammen, kommt der Prozesshandlung mit der weitergehenden Wirkung Vorrang zu. Dementsprechend geht die Klage- der Berufungsrücknahme vor, während letztere der Revisionsrücknahme vorgeht.

Bezüglich der **Wirksamkeit** der Rücknahmeerklärung gelten dieselben Grundsät- 2 ze wie für die Klagerücknahme (→ § 92 Rn. 3 ff.). Insbes. ist die Berufungsrücknahme **unanfechtbar** und **grds. auch unwiderruflich**. Eine Ausnahme kommt nur in Betracht, wenn ein Wiederaufnahmegrund nach § 153 i. V. m. §§ 578 ff. ZPO gegeben ist oder wenn die Zurücknahme der Berufung für das OVG und für den Rechtsmittelgegner sogleich als Versehen offenbar gewesen und deshalb nach Treu und Glauben als unwirksam zu behandeln ist (BVerwG NVwZ 2006, 834; NVwZ 1997, 1210 m.w.N.).

3 Die Rücknahme der Berufung ist **gegenüber dem OVG** (in der Revisionsinstanz gegenüber dem BVerwG) **schriftlich oder zu richterlichem Protokoll** zu erklären. Sie unterliegt grds. dem Vertretungserfordernis nach § 67 IV. Eine Ausnahme gilt für die von einem nicht postulationsfähigen Berufungskläger eingelegte Berufung, die dieser auch eigenhändig wieder zurücknehmen kann (vgl. entsprechend für die Zurücknahme der Revision → § 140 Rn. 2). In diesem Fall kann die Rücknahme auch zur Niederschrift des Urkundsbeamten der Geschäftsstelle erklärt werden (B/F-K/vA § 126 Rn. 4).

4 Wird die Berufung erst nach Stellung der Berufungsanträge in der mündlichen Verhandlung zurückgenommen, bedarf es der **Einwilligung** des Berufungsbeklagten und – sofern er an der Verhandlung teilgenommen hat – des VöI, § 126 I 2. Bei einer Entscheidung ohne mündliche Verhandlung ist anstelle der Antragstellung auf den Eingang der letzten Einverständniserklärung nach § 101 II bzw. auf den Ablauf der Äußerungsfrist nach §§ 125 II 3, 130a S. 2 abzustellen (S/S-A/P § 126 Rn. 9 m.w.N.; a.A. z.B. BeckOK VwGO § 126 Rn. 9: bis zum Ergehen der Berufungsentscheidung; vgl. auch → § 140 Rn. 4). Kommt es im Anschluss gleichwohl noch zu einer mündlichen Verhandlung, ist für das Einwilligungserfordernis die Antragstellung maßgeblich (BayVGH NVwZ-RR 2007, 720).

5 Für die Einwilligungserklärung besteht **kein Vertretungszwang** (BeckOK VwGO § 126 Rn. 10; B/F-K/vA § 126 Rn. 7). Sie kann daher nicht nur schriftlich oder zu richterlichem Protokoll, sondern auch zur Niederschrift des Urkundsbeamten der Geschäftsstelle abgegeben werden. Wie die Rücknahme ist die Einwilligung unanfechtbar und grds. unwiderruflich (NKVwGO § 126 Rn. 6; KS § 92 Rn. 16). Fehlt eine erforderliche Einwilligung, ist die Rücknahme unwirksam und das Berufungsverfahren fortzusetzen. Die **Einwilligungsfiktion** bei der Klagerücknahme nach § 92 I 3 findet im Berufungsverfahren keine entsprechende Anwendung.

2. Rücknahmefiktion (II)

6 Wie § 92 II für die Klagerücknahme sieht auch § 126 II eine Rücknahmefiktion vor. Die Regelung ist **eng auszulegen** und wegen ihres Ausnahmecharakters weder im Berufungszulassungs- noch im Revisionsverfahren entsprechend anwendbar (B/F-K/vA § 126 Rn. 8). § 126 II gilt auch für das **Berufungsverfahren in Asylsachen**. § 81 AsylVfG bezieht sich allein auf das Klageverfahren und lässt für eine analoge Anwendung keinen Raum (S/S-A/P § 126 Rn. 2; B/F-K/vA § 126 Rn. 8; zum Verhältnis von allgemeinem Prozessrecht und speziellem Asylverfahrensrecht vgl. BVerwG NVwZ 1998, 1311; a.A. ThürOVG NVwZ 2000, 1434; KS § 126 Rn. 8;).

7 Die Berufung gilt als zurückgenommen, wenn der Berufungskläger das Verfahren trotz Aufforderung des Gerichts länger als **drei Monate** nicht betreibt, § 126 II 1. In der Aufforderung ist auf diese Rechtsfolge sowie auf die Kostenfolge nach § 155 II hinzuweisen, § 126 II 3. Für die Voraussetzungen, Inhalt und Form der Betreibensaufforderung sowie für die Anforderungen an das Vorliegen des Nichtbetreibens gelten die Maßgaben zu § 92 II entsprechend (→ § 92 Rn. 28). Insbs. bedarf es eines konkreten Anlasses für die Betreibensaufforderung, aus dem sich der Schluss auf den Wegfall des Rechtsschutzbedürfnisses ableiten lässt (BVerwG BayVBl. 2003, 310; NVwZ 2001, 918). Die Aufforderung erfolgt durch eine nicht selbstständig anfechtbare (§ 146 II) **prozessleitende Verfügung** des Vorsitzenden oder Berichterstatters, die **vollständig zu unterzeichnen** sowie **zuzustellen** ist (§ 56 I; BVerwGE 71, 213; BayVGH NVwZ 1998, 528).

8 Ein den Eintritt der Rücknahmefiktion verhinderndes **Betreiben** des Verfahrens liegt auch dann vor, wenn der Berufungskläger innerhalb der Frist substanziiert darlegt, weshalb er die erbetene Verfahrenshandlung nicht oder nicht fristgerecht vornehmen kann (BVerfG NVwZ 1994, 62). Bei Fristversäumung kann nach § 60 **Wiedereinsetzung** gewährt werden (S/S-A/P § 126 Rn. 22; BeckOK VwGO § 126 Rn. 18; B/F-K/vA § 126 Rn. 11; a. A. BVerwG NVwZ-RR 1991, 443; NJW 1986, 207; KS § 126 Rn. 8: nur bei höherer Gewalt). In Bezug auf das Einwilligungserfordernis gilt § 126 I 2 entsprechend. Eine Einwilligungsfiktion wie in § 92 II 2 i. V. m. I 3 ist nicht vorgesehen.

Gemäß § 126 II 4 stellt das OVG durch **Beschluss** fest, dass die Berufung als zurückgenommen gilt. Der Beschluss ist unanfechtbar (§ 152 I). Im vorbereitenden Verfahren ist nach § 125 I 1 i. V. m. § 87a I Nr. 2, III der **Vorsitzende oder der Berichterstatter** zuständig (S/S-A/P § 126 Rn. 30; KS § 126 Rn. 9, § 92 Rn. 6, m. w. N.; a. A. BayVGH BayVBl. 2001, 21; B/F-K/vA § 126 Rn. 14). Tritt die gesetzliche Rücknahmefiktion wegen fristgerechten Betreibens des Verfahrens nicht ein, wird das Berufungsverfahren fortgeführt. Eines gesonderten Beschlusses darüber bedarf es nicht. Besteht Streit über den Eintritt der Fiktionswirkung, kann durch einen Verfahrensbeteiligten die **Fortsetzung des Verfahrens** beantragt werden. Das OVG entscheidet über die Wirksamkeit der Verfahrensbeendigung durch Urteil oder nach § 130a durch Beschluss (vgl. BVerwG NVwZ 1997, 1210; KS § 126 Rn. 9). 9

II. Rechtsfolgen der Rücknahme (III)

Die Zurücknahme nach § 126 I, II bewirkt den **Verlust des eingelegten Rechtsmittels**, § 126 III 1. Gemeint ist lediglich das konkret in Rede stehende Rechtsmittel, nicht die Berufung generell. Sind die Fristen nach § 124a II 1 für die Berufungseinlegung bzw. nach § 124a VI 1 für die Berufungsbegründung noch nicht verstrichen, kann daher erneut Berufung eingelegt werden (KS § 126 Rn. 2; NK-VwGO § 126 Rn. 19). Etwas anderes gilt, wenn in der Rücknahmeerklärung zugleich ein Berufungsverzicht liegt. In diesem Fall ist eine **erneute Berufung** auch dann ausgeschlossen, wenn die Fristen noch nicht abgelaufen sind (vgl. KS § 126 Rn. 6; BeckOK VwGO § 126 Rn. 20). Bei Fristablauf kommt eine Wiedereinsetzung nach § 60 nicht in Betracht. Denn der Berufungskläger war an der Einhaltung der Berufungsfrist nicht gehindert (BVerwG NVwZ 1997, 1210). 10

Mit der Zurücknahme der Berufung wird die **angefochtene Entscheidung rechtskräftig**, es sei denn, es ist noch die Berufung eines anderen Beteiligten anhängig. In diesem Fall besteht für den Berufungskläger ungeachtet seiner Berufungsrücknahme die Möglichkeit der Anschließung (§ 127). Demgegenüber verliert ein **Anschlussrechtsmittel**, das an die zurückgenommene Berufung anknüpft, gemäß § 127 V seine Wirkung. 11

Nach § 126 III 2 hat das Berufungsgericht lediglich noch durch Beschluss über die **Kostenfolge** (i. d. R. § 155 II) zu entscheiden. Eine gleichwohl ergehende Sachentscheidung ist unwirksam und ein Verfahrensmangel, den das Revisionsgericht von Amts wegen zu beachten hat (BVerwG NVwZ 1997, 1210). Ein klarstellender Einstellungsausspruch entsprechend § 92 III 1 ist zweckmäßig. Ist die Berufungsentscheidung bereits ergangen, ist diese für unwirksam zu erklären (§ 173 S. 1 i. V. m. § 269 III 1 ZPO analog). Über § 125 I 1 findet § 87a I Nr. 2, III Anwendung. Der Beschluss nach § 126 III 2 ist unanfechtbar (§ 152 I). 12

Ist die Wirksamkeit der **Berufungsrücknahme streitig**, hat das OVG darüber durch Urteil oder nach § 130a durch Beschluss zu entscheiden (→ Rn. 9; BVerwG, Beschl. v. 24.1. 1989 – 8 B 123/88; S/S-A/P § 126 Rn. 31; NKVwGO § 126 Rn. 18). Wird die Wirksamkeit bejaht, ist festzustellen, dass die Berufung zurückge- 13 nommen ist. Wird die Wirksamkeit verneint, geschieht dies in den Gründen des nunmehr erforderlichen Endurteils oder durch Erlass eines Zwischenurteils (BVerwG NVwZ 1997, 1210).

§ 127 [Anschlussberufung]

(1) ¹Der Berufungsbeklagte und die anderen Beteiligten können sich der Berufung anschließen. ²Die Anschlussberufung ist bei dem Oberverwaltungsgericht einzulegen.

(2) ¹Die Anschließung ist auch statthaft, wenn der Beteiligte auf die Berufung verzichtet hat oder die Frist für die Berufung oder den Antrag auf Zulassung der Berufung verstrichen ist. ²Sie ist zulässig bis zum Ablauf eines Monats nach der Zustellung der Berufungsbegründungsschrift.

(3) ¹Die Anschlussberufung muss in der Anschlussschrift begründet werden. ²§ 124a Abs. 3 Satz 2, 4 und 5 gilt entsprechend.

(4) Die Anschlussberufung bedarf keiner Zulassung.

(5) Die Anschließung verliert ihre Wirkung, wenn die Berufung zurückgenommen oder als unzulässig verworfen wird.

I. Funktion der Anschlussberufung

1 Die Anschlussberufung eröffnet demjenigen, der eine (Haupt-)Berufung nicht einlegen will oder kann, die Möglichkeit, der (Haupt-)Berufung mit einem Antrag entgegenzutreten, der über eine bloße Berufungszurückweisung hinausgeht. Anschlussberufung ist der von einem Beteiligten gestellte Antrag, das bereits von einem anderen Beteiligten angefochtene Urteil aus eigenen Gunsten abzuändern (BVerwG NVwZ-RR 1990, 379). Die Anschließung erlaubt dem Berufungsbeklagten, auch dann noch aktiv in den Prozess einzugreifen, wenn die (Haupt-)Berufung so kurz vor Ablauf der Rechtsmittelfrist eingelegt wird bzw. der Antrag auf Zulassung der Berufung so kurzfristig gestellt wird, dass der Berufungsbeklagte darauf nicht mehr rechtzeitig mit einem eigenen Rechtsmittel reagieren kann (Gesichtspunkt der **Waffengleichheit und Billigkeit**). Der Anschließung kommt zudem die Funktion zu, überflüssige Rechtsmittel zu verhindern (Gesichtspunkt der **Prozesswirtschaftlichkeit**). Sie soll zum einen vermeiden, dass ein Beteiligter nur wegen eines erwarteten Rechtsmittelangriffs des Prozessgegners vorsorglich selbst Rechtsmittel einlegt. Zum anderen soll die Anschließung den Beteiligten vor der leichtfertigen Einlegung von Rechtsmitteln warnen, weil er im Falle der Anschlussberufung damit rechnen muss, dass das erstinstanzliche Urteil durch die Berufungsentscheidung zu seinen Ungunsten abgeändert wird. Denn die Anschließung lässt die Bindung des Berufungsgerichts an den Antrag des Berufungsklägers (§§ 125 I 1, 88) entfallen und gestattet eine Abänderung des angegriffenen Urteils zum Nachteil des Rechtsmittelführers. Das Verbot der **reformatio in peius** gilt insoweit nicht (BVerwGE 125, 44; BVerwGE 116, 169).

2 Die Anschließung ist **kein Rechtsmittel**; sie entfaltet weder Devolutiv- noch Suspensiveffekt. Es handelt sich lediglich um einen gegenläufigen Sachantrag im Rahmen des vom Berufungskläger eingelegten Rechtsmittels, mit dem der Berufungsbeklagte den Rechtsmittelanträgen des Berufungsklägers entgegentritt und die Beschränkungen des Berufungsgerichts aus §§ 128, 129 beseitigt (BVerwGE 125, 44 m.w.N.).

Anders als die bis zum 31.12. 2001 geltende Fassung des § 127 sieht die Neufassung 3
die Anschließung nur noch in Form einer **unselbstständigen Anschlussberufung**
vor. Ihre Zulässigkeit ist abhängig davon, dass eine (Haupt-)Berufung anhängig ist. Die
Anschließung verliert ihre Wirkung, wenn die Berufung zurückgenommen oder als
unzulässig verworfen wird (§ 127 V). Dasselbe gilt, wenn das Berufungsverfahren infolge eines Vergleichs oder übereinstimmender Hauptsacheerledigungserklärungen
eingestellt wird (KS § 127 Rn. 20 m.w.N.). Unerheblich ist, ob alle sonstigen Zulässigkeitsvoraussetzungen für eine Berufung gegeben sind; eine Umdeutung in eine Berufung scheidet aus (KS § 127 Rn. 4, 21).
§ 127 findet **entsprechende Anwendung** für das Revisionsverfahren (→ § 141 4
Rn. 4 ff.) sowie für das Beschwerdeverfahren (→ § 146 Rn. 9). Im Verfahren über
die Nichtzulassungsbeschwerde ist eine Anschließung demgegenüber unzulässig.
Aufgrund der abweichenden Rechtsmittelstruktur der Nichtzulassungsbeschwerde
kommt eine analoge Anwendung der Vorschrift über die Anschlussberufung nicht
in Betracht (BVerwGE 34, 351). Dasselbe gilt für das Verfahren auf Zulassung der
Berufung (BVerwGE 125, 44; BVerwGE 116, 169; RhPfOVG NVwZ-RR 2003,
317). Die Möglichkeit einer Anschließung an die Anschlussberufung besteht nicht
(vgl. z.B. BGHZ 88, 360; S/S-A/P § 127 Rn. 5; a.A. BeckOK VwGO § 127
Rn. 21 ff.).

II. Formale Voraussetzungen

1. Anschließungsberechtigte

Anschließungsberechtigt sind der Berufungsbeklagte und die anderen Beteiligten, 5
§ 127 I 1. Die Anschlussberufung ist nur zwischen den Beteiligten des Berufungsverfahrens möglich. Aus Sinn und Zweck der Anschließung ergibt sich das **Erfordernis
der Gegenläufigkeit**. Die Anschließberechtigung setzt voraus, dass sich die (Haupt-)
Berufung (auch) gegen den Anschlussberufungsführer richtet (BVerwG NVwZ-RR
1998, 457). Dementsprechend kann in der Stellung eines Antrags auf Abänderung des
erstinstanzlichen Urteils, den ein anderer Beteiligter als der Berufungskläger stellt, nur
dann die Einlegung einer Anschlussberufung gesehen werden, wenn die begehrte
Abänderung eine solche zu Lasten des Berufungsklägers ist. Strebt der Beteiligte mit
seinem Antrag denselben Prozesserfolg an wie der Berufungskläger, handelt es sich
nicht um eine Anschließung (BVerwG NVwZ-RR 1990, 379). Abweichend kann
sich der **VöI** auch allein zur Unterstützung des Berufungsklägers der Berufung anschließen (BVerwGE 9, 143; KS § 127 Rn. 11; B/F-K/vA § 127 Rn. 12).

2. Statthaftigkeit

Eine wirksame Anschließung kann erst erfolgen, wenn eine **Berufung anhängig** ist 6
(RhPfOVG NVwZ-RR 2003, 317; KS § 127 Rn. 10 m.w.N.). Gemäß § 127 IV ist
die Anschlussberufung anders als die (Haupt-)Berufung **zulassungsfrei**. Des Weiteren bestimmt § 127 II 1, dass die Anschließung unabhängig davon möglich ist, ob der
Berufungsbeklagte die Frist für die (Haupt-)Berufung oder den Antrag auf Zulassung
der Berufung versäumt hat oder auf die (Haupt-)Berufung verzichtet hat. Ist die Berufung anhängig, hat der Berufungsbeklagte unter Wahrung der dafür vorgeschriebenen Formen und Fristen die **freie Wahl**, ob er Rechtsschutz im Wege der selbstständigen Berufung oder im Wege der Anschlussberufung anstrebt. Solange die Frist zur
Einlegung der Anschlussberufung nicht verstrichen ist, besteht das Wahlrecht auch

dann fort, wenn er bereits eine eigene Berufung eingelegt hat. Dieses Wahlrecht kann er im Wege einer Prozesserklärung ausüben, wonach er seine Berufung als Anschlussberufung aufrechterhält. Seine (Haupt-)Berufung ist dann in eine Anschlussberufung umzudeuten (BVerwG NVwZ 2008, 314).

7 Aus Sinn und Zweck der Anschließung (→ Rn. 1 f.) leitet sich ab, dass die Anschlussberufung nicht denselben **Streitgegenstand** betreffen muss wie die zugelassene (Haupt-)Berufung. Ziel der Anschlussberufung ist es, über den Gegenstand des Berufungsantrags hinauszugehen. Dieses Ziel würde verfehlt, wäre der Berufungsbeklagte darauf beschränkt, im Wege der Anschließung nur Sachanträge stellen zu können, hinsichtlich derer er regelmäßig erstinstanzlich obsiegt hat, sich aber nicht gegen diejenigen Urteilsteile wenden könnte, hinsichtlich derer er unterlegen ist (BVerwGE 125, 44). Voraussetzung ist lediglich, dass zwischen dem Berufungsbegehren und dem mit der Anschließung verfolgten Sachantrag entsprechend §§ 44, 89 I 1 ein **sachlicher Zusammenhang** bestehen muss (BVerwGE 125, 44; BVerwGE 116, 169). Die Anschlussberufung setzt **keine Beschwer** voraus (vgl. BVerwG NVwZ 1996, 803; BVerwGE 29, 261; NKVwGO § 127 Rn. 4; zweifelnd S/S-A/P § 127 Rn. 6). Der Anschlussberufungsführer kann beispielsweise im Wege der Klageerweiterung (BVerwG NVwZ 1999, 1000; NRWOVG NWVBl. 1998, 110) oder der Widerklage über den erstinstanzlichen Streitgegenstand hinausgehen (vgl. KS § 127 Rn. 11; B/F-K/vA § 127 Rn. 20).

8 Dementsprechend ist auch nicht zu verlangen, dass die Anschlussberufung auf den **Gegenstand der Berufungszulassung** beschränkt ist (BVerwGE 125, 44; anders zu § 127 a. F.: BVerwG NVwZ-RR 1997, 253). Die Anschließung ist aber unstatthaft, soweit das Berufungsgericht zuvor den Antrag des Anschlussberufungsführers auf Zulassung der Berufung wegen desselben Teils des Streitgegenstandes abgelehnt hat (BVerwG NVwZ-RR 2008, 214; S/S-A/P § 127 Rn. 7c; zweifelnd KS § 127 Rn. 12; a. A. BeckOK VwGO § 127 Rn. 7a; B/F-K/vA § 127 Rn. 17). Dementsprechend dürfte eine Anschließung auch ausscheiden, wenn der Beteiligte zuvor Berufung eingelegt und diese zurückgenommen hat oder sie vom OVG verworfen wurde (a. A. B/F-K/vA § 127 Rn. 16; BeckOK VwGO § 127 Rn. 4a). Der Beteiligte kann dies vermeiden, indem er rechtzeitig erklärt, seine Berufung als Anschlussberufung weiterführen zu wollen (→ Rn. 6).

3. Form und Frist

9 Die Anschließung erfolgt durch Einreichung eines Schriftsatzes (**Anschlussschrift,** vgl. § 127 III 1), der dem **Vertretungszwang** (§ 67 IV) unterliegt. Die Anschlussschrift ist beim OVG einzulegen, § 127 I 2. Die Anschlussberufung muss nicht ausdrücklich als solche bezeichnet sein. Es genügt, wenn in dem betreffenden Schriftsatz klar und eindeutig der Ausdruck kommt, über die bloße Zurückweisung der Berufung hinaus die Änderung des erstinstanzlichen Urteils zugunsten des Berufungsbeklagten und zu Lasten des Berufungsklägers zu erreichen (BVerwG NVwZ-RR 1995, 58). Die Anschließung als solche kann zwar nicht in der mündlichen Verhandlung zu Protokoll erklärt werden (BGH NJW-RR 1989, 441; KS § 127 Rn. 15; a. A. BeckOK VwGO § 127 Rn. 14); jedoch kann die Anschlussberufung ggf. durch Protokollerklärung erweitert werden (BGH NJW 1993, 269). Die Anschließung kann anders als die (Haupt-)Berufung **auch bedingt** eingelegt werden, z. B. für den Fall, dass die (Haupt-)Berufung Erfolg hat oder das Gericht eine bestimmte entscheidungserhebliche Rechtsfrage verneint (RhPfOVG NVwZ-RR 2003, 317; BayVGH NVwZ-RR 1998, 9; BWVGH VBlBW 1994, 449).

Die Anschlussberufung ist gemäß § 127 II 2 **innerhalb eines Monats nach Zu-** 10
stellung der Berufungsbegründungsschrift einzulegen. Grds. ist auf den ersten vom Berufungskläger eingereichten Begründungsschriftsatz abzustellen. Die Frist beginnt jedoch ausnahmsweise von neuem, wenn der Berufungskläger innerhalb der (ggf. nach § 124a III 3, VI 3 verlängerten) Berufungsbegründungsfrist mit einem weiteren Schriftsatz sein Vorbringen ergänzt und es sich dabei um neuen erheblichen Vortrag handelt (B/F-K/vA § 127 Rn. 22; KS § 127 Rn. 14; enger BeckOK VwGO § 127 Rn. 15 f.: nur im Falle eines erweiterten Berufungsantrags). Über die Anschließungsfrist muss nicht belehrt werden. § 58 findet keine Anwendung, weil es sich bei der Anschließung nicht um einen Rechtsbehelf handelt.

4. Begründung

Die Anschlussberufung ist zu begründen. Aus § 127 III 1 ergibt sich, dass dies regel- 11
mäßig **mit der Anschlussschrift** erfolgen soll. Gemäß § 127 III 2 i.V.m. § 124a III 2 darf die Begründung aber innerhalb der Frist des § 127 II 2 noch nachgereicht werden. Die separate Begründung ist wie die Anschlussschrift beim OVG einzureichen. Eine Fristverlängerung ist nicht möglich; § 124a III 3 wird in § 127 III 2 nicht in Bezug genommen. Die Begründung muss einen **bestimmten Antrag** enthalten sowie die Gründe für die Anschlussberufung darlegen, § 127 III 2 i.V.m. § 124a III 4. Der Antrag muss über eine Zurückweisung der Berufung hinausgehen. Eine bloße Abänderung der Entscheidungsgründe kann mit der Anschließung ebenfalls nicht verfolgt werden (KS § 127 Rn. 7; BGHZ 95, 313). Ausreichend soll indes sein, dass mit der Anschlussberufung die Änderung einer belastenden Kostenentscheidung angestrebt wird (vgl. BWVGH VBlBW 1983, 242; NKVwGO § 127 Rn. 5). Mangelt es an einem der Begründungserfordernisse, ist die Anschlussberufung unzulässig und zu verwerfen, § 127 III 2 i.V.m. § 124a III 5.

III. Entscheidung über die Anschlussberufung

Über die Anschlussberufung ist grds. **gemeinsam mit der Berufung** zu verhandeln 12
und zu entscheiden. Wegen der Akzessorietät (§ 127 V) kann die Anschlussberufung nicht vorab beschieden werden (KS § 127 Rn. 23; a.A. B/F-K/vA § 127 Rn. 13 für den Fall einer unzulässigen oder unbegründeten Anschließung). Eine Entscheidung im vereinfachten Verfahren nach § 130a kommt nicht in Betracht, soweit die Einlegung der Anschlussberufung eine wesentliche Änderung der Prozesssituation darstellt (vgl. BVerwG NVwZ 1999, 1000). Hat sich die Berufung infolge Rücknahme, Vergleich etc. erledigt, ist es zweckmäßig, in der abschließenden Beschlussentscheidung auch die Unwirksamkeit der Anschlussberufung (§ 127 V) entsprechend zu tenorieren (vgl. KS § 127 Rn. 22 m.w.N.). Hält der Anschlussberufungsführer die Anschließung aufrecht, obwohl die Berufung nicht mehr anhängig ist, ist sie als unzulässig zu verwerfen.

Kostenmäßig ist die Anschlussberufung als selbstständiges Rechtsmittel zu behan- 13
deln. Die **Kosten** einer begründeten Anschlussberufung trägt der Berufungskläger. Dasselbe gilt im Falle des § 127 V, es sei denn, die Anschlussberufung ist unzulässig (BVerwGE 72, 165). I.Ü. trägt der Anschlussberufungsführer die Kosten der Anschließung.

§ 128 [Umfang der Nachprüfung]

¹Das Oberverwaltungsgericht prüft den Streitfall innerhalb des Berufungsantrags im gleichen Umfang wie das Verwaltungsgericht. ²Es berücksichtigt auch neu vorgebrachte Tatsachen und Beweismittel.

I. Prüfungsumfang im Berufungsverfahren

1 Aus § 128 ergibt sich, dass die Berufungsinstanz eine **zweite Tatsacheninstanz** ist. Nach S. 1 prüft das Berufungsgericht den Streitfall grds. in tatsächlicher und rechtlicher Hinsicht in gleichem Umfang wie das VG. Das OVG ermittelt wie das VG den Sachverhalt von Amts wegen (vgl. auch § 130 I) und ist zu einer **umfassenden Prüfung des Klagebegehrens** berufen. An den Vortrag der Beteiligten ist es dabei nicht gebunden (KS § 128 Rn. 1; BeckOK VwGO § 128 Rn. 1.1). Hält das Berufungsgericht das angefochtene Urteil für fehlerhaft, hat es i. d. R. weiter zu prüfen, ob das Urteil sich aus anderen Gründen im Ergebnis als richtig erweist. Nur unter engen Voraussetzungen kommt eine Zurückverweisung an das VG in Betracht (§ 130 II).

2 Der Prüfungsumfang wird allerdings bestimmt und **begrenzt durch** die **Berufungsanträge** (vgl. → § 129). Bezieht sich das Rechtsschutzbegehren in der Berufungsinstanz lediglich auf einen abtrennbaren Teil des erstinstanzlichen Streitgegenstands, ist auch der Umfang der Nachprüfung entsprechend beschränkt. Umgekehrt fällt ein **einheitlicher Streitgegenstand** ungeachtet dessen insgesamt in der Rechtsmittelinstanz an, dass das VG fehlerhaft nur über einen Teil entschieden hat (BVerwGE 71, 73; → § 129 Rn. 2). Entsprechendes gilt in Bezug auf **unbeschieden gebliebene Hilfsanträge** (→ § 129 Rn. 2).

3 Das OVG kann grds. nicht über den Streitgegenstand des erstinstanzlichen Urteils hinausgehen (BVerwGE 71, 73; BVerwG BayVBl. 1986, 535), es sei denn, es handelt sich um eine zulässige **Klageänderung** (§ 125 I 1 i. V. m. § 91, § 173 S. 1 i. V. m. § 264 ZPO) oder **Widerklage** (§ 125 I 1 i. V. m. § 89; vgl. BVerwGE 44, 351). Hat das VG einen Klageantrag übersehen, muss der Kläger dagegen im Wege der Urteilsergänzung (§ 120) vorgehen; die Berufung kommt insoweit nicht in Betracht (BVerwG NVwZ 1994, 1116; NVwZ 1993, 62).

4 Eine **weitere Grenze** setzt das Zulassungserfordernis. Der Streitfall fällt nur insoweit in der Berufungsinstanz an, als die **Zulassung** reicht. I. Ü. wird das erstinstanzliche Urteil – vorbehaltlich einer etwaigen Anschlussberufung (§ 127) – rechtskräftig (vgl. z. B. BVerwG NVwZ 2010, 188). Die Bindungswirkung der Zulassung erstreckt sich indes nicht auf die Zulassungsgründe. Das Berufungsgericht ist in seiner rechtlichen Prüfung unabhängig von den Erwägungen, die zur Zulassung der Berufung geführt haben (vgl. BVerwG DVBl. 1997, 907). Der Nachprüfung des Berufungsgerichts entzogen sind ferner Entscheidungen des VG, die dem Endurteil vorausgegangen sind, sofern diese **Vorentscheidungen** unanfechtbar oder selbstständig anfechtbar sind (vgl. § 173 S. 1 i. V. m. § 512 ZPO; NRWOVG NVwZ-RR 1990, 163). Bindungswirkung entfalten des Weiteren die nicht widerruflichen Prozesshandlungen (BeckOK VwGO § 128 Rn. 4).

5 Es steht im Ermessen des OVG, ob es die Ergebnisse einer erstinstanzlichen **Beweisaufnahme** übernimmt oder die Beweiserhebung neu vornimmt. Will das OVG von der Beweiswürdigung des VG abweichen, wird regelmäßig eine eigene Beweisaufnahme des Berufungsgerichts erforderlich sein. Dies ist namentlich der Fall, wenn es die **Glaubwürdigkeit von Zeugen** anders als das VG beurteilen will. Dasselbe

gilt, wenn das OVG selbst Zweifel an der Zuverlässigkeit von Zeugen- oder Sachverständigenaussagen hat oder wenn die Beteiligten die Beweiswürdigung des VG substanziiert in Frage stellen (BVerwG Buchh 310 § 96 Nr. 58; Beschl. v. 17.10. 2002 – 1 B 281.02 m.w.N.; NKVwGO § 128 Rn. 9; S/S-A/P § 128 Rn. 4 f.; vgl. auch BVerfG NJW 2005, 1487; NJW 2003, 2524). Eine Wiederholung der Beweiserhebung ist des Weiteren geboten, wenn die Beweisaufnahme erster Instanz an Verfahrensfehlern leidet und die unter Beweis gestellten Tatsachen auch nach der Rechtsauffassung des OVG entscheidungserheblich sind (vgl. KS § 128 Rn. 2; BeckOK VwGO § 128 Rn. 10 ff.). Förmliche Beweisanträge, die für die erstinstanzliche Entscheidung unerheblich waren und denen das VG daher nicht nachgegangen ist, müssen in der Berufungsinstanz auch ohne erneute Antragstellung erledigt werden, sofern ihnen ausgehend vom materiellrechtlichen Standpunkt des OVG nunmehr Bedeutung zukommt (BVerwG NJW 1994, 2243).

Auch i. Ü. können **Verfahrensfehler** im ersten Rechtszug durch eine ordnungsgemäße Nachholung der betreffenden Verfahrenshandlung in der Berufungsinstanz **geheilt** werden (KS § 128 Rn. 5). **6**

II. Berücksichtigung neuer Tatsachen und Beweismittel

Gemäß § 128 S. 2 sind die Beteiligten im Berufungsverfahren grds. nicht gehindert, neue Tatsachen und Beweismittel vorzubringen. Auch erst spät im Verfahren vorgetragene Tatsachen und Beweismittel sind zu berücksichtigen, es sei denn, es handelt sich um **verspätetes Vorbringen** im Sinne von § 125 I 1, § 87b. Eine weitere Ausnahme gilt für Erklärungen und Beweismittel, die das VG zu Recht zurückgewiesen hat (§ 128a II), sowie nach Maßgabe von § 128a I für neue Erklärungen und Beweismittel, die im ersten Rechtszug entgegen einer vom VG hierfür gesetzten Frist nicht vorgebracht worden sind. **7**

§ 128a [Neue Erklärungen und Beweismittel; Verspätung; Ausschluss]

(1) ¹Neue Erklärungen und Beweismittel, die im ersten Rechtszug entgegen einer hierfür gesetzten Frist (§ 87b Abs. 1 und 2) nicht vorgebracht worden sind, sind nur zuzulassen, wenn nach der freien Überzeugung des Gerichts ihre Zulassung die Erledigung des Rechtsstreits nicht verzögern würde oder wenn der Beteiligte die Verspätung genügend entschuldigt. ²Der Entschuldigungsgrund ist auf Verlangen des Gerichts glaubhaft zu machen. ³Satz 1 gilt nicht, wenn der Beteiligte im ersten Rechtszug über die Folgen einer Fristversäumung nicht nach § 87b Abs. 3 Nr. 3 belehrt worden ist oder wenn es mit geringem Aufwand möglich ist, den Sachverhalt auch ohne Mitwirkung des Beteiligten zu ermitteln.
(2) Erklärungen und Beweismittel, die das Verwaltungsgericht zu Recht zurückgewiesen hat, bleiben auch im Berufungsverfahren ausgeschlossen.

I. Nichtzulassung verspäteten Vorbringens (I)

Abweichend von § 128 S. 2 bestimmt § 128a I, dass neue Tatsachen und Beweismittel grds. nicht zu berücksichtigen sind, wenn sie verspätet vorgetragen worden sind und wenn sie die Erledigung des Rechtsstreits verzögern würden oder die Verspätung **1**

§ 128a Teil III. Rechtsmittel und Wiederaufnahme des Verfahrens

nicht genügend entschuldigt worden ist. Die **Präklusionsvorschrift** knüpft an § 87b über die Zurückweisung verspäteten Vorbringens im ersten Rechtszug an. Sie bezweckt, das verwaltungsgerichtliche **Verfahren zu straffen und zu beschleunigen** (BVerwG Buchh 310 § 128a Nr. 2). Mit Rücksicht auf Art. 103 I GG ist § 128a **eng auszulegen** (B/F-K/vA § 128a Rn. 2; BeckOK VwGO § 128a Rn. 3).

2   Unberührt bleibt die Möglichkeit des OVG, selbst gemäß § 125 I 1 i.V.m. § 87b I, II eine Ausschlussfrist zu setzen und ggf. nach § 125 I 1 i.V.m. § 87b III zu verfahren. Im **Berufungszulassungsverfahren** findet § 128a I entsprechende Anwendung. Der Zulassungsantrag kann nicht auf neue Tatsachen oder Beweismittel gestützt werden, die im Berufungsverfahren nach § 128a I zurückzuweisen wären. In der **Revisionsinstanz** kommt § 128a I insoweit Wirkung zu, als vom OVG zu Recht nicht zugelassenes Vorbringen auch im Revisionsverfahren keine Berücksichtigung findet.

3   Nach § 79 I AsylVfG gilt § 128a entsprechend für **asylverfahrensrechtliche Streitigkeiten**. Neue Erklärungen und Beweismittel, die der Kläger im erstinstanzlichen Verfahren entgegen § 74 II 1 AsylVfG nicht innerhalb eines Monats nach Zustellung des ablehnenden Bescheids vorgebracht hat, sind im Berufungsverfahren nur nach Maßgabe von § 128a I zuzulassen. Davon unberührt bleibt die unmittelbare Anwendung der Vorschrift, wenn das VG zusätzlich eine Frist nach § 87b I, II gesetzt hat.

4   Eine Präklusion nach § 128a I 1 setzt zunächst voraus, dass es sich um neue Tatsachen oder neue Beweismittel handelt, die der Kläger **entgegen einer Frist nach § 87b I oder** ein Beteiligter entgegen einer Frist **nach § 87b II** im erstinstanzlichen Verfahren nicht vorgetragen hat. Die Aufforderung und Fristsetzung nach § 87b I, II muss ordnungsgemäß erfolgt sein. Nicht „neu" i.S.v. § 128a I ist Vorbringen, mit dem in erster Instanz Vorgetragenes lediglich ergänzt, erläutert oder konkretisiert wird (KS § 128a Rn. 2). Dasselbe gilt für verspätet vor dem VG vorgebrachte Erklärungen (BeckOK VwGO § 128a Rn. 6). § 128a I ist nicht anwendbar auf neue, aber zwischen den Beteiligten **unstreitige Tatsachen** (BeckOK VwGO § 128a Rn. 7 f.; siehe auch S/S-A/P § 128a Rn. 14; NKVwGO § 128a Rn. 8, jeweils zu § 128a II; BGH NJW 2005, 291 zu § 531 II ZPO).

5   Eine **Verzögerung** i.S.v. § 128a I 1 ist zu bejahen, wenn die Zulassung des verspäteten Vorbringens eine (weitere) Tatsachenaufklärung erforderte, die die Dauer des sonst entscheidungsreifen Rechtsstreits verlängern würde (BVerwG Beschl v. 15.4. 1998 – 2 B 26.98; NVwZ 1994, 371; BVerfG NJW 1989, 705). Grds. unerheblich ist, ob der Rechtsstreit bei rechtzeitigem Vorbringen ebenso lange dauern würde. Etwas anderes gilt jedoch, wenn ohne jeden Aufwand erkennbar ist, dass sich das zweitinstanzliche Verfahren auch bei fristgerechtem Vortrag vergleichbar verzögert hätte. In diesem Fall darf verspätetes Vorbringen nicht zurückgewiesen werden (BVerwG NVwZ-RR 1998, 592; NdsOVG NVwZ 2001, 1062; BVerfGE 75, 302). Zu einer Verzögerung i.S.v. § 128a I führt eine Zulassung verspäteten Vorbringens dann nicht, wenn hierfür eine **unzulängliche Verfahrensleitung** oder eine **Verletzung der gerichtlichen Sachaufklärungspflicht** mitursächlich ist (BVerwG Buchh 402.25 § 1 AsylVfG Nr. 307; BVerfGE 75, 183).

6   Ob sich die Erledigung des Rechtsstreits verzögert, beurteilt das Berufungsgericht nach seiner **freien Überzeugung**. Eine freie Überzeugungsbildung bedeutet, dass die Gericht nicht an feste Beweisregeln und Beweisvermutungen gebunden ist. Die dem Gericht zukommende Einschätzungsprärogative hat sich daran zu orientieren, dass § 128a I eng auszulegen ist und bei der Handhabung der Präklusionsvorschrift der Verhältnismäßigkeitsgrundsatz zu wahren ist (vgl. BeckOK VwGO § 128a Rn. 9.1; BVerwG NVwZ-RR 1998, 592; BVerfGE 75, 302).

Voraussetzung ist des Weiteren, dass der Beteiligte die Verspätung **nicht genügend** 7
entschuldigt hat, § 128a I 1. Der Entschuldigungsgrund ist gemäß § 128a I 2 auf
Verlangen des Gerichts glaubhaft zu machen (§ 173 S. 1 i.V.m. § 294 ZPO). Für die
Frage, ob den Beteiligten ein Verschulden trifft, gelten die zu § 60 I entwickelten
Grundsätze entsprechend (BVerwG NVwZ 2000, 1042). Auch hier entscheidet das
OVG nach seiner freien Überzeugung. Die Verspätung ist z.b. entschuldigt, wenn die
nach § 87b I, II gesetzte Frist unangemessen kurz bemessen war. Zu berücksichtigen
ist dabei auch, ob der Beteiligte beim VG um eine Fristverlängerung nachgesucht
oder geltend gemacht hat, wegen der Kürze der Frist nicht ausreichend vortragen zu
können (BVerwG, Beschl. v. 15.4. 1998 – 2 B 26.98).

Unter den in § 128a I 3 genannten Voraussetzungen scheidet eine Zurückweisung 8
des verspäteten Vorbringens zwingend aus. Dies betrifft zum einen den Fall einer **fehlenden oder nicht ordnungsgemäßen Belehrung** nach § 87b III 1 Nr. 3 über die
Folgen der Fristversäumung. Zum anderen ist die Präklusion anknüpfend an § 87b III
3 ausgeschlossen, wenn es mit geringem Aufwand möglich ist, den Sachverhalt auch
ohne Mitwirkung des Beteiligten zu ermitteln. Beide Ausschlussgründe sind Ausdruck des Verhältnismäßigkeitsprinzips.

Die **Entscheidung über die Zulassung bzw. Nichtzulassung** des neuen Vor- 9
bringens bedarf keines gesonderten Beschlusses (KS § 128a Rn. 4 m.w.N.). Liegen
die Voraussetzungen für eine Präklusion nicht vor, berücksichtigt das OVG das Vorbringen nach den allgemeinen Grundsätzen im Rahmen der Berufungsentscheidung
und erhebt erforderlichenfalls Beweis. Die **Nichtzulassung** einer neuen Erklärung
oder eines Beweismittels ist in der Berufungsentscheidung **zu begründen** (vgl.
BVerwG NVwZ 2000, 1042). Darüber hinaus ist vorab ein entsprechender Hinweis
zu geben, wenn dies zwecks Gewährung rechtlichen Gehörs geboten erscheint, namentlich wenn sich die Nichtzulassung des Vorbringens ansonsten als Überraschungsentscheidung darstellte (NKVwGO § 128a Rn. 5; S/S-A/P § 128a Rn. 11).

Weist das Berufungsgericht neue Erklärungen oder Beweismittel fehlerhaft zurück, 10
kann der Betroffene dagegen im Rahmen des in der Hauptsache eingelegten Rechtsmittels eine Verfahrensrüge erheben (BVerwG NVwZ 2000, 1042). § 128a I ist aber
nicht drittschützend. Hat das Berufungsgericht verspätetes Vorbringen eines Beteiligten entgegen § 128a I zugelassen, liegt darin keine Beschwer eines anderen Beteiligten. Eine Verfahrensrüge lässt sich auf einen solchen Verstoß nicht stützen
(BVerwG Buchh 310 § 128a Nr. 2). Das Revisionsgericht ist an die Zulassung des
verspäteten Vorbringens gebunden.

II. Vom VG zurückgewiesenes Vorbringen (II)

§ 128a II gewährleistet, dass die Wirkungen des § 87b III auch in zweiter Instanz er- 11
halten bleiben. Hat das VG Erklärungen und Beweismittel zu Recht zurückgewiesen,
bleiben diese auch im Berufungsverfahren ausgeschlossen. Voraussetzung ist allerdings, dass das VG von der Präklusionsregelung in § 87b **fehlerfrei** Gebrauch gemacht hat. Dies ist vom OVG zu überprüfen. Hat das VG Erklärungen oder Beweismittel zu Unrecht nach § 87b III zurückgewiesen, sind diese im Berufungsverfahren
zuzulassen; ein Rückgriff auf § 128a I kommt nicht in Betracht (S/S-A/P § 128a
Rn. 15; NKVwGO § 128a Rn. 9). § 128a II findet keine Anwendung auf Vorbringen, das in der Berufungsinstanz unstreitig wird (vgl. → Rn. 4). Die Anmerkungen
in → Rn. 9 gelten entsprechend. Vom OVG zu Recht nach § 128a II nicht zugelassenes Vorbringen bleibt auch in der Revisionsinstanz außer Betracht.

§ 129 [Bindung an die Anträge]

Das Urteil des Verwaltungsgerichts darf nur soweit geändert werden, als eine Änderung beantragt ist.

I. Bindungswirkung des Berufungsantrags

1 Gemäß § 129 gilt die **Dispositionsmaxime** auch im Berufungsverfahren. Das Berufungsgericht darf das Urteil des VG nur insoweit abändern, als eine Änderung beantragt ist. Wie im erstinstanzlichen Verfahren (vgl. § 88) ist das Rechtsschutzbegehren maßgeblich und nicht der Wortlaut der Anträge; letztere sind anhand des erkennbaren Begehrens auszulegen (BVerwG NVwZ 2010, 188; NJW 1997, 1250). Das Rechtsschutzziel ist aus dem **formulierten Antrag** und der **Berufungsbegründung** (vgl. § 124a III 4, VI 3), ggf. ergänzend aus dem weiteren Berufungsvorbringen der Beteiligten zu ermitteln (BVerwGE 116, 326). Bei der Auslegung berücksichtigungsfähig ist ferner der Vortrag im Zulassungsverfahren (KS § 129 Rn. 1; BVerwG DVBl. 1997, 907; NJW 1997, 1250). Aus § 129 folgt, dass dem Berufungskläger nicht mehr zugesprochen werden darf, als er im Berufungsverfahren bzw. mit der Klage beantragt hat.

2 Wendet sich der Berufungskläger gegen die erstinstanzliche Stattgabe des Hauptantrags, fällt auch der unbeschieden gebliebene **Hilfsantrag** in der Rechtsmittelinstanz an. Weist das Berufungsgericht den Hauptantrag ab, hat es nunmehr auch über den Hilfsantrag zu entscheiden (BVerwGE 104, 260). Entsprechendes gilt, wenn das VG seine Entscheidung trotz eines **einheitlichen Streitgegenstands** fehlerhaft auf einen Teil beschränkt hat. Das Berufungsgericht hat über den gesamten Streitgegenstand zu entscheiden (BVerwG Buchh 402.240 § 53 AuslG Nr. 36; Buchh 406.19 Nachbarschutz Nr. 110; SächsOVG SächsVBl. 2000, 138; BWVGH NVwZ 1989, 882).

3 § 129 entfaltet grds. allein im Hinblick auf den **Entscheidungstenor** Bindungswirkung. Das Berufungsgericht ist daher nicht gehindert, das angefochtene Urteil mit anderen Entscheidungsgründen zu bestätigen oder aus anderen Erwägungen als vom Berufungskläger vorgetragen zu ändern (vgl. z.B. BVerwG NVwZ-RR 1991, 443: Ersetzung eines abweisenden Sachurteils durch ein abweisendes Prozessurteil; BVerwG NVwZ 1982, 115 und BVerwGE 22, 45: Ersetzung eines abweisenden Prozessurteils durch ein abweisendes Sachurteil; zu Letzterem einschränkend BeckOK VwGO § 129 Rn. 6). Grenzen ergeben sich, soweit die Gründe wie z.B. bei dem Bescheidungsurteil (§ 113 V 2) den tenorierten Sachausspruch mitbestimmen (KS § 129 Rn. 2; S/S-A/P § 129 Rn. 6; BeckOK VwGO § 129 Rn. 4). Des Weiteren gilt § 129 nicht für die **Kostenentscheidung** (vgl. § 173 S. 1 i.V.m. § 308 II ZPO) und die **Streitwertfestsetzung** (KS § 129 Rn. 5).

4 Beruht das Berufungsurteil auf einem Verstoß gegen § 129, weil es das erstinstanzliche Urteil über § 129 hinausgehend geändert hat, kommt im abschließenden Entscheidung im **Revisionsverfahren** nur eine entsprechende (Teil-)Aufhebung der Berufungsentscheidung in Betracht. Aus Gründen der Prozessökonomie darf das BVerwG daher das Berufungsurteil über den Wortlaut des **§ 133 VI** hinaus auf eine Beschwerde gegen die Nichtzulassung der Revision durch Beschluss (teilweise) aufheben (BVerwG NVwZ 2010, 188). Einer Zurückverweisung bedarf es ausnahmsweise nicht.

II. Verbot der reformatio in peius

Aus der Bindungswirkung des Berufungsbegehrens nach § 129, § 125 I 1 i.V.m. § 88 5
ergibt sich, dass das OVG die angefochtene Entscheidung auf die Berufung des Berufungsklägers nicht zu dessen Lasten ändern darf (Verbot der reformatio in peius). Davon unberührt bleibt aber die Befugnis des Berufungsgerichts, die erstinstanzliche Entscheidung auf die Berufung oder Anschlussberufung (§ 127) eines anderen Beteiligten abzuändern. In diesem Rahmen kann es auch zu einer **Abänderung zu Lasten des Berufungsklägers** kommen.

Kein Verstoß gegen das Verbot der reformatio in peius liegt vor, wenn das OVG 6
über einen erstinstanzlich nicht beschiedenen Hilfsantrag oder einen einheitlichen Streitgegenstand (→ Rn. 2) entscheidet und der Berufungskläger durch die Entscheidung beschwert wird (vgl. BVerwGE 111, 318; S/S-A/P § 129 Rn. 7; B/F-K/vA § 129 Rn. 8; a.A. BeckOK VwGO § 129 Rn. 7). Nicht um eine reformatio in peius handelt es sich bei einer lediglich klarstellenden Aufhebung eines Verwaltungsakts (BVerwG Buchh 402.240 § 51 AuslG Nr. 22) oder eines wirkungslosen Urteils (BeckOK VwGO § 129 Rn. 4).

Das Berufungsgericht ist auch nicht gehindert, auf die Berufung eines nur teilweise 7
obsiegenden Klägers die Klage insgesamt abzuweisen, wenn zwingende **Sachurteilsvoraussetzungen fehlen** (vgl. BVerwG NVwZ-RR 1991, 443; KS § 129 Rn. 3; a.A. Ey § 129 Rn. 4; differenzierend BeckOK VwGO § 129 Rn. 7, 10; S/S-A/P § 129 Rn. 6; NKVwGO § 129 Rn.6). Der Berufungskläger hat die Möglichkeit, im Wege der Berufungsrücknahme eine reformatio in peius zu vermeiden (vgl. B/F-K/vA § 129 Rn. 9).

§ 130 [Zurückverweisung]

(1) Das Oberverwaltungsgericht hat die notwendigen Beweise zu erheben und in der Sache selbst zu entscheiden.

(2) Das Oberverwaltungsgericht darf die Sache, soweit ihre weitere Verhandlung erforderlich ist, unter Aufhebung des Urteils und des Verfahrens an das Verwaltungsgericht nur zurückverweisen,
1. soweit das Verfahren vor dem Verwaltungsgericht an einem wesentlichen Mangel leidet und aufgrund dieses Mangels eine umfangreiche oder aufwändige Beweisaufnahme notwendig ist oder
2. wenn das Verwaltungsgericht noch nicht in der Sache selbst entschieden hat
und ein Beteiligter die Zurückverweisung beantragt.

(3) Das Verwaltungsgericht ist an die rechtliche Beurteilung der Berufungsentscheidung gebunden.

I. Abschließende Entscheidung durch das OVG (I)

Gemäß § 130 I ist es im Interesse einer Verfahrensbeschleunigung grds. Aufgabe des 1
Berufungsgerichts, die **Spruchreife herzustellen** und in der Sache **abschließend selbst** zu **entscheiden**. Soweit hierfür eine Beweiserhebung erforderlich ist, hat das OVG diese selbst durchzuführen. Nur in engen Grenzen lässt § 130 II im Interesse einer Entlastung des OVG eine Zurückverweisung an das VG zu. Aufgrund des Aus-

§ 130

nahmecharakters der Vorschrift sind die darin genannten Voraussetzungen für eine Zurückverweisung eng auszulegen.

2 In **Asylstreitverfahren** hat das OVG stets abschließend über die Berufung zu entscheiden. Nach § 79 II AsylVfG findet § 130 II, III keine Anwendung. Im Beschwerdeverfahren (§§ 146 ff.) gilt § 130 II entsprechend (→ § 146 Rn. 29; § 150 Rn. 4). Für das Revisionsverfahren besteht mit § 144 III, V eine spezielle Regelung, neben der § 130 II nicht anwendbar ist.

II. Zurückverweisung an das VG (II)

1. wegen eines wesentlichen Verfahrensmangels (II Nr. 1)

3 Gemäß § 130 II Nr. 1 darf das OVG die Sache an das VG zurückverweisen, soweit das erstinstanzliche Verfahren an einem wesentlichen Mangel leidet und aufgrund dessen eine umfangreiche oder aufwändige Beweisaufnahme notwendig ist. Wesentliche Verfahrensmängel i. S. dieser Vorschrift sind zunächst alle **Verfahrensverstöße nach § 138**. Darüber hinaus erstreckt sich § 130 II Nr. 1 auf **vergleichbar schwerwiegende Mängel**, die dem Verfahren vor dem VG anhaften und dazu führen, dass dem angegriffenen Urteil eine ordnungsgemäße verfahrensrechtliche Grundlage fehlt (BeckOK VwGO § 130 Rn. 4). Dies kann etwa der Fall sein, wenn das VG verfahrensfehlerhaft durch Gerichtsbescheid (NdsOVG NVwZ-RR 1996, 719) oder unter Verletzung des Amtsermittlungsgrundsatzes (§ 86 I; NRWOVG NVwZ-RR 1997, 759) entschieden hat oder bei unterlassener bzw. verspäteter Bescheidung eines Prozesskostenhilfeantrags.

4 § 130 II Nr. 1 bezieht sich nur auf Verfahrensfehler, die der **Beurteilung des OVG unterliegen**. Daran fehlt es hinsichtlich aller Entscheidungen, die dem angegriffenen erstinstanzlichen Urteil vorausgingen und entweder unanfechtbar sind oder selbstständig anfechtbar sind, aber nicht angefochten wurden (§ 173 S. 1 i. V. m. § 512 ZPO). Dasselbe gilt für Verfahrensfehler, hinsichtlich derer ein Rügeverlust eingetreten ist (§ 173 S. 1 i. V. m. §§ 295, 534 ZPO; B/F-K/vA § 130 Rn. 5).

5 Zudem muss der Verfahrensfehler **entscheidungserheblich** sein und eine (erstmalige oder weitere) **Beweiserhebung erforderlich** machen. Ob diese Voraussetzungen vorliegen, beurteilt sich grds. anhand der materiellrechtlichen Sicht des VG (vgl. BVerwG NVwZ-RR 1996, 369, zur entsprechenden Beurteilung eines Verfahrensfehlers nach § 132 II Nr. 3; B/F-K/vA § 130 Rn. 6). Ggf. ist aber der **Rechtsgedanke des § 144 IV** heranzuziehen (vgl. KS § 130 Rn. 9; HmbOVG NVwZ-RR 2004, 620). Erachtet das OVG den Verfahrensmangel ausgehend von seiner Würdigung der Sach- und Rechtslage als offenkundig nicht kausal für das Entscheidungsergebnis, dürfte es sich im Rahmen der von ihm zu treffenden Ermessensentscheidung regelmäßig als sachgerecht erweisen, von der Möglichkeit der Zurückverweisung keinen Gebrauch zu machen.

6 Die Zurückverweisung ist nach § 130 II Nr. 1 nur gerechtfertigt, wenn es sich bei der notwendigen Beweisaufnahme um eine **umfangreiche oder aufwändige Beweiserhebung** handelt. Gemeint ist nicht eine Beweisaufnahme durchschnittlichen Zuschnitts, sondern eine solche, in der z. B. außergewöhnlich viele Zeugen und/oder Sachverständige anzuhören sind, zwecks Augenscheinseinnahme ein aufwändiger Ortstermin durchzuführen ist oder eine Beweisaufnahme an einem weit entfernten Ort vorzunehmen ist (vgl. BT-Drs. 14/6393, 14).

2. wegen fehlender Sachentscheidung (II Nr. 2)

Nach § 130 II Nr. 2 kommt eine Zurückverweisung des Weiteren für den Fall in Betracht, dass das VG noch nicht in der Sache selbst entschieden hat. Diese Voraussetzung liegt beispielsweise vor, wenn das VG – nach der materiellrechtlichen Beurteilung des OVG – zu Unrecht ein **Prozessurteil** erlassen hat, einen **wesentlichen Klageantrag übergangen** hat oder sonst fehlerhaft erheblichen Streitstoff in der Sache nicht beschieden hat (vgl. z.B. BVerwGE 38, 139; BWVGH NVwZ-RR 2003, 532; NRWOVG NVwZ-RR 1999, 540; S/S-A/P § 130 Rn. 8; NKVwGO § 130 Rn. 11 f.). Eine fehlende Sachentscheidung i.S.v. § 130 II Nr. 2 kann auch dadurch begründet werden, dass das VG einen Wiedereinsetzungsantrag übergangen oder unzutreffend abgelehnt hat (BVerwG NVwZ 1985, 484; B/F-K/vA § 130 Rn. 9).

3. Sonstige Voraussetzungen der Zurückverweisung

Neben dem Vorliegen von einem der in § 130 II Nr. 1 und 2 genannten Zurückverweisungsgründe bedarf es ferner der **Beantragung der Zurückverweisung** durch einen der Verfahrensbeteiligten. Ohne ausdrücklichen Antrag darf das OVG die Sache auch im Falle eines besonders schweren Verfahrensmangels nicht an das VG zurückverweisen (BVerwG Buchh 310 § 130 Nr. 16). Antragsbefugt sind neben Kläger und Beklagtem auch der Beigeladene und der VöI. Der Antrag unterliegt dem Vertretungserfordernis nach § 67 IV (BeckOK VwGO § 130 Rn. 8; S/S-A/P § 130 Rn. 5).

Schließlich darf das OVG die Sache nur zurückverweisen, soweit ihre weitere Verhandlung erforderlich ist. Die Zurückverweisung setzt also eine **fehlende Entscheidungsreife** der Streitsache voraus (BVerwG Buchh 310 § 138 Ziff. 6 Nr. 42). Für die Frage der Entscheidungsreife ist die rechtliche Beurteilung des OVG maßgeblich (BVerwG Buchh 310 § 130 Nr. 10).

4. Zurückverweisungsentscheidung

Die Entscheidung des OVG über die Zurückverweisung ist eine **Ermessensentscheidung** (BVerwG Buchh 310 § 138 Ziff. 6 Nr. 42; Buchh 310 § 130 Nr. 10), die vom Revisionsgericht nur daraufhin überprüft werden kann, ob die Grenzen des Auswahlermessens verkannt worden sind (BVerwG DVBl. 1994, 210). Das OVG entscheidet durch Urteil (ggf. durch Beschluss nach § 130a), das gemäß §§ 132 ff. mit der Revision bzw. der Nichtzulassungsbeschwerde anfechtbar ist. Die Kostenentscheidung bleibt der Endentscheidung des VG vorbehalten (z.B. HessVGH NVwZ-RR 2003, 756). Mit der Zurückverweisung ist die angegriffene **Entscheidung des VG aufzuheben**. Die Sache wird an das Ausgangsgericht zurückverwiesen und bei dem Spruchkörper anhängig, der nach der Geschäftsverteilung des VG zuständig ist. Sprechen aus Sicht des OVG besondere Gründe dafür, dass nicht dieselbe Kammer erneut über die Sache entscheidet, kann es den Rechtsstreit ausnahmsweise nach § 173 S. 1 i.V.m. § 563 I 2 ZPO analog an eine **andere Kammer des VG** zurückverweisen. Die konkrete Zuständigkeit bestimmt sich auch hier nach Maßgabe der Geschäftsverteilung des VG (vgl. BeckOK VwGO § 130 Rn. 12 m.w.N.; KS § 130 Rn. 7). Eine Zurückverweisung an ein anderes VG ist nur im Falle einer zwischenzeitlichen Änderung der gesetzlichen Zuständigkeitsregelungen zulässig (B/F-K/vA § 130 Rn. 13; S/S-A/P § 130 Rn. 12).

Die **Zurückverweisung** ist in den Entscheidungsgründen zumindest kurz **zu begründen**, um ggf. dem Revisionsgericht eine Überprüfung der Ermessenserwägungen zu ermöglichen. Sieht das OVG von einer Zurückverweisung ab, muss es darauf in seiner Entscheidung nicht gesondert eingehen, weil es sich dabei nach der gesetzlichen Konzeption in § 130 um den Regelfall handelt (BeckOK VwGO § 130 Rn. 10). Gemäß § 130 II führt die Zurückverweisung nicht nur zur Aufhebung der Entscheidung des VG, sondern auch des erstinstanzlichen Verfahrens (S/S-A/P § 130 Rn. 13; NKVwGO § 130 Rn. 7). Etwaige unanfechtbare **Vorentscheidungen** – wie z.B. eine Einzelrichterübertragung – werden daher **gegenstandslos**, das Verfahren beginnt – vorbehaltlich der von der Berufungsentscheidung ausgehenden Bindungswirkungen – von neuem (BeckOK VwGO § 130 Rn. 13, 16).

III. Bindungswirkung bei Zurückverweisung (III)

12 Das VG ist zunächst daran gebunden, dass das OVG die Sache zurückverwiesen hat. Dies gilt unabhängig davon, ob das Berufungsgericht die Zurückverweisung zu Recht ausgesprochen hat oder nicht (BVerwG NVwZ-RR 1989, 506). **Bindungswirkung** kommt des Weiteren **der Ausgangsentscheidung** zu, soweit sie von der Aufhebung und Zurückverweisung nicht berührt wird (vgl. KS § 130 Rn. 12 unter Hinweis auf § 173 S. 1 i.V.m. § 318 ZPO analog). Entsprechend → § 129 darf das VG bei seiner erneuten Befassung mit der Sache keine für den Rechtsmittelführer ungünstigere Entscheidung treffen, es sei denn, es ergibt sich eine veränderte prozessuale Situation (KS § 130 Rn. 13; S/S-A/P § 130 Rn. 14).

13 Zusätzlich bestimmt § 130 III, dass das VG an die rechtliche Beurteilung der zurückverweisenden Berufungsentscheidung gebunden ist. Die Bindungswirkung bezieht sich auf die **materiellrechtlichen Erwägungen des OVG**, die für die Aufhebung und Zurückverweisung tragend sind (BVerwGE 54, 116) einschließlich tatsächlicher Feststellungen oder prozessualer Voraussetzungen, die Grundlage der rechtlichen Bewertung des OVG sind (BVerwG NVwZ 2007, 594, zu § 144 VI; BeckOK VwGO § 130 Rn. 19; KS § 130 Rn. 12).

14 Die **Bindungswirkung entfällt** allerdings, wenn sich die maßgebliche Sach- oder Rechtslage geändert hat (BVerwG NVwZ 1984, 432; BVerwGE 54, 116) oder wenn sich in Bezug auf eine entscheidungserhebliche Rechtsfrage zwischenzeitlich eine Änderung der Rechtsprechung des OVG ergeben hat (vgl. BVerwG NVwZ 2007, 594, zu § 144 VI) oder sich eine abweichende höchstrichterliche Rechtsprechung (BVerwG, GemSOGB, BVerfG, EuGH) entwickelt hat (BVerwGE 54, 116; B/F-K/vA § 130 Rn. 18; S/S-A/P § 130 Rn. 16).

15 Als Folge der Bindungswirkung nach § 130 III ist in einem nachfolgenden erneuten Berufungsverfahren auch das OVG an seine eigene rechtliche Beurteilung in der vorangegangenen Zurückverweisungsentscheidung gebunden. Die **Rückbindung des OVG** ist einerseits Ausfluss der Prozessökonomie und schützt zum anderen das Vertrauen der Beteiligten in den Bestand des zurückverweisenden Urteils, das sie zur Grundlage ihres weiteren Prozessierens gemacht haben. Die Rückbindung des OVG erstreckt sich in einem anschließenden Revisionsverfahren (einschließlich der Sprungrevision) auch auf das BVerwG (vgl. BVerwGE 54, 116; NKVwGO § 130 Rn. 17; S/S-A/P § 130 Rn. 17). Die Bindungswirkung entfällt unter den vorgenannten Voraussetzungen. Umstritten ist, ob dem die Möglichkeit gleichsteht, im konkreten Fall veränderte oder neue Rechtsgrundsätze aufzustellen (bejahend z.B. KS § 130 Rn. 17; BeckOK VwGO § 130 Rn. 22; a.A. z.B. BVerwGE 54, 116; B/F-K/vA § 130 Rn. 19; S/S-A/P § 130 Rn. 18).

§ 130a [Entscheidung durch Beschluss]

¹**Das Oberverwaltungsgericht kann über die Berufung durch Beschluß entscheiden, wenn es sie einstimmig für begründet oder einstimmig für unbegründet hält und eine mündliche Verhandlung nicht für erforderlich hält.** ²**§ 125 Abs. 2 Satz 3 bis 5 gilt entsprechend.**

Die Regelung bezweckt aus Gründen der **Verfahrenserleichterung und -beschleunigung**, abweichend vom gesetzlichen Regelfall (§ 125 I 1 i.V.m. § 101 I) insbes. bei einfacher gelagerten Berufungsverfahren eine Entscheidung ohne mündliche Verhandlung zu ermöglichen. Ob unter den in § 130a S. 1 genannten Maßgaben von dem vereinfachten Berufungsverfahren Gebrauch gemacht wird, steht im **Ermessen** des Berufungsgerichts (Rn. 4 ff.). Als Ausgleich sind an das Anhörungserfordernis in S. 2 i.V.m. § 125 II 3 strenge Anforderungen zu stellen. 1

Sind die Voraussetzungen für das Absehen von mündlicher Verhandlung nach § 130a nicht erfüllt, verstößt ein gleichwohl ergangener Beschluss gegen § 101 I und verletzt den Anspruch der Beteiligten auf Gewährung rechtlichen Gehörs nach § 108 II, Art. 103 I GG. Dies stellt regelmäßig einen **absoluten Revisionsgrund** i.S.v. § 138 Nr. 3 dar. 2

I. Einstimmigkeitserfordernis

Das Einstimmigkeitserfordernis bezieht sich nur auf die Entscheidung, dass die Berufung **im Ergebnis begründet bzw. unbegründet** ist; i.Ü. genügt eine Mehrheitsentscheidung (BVerwG, Beschl. v. 20.1. 1998 – 3 B 1.98; NVwZ 1984, 792). Zulässig ist das Verfahren nach § 130a auch für den Fall, dass das Gericht die Berufung einstimmig für teils begründet, teils unbegründet hält (BVerwGE 111, 69; BWVGH NVwZ 1997, 691). Bei vollumfänglicher Unzulässigkeit der Berufung gilt § 125 II; hält das Gericht die Berufung einstimmig für teils unzulässig und i.Ü. für teils begründet/unbegründet, ist § 130a anwendbar (B/F-K/vA § 130a Rn. 5). Maßgeblicher Zeitpunkt für das Einstimmigkeitserfordernis ist derjenige der abschließenden Beschlussfassung (BVerwGE 111, 69). 3

II. Ermessen

1. Grundsatz

Dem Berufungsgericht ist bei der Entscheidung über die Durchführung des vereinfachten Berufungsverfahrens ein **weiter Ermessensspielraum** eingeräumt. Der Verzicht auf mündliche Verhandlung ist nur zu beanstanden, wenn er auf sachfremden Erwägungen oder grober Fehleinschätzung beruht. In die Ermessenserwägung einzustellen sind die Gesichtspunkte der Komplexität und des Schwierigkeitsgrads des Streitfalls (BVerwGE 121, 211). Eine Berufungszulassung nach § 124 II Nr. 2 wegen besonderer tatsächlicher oder rechtlicher Schwierigkeiten steht der Anwendung von § 130a nicht stets entgegen (BVerwG, Beschl. v. 26.9. 2007 – 3 B 39.07). 4

2. Grenzen

Eine Entscheidung im vereinfachten Berufungsverfahren ist ermessensfehlerhaft, wenn die Rechtssache nach den Gesamtumständen **außergewöhnlich große** 5

§ 130a Teil III. Rechtsmittel und Wiederaufnahme des Verfahrens

Schwierigkeiten in tatsächlicher oder rechtlicher Hinsicht aufweist (BVerwGE 121, 211). Hierfür kommt es darauf an, ob sich eine Vielzahl von ungewöhnlich schwierigen, strittigen oder neue Rechtsmaterien betreffende Rechtsfragen stellt oder ein besonders umfangreicher Streitstoff zu bewältigen ist (BVerwG, Beschl. v. 10.6. 2008 – 3 B 107.07). Im Zweifel sollte vom Beschlussverfahren abgesehen werden.

6 Das Verfahren nach § 130a kommt nur in Betracht, wenn dem Rechtsmittelführer **erstinstanzlich** eine **mündliche Verhandlung** zumindest **eröffnet** war. Eine Entscheidung im Beschlusswege zu Lasten des Klägers ist danach im Fall von § 84 II Nr. 2 unzulässig, wenn der Klage in erster Instanz durch Gerichtsbescheid stattgegeben wurde (BVerwG, Beschl. v. 7.2. 2007 – 1 B 286.06; NKVwGO § 130a Rn. 2; weitere Fallkonstellationen: § 84 II Nr. 1; § 93a II 1). Aus vergleichbaren Erwägungen kann ggf. im Fall der Anschlussberufung (§ 127) § 130a unanwendbar sein (dazu NK-VwGO § 130a Rn. 40). Hat das Verwaltungsgericht verfahrensfehlerhaft ohne mündliche Verhandlung oder ohne Beteiligung eines nicht ordnungsgemäß geladenen Beteiligten an der mündlichen Verhandlung entschieden, scheidet das vereinfachte Berufungsverfahren ebenfalls aus (BVerwG, Beschl. v. 8.8. 2007 – 10 B 74.07). Im Fall des Verzichts auf mündliche Verhandlung in erster Instanz (§ 101 II) bleibt dagegen Raum für § 130a.

7 Das Berufungsgericht ist bei Ausübung seines Ermessens ferner verpflichtet, soweit einschlägig **Art. 6 I EMRK** Rechnung zu tragen (BVerwG, Beschl. v. 25.9. 2007 – 5 B 53.07; BVerwGE 110, 203; KS § 130a Rn. 2; NKVwGO § 130a Rn. 8 ff.). Gemäß Art. 6 I 1 EMRK hat jede Person ein Recht darauf, dass über zivilrechtliche Ansprüche und Verpflichtungen vor einem Gericht öffentlich verhandelt wird. Nach der Rechtsprechung des EGMR erstreckt sich der Anwendungsbereich der Norm über rein privatrechtliche Streitigkeiten hinaus auf alle Verfahren, deren Ergebnis unmittelbare Auswirkungen auf „zivilrechtliche Rechte und Pflichten" haben kann. Erfasst werden danach auch Rechtssachen, die nach deutschem Recht verwaltungsrechtlicher Natur sind, wie z.B. bauplanungsrechtliche Streitigkeiten (BVerwGE 110, 203; nicht hingegen z.B. asyl- und ausländerrechtliche Streitigkeiten, BVerwGE 116, 123). Aus Art. 6 I EMRK ergibt sich allerdings kein von der Art der zu entscheidenden Fragen unabhängiges Recht auf mündliche Verhandlung im Berufungsverfahren (BVerwG, Beschl. v. 8.8. 2007 – 10 B 74.07). Eine mündliche Verhandlung ist entbehrlich, wenn die Tatsachen- und die Rechtsfragen anhand der Aktenlage angemessen entschieden werden können (BVerwG, Beschl. v. 25.9. 2007 – 5 B 53.07).

8 Ggf. kann sich auch aus dem **Erfordernis einer persönlichen Anhörung** eines Beteiligten ergeben, dass das Gericht an einer Entscheidung nach § 130a gehindert ist (BVerwG, Beschl. v. 8.8. 2007 – 10 B 74.07). Dasselbe gilt bei einer **sonstigen wesentlichen Änderung der Prozesslage** (B/F-K/vA § 130a Rn. 15).

III. Anhörungsmitteilung

9 Eine Entscheidung im Verfahren nach § 130a setzt gemäß S. 2 i.V.m. § 125 II 3 eine vorherige Anhörung aller Beteiligten voraus. Die Anhörungsmitteilung muss **unmissverständlich** erkennen lassen, wie das Berufungsgericht zu entscheiden beabsichtigt, und zwar sowohl hinsichtlich der Verfahrensweise als auch in Bezug auf die Sachentscheidung (BVerwG DÖV 2008, 79; BVerwGE 111, 69). Das Gericht muss allerdings nicht darlegen, warum es die Voraussetzungen für eine Entscheidung nach § 130a als gegeben erachtet; ebenso wenig ist erforderlich, eine Kurzfassung der Gründe der beabsichtigten Entscheidung zu leisten (BVerwG, Beschl. v. 25.9. 2007 – 5 B 53.07), es sei denn, dies ist zur Vermeidung einer Überraschungsentscheidung geboten.

Den Beteiligten ist eine angemessene Zeit zur Stellungnahme einzuräumen. 10
Zweckmäßigerweise geschieht dies, indem ihnen eine **Äußerungsfrist** gesetzt wird.
Setzt die Anhörungsmitteilung eine Äußerungsfrist in Lauf, ist das Anhörungsschreiben im Original vom Vorsitzenden oder vom Berichterstatter **vollständig zu unterzeichnen** (nicht nur zu paraphieren, vgl. BVerwG NJW 1994, 746; NRWOVG NVwZ-RR 1997, 760) sowie zuzustellen (BVerwG, Beschl. v. 26.7. 2007 – 9 B 11.07). Der Ablauf der gesetzten Stellungnahmefrist ist abzuwarten (BVerwG, Beschl. v. 19.12. 2008 – 9 C 16.07; BVerfG NJW 2009, 3779); ein Antrag auf Fristverlängerung ist zu bescheiden, bevor das Berufungsgericht nach § 130a beschließt (BVerwG, Beschl. v. 15.12. 2004 – 1 B 150.04; NVwZ-RR 1998, 783).

Stellt ein Beteiligter im Zuge der (ersten) Anhörung einen **Beweisantrag**, der in 11
der mündlichen Verhandlung gemäß § 86 II beschieden werden müsste, erfordert die Gewährung rechtlichen Gehörs regelmäßig eine **erneute Anhörungsmitteilung**, wenn das Berufungsgericht weiterhin im Beschlusswege nach § 130a entscheiden will; Entsprechendes gilt im Fall von neuem erheblichen Sachvortrag (BVerwG, Beschl. v. 22.6. 2007 – 10 B 56.07; NVwZ 2000, 73).

Eine erneute Anhörung ist jedoch **entbehrlich**, wenn sich der Beweisantrag nicht 12
auf neues entscheidungserhebliches Vorbringen bezieht. Danach kann das Gericht von einer weiteren Anhörungsmitteilung etwa absehen, wenn es die Beweistatsache als wahr unterstellt (BVerwG Buchh 310 § 130a Nr. 45), wenn der Beweisantrag unsubstanziiert ist, neben der Sache liegt, lediglich einen früheren Antrag wiederholt oder es sich um einen bloßen Beweisermittlungsantrag handelt. Aus den Beschlussgründen muss indes hervorgehen, dass es die Ausführungen des Beteiligten zur Kenntnis genommen und dessen Beweisanträge auf ihre Erheblichkeit überprüft hat (BVerwG, Beschl. v. 30.7. 2009 – 5 B 107.08; Beschl. v. 22.6. 2007 – 10 B 56.07). Entsprechendes gilt bei der Geltendmachung neuen Sachvortrags.

IV. Beschlussform

Das Verfahren nach § 130a steht allein dem Berufungssenat als **Kollegialorgan** offen, 13
nicht dem nach § 125 I 1 i.V.m. § 87a III, II konsertierten Bericht erstatten (BVerwG, Beschl. v. 20.7. 2000 – 1 B 30.00; BVerwGE 111, 69). Der Beschluss muss erkennen lassen, welche Überlegungen für die richterliche Überzeugungsbildung in tatsächlicher und rechtlicher Hinsicht maßgeblich gewesen sind (BVerwG, Beschl. v. 9.6. 2008 – 10 B 149.07). Eines Tatbestandes i.S.v. § 117 II Nr. 4 bedarf es dabei nach § 122 I nicht.

Gemäß § 130a S. 2 i.V.m. § 125 II 4 steht den Beteiligten gegen den Beschluss das 14
Rechtsmittel zu, das zulässig wäre, wenn das Berufungsgericht durch Urteil entschieden hätte (Revision oder Nichtzulassungsbeschwerde, → §§ 132 ff.). Die Beteiligten sind über dieses Rechtsmittel zu belehren, § 125 II 5.

§ 130b [Vereinfachte Abfassung des Berufungsurteils]

¹**Das Oberverwaltungsgericht kann in dem Urteil über die Berufung auf den Tatbestand der angefochtenen Entscheidung Bezug nehmen, wenn es sich die Feststellungen des Verwaltungsgerichts in vollem Umfange zu eigen macht.** ²**Von einer weiteren Darstellung der Entscheidungsgründe kann es absehen, soweit es die Berufung aus den Gründen der angefochtenen Entscheidung als unbegründet zurückweist.**

§ 130b Teil III. Rechtsmittel und Wiederaufnahme des Verfahrens

1 Zwecks **Entlastung des Berufungsgerichts** von unnötiger Formulierungs- und Schreibarbeit ermöglicht § 130b eine vereinfachte Abfassung des Berufungsurteils, indem das Gericht auf den Tatbestand und die Entscheidungsgründe der erstinstanzlichen Entscheidung Bezug nehmen kann. Die Regelung ist **nicht abschließend**. Über § 125 I 1 sind auch Bezugnahmen nach § 117 III 2, V zulässig. Ferner sind Verweisungen auf sonstige Schriftstücke einschließlich frühere Entscheidungen möglich, sofern die Beteiligten das in Bezug genommene Schriftstück kennen oder davon leicht Kenntnis nehmen können und sofern sich die für die richterliche Überzeugung maßgeblichen Gründe mit hinreichender Klarheit aus einer Zusammenschau des Bezug nehmenden Urteils und der in Bezug genommenen Ausführungen ermitteln lassen (vgl. BVerwG BauR 2009, 609; Beschl. v. 2.10. 1998 – 5 B 94.98).

2 Entscheidet das Gericht über die Berufung durch **Beschluss**, findet § 130b keine Anwendung. Ein Tatbestand i.S.v. § 130b S. 1 (§ 125 I 1 i.V.m. § 117 II Nr. 4) ist nicht erforderlich (§ 125 I 1, § 122 I), i.Ü. gilt § 122 II 3, der eine entsprechende Heranziehung von § 130b S. 2 entbehrlich macht. Aus denselben Gründen ist § 130b auch auf sonstige Beschlussentscheidungen des OVG nicht anwendbar. Für das Revisionsverfahren schließt § 141 S. 2 eine Anwendung ausdrücklich aus.

3 Die vereinfachte Abfassung des Berufungsurteils nach § 130b findet ihre **Grenzen** in den Begründungsanforderungen nach § 125 I 1 i.V.m. § 108 I 2. Das Berufungsgericht muss unter Berücksichtigung des Berufungsvorbringens der Beteiligten nachvollziehbar darlegen, auf welche tatsächlichen und rechtlichen Gesichtspunkte es seine Entscheidung stützt. Stellt ein Beteiligter durch neuen Vortrag die entscheidungserheblichen tatsächlichen Feststellungen oder die rechtliche Würdigung des VG substanziiert in Frage, muss sich das Berufungsgericht damit inhaltlich auseinandersetzen. Eine Bezugnahme nach § 130b S. 1 oder S. 2 genügt insoweit nicht und kann einen Verfahrensfehler i.S.v. § 138 Nr. 6 begründen (vgl. BVerwG DÖV 2005, 1046).

4 § 130b S. 1 sieht eine **Bezugnahme auf den Tatbestand** der erstinstanzlichen Entscheidung nur für den Fall vor, dass sich das OVG die tatsächlichen Feststellungen des VG in vollem Umfang zu eigen macht. Weicht es auch nur in einem Punkt ab, muss das OVG den Tatbestand eigenständig formulieren. Unberührt bleiben aber die sonstigen Verweisungsmöglichkeiten nach § 125 I 1 i.V.m. § 117 II 3. Dies schließt ein, wegen bestimmter, genau zu bezeichnender Feststellungen auf den Tatbestand des erstinstanzlichen Urteils Bezug zu nehmen (KS § 130b Rn. 1; BeckOK VwGO § 130b Rn. 5). § 130b S. 1 kann sich naturgemäß nur auf den Sach- und Streitstand im Zeitpunkt des Erlasses der angefochtenen Entscheidung beziehen. Hinsichtlich der Fortentwicklung des Rechtsstreits in der Berufungsinstanz muss das OVG den Tatbestand nach Maßgabe von § 125 I 1 i.V.m. § 117 III selbstständig darstellen (BeckOK VwGO § 130b Rn. 4; NKVwGO § 130b Rn. 8).

5 Die durch **§ 130b S. 2** gewährte Erleichterung bei der **Abfassung der Entscheidungsgründe** gilt nicht nur für den Fall, dass sich das Berufungsgericht den Erwägungen des VG vollumfänglich anschließt, sondern auch dann, wenn es der Begründung der angefochtenen Entscheidung lediglich teilweise oder nur in bestimmten Punkten folgen will. Dabei braucht es sich nicht um tragende Ausführungen des VG zu handeln. § 130b S. 2 erlaubt auch die Verweisung auf **Hilfserwägungen** (BVerwG NVwZ-RR 1993, 53). Stets ist der Umfang der Bezugnahme auf die erstinstanzlichen Gründe genau zu bezeichnen, weil sie nur unter dieser Voraussetzung Teil der Begründung des Berufungsurteils werden (BVerwG DÖV 2005, 1046). § 130b S. 2 findet unabhängig davon Anwendung, dass das VG von der Möglichkeit des § 117 V Gebrauch gemacht hat (BVerwG NVwZ 2002, 730). Nach den allgemeinen Grundsätzen kann das OVG auch im Falle einer **unzulässigen oder begründeten Berufung** auf Ausführungen in der angefochtenen Entscheidung verweisen; eines Rückgriffs auf § 130b S. 2 bedarf es dazu nicht (KS § 130b Rn. 2; BeckOK VwGO § 130b Rn. 10 m.w.N.).

§ 131 *(aufgehoben)*

§ 131 wurde mit Wirkung vom 1.1.1997 durch Art. 1 Nr. 25 des 6. VwGOÄndG vom 1.11.1996 (BGBl. I 1626) aufgehoben.

Die Aufhebung der Vorschrift ist eine redaktionelle **Folgeänderung** zur Einführung der allgemeinen Zulassungsberufung in § 124 I.

Abschnitt 13. Revision

§ 132 [Zulassung der Revision]

(1) Gegen das Urteil des Oberverwaltungsgerichts (§ 49 Nr. 1) und gegen Beschlüsse nach § 47 Abs. 5 Satz 1 steht den Beteiligten die Revision an das Bundesverwaltungsgericht zu, wenn das Oberverwaltungsgericht oder auf Beschwerde gegen die Nichtzulassung das Bundesverwaltungsgericht sie zugelassen hat.
(2) Die Revision ist nur zuzulassen, wenn
1. die Rechtssache grundsätzliche Bedeutung hat,
2. das Urteil von einer Entscheidung des Bundesverwaltungsgerichts, des Gemeinsamen Senats der obersten Gerichtshöfe des Bundes oder des Bundesverfassungsgerichts abweicht und auf dieser Abweichung beruht oder
3. ein Verfahrensmangel geltend gemacht wird und vorliegt, auf dem die Entscheidung beruhen kann.
(3) Das Bundesverwaltungsgericht ist an die Zulassung gebunden.

Übersicht

	Rn.
I. Zulassungserfordernis (I)	1
1. Revisionsfähige Entscheidungen	2
2. Revisionsbefugnis	5
3. Entscheidung über die Revisionszulassung	7
II. Zulassungsgründe (II)	13
1. Grundsätzliche Bedeutung der Rechtssache (II Nr. 1)	13
a) Fallübergreifende Rechtsfrage des revisiblen Rechts	14
b) Entscheidungserheblichkeit	17
c) Klärungsbedürftigkeit	20
2. Divergenz (II Nr. 2)	25
a) Abweichende Rechtssätze zur selben revisiblen Rechtsvorschrift	26
b) Divergenzfähige Entscheidungen	29
c) Beruhenserfordernis	31
d) Zulassung wegen nachträglicher Divergenz	33

3. Verfahrensmangel (II Nr. 3)	34
a) Formaler Mangel des gerichtlichen Verfahrens	34
b) Beispiele	38
c) Beruhenserfordernis	39
III. Bindung an die Zulassung (III)	42

I. Zulassungserfordernis (I)

1 § 132 betrifft die Revision gegen Urteile und diesen gleichgestellte **Entscheidungen des OVG** (§ 49 Nr. 1), unabhängig davon, ob das OVG erstinstanzlich (§§ 47, 48) oder als Berufungsgericht entschieden hat (§ 46 Nr. 1). Die Revision gegen Urteile des Verwaltungsgerichts (§ 49 Nr. 2) wird in §§ 134, 135 geregelt. Revisionsgericht ist stets das BVerwG. Die Revision bedarf in jedem Fall der Zulassung (§ 132 I, § 134 I 1, § 135 S. 2). Fehlt es an einer **rechtswirksamen Zulassung** der Revision, ist die Revision unstatthaft und als unzulässig (§ 143 S. 2) durch Beschluss zu verwerfen (§ 144 I; zur Heilung bei nachträglicher Zulassung → § 139 Rn. 2; § 143 Rn. 4).

1. Revisionsfähige Entscheidungen

2 Gemäß § 132 I steht den Beteiligten gegen das **Urteil eines OVG** die Revision an das BVerwG (nur) zu, wenn das OVG oder auf Beschwerde gegen die Nichtzulassung (vgl. § 133) das BVerwG sie zugelassen hat. Erfasst werden alle Endurteile einschließlich Teilurteilen (§§ 107, 110), des Weiteren Zwischenurteile (§§ 109, 111) sowie Ergänzungsurteile (§ 120).

3 § 132 I erstreckt sich auch auf Entscheidungen des OVG, die Urteilen gleichstehen. Dies sind zum einen die in § 132 I ausdrücklich benannten erstinstanzlichen **Beschlüsse** im Normenkontrollverfahren nach § 47 V 1. Zum anderen handelt es sich um zweitinstanzliche Beschlussentscheidungen nach § 125 II 2 (vgl. § 125 II 4) und § 130a (§ 130a S. 2 i.V.m. § 125 II 4) sowie um erstinstanzliche Entscheidungen des OVG nach § 84 II Nr. 3, 4 (§ 84 III Hs. 1) und § 93a II 1 (§ 93a II 5).

4 Hat das OVG über das prozessuale Begehren eines Verfahrensbeteiligten **fehlerhaft in Gestalt einer nicht revisionsfähigen Entscheidung erkannt**, steht dies der Statthaftigkeit der Revision bzw. der Nichtzulassungsbeschwerde nicht entgegen. Dem Beteiligten steht das Rechtsmittel zu, das bei einer in verfahrensrechtlich zutreffender Form ergangenen Entscheidung gegeben wäre (BVerwGE 71, 213).

2. Revisionsbefugnis

5 Revisionsbefugt sind nach § 132 I die „Beteiligten". Damit sind die **in der Vorinstanz Beteiligten i.S.v.** § 63 gemeint (BVerwG Buchh 310 § 133 nF Nr. 39; BVerwG, Beschl. v. 15.6. 1993 – 3 NB 2.93). Dies sind der Kläger, der Beklagte, der zum Verfahren Beigeladene sowie der von seiner Beteiligungsbefugnis Gebrauch machende VöI. Ausgenommen ist der **Vertreter des Bundesinteresses** (§ 35), der weder zur Revision noch zur Anschlussrevision befugt ist (BVerwGE 96, 258). Der zu Unrecht nicht Beigeladene ist nicht Beteiligter i.S.v. § 63 und damit auch nicht zur Einlegung von Rechtsbehelfen und Rechtsmitteln nach §§ 132 I, 133 befugt (BVerwG Buchh 310 § 133 nF Nr. 39). Der VöI kann seine Beteiligung noch bis zum Ablauf der für die Verfahrensbeteiligten laufenden Frist zur Einlegung der Revision bzw. der Nichtzulassungsbeschwerde erklären (vgl. BVerwGE 16, 265).

6 Die Berechtigung zur Einlegung der Revision setzt grds. eine **Beschwer** des Rechtsmittelführers voraus (KS § 132 Rn. 5). Diese muss sich nicht gerade in Ansehung des der Zulassung zugrunde liegenden Zulassungsgrundes ergeben (BVerwG Buchh 421.2 Hochschulrecht Nr. 43). Es genügt, dass der Rechtsmittelführer durch die angefochtene Entscheidung beschwert ist (B/F-K/vA § 132 Rn. 6, 8). Der Kläger ist beschwert, wenn der Entscheidungsausspruch hinter seinem Antragsbegehren zurückbleibt. Beklagter und Beigeladener sind beschwert, wenn die Entscheidung für sie nachteilig ist. Der Nachteil muss sich aus dem Entscheidungsausspruch ergeben. Als nachteilig empfundene Entscheidungsgründe genügen nicht, um die erforderliche Beschwer zu begründen (BVerwG NJW 2002, 2122; BVerwGE 17, 352). Dem zu Unrecht Beigeladenen kommt eine Revisionsbefugnis nicht zu, weil er durch die angegriffene Entscheidung nicht in eigenen rechtlichen Interessen berührt wird und damit nicht beschwert sein kann (BVerwGE 112, 335; BVerwG BayVBl. 2000, 473). Der VöI ist, sofern er rechtzeitig seine Beteiligung am Verfahren erklärt hat, bereits kraft seiner Beteiligtenstellung zur Revisionseinlegung befugt; einer Beschwer bedarf es nicht (BeckOK VwGO § 132 Rn. 8).

3. Entscheidung über die Revisionszulassung

Die Zulassung der Revision ist zwingend auszusprechen, wenn einer der in § 132 II **7** genannten Zulassungsgründe vorliegt. Es besteht insoweit **kein Ermessen**. Dies gilt sowohl für die von Amts wegen zu treffende Entscheidung des OVG als auch für das Beschwerdeverfahren gegen die Nichtzulassung der Revision. Umgekehrt kommt die Zulassung der Revision aus anderen als den in § 132 **abschließend bezeichneten Zulassungsgründen** nicht in Betracht (B/F-K/vA § 132 Rn. 3; BeckOK VwGO § 132 Rn. 16 ff.; S/S-A/P § 132 Rn. 12, 21; zum ausnahmsweise bestehenden Zulassungsermessen des OVG im Fall eines nachträglich bemerkten, nicht mehr heilbaren Verfahrensmangels vgl. NKVwGO § 132 Rn. 99, 130).

Von einer Zulassung der Revision ist (nur) auszugehen, wenn eine ausdrückliche **8** positive Zulassungsentscheidung vorliegt (BeckOK VwGO § 132 Rn. 14 ff.; S/S-A/ P § 132 Rn. 111). Die Entscheidung über die Zulassung oder Nichtzulassung der Revision durch das Vordergericht soll **grds. im Urteilstenor** ausgesprochen werden. Es genügt aber auch, wenn sich die Entscheidung eindeutig aus dem sonstigen Inhalt des Urteils entnehmen lässt (BVerwGE 71, 73; BVerwG, Beschl. v. 8.12. 1981 – 2 CB 29.79). Allein aus einer entsprechenden **Rechtsmittelbelehrung** lässt sich eine positive Zulassungsentscheidung nicht ableiten, weil es sich bei der Belehrung auch um einen Fehler handeln könnte. Eine fehlerhafte, auf die Einlegung der Revision abstellende Rechtsmittelbelehrung kann den Zugang zum Revisionsverfahren indes nicht eröffnen (vgl. BVerwGE 71, 73). Eine rechtswirksame Zulassung der Revision ist auch nicht erfolgt, wenn der (ursprüngliche) Ausspruch im Urteilstenor angesichts der gegenteiligen Ausführungen in der Urteilsbegründung sowie in der Rechtsmittelbelehrung ein offensichtliches Versehen darstellte, das im Wege der **Urteilsberichtigung** alsbald korrigiert worden ist (BVerwG Buchh 310 § 132 Abs. 1 Nr. 2).

Aus Gründen der Klarheit sollte die Entscheidung über die Zulassung bzw. Nicht- **9** zulassung der Revision in dem Urteil des OVG zumindest kurz **begründet werden** (KS § 132 Rn. 32, 33; B/F-K/vA § 132 Rn. 4; NKVwGO § 132 Rn. 137). Wird die Revision nicht zugelassen, genügt der Hinweis, dass die Voraussetzungen des § 132 II nicht vorliegen (vgl. BVerwG NJW 1991, 190; Beschl. v. 8.12. 1981 – 2 CB 29.79). Wird die Revision zugelassen, ist der Zulassungsgrund zu benennen.

Zulässig ist auch eine nur **teilweise Zulassung** der Revision. Voraussetzung ist, **10** dass sich die Teilzulassung auf einen **tatsächlich oder rechtlich abtrennbaren Teil der angefochtenen Entscheidung** bezieht. Eine beschränkte Zulassung ist etwa denkbar im Falle einer objektiven Klagehäufung (§ 44), wenn über mehrere prozessuale Ansprüche entschieden wird und die Zulassungsvoraussetzungen nicht in Bezug auf alle Streitgegenstände erfüllt sind. Ebenso kommt in Betracht, die Zulassung in subjektiver Hinsicht auf bestimmte Verfahrensbeteiligte zu beschränken. Unzulässig ist demgegenüber die Beschränkung auf bestimmte Rechtsfragen (BVerwG Buchh 421.2 Hochschulrecht Nr. 43; BVerwGE 41, 52).

11   Wirksam beschränkt ist die Zulassung nur dann, wenn eine solche Beschränkung zulässig ist und sie aus der Zulassungsentscheidung **eindeutig** hervorgeht (BVerwGE 41, 52). Ergibt sich eine Beschränkung der Revisionszulassung nicht schon **aus der Entscheidungsformel** des angefochtenen Urteils, steht dies der Annahme einer Teilzulassung nicht entgegen, sofern sich die Beschränkung klar **aus der Zulassungsbegründung** ergibt (BVerwG, Beschl. v. 23.5.1997 – 1 C 4.96 m.w.N.). Dies ist auch dann der Fall, wenn die Zulassung der Revision auf einen Zulassungsgrund gestützt ist, der sich erkennbar (nur) auf einen (abtrennbaren) Teil des Streitstoffs bezieht (BGH NJW 2004, 3264). Im Zweifelsfall ist von einer unbeschränkten Zulassung auszugehen (BeckOK VwGO § 132 Rn. 12.1), ebenso im Fall einer unzulässigen Beschränkung (BGH NJW 2003, 2529; 1984, 615).

12   Mit der Zulassungsentscheidung ist der **Zugang zur Revisionsinstanz** eröffnet. Das weitere Verfahren ist in → § 139 geregelt. Die Zulassung der Revision von Amts wegen durch das OVG wirkt – vorbehaltlich einer ausdrücklichen Beschränkung – zugunsten aller Verfahrensbeteiligten. Demgegenüber wirkt die im Nichtzulassungsbeschwerdeverfahren erreichte Revisionszulassung nur zugunsten des Beschwerdeführers (str.; → § 139 Rn. 7).

II. Zulassungsgründe (II)

1. Grundsätzliche Bedeutung der Rechtssache (II Nr. 1)

13   Der Zulassungsgrund des § 132 II Nr. 1 dient der **Sicherung der Rechtseinheit** und der **Rechtsfortbildung** durch Klärung offener Rechtsfragen (BVerwG NVwZ 2005, 709). Ausgehend davon hat eine Rechtssache grundsätzliche Bedeutung i.S.v. § 132 II Nr. 1, wenn für die Entscheidung des vorinstanzlichen Gerichts eine konkrete fallübergreifende Rechtsfrage des revisiblen Rechts von Bedeutung war, die auch für die Entscheidung im Revisionsverfahren erheblich wäre und deren höchstrichterliche Klärung **im Interesse der Einheitlichkeit der Rspr. oder einer bedeutsamen Fortentwicklung des Rechts** geboten erscheint (st. Rspr., vgl. z.B. BVerwG, Beschl. v. 3.6.2008 – 9 BN 3.08; NVwZ 2005, 709; Beschl. v. 9.11.2000 – 10 B 2.00, jeweils m.w.N.).

14   **a) Fallübergreifende Rechtsfrage des revisiblen Rechts.** Die aufgeworfene Rechtsfrage muss die Voraussetzungen und Rechtsfolgen einer bestimmten Norm (oder eines allgemeinen Rechtsgrundsatzes) des formellen oder materiellen Rechts betreffen (BVerwG WissR 2001, 377) und in dem angestrebten Revisionsverfahren klärungsfähig sein. Letzteres ist nur dann der Fall, wenn es um die Klärung einer **Frage des revisiblen Rechts** i.S.v. § 137 I geht. Die klärungsbedürftige Rechtsfrage muss einen Rechtssatz des Bundesrechts (§ 137 I Nr. 1; → § 137 Rn. 2 ff.) oder des revisiblen Landesrechts (§ 137 I Nr. 2; → § 137 Rn. 7 ff., 14 f.) betreffen. Die Voraussetzung kann auch erfüllt sein, wenn es um die **Anwendung irrevisiblen Landesrechts** geht. Allerdings genügt es nicht, wenn fraglich ist, ob Landesrecht unter Verstoß gegen Bundesrecht angewandt worden ist. In einem solchen Fall muss viel-

mehr hinzukommen, dass die Auslegung der einschlägigen Grundsätze des Bundes(verfassungs-)rechts durch die höchstrichterliche Rspr. nicht oder nicht hinreichend ausdifferenziert und entwickelt ist, um einen Maßstab für das Landesrecht darzustellen (vgl. BVerwG, Beschl. v. 3.6. 2008 – 9 BN 3.08).

Es muss sich darüber hinaus um eine fallübergreifende Rechtsfrage handeln, der **Bedeutung für eine Vielzahl von Fällen** zukommt. Das scheidet aus, wenn die Beantwortung der Frage von den tatsächlichen Umständen des konkreten Einzelfalls abhängt (BVerwG NVwZ 2005, 709; NVwZ-RR 1991, 488). Dies gilt beispielsweise für die i.d.R. einzelfallbezogene Frage der Verhältnismäßigkeit von Eingriffen (BVerwG InfAuslR 1994, 100; zu weiteren Beispielen vgl. B/F-K/vA § 132 Rn. 11). 15

An der Klärungsfähigkeit der Rechtsfrage kann es ausnahmsweise deshalb fehlen, weil das BVerwG infolge von § 144 III 1 Nr. 2, VI an seine rechtliche Beurteilung in einem vorangehenden Revisionsverfahren gebunden ist (zur **Rückbindung** → § 144 Rn. 22). 16

b) Entscheidungserheblichkeit. Die aufgeworfene Rechtsfrage muss des Weiteren für die revisionsgerichtliche Entscheidung erheblich sein. Dies **beurteilt sich anhand der angefochtenen Entscheidung** auf der Grundlage des dort festgestellten, nach § 137 II bindenden Sachverhalts. Zur Zulassung der Revision können nur solche Rechtsfragen führen, die für das angegriffene Urteil entscheidungserheblich waren (BVerwG NVwZ 2005, 709) und sich voraussichtlich auch im Revisionsverfahren stellen würden (BVerwG, Beschl. v. 19.10. 2006 – 9 B 11.06). Daran fehlt es, wenn die Vorinstanz Tatsachen nicht festgestellt hat, die vorliegen müssten, damit sich die aufgeworfene Rechtsfrage stellt (vgl. BVerwG NVwZ 1999, 1335 m.w.N.). Eine Ausnahme gilt für den Fall, dass die Vorinstanz für die aufgeworfene Rechtsfrage bedeutsame Tatsachen nicht festgestellt hat, weil es darauf ausgehend von der Rechtsauffassung des Tatsachengerichts nicht ankam (BVerwGE 111, 61; vgl. ferner BVerwG DVBl. 2003, 868; NVwZ 1999, 1335, zu der Frage, ob nicht festgestellte Tatsachen berücksichtigt werden können, wenn ein Wiederaufnahmegrund vorliegt). 17

Eine Zulassung wegen grundsätzlicher Bedeutung kommt nicht in Betracht, wenn die angefochtene Entscheidung auf **mehrere selbstständig tragende Begründungen** gestützt ist, die aufgeworfene Rechtsfrage jedoch nicht für alle Begründungselemente erheblich ist und insoweit auch kein anderer Zulassungsgrund eingreift (vgl. BVerwG NJW 1997, 3328). Handelt es sich hingegen um eine alternative Begründung oder tragen mehrere Begründungselemente die Entscheidung nur gemeinsam, genügt es, wenn die aufgeworfene Rechtsfrage für einen Begründungsteil erheblich ist (BeckOK VwGO § 132 Rn. 19). 18

Mangels Entscheidungserheblichkeit verleiht auch eine Rechtsfrage, die sich nur auf eine **nach Ergehen der angefochtenen Entscheidung in Kraft getretene neue Rechtsgrundlage** bezieht, der Rechtssache keine grundsätzliche Bedeutung. Der Zulassungsgrund des § 132 II Nr. 1 hat nicht die Aufgabe, die auf der Grundlage des neuen Rechts nunmehr zu treffende Entscheidung zu gewährleisten und so der Einzelfallgerechtigkeit zu dienen (BVerwG NVwZ 2005, 709). 19

c) Klärungsbedürftigkeit. Die Zulassung wegen grundsätzlicher Bedeutung ist nur dann gerechtfertigt, wenn es zur Klärung der aufgeworfenen Rechtsfrage der Durchführung eines Revisionsverfahrens bedarf. Eine Zulassung der Revision kommt daher nicht in Betracht, wenn die Frage höchstrichterlich bereits hinreichend geklärt ist. **Maßgeblich** für die Beurteilung ist der **Zeitpunkt der Zulassungsentscheidung**. Dementsprechend führt eine anderweitige Klärung während des Verfahrens der Nichtzulassungsbeschwerde dazu, dass ein rechtsgrundsätzlicher Klärungsbedarf 20 nachträglich entfällt und der Zulassungsgrund des § 132 II Nr. 1 nicht (mehr) vorliegt (BVerwG NVwZ 2005, 709; B/F-K/vA § 132 Rn. 17; zur Umstellung auf bzw. Umdeutung in eine Divergenzrüge vgl. Rn. 33).

21 Eine Rechtsfrage hat nicht schon deshalb grundsätzliche Bedeutung, weil zu ihr noch keine ausdrückliche Entscheidung des BVerwG vorliegt. An der erforderlichen Klärungsbedürftigkeit fehlt es gleichwohl, wenn sich die Rechtsfrage ohne Weiteres **aus dem Gesetz oder aufgrund** in der höchstrichterlichen Rspr. **anerkannter Rechtsgrundsätze beantworten lässt** (BVerwG, Beschl. v. 3.6. 2008 – 9 BN 3.08). Dasselbe gilt, wenn sich die Antwort auf die Rechtsfrage anhand des bislang erreichten Klärungsstands in der höchstrichterlichen Rspr. und des allgemein anerkannten Meinungsstands im Schrifttum ergibt (BVerwG NVwZ 2008, 212). Gibt die vorhandene höchstrichterliche Rspr. ausreichende Anhaltspunkte zur Beurteilung der Rechtsfrage, ist sie als geklärt anzusehen (BVerwG, Beschl. v. 14.4. 2003 – 3 B 167.02). Danach kann ein höchstrichterlicher Klärungsbedarf auch zu verneinen sein, wenn die Rechtsfrage durch die Rspr. eines anderen obersten Bundesgerichts geklärt ist und das BVerwG dieser Rspr. folgt (BVerwG NVwZ 2008, 212). Als ohne Weiteres aus dem Gesetz zu beantworten gilt eine Rechtsfrage auch dann, wenn sich die Antwort **durch Auslegung der maßgeblichen Rechtsvorschriften anhand der anerkannten Auslegungskriterien** ergibt (vgl. BVerwG NVwZ 2005, 464; Beschl. v. 14.4. 2003 – 3 B 167.02).

22 Eine höchstrichterlich geklärte Rechtsfrage kann **erneuten Klärungsbedarf** aufwerfen, wenn sich gewichtige neue, bislang nicht berücksichtigte rechtliche Gesichtspunkte ergeben haben, die eine erneute revisionsgerichtliche Befassung geboten erscheinen lassen (vgl. BVerwG NVwZ 1987, 55). Dies kommt namentlich in Betracht, wenn die Rechtsfrage in der Rspr. und im Schrifttum weiterhin umstritten ist und die rechtliche Argumentation weiter entwickelt worden ist (BeckOK VwGO § 132 Rn. 27; B/F-K/vA § 132 Rn. 15; NKVwGO § 132 Rn. 58). Ebenso kann erneuter Klärungsbedarf durch zwischenzeitlich ergangene Rspr. des EuGH oder des EGMR geweckt werden.

23 Grundsätzliche Bedeutung kann einer Rechtssache auch dadurch zukommen, dass das angefochtene Urteil von einer **Entscheidung eines in § 132 II Nr. 2 nicht aufgeführten obersten Bundesgerichts** abweicht. Die unterschiedliche Rechtsauslegung kann den Schluss nahe legen, dass es sich um eine Frage handelt, die auch der Klärung durch das BVerwG bedarf. Voraussetzung ist aber, dass eine abweichende Beurteilung derselben Rechtsfrage im Raume steht. Daran fehlt es, wenn die den beiden Entscheidungen zugrunde liegenden Sachverhalte nicht miteinander vergleichbar sind (vgl. BVerwG, Beschl. v. 4.12. 2006 – 2 B 57.06). Ein die Zulassung rechtfertigender Klärungsbedarf besteht ferner dann, wenn die Rechtsfrage nicht abschließend durch das BVerwG beantwortet werden kann, sondern die Voraussetzungen für eine Vorlage an das BVerfG (Art. 100 GG) oder den EuGH (Art. 267 VAEU = ex-Art. 234 EGV) gegeben sind (vgl. BVerwG NVwZ 1997, 178; BeckOK VwGO § 132 Rn. 29 f.; B/F-K/vA § 132 Rn. 10; S/S-A/P § 132 Rn. 49 f.).

24 Rechtsfragen, die **ausgelaufenes oder auslaufendes Recht** betreffen, begründen der Regelmäßig keinen rechtsgrundsätzlichen Klärungsbedarf. Denn § 132 II Nr. 1 zielt auf eine für die Zukunft geltende Klärung, die bei bereits ausgelaufenem oder auslaufendem Recht nicht erreicht werden kann. Eine abweichende Beurteilung ist nur dann gerechtfertigt, wenn die Klärung noch für einen nicht überschaubaren Personenkreis in nicht absehbarer Zukunft von Bedeutung ist. Es müssen Anhaltspunkte für eine erhebliche Zahl von Altfällen ersichtlich sein. Darüber hinaus bleibt eine Rechtsfrage trotz auslaufenden Rechts grds. klärungsbedürftig, wenn sich bei der ge-

setzlichen Bestimmung, die der außer Kraft getretenen Vorschrift nachfolgt, die streitige Frage in gleicher Weise stellt (BVerwG NVwZ-RR 1996, 712 m.w.N.). Nach diesen Maßgaben werfen auch Rechtsfragen, die sich auf **Übergangsregelungen** beziehen, regelmäßig keinen Klärungsbedarf i.S. des § 132 II Nr. 1 auf (BVerwG Buchh 310 § 132 Abs. 2 Ziff. 1 Nr. 21; DVBl. 1995, 568).

2. Divergenz (II Nr. 2)

Gemäß § 132 II Nr. 2 ist die Revision zuzulassen, wenn das angefochtene Urteil von 25 einer Entscheidung der in der Vorschrift genannten Gerichte abweicht und auf dieser Abweichung beruht. Bei der Divergenzzulassung steht der Gesichtspunkt der **Wahrung der Rechtseinheit und Rechtsanwendungsgleichheit** im Vordergrund (BVerwG, Beschl. v. 27.2. 1997 – 5 B 145.96). Eine Divergenz i.S. dieser Vorschrift liegt (nur) vor, wenn sich das OVG in Anwendung derselben Rechtsvorschrift mit einem seine Entscheidung tragenden abstrakten Rechtssatz zu einem in einer Entscheidung des BVerwG, des GemSOGB oder des BVerfG aufgestellten ebensolchen Rechtssatz in Widerspruch gesetzt hat (st. Rspr., vgl. z.B. BVerwG, Beschl. v. 3.6. 2008 – 9 BN 3.08; NVwZ-RR 2004, 114).

a) Abweichende Rechtssätze zur selben revisiblen Rechtsvorschrift. Unter 26 Rechtssätzen ist die sprachliche Form zu verstehen, die über die bloße Wiedergabe des Gesetzeswortlauts hinausgeht und den Inhalt der Norm – Voraussetzungen und Rechtsfolgen – näher umschreibt (BVerwG, Beschl. v. 7.3. 2001 – 8 B 36.01). Die einander widersprechenden Rechtssätze müssen sich auf **dieselbe Rechtsvorschrift** beziehen (BVerwG, Beschl. v. 11.3. 2009 – 4 BN 7.09; Buchh 310 § 132 Nr. 302). An dieser Voraussetzung kann es auch dann fehlen, wenn es sich im Wesentlichen um inhaltsgleiche Vorschriften handelt. Denn selbst gleichlautende Vorschriften und die darin verwendeten gleichlautenden Begriffe können in dem Rahmen und System der Gesetze, in die sie eingebunden sind, verschiedene Bedeutung haben (vgl. BVerwG, Beschl. v. 11.12. 2008 – 2 B 70.08; andererseits NVwZ 2004, 889).

Die Zulassung wegen Divergenz setzt des Weiteren voraus, dass sich die Abweichung im angestrebten revisionsgerichtlichen Verfahren beseitigen lässt. Es muss daher um die **Anwendung revisiblen Rechts** (§ 137 I) gehen. Demgemäß kommt eine Zulassung nicht in Betracht, wenn die (angeblich) abweichende Entscheidung eine Vorschrift des irrevisiblen Rechts betrifft. Dies gilt auch dann, wenn das nichtrevisible Recht mit revisiblem Recht inhaltsgleich ist (BVerwG, Beschl. v. 11.3. 2009 – 4 BN 7.09; Beschl. v. 19.10. 2006 – 9 B 11.06).

Schließlich muss der angefochtenen Entscheidung ein abweichender Rechtssatz 28 zugrunde liegen. Dazu genügt es nicht schon, dass das OVG das maßgebliche **revisible Recht nicht oder unrichtig angewandt** hat. Denn aus der fehlerhaften oder unterbliebenen Rechtsanwendung im Einzelfall lässt sich nicht ableiten, dass das OVG einen divergierenden abstrakten Rechtssatz aufgestellt hat (vgl. BVerwG, Beschl. v. 3.6. 2008 – 9 BN 3.08; NVwZ 2002, 1235; Buchh 310 § 132 Abs. 2 Ziff. 2 Nr. 9). Hingegen entfällt eine Divergenz nicht deshalb, weil dem OVG im Zeitpunkt seiner Entscheidung die abweichende Entscheidung des BVerwG (BVerfG, GemSOGB) noch nicht bekannt war (BVerwG, Beschl. v. 26.1. 1999 – 9 B 155.98; Buchh 310 § 132 Nr. 299; kritisch B/F-K/vA § 132 Rn. 25 unter Verweis auf Günther DVBl. 1998, 678, 681).

b) Divergenzfähige Entscheidungen. Die **Aufzählung** der in § 132 II Nr. 2 an- 29 geführten divergenzfähigen Entscheidungen ist **abschließend**. Für eine analoge Anwendung auf Entscheidungen des EuGH ist kein Raum (BVerwG, Beschl. v. 26.1. 2010 – 9 B 40.09; WissR 2001, 377). Dasselbe gilt in Bezug auf Entscheidungen sonstiger als der bezeichneten obersten Bundesgerichte (BVerwG, Beschl. v. 5.1. 2006 – 10 B 26.05). In diesen Fällen kommt aber eine Zulassung nach § 132 II Nr. 1 in Betracht (→ Rn. 23). Ein die Revision zulassender Beschluss ist keine Entscheidung i.S. des § 132 II Nr. 2. Mit dem Zulassungsbeschluss wird die darin angesprochene Rechtsfrage nicht entschieden, so dass sich insoweit keine Abweichung ergeben kann (vgl. BVerwG NVwZ 1999, 406). Da es sich um einen tragenden Rechtssatz handeln muss, rechtfertigt auch die Abweichung gegenüber einem **„obiter dictum"** die Zulassung der Revision nach § 132 II Nr. 2 nicht (BVerwG, Beschl. v. 10.4. 1997 – 9 B 84.97; BVerwGE 99, 351).

30 **§ 127 Nr. 1 BRRG** erweitert für **beamtenrechtliche Streitigkeiten** den Zulassungsgrund der Divergenz über die in § 132 II Nr. 2 genannten Entscheidungen hinaus auf die Entscheidung eines anderen OVG. Der Begriff der Abweichung ist mit § 132 II Nr. 2 inhaltlich identisch (BVerwG NVwZ 1999, 406). Eine Zulassung kommt nicht mehr in Betracht, wenn das BVerwG die streitige Rechtsfrage i.S. der angefochtenen Entscheidung geklärt hat. Eine Abweichung nach § 127 Nr. 1 BRRG liegt nicht vor, wenn die angeblich voneinander abweichenden Entscheidungen verschiedener OVGs auf der Anwendung von Vorschriften beruhen, die Beamtengesetzen verschiedener Bundesländer oder eines Landes und des Bundes angehören (BVerwG, Beschl. v. 11.12. 2008 – 2 B 70.08; Buchh 230 § 127 BRRG Nr. 57). Es handelt sich dann nicht, wie erforderlich, um dieselbe Rechtsvorschrift. Ferner gilt auch im Anwendungsbereich des § 127 Nr. 1 BRRG, dass sich die zueinander in Bezug gesetzten Entscheidungen auf revisibles Recht beziehen müssen. Betreffen die Entscheidungen zweier OVG nichtrevisibles Recht, kommt eine Zulassung selbst dann nicht in Betracht, wenn eine Divergenz tatsächlich vorliegt (BVerwG, Beschl. v. 4.5. 2007 – 2 B 24.07).

31 **c) Beruhenserfordernis.** Die Divergenz muss für die angefochtene Entscheidung erheblich sein, d.h. ohne die Abweichung muss **ein anderes Entscheidungsergebnis möglich sein**. Die angefochtene Entscheidung beruht mithin nicht auf einer Divergenz, wenn sie sich aufgrund einer nach ihrem Erlass erfolgten Gesetzesänderung im Ergebnis als richtig erweist **(§ 144 IV analog)** und es in dem angestrebten Revisionsverfahren auf die von der höchstrichterlichen Rspr. entschiedene Rechtsfrage nicht mehr ankäme (BVerwG, Beschl. v. 7.3. 2002 – 5 B 60.01; zu einer fehlenden Entscheidungserheblichkeit vgl. ferner → Rn. 18).

32 Nach der Rspr. des BVerwG stellt die Revisionszulassung wegen Divergenz einen Unterfall der Revisionszulassung wegen grundsätzlicher Bedeutung dar. Entsprechend sind Fragen zur **Auslegung und Anwendung auslaufenden oder ausgelaufenen Rechts**, die sich künftig nicht mehr stellen (vgl. Rn. 24) und die nach der bisherigen Gesetzeslage eindeutig i.S. des angefochtenen Urteils zu beantworten sind, auch nicht infolge einer Divergenzrüge klärungsbedürftig (BVerwG Buchh 310 § 132 Abs. 2 Ziff. 2 Nr. 8; B/F-K/vA § 132 Rn. 18; offen gelassen von BVerwG, Beschl. v. 10.4. 1997 – 9 B 84.97; a.A. BVerwG, Beschl. v. 27.2. 1997 – 5 B 145.96; BeckOK VwGO § 132 Rn. 33; NKVwGO § 132 Rn. 69 f.).

33 **d) Zulassung wegen nachträglicher Divergenz.** Die Frage der Zulassung der Revision wegen nachträglicher Divergenz stellt sich für den Fall, dass im Verfahren der Nichtzulassungsbeschwerde (§ 133) eine ordnungsgemäße Grundsatzrüge erhoben worden ist und die aufgeworfene Rechtsfrage nach Ablauf der Beschwerdebegründungsfrist (§ 133 III 1) höchstrichterlich geklärt worden ist. Führt die Klärung

Zulassung der Revision **§ 132**

zu einer nachträglichen Divergenz, kann die **Grundsatzrüge in eine Divergenzrüge** nach § 132 II Nr. 2 **umgedeutet** werden (BVerwG, Beschl. v. 8.6. 2007 – 8 B 101.06 m.w.N.; Beschl. v. 21.2. 2000 – 9 B 57.00).

3. Verfahrensmangel (II Nr. 3)

a) Formaler Mangel des gerichtlichen Verfahrens. Ein Verfahrensmangel i.S.v. 34
§ 132 II Nr. 3 liegt vor, wenn die Vorinstanz gegen eine Vorschrift verstoßen hat, die den **äußeren Verfahrensablauf** regelt. § 132 II Nr. 3 betrifft formale Mängel des Gerichtsverfahrens. Davon abzugrenzen ist ein Verstoß gegen eine Vorschrift, die den **inneren Vorgang der richterlichen Rechtsfindung** bestimmt. Solche materiellrechtlichen Fehler begründen keinen Verfahrensmangel (st. Rspr., z.B. BVerwG, Beschl. v. 11.3. 2009 – 4 BN 7.09; NVwZ 2008, 1025; NVwZ-RR 1996, 359).

Ausgehend davon kann ein Verfahrensmangel **nicht** unter Verweis auf **Fehler in** 35
der Sachverhalts- und Beweiswürdigung geltend gemacht werden. Die richterliche Würdigung ist dem Bereich des materiellen Rechts zuzuordnen (BVerwG NVwZ-RR 2002, 140; NJW 1997, 3328; NVwZ-RR 1996, 359). Demgemäß sind auch Wertungswidersprüche, die dem Tatsachengericht bei der Anwendung des sachlichen Rechts unterlaufen sein sollen, nicht mit der Verfahrensrüge angreifbar (BVerwG, Beschl. v. 7.3. 2001 – 8 B 36.01). Abgrenzungsschwierigkeiten bestehen in Bezug auf einen Verstoß gegen Denkgesetze, der nach der Rspr. des BVerwG in Ausnahmefällen dem Verfahrensrecht zuzurechnen sein kann (vgl. BVerwG NVwZ 1997, 389; BVerwGE 84, 271).

Der Verfahrensrüge entzogen sind ferner solche **prozessualen Vorentscheidun-** 36
gen, die unanfechtbar sind (§ 173 S. 1 i.V.m. § 557 II ZPO), wie z.B. die zu Unrecht erfolgte Beiladung (§ 65 IV 3), Wiedereinsetzung (§ 60 V), Zulassung der Berufung, Nichtzulassung der Klageänderung (§ 91 III) oder Ablehnung eines Ablehnungsgesuchs (vgl. §§ 146 II, 152, § 173 S. 1 i.V.m. § 46 II ZPO; zu weiteren Beispielen siehe etwa BeckOK VwGO § 132 Rn. 52). Dasselbe gilt für zwar anfechtbare, aber nicht angefochtene Vorentscheidungen. Unberührt bleibt jedoch die Möglichkeit, die Verfahrensrüge auf Verfahrensmängel zu stützen, die i.S. einer Folgewirkung der (fehlerhaften) prozessualen Vorentscheidung anhaften (→ § 146 Rn. 15). So kann z.B. die unrichtige Entscheidung über ein Befangenheitsgesuch ggf. einen Verfahrensmangel nach § 138 Nr. 1 begründen.

Ob ein Verfahrensmangel vorliegt, bemisst sich nach der materiellen Rechtsauffas- 37
sung der Vorinstanz, unabhängig davon, ob diese rechtsfehlerhaft ist (BVerwG WissR 2001, 377; BVerwGE 106, 115). Eine Aufklärungsrüge kann daher nicht erfolgreich auf das Fehlen einer (weiteren) Sachverhaltsermittlung gestützt werden, wenn es nach der **maßgeblichen materiellrechtlichen Sicht des Tatsachengerichts** auf die vom Rügeführer vermissten tatsächlichen Feststellungen nicht ankam. Entsprechendes gilt z.B. für eine Gehörsrüge, mit der die Ablehnung eines Beweisantrags beanstandet wird.

b) Beispiele. Beachtliche, die Zulassung der Revision rechtfertigende Verfahrens- 38
mängel sind insbes. alle **absoluten Revisionsgründe** nach § 138 (vgl. BVerwG NVwZ-RR 1996, 299). In Betracht kommen des Weiteren Verstöße z.B. gegen den Amtsermittlungsgrundsatz (§ 86 I), die Unmittelbarkeit der Beweisaufnahme (§ 96 I), den Grundsatz der Überzeugungsbildung anhand des Gesamtergebnisses des Verfahrens (§ 108 I 1), die Bindung an das Klagebegehren nach § 88 (zu weiteren Beispielen vgl. KS § 132 Rn. 21; S/S-A/P § 132 Rn. 90; NKVwGO § 132 Rn. 108 ff.). Hat das Gericht eine Klage zu Unrecht als unzulässig abgewiesen und

nicht zur Sache entschieden, kann darin ebenfalls ein Verstoß gegen Vorschriften über das gerichtliche Verfahren liegen, wenn die Abweisung auf einer fehlerhaften Anwendung der prozessualen Vorschriften beruht (BVerwG, Beschl. v. 28.1. 2003 – 7 B 73.02; NJW 1995, 2121; → vor § 40 Rn. 14).

39 **c) Beruhenserfordernis.** Ein Verfahrensmangel rechtfertigt die Zulassung der Revision nur unter der Voraussetzung, dass die angefochtene Entscheidung auf dem Fehler beruhen kann. Im Falle von Verfahrensfehlern i. S. v. § 138 wird dies kraft Gesetzes unwiderleglich vermutet. Bei sonstigen Verfahrensmängeln ist das **Kausalitätserfordernis** erfüllt, wenn nicht auszuschließen ist, dass die Vorinstanz ohne den Verfahrensfehler zu einem für den davon Betroffenen günstigeren Ergebnis in der Hauptsacheentscheidung gekommen wäre (BVerwGE 106, 366; 14, 342; KS § 132 Rn. 23; BeckOK VwGO § 132 Rn. 56). Ist die angefochtene Entscheidung auf mehrere selbstständig tragende Gründe gestützt, ist die Zulassung wegen eines Verfahrensfehlers nur gerechtfertigt, wenn sich dieser auf alle tragenden Erwägungen auswirkt bzw. hinsichtlich jeder Begründung ein Zulassungsgrund geltend gemacht wird und vorliegt (BVerwG DVBl. 1994, 210; → Rn. 18). Etwas anderes gilt ausnahmsweise, wenn die Begründungen wegen unterschiedlicher Rechtskraftwirkung nicht gleichwertig sind (BVerwG NJW 2003, 2255).

40 Die angefochtene Entscheidung ist nicht als auf dem Verfahrensmangel beruhend anzusehen, wenn der betroffene Verfahrensbeteiligte sein **Rügerecht** infolge Heilung des Verfahrensfehlers **verloren** hat (§ 173 S. 1 i. V. m. §§ 295 I, 556 ZPO). Dies ist der Fall, wenn der Beteiligte auf die Einhaltung der Verfahrensbestimmung verzichtet hat oder er den Verfahrensverstoß nicht rechtzeitig gerügt hat (vgl. z. B. BVerwG NJW 1998, 3369 m. w. N.). Der Rügeverlust infolge fehlender rechtzeitiger Geltendmachung des Verfahrensverstoßes spielt insbes. bei Gehörs- und Aufklärungsrügen eine Rolle. Der Rechtsmittelführer muss darlegen, dass er die ihm eröffneten und nach Lage der Dinge tauglichen prozessualen Möglichkeiten ausgeschöpft hat, sich Gehör zu verschaffen (z. B. BVerwG Buchh 11 Art. 103 Abs. 1 GG Nr. 55; BVerfGE 74, 220) bzw. auf eine weitere Sachverhaltsermittlung hinzuwirken (z. B. BVerwG NJW 1999, 3328). Bei Verfahrensvorschriften, auf deren Befolgung die Beteiligten nicht wirksam verzichten können, kann ein Rügeverlust nicht eintreten (§ 173 S. 1 i. V. m. § 295 II, 556 ZPO). Dies betrifft Vorschriften, die (auch) dem öffentlichen Interesse zu dienen bestimmt sind, wie z. B. Regelungen zur vorschriftsmäßigen Besetzung des Gerichts (BVerwGE 102, 7) und zu den Prozessvoraussetzungen (vgl. ThP § 295 Rn. 3 mit weiteren Beispielen).

41 Einem Verfahrensfehler kommt die erforderliche Entscheidungserheblichkeit ferner dann nicht zu, wenn sich die angefochtene Entscheidung unter entsprechender Heranziehung des **§ 144 IV** gleichwohl als richtig darstellt (BVerwG, Beschl. v. 7.3. 2002 – 5 B 60.01; zur Anwendbarkeit des § 144 IV bei absoluten Revisionsgründen → § 138 Rn. 5 f., § 144 Rn. 7 f.).

III. Bindung an die Zulassung (III)

42 Das BVerwG ist gemäß § 132 III **an die Zulassungsentscheidung gebunden**. Dies gilt auch für die Zulassung durch das BVerwG selbst (BVerwG NVwZ 1995, 698). Unerheblich ist mithin, ob tatsächlich Zulassungsgründe i. S. v. § 132 II vorliegen. Beispielsweise lässt eine fehlende Revisibilität einer Rechtsfrage die Bindungswirkung nicht entfallen (BVerwG NJW 1998, 1578). Die Bindungswirkung erstreckt sich allein auf das Zulassungserfordernis. Die **übrigen Zulässigkeitsvoraussetzun-**

gen für die Revision prüft das BVerwG eigenständig (BVerwG NVwZ-RR 2006, 580). Demgemäß geht von der Zulassungsentscheidung keine Bindungswirkung aus, wenn die Revision generell unstatthaft ist, weil es sich bei der angefochtenen Entscheidung nicht um ein Urteil im Sinne von § 132 I handelt.

Keine Bindungswirkung entfalten auch die **Zulassungsgründe**. Weder ist das Revisionsvorbringen auf die Gründe beschränkt, die zur Zulassung der Revision geführt haben (BVerwG Buchh 421.2 Hochschulrecht Nr. 43), noch begrenzt die Zulassungsentscheidung die Prüfungsbefugnis des Revisionsgerichts. Die Reichweite der revisionsgerichtlichen Überprüfung bestimmt sich vielmehr nach → § 137 III, wonach das BVerwG vorbehaltlich des Rügevorbehalts für Verfahrensmängel in eine Vollprüfung eintritt (§ 137 III 2). 43

§ 133 [Beschwerde gegen die Nichtzulassung der Revision]

(1) Die Nichtzulassung der Revision kann durch Beschwerde angefochten werden.

(2) ¹Die Beschwerde ist bei dem Gericht, gegen dessen Urteil Revision eingelegt werden soll, innerhalb eines Monats nach Zustellung des vollständigen Urteils einzulegen. ²Die Beschwerde muß das angefochtene Urteil bezeichnen.

(3) ¹Die Beschwerde ist innerhalb von zwei Monaten nach der Zustellung des vollständigen Urteils zu begründen. ²Die Begründung ist bei dem Gericht, gegen dessen Urteil Revision eingelegt werden soll, einzureichen. ³In der Begründung muß die grundsätzliche Bedeutung der Rechtssache dargelegt oder die Entscheidung, von der das Urteil abweicht, oder der Verfahrensmangel bezeichnet werden.

(4) Die Einlegung der Beschwerde hemmt die Rechtskraft des Urteils.

(5) ¹Wird der Beschwerde nicht abgeholfen, entscheidet das Bundesverwaltungsgericht durch Beschluß. ²Der Beschluß soll kurz begründet werden; von einer Begründung kann abgesehen werden, wenn sie nicht geeignet ist, zur Klärung der Voraussetzungen beizutragen, unter denen eine Revision zuzulassen ist. ³Mit der Ablehnung der Beschwerde durch das Bundesverwaltungsgericht wird das Urteil rechtskräftig.

(6) Liegen die Voraussetzungen des § 132 Abs. 2 Nr. 3 vor, kann das Bundesverwaltungsgericht in dem Beschluß das angefochtene Urteil aufheben und den Rechtsstreit zur anderweitigen Verhandlung und Entscheidung zurückverweisen.

Übersicht

	Rn.
I. Statthaftigkeit der Nichtzulassungsbeschwerde (I)	1
II. Beschwerdeeinlegung (II)	4
1. Adressat und Form	4
2. Frist	8
3. Hemmung der Rechtskraft (IV)	13
III. Beschwerdebegründung (III)	14
1. Form und Frist	14
2. Inhalt der Beschwerdebegründung	17
a) Allgemeine Anforderungen	18
b) Darlegungsanforderungen bei der Grundsatzrüge	19

c) Darlegungsanforderungen bei der Divergenzrüge 22
d) Darlegungsanforderungen bei der Verfahrensrüge 25
IV. Entscheidung über die Nichtzulassungsbeschwerde (V) 29
1. Entscheidung des iudex a quo 29
2. Entscheidung des BVerwG 32
3. Rücknahme; Erledigung 36
V. Zurückverweisung des Rechtsstreits (VI) 38

I. Statthaftigkeit der Nichtzulassungsbeschwerde (I)

1 Die Tatsachengerichte haben in den ihrer Art nach revisionsfähigen Entscheidungen (vgl. § 132 I und § 135 S. 1) auch darüber zu entscheiden, ob sie die Revision zulassen. Lassen sie die Revision nicht zu, kann dies gemäß § 133 I durch Beschwerde angefochten werden. Dies gilt gleichermaßen für die ausdrückliche **Nichtzulassung der Revision** wie für eine **fehlende Entscheidung über die Revisionszulassung** (KS § 133 Rn. 2). Nur wenn das Tatsachengericht eine positive Zulassungsentscheidung trifft, ist den Beteiligten unmittelbar das Rechtsmittel der Revision eröffnet.

2 Die Nichtzulassungsbeschwerde ist kein Rechtsmittel gegen die Hauptsacheentscheidung, sondern ein **Rechtsbehelf** gegen eine Zugangsschranke zur Revisionsinstanz. Ihr kommt Suspensiveffekt zu (§ 133 IV). Devolutivwirkung hat sie indes erst nach der Nichtabhilfeentscheidung (vgl. § 133 V 1; BeckOK VwGO § 133 Rn. 93; S/S-A/P § 133 Rn. 15 f.). Nicht statthaft ist die Nichtzulassungsbeschwerde gegen die Nichtzulassung der Beschwerde nach § 17a IV 4 GVG (BVerwG NVwZ-RR 2004, 542; → § 152 Rn. 2).

3 **Beschwerdebefugt** sind die durch die angegriffene Entscheidung beschwerten Beteiligten des Ausgangsverfahrens. Es gelten dieselben Maßgaben wir für die Revisionsbefugnis (→ § 132 Rn. 5 f.; § 139 Rn. 1). Anders als im Revisionsverfahren kommt eine Beiladung des im Ausgangsverfahren zu Unrecht nicht Beigeladenen nicht in Betracht (→ § 142 Rn. 7). Sind durch die angefochtene Entscheidung mehrere Beteiligte beschwert, kann jeder selbstständig Nichtzulassungsbeschwerde einlegen (B/F-K/vA § 133 Rn. 3). Eine (unselbstständige) Anschlussbeschwerde i.S.v. §§ 127, 141 analog ist nicht statthaft (→ § 141 Rn. 4). Nicht beschwerdefähig ist eine isolierte **Anfechtung der Kostenentscheidung** des angegriffenen Urteils (§ 158 I; vgl. BVerwG NVwZ 2002, 1385).

II. Beschwerdeeinlegung (II)

1. Adressat und Form

4 Die Nichtzulassungsbeschwerde ist bei dem Gericht einzulegen, gegen dessen Urteil Revision eingelegt werden soll (§ 133 II 1). Als **Einlegungsort** ist ausschließlich der iudex a quo vorgesehen. Beim BVerwG kann die Nichtzulassungsbeschwerde – anders als die Revision (§ 139 I 2) – nicht fristwahrend eingelegt werden.

5 Die Beschwerdeeinlegung unterliegt dem **Vertretungszwang** (§ 67 IV 1, 2) sowie dem **Schriftformerfordernis**. Die Beschwerdeschrift muss (sofern sie nicht gemäß § 55a elektronisch übermittelt wird → § 139 Rn. 4) vom Prozessbevollmächtigten unterzeichnet sein und erkennen lassen, dass der Schriftsatz von ihm erarbeitet worden ist (BVerwG NJW 1997, 1865; zur Schriftform vgl. auch → § 139 Rn. 10). Eine Bezugnahme auf Ausführungen Dritter genügt nur dann, wenn gleichwohl ersichtlich ist, dass die Beschwerdeschrift auf einer anwaltlichen Prüfung des Rechtsstreits beruht (B/F-K/vA § 133 Rn. 9).

Aus der Beschwerdeschrift muss sich – ggf. im Wege der Auslegung – **klar entnehmen** lassen, dass Beschwerde gegen die Nichtzulassung der Revision eingelegt wird. Wird eindeutig ein unstatthaftes Rechtsmittel eingelegt, scheidet eine Umdeutung in eine Nichtzulassungsbeschwerde – jedenfalls nach Ablauf der Beschwerdefrist – aus (vgl. BVerwG NVwZ 1998, 1297; DVBl. 1996, 105; NVwZ-RR 1996, 60). Bei Erklärungen eines nicht postulationsfähigen Beteiligten ist ggf. zu prüfen, ob darin ein Antrag auf Bewilligung von Prozesskostenhilfe und Beiordnung eines Rechtsanwalts für eine noch einzulegende Beschwerde zu sehen ist. 6

Nach § 133 II 2 ist die **angefochtene Entscheidung zu bezeichnen**. Anzugeben sind Gericht, Aktenzeichen und Entscheidungsdatum. Unvollständige Angaben sind (nur) unschädlich, wenn sich aus den sonstigen Umständen eindeutig ergibt, welche Entscheidung angegriffen wird. Der Beschwerdeführer kann die **Nichtzulassungsbeschwerde auf** einen von mehreren Streitgegenständen oder auf einen sonst tatsächlich oder rechtlich **abtrennbaren Teil** der angegriffenen Entscheidung **beschränken** (BVerwG Buchh 310 § 132 Nr. 252). Wird die Beschwerde nur hinsichtlich eines Teils des Streitgegenstands eingelegt, erwächst das Urteil i. Ü. (nach Ablauf der Beschwerdefrist) in Rechtskraft (vorbehaltlich einer etwaigen Beschwerde eines anderen Beteiligten oder einer etwaigen Anschließung im Revisionsverfahren). Unzulässig ist eine **bedingte Beschwerdeeinlegung** (BVerwG Buchh 310 § 133 Nr. 83). Dies gilt auch in Verbindung mit einem Prozesskostenhilfeantrag (BVerwGE 59, 302). 7

2. Frist

Gemäß § 133 II 1 ist die Beschwerde **innerhalb eines Monats** nach Zustellung des vollständigen Urteils (im Fall des § 130a des vollständigen Beschlusses) einzulegen. Die Einlegungsfrist ist **nicht verlängerbar**, weil eine Verlängerungsmöglichkeit nicht besonders bestimmt ist, § 57 II i. V. m. § 224 II ZPO. 8

Nach **Rücknahme der Beschwerde** kann innerhalb der Beschwerdefrist erneut Beschwerde eingelegt werden. Ist die Beschwerdefrist abgelaufen, scheidet nach Rücknahme einer rechtzeitig eingelegten Beschwerde Wiedereinsetzung allerdings grds. aus (BVerwG NVwZ 1997, 1210). Bei einer **Urteilsergänzung** nach § 120 beginnt der Fristlauf gemäß § 173 S. 1 i. V. m. § 518 S. 1 ZPO analog von neuem, wenn die Ergänzungsentscheidung innerhalb der Beschwerdefrist ergeht; im Fall der **Urteilsberichtigung** nach §§ 118, 119 bleibt der Fristlauf grds. unberührt (vgl. entsprechend → § 139 Rn. 3). 9

Im Falle einer fehlenden oder unrichtigen **Rechtsmittelbelehrung** gilt die Jahresfrist nach § 58 II 1, innerhalb derer die Beschwerde einzulegen und zu begründen ist (BVerwG NVwZ-RR 2000, 325). Die Rechtsmittelbelehrung sollte auch auf die Begründungspflicht, die Zulassungsgründe und den Vertretungszwang hinweisen (vgl. aber BVerwGE 98, 126; 52, 226; Buchh 310 § 58 Nr. 32). 10

Wird die **Beschwerde beim BVerwG eingelegt**, ist dieses gehalten, die Beschwerdeschrift im normalen Geschäftsgang an das Ausgangsgericht weiterzuleiten. Die Beschwerdefrist ist eingehalten, wenn sie dort innerhalb der Frist eingeht. Wiedereinsetzung ist zu gewähren, wenn die Frist bei ordnungsgemäßer Weiterleitung gewahrt worden wäre (vgl. BGH NJW 1998, 908). 11

Ein **Prozesskostenhilfeantrag** muss formgerecht innerhalb der Beschwerdefrist gestellt werden, um die Chance hinreichender Erfolgsaussicht mit der Möglichkeit ei- 12 ner Wiedereinsetzung zu wahren (BVerwG Buchh 310 § 60 Nr. 182; BVerwGE 15, 306; zur Klageerhebung → § 81 Rn. 17 ff.). Nach der Rspr. des BVerwG muss der Antrag – für den kein Vertretungszwang besteht (§ 67 IV 1) – fristgerecht beim BVerwG als dem Prozessgericht (vgl. § 166 i.V.m. § 117 I 1 ZPO) gestellt werden (BVerwG Buchh 310 § 60 Nr. 133; BeckOK VwGO § 133 Rn. 20). Mit Rücksicht darauf, dass die Beschwerde zwingend beim iudex a quo einzulegen ist, erscheint es aber sachgerecht, die Frist auch dann als gewahrt anzusehen, wenn das Prozesskostenhilfegesuch innerhalb der Frist beim Ausgangsgericht eingeht (vgl. S/S-A/P § 133 Rn. 50 f.; a.A. B/F-K/vA § 133 Rn. 18; differenzierend NKVwGO § 133 Rn. 35 f.: isolierter Prozesskostenhilfeantrag beim BVerwG, i.Ü. beim Ausgangsgericht). Von dort ist es allerdings unverzüglich an das BVerwG weiterzuleiten; das Ausgangsgericht ist zu einer Entscheidung über den Antrag nicht befugt (BeckOK VwGO § 133 Rn. 20; a.A. S/S-A/P § 133 Rn. 50 für die Bewilligung von Prozesskostenhilfe im Falle gleichzeitiger Beantragung und Beschwerdeeinlegung). Der Begründung des Prozesskostenhilfeantrags muss zu entnehmen sein, weshalb die angegriffene Entscheidung für unzutreffend erachtet wird und eine Überprüfung durch das BVerwG geboten ist (BeckOK VwGO § 133 Rn. 23 m.w.N.). Ausführungen zum Zulassungsgrund sind nur zu verlangen, wenn der Antrag von einem anwaltlich vertretenen Beteiligten eingereicht wird (BVerwG Buchh 310 § 60 Nr. 133; KS § 133 Rn. 7). Nach der Bescheidung des Antrags kann der Antragsteller **Wiedereinsetzung in die versäumten Fristen** beantragen, die ggf. auch zu gewähren ist, wenn das Prozesskostenhilfegesuch abgelehnt wurde (BVerwG Buchh 310 § 60 Nr. 147). Die Frist zur Einlegung der Beschwerde beträgt nach § 60 II 1 Hs. 2, 3 zwei Wochen, diejenige zur Beschwerdebegründung einen Monat (vgl. auch KS § 133 Rn. 7).

3. Hemmung der Rechtskraft (IV)

13 Gemäß § 133 IV hemmt die Einlegung der Beschwerde die Rechtskraft des Urteils. Die Rechtskrafthemmung erstreckt sich – vorbehaltlich einer Beschränkung der Beschwerde (→ Rn. 7) – auf das **gesamte Urteil**, nicht lediglich auf die Nichtzulassungsentscheidung. Sie tritt grds. auch im Falle einer unzulässigen Beschwerde ein (BeckOK VwGO § 133 Rn. 80).

III. Beschwerdebegründung (III)

1. Form und Frist

14 Anders als die Revisionsbegründung (vgl. § 139 III 2) ist die Beschwerdebegründung wie die Beschwerdeschrift zwingend **beim iudex a quo** einzureichen (§ 133 III 2; BVerwGE 124, 201). Das Ausgangsgericht bleibt auch dann zwingender Einlegungsort, wenn der Beschwerdeführer innerhalb der Begründungsfrist weitere Zulassungsgründe geltend macht und das Ausgangsgericht die Akten bereits an das BVerwG weitergeleitet hat (BVerwG NVwZ 1997, 1209).

15 Wie die Beschwerdeeinlegung hat auch die Begründung **schriftlich** (oder elektronisch, → Rn. 5) zu erfolgen und unterliegt dem **Vertretungserfordernis**. Die Vorlage eines von einem Rechtsanwalt unterzeichneten, i.Ü. aber unveränderten Schreibens seiner Partei genügt nicht, wenn der Rechtsanwalt keine Prüfung, Sichtung und rechtliche Durchdringung des Streitstoffs in Bezug auf das Vorliegen von Nichtzulassungsgründen vorgenommen hat (→ § 139 Rn. 10 f.; BVerwG NVwZ 1999, 643; NJW 1997, 1865).

Die Beschwerde ist **binnen zwei Monaten** nach Zustellung der angefochtenen 16
Entscheidung zu begründen, § 133 III 1. Die Begründungsfrist ist wie die Beschwerdefrist nicht verlängerbar (BVerwG NVwZ 2001, 799). Während bloße Erläuterungen zu fristgerecht dargelegten Zulassungsgründen auch noch nach Fristablauf angebracht werden können, sind nach Fristablauf erstmals geltend gemachte Zulassungsrügen nicht berücksichtigungsfähig. **Wiedereinsetzung** ist nach Maßgabe von § 60 zu gewähren. Die Begründung muss binnen eines Monats nachgeholt werden (§ 60 II 1 Hs. 2, 3).

2. Inhalt der Beschwerdebegründung

§ 133 III 3 stellt bestimmte **Darlegungsanforderungen** an die Beschwerdebe- 17
gründung. Sie muss die grundsätzliche Bedeutung der Rechtssache darlegen oder die Entscheidung, von der das angefochtene Urteil abweicht, oder den Verfahrensmangel bezeichnen. Der Beschwerdeführer hat danach anzugeben, auf welchen **Zulassungsgrund** er seine Beschwerde stützt, und zu **erläutern**, weshalb dessen Voraussetzungen im Streitfall vorliegen. Eine fehlende oder fehlerhafte Bezeichnung des Zulassungsgrundes ist unschädlich, wenn sich aus den Ausführungen gleichwohl klar ergibt, welcher der in § 132 II genannten Zulassungsgründe geltend gemacht wird (BeckOK VwGO § 133 Rn. 34; B/F-K/vA § 133 Rn. 29). Rügt die Beschwerde lediglich pauschal die Verletzung von Verfahrensrecht und/oder materiellen Rechts und greift die angefochtene Entscheidung als rechtsfehlerhaft an, wird dies den Darlegungsanforderungen nicht gerecht. Denn es besteht ein grundlegender Unterschied zwischen der Begründung einer Nichtzulassungsbeschwerde und der Begründung einer Revision (vgl. BVerwG NJW 1997, 3328). Genügt die Beschwerde den Anforderungen des § 133 III 3 nicht, ist sie als unzulässig zu verwerfen (BVerwG WissR 2001, 377).

a) Allgemeine Anforderungen. Unabhängig von dem konkret geltend gemachten 18
Zulassungsgrund muss die Beschwerdebegründung gewissen Mindestanforderungen hinsichtlich ihrer **Klarheit, Verständlichkeit und Überschaubarkeit** genügen (BVerwG Buchh 310 § 133 n. F. Nr. 82; NJW 1996, 1554; Buchh 310 § 132 Nr. 99). Daran fehlt es, wenn die Begründung nicht erkennen lässt, dass der sie unterzeichnende Prozessbevollmächtigte den Streitstoff eigenständig gesichtet und durchdrungen hat (BVerwG NJW 1997, 3328 m. w. N.; vgl. → Rn. 5). Eine pauschale Bezugnahme auf früheres Vorbringen reicht nicht aus (BVerwG InfAuslR 1995, 239; Buchh 310 § 133 n. F. Nr. 13). Im Falle mehrerer, die angefochtene Entscheidung jeweils selbstständig tragenden Begründung bedarf es in Bezug auf jede der Begründungen der Darlegung eines Zulassungsgrundes (BVerwG NJW 1997, 3328; DVBl. 1994, 210). Mangelt es an einem dieser Erfordernisse, ist die Beschwerde unzulässig.

b) Darlegungsanforderungen bei der Grundsatzrüge. In Bezug auf den Zulas- 19
sungsgrund der rechtsgrundsätzlichen Bedeutung (§ 132 II Nr. 1) setzt das Darlegungserfordernis die **Formulierung einer bestimmten**, höchstrichterlich noch ungeklärten und für die Revisionsentscheidung erheblichen **Rechtsfrage des revisiblen Rechts** voraus. Des Weiteren ist anzugeben, worin die allgemeine, über den Einzelfall hinausgehende Bedeutung bestehen soll (BVerwG NJW 1997, 3328). Die Beschwerdebegründung muss erläutern, dass und inwiefern die Revisionsentscheidung zur Klärung einer in verallgemeinerungsfähiger Weise zu beantwortenden, bisher revisionsgerichtlich nicht entschiedenen Rechtsfrage führen kann (BVerwG WissR 2001, 377; Beschl. v. 16. 11. 1989 – 8 CB 73.89). Die bloße kritische Auseinander-

andersetzung mit der angegriffenen Entscheidung ohne Herausarbeitung einer konkreten Rechtsfrage genügt nicht (BVerwG, Beschl. v. 2.9. 1997 – 3 C 32.97). Die formulierte Rechtsfrage muss sich grds. auf eine bestimmte Norm beziehen; deren Voraussetzungen und Rechtsfolgen sind zu erläutern. Die pauschale Behauptung, aus verschiedenen Regelungen ergebe sich ein Anspruch und dieser sei bislang höchstrichterlich nicht geklärt, genügt dem Darlegungsgebot nicht (BVerwG WissR 2001, 377).

20 Liegt zu dem mit der formulierten Rechtsfrage angesprochenen Rechtsbereich bereits höchstrichterliche **Rspr.** (auch anderer oberster Bundesgerichte oder des BVerfG) vor, muss sich die Beschwerdebegründung damit auseinandersetzen und aufzeigen, inwiefern unter Inblicknahme dieser Rspr. (weiterer) Klärungsbedarf besteht. Ggf. ist auch auf den Meinungsstand im **Schrifttum** einzugehen (BeckOK VwGO § 133 Rn. 45 f.).

21 Betrifft die aufgeworfene Rechtsfrage **ausgelaufenes oder auslaufendes Recht**, muss der Beschwerdeführer entweder darlegen, dass die Klärung der Rechtsfrage für eine erhebliche Zahl von Altfällen von Bedeutung ist, oder dartun, dass sich die streitige Frage in gleicher Weise für eine nachfolgende gesetzliche Bestimmung stellt (BVerwG NVwZ-RR 1996, 712; → § 132 Rn. 24).

22 **c) Darlegungsanforderungen bei der Divergenzrüge.** Die Divergenzrüge (§ 132 II Nr. 2) ist nur dann hinreichend bezeichnet, wenn die Beschwerde einen inhaltlich bestimmten, die angefochtene Entscheidung tragenden abstrakten Rechtssatz benennt, mit dem die Vorinstanz einem in der Rspr. des BVerwG aufgestellten ebensolchen die Entscheidung des BVerwG tragenden Rechtssatz in Anwendung derselben Rechtsvorschrift widersprochen hat. Dasselbe gilt für die behauptete Abweichung von einer Entscheidung des BVerfG oder des GmSOGB. Die **höchstrichterliche Entscheidung** ist **genau** – i.d.R. mit Aktenzeichen und Datum – **zu bezeichnen**; die Angabe allein des Entscheidungsdatums genügt in Bezug auf eine Entscheidung des BVerwG nicht. Dem BVerwG ist nicht zumutbar, die an einem bestimmten Tag ergangenen Entscheidungen daraufhin zu überprüfen, ob es sich um die gemeint sein könnte (BVerwG Buchh 310 § 132 Abs. 2 Ziff. 2 Nr. 9). Die Bezeichnung muss so individualisierbar sein, dass die Identität der Entscheidung nicht zweifelhaft ist und sie vom BVerwG unschwer herangezogen werden kann (BVerwG, Beschl. v. 6.1. 2010 – 1 WNB 7.09). Ebenso wenig ist es Aufgabe des BVerwG, aus mehreren zitierten Urteilen das passende herauszufinden und darin dann – in der Beschwerdebegründung nicht weiter bezeichnete – vermeintlich divergierende Rechtssätze zu suchen (BVerwG, Beschl. v. 6.4. 2000 – 8 PKH 3.00, 8 B 84.00).

23 Die (angeblich) **divergierenden Rechtssätze** sind **einander gegenüberzustellen**. Das Aufzeigen einer fehlerhaften oder unterbliebenen Anwendung von Rechtssätzen, die das BVerwG (BVerfG, GmSOGB) in seiner Rspr. aufgestellt hat, genügt weder den Zulässigkeitsanforderungen einer Divergenz- noch denen einer Grundsatzrüge (BVerwG NJW 1997, 3328; NVwZ-RR 1996, 712, jeweils m.w.N.).

24 Allerdings lassen sich einander widerstreitende Rechtssätze nicht in der gebotenen Weise darlegen, wenn die Abweichung in Bezug auf eine höchstrichterliche Entscheidung in Rede steht, die erst nach Erlass des angefochtenen Urteils veröffentlicht worden oder ergangen ist. In solchen Fällen ist es ausreichend, wenn der Beschwerdeführer zumindest die grundsätzliche Frage bezeichnet hat, welche dem später aufgestellten abstrakten Rechtssatz entspricht und vor der höchstrichterlichen Klärung in der nachfolgenden Entscheidung zur Zulassung der Grundsatzrevision hätte führen können (BVerwG, Beschl. v. 14.2. 1997 – 1 B 3.97). Die Grundsatzrüge kann dann in eine Divergenzrüge umgedeutet werden (**nachträgliche Divergenz**, → § 132 Rn. 33).

d) Darlegungsanforderungen bei der Verfahrensrüge. Die Bezeichnung eines 25
Verfahrensmangels (§ 132 II Nr. 3) i. s. v. § 133 III 3 setzt voraus, dass der Verfahrensmangel sowohl in den ihn (vermeintlich) **begründenden Tatsachen** als auch in seiner **rechtlichen Würdigung** substanziiert dargetan wird (BVerwG NJW 1997, 3328; vgl. auch → § 139 Rn. 19). Die Verfahrensvorschrift, die verletzt sein soll, ist zu benennen. Fehlt es daran, ist dies nur dann unschädlich, wenn auch so hinreichend erkennbar ist, welche Verfahrensrüge konkret erhoben wird (BVerwG, Urt. v. 21. 9. 2000 – 2 C 5.99). Des Weiteren ist i. d. R. darzulegen, dass kein Rügeverlust eingetreten ist (→ § 132 Rn. 40) und die angegriffene Entscheidung auf dem Verfahrensfehler beruht (→ § 132 Rn. 39). Letzteres ist entbehrlich bei den absoluten Revisionsgründen i. S. v. § 138, bei denen die Kausalität kraft Gesetzes unwiderleglich vermutet wird.

Betrifft eine **Divergenzrüge** ausschließlich Prozessrecht, ist i. d. R. sinngemäß 26
auch eine Verfahrensrüge erhoben (vgl. BVerwG DVBl. 2003, 868; NVwZ 2001, 918; NVwZ 1998, 631).

Die Rüge, das **rechtliche Gehör** sei verletzt, erfordert regelmäßig – neben der 27
Darlegung der den Gehörsverstoß begründenden Tatsachen – auch die substanziierte Darlegung dessen, was der Beteiligte bei ausreichender Gehörsgewährung noch vorgetragen hätte und inwiefern dem weiteren Vortrag Entscheidungsrelevanz zukommt (vgl. BVerwG NJW 1997, 3328; NVwZ-RR 1991, 587 m. w. N.). Dies ist (nur) entbehrlich, wenn der Gehörsverstoß den gesamten Prozessstoff erfasst (BVerwG Buchh 303 § 227 ZPO Nr. 35 m. w. N.; Beschl. v. 24. 3. 2006 – 10 B 55.05). Des Weiteren ist aufzuzeigen, dass der Beschwerdeführer alle verfahrensrechtlich eröffneten und im konkreten Fall zumutbaren Möglichkeiten ausgeschöpft hat, um sich rechtliches Gehör zu verschaffen (→ § 138 Rn. 26). Wendet sich die Zulassungsrüge gegen die Ablehnung eines Beweisantrags, ist der **Beweisantrag** mitzuteilen (BVerwG Buchh 310 § 86 Abs. 1 Nr. 308) und darzulegen, weshalb dessen Ablehnung im Prozessrecht keine Stütze findet. Darüber hinaus ist zu erläutern, dass die unter Beweis gestellten Tatsachen eine für den Rügeführer günstigere Entscheidung hätten herbeiführen können. Macht der Beschwerdeführer geltend, die Vorinstanz habe **Vorbringen übergangen**, hat er das (vermeintlich) übergangene Vorbringen unter Angabe der Unterlage, die es enthält, genau zu bezeichnen, sowie die Umstände zu erläutern, die auf ein Übergehen schließen lassen (BeckOK VwGO § 133 Rn. 65 f.).

Generell gilt, dass der Umfang dessen, was der Beschwerdeführer darzulegen hat, 28
sich nach den Voraussetzungen bestimmt, die den jeweiligen Verfahrensfehler begründen (NKVwGO § 133 Rn. 67; vgl. daher zu den Verfahrensfehlern i. S. v. § 138 → § 138 Rn. 7 ff.; zu den Darlegungsanforderungen bei einer **Aufklärungsrüge** vgl. → § 139 Rn. 22, bei einer **Besetzungsrüge** → § 138 Rn. 8, § 139 Rn. 21. Zu weiteren Einzelheiten siehe BeckOK VwGO § 133 Rn. 60 ff.; NKVwGO § 133 Rn. 71 ff.

IV. Entscheidung über die Nichtzulassungsbeschwerde (V)

1. Entscheidung des iudex a quo

Gemäß § 133 V 1 hat zunächst das Ausgangsgericht darüber zu entscheiden, ob es der 29
Nichtzulassungsbeschwerde **abhilft**. Liegen ausgehend vom Zulassungsvorbringen die Voraussetzungen des § 132 II vor, ist der Beschwerde stattzugeben und die Revision zuzulassen; ein Ermessen besteht nicht. Berücksichtigungsfähig sind nur die frist-

gerecht vorgebrachten und dargelegten Zulassungsgründe (BVerwG NVwZ 1995, 1134). Begründungsausführungen in nach Fristablauf eingehenden Schriftsätzen können nur lediglich insoweit berücksichtigt werden, als sie den bisherigen Vortrag ergänzend erläutern (→ Rn. 16). Die Bindung an die dargelegten Zulassungsgründe erfährt allerdings insoweit eine Ausnahme, als eine Divergenzrüge ggf. als sinngemäß erhobene Verfahrensrüge (→ Rn. 26) oder Grundsatzrüge (→ § 132 Rn. 23, 29) verstanden werden und eine Grundsatzrüge nachträglich als Divergenzrüge (→ Rn. 24) bewertet werden kann. Maßgeblicher **Beurteilungszeitpunkt** für die Entscheidung über die Nichtzulassungsbeschwerde ist der Zeitpunkt der gerichtlichen Entscheidung, nicht der Einlegung oder des Ablaufs der Begründungsfrist (BVerwG BayVBl. 1997, 573). § 144 IV ist – vorbehaltlich der sich in Bezug auf § 138 ergebenden Einschränkungen (→ § 138 Rn. 5 f.) – im Nichtzulassungsverfahren entsprechend anwendbar (→ § 144 Rn. 6); es besteht aber keine Verpflichtung, in eine umfassende Vollprüfung einzutreten (BeckOK VwGO § 133 Rn. 87).

30 Das Ausgangsgericht entscheidet über die Abhilfe bzw. Nichtabhilfe regelmäßig durch (unanfechtbaren) Beschluss. Im Falle einer **Abhilfeentscheidung,** d.h. der Zulassung der Revision, wird das Beschwerdeverfahren als Revisionsverfahren fortgesetzt; der Einlegung einer Revision durch den Beschwerdeführer bedarf es nicht (§ 139 II 1). Möglich ist auch eine Teilabhilfe. Vor einer Abhilfeentscheidung ist den anderen Beteiligten rechtliches Gehör zu gewähren, weil ihre Rechtsposition durch die Fortsetzung des Verfahrens berührt wird (B/F-K/vA § 133 Rn. 37). Die Revisionszulassung ist allerdings auch dann wirksam, wenn die gebotene Anhörung unterbleibt (zur Bindungswirkung vgl. auch § 132 III). Der Abhilfebeschluss sollte den Zulassungsgrund bezeichnen. Die Zulassung der Revision wirkt nur zugunsten des Beschwerdeführers (→ § 139 Rn. 7).

31 Soweit das Ausgangsgericht der Nichtzulassungsbeschwerde nicht oder nicht vollumfänglich abhilft, ist sie unverzüglich dem BVerwG vorzulegen (§ 148 I Hs. 2 analog). Ein förmlicher Nichtabhilfebeschluss ist nicht erforderlich (BVerwG NJW 1963, 554); es genügt, dass sich die **Nichtabhilfeentscheidung** sonst aus den Gerichtsakten ergibt. Mit der Vorlage tritt der **Devolutiveffekt** ein, und das BVerwG wird das Gericht der Hauptsache i.S.v. §§ 80, 80a, 123 (vgl. BVerwGE 124, 201). Dies gilt auch in Bezug auf anhängige, noch nicht beschiedene Eilanträge (BVerwG Buchh 310 § 80 Nr. 29; BVerwGE 39, 229). Abweichend sieht sich das BVerwG bereits ab Einlegung der Beschwerde für zuständig, über einen Antrag auf einstweilige Einstellung der Zwangsvollstreckung (§ 173 S. 1 i.V.m. § 719 II ZPO) zu entscheiden (BVerwG NVwZ 1998, 1177). Legt das Ausgangsgericht die Beschwerde vor, ohne über die Abhilfe bzw. Nichtabhilfe entschieden zu haben, ist dies im Falle einer offensichtlich unzulässigen Beschwerde unschädlich (BVerwG Buchh 310 § 133 n.F. Nr. 9; NKVwGO § 133 Rn. 83). I.Ü. steht es im Ermessen des BVerwG, die Sache an das Ausgangsgericht zurückzuleiten, damit es die Entscheidung über die Nichtzulassungsbeschwerde nachholt, oder über die Beschwerde unmittelbar selbst zu entscheiden (vgl. auch → § 148 Rn. 5).

2. Entscheidung des BVerwG

32 Das BVerwG entscheidet über die Nichtzulassungsbeschwerde **durch** (unanfechtbaren) **Beschluss** (§ 133 V 1). Hinsichtlich des Prüfungsumfangs gelten die vorgenannten Maßgaben (→ Rn. 29) entsprechend. Die unzulässige Beschwerde wird verworfen, die unbegründete Beschwerde zurückgewiesen; zugleich ist eine Kostenentscheidung (vgl. § 154 II) zu treffen. Ist die Beschwerde zulässig und begründet,

ist auszusprechen, dass die Revision zugelassen wird. Die Kostenentscheidung bleibt der abschließenden Entscheidung im Revisionsverfahren vorbehalten.

Vor der Entscheidung ist den Verfahrensbeteiligten Gelegenheit zur Stellungnahme 33 zu geben, soweit dies zwecks Gewährung rechtlichen Gehörs geboten ist. Der Beschluss soll zumindest **kurz begründet** werden (§ 133 V 2 Hs. 1). Nach Ermessen kann das BVerwG von einer Begründung absehen, wenn sie nicht geeignet ist, zur Klärung der Voraussetzungen beizutragen, unter denen eine Revision zuzulassen ist (§ 133 V 2 Hs. 2). Die Verzichtsmöglichkeit erstreckt sich auch auf Beschlüsse, mit denen die Nichtzulassungsbeschwerde zurückgewiesen wird.

Mit der Ablehnung der Beschwerde durch das BVerwG wird die angefochtene 34 Entscheidung **rechtskräftig** (§ 133 V 3). Abzustellen ist auf den Zeitpunkt, in dem die Beschwerdeentscheidung des BVerwG wirksam wird. Wirksam wird der Beschluss mit der Herausgabe aus dem Gerichtsgebäude zur Beförderung mit der Post (vgl. BVerwGE 95, 64). Wird die Beschwerde teilweise verworfen oder zurückgewiesen, tritt in diesem Umfang Rechtskraft ein, soweit nicht eine wirksame Anschließung erfolgt (B/F-K/vA § 133 Rn. 46).

Die **Revisionszulassung** durch das BVerwG hat dieselben Wirkungen wie die 35 Zulassung durch das Ausgangsgericht im Abhilfeverfahren (→ Rn. 30; § 139 II 1). Ist für das Nichtzulassungsverfahren Prozesskostenhilfe bewilligt worden, erstreckt sich die Bewilligung auch auf das nachfolgende Revisionsverfahren.

3. Rücknahme; Erledigung

Die Nichtzulassungsbeschwerde kann bis zur ihrer Bescheidung ohne Zustimmung 36 anderer Beteiligter **zurückgenommen** werden. Das Beschwerdeverfahren ist in diesem Fall analog §§ 140, 92 III 1 mit der Kostenfolge des § 155 II einzustellen. Bis zur Abhilfeentscheidung ist das Ausgangsgericht zuständig, danach das BVerwG. Mit der Rücknahme der Beschwerde wird das angegriffene Urteil rechtskräftig. Wird das Nichtzulassungsbeschwerdeverfahren übereinstimmend **für erledigt erklärt**, ist es entsprechend §§ 140, 92 III 1 einzustellen; nach § 161 II 1 ist über die Kosten des Beschwerdeverfahrens zu entscheiden. Wird der Rechtsstreit insgesamt übereinstimmend für erledigt erklärt, sind neben der Verfahrenseinstellung und der Entscheidung über die Kosten des gesamten Verfahrens zusätzlich die vorinstanzlichen Entscheidungen für unwirksam zu erklären (§ 173 S. 1 i.V.m. § 269 III 1 ZPO analog → § 161 Rn. 25 ff.).

Will der Beschwerdeführer das Verfahren fortführen, obwohl sich der geltend ge- 37 machte Anspruch nach Ergehen des angefochtenen Urteils erledigt hat, muss er im Beschwerdeverfahren ein **Fortsetzungsfeststellungsinteresse** darlegen (BVerwG NVwZ-RR 1996, 122; B/F-K/vA § 133 Rn. 32, 43; KS § 133 Rn. 14).

V. Zurückverweisung des Rechtsstreits (VI)

Liegt eine begründete Verfahrensrüge vor, kann das BVerwG gemäß § 133 VI anstelle 38 der Revisionszulassung auch die angefochtene Entscheidung aufheben und den **Rechtsstreit** zur anderweitigen Verhandlung und Entscheidung an das Ausgangsgericht **zurückverweisen**. § 133 VI bezweckt eine **Verfahrensvereinfachung und -beschleunigung** und kommt daher in Betracht, wenn abzusehen ist, dass im Falle der Revisionszulassung aufgrund des Verfahrensmangels eine abschließende Sachentscheidung des BVerwG nicht möglich ist (BVerwG NWVBl. 1996, 125) – wie im Falle eines absoluten Revisionsgrundes (BVerwG NJW 1994, 273) oder weiteren

§ 134   Teil III. Rechtsmittel und Wiederaufnahme des Verfahrens

Aufklärungsbedarfs – oder nicht tunlich ist – wie im Falle der Auslegung nichtrevisiblen Rechts (vgl. BVerwG Buchh 310 § 144 Nr. 69). Das BVerwG entscheidet nach pflichtgemäßem **Ermessen**, ob es von der Zurückverweisungsmöglichkeit des § 133 VI Gebrauch macht (vgl. BVerwG NJW 1994, 673). Unerheblich ist, ob die Revision auch nach § 132 II Nr. 1 und 2 zugelassen werden könnte (vgl. BVerwG NVwZ-RR 1994, 120). Verfährt das BVerwG nach § 133 VI, ist den Beteiligten zuvor rechtliches Gehör zu gewähren (B/F-K/vA § 133 Rn. 49).

39   Dem zurückverweisenden Beschluss kommt hinsichtlich seiner entscheidungstragenden Begründungselemente **Bindungswirkung entsprechend § 144 VI zu** (vgl. BVerwG NJW 1997, 3456). Die Entscheidung des BVerwG kann sich ausnahmsweise auf eine Aufhebung der angegriffenen Entscheidung beschränken, wenn das Ausgangsgericht bei einer Zurückverweisung keine Sachentscheidung mehr treffen könnte (z. B. weil der Verfahrensfehler darin besteht, dass es trotz wirksamer Klage- oder Berufungsrücknahme noch zur Sache entschieden hatte, vgl. BVerwG NVwZ 2002, 990; ferner BVerwG NJW 2002, 2262 zur isolierten Aufhebung einer unstatthaften Nichtzulassungsentscheidung). Aus vergleichbaren Erwägungen darf das BVerwG im Rahmen des § 133 VI ausnahmsweise von einer Zurückverweisung absehen und die angegriffene Entscheidung ändern („**Durchentscheiden**" im Nichtzulassungsbeschwerdeverfahren, vgl. BeckOK VwGO § 133 Rn. 108; KS § 133 Rn. 22; S/S-A/P § 133 Rn. 87). Dies kommt in Betracht, wenn der Vorinstanz für den Fall der Zurückverweisung kein Entscheidungsspielraum verbliebe, etwa weil die Klage als unzulässig abzuweisen ist (BVerwG Buchh 310 § 133 n. F. Nr. 28).

§ 134 [Sprungrevision]

(1) ¹Gegen das Urteil eines Verwaltungsgerichts (§ 49 Nr. 2) steht den Beteiligten die Revision unter Übergehung der Berufungsinstanz zu, wenn der Kläger und der Beklagte der Einlegung der Sprungrevision schriftlich zustimmen und wenn sie von dem Verwaltungsgericht im Urteil oder auf Antrag durch Beschluß zugelassen wird. ²Der Antrag ist innerhalb eines Monats nach Zustellung des vollständigen Urteils schriftlich zu stellen. ³Die Zustimmung zu der Einlegung der Sprungrevision ist dem Antrag oder, wenn die Revision im Urteil zugelassen ist, der Revisionsschrift beizufügen.

(2) ¹Die Revision ist nur zuzulassen, wenn die Voraussetzungen des § 132 Abs. 2 Nr. 1 oder 2 vorliegen. ²Das Bundesverwaltungsgericht ist an die Zulassung gebunden. ³Die Ablehnung der Zulassung ist unanfechtbar.

(3) ¹Lehnt das Verwaltungsgericht den Antrag auf Zulassung der Revision durch Beschluß ab, beginnt mit der Zustellung dieser Entscheidung der Lauf der Frist für den Antrag auf Zulassung der Berufung von neuem, sofern der Antrag in der gesetzlichen Frist und Form gestellt und die Zustimmungserklärung beigefügt war. ²Läßt das Verwaltungsgericht die Revision durch Beschluß zu, beginnt der Lauf der Revisionsfrist mit der Zustellung dieser Entscheidung.

(4) Die Revision kann nicht auf Mängel des Verfahrens gestützt werden.

(5) Die Einlegung der Revision und die Zustimmung gelten als Verzicht auf die Berufung, wenn das Verwaltungsgericht die Revision zugelassen hat.

Sprungrevision **§ 134**

Übersicht

	Rn.
I. Statthaftigkeit der Sprungrevision (I 1)	2
1. Berufungsfähige Entscheidung des VG	2
2. Zustimmungserfordernis	4
3. Zulassungserfordernis	8
II. Zulassung der Sprungrevision	9
1. im Urteil des VG	9
2. auf Antrag durch Beschluss des VG	12
III. Wirkung der Entscheidung des VG	15
1. Ablehnung der Revisionszulassung	15
2. Zulassung der Revision	16
IV. Weiteres Verfahren bei Revisionseinlegung	18

Geht es den Beteiligten um die Klärung einer grundsätzlichen Rechtsfrage i.S.v. **1** § 132 II Nr. 1 oder um die Ausräumung einer Divergenz i.S.v. § 132 II Nr. 2, besteht unter den Voraussetzungen des § 134 die Möglichkeit, das angefochtene Urteil des VG unter Übergehung der Berufungsinstanz unmittelbar durch das BVerwG überprüfen zu lassen. Mittels der Sprungrevision können die Beteiligten den Rechtsstreit also **schnell** und **Kosten sparend** in die Revisionsinstanz bringen. Das Zustimmungserfordernis stellt sicher, dass der mit der Sprungrevision verbundene Verzicht auf eine zweite Tatsacheninstanz nur möglich ist, wenn beide Hauptbeteiligte damit einverstanden sind.

I. Statthaftigkeit der Sprungrevision (I 1)

1. Berufungsfähige Entscheidung des VG

Die Sprungrevision ist gegen alle **Urteile** des VG eröffnet, gegen die auch ein Antrag **2** auf Zulassung der Berufung bzw. eine Berufung statthaft wäre. Dasselbe gilt für Entscheidungen des VG, die Urteilen gleichstehen, d.h. **Gerichtsbescheide** (vgl. § 84 II Nr. 3) sowie **Beschlüsse nach § 93a II 1, 5** (KS § 134 Rn. 14; NKVwGO § 134 Rn. 11 m.w.N.; a.A. B/F-K/vA § 134 Rn. 5). Die Sprungrevision ist unabhängig davon statthaft, ob das VG die Berufung zugelassen hat (vgl. § 134 III 1). VG i.S.v. § 134 I 1 ist auch der **konsentierte Berichterstatter** nach § 87a II, III (BVerwGE 132, 10). Gegen das vom **Einzelrichter** erlassene Urteil ist die Sprungrevision ebenfalls möglich. Zwar dürften die in § 6 I benannten Voraussetzungen für eine Einzelrichterübertragung es (bei unveränderter Prozesslage) regelmäßig ausschließen, die Voraussetzungen für die Zulassung der Sprungrevision nach § 134 II 1 zu bejahen. Jedoch ist das BVerwG wegen § 134 II 2 auch in diesem Fall an die durch das VG ausgesprochene Zulassung gebunden (BVerwGE 122, 94, allerdings offen gelassen für den Fall eines Verstoßes gegen Art. 101 I 2 GG; zu § 124a I 2: BVerwGE 121, 292; BeckOK VwGO § 134 Rn. 2, 26).

Ist die Berufung durch Bundesgesetz ausgeschlossen, richtet sich die Statthaftigkeit **3** der Revision nach **§ 135**. Gemäß **§ 78 II 2 AsylVfG** findet § 134 keine Anwendung auf Entscheidungen des VG nach dem AsylVfG.

2. Zustimmungserfordernis

Der **Kläger** und der **Beklagte** des erstinstanzlichen Verfahrens müssen der Einlegung **4** der Sprungrevision zustimmen. Das Zustimmungserfordernis hat die Aufgabe, die Hauptbeteiligten davor zu schützen, ohne ihr ausdrückliches Einverständnis die vorgesehene zweite Tatsacheninstanz zu verlieren (vgl. BVerwGE 65, 27; Beschl. v. 11.2. 1997 – 8 C 4.97). Der Zustimmung sonstiger Verfahrensbeteiligter einschließlich des notwendig Beigeladenen bedarf es nicht (GemSOGB BVerwGE 50, 369). Bei dem Rechtsmittel eines der Hauptbeteiligten ist die Zustimmung des Rechtsmittelgegners erforderlich, bei dem Rechtsmittel eines sonstigen Beteiligten die Zustimmung beider Hauptbeteiligter.

5 § 134 I 1 verlangt eine **schriftlich** erteilte Zustimmung. Das Schriftformerfordernis ist auch gewahrt, wenn die Zustimmung zur Einlegung der Revision zur Niederschrift des VG erklärt wird (z.B. BVerwG, Beschl. v. 11.2. 1997 – 8 C 4.97; BVerwGE 39, 314). Für die Zustimmungserklärung besteht **kein Vertretungszwang** (BVerwG NVwZ 2006, 599; DVBl. 1990, 873). Sie kann auch schon vor Erlass des anzugreifenden Urteils, beispielsweise als Protokollerklärung in der mündlichen Verhandlung, erteilt werden (BVerwGE 132, 10; 81, 81).

6 Die Zustimmung muss sich auf die **Einlegung der Sprungrevision** beziehen. Erforderlich ist eine **eindeutige** prozessuale **Erklärung**. Ist der Wortlaut der Erklärung unklar oder missverständlich, kann gleichwohl vom Vorliegen der Zustimmung ausgegangen werden, wenn die sonstigen Umständen klar darauf schließen lassen, dass der Beteiligte mit der Erklärung der Einlegung der Revision zustimmen wollte (vgl. z.B. BVerwG, Beschl. v. 8.3. 2002 – 5 C 54.01, Rn. 3). Nicht ausreichend ist grds. ein **Antrag auf Zulassung der Sprungrevision** oder eine darauf gerichtete Zustimmung (BVerwG, Beschl. v. 8.3. 2002 – 5 C 54.01, Rn. 5 m.w.N.; BVerwGE 81, 81). Ausnahmsweise kann eine solche Erklärung zugleich als Zustimmung zur Einlegung der Revision verstanden werden, wenn sich im Wege der Auslegung zweifelsfrei ergibt, dass der Kläger bzw. der Beklagte mit ihrer Erklärung auch die Zustimmung zur Einlegung der Sprungrevision haben erteilen wollen (vgl. BVerwG, Beschl. v. 8.3. 2002 – 5 C 54.01, Rn. 6 m.w.N.; NVwZ 1986, 643).

7 Sie ist bis zur Einlegung der Sprungrevision **widerruflich** (BVerwG NVwZ 2006, 834 m.w.N.). Legen der Kläger bzw. der Beklagte Berufung ein oder beantragen die Zulassung der Berufung, bevor ein Beteiligter die Sprungrevision eingelegt hat, liegt darin ein rechtzeitiger konkludenter Widerruf der Zustimmung zur Sprungrevision (BVerwG NVwZ 2006, 834).

3. Zulassungserfordernis

8 Gemäß § 134 I 1 setzt die Sprungrevision weiter voraus, dass sie durch das VG zugelassen worden ist. Die Zulassung erfolgt im Urteil des VG oder auf nachträglichen Antrag durch Beschluss.

II. Zulassung der Sprungrevision

1. im Urteil des VG

9 Das VG kann die Revision **von Amts wegen oder auf Anregung** eines Beteiligten bereits im Urteil zulassen. Dazu bedarf es eines **ausdrücklichen Ausspruch**s, der den Umfang der Zulassung erkennen lässt. Eine auf die Zulassung der Revision bezogene Rechtsmittelbelehrung genügt nur dann, wenn sich daraus zweifelsfrei ergibt, dass das VG die Revision zulassen wollte (BVerwG Buchh 310 § 134 Nr. 15; a.A. B/F-K/vA § 134 Rn. 7). Nach den allgemeinen Grundsätzen (→ § 132 Rn. 10 f.) kann die Zulassung auf einen Teil des Streitgegenstands beschränkt werden (S/S-A/P § 134 Rn. 43; einschränkend NKVwGO § 134 Rn. 51: nur bei objektiver Klagehäufung).

Gemäß § 134 II 1 ist die Revision nur zuzulassen, wenn der **Zulassungsgrund** 10
der **grundsätzlichen Bedeutung** (§ 132 II Nr. 1) oder der **Divergenz** (§ 132 II
Nr. 2) gegeben ist. Liegt ein Zulassungsgrund vor, besteht keine Zulassungspflicht für
das VG. Es kann sein **Ermessen** auch dahin betätigen, gleichwohl von einer Zulassung abzusehen (BeckOK VwGO § 134 Rn. 13 m.w.N.; NKVwGO § 134 Rn. 54;
a.A. z.B. KS § 134 Rn. 4). Dementsprechend muss das VG die Revision auch dann
nicht zulassen, wenn es die Berufung aus einem Zulassungsgrund zulässt, der § 132 II
Nr. 1 oder 2 entspricht. Andererseits ist das VG nicht gehindert, beide Rechtsmittel
zuzulassen, wenn die jeweiligen Voraussetzungen erfüllt sind.

Lässt das VG die Revision im Urteil zu, muss sich die **Rechtsmittelbelehrung** 11
sowohl auf dieses Rechtsmittel erstrecken als auch auf den Antrag auf Zulassung der
Berufung. Entsprechendes gilt für den Fall der gleichzeitigen Berufungszulassung
(vgl. BVerwGE 81, 81). Mangelt es daran, läuft für beide Rechtsmittel die Jahresfrist
nach § 58 II (BVerwGE 91, 140). Wird die Revision nicht zugelassen, muss über die
Möglichkeit der Antragstellung nach § 134 I 2 nicht belehrt werden (BVerwG ZBR
1979, 146; BVerwGE 18, 53).

2. auf Antrag durch Beschluss des VG

Gemäß § 134 I 2 ist der Antrag auf Zulassung der Revision **innerhalb eines Monats** 12
nach Zustellung des vollständigen Urteils schriftlich zu stellen. Antragsbefugt sind die
Beteiligten des Ausgangsverfahrens. Die Antragstellung unterliegt keinem Vertretungszwang (NKVwGO § 134 Rn. 65; B/F-K/vA § 134 Rn. 16; a.A. BeckOK
VwGO § 134 Rn. 20). Ein Darlegungserfordernis wie in § 133 III 3 sieht § 134 nicht
vor. Für eine entsprechende Anwendung dieser Regelung ist kein Raum (NKVwGO
§ 134 Rn. 69; BeckOK VwGO § 134 Rn. 20). Die **Zustimmung** des Rechtsmittelgegners zur Einlegung der Sprungrevision ist dem Antrag **beizufügen** (§ 134 I 3).
Innerhalb der Monatsfrist kann sie auch noch nachgereicht werden (BVerwGE 65,
27). Erfolgt die Antragstellung durch einen anderen Beteiligten als den Kläger oder
den Beklagten, sind die Zustimmungserklärungen beider Hauptbeteiligten einzureichen. Bei Fristversäumnis ist Wiedereinsetzung nach Maßgabe von § 60 möglich.

Die Beifügung der schriftlichen Zustimmungserklärung dient dem Nachweis, 13
dass die Zustimmung ordnungsgemäß erteilt worden ist. Die Erklärung ist daher
grds. **im Original** vorzulegen. Die Vorlage einer Abschrift oder einer Ablichtung
genügt nur dann, wenn eine dazu ermächtigte Stelle die Übereinstimmung mit dem
Originaldokument beglaubigt hat (BVerwG NJW 2005, 3367 m.w.N.). Ein anwaltlicher **Beglaubigungsvermerk** reicht nicht aus (BVerwG NVwZ 2006, 599).
Hat der Antragsteller die Zustimmungserklärung vom Rechtsmittelgegner **mittels
Telefax oder Computerfax** erhalten, kann er sie auf demselben Weg dem VG
übermitteln, wenn der Antrag auf Zulassung der Sprungrevision ebenfalls per Telefax bzw. Computerfax eingereicht wird (BVerwG NJW 2005, 3367; abweichend
BVerwG, Beschl. v. 18.9.2008 – 2 C 125.07, wo im Zusammenhang mit der Fristwahrung auf den Eingang des Originals abgestellt wird). Ist die Zustimmung in der
mündlichen Verhandlung vor dem VG zu Protokoll erklärt worden, ist die Beifügung einer beglaubigten Abschrift der Sitzungsniederschrift entbehrlich, weil dem
VG mit den Akten das Original der Niederschrift bereits vorliegt (vgl. BVerwGE
132, 10; NVwZ 2002, 90).

Für die **Prüfung des Zulassungsantrags** durch das VG gelten die Ausführungen 14
zur Zulassung im Urteil entsprechend (→ Rn. 10). Bei der Ausübung des Zulassungsermessens kommt besonderes Gewicht dem Umstand zu, dass die Hauptbeteiligten in

Kenntnis der erstinstanzlichen Entscheidung einvernehmlich zum Ausdruck gebracht haben, eine weitere Tatsacheninstanz sei entbehrlich. Der Beschluss ist den Beteiligten zuzustellen (vgl. § 134 III) und mit einer Rechtsmittelbelehrung zu versehen, die (auch) über die Fristen nach § 134 III 1 bzw. III 2 belehrt.

III. Wirkung der Entscheidung des VG

1. Ablehnung der Revisionszulassung

15 Die Ablehnung der Revisionszulassung im Urteil des VG oder auf nachträglichen Antrag durch Beschluss des VG ist unanfechtbar, § 134 II 3. Den Beteiligten verbleibt nach Maßgabe von §§ 124, 124a die **Berufungsmöglichkeit**. Es gelten die allgemeinen Fristen für den Antrag auf Zulassung der Berufung bzw. – bei Berufungszulassung durch das VG – für die Einlegung der Berufung. § 134 III 1 regelt jedoch den **Fristbeginn** gesondert. Ist der Antrag auf Zulassung der Sprungrevision ordnungsgemäß gestellt und die erforderliche Zustimmungserklärung fristgerecht vorgelegt worden, beginnt mit der Zustellung des ablehnenden Beschlusses die Frist für den Antrag auf Zulassung der Berufung von neuem. Erfüllt der Zulassungsantrag diese Voraussetzungen nicht, ist für den Fristbeginn die Zustellung des Urteils maßgeblich. Im Falle der Berufungszulassung durch das VG findet § 134 III 1 entsprechende Anwendung (z.B. KS § 134 Rn. 13; NKVwGO § 134 Rn. 104).

2. Zulassung der Revision

16 Die Zulassung der Sprungrevision durch das VG ist ebenfalls unanfechtbar. Vorbehaltlich etwaiger ausdrücklicher Beschränkungen gilt sie für das gesamte Urteil und für alle Beteiligten (KS § 134 Rn. 3, 8). Die Beteiligten haben nunmehr die **Wahl zwischen den Rechtsmitteln** der Berufung und der Revision (BVerwGE 91, 140). Die Frist nach § 124a IV 1 bzw. II 1 beginnt mit der Zustellung des vollständigen Urteils des VG. Das Gleiche gilt in Bezug auf die Revisionsfrist, sofern die Zulassung der Sprungrevision bereits im Urteil des VG erfolgt. Lässt das VG die Revision durch Beschluss zu, beginnt der Lauf der **Revisionsfrist** gemäß § 134 III 2 mit der Zustellung dieser Entscheidung. Dies gilt sowohl für die Einlegungsfrist nach § 139 I 1 als auch für die Begründungsfrist nach § 139 III 1.

17 Das BVerwG ist gemäß § 134 II 2 an die Zulassung gebunden. Die **Bindungswirkung** erstreckt sich allein auf die Zulassungsentscheidung. Die übrigen Zulässigkeitsvoraussetzungen für die Sprungrevision einschließlich des Vorliegens wirksamer Zustimmungserklärungen prüft das BVerwG eigenständig (BeckOK VwGO § 134 Rn. 27). Eine **Ausnahme** von der Bindungswirkung besteht, wenn die Revision generell unstatthaft ist, weil es sich bei der angefochtenen Entscheidung nicht um ein Urteil im Sinne von § 134 I 1 handelt.

IV. Weiteres Verfahren bei Revisionseinlegung

18 Für die **Einlegung der Revision** nach wirksam zugelassener Revision gelten vorbehaltlich des in § 134 III 2 gesondert bestimmten Fristlaufs die allgemeinen Vorschriften. Ist die Zulassung der Revision bereits im Urteil des VG erfolgt, ist der Revisionsschrift die **Zustimmungserklärung** des Rechtsmittelgegners beizufügen, § 134 I 3. Es reicht aus, wenn die Erklärung innerhalb der Einlegungsfrist (§ 139 I 1) nachgereicht wird (BVerwG 132, 10; 81, 81). Gemäß § 134 V gelten die (wirksame)

Einlegung der Revision und die (ordnungsgemäße) Zustimmung als **Verzicht auf das Rechtsmittel der Berufung**. Für alle Verfahrensbeteiligten wird das weitere Verfahren nunmehr allein von der Revision bestimmt (BVerwGE 81, 81; 65, 27). Etwaige beim OVG anhängige Berufungszulassungs- oder Berufungsverfahren werden gegenstandslos und sind nach entsprechenden Erledigungserklärungen einzustellen (BeckOK VwGO § 134 Rn. 46; B/F-K/vA § 134 Rn. 34).

Die **Begründung der Revision** richtet sich ebenfalls nach den allgemeinen Vorschriften mit Ausnahme der abweichenden Regelung in § 134 IV. Danach kann die Sprungrevision nicht auf Mängel des Verfahrens gestützt werden. Maßgeblich ist der vom VG festgestellte Sachverhalt. Ein sonstiger Beteiligter, dessen Zustimmung zur Einlegung der Sprungrevision nicht erforderlich ist, kann aber eine Gegenrüge erheben (GemSOGB BVerwGE 50, 369; BVerwG Buchh 310 § 134 Nr. 39). Der **Ausschluss der Verfahrensrüge** nach § 134 IV erstreckt sich nicht auf prozessuale Rügen, die das Vorliegen der Sachentscheidungsvoraussetzungen betreffen (BVerwGE 117, 93). 19

Für die **Entscheidung über eine Sprungrevision** ergeben sich keine Besonderheiten im Vergleich zu sonstigen Revisionsverfahren. Lediglich für den Fall der Zurückverweisung nach § 144 III 1 Nr. 2 ist eine Anpassung erfolgt. Gemäß § 144 V kann das BVerwG nach Ermessen die Sache auch an das OVG zurückverweisen, das für die Berufung zuständig gewesen wäre. 20

§ 135 [Revision bei Ausschluss der Berufung]

¹**Gegen das Urteil eines Verwaltungsgerichts (§ 49 Nr. 2) steht den Beteiligten die Revision an das Bundesverwaltungsgericht zu, wenn durch Bundesgesetz die Berufung ausgeschlossen ist.** ²**Die Revision kann nur eingelegt werden, wenn das Verwaltungsgericht oder auf Beschwerde gegen die Nichtzulassung das Bundesverwaltungsgericht sie zugelassen hat.** ³**Für die Zulassung gelten die §§ 132 und 133 entsprechend.**

Ebenso wie die Sprungrevision nach § 134 eröffnet auch § 135 den Beteiligten die Möglichkeit, sich gegen das **Urteil eines VG** unmittelbar mit der Revision zu wenden. Während aber die Sprungrevision an Entscheidungen des VG anknüpft, gegen die eine Berufung statthaft wäre, unterfallen § 135 verwaltungsgerichtliche Entscheidungen, bei denen die **Berufung** durch Bundesgesetz **ausgeschlossen** ist (§ 135 S. 1). Ein Berufungsausschluss i. S. der Norm liegt nur dann vor, wenn der Zugang zur Berufungsinstanz kraft bundesgesetzlicher Regelung generell verwehrt ist. Bloße Zugangsbeschränkungen, wie z.B. nach § 124, werden von § 135 nicht erfasst (KS § 135 Rn. 2; BeckOK VwGO § 135 Rn. 1). Ein Berufungsausschluss durch Landesgesetz kommt nicht in Betracht (vgl. KS § 135 Rn. 1; NKVwGO § 135 Rn. 2). Revisionsfähig i. S. des § 135 sind neben Urteilen auch Gerichtsbescheide (vgl. § 84 II Nr. 3, 4) sowie Beschlüsse nach § 93a II 1, 5. 1

Anwendungsfälle des § 135 sind z.B. § 34 S. 1 Wehrpflichtgesetz, § 10 II Kriegsdienstverweigerungsgesetz, § 75 Zivildienstgesetz, § 339 Lastenausgleichsgesetz, § 37 II 1 Vermögensgesetz und § 137 III Telekommunikationsgesetz (zu weiteren Beispielen siehe NKVwGO § 135 Rn. 10; BeckOK VwGO § 135 Rn. 5). Nicht hierher gehört § 78 I AsylVfG, der ein Rechtsmittel generell ausschließt, wenn das VG die Klage als offensichtlich unzulässig oder offensichtlich unbegründet abgewiesen hat. 2

§ 136

3   Entsprechend den allgemeinen Grundsätzen für den Zugang zur Revisionsinstanz bestimmt § 135 S. 2, dass die Einlegung der Revision nur statthaft ist, wenn sie zuvor nach Maßgabe von § 135 S. 3 i. V. m. §§ 132, 133 zugelassen worden ist. Die **Zulassung der Revision** erfolgt durch das VG oder auf Beschwerde gegen die Nichtzulassung durch das BVerwG. Ist das VG zu Unrecht von einem Berufungsausschluss ausgegangen und hat die Revision zugelassen, kann nicht aus der Bindungswirkung der Revisionszulassung (§ 132 III) auf eine Zulässigkeit der Revision geschlossen werden. Die Bindungswirkung nach § 132 III beschränkt sich auf die Zulassungsentscheidung und erstreckt sich nicht auf die übrigen Zulässigkeitsvoraussetzungen der Revision (BVerwG NVwZ-RR 2006, 580). Hat das VG zu Unrecht einen Berufungsausschluss angenommen und die Revision nicht zugelassen, kann entsprechend § 133 VI die Nichtzulassungsentscheidung aufgehoben und die Sache an das VG zurückverwiesen werden (BVerwG, Beschl. v. 20. 6. 2007 – 2 B 64.07; NJW 2002, 2262). Im Verfahren der **Nichtzulassungsbeschwerde gegen einen Gerichtsbescheid** können die Beteiligten keine Verfahrensrügen erheben, die sich gegen die Richtigkeit der vom VG festgestellten Tatsachen richten. Ebenso wenig kann erfolgreich eine Gehörsverletzung gerügt werden (BVerwG NVwZ-RR 2003, 902).

4   Für das **Revisionsverfahren** gelten die §§ 137 ff. Trotz des Wortlauts in § 135 S. 2 bedarf es der Einlegung der Revision unter den in § 139 II 1 genannten Voraussetzungen nicht (§ 139 II 1 Hs. 2; BeckOK VwGO § 135 Rn. 6; NKVwGO § 135 Rn. 7).

§ 136 *(aufgehoben)*

§ 136 wurde mit Wirkung vom 1. 1. 1997 durch Art. 1 Nr. 28 des 6. VwGOÄndG vom 1. 11. 1996 (BGBl. I 1626) aufgehoben.

1   Durch das 6. VwGOÄndG ist das **Normenkontrollverfahren** (§ 47) an die allgemeine Struktur des Rechtsmittelsystems der VwGO angepasst worden. § 136 ist infolge der Einführung des Revisionsverfahrens auch für Normenkontrollverfahren weggefallen.

§ 137 [Zulässige Revisionsgründe]

(1) **Die Revision kann nur darauf gestützt werden, daß das angefochtene Urteil auf der Verletzung**
1. **von Bundesrecht oder**
2. **einer Vorschrift des Verwaltungsverfahrensgesetzes eines Landes, die ihrem Wortlaut nach mit dem Verwaltungsverfahrensgesetz des Bundes übereinstimmt,**
beruht.

(2) **Das Bundesverwaltungsgericht ist an die in dem angefochtenen Urteil getroffenen tatsächlichen Feststellungen gebunden, außer wenn in bezug auf diese Feststellungen zulässige und begründete Revisionsgründe vorgebracht sind.**

(3) ¹**Wird die Revision auf Verfahrensmängel gestützt und liegt nicht zugleich eine der Voraussetzungen des § 132 Abs. 2 Nr. 1 und 2 vor, so ist nur**

Zulässige Revisionsgründe **§ 137**

über die geltend gemachten Verfahrensmängel zu entscheiden. ²Im übrigen ist das Bundesverwaltungsgericht an die geltend gemachten Revisionsgründe nicht gebunden.

Übersicht

	Rn.
I. Prüfungsmaßstab der Revision (I)	1
1. Bundesrecht (I Nr. 1)	2
2. Verwaltungsverfahrensrecht eines Landes (I Nr. 2)	7
3. Sonstiges Landesrecht	10
a) Grundsatz der Irrevisibilität	10
b) Kraft Gesetzes angeordnete Revisibilität	14
c) Bindungswirkung nichtrevisiblen Landesrechts	16
4. Kausalität der Rechtsverletzung	19
II. Bindung an Tatsachenfeststellungen (II)	21
1. Grundsatz der Bindungswirkung	21
2. Wegfall der Bindungswirkung	24
a) Zulässige und begründete Revisionsgründe	25
b) Verstoß gegen Denkgesetze, Auslegungsregeln oder Beweiswürdigungsgrundsätze; Aktenwidrigkeit	27
c) Tatsachenfeststellung durch das Revisionsgericht	28
d) Berücksichtigungsfähigkeit neuer Tatsachen	29
III. Umfang der revisionsgerichtlichen Überprüfung (III)	31

I. Prüfungsmaßstab der Revision (I)

§ 137 I bestimmt den Prüfungsmaßstab für die revisionsgerichtliche Überprüfung **1** der angefochtenen Entscheidung. Die Revision kann nur auf die **Verletzung revisiblen Rechts** gestützt werden. Revisibel ist neben dem in § 137 I angeführten Bundesrecht (Nr. 1) und Verwaltungsverfahrensrecht eines Landes (Nr. 2) ausnahmsweise auch sonstiges Landesrecht, wenn dies bundes- oder landesgesetzlich besonders bestimmt ist.

1. Bundesrecht (I Nr. 1)

Bundesrecht i.S.v. § 137 I Nr. 1 ist Recht, das **kraft** eines **Gesetzesbefehls des 2 Bundesgesetzgebers** gilt (st. Rspr., vgl. z.B. BVerwGE 123, 303 m.w.N.), einschließlich partiellen Bundesrechts (vgl. BVerwGE 81, 1; BeckOK VwGO § 137 Rn. 4 m.w.N.). Es muss sich um Rechtsnormen handeln, also Vorschriften mit **Rechtssatzqualität**. Ausgehend davon sind namentlich als revisibles Bundesrecht zu qualifizieren (vgl. zu weiteren Einzelheiten KS § 137 Rn. 5 ff.; NKVwGO § 137 Rn. 42 ff.; Bertrams DÖV 1992, 97): Rechtssätze des Grundgesetzes einschließlich allgemeiner verfassungsrechtlicher Grundsätze wie z.B. das Verhältnismäßigkeitsprinzip (BVerwGE 45, 51), das Willkürverbot (BVerwGE 57, 112) und das Bestimmtheitsgebot (BVerwG NJW 1992, 2243); Parlamentsgesetze, Rechtsverordnungen und Satzungen des Bundes; vorkonstitutionelles Recht, soweit es als Bundesrecht fortgilt (Art. 123 ff. GG); allgemeine Regeln des Völkerrechts (Art. 25 GG) und Gesetze des Bundes zur Transformation völkerrechtlicher Verträge (BVerwGE 92, 116; 44, 156).

Rechtsvorschriften der DDR sind vorkonstitutionelles Recht. Sie sind revisibles **3** Bundesrecht i.S.v. § 137 I Nr. 1, wenn und soweit dies Art. 9 des Einigungsvertrages bestimmt (BVerwG Buchh 310 § 137 Abs. 1 Nr. 26). I.Ü. ist das Recht der DDR nicht revisibel (BVerwG, Beschl. v. 9.2. 2010 – 7 B 41.09). Die Auslegung der Be-

§ 137 Teil III. Rechtsmittel und Wiederaufnahme des Verfahrens

stimmungen ausgelaufenen DDR-Rechts ist den Tatsachengerichten vorbehalten (BVerwG, Beschl. v. 28.8. 2007 – 8 B 31.07; BVerwGE 117, 233).

4   Nicht revisibel **mangels Rechtssatzqualität** sind beispielsweise die Verdingungsordnung für Bauleistungen (BVerwG NZBau 2000, 529) und DIN-Normen (BVerwG NVwZ-RR 1997, 214). Dasselbe gilt für Verwaltungsrichtlinien (vgl. BVerwG, Beschl. v. 4.8. 2006 – 2 B 12.06) sowie **Verwaltungsvorschriften** (z.B. BVerwG, Beschl. v. 1.4. 2009 – 2 B 90.08; Beschl. v. 18.8. 2005 – 5 B 68.05 m.w.N.; Buchh 310 § 137 Nr. 181), und zwar auch dann, wenn sie als technische Regelwerke die Anwendung von Rechtsvorschriften beeinflussen mögen (BVerwG DVBl. 2007, 639). Abweichend werden Verwaltungsvorschriften, denen ausnahmsweise quasinormativer Charakter beigemessen wird, wie revisible Rechtsnormen behandelt (für Beihilfevorschriften vgl. BVerwGE 121, 103; 79, 249; für normkonkretisierende Verwaltungsvorschriften im Umweltrecht vgl. BVerwG NVwZ 2000, 440; BVerwGE 107, 338). I.Ü. ist das Revisionsgericht auf die Prüfung beschränkt, ob die Auslegung der Verwaltungsrichtlinien durch das Tatsachengericht mit Bundesrecht vereinbar ist und mit den allgemeinen für Verwaltungsvorschriften geltenden Auslegungsgrundsätzen im Einklang steht (BVerwG Buchh 310 § 137 Nr. 181).

5   Da § 137 I Nr. 1 auf den Bundesgesetzgeber als Normgeber abstellt, ist **ausländisches Recht** nicht revisibel mit der Folge, dass die Entscheidung der Tatsacheninstanz über das Bestehen und den Inhalt ausländischen Rechts gemäß § 173 S. 1 i.V.m. § 560 ZPO für das Revisionsgericht bindend ist (BVerwG Buchh 130 § 3 RuStAG Nr. 2). Demgegenüber gehört das primäre und sekundäre **Recht der Europäischen Union** zum revisiblen Recht (BVerwG NZBau 2000, 529; NVwZ 1997, 178; BVerwGE 35, 277). Das Revisionsgericht prüft auch, ob die Vorinstanz das Gebot richtlinienkonformer Auslegung beachtet hat (BVerwGE 110, 302). Mangels bundesgesetzlichen Normgebers unterliegt **kirchliches Recht** nicht der Revision durch das BVerwG. Etwas anderes gilt, wenn der kirchliche Gesetzgeber von der Ermächtigung des § 135 S. 2 BRRG Gebrauch macht, mit dem der die Revisibilität eröffnende § 127 BRRG für anwendbar erklärt wird (BVerwG, Beschl. v. 4.6. 2009 – 2 B 28.09). Stützt sich die Revision auf eine bundesrechtliche Norm, handelt es sich gleichwohl nicht um revisibles Bundesrecht, wenn die Norm nicht **kraft** eines **Gesetzesbefehls** des Bundesgesetzgebers, sondern **des Landesgesetzgebers** heranzuziehen ist (BVerwG NVwZ 2009, 1037; NVwZ 1984, 101; → Rn. 11).

6   **Auslegungsregeln** und allgemeine Rechtsgrundsätze über die Auslegung von Rechtsvorschriften sind nur revisibel, wenn es um ihre Anwendung im Rahmen revisiblen Rechts geht (BVerwG, Beschl. v. 28.1. 2010 – 9 BN 5.09; NVwZ 2008, 337; Buchh 237.4 § 35 HmbBG Nr. 1). Auch der Umstand, dass die Vorinstanz zur Auslegung den dem Bundesrecht entnommenen Gleichbehandlungsgrundsatz herangezogen hat, führt lediglich dann auf revisibles Recht, wenn das auszulegende Recht revisibel ist (BVerwG, Beschl. v. 4.6. 2009 – 2 B 28.09). Entsprechendes gilt für aus dem **Bürgerlichen Recht** übernommene Rechtsgrundsätze wie z.B. die Rechtsinstitute des öffentlich-rechtlichen Erstattungsanspruchs und der culpa in contrahendo (BVerwG, Beschl. v. 21.1. 2010 – 9 B 66.08; Beschl. v. 25.8. 1997 – 8 B 145.97 m.w.N.) sowie für den in der gesamten Rechtsordnung geltenden Grundsatz von Treu und Glauben (BVerwG Buchh 310 § 137 Abs. 1 Nr. 15).

2. Verwaltungsverfahrensrecht eines Landes (I Nr. 2)

7   Gemäß § 137 I Nr. 2 ist mit Bundesrecht gleichlautendes Verwaltungsverfahrensrecht eines Landes revisibel. Als Verwaltungsverfahrensgesetz eines Landes i.S.d. § 137 I Nr. 2 kommt nur ein allgemeines, allein das Verwaltungsverfahren regelndes

Gesetz **im Typus des VwVfG des Bundes** in Betracht. Landesgesetze, die lediglich einzelne oder mehrere verwaltungsverfahrensrechtliche Vorschriften aufweisen, werden nicht erfasst (BVerwG Buchh 310 § 137 Abs. 1 Nr. 5; NVwZ 1984, 101). Voraussetzung ist des Weiteren, dass die landesrechtliche Vorschrift im Wortlaut mit dem VwVfG des Bundes übereinstimmt. Entgegen dem Wortlaut des § 137 I Nr. 2 bedarf es nicht einer Übereinstimmung des gesamten Verwaltungsverfahrensgesetzes. Es genügt, wenn die miteinander zu vergleichenden Bestimmungen den **gleichen Wortlaut** haben (BVerwGE 123, 303; Buchh 310 § 137 Abs. 1 Nr. 5 m. w. N.). Nicht ausreichend ist es, wenn die beiden Vorschriften lediglich einen ähnlichen Regelungsgehalt besitzen, jedoch im Wortlaut voneinander abweichen (BVerwG, Beschl. v. 30.8. 2006 – 10 B 38.06).

Zum revisiblen Recht gehört danach auch der **Begriff des Verwaltungsakts** 8 (§ 137 I Nr. 2 i. V. m. § 35 VwVfG). Davon zu trennen ist aber die Frage, ob ein Verwaltungshandeln die Voraussetzungen des Begriffs erfüllt. Dies beurteilt sich maßgeblich nach dem zugrunde liegenden materiellen Recht. Handelt es sich um nichtrevisibles Landesrecht, ist dessen Auslegung der revisionsgerichtlichen Kontrolle grds. entzogen (BVerwG Buchh 402.43 § 9 MRRG Nr. 1). Eine vergleichbare Einschränkung ergibt sich auch für § 40 VwVfG. Die nach § 137 I Nr. 2 gegebene Revisibilität kann nicht dazu führen, dass die Anwendung einer dem nichtrevisiblen Landesrecht entstammenden Ermessensregelung als Verletzung revisiblen Rechts gerügt werden kann (BVerwG Buchh 310 § 137 Nr. 161).

Ist eine landesrechtliche Norm in Anwendung von § 137 I Nr. 2 revisibel, kann sie 9 ggf. auch zu einer **Erweiterung der Prüfungsbefugnis** auf solche Vorschriften führen, auf die sie ausstrahlt (vgl. BVerwGE 111, 162 zum Verhältnis von §§ 54 ff. LVwVfG zu Vorschriften des BGB; BVerwGE 84, 257). Entsprechendes gilt für den umgekehrten Fall, dass andere Rechtsnormen sich unmittelbar auf Umfang und Reichweite der landesrechtlichen Verwaltungsverfahrensvorschrift auswirken (BVerwG NVwZ 2003, 993).

3. Sonstiges Landesrecht

a) Grundsatz der Irrevisibilität. Aus § 137 I ergibt sich im Umkehrschluss, dass 10 Landesrecht – vorbehaltlich des Anwendungsbereichs des § 137 I Nr. 2 – nicht revisibel ist. Das Revisionsgericht überprüft also grds. nicht, ob die angefochtene Entscheidung auf der Verletzung von Landesrecht beruht. Zum Landesrecht gehören insbes. das Landesverfassungsrecht, förmliche Landesgesetze sowie von Landes- oder Kommunalorganen erlassene Rechtsverordnungen und Satzungen.

Irrevisibles Landesrecht liegt auch vor, wenn Landesrecht auf eine oder mehrere 11 bundesrechtliche Vorschriften verweist und die Normen des Bundesrechts nicht kraft Gesetzesbefehls des Bundesgesetzgebers Geltung beanspruchen, sondern **kraft Bezugnahme** im Landesrecht, d.h. infolge eines Anwendungsbefehls des Landesgesetzgebers (BVerwG NVwZ 2009, 1037; Beschl. v. 25.2. 2009 – 8 B 1.09; BVerwGE 91, 77). Entsprechendes gilt für den Fall, dass ein kommunaler Satzungsgeber in seinem Satzungsrecht bundesrechtlich geprägte Begriffe verwendet (BVerwG Buchh 401.9 Beiträge Nr. 50; Buchh 310 § 137 Abs. 1 Nr. 25). Landesrecht wird auch nicht deshalb revisibel, weil es mit einer bundesrechtlichen Vorschrift wörtlich übereinstimmt oder zur Ausfüllung eines Rahmengesetzes des Bundes ergangen ist (BVerwG NVwZ-RR 1999, 239; Buchh 310 § 137 Abs. 1 Nr. 5). Handelt es sich hingegen um eine landesrechtliche Verweisung, die dem Bundesrecht im Landesbereich Geltung in seiner Eigenschaft als Bundesrecht zuerkennen soll, bewirkt dies eine Revisibilität der

§ 137 Teil III. Rechtsmittel und Wiederaufnahme des Verfahrens

in Bezug genommenen Normen (BVerwG, Beschl. v. 28.11. 1994 – 8 B 189.94; BVerwG NVwZ 1986, 739; BVerwGE 51, 268).

12 Auch Bundesrecht, das lediglich in **Ausfüllung und Ergänzung einer Lücke** des geschriebenen Landesrechts Anwendung findet, teilt dessen Rechtscharakter als irrevisibles Recht (BVerwG, Beschl. v. 21.1. 2010 – 9 B 66.08; Buchh 310 § 137 Abs. 1 Nr. 29; BVerwGE 123, 303). Dasselbe gilt für **allgemeine Rechtsgrundsätze**, die zur Ergänzung von Landesrecht herangezogen werden (BVerwG, Beschl. v. 10.9. 2009 – 3 B 16.09 zu Grundsätzen der Rechtsscheinhaftung; Buchh 310 § 137 Abs. 1 Nr. 15 zum Grundsatz von Treu und Glauben). Ebenso rechnen **Auslegungsregeln** zum nichtrevisiblen Landesrecht, wenn und soweit es um ihre Anwendung im Rahmen von Landesrecht geht (→ Rn. 6; BVerwG, Beschl. v. 3.6. 2008 – 9 BN 3.08). Etwas anderes ergibt sich allerdings, wenn die Auslegung offensichtlich willkürlich ist. Unter dieser Voraussetzung berühren die vom Tatsachengericht herangezogenen Auslegungsgrundsätze revisibles Recht (BVerwG, Beschl. v. 6.9. 1999 – 11 B 40.99; NVwZ 1989, 246).

13 Auch bei dem Rundfunkstaatsvertrag und dem Rundfunkgebührenstaatsvertrag handelt es sich um irrevisibles Landesrecht (vgl. aber → Rn. 15). Den Bestimmungen kommt nicht deshalb Revisibilität zu, weil ihnen aufgrund entsprechender Landeszustimmungsgesetze **Geltung in allen Bundesländern** zukommt (BVerwG NJW 2006, 632; NJW 1998, 1578). Ebenso wenig werden die polizeiliche Generalklausel oder bauordnungsrechtliche Brandschutzbestimmungen eines Landes dadurch revisibel, dass in allen Bundesländern ähnliche Regelungen bestehen und von einem vergleichbaren Gefahrenbegriff ausgegangen wird (BVerwG Buchh 310 § 137 Abs. 1 Nr. 1). Auch der Gesichtspunkt, dass Landesrecht auf einen gemeinsamen Musterentwurf der Bundesländer zurückgeht und mehrere Länder wortlautgleiche Rechtsnormen verabschiedet haben, begründet keine Revisibilität (BVerwGE 99, 351).

14 b) Kraft Gesetzes angeordnete Revisibilität. Gemäß § 191 II, **§ 127 Nr. 2 BRRG** gilt für die Revision gegen das Urteil eines OVG über eine Klage aus dem Beamtenverhältnis, dass die Revision auch auf die Verletzung von Landesrecht gestützt werden kann. Damit ist das **Landesbeamtenrecht** kraft ausdrücklicher bundesrechtlicher Bestimmung revisibel. Auf öffentlichrechtliche Dienstverhältnisse, die keine Beamtenverhältnisse sind, ist § 127 Nr. 2 BRRG nicht anwendbar (B/F-K/vA § 137 Rn. 11 mit Beispielen). Auch gehören etwa Bestimmungen des Landeskommunalverfassungsrechts selbst dann nicht dem gemäß § 127 Nr. 2 BRRG revisiblen Recht an, wenn sich aus ihrer Auslegung und Anwendung Auswirkungen auf beamtenrechtliche Rechtsverhältnisse ergeben (BVerwG, Beschl. v. 4.5. 2007 – 2 B 24.07).

15 Die Revisibilität von Landesrecht kann des Weiteren begründet werden, indem dem Revisionsgericht **durch Landesgesetz** die Entscheidung in solchen Sachen **zugewiesen** wird, bei denen es sich um die Anwendung von Landesrecht handelt **(Art. 99 Alt. 2 GG)**. Die Landesgesetzgeber haben von dieser Ermächtigung lediglich vereinzelt Gebrauch gemacht. Ein Anwendungsfall ist der 1996 ratifizierte Dritte Rundfunkänderungsstaatsvertrag, der in Bezug auf den Rundfunkstaatsvertrag (nicht: Rundfunkgebührenstaatsvertrag) die Revision zum BVerwG ermöglicht (vgl. § 48 RStV). Ein anderes Beispiel ist § 97 BayVwVfG, der hinsichtlich des Landesverwaltungsverfahrensrechts umfassend die Revision zum BVerwG eröffnet.

16 c) Bindungswirkung nichtrevisiblen Landesrechts. Das Revisionsgericht ist grds. an die **Auslegung und Anwendung nichtrevisiblen Landesrechts** durch das Tatsachengericht gebunden (§ 173 S. 1 i.V.m. § 560 ZPO). Eine Rechtmäßigkeitskontrolle hinsichtlich Bestehen und Inhalt landesrechtlicher Rechtsnormen und

Zulässige Revisionsgründe § 137

-grundsätze findet nicht statt. Dies enthebt das BVerwG jedoch nicht der Prüfung, ob das Landesrecht mit dem Inhalt, den ihm das Tatsachengericht beigemessen hat, mit Bundesrecht (§ 137 I) vereinbar ist. Denn Prüfungsmaßstab ist insoweit nicht irrevisibles Landesrecht, sondern allein Bundesrecht (vgl. z. B. BVerwG NJW 1998, 1578; KS § 137 Rn. 12).

Nur **ausnahmsweise** ist dem Revisionsgericht abweichend von § 173 S. 1 i.V.m. **17** § 560 ZPO eine **revisionsgerichtliche Überprüfung** des Landesrechts eröffnet. Dies gilt zunächst für den Fall, dass Prüfungsmaßstab eine Vorschrift des **Bundesrahmenrecht**s ist. Das Revisionsgericht hat dann auch zu prüfen, ob sich die Vorinstanz bei der Auslegung und Anwendung irrevisiblen Landesrechts innerhalb der vom Rahmenrecht gezogenen, für den Landesgesetzgeber verbindlichen Grenzen gehalten hat. Insoweit ist das BVerwG befugt, die Interpretation nichtrevisiblen Landesrechts zu kontrollieren (BVerwGE 118, 10). Eine weitere Ausnahme besteht für den Fall, dass das Tatsachengericht zur Auslegung eines in einer landesrechtlichen Norm verwandten Begriffs in der Annahme der Identität beider Begriffsinhalte das Verständnis eines **gleich lautenden bundesrechtlichen Begriffs** herangezogen hat und eine solche Identität durch Gesetzesbefehl des Bundes vorgegeben ist (BVerwG NJW 2006, 632; BVerwGE 110, 326). Dem Revisionsgericht ist eine Überprüfung der Auslegung irrevisiblen Landesrechts des Weiteren gestattet, wenn sich das Tatsachengericht durch Bundesrecht zu einer **bestimmten Auslegung verpflichtet** gefühlt hat (BVerwG NJW 2006, 632; Beschl. v. 11. 7. 2005 – 4 B 34.05; BVerwGE 89, 69); die Heranziehung des Bundesrechts als Interpretationshilfe genügt indes nicht (BVerwG NJW 2006, 632). Darüber hinaus kann Landesrecht ausnahmsweise revisibel sein, wenn es in enger Verknüpfung mit bundesrechtlich gestalteten Rechtsbegriffen steht (vgl. BVerwGE 118, 345 zu im Bundesrecht wurzelnden Wahlgrundsätzen).

Hat das Tatsachengericht einschlägige landesrechtliche Vorschriften nicht herange- **18** zogen oder steht die Auslegung irrevisiblen Landesrechts mit Bundesrecht nicht im Einklang, ist das **Revisionsgericht befugt**, an sich nicht revisibles **Landesrecht auszulegen und anzuwenden**. Dies gilt auch für den Fall, dass einschlägiges Landesrecht erst nach Ergehen der angefochtenen Entscheidung in Kraft getreten ist oder sich geändert hat (KS § 137 Rn. 31 m.w.N.). Verbleibt jedoch ein landesrechtlicher Spielraum bei der Auslegung und Anwendung des in Rede stehenden Landesrechts, sollte die Sache zur anderweitigen Verhandlung und Entscheidung zurückverwiesen werden (§ 144 III Nr. 2; vgl. BVerwGE 118, 345; 97, 79; → § 144 Rn. 13, 15; KS § 137 Rn. 32; S/S-A/P § 137 Rn. 89).

4. Kausalität der Rechtsverletzung

Eine Rechtsverletzung i.S.v. § 137 I liegt vor, wenn eine **Norm des revisiblen** **19** **Rechts nicht oder nicht richtig angewendet** worden ist (§ 173 S. 1 i.V.m. § 546 ZPO) und der Revisionskläger dadurch beschwert ist (soweit eine Beschwer nicht, wie z.B. bei der Revision des VöI, entbehrlich ist, vgl. KS § 137 Rn. 19). **Rechtsänderungen** hat das BVerwG bei seiner Rechtmäßigkeitsüberprüfung zu berücksichtigen, soweit das Tatsachengericht auf die geänderte Rechtslage abzustellen hätte, wenn es zum selben Zeitpunkt entscheiden würde (BVerwG NVwZ-RR 2002, 93; BVerwGE 100, 346).

Die Rechtsverletzung ist für die angefochtene Entscheidung **ursächlich**, wenn da- **20** von ausgegangen werden kann, dass ohne sie eine andere Entscheidung ergangen wäre. Bei Verfahrensfehlern ist die Kausalität bereits zu bejahen, wenn eine andere Entscheidung möglich erscheint (vgl. z.B. BVerwGE 14, 342; NKVwGO § 137 Rn. 17;

S/S-A/P § 137 Rn. 108; weitergehend z. B. KS § 137 Rn. 23, der generell die Möglichkeit einer anderen Entscheidung ausreichen lässt). Bei den absoluten Revisionsgründen des § 138 ist von Ursächlichkeit kraft Gesetzes auszugehen. Ist die angefochtene Entscheidung auf **mehrere selbstständig tragende Begründungen** gestützt, beruht die Entscheidung nur dann auf der Rechtsverletzung, wenn der Rechtsverstoß für jeden der Gründe kausal wird. Beruht die angegriffene Entscheidung hingegen auf mehreren nicht selbstständig tragenden Begründungselementen, liegt Kausalität schon dann vor, wenn die Rechtsverletzung einem Begründungsteil anhaftet (vgl. BeckOK VwGO § 137 Rn. 37).

II. Bindung an Tatsachenfeststellungen (II)

1. Grundsatz der Bindungswirkung

21 Gemäß § 137 II ist das Revisionsgericht grds. an die in der angefochtenen Entscheidung getroffenen tatsächlichen Feststellungen – einschließlich der tatrichterlichen Sachverhalts- und Beweiswürdigung (BVerwGE 126, 233) – gebunden. Danach überprüft das BVerwG den Streitfall nicht im gleichen Umfang wie das Tatsachengericht und **berücksichtigt neu vorgebrachte Tatsachen und Beweismittel nicht**. Das Revisionsgericht ist auf eine rechtliche Überprüfung beschränkt (BVerwGE 114, 16). Dadurch werden die Entscheidungen der Vorinstanz dem Einwand entzogen, sie träfen infolge einer inzwischen eingetretenen Änderung der Tatsachengrundlage nicht mehr zu (BVerwG NJW 1977, 1978).

22 § 137 II bestimmt die Bindung an die Tatsachenfeststellungen ohne Rücksicht darauf, in welchem Abschnitt der angefochtenen Entscheidung die Feststellungen getroffen worden sind. Es ist unerheblich, ob sie **im Tatbestand oder in den Entscheidungsgründen** enthalten sind (BVerwG, Beschl. v. 6.2. 2001 – 6 BN 6.00; NVwZ 1985, 337). Die Bindungswirkung erstreckt sich auch auf Tatsachenfeststellungen, die für die angegriffene Entscheidung nicht erheblich waren (S/S-A/P § 137 Rn. 134). Will das BVerwG bislang **nicht entscheidungserhebliche Umstände** verwerten, ist den Beteiligten zwecks Vermeidung einer Überraschungsentscheidung rechtliches Gehör zu gewähren (BVerwG NVwZ 1999, 991; BVerwGE 68, 290: Gelegenheit zu Gegenrügen). Ist mit den von der Vorinstanz getroffenen tatsächlichen Feststellungen zugleich eine rechtliche Würdigung verknüpft, tritt in Bezug auf die rechtliche Bewertung die Bindung nicht ein (B/F-K/vA § 137 Rn. 12).

23 Tatsachenfeststellung i. S. v. § 137 II ist auch die Feststellung des gewollten Inhalts einer Willenserklärung oder eines Vertrages. Mit Blick auf die Bindungswirkung ist die **Auslegung von Willenserklärungen** durch das Tatsachengericht im Revisionsverfahren nur daraufhin überprüfbar, ob allgemeine Erfahrungssätze, Denkgesetze oder Auslegungsregeln verletzt sind (BVerwG, Beschl. v. 16.11. 1989 – 8 CB 73.89). Inwieweit **Verwaltungsakte** der selbstständigen Auslegung durch das Revisionsgericht unterliegen, wird in der Rspr. des BVerwG nicht einheitlich beantwortet (BVerwG Buchh 442.066 § 24 TKG Nr. 2 m. w. N.). Der tatrichterlich ermittelte **Erklärungsinhalt** eines Verwaltungsakts ist nur eingeschränkt überprüfbar. Dem Revisionsgericht ist eine eigene Auslegung des Verwaltungsakts nur eröffnet, wenn das Tatsachengericht dazu nichts Näheres ausgeführt hat, insbes. sein Auslegungsergebnis nicht weiter begründet hat (BVerwG Buchh 310 § 137 Abs. 2 Nr. 12 m.w.N.). Auch die **Auslegung von Nebenbestimmungen** durch das Tatsachengericht gehört zum Bereich der Tatsachenfeststellung, an die das Revisionsgericht gemäß § 137 II gebunden ist (BVerwG, Beschl. v. 31.3. 2005 – 3 B 92.04).

2. Wegfall der Bindungswirkung

Die **Bindung** an die tatsächlichen Feststellungen der Vorinstanz **gilt nicht ausnahmslos**. § 137 II selbst schränkt sie für den Fall einer begründeten Verfahrensrüge ein. Darüber hinaus hat die Rspr. eng umgrenzte Ausnahmen entwickelt. 24

a) Zulässige und begründete Revisionsgründe. Das Revisionsgericht ist an die in der angefochtenen Entscheidung getroffenen tatsächlichen Feststellungen nicht gebunden, wenn der Revisionskläger in Bezug auf diese Feststellungen im Revisionsverfahren zulässige und begründete **Verfahrensrügen** erhoben hat. In Betracht kommen insbes. Gehörs- und Aufklärungsrügen. 25

Des Weiteren entfällt die Bindungswirkung, wenn ein in der Vorinstanz erfolgreicher Verfahrensbeteiligter eine zulässige und begründete Verfahrensrüge als **Gegenrüge** geltend macht. Die nicht frist- und formgebundene Gegenrüge bezieht sich auf tatsächliche Feststellungen der Vorinstanz, die nicht entscheidungserheblich waren (vgl. BVerwGE 126, 378; 68, 290; 32, 228; zur Gegenrüge im Verfahren der Sprungrevision → § 134 Rn. 19). 26

b) Verstoß gegen Denkgesetze, Auslegungsregeln oder Beweiswürdigungsgrundsätze; Aktenwidrigkeit. Keine Bindungswirkung besteht auch, wenn dem Tatsachengericht bei der Sachverhaltsfeststellung ein **Verstoß gegen allgemeine Erfahrungssätze, Denkgesetze oder Auslegungsregeln** unterlaufen ist (BVerwG NVwZ-RR 2003, 874; BVerwG 84, 157) bzw. wenn der Beweiswürdigung eine **Verletzung der Beweiswürdigungsgrundsätze** anhaftet (BVerwG NVwZ 2006, 1288; NVwZ-RR 1996, 359). Ein Verstoß gegen Denkgesetze liegt (erst) vor, wenn die tatsächliche Schlussfolgerung schlechthin unmöglich ist (BVerwG NVwZ-RR 1995, 310; zur Überprüfung allgemeiner Erfahrungssätze vgl. BVerwGE 88, 312). Eine Verletzung von Beweiswürdigungsgrundsätzen liegt z.B. vor, wenn die Beweisergebnisse unvollständig gewürdigt werden oder die Würdigung widersprüchlich oder sonst willkürlich erscheint (KS § 137 Rn. 25a; B/F-K/vA § 137 Rn. 17; BeckOK VwGO § 137 Rn. 56). Ebenso wenig ist das Revisionsgericht an **aktenwidrige Tatsachenfeststellungen** gebunden (BVerwGE 79, 291). Voraussetzung ist dabei, dass der Widerspruch zwischen den in der angefochtenen Entscheidung getroffenen Feststellungen und dem (unstreitigen) Akteninhalt offensichtlich ist (vgl. BVerwG NVwZ 2002, 87). 27

c) Tatsachenfeststellung durch das Revisionsgericht. Soweit die Bindungswirkung entfällt, kann das BVerwG den **Sachverhalt selbst auslegen und würdigen**. Die Befugnis reicht allerdings nur soweit, wie der von der Vorinstanz ermittelte und in den Gerichtsakten dokumentierte Sachverhalt eine eigene Tatsachenfeststellung ermöglicht. Fehlt es an ausreichenden tatsächlichen Feststellungen für eine abschließende Würdigung, ist die Sache gemäß § 144 III 1 Nr. 2 an die Tatsacheninstanz zurückzuverweisen (BeckOK VwGO § 137 Rn. 49 m.w.N.). 28

d) Berücksichtigungsfähigkeit neuer Tatsachen. Tatsachen, die sich weder aus der angefochtenen Entscheidung oder der Sitzungsniederschrift (§ 173 S. 1 i.V.m. § 559 I 1 ZPO) noch aus den Gerichtsakten i.Ü. (BVerwG NVwZ 1993, 275; DVBl. 1989, 874) ergeben, sind grds. nicht berücksichtigungsfähig. Abweichend von § 137 II ist neues Vorbringen jedoch beachtlich, wenn sich nach dem Erlass der angefochtenen Entscheidung die Rechtslage geändert hat, die **Rechtsänderung** vom Revisionsgericht zu berücksichtigen ist (vgl. → Rn. 19) und dies zur Berücksichtigung auch der damit korrespondierenden Tatsachenänderungen zwingt (BVerwGE 29

91, 104; BVerwG NJW 1977, 1978 m. w. N.). Darüber hinaus kommt die Berücksichtigung neu vorgebrachter Tatsachen im Revisionsverfahren ausnahmsweise in Betracht, wenn eine Nichtberücksichtigung mit der Prozessökonomie in so hohem Maße unvereinbar wäre, dass ihr der Vorrang vor dem Grundsatz der Unbeachtlichkeit neuen Vorbringens im Revisionsverfahren eingeräumt werden muss (BVerwG InfAuslR 1993, 235). Dies ist etwa der Fall, wenn die neuen Tatsachen die **Restitutionsklage** (§ 153 i.V.m. § 580 ZPO) rechtfertigen würden. Des Weiteren kann neues Vorbringen beachtlich sein, wenn die **neuen Sachverhaltsumstände** zwischen den Verfahrensbeteiligten **unstreitig** sind und die revisionsgerichtliche Berücksichtigung der geänderten Tatsachengrundlage eine sonst notwendige Zurückverweisung entbehrlich macht (BVerwG InfAuslR 1993, 235; BVerwG 91, 104; ablehnend KS § 137 Rn. 28). Nach diesen Maßgaben sind auch neue Tatsachen, die i.S. v. § 291 ZPO offenkundig sind, verwertbar (vgl. BVerwGE 91, 104; 87, 52; BeckOk VwGO § 137 Rn. 61 f. m.w.N.). **Ergänzungen von Ermessenserwägungen** (§ 114 S. 2) sind allenfalls dann beachtlich, wenn sie auf der Grundlage bereits festgestellter Tatsachen erfolgen und schützenswerte Interessen der Beteiligten nicht entgegenstehen (str., vgl. z.B. Ey § 137 Rn. 25; S/S-A/P § 137 Rn. 210; a.A. etwa KS § 137 Rn. 27; NKVwGO § 137 Rn. 156).

30 **Sachurteilsvoraussetzungen** sind in jedem Stadium des Verfahrens und damit auch in der Revisionsinstanz von Amts wegen zu prüfen (BVerwGE 71, 73). Dementsprechend sind tatsächliche Umstände, die seit Erlass der angefochtenen Entscheidung eingetreten sind und sich auf das Vorliegen oder Nichtvorliegen der Sachurteilsvoraussetzungen auswirken, vom BVerwG zu berücksichtigen (BVerwGE 84, 53). Ggf. hat das Revisionsgericht auch von Amts wegen Tatsachen festzustellen (BVerwGE 115, 302; 78, 347). Ebenso kann das BVerwG den Inhalt und die rechtliche Bedeutung von **Prozesshandlungen** selbst feststellen und ggf. auslegen (z.B. BVerwGE 116, 5; 84, 157).

III. Umfang der revisionsgerichtlichen Überprüfung (III)

31 § 137 III erweitert den Prüfungsumfang des Revisionsgerichts **im Interesse der Rechtseinheit und der Rechtsfortbildung** auf dem Gebiet des materiellen Rechts und lässt eine Überprüfung der angefochtenen Entscheidung ohne Bindung an die geltend gemachten Revisionsgründe zu. Hingegen ist die Prüfung von Verfahrensmängeln nur aufgrund frist- und formgerecht erhobener Verfahrensrügen eröffnet (BVerwGE 106, 115). Verfahrensmängel i. S. v. § 137 III 1 meint Mängel des gerichtlichen Verfahrens; Mängel des Verwaltungsverfahrens gehören demgegenüber zum Bereich des materiellen Rechts (S/S-A/P § 137 Rn. 227 f.; B/F-K/vA § 137 Rn. 24).

32 Vorbehaltlich der Einschränkung in Bezug auf Verfahrensmängel nach § 137 III 1 hat das Revisionsgericht die angefochtene Entscheidung im Rahmen der Anträge (§ 141 S. 1 i.V.m. § 129) materiellrechtlich am Maßstab des revisiblen Rechts **in vollem Umfang nachzuprüfen**. An die geltend gemachten Revisionsgründe ist es gemäß § 137 III 2 nicht gebunden (Grundsatz der Vollrevision). Ebenso wenig ist der Prüfungsumfang auf die Gründe beschränkt, derentwegen die Revision zugelassen worden ist (BVerwGE 84, 53; Buchh 310 § 144 Nr. 25).

33 Der Grundsatz, dass die revisionsgerichtliche Überprüfung ohne Bindung an die Revisionsrügen erfolgt, gilt nicht für Verfahrensmängel. Insoweit bestimmt § 137 III 1 einen **Rügevorbehalt**. Die Kontrolle der angefochtenen Entscheidung ist auf **gel-**

Absolute Revisionsgründe § 138

tend gemachte **Verfahrensfehler** beschränkt (BeckOK VwGO § 137 Rn. 67, 69 m.w.N.). Aus §§ 139 III 4, 143 ergibt sich zusätzlich, dass lediglich die form- und fristgerecht erhobenen Verfahrensrügen in der Sache geprüft werden. Nur **ausnahmsweise** können Verfahrensmängel **von Amts wegen** geprüft werden. Dies betrifft neben Sachurteilsvoraussetzungen (→ Rn. 30) z.B. die unterlassene notwendige Beiladung (vgl. § 142) oder (nicht gerügte) Verfahrensmängel, die mit gerügten Mängeln in untrennbarem Zusammenhang stehen und sich aus den vorgetragenen Tatsachen ohne weiteres ergeben. Ferner sind solche Verfahrensmängel von Amts wegen zu beachten, die auf das Verfahren in der Revisionsinstanz derart fortwirken, dass ein auf die Sache eingehendes Revisionsurteil nicht möglich ist, wie z.B. die Sachentscheidung über eine wirksam zurückgenommene Berufung (BVerwG NVwZ 1997, 1210; vgl. KS § 137 Rn. 39 f. mit weiteren Beispielen).

Ist die Revision allein auf Verfahrensrügen gestützt, ist das BVerwG unter den in 34 § 137 III 1 genannten Voraussetzungen gleichwohl zu einer Prüfung in materiellrechtlicher Hinsicht befugt. Dafür ist erforderlich, dass die Verfahrensrevision zulässig ist (BVerwGE 25, 44). In diesem Fall ist die Anwendung materiellen Rechts auch ohne entsprechende Sachrüge nachzuprüfen, wenn der Rechtssache **grundsätzliche Bedeutung** i.S.v. § 132 II Nr. 1 zukommt oder die angefochtene Entscheidung auf einer **Divergenz** i.S.v. § 132 II Nr. 2 beruht. § 137 III 1 gilt auch für die Revision in Beamtenrechtsstreitigkeiten. Die in § 127 Nr. 1 BRRG vorgesehene Erweiterung ist beschränkt auf das Nichtzulassungsverfahren; i.Ü. gelten die das Revisionsverfahren betreffenden Vorschriften der VwGO (BVerwGE 18, 64). Ob die Voraussetzungen des § 132 II Nr. 1 oder Nr. 2 vorliegen, prüft das BVerwG von Amts wegen. Unerheblich ist, ob die Revisionszulassung auf einem dieser Gründe beruht (S/S-A/P § 137 Rn. 263 f.). Die grundsätzliche Bedeutung bzw. die Divergenz müssen in Bezug auf revisibles materielles Recht gegeben sein; Verfahrensfragen kommen nicht in Betracht (BeckOK VwGO § 137 Rn. 71 m.w.N.). Unabhängig von § 137 III 1 ist das BVerwG nach § 144 IV zur Berücksichtigung materiellen Rechts befugt (→ § 144 Rn. 7).

Ist die Revision **sowohl** auf **Verfahrensrügen als auch** auf **Sachrügen** gestützt, 35 findet § 137 III 2 Anwendung. Das BVerwG ist also ungeachtet § 137 III 1 in materiellrechtlicher Hinsicht zu einer voll umfänglichen Rechtmäßigkeitskontrolle berufen.

§ 138 [Absolute Revisionsgründe]

Ein Urteil ist stets als auf der Verletzung von Bundesrecht beruhend anzusehen, wenn
1. **das erkennende Gericht nicht vorschriftsmäßig besetzt war,**
2. **bei der Entscheidung ein Richter mitgewirkt hat, der von der Ausübung des Richteramts kraft Gesetzes ausgeschlossen oder wegen Besorgnis der Befangenheit mit Erfolg abgelehnt war,**
3. **einem Beteiligten das rechtliche Gehör versagt war,**
4. **ein Beteiligter im Verfahren nicht nach Vorschrift des Gesetzes vertreten war, außer wenn er der Prozeßführung ausdrücklich oder stillschweigend zugestimmt hat,**
5. **das Urteil auf eine mündliche Verhandlung ergangen ist, bei der die Vorschriften über die Öffentlichkeit des Verfahrens verletzt worden sind, oder**
6. **die Entscheidung nicht mit Gründen versehen ist.**

Übersicht

	Rn.
I. Bedeutung der Norm	1
1. Fiktionswirkung	4
2. Anwendbarkeit des § 144 IV	5
II. Absolute Revisionsgründe	7
1. Vorschriftswidrige Besetzung des Gerichts	7
a) Garantie des gesetzlichen Richters	7
b) Erkennendes Gericht	9
c) Mängel in der Person des Richters	10
d) Verstoß gegen gesetzliche Besetzungsvorschriften	13
e) Verstoß gegen Geschäftsverteilungsplan	16
f) Verstoß gegen Vorlagepflicht	18
g) Unrichtige Entscheidung über ein Ablehnungsgesuch	19
2. Mitwirkung eines ausgeschlossenen oder abgelehnten Richters	20
3. Versagung rechtlichen Gehörs	22
a) Anspruch auf rechtliches Gehör	22
b) Beispiele	29
4. Fehlen einer ordnungsgemäßen Vertretung	36
5. Fehlende Öffentlichkeit	41
a) Mündliche Verhandlung	42
b) Wahrung der Öffentlichkeit	43
6. Fehlen von Entscheidungsgründen	48
a) Unzureichende Gründe	49
b) Verspätete Absetzung der Entscheidung	52

I. Bedeutung der Norm

1 § 138 betrifft **besonders schwerwiegende Verfahrensmängel**, bei deren Vorliegen die angefochtene Entscheidung stets als auf der Verletzung von Bundesrecht beruhend anzusehen ist. Die Aufzählung dieser sog. absoluten Revisionsgründe ist **abschließend** (NKVwGO § 138 Rn. 3; KS § 138 Rn. 3).

2 § 138 trifft eine Regelung für den Bereich der Begründetheit der Revision, setzt also eine zugelassene Revision voraus. Die Vorschrift hat aber auch Auswirkungen für die Zulassung der Revision. Wird ein absoluter Revisionsgrund geltend gemacht und liegt er vor, ist grds. der Zulassungsgrund des § 132 II Nr. 3 gegeben (vgl. BVerwG NVwZ 2006, 1404 m.w.N.). § 138 findet ferner entsprechende Anwendung im **Berufungszulassungsverfahren**. Ein Verfahrensfehler i.S. dieser Norm erfüllt die Voraussetzungen des Verfahrensmangels nach § 124 II Nr. 5. In Streitigkeiten nach dem AsylVfG kann die Verfahrensrüge – anders als bei § 124 II Nr. 5 – lediglich auf Verfahrensmängel nach § 138 gestützt werden (§ 78 III Nr. 3 AsylVfG). Im Fall der **Sprungrevision** ist § 138 nicht anwendbar, weil weder die Revision noch die Zulassung der Revision auf Mängel des Verfahrens gestützt werden können (§ 134 II 1, IV).

3 Gemäß § 137 III überprüft das Revisionsgericht die angefochtene Entscheidung nur auf geltend gemachte Verfahrensmängel (→ § 137 Rn. 31, 33). Der **Rügevorbehalt** gilt auch für die absoluten Revisionsgründe nach § 138.

1. Fiktionswirkung

4 Liegt ein absoluter Revisionsgrund i.S.v. § 138 vor, wird kraft Gesetzes **unwiderleglich vermutet**, dass der Verfahrensfehler für die angefochtene Entscheidung kausal ist. Es bedarf abweichend von § 137 I keiner Prüfung des **Ursachenzusammen-**

hangs zwischen dem Verfahrensmangel und den rechtlichen Erwägungen, die zur Entscheidung geführt haben (BVerwG NVwZ 1994, 1095; BVerwGE 15, 24). Die Fiktionswirkung erfasst allein Verfahrensmängel, die der angegriffenen Entscheidung anhaften. Verfahrensfehler einer vorangehenden Instanz kommen nur in Betracht, wenn sie in der Berufungsinstanz fortwirken (KS § 138 Rn. 3, § 132 Rn. 21a). In § 138 wird des Weiteren unwiderleglich vermutet, dass die dort benannten Verfahrensfehler eine **Verletzung von Bundesrecht** darstellen. Dies wird relevant, sofern sich ein Verfahrensmangel i. S. v. § 138 aus einem Verstoß gegen Landesrecht, z. B. gegen eine Bestimmung eines Ausführungsgesetzes zur VwGO, ergibt. Soweit die Fiktionswirkung reicht, entfällt für den Rechtsmittelführer das Begründungserfordernis nach §§ 133 III 3, 139 III 4 (KS § 138 Rn. 1).

2. Anwendbarkeit des § 144 IV

Nach Sinn und Zweck des § 138 ist § 144 IV im Fall eines absoluten Revisionsgrundes **grds. nicht anwendbar** (BVerwGE 106, 345; NVwZ 1994, 1095; BVerwGE 62, 6; a. A. S/S-A/P § 138 Rn. 13 ff.; → § 144 Rn. 7). Mit dem Wegfall der Kausalitätsprüfung bringt die Vorschrift zum Ausdruck, dass die Aufrechterhaltung einer Entscheidung, die an einem schwerwiegenden Verfahrensfehler i. S. v. § 138 leidet, aus rechtsstaatlichen Erwägungen nicht hinnehmbar ist. Die Gewährleistung eines im Kern ordnungsgemäßen Verfahrens hat Vorrang vor dem prozessökonomischen Gesichtspunkt, nicht ein Verfahren fortzuführen, das im Ergebnis auf eine Bestätigung der angefochtenen Entscheidung hinausläuft. Daran anknüpfend kommt auch eine Aufrechterhaltung der Entscheidung wegen anderweitiger Ergebnisrichtigkeit (§ 144 IV) nicht in Betracht (BeckOK VwGO § 138 Rn. 9 ff.; auf den Gesichtspunkt einer fehlerbehafteten Tatsachengrundlage abstellend NKVwGO § 138 Rn. 8). 5

Eine **Ausnahme** gilt allerdings im Falle eines Gehörsstoßes nach § 138 Nr. 3. Bei einer **Verletzung des rechtlichen Gehörs** ist die Anwendung des § 144 IV nicht generell ausgeschlossen. Nicht anwendbar ist die Vorschrift bei einer Versagung des rechtlichen Gehörs, die dazu führt, dass sich ein Beteiligter zu entscheidungserheblichem Sachverhalt nicht äußern konnte, und damit die Berufungsentscheidung in ihrer Gesamtheit erfasst. Betrifft der Gehörsverstoß hingegen eine einzelne tatsächliche Feststellung, die hinweggedacht werden kann, ohne dass die Richtigkeit der angefochtenen Entscheidung nach der Rechtsauffassung des Revisionsgerichts in Frage gestellt ist, ist die Revision gemäß § 144 IV zurückzuweisen (BVerwGE 121, 211; BVerwG NVwZ 1994, 1095). Anwendbar ist § 144 IV im Falle eines Gehörsstoßes des Weiteren, wenn lediglich nicht hinreichend Gelegenheit bestand, zu Rechtsfragen Stellung zu nehmen, oder wenn der Vortrag eines Beteiligten zu Rechtsfragen vom Tatsachengericht nicht in Erwägungen gezogen wurde. Denn ein solcher Mangel ist im Revisionsverfahren heilbar (BVerwG NVwZ 2003, 224). 6

II. Absolute Revisionsgründe

1. Vorschriftswidrige Besetzung des Gerichts

a) Garantie des gesetzlichen Richters. Ein Verstoß i. S. v. § 138 Nr. 1 liegt (nur) vor, wenn die vorschriftswidrige Besetzung des Gerichts zugleich eine Verletzung des in Art. 101 I 2 GG gewährleisteten Anspruchs auf den gesetzlichen Richter darstellt (BVerwGE 110, 40; NVwZ 1988, 724). Nach Art. 101 I 2 GG haben die Beteiligten eines gerichtlichen Verfahrens Anspruch auf den gesetzlichen Richter, der sich aus 7 dem **Gerichtsverfassungsgesetz, den Prozessordnungen sowie den Geschäftsverteilungs- und Besetzungsregelungen** des Gerichts ergibt. Dadurch soll der Gefahr begegnet werden, dass die Justiz durch eine Manipulation der rechtsprechenden Organe sachfremden Einflüssen ausgesetzt ist. Darüber hinaus wird den Beteiligten durch die Verfassung garantiert, dass sie nicht vor einem Richter stehen, dem es an der gebotenen Neutralität fehlt. Damit soll die Unabhängigkeit der Rspr. gewahrt und das **Vertrauen der Rechtsuchenden** und der Öffentlichkeit in die Unparteilichkeit und Sachlichkeit der Gerichte gesichert werden (vgl. BVerfG NJW 2005, 2689; BVerfGE 95, 322; 89, 28).

8   Um den **Darlegungsanforderungen** an eine Besetzungsrüge zu genügen, müssen die Tatsachen, aus denen der Mangel abgeleitet wird, in einer substanziierten Weise vorgetragen werden, die dem Revisionsgericht ohne Weiteres die Beurteilung ermöglicht (BVerwG, Urt. v. 21.9. 2000 – 2 C 5.99 m.w.N.; siehe auch → § 139 Rn. 21). Ein **Rügeverlust** (§ 173 S. 1 i.V.m. §§ 295 I, 556 ZPO) kann nicht eintreten, weil auf die Einhaltung der Vorschriften über die ordnungsgemäße Besetzung des Gerichts nicht verzichtet werden kann (BVerwGE 102, 7).

9   **b) Erkennendes Gericht.** Maßgeblich für die vorschriftsmäßige Besetzung des Gerichts ist allein die **Richterbank bei Erlass der angefochtenen Entscheidung**. Eine fehlerhafte Besetzung in einem vorausgegangenen Erörterungstermin oder bei früheren Verhandlungen stellt einen – von § 138 Nr. 1 nicht erfassten – Verstoß gegen prozessrechtliche Vorschriften dar, auf deren Einhaltung die Beteiligten verzichten können (BVerwG, Urt. v. 21.9. 2000 – 2 C 5.99; NVwZ 1998, 1066; BVerwGE 41, 174).

10 **c) Mängel in der Person des Richters.** Die vorschriftsmäßige Besetzung des Gerichts verlangt, dass jeder an der Verhandlung und Entscheidung beteiligte Richter die zur Ausübung des Richteramts **erforderliche Verhandlungsfähigkeit** besitzt, d.h. die wesentlichen Vorgänge der Verhandlung wahrnehmen und in sich aufnehmen kann. Die beteiligten Richter müssen körperlich und geistig in der Lage sein, der Verhandlung in allen ihren wesentlichen Abschnitten zu folgen (BVerwG DÖV 1986, 437; BVerwGE 65, 240).

11 Zeichen einer großen Ermüdung, die Neigung zum Schlaf oder das Kämpfen mit dem Schlaf sind noch kein hinreichendes Anzeichen für eine Verhandlungsunfähigkeit. Hinzukommen müssen weitere, sichere Anzeichen wie z.B. tiefes, hörbares und gleichmäßiges Atmen, Schnarchen oder ruckartiges Aufrichten mit Anzeichen fehlender Orientierung (BVerwG Buchh 310 § 133 n.F. Nr. 88; BVerwG DÖV 1986, 437). Beruft sich ein Beteiligter darauf, das Gericht sei wegen eines in der mündlichen Verhandlung **eingeschlafenen Richters** nicht ordnungsgemäß besetzt gewesen, muss er konkrete Tatsachen vortragen, die eine Konzentration des Richters auf wesentliche Vorgänge in der mündlichen Verhandlung ausschließen. Der Zeitpunkt, die Dauer und die Einzelheiten des gerügten Verhaltens des Richters sind genau anzugeben. Zudem ist darzulegen, was während dieser Zeit in der mündlichen Verhandlung geschehen ist (BVerwG NJW 2006, 2648; NJW 2001, 2898 m.w.N.).

12 Ein **blinder Richter** ist nicht daran gehindert, in einem als Tatsachengericht erkennenden Kollegialgericht mitzuwirken. Dies gilt auch hinsichtlich der Teilnahme an einer Beweisaufnahme (vgl. BVerwGE 65, 240).

13 **d) Verstoß gegen gesetzliche Besetzungsvorschriften.** Art. 101 I 2 GG verpflichtet dazu, Regelungen zu treffen, aus denen sich der gesetzliche Richter ergibt. **Fehlen gesetzliche Vorschriften** dazu, welche Gerichte mit welchen Spruchkör-

pern für welche Verfahren sachlich, örtlich und instanziell zuständig sind, liegt eine Verletzung von Art. 101 I 2 GG (vgl. BVerfGE 95, 322) und damit zugleich ein Verstoß i. S. v. § 138 Nr. 1 vor.

Zu einer nicht vorschriftsmäßigen Besetzung i. S. v. § 138 Nr. 1 kann auch der **objektive Verstoß gegen eine klare gesetzliche Besetzungsregelung** führen (BVerwGE 106, 345; DÖV 1981, 969). Dies ist z. B. der Fall, wenn bei einer gerichtlichen Entscheidung zwei Richter auf Probe oder Richter kraft Auftrags oder abgeordnete Richter mitwirken, ohne dass hierfür eine sachliche Notwendigkeit besteht (vgl. BVerwGE 102, 7 zu § 29 S. 1 DRiG). Indes verstößt nicht jede irrtümliche Überschreitung der Kompetenzen und nicht jede fehlerhafte Anwendung des Prozessrechts zugleich gegen Art. 101 I 2 GG. Davon ist grds. erst auszugehen, wenn die fehlerhafte Auslegung oder Anwendung des einfachen Rechts objektiv willkürlich oder manipulativ ist (BVerwG NVwZ-RR 2002, 150; NVwZ-RR 2000, 257). Dies ist etwa zu bejahen, wenn ein Richter ohne Übertragungsbeschluss nach § 6 I als Einzelrichter über eine Sache urteilt (BVerwG NVwZ-RR 2002, 150) oder die Übertragungsentscheidung in keiner Weise nachvollziehbar ist (BVerwGE 110, 40). 14

Fehler bei der Wahl der **ehrenamtlichen Verwaltungsrichter** begründen nicht schon für sich allein einen Verstoß gegen das Gebot des gesetzlichen Richters. Hinzutreten muss, dass durch den Fehler im Wahlverfahren der Schutzzweck des Art. 101 I 2 GG beeinträchtigt wird. Davon ist nur auszugehen bei Fehlern, die so schwerwiegend sind, dass von einer Wahl im Rechtssinne nicht mehr gesprochen werden kann (BVerwG NVwZ 1988, 724). Hingegen liegt stets ein Besetzungsmangel vor, wenn ein ehrenamtlicher Richter ohne die zu Beginn der Amtszeit gebotene Vereidigung (vgl. § 45 II DRiG) an einer mündlichen Verhandlung oder einer Beratung des Gerichts mitwirkt (BVerwG NVwZ 2005, 231). Der Mangel kann (nur) geheilt werden, indem die Vereidigung nachgeholt und die mündliche Verhandlung in ihren wesentlichen Teilen wiederholt wird. Ein Fehler bei der Reihenfolge der Heranziehung führt nur dann zur vorschriftswidrigen Besetzung, wenn er auf manipulativen oder willkürlichen Erwägungen beruht (vgl. BVerwG NVwZ-RR 2000, 474; Buchh 310 § 133 Nr. 62). 15

e) Verstoß gegen Geschäftsverteilungsplan. Im Geschäftsverteilungsplan des Gerichts sind die Zuständigkeiten der jeweiligen Spruchkörper festzulegen und diesen die erforderlichen Richter zuzuweisen (vgl. § 21e GVG). Daneben bedarf es eines Mitwirkungsplans für den einzelnen Spruchkörper, um zu bestimmen, welcher Richter des Spruchkörpers an welcher Entscheidung mitwirkt (vgl. § 21g GVG). Geschäftsverteilungspläne eines Gerichts bedürfen der **notwendigen Bestimmtheit**, um einen Verstoß gegen die Garantie des gesetzlichen Richters nach Art. 101 I 2 GG auszuschließen. Fehlt es an einer abstrakt-generellen und hinreichend klaren Regelung, aus der sich der im Einzelfall zur Entscheidung berufene Richter möglichst eindeutig ablesen lässt, ist das Gebot des gesetzlichen Richters verletzt (BVerfGE 95, 322). Dem Bestimmtheitserfordernis steht die Verwendung unbestimmter Rechtsbegriffe im Geschäftsverteilungsplan nicht entgegen, sofern sachfremden Einflüssen generell vorgebeugt und vermieden wird, dass im Einzelfall durch gezielte Auswahl von Richtern das Ergebnis der gerichtlichen Entscheidung beeinflusst werden kann. Diesen Anforderungen genügt eine Regelung, die den gesetzlichen Richter anhand objektiver Kriterien in einer Weise bestimmt, die das Gebot des gesetzlichen Richters verletzt und Auslegungs- und Anwendungsprobleme weitgehend vermeidet (BVerwG, Urt. v. 25. 7. 2001 – 6 C 8.00). 16

Mängel bei der Auslegung und Anwendung eines Geschäftsverteilungsplans im Einzelfall begründen einen Verstoß i. S. v. § 138 Nr. 1 nur dann, wenn sie auf un- 17 vertretbaren, d.h. sachfremden und damit willkürlichen Erwägungen beruhen (BVerwG, Urt. v. 25.7. 2001 – 6 C 8.00; BVerfGE 95, 322).

18 **f) Verstoß gegen Vorlagepflicht.** Die pflichtwidrige Nichtvorlage einer Sache führt ebenfalls auf einen Verstoß i.S.v. § 138 Nr. 1. Dies betrifft z.b. die Nichtvorlage an den Großen Senat des OVG wegen Abweichung von einer Entscheidung eines anderen Senats (§ 12 I i.V.m. § 11 II, III; BVerwG NVwZ 2006, 1404) oder die unterbliebene **Vorlage an den EuGH**. Das OVG ist im Falle der Ablehnung der Zulassungsberufung letztinstanzliches Gericht (B/F-K/vA § 138 Rn. 22) und damit ggf. vorlagepflichtig.

19 **g) Unrichtige Entscheidung über ein Ablehnungsgesuch.** Die Garantie des gesetzlichen Richters ist sowohl betroffen, wenn ein Befangenheitsgesuch zu Unrecht abgelehnt wird, als auch im Falle der Ersetzung eines tatsächlich nicht befangenen Richters (vgl. BVerfGE 89, 28). Eine fehlerhafte Entscheidung über ein Ablehnungsgesuch begründet jedoch allein noch nicht eine vorschriftswidrige Besetzung des Gerichts i.S.v. § 138 Nr. 1. Hinzukommen muss, dass **willkürliche oder manipulative Erwägungen** für die Fehlerhaftigkeit bestimmend gewesen sind (BVerwG, Beschl. v. 10.5. 2006 – 10 B 56.05; Urt. v. 21.9. 2000 – 2 C 5.99 m.w.N.). Dies gilt auch, wenn ein Befangenheitsgesuch als offensichtlich rechtsmissbräuchlich zurückgewiesen wird und der abgelehnte Richter an der Entscheidung über den Ablehnungsantrag mitwirkt (BVerwG Buchh 310 § 54 Nr. 51). Willkürlich ist die Entscheidung über ein Ablehnungsgesuch, wenn sie unter keinem denkbaren Gesichtspunkt rechtlich vertretbar ist. Im Fall der fehlerhaften Normauslegung und -anwendung liegt Willkür erst vor, wenn eine offensichtlich einschlägige Bestimmung in krasser Weise missdeutet wird (BVerwG NVwZ 2008, 1025). Rügeverlust tritt ein, wenn sich der Beteiligte in Kenntnis des Ablehnungsgrunds in der mündlichen Verhandlung einlässt oder Anträge stellt (§ 54 I i.V.m. § 43 ZPO).

2. Mitwirkung eines ausgeschlossenen oder abgelehnten Richters

20 Nach § 138 Nr. 2 begründet es einen absoluten Revisionsgrund, wenn an der Entscheidung ein Richter mitgewirkt hat, der von der Ausübung des Richteramts gemäß § 54 I i.V.m. § 41 ZPO oder gemäß § 54 II ausgeschlossen ist. Dasselbe gilt für einen Richter, der nach § 54 I, III i.V.m. §§ 42 ff. ZPO wegen Besorgnis der Befangenheit mit Erfolg abgelehnt war. § 138 Nr. 2 betrifft (nur) die **Mitwirkung** des Richters **an der Beratung des Gerichts**, auf die die angefochtene Entscheidung erlassen wird, nicht hingegen die Teilnahme an der Beweisaufnahme oder der Urteilsverkündung (S/S-A/P § 138 Rn. 62; KS § 138 Rn. 7; BeckOK VwGO § 138 Rn. 31).

21 Während im Falle eines Ausschlusses kraft Gesetzes das Vorliegen eines gesetzlichen Ausschließungsgrundes genügt, setzt ein Verstoß nach § 138 Nr. 2 unter dem Gesichtspunkt der Besorgnis der Befangenheit ein **erfolgreiches Ablehnungsgesuch** voraus. Nicht erfasst ist daher ein zu Unrecht abgelehntes Befangenheitsgesuch (B/F-K/vA § 138 Rn. 24; NKVwGO § 138 Rn. 101), das aber ggf. auf einen absoluten Revisionsgrund nach § 138 Nr. 1 führt (→ Rn. 19). Bis zur Entscheidung über den Ablehnungsantrag begründet eine weitere Mitwirkung des Richters nach Maßgabe von § 173 S. 1 i.V.m. § 47 ZPO keinen Verstoß nach § 138 Nr. 2 (BeckOK VwGO § 138 Rn. 32; KS § 138 Rn. 8). Wirkt der Richter aber unter Verletzung von § 173 S. 1 i.V.m. § 47 ZPO mit oder wird die Entscheidung über den Ablehnungsantrag ohne Grund verzögert, kann dies die Voraussetzungen des § 138 Nr. 1 erfüllen (KS

§ 138 Rn. 9; a.A. NKVwGO § 138 Rn. 99; S/S-A/P § 138 Rn. 162) und ist i.Ü. nach § 137 I zu berücksichtigen (NKVwGO § 138 Rn. 99; BeckOK VwGO § 138 Rn. 32). § 138 Nr. 2 erstreckt sich nur auf Ausschließungs- und Ablehnungsgründe, die vor der Urteilsberatung entstanden sind und – im Falle der Ablehnung – vor Ergehen der angefochtenen Entscheidung positiv beschieden worden sind; ein nach Urteilserlass gestellter Befangenheitsantrag ist unbeachtlich (BeckOK VwGO § 138 Rn. 33 m.w.N.).

3. Versagung rechtlichen Gehörs

a) Anspruch auf rechtliches Gehör. Gemäß **§ 108 II** darf ein Urteil nur auf Tat- 22 sachen und Beweisergebnisse gestützt werden, zu denen die Beteiligten sich äußern konnten. Die Vorschrift konkretisiert die Gewährleistung des rechtlichen Gehörs in **Art. 103 I GG**. Der Anspruch auf rechtliches Gehör steht allein dem **jeweils betroffenen Verfahrensbeteiligten** zu; seine Verletzung trifft nur diesen selbst, ohne die Rechtsposition eines Dritten zu schmälern (BVerwG, Beschl. v. 26.6. 2009 – 8 B 56.09).

Das Gebot zur Gewährung rechtlichen Gehörs verpflichtet das Gericht, die Aus- 23 führungen der Prozessbeteiligten zur **Kenntnis zu nehmen** und **in Erwägung zu ziehen**. Die Beteiligten müssen demgemäß auch Gelegenheit erhalten, sich zu allen entscheidungserheblichen Tatsachen und Rechtsfragen sachgemäß, zweckentsprechend und erschöpfend äußern zu können (BVerwG Buchh 310 § 108 Abs. 2 Nr. 77; Buchh 11 Art. 103 Abs. 1 GG Nr. 54).

Grds. ist davon auszugehen, dass ein Gericht seiner Pflicht, das Beteiligtenvorbrin- 24 gen zur Kenntnis zu nehmen und zu erwägen, nachgekommen ist. Die Gerichte sind nicht verpflichtet, jedes Vorbringen der Beteiligten in den Gründen der Entscheidung ausdrücklich zu bescheiden. Die fehlende Bescheidung des Vorbringens in den Entscheidungsgründen lässt nur dann auf dessen **Nichtberücksichtigung** schließen, wenn dieses Vorbringen den wesentlichen Kern des Tatsachenvortrags zu einer Frage von zentraler Bedeutung für das Verfahren betrifft und nicht nach dem Rechtsstandpunkt des Gerichts unerheblich oder aber offensichtlich unsubstanziiert ist (st. Rspr., z.B. BVerwG, Beschl. v. 29.10. 2009 – 9 B 41.09; NVwZ 2003, 224; NVwZ-RR 2002, 150; BVerfGE 96, 205). Kenntnisnahme und Berücksichtigung entscheidungserheblichen Vorbringens wird von allen Richtern (Berufsrichtern und ehrenamtlichen Richtern) gefordert, die an der Entscheidung mitwirken (BVerwG Buchh 310 § 108 Abs. 2 Nr. 77).

Einwände gegen die **gerichtliche Sachverhalts- und Beweiswürdigung** be- 25 gründen keinen Gehörsverstoß. Der Anspruch auf rechtliches Gehör verpflichtet das Gericht nicht, den tatsächlichen oder rechtlichen Wertungen eines Beteiligten zu folgen. Art. 103 I GG gewährt auch keinen Schutz gegen Entscheidungen, die den Sachvortrag eines Beteiligten aus Gründen des formellen oder materiellen Rechts teilweise oder ganz unberücksichtigt lassen (BVerwG, Beschl. v. 29.4. 2003 – 9 B 65.02; BVerfGE 21, 191).

Voraussetzung einer begründeten Gehörsrüge ist die (erfolglose) vorherige **Aus-** 26 **schöpfung sämtlicher** verfahrensrechtlich eröffneten und nach Lage der Dinge tauglichen **Möglichkeiten, sich rechtliches Gehör zu verschaffen** (st. Rspr., z.B. BVerwG Buchh 310 § 138 Ziff. 3 Nr. 70; Buchh 11 Art. 103 Abs. 1 GG Nr. 55; BVerfGE 74, 220). Dazu gehört beispielsweise im Falle einer krankheitsbedingten Verhandlungsunfähigkeit ein Antrag auf Terminsverlegung oder Vertagung (BVerwG Buchh 310 § 138 Ziff. 3 Nr. 70; zu weiteren Beispielen vgl. B/F-K/vA § 138 Rn. 48).

§ 138 Teil III. Rechtsmittel und Wiederaufnahme des Verfahrens

27 Nach § 138 Nr. 3 gilt der Gehörsverstoß stets als **ursächlich** für die angefochtene Entscheidung. Dies ist ausnahmsweise nicht der Fall, wenn der Verfahrensverstoß unter keinem denkbaren Gesichtspunkt für die Entscheidung erheblich sein konnte (BVerwG Buchh 310 § 108 Abs. 2 Nr. 77; → Rn. 6).

28 Die **Gehörsrüge** muss **schlüssig** erhoben werden. Dies erfordert einen substanziierten Vortrag dazu, welche entscheidungserheblichen Ausführungen bei ausreichender Gewährung des rechtlichen Gehörs noch gemacht worden wären (BVerwG, Beschl. v. 25. 4. 1990 – 2 B 37.90 – m. w. N.; NKVwGO § 138 Rn. 117, 127; S/S-A/P § 138 Rn. 76). Erfasst die Verletzung des rechtlichen Gehörs allerdings den gesamten Prozessstoff, muss der Beteiligte nicht näher dartun, was er vorgetragen hätte und inwiefern dies zu für ihn günstigeren Ergebnissen geführt hätte (BVerwG Buchh 303 § 227 ZPO Nr. 35).

29 b) Beispiele. Ergeht ein Urteil unter Verstoß gegen § 101 I, II **ohne gebotene mündliche Verhandlung**, stellt dies einen Verfahrensfehler i. s. v. § 138 Nr. 3 dar. Den Beteiligten ist die Möglichkeit weiteren Vorbringens abgeschnitten (BVerwG, Beschl. v. 26. 6. 2009 – 8 B 56.09; NVwZ 2009, 59; NVwZ-RR 1998, 525). Dasselbe gilt, wenn der Kläger zur mündlichen Verhandlung nicht ordnungsgemäß geladen worden ist, das Gericht aber gleichwohl in seiner Abwesenheit verhandelt (BVerwG, Beschl. v. 25. 1. 2005 – 7 B 93.04). Verspätet sich ein Beteiligter (oder Prozessbevollmächtigter) aus von ihm nicht zu vertretenden Gründen und teilt dies dem Gericht vor Beginn der mündlichen Verhandlung mit, hat das Gericht im Rahmen des Möglichen und Zumutbaren mit der Eröffnung der Verhandlung zu warten und ggf. den Termin aufzuheben oder zu verlegen (vgl. BVerwG NVwZ 1989, 857; BGH NJW 1999, 724; BeckOK VwGO § 138 Rn. 45). Der Anspruch auf Gewährung rechtlichen Gehörs kann des Weiteren verletzt sein, wenn einem Antrag auf Wiedereröffnung der mündlichen Verhandlung (vgl. § 104 III 2) nicht entsprochen wird (BVerwG NVwZ-RR 2002, 217; NJW 1995, 2303). Von einem Gehörsverstoß ist auch auszugehen, wenn nach §§ 125 II, 130a ohne mündliche Verhandlung entschieden wird, ohne dass die Voraussetzungen dafür vorliegen, z. B. weil das Anhörungsverfahren nicht ordnungsgemäß durchgeführt worden ist (vgl. BVerwGE 111, 69; ferner BVerwGE 121, 211; 116, 123; vgl. auch → Rn. 34).

30 Ein Gehörsverstoß wird des Weiteren dadurch begründet, dass ein **Antrag auf Terminsverlegung** zu Unrecht abgelehnt wird (vgl. § 173 S. 1 i. V. m. § 227 I, II ZPO). So ist etwa die Vorlage eines ärztlichen Attests, welches dem Beteiligten eine krankheitsbedingte Verhinderung bescheinigt, grds. als ausreichende Entschuldigung anzusehen (BVerwG Buchh 303 § 227 ZPO Nr. 35). Ein erheblicher Grund i. S. v. § 227 I ZPO ist allerdings nicht schon anzunehmen, wenn ein anwaltlich nicht vertretener Kläger unverschuldet an dem Termin nicht teilnehmen kann. Er hat vielmehr zusätzlich glaubhaft zu machen, dass er gehindert ist, sich im Termin durch einen Prozessbevollmächtigten vertreten zu lassen. Dies kann der Fall sein, wenn Eigentümlichkeiten der Streitsache eine persönliche Anhörung des Klägers angezeigt erscheinen lassen (vgl. BVerwG NJW 2006, 2648; BVerwGE 44, 307). Ist der Prozessbevollmächtigte eines Beteiligten entschuldigt an der Terminswahrnehmung gehindert, liegt darin regelmäßig ein erheblicher Grund i. S. v. § 227 I ZPO (vgl. BVerwG NJW 2001, 2735; BVerwGE 96, 368).

31 Eine **Abkürzung der Ladungsfrist** ist als Verletzung des Anspruchs auf rechtliches Gehör beachtlich, wenn sich der Beteiligte in der verbleibenden Zeit nicht ausreichend auf den Termin vorbereiten konnte. Dasselbe gilt, wenn ihm die Teilnahme wegen der verkürzten Frist unmöglich war und er den Rechtsverlust auch nicht anderweitig verhindern konnte. Einem Antrag auf Terminsverlegung ist unter solchen Voraussetzungen gemäß § 173 S. 1 i. V. m. § 227 I ZPO stattzugeben (BVerwG BauR 2010, 593).

Die fehlerhafte **Ablehnung eines Beweisantrags** begründet einen Gehörsverstoß, wenn die Ablehnung keine Stütze im Prozessrecht findet (BVerfG NJW-RR 2001, 1006). Zulässige Ablehnungsgründe ergeben sich insbes. aus einer entsprechenden Anwendung von § 244 III StPO (→ § 86 Rn. 33). Einen Verfahrensfehler i. S. v. § 138 Nr. 3 stellt es auch dar, wenn entgegen → § 86 II nicht vorab über einen in der mündlichen Verhandlung gestellten Beweisantrag entschieden wird (B/F-K/vA § 138 Rn. 32; BeckOK VwGO § 138 Rn. 49). 32

Eine unzulässige **Überraschungsentscheidung** liegt vor, wenn das Gericht einen bis dahin nicht erörterten tatsächlichen oder rechtlichen Gesichtspunkt zur Grundlage seiner Entscheidung macht und damit – unter Verletzung seiner ihm nach §§ 86 III, 104 I obliegenden Hinweis- und Erörterungspflicht – dem Rechtsstreit eine Wendung gibt, mit der die Beteiligten nach dem bisherigen Verlauf des Verfahrens nicht zu rechnen brauchten (BVerwG Buchh 310 § 138 Ziff. 3 Nr. 70; Beschl. v. 1. 2. 1999 – 10 B 4.98 m. w. N.). Es besteht aber grds. keine Pflicht des Gerichts, den Beteiligten seine Schlussfolgerungen vor dem Ergehen einer Entscheidung zu offenbaren (BVerfGE 74, 1), zumal diese letztlich erst in der Schlussberatung gezogen werden (BVerwG, Beschl. v. 1. 2. 1994 – 1 B 211.93). Ausnahmsweise kann zwecks Ermöglichung eines sachlich fundierten Vortrags ein gerichtlicher Hinweis geboten sein, wenn ansonsten der Anspruch auf rechtliches Gehör leer liefe (BVerwG, Beschl. v. 4. 8. 2008 – 1 B 3.08). Die dem verfassungsrechtlichen Anspruch genügende Gewährung rechtlichen Gehörs setzt voraus, dass die Beteiligten bei Anwendung der von ihnen zu verlangenden Sorgfalt zu erkennen vermögen, auf welchen Tatsachenvortrag es für die Entscheidung ankommen kann. Das Gericht darf nicht im Ergebnis einen Sachvortrag verhindern, indem es seine Entscheidung auf Gesichtspunkte stützt, deren Verwertung die Beteiligten nicht erwarten konnten (BVerwG, Beschl. v. 1. 2. 1994 – 1 B 211.93). Bei einem anwaltlich vertretenen Beteiligten darf das Gericht davon ausgehen, dass sich der Prozessbevollmächtigte mit der Sach-und Rechtslage hinreichend vertraut gemacht hat (BVerwG NVwZ-RR 2001, 798). Mit der Möglichkeit einer Würdigung, die vom Ergebnis einer vorangehenden Entscheidung im vorläufigen Rechtsschutzverfahren abweicht, muss ein gewissenhafter Prozessbeteiligter immer rechnen (BVerwG, Beschl. v. 1. 9. 1993 – 4 B 93.93). 33

Der Anspruch auf rechtliches Gehör ist grds. verletzt, wenn den Beteiligten in der mündlichen Verhandlung oder im schriftlichen Verfahren eine **Äußerungs- oder Schriftsatzfrist** eingeräumt wird, gleichwohl aber vor deren Ablauf eine Entscheidung ergeht (BVerwG Buchh 310 § 108 Abs. 2 Nr. 77 m. w. N.; BVerfGE 64, 224; vgl. auch → § 130a Rn. 10). Ein Gehörsverstoß liegt des Weiteren vor, wenn eine erforderliche Anhörung – wie z. B. nach § 130a S. 2 i. V. m. § 125 II 3 – unterbleibt (BVerwG BayVBl. 1997, 253). Ein Verstoß i. S. v. § 138 Nr. 3 kann ferner darin liegen, dass Prozesskostenhilfe (z. B. BVerwG NVwZ-RR 1999, 587) oder Wiedereinsetzung (z. B. BVerwG NJW 1994, 673) zu Unrecht nicht gewährt werden (vgl. BeckOK VwGO § 138 Rn. 57, 61; S/S-A/P § 138 Rn. 106; NKVwGO § 138 Rn. 172, 180). 34

Nicht auf einen Gehörsverstoß führen **Unrichtigkeiten oder Lücken bei der Wiedergabe des Tatsachenvortrags** der Beteiligten im Urteil. Sie sind vielmehr durch einen (fristgebundenen) Antrag auf Berichtigung oder Ergänzung des Urteils nach §§ 119, 120 geltend zu machen (BVerwG, Beschl. v. 29. 10. 2009 – 9 B 41.09). 35

4. Fehlen einer ordnungsgemäßen Vertretung

36 Beteiligte i.S.v. § 138 Nr. 4 sind alle Verfahrensbeteiligten nach § 63 (B/F-K/vA § 138 Rn. 50). Die Vorschrift bezweckt namentlich den **Schutz vertretungsbedürftiger Personen**, die ihre Angelegenheiten nur mit Hilfe eines Dritten regeln können. Es soll sichergestellt sein, dass die Partei, um deren Rechte es im Verfahren geht, jedenfalls durch einen dazu berufenen Vertreter Gelegenheit hat, ihren Standpunkt darzulegen (vgl. BVerwG Buchh 310 § 133 Nr. 79). Da es sich um eine Schutzvorschrift für den nicht ordnungsgemäß vertretenen Beteiligten handelt, kann die Rüge gesetzwidriger Vertretung nur von ihm, nicht aber von sonstigen Beteiligten erhoben werden (BVerwG Buchh 310 § 138 Ziff. 4 Nr. 7; NVwZ-RR 1997, 319).

37 Hat ein Beteiligter einen **nicht postulationsfähigen Prozessbevollmächtigten** bestellt, bewirkt dies nicht, dass der Beteiligte vorschriftswidrig i.S.v. § 138 Nr. 4 vertreten war. Er hat lediglich die für die betroffenen Prozesshandlungen vorgeschriebene Form verfehlt (BVerwG NJW 2005, 3018).

38 Wird eine zulässig auf die Vertretung im Termin **beschränkte Vollmacht** vom Gericht versehentlich als allgemeine Prozessvollmacht behandelt, so liegt hierin i.d.R. ein Vertretungsmangel i.S.v. § 138 Nr. 4 (BVerwG Buchh 310 § 138 Ziff. 4 Nr. 6). Eine nicht ordnungsgemäße Vertretung kommt des Weiteren in Betracht, wenn eine in Wahrheit prozessunfähige Partei vom Gericht für prozessfähig gehalten wird (BVerwG Buchh 310 § 133 Nr. 29). Der Tatbestand des § 138 Nr. 4 setzt insoweit die positive Feststellung der Prozessunfähigkeit voraus; Zweifel genügen nicht (BVerwG, Beschl. v. 2.6. 1997 – 2 B 65.97).

39 Ein Verstoß i.S.v. § 138 Nr. 4 liegt nicht vor, wenn derjenige, der im Verfahren nicht ordnungsgemäß vertreten war, der Prozessführung ausdrücklich oder konkludent zugestimmt hat. Hierfür genügt es, wenn die **Zustimmung** nach Einlegung der Revision erfolgt (BVerwG Buchh 310 § 138 Ziff. 4 Nr. 1). Von einer stillschweigenden Zustimmung ist beispielsweise auszugehen, wenn eine Partei nach Eintritt ihrer Volljährigkeit an die weitere Prozessführung des gesetzlichen Vertreters angeknüpft hat, indem sie den geltend gemachten Klageanspruch selbst weiterverfolgt hat (BVerwG Buchh 310 § 133 Nr. 34).

40 Die Rüge einer **mangelnden Vertretung im Termin** begründet einen Verstoß i.S.v. § 138 Nr. 4, wenn der Beteiligte in gesetzeswidriger Weise im Verfahren nicht vertreten war, weil das Gericht bei der Vorbereitung und Durchführung der mündlichen Verhandlung gegen prozessuale Pflichten verstoßen und dadurch dem Beteiligten die Teilnahme unmöglich gemacht hat (BVerwG Buchh 310 § 138 Ziff. 3 Nr. 70; NJW 2006, 2648; BVerwGE 66, 311).

5. Fehlende Öffentlichkeit

41 Gemäß § 55 i.V.m. § 169 S. 1 GVG sind vorbehaltlich der in §§ 171a ff. GVG geregelten Einschränkungsmöglichkeiten mündliche Verhandlungen vor dem erkennenden Gericht öffentlich. Nach § 138 Nr. 5 liegt ein absoluter Revisionsgrund vor, wenn das angefochtene Urteil auf eine mündliche Verhandlung ergangen ist, bei der diese **Vorschriften über die Öffentlichkeit des Verfahrens** verletzt worden sind. Öffentlichkeit i.S.v. § 138 Nr. 5 sind nicht die Verfahrensbeteiligten nach § 63 (B/F-K/vA § 138 Rn. 54; S/S-A/P § 138 Rn. 121). Werden diese unter Verstoß gegen eine Verfahrensvorschrift an der Teilnahme an der mündlichen Verhandlung gehindert, ist daher der Anwendungsbereich des § 138 Nr. 5 nicht eröffnet. In Betracht kommt aber ein Gehörsverstoß nach § 138 Nr. 3.

§ 138

Absolute Revisionsgründe

a) Mündliche Verhandlung. § 138 Nr. 5 knüpft an die dem angefochtenen Urteil 42 zugrunde liegende letzte mündliche Verhandlung an. Die Vorschrift betrifft daher weder Verstöße gegen die Öffentlichkeit der **Urteilsverkündung** (vgl. § 55 i.V.m. § 173 I GVG; BVerwG NJW 1990, 1249; DÖV 1981, 969), noch erstreckt sie sich auf Entscheidungen, die ohne mündliche Verhandlung ergehen (BVerwG Buchh 310 § 133 Nr. 46; BeckOK VwGO § 138 Rn. 73 m.w.N.; a.A. KS § 138 Rn. 24). Nicht erfasst werden auch **Erörterungstermine** (§ 87 I 2 Nr. 1) und Beweisaufnahmen durch den beauftragten Richter (§ 96 II), die lediglich für die Beteiligten öffentlich sind (§ 97 S. 1; vgl. z.B. BVerwG, Urt. v. 21.9. 2000 – 2 C 5.99; NVwZ-RR 1989, 167; NKVwGO § 138 Rn. 200; S/S-A/P § 138 Rn. 122).

b) Wahrung der Öffentlichkeit. Eine mündliche Verhandlung ist i.S.v. § 55 43 i.V.m. § 169 S. 1 GVG öffentlich, wenn sie in Räumen stattfindet, die während der Dauer der **Verhandlung grds. jedermann zugänglich** sind. Die Öffentlichkeit ist gewahrt, wenn niemand, der an der Verhandlung teilnehmen möchte, hieran gehindert wird (BVerwG NVwZ 2000, 1298; Beschl. v. 17.11. 1989 – 4 C 39.89; Buchh 310 § 138 Ziff. 5 Nr. 1). Einer an jedermann gerichteten Bekanntgabe bedarf es nicht. Die Vorschriften über die Öffentlichkeit der Verhandlung gebieten auch nicht, dass die Verhandlung in jedem Fall durch Aushang bekannt gegeben werden muss (BVerwG, Beschl. v. 17.11. 1989 – 4 C 39.89; NVwZ 1985, 566). Findet die mündliche Verhandlung in einer vom üblichen Sitzungssaal abweichenden Örtlichkeit statt, ist die Öffentlichkeit gewahrt, wenn sich jedermann über den Sitzungsort ohne Weiteres informieren kann (BVerwG DVBl. 1999, 95; Buchh 310 § 133 Nr. 74).

Dass die Eingangstür zum Gerichtsgebäude verschlossen ist, ist unschädlich, sofern 44 sich jedermann durch Klingeln Zugang verschaffen kann (BVerwG NVwZ 2000, 1298; DVBl. 1999, 95; NJW 1990, 1249). Damit ggf. verbundene kurze Wartezeiten sind ebenso zumutbar wie **Zugangskontrollen**, sofern diese aus Sicherheitsgründen angezeigt sind, allgemein gelten und verhältnismäßig sind (BVerwG NVwZ 2000, 1298; Buchh 303 § 295 ZPO Nr. 1; BlnBbgOVG NJW 2010, 1620; B/F-K/vA § 138 Rn. 55; BeckOK VwGO § 138 Rn. 74 f.). Unzulässig sind allerdings Nachfragen nach dem Grund der Sitzungsteilnahme (BVerwG NVwZ 2000, 1298). Bedenken unterliegt auch die in einem Gerichtsgebäude dauerhaft und nicht anlassbezogen praktizierte Videoüberwachung (VG Wiesbaden NJW 2010, 1220).

§ 138 Nr. 5 setzt voraus, dass das erkennende Gericht die Umstände, die den Ver- 45 stoß gegen die Vorschriften über die Öffentlichkeit der Verhandlung begründen, bemerkt hat oder bei **Anwendung der gebotenen Sorgfalt** hätte bemerken können (vgl. BVerwG NVwZ 2000, 1298; DÖV 1984, 889; Buchh 310 § 133 Nr. 31). War eine Beschränkung der Öffentlichkeit für das Gericht nicht erkennbar und ihm damit nicht zurechenbar, greift § 138 Nr. 5 nicht ein (NKVwGO § 138 Rn. 207; S/S-A/P § 138 Rn. 120). Dauert eine Verhandlung über den normalen Dienstschluss hinaus an, verlangt das Sorgfaltsgebot, dass sich das Gericht über das Fortbestehen eines ungehinderten Zugangs vergewissert (BVerwGE 104, 170).

Wird die **Öffentlichkeit ausgeschlossen**, obwohl die Voraussetzungen dafür 46 (vgl. § 55 i.V.m. §§ 171b, 172) nicht vorliegen, ist ein Verstoß nach § 138 Nr. 5 gegeben. Dasselbe soll für den umgekehrten Fall gelten, dass ein Ausschluss entgegen den gesetzlichen Maßgaben unterblieben ist (S/S-A/P § 138 Rn. 132; NKVwGO § 138 Rn. 210; BeckOK VwGO § 138 Rn. 76; a.A. KS § 138 Rn. 24). Dies erscheint mit Rücksicht auf den Zweck des Öffentlichkeitsgrundsatzes, für Transparenz zu sorgen und eine Kontrolle des gerichtlichen Verfahrens durch die Öffentlichkeit zu ermöglichen, zweifelhaft. Der Wortlaut des § 138 Nr. 5 steht einer in dieser Hinsicht einschränkenden Normauslegung nicht entgegen (a. A. BeckOK VwGO § 138 Rn. 78). Wird die Öffentlichkeit gemäß §§ 171b, 172 GVG ausgeschlossen, so ist bei der Verkündung des Ausschlusses der Grund hierfür anzugeben (§ 173 S. 1 i. V. m. § 174 I 3 GVG). Fehlt es daran, liegt ein Verstoß i. S. v. § 138 Nr. 5 vor (BVerwG NJW 1983, 2155).

47 Ein **Verstoß** gegen die Öffentlichkeit der Verhandlung wird **geheilt**, wenn die Beteiligten gemäß § 101 II ihr Einverständnis erteilen, ohne mündliche Verhandlung zu entscheiden (BVerwG Buchh 303 § 295 ZPO Nr. 1). Dasselbe gilt, wenn nach Wiederherstellung der Öffentlichkeit der verfahrensfehlerhafte Abschnitt der mündlichen Verhandlung in seinen wesentlichen Teilen wiederholt wird (BVerwGE 104, 170).

6. Fehlen von Entscheidungsgründen

48 § 138 Nr. 6 knüpft an §§ 117 II Nr. 4 und 5, 108 I 2 an, wonach das Urteil mit einem Tatbestand und Entscheidungsgründen zu versehen ist, in denen die für die richterliche Überzeugung leitenden Erwägungen anzugeben sind (BVerwG NJW 1998, 3290). Ein Urteil (bzw. ein ihm gleichgestellter Beschluss) ist nicht mit Gründen versehen i. S. v. § 138 Nr. 6, wenn ein **grober Formfehler** vorliegt (BVerwG, Beschl. v. 9. 6. 2008 – 10 B 149.07; NVwZ-RR 1989, 334). Davon ist auszugehen, wenn die Entscheidungsgründe ihre Funktion nicht mehr erfüllen können, die Beteiligten über die dem Urteil zugrunde liegenden tatsächlichen und rechtlichen Erwägungen zu unterrichten und dem Rechtsmittelgericht die Nachprüfung der Entscheidung auf ihre inhaltliche Richtigkeit in prozess- und materiellrechtlicher Hinsicht zu ermöglichen (BVerwG BRS 73 Nr. 41; BVerwGE 117, 228). Dies ist der Fall, wenn Entscheidungsgründe **ganz fehlen**, wenn sie **mangels inhaltlicher Substanz** ihrer Funktion nicht im Ansatz gerecht werden oder wenn sie **verspätet abgesetzt** werden.

49 **a) Unzureichende Gründe.** Die Gründe einer Entscheidung sind unzureichend i. S. v. § 138 Nr. 6, wenn sie derart **unbrauchbar** sind, dass sie den Tenor unter keinem denkbaren Umstand zu tragen vermögen. Davon ist nicht schon auszugehen, wenn die Gründe unklar, unvollständig, oberflächlich oder rechtlich unzutreffend sind (BVerwG NVwZ-RR 1989, 334). Die Voraussetzungen des § 138 Nr. 6 liegen erst dann vor, wenn die Gründe so **unverständlich**, bruchstückhaft, widersprüchlich oder **inhaltlos** sind, dass nicht mehr erkennbar ist, welche Gesichtspunkte für die richterliche Entscheidung maßgeblich gewesen sind (vgl. BVerwG, Beschl. v. 9. 6. 2008 – 10 B 149.07; NVwZ-RR 2000, 257; NVwZ-RR 1989, 334).

50 Die **Lückenhaftigkeit** der Entscheidungsgründe kann allerdings dann die Voraussetzungen des § 138 Nr. 6 begründen, wenn die Entscheidung auf einzelne Ansprüche oder selbstständige Angriffs- und Verteidigungsmittel nicht eingeht. Dazu müssen die Gründe aber in sich gänzlich lückenhaft sein. Es genügt nicht, wenn nur einzelne Tatumstände oder Anspruchselemente unerwähnt geblieben sind (BVerwG, Beschl. v. 9. 6. 2008 – 10 B 149.07; NJW 1998, 3290).

51 Ihrer Unterrichtungs- und Nachprüfungsfunktion können Entscheidungsgründe auch durch **Bezugnahmen** auf andere Entscheidungen und sonstige Schriftstücke genügen, sofern die Beteiligten das in Bezug genommene Schriftstück kennen oder von ihm ohne Schwierigkeiten Kenntnis nehmen können und sofern sich aus einer **Zusammenschau der Entscheidungsgründe und der in Bezug genommenen Ausführungen** die für die richterliche Überzeugung maßgeblichen Erwägungen hinreichend klar entnehmen lassen (BVerwG BRS 73 Nr. 41, 609; Beschl. v. 3. 1. 2006 – 10 B 17.05). §§ 117 V, 130b regeln die möglichen Bezugnahmen nicht abschließend. Es handelt sich vielmehr nur um spezielle Ausprägungen bereits früher anerkannter Grundsätze, sodass auch Bezugnahmen auf sonstige Schriftstücke in Betracht kommen (vgl. BVerwG, Beschl. v. 3.1. 2006 – 10 B 17.05; NVwZ 1989, 249). Dies können in besonders geeigneten Fällen auch Schriftsätze der Beteiligten sein (BVerwG BauR 2009, 609). Um hinreichend deutlich zu machen, auf welche Ausführungen eines Schriftstücks sich die Verweisung erstreckt, ist der **Umfang der Bezugnahme** in den Entscheidungsgründen **genau zu bezeichnen**. Werden Ausführungen eines Schriftstücks lediglich in Teilen in Bezug genommen, ist es zweckmäßig, diese unter Hinweis auf Seitenzahl und ggf. Absatz zu benennen. Wird das in Bezug genommene Schriftstück einem Beteiligten erst nach Zustellung der Entscheidung bekannt, kann der darin liegende Begründungsmangel durch eine erneute Zustellung der Entscheidung behoben werden (BVerwG Buchh 310 § 138 Ziff. 6 Nr. 30).

b) Verspätete Absetzung der Entscheidung. Ein bei seiner Verkündung noch 52 nicht vollständig abgefasstes Urteil gilt als nicht mit Gründen versehen, wenn Tatbestand und Entscheidungsgründe nicht **binnen fünf Monaten nach Verkündung** (vgl. §§ 517, 548 ZPO) schriftlich niedergelegt, von den Richtern unterschrieben und der Geschäftsstelle übergeben worden sind (BVerwGE 110, 40; GmSOGB BVerwGE 92, 367). Dasselbe ist in den Fällen des § 116 II anzunehmen, in denen das Urteil anstelle der Verkündung zugestellt wird (BVerwG, Beschl. v. 3.5. 2004 – 7 B 60.04; NVwZ-RR 2003, 460). Vollständig abgefasst ist ein Urteil erst dann, wenn es von allen (Berufs-)Richtern unterschrieben ist, die an der Entscheidung mitgewirkt haben, bzw. – im Verhinderungsfall nach § 117 I 3 – wenn der Verhinderungsvermerk angebracht ist (BVerwG NVwZ-RR 1996, 299). Ergeht das Urteil nicht aufgrund mündlicher Verhandlung, kommt es auf den für §§ 116 II, 117 IV maßgeblichen Zeitfaktor nicht an (BVerwG NVwZ-RR 2003, 460). Auch bei Einhaltung der Fünf-Monats-Frist kann ein kausaler Verfahrensmangel vorliegen, wenn sich aus den Fallumständen ergibt, dass die zuverlässige Wiedergabe des Beratungsergebnisses und der für die Entscheidungsfindung leitenden Erwägungen nicht mehr gewährleistet ist (BVerwG NVwZ-RR 2001, 798).

§ 139 [Frist; Revisionseinlegung; Revisionsbegründung]

(1) ¹**Die Revision ist bei dem Gericht, dessen Urteil angefochten wird, innerhalb eines Monats nach Zustellung des vollständigen Urteils oder des Beschlusses über die Zulassung der Revision nach § 134 Abs. 3 Satz 2 schriftlich einzulegen.** ²**Die Revisionsfrist ist auch gewahrt, wenn die Revision innerhalb der Frist bei dem Bundesverwaltungsgericht eingelegt wird.** ³**Die Revision muß das angefochtene Urteil bezeichnen.**

(2) ¹**Wird der Beschwerde gegen die Nichtzulassung der Revision abgeholfen oder läßt das Bundesverwaltungsgericht die Revision zu, so wird das Beschwerdeverfahren als Revisionsverfahren fortgesetzt, wenn nicht das Bundesverwaltungsgericht das angefochtene Urteil nach § 133 Abs. 6 aufhebt; der Einlegung einer Revision durch den Beschwerdeführer bedarf es nicht.** ²**Darauf ist in dem Beschluß hinzuweisen.**

(3) ¹**Die Revision ist innerhalb von zwei Monaten nach Zustellung des vollständigen Urteils oder des Beschlusses über die Zulassung der Revision nach § 134 Abs. 3 Satz 2 zu begründen; im Falle des Absatzes 2 beträgt die Begründungsfrist einen Monat nach Zustellung des Beschlusses über die Zulassung der Revision.** ²**Die Begründung ist bei dem Bundesverwaltungs-**

gericht einzureichen. ³Die Begründungsfrist kann auf einen vor ihrem Ablauf gestellten Antrag von dem Vorsitzenden verlängert werden. ⁴Die Begründung muß einen bestimmten Antrag enthalten, die verletzte **Rechtsnorm** und, soweit Verfahrensmängel gerügt werden, die Tatsachen angeben, die den Mangel ergeben.

Übersicht

	Rn.
I. Revisionseinlegung (I)	1
1. Frist und Form	1
2. Entbehrlichkeit der Revisionseinlegung (II)	6
II. Revisionsbegründung (III)	8
1. Form und Frist	9
a) Einreichungsort; Schriftform	9
b) Begründungsfrist	12
c) Fristverlängerung	13
2. Inhalt der Revisionsbegründung	15
a) Antragserfordernis	17
b) Bezeichnung der verletzten Rechtsnorm	18
c) Begründungsanforderungen bei Verfahrensmängeln	19
d) Zulässigkeit von Bezugnahmen	23

I. Revisionseinlegung (I)

1. Frist und Form

1 Wird die Revision vom Ausgangsgericht zugelassen, setzt die Zulässigkeit der Revision voraus, dass sie in der gesetzlichen Form und Frist eingelegt wird (vgl. § 143). Fehlt es daran, ist die Revision gemäß § 144 I zu verwerfen. Einlegungsbefugt sind die **Beteiligten des Ausgangsverfahrens**, sofern sie (ausgenommen der VöI) durch die angefochtene Entscheidung beschwert sind (→ § 132 Rn. 5 f.). Der statthafte Umfang der Revisionseinlegung wird begrenzt durch den Umfang der Revisionszulassung (BeckOK VwGO § 139 Rn. 3).

2 Gemäß § 139 I 1 ist die Revision **innerhalb eines Monats** nach Zustellung des vollständigen Urteils (im Fall des § 130a des vollständigen Beschlusses) einzulegen. Lässt das VG die (Sprung-)Revision auf Antrag durch Beschluss zu (§ 134 I 1), beginnt der Lauf der Monatsfrist mit der Zustellung des Zulassungsbeschlusses (§ 134 III 2, § 139 I 1). Eine vor der Zulassung eingelegte Revision ist unzulässig; der Mangel wird aber durch die nachträgliche Zulassungsentscheidung geheilt (vgl. BVerwG NVwZ 1996, 174; NVwZ 1985, 428).

3 Die Einlegungsfrist ist **nicht verlängerbar**, weil eine Verlängerungsmöglichkeit – anders als für die Begründungsfrist nach § 139 III 3 – nicht besonders bestimmt ist, § 57 II i.V.m. § 224 II ZPO. Nach Rücknahme der Revision kann innerhalb der Revisionsfrist erneut Revision eingelegt werden (→ § 140 Rn. 5). Bei einer **Urteilsergänzung** nach § 120 beginnt der Fristlauf gemäß § 173 S. 1 i.V.m. § 518 S. 1 ZPO analog von neuem, wenn die Ergänzungsentscheidung innerhalb der Revisionsfrist ergeht (BVerwG NVwZ-RR 1989, 519). Im Fall der **Urteilsberichtigung** nach §§ 118, 119 bleibt der Fristlauf grds. unberührt. Ausnahmsweise beginnt die Rechtsmittelfrist neu, wenn sich aus dem berichtigten Urteil eine zuvor nicht ersichtliche Beschwer ergibt (vgl. BVerwG NVwZ 1991, 681 zur Berichtigung der Urteilsausfertigung; LSAOVG NVwZ 2008, 584; KS § 118 Rn. 11, § 119 Rn. 7). I. Ü. wird die

Rechtsmittelfrist gegen die berichtigte Entscheidung nur dann neu eröffnet, wenn erst die berichtigte Fassung des Urteils die Partei in die Lage versetzt, sachgerecht über die Frage der Einlegung des Rechtsmittels und dessen Begründung zu entscheiden (BVerwG, Beschl. v. 6.5. 2010 – 6 B 48.09).

§ 139 I 1 sieht als **Einlegungsort** das Gericht vor, dessen Entscheidung angefochten wird (iudex a quo). Die Revisionsfrist wird gemäß § 139 I 2 aber auch gewahrt, wenn die Revision beim BVerwG eingelegt wird. Die Revisionseinlegung unterliegt dem **Vertretungszwang** (§ 67 IV 1, 2) sowie dem **Schriftformerfordernis** (§ 139 I 1). Gemäß § 55a i.V.m. der VO über den elektronischen Rechtsverkehr beim BVerwG vom 26.11. 2004 (BGBl. I 3091) kann die Revision dem BVerwG auch elektronisch (mittels qualifizierter elektronischer Signatur) übermittelt werden (zu den Möglichkeiten auf VG- bzw. OVG-Ebene vgl. z.B. KS § 55a Rn. 7; BeckOK VwGO § 55a Rn. 3 f.). 4

Aus der Revisionsschrift muss sich – ggf. im Wege der Auslegung – eindeutig entnehmen lassen, dass Revision eingelegt wird. Nach § 139 I 3 ist die **angefochtene Entscheidung zu bezeichnen**. Anzugeben sind Gericht, Aktenzeichen und Entscheidungsdatum. Unvollständige Angaben sind (nur) unschädlich, wenn sich aus den sonstigen Umständen klar ergibt, welche Entscheidung angegriffen wird. Es ist dem Revisionsführer freigestellt, den **Umfang der Revision** bereits in der Revisionsschrift festzulegen. Ein Erfordernis besteht insoweit aber nicht, denn ein bestimmter Antrag wird erst mit der Revisionsbegründung vorausgesetzt (§ 139 III 4). Es stellt daher keine teilweise Rücknahme dar, wenn mit der Revisionsbegründung ein eingeschränkter Antrag gestellt wird, nachdem in der Revisionseinlegung die Revisionseinlegung ohne Einschränkung erklärt wurde (BVerwG NJW 1992, 703). Da erst die sachliche Auseinandersetzung mit den Gründen der angefochtenen Entscheidung eine abschließende Prüfung ermöglicht, in welchem Umfang der Revision Erfolgsaussicht zukommt, sollte die Revision zweckmäßiger Weise zunächst einschränkungslos eingelegt werden. Legt der Revisionsführer bereits mit der Revisionsschrift eindeutig fest, dass die Revision sich auf einen abtrennbaren Teil des Streitgegenstands beschränkt, wird das angefochtene Urteil im Übrigen mit Ablauf der Revisionsfrist rechtskräftig (BeckOK VwGO § 139 Rn. 3). Unzulässig ist eine **bedingte Revisionseinlegung** (vgl. BVerwG Buchh 310 § 133 Nr. 83; Buchh 310 § 139 Nr. 52). 5

2. Entbehrlichkeit der Revisionseinlegung (II)

Erreicht der Rechtsmittelführer die **Revisionszulassung im Wege des Nichtzulassungsbeschwerdeverfahrens,** wird das Beschwerdeverfahren – vorbehaltlich einer Entscheidung nach § 133 VI – im Umfang der Zulassung (vgl. BeckOK VwGO § 139 Rn. 17) automatisch als Revisionsverfahren fortgesetzt. Der Revisionseinlegung bedarf es nicht, § 139 II 1. Darauf ist im Zulassungsbeschluss hinzuweisen, § 139 II 2. Des Weiteren ist über das Begründungserfordernis, die Begründungsfrist sowie den Ort zu belehren, bei dem die Revisionsbegründung einzureichen ist (vgl. § 58 I). 6

Die auf Grund der Beschwerde erfolgte Zulassung der Revision wirkt **nur zugunsten des Beschwerdeführers**. Das Gebot der Rechtsmittelklarheit schließt es aus, auf die übrigen Verfahrensbeteiligten § 139 I 1 entsprechend anzuwenden (BVerwG NVwZ 2001, 201; NKVwGO § 139 Rn. 32; B/F-K/vA § 139 Rn. 18; BeckOK VwGO § 139 Rn. 16; a.A. z.B. KS § 139 Rn. 6; S/S-A/P § 139 Rn. 32 ff.). Ihnen bleibt, sofern sie nicht selbst eine Revisionszulassung erwirkt haben, allein die Möglichkeit der Anschlussrevision. 7

II. Revisionsbegründung (III)

8 Die Revision ist gemäß § 139 III form- und fristgerecht zu begründen und muss darüber hinaus bestimmten inhaltlichen Mindestanforderungen genügen. Mangelt es an diesen Erfordernissen, ist die Revision unzulässig (§ 143) und gemäß § 144 I zu verwerfen. Die Begründungspflicht dient nicht nur der **Arbeitsentlastung** des BVerwG, sondern auch der **Richtigkeitsgewähr** der erstrebten Revisionsentscheidung (BVerwG NJW 1980, 2268).

1. Form und Frist

9 a) **Einreichungsort; Schriftform.** Die Revisionsbegründung ist zwingend **beim BVerwG** einzureichen, § 139 III 2. Die Einreichung beim iudex a quo wahrt die Revisionsbegründungsfrist nicht. Das Ausgangsgericht ist aber gehalten, die Revisionsbegründung im normalen Geschäftsgang an das BVerwG weiterzuleiten. Die Begründungsfrist ist eingehalten, wenn sie dort innerhalb der Frist eingeht.

10 Wie die Revisionseinlegung hat auch die Revisionsbegründung **schriftlich** (oder elektronisch, → Rn. 4) zu erfolgen und unterliegt dem **Vertretungserfordernis**. Nach gefestigter Rspr. müssen Rechtsmittelbegründungsschriften als bestimmte Schriftsätze im Anwaltprozess grds. von einem Rechtsanwalt **unterzeichnet** sein, da mit der Unterschrift der Nachweis geführt wird, dass der Anwalt die Verantwortung für den Inhalt der Schrift übernimmt (BGH NJW 2003, 2028). Anerkannt ist aber, dass eine gleichzeitig eingereichte, vom Anwalt unterzeichnete beglaubigte Abschrift die fehlende Unterschrift auf der Urschrift ersetzen kann (BGH NJW 1980, 291 m.w.N.). Auch in diesem Fall darf jedoch zum Zeitpunkt des Fristablaufs kein Zweifel mehr möglich sein, dass der bestimmende Schriftsatz von dem Unterschriftsleistenden herrührt, sodass die Rechtssicherheit nicht in Frage gestellt ist. Eine Unterschrift auf der ersten Seite eines mehrseitigen Schriftsatzes („Oberschrift") genügt nicht; sie lässt die Möglichkeit offen, dass die Unterschrift bereits vor der Endkorrektur geleistet worden war (Blankounterschrift) und deshalb die Kontrolle durch den Rechtsanwalt nicht gewährleistet gewesen ist. Im Interesse der Rechtssicherheit wird deshalb gefordert, dass eine Unterzeichnung den Inhalt der Erklärung **räumlich deckt**, d.h. hinter oder unter dem Text stehen muss (BGH MDR 2004, 1252; BGHZ 113, 48).

11 Wird die Revision in der angefochtenen Entscheidung oder auf Antrag nach § 134 I 1 zugelassen, ist der Revisionsführer nicht gehindert, die Revision bereits mit der Revisionsschrift zu begründen. Wird die Revision hingegen im Beschwerdeverfahren zugelassen, bedarf es einer **gesonderten**, der Zulassung nachfolgenden **Begründungsschrift** (BeckOK VwGO § 139 Rn. 27 m.w.N.). Die Vorlage eines von einem Rechtsanwalt unterzeichneten, i.Ü. aber unveränderten Schreibens seiner Partei oder eines Dritten genügt nicht, wenn das Schreiben erkennen lässt, dass der Rechtsanwalt keine Prüfung, Sichtung und rechtliche Durchdringung des Streitstoffs vorgenommen hat (BVerwG Buchh 310 § 139 Nr. 37; BVerwGE 68, 241).

12 b) **Begründungsfrist.** Im Fall des § 139 I ist die Revision innerhalb von **zwei Monaten** nach Zustellung der angefochtenen Entscheidung bzw. nach Zustellung des Beschlusses nach § 134 II 2 zu begründen, § 139 III 1 Hs. 1. Im Fall des § 139 II beträgt die Begründungsfrist **einen Monat** nach Zustellung des Beschlusses über die Revisionszulassung, § 139 III 1 Hs. 2. Prozessbevollmächtigte und Behördenvertreter unterliegen in Bezug auf Prüfung und Kontrolle der Revisionsbegründungsfrist besonderen Sorgfaltspflichten (BVerwG NVwZ 2001, 430; NJW 1992, 852; NJW 1991, 2096).

c) Fristverlängerung. Gemäß § 139 III 3 kann die Begründungsfrist auf Antrag verlängert werden. Die Fristverlängerung ist **vor Ablauf der Frist schriftlich** (nach § 55a elektronisch) **beim BVerwG zu beantragen.** Für den Antrag besteht ebenfalls Vertretungszwang (BVerwG Buchh 310 § 139 Nr. 9). Wird ein formwidriger Antrag gleichwohl verlängert, ist die Entscheidung wirksam (vgl. BGH NJW 1985, 1558). Wird indes der Verlängerungsantrag nicht rechtzeitig gestellt, ist eine gleichwohl gewährte Fristverlängerung unwirksam und die Revision – vorbehaltlich einer etwaigen Wiedereinsetzung – unzulässig (B/F-K/vA § 139 Rn. 26).

Für die Entscheidung, die auch noch nach Ablauf der Begründungsfrist ergehen kann, ist der Senatsvorsitzende zuständig. Die Verlängerung steht in seinem pflichtgemäßen **Ermessen.** Sind erhebliche Gründe glaubhaft gemacht (§ 57 II i.V.m. § 224 II ZPO), ist einem erstmaligen Antrag regelmäßig zu entsprechen (vgl. BVerfG NJW 2001, 812). Die Entscheidung kann durch Beschluss oder Verfügung ergehen und ist den Beteiligten mitzuteilen. Wird ein fristgerechter Antrag nach Fristablauf abgelehnt, ist nach Maßgabe von § 60 **Wiedereinsetzung** in die versäumte Begründungsfrist zu gewähren. Innerhalb der Frist des § 60 II 1, 3 ist die Ablehnung einzureichen; ein Verlängerungsantrag genügt nicht (BVerwG BayVBl. 1994, 188). Wird die rechtzeitige Stellung eines Verlängerungsantrags versäumt, kommt eine Wiedereinsetzung allein in Bezug auf die Begründungsfrist, nicht aber in Bezug auf den Verlängerungsantrag in Betracht (BVerwG NJW 1996, 2808; Buchh 310 § 139 Nr. 26). Eine **wiederholte Fristverlängerung** darf nur nach Anhörung des Rechtsmittelgegners gewährt werden, § 57 II i.V.m. § 225 II ZPO.

2. Inhalt der Revisionsbegründung

Gemäß § 139 III 4 muss die Begründung einen bestimmten Antrag enthalten und die verletzte Rechtsnorm bezeichnen. Wird ein Verfahrensmangel gerügt, sind zusätzlich die Tatsachen anzugeben, die den Mangel ergeben. Diese inhaltlichen Anforderungen an die Revisionsbegründung bezwecken, den Revisionskläger zu einer Prüfung seiner Revision anzuhalten, und tragen damit zur Entlastung des Revisionsgerichts bei (vgl. BVerwG, Beschl. v. 8.6. 1988 – 8 C 32.88). Für die ordnungsgemäße Revisionsbegründung genügt die bloße Behauptung nicht, ein Gesetz sei verletzt oder die angefochtene Entscheidung verstoße gegen ein Gesetz. Es bedarf vielmehr einer **Sichtung und Durchdringung des Streitstoffs** und einer damit verbundenen sachlichen **Auseinandersetzung mit den die Entscheidung tragenden Gründen.** Der Revisionskläger muss konkret aufzeigen, warum er die Begründung der angegriffenen Entscheidung als nicht zutreffend erachtet (BVerwG NJW 2006, 3081; BVerwGE 106, 202 m.w.N.). Ist die angefochtene Entscheidung auf mehrere selbstständig tragende Erwägungen gestützt, muss die Revisionsbegründung formgerecht für jede dieser Erwägungen darlegen, weshalb sie das Ergebnis nicht trägt (BVerwG NJW 1980, 2268).

Erfüllt die Revisionsbegründungsschrift diese Voraussetzungen nicht, kann der Mangel durch **nachträgliches Vorbringen** nach Ablauf der Revisionsbegründungsfrist nicht mehr „geheilt" werden. Begründungsausführungen in nach Fristablauf eingehenden Schriftsätzen können lediglich insoweit berücksichtigt werden, als sie den bisherigen Vortrag ergänzend erläutern (vgl. BVerwGE 106, 202).

a) Antragserfordernis. Mit seinem Revisionsantrag legt der Revisionskläger Ziel und Umfang seines Rechtsmittels fest und bestimmt den für die Revisionsinstanz maßgeblichen Streitgegenstand. Es muss sich um einen **Sachantrag** handeln; die Beschränkung auf eine bloße Aufhebung der angefochtenen Entscheidung genügt nicht (KS § 139 Rn. 4). Grds. ist der Antrag **ausdrücklich zu formulieren**. Das Fehlen eines formulierten Antrags ist aber unschädlich, wenn sich Ziel und Umfang des Revisionsbegehrens gleichwohl aus dem Revisionsvorbringen eindeutig entnehmen lassen (BVerwG NJW 2009, 162; NJW 1992, 703; BeckOK VwGO § 139 Rn. 50; KS § 139 Rn. 4).

18 **b) Bezeichnung der verletzten Rechtsnorm.** Das Erfordernis, die verletzte Rechtsnorm zu bezeichnen, besagt, dass der Revisionskläger den Streitstoff in tatsächlicher und rechtlicher Hinsicht durcharbeiten, sichten und gliedern muss. Er muss konkret darlegen, worin er die geltend gemachte Verletzung materiellen Rechts bzw. von Verfahrensrecht sieht. Eine formelhafte Rüge, formelles oder materielles Recht oder eine einzelne Norm sei verletzt, wird dem nicht gerecht (vgl. BVerwG Buchh 310 § 139 Nr. 61). Es ist nicht erforderlich, dass die verletzte Rechtsnorm mit der Paragraphennummer angegeben wird. Jedoch muss die **verletzte Vorschrift deutlich genug umschrieben** sein (BVerwG NJW 1984, 140). Die allgemeine Angabe, dass die angefochtene Entscheidung gegen ein bestimmtes Gesetz verstößt, reicht nicht aus (BVerwG Buchh 310 § 139 Nr. 28).

19 **c) Begründungsanforderungen bei Verfahrensmängeln.** Ein Verfahrensmangel ist nur dann hinreichend bezeichnet, wenn er sowohl in den ihn (vermeintlich) begründenden Tatsachen als auch in seiner rechtlichen Würdigung substanziiert dargetan wird (BVerwG NVwZ 2004, 1369; Urt. v. 21.9. 2000 – 2 C 5.99 m.w.N.). Die zur Begründung der Verfahrensrüge vorgetragenen Tatsachen müssen unabhängig von ihrer Beweisbarkeit den behaupteten Mangel ergeben (BVerwG Buchh 310 § 133 Nr. 36). Nach Ablauf der Revisionsbegründungsfrist können Verfahrensrügen durch ergänzendes Vorbringen nicht nachträglich schlüssig gemacht werden (vgl. BVerwGE 31, 212 m.w.N.).

20 Danach muss sich z.B. die schlüssige Darlegung einer auf einen (vermeintlich) **unrichtigen oder unvollständigen Sachverhalt** gestützten Verfahrensrüge darauf erstrecken, dass und inwiefern die Vorderinstanz bei ihrer materiellrechtlichen Beurteilung zu einem anderen Ergebnis hätte gelangen müssen, wenn es die Tatsachen in der von der Revision vermissten Weise erwähnt und gewürdigt hätte (BVerwG, Urt. v. 21.9. 2000 – 2 C 5.99).

21 Bei einer **Besetzungsrüge** muss der Revisionskläger darlegen, dass er über ihm nicht bekannte gerichtsinterne Vorgänge, die für die Besetzungsfrage maßgeblich sein können, eine zweckentsprechende Aufklärung gesucht hat. Eine auf einen bloßen Verdacht gestützte Rüge ist nicht ordnungsgemäß erhoben (BVerwG NVwZ 2000, 915; Buchh 310 § 133 Nr. 36).

22 Hinsichtlich der **Aufklärungsrüge** (§ 86 I) verlangt das Darlegungserfordernis, dass der Revisionskläger aufzeigt, inwieweit weiterer Aufklärungsbedarf bestanden hat, welche Aufklärungsmaßnahmen hierfür in Betracht gekommen wären, welche tatsächlichen Feststellungen dabei voraussichtlich getroffen worden wären und inwiefern diese ausgehend von der Rechtsauffassung der Vorinstanz zu einem anderen Entscheidungsergebnis hätten führen können. Des Weiteren muss der Revisionskläger darlegen, dass er im Verfahren vor dem Tatsachengericht auf die von ihm vermisste Sachverhaltsaufklärung hingewirkt hat oder dass sich dem Tatsachengericht ungeachtet dessen die geltend gemachten weiteren Ermittlungen von selbst hätten aufdrängen müssen (vgl. z.B. BVerwG NVwZ 2004, 1369; NVwZ 1998, 628).

§ 139

d) Zulässigkeit von Bezugnahmen. Die Begründung der Revision muss eine 23 selbstständige Auseinandersetzung mit der angegriffenen Entscheidung sein. Sie muss aus sich selbst heraus und ohne Verweisung auf andere Schriftsätze verständlich sein (BVerwG NVwZ 1989, 557; BayVBl. 1990, 124). Eine Bezugnahme auf schriftsätzlichen **Vortrag vor dem Erlass der angefochtenen Entscheidung** reicht daher zur ordnungsgemäßen Revisionsbegründung nicht aus (BVerwG, Urt. v. 21.9. 2000 – 2 C 5.99; Buchh 310 § 139 Nr. 56).

Auch eine Bezugnahme auf **Schriftsätze, die im Verfahren wegen der Nicht-** 24 **zulassung der Revision** vorgelegt worden sind, genügt grds. ebenso wenig wie eine bloße Wiederholung dieses Vorbringens (BVerwG 1988, 379). Der Streitstoff im Revisionsverfahren ist mangels Identität von Revisionszulassungs- und Revisionsgründen ein anderer als im Verfahren über die Nichtzulassungsbeschwerde (BVerwG NJW 1985, 1235). Eine Verweisung auf Schriftsätze, die im Nichtzulassungsbeschwerdeverfahren eingereicht worden sind, ist aber unschädlich, wenn dies lediglich **zur Konkretisierung** bestimmter Einzelheiten erfolgt (BVerwG NJW 1985, 1235).

Darüber hinaus reicht die Bezugnahme auf eine Nichtzulassungsbeschwerde aus- 25 nahmsweise aus, wenn die Beschwerdeschrift den Anforderungen (auch) an eine Revisionsbegründung gerecht wird (BVerwGE 131, 11) und wenn im Falle mehrerer Zulassungsgründe deutlich zum Ausdruck kommt, auf welchen Zulassungsgrund sich die Bezugnahme erstreckt (BVerwG BayVBl. 1990, 124; BVerwGE 80, 321). Danach kann der Revisionskläger auf sein Vorbringen im Beschwerdeverfahren verweisen, wenn im Zulassungsverfahren ein **Verfahrensmangel** geltend gemacht worden ist, den das Revisionsgericht als durchgreifenden Zulassungsgrund bejaht hat. Es wäre prozessökonomisch nicht sinnvoll, vom Revisionskläger zu verlangen, dass er Vorbringen, das sich bereits als erfolgreich erwiesen hat, erneut vorträgt (BVerwG NVwZ 1989, 557 m.w.N.; NJW 1985, 1235). Für die Zulassungsgründe der **grundsätzlichen Bedeutung** und der **Divergenz** wird sich regelmäßig anderes ergeben, weil die im Zulassungsverfahren entscheidungserhebliche Fragestellung eine andere ist als die des Revisionsverfahrens. Eine Bezugnahme kommt hier nur unter der Voraussetzung in Betracht, dass sich das Zulassungsvorbringen (auch) als umfassende kritische Würdigung der verfahrens- und/oder materiellrechtlichen Richtigkeit der angefochtenen Entscheidung erweist (vgl. BVerwGE 131, 11; 80, 321).

Eine differenzierte Betrachtung ergibt sich auch für die Bezugnahme auf **Revisi-** 26 **onszulassungsbeschlüsse**. Die Bezugnahme auf eine Zulassung wegen eines Verfahrensfehlers reicht aus, weil sich die Revisionsbegründung damit auf einen im Zulassungsbeschluss festgestellten Verfahrensfehler stützt (BVerwG, Urt. v. 22.2. 2001 – 7 C 14.00). Der Verweis auf eine auf Divergenz gestützten Zulassungsbeschluss genügt dem Darlegungserfordernis, wenn sich der Revisionskläger die Erwägungen des Revisionsgerichts zur Abweichung zu Eigen macht (vgl. BVerwGE 114, 155 zu § 124a III 4). Demgegenüber ist in dem Beschluss, mit dem die Revision wegen grundsätzlicher Bedeutung zugelassen worden ist, die aufgeworfene Rechtsfrage noch nicht abschließend geprüft und entschieden. Mit einer Bezugnahme ist mithin nicht i.S.v. § 139 III 4 dargelegt, dass die angegriffene Entscheidung auf einer Rechtsverletzung beruht (BVerwG NJW 2006, 3081).

§ 140 [Zurücknahme der Revision]

(1) ¹Die Revision kann bis zur Rechtskraft des Urteils zurückgenommen werden. ²Die Zurücknahme nach Stellung der Anträge in der mündlichen Verhandlung setzt die Einwilligung des Revisionsbeklagten und, wenn der Vertreter des Bundesinteresses beim Bundesverwaltungsgericht an der mündlichen Verhandlung teilgenommen hat, auch seine Einwilligung voraus.

(2) ¹Die Zurücknahme bewirkt den Verlust des eingelegten Rechtsmittels. ²Das Gericht entscheidet durch Beschluß über die Kostenfolge.

1 Die Regelung über die Zurücknahme der Revision **entspricht** der Regelung über die Zurücknahme der Berufung in **§ 126** mit Ausnahme der in § 126 II vorgesehenen Rücknahmefiktion. § 126 II ist im Revisionsverfahren nicht entsprechend anwendbar; § 140 regelt die Rücknahme der Revision abschließend (B/F-K/vA § 126 Rn. 8; → § 126 Rn. 6). Für die Nichtzulassungsbeschwerde gilt § 140 analog (KS § 140 Rn. 3; z.B. NdsOVG, Beschl. v. 31.8. 2007 – 5 LC 44/06; BayVGH, Beschl. v. 30.10. 2002 – 8 B 97.31734).

2 Die Revision kann **bis zur Rechtskraft** des Revisionsurteils zurückgenommen werden (§ 140 I 1), d.h. bis zu dessen Verkündung (§ 116 I) bzw. bei Zustellung (§ 116 II, III) bis zu dem Zeitpunkt, in dem das Urteil wirksam erlassen ist. Dem Urteil gleich steht der urteilsersetzende Beschluss nach § 144 I. Die Rücknahmeerklärung ist **schriftlich** oder zu Protokoll in der mündlichen Verhandlung gegenüber dem Revisionsgericht abzugeben. Sie unterliegt grds. dem **Vertretungserfordernis** nach § 67 IV. Eine Ausnahme gilt für die von einem nicht postulationsfähigen Revisionskläger eingelegte Revision, die dieser auch selbst wieder zurücknehmen kann (BVerwGE 14, 19). Die Rücknahme ist eine **unanfechtbare** und **grds.** auch **unwiderrufliche Prozesshandlung** (→ § 126 Rn. 2).

3 Im Falle eines teilbaren Streitgegenstands ist eine **Teilrücknahme** zulässig. Nicht um eine Teilrücknahme handelt es sich, wenn der Revisionskläger mit der Revisionsschrift zunächst ohne Einschränkung Revision eingelegt hat und sodann im Rahmen der Revisionsbegründung einen beschränkten Antrag stellt (BVerwG NJW 1992, 703). Der Streitgegenstand wird erst durch den nach § 139 II 4 erforderlichen bestimmten Antrag festgelegt (→ § 139 Rn. 5). Wird **gleichzeitig** mit der Rücknahme der Revision die **Rücknahme der Berufung und/oder der Klage** erklärt, geht die Prozesshandlung mit der weitergehenden Wirkung vor. Danach kommen der Klagerücknahme und der Berufungsrücknahme Vorrang gegenüber der Rücknahme der Revision zu (vgl. BVerwGE 26, 297).

4 Nach Stellung der Anträge in der mündlichen Verhandlung bedarf die Rücknahme der **Einwilligung** des Revisionsbeklagten. Hat der Vertreter des Bundesinteresses an der mündlichen Verhandlung teilgenommen, ist auch dessen Einwilligung erforderlich, § 140 I 2. Andere Verfahrensbeteiligte müssen nicht zustimmen. Dies gilt auch für den Anschlussrevisionsführer, es sei denn, er ist zugleich Revisionsbeklagter. Bei einer Entscheidung ohne mündliche Verhandlung ist auf den Eingang der letzten Einverständniserklärung nach § 101 II abzustellen (BVerwGE 26, 143; NKVwGO § 140 Rn. 23; BeckOK VwGO § 140 Rn. 10; a.A. z.B. K/S § 92 Rn. 14 m.w.N.: Rücknahme bis zum Urteilserlass möglich). Für die Einwilligungserklärung besteht **kein Vertretungszwang** (BeckOK VwGO § 140 Rn. 9; NKVwGO § 140 Rn. 27). Wie die Rücknahme ist sie unanfechtbar und grds. unwiderruflich (B/F-K/vA § 140

Rn. 6; KS § 92 Rn. 16). Fehlt es an einer erforderlichen Einwilligung, ist die Rücknahme unwirksam und das Revisionsverfahren fortzusetzen.

Die wirksame Rücknahme bewirkt gemäß § 140 II 1 den Verlust des eingelegten Rechtsmittels. Die **Anhängigkeit** des Revisionsverfahrens **entfällt**, und die angefochtene Entscheidung der Vorinstanz wird rechtskräftig. Das Gericht entscheidet durch **Beschluss über die Kosten**, § 140 II 2, § 155 II. Zuständig ist grds. das BVerwG. Der Beschluss erfolgt durch den Senat; § 87a findet gemäß § 141 S. 2 keine Anwendung. Wurde die Revision bei der Vorinstanz eingelegt (§ 139 I 1) und ist sie dort vor Weiterleitung der Akten an das BVerwG zurückgenommen worden, trifft ausnahmsweise die Vorinstanz die Kostenentscheidung (BeckOK VwGO § 140 Rn. 14; a. A. NKVwGO § 140 Rn. 36). Zur Klarstellung ist es zweckmäßig, das Revisionsverfahren entsprechend § 92 III 1 einzustellen. Dem Revisionskläger ist nicht verwehrt, erneut Revision einzulegen, wenn die Einlegungsfrist noch nicht verstrichen ist. Unberührt bleibt auch die Möglichkeit, sich nunmehr gemäß § 141 S. 1 i. V. m. § 127 der Revision eines anderen Beteiligten anzuschließen. Demgegenüber verliert eine im Zeitpunkt der Rücknahme bereits durch einen anderen Beteiligten eingelegte **Anschlussrevision** ihre Wirkung, § 141 S. 1 i.V.m. § 127 V. Besteht Streit über die Wirksamkeit der Rücknahme, entscheidet das BVerwG darüber durch Urteil (vgl. entsprechend → § 126 Rn. 13).

§ 141 [Revisionsverfahren]

¹**Für die Revision gelten die Vorschriften über die Berufung entsprechend, soweit sich aus diesem Abschnitt nichts anderes ergibt.** ²**Die §§ 87a, 130a und 130b finden keine Anwendung.**

I. Entsprechende Anwendung sonstigen Verfahrensrechts

Die Vorschriften über das **Berufungsverfahren** finden auf das in den §§ 134 ff. nicht abschließend geregelte Revisionsverfahren entsprechende Anwendung, soweit die speziellen Bestimmungen des 13. Abschnitts dies nicht ausschließen. Über die Weiterverweisung in § 125 I 1 gelten darüber hinaus die allgemeinen Verfahrensvorschriften (§§ 54 ff.), die Vorschriften über das **erstinstanzliche Verfahren** (§§ 81 ff.) sowie die Vorschriften über Urteile und andere Entscheidungen (§§ 107 ff.) entsprechend, sofern sich aus §§ 134 ff. und der Struktur des Revisionsverfahrens nichts anderes ergibt. Nach Maßgabe von § 173 S. 1 ist das Verfahrensrecht der **ZPO** ergänzend heranzuziehen.

Weil das Revisionsgericht abweichend vom Berufungsgericht keine Tatsacheninstanz ist (vgl. § 137 II), sind die §§ 128, 128a I **nicht anwendbar**. Entsprechendes gilt für diejenigen erstinstanzlichen Verfahrensvorschriften, die sich auf die Ermittlung von Tatsachen und die Aufklärung des Sachverhalts beziehen, wie z.B. § 86 I und §§ 96 bis 99. Soweit allerdings im Revisionsverfahren ausnahmsweise eine Sachverhaltsermittlung in Bezug auf Sachentscheidungsvoraussetzungen oder zur Überprüfung eines gerügten Verfahrensfehlers erfolgt, spricht nichts dagegen, etwa § 86 I und § 108 I 1 entsprechend heranzuziehen (vgl. S/S-A/P § 141 Rn. 14). Keine Anwendung finden §§ 125 II, 126, denen § 144 I, 140 vorgehen. Nach der ausdrücklichen Regelung in § 141 S. 2 sind des Weiteren die §§ 87a, 130a und 130b im Revisionsverfahren nicht anwendbar. Dasselbe gilt über § 125 I 2 für § 84 und auf Grund von § 142 I 1 für die §§ 65 I, 91.

§ 141   Teil III. Rechtsmittel und Wiederaufnahme des Verfahrens

3   **Anwendbar** sind aus dem Bereich der allgemeinen Verfahrensbestimmungen z. B. § 54, § 57 und § 60. Von den Vorschriften über das Verfahren im ersten Rechtszug gelten u. a. §§ 93, 94, § 100, §§ 101 ff. und §§ 107 ff. entsprechend. Aus dem Abschnitt über die Berufung finden § 127 (dazu nachfolgend), § 128a II (KS § 128a Rn. 6; NKVwGO § 141 Rn. 9) und § 129 entsprechende Anwendung (vgl. BeckOK VwGO § 141 Rn. 6 ff.; S/S-A/P § 141 Rn. 8 ff.).

II. Insbesondere: Anschlussrevision

4   Ebenso wie bei der Berufung besteht auch im Rahmen des Revisionsverfahrens (einschließlich der Sprungrevision) die Möglichkeit eines Anschlussrechtsmittels. Den **rechtlichen Rahmen** liefern die Bestimmungen über die Anschlussberufung in § 127, die über § 141 S. 1 entsprechend gelten. Infolge der Änderung des § 127 zum 1.1.2002 durch das RmBereinVpG regelt die Vorschrift lediglich noch die sog. **unselbstständige Anschlussrevision** (vgl. BVerwGE 117, 332). Denn gemäß § 141 S. 1 i. V. m. § 127 V verliert die Anschlussrevision ihre Wirkung, wenn die Revision zurückgenommen oder als unzulässig verworfen wird. § 141 S. 1 i. V. m. § 127 findet daher keine Anwendung auf eine Revision, die ein Beteiligter zwar zeitlich nach der Revision eines anderen Beteiligten einlegt, die jedoch in der Wirkung von dem anderen Rechtsmittel unabhängig sein soll (vormals sog. selbstständige Anschlussrevision). Sie unterliegt vielmehr den allgemeinen Voraussetzungen für die Zulässigkeit der Revision. Dies schließt indes nicht aus, eine unstatthafte Revision ggf. in eine statthafte Anschlussrevision umzudeuten (vgl. für den Fall der Anschlussberufung BGH NJW 1987, 3263). Im Verfahren der Nichtzulassungsbeschwerde ist eine Anschließung nicht möglich (BVerwG, Beschl. v. 8.6.2006 – 3 B 185.05; BVerwGE 34, 351).

5   Anschlussrevision können gemäß § 141 S. 1 i. V. m. § 127 I der Revisionsbeklagte und die anderen in der Vorinstanz am Verfahren Beteiligten einlegen. Nicht **anschlussberechtigt** sind der (auch nicht revisionsberechtigte) Vertreter des Bundesinteresses (BVerwGE 96, 258) sowie der erst im Revisionsverfahren notwendig Beigeladene (NKVwGO § 141 Rn. 24; BeckOK VwGO § 141 Rn. 12; a. A. z. B. S/S-A/P § 141 Rn. 21; Ey § 141 Rn. 4). Der VöI ist zur Anschließung befugt, wenn er sich am vorinstanzlichen Verfahren beteiligt hat. Eine Beteiligung ist auch noch nach Ergehen des angefochtenen Urteils möglich, solange die Rechtsmittelfrist für die übrigen Beteiligten nicht abgelaufen ist (BVerwGE 90, 337; ebenso NVwZ-RR 1997, 519 für die Nichtzulassungsbeschwerde).

6   Die Anschlussrevision ist innerhalb eines Monats nach Zustellung (§ 56) der letzten noch ausstehenden Revisionsbegründungsschrift schriftlich beim BVerwG einzulegen (§ 141 S. 1 i. V. m. § 127 I 2, II 2). Die Anschlussschrift muss das angefochtene Urteil bezeichnen und klar zum Ausdruck bringen, dass eine Anschlussrevision eingelegt werden soll (§ 173 S. 1 i. V. m. § 554 III 2, § 549 I 2 ZPO analog). Über die **Anschlussfrist** muss nicht nach § 58 I belehrt werden (BeckOK VwGO § 141 Rn. 17; NKVwGO § 141 Rn. 33; a. A. z. B. Ey § 141 Rn. 8). Die Anschließung ist auch dann statthaft, wenn der Beteiligte auf die Revision verzichtet hat oder die Rechtsmittelfristen verstrichen sind (§ 141 S. 1 i. V. m. § 127 II 1). Sie unterliegt dem Vertretungszwang (§ 67 IV 1) und ist innerhalb der Anschlussfrist **zu begründen** (§ 141 S. 1 i. V. m. § 127 III). § 141 S. 1 i. V. m. § 127 I, III geht davon aus, dass die Anschlussrevision regelmäßig mit der Anschlussschrift begründet wird; ausreichend ist aber auch eine gesonderte Begründungsschrift, sofern sie fristgerecht eingeht (BeckOK VwGO § 141 Rn. 19). Die Anschluss- und Begründungsfrist ist nicht verlängerbar, wie sich daraus ableiten lässt, dass § 127 III 2 zwar auf § 124a III 2, 4 und 5 verweist, nicht aber auf § 124a III 3. Dementsprechend findet auch § 139 III 3 keine Anwendung.

Die Begründung muss einen **bestimmten Antrag** enthalten und die Gründe der 7 Anfechtung (Revisionsgründe) im Einzelnen anführen, § 141 S. 1 i.V.m. § 127 III 2, § 124a III 4. Dies bedeutet entsprechend § 139 III 4, dass die Anschlussschrift die verletzte Rechtsnorm bezeichnen und im Falle einer Verfahrensrüge die Tatsachen angeben muss, die den Verfahrensmangel ergeben. Fehlt es an einem dieser Erfordernisse, ist die Anschlussrevision unzulässig (§ 141 S. 1 i.V.m. § 127 III 2, § 124a III 5). Der Antrag muss über einen bloßen Revisionsabweisungsantrag hinausgehen und darauf abzielen, zu Lasten des Revisionsklägers eine Änderung der angegriffenen Entscheidung zu erwirken (vgl. BVerwGE 100, 104; BVerwG NJW 1985, 393; BeckOK VwGO § 141 Rn. 13, 15). Die Anschlussrevision ist nach ihrem Sinn und Zweck darauf gerichtet, ein mit der angefochtenen Entscheidung verbundenes Teilunterliegen des Anschlussrevisionsführers zu beseitigen. Dem entspricht es, für die Zulässigkeit der Anschlussrevision grds. eine **Beschwer** vorauszusetzen (vgl. KS § 141 Rn. 6; B/F-K/vA § 127 Rn. 37; S/S-A/P § 141 Rn. 24 f. m.w.N. auch zur Gegenansicht; offen gelassen von BVerwGE 72, 165). Nach § 141 S. 1 i.V.m. § 127 IV ist die Anschlussrevision **zulassungsfrei**. Dies schließt es auch aus, die Anschlussrevision nur in dem Umfang als statthaft anzusehen, in dem die Revision zugelassen ist (vgl. BVerwGE 125, 44; 117, 332, 344; NKVwGO § 141 Rn. 39 ff.; a.A. z.B. S/S-A/P § 141 Rn. 26 m.w.N.). Die Anschlussrevision ist allerdings unstatthaft, soweit zuvor die Beschwerde des Anschlussrevisionsführers gegen die Nichtzulassung der Revision wegen desselben Teils des Streitgegenstands zurückgewiesen wurde (vgl. BVerwG NVwZ-RR 2008, 214).

Wird die **Revision zurückgenommen oder als unzulässig verworfen**, erle- 8 digt sich die Anschlussrevision kraft Gesetzes (vgl. § 141 S. 1 i.V.m. § 127 V). Gleichwohl empfiehlt sich zur Klarstellung eine (deklaratorische) Verfahrenseinstellung. Die **Kosten der Anschlussrevision** trägt in diesen Fällen grds. der Revisionskläger (vgl. BVerwGE 72, 165; BGH NJW-RR 2005, 727), es sei denn, der Anschlussrevisionsführer hat nach § 140 I 2 (als Revisionsbeklagter) der Rücknahme zugestimmt, oder die Unzulässigkeit der Revision stand bereits im Zeitpunkt der Anschließung fest (vgl. BGHZ 80, 146; S/S-A/P § 141 Rn. 38 f.; BeckOK VwGO § 141 Rn. 24). Bei Rücknahme der Anschlussrevision trägt der Anschlussrevisionsführer die Kosten der Anschlussrevision (§ 155 II). Entsprechend § 141 S. 1 i.V.m. § 127 V verliert die Anschließung ihre Wirkung auch, wenn sich die Revision aus anderen Gründen als durch Rücknahme erledigt (S/S-A/P § 141 Rn. 34; NKVwGO § 141 Rn. 50).

I.Ü. erfolgt die **Entscheidung über die Anschlussrevision** gemeinsam mit der 9 Sachentscheidung über die Revision. Dies gilt auch im Falle einer unzulässigen Anschlussrevision (vgl. BVerwGE 90, 337). Die Kostenentscheidung bestimmt sich nach den allgemeinen Grundsätzen.

§ 142 [Unzulässigkeit von Klageänderungen und Beiladungen]

(1) ¹Klageänderungen und Beiladungen sind im Revisionsverfahren unzulässig. ²Das gilt nicht für Beiladungen nach § 65 Abs. 2.

(2) ¹Ein im Revisionsverfahren nach § 65 Abs. 2 Beigeladener kann Verfahrensmängel nur innerhalb von zwei Monaten nach Zustellung des Beiladungsbeschlusses rügen. ²Die Frist kann auf einen vor ihrem Ablauf gestellten Antrag von dem Vorsitzenden verlängert werden.

I. Klageänderungen im Revisionsverfahren

1 § 142 I 1 erklärt eine **Klageänderung** im Revisionsverfahren ausnahmslos für **unzulässig**. Die Regelung knüpft daran an, dass die Revisionsentscheidung auf eine Rechtskontrolle beschränkt ist und Grundlage dieser Kontrolle die von der Vorinstanz festgestellten Tatsachen sind. Neuer Sachverhalt ist im Revisionsverfahren grds. nicht berücksichtigungsfähig (vgl. → § 137 II). Eine Klageänderung i. S. v. § 91 bewirkt indes, dass ein neuer tatsächlicher Lebenssachverhalt (Klagegrund) in den Rechtsstreit eingeführt wird. Der **Funktion des Revisionsverfahrens** entspricht es daher, die Möglichkeit einer Klageänderung auszuschließen (vgl. BVerwG Buchh 310 § 113 Nr. 216; Buchh 237.4 § 35 HmbBG Nr. 1; NKVwGO § 142 Rn. 3).

2 Davon unberührt bleibt die Befugnis des Revisionsgerichts, die Sachdienlichkeit einer **Klageänderung in der Vorinstanz** selbst abschließend zu beurteilen. Denn das Verbot in § 142 I 1 wird nicht betroffen, wenn das Revisionsgericht auf der Grundlage der vom Vordergericht getroffenen tatsächlichen Feststellungen über die bereits in der Vorinstanz geänderte Klage sachlich entscheidet (BVerwG NVwZ-RR 2000, 172).

3 Der Begriff der Klageänderung knüpft an denjenigen in → § 91 an. Das Verbot des § 142 I 1 umfasst sowohl Änderungen des Klagebegehrens und des Klagegrundes **(objektive Klageänderung)** als auch den gewillkürten Beteiligtenwechsel **(subjektive Klageänderungen)**. Demgegenüber erstreckt sich das Verbot nicht auf Veränderungen des Streitgegenstands, die keine Klageänderung i. S. v. § 91 sind, wie z. B. nach § 173 S. 1 i. V. m. § 264 ZPO (BeckOK VwGO § 142 Rn. 4).

4 **Unzulässig** sind danach Erweiterungen oder Beschränkungen des Klageantrags, die mit einer Änderung des Klagegrundes einhergehen, wie beispielsweise der Übergang von einer Anfechtungsklage zur vorbeugenden Unterlassungsklage (BVerwGE 26, 251) oder zu einer auf Verpflichtung gerichteten Untätigkeitsklage (BVerwGE 69, 227), ein im Normenkontrollverfahren ergänzend gestellter Antrag auf Normerlass (BVerwGE 120, 82) oder ein erstmals gestellter **Hilfsantrag** (BVerwG NVwZ 1990, 260; siehe aber BVerwG NVwZ 1985, 194, für den Fall eines nach § 173 S. 1 i. V. m. § 264 Nr. 3 ZPO zulässigen Hilfsantrags). Um eine unzulässige Klageänderung handelt es sich auch bei der Einbeziehung eines weiteren Klägers in das Revisionsverfahren (BVerwGE 66, 266 m. w. N.). Eine **Widerklage** ist in entsprechender Anwendung des § 142 I 1 ebenfalls unzulässig (NKVwGO § 142 Rn. 11; BeckOK VwGO § 142 Rn. 7). Eine Ausnahme hat das BVerwG für den Fall gemacht, dass die Widerklage keinen neuen Streitstoff in das Revisionsverfahren einführt (BVerwGE 44, 351).

5 **Zulässig** ist z. B. die Erweiterung des Klageantrags um Prozesszinsen als Nebenforderung (§ 173 S. 1 i. V. m. § 264 Nr. 2 ZPO) oder um einen Antrag auf Folgenbeseitigung nach § 113 I 2 (BVerwGE 108, 364). Möglich ist des Weiteren der **Übergang zu einer anderen Klageart**, wenn das Klagebegehren sachlich unverändert bleibt. In Betracht kommt etwa die Umstellung von einer Bescheidungs- auf eine Verpflichtungsklage und umgekehrt (BVerwGE 122, 193; NVwZ 2002, 341) sowie der Übergang von einem Verpflichtungsantrag zu einem kassatorischen Gestaltungsantrag (BVerwGE 106, 64). Ebenfalls zulässig sind der Übergang zu einem Erledigungsfeststellungsantrag (BVerwGE 114, 149; NVwZ 1999, 404) sowie die Umstellung auf einen **Fortsetzungsfeststellungsantrag** nach § 113 I 4 (BVerwG, Urt. v. 23. 1. 2007 – 1 C 1.06; BVerwGE 110, 17), ferner der Übergang von einer Fortsetzungsfeststellungs- zu einer allgemeinen Feststellungsklage (BVerwGE 59, 148). § 142 I 1 hindert auch nicht eine Umformulierung des Klageantrags, mit der

Neuregelungen einer Rechtsverordnung in das Klagebegehren einbezogen werden (BVerwGE 119, 245). Voraussetzung ist aber jeweils, dass in Bezug auf den entscheidungserheblichen Sachverhalt keine Veränderung eintritt (vgl. mit weiteren Beispielen BeckOK VwGO § 142 Rn. 6 ff.; NKVwGO § 142 Rn. 6 ff.; KS § 142 Rn. 2 f.).

Ein **Beteiligtenwechsel** ist zulässig, soweit er auf einer gesetzlichen Rechtsnachfolge i.S.v. § 173 S. 1 i.V.m. §§ 239 ff. ZPO beruht (BVerwG NVwZ 2002, 483; für den Erben vgl. BVerwG 50, 292) oder auf einer gesetzlichen Zuständigkeitsänderung zurückgeht (BVerwGE 59, 221; 44, 148 m.w.N.). Keine Klageänderung stellt es dar, wenn der volljährig gewordene Kläger anstelle des gesetzlichen Vertreters in das Revisionsverfahren eintritt (BVerwGE 36, 130; 19, 128). 6

II. Beiladungen im Revisionsverfahren

Gemäß § 142 I 1 i.V.m. S. 2 sind **einfache Beiladungen** (§ 65 I) im Revisionsverfahren ausnahmslos **unzulässig, notwendige Beiladungen** (§ 65 II) hingegen **zulässig**. § 142 I 2 ermöglicht im Interesse der Verfahrensökonomie die Nachholung einer in der Tatsacheninstanz verfahrensfehlerhaft unterbliebenen notwendigen Beiladung. Könnte die Beiladung nicht noch in der Revisionsinstanz vorgenommen werden, müsste die Sache grds. an die Vorinstanz zurückverwiesen werden (vgl. zur früheren Rechtslage BVerwG NVwZ 1984, 507 m.w.N.; NJW 1984, 70). § 142 I 2 schafft die Voraussetzung, dass das Revisionsgericht – vorbehaltlich § 144 III 2 – in der Sache selbst entscheiden kann. Im **Revisionszulassungsverfahren** gilt das Verbot der Beiladung nach § 142 I 1 entsprechend (BVerwG BauR 2002, 1830); § 142 I 2 findet hingegen keine Anwendung (BVerwG NVwZ 2001, 202; BeckOK VwGO § 142 Rn. 9; NKVwGO § 142 Rn. 29 m.w.N. auch zur Gegenansicht). Einfache und notwendige Beiladungen, die in der Tatsacheninstanz erfolgt sind, wirken im Revisionsverfahren fort. 7

Das BVerwG ist grds. verpflichtet, im Revisionsverfahren die notwendige Beiladung nachzuholen (NKVwGO § 142 Rn. 25 ff.; S/S-A/P § 142 Rn. 9; a.A. BeckOK VwGO § 142 Rn. 11; Ey § 142 Rn. 3; KS § 142 Rn. 6; siehe auch BVerwG Buchh 310 § 144 Nr. 64). Eine Ausnahme von der **Beiladungspflicht** ist für den Fall einer unzulässigen Revision zu machen. Die rechtlichen Interessen des zu Unrecht nicht Beigeladenen können allein dadurch gewahrt werden, dass die angefochtene Entscheidung ihm gegenüber keine Rechtskraft entfaltet (vgl. BVerwG Buchh 310 § 65 Nr. 138). 8

Der im Revisionsverfahren Beigeladene kann gemäß § 142 II 1 innerhalb einer Frist von zwei Monaten nach Zustellung des Beiladungsbeschlusses **Verfahrensmängel rügen**. Nach Maßgabe von § 142 II 2, der § 139 III 3 nachgebildet ist, kann die Frist verlängert werden. Bei Fristversäumnis ist unter den Voraussetzungen des § 60 Wiedereinsetzung zu gewähren. Die Verfahrensrüge nach § 142 II 1 bezieht sich nur auf die tragenden Feststellungen des angefochtenen Urteils. Andere von der Vorinstanz getroffene Sachverhaltsfeststellungen kann der Beigeladene **unbefristet** mit der **Gegenrüge** angreifen (S/S-A/P § 142 Rn. 13; NKVwGO § 142 Rn. 33). 9

Gemäß → § 144 III 2 hat das BVerwG den **Rechtsstreit zurückzuverweisen**, wenn der im Revisionsverfahren Beigeladene ein berechtigtes Interesse daran hat. Die Regelung trägt dem Umstand Rechnung, dass die Möglichkeit der Verfahrensrüge nach § 142 II 1 nicht in jedem Fall ausreicht, um eine adäquate Rechtsverfolgung bzw. -verteidigung zu gewährleisten (B/F-K/vA § 142 Rn. 7; NKVwGO § 142 Rn. 36). Ein Interesse an der Zurückverweisung ist mithin nicht schon des- 10 halb zu bejahen, weil die Vorinstanz die notwendige Beiladung unterlassen hat (NKVwGO § 142 Rn. 34; BeckOK VwGO § 142 Rn. 13). Entscheidet das BVerwG rechtskräftig in der Sache, ist der Beigeladene daran gebunden (§ 121 Nr. 1 i. V. m. § 63 Nr. 1).

§ 143 [Prüfung der Zulässigkeitsvoraussetzungen]

¹Das Bundesverwaltungsgericht prüft, ob die Revision statthaft und ob sie in der gesetzlichen Form und Frist eingelegt und begründet worden ist. ²Mangelt es an einem dieser Erfordernisse, so ist die Revision unzulässig.

1 Gemäß § 143 hat das BVerwG **von Amts wegen** (BVerwGE 25, 1) zu prüfen, ob die Revision zulässig ist. Dies gilt nicht nur in Bezug auf die in § 143 S. 1 ausdrücklich benannten, speziellen Voraussetzungen (Statthaftigkeit, form- und fristgerechte Einlegung und Begründung der Revision), sondern gleichermaßen für die sonstigen, allgemeinen Zulässigkeitsvoraussetzungen (z. B. Beteiligten-, Prozess- und Postulationsfähigkeit, Rechtsschutzbedürfnis, vgl. KS § 143 Rn. 1, Vorb. § 124 Rn. 28; BeckOK VwGO 143 Rn. 3 f.).

2 Die Revision ist **statthaft**, wenn die angefochtene Entscheidung revisionsfähig ist und die Revision zugelassen wurde (→ §§ 132 I, 134 I 1, 135 S. 1 u. 2), der Revisionskläger zur Einlegung der Revision befugt ist und er durch die angefochtene Entscheidung beschwert wird (→ § 132 Rn. 5 f.). Im Fall der Sprungrevision bedarf es zudem der Zustimmung von Kläger und Beklagtem (§ 134 I 1). Die Statthaftigkeit ist für jeden Rechtsmittelführer und jeden Klageanspruch gesondert zu überprüfen (vgl. BVerwGE 65, 27; DÖV 1960, 192). Wegen der Bindungswirkung der Revisionszulassung (→ § 132 III, § 134 II 2, § 135 S. 3 i. V. m. § 132 III) ist vom BVerwG nicht zu prüfen, ob das OVG bzw. das VG die Revision zu Recht zugelassen haben. Die Anforderungen an eine **form- und fristgerechte Revisionseinlegung und -begründung** ergeben sich aus → § 139 I, II 1 Hs. 2, III, § 67 IV.

3 § 143 S. 2 stellt klar, dass die Revision unzulässig ist, wenn es an einem der in § 143 S. 1 bezeichneten Erfordernisse fehlt. Das Gleiche gilt, wenn eine sonstige Zulässigkeitsvoraussetzung nicht erfüllt ist. **Sachurteilsvoraussetzungen der Vorinstanz**, die nicht zugleich für die Zulässigkeit der Revision erheblich sind (z. B. fristgerechte Klageerhebung oder Berufungseinlegung), unterfallen § 143 S. 2 nicht. Sie berühren vielmehr die Begründetheit der Revision (KS § 143 Rn. 2; NKVwGO § 143 Rn. 10).

4 **Maßgeblicher Zeitpunkt** für die Prüfung der Zulässigkeitsvoraussetzungen ist der Entscheidungszeitpunkt des BVerwG (S/S-A/P § 143 Rn. 7; NKVwGO § 143 Rn. 11). Eine mangels Zulassung oder fehlender Zustimmung zunächst unstatthafte (Sprung-)Revision wird daher zulässig, wenn noch vor einer Entscheidung des BVerwG die Revisionszulassung erfolgt bzw. die Zustimmung eingereicht wird (BVerwG NVwZ 1996, 174; BVerwGE 65, 27). Legt ein Revisionskläger mehrfach Revision ein, handelt es sich rechtlich um eine Revision, über die einmal zu entscheiden ist. Ausreichend ist, dass mit einer der Revisionseinlegungen die Zulässigkeitsvoraussetzungen erfüllt werden (S/S-A/P § 143 Rn. 6; BeckOK VwGO § 143 Rn. 8 m. w. N.).

5 Ist die Revision unzulässig, hat das BVerwG sie gemäß → § 144 I **durch Beschluss zu verwerfen**. Ist die Revision zulässig, steht es im Ermessen des BVerwG, nach §§ 141 S. 1, 125 I 1 i. V. m. § 109 vorab durch **Zwischenurteil** über die Zulässigkeit zu entscheiden (BVerwGE 65, 27; S/S-A/P § 143 Rn. 20; NKVwGO § 143 Rn. 13). I. Ü. ist auf die Zulässigkeit der Revision, soweit angezeigt, im Rahmen des Revisionsurteils einzugehen.

§ 144 [Revisionsentscheidung]

(1) Ist die Revision unzulässig, so verwirft sie das Bundesverwaltungsgericht durch Beschluß.
(2) Ist die Revision unbegründet, so weist das Bundesverwaltungsgericht die Revision zurück.
(3) ¹Ist die Revision begründet, so kann das Bundesverwaltungsgericht
1. in der Sache selbst entscheiden,
2. das angefochtene Urteil aufheben und die Sache zur anderweitigen Verhandlung und Entscheidung zurückverweisen.
²Das Bundesverwaltungsgericht verweist den Rechtsstreit zurück, wenn der im Revisionsverfahren nach § 142 Abs. 1 Satz 2 Beigeladene ein berechtigtes Interesse daran hat.
(4) Ergeben die Entscheidungsgründe zwar eine Verletzung des bestehenden Rechts, stellt sich die Entscheidung selbst aber aus anderen Gründen als richtig dar, so ist die Revision zurückzuweisen.
(5) ¹Verweist das Bundesverwaltungsgericht die Sache bei der Sprungrevision nach § 49 Nr. 2 und nach § 134 zur anderweitigen Verhandlung und Entscheidung zurück, so kann es nach seinem Ermessen auch an das Oberverwaltungsgericht zurückverweisen, das für die Berufung zuständig gewesen wäre. ²Für das Verfahren vor dem Oberverwaltungsgericht gelten dann die gleichen Grundsätze, wie wenn der Rechtsstreit auf eine ordnungsmäß eingelegte Berufung bei dem Oberverwaltungsgericht anhängig geworden wäre.
(6) Das Gericht, an das die Sache zur anderweitigen Verhandlung und Entscheidung zurückverwiesen ist, hat seiner Entscheidung die rechtliche Beurteilung des Revisionsgerichts zugrunde zu legen.
(7) ¹Die Entscheidung über die Revision bedarf keiner Begründung, soweit das Bundesverwaltungsgericht Rügen von Verfahrensmängeln nicht für durchgreifend hält. ²Das gilt nicht für Rügen nach § 138 und, wenn mit der Revision ausschließlich Verfahrensmängel geltend gemacht werden, für Rügen, auf denen die Zulassung der Revision beruht.

Übersicht

	Rn.
I. Verwerfung der Revision (I)	1
II. Zurückweisung der Revision (II, IV)	4
1. Unbegründete Revision (II)	4
2. Anderweitige Richtigkeit (IV)	6
III. Begründete Revision (III)	11
1. Abschließende Sachentscheidung (III 1 Nr. 1)	12
2. Zurückverweisung (III 1 Nr. 2, 2)	15
IV. Bindungswirkung bei Zurückverweisung (VI)	18
V. Begründung der Revisionsentscheidung (VII)	25
VI. Beendigung des Revisionsverfahrens auf sonstige Weise	26

§ 144 Teil III. Rechtsmittel und Wiederaufnahme des Verfahrens

I. Verwerfung der Revision (I)

1 Ist die Revision unzulässig (→ § 143), ist sie gemäß § 144 I **durch Beschluss zu verwerfen**. Dies gilt auch dann, wenn das BVerwG aufgrund (freigestellter) mündlicher Verhandlung (vgl. § 141 S. 1 i.V.m. §§ 125 I 1, 101 III) entscheidet (BVerwGE 74, 289). Ein **Offenlassen der Zulässigkeitsfrage** kommt allenfalls in Betracht, wenn deren Beantwortung nicht ohne aufwändige Tatsachenermittlungen möglich ist und die Revision offensichtlich unbegründet ist (vgl. BeckOK VwGO § 144 Rn. 5). § 125 II 3 findet keine entsprechende Anwendung. Den Beteiligten ist aber vor der Beschlussfassung nach den allgemeinen Grundsätzen rechtliches Gehör zu gewähren. Eine vorherige **Anhörung** ist namentlich geboten, wenn sich der Verwerfungsbeschluss ansonsten als Überraschungsentscheidung darstellt. Der gemäß § 141 S. 1 i.V.m. §§ 125 I 1, 122 II 1 zu begründende Beschluss ist unanfechtbar. Unter den Voraussetzungen des § 152a besteht die Möglichkeit der Anhörungsrüge.

2 **Ausnahmsweise** kann das BVerwG eine unzulässige Revision auch im Rahmen eines **Urteil**s verwerfen, wenn die Revision teils unzulässig, teils unbegründet oder begründet ist. Dasselbe gilt für den Fall, dass die (Anschluss-)Revision eines Beteiligten unzulässig und die eines anderen Beteiligten begründet oder unbegründet ist (vgl. BVerwGE 90, 337; 15, 239).

3 Jedenfalls mit **Rechtskraft** der Verwerfungsentscheidung wird die mit der Revision angegriffene Entscheidung rechtskräftig (vgl. GemSOGB NJW 1984, 1027). Teilweise wird angenommen, dass bei einer von vornherein unstatthaften Revision sowie bei Versäumung der Revisionsfristen das angefochtene Urteil bereits im Zeitpunkt der Unzulässigkeit rechtskräftig wird (vgl. S/S-A/P § 143 Rn. 25). Der Revisionsführer ist nicht gehindert, erneut Revision einzulegen, wenn die Revisionsfrist noch läuft und der vorherige Zulässigkeitsmangel ausgeräumt ist (BeckOK VwGO § 144 Rn. 8). Nicht ausgeschlossen ist auch eine nachträgliche Wiedereinsetzung in den vorigen Stand, wenn sich eine Fristversäumung im Nachhinein als unverschuldet herausstellt (vgl. BVerwG NJW 1994, 674; BVerwGE 11, 322).

II. Zurückweisung der Revision (II, IV)

1. Unbegründete Revision (II)

4 Ist die Revision unbegründet, ist sie **durch Urteil zurückzuweisen**, § 144 II. Eine Entscheidung im Beschlusswege oder durch Gerichtsbescheid ist nicht möglich; §§ 84, 130a finden keine Anwendung (§ 141 S. 1 i.V.m. § 125 I 2, § 141 S. 2). Erweist sich die Revision als nur **teilweise unbegründet** und i.Ü. als begründet, ist die Revision teils zurückzuweisen und i.Ü. nach § 144 III zu verfahren.

5 Der **Prüfungsmaßstab**, anhand dessen sich die Unbegründetheit der Revision bestimmt, ergibt sich aus § 137 I. Danach ist eine Revision unbegründet, wenn die angefochtene Entscheidung kein revisibles Recht (→ § 137 Rn. 2 ff.) verletzt oder wenn zwar eine solche Rechtsverletzung gegeben ist, die Entscheidung aber nicht darauf beruht. Das BVerwG überprüft bei einer zulässigen Revision das angefochtene Urteil – vorbehaltlich des § 137 III 1 – vollumfänglich auf die Verletzung revisiblen Rechts; an die geltend gemachten Revisionsgründe ist es gemäß § 137 III 2 nicht gebunden. Die angefochtene Entscheidung beruht auf der Verletzung revisiblen Rechts, wenn die Rechtsverletzung ausgehend von der Rechtsauffassung der Vorinstanz für das Entscheidungsergebnis ursächlich geworden ist (→ § 137 Rn. 20). Von der **Kausalitätsprüfung** ist das BVerwG nur in Bezug auf die in § 138 bezeichneten absoluten Revisionsgründe grds. enthoben (→ § 138 Rn. 4).

2. Anderweitige Richtigkeit (IV)

Die Revision ist auch dann nach § 144 II als unbegründet zurückzuweisen, wenn die angefochtene Entscheidung zwar gegen revisibles Recht verstößt, sich jedoch im Ergebnis aus anderen Gründen als richtig erweist, § 144 IV. Die Regelung ist eine **normative Folge des** in § 137 I enthaltenen Grundsatzes, dass die Revision nur dann Erfolg haben soll, wenn das angegriffene Urteil nicht nur eine Gesetzesverletzung aufweist, sondern auch darauf beruht. Während im Rahmen von § 137 I die Kausalitätsprüfung anhand der Rechtsauffassung der Vorinstanz erfolgt, erweitert § 144 IV die Prüfung auf eine Richtigkeitskontrolle aus der Perspektive des Revisionsgerichts (vgl. BeckOK VwGO § 138 Rn. 7). Aus Gründen der **Prozessökonomie** und der – auch im Interesse des Revisionsklägers liegenden – Kostenersparnis verbietet sich eine Entscheidung, mit der der Revision durch Aufhebung des angefochtenen Urteils und Zurückverweisung der Sache an die Vorinstanz stattgegeben wird, obwohl die frühere Entscheidung bei zutreffender Rechtsanwendung im Ergebnis wiederholt und im Falle eines weiteren Revisionsverfahrens auch vom BVerwG bestätigt werden müsste (vgl. BVerwGE 17, 16). § 144 IV findet entsprechende Anwendung im Verfahren der **Nichtzulassungsbeschwerde** (BVerwG NVwZ 1998, 737; Buchh 310 § 144 Nr. 46 m.w.N.).

6

Die Überprüfung einer anderweitigen Ergebnisrichtigkeit obliegt dem BVerwG auch im Rahmen einer **Verfahrensrevision** i.S. des § 137 III 1. Trotz der Beschränkung der Revision auf Verfahrensrügen ist das BVerwG nicht daran gehindert, die Anwendung sachlichen Rechts zu überprüfen (BVerwGE 58, 146; Buchh 448.0 § 8a WPflG Nr. 12; BVerwGE 17, 16). Eine Einschränkung ist allerdings in Bezug auf **absolute Verfahrensmängel** i.S. des § 138 zu machen. Leidet die angefochtene Entscheidung an einem Verfahrensfehler, der einen absoluten Revisionsgrund darstellt, ist § 144 IV grds. nicht anwendbar (BVerwGE 102, 7; 62, 6; B/F-K/vA § 144 Rn. 21; BeckOK VwGO § 138 Rn. 7 ff., § 144 Rn. 26; KS § 144 Rn. 6 m.w.N.; a.A. S/S-A/P § 138 Rn. 13 ff., § 144 Rn. 54 ff.).

7

Etwas anderes kann sich aber im Anwendungsbereich des § 138 Nr. 3 ergeben. Zu unterscheiden sind die Versagung rechtlichen Gehörs mit der Folge, dass sich ein Beteiligter zum Gesamtergebnis des Verfahrens nicht äußern konnte, und die Versagung rechtlichen Gehörs in Bezug auf eine einzelne Tatsachenfeststellung. Im ersteren Fall kommt eine Anwendung von § 144 IV nicht in Betracht, weil dem Revisionsgericht jede Grundlage für eine materiellrechtliche Entscheidung fehlt (vgl. z.B. BVerwGE 121, 211; BVerwG NVwZ 2003, 1129). Kann hingegen im zweitgenannten Fall die **Gehörsverletzung** hinweggedacht werden, ohne dass die Richtigkeit der Entscheidung in Frage gestellt wäre, ist die Revision trotz des Verfahrensfehlers auf der Grundlage des § 144 IV zurückzuweisen (BVerwGE 110, 40; BVerwG NVwZ 1994, 1095). Ob sich die Gehörsverletzung unter keinen Umständen für die Entscheidung als erheblich erweist, beurteilt sich nach der Rechtsauffassung des Revisionsgerichts (BVerwG NVwZ 1994, 1095; BVerwGE 15, 24). Ebenfalls ausnahmsweise anwendbar ist § 144 IV, wenn die Vorinstanz Vorbringen eines Beteiligten zu Rechtsfragen nicht erwogen hat oder sich ein Beteiligter zu Rechtsfragen nicht ausreichend äußern konnte (BVerwG NVwZ 2003, 1129; NVwZ 2003, 224).

8

9 Ob sich die Entscheidung aus anderen Gründen als richtig darstellt, hat das Revisionsgericht – vorbehaltlich begründeter Verfahrensrügen – auf der Grundlage der **von der Vorinstanz festgestellten Tatsachen** zu überprüfen (§ 137 II). Dabei unterliegen der Beurteilung des Revisionsgerichts alle unmittelbar oder mittelbar aus der Entscheidung der Tatsacheninstanz ersichtliche Tatsachen, ohne Rücksicht darauf, ob sie von der Vorinstanz für die Entscheidung verwertet worden sind (vgl. BVerwG, Urt. v. 8.3. 1984 – 6 C 6.83; BVerwG DVBl. 1963, 521). Ausnahmsweise kann auch neues Vorbringen im Revisionsverfahren berücksichtigt werden, beispielsweise wenn die neuen Tatsachen zwischen den Beteiligten unstreitig sind (vgl. BVerwGE 58, 146; BVerwG NJW 1977, 1978; BVerwGE 42, 346; → § 137 Rn. 29). Lässt sich die anderweitige Ergebnisrichtigkeit nicht ohne weitere tatsächliche Feststellungen beurteilen, kommt eine Entscheidung nach § 144 IV nicht in Betracht. Vielmehr ist nach § 144 III 1 Nr. 2 zu verfahren (KS § 144 Rn. 5; BeckOK VwGO § 144 Rn. 22).

10 In Bezug auf **revisibles Recht** hat das BVerwG eine **Vollprüfung** vorzunehmen (BeckOK VwGO § 144 Rn. 23). Es ist auch nicht gehindert, ein fehlerhaftes Prozessurteil durch ein Sachurteil zu ersetzen und umgekehrt (BVerwGE 116, 169; S/S-A/P § 144 Rn. 49; B/F-K/vA § 144 Rn. 20). Hinsichtlich der Anwendung und Auslegung **irrevisiblen Rechts** ist das BVerwG an die Feststellungen der Vorinstanz gebunden (§ 173 S. 1 i. V. m. § 560 ZPO). Jenseits der Bindungswirkung ist nicht ausgeschlossen, dass das BVerwG irrevisibles Recht selbstständig anwendet und auslegt (z. B. BVerwGE 61, 15; 57, 130; S/S-A/P § 144 Rn. 41). Häufig wird sich indes eine Zurückverweisung als sachgerecht darstellen (→ Rn. 13, 15).

III. Begründete Revision (III)

11 Verletzt die angefochtene Entscheidung revisibles Recht und beruht sie auch in Ansehung des § 144 IV auf dieser Rechtsverletzung, ist die Revision begründet. Nach § 144 III 1 kommt entweder eine abschließende Sachentscheidung in Betracht (Nr. 1) oder das Revisionsgericht hebt das angefochtene Urteil auf und verweist die Sache zur anderweitigen Verhandlung und Entscheidung zurück (Nr. 2).

1. Abschließende Sachentscheidung (III 1 Nr. 1)

12 Das BVerwG hat im Falle einer begründeten Revision in der Sache selbst zu entscheiden, wenn und soweit es keiner weiteren Sachverhaltsaufklärung bedarf, die Sache also zur Endentscheidung reif ist (**Spruchreife**; vgl. z. B. BVerwG, Urt. v. 8.3. 1984 – 6 C 6.83; BVerwGE 50, 369; s. auch § 563 III ZPO). Ein Ermessen ist dem Revisionsgericht insoweit nicht eingeräumt (BeckOK VwGO § 144 Rn. 29; B/F-K/vA § 144 Rn. 10; a. A. KS § 144 Rn. 7). Die Ausführungen zur Tatsachengrundlage in → Rn. 9 gelten entsprechend.

13 Abweichendes ergibt sich für den Fall, dass für die in der Sache zu erlassende Entscheidung die **Anwendung und Auslegung irrevisiblen Landesrechts** (→ § 137 Rn. 18) in Frage steht. Hier hat das Revisionsgericht nach pflichtgemäßem Ermessen zu entscheiden, ob nicht von der Möglichkeit der Zurückverweisung Gebrauch zu machen ist (vgl. auch § 563 IV ZPO). Dies wird mit Rücksicht darauf, dass zur Auslegung von Landesrecht in erster Linie die Tatsachengerichte berufen sind, häufig indiziert sein (vgl. B/F-K/vA § 144 Rn. 10, 12, 18; S/S-A/P § 144 Rn. 41; BVerwG NJW 2003, 1063; i. S. eines weiten Ermessens BVerwG NVwZ 1991, 570; BeckOK VwGO § 144 Rn. 24, 33, 39).

Eine abschließende Sachentscheidung durch das BVerwG scheidet aus, wenn gemäß § 144 III 2 der erst **im Revisionsverfahren Beigeladene** (§ 142 I 2) ein berechtigtes Interesse an der Zurückverweisung hat (→ § 142 Rn. 10). Dies ist der Fall, wenn der Beigeladene durchgreifende Verfahrensrügen erhebt oder sonst davon auszugehen ist, dass die ihm im Revisionsverfahren eingeräumten prozessualen Befugnisse nicht genügen, um ihm eine sachgerechte Wahrnehmung seiner rechtlichen Interessen zu ermöglichen (vgl. BeckOK VwGO § 144 Rn. 44; B/F-K/vA § 142 Rn. 7, § 144 Rn. 15). Ein berechtigtes Interesse i. S. v. § 144 III 2 kommt auch in Betracht, wenn die Alternative zur Zurückverweisung nicht eine Entscheidung nach § 144 III 1, sondern nach § 144 II ist (BeckOK VwGO § 144 Rn. 46 m. w. N.). 14

2. Zurückverweisung (III 1 Nr. 2, V)

Eine Zurückverweisung ist demgegenüber geboten, wenn der Sachverhalt noch **weiterer Aufklärung** bedarf (vgl. z.B. BVerwGE 28, 317; NKVwGO § 144 Rn. 46). Darüber hinaus ist eine Zurückverweisung regelmäßig sachgerecht, wenn die Rechtsverletzung auf einen **absoluten Revisionsgrund** zurückgeht (BeckOK VwGO § 144 Rn. 38.1; z.B. BVerwGE 102, 7). Ein Vorgehen nach § 144 III 1 Nr. 2 erscheint ferner sinnvoll, wenn die **Anwendung und Auslegung nichtrevisiblen Landesrechts** erforderlich ist (→ Rn. 13). 15

§ 144 III 1 Nr. 2 bestimmt nicht ausdrücklich, an welches Gericht die Sache zurückzuverweisen ist. Aus § 144 V lässt sich indes ableiten, dass die **Zurückverweisung i. d. R. an das Ausgangsgericht** erfolgt, also das OVG bzw. im Fall des § 135 das VG. Welcher Spruchkörper zuständig ist, bestimmt sich nach Maßgabe des Geschäftsverteilungsplans des Tatsachengerichts. Die an der angefochtenen Entscheidung beteiligten Richter sind von einer erneuten Mitwirkung nicht ausgeschlossen (BVerwG NJW 1975, 1241). Ausnahmsweise kann das BVerwG die Sache auch an einen anderen Senat oder eine andere Kammer der Vorinstanz zurückverweisen, wenn dies aus besonderen Gründen geboten ist (BVerwG NJW 1964, 1736; vgl. § 563 I 2 ZPO). Auch in diesem Fall erfolgt die konkrete Zuständigkeitszuordnung durch den Geschäftsverteilungsplan des Ausgangsgerichts (NKVwGO § 144 Rn. 56; S/S-A/P § 144 Rn. 104 f.; a.A. KS § 144 Rn. 9). Für die **Sprungrevision** sieht § 144 V 1 in Bezug auf eine zulässige und begründete Revision nach § 144 III 1 Nr. 2 vor, dass das BVerwG die Sache nach seinem Ermessen auch an das OVG zurückverweisen kann, das für die Berufung zuständig gewesen wäre. Für das Verfahren vor dem OVG gelten die gleichen Grundsätze, als wenn der Rechtsstreit im normalen Verfahrensgang beim OVG anhängig geworden wäre, § 144 V 2. 16

Durch die Zurückverweisung wird das **Verfahren** in der Lage **wieder eröffnet**, in der es sich zu der Zeit befand, als die Verhandlung vor dem Ergehen des angefochtenen Urteils geschlossen wurde (BVerwG NVwZ 2005, 336) bzw. – im Falle der Entscheidung ohne mündliche Verhandlung – als die angefochtene Entscheidung getroffen worden ist. Für das weitere Verfahren gelten die allgemeinen Grundsätze, die für die Tatsacheninstanz maßgeblich sind. Anders als die Regelung in § 130 II sieht § 144 III 1 Nr. 2 nicht vor, dass auch das vorinstanzliche Verfahren aufgehoben wird. Dementsprechend bleiben die in der Vorinstanz getroffenen **Vorentscheidungen** – vorbehaltlich des § 144 VI – wirksam (NKVwGO § 144 Rn. 59 f.). Dies gilt beispielsweise für die verwaltungsgerichtliche Einzelrichterübertragung (NKVwGO § 144 Rn. 51). Davon unberührt ist die Prüfung nach § 6 III, ob infolge der Zurückverweisung eine wesentliche Änderung der Prozesslage eingetreten ist, die eine Rückübertragung des Rechtsstreits auf die Kammer angezeigt erscheinen lässt. Eben- 17 falls wirksam bleiben **prozessuale Erklärungen**, es sei denn, ihnen kann kein über den Abschluss der Vorinstanz hinausreichender Erklärungsgehalt beigemessen werden (BeckOK VwGO § 144 Rn. 47 mit dem Verweis auf § 87a II, III, § 101 II).

IV. Bindungswirkung bei Zurückverweisung (VI)

18 Das Gericht, an das die Sache zurückverwiesen wird, hat seiner Entscheidung die rechtliche Beurteilung des BVerwG zugrunde zu legen, § 144 VI. Das Ziel der Vorschrift besteht darin, durch die **Bindung der Vorinstanz** die Wiederholung des im Zurückverweisungsurteil missbilligten Fehlers zu verhindern. Ein Hin- und Herschieben der Entscheidung zwischen Vorinstanz und Revisionsgericht soll vermieden werden (BVerwG Buchh 428 § 1 Abs. 8 VermG Nr. 40; Buchh 310 § 144 Nr. 71). § 144 VI gilt nur für das Verfahren, in dem die Zurückverweisung vorgenommen worden ist. Auf **Parallelverfahren** ist die Regelung auch dann nicht anwendbar, wenn der neue Rechtsstreit dieselben Fragen betrifft und von denselben Beteiligten geführt wird (BVerwG Buchh 428 § 1 Abs. 8 VermG Nr. 40).

19 Die Bindungswirkung erstreckt sich auf all diejenigen Gesichtspunkte des zurückverweisenden Revisionsurteils, die für die Aufhebung der angefochtenen Entscheidung tragend sind. Hierzu zählen neben den Ausführungen im Revisionsurteil, die die Verletzung von Bundesrecht dartun, auch diejenigen Entscheidungsgründe, die die Voraussetzungen des § 144 IV verneinen (BVerwG Buchh 310 § 144 Nr. 46). Die Bindungswirkung erfasst nicht nur die dem Zurückverweisungsurteil **unmittelbar zugrunde liegende rechtliche Würdigung**. Bindungswirkung entfalten auch die den unmittelbaren Zurückverweisungsgründen **vorausliegenden Erwägungen**, soweit diese notwendige Voraussetzung für die unmittelbaren Aufhebungsgründe waren (BVerwG Buchh 310 § 144 Nr. 71; BVerwGE 42, 243).

20 Hingegen verstößt das Tatsachengericht nicht schon deshalb gegen seine Bindung an die rechtliche Beurteilung des Revisionsgerichts, weil es sein zweites Urteil mit einer **gänzlich anderen Begründung** versieht als die aufgehobene Entscheidung (BVerwG Buchh 310 § 144 Nr. 13). Dasselbe gilt, wenn das Tatsachengericht eine in der aufgehobenen Entscheidung als maßgeblich erachtete Norm des irrevisiblen Landesrechts nicht mehr als entscheidungserheblich erachtet und nunmehr für die Entscheidung auf eine **andere landesrechtliche Vorschrift** abstellt (BVerwG Buchh 310 § 144 Nr. 42). Die Bindungswirkung knüpft an die eigene rechtliche Würdigung des Revisionsgerichts an. Dementsprechend unterliegt die Auslegung irrevisiblen Landesrechts nicht der Bindungswirkung zurückverweisender Entscheidungen, soweit sie das Revisionsgericht nach § 173 S. 1 i.V.m. § 560 ZPO zugrunde zu legen hat (BVerwG Buchh 310 § 144 Nr. 71).

21 Die **Bindungswirkung entfällt** ausnahmsweise, wenn sich die maßgebliche Sach- oder Rechtslage verändert hat. Dasselbe gilt, wenn in entscheidungserheblichen Rechtsfragen zwischenzeitlich anders lautende Rechtsprechung übergeordneter Gerichte (BVerwG, BVerfG, EuGH) vorliegt (B/F-K/vA § 144 Rn. 29; BeckOK VwGO § 144 Rn. 59 ff.).

22 Die Bindungswirkung erstreckt sich auch auf das Revisionsgericht, wenn dieselbe Streitsache in einem zweiten Rechtsgang zum BVerwG kommt (**Selbstbindung** oder **Rückbindung**). Dem liegt die Erwägung zugrunde, dass das im Anschluss an die Zurückverweisung ergehende Urteil in einem erneuten Revisionsverfahren grds. (bei unveränderten tatsächlichen und rechtlichen Verhältnissen) Bestand haben soll, soweit es auf die rechtliche Beurteilung des Revisionsgerichts in dem zurückverweisenden Urteil ankommt (BVerwG ZMR 2008, 581; BVerwGE 39, 212 m.w.N.).

Soweit unter bestimmten Voraussetzungen **Ausnahmen vom Grundsatz der** 23
Selbstbindung anzuerkennen sind, gehört dazu stets, dass nicht erneut eine Zurückverweisung erforderlich wird. Es müssen die Voraussetzungen für eine Entscheidung nach § 144 III 1 Nr. 1 gegeben sein (BVerwGE 39, 212). Das Revisionsgericht ist beispielsweise an seine in derselben Rechtssache in einem früheren Revisionsverfahren vertretene Rechtsauffassung zur Auslegung von Gemeinschaftsrecht nicht gebunden, wenn zu der Rechtsfrage mittlerweile eine **abweichende Rechtsprechung des EuGH** vorliegt (BVerwGE 87, 154). Die Bindungswirkung entfällt des Weiteren, wenn das BVerwG seine der **Zurückverweisung** zugrunde liegende Rechtsauffassung inzwischen im Rahmen eines anderen Rechtsstreits geändert hat (GemSOGB BVerwGE 41, 363). § 144 VI schließt es allerdings aus, eine Rechtsprechungsänderung bereits in demselben Rechtsstreit herbeizuführen, in dem zurückverwiesen worden ist (vgl. BVerwGE 54, 116; BeckOK VwGO § 144 Rn. 61 m.w.N. zum Streitstand; a.A. z.B. NKVwGO § 144 Rn. 80).

Rügt ein Beteiligter im Rahmen der **Nichtzulassungsbeschwerde**, das ange- 24
fochtene Urteil weiche von der nach § 144 VI maßgeblichen rechtlichen Beurteilung des Revisionsgerichts ab, handelt es sich nicht um den Zulassungsgrund der Divergenz nach § 132 II Nr. 2. Die Rüge führt vielmehr auf den Zulassungsgrund des **Verfahrensmangel**s nach § 132 II Nr. 3 (BVerwG NVwZ 1998, 631).

V. Begründung der Revisionsentscheidung (VII)

Die Revisionsentscheidung ist nach Maßgabe der allgemeinen Grundsätze zu be- 25
gründen (vgl. § 141 S. 1 i.V.m. § 125 I 1, § 122 II, § 117 II Nr. 5). Abweichend sieht § 144 VII 1 im Falle einer auf Verfahrensmängel gestützten Revision eine **Ausnahme von der Begründungspflicht** vor. Hält das BVerwG die Rügen nicht für durchgreifend, bedarf die Entscheidung über die Revision insoweit keiner Begründung. Dies gilt nach § 144 VII 2 nicht, wenn absolute Revisionsgründe i.S.v. § 138 geltend gemacht werden. Daneben findet § 144 VII 1, sofern mit der Revision ausschließlich Verfahrensmängel gerügt werden, keine Anwendung auf Rügen, auf denen die Revisionszulassung beruht. Ob das BVerwG von der Möglichkeit des § 144 VII 1 Gebrauch macht, liegt in seinem **Ermessen** (vgl. BVerwG NVwZ-RR 1989, 109 zu § 173 i.V.m. § 565a ZPO a.F.).

VI. Beendigung des Revisionsverfahrens auf sonstige Weise

Neben einer Rücknahme der Revision (→ § 140) entzieht auch eine **Klage- oder** 26
Berufungsrücknahme dem Revisionsverfahren seine Grundlage. Im Falle der wirksamen Klagerücknahme ist das Verfahren insgesamt nach §§ 92 III, 155 II einzustellen und sind die Vorentscheidungen für unwirksam zu erklären (§ 173 S. 1 i.V.m. § 269 III 1 ZPO). Wird die Berufung in der Revisionsinstanz wirksam zurückgenommen (§ 126 I), führt dies nicht zur Beendigung des Revisionsverfahrens, sondern macht die Revision unstatthaft (vgl. BVerwG NVwZ 1995, 372). In der abschließenden Entscheidung ist das Berufungsurteil für unwirksam zu erklären (§ 173 S. 1 i.V.m. § 269 III 1 ZPO analog) und i.Ü. die Revision zu verwerfen (§ 144 I) oder – im Falle einer verfahrensbeendenden Erklärung – das Revisionsverfahren einzustellen.

Erklären die Hauptbeteiligten den Rechtsstreit insgesamt übereinstimmend für **er-** 27
ledigt, ist das Verfahren analog § 92 III 1 einzustellen und nach § 161 II 1 über die gesamten Verfahrenskosten zu entscheiden; die Vorentscheidungen sind für unwirk-

sam zu erklären (§ 173 S. 1 i.V.m. § 269 III 1 ZPO analog). Erklären Revisionskläger und -beklagter allein das Revisionsverfahren für erledigt (vgl. BVerwG NVwZ 1995, 372), ist dieses einzustellen und über die Kosten des Revisionsverfahrens zu befinden; die angegriffene Entscheidung wird rechtskräftig.

§ 145 *(aufgehoben)*

§ 145 wurde mit Wirkung vom 1.1.1997 durch Art. 1 Nr. 29 des 6. VwGOÄndG vom 1.11.1996 (BGBl. I 1626) aufgehoben.

1 Die Vorschrift ist gemeinsam mit § 131 infolge der Einführung der allgemeinen Zulassungsberufung (§ 124 I) weggefallen.

14. Abschnitt. Beschwerde, Erinnerung, Anhörungsrüge

§ 146 [Statthaftigkeit der Beschwerde]

(1) Gegen die Entscheidungen des Verwaltungsgerichts, des Vorsitzenden oder des Berichterstatters, die nicht Urteile oder Gerichtsbescheide sind, steht den Beteiligten und den sonst von der Entscheidung Betroffenen die Beschwerde an das Oberverwaltungsgericht zu, soweit nicht in diesem Gesetz etwas anderes bestimmt ist.
(2) Prozeßleitende Verfügungen, Aufklärungsanordnungen, Beschlüsse über eine Vertagung oder die Bestimmung einer Frist, Beweisbeschlüsse, Beschlüsse über Ablehnung von Beweisanträgen, über Verbindung und Trennung von Verfahren und Ansprüchen und über die Ablehnung von Gerichtspersonen können nicht mit der Beschwerde angefochten werden.
(3) Außerdem ist vorbehaltlich einer gesetzlich vorgesehenen Beschwerde gegen die Nichtzulassung der Revision die Beschwerde nicht gegeben in Streitigkeiten über Kosten, Gebühren und Auslagen, wenn der Wert des Beschwerdegegenstands zweihundert Euro nicht übersteigt.
(4) [1]**Die Beschwerde gegen Beschlüsse des Verwaltungsgerichts in Verfahren des vorläufigen Rechtsschutzes (§§ 80, 80a und 123) ist innerhalb eines Monats nach Bekanntgabe der Entscheidung zu begründen.** [2]**Die Begründung ist, sofern sie nicht bereits mit der Beschwerde vorgelegt worden ist, bei dem Oberverwaltungsgericht einzureichen.** [3]**Sie muss einen bestimmten Antrag enthalten, die Gründe darlegen, aus denen die Entscheidung abzuändern oder aufzuheben ist, und sich mit der angefochtenen Entscheidung auseinander setzen.** [4]**Mangelt es an einem dieser Erfordernisse, ist die Beschwerde als unzulässig zu verwerfen.** [5]**Das Verwaltungsgericht legt die Beschwerde unverzüglich vor; § 148 Abs. 1 findet keine Anwendung.** [6]**Das Oberverwaltungsgericht prüft nur die dargelegten Gründe.**

Übersicht

	Rn.
I. Statthaftigkeit (I)	2
1. Grundsatz: Beschwerdefähigkeit	2
2. Ausnahmen	7

	3. Anschlussbeschwerde	9
	4. Untätigkeitsbeschwerde	10
II.	Beschwerdeausschluss (II)	12
III.	Beschwerde in Streitigkeiten über Kosten (III)	16
IV.	Vorläufiger Rechtsschutz (IV)	18
	1. Fristen (IV 1)	19
	2. Einlegungsort (IV 2)	22
	3. Anforderungen an die Beschwerdebegründung (IV 3)	23
	4. Entscheidung (IV 4 bis 6)	28
V.	Rücknahme und Erledigung der Beschwerde	31

§ 146 regelt in den Absätzen 1 bis 3 die Statthaftigkeit des Rechtsmittels der Beschwerde und enthält in Absatz 4 besondere Bestimmungen für die Beschwerde gegen Beschlüsse in Verfahren des vorläufigen Rechtsschutzes. Der Beschwerde kommt ein nur **eingeschränkter Suspensiveffekt** zu. Nach § 149 hat sie nur ausnahmsweise aufschiebende Wirkung. Vorbehaltlich des Abhilfeverfahrens kommt § 148 I kommt ihr auch **Devolutivwirkung** zu. Auf das Beschwerdeverfahren finden zahlreiche allgemeine Verfahrens- sowie Rechtsmittelvorschriften entsprechende Anwendung (z.B. Beiladung, Rücknahme, Erledigung, Anschließung, vgl. KS § 146 Rn. 1 f. mit weiteren Beispielen). Für eine **außerordentliche Beschwerde** ist nach Einführung der Anhörungsrüge kein Raum mehr (→ § 152a Rn. 2). **1**

I. Statthaftigkeit (I)

1. Grundsatz: Beschwerdefähigkeit

Gemäß § 146 I ist gegen alle **Entscheidungen des VG** (Spruchkörper wie Einzelrichter), des Vorsitzenden und des Berichterstatters, die nicht Urteile oder Gerichtsbescheide sind, die Beschwerde statthaftes Rechtsmittel, es sei denn, sie ist gesetzlich ausgeschlossen. § 152 erstreckt die Beschwerdemöglichkeit auch auf **bestimmte Entscheidungen des OVG**. Entscheidungen sind nur solche Handlungen des Gerichts, denen Regelungswirkung zukommt. Von vornherein nicht anfechtbar sind damit bloße **Auskunfts- oder Hinweisschreiben** (S/S-A/P § 146 Rn. 6). **2**

Hat das Gericht fehlerhaft durch Urteil anstelle durch Beschluss entschieden, kann der Beteiligte wahlweise das in der Rechtsmittelbelehrung angegebene oder das **sachlich zutreffende Rechtsmittel** einlegen; dasselbe gilt im umgekehrten Fall (S/S-A/P § 146 Rn. 4). Macht das Gericht von der Möglichkeit Gebrauch, statt durch Urteil in Beschlussform zu entscheiden, steht den Beteiligten das Rechtsmittel zu, das zulässig wäre, wenn das Gericht durch Urteil entschieden hätte (vgl. § 93a II 5; §§ 125 I 4, 130a S. 2). **3**

Beschwerdefähig sind z.B. (zu weiteren Beispielen vgl. S/S-A/P § 146 Rn. 7): die **Ablehnung der Beiladung** (HessVGH NVwZ-RR 2004, 704); die Berichtigung eines Urteils (§ 118) und deren Ablehnung; die Bestellung eines Prozesspflegers nach § 62 IV i.V.m. § 57 ZPO (RhPfOVG NVwZ-RR 1998, 693); die Zurückweisung eines Bevollmächtigten (RhPfOVG NVwZ-RR 2004, 703); der Beschluss über die Zulässigkeit und Unzulässigkeit des Rechtswegs (§ 17a IV 3 GVG); die **Ablehnung von PKH**; die Ablehnung der **Aussetzung des Verfahrens** nach § 94 (BWVGH, Beschl. v. 12.2. 2004 – 11 S 46/04; BayVGH NVwZ-RR 2002, 156) sowie deren Anordnung (LSAOVG DÖV 2009, 299; HessVGH NVwZ-RR 2004, 390), sofern die Aussetzung nicht i.V.m. einer Vorlage an das BVerfG bzw. LVerfG gemäß Art. 100 GG oder an den EuGH gemäß Art. 267 AEUV erfolgt (BWVGH **4**

NVwZ-RR 2002, 236; KS § 94 Rn. 9b, § 146 Rn. 7; BeckOK VwGO § 146 Rn. 1); die Aussetzung des Verfahrens nach § 75 S. 3 (BVerwGE 42, 108); Entscheidungen bei der **Zwangsvollstreckung** (vgl. HessVGH NVwZ-RR 2009, 989; zur Abgrenzung von der Vollstreckungserinnerung siehe ThürOVG DÖV 2007, 305 m. w. N.); Entscheidungen über die Notwendigkeit der Hinzuziehung eines Bevollmächtigten im Vorverfahren (MVOVG, Beschl. v. 30. 9. 2009 – 2 O 84/09; NRWOVG NVwZ-RR 2006, 838 m. w. N.; a. A. KS § 158 Rn. 2 m. w. N.).

5 **Beschwerdebefugt** sind die Beteiligten des Verfahrens (§ 63) sowie sonst von der Entscheidung betroffene Dritte, wie Sachverständige, Zeugen oder Bevollmächtigte. Die Beschwerde des Beigeladenen wird allerdings unzulässig, wenn sich der Rechtsstreit durch Erklärungen der Hauptbeteiligten erledigt (BWVGH VBlBW 1991, 17). Keine Beschwerdebefugnis besteht für den zu Unrecht nicht Beigeladenen in Bezug auf die Sachentscheidung (BWVGH NVwZ 1986, 141; vgl. auch MVOVG NVwZ-RR 2006, 850); hingegen ist er beschwerdebefugt hinsichtlich des Beschlusses, mit dem sein Antrag auf Beiladung abgelehnt wurde (HessVGH NVwZ-RR 2004, 704; BWVGH NVwZ 1986, 141).

6 Nach den allgemeinen Grundsätzen für die Zulässigkeit eines Rechtsmittelverfahrens setzt die Beschwerde des Weiteren voraus, dass der Beschwerdeführer durch die angefochtene Entscheidung beschwert ist und ein **Rechtsschutzbedürfnis** besteht. Abweichendes gilt für den VoI, der Beschwerde einlegen kann, ohne beschwert zu sein (vgl. auch → § 133 Rn. 3, § 132 Rn. 6). Im Fall der richterlichen Durchsuchungsanordnung nach § 4 VereinsG besteht für den Betroffenen ein Rechtsschutzinteresse auch nach Erledigung der Maßnahme (BremOVG NVwZ-RR 2006, 692; NRWOVG NVwZ 2003, 113 m. w. N.; → Rn. 23). Eine Beschwerde, die allein mit dem Ziel eingelegt wird, den Rechtsstreit für erledigt zu erklären, ist hingegen grds. unzulässig (vgl. BWVGH, Beschl. v. 7.12. 2009 – 1 S 1342/09 zum vorläufigen Rechtsschutzverfahren, m. w. N. zum Streitstand; zur Erledigung „zwischen den Instanzen" siehe auch → § 124a Rn. 69; str., a. A. z. B. BWVGH NVwZ-RR 2003, 392; NRWOVG NVwZ-RR 2003, 701; für eine generelle Unzulässigkeit B/F-K/vA § 146 Rn. 37).

2. Ausnahmen

7 Neben § 146 II und III benennt die VwGO zahlreiche weitere Fälle, in denen die Beschwerde ausgeschlossen ist. Dazu gehören beispielsweise die **Einzelrichterübertragung** sowie die Rückübertragung auf die Kammer (§ 6 IV 1), die Anordnung der öffentlichen Bekanntmachung in Massenverfahren (§ 56a I 5), die **Beiladung** (§ 65 IV 3), Entscheidungen über die sachliche bzw. örtliche Zuständigkeit (§ 83 S. 2), die Verfahrenseinstellung bei Klagerücknahme (§ 92 III 2), die Anordnung der Durchführung eines Musterverfahrens und die zugehörige Aussetzungsentscheidung (§ 93a I 3), die Entscheidung über eine Berichtigung des Urteilstatbestands (§ 119 II 2), die **Nichtzulassung der Sprungrevision** (§ 134 II 3) und die Entscheidung über die erfolglose Anhörungsrüge (§ 152a IV 3).

8 Weitere Ausnahmen vom Grundsatz der Beschwerdefähigkeit ergeben sich durch entsprechend anwendbare Vorschriften aus der ZPO, z. B. für die Bewilligung von PKH (§ 166 i. V. m. § 127 II, III ZPO), für die Ablehnung, bestimmte Vorgänge in die Niederschrift über die mündliche Verhandlung aufzunehmen (§ 105 i. V. m. § 160 IV 3 ZPO), oder für einstweilige Anordnungen betreffend die Zwangsvollstreckung (§ 167 I 1 i. V. m. §§ 769 I, 707 II 2 ZPO; vgl. dazu ThP § 769 Rn. 18). Daneben gibt es verschiedene **spezialgesetzliche Regelungen,** die einen Ausschluss

Statthaftigkeit der Beschwerde § 146

der Beschwerde vorsehen, u. a. § 34 S. 1 WPflG, § 10 II 1 KDVG, § 75 S. 1 ZDG, § 37 II 1 VermG und § 339 I 1 LAG. Dazu gehört auch **§ 80 AsylVfG**, wonach Entscheidungen in Rechtsstreitigkeiten nach dem AsylVfG vorbehaltlich des § 133 I nicht mit der Beschwerde angefochten werden können. § 80 AsylVfG gilt für alle Rechtsstreitigkeiten asylrechtlicher Natur, einschließlich aller Nebenverfahren, z. B. vorläufigen Rechtsschutz, PKH oder Kosten betreffend (SächsOVG, Beschl. v. 9.7. 2009 – A 1 D 92/09; RhPfOVG AuAS 2009, 261; zur Abgrenzung des Anwendungsbereichs der Norm siehe S/S-A/P § 146 Rn. 16a; KS § 146 Rn. 24).

3. Anschlussbeschwerde

Statthaft ist auch eine Anschlussbeschwerde (HmbOVG NVwZ 2007, 604). Auf sie finden § 173 S. 1 i. V. m. § 567 III ZPO sowie (mit Einschränkungen) § 127 entsprechende Anwendung. Die Anschlussbeschwerde ist **unselbstständig**: Sie setzt die vorherige Einlegung einer (Haupt-)Beschwerde voraus und verliert ihre Wirkung, wenn die (Haupt-)Beschwerde zurückgenommen oder verworfen wird (§ 567 III 2 ZPO). Bis zur Vorlage der (Haupt-)Beschwerde beim Beschwerdegericht kann die Anschlussbeschwerde entsprechend § 147 I 1, II beim Ausgangsgericht oder beim Beschwerdegericht eingelegt werden, nach der Vorlage ist sie entsprechend § 127 I 2 zwingend beim Beschwerdegericht einzureichen (S/S-A/P § 146 Rn. 18c; abweichend B/F-K/vA § 127 Rn. 47: stets beim Beschwerdegericht; KS § 146 Rn. 46: beim Beschwerdegericht erst nach Nichtabhilfe). Ist ein Abhilfeverfahren ausgeschlossen, ist die Anschlussbeschwerde stets beim Beschwerdegericht einzulegen. Die Anschließung ist **nicht fristgebunden**; § 127 II 2 ist nicht entsprechend anwendbar (→ § 147 Rn. 9; a. A. B/F-K/vA § 127 Rn. 49 für die Beschwerde nach § 146 IV). Das mit der Anschlussbeschwerde verfolgte Begehren muss über eine Abweisung der Beschwerde hinausreichen. I. Ü. gelten die für die Beschwerde maßgeblichen Grundsätze entsprechend (vgl. zum Ganzen S/S-A/P § 146 Rn. 18a ff.; KS § 146 Rn. 46).

4. Untätigkeitsbeschwerde

Nach dem Wortlaut des § 146 I setzt die Statthaftigkeit einer Beschwerde das Vorliegen einer förmlichen Entscheidung voraus. Danach ist gegen eine Nichtentscheidung eine Beschwerdemöglichkeit **nicht vorgesehen**. Die Zulässigkeit einer Untätigkeitsbeschwerde analog § 146 I ist daher allenfalls in Betracht zu ziehen, wenn die Untätigkeit des Gerichts einer Rechtsschutzverweigerung gleichkommt, die einen Verstoß gegen die Rechtsweggarantie des Art. 19 IV GG, Art. 6 I EMRK begründet (BayVGH, Beschl. v. 4. 2. 2010 – 3 C 09.3147; NRWOVG NJW 2009, 2615, jeweils m. w. N.; bejahend BeckOK VwGO § 146 Rn. 4; B/F-K/vA § 146 Rn. 9; für den Fall einer unzumutbaren Verzögerung einer Entscheidung über ein PKH-Gesuch: BayVGH, Beschl. v. 11.12. 2007 – 14 C 07.2924; KS § 146 Rn. 7, 22, § 166 Rn. 19 m. w. N.; bei einer unzumutbaren Verzögerung in vorläufigen Rechtsschutzverfahren: KS § 146 Rn. 32).

Für eine Untätigkeitsbeschwerde gegen eine **Untätigkeit des OVG** oder des BVerwG ist kein Raum. Eine Analogie zu § 146 scheidet von vornherein aus, weil auch gegen Entscheidungen des OVG (vorbehaltlich des § 152) und des BVerwG eine Beschwerdemöglichkeit nicht vorgesehen ist. Eine **Untätigkeitsrüge** analog § 152a dürfte im Hinblick darauf, dass die Regelung ausdrücklich auf die Rüge einer Gehörsverletzung beschränkt ist, ebenfalls ausgeschlossen sein (S/S-A/P § 152a Rn. 40; a. A. KS § 146 Rn. 22, 32, § 152a Rn. 25 f.).

II. Beschwerdeausschluss (II)

12 Der in § 146 II geregelte Beschwerdeausschluss betrifft Maßnahmen, die auf eine Verfahrensförderung und -gestaltung gerichtet sind. **Prozessleitende Verfügungen** sind richterliche Entscheidungen, die sich allein auf den äußeren, förmlichen Fortgang des Verfahrens beziehen (NRWOVG NWVBl. 2009, 224). Sie haben einen gesetzmäßigen und zweckfördernden Verlauf des Verfahrens, namentlich eine erschöpfende und zügige Verhandlung zum Ziel (RhPfOVG NVwZ-RR 1998, 693). Zu den prozessleitenden Maßnahmen gehören neben den in § 146 II ausdrücklich benannten Entscheidungen u. a. Aufforderungen zur Ergänzung der Klage (§ 82 II 1, 2), zur Klageerwiderung (§ 85 S. 2) und zur Einreichung vorbereitender Schriftsätze (§ 86 IV 2); Hinweise des Vorsitzenden nach § 86 III; Anordnungen zur Sachverhaltsklärung und Entscheidungsvorbereitung nach §§ 87 I, 87b I, II; die Aufforderung, das Verfahren zu betreiben (§ 92 II); die Anordnung des Erscheinens (§ 95 I 1, III); richterliche Verfügungen zur Akteneinsicht und -übersendung nach § 100 I, II (RhPfOVG NVwZ-RR 2002, 612 m. w. N.; vgl. aber für Entscheidungen durch den Urkundsbeamten BayVGH NVwZ-RR 1998, 686); Ablehnung des Antrags, bestimmte Verwaltungsvorgänge oder sonstige Akten beizuziehen (B/F-K/vA § 146 Rn. 10); Anhörungsmitteilungen (z. B. §§ 84 I 2, 93a I 2).

13 Neben der **Vertagung** und deren Ablehnung sind auch die **Terminsbestimmung** und deren Aufhebung sowie die Terminsverlegung nicht selbstständig anfechtbar (vgl. auch § 173 S. 1 i. V. m. § 227 IV 3). Ebenso wenig beschwerdefähig sind **Fristbestimmungen** und Entscheidungen über Fristverlängerungsanträge (vgl. auch § 225 III ZPO; S/S-A/P § 146 Rn. 10). Der mit dem 6. VwGOÄndG eingeführte generelle Beschwerdeausschluss für Entscheidungen über die **Ablehnung von Gerichtspersonen** gilt nicht für den Beschluss, mit dem der Antrag auf Ablehnung eines Sachverständigen abgelehnt wird (§ 98 i. V. m. § 406 V ZPO; BayVGH NJW 2004, 90; BWVGH NVwZ-RR 1998, 689). Nicht anfechtbar sind des Weiteren **Beweisbeschlüsse** und deren Aufhebung sowie die Ablehnung von Beweisanträgen (siehe aber § 98 i. V. m. § 490 II 2 ZPO, wonach im Rahmen des selbstständigen Beweissicherungsverfahrens nur der stattgebende Beschluss nicht beschwerdefähig ist). Schließlich sind nach § 146 II auch Entscheidungen über die **Verbindung und Trennung** von Verfahren und Ansprüchen nach § 93 nicht beschwerdefähig.

14 Keine prozessleitenden Verfügungen i. S. v. § 146 II sind Zwischenentscheidungen im Verfahren des vorläufigen Rechtsschutzes (sog. **Hängebeschlüsse**). Bei der Zwischenentscheidung handelt es sich nicht lediglich um eine Anordnung zum förmlichen Fortgang des Verfahrens. Ihr kommt vielmehr auch eine materiellrechtliche Wirkung zu, weil das Gericht für einen befristeten Zeitraum eine Entscheidung über das Rechtsschutzbegehren trifft (NRWOVG NWVBl. 2009, 224; BlnBbgOVG NVwZ-RR 2007, 719, jeweils m. w. N. zum Streitstand).

15 Vom Beschwerdeausschluss unberührt bleibt die Befugnis der Beteiligten, prozessleitende Verfügungen im Rahmen des Rechtsmittels gegen die gerichtliche Entscheidung in der Sache zum **Gegenstand einer Verfahrensrüge** (vgl. § 124 II Nr. 5, § 124a III 4, VI, § 132 II Nr. 3, § 139 III 4) zu machen. Beispielsweise können eine kurz bemessene Äußerungsfristen, die zu Unrecht abgelehnte Vertagung oder eine Verkürzung des Akteneinsichtsrechts eine Gehörsverletzung begründen.

III. Beschwerde in Streitigkeiten über Kosten (III)

Streitigkeiten über Kosten, Gebühren und Auslagen i.S.v. § 146 III sind solche, die im Zusammenhang mit dem gerichtlichen Verfahren entstanden sind. Beschwerdefähig sind danach z.B. die **Festsetzung der Gerichtskosten**, der Gebühren und Auslagen des Prozessbevollmächtigten, der außergerichtlichen Kosten der Beteiligten sowie die Festsetzung der Entschädigung von Zeugen und Sachverständigen (S/S-A/P § 146 Rn. 12). Zum Teil bestehen Sonderregeln in den kostenrechtlichen Gesetzen, vgl. u.a. §§ 66, 68 GKG, §§ 33, 56 RVG. § 146 III bezieht sich hingegen nicht auf die Kostenentscheidung nach § 161 I. Deren Anfechtbarkeit ist in § 158 geregelt. Der Vorbehalt für die Nichtzulassungsbeschwerde meint Hauptsacheverfahren, in denen über Kosten, Gebühren oder Auslagen gestritten wird. 16

Die Beschwerde ist nur statthaft, wenn sich der Wert des Beschwerdegegenstands auf mehr als 200 € beläuft. Der **Beschwerdewert** ist die Differenz zwischen dem Betrag, den dem Beschwerdeführer in der Vorinstanz zugesprochen bzw. auferlegt worden ist, und dem Betrag, den er mit der Beschwerde erstrebt (KS § 146 Rn. 18). Für die Wertberechnung gelten § 173 S. 1 i.V.m. §§ 3 ff. ZPO. Hilft das VG der Beschwerde teilweise ab, richtet sich der Beschwerdewert nach dem streitigen Restbetrag (S/S-A/P § 146 Rn. 12; B/F-K/vA § 146 Rn. 15, jeweils m.w.N.). 17

IV. Vorläufiger Rechtsschutz (IV)

Die auf das RmBereinVpG (BGBl. 2001 I 3987) zurückgehende Bestimmung hat das durch das 6. VwGOÄndG eingeführte Zulassungsverfahren ersetzt. § 146 IV stellt für die Beschwerde gegen Beschlüsse in Verfahren des vorläufigen Rechtsschutzes **besondere Begründungsanforderungen** auf. Soweit § 146 IV keine gesonderte Regelung trifft, gelten die allgemeinen Vorschriften über die Beschwerde. § 146 IV findet auf **alle Beschlüsse des VG nach §§ 80, 80a sowie § 123** Anwendung. Erfasst werden sowohl stattgebende als auch ablehnende Entscheidungen, die Vorsitzendenentscheidung gemäß § 80 VIII ebenso wie Zwischenentscheidungen (→ Rn. 14). Nicht beschwerdefähig ist aber ein Beschluss nach **§ 80 VII 1**, mit dem das VG eine Abänderung oder Aufhebung von Amts wegen abgelehnt hat (BWVGH NVwZ-RR 2002, 908; BeckOK VwGO § 146 Rn. 9; B/F-K/vA § 80 Rn. 139, § 146 Rn. 17; a.A. S/S-A/P § 146 Rn. 13). 18

1. Fristen (IV 1)

Für die **Einlegungsfrist** enthält § 146 IV keine besondere Bestimmung, sodass die Beschwerde gemäß § 147 I 1 innerhalb von **zwei Wochen** nach Bekanntgabe der (vollständigen) Entscheidung schriftlich einzulegen ist (→ § 147 Rn. 9). Eine Einlegung zur Niederschrift des Urkundsbeamten scheidet wegen des **Vertretungszwang**s aus (§§ 67 IV 1, 2, 147 I 2). Wird der Beschluss des VG innerhalb der Beschwerdefrist ergänzt, so beginnt der Fristlauf von neuem, vgl. § 173 S. 1 i.V.m. § 518 S. 1 ZPO analog (B/F-K/vA § 146 Rn. 19). Wird der Beschluss nachträglich geändert, läuft die Beschwerdefrist nur in Bezug auf die Änderungsentscheidung neu (LSAOVG NVwZ-RR 2008, 737). 19

Die **Begründungsfrist** beträgt nach § 146 IV 1 **einen Monat** nach Bekanntgabe der – vollständigen (vgl. KS § 146 Rn. 38; BeckOK VwGO § 146 Rn. 11; S/S-A/P § 146 Rn. 13a) – Entscheidung. Sie ist wie die Einlegungsfrist nicht verlängerbar, § 57 II i.V.m. § 224 II ZPO. Der Lauf der Monatsfrist setzt voraus, dass über sie in 20 der Rechtsmittelbelehrung gesondert belehrt worden ist (SächsOVG NVwZ-RR 2003, 693; KS § 146 Rn. 38; a. A. S/S-A/P § 146 Rn. 13a); anderenfalls gilt die Jahresfrist nach § 58 II. Auch für die Einreichung der Begründung besteht gemäß § 67 IV 1 **Vertretungszwang**. Beschwerdegründe, die erst nach Fristablauf vorgetragen werden, sind grds. nicht berücksichtigungsfähig, es sei denn, es handelt sich um eine bloße Vertiefung und/oder Ergänzung des bisherigen, fristgemäßen Vorbringens (BWVGH NVwZ-RR 2006, 849).

21 Ein isolierter **PKH-Antrag** muss ordnungsgemäß innerhalb der Einlegungsfrist gestellt sein. Nach der Bewilligung von PKH stehen dem Bevollmächtigten eine Frist von zwei Wochen zur Einlegung der Beschwerde (§ 60 II 1 Hs. 1 i.V.m. S. 3) und eine Frist von einem Monat zur Beschwerdebegründung zur Verfügung (§ 60 II 1 Hs. 2 i.V.m. S. 3).

2. Einlegungsort (IV 2)

22 Die Beschwerde kann beim VG (§ 147 I 1) oder beim OVG (§ 147 II) eingelegt werden. Die Begründung ist hingegen, sofern sie nicht bereits mit der Beschwerde vorgelegt worden ist, **zwingend beim OVG** einzureichen, § 146 IV 2. Der Eingang der separaten Beschwerdebegründung beim VG wahrt die Begründungsfrist nicht (NRW-OVG NVwZ-RR 2003, 688). Das VG ist allerdings gehalten, die Begründung im regulären Geschäftsgang an das OVG weiterzuleiten. Geht sie dort innerhalb der Monatsfrist ein, ist die Frist eingehalten. Im Falle eines isolierten **PKH-Antrag**s kann dieser entsprechend § 147 I 1, II beim VG oder beim OVG eingereicht werden (a. A. B/F-K/vA § 146 Rn. 25; BWVGH VBlBW 2002, 444: beim OVG; HessVGH NVwZ-RR 2003, 390: beim VG). Ist PKH bewilligt worden, bestimmt sich der Einlegungsort von Beschwerde und Beschwerdebegründung nach Maßgabe von § 147 I 1, II und § 146 IV 2.

3. Anforderungen an die Beschwerdebegründung (IV 3)

23 Für die Beschwerde nach § 146 IV gelten zunächst die allgemeinen Formerfordernisse (→ § 147 Rn. 5 ff.). Darüber hinaus muss die Beschwerdebegründung nach § 146 IV 3 einen bestimmten Antrag enthalten, die Gründe darlegen, aus denen die angefochtene Entscheidung abzuändern oder aufzuheben ist, und sich mit der Entscheidung auseinander setzen. Das **Antragserfordernis** bezweckt, dass der Beschwerdeführer gegenüber dem OVG eindeutig bestimmt, inwieweit er die Aufhebung bzw. Änderung des erstinstanzlichen Beschlusses begehrt. Dementsprechend ist das Fehlen eines ausdrücklich formulierten Antrags ausnahmsweise unschädlich, wenn sich das Rechtsschutzziel aus der Beschwerdebegründung gleichwohl klar ergibt (BWVGH NVwZ-RR 2008, 841; B/F-K/vA § 146 Rn. 28, jeweils m.w.N.). Eine Antragsänderung dürfte regelmäßig wegen der Eilbedürftigkeit des Verfahrens und dem Ziel der Verfahrensbeschleunigung nicht in Betracht kommen (vgl. BeckOK VwGO § 146 Rn. 8; B/F-K/vA § 146 Rn. 17, jeweils m.w.N.). Eine Ausnahme gilt z.B. für den Übergang zu einem Feststellungsantrag nach Erledigung einer Durchsuchungsmaßnahme i.S.v. § 4 VereinsG (→ Rn. 6).

24 Das **Darlegungserfordernis** verlangt von dem Beschwerdeführer, konkret zu erläutern, aus welchen Gründen der angegriffene Beschluss fehlerhaft und daher abzuändern oder aufzuheben ist (BayVGH NVwZ 2003, 632; BWVGH NVwZ 2002, 883). Die Beschwerdebegründung hat sich mit der Argumentation des VG auseinander zu setzen. Es genügt daher nicht, auf das erstinstanzliche Vorbringen pauschal Bezug zu nehmen oder dieses lediglich zu wiederholen, ohne auf die (tragenden) Erwä-

gungen des VG einzugehen (BWVGH NVwZ-RR 2006, 74; SächsOVG NVwZ-RR 2003, 693). Zulässig ist aber eine **Bezugnahme** auf Schriftsätze, die ihrerseits dem Darlegungserfordernis gerecht werden und sich bei den Gerichtsakten befinden (BayVGH BayVBl. 2007, 241).

Bei der Bestimmung der inhaltlichen Voraussetzungen, die die Beschwerdebegründung erfüllen muss, ist das in **Art. 19 IV 1 GG** verankerte Recht auf effektiven Rechtsschutz zu wahren. Das OVG darf das Rechtsmittel der Beschwerde nicht durch überspannte Anforderungen für den Beschwerdeführer leer laufen lassen. Für die Frage, was an Darlegungsanforderungen innerhalb der Monatsfrist des § 146 IV 1 zumutbar ist, kommt es auf die Umstände des jeweiligen Verfahrens an. Beispielsweise kann die Substanziierungspflicht nicht weiter gehen, als sie von dem Beschwerdeführer nach dem jeweiligen Kenntnisstand erfüllt werden kann (BVerfG NVwZ 2004, 1112; DVBl. 1995, 35). Ferner gilt, dass das Darlegungserfordernis umso geringer ist, je eilbedürftiger das Verfahren ist und je knapper die Begründung des VG ausgefallen ist (vgl. BayVGH NVwZ 2003, 118). 25

Ist die Entscheidung des VG auf mehrere, jeweils **selbstständig tragende Begründungen** gestützt, muss der Beschwerdeführer alle Begründungselemente angreifen (NRWOVG NVwZ-RR 2004, 706). Auf Erwägungen, die den Beschluss nicht tragen, braucht er hingegen im Regelfall nicht weiter einzugehen. Abweichendes gilt, wenn sich dem Beschwerdeführer aufdrängen muss, dass vom VG nicht angesprochene oder offen gelassene Gesichtspunkte für den Erfolg seines Beschwerdebegehrens erheblich sind (vgl. B/F-K/vA § 146 Rn. 29.1). Z.B. muss die Beschwerdebegründung in dem Fall, dass das VG einen Antrag als unzulässig abgelehnt hat, neben der Zulässigkeit auch die Begründetheit des Antrags darlegen (LSA-OVG NVwZ-RR 2008, 748; vgl. auch BayVGH, Beschl. v. 8.8. 2006 – 11 CE 05.2152). 26

Die Beschwerde kann auch auf eine Veränderung der Sach- oder Rechtslage gestützt werden, die nach Ergehen des angefochtenen Beschlusses eingetreten ist (NRWOVG BauR 2007, 861; KS § 146 Rn. 42; S/S-A/P § 146 Rn. 13c). Berücksichtigungsfähig sind aber grds. nur **neue Umstände**, die innerhalb der Begründungsfrist vorgetragen worden sind (B/F-K/vA § 146 Rn. 36; NRWOVG, Beschl. v. 26.3. 2004 – 21 B 2399/03; BbgOVG NVwZ-RR 2003, 694). Davon unberührt bleibt die Möglichkeit, ein Abänderungsverfahren nach § 80 VII durchzuführen (KS § 146 Rn. 42; B/F-K/vA § 146 Rn. 32). 27

4. Entscheidung (IV 4 bis 6)

Wird die Beschwerde beim VG eingelegt (§ 147 I 1), hat das VG sie unverzüglich dem OVG vorzulegen, § 146 IV 5 Hs. 1. Ein **Abhilfeverfahren** ist gemäß § 146 IV 5 Hs. 2, der § 148 I ausdrücklich für nicht anwendbar erklärt, ausgeschlossen. Davon unberührt bleibt die Möglichkeit des VG, den angefochtenen Beschluss nach § 80 VII 1 von Amts wegen zu ändern oder aufzuheben. Die Beschwerde gegen einen Beschluss, mit dem die Bewilligung von PKH für ein Verfahren des vorläufigen Rechtsschutzes abgelehnt worden ist, unterfällt § 146 IV nicht. Insoweit ist daher ein Abhilfeverfahren durchzuführen (BeckOK VwGO § 146 Rn. 16; S/S-A/P § 146 Rn. 13e). Wird die PKH-Beschwerde gemeinsam mit der Beschwerde gegen die zugehörige Entscheidung im vorläufigen Rechtsschutzverfahren beim OVG eingelegt, ist die PKH-Beschwerde zunächst dem VG zwecks Entscheidung über eine Abhilfe zuzuleiten. 28

Das OVG entscheidet über die Beschwerde durch begründeten Beschluss (→ § 150 Rn. 4). Ggf. kann analog § 130 II eine Zurückverweisung an das VG in Betracht 29 kommen (vgl. z. B. HessVGH NVwZ-RR 2007, 824; BWVGH NVwZ-RR 2003, 532; KS § 130 Rn. 3 m. w. N.; siehe auch BVerwG NVwZ-RR 1989, 506). Genügt die Beschwerde den in § 146 IV 1 bis 3 genannten Anforderungen nicht, hat das OVG sie gemäß § 146 IV 4 **als unzulässig zu verwerfen**. Das Gleiche gilt für den Fall, dass die Beschwerde an sonstigen Zulässigkeitsmängeln leidet (§ 173 S. 1 i. V. m. § 572 II 2 ZPO). Dem Beschwerdeführer ist nach den allgemeinen Grundsätzen rechtliches Gehör zu gewähren. Ungeachtet einer rechtlichen Pflicht ist eine Gelegenheit zur Stellungnahme in jedem Fall zweckmäßig.

30 Gemäß § 146 IV 6 ist der **Prüfungsumfang** hinsichtlich der Begründetheit **beschränkt**. Das OVG prüft allein die innerhalb der Monatsfrist dargelegten Gründe. Führen diese nicht zur Begründetheit der Beschwerde, ist sie zurückzuweisen. Im Interesse der Gewährung effektiven Rechtsschutzes und im Interesse einer materiell richtigen Entscheidung sind allerdings eng umgrenzte **Ausnahmen** anzuerkennen (im Einzelnen str.). So darf das OVG nach Fristablauf vorgebrachte Gründe gleichwohl berücksichtigen, wenn sie auf einer erst nachträglich eingetretenen Veränderung der Sach- oder Rechtslage beruhen und die neuen Umstände offensichtlich sind (vgl. z. B. SächsOVG SächsVBl. 2007, 167; BWVGH NVwZ-RR 2006, 395; BayVGH NVwZ-RR 2003, 154). Des Weiteren ist das OVG für den Fall, dass die angefochtene Entscheidung aus anderen als den dargelegten Gründen **offensichtlich rechtswidrig** ist, nicht gehindert, der Beschwerde stattzugeben (HessVGH NVwZ-RR 2006, 846; vgl. auch BayVGH NVwZ 2003, 118). Umgekehrt dürfte eine Aufhebung oder Änderung des angegriffenen Beschlusses nicht in Betracht kommen, wenn das OVG die Argumentation des VG aus den vom Beschwerdeführer dargelegten Gründen zwar für fehlerhaft erachtet, die Entscheidung jedoch aus anderen Gründen **im Ergebnis ersichtlich richtig** ist (vgl. BWVGH NVwZ-RR 2006, 75 m. w. N.; HessVGH NVwZ-RR 2006, 832; BayVGH NVwZ 2004, 251; ThürOVG NVwZ-RR 2004, 624; NRWVGH BauR 2007, 861; NWVBl. 2004, 60; siehe zum Ganzen KS § 146 Rn. 43; S/S-A/P § 146 Rn. 13f ff.; B/F-K/vA § 146 Rn. 34 ff., jeweils m. w. N. zum Streitstand). Beabsichtigt das OVG, seine Entscheidung auf andere als die dargelegten oder sonst im Beschwerdeverfahren angesprochenen Gründe zu stützen, ist den Beteiligten zuvor rechtliches Gehör zu gewähren.

V. Rücknahme und Erledigung der Beschwerde

31 Die Beschwerde kann bis zur Entscheidung des OVG entsprechend § 126 I 1 zurückgenommen werden, ohne dass es der Zustimmung anderer Beteiligter bedarf. Das OVG entscheidet durch Beschluss über die Kosten (§ 126 III 2 analog, § 155 II). Eine klarstellende Einstellung des Beschwerdeverfahrens (§ 92 III 1 analog) ist zweckmäßig. Wird der zugrunde liegende Eilantrag zurückgenommen, ist das Verfahren analog § 92 III 1 einzustellen, der **erstinstanzliche Beschluss** aufgrund § 173 S. 1 i. V. m. § 269 III 1 ZPO für **wirkungslos** zu erklären und über die Kosten des gesamten Verfahrens zu entscheiden. Erklären die Hauptbeteiligten das Beschwerdeverfahren für erledigt, entscheidet das OVG entsprechend § 161 II 1 über die Kosten des zweitinstanzlichen Verfahrens. Auch hier ist ein klarstellender Ausspruch über die Verfahrenseinstellung sinnvoll. Wird der Rechtsstreit insgesamt für erledigt erklärt, ist neben der Kostenentscheidung nach § 161 II 1 und der Verfahrenseinstellung die Entscheidung des VG für unwirksam zu erklären (zur Erledigung „zwischen den Instanzen" → Rn. 6). § 87a I Nr. 2, 3, 5, III gelten entsprechend.

§ 147 [Form; Frist]

(1) ¹Die Beschwerde ist bei dem Gericht, dessen Entscheidung angefochten wird, schriftlich oder zur Niederschrift des Urkundsbeamten der Geschäftsstelle innerhalb von zwei Wochen nach Bekanntgabe der Entscheidung einzulegen. ²§ 67 Abs. 4 bleibt unberührt.
(2) Die Beschwerdefrist ist auch gewahrt, wenn die Beschwerde innerhalb der Frist bei dem Beschwerdegericht eingeht.

I. Anwendungsbereich

§ 147 findet auf **alle Beschwerden** i.S.v. § 146 sowie auf die Beschwerde nach 1 § 17a IV 3 GVG Anwendung; ferner auf Beschwerden gegen Entscheidungen des OVG nach § 152. **Spezielle Vorschriften** gelten allerdings für die Beschwerde gegen Entscheidungen des VG im Verfahren des vorläufigen Rechtsschutzes (§ 146 IV) sowie für die Nichtzulassungsbeschwerde nach § 133.

Vorrangige **Sonderregeln** bestehen auch für die Beschwerden im Bereich des 2 Kostenrechts (vgl. z.B. §§ 66, 68 GKG; §§ 33, 56 RVG; § 4 JVEG). Umstritten ist, ob für die Beschwerde gegen ein Ordnungsmittel (§ 55 i.V.m. §§ 169 ff. GVG) die Fristbestimmung in § 181 GVG (eine Woche) vorgeht (vgl. NKVwGO § 147 Rn. 16 m.w.N. zum Streitstand). Die Fristregelung für die PKH-Beschwerde nach § 127 II ZPO findet keine Anwendung (NRWOVG NVwZ-RR 2004, 544; NKVwGO § 147 Rn. 15 m.w.N.).

II. Einlegung der Beschwerde

Nach § 147 I 1 ist die Beschwerde **grds.** bei dem Gericht einzulegen, dessen Ent- 3 scheidung angefochten wird **(iudex a quo)**. § 147 II erlaubt eine fristwahrende Beschwerdeeinlegung auch beim Beschwerdegericht. Davon ausgenommen ist die Nichtzulassungsbeschwerde, die zwingend beim Ausgangsgericht einzureichen ist (§ 133 II 1). Beschwerdegericht ist regelmäßig das OVG (§ 46 Nr. 2), ausnahmsweise auch das BVerwG (→ §§ 49 Nr. 3, 152).

Soweit § 148 I Anwendung findet, ist im Fall des § 147 II die Beschwerde zunächst 4 an das VG zu übermitteln, um das Abhilfeverfahren durchzuführen (→ § 148 Rn. 1). Dies gilt auch bei unzulässigen Beschwerden, weil eine Abhilfe gleichwohl in Betracht kommen kann (vgl. → § 148 Rn. 3).

III. Form

Gemäß § 147 I 1 ist die Beschwerde schriftlich oder zur Niederschrift des Urkunds- 5 beamten der Geschäftsstelle einzulegen. Bei schriftlicher Einlegung ist die Beschwerdeschrift nach den allgemeinen Grundsätzen für bestimmende Schriftsätze grds. **eigenhändig zu unterschreiben** (vgl. → § 81 Rn. 3). Eine fehlende Unterschrift ist ausnahmsweise unschädlich, wenn sich die Identität des Beschwerdeführers und dessen Wille zur Beschwerdeeinlegung ohne weitere Ermittlungen aus den sonstigen Umständen eindeutig ergeben (vgl. NKVwGO § 147 Rn. 4 m.w.N.). Hinsichtlich des Schriftformerfordernisses gelten die für die Klageerhebung entwickelten Maßgaben zur Verwendung moderner Kommunikationsmittel (z.B. Telefax, Computerfax; → § 81 Rn. 6) entsprechend.

6 **Inhaltliche Vorgaben** für die Beschwerdeschrift macht § 147 nicht. Die Beschwerde muss aber erkennen lassen, welche Entscheidung angefochten wird und in welchem Umfang (BWVGH NVwZ-RR 1995, 126); eines ausdrücklichen Antrags bedarf es unter diesen Voraussetzungen nicht (S/S-A/P § 147 Rn. 5; NKVwGO § 147 Rn. 12). Bei Unklarheiten hat das Gericht auf eine Präzisierung hinzuwirken. Eine Begründung ist nicht zwingend, jedoch zweckmäßig (KS § 147 Rn. 2; BeckOK VwGO § 147 Rn. 3).

7 Die Einlegung der Beschwerde unterliegt wie das Beschwerdeverfahren i.Ü. gemäß §§ 147 I 2, 67 IV 1, 2 **grds.** dem **Vertretungszwang**. Dies gilt auch für die Beschwerdeeinlegung beim VG. Beschwerden von Zeugen, Sachverständigen oder ehrenamtlichen Richtern gegen Ordnungsmittel unterliegen ebenfalls dem Vertretungserfordernis, weil sie Beteiligte i.S.v. § 67 IV sind (vgl. KS § 67 Rn. 33; NKVwGO § 147 Rn. 8; bereits zu § 67 I 1 a.F. S/S-A/P § 147 Rn. 4 m.w.N. auch zur Gegenansicht).

8 Zur **Niederschrift** des Urkundsbeamten der Geschäftsstelle kann die Beschwerde wegen § 147 I 2 nur eingelegt werden, soweit kein Vertretungszwang besteht. Dies betrifft insbesondere die PKH-Beschwerde (vgl. § 67 IV 1). In der mündlichen Verhandlung kann die Beschwerde auch zu Protokoll erklärt werden (S/S-A/P § 147 Rn. 4; KS § 147 Rn. 2).

IV. Frist

9 Die Beschwerdefrist beträgt nach § 147 I 1 zwei Wochen und wird gemäß § 147 II auch gewahrt, wenn die Beschwerde innerhalb dieser Frist beim Beschwerdegericht eingeht. Für die Fristberechnung gilt § 57 II i.V.m. § 222 ZPO. Die Beschwerdefrist ist **nicht verlängerbar**, § 57 II i.V.m. § 224 II ZPO; unter den Voraussetzungen des § 60 VwGO ist aber Wiedereinsetzung in die versäumte Frist zu gewähren. Die 2-Wochen-Frist beginnt mit der Bekanntgabe – Zustellung bzw. Verkündung, §§ 56 I, 57 I – der angefochtenen Entscheidung, sofern eine **ordnungsgemäße Rechtsmittelbelehrung** erfolgt ist, § 58 I. Anderenfalls gilt nach Maßgabe von § 58 II die Jahresfrist. Die Frist wird erst durch Bekanntgabe der vollständigen Entscheidung in Lauf gesetzt (S/S-A/P § 147 Rn. 8; NKVwGO § 147 Rn. 14 m.w.N.). Davon unberührt bleibt die Möglichkeit des Beschwerdeführers, Beschwerde einzulegen, sobald der Tenor der angefochtenen Entscheidung existent geworden ist (vgl. KS § 147 Rn. 3; NKVwGO § 147 Rn. 13). Formale Mängel der Beschwerde können geheilt werden, indem der Fehler vor Fristablauf behoben wird (NRWOVG NWVBl 1998, 350). Eine **Anschlussbeschwerde** kann gemäß § 173 S. 1 i.V.m. § 567 III 1 ZPO auch nach Ablauf der Frist eingelegt werden, wenn die (Haupt-)Beschwerde fristgerecht erfolgt ist (S/S-A/P § 147 Rn. 7; NKVwGO § 147 Rn. 18).

§ 148 [Abhilfe; Vorlage an das Oberverwaltungsgericht]

(1) Hält das Verwaltungsgericht, der Vorsitzende oder der Berichterstatter, dessen Entscheidung angefochten wird, die Beschwerde für begründet, so ist ihr abzuhelfen; sonst ist sie unverzüglich dem Oberverwaltungsgericht vorzulegen.

(2) Das Verwaltungsgericht soll die Beteiligten von der Vorlage der Beschwerde an das Oberverwaltungsgericht in Kenntnis setzen.

Abhilfe; Vorlage an das Oberverwaltungsgericht § 148

Grds. ist gemäß § 148 I im Fall der Beschwerde zunächst ein **Abhilfeverfahren** 1
durchzuführen. Dementsprechend ist die Beschwerde, wenn sie beim OVG eingelegt wird (§ 147 II), zwecks Durchführung des Abhilfeverfahrens dem VG zu übermitteln. Davon kann ausnahmsweise bei besonderer Eilbedürftigkeit abgesehen werden (S/S-A/P § 148 Rn. 3). Eine weitere **Ausnahme** gilt kraft Gesetzes für Beschwerden gegen Beschlüsse des VG im Verfahren des vorläufigen Rechtsschutzes (**§ 146 IV 5**).

Zuständig ist (vorbehaltlich spezialgesetzlicher Regelungen) das Organ des VG, 2
dessen Entscheidung angefochten wird, also die Kammer, der Einzelrichter, der Vorsitzende oder der Berichterstatter. Im Abhilfeverfahren ist nach den allgemeinen Grundsätzen **rechtliches Gehör** zu gewähren. Nach § 173 S. 1 i. V. m. § 571 II 1 ZPO sind neue Tatsachen und Beweismittel zu berücksichtigen.

Hält das VG eine unzulässige Beschwerde für begründet, steht eine Abhilfe in seinem **Ermessen** (S/S-A/P § 148 Rn. 3). Voraussetzung ist allerdings, dass die angegriffene Entscheidung keine Bindungswirkung entfaltet (B/F-K/vA § 148 Rn. 5). 3
Hingegen ist das VG **zur Abhilfe verpflichtet**, wenn es die zulässige Beschwerde für begründet erachtet. Ausnahmsweise entscheidet das VG auch insoweit im Ermessenswege, wenn die angefochtene Entscheidung in seinem Ermessen steht.

Die **Abhilfeentscheidung** ergeht durch **begründeten Beschluss** (§ 122 II 1) 4
mit Kostenentscheidung. Teilabhilfe ist möglich; in diesem Fall bleibt die Kostenentscheidung der Beschwerdeentscheidung des OVG vorbehalten. Im Umfang der Abhilfe ist das Beschwerdeverfahren beendet. Die Abhilfeentscheidung ist nach den allgemeinen Grundsätzen **mit der Beschwerde anfechtbar**. Der Durchführung eines erneuten Abhilfeverfahrens bedarf es dann nicht (NKVwGO § 148 Rn. 11).

Hält das VG die Beschwerde für unbegründet, ist sie unverzüglich, d. h. ohne 5
schuldhaftes Zögern, mit den Akten dem OVG vorzulegen. Auch offensichtlich unstatthafte Beschwerden sind vorzulegen. Die **Nichtabhilfeentscheidung**, die ihrerseits nicht beschwerdefähig ist, kann **formlos** und ohne Begründung ergehen. Es genügt, dass sich aus den Akten konkludent ergibt, dass das (zuständige Organ des) VG nicht abhelfen wollte (KS § 148 Rn. 4 m. w. N.). Ausreichend ist auch ein entsprechender Hinweis im Übersendungsschreiben an das OVG. Fehlt eine Nichtabhilfeentscheidung, steht es im Ermessen des Beschwerdegerichts, die Sache an das VG zurückzuverweisen oder über die Beschwerde zu entscheiden (vgl. BWVGH DVBl 1990, 1358; a. A. S/S-A/P § 148 Rn. 8, 10: Rückgabe an VG).

Ausnahmsweise besteht für die Nichtabhilfeentscheidung eine **Begründungs-** 6
pflicht, wenn die angegriffene Entscheidung gemessen an der verfassungsrechtlichen Garantie des rechtlichen Gehörs unzureichend begründet ist (HessVGH DVBl 2010, 267; NKVwGO § 148 Rn. 13 m. w. N.). I. Ü. ist es dem VG unbenommen, im Rahmen der Nichtabhilfeentscheidung eine ergänzende oder neue Begründung anzuführen. Auch in diesem Fall ist die Beschwerde dem OVG vorzulegen (S/S-A/P § 148 Rn. 4 m. w. N. zum Streitstand; a. A. KS § 148 Rn. 3). Wird die Nichtabhilfeentscheidung begründet, ist sie den Beteiligten bekannt zu geben (S/S-A/P § 148 Rn. 8). Ist die Ausgangsentscheidung vom unzuständigen Organ des Spruchkörpers erlassen worden, kann dieser Fehler durch die Nichtabhilfeentscheidung des zuständigen Organs geheilt werden (BayVGH NVwZ 1991, 1198; NKVwGO § 148 Rn. 6 m. w. N.). Hierzu bedarf es ausnahmsweise einer Entscheidung durch Beschluss. Wird die Beschwerde vor der Entscheidung über die Nichtabhilfe zurückgenommen oder das Verfahren sonst erledigt, ist das VG für die **Verfahrenseinstellung** (→ § 146 Rn. 31) zuständig. Legt das VG gleichwohl vor, kann das OVG die Sache zurückverweisen (NRWOVG NVwZ-RR 1995, 479).

§ 149 Teil III. Rechtsmittel und Wiederaufnahme des Verfahrens

7   Mit der Nichtabhilfeentscheidung wird die **Zuständigkeit des OVG** begründet, das ab diesem Zeitpunkt auch im Falle von Rücknahme oder Hauptsacheerledigung der Beschwerde allein zur Entscheidung berufen ist. Mit Eingang der Beschwerde beim OVG wird die Sache dort anhängig. Leidet der Nichtabhilfebeschluss an formalen Mängel, ist eine Rückgabe der Akten an das VG zwecks Heilung möglich, aber nicht zwingend (S/S-A/P § 148 Rn. 10; NKVwGO § 148 Rn. 14). Für die Entscheidung des Beschwerdegerichts gilt → § 150.

8   Von der Vorlage sind die Beteiligten nach **§ 148 II** zu benachrichtigen. Ein Verstoß gegen die Sollvorschrift bleibt ohne Rechtsfolgen (KS § 148 Rn. 6).

§ 149 [Aufschiebende Wirkung]

(1) ¹Die Beschwerde hat nur dann aufschiebende Wirkung, wenn sie die Festsetzung eines Ordnungs- oder Zwangsmittels zum Gegenstand hat. ²Das Gericht, der Vorsitzende oder der Berichterstatter, dessen Entscheidung angefochten wird, kann auch sonst bestimmen, daß die Vollziehung der angefochtenen Entscheidung einstweilen auszusetzen ist.

(2) §§ 178 und 181 Abs. 2 des Gerichtsverfassungsgesetzes bleiben unberührt.

1   Nach der Regelung in § 149 I 1 kommt der Beschwerde grds. **keine aufschiebende Wirkung** zu. Das bedeutet nicht nur, dass die angegriffene Entscheidung (weiterhin) vollzogen werden kann. Das VG ist z.B. auch trotz Einlegung der Beschwerde gegen einen Beschluss im Verfahren des vorläufigen Rechtsschutzes nicht gehindert, das Hauptsacheverfahren fortzusetzen und zu entscheiden.

2   Als **erste Ausnahme** von diesem Grundsatz bestimmt § 149 I 1, dass Beschwerden gegen **Ordnungs- oder Zwangsmittelfestsetzungen** aufschiebende Wirkung haben. Dies betrifft Ordnungsmittel gegen Zeugen (§ 98 i.V.m. §§ 380 I, II, 381, 390 I, II ZPO: unentschuldigtes Ausbleiben, Zeugnisverweigerung), Sachverständige (§§ 409 I, 411 II ZPO: unentschuldigtes Ausbleiben, Gutachtenverweigerung und Fristversäumnis), Beteiligte (§ 95 I, II: schuldhaftes Ausbleiben) und ehrenamtliche Richter (§ 33: schuldhafter Pflichtenverstoß). Dazu gehört ferner die Zwangsgeldfestsetzung gegen Behörden nach § 172. § 149 II stellt klar, dass § 149 I 1 nicht für Beschwerden gegen die Festsetzung von Ordnungsmitteln wegen ungebührlichem Verhalten in der Sitzung nach § 178 GVG gilt. Insoweit regelt § 181 II GVG abweichend, dass die Beschwerde keine aufschiebende Wirkung hat.

3   Als **zweite Ausnahme** sieht § 149 I 2 vor, dass das VG die **Vollziehung einstweilen aussetzen** kann. Zuständig ist der Spruchkörper, Einzelrichter, Vorsitzende oder Berichterstatter, der die angefochtene Entscheidung erlassen hat. Das VG ist allerdings nur solange zur Entscheidung über eine Aussetzung berufen, wie über eine Abhilfe noch nicht entschieden ist. Nach Vorlage an das Beschwerdegericht ist dieses gemäß § 173 S. 1 i.V.m. § 570 III ZPO zuständig (vgl. NRWOVG, Beschl. v. 25.1. 2008 – 6 B 55/08; HessVGH NVwZ-RR 2004, 388, jeweils m.w.N.). Im Fall der Beschwerde gegen einen Beschluss im Verfahren des vorläufigen Rechtsschutzes steht die Aussetzungsbefugnis allein dem Beschwerdegericht zu. Dies findet seine Rechtfertigung darin, dass eine Abhilfeentscheidung nach § 146 IV 5 ausgeschlossen ist (MVOVG NVwZ-RR 2003, 534).

4   Die **Aussetzung,** die ggf. auch von Amts wegen ergehen kann, ist **zulässig,** wenn die angefochtene Entscheidung einer Vollziehung fähig ist. Vollziehbar ist auch ein

Beschluss, der einem Antrag nach § 80 V stattgibt (HessVGH NvwZ-RR 2004, 388 m.w.N.). Das erforderliche Rechtsschutzbedürfnis liegt (nur) vor, wenn eine Vollziehung droht.

Sowohl die Entscheidung des VG nach § 149 I 2 als auch diejenige des Beschwerdegerichts nach § 173 S. 1 i.V.m. § 570 III ZPO sind in das **Ermessen** des Gerichts gestellt. Bei der Ermessensausübung ist zu berücksichtigen, dass der Beschwerde nach der gesetzlichen Konzeption in § 149 I 1 nur ausnahmsweise aufschiebende Wirkung zukommt. Daher kommt eine Aussetzung der Vollziehung der angegriffenen Entscheidung nur in Betracht, wenn die Beschwerde mit überwiegender Wahrscheinlichkeit erfolgreich sein wird oder wenn unter Berücksichtigung aller Umstände des Einzelfalls zu erkennen ist, dass die Vollziehung den unterlegenen Beteiligten unzumutbar belastet (NRWOVG, Beschl. v. 1.8. 2008 – 13 B 1169/08 m.w.N.; HessVGH NVwZ-RR 2008, 61; strenger HessVGH NVwZ-RR 2006, 740; MVOVG NVwZ-RR 2003, 534: beide Anforderungen kumulativ). 5

Entsprechend § 80 V 4, 5 kann die Aussetzung von **Auflagen** oder einer **Sicherheitsleistung** abhängig gemacht oder befristet werden (S/S-A/P § 149 Rn. 5). Für das Beschwerdegericht besteht nicht nur die Möglichkeit, die Vollziehung der angefochtenen Entscheidung auszusetzen; es kann entsprechend § 570 III ZPO auch eine sonstige **einstweilige Anordnung** erlassen. 6

Die **Kostenentscheidung** bleibt der Entscheidung über die Beschwerde vorbehalten. Das Beschwerdegericht kann seinen Beschluss über die Aussetzung jederzeit ändern, das VG nur bis zur Abhilfeentscheidung und Vorlage der Sache (S/S-A/P § 149 Rn. 6, 8; KS § 149 Rn. 6). Ein **Aussetzungsantrag** wird **gegenstandslos**, wenn die Beschwerde zurückgenommen oder beschieden wird oder sich sonst erledigt (B/F-K/vA § 149 Rn. 6 f.). 7

§ 150 [Entscheidung durch Beschluss]

Über die Beschwerde entscheidet das Oberverwaltungsgericht durch Beschluß.

Soweit das VG nicht nach § 148 I abgeholfen hat, entscheidet über die Beschwerde das OVG (zur ausnahmsweisen Zuständigkeit des BVerwG → § 152) durch Beschluss. **Zuständig** ist – vorbehaltlich des § 87a – grds. der **Spruchkörper**. Abweichende Regelungen treffen die kostenrechtlichen Gesetze. So ist zur Entscheidung über Kosten- und Streitwertbeschwerden gemäß §§ 66 VI 1, 68 I 5 GKG der Einzelrichter berufen, wenn in erster Instanz der Einzelrichter entschieden hat. Dies gilt entsprechend für den Fall der erstinstanzlichen Zuständigkeit des Berichterstatters nach § 87a I Nr. 4, III (str., NRWOVG, Beschl. v. 6.5. 2009 – 18 E 480/09 – m.w.N.; a.A. NdsOVG, Beschl. v. 3.6. 2009 – 2 OA 124/09 m.w.N.). 1

Auf das **Verfahren** finden die allgemeinen Vorschriften über das Beschlussverfahren Anwendung. Eine mündliche Verhandlung ist nach § 101 III freigestellt. Den Beteiligten ist nach den allgemeinen Grundsätzen rechtliches Gehör zu gewähren. Neu vorgetragene Tatsachen und Beweismittel sind vom Beschwerdegericht zu berücksichtigen (§ 173 S. 1 i.V.m. § 571 II 1 ZPO); § 128a findet entsprechende Anwendung (KS § 150 Rn. 4; B/F-K/vA § 150 Rn. 2). 2

Gemäß § 122 I i.V.m. § 108 I 1 entscheidet das Beschwerdegericht nach seiner freien, aus dem Gesamtergebnis des Verfahrens gewonnenen Überzeugung. Die Überprüfung beschränkt sich auch dann auf eine **Rechtmäßigkeitskontrolle**, wenn 3 es sich bei der angefochtenen Entscheidung um eine Ermessensentscheidung handelt (B/F-K/vA § 150 Rn. 4; a. A. BeckOK VwGO § 150 Rn. 1; S/S-A/P § 150 Rn. 4 m. w. N.). Soweit im Hinblick auf die einfache Beiladung nach § 65 I das Bedürfnis gesehen wird, dass das Beschwerdegericht eine eigene Ermessensentscheidung treffen kann (vgl. z. B. BayVGH, Beschl. v. 21.7. 2009 – 11 C 09.712; HessVGH NVwZ-RR 2004, 704 m. w. N.), dürfte eine Rechtmäßigkeitskontrolle zu gleichermaßen sachgerechten Lösungen führen. Denn drängt sich aus Sicht des Beschwerdegerichts eine Beiladung auf, wird die erstinstanzliche Ablehnung der Beiladung regelmäßig ermessens- und damit rechtsfehlerhaft sein. Einschränkungen hinsichtlich des Prüfungsumfangs ergeben sich ferner nach § 146 IV 6 im Verfahren des vorläufigen Rechtsschutzes (→ § 146 Rn. 30).

4 Der Beschluss ist zu begründen (§ 122 II 1), wobei gemäß § 122 II 3 eine Bezugnahme auf die Gründe der angefochtenen Entscheidung möglich ist. Unzulässige Beschwerden werden verworfen, unbegründete zurückgewiesen. Ist die Beschwerde zulässig und begründet, kann das Beschwerdegericht die **angegriffene Entscheidung aufheben** oder **ändern**. Ggf. kommt nach Maßgabe von § 173 S. 1 i. V. m. § 572 III ZPO oder nach § 130 II analog eine **Zurückverweisung** in Betracht (KS § 150 Rn. 2; NKVwGO § 150 Rn. 7). Das **Verbot der reformatio in peius** ist zu beachten (S/S-A/P § 150 Rn. 5). Eine Kostenentscheidung ergeht nach § 161 I von Amts wegen. Im Fall der Erledigung gilt § 161 II, bei Rücknahme der Beschwerde § 126 I 1, III 2 entsprechend (→ § 146 Rn. 31). Die Beschwerdeentscheidung ist vorbehaltlich des § 17a IV 4 GVG **unanfechtbar** (→ § 152).

§ 151 [Beauftragter oder ersuchter Richter; Urkundsbeamter]

¹**Gegen die Entscheidungen des beauftragten oder ersuchten Richters oder des Urkundsbeamten kann innerhalb von zwei Wochen nach Bekanntgabe die Entscheidung des Gerichts beantragt werden.** ²**Der Antrag ist schriftlich oder zur Niederschrift des Urkundsbeamten der Geschäftsstelle des Gerichts zu stellen.** ³**§§ 147 bis 149 gelten entsprechend.**

I. Zulässigkeit der Erinnerung

1. Statthaftigkeit

1 Gegen die in § 151 S. 1 abschließend benannten Entscheidungen des beauftragten oder ersuchten Richters (→ § 96 II) und des Urkundsbeamten der Geschäftsstelle (→ § 13) ist der Antrag auf Entscheidung desselben Gerichts **(kein Devolutiveffekt)** – die sog. Erinnerung – statthaft. Dies gilt auch, soweit eine Beschwerde (z. B. nach § 80 AsylVfG) ausgeschlossen ist. Abweichend ist in ausdrücklich bestimmten Fällen die Beschwerde statthaft, z. B. nach § 4 III JVEG oder § 55 i. V. m. §§ 180, 181 GVG.

2 Hauptanwendungsfall der Erinnerung ist die Anfechtung der Kostenfestsetzung (→ § 165). Spezielle Regelungen finden sich u. a. im sonstigen **Kostenrecht** (z. B. GKG, RVG) und im Vollstreckungsrecht (§ 167 I i. V. m. § 766 ZPO; dazu ThürOVG DÖV 2007, 305).

3 Strittig ist, ob eine **Anschlusserinnerung** statthaft ist (bejahend: VG Stuttgart NVwZ-RR 2007, 216; BeckOK VwGO § 151 Rn. 1; a. A. VG Neustadt NVwZ-RR 2004, 160; B/F-K/vA § 151 Rn. 1; S/S-A/P § 151 Rn. 4). Weil die VwGO die

2. Frist und Form

Nach § 151 S. 1 ist die Entscheidung des Gerichts binnen **zwei Wochen** nach Bekanntgabe der angefochtenen Entscheidung zu beantragen. Für die Fristberechung gelten die allgemeinen Regeln (→ §§ 57, 58). Wiedereinsetzung ist nach Maßgabe von → § 60 möglich. 4

Gemäß § 151 S. 2 ist der Antrag **schriftlich oder** zur **Niederschrift** des Urkundsbeamten der Geschäftsstelle des Gerichts zu stellen. Die Erinnerung kann fristwahrend sowohl bei dem beauftragten oder ersuchten Richter bzw. bei dem Urkundsbeamten eingelegt werden als auch bei dem Gericht, das beauftragt oder ersucht hat bzw. dessen Urkundsbeamter entschieden hat (§ 151 S. 3 i.V.m. § 147 II). 5

Für die Erinnerung beim OVG und beim BVerwG besteht gemäß § 151 S. 3 i.V.m. § 147 I 2, § 67 IV grds. **Vertretungszwang** (vgl. auch KS § 67 Rn. 30; RO § 151 Rn. 3; a.A. NKVwGO § 151 Rn. 5; S/S-A/P § 151 Rn. 4; B/F-K/vA § 151 Rn. 3), es sei denn, es handelt sich um eine Kostenerinnerung, für die nach den speziellen Vorschriften in den kostenrechtlichen Gesetzen (u.a. § 66 V 1 GKG, § 33 VII 1 RVG) kein Vertretungszwang besteht (vgl. SächsOVG NVwZ 2009, 1573; BT-Drs. 16/11385, 56). 6

II. Entscheidung

1. Zuständigkeit

Über die Erinnerung entscheidet das Gericht, das den Richter ersucht hat oder dem der beauftragte Richter oder der Urkundsbeamte angehören. Das kann der **Spruchkörper**, der **Einzelrichter** (z.B. § 6 VI GKG) oder der **Vorsitzende/Berichterstatter** (§ 87a I, III) sein. Auch beim BVerwG entscheidet im Fall einer Kostenerinnerung gemäß § 66 VI 1 GKG, § 33 VIII 1 RVG der Einzelrichter (BVerwG NVwZ 2006, 479; NVwZ-RR 2006, 359). Die Zuständigkeit des Vorsitzenden/Berichterstatters nach § 87a I Nr. 5, III ist nicht mehr gegeben, wenn eine mündliche Verhandlung vor dem Spruchkörper stattgefunden hat und das Verfahren darin streitig oder unstreitig beendet worden ist (BVerwG NVwZ 2005, 466). I.Ü. gilt für Erinnerungen gegen Kostenfestsetzungsbeschlüsse, dass das Gericht in der Besetzung entscheidet, in der die zugrunde liegende Kostenlastentscheidung getroffen worden ist (BayVGH NVwZ-RR 2004, 309). Im Fall der Erinnerung gegen eine Entscheidung des beauftragten Richters ergeht die Entscheidung des Gerichts ohne dessen Mitwirkung (KS § 151 Rn. 2). 7

2. Verfahren

Für das Erinnerungsverfahren gelten gemäß § 151 S. 3 die §§ 147 bis 149 entsprechend. Danach ist ein **Abhilfeverfahren** durchzuführen (§ 148 I Hs. 1). Im Fall der Abhilfe kann der nunmehr Beschwerte erneut Erinnerung einlegen. Bei Nichtabhilfe ist die Erinnerung unter entsprechender Benachrichtigung der Beteiligten unverzüglich dem Gericht vorzulegen (§ 148 I Hs. 2, II). 8

Das Gericht entscheidet über die Erinnerung durch begründeten Beschluss (§ 122 II 1). Ist die Erinnerung unzulässig oder unbegründet, wird sie verworfen bzw. 9

§ 152 Teil III. Rechtsmittel und Wiederaufnahme des Verfahrens

zurückgewiesen. Es gilt das **Verbot der reformatio in peius** (BVerwG NVwZ 2005, 466; VG Wiesbaden AuAS 2009, 105 m. w. N.).

10 Ist die Erinnerung begründet, wird die angefochtene Entscheidung aufgehoben. Ist eine Neufassung der Ausgangsentscheidung erforderlich, kann das Gericht die Sache gemäß § 173 i. V. m. §§ 573 I 3, 572 III ZPO analog **zurückverweisen** (BVerwG, Beschl. v. 8. 10. 2008 – 4 KSt 2000.08; BayVGH NVwZ-RR 2004, 309). Die aufschiebende Wirkung bestimmt sich nach § 149.

III. Rechtsmittel

11 Gegen die Entscheidung des Gerichts ist nach den allgemeinen Regelungen die **Beschwerde** eröffnet. Die Beschwerde gegen den Beschluss des VG über die Erinnerung nach § 165 I. V. m. § 151 ist keine Kostenentscheidung i. S. v. § 87a I Nr. 5 (HessVGH, Beschl. v. 11. 11. 2009 – 1 E 2412/09 m. w. N.). Für das Beschwerdeverfahren besteht grds. **Vertretungszwang** (§ 147 I 2; LSAOVG, Beschl. v. 29. 6. 2007 – 4 O 135/07; BayVGH, Beschl. v. 9. 3. 2007 – 26 C 03.1394), mit Ausnahme der Kostenbeschwerden nach den speziellen kostenrechtlichen Verfahren (entsprechend → Rn. 6).

§ 152 [Beschwerde zum Bundesverwaltungsgericht]

(1) Entscheidungen des Oberverwaltungsgerichts können vorbehaltlich des § 99 Abs. 2 und des § 133 Abs. 1 dieses Gesetzes sowie des § 17a Abs. 4 Satz 4 des Gerichtsverfassungsgesetzes nicht mit der Beschwerde an das Bundesverwaltungsgericht angefochten werden.

(2) Im Verfahren vor dem Bundesverwaltungsgericht gilt für Entscheidungen des beauftragten oder ersuchten Richters oder des Urkundsbeamten der Geschäftsstelle § 151 entsprechend.

I. BVerwG als Beschwerdegericht

1. Beschränkung der zulässigen Beschwerden

1 § 152 I beschränkt die zulässigen Beschwerden gegen Entscheidungen des OVG auf die in der Regelung ausdrücklich benannten Fälle (siehe auch § 49 Nr. 3). Zu den danach mit der Beschwerde an das BVerwG anfechtbaren Entscheidungen gehören der Beschluss über die Rechtmäßigkeit der Verweigerung der Vorlage von Urkunden oder Akten, der Übermittlung von elektronischen Dokumenten und der Erteilung von Auskünften (§ 99 II 1, 13 – **Beschwerde im in-camera-Verfahren**), der Beschluss über den zulässigen Rechtsweg nach § 17a II und III GVG, sofern die Beschwerde in dem Beschluss zugelassen worden ist (§ 17a IV 4 GVG – **Rechtswegbeschwerde**), sowie die Entscheidung über die Nichtzulassung der Revision (§ 133 I – **Nichtzulassungsbeschwerde**).

2 Da **§ 133 I** an § 132 I anknüpft, ist die Nichtzulassungsbeschwerde sowohl eröffnet, wenn das OVG als Berufungsgericht im Urteil oder in einem diesem gleichgestellten Beschluss (§§ 93a II 5, 125 II 4, 130a S. 2) die Revision nicht zugelassen hat, als auch, wenn es diese Entscheidung als im ersten Rechtszug zuständiges Gericht getroffen hat. Im Rahmen der Rechtswegbeschwerde zum BVerwG ist demgegenüber ein Rechtsmittel gegen die Nichtzulassung der Beschwerde durch das OVG nicht ge-

geben, weil **§ 17a IV 4 GVG** für die Statthaftigkeit der Beschwerde ausdrücklich deren Zulassung voraussetzt (BVerwG NVwZ 2005, 1201; NVwZ 1994, 782; → § 133 Rn. 2).

Über die in § 152 I genannten Fallgruppen hinaus ist das BVerwG ferner das zuständige Beschwerdegericht, wenn im Zusammenhang mit einer Sprungrevision gegen eine Entscheidung des VG im Verfahren des **vorläufigen Rechtsschutzes** Beschwerde eingelegt wird (BVerwG Buchh 310 § 80 Nr. 35). Hingegen ist im Verfahren nach § 80 V eine weitere Beschwerde an das BVerwG nach § 17a IV 4 GVG ausgeschlossen (BVerwG NVwZ 2006, 1291; a.A. BayVGH NVwZ 1999, 1015 m.w.N. zum Streitstand). 3

Es bleibt auch weder Raum für eine **außerordentliche Beschwerde** (→ § 152a Rn. 2) noch für eine **Untätigkeitsbeschwerde** zum BVerwG (BVerwG NVwZ 2003, 869; a.A. S/S-A/P § 152 Rn. 7). 4

2. Verfahrenvorschriften bei zulässiger Beschwerde

Soweit in §§ 99 II, 133 sowie § 17a IV 4 GVG keine abweichenden Bestimmungen getroffen sind, finden auf die Beschwerde zum BVerwG die Vorschriften der §§ 147 ff. entsprechende Anwendung (S/S-A/P § 152 Rn. 6). Gemäß § 67 IV 1, 2 besteht Vertretungszwang. 5

3. Folgen des Beschwerdeausschlusses

Ist eine Entscheidung des OVG gemäß § 152 I unanfechtbar und kommt ihr Rechtskraftwirkung zu, kann das OVG sie vorbehaltlich einer abweichenden gesetzlichen Regelung weder von Amts wegen noch auf Antrag abändern (BeckOK VwGO § 152 Rn. 3). Der gesetzlich angeordnete Beschwerdeausschluss nach § 152 I hat ferner zur Folge, dass eine Nichtzulassungsrüge, die im Zusammenhang mit einer der Endentscheidung des OVG (bzw. des VG im Fall des § 135) vorausgehenden **unanfechtbaren Vorentscheidung** erhoben wird, sich grds. als unzulässig erweist. Anderenfalls würde die Regelung in § 152 I umgangen. Eine Ausnahme gilt nur für den Fall, dass die Rüge einen Mangel betrifft, der infolge der beanstandeten Vorentscheidung weiterwirkend der angefochtenen Endentscheidung anhaftet (BVerwG NJW 1998, 2301; S/S-A/P § 152 Rn. 7). 6

Eine nach § 152 I unzulässige Beschwerde wird auch nicht dadurch statthaft, dass der Rechtsmittelführer die **Verletzung verfassungsrechtlicher Verfahrensgrundsätze** geltend machen könnte (BVerwG NVwZ 1994, 782; Buchh 310 § 152 Nr. 9). Jedoch kommt ggf. die Auslegung als Anhörungsrüge (§ 152a) in Betracht. 7

Hat das OVG **fehlerhaft** in Gestalt einer **beschwerdefähigen Entscheidungsform** entschieden, ist eine Beschwerde zum BVerwG gleichwohl nicht statthaft (vgl. BVerwG NJW 1986, 1125). Im umgekehrten Fall ist die Beschwerde trotz nicht beschwerdefähiger Entscheidungsform statthaft (BVerwG NVwZ 1985, 280). 8

II. Erinnerungsverfahren vor dem BVerwG

Gegen Entscheidungen des beauftragten oder ersuchten Richters oder des Urkundsbeamten der Geschäftsstelle des BVerwG kann nach § 152 II i.V.m. § 151 die Entscheidung des Gerichts (Erinnerung) beantragt werden. Für das Erinnerungsverfahren gelten die §§ 147 bis 149 entsprechend (§ 152 II i.V.m. § 151 S. 3). Gemäß 9

§ 67 IV 1, 2 besteht grds. **Vertretungszwang**. Aus § 151 S. 2 lässt sich wegen § 151 S. 3 i. V. m. § 147 I 2 nichts Gegenteiliges ableiten. Davon **ausgenommen** sind allerdings **Kostenerinnerungen** (→ § 151 Rn. 6).

§ 152a [Anhörungsrüge]

(1) ¹Auf die Rüge eines durch eine gerichtliche Entscheidung beschwerten Beteiligten ist das Verfahren fortzuführen, wenn
1. ein Rechtsmittel oder ein anderer Rechtsbehelf gegen die Entscheidung nicht gegeben ist und
2. das Gericht den Anspruch dieses Beteiligten auf rechtliches Gehör in entscheidungserheblicher Weise verletzt hat.
²Gegen eine der Endentscheidung vorausgehende Entscheidung findet die Rüge nicht statt.
(2) ¹Die Rüge ist innerhalb von zwei Wochen nach Kenntnis von der Verletzung des rechtlichen Gehörs zu erheben; der Zeitpunkt der Kenntniserlangung ist glaubhaft zu machen. ²Nach Ablauf eines Jahres seit Bekanntgabe der angegriffenen Entscheidung kann die Rüge nicht mehr erhoben werden. ³Formlos mitgeteilte Entscheidungen gelten mit dem dritten Tage nach Aufgabe zur Post als bekannt gegeben. ⁴Die Rüge ist schriftlich oder zur Niederschrift des Urkundsbeamten der Geschäftsstelle bei dem Gericht zu erheben, dessen Entscheidung angegriffen wird. ⁵§ 67 Abs. 4 bleibt unberührt. ⁶Die Rüge muss die angegriffene Entscheidung bezeichnen und das Vorliegen der in Absatz 1 Satz 1 Nr. 2 genannten Voraussetzungen darlegen.
(3) Den übrigen Beteiligten ist, soweit erforderlich, Gelegenheit zur Stellungnahme zu geben.
(4) ¹Ist die Rüge nicht statthaft oder nicht in der gesetzlichen Form oder Frist erhoben, so ist sie als unzulässig zu verwerfen. ²Ist die Rüge unbegründet, weist das Gericht sie zurück. ³Die Entscheidung ergeht durch unanfechtbaren Beschluss. ⁴Der Beschluss soll kurz begründet werden.
(5) ¹Ist die Rüge begründet, so hilft ihr das Gericht ab, indem es das Verfahren fortführt, soweit dies aufgrund der Rüge geboten ist. ²Das Verfahren wird in die Lage zurückversetzt, in der es sich vor dem Schluss der mündlichen Verhandlung befand. ³In schriftlichen Verfahren tritt an die Stelle des Schlusses der mündlichen Verhandlung der Zeitpunkt, bis zu dem Schriftsätze eingereicht werden können. ⁴Für den Ausspruch des Gerichts ist § 343 der Zivilprozessordnung entsprechend anzuwenden.
(6) § 149 Abs. 1 Satz 2 ist entsprechend anzuwenden.

Übersicht

	Rn.
I. Außerordentlicher Rechtsbehelf	1
II. Zulässigkeitsvoraussetzungen	4
1. Gegenstand der Rüge	4
3. Subsidiarität	6
2. Form und Frist	7
III. Entscheidung	10
1. Zuständigkeit	10
2. Verfahren	11

3. Erfolglose Anhörungsrüge	12
4. Erfolgreiche Anhörungsrüge	14
5. Vollstreckungsschutz	15

I. Außerordentlicher Rechtsbehelf

Die durch Gesetz vom 9.12. 2004 (BGBl. I 3220, 3223) auch zur Entlastung des **1** BVerfG geschaffene Anhörungsrüge nach § 152a gewährt den Verfahrensbeteiligten in der Form eines **außerordentlichen Rechtsbehelfs** die Möglichkeit fachgerichtlicher Abhilfe für den Fall, dass ein Gericht in entscheidungserheblicher Weise den Anspruch auf rechtliches Gehör verletzt. Die Regelung trägt den Vorgaben des Plenarbeschlusses des BVerfG vom 30. 4. 2003 (BVerfGE 107, 395) Rechnung und ist in Anlehnung an den (erweiterten) § 321a ZPO formuliert. Entsprechend ihrer Zwecksetzung, eine **gerichtliche Selbstkorrektur** zu ermöglichen, ist die Anhörungsrüge an das Gericht zu richten und von diesem Gericht zu bescheiden, dem ein Gehörsverstoß vorgehalten wird. Die Rüge führt weder zum Eintritt des Devolutiv- noch des Suspensiveffekts und verhindert nicht, dass die angegriffene Entscheidung in Rechtskraft erwächst. Sie ist vielmehr als rechtskraftdurchbrechender Rechtsbehelf ausgestaltet (KS § 152a Rn. 4; B/F-K/vA § 152a Rn. 4).

Für eine Befassung der nächst höheren Instanz im Wege einer „**außerordentlichen** **2** **Beschwerde**" ist danach kein Raum (BVerwG, Beschl. v. 8.12. 2005 – 5 B 93.05; Beschl. v. 21.7. 2005 – 9 B 9.05; BFHE 216, 511; BVerfG NJW 2007, 2538). Dies gilt auch für den Fall, dass von einem Gehörsverstoß unabhängige Rechtsverletzungen (z. B. „greifbare Gesetzeswidrigkeit") geltend gemacht werden (BVerwG, Beschl. v. 3.5. 2007 – 5 B 192.06; ebenso für den Bereich des Asylrechts: SächsOVG NVwZ-RR 2010, 125). Ebenfalls unzulässig neben der Anhörungsrüge nach § 152a ist der außerordentliche Rechtsbehelf der **Gegenvorstellung** (BVerwG, Beschl. v. 26.3. 2009 – 2 PKH 2.09; Beschl. v. 16.10. 2007 – 2 B 101.07 u.a.; str., zum Meinungsstand vgl. BVerfG NJW 2009, 829; HessVGH NJW 2009, 2761). Dies betrifft jedenfalls gerichtliche Entscheidungen, die in Rechtskraft erwachsen und daher weder mit ordentlichen Rechtsbehelfen angegriffen noch vom erkennenden Gericht selbst abgeändert werden können (BVerfG NJW 2009, 829 Rn. 39; NdsOVG DVBl. 2009, 1400).

Die Anhörungsrüge ist kein Rechtsbehelf gegen jedes (vermeintliche) prozessuale **3** Unrecht, sondern schützt nur das durch Art. 103 I GG gewährte und einfachgesetzlich in der Prozessordnung ausgestaltete Recht auf rechtliches Gehör (BVerwG, Beschl. v. 29.10. 2008 – 4 A 3001.08; BayVGH NVwZ-RR 2006, 739). Sie kann auch **nicht** auf die Verletzung **anderer Verfassungsgarantien** gestützt werden (BVerwG NJW 2009, 457; BFH, Beschl. v. 12.11. 2008 – V S 11/08; NKVwGO § 152a Rn. 22; str., vgl. zur analogen Anwendung bei Art. 101 I 2 GG: BWVGH NJW 2005, 920; S/S-A/P § 152a Rn. 36; bei Verfahrensverstößen i.S. v. § 138: B/F-K/vA § 152a Rn. 3; bei anderen verfassungsrechtlich gewährleisteten Verfassungsprinzipien sowie offenkundig unrichtigen Entscheidungen: KS § 152a Rn. 22, 25 f.).

II. Zulässigkeitsvoraussetzungen

1. Gegenstand der Rüge

Gegenstand der Anhörungsrüge können alle Urteile und Beschlüsse des VG, OVG **4** und BVerwG sein, die den Beteiligten (Rügeführer) beschweren und einem Rechtsbehelf (→ § 58 Rn. 2) nicht zugänglich sind. Erfasst werden auch Entscheidungen im

§ 152a — Teil III. Rechtsmittel und Wiederaufnahme des Verfahrens

Verfahren des vorläufigen Rechtsschutzes. Dabei ist der Abänderungsantrag nach § 80 VII 2 Rechtsbehelf i. S. v. § 152a I 1 Nr. 1, es sei denn, es geht um die Geltendmachung eines Gehörsverstoßes, der einen Umstand i. S. v. § 80 VII 2 nicht zu begründen vermag (KS § 152a Rn. 6; für einen generellen Vorrang: NKVwGO § 152a Rn. 15; a. A. BWVGH NVwZ 2006, 219; B/F-K/vA § 152a Rn. 3; S/S-A/P § 152a Rn. 16: Vorrang der Anhörungsrüge). Anderweitige Rechtsbehelfe sind auch der Antrag auf Wiedereinsetzung nach § 60 und der Antrag auf mündliche Verhandlung nach einem Gerichtsbescheid (§ 84). Ausgeschlossen ist die Anhörungsrüge, wenn ein Rechtsbehelf wegen Fristversäumnis nicht mehr statthaft ist (KS § 152a Rn. 5; S/S-A/P § 152a Rn. 15).

5 Gegen **Zwischenentscheidungen** findet die Anhörungsrüge grds. nicht statt, § 152a I 2. Etwas anderes gilt ausnahmsweise, wenn in dem Zwischenverfahren abschließend sowie mit Bindungswirkung für das weitere Verfahren befunden wird und die Entscheidung später nicht mehr im Rahmen einer Inzidentprüfung korrigiert werden kann (BVerfG, Beschl. v. 23.10. 2007 – 1 BvR 782/07: Ablehnung eines Richters am BAG).

2. Subsidiarität

6 Die Anhörungsrüge ist als **subsidiärer Rechtsbehelf** angelegt und nur dann statthaft, wenn der geltend gemachte Gehörsverstoß nicht im Rahmen anderer gegen die angegriffene Entscheidung gegebener Rechtsmittel oder Rechtsbehelfe überprüft werden kann (§ 152a I 1 Nr. 1).

3. Form und Frist

7 Gemäß § 152a II 1, 4 ist die Anhörungsrüge innerhalb von zwei Wochen nach Kenntnis von der Verletzung des rechtlichen Gehörs schriftlich oder zur Niederschrift des Urkundsbeamten der Geschäftsstelle bei dem Gericht zu erheben, dessen Entscheidung angegriffen wird. Der Rügeführer muss glaubhaft machen (§ 173 i. V. m. § 294 ZPO), wann er von der (vermeintlichen) Verletzung des rechtlichen Gehörs Kenntnis erlangt hat (§ 152a II 1 Hs. 2). Abzustellen ist auf die Kenntnis aller Umstände, aus denen sich die Berechtigung zur Erhebung der Anhörungsrüge ergibt (S/S-A/P § 152a Rn. 22). Nach dem Wortlaut der Norm bestimmt sich der Zeitpunkt des Beginns der **Zwei-Wochen-Frist** allein nach § 152a II 1 und nicht nach § 152a II 3 (offen gelassen von BVerwG, Beschl. v. 18.1. 2007 – 2 B 56.06 m. w. N.). Der fingierte Bekanntgabetermin „mit dem dritten Tage nach Aufgabe zur Post" gilt ausschließlich für die Berechnung der materiellen Ausschlussfrist in § 152a II 2 (ein Jahr). Damit bislang nicht zuzustellende Entscheidungen nicht im Hinblick auf eine mögliche Gehörsrüge zustellungspflichtig werden, sieht § 152a II 3 für den Fall der formlosen Mitteilung eine Fiktion der Bekanntgabe vor (BT-Drs. 15/3706, 16). Weil es sich bei der Anhörungsrüge um einen außerordentlichen Rechtsbehelf handelt, hängt der Fristenlauf nicht davon ab, dass eine Rechtsbehelfsbelehrung nach § 58 I erteilt wird (BVerwG, Beschl. v. 29.7. 2009 – 5 B 46.09; Beschl. v. 15.11. 2005 – 6 B 69.05 u. a.). Unter den Voraussetzungen des § 60 kann Wiedereinsetzung in die versäumte Rügefrist gewährt werden.

8 Die Rügeschrift muss nach § 152a II 6 erkennen lassen, welche Entscheidung angegriffen wird. Das **Darlegungserfordernis** in § 152a II 6 verlangt, mit der Rüge aufzuzeigen, dass das Gericht entscheidungserheblichen Vortrag nicht zur Kenntnis genommen oder nicht in Erwägung gezogen hat. Daran fehlt es, wenn sich aus der Rüge nur ergibt, dass sie die angegriffene Entscheidung in der Sache

für unrichtig hält (BVerwG, Beschl. v. 3.1. 2006 – 7 B 103.05). Ebenfalls nicht ausreichend ist der Vortrag, das Gericht habe über einen geltend gemachten Gehörsverstoß der Vorinstanz unzutreffend entschieden. Denn rügefähig nach § 152a ist nur eine Verletzung rechtlichen Gehörs, die in dem Verfahren eingetreten ist, das durch eine Entscheidung i.S.v. § 152a I 1 Nr. 1 abgeschlossen worden ist (BVerwG NJW 2009, 457; Beschl. v. 21.12. 2006 – 2 B 74.06). In Bezug auf die Entscheidungserheblichkeit ist darzutun, dass das Gericht ohne die geltend gemachte Verletzung des Anspruchs auf rechtliches Gehör zu einer für den Rügeführer günstigeren Entscheidung hätte gelangen können (Kausalitätserfordernis). Des Weiteren sind die Bemühungen darzulegen, die der Rügeführer unternommen hat, um sich im Ausgangsverfahren Gehör zu verschaffen (S/S-A/P § 152a Rn. 26).

Wendet sich die Rüge gegen eine Entscheidung, für die nach § 67 Vertretungszwang besteht, unterliegt nach § 152a II 5 auch die Anhörungsrüge dem **Vertretungserfordernis** (BVerwG, Beschl. v. 10.2. 2006 – 5 B 7.06). In diesem Fall kann sie nicht zur Niederschrift des Urkundsbeamten der Geschäftsstelle (§ 152a II 4) erhoben werden. **9**

III. Entscheidung

1. Zuständigkeit

Über die Anhörungsrüge befindet der Spruchkörper, dessen Entscheidung angegriffen wird. Bei einem zwischenzeitlichen **Wechsel der Zuständigkeit** infolge einer Änderung der Geschäftsverteilung für das Gericht entscheidet allerdings der nunmehr zuständige Spruchkörper (BVerwG, Beschl. v. 6.11. 2007 – 8 C 17.07). Eine Regelung wie in § 119 II 3 sieht § 152a nicht vor; demgemäß kann auch entsprechend der internen Geschäftsverteilung des Spruchkörpers ein Richter mitwirken, der an der angegriffenen Entscheidung nicht beteiligt war (zum Richterwechsel vgl. auch BVerfG NVwZ 2009, 580). **10**

2. Verfahren

§ 152a III verpflichtet das Gericht zwecks Wahrung des rechtlichen Gehörs, den übrigen Beteiligten Gelegenheit zur Stellungnahme zu geben. Das ist geboten, weil ihre bereits erlangte Rechtsposition im Falle des Erfolgs der Anhörungsrüge bei Fortsetzung des Verfahrens (§ 152a V) berührt werden könnte. Die **Anhörung** ist jedoch dann nicht erforderlich, wenn die Anhörungsrüge erfolglos ist (KS § 152a Rn. 11). **11**

3. Erfolglose Anhörungsrüge

Ist die Anhörungsrüge nicht statthaft oder nicht ordnungsgemäß erhoben, ist sie **als unzulässig zu verwerfen**, § 152a IV 1. Liegen die Voraussetzungen des § 152a I 1 Nr. 2 nicht vor, ist die Rüge unbegründet und zurückzuweisen (§ 152a IV 2). In beiden Fällen ergeht die Entscheidung durch unanfechtbaren Beschluss, der kurz begründet werden soll (§ 152a IV 3, 4). Die **Kostenentscheidung** ergeht, da es sich bei der Anhörungsrüge nicht um ein Rechtsmittel i.S.v. § 154 II handelt, nach § 154 I (vgl. z.B. BayVGH, Beschl. v. 25.3. 2010 – 11 ZB 09.863; SächsOVG, Beschl. v. 26.11. 2009 – 1 D 129/09; a.A. z.B. BayVGH, Beschl. v. 17.5. 2010 – 19 ZB 10.573; NRWOVG, Beschl. v. 14.1. 2010 – 13 B 1666/09). Die Praxis des BVerwG ist insofern uneinheitlich. **12**

13 Unter engen Voraussetzungen ist **ausnahmsweise** eine **Heilung** der Gehörsverletzung durch ergänzende Erwägungen in der die Anhörungsrüge als unbegründet zurückweisenden Entscheidung möglich. Voraussetzung ist, dass das Gericht in der Lage ist, das Vorbringen durch bloße Ausführungen im Anhörungsrügebeschluss zu berücksichtigen, und dadurch dem Gehörsverstoß abhelfen kann (BVerfG NVwZ 2009, 580).

4. Erfolgreiche Anhörungsrüge

14 Liegen die in § 152a I 1 Nr. 2 bezeichneten Voraussetzungen vor, ist die Gehörsrüge begründet mit der Folge, dass das **Verfahren fortzuführen** ist (§ 152a V 1). Einer förmlichen Abhilfeentscheidung bedarf es nicht. Die Fortführung des Verfahrens erfasst lediglich diejenigen Teile des Streitgegenstandes, die von der Gehörsverletzung betroffen sind (BT-Drs. 15/3706, 16). Das Verfahren wird in die Lage zurückversetzt, in der es sich vor dem Schluss der mündlichen Verhandlung befand, bzw. im schriftlichen Verfahren in den Zeitpunkt, bis zu dem Schriftsätze eingereicht werden können (§ 152a V 2, 3). Stimmt die Entscheidung, die aufgrund der Fortführung des Verfahrens zu erlassen ist, mit der früheren Entscheidung überein, ist auszusprechen, dass diese **aufrechtzuerhalten** ist (§ 152a V 4 i.V.m. **§ 343 S. 1 ZPO**). Liegt keine Übereinstimmung vor, ist die frühere Entscheidung durch die neue Entscheidung **aufzuheben** und durch den neuen Entscheidungsausspruch zu ersetzen (§ 152a V 4 i.V.m. **§ 343 S. 2 ZPO**).

5. Vollstreckungsschutz

15 Als Ausgleich dafür, dass die Anhörungsrüge die Rechtskraft unberührt lässt und mithin die Vollstreckung nicht hindert, sieht § 152a VI die Möglichkeit vor, die **Vollziehung** der angegriffenen Entscheidung entsprechend § 149 I 2 **einstweilen auszusetzen**. Dies dürfte allerdings regelmäßig nur unter der Voraussetzung in Betracht kommen, dass die Anhörungsrüge mit ganz überwiegender Wahrscheinlichkeit erfolgreich sein wird und der Rügeführer ohne eine vorläufige Regelung unzumutbar belastet würde (HessVGH NVwZ-RR 2006, 740).

15. Abschnitt. Wiederaufnahme des Verfahrens

§ 153 [Wiederaufnahme des Verfahrens]

(1) Ein rechtskräftig beendetes Verfahren kann nach den Vorschriften des Vierten Buchs der Zivilprozeßordnung wiederaufgenommen werden.
(2) Die Befugnis zur Erhebung der Nichtigkeitsklage und der Restitutionsklage steht auch dem Vertreter des öffentlichen Interesses, im Verfahren vor dem Bundesverwaltungsgericht im ersten und letzten Rechtszug auch dem Vertreter des Bundesinteresses beim Bundesverwaltungsgericht zu.

Übersicht

	Rn.
I. Zulässigkeit der Wiederaufnahme	1
1. Rechtskräftig beendetes Verfahren	3
2. Zuständiges Gericht	5

§ 153 Wiederaufnahme des Verfahrens

    3. Wiederaufnahmebefugnis 6
    4. Form und Frist 7
  II. Wiederaufnahmegründe 10
    1. Nichtigkeitsklage 12
    2. Restitutionsklage 15
  III. Entscheidung über die Wiederaufnahme 19

I. Zulässigkeit der Wiederaufnahme

Die Wiederaufnahme eines gerichtlichen Verfahrens zielt darauf ab, eine rechtskräfti- **1**
ge (vgl. § 121) verfahrensbeendende Entscheidung zu beseitigen und den Rechtsstreit einer erneuten Entscheidung, ggf. nach einer (weiteren) mündlichen Verhandlung, zuzuführen (ThP Vorb § 578 ff. Rn. 1; KS § 153 Rn. 1). In den Vorschriften über die Wiederaufnahme eines verwaltungsgerichtlichen Verfahrens nach § 153 i.V.m. §§ 578 ff. ZPO kommt zum Ausdruck, dass es aus **Gründen der Rechtssicherheit** grds. nicht möglich sein soll, eine rechtskräftig gewordene gerichtliche Entscheidung in Frage zu stellen. Eine Durchbrechung der Rechtskraft ist daher auf die wenigen, eng umgrenzten Ausnahmen nach § 579 und § 580 ZPO beschränkt. Dabei handelt es sich um besonders schwerwiegende Rechtsfehler, die es ausnahmsweise rechtfertigen, im Widerstreit zwischen dem Prinzip der Rechtssicherheit und der **Forderung nach materieller Gerechtigkeit** Letzterer den Vorrang einzuräumen (vgl. BVerwGE 95, 64; Buchh 303 § 580 ZPO Nr. 4).

Die Wiederaufnahme des Verfahrens ist ein **außerordentlicher Rechtsbehelf**, **2**
der weder Devolutiv- noch Suspensiveffekt entfaltet (BeckOK VwGO § 153 vor Rn. 1; KS § 153 Rn. 2 f.). Das für das Wiederaufnahmeverfahren zuständige Gericht kann allerdings auf Antrag gemäß § 167 I i.V.m. § 707 ZPO anordnen, dass die Vollstreckung aus der angegriffenen Entscheidung einstweilen eingestellt wird oder nur gegen Sicherheitsleistung stattfindet.

1. Rechtskräftig beendetes Verfahren

Ein Wiederaufnahmebegehren ist gemäß § 153 I nur gegen rechtskräftige verfahrens- **3**
beendende Entscheidungen statthaft. Dazu gehören rechtskräftige **Urteile**, Gerichtsbescheide sowie dem Urteil gleichstehende Entscheidungen nach §§ 93a II 1, 125 II, 130a. Darüber hinaus findet § 153 Anwendung auf sonstige **verfahrensbeendende Beschlüsse** wie die Ablehnung der Berufungszulassung oder die ablehnende Entscheidung im Verfahren der Beschwerde gegen die Nichtzulassung der Revision (BVerwG Buchh 310 § 153 Nr. 31; NRWOVG NVwZ-RR 2003, 535 m.w.N.). Nicht zu verfahrensbeendenden Beschlüssen in diesem Sinn gehören Verfahrenseinstellungen infolge Klagerücknahme oder Vergleich. Insoweit findet keine Wiederaufnahme statt, sondern es ist ggf. ein Antrag auf Fortsetzung des Verfahrens zu stellen (vgl. BVerwG, Beschl. v. 23.10. 1998 – 7 B 234.98; BVerwGE 28, 332; BeckOK VwGO § 153 Rn. 5; B/F-K/vA § 153 Rn. 3). Handelt es sich bei der angegriffenen Entscheidung um ein Urteil, ist das Wiederaufnahmebegehren in Form einer **Wiederaufnahmeklage** anzubringen; im Falle verfahrensbeendender Beschlüsse ist ein **Wiederaufnahmeantrag** zu stellen (vgl. BVerwG Buchh 310 § 153 Nr. 33; KS § 153 Rn. 5; BeckOK VwGO § 153 Rn. 6).

Entscheidungen über einen Antrag auf **einstweilige Anordnung** stellen keine **4**
rechtskräftige Beendigung des Verfahrens i.S.v. § 153 I dar und sind daher nicht wiederaufnahmefähig (BVerwGE 76, 127). Es fehlt jedenfalls am Rechtsschutzbedürfnis, weil gemäß § 80 VII analog jederzeit die Möglichkeit eines Abänderungsantrags be-

steht (vgl. z. B. NRWOVG, Beschl. v. 22.3. 2007 – 18 B 311/07; BayVGH NJW 1985, 879; BeckOK VwGO § 153 Rn. 6; NKVwGO § 153 Rn. 13 f.; a. A. Hess-VGH NJW 1984, 378). Dementsprechend scheidet ein Wiederaufnahmeverfahren auch in sonstigen Entscheidungen im vorläufigen Rechtsschutzverfahren aus (KS § 153 Rn. 5; S/S-A/P § 153 Rn. 6). Aus vergleichbaren Erwägungen kommt eine Wiederaufnahme auch bei ablehnenden Beschlüssen im **Prozesskostenhilfeverfahren** einschließlich des Beschwerdeverfahrens nicht in Betracht (NKVwGO § 153 Rn. 16; BeckOK VwGO § 153 Rn. 7; a. A. KS § 153 Rn. 5). Ausgeschlossen ist eine Wiederaufnahme ferner wegen § 47 V 2 (Allgemeinverbindlichkeit) bei einer **stattgebenden Normenkontrollentscheidung** (BWVGH ESVGH 13, 79; S/S-A/P § 153 Rn. 5; B/F-K/vA § 153 Rn. 3).

2. Zuständiges Gericht

5   Zuständig für die Entscheidung über das Wiederaufnahmebegehren ist gemäß § 153 I i. V. m. § 584 I ZPO im Grundsatz dasjenige Gericht, dessen Entscheidung mit einem Wiederaufnahmegrund angefochten wird. § 584 I Hs. 1 ZPO erklärt grds. das **erstinstanzliche Gericht** für zuständig. Das **OVG** ist zur Entscheidung berufen, wenn sich die Wiederaufnahme gegen eine von ihm erlassene Berufungsentscheidung oder eine erstinstanzliche Entscheidung richtet, § 584 I Hs. 2 ZPO. Ferner erklärt § 584 I Hs. 2 ZPO das OVG für zuständig, wenn ein in der Revisionsinstanz erlassenes Urteil aufgrund des § 580 Nr. 1 bis 3, 6 und 7 ZPO angefochten wird (vgl. BVerwG, Beschl. v. 15.8. 1996 – 11 C 17.95). Aus der Zusammenschau von § 584 I Hs. 2 und 3 ZPO folgt, dass das OVG auch zuständig ist, wenn die Revision verworfen oder die Beschwerde gegen die Nichtzulassung der Revision zurückgewiesen wurde und der Wiederaufnahmegrund allein das Verfahren vor dem OVG betrifft (vgl. BVerwG Buchh 310 § 153 Nr. 27; Buchh 310 § 153 Nr. 20). Die Zuständigkeit des **BVerwG** ist eröffnet, wenn Gegenstand des Wiederaufnahmebegehrens eine erstinstanzliche Entscheidung des BVerwG ist, wenn ein revisionsgerichtliches Urteil oder eine sonstige Sachentscheidung aufgrund von §§ 579, 580 Nr. 4, 5 ZPO angefochten wird (§ 584 I Hs. 3 ZPO) oder wenn ein Wiederaufnahmegrund gegen das revisionsgerichtliche Verfahren geltend gemacht wird. Ist das angerufene Gericht unzuständig, hat es den Wiederaufnahmerechtsstreit **entsprechend § 83** an das instanziell zuständige Gericht zu **verweisen** (vgl. z. B. BVerwG Buchh 310 § 153 Nr. 20).

3. Wiederaufnahmebefugnis

6   Zur Verfahrenswiederaufnahme befugt ist, wer durch die angegriffene Entscheidung beschwert ist. In Betracht kommen die **Verfahrensbeteiligten sowie ihre Rechtsnachfolger** (vgl. § 121 Nr. 1), nicht hingegen der zu Unrecht nicht Beigeladene, weil sich die Rechtskraft der Entscheidung nicht auf ihn erstreckt (vgl. BVerwGE 104, 182). Der **VöI** und der **VBJ** sind nach Maßgabe von § 153 II stets berechtigt, das Verfahren wiederaufzunehmen. Eine Einschränkung gilt für den VöI lediglich insoweit, als er gegen eine revisionsgerichtliche Entscheidung ein Wiederaufnahmeverfahren nur anstrengen kann, wenn er im Vorprozess beteiligt war (vgl. RO § 153 Rn. 4; B/F-K/vA § 153 Rn. 19; a. A. KS § 153 Rn. 7). Hat ein Beteiligter die Wiederaufnahmeklage bzw. den Wiederaufnahmeantrag zurückgenommen, ist ein erneutes Wiederaufnahmebegehren nicht statthaft (BVerwGE 95, 64; a. A. BeckOK VwGO § 153 Rn. 14).

4. Form und Frist

Für die Erhebung der Wiederaufnahmeklage bzw. für die Wiederaufnahmeantragstellung gelten gemäß § 153 I i.V.m. § 585 ZPO die allgemeinen Verfahrensvorschriften (der VwGO), soweit sich nicht aus **§§ 587, 588 ZPO** besondere Anforderungen ergeben. Insbesondere ist nach § 587 ZPO die Entscheidung zu bezeichnen, gegen die sich das Wiederaufnahmebegehren richtet, und soll gemäß § 588 I Nr. 1 ZPO angegeben werden, auf welchen Anfechtungsgrund sich das Begehren stützt. Bestand im Vorprozess **Vertretungszwang**, gilt dies auch für das Wiederaufnahmeverfahren (BeckOK VwGO § 153 Rn. 16). 7

Die Wiederaufnahmeklage (der Wiederaufnahmeantrag) ist **innerhalb eines Monats nach Kenntnis von dem Anfechtungsgrund** zu erheben (zu stellen), jedoch nicht vor Eintritt der Rechtskraft der angegriffenen Entscheidung (§ 153 I i.V.m. § 586 I, II 1 ZPO). Eine Fristverlängerung kommt nicht in Betracht (§ 57 II i.V.m. § 224 II ZPO). Wiedereinsetzung in die versäumte Frist ist nach Maßgabe von § 60 möglich. Da auf die Kenntnis des konkreten Anfechtungsgrundes abzustellen ist, läuft **für jeden Wiederaufnahmegrund** eine **eigene Frist**. Im Falle der Nichtigkeitsklage wegen mangelnder Vertretung (§ 579 Nr. 4 ZPO) beginnt die Frist an dem Tag, an dem der Partei bzw. ihrem gesetzlichen Vertreter die angegriffene Entscheidung zugestellt wurde (§ 153 i.V.m. § 586 III Hs. 2 ZPO). 8

Nach Ablauf von **fünf Jahren** ab dem Zeitpunkt der Rechtskraft der angefochtenen Entscheidung ist ein Wiederaufnahmebegehren unstatthaft (§ 153 I i.V.m. § 586 II 2 ZPO). Insoweit scheidet eine Wiedereinsetzung in den vorigen Stand nach § 60 aus (BayVGH BayVBl. 1992, 405). Die **Ausschlussfrist** gilt nach § 153 I i.V.m. § 586 III Hs. 1 ZPO nicht für die auf § 579 Nr. 4 ZPO gestützte Nichtigkeitsklage. 9

II. Wiederaufnahmegründe

§ 153 I i.V.m. § 578 I ZPO sieht die Nichtigkeitsklage (§ 579 ZPO) sowie die Restitutionsklage (§ 580 bis § 582 ZPO) vor. Werden in Bezug auf dieselbe Rechtssache beide Klagen erhoben, ist gemäß § 153 I i.V.m. § 578 II ZPO zunächst über die Nichtigkeitsklage zu entscheiden. Die in § 579, § 580 ZPO genannten Wiederaufnahmegründe sind **abschließend** (vgl. BVerwGE 104, 182; Buchh 303 § 580 ZPO Nr. 4; BeckOK VwGO § 153 Rn. 26; KS § 153 Rn. 8 f.). 10

Mit dem Nichtigkeits- bzw. Restitutionsbegehren können auch Wiederaufnahmegründe gegen eine **Vorentscheidung** geltend gemacht werden, sofern die angegriffene verfahrensbeendende Entscheidung auf der Vorentscheidung beruht (§ 153 I i.V.m. § 583 ZPO). 11

1. Nichtigkeitsklage

Die Nichtigkeitsklage ist bei **besonders schweren Verfahrensmängeln** eröffnet. Bei den Nichtigkeitsgründen nach § 579 I ZPO bedarf es **keiner** gesonderten **Kausalitätsprüfung**. Im Falle von § 579 I Nr. 1 und 3 ZPO ist die Nichtigkeitsklage aber unzulässig, wenn die Nichtigkeit mittels eines Rechtsmittels hätte geltend gemacht werden können (579 II ZPO). I.Ü hat der Beteiligte die Wahl, ob er den Anfechtungsgrund im Rahmen eines Rechtsmittelverfahrens oder nach Eintritt der Rechtskraft im Rahmen eines Wiederaufnahmeverfahrens anbringt. Ausgeschlossen ist die Nichtigkeitsklage allerdings (über § 579 I Nr. 2 ZPO hinaus) generell, wenn 12

§ 153 Teil III. Rechtsmittel und Wiederaufnahme des Verfahrens

der Nichtigkeitsgrund bereits im Vorprozess geprüft und verneint wurde (vgl. BayVGH, Beschl. v. 29.5. 2001 – 15 B 96.3149).

13 Die **Versagung rechtlichen Gehörs** gehört nicht zu den Nichtigkeitsgründen nach § 579 I ZPO. Die Vorschrift ist darauf auch nicht entsprechend anwendbar. Der Einlegung eines Rechtsmittels sowie § 152a kommt insoweit eine vorrangige und abschließende Bedeutung zu (vgl. BeckOk VwGO § 153 Rn. 28; KS § 153 Rn. 8a).

14 Die **Nichtigkeitsgründe** in § 579 I ZPO **entsprechen § 138 Nr. 1, 2 und Nr. 4**, nämlich § 579 Nr. 1 ZPO → § 138 Nr. 1, § 579 Nr. 2 und 3 ZPO → § 138 Nr. 2 und § 579 Nr. 4 → § 138 Nr. 4. Gemäß § 579 Nr. 2 ZPO findet die Nichtigkeitsklage nicht statt, wenn dieser Verfahrensmangel im Vorprozess erfolglos gerügt worden ist. § 153 I i. V. m. § 579 I Nr. 4 ZPO findet namentlich Anwendung in den Fällen eines Sachurteils trotz fehlender Prozessfähigkeit (vgl. BVerwG, Urt. v. 17.12. 2009 – 2 A 2.08; Buchh 310 § 62 Nr. 14), nicht hingegen bei mangelnder Postulationsfähigkeit (BVerwG, Beschl. v. 21.6. 2006 – 5 B 54.06) oder einer zu Unrecht unterbliebenen Beiladung (BVerwGE 104, 182).

2. Restitutionsklage

15 Die Restitutionsklage findet statt, wenn das angefochtene Urteil auf einer **unrichtigen Entscheidungsgrundlage** beruht. Die in § 580 Nr. 1 bis 5 ZPO genannten Wiederaufnahmegründe beziehen sich auf strafbare Handlungen, die übrigen Anfechtungsgründe betreffen neues Vorbringen. Anders als bei § 579 ZPO ist zu prüfen, ob der jeweilige Restitutionsgrund für die angefochtene Entscheidung kausal geworden ist (BGHZ 103, 121; B/F-K/vA § 153 Rn. 10; BeckOK VwGO § 153 Rn. 32). Gemäß § 153 I i.V.m. § 582 ZPO ist die **Restitutionsklage subsidiär** gegenüber der Geltendmachung im Vorprozess. Sie ist unzulässig, wenn der Beteiligte schuldhaft versäumt hat, den Restitutionsgrund im vorangehenden Verfahren anzubringen (vgl. z.B. BVerwG DVBl. 2003, 868 zu den Sorgfaltsanforderungen in Bezug auf die Ermittlung einer entscheidungserheblichen Urkunde).

16 In den Fällen des auf **strafbare Handlungen** Bezug nehmenden § 580 Nr. 1 bis 5 ZPO ist die Restitutionsklage grds. nur zulässig, wenn wegen der Straftaten (§ 580 Nr. 1 und 3: Aussagedelikte; § 580 Nr. 2: Urkundsdelikte; § 580 Nr. 4: z.B. Prozessbetrug; § 580 Nr. 5: Bestechung, Rechtsbeugung) eine **rechtskräftige Verurteilung** ergangen ist (§ 581 I 1. Alt. ZPO). Abweichend findet gemäß § 581 I 2. Alt. ZPO die Wiederaufnahmeklage statt, wenn die Strafverfolgung aus anderen Gründen als wegen Mangels an Beweis nicht erfolgen kann (z.B. wegen Verjährung oder Geringfügigkeit der Tat).

17 § **580 Nr. 6 ZPO** betrifft die nachträgliche **Aufhebung eines präjudiziellen Urteils**, wodurch die Richtigkeit der angefochtenen Entscheidung in Frage gestellt ist. Die Regelung ist entsprechend anwendbar, wenn ein Verwaltungsakt aufgehoben und dem Vorprozess dadurch seine Entscheidungsgrundlage entzogen wird (vgl. BVerwG Buchh 310 § 94 Nr. 7; NKVwGO § 153 Rn. 68; S/S-A/P § 153 Rn. 12). Der durch das 2. Justizmodernisierungsgesetz (BGBl. I 3416) mit Wirkung zum 1.1. 2007 neu geschaffene § **580 Nr. 8 ZPO** eröffnet eine Restitutionsklage, wenn der **EGMR** eine Verletzung der EMRK oder ihrer Protokolle festgestellt hat und die angefochtene Entscheidung darauf beruht.

18 Bedeutsam ist der in § **580 Nr. 7 ZPO** geregelte Wiederaufnahmegrund der **nachträglich aufgefundenen** oder benutzbar gewordenen **Urkunde**. Er ist nur gegeben, wenn die Urkunde vor Rechtskraft der ursprünglichen Entscheidung errichtet war (BVerwG NVwZ 1999, 1335; Buchh 310 § 153 Nr. 18; zu einer denkbaren Ausnahme vgl. BVerwGE 20, 344) und geeignet ist, in dem angestrebten neuen Verfahren eine günstigere Entscheidung herbeizuführen. Ob Letzteres der Fall ist, beurteilt sich aus der Sicht des Restitutionsgerichts (BVerwGE 34, 113). Die nachträgliche Verfügbarkeit setzt voraus, dass die Urkunde zeitweilig nicht zugänglich, nicht bekannt oder aus sonstigen Gründen nicht benutzbar war (vgl. NRWOVG NVwZ-RR 2003, 535). Danach scheidet § 580 Nr. 7 ZPO auch aus, soweit es sich um öffentlich ausgelegte, jederzeit zu beschaffende oder in behördlichen Akten zugängliche Urkunden handelt (BVerwG Buchh 310 § 153 Nr. 8; B/F-K/vA § 153 Rn. 13; a.A. KS § 153 Rn. 8 für Urkunden in dem Gericht vorliegenden Behördenakten). Nicht erfasst werden auch Urkunden, die lediglich neue Bekundungen von Sachverständigen enthalten (BVerwG, Beschl. v. 7.7. 1994 – 11 B 87.94; a.A. KS § 153 Rn. 8) oder eine schriftliche Zeugenerklärung (BVerwG, Beschl. v. 15.9. 1995 – 11 PKH 9.95). Die Urkunden, auf die die Restitutionsklage gestützt wird, sind der Klageschrift beizufügen (§ 153 I i.V.m. § 588 II 1 ZPO).

III. Entscheidung über die Wiederaufnahme

Das Gericht prüft von Amts wegen die **Zulässigkeit** der Wiederaufnahmeklage (bzw. des Wiederaufnahmeantrags). Bei einem Zulässigkeitsmangel ist die Klage als unzulässig zu verwerfen (§ 153 I i.V.m. §§ 589 I ZPO). Dies kann gemäß § 153 I i.V.m. § 585 ZPO im Beschlusswege durch das OVG entsprechend § 125 II (BVerwG Buchh 310 § 153 Nr. 29; NRWOVG NVwZ 1995, 95) bzw. durch das BVerwG entsprechend § 144 I (vgl. BVerwG Buchh 310 § 153 Rn. 27) erfolgen. Unzulässig ist die Wiederaufnahmeklage auch, wenn das Vorliegen eines Wiederaufnahmegrundes nicht schlüssig dargetan wird (S/S-A/P § 153 Rn. 19; KS § 153 Rn. 4). 19

Bejaht das Gericht die Zulässigkeit der Wiederaufnahmeklage, hat es von Amts wegen zu prüfen, ob die Klage begründet ist, d.h. ein **Wiederaufnahmegrund vorliegt**. Wird dies verneint, ist die Wiederaufnahmeklage durch Sachentscheidung als unbegründet zurückzuweisen, ggf. gemäß § 130a im Beschlusswege. Der Wiederaufnahmeantrag ist stets durch Beschluss zu bescheiden (vgl. BVerwG Buchh 310 § 153 Nr. 33). 20

Ist die Wiederaufnahmeklage begründet, ist die angefochtene Entscheidung aufzuheben; die Sache ist neu zu verhandeln (vgl. § 153 I i.V.m. § 590 I ZPO) und zu entscheiden. Dabei sind Änderungen der Sach- und Rechtslage zu berücksichtigen, soweit dies auch sonst zulässig wäre (BVerwG NVwZ 1989, 68). 21

Die **Kostenentscheidung** ergeht nach den allgemeinen Vorschriften (§§ 154 ff.). Im Falle eines erfolgreichen Wiederaufnahmeverfahrens ist § 154 IV zu beachten. Gegen die Entscheidung im Wiederaufnahmeverfahren steht den Beteiligten das Rechtsmittel zu, das gegen die angefochtene Entscheidung gegeben war (§ 153 I i.V.m. § 591 ZPO). 22

Teil IV. Kosten und Vollstreckung

16. Abschnitt. Kosten

Vorbemerkungen zu §§ 154 bis 166

Übersicht

	Rn.
I. Prozesskosten: Entstehung, Erstattung und Festsetzung	1
1. Primäre und sekundäre Kostentragung	1
2. Prozessualer Erstattungsanspruch	3
3. Kostenfestsetzung	4
II. Grundsätze der Kostenverteilung	6
1. Unterliegens- und Veranlasserprinzip	6
2. Einheitliche Kostenentscheidung	9
3. Grundsatz der Kosteneinheit	12
III. Anwendungsbereich der §§ 154 ff.	14

I. Prozesskosten: Entstehung, Erstattung und Festsetzung

1. Primäre und sekundäre Kostentragung

Jedem Beteiligten eines Verwaltungsrechtsstreits entstehen **Prozesskosten**, nämlich 1
Aufwendungen unmittelbar zum Zweck der Rechtsverfolgung oder aus Anlass einer
Rechtsverteidigung (→ § 162; ThP Vorbem § 91 Rn. 2 ff.). Diese sog. **primäre
Kostentragung** bzw. Kostenentstehung ist nicht Gegenstand der VwGO; sie folgt
Regeln außerhalb des Prozessrechts: An die Gerichtskasse sind Kosten (Gebühren und
Auslagen) nach Maßgabe des GKG und des dort niedergelegten Veranlassungsprinzips
(§ 22 GKG, vgl. auch § 29 Nr. 1 GKG) zu zahlen; dem beauftragten Rechtsanwalt
ist eine Vergütung (Gebühren und Auslagen) zu zahlen, deren Höhe sich nach dem
zivilrechtlichen Dienstleistungsvertrag zwischen Anwalt und Mandant und dem RVG
bemisst. Schließlich muss jeder Beteiligte zur Vorbereitung und Durchführung des
Prozesses selbst eigene Kosten aufbringen (etwa Schreibauslagen oder Reisekosten).
Jeder Beteiligte trägt die ihm entstehenden Kosten nach Maßgabe des jeweiligen
Rechtsverhältnisses selbst.

Demgegenüber betreffen die §§ 154 ff. die Kostenerstattung zwischen den Beteilig- 2
ten (§ 63) innerhalb des Prozesses. Sie regeln, welchem bzw. welchen Verfahrensbeteiligten letztlich sämtliche Prozesskosten zur Last fallen, genauer: wer die entstandenen
Kosten wem und in welcher Höhe zu erstatten hat **(sekundäre Kostentragung)**.
Diese Kostenlastentscheidung gehört zu den zentralen und zugleich sensibelsten Fragen der meisten Gerichtsverfahren, können die Prozesskosten doch den Wert des
Streitgegenstandes deutlich übersteigen und schon bei Teilunterliegen dem Prozess
wirtschaftlich gesehen seinen Sinn nehmen. Der Gesetzgeber ist deshalb verfassungsrechtlich gehalten, für die Verfahrensbeteiligten eine vergleichbare Kostensituation geschaffen und das Risiko am Verfahrensausgang gleichmäßig zu verteilen (BVerfGE 74,

78, 94 = NJW 1987, 2570). Müssen die Beteiligten bei streitiger Entscheidung die Kostenverteilung des Gerichts hinnehmen, so ist etwa eine einvernehmliche Lösung in der Hauptsache kaum zu erzielen, wenn nicht zugleich eine Verständigung über die mit ihr verbundene Kostenlast herbeigeführt werden kann.

2. Prozessualer Erstattungsanspruch

3   Zur Regelung der Kostenerstattung sind in den Prozessgesetzen eigenständige prozessuale Erstattungsansprüche zwischen den Verfahrensbeteiligten geschaffen, die ihre Entstehungsvoraussetzungen im Prozessrechtsverhältnis haben. Die Rechtsgrundlagen dieser Erstattung sind für den Verwaltungsprozess in §§ 154 ff. ausgeformt. Der konkrete Anspruch wird durch eine **Kosten(grund)entscheidung** ausgelöst, die das Prozessgericht in der instanzabschließenden Entscheidung von Amts wegen zu treffen hat (§ 161 I), und zwar als sog. pflichtige Nebenentscheidung, sofern eine Sachentscheidung ergeht, sonst als sog. isolierte Kostenentscheidung (§ 158 II). In ihr wird einem oder mehreren Beteiligten die Kostenlast zugewiesen (§§ 154 bis 161, 162 III), und zwar grds. unabhängig davon, ob oder welche erstattungsfähigen Kosten entstanden sind (Ausnahmen Rn. 15). Nach Maßgabe dieser gerichtlichen Verteilungsentscheidung trägt der belastete Beteiligte seine eigenen Prozesskosten und erstattet den übrigen (begünstigten) Beteiligten ihre Prozesskosten.

3. Kostenfestsetzung

4   Im Streitfall wird der Erstattungsanspruch im Verfahren der **Kostenfestsetzung** beziffert (§ 164). Der Kostenfestsetzungsbeschluss schafft einen neuen Vollstreckungstitel (§ 168 I Nr. 4), der seinerseits der Anfechtung unterliegt (§ 165). Zuständig ist der Urkundsbeamte der Geschäftsstelle (→ § 13 Rn. 2 ff.). Sachlich sind der Kostenfestsetzung alle Entscheidungen über die Erstattungsfähigkeit von Kosten zugeordnet (§ 162). Einzelne Entscheidungen behält das Gesetz jedoch dem Prozessgericht vor (→ § 162 II 2: Anwaltskosten im Vorverfahren; → § 162 III: außergerichtliche Kosten des Beigeladenen). Sachlich gleichgestellt ist die Niederschlagung von Gerichtskosten durch das Gericht wegen unrichtiger Sachbehandlung oder unverschuldeter Unkenntnis des Beteiligten (§ 21 GKG). Gesondert werden nach § 19 GKG die Gerichtskosten angesetzt.

5   Ist ein Beteiligter zur Aufbringung von Prozesskosten wirtschaftlich nicht in der Lage, so kann ihm nach den zivilprozessrechtlichen Modellregeln **Prozesskostenhilfe**, eine Beihilfe aus öffentlichen Mitteln, gewährt werden (§ 166 i. V. m. §§ 114 ff. ZPO).

II. Grundsätze der Kostenverteilung

1. Unterliegens- und Veranlasserprinzip

6   Die Entscheidung über die Kostentragung wird grds. durch das **Unterliegensprinzip** (vgl. § 154 I) dirigiert: Erstattungsverpflichtet ist, wer im Verfahren unterliegt, erstattungsberechtigt, wer obsiegt. Dieser Grundsatz ist eine spezielle Ausformung des Veranlasserprinzips: Die VwGO geht wie die ZPO davon aus, dass der unterliegende Teil das Verfahren durch seine sachlich unberechtigte Weigerung veranlasst und den Gegner zu den Aufwendungen zur Rechtsdurchsetzung genötigt hat (arg. § 156; NKVwGO § 154 Rn. 15).

Vorbemerkungen zu §§ 154 bis 166 §§ 154 bis 166 Vorb.

Wird die generelle Indizwirkung des Unterliegens ausnahmsweise durch speziellere 7
Verursachungsbeiträge überlagert, die meist mit einem Verschulden gekoppelt sind,
so fordert das Ziel der Kostengerechtigkeit (BLAH Übers § 91 Rn. 10) eine Anwendung des **Verursacherprinzips** ungeachtet des Unterliegens. Das bedingt eine **Kostentrennung**. Diese betrifft aber regelmäßig nur ausscheidbare Mehrkosten (vgl. z.B. § 154 IV, § 155 III und IV; § 17b II GVG), selten die gesamten Verfahrenskosten, nämlich dann, wenn der Beklagte keine Veranlassung zur Klage gegeben hat und den Anspruch sofort anerkennt (→ § 159).

Eine weitere Konsequenz des allgemeinen Verursacherprinzips ist die regelmäßige 8
Kostenhaftung des **vollmachtlosen Vertreters** (z.B. der Eltern eines Volljährigen, des Anwalts ohne Vollmacht, Organvorstands ohne Organbeschluss), der den Mangel der Vertretungsmacht kennt (BVerwG NVwZ 1982, 499; BGHZ 121, 397, 400). Die damit verbundene Freistellung des unterlegenen Vertretenen von den Verfahrenskosten ist **ausnahmsweise** nicht gerechtfertigt, wenn der Vertretene die vollmachtlose Tätigkeit erkennbar veranlasst oder den Mangel sonst zu verantworten hat; dann trägt *er* die Kosten einer erfolglosen Prozessführung (BVerwG Buchh 310 § 67 VwGO Nr. 39; a.a.O. § 155 VwGO Nr. 2; KS § 154 Rn. 3). Neben der Haftung des vollmachtlosen Vertreters bleibt die allgemeine Regelung des § 155 IV anwendbar, wonach dem Vertretenen zusätzliche ausscheidbare Kosten auferlegt werden können, wenn er sie schuldhaft verursacht hat (BVerwG NVwZ-RR 1999, 692; → § 155 Rn. 17 ff.).

2. Einheitliche Kostenentscheidung

Nach dem Grundsatz der **Einheitlichkeit der Kostenentscheidung** (Ey vor § 154 9
Rn. 7; Zöller § 92 Rn. 2) ergeht **in** jedem Rechtszug – bezogen nicht auf den Streitgegenstand, sondern auf ein einheitliches Verfahren mit möglicherweise mehreren Streitgegenständen (vgl. § 39 I GKG) – grds. nur eine Kostenentscheidung, und zwar in der instanzbeendenden Entscheidung (§ 161 I). Diese Kostenentscheidung verteilt auch die Kosten eines **Zwischenstreits**, soweit dieser nicht (wie In-Camera-Verfahren nach § 99 II) mit einem Dritten in einem selbstständigen Verfahren geführt wird. Eine Kostenentscheidung ist daher nicht veranlasst, wenn ein Rechtsstreit auf Beschwerde hin an ein anderes Gericht verwiesen wird (→ § 41 Rn. 37 f., sowie bei Beschwerden gegen die Aussetzung des Verfahrens nach § 94 oder die Anordnung des Ruhens nach § 173 S. 1 i.V.m. § 251 ZPO (vgl. BayVGH NVwZ-RR 2004, 698; BayVBl. 1993, 60).

Der Grundsatz bedingt, die Kostenentscheidung der End- oder Schlussentschei- 10
dung **vorzubehalten**, wenn in der Instanz keine oder nur eine Teil- oder Grundscheidung ergeht. Vorzubehalten ist die Kostenentscheidung deshalb auch in einer zurückverweisenden Entscheidung sowie in Beschlüssen, mit denen ein Rechtsmittel zugelassen wird (§ 124a V; § 132 I; „Die Kostenentscheidung bleibt der Entscheidung im Berufungs-/Revisionsverfahren vorbehalten."). Das gilt auch dann, wenn – bei teilweiser Zurückweisung des Zulassungsrechtsmittels – das Rechtsmittel nur teilweise zugelassen wird. **Ausnahmen** sind anzuerkennen, wenn die abschließende Kostenentscheidung von dem vorab erledigten Teil ausnahmsweise vollständig unabhängig ist (z.B. bei vollständiger Ausscheiden eines Streitgenossen hins. dessen außergerichtlicher Kosten). Bei der **Verbindung** von Verfahren zur gemeinsamen Entscheidung (§ 93 S. 1) sind demgemäß die Kosten der mehreren getrennten Verfahren bis zur Verbindung und für die Zeit danach gesondert zu verteilen (BLAH § 91 Rn. 139 f.). Bei Trennung von Verfahren ergeht in allen getrennten Verfahren eine je eigene Kostenentscheidung.

Vorb. §§ 154 bis 166 Teil IV. Kosten und Vollstreckung

11 Wird in einer **Vorinstanz** die Klage teilweise zurückgenommen oder für in der Hauptsache erledigt erklärt, so hat das Gericht hierüber eine gesonderte Kostenentscheidung zu treffen (§ 92 III 1; § 161 II). Diese ist **unanfechtbar** (§ 92 III 2; § 158 II) und kann in einem höheren Rechtszug, in dem der restliche Streit behandelt wird, nicht mehr geändert werden. Der Grundsatz der Einheitlichkeit der Kostenentscheidung zwingt das Rechtsmittelgericht aber dazu, den unanfechtbaren Teil in seine abschließende Kostenentscheidung einzubeziehen und eine Gesamtregelung zu finden. Auch in ihr darf der unanfechtbare Teil jedoch nicht geändert werden.

3. Grundsatz der Kosteneinheit

12 Ergänzend gilt der **Grundsatz der Kosteneinheit** (Ey vor § 154 Rn. 6). Danach hat die Kostenentscheidung sämtliche erstattungsfähigen Prozesskosten (Rn. 1) aller Beteiligten im gesamten Verfahren zu umfassen. Dabei werden kostenrechtlich alle Rechtszüge und alle unselbstständigen Neben- und Zwischenverfahren als Einheit aufgefasst. Von den **Zwischenverfahren** soll eine Vorlage an das BVerfG nach Art. 100 GG außer Ansatz zu lassen sein, weil dort Gerichtskosten nicht erhoben und Parteikosten nicht erstattet werden. Wohl umfassen das Kosten des Verfahrens die Kosten, die den Beteiligten bei Anrufung des EuGH entstanden sind (BVerwG Buchh 451.90 EWG-Recht Nr. 6 = DokBer A 1973, 283; NKVwGO § 162 Rn. 120). Der Grundsatz verbietet demnach Kostenentscheidungen, die auf einzelne Kostenbestandteile, Verfahrens- oder Zeitabschnitte bezogen sind (MK-ZPO § 92 Rn. 11). **Ausnahmsweise** sehen Bestimmungen aus übergeordneten Gründen der Kostengerechtigkeit eine Kostentrennung vor (Rn. 7), etwa bei Verbindung und Trennung (Rn. 10). Zum Sonderfall der Kostenverteilung bei Weiterverfolgung eines **Anschlussrechtsmittels** nach Zurücknahme des hauptsächlichen Rechtsmittels vgl. BVerwGE 132, 254 = NVwZ 2009, 666.

13 Die instanzabschließende Kostenentscheidung verteilt nicht nur die Kosten des Rechtszuges, in dem sie ergeht, sondern die **Kosten aller bisherigen Rechtszüge** – eben die Kosten „des" Verfahrens (§ 154 I), das über alle Instanzen hinweg als Einheit begriffen wird. Die Verteilung sämtlicher Kosten aller Rechtszüge bemisst sich nach dem Prozessausgang in der tatsächlich letzten Instanz („Alles-oder-Nichts-Prinzip", NKVwGO § 154 Rn. 18). Bei teilweisem Unterliegen (§ 155) ist die Bildung von Kostenquoten geboten, in die alle kostenrelevanten Vorgänge einbezogen und ins Verhältnis gesetzt werden.

III. Anwendungsbereich der §§ 154 ff.

14 Der Anwendungsbereich der §§ 154 ff. ist unter Beachtung der Kostengrundsätze zu bestimmen. Danach gelten die Vorschriften für alle „Verfahren", die mit einer **instanzbeendenden Entscheidung** abschließen und dadurch die Identifizierung des oder der unterliegenden Beteiligten möglich machen. Eine Kostenentscheidung ist daher zu treffen in allen Urteils- und selbstständigen Beschlussverfahren, gleichgültig, ob sie mit oder ohne Sachentscheidung beendet werden (§ 161 I), sowie in Rechtsmittelverfahren. Kein Rechtsmittel ist der Abänderungsantrag nach § 80 VII (→ § 154 Rn. 9). Dasselbe gilt für die erfolglose Anhörungsrüge nach § 152a; bei der erfolgreichen Anhörungsrüge wird das Ausgangsverfahren fortgeführt, das Rügeverfahren gilt dann als unselbstständiges Zwischenverfahren, über dessen Kosten mit der Schlussentscheidung entschieden wird. Ob in einem Verfahren tatsächlich Prozesskosten angefallen sind, ist kein Kriterium, von einer Entscheidung abzusehen. Auch

wenn keine Gerichtsgebühren entstehen oder keine Kosten zu erstatten sind, ist stets jedenfalls über die eigenen außergerichtlichen Kosten des Unterlegenen zu befinden.

Eine Kostenentscheidung ist im Ausgangspunkt auch für **Neben- und Nachver-** 15 **fahren** wie PKH, isolierte Streit- und Gegenstandswert- und Kostenfestsetzung sowie in Vollstreckungsverfahren zu treffen. Jedoch enthält das einschlägige Recht oft Sonderregeln, die eine Kostenentscheidung sachlich überflüssig machen. So wird im Beschwerdeverfahren gegen die Ablehnung von PKH nur eine Festgebühr fällig (Nr. 5502 KV zum GKG) und zwischen den Verfahrensbeteiligten werden Kosten nicht erstattet (vgl. § 127 IV und § 118 I 4 ZPO; ähnlich § 66 VIII GKG, § 11 II RVG, § 4 VIII JVEG).

Keine Kostenentscheidung enthalten nicht instanzabschließende Beschlüsse 16 über Zulassungsrechtsmittel und Teilentscheidungen sowie Entscheidungen in unselbstständigen Zwischenverfahren (Rn. 9). Deren Kosten müssen nach dem Grundsatz der Kosteneinheit von der späteren Kostengrundentscheidung umfasst sein (Rn. 10, zu einer Ausnahme bei Verweisung → § 41 Rn. 38). Bei zurückverweisenden Entscheidungen (nach § 130 II; § 144 II Nr. 2) ist die Kostenentscheidung der Schlussentscheidung vorzubehalten, welche die abschließende Sachentscheidung enthält und erst den unterliegenden Teil bestimmt. Die Kosten der Instanz, aus der zurückverwiesen worden ist, gehören zu den Kosten des Verfahrens i. S. der §§ 154 ff.

§ 154 [Kostentragungspflicht]

(1) **Der unterliegende Teil trägt die Kosten des Verfahrens.**

(2) **Die Kosten eines ohne Erfolg eingelegten Rechtsmittels fallen demjenigen zur Last, der das Rechtsmittel eingelegt hat.**

(3) **Dem Beigeladenen können Kosten nur auferlegt werden, wenn er Anträge gestellt oder Rechtsmittel eingelegt hat; § 155 Abs. 4 bleibt unberührt.**

(4) **Die Kosten des erfolgreichen Wiederaufnahmeverfahrens können der Staatskasse auferlegt werden, soweit sie nicht durch das Verschulden eines Beteiligten entstanden sind.**

I. Kostenhaftung des Unterliegenden (I)

§ 154 I formuliert mit der Vollhaftung des unterliegenden Teils das **Grundprinzip** 1 des Kostenrechts (→ vor § 154 Rn. 6). Die Zuweisung der Kostentragung („trägt") ist die Grundlage für die Kostenerstattung unter den Beteiligten und – im Streitfall – der Festsetzung im Kostenfestsetzungsbeschluss (§ 164). Der obsiegende Teil erhält dadurch vice versa einen Erstattungsanspruch gegen den unterliegenden. Ohne diesen bleibt es bei der primären Kostentragung, wonach jeder Beteiligte die ihm (aus anderen Rechtsgründen) entstehenden Kosten selbst trägt (→ vor § 154 Rn. 1).

Mit „**Teil**" i. S. v. I sind nur die Hauptbeteiligten nach § 63 Nrn. 1 und 2 gemeint, 2 also Kläger oder Beklagter bzw. Streitgenossen (§ 64), ggf. der vollmachtlose Vertreter einer unterliegenden Partei (→ vor § 154 Rn. 8). Von den Nebenbeteiligten (§ 63 Nrn. 3 und 4) können unter den in § 154 III genannten Voraussetzungen nur Beigeladene an den Kosten beteiligt werden. Für andere Nebenbeteiligte (VBI, VöI, Bundesbeauftragte und Vertreter der Interessen des Ausgleichsfonds) fehlt es an einer entsprechenden Regelung (wohl aber gilt II, Rn. 11).

§ 154

3   Ein Hauptbeteiligter **unterliegt**, wenn und soweit der Urteilsausspruch hinter seinem Begehren zurückbleibt. Die Haftung nach I setzt aber ein **vollständiges** Unterliegen voraus; bei teilweisem Unterliegen gilt § 155 I. Das Obsiegen/Unterliegen ist zwar in jedem Rechtszug eigenständig zu beurteilen, in höheren Rechtszügen aber auch für die Vorinstanzen. Daher ist für das Unterliegen letztlich nur der abschließende Prozesserfolg maßgeblich, also das rechtskräftige Ergebnis in der tatsächlich letzten Instanz, die das Ergebnis „des [gesamten] Verfahrens" festlegt; Obsiegen in einer Zwischeninstanz bleibt ohne Bedeutung („Alles-oder-Nichts"-Prinzip → vor § 154 Rn. 13). Bezogen auf das Gesamtergebnis ist die Formulierung „Der … trägt die Kosten des Verfahrens" ausreichend. In der Praxis wird aber häufig klarstellend hinzugefügt, für welche Rechtszüge dies gelten soll. Erforderlich ist dies aber nur, wenn die Kostentragung für Ausgangs- und Rechtsmittelverfahren voneinander abweicht (§ 154 II).

4   Anknüpfungspunkt ist der formale Gesichtspunkt des erfolglosen Ergreifens eines Rechtsbehelfs; das **Prozessverhalten** ist grds. unerheblich. Davon gibt es jedoch **Ausnahmen**, die unter speziellen Verursachungs- bzw. Verschuldensgesichtspunkten eine Haftung für Mehr-, Teil- oder Gesamtkosten unabhängig vom Prozesserfolg vorsehen (§ 154 II, § 155 III und IV, § 156). Sie sind gegenüber dem allgemeinen Unterliegensprinzip spezieller und daher vorrangig.

5   Die **Kosten des Verfahrens** (Prozesskosten) werden für das Kostenrecht allgemeingültig in § 162 bestimmt. Wegen dieser Definition muss das Gericht die Kostenbestandteile nicht einzelnen bezeichnen. Davon gibt es die Ausnahme der außergerichtlichen Kosten des Beigeladenen, die gemäß § 162 III nur dann erstattungsfähig sind, wenn das Gericht dies ausdrücklich ausspricht. Diese Entscheidung gehört zur Kostengrundentscheidung – anders als die nach § 162 II 2 zu treffende Entscheidung über die Notwendigkeit der Zuziehung eines Bevollmächtigten für das Vorverfahren (→ § 162 Rn. 46). Die erstattungsfähige **Höhe** der Verfahrenskosten wird im Streitfall in der Kostenfestsetzung (§ 164) präzisiert und kann gerichtlich überprüft werden (§ 165).

II. Erfolglose Rechtsmittel (II)

6   Bei der Kostenverteilung in Rechtsmittelverfahren bleibt das Gesetz konsequent dem **Unterliegensprinzip** verhaftet. Einer ergänzenden Regelung bedarf es aber deshalb, weil sich das Unterliegen bzw. Obsiegen bezogen auf die Vorinstanz umkehren kann. Bestätigt die Rechtsmittelentscheidung das Ergebnis der angefochtenen Entscheidung – bleibt das Rechtsmittel also erfolglos –, so kann es bei der in Anwendung des § 154 I gefassten Kostenentscheidung der Vorinstanz, die den erfolglosen Angreifer in der Rechtsmittelinstanz bereits belastet, sein Bewenden haben; zu verteilen sind – vorbehaltlich einer weiteren Korrektur durch das nächste Rechtsmittelgericht – nur noch die Kosten des Rechtsmittelverfahrens: Diesen Fall regelt **Abs. 2**.

7   Anders verhält es sich, wenn das **Rechtsmittel** (vollständig) **Erfolg** hat. Da die Kostentragung i. S. des Alles-oder-Nichts-Prinzips am abschließenden Prozesserfolg gemäß der Entscheidung in der letzten Instanz auszurichten ist (Rn. 3), trifft die Kostentenscheidung der Vorinstanz nicht mehr zu. Das Rechtsmittelgericht hat I anzuwenden und nach dem Grundsatz der Kosteneinheit (→ vor § 154 Rn. 12) am neuen Verfahrensergebnis zu orientieren: Der insgesamt unterliegende Rechtsmittelgegner hat nach § 154 I die Kosten des Verfahrens in allen Rechtszügen zu tragen.

8   Um ein **Rechtsmittel** handelt es sich nach durchgängigem Sprachgebrauch der VwGO (→ § 58 Rn. 2) bei jedem prozessualen Mittel, das die Überprüfung einer

nicht rechtskräftigen Entscheidung durch eine höhere Instanz eröffnet (Berufung, Revision, Beschwerde). Der Begriff des Rechtsmittels in § 154 II wird in der Praxis aber häufig weiter verstanden. Er umfasst auch vorgeschaltete – erfolglose – Verfahren auf Zulassung eines Rechtsmittels, obwohl diese selbst bloße Rechtsbehelfe sind (→ § 133 Rn. 2). Nach dem Aufbau der Verwaltungsgerichtsbarkeit (§ 2) kommen als **Rechtsmittelgerichte** nur das OVG und das BVerwG in Betracht (vgl. §§ 46, 49).

Kein Rechtsmittel ist die **Anhörungsrüge**, sodass dem Antragsteller die Kosten einer erfolglosen Rüge nach § 154 I aufzuerlegen sind (→ § 152a Rn. 12). Kein Rechtsmittel, sondern ein neues selbstständiges Verfahren i.S. der §§ 154 ff. ist auch der Abänderungsantrag nach § 80 VII, sodass nur über die Kosten des Abänderungsverfahrens (nicht des gesamten Verfahrens nach § 80 V neu) zu entscheiden ist. **9**

Ohne Erfolg eingelegt ist ein Rechtsmittel, wenn es (als unzulässig) verworfen oder (als unbegründet) zurückgewiesen wird. Bei **Teilerfolg** eines Rechtsmittels ist § 155 I anzuwenden, wobei die Kostenanteile nach § 154 I und II zu bestimmen sind. Wird **teilweise zurückgewiesen**, so kann die Kostenentscheidung dem Endurteil vorbehalten bleiben. Anders bei Erfolglosigkeit eines Rechtsmittels **gegen ein Teilurteil**: Da ein Urteil, das ein Rechtsmittel zurückweist, von der Entscheidung eines etwaigen noch unbeschiedenen Anspruchsteils unabhängig ist, sind die Kosten des erfolglosen Rechtsmittels nicht dem Endurteil vorzubehalten, sondern nach § 154 II dem Rechtsmittelführer aufzuerlegen (BVerwG 36, 16, 21 = DVBl. 1970, 902). **10**

§ 154 II greift nicht nur bei den Hauptbeteiligten ein, sondern auch zulasten von **drittbeteiligten Rechtsmittelführern** (Beigeladene vgl. III, VBl, VöI nach §§ 35 f.). Im Verhältnis zwischen ihm und einem ebenfalls unterlegenen Hauptbeteiligten gilt die Regelung des § 159 über eine Mehrheit von Kostenpflichtigen. Legen mehrere (Haupt- und/oder Neben)Beteiligte erfolglos Rechtsmittel ein, so sind §§ 155 I, 154 II anzuwenden (BVerwG Buchh 310 § 155 VwGO Nr. 7). **11**

III. Kostenbelastung des Beigeladenen (III)

In III wird geregelt, unter welchen Voraussetzungen einem Beigeladenen Prozesskosten der übrigen Beteiligten auferlegt werden dürfen. Liegen diese Voraussetzungen nicht vor, so bleibt er frei, kann i.d.R. aber auch keine Erstattung seiner eigenen Aufwendungen verlangen (§ 162 III, vgl. dort → Rn. 65 ff.). Liegen sie vor, so ist eine Kostentragung allerdings zwingend; die Wendung „können nur auferlegt werden" begründet kein Ermessen, sondern eine Befugnis des Gerichts (Ey § 154 Rn. 8; KS § 154 Rn. 8, str.). Die Vorschrift ist auf den VBl und den VöI **nicht** entsprechend anwendbar. Sie werden gemäß II nur an den Kosten eines von ihnen eingelegten Rechtsmittels beteiligt (Rn. 11). **12**

Die Erwähnung der Kostentragung von – einfach oder notwendig – Beigeladenen, die erfolglos Rechtsmittel eingelegt haben, ist gegenüber II deklaratorisch (Rn. 11). Eine originäre Kostenhaftung besteht aber für den Fall der Beteiligung an einem Verfahren durch **Antragstellung**. Erforderlich ist ein erfolgloser Sachantrag in einem Ausgangsverfahren oder in einem von anderen eingeleiteten Rechtsmittelverfahren. Als Sachantrag kann bei Beigeladenen meist nur Abweisung bzw. Zurückweisung in Betracht (BLAH § 297 Rn. 7 „Klageabweisung"). Reine **Verfahrensanträge** (auf Ruhen, Vertagung, Verweisung, Beweiserhebung usw., vgl. BLAH § 297 Rn. 5) oder sonstige Angriffs- oder Verteidigungsmittel lösen die Kostentragungspflicht nicht aus. Für dadurch entstehende Mehrkosten bleibt es bei der Regelung in § 159 S. 1 i.V.m. § 100 III ZPO. Der Sachantrag muss ausdrücklich gestellt sein; Ausführungen zur Sa- **13** che genügen nicht. Wird mündlich verhandelt, muss ein schriftsätzlich angekündigter Antrag nach allgemeinen Regeln gestellt werden (→ § 103 Rn. 13). Die Anbringung in einem Schriftsatz genügt aber im schriftlichen Verfahren sowie bei Nichterscheinen des Beigeladenen in der mündlichen Verhandlung.

14 Eine Kostentragung **ohne einen Antrag** kommt nur in den Fällen des § 155 IV in Betracht (§ 154 III Hs. 2, → § 155 Rn. 17). Die Kosten eines Vorverfahrens, an dem der Beigeladene nicht beteiligt war, können ihm nicht auferlegt werden (Ey § 154 Rn. 9).

15 Der Beigeladene muss gemessen an seinem Antrag **unterlegen** sein; nach dem auch insoweit mitgedachten Unterliegensprinzip scheidet eine Kostentragung bei Obsiegen von vornherein aus; es ist dann § 162 III einschlägig. Die Rücknahme eines Sachantrags kommt einem Unterliegen gleich (Ey § 154 Rn. 9; str.). Kein Unterliegen tritt ein, wenn die Hauptbeteiligten das Verfahren unstreitig erledigen (durch Rücknahme, Hauptsachenerledigungserklärungen, Vergleich oder Anerkenntnis).

IV. Kosten eines erfolgreichen Wiederaufnahmeverfahrens (IV)

16 Die sprachlich wenig geglückte Vorschrift regelt den seltenen Fall der Kostenverteilung in einem erfolgreichen Wiederaufnahmeverfahren nach § 153. Das VG, das die Wiederaufnahme anordnet, wird ermächtigt, ausscheidbare Mehrkosten der Staatskasse oder einem Beteiligten aufzuerlegen, durch dessen Verschulden die Mehrkosten entstanden sind. Umfasst sind aber nur die Kosten bis zum Wiedereintritt in die Verhandlung zur Sache, nicht auch diejenigen des Hauptsacheprozesses. Damit sieht das Gesetz eine Abweichung vom Unterliegensprinzip (§ 154 I) vor. Sie begünstigt potenziell alle Verfahrensbeteiligten, effektiv denjenigen, der in der Hauptsache unterliegt (Ey § 154 Rn. 10).

17 Das VG hat eine sachgerechte **Ermessensentscheidung** über die Kostentragung zu treffen, die sich vorrangig daran zu orientieren hat, in wessen Sphäre der Wiederaufnahmegrund liegt (vgl. § 153 I i.V.m. § 579, 580 ZPO). Dem obsiegenden Wiederaufnahmekläger können die Kosten insbes. dann angelastet werden, wenn er eine Urkunde auffindet oder zu benutzen in den Stand gesetzt wird, die eine ihm günstigere Entscheidung herbeigeführt haben würde (§ 580 Nr. 7b ZPO). Findet sich kein spezifischer Grund für die Kostentragung, bleibt es bei der Kostentragungspflicht des Unterliegenden.

§ 155 [Kostenteilung]

(1) ¹**Wenn ein Beteiligter teils obsiegt, teils unterliegt, so sind die Kosten gegeneinander aufzuheben oder verhältnismäßig zu teilen.** ²**Sind die Kosten gegeneinander aufgehoben, so fallen die Gerichtskosten jedem Teil zur Hälfte zur Last.** ³**Einem Beteiligten können die Kosten ganz auferlegt werden, wenn der andere nur zu einem geringen Teil unterlegen ist.**

(2) Wer einen Antrag, eine Klage, ein Rechtsmittel oder einen anderen Rechtsbehelf zurücknimmt, hat die Kosten zu tragen.

(3) Kosten, die durch einen Antrag auf Wiedereinsetzung in den vorigen Stand entstehen, fallen dem Antragsteller zur Last.

(4) Kosten, die durch Verschulden eines Beteiligten entstanden sind, können diesem auferlegt werden.

Kostenteilung **§ 155**

Übersicht

	Rn.
I. Teilunterliegen (I)	1
1. Anwendungsbereich	1
2. Begriff des teilweisen Unterliegens	3
3. Einzelfälle	4
4. Ermessensentscheidung des Gerichts	7
a) Möglichkeiten der Verteilung	7
b) Maßstäbe für die Ermessensausübung	9
c) Quotenbildung	10
d) Geringfügiges Unterliegen	12
II. Rücknahme von Rechtsbehelfen (II)	13
III. Kosten der Wiedereinsetzung (III)	16
IV. Verschuldete Kosten (IV)	17
1. Spezialregelung	17
2. Verschuldensbegriff	20
3. Beispiele für kostenverursachendes Fehlverhalten	22
a) Vorprozessuales Verhalten	23
b) Fehlverhalten im Prozess	25
c) Fehlverhalten des Gerichts	27

I. Teilunterliegen (I)

1. Anwendungsbereich

§ 155 I (entspr. § 92 ZPO) wendet das Unterliegensprinzip des § 154 I (→ vor § 154 **1** Rn. 6) auf Fälle des teilweisen Unterliegens eines **Hauptbeteiligten** i.S.v. § 63 Nrn. 1, 2 und § 64 (Kläger, Beklagten, Streitgenossen) an, und zwar ohne Rücksicht auf deren Beteiligungs- oder Prozessfähigkeit (BGHZ 121, 397 = NJW 1993, 1865). Die Vorschrift wird von der wohl h.M. auch bei Teilunterliegen eines **Beigeladenen** angewendet (vgl. BeckOK VwGO § 154 Rn. 1; S/S-A/P § 154 Rn. 2; KS § 154 Rn. 1). Jedoch sollte es im Ausgangsverfahren und jedem nicht vom Beigeladenen initiierten Rechtsmittelverfahren mit der Anwendung von § 154 III (Kostenbelastung von Beigeladenen) und § 162 III (Kostenerstattung von Beigeladenen) sein Bewenden haben (ebenso Ey § 154 Rn. 2); bei Rechtsmitteleinlegung durch den Beigeladenen gilt § 154 II auch im Fall des Teilunterliegens.

Die Vorschrift gilt auch in **Rechtsmittelverfahren**. Bei teilweisem Unterliegen **2** ist eine einheitliche Kostenentscheidung zu fassen, die sich – differenziert nach den Streitgegenstandsteilen – für alle Rechtszüge nach § 154 I am Gesamtunterliegen orientiert und i.Ü. am Unterliegen im Rechtsmittelverfahren an § 154 II.

2. Begriff des teilweisen Unterliegens

Wie bei § 154 (Rn. 3) ist das **Maß des Unterliegens** danach zu bestimmen, was dem **3** Kläger oder Rechtsmittelführer in der gerichtlichen Sachentscheidung im Verhältnis zu seinem Sachantrag zugesprochen worden ist. Unterliegen ist grds. jedes Zurückbleiben des Tenors hinter dem antragsmäßig – u.U. nach Hinweis im Rechtsgespräch (§ 86 III) – im Tenor gefassten Sachbegehren. Regelmäßig ist das Teilunterliegen an der Formulierung im Tenor zu erkennen: „Im Übrigen wird die Klage abgewiesen/(das Rechtsmittel) zurückgewiesen". Wie stets kommt es auf das Gesamtergebnis nach Abschluss aller Instanzen an (→ vor § 154 Rn. 13). Der **Grund** für das Unterliegen ist unerheblich (nicht aber für die Kostenverteilung bei Erledigung → § 161 Rn. 31).

§ 155

§ 155 I greift auch ein, wenn der Prozessausgang etwa auf eine nachträgliche Gesetzesänderung oder auf ein Nachgeben des Beklagten zurückzuführen ist. Es bleibt dem Kläger unbenommen, solchen Umständen durch Erledigungserklärung (§ 161 II) Rechnung zu tragen, um u. U. die Kostenlast zu vermeiden. Bei streitiger Entscheidung sind verhaltensbezogene Umstände ansonsten nur im Rahmen des § 155 IV bedeutsam.

3. Einzelfälle

4 **Beispiele** für Teilunterliegen: Bei teilbarem Streitgegenstand, insbes. einer Geldforderung, wird nur ein Teil des mit Klage oder Widerklage geltend gemachten Anspruchs zuerkannt; ein angefochtener VA wird nur teilweise aufgehoben; zum Erlass eines erstrebten VA wird mit der Maßgabe verpflichtet, diesen mit einer Auflage zu versehen. Stattgabe nur hins. des Hilfsantrags bei Abweisung des Hauptantrags (arg. § 45 I 2 GKG). Das Unterliegen kann sowohl auf den Haupt- wie auf einen Nebenanspruch oder auf beides und auch auf das Verhältnis zwischen Leistungs- und Feststellungsantrag zutreffen. Weitere Beispiele bei S/S-A/P § 155 Rn. 2 ff.; BLAH § 92 Rn. 6 bis 26; MK-ZPO § 92 Rn. 3 ff.

5 Mit einem **Bescheidungsantrag** unterliegt ein Kläger i. S. v. I 1 **teilweise**, wenn das Gericht im Bescheidungsurteil mit seiner Rechtsauffassung eine geringere Bindung des Beklagten für dessen erneute Entscheidung bewirkt, als sie der Kläger angestrebt hat (BVerwG, Urt. v. 17.11. 2006 – 7 C 2.09; Buchh 421.0 Prüfungswesen Nr. 157).

6 Für das **Normenkontrollverfahren** nach § 47 ist die Besonderheit zu beachten, dass der Antragsteller nach der Rspr. des BVerwG auch dann obsiegt, wenn er mit seinem Begehren in der Sache nur teilweise durchdringt, die Norm also nur zum Teil für nichtig erklärt wird; die Kosten sind dann nach § 154 I zu verteilen (BVerwGE 88, 268 = NVwZ 1992, 373), es sei denn, die Teilnichtigerklärung ist für den Antragsteller nutzlos (dann gilt § 155 I).

4. Ermessensentscheidung des Gerichts

7 **a) Möglichkeiten der Verteilung.** Das Gericht hat nach § 155 I 1 eine **Ermessensentscheidung** über die Art der Kostenteilung zu treffen. § 155 I S. 1 und 3 eröffnen dazu drei Möglichkeiten, zwischen denen zu wählen ist: die Kosten gegeneinander aufzuheben, sie verhältnismäßig zu teilen oder sie einem Beteiligten ganz aufzuerlegen.

8 **Gegeneinander Aufheben** ist in I 2 nur teilweise definiert. Es bedeutet, dass die Gerichtskosten (→ § 162 Rn. 4) hälftig geteilt werden und jeder Hauptbeteiligte seine außergerichtlichen Kosten selbst trägt (vgl. § 160 S. 1 und 2), Kosten also nicht erstattet werden. Für eine Kostenfestsetzung ist damit kein Raum mehr. Demgegenüber erfordert eine **verhältnismäßige Kostenteilung** die Bestimmung, welche Anteile an den Gesamtkosten die Beteiligten jeweils zu tragen haben, also eine Zuweisung von Kostenquoten (Rn. 10).

9 **b) Maßstäbe für die Ermessensausübung.** Sein **Ermessen** bei der Wahl der Kostenverteilung hat das Gericht **sachgerecht auszuüben**. Eine verhältnismäßige **Teilung** ist grds. angezeigt, wenn das Unterliegen des einen Teils dasjenige des anderen überwiegt. Im Grundsatz hat das zur Folge, dass jede Partei einen Teil der Gesamtkosten zu tragen hat. Für die **Kostenaufhebung** spricht potenziell, aber nicht zwingend, dass sich das Maß des wechselseitigen Unterliegens in etwa die Waage hält. Das Gericht muss jedoch die dadurch bewirkte **tatsächliche Kostenlast** berücksichtigen (BVerwG

Kostenteilung **§ 155**

Buchh 310 § 155 VwGO Nr. 7). Insofern besteht gegenüber dem Zivilprozess die Besonderheit, dass sich die beklagte Behörde – anders als eine Naturalpartei – häufig nicht anwaltlich vertreten lässt. In einer solchen Lage bewirkt die Kostenaufhebung ein unbilliges Ergebnis, wenn die Behörde keine Anwaltskosten mitzutragen hätte, obwohl dem Kläger die anwaltliche Vertretung aus Rechtsgründen (§ 67 II) oder aus Gründen der Waffengleichheit, insbes. bei schwierigeren Fällen, zugestanden werden muss (Ey § 155 Rn. 4).

c) Quotenbildung. Maßgebend für die Bildung der Kostenquote ist das Verhältnis **10** der Verlustanteile zueinander. Die Kostenverteilung hat grds. dem **umgekehrten Prozesserfolg** zu entsprechen, wobei Verteilungsmaßstab der Gesamtgebührenstreitwert ist, der wiederum vom Streitgegenstand abhängt (NKVwGO § 155 Rn. 28; MK-ZPO § 92 Rn. 11). Die Quoten werden üblicherweise in Brüchen oder Prozentsätzen ausgedrückt, es können aber auch feste Beträge angegeben und eine Kombination dieser Möglichkeiten gewählt werden. Letzteres sollte aus Gründen der Klarheit jedoch vermieden werden (BLAH § 92 Rn. 33 ff.). Unzulässig ist eine Aufteilung unter Verstoß gegen den Grundsatz der Kosteneinheit nach Streitgegenständen oder Verfahrensabschnitten (→ vor § 154 Rn. 12). Die Ermessenspraxis der Gerichte begnügt sich allgemein damit, grobe Quoten auszuwerfen; eine Feinberechnung (mit Prozentsätzen bis hinter das Komma) ist aber bei sehr hohen Streitwerten u. U. geboten.

Bei Unterliegen eines oder einzelner von mehreren **Streitgenossen** (§ 64) sind die **11** Kosten nach Quoten zu verteilen, wobei nach der Baumbach'schen Kostenformel die Quoten für Gerichtskosten und außergerichtliche Kosten getrennt ausgedrückt werden müssen; § 159 gilt dann nicht (→ § 159 Rn. 3).

d) Geringfügiges Unterliegen. Bei **geringfügigem** Unterliegen können einem **12** Beteiligten die Kosten ganz auferlegt werden (I 3). Das Wort „können" drückt ein echtes gerichtliches Ermessen aus. Voraussetzung ist die Geringfügigkeit, die i.d.R. am Maß des Unterliegens im Verhältnis zum Gebührenstreitwert festzustellen ist, wo keine bezifferbaren Streitgegenstandsteile vorliegen, nach der Bedeutung für den Unterliegenden (vgl. BVerwG NVwZ 1989, 765). Die Praxis nimmt Geringfügigkeit bis zu einer 10%-Grenze an (BLAH § 92 Rn. 49). Die Auferlegung erfordert auch dann regelmäßig das Vorliegen besonderer Billigkeitsgründe, die es rechtfertigen, den Gegner trotz Teilobsiegens zu belasten.

II. Rücknahme von Rechtsbehelfen (II)

Die Regelung über die – grds. zwingende (Rn. 17) – Kostenbelastung bei Rücknah- **13** me (§ 92) eines Rechtsbehelfs (zum Begriff → § 58 Rn. 2) ist ein **Spezialfall des Unterliegensprinzips**. Das Gesetz unterstellt, dass sich die Zurücknehmende in die Rolle des Unterliegenden begeben habe; nach den Gründen ist nicht zu fragen. Die Rücknahme löst deshalb einen Automatismus aus, sodass der Rechtsbehelfsführer alle Kosten der Instanz zu tragen hat. Das stimmt mit der Veranlasserkostenhaftung des Antragstellers nach § 22 GKG überein. Die Regelung ist **nachrangig** gegenüber der Klagerücknahme aufgrund Verpflichtung in einem außergerichtlichen Vergleich (§ 160), bei Untätigkeitsklage (§ 161 III) und gegenüber der Pflicht zur Tragung verschuldeter Kosten (§ 155 IV → Rn. 17).

Die Aufzählung der Rechtsbehelfe (Antrag, Klage, Rechtsmittel, ein anderer **14** Rechtsbehelf) zeigt, dass die Regelung auf jedes Haupt-, Eil-, Neben- oder Zwischenverfahren anwendbar ist. Allerdings bezieht sie sich ausschließlich auf die **Kos-**

ten im jeweiligen Rechtszug. Bei Rücknahme eines Rechtsmittels (Beschwerde, Berufung, Revision usw.) gilt II auch für die Rechtsmittelkosten, bei Rechtsmittel in Zwischenverfahren (wie einem Streit über die Wiedereinsetzung → Rn. 16) für die dadurch veranlassten, **ausscheidbaren Kosten.** Wer Rechtsmittelführer ist, hat keine Bedeutung; auch der VBI, VöI kann daher mit Kosten belastet werden. Zu den erstattungsfähigen Kosten gehören grds. auch die Kosten eines unselbstständigen **Anschlussrechtsmittels**, das infolge der Rücknahme unzulässig wird (§ 127 V; § 141 S. 1), es sei denn der Anschließende besteht auf einer Entscheidung (BVerwGE 72, 165; 132, 254 = NVwZ 2009, 666; Ey § 155 Rn. 8 m. w. N.).

15 Bei **Teilrücknahme** (und streitiger Entscheidung i. Ü.) ist gemäß § 155 I eine einheitliche Kostenentscheidung für alle Rechtszüge zu treffen, bei der hins. des zurückgenommenen Teils § 155 II anzuwenden, also wie bei einem Teilunterliegen zu entscheiden ist. Im etwaigen weiteren Rechtsmittelverfahren im nächsten Rechtszug wird die Kostenentscheidung auch für den zurückgenommenen Teil „mitgezogen" (Ey § 158 Rn. 6).

III. Kosten der Wiedereinsetzung (III)

16 Wird dem Rechtsschutzsuchenden bei Versäumung einer Rechtsbehelfsfrist Wiedereinsetzung in den vorigen Stand gewährt (§ 60), so hat er nach III die „durch" den Antrag auf Wiedereinsetzung entstehenden, also **ausscheidbaren Mehrkosten** zu tragen, und zwar unabhängig davon, ob er später in der Hauptsache obsiegt. Die Mehrkosten müssen bestimmbar sein, anderenfalls geht die Vorschrift ins Leere. Bei abgesonderter Entscheidung über die Wiedereinsetzung (etwa im Beschwerdeverfahren) enthält die instanzbeendende Entscheidung eine eigene Kostenentscheidung; ob für diese ebenfalls III gilt, ist streitig (S/S-A/P § 155 Rn. 18; Ey § 155 Rn. 9). Jedenfalls bei Wiedereinsetzung und Zurückverweisung ist § 154 I anzuwenden. Die Vorschrift gilt ihrem Wortlaut nach nur für eine **beantragte** Wiedereinsetzung, sie wird auf die Wiedereinsetzung von Amts wegen aber entsprechend angewendet (KS § 155 Rn. 13; S/S-A/P § 155 Rn. 19).

IV. Verschuldete Kosten (IV)

1. Spezialregelung

17 Die generalklauselartige Bestimmung **überlagert** im Rahmen ihres Anwendungsbereichs als lex specialis alle anderen Kostenregelungen. Lediglich § 161 III trifft eine auch ihr gegenüber speziellere Regelung. Eine verschuldensunabhängige Mehrkostenhaftung sehen nur § 155 III und § 159 S. 1 i. V. m. § 100 III ZPO vor. Die **Kosten bei Verweisung** des Rechtsstreits sind in § 17b II GVG besonders geregelt (→ § 41 Rn. 37; → § 83 Rn. 13).

18 Die Regelung gilt zwar im Ausgangspunkt für alle Beteiligten i. S. des § 63, praktisch trifft sie jedoch nur eine **obsiegende Partei**, deren kostenerhöhendes Fehlverhalten sie zugunsten des Unterliegenden korrigieren soll. Beim Fehlverhalten des Unterliegenden ist eine Korrektur weder möglich noch nötig, denn er trägt ohnehin die Kosten.

19 Es ist nicht gerechtfertigt, in einem Fall des § 155 IV stets **Prozesskostenhilfe** (§ 166 i. V. m. § 114 ZPO) zu versagen, weil die Vorschriften unterschiedlichen Zielen dienen (BVerwG NVwZ-RR 1999, 587). Es ist lediglich zu prüfen, ob ein von § 155 IV erfasstes Verhalten zugleich als mutwillig im Sinne von § 114 ZPO angesehen werden kann.

Kostenteilung **§ 155**

2. Verschuldensbegriff

Voraussetzung ist die Feststellung eines spezifischen vorwerfbaren Verhaltens, das iso- 20
lierbare Mehrkosten verursacht. Der **Verschuldensbegriff** entspricht dem in § 60 I
(→ § 60 Rn. 8 f.). Jeder Beteiligte muss sich das Verschulden seiner Bevollmächtigten,
Vertreter und Hilfspersonen zurechnen lassen. Bei Behörden ist ebenso ein individuelles Verhalten von Amtswaltern schädlich wie ein kausales Organisationsverschulden.
Das Verschulden der Widerspruchsbehörde ist der Ausgangsbehörde zuzurechnen.

Die Norm ist nur anwendbar, wenn ausscheidbare Mehrkosten identifizierbar sind, 21
die auf Parteiverschulden zurückgeführt werden können. Es kann sich um die gesamten Kosten eines Rechtsmittels oder sogar eines Prozesses handeln, sofern eine entsprechende Kausalität vorliegt (Ey § 155 Rn. 10). Liegen die Voraussetzungen vor,
kann die Verschuldensregelung auch bei Rücknahme (trotz der sonst zwingenden
Regelung in II) und im Rahmen einer Kostenentscheidung nach Hauptsachenerledigung (§ 161 II) berücksichtigt werden.

3. Beispiele für kostenverursachendes Fehlverhalten

Erfasst werden vorprozessuale wie (inner)prozessuale Verhaltensweisen der Betei- 22
ligten.

a) Vorprozessuales Verhalten. Vorprozessuales Fehlverhalten, das stets einer be- 23
sonderen Kausalitätsprüfung mit Blick auf seine Kostenwirksamkeit bedarf, ist meist
auf Behördenseite bedeutsam. Bei vorprozessualem Fehlverhalten des Klägers ist
regelmäßig § 159 einschlägig, was zu seiner Kostenbelastung führt und § 155 IV
leerlaufen lässt. Fehlverhalten der Behörde kann einen unnützen und offensichtlich
erfolglosen Prozess oder unrichtige Verfahrenshandlungen provozieren. Hauptanwendungsfall ist die unrichtige Rechtsbehelfsbelehrung (§ 58 II). Sie kann etwa
Mehrkosten der Klageerhebung bei einem unzuständigen Gericht auslösen (§ 17b II
GVG). Für die Richtigkeit ihrer Belehrung hat die Behörde sogar unabhängig von
einem Verschulden einzustehen (BVerwGE 73, 21, 23; 73, 126, 137). Weitere denkbare Fälle sind sonstige unrichtige Auskünfte und Belehrungen, die irrtümliche
Zweitzustellung eines schon bestandskräftigen Bescheides (BVerwGE 58, 100, 107
= DVBl. 1979, 82) oder die irreführende Begründung eines VA (BVerwGE 60, 245,
252).

Als vorprozessuales Verschulden des **Beigeladenen** kommt die unberechtigte Ver- 24
weigerung des gemeindlichen Einvernehmens mit der Erteilung einer Baugenehmigung in Betracht. Sie führt unabhängig von einer Antragstellung i. S. des § 154 III zur
Kostenbelastung.

b) Fehlverhalten im Prozess. Als schuldhaftes **Verhalten im Prozess** kommt 25
verspätetes Vorbringen oder das Ausbleiben in einem Termin in Betracht, der dadurch
nutzlos wird (vgl. § 95 ZPO; BayVGH, Urt. v. 21.9. 2009 – 9 N 07.1698). Das Prozessrecht begründet keine Pflicht zur unverzüglichen Reaktion auf den Eintritt des
erledigenden Ereignisses (BVerwG NVwZ 1993, 980, 981). Deshalb steht es dem
Kläger grds. frei, eine Erledigungserklärung erst im Termin zur mündlichen Verhandlung abzugeben (BayVGH, Beschl. v. 3.5. 2010 – 20 BV 09.2009).

Auf **Beklagtenseite** kann die Nachholung gebotener Verfahrenshandlungen 26
(§ 45 II VwVfG, dazu S/S-A/P § 155 Rn. 26, oder eine Sachaufklärung, die erst die
Grundlage für den Erlass des angefochtenen VA gibt) verschuldet sein oder die Herbeiführung eines erledigenden Ereignisses, sofern es vorprozessual vorwerfbar unterlassen wurde (Erlass des begehrten VA). Es gelten bei übereinstimmenden Erledi-

§ 156   Teil IV. Kosten und Vollstreckung

gungserklärungen die Grundsätze zu § 161 II, die jedoch eine Berücksichtigung des § 155 IV erlauben. Auch die Haftung des vollmachtlosen Prozessvertreters ist ein Fall der Verschuldenshaftung (→ vor § 154 Rn. 8).

27 **c) Fehlverhalten des Gerichts.** Für ein kostenverursachendes **Fehlverhalten des Gerichts** gilt § 21 GKG, der aber nur Gerichtskosten erfasst. Entstehen gerichtsverschuldet außergerichtliche Kosten eines Beteiligten (z. b. infolge einer falschen Zustellung der Klageschrift), so hat der Unterliegende diese nach § 154 I zu tragen. Die außergerichtlichen Kosten eines zu Unrecht Beigeladenen können nach § 162 III der Staatskasse auferlegt werden. Für sonstige gerichtlich verschuldete Kosten fehlt eine prozessuale Rechtsgrundlage. Es ist aber an einen materiellrechtlichen Amtshaftungsanspruch (Art. 34 GG) zu denken, sofern nicht das Richterprivileg (§ 839 II BGB) greift.

§ 156 [Kosten bei sofortigem Anerkenntnis]

Hat der Beklagte durch sein Verhalten keine Veranlassung zur Erhebung der Klage gegeben, so fallen dem Kläger die Prozeßkosten zur Last, wenn der Beklagte den Anspruch sofort anerkennt.

1 Unter den beiden genannten Voraussetzungen sind dem Kläger die Verfahrenskosten trotz Erfolgs der Klage aufzuerlegen. Mit dieser – abweichend von dem in § 154 I niedergelegten Unterliegensprinzip (→ vor § 154 Rn. 6) – nicht am Prozessausgang orientierten Sichtweise sanktioniert das Gesetz einen spezifischen Verursachungsbeitrag des Klägers und schützt den Beklagten in Fällen unnötiger gerichtlicher Inanspruchnahme. Entgegen dem Anschein des Wortlauts ist die Vorschrift in allen Urteils- und selbständigen Beschlussverfahren anwendbar, insbes. also bei einstweiligen Anordnungen nach § 123.

2 Die kumulativ erforderlichen **Voraussetzungen** für die Kostenbelastung sind, dass (1) der Beklagte vorprozessual zur Klage keine Veranlassung gegeben hat und dass er (2) den Anspruch sofort anerkennt. Die Grundsätze der ZPO (§ 93) können herangezogen werden.

3 Der Beklagte bietet **Veranlassung zur Klage**, wenn ein vernünftiger Kläger aus dessen Verhalten schließen darf, dass er ohne gerichtliche Hilfe nicht zu seinem Recht kommen wird (BeckOK VwGO § 159 Rn. 2). Der **Anwendungsbereich** der Vorschrift wird dadurch freilich **schmal**: Bei Verpflichtungs- und sonstigen Leistungsklagen ist i. d. R. ein zu bescheidender Antrag im Verwaltungsverfahren als Klagevoraussetzung geboten (→ vor § 40 Rn. 9), ohne den die Klage – unabhängig vom Verhalten der Behörde – unzulässig ist. Auch sonst wird im Regelfall vor Klageerhebung ein Kontakt zwischen dem Kläger und der Behörde stattfinden müssen, der die Fronten klärt. Verhält sich die Behörde dabei ablehnend oder zögerlich, greift § 156 zu ihrem Schutz nicht ein; unterlässt der Kläger eine Sondierung, so darf er den in § 156 vorausgesetzten Schluss auf die Notwendigkeit der Klage im Regelfall nicht ziehen oder kann u. U. sogar nach § 155 IV mit den Verfahrenskosten belastet werden.

4 Im Prozess hat die Behörde verschiedene **Möglichkeiten zu reagieren**: Legt sie eine ablehnende Haltung an den Tag, so wird der Prozess streitig entschieden, die Kosten sind entsprechend dem Verfahrensausgang gemäß §§ 154 f. zu verteilen. Schließt sie sich dem Kläger an, kann sie den Anspruch sofort anerkennen oder unmittelbar erfüllen (d.h. einen VA erlassen oder aufheben, Geld zahlen usw.). Erfüllung führt zur Sacherledigung und einer unstreitigen Verfahrensbeendigung durch Rücknahme, meist aber durch übereinstimmende Erledigungserklärungen. Im Rahmen der dann folgenden Entscheidung nach § 161 II ist die Wertung des § 156 umzusetzen.

Ein **Anerkenntnis** des Klaganspruchs ist eine formgerechte Erklärung im Prozess, 5 dass der geltend gemachte Anspruch ganz oder zum Teil erfüllt werden soll (§ 173 S. 1 i.V.m. § 307 ZPO). Die Möglichkeit zum Anerkenntnis wird in § 156 wie in § 87a I Nr. 2 vorausgesetzt (→ § 107 Rn. 7). Sie ist Ausdruck der auch im Verwaltungsprozess geltenden Verfügungsbefugnis über den Streitgegenstand. Der Untersuchungsgrundsatz steuert die Sammlung des Tatsachenmaterials, lässt aber die Befugnis der Beteiligten unberührt, über das Prozessrechtsverhältnis zu disponieren (BVerwG NVwZ 1997, 576 m.w.N.; S/S-A/P § 87a Rn. 31; Ey § 156 Rn. 1).

Das Anerkenntnis **erfolgt sofort**, wenn es – auf ein hinreichend bestimmtes Be- 6 gehren – in der ersten Äußerung zur Sache abgeben wird, spätestens in einer mündlichen Verhandlung oder mit dem Verzicht auf sie, sonst innerhalb einer gesetzten Äußerungsfrist. Vorangehendes Bestreiten schadet stets. Allerdings ist dem „überfallenen" Beklagten eine angemessene Frist für die Prüfung zuzugestehen. Es ist der Zweck zu bedenken, auch dem Gericht eine unnötige Sachbefassung zu ersparen.

Konsequenz eines Anerkenntnisses ist ebenfalls die unstreitige Erledigung des 7 Rechtsstreits. Die Beteiligten können ers zum Anlass für einen gerichtlichen Vergleich mit Kostenübernahmeerklärung des Beklagten nehmen (§ 106); treffen sie keine derartige Regelung, so hat das Gericht dem Anerkenntnis in seiner Kostenentscheidung Rechnung zu tragen (→ § 160 Rn. 8 ff.). Zu sonstigen Formen unstreitiger Erledigung vgl. Rn. 4. Das Anerkenntnis kann ebenso die Grundlage eines **Anerkenntnisurteils** sein: Der Beklagte lässt sich damit vollstreckbar, aber mit der ihm günstigen Kostenfolge des § 156 verpflichten; eine mündliche Verhandlung ist überflüssig (§ 307 S. 2 ZPO). Ein Anerkenntnisurteil ist auch dann zu erlassen, wenn der Beklagte nicht sofort anerkennt; die Kostenfolge ergibt sich dann jedoch aus § 154 I.

§ 157 *(aufgehoben)*

Die Vorschrift ist durch Gesetz v. 22.12.1966 (BGBl. I 681) aufgehoben worden. Sie 1 sah die Möglichkeit vor, dem gesetzlichen Vertreter oder einem Bevollmächtigten eines Verfahrensbeteiligten (Mehr)Kosten aufzuerlegen, die durch deren grobes Verschulden veranlasst worden waren. Unabhängig von der Aufhebung der Norm besteht die Kostenpflicht des vollmachtlosen Vertreters fort (→ vor § 154 Rn. 8).

§ 158 [Anfechtung der Kostenentscheidung]

(1) Die Anfechtung der Entscheidung über die Kosten ist unzulässig, wenn nicht gegen die Entscheidung in der Hauptsache ein Rechtsmittel eingelegt wird.

(2) Ist eine Entscheidung in der Hauptsache nicht ergangen, so ist die Entscheidung über die Kosten unanfechtbar.

Die Beschränkungen der Anfechtbarkeit von Kostenentscheidungen bezwecken, die 1 Rechtsmittelgerichte (OVG und BVerwG) aus Gründen der Verfahrensökonomie von der Überprüfung solcher Rechtsmittel zu **entlasten**, die nur wegen der Kosten

§ 158 Teil IV. Kosten und Vollstreckung

ergriffen werden (BVerwG NVwZ 2002, 1385; NVwZ-RR 1999, 692; KS § 158 Rn. 1). Die beiden Absätze differenzieren danach, ob eine Sachentscheidung ergangen ist oder nur eine „isolierte" Kostenentscheidung.

2 Die Beschränkung betrifft **sämtliche Elemente** einer gerichtlichen Kostenentscheidung i. S. der §§ 154 ff. hins. aller Haupt- und Nebenbeteiligten (vgl. SächsOVG, Beschl. v. 3.3. 2010 – 1 E 3/10; S/S-A/P § 158 Rn. 2 m.w.N.) Das gilt auch für die Entscheidung des Gerichts über die Erstattungsfähigkeit außergerichtlicher Kosten eines Beigeladenen nach § 162 III (→ § 162 Rn. 63). Die Beschränkung gilt aber **nicht** für sonstige kostenrechtliche oder kostenrelevante Entscheidungen: Die Festsetzung des Streitwerts ist nach § 68 GKG anfechtbar; gegen die Niederschlagung von Gerichtskosten nach § 21 GKG kommt die Beschwerde in Betracht (§ 146 III), und Kostenfestsetzungsbeschlüsse sind entsprechend § 165 i.V.m. § 151 anfechtbar.

I. Unzulässigkeit isolierter Anfechtung (I)

3 Ist die Kostenentscheidung als Nebenentscheidung getroffen, also mit einem Ausspruch zur Hauptsache verbunden, so kann sie nicht isoliert mit einem Rechtsmittel angegriffen werden. Der Angriff gemeinsam mit der Hauptsache erfordert nicht nur die Statthaftigkeit des Hauptsache-Rechtsmittels, sondern auch dessen Zulässigkeit. Bei Zulassungsrechtsmitteln muss das angestrebte Rechtsmittel zugelassen sein (vgl. §§ 124 I, 124a; § 132; BlnBbgOVG NJW 2010, 169). Daraus folgt, dass die Zulassung nicht mit der Rüge einer Unrichtigkeit der Kostenentscheidung erreicht werden kann. Eine isolierte Anfechtung der Kostenentscheidung ist nach I auch dann unzulässig, wenn sie auf der Anwendung des § 155 IV beruht (BlnBbgOVG NJW 2010, 169; BVerwG Buchh 310 § 158 VwGO Nr. 2; NRWOVG OVGE 27, 229 f.).

4 Die Unstatthaftigkeit aus § 158 soll auch **Gegenvorstellungen** ergreifen (BayVGH, Beschl. v. 9.12. 2009 – 9 N 09.2980). Das ist unzutreffend: Eine Gegenvorstellung entfaltet keinen Devolutiveffekt und richtet sich an das Gericht, das die Entscheidung erlassen hat. Sie ist eine Anregung an das Gericht, seine mit einem Rechtsmittel nicht angreifbare Entscheidung zu überprüfen und zu ändern (BVerwG, Beschl. v. 20.11. 2007 – 7 B 63.07). Eine Überprüfung durch den **iudex a quo** sollte durch § 158 aber nicht ausgeschlossen werden. Eine andere Frage ist es, ob die gesetzliche Regelung der Anhörungsrüge in § 152a als abschließend anzusehen sind (→ § 152a Rn. 2).

5 Eine **Rechtsmittelanschließung** allein wegen der Kostenentscheidung ist zulässig: Das Rechtsmittelgericht ist bereits ohnehin mit der Sache befasst, sodass der mit der Anfechtungsbeschränkung angestrebte Entlastungseffekt nicht eintreten kann (SächsOVG, Beschl. v. 3.3. 2010 – 1 E 3/10; BWVGH, Urt. v. 7.3. 1996 – 2 S 2537/95; Ey § 158 Rn. 4; S/S-A/P § 158 Rn. 5; KS § 158 Rn. 3).

6 Es muss dem Rechtsmittelführer auch auf die **Abänderung der Sachentscheidung** ankommen. Zulässig ist es aber, ein Rechtsmittel einzulegen, um den Rechtsstreit im höheren Rechtszug (übereinstimmend) **für erledigt zu erklären**. Darin liegt keine Umgehung des § 158, weil ein anzuerkennendes Interesse daran besteht, die vorinstanzliche Kostenentscheidung mithilfe der Erledigungserklärung aus der Welt zu schaffen (→ § 161 Rn. 27). Damit verändert sich zugleich die Grundlage für die Kostenentscheidung (vgl. § 161 II). Hingegen fehlt bei einer Erledigung zwischen den Instanzen das Rechtsschutzbedürfnis für die Anfechtung der Sachentscheidung, sodass § 158 eingreift.

II. Keine Anfechtung der isolierten Kostenentscheidung (II)

1. Grundsätzliche Unstatthaftigkeit

Die zweite Konstellation eines generell unzulässigen Rechtsmittels ist die Anfechtung 7
einer Kostenentscheidung, die nicht mit einer Sachentscheidung getroffen worden –
insofern von dieser „isoliert" – ist (II). Das betrifft die Fälle **unstreitiger Beendigung** eines Verfahrens durch Rücknahme (§ 92, § 126, § 140), übereinstimmende Hauptsachenerledigungserklärungen (§ 161 II) und Vergleich (§ 106). Bei streitiger Erledigung, also einseitiger Erledigungserklärung des Klägers (→ § 161 Rn. 40), ergeht eine auf die Erledigungsfrage beschränkte und anfechtbare Sachentscheidung. Unanfechtbar sind auch Kostenentscheidungen, die einen nichtverfahrensbeteiligten **Dritten** betreffen, für diesen Dritten. Ein Beispiel ist die Entscheidung über die Kostentragung eines vollmachtlosen Vertreters (→ vor § 154 Rn. 8).

2. Anfechtbarkeit bei Teilerledigung

Was § 158 bedeutet, wenn ein Rechtsstreit **teilweise für erledigt** erklärt oder zu- 8
rückgenommen wird, und das Gericht die diesbezügliche Kostenentscheidung in einer Entscheidung trifft, in der es i.Ü. zur Sache Stellung nimmt, ist in der Rspr. des BVerwG und in der Literatur umstritten (für die Zulässigkeit der Anfechtung: BVerwG Buchh 448.0 § 12 WPflG Nr. 182, NKVwGO § 158 Rn. 51, KS § 158 Rn. 5; für Unzulässigkeit: BVerwG Buchh 310 § 161 VwGO Nr. 115 = NVwZ-RR 1999, 407; Ey § 158 Rn. 6; S/S-A/P § 158 Rn. 13). Nach BVerwG NJW 2006, 536 kann bei Anfechtung der Hauptsacheentscheidung die Kostenentscheidung auch hins. des erledigten Teils mit Rechtsmitteln angefochten werden, wenn die Vorinstanz nach teilweiser Erledigung des Rechtsstreits über den erledigten und den streitig gebliebenen Teil formal und sachlich eine einheitliche Kostenentscheidung getroffen hat.

3. Einbeziehung einer rechtskräftigen Teilerledigung

Wird ein Urteil nach teilweiser Erledigung des Rechtsstreits im Klageverfahren im 9
höheren Rechtszug insgesamt zurückgenommen, hat das Rechtsmittelgericht über die Kosten des Verfahrens auf der Grundlage der §§ 155 II und 161 II VwGO zu entscheiden. Dabei ist zwar auch die Kostenentscheidung für den ersten Rechtszug neu zu fassen; es muss dabei jedoch den rechtskräftig gewordenen Teil der Kostenentscheidung der Vorinstanz als einen Berechnungsfaktor einbeziehen, der einer inhaltlichen Änderung entzogen ist (NKVwGO § 158 Rn. 36), soweit nicht Rechenfehler der Vorinstanz vorliegen, die gemäß § 118 I einer jederzeitigen Berichtigung zugänglich sind (vgl. BVerwGE 30, 146, 147).

III. Außerordentliche Rechtsmittel?

Ob neben der **Anhörungsrüge** nach § 152a für einen in der VwGO nicht geregel- 10
ten Rechtsbehelf der **„außerordentlichen" Beschwerde** gegen eine an sich unanfechtbare gerichtliche Entscheidung wegen greifbarer Gesetzeswidrigkeit oder eines vergleichbar schwerwiegenden Fehlers Raum ist, ist streitig (verneinend BVerwG, Beschl. v. 1.6. 2007 – 7 B 14.07; KS Vorb § 124 Rn. 8a; zweifelnd BWVGH InfAuslR 2009, 128).

Eine **Gegenvorstellung** ist zulässig (sehr str. → § 152a Rn. 2; vgl. zu ihrer Statt- 11
haftigkeit BVerfG NJW 2009, 829: aus verfassungsrechtlicher Sicht weder generell

§ 159

unzulässig noch aus Gründen der Subsidiarität der Verfassungsbeschwerde erforderlich; weiterhin befürwortend: BSG NJW 2006, 860; BFH NJW 2006, 861; ThürOVG NJW 2008, 85; BremOVG ZfSH/SGB 2009, 353; ablehnend: BVerwG, Beschl. v. 8. 6. 2009 – 5 PKH 6.09; BWVGH NJW 2005, 920; NdsOVG NJW 2005, 2171; NJW 2006, 2506; SHOVG NordÖR 2006, 519; BayVGH, Beschl. v. 20. 7. 2006 – 5 ZB 06.462; SAOVG, Beschl. v. 20. 12. 2007 – 1 L 101/07). Die Gegenvorstellung führt nicht in eine höhere Instanz, sondern zielt auf eine Selbstkorrektur, wo zwar kein Gehörsverstoß vorliegt, wohl aber ein besonders schwerwiegender Fehler, der die Aufrechterhaltung der Kostenentscheidung als nicht hinnehmbar erscheinen lässt.

§ 159 [Mehrere Kostenpflichtige]

¹Besteht der kostenpflichtige Teil aus mehreren Personen, so gilt § 100 der Zivilprozeßordnung entsprechend. ²Kann das streitige Rechtsverhältnis dem kostenpflichtigen Teil gegenüber nur einheitlich entschieden werden, so können die Kosten den mehreren Personen als Gesamtschuldnern auferlegt werden.

I. Anwendungsbereich

1 Die Vorschrift betrifft das Verhältnis zwischen dem erstattungsberechtigten und dem kostenpflichtigen Teil, wenn Letzterer aus mehreren Personen besteht. Sie gehört sachlich zur Kostengrundentscheidung. Das **Innenverhältnis** der kostenpflichtigen Personen untereinander (etwa eine interne Ausgleichspflicht unter Gesamtschuldnern) wird durch das materielle Recht bestimmt. Für erstattungsberechtigte Prozessbeteiligte gilt er nicht; die Kostenausgleichung ist Sache der Kostenfestsetzung (§ 164).

2 Der „Teil" kann jedoch aus **mehreren** Haupt- und/oder Nebenbeteiligten (Beigeladenen, VBl, VöI) bestehen, sofern sie die Kosten bzw. (bei § 155 I) einen Teil der Kosten **gemeinsam** und gegenüber dem erstattungsberechtigten Teil **zu gleichen Anteilen** zu tragen haben. Das Abstellen auf den „kostenpflichtigen" (nicht: den unterliegenden) Teil verdeutlicht, dass die Vorschrift auch bei anteiligem Unterliegen gilt, sofern der kostenpflichtige Teil als Einheit erscheint. Auf welchem Rechtsgrund die Kostenpflicht beruht, ist unerheblich.

3 Unterliegen die Beteiligten des kostenpflichtigen Teils in **unterschiedlichem Ausmaß**, was bei einfachen Streitgenossen durchaus in Betracht kommt, ist § 159 nicht anwendbar; es bleibt nach h.M. bei § 155 I. Nach der **Baumbach'schen Kostenformel** (BLAH § 100 Rn. 52; Zöller § 100 Rn. 6 ff.) müssen die Quoten für die Gerichtskosten und die außergerichtlichen Kosten getrennt ausgedrückt werden, weil ein obsiegender Streitgenosse von allen Kosten freigestellt werden muss (S/S-A/P § 159 Rn. 6 ff.).

II. Kostenverteilungsregeln

1. § 100 I bis III ZPO

4 Die Bezugnahme des S. 1 auf § 100 ZPO („Kosten bei Streitgenossen") ist umfassend, meint also alle der dort geregelten vier Fallgruppen. Im **Regelfall des § 100 I** haftet der aus mehreren Kostenpflichtigen bestehende Teil nach gleichen **Kopfteilen**. Nur bei erheblicher Verschiedenheit ihrer Beteiligung am Rechtsstreit räumt § 100 II dem Gericht Ermessen ein, die unterschiedliche Beteiligung zum Maßstab

zu nehmen, also individuelle Bruchteile oder Prozentsätze festzulegen. Hat ein Streitgenosse ein besonderes **Angriffs- oder Verteidigungsmittel** geltend gemacht, so sind ihm nach dem vorrangigen § 100 III die dadurch verursachten ausscheidbaren Mehrkosten zwingend gesondert aufzuerlegen.

2. Gesamtschuldnerische Kostenhaftung

S. 1 i. V. m. § 100 IV ZPO sieht eine **gesamtschuldnerische** Kostenhaftung für den Fall vor, dass **mehrere Beklagte** (materiellrechtlich) als Gesamtschuldner verurteilt worden sind; auf Kläger ist diese Vorschrift sachlogisch nicht anwendbar, weil sie nicht in die Hauptsache verurteilt werden können. 5

Daneben sieht § 159 S. 2 eine Ermessensermächtigung des Gerichts über die eigenständige gesamtschuldnerische Auferlegung der Kosten bei **notwendigen Streitgenossen** (§ 64) vor. Das Ermessen ist wegen des Vorteils der Erlangung mehrerer gleichrangiger Schuldner (§ 421 BGB) in Richtung auf die Festlegung gesamtschuldnerischer Haftung intendiert. 6

Praktisch wird die gesamtschuldnerische Haftung des S. 2 neben § 100 IV nur bei Klägern (z. B. Miteigentümern, vgl. BVerwG NVwZ-RR 2001, 143); denn auf **notwendig Beigeladene** im Verhältnis zu der von ihnen unterstützten Hauptpartei ist die Vorschrift **nicht**, auch nicht analog, **anwendbar** (Ey § 159 Rn. 6; KS § 159 Rn. 5; a. A. NKVwGO § 159 Rn. 21). Beigeladenen stehen als Begünstigte einer Behördenentscheidung zwar materiell häufig auf deren Seite – also im Interessengegensatz zum Kläger; im Verhältnis zur unterliegenden Behörde befinden sie sich deshalb jedoch nicht in dem von § 159 S. 1 vorausgesetzten Kostenverbund. Dem Interessengleichklang ist i. d. R. damit Rechnung zu tragen, dass eine Erstattung zwischen Behörde und Beigeladenen nicht stattfindet (§ 162 III). 7

III. Tenorierung

Soll es beim Regelfall gleicher Kopfteile bleiben (§ 100 I, Rn. 4), so bedarf es keines besonderen Ausspruchs darüber („Die Kläger tragen die Kosten des Verfahrens"). Die Praxis fügt zur Klarstellung gleichwohl regelmäßig an „zu je [Bruchteil/Prozentsatz]"; die Formulierung „zu gleichen Teilen" dürfte nicht falsch sein, ist aber als bloße Wiederholung des Gesetzes zu vermeiden. Sind mehrere Beklagte als Gesamtschuldner verurteilt worden (was im Tenor zum Ausdruck gebracht sein muss), so versteht sich die Kostenfolge des § 100 IV ZPO ebenfalls von selbst, kann klarstellend jedoch aufgenommen werden („Die Beklagten tragen die Kosten des Verfahrens als Gesamtschuldner"). **Ausdrücklich** in den Tenor aufzunehmen sind Entscheidungen nach Ermessen des Gerichts (S. 2) und Abweichungen von den gesetzlichen Regelfolgen (§ 100 II und III). 8

§ 160 [Kostenpflicht bei Vergleich]

[1]**Wird der Rechtsstreit durch Vergleich erledigt und haben die Beteiligten keine Bestimmung über die Kosten getroffen, so fallen die Gerichtskosten jedem Teil zur Hälfte zur Last.** [2]**Die außergerichtlichen Kosten trägt jeder Beteiligte selbst.**

Die Vorschrift enthält eine Regelung für die Kostenverteilung bei Verfahrensbeendigung durch Vergleich, in dem die Beteiligten **keine** – materiellrechtlich in jeden Fall 1

§ 160

vorgehende – **Vereinbarung über die Kosten** getroffen haben. Eine solche Vereinbarung ist zwar von der Dispositionsbefugnis der Beteiligten ohne Weiteres umschlossen; oft ist über diesen sensiblen Punkt jedoch keine Einigung zu erzielen (→ vor § 154 Rn. 2), sodass er – und sei es durch Nichterwähnung – dem Gericht überlassen wird. Dafür macht § 160 eine subsidiär eingreifende Vorgabe, die einem **Gegeneinanderaufheben** der Kosten entspricht (→ § 155 Rn. 8).

I. Lage bei Kostenregelung im Vergleich

2   Die **Vereinbarung einer Kostenverteilung** in einem Prozessvergleich schafft einen eigenständigen Vollstreckungstitel (vgl. § 168 I Nr. 3) und erübrigt eine gerichtliche Kostenentscheidung. Das Gericht hat demgemäß lediglich das durch Vergleich erledigte Verfahren analog § 92 III 1 durch Beschluss einzustellen und in ihm Zustandekommen und Inhalt des Vergleichs festzustellen (§ 173 S. 1 i.V.m. § 278 VI 2 ZPO).

3   Ein gleichwohl ergehender **gerichtlicher Kostenbeschluss** ist, soweit er mit der Vergleichsregelung übereinstimmt, deklaratorisch, bei Abweichung materiell rechtswidrig, bei der Kostenfestsetzung aber dennoch zu beachten. Können die Beteiligten durch Anhörungsrüge (§ 152a), hilfsweise Gegenvorstellung keine Änderung bzw. Aufhebung des Beschlusses im Kostenpunkt erwirken, entsteht nach Maßgabe der Vergleichsregelung ein materiellrechtlicher **Ausgleichsanspruch**, der notfalls gerichtlich durchgesetzt werden muss (Ey § 160 Rn. 3; S/S-A/P § 160 Rn. 2).

4   Wegen der **Gerichtskosten** bedarf es keiner **Kostenfestsetzung** (§ 164); der Ansatz der Gerichtskosten entsprechend der getroffenen Vereinbarung erfolgt im Verfahren nach § 19 GKG. Bei Streit über die erstattungsfähige Höhe der außergerichtlichen Kosten oder über die Erstattung schon aufgewendeter Kosten (etwa bei Abrechnung in der Vorinstanz) kann Kostenfestsetzung beantragt werden, bei der die Vergleichsregelung als Maßstab zugrunde zu legen ist.

II. Anwendungsbereich des § 160

5   Mit dem Begriff „Vergleich" nimmt § 160 Bezug auf die Regelung über den **gerichtlichen** Vergleich gemäß § 106, mit dem der Rechtsstreit unmittelbar, ganz oder teilweise erledigt wird. Bei **außergerichtlichen** Vergleichen ist eine differenzierte Behandlung angebracht, bei der in bestimmten Konstellationen jedoch eine entsprechende Anwendung in Betracht kommt (Rn. 8).

6   Bei **Teilvergleichen** ist in die streitige Entscheidung über den Rest entweder eine im Vergleich getroffene Kostenregelung in die einheitliche Kostenentscheidung einzubeziehen. Bei Fehlen einer Vereinbarung sind Inhalt und Umstände des Vergleichs zu berücksichtigen und der Rechtsgedanke des § 160 nur hilfsweise (Ey § 160 Rn. 5; S/S-A/P § 160 Rn. 17).

7   Beschränken die Beteiligten den Vergleich auf die Hauptsache – treffen sie also **keine Bestimmung über die Kosten** –, so bleibt der Rechtsstreit im Kostenpunkt anhängig. Das Gericht ist zur Kostenentscheidung verpflichtet (§ 161 I). Dabei hat es § 160 anzuwenden, falls nicht ein gegenteiliger Wille der Beteiligten hervortritt. Die insoweit dispositionsbefugten Beteiligten können dazu im Vergleich die Entscheidung über die Kosten **dem Gericht vorbehalten** bzw. in das Ermessen des Gerichts stellen und für dessen Ausübung einen Maßstab vorgeben. In diesen Fällen ist die Kostenverteilung nicht anhand von § 160 vorzunehmen, sondern entsprechend § 161 II als Billigkeitsentscheidung unter Berücksichtigung des bisherigen Sach- und Streitstandes (Ey § 160 Rn. 6; BayVGH, Beschl. v. 17.2.2010 – 15 B 08.372).

III. Außergerichtliche Vergleiche

1. Kosten bei Abgabe von Erledigungserklärungen

Ein außergerichtlicher – also unter den Beteiligten unmittelbar vereinbarter – Vergleich beendet als solcher den Prozess nicht (→ § 106 Rn. 4 ff.). Die Verfahrensbeendigung muss durch **zusätzliche Prozesserklärungen** der Beteiligten herbeigeführt werden. Dazu stehen die üblichen Mittel zur Verfügung. Ist nicht Klage-/Antragsrücknahme vereinbart, werden die Beteiligten die materielle Erledigung durch den Vergleich regelmäßig zum Anlass nehmen, das Verfahren übereinstimmend für in der Hauptsache erledigt zu erklären. Das Gericht hat daraufhin eine **Billigkeitsentscheidung** nach § 161 II zu treffen, bei der es die ihm bekanntgemachten Umstände zu berücksichtigen hat: 8

Haben die Beteiligten im außergerichtlichen Vergleich eine **Kostenregelung getroffen**, so hat die gerichtliche Kostenentscheidung dieser zu folgen, sofern die Beteiligten sich auf sie berufen; nur dies entspricht der Dispositionsbefugnis der Verfahrensbeteiligten. 9

Haben die Beteiligten keine Kostenregelung vereinbart oder sie dem Gericht vorbehalten, so wird sich das Gericht – bei Fehlen abweichender Anhaltspunkte – an dem spezielleren § 160 orientieren (BVerwGE 22, 339, 341; KS § 160 Rn. 3; Ey § 160 Rn. 9, a.A. NKVwGO § 160 Rn. 18). Entspricht dies nicht dem Parteiwillen oder würde § 160 zu einem unbilligen Ergebnis führen (BVerwG Buchh 310 § 160 Nrn. 3 und 4), so hat es eine offene Ermessensentscheidung nach den allgemeinen Grundsätzen des § 161 II zu treffen. 10

2. Kosten bei vereinbarter Klagerücknahme

Wird die Klage oder der Antrag absprachegemäß zurückgenommen, so ist im Ausgangspunkt die Kostenbelastung des Klägers/Antragstellers gemäß § 155 II zwingend (→ § 155 Rn. 13), § 160 gilt von vornherein nicht. Haben die Beteiligten im außergerichtlichen Vergleich eine Kostenvereinbarung getroffen und beruft sich der Zurücknehmenden dem Gericht gegenüber darauf, so ist streitig, woran das Gericht seine Kostenlastentscheidung zu orientieren hat. Richtig ist es, die Vergleichsregelung umzusetzen (BayVGH, Beschl. v. 4.11. 1985 – 12 B 82 A.1482; Ey § 160 Rn. 10 m.w.N.); nur dies entspricht wiederum der – materiell vorrangigen – Dispositionsbefugnis der Beteiligten, deren Absprache im Anschluss an einen ihr widersprechenden Kostenbeschluss gesondert durchgesetzt werden müsste (Rn. 3). 11

IV. Kosten von Beigeladenen

Ein zwischen den Hauptbeteiligten (§ 63 Nrn. 1 und 2) abgeschlossener gerichtlicher Vergleich erledigt den Rechtsstreit auch ohne Mitwirkung eines etwaigen Beigeladenen (§ 65) oder sonstiger Nebenbeteiligter (VBI, VöI). 12

1. Kostenbelastung des Beigeladenen

Eine Belastung des Beigeladenen mit Kosten ist bei Vergleichsabschluss nur möglich, wenn er kraft **Beteiligung an einem gerichtlichen Vergleich** Kosten übernommen hat. Die ansonsten maßstäbliche Regelung in § 154 III wird nicht einschlägig, weil der Beigeladenen auch im Falle einer Antragstellung nicht unterliegt. Entspre- 13 chendes gilt, wenn ein außergerichtlicher Vergleich geschlossen wurde. Für eine willensunabhängige Kostenbelastung durch gerichtliche Entscheidung fehlt jede Rechtsgrundlage (Ey § 160 Rn. 11).

2. Erstattungsfähigkeit seiner außergerichtlichen Kosten

14 Im Falle eines **Beitritts** des Beigeladenen zu einem gerichtlichen Vergleich sind dessen **Aussagen zur Übernahme** der außergerichtlichen Kosten durch die Hauptbeteiligten entscheidend. Eines gerichtlichen Kostenbeschlusses bedarf es nicht. Im Streitfall kann der Beigeladene die übernommenen Kosten gegen seinen Schuldner nach § 164 festsetzen lassen. Haben die Beteiligten in dem Vergleich **unter Beteiligung** des Beigeladenen die **Erstattungsfähigkeit** seiner außergerichtlichen Kosten **ausgeschlossen**, so hat es dabei – ähnlich wie bei → § 162 III – sein Bewenden (NKVwGO § 160 Rn. 23; Ey § 160 Rn. 12).

15 War der Beigeladene an dem gerichtlichen Vergleich **nicht beteiligt**, so hat das Gericht über die Erstattungsfähigkeit durch gesonderten Kostenbeschluss gemäß §§ 161 I, 162 III zu befinden. Eine zwischen den Hauptbeteiligten etwa vereinbarte Übernahme von Kosten durch sie ist grds. beachtlich. **Fehlt** es an einer Regelung der außergerichtlichen Kosten in dem Vergleich, hat das Gericht nach Billigkeit über die Erstattungsfähigkeit zu entscheiden. Wird diese im Grundsatz bejaht (→ § 162 Rn. 63 ff.), so können nach der Wertung des § 160 die Kosten hälftig zwischen Kläger und Beklagtem aufgeteilt werden, sofern die Verteilung nicht der Billigkeit im Einzelfall widerspricht.

16 Bei der Beteiligung an einem **außergerichtlichen** Vergleich sind dessen Regelungen in der zu treffenden gerichtlichen Kostenentscheidung umzusetzen, sofern dies der Billigkeit nicht (ausnahmsweise) grob widerspricht. Fehlt eine Beteiligung des Beigeladenen oder eine Regelung, hat es bei §§ 161 I, 162 III sein Bewenden (Rn. 15).

§ 161 [Kostenentscheidung; Erledigung der Hauptsache]

(1) Das Gericht hat im Urteil oder, wenn das Verfahren in anderer Weise beendet worden ist, durch Beschluß über die Kosten zu entscheiden.

(2) ¹Ist der Rechtsstreit in der Hauptsache erledigt, so entscheidet das Gericht außer in den Fällen des § 113 Abs. 1 Satz 4 nach billigem Ermessen über die Kosten des Verfahrens durch Beschluß; der bisherige Sach- und Streitstand ist zu berücksichtigen. ²Der Rechtsstreit ist auch in der Hauptsache erledigt, wenn der Beklagte der Erledigungserklärung des Klägers nicht innerhalb von zwei Wochen seit Zustellung des die Erledigungserklärung enthaltenden Schriftsatzes widerspricht und er vom Gericht auf diese Folge hingewiesen worden ist.

(3) In den Fällen des § 75 fallen die Kosten stets dem Beklagten zur Last, wenn der Kläger mit seiner Bescheidung vor Klageerhebung rechnen durfte.

Übersicht

	Rn.
I. Pflicht zur Entscheidung über die Kosten (I)	2
1. Kostenentscheidung bei Sachentscheidung	2
2. Isolierte Kostenentscheidung	6
3. Fehlen einer Kostenentscheidung	7
II. Entscheidung bei Erledigung der Hauptsache	8
1. Konsequenzen und Strategien bei Erledigung der Hauptsache	8

Kostenentscheidung; Erledigung der Hauptsache § 161

	2. Begriff und Arten der Erledigung	10
	3. Übereinstimmende Erledigungserklärungen	12
	a) Die Erklärungsbefugten	12
	b) Form und Inhalt der Erklärung	14
	c) Mögliche Zeitpunkte der Erklärung	17
	aa) Verzögerte Abgabe	17
	bb) Erklärung erst im Rechtsmittelverfahren	18
	d) Wirksamkeit der Erklärungen	19
	e) Widerruf der Erklärung	23
	4. Prozessuale Folgen übereinstimmender Erklärungen	24
	a) Wegfall der Rechtshängigkeit	24
	b) Aussprüche des Gerichts	25
	5. Kostenentscheidung des Gerichts	29
	a) Form der Entscheidung	29
	b) Zuständigkeit, Besetzung	30
	c) Maßstäbe der Kostenlastentscheidung	31
	aa) Billigkeitsentscheidung	31
	bb) Erfolgsaussichten	32
	cc) Entscheidung bei offenem Verfahrensausgang	34
	(1) Herbeiführung der Erledigung	35
	(2) Kostenverteilung bei verspäteter Erklärung	37
	(3) Flucht in die Erledigungserklärung	38
	d) Unanfechtbarkeit	39
III.	Einseitige Erledigungserklärung	40
	1. Konstellationen	40
	2. Der Erledigungsstreit	43
IV.	Kosten der Untätigkeitsklage (III)	48
	1. Anwendungsbereich	48
	2. Rechtzeitigkeit der Bescheidung	50

Die §§ 154 ff. unterscheiden zwischen der Kostentragung dem Grunde nach und der **1** Kostenerstattung der Höhe nach. § 161 betrifft den ersten Bereich, indem es **Pflichten des Gerichts** begründet, über die Kosten zu entscheiden. Demgegenüber betreffen die §§ 162 bis 165 den zweiten Bereich (mit den unter Rn. 4 genannten Ausnahmen).

I. Pflicht zur Entscheidung über die Kosten (I)

1. Kostenentscheidung bei Sachentscheidung

§ 161 begründet die Pflicht des Gerichts („hat"), bei Abschluss einer Instanz über die **2** Kostenfolge (vgl. § 120 I) zu entscheiden. **Auslöser** dieser Pflicht ist grds. die Sachentscheidung des Gerichts, das gemeinsam mit ihr – formal und zeitlich verbunden – eine pflichtige Nebenentscheidung über die Kostentragung zu treffen hat. Insofern stellt I ein Junktim zwischen jeder verfahrensabschließenden Sachentscheidung des Gerichts und der Kosten(grund)entscheidung her.

Die **Sachentscheidung** wird, wie vielfach in der VwGO (vgl. nur §§ 46 Nr. 1, **3** 49, 107), exemplarisch mit dem Begriff des Urteils (§§ 107 ff.) umschrieben. Die Verpflichtung wird aber durch jede „Entscheidung in der Hauptsache" ausgelöst (vgl. nur § 158), also unabhängig von der Urteilsform und damit auch in Verfahren nach §§ 47, 80, 123. Umgekehrt ist in unselbstständigen **Zwischenverfahren** keine Kostenentscheidung zu treffen; denn deren Kosten gehören zum Hauptverfahren und

§ 161

werden von der einheitlichen Kostenentscheidung bei Verfahrensabschluss umfasst (→ vor § 154 Rn. 9).

4 Der Kostenausspruch ist **in die Entscheidungsformel** (des Urteils, Gerichtsbescheides, Sachbeschlusses; vgl. § 117 II Nr. 3, für Beschlüsse → § 122 Rn. 3) aufzunehmen und in den Gründen zu erläutern (meist kurz und nur durch Angabe der Rechtsgrundlage). Ein Antrag der Verfahrensbeteiligten ist überflüssig, bei bestehenden Spielräumen des Gerichts (→ § 154 IV, § 155, § 159, § 162 II 2, III) aber als zu bescheidende Anregung zu verstehen.

5 Über den **Inhalt** der Kostenentscheidung verhält sich § 161 nicht. Dieser bestimmt sich nach §§ 154 bis 160 (→ § 154 Rn. 5). Wegen der rein objektiven Bindung des Entscheidungsinhalts an das Kostenrecht, und zwar nach Maßgabe des abschließenden Prozesserfolgs (→ § 154 Rn. 3), unterliegt die gerichtliche Entscheidung keinem Verböserungsverbot (S/S-A/P § 161 Rn. 3).

2. Isolierte Kostenentscheidung

6 Ist ein Verfahren „in anderer Weise" – also **ohne** Sachentscheidung – beendet worden, so ist durch (nicht nur „in" einem) eigenständigen Beschluss über die Kosten zu entscheiden (I Fall 2), soweit die Beteiligten nicht bereits eine bindende Kostenregelung getroffen haben (→ § 160 Rn. 2 ff.). Es handelt sich um eine sog. **isolierte Kostenentscheidung** (vgl. § 158 II; S/S-A/P § 161 Rn. 4; KS § 161 Rn. 5). Auslöser ist hier das verfahrensrechtliche Ereignis, das dem Gericht eine Sachentscheidung verwehrt. Ist ein Verfahren **teilweise unstreitig erledigt** worden, so muss in der abschließenden Entscheidung eine einheitliche Kostenentscheidung (→ vor § 154 Rn. 9) über die Kosten des erledigten Teils und des Streitrests ergehen (BVerwG Buchh 310 § 161 Abs. 2 Nr. 16; DÖV 1982, 161; NJW 1963, 923; S/S-A/P § 161 Rn. 4).

3. Fehlen einer Kostenentscheidung

7 Fehlt in der Entscheidungsformel ein Kostenausspruch, so ist zu unterscheiden: Hat das Gericht **keine Entscheidung getroffen**, ist auf Antrag eine nachholende Ergänzung gemäß § 120 vorzunehmen. Ist eine getroffene Entscheidung hingegen lediglich versehentlich **nicht** in die Entscheidungsformel **aufgenommen** worden (was sich durch Auslegung der Gründe hinreichend deutlich ersehen lassen muss), so kann eine Berichtigung nach § 118 erfolgen (S/S-A/P § 161 Rn. 7; Ey § 161 Rn. 3).

II. Entscheidung bei Erledigung der Hauptsache

1. Konsequenzen und Strategien bei Erledigung der Hauptsache

8 Die Erledigung der Hauptsache und die Erledigung des Rechtsstreits sind strikt zu unterscheiden. Die **Sacherledigung** ist dadurch gekennzeichnet, dass dem materiellen Begehren durch ein außerprozessuales Ereignis nach Antragstellung die Grundlage entzogen und der Rechtsbehelf für den Antragsteller dadurch gegenstandslos wird (BVerwG NVwZ 2004, 610; 2001, 1286; 1993, 979; 1991, 162). Mit der Erledigung der Hauptsache meint § 161 II demgegenüber den mit der Klage verfolgten prozessualen Anspruch; er kann infolge einer Sacherledigung nicht mehr erfüllt werden (i. E. vgl. BeckOK VwGO § 161 Rn. 4). Die Sacherledigung kann viele Ursachen haben und der Sphäre eines der Verfahrensbeteiligten entstammen oder außerhalb von ihr liegen (zu den Fallgruppen Ziekow § 43 VwVfG Rn. 18 f.).

Die Wechselbeziehungen zwischen Sacherledigung und Hauptsachenerledigung 9
sind vielfältig. In jedem Fall ist der Rechtsschutzsuchende zu einer **prozessualen Reaktion** gezwungen, um die Kostenlast abzuwenden, die ihm bei Abweisung des nunmehr unzulässigen Rechtsbehelfs (§ 154 I) oder bei Rücknahme (§ 155 II) unausweichlich drohte (BVerwG Buchh 310 § 161 VwGO Nr. 89). Bei den Verwaltungsaktsklagen (§ 42 I) kann der Kläger theoretisch zwar zu dem – in II 1 ausdrücklich bedachten – Fortsetzungsfeststellungsantrag nach § 113 I 4 übergehen; der Erfolg dieser Klage setzt aber ein besonderes Feststellungsinteresse voraus (→ § 113 Rn. 77 ff.); fehlt es daran, muss er die Hauptsache gemäß § 161 II 1 für erledigt erklären. Die (vermeintliche) Sacherledigung ist von daher i. d. R. das Motiv für Erledigungserklärungen, sie ist für sie aber weder erforderlich (grds. auch nicht nachzuprüfen) noch würde sie für sich allein zur Beendigung des Verfahrens führen. Es bedarf vielmehr zusätzlicher Prozesshandlungen in Gestalt übereinstimmender Erklärungen der Hauptbeteiligten. Andererseits wird ein tatsächlich nicht erledigter VA mit der Hauptsachenerledigung bestandskräftig. Er kann sich aber i. S. des § 43 II VwVfG auf andere Weise erledigen, wenn ihn die Beteiligten in der Folgezeit übereinstimmend als obsolet betrachten (BVerwG DVBl. 1998, 898).

2. Begriff und Arten der Erledigung

Die Pflichten des Gerichts zur Kostenentscheidung in Fällen der Hauptsachenerledi- 10
gung sind in II speziell geregelt. Während die Rücknahme eines Rechtsbehelfs als Fall freiwilligen Unterliegens gedeutet und kostenrechtlich generell in § 92 III 1 i. V. m. § 155 II geregelt werden konnte, musste aus Gründen der **Kostengerechtigkeit** für die Fälle der Erledigung eine Möglichkeit der flexiblen Kostenregelung geschaffen werden. Sie soll es dem Gericht gestatten, den individuellen Verlauf des Verfahrens und die Umstände der Erledigung zu berücksichtigen.

Rechtsstreit ist jedes Verfahren und jeder Verfahrensabschnitt, in dem eine selbst- 11
ständige Kostenentscheidung zu treffen ist (→ vor § 154 Rn. 14 ff.). Der Rechtsstreit ist i. S. v. II 1 „**in der Hauptsache erledigt**", wenn ihn die Hauptbeteiligten (Rn. 12) übereinstimmend für erledigt **erklären**. Mit dem Begriff der Hauptsache ist das sachliche Klagebegehren im Unterschied zum Kostenpunkt gemeint (BVerwG Buchh 310 § 161 VwGO Nr. 108). **Nicht** erforderlich ist es, dass sich das Klagebegehren auch in der Sache – objektiv – erledigt hat (Rn. 8).

3. Übereinstimmende Erledigungserklärungen

a) Die Erklärungsbefugten. Die Hauptbeteiligten eines anhängigen Rechtsstreits 12
können diesen übereinstimmend für in der Hauptsache erledigt erklären (BVerwG NVwZ 1993, 979). Die Zustimmung von **Nebenbeteiligten**, etwa eines Beigeladenen (§ 63 Nrn. 3 und 4) ist nicht erforderlich, ihr Widerspruch gegen die Erledigungserklärungen dementsprechend unerheblich. Denn die Beendigung des Rechtsstreits ist Ausfluss der Dispositionsbefugnis der Hauptbeteiligten (allg. Ansicht, vgl. nur BVerwG NVwZ-RR 1992, 276; BVerwGE 30, 27 = NJW 1968, 2395; Ey § 161 Rn. 6 m. w. N.).

Wer Hauptbeteiligter ist, bestimmt sich allerdings nach der Verfahrensrolle im je- 13
weiligen Rechtszug. Das sind im Ausgangsverfahren (Klage oder Antragsverfahren) Kläger und Beklagter bzw. Antragsteller und Antragsgegner; in einem von einem Nebenbeteiligten angestrengten Rechtsmittelverfahren hingegen ist es dieser. Der Beigeladene als Rechtsmittelführer kann jedoch nicht das gesamte Verfahren, sondern nur das Rechtsmittel für erledigt erklären.

14 b) Form und Inhalt der Erklärung. Die Erklärungen sind auf einen bestimmten Erfolg gerichtet, der für die Beteiligten hinreichend deutlich erkennbar sein muss. Grds. müssen Erledigungserklärungen ausdrücklich abgegeben werden („... erkläre ich den Rechtsstreit für in der Hauptsache erledigt"; „... schließe ich mich der Erledigungserklärung an"). Die Erklärungen betreffen den „Rechtsstreit" (II 1), nicht notwendig das gesamte „Verfahren" i. S. v. I. Sie können sich auf das **Sachbegehren** beziehen und damit das Verfahren in allen Rechtszügen erledigen oder auf ein Rechtsmittel beschränken, sodass es bei Entscheidungen der Vorinstanz(en) bleibt (Rn. 27). Die Erledigung kann auch nur einen **Teil** des Sachbegehrens betreffen (→ § 42 Rn. 26 ff.), dessen Umfang dann genau zu bezeichnen ist. Über den nicht erledigten Rest hat das Gericht eine streitige Entscheidung zu treffen.

15 Erledigungserklärungen sind **auslegungsfähig**. Die erläuterte Mitteilung, die Hauptsache habe sich erledigt, wird auf Beklagtenseite i. d. R. als bloßer Hinweis auf die Sacherledigung gemeint sein, aber nicht (schon) als Erledigungserklärung, zumal die einseitige Erledigungserklärung des Beklagten keine selbstständige prozessuale Wirkung hat (Rn. 40). Der **Kläger** kann mit ihr hingegen – vor allem, wenn er nicht anwaltlich vertreten ist – konkludent zugleich zum Ausdruck bringen wollen, dass er sein bisheriges Sachbegehren nicht weiterverfolge, das mangels Statthaftigkeit oder Rechtsschutzbedürfnis nunmehr unzulässig geworden ist. Eine Nachfrage des Gerichts kann angezeigt sein. Eine ausdrückliche Erledigungserklärung des Klägers kann **nicht** in eine Klagerücknahme **umgedeutet** werden. Einer ausnahmsweise anzunehmenden „Flucht" in die Erledigungserklärung ist im Rahmen der Kostenentscheidung Rechnung zu tragen (→ Rn. 38 und NKVwGO § 161 Rn. 41). Gibt der Kläger – auch auf Hinweis und Nachfrage des Gerichts – keine Erledigungserklärung ab, kann ihm eine solche nicht untergeschoben werden; die Klage ist vielmehr durch Prozessurteil abzuweisen. Die Möglichkeit der Erklärungsfiktion (II 2) ist dem Beklagten vorbehalten.

16 Dem **Beklagten** wird allgemein zugestanden, einer Erledigungserklärung des Klägers **konkludent** zustimmen zu können (BVerwG NVwZ-RR 1992, 276), etwa durch Kostenantrag oder die Erklärung, er widerspreche der Erklärung des Klägers nicht (vgl. BVerwGE 30, 27, 28). Ein früher für ausreichend gehaltenes **Schweigen** (dazu NKVwGO § 161 Rn. 40 Fn. 19) ist nur noch unter den in II 2 dafür gesetzten Anforderungen als Zustimmung anzuerkennen (ebenso BeckOK VwGO § 161 Rn. 11). Diese Vorschrift in II 2 (entsprechend § 91a I 2 ZPO, vgl. BT-Drs. 15/3482 S. 24) **fingiert die Zustimmung** des Beklagten zu einer Erledigungserklärung des Klägers. Die Fiktion setzt voraus, dass der die Erledigungserklärung enthaltende Schriftsatz gerichtsseitig mit einer Belehrung über die gesetzlichen Fiktionsfolgen zugestellt wird (§ 56) und der Beklagte nach Zustellung zwei Wochen schweigt („nicht widerspricht"). Die Belehrung muss durch Wiedergabe der Vorschrift erfolgen, bei bloßer Angabe der Vorschrift ist sie nicht wirksam (→ § 92 Rn. 24). Die Zwei-Wochen-Frist ist eine sog. Ereignisfrist, die nach § 187 I BGB berechnet wird (NKVwGO § 57 Rn. 30). Bei Fristversäumnis dürfte **Wiedereinsetzung** entsprechend § 58 II, § 60 III nur im Falle höherer Gewalt zu gewähren sein (S/S-A/P § 161 Rn. 15b).

17 c) Mögliche Zeitpunkte der Erklärung. *aa) Verzögerte Abgabe.* Die Erklärungen können **bis zur Rechtskraft** einer gerichtlichen Sachentscheidung abgegeben werden, also auch in einem Rechtsmittelverfahren. Es ist daher ohne Auswirkungen auf ihre Wirksamkeit, wenn die Erledigung vor Ergehen der Entscheidung eingetreten ist, eine Erledigungserklärung erst danach (etwa im Rechtsmittelverfahren) abgegeben wird (BayVGH BayVBl. 1987, 636; 1979, 618 f.). Das Prozessrecht begründet keine Pflicht zur unverzüglichen Reaktion auf den Eintritt des erledigenden Ereignisses; es überlässt es unabhängig davon, in welchem Stadium des Prozesses das erledigende Ereignis eingetreten ist, grds. dem Beteiligten, eine Erledigungserklärung erst dann abzugeben, wenn er dies für angezeigt hält (BVerwG NVwZ 1993, 979 f.; Buchh 310 § 161 VwGO Nr. 79 S. 3). Eine andere Frage ist es, wie sich eine derartig verzögerte Abgabe der Erledigungserklärung auf die Kostentragung auswirkt (dazu Rn. 37).

bb) Erklärung erst im Rechtsmittelverfahren. Erledigungserklärungen können auch **18** in einem Rechtsmittelverfahren wirksam abgegeben werden (BVerwG NVwZ 2001, 1286, 1288), und zwar sogar dann, wenn das Rechtsmittel allein zu dem Zweck ergriffen worden ist, den Rechtsstreit – etwa bei Erledigung „zwischen den Instanzen" – für in der Hauptsache erledigt zu erklären. Der Zweck, die erstinstanzliche Sachentscheidung vom Rechtsmittelgericht für wirkungslos erklären zu lassen und eine günstige(re) Kostenentscheidung herbeizuführen, ist anzuerkennen und verstößt auch nicht gegen § 158 I (BWVGH NVwZ-RR 2003, 392; NRWOVG NVwZ-RR 2003, 701 m.w.N.; NKVwGO § 161 Rn. 53; S/S-A/P § 161 Rn. 19 f.; a.A. NRW-OVG NRW NVwZ-RR 2002, 895).

d) Wirksamkeit der Erklärungen. Die Erledigungserklärungen sind **prozessuale** **19** **Willenserklärungen** und Sachanträge (diff. BLAH § 297 Rn. 6). Sie müssen den **Anforderungen** genügen, die für Prozesshandlungen allgemein gelten (dazu BVerwG NJW 1991, 508; NKVwGO § 81 Rn. 7 ff.). Sie können **schriftlich** bzw. zur Niederschrift abgegeben (→ § 81 Rn. 3, 14) oder in mündlicher Verhandlung zu Protokoll erklärt werden (§ 105 i.V.m. § 160 III Nr. 2 ZPO). Es genügt aber, dass eine Erklärung vom Richter telefonisch entgegengenommen und von ihm protokolliert wird (etwa durch unterzeichneten Aktenvermerk).

Die Hauptbeteiligten müssen prozess- und beteiligungsfähig sein, es sei denn, die **20** Sacherledigung resultiere gerade aus dem Wegfall einer dieser Fähigkeiten. Die Erklärungen können nicht wegen Irrtums angefochten werden und sind weitgehend bedingungsfeindlich. Zulässig sollen innerprozessuale Bedingungen sein (wie etwa das Abhängigmachen von der Wirksamkeit eines gerichtlichen Vergleichs oder der Zustimmung des Gegners). Die Erklärung kann weder vom Kläger noch vom Beklagten **hilfsweise** neben einem aufrechterhaltenen Sach- bzw. Abweisungsantrag abgegeben werden. Wohl aber kann umgekehrt der Sachantrag hilfsweise neben einer Erledigungserklärung aufrechterhalten werden, nämlich für den Fall, dass der Gegner der Erledigung widerspricht und es zum Erledigungsstreit (→ Rn. 40) kommt (vgl. NKVwGO § 161 Rn. 49 ff.).

In Verfahren vor dem OVG und dem BVerwG, in denen **Vertretungszwang** besteht (§ 67 IV), ist es einem anwaltlich nicht vertretenen Beteiligten allerdings möglich, die Erledigungserklärung persönlich abzugeben (BVerwG Buchh 310 § 161 **21** Abs. 2 Nr. 13; Buchh § 67 VwGO Nr. 24; NVwZ 1990, 69; NJW 1971, 479; BVerwGE 30, 27; krit. NKVwGO § 161 Rn. 56 ff.).

Nicht zu den Wirksamkeitserfordernissen gehört, dass der für erledigt erklärte **22** Rechtsstreit **zulässig und begründet** war (stRspr., vgl. nur BVerwGE 46, 215; 30, 27). Dieser Beurteilung kommt lediglich für die Verteilung der Kosten im Rahmen der Billigkeitsentscheidung Bedeutung zu (Rn. 32).

e) Widerruf der Erklärung. Eine Erledigungserklärung kann nach stRspr. des **23** BVerwG widerrufen werden, solange die Erledigungserklärung der Gegenseite dem Gericht noch nicht zugegangen ist. Die Prozesslage ist bis zu diesem Zeitpunkt noch nicht abschließend gestaltet (Rn. 24), da erst übereinstimmende Erledigungserklärungen der Beteiligten gemäß § 161 II zur Beendigung des Streitverfahrens führen. Erklärt die Gegenseite nicht ihrerseits den Rechtsstreit für in der Hauptsache erledigt, so ist die Klägerseite verfahrensrechtlich nicht gehindert, zu ihrem Sachvortrag zurückzukehren (BVerwG Buchh 310 § 161 VwGO Nr. 92 S. 31 und Nr. 113 S. 15; Urt. v. 24.2. 2010 – 6 A 5.08, Rn. 14).

4. Prozessuale Folgen übereinstimmender Erklärungen

24 **a) Wegfall der Rechtshängigkeit.** Die Hauptbeteiligten müssen den Rechtsstreit übereinstimmend für erledigt erklären. Mit dem Eingang der zweiten, sich inhaltlich deckenden Erledigungserklärung bei Gericht, der bei Nutzung moderner Kommunikationsmittel sekundengenau zu bestimmen ist, **entfällt die Rechtshängigkeit** des Rechtsstreits im von den Beteiligten festgelegten Umfang **rückwirkend** (BVerwG NVwZ-RR 1999, 277; Buchh 310 § 161 VwGO Nr. 89). Die Reihenfolge, in der die Erklärungen eingehen, ist ohne Bedeutung. Der Kläger kann nicht mehr zu der in II 1 ausdrücklich erwähnten Fortsetzungsfeststellungsklage (§ 113 I 4) übergehen, und eine „überholende" Klagerücknahme ist nicht mehr möglich. Soweit keine Klagefristen abgelaufen sind (§ 74), kann der Rechtsschutzantrag jedoch neu angebracht werden, weil ihm eine rechtskräftige Entscheidung (§ 121) nicht entgegensteht.

25 **b) Aussprüche des Gerichts.** In II 1 ist nur bestimmt, dass das Gericht durch Beschluss über die Kosten zu entscheiden hat (dazu Rn. 29 ff.). Der Kostenbeschluss hat nach anderen Vorschriften jedoch weitere, überwiegend freilich deklaratorische Aussprüche zu enthalten:

26 Im Umfang der Erledigung (Rn. 14) ist ein Klageverfahren entsprechend § 92 III 1 **einzustellen** (BVerwG NVwZ-RR 1999, 407; ein Berufungsverfahren i.V.m. § 125 I 1; ein Revisionsverfahren i.V.m. § 141 S. 1).

27 In erledigten Umfang werden etwaige Entscheidungen von Vorinstanzen **wirkungslos**, ohne es einer ausdrücklichen Aufhebung bedarf (§ 173 S. 1 i.V.m. § 269 III 1 Hs. 2 ZPO). Die Wirkungslosigkeit wird aber üblicherweise zur Klarstellung festgestellt. Sie **erstreckt sich** auf noch nicht rechtskräftige Hauptsachenentscheidungen in Sachausspruch und Nebenentscheidungen. Streitwertfestsetzungen einer Vorinstanz bleiben – auch soweit sie in einem Sachbeschluss enthalten waren – unberührt. Dasselbe gilt für zurückverweisende Entscheidungen einer höheren Instanz, weil sie keine Sachentscheidungen enthalten (NKVwGO § 161 Rn. 68). Beziehen sich die Erledigungserklärungen nur auf ein Rechtsmittel, so führt das zur Rechtskraft etwaiger Vorentscheidungen im angefochtenen Umfang (NKVwGO § 161 Rn. 69 f.).

28 Eine weitere selbstständige Pflicht des Gerichts ist es, den **Streitwert** festzusetzen (§ 63 GKG).

5. Kostenentscheidung des Gerichts

29 **a) Form der Entscheidung.** Die eigentliche Rechtsfolge der Hauptsachenerledigung ist die Pflicht des Gerichts zur Kostenentscheidung (II 1). Sie erfolgt durch **eigenständigen Beschluss**, soweit sich die Hauptsache vollständig erledigt hat. Bei teilweiser Hauptsachenerledigung erfolgt die Verfahrenseinstellung und die Kostenentscheidung zusammen mit der Sachentscheidung über den nicht erledigten Teil **im Schlussurteil** (BVerwG NVwZ-RR 1999, 407; Buchh 310 § 161 Abs. 2 VwGO Nr. 16; Buchh 310 § 161 VwGO Nr. 101). Die Kostenentscheidung ist stets zu **begründen**, wie § 122 II 2 ausdrücklich bestimmt.

Kostenentscheidung; Erledigung der Hauptsache **§ 161**

b) Zuständigkeit, Besetzung. Zuständig ist grds. das Gericht in der für die Sachentscheidung maßgeblichen **Besetzung** (§ 5 III; § 9 III; § 10 III). Im vorbereitenden Verfahren entscheidet der Vorsitzende bzw. der bestellte Berichterstatter (§ 87a I, III VwGO). 30

c) Maßstäbe der Kostenlastentscheidung. *aa) Billigkeitsentscheidung.* Über die Kosten ist nach billigem Ermessen zu entscheiden; der bisherige Sach- und Streitstand ist zu berücksichtigen. Dieser Billigkeitsentscheidung gehen Vorschriften vor, die nach besonderen Maßstäben eine Kostentrennung vorsehen (→ vor § 154 Rn. 7). I. Ü. gehen die Verteilungsmaßstäbe der §§ 154 bis 160 in die Ermessenserwägungen ein. 31

bb) Erfolgsaussichten. Der Grundsatz des Kostenrechts, wonach der Unterliegende die Kosten des Verfahrens trägt (§ 154 I → vor § 154 Rn. 6), führt dazu, dass sich eine „billige" Kostenverteilung so weit wie möglich an den zu prognostizierenden **Erfolgsaussichten** des erledigten Rechtsstreits zu orientieren hat: Demjenigen sind die Kosten des Verfahrens aufzuerlegen, der ohne die Erledigung voraussichtlich unterlegen wäre. 32

Die **Prüfungstiefe** mindert sich gegenüber dem Hauptsacheverfahren jedoch in tatsächlicher wie in rechtlicher Hinsicht deutlich. Schon der Wortlaut verbietet mit seiner Festlegung auf den „bisherigen" Sach- und Streitstand weitere Aufklärungen des **Sachverhalts** (BVerwGE 63, 234, 237; 46, 215). In **rechtlicher Hinsicht** ist eine nur noch summarische Prüfung auf der Grundlage des unterbreiteten Streitstoffs durchzuführen. Der in § 161 II 1 zum Ausdruck kommende Grundsatz der Prozesswirtschaftlichkeit befreit das Gericht nach der Erledigung des Rechtsstreits davon, abschließend über den Streitstoff zu entscheiden (BVerwG Buchh 123; NVwZ 1991, 872). 33

cc) Entscheidung bei offenem Verfahrensausgang. Einer im Kostenverfahren nicht auszuräumenden **Ungewissheit über den hypothetischen Verfahrensausgang** ist dadurch Rechnung zu tragen, dass die Verfahrenskosten zwischen den Hauptbeteiligten entsprechend § 155 I angemessen aufgeteilt werden (BVerwG Buchh 310 § 161 VwGO Nr. 123; Beschl. v. 7. 4. 2008 – 9 VR 6.07). Der vermutliche Prozessausgang darf offenbleiben, wenn der Rechtsstreit bisher höchstrichterlich nicht geklärte Rechtsfragen aufgeworfen hat oder sich aus anderen Gründen nicht ohne Weiteres übersehen lässt. Eine Ausnahme wird beim **Kapazitätsrechtsstreit** um die Zulassung zum Studium gemacht: Bei offenen Erfolgsaussichten trägt der anderweitig zugelassene Studienplatzkläger die Kosten (BVerwG DVBl. 1986, 46; DVBl. 1982, 736). In sonstigen Fällen ist eine **unbesehene Kostenaufhebung** (§ 155 I 2; vgl. BVerwG Buchh 310 § 161 VwGO Nr. 107) abzulehnen; sie wird den Machtverhältnissen zwischen den Beteiligten im Einzelfall ebenso wenig gerecht wie bei streitiger Entscheidung (→ § 155 Rn. 9; S/S-A/P § 161 Rn. 22; KS § 161 Rn. 17). 34

(1) Herbeiführung der Erledigung. Der Umstand, dass die Erledigung von einem Beteiligten aus eigenem Willensentschluss herbeigeführt worden ist, besagt für sich genommen nichts – entgegen einer häufiger anzutreffenden Formel (BVerwG Buchh 310 § 161 VwGO Nr. 123; BeckOK VwGO § 161 Rn. 14 m. w. N.; zu Recht diff. BVerwG, Beschl. v. 7. 4. 2008 – 9 VR 6.07; abl. KS § 161 Rn. 17). Das **Nachgeben** eines Beteiligten darf sehr wohl als angemessene Reaktion auf eine veränderte Prozesslage und den *dadurch* drohenden Prozessverlust gewertet werden, das über die Kostenbelastung, er habe sich „in die Rolle des Unterlegenen begeben", mit Zurückhaltung zu verwenden. Sie ist nur dann angebracht, wenn ein Beteiligter ohne Veränderung der Prozesslage dem Begehren unter Aufgabe des bisherigen Rechtsstandpunktes entspricht (BVerwG Buchh 310 § 161 VwGO Nr. 102). 35

§ 161

36 Eigenständig ist das Nachgeben zu bewerten, wenn es auf einem außerhalb des Einflussbereichs des Beteiligten liegenden Ereignis beruht (Gesetzesänderung, Rechtsprechungsänderung) oder durch eine Handlung des Gegners veranlasst ist (S/S-A/P § 161 Rn. 24; vgl. NRWOVG NJW 2004, 3730). Bei **Gesetzesänderungen** kommt es darauf an, wer ohne sie obsiegt hätte (Ey § 161 Rn. 17; KS § 161 Rn. 18). Bei **Änderung der Rspr.** trifft das Risiko grds. denjenigen, der sich auf die überholte Rspr. berufen hat. Das gilt auch, wenn es auf die **Gültigkeit einer Norm** ankommt, die das BVerfG später verwirft (KS § 161 Rn. 18; str.).

37 *(2) Kostenverteilung bei verspäteter Erklärung.* Versäumt es der Antragsteller schuldhaft, nach Eintritt der Hauptsacheerledigung rechtzeitig vor Abschluss des erstinstanzlichen Verfahrens den Rechtsstreit für in der Hauptsache erledigt zu erklären, gibt er diese Erklärung vielmehr erst mit der Beschwerde gegen den seinen Antrag mangels Rechtsschutzinteresses ablehnenden Beschluss ab, trägt er nach billigem Ermessen die dadurch verursachten Kosten des bisherigen Verfahrens (NRWOVG, Beschl. v. 27.10. 2009 – 19 B 1400/09 – DÖV 2010, 196 [Ls.]). Ggf. durch eine verspätete Erklärung verursachte **Mehrkosten** hat der Rechtsschutzsuchende gemäß § 155 IV gesondert zu tragen (BVerwG NVwZ 2004, 353).

38 *(3) Flucht in die Erledigungserklärung.* Eine einseitige Erledigungserklärung des Klägers darf nicht als Klagerücknahme gedeutet werden. Sie kann aber kostenrechtlich als **„verschleierte Klagerücknahme"** behandelt werden, wenn kein erledigendes Ereignis vorliegt und erkennbar ist, dass bei Widerspruch des Beklagten keine Entscheidung über die Frage der Erledigung begehrt wird (BVerwG Buchh 451.54 MStG Nr. 11; Buchh 310 § 161 Abs 2 VwGO Nr. 41; NVwZ 1989, 860).

39 d) Unanfechtbarkeit. Die Einstellung und Unwirksamkeitsfeststellung sind entsprechend § 92 III 2 unanfechtbar. Die Kostenentscheidung nach § 161 II ist von einer Sachentscheidung isoliert und daher gemäß § 158 II unanfechtbar (BVerwG NVwZ-RR 1999, 407). Bei der Unanfechtbarkeit – bezogen auf den auf § 161 II beruhenden Ausspruch – bleibt es auch, wenn im Fall der Teilerledigung die Kostentragung Teil einer einheitlichen Kostenentscheidung ist, die das Gericht in dem Urteil trifft, in dem es zum streitigen Rest Stellung nimmt (BVerwG NVwZ-RR 1999, 407; NVwZ 1982, 372).

III. Einseitige Erledigungserklärung

1. Konstellationen

40 Nicht von § 161 II erfasst wird der Fall, dass einer der Beteiligten den Rechtsstreit für in der Hauptsache erledigt erklärt und sich der Gegner **nicht anschließt**. Ein praktisches Problem ergibt sich nur bei einseitig bleibender Erledigungserklärung des Klägers bzw. eines Rechtsmittelführers. Die einseitige Erklärung des **Gegners** (d.h. des Beklagten im Klageverfahren) hat keine selbständige prozessuale Wirkung, sondern ist lediglich der Hinweis auf ein erledigendes Ereignis (BVerwG ZOV 2009, 47; HmbOVG NVwZ-RR 2003, 700; KS § 161 Rn. 32).

41 Fehlt dem Kläger ein Fortsetzungsfeststellungsinteresse (§ 113 I 4), so ist der Wechsel zum Erledigungsfeststellungsantrag für ihn der einzige Weg, die kostenpflichtige Klageabweisung zu vermeiden (BVerwG Buchh 310 § 161 VwGO Nr. 108 S. 7 m.w.N.). Der Wechsel führt zum Austausch des Klagebegehrens und zu einer **Änderung des Streitgegenstandes**. An die Stelle des bisherigen Streitgegenstands tritt der Streit über die Behauptung des Klägers, seinem Klagebegehren sei durch ein nachträgliches Ereignis die Grundlage entzogen worden.

§ 161 Kostenentscheidung; Erledigung der Hauptsache

Obwohl sachlich als Klageänderung einzuordnen, stellt die Rspr. den Übergang **42** vom ursprünglichen Klageantrag zum Erledigungsfeststellungsantrag von den **Einschränkungen** einer Klageänderung nach §§ 91, 142 **frei** (stRspr., BVerwGE 114, 149 = NVwZ 2001, 1286; Buchh 310 § 161 VwGO Nr. 113 S. 16 m.w.N.). Der Wechsel tritt unabhängig davon ein, ob die ursprüngliche Klage zulässig und begründet war. Dies ist eine Frage der Begründetheit der umgestellten Klage. Auch die Rückkehr zum Sachantrag (Rn. 47) ist nicht an die Voraussetzungen des § 91 gebunden.

2. Der Erledigungsstreit

Bei nur einseitiger Erledigungserklärung des Klägers beschränkt sich der Rechtsstreit **43** grds. auf die Erledigungsfrage. Das Gericht (auch noch in der Revisionsinstanz) hat **durch Urteil festzustellen**, dass der Rechtsstreit erledigt ist; bei Nichterledigung ist die Klage abzuweisen (BVerwGE 82, 41, 44; 31, 318; zur richtigen Tenorierung vgl. NKVwGO § 161 Rn. 188 f.). Die materielle Rechtskraft des allein auf diesen tragenden Grund gestützten Erledigungsfeststellungsurteils schließt jeden weiteren Streit der Beteiligten darüber aus (BVerwGE 20, 146, 152; Buchh 448.0 § 5 WPflG Nr. 23 S. 16 f. m.w.N.).

Die Feststellung setzt voraus, dass ausgehend von dem ursprünglichen Klagan- **44** spruch objektiv ein **erledigendes Ereignis** eingetreten ist. Außerdem muss die **Klage zulässig erhoben** und im Rechtsmittelverfahren auch das Rechtsmittel zulässig eingelegt worden sein (BVerwG NVwZ 1989, 862; Buchh 451.54 MStG Nr. 11). In der Rspr. des BVerwG nicht abschließend geklärt ist die Frage, ob die Zulässigkeit von Amts wegen zu prüfen ist oder nur auf Rüge des Beklagten und Vorliegen eines berechtigten Interesses an dieser Klärung. Überwiegend wird die standardmäßige Überprüfung der Zulässigkeit abgelehnt, um dem Gericht eine u. U. aufwendige Prüfung zu ersparen, die von beiden Beteiligten nicht gewünscht wird (BVerwG NVwZ 1991, 162; BVerwGE 73, 312; BVerwG NJW 1965, 1035; offen gelassen in BVerwGE 114, 149, 151 = NVwZ 2001, 1286).

Abweichend von der Rspr. des BGH, nach der die ursprünglich erhobene Klage **45** zulässig und begründet sein muss (z. B. BGH NJW 2003, 3134; NJW 1986, 588), ist im Verwaltungsprozess die **Begründetheit** der Klage mit dem ursprünglichen Antrag **grds. nicht** zu prüfen. Davon wird eine **Ausnahme** gemacht, wenn der Beklagte ein beachtenswertes Interesse i. S. des § 113 I 4 an einer Klärung zum Ausdruck bringt, dass die Klage von Anfang an keinen Erfolg haben konnte. In diesem Fall kann er eine Sachentscheidung gegen den Willen des Klägers erzwingen (BVerwGE 31, 318, 320). Das Gericht prüft die sachliche Berechtigung der Klage als – ausnahmsweise geltendes – Erfordernis der Begründetheit des Erledigungsfeststellungsantrags (BVerwG NVwZ 1989, 862; NVwZ 1991, 162; Buchh 310 § 161 Nr. 69; Buchh 310 § 113 Nr. 181; Buchh 310 § 161 Nr. 83; BVerwGE 20, 146).

Verneint das Gericht die Rechtmäßigkeit, steht damit zugleich zugunsten des Klä- **46** gers die Rechtswidrigkeit des angegriffenen VA fest. Er ist nicht gehalten, seinerseits (etwa im Wege einer Zwischenfeststellungsklage nach § 173 S. 1 i. V.m. § 256 II ZPO) die Rechtswidrigkeit des VA geltend zu machen. Ein **hinreichendes Interesse** an einer solchen Klärung liegt vor, weil die Sachprüfung geeignet ist, die Rechtsbeziehungen zwischen den Beteiligten für die Zukunft zu klären und zur Vermeidung weiterer Streitverfahren beizutragen oder der Behörde die „Früchte des Rechtsstreits" zu erhalten (BVerwG NVwZ-RR 2002, 152).

Bleibt der Erledigungsfeststellungsantrag ohne Erfolg, so steht es dem Kläger frei, **47** seinen **ursprünglichen Sachantrag weiterzuverfolgen**. Die Rechtshängigkeit des ursprünglichen Sachbegehrens ist mit der Erledigungserklärung nicht entfallen (stRspr., BVerwG NVwZ 1999, 404), und zwar auch dann nicht, wenn der „Hauptsacheantrag" nicht zugleich mit der Erledigungserklärung ausdrücklich als Hilfsantrag für den Fall aufrechterhalten worden ist, dass das Gericht die Erledigung des Rechtsstreits in der Hauptsache verneint (BVerwG NVwZ-RR 1988, 56; Buchh 310 § 161 VwGO Nr. 101; BVerwGE 73, 312, 314).

IV. Kosten der Untätigkeitsklage (III)

1. Anwendungsbereich

48 Die Sonderregelung des III, die allen anderen Kostenregelungen (wie II und § 155 IV) vorgeht, schützt den Kläger vor dem **Kostenrisiko** (dazu NKVwGO § 161 Rn. 198), das er mit einer Untätigkeitsklage nach § 75 (→ § 42 Rn. 46) eingeht. Sie setzt voraus, dass die Klage zulässigerweise erhoben, aber das gerichtliche Verfahren nach Bescheidung durch die Behörde nicht fortgeführt wird (BVerwG NVwZ 1991, 1180). III findet in allen „Fällen des § 75" Anwendung, also unabhängig davon, ob die behördliche Entscheidung positiv ausfällt oder negativ und der Kläger den Rechtsstreit deshalb für erledigt erklärt (BVerwG NVwZ 1991, 1180; S/S-A/P § 161 Rn. 40; Ey § 75 Rn. 17; KS § 161 Rn. 37; a.A. BVerwG Buchh 310 § 161 VwGO Nr. 46: nur, wenn die Untätigkeitsklage in vollem Umfang durch Erlass des begehrten VA oder durch einen dem Widerspruch uneingeschränkt stattgebenden Bescheid erledigt ist). Dem Beklagten fallen die Kosten stets zur Last, wenn der Kläger mit seiner Bescheidung vor Klageerhebung rechnen durfte (dazu Rn. 50). Wählt der Kläger statt der Erledigungserklärung die **Klagerücknahme** (§ 92 III), so geht III der Regelung in § 155 II vor (BVerwG NVwZ 1991, 1180; Ey § 75 Rn. 16; BeckOK VwGO § 161 Rn. 20 m.w.N.; str.).

49 **Keine Kostenüberbürdung** auf den Beklagten nach III findet in folgenden Fällen statt:
- Der Kläger erstrebt ein **schlichtes Tätigwerden** der Behörde, also keinen VA oder eine Bescheidung (S/S-A/P § 161 Rn. 39 m.Nachw. aus der Rspr. Fn. 3; NKVwGO § 161 Rn. 208; Ey § 161 Rn. 23).
- Der Kläger setzt nach Bescheidung durch die Behörde den Rechtsstreit fort und **unterliegt** oder er zieht seine Klage zurück, bevor sich der Beklagte in der Sache geäußert hat (BVerwG NVwZ 1991, 1180). In beiden Fällen besteht zwischen der Verzögerung der Bescheidung durch den Beklagten und dem Ausgang des Prozesses kein Zusammenhang; der Kläger nimmt mit der Fortsetzung des Verfahrens das normale Kostenrisiko eines Verwaltungsprozesses auf sich (BVerwG NVwZ 1991, 1180; vgl. auch BVerwG Buchh 310 § 161 VwGO Nr. 94).
- Das **Gericht entscheidet** zur Sache, bevor eine Bescheidung durch die Behörde erfolgt; die Untätigkeit der Behörde kann dann gemäß § 155 IV berücksichtigt werden (BeckOK VwGO § 161 Rn. 21).

2. Rechtzeitigkeit der Bescheidung

50 Voraussetzung der Kostenüberbürdung ist, dass der Kläger mit seiner Bescheidung vor Klageerhebung rechnen durfte. Das ist dann nicht der Fall, wenn der Beklagte einen **zureichenden Grund** für die Nichtbescheidung hatte und dem Kläger dieser Grund bekannt war oder bekannt sein musste. Ein Grund kann nur dann „zureichend" i.S. des § 75 S. 1 sein, wenn er mit der Rechtsordnung in Einklang steht (BVerwG NVwZ 1991, 1180).

Gründe können sein: besonders umfangreiche und komplizierte Fälle; Abwarten 51
eines anstehenden Musterrechtsstreits; nur bei extremen Lagen behördenbedingte
Engpässe durch urlaubs- oder krankheitsbedingte Abwesenheiten oder eine generelle
Überlastung bzw. angespannte Personallage. In jedem Fall ist der Antragsteller im Verwaltungsverfahren in Kenntnis zu setzen. Ohne ausdrückliche Erläuterung der Behörde darf er nach der Wertung des § 75 mit einer Entscheidung innerhalb von drei
Monaten, spätestens aber innerhalb eines Jahres rechnen (KS § 161 Rn. 36; BeckOK
VwGO § 161 Rn. 22).

§ 162 [Erstattungsfähige Kosten]

(1) Kosten sind die Gerichtskosten (Gebühren und Auslagen) und die zur zweckentsprechenden Rechtsverfolgung oder Rechtsverteidigung notwendigen Aufwendungen der Beteiligten einschließlich der Kosten des Vorverfahrens.
(2) [1]Die Gebühren und Auslagen eines Rechtsanwalts oder eines Rechtsbeistands, in Abgabenangelegenheiten auch einer der in § 67 Abs. 2 Satz 2 Nr. 3 genannten Personen, sind stets erstattungsfähig. [2]Soweit ein Vorverfahren geschwebt hat, sind Gebühren und Auslagen erstattungsfähig, wenn das Gericht die Zuziehung eines Bevollmächtigten für das Vorverfahren für notwendig erklärt. [3]Juristische Personen des öffentlichen Rechts und Behörden können an Stelle ihrer tatsächlichen notwendigen Aufwendungen für Post- und Telekommunikationsdienstleistungen den in Nummer 7002 der Anlage 1 zum Rechtsanwaltsvergütungsgesetz bestimmten Höchstsatz der Pauschale fordern.
(3) Die außergerichtlichen Kosten des Beigeladenen sind nur erstattungsfähig, wenn sie das Gericht aus Billigkeit der unterliegenden Partei oder der Staatskasse auferlegt.

Übersicht

	Rn.
Vorbemerkungen	1
A. Aufwendungen der Hauptbeteiligten	4
I. Art der Kosten	4
1. Gerichtskosten	4
2. Außergerichtliche Kosten	8
a) Begriff und Abgrenzung	8
b) Notwendigkeit	10
II. Aufwendungen des Klägers	12
1. Persönlicher Aufwand	12
2. Aufwendungen im Prozess	16
a) Allgemeines Betreiben des Verfahrens	16
b) Kosten von Terminswahrnehmungen	20
aa) Reisekosten der Partei	21
bb) Zeitversäumnis	25
cc) Anwaltskosten	26
dd) Dolmetscher in der mündlichen Verhandlung	27
c) Kosten von Privatgutachten	28
3. Vergütung von Bevollmächtigten	32
a) Generelle Erstattungsfähigkeit im Prozess	33
b) Kreis der Bevollmächtigten	35

	4. Kosten eines Vorverfahrens	40
	a) Begriff des Vorverfahrens	40
	b) Geltend zu machende Aufwendungen	43
	c) Zuziehung eines Bevollmächtigten im Vorverfahren	46
	aa) Gerichtliche Erforderlichkeitsprüfung	46
	bb) Voraussetzungen der Notwendigkeit	49
	cc) Maßstab der Notwendigkeit	51
III.	Aufwendungen der beklagten Behörde	53
	1. Verwaltungskosten	54
	2. Schreibauslagen und Telekommunikationskosten	55
	3. Terminswahrnehmung	56
	a) Reisekosten	57
	b) Zeitversäumnis	58
	4. Beauftragung eines Bevollmächtigten im Prozess	59
	5. Anwalt im Vorverfahren	62
B.	Aufwendungen von Beigeladenen	63
I.	Billigkeitsentscheidung	63
II.	Voraussetzungen der Erstattungsfähigkeit	65
	1. Konstitutiver gerichtlicher Ausspruch	65
	2. Einfach Beigeladene	67
	3. Notwendig Beigeladene	70
	4. Zuziehung eines Bevollmächtigten im Vorverfahren	71
	5. Beigeladene als Rechtsmittelführer	72
	6. Verfahren mit einer Mehrzahl von Beigeladenen	73
	7. Belastung der Staatskasse	74
C.	Prozessuales	75
I.	Tenorierung und Begründung	75
II.	Anfechtung	77
	1. Entscheidung nach II 2	77
	2. Entscheidung nach III	78

Vorbemerkungen

1 Die Kostenlastentscheidung des Gerichts gemäß §§ 154 bis 161 verschafft einen Kostentitel (§ 168 I Nr. 1) und bestimmt Kostenschuldner und Kostengläubiger des Erstattungsanspruchs. **Art und Höhe** der erstattungsfähigen Kosten werden erst in § 162 festgelegt. In I wird zugleich der **Begriff der Prozesskosten legaldefiniert**, und zwar mit Gültigkeit für den gesamten 16. Abschnitt, aber auch für weitere Vorschriften der VwGO, die den Begriff der „Kosten" verwenden (z.B. § 87a I Nr. 5, § 120 I, § 126 III 2, § 140 II 2, § 146 III). Zu unterscheiden sind nach I Gerichtskosten und die Aufwendungen der Beteiligten in den verschiedenen (Vorbereitungs)Stadien eines Rechtsstreits.

2 Die Erstattungsfähigkeit von Prozesskosten ist insgesamt unter die Bedingung der **Notwendigkeit** ihres Entstehens gestellt. Teilweise ist diese bereits abstrakt-generell durch § 162 vorgeben (z.B. für Gerichtskosten), teilweise bedarf sie einer Konkretisierung durch das Prozessgericht (II 2 und III), i.Ü. ist sie im Verfahren der Kostenfestsetzung (§ 164) zu beurteilen. Nach allg. Ansicht trifft aber auch die Beteiligten schon bei der Verursachung von Aufwendungen eine Obliegenheit sparsamer Prozessführung, die aus der Ex-ante-Sicht einer verständigen Partei zu beurteilen ist (**Kostenminimierungspflicht**, vgl. BVerwG NJW 2000, 2832; BeckOK VwGO § 161 Rn. 51 m.w.N.).

Somit **wendet sich** § 162 an alle Beteiligten und an das Gericht, vor allem aber an 3
den Urkundsbeamten: Er wird in den Stand gesetzt, den Umfang der erstattungsfähigen Kosten in der Kostenfestsetzung abschließend zu beurteilen. Die Verfahrensbeteiligten bekommen Maßstäbe an die Hand, um dies im Rahmen freiwilliger Erstattung von Prozesskosten beurteilen zu können, ebenso das Prozessgericht bei den ihm vorbehaltenen Entscheidungen und bei der Überprüfung von Kostenfestsetzungsbeschlüssen im Rahmen von Erinnerungen (§ 165 i.V.m. § 151).

A. Aufwendungen der Hauptbeteiligten

I. Art der Kosten

1. Gerichtskosten

§ 162 fasst unter dem **Oberbegriff „Kosten"** in Übereinstimmung mit den Kos- 4
tengesetzen (§ 1 I GKG) an die Gerichtskasse zu zahlende Gebühren und Auslagen. Auch die Vergütung von Rechtsanwälten wird entsprechend eingeteilt (vgl. § 1 I RVG). **Gebühren** sind nach allgemeinem Sprachgebrauch ein pauschales Entgelt für die Inanspruchnahme, **Auslagen** eine Abgeltung konkret entstandener Aufwendungen. Für Verfahren vor den Gerichten der Verwaltungsgerichtsbarkeit nach der VwGO – also für die Tätigkeit der Gerichte – werden gemäß § 1 II Nr. 1 GKG **Gerichtskosten erhoben**. Kostenpflichtig sind grds. auch der Bund und die Länder als Beteiligte (§ 2 IV GKG → § 163).

Gerichtskosten sind **generell erstattungsfähig**, soweit sie von einem erstattungs- 5
berechtigten Beteiligten verauslagt worden sind (vgl. zur Verfahrensgebühr § 6 I Nr. 4, III GKG). Welche Gerichtskosten nach Art und Höhe anfallen und von wem sie zu zahlen sind, bestimmt sich ausschließlich nach dem GKG und seinem Kostenverzeichnis (§ 1 I a.E., § 3; Einzelheiten der Erhebung bei BeckOK VwGO § 162 Rn. 5 ff.). Gebühren sind grds. (streit)wertabhängig (§§ 3 I, 34). Fehlt ein Kostentatbestand, so können Kosten nicht angesetzt werden. In den Fällen des § 21 GKG (i. W. unrichtige Sachbehandlung durch das Gericht und unverschuldete Unkenntnis eines Beteiligten) können Kosten vom Prozessgericht niedergeschlagen werden (vgl. Hartmann, GKG § 21 Rn. 5). Stundung und Erlass von Gerichtskosten bestimmen sich nach dem jeweils anwendbaren Landesrecht (Übersicht bei Hartmann Kostengesetze VII D Rn. 4).

Zu den erstattungsfähigen Kosten gehören auch die Kosten einer **irrtümlichen** 6
Zustellung der Klageschrift durch das Gericht an einen Dritten. Die Kostenhaftung ist als grds. reine Verursachungshaftung vom Verschulden des kostenbelasteten Beteiligten unabhängig (Ey § 154 Rn. 2). Gerichtskosten sind aber wegen unrichtiger Sachbehandlung niederzuschlagen (§ 21 GKG), die außergerichtlichen Aufwendungen des Dritten bleiben erstattungsfähig.

Zeugen, Sachverständige usw. werden nach dem JVEG aus der Staatskasse ent- 7
schädigt; diese Beträge werden damit Teil der gerichtlichen Auslagen (GKG-KV Nr. 9005). Zu den außergerichtlichen Kosten eines Beteiligten gehören sie nur, wenn dieser ausnahmsweise Auslagenvorschüsse für eine Zeugen- oder Sachverständigenvernehmung gezahlt oder sie der Staatskasse bereits nach § 22 GKG erstattet hat. Nicht erhoben werden Beträge, die an **ehrenamtliche Richter** gezahlt werden (→ § 32 Rn. 1; vgl. GKG-KV Nr. 9005 S. 1).

2. Außergerichtliche Kosten

8 **a) Begriff und Abgrenzung.** Den Begriff der **außergerichtlichen Kosten** verwendet die VwGO zur Abkürzung, ohne ihn zu definieren, in § 160 S. 2 und § 162 III. In I werden sie als die „zur zweckentsprechenden Rechtsverfolgung oder Rechtsverteidigung notwendigen Aufwendungen der Beteiligten" umschrieben. Mit der Wendung „Rechtsverteidigung und Rechtsverfolgung" wird – aus der Sicht der unterschiedlichen Parteirollen (→ § 166 Rn. 16) – Synonymes zum Ausdruck gebracht, sodass sich eine rechtserhebliche Unterscheidung daran nicht knüpfen lässt (BVerwG NVwZ 2006, 1294). Der Sache nach handelt es sich um alle Kosten, die nicht dem Träger der Gerichtsbarkeit (also Bund oder Land) entstehen. Daher unterfallen ihm auch Aufwendungen, die einem Beteiligten im Prozess entstehen. Es kann sich um Aufwendungen handeln, die an einen Bevollmächtigten zu zahlen sind oder dem Beteiligten selbst entstehen.

9 Die Regelung über die Erstattungsfähigkeit gilt für alle an einem Verfahren konkret Beteiligten i.S. des § 63 sowie für die aufgrund besonderer Vorschriften beteiligten natürlichen und juristischen Personen. Die Vorschrift hat denselben Anwendungsbereich wie die §§ 154 ff. allgemein (→ vor § 154 Rn. 13), gilt also in allen Verfahren, in denen eine Kostengrundentscheidung zu treffen und Kosten zu erstatten sind. Aufwendungen sind die Auslagen der Beteiligten selbst und ihrer Bevollmächtigten. Die Aufwendungen müssen tatsächlich entstanden sein; das Entstehen ist glaubhaft zu machen (§ 173 S. 1 i.V.m. § 104 II 1, § 294 I ZPO). Soweit die Aufwendungen nicht im Prozess entstehen, müssen sie in einem unmittelbaren Zusammenhang mit ihm, nicht nur gelegentlich der Prozessführung entstanden sein (NKVwGO § 161 Rn. 9).

10 **b) Notwendigkeit.** Außergerichtliche Kosten sind – anders als Gerichtskosten – weder ihrer Art noch ihrer Höhe nach automatisch erstattungsfähig. Für die Gebühren und Auslagen eines Bevollmächtigten (im Prozess und einem Vorverfahren) ist in II, für die außergerichtlichen Kosten des Beigeladenen in III eine spezielle Regelung getroffen. Den Grundsatz für alle sonstigen Aufwendungen enthält aber I: Sie müssen zur zweckentsprechenden Rechtsverfolgung oder Rechtsverteidigung notwendig sein. Dieses Erfordernis betrifft sowohl die Art als auch die Höhe der Aufwendungen.

11 Die Notwendigkeit beurteilt sich nach **Geeignetheit, Erforderlichkeit und Angemessenheit**, das zu befördernde prozessuale Ziel zu erreichen. Maßgebend ist nicht die subjektive Auffassung des Beteiligten, sondern die verobjektivierte Sicht eines **verständigen Beteiligten**, der bemüht ist, die Kosten so niedrig wie möglich zu halten. Abzustellen ist dabei auf den Zeitpunkt der die Aufwendungen verursachenden Handlung (Ex-ante-Sicht); ohne Belang ist, ob sich die Handlung im Prozessverlauf nachträglich als unnötig herausstellt (BVerwG Rpfleger 2008, 666). Im Streitfall ist die Notwendigkeit im Kostenfestsetzungsverfahren (§ 164) zu klären.

II. Aufwendungen des Klägers

1. Persönlicher Aufwand

12 Die persönlichen Aufwendungen einer natürlichen oder juristischen Person des Privatrechts als Kläger sind nach I zwar grds. erstattungsfähig, soweit sie einen hinreichend engen Bezug zur Prozessführung aufweisen. Praktisch sind die anerkannten Positionen jedoch stark eingeschränkt: Herausgenommen werden zum einen nur betriebswirtschaftlich individualisierbare Aufwendungen, die nicht mit realen Ausgaben verbunden sind (die private **Mühewaltung** der Prozessführung und der damit allgemein verbundene Zeitaufwand).

Zum anderen fallen zahlreiche Aufwendungen vor allem zur Vorbereitung des Prozesses und außerhalb von Terminen (zu den Kosten von Terminswahrnehmungen Rn. 20 ff.) unter die allgemeinen Geschäftsunkosten, denen der konkrete Bezug zur Prozessführung fehlen soll (NKVwGO § 161 Rn. 19 ff.). Daher sind der **allgemeine Zeitaufwand** der Sachbearbeitung (Aktenstudium, Erstellung von Schriftsätzen usw., vgl. BWVGH NVwZ-RR 1994, 184; BayVGH BayVBl. 1980, 157) ebenso wenig zu erstatten wie grds. auch die **Schreibauslagen** einschließlich der Auslagen für Fotokopien, Telefonkosten und Porti, vgl. Rn. 16. Die **Aufwendungen eines Dritten** können nur ersetzt werden, wenn der erstattungsberechtigte Beteiligte diesem ersatzpflichtig ist, wie z.B. bei Insolvenzverwaltern oder Testamentsvollstreckern (Ey § 162 Rn. 4; BeckOK VwGO § 162 Rn. 16). 13

Rechtsberatende Handlungen eines Anwalts oder Hochschullehrers, die über einen Rechtsrat bzw. eine anwaltliche Beratung in Bezug auf die Beurteilung der Erfolgsaussichten einer späteren Klage hinausgehen – etwa in Gestalt eines **privaten Rechtsgutachtens** –, können regelmäßig nicht – wie auch Gutachten im Prozess – als notwendige Aufwendungen i.S.v. I angesehen werden (NdsOVG NJW 2010, 1301). Bloße **Vorbereitungshandlungen** sind auch sonst keine notwendigen Auslagen (NRWOVG NVwZ-RR 2008, 503; ferner BayVGH, Beschl. v. 13.11. 2008 – 22 M 08.2699; NVwZ-RR 2002, 315). Zu privaten Gutachterkosten im Vorverfahren → Rn. 45. 14

Diese Beschränkung kann zu lockern sein, wenn **außerordentlich komplexe Fragen** tatsächlicher und rechtlicher Natur anstehen. Dann können ausnahmsweise Auslagen notwendig sein, die dem Beteiligten oder einem Bevollmächtigten anlässlich von **Vorbesprechungen** und anderen Vorbereitungen der Klageerhebung wie Akteneinsicht bei der Behörde (sogar schon vor Erlass der angefochtenen Verwaltungsentscheidung) entstehen. Voraussetzung ist, dass die Vorbereitung eindeutig im Zusammenhang mit dem späteren Klageverfahren steht, in dem die Kosten geltend gemacht werden (BVerwG, Beschl. v. 6.10. 2009 – 4 KSt 1009.07 und 6.12. 2007 – 4 KSt 1004.07 Rn. 2 f.). Ein Gutachter – nicht aber der Rechtsanwalt – kann sich u.U. nur durch **Ortsbesichtigung** ausreichende Kenntnis von den Örtlichkeiten verschaffen. Zu den Kosten aus der Tätigkeit eines Bevollmächtigten vgl. Rn. 32. 15

2. Aufwendungen im Prozess

a) Allgemeines Betreiben des Verfahrens. Soweit es sich um persönliche Aufwendungen des Klägers/Antragstellers **im anhängigen Rechtsstreit**, aber außerhalb eines Termins handelt, gilt das oben Gesagte (Rn. 12) entsprechend. **Sachaufwendungen** (wie Schreibauslagen, Vervielfältigungs-, Porto-, Telefon- und Telefaxkosten) sind – sofern ausscheidbar und belegbar – erstattungsfähig, wenn sie durch den Kontakt mit dem Gericht entstehen. 16

Fotokopien aus Gerichtsakten nach § 100 II sind erstattungsfähig, wenn sie (aus der Ex-ante-Sicht) für die Prozessführung notwendig und nicht anders beschaffbar waren. Die mehrfache Ablichtung einzelner Schriftstücke ist erstattungsfähig, wenn sie zur Unterrichtung des Gerichts, des Gegners oder des eigenen Bevollmächtigten für notwendig gehalten werden durfte. 17

Die Kosten einer **Informationsreise** zum bevollmächtigten Rechtsanwalt pro Rechtszug kann in schwierigeren Verfahren notwendig sein (BeckOK VwGO § 162 Rn. 18; Ey § 161 Rn. 4 m.w.N.). 18

19 Beauftragt ein der deutschen Sprache nicht kundiger Beteiligter – außerhalb eines Gerichtstermins – einen **Dolmetscher oder Übersetzer**, so sind dessen Kosten grds. erstattungsfähig (BeckOK VwGO § 162 Rn. 60 m.w.N.; S/S-A/P § 162 Rn. 33; einschränkend NRWOVG NVwZ-RR 1992, 54). Die Notwendigkeit ist nach dem Maßstab des JVEG (insbes. §§ 8 f., 11 f.) zu bestimmen. I.Ü. → Rn. 27.

20 b) Kosten von Terminswahrnehmungen. Der Hauptanteil persönlicher Kosten entsteht Klägern im Zusammenhang mit der Wahrnehmung von Terminen. Die detailliertere Regelung in § 91 ZPO kann über § 173 S. 1 ergänzend herangezogen werden. Es können anfallen: Reisekosten, Ersatz für Zeitversäumnis, Schreibauslagen, das Honorar für Privatgutachten, Porto- und Telefonkosten und Umsatz-/Mehrwertsteuer (vgl. Nr. 7008 VV RVG).

21 *aa) Reisekosten der Partei.* Nach § 91 I 2 ZPO sind Kosten für notwendige Reisen erstattungsfähig. Das sind grds. Reisekosten zu einem Termin in einer Tatsacheninstanz (also auch in erstinstanzlichen Verfahren zum BVerwG, nicht aber wenn es als Rechtsmittelgericht verhandelt), in der sich der Kläger zumindest theoretisch äußern kann (Erörterungs-, Verhandlungs- oder Beweistermine; nicht etwa in Verkündungsterminen; NKVwGO § 162 Rn. 44). Das gilt auch dann, wenn ein Bevollmächtigter bestellt und das persönliche Erscheinen vom Gericht nicht angeordnet worden ist. Denn jeder Beteiligte hat das Recht auf Anwesenheit, wenn seine Sache in tatsächlicher Hinsicht verhandelt wird.

22 Übernachtungskosten im Zusammenhang mit einer erstattungsfähigen Reise sind erstattungsfähig, wenn der Zeitaufwand für Hin- und Rückfahrt zwischen Wohnsitz und Gerichtsort zehn Stunden überschreitet (arg. § 19 Abs. 2 JVEG; BeckOK VwGO § 162 Rn. 18).

23 Reisen **zur Akteneinsicht** bei einem weit entfernten VG sind nicht erstattungsfähig, wenn die Akten im Wege einer Aktenversendung kostengünstiger bei einem wohnortnahen Gericht oder beim Prozessbevollmächtigten hätten eingesehen werden können.

24 Der **Umfang** der Reisekostenerstattung bestimmt sich nach § 5 JVEG (§ 91 I 2 ZPO; BVerwG Rpfleger 1984, 159, str.).

25 *bb) Zeitversäumnis.* Zu den persönlichen Aufwendungen gehört auch die durch notwendige Reisen oder durch die notwendige Wahrnehmung von Terminen entstandene Zeitversäumnis (zum allgemeinen Zeitaufwand Rn. 12). Hierfür ist einer Naturalpartei bzw. einer juristischen Person Entschädigung in Anwendung des JVEG (§§ 20 bis 22) zu gewähren (vgl. § 173 S. 1 i.V.m. § 91 I 2 Hs. 2 ZPO). Gleichgestellt werden sollte die Zeitversäumnis, die dem Kläger durch eine vorbereitende Informationsfahrt zu seinem Prozessbevollmächtigten entsteht (BeckOK VwGO § 162 Rn. 20). Die Erstattungsfähigkeit für Zeitversäumnis ist auch bei **juristischen Personen** des Privatrechts zu bejahen, deren Mitarbeiter den Gerichtstermin wahrnehmen (S/S-A/P § 162 Rn. 21 m.w.N.; str.).

26 *cc) Anwaltskosten.* Die Anreise und Teilnahme eines Bevollmächtigten am Termin erzeugt Auslagen und Gebühren (nach dem RVG), die nach II 1 stets erstattungsfähig sind. Grds. sind nur die Reisekosten eines Anwalts zu einer mündlichen Verhandlung zu erstatten. Im Hinblick auf eine hohe Komplexität und Schwierigkeit der Sach- und Rechtsfragen kann die Anwesenheit von zwei Rechtsanwälten der zweckentsprechenden Rechtsverfolgung i.S.v. I dienen (BVerwG, Beschl. v. 6.10. 2009 – 4 KSt 1009.07).

27 *dd) Dolmetscher in der mündlichen Verhandlung.* Ein vom Gericht zu einer mündlichen Verhandlung hinzugezogener Dolmetscher zur Verständigung mit Personen, die der deutschen Sprache nicht mächtig, hör- oder sprachbehindert sind

Erstattungsfähige Kosten § 162

(§§ 185 f. GVG), ist gemäß §§ 8 ff. JVEG zu entschädigen. Diese Kosten zählen damit zu den abrechnungsfähigen Gerichtskosten (Rn. 4). Zu dem von einem Beteiligten außerhalb eines Termins beauftragten Dolmetscher → Rn. 19.

c) Kosten von Privatgutachten. Honorar- und Auslagenerstattungsansprüche für 28 die private, also nicht vom Gericht bestellte oder angeforderte Tätigkeit von Sachverständigen i. w. S. machen in größeren Prozessen neben den Anwaltsvergütungen einen erheblichen Teil der Aufwendungen aus. Um sie hat sich eine komplexe Rspr. entwickelt. Kosten für private Gutachten sind nach der verwaltungsgerichtlichen Praxis wegen der Pflicht des Gerichts zur Amtsermittlung (§ 86 I 1) und des Grundsatzes der sparsamen Prozessführung **nur ausnahmsweise erstattungsfähig**. Es kann sich um Kosten für eine Fach- oder auch Rechtsberatung, Gutachtenerstellung oder eine persönliche Mitwirkung (als Sach- oder Rechtsbeistand) an einem Gerichtstermin handeln.

Nach allgemeinen Maßgaben (Rn. 10) **können** Aufwendungen für sachverständi- 29 ge Fachbeiträge insbes. unter dem Aspekt der Waffengleichheit – **notwendig i. S. v. I sein**, insbes. wenn dem beauftragenden Beteiligten
– die Sachkunde fehlt, eigene Behauptungen angesichts eines qualifizierten Vortrags oder Bestreitens des Gegners zu substanziieren
– das Nachvollziehen von Berechnungen oder technischen Zusammenhängen einen mit der Materie nicht vertrauten Laien überfordert und es die prozessuale Mitwirkungspflicht fordert, sich selbst sachkundig zu machen (BVerwG Beschl. v. 6.10. 2009 – 4 KSt 1009.07; NVwZ 1993, 268)
– angesichts der eingeschränkten gerichtlichen Überprüfung von Gutachten (vgl. BVerwGE 71, 38, 41 f.; Buchh 310 § 98 VwGO Nr. 31) die Tatsachenbasis einer Verwaltungsentscheidung nicht anders derart in Zweifel gezogen werden kann, dass das Gericht Veranlassung für eine eigene Beweiserhebung sehen muss (BVerwG, Rpfleger 2008, 666; Beschl. v. 16.11. 2006 – 4 KSt 1003.06, m.w.N. = NJW 2007, 453 = BayVBl. 2007, 251 = Buchh 310 § 162 VwGO Nr. 43; RhPfOVG, Beschl. v. 31.7. 2001 – OVG 7 C 11685/90, zu einem atomrechtlichen Großverfahren).

Die Notwendigkeit **setzt weiter voraus**, dass die gutachterliche Äußerung einen 30 unmittelbaren Bezug zu jenem Verwaltungsprozess aufweist, in dem sie geltend gemacht wird. Von vornherein keine Erstattungsgrundlage besteht bei Gutachterkosten aus einem behördlichen Ausgangsverfahren (dazu Rn. 41). Ferner muss das Gutachten in den Prozess eingeführt und von den Beteiligten verwertet werden (NRWOVG NVwZ-RR 2008, 503 m.w.N.; NdsOVG NJW 2010, 391). Inhaltlich muss es auf die Verfahrensförderung zugeschnitten sein (BVerwG DVBl. 2001, 1763).

Ist ein Beteiligter anwaltlich vertreten, sind die Kosten eines **juristischen Privat-** 31 **gutachtens** über inländisches Recht grds. nicht erstattungsfähig (BVerwG Buchh 310 § 162 VwGO Nr. 24). Hingegen kann die Einholung einer Auskunft zu ausländischem Recht notwendig sein (S/S-A/P § 162 Rn. 28).

3. Vergütung von Bevollmächtigten

An Bevollmächtigte können in den **Stadien** der Vorbereitung und Durchführung ei- 32 nes Verwaltungsprozesses verschiedene Vergütungen zu zahlen sein. In **II 1** werden nur die **im Prozess** entstehenden Kosten behandelt. Für die Tätigkeit von Bevollmächtigten im Vorverfahren enthält II 2 eine Sonderregelung (dazu Rn. 46), sonstige außergerichtliche Tätigkeiten von Bevollmächtigten sind nach I an das allgemeine Kriterium der Notwendigkeit gebunden (dazu Rn. 10).

§ 162 Teil IV. Kosten und Vollstreckung

33 **a) Generelle Erstattungsfähigkeit im Prozess.** In II 1 werden die Gebühren und Auslagen eines Bevollmächtigten „stets", also ausnahmslos, für erstattungsfähig erklärt. Dies gilt jedoch nur, sofern es sich um Kosten einer echten **Prozessvertretung** auf der Grundlage einer förmlichen Beauftragung und Bevollmächtigung handelt; **intern** bleibende Beratungen sind nicht nach II 1, sondern nach I zu beurteilen. Erstattungsfähig sind ausschließlich die **gesetzlichen Gebühren und Auslagen** eines Bevollmächtigten nach dem **RVG** (dazu S/S-A/P § 162 Rn. 70 f.). Daher besteht **kein** Anspruch auf Erstattung einer nur privatrechtlich vereinbarten, dagegen nicht gesetzlich vorgesehenen Gebührenforderung in **Honorarvereinbarungen** (NRWOVG, Beschl. v. 16. 2. 2005 – 12 E 837/04; 1. 3. 2000 – 6 E 115/00; BWVGH NVwZ-RR 1990, S. 167 f.; BeckOK VwGO § 162 Rn. 56).

34 Die generell bejahte Notwendigkeit nach II 1 findet ihre **Grenze** – mit der Folge des Ausschlusses oder der Minderung des Kostenerstattungsanspruchs (HmbOVG NVwZ 2006, 1301) – in krassen Verstößen gegen die Kostenminimierungspflicht. So kann die Beauftragung eines Rechtsanwalts bei eingetretener Erledigung der Hauptsache und beiderseitig in Aussicht gestellten Erledigterklärungen treuwidrig sein (SächsOVG JurBüro 2008, 542). Im Regelfall ist es auch nicht erforderlich, dass ein Rechtsmittelgegner im Beschwerdeverfahren gegen einen Beschluss nach §§ 80, 123 alsbald nach Beschwerdeeinlegung und ohne Kenntnis der Beschwerdegründe einen Rechtsanwalt beauftragt (RhPfOVG, Beschl. v. 7. 9. 2009 – 1 M 64/09; LSAOVG, Beschl. v. 7. 9. 2009 – 1 M 64/09 und DVBl. 2009, 1400 [Ls.]; v. 18. 11. 2008 – 1 O 147/08).

35 **b) Kreis der Bevollmächtigten.** Der **Kreis möglicher Bevollmächtigter** wird in II 1 (Rechtsanwalt, Rechtsbeistände wie Rechtslehrer, in Abgabenangelegenheiten auch Steuerberater und Wirtschaftsprüfer nach § 67 II 2 Nr. 3) nicht wörtlich, aber der Sache nach deckungsgleich mit § 67 II beschrieben.

36 Soweit Bevollmächtigte nicht nach eigenen Gebührenordnungen abrechnen, können Kosten nach den Grundsätzen angesetzt werden, die bei der Prozessführung durch einen Rechtsanwalt Anwendung finden (BVerwG NJW 1978, 1173; Ey § 162 Rn. 11; KS § 162 Rn. 14). Das gilt insbes. bei der Prozessvertretung durch Rechtslehrer (§ 67 II) oder durch Patentanwälte.

37 **Rechtsanwälte in eigener Sache** haben nach h. M. denselben Anspruch auf Gebühren- und Auslagenersatz wie bei der Vertretung Dritter (BVerwGE 61, 100; KS § 162 Rn. 9). Kosten aus der Beauftragung **mehrerer** Bevollmächtigter in derselben Sache sind i. d. R. nur bis zur Höhe der Aufwendungen *eines* Bevollmächtigten erstattungsfähig. Das gilt auch bei Anwaltswechsel (Ey § 162 Rn. 9).

38 Mehrkosten aus der Beauftragung eines **auswärtigen Anwalts** (d. h. außerhalb des Gerichtsbezirks) werden nur dann erstattet, wenn sie i. S. v. I „notwendig" sind (HmbOVG NVwZ-RR 2007, 565; BWVGH NVwZ-RR 1996, 238 m. w. N.). Eine kleinliche Handhabung ist angesichts der Verhältnisse im Verwaltungsrecht nicht angebracht. Spezialkenntnisse des Anwalts, eine wohnortnahe Kanzlei oder ein schon entstandenes schützenswertes Vertrauensverhältnis genügen.

39 Aufwendungen aus der zusätzlichen Beauftragung eines **Verkehrsanwalts** sind ausnahmsweise erstattungsfähig. Es muss dem Beteiligten nicht möglich oder zumutbar sein, mit seinem Bevollmächtigten unmittelbar zu korrespondieren. Dazu ist auf die rechtlichen und tatsächlichen Schwierigkeiten des Rechtsstreits und die subjektiven Fähigkeiten der Beteiligten abzustellen (BGHZ 159, 370, 374 f.; BWVGH NVwZ-RR 1996, 238; KS § 162 Rn. 12).

Erstattungsfähige Kosten   § 162

4. Kosten eines Vorverfahrens

a) Begriff des Vorverfahrens. Zu den erstattungsfähigen Aufwendungen der Beteiligten gehören nach I ausdrücklich die Kosten eines (etwaigen) Vorverfahrens. Das bestimmt I ganz allgemein; für die Kosten eines Bevollmächtigten im Vorverfahren trifft II 2 eine Sonderregelung. 40

Mit dem Begriff des Vorverfahrens nimmt § 162 Bezug auf das durch Erhebung eines Widerspruchs einzuleitende Verwaltungsverfahren nach den §§ 68 ff., das Anfechtungs- und Verpflichtungsklagen, evtl. auch anderen Klagen (→ vor § 40 Rn. 39) vorzuschalten ist. Die Kosten eines solchen Vorverfahrens sind außergerichtliche Kosten der an ihnen beteiligten (späteren) Prozessparteien. Nicht von II erfasst werden Kosten eines **Ausgangsverfahren**, dessen Kosten mangels Rechtsgrundlage nie erstattungsfähig sind (BVerwG NVwZ 2005, 691, 693; BayVGH, Beschl. v. 12.9. 2008 – 13 M 08.1271 Rn. 8 für ein vorprozessuales Privatgutachten; BWVGH NJW 2009, 1895; NdsOVG Beschl. v. 22.2. 2008 – 5 OB 187/07; BayVGH NVwZ-RR 2007, 497; NRWOVG NVwZ-RR 2006, 856 zum behördlichen Aussetzungsverfahren nach § 80 IV). 41

Über die Kosten eines Vorverfahrens ist (kommt es zum Prozess) bei regelmäßigem Verlauf der Dinge (zur Untätigkeitsklage → § 161 Rn. 48) schon **im Widerspruchsbescheid entschieden** worden (§ 73 III 2). Die gerichtliche Kostengrundentscheidung (§ 161) verdrängt und ersetzt den Kostentragungsausspruch des Widerspruchsbescheides ohne Weiteres (allg. Meinung, BVerwG NVwZ 2006, 1294 = BayVBl. 2006, 769 m.w.N.). 42

b) Geltend zu machende Aufwendungen. Die theoretisch anfallenden Aufwendungen unterscheiden sich ihrer Art nach nicht von denen anderer Verfahrensstadien (dazu Rn. 12 ff.). Es handelt sich allerdings durchweg um außergerichtliche Kosten, die I nach dem allgemeinen Maßstab der **Notwendigkeit** erstattungsfähig macht. 43

Die Kosten eines Vorverfahrens sind unabhängig davon erstattungsfähig, ob dem Widerspruch ein zwei- oder dreipoliges Verwaltungsrechtsverhältnis (→ § 42 Rn. 89 ff.) zugrunde gelegen hat (BVerwG NVwZ 2006, 1294 = DVBl. 2006, 1243). **Dreipolige Rechtsverhältnisse** haben eine Ausdehnung des Unterliegensprinzips dahin zur Folge, dass der im Ausgangsverfahren ursprünglich begünstigte Kläger das Prozesskostenrisiko auch für die Kosten des Vorverfahrens des Dritten trägt, für die ursprünglich die Ausgangsbehörde einzustehen hatte (BVerwG NVwZ 2006, 1294 Rn. 15). 44

Zu den Kosten des Vorverfahrens zählen u. U. auch die Kosten für ein **vorprozessuales Privatgutachten** (S/B/S § 80 Rn. 67 m.w.N.). Dies kann der Fall sein, wenn die Einholung des Gutachtens (nach Entscheidung im Ausgangsverfahren) zur Vorbereitung des Widerspruchsverfahrens oder zur Erlangung der erforderlichen Sachkunde geboten war (BVerwG NVwZ-RR 1999, 611, 613). 45

c) Zuziehung eines Bevollmächtigten im Vorverfahren. *aa) Gerichtliche Erforderlichkeitsprüfung.* Die Erstattungsfähigkeit von Gebühren und Auslagen eines (schon) im Vorverfahren tätigen Bevollmächtigten i.S.v. II 1 (Rn. 35) unterwirft II 2 dem Zusatzerfordernis einer **konstitutiven Notwendigkeitserklärung des Prozessgerichts**. Damit geht die Regelung deutlich – formal und sachlich – über die Anforderungen hinaus, die für die Erstattungsfähigkeit von Bevollmächtigtenkosten im Prozess gelten, die gesetzlich für erstattungsfähig erklärt sind (II 1 → Rn. 32), und die für die persönlichen Aufwendungen eines Beteiligten im Vorverfahren gelten, deren Notwendigkeit im Kostenfestsetzungsverfahren zu beurteilen ist. 46

§ 162

47 Das Gericht muss seine Entscheidung durch einen **selbstständigen Beschluss** treffen, der aber (wie andere Beschlussaussprüche auch) mit einem Urteilstenor **verbunden** werden kann. Das ergibt sich daraus, dass die Entscheidung nach II 2 (anders als die Entscheidung zum Beigeladenen nach III → Rn. 65) nicht zur Kostengrundentscheidung, sondern zum Kostenfestsetzungsverfahren gehört. Sie ist daher nur auf (konkludent möglichen) Antrag (→ § 164; BVerwG NVwZ-RR 2003, 246; NKVwGO § 162 Rn. 114), also **nicht von Amts wegen** zu treffen, und kann jederzeit nachgeholt werden (keine Urteilsergänzung nach § 120; BVerwG NVwZ 2006, 1294; NVwZ-RR 2003, 246; BVerwGE 27, 39). Allerdings setzt sie eine Kostengrundentscheidung voraus; anderenfalls geht sie ins Leere (BVerwGE 88, 41; 62, 296, 298). Entsprechend fehlt für die gerichtliche Entscheidung das **Rechtsschutzbedürfnis**, wenn dem Beteiligten kein Kostenerstattungsanspruch zusteht, wie es bei Unterliegen (§ 154 I) und i.d.R. nach Klage- oder Rechtsmittelrücknahme der Fall ist (Ausnahme → § 160 Rn. 8 ff.).

48 **Zuständig** für den Ausspruch ist das Prozessgericht, bei dem die Sache jeweils anhängig ist, nach Abschluss des Verfahrens entspr. § 164 das auch sonst für die Kostenfestsetzung zuständige Gericht des ersten Rechtszuges (BVerwG Buchh 310 § 162 VwGO Nr. 10 und Nr. 32; Buchh 310 § 161 VwGO Nr. 110; NVwZ-RR 2003, 246; NRWOVG KostRspr § 162 VwGO Nr. 187).

49 *bb) Voraussetzungen der Notwendigkeit.* Mit dem Erfordernis einer „Zuziehung" setzt II 2 eine **förmliche Bevollmächtigung** für das konkrete Vorverfahren und eine nach „außen" gegenüber der Behörde erfolgende Tätigkeit voraus (BVerwGE 79, 226 = NVwZ 1988, 721, 723; MVOVG NordÖR 2005, 121). Eine intern bleibende Beratung, die kein Auftreten des Bevollmächtigten im Prozess zur Folge hat, ist nur nach Maßgabe von I erstattungsfähig (Rn. 33).

50 Nach h.M. muss es zu einem **gerichtlichen Hauptsacheverfahren** gekommen sein, dem das Vorverfahren vorzuschalten war. Ein vorläufiges Rechtsschutzverfahren nach § 80 V, § 123 genügt nicht (BVerwG NVwZ 2006, 1294; Ey § 162 Rn. 12; BeckOK VwGO § 162 Rn. 57; str., zum Meinungsstand KS § 162 Rn 16). Über die Kosten eines sog. **isolierten** (d.h. nicht durch einen Prozess fortgesetzten) Vorverfahrens hat die Widerspruchsbehörde zu befinden (§ 73 III 2). Materiellrechtlicher Maßstab ist § 80 VwVfG (bzw. § 63 SGB X), den im Streitfall auch das Gericht anzuwenden hat.

51 *cc) Maßstab der Notwendigkeit.* Ob die Zuziehung eines Bevollmächtigten der Sache nach notwendig war, ist anhand der zu **§ 80 II VwVfG** entwickelten Maßstäbe zu beurteilen. Maßgebend ist, ob einer verständigen, aber nicht rechtskundigen Person das persönliche Betreiben des Vorverfahrens zumutbar war. Nach der stRspr. des **BVerwG** soll die Zuziehung eines Bevollmächtigten schon im Vorverfahren die **Ausnahme** sein. Notwendig ist die Zuziehung eines Rechtsanwalts nur dann, wenn es einem verständigen Beteiligten nach seinen persönlichen Verhältnissen (insbes. Vorbildung, Erfahrung) und wegen der Schwierigkeiten der Sache nicht zuzumuten war, das Vorverfahren selbst zu führen (BVerwG, Beschl. v. 8.12. 2009 – 1 WB 61.09; BVerwGE 61, 100; Buchh 316 § 80 VwVfG Nr. 1; NVwZ-RR 2002, 446 für Wehrpflichtsachen). Mit diesem sehr strengen Ansatz sucht die Rspr. des BVerwG einen angemessenen Ausgleich im Einzelfall zu erreichen. Sie ist daher stark von einer auf das jeweilige Rechtsgebiet blickenden **Kasuistik** geprägt und sehr unübersichtlich (Nachw. bei S/S-A/P § 162 Rn. 77 ff.).

52 Das Regel-Ausnahme-Verhältnis der Rspr. wird zu Recht als zu streng **kritisiert** (NKVwGO § 162 Rn. 102). Zu Recht geht die wohl **h.L.** davon aus, dass die Zu-

Erstattungsfähige Kosten § 162

ziehung im Regelfall notwendig ist, sofern es sich nicht um einen ganz einfach gelagerten Fall handelte oder der Schwerpunkt des Streits in tatsächlichen Umständen aus der eigenen Sphäre des Widerspruchsführers lag.

III. Aufwendungen der beklagten Behörde

Die Grundsätze des § 162 gelten für **alle** erstattungsberechtigten **Beteiligten**, daher 53 im Ausgangspunkt auch für die beklagte, ggf. klagende Behörde. **Besonderheiten** resultieren daraus, dass Behörden – zum einen – Einrichtungen und Personal vorhalten, die zumindest auch für die zweckentsprechende Rechtsverfolgung eingesetzt werden können und sollen, und dass – zum anderen – die personelle und fachliche Überlegenheit wiederum unter dem Gesichtspunkt der Waffengleichheit Abweichungen nahelegt. Beide Gesichtspunkte erhalten allerdings kaum Gewicht.

1. Verwaltungskosten

Kosten, die den allgemeinen Verwaltungskosten zugeschlagen werden, sind nicht erstattungsfähig. Das gilt für **anteilige Personal**- und nicht ausscheidbare **Sachkosten** (SächsOVG NVwZ-RR 1998, 464). Auch **Fotokopien** ihrer Akten sind nicht generell erstattungsfähig, schon wegen der Möglichkeit, die Akten ggf. kurzfristig vom Gericht zurückzufordern (NRWOVG ZBR 1984, 317; BWVGH KostRspr § 162 VwGO Nr. 209 und VGHBW-Ls 1994, Beilage 7, B3–4; Ey § 162 Rn. 7; a. A. S/S-A/P § 162 Rn. 25). Zu Recht werden hiervon **Ausnahmen** gemacht, wenn ein Vorgang oder Teile hiervon für die weitere Arbeit benötigt werden (z. B. Personalakten in beamtenrechtlichen Beurteilungsstreitigkeiten) oder wenn Ablichtungen der Schriftstücke für die Führung des Prozesses stets präsent sein müssen (VG Potsdam NVwZ-RR 2004, 800). Auch dann ist in der Regel aber eine Auswahl der abzulichtenden Aktenbestandteile geboten (BWVGH VBlBW 1984, 376). 54

2. Schreibauslagen und Telekommunikationskosten

Individualisierbare, durch das Verfahren verursachte **Schreibauslagen** einer obsiegenden Behörde (Portokosten für die Versendung von Schriftsätzen, Akten, angeforderten Gutachten usw.) sowie Telefon-, Telegrammauslagen sind erstattungsfähig, auch wenn sie verhältnismäßig gering sind (vgl. schon BVerwG Buchh 310 § 162 VwGO Nr. 26; OVG Lüneburg OVGE 5, 356, 359). Für **Post- und Telekommunikationsdienstleistungen** ergibt sich dies nunmehr aus II 3. Danach können seit dem 1.1. 2002 juristische Personen des öffentlichen Rechts und Behörden entweder die tatsächlich entstandenen und notwendigen Aufwendungen für Post- und Telekommunikationsdienstleistungen konkret abrechnen oder mit der Pauschale nach Nr. 7002 der Anlage 1 zum RVG in Ansatz bringen (20 v. H. der Gerichtsgebühren, höchstens aber 20 EUR (Einzelheiten bei BeckOK VwGO § 162 Rn. 38 ff.). Die Dringlichkeit im Einzelfall (etwa insbes. auf Anforderung des Gerichts) kann die Inanspruchnahme eines **Kurierdienstes** rechtfertigen (BVerwG Buchh 310 § 162 VwGO Nr. 26). 55

3. Terminswahrnehmung

Eine beklagte oder rechtsmittelführende Behörde kann Kosten im Zusammenhang 56 mit einer Terminswahrnehmung **ähnlich wie eine Naturalpartei** – in der Tendenz sogar teilweise **weitergehend** – geltend machen. Das hat seinen Grund darin, dass sie durchweg (auch vor dem OVG und dem BVerwG) keinen Rechtsanwalt beauftragen muss, sondern mittels eines geeigneten Bediensteten selbst auftreten darf (§ 67 II 2 Nr. 1) und dass sie fachlich versierte Bedienstete hat, die im Termin unentbehrlich sein können.

57 **a) Reisekosten.** Daher kann sie die **Reisekosten** für einen Beamten beanspruchen, der für die Sache am besten geeignet erscheint; ihr ist nicht abzuverlangen, einen Bediensteten am Gerichtssitz oder einer in der Nähe befindlichen nachgeordneten Behörde zu beauftragen. Die Reisekosten eines zusätzlich als Beistand anwesenden Beamten, etwa von einer Fachbehörde, können ebenfalls erstattungsfähig sein. Dies gilt insbes. für Normenkontrollverfahren mit komplexen Problemstellungen. Die Beschränkung auf Tatsacheninstanzen (Rn. 21) ist für Behörden zu eng. Bei gleichzeitiger Wahrnehmung mehrerer Termine können nur die anteiligen Reisekosten ersetzt werden. Der **Umfang der Reisekosten** eines Behördenvertreters ist nach dem für die Behörde geltenden Reisekostengesetz festzusetzen (BeckOK VwGO § 162 Rn. 19).

58 **b) Zeitversäumnis.** Nach der verwaltungsgerichtlichen Praxis kann für die Versäumnis von Arbeitszeit der zum Termin entsandten Behördenvertreter und Vertreter juristischen Personen des öffentlichen Rechts **kein Ersatz** geltend gemacht werden (BVerwG NVwZ 2005, 466; Rpfleger 1989, 256; RhPfOVG NJW 1982, 1115; NRWOVG ZFK 1991, 88; NdsOVG NVwZ-RR 1997, 143; VGH BW NVwZ-RR 1990, 665; BayVGH NVwZ-RR 2001, 611). Es fehlt, auch wenn die Erstattungsfähigkeit materiell kostengerecht erscheinen mag (S/S-A/P § 162 Rn. 22 m. Nachw. aus der zivilgerichtlichen Rspr.; ebenso NKVwGO § 162 Rn. 57), an einer Rechtsgrundlage. Aus § 91 I 2 ZPO ist wegen grds. Unterschiede der Verfahrensarten (→ § 173 Rn. 15) nichts Gegenteiliges herzuleiten.

4. Beauftragung eines Bevollmächtigten im Prozess

59 Nach der Rspr. ist eine Behörde nicht generell gehalten, von der Beauftragung eines Rechtsanwalts im Prozess abzusehen, selbst dann nicht, wenn sie über Mitarbeiter mit der Befähigung zum Richteramt verfügt und kein Vertretungszwang besteht. Es ist **im Einzelfall zu prüfen**, ob eine Vertretung durch einen Rechtsanwalt erforderlich gewesen ist (BayVGH, Beschl. v. 29.5. 2009 – 6 C 08.851; BayVBl. 1978, 92; Bln-BbgOVG EFG 2010, 109; Beschl. v. 24.4. 2009 – 1 K 17.08; NVwZ 2006, 713 f.; BWVGH DÖV 2009, 216 [Ls.]).

60 Eine **Grenze** für die Zuziehung gilt nur, wenn die anwaltliche Vertretung gegen **Treu und Glauben** verstößt, etwa weil sie offensichtlich nutzlos oder objektiv nur dazu angetan ist, dem Gegner Kosten zu verursachen (BayVGH, Beschl. v. 12.4. 2001 – 4 C 01.768; NdsOVG, Beschl. v. 25.7. 2008 – 10 OA 165/08; Ey § 162 Rn. 8). Das ist der Fall bei einem Verstoß gegen das Verbot vorzeitiger Zuziehung (etwa bei Einschaltung eines Rechtsanwalts ohne Kenntnis der Begründung eines Rechtsbehelfs, BVerwG NJW 1995, 2867; NVwZ-RR 2001, 276; BWVGH DVBl. 2009, 467).

61 Lässt sich eine Behörde im Prozess durch ihre eigenen Bediensteten mit der Befähigung zum Richteramt vertreten, so können sie eine Erstattung der Aufwendungen nur in **Höhe** der tatsächlich entstandenen Aufwendungen verlangen, nicht aber der einem Rechtsanwalt nach dem RVG zustehenden Gebühren und Auslagen (BayVGH BayVBl. 2003, 29; NKVwGO § 162 Rn. 86).

Erstattungsfähige Kosten **§ 162**

5. Anwalt im Vorverfahren

II 2 gilt zwar seinem Wortlaut nach uneingeschränkt für alle Beteiligten, also auch für 62
die anwaltliche Vertretung einer Behörde im Vorverfahren. Nach dem Ansatz der
Rspr., die die Zuziehung eines Bevollmächtigten schon durch eine Naturalpartei als
Ausnahme betrachtet (Rn. 51), muss die Zuziehung durch einen Hoheitsträger **prinzipiell als unnötig** erscheinen und ausscheiden.

B. Aufwendungen von Beigeladenen

I. Billigkeitsentscheidung

Beigeladene werden nicht zwangsläufig mit Kosten belastet (→ § 154 Rn. 12). Daher 63
macht III die Erstattungsfähigkeit von Aufwendungen von einer besonderen Billigkeitsentscheidung abhängig. Das betrifft jedoch nur die **außergerichtlichen Aufwendungen** (Rn. 8) des Beigeladenen. Soweit ihm **Gerichtskosten** entstehen, was
freilich nur beim Ergreifen von Rechtsmitteln in Betracht kommt, gelten die allgemeinen Regeln (Rn. 4). Soweit dem Beigeladenen als **Rechtsmittelführer** Kosten
durch einen Bevollmächtigten entstehen, handelt es sich ebenfalls um außergerichtliche Kosten, die allerdings prinzipiell unausweichlich sind (Rn. 72). Die außergerichtlichen Kosten des Beigeladenen sind – über den Wortlaut des III hinaus – nur
erstattungsfähig, „soweit" sie das Gericht für erstattungsfähig erklärt.

III ist **nicht entsprechend anzuwenden** auf den VBl, VöI oder auf Bundesbe- 64
auftragte (so aber NRWOVG KostRspr. § 162 VwGO Nr. 51), ebenso wenig auf
Dritte, die nicht Beteiligte des Verfahrens sind (z. B. das Land oder eine juristische
Person, die im Normenkontrollverfahren Äußerungsberechtigte nach § 47 II 3 sind).
Für solche Beteiligten oder Dritte schafft III weder eine Erstattungsgrundlage noch
knüpft es die Erstattung an die zusätzliche Voraussetzung der Billigkeit (NKVwGO
§ 162 Rn. 126 ff.).

II. Voraussetzungen der Erstattungsfähigkeit

1. Konstitutiver gerichtlicher Ausspruch

Über die Erstattungsfähigkeit der außergerichtlichen Kosten von Beigeladenen hat 65
das Gericht bei Verfahrensabschluss (→ § 161 Rn. 2 ff.) **von Amts wegen** und ausdrücklich zu entscheiden (BVerwG Buchh § 162 VwGO Nr. 21). Der Ausspruch gehört zur Kostenfolge i. S. des § 120 I und nicht zur Kostenfestsetzung (anders die Entscheidung nach II 2 → Rn. 46 f.). Soweit eine streitige Sachentscheidung ergeht, hat
sie im Urteil oder Gerichtsbescheid zu erfolgen bzw. gemäß § 122 I im Rahmen Beschluss, wenn er auch die Sachentscheidung enthält (BVerwG Buchh 310 § 162
VwGO Nr. 5; JR 1966, 197). Falls eine Sachentscheidung unterbleibt, also nach Klagerücknahme oder Hauptsachenerledigung, ist die Entscheidung gemäß § 161 I
durch Beschluss zu treffen (NRWOVG, Beschl. v. 17.2. 2009 – 10 A 3416/07).

Unterbleibt eine ausdrückliche Entscheidung über die Erstattungsfähigkeit, so er- 66
fasst die Kostengrundentscheidung die Aufwendungen des Beigeladenen nicht;
im Kostenfestsetzungsverfahren dürfen sie nicht in Ansatz gebracht werden. Die Entscheidung kann auch **nicht** durch einen gesonderten Beschluss **nachgeholt** werden.
Vielmehr ist auf Antrag (BVerwG NVwZ-RR 1994, 236; NdsOVG NVwZ-RR

2008, 740; SächsOVG DÖV 1998, 936) wie bei jedem Übergehen der Kostenfolge zu verfahren (→ § 161 Rn. 7), i.d.R. also **Urteils- oder Beschlussergänzung** vorzunehmen.

2. Einfach Beigeladene

67 Die verwaltungsgerichtliche Praxis erklärt die außergerichtlichen Kosten regelmäßig (nur) dann für erstattungsfähig, wenn der Beigeladene einen **Sachantrag gestellt** und sich damit gemäß § 154 III einem Kostenrisiko ausgesetzt hat (stRspr. seit BVerwG MDR 1959, 244 = DVBl. 1959, 215). Dadurch begibt er sich kostenrechtlich in die Stellung des Hauptbeteiligten, den er unterstützt (NRWOVG, Beschl. v. 30.6. 2008 – 15 A 699/06; BayVGH, Beschl. v. 25.6. 2008 – 1 N 06.3111). Umgekehrt entspricht es regelmäßig der Billigkeit, dass ein Beigeladener, der ein Kostenrisiko durch Unterlassen eines eigenen Antrags vermieden hat, seine außergerichtlichen Kosten selbst trägt (BVerwG Buchh 310 § 162 VwGO Nr. 21; BayVGH BayVBl. 1991, 476, 477).

68 Über einen Sachantrag hinaus verlangt die Rspr. im Regelfall, dass der Beigeladene durch eigenen Tatsachen- oder Rechtsvortrag das Verfahren **gefördert**, seinen Antrag zumindest begründet hat (BVerwG, Beschl. v. 17.2. 1993 – 4 C 16.92). Hat der Beigeladene das Verfahren **wesentlich gefördert**, sprechen Billigkeitsgesichtspunkte auch ohne Antragstellung für die Erstattungsfähigkeit (BayVGH BayVBl. 2003, 349; 1985, 277; 1991, 476 (477); NRWOVG KostRspr. § 162 VwGO Nr. 80; BdgVerfG NVwZ-RR 2003, 602; vgl. BVerwG DVBl. 1959, 215; NKVwGO § 162 Rn. 133 ff.; Ey § 162 Rn. 17; KS § 162 Rn. 23).

69 Voraussetzung für die Zuerkennung ist allerdings, dass der Beigeladene einen Erstattungsanspruch gemäß § 162 mit Erfolg geltend machen kann (LSAOVG, Beschl. v. 7.9. 2009 – 1 M 64/09; DVBl. 2009, 1400 [Ls.]; v. 18.11. 2008 – 1 O 147/08; Kriterien bei BayVGH NVwZ-RR 1990, 665). Das ist etwa zu verneinen, wenn er materiell auf der Seite der unterliegenden Behörde steht (wie bei erfolgreichen Konkurrenten- und Nachbarklagen). Eine Tragung von Kosten des Beigeladenen durch einen Hauptbeteiligten, der dem Anspruch des Beigeladenen entsprochen hat, entspricht nicht der Billigkeit (NRWOVG NVwZ-RR 2004, 247; NKVwGO § 162 Rn. 131). Grenzen der Billigkeit ergeben sich auch hier aus den Grundsätzen von Treu und Glauben (Rn. 60).

3. Notwendig Beigeladene

70 III gilt zwar unabhängig davon, ob es sich um notwendig oder einfach Beigeladene (§ 65 I, II) handelt (NKVwGO § 162 Rn. 125). Jedoch macht die Praxis einen Unterschied im Rahmen der Beurteilung der Billigkeit: Die außergerichtlichen Kosten notwendig Beigeladener werden regelmäßig auch unabhängig von den Restriktionen (→ Rn. 67) für erstattungsfähig erklärt, die für einfach Beigeladene gelten (BVerwG NVwZ 1986, 303). Der notwendig Beigeladene muss bei der Entscheidung über die Erstattung der Kosten aus seiner materiellrechtlichen Position heraus i.d.R. wie ein Hauptbeteiligter behandelt werden. Das gilt auch für ihm etwa entstandene Vorverfahrenskosten i.S.v. II 2 (Rn. 71).

4. Zuziehung eines Bevollmächtigten im Vorverfahren

71 Zu den im Vorverfahren angefallenen Kosten des Beigeladenen gehören auch etwaige Kosten für die **Zuziehung eines Bevollmächtigten**, nämlich dann, wenn der Beigeladene im Widerspruchsverfahren als Beteiligter nach § 79 i.V.m. § 13 II VwVfG

Erstattungsfähige Kosten **§ 162**

hinzugezogen worden ist. Das Gericht entscheidet über sie nach Maßgabe des II 2 aber auf Antrag, nicht von Amts wegen (Rn. 47). Wie auch sonst entspricht es im Regelfall (→ Rn. 69) der Billigkeit i.S.v. III, die einem **notwendig** beigeladenen Widerspruchsführer entstandenen Kosten für die Zuziehung eines Bevollmächtigten im Vorverfahren der unterliegenden Partei aufzuerlegen (BVerwG NVwZ 2006, 1294; Buchh 406.11 § 133 BauGB Nr. 93).

5. Beigeladene als Rechtsmittelführer

Hat der Beigeladene einen Antrag gestellt, mit dem er unterlegen ist, hat er die Kosten des Verfahrens nach allgemeinen Grundsätzen zu tragen (§ 154 III), also auch seine eigenen; für eine Entscheidung nach § 162 III ist kein Raum. Obsiegt er mit seinem Antrag, so ist die ihn sachlich begünstigende Kostenlastentscheidung gegen den Unterliegenden mit einem Ausspruch nach III zu verbinden, der die Notwendigkeit der Erstattung bejaht. **72**

6. Verfahren mit einer Mehrzahl von Beigeladenen

Unterliegt ein Kläger in einem Verfahren mit einer Mehrzahl von Beigeladenen, deren außergerichtliche Kosten er nach III zu erstatten hat, kann der im Raum stehende Kostenerstattungsanspruch den Zugang des Klägers zu den Gerichten entgegen Art. 19 IV GG unzumutbar erschweren (vgl. BVerfGE 85, 337, 347). Wie dem entgegenzuwirken ist, ist nicht abschließend geklärt (vgl. BVerfG-Kammer, NAB v. 30.7. 2009 – 2 BvR 1274/09). Bei einem geringen wirtschaftlichen Interesse der Beigeladenen kann zur Begrenzung der Kostenlast des Klägers der Erstattungsanspruch im Kostenfestsetzungsverfahren nach dem – notfalls pauschal zu schätzenden – Anteil der Beteiligung Beigeladener am Streitgegenstand zu bemessen sein (BVerwG MDR 1973, 161; HmbOVG, Beschl. v. 23.8. 1994 – Bs II 30/94; KS § 162 Rn. 25; S/S-A/P § 162 Rn. 100). Bei zu Unrecht erfolgter Beiladung sind die Kosten nach III der Staatskasse aufzuerlegen. **73**

7. Belastung der Staatskasse

Anlass, die außergerichtlichen Kosten des Beigeladenen aus Billigkeit der Staatskasse aufzuerlegen, besteht nur in Fällen unrichtiger Sachbehandlung durch das Gericht. Das wird meist mit einer Niederschlagung der Gerichtskosten nach § 21 GKG einhergehen. Die Belastung der Staatskasse wird in Betracht kommen, wenn das Gericht eine Person zu Unrecht beigeladen hat, der zu Unrecht Beigeladene die Beiladung nicht selbst beantragt hat und im Zusammenhang mit dem Verfahren erhebliche Aufwendungen entstanden sind, die von ihm oder einem kostenpflichtigen Beteiligten zu tragen sind (BayVGH NZM 2006, 230; LSK 2006, 170325; offen gelassen in BVerwG BayVBl. 2002, 125). **74**

C. Prozessuales

I. Tenorierung und Begründung

Der **Beschlussausspruch nach II 2** lautet dahin, die Zuziehung eines Bevollmächtigten für das Vorverfahren für notwendig zu erklären bzw. einen entsprechenden (erforderlichen) Antrag abzulehnen. Der Beschluss ist zu begründen, schon weil er den Antragsteller oder den Kostenschuldner belastet und grds. anfechtbar ist (§ 122 II 1 **75**

§ 163 Teil IV. Kosten und Vollstreckung

→ Rn. 77). Bei Aufnahme in einen Hauptsacheerledigungsbeschluss ist § 122 II 2 zu beachten (Begründungspflicht).

76 Der zur Kostenentscheidung gehörende **Ausspruch nach III** ist in den Tenor eines Urteils oder Beschlusses aufzunehmen und zu begründen. Die **stattgebende Formulierung** lautet etwa: „Der Kläger trägt die Kosten des Verfahrens einschließlich der außergerichtlichen Kosten des Beigeladenen". Wird die Erstattungsfähigkeit **abgelehnt**, ist auch dies auszusprechen, etwa mit der Formulierung: „Der Kläger trägt die Kosten des Verfahrens mit Ausnahme der außergerichtlichen Kosten des Beigeladenen, die dieser selbst trägt" oder „Die außergerichtlichen Kosten des Beigeladenen sind nicht erstattungsfähig".

II. Anfechtung

1. Entscheidung nach II 2

77 Die gerichtliche Entscheidung über die **Notwendigkeit der Zuziehung** eines Bevollmächtigten für das Vorverfahren (II 2) kann nach h.M. mit der **Beschwerde** nach § 146 angefochten werden (Ey § 162 Rn. 15 m.w.N.). Da es sich nicht um den Teil der Kostengrundentscheidung i.S.v. § 120 I handelt, greift § 158 nicht (BWVGH VBlBW 1996, 340; Justiz 1989, 99; HessVGH NVwZ-RR 1996, 616; MVOVG NordÖR 2002, 363; SaarlOVG NVwZ-RR 1999, 213; Ey § 162 Rn. 15 und § 158 Rn. 2; a.A. KS § 158 Rn. 2: Analogie). Nimmt das Gericht die Entscheidung in das Urteil auf, so ändert sich dadurch der Charakter der Entscheidung und die Anfechtbarkeit nicht (NKVwGO § 162 Rn. 119 m.w.N.). Beschwerdebefugt ist der Kostenschuldner, bei Verweigerung der Notwendigkeitserklärung der erstattungsberechtigte Beteiligte.

2. Entscheidung nach III

78 Die Entscheidung über die außergerichtlichen Kosten eines Beigeladenen nach III gehört zu den Bestandteilen der Kostengrundentscheidung (Rn. 65). Für ihre Anfechtung gelten die Einschränkungen nach → § 158 (BlnOVG NVwZ-RR 1996, 546). Das liegt wegen der Abhängigkeit des prozessualen Erstattungsanspruchs von der Kostengrundentscheidung auf der Hand.

§ 163 *(aufgehoben)*

1 Die bereits 1975 aufgehobene Vorschrift schloss für Verwaltungsprozesse die Anwendung von Vorschriften über die persönliche Kostenfreiheit der öffentlichen Hand aus, „um auch hierdurch bei der Einlegung von Rechtsmitteln durch Behörden eine größere Sorgfalt zu erreichen" (Bericht des Rechtsausschusses, BT-Drs. III/1094 S. 14 zu § 160a) und um die Waffengleichheit zwischen Staat und Bürger im Verwaltungsprozess auch auf kostenrechtlichem Gebiet herzustellen.

2 Heute gilt **§ 2 IV GKG 2004**, der bestimmt, dass vor den Gerichten der Verwaltungsgerichtsbarkeit bundesrechtliche oder landesrechtliche **Vorschriften über persönliche Kostenfreiheit** keine Anwendung finden. Hingegen bleiben Vorschriften über **sachliche** Kostenfreiheit der öffentlichen Hand (wie § 188 S. 2 und § 83b AsylVfG) unberührt.

Ob Kirchen und anderen **Religionsgesellschaften** des öffentlichen Rechts durch 3
Art. 140 GG i.V.m. Art. 138 Abs. 1 WRV Kostenfreiheit gewährleistet wird, war zunächst umstritten. Inzwischen ist höchstrichterlich geklärt, dass Religionsgemeinschaften in Verfahren vor den VG keine Gerichtsgebührenfreiheit genießen (BVerfGE 19, 1, 13 ff. = NJW 1965, 647; BVerfG-Kammer NVwZ 2001, 318; BVerwG NVwZ 1996, 786; NVwZ 1996, 787).

§ 164 [Kostenfestsetzung]

Der Urkundsbeamte des Gerichts des ersten Rechtszugs setzt auf Antrag den Betrag der zu erstattenden Kosten fest.

Übersicht

	Rn.
I. Bedeutung des Verfahrens	1
II. Anwendungsbereich	3
III. Verfahren	4
1. Rechtsgrundlagen	4
2. Einleitung durch Antrag	5
3. Zuständigkeit	8
4. Beteiligte des Verfahrens	10
5. Anhörung	12
IV. Kostenfestsetzung	13
1. Voraussetzungen	13
2. Tatsächliche Entscheidungsgrundlage	15
3. Prüfungsmaßstäbe	16
a) Kostenentscheidungen des Prozessgerichts	16
b) Wert des Streitgegenstands	17
c) Maßstäbe des § 162	20
V. Entscheidung	21
1. Beschluss	21
2. Tenor	23
3. Einstellung des Kostenfestsetzungsverfahrens	24
4. Kostenausgleichung	25
5. Begründung	27
6. Nebenentscheidungen	28
a) Kostenentscheidung	28
b) Vollstreckbarkeit	30
7. Zustellung	31
8. Anfechtung	32
9. Rechtskraft und Nachfestsetzung	33

I. Bedeutung des Verfahrens

Dem materiellen Kostenrecht der §§ 154 bis 162 folgt mit den §§ 164, 165 das Kosten- 1
verfahrensrecht, d.h. die Kostenfestsetzung und deren gerichtliche Überprüfung. Die Kostenfestsetzung ist ein **gerichtliches Verfahren** (BVerfGE 19, 148), mit dem eine Möglichkeit zur verbindlichen betragsmäßigen **Bezifferung** des Umfangs des Kostenerstattungsanspruchs zwischen den Beteiligten des Rechtsstreits bereitgestellt wird. Das Kostenfestsetzungsverfahren führt zu einem der Rechtskraft fähigen Kostenfestsetzungsbeschluss, der Vollstreckungstitel zugunsten des Kostengläubigers ist (§ 168 I Nr. 4).

2 Grundlage des Kostenfestsetzungsverfahrens ist eine **Kostengrundentscheidung** des Prozessgerichts; das Verfahren setzt also den Abschluss eines Hauptsacheverfahrens voraus. Es ist ein Nachverfahren zu allen Erkenntnisverfahren (Klage-, vorläufigen Rechtsschutz-, Rechtsmittel- und Normenkontrollverfahren), in denen eine zumindest vorläufig vollstreckbare Kostengrundentscheidung oder eine Kostenregelung in einem gerichtlichen Vergleich ergangen ist, die auf Antrag eines Beteiligten umgesetzt wird. In seinem Geltungsbereich schließt das Kostenfestsetzungsverfahren eine Klage auf Erstattung der Kosten aus (zu einer Ausnahme → § 160 Rn. 3).

II. Anwendungsbereich

3 Die Kostenfestsetzung betrifft nur das Verhältnis der Beteiligten des Rechtsstreits zueinander, also die **sekundäre Kostenerstattung** (→ vor § 154 Rn. 1 f.). Für die primäre Kostenerstattung gilt die Vorschrift nicht. Insofern ist für die Gerichtskosten (→ § 162 Rn. 4) das Kostenansatzverfahren nach § 19 GKG einschlägig (NKVwGO § 164 Rn. 5, für die Festsetzung der Gebühren und Auslagen eines Anwalts gegen seinen Mandanten das Vergütungsfestsetzungsverfahren nach § 11 RVG (NKVwGO § 164 Rn. 6).

III. Verfahren

1. Rechtsgrundlagen

4 Das Verfahren der Kostenfestsetzung ist in der VwGO – über die sparsamen Vorgaben in § 164 hinaus – nicht näher geregelt. Ergänzend anzuwenden sind die Vorschriften der **§§ 103 bis 107 ZPO**, die mangels einer besonderen Bezugnahme über die Generalverweisung in § 173 S. 1 gelten (h.M., NKVwGO § 164 Rn. 28 ff.).

2. Einleitung durch Antrag

5 § 164 bestimmt ausdrücklich, dass das Verfahren (nur) „auf Antrag" stattfindet. Entsprechend § 105 II ZPO ist ein Antrag entbehrlich, wenn der Beteiligte seine Berechnung bereits vor Urteilsverkündung eingereicht hat. Der Antrag kann schriftlich oder zur Niederschrift der Geschäftsstelle gestellt werden. Er ist zwar nicht fristgebunden; allerdings kann der Erstattungsanspruch verjähren oder verwirkt werden, wenn er längere Zeit nicht geltend gemacht wird. Ein Versuch einvernehmlicher Kostenerstattung muss der Antragstellung nicht vorausgehen.

6 Die Antragsabhängigkeit drückt aus, dass der jeweilige Antragsteller im Kostenfestsetzungsverfahren **verfügungsbefugt** ist. Er darf über das Ob des Verfahrens und über die Höhe der höchstens festzusetzenden Kosten disponieren. Das Kostenfestsetzungsverfahren ist somit ein bloßes „Angebot" an die Verfahrensbeteiligten; es steht einer einvernehmlichen Regelung der Erstattung unmittelbar zwischen den Verfahrensbeteiligten nicht entgegen.

7 Für den Antrag besteht **kein Vertretungszwang**. Das gilt für das VG ohne Weiteres (§ 67 I), aber auch dann, wenn der Antrag beim OVG oder BVerwG anzubringen ist. Es mag dahinstehen, ob § 67 IV bereits nach Sinn und Zweck nicht anwendbar ist (so Ey § 164 Rn. 5); jedenfalls sind Prozesshandlungen, die vor dem Urkundsbeamten der Geschäftsstelle vorgenommen werden können, durch § 173 S. 1 i.V.m. § 78 III ZPO vom Anwaltszwang freigestellt (S/S-A/P § 164 Rn. 8). Zum Erinnerungsverfahren → § 151 Rn. 6.

3. Zuständigkeit

§ 164 bestimmt ausdrücklich, dass der Urkundsbeamte des Gerichts des ersten **8** Rechtszugs die Kostenfestsetzung vorzunehmen hat; dies verdrängt die (allerdings gleichlautende) Bestimmung in § 103 II 1 ZPO. Das **Gericht des ersten Rechtszuges** bestimmt sich nicht unmittelbar danach, welches Gericht bei richtiger Anwendung der §§ 45, 47 f., 50 sachlich zuständig gewesen wäre, sondern danach, wo das Verfahren tatsächlich zuerst – ggf. nach Verweisung – entschieden worden ist. Das gilt auch für selbstständige Nebenverfahren mit eigener Kostengrundentscheidung (NKVwGO § 164 Rn. 35).

Funktional zuständig ist innerhalb des Gerichts der **Urkundsbeamte**, der hier als **9** richterliches Organ weisungsfrei tätig wird (→ § 13 Rn. 4). Bei ihm ist der Antrag anzubringen. Er nimmt die Kostenfestsetzung für alle Rechtszüge einschließlich eines etwaigen Vorverfahrens vor.

4. Beteiligte des Verfahrens

Mögliche Beteiligte eines Kostenfestsetzungsverfahrens sind **Gläubiger** und **Schuld-** **10** **ner** des durch die Kostengrundentscheidung geschaffenen prozessualen Erstattungsanspruchs. Dessen Gläubiger ist antragsbefugt, sein Schuldner ist der Gegner.

Dem **Prozessbevollmächtigten** des Gläubigers steht kein Antragsrecht in eige- **11** nem Namen zu (BFHE 101, 57, 59 = BB 1971, 463; NKVwGO § 164 Rn. 38), und zwar selbst dann nicht, wenn ihm der Erstattungsanspruch abgetreten worden ist. Werden dennoch Kosten für ihn festgesetzt, so ist diese Festsetzung wirkungslos. Allerdings erstreckt sich die Vollmacht (sofern sie keine Einschränkung enthält) auch auf das Kostenfestsetzungsverfahren, weil es als Ergänzung der gerichtlichen Kostenentscheidung zu betrachten ist (BVerwGE 83, 271). Gemäß § 166 i.V.m. § 123 ZPO kann der obsiegende Gegner eine Kostenfestsetzung auch gegen einen **PKH-Berechtigten** beantragen. Auf der Grundlage einer Rechtsnachfolgeklausel nach § 727 ZPO ist eine Kostenfestsetzung für und gegen **Dritte** möglich.

5. Anhörung

Die Entscheidung über den Antrag ergeht im Massenverfahren der Kostenfestsetzung **12** praktisch immer **ohne mündliche Verhandlung**, die jedoch freigestellt ist (§ 101 III). In jedem Fall ist der Gegner **anzuhören**. Der Anspruch auf rechtliches Gehör nach Art. 103 I GG gilt in jedem gerichtlichen Verfahren, auch im Kostenfestsetzungsverfahren (BVerfGE 19, 148). Der Urkundsbeamte darf daher seiner Entscheidung nur solche Tatsachen und Beweisergebnisse zugrunde legen, zu denen die Beteiligten des Kostenfestsetzungsverfahrens (Rn. 10) sich äußern konnten.

IV. Kostenfestsetzung

1. Voraussetzungen

Voraussetzung für die Festsetzung ist ein „zur Zwangsvollstreckung geeigneter (Kos- **13** ten)Titel" i.S.v. § 168 I (§ 103 I ZPO). Es muss sich um eine rechtskräftige oder zumindest vorläufig vollstreckbare Kostenentscheidung (vgl. § 167 II) handeln. Sie kann sich auch in einem gerichtlichen Vergleich finden (§ 168 I Nr. 3), nicht aber in einem außergerichtlichen Vergleich (ThP § 103 Rn. 2b). Er kann aber Grundlage für eine konstitutive Kostenentscheidung des Gerichts geworden sein (→ § 160 Rn. 8 f.).

§ 164 Teil IV. Kosten und Vollstreckung

14 Wird ein **Titel** (und sei es auch nur hins. der Kostenentscheidung oder deren Vollstreckbarkeit) **aufgehoben oder geändert**, durch eine neue Entscheidung mit gleicher oder anderer Kostenentscheidung oder durch einen Prozessvergleich mit abweichender Kostenregelung ersetzt, so wird der Kostenfestsetzungsbeschluss **unwirksam** (BGH NJW-RR 2008, 1082; 2007, 784). Findet die Änderung vor Abschluss des Kostenfestsetzungsverfahrens statt, **erledigt** sich das Kostenfestsetzungsgesuch; auf der Grundlage der neuen Kostenentscheidung ist ein neuer Festsetzungsantrag anzubringen (NKVwGO § 164 Rn. 15). In dieser **Akzessorietät** zu einer Kostenentscheidung zeigt sich, dass die Kostenfestsetzung lediglich für deren betragsmäßige Ergänzung sorgt und den dem Grunde nach zugesprochenen Anspruch dem Betrage nach feststellt. Missachtet der Urkundsbeamte die Bindung, so ist der Kostenfestsetzungsbeschluss unwirksam (NKVwGO § 164 Rn. 12).

2. Tatsächliche Entscheidungsgrundlage

15 Die geltend gemachten **Ansätze** sind nach § 104 II 1 ZPO glaubhaft zu machen (§ 294 I ZPO), soweit sie sich nicht aus den Gerichtsakten ergeben. Das Entstehen der Aufwendungen ist grds. durch Einreichen von Belegen glaubhaft zu machen. Beim Ansatz der anwaltlichen Auslagen für Post- und Telekommunikationsdienstleistungen genügt die anwaltliche Versicherung (§ 104 II 2 ZPO), zur Berücksichtigung von Umsatzsteuerbeträgen die Erklärung des Antragstellers, dass er die Beträge nicht als Vorsteuer abziehen kann (§ 104 II 3 ZPO), sofern dies nicht offensichtlich unzutreffend ist. Bezweifelt der Gegner die Erforderlichkeit von Ansätzen, muss er die dafür sprechenden Tatsachen darlegen und beweisen. Die rechtliche Bewertung der Notwendigkeit obliegt dem Urkundsbeamten.

3. Prüfungsmaßstäbe

16 a) Kostenentscheidungen des Prozessgerichts. Der Urkundsbeamte prüft den Erstattungsanspruch nach Grund und Höhe. Der **Grund der Erstattungspflicht** und Erstattungsberechtigter und -verpflichteter wird durch die gerichtliche Kostenentscheidung verbindlich festgestellt (Akzessorietät, Rn. 14). Im Einzelfall zu prüfen ist nur noch das tatsächliche Entstehen in Ansatz gebrachter Aufwendungen (Rn. 15). Soweit es daran fehlt, muss der Antragsteller zunächst **Urteilsergänzung** bzw. -berichtigung (→ § 161 Rn. 7; → § 162 Rn. 65 f. zu den außergerichtlichen Kosten des Beigeladenen) oder die Nachholung der erforderlichen Beschlussfassung des Prozessgerichts herbeiführen (→ § 162 Rn. 47 zur Zuziehung eines Bevollmächtigten für das Vorverfahren).

17 b) Wert des Streitgegenstands. Weitere Grundlage für die Berechnung der erstattungsfähigen Gebühren ist der Beschluss des Prozessgerichts über den **Streitwert** (§ 63 GKG). Gerichtsgebühren richten sich grds. (soweit keine Festgebühr vorgesehen ist) nach dem Wert des Streitgegenstandes (§ 3 I GKG i.V.m. dem Kostenverzeichnis). Soweit Gerichtsgebühren danach festgesetzt werden, richten sich auch die Gebühren des Rechtsanwalts nach dem Streitwert (§§ 23 I 1, 32 I RVG i.V.m. Vergütungsverzeichnis).

18 Ist eine **Streitwertfestsetzung unterblieben** oder findet sie nicht statt, kann der Urkundsbeamte den Streitwert grds. selbst bestimmen (arg. § 107 I ZPO; S/S-A/P § 164 Rn. 4; BLAH § 104 Rn. 10; a.A. NKVwGO § 164 Rn. 17); er kann aber auch die Festsetzung durch das Gericht veranlassen. Wo von Amts wegen kein Streit-

Kostenfestsetzung § 164

wert festzusetzen ist, kann er dem Antragsteller Gelegenheit geben, den Antrag auf Festsetzung des Gegenstandswerts der anwaltlichen Tätigkeit zu stellen (§ 33 RVG). Für eine Vertretung im Vorverfahren besteht diese Möglichkeit nicht. Der Urkundsbeamte hat den Gegenstandswert im Kostenfestsetzungsbeschluss selbstständig zu ermitteln und zugrunde zu legen (NKVwGO § 164 Rn. 19).

Ergeht nach der Kostenfestsetzung eine Entscheidung, durch die der **Streitwert** 19 (erstmals) **festgesetzt** oder **geändert** wird, so ist die Kostenfestsetzung auf Antrag entsprechend abzuändern, falls diese neue Festsetzung von der Wertberechnung abweicht, die der Kostenfestsetzung zugrunde liegt (§ 107 ZPO).

c) Maßstäbe des § 162. Die **Notwendigkeit** geltend gemachter Aufwendungen 20 zur zweckentsprechenden Rechtsverfolgung und ihre erstattungsfähige Höhe richten sich nach den Maßstäben des **§ 162**. Soweit keine gerichtliche Grundlagenentscheidung erforderlich ist (§ 162 II 2 und III), hat der Urkundsbeamte die Notwendigkeit selbstständig zu bewerten (→ § 162 Rn. 3). Im Kostenfestsetzungsverfahren kann der Erstattungspflichtige nicht mehr mit Einwendungen gegen die Sach- und Kostenentscheidung des rechtskräftigen Titels, sondern nur noch mit Einwendungen gegen die Berechnung des Kostenerstattungsbetrages gehört werden (BVerwG, Beschl. v. 18.2. 2010 – 9 KSt 1.10).

V. Entscheidung

1. Beschluss

Die Entscheidung über den Kostenfestsetzungsantrag ergeht durch Beschluss nach 21 freigestellter mündlicher Verhandlung (Rn. 12). Die äußere **Gestaltung des Beschlusses** richtet sich nach § 122. Das (volle) Rubrum ist in enger Anlehnung an § 117 II (→ § 117 Rn. 3 f.) zu fassen, da der Kostenfestsetzungsbeschluss Vollstreckungstitel ist. Die Beteiligten sind als Antragsteller und Antragsgegner zu kennzeichnen; in der Praxis werden ihre Rollen im Hauptsacheverfahren als Kläger/Beklagter usw. beigefügt. Ein eigenständiger Tatbestand ist nicht erforderlich; soweit die Wiedergabe von Tatsachen erforderlich ist, kann dies im Rahmen der Begründung (Rn. 27) erfolgen. Der Beschluss bedarf zu seiner Wirksamkeit der (räumlich abschließenden) Unterschrift des Urkundsbeamten; eine Paraphe reicht nicht.

Der Kostenfestsetzungsbeschluss ist mit einer **Rechtsmittelbelehrung** zu versehen (§ 58). 22

2. Tenor

Ist der Antrag unzulässig oder unbegründet, wird er **abgelehnt**. Soweit der Antrag 23 zulässig und begründet ist, wird der **Gesamtbetrag** der erstattungsfähigen Kosten im Tenor **festgesetzt** („Auf den Antrag des … vom … wird der Betrag der ihm vom … zu erstattenden Kosten auf … EUR festgesetzt"). Die einzelnen Kostenansätze sind Teil der Berechnung und damit in der Begründung des Beschlusses zu erläutern. Werden Ansätze nicht zugesprochen, so ist der weitergehende Antrag abzulehnen. Es können die abgelehnten Ansätze aber auch in den Tenor aufgenommen werden. Nur auf Antrag sind die festgesetzten Kosten vom Eingang des Festsetzungsantrags an mit fünf Prozentpunkten (nicht: 5%) über dem Basiszinssatz des § 247 BGB **zu verzinsen** (§ 104 I 2 ZPO).

3. Einstellung des Kostenfestsetzungsverfahrens

24 Wird ein Kostenfestsetzungsantrag **zurückgenommen**, ist das Verfahren analog § 92 III einzustellen. Dasselbe gilt, falls sich das Verfahren i.S. des § 161 II durch übereinstimmende Erklärungen **erledigt**. Dann ist über die Kosten des Festsetzungsverfahrens zu entscheiden (analog § 161 II 1). Ein etwa ergangener Kostenfestsetzungsbeschluss wird nach § 173 S. 1 i.V.m. § 269 III 1 ZPO wirkungslos, ohne dass es der Aufhebung bedarf. Dies ist nach allgemeinen Grundsätzen zur Wahrung der Rechtsklarheit auszusprechen (→ § 161 Rn. 27). Der Antrag auf Kostenfestsetzung kann wiederholt werden.

4. Kostenausgleichung

25 Sind vom Gericht **Quoten festgesetzt** worden, so findet bei Mitwirkung des Gegners eine Kostenausgleichung statt (§ 106 ZPO). Der Urkundsbeamte hat nach Eingang des Festsetzungsantrags den Gegner aufzufordern, die **Berechnung** seiner Kosten **einzureichen**. Folgt der Gegner der Aufforderung, sind die Kostenansätze zu verrechnen; nur der **Überschussbetrag** ist festzusetzen.

26 Legt der Gegner nach Ablauf der gesetzlichen einwöchigen Frist **keine Kostenrechnung** vor, so ist der Erstattungsbetrag zugunsten des Antragstellers ohne Rücksicht auf die Kosten des Gegners festzusetzen. Das Kostenausgleichsverfahren hat keine Ausschlusswirkung: Der Gegner kann seinen Anspruch auf Erstattung nachträglich geltend machen, haftet dann aber für die Mehrkosten, die durch das nachträgliche Verfahren entstehen (§ 107 II ZPO).

5. Begründung

27 Der Beschluss ist nach h.M. zu begründen. Das trifft schon deshalb zu, weil der Beschuss anfechtbar ist (§ 122 II 1 → Rn. 32; a.A. S/S-A/P § 164 Rn. 19, weil die Erinnerung nach § 151 kein Rechtsmittel sei). Nur der Umfang der Begründung hängt davon ab, inwieweit der Beschluss eine Beschwer enthält. Wird dem Antrag voll entsprochen und bestand kein Streit um einzelne Ansätze, genügt die Bezugnahme auf die (bekannte) Kostenrechnung. Eine nähere Begründung ist zu verlangen, wenn ein Kostenansatz nicht oder nicht vollständig berücksichtigt wird oder wenn über ihn unter den Beteiligten Streit bestand, ferner wenn eine Ausgleichung stattgefunden hat (Rn. 25).

6. Nebenentscheidungen

28 **a) Kostenentscheidung.** Der Kostenfestsetzungsbeschluss enthält grds. eine Kostenentscheidung entsprechend §§ 154 ff. Diese kann sich jedoch praktisch erübrigen, wenn keine Kosten angefallen sind. Das ist aber nicht zwingend: Zwar ist das Festsetzungsverfahren (mangels eines Gebührentatbestandes im GKG) gerichtsgebührenfrei. Es können jedoch Auslagen des Gerichts durch Zustellkosten (Rn. 31) oder Fotokopien entstehen, die geltend zu machen sind (GKG-KV Teil 7). Erstattungsfähig sind auch die außergerichtlichen Auslagen der Beteiligten, etwa für Ablichtungen und Abschriften. Die Tätigkeit eines Anwalts im Kostenfestsetzungsverfahren (Rn. 11) gehört nach § 19 Nr. 13 RVG allerdings zum Rechtszug; seine Auslagen bleiben erstattungsfähig (entsprechend § 162 II 1).

29 Ist das Kostenfestsetzungsverfahren erfolgreich, hat der Gegner die eventuell angefallenen Kosten des Festsetzungsverfahrens selbst dann zu tragen, wenn er zuvor nicht zur Zahlung aufgefordert wurde. Dem kann er analog § 156 nur entgehen, wenn er

sich sofort bereit erklärt, die Kosten auch ohne gerichtliche Festsetzung zu zahlen. Der Urkundsbeamte setzt die Kosten fest und bestimmt sogleich deren Höhe, um ein weiteres Kostenfestsetzungsverfahren zu vermeiden (BVerfG NJW 1977, 145; S/S-A/P § 164 Rn. 19).

b) Vollstreckbarkeit. Der Kostenfestsetzungsbeschluss ist nach § 168 I Nr. 4 Vollstreckungstitel für den prozessualen Kostenerstattungsanspruch. Zuständig für die Vollstreckung sind die VG nach Maßgabe der §§ 169 ff. Der Kostenfestsetzungsbeschluss ist ohne Vollziehbarkeitsausspruch sofort vollstreckbar (§ 149 I 1). Eine **Vollziehungsaussetzung** durch den Urkundsbeamten kommt nur auf Erinnerung hin in Betracht (§§ 165, 151 S. 3 i.V.m. § 149 I 2). 30

7. Zustellung

Sofern dem Kostenfestsetzungsantrag ganz oder teilweise entsprochen wird, ist der Beschluss dem Gegner von Amts wegen zuzustellen. Eine Zustellung an den Antragsteller ist nur erforderlich, wenn sein Antrag ganz oder teilweise abgelehnt wird. Sonst erhält er eine formlose Mitteilung (§ 104 I 3 und 4 ZPO). 31

8. Anfechtung

Gegen den Kostenfestsetzungsbeschluss ist gemäß → § 165 der Antrag auf gerichtliche Entscheidung (die sog. Kostenerinnerung) statthaft. Verstreicht die dafür vorgesehene Frist von zwei Wochen nach Zustellung bzw. Mitteilung des Kostenfestsetzungsbeschlusses, wird der Beschluss unanfechtbar. Zum Vertretungszwang nach § 67 IV im Erinnerungsverfahren → § 165 Rn. 8. 32

9. Rechtskraft und Nachfestsetzung

Kostenfestsetzungsbeschlüsse erwachsen nach Unanfechtbarkeit (Rn. 32) in materielle **Rechtskraft**. Diese erstreckt sich nur auf den festgesetzten Betrag. **Nachfestsetzungen** bleiben möglich, soweit Kostenansätze faktisch nicht ausgeschöpft worden sind. 33

I.Ü. teilt der Kostenfestsetzungsbeschluss trotz seiner Rechtskraftfähigkeit das Schicksal der Kostengrundentscheidung. Er wird daher auch nach Eintritt der Rechtskraft unwirksam, wenn die Kostengrundentscheidung aufgehoben, abgeändert oder ersetzt wird, und er ist bei wesentlichen (entscheidungserheblichen) Änderungen seiner Grundlagen auf Antrag zu ändern (Rn. 14). 34

§ 165 [Erinnerung gegen die Kostenfestsetzung]

¹**Die Beteiligten können die Festsetzung der zu erstattenden Kosten anfechten.** ²**§ 151 gilt entsprechend.**

I. Rechtsbehelfe im Kostenrecht

Anfechtbare **Entscheidungen im Kostenrecht** sind die Kostengrundentscheidung, der Ansatz der Gerichtskosten, die Festsetzung des Streitwerts oder – wie in § 165 eröffnet – die Kostenfestsetzung (§ 164). Letztere betrifft den Beschluss des Urkundsbeamten über die Kostenerstattung zwischen den Verfahrensbeteiligten. Je nach Ent- 1

§ 165 Teil IV. Kosten und Vollstreckung

scheidungsinhalt geben VwGO, GKG und andere Vorschriften differenzierte Rechtsbehelfe vor:

2 Die **Kostengrundentscheidung** ist in der verfahrensabschließenden Entscheidung des Gerichts zu treffen (§ 161 I) und nur mit dieser zusammen angreifbar (§ 158). Zur Kostenfolge gehören auch die Kosten des Beigeladenen (§§ 161 I, 162 III). Bei Übergehen der Kostenfolge ist nach §§ 120, 122 I die Ergänzung der Entscheidung zu beantragen, bei Offensichtlichkeit ist zu berichtigen (→ § 118 Rn. 4).

3 Den **Ansatz der Gerichtskosten** durch die Staatskasse kann der Kostenschuldner mit der **Erinnerung** nach § 66 GKG anfechten. Nur in diesem Zusammenhang kann sich der Kostenschuldner auch gegen eine festgesetzte Vergütung bzw. Entschädigung für beigeordnete Rechtsanwälte (§ 33 RVG) oder für ehrenamtliche Richter, Dolmetscher, Zeugen- und Sachverständige wehren (§ 4 I JVEG; KS § 165 Rn. 5). Über die Erinnerung entscheidet der Einzelrichter jenes Gerichts, bei dem die Kosten angesetzt sind (§ 66 VI 1 Hs. 1 GKG); das gilt auch beim BVerwG (BVerwG NVwZ 2006, 479; entspr. § 33 VIII RVG). Unter den Voraussetzungen des § 66 II GKG ist gegen die gerichtliche Entscheidung die **Beschwerde** zum OVG gegeben, über die ebenfalls der Einzelrichter entscheidet (§ 66 VI 1 Hs. 2 GKG). Die Beschwerde an das BVerwG ist ausgeschlossen (§ 66 III 3 GKG). Zu Kosten und Streitwert → Rn. 5.

4 Die **Festsetzung des Streitwerts** durch ein VG kann der Beschwerte nach § 68 I GKG mit der **Beschwerde** zum OVG anfechten. Wesentliche Bestimmungen des Erinnerungsverfahrens (u. a. über die Einzelrichterzuständigkeit) sind entsprechend anwendbar (§ 68 I 5 i. V. m. § 66 III, IV, V 1, 4, VI GKG). **Beschwert** ist der aus eigenem Recht vorgehende Rechtsanwalt (§ 32 II RVG) grds. nur bei zu niedriger Festsetzung; er kann also nur Heraufsetzung des Streitwerts verlangen. Die kostenpflichtige Partei kann hingegen grds. nur Herabsetzung verlangen, es sei denn, es besteht eine Honorarvereinbarung (BWVGH NVwZ-RR 2002, 900; KS § 165 Rn. 6 ff.). Eine unzulässige Beschwerde kann ggf. in eine Gegenvorstellung mit der Anregung umgedeutet werden, die Festsetzung des Streitwerts von Amts wegen zu ändern (§ 63 III 2 GKG). Die Streitfrage, ob sie nach der Neuregelung der Rechtsberatung zum 1. 7. 2008 (→ § 67 Rn. 1) dem **Vertretungszwang** nach § 67 IV unterlag (vgl. NdsOVG, DÖV 2009, 640, verneinend NRWOVG NVwZ 2009, 123), hat sich durch Neufassung des § 66 V GKG (Art. 12 Gesetz vom 30. 7. 2008, BGBl. I 2479) erledigt: Anträge und Erklärungen können entsprechend § 129a ZPO ohne Mitwirkung eines Bevollmächtigten abgegeben werden. In Streitwert- und Kostenbeschwerden bzw. entsprechenden Erinnerungen besteht auch dann kein Vertretungszwang, wenn dies im zugrunde liegenden Hauptsacheverfahren der Fall ist (BT-Drucks. 16/11385, S. 56). Bedient sich der Beschwerdeführer eines Bevollmächtigten, so muss dieser allerdings die Anforderungen des § 67 erfüllen.

5 Die Verfahren über die Erinnerung und die Beschwerden sind **gebührenfrei**, Kosten werden nicht erstattet (§ 66 VIII und § 68 III GKG für die Beschwerde). Ein Streitwert ist folglich nicht festzusetzen, eine Kostenentscheidung nach §§ 154 ff. VwGO nicht zu treffen; für den Auslagenersatz gilt das Veranlasserprinzip (d. h. erstattungspflichtig ist, wer das Verfahren einleitet, § 22 I GKG).

6 Gegen die **Entscheidungen des OVG** und des **BVerwG** sind keine Rechtsmittel gegeben (§ 63 III 3 i. V. m. § 68 I 5 GKG); möglich sind Anregungen („Gegenvorstellungen") auf **Selbstkorrektur**. Denn gemäß § 63 III GKG darf der Streitwert von Amts wegen geändert werden. Diese Möglichkeit besteht für das Gericht, das den Streitwert festgesetzt hat, und für das Rechtsmittelgericht sogar unabhängig von der

Statthaftigkeit oder Zulässigkeit eines ergriffenen Rechtsmittels in der Hauptsache (NRWOVG, Beschl. v. 5.8. 2008 – 1 E 831/08). Bei Verletzung des rechtlichen Gehörs ist die Anhörungsrüge nach § 69a GKG zu erheben. Bei nicht von Amts wegen vorzunehmender Festsetzung kann der Rechtsanwalt die Festsetzung des **Gegenstandswerts** beantragen und gegen den gerichtlichen Beschluss Beschwerde einlegen (§ 33 RVG).

II. Erinnerung gegen den Kostenfestsetzungsbeschluss

1. Erinnerungsverfahren

Gegen einen Kostenfestsetzungsbeschluss (§ 164) kann **entsprechend § 151** insgesamt oder teilweise (etwa hins. einzelner Kostenansätze) die „Entscheidung des Gerichts", die sog. **Erinnerung** beantragt werden (§ 165 S. 1). Die **Verfahrensvorschriften** finden sich in → § 151 S. 1 und 2; über die auch hier eingreifende Verweisung in S. 3 sind die Beschwerdevorschriften der → §§ 147 bis 149 ergänzend anwendbar. 7

Erinnerungsbefugt können der Antragsteller, der erstattungspflichtige Gegner und die Staatskasse sein. Der Antragsteller ist **beschwert**, wenn von ihm geltend gemachte Kosten nicht oder niedriger festgesetzt werden, ferner (wegen des Ausschlusses der Nachfestsetzung → § 164 Rn. 33) bei Ablehnung nicht angemeldeter Kosten. Der Gegner ist beschwert, wenn Kosten zu hoch festgesetzt sind. Die Staatskasse ist als Antragstellerin oder Gegnerin der Kostenfestsetzung unter entsprechenden Voraussetzungen erinnerungsbefugt. Hingegen kann der **Prozessbevollmächtigte** durch eine Kostenfestsetzung nicht beschwert sein, weil sein Vergütungsanspruch aus dem Geschäftsbesorgungsvertrag dadurch nicht berührt wird und er gegen den Mandanten nach § 11 RVG festsetzen lassen kann (NKVwGO § 165 Rn. 15 m. w. N.). Im Verfahren über eine Kostenerinnerung besteht **kein Vertretungszwang** nach § 67 IV (→ § 151 Rn. 6; Nachw. bei SaarlOVG, Beschl. v. 12.02. 2010 – 3 E 517/09, m. w. N., str.). Zum Vertretungszwang im Beschwerdeverfahren Rn. 13. 8

2. Entscheidung über die Erinnerung

Der Urkundsbeamte hat zunächst über die **Abhilfe** zu entscheiden (§ 148 I), bejahendenfalls einen neuen Kostenfestsetzungsbeschluss zu erlassen, gegen den wiederum die Erinnerung statthaft ist. Bei Nichtabhilfe ist die Sache dem Spruchkörper (Rn. 10) vorzulegen, der nicht mehr abhelfen kann. Urkundsbeamter und Gericht können aber die Vollstreckung aus dem Kostenfestsetzungsbeschluss **aussetzen** (vgl. § 149 I 2; § 173 S. 1 i.V.m. § 104 III 2 ZPO). 9

Da die Erinnerung Annex zur Kostenentscheidung ist, entscheidet über sie das Gericht (VG, OVG, BVerwG), dessen Urkundsbeamte den Kostenfestsetzungsbeschluss erlassen hat (§ 151). Die **Zuständigkeit** ist funktional zu verstehen und bestimmt damit die Besetzung: Über die Erinnerung entscheidet, wer die zugrunde liegende Kostenentscheidung getroffen hat (der kollegiale Spruchkörper, der Vorsitzende oder der Einzelrichter, vgl. BVerwG NVwZ 1996, 786). 10

Das Gericht **überprüft** nur die beanstandeten einzelnen Erstattungsbeträge (BVerwG, Beschl. v. 19.10. 2009 – 4 KSt 1000.09), wobei es grds. an die Kostengrundentscheidung gebunden ist. Eine Verringerung des zu erstattenden Gesamtbetrags ist unzulässig (Verbot der reformatio in peius, NKVwGO § 165 Rn. 23 ff.), wohl aber eine Saldierung einzelner Kostenansätze. Der Streitwert darf dabei ggf. von 11

Amts wegen geändert werden (§ 63 III GKG, oben Rn. 3). In einem solchen Fall darf das Rechtsmittelgericht über § 118 I auch die erstinstanzliche Kostenentscheidung ändern, sofern diese wegen des neuen Streitwerts nachträglich offenbar unrichtig geworden ist (NRWOVG NVwZ-RR 2007, 212).

12 Über die **Kosten** des Erinnerungsverfahrens ist gemäß §§ 154 f. zu entscheiden. Zu verteilen sind die Auslagen des Gerichts und etwaige außergerichtlich angefallenen Rechtsanwaltskosten. Gerichtsgebühren werden mangels eines Gebührentatbestandes nicht erhoben (NKVwGO § 165 Rn. 22; Ey § 151 Rn. 6), ein **Streitwert** ist daher nicht festzusetzen (§ 63 GKG). Die Kosten einer erfolgreichen Erinnerung sind im zu ändernden Kostenfestsetzungsbeschluss als erstattungsfähige Kosten mitzuberücksichtigen.

3. Beschwerde, § 146

13 Gegen gerichtliche Entscheidungen des VG über Erinnerungen gegen einen Kostenfestsetzungsbeschluss ist die **Beschwerde nach § 146 I** zum OVG möglich, wenn der Wert des Beschwerdegegenstandes 200 EUR übersteigt, § 146 III. Das gilt wegen des umfassenden Ausschlusses in § 80 AsylVfG nicht in Asylsachen (BVerwG, Beschl. v. 24.2. 2000 – 9 B 74.00). Für die Beschwerde bestand früher **Vertretungszwang**, wenn die Kostenfestsetzung ein Verfahren betraf, das diesem unterlag (vgl. NKVwGO § 165 Rn. 33). Ob der Vertretungszwang durch die Neuregelung des § 67 (IV, II) ausgeweitet worden war, konnte nach der Gesetzesbegründung (BT-Drucks. 16/3655, S. 97) fraglich sein. Daher ist mit der Neuregelung des Kostenrechts (Rn. 4) klargestellt worden, dass Rechtsbehelfe gegen die Wertfestsetzung oder den Kostenansatz umfassend vom Vertretungszwang freigestellt sind (BT-Drucks. 16/11385, S. 56). Die Beschwerde **zum BVerwG** gegen Entscheidungen des OVG ist nach § 152 I generell unstatthaft.

14 Das OVG **entscheidet** durch Beschluss in der nach Landesrecht vorgesehenen **Besetzung** (§ 9 III), sofern nicht Einverständnis mit einer Entscheidung durch den Vorsitzenden bzw. Berichterstatter anstelle des Senats erklärt wird (§ 87a II, III). Ist die Beschwerde begründet, kann das OVG die Entscheidung des VG und den Kostenfestsetzungsbeschluss des UrkB ändern und den zu erstattenden Betrag neu festsetzen. Auch eine Zurückverweisung kommt in Betracht, wenn weitere Aufklärung erforderlich ist. Der Beschluss enthält eine **Kostenentscheidung** nach §§ 154 ff., mit der etwaige außergerichtliche Kosten (eines Rechtsanwalts, Nr. 3500 VZ zum RVG) und die Gerichtskosten (Auslagen und die Festgebühr nach Nr. 5502 KV zum GKG) zu verteilen sind. Einer **Streitwertfestsetzung** bedarf es wegen der Festgebühr nicht. Im **Erfolgsfall** ist ein neues Kostenfestsetzungsverfahren durchzuführen, in dem die Kosten des Rechtsmittelverfahrens auf Antrag zu berücksichtigen sind.

§ 165a [Prozesskostensicherheit]

§ 110 der Zivilprozessordnung gilt entsprechend.

1 Die erst durch Gesetz v. 20.12. 2001 (BGBl. I 3987) m.W.v. 1.1. 2002 eingefügte Vorschrift nimmt die Regelung der ZPO (§ 110) über die **Prozesskostensicherheit** in Bezug. Danach müssen Kläger, die ihren gewöhnlichen Aufenthalt nicht in einem Mitgliedstaat der Europäischen Union oder einem Vertragsstaat des Abkommens über den Europäischen Wirtschaftsraum haben, auf Verlangen des Beklagten wegen der Prozesskosten Sicherheit leisten.

Ausnahmen von dieser Verpflichtung sieht § 110 in fünf Fällen vor, nämlich 2
1. wenn auf Grund völkerrechtlicher Verträge keine Sicherheit verlangt werden kann;
2. wenn die Entscheidung über die Erstattung der Prozesskosten an den Beklagten auf Grund völkerrechtlicher Verträge vollstreckt würde;
3. wenn der Kläger im Inland ein zur Deckung der Prozesskosten hinreichendes Grundvermögen oder dinglich gesicherte Forderungen besitzt;
4. bei Widerklagen;
5. bei Klagen, die auf Grund einer öffentlichen Aufforderung erhoben werden.

Wird Sicherheitsleistung verlangt und liegen die Voraussetzungen vor, hat das Gericht gemäß § 173 S. 1 i.V.m. § 113 S. 1 ZPO die Sicherheitsleistung **durch Zwischenurteil** anzuordnen (BGH NJW 2001, 3630). Die Rüge der mangelnden Sicherheitsleistung für die Prozesskosten gehört zu den die Zulässigkeit der Klage betreffenden verzichtbaren Rügen und ist entsprechend § 282 III ZPO grundsätzlich vor der ersten Verhandlung zur Hauptsache, und zwar für alle Rechtszüge, zu erheben. 3

Eine **analoge Anwendung** auf Fälle eines vergleichbaren Sicherheitsbedürfnisses, etwa bei fehlender Kenntnis vom Wohnsitz des Klägers, ist abzulehnen (BVerwG NJW 1999, 2610; vgl. KS § 165 Rn. 6). 4

§ 166 [Prozesskostenhilfe]

Die Vorschriften der Zivilprozeßordnung über die Prozeßkostenhilfe sowie § 569 Abs. 3 Nr. 2 der Zivilprozessordnung gelten entsprechend.

Übersicht

	Rn.
I. Wesen und Funktion der PKH	1
1. Bedeutung als Verwaltungsverfahren	1
2. Rechtsgrundlagen	4
3. Leistungsumfang der PKH	7
4. Wirkung auf die beabsichtigte Prozessführung	8
5. Folgen rechtswidriger Verweigerung	13
II. Anwendungsbereich	15
1. Persönlicher Anwendungsbereich	15
2. Sachlicher Anwendungsbereich	17
3. PKH nach Verfahrensabschluss	19
III. Voraussetzungen für die Bewilligung	21
1. Wirtschaftliche Voraussetzungen	23
a) Mittellosigkeit natürlicher Personen	23
aa) Einzusetzendes Einkommen	24
bb) Zumutbar einzusetzendes Vermögen	26
b) Anforderungen an den Vortrag des Antragstellers	28
2. Hinreichende Aussicht auf Erfolg	33
a) Bewilligungspraxis	33
b) Hauptfehler	34
c) Verfassungsrechtliche Vorgaben	35
d) Prüfung in Zulassungsverfahren	38
3. Keine Mutwilligkeit	39
IV. Das Bewilligungsverfahren	40
1. Antragstellung	40
2. Substanziierung des Antrags	43
a) Begründung des Antrags	43
b) Wirtschaftlichkeitserklärung	45

3. Zuständigkeit des Gerichts	46
4. Prüfung durch das Gericht	47
V. Entscheidung des Gerichts	49
1. Der PKH-Beschluss	49
a) Form und Tenor	49
b) Beiordnung eines Anwalts/Notanwalts	51
c) Bewilligung im höheren Rechtszug und nach Zurückverweisung	54
d) Begründung	56
e) Kostenentscheidung	58
f) Rechtsmittelbelehrung	59
2. Umfang der Bewilligung	60
3. Weitergehende Leistungen	62
a) Reisekostenentschädigung	62
b) Sonstige Sozialleistungen	65
VI. Rechtsmittel	66
1. Rechtsmittel gegen die Versagung von PKH	66
2. Rechtsmittel gegen die Bewilligung von PKH	69

I. Wesen und Funktion der PKH

1. Bedeutung als Verwaltungsverfahren

1 Die Justizgewährungspflicht (→ vor § 40 Rn. 1 ff.) gebietet nicht nur, eine Gerichtsorganisation vorzuhalten und Regularien für ihre Benutzung aufzustellen. Zugunsten **Unbemittelter** müssen aktive Komponenten hinzutreten, um die Zugangsbarriere auf das Niveau abzusenken, das auch von Bemittelten zu bewältigen ist. Dazu gehören Vorkehrungen, Rechtsbehelfe trotz der mit ihnen notwendig verbundenen Aufwendungen (→ § 162) mit wirtschaftlich vertretbarem Risiko ergreifen zu können.

2 Zu diesen aktiven Komponenten der Justizgewährung gehört die Prozesskostenhilfe – eine besondere **staatliche Sozialleistung** zur Deckung eines spezifischen Bedarfs in einer besonderen Lebenslage. Sie dient zum Zweck, Unbemittelten einen weitgehend (nicht notwendig vollständig) gleichen Zugang zu Gericht wie Bemittelten zu ermöglichen (stRspr., BVerfGE 78, 104 = NJW 1988, 2231; E 50, 217, 231; 35, 348, 355 = NJW 1974, 229; E 9, 124, 131).

3 Diese Einordnung hat **verfahrensrechtliche Konsequenzen**: Über PKH wird auf besonderen Antrag in einem gerichtsförmigen, aber nichtstreitigen **Verwaltungsverfahren** entschieden, das vor oder parallel zu einem Rechtsstreit verläuft, auf den es bezogen ist. Die Entscheidung trifft zwar – aus Gründen der Verfahrensökonomie – das mit der Hauptsache befasste Prozessgericht (vgl. § 117 I ZPO); es fungiert jedoch als Bewilligungsstelle, d.h. als Gericht im nicht jurisdiktionellen Sinne (→ § 1 Rn. 4). Beteiligte des Bewilligungsverfahrens sind nur der PKH begehrende „Antragsteller" (§§ 117 II, 118 II ZPO) und das Gericht. Einen „Gegner" hat das PKH-Verfahren nicht. Soweit in der ZPO von „Partei" und „Gegner" die Rede ist, sind die Rollen in dem parallelen Hauptsacheverfahren gemeint (Einzelheiten bei NKVwGO § 166 Rn. 11 ff.).

2. Rechtsgrundlagen

4 Die VwGO enthält eine spezielle – klarstellende – und dynamische **Vollverweisung** (→ § 173 Rn. 2) auf die in allen Gerichtsbarkeiten eingeführte **Modellregelung** der PKH in §§ 114 bis 127 ZPO (vgl. auch § 73a SGG, § 142 FGO, § 11a III ArbGG).

Prozesskostenhilfe **§ 166**

Ab dem 30.11. 2004 ist bei der Auslegung der PKH-Vorschriften die **EG-Richt- 5 linie Nr. 2003/8** v. 27.1. 2003 (ABl. Nr. L 26 S. 41, ABl. Nr. L 32 S. 15) zu beachten. Die Richtlinie betrifft die **grenzüberschreitende PKH** innerhalb der Europäischen Union. Sie ist durch die §§ 1076 bis 1078 ZPO umgesetzt worden, die gemäß § 114 S. 2 ZPO ergänzend gelten (vgl. EG-PKHG v. 15.12. 2004, BGBl. I 3392).

Die Regelungen der ZPO werden durch **untergesetzliches Regelwerk** vervoll- 6 ständigt. Dazu gehört die PKH-Bekanntmachung des BMJ zu § 115 (zugänglich etwa über www.betrifft-gesetze.de/bundesgesetzblatt > Bürgerzugang). Für die bei Stellung von PKH-Anträgen abzugebende Erklärung über die persönlichen und wirtschaftlichen Verhältnisse des Antragstellers ist durch Rechtsverordnung auf der Ermächtigungsgrundlage des § 117 III ZPO (VO v. 17.10. 1994, BGBl. I 3001) ein zwingend zu benutzender **Vordruck** eingeführt worden (Rn. 28).

3. Leistungsumfang der PKH

Die Vorschriften über die PKH bilden eine **abschließende Sonderregelung** (BVer- 7 wG Buchh 310 § 166 VwGO Nrn. 30 und 32), allerdings nur in ihrem Anwendungsbereich (Rn. 15 ff.). Soweit dem Antragsteller Leistungen gewährt oder Aufwendungen erspart werden, sind sozialhilferechtliche Vorschriften nur anwendbar, wenn in den §§ 114 ff. ZPO auf sie verwiesen wird (Ey § 166 Rn. 7). Die **Wirkungen** der PKH, d.h. die „Leistungen" im Falle der Bewilligung, sind in §§ 121, 122 ZPO beschrieben. Danach ist i.W. eine Regelung der Gerichtskosten zu treffen sowie ggf. ein Anwalt beizuordnen (§ 121) und dessen Vergütung zu regeln. Weder dem PKH-Empfänger eigene Aufwendungen (→ § 162 Rn. 12 ff.) ersetzt noch wird ihm das Kostenrisiko gänzlich genommen; denn im Fall des Unterliegens im Hauptsacheverfahren hat er die Kosten des Gegners zu erstatten (§ 123 ZPO). Nur für die Gerichtskosten wird dies durch §§ 122 II, 125 ZPO verhindert (NKVwGO § 166 Rn. 166). In die von den PKH-Vorschriften gelassenen **Lücken**, etwa über die Reisekosten, können ergänzend andere Regelungen treten (Rn. 62 ff.).

4. Wirkung auf die beabsichtigte Prozessführung

Im Verwaltungsprozess ist die Beantragung von PKH für eine beabsichtigte Prozess- 8 führung vor allem bei der **Fristgebundenheit** des Rechtsbehelfs kritisch. Der unbemittelte Beteiligte läuft wegen der regelmäßigen Dauer des PKH-Verfahrens Gefahr, nach Bewilligung den Rechtsbehelf infolge Fristversäumung nicht mehr zulässigerweise einlegen zu können. Dem begegnet das Prozessrecht i.W. auf **zwei Wegen**:

Zwar werden Rechtsbehelfsfristen durch ein PKH-Gesuch nicht gehemmt, son- 9 dern laufen auch während des Verfahrens ab. Im Falle einer Bewilligung nach Fristablauf – oft aber auch nach Ablehnung des Gesuchs (Rn. 11) – ist dem Rechtsschutzsuchenden jedoch **Wiedereinsetzung** in die versäumte Frist nach § 60 zu gewähren (→ § 133 Rn. 12; zur Klageerhebung → § 81 Rn. 17), was oft sogar von Amts wegen zu erfolgen hat. Denn ein nicht anwaltlich vertretener Rechtsschutzsuchender ist so lange an der Ergreifung des Rechtsbehelfs als verhindert anzusehen, als er nach den gegebenen Umständen vernünftigerweise nicht mit der Ablehnung seines PKH-Antrages rechnen musste, weil er sich für bedürftig i.S.v. §§ 114 ff. ZPO halten durfte und aus seiner Sicht alles Erforderliche getan hatte, damit ohne Verzögerung über seinen Antrag entschieden werden konnte (BVerwG NVwZ 2004, 888; 2002, 992; NJW 1995, 2121; Buchh 310 § 166 VwGO Nr. 38; BGH NJW-RR 2004, 1218; 2001, 1146; NJW 1999, 3271; VersR 1977, 721; zur Gewährung von Wiedereinsetzung in die Einlegungs- und Begründungsfrist vgl. BVerwG DVBl. 2002, 1050

§ 166

m.w.N.; auch etwa BVerfG-Kammer NVwZ 2003, 341 = DVBl. 2003, 130; NJW 1993, 720).

10 Ein **Verschulden** i.S. des § 60 I trifft ihn jedoch **nur dann nicht**, wenn er innerhalb der Rechtsbehelfsfrist ein den gesetzlichen Anforderungen entsprechendes PKH-Gesuch anbringt (BVerwG Buchh 310 § 166 VwGO Nr. 38). Auch einem nicht anwaltlich beratenen Beteiligten muss sich wegen des Hinweises auf das Vertretungserfordernis in einer ordnungsgemäßen Rechtsbehelfsbelehrung der angegriffenen Entscheidung aufdrängen, das dort bezeichnete Gericht innerhalb der Rechtsbehelfsfrist zu informieren und um Hilfe zu bitten, wenn mangels ausreichender finanzieller Mittel kein Anwaltsmandat erteilt werden kann (BVerwG, Beschl. v. 18.8. 2009 – 8 B 79.09; Buchh 310 § 166 VwGO Nr. 34).

11 Zum anderen ist über einen PKH-Antrag grds. (etwa nicht ohne Weiteres in Eilverfahren) *vor* einer negativen Bescheidung des Rechtsbehelfs zu befinden, auf den sich der Antrag bezieht. Das Gericht darf einen gleichzeitig mit ihm eingelegten Rechtsbehelf **weder** vor der Bescheidung des PKH-Antrags **noch gleichzeitig** mit diesem wegen Fristablaufs oder mangelnder Vertretung als unzulässig verwerfen (BVerwG NVwZ 2004, 111; BWVGH NVwZ-RR 2001, 802; a.A. RhPfOVG AuAS 1999, 197; zum sozialgerichtlichen Verfahren BVerfG-Kammer FamRZ 2002, 531). Vielmehr ist dem Antragsteller nach der Bescheidung **Gelegenheit zu einer prozessualen Reaktion** zu geben. Bei Bewilligung von PKH nach Fristablauf kann der Antragsteller Wiedereinsetzung beantragen (Rn. 9 f.). Vor allem **bei Ablehnung** des PKH-Antrags muss der Antragsteller jedoch sein weiteres Vorgehen binnen angemessener Frist erwägen können. Ihm stehen insofern **drei Möglichkeiten** zur Verfügung. Er kann:
- gegen die versagende Entscheidung Beschwerde einlegen (Rn. 66),
- den Hauptsache-Rechtsbehelf zurückzunehmen (und dadurch u.U. in den Genuss einer Ermäßigung der Gerichtsgebühren kommen) oder
- das Verfahren auf eigene Kosten fortzusetzen und dazu ebenfalls **Wiedereinsetzung** in die abgelaufene Frist beantragen (vgl. BVerfG, KBeschl. v. 8.1. 1996 – 2 BvR 306/94). Die Wiedereinsetzung ist grds. auch dann zu gewähren, wenn PKH mangels Erfolgsaussichten **versagt** worden ist; bei Versagung mangels Bedürftigkeit handelte der Antragsteller schuldlos, wenn er vernünftigerweise nicht mit dieser Bewertung rechnen musste (BVerwG Buchh 310 § 60 VwGO Nr. 147; NJW 1995, 2121; S/S-A/P § 60 Rn. 35).

12 Die **gleichzeitige Ablehnung von PKH und Verwerfung** des Rechtsbehelfs nimmt dem Antragsteller diese Reaktionsmöglichkeiten und verletzt seinen Anspruch auf wirkungsvollen Rechtsschutz (Art. 19 IV GG, vgl. BVerwG NVwZ 2004, 111; BVerfGE 77, 275, 284; NJW 2003, 281). Eine unbemittelte Partei, für die ein Anwalt Berufung eingelegt hat, ohne sie zu begründen, kann selbst am letzten Tag der Begründungsfrist noch ein PKH-Gesuch einreichen mit der Folge, dass der Rechtsbehelf nicht wegen Fehlens der Begründung innerhalb der Begründungsfrist verworfen werden darf (BGHZ 38, 376, 377, 378). Bei gleichzeitiger Bescheidung des PKH-Gesuchs und des Rechtsbehelfs sind die Kosten des Hauptsacheverfahrens nach § 21 I GKG **niederzuschlagen**, wenn der Rechtsbehelf zurückgenommen wird (was bis zur Rechtskraft der Entscheidung möglich ist, vgl. nur § 92 I 1).

5. Folgen rechtswidriger Verweigerung

13 Außer durch verfahrensfehlerhafte Behandlung des PKH-Antrags kann der Rechtsschutzsuchende durch eine rechtswidrige Vorenthaltung von PKH auch in seinem grundrechtsgleichen Recht aus Art. 103 I GG verletzt werden. Ihm wird das **recht-**

liche Gehör versagt, wenn unzumutbare Hindernisse der Rechtsverfolgung bestehen bleiben (BVerwG NJW 2008, 3157 = DÖV 2008, 827). Das gilt für die Verweigerung des Zugangs zu einer Instanz mit Vertretungszwang (Berufung, Revision; BVerwG NVwZ 2004, 111) wie auch bei der unberechtigten Verweigerung anwaltlichen Beistands für eine mündliche Verhandlung (BVerwG NJW 2008, 3157 = DÖV 2008, 827).

Der Anspruch auf rechtliches Gehör umfasst zwar keinen Anspruch auf mündliche **14** Verhandlung, wohl aber das Recht, sich in einer angesetzten mündlichen Verhandlung anwaltlich vertreten zu lassen (BVerwG Buchh 310 § 108 VwGO Nr. 248 S. 97 m. w. N.). Einem Prozessbevollmächtigten ist nicht anzusinnen, auf eigenes Kostenrisiko an der mündlichen Verhandlung teilzunehmen. Einem Kläger ist nicht zuzumuten, etwa vorhandenes, jedoch auf die PKH nicht anzurechnendes Schonvermögen einzusetzen (§ 115 III ZPO i. V. m. § 90 SGB XII). Die rechtswidrige Versagung von PKH haftet weiterwirkend dem angefochtenen Urteil als Gehörsverstoß an (BVerwGE 110, 40).

II. Anwendungsbereich

1. Persönlicher Anwendungsbereich

PKH können **natürliche Personen** erhalten, auch Ausländer (sogar im Ausland) und **15** Staatenlose (NKVwGO § 166 Rn. 50 ff.), sowie – unter einschränkenden Voraussetzungen – Parteien kraft Amtes (Insolvenzverwalter, Testamentsvollstrecker, Nachlassverwalter, Zwangsverwalter usw.) und **juristische Personen** (vgl. § 116 ZPO).

Die Begriffe „Rechtsverfolgung" und „Rechtsverteidigung" sind zwar synonym **16** (→ § 162 Rn. 8), verdeutlichen aber, dass PKH **unabhängig von der Prozessrolle** des Antragstellers im Prozess (als Kläger, Beklagter oder Beigeladener, zu diesem vgl. S/S-A/P § 166 Rn. 33) bewilligt werden kann. Die Prozessführung kann auch erst „**beabsichtigt**" sein. Dadurch wird einem Mittellosen zugestanden, die Entscheidung über PKH herbeiführen zu können, bevor er mit der Anhängigmachung eines Rechtsstreits ein Kostenrisiko eingeht. Ein Sachbescheidungsinteresse hat der Antragsteller allerdings nur dann, wenn die Prozessführung hinreichend konkret absehbar ist.

2. Sachlicher Anwendungsbereich

Die Verfahren, für die PKH bewilligt werden kann, beschreibt § 114 S. 1 ZPO mit **17** den Begriffen der Prozessführung und der dort beabsichtigten Rechtsverfolgung oder -verteidigung. Prozessführung ist **jedes streitige Verfahren** vor einem Gericht in jurisdiktionellen Sinne (Klage-, vorläufige Rechtsschutz- und selbstständige Zwischenverfahren sowie Normenkontrollverfahren), jeweils bezogen auf einen ganzen Rechtszug (§ 119 I 1 ZPO). Dass ein Verfahren **gerichtsgebührenfrei** ist (z.B. nach § 188 oder § 83b AsylVfG), hat keine Bedeutung, solange es Kosten verursachen kann, von denen ein Beteiligter durch PKH befreit würde. So kann PKH beantragt werden als Grundlage für die Freistellung von bestimmten Auslagen (zu Reisekosten Rn. 62) oder für die Beiordnung eines Rechtsanwalts (§ 121 ZPO; BVerwG NVwZ-RR 1989, 665).

Nicht bewilligt werden kann PKH für das PKH-Verfahren selbst und ein hierauf **18** bezogenes Beschwerdeverfahren. Nach praktisch einhelliger Auffassung ist nur das eigentliche Streitverfahren eine hilfefähige „Prozessführung" i.S. des § 114 S. 1 ZPO (BVerwG JurBüro 1991, 570 = Rpfleger 1991, 63; BWVGH, Beschl. v. 30.3. 2010

– 6 S 2429/09, m.w.N.). Das **Vorverfahren** i.S. der §§ 68 ff. (→ § 162 Rn. 40 ff.) ist kein gerichtliches Verfahren, sodass PKH deshalb ausscheidet; in Betracht kommt dort aber Beratungshilfe (Rn. 65).

3. PKH nach Verfahrensabschluss

19 Die Bewilligung setzt voraus, dass die streitgegenständliche Rechtsverfolgung noch beabsichtigt ist. Nach Wegfall der Rechtshängigkeit bleibt für die Bewilligung von Prozesskostenhilfe grds. kein Raum mehr (SHOVG NVwZ-RR 2004, 460 m.w.N.; NRWOVG DVBl. 1994, 214; RhPfOVG DÖV 1989, 36 f.; ThürOVG, NVwZ-RR 1998, 866; BlnOVG NVwZ 1998, 650 f.). PKH dient allein dem Zweck, die für die Führung eines Rechtsstreits erforderlichen Kosten aufzubringen. Hat der Rechtsstreit indessen bereits seinen Abschluss gefunden, kann der genannte Zweck der Bewilligung von Prozesskostenhilfe regelmäßig nicht mehr erreicht werden. Deshalb kann dem Antragsteller auch nach dessen **Tod** keine Prozesskostenhilfe mehr bewilligt werden (NdsOVG DVBl. 2010, 668, Ls.; HmbOVG DVBl. 1996, 1318).

20 Eine rückwirkende Bewilligung von PKH nach Abschluss des Verfahrens ist aber aus Gründen der Billigkeit geboten, wenn es lediglich infolge eines Versäumnisses des Gerichts nicht zu einer rechtzeitigen Entscheidung über die Bewilligung von PKH gekommen ist. Die sachlichen Voraussetzungen für die Bewilligung müssen aber zu einem früheren Zeitpunkt, als die Prozessführung noch nicht abgeschlossen war, vorgelegen haben (BlnOVG NVwZ 1998, 650 f.; SHOVG NVwZ-RR 2004, 460).

III. Voraussetzungen für die Bewilligung

21 Die Bewilligung ist an formelle und materielle Voraussetzungen geknüpft. In **formeller Hinsicht** bedarf es eines Antrags, der bestimmte Darlegungen enthalten muss und dem eine formgerechte Erklärung über die persönlichen und wirtschaftlichen Verhältnisse des Antragstellers beizufügen ist (§ 117 ZPO → Rn. 45).

22 Die **sachlichrechtlichen Voraussetzungen** der Bewilligung sind in § 114 S. 1 ZPO beschrieben und lassen sich mit den Schlagworten der Bedürftigkeit, der hinreichenden Erfolgsaussichten und der fehlenden Mutwilligkeit kennzeichnen. Die Prüfung erfolgt – grds. allein anhand des Vortrags des Antragstellers – objektiv durch das Gericht, allerdings mit sehr unterschiedlicher Prüfungsdichte: Die wirtschaftlichen Verhältnisse und die Mutwilligkeit sind vom Gericht abschließend zu prüfen (BVerfG NVwZ 2004, 334 Ls. 3). Bei den Erfolgsaussichten hat es sich auf eine prognostisch-summarische Abschätzung aus der Sicht der Bewilligungsreife zu begnügen (BVerfG NJW 2003, 3190). Im Fall der Bewilligung hat es sämtliche Voraussetzungen zu bejahen; bei Ablehnung kann es sich auf die Prüfung jener Voraussetzung beschränken, die am schnellsten, klarsten oder eindeutigsten verneint werden kann.

1. Wirtschaftliche Voraussetzungen

23 **a) Mittellosigkeit natürlicher Personen. Mittellosigkeit** als wirtschaftliche Voraussetzung der Bewilligung bedeutet, dass dem Antragsteller Kosten der Prozessführung entstehen, die er nach seinen persönlichen und wirtschaftlichen Verhältnissen nicht, nur zum Teil oder nur in Raten aufbringen kann (§ 114 S. 1 ZPO). Vom Leistungsumfang der PKH abgedeckte Kosten können auch in gerichtsgebührenfreien Verfahren entstehen (Rn. 17).

§ 166 Prozesskostenhilfe

aa) Einzusetzendes Einkommen. Der Grad der Mittellosigkeit ergibt sich aus einer 24 Gegenüberstellung der einzusetzenden privaten Mittel des Antragstellers mit der Tabelle des § 115 II ZPO. Was der Antragsteller zumutbarerweise einzusetzen hat, wird in § 115 ZPO abschließend und zwingend präzisiert, für besondere Antragsteller (Parteien kraft Amtes und juristische Personen) in § 116 ZPO. Vorrangig ist das gesamte **Einkommen** (Legaldefinition in § 115 I 2 ZPO) zu ermitteln. Vom monatlichen Bruttogesamtbetrag sind die in § 115 I 3 ZPO i.V.m. der PKH-Bekanntmachung (→ Rn. 5) definierten **Belastungen** abzusetzen. Deren Höhe ist nach dem Zeitpunkt der Bewilligung der PKH zu bestimmen (§ 115 I 4 ZPO). Wegen der Einzelheiten wird auf die Kommentierungen von NKVwGO § 166 Rn. 94 ff., BeckOK VwGO § 166 Rn. 8 ff. sowie ThP und BLAH zu § 115 ZPO verwiesen.

Die **Bewilligung und ihre Modalitäten** hängen davon ab, in welcher Höhe das 25 einzusetzende monatliche Einkommen den Tabellenwert nach § 115 II ZPO übersteigt. Übersteigt das monatliche Einsatzeinkommen den Betrag von 15 EUR nicht (und ist auch kein Vermögen einzusetzen → Rn. 26), ist PKH ohne Zahlungsbestimmung zu bewilligen. Anderenfalls hat der Antragsteller **Raten** in Höhe des jeweiligen Tabellenwertes aufzubringen, die das Gericht dem Betrag nach festsetzen muss. Ohne ausdrückliche Anordnung von Raten ist PKH uneingeschränkt bewilligt. Auch bei Ratenzahlung hat der Antragsteller unabhängig von der Zahl der Rechtszüge höchstens 48 Monatsraten aufzubringen (§ 115 II ZPO). PKH ist nach § 115 IV ZPO **abzulehnen**, wenn die Kosten der Prozessführung der Partei vier Monatsraten (und die aus dem Vermögen aufzubringenden Teilbeträge) voraussichtlich nicht übersteigen. Dazu sind, wenn eine Grobabschätzung dazu Anlass gibt, die Kosten der Prozessführung zu ermitteln.

bb) Zumutbar einzusetzendes Vermögen. PKH ist ferner zu versagen, wenn die vo- 26 raussichtlichen Kosten der Prozessführung durch **Vermögen** gedeckt werden können, dessen Verwertung zumutbar ist (§ 115 III ZPO i.V.m. § 90 SGB XII). Zur Abgrenzung der Begriffe Einkommen und Vermögen vgl. BVerwGE 108, 296; NJW 1999, 3210. PKH ist abzulehnen bzw. nur unter Anordnung von Ratenzahlung zu bewilligen, wenn das zumutbar einzusetzende Vermögen die Kosten der Prozessführung deckt. Die Höhe der Raten, nicht aber die Anzahl ist im Bewilligungsbeschluss festzulegen (NKVwGO § 166 Rn. 133).

In Verfahren minderjähriger oder unterhaltsberechtigter Antragsteller über persön- 27 liche Angelegenheiten ist an Ansprüche auf einen **familienrechtlichen PKH-Vorschuss** als einzusetzendes Vermögen zu denken: Nach § 1360a IV 1 BGB sind Ehegatten (entsprechend § 1361 IV 4 BGB für Getrenntlebende, §§ 1610 II, 1615 BGB im Eltern-Kind-Verhältnis, vgl. BGH NJW 2005, 1722) verpflichtet, dem anderen die Kosten eines Rechtsstreits vorzuschießen, die dieser nicht selbst tragen kann. Der Anspruch besteht, sofern der Rechtsstreit (im weitesten Sinne, vgl. Palandt § 1610 Anm. 3 m.w.N.) eine persönliche Angelegenheit betrifft und die Inanspruchnahme des Unterhaltpflichtigen der Billigkeit entspricht, was etwa zu verneinen ist, wenn er selbst einen PKH-Anspruch hätte (BVerwG JurBüro 1988, 1537; DÖV 1974, 428; NJW 1964, 2151; Buchh 310 § 166 VwGO Nr. 8; BayVGH, Beschl. v. 9.4. 2009 – 12 C 08.1719; BGH FamRZ 2005, 883 = NJW 2005, 1722; 2004, 1633; Palandt § 1360a Rn. 7 ff.). Besteht ein derartiger Anspruch, ist er vorrangig vor der Inanspruchnahme von PKH einzusetzen. Im Umfang dieses Anspruches ist die Gewährung von Prozesskostenhilfe ausgeschlossen.

b) Anforderungen an den Vortrag des Antragstellers. Der Antragsteller hat 28 seine Bedürftigkeit **darzutun** (das VG grds. nicht zu ermitteln) und dazu eine **Erklä-**

rung über seine persönlichen und wirtschaftlichen Verhältnisse vorzulegen und seine Angaben zu belegen (§ 117 II ZPO), ggf. glaubhaft zu machen (§ 118 II 1 ZPO). Die Erklärung ist auf dem eingeführten Vordruck abzugeben (→ Rn. 45). Die Erklärung und die Belege dürfen dem Gegner **grds. nicht**, nämlich nur mit Zustimmung des Antragstellers, **zugänglich** gemacht werden (§ 117 I 2 ZPO). Deshalb sind die PKH-Unterlagen zu einem gesonderten **PKH-Heft** zu nehmen, das nicht Teil der Gerichtsakten des Hauptsacheverfahrens ist.

29 Hat ein Gericht **Zweifel an der Richtigkeit** der in dem Vordruck enthaltenen Angaben oder hält es diese für unvollständig, muss es dem Antragsteller Gelegenheit geben, die Zweifel zu entkräften (BVerfG NJW 2000, 275). Allerdings dürfen die Anforderungen an den Vortrag der Beteiligten (auch) bei der Prüfung der wirtschaftlichen Verhältnisse **nicht überspannt** werden (BVerfG NJW 2003, 576; StV 1996, 445), damit der Zugang zu den Gerichten nicht übermäßig erschwert wird.

30 Eine **Erleichterung** des Vortrags sieht § 2 II PKHVV für **Sozialhilfeempfänger** vor. Sie können bestimmte Felder des Vordrucks unausgefüllt lassen, wenn sie dem PKH-Antrag ihren letzten Sozialhilfebescheid beifügen, es sei denn, das Gericht ordnet ausdrücklich das Ausfüllen des gesamten Vordrucks an (§ 2 III PKHVV). Tut es dies nicht, so darf es PKH nicht allein wegen des unvollständig ausgefüllten Vordrucks ablehnen (BVerfG-Kammer, Beschl. v. 11.2. 1999 – 2 BvR 229/98).

31 Bei **Fehlen von Angaben** darf das VG den Antrag nach § 118 II 4 ZPO nicht ohne Weiteres ablehnen. Dies würde der Bedeutung der PKH für die Verwirklichung verfassungsmäßiger Rechte nicht gerecht. Deshalb sind bei fehlenden Angaben über **Ausgaben** diese Positionen bei der Bewilligung von PKH und der Ratenberechnung unberücksichtigt zu lassen (OLG Bamberg FamRZ 2001, 628). Bei fehlenden Angaben über **Vermögen** sind Zahlungen nach § 120 I 1 ZPO festzusetzen (OLG Koblenz Rpfleger 1999, 133).

32 Fehlt eine **Erklärung vollständig**, hat das Gericht zunächst eine Frist zur Vervollständigung zu setzen. Das Gesuch darf nicht abgelehnt werden, wenn der Antragsteller auf Erklärungen und Unterlagen verweist, die er in früheren oder in Parallelverfahren eingereicht hat und die dem Gericht ohne Weiteres zugänglich sind, und erklärt, es habe sich nichts verändert (OLG Bamberg, FamRZ 2001, 628). Insgesamt ergibt sich aus der Rspr. namentlich des BVerfG, dass mit Antragstellern großzügig zu verfahren ist und die VG Sorge tragen müssen, dass ein berechtigter Anspruch auf PKH auch durchgesetzt werden kann (NVwZ 2004, 334). Dabei dürfen aus den Gerichten zuzurechnenden Fehlern, Unklarheiten oder Versäumnissen keine Nachteile für die Verfahrensbeteiligten abgeleitet werden (BVerfG WM 2010, 170; BVerfGE 110, 339, 342). Die Anforderungen der Gerichte an die Verfahrensbeteiligten im Interesse der Verfahrensbeschleunigung müssen in einem vernünftigen Verhältnis zu der Gesamtdauer des Verfahrens stehen, insbes. soweit die Dauer des Verfahrens den Gerichten zuzurechnen ist (BVerfG NJW 1994, 1853, 1854).

2. Hinreichende Aussicht auf Erfolg

33 **a) Bewilligungspraxis.** Weitere (praktisch meist allein problematische) Voraussetzung ist, dass die beabsichtigte Prozessführung hinreichende Aussicht auf Erfolg bietet. Diese Erfolgsaussicht ist gemäß der Parteirolle des Antragstellers, im Verwaltungsprozess meist des Klägers, im **Zeitpunkt** der Bewilligungsreife (BVerfG NJW 2003, 3190; NKVwGO § 166 Rn. 77 m. w. N.) zu beurteilen. Die **Bewilligungspraxis der VG** ging früher dahin, den in Rede stehenden Rechtsbehelf hinsichtlich seiner Zulässigkeit und Begründetheit mehr oder weniger vollständig

durchzuprüfen. Die Rate der ablehnenden PKH-Beschlüsse entsprach daher der statistischen Rate des Unterliegens im jeweiligen Hauptsacheverfahren (zwischen 70 und 90 v. H., vgl. www-ec.destatis.de > Justizgeschäftsstatistiken). Das **BVerfG** hat vielfach Anlass gesehen, Rechtsschutzsuchende gegen diese zu kleinliche Praxis in Schutz zu nehmen und daher i. W. die Maßstäbe der Bewilligung entwickelt (BVerfG NVwZ-RR 2007, 361; NJW 2003, 3190, 1857 und 576; NJW-RR 2002, 793; BVerfGE 81, 347, 357 = NJW 1991, 413; 78, 104, 117 f. = NJW 1988, 2231; 67, 245 248 = NJW 1985, 425; 63, 380, 394 = NJW 1983, 1599; 51, 295, 302 = NJW 1979, 2608; 22, 83, 87 = NJW 1967, 1267; 10, 264, 270 = NJW 1960, 331; 9, 124, 130 f.).

b) Hauptfehler. Die Hauptfehler überzogener Prüfungsintensität bestehen darin, **34** schwierige Rechtsfragen bereits im PKH-Verfahren beantworten zu wollen (also ohne wirtschaftlich abgesicherten Beistand eines Rechtsanwalts) oder das Hauptsacheverfahren gar in das PKH-Verfahren vorzuverlagern. Ein weiterer Kardinalfehler liegt darin, im Falle gleichzeitiger Bescheidung von PKH-Antrag und Hauptsache die mangelnde Erfolgsaussicht aus dem Unterliegen in der Hauptsache folgern zu wollen (BVerfG NJW 2003, 3190). Damit wird eine unzulässige Ex-post-Sicht angelegt. Die verbreitete Formulierung, der PKH-Antrag könne aus den (nachfolgenden) Gründen der Entscheidung zur Hauptsache keinen Erfolg haben, ist überhaupt nur angängig, wenn sich aus ihnen ergibt, dass die Erfolglosigkeit schon bei Bewilligungsreife hinreichend klar war.

c) Verfassungsrechtliche Vorgaben. Das BVerfG hat – in zahlreichen von abge- **35** lehnten Antragstellern eingeleiteten Verfassungsbeschwerdeverfahren – die **grds. Voraussetzungen** geklärt, unter denen PKH wegen zu geringer Erfolgsaussichten abgelehnt werden darf (zu diesen Grundsätzen allgemein BVerfG NJW 2003, 3190; 2000, 1936). Danach ist PKH immer schon dann zu bewilligen, wenn die **Risikoabschätzung zur Erfolgsaussicht** einer ausreichend bemittelten Person in einer vergleichbaren Situation, auch unter Berücksichtigung des Kostenrisikos, zugunsten der Rechtsverfolgung ausfallen würde (BVerfGE 122, 39, 49). Eine solche Risikoabschätzung setzt nicht die Aussicht eines sicheren Obsiegens voraus; der Prozesserfolg muss nicht schon gewiss sein. Denn die Prüfung der Erfolgsaussicht darf nicht dazu dienen, die Rechtsverfolgung oder Rechtsverteidigung selbst in das Nebenverfahren der PKH vorzuverlagern und dieses an die Stelle des Hauptsacheverfahrens treten zu lassen. Das PKH-Verfahren will den Rechtsschutz, den der Rechtsstaatsgrundsatz erfordert, nicht selbst leisten, sondern zugänglich machen.

PKH **ist** insbes. **zu bewilligen**, wenn eine **gewisse Wahrscheinlichkeit** des Ob- **36** siegens besteht, die sicher gegeben ist, wenn Obsiegen und Unterliegen gleich wahrscheinlich sind (Ey § 166 Rn. 26), aber auch schon bei einer geringeren Wahrscheinlichkeit als 50 v. H. PKH-Verfahren dürfen nicht dazu benutzt werden, strittige, schwierige oder **ungeklärte Rechtsfragen** zu klären (BVerfGE 81, 347, 356 ff.; BVerfG-Kammer NJW 2003, 1857, 1858) oder die Klärung **streitiger Tatsachen** im Hauptsacheverfahren zu verhindern (vgl. BVerfG-Kammer NJW 2003, 576). Die Erfolgsaussicht kann daher nicht verneint werden, wenn die Notwendigkeit einer **Beweisaufnahme** besteht (BVerwG NVwZ-RR 1999, 587). Sieht es eine nicht geklärte Rechtsfrage hingegen fehlerhaft als geklärt an, hängt es vornehmlich von der Eigenart der jeweiligen Rechtsmaterie und der Ausgestaltung des zugehörigen Verfahrens ab, wann hierbei der Zweck der PKH deutlich verfehlt wird (vgl. BVerfGE 81, 347, 359 f.). Hat der Antragsteller erstinstanzlich obsiegt und beantragt er – nach Rechtsmitteleinlegung durch den Gegner – PKH für den **höheren Rechtszug**, so

§ 166 ist nicht (erneut) zu prüfen, ob die Rechtsverfolgung oder Rechtsverteidigung hinreichende Aussicht auf Erfolg bietet oder mutwillig erscheint (→ Rn. 54).

37 Entsprechend **darf PKH verweigert werden**, wenn ein Erfolg in der Hauptsache zwar nicht schlechthin ausgeschlossen, die Erfolgschance aber nur eine entfernte ist, erst recht, wenn die Prozessführung nach den prozessualen Maßstäben (z.B. nach → § 146 IV 6 oder → § 124a IV 4) in Anknüpfung an das für die Beurteilung der Rechtslage ausschließlich relevante Vorbringen des Rechtsschutzsuchenden ohne Zweifel als aussichtslos bewertet werden kann. In keinem Fall dürfen die Anforderungen, insbes. an den Vortrag der Beteiligten, überspannt werden (BVerfG NJW 2003, 576).

38 **d) Prüfung in Zulassungsverfahren.** Wird PKH für ein **Rechtsmittel** oder einen **Zulassungsrechtsbehelf** beantragt, kommt es grds. nur auf dessen Erfolgsaussichten an, also auf das Vorliegen von Zulassungsgründen i.S.v. § 124 II, § 132 II. Ausnahmsweise kann der voraussichtliche **Erfolg in der Sache selbst** und nicht nur die isolierte Erfolg im Zulassungsrechtsbehelf berücksichtigt werden, wenn die überschaubare Wahrscheinlichkeit, im Hauptsacherechtsbehelf zu obsiegen, sehr gering ist (z.B. nach § 144 IV). Die Annahme (vgl. BGH NJW 1994, 1160), eine vernünftige begüterte Partei ergreife trotz des Vorliegens eines Zulassungsgrundes kein Rechtsmittel, wenn sie Gefahr laufe, wegen des Grundsatzes der Kosteneinheit nach verlorenem Prozess auch die Kosten der erfolgreichen Revision zu tragen, überschreitet die durch das Verfassungsrecht gezogenen Grenzen nicht.

3. Keine Mutwilligkeit

39 Mutwillig handelt derjenige (in Anlehnung an eine frühere Fassung des § 114 ZPO), der davon abweicht, was eine verständige, ausreichend bemittelte Partei in einem gleichliegenden Fall tun würde (BLAH § 114 Rn. 107 m.w.N.). Es kommt auf die Situation an, in der sich der Antragsteller zum Zeitpunkt des PKH-Antrags befindet, nicht jedoch auf sein vorprozessuales Verhalten, auch nicht in einem früheren gleichgelagerten Rechtsstreit. Der Grundsatz effektiver Rechtsschutzgewährung (Art. 19 IV GG) fordert, Mutwilligkeit nur in gravierenden Fällen anzunehmen. Diese sind häufig gegeben, wenn ein **Rechtsschutzbedürfnis** für die beabsichtigte Prozessführung **fehlt** (→ vor § 40 Rn. 41 ff.). Beispiele sind deutliche Lagen unnötiger Rechtsverfolgung wie die Beantragung einer einstweiligen Anordnung von einer angekündigten dem Begehren Rechnung tragenden Entscheidung der Behörde oder das Einklagen eines unbestrittenen Anspruchs. Bei verschuldet **kostenverursachendem Verhalten** des Klägers kommt eine Verweigerung von PKH nur ausnahmsweise dann in Betracht, wenn das Verhalten zugleich mutwillig i.S. des § 114 S. 1 ZPO erscheint (→ § 155 Rn. 19).

IV. Das Bewilligungsverfahren

1. Antragstellung

40 Das PKH-Verfahren ist **strikt antragsabhängig** (§ 114 S. 1 ZPO: „auf Antrag"). Der Antrag ist Prozesshandlung (→ § 161 Rn. 19) und muss die für diese geltenden besonderen Anforderungen erfüllen. Es kann daher wirksam nur bedingungs- und vorbehaltlos gestellt werden (zum Zusammenhang mit einer bedingten Rechtsmitteleinlegung → § 133 Rn. 7), ist allerdings wie stets verständig auszulegen oder ggf. umzudeuten. Für seine Anbringung auch vor dem OVG und dem BVerwG besteht **kein**

Vertretungszwang (§ 67 IV 1) Der Antrag ist keine materielle Anspruchsvoraussetzung. Eine Bewilligung ohne Antrag oder aufgrund eines unwirksamen (bedingten) oder ungenügend begründeten Antrags ist daher wirksam, kann aber aufgehoben werden (§§ 120 IV, 124 ZPO).

Ist der Antrag in einem Schriftsatz enthalten, macht er diesen zu einem bestimmenden, mit dem die Prozesshandlung vollzogen ist (ThP § 129 Rn. 5). Der Schriftsatz muss dann **unterschrieben** sein, und zwar räumlich deckend (BGH NJW 1994, 2097, → 139 Rn. 10); eine E-Mail genügt nicht (BGH NJW-RR 2009, 357). Er kann aber auch **vor der Geschäftsstelle** zu Protokoll des Urkundsbeamten erklärt werden (§ 117 I 1 Hs. 2 ZPO). Das gilt auch dann, wenn der Antrag in einer Instanz oder für ein Verfahren mit Vertretungszwang gestellt wird (§ 173 S. 1 i. V. m. § 78 III ZPO). Entsprechendes gilt für die PKH-Beschwerde (→ Rn. 66). Der Urkundsbeamte ist verpflichtet, den Antragsteller über die Antragserfordernisse sachgemäß zu beraten. 41

Der Antrag auf Bewilligung kann nach Ablehnung **wiederholt** werden. Dafür besteht aber kein Rechtsschutzbedürfnis, wenn er auf denselben Lebenssachverhalt gestützt wird wie ein vorausgegangener abschlägig beschiedener Antrag (BGH NJW 2004, 1805, 1806 f.). 42

2. Substanziierung des Antrags

a) Begründung des Antrags.
Im PKH-Antrag ist das **Streitverhältnis** unter Angabe der Beweismittel **darzustellen** (§ 117 I 2 ZPO). Dies soll dem VG die Prüfung insbes. der Erfolgsaussichten des Hauptsacheverfahrens ermöglichen (grds. ohne weitere – allerdings mögliche – Nachforschungen). Die Anforderungen dürfen auch insofern nicht überspannt werden; dem Antragsteller kann und muss jedoch abverlangt werden, sein Begehren, die beabsichtigte Prozessführung und die Tatsachen darzulegen, aus denen der Streit entspringt. Vielfach wird es genügen, die angefochtenen Schreiben oder Bescheide vorzulegen. Ist eine gerichtliche Entscheidung ergangen, ist überdies in Grundzügen mitzuteilen, in welchen Punkten und warum der Antragsteller nicht einverstanden ist (→ § 133 Rn. 12). Weitergehend hält der **BGH** (NJW-RR 2004, 1218; 2001, 1146) PKH-Anträge auch dann für ordnungsgemäß gestellt, wenn eine sachliche Begründung fehlt. 43

Nicht erforderlich ist wegen der Amtsermittlungspflicht der VG die Angabe von **Beweismitteln** (anders im Zivilprozess, vgl. ThP § 117 Rn. 5). Das Gericht kann eine **Ergänzung** der Angaben oder **Glaubhaftmachung** (§ 294 ZPO) verlangen und selbst **Nachforschungen** anstellen (§ 118 II ZPO). Im sog. Anwaltsprozess gehört zu den Pflichten des Antragstellers auch die **Benennung eines Rechtsanwalts** seiner Wahl (vgl. § 121 I ZPO). Die Benennung kann jedoch im Unterschied zu dem PKH-Antrag, der innerhalb der Rechtsbehelfsfrist zu stellen ist, noch innerhalb der durch die PKH-Bewilligung ausgelösten Wiedereinsetzungsfrist (§ 60 II 1 → Rn. 9 ff.) nachgeholt werden (BVerwG NVwZ 2004, 888). Ist der Antragsteller außerstande, einen Anwalt zu benennen, kommt die Bestellung eines **Notanwalts** in Betracht (Rn. 52). 44

b) Wirtschaftlichkeitserklärung.
Schließlich hat der Antragsteller seinem Gesuch nach § 117 II 1, IV ZPO eine **Erklärung über seine persönlichen und wirtschaftlichen Verhältnisse** (Familienverhältnisse, Beruf, Vermögen, Einkommen und Lasten) sowie entsprechende Belege beizufügen. Für die Erklärung ist durch Rechtsverordnung des BMJ ein **Formular** eingeführt worden, dessen sich der Antragsteller bedienen muss (§ 117 IV ZPO). Der Vordruck ist im Handel zu erwerben, 45

wird von den Gerichten auf Anforderung allerdings auch zur Verfügung gestellt oder kann über das Internet heruntergeladen werden (vgl. z. B. die Justizportale www.justiz.de; www.justiz.nrw.de; www.justiz.bayern.de/buergerservice).

3. Zuständigkeit des Gerichts

46 Der Antrag auf Bewilligung der PKH ist „bei dem Prozessgericht" zu stellen (§ 117 I 1 ZPO). Um welches Gericht es sich in der Abfolge der Rechtszüge handelt, ergibt sich aus § 127 I ZPO: **Zuständig** ist das Gericht des ersten Rechtszuges; ist das Verfahren in einem höheren Rechtszug anhängig, so ist das Gericht dieses Rechtszuges zuständig. Mit **„Gericht"** ist die organisatorische Einheit gemeint, nicht auch der Spruchkörper (→ § 1 Rn. 4). Freilich weisen die gerichtlichen Geschäftsverteilungspläne regelmäßig dem für die Hauptsache zuständigen Spruchkörper auch die Entscheidung über einen PKH-Antrag zu. Zur **Verweisung** des PKH-Antrags bei Anrufung eines unzuständigen Gerichts → § 41 Rn. 8, § 83 Rn. 3.

4. Prüfung durch das Gericht

47 Das Gericht prüft die Anspruchsvoraussetzungen nach §§ 114 ff. ZPO (Rn. 21 ff.) von Amts wegen. Die (ohnehin differenzierte) Prüfungsintensität wird dadurch mitbestimmt, ob der Antragsteller im PKH-Verfahren (für das keine PKH bewilligt werden kann, Rn. 18) bereits von einem Anwalt vertreten wird. Ist dies nicht der Fall, hat das Gericht – wegen der verfassungsrechtlichen Bedeutung der PKH für den effektiven Zugang zu jeder abstrakt eröffneten Instanz – von Amts wegen eine Vollprüfung durchzuführen. Insbes. kann dem Antragsteller nicht abverlangt werden, mit seinem Vortrag, der allerdings nicht völlig ausfallen darf (Rn. 43), Zulassungsgründe (§ 124 II; § 132 II) darzulegen. Es ist bei Zulassungsrechtsbehelfen Aufgabe des Gerichts, den Vortrag des Antragstellers den in Betracht kommenden Zulassungsgründen zuzuordnen.

48 Wird der Antragsteller, was häufiger anzutreffen ist, schon im PKH-Verfahren von einem Anwalt vertreten, so legt dieser i. d. R. zur Begründung den **Entwurf einer Rechtsbehelfsschrift** vor. In diesem Fall ist der Entwurf Grundlage der gerichtlichen Prüfung (NKVwGO § 166 Rn. 207 m. w. N.). Vor der Bewilligung der PKH (nicht vor Ablehnung des Antrags) ist dem **Gegner** Gelegenheit zur **Stellungnahme** zu geben, wenn dies nicht aus besonderen Gründen unzweckmäßig erscheint (§ 118 I 1 ZPO).

V. Entscheidung des Gerichts

1. Der PKH-Beschluss

49 **a) Form und Tenor.** Das Prozessgericht entscheidet über den PKH-Antrag durch **Beschluss**. Der Beschluss ergeht (zwingend) ohne mündliche Verhandlung (§ 127 I 1 ZPO). Das Gericht kann die Beteiligten (des Hauptsacheverfahrens) jedoch gemäß § 118 I 3 ZPO zu einer mündlichen Erörterung laden. Das Gericht entscheidet in der regelmäßigen Entscheidungsbesetzung (→ § 5 Rn. 14 ff.), soweit nicht spruchkörperintern der Einzelrichter zuständig ist (→ § 6 Rn. 1 ff.). Der Beschluss ist zuzustellen, sofern er angefochten werden kann (§ 56 I → Rn. 66 ff.), oder kann in einem besonderen Termin verkündet werden.

50 Der Antrag wird abgelehnt, oder es wird dem Antragsteller für die Durchführung eines genau zu bezeichnenden Verfahrens PKH bewilligt. Ggf. setzt das Gericht mit

Prozesskostenhilfe § 166

der Bewilligung die zu zahlenden Monatsraten oder aus dem Vermögen zu zahlenden Beträge (in Raten oder als Einmalbeträge) fest (§ 120 I 1 ZPO).

b) Beiordnung eines Anwalts/Notanwalts. Hat der Antragsteller einen vertre- 51 tungsbereiten **Anwalt** bezeichnet, wird dieser gemäß § 121 ZPO **beigeordnet**. Die Beiordnung ist zwingend in Verfahren mit Vertretungszwang (I, III), sonst steht sie im Ermessen des Gerichts (II). Findet die Partei keinen zur Vertretung bereiten Anwalt, ordnet der Vorsitzende ihr auf Antrag einen Rechtsanwalt bei (IV). Die Beiordnung ist personengebunden; aus einer Sozietät kann daher immer nur ein bestimmter Anwalt beiordnet werden.

Unabhängig von der PKH-Entscheidung kommt die Beiordnung eines **Notan-** 52 **walts** für den Rechtszug entsprechend § 173 S. 1 i. V. m. **§ 78b ZPO** in Betracht, soweit eine Vertretung durch Anwälte geboten ist. Die Beiordnung setzt regelmäßig voraus, dass sich der Antragsteller innerhalb der Rechtsmittelfrist bei mehr als nur einem Rechtsanwalt vergeblich um eine Prozessvertretung bemüht hat (BVerwG DVBl. 1999, 1662; NVwZ-RR 2000, 59). Der Anwalt wird durch den Vorsitzenden des Gerichts aus der Zahl der in dem Bezirk des Prozessgerichts niedergelassenen Rechtsanwälte ausgewählt (§ 78c I ZPO). Anders als bei Bewilligung von PKH wird der Beteiligte von den Kosten des Anwalts nicht frei.

Die Anwaltsbeiordnung des Gerichts gemäß § 121 I und § 78b ZPO führt ledig- 53 lich zu einer öffentlich-rechtlichen Verpflichtung des beigeordneten Anwalts, das Mandat zu übernehmen (§ 48 I Nr. 2 BRAO). Die Anordnung steht einer Mandatsniederlegung durch einseitige Erklärung des Anwalts entgegen; er ist darauf verwiesen, gemäß § 48 II BRAO die Aufhebung der Beiordnung zu beantragen, was „wichtige Gründe" voraussetzt (BVerwG, Beschl. v. 10. 4. 2006 – 5 B 87.05).

c) Bewilligung im höheren Rechtszug und nach Zurückverweisung. Hat der 54 PKH-Empfänger im ersten Rechtszug des Hauptsacheverfahrens obsiegt, so ist die Erfolgsaussicht des Rechtsmittelverfahrens in einem **höheren Rechtszug** nicht zu prüfen, wenn der Gegner das Rechtsmittel eingelegt hat. Nach verbreiteter Ansicht ist **entgegen dem Wortlaut** des § 119 I 2 ZPO die Prüfung der Erfolgsaussichten auch bei dem in der Vorinstanz siegreichen Verfahrensbeteiligten in drastischen Fällen erlaubt oder gar geboten, insbes. bei eindeutiger Fehlentscheidung, Gesetzesänderung oder Änderung der tatsächlichen Grundlagen des Verfahrens (vgl. S/S-A/P § 166 Rn. 32 m. w. N.; abl. BVerfGE 71, 122, 133; BVerfG, Beschl. v. 9. 1. 1990 – 2 BvR 1631/88, Rn. 13). Zu prüfen sind aber die wirtschaftlichen Voraussetzungen (Rn. 23).

Die für die gesamte Instanz ausgesprochene Bewilligung wirkt **bei Zurückver-** 55 **weisung** der Sache durch das Rechtsmittelgericht an das Gericht des unteren Rechtszugs fort (BVerwG NJW 2008, 3157 = DÖV 2008, 827).

d) Begründung. Der Beschluss muss **begründet** werden, soweit er eine Beschwer 56 enthält oder anfechtbar ist. Das ist für den Antragsteller der Fall, wenn die Bewilligung ganz oder teilweise oder die Beiordnung eines Rechtsanwalts abgelehnt wird. Im Fall der Bewilligung richtet sich die Begründungspflicht nach der Anfechtbarkeit (§ 122 II 1) durch die Staatskasse gemäß § 127 II 1, III 1 ZPO: Eine Begründung ist nur bei unbeschränkter Bewilligung erforderlich, wenn also weder Monatsraten noch aus dem Vermögen festzusetzende Beträge festgesetzt worden sind (S/S-A/P § 166 Rn. 62). Ob die Gründe mitzuteilen sind, die für einen Erfolg des Rechtsbehelfs sprechen, ist fraglich (verneinend: NdsOVG DÖV 1998, 346, 347; S/S-A/P § 166 Rn. 62).

§ 166   Teil IV. Kosten und Vollstreckung

57   Soweit die Beschlussgründe Angaben über die persönlichen und wirtschaftlichen Verhältnisse des Antragstellers enthalten, dürfen sie dem **Gegner** nur mit dessen Zustimmung **zugänglich gemacht werden** (§ 127 I 3 ZPO). Das versteht sich, weil der Gegner des Hauptsacheverfahrens am PKH-Verfahren nicht beteiligt ist, wirft jedoch **praktische Probleme** auf. Die Gerichte behelfen sich, indem sie die wirtschaftlichen Angaben und die Berechnung lediglich im PKH-Heft vornehmen und sich in den Beschlussgründen nur abstrakt dazu verhalten oder indem sie zwei verschiedene Ausfertigungen für den Antragsteller und den Gegner herstellen.

58   **e) Kostenentscheidung.** Das PKH-Verfahren ist gerichtsgebührenfrei; außergerichtliche Kosten (d.h. ansatzfähige Auslagen) werden nicht erstattet (§ 118 I 4 ZPO). Das gilt auch im Beschwerdeverfahren (§ 127 IV ZPO), wo nach Nr. 5502 des Kostenverzeichnisses zum GKG die Erhebung eines Festbetrages von 50 EUR für den Fall der Verwerfung oder Zurückweisung der Beschwerde vorgesehen ist. In Verfahren nach § 188 S. 2 ist das Beschwerdeverfahren insgesamt kostenfrei.

59   **f) Rechtsmittelbelehrung.** Der Beschluss eines VG ist – unabhängig von seinem Inhalt – mit einer Rechtsmittelbelehrung zu versehen, in der auf die Möglichkeit zur Einlegung der Beschwerde und auf die Anfechtungsfrist (Rn. 66) hinzuweisen ist (§ 58). PKH-Beschlüsse des OVG sind nach § 152 I unanfechtbar und enthalten daher keine Rechtsmittelbelehrung; in der Praxis schließen sie häufig mit dem Hinweis auf ihre Unanfechtbarkeit.

2. Umfang der Bewilligung

60   Das Gericht bewilligt PKH grds. **ab dem Zeitpunkt**, in dem der Antragsteller Bewilligungsreife hergestellt hat, d.h. durch Einreichung eines formgerechten PKH-Gesuchs alles von seiner Seite Erforderliche für eine Bescheidung getan hat (BVerwG NVwZ-RR 1995, 545). Bei Bewilligung (die bei teilweiser Erfolgsaussicht ggf. teilweise erfolgt) erhält der Antragsteller zum einen eine Regelung über einen Teil der Prozesskosten. Die Regelung gilt für jeden Rechtszug gesondert (§ 119 S. 1 ZPO) und betrifft die dort bereits angefallenen und noch anfallenden Kosten. Nach § 122 ZPO ist er von der Zahlung der Gerichtskosten und der Vergütung des ihm nach § 121 ZPO beigeordneten Rechtsanwalts (nach RVG) befreit. Nach § 123 ZPO erstreckt sich die PKH hingegen nicht auf die dem obsiegenden Gegner zu erstattenden Kosten (Einzelheiten bei S/S-A/P § 166 Rn. 73). Die in § 122 I Nr. 2 ZPO vorgesehene Befreiung von der Verpflichtung zur Sicherheitsleistung kommt im Verwaltungsprozess, der eine solche Sicherheitsleistung nicht kennt (§ 65 GKG), nicht in Betracht. Die Konstellation, dass der obsiegende Gegner des PKH-Empfängers Gerichtskosten verauslagt hat, gibt es dort nicht.

61   Seine **eigenen Auslagen** hat der PKH-Empfänger grds. selbst zu tragen. Zu Reisekosten zum Termin im Hauptsacheverfahren → Rn. 62. Die Tätigkeit eines Rechtsanwalts im Vorverfahren wird auch bei bejahter Notwendigkeit der Zuziehung (§ 162 II 2) nicht im Wege der PKH vergütet (NRWOVG KostRspr § 162 VwGO Nr. 116 = NWVBl. 1988, 26; S/S-A/P § 166 Rn. 67).

3. Weitergehende Leistungen

62   **a) Reisekostenentschädigung.** Über die – praktisch häufig beantragte – Bewilligung von **Fahrtkosten zu einem Verhandlungstermin** zugunsten eines mittellosen Beteiligten hat nach h.M. das Prozessgericht in entsprechender Anwendung der PKH-Vorschriften zu entscheiden (BVerwG Buchh 310 § 166 VwGO Nr. 37; BGH

Prozesskostenhilfe **§ 166**

NJW 1975, 1124; BWVGH VBlBW 2010, 45 = DÖV 2010, 48; NRWOVG, NJW 2009, 871; Beschl. v. 6.5. 1987 – 8 A 2444/85; BlnBbgOVG NJW 2009, 388; SächsOVG SächsVBl. 2001, 201; BayVGH BayVBl. 1985, 438). Im Rahmen bewilligter PKH sind Reisekosten freilich in entsprechender Anwendung des § 122 I Nr. 1 ZPO von der Staatskasse zu übernehmen (vgl. S/S-A/P § 166 Rn. 66; Zöller § 122 Rn. 26; MK-ZPO § 122 Rn. 9 m.w.N.).

Bei **Ablehnung von PKH** kann die Verweigerung der Teilnahme an einer mündlichen Verhandlung jedoch verfassungsrechtlich problematisch sein. Daher ist die Bewilligung von Reisekosten von den Erfolgsaussichten zur Gewährung rechtlichen Gehörs zu entkoppeln, wenn eine mündliche Verhandlung gesetzlich vorgeschrieben ist: Dann muss einem unbemittelten Beteiligten **zumindest einmal** – unabhängig von der Bewilligung von PKH und den Erfolgsaussichten – die Möglichkeit eröffnet werden, den eigenen Standpunkt selbst oder durch einen Bevollmächtigten darzulegen (BayVGH NJW 2006, 2204; LSAOVG Beschl. v. 13.9. 2006 – 1 O 169/06). Dabei ist die Entschädigung nicht für jede Rechtsstreitigkeit zu gewähren. Es hat eine Gesamtabwägung aller Umstände stattzufinden, ob die Anreise zum Termin auch bei einem bemittelten Beteiligten zur verständigen Wahrnehmung seiner Rechte als notwendig zu erachten ist; dabei ist neben dem Anwesenheitsinteresse des Klägers gerade auch die Bedeutung des verfolgten Begehrens zu gewichten (BWVGH VBlBW 2010, 45). 63

Eine weitere Möglichkeit besteht darin, Reisekostenentschädigung nach der bundeseinheitlich geltenden **VwV Reiseentschädigung** des BMJ der Fassung der Bekanntmachung vom 11. September 2006 (BAnz. S. 6601 = Justiz 2006, 245, geänd. vom 26.8. 2009, BAnz 2009 Nr. 136 S. 3232, s.a. www.verwaltungsvorschriften-im-internet.de) zu erhalten (in diesem Sinne NKVwGO § 166 Rn. 164). Allerdings ist ungeklärt, ob diese Verwaltungsvorschrift neben den gesetzlichen Bestimmungen über die PKH überhaupt anwendbar ist und insoweit ein Gleichlauf mit den Voraussetzungen für die Gewährung von PKH in Bezug auf das Erfordernis der hinreichenden Erfolgsaussichten der Rechtsverfolgung besteht (BWVGH VBlBW 2010, 45 = DÖV 2010, 48). 64

b) Sonstige Sozialleistungen. Eine weitergehende Beratung zu den Erfolgsaussichten der beabsichtigten Prozessführung kann ein Unbemittelter auf der Grundlage des **Beratungshilfegesetzes** v. 18.6. 1980 (BGBl. I 689) erhalten. Es bietet Hilfe für die Wahrnehmung von Rechten außerhalb eines gerichtlichen Verfahrens (§ 1 I) u.a. in Angelegenheiten des Verwaltungsrechts (§ 2 II Nr. 2). Die Hilfe wird von Rechtsanwälten und Rechtsbeiständen und in Beratungsstellen gewährt (§ 3 I). 65

VI. Rechtsmittel

1. Rechtsmittel gegen die Versagung von PKH

Gegen PKH-Beschlüsse eines VG ist gemäß § 146 I die **Beschwerde** zum OVG statthaft. Die Anfechtbarkeit wird daneben durch § 127 II und III ZPO mitbestimmt (Rn. 69). Die Beschwerde gegen die Versagung von PKH kann der Antragsteller nach h.M. binnen zwei Wochen nach Bekanntgabe des Beschlusses einlegen (→ § 146 Rn. 19). Die Notfrist von einem Monat nach § 127 III 3 ZPO gilt insoweit nicht. Spezialgesetzliche Regelungen, wonach die Beschwerde **ausgeschlossen** ist (so z.B. § 80 AsylVfG, § 34 WPflG, § 75 ZDG, § 339 LAG, § 37 II VermG), gehen vor. **Nicht** ausgeschlossen ist die Beschwerde aber deshalb, weil im Hauptsacheverfahren 66

§ 167 Teil IV. Kosten und Vollstreckung

ein Rechtsbehelf gegen die Sachentscheidung ausgeschlossen ist (NKVwGO § 166 Rn. 227). Das **OVG prüft** die PKH-Voraussetzungen **vollständig** und eigenständig nach. Maßgebend ist die Sach- und Rechtslage im Zeitpunkt der Beschwerdeentscheidung. Nachgereichte Erklärungen des Beschwerdeführers sind daher zu berücksichtigen (NKVwGO § 166 Rn. 228).

67 Die Beschwerde ist schriftlich einzulegen (§ 147 I), kann nach § 166 i.V.m. § 569 III Nr. 2 ZPO aber auch durch Erklärung zu Protokoll der Geschäftsstelle eingelegt werden (deckungsgleich mit § 147 I, der insoweit aber durch § 166 verdrängt wird). **Vertretungszwang** besteht **nicht**, was nunmehr § 67 IV 1 ausdrücklich und allgemein bestimmt.

68 Die Beschwerdeentscheidung des **OVG** ist ebenso wie dessen Beschluss, mit dem PKH für die Berufungs- oder Beschwerdeinstanz versagt wird, gemäß § 152 I **unanfechtbar**. Dagegen ist lediglich die Anhörungsrüge (§ 152a) zur Ausräumung von Gehörsverstößen (nicht von Fehlern) möglich. In Bezug auf allgemeine Fehler bleibt die **Gegenvorstellung** möglich, weil das OVG seine Entscheidung ändern darf. Beruht die Entscheidung des OVG auf einer Verkennung der verfassungsrechtlichen Vorgaben der PKH, ist die **Verfassungsbeschwerde** denkbar. **Nicht** mehr statthaft ist eine außerordentliche Beschwerde wegen greifbarer Gesetzwidrigkeit (BGH NJW 2003, 3137; NKVwGO § 166 Rn. 225).

2. Rechtsmittel gegen die Bewilligung von PKH

69 Die Bewilligung von PKH ist für den **Gegner** des Hauptsacheverfahrens, auch einen Beigeladenen, und für den PKH-Empfänger gemäß § 127 II 1 ZPO unanfechtbar. Für die **Staatskasse** ist sie entsprechend § 127 III, § 567 I ZPO nur anfechtbar, wenn weder Monatsraten noch aus dem Vermögen zu zahlende Beträge festgesetzt worden sind.

17. Abschnitt. Vollstreckung

§ 167 [Anwendung der ZPO; vorläufige Vollstreckbarkeit]

(1) ¹Soweit sich aus diesem Gesetz nichts anderes ergibt, gilt für die Vollstreckung das Achte Buch der Zivilprozeßordnung entsprechend. ²Vollstreckungsgericht ist das Gericht des ersten Rechtszugs.

(2) Urteile auf Anfechtungs- und Verpflichtungsklagen können nur wegen der Kosten für vorläufig vollstreckbar erklärt werden.

1 Die Vorschrift gehört zum Kreis der speziellen Verweisungen auf die ZPO (→ § 173 Rn. 9). **Vollstreckung** i.S. der §§ 167 ff. betrifft die Vollstreckung gerichtlicher Entscheidungen; VA werden nach Maßgabe der Verwaltungsvollstreckungsgesetze des Bundes oder der Länder vollstreckt. Die gerichtliche Überprüfung solcher Vollstreckungsakte erfolgt im Rahmen der allgemeinen Verfahrensarten, insbes. der Anfechtungsklage (§ 42 I), und im Eilverfahren nach § 80 V.

§ 167

I. Vollstreckungsverfahren

1. Anwendbare Vorschriften

Die Vollstreckung bestimmt sich nach den Regelungen der §§ 704 – 945 ZPO, deren 2
Auslegung und Anwendung den Besonderheiten des Verwaltungsprozesses Rechnung tragen muss (BVerwG NVwZ 1998, 1177). Abweichende bzw. ergänzende Bestimmungen i.S. des I 1 treffen neben I 2, II vor allem §§ 168 ff. Für alle Vollstreckungsvorschriften der §§ 167 ff. gilt: Sie sind so auszulegen und anzuwenden, dass ein wirkungsvoller Schutz der Rechte des Einzelnen gegenüber der Verwaltung gewährleistet ist (BVerfG NVwZ 1999, 1330).

Keine Anwendung finden §§ 916 bis 945 ZPO (Arrest, einstweilige Verfügung), 3
da §§ 80, 80a, 123 hierfür abschließende Regelungen treffen (RO § 167 Rn. 3; BeckOK VwGO § 167 Rn. 5).

2. Allgemeine Vollstreckungsvoraussetzungen

Wie im Zivilprozess setzt die Vollstreckung im Verwaltungsprozess als Ausdruck der 4
Formalisierung des Vollstreckungsverfahrens einen **Antrag** des Vollstreckungsgläubigers (§ 750 I 1 ZPO), einen hinreichend bestimmten **Vollstreckungstitel** (§ 168), von den Fällen des § 171 abgesehen eine **Vollstreckungsklausel** sowie die **Zustellung** von Titel und Klausel voraus (NRWOVG, Beschl. v. 28.10. 2008 – 12 E 1271/08).

Der **Vollstreckungstitel** ist die öffentliche Urkunde, die den Vollstreckungsantrag 5
gleichzeitig begründet und begrenzt. Fehlt der Titel, ist der Vollstreckungsakt unwirksam (BGHZ 121, 98; S/S-A/P § 168 Rn. 4). Der Titel muss mit der Vollstreckungsklausel versehen sein, um die Vollstreckung ausüben zu können. Die Zustellung des mit der Klausel versehenen Titels markiert den Beginn der Vollstreckung. Vollstreckungsakte aufgrund eines Titels, aber ohne Klausel und ohne Zustellung sind anfechtbar (BGHZ 66, 79). Wird aber z.B. ein Protokoll über die mündliche Verhandlung des VG, in der ein Vergleich geschlossen worden ist, dem Vollstreckungsschuldner von Amts wegen zugestellt, bedarf es einer Zustellung durch den Vollstreckungsgläubiger selbst nicht (NRWOVG NVwZ-RR 2007, 140 m.w.N. zum Streitstand).

3. Gerichtliches Verfahren

Vollstreckungsgericht ist nach I 2 das Gericht des ersten Rechtszugs für alle Ent- 6
scheidungen im Rahmen der Zwangsvollstreckung. **Sachlich zuständig** ist hiernach in Abweichung zu § 764 I ZPO regelmäßig das VG (§ 45), im Falle der erstinstanzlichen Zuständigkeit nach §§ 47 f., § 50 das OVG bzw. BVerwG. Mit dieser Zuständigkeitsregelung soll zugleich eine Entscheidung des Gesetzgebers über die Eröffnung des Verwaltungsrechtsweges verbunden sein (NRWOVG NJW 1986, 1190).

Für die **örtliche Zuständigkeit** gelten in Abweichung zu § 52 die speziellen Re- 7
gelungen in I 1 i.V.m. §§ 764 ff., da I 2 zur örtlichen Zuständigkeit keine Regelung trifft (KS § 167 Rn. 5; S/S-A/P § 167 Rn. 88 ff.; a.A. BeckOK VwGO § 167 Rn. 12).

Die Gerichte entscheiden in der nach §§ 5 III, 9 III, 10 III maßgeblichen Beset- 8
zung, ggf. durch den konsentierten Einzelrichter (§ 87a II, III) oder vor dem VG durch den Einzelrichter nach § 6 I. Bei Anordnungen nach § 169 ist allein der Vorsitzende zuständig (→ § 169 Rn. 2).

9 Eine einfache **Beiladung** (§ 65 I) kann im Vollstreckungsverfahren erfolgen (str., wie hier BeckOK VwGO § 167 Rn. 9 m. w. N.).
10 Das Gericht entscheidet durch **Beschluss**, auch wenn mündlich verhandelt wird (vgl. § 101 III).

4. Rechtsbehelfe im Vollstreckungsverfahren

11 Im Verwaltungsprozess finden Anwendung die spezifischen **Rechtsbehelfe im Vollstreckungsverfahren** nach § 766 ZPO (Erinnerung; vgl. NRWOVG NVwZ-RR 2008, 70), § 767 ZPO (Vollstreckungsabwehrklage; vgl. BVerwG NJW 2005, 1962; BVerwGE 118, 174; 80, 178), § 769 ZPO (einstweilige Einstellung der Zwangsvollstreckung), § 771 ZPO (Drittwiderspruchsklage) und § 805 ZPO (Vorzugsklage); an die Stelle der in der ZPO vorgesehenen sofortigen Beschwerde tritt die **Beschwerde** nach § 146 I.
12 Der Rückgriff auf **materielle Einwendungen in der Zwangsvollstreckung** ist grds. unzulässig (str., vgl. SächsOVG NVwZ-RR 2010, 88 m. w. N.). Zum Rechtsschutz wegen nachträglicher Einwendungen in der Verwaltungsvollstreckung vgl. umfassend S/S-A/P § 167 Rn. 58 ff.

II. Vorläufige Vollstreckbarkeit von Entscheidungen

13 Im Verwaltungsprozess anwendbar sind vorbehaltlich II auch die Regelungen zur **vorläufigen Vollstreckbarkeit von Urteilen** nach §§ 708–720 ZPO. Hiernach ist grds. jedes rechtsmittelfähige Endurteil **von Amts wegen** für vorläufig vollstreckbar zu erklären (S/S-A/P § 167 Rn. 138). Aus vorläufig für vollstreckbar erklärten Entscheidungen kann – ohne den Eintritt ihrer formellen Rechtskraft abzuwarten (§ 121) – unmittelbar vollstreckt werden (§ 168 I Nr. 1). Hierzu zählt auch das klageabweisende, feststellende oder gestaltende Urteil, das in der Hauptsache keinen der Vollstreckung bedürftigen Inhalt hat. Bei diesen Entscheidungsarten ist der Kostenausspruch vollstreckungsfähig (Ey § 168 Rn. 1).
14 Urteile, die auf **Anfechtungs-** und **Verpflichtungsklagen** ergehen, können nach II nur wegen der Kosten für vorläufig vollstreckbar erklärt werden. Vorläufiger Rechtsschutz ist in deren Anwendungsbereich über §§ 80 V, 123 zu erlangen. II findet **entsprechende Anwendung** auf **Leistungsurteile** gegen schlichthoheitliches Handeln, das in Vollziehung eines VA ergangen ist (KS § 167 Rn. 11), sowie auf Urteile, durch die eine Behörde verpflichtet werden soll, die unmittelbare Ausübung hoheitlicher Tätigkeit ohne den vorherigen Erlass eines VA zu unterlassen oder unmittelbare hoheitliche Maßnahmen (auch mittels Erlasses eines VA) vorzunehmen (NdsOVG NVwZ 2000, 578; S/S-A/P § 167 Rn. 133, 135; a. A. HessVGH NVwZ 1990, 272; KS § 167 Rn. 11). Dies hat seinen Grund darin, dass in die originäre Kompetenz der Verwaltung nur auf der Grundlage rechtskräftiger gerichtlicher Entscheidungen eingegriffen werden soll.
15 **Beschlüsse** sind ohne entsprechende Erklärung grds. sofort vollstreckbar, es sei denn, die gegen sie gerichtete Beschwerde hat aufschiebende Wirkung (Ey § 168 Rn. 12).
16 Aussprüche zur vorläufigen Vollstreckbarkeit von Urteilen sind auch in verwaltungsgerichtlichen Berufungsverfahren nach Maßgabe von § 718 I ZPO grds. einer **Vorabentscheidung** zugänglich (NdsOVG NVwZ 2000, 578). Ein Antrag nach § 719 II ZPO auf **einstweilige Einstellung der Vollstreckung** kann im Verwaltungsstreitverfahren bereits im Beschwerdeverfahren gegen die Nichtzulassung der

Vollstreckungstitel § 168

Revision durch das Ausgangsgericht gestellt werden, weil anderenfalls das mit § 719 II ZPO verfolgte Ziel wegen der möglicherweise inzwischen durchgeführten Vollstreckung häufig nicht mehr zu erreichen wäre (BVerwG NJW 1999, 79).

Die vorläufige Vollstreckbarkeit **endet** mit der Rechtskraft des Urteils; sie führt zudem zur Erledigung etwaiger auf die vorläufige Vollstreckbarkeit gerichteter Anträge (BVerwG NJW 1993, 2066). 17

§ 168 [Vollstreckungstitel]

(1) Vollstreckt wird
1. aus rechtskräftigen und aus vorläufig vollstreckbaren gerichtlichen Entscheidungen,
2. aus einstweiligen Anordnungen,
3. aus gerichtlichen Vergleichen,
4. aus Kostenfestsetzungsbeschlüssen,
5. aus den für vollstreckbar erklärten Schiedssprüchen öffentlich-rechtlicher Schiedsgerichte, sofern die Entscheidung über die Vollstreckbarkeit rechtskräftig oder für vorläufig vollstreckbar erklärt ist.

(2) Für die Vollstreckung können den Beteiligten auf ihren Antrag Ausfertigungen des Urteils ohne Tatbestand und ohne Entscheidungsgründe erteilt werden, deren Zustellung in den Wirkungen der Zustellung eines vollständigen Urteils gleichsteht.

I. Vollstreckungstitel

1. Grundlagen

Das Vorhandensein eines Vollstreckungstitels ist **allgemeine Vollstreckungsvoraussetzung** (→ § 167 Rn. 4 f.). § 168 benennt die in der verwaltungsgerichtlichen Vollstreckung zulässigen Vollstreckungstitel abschließend (BVerwG BayVBl. 2000, 764; NRWOVG NWVBl. 1993, 358). Ein Rückgriff auf § 794 I Nr. 5 ZPO ist ausgeschlossen (KS § 168 Rn. 8). 1

Allen Titeln des I ist gemein, dass sie aus verwaltungsgerichtlichen Verfahren stammen. Diese **Herkunft** bestimmt die gerichtliche Zuständigkeit für das Vollstreckungsverfahren; auf den materiell-rechtlichen Charakter der titulierten Forderung kommt es nicht an (NRWOVG NVwZ-RR 2004, 311; KS § 168 Rn. 9; S/S-A/P § 168 Rn. 2). So sind die VG auch nach dem Übergang der Zuständigkeit für Sozialhilfesachen auf die SG (vgl. § 51 I Nr. 4a, 6a SGG) für die Vollstreckung aus verwaltungsgerichtlichen Titeln in Sozialhilfesachen zuständig (BVerwG NVwZ 2007, 845). 2

Der Vollstreckungstitel muss in **hinreichend bestimmter** Weise zu einer Leistung, Duldung oder Unterlassung verpflichten. Sein Inhalt muss sich aus dem Titel selbst ergeben oder durch Auslegung bestimmbar sein (Ey § 168 Rn 1; S/S-A/P § 168 Rn. 9). Ist der Titel nicht hinreichend bestimmt, muss auf **Feststellung des Titelinhalts** geklagt werden (vgl. S/S-A/P § 168 Rn. 10). 3

Feststellungs-, Gestaltungs- und abweisende Entscheidungen sind nur hinsichtlich der Kostenentscheidung vollstreckbar. Feststellende Entscheidungen sind hinsichtlich ihres Entscheidungsinhalts einer Vollstreckung nicht fähig. Gestaltende bedürfen keiner Vollstreckung, weil sie die Rechtsänderung selbst herbeiführen: Mit rechtskräfti- 4 ger Abweisung einer Anfechtungsklage (§ 42 I) wird der VA bestandskräftig und ist selbst Vollstreckungstitel für die Behörde. Dasselbe gilt für Abänderungsurteile nach § 113 II.

2. Die einzelnen Titel

5 **a) Urteile, Gerichtsbescheide, Beschlüsse.** Unter I Nr. 1 – rechtskräftige und vorläufig vollstreckbare gerichtliche Entscheidungen – fallen Urteile, Gerichtsbescheide (§ 84) und Beschlüsse (auch nach §§ 80 V, 80a III), sofern sie einen vollstreckbaren Inhalt haben. Bezogen auf Beschlüsse in Verfahren nach § 123 geht I Nr. 2, bezogen auf Kosten- und Vergütungsfestsetzungsbeschlüsse I Nr. 4 vor. Zur Rechtskraft → § 121 Rn. 2, zur vorläufigen Vollstreckbarkeit → § 167 Rn. 13 ff. Beschlüsse sind grds. sofort vollstreckbar, es sei denn, die gegen sie gerichtete Beschwerde hat aufschiebende Wirkung (Ey § 168 Rn. 12; → § 167 Rn. 15).

6 **b) Einstweilige Anordnungen.** I Nr. 2 erfasst (stattgebende) einstweilige Anordnungen nach §§ 47 VI, 113 III 2, 123, sofern diese einen vollstreckbaren Inhalt haben. Dieser fehlt beispielsweise bei der Aussetzung des Vollzugs eines Bebauungsplanes (BayVGH BayVBl. 1984, 370).

7 **c) Prozessvergleiche.** I Nr. 3 erfasst (wirksame) gerichtliche Vergleiche i.S. des § 106. Dies gilt auch dann, wenn hierin zivilrechtliche Fragen mitgeregelt werden, da es auf die Herkunft des Titels ankommt (→ Rn. 2). Ein außergerichtlicher (verwaltungsverfahrensrechtlicher) Vergleich ist kein tauglicher Vollstreckungstitel, sondern lediglich materiell-rechtliche Anspruchsgrundlage, die im streitigen Verfahren geltend gemacht werden muss. Wird in einem gerichtlichen Vergleich die Bestandskraft eines Bescheides vereinbart, so ist Grundlage einer beabsichtigten Vollstreckung nicht der Prozessvergleich, sondern der bestandskräftig gewordene Bescheid (BayVGH BayVBl. 2001, 474).

8 **Einwendungen gegen die Anwendung und Erfüllung des Vergleichs** können entsprechend § 167 I 1 i.V.m. § 767 ZPO mit der Vollstreckungsabwehrklage geltend gemacht werden. Wird die (fortbestehende) Wirksamkeit des Vergleichs bestritten, ist das streitige Verfahren fortzusetzen bzw. neu einzuleiten (→ § 106 Rn. 16 ff.).

9 **d) Kosten- und Vergütungsfestsetzungsbeschlüsse u.a..** Nach I Nr. 4 kann aus Kostenfestsetzungsbeschlüssen nach § 164, nach dem GKG oder auch nach § 11 RVG vollstreckt werden (NRWOVG NVwZ-RR 2004, 311; BWVGH NVwZ-RR 2008, 581; Letzteres str., vgl. BeckOK VwGO § 168 Rn. 15; S/S-A/P § 168 Rn. 29, jeweils m.w.N.).

10 **e) Schiedssprüche.** Nach I Nr. 5 wird aus für vollstreckbar erklärten Schiedssprüchen echter öffentlich-rechtlicher Schiedsgerichte vollstreckt (§ 173 S. 1, 2 i.V.m. §§ 1025 ff. ZPO). Für unechte Schiedsgerichte, die durch Rechtsnorm eingesetzt sind (vgl. § 187 I) und nicht auf einer freiwilligen Unterwerfung unter den Schiedsspruch beruhen, gilt die Norm nicht (S/S-A/P § 168 Rn. 33).

II. Erteilung von Ausfertigungen

11 Nach II können für die Vollstreckung den Beteiligten auf ihren **Antrag** (anders § 317 II 2 ZPO) Ausfertigungen des Urteils ohne Tatbestand und ohne Entscheidungsgründe (und ohne Rechtsbehelfsbelehrung) erteilt werden, deren Zustellung in den Wirkungen der Zustellung eines vollständigen Urteils gleichsteht. Rechtsmittelfristen werden durch die Zustellung des abgekürzten Urteils nicht ausgelöst.

§ 169 [Vollstreckung zugunsten der öffentlichen Hand]

(1) ¹Soll zugunsten des Bundes, eines Landes, eines Gemeindeverbands, einer Gemeinde oder einer Körperschaft, Anstalt oder Stiftung des öffentlichen Rechts vollstreckt werden, so richtet sich die Vollstreckung nach dem Verwaltungsvollstreckungsgesetz. ²Vollstreckungsbehörde im Sinne des Verwaltungsvollstreckungsgesetzes ist der Vorsitzende des Gerichts des ersten Rechtszugs; er kann für die Ausführung der Vollstreckung eine andere Vollstreckungsbehörde oder einen Gerichtsvollzieher in Anspruch nehmen.

(2) Wird die Vollstreckung zur Erzwingung von Handlungen, Duldungen und Unterlassungen im Wege der Amtshilfe von Organen der Länder vorgenommen, so ist sie nach landesrechtlichen Bestimmungen durchzuführen.

Die Norm erfasst die Vollstreckung der in § 168 genannten Titel gegen private Vollstreckungsschuldner; gegen Rechtsträger des öffentlichen Rechts wird nach Maßgabe der §§ 170, 172 vollstreckt. Die Vollstreckung nach § 169 richtet sich, auch wenn das Gericht zur Vollstreckung berufen ist, nach dem VwVG; wegen der Einzelheiten hierzu wird auf die Kommentierung zum VwVG von Engelhardt/App verwiesen. Das Gericht wird dadurch allerdings nicht zu einer Vollstreckungsbehörde i.S. des § 4 VwVG, sondern es handelt als **Vollstreckungsgericht** (allg. Ansicht, vgl. ThürOVG, Beschl. v. 16.2. 2010 – 1 VO 93/09, m.w.N.). 1

I. Zuständigkeit und Verfahren

Der Vorsitzende des Gerichts des ersten Rechtszugs (§§ 45, 48, 50) ist nach I 2 sachlich und örtlich zuständiges Vollstreckungsgericht, unabhängig davon, wer die zu vollstreckende Entscheidung erlassen hat und ob bei dieser ggf. der Einzelrichter (§ 6) tätig gewesen ist (str., wie hier Geiger BayVBl. 2007, 227; KS § 169 Rn. 2; a.A. ThürOVG, Beschl. v. 16.2. 2010 – 1 VO 93/09). Der Vorsitzende wird nur tätig auf – nicht anfechtbaren – Antrag der Behörde, die ihren zu vollstreckenden Anspruch geltend machen darf (vgl. § 3 IV VwVG). Zu den Gebietskörperschaften zählen u.a. auch Landkreise (ThürOVG, Beschl. v. 16.2. 2010 – 1 VO 93/09). 2

Entsprechend § 170 I 1 erlässt der Vorsitzende die **Vollstreckungsverfügung**, die im Wege eines Beschlusses ergeht und die Vollstreckung einleitet (Androhung des Zwangsmittels nach § 13 VwVG). Einer besonderen Vollstreckungsanordnung bedarf es auch bei der Vollstreckung verwaltungsgerichtlicher Kostenfestsetzungsbeschlüsse (KS § 169 Rn. 5 m.w.N. zur a.A.). 3

II. Vollstreckungshilfe

Für die **Ausführung der Vollstreckung** kann gemäß I 2 eine andere Vollstreckungsbehörde – ggf. auch ein Gericht eines anderen Gerichtszweigs – oder ein Gerichtsvollzieher in Anspruch genommen werden. Bei der Amtshilfe durch Organe der Länder sind die landesrechtlichen Bestimmungen zu wahren (II). Die Vollstreckung kann jedoch nicht insgesamt (pauschal) übertragen werden. Die Auswahl der nach § 9 I VwVG zulässigen Zwangsmittel muss der Vorsitzende selbst vornehmen und die Vollstreckung überwachen (NRWOVG NJW 1977, 727). 4

III. Rechtsschutz gegen Vollstreckungsmaßnahmen

5 Ob gegen eine Entscheidung des VG-Vorsitzenden nach § 169 die **Erinnerung** (§ 167 I 1 i. V. m. § 766 I ZPO) oder die **Beschwerde** nach § 146 I gegeben ist, richtet sich nach der Qualifizierung des Vollstreckungsaktes. Sobald es sich um eine richterliche Entscheidung im eigentlichen Sinne handelt, also um eine Entscheidung des Vorsitzenden nach Anhörung des Vollstreckungsschuldners, findet das Rechtsmittel der Beschwerde statt; handelt es sich um eine Einwendung gegen eine reine Vollstreckungshandlung, mithin gegen die Art und Weise der Vollstreckung, ist die Erinnerung gegeben (SächsOVG, Beschl. v. 7. 8. 2009 – 1 E 101/09; NVwZ-RR 2010, 88; KS § 169 Rn. 2).

§ 170 [Vollstreckung gegen die öffentliche Hand]

(1) ¹Soll gegen den Bund, ein Land, einen Gemeindeverband, eine Gemeinde, eine Körperschaft, eine Anstalt oder Stiftung des öffentlichen Rechts wegen einer Geldforderung vollstreckt werden, so verfügt auf Antrag des Gläubigers das Gericht des ersten Rechtszugs die Vollstreckung. ²Es bestimmt die vorzunehmenden Vollstreckungsmaßnahmen und ersucht die zuständige Stelle um deren Vornahme. ³Die ersuchte Stelle ist verpflichtet, dem Ersuchen nach den für sie geltenden Vollstreckungsvorschriften nachzukommen.

(2) ¹Das Gericht hat vor Erlaß der Vollstreckungsverfügung die Behörde oder bei Körperschaften, Anstalten und Stiftungen des öffentlichen Rechts, gegen die vollstreckt werden soll, die gesetzlichen Vertreter von der beabsichtigten Vollstreckung zu benachrichtigen mit der Aufforderung, die Vollstreckung innerhalb einer vom Gericht zu bemessenden Frist abzuwenden. ²Die Frist darf einen Monat nicht übersteigen.

(3) ¹Die Vollstreckung ist unzulässig in Sachen, die für die Erfüllung öffentlicher Aufgaben unentbehrlich sind oder deren Veräußerung ein öffentliches Interesse entgegensteht. ²Über Einwendungen entscheidet das Gericht nach Anhörung der zuständigen Aufsichtsbehörde oder bei obersten Bundes- oder Landesbehörden des zuständigen Ministers.

(4) Für öffentlich-rechtliche Kreditinstitute gelten die Absätze 1 bis 3 nicht.

(5) Der Ankündigung der Vollstreckung und der Einhaltung einer Wartefrist bedarf es nicht, wenn es sich um den Vollzug einer einstweiligen Anordnung handelt.

1 § 170 regelt die Vollstreckung **wegen Geldforderungen** gegen die öffentliche Hand – mit Ausnahme derjenigen gegen öffentlich-rechtliche Kreditinstitute (IV). Die Norm findet zudem über § 60 II 2 SGB X und § 61 II 2 VwVfG entsprechende Anwendung.

2 Grundlage der Vollstreckung können vor allem **Titel** aus allgemeinen Leistungsklagen, aber auch aus einstweiligen Anordnungen (§ 123) sein. Verpflichtungsurteile (§ 113 V) fallen nicht hierunter, da sie lediglich auf den Erlass eines VA gerichtet sind, auch wenn dieser auf eine Geldleistung gerichtet sein sollte; diese Entscheidungen sind nach § 172 zu vollstrecken. Erlässt die Behörde den VA, zu deren Erlass sie verurteilt worden ist, zahlt hieraus aber nicht, kann nicht unmittelbar vollstreckt, sondern es muss Zahlungsklage erhoben werden (KS § 170 Rn. 1; a. A. S/S-A/P § 172 Rn. 34).

I. Verfahren

Das Vollstreckungsverfahren nach § 170 ist ein selbstständiges Beschlussverfahren. 3
Auf **Antrag** des Gläubigers bestimmt das Gericht des ersten Rechtszugs als Spruchkörper mittels Beschlusses die Vollstreckung (I 1), sog. **Vollstreckungsverfügung**. Vor Erlass dieser Verfügung sind die Schuldner, bzw. ihre gesetzlichen Vertreter, von der beabsichtigten Vollstreckung zu benachrichtigen (II 1). Der Schuldner ist nach Zustellung des vollstreckbaren Titels aufzufordern, die Vollstreckung binnen einer Wartefrist von höchstens einem Monat abzuwenden (II 1, 2). Vollstreckungsmaßnahmen gegen die Bundesrepublik sind vor Ablauf von sechs Wochen nach Zustellung des vollstreckbaren Titels nicht angezeigt (BVerfG NJW 1991, 2758). Die Vollstreckung muss nicht angekündigt werden, und es muss auch keine Wartefrist eingehalten werden, wenn es sich um den Vollzug einer einstweiligen Anordnung handelt (V).

II. Inhalt

Das Gericht bestimmt die vorzunehmenden **Vollstreckungsmaßnahmen** nach sei- 4
nem Ermessen, ohne insoweit an den Antrag des Gläubigers gebunden zu sein (KS § 170 Rn. 3), und ersucht die zuständige Stelle um deren Vornahme (I 2). Forderungen werden durch das VG selbst gepfändet (§ 167 I 1 i. V. m. § 828 I ZPO). Die ersuchte Stelle ist verpflichtet, dem Ersuchen nach den für sie geltenden Vollstreckungsvorschriften nachzukommen (I 3). Das Gericht hat eine Kostenentscheidung nach §§ 154 ff. zu treffen.

III. Vollstreckungsverbote

Die Vollstreckung ist **unzulässig** in Sachen, die für die Erfüllung öffentlicher Aufga- 5
ben unentbehrlich sind (z. B. Einsatzwagen der Polizei) oder deren Veräußerung ein öffentliches Interesse entgegensteht (III 1). Der Begriff „Sachen" ist wörtlich i. S. d. § 90 BGB zu verstehen (S/S-A/P § 170 Rn. 33). Kontokorrentforderungen fallen dementsprechend nicht hierunter. Eine entsprechende Anwendung des III 1 auf Geldforderungen scheidet schon mangels Regelungslücke aus (BlnBbgOVG LKV 2009, 287).

IV. Rechtsmittel

Die Verfügung der Zwangsvollstreckung nach I 1 ist für den Schuldner **unanfecht-** 6
bar (str., wie hier KS § 170 Rn. 6). Gegen die Mitteilung nach II und gegen den Beschluss nach III 2 ist die **Beschwerde** (§ 146 I) eröffnet (str., vgl. NRWOVG DÖV 1987, 653; KS § 170 Rn. 6).

Über **Einwendungen** hinsichtlich des Vorliegens von Vollstreckungsverboten 7
nach III 1 entscheidet das Gericht nach Anhörung der zuständigen Aufsichtsbehörde oder bei obersten Bundes- oder Landesbehörden des zuständigen Ministers

(III 2). Will daher der Vollstreckungsschuldner den Schutz des III 1 Anspruch nehmen, muss er das spezialgesetzlich geregelte Erinnerungsverfahren eigener Art betreiben, das dem Beschwerdeverfahren nach § 146 I vorgeht (BlnBbgOVG LKV 2009, 287).

§ 171 [Vollstreckungsklausel]

In den Fällen der §§ 169, 170 Abs. 1 bis 3 bedarf es einer Vollstreckungsklausel nicht.

1 In den Fällen der §§ 169, 170 I bis III (Vollstreckungen zugunsten oder gegen die öffentliche Hand) bedarf es **keiner Vollstreckungsklausel** (→ § 167 Rn. 4 f.).

2 Die Norm findet **entsprechende Anwendung** auf § 172 (NRWOVG NVwZ-RR 2007, 140; S/S-A/P § 171 Rn. 12, § 172 Rn. 32; NKVwGO § 171 Rn. 18; a.A. KS 171 Rn.1). Einer Vollstreckungsklausel bedarf es auch dann nicht, wenn nicht gegen den am streitigen Verfahren beteiligten Rechtsträger, sondern gegen das Organ oder wegen § 61 Nrn. 2, 3 gegen die Behörde (S/S-A/P § 171 Rn. 3; a.A. KS § 171 Rn. 3 unter Hinweis auf §§ 727, 929 ZPO), oder wenn für oder gegen den Rechtsnachfolger vollstreckt werden soll (NRWOVG DÖV 1987, 653; a.A. BWVGH NJW 1982, 902). Einer Vollstreckungsklausel bedarf es des Weiteren nicht bei Kostenfestsetzungsbeschlüssen (§ 795a ZPO) sowie grds. bei einstweiligen Anordnungen nach § 123 (vgl. § 929 I ZPO). In diesen Fällen ist die einfache **Ausfertigung** des Titels Grundlage der Vollstreckung.

§ 172 [Zwangsgeld gegen eine Behörde]

[1]Kommt die Behörde in den Fällen des § 113 Abs. 1 Satz 2 und Abs. 5 und des § 123 der ihr im Urteil oder in der einstweiligen Anordnung auferlegten Verpflichtung nicht nach, so kann das Gericht des ersten Rechtszugs auf Antrag unter Fristsetzung gegen sie ein Zwangsgeld bis zehntausend Euro durch Beschluß androhen, nach fruchtlosem Fristablauf festsetzen und von Amts wegen vollstrecken. [2]Das Zwangsgeld kann wiederholt angedroht, festgesetzt und vollstreckt werden.

Übersicht

	Rn.
I. Anwendungsbereich	3
1. Beschränkung auf Verpflichtungsaussprüche	4
2. Erweiterte Anwendung auf sonstige Verpflichtungskonstellationen	5
3. Verhältnis zu erneuten Klagen	6
II. Verfahren und Rechtsmittel	7
III. Vollstreckungsentscheidung	8
1. Grundlagen	8
2. Verweigerung der Mitwirkung	9
3. Vollstreckung einstweiliger Anordnungen	10
4. Einwendungen	11
5. Entscheidungsinhalt	12
IV. Einstellung der Vollstreckung	14

§ 172 Zwangsgeld gegen eine Behörde

Kommt eine Behörde im Falle einer stattgebenden Anfechtungsklage bei bereits vollzogenem VA, eines stattgebendes Urteils auf eine Verpflichtungsklage oder einer stattgebenden einstweiligen Anordnung der ihr bzw. ihrem Rechtsträger auferlegten Verpflichtung ganz oder teilweise nicht nach, so kann das Gericht des ersten Rechtszugs diese **mittels Zwangsgelds zur Befolgung** des Ausspruchs anhalten. Das schließt auch solche Fälle ein, in denen die Behörde sich bei der (formal erfolgten) Neubescheidung nicht oder nicht vollständig bzw. hinreichend an die Rechtsauffassung des Gerichts in der zugrunde liegenden Gerichtsentscheidung hält (NRWOVG, Urt. v. 26.3. 2007 – 1 A 2821/05; HessVGH NVwZ-RR 1999, 805; NdsOVG NVwZ-RR 2007, 139; 2006, 742; KS § 113 Rn. 216; S/S-A/P § 172 Rn. 34; a.A. NKVwGO § 113 Rn. 449). 1

§ 172 ist über § 60 II 3 SGB X und § 61 II 3 VwVfG **entsprechend anwendbar,** wenn aus einem subordinationsrechtlichen Vertrag (§ 53 I 2 SGB X, § 54 S. 2 VwVfG) aufgrund einer Unterwerfung unter die sofortige Vollstreckbarkeit vollstreckt werden soll. 2

I. Anwendungsbereich

Treten sich Vollstreckungsgläubiger und -schuldner als Gebietskörperschaften gleichgeordnet gegenüber, kommt eine Vollstreckung nach § 172 von vornherein nicht in Betracht (BVerwGE 116, 175). Die Norm erfasst im Übrigen ihrem Wortlaut nach lediglich **Verpflichtungsaussprüche**. Dies begrenzt einerseits ihren Anwendungsbereich; andererseits gibt dies Anlass zu einer erweiternden Auslegung auf weitere nicht ausdrücklich benannte Verpflichtungsaussprüche. 3

1. Beschränkung auf Verpflichtungsaussprüche

Nicht unter § 172 fallen Verurteilungen zur Vornahme von Realakten (KS § 172 Rn. 1 m.w.N.). Diese werden nach Maßgabe des § 167 I 1 i.V.m. §§ 883 ff. ZPO vollstreckt. Wird nach § 113 I 2 oder § 123 unmittelbar zur Zahlung verurteilt bzw. eine solche angeordnet, richtet sich die Vollstreckung nach dem insoweit spezielleren § 170 (KS § 172 Rn. 1; S/S-A/P § 172 Rn. 15; ThürOVG, Beschl. v. 18.1. 2010 – 2 VO 327/08). Für die einstweilige Anordnung ergibt sich dies bereits aus § 170 V. Dementsprechend erfasst die Vollstreckung im Bereich einstweiliger Anordnungen nur Verpflichtungskonstellationen aber beispielsweise keine Unterlassungspflichten (str., vgl. ThürOVG, Beschl. v. 18.1. 2010 – 2 VO 327/08; a.A. S/S-A/P § 172 Rn. 18 f. m.w.N.). 4

2. Erweiterte Anwendung auf sonstige Verpflichtungskonstellationen

Darüber hinaus ist streitig, ob § 172 nur Anwendung findet, wenn behördliches Verhalten erzwungen werden soll, das den Rechtscharakter von VA aufweist (hierzu umfassend Roth VerwArch 2000, 18). Vorzugswürdig ist die Auffassung, dass die Regelung des § 172 nicht hierauf beschränkt ist (KS § 172 Rn. 1; S/S-A/P § 172 Rn. 24; NdsOVG NVwZ-RR 2007, 139; a.A. BayVGH, Beschl. v. 9.3. 2009 – 7 C 08.3151). Entsprechend anwendbar ist die Norm auf die **Vollstreckung gerichtlicher Anordnungen nach §§ 80 V 3, 80a III** (str., NRWOVG NVwZ 1993, 383; S/S-A/P § 172 Rn. 17), **§ 113 III 2** und auf die Vollstreckung wegen **Erzwingung eines VA** oder sonstiger hoheitlicher Regelungen (vgl. S/S-A/P § 172 Rn. 18 m.w.N.) 5

§ 172 Teil IV. Kosten und Vollstreckung

und auch auf **Prozessvergleiche** nach § 106, in denen sich die Verwaltung zum Erlass eines VA oder zu anderen hoheitlichen Regelungen verpflichtet hat (NRWOVG NVwZ-RR 2007, 140 m. w. N.; BlnBbgOVG BauR 2007, 528).

3. Verhältnis zu erneuten Klagen

6 § 172 schließt es nicht aus, in Umsetzung von verwaltungsgerichtlichen Entscheidungen ergangene behördliche Akte originär in einem neuen streitigen Verfahren anzugreifen, wenn der Betroffene geltend macht, sie setzten die gerichtlichen Vorgaben nicht in ausreichender Weise um (NRWOVG, Urt. v. 26. 3. 2007 – 1 A 2821/05). Die Möglichkeit eines Vollstreckungsantrags beseitigt das Rechtsschutzbedürfnis für eine solche Klage nicht. Denn mit ihr kann nicht nur – wie beim Vollstreckungsantrag – geltend gemacht werden, bei der Neubescheidung sei die Rechtsauffassung des Gerichts nicht beachtet worden; vielmehr können auch sonstige, nicht von der Rechtskraft des vorangegangenen Urteils (§ 121) erfasste Gründe angeführt werden, aus denen sich der Betroffene durch die Neubescheidung in seinen Rechten verletzt sieht (BVerwG, Urt. v. 20. 1. 2010 – 9 A 22.08; BauR 2007, 1709).

II. Verfahren und Rechtsmittel

7 Das Verfahren nach § 172 auf Androhung und Festsetzung von Zwangsgeld wird (nur) auf schriftlichen – vor dem VG auch zur Niederschrift zu stellenden (§ 81 I 2) – **Antrag** des Vollstreckungsgläubigers eingeleitet, wobei die **Zwangsgeldhöhe** im Antrag nicht beziffert werden muss. Die Vollstreckung des Zwangsgeldes erfolgt über § 170 **von Amts wegen. Sachlich und örtlich zuständig** ist das erstinstanzliche Gericht (§§ 45, 48, 50) des Verfahrens, in dem der Vollstreckungstitel geschaffen worden ist. Das Gericht entscheidet in **Beschlussbesetzung** (§§ 5 III, 9 III, 10 III), wobei vor dem VG eine Übertragung auf den Einzelrichter (§ 6) zulässig ist. Eine **notwendige Beiladung** ist auch in Dreieckskonstellationen nicht erforderlich, eine einfache Beiladung ist zulässig (str., vgl. NRWOVG OVGE 46, 94; S/S-A/P § 172 Rn. 39). Das Gericht entscheidet durch **Beschluss**; ein solcher eines VG ist grds. gemäß § 146 I mit der **Beschwerde** anfechtbar, der bei der Festsetzung des Zwangsgeldes in entsprechender Anwendung des § 149 I 1 aufschiebende Wirkung zukommt (NdsOVG NVwZ-RR 2007, 13 m. w. N. zum Streitstand; → § 149 Rn. 2).

III. Vollstreckungsentscheidung

1. Grundlagen

8 Liegen die allgemeinen Vollstreckungsvoraussetzungen (→ § 167 Rn. 4) mit Ausnahme der Vollstreckungsklausel, welcher es in entsprechender Anwendung des § 171 nicht bedarf (NRWOVG NVwZ-RR 2007, 140; → § 171 Rn. 1), vor und wurde eine nach den Umständen des konkreten Falls angemessene Frist abgewartet, innerhalb derer der Vollstreckungsschuldner seiner Verpflichtung grundlos (BVerwGE 33, 230) nicht nachgekommen ist (KS § 172 Rn. 5; BVerwG NVwZ-RR 2002, 314: drei Monate jedenfalls ausreichend), hat die Vollstreckung zu erfolgen. Die Formulierung „kann" bezeichnet nur die Entscheidungskompetenz des Gerichts, eröffnet ihm aber kein Ermessen (Ey § 172 Rn. 14). Auf ein **Verschulden** des Vollstreckungsschuldners kommt es nicht an (S/S-A/P § 172 Rn. 2 m. w. N.).

2. Verweigerung der Mitwirkung

Verweigert ein Vollstreckungsgläubiger die notwendige Mitwirkung, die eine Behörde zur Erfüllung einer ihr durch Gerichtsentscheidung auferlegten Pflicht benötigt, z.B. die Teilnahme an einem schulfachlichen Gespräch zur Erarbeitung einer neuen beamtenrechtlichen Beurteilung, so kann der Vollstreckungsgläubiger nicht die Festsetzung eines Zwangsgeldes gegen die Behörde wegen grundloser Säumnis verlangen (NRWOVG, Beschl. v. 16.3. 2009 – 6 E 1536/08).

3. Vollstreckung einstweiliger Anordnungen

Bei der **Vollstreckung einstweiliger Anordnungen** ist § 123 III i.V.m. § 929 II ZPO zu beachten, wonach die Vollziehung unstatthaft ist, wenn seit dem Tag, an dem sie der Partei, auf deren Antrag sie erging, zugestellt worden ist, ein Monat verstrichen ist (NRWOVG NVwZ-RR 1992, 388; a.A. S/S-A/P § 172 Rn. 36: erst mit Ablauf der Erfüllungsfrist).

4. Einwendungen

Einwendungen gegen den zugrunde liegenden Titel, aber auch solche gegen die Androhung des Zwangsgeldes können im Rahmen der Anfechtung der Festsetzung des Zwangsgeldes als weiterer selbstständiger Stufe des Vollstreckungsverfahrens nicht mehr geltend gemacht werden (vgl. BVerwGE 84, 354). Der Vortrag des Nichtbestehens oder des Wegfalls des materiellen, der Vollstreckung zugrunde liegenden Anspruchs ist im Verfahren nach § 172 unbeachtlich (BVerwG NVwZ-RR 2002, 314). Materiell-rechtliche Einwendungen kann die Behörde im Wege der **Vollstreckungsabwehrklage** (§ 167 I 1 i.V.m. § 767 ZPO) geltend machen (BVerwGE 117, 44; BayVGH NVwZ-RR 2007, 736). Bis zur Entscheidung über diese kann (weiter) vollstreckt werden, es sei denn, die Vollstreckung wurde vorläufig eingestellt (§ 769 ZPO).

5. Entscheidungsinhalt

Das Gericht hat nach dem Wortlaut des § 172 lediglich die Möglichkeit (ggf. wiederholt bis zur Erfüllung) Zwangsgeld anzudrohen, in der angedrohten Höhe festzusetzen und (nach § 170) zugunsten der Staatskasse zu vollstrecken. Der Behörde ist eine konkrete, angemessene Frist zur Abwendung der Festsetzung zu setzen. Die **erstmalige Androhung** eines Zwangsgeldes hat regelmäßig nicht im Höchstmaß zu erfolgen. Im Hinblick auf den Grundsatz der Verhältnismäßigkeit darf der vorgesehene Höchstbetrag eines Zwangsgeldes nur unter besonderen Voraussetzungen, z.B. einer außergewöhnlich hartnäckigen Widerspenstigkeit des Betroffenen, und i.d.R. erst nach Wiederholung des Zwangsmittels ausgeschöpft werden (NdsOVG NVwZ-RR 2007, 139). Androhung und Festsetzung können nicht gleichzeitig erfolgen; wohl aber die Festsetzung verbunden mit einer neuen (weiteren) Androhung.

Aus Gründen effektiven Rechtsschutzes sind im Wege verfassungskonformer Auslegung des § 172 auch **weitere Maßnahmen** denkbar, wenn sich die Behörde der (wiederholten) Festsetzung des Zwangsgeldes nicht beugt bzw. voraussichtlich nicht beugen wird (BVerfG NVwZ 1999, 1330; vgl. auch NRWOVG NVwZ 1992, 897; zur Problematik Roth VerwArch 2000, 19).

IV. Einstellung der Vollstreckung

14 Kommt die Behörde der Verpflichtung nach Androhung des Zwangsgeldes nach, ist der Vollstreckungsantrag zurückzunehmen oder das Vollstreckungsverfahren in der Hauptsache für **erledigt** zu erklären. Das Vollstreckungsverfahren ist sodann entsprechend § 92 II bzw. § 161 II einzustellen.

15 Erfüllt die Behörde ihre Verpflichtung erst nach Fristablauf oder nach Festsetzung des Zwangsgeldes, sind die Folgen umstritten (KS § 172 Rn. 6b m.w.N. zum Streitstand). Nach vorzugswürdiger Ansicht ist das Vollstreckungsverfahren auch in diesen Fällen nach entsprechenden Erklärungen der Beteiligten einzustellen bzw. ein entsprechender auf Durchführung gerichteter Antrag abzulehnen (a.A. KS § 172 Rn. 6b; S/S-A/P § 172 Rn. 51). Intention des § 172 ist die Gewährung wirkungsvollen Rechtsschutzes, der in der Durchsetzung einer vollstreckbaren Verpflichtung besteht; hiernach gibt es keinen Anlass, diesen als nachträgliches Sanktionsinstrument wegen der Missachtung des Gerichts einzusetzen. Die Behörde trifft bei Verschulden jedenfalls die Kostenlast, ggf. nach § 155 IV.

Teil V. Schluß- und Übergangsbestimmungen

§ 173 [Entsprechende Anwendung des GVG und der ZPO]

¹Soweit dieses Gesetz keine Bestimmungen über das Verfahren enthält, sind das Gerichtsverfassungsgesetz und die Zivilprozeßordnung entsprechend anzuwenden, wenn die grundsätzlichen Unterschiede der beiden Verfahrensarten dies nicht ausschließen. ²Gericht im Sinne des § 1062 der Zivilprozeßordnung ist das zuständige Verwaltungsgericht, Gericht im Sinne des § 1065 der Zivilprozeßordnung das zuständige Oberverwaltungsgericht.

Übersicht

	Rn.
I. Spezial- und Generalverweisungen (S. 1)	1
1. Überblick	1
2. Ergänzende Regelungen außerhalb der VwGO	4
a) Sonderverfahrensrecht außerhalb der VwGO	4
b) Verfahrensergänzungsrecht	6
3. Einzelverweisungen in der VwGO	7
a) Spezielle Verweisungen auf das GVG (alphabetisch)	8
b) Spezielle Verweisungen auf die ZPO (alphabetisch)	9
4. Die ergänzende Generalverweisung (S. 1)	10
a) Umfang der Generalverweisung auf das Gerichtsverfassungsgesetz	10
b) Umfang der Generalverweisung auf die Zivilprozessordnung	12
c) Voraussetzungen einer entsprechenden Anwendung	14
d) Anwendbare ZPO-Bestimmungen im Einzelnen (alphabetisch)	17
II. Zuständigkeit in Schiedsgerichtsverfahren (S. 2)	28

I. Spezial- und Generalverweisungen (S. 1)

1. Überblick

Die in den Schussbestimmungen unauffällig versteckte Vorschrift gehört zu den **1** **Herzstücken** der VwGO (s.a. Rn. 3). Zwar versteht sich die VwGO als eigenständige Verfahrensordnung, ihre ausformulierten Regelungen sind aber **bewusst rudimentär** gehalten. Weitgehend vollständig geregelt ist lediglich die Gerichtsverfassung (§§ 1 bis 53). Auch dort sind insbes. die gerichtszweigübergreifenden Vorschriften des DRiG unausgesprochen mitzubedenken. Ansonsten finden sich eingehendere Regelungen in Bereichen, in denen es gilt, Besonderheiten des Verwaltungsrechts prozessual nachzuzeichnen. Unter diesem Aspekt ist die VwGO als Vollregelung vor allem ausgerichtet auf den VA und die intensive Verzahnung von Verwaltungsverfahren und Verwaltungsprozess.

Wo immer möglich, entlastet sich die VwGO von der Notwendigkeit eigener **2** Regelung mithilfe einer ausgefeilten **Technik der Verweisung** (Bezugnahme). Die schon auf dem 54. DJT (1982) als „Verweisungstrias" treffend gekennzeichnete Struktur (vgl. NKVwGO § 173 Rn. 1) besteht in der wörtlichen oder wortähnlichen

Übernahme von ZPO-Bestimmungen in den VwGO-Text, in einer großen Zahl dynamischer (S/S-A/P § 173 Rn. 29) Einzelverweisungen auf Regelungen des GVG und der ZPO (Rn. 8 f.) und schließlich in der General- bzw. Globalverweisung des § 173 S. 1 auf diese beiden sog. Reichsjustizgesetze (verabschiedet 1877 und in Kraft getreten 1879), die zwar beide unmittelbar nur für die ordentliche Gerichtsbarkeit gelten (vgl. § 2 EGGVG; § 3 I EGZPO), aber weithin als bewährte Teilrechtsordnungen mit Modellcharakter gelten.

3   Dadurch kommt es in erheblichem Umfang zu einer **Inkorporation zivilprozessualer Bestimmungen** in die VwGO, die wegen ihrer Unschärfen („... soweit dieses Gesetz keine Bestimmung enthält") immer wieder kritisiert wird, wegen ihrer überwiegend positiven Wirkungen aber zu begrüßen ist: Sie vermeidet Redundanzen, fördert die Vereinheitlichung des Prozessrechts und lässt doch eigenständige Fortentwicklungen zu (allg. Ansicht, S/S-A/P § 173 Rn. 14; KS § 173 Rn. 2). Damit kommt § 173 S. 1 zugleich der Grundsatz weitestmöglich angeglichener Auslegung der VwGO zum Ausdruck: Jede Auslegung begegnet Bedenken, die darauf hinausliefe, ohne einleuchtenden Grund unterschiedliche Übungen im Prozessrecht der VwGO und der ZPO aufkommen zu lassen (BVerwGE 36, 179, 182). Dasselbe gilt für die FGO (§ 155) und das SGG (§ 202), die ähnlich strukturiert sind und daher einen vergleichbar „schmalen" Normbestand (mit rund 200 Paragrafen) aufweisen. In der Praxis (mehr als in der juristischen Ausbildung) ist ohne den ständigen Rückgriff auf die ZPO (mit rund 1100 Paragrafen) eine angemessene Verfahrensgestaltung nicht denkbar. Daher ist es nicht übertrieben, die **Funktion des § 173 S. 1** als Schlussstein eines vollständigen und in sich geschlossenen Systems des Verwaltungsprozessrechts und als Mitgarant für ein möglichst einheitliches Prozessrecht zu kennzeichnen (S/S-A/P § 173 Rn. 29).

2. Ergänzende Regelungen außerhalb der VwGO

4   **a) Sonderverfahrensrecht außerhalb der VwGO.** Zu beachten ist **spezielles Verwaltungsprozessrecht des Bundes**, das der VwGO nach allgemeinen Grundsätzen vorgeht. Es betrifft vor allem besondere Rechtswegzuweisungen (→ § 40 Rn. 5 ff.), Sondervorschriften über die Erforderlichkeit des Widerspruchsverfahrens (→ § 68 Rn. 9 ff.) und über den Wegfall der aufschiebenden Wirkung des Widerspruchs und der Anfechtungsklage (→ § 80 Rn. 19). Bestimmungen hierzu finden sich auch im AsylVfG (§§ 74 ff.), aber auch im Bau- und Fachplanungsrecht des Bundes (z.B. §§ 214 f. BauGB; für Bundeseisenbahnen § 20 AEG, Flughäfen § 10 LuftVG oder Fernstraßen § 17e FStrG; vgl. die Zusammenstellung bei Kuhla/Hüttenbrink Anh. IV, 3).

5   In weitem Umfang erklärt sich die VwGO offen für abweichendes oder ausfüllendes **Landesrecht**, das i.W. in den Ausführungsgesetzen und -verordnungen der Länder zur VwGO enthalten ist (→ § 3 Rn. 3). Die Ermächtigungen zur Abweichungsgesetzgebung werden meist mit der Wendung versehen: „sofern das Landesrecht dies bestimmt". I.E. handelt es sich um folgende Vorschriften: §§ 9 III, 12 III, 26 II 4, 36 II, 40 I 2, 42 III, 47 I Nr. 2, 48 I 3, 61 Nr. 3, 68 I S. 2, 73 I Nrn. 1 und 3, 78 I Nr. 2, 80 II 1 Nr. 3, §§ 184 und 187.

6   **b) Verfahrensergänzungsrecht.** Die VwGO verweist in § 169 I auf das VwVG (Bund). Die frühere Verweisung in § 56 II a.F. auf das VwZG (Bund) ist mit der Neufassung dieser Vorschrift (Art. 2 Abs. 18 ZustRG) durch Verweisung auf die Zustellungsvorschriften der ZPO (Rn. 9) ersetzt worden. Das **GKG** bestimmt seine Anwendbarkeit für das verwaltungsgerichtliche Verfahren in § 1 I lit. b selbst.

Entsprechende Anwendung des GVG und der ZPO § 173

3. Einzelverweisungen in der VwGO

Vorrangig anzuwenden sind die Spezialverweisungen der VwGO auf fest umgrenzte 7
Normbereiche des GVG und der ZPO:

a) Spezielle Verweisungen auf das GVG (alphabetisch). Es gelten kraft beson- 8
derer Bezugnahme:
– Geschäftsverteilung und Präsidium: § 4 i. V. m. dem Zweiten Titel (§§ 21a ff.)
– Ordnungsmittel, Beschwerde gegen: § 149 II i. V. m. §§ 178 und 181 II („bleiben unberührt")
– Ordnungsvorschriften: § 55 i. V. m. §§ 169, 171a bis 198 (Öffentlichkeit, Sitzungspolizei, Gerichtssprache, Beratung und Abstimmung)
– Zuständigkeit (sachliche und örtliche): § 83 i. V. m. §§ 17 ff. (Rechtsweg)

b) Spezielle Verweisungen auf die ZPO (alphabetisch). Es gelten kraft beson- 9
derer Bezugnahme:
– Ausschließung und Ablehnung von Gerichtspersonen: § 54 I i. V. m. §§ 41 ff. (= Titel 4)
– Beweisaufnahme: § 98 i. V. m. §§ 358 bis 444; §§ 450 bis 494
– Einstweilige Anordnung: § 123 III i. V. m. §§ 920, 921, 923, 926, 928 bis 932, 938, 939, 941 und 945
– Fristen: § 57 II i. V. m. §§ 222, 224 II, III, §§ 225 und 226
– Kosten bei mehreren Kostenpflichtigen: § 159 S. 1 i. V. m. § 100
– Protokollführung über die mündliche Verhandlung: § 105 i. V. m. §§ 159 bis 165
– Prozessfähigkeit: § 62 IV i. V. m. §§ 53 ff.
– Prozesskostenhilfe: § 166 i. V. m. §§ 114 ff.
– Streitgenossenschaft: § 64 i. V. m. §§ 59 ff.
– Vollstreckung bei nichtigem Landesrecht: § 183 S. 3 i. V. m. § 767
– Vorläufige Vollstreckbarkeit: § 167 I i. V. m. Buch 8 (§§ 704 ff.)
– Wiederaufnahme des Verfahrens: § 153 I i. V. m. Buch 4 (§§ 578 ff.)
– Zustellungen: § 56 II i. V. m. §§ 166 ff.

4. Die ergänzende Generalverweisung (S. 1)

a) Umfang der Generalverweisung auf das GVG. Die Bedeutung der **Gene-** 10
ralverweisung in § 173 S. 1 auf das GVG ist **gering**. Die Spezialverweisungen (Rn. 6) decken drei wesentliche Bereiche ab (Zuständigkeit, Geschäftsverteilung und Ordnungsvorschriften). Die weiteren Bestimmungen betreffen **exklusiv** die ordentliche Gerichtsbarkeit und die ihr zugeordneten Institutionen, sodass ihnen auch zu Einzelfragen keine Aussagen zur Lückenfüllung entnommen werden können. Letzteres gilt offenkundig für die **Titel 3 bis 12** (§§ 22 bis 152) über Amts-, Schöffen-, Land- und Oberlandesgerichte, über den BGH, die Strafvollstreckungskammern, Kammern für Handelssachen, Wiederaufnahmeverfahren in Strafsachen und die Staatsanwaltschaft. Die **Geschäftsstelle** (§ 153) ist in § 13 VwGO eigenständig geregelt.

Als **ergänzend anwendbar** gelten daher nur noch: 11
– aus den Vorschriften über die **Rechtshilfe** (§§ 156 bis 168) die §§ 157, 158 und 159 (→ § 14 Rn. 2)
– die **§§ 18 bis 20** über die Befreiung von Mitgliedern diplomatischer Missionen, konsularischer Vertretungen und sonstiger Exterritorialer von der deutschen Gerichtsbarkeit als Ausdruck übergeordneter Prinzipien (→ vor § 40 Rn. 20 f.).

§ 173 Teil V. Schluß- und Übergangsbestimmungen

12 b) Umfang der Generalverweisung auf die ZPO. Die Generalverweisung auf die ZPO hat – neben den zahlreichen Spezialverweisungen (Rn. 9) – erhebliche Bedeutung. Über sie anwendbar werden zahlreiche Einzelvorschriften vor allem des eigentlichen **Verfahrensrechts**, das in der VwGO i. W. mit Blick auf die dort geltenden Verfahrensgrundsätze (namentlich den Amtsermittlungsgrundsatz) nur punktuell geregelt ist. Eine erschöpfende **systematische Aufzählung** der anwendbaren Bestimmungen findet sich bei Meissner in S/S-A/P § 173 Rn. 111 bis 321. **Hinweise** zur Anwendbarkeit der einzelnen ZPO-Vorschriften in der Verwaltungsgerichtsbarkeit enthält die ZPO-Kommentierung von BLAH.

13 Die Anordnung einer „**entsprechenden Anwendung**" der ZPO bedeutet die Implementierung einer vollständigen Norm in die VwGO. Das bedingt die bei Analogie übliche Anpassung auf der Tatbestandsseite der Norm, sodass die Norm auf einen verwaltungsprozessualen Sachverhalt anwendbar wird. Zu Recht werden aber auch Anpassungen der **Rechtsfolge** an die Besonderheiten des Verwaltungsprozesses für möglich gehalten (BVerwG NJW 1985, 1178 zur Prüfung der Anwaltsvollmacht von Amts wegen entgegen § 88 II ZPO; vgl. BeckOK VwGO § 173 Rn. 12).

14 c) Voraussetzungen einer entsprechenden Anwendung. Die entsprechende Anwendung von ZPO-Vorschriften kommt nur in Betracht, soweit in der VwGO **Regelungslücken** bestehen. Nicht von Bedeutung ist, ob eine Lücke planwidrig ist (a. A. BeckOK VwGO § 173 Rn. 3); denn die Generalverweisung ist Ausdruck eines zielgerichteten, also planmäßigen Absehens von eigenständiger Regelung mit den eingangs genannten Zwecken (Rn. 3). Dieses Ziel kommt besonders deutlich dort zum Vorschein, wo eine erkennbare Rahmenregelung getroffen ist (vgl. z. B. § 164 für die Kostenfestsetzung, Rn. 18).

15 Eine Auffüllung durch ZPO-Vorschriften ist aber nur dann zugelassen, wenn **keine** „**grundsätzlichen Unterschiede** der beiden Verfahrensarten" bestehen. Solche Unterschiede folgen vor allem aus dem Amtsermittlungsgrundsatz (→ § 86 Rn. 1 ff.), während der Zivilprozess meist vom Beibringungsgrundsatz beherrscht wird, der den Verfahrensbeteiligten stärker die Verantwortung für die Sachverhaltsermittlung auferlegt. Mit der Amtsermittlung vertragen sich etwa Vorschriften nicht, die eine Bindung des Gerichts an Parteivorbringen vorsehen.

16 Unterschiede ergeben sich ferner dort, wo ein betroffenes **öffentliches Interesse** durchzusetzen ist oder die ZPO von der formalen Gleichheit der Parteien ausgeht. Demgegenüber gilt es im Verwaltungsprozess fast überall, die **Waffengleichheit** zwischen Bürger und Verwaltung (mit ihrer größeren Sach- und Rechtskenntnis, Spezialisierung und Finanzkraft) herzustellen. Daher dürfen etwa richterliche Hinweise, Belehrungen und Rechtsausführungen an die Naturalpartei, die wie eine Bevorzugung erscheinen könnten, nicht ohne Weiteres als Befangenheit i. S. der §§ 45 ff. ZPO gedeutet werden (→ § 86 Rn. 49; weitere Beispiele bei S/S-A/P § 173 Rn. 78 ff.).

17 d) Anwendbare ZPO-Bestimmungen im Einzelnen (alphabetisch).
– **Beteiligte/Parteien**: Die VwGO regelt eigenständig, wer Beteiligter sein kann (§ 63) und wer beteiligungs- und prozessfähig ist (§§ 61 f.). Die entsprechenden Vorschriften der ZPO über die Parteien (§§ 50 bis 77) gelten daher nicht. § 64 nimmt lediglich im Wege der Spezialverweisung die in der VwGO fehlenden Vorschriften über die **Streitgenossenschaft** (§§ 59 bis 63 ZPO) in Bezug. Vgl. auch → Prozessbevollmächtigte und Beistände (§§ 78 ff. ZPO).

18 – **Kostenfestsetzung**: Es gelten ergänzend die Vorschriften über das Festsetzungsverfahren (§§ 103 bis 107 ZPO), das in § 164 sinngemäß (durch Absehen von Regelung in Bezug genommen ist).

§ 173

- **Klagearten**: Die Klagearten (→ vor § 40 Rn. 47 ff.) sind wegen grundsätzlicher **19** Unterschiede in den Verfahrensarten in der VwGO weitgehend abschließend geregelt. Die Unterschiede ergeben sich aus der prozessualen Behandlung des VA und der durch ihn bewirkten Verzahnung mit dem Verwaltungsverfahren, dem die VwGO zum erheblichen Teil ihre Existenz verdankt. Anwendbar sind die Zwischenfeststellungsklage (→ § 43 Rn. 5) und die – in der ZPO aber auch nur vorausgesetzten – Grundsätze der allgemeinen Leistungsklage.
- **Prozessbevollmächtigte und Beistände**: Die Vorschriften des Titels 4 (§§ 78 **20** bis 90) sind entsprechend anwendbar, soweit sie nicht verdrängt sind. Für die Postulationsfähigkeit, Beistände und Vollmacht gilt → § 67; er verdrängt §§ 78 I und 79, 80 I ZPO. Die Bestellung eines Notanwalts nach **§ 78b I** ist möglich (→ § 166 Rn. 52); hingegen werden §§ 78b II und 78c II ZPO durch §§ 146 und 152 I ersetzt. § 85 I 2 ZPO wird durch den Amtsermittlungsgrundsatz (§ 86 I) überlagert. Unbestritten anwendbar ist aber **§ 85 II**, der das Verschulden des Prozessbevollmächtigten dem des vertretenen Beteiligten gleichsetzt (vgl. BVerwG DÖV 2008, 517; NVwZ 2004, 1007; BVerfGE 60, 253; NVwZ 2000, 907).
- **Prozesskosten** (Titel 5): Das Kostenrecht der VwGO (§§ 154 bis 165) muss par- **21** tiell durch Kostenbestimmungen der §§ 91 ff. ZPO ergänzt werden; das gilt vor allem für die Bestimmungen über die Kostenfestsetzung (Rn. 18).
- **Rechtsmittel**: Das Rechtsmittelrecht der verwaltungsgerichtlichen Verfahren ist **22** i.W. eigenständig normiert. Die Vorschriften der VwGO (§§ 124 bis 130b für die Berufung, §§ 132 bis 145 für die Revision und §§ 146 bis 152 für die Beschwerde) regeln die Materien grds. abschließend. Ergänzend heranzuziehen bleiben, wie im Verfahrensrecht allgemein, einzelne Vorschriften des zivilprozessualen Rechtsmittel**verfahrens**. Entsprechend anwendbar sind insbes.:
  - **§ 512 ZPO** unterwirft der Beurteilung des Berufungsgerichts Entscheidungen, die dem angefochtenen Endurteil vorausgegangen sind, sofern ihre Anfechtung nicht gesetzlich ausgeschlossen ist (→ § 557 II ZPO).
  - **§ 520 III 1 ZPO** schreibt die Schriftform für die Begründung der Berufung, **§ 551 II 1 ZPO** entsprechend die Schriftform für die Begründung der Revision ausdrücklich vor (vgl. GmSOGB BVerwGE 58, 359, 360 = NJW 1980, 172)
  - **§ 534 ZPO** (Verlust von Verfahrensrügen in Bezug auf den ersten Rechtszug; s.a. § 556 ZPO)
  - **§ 546 ZPO** (§ 550 ZPO a.F.) legt ergänzend zu § 137 für das Revisionsverfahren begrifflich fest, wann ein revisibles Gesetz verletzt ist (BVerwG NVwZ 1982, 196)
  - **§ 549 II ZPO** macht die allgemeinen Vorschriften über vorbereitende Schriftsätze (§§ 129 ff. ZPO) auf die Revisionsschrift anwendbar (S/S-A/P § 173 Rn. 281; a.A. BLAH § 549 Rn. 3)
  - **§ 556 ZPO** schließt für das Revisionsverfahren Rügen aus, welche die Verletzung von Verfahrensvorschriften betreffen, wenn das Rügerecht bereits in der Vorinstanz über die Verzichtsregelungen des § 295 ZPO verloren gegangen ist (Nachw. bei Ey § 132 Rn. 18 und § 133 Rn. 15)
  - **§ 557 II ZPO** unterwirft der Beurteilung des Revisionsgerichts (ergänzend zu § 137) Entscheidungen, die dem angefochtenen Endurteil vorausgegangen sind, sofern ihre Anfechtung nicht gesetzlich ausgeschlossen ist (→ § 512 ZPO)
  - **§ 560 ZPO** bindet das Revisionsgericht an die von der Vorinstanz getroffenen Feststellungen über das Bestehen und über den Inhalt irrevisiblen Rechts und korrespondiert so mit § 137 I, wonach die Revision nur auf die Verletzung von

Bundesrecht oder von solchem Landesrecht gestützt werden kann, das durch ein Bundes- oder ein Landesgesetz ausdrücklich für revisibel erklärt worden ist (BVerwG NVwZ 2010, 133; BVerwGE 108, 269, 271 zu § 562 ZPO a. F.)
– **§ 564** entbindet das Revisionsgericht bei Zurückweisung nicht absoluter Verfahrensrügen von der Pflicht zur Begründung (BVerwG BVerwGE 80, 228 = NVwZ-RR 1989, 109)
– **§ 570 ZPO**, insbes. mit der Zuständigkeit des Beschwerdegerichts für die Aussetzung der Vollziehung einer erstinstanzlichen Entscheidung
– **§ 571 II 1 ZPO** erlaubt es, die Beschwerde auf neue Angriffs- und Verteidigungsmittel zu stützen

23 – **Streitwert**: Die Bemessung richtet sich nach **§ 52 i. V. m. §§ 39 ff. GKG** (§ 1 II Nr. 1 GKG). Die früher gängige Heranziehung des § 5 ZPO zur Bestimmung des Streitwerts, wenn sich das Rechtsschutzbegehren aus mehreren Ansprüchen zusammensetzte, ist heute in § 39 GKG geregelt.

24 – **Terminsbestimmung und Ladung** (§§ 214–220, 229 ZPO): Anwendbar ist § 227 ZPO über Terminsänderungen aus erheblichen Gründen (→ § 102 Rn. 8; BVerwG Buchh 310 § 108 VwGO Nr. 178 S. 68, BVerwGE 81, 229, 232; Buchh 303 § 227 ZPO Nr. 14 S. 9 f.; Buchh 303 § 227 ZPO Nr. 21 S. 1 f.; Beschl. v. 26.4. 1999 – 5 B 49.99, Rn. 4; Buchh 303 § 227 ZPO Nr. 30 S. 6). In § 102 IV ausdrücklich ausgeschlossen ist in diesem Zusammenhang die Vorschrift über Terminsbestimmung in den Gerichtsferien (1.7. bis 31.8.), die in der Verwaltungsgerichtsbarkeit nicht festgelegt sind.

25 – **Verfahren**: Das eigentliche Verfahrensrecht des Verwaltungsprozesses ist im 9. Abschnitt der VwGO (§§ 81 bis 106) geregelt, aber doch ergänzungsbedürftig. Die eigenständigen Regelungen sind i. W. durch den Amtsermittlungsgrundsatz bedingt. Daneben bleiben zahlreiche allgemeine Verfahrensvorschriften der **§§ 128 bis 165** ZPO anwendbar, aus dem Zweiten Buch (Verfahren im ersten Rechtszug, §§ 253 bis 510c ZPO) hingegen wegen der Spezialverweisungen (z. B. in § 98) und grds. Unterschiede (des amtsgerichtlichen Verfahrens oder bei Säumnis) i. W. nur Vorschriften der Titel 1 (Verfahren bis zum Urteil, §§ 253 bis 299a) und Titel 2 (Urteil, §§ 300 bis 329). Weitgehend anwendbar sind die Vorschriften über Unterbrechung, Aussetzung und Ruhen des Verfahrens (**§§ 239 bis 252**), soweit keine Sonderregelungen in der VwGO bestehen (wie § 94).

26 – **Vertreter, gesetzlicher**: Das Verschulden eines gesetzlichen Vertreters (zum Prozessbevollmächtigten s. dort) bei der Prozessführung steht dem Verschulden des vertretenen Verfahrensbeteiligten gleich. **§ 51 II** ist anwendbar; er enthält einen allgemeinen Rechtsgedanken.

27 – **Zuständigkeit**: Die VwGO enthält in § 40 eine eigenständige Regelung über den Rechtsweg und in §§ 45 bis 53 abschließende Regelungen über die sachliche, instanzielle, funktionelle Zuständigkeit der Gerichte sowie zum Gerichtsstand.

II. Zuständigkeit in Schiedsgerichtsverfahren (S. 2)

28 S. 2 regelt die **zuständigen Gerichte** der Verwaltungsgerichtsbarkeit für die Nachprüfung von Entscheidungen im schiedsrichterlichen Verfahren. Die Schiedsverfahren zahlreicher Staaten folgen heute einem Modellgesetz der UN über internationale Handelsschiedsgerichtsbarkeit, das im deutschen Recht durch das 10. Buch der ZPO (§§ 1025 ff.) nachgebildet worden ist (ThP Vorb Buch 10; KS § 173 Rn. 8). Einigen sich die Parteien in einer Schiedsvereinbarung auf eine Überprüfung von Schiedssprüchen durch die Verwaltungsgerichtsbarkeit, so ist das VG Gericht i. S. des § 1062

ZPO und das örtlich zuständige OVG Beschwerdegericht i.S. des § 1065 ZPO. Dessen Zuständigkeit wird durch S. 2 auch dann begründet, wenn das erstinstanzliche Schiedsgericht aufgrund spezieller Bestimmungen bestimmt wurde (vgl. § 38a VermG, § 71 WVG, § 83 TierSG, § 16i TierSchG, § 22h FlHG, § 24 GFlHG).

§ 174 [Befähigung des VöI]

(1) Für den Vertreter des öffentlichen Interesses bei dem Oberverwaltungsgericht und bei dem Verwaltungsgericht steht der Befähigung zum Richteramt nach dem Deutschen Richtergesetz die Befähigung zum höheren Verwaltungsdienst gleich, wenn sie nach mindestens dreijährigem Studium der Rechtswissenschaft an einer Universität und dreijähriger Ausbildung im öffentlichen Dienst durch Ablegen der gesetzlich vorgeschriebenen Prüfungen erlangt worden ist.

(2) Bei Kriegsteilnehmern gilt die Voraussetzung des Absatzes 1 als erfüllt, wenn sie den für sie geltenden besonderen Vorschriften genügt haben.

Als persönliche Befähigung des VöI schreibt § 37 II grds. die Befähigung **zum Richteramt** vor (→ § 37 Rn. 1), macht davon in § 37 II Hs. 2 jedoch einen Vorbehalt zugunsten des § 174. Dieser stellt die Richterbefähigung einer qualifiziert erworbenen **Befähigung zum höheren Verwaltungsdienst** gleich. Die Laufbahnbefähigung für den höheren Dienst ist in § 17 V BBG und etwa in den entsprechenden Bestimmungen der Landesbeamtengesetze enthalten. Damit übereinstimmend erlaubt § 174 I den Verzicht auf einen juristischen Vorbereitungsdienst und den Erwerb der praktischen Erfahrungen in einer 3jährigen Verwaltungsausbildung. 1

Ist ein VöI zugleich zum **Landesanwalt** bestellt, ist § 122 V DRiG zu beachten (→ § 37 Rn. 2). Die Vergünstigungen des Befähigungserwerbs zugunsten von **Kriegsteilnehmern** (II) gemäß Bestimmungen des Kriegsfolgenrechts (BT-Drucks. 3/55 S. 4, 22, 62) haben heute keine Bedeutung mehr. 2

§§ 175 bis 177 *(aufgehoben)*

§§ 178, 179 *(Änderungsvorschriften)*

§ 180 [Zeugen- und Sachverständigenvernehmung nach dem VwVfG oder dem SGB X]

¹Erfolgt die Vernehmung oder die Vereidigung von Zeugen und Sachverständigen nach dem Verwaltungsverfahrensgesetz oder nach dem Zehnten Buch Sozialgesetzbuch durch das Verwaltungsgericht, so findet sie vor dem dafür im Geschäftsverteilungsplan bestimmten Richter statt. ²Über die Rechtmäßigkeit einer Verweigerung des Zeugnisses, des Gutachtens oder der Eidesleistung nach dem Verwaltungsverfahrensgesetz oder nach dem Zehnten Buch Sozialgesetzbuch entscheidet das Verwaltungsgericht durch Beschluß.

Die Vorschrift befasst sich in ihrer heutigen, seit dem 1.1.1977 geltenden Fassung (BGBl. 1976 I 1253) mit einer **speziellen Form der Rechtshilfe** (→ § 14 Rn. 2) der VG erster Instanz für eine Verwaltungsbehörde. Sie setzt voraus, dass auf deren 1

§ 180 Teil V. Schluß- und Übergangsbestimmungen

Ersuchen eine Vernehmung oder Vereidigung von Zeugen oder Sachverständigen durchgeführt wird, und regelt die Zuständigkeit und einige Fragen des Rechtshilfeverfahrens.

2   Die Möglichkeit der **Beweiserhebung durch Behörden** besteht gemäß § 65 VwVfG im förmlichen Verwaltungsverfahren (dazu Ziekow § 65 Rn. 1 ff.) und gemäß § 22 SGB X für Verfahren nach den SGB (vgl. von Wulffen § 22 Rn. 1 ff.). In den dort genannten Fällen sind Zeugen und Sachverständige zur **Aussage** oder zur **Erstattung von Gutachten** verpflichtet. Verweigern sie dies ohne ausreichenden Grund (Rn. 4), kann die Behörde je nach dem gegebenen Rechtsweg das zuständige SG oder VG um die Vernehmung ersuchen. Verweigern die genannten Personen einen von der Behörde für geboten erachteten Eid, so kann die Behörde das zuständige Gericht um die **eidliche Vernehmung** ersuchen (vgl. § 65 II, III VwVfG; § 22 II SGB X). Das ersuchte Gericht ist zur Vornahme der verlangten Amtshandlungen verpflichtet (Ziekow § 65 Rn. 10). § 180 regelt die Folgen dieser Verpflichtung.

3   S. 1 ergänzt mit Blick auf mögliche behördliche Rechtshilfeersuchen die Regelungen über die **Geschäftsverteilung** der VG (→ § 4) mit dem Ziel einer Entlastung der kollegial besetzten Kammern (→ § 5 II). Dazu wird das Präsidium verpflichtet, sämtliche von einer Behörde beantragten Vernehmungen und Vereidigungen von Zeugen und Sachverständigen durch Regelung im Geschäftsverteilungsplan im Voraus einem einzelnen Richter zu übertragen; Kammerzuständigkeit darf nicht begründet werden. Auf Verfahren nach dem SGB X wurde § 180 im Jahre 1980 (BGBl. I 1469) erstreckt. Diese Möglichkeit der Übertragung besonders vorzusehen war für notwendig gehalten worden, weil die VwGO seinerzeit das Institut des Einzelrichters nicht kannte. Die Vorschrift ist damit jedoch nicht überholt, weil bis heute eine andere Übertragungsmöglichkeit auf den Einzelrichter nicht besteht (→ § 6 Rn. 3), ohne § 180 S. 1 also die Kammer zuständig wäre.

4   Das **Verfahren vor dem** VG ist in § 180 S. 2 nur ansatzweise geregelt. **Zuständig** ist der im Geschäftsverteilungsplan bezeichnete Einzelrichter „als" VG (NKVwGO § 180 Rn. 5; Ziekow § 65 Rn. 11; str.). Denn mit der Formulierung, es entscheide „das Verwaltungsgericht", schließt S. 2 an die vorausgehende Regelung der Zuständigkeit gemäß S. 1 an. Der Einzelrichter **prüft nicht nach**, ob die von der ersuchenden Behörde bejahte Pflicht des Zeugen oder Sachverständigen (vgl. § 65 I 2 VwVfG; § 21 III SGB X) besteht; das Gericht ist nach allgemeinen Grundsätzen der Rechtshilfe an das Ersuchen gebunden (arg. § 158 GVG → § 14 Rn. 2; Ziekow § 65 Rn. 10). Eigenständig hat er lediglich zu entscheiden, ob die **Verweigerung** des Zeugnisses, des Gutachtens oder der Eidesleistung, die Anlass für das Ersuchen der Behörde war, **rechtmäßig** erfolgte, mithin ob Verweigerungsgründe nach §§ 376, 383 bis 385 und 408 ZPO (vgl. § 65 II 1 VwVfG; § 22 I 1 SGB X) vorliegen.

5   Die Entscheidung über das Verweigerungsrecht ergeht durch **Beschluss** nach den allgemeinen Regeln (→ § 122), insbes. aufgrund freigestellter mündlicher Verhandlung. Ist die Weigerung des Zeugen oder Sachverständigen berechtigt, stellt das VG dies fest und lehnt zugleich die ersuchte Amtshandlung (Rn. 2) ab. Anderenfalls stellt es fest, dass die Weigerung zu Unrecht erfolgte und führt die Amtshandlung aus. Der Beschluss enthält **keine Kostenentscheidung** und keine Streitwertfestsetzung. Als interorganschaftliches Verfahren außerhalb der VwGO werden **Kosten und Auslagen** der ersuchenden Behörde nicht erstattet; Gebühren und andere öffentliche Abgaben bleiben außer Ansatz (entspr. § 164 GVG). Auf die außergerichtlichen Kosten der Zeugen und Sachverständigen sind die Entschädigungsregeln des JVEG anwendbar (→ § 32). Der Beschluss ist gemäß § 146 I mit der **Beschwerde** zum OVG anfechtbar (a.A. KS § 180 Rn. 6: Erinnerung entspr. § 151).

Die **Vernehmung** des Zeugen oder Sachverständigen oder ihre **Beeidigung** 6
nimmt das VG gemäß allgemeinen Grundsätzen der Amts- und Rechtshilfe (→ § 14)
nach der VwGO als dem Recht der ersuchten Stelle vor (vgl. BVerwG NVwZ 1986,
1986, 467; Ziekow § 4 Rn. 3). Anwendbar sind §§ 97 f., die Einzelheiten richten
sich kraft der Verweisung in → § 98 nach den Regeln der ZPO über die Beweisaufnahme (KS § 180 Rn. 5).

§§ 181, 182 *(Änderungsvorschriften)*

§ 183 [Nichtigerklärung von Landesrecht]

¹Hat das Verfassungsgericht eines Landes die Nichtigkeit von Landesrecht festgestellt oder Vorschriften des Landesrechts für nichtig erklärt, so bleiben vorbehaltlich einer besonderen gesetzlichen Regelung durch das Land die nicht mehr anfechtbaren Entscheidungen der Gerichte der Verwaltungsgerichtsbarkeit, die auf der für nichtig erklärten Norm beruhen, unberührt. ²Die Vollstreckung aus einer solchen Entscheidung ist unzulässig. ³§ 767 der Zivilprozeßordnung gilt entsprechend.

Übersicht

	Rn.
I. Nichtigkeit von Normen und Anwendungsakte	2
II. Anwendungsbereich	5
1. Verwerfung von Landesrecht	5
2. Anwendungsakte	8
III. Wirkungen für Gerichtsentscheidungen	11
1. Lage bei offener Anfechtbarkeit	11
2. Lage bei Rechtskraft	12
a) Ausgeschlossene Wiederaufnahme	12
b) Fortbestehen als Rechtsgrund	13
c) Beruhen auf der nichtigen Norm	14
d) Landesrechtlicher Vorbehalt	15
3. Ausschluss der Vollstreckbarkeit (S. 1 und 2)	16
IV. Wirkungen für Verwaltungsakte	18

Die Vorschrift löst Probleme aus der **Anwendung unerkannt nichtiger Normen** 1
des Landesrechts in verwaltungsgerichtlichen Verfahren. Diese stellen sich, wenn
infolge nachträglicher allgemeinverbindlicher Nichtigerklärung in einem Normenkontrollverfahren durch ein Landesverfassungsgericht feststeht, dass eine rechtskräftige Gerichtsentscheidung nicht die angenommene Grundlage im Landesrecht
hatte. Für **Bundesrecht** besteht eine gleichsinnige Regelung in **§ 79 II BVerfGG**,
die nach der Rspr. des BVerfG einen allgemeinen Rechtsgedanken enthält (BVerfGE
37, 217, 263; 97, 35, 48) und Vorbild für § 183 war (BVerfGE 56, 172). Für finanzgerichtliche Verfahren enthält § 157 FGO eine entsprechende Bestimmung.

I. Nichtigkeit von Normen und Folgen für Anwendungsakte

Die Regelung ist den **Konsequenzen** geschuldet, die nach der deutschen Rechtstra- 2
dition bei der **Nichtigkeit von Normen** eintreten. Nichtig sind alle Rechtsnormen,
die mit höherrangigem Recht unvereinbar sind. **Nichtigkeit** bedeutet anfängliche,

§ 183 Teil V. Schluß- und Übergangsbestimmungen

auf den Erlasszeitpunkt (zurück)wirkende Unwirksamkeit (vgl. BVerwG NJW 1978, 2212 und DÖV 1978, 885; NKVwGO § 183 Rn. 12 ff.). Nichtigkeit tritt ipso iure ein, bedarf also keines konstitutiven gerichtlichen Ausspruchs, sondern kann jederzeit gerichtlich festgestellt werden. Bei den Verfassungsgerichten konzentriert ist lediglich die prinzipale, für und gegen alle wirkende, oder inzidente Verwerfung formeller nachkonstitutioneller Normen (vgl. Art. 100 I GG). Namentlich aber die Erkenntnisschwierigkeiten führen dazu, dass Verwaltung und Fachgerichte tatsächlich nichtige Normen unerkannt exekutieren.

3 Über das Schicksal von **Anwendungsakten** (VA, gerichtliche Entscheidungen), die auf einer nichtigen Norm beruhen, ist damit besonders zu entscheiden. Sie leiden zwar am Mangel einer gesetzlichen Grundlage, sind damit regelmäßig aber nur anfechtbar; ohne eine gerichtliche Aufhebung erwachsen sie in Bestands- bzw. Rechtskraft und bleiben ungeachtet ihrer Fehlerhaftigkeit beachtlich. Die spätere Nichtigkeitserklärung zieht wegen der **Entkoppelung** des Bestands der Anwendungsakte von ihrer Rechtsgrundlage Folgeprobleme nach sich. Deren Lösung muss sich zwischen den Polen der materiellen Gerechtigkeit im Einzelfall und der Rechtssicherheit bewegen, zu der auch die Rechtsbeständigkeit rechtskräftiger gerichtlicher Entscheidungen gehört (BVerfGE 2, 380, 403). Dieser Ausgleich ist Thema des § 183 für das Landesrecht.

4 Nach der **Grundentscheidung in § 183 S. 1** (und § 79 BVerfGG) bleiben Akte der öffentlichen Gewalt, deren Rechtsgrundlage mit der Verfassung nicht vereinbar war, „unberührt", also prinzipiell unangetastet, wenn sie im Rechtsweg nicht mehr angefochten werden können („Fortbestandsgarantie", Rn. 9). Dies ist Ausdruck des Vorrangs der Rechtssicherheit und des Rechtsfriedens vor der Forderung nach Einzelfallgerechtigkeit und Individualrechtsschutz (vgl. BVerfGE 2, 380, 404 f.; 7, 194, 195 ff.; 11, 263, 265; 20, 230, 235; ferner BVerwGE 27, 141, 144; 29, 270, 271; 29, 276, 278; 51, 253, 257). Er beruht letztlich auf der Einsicht, dass die Rechtsgemeinschaft nicht gedient ist, wenn ihre Mittel und Kapazitäten von der Bearbeitung abgeschlossener oder nie in Gang gesetzter Rechtsfälle aus der Vergangenheit beansprucht würden, sodass dadurch die Erfüllung gegenwärtiger und zukünftiger Aufgaben erheblich beeinträchtigt wäre (vgl. BVerfGE 97, 35, 48). Daher muss dem Bürger eine Anfechtungslast aufgebürdet werden: Wer eine Entscheidung akzeptiert, muss sich grds. auch bei späterer Feststellung der Verfassungswidrigkeit der Rechtsgrundlage daran festhalten lassen (B/K/B § 79 Rn. 2, 5, 9).

II. Anwendungsbereich

1. Verwerfung von Landesrecht

5 Die geregelte Konstellation stellt sich ein, wenn eine vom VG entscheidungserheblich herangezogene Norm des Landesrechts durch das jeweilige Landesverfassungsgericht für nichtig erklärt wird. Die Aussagen des § 183 gelten bei Verwerfung von **Landesrecht** materiellrechtlicher oder verfahrensrechtlicher Art. Entscheidend ist, dass die Norm der Normenkontrolle des Landesverfassungsgerichts unterworfen ist, worüber das jeweilige Verfassungsprozessrecht entscheidet. Praktisch handelt es sich wegen der Möglichkeit der Normenkontrolle untergesetzlicher Normen durch die OVG (§ 47) um formelle Gesetze.

6 Eine Norm des Landesrechts muss **principaliter** für **nichtig erklärt** werden. Es kommt nicht darauf an, ob das Verfassungsgericht die in § 183 ausdrücklich genannten Varianten des Verwerfungsausspruchs wählt, also die Nichtigkeit feststellt oder

Vorschriften für nichtig erklärt. Die Landesverfassungsgerichte haben die Entscheidungspraxis des BVerfG übernommen, die **Unvereinbarkeit** einer Norm mit der Verfassung festzustellen oder eine bestimmte **Auslegungsvariante** der Norm für unvereinbar mit der Verfassung zu erklären (dazu BVerfGE 81, 363; Papier EuGRZ 2006, 530). Diese Entscheidungsvarianten stellen ein Minus gegenüber der Nichtigerklärung dar, sodass es geboten ist, § 183 auch dann anzuwenden (NKVwGO § 183 Rn. 29; S/S-A/P § 183 Rn. 22 m. w. N.).

Ausdrücklich für **entsprechend anwendbar** erklärt wird § 183 in **§ 47 V 3** hins. 7 der Wirkungen einer OVG-Entscheidung, mit der eine untergesetzliche Rechtsvorschrift im Wege der prinzipalen Normenkontrolle für unwirksam erklärt wird (→ § 47 Rn. 81).

2. Anwendungsakte

Als Anwendungsakte der für nichtig erklärten Norm erfasst § 183 unmittelbar aus- 8 schließlich Entscheidungen der VG. Die Rechtsfolgenanordnungen der S. 1 bis 3 bestimmen abschließend, in welcher Weise eine festgestellte Nichtigkeit von Landesrecht gegenüber solchen Entscheidungen zur Geltung gebracht werden kann. Für die Wirkung auf VA gilt die Norm nicht unmittelbar; diese ergibt sich aus dem Verwaltungsverfahrensrecht (Rn. 18 ff.).

Es muss sich um eine „Entscheidung der Gerichte der Verwaltungsgerichtsbarkeit" 9 handeln, die aufgrund einer später für nichtig erklärten Norm ergangen ist. Zu den Entscheidungen i. S. des § 183 gehören sämtliche **Urteile** (§ 107), **Gerichtsbescheide** (§ 84) und **Beschlüsse** (§ 122), und zwar grds. auch (deklaratorische) Einstellungs- und Kostenbeschlüsse nach Rücknahme oder Hauptsachenerledigung. Das gilt nur dann nicht, wenn die prozessuale Beendigung eines anhängigen Gerichtsverfahrens, die den Beschluss zur Folge hatte, auf einer unmittelbar verfahrensbeendenden Norm beruht. Die vom nichtigen Gesetz selbst beabsichtigte prozessuale Wirkung der Verfahrensbeendigung wird von § 183 S. 1 nicht erfasst; das eingestellte Verfahren ist fortzusetzen (so BVerwGE 57, 311 = NJW 1979, 1469 zu § 79 BVerfGG). Im Einzelfall ist allerdings die Frage zu stellen, ob die Entscheidung auf der für nichtig erklärten Norm „beruht" (Rn. 14).

Gerichtliche **Vergleiche** (§ 106) rechnen nicht zu den Entscheidungen (NKVw- 10 GO § 183 Rn. 36; für entspr. Anwendung KS § 183 Rn. 4). Sie sind zwar Vollstreckungstitel, beruhen jedoch nicht entscheidend auf einer Norm und einer sie anwendenden autoritativen Entscheidung, sondern auf einem selbstständigen risikoabwägenden Willensbildungsprozess der Beteiligten. Inwieweit die etwaige Nichtigkeit einer Norm auf ihn Einfluss hatte, ist nach den allgemeinen Regeln über Vergleichsmängel (→ § 106 Rn. 16 ff.) zu bestimmen.

III. Wirkungen für Gerichtsentscheidungen

1. Lage bei offener Anfechtbarkeit

Bei den Wirkungen einer Nichtigerklärung auf verwaltungsgerichtliche Entschei- 11 dungen ist danach zu differenzieren, ob sie noch anfechtbar sind; S. 1 schafft eine Lösung nur bei Unanfechtbarkeit im Instanzenzug (Rn. 12). Denn die Nichtigkeit einer anzuwendenden Norm kann in jedem laufenden Prozess geltend gemacht werden. Die VG sind ohnehin – unabhängig von einem vorgängigen Ausspruch eines Verfassungsgerichts und sogar unabhängig von einer Rüge der Beteiligten – zur Prüfung der Gültigkeit der anzuwendenden Normen verpflichtet; sie haben eine Norm ggf. einem Verfassungsgericht vorzulegen, wenn sie eine für ungültig erachtete Norm (inzident) nicht selbst verwerfen dürfen (vgl. Art. 100 I GG). Diese Prüfung ist auf eine rechtssichere Grundlage gestellt, wenn die anzuwendende Norm i.S. des § 183 S. 1 principaliter für nichtig erklärt ist. Dies kann der Beschwerte im verwaltungsgerichtlichen Verfahren geltend machen, bei instanziell abgeschlossenen Verfahren mit offener Anfechtungsmöglichkeit mit dem statthaften Rechtsmittel.

2. Lage bei Rechtskraft

12 **a) Ausgeschlossene Wiederaufnahme.** Ist ein verwaltungsgerichtliches Verfahren rechtskräftig beendet, so können schwere Fehler der sachlichrechtlichen Grundlage einer Gerichtsentscheidung nur im Wege der Wiederaufnahme des Verfahrens nach § 153 i.V.m. den Vorschriften des Vierten Buchs der ZPO geltend gemacht werden. Nach der Grundentscheidung in § 183 S. 1 bleiben unanfechtbare Gerichtsentscheidungen durch eine Nichtigerklärung „unberührt", die festgestellte Nichtigkeit allein hat keine Auswirkungen auf ihren Bestand (Rn. 4). Damit ist zugleich klargestellt, dass die Nichtigkeit nicht als Wiederaufnahmegrund geltend gemacht werden kann (Ey § 183 Rn. 5; KS § 183 Rn. 3).

13 **b) Fortbestehen als Rechtsgrund.** Die in ihrem Bestand unberührten gerichtlichen Entscheidungen bleiben jedoch **Rechtsgrund** der auf ihrer Grundlage erbrachten Leistungen. Rückabwicklung kann nicht verlangt werden. Das gilt nach der Wertung des § 183 aber nur für Leistungen, die **bis zur Nichtigerklärung** erbracht worden sind (Ey § 183 Rn. 6). Trotz des Fortbestands der Gerichtsentscheidung darf nach Nichtigerklärung kein staatlicher Hoheitsakt – sei es ein VA oder ein Gerichtsurteil – mehr ergehen, der in Vollzug der Entscheidung darauf hinausläuft, die für nichtig erklärten Normen anzuwenden (BVerwG NVwZ 1984, 432; KS § 183 Rn. 3). Das folgt aus dem Zweck der Regelung, einerseits die nicht mehr anfechtbaren Entscheidungen aus Gründen der Rechtssicherheit bestehen zu lassen, ihre Wirkung andererseits aber – um der materiellen Gerechtigkeit willen – dahin gehend einzuschränken, dass sie als Instrumente zur zwangsweisen Herbeiführung der auf der nichtigen Norm beruhenden und deshalb mit dem materiellen Recht nicht in Einklang stehenden Rechtsfolge nicht mehr verwendet werden dürfen. Anders verhält es sich aber bei freiwilliger Befolgung der Gerichtsentscheidung (arg. § 817 S. 2 Hs. 2 BGB).

14 **c) Beruhen auf der nichtigen Norm.** Von der Sache her ist selbstverständlich, dass nur solche gerichtlichen Entscheidungen gemeint sind, die auf der für nichtig erklärten Norm „beruhen". Damit ist eine **ergebnisrelevante Entscheidungserheblichkeit** der Norm gemeint: Es muss sich feststellen lassen, dass ohne die beanstandete Norm oder Normauslegung das Gericht zu einem für den Kläger günstigeren Ergebnis gelangt wäre oder – soweit die Nichtigerklärung Verfahrensrecht betrifft – hätte gelangen können (S/S-A/P § 183 Rn. 35 f.). Der Begriff des Beruhens ist hier wie in § 132 II Nrn. 2 und 3 und § 137 I auszulegen. Ein Beruhen ist daher zu verneinen, wenn sich die unanfechtbare Entscheidung aus einem anderen Grund als im Ergebnis richtig erweist (vgl. § 144 IV).

15 **d) Landesrechtlicher Vorbehalt.** Der Vorbehalt zugunsten „einer besonderen Regelung durch das Land" lässt nur Abweichungen von der Fortbestandsgarantie nach S. 1 und den daraus folgenden Konsequenzen zu, nicht aber von den Vollstreckungs-

regeln der S. 2 und 3. Durch Landesgesetz kann also bestimmt werden, dass unanfechtbare gerichtliche Entscheidungen im Wege einer Wiederaufnahme beseitigt werden können. Von dieser Befugnis haben die Länder Hessen, Rheinland-Pfalz, Sachsen und das Saarland Gebrauch gemacht (Nachw. bei Ey § 183 Rn. 7).

3. Ausschluss der Vollstreckbarkeit (S. 1 und 2)

Ab dem Zeitpunkt der landesverfassungsgerichtlichen Nichtigerklärung (regelmäßig 16 der Entscheidungsverkündung) sind **Vollstreckungsmaßnahmen unzulässig**, die der Durchsetzung eines auf der nichtigen Vorschrift beruhenden Titels (§ 168 I) dienen (§ 183 S. 2). Ist ein Titel vor der Nichtigerklärung durchgesetzt worden, hat es dabei freilich sein Bewenden.

Nach der Nichtigerklärung kann sich der Vollstreckungsschuldner gemäß § 183 17 S. 3 i. V. m. § 767 ZPO wehren: Gegen die Einleitung und die Fortsetzung von Vollstreckungsmaßnahmen steht ihm die **Vollstreckungsabwehrklage** nach → § 167 zur Verfügung. Das gilt für Titel, die auf der Norm selbst beruhen, nicht aber für Kostenfestsetzungsbeschlüsse (→ § 164), die in der Folge des gerichtlichen Verfahrens ergehen. Ist die Vollstreckungsmaßnahme aber nur befristet angreifbar, kann sich der Vollstreckungsschuldner nicht zeitlich unbegrenzt auf die sich aus § 183 S. 2 ergebende Unzulässigkeit der Vollstreckung berufen, sondern muss die ihm gegen die Vollstreckungsmaßnahme zu Gebote stehenden Rechtsbehelfe innerhalb der jeweiligen Rechtsbehelfsfristen ergreifen (vgl. auch S/S-A/P § 183 Rn. 58).

IV. Wirkungen für Verwaltungsakte

Die Nichtigkeit seiner Rechtsgrundlage lässt die (innere) Wirksamkeit eines VA grds. 18 unberührt (§§ 43 f. VwVfG): Jedem rechtswidrigen VA fehlt es an einer Rechtsgrundlage, sei es, dass deren Voraussetzungen nicht erfüllt sind, sei es, dass sie nichtig ist. Diesem Fehler kann daher für sich gesehen kein zur Nichtigkeit des VA (§ 44 I VwVfG) führendes Gewicht zukommen. Mit der Wirksamkeit ist über das Schicksal eines in Anwendung einer nichtigen Norm erlassenen VA aber noch nichts Abschließendes gesagt; denn der VA ist rechtswidrig und bleibt aufhebbar (→ § 42 Rn. 4 ff.). Während **offener Anfechtungsfrist** gilt nichts grds. anderes als bei rechtswidrigen gerichtlichen Entscheidungen (Rn. 11). Jeder Betroffene kann die Nichtigkeit der Rechtsgrundlage geltend machen und die gerichtliche Aufhebung des rechtswidrigen VA im Instanzenzug durchsetzen (§ 113 I 1).

Ist der **VA,** der in Anwendung der nichtigen Norm erlassen worden ist, **unan-** 19 **fechtbar** (bestandskräftig), so ist zu unterscheiden, ob die Nichtigerklärung prinzipaliter oder inzident erfolgt ist. Bei einer prinzipalen Nichtigerklärung plädiert die h.M. für eine entsprechende Anwendung des § 183, wofür die umfassende Geltung seiner Rechtsprinzipien (Rn. 1, 4) spricht (KS § 183 Rn. 5; S/S-A/P § 183 Rn. 51 ff. m.w.N.). Das bedeutet: Der Bestand eines unanfechtbaren VA wird allein durch die Nichtigerklärung der ihm zugrunde liegenden Norm nicht berührt, seine Vollstreckung ist ab diesem Zeitpunkt jedoch nicht mehr zulässig.

Die weiteren Folgen ergeben sich aus dem **Verwaltungsverfahrensrecht**. Ein 20 Anspruch gegen die Verwaltung auf Wiederaufgreifen nach § 51 I VwVfG besteht nicht: Die Nichtigerklärung ist keine Änderung der Sach- oder Rechtslage i.S. des § 51 I Nr. 1 VwVfG. Der Betroffene hat aber einen Anspruch auf ermessensfehlerfreie Entscheidung über die behördliche Rücknahme des als rechtswidrig feststehenden VA aus § 48 I VwVfG (Wiederaufgreifen i.w.S., KS § 183 Rn. 6 → § 42 Rn. 96 ff.). Ist die Norm lediglich in einem Drittverfahren inzident, also mit Wirkung nur **inter partes** verworfen worden, so fehlt es an einer allgemeinverbindlichen Feststellung der Nichtigkeit. Diese wäre daher erneuter Gegenstand inzidenter Prüfung im Nachfolgerechtsstreit um die Verpflichtung der Behörde zur Aufhebung des VA (NKVwGO § 47 Rn. 380 f.).

§ 184 [Sonderbezeichnung für Oberverwaltungsgerichte]

Das Land kann bestimmen, daß das Oberverwaltungsgericht die bisherige Bezeichnung „Verwaltungsgerichtshof" weiterführt.

1 Bei Inkrafttreten der VwGO (→ nach § 195 I 1 am 1.4. 1960) besaßen Bremen und die südlichen Bundesländer Hessen, Baden-Württemberg, Bayern oberste Verwaltungsgerichte mit der Bezeichnung „Verwaltungsgerichtshof". Diese bestanden teils seit Mitte des 19. Jhdts. und waren als echte Gerichte ausgestaltet, während i. Ü. noch Administrativjustiz (→§ 1 Rn. 8) stattfand. Die VwGO ermächtigt diese Bundesländer dazu, ihr oberstes Gericht abweichend von § 2 („Oberverwaltungsgericht") unter der traditionellen Bezeichnung „Verwaltungsgerichtshof" [VGH] weiterzuführen.

2 Diese Bestimmung ist in einem Gesetz zu treffen (arg. § 3), das die süddeutschen Länder erlassen haben (Hessischer VGH; Bayerischer VGH; VGH Baden-Württemberg). Ob Bremen von der Ermächtigung theoretisch noch heute Gebrauch machen könnte, ist umstritten, wegen der offenen Gesetzesformulierung jedoch zu bejahen.

§ 185 [Sonderregelungen für Berlin, Brandenburg, Bremen, Hamburg, Mecklenburg-Vorpommern, Saarland und Schleswig-Holstein]

(1) In den Ländern Berlin und Hamburg treten an die Stelle der Kreise im Sinne des § 28 die Bezirke.

(2) Die Länder Berlin, Brandenburg, Bremen, Hamburg, Mecklenburg-Vorpommern, Saarland und Schleswig-Holstein können Abweichungen von den Vorschriften des § 73 Abs. 1 Satz 2 zulassen.

1 Die Vorschrift trägt Besonderheiten der Landesorganisation der genannten Bundesländer Rechnung, die eine direkte Anwendung bestimmter VwGO-Vorgaben nicht zulassen. Die in I aufgeführten beiden **Stadtstaaten** sind nach ihrer Verfassung in Bezirke eingeteilt, sodass diesen die Erstellung der **Vorschlagslisten** für die Wahl der ehrenamtlichen Richter anstelle der nach § 28 S. 1 regelmäßig in Pflicht genommenen Kreise und kreisfreien Städte übertragen werden musste (→ § 28 Rn. 1).

2 Die in II aufgeführten drei Stadtstaaten und kleineren Flächenstaaten besitzen keine Mittelinstanz und werden daher ermächtigt, die **Zuständigkeit für den Erlass des Widerspruchsbescheides** abweichend von den Vorgaben in § 73 I 2 zu regeln. Davon haben die Stadtstaaten, das Saarland und Schleswig-Holstein Gebrauch gemacht (Nachw. bei KS § 185 Rn. 1).

§ 186 [Sonderregelungen für Berlin, Bremen und Hamburg]

¹§ 22 Nr. 3 findet in den Ländern Berlin, Bremen und Hamburg auch mit der Maßgabe Anwendung, daß in der öffentlichen Verwaltung ehrenamtlich tätige Personen nicht zu ehrenamtlichen Richtern berufen werden können. ²§ 6 des Einführungsgesetzes zum Gerichtsverfassungsgesetz gilt entsprechend.

Die Vorschrift gehört in den Zusammenhang der **Berufung der ehrenamtlichen** 1 Richter (§§ 20 ff.). Er fügt dem – i.Ü. abschließenden – Katalog der **Hinderungsgründe** einen weiteren hinzu. Danach dürfen in den drei Stadtstaaten – auch – die in der öffentlichen Verwaltung ehrenamtlich Tätigen nicht zu ehrenamtlichen Richtern berufen werden. Dies stellt gegenüber § 22 Nr. 3 eine Verschärfung dar, weil danach im Grundsatz ehrenamtlich tätige Bedienstete keinem Berufungshindernis unterliegen.

Hinter dieser Verschärfung steht die Sorge, dass es wegen des erheblichen Umfangs 2 der Mitwirkung ehrenamtlich tätiger Bürger in der aktiven Verwaltung der Stadtstaaten vermehrt zu **Interessen- und Pflichtenkollisionen** mit dem Amt eines ehrenamtlichen Richters kommen könnte (HmbOVG DÖD 1996, 163; NKVwGO § 186 Rn. 1 m.w.N.). Der Begriff der **öffentlichen Verwaltung** ist von diesem Normzweck materiell auszulegen und umfasst jede staatliche Tätigkeit außerhalb von Rechtsetzung und Rechtsprechung (S/S-A/P § 186 Rn. 2). **Ehrenamtliche Tätigkeit** ist jede unentgeltliche Mitwirkung bei der Erfüllung öffentlicher Aufgaben, die aufgrund behördlicher Bestellung außerhalb eines haupt- oder nebenamtlichen Dienstverhältnisses befristet stattfindet (NKVwGO § 186 Rn. 7). Dazu gehört etwa, wer bei der Handelskammer Hamburg als Mitglied eines Prüfungsausschusses ehrenamtlich tätig ist (HmbOVG DÖD 1996, 163).

Die **Folgen eines Verstoßes** gegen das Berufungshindernis entsprechen denen, die 3 allgemein gelten. Dem Hinderungsgrund ist durch Entbindung vom Amt mit Wirkung für die Zukunft Rechnung zu tragen (§ 24 I); bis zur Entbindung hat der Ehrenamtliche an Entscheidungen mitzuwirken: Der Spruchkörper ist ordnungsgemäß besetzt, seine unter Mitwirkung des nicht berufungsfähigen Ehrenamtlichen ergangenen Entscheidungen bleiben wirksam (→ § 20 Rn. 8; NKVwGO § 186 Rn. 8).

Die Anordnung der entspr. Anwendung des **§ 6 EGGVG** (ergänzt durch StVÄG 4 1987) fügt in das Recht der Berufung ehrenamtlicher Richter eine **Übergangsregelung** für alle künftigen Gesetzesänderungen ein (KM § 6 EGGVG Rn. 1 ff.; NKVwGO § 186 Rn. 9 f.): Neue Regelungen über die Wahl (einschließlich ihrer Vorbereitung, Voraussetzungen, Zuständigkeit und Verfahren) sowie über die allgemeinen Regeln der Auswahl und Zuziehung ehrenamtlicher Richter sind danach prinzipiell erstmals auf die erste Amtsperiode der ehrenamtlichen Richter anzuwenden, die nicht früher als am ersten Tag des auf ihr Inkrafttreten folgenden zwölften Kalendermonats beginnt (§ 6 I EGGVG). Vorschriften über die Dauer der Amtsperiode ehrenamtlicher Richter sind erstmals auf die erste nach ihrem Inkrafttreten beginnende Amtsperiode anzuwenden (§ 6 II EGGVG).

§ 187 [Disziplinar-, Schieds- und Berufsgerichte; Personalvertretungssachen]

(1) Die Länder können den Gerichten der Verwaltungsgerichtsbarkeit Aufgaben der Disziplinargerichtsbarkeit und der Schiedsgerichtsbarkeit bei Vermögensauseinandersetzungen öffentlich-rechtlicher Verbände übertra-

§ 188 Teil V. Schluß- und Übergangsbestimmungen

gen, diesen Gerichten Berufsgerichte angliedern sowie dabei die Besetzung und das Verfahren regeln.

(2) Die Länder können ferner für das Gebiet des Personalvertretungsrechts von diesem Gesetz abweichende Vorschriften über die Besetzung und das Verfahren der Verwaltungsgerichte und des Oberverwaltungsgerichts erlassen.

(3) *(aufgehoben)*

1   I ermächtigt die Länder, auf den dort bezeichneten Gebieten den VG Aufgaben zuzuweisen und hierfür die Besetzung (z.B. ehrenamtliche Beisitzer aus den betroffenen Kreisen) und das Verfahren zu regeln.

2   **Disziplinargerichtsbarkeit** umfasst die klassische Disziplinargerichtsbarkeit über Beamte, aber auch darüber hinausgehend die akademische Disziplinargerichtsbarkeit (BVerfGE 29, 125).

3   **Schiedsgerichtsbarkeit** bei Vermögensauseinandersetzungen öffentlich-rechtlicher Verbände bezieht sich auf die in besonderen Fällen hoheitlich eingerichtete Schiedsgerichtsbarkeit (KS § 187 Rn. 4 f. m. w. N. auch zum Streit, ob zivilgerichtliche Angelegenheiten übertragen werden können); vgl. z.B. Art. 12 I BayAGVwGO.

4   **Berufsgerichte** können den VG lediglich angegliedert werden (z.B. § 61 Heil-BerG NRW); eine Aufgabenübertragung auf die VG scheidet aus (KS § 187 Rn. 6 m. w. N.). Hierunter fällt z.B. die Berufsgerichtsbarkeit über Ärzte oder Architekten.

5   II ermächtigt die Länder, auf dem Gebiet des **Personalvertretungsrechts** bezogen auf Besetzung und Verfahren von Vorschriften der VwGO abzuweichen. In der Praxis wird die Möglichkeit genutzt, Fachkammern bzw. -senate für Personalvertretungssachen einzurichten (z.B. § 80 LPVG NRW) und wegen des Verfahrens auf Vorschriften des ArbGG zu verweisen (§ 79 II LPVG NRW).

§ 188 [Spezialkammern und -senate für Fürsorgeangelegenheiten; Kostenfreiheit]

¹**Die Sachgebiete in Angelegenheiten der Fürsorge mit Ausnahme der Angelegenheiten der Sozialhilfe und des Asylbewerberleistungsgesetzes, der Jugendhilfe, der Kriegsopferfürsorge, der Schwerbehindertenfürsorge sowie der Ausbildungsförderung sollen in einer Kammer oder in einem Senat zusammengefaßt werden.** ²**Gerichtskosten (Gebühren und Auslagen) werden in den Verfahren dieser Art nicht erhoben; dies gilt nicht für Erstattungsstreitigkeiten zwischen Sozialleistungsträgern.**

1   Die Sachgebiete in Angelegenheiten der Fürsorge mit Ausnahme der in S. 1 gesondert benannten Angelegenheiten sollen – in Sonderregelung zu § 4 – in einer Kammer oder in einem Senat zusammengefasst werden. Die Verletzung der Soll-Vorschrift des S. 1 ist allerdings kein revisionserheblicher Verfahrensmangel (st. Rspr., vgl. BVerwG Buchh 451.20 § 33a GewO Nr. 5; BVerwGE 18, 216).

2   S. 2 ist eine Regelung des **Gerichtskostenrechts**. § 64 III 2 SGB X ist daneben nicht anwendbar. Die dort geregelte **persönliche Befreiung** der Träger der Sozialhilfe, der Grundsicherung für Arbeitsuchende, der Leistungen nach dem AsylbLG, der Jugendhilfe und der Kriegsopferfürsorge von den Gerichtskosten erstreckt sich auf Verfahren nach der ZPO sowie vor Gerichten der Sozial- und Finanzgerichtsbarkeit. Verwaltungsgerichtliche Verfahren sind im Hinblick auf S. 2 nicht in die Regelung

Spezialkammern und- senate für Fürsorgeangelegenheiten; Kostenfreiheit **§ 188**

aufgenommen worden. Die subsidiäre Geltung der ZPO für das verwaltungsgerichtliche Verfahren (§ 173 S. 1) macht dieses nicht zu einem Verfahren nach der ZPO (BVerwG NVwZ-RR 2000, 189). In Verfahren nach S. 2 bedarf es konsequenterweise **keiner Streitwertfestsetzung** nach § 63 GKG.

I. Gerichtskostenfreie Sachgebiete

Gerichtskostenfrei sind alle in S. 2 genannten Sachgebiete unabhängig von ihrer 3
Übertragung auf einen speziellen Spruchkörper i. S. des S. 1. Die Gerichtskostenfreiheit ist nicht auf mittellose und minderbemittelte Personen beschränkt. Aus Gründen der Vereinfachung ist die Norm als umfassende Pauschalregelung getroffen worden bezogen auf die objektive Art der Streitigkeit, jedoch ohne Rücksicht auf die Verhältnisse der im Einzelfall an ihr Beteiligten (st. Rspr., vgl. BVerwGE 47, 233; 18, 221).

1. Allgemeine Angelegenheiten der Fürsorge

Der Begriff der **„Angelegenheiten der Fürsorge"** ist weit zu verstehen. Er erfasst 4
alle zur Verwaltungsgerichtsbarkeit gehörenden Sachgebiete, die nicht ohnehin schon unter einen der in S. 1 ausdrücklich genannten Bereiche fallen und Fürsorgemaßnahmen zum Gegenstand haben (BVerwGE 44, 110; 18, 216). Für sie ist kennzeichnend, dass bestimmte Einkommens- und ggf. Vermögensgrenzen nicht überschritten werden dürfen. S. 1 bezweckt eine Gleichbehandlung mit den gleichartigen, zur Sozialgerichtsbarkeit gehörenden Streitsachen, die nach § 183 SGG grds. gerichtskostenfrei sind (vgl. BVerwGE 18, 216).

Nicht zur Fürsorge zählt die **Kriegsgefangenenentschädigung**, weil mit ihr vor 5
allem die Ansprüche abgegolten werden sollen, die der Berechtigte wegen der Freiheitsentziehung und der Arbeitsleistung in ausländischem Gewahrsam unter dem Gesichtspunkt des Sonderopfers möglicherweise gegen den Bund geltend machen könnte (BVerwG Buchh 412.4 § 2 KgfEG Nr. 38; Buchh 310 § 188 VwGO Nr. 8). Verfahren nach dem **WoGG** zählen ebensowenig dazu – und zwar auch für die Zeit nach der Neufassung durch das 7. SGG-ÄndG (BVerwG, Beschl. v. 18.3. 2009 – 5 PKH 1.09; BVerwGE 41, 115; a. A. KS § 188 Rn. 2) – wie beamtenrechtliche **Beihilfeansprüche**, auch wenn sie an einen Sozialleistungsträger abgetreten worden sind, da die Abtretung an der Rechtsnatur als beamtenrechtlicher, auf der Fürsorgepflicht des Dienstherrn beruhender Anspruch nichts ändert (BVerwGE 51, 211), oder Streitigkeiten um die Befreiung von der **Rundfunkgebührenpflicht** (BVerwG, Beschl. v. 30.12. 1987 – 7 B 243.87; S/S-A/P § 188 Rn. 7 m.w.N. zur a.A.).

2. Spezialsachgebiete der Fürsorge

Sozialhilfe- (SGB XII) und **Asylbewerberleistungen** (AsylbLG) sind klassische 6
fürsorgerechtliche Materien, die mit Inkrafttreten des 7. SGGÄndG v. 9.12. 2004 (BGBl I 3302) zum 1.1. 2005 in die Zuständigkeit der Sozialgerichte übergegangen sind (§ 51 I Nr. 6a SGG). Zum Sachgebiet der Sozialhilfe im weiten Sinn zählt auch die **Grundsicherung** nach dem zwischenzeitlich aufgehobenen GSiG (BVerwG RdLH 2005, 29; NVwZ-RR 2005, 419 m.w.N.).

Unter **Jugendhilfe** fallen Maßnahmen im Rahmen der allgemeinen öffentlichen 7
Fürsorge zugunsten Jugendlicher nach dem SGB VIII und dem UVG (BVerwG

§ 189 Teil V. Schluß- und Übergangsbestimmungen

NVwZ 1995, 81); der Begriff erfasst nicht jegliche der Jugendförderung dienenden Maßnahmen (NRWOVG NVwZ-RR 1994, 164).

8 Unter **Kriegsopferfürsorge** fallen Streitsachen nach §§ 25 ff. BVG, 85 SVG, 50 I ZDG sowie entsprechend §§ 60 IfSG, 7 II OEG, 80, 88 VII SVG, 51 III ZDG (vgl. KS § 188 Rn. 4).

9 Unter **Schwerbehindertenfürsorge** fallen die verwaltungsgerichtlichen Streitsachen aus dem Vollzug des SGB IX. Die Erstattung von Fahrgeldausfällen durch die unentgeltliche Beförderung von Schwerbehinderten im öffentlichen Personennahverkehr fällt in das Sachgebiet des Verkehrswirtschaftsrechts und nicht der Schwerbehindertenfürsorge (BVerwG NVwZ-RR 1991, 31; Buchh 310 § 188 VwGO Nr. 10).

10 Unter **Ausbildungsförderung** fallen die Streitsachen aus der Anwendung des BAföG.

II. Ausschluss bei Erstattungsstreitigkeiten

11 Die Gerichtskostenfreiheit des S. 2, 1. Halbs. gilt nicht für Erstattungsstreitigkeiten zwischen Sozialleistungsträgern (S. 2, 2. Halbs., neu durch Art. 1 Nr. 26 RmBerein-VpG vom 20.12. 2001 – BGBl I 3987). Das Betreiben der **Feststellung einer Sozialleistung** nach § 95 SGB XII betrifft keine solche Erstattungsstreitigkeit. Der Gesetzgeber hat die für Erstattungsstreitigkeiten eingeführte Ausnahme von der Gerichtskostenfreiheit – offenbar bewusst – bisher nicht auf diese Verfahren erstreckt (BVerwG, Urteil vom 2.12. 2009 – 5 C 33.08).

III. Umfang der Kostenfreiheit

12 § 188 befreit von den **Gerichtskosten** (Gebühren und Auslagen → § 162 Rn. 4), **nicht** aber von **Schreibgebühren** für Ausfertigungen und Abschriften (BVerwG DÖV 1961, 915) und **außergerichtlichen Kosten.** Insoweit kommt die Gewährung von PKH (§ 166 i.V.m. §§ 114 ff. ZPO) in Betracht. Eine darüber hinausgehende Befreiung von außergerichtlichen Kosten der Prozessführung vor den VG ist verfassungsrechtlich nicht geboten (BVerwG Buchh 310 § 166 VwGO Nr. 32).

§ 189 [Fachsenate]

Für die nach § 99 Abs. 2 zu treffenden Entscheidungen sind bei den Oberverwaltungsgerichten und dem Bundesverwaltungsgericht Fachsenate zu bilden.

1 § 189 verlangt für die Entscheidung nach § 99 II **(In-Camera-Verfahren)** die Einrichtung von **besonderen Spruchkörpern**. Der Gesetzgeber wollte sicherstellen, dass diese Entscheidungen bei jeweils einem Senat des OVG und des BVerwG konzentriert werden (BT-Drs. 14/7474, S. 16). Diese Intention korrespondiert nicht mit der sprachlichen Fassung des § 189, welche die Bildung mehrerer solcher Senate an einem der bezeichneten Gerichte nicht ausschließt (S/S-A/P § 189 Rn. 5), auch wenn wegen der Geheimhaltungsbedürftigkeit möglichst wenige Spruchkörper mit diesen Verfahren befasst sein sollten (KS § 189 Rn. 1). Besonderheiten für deren Besetzung sieht § 4 S. 2 und 3 vor.

§ 190 [Fortgeltung bestimmter Sonderregelungen]

(1) Die folgenden Gesetze, die von diesem Gesetz abweichen, bleiben unberührt:
1. das Lastenausgleichsgesetz vom 14. August 1952 (Bundesgesetzbl. I S. 446) in der Fassung der dazu ergangenen Änderungsgesetze,
2. das *Gesetz über die Errichtung eines Bundesaufsichtsamtes für das Versicherungs- und Bausparwesen* vom 31. Juli 1951 (Bundesgesetzbl. I S. 480) in der Fassung des Gesetzes zur Ergänzung des Gesetzes über die Errichtung eines Bundesaufsichtsamtes für das Versicherungs- und Bausparwesen vom 22. Dezember 1954 (Bundesgesetzbl. I S. 501),
3. (weggefallen)
4. das Flurbereinigungsgesetz vom 14. Juli 1953 (Bundesgesetzbl. I S. 591),
5. das *Personalvertretungsgesetz* vom 5. August 1955 (Bundesgesetzbl. I S. 477),
6. die Wehrbeschwerdeordnung (WBO) *vom 23. Dezember 1956 (Bundesgesetzbl. I S. 1066),*
7. das *Kriegsgefangenenentschädigungsgesetz (KgfEG)* in der Fassung vom 8. Dezember 1956 (Bundesgesetzbl. I S. 908),
8. § 13 Abs. 2 des Patentgesetzes und die Vorschriften über das Verfahren vor dem Deutschen Patentamt.

(2) (weggefallen)
(3) (weggefallen)

Die Vorschrift hielt die in I genannten Gesetze auch insoweit aufrecht, als sie von der VwGO abweichende Regelungen über die Gerichtsverfassung und das gerichtliche Verfahren enthielten. So findet sich in § 13 PatG (I Nr. 8) eine weitere erstinstanzliche Zuständigkeit des BVerwG. Spätere Änderungen dieser Regelungen bleiben vorrangig (NKVwGO § 192 Rn. 3). 1

Aufgehoben wurden mittlerweile 2
– das Gesetz über die Errichtung eines Bundesaufsichtsamtes für das Versicherungs- und Bausparwesen (I Nr. 2) m. W. v. 2. 9. 2005 durch Gesetz v. 29. 8. 2005 (BGBl. I S. 2546)
– das Personalvertretungsgesetz (I Nr. 5) m. W. v. 1. 4. 1974 durch Gesetz v. 15. 3. 1974 (BGBl. I S. 693); siehe jetzt das BPersVG
– das Kriegsgefangenenentschädigungsgesetz m. W. v. 1. 1. 1993 durch Gesetz v. 21. 12. 1992 (BGBl. I S. 2094).

§ 191 [Revision bei Klagen aus dem Beamtenverhältnis]

(1) (Änderungsvorschrift)
(2) § 127 des Beamtenrechtsrahmengesetzes und § 54 des Beamtenstatusgesetzes bleiben unberührt.

§ 127 BRRG lautet: 1
Für die Revision gegen das Urteil eines Oberverwaltungsgerichts über eine Klage aus dem Beamtenverhältnis gilt folgendes:
1. Die Revision ist außer in den Fällen des § 132 Abs. 2 der Verwaltungsgerichtsordnung zuzulassen, wenn das Urteil von der Entscheidung eines anderen Oberverwaltungsge-

richts abweicht und auf dieser Abweichung beruht, solange eine Entscheidung des Bundesverwaltungsgerichts in der Rechtsfrage nicht ergangen ist.
2. Die Revision kann außer auf die Verletzung von Bundesrecht darauf gestützt werden, daß das angefochtene Urteil auf der Verletzung von Landesrecht beruht.

2 § 54 BeamtStG [Verwaltungsrechtsweg] lautet:
(1) Für alle Klagen der Beamtinnen, Beamten, Ruhestandsbeamtinnen, Ruhestandsbeamten, früheren Beamtinnen, früheren Beamten und der Hinterbliebenen aus dem Beamtenverhältnis sowie für Klagen des Dienstherrn ist der Verwaltungsrechtsweg gegeben.
(2) Vor allen Klagen ist ein Vorverfahren nach den Vorschriften des 8. Abschnitts der Verwaltungsgerichtsordnung durchzuführen. Dies gilt auch dann, wenn die Maßnahme von der obersten Dienstbehörde getroffen worden ist. Ein Vorverfahren ist nicht erforderlich, wenn ein Landesgesetz dieses ausdrücklich bestimmt.
(3) Den Widerspruchsbescheid erlässt die oberste Dienstbehörde. Sie kann die Entscheidung für Fälle, in denen sie die Maßnahme nicht selbst getroffen hat, durch allgemeine Anordnung auf andere Behörden übertragen. Die Anordnung ist zu veröffentlichen.
(4) Widerspruch und Anfechtungsklage gegen Abordnung oder Versetzung haben keine aufschiebende Wirkung.

3 Die Vorschrift betrifft **Sonderregelungen** über **Streitigkeiten aus dem Beamtenverhältnis**. In II werden nach der Neuregelung der Bund-Länderkompetenzen im Bereich des Beamtenrechts die Bestimmungen über die **Revision** gegen das Urteil eines OVG nach § 127 BRRG (i.d.F. der Bek. v. 31.3. 1999, BGBl. I 654, zuletzt geändert durch Art. 15 XIV Gesetz v. 5.2. 2009, BGBl. I 160) und die nunmehr geltenden Rechtswegbestimmungen in § 126 BRRG (fortgeltendes unmittelbares Bundesrecht), § 126 BBG (für Bundesbeamte) und § 54 BeamtStG (für Landes- und Kommunalbeamte) aufrechterhalten. § 191 II ist hierzu m.W.v. 1.4. 2009 durch Gesetz v. 17.6. 2008 (BGBl. I S. 1010) neu gefasst worden.

§ 192 *(Änderungsvorschrift)*

1 Die durch die Neufassung des **Wehrpflichtgesetzes** überholte Vorschrift hielt Besonderheiten dieses Gesetzes hins. des Vorverfahrens und des gerichtlichen Verfahrens aufrecht. Heute gelten die verwaltungsprozessualen Regelungen in §§ 33 bis 35 WPflG (Ey § 192 Rn. 1) als spezielles Bundesrecht, ohne dass es einer besonderen Betonung bedürfte.

§ 193 [Oberverwaltungsgericht als Verfassungsgericht]

In einem Land, in dem kein Verfassungsgericht besteht, bleibt eine dem Oberverwaltungsgericht übertragene Zuständigkeit zur Entscheidung von Verfassungsstreitigkeiten innerhalb des Landes bis zur Errichtung eines Verfassungsgerichts unberührt.

1 Bei Erlass der VwGO (→ § 195 Rn. 1) waren in einigen Ländern landesverfassungsrechtliche Streitigkeiten den OVG zugewiesen. Diese Zuweisungen sollten durch § 193 aufrechterhalten werden. Ob die Regelung erforderlich ist, ist str., weil die Landeskompetenz für die Landesverfassungsgerichtsbarkeit die Befugnis zur Übertragung von Verfassungsstreitigkeiten auf die OVG einschließen soll, anders gesagt: durch deren Zuständigkeiten nach §§ 46 ff. nicht eingeschränkt werden sollte (NKVwGO § 193 Rn. 1).

In jedem Fall hat die Regelung ihre praktische Bedeutung verloren, nachdem 2
als letztes Bundesland **Schleswig-Holstein** durch Ges. v. 17.10. 2006 (GVOBl.
220) zum 1.5. 2008 das Schleswig-Holsteinische Landesverfassungsgericht eingerichtet hat (vgl. Art. 44 LV). Seither besitzen sämtliche Bundesländer eine eigenständige Landesverfassungsgerichtsbarkeit. Ob § 193 de lege ferenda die erneute Übertragung auf ein OVG erlaubt, bleibt auf unabsehbare Zeit eine theoretische Frage.

§ 194 [Übergangsvorschriften für Rechtsmittel]

(1) Die Zulässigkeit der Berufungen richtet sich nach dem bis zum 31. Dezember 2001 geltenden Recht, wenn vor dem 1. Januar 2002
1. die mündliche Verhandlung, auf die das anzufechtende Urteil ergeht, geschlossen worden ist,
2. in Verfahren ohne mündliche Verhandlung die Geschäftsstelle die anzufechtende Entscheidung zum Zwecke der Zustellung an die Parteien herausgegeben hat.
(2) Im Übrigen richtet sich die Zulässigkeit eines Rechtsmittels gegen eine gerichtliche Entscheidung nach dem bis zum 31. Dezember 2001 geltenden Recht, wenn vor dem 1. Januar 2002 die gerichtliche Entscheidung bekannt gegeben oder verkündet oder von Amts wegen an Stelle einer Verkündung zugestellt worden ist.
(3) Fristgerecht vor dem 1. Januar 2002 eingelegte Rechtsmittel gegen Beschlüsse in Verfahren der Prozesskostenhilfe gelten als durch das Oberverwaltungsgericht zugelassen.
(4) In Verfahren, die vor dem 1. Januar 2002 anhängig geworden sind oder für die die Klagefrist vor diesem Tage begonnen hat, sowie in Verfahren über Rechtsmittel gegen gerichtliche Entscheidungen, die vor dem 1. Januar 2002 bekannt gegeben oder verkündet oder von Amts wegen an Stelle einer Verkündung zugestellt worden sind, gelten für die Prozessvertretung der Beteiligten die bis zu diesem Zeitpunkt geltenden Vorschriften.
(5) § 40 Abs. 2 Satz 1, § 154 Abs. 3, § 162 Abs. 2 Satz 3 und § 188 Satz 2 sind für die ab 1. Januar 2002 bei Gericht anhängig werdenden Verfahren in der zu diesem Zeitpunkt geltenden Fassung anzuwenden.

Die heutige Fassung hat § 194 (der ursprünglich die sog. Berlin-Klausel enthielt) 1
m.W.v. 1.1. 2002 durch das Gesetz zur Bereinigung des Rechtsmittelrechts im Verwaltungsprozess (**RmBereinVpG**) v. 20.12. 2001 (BGBl. I S. 3987) erhalten. Die Vorschrift enthält **Übergangsvorschriften** für Rechtsmittel (Berufungen, Beschwerden und Zulassungsrechtsmittel) und die Prozessvertretung (§ 67) sowie für die Anwendbarkeit neu gefasster Einzelbestimmungen nach V (§ 40 II 1, § 154 III, § 162 II 3 und § 188 S. 2) ab dem Inkrafttreten des RmBereinVpG. Die Vorschriften sind infolge der seit ihrem Inkrafttreten verstrichenen Zeit weitgehend **überholt** (vgl. die Kommentierungen bei KS 14. Aufl. zu § 194; NKVwGO zu § 194).

§ 195 [Inkrafttreten; Aufhebungs- und Übergangsvorschriften]

(1) (Inkrafttreten)
(2) bis (6) (Aufhebungs-, Änderungs- und zeitlich überholte Vorschriften)
(7) Für Rechtsvorschriften im Sinne des § 47, die vor dem 1. Januar 2007 bekannt gemacht worden sind, gilt die Frist des § 47 Abs. 2 in der bis zum Ablauf des 31. Dezember 2006 geltenden Fassung.

1 Die VwGO v. 21.1. 1960 (BGBl. I 17) ist in der Ursprungsfassung gemäß § 195 I 1 am **1.4. 1960** in Kraft getreten. Die weiteren Bestimmungen in II bis VI sind heute bedeutungslos. Sie bestimmten, dass mit dem Inkrafttreten der VwGO alle noch in Kraft befindlichen Vorschriften früherer Gesetze und Verordnungen aufgehoben wurden, wenn sie den gleichen Gegenstand regelten. Besonders aufgeführt war das Gesetz über das BVerwG vom 23.9. 1952 (BGBl. I S. 625). Die heutige Fassung von I bis VI entspricht der Neufassung durch Bekm. v. 19.3. 1991 (BGBl. I 686).

2 Durch Gesetz v. 21.12. 2006 (BGBl. I 3316) ist **VII** angefügt worden. Er enthält eine **Übergangsvorschrift**, die nach der Verkürzung der Anfechtungsfrist des § 47 II auf ein Jahr (Art. 3 Nr. 1 lit. a Gesetz v. 21.12. 2006, BGBl. I 3316) m.W.v. 1.1. 2007 verfassungsrechtlich notwendig geworden war. Sie hat mittlerweile ebenfalls ihre Bedeutung eingebüßt: Rechtsvorschriften i.S. des § 47, die vor dem 1.1. 2007 bekannt gemacht worden sind, konnten nur innerhalb von zwei Jahren nach Bekanntmachung mit dem Normenkontrollantrag angefochten werden, längstens also bis zum 31.12. 2009.

Stichwortverzeichnis

Die **fettgedruckten** Zahlen bezeichnen die Paragrafen,
die mageren Zahlen die Randnummern.

Abänderung
- einstweilige Anordnung **123** 36
- Vollziehungsregelung **80** 71

Abfallbeseitigungsanlagen
- Gerichtszuständigkeit **48** 12

Abhilfe im Beschwerdeverfahren
- Erinnerung **151** 8
- Erinnerung gegen Kostenfestsetzung **165** 9
- Verfahren **148**

Abhilfe im Widerspruchsverfahren 72
Ablehnung von Beweisanträgen 86 27
- Gehörsverstoß **138** 32

Ablehnung von Gerichtspersonen
- Anfechtbarkeit **54** 25
- Beschwerdeausschluss **146** 13
- Rechtsmissbrauch **54** 22
- unrichtige Entscheidung **138** 19
- Verfahren **54** 16
- willkürliche Bescheidung **138** 19

Ablehnungsbescheid
- s. Versagungsbescheid

Ablehnungsgründe
- für ehrenamtliche Richter **23**

Abschriften
- s. Klageerhebung

Absetzen des Urteils
- Frist **117** 29
- Fristüberschreitung **117** 31 ff.
- Revisionsgrund **138** 52

absolute Revisionsgründe
- Anhörungsmangel **125** 6
- und anderweitige Richtigkeit **138** 5

Abwägungsgebot
- Drittschutz **42** 152

Abwehransprüche
- Verwaltungsrechtsweg **40** 132

Abweichung
- s. Divergenz

Akten
- elektronische Aktenführung **55b**
- In-Camera-Verfahren **99** 10
- PKH-Heft **166** 28
- Anspruch auf Beiziehung **100** 1

- Verweigerung der Vorlage **99** 7

Akteneinsicht 100
- Ausschluss **100** 18
- Berechtigte **100** 3, 14
- elektronische Akte **100** 17
- Ermessen des Gerichts **100** 16
- Erstattungsfähigkeit der Kosten **162** 23
- Gegenstand **100** 4 f.
- geheimhaltungsbedürftige Unterlagen **100** 6
- Übersendung **100** 10
- Übersendung an Kanzlei **100** 13
- Verfahren **100** 9 ff.
- Verweigerung **100** 8
- Zuständigkeit für die Entscheidung **100** 11, 15

Aktenvorlage durch Behörde 99
Aktenvortrag
- mündliche Verhandlung **103** 6
- Verzicht **103** 8

aktenwidrige Feststellungen
- Rüge im Revisionsverfahren **137** 27

allgemeine Feststellungsklage
- s. Feststellungsklage

allgemeine Leistungsklage
- s. Leistungsklage

Allgemeinverfügung
- s. auch Verwaltungsakt
- Vollziehungsregelung **80** 5

amtliche Auskünfte 86 19
Amtsermittlung 86
- s. auch Aufklärungspflicht
- s. auch Beweisanträge
- Auskunftseinholung **87** 8
- Bindungswirkungen **86** 13
- Grenzen **86** 7
- PTBS **86** 37

Amtshaftung
- s. auch Verwaltungsrechtsweg
- für Fehlverhalten des Gerichts **155** 27
- Rechtsweg **vor 40** 29

Amtshilfe 14
Amtsperiode
- s. ehrenamtliche Richter

775

Stichwortverzeichnis

Änderung der Rechtslage
- Berufungszulassung **124a** 48
- Revision **132** 19

Änderung der Rechtsprechung
- Kostenverteilung bei Hauptsachenerledigung **161** 36

Änderung der Sachlage
- Berufungszulassung **124a** 48
- Rechtskraft **121** 25 ff.

Änderung eines Titels
- und Kostenfestsetzung **164** 14

Änderungsbefugnis
- Beschwerdegericht **150** 4

anderweitige Richtigkeit
- Revision **138** 5; **144** 6
- und Verfahrensmangel **132** 41
- Zurückverweisung **130** 5

Anerkenntnis
- Begriff **156** 5
- Folgen für den Prozess **86** 26; **156** 7
- im vorbereitenden Verfahren **87a** 8
- Kostenentscheidung **156** 1
- sofortiges **156** 6

Anerkenntnisurteil 156 7; **107** 7

Anfechtbarkeit
- s. Rechtsbehelf, Rechtsmittel

Anfechtung
- s. auch Rechtsmittel, Rechtsbehelfe
- der Kostenentscheidung **158** 1 ff.
- der Kosten-Nebenentscheidungen **162** 77 f.

Anfechtungsklage 42
- Begründetheit **42** 41; **113** 3
- bei bestandskräftigen VA **42** 96
- Erledigung **113** 63 ff.
- Ermessens-VA **42** 33
- Folgen der Aufhebung des VA **113** 22
- gegen erledigte VA **42** 22
- gegen nichtige Verwaltungsakte **42** 20
- gegen Widerspruchsbescheid **115** 1
- Gegenstände **42** 24
- isolierte **42** 52
- Klageantrag **42** 40
- Klagefrist **74** 1
- Klagegegenstand **79**
- modifizierende Auflagen **42** 38
- Nebenbestimmungen **42** 31; **123** 32
- Rechtskraft der Klageabweisung **121** 14
- Rechtsschutzformvoraussetzungen **42** 3
- Rechtsverletzung **113** 11
- Sachurteilsvoraussetzungen **42** 39
- Statthaftigkeit **42** 3
- Teilanfechtung **42** 26 ff.

- Zugangsvoraussetzung **42** 12

angemaßte Rechtsposition
- vorläufiger Rechtsschutz **80** 5

Anhängigkeit
- s. Rechtshängigkeit

Anhörung
- Entbehrlichkeit im Beschlussverfahren **130a** 12
- Fristverlängerung **124a** 26
- im Beschlussverfahren **130a** 8
- im Musterverfahren **93a** 7
- im Widerspruchsverfahren **71** 1 f.
- vor Anordnung der sofortigen Vollziehung **80** 23
- vor Berufungsverwerfung **125** 6
- vor Einzelrichterübertragung **6** 31
- vor Tatbestandsberichtigung **119** 7
- vor Trennung und Verbindung **93** 6

Anhörungsmitteilung
- im Beschlussverfahren **130a** 9
- notwendige Wiederholung **130a** 11

Anhörungspflicht
- Verletzung im Widerspruchsverfahren **71** 3

Anhörungsrüge 152a
- Anhörung **152a** 11
- bei Heilung des Gehörsverstoßes **152a** 13
- Folgen für die Rechtshängigkeit **90** 16
- Fortführung bei Erfolg **152a** 14
- gegen Kostenentscheidung **158** 10
- Inhalt **152a** 8
- Kostenentscheidung **152a** 12
- Kostentragung **154** 9
- mögliche Rügen **152a** 3
- Rügen **152a** 4
- Streitwertfestsetzung **165** 6
- Subsidiarität **152a** 6
- und Gegenvorstellung **152a** 2
- Verfahren **152a** 11
- Vertretungszwang **152a** 9
- Verwerfung bei Unzulässigkeit **152a** 12
- Vollstreckungsschutz **152a** 15
- Zulässigkeitsvoraussetzungen **152a** 4
- Zuständigkeit **152a** 10

Anordnung der sofortigen Vollziehung
- Anhörung **80** 22
- Begründung **80** 25 f.
- Begründungsfehler **80** 62
- Form **80** 24
- Gemeinschaftsrecht **80** 30
- materielle Voraussetzungen **80** 28 f.
- Rechtsbehelfsbelehrung **80** 31
- Zuständigkeit **80** 22

Stichwortverzeichnis

Anordnung des persönlichen Erscheinens 95
Anordnungsanspruch 123 17 ff.
Anordnungsgrund 123 20 f.
Anschließungsberechtigte
– s. Anschlussberufung
Anschlussberufung 127
– Beschlussverfahren 130a 6
– Frist 127 10
– Rechtsmittel 127 2
– Kostenentscheidung 127 13
– Statthaftigkeit 127 6
– Streitgegenstand 127 7
– unselbstständige 127 3
– Vertretungszwang 127 9
Anschlussbeschwerde
– Frist 146 9; 147 9
– unselbstständige 146 9
Anschlusserinnerung 151 3
Anschlussrechtsmittel
– Kosten vor 154 12
– Kostentragung 155 14
– und Berufungsrücknahme 126 11
– wegen Kostenentscheidung 158 5
Anschlussrevision 141 4 ff.
– anwendbare Vorschriften 127 4
– bei Zurücknahme der Revision 140 5
Antrag
– s. auch Verwaltungsverfahren
– auf Abänderung einer Vollziehungsregelung 80 72
– auf Aufhebung der Vollziehung 80 61
– bedingter 44 3
– Kostenfestsetzungsverfahren 164 5
– Prozesskostenhilfe 166 40
Antrag auf gerichtliche Entscheidung
– Aktenvorlage 99 19 ff.
Antrag auf Zulassung der Berufung 124a
– Devolutiveffekt 124a 37
– Suspensiveffekt 124a 36
Antragsbefugnis
– s. auch Klagebefugnis
– s. auch Widerspruchsbefugnis
– Normenkontrolle 47 33
– vorläufiger Rechtsschutz 80 43
– Zulassung der Berufung 124a 35
Antragsberechtigung
– Urteilsergänzung 120 5
Antragserfordernis
– Berufung 124a 29
– Beschwerde 146 23

Antragsfrist
– für Normenkontrolle 195 2
Antragsgegner
– Hauptbeteiligter 63 2
– vorläufiger Rechtsschutz 78 2
Antragsteller
– als Hauptbeteiligter 63 2
Antragstellung
– bei einseitiger Erledigungserklärung 161 47
– mündliche Verhandlung 103 13
– Revision 139 17
– sachdienliche 86 51
Antragsverfahren 107 4
anwaltliche Erklärungen
– Umdeutung 88 11
Anwaltskosten
– s. Erstattung
Anwendungsakte von Normen 183 3
Anwesenheitsrecht
– Beweiserhebung 97 8
Arbeitsverhältnisse
– Rechtsweg 40 67
Asylstreitigkeiten
– s. auch Klageantrag
– Berufungsbegründung 124a 32
– Berufungsverfahren 130 2
– Berufungszulassung 124a 2
– Beschwerde 146 8
– Präklusion 128a 3
– Rücknahmefiktion 126 6
– Sprungrevision 134 3
– Zulassung der Berufung 124 2
Atomanlagen
– Gerichtszuständigkeit 48 4
Aufhebung
– einstweilige Anordnung 123 36
Aufklärungspflicht
– Verletzung 86 21
Aufklärungsrüge
– Berufungszulassung 124a 60
– Darlegung 139 22
– Nichtzulassungsbeschwerde 113 28
Auflagen
– bei Aussetzung der Vollziehung 149 6
– modifizierende (Anfechtung) 42 38
Aufrechnung
– als Vorfrage 40 106
– Aussetzung des Verfahrens 94 17
– Grundurteil 111 4
– Rechtswegverweisung 41 11
– Vorbehaltsurteil 107 7
– vorläufiger Rechtsschutz 80 9

777

Stichwortverzeichnis

Aufruf der mündlichen Verhandlung 103 2
aufschiebende Wirkung
- Abgaben und Kosten 80 12
- Anwendungsbereich 80 2
- Ausschluss 80 11 ff.
- Aussetzung durch Behörde 80 32
- Aussetzung durch Gericht 80 37
- Befristung 80b 7
- der Beschwerde 149
- durch Anordnung der Behörde 80 21
- Eintritt 80 7
- Ende 80b
- Fortdauer aufgrund richterlicher Anordnung 80b 7
- Maßnahmen der Polizei 80 17
- Rechtsfolgen 80 8
- sondergesetzliche Fälle 80 19 f.
- Vollziehungsaussetzung 149 3
- Widerspruch 80 1
- zuständiges Gericht für Verlängerung 80 8

Aufwendungserstattung
- zugunsten des Klägers 162 12 ff.

Augenschein
- Beweismittel 98 8

Ausbildungsförderung 188 10
Ausfertigung des Urteils
- als Grundlage der Vollstreckung 171 2
- Erteilung 100 12
- Vollstreckungsvoraussetzung 168 11

Ausforschungsbeweis 86 36
Ausführungsgesetze zur VwGO 3 3
Ausführungsgesetze 3 3
Auskunft
- Beschwerde 146 2
- Einholung im Verfahren 87 8
- In-Camera-Verfahren 99 7 ff.

Auslagen
- s. Kosten

ausländische Kläger
- Klagebefugnis 42 33, 161
- Prozesskostensicherheit 165a 1 f.

Auslegung
- s. auch Feststellungsklage
- des Klageantrags 88 7 ff.
- Verwaltungsakte 137 23

Aussageverweigerung
- Zeugen und Sachverständige 180 4 f.

Ausschlussfrist
- Klagerücknahmefiktion 92 29
- Wiedereinsetzung 60 2 f.

Ausschüsse und Beiräte
- Widerspruchsverfahren 73 3

außergerichtliche Kosten
- Begriff 162 8
- des Beigeladenen 162 63 ff.
- bei Vergleich 160 14

außerordentliche Beschwerde
- und Anhörungsrüge 146 1; 152a 2
- zum BVerwG 152 4

außerordentliche Rechtsbehelfe
- Anhörungsrüge 152a 1
- Begriff 58 3
- gegen Kostenentscheidung 158 10

Äußerungsfrist
- Beschlussverfahren 130a 10
- Gehörsverstoß 138 34

Aussetzung der Vollstreckung 165 9
Aussetzung der Vollziehung
- Abänderung 80 71
- Auflagen 149 6
- Begründetheit 80 45
- bei Anhörungsrüge 152a 15
- bei Beschwerde 149 4
- durch das Gericht 80 37 ff.
- gerichtliche Entscheidung 80 58
- Klagerecht 80 36
- Kostenentscheidung 149 7
- Prüfungsmaßstab 80 33
- Rechtsbehelfe 80 65
- Rechtsfolgen 80 35
- Sicherheitsleistung 149 6
- Vorlagepflichten 80 55
- Verfahren vor Gericht 80 37
- Vorsitzenden-Entscheidung 80 76
- Vorverfahren bei Abgabensachen 80 68
- Zulässigkeit 80 38
- Zuständigkeit 80 32

Aussetzung des Verfahrens 94
- s. auch Beschwerdeverfahren
- bei der Untätigkeitsklage 75 5
- der Beschwerde 146 4
- entsprechende Anwendung 94 9 ff.
- im vorbereitenden Verfahren 87a 7
- Verfahren vor dem EGMR 94 12
- Vorabentscheidung des EuGH 94 11
- wegen Verfassungsbeschwerde 94 10

Aussetzungsbeschluss
- Begründung 122 7

auswärtiger Anwalt
- Erstattungsfähigkeit der Kosten 162 38

Baumbach'sche Formel 159 3
Baunachbarstreit
- Klagebefugnis 42 138
- Widerspruchseinlegung 70 5

Stichwortverzeichnis

Beamtensachen
- Rechtsweg **40** 60
- Sonderprozessrecht **191** 1

Bedingungsfeindlichkeit
- s. auch Prozesshandlungen
- Nichtzulassungsbeschwerde **133** 7
- Klageänderung **91** 5
- Klagerücknahme **92** 6 f.

Beeidigung
- ehrenamtliche Richter **31**
- im Rechtshilfeverfahren **180** 6

Befähigung
- Berufsrichter **15** 1
- Bundesrichter **15** 4
- ehrenamtliche Richter **20 ff.**
- Vertreter des Bundesinteresses **35** 1
- Vertreter des öffentlichen Interesses **174** 1

Befangenheit
- s. auch Ablehnung
- infolge Hinweises **86** 49
- von Gerichtspersonen **54** 11 ff.
- willkürliche Bescheidung **138** 20 f.

Beglaubigungsvermerk
- Zustimmung zur Sprungrevision **134** 13

Begründung
- s. auch Urteil
- Berufungsverwerfung **125** 7
- Beschluss **122** 4 ff.
- vorläufiger Rechtsschutzantrag **146** 18

Begründungserleichterung
- Rechtsmittelbeschlüsse **122** 8

Begründungsfrist
- bei Wiedereinsetzung **60** 16 f.
- Berufung **124a** 23
- Beschwerde **146** 20
- Fristverlängerung **124a** 25
- Revisionsbegründung **139** 12

Begründungsschrift
- nach Zulassung der Revision **139** 11

Behörde
- als Klagegegner **78** 4 ff.
- im Normenkontrollverfahren **47** 46

Beibringungsgrundsatz 123 24; **173** 15

Beigeladene
- erstattungsfähige Kosten **162** 63 ff.
- Kosten bei Vergleichsschluss **160** 13 f.
- Kostenbelastung allgemein **154** 12
- Kostenbelastung bei Verschulden **155** 24
- Kostenerstattung als Rechtsmittelführer **162** 72
- Kostenerstattung bei Mehrzahl **162** 73
- Kostenerstattung bei Teilunterliegen **155** 1

- Kostentragung der Staatskasse **162** 74
- prozessuale Rechte **66** 1
- Prozessvergleich **66** 2
- Rechtskraft eines Urteils **121** 18
- Rechtsmittel **66** 2
- Sachanträge **66** 1
- Verfahrensbeendigung **66** 2
- verschuldete Kosten **155** 24

Beihilfeansprüche 188 5

Beiladung 65 f.
- Allgemeinverfügung **65** 9
- Anfechtbarkeit **65** 14
- Anwendungsbereich **65** 2
- Aufhebung **65** 15
- bei VA mit Doppelwirkung **65** 9; **80a** 16
- Berufungszulassungsverfahren **124a** 38
- Beschwerdefähigkeit der Ablehnung **146** 4
- einfache **65** 4
- Ermessen **65** 7, 11
- Folgen des Unterbleibens **65** 15
- im Revisionsverfahren **142** 8
- im vorbereitenden Verfahren **87a** 17
- Konkurrentenstreitverfahren **65** 10
- Massenverfahren **65** 13
- mehrstufige VA **65** 10
- Nachholung im Revisionsverfahren **142** 8
- notwendige **65** 8
- Überprüfung mit Beschwerde **150** 3
- Verfahren **65** 12
- vorläufiger Rechtsschutz **80a** 17
- Zwangsgeldfestsetzung **172** 7

Beiladungsberechtigte
- Bindung an Urteil **121** 18

Beiordnung eines Anwalts
- eines Notanwalts im PKH-Verfahren **166** 44, 52
- im Berufungszulassungsverfahren **124a** 14
- im PKH-Verfahren **166** 51

Beistände 67 23

Beiwohnungsrecht
- Beweiserhebung **97** 2 ff.

Bekanntgabe
- Beginn der Anfechtbarkeit eines VA **42** 15
- Fristauslösung **70** 3

Bekanntmachung, öffentliche 56a

Beklagtenwechsel
- s. Beteiligtenwechsel

Beklagter
- s. auch Klagegegner
- bei Leistungs- neben Anfechtungsbegehren **113** 54
- Hauptbeteiligter **63** 1

779

Stichwortverzeichnis

Belegenheit der Sache
- s. auch Widerklage
- Gerichtsstand **52** 3

Belehrung
- s. auch Rechtsbehelfsbelehrung
- über Folgen einer Fristversäumung **87b** 16 ff.
- Urteilsergänzung **120** 6

Benachrichtigung der Beteiligten
- von Beweiserhebung **97** 6
- von Maßnahmen **87** 13

Beratung und Abstimmung 55

Beratungsgeheimnis
- Akteneinsicht **100** 18

Beratungshilfe 166 65

Berechnung
- Anzahl der ehrenamtlichen Richter **27**

Berichtigung
- Bedeutung im Rechtsmittelverfahren **118** 13
- Parteibezeichnung **91** 16
- Tatbestand des Urteils **119** 1 ff.
- Tenor **116** 8
- Urteil **118** 2

Berichtigungsbeschluss
- Kostenentscheidung **119** 8
- Rechtsmittel **118** 14

Berichtigungsverfahren
- Tatbestandsberichtigung **119** 6 ff.
- Urteilsergänzung **120** 5 ff.

Berichtigungsvermerk
- Urteil **119** 9

Berlin
- Sonderregelungen **185**, **186**

Berufsgerichte 40 17
- Sonderregelungen in den Ländern **187** 4

Berufsrichter 15 1

Berufung 124 ff.
- s. auch ehrenamtlichen Richter
- s. auch Rechtsmittel
- Antragserfordernis **124a** 29
- Begründung **124a** 20
- Beiordnung eines Rechtsanwalts **124a** 14
- Berufungsbefugnis **124** 7
- berufungsfähige Entscheidungen **124** 3
- Beschränkung **131**
- Einlegung **124a** 8, 15 ff.
- Einlegungsfrist **124a** 9
- Entscheidung **130**
- Entscheidung durch Beschluss **130b**
- erneute **125** 9
- gegen Gerichtsbescheid **84** 22 f.
- Rücknahmeerklärung **126** 1

- Teilrücknahme **124a** 30
- Teilzulassung **124** 11; **124a** 4
- Umfang **124a** 19
- unzulässige **125** 3 ff.
- Verwerfung im Revisionsverfahren **125** 10
- Zulässigkeitsvoraussetzungen **124** 1 ff.; **125** 4
- Zulassungserfordernis **124** 1
- Zurücknahme **126** 1

Berufungsantrag 129

Berufungsausschluss 135

Berufungsbegründung 124a 20
- bei Doppelbegründung **124a** 33
- Bezugnahmen **124a** 71
- Form **124a** 21
- Frist **124a** 23
- Inhalt **124a** 27
- nach Zulassung durch OVG **124a** 70 ff.
- nachträgliches Vorbringen **124a** 28
- Prozesskostenhilfe **124a** 12 ff.
- Tatsachenänderungen **124a** 32
- Vertretungszwang **124a** 22

Berufungsfrist
- bei Urteilsberichtigung **124a** 11
- bei Urteilsergänzung **124a** 11

Berufungsgründe 124a 27
- Darlegung **124a** 31

Berufungshindernis
- s. ehrenamtliche Richter

Berufungsrücknahme
- Einwilligung **126** 4
- Einwilligungsfiktion **126** 5
- Fiktion **126** 6
- streitige Wirksamkeit **126** 13

Berufungsurteil
- vereinfachte Abfassung **130b**

Berufungsverfahren 125
- Anwendung auf Revision **141** 1
- Anwendung auf Zulassungsverfahren **125** 2
- Beweisaufnahme der Vorinstanz **128** 5
- Beweiswürdigung **128** 5
- Entscheidung durch Beschluss **130a**
- Glaubwürdigkeitsprüfung **128** 5
- Heilung von Verfahrensfehlern **128** 6
- Hilfsantrag **129** 2
- Klageabweisung bei fehlenden SUV **129** 7
- Klageänderung **128** 3
- neue Beweismittel **128** 7
- neue Tatsachen **128** 7
- Präklusion **128a** 1
- Streitgegenstand **128** 3
- Umfang **128** 4

Stichwortverzeichnis

- Umfang der Nachprüfung **128** 1 ff.
- verspätetes Vorbringen **128** 7; **128a** 1
- Widerklage **128** 3

Berufungsverwerfung 125 3, 6, 8

Berufungszulassung
- Aufklärungsrüge **124a** 60
- auslaufendes Recht **124** 37; **124a** 54
- Beschlussbegründung **124a** 63
- besondere Schwierigkeiten **124** 29
- Bindungswirkung **124a** 6, 65
- Divergenz **124** 40
- Doppelbegründung **124** 10
- durch OVG **124a** 61 ff.
- Entscheidung **124** 9
- Entscheidung des OVG **124a** 61 ff.
- grundsätzliche Bedeutung **124** 34
- im Urteilstenor **124a** 3
- Klageänderung **124** 28
- neue Tatsachen **124** 23
- Rechtsänderungen **124** 27
- Rechtsmittelbelehrung **124a** 3
- Richtigkeit des Urteils **124** 15
- überholte Tatsachen **124** 37
- Umfang **124a** 62
- Urteilsberichtigung **124a** 3
- Verfahren nach Zulassung **124a** 70
- Verfahrensmangel **124** 45 ff.; **138** 2
- Vorlage an BVerwG **124b**
- wegen Kostenentscheidung **158** 3
- Wirkung der Entscheidung **124a** 64
- Zulassungsgründe **124** 13
- Zwecke **124** 13

Berufungszulassungsantrag 124a 34 ff.
- Erledigung **124a** 67 ff.
- Fortsetzungsfeststellung **124a** 68

Berufungszulassungsverfahren 124a 61 ff.
- Beiladung **124a** 38
- Präklusion **128a** 2

Beruhenserfordernis
- s. auch Verfahrensmangel
- Berufungszulassung **124a** 50
- Revisionszulassung **132** 31

Bescheidung
- rechtzeitige **161** 50

Bescheidungsklage
- s. auch Verpflichtungsklage
- Unterliegen **155** 5

Bescheidungsurteil
- Antrag **113** 105 f.
- Prüfungsumfang **113** 108
- Rechtskraft **113** 109; **121** 13

Beschluss 122
- Beschwerdeentscheidung **150** 1
- einstweilige Anordnung **123** 29
- Rücknahmefiktion **126** 9
- urteilsersetzender **117** 1
- Vollstreckbarkeit **168** 5

Beschlussverfahren 130a
- Beschwerde **150** 2
- Beweisantrag **130a** 11
- Entscheidung durch Einzelrichter **130a** 13
- Ermessen bei Verwerfung **125** 5
- mündliche Verhandlung **101** 17
- Rechtsmittel **130a** 14
- vereinfachte Abfassung der Entscheidung **130b** 2

Beschwer
- Berufung **124** 8
- durch Änderung eines VA **71** 1
- Revision **132** 6

Beschwerde
- s. auch außerordentliche
- s. auch Rechtsmittel, Rechtsbehelf
- Abhilfeverfahren **146** 28; **148**
- Anschlussbeschwerde **146** 9
- Antragserfordernis **146** 23
- aufschiebende Wirkung **149**
- außerordentliche **146** 1
- Begründung **146** 23
- bei Vollziehungsregelung **80** 74
- Beschwerdeausschluss **146** 12
- Beschwerdebefugnis **146** 5
- Beschwerdefähigkeit **146** 2
- Besetzung des OVG **165** 14
- Einlegung **147** 3 ff.
- Entscheidung **146** 28
- Entscheidung durch Beschluss **150**
- Erledigung **146** 31
- Frist **147** 9
- gegen Beiladung **146** 4, 7
- gegen die Nichtzulassung der Revision **133**
- gegen einstweilige Anordnung **113** 38
- gegen Einzelrichterübertragung **146** 7
- gegen Erinnerung **151** 11; **165** 13
- gegen Kosten **146** 16
- gegen Kostenerinnerung **165** 3
- gegen Prozesskostenhilfeversagung **166** 66
- gegen Zwangsgeldfestsetzung **172** 7
- inhaltliche Anforderungen **147** 6
- Kostenentscheidung **165** 14
- nach § 99 II **49** 4
- neue Umstände **146** 27
- Prüfungsumfang **146** 30

781

Stichwortverzeichnis

- Rechtshilfeverfahren **180** 5
- Rechtsschutzbedürfnis **146** 6
- Rücknahme **146** 31
- Untätigkeitsbeschwerde **146** 10
- unzulässige **146** 29
- Vertretungszwang **146** 20; **147** 7; **151** 11
- Verwerfung **146** 29
- Vollstreckungsverfügung **170** 6
- vorläufiger Rechtsschutz **146** 18
- zum BVerwG **152** 5

Beschwerdeausschluss 146 12
- bei Verletzung von Verfassungsrecht **152** 7
- Folgen **152** 6

Beschwerdebefugnis
- Beschwerde **146** 5
- Nichtzulassungsbeschwerde **133** 3

Beschwerdebegründung
- Anforderungen **146** 25 ff.
- Frist **113** 16
- Inhalt **113** 17
- Nichtzulassung der Revision **133** 14 ff.
- Schriftform **113** 15
- Vertretungszwang **113** 15

Beschwerdebeschluss
- Begründung **150** 4
- Streitwertfestsetzung **165** 14

Beschwerdeeinlegung
- Nichtzulassung der Revision **133** 4 ff.
- und PKH-Antrag **146** 21
- zur Niederschrift **147** 8

Beschwerdeentscheidung
- bei Ergebnisrichtigkeit **146** 30
- Beschluss **146** 29
- Rechtsmäßigkeitskontrolle **150** 3

Beschwerdefähigkeit 146 2
- Abänderungsbeschluss **146** 18

Beschwerdefrist
- bei Urteilsberichtigung **133** 9
- bei Urteilsergänzung **133** 9
- Verlängerbarkeit **133** 8; **147** 9

Beschwerdegericht
- OVG **147**
- BVerwG **152**

Beschwerdeverfahren
- Änderungsbefugnis des Gerichts **150** 4
- anwendbare Vorschriften **150** 2
- Aussetzung **149** 3, 7

Beschwerdevorschriften
- Anwendungsbereich **147** 1 f.

Beschwerdewert
- Kostenbeschwerde **146** 17

Besetzung des Gerichts
- s. auch Normenkontrolle
- BVerwG **10** 3
- OVG **9** 2 ff.
- Urteilsverfahren **112** 3
- Verfahrensmangel **112** 1
- VG **5** 11
- vorschriftsmäßig **138** 9

Besetzungsfehler
- ehrenamtliche Richter **30** 10
- fehlende Vereidigung ehrenamtlicher Richter **31** 2
- Fehler bei der Wahl ehrenamtlicher Richter **29** 9
- Wahlausschuss **26** 4

Besetzungsrüge
- s. auch Besetzungsfehler
- Darlegung **138** 8; **139** 21
- ehrenamtliche Richter **29** 9; **30** 10; **31** 2; **138** 15
- Geschäftsverteilungsplan **138** 16 f.
- Nichtzulassungsbeschwerde **113** 28

Besetzungsvorschriften
- Folgen eines Verstoßes **15** 5
- Verstoß **138** 13

Besitzeinweisung
- Gerichtszuständigkeit **48** 11

besondere Schwierigkeiten
- Berufungszulassung **124** 29
- Beschlussverfahren **130a** 5
- Darlegung **124a** 49
- Einzelrichter **6** 7
- Gerichtsbescheid **84** 4
- Musterverfahren **93a** 8

besondere Spruchkörper
- Disziplinar-, Schieds-, Berufsgerichts **187**
- für In-Camera-Verfahren **189**
- Fürsorgeangelegenheiten **188**

Beteiligte
- Antragsteller **63** 2
- Auswechseln **91** 10 f.
- Begriff **63** 1
- Hauptbeteiligte **63** 4
- persönliches Erscheinen **95** 2
- Rubrum **117** 3
- vollmachtloser Vertreter **63** 6

Beteiligtenwechsel
- gewillkürter **91** 11
- im Revisionsverfahren **142** 6
- Klageänderung **91** 10

Beteiligungsfähigkeit 61

Betreibensaufforderung
- Klagerücknahmefiktion **92** 22

782

Stichwortverzeichnis

Beurteilungsermächtigung
- Begriff **114** 10
- Fortsetzungsfeststellungsklage **113** 70

Beurteilungszeitpunkt
  s. auch maßgeblicher Zeitpunkt
- für Widerspruchsbehörde **68** 8
- Interessenabwägung bei Vollziehungsregelung **80** 53

Bevollmächtigter
- s. auch Prozessbevollmächtigter
- Begriff im Kostenrecht **162** 35
- der Behörde **162** 59
- erstattungsfähige Kosten **162** 30 ff.
- gemeinsamer **67a** 1
- im Vorverfahren **162** 46
- Kostentragung **157** 1

Beweis 98
- unerfüllbare Anforderungen **108** 6
- Vortrag der Beteiligten **108** 10
- Zeugen **98** 9

Beweisantrag
- Ablehnung **86** 27 ff.; **138** 32
- Beschlussverfahren **130a** 11
- Bezeichnung bei Verfahrensrüge **113** 27
- förmlicher **86** 28
- Gerichtsbescheid **86** 30
- in Beschlussverfahren **86** 31
- in nachgelassenem Schriftsatz **86** 28
- Musterverfahren **93a** 11 ff.
- Stellung **86** 22
- und Verzicht auf mündliche Verhandlung **86** 29
- unsubstanziierter **86** 34
- Verfahrensmangel **124a** 59
- Vorabentscheidung **93a** 12

Beweisantrag (un)bedingter 86 28 ff.

Beweisaufnahme 96 ff.
- anwendbare Vorschriften **98** 3, 44
- durch blinden Richter **138** 12
- Erörterung **104** 2
- Öffentlichkeit **138** 42
- und PKH **166** 36
- Verfahren **98** 48
- Verstöße **96** 19
- Verwertung **96** 25
- Wiederholung **96** 15

Beweisbeschluss 87 14
- Beschwerdeausschluss **146** 13
- im vorbereitenden Verfahren **87a** 3

Beweiserhebung
- Beanstandung einer Frage **97** 14
- Beiwohnungsrecht **97** 2 ff.
- durch Behörden **180** 2

- Erhebungsrecht des Gerichts **87** 14
- Fragerecht der Beteiligten **97** 10
- in der mündlichen Verhandlung **96** 1 ff.
- Parteiöffentlichkeit **97** 2 ff.
- vor der mündlichen Verhandlung **96** 20
- zugunsten von Behörden **180** 2, 4

Beweisersuchen von Behörden 180

Beweislast
- Asylverfahren **108** 17
- behördliche Eingriffe **108** 21
- Beweislastentscheidung **108** 14 ff.
- Gewerbeerlaubnis **108** 19
- materielle **108** 14
- Rücknahme eines VA **108** 22
- Tatsachenverwertung **108** 23

Beweismittel
- Amtsarzt **108** 11
- Bezeichnung **87b** 5
- durch Augenschein **98** 8
- durch Parteivernehmung **98** 34
- durch Sachverständige **98** 18
- durch Urkunden **98** 22
- Gleichrangigkeit **108** 9

Beweisregeln 108 4

Beweisschwierigkeiten 108 12

Beweisverfahren, selbstständiges 98 38

Beweiswürdigung
- s. auch Vorwegnahme der
- als Verfahrensmangel **132** 35
- Bindungswirkungen **108** 8
- fehlerhafte **138** 25
- unzulässige Vorwegnahme **108** 12
- Zwischenverfahren nach § 99 II **108** 13

Bewilligungsverfahren
- PKH **166** 40 ff.

Bezirk
- s. auch Gerichtsbezirk
- in den Stadtstaaten **185** 1

Bezugnahmen
- auf angefochtene Entscheidung **130b** 1 ff.
- auf Hilfserwägungen **130b** 5
- auf Nichtzulassungsbeschwerde **139** 24
- auf Zulassungsantrag **124a** 71
- bei Verfahrensmangel **139** 26
- Beschwerdebeschluss **150** 4
- im Berufungsurteil **130b** 4
- im Beschwerdeverfahren **146** 24
- in Entscheidungsgründen **138** 51
- Kettenbezugnahmen **84** 20
- Urteil **117** 14
- Zulässigkeit **139** 23

Billigkeitsentscheidung
- Erfolgsaussichten als Maßstab **161** 32

783

Stichwortverzeichnis

- Kosten nach Hauptsachenerledigung **161** 31
- Prüfungstiefe **161** 33

Bindung
- an Vorbringen der Beteiligten **86** 26
- des Gerichts an Urteil **116** 8, 20
- des OVG an Zurückverweisungsgründe **130** 15
- Wegfall bei Tatsachenfeststellungen **137** 24 ff.

Bindung an Urteil
- Adressaten **121** 15 ff.
- Streitgegenstand **121** 3 ff.
- Umfang **121** 11

Bindungswirkung
- bei Zurückverweisung **113** 39; **130** 12 ff.
- der Berufungszulassung **124a** 6
- Revisionsgründe **132** 43; **137** 25
- von nichtrevisiblem Landesrecht **137** 16
- Wegfall **137** 24
- Zulassung der Sprungrevision **134** 17
- Zulassungsgründe **124a** 7

Brandenburg
- Sonderregelungen **185**

Bremen
- Sonderregelungen **185**; **186**

Bund-Länder-Streit
- Zuständigkeit des BVerwG **50** 3

Bundesfernstraßen
- Gerichtszuständigkeit **48** 23

Bundesrecht
- Irrevisibilität bei Lückenfüllung **137** 12
- Prüfungsmaßstab für Revision **137** 2
- Verletzung **138** 4

Bundesrichter
- Berufung **10** 1
- persönliche Voraussetzungen **15** 4

Bundesverwaltungsgericht 10
- als Beschwerdegericht **152** 1 ff.
- Berufung der Bundesrichter **10** 1
- Dienstaufsichtsbehörde **38** 2
- erstinstanzliche Zuständigkeiten **50**
- Funktionen **49** 1
- Großer Senat **11**
- Senate **2** 5; **10** 2 ff.
- Sitz **2** 5
- Vertretungszwang **67** 11, 17
- vorläufiger Rechtsschutz **152** 3
- zulässige Richterarten **10** 2
- Zuständigkeiten **49** 1, 50; **153** 5

Bundeswasserstraßen
- Gerichtszuständigkeit **48** 25

Darlegung
- allgemeine Anforderungen **133** 18; **124a** 45
- Aufklärungsrüge **139** 22
- Besetzungsrüge **139** 21
- besonderer Schwierigkeiten **124a** 49
- Divergenzrüge **124a** 55; **133** 22
- ernstliche Zweifel **124a** 46
- grundsätzlich e Bedeutung **124a** 51
- Grundsatzrüge **133** 19
- Nichtzulassungsbeschwerde **113** 17
- Verfahrensrüge **124a** 58; **133** 25
- Zulassungsgründe **124a** 44 ff.

Darlegungsanforderungen
- Anhörungsrüge **152a** 8
- Beschwerde **146** 24
- Prozesskostenhilfe **166** 28

Denkgesetze 108 4, 24

Deutsch
- als Gerichtssprache **55**

deutsche Gerichtsgewalt vor 40 20

Devolutiveffekt
- Anschlussrechtsmittel **127** 2
- Antrag auf Zulassung der Berufung **124a** 37
- Begriff **58** 3
- Beschwerde **146** 1
- Nichtabhilfeentscheidung **113** 31

Dichotomie
- s. öffentliches Recht

Dienstaufsicht 38

Dienststelle 52 13

Dienstverhältnisse (Rechtsweg) 40 60

Dispositionsbefugnis
- allgemein **vor 40** 11
- im Berufungsverfahren **129** 1
- Kostenverteilung **160** 1

dissenting opinion 55 5

Disziplinargerichtsbarkeit
- s. Verwaltungsrechtsweg
- Sonderregelungen in den Ländern **187** 2

Divergenz
- Berufungszulassung **124** 40
- Darlegung **124a** 55
- nachträgliche **132** 33
- revisibles Recht **132** 27
- Revisionszulassung **132** 25
- Subsumtionsfehler **132** 28
- und grundsätzliche Bedeutung **132** 23, 32

Dokumentenübermittlung
- elektronisch **55a**

Dolmetscher
- außerhalb der Verhandlung **162** 19

Stichwortverzeichnis

- Erstattung **162** 27

Doppelbegründung
- s. Berufungsbegründung

doppelrelevante Tatsachen vor 40 15

Dreipolige Rechtsverhältnisse
- Klageart **42** 83
- Kosten des Vorverfahrens **162** 44

Drittschutz
- absolute Verfahrensrechte **42** 185
- Anspruch auf Einschreiten **42** 148
- Baurecht **42** 138
- Beispiele **42** 138 ff.
- Bergrecht **42** 146
- Fachplanung **42** 152
- Frequenzzuteilung **42** 172
- Gebot der Rücksichtnahme **42** 144
- Grenznachbar, ausländische **42** 161
- Immissionsschutzrecht **42** 162
- Krankenhausfinanzierung **42** 164
- Organklagen **42** 165
- Regulierung **42** 177
- Straßenrecht **42** 170
- Straßenverkehrsrecht **42** 170
- Telekommunikationsrecht **42** 172
- Vereinsverbote **42** 178
- Verfahrensrecht **42** 181
- Verkehrszeichen **42** 179
- Wohnungseigentumsrecht **42** 195
- Wohnungsrecht **42** 190

ehrenamtliche Richter 19 ff.
- Ablehnungsgründe **23**; **24** 5
- aktives Wahlrecht **21** 4
- Alter **20** 3; **23** 7
- Amtsperiode **25** 2 f.
- Amtspflichten **19** 10; **24** 4
- Angehörige der Heilberufe **23** 5
- Apothekenleiter **23** 6
- Auferlegung von Kosten **33** 2
- Ausschließungsgründe **21**
- Auswahlentscheidung **29** 1
- Beamte **22** 4 f.
- Befreiung **23** 8
- beim BVerwG **19** 3
- beim OVG **34**; **19** 3
- beim VG **19** 3
- Berufsrichter **22** 3
- Berufungshindernisse **22**; **186** 3
- Berufungsvoraussetzungen **20**
- Besetzungsrüge **31** 2
- Deutscheneigenschaft **20** 2
- Ehrenamt **19** 4

- ehrenamtlich Tätige im öffentlichen Dienst **22** 6
- Entbindung bei Berufungsfehlern **20** 8; **29** 6
- Entbindung vom Amt **24**
- Entschädigung **32**
- erforderliche Anzahl **27**
- Ergänzungswahlen **25**
- Fähigkeiten **20** 2, 5; **21** 2
- Geistliche **23** 2
- gleichzeitige Tätigkeit als Schöffe **23** 3
- Heilung von Berufungsfehlern **20** 8
- Heranziehung zu Sitzungen **30**
- Hilfsliste **30** 9
- Hinderungsgründe für die Wahl **22**; **186** 1
- Interessenkollisionen **186** 2
- Ladung **30** 4 f.
- Missachtung von Hinderungsgründen **22** 9
- Mitglied von Gesetzgebungskörperschaften **22** 2
- Mitwirkung **5** 17; **30** 3
- Ordnungsmaßnahmen **33**
- Pflichten **19** 10, 12
- Rechte **19** 5
- Rechtsanwälte **22** 8
- Soldaten **22** 7
- Sonderregelungen **19** 2
- Stasi-Mitarbeiter **22** 9
- Stellung **19** 11
- Übergangsregelung für Gesetzesänderungen **186** 4
- Übersendung des Sachberichts **103** 7
- Unterzeichnung des Urteils **117** 17
- Vereidigung **31**
- Verfassungstreue **21** 1; **24** 4
- Verhinderung **30** 6
- Vermögensverfall **21** 5
- Vertretung **30** 7 f.
- Verurteilung **21** 2 f.
- Vorschlagsliste **28** 1 ff.; **185** 1
- Wahl **19** 4; **20**
- Wahlausschuss **26**
- Wählbarkeit **22**; **28** 1
- Wahlfehler **29** 7 f.; **138** 15
- Wahlfehler **21** 6; **26** 4
- Wahlperiode **25**
- Wahlverfahren **29** 1
- Wiedergewählte **23** 4
- Wohnsitzerfordernis **20** 4; **21** 4; **24** 7
- Zeitpunkt der Berufungsvoraussetzungen **20** 6

Stichwortverzeichnis

ehrenamtliche Tätigkeit
- Begriff **186** 2

einheitliche Kostenentscheidung vor **154** 9

Einheitlichkeit der Rechtsprechung **11** 1 f.

Einheits-Fachgerichtsbarkeit **1** 2

Einkommen
- Prozesskostenhilfe **166** 24

Einlegung
- Berufung **124a** 8 ff.
- Beschwerde **146** 22
- Sprungrevision **134** 18
- Revision **139** 1 ff.

Einlegungsfrist
- Beschwerde **146** 19
- für Revision bei Berichtigung **139** 3

einseitige Erledigungserklärung
- Begründetheit der Klage **161** 45
- Konstellationen **161** 40
- Zulässigkeit der Klage **161** 44

Einstellung des Verfahrens
- Kostenfestsetzungsverfahren **164** 24
- nach Hauptsacherledigung **161** 26
- Zuständigkeit bei Beschwerde **148** 6

Einstimmigkeit
- Beschlussverfahren **130a** 3

einstweilige Anordnung **123**
- Abänderung **123** 36
- Abgrenzung zur Vollziehungsregelung **123** 6
- Anordnung der Klageerhebung **113** 40
- Anordnungsanspruch **123** 16
- Anordnungsgrund **123** 20
- Antragsbefugnis **123** 10
- Aufhebung **123** 36
- Begründetheit **123** 15 ff.
- Begründung **122** 7
- Entscheidung **123** 29
- Ermessen **123** 30
- gegen Verfahrenshandlungen **123** 9
- Glaubhaftmachung **123** 22
- Inhalt **113** 31
- beamtenrechtlicher Konkurrentenstreit **123** 8
- mündliche Verhandlung **123** 26
- Nachbarschutz **123** 7
- Nebenbestimmungen **113** 32
- Normenkontrolle **47** 83 ff.
- rechtliches Gehör **123** 27
- Rechtsbehelfe **123** 38
- Rechtsschutzbedürfnis **123** 13
- Rechtsweg **123** 3
- Schadensersatz **123** 41
- Statthaftigkeit **123** 4
- Überschreitung der Hauptsache **113** 35
- Verfahren **123** 25
- Vollstreckung **123** 37; **168** 6
- Vollstreckung durch Zwangsgeld **172** 10
- Vollziehungsaussetzung **149** 6
- Vorwegnahme der Hauptsache **113** 33 f.
- zuständiges Gericht **123** 11

Einverständnis
- mit Einzelrichterentscheidung **87a** 20
- Verbrauch **101** 12 f.

Einwendungen
- bei Vollstreckung durch Zwangsgeld **172** 11

Einwilligung
- bei Berufungsrücknahme **126** 4
- bei Klagerücknahme **92** 14
- bei Rücknahme der Revision **140** 4
- des VöI in Rücknahme **36** 3
- Fiktion **126** 5
- Vertretungszwang **140** 4

Einwilligungsfiktion
- Berufungsrücknahme **126** 5
- Klagerücknahme **92** 16

Einzelrichter **6**
- Berufungszulassung **124a** 2
- Beschlussverfahren **130a** 13
- Beschwerdefähigkeit der Einzelrichterübertragung **146** 7
- konsentierter **87a** 18
- Rechtshilfeersuchen von Behörden **180** 4
- Richter auf Probe **6** 15
- Urteilsfindung **112** 2
- Verzicht auf mündliche Verhandlung **101** 13
- Zwangsgeldfestsetzung **172** 7

Empfangsbekenntnis
- s. Zustellung

Entbindung
- ehrenamtliche Richter **23** 10; **24**

enteignender Eingriff **40** 32

Enteignung
- s. auch Aufopferung
- Verwaltungsrechtsweg **40** 29 ff.
- Entschädigung vor **40** 30; **40** 20
- Gerichtszuständigkeit **48** 11

Entschädigung
- s. auch Enteignung
- Zeugen und Sachverständige **162** 7
- Erinnerung **154** 3
- ehrenamtliche Richter **32**

Stichwortverzeichnis

Entscheidung
- Kostenrecht **165** 1
- ohne mündliche Verhandlung **101** 5 ff.
- über Sprungrevision **134** 20
- von Amts wegen **88** 2
- Wirkungslosigkeit **92** 33
- Zustellung des Urteils **116** 21

Entscheidungsbesetzung des Gerichts
- Anzahl **5** 14
- Art der Richter **5** 15, 17
- außerhalb der Verhandlung **5** 16, 18

Entscheidungserheblichkeit
- s. Verfahrensmangel

Entscheidungsform
- fehlerhafte **152** 8

Entscheidungsformel
- s. Tenor

Entscheidungsgründe 117 10 ff.
- s. auch Begründung
- Fehlen **138** 48
- Lücken **108** 29 f.; **138** 50
- rechtliches Gehör **108** 27
- Sondervotum **117** 11
- unzureichende **138** 49
- Zwecke **108** 26

Entscheidungsreife
- Zurückverweisung **130** 9

entsprechende Anwendung
- des GVG **173** 8, 10
- der ZPO **173** 9, 13

Enumerationsprinzip 1 8; **40** 75

Erfahrungssätze 108 4

Erfolgsaussichten
- als Maßstab der Kostenlastentscheidung **161** 32

Ergänzungsaufforderung 87 7

Ergebnisrichtigkeit
- des angefochtenen Urteils **144** 6
- Beschwerdeentscheidung **146** 31

Erinnerung 151
- Anschlusserinnerung **151** 3
- im vorbereitenden Verfahren **87a** 10
- Devolutiveffekt **151** 1
- Erinnerungsbefugnis **165** 8
- Form und Form **151** 4 f.
- Gebührenfreiheit **165** 5
- gegen Ansatz der Gerichtskosten **165** 3
- gegen Gerichtskostenansatz **165** 3
- gegen Kostenfestsetzung **151** 2; **165** 7 ff.
- Kosten **165** 12
- Rechtsmittel **151** 11
- reformatio in peius **151** 9; **165** 11
- Überprüfungsumfang **165** 11

- Verfahren **151** 8; **165** 7
- vor dem BVerwG **152** 9
- Wiedereinsetzung **151** 4
- zur Niederschrift **151** 5
- Zurückverweisung **151** 10
- zuständiges Gericht **151** 7

Erinnerungsverfahren 165 7
- Kosten und Streitwert **165** 12
- Vertretungszwang **151** 6; **152** 9
- Zuständigkeit **165** 10

Erkenntnismittel
- Beweis **96** 2
- Erkenntnisliste (Asylverfahren) **100** 5

Erklärung über die persönlichen/ wirtschaftlichen Voraussetzungen 166 28 ff.

Erkrankung
- Wiedereinsetzungsgrund **60** 12

Erledigung
- s. auch Hauptsachenerledigung
- Anfechtungsklage **113** 63 ff.
- Begriff und Arten **161** 10
- Berufungszulassungsantrag **124a** 67
- der Beschwerde **146** 31
- einstweilige Anordnung **123** 13
- Ermessen bei Erledigung eines VA **114** 29
- im Rechtsmittelverfahren **113** 62
- Kostenentscheidung **161** 8
- Strategien **161** 8
- Verpflichtungsklage **42** 49
- zwischen den Instanzen **124a** 69

Erledigungserklärung 161
- s. auch Prozesshandlungen
- einseitige **161** 40 ff.
- Flucht in die **161** 38
- Form und Inhalt **161** 14
- im Rechtsmittelverfahren **161** 18
- übereinstimmende **161** 12
- Widerruf **161** 23
- Zeitpunkte **161** 17
- Zustimmung des Beklagten **161** 16

Erledigungsstreit 161 43

Ermessen 114
- Abgrenzungen **114** 9 ff.
- Amtsermittlung **86** 3
- Entschließungs-/Auswahlermessen **114** 4
- Ergänzung **114** 23 ff.
- Ergänzung im Revisionsverfahren **137** 29
- intendiertes **114** 4
- Nachholung **114** 26
- Rechtmäßigkeitskontrolle **150** 3
- Reduktion auf Null **114** 8
- und einstweilige Anordnung **123** 19

787

Stichwortverzeichnis

Ermessen des Gerichts
- Aussetzung der Vollziehung **149** 5
- Entscheidung ohne mündliche Verhandlung **101** 14
- Grundurteil **111** 5
- Trennung und Verbindung **93** 5, 11
- vorläufiger Rechtsschutz **80a** 16
- Wiedereröffnung der mündlichen Verhandlung **104** 9
- Zurückweisung **87b** 19 ff.

Ermessensfehler
- Arten **114** 15 ff.
- Ermessensausfall **114** 17
- Ermessensdefizit **114** 20
- Ermessensüberschreitung **114** 19
- Ermessensfehlgebrauch **114** 21
- Rechtswidrigkeit des VA **113** 3

ernstliche Zweifel
- Berufungszulassung **124** 15
- Darlegung **124a** 46

Erörterung
- im vorbereitenden Verfahren **87** 4 ff.
- Grenzen der Erörterungspflicht **104** 3
- in der mündlichen Verhandlung **86** 54; **104**

Erörterungstermin
- Öffentlichkeit **138** 42
- Parteiöffentlichkeit **87** 4

Ersatzerprobung von Richtern 15 3
Erscheinen der Beteiligten 95
erstattungsfähige Kosten 162
- Anwaltskosten **162** 26, 38, 62
- des Beigeladenen **162** 63 ff.
- des Bevollmächtigten **162** 59, 71
- des Bevollmächtigten im Vorverfahren **162** 46 ff.
- Dolmetscher in der Verhandlung **162** 27
- Privatgutachten **162** 28
- Reisekosten **162** 20, 57
- Tenorierung **162** 75
- Terminswahrnehmung **162** 20, 56
- Vorbereitungshandlungen **162** 14
- Vorbesprechungen **162** 15
- Vorverfahren **162** 40
- Zeitversäumnis **162** 25, 58

Erstattungsstreitigkeiten
- Gerichtskostenfreiheit **188** 11

ersuchter Richter
- Beweiserhebung **96** 20
- Rechtsbehelf **151** 1

Erzwingung eines Verwaltungsakts 172 5

Europarecht
- EU-Konformität bei Sofortvollzug **80** 30
- Klagebefugnis **42** 105
- Rechtsschutz **vor 40** 25

Europäische Union
- Rechtsschutz **vor 40** 22 ff.

Exterritoriale vor 40 20

Fachgerichtsbarkeiten
- s. auch Verwaltungsrechtsweg
- öffentlich-rechtliche **40** 7

Fachkammern/-senate
- beim OVG **9** 5
- für In-Camera-Verfahren **4** 5; **99** 19; **189**
- Sonderregelungen in den Ländern **187** 5

Fahrtkosten
- s. Reisekosten

faktische Vollziehung
- eines VA **80** 63
- einstweilige Anordnung **123** 6, 14

Fehlen von Urteilsbestandteilen 118 5
Fehler
- Begriff **118** 4
- des Verwaltungsakts **113** 4
- fehlerhafte Entscheidungsform **124** 6; **132** 4
- Urteil **118** 2

Feststellungsinteresse
- bei der Feststellungsklage **43** 51 ff.
- bei Drittrechtsverhältnisse **43** 60
- Nichtigkeitsfeststellungsklage **43** 61
- Verhältnis zum Fortsetzungsfeststellungsinteresse **43** 52

Feststellungsklage 43
- s. auch Nichtigkeitsfeststellungsklage
- s. auch Rechtsverhältnis
- Arten **43** 1, 4
- atypische **43** 26, 68
- bei normativem Unrecht **43** 64
- bei Rechtsverhältnissen **43** 7 ff.
- Beurteilungszeitpunkte **43** 63
- Fortsetzungsfeststellungsklage **43** 49
- gegen die öffentliche Hand **43** 47
- Klagebefugnis **43** 62
- Normerlass **43** 73
- Normprüfung **43** 67
- Rechtsverletzung **43** 67
- richterliche Lückenschließung **43** 75
- Sachurteilsvoraussetzungen **43** 42
- Subsidiarität **43** 42

Feststellungsurteil
- Urteilsart **107** 6
- Vollstreckbarkeit **168** 4

Stichwortverzeichnis

Fiktion
- s. auch Einwilligung
- Revisionsgründe **138** 4
- der Zustimmung bei Erledigungserklärung **161** 16

Flucht in die Erledigungserklärung **161** 38

Flugbereinigung
- Sonderregelungen **190** 1

Flugplätze
- Gerichtszuständigkeit **48** 15

Flugrouten **48** 18

Formular
- s. Vordruck

Fortsetzung des Verfahrens
- auf Anhörungsrüge **152a** 14
- nach Rücknahmefiktion **126** 9

Fortsetzungsfeststellungsinteresse **113** 77 ff.

Fortsetzungsfeststellungsantrag **113** 56 ff.
- s. auch Erledigung
- s. auch Feststellungsklage
- entsprechende Anwendungen **113** 27 f.
- erledigter VA **113** 95
- Erledigungszeitpunkt **113** 72 ff.
- im vorläufigen Rechtsschutz **113** 75
- in der Revision **142** 5
- Klageantrag **113** 97
- Klagebefugnis **113** 76
- Klagefrist **113** 95
- Klagegegenstand **79** 2
- polizeiliche Maßnahmen **113** 91
- Vorverfahren **113** 93

Fotokopien aus Gerichtsakten
- Erstattungsfähigkeit der Kosten **162** 17

Fragerecht
- Beweiserhebung **97** 10
- mündliche Verhandlung **104** 5 ff.

freie Beweiswürdigung **108** 4

Freiheit der Formenwahl
- s. Verwaltungsrechtsweg

Frist
- Abänderungsantrag **80** 73
- Anschlussbeschwerde **146** 9
- Berufung **124a** 9
- Berufungsbegründung **124a** 23
- Berufungszulassungsantrag **124a** 39
- Beschwerde im vorläufigen Rechtsschutz **146** 19
- Beschwerdebegründung **146** 20
- Beschwerdeeinlegung **146** 19
- Fristablauf **87b** 11

- Fristdauer bei Widerspruch **70** 6
- für Begründung der Nichtzulassungsbeschwerde **133** 14
- für das Absetzen des Urteils **117** 29 ff.
- Klage **74**
- Nichtzulassungsbeschwerde **133** 8
- Revision **80** 73

Fristbeginn
- Klage **74** 6
- Sprungrevision und Berufungszulassung **134** 15

Fristbestimmung
- Beschwerdeausschluss **146** 13

Fristen
- Belehrung **58** 6
- Berechnung **57** 3
- Ende **57** 4
- gewillkürte **60** 5
- Lauf **57** 2
- prozessuale **57**
- richterliche **60** 4
- Versäumung **60** 6

Fristverlängerung
- Anhörung **124a** 26
- Berufungsbegründungsfrist **124a** 25
- Revisionsbegründung **139** 13

Fristversäumung
- durch Behörde **60** 14
- Folgen **87b** 7
- Widerspruch **70** 1

Fünf-Monats-Frist
- für Urteilsabsetzung **138** 52

Fürsorgeangelegenheiten **188**

Gebühren
- s. Kosten

Gebührenstreitwert
- Kostenverteilung **155** 10, 12

Gegenrüge
- im Revisionsverfahren **142** 9

Gegenstand des Verfahrens
- bei Verbindung **93** 4

Gegenstandswert **165** 6

Gegenvorstellung
- gegen Kostenentscheidung **158** 11
- im Kostenrecht **165** 6
- Kostenentscheidung **158** 4
- PKH-Versagung **166** 68
- Statthaftigkeit **158** 11
- und Anhörungsrüge **152a** 2

Geheimhaltungsbedürftigkeit von Akten **99** 10

Stichwortverzeichnis

Gehörsrüge
- s. auch Gehörsverstoß
- Kausalität **138** 27
- Verlust im Revisionsverfahren **132** 40
- Voraussetzungen **138** 26 ff.

Gehörsverstoß
- s. auch rechtliches Gehör
- als Wiederaufnahmegrund **153** 13
- Anhörungsrüge **152a**
- Beispiele **138** 29 ff.
- Beweisantragsablehnung **138** 32
- Ergebnisrichtigkeit **138** 6
- Ladungsfrist **138** 31
- Prozesskostenhilfeversagung **166** 13
- Terminsverlegung **138** 30
- Überraschungsentscheidung **138** 33
- und absolute Revisionsgründe **138** 6
- unrichtige Tatsachenwiedergabe **138** 35

Geldbetrag
- gerichtliche Festsetzung **113** 34 ff., 45

gemeinsame Gerichte
- Staatsverträge **3** 9

Gemeinsamer Senat
- s. auch Großer Senat
- Oberste Gerichtshöfe des Bundes **11** 2

Generalverweisung
- auf GVG und ZPO **173** 1 ff.

Gericht
- Begriff **1** 4; **93** 3
- Errichtung und Aufhebung **3** 4
- Geschäftsstelle **13**

Gericht der Hauptsache
- einstweilige Anordnung **123** 11
- Regelung der Vollziehung **80** 40

Gerichtsbarkeiten
- s. auch Rechtsweg
- Zusammenlegung **3** 11

Gerichtsbescheid 84
- Absetzung **84** 15 ff., 20
- Anhörung **84** 6 ff.
- Antrag auf mündliche Verhandlung **84** 18, 23 f.
- Berufung **124** 3
- Besetzung des Gerichts **84** 14
- Entscheidungsermessen **84** 12
- Erlassvoraussetzungen **84** 4 ff.
- mündliche Verhandlung **84** 26 f.
- Rechtsbehelfe **84** 21
- Rechtskraft **121** 31
- Sprungrevision **134** 2
- Verfahrensmangel bei Nichtzulassungsbeschwerde **135** 3
- Vollstreckbarkeit **168** 5

- Wirkungen **84** 17 ff.
- Zustellung **116** 21

Gerichtsbezirk 3 7
- Zuständigkeitsbestimmung **53** 4

Gerichtsferien 102 25; **173** 24

Gerichtskosten
- s. auch Kosten
- Anfechtung **165** 3
- Begriff **162** 4; **165** 3
- Erstattungsstreitigkeiten **188** 11
- gerichtskostenfreie Sachgebiete **188** 3 ff.
- Kostenfestsetzung bei Vergleich **160** 4
- Kostenfreiheit **188** 2, 12

Gerichtsorganisation 3

Gerichtspersonen
- Ablehnung **54** 11 ff.
- Ausschließung **54** 3 ff.
- Begriff **54** 2

Gerichtspräsident 5 3
- Dienstaufsicht **39** 1 f.
- Doppelstellung **39** 1

Gerichtssitz 3 6

Gerichtssprache 55

Gerichtsstand 52

Gerichtsverfassung 1

Gerichtsverfassungsgesetz
- entsprechende Anwendung **173** 1 ff.
- Generalverweisung **173** 10
- Präsidialverfassung **4** 1
- Spezialverweisungen **173** 8

Gerichtsverwaltung 38 f.
- Definition **39** 4
- Geschäfte **39** 3

geringfügiges Unterliegen
- Kostenentscheidung **155** 12

Geschäftsfähigkeit
- s. Prozessfähigkeit

Geschäftsführung ohne Auftrag
- s. Verwaltungsrechtsweg

Geschäftsprüfung 38 4 f.; **116** 18

Geschäftsstelle 13; **173** 10
- Übergabe des Urteils **117** 28
- Urkundsbeamte **13** 2 ff.

Geschäftsverteilung 4
- ehrenamtliche Richter **30** 1
- Rechtshilfeersuchen von Behörden **180** 3
- Sonderregelungen für Fürsorgeangelegenheiten **188** 1
- spruchkörperinterne Mitwirkungsregelung **4** 4

Geschäftsverteilungsplan 4 3
- Falschauslegung **138** 17
- Verstoß gegen **138** 16

Stichwortverzeichnis

Gesetzesänderung
– Kostenverteilung bei Hauptsachenerledigung **161** 36
gesetzlicher Richter
– Geschäftsverteilung **4** 1; **30** 1
– Revisionsgrund **138** 7
Gestaltungsurteil 107 6
– Vollstreckbarkeit **168** 4
Glaubhaftmachung 86 24
– der Verhinderung **102** 17
– einstweilige Anordnung **123** 22 f.
Gnadenentscheidungen
– s. Verwaltungsrechtsweg
Großer Senat
– BVerwG **11**
– OVG **12**
Gründe
– s. Entscheidungsgründe
Grundrechte
– Klagebefugnis **42** 118
Grundrechtsverletzung
– Fortsetzungsfeststellungsinteresse **113** 90
grundsätzliche Bedeutung
– auslaufendes Recht **132** 24, 32
– bei Divergenz **132** 23, 32
– Berufungszulassung **124** 34
– Darlegung **124a** 51
– Einzelrichterübertragung **6** 12
– fallübergreifende Bedeutung **132** 15
– Revisionszulassung **132** 13
Grundurteil 111
Gutachtenerstattung
– s. auch Privatgutachten
– Erzwingung **180** 2
Gutachter 96 13
– s. auch Beweis
– s. auch Privatgutachten

Hamburg
– Sonderregelungen **185; 186**
Handschriftlichkeit 81 3
Hängebeschluss
– s. Zwischenregelung
Hauptsachenerledigung
– Anfechtung der Kostenentscheidung **158** 7
– im vorbereitenden Verfahren **87a** 12
– Kostenaufhebung **161** 34
– Rechtshängigkeit **90** 15
– und Sacherledigung **161** 12
– verschuldete Kosten **155** 26
Hauptsachenerledigungsbeschluss
– Begründung **122** 7

– Kostenverteilung **161** 29
Heraufholung
– s. Teilurteil
Hilfsantrag
– Erledigungserklärung **161** 20
– im Berufungsverfahren **129** 2
– im Revisionsverfahren **142** 4
– Nichtbescheidung **88** 12
– Rechtshängigkeit **90** 4
– Rechtswegverweisung **41** 10
– Trennung **93** 12
– Zulässigkeit **44** 2 f.
Hilfsliste
– ehrenamtliche Richter **30** 9
Hinderungsgründe
– für Berufung als ehrenamtlicher Richter **22**
Hinweise
– Befangenheit **86** 49
– Beschwerde **146** 2
Hinweispflicht
– des Gerichts **86** 44 ff.
– Verfahrensmangel **86** 50
Hoheitsakte
– rechtswegfreie **vor 40** 25
höhere Gewalt 58 13
Honorarvereinbarung
– Erstattungsfähigkeit der Kosten **162** 33
Hybridakten 55 2

Immissionen
– Drittschutz **42** 162, 187
– Rechtsweg **40** 130, 156
In-Camera-Verfahren 99 19 ff.
– Beiladung **99** 30
– Beschwerde zum BVerwG **152** 1
– Beweiswürdigung **108** 13
– Fachsenate **189**
– Rechtsmittel **99** 33
– Verfahren des Fachsenats **99** 28 ff.
Informationsreise zum Anwalt
– Erstattungsfähigkeit der Kosten **162** 18
Inkorporation von Zivilprozessrecht 173 3
Inkrafttreten der VwGO 195
innerorganschaftliche Streitigkeiten
– s. Verwaltungsrechtsweg
Instanzenzug 2 2
Interessenabwägung
– Beurteilungszeitpunkt **80** 53
– Regelung der Vollziehung **80** 49 ff.
Interessenkollisionen
– bei ehrenamtlichen Richtern **186** 2

791

Stichwortverzeichnis

Interessentenklage vor 40 35
Irrläufer vor 40 12
irrtümliche Zustellung
– Kostentragung 162 6
isolierte Anfechtungsklage
– Bedeutung 42 82 ff.
– bei notwendiger Sachaufklärung 113 41 ff.
– Statthaftigkeit 113 112
isolierte Kostenentscheidung
– Unanfechtbarkeit 158 7
isoliertes Vorverfahren
– Kosten 162 50
iudex a quo
– Beschwerdeeinlegung 133 14
– Entscheidung über Revisionszulassung 133 29

Jahresfrist
– bei fehlender Rechtsmittelbelehrung 133 10
Jugendhilfe
– als Fürsorgeangelegenheit 188 7
justizfreie Hoheitsakte
– s. Verwaltungsrechtsweg
Justizgewährung(spflicht) vor 40 1
justizstaatliche Lösung 1 1
Justizverwaltungsakte 40 47 ff.

Kammer 5 9 ff.
Kammerrechtsbeistände
– Prozessvertretung 67 4
Kapazitätsrechtsstreit
– Hauptsachenerledigung 161 34
Kausalität
– s. auch Beruhenserfordernis
– der Rechtsverletzung 137 19
– Gehörsrüge 138 27
– Verfahrensmangel 124 50
– Wiedereinsetzung 60 10
Kernbrennstoffe
– Gerichtszuständigkeit 48 7
Kirchengutsgarantie 40 131
Klage
– auf Akteneinsicht 100 7
– Frist 74
– gegen falschen Beklagten 78 9
– Zulässigkeit und Begründetheit **vor 40** 5
Klageabweisung
– durch Prozessurteil **vor 40** 14
– Rechtskraft 121 14
Klageänderung
– Änderung der Klageart 91 13 ff.

– Anwendungsbereich 91 3
– Arten 142 3
– Auswechseln von Beteiligten 91 10
– Bedingung 91 5
– Berichtigung der Parteibezeichnung 91 16
– Berufungszulassung 124 28
– Beurteilung durch Revisionsgericht 142 2
– durch Einlassen des Beklagten 91 20
– Einwilligung 91 19
– Entscheidung des Gerichts 91 25
– im Revisionsverfahren 142 1 ff.
– Rechtshängigkeit 90 14
– Sachdienlichkeit 91 22
– Voraussetzungen 91 5 ff.
Klageantrag
– allgemein 82 6
– Bindung im Berufungsverfahren 129 1
– fehlende Bindung 88 6
– im Asylprozess 86 52
– Nachholung 104 11
– Umdeutung 88 10
– und Klageänderung 91 8
Klagearten
– s. Rechtsschutzformen
Klagebefugnis 42 100 ff.
– Adressatentheorie 42 128
– bei Streitgenossenschaft 64 11
– bei VA mit Doppelwirkung 80a 14
– Darlegungslast 42 125
– Drittbetroffenheit 42 129
– entsprechende Anwendung 42 136
– Europarecht 42 105
– Grundrechte 42 118
– Interessentenklage 42 100
– Leistungsklage 42 130
– Möglichkeitstheorie 42 123
– Popularklage 42 100
– Präklusion 42 133
– Schutznormtheorie 42 113
– subjektiv öffentliches Recht 42 110 ff.
– Tatbestandswirkung von VA 42 135
– UVP 42 183
– Verletztenklage 42 100 ff.; 110
– Verpflichtungsklage 42 130
– Verwirkung 42 134
– Vorbehalt abweichender Regelung 42 101
Klagebegehren
– Begriff 44 4; 82 6
– Bindung an 88 3
– Unterschreitung 88 12
– Ergänzung 82 9; 113 25, 50

792

Stichwortverzeichnis

Klageerhebung 81
- Abschriften **81** 21
- bedingte **81** 2, 15
- Eingang beim falschen Gericht **74** 13; **81** 10 ff.
- Fristwahrung **74** 12 f.
- moderne Telekommunikationsmittel **81** 5
- Schriftlichkeit **81** 3 ff.
- und PKH **81** 17 ff.
- zur Niederschrift des Urkundsbeamten **81** 14

Klageerwiderung **85** 1 ff.

Klagefrist 74
- Anwendungsbereich **74** 2 ff.
- Bedeutung **vor 40** 39
- Beginn **74** 6
- bei Streitgenossenschaft **74** 10
- Ende **74** 11
- Fristwahrung **74** 12
- Sachurteilsvoraussetzung **74** 1

Klagegegenstand
- Gestaltänderung im Widerspruchsverfahren **79** 3

Klagegegner 78
- bei Leistungsbegehren **113** 54

Klagegründe
- Bindung **88** 4
- zuständigkeitsfremde **83** 6

Klagenhäufung 44

Kläger
- s auch ausländischer
- Hauptbeteiligter **63** 1 ff.

Klagerecht
- Verwirkung **74** 14

Klagerücknahme
- Abgrenzungen **92** 9 ff.
- Bedingungsfeindlichkeit **92** 6
- bei Erledigung **161** 48
- Betreibensaufforderung **92** 22
- Einstellung durch Beschluss **92** 31
- Einwilligungserfordernis **92** 12
- Einwilligungsfiktion **92** 16
- Erklärung **92** 3
- fiktive **92** 17 ff.
- Folgen des Nichtbetreibens **92** 27 ff.
- im Rechtsmittelverfahren **92** 15
- im vorbereitenden Verfahren **87a** 8
- Kosten bei Untätigkeitsklage **161** 48
- Kostenabsprache **160** 11
- Rechtsfolgen **92** 31
- Rechtshängigkeit **90** 13
- Unwiderruflichkeit **92** 8
- verschleierte **92** 9; **161** 38

- Vertretungszwang **92** 4
- Wirksamkeitsvoraussetzungen **92** 3 ff.

Klagerücknahmefiktion
- Feststellung durch Beschluss **92** 34
- fingierte Einwilligung **92** 30
- Fortsetzung des Verfahrens **92** 37

Klägerwechsel
- s. Beteiligtenwechsel

Klageschrift 82
- Antrag **82** 6 f.
- Auslegung **82** 2
- Beifügung der Bescheide **82** 8
- Bezeichnung der Parteien **82** 3
- Ergänzung **82** 9
- ladungsfähige Anschrift **82** 4
- Zustellung **85** 1

Klagevoraussetzung
- Antrag im Verwaltungsverfahren **42** 55, 74; **75** 2
- Begriff **vor 40** 9

Klärungsbedarf
- Berufungszulassung **124a** 52 f
- Revisionszulassung **132** 20 ff.

Kollegialgerichtsregel
- Fortsetzungsfeststellungsinteresse **113** 86

Kommunen
- Normenkontrollverfahren **47** 24, 46
- Klage gegen Widerspruchsbescheid **79** 6

konkludente Zustimmung
- zur Erledigungserklärung **161** 16

Konkurrentenklagen
- Konstellationen **42** 91
- beamtenrechtliche **123** 28
- vorläufiger Rechtsschutz **80a** 3

Kontrolldichte
- Begründetheitsprüfung **vor 40** 25
- PKH-Bewilligung **166** 22, 47
- vorläufiger Rechtsschutz **80** 54

Kopfteil
- s. auch Kostenhaftung
- Kostenverteilung **159** 4

Körperschaft
- Klagegegner **78** 3

Kosten
- s. auch Mitwirkungspflicht
- s. auch Prozesskosten
- Arten **162** 4
- bei Abhilfeentscheidung **148** 4
- Beschwerde **146** 16
- Beweisbeschluss im Rechtshilfeverfahren **180** 5
- des Vorverfahrens **162** 42
- Erstattungsfähigkeit **162**

793

Stichwortverzeichnis

- Kostenteilung **155**
- vorläufiger Rechtsschutz **80** 16

Kostenaufhebung
- Begriff **161** 8
- bei Hauptsachenerledigung **161** 34

Kostenausgleichung 164 25

Kostenbelastung
- Prozesskostenhilfeberechtigte **164** 11
- Beigeladene **154** 12 ff.

Kostenbeschluss
- bei Hauptsachenerledigung **161** 29
- und Kostenregelung im Prozessvergleich **160** 3

Kostenbeschwerde
- Beschwerdewert **146** 17
- Gebührenfreiheit **165** 5
- Statthaftigkeit **146** 16

Kosteneinheit
- s. auch einheitliche Kostenentscheidung
- Grundsatz **vor 154** 11

Kostenentscheidung
- s. auch Billigkeitsentscheidung
- s. auch Kostengrundentscheidung
- Abhilfeentscheidung **72** 5
- Anfechtbarkeit **158**
- Anschlussrechtsmittel **127** 13
- Anwendungsbereich **vor 154** 14 ff.
- Baumbach'sche Formel **159** 3
- bei Anerkenntnis **156** 1
- bei Aussetzung der Vollziehung **149** 7
- bei Sachentscheidung **161** 2
- bei Tatbestandsberichtigung **119** 8
- Beschwerde gegen Kostenerinnerung **165** 14
- Bindung im Berufungsverfahren **129** 3
- Einbeziehung unanfechtbarer Entscheidungsteile **vor 154** 11
- einheitliche **vor 154** 9
- Fehlen **118** 5; **161** 1
- Gegenvorstellung **158** 4
- im Schlussurteil **161** 29
- im vorbereitenden Verfahren **87a** 16
- Inhalt **161** 5
- isolierte **161** 6
- isolierte Anfechtung **133** 3; **158** 3
- Nebenverfahren **vor 154** 15
- Unanfechtbarkeit **161** 39
- Urteilsergänzung **120** 9
- Urteilstenor **161** 4
- Vollstreckbarkeit **168** 4
- von Amts wegen **161** 2 ff.
- Vorbehalt **vor 154** 10

- zurückverweisende Entscheidungen **vor 154** 16
- Zuständigkeit **161** 30
- Zwischenverfahren **vor 154** 12

Kostenerinnerung 151 6; **165**
- Vertretungszwang **152** 9

Kostenerstattung
- zwischen Beteiligten **vor 154** 3 ff.; **159**
- Kostenerstattungsanspruch **vor 154** 3

Kostenfestsetzung 164
- bei Vergleichsregelung **160** 4
- Entscheidung **164** 21 ff.
- Entscheidungsgrundlage **164** 15
- Erinnerung **151** 2
- Grundsätze **vor 154** 4
- Kostenausgleichung **164** 25
- mündliche Verhandlung **164** 12
- Prozesskostenhilfeberechtigte **164** 11
- Prüfungsmaßstäbe **164** 16
- Tenor **164** 23
- und Streitwert **164** 17
- Urkundsbeamte **13** 4
- Verfahren **164** 4 ff.
- Voraussetzungen **164** 13

Kostenfestsetzungsbeschluss
- Begründung **164** 27
- Erinnerung **165** 7 ff.
- Gestaltung **164** 21
- Kostenentscheidung **164** 28
- Nachfestsetzung **164** 33
- Nebenentscheidungen **164** 28 ff.
- Rechtskraft **164** 33
- Rechtsmittel **164** 32
- Rechtsmittelbelehrung **164** 22
- Tenor **164** 23
- Vollstreckbarkeit **164** 30; **168** 9
- Zustellung **164** 31

Kostenfestsetzungsverfahren
- Anhörung **164** 12
- Anwendungsbereich **164** 3
- Bedeutung **164** 1
- Einleitung **164** 5 ff.
- Einstellung **164** 24
- Entscheidung **164** 21 ff.
- Rechtsgrundlagen **164** 4
- Vertretungszwang **164** 7

Kostenfolge
- Begriff **165** 2
- Übergehen **120** 2

Kostenfreiheit
- außergerichtliche Kosten **188** 12
- Gebühren **188** 12
- persönliche **163** 2; **188** 2

Stichwortverzeichnis

- Prozesskostenhilfe **188** 12
- Religionsgemeinschaften **163** 3
- sachliche **163** 2

Kostengrundentscheidung
- Begriff **vor 154** 3; **154**; **165** 2
- Form **161** 29
- Gerichtsbesetzung **161** 30
- im Widerspruchsverfahren **79** 6
- Maßstäbe bei Hauptsachenerledigung **161** 31 ff.

Kostenhaftung
- gesamtschuldnerische **159** 5
- nach Kopfteilen **159** 4
- Tenorierung **159** 8
- von Beigeladenen **159** 7
- von Streitgenossen **159** 5 f.

Kostenminimierungspflicht 162 2

Kostenpflichtige
- mehrere **159** 1 ff.
- öffentlicher Rechtsträger **163** 1 ff.

Kostenquoten 155 10
- Ausgleich der Kosten **164** 25

Kostenrechnung
- bei Kostenausgleichung **164** 26

Kostenrecht
- Rechtsbehelfe **165** 1 ff.

Kostenregelung
- als Vollstreckungstitel **160** 2
- im Prozessvergleich **160** 2
- in außergerichtlichem Vergleich **160** 8 f.

Kostenteilung 155
- Ermessen des Gerichts **155** 7
- gegeneinander Aufheben **155** 8
- Quotenbildung **155** 10
- verhältnismäßige **155** 8

Kostentragung 154 ff.
- bei Fehlverhalten des Gerichts **155** 27
- bei Rücknahme von Rechtsbehelfen **155** 13
- bei Teilrücknahme **155** 15
- bei Verweisung **41** 37; **155** 17
- Beteiligte **154** 2
- der Staatskasse **155** 27
- des Rechtsmittelführers **154** 11
- des Unterliegenden **154** 1
- des Vertreters **157** 1
- des vollmachtlosen Vertreters **vor 154** 8
- im Normenkontrollverfahren **155** 6
- im Rechtmittelverfahren **154** 6 ff.; **155** 2
- primäre und sekundäre **vor 154** 1
- verschuldete Kosten **155** 16, 20

Kostenverteilung
- bei geringem Unterliegen **155** 12

- bei Hauptsachenerledigung **161** 29 ff.
- in der Schlussentscheidung **vor 154** 13
- Regeln **159** 4 ff.
- Verteilungsgrundsätze **154** 1 ff.; **159** 4 ff.

kostenverursachendes Fehlverhalten 155 22

Kraftwerke
- Gerichtszuständigkeit **48** 8

Kriegsgefangenenentschädigung 190 2, **188** 5

Kriegsopferfürsorge 188 8

Kurierdienst
- Erstattungsfähigkeit der Kosten **162** 55

Ladung 102
- Behördenvertreter **95** 17
- Frist **102** 4 ff.
- Hinweise **102** 21 f.
- nach ZPO **173** 24
- Verkündungstermin **116** 10
- Zeugen zur mündlichen Verhandlung **87** 11
- zur mündlichen Verhandlung **102** 4

ladungsfähige Anschrift 82 4

Ladungsfrist
- Bestimmung **102** 4 ff.
- Gehörsverstoß **138** 31

Laienbeteiligung 19 1
- s. auch ehrenamtliche Richter

Ländergerichte 2 1
- Bezeichnung **2** 3

Landesanwalt
- Begriff **36** 1
- Befähigung **174** 2

Landesrecht
- im Revisionsverfahren **137** 10, 17 f.
- Irrevisibilität **137** 10 ff.
- Nichtigerklärung **183** 1 ff.

Landesverfassungsgericht 193 1

Lastenausgleichsrecht
- Verwaltungsrechtsweg **40** 59
- Sonderregelungen **190** 1

Läuten (Rechtsweg) 40 130

Leipzig
- als Sitz des BVerwG **2** 5

Leistungsklage 42 59
- Abgrenzung zur Verpflichtungsklage **42** 66
- Anwendbarkeit **42** 59
- Begründetheit **42** 80
- Grundurteil **111** 1
- Inhalt der Leistung **42** 62
- Klageantrag **42** 80

795

Stichwortverzeichnis

- Rechtsschutzbedürfnis **113** 53
- Rechtsschutzformvoraussetzungen **42** 60
- Sachurteilsvoraussetzungen **42** 72
- Streitbeteiligte **42** 61
- Unterlassungsklagen **42** 68
- **Leistungsurteil 107** 6
- Entscheidung **113** 55
- neben Anfechtungsklage **113** 50
- **Leitungsbauten**
- Gerichtszuständigkeit **48** 10

maßgeblicher Zeitpunkt
- s. auch Beurteilungs-/Prüfungszeitpunkt
- Anfechtungsklage **113** 14 ff.
- Anordnungsanspruch **123** 17
- Anordnungsgrund **123** 21
- Berufungszulassung **124** 22
- Fortsetzungsfeststellungsklage **113** 98
- Klärungsbedürftigkeit einer Rechtsfrage **132** 20
- PKH-Bescheidung **166** 11 f.
- Prüfung der Zulässigkeitsvoraussetzungen **143** 4
- Verpflichtungsklage **113** 104

Maßnahmen
- im vorbereitenden Verfahren **87**

Mecklenburg-Vorpommern
- Sonderregelungen **185**

mehrere Anwälte
- Erstattungsfähigkeit der Kosten **162** 37

Mehrkosten
- auswärtiger Anwalt **162** 38
- bei Verschulden **155** 21
- durch verspätete Erledigungserklärung **161** 37
- Wiedereinsetzung **155** 16

Meistbegünstigung
- bei Beschwerde **146** 3
- bei fehlerhafter Entscheidungsform **152** 8

Militärregierungsverordnung 1 11

Mitteilung
- von Inhalt der Entscheidungsformel **116** 19

Mittellosigkeit
- Prozesskostenhilfe **166** 23 ff.

Mitwirkung
- ausgeschlossener/befangener Richter **54**; **138** 20

Mitwirkungspflichten
- Beweiswürdigung **108** 12
- Kostenfolge bei Verletzung **86** 61
- Rücknahmefiktion **92** 20
- von Beteiligten **86** 23

modifizierende Auflagen 42 38
mündliche Verhandlung
- s. auch Erörterungspflicht
- Ablauf **103** 2 ff.
- Absehen mit Einverständnis **101** 5
- Aktenvortrag **103** 6
- Anspruch auf Vertretung **166** 14
- Antragstellung **103** 13
- Beschlussverfahren **101** 17
- Besetzung des Gerichts **112** 3
- einstweilige Anordnung **123** 26
- Einzelrichterübertragung **6** 16
- Ermessen des Gerichts **101** 14
- Erörterungspflicht **86** 54; **104**
- Fragerecht **104** 5 ff.
- Gerichtsbescheid **84** 26
- Grundsatz und Ausnahmen **101** 2 f.
- Kostenfestsetzungsverfahren **164** 12
- Ladung von Zeugen **87** 11
- Leitung **103** 5
- Musterverfahren **93a** 16
- nach EMRK **130a** 7
- Niederschrift **105** 1
- Normenkontrollverfahren **47** 60
- rechtliches Gehör **101** 4
- Schließen **104** 6
- Urteilsergänzung **120** 7
- Urteilsverfahren **101** 2 ff.
- Urteilsverkündung **112** 6
- Verstoß gegen Öffentlichkeitsprinzip **138** 42
- Verwerfung der Berufung **125** 5
- Verzicht **101** 5, 8, 13; **86** 29
- Wiedereröffnung **104** 8 ff.
- Zugangskontrolle **138** 44
- Zwecke **101** 1

Musterverfahren 93a
Mutwilligkeit
- Prozesskostenhilfe **166** 39

Nachbar
- Begriff **42** 139
- Nachbarklagen **42** 89

Nachbarschutz im Baurecht 42 145; **123** 7

Nachfestsetzung
- Kostenfestsetzungsbeschluss **164** 33

Nachgeben
- Kostenfolge **161** 35

Nachschieben von Gründen
- Anfechtungsklage **113** 20
- Wesensänderung **113** 21

Stichwortverzeichnis

nachträgliches Vorbringen
- Revisionsbegründung **139** 16

Nachverfahren
- s. Musterverfahren

ne ultra petita 88 3

Nebenentscheidungen
- Kostenfolge **154** ff.
- einstweilige Anordnung im Normenkontrollverfahren **47** 104

Nebenverfahren
- Kostenentscheidung **vor 154** 16

Neuberechnung
- Anfechtungsklage **113** 40

neue Tatsachen
- Berücksichtigungsfähigkeit **137** 21, 29
- Beschwerde **146** 27
- Zulassung **128a** 9

nicht hauptamtliche Richter
- Mitwirkung an Entscheidungen **18**

Nichtabhilfe
- Beschwerde **148** 5

Nichtabhilfebeschluss
- Begründung **148** 6
- des Vordergerichts **113** 31
- Form **148** 5
- Rechtsfolgen **148** 7 f.

Nichtaufklärbarkeit 86 16

Nichtbescheidung
- s. auch Untätigkeitsklage
- zureichender Grund **75** 6

Nichterscheinen
- Behördenvertreter **95** 19
- der Partei **95** 9 ff., 15

Nichtigerklärung
- von Landesrecht **183**

Nichtigkeit von Normen
- Folgen für Anwendungsakte **183** 8
- Folgen für Gerichtsentscheidungen **183** 11
- unerkannte **183** 1
- Wirkung für VA **183** 18

Nichtigkeitsfeststellungsklage 43 37

Nichtigkeitsklage 153 12

nichtverfassungsrechtliche Streitigkeit 40 87

Nichtwissen
- Bestreiten mit **86** 24

Nichtzulassungsbeschwerde 133
- als Rechtsbehelf **133** 2
- Aufklärungsrüge **133** 28
- auslaufendes Recht **133** 21
- bedingte Einlegung **133** 7
- Begründung **133** 14 ff.

- bei Urteilsergänzung/-berichtigung **133** 9
- Beschlussbegründung **113** 33
- Beschwerdebefugnis **133** 3
- Besetzungsrüge **133** 28
- Beurteilungszeitpunkt **133** 29
- Durchentscheiden **133** 39
- Einlegung **133** 4
- Einlegung beim BVerwG **133** 11
- Entscheidung **133** 29 ff.
- Entscheidung der Gerichte **133** 29 ff.
- Entscheidung des BVerwG **133** 32
- Erledigung **133** 37
- Form **133** 14
- Fortsetzungsfeststellungsantrag **133** 37
- Frist **133** 14
- Gerichtsbescheid **135** 3
- Inhalt **133** 7
- PKH **133** 12
- Rücknahme **133** 9, 36
- Schriftformerfordernis **133** 5
- Statthaftigkeit **133** 1 ff.; **152** 2
- Vertretungszwang **133** 5
- Zurückverweisung **133** 38
- Zuständigkeit **49** 4
- Zuständigkeit des BVerwG **152**

Niederschrift
- s. auch Tatbestand
- über die Beweisaufnahme **96** 16
- über die mündliche Verhandlung **105** 1
- über die Verkündung **116** 6

Niederschrift des Urkundsbeamten
- Beschwerdeeinlegung **147** 8
- Erinnerung **151** 5
- Klageerhebung **84** 14
- Klageerwiderung **85** 3
- PKH-Antrag **166** 41

non liquet 108 15

Normenkontrollbeschlüsse
- Revisionsfähigkeit **132** 3

Normenkontrolle
- Allgemeinverbindlichkeit der Entscheidung **47** 79
- Antragsbefugnis **47** 33 ff.
- Antragserfordernis **47** 20
- Antragsfrist **47** 22; **195** 2
- Auskünfte **47** 13
- Äußerungsberechtigte **47** 30
- Bebauungsplan **47** 37
- Bundesrecht **47** 7
- einstweilige Anordnung **47** 83 ff.
- Gericht der Hauptsache **47** 87
- gerichtliches Prüfprogramm **47** 56
- in den Bundesländern **47** 17

Stichwortverzeichnis

- Landesrecht **47** 7
- Präklusion **47** 50
- Rechtskraft von Entscheidungen **47** 79
- Rechtsmittel **47** 82
- Rechtsschutzbedürfnis **47** 47
- Übergangsvorschrift **195** 2
- Verfahren **47** 52
- Verfahrensbeteiligte **47** 24
- Verfahrenseinleitung **47** 20
- Veröffentlichung der Entscheidung **47** 78
- Verwaltungsvorschriften **47** 10, 13 f.
- Verwirkung **47** 35
- vorbeugende **47** 18
- Wirkung auf Titel **47** 81
- Zulässigkeitsvoraussetzungen **47** 20 ff.
- Zuständigkeitsgrenzen **47** 15

Normenkontrollverfahren
- Aussetzung **47** 55
- Besetzung des Gerichts **47** 64
- Entscheidung **47** 60
- Entscheidungsformeln **47** 65 ff.
- Kostentragung **155** 6
- mündliche Verhandlung **47** 60
- Nebenentscheidungen **47** 74
- Revisionsausschluss **136** 1
- unstreitige Verfahrensbeendigung **47** 73
- Verfahrensgegenstände **47** 5 ff.
- Wiederaufnahme **153** 4
- Wirkung der Entscheidung **47** 78

Notanwalt **166** 52

Notwendigkeit
- außergerichtliche Kosten **162** 10
- Zuziehung eines Bevollmächtigten **162** 49 ff.

Oberste Gerichtshöfe des Bundes **11** 2
Oberverwaltungsgericht **9**
- s. auch Verwaltungsgerichtshof
- als Landesverfassungsgericht **193** 1
- als Rechtsmittelgericht **46** 1
- als Tatsachengericht **46** 3
- Anzahl in den Ländern **2** 4
- Disziplinarsenate **9** 5
- Eingangszuständigkeit **48**
- Einzelrichter **9** 5
- Fachsenate **9** 5
- Großer Senat **12**
- Organisation **9**
- Präsident **9** 1
- Prüfungskompetenz als Rechtsmittelgericht **46** 3
- Vereinigte Senate **12** 2
- Vertretungszwang **67** 11, 16

öffentliche Aufträge
- s. Verwaltungsrechtsweg

öffentliche Hand
- Vollstreckung gegen **170** 1
- Vollstreckung zugunsten **169** 1 ff.

öffentliche Rechtsträger
- Kostenpflicht **163** 1 ff.

öffentliche Verwaltung
- Begriff **186** 2

öffentlicher Dienst
- Begriff **22** 5

öffentliches Interesse
- Anwendbarkeit der ZPO **173** 16

öffentliches Recht
- Indizien **40** 124
- Qualifizierung von Normen **40** 94
- und bürgerliches Recht (Dichotomie) **40** 93
- Vermutungsregel **40** 128
- Zweifelsfälle **40** 119

Öffentlichkeit **55**
- Ausschluss **138** 41, 46
- Heilung von Verstößen **138** 47
- Revisionsgrund **138** 43
- Verfahrensbeteiligte **138** 41

Öffnungsklausel **3** 8, 11; **9** 3

ohne mündliche Verhandlung
- Besetzung des Gerichts **5** 17
- Urteilsverkündung **112** 6

ordentliche Gerichtsbarkeit
- Auffangzuständigkeit **40** 46
- Rechtsweg **vor 40** 28 f.; **40** 93

Ordnungsgeld
- bei Nichterscheinen des Beteiligten **95** 9 ff.

Ordnungsmittelfestsetzung
- aufschiebende Wirkung **149** 2

Ordnungsvorschriften **55**

Organisation der Verwaltungsgerichte **5; 7 und 8**

Organklagen
- Beteiligungsfähigkeit **61** 7
- Drittschutz **42** 165
- Klageart **42** 99

Ortsbesichtigung
- Erstattungsfähigkeit der Kosten **162** 15

Paraphe
- Wirksamkeit **87** 1; **87b** 4
- Betreibensaufforderung **92** 26
- Kostenfestsetzungsbeschluss **164** 21
- Klageerhebung **81** 7

798

Stichwortverzeichnis

Parteibezeichnung
- Berichtigung **91** 16

Parteigutachten
- Amtsermittlung **86** 20

Parteiöffentlichkeit
- Akteneinsichtsrecht **100** 1

Parteivernehmung
- Beweismittel **98** 34

Parteiwechsel 78 10; **91** 10

Passivlegitimation 78 1
- Begriff **vor 40** 30

Patentgerichte 40 12

perpetuatio fori 83 5
- als Folge der Rechtshängigkeit **90** 7

Personalkosten
- Erstattungsfähigkeit **162** 54

Personalvertretungssachen
- Sonderregelungen **187** 5; **190** 2

persönliche Anhörung
- Beschlussverfahren **130a** 8

persönliches Erscheinen
- Adressaten der Anordnung **95** 3
- Anordnung **95** 2; **87** 10
- Anspruch auf Anordnung **95** 6
- Ermessen des Gerichts **95** 4
- Ordnungsgeld **95** 9
- Verfahren der Anordnung **95** 7

Pflichten des Gerichts
- Kostenentscheidung **161** 1

polizeiliche Generalklausel
- Drittschutz **42** 115, 149

Popularklage vor 40 35

Postlaufzeiten
- Wiedereinsetzung **60** 12

Postulationsfähigkeit vor 40 38; **67** 18
- Folgen für Vertretung **138** 37

Präjudizialität
- Fortsetzungsfeststellungsklage **113** 84

Präklusion
- Berufungsverfahren **128a**
- Tatsachenvortrag **87b** 8
- und Klagebefugnis **42** 133

Präsident
- s. Verwaltungsgericht, Oberverwaltungsgericht, Gerichtspräsident
- Berechnung der ehrenamtlichen Richter **27**
- Vorsitzender des Wahlausschusses **26** 2

Präsidialverfassung 4 1

Präsidium 4 2

primäre Kostentragung vor 154 1

Privatgutachten
- Kostenerstattung **162** 28

- vorprozessuales **162** 45

Prognoseentscheidungen 114 14

Protokoll
- s. Niederschrift

Prozessbevollmächtigte 67
- ausländischer Anwalt **67** 5
- Erinnerungsführer gegen Kostenfestsetzungsbeschluss **165** 8
- Kostenfestsetzungsverfahren **164** 11
- OVG/BVerwG **67** 11 ff.
- Rechtslehrer **67** 6
- Richter **67** 19
- Vertretungsberechtigte **67** 7
- Wechsel **102** 14 f.
- Zurückweisung **67** 10
- Zustellung **56** 7

Prozesserklärung
- s. auch Prozesshandlungen
- generelle **87a** 22

Prozessfähigkeit 62

Prozessführungsbefugnis vor 40 35

Prozesshandlungen
- Anforderungen **69** 1; **87a** 23; **91** 1; **92** 6; **101** 6 ff., 8; **126** 2; **140** 2; **161** 19 f.
- Prüfung im Revisionsverfahren **137** 30
- Rücknahme der Revision **140** 2

Prozesshindernis
- Rechtshängigkeit **90** 8
- Rechtskraft **121** 4

Prozesshindernisse vor 40 31

Prozesskosten
- Arten **162** 4 ff.
- Begriff **vor 154** 1; **154** 5
- Erstattung **vor 154** 3
- Grundsätze **vor 154** 6 ff.
- Höhe **154** 5
- Kostentrennung **vor 154** 7
- Legaldefinition **162** 1
- ProzesskostenhilfeProzesskostenhilfe **vor 154** 5
- Verteilung **vor 154** 6 ff.

Prozesskostenhilfe 166
- Begründungserfordernis bei Berufungszulassung **124a** 42
- bei verschuldeten Kosten **155** 19
- Beschwerde **146** 4, 8
- im vorbereitenden Verfahren **87a** 14
- Klageerhebung **81** 17 ff.
- Mutwilligkeit **166** 39
- Rechtswegverweisung **41** 7
- rückwirkende Bewilligung **166** 20
- Terminsbestimmung **102** 12
- Vertretungszwang **67** 12; **166** 40

799

Stichwortverzeichnis

- Verweisung **166** 46
- Wiedereinsetzung **60** 13; **166** 9 f.
- Wiedereinsetzung in Berufungsfrist **124a** 13
- Zweck **vor 154** 5

Prozesskostenhilfeantrag
- Berufungseinlegung **124a** 12
- Einreichung bei Beschwerde **146** 22
- Frist bei Beschwerde **146** 21
- Glaubhaftmachung **166** 44
- Inhalt **166** 43, 48
- Nichtzulassungsbeschwerde **133** 12
- Substanziierung **166** 43 ff.
- Wiederholung **166** 42
- zur Niederschrift **166** 41

Prozesskostenhilfebeschluss 166 49 ff.
- Begründung **166** 56 f.
- Form und Tenor **166** 49
- Kostenentscheidung **166** 58
- Rechtskraft **121** 31
- Rechtsmittel **166** 66 ff.
- Rechtsmittelbelehrung **166** 59

Prozesskostenhilfebewilligung 166 40
- Erstreckung auf Revisionsverfahren **113** 35
- Rechtsbehelfe **166** 69

Prozesskostenhilfeheft 166 28

Prozesskostenhilfeverfahren
- allgemein **166** 40
- Vertretungszwang **67** 12
- Wiederaufnahme **153** 4

Prozesskostenhilfeversagung
- Beschwerdefähigkeit **146** 28
- Rechtsbehelfe **166** 68

Prozesskostenhilfevorschuss, familienrechtlicher 166 27

Prozesskostensicherheit 165a

prozessleitende Verfügung
- s. Verfügung

Prozesspfleger 62 8

Prozessrechtsverhältnis
- Begriff **vor 40** 3
- dreipolige **42** 89

Prozessstandschaft vor 40 37
- Klagegegner **78** 1
- und Rechtskraft **121** 17

Prozesstatsachen vor 40 8

Prozessurteil vor 40 14; **107** 7
- Rechtskraft **121** 15

Prozessvergleich 106
- Doppelnatur **106** 4
- Einwendungen gegen die Erfüllung **106** 23

- Erzwingung durch Zwangsgeld **172** 5
- fehlende Kostenregelung **160** 7
- Kostenregelung **160**
- Mängel **106** 16 ff.
- Vollstreckbarkeit **168** 7
- Vollstreckungstitel **106** 15
- Zustandekommen **106** 5
- Zustimmung des Beigeladenen **106** 6

Prozessvertreter
- vollmachtloser **67** 22; **vor 154** 8
- Behörde **67** 16

Prozessvollmacht
- Anforderungen **67** 20 ff.
- Widerruf **67** 22

Prozessvoraussetzungen vor 40 3

Prozesszinsen 90 11

Prüfungsbefugnis
- Erweiterung auf irrevisible Vorschriften **137** 9
- des OVG im Berufungsverfahren **124** 12

Prüfungsmaßstab in der Revision 137

Prüfungsumfang im Berufungsverfahren 128

PTBS
- Amtsermittlung **86** 37

Quotenbildung
- Kosten **155** 10

Realakte
- Vollstreckung **172** 4

rechtliches Gehör
- s. auch Gehörsrüge
- Anspruch auf Gewährung **138** 22
- Berufungszulassung **124** 21
- Beschwerdeverfahren **150** 2
- Beweisantrag **113** 27
- einstweilige Anordnung **123** 27
- Erörterungspflicht **104** 2
- im vorbereitenden Verfahren **87** 13
- mündliche Verhandlung **104** 4
- nachträglicher Vortrag **104** 12
- Nichtabhilfebeschluss **148** 6
- Rüge im Berufungszulassungsverfahren **124a** 59
- Terminsbestimmung **102** 7, 11, 24
- Urteilsverfahren **108** 31
- Versagung **138** 22
- Vertretung in mündlicher Verhandlung **166** 14
- Verwertung neuer Tatsachen **137** 22

Rechtsänderung
- Anfechtungsklage **113** 5

Stichwortverzeichnis

Rechtsantragsstelle 13 3
Rechtsanwalt
- s. auch Notanwalt
- ausländischer **67** 5
- Benennung im PKH-Verfahren **166** 44
- Kostenerstattung bei Eigenvertretung **162** 37
- Selbstvertretung **67** 3

Rechtsauffassung des Gerichts
- Erörterung **104** 4

Rechtsbehelf
- s. auch außerordentlicher
- s. auch Erinnerung
- Begriff **44a** 8; **58** 2; **133** 2
- Begründetheit **vor 40** 7
- einstweilige Anordnung **123** 38
- formlose **69** 3
- gegen behördliche Verfahrenshandlungen **44a**
- Gerichtsbescheid **84** 21
- im Kostenrecht **165** 1 ff.
- im Vollstreckungsverfahren **167** 11
- Nichtzulassungsbeschwerde **133** 2
- Rechtsbehelfsschrift im PKH-Verfahren **166** 48
- Zulässigkeit **vor 40** 6

Rechtsbehelfsbelehrung
- s. Rechtsmittelbelehrung

Rechtseinheit
- Divergenzzulassung **132** 25

Rechtsgrund
- nichtige Rechtsgrundlage **183** 13

Rechtsgrundsätze
- Revisibilität **137** 6

Rechtsgutachten
- Erstattungsfähigkeit **162** 14, 31

Rechtshängigkeit 90
- als Prozesshindernis **vor 40** 32; **90** 8
- bei Klagerücknahme **92** 31
- bei übereinstimmenden Erledigungserklärungen **161** 24
- Klageerhebung **81** 1
- Prozesszinsen **90** 11

Rechtshilfe
- anwendbare Vorschriften **14** 2; **173** 11
- Ersuchen **14** 2
- internationale **14** 3
- zugunsten von Behörden **180** 1

Rechtskraft 121
- als Prozesshindernis **vor 40** 32
- Anwendungsbereich **121** 2
- bei nichtiger Rechtsgrundlage **183** 12 ff.
- Bescheidungsurteil **121** 13
- Bindung der Gerichte **121** 23
- Durchbrechung **121** 29
- einstweilige Anordnung **121** 31
- formelle **121** 2
- Funktionen **121** 1
- Grenze für Rücknahme der Revision **140** 2
- Hemmung durch Nichtzulassungsbeschwerde **133** 13
- klageabweisendes Urteil **121** 14
- materielle **121** 1
- mit Ablehnung der Beschwerde **113** 34
- nach Rücknahme **126** 11
- Normenkontrollverfahren **121** 32
- Prozesshindernis **121** 4
- Prozessurteil **121** 15
- Rücknehmbarkeit der Berufung **126** 1
- und Erledigungserklärung **161** 17
- Wiederaufnahmeverfahren **153** 1
- zeitliche Grenzen **121** 23 ff.

Rechtslehrer
- als Richter im Nebenamt **16** 3
- Begriff **67** 6

Rechtmäßigkeitskontrolle 113 3 ff.
- im Beschwerdeverfahren **150** 3

Rechtsmissbrauch vor 40 41 ff.

Rechtsmittel
- s. auch Rechtsmittelanschließung
- Aussetzung des Verfahrens **94** 21
- Begriff **58** 2
- Begriff im Kostenrecht **154** 8
- bei fehlerhafter Entscheidungsform **152** 8
- Erfolglosigkeit **154** 10
- gegen Berichtigungsbeschluss **118** 14
- im Kostenrecht **165** 6
- gegen Kostenentscheidung **158**
- Kostenfestsetzungsbeschluss **164** 32
- Musterverfahren **93a** 15
- Nichtzulassungsbeschwerde **133** 2
- Normenkontrolle **47** 82, 107
- Teilerfolg **154** 10
- Trennung und Verbindung **93** 8
- Übergangsvorschriften **194**
- Wahl zwischen Berufung und Revision **134** 16

Rechtsmittelanschließung
- Anschlussberufung **127**
- Anschlussbeschwerde **146** 9
- Anschlussrevision **141** 4
- wegen Kostenentscheidung **158** 5

Rechtsmittelbelehrung
- Berichtigung **58** 10
- Beschwerde **147** 9

801

Stichwortverzeichnis

- Beschwerdefrist **133** 10
- durch Bundesbehörden **59**
- Fehlen **118** 5
- Form **58** 10
- Fristbeginn **74** 7
- im Ausgangsbescheid **70** 9
- Inhalt **58** 4 ff.
- Zulassungsentscheidung **132** 8
- Kostenfestsetzungsbeschluss **164** 22
- unrichtige **58** 11
- unzutreffende **146** 3
- Urteil **117** 15
- Zusätze **58** 9

Rechtsmittelfristen
- abgekürztes Urteil **168** 11

Rechtsmittelverfahren
- Entscheidung **107** 3
- Erledigung **113** 62

Rechtsmittelzug 46 2

Rechtsnachfolger
- Bindung an Urteil **121** 19 ff.

Rechtspfleger bei den VG 13 4

Rechtsprechung
- Einheitlichkeit **11** 1

Rechtsprofessoren
- s. Rechtslehrer

Rechtsschutz
- gegen Akte zwischenstaatlicher Einrichtungen **vor 40** 21
- gegen EU-Rechtsakte **vor 40** 25
- rechtswegfreie Hoheitsakte **vor 40** 25
- Verfahrensdauer **vor 40** 2; **146** 10
- vorbeugender **vor 40** 53; **42** 68 ff.

Rechtsschutzbedürfnis vor 40 41
- Aussetzung der Vollziehung **149** 4
- Beschwerde **146** 6
- Feststellungsinteresse **43** 51
- für Notwendigkeitserklärung bei Zuziehung **162** 47
- für Prozessführung **166** 39
- für Tatbestandsberichtigung **119** 5
- In-Camera-Verfahren **99** 26
- isolierte Anfechtungsklage **42** 83
- Klagefortführung **92** 19
- Leistungsbegehren **113** 53
- Regelung der Vollziehung **80** 44
- Verpflichtungsklage **42** 76

Rechtsschutzformen
- System **vor 40** 47
- Voraussetzungen **42** 3, 43, 60; **43** 7, 39

Rechtsschutzinteresse
- s. Rechtsschutzbedürfnis

Rechtsschutzziel
- Auslegung **129** 1
- Ermittlung **88** 7

Rechtsstreit
- Begriff im Kostenrecht **161** 11

Rechtsverhältnis
- Abgrenzungen **43** 26
- Aktualität des Sachverhalts **43** 14
- Begriff **43** 7
- Beteiligte **43** 18
- Damokles-Rechtsprechung **43** 23
- Eigenschaften **43** 28
- Entstehen **43** 11
- Erlaubnisvorbehalte **43** 21
- gegenwärtiges **43** 14, 53
- Hinweise **43** 30
- Konkretheit des Sachverhalts **43** 13
- Organklagen **43** 25
- Ungültigkeit von Normen **43** 31
- vergangenes **43** 15, 54
- Vorfragen **43** 32
- vorgreifliches **49** 3
- zukünftiges **43** 16, 58

Rechtsverletzung 42 110 ff.
- Anfechtungsklage **113** 11
- im revisionsrechtlichen Sinne **137** 19
- Kausalität **137** 19

Rechtsverfolgung
- Begriff **162** 8; **166** 16
- Kostenrecht **162** 8 ff.
- Rechtsverteidigung **166** 16

Rechtsverteidigung
- s. Rechtsverfolgung

Rechtsweg vor 40 27; **40**; **41** 5
- s. auch Verwaltungsrechtsweg
- Begriff **vor 40** 27
- Beschwerde zum BVerwG **152** 1
- Dienstaufsicht **39** 7
- Schadensersatz bei einstweiliger Anordnung **113** 41
- Sonderzuweisungen **vor 40** 28

Rechtswegbeschwerde
- Zuständigkeit des BVerwG **152** 1

Rechtswegverweisung 45 4; **41**
- s. auch Verweisung
- Anhörung **41** 21
- Anwendungsbereich **41** 3 ff.
- Bindungswirkungen **41** 27 ff.
- funktionelle Unzuständigkeit **41** 9
- Kostenentscheidung **41** 37
- PKH **41** 8
- Rechtsmittel **41** 33
- Verfahren **41** 17 ff.

Stichwortverzeichnis

- Vorabentscheidung **41** 14
- **Rechtszug**
- Begriff **2** 2
- **reformatio in peius 88** 5
- Beschwerdeverfahren **150** 4
- Erinnerung **151** 9
- Geldleistungsklagen **113** 34
- im Abhilfeverfahren **72** 4
- im Berufungsverfahren **129** 5 ff.
- im Kostenfestsetzungsverfahren **165** 11
- im Vorverfahren **68** 7
- **Regelung der Vollziehung**
- Abgaben und Kosten **80** 46 ff.
- Antragsbefugnis **80** 43
- Antragsfrist **80** 42
- gerichtliche Kontrolldichte **80** 54
- Interessenabwägung **80** 49 ff.
- Prüfungsmaßstab **80** 33, 45 ff.
- Rechtsbehelfe **80** 65
- Rechtsschutzinteresse **80** 44
- Verfahren **80** 55
- Wiederaufnahme **80** 67
- **Regelungslücken**
- in der VwGO **173** 1, 14
- **Regierungsakte**
- s. Verwaltungsrechtsweg
- **Rehabilitierungsinteresse**
- Fortsetzungsfeststellungsklage **113** 81
- **Reichsjustizgesetze 173** 2
- **Reisekosten**
- ehrenamtliche Richter **32**
- Entschädigung im PKH-Verfahren **166** 62, 64
- Erstattung im Prozess **162** 24, 57
- **Restitutionsklage 153** 15
- und Revision **137** 29
- **Revisibilität**
- Auslegungsregeln **137** 6
- Beamtenrecht **137** 14 f.
- Rechtsgrundsätze **137** 6
- Rundfunkstaatsvertrag **137** 13
- des Landesrechts **137** 14
- **Revision**
- s. auch Rechtsmittel
- anderweitige Richtigkeit des Urteils **138** 5; **144** 6
- Beamtensachen **132** 30; **191** 1
- Begründung **139** 8 ff.
- bei ausgeschlossener Berufung **135** 1
- Beschwer **132** 6
- Einlegung **139** 1 ff.
- Form und Frist **139** 1 ff.
- Gerichtsbescheid **84** 26

- Landesrecht **132** 14
- Prüfungsmaßstäbe **137** 1 ff.
- Revisionsbefugnis **132** 5
- revisionsfähige Entscheidungen **132** 2
- Statthaftigkeit **143** 2
- Tatsachenfeststellung **137** 21, 28 f.
- Teilrücknahme **140** 3
- Verfahren **141**
- Verwerfung bei Unzulässigkeit **143** 5; **144** 1
- Zulassung **132**
- Zurücknahme **140**
- Zurückverweisung **142** 10
- Zurückweisung **144** 4
- Zuständigkeit **49** 2 f.
- **Revisionsbefugnis 132** 5
- **Revisionsbegründung 139**
- Begründungsfrist **139** 12
- bei Verfahrensmängeln **139** 19
- Bezeichnung der Rechtsnorm **139** 18
- Bezugnahmen **139** 23 ff.
- Einreichungsort **139** 9
- Form und Frist **139** 8 ff.
- Fristverlängerung **139** 13
- Inhalt **139** 15
- nachträgliches Vorbringen **139** 16
- **Revisionseinlegung**
- Entbehrlichkeit **139** 6
- Form und Frist **139** 1 ff.
- Vertretungszwang **139** 4
- **Revisionsentscheidung 144**
- **Revisionsgründe**
- s. auch Mitwirkung
- absolute **138** 7 ff.; **132** 38
- aktenwidrige Feststellungen **137** 27
- Divergenz **132** 25
- entscheidungserhebliche Rechtsfrage **132** 17
- ausgeschlossene/befangene Richter **138** 20
- Gegenrüge **137** 26
- grundsätzliche Bedeutung **132** 13
- klärungsbedürftige Rechtsfrage **132** 20
- Rügevorbehalt **138** 3
- Verfahrensmangel **132** 34
- Verstoß gegen Auslegungsregeln **137** 27
- Zurückweisung im Berufungsverfahren **130** 3
- **Revisionsverfahren**
- anwendbare Vorschriften **141** 1
- Aufhebung der Vorentscheidung **129** 4
- bei ausgeschlossener Berufung **135** 4
- Beiladung **142** 7 ff.

Stichwortverzeichnis

- Beteiligtenwechsel **142** 6
- Hilfsantrag **142** 4
- Klageänderung **142** 1 ff.
- Präklusion **128a** 2
- Prozesshandlungen **137** 30
- Umstellung auf Fortsetzungsfeststellungsklage **142** 5
- Widerklage **142** 4
- Zulässigkeitsvoraussetzungen **143** 1 ff.
- Zurückverweisung **142** 10

Revisionszulassung
- Beiladung **142** 7
- Bindung an die Zulassung **132** 42
- Entscheidung **132** 7
- revisibles Recht **132** 14
- Wirkungen **132** 12; **133** 35
- Zulassungsgründe **132** 13

Richter 15
- abgeordnete **15** 3
- auf Lebenszeit **15** 2
- auf Probe **17**
- Begriff **5** 11; **15** 1
- beim BVerwG **15** 3
- blinder **138** 12
- ehrenamtliche **19** ff.
- ehrenamtliche beim OVG **9** 3 f., **34**
- ehrenamtliche beim VG **5** 13
- Ernennungsvoraussetzungen **15** 4
- Erprobung **15** 3
- im Nebenamt **16**
- kraft Auftrags **17**
- nicht hauptamtliche **18**
- persönliche Anforderungen **138** 10
- Richterarten **15** 1
- schlafende **138** 11
- Zahl in der Verwaltungsgerichtsbarkeit **15** 2

Richter auf Probe
- als Einzelrichter **6** 15
- Begriff **17** 2
- Mitwirkung **17** 2

Richter im Nebenamt 16
Richter kraft Auftrags 17
Richterbank
- beim VG **5** 14
- Falschbesetzung **138** 9
- persönliche Anforderungen **138** 10
- Urteilsfindung **112**

Richterdienstgerichte 40 15
Richterwechsel
- Beweisaufnahme **96** 5
- Urteilsfindung **112** 8

richtiger Beklagter
- s. Klagegegner

Richtigkeit des Urteils
- s. anderweitige Richtigkeit
- s. Berufungszulassung

Rubrum
- Inhalt **117** 3 ff.

Rückbindung
- des OVG an Zurückverweisungsgründe **130** 15
- Revision **132** 16

Rücknahme
- s. auch Zurücknahme
- Adressat im Berufungsverfahren **126** 3
- Anfechtung der Kostenentscheidung **158** 7
- Berufung **126** 3; **140** 3
- Berufungszulassungsantrag **124a** 66
- Beschwerde **146** 31; **148** 7
- Einwilligungserfordernis bei Revision **140** 4
- Fiktion **126** 6
- Klage **87a** 8; **92**
- Kostenfestsetzungsantrag **164** 24
- Kostenfolge **126** 12
- Kostentragung **155** 13
- Rechtsfolgen **126** 10 ff.
- Revision **140** 3

Rücknahmeerklärung
- Berufung **126** 1
- Klage **92** 3 ff.
- Wirksamkeitsanforderungen **126** 2

Rücknahmefiktion 126 9
Rügeverlust
- bei Verfahrensmangel **132** 40
- Besetzungsrüge **138** 8

Rügevorbehalt
- s. Revisionsgründe

Ruhensanordnung
- allgemein **173** 25
- im vorbereitenden Verfahren **87a** 7

Rundfunkanstalten
- s. Verwaltungsrechtsweg

Rundfunkgebühren
- als Fürsorgeangelegenheit **188** 5

Saarland
- Sonderregelungen **185**

Sachantrag
- s. Antragstellung
- bei einseitiger Erledigungserklärung **161** 47
- Revision **139** 17

Stichwortverzeichnis

Sachaufklärung
- Amtsermittlung **86** 1 ff.
- Geldleistungsfestsetzungen **113** 41

Sachbericht
- s. Aktenvortrag

Sachdienlichkeit
- Klageänderung **91** 22

Sachentscheidung
- Sachurteil **vor 40** 14
- als Sachurteilsvoraussetzung **44a** 9
- Kostenentscheidung **161** 3

Sachentscheidungsvoraussetzungen
- allgemein **vor 40** 34
- Anfechtungsklage **42** 39
- Begriff **vor 40** 7
- Feststellungsklage **43** 42
- gerichtliche Vollziehungsregelung **80** 38
- im Revisionsverfahren **137** 30
- Leistungsklage **42** 72
- Prüfungszeitpunkt **vor 40** 8
- Verpflichtungsklage **42** 54
- Wartefrist bei der Untätigkeitsklage **75** 4
- Zuständigkeit **45** 4

Sacherledigung
- s. auch Erledigung
- Kennzeichen **161** 8
- prozessuale Reaktionen **161** 9

Sachlegitimation vor 40 36

Sachurteilsvoraussetzungen
- s. Sachentscheidungsvoraussetzungen

Sachverhalt
- Aufklärung **86** 1 ff.
- unrichtiger als Verfahrensmangel **139** 20
- Würdigung **108** 3

Sachverhaltserforschung
- s. Amtsermittlung, Beweisantrag

Sachverhaltsfeststellungen
- durch BVerwG **137** 28

Sachverständige
- Beweis **98** 18

Satzungskontrolle
- Fehlersuche **86** 15

Schadensersatz
- s. auch Verwaltungsrechtsweg
- als Fortsetzungsfeststellungsinteresse **113** 84
- einstweilige Anordnung **123** 41
- vorläufiger Rechtsschutz **80a** 18
- Zuständigkeit des BVerwG **50** 13

Schiedsgerichtsbarkeit
- Sonderregelungen in den Ländern **187** 3
- Verfahren **173** 27
- Vollstreckung des Schiedsspruchs **168** 10

Schienenbahnen
- Gerichtszuständigkeit **48** 19

Schleswig-Holstein
- Landesverfassungsgericht **193** 2
- Sonderregelungen **185**

Schlussentscheidung
- Kostenverteilung **vor 154** 13 ff.

Schlüssigkeit
- Gehörsrüge **138** 28

Schreibauslagen
- Erstattungsfähigkeit im Prozess **162** 55

Schriftform
- Antrag auf Zulassung der Berufung **124a** 39
- Berufungsbegründung **124a** 21
- elektronischer Ersatz **55a** 3
- Erledigungserklärung **161** 14
- Klageerhebung **81** 4
- Nachholung **81** 8
- Nichtzulassungsbeschwerde **133** 14
- Revision **139**

Schriftsätze
- bestimmende **81** 1
- vorbereitende **86** 60

Schriftsatzfrist
- Gehörsverstoß **138** 34

Schutzauflagen
- Gerichtszuständigkeit **48** 23, 32

Schutznormtheorie
- Drittanfechtung **113** 12

Schweigen
- als Zustimmung **161** 16

Schwerbehindertenfürsorge 188 9

Schwierigkeiten tatsächlicher oder rechtlicher Art 6 7 ff.

sekundäre Kostentragung
- Begriff **vor 154** 2
- Kostenfestsetzung **164** 3

Selbstkorrektur
- der Gerichte **165** 6
- durch Anhörungsrüge **152a** 1

Selbstvertretungsbefugnis 67 16

Selbstverwaltungskörperschaften
- s. Kommunen

Senate
- Begriff **5** 9
- BVerwG **10** 2
- Mitwirkung ehrenamtlicher Richter **9** 4; **10** 4
- OVG **9** 2 f.

Serviceeinheiten (Geschäftsstelle) 13 6

Sicherheitsleistung
- bei Aussetzung der Vollziehung **149** 6

Stichwortverzeichnis

- Prozesskosten **165a**
Signatur, elektronische 55a 1
Sitz des Gerichts 2 5; 3 6
Sitzgruppe (Spruchkörper) 5 19
Sitzung
- s. auch mündliche Verhandlung
- außerhalb des Gerichtssitzes **102** 23
- Gerichtsferien **102** 25
Sitzungspolizei 55
Sitzungstag 116 3
sofortige Vollziehung
- Anordnung durch Behörde **80** 21
Sonderprozessrecht
- Fortgeltung **173** 4; **190**
Sonderregeln
- für die Beschwerde **147** 2
- in den Ländern **187**
- in den Stadtstaaten **186**
Sonderstatusverhältnisse
- s. Verwaltungsrechtsweg
Sozialhilfeempfänger
- und Prozesskostenhilfe **166** 30
Sozialleistung
- Prozesskostenhilfe **166** 2
Sperrerklärung
- Aktenvorlage **99** 13
Spezialkammern
- s. auch Verfahrensmangel
- Fürsorgeangelegenheiten **188** 1
Spezialverweisungen
- innerhalb der VwGO **173** 7 ff.
Sprache
- s. Gerichtssprache
Sprengel
- s. Gerichtsbezirk
Spruchkörper
- Begriff **1** 1
- detachierte **3** 9
Spruchreife
- Anfechtungsklage **42** 48 f.; **113** 6
- Verpflichtungsklage **113** 100
- Vollzugsfolgenbeseitigung **113** 32
Sprungrevision
- Ablehnung durch VG **134** 15
- Asylstreitigkeiten **134** 3
- Begründung **134** 19
- berufungsfähige Entscheidungen **134** 2
- Beschwerde gegen Nichtzulassung **146** 7
- Rechtsmittelbelehrung **134** 11
- Statthaftigkeit **134** 2
- und Berufung **124** 5
- und Berufungszulassung **124a** 10

- Verfahren nach Revisionseinlegung **134** 18
- Widerruf der Zustimmung **134** 7
- Zulassung **134** 8 ff., 14
- Zustimmungserfordernis **134** 4, 12
Staatshaftungssachen 40 19
Staatskasse
- Anfechtung der PKH-Bewilligung **166** 69
- Kosten des Beigeladenen **162** 73
- Kostentragung **155** 16
Stadtstaaten
- Sonderregelungen **186**; **185** 1
Statthaftigkeit
- Begriff **vor 40** 47
- Beschwerde **146** 2
- Kostenbeschwerde **146** 16
- Revision **143** 2
- Überprüfung durch BVerwG **143** 2
Strafsachen vor 40 28
Streitgegenstand
- s. auch Gegenstand des Verfahrens
- Änderung **91** 7 ff., 13
- Begriff **121** 5 ff.
- Bindung **121** 3 ff.
- der Verfahrensarten **121** 7
- einheitlicher **128** 2
- im Berufungsverfahren **129** 2
- Teilbarkeit **110** 3
- Teilurteil **110** 1
- und Klagebegehren **82** 5
- vorgreiflicher **121** 8
- zweigliedriger **121** 6
Streitgenossenschaft
- einfache **64** 2
- Klagebefugnis **64** 11
- Kostenverteilung bei Unterliegen **155** 11
- notwendige **64** 7
Streitigkeiten
- nichtverfassungsrechtliche **40** 87
- verfassungsrechtliche **vor 40** 26; **40** 46
Streitwertfestsetzung
- Änderung von Amts wegen **165** 11
- bei Hauptsachenerledigung **161** 28
- Beschwerdebeschluss **165** 14
- Bindung im Berufungsverfahren **129** 3
- Erinnerungsverfahren **165** 12
- im vorbereitenden Verfahren **87a** 15
- in Fürsorgeangelegenheiten **188** 2
- Rechtsmittel (Streitwertbeschwerde) **165** 4
- Vertretungszwang **165** 2
Stufenklage 44 2; **113** 25
Subsidiarität
- Anhörungsrüge **152a** 6

Stichwortverzeichnis

- Feststellungsklage **43** 42 ff.
Subsumtionsfehler
- Revisionszulassung **132** 28
Subventionen
- s. Verwaltungsrechtsweg
Suspensiveffekt
- Anschlussrechtsmittel **127** 2
- Antrag auf Zulassung der Berufung **124a** 36
- Beschwerde **146** 1
- Rechtsmittel **58** 3

Tatbestand des Urteils 117 7 ff.
- Berichtigung **119** 1 ff.
- Widerspruch zur Niederschrift **118** 6
Tatbestandswirkung 121 36
Tatsachenfeststellungen
- offenkundige Tatsachen **86** 10
- Bindung **137** 21
- durch das Revisionsgericht **137** 28
Tatsachenvortrag
- Fristsetzung **87b** 2
Technik der Verweisung 173 2
Teilanfechtung von Verwaltungsakten 42 26
Teilbarkeit
- Berufungszulassung **124a** 4
- Urteil **124** 11
- VA **42** 26 ff.
Teilerledigung
- Kostenentscheidung **158** 8 f.
Teilrücknahme
- Kostentragung **155** 15
- Revision **140** 3
Teilunterliegen
- Begriff **155** 3
- Kostentragung **155** 1
Teilurteil 110
Teilvergleich
- Kostenregelung **160** 6
Telefax 81 5 f.
- Weiterleitung einer Prozesserklärung **134** 13
Telekommunikationskosten
- Erstattungsfähigkeit **162** 55
Tenor
- Anfechtungsurteil **42** 6, 51
- der Wiedereinsetzung **60** 19
- Kostenausspruch **161** 4; **162** 75
- Kostenfestsetzungsbeschluss **164** 23
- Leistungsurteil **42** 80 f.
- Normenkontrollentscheidung **47** 99 ff.
- Tenorentscheidung **80** 58

- Unterliegen **155** 4
- Urteil **117** 5 ff.
- Zulassung eines Rechtsmittels **124a** 3; **132** 8
- Zulassungsentscheidung **124a** 61
Termin
- s. auch Verkündung, Vertagung
- Aufhebung **102** 8
- Begriff **116** 3
- Bestimmung **102** 2, 18
- Verlegung **102** 8
Terminierung
- Beschwerdeausschluss **146** 13
- Gehörsverstoß bei Terminsverlegung **138** 30
- Gerichtsferien **102** 25; **173** 24
- Krankheit **102** 12
- mündliche Verhandlung **102** 1 ff.
- nach der ZPO **173** 24
- Urlaub **102** 13
Terminswahrnehmung
- Aufwendungen des Beklagten **162** 45
- Aufwendungen des Klägers **162** 20
Territorialitätsprinzip vor 40 20
Tod
- Antragsteller im PKH-Verfahren **166** 19
- Beteiligte **61** 2
- Bevollmächtigter **67** 21
- ehrenamtlicher Richter **25** 2
- Richter **53** 2
- Widerspruchsführer **74** 8
Traditionsrechtsprechung vor 40 29
Träger der Sozialhilfe
- Gerichtskostenfreiheit **188** 2
Trennung
- bei Vollzugsfolgenbeseitigungsanspruch **113** 31
- Beschwerdeausschluss **146** 13
- von Verfahren **93** 10 ff.

Überbesetzung eines Spruchkörpers 5 20
übereinstimmende Erledigungserklärungen
- gerichtliche Aussprüche **161** 25
- prozessuale Folgen **161** 24
- Rechtshängigkeit **161** 24
übergangenes Vorbringen
- als Verfahrensmangel **124a** 59
Übergangsregelung
- für Recht der ehrenamtlichen Richter **186** 4

807

Stichwortverzeichnis

Übergangsvorschrift
- für Rechtsmittel **194**
- Normenkontrolle **195** 2

Übergehen
- der Zulassung eines Rechtsmittels **120** 4
- von Entscheidungen **120** 2 ff.

Übernachtungskosten
- Erstattungsfähigkeit **162** 22

Überraschungsentscheidung
- Gehörsverstoß **138** 33

Übersendung
- von Akten **100** 10

Übertragung auf den Einzelrichter **6** 1 ff.
- Adressat **6** 22
- Anhörung **6** 43
- Beendigung **6** 26
- bei besonderen Schwierigkeiten **6** 7
- bei grundsätzlicher Bedeutung **6** 12
- Bindung im Berufungszulassungsverfahren **6** 47
- Formalitäten **6** 33 ff.
- Nachprüfbarkeit **6** 43
- Rechtsmittel gegen die Übertragung **6** 42
- Rückübertragung **6** 38
- Übertragungsermessen **6** 20
- Übertragungsfehler **6** 43 ff.
- Übertragungshindernisse **6** 7, 15 ff.
- Verfahren **6** 31
- Wirkungen **6** 24
- Zeitpunkt **6** 32

Überzeugungsbildung
- Anordnungsgrund **123** 22
- Beweisregeln **108** 4
- einstweilige Anordnung **123** 18
- Erfahrungssätze **108** 4
- fehlerhafte **108** 23 f.
- Glaubhaftmachung **108** 5
- Revisionszulassung **132** 34
- Überzeugungsgewissheit **108** 5
- Urteil **108** 1 ff.
- Vorgang **108** 4

Umdeutung
- anwaltliche Erklärungen **88** 11
- Rücknahme in Abhilfebescheid **72** 8
- Zulassungsrügen **132** 33

Unabhängigkeit 1
- des Spruchkörpers **1** 5
- richterliche **38** 3

Unabhängigkeitsstreit
- Begriff **38** 7
- Rechtsweg **40** 16

Unanfechtbarkeit
- s. auch Beschwerde/ausschluss; Prozesshandlungen
- Klagerücknahme **92** 6 f.

unaufschiebbare Maßnahmen
- vorläufiger Rechtsschutz **80** 17

unbestimmte Rechtsbegriffe 114 9

ungefragte Fehlersuche vor 40 8; **86** 15

Unmittelbarkeit
- der Beweisaufnahme **96** 4 ff.

unrichtige Tatsachenwiedergabe
- Gehörsverstoß **138** 35
- Verfahrensmangel **139** 20

Unrichtigkeit
- des Urteils **118** 7
- Tatbestand des Urteils **119** 2

Untätigkeitsbeschwerde 146 10
- zum BVerwG **152** 4

Untätigkeitsklage
- Arten **75** 1
- Aussetzung **75** 5
- Begriff **42** 54
- Folgen einer Bescheidung durch die Behörde **75** 9 f.
- gerichtliche Entscheidung **75** 7 ff.
- Kostenverteilung **161** 48 ff.
- Voraussetzungen **75** 2

Untätigkeitsrüge 146 11

Unterbesetzung eines Gerichts 5 8

Unterlassungsklage
- Abwehr künftiger VA **42** 68, 70, 77
- Abwehr von Normen **42** 71
- Arten **42** 68
- Rechtsschutzbedürfnis **42** 77
- vorbeugende **42** 68, 77

Unterliegen
- Begriff im Kostenrecht **154** 3
- geringfügiges **155** 12
- Kostenverteilung **vor 154** 6
- mit Bescheidungsklage **155** 5

Unterrichtungspflicht
- Vereinsverbote **51** 1

Unterschrift
- s. auch Paraphe, Schriftform
- Anhörungsmitteilung **130a** 10
- Berufungsbegründung **124a** 22
- Beschwerdeschrift **147** 5
- des Urteils bei Verhinderung **117** 23
- Handschriftlichkeit **117** 18
- Klageerhebung **81** 3
- Revisionsschriftsatz **139** 10
- Verfügungen **126** 7

Stichwortverzeichnis

Untersuchungsgrundsatz
- s. auch Amtsermittlung
- einstweilige Anordnung **123** 24

Unterzeichnung
- s. Unterschrift

Unwiderruflichkeit
- s. auch Prozesshandlungen
- Berufungsrücknahme **126** 2
- Einwilligung **91** 19; **92** 14
- Einzelrichterkonsentierung **87a** 23
- Klagerücknahme **92** 6 f.
- Revisionsrücknahme **140** 2
- Verzicht auf mündliche Verhandlung **101** 8
- Widerspruchsrücknahme **69** 2

Unzulässigkeit vor 40 14

Unzuständigkeit
- s. auch Rechtsweg
- des Spruchkörpers **83** 4
- instanzielle **83** 2
- örtliche **83**
- sachliche **83**

Urkunde
- Beweismittel **98** 22
- Verwertung **96** 12, 14
- Vorlage im vorbereitenden Verfahren **87** 9

Urkundsbeamter 13 2 ff.
- Entschädigungsfestsetzung **32** 2
- Klageerhebung zur Niederschrift **84** 14
- Klageerwiderung zur Niederschrift **85** 3
- Kostenfestsetzung **164** 9

Urlaub
- als Verhinderungsgrund **30** 6; **117** 24

Ursächlichkeit
- s. Kausalität

Urteil
- Abfassung **117** 26 ff.
- Absetzungsfrist **116** 17
- Arten **107** 5
- Begriff **118** 3
- Begründung **108** 25, 29
- Berichtigung **118** 1 ff.
- Berufung **124** 3
- Besetzung bei Verkündung **112** 5
- Entscheidungsart **107** 1
- Entscheidungsgründe **117** 10 ff.
- Inhalte **117** 2 ff.
- ohne mündliche Verhandlung **112** 6 ff.; **117** 22
- Rechtskraft **121**
- Rechtsmittelbelehrung **117** 15
- Tatbestand **117** 7
- Übermittlung an Geschäftsstelle **117** 28
- Überzeugungsbildung **108** 1 ff.
- Unterzeichnung **117** 17
- Verkündung **116** 2 ff.
- Verkündungsvermerk **117** 35
- Vollstreckbarkeit **168** 5
- Zustellung **116** 14 ff.
- Fünf-Monats-Frist für Absetzung **138** 52
- Zustellungsvermerk **117** 35
- Urteilsausfertigung **117** 21
- Entwurf **117** 19

Urteilsberichtigung
- Berufungszulassung **124a** 3
- Rechtsmittelfristen **139** 3; **124a** 11

Urteilsergänzung 120 1 ff.
- Berufungsfrist **124a** 11
- Kosten des Beigeladenen **162** 66
- Rechtsmittel **120** 9
- Rechtsmittelfristen **139** 3
- und Kostenfestsetzung **164** 16

urteilsersetzender Beschluss 117 1

Urteilsformel
- s. Urteilstenor

Urteilsgründe
- verspätetes Absetzen **138** 52

Urteilstatbestand
- s. Tatbestand

Urteilstenor 117 5
- Anfechtungsklage **113** 2
- Berufungszulassung **124a** 3
- Bindungswirkung **129** 3
- Kostenentscheidung **161** 4

Urteilsverfahren
- Besetzung des Gerichts **112** 3
- Grundsatz und Ausnahmen **107** 2 ff.
- mündliche Verhandlung **101** 2 ff.

Urteilsverkündung
- s. Verkündung

Urteilsvorschriften
- Anwendung auf Beschlüsse **122** 1 ff.

Veranlasserprinzip
- Prozesskosten **vor 154** 6
- Kostentragung bei Veranlassung **156** 3

Verbindung
- Beschwerdeausschluss **146** 13
- Kostenentscheidung **vor 154** 10
- von Verfahren **93** 2 ff.
- zur gemeinsamen Verhandlung **93** 7

Verböserung
- s. reformatio in peius

Verbot ungefragter Fehlersuche 86 15; **vor 40** 8

Stichwortverzeichnis

Vereidigung
- ehrenamtliche Richter **31**

vereinbarte Klagerücknahme
- Kostenregelung **160** 11

vereinfachte Abfassung
- Berufungsurteil **130b** 1 ff.

Vereinigte Senate
- OVG **12** 2

Vereinsverbote
- Aussetzung des Klageverfahrens **51** 1

Verfahren
- s. auch Bewilligungsverfahren
- Berufungsverfahren **125**
- Klageverfahren **81** ff.
- Revisionsverfahren **141**
- Beschwerdeverfahren **149**; **150**
- einstweilige Anordnung **123** 25

Verfahrensbeschleunigung 87b 1; **48** 3

Verfahrensdauer
- Rechtsschutz **146** 10
- überlange **vor 40** 2

Verfahrenseinstellung
- Rücknahme der Beschwerde **148** 6

Verfahrensfehler
- s. Verfahrensmängel

Verfahrenshandlungen
- s. auch Prozesshandlungen
- Anfechtbarkeit **44a**

Verfahrensmängel
- Aufklärungsrüge **124a** 60
- Beispiele **124** 49
- Berufungszulassung **124** 45 ff.; **138** 2
- Beruhenserfordernis **124** 50
- Besetzung des Gerichts **112** 1
- besonders schwerer **138** 1
- Beweiswürdigung **124** 46
- Darlegung **124a** 58; **133** 25; **139** 22
- Entscheidung ohne mündliche Verhandlung **101** 4
- Entscheidungserheblichkeit **124** 52
- fehlender Aktenvortrag **103** 9
- keine Zusammenfassung in Spezialkammern **188** 1
- maßgebliche Sicht der Vorinstanz **132** 37
- Prüfung von Amts wegen **137** 33
- Rechtsauffassung der Vorinstanz **124** 48
- Relativierung **44a** 2
- Rüge durch Beigeladene **142** 9
- Sachentscheidung nach Rücknahme **126** 12
- Unerheblichkeit bei anderweitiger Richtigkeit **132** 41
- Verkündung **116** 18

- Zurückverweisung **130** 3

Verfahrensrecht
- Atomrecht **42** 187
- Drittschutz **42** 181
- Immissionsschutzrecht **42** 187

Verfahrensrechte
- relative und absolute **42** 181

Verfahrensrüge
- Ausschluss **134** 19
- bei Aussetzung des Verfahrens **94** 23
- Vorentscheidungen **124** 47
- wegen prozessleitender Verfügung **146** 15

Verfassungsbeschwerde
- gegen Regelung der Vollziehung **80** 66

verfassungsrechtliche Streitigkeit
- innerhalb eines Landes **193** 1 f.
- Zuständigkeit des BVerwG **50** 5 f.

Verfügung, prozessleitende
- Beschwerdeausschluss **146** 12
- Verfahrensrüge **146** 15

Verfügungsgrundsatz
- im Berufungsverfahren **129** 1

Vergleich
- s. auch Prozessvergleich
- außergerichtlicher **160** 8
- gerichtlicher **106** 1 ff.
- unechter **106** 3
- Vorschlag des Gerichts **106** 24
- Wirksamkeit bei nichtigen Normen **183** 10

Vergütung des Anwalts
- Erstattungsfähigkeit der Kosten **162** 32 ff.
- im Vorverfahren **162** 77
- Vollstreckbarkeit **168** 9

Verhandlungsfähigkeit
- eines Richters **138** 10

Verhandlungsleitung 103 5

Verhinderung
- bei Unterzeichnung des Urteils **117** 23 ff.
- ehrenamtliche Richter **30** 9
- Gründe **117** 24
- Terminierung **102** 12 f.

Verkehrsanwalt
- Erstattungsfähigkeit der Kosten **162** 39

Verkehrsflugplätze
- s. Flugplätze

Verkündung
- Besetzung des Gerichts **116** 7
- Bindung des Gerichts **116** 8, 20
- des Urteils **112** 5; **116** 2 ff.
- Frist **116** 13
- Öffentlichkeit **138** 42
- Verkündungstermin **116** 3, 9

810

Stichwortverzeichnis

- Verkündungsvermerk 117 35

Verlängerbarkeit
- Berufungsbegründungsfrist 124a 25
- Berufungsfrist 124a 11
- Beschwerdefrist 147 9
- Nichtzulassungsbeschwerde 133 8
- Revisionsbegründung 139 13

Verlust des Rügerechts
- Revisionsverfahren 132 40

Vermögen
- Prozesskostenhilfe 166 26
- Prozesskostenhilfevorschuss 166 27

Vermutung
- Amtsermittlung 86 12
- Revisionsgründe 138 4

Vernehmung
- Rechtshilfe zugunsten von Behörden 180 1
- Zeugen im Rechtshilfeverfahren 180 6

Veröffentlichung
- s. Normenkontrolle

Verpflichtungsbegehren
- neben Anfechtung 113 52

Verpflichtungsklage
- Arten 42 46
- auf Erlass eines Widerspruchsbescheides 115 1
- Begründetheit 42 56; 113 99 ff.
- Bescheidungsklage 42 48
- Erfüllung 113 111
- isolierte 42 82
- Klageantrag 42 56
- Klagebefugnis 42 75, 130
- Klagegegenstand 79 2
- maßgeblicher Prüfungszeitpunkt 113 104
- Rechtsschutzbedürfnis 42 76
- Rechtsschutzformvoraussetzungen 42 43
- Sachurteilsvoraussetzungen 42 54, 72
- Spruchreife 113 100
- Versagungsbescheid 42 50
- Vollstreckung 113 111
- Vornahmeklage 42 48

Verpflichtungsurteil
- Vollstreckung durch Zwangsgeld 172 3

Versagungsbescheid
- Bedeutung 42 50
- vorläufiger Rechtsschutz 80 6

Versagungsgegenklage 42 54
Versäumnisurteil 107 8
Verschulden
- bei Wiedereinsetzung 60 8, 14
- des Vollstreckungsschuldners 172 8
- Kostentragung 155 20; 155 17 ff.

verspätetes Vorbringen
- Entschuldigung 128a 7

Verstoß gegen Berufungshindernis
- bei ehrenamtlichen Richtern 186 3

Vertagung 102 8
- Beschwerdeausschluss 146 13

Verträge
- s. Verwaltungsrechtsweg

Vertreter
- vollmachtloser **vor 154** 8
- Kostentragung 157 1

Vertreter des Bundesinteresses
- Aufgaben und Stellung 35
- Befähigung 37
- Beteiligtenstellung 63 5
- Kostenerstattung 162 64
- Revisionsbefugnis 132 5
- Wiederaufnahmebefugnis 113 6

Vertreter des öffentlichen Interesses
- Aufgaben und Stellung 36
- Befähigung 37; 174 1
- Beteiligtenstellung 36 3; 63 5
- Einwilligung in Rücknahme 36 3
- Kostenerstattung 162 64
- Wiederaufnahmebefugnis 113 6

Vertretung
- qualitative Anforderungen 67 15
- unvorschriftsmäßige 138 36
- vor dem BVerwG 67 17
- vor dem OVG 67 16
- vor dem VG 67 3 ff.

Vertretungsmangel
- bei Zustimmung zur Prozessführung 138 39
- beschränkte Vollmacht 138 38
- Rüge im Termin 138 40

Vertretungszwang
- Anhörungsrüge 152a 9
- Ausnahmen 67 12
- Berufungsbegründung 124a 22
- Berufungseinlegung 124a 16
- Beschwerde 146 20; 147 7
- Einverständnis mit Einzelrichterentscheidung 87b 20
- Einwilligung in Rücknahme 140 4
- Erinnerung 151 6; 152 9
- Erinnerungsbeschwerde 151 11
- Erledigungserklärung 161 21
- Flugbereinigungsgericht 67 12
- Klagerücknahme 92 4
- Klagebeschwerde 165 4
- Kostenerinnerung 165 13
- Kostenfestsetzungsverfahren 164 7

811

Stichwortverzeichnis

- Nichtzulassungsbeschwerde **133** 5
- OVG/BVerwG **67** 11 ff.
- persönlicher Geltungsbereich **67** 14
- PKH-Beschwerde **166** 41, 67
- PKH-Verfahren **67** 12; **166** 40
- Streitwertbeschwerde **165** 4
- ungeschriebene Ausnahmen **67** 13
- Wiederaufnahmeverfahren **113** 7
- Zulassung der Berufung **124a** 39
- Zulassungsbegründung **124a** 43

Verwahrung, öffentlich-rechtliche 40 35

Verwaltungsakt
- Beginn der Anfechtbarkeit **42** 15
- Begriff **42** 8; **137** 8
- Bekanntgabe (Fristbeginn) **74** 6
- Beschwer **71** 1
- bestandskräftiger **42** 96
- drohender **42** 78
- erledigter **42** 22
- Ermessensfehler **114** 15 ff.
- Fehlerhaftigkeit **113** 4 ff.
- fingierter **40** 19
- inhaltliche Anforderungen **42** 18
- Nachholung des Ermessens **114** 26 ff.
- nichtiger **42** 20
- privatrechtsgestaltender **40** 19
- Rechtswidrigkeit **113** 3, 7
- relativer **40** 19
- Tatbestandswirkung **42** 135
- Teilbarkeit **113**
- Vollziehungsregelung **80** 2
- vorläufiger **40** 19
- wiederholende Verfügung **40** 19
- Zweitbescheid **40** 19

Verwaltungsakt mit Doppelwirkung
- Antragsbefugnis **80a** 14
- Beiladung **65** 9, 18
- Entscheidung des Gerichts **80a** 17
- Klagegegenstand **79** 5
- Rechtsschutz durch Behörde **80a** 4
- Rechtsschutz durch Gericht **80a** 9
- Rechtsschutzbedürfnis **80a** 15
- Schadensersatz **80a** 18
- sofortige Vollziehung **80a** 1
- Widerspruch **70** 1

Verwaltungsbehörden
- Trennung von Verwaltungsgerichten **1** 6 f.

Verwaltungsgericht
- Ausstattungspflicht **5** 6
- Dezernenten **39** 2
- Funktionsstellen **5** 1
- Kammern **5** 10
- Kollegialprinzip **5** 9
- Organisation **5** 1 ff.
- Personalbedarfsberechnung **5** 7
- Präsident/in **5** 3
- Richter **5** 5
- Übertragung von Verwaltungsgeschäften **39**
- Unterbesetzung **5** 8
- Vertretung **67** 3
- Vizepräsident/in **5** 3
- Vorsitzende **5** 4, 12, 15
- Zahl **2** 4

Verwaltungsgerichtsbarkeit 1 1
- Begriff **1** 3
- Dreistufigkeit **2** 1
- Geschichte **1** 8 ff.
- Gliederung **2** 1 ff.
- im Beitrittsgebiet **3** 3
- Laienbeteiligung **19 ff.**
- Trennung von den Verwaltungsbehörden **1** 6 f.
- Zusammenlegung **1** 2

Verwaltungsgerichtshof
- s. auch Oberverwaltungsgericht
- Bezeichnung **184** 1
- Geschichte **1** 8

Verwaltungsgerichtsordnung
- Inkrafttreten **195** 1

Verwaltungskosten
- Erstattungsfähigkeit im Prozess **162** 54

Verwaltungsrechtsweg 40
- s. auch Rechtsweg
- amtliche Verlautbarungen **40** 157 ff.
- Amtshaftung **40** 22
- Aufopferung **40** 27
- Ausgleichsansprüche **40** 43
- Aussetzung der Vollziehung **80** 39
- Beliehene **40** 109
- Betrieb von Anlagen **40** 136
- Daseinsvorsorge **40** 172
- Disziplinarsachen **40** 69
- ehrverletzende Äußerungen **40** 162
- Einzelfälle **40** 132 ff.
- Enteignung **40** 29 ff.
- Erfüllung öffentlicher Aufgaben **40** 109
- Ersatz- und Erstattungsansprüche **40** 139
- fiskalische Tätigkeit der Verwaltung **40** 172
- Folgenbeseitigungsansprüche **40** 139
- Generalklausel **40** 75
- Geschäftsführung ohne Auftrag **40** 139
- Gnadenentscheidungen **40** 78
- Hausrecht **40** 147
- Herausgabeansprüche **40** 149

Stichwortverzeichnis

- Immissionen **40** 130, 156
- innerorganschaftliche Streitigkeiten **40** 82
- justizfreie Hoheitsakte **40** 76
- Justizsachen **40** 47
- Kehrseitentheorie **40** 126
- kirchliches Handeln **40** 129
- Maßnahmen der Polizei **40** 52 ff.
- Maßnahmen der Staatsanwaltschaft **40** 51
- öffentliche Einrichtungen **40** 150
- Öffentliche Sachen **40** 146
- Personalvertretungssachen **40** 71
- Realakte **40** 154
- Regierungsakte **40** 80
- Schadensersatzansprüche **40** 22 f., 38, 143
- Sendungen öffentlich-rechtlicher Rundfunkanstalten **40** 164
- Sonderstatusverhältnisse **40** 81
- Sonderzuweisungen **40** 2, 5, 59
- Subventionen **40** 107 f., 165
- Tätigkeit Privater **40** 109
- Vergabe öffentlicher Aufträge **40** 175
- Verträge **40** 41, 167 ff.
- Vertragsverletzungen **40** 41, 170
- Verwaltungsvollstreckung **40** 171
- Vorfragenkompetenz **40** 102
- Wettbewerbshandeln der öffentlichen Verwaltung **40** 178
- Zivilprozesssachen kraft Tradition **40** 19
- Zulassungsansprüche **40** 150

Verwaltungsrichter
- ehrenamtliche **4** 3; **19 ff.**
- hauptamtliche **15 ff.**

Verwaltungsverfahren
- Antrag **42** 55, 74
- Antrag als Klagevoraussetzungen **vor 40** 9
- und Sachentscheidung **44a** 7

Verwaltungsverfahrensrecht
- Klagebefugnis **42** 181
- Prüfungsmaßstab für die Revision **137** 7

Verwaltungsvollstreckung
- s. auch Verwaltungsrechtsweg
- vorläufiger Rechtsschutz **80** 20

Verwaltungsvorgänge
- Amtsermittlung **86** 18

Verwaltungsvorschriften
- Prüfung im Normenkontrollverfahren **47** 13 f.

Verweisung 41; vor 40 13
- s. auch Rechtswegverweisung
- Anhörung **83** 8
- bei örtlicher Unzuständigkeit **83** 8 ff.
- Bindungswirkung **83** 10 ff.
- Fristwahrung **74** 13

- Kosten **83** 14
- Prozesskostenhilfeverfahren **83** 3; **166** 46
- Rechtsmittel **83** 15
- Verfahren **83** 13 ff.
- Wiederaufnahmeverfahren **153** 5
- Zuständigkeitsmehrheit **83** 9
- Wirkungen **83** 16

Verweisungstechnik der VwGO 173 1 ff.

Verwerfung
- der Berufung **125** 3 ff.
- der Revision **143** 5; **144** 1 ff.
- von Landesrecht **183** 5

Verwertung neuer Tatsachen
- rechtliches Gehör **137** 22

Verwirkung
- Klagerecht **vor 40** 45; **74** 14
- Rechtsbehelf **58** 11
- Normenkontrolle **47** 35
- Widerspruchsrecht **70** 4

Verzicht
- auf Aktenvortrag **103** 8
- auf Klagerecht **vor 40** 46; **86** 26
- auf mündliche Verhandlung **101** 5
- auf Vorverfahren **69** 17
- bei Sprungrevision **134** 18
- im vorbereitenden Verfahren **87a** 8

Verzicht auf mündliche Verhandlung
- bei Änderungen der Prozesslage **101** 10 f.
- Erklärung **101** 6, 12 f.

Verzögerung
- s. auch Präklusion
- des Verfahrens **87b** 12

Vizepräsident
- Dienstaufsicht **39** 2
- Funktionsstelle **5** 3

Vollmacht, beschränkte
- Vertretungsmangel **138** 38

vollmachtloser Vertreter
- als Beteiligter **63** 6
- als Verfahrensbeteiligter **63** 6
- Kostentragung **vor 154** 8; **154** 2
- Zurückweisung **67** 22

Vollstreckbarkeit
- abweisende Entscheidungen **168** 4
- bei nichtiger Rechtsgrundlage **183** 16
- Feststellungsurteile **168** 4
- Gestaltungsurteile **168** 4
- nur der Kostenentscheidung **168** 4
- von Urteilen **167** 13

Vollstreckung 167 ff.
- s. auch Zwangsvollstreckung, Verwaltungsvollstreckung
- Ausführung **169** 4

813

Stichwortverzeichnis

- Beschwerde **169** 5
- Einstellung **172** 14
- einstweilige Anordnung **123** 37; **172** 10
- einstweilige Einstellung **167** 16
- Einwendungen **168** 8; **172** 11
- Erinnerung **169** 5
- Erledigung **172** 14 f.
- freiwillige Erfüllung **172** 14 f.
- gegen Behörde durch Zwangsgeld **172** 1 ff.
- gegen die öffentliche Hand **170** 1 ff.
- gegen Private **169** 1
- gerichtlicher Regelungsanordnungen **172** 5
- Leistungsurteile **167** 14
- materielle Einwendungen **167** 12
- Mitwirkung des Gläubigers **172** 9
- Realakte **172** 4
- Rechtsbehelfe **167** 11; **170** 6 f.
- Titel **170** 2
- Verhältnis zu neuer Klage **172** 6
- Vollstreckungsklausel **171**
- Vollstreckungstitel **167** 5
- Vollstreckungsverbote **170** 5
- Vollstreckungsvoraussetzungen **167** 4
- von Anfechtungs- und Verpflichtungsurteile **167** 14
- von Beschlüssen **167** 15
- Wartefrist **172** 8
- wegen Geldforderung **170** 1
- Weigerung der Behörde **172** 13
- zugunsten der öffentlichen Hand **169** 1 ff.
- zuständiges Gericht **167** 6; **169** 2
- Zwangsgeld gegen Behörde **172** 1 ff.

Vollstreckung gegen Private
- s. zugunsten der öffentlichen Hand

Vollstreckungsabwehrklage
- allgemein **172** 11
- bei nichtiger Rechtsgrundlage **183** 17

Vollstreckungsentscheidung
- Zwangsgeld **172** 8 ff.

Vollstreckungsgericht **167** 6
- bei Vollstreckung gegen Private **169** 1

Vollstreckungshilfe **169** 4

Vollstreckungsklausel **171**

Vollstreckungsmaßnahmen
- bei nichtiger Rechtsgrundlage **183** 16
- Inhalt **170** 4
- Rechtsschutz **169** 5

Vollstreckungsschutz
- bei Anhörungsrüge **152a** 15

Vollstreckungstitel **167** 5; **168**
- Beschlüsse **168** 5

- Bestimmtheit **168** 3
- einstweilige Anordnungen **168** 6
- Feststellung des Inhalts **168** 3
- Gerichtsbescheide **168** 5
- Herkunft **168** 2
- Kostenfestsetzungsbeschluss **168** 9
- Prozessvergleiche **160** 2; **168** 7
- Schiedssprüche **168** 10
- Urteile **168** 5
- Vergütungsfestsetzungsbeschlüsse **168** 9

Vollstreckungsverfahren **170** 3
- bei gerichtlicher Entscheidung **167** 2 f.
- Beiladung **167** 9
- Entscheidung **167** 10

Vollstreckungsverfügung **169** 3; **170** 3
- Einwendungen **170** 7
- Erinnerungsverfahren sui generis **170** 7

Vollziehbarkeit
- s. auch Regelung der Vollziehbarkeit
- Begriff **80** 8 f.
- Vollziehbarkeitshemmung **80** 10

Vollziehung
- s. auch faktische Vollziehung
- eines Verwaltungsakts **80** bis **80b**

Vollziehungsaussetzung
- aufschiebende Wirkung **149** 3
- Kostenfestsetzung **164** 30

Vollzugsfolgenbeseitigung
- Anfechtungsklage **113** 24 ff.
- Durchsetzung **113** 31
- gerichtlicher Ausspruch **113** 31
- Vollzugsfolgenbeseitigungsanspruch **113** 29

von Amts wegen
- Prüfung von Zulässigkeitsvoraussetzungen **143** 1
- Prüfung von Verfahrensmängeln **137** 33

Vorabentscheidung
- s. auch Vorlagepflicht
- Beweisantrag **93a** 12
- des EuGH **94** 11
- vorläufige Vollstreckbarkeit **167** 16
- Zwischenstreit über Zuständigkeit **41** 14, 27; **83** 7

Vorbehaltsurteil **107** 7

vorbereitendes Verfahren **87**; **87a**
- Anwendungsbereich **87a** 1
- Begriff **87a** 2
- Beiladung **87a** 17
- Beiziehung von Unterlagen **87** 7 ff.
- Berichterstatterbefugnisse **87a** 6
- Ende **87a** 4 f.
- Entscheidungen **87a** 1 ff.

Stichwortverzeichnis

- Entscheidungskompetenzen **87a** 6 ff., 25
- Erörterung **87** 4 ff.
- Kostenentscheidung **87a** 16
- Maßnahmen **87** 1 ff.
- Prozesskostenhilfe **87a** 14
- Streitwert **87a** 15

vorbeugender Rechtsschutz
- durch Unterlassungsklage **vor 40** 53; **42** 68
- einstweilige Anordnung **123** 6, 14

Vordruck
- Prozesskostenhilfe **166** 28 ff.

Vorentscheidung
- als Revisionszulassungsgrund **132** 36
- Gegenstandslosigkeit bei Zurückverweisung **130** 11
- Unanfechtbarkeit **128** 4; **152** 6
- Wiederaufnahme **153** 11
- Zurückverweisung **130** 4

Vorfragenkompetenz
- s. Verwaltungsrechtsweg

vorgreifliches Rechtsverhältnis
- Aussetzung **94** 2 ff.
- Vorgreiflichkeit **121** 9 f.

Vorlagepflicht
- Akten **99** 2
- an BVerfG **5** 17; **50** 20; **94** 1; **132** 23; **146** 4
- an BVerwG **124b**
- im vorläufigen Rechtsschutz **80** 55 f.
- Verstoß **138** 18
- Vorlage an den EuGH **80** 56; **138** 18
- Vorlagebeschluss **5** 17

Vorlageverbot
- Akten **99** 18

vorläufige Vollstreckbarkeit
- Ende **167** 17
- von Urteilen **167** 13
- Vorabentscheidung **167** 16

vorläufiger Rechtsschutz 80 ff.; **123**
- s. auch Aussetzung/Regelung der Vollziehung; einstweilige Anordnung
- Beiladung **80a** 17
- Beschwerde **146** 18
- BVerwG als Gericht der Hauptsache **50** 2
- Ermessen des Gerichts **80a** 16
- rechtliches Gehör **80** 57

Vorschlagsliste
- für ehrenamtliche Richter **28** 1 ff.
- in den Stadtstaaten **185** 1
- Inhalt **28** 4

Vorschlagsverfahren
- s. auch Wahl der ehrenamtlichen Richter

- für Wahl ehrenamtlicher Richter **28** 2

Vorsitzender
- Befugnisse **87**; **87a** 6 ff.
- bei einstweiliger Anordnung **123** 12
- bei Verkündung **116** 12
- Funktion **5** 4, 12, 15
- im vorbereitenden Verfahren **87**
- Ladung **30** 4

Vortrag der Beteiligten
- Beweismittel **108** 10

Vorverfahren 68 ff.
- Abhilfebescheid **72** 4
- Ausnahmen **68** 9 ff.
- Ausschließlichkeit **77**
- Begriff im Kostenrecht **162** 40
- bei Abgabensachen **80** 68
- Beschränkung auf einen Teil des VA **68** 4, 6
- bei Einvernehmenserfordernis **68** 7
- bei Erledigung des VA **68** 5
- bei VA mit Doppelwirkung **80a** 13
- Einleitung **69** 1
- Kosten des isolierten Verfahrens **162** 50
- Prüfungsumfang **68** 6
- Prüfungszeitpunkt **68** 8
- reformatio in peius **68** 7
- Statthaftigkeit **68** 3 ff.
- Verzicht auf Durchführung **68** 17
- Zulässigkeitsvoraussetzung **vor 40** 39; **68** 1
- Zwecke **68** 2

Vorwegnahme der Beweiswürdigung 86 39

Vorwegnahme der Hauptsache
- einstweilige Anordnung **113** 33 f.

Waffengleichheit
- zwischen Bürger und Behörde **173** 16

Wahl der ehrenamtliche Richter
- Hinderungsgründe **21** ff.; **186** 1
- Vorschlagsliste **28**
- Wahlfehler **29** 4 ff.

Wahlausschuss
- s. ehrenamtliche Richter

Wählbarkeit
- s. ehrenamtliche Richter

Wahlperiode
- s. ehrenamtliche Richter

Wahlprüfungsverfahren
- ehrenamtliche Richter **29** 7

Wahlverfahren
- ehrenamtliche Richter **29**

Wahrunterstellung 86 41

815

Stichwortverzeichnis

Wehrdienstgerichte 10 4; 40 13
Wehrrecht
– Sonderprozessrecht 190 1
– Überleitung 192
Widerklage 89
– Gerichtsstand 89 12
– in Normenkontrollverfahren 89 1
– in Rechtsmittelverfahren 89 10
– in Revisionsverfahren 142 4
– Voraussetzungen 89 2 ff., 12
Widerspruch 69 ff.
– Abgrenzung 69 3
– Abhilfe 72 1
– Abhilfebefugnis 72 6
– Abhilfeentscheidung 72 3
– als Einleitung des Vorverfahrens 69
– aufschiebende Wirkung 80 7
– Einlegung/Erhebung 68 5; 69 1 f.
– Form 70 1, 8
– Frist 70 3 ff.
– Gegenstand 69 4
– zwischen Tatbestand und Niederschrift 118 6
Widerspruchsbefugnis 69 6; 70 2
Widerspruchsbescheid 73
– als Gegenstand der Anfechtungsklage 115 1
– Änderung nach Bestandskraft 73 10
– in den Stadtstaaten 185 2
– isolierte Anfechtung 79 7 f.
– Kosten 73 8
– Rechtsbehelfsbelehrung 73 6
– Zustellung 73 9
Widerspruchsbescheidung
– Inhalt 73 7
– Zuständigkeit 73 2 f.
Widerspruchsfrist 70 6 f.
Widerspruchsführer
– Tod 74 8
Widerspruchsverfahren
– s. Vorverfahren
Wiederaufnahme 153
– s. auch Regelung der Vollziehung
– außerordentlicher Rechtsbehelf 153 2
– bei einstweiliger Anordnung 153 5
– bei Erfolg 153 21
– bei Gehörsverstoß 153 13
– bei Nichtigkeit der Rechtsgrundlage 183 12
– Einleitung 153 3
– Normenkontrollverfahren 153 4
– PKH-Verfahren 153 4
– Rechtskraftende 121 30

– Wiederaufnahmebefugnis 153 6
– Wiederaufnahmegrund 153 20
– Zulässigkeitsprüfung 153 19
Wiederaufnahmeverfahren
– Befugnis 153 6
– Entscheidung 153 19
– Form 153 7
– Frist 153 8 f.
– Kostenentscheidung 153 22; 154 16 ff.
– Nichtigkeitsklage 153 12 ff.
– Restitutionsklage 153 15
– Vertretungszwang 153 7
– Verweisung 153 5
– zuständige Gerichte 153 5
Wiedereinsetzung 60
– Anwendungsbereich 60 2
– Ausschlussfrist 92 29
– Begründungsfrist 124a 24, 26
– bei Klageergänzung 82 11
– Entscheidung 60 19
– Erinnerung 151 4
– Kostentragung 155 16
– PKH 124a 13; 133 12; 166 9 f.
– Rechtskraftende 121 30
– Rechtsunkenntnis 60 11
– Revisionsbegründungsfrist 139 14
– Verfahren 60 15 ff.
– Verschulden von Hilfspersonen 60 9
– Voraussetzungen 60 6 ff.
– Widerspruchsfrist 70 10
– Zustimmungsfiktion 161 16
wiederholende Verfügung 40 19
Wiederholungsgefahr
– Fortsetzungsfeststellungsinteresse 113 79
Willenserklärung
– prozessuale 161 19
Wirkungslosigkeit
– Entscheidungen der Vorinstanzen 161 27
Wohnung
– Zustellung 56 10

Zeitversäumnis
– s. Erstattung
Zeugen
– s. auch Beweis, Ladung, mündliche Verhandlung
– Entschädigung 162 7
– Erinnerungsvermögen 108 7
– Zeugenaussagen 108 10
– Zeugenbeweisantrag 86 35
Zivilprozessordnung
– entsprechende Anwendung 173 1 ff.
– Generalverweisung 173 11 ff.

Stichwortverzeichnis

- Spezialverweisungen **173** 9
Zugang
- des VA **42** 15
- der Klageschrift **81** 9
Zugangskontrollen
- Öffentlichkeit **55** 2; **138** 44
Zugangsvoraussetzungen
- s. Klagevoraussetzung
Zulässigkeit
- s. auch Klage
- Begriff **vor 40** 6
- der Berufung **125** 3 ff.
- einstweilige Anordnung **123** 2 ff.
- Entscheidung durch Zwischenurteil **109** 2
- Fehlerfolgen **vor 40** 12
- Offenlassen im Berufungsverfahren **125** 3
- Prüfung **vor 40** 15 f.
- Prüfung durch BVerwG **143** 1 ff.
- Prüfung im Revisionsverfahren **143** 1 ff.
- Prüfungsreihenfolge **vor 40** 17
Zulassung der Berufung 124; 124a
- Adressat **124a** 39
- Antrag **124a** 34 ff.
- Antragsablehnung **124a** 64
- Begründung **124a** 43
- durch VG **124a** 1 ff.
- Erledigung **124a** 66
- Form **124a** 39
- Frist **124a** 42
- Rücknahme des Antrags **124a** 66
- Wirkung **124a** 5
Zulassung der Revision
- durch OVG **132** 8 f.
- Entscheidungserfordernis **132** 7
- im Urteilstenor **132** 11
- Teilzulassung **132** 10 f.
- Urteilsberichtigung **132** 8
Zulassung der Sprungrevision
- Zulassungserfordernis **134** 8
- Prüfung durch das VG **134** 14
Zulassung eines Rechtsmittels
- Übergehen der Entscheidung **120** 4
Zulassungsbegründung
- Schriftform **124a** 43
- Vertretungszwang **124a** 43
Zulassungserfordernis
- Berufung **124** 1
- Revision **132** 1
Zulassungsgründe
- s. auch Revisionsgründe
- allgemeine Anforderungen **124a** 45
- Berufung **124** 13
- besondere Schwierigkeiten **124a** 49

- Bindungswirkung **124a** 7
- Darlegung **124a** 44
- Divergenz **124a** 55
- ernstliche Zweifel **124a** 46
- grundsätzliche Bedeutung **124a** 51
- Revision **132** 13 ff.
- Verfahrensmangel **124a** 58
Zulassungsverfahren
- und Prozesskostenhilfe **166** 38
Zurechnung
- von Verschulden **60** 9
Zurücknahme
- s. auch Klagerücknahme, Rücknahme
- der Revision **140**
- Kostenentscheidung **140** 5
- Vertretungszwang **140** 2
- Wirkung auf Anschlussrevision **140** 5
- Wirkung auf Revision **140** 5
Zurückverweisung
- Antragsabhängigkeit **130** 8
- Begründung **130** 11
- bei anderweitiger Richtigkeit **130** 5
- bei notwendiger Beweiserhebung **130** 5 f.
- bei unrichtigem Prozessurteil **130** 7
- Beschwerdeverfahren **150** 4
- Bindungswirkung **130** 12 ff.
- Entscheidungsinhalt **130** 10
- Erinnerung **151** 10
- im Berufungsverfahren **130**
- im Nichtzulassungsbeschwerdeverfahren **133** 38
- im Revisionsverfahren **142** 10; **144** 4
- unanfechtbare Vorentscheidungen **130** 4
- Voraussetzungen **130** 8 f.
- wegen fehlender Sachentscheidung **130** 7
Zurückweisung von Vorbringen
- s. auch Präklusion
- durch VG **128a** 11
- Entschuldigung der Verzögerung **87b** 14
- Ermessen **87b** 19
- im Klageverfahren **87b** 7 ff.
Zuständigkeit
- Bedeutung **vor 40** 34
- für Anordnung der sofortigen Vollziehung **80** 22
- ausschließliche **45** 2
- Bestimmung **45** 4
- Bindung einer Vorabentscheidung **41** 27; **83** 7
- des BVerwG **49**; **50**
- des OVG **46 bis 48**
- Eingangsinstanz **45** 3
- funktionelle **45** 2; **46** 1; **49** 1

817

Stichwortverzeichnis

- für Erlass des Widerspruchsbescheides in den Stadtstaaten **184** 2
- Kompetenzkonflikte **53** 11 f.
- örtliche **52**
- Prüfungszeitpunkt **45** 4
- Sachentscheidungsvoraussetzung **45** 4
- sachliche **45**
- Zuständigkeitswechsel **78** 10
- Zeitpunkt der Prüfung **vor 40** 10

Zuständigkeit des BVerwG
- Abschiebungsanordnungen **50** 11
- Aussagegenehmigung **50** 9
- Ausübung des Mandats **50** 15
- funktionelle **49**
- Geschäftsbereich des BND **50** 12
- Großvorhaben **50** 16
- sachliche **50**
- Vereinsverbote **50** 10
- Vorlage an das BVerfG **49** 18

Zuständigkeit des OVG 47; 48
- Abfallbeseitigungsanlagen **48** 12
- Atomanlagen **48** 4
- Bundesfernstraßen **48** 23
- Bundeswasserstraßen **48** 25
- Kraftwerke **48** 8
- Leitungsbauten **48** 10
- nach Nichtabhilfebeschluss **148** 7
- Nebeneinrichtungen **48** 31
- Normenkontrolle **47**
- Öffnungsklausel für die Länder **48** 33
- Schienenbahnen **48** 19
- Umgang mit Kernbrennstoffen **48** 7
- Vereinsverbote **48** 34
- Verkehrsflugplätze **48** 15
- Zusammenhangsklausel **48** 27

Zuständigkeitsbestimmung
- bei Streitgenossenschaft **64** 12
- durch übergeordnetes Gericht **53**
- Feststellung durch Gericht **45** 4

Zustellung
- Adressat **56** 6
- als Vollstreckungsvoraussetzung **167** 4
- an Prozessbevollmächtigte **56** 7
- elektronischer Dokumente **55a** 3
- Ersatzzustellung **56** 10
- gegen Empfangsbekenntnis **56** 9
- Mängel **56** 13
- öffentliche Bekanntmachung **56** a
- Urkunde **56** 12
- Urteil **116** 14 ff.

- Urteil ohne mündliche Verhandlung **116** 21
- Verfahren **56**
- Verfügung **126** 7
- Zustellungsbevollmächtigter **56** 14
- Zustellungsvermerk **117** 35

Zustimmung
- zur Prozessführung **138** 39
- zur Sprungrevision **134** 5, 7

Zuziehung eines Bevollmächtigten
- im Prozess **162** 26, 59
- im Vorverfahren **162** 32, 46, 71
- Übergehen der Entscheidung **120** 3

Zwangsgeld
- s. auch Vollstreckung
- Androhung **172** 12
- zur Urteilsdurchsetzung **113** 33

Zwangsgeldfestsetzung
- Antrag **172** 7
- aufschiebende Wirkung **149** 2
- Beiladung **172** 7
- Entscheidung **172** 8 ff.
- Entscheidungsinhalte **172** 12
- Verfahren **172** 7

Zwangsvollstreckung 167 ff.
- s. auch Vollstreckung
- Beschwerde **146** 4

Zwei-Stufen-Theorie 40 107
Zweitbescheid 40 19

Zwischenregelung
- Anfechtbarkeit **113** 39
- Anhörungsrüge **152a** 5
- Beschwerde **146** 14
- in vorläufigen Rechtsschutzverfahren **80** 64; **123** 28

Zwischenstreit
- s. auch Vorabentscheidung
- einstweiliges Anordnung Anordnungsverfahren **123** 3, 27 f., 39
- gerichtliche Vollziehungsregelung **80** 64
- Kosten **vor 154** 13 f.

Zwischenurteil 109
- Anordnung der Sicherheitsleistung **165a** 3
- Begründetheit der Klage **99** 6 f.
- Entscheidung des Gerichts **109** 5
- Feststellung von Sachurteilsvoraussetzungen **109** 2 ff.
- Revision **143** 5

Zwischenverfahren
- Kostenentscheidung **vor 154** 12; 15
- Kostentragung **vor 154** 9

818